SEITE 62

REISEZIELE

ALLE ZIELE AUF EINEN BLICK
Fundierte Einblicke, detaillierte Adressen, Insidertipps und mehr

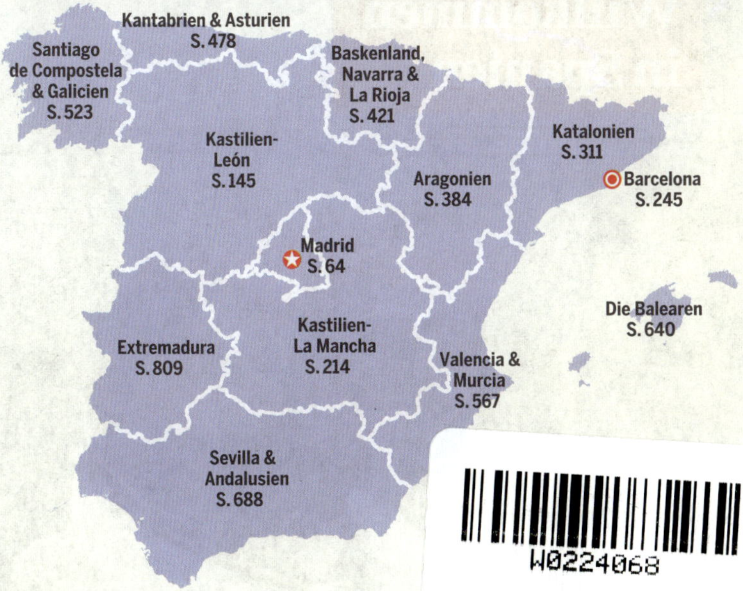

SEITE 885

PRAKTISCHE INFORMATIONEN

SCHNELL NACHGESCHLAGEN
Tipps für Unterkünfte, sicheres Reisen, Smalltalk und mehr

Allgemeine Informationen 886
Verkehrsmittel & -wege.. 899
Sprache 908
Register 920
Kartenlegende 938

Anthony Ham
Stuart Butler, Anna Kaminski, John Noble, Miles Roddis
Brendan Sainsbury, Regis St. Louis, Andy Symington

Willkommen in Spanien

Ein episches Land

Spaniens vielfältige Landschaften ziehen jeden in ihren Bann. Die Pyrenäen und die Picos de Europa zählen zu den beeindruckendsten Gebirgen Europas und die Sierra Nevada ragt mit ihren schneebedeckten Gipfeln mitten aus den trockenen Ebenen Andalusiens empor. Wanderer dürfen sich also über traumhafte Bedingungen freuen. Die fantastischen wilden Felsformationen am Atlantik im Nordwesten bilden die Kulisse für eine der spektakulärsten Küstenstraßen Europas, wobei das Mittelmeer mit seinen malerischen Buchten immer noch das beliebteste Reiseziel zahlreicher Spanienurlauber ist. Trotz jahrzehntelanger intensiver Bebauung gibt's auch dort noch eine Menge idyllische Ecken. Doch ganz egal welches Reiseziel man hat, überall entdeckt man unverwüstliche Dörfer von zeitloser Schönheit. In diesen Orten sollte man möglichst lange verweilen.

Kulinarisches Kulturgut

Essen und Wein sind quasi spanisches Kulturgut – und das aus gutem Grund. Altbekannte Klassiker wie Paella, Tapas, *jamón* und Olivenöl bilden nur die Spitze des Eisbergs und so erobert die spanische Küche die kulinarische Welt weiterhin im Sturm. Das Erfolgsrezept ist erstaunlich simpel: Es setzt sich aus einer reichhaltigen Auswahl, traditionellen Gerichten, die von Generation zu Generation weitergegeben werden, und der ungebremsten Lust auf Neues zusammen. Unvergessliche Ge-

DOUG PEARSON / JAI / CORBIS ©

Leidenschaft, Kultur und Lust am Leben – Spanien präsentiert sich einerseits als fleischgewordenes Klischee, andererseits überrascht es mit einem enormen Facettenreichtum.

(links) Menorcas prähistorische Cova d'en Xoroi
(unten) Die farbenprächtige Feria de Abril in Sevilla

JTB MEDIA CREATION, INC / ALAMY ©

schmackserlebnisse können dabei sowohl urig-gesellige Tapas-Bars als auch schicke Sternerestaurant gefeierter Meisterköche bieten. Ganz ohne Zweifel wird der Facettenreichtum der spanischen Küche jeden Traveller beeindrucken.

Kunst im Alltag

Spaniens Geschichte ist eng mit Kunst und Architektur in besonders kreativer Ausprägung verknüpft. Verfallene römische Ruinen, prächtige Kathedralen und einzigartige maurische Bauten erzählen von einem Land, in dem bedeutende Hochkulturen ihren Aufstieg und Niedergang erlebten. Wirft man einen Blick auf die Neuzeit, fallen rebellische, einfallsreiche Geister wie Salvador Dalí, Pablo Picasso oder Antoni Gaudí ins Auge, die wohl in keinem anderen Land eine solch umfassende Integration ins öffentliche Leben erfahren hätten. Eindrucksvolle Monumente früherer Zeiten erheben sich neben architektonischen Gebäuden von derartiger Kühnheit, dass man sich um Spaniens Zukunft in puncto Originalität keine Sorgen machen muss: Sie wird der Vergangenheit sicherlich in nichts nachstehen. In der Zwischenzeit genießen die Einheimischen ihr Leben in vollen Zügen. Das merkt man z. B., wenn man sich weit nach Mitternacht auf der Straße unter das feiernde Volk mischt oder von einer Flamenco-Aufführung ganz tief im Herzen berührt wird. Irgendwann auf seiner Reise spürt man es jedenfalls ganz bestimmt: *Das* ist Spanien.

›Spanien

Picos de Europa
Spaniens beeindruckendstes Gebirge (S. 512)
Santiago de Compostela
Einen Streifzug durch diese ehrwürdige Stadt unternehmen (S. 525)
Salamanca
Renaissancearchitektur par excellence (S. 153)
Madrid
Drei der weltweit besten Kunstmuseen (S. 64)
Toledo
Zeichen der religiös vielfältigen Vergangenheit aufspüren (S. 216)
Córdoba
Perfekte islamische Bauwerke (S. 767)
Sevilla
Mitreißende Feierlichkeiten rund um Ostern (S. 692)
Granada
Die einzigartige Alhambra bewundern (S. 774)
ATLANTISCHER OZEAN
Golf von Biskaya
Costa da Morte
Ferrol
A Coruña
Parque Natural Fragas do Eume
Avilés
Gijón
Oviedo
Santander
Torrelavega
Bilbao (Bilbo)
Parque Nacional de los Picos de Europa
Cordillera Cantábrica
Lugo
Santiago de Compostela
Parque Natural de Somiedo
Miranda de Ebro
Pontevedra
Ourense
Río Sil
León
Burgos
Palencia
Benavente
Aranda de Duero
Valladolid
Zamora
Río Duero
Salamanca
Segovia
Ávila
Cordillera Central
Guadalajara
MADRID
Sierra de Gredos
Plasencia
Aranjuez
PORTUGAL
Toledo
Río Tajo
Río Guadiana
LISSABON
Badajoz
Mérida
Ciudad Real
Zafra
Los Pedroches
Parque Natural Sierra de Andújar
Sierra Morena
Parque Natural Sierra Norte
Córdoba
Cordillera Bética
Sevilla
Río Guadalquivir
Huelva
Granada
Parque Natural Sierra Nevada
Sierra Nevada
Parque Natural Los Alcornocales
Málaga
Cádiz
Costa de la Luz
Costa del Sol
Algeciras
Gibraltar
Straße von Gibraltar
Ceuta (Spanien)
MAROKKO
Tanger
43°N
41°N
40°N
39°N
38°N
37°N
9°W
8°W
7°W
4°W
3°W

Top-Erlebnisse ›

25 TOP-ERLEBNISSE

Alhambra

1 Der Palastkomplex (S. 776) in Granada ist ein nahezu perfektes architektonisches Meisterwerk, das vielleicht eindrucksvollste Beispiel islamischer Baukunst weltweit und das beständigste Symbol für die 800-jährige Herrschaft der Mauren im damaligen Al-Andalus. Seine roten Festungstürme vor der Kulisse der schneebedeckten Gipfel der Sierra Nevada dominieren die Skyline der Stadt. Vervollständigt wird das Bild von den herrlichen Gärten und den Palacios Nazaríes. Kurz gesagt: Es handelt sich um das schönste Baudenkmal Spaniens.

La Sagrada Família

2 Auch mehr als 80 Jahre nach dem Tod des Architekten Antoni Gaudí wartet Barcelonas atemberaubende Kathedrale (S. 265) noch immer auf ihre Fertigstellung. Das fantasievolle, vielschichtige Bauwerk ist von Mutter Natur inspiriert und dem gotischen Stil zum Trotz ausschweifend gestaltet. Es wirkt gleichermaßen majestätisch sowie verspielt und die Abkehr von architektonischen Konventionen mit schrägen Winkeln und Ecken lässt einen ungläubig den Kopf schütteln. Betrachter können Stunden damit zubringen, die verschnörkelten Elemente zu studieren.

1

KUTLAYEV DMITRY / SHUTTERSTOCK ©

2

JEAN-PIERRE LESCOURRET / GETTY IMAGES ©

MICHELE FALZONE / GETTY IMAGES ©

RICHARD ROSS / GETTY IMAGES ©

Mezquita

3 Erst Kirche, dann Moschee und schließlich wieder Kirche: Córdobas Mezquita (S. 767) präsentiert die Entwicklung westlicher und islamischer Architektur über einen Zeitraum von 1000 Jahren. Zu den innovativsten Elementen zählen frühe Hufeisenbogen, ein kunstvoller Mihrab (Gebetsnische) und 856 Säulen, viele davon aus römischen Ruinen. Die Größe der Mezquita spiegelt Córdobas einstige Stellung als kultivierteste Stadt im Europa des 10. Jhs. wider. Zudem diente der Prachtbau als Inspirationsquelle für noch größere Bauten, vor allem in Sevilla und Granada.

Ostern in Sevilla

4 Sevillas christliche Wurzeln zeigen sich im Rahmen der aufwendigen Feierlichkeiten zur Semana Santa (S. 702). Mitglieder religiöser Bruderschaften tragen kunstvolle *pasos* (Figuren) von Christus und der Jungfrau Maria durch die Stadt und werden währenddessen von den Zuschauern bejubelt. Die berühmteste Prozession ist die *madrugada* (früher Morgen) am Karfreitag: Sie vereint Prunk, Feierlichkeit und tiefen Glauben auf exotische und regelrecht verführerische Weise. Es gibt zwar in ganz Spanien Osterumzüge, doch die schönsten finden zweifellos in Sevilla statt.

5

LONELY PLANET / GETTY IMAGES ©

6

GREG ELMS / GETTY IMAGES ©

Nachtleben in Madrid

5 Tolle Ausgehmöglichkeiten bieten natürlich auch andere europäische Metropolen, doch das Nachtleben in der spanischen Hauptstadt (s. S. 123 & S. 127) gilt als besonders intensiv. Ernest Hemingway beschrieb es so: „In Madrid geht niemand schlafen, bevor er nicht die Nacht umgebracht hat“. Hier reiht sich eine Kneipe an die nächste, außerdem locken kleine Clubs, Livebühnen, Cocktailbars und Discos, die zahlreiche A-Promis anziehen. Die Auswahl ist riesig, besonders in Huertas, Malasaña, Chueca oder La Latina. Why-Not?-Bar, Chueca

Ciudad de las Artes y las Ciencias

6 Santiago Calatrava, einer der Stararchitekten Spaniens, ist der Schöpfer der „Stadt der Künste und Wissenschaften“ (S. 569) und hat Valencia mit seinem großartigen modernen Gebäudekomplex neues Leben eingehaucht. Zu den Bauwerken gehören ein hypermodernes Theater (Palau de les Arts Reina Sofía), ein riesiges Aquarium (Oceanogràfic), ein Planetarium (Hemisfèric) und ein Wissenschaftsmuseum (Museo de las Ciencias Príncipe Felipe).

Weinbaugebiet La Rioja

7 In La Rioja (S. 468) könnte man wochenlang auf der Suche nach dem edelsten Tropfen durch ruhige Straßen wandeln. Highlights der Region sind Weinproben in den Bodegas und malerische Dörfer mit hervorragenden Museen. Das von Frank Gehry gestaltete Hotel Marqués de Riscal (S. 475) in der Nähe von Elciego bildet das Zentrum des Weintourismus und wird aufgrund seiner beeindruckenden Architektur in einem Atemzug mit dem Guggenheim-Museum in Bilbao genannt.

Pintxos in San Sebastián

8 San Sebastiáns Köche haben aus der Zubereitung von Barsnacks eine Kunstform gemacht. Dementsprechend bezeichnet man die baskischen Tapas oft als „feinste Küche im kleinen Stil". Wer zum ersten Mal eine der entspannten Bars im Zentrum der Stadt (S. 446) betritt, wird von der *pintxo*-Auswahl an der Theke förmlich erschlagen und darf sich auf ein unvergessliches kulinarisches Erlebnis freuen. Darüber hinaus werden emsig neue, immer köstlichere Geschmackskombinationen entwickelt.

7

I. LIZARRAGA / GETTY IMAGES ©

8

ALEX SEGRE / ALAMY ©

WAYNE WALTON / GETTY IMAGES ©

JEAN-PIERRE LESCOURRET / CORBIS ©

Renaissancebaukunst in Salamanca

9 Die elegante Plaza Mayor (S. 153) ist der wahrscheinlich hübscheste Hauptplatz in ganz Spanien, doch Salamanca wartet noch mit viel mehr Sehenswürdigkeiten auf: Vor allem seine Architektur ist kaum zu überbieten. Hier befindet sich eine der ältesten und angesehensten europäischen Universitäten, außerdem sorgen die zahlreichen Studenten für ein tolles Nachtleben. Salamanca ist schön und dynamisch und deshalb die erklärte Lieblingsstadt vieler Besucher.

Sierra Nevada & Las Alpujarras

10 Der höchste Berg auf dem spanischen Festland, der majestätische Mulhacén (3479 m), ist Teil der Sierra Nevada (S. 787). Neben Skihängen und Wanderwegen lockt die Gegend mit der faszinierenden Gebirgsregion Las Alpujarras (S. 789), in der Andalusiens wohl malerischste *pueblos blancos* (weiße Dörfer) liegen. Die alten maurischen Siedlungen erinnern an nordafrikanische Orte und erstrecken sich wie Oasen inmitten von Wäldern und tiefen Schluchten. Nationalpark Sierra Nevada

Asturische Küste

11 Es heißt, dass die smaragdgrüne Region Asturien (S. 493) im Norden Spaniens mit über 600 Stränden aufwartet! Der kühle Atlantik wird Sonnenanbeter vielleicht abschrecken, doch die wilde Schönheit der häufig völlig unberührten Küstenstreifen raubt einem den Atem. Hinzu kommt, dass die Dörfer am Meer und im Hinterland zu den charmantesten Flecken des ganzen Landes zählen und das hiesige Essen in allen Regionen berühmt ist.

Kunst in Madrid

12 Madrid besticht mit außergewöhnlichen Kunstmuseen, in denen Werke von Goya, Velázquez, El Greco und anderen europäischen Meistern untergebracht sind. Als Paradestück gilt das Museo del Prado (S. 82), aber auch das nahe gelegene Centro de Arte Reina Sofía (S. 78) mit Picassos *Guernica* und Arbeiten von Dalí und Miró sowie das Museo Thyssen-Bornemisza (S. 83) – dort sind alle großen Namen aus verschiedenen Epochen vertreten – können sich sehen lassen. Roy Lichtensteins Brochazo im Centro de Arte Reina Sofía (konzipiert von Jean Nouvel)

11

MATTHEW M. SCHOENFELDER / GETTY IMAGES ©

12

JEAN-PIERRE LESCOURRET / GETTY IMAGES ©

DAVID C TOMLINSON / GETTY IMAGES ©

ANDREA PISTOLESI / GETTY IMAGES ©

ALEX SCHLEIF / ALAMY ©

In einem Parador übernachten

13 Nirgendwo wird mehr Luxus geboten als in den staatlich betriebenen *paradores* (S. 894) – ehemaligen Burgen, Palästen und Klöstern. Die (nach letzter Zählung) 94 Herbergen verteilen sich über das ganze Land und gehören zu den stimmungsvollsten Übernachtungsmöglichkeiten in Europa. Sie befinden sich oftmals an Top-Standorten (z. B. auf dem Gelände der Alhambra in Granada) und die Preise sind weniger hoch, als so mancher denkt, vor allem dann, wenn man online oder weit im Voraus reserviert.

Flamenco in Andalusien

14 Wer braucht schon Rock 'n' Roll? Als stolze, von Leiden inspirierte Musik reißt Flamenco (S. 878) den Zuhörer aus seiner Lethargie und berührt dessen Seele. Er lässt einen scheinbar am Schmerz unzähliger Generationen vertriebener Außenseiter teilhaben und öffnet die Tür zu einer geheimen Welt musikalischer Geister und andalusischer Seelen. Flamenco kann aber auch überraschend lustig und ironisch sein. Man muss ihn unbedingt live hören, am besten in seinen Heimatstädten Sevilla, Jerez und Cádiz.

Wandern in den Aragonischen Pyrenäen

15 Trekkingfans schätzen Spanien wegen seiner abwechslungsreichen Möglichkeiten. Unserer Meinung nach sind die Aragonischen Pyrenäen das beste Wandergebiet. Eines der Highlights und einer der höchsten Punkte des Gebirgszugs mit dem Monte Perdido (3348 m) ist der Parque Nacional de Ordesa y Monte Perdido (S. 401). Dort kann man anspruchsvolle Touren entlang großartiger Felswände und Kargletscher unternehmen und dabei die eine oder andere Gams erspähen.

Köstlichen Schinken probieren

16 *Jamón* (Räucherschinken; S. 875) wird in allen Regionen des Landes zubereitet und ist so etwas wie das spanische Nationalgericht. Fast jede Bar und jedes Restaurant in Andalusien hat immer mindestens einen Schinken im Anschnitt, der in einen schaukelähnlichen Rahmen namens *jamónera* gespannt ist. Jeder Traveller sollte unbedingt die hauchdünnen Scheiben des besten *jamón* kosten (als *jamón ibérico de bellota* bekannt, wobei es viele weitere leckere Sorten gibt).

Galiciens Costa da Morte & Cabo Ortegal

17 Die Atlantiksteilküste entlang der galicischen Küste zeigt einem, wie klein und unbedeutend man selbst ist. Am Cabo Ortegal (S. 545) pfeift einem der Wind um die Ohren und die gewaltigen Wellen krachen gegen die Wände des Kaps. Vor der Costa da Morte (Todesküste; S. 535) sind schon unzählige Schiffe auf Grund gelaufen. Hier findet man lange, einsame Sandstrände, die von rauen Felszungen unterbrochen werden. Wenn doch die gesamte spanische Küste so herrlich unberührt wäre! Costa da Morte

16

KRZYSZTOF DYDYNSKI / GETTY IMAGES ©

17

BRUCE M. ESBIN / GETTY IMAGES ©

CRAIG PERSHOUSE / GETTY IMAGES ©

MAN / IMAGEBROKER ©

MATTHEW M. SCHOENFELDER / GETTY IMAGES ©

Santiago de Compostela

18 Santiago de Compostela (S. 525) im äußersten Nordwesten Spaniens gilt als letzte Ruhestätte des heiligen Jakobus, eines der zwölf Apostel. Hinter der kunstvollen barocken Fassade der stattlichen Kathedrale verbirgt sich eine prächtige romanische Säulenhalle. Sie ist das Ziel unzähliger Pilger auf dem Jakobsweg (Camino de Santiago). Jenseits des Gotteshauses gibt's ein paar mit Gold verzierte Denkmäler und eine ganz besondere Esskultur.

Cabo de Gata

19 Cabo de Gata (S. 805) in der Provinz Almería erinnert an die spanische Küste vor dem Einzug der Megaresorts an der Costa del Sol. In dem wilden, zerklüfteten, golfplatzfreien Gebiet holen Fischer mit ihren Booten den Tagesfang ein, während das azurblaue Mittelmeer gegen die steilen Klippen schlägt. In der Gegend, einer der trockensten Europas, sieht man jede Menge Vögel und Buschwerk. Autos sind in dem geschützten Gebiet nicht erlaubt, deshalb bewegt man sich per Fahrrad oder zu Fuß vorwärts.

Picos de Europa

20 Kompakt und wuchtig ragen sie gleich hinter der rauen Küste von Kantabrien und Asturien auf: Die Picos de Europa (S. 512) bestehen aus drei Kalksteinmassiven, ähneln geologisch den Alpen und verfügen über traumhafte Wanderwege. Sie sind die Markenzeichen des zweitgrößten Nationalparks Spaniens sowie eine der schönsten Berglandschaften Spaniens und müssen damit zweifelsohne die Konkurrenz zu den Pyrenäen und der Sierra Nevada nicht scheuen.

21

BORGESE MAURIZIO / HEMIS / CORBIS ©

22

GUY MOBERLY / GETTY IMAGES ©

23

MICHI B / GETTY IMAGES ©

Segovia

21 Segovia (S. 166) ist eine der attraktivsten mittelgroßen Städte Spaniens. Sie besticht durch ihre tolle Lage auf einer Felszunge vor einer Kulisse aus schneebedeckten Gipfeln und beherbergt zahlreiche typisch kastilische Kirchen. Zwei Gebäude fallen jedoch aus dem Rahmen: Der Alcázar mit seinen zig Türmen inspirierte Walt Disney zu diversen Schlossentwürfen und im Herzen der Stadt trotzt der gigantische römische Aquädukt aus Granitblöcken schon seit fast 2000 Jahren Wind und Wetter.

Menorcas Strände

22 Die spanische Mittelmeerregion steht zwar für Massentourismus, doch Menorca (S. 657) bildet eine Ausnahme, weil ein Großteil der Insel zum Biosphärenreservat der Unesco erklärt wurde. Hier sind die Strände derart schön, dass man keine Worte dafür findet. Manche sagen, dass man sich ihnen am besten in einem Boot nähert, doch bei einem Spaziergang ganz zufällig auf einen Sandstreifen zu stoßen ist ähnlich erhebend. Besonders sehenswert: Cala Macarelleta und Cala en Turqueta.

Jakobsweg

23 Jedes Jahr machen sich Tausende Pilger und Wanderer auf den Weg durch den Norden Spaniens. Ihr Ziel ist Santiago de Compostela, ein Ort mit unermesslicher Bedeutung für das Christentum. Die Anziehungskraft des Jakobswegs (S. 45) geht jedoch weit über religiöse Motive hinaus. Zahlreiche Routen erstrecken sich durch das Land und laden dazu ein, Spanien auf den Puls zu fühlen sowie den Zauber und die Launen der Natur zu erleben. Selbst auf einem kurzen Abschnitt wird man eine Unmenge von Eindrücken sammeln.

Drei Kulturen in Toledo

24 Toledo (S. 216), symbolische Heimat der Katholischen Kirche Spaniens und des Militärs, ist auch als Stadt der drei Kulturen bekannt, denn einst lebten dort Muslime, Juden und Christen Seite an Seite. Im mittelalterlichen Kern drängen sich Moscheen, Synagogen und Kirchen, von denen Letztere noch immer viel genutzt werden. Die Kathedrale ist einer der imposantesten Sakralbauten in ganz Spanien. Manchmal wird Toledo von Tagesausflüglern aus Madrid überschwemmt. Am besten bleibt man über Nacht, um das wahre Gesicht der Stadt kennenzulernen.

Costa Brava

25 Die Costa Brava (S. 313) in Katalonien, eine unserer Lieblingsecken am Mittelmeer, erreicht man problemlos auf dem Landweg oder mit dem Flugzeug. In dieser Gegend befinden sich jene Orte, auf denen sich die Vorliebe der Nordeuropäer für die spanische Küste gründet. Hier ist noch der Geist Salvador Dalís lebendig und verleiht der Küste Persönlichkeit sowie jede Menge gewollter Exzentrik. Man kann das frühere Heim des Künstlers in Portlligat nahe Cadaqués (S. 328), Dalí-„Stätten" in Figueres (S. 341) oder das Castell de Púbol (S. 317) besuchen.

Gut zu wissen

Währung

» Euro (€)

Sprache

» Spanisch *(castellano)*. Außerdem Katalanisch, Baskisch und Galicisch.

Reisezeit

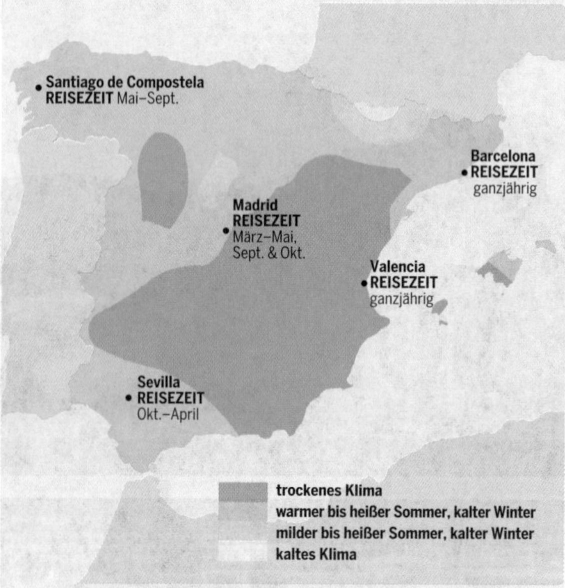

Hauptsaison
(Juni–Aug., öffentliche Feiertage)

» Unterkünfte sind oft ausgebucht. Preise steigen bis zu 50 %.

» Nachsaison in Teilen des Landesinneren.

» Es ist warm, trocken und sonnig und in Küstengebieten etwas feuchter.

Zwischensaison
(März–Mai, Sept. & Okt.)

» Traveller können sich auf mildes, klares Wetter freuen, außerdem ist das Land nicht so überfüllt.

» Wenn regionale Festivals stattfinden, schießen die Preise häufig in die Höhe.

Nachsaison
(Nov.–Feb.)

» Kalt in Zentralspanien, Regen im Norden und Nordwesten.

» In Andalusien und an der Mittelmeerküste herrschen milde Temperaturen.

» Hauptsaison in den Skigebieten.

Tagesbudget

Günstig – unter

75 €

» Bett im Schlafsaal: 17–22 €

» Doppelzimmer in *hostales:* 55–65 € (mehr in Madrid und Barcelona)

» In Supermärkten einkaufen und mittags ein *menú del día* wählen

» Museen und Galerien an Tagen mit freiem Eintritt besuchen

Mittelteuer

75–175 €

» Zimmer im Mittelklassehotel: 65–140 €

» Mittag- und/oder Abendessen im Restaurant

» Mietwagen: ab 25 € pro Tag

Teuer – mehr als

175 €

» Zimmer im Luxushotel: ab 140 € (in Madrid und Barcelona ab 200 €)

» Mittag- und/oder Abendessen in gehobenen Restaurants

» Regelmäßige Übernachtungen in *paradores*

Geld

» Geldautomaten sind weit verbreitet. Die meisten Hotels, Restaurants und Geschäfte akzeptieren Kreditkarten.

Einreise

» Deutsche, Österreicher und Schweizer benötigen für die Einreise einen gültigen Personalausweis oder einen Reisepass.

Handys

» In Spanien bekommt man problemlos lokale SIM-Karten.

Websites

» **Fiestas.net** (www.fiestas.net) Liste von Festivals im ganzen Land.

» **Lonely Planet** (www.lonelyplanet.de/reiseziele/europa/spanien) Infos zu Reisezielen und Reiseforen.

» **Renfe** (Red Nacional de los Ferrocarriles Españoles; www.renfe.com) Internetseite der spanischen Bahn.

» **Spanien-ABC** (www.spanien-abc.com) Ausführliche Informationen für Traveller.

» **Turespaña** (www.spain.info) Seite der spanischen Touristeninformation.

Wechselkurse

Schweiz	1 SFr	0,83 €

Aktuelle Wechselkurse siehe unter www.xe.com.

Wichtige Telefonnummern

Es gibt in Spanien keine Ortsvorwahlen.

Internationaler Zugangscode	☎00
Landesvorwahl	☎34
Auslandsauskunft	☎11825
Inlandsvermittlung	☎1009
Inlandsauskunft	☎11818
Notfall	☎112

Ankunft in Spanien

» **Flughafen Barajas, Madrid (S. 138)**
Metro & Busse: 4,50 €; alle 5 bis 10 Min. von 6.05 bis 2 Uhr; Fahrzeit ins Stadtzentrum 30 bis 40 Min.
Taxis: 25 bis 35 €; Fahrzeit ins Stadtzentrum 20 Min.

» **Aeroport del Prat, Barcelona (S. 308)**
Busse: 5,65 €; alle 6 bis 15 Min. von 6.10 bis 1.05 Uhr; Fahrzeit zum Zentrum 30 bis 40 Min.
Züge: 3,60 €; von 5.42 bis 23.38 Uhr; Fahrzeit zum Zentrum 35 Min.
Taxis:25 bis 30 €; Fahrzeit ins Stadtzentrum 30 Min.

In Kontakt bleiben

Der Internetzugang in Spanien funktioniert in der Regel ganz unkompliziert. Einige Cafés, die meisten Hotels und sogar manche Budgetunterkünfte bieten ihren Gästen kostenloses WLAN. Vorsicht bei Hotels mit kabellosem Internetzugang im Zimmer: Die Verbindung kann von Raum zu Raum ganz unterschiedlich sein, deshalb sollte man bei der Reservierung angeben, dass man ein Zimmer mit schnellem Zugang möchte. Auf gute Internetcafés stößt man leider immer seltener. Viele *locutorios* (kleine private Telefoncenter) haben hinten ein paar Computer. Die mit Abstand billigste Variante für einen Anruf in der Heimat sind Telefonate übers Internet (z. B. mit Skype). Telefonkarten gelten als zweitbeste Wahl (in den *locutorios* gibt's die größte Auswahl). Wer mit dem Handy telefonieren möchte, kommt mit einer spanischen Prepaid-SIM-Karte um einiges besser weg als mit den (häufig exorbitanten) Roaming-Gebühren.

Spanien für Anfänger

Beim ersten Besuch in einem anderen Land braucht jeder etwas Hilfe, um Redewendungen zu lernen, mit Gepflogenheiten vertraut zu werden und Umgangsformen zu verstehen. Die folgenden Hinweise sorgen dafür, dass die erste Spanienreise ebenso problemlos verläuft wie die fünfte.

Sprache

Viele Spanier sprechen Englisch, besonders in großen Städten und beliebten Touristengebieten. Deutsch hört man vor allem in viel besuchten Gegenden am Mittelmeer und auf den Balearen, während Dorfbewohner sowie ältere Spanier meist eher keine Fremdsprache beherrschen. Wer vor der Reise etwas Spanisch lernt, tut sich schon allein deshalb einen Gefallen, weil er sich leichter mit den Einheimischen verständigen kann. Zahlreiche Restaurants haben inzwischen englischsprachige Speisekarten. Die Exponate einiger Museen sind leider nur auf Spanisch beschriftet.

Im Voraus buchen

In der Hauptsaison (speziell im Sommer an der Küste und überall zu Ostern) empfiehlt sich immer eine Reservierung im Voraus, die aber auch zu anderen Zeiten eine gute Idee ist. Fast alle Hotels und sogar einige *hostales* (preiswerte Hotels) bieten Onlinebuchungen an, außerdem verstehen die meisten Angestellten E-Mail-Anfragen auf Englisch. Einige Floskeln, die bei einem Anruf nützlich sind, wenn das Personal nur Spanisch spricht:

Hallo.	*Hola.*
Ich würde gern ein Zimmer reservieren.	*Quisiera reservar una habitación.*
ein Einzel-/Doppelzimmer	*una habitación individual/doble*
Mein Nachname ist ...	*Mi apellido es ...*
vom ... bis zum ... (Datum)	*desde ... hasta ...*
Wie viel kostet es?	*¿Cuánto cuesta?*
pro Nacht/Person	*por noche/persona*
Danke (vielmals).	*(Muchas) Gracias.*

Kleidung

Mittlerweile ist in puncto Kleidung fast alles erlaubt, sodass sich Besucher kaum mal unbehaglich fühlen dürften. In Nordspanien und im Landesinneren kann es während der Wintermonate bitterkalt werden, deshalb gehören unbedingt genügend warme Sachen ins Gepäck. Wer in den Nordwesten reist, sollte Regenklamotten dabeihaben. Viele Spanier sind sehr modebewusst. In den Großstädten ziehen sich die meisten Bewohner sportlich-elegant an und machen sich noch schicker, wenn sie abends ausgehen.

Reisegepäck

- » Pass oder Personalausweis (EU-Bürger)
- » EC-Karte/Kreditkarte
- » Führerschein
- » Sprachführer
- » Geldgürtel
- » Stromadapter
- » Ladegerät fürs Handy
- » Ohrstöpsel für die lauten spanischen Nächte
- » Sonnencreme
- » Sonnenhut
- » Badehandtuch
- » Regenkleidung
- » Schloss fürs Reisegepäck
- » Urlaubslektüre

Checkliste

» Weil die Preisunterschiede für Flugtickets enorm sein können, sollte man die Angebote *aller* Fluglinien checken

» Prüfen, ob das Handy in Spanien benutzt werden kann (S. 893) und wie hoch die Roaminggebühren sind

» Zumindest für die erste Nacht eine Unterkunft buchen, um die Reise entspannt zu beginnen

» Überlegen, welche Veranstaltungen (S. 26) man meiden und welche man besuchen möchte

» Eine Reiseversicherung abschließen (S. 898)

Umgangsformen

Obwohl die Spanier recht entspannt sind, sollte man trotzdem einige Dinge beachten:

» **Begrüßung** Spanier begrüßen Fremde ebenso wie Freunde fast immer mit einem Kuss auf die Wange, Männer untereinander tun dies aber nur, wenn sie eng befreundet sind, und bei Ausländern verzichten die Spanier vielleicht darauf. Zur Begrüßung sagt man „*Hola, buenos días*" und am Nachmittag oder Abend „*Hola, buenas tardes*".

» **Essen & Trinken** Spanische Kellner erwarten nicht, dass man sich jedes Mal bedankt, wenn sie einem etwas bringen. In formloseren Bars und Restaurants sollte man sein Besteck zwischen den Gängen behalten.

» **Höflichkeiten** Wenn man jemandem Platz macht, darf man nicht mit einen Dank rechnen.

» **Kirchenbesuche** Der Kirchenbesuch von Touristen während der Messe und anderer Gottesdienste gilt als unhöflich. Zu diesen Zeiten sollte man auf keinen Fall Fotos machen.

» **Rolltreppen** Immer rechts stehen, damit andere links vorbeigehen können (das gilt besonders für die Metrostationen in Madrid und Barcelona).

Trinkgeld

» **Wann sollte man Trinkgeld geben?**
In Restaurants wird Trinkgeld erwartet (allerdings keineswegs überall), ansonsten liegt dies immer im Ermessen des Kunden.

» **Restaurants** Viele Spanier lassen etwas vom Wechselgeld da, andere geben bis zu 5 % (gilt als großzügig).

» **Taxis** Nach Belieben, wobei Einheimische meist einfach auf den nächsten Euro aufrunden.

» **Bars** In einer Bar wird selten Trinkgeld gegeben (obwohl das Wechselgeld oft auf einem kleinen Teller gebracht wird).

Geld

Fast überall in Spanien kann man mit EC- oder Kreditkarte bezahlen, allerdings oft gegen einen Mindestbetrag von 5 oder 10 €. Visa und MasterCard werden eigentlich immer akzeptiert, American Express häufig, wenn auch nicht grundsätzlich, Diners Club seltener. Beim Bezahlen mit Kreditkarte ist meist ein Ausweis mit Foto erforderlich, etwa der Personalausweis oder Führerschein. Dies gilt auch für Chipkarten, bei denen eine PIN eingegeben werden muss. Geldautomaten stehen an nahezu jeder Ecke. Viele akzeptieren internationale Kreditkarten und Debitkarten zur Bargeldauszahlung; auf dem Display ist abgebildet, welche Karten benutzt werden können. Nicht vergessen: Für Bargeldauszahlungen im Ausland wird in der Regel eine Gebühr von ca. 1,5 bis 2 % verlangt, deshalb sollte man sich bei seiner Hausbank erkundigen, ob bestimmte spanische Banken besonders niedrige Beiträge erheben.

Was gibt's Neues?

Für diesen Band haben sich unsere Autoren auf die Suche nach allem begeben, was neu, spannend und angesagt ist. Hier nun ihre persönlichen Highlights. Noch aktuellere Infos gibt's unter www. lonelyplanet.com/spain.

Barcelona erfindet sich neu

1 Stierkämpfe sind out, Meisterkoch Ferran Adrià hat ein neues Restaurant eröffnet, Gaudís Palau Güell ist nach zwei Jahrzehnten wieder zugänglich, es gibt neue Museen und neue kulturelle Zentren von La Ribera bis El Raval ... Was soll man sagen – das ist Barcelona (S. 245)!

Museo del Prado, Madrid

2 Der Prado hat jetzt nicht nur sieben Tage die Woche geöffnet, sondern besitzt auch eine fast perfekte Kopie der *Mona Lisa* aus dem Atelier von Leonardo da Vinci (S. 82).

Santiagos Guggenheim

3 Die 2011 eröffnete Cidade da Cultura de Galicia ist Galiciens großartige Antwort auf Bilbaos Guggenheim-Museum. Sie verfügt über große Veranstaltungs- und Ausstellungsbereiche sowie die Bibliothek und das Archiv von Galicien (S. 530).

Ein neues Zuhause für die Archäologie

4 Nach seinem achtjährigen Umbau wird Oviedos Museo Arqueológico de Asturias dem archäologischen Erbe des Landes voll gerecht. Es behandelt von prähistorischer Höhlenmalerei bis zum mittelalterlichen Königreich mehrere Jahrtausende der spanischen Geschichte (S. 496).

Metropol Parasol, Sevilla

5 Sevillas riesige „fliegende Waffel" verleiht dem traditionellen Stadtkern modernen Stil. Wie erwartet entbrannten hitzige Diskussionen um das Bauwerk, die auch heute noch nicht ganz verstummt sind (S. 699).

Museo Carmen Thyssen, Málaga

6 Auf nach Málaga! Andalusiens aufstrebende Kunsthauptstadt hat ein weiteres Highlight zu ihren Museen mit spanischer und andalusischer Kunst aus dem 19. Jh. hinzugefügt (S. 750).

El Pabellon de la Navegación, Sevilla

7 Ein neues architektonisches Wahrzeichen am Ufer des Río Guadalquivir in Sevilla. Das Museum mit Ausstellungsfläche beschäftigt sich mit der uralten Beziehung der Stadt zum Meer (S. 701).

Ein Stiermuseum

8 Pamplonas neues Museo del Encierro zeigt eine 3D-Nachstellung des berühmten Stierlaufs und kinderfreundliche Ausstellungen (S. 459).

Unesco-Welterbe in Spanien

9 2011 wurde Mallorcas Serra de Tramuntana zur Unesco-Welterbestätte erklärt. Ein Jahr zuvor kamen der Flamenco und die Mittelmeerdiät auf die Liste des immateriellen Kulturerbes (S. 649).

Toledos Alcázar

10 Wir haben viele Jahre auf die Wiedereröffnung des Alcázar von Toledo, eines der beeindruckendsten Bauwerke auf dem spanischen Festland, gewartet. Die Burg beherbergt das beste Militärmuseum des Landes und ihre Architektur ist etwas ganz Besonderes (S. 217).

Wie wär's mit …

Kunstmuseen

Spaniens Kunsttradition zählt zu den vielfältigsten in Europa. Sie wird von der königlichen Familie gefördert, dank der auch Werke von Künstlern aus ganz Europa ein Zuhause in Spanien fanden, sodass es hier sehr abwechslungsreiche Museen gibt.

Museo del Prado, Madrid Tolle Sammlung (S. 82)

Centro de Arte Reina Sofia, Madrid Picassos *Guernica*, Dalí und Miró (S. 78)

Museo Thyssen-Bornemisza, Madrid Gemälde von vielen europäischen Meistern (S. 83)

Museo Picasso Málaga Mehr als 200 Werke von Picasso, dem Lieblingssohn Málagas (S. 749)

Museu Picasso, Barcelona Konkurrenzlose Sammlung aus Picassos jungen Jahren (S. 259)

Teatre-Museu Dalí, Figueres Skurril und wundervoll (S. 341)

Museo Guggenheim, Bilbao Vorzeigearchitektur und erstklassige moderne Kunst (S. 425)

Museo de Bellas Artes, Valencia Beeindruckende Galerie mit großen Namen (S. 588)

Cidade da Cultura de Galicia, Santiago de Compostela Galiciens erstaunliche Antwort auf das Guggenheim-Museum (S. 530)

Islamische Architektur

Spanien wurde fast 700 Jahre von Muslimen beherrscht, die hier die schönste islamische Architektur in ganz Europa hinterließen. Bedeutende Zeugnisse dieser Zeit entdeckt man im früheren maurischen Zentrum Al-Andalus (Andalusien), vor allem in den Unesco-Welterbestätten Granada, Córdoba und Sevilla.

Alhambra, Granada Denkmal der Extravaganz von Al-Andalus (S. 776)

Mezquita, Córdoba Die Moschee ist ein Meisterwerk islamischer Baukunst (S. 767)

Albaicín, Granada Altes maurisches Viertel (S. 778)

Alcázar, Sevilla Exquisite Details in einem perfekt proportionierten Ganzen (S. 697)

Giralda, Sevilla Das Minarett ist eines der höchsten Bauwerke Sevillas (S. 693)

Aljafería, Zaragoza Ein seltenes maurisches Juwel im Norden (S. 388)

Alcazaba, Málaga Palastartige Festung aus dem 11. Jh. (S. 749)

Teruel Eine herrliche Sammlung von Monumenten im Mudejarstil zeugt vom islamischen Einfluss (S. 413)

Römische Ruinen

Spanien oder Hispanien, wie es einst hieß, war fast 500 Jahre lang Teil des Römischen Reiches und wartet deshalb mit außergewöhnlichen Bauwerken auf. Die ihrem Schicksal überlassenen Stätten auf dem Land zeugen von dieser epischen Vergangenheit.

Mérida Die weitläufigsten römischen Ruinen des Landes (S. 829)

Tarragona Große öffentliche Bauwerke erheben sich neben neuen Gebäuden (S. 376)

Segovia Voller beeindruckender römischer Aquädukte (S. 166)

Lugo Spaniens am besten erhaltene römische Mauern umschließen diesen galicischen Ort (S. 565)

Itálica Iberias älteste römische Stadt verfügt über ein schönes Amphitheater (S. 710)

Baelo Claudia, Bolonia Ein bis heute intakter römischer Ort mit Blick auf Afrika (S. 741)

Zaragoza Ein schönes Theater, ein hervorragend restauriertes Forum und ein ehemaliger Binnenhafen (S. 386)

Villa Romana La Olmeda Spaniens am besten erhaltene römische Villa wartet mit exquisiten Mosaikböden auf (S. 190)

» Bilbaos Museo Guggenheim (S. 425) wurde von Frank Gehry entworfen

Kathedralen

Die Bedeutung des Katholizismus für die spanische Identität ist immens. Kathedralen sind das spirituelle Zentrum vieler Städte, in denen der tiefe Glauben zahlreiche architektonische Stilrichtungen hervorgebracht hat. Sie verkörpern die Geschichte des Landes.

La Sagrada Família, Barcelona Gaudís unvollendetes Meisterwerk erhebt sich wie eine Erscheinung über Barcelona (S. 265)

Catedral de Santiago de Compostela Eine der heiligsten und schönsten Stätten in Spanien mit einer außergewöhnlichen Fassade (S. 527)

Catedral de León Perfekt proportionierte, beeindruckende Buntglasfenster (S. 189)

Catedral de Burgos Gotischer Höhepunkt mit Legenden von El Cid (S. 197)

Catedral Nueva & Catedral Vieja, Salamanca Gotische und römische Sandsteinpracht (S. 156)

Catedral de Toledo Extravagantes Zeugnis der Macht des katholischen Spaniens (S. 216)

Capilla Real, Granada Eine gotische Fantasie neben der Hauptkathedrale und eine christliche Antwort auf die Alhambra (S. 779)

Strände

Spaniens Strände ziehen jeden Sommer Millionen ausländische und einheimische Touristen an, trotzdem ist es nach wie vor möglich, ursprüngliche, einsame Ecken zu entdecken. Man muss nur wissen, wo man suchen muss.

Cabo de Gata, Almería Die Schönheit des Cabo de Gata erinnert an die einstige Wildheit der andalusischen Küste (S. 805)

Costa de la Luz, Andalusien Ein unversehrter Sandstreifen an dem herrlichen Küstenabschnitt zwischen Tarifa und Cádiz (S. 738)

Playa de la Concha, San Sebastián Einer der tollsten Stadtstrände der Welt (S. 438)

Menorca Die Balearen erleben, wie sie früher einmal waren, und verstehen, warum hier der Massentourismus einzog (S. 657)

Rías Altas, Galicien Spaniens atemberaubendste Küste mit Klippen und abgelegenen Stränden (S. 542)

Costa Brava Rauer Küstenabschnitt mit vom Wind umpeitschten Klippen, unberührten versteckten Buchten und weiten Sandstränden (S. 313)

Nachtleben

Die scheinbar endlosen Nächte sind eines der Symbole des spanischen Lebens. Für Partygänger gibt's eine große Auswahl, die von schicken Cocktailbars über Strand-*chiringuitos* (Bars) bis zu Clubs und Freiluft-*terrazas* (Straßencafés) reicht.

Ibiza Europas legendärstes Club- und Chill-out-Zentrum (S. 677)

Madrid Bars, Clubs, Livemusik und Party ohne Ende (S. 128)

Valencia Die Atmosphäre im Barrio del Carmen ist in ganz Spanien berühmt (S. 598)

Barcelona Glamouröse und lässige Ausgehmöglichkeiten für ein internationales Publikum (S. 296)

Salamanca Mit zahlreichen Studenten unter lichtüberfluteten Renaissancebauwerken feiern (S. 160)

Zaragoza In dieser Stadt mit den fabelhaften Tapas-Bars und Kneipen, die nach Mitternacht erst so richtig aufdrehen, schlägt das Herz Aragoniens (S. 391)

Cádiz In den Nächten zeigt sich der andalusische Sommer von seiner schönsten Seite: Er steht für eine lässige und freundliche Atmosphäre in den Straßen (S. 723)

Wie wär's mit ... unberührten Küsten? Galiciens Atlantikküste, besonders die Costa da Morte (S. 535), besticht durch ihre wilde Schönheit

Wie wär's mit ... Flamenco? Sevilla ist der beste Ort für Flamenco-Shows (S. 707)

Spanisches Essen

Für Spanier ist das Essen eine echte Obsession. Sowohl die Küchenchefs als auch ihr Publikum probieren gern etwas Neues, achten dabei aber darauf, sich nie zu weit von ihrer kulinarischen Tradition zu entfernen, die eine der vielfältigsten in Europa ist.

Pintxos in San Sebastián Spaniens Gourmethauptstadt hat die besten *pintxos* (baskische Tapas; S. 446) und mehr Michelin-Sterne als Paris

Paella in Valencia Im Geburtsort der Paella bekommt man die authentischste Version mit Hühnchen, Bohnen und Kaninchen (S. 597)

Katalanische Küche in Barcelona Barcelona ist die Heimat der legendären katalanischen Küche und der besten Märkte des Landes (S. 291)

Tapas in La Latina, Madrid In diesem *barrio* (Stadtviertel) gibt's die leckersten Tapas Spaniens (S. 120)

Meeresfrüchte in Galicien Oktopus und andere Meeresbewohner aus dem Atlantik (Lust auf Entenmuscheln?) sind ein pures kulinarisches Vergnügen (S. 532)

Spanischer Wein

In vielen Regionen haben die spanischen Weine ihre internationalen Konkurrenten verdrängt, denn die Einheimischen genießen lieber die landeseigenen Tropfen. La Rioja ist die Königin der hiesigen Anbaugebiete, wobei es noch zahlreiche weitere gute Gegenden gibt.

La Rioja Bodegas, Museen und Weinberge bis zum Horizont (S. 473)

Ribera del Duero Spaniens zweitbeliebtestes Weinbaugebiet (S. 207)

Cava-Bodegas, Weinland Penedès Die prickelnden Tropfen sind das liebste Weihnachtsgetränk der Spanier (S. 373)

Sherry-Bodegas, El Puerto de Santa María In der Sherry-Hauptstadt der Welt erwarten einen jede Menge Bodegas (S. 725)

Cidre aus Asturien Viele Einheimische schwören auf das aus großer Höhe eingeschenkte Getränk (S. 499)

Somontano, Aragonien Eine der meistunterschätzten Weinregionen (S. 410)

Zalacaín, Madrid Das gehobene Restaurant hat rund 35 000 Flaschen und 800 verschiedene Weine im Angebot (S. 123)

Wandern

Spanien ist eines der schönsten Wanderziele Europas mit vielfältigen Landschaften, die von den Pyrenäen im Norden bis zu den friedlichen Hügeln und Tälern im Süden reichen. Als bester Ausgangspunkt für Wandertouren gelten die wunderbaren Naturschutzgebiete.

Parque Nacional de Ordesa y Monte Perdido Die Pyrenäen von ihrer spektakulärsten Seite (S. 401)

Parc Nacional d'Aigüestortes i Estany de Sant Maurici Auch in Katalonien zeigen die Pyrenäen ihre ganze Pracht (S. 357)

Jakobsweg Die Tour auf einem der berühmtesten Wanderwege der Welt kann mehrere Tage oder Wochen in Anspruch nehmen (S. 45)

Picos de Europa Zerklüftete Gipfel und steile Pfade führen vom Golf von Biskaya landeinwärts (S. 512)

Serra de Tramuntana Die besten Wanderwege der Balearen erstrecken sich entlang der Westküste Mallorcas (S. 649)

Sierra Nevada Wilde Tiere und herrliche Ausblicke im Schatten von Spaniens höchstem Berg auf dem Festland (S. 787)

Sierra de Grazalema Weiße Dörfer und steile Berge in Andalusien (S. 735)

Monat für Monat

Top-Events

1 **Semana Santa (Karwoche)**, März oder April

2 **Las Fallas**, März

3 **Bienal de Flamenco**, September

4 **Carnaval**, Februar oder März

5 **Feria de Abril**, April

Januar

In den Skigebieten der Pyrenäen im Nordosten und der Sierra Nevada nahe Granada im Süden herrscht Hochbetrieb. Die Schulferien dauern etwa bis zum 8. Januar, deshalb sollte man seine Unterkunft vorab buchen.

Heilige Drei Könige

Der Día de los Reyes Magos (Tag der Heiligen Drei Könige) – oder einfach Reyes – am 6. Januar ist der Lieblingstag der spanischen Kinder. Am Vorabend verkleiden sich in vielen Städten drei lokale Politiker als die Weisen des Morgenlandes und führen den Umzug der Cabalgata de Reyes durch das Ortszentrum an, bei dem massenweise Süßigkeiten verteilt werden.

Februar

Oftmals der kälteste Monat in Spanien. Vor allem im Norden und in Inlandgebieten wie Madrid nähern sich die Temperaturen dem Gefrierpunkt. Wer zu den Karnevalsfeiern anreist, muss für seine Unterkunft in Cádiz, Sitges und Ciudad Rodrigo mit Preisaufschlägen rechnen.

Das Leben ist ein Karneval

Der Carnaval endet 47 Tage vor dem Ostersonntag und ist ein verrücktes Vergnügen mit Paraden sowie verschiedenen Festivitäten. Am wildesten geht's in Cádiz (S. 722), Sitges (S. 371) und Ciudad Rodrigo (S. 162) zu. Mit besonders kuriosen Feierlichkeiten warten Vilanova i La Geltrú und Solsona auf.

Rückkehr ins Mittelalter

In Teruel, einer der kältesten Ecken Spaniens, legen die Einwohner ihre moderne Kleidung ab und lassen während der Fiesta Medieval (S. 415) mit Märkten, Essensständen und der Aufführung einer örtlichen Liebessage das Mittelalter aufleben.

Messe für moderne Kunst

Eine der größten europäischen Messen für zeitgenössische Kunst, Madrids Feria Internacional de Arte Contemporánea (Arco; S. 111), zieht Aussteller und Besucher aus der ganzen Welt an. Sie bildet einen spannenden Gegensatz zu den alten Meistern, die in den Museen der spanischen Hauptstadt zu sehen sind.

März

Mit der Ankunft des Frühlings kommen auch wärmere Temperaturen. Nun schütteln die Spanier den Winterblues ab und träumen von einem Sommer am Strand.

Las Fallas

Bei diesem außergewöhnlichen Fest wird mehrere Nächte hindurch getanzt und getrunken. Vom 15. bis zum 19. März gibt's zudem erstklassige Feuerwerke und Prozessionen. Wichtigster Veranstaltungsort ist Valencia (s. Kasten S. 599). Dort kulminieren die Feierlichkeiten in der rituellen Verbrennung von Figuren.

April

Der spanische Frühling zeichnet sich durch sprießende Wildblumen und ein beeindruckendes Osterfest aus. Da die

Schulferien in diesen Monat fallen, ist etwas Planung nötig (man muss z. B. im Voraus buchen), aber dafür handelt es sich um eine wunderbare Zeit, um das Land zu besuchen.

Semana Santa (Karwoche)

Ostern gibt's Umzüge mit *pasos* (Heiligenfiguren), verhüllten Büßern und riesigen Menschenmengen. Besonders extravagant wird in Sevilla (S. 702), Málaga (S. 752), Córdoba, Toledo (S. 216), Ávila (S. 147), Cuenca (S. 234), Lorca (S. 638) und Zamora (S. 181) gefeiert.

Totentanz

Die Dansa de la Mort am Gründonnerstag im katalanischen Dorf Verges (s. Kasten S. 324) ist ein schauriges Erlebnis. Im Zentrum der österlichen Feierlichkeiten steht der nächtliche Tanz der als Skelette verkleideten Gestalten.

Los Empalaos

Villanueva de la Vera im Nordosten der Extremadura wird am Gründonnerstag zum Schauplatz einer außergewöhnlichen Darbietung. Vielen Zuschauern stockt angesichts der Hingabe und der selbst zugefügten Leiden der barfüßigen Büßer der Atem. Mehr dazu siehe Kasten S. 824.

Moros y Cristianos (Mauren & Christen)

Farbenfrohe Paraden und Schaukämpfe zwischen christlichen und muslimischen „Armeen" machen dieses Ende April in Alcoy (s. Kasten S. 623) stattfindende Fest zu einem der spektakulärsten Events in den Provinzen Valencia und Alicante.

Feria de Abril (Aprilfest)

Andalusiens größtes Volksfest ist eine einwöchige Party (S. 702), die in der zweiten Aprilhälfte in Sevilla gefeiert wird. Tagsüber sieht man viele *sevillanos* auf ihren Pferden und in aufwendig geschmückten Kutschen, abends kann man sie in festlichen traditionellen Trachten beim Tanz bewundern.

Feria del Queso (Käsemesse)

Das mittelalterliche Trujillo (S. 815) in der Extramadura ist am letzten Aprilwochenende (manchmal auch Anfang Mai) Gastgeber einer Messe mit Käsesorten aus ganz Spanien.

Romería de la Virgen

Am letzten Sonntag im April pilgern Hunderttausende zum Santuario de la Virgen de la Cabeza unweit von Andújar in der Provinz Jaén. Unter leidenschaftlicher Anteilnahme wird hier eine kleine Statue der Jungfrau Maria zur Schau gestellt.

Mai

In dieser herrlichen Zeit ist das Land mit großflächigen Teppichen aus Wildblumen bedeckt und das Wetter kann sich schon so anfühlen, als ob der Sommer vor der Tür steht. In Jerez de la Frontera findet mit der Feria de Caballo eines der berühmtesten Festivals Spaniens statt. Seine Unterkunft muss man allerdings Wochen, wenn nicht gar Monate Im Voraus buchen.

Feria del Caballo (Pferdefest)

Das farbenfrohe Spektakel (S. 731) in Jerez de la Frontera, Andalusiens Hauptstadt der Pferde, ist eines der prächtigsten Feste Andalusiens. Zu diesem Anlass gibt's Paraden, Pferdeshows sowie jede Menge Musik und Tanz.

World Music in Cáceres

Drei Tage lang wird Cáceres vom musikalischen Wirbel des Womad-Festivals (World of Music, Arts and Dance; S. 812) beherrscht. Auf den Bühnen und mittelalterlichen Plätzen der Stadt treten Künstler aus der ganzen Welt auf.

Öffnung von Córdobas Innenhöfen

Viele der schönen privaten Innenhöfe Córdobas sind während des Concursos de Patios Cordobeses (S. 770) zwei Wochen lang öffentlich zugänglich. Eine seltene Gelegenheit, die ansonsten verborgene Seite der Stadt zu sehen – frisch gestrichen und blumenübersät.

Muslimische Piraten

Sóller im Norden Mallorcas wird Anfang Mai von muslimischen Piraten überfallen. In der darauffolgenden Schlacht zwischen den Einwohnern und Eindringlingen (s. Kasten S. 653), die als Es Firó bekannt ist, wird ein berüchtigter (und erfolgloser) Angriff auf die Stadt im 16. Jh. nachgespielt.

Fiesta de San Isidro

Madrids größte Fiesta (S. 111) lässt den Schutzheiligen der Stadt mit Stierkämpfen, Umzügen und Konzerten hochleben. Die Einwohner tragen traditionelle Kleidung und manche Ereignisse wie die Stierkampfsaison dauern einen ganzen Monat.

Juni

Nun schüttelt auch der Norden die Winterkälte ab und der Jakobsweg füllt sich. Im Süden wird es immer wärmer und die Badeorte an der Küste rüsten sich für den sommerlichen Ansturm.

Romería del Rocío

An Pfingsten, dem siebten Wochenende nach Ostern, ziehen bis zu einer Million Gläubige in einem festlichen Pilgerzug zum Schrein der Jungfrau in El Rocío (s. Kasten S. 715). Hier zeigt sich die katholische Tradition Andalusiens von ihrer merkwürdigsten und zugleich faszinierendsten Seite.

Fronleichnam

Am Donnerstag der neunten Woche nach Ostern (im Mai oder im Juni) finden in Toledo (S. 221) und anderen Städten religiöse Prozessionen und Feiern statt. Die wohl seltsamste dieser Feierlichkeiten ist das traditionelle Babyspringen in Castrillo de Murcia (s. Kasten S. 204).

Lagerfeuer & Feuerwerk

Zur Mittsommernacht gibt's am Vorabend der Fiesta de San Juan (24. Juni; Dia de Sant Joan) Lagerfeuer und Feuerwerk, umherschlendernde Riesen und andere Figuren, vor allem entlang der Mittelmeerküste, etwa in Barcelona (S. 287) und Ciutadella auf Menorca, wo man auf zahlreichen Paraden großartige Reiterkunststücke erleben kann.

Electronica-Festival

Barcelonas zweitägiges Sónar-Festival (S. 287) ist der elektronischen Musik gewidmet und zieht jede Menge Künstler und Zuschauer aus der ganzen Welt an. Die Termine variieren jedes Jahr.

Weinschlacht

Am 29. Juni findet in Haro, einer der führenden Weinstädte in La Rioja, die Batalla del Vino (S. 474) statt. Dabei wird in einem der chaotischsten Schaukämpfe Spaniens reichlich Wein verschüttet. Eine Pause gibt's nur, um gelegentlich einen Schluck von dem edlen Rebensaft zu trinken.

Juli

Die Temperaturen in Andalusien und großen Teilen des Landesinneren können ins schier Unerträgliche steigen, doch für den Strand ist jetzt die richtige Zeit. Darüber hinaus gilt der Juli als einer der besten Monate für eine Wanderung in den Pyrenäen.

Festival Internacional de la Guitarra

Auf diesem ausgezeichneten internationalen Gitarrenfestival (S. 771), Córdobas Beitrag zu Spaniens beeindruckender Liste musikalischer Events, reicht das Spektrum von Flamenco über Klassik bis zu Rock und Blues. Die Spitzenkünstler treten abends in den Gärten des Alcázar auf.

Stierlauf

Die Fiesta de San Fermín (Sanfermines) ist ein einwöchiges Festival in Pamplona (s. Kasten S. 458), bei dem rund um die Uhr gefeiert wird. Im Mittelpunkt steht der tägliche *encierro* (Stierlauf). Dabei kann viel passieren, allerdings endet das Ganze nur selten gut für die Tiere. Das Gegenevent, ein Nacktrennen, findet zwei Tage früher statt.

Festival de Ortigueira

Selbst aus dem fernen Nova Scotia reisen Gruppen an, um während dieses Musikfestivals (s. Kasten S. 546) in Galicien ihre keltischen Wurzeln gemeinsam mit den *gallegos* (Galicier) zu feiern – natürlich mit Dudelsack und Fiedel.

Día de la Virgen del Carmen

Um den 16. Juli herum wird in vielen Küstenstädten, insbesondere in einigen Teilen Andalusiens, die Figur der Schutzpatronin der Fischer in die Fluten getragen oder in einer Prozession kleiner Boote über das Meer gebracht.

Tag des heiligen Jakobus

Der Día de Santiago, Tag des spanischen Nationalheiligen, wird in Santiago de Compostela (S.530), Galicien, auf spektakuläre Weise gefeiert. In der Stadt, die nun die beiden festlichsten Wochen des Jahres erlebt, wimmelt es zu dieser Zeit von Pilgern.

Festival Internacional de Jazz e Blues de Pontevedra

Ende Juli treten in der hübschen galicischen Stadt Pontevedra (S. 550) erstklassige Jazz- und Bluesmusiker auf. In den Tagen vor dem internationalen Event finden Konzerte lokaler Bands statt.

Festival Internacional de Benicàssim

Vor allem im Sommer gibt's zahlreiche Open-Air-Musikfestivals, die große Namen aus dem In- und Ausland anlocken. Das in Benicàssim (S. 604), Provinz Valencia, zählt zu den ältesten und besten.

August

Spanier und europäische Urlauber strömen in Scharen an das Mittelmeer. Der Nordwesten bietet einen abwechslungsreicheren Sommer, wobei das Wetter hier unvorhersehbar sein kann.

Festival del Teatro Clásico

In Mérida (S. 832), Extremadura, werden im einzigartigen römischen Theater sowie im Amphitheater klassische Stücke des antiken Griechenlands und Roms und gelegentlich auch „jüngerer" Dramatiker wie William Shakespeare gespielt. Die Aufführungen sind vor allem an Abenden im Juli und August zu sehen.

Noch mehr muslimische Piraten

Pollença (S. 654) im Nordwesten Mallorcas dient während der Festes de la Patrona als Kulisse für einen heißblütigen Schaukampf zwischen einfallenden muslimischen Piraten und Einwohnern der Stadt. Der Prozession am Nachmittag und dem Kampf in den Straßen geht eine ausgelassene Nacht voran.

La Tomatina

Die gewaltige Tomatenschlacht (s. Kasten S. 602) Ende August in Buñol dürfte wohl eines der schmierigsten Events des ganzen Landes sein: Tausende Teilnehmer bewerfen sich in nur etwa einer Stunde mit rund 100 Tonnen Tomaten!

Alles rund um Käse

Nach Arenas de Cabrales (S. 518) am Fuße der Picos de Europa kommen Käseliebhaber zum Probieren, Herstellen und Bewerten. In dieser Gegend lebt man regelrecht für den Käse und den Cidre – beides gibt's hier im Überfluss.

Cidre-Festival

Die Fiesta de la Sidra Natural in Gijón (S. 502) verleiht der asturischen Leidenschaft für *sidra* Ausdruck. Neben Konzerten gibt's sogar einen jährlichen Weltrekordversuch für die größte Zahl an Personen, die gleichzeitig an einem Ort Cidre trinken.

September

In diesem Monat kehren die Spanier nach einem scheinbar endlosen Sommer zur Arbeit zurück. Meistens bleibt es noch bis mindestens Ende September angenehm warm – ein Umstand, den zahlreiche Festivals nutzen.

Bienal de Flamenco

Flamenco-Festivals finden in Spanien zwar das ganze Jahr über statt, doch dieses ist zweifellos das berühmteste. In den geraden Jahren wird es in Sevilla (S. 702) veranstaltet und in den ungeraden in Málaga. Es bringt die berühmtesten Künstler des Genres auf die Bühne.

Fiesta de la Virgen de Guadalupe

Die schöne Stadt Guadalupe in der Extremadura feiert die Heilige Jungfrau auf ihre Art (S. 818). An den Abenden des 6. und 8. Septembers – dem regionalen Feiertag der Extremadura – wird in einer Prozession eine Marienstatue durch die Straßen getragen.

Feria de Pedro Romero

Die Ehrung von Pedro Romero, einer der Legenden des Stierkampfs, bietet den Einwohnern von Ronda einen guten Grund, mehrere Wochen lang zu feiern (S. 761). Zu den Höhepunkten gehören ein Flamenco-Festival, ein ungewöhnliches Stierkampfprogramm und zahlreiche nächtliche Partys.

Weinlese in La Rioja

Logroño ehrt den Gedenktag des heiligen Matthäus (Fiesta de San Mateo) sowie die jährliche Weinlese (S. 470) mit Zeremonien des Traubentretens und einer Menge Gelegenheiten, die edlen Tropfen zu kosten.

Festes de la Mercè

Barcelona feiert das Ende des Sommers mit vier Tagen voller Paraden, Konzerten, Theateraufführungen, Feuerläufen und mehr (S. 287). Ein Besuch der Stadt macht immer Spaß, aber dieses Fest ist wirklich etwas ganz Besonderes.

Filmfestival in San Sebastián

Es ist vielleicht nicht gerade Cannes, doch dieses zweiwöchige Event in San Sebastián (S. 443) gilt als eines des wichtigsten europäischen Filmfestivals. Bereits seit 1957 wird es jedes Jahr in der zweiten Septemberhälfte ausgerichtet.

Römer & Karthager

Während der Fiesta Carthagineses y Romanos (S. 634) in der zweiten Septemberhälfte verkleiden sich Cartagenas Einwohner, um eine Schlacht der Antike nachzuspielen. Es ist einer der originelleren vieler Schaukämpfe in Spanien, die an die Vergangenheit erinnern sollen.

Oktober

Der Herbst in Spanien kann einfach wunderbar sein. Normalerweise sind die Temperaturen im ganzen Land noch mild, allerdings kündigt sich in den zentralen und nördlichen Landesteilen manchmal schon der Winter an.

Día de Nuestra Señora del Pilar

Am 12. Oktober mischen sich in Zaragoza Gläubige mit Hedonisten, um das Festival zu Ehren der Heiligen Jungfrau der Säule (S. 389) zu feiern. Der Pfeiler, an dem sie erschienen sein soll, befindet sich in der Kathedrale, doch ein Großteil der Festivitäten spielt sich in den umliegenden Bars ab.

Fiesta de Santa Teresa

Das zehntägige Fest rund um den Gedenktag der Schutzheiligen von Ávila (S. 150) ehrt Teresa mit Prozessionen, Konzerten und Feuerwerk. Hinter den mittelalterlichen Mauern der Stadt wird der mächtige Personenkult um Ávilas berühmteste Tochter zum Leben erweckt.

November

Der November ist kühl und ruhig – jetzt bleibt der Veranstaltungskalender recht leer. Normalerweise wird in diesem Monat die Skisaison in den Pyrenäen sowie in der Sierra Nevada eröffnet.

Festival Jazz Madrid

Das zunehmend prestigeträchtige Festival (S. 112), eines der beiden jährlichen Events dieser Art in Madrid (das andere ist im Frühling), findet in berühmten Jazzclubs und größeren Theatern statt.

La Matanza

Eine der makabersten Veranstaltungen in Andalusien ist die Schlachtung der Schweine im November, bekannt als *la matanza*. Traditionell beginnt sie am 11. November, dem Martinstag. Die fröhliche Angelegenheit wird in vielen Bergdörfern von massenhaft Essen und Trinken begleitet.

Reise-routen

Die folgenden Routen dienen als Orientierungshilfen für eine unvergessliche Reise, egal ob man sechs oder 60 Tage zur Verfügung hat. Mehr Inspirationen gefällig? Auf www.lonelyplanet.de/forum kann man sich mit anderen Travellern austauschen.

Zwei Wochen

Die große Tour

Viele Traveller beginnen ihre Reise in **Barcelona**, Spaniens zweitgrößter Stadt und einem der coolsten Orte überhaupt. Hier heißt es Architektur entdecken und Küche genießen, bevor es per Bahn hinunter an die Küste nach **Valencia** geht, wo man sich eine weitere Dosis Nachtleben gönnt und die hypermoderne Ciudad de las Artes y las Ciencias besucht. Mit dem Schnellzug erreicht man die Hauptstadt **Madrid**, die mit einem unwiderstehlich dynamischem Straßenleben und der weltweit höchsten Konzentration an Kunstmuseen bezaubert. Von dort bietet sich ein Tagesausflug in das hübsche mittelalterliche **Toledo** und/oder ins malerisch gelegene **Segovia** mit seiner märchenhaften Burg und einem römischen Aquädukt an. Anschließend nimmt man einen weiteren Hochgeschwindigkeitszug nach Andalusien. Im Herzen des einst maurischen Südens warten **Córdoba** und seine Mezquita aus dem 7. Jh. Auch im charmanten **Sevilla** erinnern fantastische Tapas, toller Flamenco und islamische Bauten an vergangene Jahrhunderte. Zu guter Letzt das Beste: **Granada**, ehemalige Hauptstadt des maurischen Al-Andalus mit der imposanten Alhambra, dem stimmungsvollen Albayzín, und einer vielfältigen Gastronomie.

Drei bis vier Wochen

Andalusisches Abenteuer

In **Málaga** – Ausgangspunkt für alle Andalusienbesucher, die per Flugzeug nach Spanien kommen – steht als Erstes das Museo Picasso auf dem Programm. Nördlich der Stadt lockt **Antequera** mit seiner bemerkenswerten Mudejararchitektur, weiter östlich **Granada**, die erste der drei andalusischen Städte (neben Sevilla und Córdoba), deren Sehenswürdigkeiten zum Unesco-Welterbe gehören. Hier kann man die einzigartige Alhambra und die goldene Capilla Real bewundern und einen Streifzug durch das mittelalterliche maurische Viertel Albayzín unternehmen. Ein Abstecher Richtung Südosten führt zu den Tälern der **Las Alpujarras** mit ihrer wunderschönen Berglandschaft und den im nordafrikanischen Stil erbauten Dörfern. Wer genug Zeit und Energie mitbringt, erkundet die Gegend zu Fuß. Noch weiter im Südosten liegen das charmante **Almería** und **Cabo de Gata**, das mit einer der malerischsten Küstenlandschaften des spanischen Mittelmeers beeindruckt und einen wohltuenden Kontrast zu der ansonsten stark bebauten Region bildet.

Anschließend geht's wieder zurück nach Granada und von dort nach **Córdoba** mit der wunderbaren Mezquita und der bezaubernden *judería* (jüdisches Viertel). Nächster Stopp ist **Sevilla**, das Herz Andalusiens. Die Stadt wartet mit grandiosen Bauwerken wie dem Alcázar und der Kathedrale, einer köstlichen Küche und mitreißenden Flamenco-Shows auf. In **Jerez de la Frontera** erlebt man noch mehr Flamenco sowie andalusische Reitkunst. **Cádiz** gilt als älteste Siedlung Europas und Partymetropole, besonders zu Karneval. Eines der hübschesten Bergdörfer der Gegend ist das auf einem Fels thronende **Arcos de la Frontera**, ein Paradebeispiel für Andalusiens *pueblos blancos* (weiße Dörfer). Nach einem Ausflug hierher geht's Richtung Osten auf ruhigen Landstraßen durch hübsche Dörfer und entlang der Bergpfade des **Parque Natural Sierra de Grazalema** bis nach **Ronda**, dessen prachtvoller, an einem steil abfallenden Felsen gelegener *parador* zu einer der besten Unterkünfte Spaniens zählt. **Vejer de la Frontera** ist ein weiteres großartiges Bergdorf. Danach entspannt man sich erst einmal an den feinen Sandstränden der **Costa de la Luz**. Den Abschluss der Reise bildet ein Abstecher ins hippe **Tarifa**, der perfekten Sommeradresse für Walbeobachtungstouren, Windsurfing und relaxte Strandtage.

Drei Wochen

Spaniens Nordwesten

Spaniens feuchte Nordküste mit ihrer schroffen, schönen Landschaft bildet vor der Kulisse der Cordillera Cantábrica ein grünes Band, das sich vom Baskenland bis nach Galicien erstreckt. Die hier beschriebene Route verläuft an der spektakulärsten und am wenigsten bebauten Küste des Landes entlang, vorbei an malerischen Dörfern, in denen kulinarische Leckerbissen warten.

San Sebastián, dessen zwei Landzungen in eine halbmondförmige Bucht übergehen, gilt als toller Ausgangspunkt für jede Spanientour. Die Altstadt ist die unumstrittene Seele der spanischen Tapas-Kultur (die Snacks werden hier *pintxos* genannt), deshalb sollte man unbedingt einen Streifzug durch die Bars unternehmen. Im weiter westlich gelegenen **Bilbao** ist das Guggenheim-Museum die Hauptattraktion. Von dort aus geht's weiter Richtung Westen an die Küste von Kantabrien und Asturien, wo man die Altstadt von **Castro Urdiales** erkunden, bei **Oriñón** surfen und in **Santander** auf der Strandpromenade herumspazieren kann. An der kantabrischen Ostküste locken das mittelalterliche **Santillana del Mar** mit kopfsteingepflasterten Straßen und **Comillas** mit seinen Jugendstilbauten. Asturiens Ostküste bereist man am besten per Zug und legt dabei Zwischenstopps in **Llanes** und **Ribadesella** ein, zwei von vielen bezaubernden Orten dieser Gegend. Als Nächstes folgt **Arriondas**, von wo aus man in die majestätischen **Picos de Europa** mit ihren schwindelerregenden Felswänden und den hervorragenden Wanderwegen gelangt. Danach geht's nach **Oviedo**, Asturiens Hauptstadt voller vorrömischer Architektur, sowie in den bedeutenden, für seinen Apfelwein bekannten Hafenort **Gijón**. Westlich davon erstrecken sich zwischen **Cudillero** und **Luarca** abgeschiedene Strände. Galiciens Küste, durchzogen von einsamen Fischerdörfern und steilen Klippen, zählt zu den eindrucksvollsten Naturlandschaften des Landes. Hier stehen Abstecher zum **Cabo Ortegal**, nach **A Coruña** und zur **Costa da Morte** auf dem Plan. Folgt man der Küstenlinie, stößt man nahe der portugiesischen Grenze auf **Pontevedra** und **Vigo**, zwei lohnenswerte Ausflugsziele. Anschließend macht man sich nach **Santiago de Compostela** auf, Pilgerstätte und galicische Vorzeigestadt, die mit einer feinen Küche und einer beeindruckenden Kathedrale aufwartet.

Wer genug Zeit mitbringt, kann das letzte Stück entlang des Camino Portugues, Teil des **Jakobswegs**, zu Fuß zurücklegen. Alternativ nimmt man den Transcantábrico-Zug.

Drei bis vier Wochen

Von den Balearen zu den Pyrenäen

Mit der Erkundung der Balearen könnte man problemlos Wochen verbringen. Die Reise beginnt im allseits beliebten Urlaubsort **Palma de Mallorca** mit seiner eindrucksvollen Kathedrale. Danach sollte man sich unbedingt Zeit für einen Ausflug abseits der Touristenpfade in die **Serra de Tramuntana** nehmen und die Dörfer der mallorquinischen Nordwestküste wie **Fornalutx** sowie die schöne Küstenlandschaft am Cap de Formentor bewundern. Hinterher geht's per Fähre nach **Ibiza** und mitten hinein in das berühmte Nachtleben, bevor **Menorca** mit seinen herrlichen Stränden im Süden auf dem Programm steht.

Hat man genug relaxt, nimmt man eine Fähre nach **Valencia**, wo man sich direkt am Meer eine Paella schmecken lassen, die eindrucksvolle Ciudad de las Artes y las Ciencias bestaunen und im Barrio del Carmen feiern kann. Als Nächstes führt die Route Richtung Nordosten an der Mittelmeerküste entlang nach **Tarragona**, einer der bedeutendsten römischen Stätten des Landes. Dann geht's entlang der Costa Brava nach **Barcelona** sowie ins Landesinnere nach **Girona** und zu Salvador Dalís fantastischem **Castell de Puból**. Auf dem Weg zurück zur Küste lohnen kurze Abstecher in hübsche Orte wie **Tossa de Mar**, **Calella de Palafrugell** oder **Tamariu**. Hinterher steuert man das Fischerdorf **Cadaqués**, Dalís wunderschönes einstiges Zuhause, an.

Nun lässt man das Mittelmeer hinter sich und macht in die Pyrenäen auf. Dabei geht's durch die spektakulären nordwestlichen Täler zum **Parc Nacional d'Aigüestortes i Estany de Sant Maurici** und in die Provinz Aragonien. Das mittelalterliche, aus Stein erbaute **Aínsa** ist das schönste vieler am Fuß der Berge gelegener Orte. Hier kann man gut ein oder zwei Tage verbringen, bevor man den **Parque Nacional de Ordesa y Monte Perdido** mit der vielleicht atemberaubendsten Berglandschaft auf der spanischen Seite des Gebirges erkundet. Die herrliche Gegend eignet sich wunderbar für Wandertouren und wartet aufgrund der limitierten Besucherzahlen mit einer wilden, unberührten Natur auf. Im Schatten schneebedeckter Gipfel geht's nun noch in das **Valle de Ansó** und das idyllische Bergdorf **Sos del Rey Católico**, dem Endpunkt der Tour.

Drei bis vier Wochen

Kastilien & Aragonien

Von **Madrid** geht's Richtung Westen zu einigen der schönsten Städte des spanischen Inlands: das von einer Stadtmauer umgebene **Ávila**, das verschlafene **Ciudad Rodrigo** und das quirlige **Salamanca**. Ein nächtlicher Spaziergang durch die belebten Straßen der dynamischen Universitätsstadt mit ihren prachtvollen beleuchteten Gebäuden im Platereskstil ist ein echtes Erlebnis. Zudem gelangt man über Salamanca in einige herrlich ursprüngliche Dörfer, beispielsweise in der unberührten **Sierra de Francia**. Zu den hübschesten Orten gehört **La Alberca**. Als Nächstes besucht man das provinzielle **Zamora**, ein romanisches Juwel, und das mittelalterliche **Puebla de Sanabria**. Die Kathedralenstädte **León** und **Burgos** liegen im Herzen Kastiliens, aber auch Orte im Osten Kastiliens wie **Covarrubias** und **Medinaceli** lohnen einen Besuch. In Aragonien stehen **Zaragoza**, eine der pulsierendsten spanischen Städte mit historischer Architektur und großartigen Tapas, das pittoreske **Daroca** im Süden und **Teruel** mit einer kleinen, dicht im Mudejarstil bebauten Altstadt auf dem Programm. Letzte Station ist das nahe **Albarracín**, eines der spektakulärsten Dörfer des Landes.

Zwei Wochen

Ganz im Westen

Weil die Extremadura zu den am wenigsten bekannten Regionen Spaniens zählt, ist sie ein umso lohnenswerteres Ziel. Die Tour beginnt in **Plasencia**. Bedeutende Gebäude, Kirchen und Klöster prägen die Stadt, die über Jahrhunderte der wichtigste Ort der Region war und als gute Basis für Abstecher in die nordöstlichen Täler dient. Als Nächstes geht's in den vogelreichen **Parque Nacional de Monfragüe** und ins zauberhafte Bergdorf **Guadalupe**, eine von einer Klosteranlage beherrschte Pilgerstätte. Westlich davon befindet sich das mittelalterliche **Trujillo** mit seinen vielen Kopfsteinpflastergassen, Kirchen und jüngeren Renaissancebauten. Nach einer kurzen Fahrt erreicht man das noch weiter westlich gelegene ockerfarbene, mittelalterliche **Cáceres** mit einer quirligen Studentenszene. Im Süden beeindruckt **Mérida** mit römischen Ruinen. Jenseits der trockenen Ebenen erwartet einen der weiße Ort **Zafra**, der sowohl kulturell als auch geografisch gesehen ein Vorbote Andalusiens ist. Bevor schließlich das zauberhafte **Sevilla** auf dem Programm steht, unternimmt man noch einen Abstecher nach Westen in die Bergstadt **Jerez de los Caballeros**.

Essen in Spanien

Saisonkalender

Andalusien unterscheidet sich vom restlichen Europa, denn es verfügt über ein mildes Klima und einen außergewöhnlich fruchtbaren Boden. Obst und Gemüse können hier ganzjährig angebaut werden.

Winter: Eintöpfe & Fleisch

Auf dem Festland werden im Winter gern Eintöpfe (z. B. *cocido*) und gebratenes Fleisch serviert, vor allem *cochinillo* (Spanferkel) und *cordero* (Frühjahrslamm).

Winter bis Frühjahr: Kataloniens calçots

Von November bis März oder April lieben es die Katalanen, große Frühlingszwiebeln zu essen. Dazu gibt's *romesco*, eine reichhaltige Soße aus roten Paprikaschoten, Mandeln, Olivenöl und Essig sowie etwas zu trinken.

Sommer: Suppen

Nur wenige Gerichte sind so saisonal begrenzt wie die kalten Suppen Gazpacho und *salmorejo*, Sommerspezialitäten aus Andalusien.

Herbst: Weinernte, La Rioja

Die Fiesta de San Mateo in Logroño (21. September) bringt Leben in die beste Weinregion Spaniens.

Essen ist für die Spanier keine Notwendigkeit, die man zwischen andere wichtige Tätigkeiten quetscht, sondern eines der großen Freuden des Lebens, ein soziales Ereignis, das gemeinsam mit Freunden genossen wird.

Um sich den Einheimischen anzuschließen und spanische Gerichte zu genießen, muss man einfach nur ein Lokal besuchen und etwas bestellen – mehr gehört tatsächlich nicht dazu. Mit ein paar Vorkenntnissen und etwas Vorausplanung kann man die kulinarischen Erlebnisse allerdings noch weitaus aufregender gestalten, denn wer die regionalen Unterschiede in der Kochkunst versteht, wird seine Reise enorm bereichern.

Dürfte man nur wenige Regeln nennen, wie man aus der reinen Nahrungsaufnahme ein echtes Highlight macht, wären das folgende: Stets nach der lokalen Spezialität fragen; sich vor der Entscheidung nie scheuen, zu schauen, was andere bestellt haben; den Kellner nach seiner Empfehlung fragen und das Essen zum Tagesmittelpunkt machen.

Weitere Informationen zur spanischen Küche siehe S. 873

Kulinarische Erlebnisse

Feste & Events

» **Feria del Queso, Trujillo** (S. 815) Ende April oder Anfang Mai steigt diese Käseorgie mit Probierhäppchen und Wettbewerben.

DIE KUNST, TAPAS ZU BESTELLEN

Zu viele Traveller lassen sich die Freuden von Tapas entgehen, weil ihnen das Bestellen aufgrund ihrer fehlenden Sprachkenntnisse wie ein unüberwindbares Hindernis erscheint. Doch keine Angst – das ist nicht so schwierig, wie es manchmal aussieht.

Im Baskenland, in Zaragoza sowie in vielen Bars in Madrid, Barcelona und anderswo wird eine Vielzahl verschiedener Tapas auf der Theke angerichtet. Gäste nehmen sich entweder einen kleinen Teller und bedienen sich selbst oder zeigen auf die Gerichte, die sie gerne hätten. Dabei muss man darauf achten, wie viele man davon isst (z. B. durch das Aufbewahren der Holzspieße), um hinterher beim Bezahlen die Menge angeben zu können. Zahlreiche Lokale haben auch Tapas-Karten oder eine Tafel hinter der Bar mit dem aktuellen Angebot. Wer sich nicht entscheiden kann, fragt am besten nach *la especialidad de la casa* (Spezialität des Hauses), denn die schmeckt fast immer. *Raciones* (Portionen; große Portion Tapas) oder *media raciones* (halbe Portionen; kleinere Portion Tapas) zu bestellen bietet sich an, wenn man irgendetwas besonders gern mag und mehr als nur ein Stück davon möchte. Nach ein paar *raciones* ist man ziemlich sicher satt, wohingegen sich die *media ración* dafür eignet, verschiedene Geschmacksrichtungen auszuprobieren. In manchen Lokalen bekommt man eine kleine (kostenlose) Tapa dazu, wenn man ein Getränk bestellt.

» **Feria del Vino del Ribeiro, Ribadavia** (S. 561) Anfang Juli findet im Süden Galiciens das größte Weinfest der Region statt.

» **Batalla del Vino, Haro** (S. 474) Am 29. Juni gibt's in Haro, La Rioja, einen chaotischen Weinkampf.

» **Fiesta del Albariño, Cambados** (S. 548) Das am schönsten geschmückte Festival Galiciens wird Ende Juli oder Anfang August veranstaltet.

» **Fiesta de la Sidra Natural, Gijón** (S. 502) Zu diesem Fest gehört ein Weltrekordversuch, bei dem sich so viele Leute wie möglich gleichzeitig Cidre eingießen.

» **Certamen de Queso, Arenas de Cabrales** (S. 518) Ein Käsefest mit intensiven Gerüchen Ende August in Asturien.

» **Fiesta de San Mateo, Logroño** (S. 470) Die Weinernte von La Rioja wird im September mit Weinproben und Zeremonien gefeiert, bei denen man Trauben zerstampft.

» **Festa do Marisco, O Grove** (S. 550) Mitte Oktober wartet Galicien mit Meeresfrüchten in rauen Mengen auf.

Unvergessliche Lokale

» **Arzak** (S. 447), San Sebastián

» **Martín Berasategui Restaurant** (S. 447), San Sebastián

» **El Celler de Can Roca** (S. 325), Girona

» **Sergi Arola Gastro** (S. 122), Madrid

» **Tickets** (S. 296), Barcelona

» **Can Fabes** (S. 325), südlich von Barcelona

» **La Cuchara de San Telmo** (S. 446), San Sebastián

» **Santceloni** (S. 123), Madrid

Straßenessen & Snacks

Spanien hat die wahrscheinlich genialste Form des Snackens erfunden: die Tapas (mehr Infos siehe S. 873).

Eines der besten Wohlfühlgerichte der Welt ist *chocolate con churros* (frittiertes Schmalzgebäck, das in dickflüssige heiße Schokolade getaucht wird), ein beliebtes spanisches Frühstück nach einer langen Partynacht. Am besten probiert man es in Madrids Chocolatería de San Ginés (S. 123).

Spaniens Frischwarenmärkte sind eine interessante Alternative zu Bars und Restaurants. Viele wurden so umgebaut, dass sie alle Bedürfnisse der Kunden stillen. Der Trend begann vor mehreren Jahren auf dem Mercat de la Boqueria (S. 294) in Barcelona, hat sich aber in letzter Zeit auch auf den Mercado de San Miguel (S. 116) und den **Mercado de San Antón** (www.mercadosananton.com; Calle de Augusto Figueroa 24; Gerichte 10–30 €; ⌚Mo–Do 10–24 Uhr, Fr–So 10–1.30 Uhr; Ⓜ Chueca) ausgeweitet.

Kochkurse

Alambique (S. 109) Kochkurse in Madrid mit spanischen und internationalen Themen.

Apunto – Centro Cultural del Gusto (S. 110) Lustige und vielseitige Kurse in Madrid.

BERÜHMTE KÖCHE

» **Ferran Adrià** Kataloniens Posterboy der spanischen Experimentalküche. Adriás inzwischen geschlossenes El Bulli wurde regelmäßig zum besten Restaurant der Welt gewählt. Das Tickets (S. 296) in Barcelona geht in eine ganz neue Richtung.

» **Juan Mari Arzak** Einer der weltweit führenden Köpfe der *nuevo cocina vasca* (baskische Nouvelle Cuisine) und vielleicht der beste Küchenchef Spaniens. Juan Mari Arzak hat drei Michelin-Sterne und betreibt das Restaurant Arzak in San Sebastián (S. 447).

» **Sergi Arola** Dies ist einer von mehreren katalanischen Köchen, die aus der Küche (und aus dem Schatten) von Ferran Adrià getreten sind, um sich mit dem großen Chef selbst zu messen. Arolas Restaurant Sergi Arola Gastro (S. 122) befindet sich in Madrid.

» **Martín Berasategui** Baskischer Meisterkoch mit einem Hang zum Experimentieren. Berasategui erhielt seinen ersten Michelin-Stern im Alter von 26 Jahren und hat mittlerweile vier davon. Wir empfehlen einen Besuch in seinem Restaurant Martín Berasategui (S. 447) in San Sebastián.

Catacurian (☎97 782 53 41; www.catacurian.com) Englischsprachige Wein- und Kochkurse in der Region Priorat mit der katalanischen Köchin Alicia Juanpere und ihrem amerikanischen Partner.

Cook and Taste (S. 285) Eine der besten Kochschulen Barcelonas.

Cooking Club (☎91 323 29 58; www.club-cooking.com; Calle de Veza 33; Ⓜ Valdeacederas) Hochangesehene Kurse in Madrid, die unterschiedliche Kochstile abdecken.

Dom's Gastronom Cookery School (☎93 674 51 60; www.domsgastronom.com; Passeig del Roser 43; 8 Std. über 4 Tage verteilt 100 €) Meisterkoch Dominique Heathcoate gibt in Barcelona Kurse mit Schwerpunkten auf der katalanischen, spanischen und französischen Küche.

L'Atelier (☎958 857 501; http://www.ivu.org/atelier/index-eng; Calle Alberca 21; Kochkurse 50 € pro Person/Tag) Der preisgekrönte Koch und Vegetarier Jean-Claude Juston veranstaltet in den andalusischen Las Alpujarras vegetarische Kochkurse.

Regionale Spezialitäten

Spanier lieben es, innerhalb ihres Landes umherzureisen und nach perfekt zubereiteten Speisen zu suchen. Erzählt man einem Einheimischen, dass man ein bestimmtes Reiseziel vor Augen hat, wird ihm deshalb wahrscheinlich schon beim Gedanken an die lokalen Spezialitäten das Wasser im Mund zusammenlaufen. Mit Sicherheit kann er einem dann auch ein Restaurant empfehlen, wo man diese genießen kann. Im Folgenden stehen unsere Empfehlungen, was man in Spanien wo genießen kann. Viele Kapitel enthalten auch Kastentexte zur Küche der jeweils vorgestellten Region.

Baskenland & Katalonien

Die Spanier lieben es zu essen, aber Basken und Katalanen sind davon geradezu besessen und können schier endlos darüber sprechen. Zudem planen sie ihren Tagesablauf danach und verbringen ihre übrige Zeit damit, von den Speisen zu träumen.

Das Zusammentreffen von Bergen und Meer beschert dem Baskenland wunderbare Köstlichkeiten. Legendäre *anchoas* (Anchovis), *gambas* (Garnelen) und *bacalao* (gesalzener Kabeljau) findet man ebenso wie Steaks und *jamón*, wobei diese Zutaten oft auf überraschende Weise kombiniert werden. Außergewöhnlich ist die Küche zwar überall, doch vor allem in San Sebastián wird deutlich, wie tief das Thema Essen in der baskischen Kultur verwurzelt ist. Dort gibt's quasi alles, was das Herz begehrt, von geheimen gastronomischen Gesellschaften und exklusiven gehobenen Restaurants mit Michelin-Sternen bis hin zu *pintxos*-Bars (baskische Tapas) der Parte Vieja. Die Stadt steht für Kreativität, Vielfalt und Attraktivität der baskischen Küche, denn dort entstand die *nueva cocina vasca* (baskische Nouvelle Cuisine), mit der Spanien sich als Land der Hochgenüsse etablieren konnte.

MARTIN MOXTER / IMAGEBROKER / CORBIS ©

JAVIER LARREA / GETTY IMAGES ©

» (oben) Eines der wichtigsten Gerichte der spanischen Küche, die Paella (S. 875), hat ihre Wurzeln in Valencia

» (links) Die baskischen Köche in San Sebastián haben *pintxos* (Tapas; S. 445) zu einer Kunstform gemacht

TOP FIVE: BASKISCHE SPEZIALITÄTEN

» **Pintxos** (baskische Tapas) Sollte man in den Bars von San Sebastiáns Parte Vieja genießen und dazu einen *txacoli* (trockener lokaler Weißwein) bestellen.

» **Bacalao al pil-pil** Gesalzener Kabeljau und Knoblauch in Olivenölsoße.

» **Chipirones en su tinta** Babykalmar in eigener Tinte.

» **Chuleton de buey** Riesige Steaks in verschiedenen *sidrerías* (Apfelweinbars) in den Bergen rund um San Sebastián.

» **Nueva cocina vasca** (baskische Nouvelle Cuisine) Gibt's im Arzak, einem der besten Restaurants Spaniens (S. 447).

Viele Einheimische sind der Ansicht, dass der baskischen Küche höchstens die katalanische das Wasser reichen kann. In ihr mischen sich regionale Aromen und eine ungewöhnliche Vielfalt mit einer Offenheit für Einflüsse aus anderen europäischen Ländern. Alle Arten von Meeresfrüchten, Paella, Reis und Pastagerichte – meist mit einem kreativen lokalen Touch – gehören auf den hiesigen Speisekarten zum Standard und auf Soßen wird mehr Wert gelegt als anderswo in Spanien. Je weiter man ins Landesinnere vordringt, desto eher begegnet man Klassikern der Pyrenäenküche wie *jabalí* (Wildschwein), *conejo* (Kaninchen), *caracoles* (Meeresschnecken, besonders in Lleida) und Leckerbissen wie *suquet* (Eintopf aus Fisch und Kartoffeln). Probieren sollte man zudem *botifarra* (die lokale Variante geräucherter Wurst vom Schwein) und *garrotxa*, einen wundervollen katalanischen Käse. Etwas Besonderes sind auch die Desserts wie die *crema catalana* (die katalanische Variante der Crème brûlée).

Im Landesinneren

Eine ganz eigene Esskultur gibt's in der *meseta* (Hochebene) Zentralspaniens. Der beste *jamón ibérico* kommt aus der Extremadura und Salamanca. *Cordero asado lechal* (Milchlammbraten) sowie *cochinillo asado* (Spanferkel) sind hier so bedeutende Wintergerichte, dass an den Wochenenden Spanier aus dem ganzen Land herkommen, vor allem nach Kastilien-León. Außerdem sind *legumbres* (Hülsenfrüchte) wie *garbanzos* (Kichererbsen), *judías* (Bohnen) und *lentejas* (Linsen) weit verbreitet. Ungekrönter König unter den Eintopfgerichten ist *cocido*, ein Eintopf aus Nudelbrühe, Karotten, Kohl, Kichererbsen, Huhn, *morcilla* (Blutwurst), Rindfleisch und Speck, das Lieblingsgericht in Madrid und León.

In Aragonien dreht sich fast alles um Fleisch, wobei die Vorliebe für *ternasco* (Lammfleisch als Steak oder Rippchen, häufig mit Kartoffeln serviert) geradezu einer religiösen Verehrung gleichkommt. Ein weiterer Klassiker, insbesondere in Teruel, sind *jarretes* (geschmorte mozarabische Lammkeulen). Teruels *jamón* gilt als einer der besten in ganz Spanien.

In der Extremadura sollte man *solomillo ibérico con Torta del Casar* (Schweinelendenstück mit cremigem *Torta del Casar*, Schafskäse) probieren. Zu den weiteren Köstlichkeiten gehören *frito de cordero* (Lammeintopf), *migas* (Brotkrumen, oft mit geräuchertem Fleisch gebraten und mit Trauben serviert) und Froschschenkel.

Kastilien-La Mancha ist bekannt für seinen *queso manchego* (harter Schafskäse), Schnecken und gefülltes Brot mit Sardinen, das man in Alcalá de Júcar findet.

In Madrid genießt man mit Begeisterung *cocido a la madrileña* (Eintopf mit Fleisch und Kichererbsen). Sein Pendant *cocido maragato* wird in Astorga im nördlichen Kastilien-León serviert, wobei man die Bestandteile (Suppe, Fleisch etc.) in umgekehrter Reihenfolge verspeist.

Galicien & der Nordwesten

Ihr Verhältnis zum Meer prägt die *gallegos* (Galicier) vielleicht mehr als alle anderen Spanier. Fischfang spielt eine große Rolle, sodass Küche, Feste und Alltag davon beeinflusst werden. Die Einheimischen sind ebenfalls stolz auf ihre *empanadas* (herzhafte Teigtaschen) und *pimientos de padron* (gebratene, oft scharfe, grüne Paprikaschoten), doch nichts kommt an das Highlight, *pulpo gallego* (scharfer, gekochter Oktopus, auf Galicisch *pulpo á galega*), heran. Die Zutaten, Oktopus, Öl, Paprika und Knoblauch, erscheinen simpel, aber die Zubereitung ist schwierig: Der Tintenfisch wird ins kochende Wasser getaucht, herausgezogen und wieder eingetaucht, bis er schließlich gar ist. Von September bis April ist die beste Saison für *pulpo* und *centollo* (Krabbenspinne). Zu weiteren galicischen Spezialitäten zählen Schalentiere wie *navajas* (Messermuscheln), *coquinas* (Cádiz-Muscheln), *percebes* (Entenmuscheln), *mejillones* (Miesmuscheln), *berberechos* (Herzmuscheln), *almejas* (Venusmuscheln) und *vieiras* (eine Jakobsmuschelart).

Auch die Nachbarn Asturien und Kantabrien zaubern köstliche Meeresfrüchtegerichte auf den Tisch. Sieht man irgendwo in Spanien *anchoas de santoña* auf der Speisekarte, sollte man es unbedingt bestellen. Am besten schmeckt es übrigens in Santoña.

Im Hochgebirge im Hinterland der Küste kommen die Zutaten von Bergwiesen und aus dem Wasser. Neben Flussfischen ist Käse begehrt, vor allem die rohe Kuhmilchvariante namens *queso de Cabrales*. Wirklich ins Schwärmen geraten *asturianos* (Asturier) aber über *fabada asturiana* (Eintopf aus Schweinefleisch, Blutwurst und weißen Bohnen). Dieses Wintergericht gehört zu der Sorte von Mahlzeiten, nach der man mit schweren Beinen vom Tisch aufsteht und sich nach einer ausgedehnten Siesta sehnt. Die „Rettung" besteht im frischen Geschmack des *sidra* (Apfelwein) direkt vom Fass.

Valencia, Murcia & die Balearen

Diese Regionen haben sehr viel mehr zu bieten als nur Orangen und Paella, doch die beiden Produkte sind ihre Markenzeichen und verkörpern das Wesen der mediterranen Küche. Es passt wohl kaum ein Gericht besser zu einem Sommernachmittag mit Freunden und Blick aufs Wasser als eine Paella mit Meeresfrüchten. In Spanien kommt man zwar so gut wie überall in den Genuss des Nationalgerichts, aber für ein wirklich tolles Geschmackserlebnis sollte man eines der Restaurants in Valencias Strandviertel Las Arenas oder in La Albufera besuchen. Mehr Infos zur Paella siehe S. 875.

Die Küstenregion Murcia wird auch als „La Huerta" (der Garten) bezeichnet. Sie gehört bereits seit maurischen Zeiten zu einem der fruchtbarsten Anbaugebiete für Obst und Gemüse. Neben Orangen werden hier Reis, Tomaten, Paprika und Oliven geerntet. Platten mit gebratenem Gemüse sind Standardgerichte, ergänzt durch schmackhaften *arroz caldoso* (in Fischbouillon gekochter Reis) und *arroz con conejo* (Reis mit Kaninchen).

Im Wesentlichen basiert die balearische Küche auf ihrer wasserreichen Umgebung sowie kulturellen Ähnlichkeit mit Katalonien und Valencia. Daher sind Paella, Reisgerichte und jede Menge frischer Fisch die Hauptbestandteile vieler Gerichte. Auf Ibiza wird die lokale Spezialität *arròs caldós* (in der Brühe lokaler Fischarten gekochter Safranreis, Kräuter und Kartoffeln) serviert.

Andalusien

Überall an der Küste dominiert Meeresgetier die Speisekarten, zudem erreichen die regionalen Fischereiflotten auch die tiefen Gewässer des Atlantiks. Daher werden hier z. B. *pez espada* (Schwertfisch), *cazón* (Katzenhai oder Hai, der dank seiner Nahrung, die aus Schalentieren besteht, intensiv und fast süß schmeckt), *salmonetes* (Meerbarbe) und *tortilla de camarones* (mit gebratenen Krabben) aufgetischt.

KÄSE AUS DER ATLANTIKGEGEND

» **San Simón** Leicht geräucherter galicischer Bergkäse mit dichter Konsistenz, gelb und cremig.

» **Cabrales** Cremiger, starker Blauschimmelkäse aus Asturien, der in kühlen, tiefen Höhlen der Picos de Europa reift.

» **Afuega'l Pitu** Stammt aus den Tälern Asturiens, ist trockener und nussiger als die meisten hiesigen Käsesorten und wird manchmal mit Paprika verfeinert.

» **Tetilla** Wörtlich „Zitze" wegen der Ähnlichkeit mit einer Brust. Der galicische Käse ist mild, süß und cremig.

» **Ahumado de Aliva** Dieser kantabrische Käse wird über Wacholderholz geräuchert und hat einen milden, rauchigen Geschmack.

EINE GUTE WAHL: DAS MENÚ DEL DÍA

Dank des dreigängigen *menú del día* mit mehreren Möglichkeiten zum Zusammenstellen sowie Wasser, Brot und Wein kommen Traveller von Montag bis Freitag in den Genuss eines preisgünstigen Mittagessens. Menüs gibt's schon ab 10 €, rechnen muss man jedoch eher mit mindestens 12 €. Auswählen kann man aus fünf bis sechs Vorspeisen, ebenso vielen Hauptgerichten und ein paar Desserts; man darf auch zwei Vorspeisen bestellen, aber nicht zwei Hauptspeisen. Das *menú del día* ist zweifellos gut gegen den Hunger, enthält allerdings selten kreativere Gerichte, die man normalerweise à la carte bestellen muss.

Hinter dem *menú del día* verbirgt sich die Philosophie, dass das Mittagessen die wichtigste Mahlzeit des Tages ist, wobei Berufstätige mittags meist keine Zeit haben, zu Hause zu essen. Es ist nicht üblich, etwas Selbstgekochtes mit zur Arbeit zu nehmen, deshalb gehen viele Menschen in Restaurants. Die Drei-Gänge-Menüs sind bodenständig und sprengen nicht das Budget.

Andalusier essen Fischgerichte in zahlreichen Variationen, sind aber vor allem für ihren *pescaito frito* (Bratfisch) berühmt. Der frittierte Fisch nach andalusischer Art, eine besondere Spezialität aus Cádiz, El Puerto de Santa María und von der Costa de la Luz, ist um einiges raffinierter, als es sich zunächst anhört. Alles, was aus dem Meer kommt, wird in Kichererbsen- und Weizenmehl gewälzt, dann geschüttelt, um die Überreste zu entfernen, und anschließend kurz in Olivenöl angebraten, bis sich eine goldene Kruste bildet.

In einer Region mit so heißen Sommern muss man sich Kühle verschaffen. Dies gelingt wohl am besten mit einer *gazpacho andaluz*, einer kalten Suppe, die es in zahlreichen Varianten gibt. Sie basiert auf Tomaten, Gurken, Essig und Olivenöl, enthält aber oft auch grüne Paprika sowie eingeweichtes Brot; manche Köche verwenden für sie ausschließlich Sherry. Zu den weiteren regionaltypischen Kaltsuppen zählen *ajo blanco* (weiße, mit Mandeln gekochte Gazpacho ohne Tomaten) sowie *salmorejo cordobés* (eine kalte Tomatensuppe aus Córdoba mit viel eingeweichtem Brot).

Stierkämpfe genießen in Andalusien ein hohes Ansehen. Während der Saison von Mai bis September werben Bars ebenso wie Restaurants stolz mit *hay rabo de toro* (Ochsenschwanz). Denkt man nicht über die Herkunft dessen nach, was man da gerade isst, schmeckt es eigentlich recht gut.

Spanische Weine

Für viele Spanier gehört Wein grundsätzlich zum Essen dazu. Sie sind den spanischen Winzern gegenüber extrem loyal, und man hört sie oft laut darüber lamentieren, warum sie ausländische Tropfen trinken sollen, wenn ihre eigenen Güter so viele hochwertige Weine zu günstigen Preisen herstellen. Spanische Weine haben ein kompliziertes Klassifikationssystem (s. S. 876).

Weinbaugebiete

Der wahrscheinlich am weitesten verbreitete rote Tafelwein ist der Rioja aus dem Norden (s. Kasten S. 473). Seine wichtigste Traube heißt Tempranillo, angeblich eine Abart des Pinot Noir. Der Wein schmeckt weich, fruchtig und nur selten so trocken wie sein französisches Gegenstück. Wer auf ein „DO Rioja"-Siegel achtet, kann mit einem guten Tropfen rechnen.

Gleich dahinter folgen Anbaugebiete wie Ribera del Duero (S. 207) in Kastilien-León, Navarra, Somontano in Aragonien (S. 384) sowie die Valdepeñas-Region im südlichen Kastilien-La Mancha, die zwar eher für Masse als Klasse bekannt ist, dafür aber gute Preise und populäre Weine bietet.

Unter den Weißweinen haben sich die Ribeiro-Weine aus Galicien (s. Kasten S. 548) einen guten Namen gemacht. Aus derselben Gegend stammt auch der seltene Albariño. Der herb-trockene, erfrischende Weißwein gehört zu den besten des Landes. Sein Name leitet sich nicht von der Region, sondern von der Rebsorte ab.

Das Anbaugebiet Penedès in Katalonien (s. Kasten S. 373) produziert ebenfalls Weiß- und Schaumweine wie den *cava*, ein traditionelles sektähnliches Getränk zum Anstoßen, das sich besonders an Weihnachten großer Beliebtheit erfreut.

Sherry

Sherry, der einzigartige Starkwein aus Andalusien, ist eine Art spanisches Nationalgetränk. Er wird in nahezu jeder Bar, jeder *tasca* und jedem Restaurant des Landes serviert. Trockener Sherry, der sogenannte *fino*, ist ein ganz gewöhnlicher Weißwein aus der Palomino-Traube, der allerdings mit Weinbrand verstärkt wird. Das stoppt den Gärungsprozess und verleiht dem Wein Geschmacks- und Geruchsbestandteile, die ihn zu etwas Einzigartigem heranreifen lassen. Getrunken wird er als *aperitivo* (Aperitif) oder Tafelwein zu Meeresfrüchten. Amontillado und Oloroso sind süßere Sherry-Sorten, die man vor allem nach dem Essen genießt. Manzanilla gibt's nur in Sanlúcar de Barrameda an der Küste Südwestandalusiens. Er entwickelt eine leicht salzige, appetitanregende Geschmacksnote. Beim Bestellen sollte man *vino de manzanilla* verlangen, *manzanilla* allein bedeutet nämlich Kamillentee. In Sanlúcar, Jerez de la Frontera und El Puerto de Santa María kann man mehrere Bodegas (Weinkellereien) besuchen.

WAS GIBT'S ZUM FRÜHSTÜCK?

Das *desayuno* (spanisches Frühstück) wird meistens im Vorübergehen in einer Bar auf dem Weg zur Arbeit eingenommen. Es besteht typischerweise aus einem *café con leche* (halb Kaffee, halb Milch) und einem *bollo* (Gebäckstück). Croissants und cremegefülltes Backwerk sind ebenfalls sehr beliebt. Manch einer bevorzugt aber auch einen herzhaften Start in den Tag mit einem *sandwich mixto* (getoastetes Schinken-Käse-Sandwich) oder einer schlichten *tostada* (Toast mit Butter). Besonders gut nach einer langen durchfeierten Nacht schmeckt übrigens der spanische Klassiker *chocolate con churros*, frittiertes Schmalzgebäck, das in puddingdicke heiße Schokolade getaucht wird.

Speisekarten lesen

Vorspeisen

Die typische *carta* (Speisekarte) beginnt mit Vorspeisen wie *ensaladas* (Salaten), *sopas* (Suppen) und *entremeses* (Vorspeisen). Letztere reichen von einem Berg Kartoffelsalat mit Oliven, Spargel, Anchovis und einer Auswahl von kaltem Fleisch – an sich schon eine vollständige Mahlzeit – bis zu einfachen kalten Fleischgerichten, ein paar Scheiben Käse oder Oliven.

Hauptgerichte

Die Hauptgänge auf vielen spanischen Speisekarten sind nach *carne* (Fleisch) und *pescado* (Fisch) geordnet; letztere Kategorie beinhaltet auch *marisco* (Meeresfrüchte). Fleisch gibt's in den Varianten *cerdo* (Schwein), *ternera* (Kalb) und *cordero* (Lamm). *Arroz* (Reis) wird oft unter einer eigenen Überschrift aufgelistet, allerdings muss man meist eine Portion für mindestens zwei Personen bestellen. Wer dazu eine *guarnición* (Beilage) wie *verduras* (Gemüse) haben möchte, muss diese separat ordern.

Als Fischsorten gefragt sind *bonito* (Thunfisch), *sardinas* (Sardinen), *anchoas* (Anchovis), *merluza* (Seehecht), *dorada* (Brasse), *lubina* (Wolfsbarsch), *rodaballo* (Steinbutt) und *lenguado* (Seezunge). Großer Beliebtheit erfreuen sich auch Schalentiere.

Doch das Fischgericht, mit dem die Spanier historisch am meisten verbinden, ist *bacalao* (Kabeljau als Stockfisch). Seit vielen Jahrhunderten fangen spanische Fischer den Kabeljau in Neufundland und Norwegen, salzen ihn ein und bringen ihn so in die Heimat. Nach dieser Behandlung gleicht der Fisch zunächst mehr einem Stein als etwas Essbarem. Durch mehrmaliges Wässern bekommt er wieder seine pralle Form und verliert einen Großteil des Salzes, was ihn schmackhafter und zarter macht. Ursprünglich galt Stockfisch als Armeleuteessen und hieß bei manchen „Karfreitagsfleisch", weil er häufig in der Fastenzeit auf den Tisch kam. Am besten schmeckt er im Baskenland, wo dieses Gericht zu den absoluten Favoriten zählt.

Desserts

Die *postres* (Desserts) auf spanischen Speisekarten beinhalten meist *fruta* (Obst) und *tarta de queso* (Käsekuchen) sowie traditionelle Nachspeisen wie *crema catalana* oder *tarta de santiago* (Zimt-Mandel-Tarte). Die Spanier fragen immer nach, ob ein Dessert *casero* (hausgemacht) ist und verzichten bei einer Verneinung meist auf die Bestellung.

Outdoor-Aktivitäten

Highlights für Wanderer

Pyrenäen

Parque Nacional de Ordesa y Monte Perdido (Juni–August; S. 401): die Pyrenäen von ihrer prächtigsten Seite und die besten Wanderwege.

Kantabrien & Asturien

Picos de Europa (Juni–August; S. 512): Spaniens weitschönstes Wandergebiet.

Andalusien

Las Alpujarras (Juli & August; S. 789): weiße Dörfer in den Ausläufern der Sierra Nevada.

Pilgerreise

Jakobsweg (Juni–September): einer der beliebtesten Pilgerwege der Welt durch Nordspanien von Roncesvalles bis nach Santiago de Compostela.

Von Küste zu Küste

GR11 (Senda Pirenáica; Juli & August): verbindet den Atlantik mit den Pyrenäen und der Mittelmeerküste.

Küstenwege

Serra de Tramuntana (ganzjährig; S. 649): Mallorcas zerklüftete Westküste wartet mit hübschen Dörfern auf.

Nur wenige europäische Länder sind landschaftlich so abwechslungsreich wie Spanien. Während die Küste scheinbar endlos ist und *rías* (Meeresarme) das raue Galicien prägen, erstrecken sich jenseits der Mittelmeerstrände Olivenhaine und gezackte Gebirgszüge wie die Sierra Nevada in Andalusien oder die Gipfel der Pyrenäen im Norden. Spanien ist eine Art großer Abenteuerspielplatz, der für fast jeden etwas Passendes bietet, ganz gleich, wie alt oder fit man auch sein mag.

Es gibt fantastische Wanderrouten, die von den schneebedeckten Pyrenäen und Picos de Europa bis zum Cabo-de-Gata-Küstenpfad im schwülen Andalusien verlaufen. Keine ist jedoch so berühmt wie der Jakobsweg zur Kathedrale in Santiago de Compostela, Galicien.

Darüber hinaus kann man an den Stränden wunderbar Wassersportarten nachgehen, egal ob man in Mundaka surft oder beim Tauchen in Katalonien Riffe erkundet.

Zu den weiteren Möglichkeiten gehören tolle Skipisten, Fahrradtouren und Rafting sowie das Beobachten von Wildtieren in zahlreichen herrlichen Nationalparks.

Wandern

Spanien ist ein wunderbares Wanderziel: Den höchsten Gipfel des Festlands, den Mulhacén (3479 m), zu erklimmen bringt ebenso viel Spaß wie den Spuren Karls V. in der Extremadura zu folgen, die Costa da Morte (Todesküste) in Galicien zu erkunden oder über die Bergwiesen der Pyrenäen zu spazieren.

Reisezeit

Spanien umfasst eine Reihe verschiedener Klimazonen, sodass man hier das ganze Jahr über wandern kann. In Andalusien herrschen von März bis Juni sowie im September und Oktober die besten Bedingungen, während es im Hochsommer unerträglich heiß ist. Abgesehen vom Hochgebirge bleiben im Winter die meisten Wege geöffnet. Wer in den Sommermonaten wandern will, sollte sich nach den Einheimischen richten, die zu dieser Zeit traditionell in den Norden flüchten. Für Trekkingtouren von Juni bis September eignen sich vor allem das Baskenland, Asturien, Kantabrien und Galicien. Ab Mitte Juni bis September sind die Pyrenäen ein gutes Ziel, während Juli und August als ideale Monate für die hohen Lagen der Sierra Nevada gelten. Am vollsten wird es im August. Wenn man beliebte Nationalparks besuchen und in *refugios* (Schutzhütten) übernachten möchte, sollte man im Voraus buchen.

Wanderziele

Aus gutem Grund sind die Pyrenäen Spaniens beliebtestes Wanderziel. Die Gebirgskette zwischen Spanien und Frankreich ist traumhaft schön und im Vergleich mit anderen europäischen Höhenzügen relativ urtümlich. Insbesondere die Höhenlagen sind wild und kahl. Hier erstrecken sich zwei herrliche Nationalparks: der Aigüestortes i Estany de Sant Maurici und der Ordesa y Monte Perdido. Darüber hinaus führt der spektakuläre GR11 (Senda Pirenáica) durch das Gebirge und verbindet den Atlantik (bei Hondarribia im Baskenland) mit dem Mittelmeer (Cap de Creus in Katalonien). Die komplette 45-tägige Wandertour ist eine einmalige Herausforderung, aber man kann in den Nationalparks und anderswo ebenfalls gut Tagesausflüge unternehmen.

Bei den Picos de Europa, Spaniens erstem Nationalpark, handelt es sich um ein atemberaubend schönes Kalksteinmassiv mit zerklüfteten Gipfeln, das sich auf dem Gebiet der Provinzen Kantabrien, Asturien und León erstreckt. Es zieht jede Menge Kletterer an und genießt den Ruf, Spaniens beste Gegend für Wanderer zu sein. Weniger bekannt, aber genauso schön sind das Gebiet um Els Ports in Valencia sowie die Sierra de Cazorla und die Sierra de Grazalema in Andalusien.

Wer eine Trekkingtour durch Bergdörfer unternehmen möchte, sollte die Alpujarras in der Nähe des Parque Nacional Sierra Nevada, Andalusien, ansteuern.

Außerdem gibt's viele tolle Küstenrouten, sogar in den eher überlaufenen Gebieten im Süden (z. B. an Andalusiens Cabo de Gata) und auf Mallorca.

Praktische Informationen

Auf dem deutschsprachigen Buchmarkt findet man eine Vielzahl von Wanderführern, z. B. von **MairDumont** (www.mairdumont.com), **Kompass** (www.kompass.at) und dem **Bergverlag Rother** (www.rother.de). **La Tienda Verde** (☎91 535 38 10; www.tiendaverde.es; Calle Maudes 23) und **Librería Desnivel** (☎902 248848; www.libreriadesnivel.com; Plaza de Matute 6), zwei spanische Verlage, bieten ebenfalls gute Karten und Reiseführer an. Die Website www.andarines.com enthält Wegbeschreibungen sowie zahlreiche nützliche Links für Bücher, Sportgeschäfte und Bergsteigervereinigungen.

Jakobsweg

Die Tür steht allen offen, ob krank oder gesund, Katholik, Heide, Jude, Ketzer oder Vagabund.

So heißt es in einem Gedicht aus dem 13. Jh. über den Pilgerweg nach Santiago. 800 Jahre danach hat sich das Motto noch nicht geändert. Seit über 1000 Jahren begeben sich die Menschen mit den traditionellen Symbolen – Jakobsmuschel und Stab – auf den Camino de Santiago (Jakobsweg), um zum Grab des Apostels Jakobus in Santiago

PILGERHERBERGEN

Am Jakobsweg liegen rund 300 *refugios* (Berghütten), die den Gemeinden, „Freunden des Wegs", Vereinen, Privatleuten, Rathäusern oder der jeweiligen regionalen Regierung gehören. Früher wurden sie mit Spendengeldern betrieben und boten kaum mehr als warmes Wasser sowie eine Schlafgelegenheit. Heute bezahlen die Übernachtungsgäste oft 5 bis 10 € und dürfen sich dafür auf eine Dusche, eine Küche und eine Waschmaschine freuen. Manches hat sich dennoch nicht geändert: Die *refugios* funktionieren immer noch nach dem Motto „Wer zuerst kommt, mahlt zuerst" und sind nur für Pilger gedacht.

Jakobsweg

de Compostela zu pilgern, das im äußersten Nordwesten der Iberischen Halbinsel liegt.

Der Fernwanderweg, der von Roncesvalles an der Grenze zu Frankreich über 783 km durch Nordspanien verläuft, zieht Wanderer jeglichen Alters und Hintergrunds aus aller Herren Länder an. Kein Wunder, wartet er doch mit zahlreichen kulturellen, historischen und landschaftlichen Attraktionen auf. Er ist nicht nur Europas erster Kulturweg und gehört zum Unesco-Welterbe, sondern hat auch eine ebenso große Bedeutung wie der Pilgerweg nach Jerusalem. Wer den Camino de Santiago gegangen ist, muss nicht um sein Seelenheil besorgt sein und somit das Fegefeuer nicht fürchten.

Der Weg kann dabei vieles sein, egal ob man nun Nordspaniens Vielfalt mit allen Sinnen aufnehmen möchte, ihn als sportliche Herausforderung ansieht oder als einmalige Möglichkeit nutzt, um Einblicke in Dörfer und Städte zu bekommen und andere Menschen kennenzulernen. *„Die Tür steht allen offen"* – man muss nur noch eintreten.

Geschichte

Glaubt man den Überlieferungen, geschah vor langer Zeit etwas Bemerkenswertes im kargen iberischen Hinterland: Im 9. Jh. folgte ein religiöser Einsiedler namens Pelayo einem leuchtenden Stern und stieß so auf das Grab des Apostels Jakobus (auf Spanisch: Santiago). Die Echtheit der Gebeine wurde zunächst vom örtlichen Bischof, dann vom asturischen König und später sogar vom Papst bestätigt. Bald nachdem sich die Nachricht der Entdeckung ausgebreitet hatte, reisten ganze Hundertschaften von Christen auf der Suche nach Absolution zum Fundort.

Compostela wurde nun nach Rom und Jerusalem zum bedeutendsten Pilgerziel der Christenheit. Die Beliebtheit des Ortes stieg noch mehr, nachdem der Papst im 11. Jh. das Heilige Jahr einführte, in dem Pilgern die vollständige Absolution – also der Freispruch von allen ihren Sünden für das ganze Leben – gewährt wurde. In einem solchen Jahr (das nächste ist erst 2021) fällt der 25. Juli, der Tag des Apostels Jakobus, auf einen Sonntag.

Die Blütezeit des Pilgerwegs war im 11. und 12. Jh. Während der Reformation stellte man die katholischen Wallfahrten jedoch in Frage und im 19. Jh. hatte der Camino de Santiago fast keine Bedeutung mehr. Ende des 20. Jh. begann dann sein überraschendes Revival, das bis heute andauert. Inzwischen kommen die Leute eher aus persönlich-spirituellen als aus religiösen Gründen hierher.

Routen

Es gibt in Spanien zahlreiche *caminos* (Wege) nach Santiago, darunter der beliebte Camino Francés: Er beginnt in Frankreich, überquert die Pyrenäen in Roncesvalles und verläuft 783 km Richtung Westen durch die Regionen Navarra, La Rioja, Kastilien-León und Galicien.

Die mit zahlreichen gelben Pfeilen und Jakobsmuscheln beschilderte Route ist eine Mischung aus miteinander verbundenen Forstwegen, asphaltierten Nebenstraßen und Pfaden.

Von Roncevalles aus brauchen Radfahrer für den Camino Francés zwei und Fußgänger fünf Wochen.

Viele Pilger legen nur die letzten 100 km von Sarria in Galicien nach Santiago zu Fuß zurück. Bei dieser Entfernung handelt es sich um die erforderliche Mindeststrecke, die man bewältigen muss, um ein Zertifikat (wird in der Kathedrale von Santiago de Compostela ausgestellt) für den Jakobsweg zu bekommen.

Praktische Informationen

Infos zum *Credencial* (eine Art Pass für den Jakobsweg, der an verschiedenen Stellen entlang der Route abgestempelt wird) und das „Compostela-Zertifikat" bekommt man in der **Oficina de Acogida de Peregrinos** (Pilgerbüro; www.peregrinos santiago.es; Rúa do Vilar 1, Santiago de Compostela) der Kathedrale.

Zudem bieten zahlreiche Websites hilfreiche Tipps, darunter www.mundicamino.com mit detaillierten Beschreibungen und einer Karte zu allen Abschnitten des Jakobswegs sowie die private Seite www.jakobus-info.de.

Reisezeit

Wanderer und Fahrradfahrer sind das ganze Jahr über auf dem Camino de Santiago unterwegs. Im Mai und im Juni zeigt sich die Lanschaft von ihrer besonders schönen Seite, denn dann sieht man überall Wildblumen und scheinbar endlose Getreidefelder, deren Farbe sich von Grün in Goldgelb ändert. Der Juli und der August bringen scharenweise Sommerurlauber sowie eine drückende Hitze, vor allem in Kastilien-León. Im September herrscht weniger Gedränge und das Wetter ist meist gut. Von November bis Mai kommen nicht mehr so viele Menschen, da die Jahreszeit von Schnee, Regen und scharfen Winden geprägt ist. Der Tag des heiligen Jakobus (25. Juli) wird von zahlreichen Pilgern für einen Besuch Santiago de Compostelas genutzt.

National- & Naturparks

Ein Großteil von Spaniens spektakulärer und ökologisch bedeutsamer Landschaft – ca. 40 000 km² bzw. 8 % des Landes inklusive der nationalen Jagdgebiete – steht offiziell unter Naturschutz und ist teilweise für Wanderer, Naturfreunde und Fans von Outdoor-Aktivitäten geöffnet. Schutzgrad und Zugänglichkeit variieren.

Die *parques nacionales* sind für den Naturschutz sehr wichtig und zählen zu den am strengsten überwachten Gebieten des Landes. Spanien hat insgesamt 14 Nationalparks: neun auf dem Festland, vier auf den Kanarischen Inseln und einen auf den Balearen. Hunderte weiterer Schutzgebiete werden in mindestens 16 Kategorien eingeordnet und variieren in ihrer Größe von 100 m² großen Felsen vor den Balearen bis zum 2140 m² großen Parque Natural de Cazorla in Andalusien.

Andere Aktivitäten

Auch für Wandermuffel hat Spanien einiges zu bieten. Besucher können z. B. einen Berg erklimmen und auf Skiern wieder hinabsausen, einen Drachenflug unternehmen, die Unterwasserwelt erkunden, surfen oder Kajak fahren.

BÜCHER ÜBER DEN JAKOBSWEG

Es gibt viel Literatur über den Jakobsweg. Hier einige Lesetipps:

» Einen guten Überblick bietet das Buch *Jakobsweg: Geschichte und Kultur einer Pilgerfahrt* von Klaus Herbers.

» David Gitlitzs und Linda Davidsons hervorragendes Werk *The Pilgrimage Road to Santiago: The Complete Cultural Handbook* ist nur auf Englisch erhältlich.

» In *Ich bin dann mal weg* gibt Hape Kerkeling wunderbar amüsant seine Erlebnisse auf dem Jakobsweg wieder.

» *Das Ziel ist der Weg: Auf dem Jakobsweg nach Santiago de Compostela* von Ulrich Hagenmeyer wartet mit tollen Fotos, Erfahrungsberichten des Autors, spirituellen Texten und kulturgeschichtlichen Informationen auf.

» Paulo Coelhos mystische Reise, beschrieben in dem Buch *Auf dem Jakobsweg: Tagebuch einer Pilgerreise nach Santiago de Compostela*, ist ein internationaler Bestseller.

» Cees Nooteboom begibt sich in *Der Umweg nach Santiago* auf eine Reise durch Spanien.

DIE SCHÖNSTEN PARKS

PARK	MERKMALE	AKTIVITÄTEN	BESTE BESUCHSZEIT
Parc Nacional d'Aigüestortes i Estany de Sant Maurici (S. 357)	schöne Seenregion in den Pyrenäen	Wandern, Wildtiere beobachten	Juni–Sept.
Parque Nacional de Doñana (S. 713)	Lebensraum für Vögel und Säugetiere im Guadalquivir-Delta	Jeeptouren, Wandern, Wildtiere beobachten, Reiten	ganzjährig
Parque Nacional de Ordesa y Monte Perdido (S. 401)	spektakuläres Gebiet in den Pyrenäen mit Gämsen, Raubvögeln und vielfältiger Vegetation	Wandern, Klettern	Mitte Juni–Juli & Mitte Aug.–Sept.
Parque Nacional de los Picos de Europa (S. 512)	hübsches Bergrefugium für Gämsen sowie einige Wölfe und Bären	Wandern, Klettern, Höhlenexkursionen	Mai–Juli & Sept.
Parques Nacional und Natural Sierra Nevada (S. 787)	höchstes Gebirge des spanischen Festlands mit Steinböcken, 60 endemischen Pflanzenarten und den schönen Tälern der Alpujarras an den Südhängen	Wandern, Klettern, Mountainbiken, Skifahren, Reiten	ganzjährig, abhängig von der Aktivität
Parque Natural de Cazorla (S. 800)	reiche Tierwelt, 2300 Pflanzenarten und schöne Berglandschaft	Wandern, Autofahren, Mountainbiken, Wildtiere beobachten, Jeeptouren	April–Okt.
Áreas Naturales Serra de Tramuntana (S. 649)	atemberaubende Gebirgskette auf Mallorca	Wandern, Vögel beobachten	Ende Feb.–Anfang Okt.
Parque Nacional de Monfragüe (S. 828)	beeindruckende Raubvögel	Vögel beobachten	März–Okt.
Parque Natural Sierra de Grazalema (S. 735)	herrliche grüne Berglandschaft mit zahlreichen Vogelarten	Wandern, Höhlenexkursionen, Canyoning, Vögel beobachten, Gleitschirmfliegen, Klettern	Sept.–Juni
Parc Natural del Cadí-Moixeró	steile Vorgebirgskette der Pyrenäen	Klettern, Wandern	Juni–Sept.
Parc Natural de la Zona Volcànica de la Garrotxa (S. 348)	schöne bewaldete Region mit 30 Vulkankratern	Wandern	April–Okt.
Parque Natural Sierra de Gredos (S. 152)	Bergregion, Heimat von Spaniens größter Steinbockpopulation	Wandern, Klettern, Mountainbiken	März–Mai & Sept.-Nov.
Parque Natural de Somiedo	dramatischer Abschnitt der Cordillera Cantábrica	Wandern	Juli–Sept.
Parque Natural de Cabo de Gata-Níjar (S. 805)	Sandstrände, Vulkanklippen, Flamingokolonie und Halbwüstenvegetation	Schwimmen, Vögel beobachten, Wandern, Reiten, Tauchen, Schnorcheln	ganzjährig

Canyoning

Aufregende Kletterpartien in steilen Schluchten (dafür sollte man immer einen erfahrenen Guide engagieren!) bietet Alquézar in Aragonien, eines der besten europäischen Reiseziele für diese Sportart. Die vielen Veranstalter vor Ort organisieren auch Bergtouren und Rafting in der umgebenden Sierra de Guara.

Canyoning ist ebenfalls möglich in Cangas de Onís in den Picos de Europa.

Radfahren

Spanien bietet zahlreiche Möglichkeiten von Familienausflügen bis zu anspruchsvollen zweiwöchigen Radtouren. Außerhalb der Städte, in denen das Radfahren ziemlich nervenaufreibend sein kann, findet man gute Bedingungen vor. Autofahrer sind daran gewöhnt, die Landstraßen mit Scharen von in Lycra gehüllten Radlern zu teilen. Dank einem hervorragenden Netz aus Nebenstraßen mit ausreichend breiten Seitenstreifen werden die Trips zu einem echten Vergnügen.

Routen

In allen Regionen gibt's geeignete Strecken für Mountainbikes (auf Spanisch: BTT, von *bici todo terreno*) und einfache Räder. Mit Ersteren kann man fast jede *sierra* (Bergkette) und die zahlreichen *pistas forestales* (Forst- und Waldwege) nutzen. Eine empfehlenswerte und anspruchsvolle Route führt durch die verschneite Sierra Nevada. Zu den klassischen Langstreckentouren zählen der Jakobsweg, die Ruta de la Plata und der 600 km lange Camino del Cid, der den Spuren des epischen Heldes El Cid von Burgos nach Valencia folgt.

Praktische Informationen

Unter www.amigosdelciclismo.com findet man unentbehrliche Infos zu Beschränkungen, neue Gesetze und Wegenutzungsbestimmungen, Kontaktdaten von Radclubs, Listen mit Tourenführern und viele nach Regionen geordnete Streckenbeschreibungen. Außerdem gibt's jede Menge Tourenführer (auf Spanisch). *España en Bici* von Paco Tortosa und María del Mar Fornés bietet einen guten Überblick, ist aber nur schwer zu bekommen. Deutsche Verlage wie **Esterbauer** (www.esterbauer.com) verfügen über eine ganze Reihe von Führern zu einzelnen spanischen Gebieten.

Bike Spain (S. 111) in Madrid gehört zu den besseren Veranstaltern von Radtouren.

> **KLETTERN**
>
> Spanien wartet mit zahlreichen Möglichkeiten auf, sich Berge und Schluchten aus der Vertikalen anzusehen. Einen Überblick zum Thema Klettern bieten die Websites von **Rockfax** (www.rockfax.com) und **Climb Europe** (www.climb-europe.com/De/home-deutsch.html). Auf beiden findet man Infos zu den besten Kletterspots. Rockfax gibt zudem zahlreiche Führer zu Spanien heraus.

Skifahren & Snowboarden

Spanische Skifahrer, darunter auch die Königsfamilie, steuern am liebsten die Pyrenäen in Aragonien und Katalonien an. Außerhalb der Hauptzeiten (Anfang Dezember, 20. Dezember bis 6. Januar, Karneval und Semana Santa) sind die bekanntesten Wintersportorte des Landes im Vergleich mit der Konkurrenz in den Alpen ruhig, billig und warm. Die Skisaison dauert von Dezember bis April, aber Januar und Februar sind normalerweise die besten und schneesichersten Monate. In den letzten Jahren waren die Schneefälle allerdings unberechenbar.

Wintersportziele

Formigal und Candanchú sind zwei beliebte Skigebiete in Aragonien. Das oberhalb des Ortes Jaca gelegene Candanchú verfügt über 42 km Abfahrtsstrecken verteilt auf 51 Pisten (plus 35 km Langlaufloipen). Mehr Infos zum Skifahren in Aragonien siehe Kasten S. 393. In Katalonien zieht La Molina, Spaniens erste Wintersportadresse, nach wie vor zahlreiche Skifans an. Der Ort eignet sich besonders für Familien und Anfänger. Den besten Schnee in den Pyrenäen hat wahrscheinlich das 72-Pisten-Gebiet Baqueira-Beret, das darüber hinaus mit über 30 modernen Skiliften sowie 104 km Abfahrtsstrecken in allen Schwierigkeitsgraden aufwartet.

Die Sierra Nevada bei Granada ist ebenfalls eine gute Anlaufstelle sowie das südlichste Skigebiet Europas. Auf den insgesamt 80 km langen Pisten drängeln sich im März besonders viele Leute. Die Hänge eignen sich hervorragend für Familien, Anfänger und mittelgute Skifahrer.

Praktische Informationen

Skifans ohne eigene Ausrüstung können sich diese im jeweiligen Wintersportort leihen und dort bei Bedarf auch Kurse buchen. Liftkarten kosten 35 bis 45 € pro Tag für Erwachsene und 25 bis 35 € für Kinder; die Tagesgebühr für die Ausrüstung liegt bei 20 €. Die hiesigen Reisebüros bieten oft erschwingliche Ein- und Mehrtagespakete inklusive Schlafmöglichkeit an. Eine tolle Infoquelle für Skifahrer und Snowboarder in Spanien ist die Website www.skisnowboardeurope.com.

DESIGN PICS / BEN WELSH / GETTY IMAGES ©

» (oben) Die raue Küste Cabo de Gatas rund um Las Negras (S. 807) wartet mit tollen Wanderwegen und einer atemberaubenden Aussicht auf

» (links) Tarifas legendärer Wind macht den Ort zu einem der besten Windsurfspots in Europa (S. 740)

DRACHENFLIEGEN & GLEITSCHIRMFLIEGEN

Wer Lust auf *ala delta* (Drachenfliegen) oder *parapente* ((Gleitschirmfliegen) hat, kann sich an eine Reihe spezialisierter Clubs und Veranstalter von Abenteuertouren wenden. Die **Real Federación Aeronáutica España** (www.rfae.org) informiert über Flugschulen, Clubs und Events.

Wassersport

Tauchen & Schnorcheln

Spanien hat noch viel mehr zu bieten als das, was man auf den ersten Blick sieht. Wer an einem beliebigen Punkt entlang der 5000 km langen Küste abtaucht, entdeckt ein fremdartiges neues Land, in dem es von Meeresbewohnern nur so wimmelt. Die Unterwasserwelt besticht darüber hinaus mit Schiffswracks, steilen Wänden und langen Höhlen. Zahlreiche Tauchzentren am Mittelmeer sind auf ausländische Besucher ausgerichtet und warten mit Ein- oder Mehrtagestrips, der nötigen Ausrüstung und Kursen auf. Anbieter am Atlantik (in San Sebastián, Santander und A Coruña) haben sich eher auf Einheimische spezialisiert. Wer die Sprache beherrscht, dem versprechen die kälteren Meeresgewässer allerdings ein tolles Erlebnis.

Ein guter Startpunkt sind die Riffe an der Costa Brava, besonders rund um das Meeresschutzgebiet Illes Medes vor L'Estartit (nahe Girona). Veranstalter an der Costa del Sol steuern Tauchspots wie die Herradura Wall, das Wrack der *Motril* oder die Höhle Cerro Gordo an. Großer Beliebtheit erfreuen sich auch die Balearen mit ihren hervorragenden Einrichtungen.

In Paco Nadals Buch *Buceo en España* sind die Informationen über Tauchzentren und Anbieter von Ausrüstungen nach Provinzen geordnet, außerdem wird darin die Beschaffenheit des Meeresbodens in den unterschiedlichen Gebieten beschrieben.

Surfen

In vielen spanischen Küstenregionen ist der Ritt auf den Wellen sowohl für Anfänger als auch für Könner ein Highlight. Die Nordküste – das Surfermekka auf dem europäischen Festland – wartet mit jeder Menge hervorragender Spots auf. Andalusiens Atlantikküste ist vor allem im Winter ein gutes Ziel. Im Sommer kommen Surfer von überallher mit ihren Kleinbussen ins Land, dabei sind die Wellen eigentlich von Herbst bis Frühling am besten (Topmonat: Oktober). Beeindruckend ist auch die Bandbreite an unterschiedlichen Spots. In den Sommermonaten steuert man am besten offene, ungeschützte Strände an, während in der kälteren, stürmischeren Jahreszeit an den Riffen und Landspitzen gute Bedingungen herrschen.

Surfspots

Als Spaniens berühmteste Welle gilt der Lefthander an der Flussmündung in Mundaka. Er ist zwar nicht sehr beständig, aber an guten Tagen besteht dennoch kein Zweifel, dass es sich um eine der besten Wellen der Welt handelt! Dann ist hier allerdings der Teufel los und es kann recht ungemütlich werden.

Im Baskenland herrschen überall gute Bedingungen, aber man findet auch in den benachbarten Regionen Kantabrien und Asturien eine Reihe toller Spots, darunter Rodiles in Asturien und Liencres in Kantabrien. Für alle, die ihre Ruhe haben möchten: Einige abgelegene Strände an der schönen galicischen Costa da Morte bleiben selbst im Sommer menschenleer. Im Südwesten Andalusiens gibt's im Winter etliche Strände mit kräftiger Brandung und bei Conil de la Frontera (nordwestlich von Cabo de Trafalgar) kann es herrlich einsam sein.

Praktische Informationen

In der Sommerhitze ist ein kurzer Neoprenanzug (bzw. Boardshorts im Baskenland) eine gute Wahl. Eine Ausnahme bildet die galicische Küste, weil sie im Einflussbereich der kühlen Kanarenströmung liegt. Hier braucht man einen leichten Ganzkörperanzug.

In den beliebten Surfgegenden gibt's zahlreiche Shops inklusive Ausrüstungsverleih. Wenn man einen Kurs belegt, sollte man seinen Lehrer darum bitten, die Regeln genau zu erklären und die Übungsstunden in sicherer Entfernung von den Profis abzuhalten.

Zu den empfehlenswerten Surfführern für Spanien zählen Stuart Butlers *Big Blue Surf Guide: Spain,* José Pellóns *Guía del Surf en España* und Bruce Sutherlands *Stormrider Guide: Europe.*

Windsurfen & Kitesurfen

Die spanische Mittelmeerküste bietet tolle Wind- und Kitesurfbedingungen.

SPANIENS TOP-STRÄNDE

Bei 4964 km Küstenlinie (inklusive der Inseln) und einer schier unendlichen Vielfalt an Kieselbuchten, Sandstreifen sowie versteckten Buchten ist jede Diskussion über Spaniens beste Strände sinnlos.

» **Playa de la Concha** (S. 438) Der muschelförmige Sandstreifen im Herzen von San Sebastián ist möglicherweise der schönste Stadtstrand Europas.

» **Playa del Silencio** (S. 508) Eine lange Sandbucht vor einem natürlichen Amphitheater aus Felsen in Asturien.

» **Praia de Lourido** (S. 536) Wer lange Wanderungen an einem nebelverhangenen Strand unternehmen möchte, ist hier richtig. Schwimmen kann man vor Galiciens ungeschützter Costa da Morte allerdings nicht.

» **Illas Cíes** (S. 557) Naturgeschützter winziger Archipel mit tollen Stränden.

» **Aiguablava** und **Fornells** (S. 318) Die benachbarten Strände an der Costa Brava sind derart fantastisch, dass wir uns nicht zwischen ihnen entscheiden können.

» **Benidorm** (S. 613) Vielleicht ist das Highlight unter den Pauschalurlaubsstränden nicht jedermanns Sache, aber bei mehr als 2 Mio. Besuchern pro Jahr muss er etwas an sich haben.

» **Menorcas Nordküste** (S. 668) Zerklüftet, felsig und von hübschen Buchten durchsetzt – typisch für die Balearen vor dem Tourismusboom.

» **Cabo de Gata** (S. 805) Andalusiens spektakulärste Ecke am Mittelmeer.

» **Zahara de los Atunes** Eine verfallene alte Burg und 12 km ruhiger Strand machen diesen Ort zum Besten, was Andalusiens unberührte Costa de la Luz zu bieten hat.

Surfspots

Rund um Tarifa gibt's jede Menge Surfspots. Dafür ist der kräftige Wind verantwortlich, der angeblich schon so manch einen in den Wahnsinn getrieben hat und die Schuld an der ehemals sehr hohen Selbstmordrate tragen soll. Ob das stimmt, sei dahingestellt. Eines ist aber sicher: Die 10 km langen Sandstrände und die ganzjährig erstklassigen Windverhältnisse haben Tarifa den Status *der* europäischen Windsurferstadt beschert. Es wimmelt hier nur so von Fachgeschäften, Surfschulen und Wassersportlern. Leider macht jener Wind, der Profiherzen höher schlagen lässt, Anfängern das Leben schwer.

Von März bis Juli herrschen auch im weniger bekannten katalonischen Empuriabrava gute Bedingungen, ebenso wie im Familienbadeort Oliva bei Valencia und in Galicien an Spaniens Nordwestküste.

Praktische Informationen

Ein toller Führer für Surf- und Kitesurfspots in Spanien und weiteren europäischen Ländern ist der bei Stoked Publications erschienene *The Kite and Windsurfing Guide: Europe*. Die spanischsprachige Website www.windsurfesp.com bietet detaillierte Beschreibungen zu den unterschiedlichen Gebieten, Bedingungen und Schulen in ganz Spanien.

Kajakfahren, Kanufahren & Rafting

Dank der 1800 spanischen Flüsse gibt's jede Menge Gelegenheiten für Adrenalinkicks. Viele von ihnen werden aufgrund der Energiegewinnung irgendwo aufgestaut und Kanu- bzw. Kajakfahrer dürfen auf den meisten Stauseen herumpaddeln (die Ausrüstung kann man ausleihen).

Die Monate Mai und Juni eignen sich wunderbar für Kajak-, Kanu- und Raftingtouren sowie für Hydrospeed-Fahrten (dabei wird man liegend auf einem schlittenähnlichen Gerät durchs Wasser gezogen). Zu den besten Wildwasserflüssen gehören die Noguera Pallaresa in Katalonien, der Gállego in Aragonien, die Carasa in Kantabrien und der Miño in Galicien. Paddelvergnügen für die ganze Familie verspricht der Parque Natural Fragas do Eume. Dort kann man mit dem Kajak durch dichte atlantische Wälder fahren. Ein großer Spaß ist auch das Kanurennen Descenso Internacional del Sella von Arriondas in Asturien bis nach Ribadesella an der Küste (22 km), das am ersten Augustwochenende stattfindet.

In Patrick Santals *White Water Pyrenees* werden 85 Flüsse in Frankreich und Spanien für Wassersportfans beschrieben.

Mit Kindern reisen

Die besten Regionen für Kinder

Das mediterrane Spanien

Spaniens Küste ist mit vielen Klischees behaftet, eignet sich jedoch hervorragend für einen Familienurlaub im Sommer. Von Katalonien im Norden bis Andalusien im Süden ist das Meer an den meisten Stränden ruhig, außerdem gibt's zahlreiche Sehenswürdigkeiten und Aktivitäten für den Nachwuchs, die von Wasserparks bis zu Wassersport für ältere Kinder reichen.

Barcelona

Themenparks, ein Wachsmuseum, ein Schokoladenmuseum, allerlei Einrichtungen mit interaktiven Ausstellungsstücken, Strände, Gärten: Barcelona ist eine der familienfreundlichsten Städte Spaniens – sogar die Architektur scheint der Fantasie eines Kindes entsprungen zu sein.

Das Inland

Wenn man einen Familienurlaub plant, kommt einem meist nicht als Erstes das spanische Inland in den Sinn, aber die vielen Burgen, winzigen Dörfer und faszinierenden, leicht zu erkundenden Städte machen es zu einem lohnenden Reiseziel.

Spanien ist ein familienfreundliches Reiseziel mit hervorragenden Verkehrsverbindungen und einem breit gefächerten Angebot an Unterkünften, einer Küche, die auch das wählerischste Kind glücklich macht, und einer außergewöhnlichen Vielfalt an Sehenswürdigkeiten, an denen Erwachsene und Kids gleichermaßen ihre Freude haben. Eine Reise mit der Familie muss sorgfältig geplant werden, jedoch nicht mehr als bei jedem anderen europäischen Urlaubsziel.

Spanien für Kinder

Spaniens Tourismusindustrie ist an Familien gewöhnt und die meisten Angestellten überschlagen sich, um es den Kleinen recht zu machen.

Essen gehen

Essen und Kinder sind zwei große Steckenpferde der Spanier. Dementsprechend sind die Kids in der Regel überall willkommen, egal ob im Restaurant oder in chaotisch überfüllten Bars. Tatsächlich wird man nur selten schief angesehen, wenn die Kleinen herumschreien. Dennoch gilt auch in Spanien: Je formeller das Restaurant, desto unwohler fühlt man sich mit lauten Kindern. Im Sommer kann man auf den unzähligen Terrassen ideal im Freien essen, verliert den Nachwuchs allerdings im Trubel schnell mal aus den Augen.

Viele Lokale haben *tronas* (Hochstühle), wobei es in den meisten kaum mehr als ei-

AKTIVITÄTEN

Für kleine Kinder gibt's in Spanien nur wenige organisierte Aktivitäten, doch sobald die Kids zehn Jahre und älter sind, zählen Wandertouren, Rafting, Schnorcheltrips und sogar Wintersport zu den Möglichkeiten, etwas zu unternehmen.

nen (oder maximal ein paar) gibt, deshalb sollte man bei der Reservierung um einen Stuhl bitten. Wenn keine Hochstühle oder Sitzerhöhungen verfügbar sind, improvisiert das Personal manchmal mit Kissen oder übereinander gestapelten Stühlen.

Nur sehr wenige Restaurants (oder andere öffentliche Einrichtungen) besitzen Wickelstationen, auch wenn sich das allmählich ändert.

Was das Essen anbelangt, bieten immer mehr Lokale ein *menú infantil* (Kindermenü), das aus einem Hauptgang (Hamburger, Hähnchen-Nuggets, Pasta u. Ä.), einem Getränk und einem Eis oder Milchshake als Nachtisch besteht.

Die spanische Küche ist selten scharf gewürzt und schmeckt vielen Kids; spanische Kleinkinder essen oft direkt vom Teller der Eltern mit.

Nicht ganz so einfach ist es, sich an die hiesigen Essenszeiten anzupassen, aber wenn die Kleinen zwischen den Mahlzeiten Hunger bekommen, kann man sich problemlos in die nächste *tasca* (Tapas-Bar) setzen und einen Snack bestellen, außerdem gibt's an allen Ecken Süßigkeitenläden. Trotzdem ist es empfehlenswert, immer etwas zu essen dabeizuhaben, falls gerade alles geschlossen hat.

Verkehrsmittel & -wege

Spaniens Verkehrsnetz ist erstklassig. Lange Strecken zwischen großen Städten relativieren sich, wenn man mit dem Hochgeschwindigkeitszug AVE fährt – und welches Kind ist nicht begeistert von der Vorstellung, mit beinahe 300 km/h durch die Gegend zu brausen?

In öffentlichen Verkehrsmitteln reisen Kids bis zu einem Alter von zwölf Jahren vergünstigt. Kinder unter vier Jahren können meist kostenlos mitfahren.

Fast alle Autovermietungen verleihen gegen eine zusätzliche Gebühr Kindersitze, die man allerdings im Voraus buchen sollte, vor allem während der spanischen Schulferien, Navidad (Weihnachten) und der Semana Santa (Karwoche).

Taxis haben nur in den seltensten Fällen Kindersitze. Sofern man nicht seinen eigenen Sitz mitgebracht hat, sitzt das Kind meist auf dem Schoß eines Elternteils und wird zusammen mit diesem angeschnallt.

Highlights für Kinder

Es gibt in Spanien unzählige Burgen, Pferdeshows, Fiestas, interaktive Museen, Flamenco-Vorführungen und Prozessionen zur Semana Santa, um nur einige der vielen Highlights zu nennen.

In den Abschnitten zu mehreren Städten in diesem Reiseführer findet man Extrakästen mit der Auflistung kinderfreundlicher Sehenswürdigkeiten.

Strände

Spaniens Strände, vor allem die Sandstreifen an der Mittelmeerküste, sind wie geschaffen für Kinder. Viele wie die an der Costa Brava und auf den Balearen liegen in geschützten Buchten, die anderen locken mit glattem, ruhigem Wasser. Ja, im Hochsommer kann es überfüllt sein, doch wer sich ein wenig umschaut, findet immer noch zahlreiche ruhige Ecken.

» **Playa de la Concha, San Sebastián** Spaniens am einfachsten zugänglicher Stadtstrand.

» **Aiguablava und Fornells** Geschützte schöne Buchten an der Costa Brava.

» **Cala Sant Vincenç** Eine der malerischsten Buchten Mallorcas.

» **Benidorm** Hier kann man eine Menge unternehmen, wenn es am traumhaften Strand zu voll ist.

» **Menorca** Ruhige Strände an der Nordküste, sogar im Sommer.

» **Zahara de los Atunes** Wenig Bebauung an makellosen Sandstränden.

Fantasievolle Attraktionen

Was die Museumswelt und Kinder anbelangt, hat man in Spanien umgedacht: Mittlerweile warten zahlreiche Museen mit interaktiven Elementen in ihren einst biederen und statischen Ausstellungen auf. Viele wichtige Sehenswürdigkeiten wie die Alhambra und die meisten Kunstmuseen verfügen zudem über spezielle Führer für Kinder. Darüber hinaus locken Flamenco-Shows – etwas, das jedes Kind einmal in seinem Leben gesehen haben sollte.

» **Alcázar, Segovia** Lieferte die Inspiration für das Schloss in Walt Disneys „Dornröschen".

» **Park Güell und Casa Batlló** Gaudís verrückte Kreationen in Barcelona.

» **Castillo de Loarre** Die typische Burg mit Türmen in Aragonien.

» **Cuenca** Häuser auf einem Felsplateau.

» **Estadio Santiago Bernabéu (Madrid) und Camp Nou (Barcelona)** Fußball, Fußball, Fußball!

» **Museo Guggenheim, Bilbao** Hier bekommen die Kids den Mund vor Staunen nicht mehr zu.

Gärten, Vergnügungsparks & Pferdeshows

Die Anzahl an Vergnügungsparks ist in den letzten Jahren sprunghaft angestiegen – ob das nun gut oder schlecht ist, sei dahingestellt. Auch wenn es viele Kinderlose allein beim Gedanken an derlei Einrichtungen graust, sehen die meisten Eltern doch den praktischen Nutzen, wenn sie versuchen, für alle Familienmitglieder das meiste aus dem Spanienurlaub herauszuholen. Es gibt Parks für jeden Geschmack von der Dinosaurierzeit über den Wilden Westen bis zu traditionelleren Einrichtungen mit Karussells und Tieren.

» **Dinopolis, Teruel** Mischung aus Jurassic Park und Jahrmarkt.

» **Port Aventura** Toller Freizeitpark in der Nähe von Tarragona.

» **Terra Mítica, Benidorm** Disneyland trifft Mittelmeer.

» **Mini Hollywood** Wildwestfilmsets in der Wüste von Almería.

» **Zoo-Aquarium de Madrid** Spaniens wohl bester Zoo.

» **Parc d'Atraccions, Barcelona** Tolle Fahrgeschäfte und ein Marionettenmuseum.

» **La Ciudad de los Niños, Córdoba** Preisgekrönter, weitläufiger Kinderspielbereich.

» **Parque del Buen Retiro, Madrid** Einer der schönsten Stadtparks Europas.

» **Real Escuela Andaluza del Arte Ecuestre** Andalusische Pferdeshows in ihrer schönsten Form.

Reiseplanung

Generelle Hinweise zum Reisen mit Kindern liefert der englischsprachige Lonely Planet Band *Travel with Children*. Weitere Infos gibt's unter www.reisen-mit-kindern.info und www.mit-kindern-reisen.de.

Was man mitnehmen sollte

Zwar sollte man für den Notfall (oder für Sonntage, wenn die meisten Apotheken und Supermärkte geschlossen haben) einen kleinen Vorrat an Utensilien mitnehmen, die man zu Hause auch benutzt (vor allem Babyprodukte), ansonsten bekommt man in

TIPPS FÜR DAS REISEN MIT KINDERN

Einige unserer Autoren haben mit ihren Kindern ganz Spanien bereist und geben folgende Tipps:

» Mindestens einmal am Tag werden die Kleinen von Fremden geküsst, in die Wange gekniffen und mit Süßigkeiten beschenkt. Außerdem verwuschelt man ihnen gern das Haar, vor allem wenn es heller als schwarz ist.

» In Bars sollte man immer nach Spezial-Tapas wie Oliven oder rohen Karottenschnitzen fragen.

» Die Kinder so schnell wie möglich an die spanische Zeit, also an langes Aufbleiben, gewöhnen – sonst verpassen sie die Hälfte dessen, was man gesehen haben sollte.

» Auf den Tag hoffen, an dem in Restaurants und Bars nicht mehr geraucht werden darf: Der Prozess ist in Gang und hat vielleicht schon begonnen, wenn dieses Buch auf dem Markt erscheint.

» Buntstifte und Papier sind in Restaurants selten vorrätig, deshalb bringt man am besten eigene mit.

» Wer das Kind mit im eigenen Bett schlafen lässt, muss keinen Aufpreis zahlen. Beistellbetten kosten meistens 20 bis 30 € extra.

» In der lokalen Touristeninformation kann man sich nach nahe gelegenen Kinderspielplätzen erkundigen.

Spanien aber mit großer Wahrscheinlichkeit alles, was man so braucht.

Babynahrung in flüssiger oder Pulverform sowie Sterilisatoren sind in *farmacias* (Apotheken) erhältlich. *Panales* (Einwegwindeln) werden in fast allen Supermärkten und *farmacias* verkauft. Frische Kuhmilch in Kartons und Plastikflaschen findet man in Supermärkten großer Städte, in kleineren Orten jedoch eher nicht. Dort gibt's oft nur H-Milch.

Reisezeit

Die beste Jahreszeit für einen Strandurlaub sind die Sommermonate, besonders der Juli und der August, allerdings pilgern in diesen Monaten auch die Spanier scharenweise an die Küste, sodass man rechtzeitig im Voraus buchen sollte. Außerdem kann man jetzt wunderbar in die Berge (Pyrenäen, Sierra Nevada) reisen. Im Landesinneren wird es während der Sommermonate dagegen oft unerträglich heiß: In Sevilla und Córdoba steigt die Temperatur tagsüber regelmäßig auf beinahe 50 °C.

Unsere Autoren kommen am liebsten im Frühjahr und im Herbst nach Spanien, vor allem im Mai, Juni, September und Oktober. Außer in letzteren Monaten ist es dann häufig warm genug, um an den Strand zu gehen. Generell herrscht in dieser Zeit ein mildes, angenehmes Klima.

Im Winter wird es in großen Teilen Spaniens bitterkalt. Das ist aber kein Problem, wenn man entsprechend vorbereitet ist, und sogar noch besser, wenn man in den Schnee möchte.

Unterkunft

Viele Hotels (jedoch wenige günstige *hostales* und andere Budgetbleiben) bieten Gitterbetten für Kleinkinder. Die meisten haben aber maximal eine Handvoll, deshalb muss man das Bett bei der Zimmerreservierung gleich mitbuchen. Wer danach fragt, sollte auch um ein größeres Zimmer bitten, da viele Räume in spanischen Hotels und *hostales* eher klein ausfallen. In manchen Häusern kosten Kinderbetten einen Aufpreis, in anderen sind sie kostenlos.

Spitzenklassehotels warten teilweise mit einer Kinderbetreuung auf und mancherorts kümmern sich kinderfreundliche Agenturen um die Sprösslinge von Touristen. Einige Luxusbleiben – vor allem Resorts, aber auch einige *paradores* (staatliche Luxushotels) – verfügen über Spielbereiche und/oder Spielplätze, außerdem haben viele Pools.

Spanien im Überblick

Madrid

Kunstmuseen ✓✓✓
Nachtleben ✓✓✓
Essen ✓✓

Goldene Kunstmeile

Madrid ist eine *der* internationalen Kunstadressen. Im Schatten des Museo del Prado, Centro de Arte Reina Sofía und Museo Thyssen-Bornemisza haben sich ein paar Galerien von Weltformat angesiedelt. Die drei Gebäude sind jeweils nur einen kurzen Fußmarsch voneinander entfernt, warten mit Arbeiten der großen Meister auf und erlauben Besuchern, eine faszinierende Reise in die Tiefen der spanischen Seele anzutreten.

S. 64

Die Nacht zum Tag machen

Clubs, die erst ab 3 Uhr morgens voll werden, schicke Cocktailbars, in denen man neben A-Promis Mojitos schlürfen kann, und eine Livemusikszene mit Flamenco, Jazz & Co.: Nirgendwo gibt's mehr Ausgehmöglichkeiten als in dieser Stadt. Das Madrider Nachtleben ist legendär, denn die Einwohner dieser Stadt feiern einfach für ihr Leben gern.

Spanische Gaumenfreuden

Um regionale Spezialitäten zu kosten, kann man entweder ganz Spanien bereisen oder man kommt nach Madrid. Die hiesige traditionelle Küche haut einen zwar nicht gerade vom Hocker, aber dafür befinden sich in der Hauptstadt die besten regionaltypischen und internationalen Restaurants des Landes. Mit einer besonders tollen Auswahl an Tapas-Bars wartet das Viertel La Latina auf.

Kastilien-León

Mittelalterstädte ✓✓✓
Dörfer ✓✓✓
Essen ✓✓

Eine Stadt als Kunstwerk

Das Herz des alten Kastiliens ist reich an Geschichte, Kathedralen und anderen Denkmälern und beherbergt wunderschöne mittelgroße Städte wie Salamanca, Ávila, Segovia, León sowie Burgos.

Ruhige Dörfer

Von der Sierra de Francia ganz im Südwesten bis zu ruhigen, mittelalterlichen Orten wie Covarrubias, Puebla de Sanabria und Calatañazor erinnert in Kastilien-León alles an das Spanien vor dem Massentourismus sowie an eine Zeit, als die moderne Welt die iberische Küste noch nicht erreicht hatte.

Herzhafte Küche

Das Fleisch schmeckt hier so gut, dass Spanier aus dem ganzen Land extra deshalb in die Region kommen. *Jamón* und anderes Pökelfleisch sind eine weitere typische Leidenschaft der Einheimischen und ein geschmackliches Highlight.

S. 145

Kastilien-La Mancha

Geschichte ✓✓
Literatur ✓✓
Dörfer & Burgen ✓✓✓

Stadt der drei Religionen
Im Mittelalter zählte Toledo zu den weltoffensten Städten Spaniens. Davon zeugen faszinierende Baudenkmäler wie die Moschee, jüdische Stätten und eine Kathedrale mit Werken von El Greco, Zurbarán und Velázquez.

Kampf gegen Windmühlen
Der Don-Quichotte-Weg bietet eine seltene Gelegenheit, auf den Spuren der exzentrischen literarischen Figur zu wandeln. Windmühlen und weite Ebenen erwecken Cervantes' Geschichte zum Leben. Fast rechnet man damit, Sancho Panza zu begegnen.

Wunderschöne Dörfer
In La Mancha kann man nahezu ungehindert bis zum Horizont blicken. Nur selten rücken hübsche Dörfer ins Blickfeld. Cuenca, Almagro, Sigüenza und Alcalá del Júcar sind unsere Favoriten. Zu den weiteren Highlights zählen die vielen Burgen.

S. 214

Barcelona

Architektur ✓✓✓
Essen ✓✓✓
Kunst & Geschichte ✓✓✓

Moderne Meisterwerke
Von Gaudis unvollendetem Meisterwerk, der Sagrada Família, bis zu Domènech i Montaners himmlischem Palau de la Música Catalana: Katalanische Visionäre verwandelten Barcelona in eines der großen Modernismezentren Europas.

Gaumenfreuden
Meeresfrüchteorgien am Mittelmeer, Tapas auf dem großartigen Boqueria-Markt oder der Besuch eines Sternerestaurants: All das macht das kulinarische Barcelona aus.

Schätze der Vergangenheit
Als dynamische Siedlung des alten Roms birgt Barcelona in seinen Gassen über 2000 Jahre Geschichte. Im gotischen Zentrum stößt man auf Kirchen aus dem 14. Jh. sowie auf mittelalterliche Villen mit Schätzen neueren Datums von einer umfangreichen Picasso-Sammlung bis zu präkolumbischen Meisterwerken.

S. 245

Katalonien

Essen ✓✓✓
Strände ✓✓
Wandern ✓✓✓

Katalanische Küche
Katalonien und das Baskenland konkurrieren um den ersten Platz in Sachen höchste Pro-Kopf-Rate an Sterneköchen. Kein Wunder, dass die Region eine Pilgerstätte für Feinschmecker ist. Allerorts werden Früchte des Meeres und des Bodens miteinander kombiniert, und selbst bei innovativen, neuen Ansätzen hält man immer der kulinarischen Tradition die Treue.

Die Küste
Entlang der Costa Brava und der Costa Daurada erstrecken sich hübsche Dörfer und Strände, an denen weniger los ist als an südlicher gelegenen Sandstreifen. Außerdem kann man sich auf den Spuren von Salvador Dalí zu römischen Stätten und Orten aufmachen.

Die Pyrenäen
Der Norden wird von den Pyrenäen geprägt, einem der besten Wandergebiete des Landes mit wohlgeformten Gipfeln und stillen Tälern.

S. 311

Aragonien

Berge ✓✓✓
Dörfer ✓✓
Geschichte ✓

Auf in die Hügel
Die wohl hübscheste Ecke der Pyrenäen befindet sich im Norden Aragoniens. Dort wechseln sich hohe Gipfel und tiefe Täler ab, die von unzähligen Wanderwegen durchzogen sind. Der Parque Nacional de Ordesa y Monte Perdido ist vielleicht das malerischste Naturschutzgebiet Spaniens.

Steinerne Dörfer
In der Region gibt's einige heiße Anwärter auf den Titel „schönstes Dorf des Landes", darunter Aínsa, Sos del Rey Católico und Albarracín. Viele liegen vor dem Hintergrund schneebedeckter Gipfel in den Vorbergen der Pyrenäen.

Römer, Mauren & Christen
Aragonien war einst eines der bedeutendsten Königreiche des Landes und wartet deshalb mit Andenken an große Zivilisationen aus antiker und mittelalterlicher Zeit auf. Besonders schöne Beispiele dafür sind Zaragoza und Teruel.

S. 384

Baskenland, Navarra & La Rioja

Essen ✓✓✓
Wein ✓✓✓
Dörfer ✓✓

Spaniens kulinarische Hauptstadt
Wer verstehen möchte, warum die spanische Küche so beliebt ist, sollte San Sebastián besuchen, die *pintxo-* (baskische Tapas) und Sternekochhochburg des Landes. Doch auch im übrigen Baskenland kann man hervorragend speisen, vor allem Fisch und Meeresfrüchte sowie köstlich zubereitetes Fleisch.

Ein feiner Tropfen
Wenn das Baskenland das Gourmetparadies ist, muss man La Rioja mit seinen vielen Weingütern, -proben und -museen als Himmel für Weinliebhaber bezeichnen. Der edle Traubensaft wird zu jeder Mahlzeit genossen, egal ob beim Picknicken, in einer Bar oder im schicken Restaurant.

Dörfer
Die traumhaft schönen Siedlungen in den Vorbergen der Pyrenäen und den Hochtälern von Navarra nehmen es spielend mit den hübschesten Orten Frankreichs und Spaniens auf.

S. 421

Kantabrien & Asturien

Küstenlandschaft ✓✓✓
Berge ✓✓✓
Essen ✓✓

Malerische Küste
„Gewöhnliche" Strandfans zieht es ans Mittelmeer, doch wer etwas Besonderes sucht, sollte Kantabrien oder Asturien ansteuern. Dort dreht sich alles um dramatische Landschaften, charmante Dörfer und Attraktionen des Hinterlands, z. B. die faszinierende Cueva de Altamira.

Picos de Europa
Die schwindelerregend hohen Picos de Europa sind nicht die größte Gebirgskette Spaniens, aber vermutlich die schönste. Zerklüftete Gipfel und Bergkämme ziehen sowohl passionierte Wanderer als auch Tagesausflügler an.

Käse & Apfelwein
Wer einem Spanier gegenüber erwähnt, dass Asturien auf seinem Reiseprogramm steht, wird sich wahrscheinlich prompt ein Loblied auf die dortige Küche anhören müssen. Der scharfe Cabrales-Käse ist einfach köstlich, ebenso wie Cidre vom Fass.

S. 478

Santiago de Compostela & Galicien

Küstenlandschaft ✓✓✓
Essen ✓✓✓
Geschichte ✓✓

Die wilde Küste
Kaum eine europäische Küste ist so wild wie die galicische: Hohe Klippen ragen aus dem Atlantik und bieten einsamen Fischerdörfern sowie verlassenen Stränden von überwältigender Schönheit Schutz.

Früchte des Meeres
In Galicien dreht sich mehr noch als in den anderen Regionen Spaniens alles ums Essen. Von großer Bedeutung ist auch die Fischerei, da Fischerflotten die Bevölkerung stets mit Nahrung versorgt haben. Dementsprechend stehen bei einem Großteil der hiesigen Festivals Gaumenfreuden im Mittelpunkt.

Religiöse Vergangenheit
Es gibt in Spanien keinen heiligeren Ort als Santiago de Compostela, angeblich die letzte Ruhestätte von Jakobus und Ziel des Jakobswegs. Ebenfalls eine Reise wert ist das von prächtigen Mauern aus römischer Zeit umgebene Lugo.

S. 523

Valencia & Murcia

Fiestas ✓✓✓
Essen ✓✓
Strände ✓✓

Stiere, Feuer & Ritter
Die größte, lauteste Party des Landes, Las Fallas, wird im März in Valencia gefeiert. Daneben hat fast jedes *pueblo* eine eigene Fiesta mit Feuerwerk und oftmals auch Stierkämpfen. Lorcas Semana Santa kann sich mit der Andalusiens messen, während im September in Cartagena Römer gegen Karthager kämpfen.

Leckerer Reis
Spaniens erste Paella wurde in Valencia zubereitet. Reisgerichte bekommt man überall. Sie enthalten Fisch und Meeresfrüchte aus dem Mittelmeer sowie frisches Gemüse von der fruchtbaren Küste bis nach Murcia. Ein echter Geheimtipp sind Murcias Tapas.

Strände & Buchten
Hier findet man auf jeden Fall einen Platz für sein Badehandtuch, ob man nun eine der zahlreichen Felsenbuchten, kilometerlange Strände, die Sandstreifen von Denia oder Benidorm oder Murcias Costa Cálida (Heiße Küste) ansteuert.

S. 567

Die Balearen

Strände ✓✓
Wandern/Radfahren ✓✓
Nachtleben ✓✓

Strände
Es ist alles da, was man braucht: weißer und schwarzer Sand, Kieselsteine und felsige Buchten. Die feinen Sandstrände erstrecken sich im Süden, während die Nordküste rauer beschaffen ist.

Outdoor-Abenteuer
In allen größeren Badeorten kann man segeln, windsurfen, tauchen oder einfach im Meer plantschen. Tramuntana, ein Gebirgszug im Norden Mallorcas, lockt Wanderfans an, Spaziergänger kommen in den Hügeln Menorcas auf ihre Kosten. Darüber hinaus gibt's auf allen vier Inseln gute Fahrradrouten.

Für Nachteulen
Nicht nur die Megaclubs auf Ibiza sind bis in die Morgenstunden geöffnet. Viele Nachtschwärmer zieht es auch nach Ciutadella auf Menorca. Die Einheimischen schwören auf Palma de Mallorca, und die kleineren Musikbars auf Formentera sind ebenfalls nicht zu verachten.

S. 640

Sevilla & Andalusien

Musik ✓✓✓
Weiße Orte ✓✓
Maurisches Erbe ✓✓✓

Flamenco-Stile

Andalusische Musik ist die Geschichte des Flamenco, die vor allem drei Städte erzählen: Jerez mit den *bulerías*, Cádiz mit den *alegrías* und Sevilla mit den *soleares*, die in lokalen *tablaos* und *peñas* aufgeführt werden.

Zitadellen

In Andalusien befinden sich viele der berühmten weißen Orte mit auf Bergen gelegenen Burgruinen, Blumenkästen voller Geranien und kleinen feierlichen Kirchen. Arcos, Jimena und Vejer gehören zu den Wächtern einer einst bewegten Grenze, die zwei Kulturen teilte.

Architektonische Evolution

Ein Hybrid aus Kirche und Moschee, ein Alcázar als Nachbildung des Himmels auf Erden und eine eindrucksvolle Palastfestung: Córdoba, Sevilla und Granada sind am stärksten vom maurischen Erbe geprägt.

S. 692

Extremadura

Mittelalterstädte ✓✓✓
Römische Ruinen ✓✓
Klöster ✓✓

Mittelalterliche Schauplätze

In Spanien gibt's eine Menge wunderbar erhaltener Städte aus dem Mittelalter. Zu den schönsten zählen Cáceres und Trujillo. Ein Spaziergang durch die kopfsteingepflasterten Gassen ist wie eine Reise in die Vergangenheit. Granadilla ist die dörfliche Variante.

Römisches Mérida

Das schönste römische Theater, die längste Brücke aus römischer Zeit, ein wunderbares Museum und zahlreiche faszinierende Ruinen – all das bietet Emerita Augusta, das heutige Mérida. Auch die großartige Brücke von Alcántara lohnt einen Besuch.

Göttliche Bauten

Religiöse Einkehr erfordert Abgeschiedenheit und dafür eignet sich die Extremadura perfekt. Das großartige Heiligtum von Guadalupe, das Kloster in Zafra und das letzte Refugium eines Kaisers in Yuste zählen zu Spaniens faszinierendsten religiösen Monumenten.

S. 809

› **Sämtliche Empfehlungen wurden von unseren Autoren getroffen, ihre Favoriten werden jeweils als Erstes aufgeführt.**

› **Empfehlungen von Lonely Planet:**

LP TIPP Das empfehlen unsere Autoren

Nachhaltig und umweltverträglich

GRATIS Hier bezahlt man nichts

MADRID 64
RUND UM MADRID 139
San Lorenzo de El Escorial 140
Alcalá de Henares 143
Sierra de Guadarrama... 143
El Pardo 144
Buitrago & Sierra Pobre .. 144

KASTILIEN-LEÓN .. 145
DER SÜDWESTEN 147
Ávila 147
Sierra de Gredos 152
Salamanca............. 153
Ciudad Rodrigo......... 161
La Alberca 164
DIE KASTILISCHE HOCHEBENE........... 166
Segovia................ 166
Valladolid............. 173
Zamora................ 181
Palencia............... 184
DER NORDWESTEN......187
León 187
DER OSTEN.............197
Burgos 197
Soria..................209

KASTILIEN-LA MANCHA 214
Toledo.................216
DER WESTEN 226
Talavera de la Reina.....226
DER SÜDEN............227
Ciudad Real............227
Albacete...............232
DER NORDOSTEN 234
Cuenca.................234
Guadalajara............240
Pastrana...............240
Sigüenza 241

BARCELONA 245

KATALONIEN.......311
COSTA BRAVA.......... 313
Tossa de Mar...........313
Palafrugell & Umgebung.............316
Girona.................320
Cadaqués & Umgebung............328
Figueres............... 341
DIE PYRENÄEN......... 345
Vall de Núria & Ribes de Freser.........349
Parc Nacional d'Aigüestortes i Estany de Sant Maurici & Umgebung ...357
Val d'Aran..............360
ZENTRALKATALONIEN ..363
Vic.....................363
Montserrat.............364
Lleida 367
COSTA DAURADA & UMGEBUNG 369
Sitges 369
Weinbaugebiet Penedès..............373
Tortosa................ 381
Delta de L'Ebre 382

ARAGONIEN 384
ZARAGOZA 386
SÜDLICH VON ZARAGOZA 393
WESTLICH VON ZARAGOZA 394
Tarazona 394
DER NORDEN (DIE PYRENÄEN).......394
Sos del Rey Católico 395
Valles de Echo & Ansó...396
Jaca 399
Parque Nacional de Ordesa y Monte Perdido................401
Aínsa..................405
Alquézar...............408
DER SÜDEN............ 411
Daroca 412
Teruel 413
Albarracín 416

BASKENLAND, NAVARRA & LA RIOJA 421
BASKENLAND.......... 422
Bilbao..................423
San Sebastián..........438
Vitoria................. 451
NAVARRA.............. 455
Pamplona..............455
Die Pyrenäen........... 461
LA RIOJA 468
Logroño 468
Weinbaugebiet 473

KANTABRIEN & ASTURIEN 478
KANTABRIEN 480
Santander 480

Im Register findet man eine Übersicht aller Reiseziele in diesem Buch.

Reiseziele

ASTURIEN 493
Oviedo 494
Gijón 500
PICOS DE EUROPA 512

SANTIAGO DE COMPOSTELA & GALICIEN 523
Santiago de Compostela 525
COSTA DA MORTE 535
Fisterra & Umgebung ... 535
A CORUÑA & DIE RÍAS ALTAS 537
A Coruña 538
Die Rías Altas 542
DIE RÍAS BAIXAS 547
Pontevedra 550
Illas Cíes 557
DER SÜDWESTEN 557
A Guarda 558
Tui 558
DER OSTEN 559
Ribeira Sacra & Cañón do Sil 561
Lugo 565

VALENCIA & MURCIA 567
VALENCIA & DIE COSTA BLANCA 569
Valencia 569
Costa del Azahar 603
El Maestrazgo 606
Costa Blanca 608
MURCIA 627
Murcia 627
Costa Cálida 635
Lorca 637
Parque Natural de Sierra Espuña 638

DIE BALEAREN 640
MALLORCA 642
Palma de Mallorca 642
Nordwestküste & Serra de Tramuntana 649
Badia d'Alcúdia 655
MENORCA 657
Maó 659
Ciutadella 663
IBIZA 671
Ibiza-Stadt 672
FORMENTERA 682

SEVILLA & ANDALUSIEN 688
Sevilla 692
DIE PROVINZ HUELVA ... 712
Parque Nacional de Doñana 713
Aracena & Umgebung ... 717
DIE PROVINZ CÁDIZ 718
Cádiz 718
Jerez de la Frontera 729
Parque Natural Sierra de Grazalema & Umgebung 735
Tarifa 740
Gibraltar 744
DIE PROVINZ MÁLAGA .. 748
Málaga 748
Costa del Sol 756
Ronda 760
DIE PROVINZ CÓRDOBA 767
Córdoba 767
DIE PROVINZ GRANADA 773
Granada 774
Las Alpujarras 789
DIE PROVINZ JAÉN 793
Úbeda 797
Parque Natural de Cazorla 800
DIE PROVINZ ALMERÍA 802
Almería 802
Cabo de Gata 805

EXTREMADURA ... 809
DAS ZENTRUM DER EXTREMADURA 810
Cáceres 810
Alcántara 815
Trujillo 815
Guadalupe 818
NÖRDLICHE EXTREMADURA 821
La Vera 822
Valle del Jerte 825
Valle del Ambroz 826
Parque Nacional de Monfragüe 828
SÜDLICHE EXTREMADURA 829
Mérida 829
Badajoz 834
Zafra 836

Madrid

Inhalt »

Sehenswertes................ 69
Aktivitäten.................... 109
Kurse 109
Geführte Touren 110
Feste & Events 111
Schlafen 112
Essen 116
Ausgehen...................... 123
Unterhaltung................. 127
Shoppen 134
Rund um Madrid 139

Gut essen

» Mercado de San Miguel (S. 116)

» Restaurante Sobrino de Botín (S. 117)

» Enotaberna del León de Oro (S. 117)

» Casa Alberto (S. 119)

» Sula Madrid (S. 120)

Schön übernachten

» Hotel Meninas (S. 112)

» Praktik Metropol (S. 112)

» Posada del Dragón (S. 113)

» Hotel Óscar (S. 115)

» Hotel Puerta América (S. 116)

Auf nach Madrid

Diese Stadt strotzt nur so vor Energie und strahlt eine ganz einfache Botschaft aus: Genieße das Leben!

Vielleicht hat Madrid nicht den Charme von Paris, Roms monumentale Bauwerke oder Barcelonas Lässigkeit, doch wenn man erst einmal eine Weile hier verbracht hat und die Vielfalt sowie die gegensätzlichen Impulse in den unterschiedlichen Vierteln kennenlernen durfte, lässt einen die Metropole – die stellvertretend für das leidenschaftliche Land steht – nicht mehr los.

Heute gilt die Stadt als wichtigster Trendsetter Spaniens und wartet mit hervorragenden Kunstmuseen, einem pulsierenden Nachtleben, zahlreichen guten Restaurants und Tapas-Bars sowie einer Bevölkerung auf, die extrem viel Lebensfreude versprüht. Madrid hat wirklich eine ganze Menge zu bieten.

Reisezeit

Madrid

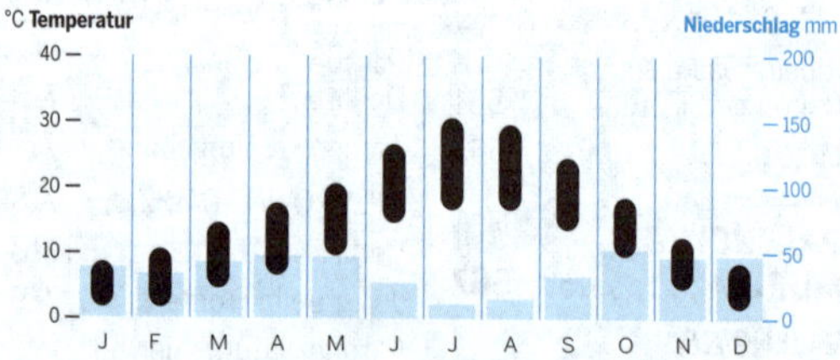

Feb. Fünf Tage den besten Flamenco Spaniens beim Festival Flamenco Caja Madrid erleben.

Mai Zwei große Feste: die Fiesta de la Comunidad de Madrid und die Fiesta de San Isidro.

Sept. Die Stadt wirft ihre Sommertracht ab und bietet häufig schönes Herbstwetter.

Madrider Barock

Der Beitrag der spanischen Hauptstadt zur Weltarchitektur ist als *barroco madrileño* (Madrider Barock) bekannt. Geprägt wurde dieser Begriff von Juan de Herrera (1530–97), dem vielleicht größten Vertreter der spanischen Renaissance. Er vereinte die Strenge des Renaissancestils mit dem sinnlicheren, dekorativen Barock. Als berühmteste Beispiele dafür gelten die Plaza Mayor, das frühere *ayuntamiento* (Rathaus) auf der Plaza de la Villa und der Convento de la Encarnación.

DIE STADTVIERTEL IM ÜBERBLICK

Los Austrias, Sol und Centro sind die ältesten Viertel der Stadt. Hier findet man die größten Baudenkmäler sowie jede Menge Kneipen, Restaurants und Hotels. Nebenan erstrecken sich **La Latina und Lavapiés** mit schmalen mittelalterlichen Straßen, Tapas-Bars, Ausgehmöglichkeiten und Lokalen. Weiter im Osten liegen **Huertas** und **Atocha**, Ziel für Nachtschwärmer und Standort des Centro de Arte Reina Sofía.

Hügelabwärts und scheinbar eine ganze Welt von diesen Gegenden entfernt stößt man auf **Paseo del Prado und El Retiro**, die grünsten Viertel der Madrider Innenstadt. Am Ufer des Paseo gibt's erstklassige Kunstmuseen und hügelaufwärts im Osten lockt der Parque del Buen Retiro. Im luxuriösen **Salamanca** ist der alte Geldadel zu Hause, außerdem reihen sich dort internationale Designerboutiquen aneinander. **Malasaña und Chueca**, zwei innerstädtische *barrios*, warten mit einem bunten Nachtleben, Restaurants und wunderbaren Einkaufsmöglichkeiten auf. Außerdem ist Chueca das Herz der Madrider Schwulenszene.

Nördlich davon befinden sich fernab vom Touristentrubel die beiden Wohnviertel **Chamberí** und **Argüelles**. Im **Norden**, dem Sitz des Fußballclubs Real Madrid, liegen erstklassige Restaurants.

Die besten Kunstmuseen

» **Museo del Prado** (S. 82) Eine der besten Gemäldegalerien der Welt; zu den Highlights zählen Goya und Velázquez.

» **Centro de Arte Reina Sofía** (S. 78) In dem beeindruckenden Kunstzentrum ist Picassos *Guernica* zu sehen.

» **Museo Thyssen-Bornemisza** (S. 83) Privates Kunstmuseum mit Meistern aus jeder Epoche.

» **Real Academia de Bellas Artes de San Fernando** (S. 75) Goya, Picasso, Velázquez, Rubens und viele weitere tolle Künstler.

» **Ermita de San Antonio de la Florida** (S. 107) Goya-Fresken in originaler Umgebung.

NICHT VERSÄUMEN

La Latina südwestlich der Plaza Mayor gehört zu den besten Anlaufstellen Spaniens für Tapas. Am besten beginnt man die kulinarische Suche in der Calle de la Cava Baja und beendet sie mit einem Mojito auf der Plaza de la Paja.

Kurzinfos

» Einwohner: 3,26 Mio. (Stadt), 6,2 Mio. (Comunidad)

» Fläche: 505 km² (Stadt), 7995 km² (Comunidad)

» Besucher (2010): 8 Mio.

» Jahreseinkommen pro Kopf: 25 860 €

Reiseplanung

» Unterkünfte kann man unter www.hotels.lonelyplanet.com buchen.

» Um Wartezeit zu vermeiden, sollte man die Tickets für das Museo del Prado online reservieren (www.museo delprado.es).

» Am besten besorgt man die Karten für eines der überaus beliebten Spiele von Real Madrid im Voraus.

Infos im Internet

» Tourismus in Madrid (www.turismomadrid.es/de)

» Blog eines Einwanderers (www.inundummadrid.com)

Highlights

1. Die Meisterwerke von Velázquez und Goya im weltberühmten **Museo del Prado** (S. 82) bewundern
2. Sonntags auf dem Flohmarkt **El Rastro** (S. 78) nach Schätzen suchen und sich im **Parque del Buen Retiro** (S. 85) unter die Leute mischen
3. Den Trubel auf der **Plaza de Santa Ana** (S. 79) bei einer *caña* (kleines Bier) oder spanischem Rotwein genießen
4. Im mittelalterlichen *barrio* (Viertel) La Latina durch die **Tapas-Bars** (S. 120) ziehen
5. Frühmorgens *chocolate con churros* (frittiertes Schmalzgebäck, das in heiße Schokolade getaucht wird) in der **Chocolatería de San Ginés** (S. 123) bestellen
6. Eine sportliche Pilgerreise zum **Estadio Santiago Bernabéu** (S. 134) unternehmen und den Stars von Real Madrid zujubeln
7. In den weltberühmten **Clubs** (S. 128) der Stadt die ganze Nacht hindurch tanzen
8. Spanferkel im **Café de la Iberia** (S. 142) in Chinchón essen

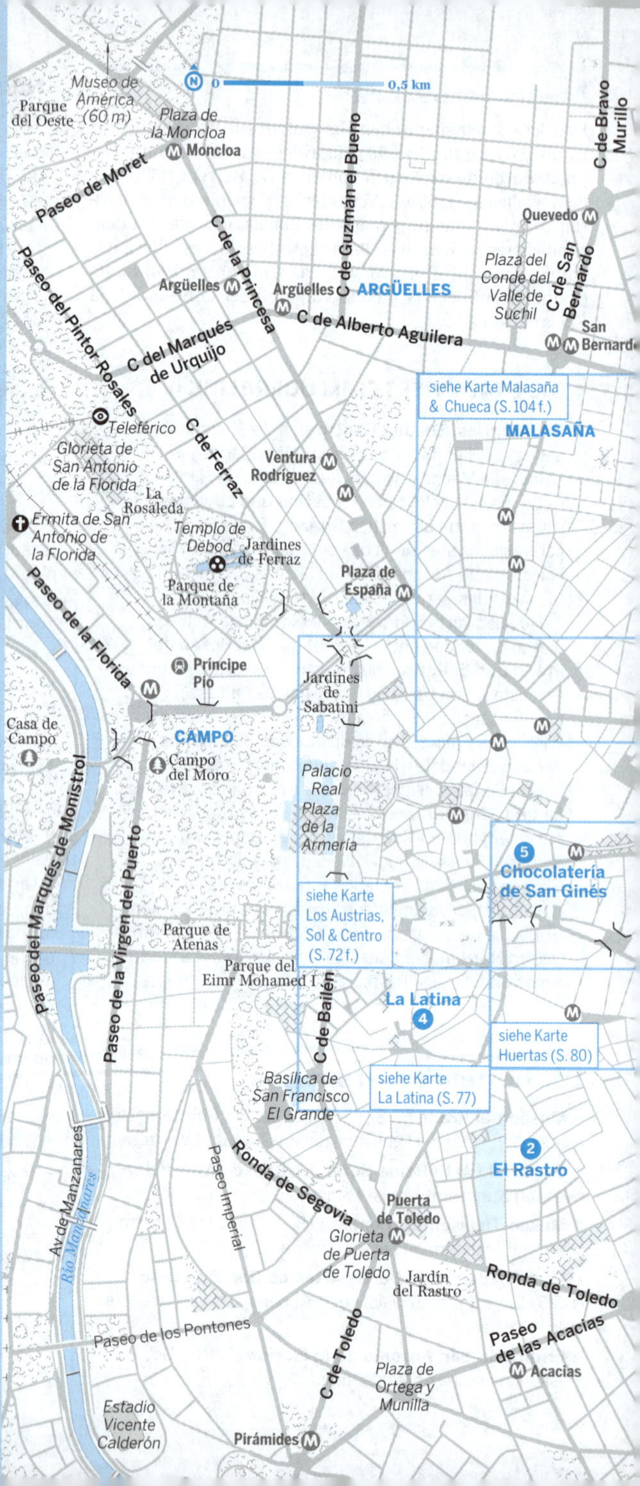

Glorieta del General Alvarez de Castro
Gregorio Marañón
Museo Lázaro Galdiano
C de María de Molina
Av de América
C de Francisco Silvela
C de Eloy Gonzalo
Iglesia
Paseo del General Martínez Campos
Glorieta de Emilio Castelar
CASTELLANA
CHAMBERÍ
Paseo de Eduardo Dato
C de Luchana
C de Juan Bravo
Diego de León
ALMAGRO
C de Santa Engracia
SALAMANCA
Bilbao
Paseo de la Castellana
C del Príncipe de Vergara
Núñez de Balboa
Lista
Museo Taurino (960 m); Plaza de Toros Monumental de Las Ventas (960 m)
Goya
RECOLETOS
C de Goya
C de Alcalá
Goya
GOYA
Príncipe de Vergara
CHUECA
C de O'Donnell
JUSTICIA
siehe Karte Salamanca (S. 102)
Sevilla
Banco de España
Ibiza
Parque del Buen Retiro
2
RETIRO
Av de Menéndez Pelayo
Plaza de Santa Ana
3
1 Museo del Prado
Jardines del Arquitecto Herrero Palacios
siehe Karte Paseo del Prado & El Retiro (S. 84)
Plaza del Niño Jesús
La Rosaleda (Rosengarten)
LAVAPIÉS
Lavapiés
Atocha Renfe
siehe Karte Atocha (S. 82)
Paseo de la Reina Cristina
Av del Mediterráneo
Ronda de Valencia
Av de la Ciudad de Barcelona
C de Cavanilles
Antigua Estación de Atocha
Embajadores
Paseo de Santa María de la Cabeza
Palos de la Frontera
Paseo de las Delicias
C de Méndez Álvaro
Menéndez Pelayo
C de Embajadores
C de Ancora
Museo del Ferrocarril (40 m)
Pacífico
C del Doctor Esquerdo

Geschichte

Als die iberischen Christen ihre Reconquista (722 n. Chr.) starteten – den mehrere Jahrhunderte dauernden Feldzug gegen die muslimische Herrschaft auf der Iberischen Halbinsel –, errichteten die Muslime von Al-Andalus eine Reihe von Festungsanlagen. Eine davon baute Mohammed I., der Emir von Córdoba, 854 an dem Ort, der später einmal Madrid werden sollte. Die neue Siedlung wurde Mayrit oder Magerit genannt, abgeleitet von *majira* (arabisch für „Wasserlauf").

EINE WÜRDIGE HAUPTSTADT?

Aufgrund ihrer strategisch günstigen Lage im Zentrum der Halbinsel war die neue Siedlung heiß begehrt und fiel immer wieder in andere Hände. Doch erst 1309 tagte hier schließlich der wandernde Cortes (Königshof und Parlament). Obwohl sie mehr und mehr in den Blickpunkt des Königshauses geriet, blieb die mittelalterliche Stadt doch bettelarm und winzig klein: „In Madrid ist nichts – außer dem, was man selbst mitbringt", urteilte ein Schriftsteller im 15. Jh. Der Ort hielt damals keinem Vergleich mit anderen großen spanischen – geschweige denn mit europäischen – Städten stand.

Als Philipp II. 1556 den spanischen Thron bestieg, war Madrid von Mauern mit über 130 Wachttürmen und sechs steinernen Eingangstoren umgeben. Die Bauten bestanden allerdings größtenteils aus Lehm und hatten eher eine abschreckende Wirkung, als dass sie einen nennenswerten Schutz boten. Trotzdem erkor Philipp Madrid 1561 zur Hauptstadt Spaniens.

Die Stadt brauchte viele Jahrhunderte, um in ihre neue Rolle hineinzuwachsen. Trotz einer Handvoll eleganter Kirchen, dem imposanten Alcázar und einigen Adelssitzen bestand sie größtenteils aus einfachen, weiß getünchten Häuschen. Der monumentale Paseo del Prado, der Madrid heute sein großstädtisches Flair verleiht, war damals nur eine schmale Gasse.

Im 17. Jh. sah Madrid dann allmählich wie eine richtige Hauptstadt aus und bot 175 000 Menschen eine Heimat. Damit war es die fünftgrößte Stadt Europas (nach London, Paris, Konstantinopel und Neapel).

Karl III. (reg. 1759–1788) galt als relativ besonnener Herrscher. Nach einer grundlegenden Säuberung der Stadt gab er den Palacio Real in Auftrag, weihte den Real Jardín Botánico ein und veranlasste noch eine Reihe weiterer öffentlicher Baumaßnahmen. Dadurch erwarb er sich seinen Ruf als Madrids bester „Bürgermeister" aller Zeiten.

Als Napoleon 1805 zuerst die Stadt und anschließend auch das Land besetzte, waren die *madrileños* natürlich alles andere als begeistert. Am 2. Mai 1808 griffen sie die französischen Truppen rund um den Palacio Real und die heutige Plaza del Dos de Mayo an, doch die aussichtslose Rebellion wurde von Napoleons Schwager Joachim Murat und einigen mächtigen militärischen Führern niedergeschlagen.

KRIEG, FRANCO & TERRORISMUS

Auch danach blieb Madrid vom Pech verfolgt. Den Karlskriegen im 19. Jh. folgte eine zweieinhalbjährige Belagerung durch Francos Nationalisten, während der die Hauptstadt dauerhaft von der Casa de Campo abgetrennt war.

Nach Francos Tod 1975 und der anschließenden Demokratisierung des Landes entwickelte sich die Metropole zum Inbegriff des neuen Spaniens, vor allem dank des Bürgermeisters Enrique Tierno Galván. Der sozialistische Professor setzte besonders bei jungen Leuten eine schier unbändige Energie frei. Während der Jahre der *movida* wurde die Stadt von einer Art Nonstop-Party sowie einer Welle von Kreativität und Toleranz überrollt, die teilweise bis heute anhält.

Am 11. März 2004, nur drei Tage vor den Parlamentswahlen, erschütterten Madrid zehn Bomben, die zur Hauptverkehrszeit in vier Nahverkehrszügen auf dem Weg zum städtischen Atocha-Bahnhof explodierten. Sie stammten von Terroristen mit Verbindungen zu al-Qaida; der Grund war wohl die Unterstützung Spaniens des von den USA geführten Irak-Kriegs. 191 Menschen starben und 1755 wurden verletzt, viele davon schwer. Die Stadt stand unter Schock und für mehr als 24 Stunden wurde es hier sehr still. Doch dann, 36 Stunden nach den Anschlägen, gingen mehr als drei Millionen Einwohner auf die Straße, um während der bislang größten Demonstration in Madrids Geschichte gegen die Anschläge zu protestieren. Dadurch wurde trotz des tief sitzenden Traumas ein Heilungsprozess in Gang gesetzt. Inzwischen hat die Metropole wieder zur Normalität zurückgefunden.

Vor einigen Jahren wurde Madrid beinahe zum Austragungsort der Olympischen Sommerspiele ernannt: Für 2012 musste es sich London und Paris geschlagen geben und für 2016 Rio. Noch ist eine erneute Kandidatur unklar, allerdings hoffen viele Einwohner, dass ihre Stadt beim dritten Mal Glück hat. Als das spanische Fußballteam im Juli 2010 den Weltmeisterpokal nach

MADRID IN ...

... einem Tag

Ausgangspunkt ist die **Plaza Mayor** mit ihrer wunderschönen Architektur, den hübschen *terrazas* und dem faszinierenden hauptstädtischen Treiben. Von dort geht's die Calle Mayor hinunter, vorbei an der reizenden **Plaza de la Villa**, zum **Palacio Real**. Für eine Kaffeepause (oder etwas Stärkeres) bietet sich die entspannte **Plaza de Oriente** an. Danach schlendert man zurück zur **Plaza de la Puerta del Sol** und erkundet in Huertas die Gegend rund um die **Plaza de Santa Ana**, eine tolle Adresse für ein mittägliches Bierchen. Als Nächstes geht's den Hügel hinab zum unvergleichlichen **Museo del Prado**, einem der besten Kunstmuseen Europas, und in den erholsamen **Parque del Buen Retiro**. Anschließend macht man sich entlang der **Gran Vía** nach Chueca auf und taucht in Madrids feuchtfröhliches, abwechslungsreiches Nachtleben ein.

... drei Tagen

Drei Tage sind das Minimum, um sich einen anständigen Eindruck von Madrid zu verschaffen. Die Vormittage von Tag eins und zwei verbringt man im **Centro de Arte Reina Sofía** und im **Museo Thyssen-Bornemisza**. Alternativ relaxt man auf der **Plaza de la Cibeles** und bewundert einige der schönsten Bauten der Stadt, bevor man in Richtung Norden zum prächtigen alten **Gran Café de Gijón** aufbricht. Hinterher führt eine kurze Metrofahrt zu den eindrucksvollen Fresken Goyas in der **Ermita de San Antonio de la Florida**. In der **Casa Mingo** gibt's eine Stärkung in Form von Hühnchen mit Apfelwein. An einem anderen Tag stehen La Latina und die tollen Restaurants sowie Tapas-Bars in der Calle de la Cava Baja auf dem Plan oder man schlemmt Kabeljau-Tapas in der **Casa Revuelta**. An einem Sonntag stellt man den Programmpunkten einen Streifzug durch **El Rastro**, einen der besten Flohmärkte Europas, voran. Die Restaurants in der Calle de Manuela in Malasaña laden zu einer Stärkung ein, während sich das alteingesessene **Café Comercial** mit seinem altmodischen Charme zu jeder Tageszeit für einen Zwischenstopp anbietet.

... einer Woche

Wer eine Woche vor Ort ist, beginnt seinen vierten Tag mit einer kleinen Shoppingtour. Designerfans kommen in der Calle de Serrano auf ihre Kosten, doch auch in der Calle de Fuencarral (lässige Straßenkleidung) oder der Calle de Augusto Figueroa (Schuhe) kann man leicht ein bis zwei Stunden verbringen. Anschließend steuert man die **Plaza de Toros** und das **Estadio Santiago Bernabéu**, Heimstadion von Real Madrid, an. Weitere authentische Einblicke in die Hauptstadt bieten ein Spaziergang durch das mittelalterliche, multikulturelle **Lavapiés** oder eine **Flamenco-Show**. Für Tagesausflüge eignen sich u. a. **Toledo** und **Segovia**. Als das eindrucksvollste der vielen königlichen Anwesen rund um Madrid gilt **San Lorenzo de El Escorial**. **Chinchón** mit seinem maroden dörflichen Charme und einer von Säulen gespickten Plaza Mayor ist eine charmante Alternative.

Hause holen konnte, war sie zudem der Schauplatz eines der größten Feste in der spanischen Geschichte. Ähnlich ausgelassen ging es zwei Jahre später zu, als die spanische Nationalmannschaft auch die EM 2012 gewann und damit dringend nötige gute Laune in die stark von der Wirtschaftskrise gebeutelte Metropole brachte.

Sehenswertes

Madrid berherbergt drei der weltweit schönsten Kunstmuseen, und wenn es so etwas wie eine Goldene Kunstmeile gibt, so ist die Kombination aus Museo del Prado, Centro de Arte Reina Sofía und Museo Thyssen-Bornemisza ein heißer Anwärter auf diesen Titel. Rund um die Museen locken schöne Plazas mit einem Mix aus beeindruckender Architektur und mediterranem Lebensgefühl. Die *terrazas* (Cafés mit Tischen im Freien) bieten Logenplätze mit Blick auf das quirlige Treiben auf seinen Straßen. Hinzu kommen noch einige außergewöhnlich schöne Parks, allen voran der Parque del Buen Retiro, und Bezirke wie Chueca, Malasaña, Lavapiés und Salamanca. Jede Gegend hat so viel zu bieten, dass sich die meisten Besucher am Ende fragen, wieso sie eigentlich nicht länger bleiben.

LOS AUSTRIAS, SOL & CENTRO

In diesen Vierteln begann Madrids Geschichte. Als Sitz königlicher Macht fand hier das kolonialzeitliche Spanien seinen pompösesten und der Katholizismus seinen frommsten Ausdruck, davon zeugen weitläufige Paläste, noble Privatvillen, alte Kirchen und imposante Klöster inmitten vom modernen Großstadttreiben.

LP TIPP Plaza Mayor PLATZ

(Karte S. 72 f.; Plaza Mayor; Ⓜ Sol) Welch ein geschichtsträchtiger Ort! Der 1619 von Juan Gómez de Mora entworfene Platz wurde im Herrera-Stil gestaltet, der sich besonders in den Schiefertürmen widerspiegelt. Entsprechend bedeutungsvoll war die erste öffentliche Zeremonie: Man sprach hier San Isidro Labrador (Isidor der Bauer), Madrids Schutzpatron, selig. Danach schien der Platz kontrovers diskutierte Ereignisse geradezu magisch anzuziehen. Bis 1878 fanden vor bis zu 50 000 dicht gedrängten Zuschauern und unter den Augen des Königshauses auf den Balkonen immer wieder Stierkämpfe statt, oft anlässlich royaler Hochzeiten oder Geburten. Noch viel grausamer ging es allerdings bei den *auto-da-fés* (rituelle Verurteilungen Andersgläubiger während der Spanischen Inquisition) mit anschließenden Hinrichtungen zu. An der Nordseite des Platzes wurden die Verbrennungen auf dem Scheiterhaufen und die Exekutionen mit der Garrotte vorgenommen, an der Südseite stand der Galgen. 1790 setzte ein Feuer, das den Platz zu großen Teilen zerstörte, dieser Praxis ein Ende. Unter der Aufsicht von Juan de Villanueva baute man die Plaza wieder auf. Nach ihr ist das Gebäude benannt, das mittlerweile das Museo del Prado (S. 82) beherbergt. Heute stellt der kopfsteingepflasterte Platz mit seinen Straßencafés und dem geschäftigen Treiben das Epizentrum des Madrider Lebens dar. Seine Pracht verdankt er vor allem den warmen ockerfarbenen Wohnhäusern mit 237 schmiedeeisernen Balkonen und den kunstvollen Fresken der **Real Casa de la Panadería** (Königliche Bäckerei) aus dem 17. Jh. Die heutigen Fresken stammen von 1992 und sind das Werk des Künstlers Carlos Franco, dessen Darstellungen von Sternzeichen und Göttern (z. B. Kybele) eine eindrucksvolle Kulisse schaffen. Die Fresken wurden im selben Jahr fertiggestellt, als Madrid Europäische Kulturhauptstadt war.

LP TIPP Palacio Real PALAST

(Karte S. 72 f.; www.patrimonionacional.es; Calle de Bailén; Erw./ermäßigt 10/5 €, Führer/Audioguide/Broschüre 7/4/1 €, EU-Bürger Mi & Do 17–20 Uhr frei; ⌚10–20 Uhr; Ⓜ Ópera) Der prunkvolle Palacio Real ist ein echtes Schmuckstück, wird aber nur gelegentlich für royale Zeremonien genutzt. Die Königsfamilie zog schon vor Jahren in den bescheideneren Palacio de la Zarzuela um.

Als der Alcázar Weihnachten 1734 niederbrannte, beschloss Philipp V., der erste der Bourbonenkönige, einen Palast zu errichten, der seine europäischen Gegenstücke in den Schatten stellen sollte. Allerdings starb er vor der Fertigstellung des Bauwerks. Vielleicht ist das der Grund, warum der Barockkoloss im italienischen Stil „nur" 2800 Räume hat – gerade mal ein Viertel so viel wie ursprünglich geplant.

Der Rundgang führt durch 50 Zimmer, in denen eine ganz passable Auswahl an Gemälden von Goya sowie 215 überreich verzierte Uhren und fünf Stradivaris hängen, die bei Konzerten und Bällen genutzt werden. Die **Haupttreppe** ist ein grandioses Bekenntnis zur imperialen Macht. Sie führt in den Salon der Leibgarde und in den prunkvollen **Salón del Trono** (Thronsaal), dessen Wände mit scharlachrotem Samt bespannt sind und dessen Decke von Tiepolo gestaltet wurde. Direkt dahinter liegt der **Salón de Gasparini** mit einer erlesenen Stuckdecke und einer Wandbespannung aus bestickter Seide.

Einen Besuch lohnt auch die **Farmacia Real** (Königliche Apotheke) am Südende des Patios, der als **Plaza de la Armería** (oder Plaza de Armas) bekannt ist. Auf der Westseite des Platzes befindet sich die **Armería Real** (Königliche Waffensammlung), eine glänzende Sammlung von Rüstungen und Waffen. Viele Exponate stammen aus dem 16. und 17. Jh.

Plaza de Oriente PLATZ

(Karte S. 72 f.; Plaza de Oriente; Ⓜ Ópera) Ein Königspalast, der einst im Stil eines spanischen Versailles errichtet wurde, elegante Cafés mit darüberliegenden, teuren Apartments, das Opernhaus **Teatro Real**, eines der kulturellen Highlights des Landes, dazu ein herrlicher Ausblick bei Sonnenuntergang: Willkommen auf der Plaza de Oriente, der dynamischen, lebendigen Verkörperung des imperialen Madrids.

Mitten auf dem Platz vor dem Palast befindet sich die von Velázquez entworfene **Reiterstatue von Philipp IV.** (Karte S. 72 f.; Ⓜ Ópera) Von hier aus genießt man eine tolle Aussicht in alle Himmelsrichtungen. Viele Menschen erstaunt, dass die schwere Figur nur auf zwei Beinen steht und trotzdem das Gleichgewicht behält. Das funktioniert deshalb, weil die stützenden Hinterbeine des Pferdes massiv sind und die Vorderläufe hohl. Die Idee stammt von Galileo Galilei. In der Nähe verteilen sich rund 20 **Marmorstatuen** von früheren Monarchen und Adligen. Eine Legende besagt, dass sie nachts von ihren Sockeln steigen und sich die Beine vertreten.

Einen besonders schönen Blick auf den Sonnenuntergang bieten die angeschlossenen **Jardines Cabo Naval**, Teil dieser eleganten grünen Oase mitten im Herzen Madrids.

Campo del Moro & Jardines de Sabatini

GRÜNANLAGEN

Rund um den Palacio Real erstrecken sich großzügige Grünanlagen und nördlich davon liegen die französischen **Jardines de Sabatini** (⏲ Mai–Sept. 9–21 Uhr; Ⓜ Ópera). Gleich hinter dem Palast plätschern die Springbrunnen des **Campo del Moro** (☎ 91 454 88 00; www.patrimonionacional.es; Paseo de la Virgen del Puerto; ⏲ April–Sept. Mo–Sa 10–20, So & Feiertage 9–20 Uhr, Okt.–März Mo–Sa 10–18, So & Feiertage 9–18 Uhr; Ⓜ Príncipe Pío). Die Grünanlage wird so genannt, weil hier im 12. Jh. die maurische Armee kampierte, bevor sie ihren Angriff auf den Alcázar startete. Heute sind schattige Pfade, eine strohgedeckte Pagode und die wunderschöne Aussicht auf den Palast die Hauptattraktionen.

Catedral de Nuestra Señora de la Almudena

KATHEDRALE

(Karte S. 72 f.; ☎ 91 542 22 00; www.museocatedral.archimadrid.es; Calle de Bailén; Kathedrale & Krypta gegen Spende, Museum Erw./Kind 6/4 €; ⏲ Mo–Sa 9–20.30 Uhr, Gottesdienst So, Museum Mo–Sa 10–14.30 Uhr; Ⓜ Ópera) Paris hat die Notre Dame und Rom den Petersdom: Tatsächlich besitzt fast jede europäische Stadt, die etwas auf sich hält, eine Kathedrale als Markenzeichen und pompöses Denkmal ihrer glorreichen christlichen Vergangenheit. Nicht so Madrid. Zwar harmoniert die Fassade der Catedral de Nuestra Señora de la Almudena mit dem angrenzenden Palacio Real, im Inneren ist sie jedoch verwinkelt und wenig reizvoll. Auch die moderne, farbige Deckengestaltung dient nicht gerade dazu, dem Gebäude etwas von der altertümlichen Würde zu verleihen, die für andere große Kirchen typisch ist.

Karl I. schlug bereits 1518 vor, an dieser Stelle eine Kathedrale zu errichten, mit dem Bau wurde jedoch erst 1879 begonnen. Fertiggestellt wurde das Gebäude schließlich im Jahr 1992. Das karge, strahlend weiße neogotische Innere des Gotteshauses kommt bei den *madrileños* übrigens nicht sonderlich gut an.

Oben eröffnet sich ein herrlicher Ausblick. Wer hinaufklettern will, muss durch das Kirchenmuseum. Den Eingang findet man, wenn man den Ausschilderungen zum **Museo de la Catedral y Cúpola** an der Nordfassade gegenüber dem Palacio Real folgt.

Muralla Árabe

STADTMAUER

(Karte S. 72 f.; Cuesta de la Vega; Ⓜ Ópera) Hinter der Apsis der Kathedrale in der Cuesta de la Vega ist ein kurzer Abschnitt der Muralla Árabe zu sehen, die von Madrids frühmittelalterlichen maurischen Herrschern errichtet wurde. Ein Teil davon stammt noch aus dem 9. Jh., als die ursprüngliche maurische Festung entstand. Andere Teile datieren ins 12. und 13. Jh., als die Stadt bereits in christlicher Hand war.

Plaza de la Villa

PLATZ

(Karte S. 72 f.; Plaza de la Villa; Ⓜ Ópera) Die gemütliche Plaza de la Villa ist zwar nicht sehr groß, gehört aber mit ihren wunderbar erhaltenen Beispielen des Madrider Barocks (*barroco madrileño;* 17. Jh.) – eine ansprechende Kombination von Ziegeln, freigelegtem Mauerwerk und Schmiedeeisen – zu den schönsten Plätzen der Metropole. Der Stadtrat residierte hier bereits im Mittelalter, ist inzwischen jedoch in den großen Palacio de Comunicaciones auf der Plaza de la Cibeles (S. 100) umgezogen.

Das im 17. Jh. im Habsburger Barockstil errichtete **ayuntamiento** (Karte S. 72 f.; Ⓜ Ópera) (Rathaus) verfügt über schiefergedeckte Spitztürme im Herrera-Stil und befindet sich auf der Westseite des Platzes. Auf der gegenüberliegenden Seite sieht man die gotisch inspirierte **Casa de los Lujanes** (Karte S. 72 f.; Ⓜ Ópera), in deren Backsteinturm angeblich der inhaftierte französische Monarch Franz I. ein neues „Zuhause" fand, nachdem er in der Schlacht von Pavia (1525) gefangen genommen worden war. Die im Platereskstil (spanischer Barock aus dem 15./16. Jh.) gehaltene **Casa de Cisneros** (Karte S. 72 f.; Ⓜ Ópera) mit späteren Renaissanceumbauten ist ebenfalls ein Hingucker.

Los Austrias, Sol & Centro

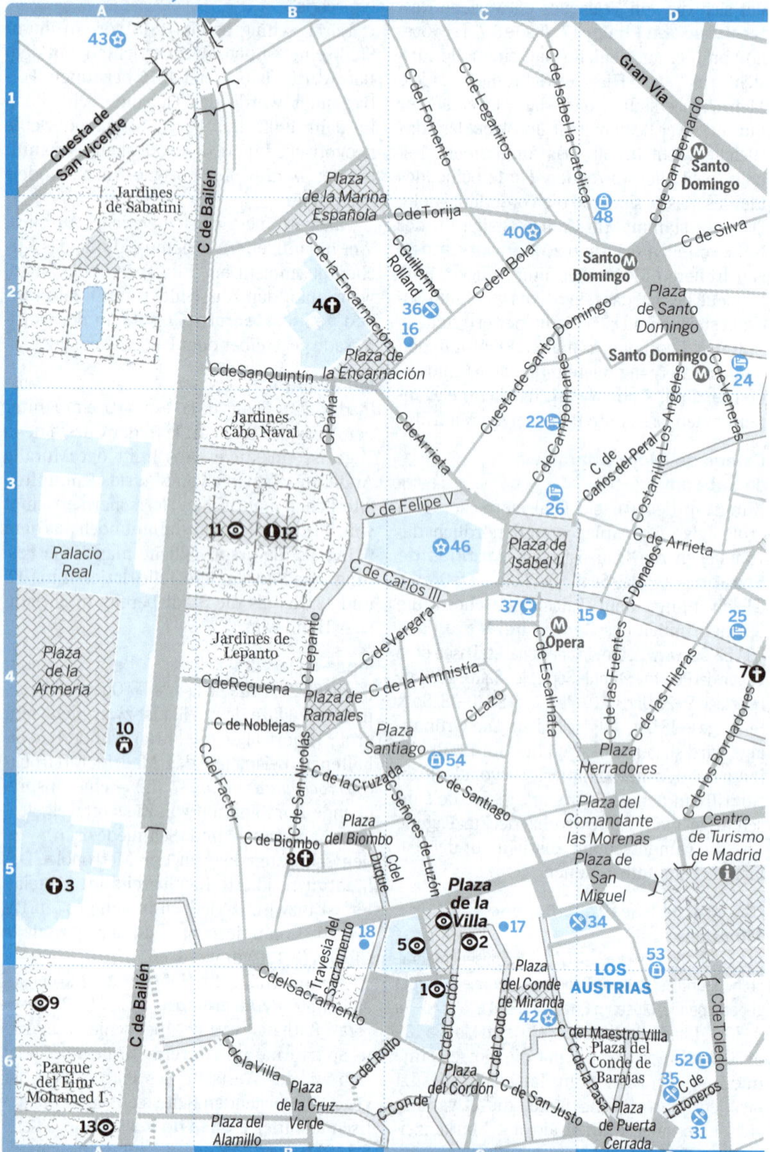

Convento de las Descalzas Reales

KLOSTER

(Kloster der Königlichen Barfüßerinnen; Karte S. 72 f.; www.patrimonionacional.es; Plaza de las Descalzas 3; Erw./Kind 7/4 €, inkl. Convento de la Encarnación 10/5 €, EU-Bürger Mi & Do nachmittags Eintritt frei; ⌚Di–Sa 10.30–14 & 16–18.30, So 10–15 Uhr; Ⓜ Ópera, Sol) Die gefängnisähnlichen Mauern des Convento de las Descalzas Reales lassen nicht vermuten, dass sich hinter der Platereskfassade ein prachtvolles Kloster verbirgt. 1559 wurde es von Juana von Österreich, der

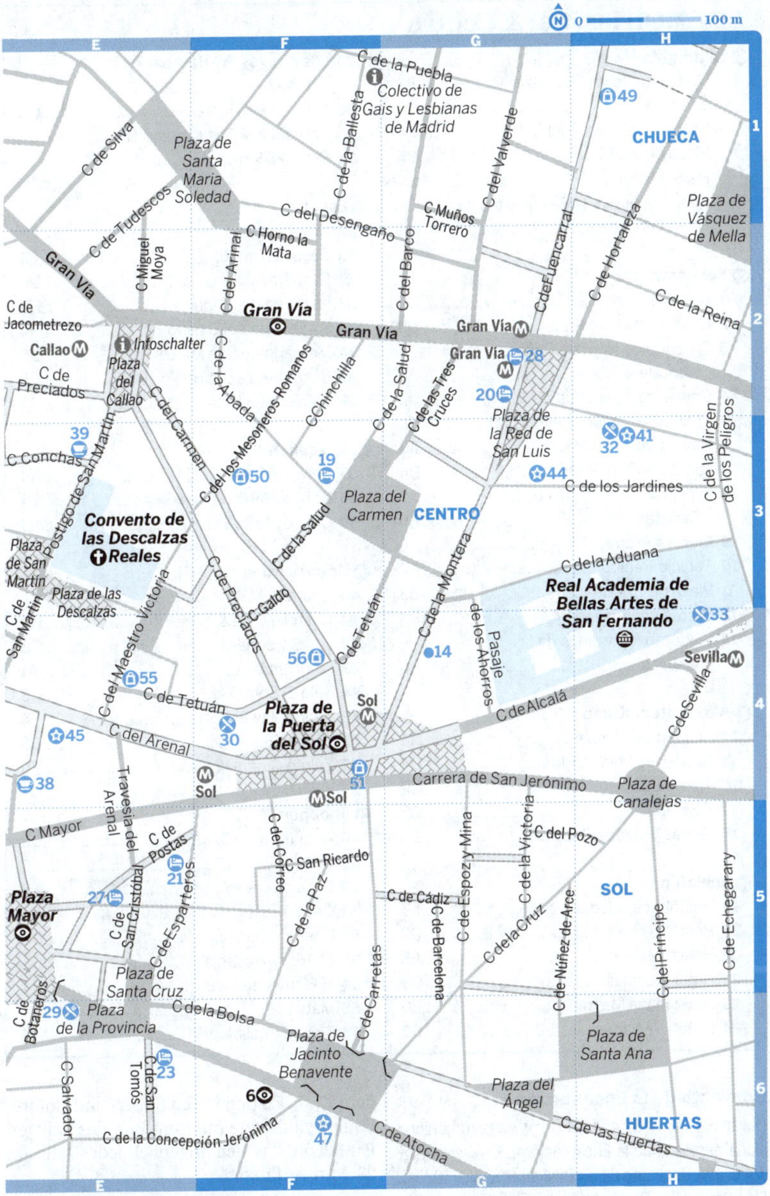

verwitweten Tochter von Spaniens König Karl I., gegründet. Die Gaben von Juanas adligen Freunden machten es schnell zu einem der prunkvollsten religiösen Bauten des Landes. Bei der Führung sieht man ein mit farbenfrohen Fresken verziertes Renaissancetreppenhaus, aufwendig bestickte Gobelins nach Kunstwerken von Rubens und ein wunderschönes Gemälde mit dem Titel *Der Zug der 11 000 Jungfrauen*. Heute leben hier noch 33 Nonnen, außerdem verteilen sich auf das Gelände insgesamt 33 Kapellen.

Los Austrias, Sol & Centro

Highlights
Convento de las Descalzas Reales E3
Gran Vía F2
Plaza de la Puerta del Sol F4
Plaza de la Villa C5
Plaza Mayor E5
Real Academia de Bellas Artes de San Fernando H4

Sehenswertes
1 Casa de Cisneros C6
2 Casa de los Lujanes C5
3 Catedral de Nuestra Señora de la Almudena A5
4 Convento de la Encarnación B2
5 Ehemaliges ayuntamiento C5
6 Hammam al-Andalus F6
7 Iglesia de San Ginés D4
8 Iglesia de San Nicolás de los Servitas B5
9 Muralla Árabe A6
10 Palacio Real A4
11 Plaza de Oriente B3
12 Statue von Philipp IV B3
13 Viaducto & Jardines de las Vistillas A6

Aktivitäten, Kurse & Touren
14 Academia Inhispania G4
15 Academia Madrid Plus D4
16 Alambique C2
17 Bike Spain C5
18 Visitas Guiadas Oficiales B5

Schlafen
19 Hostal Acapulco F3
20 Hostal Luis XV G2
21 Hostal Madrid E5
22 Hotel Meninas C3
23 Hotel Plaza Mayor E6
24 Hotel Preciados D2
25 Los Amigos Sol Backpackers' Hostel D4
26 Mario Room Mate C3
27 Petit Palace Posada del Peine E5
28 Praktik Metropol G2

Essen
29 Amaya E6
30 Casa Labra F4
31 Casa Revuelta D6
32 La Gloria de Montera H3
33 La Terraza del Casino H4
34 Mercado de San Miguel D5
35 Restaurante Sobrino de Botín D6
36 Taberna La Bola C2

Ausgehen
37 Café del Real C4
38 Chocolatería de San Ginés E4
39 Chocolatería Valor E3

Unterhaltung
40 Charada C2
41 Costello Café & Niteclub H3
42 Las Carboneras C6
43 Las Tablas A1
44 Sala El Sol G3
45 Teatro Joy Eslava E4
46 Teatro Real C3
47 Yelmo Cineplex Ideal F6

Shoppen
48 Antigua Casa Talavera D2
49 Camper H1
50 Casa de Diego F3
51 Casa de Diego F4
52 Casa Hernanz D6
53 El Arco Artesanía D5
54 El Flamenco Vive C4
55 Maty E4
56 Tienda Real Madrid F4

Convento de la Encarnación KLOSTER

(Karte S. 72 f.; ☎91 454 88 00; www.patrimonionacional.es; Plaza de la Encarnación 1; Erw./ermäßigt 7/4 €, inkl. Convento de las Descalzas Reales 10/5 €, EU-Bürger Mi & Do nachmittags Eintritt frei; ⏱Di–Sa 10–14 & 16–18.30, So 10–15 Uhr; Ⓜ Ópera) Kaiserin Margarete von Österreich gründete dieses in einem Herrenhaus aus dem 17. Jh. im Madrider Barockstil untergebrachte Kloster. Nach wie vor leben dort einige Nonnen des Augustinerordens. Die umfassende Kunstsammlung stammt größtenteils aus dem 17. Jh. Zu den vielen Silber- und Goldreliquien zählt eine mit dem Blut des heiligen Pantaleón, das sich angeblich jedes Jahr am 27. Juni verflüssigt.

Iglesia de San Nicolás de los Servitas KIRCHE

(Karte S. 72 f.; ☎91 548 83 14; Plaza de San Nicolás 6; ⏱Mo 8–13.30 & 17.30–20.30, Di–Sa 8–9.30 & 18.30–20.30, So & Feiertage 9.30–14 & 18.30–21 Uhr; Ⓜ Ópera) Möglicherweise wurde die Iglesia de San Nicolás de los Servitas, eine der ältesten Kirchen Spaniens, am früheren

Standort der zweitgrößten Moschee von Magerit errichtet. Sie ist eines der seltenen Beispiele in der Stadt für mittelalterliche Bauwerke. Abgesehen vom restaurierten Glockenturm im Mudejarstil stammt das Gebäude aus dem 15. Jh.

Iglesia de San Ginés KIRCHE

(Karte S. 72 f.; Calle del Arenal 13; ⌚Mo–Sa 8.45–13 & 18–21, So 9.45–14 & 18–21 Uhr; Ⓜ Sol, Ópera) Nördlich der Plaza Mayor erhebt sich eine weitere alte Kirche, die im 14. Jh. errichtete Iglesia de San Ginés. Vor der Ankunft der Christen 1085 soll rund um den Bach, der später zur Calle del Arenal wurde, eine mozarabische Gemeinschaft (Christen auf muslimischem Gebiet) gelebt haben. Man geht davon aus, dass hier früher ihre Pfarrkirche stand. Seine heutige Form erhielt das Gebäude 1645, allerdings musste es nach einem Brand im Jahre 1824 weitgehend rekonstruiert werden. Innen befinden sich einige wertvolle Gemälde wie El Grecos *Vertreibung der Geldwechsler aus dem Tempel* (1614). Weil das Sicherheitsglas fast direkt auf dem jeweiligen Bild liegt, können Besucher die Werke bewundern, ohne von lästigen Reflexionen gestört zu werden.

Plaza de la Puerta del Sol PLATZ

(Karte S. 72 f.; Plaza de la Puerta del So; Ⓜ Sol) Spaniens offizielles Zentrum ist ein anmutiger, halbrunder Platz mit eleganten Häusern und ein wichtiger Verkehrsknotenpunkt – egal ob man nun zu Fuß, mit der Metro (drei Linien kreuzen sich unter der Plaza) oder mit dem Bus (viele Linien starten oder halten hier) unterwegs ist. In Madrids Anfangstagen diente das Puerta del Sol (Sonnentor) als Eingang im Osten.

Ganz in seinem Element zeigt sich der Platz am Silvesterabend, wenn sich dort Zehntausende *madrileños* versammeln und auf das neue Jahr warten. Viele Spanier sehen sich das Spektakel auch im Fernsehen an. Sehenswert ist ebenfalls das Wahrzeichen der Stadt: die Statue eines Bären, der an einem *madroño* (Erdbeerbaum) in der nordöstlichen Ecke der Plaza knabbert.

Die Plaza war schon immer ein Gradmesser für die politische Stimmung im Land und häufig Schauplatz von Demonstrationen. 2011 besetzten sie *indignados* – Teilnehmer eines über Monate dauernden Massensitzstreiks, der ähnlichen Protesten rund um den Globus als Inspiration diente –, und 2012 nahmen auf ihr massive Proteste gegen die Sparpolitik der Regierung ihren Anfang.

Real Academia de Bellas Artes de San Fernando MUSEUM

(Karte S. 72 f.; ☎91 524 08 64; http://rabasf.insde.es; Calle de Alcalá 13; Erw./Kind 5 €/frei, Mi Eintritt frei; ⌚Sept.–Juni Di–Sa 9–15, So 9–14.30 Uhr, Juli & Aug. wechselnde Öffnungszeiten; Ⓜ Sol, Sevilla) In jeder anderen Stadt wäre die Königliche Akademie für Schöne Künste eine Riesenattraktion, doch in Madrid gerät sie neben all den anderen Kunsttempeln wie Prado, Thyssen oder Reina Sofía fast in Vergessenheit. Bereits seit ihrer Gründung durch Ferdinand VI. im 18. Jh. zieht sie aufsteigende Sterne am Kunsthimmel an: Sowohl Picasso als auch Dalí haben hier studiert. Das Museum verfügt über einige kleinere Porträts von Velázquez, ein paar Zeichnungen von Picasso und Werke der bekanntesten alten Meister, darunter beeindruckende Gemälde von Zurbarán, El Greco, Rubens, Tintoretto, Goya, Sorolla und Juan Gris.

Gran Vía BOULEVARD

(Karte S. 72 f.; Gran Vía; Ⓜ Gran Vía, Callao) Madrid scheint kaum vorstellbar ohne seinen großen Boulevard, der von der Plaza de España bis zur Calle de Alcalá durch das Stadtzentrum verläuft. Dabei gibt's die Straße erst seit 1911, als sie wie eine Schneise durch ein ver-

MADRID CARD

Die **Madrid Card** (☎91 360 47 72; www.madridcard.com; 1/2/3 Tage Erw. 39/49/59 €, Kind 6–12 J. 20/28/34 €) eignet sich für alle Traveller, die Madrid möglichst intensiv erkunden möchten und deshalb häufig öffentliche Verkehrsmittel nutzen. Sie bietet freien Eintritt in über 50 Museen in bzw. rund um die Stadt (manche kosten zwar sowieso nichts, doch es sind auch das Museo del Prado, das Museo Thyssen-Bornemisza, das Centro de Arte Reina Sofía, das Estadio Santiago Bernabéu und der Palacio Real inbegriffen), Führungen und Rabatte in verschiedenen Restaurants, Läden, Bars und Autovermietungen. Man bekommt die Madrid Card online, bei den Touristeninformationen an der Plaza Mayor, am Terminal 4 des Flughafens Barajas, am Ticketschalter der Metro de Madrid im Terminal 2, im Museo Thyssen-Bornemisza sowie in einigen Tabakgeschäften und Hotels. Im Internet gibt's eine Liste mit Verkaufsstellen.

NICHT VERSÄUMEN

MADRIDS WUNDERSCHÖNE PLAZAS

» Plaza Mayor (S. 70)
» Plaza de Oriente (S. 70)
» Plaza de Santa Ana (S. 79)
» Plaza de la Villa (S. 71)
» Plaza de la Paja (S. 108)
» Plaza de la Puerta del Sol (S. 75)
» Plaza de la Cibeles (S. 101)

schlungenes Labyrinth von alten Gassen geschlagen wurde.

Auf einer Anhöhe nach etwa einem Drittel der Strecke stößt man auf das **Telefónica-Gebäude** (Karte S. 104 f.; Edificio Telefónica) aus den 1920er-Jahren, jahrelang das höchste Haus der Stadt. Während des Bürgerkriegs nannte man die Gran Vía vorübergehend „Haubitzenallee", weil Francos Truppen Bomben auf die Casa de Campo abwarfen. Am Südende des Boulevards ragt das im französischen Stil gehaltene, beeindruckende **Metrópolis-Gebäude** (Edificio Metrópolis; 1905) empor, auf dessen Kuppel eine geflügelte Siegesstatue thront.

LA LATINA & LAVAPIÉS

La Latina kombiniert einige der schönsten Dinge in Madrid: eine hervorragende Auswahl an Tapas-Bars und ein mittelalterliches Stadtbild voll eleganter Kirchen. Das Zentrum des *barrios* liegt in der Gegend zwischen der beliebten Calle de la Cava Baja und der schönen Plaza de la Paja.

Im Gegensatz dazu hat das skurrile, alternative und ständig im Wandel begriffene Lavapiés nur wenig mit der modernen Eleganz der Stadt zu tun. Es handelt sich um eines der ältesten und traditionellsten Viertel der Metropole sowie um die Heimat der meisten Immigranten. Je nach Perspektive ist es einerseits absolut angesagt, andererseits ein Bezirk, den man besser meiden sollte.

Basílica de San Francisco El Grande — KIRCHE

(Karte S. 77; Plaza de San Francisco 1; Erw./ermäßigt 3/2 €; ⏲Gottesdienst Mo–Sa 8–10.30 Uhr, Museum Di–So 10.30–12.30 & 16–18 Uhr; Ⓜ La Latina, Puerta de Toledo) Die Basílica de San Francisco el Grande beherrscht die Skyline im Süden von La Latina. Ihre mit extravaganten Fresken geschmückte 56 m hohe und 33 m breite Kuppel soll die größte Spaniens und die viertgrößte der Welt sein. Ebenso beeindruckend sind die aufwendig von Francisco Bayeu verzierten Kapellendecken. In der Capilla de San Bernardino kann man zudem Goyas *Predigt des heiligen Bernhardin von Siena für den König von Aragonien* bestaunen. Laut der Legende wurde das Gebäude an der Stelle errichtet, wo Franz von Assisi 1217 eine Kapelle bauen ließ.

Während der Gottesdienste muss man keinen Eintritt zahlen, allerdings ist das Museum zu der Zeit geschlossen und die Lichter in der Capilla de San Bernardino, die Goyas Werk anstrahlen, sind nicht eingeschaltet.

Iglesia de San Andrés & Umgebung — KIRCHE, MUSEUM

(Karte S. 77; Plaza de San Andrés 1; ⏲Mo–Sa 8–13 & 18–20, So 8–13 Uhr; Ⓜ La Latina) Die staatliche Kirche bildet eine herrliche Kulisse für spontane Sonntagnachmittagpartys, wenn die Besuchermassen vom El-Rastro-Flohmarkt hierher strömen. Während des Bürgerkriegs wurde das Gebäude komplett zerstört, inzwischen ist es aber in alter Pracht wiederhergestellt worden. Von seiner besten Seite zeigt sich das Gebäude nachts bei voller Beleuchtung.

Direkt hinter der Kirche erstreckt sich die hübsche **Plaza de la Paja** mit der **Capilla del Obispo**, der ersten Ruhestätte von San Isidro Labrador, Madrids Schutzpatron. Als der Körper des Heiligen Ende des 13. Jhs., 200 Jahre nach seinem Tod, hier entdeckt wurde, hatte der Verwesungsprozess noch nicht eingesetzt. Seine letzte Reise führte San Isidro im 18. Jh. in die **Basílica de Nuestra Señora del Buen Consejo** (Karte S. 80; Calle de Toledo 37; ⏲8–13 & 18–21 Uhr; Ⓜ Tirso de Molina, La Latina). Dienstags bis freitags findet um 12.30 Uhr der gesungene Gottesdienst „Oficio del Mediodía" statt.

Das nahe gelegene **Museo de los Orígenes** (Casa de San Isidro; Karte S. 77; ☎91 366 74 15; www.madrid.es; Plaza de San Andrés 2; ⏲Sept.–Juli Di–Fr 9.30–20, Sa & So 10–14 Uhr, Aug. Di–Sa 9.30–14.30 Uhr; Ⓜ La Latina) erhebt sich an der Stelle, wo San Isidro Labrador um 1172 gestorben sein soll. Es präsentiert archäologische Funde aus der Römerzeit sowie unterschiedlich alte Karten, Modelle, Gemälde und Fotos der Stadt.

Viaducto & Jardines de las Vistillas — AUSSICHTSPUNKT, GRÜNANLAGE

(Karte S. 72 f.; Ⓜ La Latina) Mit einem tollen Blick nach Westen hin wird man belohnt, wenn man die Calle de Segovia hinunter zum *viaducto* (Viadukt) schlendert. Eine gute Sicht auf die Sierra de Guadarrama bieten auch die Tische der benachbarten Jardines de las Vistillas. Im Bürgerkrieg bombardierten Nationalisten Las Vistillas von der Casa de Campo; die Republikaner reagierten darauf mit Granatfeuer.

La Morería STADTVIERTEL

(Karte S. 77; Ⓜ La Latina) Die Gegend südlich des Viadukts und südöstlich der Iglesia de San Andrés war das Herz der *morería*. Hier lebte Magerits maurische Gemeinde, als im 11. Jh. die christliche Rückeroberung der Stadt in Angriff genommen wurde. Das Labyrinth aus

La Latina

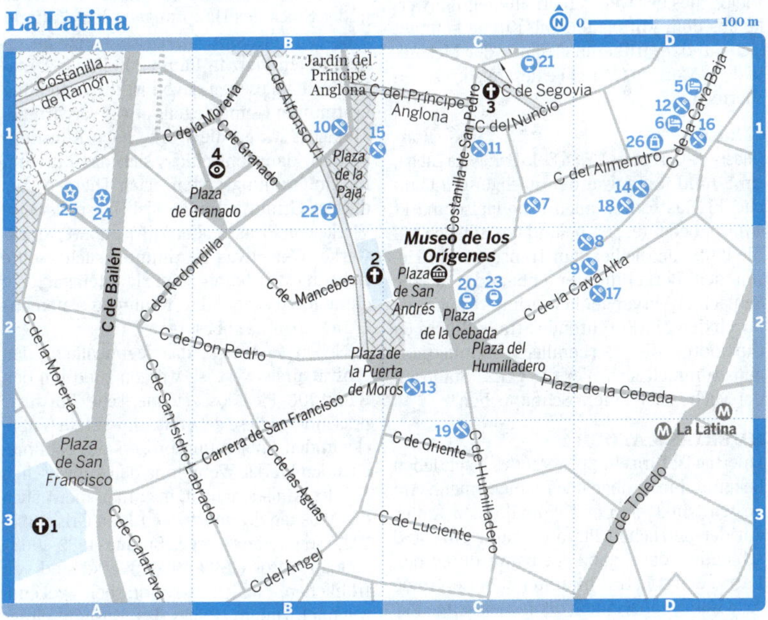

La Latina

Highlights
Museo de los Orígenes C2

Sehenswertes
1 Basílica de San Francisco El Grande A3
2 Iglesia de San Andrés B2
3 Iglesia de San Pedro El Viejo C1
4 La Morería B1

Schlafen
5 Posada del Dragón D1
6 Posada del León de Oro D1

Essen
7 Almendro 13 .... C1
8 Casa Lucas D2
9 Casa Lucio D2
10 El Estragón B1
11 Ene Restaurante C1
12 Enotaberna del León de Oro D1
13 Juana La Loca C2
14 La Chata D1
15 Naïa Restaurante B1
16 Posada de la Villa D1
17 Taberna Matritum D2
18 Txacolina D1
19 Txirimiri C3

Ausgehen
20 Bonanno C2
21 Café del Nuncio C1
22 Delic B1
23 Taberna Tempranillo C2

Unterhaltung
24 ContraClub A1
25 Corral de la Morería A1

Shoppen
26 Helena Rohner D1

gewundenen Straßen und hügeligen Gassen verströmt noch einen Hauch der Atmosphäre einer nordafrikanischen Medina.

Iglesia de San Pedro El Viejo KIRCHE

(Karte S. 77; ☎91 365 12 84; Costanilla de San Pedro; Ⓜ La Latina) Mit ihrem Glockenturm im Mudejarstil ist die Iglesia de San Pedro El Viejo eines der wenigen erhaltenen Bauwerke aus dem Mittelalter. Die Kirche befindet sich auf dem früheren Gelände der Mezquita de la Morería (Moschee des muslimischen Viertels).

El Rastro MARKT

(Ribera de Curtidores; ⌚So 8–15 Uhr; Ⓜ La Latina) Im 17. und 18. Jh. war der quirlige sonntägliche El Rastro vor allem ein Fleischmarkt (*rastro* bedeutet „Spur" und bezieht sich auf die Blutspur, die bei dem Transport von Tieren den Berg hinunter entstand). An die Schlachter-Vergangenheit erinnert auch die durch den Markt führende Straße Ribera de Curtidores, die „Gerberallee". Sonntagmorgens tummelt sich hier die ganze Stadt auf der Suche nach einem Schnäppchen.

HUERTAS & ATOCHA

Huertas ist für sein pulsierendes Nachtleben bekannt, bietet aber noch einiges mehr. Am besten trinkt man erst einmal einen Kaffee auf der herrlichen Plaza de Santa Ana und schlendert dann ganz entspannt durch den Barrio de las Letras hinunter zum Centro de Arte Reina Sofía, einem der besten zeitgenössischen Kunstmuseen in Europa. Über die Plaza del Emperador Carlos V. gelangt man von dem Kunstzentrum zur Antigua Estación de Atocha am Beginn des Atocha-Viertels.

LP TIPP **Centro de Arte Reina Sofía** MUSEUM

(Karte S. 82; www.museoreinasofia.es; Calle de Santa Isabel 52; Erw./ermäßigt 6 €/frei, So Eintritt frei, Mo–Fr 19–21 & Sa 14.30–21 Uhr; ⌚Mo–Sa 10–21, So 10–14.30 Uhr; Ⓜ Atocha) Im Centro de Arte Reina Sofía kann man die besten zeitgenössischen Kunstwerke in ganz Madrid bewundern. Neben Picassos *Guernica,* Spaniens wohl bekanntestem Bild, und vielen weiteren Gemälden Picassos gehören Arbeiten von Salvador Dalí (1904–1989) und Joan Miró (1893–1983) zu den Highlights. Die Sammlung umfasst in erster Linie Werke vom 20. Jh. bis in die 1980er-Jahre – aktuellere Kunst zeigt das **Museo Municipal de Arte Contemporáneo** (Karte S. 104 f.; ☎91 588 59 28; www.munimadrid.es/museoartecontemporaneo; Calle del Conde Duque 9–11; Ⓜ Plaza de España, Ventura Rodríguez, San Bernardo), das bei Redaktionsschluss gerade wegen Renovierungsarbeiten geschlossen war. Außerdem ist der ein oder andere ausländische Künstler vertreten (darunter Francis Bacon mit *Liegende Figur;* 1966), ein Großteil der Bilder stammt jedoch von der Halbinsel.

Die Dauerausstellung befindet sich im 2. und 4. Stock des Hauptflügels, dem **Edificio Sabatini**. Picassos *Guernica* hängt an einem festen Platz in Raum 206 in der 2. Etage, doch abgesehen davon ist die Aufteilung bestimmter Gemälde teils etwas verwirrend. Zunächst waren die Werke nach Künstlern sortiert, dann entschloss sich das Museum für ein Ordnungssystem nach Themen. Aus diesem Grund verteilen sich beispielsweise Werke von Picasso oder Miró auf zwei Stockwerke. Wer etwas Bestimmtes sucht, sollte sich am Infoschalter beim Haupteingang die aktuelle Ausgabe des Raumplans namens *Planos de museo* besorgen.

Neben *Guernica,* das schon alleine den Eintrittspreis wert ist, werden rund um den Raum 206 Picassos zeichnerische Entwürfe präsentiert; diese geben faszinierende Einblicke in den Entstehungsprozess des bahnbrechenden Werks. Wenn mna den kubistischen Stil des Künstlers liebt, mag man meist auch die Arbeiten des *madrileño* Juan Gris (1887–1927) sowie von Georges Braque (1882–1963).

Joan Mirós (1893–1983) Werke sind von fröhlichen, hellen Grundfarben gekennzeichnet, zudem besitzt das Museum einige seiner skurrilen Skulpturen. 1992 dienten Mirós Bilder als Symbol der Olympischen Spiele in Barcelona. Seitdem erhalten seine Arbeiten die internationale Anerkennung, die sie verdienen. Das Museum gibt einen guten Überblick über das innovative Schaffen des Künstlers.

In der Reina Sofía werden rund 20 Werke von Salvador Dalí gezeigt, darunter das extravagante surrealistische Gemälde *El Gran Masturbador* (1929). Zu seinen weiteren Arbeiten zählt eine eigenartige Büste einer gewissen *Joelle,* die Dalí mit seinem Freund Man Ray (1890–1976) schuf. Ebenfalls lohnenswert sind die Bilder von Max Ernst (1891–1976), dem bekannten surrealistischen Maler.

Besuchern, die sich von den großen Namen losreißen können, bietet das Zentrum tolle Möglichkeiten, auch weniger bekannte Künstler des 20. Jhs. kennenzulernen, etwa Miquel Barceló (geb. 1957); den *madrileño* José Gutiérrez Solana (1886–1945); den baskischen Maler Ignazio Zuloaga (1870–1945);

NICHT VERSÄUMEN

DIE BESTEN KUNSTWERKE IM CENTRO DE ARTE REINA SOFÍA

- » *Guernica* (Pablo Picasso; Raum 206)
- » *Naturaleza muerta* (Pablo Picasso; 1912)
- » *El gran masturbador* (Salvador Dalí; 1929)
- » *Muchacha en la ventana* (Salvador Dalí; 1925)
- » *Monumento imperial a la mujer niña* (Salvador Dalí; 1929)
- » *Pastorale* (Joan Miró; 1923–1924)
- » *Danseuse Espagnole* (Joan Miró; 1928)
- » *L'atelier aux Sculptures* (Miquel Barceló; 1993)
- » *Los cuatro dictadores* (Eduardo Arroyo; 1963)
- » *Retrato de Josette* (Juan Gris; 1916)
- » *Cartes et Dés* (Georges Braque; 1914)
- » *El peine del viento I* (Eduardo Chillida; 1962)
- » *Homenaje a Mallarmé* (Jorge Oteiza; 1958)
- » *Pintura* (Antoni Tàpies; 1955)
- » *Otoños* (Pablo Palazuelo; 1952)

Benjamin Palencia (1894–1980), dessen Arbeiten die Turbulenzen Spaniens in den 1930er-Jahren einfangen; den aus Barcelona stammenden Maler Antoni Tàpies (1923–2012) und den Pop-Art-Künstler Eduardo Arroyo (geb. 1937). Darüber hinaus entdeckt man abstrakte Maler wie Eusebio Sempere (1923–85) und Mitglieder der Gruppe Equipo 57 (1957 von spanischen Künstlern während ihres Exils in Paris gegründet), z. B. Pablo Palazuelo (1916–2007). Obwohl er besser als Poet und Bühnenautor bekannt war, verfügt das Museum über einige Zeichnungen von Federico García Lorca (1898–1936).

Unter den Bildhauern ist besonders Pablo Gargallo (1881–1934) zu nennen. Zu seinen Bronzeskulpturen gehört auch eine Picasso-Büste. Ebenso sehenswert sind die Werke der baskischen Bildhauer Jorge Oteiza (1908–2003) und Eduardo Chillida (1924–2002).

Plaza de Santa Ana — PLATZ

(Karte S. 80; Plaza de Santa Ana; Ⓜ Sevilla, Sol, Antón Martín) Eine fantastische Verbindung von eleganter Architektur und unbändiger Energie im Herzen von Huertas. Die Plaza wurde 1810 während der umstrittenen Regentschaft von Joseph Bonaparte angelegt, um dem bis dahin besonders eng gebauten Viertel Raum zum Atmen zu geben. Schnell entwickelte sie sich zum Zentrum des intellektuellen Lebens, so trafen sich in den rundum gelegenen Cafés Schriftsteller, Dichter und Künstler zu endlosen *tertulias* (literarischen und philosophischen Diskussionen). An diese literarische Vergangenheit erinnern Statuen des im 17. Jh. wirkenden Schriftstellers Calderón de la Barca und von Federíco García Lorca, das **Teatro Español** (ehemals Teatro del Príncipe) am östlichen Ende der Plaza und das Barrio de las Letras. Überdies dient der Platz auch als guter Ausgangspunkt für eine lange Partynacht in Huertas.

Barrio de las Letras — STADTVIERTEL

(Karte S. 80; Ⓜ Antón Martín) Die Gegend rund um die Plaza de Santa Ana wird oft als Barrio de las Letras (Literaturviertel) bezeichnet, da hier im 16. und 17. Jh. zahlreiche Schriftsteller wie Miguel de Cervantes Saavedra (1547–1616) lebten. Der Autor von *Don Quichotte* verbrachte einen Großteil seines Lebens in Madrid. Er wohnte und starb in der **Calle de Cervantes 2** (Karte S. 80; Calle de Cervantes 2; Ⓜ Antón Martín). Das ursprüngliche Gebäude wurde im frühen 19. Jh. abgerissen, doch über der Haustür hängt noch bis heute die 1834 angebrachte Gedenktafel. Cervantes wurde im nahe gelegenen **Convento de las Trinitarias** (Karte S. 80; Calle de Lope de Vega 16; Ⓜ Antón Martín) bestattet, der ebenfalls mit einer Gedenktafel aufwartet. Weil dort nach wie vor Nonnen leben, ist das Kloster nicht für die Öffentlichkeit zugänglich. Übrigens erspart das den Behörden viele Peinlichkeiten, da niemand weiß, wo genau im Kloster die Knochen des Schriftstellers liegen. Im Andenken an Cervantes wird

Huertas

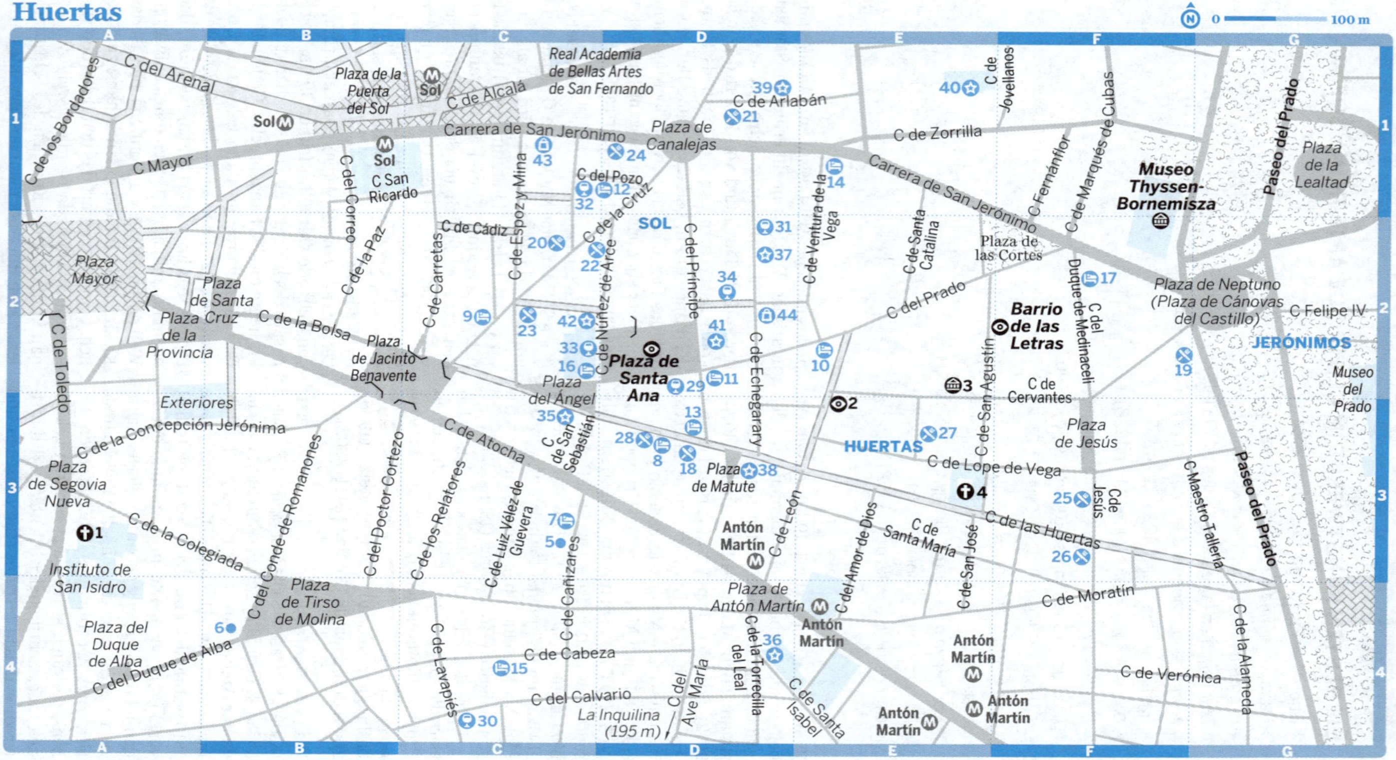
0
100 m
Plaza de la Puerta del Sol
Sol
C del Arenal
C de los Bordadores
C de Alcalá
Real Academia de Bellas Artes de San Fernando
Carrera de San Jerónimo
C Mayor
C del Correo
C San Ricardo
Plaza de Canalejas
C de Arlabán
C de Zorrilla
C de Jovellanos
C Fernanflor
C de Marqués de Cubas
Museo Thyssen-Bornemisza
Paseo del Prado
Plaza de la Lealtad
Plaza Mayor
Plaza de Santa Cruz
Plaza de la Provincia
C de la Bolsa
C de la Paz
C de Carretas
C de Cádiz
C de Espoz y Mina
C del Pozo
C de la Cruz
C de Núñez de Arce
SOL
C del Príncipe
C de Ventura de la Vega
C de Santa Catalina
Plaza de las Cortes
C del Prado
C del Duque de Medinaceli
Plaza de Neptuno (Plaza de Cánovas del Castillo)
C Felipe IV
JERÓNIMOS
Museo del Prado
Barrio de las Letras
Plaza de Jacinto Benavente
Plaza de Santa Ana
Plaza del Ángel
C de Echegarary
C de San Agustín
C de Cervantes
Plaza de Jesús
C de Toledo
Exteriores
C de la Concepción Jerónima
C de Atocha
C de San Sebastián
HUERTAS
C de Lope de Vega
Plaza de Matute
Plaza de Segovia Nueva
C de la Colegiada
C del Conde de Romanones
C del Doctor Cortezo
C de los Relatores
C de Luiz Vélez de Guevera
C de Cañizares
Antón Martín
C de León
C del Amor de Dios
C de Santa María
C de San José
C de las Huertas
Cde Jesús
C Maestro Tallería
Instituto de San Isidro
Plaza de Tirso de Molina
Plaza del Duque de Alba
C del Duque de Alba
Plaza de Antón Martín
C de Moratín
C de la Torrecilla del Leal
C de Cabeza
C de Lavapiés
C del Calvario
La Inquilina (195 m)
C del Ave María
C de Santa Isabel
C de Verónica
C de la Alameda
1 2 3 4 5 6 7 8 9 10 11 12 13 14 15 16 17 18 19 20 21 22 23 24 25 26 27 28 29 30 31 32 33 34 35 36 37 38 39 40 41 42 43 44
A B C D E F G

Huertas

Highlights
- Barrio de las Letras ... F2
- Museo Thyssen-Bornemisza ... F2
- Plaza de Santa Ana ... D2

Sehenswertes
- 1 Basílica de Nuestra Señora del Buen Consejo ... A3
- 2 Calle de Cervantes 2 ... E3
- 3 Casa de Lope de Vega ... E2
- 4 Convento de las Trinitarias ... E3

Aktivitäten, Kurse & Touren
- 5 Fundación Conservatorio Casa Patas ... C3
- 6 Letango Tours ... B4

Schlafen
- 7 Cat's Hostel ... C3
- 8 Chic & Basic Colors ... D3
- Hostal Adria Santa Ana ... (siehe 9)
- 9 Hostal Adriano ... C2
- 10 Hostal Sardinero ... E2
- 11 Hotel Alicia ... D2
- 12 Hotel El Pasaje ... D1
- 13 Hotel Miau ... D3
- 14 Hotel Urban ... E1
- 15 Mad Hostel ... C4
- 16 Me by Meliá ... C2
- 17 Westin Palace ... F2

Essen
- 18 Casa Alberto ... D3
- 19 Estado Puro ... F2
- 20 La Casa del Abuelo ... C2
- 21 La Finca de Susana ... D1
- 22 La Trucha ... C2
- 23 Las Bravas ... C2
- 24 Lhardy ... D1
- 25 Los Gatos ... F3
- 26 Maceiras ... F3
- 27 Sidrería Vasca Zeraín ... E3
- 28 Vi Cool ... D3

Ausgehen
- 29 Cervecería Alemana ... D2
- El Imperfecto ... (siehe 38)
- 30 La Escalera de Jacob ... C4
- 31 La Venencia ... D2
- 32 Taberna Alhambra ... C1
- 33 The Penthouse ... C2
- 34 Viva Madrid ... D2

Unterhaltung
- 35 Café Central ... C3
- Casa Patas ... (siehe 5)
- 36 Cine Doré ... D4
- 37 La Boca del Lobo ... D2
- 38 Populart ... D3
- 39 Stella ... D1
- 40 Teatro de la Zarzuela ... E1
- 41 Teatro Español ... D2
- 42 Villa Rosa ... C2

Shoppen
- 43 Gil ... C1
- 44 María Cabello ... D2

immer zu seinem Todestag am 23. April eine Gedenkmesse abgehalten. Ein weiteres bedeutendes Bauwerk, die **Casa de Lope de Vega** (Karte S. 80; ☎91 429 92 16; Calle de Cervantes 11; ⊙Führungen alle 30 Min. Di–Sa 10–14 Uhr; Ⓜ Antón Martín), wurde von Félix Lope de Vega (1562–1635), dem berühmtesten Dramatiker Spaniens, bewohnt. Inzwischen beherbergt sie ein Museum mit Erinnerungsstücken an den Dichter.

Antigua Estación de Atocha BAHNHOFSGEBÄUDE
(Karte S. 82; Plaza del Emperador Carlos V; Ⓜ Atocha Renfe) 1992 wurde der Nordwestflügel der Antigua Estación de Atocha (alter Bahnhof von Atocha) wunderschön restauriert. Die Struktur der prächtigen Stahl-Eisen-Konstruktion aus dem 19. Jh. blieb erhalten, während das Innere kunstvoll in einen von Licht erfüllten tropischen Garten mit über 500 Pflanzenarten samt Schildkrötenpopulation, Geschäften, Cafés und Renfe-Informationsbüros verwandelt wurde. Verantwortlicher Architekt war Rafael Moneo, der Mann hinter der Erweiterung des Museo del Prado und dem Thyssen-Bornemisza-Museum. Seine große Leistung bestand darin, eine durch und durch moderne Fläche mit dem prächtigen Stil europäischer Bahnhöfe aus vergangenen Zeiten zu verbinden.

PASEO DEL PRADO & EL RETIRO

Wer von Huertas aus hierherkommt, fühlt sich, als ließe er ein Tollhaus hinter sich und betrete eine Oase voller Grünpflanzen, Frischluft und Kultur. Das Museo del Prado und das Museo Thyssen-Bornemisza gehören zu den schönsten Kunstmuseen der Welt, außerdem locken in den eleganten

Atocha

Straßen direkt hinter dem Prado viele weitere Museen. Auf dem Hügel östlich davon erstrecken sich die staatlichen Gärten des herrlichen Parque del Buen Retiro.

LP TIPP **Museo del Prado** MUSEUM

(Karte S. 84; www.museodelprado.es; Paseo del Prado; Erw./Kind 12 €/frei, Mo–Sa 18–20 & So 17–19 Uhr Eintritt frei, Audioguides 3,50 €; ⏲Mo–Sa 10–20, So 10–19 Uhr; Ⓜ Banco de España) Willkommen in einem der besten Kunstmuseen der Welt! Die 7000 Gemälde der Sammlung (davon sind etwa 1500 ausgestellt) sind ein historisches Spiegelbild der spanischen Seele: Großartig und erhaben wirken die Königsbilder von Velázquez, aufwühlend finster die *Las pinturas negras* von Goya und weltgewandt die hervorragenden Werke aus ganz Europa. Man sollte so lange wie möglich im Prado verweilen oder besser noch gleich mehrere Besuche einplanen. Wer nämlich versucht, alles an einem einzigen Tag zu sehen, ist von der Vielfalt schnell erschlagen.

In das Gebäude gelangt man über die westliche Puerta de Velázquez oder die nördliche Puerta de Goya. Eintrittskarten bekommt man im Ticketbüro am Nordende gegenüber dem Hotel Ritz unter der Puerta de Goya. Im Ticketbüro oder am Infoschalter besorgt man sich am besten den kostenlosen *Plan*: Er beschreibt den Standort der 50 bekanntesten Werke und listet die Räume auf, in denen die größten Künstler ausgestellt sind.

Werke von Francisco José de Goya y Lucientes (Goya) sind in allen drei Etagen zu sehen, am besten beginnt man den Rundgang jedoch am Südende des Erdgeschosses. Goyas *El dos de mayo* und *El tres de mayo* in Raum 89 zählen zu Madrids besonders symbolträchtigen Gemälden. Sie zeigen die Revolte der Hauptstadt gegen die Franzosen im Jahr 1808 sowie die anschließende Hinrichtung der Rebellen. Die Räume 87 und 88 beherbergen einige der finstersten und verstörendsten Arbeiten: *Las pinturas negras.* Diesen Namen erhielten die Bilder aufgrund der vielen dunkelbraunen und schwarzen Farbtöne sowie des verzerrten und animalischen Erscheinungsbildes ihrer Charaktere.

Weitere Werke Goyas sind im ersten Stock in den Räumen 69 bis 73 ausgestellt, darunter zwei seiner bekanntesten und faszinierendsten Ölgemälde, *La maja vestida* und *La maja desnuda*. Die Porträts in Raum 73 zeigen eine unbekannte Frau, bei der es sich angeblich um die Duquesa de Alba (wahrscheinlich Goyas Geliebte) handelt. Sie sind fast identisch, allerdings ist die Frau auf dem zweiten Werk unbekleidet. Weitere Bilder Goyas gibt's im Obergeschoss.

Diego Rodriguez de Silva y Velázquez (Velázquez) ist ein ebenso großer Meister der spanischen Kunst wie der viel gerühmte Goya. Unter seinen vielen Bildern im Prado gilt *Las meninas* (Raum 50) als Hauptattraktion. Das Gemälde wurde 1656 fertiggestellt und ist unter dem Namen *La família de Felipe IV.* bekannt. In direkter Nachbarschaft präsentieren die Räume 51 und 52 weitere bemerkenswerte Bilder von Velázquez. Besonders sehenswert sind die Darstellungen diverser Mitglieder des Königshauses – Philipp II., Philipp IV., Margarete von Österreich (eine jüngere Version von ihr sieht man auch auf *Las meninas*), El Príncipe Baltasar Carlos und Isabelle de France –, die sehr realistisch wirken.

Wer die wichtigsten Werke gesehen hat, sollte sich die beeindruckend vielseitigen

DIE BESTEN KUNSTMUSEEN

- » **Museo del Prado** (S. 82) Goya, Velázquez, Zurbarán
- » **Centro de Arte Reina Sofía** (S. 78) Picasso, Dalí, Miró
- » **Real Academia de Bellas Artes de San Fernando** (S. 75) Goya, Velázquez, Picasso, Juan Gris
- » **Ermita de San Antonio de la Florida** (S. 107) Goya
- » **Museo Sorolla** (S. 107) Joaquín Sorolla

Arbeiten der übrigen Künstler nicht entgehen lassen. Zu den besten zählen Bartolomé Esteban Murillo und José de Ribera, aber auch die starren Figuren von Francisco de Zurbarán lohnen einen Blick. Nahezu perfekt sind die anschaulichen, fast surrealen Arbeiten El Grecos aus dem 16. Jh. mit Figuren, die mager und gequält wirken.

Eine Alternative dazu bietet die beeindruckende Sammlung flämischer Malerei. Die fleischigen Körper und pummeligen Putten von Peter Paul Rubens (1577–1640) sind eine willkommene Abwechslung zur Düsternis vieler anderer flämischer Maler. Zu den bedeutendsten Bildern des Künstlers gehören *Las tres Gracias* (Die drei Grazien) und *Adoración de los Reyes Magos*. Ganz in der Nähe stößt man auf weitere tolle Arbeiten wie *Der Triumph des Todes* von Pieter Breughel, Rembrandts *Artemisa* und die Gemälde Anton Van Dycks. Keinesfalls verpassen sollte man Hieronymus Boschs (1450–1516) bizarres, aber wunderbares Werk *Der Garten der Lüste* (Raum 3). Bisher konnte niemand das halluzinatorische Gemälde erklären, obwohl viele es versucht haben.

Dürer, Rafael, Tizian, Tintoretto, Sorolla, Gainsborough, Fra Angelico und Tiepolo sind nur ein paar der weiteren Künstler, deren Arbeiten man hier bewundern kann.

Der Westflügel (Edificio Villanueva) und der neoklassische Palacio de Villanueva wurden 1785 fertiggestellt. Zwischen 1808 und 1813 degradierte Napoleon das ursprünglich als Wissenschaftszentrum konzipierte Gebäude während der Besatzung von Madrid zur Kavalleriekaserne. 1814 beschloss Ferdinand VII., den Palast in ein Museum zu verwandeln, wobei er dabei weniger bürgerliche Ideale im Sinn hatte, sondern vielmehr eine Lagermöglichkeit für Hunderte royaler Gemälde suchte, die bereits Staub ansetzten. Damals war Kunst in erster Linie dem Königshaus vorbehalten. Fünf Jahre später wurde der Ausstellungsbereich mit 311 spanischen Gemälden eröffnet.

Der Ostflügel (Edificio Jerónimos) gehört zum modernen Anbau, der 2007 seine Türen geöffnet hat. Hier sind die Wechselausstellungen (meist mit Meisterwerken aus dem Prado, die wegen Platzmangels über Jahrzehnte eingelagert wurden), ein gut ausgestatteter Buchladen und ein Café untergebracht. Als besonders beeindruckend gelten die 1672 errichteten Kreuzgänge im 2. Stock. Sie bestehen aus lokalem Granit und befanden sich bis vor Kurzem in der nahe gelegenen Iglesia de San Jerónimo El Real (S. 101), waren jedoch in einem schlechten Zustand. Im Rahmen ihres umstrittenen Umzugs ins Prado-Museum wurden sie in mühsamer Arbeit zerlegt, restauriert und wieder aufgebaut.

NICHT VERSÄUMEN

DIE BESTEN KUNSTWERKE IM MUSEO DEL PRADO

- » *Las meninas* (Velázquez)
- » *La rendición de Breda* (Velázquez)
- » *La maja desnuda & La maja vestida* (Goya)
- » *El tres de mayo* (Goya)
- » *Las pinturas negras* (*Die schwarzen Bilder;* Goya)
- » *El jardín de las delicias* (*Der Garten der Lüste;* Hieronymus Bosch)
- » *Adam & Eva* (Albrecht Dürer)
- » *El lavatorio* (Tintoretto)
- » *La Trinidad* (El Greco)
- » *David vencedor de Goliat* (Caravaggio)
- » *El sueño de Jacob* (Ribera)
- » *Las tres Gracias* (*Die drei Grazien;* Rubens)
- » *Artemisa* (Rembrandt)

LP TIPP Museo Thyssen-Bornemisza

MUSEUM

(Karte S. 80; www.museothyssen.org; Paseo del Prado 8; Erw./Kind 9 €/frei; Di–So 10–19 Uhr; M Banco de España) Besucher erwartet hier eine der außergewöhnlichsten Privatsammlungen der Welt mit vorrangig europäischen Werken und ein würdiges Mitglied des „Goldenen Museumsdreiecks" von Madrid. Während man im Museo del Prado und im Centro de Arte Reina Sofía das Werk eines bestimmten Künstlers studieren kann, überzeugt das Museo Thyssen-Bornemisza mit einer atemberaubenden Bandbreite an Stilen. Alle großen Namen sind vertreten, teilweise allerdings mit nur einem Gemälde. Es ist ein besonderes Geschenk der Familie Thyssen an Madrid und das kunstliebende Publikum, sie alle unter einem Dach zu vereinen. Kein Wunder, dass so viele Menschen hierherkommen.

Die 2. Etage widmet sich der mittelalterlichen Kunst und zeigt religiöse Malereien sowie Triptychen aus dem 13. und 14. Jh. von italienischen, deutschen und flämischen Meistern. Hier gibt's ein paar echte

Paseo del Prado & El Retiro

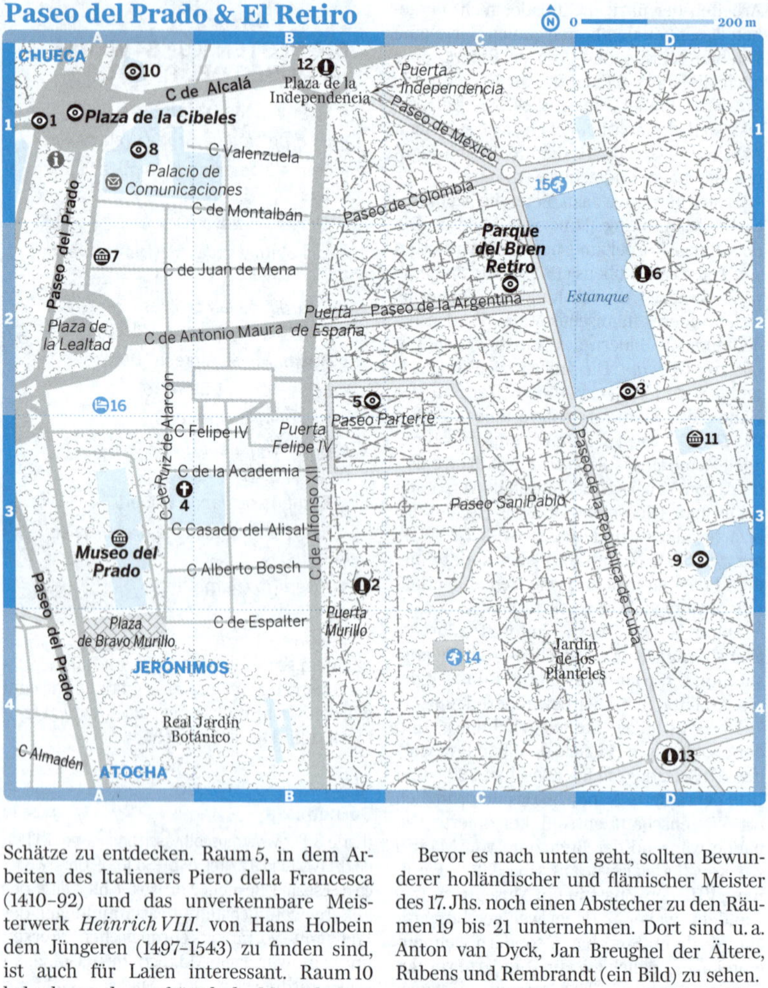

Schätze zu entdecken. Raum 5, in dem Arbeiten des Italieners Piero della Francesca (1410–92) und das unverkennbare Meisterwerk *Heinrich VIII.* von Hans Holbein dem Jüngeren (1497–1543) zu finden sind, ist auch für Laien interessant. Raum 10 beherbergt das aufrüttelnde *Massaker an den Unschuldigen* (1586) von Lucas Van Valckenberch. Raum 11 ist El Greco (drei Bilder) und seinen venezianischen Zeitgenossen Tintoretto und Tizian gewidmet, Raum 12 Caravaggio und dem Spanier José de Ribera. Die beiden Zimmer dahinter beherbergen jeweils ein Gemälde der Spanier Murillo und Zurbarán. Ebenso wenig verpassen sollte man die außergewöhnlichen Venedig-Bilder von Canaletto (1697–1768).

Das Beste auf diesem Stockwerk ist allerdings der Anbau (Räume A–H) mit der Sammlung von Carmen Thyssen-Bornemisza. In Raum C hängen Gemälde von Canaletto, Constable und Van Gogh, in Raum H Bilder von Monet, Sisley, Renoir, Pissarro und Degas.

Bevor es nach unten geht, sollten Bewunderer holländischer und flämischer Meister des 17. Jhs. noch einen Abstecher zu den Räumen 19 bis 21 unternehmen. Dort sind u. a. Anton van Dyck, Jan Breughel der Ältere, Rubens und Rembrandt (ein Bild) zu sehen.

Auch wenn das alles schon sehr beeindruckend ist, zeigt sich erst eine Etage weiter unten die ganze Klasse des Museums. In Raum 28 hängt beispielsweise ein Gainsborough, in Raum 31 ein Goya. Wer bisher alles eher oberflächlich gestreift hat, sollte sich für Raum 32 viel Zeit nehmen. Van Goghs *Les Vessenots* ist ein Meisterwerk für sich, doch das gilt auch für Manets *Frau in Reitkleidung*, Monets *Tauwetter in Véthueil*, Renoirs *Frau mit Schirm im Garten* und das typisch pariserische *Rue Saint-Honoré* am Nachmittag von Pissarro. Raum 33 mit Cézanne, Gauguin, Toulouse-Lautrec und Degas ist ebenfalls sehr beeindruckend. Die großen Meister findet man in den Räumen 34 (Picasso, Matisse und

Paseo del Prado & El Retiro

Highlights

	Museo del Prado	A3
	Parque del Buen Retiro	C2
	Plaza de la Cibeles	A1

Sehenswertes

1	Banco de España	A1
2	Bosque del Recuerdo	B3
3	Fuente Egipcia	D2
4	Iglesia de San Jerónimo El Real	A3
5	Madrids ältester Baum	B2
6	Alfons-XII.-Denkmal	D2
7	Museo Naval	A2
8	Palacio de Comunicaciones	A1
9	Palacio de Cristal	D3
10	Palacio de Linares & Casa de América	A1
11	Palacio de Velázquez	D3
12	Puerta de Alcalá	B1
13	Ángel-Caído-Statue	D4

Aktivitäten, Kurse & Touren

14	Centro Deportivo La Chopera	C4
15	Ruderboote	C1

Schlafen

16	Hotel Ritz	A2

Modigliani) und 35 (Edvard Munch und Egon Schiele).

Im Anbau (Räume I–P) sprechen die Namen für sich. Raum K wartet mit Arbeiten von Monet, Pissaro, Sorolla und Sisley auf, Raum L widmet sich Gauguin (darunter auch sein *Mata Mua*), Degas und Toulouse-Lautrec. Die Räume M (Munch), N (Kandinsky), O (Matisse und Georges Braque) und P (Picasso, Matisse, Edward Hopper und Juan Gris) präsentieren eine vielseitige Sammlung alter Meister. Auf dem Weg zur Treppe sieht man Edward Hoppers *Hotelzimmer*.

Das Erdgeschoss verfügt über eine erlesene Gemäldeauswahl von Kubismus bis Pop Art.

In Raum 41 stößt man auf drei große Namen des Kubismus: Picasso, Georges Braque und den *madrileño* Juan Gris. Aber auch andere Zeitgenossen dieser Künstler sind hier vertreten. Kandinsky ist die Hauptattraktion von Raum 43 und in Raum 44 hängen ein früher Salvador Dalí sowie Werke von Max Ernst und Paul Klee. Picasso taucht erneut in Raum 45 auf. Zu den größten Schätzen gehören Arbeiten von Marc Chagall und Dalís halluzinatorisches Gemälde *Traum, verursacht durch den Flug einer Biene um einen Granatapfel, eine Sekunde vor dem Erwachen*.

Raum 46 bietet ebenfalls Interessantes: Joan Mirós *Katalanischer Bauer mit Gitarre*, die verrückten Farbklecksereien eines Jackson Pollock *(Braun und Silber I)* und das vermeintlich simple *Grün auf Kastanie* von Mark Rothko. In den Räumen 47 und 48 erreicht die Thyssen-Ausstellung schließlich ihren beeindruckenden Höhepunkt mit Francis Bacon, Roy Lichtenstein, Henry Moore und Lucian Freud (Sigmund Freuds in Berlin geborener Enkel).

LP TIPP Parque del Buen Retiro

GRÜNANLAGE

(Karte S. 84; Mai–Sept. 6–24 Uhr, Okt.–April bis 23 Uhr; M Retiro, Príncipe de Vergara, Ibiza, Atocha)
In den prächtigen Gärten von El Retiro mit Marmordenkmälern, aufwendig gestalteten Rasenflächen, zahlreichen Pflanzen und ein paar eleganten Gebäuden geht's unter der Woche eher ruhig und beschaulich zu, doch am Wochenende erwachen sie zum Leben. Diese Grünanlage ist definitiv einer unserer Lieblingsplätze in Madrid.

Einst war der im 17. Jh. von Philipp IV. errichtete Park der Königsfamilie und ihrem Hofstaat vorbehalten. 1868 wurde er dann für die Öffentlichkeit zugänglich gemacht. Seitdem strömen bei gutem Wetter und an den Wochenenden *madrileños* aus der ganzen Stadt herbei, um spazieren zu gehen, die Sonntagszeitung zu lesen, Bootsausflüge zu unternehmen oder ein kühles Getränk auf einer der zahlreichen Freiluft-*terrazas* zu genießen.

Das Herz der Anlage bildet der künstliche See *(estanque)*. An seiner Ostseite thront das massive, reich verzierte **Alfons-XII.-Denkmal** (Karte S. 84), das von Marmorlöwen bewacht wird. Im Sommer tummeln sich dort am frühen Abend jede Menge Besucher, Bongo-Klänge durchziehen den Park und manch einer beginnt zu tanzen. Am Nordufer werden **Ruderboote** (Karte S. 84; 45 Min. pro Boot 4,65 €; April–Sept. 10–20.30 Uhr, Okt.–März 10–17.45 Uhr) verliehen, und für viele gehört eine Fahrt zum Pflichtprogramm. An der Südseite befindet sich der mit Sphingen verzierte **Fuente Egipcia** (Ägyptischer Springbrunnen; Karte S. 84). Der Legende nach hat Philipp IV.

(Fortsetzung auf S. 100)

Museo del Prado

BESICHTIGUNG

Los geht's im ersten Stock mit dem Bild **Las meninas** 1 von Velázquez. Dieses Gemälde allein rechtfertigt bereits den Eintrittspreis und stimmt einen hervorragend auf das goldene Zeitalter der spanischen Kunst, das 17. Jh., ein. In der Nähe hängen noch mehr von Velázquez' prächtigen Bildern sowie Arbeiten von Zurbarán und Murillo. Auf derselben Etage sind auch Goyas **La maja vestida, La maja desnuda** 2 sowie weitere frühe Werke zu finden. Im Erdgeschoss, am südlichen Ende des Prado, zeugen **El dos de mayo** und **El tres de mayo** 3 von Goyas Zorn. Den Qualen seiner späten Jahre verlieh der Künstler mit den **Pinturas negras** 4 Ausdruck. Darüber hinaus ist im Erdgeschoss Hieronymus Boschs **Der Garten der Lüste** 5 untergebracht, eines der Highlights des Museums. Zurück in der ersten Etage sollte man El Grecos **Verehrung der Hirten** 6 sowie Peter Paul Rubens' **Las tres Gracias** 7 würdigen; Letzteres wird als Kernstück der hier präsentierten Arbeiten flämischer Meister angesehen. Eventuell befindet sich das Bild jetzt im zweiten Obergeschoss, wo man auch auf ein paar unbekanntere Goyas stößt. Zum Schluss sollte man die Kreuzgänge im **Edificio Jerónimos** 8 und den hervorragenden Buchladen besuchen.

EBENFALLS SEHENSWERT:

Zu Madrids besten Kunstmuseen gehören neben dem Prado (s. auch S. 82) das Museo Thyssen-Bornemisza (S. 83) und das Centro de Arte Reina Sofía (S. 78).

TIPPS

- » **Online buchen** Wer online Tickets kauft, spart 1 € und muss nicht warten (www.museodelprado.es).
- » **Beste Besuchszeit** Direkt nach der Öffnung.
- » **Kostenlose Führungen** Auf der Website (www.museodelprado.es/coleccion/quever/) findet man Leitfäden für ein- bis dreistündige Besuche.

Las tres Gracias (Rubens)
Rubens' spätes Meisterwerk porträtiert die Zeus-Töchter Aglaia, Euphrosyne und Thalia. Es ist ein klassischer und meisterlicher Ausdruck dafür, wie sich der Künstler mit dem Thema Sinnlichkeit auseinandersetzte.

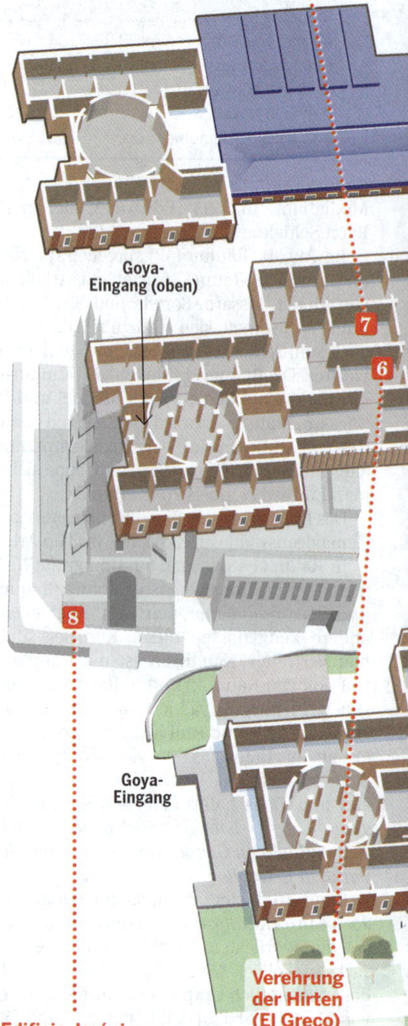

Edificio Jerónimos
Im 2007 eröffneten Anbau sind wechselnde Meisterwerke aus dem Prado zu sehen, die jahrzehntelang aus Platzmangel eingelagert waren. Die herrlichen Granitkreuzgänge im 2. Stock stammen aus dem Jahr 1672.

Verehrung der Hirten (El Greco)
Ein besonders eindringliches Bild. El Grecos verzerrte Darstellung menschlicher Körper sollte auch viele seiner späteren Werke prägen.

RICHARD NEBESKY/GETTY IMAGES ©

Las meninas (Velázquez)

Das wunderbare Gemälde zeigt Velázquez und die Prinzessin Margarita. Einige Fachleute glauben, dass in den Spiegeln hinter dem Künstler der König und die Königin zu sehen sind.

GIANNI DAGLI ORTI/ALAMY ©

La maja vestida & La maja desnuda (Goya)

Diese rätselhaften Bilder verursachten im Madrid des frühen 19. Jhs. einen Skandal. Damals wurde heiß über die Identität der Frau diskutiert und die Spanische Inquisition war erbost (oben abgebildet: *La maja vestida*).

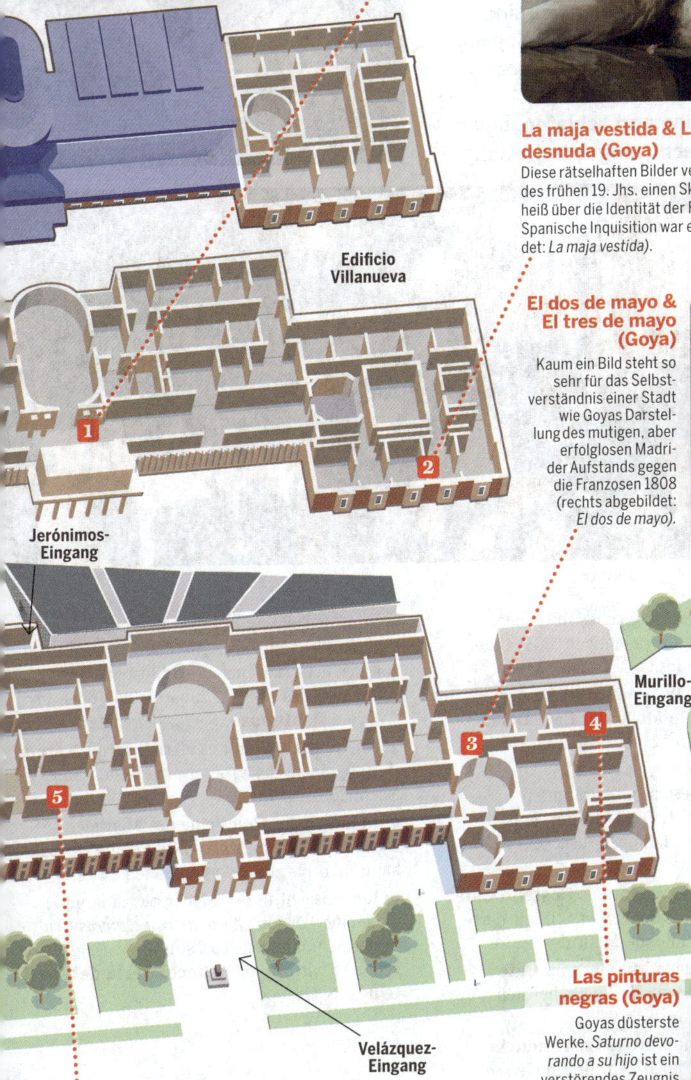

El dos de mayo & El tres de mayo (Goya)

Kaum ein Bild steht so sehr für das Selbstverständnis einer Stadt wie Goyas Darstellung des mutigen, aber erfolglosen Madrider Aufstands gegen die Franzosen 1808 (rechts abgebildet: *El dos de mayo*).

RICHARD NEBESKY/ GETTY IMAGES ©

Las pinturas negras (Goya)

Goyas düsterste Werke. *Saturno devorando a su hijo* ist ein verstörendes Zeugnis der gequälten Menschheit; *La romería de San Isidro* und *El akelarre* sind ebenfalls erschütternd.

PETER BARRITT/ALAMY ©

Der Garten der Lüste (Bosch)

Das fantastische Tryptichon zeigt den Garten Eden und die laut Beschreibung des Prado „düsteren Vorhöfe der Hölle" auf brillant detaillierte Weise.

Madrider Nächte sind lang ...

Kleines Nachtprogramm

Die Nächte in der Hauptstadt sind lang und laut, und so hat Hemingway mit seinen Worten in den 1930er-Jahren nach wie vor recht: „In Madrid geht niemand schlafen, bevor er nicht die Nacht umgebracht hat."

1

BRUCE BI / GETTY IMAGES ©

4

» Am späten Nachmittag geht's mit einem gemütlichen Kaffee im prächtigen alten **Café Comercial** (S. 126) los.

» Danach darf es etwas mit mehr Umdrehungen sein, z. B. ein Mojito im **Café Belén** (S. 126), dem Inbegriff einer coolen Bar in Chueca.

» Nun steht ein Besuch im berühmten **Museo Chicote** (S. 126) an, das mit kreativen Cocktails, netter Lounge-Musik und jeder Menge Promis lockt.

» Ganz in der Nähe vereint das **Costello Café & Niteclub** (S. 133) New Yorker Stil mit der unwiderstehlichen Energie Madrids.

» Live-Jazz und Jugendstil gibt's im **Café Central** (S. 132), einem der angesehensten Livemusikclubs Europas.

» Bevor das stimmungsvolle **La Venencia** (S. 125) schließt, ist noch Zeit für ein Getränk.

» Statt danach auf der charmanten, nahe gelegenen Plaza de Santa Ana hängen zu bleiben, von der man sich nur schwer losreißen kann, sollte man das Treiben zunächst von oben im schicken **Penthouse** (S. 125) betrachten.

» Anschließend heißt es abzappeln im **Kapital** (S. 129), einem der größten und besten Mega-Nachtclubs der Stadt.

» In einem der Urgesteine des Madrider Nachtlebens, dem **Teatro Joy Eslava** (S. 128), kann man bis zum Morgengrauen tanzen.

» Keine Nacht in der Metropole ist komplett ohne eine Portion *chocolate con churros* (frittiertes Schmalzgebäck, das in heiße Schokolade getaucht wird) in der **Chocolatería de San Ginés** (S. 123).

Abbildungen

1. Mercado de San Miguel (S. 116) **2.** Teatro Joy Eslava (S. 128) **3.** Café Central (S. 132) **4.** Malasaña-Straße (S. 126)

2

3

1

LAR CITYSCAPES / ALAMY ©

1. Salamanca (S. 153)
Salamanca wartet mit zahlreichen eindrucksvollen Bauwerken auf.

2. Kathedrale in León (S. 189)
Hoch aufragende Türme, ein mächtiges Strebewerk und eine herrliche Innenausstattung.

3. Lerma (S. 205)
Eine malerische Bergstadt mit bezaubernden Plätzen und einem Kloster aus dem 17. Jh.

4. Peñaranda de Duero (S. 206)
Von der im 15. Jh. errichteten Burg des Dorfes genießt man eine hervorragende Aussicht.

1

BRUCE BI / GETTY IMAGES ©

1. Cuenca (S. 234)
Casas colgadas (hängende Häuser) hängen hier wie Schwalbennester über tiefen Schluchten.

2. Consuegra (S. 231)
Neben Consuegras Ritterburg aus dem 12. Jh. stehen viele *molinos de viento* (Windmühlen).

3. Fronleichnam, Toledo (S. 221)
In Toledo findet eines der schönsten Feste zu Fronleichnam statt.

4. Alcalá del Júcar (S. 233)
Über den Häusern an der Júcar-Schlucht thront eine im 12. Jh. errichtete Festung.

La Sagrada Família

ZEITACHSE

1882 Francesc del Villar erhält den Auftrag zum Bau einer neogotischen Kirche in Barcelona.

1883 Antoni Gaudí übernimmt die Rolle als leitender Architekt und plant ein neues Gebäude (s. auch S. 265) mit Platz für 13 000 Gläubige.

1926 Gaudí stirbt; die Arbeiten werden unter Domènec Sugrañes weitergeführt. Ein Großteil der **Apsis** 1 und der **Geburtsfassade** 2 ist vollendet.

1930 Die **Glockentürme** 3 der Geburtsfassade stehen.

1936 Bauunterbrechung aufgrund des Spanischen Bürgerkriegs; Anarchisten zerstören die Baupläne.

1939–1940 Der Architekt Francesc de Paula Quintana i Vidal stellt die Krypta wieder her und baut viele von Gaudís verlorenen Modellen detailliert nach; einige sind heute im **Museum** 4 zu sehen.

1976 Fertigstellung der **Passionsfassade** 5.

1986–2006 Der Bildhauer Josep Subirachs bringt an der Passionsfassade plastische Details an, darunter Tafeln mit der Geschichte von den letzten Tagen Christi.

2000 Fertigstellung des **Mittelschiffs** 6.

2010 Die Überdachung steht und Papst Benedikt XVI. weiht die Kirche. Baubeginn des Tunnels für einen Hochgeschwindigkeitszug neben der **Fassade der Herrlichkeit** 7.

2020–2040 Voraussichtlicher Abschluss der Bauarbeiten.

TIPPS

» **Licht** Spätnachmittags fällt durch die Buntglasfenster der Passionsfassade das beste Licht ins Kircheninnere.

» **Zeit** Wer unter der Woche herkommt, umgeht die Besuchermassen.

» **Aussicht** Am besten genießt man die Aussicht von den Glockentürmen der Geburtsfassade, denn vor den Türmen der Passionsfassade bilden sich meist lange Schlangen.

KRZYSZTOF DYDYNSKI/GETTY IMAGES ©

Geburtsfassade
Für seine Skulpturen setzte Gaudí Anwohner und sogar den einen oder anderen Verstorbenen aus dem Leichenschauhaus als Modelle ein.

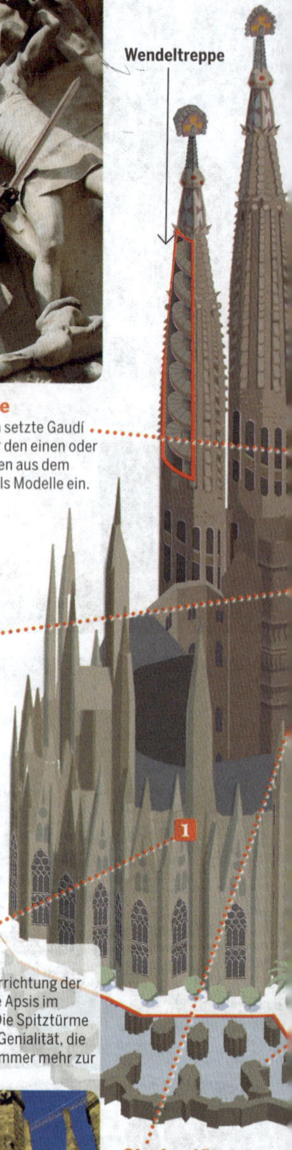

Apsis
Unmittelbar nach Errichtung der Krypta entstand die Apsis im neogotischen Stil. Die Spitztürme zeugen von Gaudís Genialität, die während des Baus immer mehr zur Geltung kam.

MICHELLE CHAPLOW/ALAMY ©

Glockentürme
Die Türme der drei Fassaden (bisher sind acht fertig) repräsentieren die zwölf Apostel. In jeweils einem Turm der Geburts- und der Passionsfassade gibt's einen Fahrstuhl, mit dem man nach oben fahren kann.

STEPHEN SAKS/ GETTY IMAGES ©

Passionsfassade

In einer S-förmigen Folge vom Boden bis zur Decke sind die letzten Tage Christi vom Abendmahl bis zur Grablegung zu sehen. Wenn man die Ziffern auf der Zahlentafel zusammenzählt, bekommt man als Ergebnis immer die 33, das Alter Jesu bei seinem Tod.

Die fertige Kirche

Neben der Fassade der Herrlichkeit und ihren vier Türmen sind noch sechs weitere Türme in Bau, Symbole für die vier Evangelisten, Maria und Jesus. Letzterer wird mit 170 m das Querschiff und alle anderen überragen.

Krypta

Die größtenteils im neogotischen Stil gestaltete Krypta wurde zuerst fertiggestellt und liegt unter dem Querschiff. Vom Museu Gaudí aus kann man darin das Grab Gaudís sehen.

Museu Gaudí

Alte Fotos, Zeichnungen und Gipsmodelle erzählen von dem Leben des Architekten. Das Museum beherbergt auch ein ungewöhnliches Lotgerät, mit dem Gaudí seine Konstruktionen berechnete.

DIANA BIER / ALAMY ©

Fassade der Herrlichkeit

Dies wird einmal die fantasievollste Fassade von allen sein. Dahinter will man eine Vorhalle mit 16 von Kegeln gekrönten Hyperboloid-Laternen errichten, die aussehen sollen wie eine Orgel aus schmelzendem Speiseeis.

Ein Genie namens Gaudí

Gaudís Name ist dank der einzigartigen architektonischen Werke dieses Genies zum Inbegriff für Barcelona geworden.

Antoni Gaudí i Cornet (1852–1926) kam in Reus zur Welt und wurde zunächst zum Metallarbeiter ausgebildet. Er personifiziert und symbolisiert die Bewegung des Modernisme, die in Barcelona um 1900 ein Feuerwerk an innovativer Größe hervorbrachte. Die Werke des gläubigen Katholiken und katalanischen Nationalisten sind ein bewusster Ausdruck katalanischer Identität sowie großer Frömmigkeit.

Den letzten Teil seines Lebens widmete Gaudí vor allem Barcelonas Hauptsymbol, der bis heute unvollendeten Sagrada Família. Ihn inspirierte besonders die Gotik, doch er befasste sich auch intensiv mit der Harmonie der Natur, mied gerade Linien und bevorzugte kurvenreiche Formen.

Für seine Berechnungen nutzte der Architekt mit Senkblei beschwerte komplexe Schnurmodelle. Einige Exemplare befinden sich im winzigen Museum im Obergeschoss des La-Pedrera-Gebäudes.

Gaudís Werk ist erdverbunden und kraftvoll, wirkt aber oft ebenfalls verträumt und surreal. Der private Apartmentkomplex Casa Batlló zeigt beispielhaft den Aufruhr des unnatürlich Natürlichen bzw. des natürlich Unnatürlichen. Es gibt keine geraden Linien, außerdem sind die Grenzen zwischen wirklich und unwirklich, nüchtern und traumtrunken sowie vernünftig und verspielt verwischt. Je nach Sichtweise besiegt an der Fassade der heilige Georg den Drachen oder aber eine Reihe fleischloser Seeungeheuer, die aus der Mauer kommen.

Viel Spaß hatte Gaudí offenbar bei der Gestaltung der Dächer. Für La Pedrera und den Palau Güell schuf er fantastische mehrfarbige Kachelfiguren als Schornsteinaufsätze, irgendwo angesiedelt zwischen den Pilzen aus *Alice im Wunderland* und imperialen Sturmtruppen aus *Star Wars*. Wie der Bau der unvollendeten La Sagrada Família ist auch Gaudís Geschichte noch lange nicht vorbei. Im März 2000 entschied der Vatikan, die Möglichkeit seiner Heiligsprechung neu zu untersuchen. Pilger halten schon heute an der Krypta inne, um dem Künstler zu huldigen. Einer der besten Bildhauer der Kirche, der Japaner Etsuro Sotoo, ist wegen seiner Passion für Gaudí inzwischen sogar zum Katholizismus übergetreten.

KARSTEN BIDSTRUP / GETTY IMAGES ©

Abbildungen

1. Casa Batlló (S. 270) **2.** La Pedrera (S. 271) **3.** Park Güell (S. 274)

GAUDÍS SCHÖNSTE BAUWERKE

» **La Sagrada Família** (S. 265) Eine Sinfonie religiösen Glaubens.

» **La Pedrera** (S. 271) Der „Steinbruch" wird wegen seiner Fassade so genannt.

» **Casa Batlló** (S. 271) Zweifellos ein märchenhaftes Gebäude.

» **Park Güell** (S. 274) Voller Elemente des Modernisme.

» **Palau Güell** (S. 258) Einer von Gaudís ersten Aufträgen.

KIMBERLEY COOLE / GETTY IMAGES ©

Montjuïc

EIN TAGESAUSFLUG IN BARCELONA

Auf dem Montjuïc (siehe auch S. 278) gab es möglicherweise schon vor den Römern eine Siedlung. Heute ist der Hügel die grüne Lunge Barcelonas. Zwischen den Gärten liegen beachtliche Kunstsammlungen, eine Burg, das Olympische Stadion und mehr. Für den Besuch der wichtigsten Orte sollte man sich einen Tag Zeit nehmen.

Von der Metrostation Espanya geht's Richtung **CaixaForum** 1 mit kostenlosen hochwertigen Ausstellungen. In der Nähe befindet sich der **Pavelló Mies van der Rohe** 2, ein futuristisches Gebäude aus den 1920er-Jahren. Hügelaufwärts gelangt man zu der romanischen Kunstsammlung im **Museu Nacional d'Art de Catalunya** 3. Mittags kann man im angeschlossenen Restaurant essen. Rolltreppen führen weiter nach oben zum **Estadi Olímpic** 4, dem Schauplatz der Olympischen Sommerspiele von 1992. Dann geht's nach Osten zur **Fundació Joan Miró** 5, wo die Kreativität des surrealistischen Meisters zum Ausdruck kommt, sowie zum **Museu d'Arqueologia de Catalunya** 6. Anschließend gönnt man sich eine Pause in den friedlichen **Jardins de Mossèn Cinto Verdaguer** 7 und gondelt später mit der Seilbahn zum **Castell de Montjuïc** 8. Wer zum richtigen Zeitpunkt da ist, erlebt hier die farbenfrohe Licht- und Musikshow am **La Font Màgica** 9. Ausklingen lässt man den Tag in einem Open-Air-Club im **Poble Espanyol** 10.

TIPPS

» **Tolle Aussicht** Der Transbordador Aeri ab La Barceloneta auf den Montjuïc bezaubert mit einem herrlichen Ausblick. Überboten wird dies nur noch durch die Fahrt mit der Seilbahn Teleféric de Montjuïc zur Burg.

» **Sommerspaß** Das Castell de Montjuïc lockt im Sommer mit Open-Air-Kino und Konzerten (siehe unter http://salamontjuic.org).

» **Schön blumig** Die farbenfrohen, ruhigen Jardins de Mossèn Cinto Verdaguer lohnen einen Besuch.

JEAN-PIERRE LESCOURRET/GETTY IMAGES ©

CaixaForum
Diese frühere Fabrik und Kaserne stammt von Josep Puig i Cadafalch und ist ein hervorragendes Zeugnis modernistischer Architektur sowie eine Art Lego-Fantasie aus Ziegelsteinen.

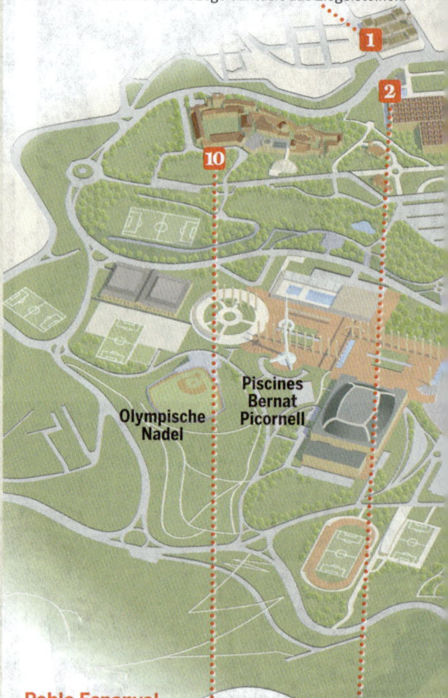

Poble Espanyol
Mitten in der Vielfalt traditioneller spanischer, für die Weltausstellung 1929 erschaffener Bauten wartet die Fundació Fran Daurel mit einigen Kunstwerken auf.

NEIL SETCHFIELD/GETTY IMAGES ©

Pavelló Mies van der Rohe
Der avantgardistische, für die Weltausstellung 1929 errichtete Pavillon zeigt den Einfallsreichtum des großartigen deutschen Architekten Ludwig Mies van der Rohe.

La Font Màgica

Am besten kommt man an einem lauen Sommerabend hierher, um die einzigartige, 15 Minuten dauernde Licht- und Tonperformance zu erleben.

Museu Nacional d'Art de Catalunya

Das Museum verfügt über eine Abteilung für romanische Kunst und ein farbenreiches Jesu-Bildnis aus dem 12. Jh., geborgen aus der Apsis einer Landkirche im Nordwesten Kataloniens.

Castell de Montjuïc

Die Aussicht auf die Stadt und das Meer sind grandios. Einst diente die im 17. Jh. errichtete Burg als Gefängnis für politische Gefangene und war lange ein Symbol der Unterdrückung.

Fundació Joan Miró

Hier sieht man einige von Joan Mirós riesigen, fröhlichen Gemälde. In der Sala Joan Prats und der Sala Pilar Juncosa hängen weniger bekannte Werke aus der Anfangszeit des Künstlers.

Museu d'Arqueologia de Catalunya

Das römische Mosaik mit den drei Grazien ist besonders schön. Es widmet sich der Archäologie Kataloniens und seiner Nachbarregionen.

(Fortsetzung von S. 85)

Mitte des 18. Jhs. in der Nähe des Brunnens einen gewaltigen Schatz vergraben. Südlich des Sees liegt hinter Bäumen versteckt der **Palacio de Cristal** (Karte S. 84; ☎91 574 66 14; ⌚Mai–Sept. Mo–Sa 11–20, So 11–18 Uhr, Okt.–April Mo–Sa 10–18, So 10–16 Uhr), eine interessante Stahl-Glas-Konstruktion und eines der schönsten architektonischen Monumente der Gärten. Er wurde 1887 als Wintergarten für exotische Blumen erbaut. Heute dient er als Standort für Wechselausstellungen vom Centro de Arte Reina Sofía. Nördlich davon stößt man auf den 1883 errichteten **Palacio de Velázquez** (Karte S. 84), der ebenfalls für Wechselausstellungen genutzt wird.

Am südlichen Ende des Parks, unweit von **La Rosaleda** (Rosengarten) mit über 4000 Rosen, erhebt sich der **Ángel Caído** (Gefallener Engel alias Luzifer; Karte S. 84). Interessanterweise befindet er sich genau 666 m über dem Meeresspiegel ... Die Puerta de Dante an der äußeren südöstlichen Ecke des Parks wird von einem geschnitzten **Wandgemälde von Dantes Inferno** bewacht. Große Teile des südwestlichen Abschnitts bedeckt der **Jardín de los Planteles**, eine der am wenigsten besuchten Ecken des Retiro mit ruhigen Fußwegen unter einem dichten Blätterdach. Westlich davon erstreckt sich der bewegende **Bosque del Recuerdo** (Wald der Erinnerung; Karte S. 84), eine weithin unterschätzte Gedenkstätte für die 191 Opfer der Bombenanschläge auf die Madrider Züge am 11. März 2004. Für jeden Toten wurde ein Olivenbaum oder eine Zypresse gepflanzt. Weiter nördlich steht direkt an der Puerta de Felipe IV. der angeblich **älteste Baum Madrids** (Karte S. 84), eine mexikanische, 1633 gepflanzte Konifere *(ahuehuete)*.

Im Nordosten liegen die schönen Überreste der **Ermita de San Isidro** (Karte S. 102), einer kleinen Landkapelle, die als eines der wenigen, wenn auch einfachen Beispiele romanischer Architektur in der Metropole gilt. Als sie errichtet wurde, war Madrid noch ein kleines 2 km entferntes Dorf.

Real Jardín Botánico — BOTANISCHER GARTEN

(Königlicher Botanischer Garten; ☎91 420 04 38; www.rjb.csic.es; Plaza de Bravo Murillo 2; Erw./Kind 3 €/frei; ⌚Mai–Aug. 10–21 Uhr, Sept.–April verkürzte Öffnungszeiten; Ⓜ Atocha) Der wunderbare Real Jardín Botánico verfügt über hübsche Blumenbeete und gepflegte Wege und ist etwas heimeliger als der Retiro. 1755 erstreckte sich der Garten noch am Ufer des Río Manzanares, wurde 1781 aber von Karl III. an seinen heutigen Standort verlegt. Hier kann man Tausende verschiedener Pflanzensorten bestaunen.

GRATIS CaixaForum — MUSEUM, ARCHITEKTUR

(www.fundacio.lacaixa.es; Paseo del Prado 36; ⌚10–20 Uhr; Ⓜ Atocha) Dieses außergewöhnliche Bauwerk am Südende des Paseo del Prado gehört zu Madrids auffälligsten architektonischen Neuheiten. Es scheint über dem Boden zu schweben und trägt eine faszinierende Kuppel, die an rostiges Eisen erinnert. Gleich daneben erhebt sich der *jardín colgante* (hängender Garten), eine mit üppigem Grün bewachsene vertikale Fläche. Auf den vier Stockwerken finden zwischen Edelstahl und hoch aufragenden Decken regelmäßig Ausstellungen (z. B. zu den Themen Fotografie und zeitgenössische Bilder) sowie Vorführungen (z. B. Multimediashows) statt.

Plaza de la Cibeles — PLATZ

(Karte S. 84; Plaza de la Cibeles; Ⓜ Banco de España) Von allen großen Verkehrsinseln des Paseo del Prado erinnert die Plaza de la Cibeles wohl am meisten an den Glanz der Kolonialzeit. Ihr Schmuckstück ist der wunderbare **Palacio de Comunicaciones** (Karte S. 84). Er wurde zwischen 1904 und 1917 von Antonio Palacios, Madrids bestem Architekten der Belle Époque, erbaut und kombiniert Elemente des nordafrikanischen Baustils dieser Zeit mit gotischen sowie Renaissanceelementen. Inzwischen wird er als **Rathaus** *(ayuntamiento)* genutzt und beherbergt zudem das **Hauptpostamt** (in der südwestlichen Ecke). Zu den weiteren bedeutenden Gebäuden rund um die Plaza gehören der **Palacio de Linares und die Casa de América** (Karte S. 84; ☎91 595 48 00; www.casamerica.es; Plaza de la Cibeles 2; Erw./Kind/Student & Senior 7/frei/4 €; ⌚Führungen Sa & So 11, 12 & 13 Uhr, Ticketbüro Mo–Fr 9–20, Sa & So 11–13 Uhr; Ⓜ Banco de España), der **Palacio Buenavista** (Karte S. 104 f.; Plaza de la Cibeles) aus dem Jahr 1769 und die 1891 errichtete Nationalbank **Banco de España** (Karte S. 84). Von hier aus genießt man einen hübschen Ausblick ostwärts in Richtung Puerta de Alcalá sowie westwärts in Richtung Edificio Metrópolis.

Toll anzusehen ist auch der spektakuläre **Springbrunnen der Göttin Kybele** in der Mitte des Platzes, der 1780 von Ventura Rodríguez erbaut wurde und sich bei den Einheimischen großer Beliebtheit erfreut. Karl III. war so vernarrt in den Brunnen, dass er ihn in die königlichen Gärten der Granja de San Ildefonso an der Straße nach Segovia verlegen lassen wollte. Der Protest der *madrileños* war jedoch immens und so gab er sein Vorhaben schließlich auf. Der Brunnen dient als Treffpunkt feuchtfröhlicher (und oft eskalierender) Feiern der Fans von Real Madrid, wann immer der Verein einen nennenswerten Sieg davongetragen hat.

GRATIS Museo Naval MUSEUM

(Karte S. 84; ☎91 523 87 89; www.armada.mde.es/museonaval; Paseo del Prado 5; ⏲Di–So 10–19 Uhr; Ⓜ Banco de España) Das Museum einen Straßenzug südlich der Plaza de la Cibeles spricht vor allem Schiffsliebhaber an. Hier erfährt man, wie die Spanische Armada wirklich aussah, und kann außergewöhnliche Schiffsmodelle aus den frühen Tagen der spanischen Marinegeschichte bis zum 20. Jh. bewundern. Fans antiker Karten werden sich über Juan de la Cosas Pergamentkarte der um 1500 bekannten Welt freuen. Die akkurate Darstellung von Europa und Afrika ist erstaunlich, außerdem handelt es sich wahrscheinlich um die erste Karte, auf der Nord- und Südamerika abgebildet sind – auch wenn de la Cosas Aufzeichnungen eher auf Fantasie als auf Fakten beruhen.

Iglesia de San Jerónimo El Real KIRCHE

(Karte S. 84; ☎91 420 35 78; Calle de Ruiz de Alarcón; ⏲Okt.–Juni Mo–Sa 10–13 & 17–20.30 Uhr, Juli–Sept. wechselnde Öffnungszeiten; Ⓜ Atocha, Banco de España) Hinter dem Museo del Prado versteckt sich eine reich verzierte, einst von der spanischen Königsfamilie bevorzugt genutzte Kapelle. Nach dem Tod Francos wurde dort 1975 König Juan Carlos I. gekrönt. Die teils nüchterne, teils üppige pseudo-isabellinische Inneneinrichtung stammt aus dem 19. Jh. und ist von der Iglesia de San Juan de los Reyes in Toledo inspiriert worden. Während des Unabhängigkeitskriegs wurde fast die gesamte Originaleinrichtung zerstört. Die Überreste der früheren Kreuzgänge sind im Museo del Prado (S. 82) zu sehen.

Puerta de Alcalá STADTTOR

(Karte S. 84; Plaza de la Independencia; Ⓜ Retiro) Das 1599 errichtete Tor gefiel Karl III. nicht, deshalb ließ er es 1764 niederreißen und durch das heutige Bauwerk ersetzen. Zweimal im Jahr, jeweils im Frühling und im Herbst, werden die Autos von hier verbannt, denn dann treiben Schäfer ihre Herden nach einem uralten Brauch durch das Stadttor zu ihren Sommer- bzw. Winterweiden.

SALAMANCA

In diesem exklusiven und eleganten Stadtviertel mit den schönen Spazierwegen zwischen den herrlichen Museen und Parks zeigen sich die Leute gern in ihrer besten und teuersten Kleidung, vor allem in der Calle de Serrano und der Calle de José Ortega y Gasset. Selbstverständlich spielen die Preise in den luxuriösen Läden keine Rolle, zudem fragt man sich bei einem Streifzug durch die erstklassigen Museen und Parks, ob der Höhepunkt der Zivilisation bereits erreicht ist.

GRATIS Museo Arqueológico Nacional MUSEUM

(Karte S. 102; http://man.mcu.es; Calle de Serrano 13; ⏲Di–Sa 9.30–20, So 9.30–15 Uhr; Ⓜ Serrano) Salamancas Vorzeigeobjekt, das Nationale Archäologiemuseum, wartet hinter seiner gewaltigen Fassade mit beeindruckenden Artefakten auf. Zu der großen Sammlung gehören Mosaiken aus römischen Villen, aufwendiges Kunsthandwerk im muslimischen und im Mudejarstil und kleine Skulpturen wie die *Dama de Ibiza* und die *Dama de Elche.* Neben Beispielen romanischer und gotischer Architektur wird auch eine unvollständige Kopie der prähistorischen Höhlenmalereien von Altamira (Cantabria) gezeigt. Bei Redaktionsschluss war das Museum noch wegen umfassender und dringend nötiger Renovierungsarbeiten geschlossen.

Museo Lázaro Galdiano MUSEUM

(www.flg.es; Calle de Serrano 122; Erw./ermäßigt 6/3 €, letzte Std. kostenlos; ⏲Mi–Sa & Mo 10–16.30, So 10–15 Uhr; Ⓜ Gregorio Marañón) Der imposante Steinbau im italienischen Stil stammt aus dem frühen 20. Jh. und beherbergt 13 000 Kunstwerke sowie -objekte, darunter Arbeiten von Bosch, Zurbarán, Goya, Claudio Coello, El Greco und Constable. Zusammengenommen wirkt das Ganze wie eine willkürliche Mischung aus allem, was irgendwie sammelwürdig erscheint. In Raum 14 kann man einige von Goyas bekannteren Werken wie *La maja* und die Fresken der Ermita de San Antonio de la Florida sehen, die zu einer Art Collage angeordnet worden sind.

Plaza de Toros & Museo Taurino ARENA

(Calle de Alcalá 237; Ⓜ Las Ventas) Die **Plaza de Toros Monumental de Las Ventas**, meist einfach Las Ventas genannt, ist zwar nicht die schönste Stierkampfarena der Welt – die-

Salamanca

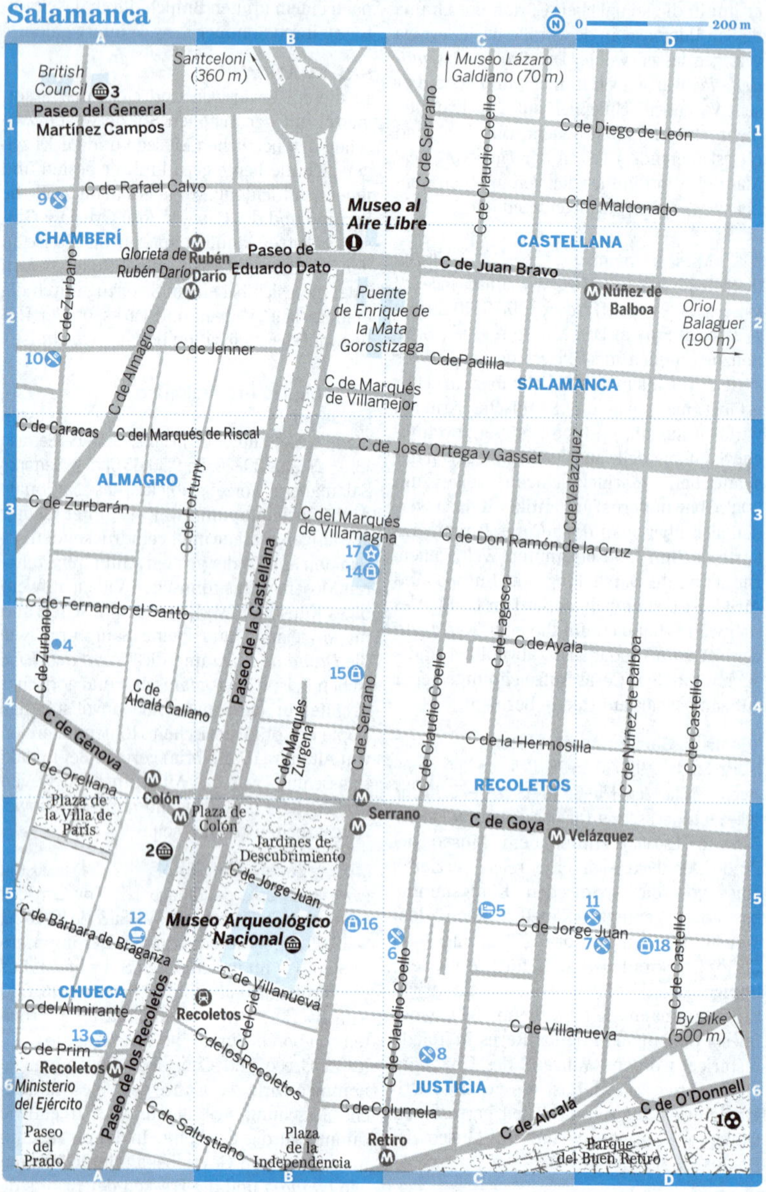

se Ehre wird wohl der Ronda-Arena in Andalusien zuteil –, dafür aber die bedeutendste.

Das Bauwerk, ein klassisches Beispiel für den Neomudejarstil, wurde 1931 eröffnet und richtete drei Jahre später die erste *corrida* (Stierkampf) aus. Um seine runde Kampffläche aus Sand erstrecken sich vierstöckige Tribünen, auf denen bis zu 25 000 Zuschauer Platz finden. Wie alle Stierkampfarenen erinnert auch diese eher an ein Theater als an ein Sportstadion, zudem finden vor Ort auch Konzerte statt.

Salamanca

Highlights
Museo al Aire Libre B2
Museo Arqueológico Nacional B5

Sehenswertes
1 Ermita de San Isidro D6
2 Museo de Cera A5
3 Museo Sorolla A1

Aktivitäten, Kurse & Touren
4 International House A4

Schlafen
5 Petit Palace Art Gallery C5

Essen
6 Biotza C5
7 La Colonial de Goya D5
8 La Galette C6
9 Las Tortillas de Gabino A1
10 Sergi Arola Gastro A2
11 Sula Madrid D5

Ausgehen
12 Café-Restaurante El Espejo A5
13 Gran Café de Gijón A6

Unterhaltung
14 Serrano 41 .... B3

Shoppen
15 Agatha Ruiz de la Prada B4
16 Camper B5
17 De Viaje B3
18 Gallery D5

Auf den Schultern begeisterter Anhänger durch die prächtige maurische Puerta de Madrid getragen zu werden ist der Traum eines jeden Toreros, und wer es nach Las Ventas geschafft hat, ist im Olymp der Stierkämpfer angekommen. Das Tor wird im Volksmund auch „Tor des Ruhmes" genannt.

Besucher können an Führungen (auf Englisch und Spanisch) in die Sandarena und zur königlichen Loge teilnehmen, die 40 Minuten dauern und immer zur vollen Stunde beginnen. Reservierungen laufen über **Las Ventas Tour** (☎687 739 032; www.lasventastour.com; Erw./Kind 7/5 €; ⏲10–18, bei Stierkämpfen 10–14 Uhr).

Wer mehr über das Thema Stierkampf erfahren möchte, sollte das **Museo Taurino** (☎91 725 18 57; www.las-ventas.com; Calle de Alcalá 237; Eintritt frei; ⏲Mo–Fr 9.30–14.30 Uhr) im Obergeschoss über einem der beiden Gärten bei der Arena besuchen, dessen Sammlung Erinnerungsstücke, Kostüme, Fotos und weitere Exponate umfasst.

Die Gegend, in der sich die Plaza de Toros befindet, wird Las Ventas genannt, da es hier früher neben zwielichtigen Geschäften mehrere Straßenkneipen *(ventas)* gab.

GRATIS Museo al Aire Libre — SKULPTUREN

(Karte S. 102; www.munimadrid.es/museoairelibre; Ecke Paseo de la Castellana & Paseo de Eduardo Dato; ⏲24 Std.; Ⓜ Rubén Darío) Diese faszinierende Sammlung umfasst 17 abstrakte Skulpturen, die von dem renommierten baskischen Künstler Eduardo Chillida, dem katalanischen Meister Joan Miró, Eusebio Sempere und Alberto Sánchez, einem bedeutenden spanischen Bildhauer des 20. Jhs., angefertigt wurden. Die Kunstwerke stehen unter der Überführung, in deren Nähe sich der Paseo de Eduardo Dato und der Paseo de la Castellana kreuzen, wobei sie der Verkehrslärm und der Taubendreck nur noch interessanter macht. Bis auf eines befinden sich alle auf der Ostseite des Paseo de la Castellana.

MALASAÑA & CHUECA

Malasaña und Chueca repräsentieren das volksnahe Madrid, denn hier lernt man das Alltagsleben der *madrileños* kennen. Ihre tollen Museen und Bauwerke haben die Stadt bekannt gemacht, erzählen allerdings nur die halbe Geschichte. Die innerstädtischen *barrios* sind persönlichere Orte, in denen man wunderbar feiern, shoppen und Restaurants besuchen kann. Malasaña wirkt gewieft und bodenständig, während Chueca, das Zentrum der Schwulenszene, stilvoll und extravagant daherkommt.

GRATIS Museo de Historia — MUSEUM

(Karte S. 104 f.; www.munimadrid.es/museodehistoria; Calle de Fuencarral 78; ⏲Di–Fr 9.30–20, Sa & So 10–14 Uhr; Ⓜ Tribunal) Das Museo de Historia (früher Museo Municipal genannt) besitzt einen prunkvollen, restaurierten Barockeingang, der 1721 von Pedro de Ribera errichtet wurde. Die hier präsentierten Gemälde und Erinnerungsstücke zeigen Madrids historische Entwicklung. Goyas *Allegorie der Stadt Madrid* gilt als Highlight der Sammlung. Sehenswert ist auch das in den 1830er-Jahren entstandene Modell der Metropole.

Malasaña & Chueca

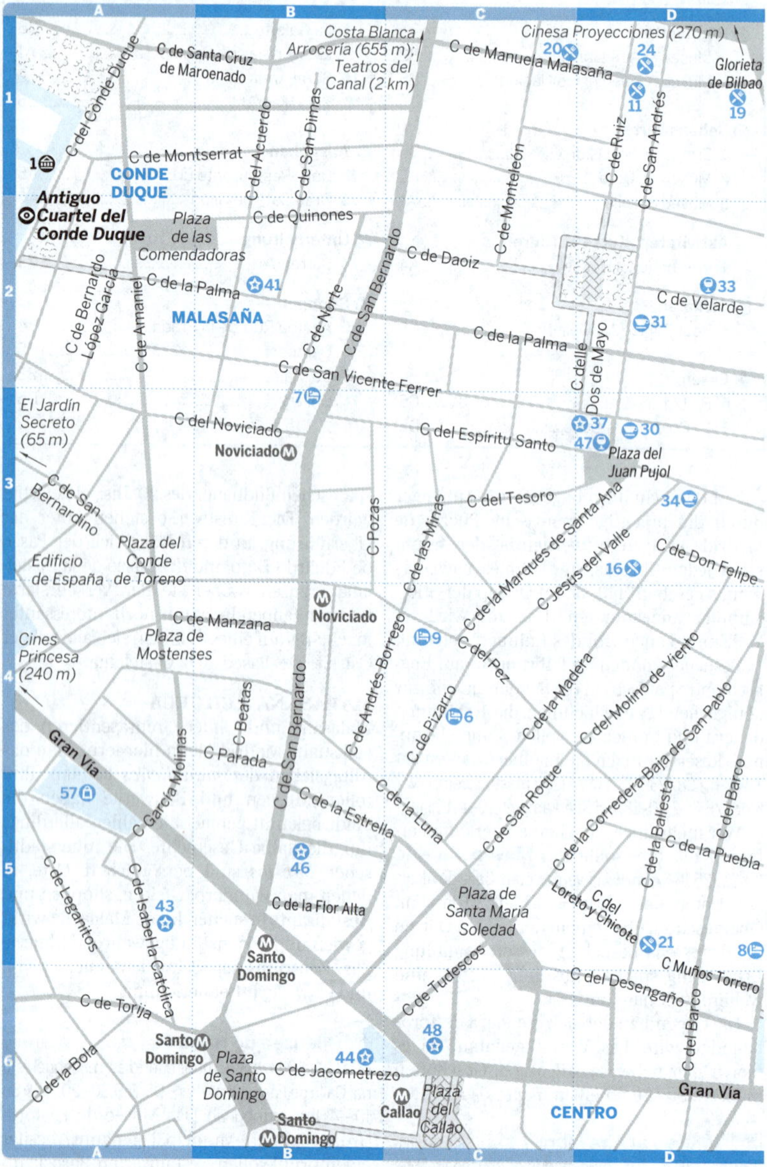

Sociedad General de Autores y Editores

BEMERKENSWERTES GEBÄUDE

(Vereinigung der Autoren & Herausgeber; Karte S. 104 f.; Calle de Fernando VI 4; Ⓜ Alonso Martínez) Der ausgefallene, an eine leicht verrutschte Zuckerbäckertorte erinnernde Bau ist Madrids größtes Zugeständnis an den Stil von Antoni Gaudí, der den besonderen Reiz Barcelonas ausmacht. Die wunderbar maßlose Ode an den *modernismo* ist einzigartig in der Hauptstadt. Besucher dürfen leider nicht hinein, wobei sich schon der Blick von der Straße auf jeden Fall lohnt. Ausnahmen sind der erste Montag im Oktober (Interna-

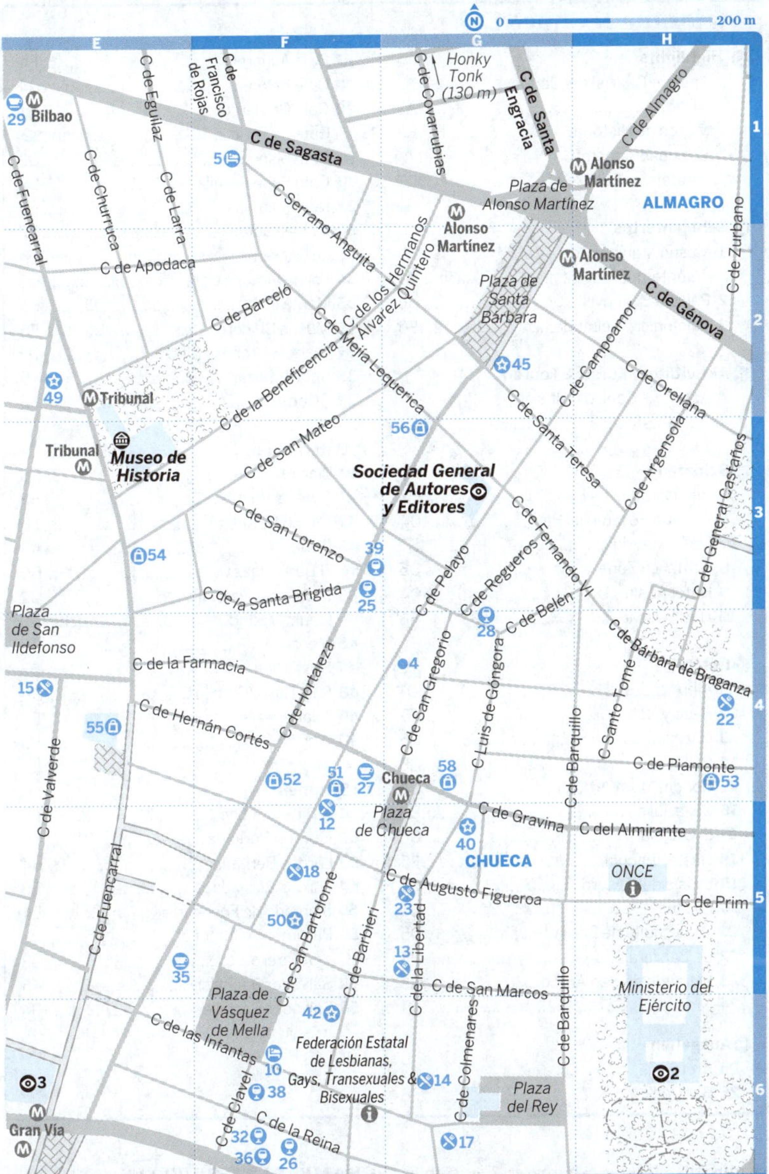

tionaler Tag der Architektur) und die Noche-en-Blanco-Festivitäten (S. 112).

Antiguo Cuartel del Conde Duque

EHEMALIGE KASERNEN

(Karte S. 104 f.; Calle del Conde Duque 9; Ⓜ Plaza de España, Ventura Rodríguez, San Bernardo) Die stattlichen ehemaligen Kasernen dominieren die Conde Duque am westlichen Rand von Malasaña. Ihre kürzlich restaurierten Fassaden erstrecken sich über 228 m den Hügel hinunter. Besonders bemerkenswert ist der extravagante Torgang aus dem 18. Jh., ein Meisterwerk des barocken Churrigue-

Malasaña & Chueca

Highlights

Antiguo Cuartel del Conde Duque ... A2
Museo de Historia ... E3
Sociedad General de Autores y Editores ... G3

Sehenswertes

1 Museo Municipal de Arte Contemporáneo ... A1
2 Palacio Buenavista ... H6
3 Telefónica -Gebäude ... E6

Aktivitäten, Kurse & Touren

4 Apunto – Centro Cultural del Gusto ... G4

Schlafen

5 Albergue Juvenil ... F1
6 Antigua Posada del Pez ... C4
7 Flat 5 Madrid ... B3
8 Hostal La Zona ... D5
9 Hotel Abalú ... C4
10 Hotel Óscar ... F6

Essen

11 Albur ... D1
12 Baco y Beto ... F5
13 Bazaar ... G5
14 Bocaito ... G6
15 Bodega de la Ardosa ... E4
16 Casa Julio ... D3
17 El Original ... G6
18 Gastromaquia ... F5
19 La Isla del Tesoro ... D1
20 La Musa ... C1
21 La Tasquita de Enfrente ... D5
22 Le Cabrera ... H4
23 Mercado de San Antón ... G5
24 Nina ... D1

Ausgehen

25 Areia ... F3
26 Bar Cock ... F6
27 Café Acuarela ... F4
28 Café Belén ... G4
29 Café Comercial ... E1
Café La Troje ... (siehe 12)
30 Café Manuela ... D3
31 Café Pepe Botella ... D2
32 Del Diego ... F6
33 La Vía Láctea ... D2
Le Cabrera ... (siehe 22)
34 Lolina Vintage Café ... D3
35 Mamá Inés ... E5
36 Museo Chicote ... F6
37 Ojalá Awareness Club ... D3
38 Splash Óscar ... F6
39 Stromboli ... F3

Unterhaltung

40 Black & White ... G5
41 Café La Palma ... B2
42 Club 54 Studio ... F6
43 Cool ... A5
44 El Berlín Jazz Café ... B6
45 El Junco Jazz Club ... G2
Liquid Madrid ... (siehe 42)
46 Morocco ... B5
47 Nasti Club ... D3
48 Sala Bash/Ohm ... C6
49 Tupperware ... E2
50 Why Not? ... F5

Shoppen

51 A Different Life ... F4
52 Librería Berkana ... F4
53 Lurdes Bergada ... H4
54 Lurdes Bergada ... E3
55 Mercado de Fuencarral ... E4
56 Patrimonio Comunal Olivarero ... G3
57 Salvador Bachiller ... A5
58 Salvador Bachiller ... G4

rismusstils. Heute beherbergt der Gebäudekomplex ein Kulturzentrum mit Regierungsarchiven, Bibliotheken, der Hemeroteca Municipal (die größte Sammlung von Zeitungen und Zeitschriften in Spanien), Wechselausstellungen und dem Museo Municipal de Arte Contemporáneo (S. 78), das bei Redaktionsschluss wegen Renovierungsarbeiten geschlossen war.

CHAMBERÍ & ARGÜELLES

Chamberí und Argüelles besucht man nicht wegen der Sehenswürdigkeiten, wobei es durchaus schöne Museen sowie tolle Restaurants, Bars und Livebühnen gibt. Beide Viertel sind recht wohlhabend (Argüelles weniger als Chamberí), wirken aber weniger hochnäsig als Salamanca. Hier erleben Traveller vielleicht besser als irgendwo anders in der Stadt, wie sich *madrileños* fern von Touristenmengen verhalten.

LP TIPP Ermita de San Antonio de la Florida
KIRCHE

(Glorieta de San Antonio de la Florida 5; Eintritt frei; ⌚Di–Fr 9.30–20, Sa & So 10–14 Uhr, Juli & Aug. wechselnde Öffnungszeiten; Ⓜ Príncipe Pío) Als echter Geheimtipp gelten die freskenverzierten Decken der Ermita de San Antonio de la Florida. Die südlichere der beiden kleinen Kapellen wurde kürzlich renoviert und ist auch als **Panteón de Goya** bekannt, da man hier die seltene Gelegenheit hat, Goyas Werke an einem Originalschauplatz zu bestaunen. 1798 fertigte der Maler die Fresken im Auftrag von Karl IV. an. Sie zeigen, wie der heilige Antonius einen jungen Mann aus dem Grab auferstehen lässt, damit er seinen Vater, der zu Unrecht des Mordes an ihm beschuldigt wurde, von dessen Schuld lossprechen kann. Ringsherum tummelt sich eine typische Madrider Menschenmenge.

Goyas Grab befindet sich vor dem Altar. Seine sterblichen Überreste wurden 1919 aus dem französischen Bordeaux, wo er 1828 im selbst gewählten Exil gestorben war, hierher überführt – allerdings ohne den vermissten Kopf.

GRATIS Templo de Debod
TEMPELRUINE

(www.munimadrid.es/templodebod; Paseo del Pintor Rosales; ⌚Di–Fr 10–14 & 18–20, Sa & So 10–14 Uhr; Ⓜ Ventura Rodríguez) Erstaunlicherweise erhebt sich mitten im Parque de la Montaña ein ägyptischer Tempel aus dem 4. Jh. v. Chr. Er wurde vor der Überflutung durch den ansteigenden Wasserspiegel des Nassersees gerettet, der durch den Assuan-Staudamm entstanden war, und 1968 Stein für Stein nach Spanien verfrachtet. Vom Park genießt man einen tollen Blick zum Palacio Real.

Museo de América
MUSEUM

(museodeamerica.mcu.es; Avenida de los Reyes Católicos 6; Erw./ermäßigt 3/1,50 €, So Eintritt frei; ⌚Di–Sa 9.30–20.30, So 10–15 Uhr; Ⓜ Moncloa) Handelsreisen nach Amerika waren von 1492 bis ins frühe 20. Jh. ein zentraler Bestandteil der spanischen Wirtschaft und Kultur. Das Museum präsentiert Keramiken, Statuen, Schmuck, Jagd-, Fischfang- und Kriegsutensilien sowie einige Erinnerungsstücke, die von Kolonialisten mitgebracht wurden. Ein besonderer Hingucker ist die kolumbianische Goldsammlung aus dem 2. Jh.

Museo Sorolla
KUNSTMUSEUM

(Karte S. 102; http://museosorolla.mcu.es; Paseo del General Martínez Campos 37; Erw./Kind 3 €/frei, So Eintritt frei; ⌚Di–Sa 9.30–20, So 10–15 Uhr; Ⓜ Iglesia, Gregorio Marañón) Der aus Valencia stammende Künstler Joaquín Sorolla hielt in seinen Bildern das klare, mediterrane Licht der Strände seiner Heimatstadt fest. Sein Haus in Madrid, eine ruhige Villa inmitten üppiger von ihm gestalteter Gärten, ist von Eindrücken in Andalusien inspiriert und beherbergt heute die umfangreichste Sammlung von Sorollas Werken.

Im Erdgeschoss befindet sich ein kühler *patio cordobés* (andalusischer Innenhof), von dem ein Raum mit Zeichnungen abgeht. Der erste Stock mit dem zentralen Wohn- und Essbereich wurde größtenteils vom Künstler selbst gestaltet. Im selben Geschoss befinden sich drei separate Zimmer, die Sorolla als Ateliers nutzte. Im zweiten Stock kann man einige Strandbilder bewundern, im dritten arbeitete der Künstler in der Regel. Im Obergeschoss sind in vier angrenzenden Räumen Werke ausgestellt, die alle Schaffensperioden des Malers abdecken.

AUSSERHALB DES STADTZENTRUMS

Casa de Campo
PARK

(Ⓜ Batán) Dieser rund 1700 ha große verwilderte Park erstreckt sich westlich des Río Manzanares. Es gibt sicher hübschere und zentralere Grünanlagen, dennoch kommen jedes Wochenende fast eine halbe Million *madrileños* hierher. Auf den kreuz und quer verlaufenden Pfaden tummeln sich dann jede Menge Radfahrer, Wanderer und Picknickfans.

Innerhalb der Casa de Campo liegen das **Zoo Aquarium de Madrid** (☎902 345014; www.zoomadrid.com; Casa de Campo; Erw./Kind 21,35/17,60 €; ⌚Juli & Aug. 10.30–20.30 Uhr, Sept.–Juni verkürzte Öffnungszeiten; 🚌37 ab Intercambiador de Príncipe Pío, Ⓜ Casa de Campo) mit rund 3000 Tieren sowie der **Parque de Atracciones** (☎91 463 29 00; www.parquedeatracciones.es; Casa de Campo; >120 cm/90–120 cm/<90 cm 29,90/23,90 €/frei; ⌚Juli & Aug. So–Fr 12–24, Sa 12–1 Uhr, Sept.–Juni verkürzte Öffnungszeiten; 🚌37 ab Intercambiador de Príncipe Pío, Ⓜ Batán), ein empfehlenswerter Vergnügungspark.

Spaß macht auch die Anfahrt zur Casa de Campo mit dem **Teleférico** (☎91 541 11 18; www.teleferico.com; einfach/hin & zurück 3,75/5,50 €; ⌚Juni–Aug. Mo–Fr 12–21, Sa & So 12–21.30 Uhr, Sept.–Mai verkürzte Öffnungszeiten; Ⓜ Argüelles). Die Seilbahn startet an der Ecke Paseo del Pintor Rosales und Calle del Mar-

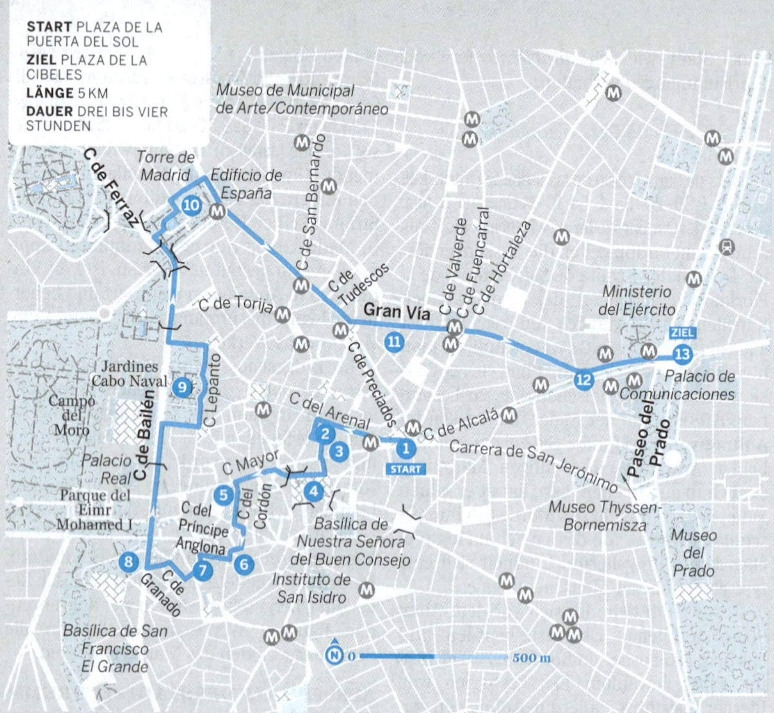

Stadtspaziergang

Historisches Madrid

Der Spaziergang beginnt an der 1 **Plaza de la Puerta del Sol**, Spaniens pulsierendem geografischem Zentrum. Von dort führt die Route Richtung Nordwesten die Calle del Arenal entlang bis zur alten christlichen 2 **Iglesia de San Ginés**. Gleich dahinter liegt die wunderbare 3 **Chocolatería de San Ginés**, in der man *chocolate con churros* (frittiertes Schmalzgebäck, das in heiße Schokolade getunkt wird) genießen kann.

Als Nächstes geht's über die Calle Mayor bis zur 4 **Plaza Mayor** und zur 5 **Plaza de la Villa**, wo einige der ältesten noch erhaltenen Gebäude der Stadt stehen.

Anschließend biegt man in die Straße links von der Casa de Cisneros ab, schlendert über die Calle del Sacramento, nimmt die Treppen hinunter und überquert die kopfsteingepflasterte Calle del Cordón, bis man die Calle de Segovia erreicht. Fast direkt gegenüber erhebt sich der im 15. Jh. errichtete Mudejarturm der 6 **Iglesia de San Pedro El Viejo**. Wer nun die Costanilla de San Pedro hinaufläuft, kann sich unterwegs die charmante 7 **Plaza de la Paja** ansehen.

Danach geht's durch die Gassen von La Morería zur Calle de Bailén und den herrlichen, aber ziemlich teuren *terrazas* (Cafés mit Außentischen) am Rand der 8 **Jardines de las Vistillas**. Nach einer kühlen *cerveza* (Bier) spaziert man auf der Calle de Bailén an der Kathedrale und dem Königspalast vorbei zur eleganten 9 **Plaza de Oriente**.

Zurück auf der Westseite des Platzes geht's über die Verlängerung der Calle de Bailén zur 10 **Plaza de España** mit ihren monumentalen Türmen. An der Ostseite der Plaza de España beginnt die 11 **Gran Vía**: Spaniens Antwort auf den Pariser Boulevard Haussmann wurde zwischen 1910 und 1920 wie eine Schneise durch die verfallenen Elendsquartiere geschlagen. Über einen Hügel und an eleganten Häuserfassaden vorbei führt einen die Route bis zur herrlichen Kuppel des 12 **Metrópolis-Gebäudes**, wo die Gran Vía auf die Calle de Alcalá trifft. Wer danach noch den Weg hügelabwärts nimmt, gelangt zur 13 **Plaza de la Cibeles**, Madrids schönstem Kreisverkehr.

qués de Urquijo und endet auf einer hoch gelegenen Station mitten im Park.

Aktivitäten

Madrid ist zwar nicht gerade die fahrradfreundlichste Stadt Europas, doch ein Nachmittagsausflug durch die Casa de Campo oder El Retiro gilt trotzdem als wunderbarer Zeitvertreib.

Eine Tageskarte in einer der vielen öffentlichen Sporteinrichtungen kostet zwischen 3,50 und 7€. Private Fitnesszentren sind teurer (10–15€), haben dafür aber weniger überfüllte Trainingsräume.

Madrid Xanadú SKIZENTRUM
(☎902 36 13 09; www.madridsnowzone.com; Calle Puerto de Navacerrada; Erw./Kind 1 Std. 22/19€, Tagespass 36/33€, Ausrüstung 18€; ⏲10–24 Uhr; 🚌528, 534) Europas größtes überdachtes Skisportzentrum ist ganzjährig geöffnet und wird konstant auf einer Temperatur von -2°C gehalten. In der Anlage sind ein riesiges Shoppingcenter, Kinos, eine Kartbahn und ein Vergnügungspark untergebracht. Das Madrid Xanadú liegt etwa 23 km westlich von Madrid direkt an der A5. Die Busse 528 und 534 fahren vom Intercambiador de Príncipe Pío hierher.

Hammam al-Andalus HAMAM
(Karte S. 72 f.; http://madrid.hammamalandalus.com; Calle de Atocha 14; Behandlungen 24–76,50€; ⏲10–24 Uhr; Ⓜ Sol) Wunderschöner Nachbau eines traditionellen arabischen Badehauses. Im Voraus buchen.

By Bike FAHRRADVERLEIH
(www.bybike.info; Avenida de Menédez Pelayo 35; 1 Std./Tag ab 4/30€; ⏲Juni–Sept. Mo–Fr 10–21 & Sa & So 9.30–21.30 Uhr, Okt.–Mai verkürzte Öffnungszeiten; Ⓜ Ibiza) In praktischer Nähe zum Parque del Buen Retiro werden hier u.a. Kindersitze, Anhänger, Rollerblades und Elektrobikes verliehen. Der Preis richtet sich nach der Ausleihzeit und der Personenzahl.

Centro Deportivo La Chopera SPORTZENTRUM
(Karte S. 84; ☎91 420 11 54; Parque del Buen Retiro; 1/10 Sessions 4,45/38,25€, Platzmiete pro Erw. 5,75€; ⏲8.30–21.30 Uhr, Aug. geschl.; Ⓜ Atocha) Mit einem guten Fitnessbereich und mehreren Fußballfeldern gehört dieses *centro deportivo* (Sportzentrum und Fitnessstudio) in der südwestlichen Ecke des Parque del Buen Retiro zu Madrids attraktivsten und zentralsten. Es gibt auch Tennisplätze, Schläger muss man allerdings selbst mitbringen.

Canal de Isabel II. SCHWIMMBAD
(Avenida de Filipinas 54; ab 4,20€; ⏲Ende Mai–Anfang Sept. 11–20 Uhr; Ⓜ Ríos Rosas, Canal) Das große, nur im Sommer geöffnete Freibad ist problemlos vom Zentrum aus mit der Metro zu erreichen. Zur Anlage gehören ein Fußballplatz, ein Basketballfeld und ein Kraftraum, zudem gibt's auf der anderen Straßenseite eine Laufbahn und einen Golfübungsplatz. Der Komplex liegt rund 3 km nördlich des Zentrums nahe der Kreuzung Calle de Bravo Murillo und Avenida de Filipinas.

Kurse

Sprache

Madrid bietet unzählige Sprachkurse an. Wer kein EU-Bürger ist und an einer spanischen Universität oder Sprachschule studieren möchte, braucht ein Studienvisum.

Academia Inhispania SPRACHKURS
(Karte S. 72 f.; ☎91 521 22 31; www.inhispania.com; Calle de la Montera 10–12; Ⓜ Sol) Vierwöchige Intensivkurse ab 520€.

Academia Madrid Plus SPRACHKURS
(Karte S. 72 f.; ☎91 548 11 16; www.madridplus.es; 6. OG, Calle del Arenal 21; Ⓜ Ópera) Vierwöchige Kurse ab 335€ sowie Intensivunterricht für bis zu 735€.

International House SPRACHKURS
(Karte S. 102; ☎902 14 15 17; www.ihmadrid.es; Calle de Zurbano 8; Ⓜ Alonso Martínez) Die vierwöchigen Intensivkurse kosten 746 (20 Wochenstunden) bzw. 1066€ (30 Wochenstunden). Das Institut organisiert Übernachtungsmöglichkeiten bei Gastfamilien.

Universidad Complutense SPRACHKURS
(☎91 394 53 25; www.ucm.es/info/cextran/Index.htm; Secretaria de los Cursos para Extranjeros, Facultadole Filologia – Edificio A – Universidad Complutense; Ⓜ Cuidad Universitaria) Die Universität bietet das ganze Jahr über Sprach- und Kulturkurse. Ein Intensivkurs mit 120 Stunden kostet 1155€, einmonatige Kurse (48 Std.) gibt's ab 462€.

Kochen

Alambique KOCHKURS
(Karte S. 72 f.; ☎91 547 42 20; www.alambique.com; Plaza de la Encarnación 2; pro Pers. ab 50€; Ⓜ Ópera, Santo Domingo) Ein Großteil der Kurse dauert 2½ bis 3½ Stunden und deckt verschiedene Themenfelder ab. Die meisten werden auf Spanisch abgehalten, manche auch auf Englisch.

MADRID MIT KINDERN

Madrid hat eine Menge zu bieten, was den Nachwuchs bei Laune hält. Die **Casa de Campo** (S. 107) ist ein guter Ausgangspunkt, denn hier befinden sich sowohl ein Schwimmbad als auch das **Zoo Aquarium de Madrid** und der Vergnügungspark **Parque de Atracciones** mit einer zusätzlichen „Zona Infantil" für kleinere Kinder. Zur Casa de Campo gelangt man mit dem **Teleférico** (S. 107), einer der ebensten Seilbahnen der Welt. Sie zuckelt von den Hängen von La Rosaleda aus 2,5 km nach Westen.

Toll für Kinder ist auch die **Faunia** (☎91 301 62 10; www.faunia.es; Avenida de las Comunidades 28; Erw./Kind 25,50/19,50 €; ⏲Juni–Aug. Mo–Fr 10–20 & Sa & So 10–21 Uhr, Sept.–Mai verkürzte Öffnungszeiten; Ⓜ Valdebernardo). Der moderne Tier-Themenpark mit „Amazonasdschungel" und „Polarökosystem" liegt etwa 7 km vom Stadtzentrum östlich der M-40.

Im **Museo del Ferrocarril** (☎902 228822; www.museodelferrocarril.org; Paseo de las Delicias 61; Erw./Kind 4,50/3 €; ⏲Sept.–Juli Di–So 10–15 Uhr; Ⓜ Delicias) werden alte Waggons, Lokomotiven und vieles mehr gezeigt. Das kostenlose **Museo Naval** (S. 101) zieht vor allem Fans von Schiffen an.

Madrids Miniaturausgabe von Madame Tussauds, das **Museo de Cera** (Karte S. 102; ☎91 319 26 49; www.museoceramadrid.com; Paseo de Recoletos 41; Erw./Kind 16/12 €; ⏲Mo–Fr 10–14.30 & 16.30–20.30, Sa & So 10–20.30 Uhr; Ⓜ Colón), wartet mit mehr als 450 Wachsfiguren auf.

Zu den weiteren Attraktionen für Kids gehören der Besuch eines Spiels von Real Madrid im **Estadio Santiago Bernabéu** (S. 134), Spaziergänge im **Parque del Buen Retiro** (S. 885, wo man im Sommer beim Puppentheater zusehen und Bootsfahrten unternehmen kann, sowie ein Ausflug ins überdachte Skizentrum **Madrid Xanadú** (S. 109).

Apunto – Centro Cultural del Gusto KOCHKURS
(Karte S. 104 f.; ☎91 702 10 41; www.apuntolibreria.com; Calle de Pelayo 60; pro Pers. 40–60 €; Ⓜ Chueca) Der engagierte kleine Buchladen, dessen Beiname „Kulturzentrum des Geschmacks" bedeutet, bietet verschiedene Kochkurse an.

Flamenco

Fundación Conservatorio Casa Patas FLAMENCO
(Karte S. 80; www.conservatorioflamenco.org; Calle de Cañizares 10; pro Monat 30–75 €, plus 33 € Aufnahmegebühr; Ⓜ Antón Martín, Tirso de Molina) Alle möglichen Flamenco-Kurse, z. B. Tanz-, Gitarren- und Gesangsunterricht. Die Fundación befindet sich über dem Flamenco-*tablao* (Flamenco-Bar) der Casa Patas. Privatunterricht ist ebenfalls möglich.

☞ Geführte Touren

Wer wenig Zeit hat und so viel wie möglich sehen will, sollte an geführten Touren teilnehmen.

Visitas Guiadas Oficiales GEFÜHRTE TOUR
(Offizielle Führungen; Karte S. 72 f.; ☎902 221424; www.esmadrid.com; Plaza Mayor 27; Erw./Kind 3,90 €/frei; Ⓜ Sol) Das Centro de Turismo de Madrid (S. 138) organisiert mehr als 20 sehr empfehlenswerte geführte Stadtspaziergänge und Fahrradtouren auf Spanisch und auf Englisch.

Wellington Society STADTSPAZIERGANG
(☎609 143203; www.wellsoc.org; geführte Touren 50–85 €) Hat eine Handvoll skurriler historischer Touren im Programm, die von dem einzigartigen Stephen Drake-Jones geleitet werden. Die Mitgliedschaft kostet 50 € und beinhaltet einen Stadtspaziergang bei Tag oder am Abend.

Letango Tours STADTSPAZIERGANG
(Karte S. 80; ☎91 369 47 52; www.letangospaintours.com; Plaza Tirso de Molina 12, 1°D; Mo–Fr/Sa & So 95/135 €; Ⓜ Tirso de Molina) Acht verschiedene Stadtspaziergänge durch Madrid sowie Ausflüge nach San Lorenzo El Escorial, Segovia und Toledo.

Insider's Madrid STADTSPAZIERGANG
(☎91 447 38 66; www.insidersmadrid.com; geführte Touren ab 60 €) Eindrucksvolle Auswahl an individuellen Exkursionen, darunter Spaziergänge sowie Tapas-, Flamenco- und Stierkampftouren.

Madrid Bike Tours RADTOUR
(☎680 581782; www.madridbiketours.com; 4-stündige Touren 55 €) Der Londoner Mike Chandler veranstaltet geführte Radtouren durch Madrid und ins Umland.

Bike Spain RADTOUR
(Karte S. 72 f.; ☎91 559 06 53; www.bikespain.info; Plaza de la Villa 1, Calle del Codo; geführte Touren 35 €; ⊙Mo–Fr 10–14 & 16–19, Sa & So 10–14 Uhr; Ⓜ Ópera) Stadtführungen per Rad auf Englisch tagsüber oder (Freitag-)abends sowie längere Touren nach San Lorenzo de El Escorial (105 €).

Madrid Segway Tours GEFÜHRTE TOUR
(☎659 824499; www.madsegs.com; 3-stündige Touren pro Pers. 65 €, plus 15 € Kaution) Fast alle Ausflüge beginnen an der Plaza de España.

Madrid City Tour BUSTOUR
(☎902 02 47 58; http://www.esmadrid.com/en/tourist-bus; 1-Tages-Ticket Erw. 20 €, Kind Eintritt frei–9 €; ⊙März–Okt. 9–22 Uhr, Nov.–Feb. 10–18 Uhr) Die offenen Hop-on-hop-off-Busse bedienen etwa alle zehn Minuten zwei Routen. Genauere Auskünfte und Karten gibt's in Touristeninformationen, vielen Reisebüros und einigen Hotels, wobei die Tickets ebenfalls in den Bussen verkauft werden. Eine der größeren Haltestellen befindet sich vor dem Museo del Prado an der Calle Felipe IV. Im Sommer verkehren die Busse auch abends. Es sind auch Fahrkarten für zwei Tage erhältlich.

Adventurous Appetites STADTSPAZIERGANG
(☎639 331073; www.adventurousappetites.com; 4-stündige Touren 50 €; ⊙Mo–Sa 20–24 Uhr) Englischsprachige Tapas-Touren durch das Stadtzentrum. Im Preis ist das erste Getränk inbegriffen, das Essen muss man extra zahlen.

Feste & Events

Die *madrileños* feiern überaus gern und dafür ist ihnen fast jeder Vorwand recht. Über Feste und Veranstaltungen informiert die Website www.esmadrid.com.

Februar

Festival de Flamenco FLAMENCO
Fünf Tage lang (die Termine wechseln) erschallt in einem der städtischen Theaterhäuser wunderbare Flamenco-Musik. In den letzten Jahren traten berühmte Künstler wie Enrique Morente, Carmen Linares und Diego El Cigala auf.

Arco KUNST
(Feria Internacional de Arte Contemporánea; www.ifema.es) Eine der größten Messen in Europa für zeitgenössische Kunst lockt Galeristen und Aussteller aus der ganzen Welt an und findet Mitte Februar im Messezentrum des Parque Ferial Juan Carlos I. statt (in der Nähe des Flughafens Barajas).

März

La Noche de los Teatros THEATER
(www.lanochedelosteatros.com) In der „Nacht der Theater" am letzten Samstag im März verwandeln sich Madrids Straßen in eine Bühne für alle Arten von Performances, darunter besonders Comedy- und Theaterstücke für Kinder.

Mai & Juni

Fiesta de la Comunidad de Madrid STADTFEST
Am 2. Mai 1808 schlugen Napoleons Truppen einen Aufstand in Madrid nieder. Dieser Gedenktag bietet Einwohnern und Besuchern einen willkommenen Anlass zum Feiern. Besonders wild geht's in den Bars des Viertels Malasaña zu.

Fiesta de San Isidro STADTFEST
Madrids Schutzpatron wird ab dem 15. Mai mit einer Woche Dauerprozessionen, Partys und Stierkämpfen geehrt. Überall in der Stadt gibt's kostenlose Konzerte. Außerdem ist das Fest der offizielle Auftakt der Stierkampfsaison.

Festimad MUSIK
(www.festimad.es) Nationale und internationale Bands treten zwei Tage lang in Móstoles oder Leganés (mit der Metro zu erreichen) auf. Obwohl das Indie-Festival normalerweise im Mai steigt, beginnt es manchmal schon im April oder zieht sich bis in den Juni.

Fiesta de Otoño en Primavera MUSIK, THEATER
(www.esmadrid.com) Das „Herbstfestival im Frühling" bietet ein abwechslungsreiches Programm mit Musik und Theater.

Suma Flamenca FLAMENCO
(www.madrid.org/sumaflamenca) Ein weiteres herrlich stimmungsvolles Flamenco-Festival, das im Juni stattfindet und einige der größten Namen des Genres in die Teatros del Canal lockt.

NOCH MEHR INFOS?

Noch detailliertere Infos zur spanischen Hauptstadt bietet der deutschsprachige Lonely Planet Stadtführer *Madrid*. Artikel und Tipps übers Handy gibt's im Apple-Store. Hier kann man eine iPhone-App mit dem englischen Lonely Planet *Madrid* runterladen.

Día del Orgullo de Gays, Lesbianas y Transexuales SCHWULENPARADE
(www.orgullogay.org) Dieses kunterbunte Fest ist ein wahrhaft ohrenbetäubendes Vergnügen: Die schrille Schwulenparade beginnt frühabends am letzten Samstag im Juni an der Puerta de Alcalá und endet an der Puerta del Sol.

Juli & August

Veranos de la Villa SOMMERFEST
(http://veranosdelavilla.esmadrid.com) Das Rathaus organisiert eine Reihe kultureller Events, Shows und Ausstellungen, die auch als „Summers in the City" bekannt sind.

Sommerfeste SOMMERFEST
Kurze, aber amüsante Feste in den Stadtvierteln (darunter das San Cayetano in Lavapiés oder das San Lorenzo und die La Paloma in La Latina) sorgen von Mitte August bis September für tolle, preiswerte Unterhaltung.

September–November

La Noche en Blanco NACHTFEST
(http://lanocheenblanco.esmadrid.com) Während der „Weißen Nacht" im September werden an über 100 Veranstaltungsorten extravagante Konzerte und andere Festivitäten geboten.

Festival Jazz Madrid MUSIK
(www.esmadrid.com/festivaljazz) Zu dem angesehenen Jazzfestival im November (manchmal auch im Dezember) kommen Bands aus aller Welt in die Hauptstadt und treten an zahlreichen Standorten auf.

Schlafen

Madrid hat tolle Unterkünfte in allen Preisklassen und für jeden Geschmack. Beim Erleben der Stadt spielt es eine wichtige Rolle, in welchem Viertel man unterkommt. Los Austrias, Sol und Centro bilden das Herz des geschäftigen Zentrums, während La Latina (der beste *barrio* für Tapas), Lavapiés und Huertas (bietet ein reges Nachtleben) das Richtige für Nachtschwärmer sind, die es in den Morgenstunden nicht zu weit zum Hotel haben möchten. Fans von Museen quartieren sich am besten in der Nähe des Paseo del Prado ein. Wer gern shoppen geht, wird sich im ruhigen, eleganten Salamanca wohlfühlen. Homosexualität ist in Chueca kein Muss, doch Schwule fühlen sich dort besonders wohl. Das Altstadtviertel Malasaña wartet mit guten Restaurants und Bars auf.

> **LESER REDEN MIT**
>
> Wer ein tolles Restaurant entdeckt hat, mit unseren Empfehlungen nicht einverstanden ist oder einfach nur von seiner letzten Reise erzählen möchte, kann das auf www.lonelyplanet.de und www.lonelyplanet.com tun. Hier hat man die Möglichkeit, im Forum Fragen zu stellen oder zu beantworten, Blog-Kommentare zu schreiben, Fotos und Tipps zu veröffentlichen oder einfach nur mit gleichgesinnten Travellern zu chatten. Also, los geht's!

LOS AUSTRIAS, SOL & CENTRO

LP TIPP **Hotel Meninas** BOUTIQUE-HOTEL €€
(Karte S. 72 f.; ☎91 541 28 05; www.hotelmeninas.com; Calle de Campomanes 7; EZ/DZ ab 69/87 €; ❄📶; Ⓜ Ópera) Mit diesem 2005 eröffneten, stilvoll-coolen Hotel hat der Innenarchitekt ein echtes Meisterwerk des minimalistischen Luxus geschaffen. Die vorherrschenden Farben sind Schwarz, Weiß und Grau, es gibt dunkle Holzböden und Elemente aus Fuchsia und Limonengrün. Jedes Zimmer verfügt über Flachbildfernseher, moderne Bäder und Internetzugänge (in manchen gibt's sogar Laptops). Alles zusammen ergibt ein stimmiges Erscheinungsbild aus klaren Linien und neuester Technik. Zu den bisherigen Übernachtungsgästen gehören Viggo Mortensen und Natalie Portman.

Praktik Metropol BOUTIQUE-HOTEL €€
(Karte S. 72 f.; ☎91 521 29 35; www.hotelpraktikmetropol.com; Calle de la Montera 47; EZ/DZ 59/75 €; ❄📶; Ⓜ Gran Vía) Vermutlich ist das Preis-Leistungs-Verhältnis des kürzlich renovierten Hotels eines der besten Europas. Die frischen, modernen Zimmer mit weißen Holzmöbeln verteilen sich auf sechs Stockwerke und bieten teilweise (insbesondere die Eckzimmer) großartige Ausblicke auf die Gran Vía sowie die Stadt. Wer keines mit Aussicht ergattert, kann diese auf der Dachterrasse genießen.

Hostal Madrid HOSTAL, APARTMENT €
(Karte S. 72 f.; ☎91 522 00 60; www.hostal-madrid.info; 2. OG, Calle de Esparteros 6; EZ 35–62 €, DZ 45–78 €, Apt. pro Nacht/Monat 60–150/1200–2100 €; ❄📶; Ⓜ Sol) Die 19 exzellenten Apartments sind zwischen 33 und 200 m² groß und haben voll ausgestattete Küchen, eigene Sitzbereiche und Bäder. Zudem besitzen die größeren (die Nummer 51 im 5. Stock ist eines der besten) geräumige Terrassen mit einem guten Ausblick auf die Dächer der

Stadt. Die Zimmer des *hostal* (Budgethotel) sind ebenfalls komfortabel und geräumig und der Service ist freundlich.

Hotel Plaza Mayor HOTEL €€

(Karte S. 72 f.; ☎91 360 06 06; www.h-plazamayor.com; Calle de Atocha 2; EZ/DZ ab 50/75 €; ❄📶; Ⓜ Sol, Tirso de Molina) Direkt gegenüber der Plaza Mayor erwarten Gäste stilvolles Dekor, hilfsbereites Personal, charmante Originalelemente des 150 Jahre alten Gebäudes sowie attraktive, teils in hellen Farben gehaltene Zimmer mit schmiedeeisernen Betten. Die Räume im Dachgeschoss (DZ ab 130 €) bezaubern mit dunklen Holzmöbeln, Designerlampen, hübschen kleinen Terrassen und einem tollen Blick über die Dächer der Innenstadt.

Los Amigos Sol Backpackers' Hostel HOSTEL €

(Karte S. 72 f.; ☎91 559 24 72; www.losamigoshostel.com; 4. OG, Calle de Arenal 26; B inkl. Frühstück 17–19 €; @📶; Ⓜ Ópera, Sol) Wenn man Gesellschaft sucht, sollte man in dieser Bleibe übernachten: Das Hostel zieht jede Menge Studenten an, die Angestellten sind sehr hilfreich und sprechen Englisch, außerdem gibt's helle Schlafsäle mit kostenlosen Schließfächern für zwei bis vier Personen und eine Gästeküche.

Mario Room Mate BOUTIQUE-HOTEL €€

(Karte S. 72 f.; ☎91 548 85 48; www.room-matehoteles.com; Calle de Campomanes 4; EZ 80–125 €, DZ 100–150 €; ❄📶; Ⓜ Ópera) Wer dieses schicke Boutique-Hotel betritt, fühlt sich wie in einem angesagten Nachtclub: Die Angestellten sind ganz in Schwarz gekleidet und auch die rot beleuchtete Lobby ist dunkel gehalten. Manche Zimmer fallen recht klein aus, doch sie haben alle hohe Decken und schlichtes Mobiliar. Die hellen Farben dieser Räume bilden einen wunderbaren Kontrast zu den gedämpften Tönen und dunklen Oberflächen; einige sind ganz in Weiß gehalten, andere farbenfroh mit verrückten Wandbildern eingerichtet.

Hostal Luis XV. HOSTAL €

(Karte S. 72 f.; ☎91 522 10 21; www.hrluisxv.net; 8. OG, Calle de la Montera 47; EZ/DZ ab 45/59 €; ❄📶; Ⓜ Gran Vía) Alles in dem familiengeführten Hotel – besonders die geräumigen Zimmer und der Blick fürs Detail – erweckt den Eindruck, teuer zu sein, doch die Preise sprechen eine andere Sprache. Die Zimmer an der Außenseite bieten Balkone mit wahrhaft traumhafter Aussicht (vor allem das Dreibettzimmer mit der Nr. 820) und aufgrund der Höhe dringt kaum Lärm hinein.

Hostal Acapulco HOSTAL €

(Karte S. 72 f.; ☎91 531 19 45; www.hostalacapulco.com; 4. OG, Calle de la Salud 13; EZ/DZ 55/65 €; ❄📶; Ⓜ Gran Vía) Diese makellose kleine Unterkunft ist vielen anderen *hostales* in Madrid überlegen. Sie verfügt über Marmorböden, frisch renovierte Bäder mit Wannen, doppelverglaste Fenster und komfortable Betten. Die lichtdurchfluteten Zimmer zur Straße hin haben Balkone mit Blick auf eine sonnige Plaza.

Petit Palace Posada del Peine BOUTIQUE-HOTEL €€

(Karte S. 72 f.; ☎91 523 81 51; www.hthoteles.com; Calle de Postas 17; DZ ab 125 €; ❄📶; Ⓜ Sol) Das Hotel in einem 1610 errichteten Gebäude verbindet eine brillante Lage (nur 50 m von der Plaza Mayor) mit modernem Hightech. Die Bäder verfügen über eine exzellente Ausstattung und Hydromassageduschen, die leider etwas klein geratenen Zimmer sind hübsch eingerichtet und im öffentlichen Bereich findet man noch viele historische Elemente.

Hotel Preciados BUSINESSHOTEL €€

(Karte S. 72 f.; ☎91 454 44 00; www.preciadoshotel.com; Calle de Preciados 37; DZ ab 125 €; ❄📶; Ⓜ Santo Domingo, Callao) Stilvoller als die meisten anderen Unterkünfte dieser Art und für einen guten Service bekannt. In den gemütlichen Zimmern dominieren helle Farben und viel Glas.

LA LATINA & LAVAPIÉS

LP TIPP **Posada del Dragón** BOUTIQUE-HOTEL €€

(Karte S. 77; ☎91 119 14 24; www.posadadeldragon.com; Calle de la Cava Baja 14; EZ 62–90 €, DZ 80–144 €; ❄📶; Ⓜ La Latina) Endlich gibt's auch mitten in La Latina ein Boutique-Hotel. Der restaurierte Gasthof aus dem 19. Jh. liegt an einer unserer Lieblingsstraßen Madrids mit einigen der besten Tapas-Bars des Landes. Die Zimmer bieten Blicke auf die Straße oder einen hübschen Innenhof und sind teilweise etwas klein, was die kräftigen Farben und Designerelemente jedoch wieder wettmachen. Im Erdgeschoss befindet sich ein großartiges Bar-Restaurant.

Posada del León de Oro BOUTIQUE-HOTEL €€

(Karte S. 77; ☎91 119 14 94; www.posadadelleondeoro.com; Calle de la Cava Baja 12; Zi. 89–219 €; ❄📶; Ⓜ La Latina) Diese restaurierte Unterkunft punktet mit gedämpften Farben, geräumigen, modernen Zimmern, einem Patio und ihrer Lage an einer wunderbare Straße. Die Bar im unteren Stock ist fabelhaft.

Mad Hostel HOSTEL €

(Karte S. 80; ☎91 506 48 40; www.madhostel.com; Calle de la Cabeza 24; B 18–24 €; ❄@📶; Ⓜ Antón Martín) Der Hof des geselligen Hostels im ersten Obergeschoss verfügt über ein ausfahrbares Dach und ist einer alten, für Madrid typischen *corrala* (traditioneller Wohnblock mit langen Gemeinschaftsbalkonen und zentralem Innenhof) nachempfunden. Er lädt zu entspannten Stunden ein. Die Zimmer für vier bis acht Personen sind klein, aber sauber. Ganz oben befindet sich ein kleines Fitnessstudio mit hochmodernen Geräten.

HUERTAS & ATOCHA

Hotel Alicia BOUTIQUE-HOTEL €€

(Karte S. 80; ☎91 389 60 95; www.room-matehoteles.com; Calle del Prado 2; DZ 100–175 €, Suite ab 200 €; ❄📶; Ⓜ Sol, Sevilla, Antón Martín) Eines der beeindruckendsten Häuser der Room-Mate-Kette. Das Designhotel wartet mit wunderschönen, geräumigen Zimmern und einem Blick auf die Plaza de Santa Ana auf. Sein Stil (eine Arbeit des Designers Pascua Ortega) ist etwas bescheidener als der der anderen Room-Mate-Hotels, doch dafür überzeugt es mit einem supermodernen Erscheinungsbild, einer coolen Bar im Erdgeschoss und jungen, eifrigen Angestellten.

Hotel Urban LUXUSHOTEL €€

(Karte S. 80; ☎91 787 77 70; www.derbyhotels.com; Carrera de San Jerónimo 34; DZ/Suite ab 150/250 €; ❄📶🏊; Ⓜ Sevilla) Dieser hoch aufragende Glasbau gilt als Inbegriff des kunstvollen Luxus. Mit seinen klaren Linien und Originalkunstwerken aus Afrika und Asien (im Untergeschoss ist ein Museum zu ägyptischer Geschichte untergebracht) hebt sich das Urban vom klassischen Charme vieler Fünfsternehotels in Madrid ab. Die dunklen Holzfußböden und Wände werden durch viel Licht aufgehellt und die glänzenden Bäder haben eine wundervolle Designerausstattung (man beachte die grandiosen Waschbecken). Auf dem Dach erstreckt sich einer der besten Swimmingpools der Stadt, außerdem gibt's hier eine zauberhafte Terrasse, die an Sommerabenden mit Kerzen beleuchtet wird.

Chic & Basic Colors HOSTEL €

(Karte S. 80; ☎91 429 69 35; www.chicandbasic.com; 2. OG, Calle de las Huertas 14; Zi. 50–75 €; ❄📶🏊; Ⓜ Antón Martín) Eine komfortable, moderne und lässige Option. Das hübsche kleine Hostel wirbt mit den angeblich farbenfrohesten Unterkünften Madrids. Die Zimmer sind minimalistisch und in kräftigen Farben kombiniert mit Weiß gehalten (jeder Raum ist in einem anderen Farbton gestrichen), außerdem verfügen sie über kostenloses Internet, Flachbildfernseher und dunkle Hartholzböden. Die Besitzer betreiben auch das etwas schickere Hotel **Chic & Basic Atocha** (☎91 369 28 95; Calle de Atocha 113; EZ/DZ ab 80/100 €; ❄📶; Ⓜ Antón Martín).

Cat's Hostel HOSTEL €

(Karte S. 80; ☎91 369 28 07; www.catshostel.com; Calle de Cañizares 6; B 17–22 €; ❄@📶; Ⓜ Antón Martín) Das Hostel in einem Palast aus dem 17. Jh. besitzt einen der schönsten Innenhöfe der ganzen Stadt mit aufwendigen andalusischen Fliesenarbeiten, einem Brunnen, einer spektakulären Glasdecke und einem beeindruckenden islamischen Dekor. Rund um den Hof verläuft ein offener Balkon. Im Erdgeschoss lockt eine coole Bar mit kostenlosem Internetzugang und häufiger Livemusik.

Hostal Adriano HOSTAL €

(Karte S. 80; ☎91 521 13 39; www.hostaladriano.com; 4. OG, Calle de la Cruz 26; EZ/DZ 49/60 €; ❄📶; Ⓜ Sol) Wahrscheinlich wird man in ganz Madrid kein besseres *hostal* finden. Die helle, fröhliche Unterkunft zwischen Sol und Huertas punktet mit geräumigen Zimmern, von denen jedes in einem anderen gut durchdachten Farbkonzept gestaltet ist. Auf demselben Stockwerk befindet sich auch das von denselben Inhabern geführte **Hostal Adria Santa Ana** (Karte S. 80; www.hostaladriasantaana.com; EZ/DZ 59/68 €; ❄📶), das in Sachen Preis, Stil und Komfort etwas mehr bietet.

Hostal Sardinero HOSTAL €

(Karte S. 80; ☎91 429 57 56; www.hostalsardinero.com; Calle del Prado 16; DZ 54–62 €; ❄@; Ⓜ Sol, Antón Martín) Der Besitzerwechsel vor ein paar Jahren hat dieser Bleibe einen frischen Farbanstrich sowie neue Matratzen und Fernseher gebracht. Dank der aufmerksamen Inhaber sind die Zimmer mit Klimaanlagen, Safes, Föhnen und renovierten Bädern ausgestattet.

Me by Meliá LUXUSHOTEL €€€

(Karte S. 80; ☎91 701 60 00; www.memadrid.com; Plaza de Santa Ana 14; DZ mit/ohne Blick auf die Plaza 254/199 €; ❄📶; Ⓜ Sol, Antón Martín) Einst sind im legendären Gran-Victoria-Hotel viele berühmte Stierkämpfer abgestiegen, heute gilt die neue Unterkunft jedoch als neues und kühnes Wahrzeichen ganz anderer Art.

Das Luxushotel am westlichen Rand der Plaza de Santa Ana ist in minimalistischem Weiß gehalten und mit allem Komfort ausgestattet. Es lohnt sich, für ein Zimmer mit Aussicht etwas mehr zu zahlen.

Hotel Miau BOUTIQUE-HOTEL €€
(Karte S. 80; ☎91 369 71 20; www.hotelmiau.com; Calle del Príncipe 26; EZ/DZ inkl. Frühstück 85/95 €; ❄📶; Ⓜ Sol, Antón Martín) Wer in der Nähe des Nachtlebens in Huertas wohnen möchte oder sich nicht von der wunderschönen Plaza de Santa Ana losreißen kann, sollte im Miau übernachten. Helle Töne, frische Farbelemente und moderne Kunstwerke schmücken die Wände der großen, gut ausgestatteten Zimmer. Es kann laut werden, aber das darf einen in diesem Stadtviertel eigentlich nicht überraschen ...

Hotel El Pasaje HOTEL €€
(Karte S. 80; ☎91 521 29 95; www.elpasajehs.com; Calle del Pozo 4; DZ inkl. Frühstück 87–105 €; ❄📶; Ⓜ Sol) Wenn man die ideale Bleibe in Huertas sucht, ist das El Pasaje kaum zu schlagen. Es befindet sich in einer ruhigen Gasse fast ohne Bars und ist gleichzeitig ganz nah an der Plaza de la Puerta del Sol. Dadurch bietet es sowohl eine zentrale Lage als auch einen für Huertas vergleichbar ruhigen Schlaf. Darüber hinaus herrscht hier eine intime und moderne Atmosphäre. Die Zimmer verfügen über gute Bäder, Minibars und genug Platz, um nicht über den eigenen Koffer zu stolpern.

PASEO DEL PRADO & EL RETIRO

LP TIPP **Hotel Ritz** LUXUSHOTEL €€€
(Karte S. 84; ☎91 701 67 67; www.ritzmadrid.com; Plaza de la Lealtad 5; DZ ab 280 €, Suite 850–5000 €; ❄📶; Ⓜ Banco de España) Das Ritz verspricht das höchste der Gefühle in Sachen Exklusivität. An den klassischen Stil und exzellenten Service dieses prunkvollen Gebäudes reicht kein anderes Hotel heran. So überrascht es kaum, dass man hier Präsidenten, gekrönte Häupter und weltberühmte Promis trifft. Antiquitäten schmücken die palastähnlichen Gemeinschaftsbereiche und die Zimmer sind sehr geräumig, opulent ausgestattet sowie äußerst komfortabel.

Westin Palace LUXUSHOTEL €€€
(Karte S. 80; ☎91 360 80 00; www.westinpalacemadrid.com; Plaza de las Cortes 7; DZ/Suite ab 275/575 €; ❄📶; Ⓜ Banco de España, Antón Martín) Ein echter Klassiker, der seinen Namen aus gutem Grund besitzt. 1911 wurde der ehemalige Palast des Duque de Lerma in ein Hotel umfunktioniert, das seither als Spaniens zweitbeste Luxusbleibe bekannt ist und ebenso lange auch seinen Erzrivalen, das Ritz, vor Augen hat. Diese Unterkunft bietet alle Extravaganzen, die man von ihr erwartet.

SALAMANCA

Petit Palace Art Gallery HOTEL €€
(Karte S. 102; ☎91 435 54 11; www.hthoteles.com; Calle de Jorge Juan 17; DZ 80–200 €; ❄📶; Ⓜ Serrano) Das zauberhafte Designhotel, eines der Schmuckstücke der Petit-Palace-Kette, befindet sich in einem prächtigen Haus aus dem 19. Jh. und verfügt sowohl über modernste Einrichtungen als auch ein künstlerisches Erscheinungsbild. In den Gemeinschaftsbereichen und einigen Zimmern hängen zahlreiche Originalwerke. Viele Räume warten zudem mit Hydromassageduschen, Laptops und modernen Trainingsgeräten (Räder) auf. Hier bekommt man das Beste, was Salamanca zu bieten hat.

MALASAÑA & CHUECA

LP TIPP **Hotel Óscar** BOUTIQUE-HOTEL €€
(Karte S. 104 f.; ☎91 701 11 73; www.room-matehoteles.com; Plaza de Vázquez de Mella 12; DZ 90–200 €, Suite 150–280 €; ❄📶🏊; Ⓜ Gran Vía) Herausragend! Das Hotel Óscar gehört zu der höchst originellen Hotelkette Room Mate und zeichnet sich durch Designerzimmer mit jeder Menge Stil und Eleganz aus. Manche haben Wandbilder vom Boden bis zur Decke, außerdem ist die Beleuchtung irre und die Farbpalette reicht von Pink bis Zitronengrün, Orange und minimalistischem Schwarz-Weiß. Es gibt eine Tapas-Bar im Erdgeschoss und eine Dachterrasse.

Hotel Abalú BOUTIQUE-HOTEL €€
(Karte S. 104 f.; ☎91 531 47 44; www.hotelabalu.com; Calle del Pez 19; EZ/DZ/Suite ab 68/89/128 €; ❄📶; Ⓜ Noviciado) Das Boutique-Hotel an der trendigen Calle del Pez in Malasaña gilt als echte Stiloase in dem eher in die Jahre gekommenen Viertel. Jedes der individuell eingerichteten Zimmer wurde nach der Vorstellung von Luis Delgado gestaltet: Von Retro-Chintz bis Zen, von Barock bis zu puren Weißtönen ist alles dabei. Hier wohnt man in der Nähe der Gran Vía, ist aber weit genug weg vom Touristenrummel.

Antigua Posada del Pez HOTEL €€
(Karte S. 104 f.; ☎91 531 42 96; www.antiguaposadadelpez.com; Calle de Pizarro 16; EZ 50–110 €, DZ 60–140 €; ❄📶; Ⓜ Noviciado) Nur ein paar Schritte hügelaufwärts von der Calle del Pez, einer der

beliebtesten Straßen Malasañas, stößt man auf das historische Hotelgebäude mit raffinierten, topmodernen Zimmern samt Designerbädern. Das Preis-Leistungs-Verhältnis ist außergewöhnlich gut, auch wenn man allmählich tiefer in die Tasche greifen muss.

Flat 5 Madrid HOSTAL €
(Karte S. 104 f.; ☎91 127 24 00; www.flat5madrid.com; 5. OG, Calle de San Bernardo 55; DZ mit/ohne Bad ab 60/40 €; ❄📶; Ⓜ Noviciado) Anders als in vielen anderen *hostales*, deren Charme von der veralteten Einrichtung abhängt, punktet das Flat 5 mit seinem frischen, sauberen Erscheinungsbild. Die hellen Zimmer verfügen über Flachbildfernseher, kostenloses WLAN, Klimaanlagen und Blumenkästen. Selbst die Räume zum Hof hin bieten oftmals einen Ausblick über die Dächer. Wenn die Zimmer und Bäder größer wären, würden wir glatt für immer einziehen.

Hostal La Zona HOSTAL €
(Karte S. 104 f.; ☎91 521 99 04; www.hostallazona.com; 1. OG, Calle de Valverde 7; EZ/DZ inkl. Frühstück 50/60 €; ❄📶; Ⓜ Gran Vía) Eine schicke Bleibe, die vor allem schwule Gäste anzieht und durch freigelegte Backsteinmauern, abgestimmte Farbkombinationen sowie Holzbalken besticht. Ihr besonderes Plus: Ausschlafen ist ausdrücklich erlaubt, denn man kann von 9 bis 12 Uhr frühstücken. Sie ist also genau das Richtige für alle, die Madrids Nachtleben auskosten möchten. Arnaldo und Vincent sind freundliche Gastgeber.

Albergue Juvenil HOSTEL €
(Karte S. 104 f.; ☎91 593 96 88; www.ajmadrid.es; Calle de Mejía Lequerica 21; B inkl. Frühstück 20–27 €; ❄@📶; Ⓜ Bilbao, Alonso Martínez) Hier erwarten einen makellose Zimmer, von denen keines mehr als sechs Betten (jedes mit eigenem Bad) hat. Zu den Einrichtungen des Hostels gehören ein Billardtisch, ein Fitnessraum, Rollstuhlzugang, kostenloses Internet, Waschmaschinen und ein TV-/DVD-Raum samt Filmauswahl. Es gibt zwar Unterkünfte mit mehr Charakter und in zentralerer Lage, dennoch gehört die Albergue Juvenil unserer Meinung nach zu den besten Backpackeroptionen der Stadt.

AUSSERHALB DES STADTZENTRUMS

LP TIPP **Hotel Puerta América** LUXUSHOTEL €€
(☎91 744 54 00; www.hotelpuertamerica.com; Avenida de América 41; DZ/Suite ab 125/250 €; ❄📶; Ⓜ Cartagena) Als sich die Besitzer des Hotels die Lage des Hauses zwischen der Stadt und dem Flughafen ansahen, wussten sie, dass sie sich etwas Besonderes einfallen lassen mussten. Ihr Ziel: eine innovative Luxuswelt zu erschaffen, die man am liebsten nie mehr verlassen möchte. Ihre Idee: jedes Stockwerk von 22 der weltweit kreativsten Architekten (z. B. Zaha Hadid, Sir Norman Foster, Ron Arad, David Chipperfield, Jean Nouvel) gestalten lassen. Das Ergebnis ist ein extravaganter Mix aus verschiedenen Stilen, der von verrückten Montagen im Stil der 1980er-Jahre bis zu hellroten Bädern reicht, die wie Ankleideräume eines Filmstars aussehen. Um hierherzugelangen, folgt man der Avenida de América in Richtung Flughafen; die Unterkunft liegt 4 km nordwestlich des Stadtzentrums.

Essen

Über Jahrhunderte war die madrilenische Küche kaum von Bedeutung, u. a. deshalb, weil die Bewohner wenig Freude an Experimenten und Innovationen hatten. Inzwischen gehört Madrid aber zu Europas kulinarischen Hochburgen.

Hier bekommt man alles, was das Herz begehrt. Das ist nicht zuletzt der Vielfalt regionaler Spezialitäten zu verdanken. Es gibt kein *barrio*, in dem man nicht wunderbar essen gehen kann. Die Restaurants in Malasaña, Chueca und Huertas reichen von berühmten alten *tabernas* (Tavernen) bis zu schicken Designlokalen. Wer es eher klassisch mag, entdeckt in Salamanca und im Norden teure und qualitativ hochwertige Restaurants für besondere Anlässe. Eine Menge unterschiedliche Möglichkeiten bieten die zentralen *barrios* Los Austrias, Sol und Centro. Auf hervorragende Tapas-Bars stösst man an fast jeder Ecke, doch die in La Latina sind besonders gut.

LOS AUSTRIAS, SOL & CENTRO

Mercado de San Miguel TAPAS €
(Karte S. 72 f.; www.mercadodesanmiguel.es; Plaza de San Miguel; Tapas ab 1 €; ⏲So–Mi 10–24, Do–Sa 10–2 Uhr; Ⓜ Sol) Seit seiner umfassenden Renovierung bezeichnet sich der Mercado de San Miguel, einer der ältesten und schönsten Märkte Madrids, selbst als „kulinarisches Kulturzentrum". Innerhalb der Glasmauern aus dem 20. Jh. eröffnet sich ein einladender Bereich mit (meist überfüllten) Tischen. An den meisten Thekenbars werden Tapas und Gehaltvolleres serviert. Fazit: Hier erwartet die Gäste ein großartiges Angebot (von Kaviar bis Schokolade) in Kombination mit einer lebendigen Atmosphäre.

Restaurante Sobrino de Botín KASTILISCH €€
(Karte S. 72 f.; ☎91 366 42 17; www.botin.es; Calle de los Cuchilleros 17; Hauptgerichte 18,50–28 €; Ⓜ La Latina, Sol) Wann hat man schon die Möglichkeit, im ältesten Restaurant der Welt (1725 eröffnet und offiziell vom *Guinness-Buch der Rekorde* als solches anerkannt) zu speisen? Das Sobrino de Botín tritt in vielen Romanen über Madrid in Erscheinung, z. B. von Ernest Hemingway und Frederick Forsyth. Das Geheimnis seiner jahrelangen Beliebtheit sind in Holzfeueröfen zubereitetes *cochinillo* (Spanferkel; 24 €) und *cordero asado* (gebratenes Lamm; 24 €). Ein Essen in dem Gewölbekeller ist ein wahrer Genuss!

La Terraza del Casino SPANISCHE NOUVELLE CUISINE €€€
(Karte S. 72 f.; ☎91 521 87 00; www.casinodemadrid.es; Calle de Alcalá 15; Menüs ab 100 €; ⏲Mo–Fr mittags & abends, Sa abends; Ⓜ Sevilla) Dieser Tempel der Haute Cuisine liegt oberhalb des charakteristischen Casino de Madrid und wird – leider nur aus der Ferne – von Ferran Adrià (Spaniens berühmtester Küchenchef) geleitet. Vor Ort sorgt Adriàs Assistent Paco Roncero für Ordnung. Auf der Speisekarte stehen ständig neue Gerichte, je nachdem, was bei den kulinarischen Experimenten der Köche gerade herausgekommen ist.

Taberna La Bola MADRILENISCH €€
(Karte S. 72 f.; ☎91 547 69 30; www.labola.es; Calle de la Bola 5; Hauptgerichte 16–24 €; ⏲Mo–Sa mittags & abends, So mittags, im Aug. geschl.; Ⓜ Santo Domingo) Einheimische Fans der traditionellen madrilenischen Küche – und wir schließen uns ihnen an – schwören auf die Taberna La Bola. Der erfolgreiche Laden wurde 1870 gegründet und wird nun bereits in der sechsten Generation von der Verdasco-Familie geführt. Wer einmal *cocido a la madrileña* (Fleisch-Kichererbsen-Eintopf; 19,50 €) probieren will, ist hier am richtigen Ort. Das Restaurant ist quirlig, laut und typisch für die Stadt.

Casa Revuelta TAPAS €
(Karte S. 72 f.; ☎91 366 33 32; Calle de Latoneros 3; Tapas ab 2,60 €; ⏲Di–Sa 10.30–16 & 19–23, So 10.30–16 Uhr, im Aug. geschl.; Ⓜ Sol, La Latina) In der Casa Revuelta bekommt man einige der besten *bacalao*-Tapas (Stockfisch; 2,60 €) der Stadt. Stammkunden der Casa Labra (S. 120) mögen widersprechen, doch für uns entscheidet der Besitzer Señor Revuelta den Wettkampf für sich. Er ist um die 80, entfernt jeden Morgen in mühseliger Arbeit jede einzelne Gräte und schlüpft nachmittags in die Rolle des Kellners. Sonntagmittags füllt sich das Lokal bis zum letzten Platz mit Besuchern des Rastro-Flohmarkts. Empfehlenswert sind außerdem die *callos* (Kutteln), *torreznos* (Speckstücke) und *albóndigas* (Fleischbällchen).

La Gloria de Montera SPANISCH €
(Karte S. 72 f.; www.lagloriademontera.com; Calle del Caballero de Gracia 10; Hauptgerichte 7–10 €; Ⓜ Gran Vía) Die Inhaber der Finca de Susana (S. 119) betreiben auch das Gloria de Montera, das elegantes Dekor mit erschwinglichen Preisen kombiniert. Das Essen ist zwar nicht sonderlich kreativ, aber dafür überzeugt es mit frischen Aromen. Ein toller und preisgünstiger Einstieg in die spanische Küche.

LA LATINA & LAVAPIÉS

Enotaberna del León de Oro SPANISCH €€
(Karte S. 77; ☎91 119 14 94; www.posadadlleondeoro.com; Calle de la Cava Baja 12; Hauptgerichte 13–15 €; Ⓜ La Latina) Mit der so wunderbar restaurierten Posada del León de Oro (S. 113) hielt auch ein tolles neues Bar-Restaurant in La Latina Einzug. Dieses bietet sorgfältig ausgewählte Weine, kreative Gerichte (z. B. Babytintenfisch mit Kartoffelemulsion und Rucolapesto) sowie eine lässige Atmosphäre – eine sehr überzeugende Kombination.

Posada de la Villa MADRILENISCH €€€
(Karte S. 77; ☎91 366 18 80; www.posadadelavilla.com; Calle de la Cava Baja 9; Hauptgerichte 20–28 €; ⏲Mo–Sa mittags & abends, So mittags, Aug. geschl.; Ⓜ La Latina) Diese wundervoll restaurierte *posada* (Gasthof) aus dem 17. Jh. ist eine Art Wahrzeichen der Gegend. Die Atmosphäre ist formell, das Dekor dunkel und traditionell (schweres Holz- und Mauerwerk) und die Küche deutlich lokal beeinflusst, so gibt's z. B. Braten, *cocido* (Fleisch-Kichererbsen-Eintopf), *callos* (Kutteln) und *sopa de ajo* (Knoblauchsuppe).

Naïa Restaurante FUSIONSKÜCHE €€
(Karte S. 77; ☎91 366 27 83; www.naiarestaurante.com; Plaza de la Paja 3; Hauptgerichte 12–19 €; ⏲Di–So mittags & abends; Ⓜ La Latina) Das Lokal mit einem von Carlos López Reyes geleiteten Kochlabor und einer Chill-out-Lounge im Edgeschoss befindet sich an der zauberhaften Plaza de la Paja. Auf der Karte stehen moderne spanische Gerichte, die aus natürlichen Zutaten zubereitet werden. Die Köche legen viel Wert auf eine gesunde Küche und aufregende Geschmacksrichtungen.

DIE BESTEN RESTAURANTS FÜR ...

Cocido a la Madrileña (Eintopf mit Fleisch und Kichererbsen)

» Taberna La Bola (S. 117)

» Lhardy

Lammbraten oder Spanferkel

» Restaurante Sobrino de Botín (S. 117)

» Posada de la Villa

Tortilla de patatas (Omelett mit Kartoffeln und Zwiebeln)

» Juana La Loca (S. 120)

» Bodega de la Ardosa (S. 121)

» Estado Puro (S. 119)

» Las Tortillas de Gabino (S. 123)

Croquetas

» Casa Julio (S. 121)

» Casa Labra (S. 120)

» Casa Alberto (S. 119)

» Baco y Beto (S. 121)

» Las Tortillas de Gabino (S. 123)

Patatas bravas (Gebratene Kartoffelstücke mit scharfer Tomatensoße)

» Las Bravas (S. 121)

» Vi Cool (S. 119)

» Bodega de la Ardosa (S. 121)

Huevos rotos (Spiegeleier mit Kartoffeln und Schinken)

» Almendro 13 (S. 120)

» Casa Lucio (S. 119)

Reis & Paella

» Costa Blanca Arrocería (S. 123)

Chocolate con churros

» Chocolatería de San Ginés (S. 123)

» Chocolatería Valor (S. 124)

Ene Restaurante SPANISCHE NOUVELLE CUISINE €€

(Karte S. 77; ☎91 366 25 91; www.enerestaurante.com; Calle del Nuncio 19; Hauptgerichte 11–22 €, Brunch 22 €; ⏰tgl. mittags & abends, Sa & So 12.30–16.30 Uhr Brunch; Ⓜ La Latina) Gegenüber der Iglesia de San Pedro El Viejo, einer der ältesten Kirchen Madrids, liegt das moderne Ene, in dem Rot- und Lilatöne dominieren. Zu den Klängen von Lounge-Musik werden von jungen, freundlichen Kellnern spanisch-asiatische Fusionsgerichte und eine große Auswahl von *pintxos* (baskische Tapas) serviert.

El Estragón VEGETARISCH €€

(Karte S. 77; ☎91 365 89 82; www.elestragonvegetariano.com; Plaza de la Paja 10; Hauptgerichte 8–14 €; ✎; Ⓜ La Latina) Hier bekommt man Crêpes, Gemüse-Burger und andere vegetarische Spezialitäten. Zweifellos ist das Estragón eines der besten vegetarischen Lokale in Madrid, Veganer werden allerdings nicht damit einverstanden sein, dass Butter verwendet wird. Abgesehen davon haben wir bisher noch kein schlechtes Wort über den Laden gehört. Das *menú del día* (ab 8 €) ist ein echtes Schnäppchen.

Casa Lucio SPANISCH €€

(Karte S. 77; ☎91 365 32 52; www.casalucio.es; Calle de la Cava Baja 35; Hauptgerichte 12–25 €; ⏲So–Fr mittags & abends, Sa abends, im Aug. geschl.; Ⓜ La Latina) Lucio begeistert die *madrileños* bereits seit vielen Jahren mit seinen leichten Gerichten, hochwertigen Zutaten und der lokalen Hausmannskost, darunter Bratengerichte und jede Menge Eierspeisen, eine Spezialität des Hauses. Während der Fiestas de San Isidro Labrador kommt auch *rabo de toro* (Ochsenschwanz) auf den Tisch, und gegen den Durst gibt's reichlich Rioja. Mittags erfreuen sich die *guisos del día* (Tageseintöpfe, mittwochs auch *cocido*) großer Beliebtheit. Das Restaurant zieht ein erlauchtes, immer gut gekleidetes Publikum an.

HUERTAS & ATOCHA

Casa Alberto SPANISCH €€

(Karte S. 80; ☎91 429 93 56; www.casaalberto.es; Calle de las Huertas 18; Hauptgerichte 16–20 €; ⏲Di–Sa mittags & abends, So mittags; Ⓜ Antón Martín) Die Casa Alberto, eine der atmosphärischsten alten *tabernas* Madrids, wurde bereits 1827 eröffnet. Das Geheimnis ihrer langjährigen Beliebtheit ist offensichtlich, kommt man doch in den Genuss exzellenter Tapas (an der Bar) und köstlicher Gerichte, Feinschmecker schwören zudem auf den *rabo de toro*. Die *raciones* (große Tapas-Platten) enthalten vor allem *jamón*, Manchego-Käse und *croquetas* und sind – wie es bereits die alte Holzvertäfelung vermuten lässt – weniger aufgerüscht als viele moderne spanische Tapas.

Vi Cool SPANISCHE NOUVELLE CUISINE €€

(Karte S. 80; ☎91 429 49 13; www.vi-cool.com; Calle de las Huertas 12; Hauptgerichte 8–18 €; Ⓜ Antón Martín) Der katalanische Meisterkoch Sergi Arola gehört zu den rastlosesten und kreativsten kulinarischen Talenten des Landes. Neben seinem Prunkstück, dem Sergi Arola Gastro (S. 122), betreibt er mehrere neue Restaurants in der Hauptstadt und in Barcelona, wobei das Vi Cool mit seinem modernen Bar-Stil eines der interessantesten ist. Die Preise geben auch Normalsterblichen die Möglichkeit, seine außergewöhnlichen Kochkünste zu erleben. Serviert werden Tapas oder größere *raciones*, die von den berühmten Bravas de Arola (eine Neuinterpretation des beliebten Klassikers aus Röstkartoffeln mit scharfer Tomatensoße) bis zu gebratenen Garnelen mit Curry und Minze reichen.

Maceiras GALICISCH €€

(Karte S. 80; ☎91 429 15 84; Calle de las Huertas 66; Hauptgerichte 7–14 €; Ⓜ Antón Martín) Galicische Tapas (Tintenfisch, grüne Paprika etc.) schmecken wohl nirgendwo so gut wie in dieser rustikalen Bar am Fuße des Hügels in Huertas, besonders wenn sie mit einem klaren weißen Ribeiro heruntergespült werden. Mit ihren einfachen Holztischen, zahlreichen Stammkunden und der guten Lage ist dies die ideale Adresse für eine Stärkung vor oder nach dem Besuch der Museen am Paseo del Prado.

Sidrería Vasca Zeraín BASKISCH €€

(Karte S. 80; ☎91 429 79 09; www.restaurante-vasco-zerain-sidreria.es; Calle Quevedo 3; Hauptgerichte 14–32 €; ⏲Mo–Sa mittags & abends, So mittags, im Aug. geschl.; Ⓜ Antón Martín) Im Herzen des Barrio de las Letras liegt dieses stilvolle baskische Restaurant, einer der besten Orte, um die baskische Küche zu testen. Auf der Speisekarte stehen Cidre, *bacalao* (Dorsch) und köstliche Steaks (das Geheimnis liegt in der Soße). Wir empfehlen das *menú sidrería* (Cidre-Hausmenü; 38 €).

Lhardy MADRILENISCH €€€

(Karte S. 80; ☎91 521 33 85; www.lhardy.com; Carrera de San Jerónimo 8; Hauptgerichte 18,50–39 €; ⏲Mo–Sa mittags & abends, So mittags, im Aug. geschl.; Ⓜ Sol, Sevilla) Im unteren Stock dieses 1839 eröffneten Urgesteins warten ein eleganter Speiseraum und Gourmet-Tapas, während in den sechs Essbereichen im Obergeschoss Edelvariationen traditioneller madrilenischer Gerichte mit französischem Touch kredenzt werden. Zu den Spezialitäten des Hauses gehören *cocido a la madrileña* (35,50 €), Fasan und Wildente mit Orange. Qualität und Service sind nicht zu toppen.

La Finca de Susana SPANISCH €€

(Karte S. 80; www.lafinca-restaurant.com; Calle de Arlabán 4; Hauptgerichte 7–12 €; Ⓜ Sevilla) Eine bessere Kombination von Preis, Qualitätsküche und eleganter Atmosphäre lässt sich in Huertas kaum finden. Der sanft beleuchtete Speiseraum ist ganz in Grün gehalten und das teils innovative, teils traditionelle Essen lockt ein hippes junges Publikum an. Hier gibt's Leckereien wie Entenconfit mit Pflaumen, Steckrübe und Couscous. Reservierungen sind nicht möglich.

PASEO DEL PRADO & EL RETIRO

Estado Puro TAPAS €

(Karte S. 80; ☎91 330 24 00; www.tapasenestadopuro.com; Plaza de Cánovas del Castillo 4; Tapas

EINE TAPAS-TOUR DURCH MADRID

La Latina

Madrids erste Adresse für Tapas ist La Latina, vor allem entlang der Calle de la Cava Baja und in den nahe liegenden Straßen. Hervorragende traditionelle spanische Häppchen bekommt man beispielsweise im **Almendro 13** (Karte S. 77; ☎91 365 42 52; Calle del Almendro 13; Hauptgerichte 7–15 €; Ⓜ La Latina). Zu den Spezialitäten des Hauses gehören Räucherfleisch, Käse, Tortillas und *huevos rotos* (wörtlich „zerbrochene Eier"). Die Calle de la Cava Baja herunter bietet das **Txacolina** (Karte S. 77; ☎91 366 48 77; Calle de la Cava Baja 26; Tapas ab 3 €; ⏰Mo & Mi–Fr abends, Sa mittags & abends, So mittags; Ⓜ La Latina) hohe baskische Kochkunst. Hier gibt's die größten *pintxos* (baskische Tapas) weit und breit, die mit *txacoli*, einem scharfen baskischen Weißen, heruntergespült werden. In derselben Straße stößt man auf die beliebten Lokale **Casa Lucas** (Karte S. 77; ☎91 365 08 04; www.casalucas.es; Calle de la Cava Baja 30; Tapas/raciones ab 5/12 €; ⏰Do–Di mittags & abends, Mi abends; Ⓜ La Latina) und **La Chata** (Karte S. 77; ☎91 366 14 58; Calle de la Cava Baja 24; Hauptgerichte 8–20 €; ⏰Do–Mo mittags & abends, Mi abends; Ⓜ La Latina). Ganz in der Nähe serviert das **Juana La Loca** (Karte S. 77; ☎91 364 05 25; Plaza de la Puerta de Moros 4; Tapas ab 4 €, Hauptgerichte 8–19 €; ⏰Di–So mittags & abends, Mo abends; Ⓜ La Latina) herrliche *tortilla de patatas* (Omelett mit Kartoffeln und Zwiebeln), ebenso wie das **Txirimiri** (Karte S. 77; ☎91 364 11 96; www.txirimiri.es; Calle del Humilladero 6; Tapas ab 4 €; ⏰Mo–Sa mittags & abends, Aug. geschl.; Ⓜ La Latina). Die **Taberna Matritum** (Karte S. 77; ☎91 365 82 37; Calle de la Cava Alta 17; Hauptgerichte 13–18 €; ⏰Mi–So mittags & abends, Mo & Di abends; Ⓜ La Latina) wartet mit großartigen Tapas und Desserts des Meister-Chocolatiers Oriol Balaguer auf.

Los Austrias, Sol & Centro

In den angrenzenden Vierteln Los Austrias, Sol und Centro gibt's ebenfalls tolle Tapas-Bars. Das **Amaya** (Karte S. 72 f.; ☎91 366 82 07; Plaza de la Provincia 3; Gerichte 25–30 €; ⏰Di–Sa 12–17 & 20–open end, So 12–17 Uhr; Ⓜ Sol) kombiniert Traditionelles mit überraschenden Elementen. Wer *bacalao* (Kabeljau) mag, sollte die 1860 eröffnete **Casa Labra** (Karte S. 72 f.; ☎91 532 14 05; www.casalabra.es; Calle de Tetuán 11; Tapas ab 1 €; ⏰9.30–15.30 & 17.30–23 Uhr; Ⓜ Sol) ansteuern. Sie war einst das Lieblingslokal des Poeten Federico García Lorca. Viele *madrileños* essen Kabeljau jedoch nur in der Casa Revuelta (S. 117), weil der Besitzer hier morgens wirklich jede einzelne Fischgräte entfernt.

Huertas

La Casa del Abuelo (Karte S. 80; ☎91 000 01 33; www.lacasadelabuelo.es; Calle de la Victoria 12; raciones ab 9,50 €; ⏰So–Do 8.30–24, Fr & Sa 8–1 Uhr; Ⓜ Sol) ist berühmt für ihre *gambas a*

5–12,50 €; ⏰Di–Sa 11–1, So 11–16 Uhr; Ⓜ Banco de España, Atocha) Diese stilvolle, lässige Bar überzeugt mit fantastischen Tapas. Fast alle Rezepte dafür stammen aus dem berühmten katalanischen Restaurant El Bulli, darunter die in einem Glas servierte *tortilla española siglo XXI.* (spanisches Omelett des 21. Jhs.). Paco Roncero, Chef der La Terraza del Casino (S. 117) und ehemaliger Lehrling des Meisterkochs Ferran Adrià, leitet die Küche.

SALAMANCA

LP TIPP **Sula Madrid** SPANISCHE NOUVELLE CUISINE €€€

(Karte S. 102; ☎91 781 61 97; www.sula.es; Calle de Jorge Juan 33; Hauptgerichte 23,50–27,50 €, Menüs 30–60 €; ⏰Mo–Sa mittags & abends; Ⓜ Velázquez) Ein Gastronomietempel mit echter Sterneküche und geradliniger Eleganz. Das Sula Madrid, stylishe Tapas-Bar, erstklassiges Restaurant und Probierzentrum für Schinken und Champagner in einem, ist eines unserer Lieblinglokale dieser Kategorie in Madrid. Und wir sind nicht allein: Als Ferran Adrià nach seinem Lieblingsrestaurant gefragt wurde, fiel seine Wahl auf das Sula.

La Galette SPANISCH €€

(Karte S. 102; ☎91 576 06 41; Calle del Conde de Aranda 11; Hauptgerichte 9,50–19,50 €; ⏰Mo–Sa mittags & abends, So mittags; 🖉 Ⓜ Retiro) Dieses zauberhafte kleine Restaurant verfügt über einen intimen Essbereich mit karierten Tischdecken und eine Küche, die der Besit-

la plancha (gegrillte Garnelen) und *gambas al ajillo* (brutzelnde Garnelen in Knoblauch auf kleinen Keramikplatten) – an einem guten Tag werden hier über 200 kg zubereitet. Zum Herunterspülen gibt's ein *chato* (kleines Glas) des schweren, süßen Rotweins El Abuelo. Tolle *patatas bravas* (Bratkartoffeln in würziger Tomatensoße) bekommt man im **Las Bravas** (Karte S. 80; ☎91 522 85 81; Callejón de Álvarez Gato 3; raciones 3,50–10 €; Ⓜ Sol, Sevilla), während das **La Trucha** (Karte S. 80; ☎91 532 08 90; Calle de Núñez de Arce 6; Hauptgerichte 8,50–13,50 €; Ⓜ Sol) mit einem Tresen voller verlockender andalusischer Tapas und 95 weiteren Häppchen auftrumpft. Dank seines luxuriösen Dekors und der wundervollen Kanapees ist auch das **Los Gatos** (Karte S. 80; ☎91 429 30 67; Calle de Jesús 2; Tapas ab 3,50 €; ⏲So–Do 12–1, Fr & Sa 12–2 Uhr; Ⓜ Antón Martín) am Fuße des Hügels von Huertas eine gute Wahl.

Paseo del Prado & Salamanca

Auf dem Paseo del Prado befindet sich nur ein einziges Tapas-Lokal, das dafür aber das Beste der Stadt ist: das Estado Puro. Salamanca bietet mehrere Möglichkeiten. Das stilvolle **Biotza** (Karte S. 102; www.biotzarestaurante.com; Calle de Claudio Coello 27; Tapas 2,50–3,50 €; ⏲Mo–Do 9–24, Fr & Sa 9–1 Uhr; Ⓜ Serrano) kredenzt kreative baskische *pintxos*, während das La Colonial de Goya mit einer riesigen Auswahl punktet, darunter 63 verschiedene Kanapees.

Chueca

Ein weiteres gutes *barrio* (Stadtviertel) für Tapas ist Chueca. Im **Bocaito** (Karte S. 104 f.; ☎91 532 12 19; www.bocaito.com; Calle de la Libertad 4–6; Tapas ab 3,50 €, Hauptgerichte 12–20 €; ⏲Mo–Fr mittags & abends, Sa abends; Ⓜ Chueca, Banco de España), einem der Lieblingslokale des Filmemachers Pedro Almodóvar, gibt's andalusischen *jamón* (Schinken) und Meeresfrüchte. Die **Bodega de La Ardosa** (Karte S. 104 f.; ☎91 521 49 79; Calle de Colón 13; Tapas & raciones 3,50–11 €; ⏲8.30–1 Uhr; Ⓜ Tribunal) ist für ihre *salmorejo, croquetas, patatas bravas* und *tortilla de patatas* bekannt und in der **Casa Julio** (Karte S. 104 f.; ☎91 522 72 74; www.barcasajulio.com; Calle de la Madera 37; 6/12 croquetas 5/10 €; ⏲Mo–Sa mittags & abends; Ⓜ Tribunal) werden die besten *croquetas* der Stadt zubereitet. Zu den weiteren empfehlenswerten Adressen gehören das **Le Cabrera** (Karte S. 104 f.; ☎91 319 94 57; www.lecabrera.com; Calle de Bárbara de Braganza 2; Tapas 3–22 €, Kaviar 85 €; ⏲Di–Sa mittags & abends; Ⓜ Colón, Alonso Martínez), das **Baco y Beto** (Karte S. 104 f.; ☎91 522 84 81; www.bacoybeto.com; Calle de Pelayo 24; Tapas ab 4 €; ⏲Mo–Fr abends, Sa mittags & abends; Ⓜ Chueca) und das **Gastromaquia** (Karte S. 104 f.; ☎91 522 64 13; Calle de Pelayo 8; Tapas ab 4 €; ⏲Mo–Do & Sa mittags, Di–Sa abends; Ⓜ Chueca).

zer als „vegetarischen Barock" beschreibt. Das Essen (mit und ohne Fleisch) ist eine Offenbarung: Es gibt kreative Gerichte mit Betonung auf traditioneller Hausmannskost. Zu den Spezialitäten des Hauses zählen *croquetas de manzana* (Apfelkroketten).

La Colonial de Goya TAPAS €

(Karte S. 102; www.restauranterincondegoya.es; Calle de Jorge Juan 34; Tapas 3–4,50 €; ⏲Mo–Fr 8–24, Sa & So 12–1 Uhr; Ⓜ Velázquez) 63 verschiedene Tapas sind eigentlich schon genug, doch daneben serviert die einladende kleine Bar auch noch Carpaccios, Kroketten und Hauptgerichte. Die Atmosphäre ist locker, das in Weiß gehaltene Dekor mit freigelegtem Mauerwerk elegant und einige der Speisen (wie Rinderfilet, Brie und Wachteleier) stehen für allerfeinste spanische Nouvelle Cuisine.

MALASAÑA & CHUECA

LP TIPP **La Musa**

SPANISCHE & FUSIONSKÜCHE €€

(Karte S. 104 f.; ☎91 448 75 58; www.lamusa.com.es; Calle de Manuela Malasaña 18; Hauptgerichte 7–15 €; ⏲Mo–Do 9–1, Fr 9–2, Sa 13–2, So 13–1 Uhr; Ⓜ San Bernardo) Bei hippen, jungen *madrileños* erfreut sich dieses Restaurant großer Beliebtheit, denn es ist gemütlich, laut und unprätentiös und bietet Designdekor, Lounge-Musik sowie kreative Gerichte (Frühstück, Mittag- und Abendessen), die lange im Gedächtnis bleiben. Es gibt drei verschiedene Typen von Tapas: warme, kalte und gegrillte. Zu den besten warmen Gerichten gehört das fantastische *jabalí con ali-oli de miel y sobrasada* (Wildschwein mit Mayonnaise aus Honig und *sobrasada*, einer weichen, mild gewürzten Wurst aus Mallorca). Wer nicht warten möchte, steuert einfach das nahe gelegene zugehörige Lokal mit einer Lounge namens Ojalá Awareness Club (S. 127) an.

Bazaar SPANISCHE NOUVELLE CUISINE €

(Karte S. 104 f.; www.restaurantbazaar.com; Calle de la Libertad 21; Hauptgerichte 6,50–10 €; Ⓜ Chueca) In diesem Restaurant treffen sich die Reichen und Berühmten der Stadt. Obwohl die makellose weiße Designeinrichtung mit Theaterbeleuchtung und Panoramafenstern jede Menge Leute anzieht, die aussehen, als wären sie direkt der Zeitschrift *¡Hola!* entsprungen, ist das innovative Essen sehr günstig und die Atmosphäre locker. Reservierungen werden nicht akzeptiert, deshalb sollte man früh kommen und sich darauf vorbereiten, warten zu müssen – egal ob man berühmt ist oder nicht.

Nina SPANISCHE NOUVELLE CUISINE €€

(Karte S. 104 f.; ☎ 91 591 00 46; Calle de Manuela Malasaña 10; Hauptgerichte 11,50–16 €; Ⓜ Bilbao) Elegant, intim und angesagt! Auf der langen Speisekarte (auch auf Englisch) stehen kreative Gerichte der mediterranen Nouvelle Cuisine, darunter entbeinte Schweinsfüße, gefüllt mit Röhrenpilzen, Foie gras und Trüffeln mit gebratenen Dublin-Bay-Garnelen. Eine gute Wahl ist auch der Wochenendbrunch (zwei Gänge, Saft und Kaffee für 22 €; Sa & So 12–17.30 Uhr).

Albur TAPAS, SPANISCH €€

(Karte S. 104 f.; ☎ 91 594 27 33; www.restauranteal bur.com; Calle de Manuela Malasaña 15; Hauptgerichte 13–18 €; ⏲ So–Do 12–1, Fr & Sa 12–2 Uhr; Ⓜ Bilbao) Zum Albur gehören eine unheimlich populäre Tapas-Bar und ein edles, aber informelles Restaurant im hinteren Bereich. Hier erwartet einen mit das beste Preis-Leistungs-Verhältnis in Malasaña. Bekannt ist der Laden für seine großartigen, erschwinglichen Reisgerichte und Tapas sowie eine erlesene Weinkarte. Die Kellner im Restaurantbereich verlieren niemals die Ruhe und bei der Bestellung kann man im Grunde nichts falsch machen, da einfach alles schmeckt.

La Tasquita de Enfrente SPANISCHE NOUVELLE CUISINE €€€

(Karte S. 104 f.; ☎ 91 532 54 49; www.latasquitadeen frente.com; Calle de la Ballesta 6; Hauptgerichte 20–32 €; ⏲ Di–Sa mittags & abends; Ⓜ Gran Vía) Um auf internationaler Ebene überleben zu können, müssen die spanischen Küchenchefs experimentieren. In der Heimat bleiben sie jedoch zuerst ihren traditionellen Wurzeln treu, bevor sie eine neue Richtung einschlagen – und genau darin liegt der Erfolg von Küchenchef Juanjo López. Seine saisonale Speisekarte birgt immer neue Überraschungen und bietet originelle Interpretationen einfacher spanischer Klassiker. Das *menú degustación* (48 €) und das *menú de Juanjo* (65 €) sind besonders empfehlenswert für alle, die hier zum ersten Mal speisen. Reservierung erforderlich.

La Isla del Tesoro VEGETARISCH €€

(Karte S. 104 f.; ☎ 91 593 14 40; www.isladeltesoro.net; Calle de Manuela Malasaña 3; Hauptgerichte 12,50–14,50 €; 🖉; Ⓜ Bilbao) Anders als manche vegetarische Restaurants, die einfaches Dekor mit gesundem Essen gleichsetzen, wirkt der Essbereich dieses Lokals, als hätte jemand seine Vorstellungen von einem Fantasiegarten verwirklicht. Die leckeren Gerichte sind vielfältig beeinflusst, so passt etwa der Dschungelburger prima zu der überraschenden Speisekarte.

El Original SPANISCH €€

(Karte S. 104 f.; ☎ 91 522 90 69; www.eloriginal.es; Calle de las Infantas 44; Hauptgerichte 8–12 €, Menüs 25–38 €; ⏲ Mo–Sa mittags & abends; Ⓜ Chueca, Banco de España) Das Restaurant punktet mit besten Zutaten, Klassikern aus vielen spanischen Regionen und fairen Preisen. Anstatt traditionelle Rezepte abzuändern, wurde die Kreativität für die wunderbar moderne Einrichtung eingesetzt.

CHAMBERÍ & ARGÜELLES

LP TIPP **Sergi Arola Gastro** SPANISCHE NOUVELLE CUISINE €€€

(Karte S. 102; ☎ 91 310 21 69; www.sergiarola.es; Calle de Zurbano 31; Hauptgerichte 43–52 €, Menüs 105–135 €; ⏲ Mo–Fr mittags & abends, Sa abends; Ⓜ Alonso Martínez) Sergi Arola, ein hochbegabter katalanischer Gefolgsmann des weltbekannten Kochs Ferran Adrià, führt diesen individuellen Gourmettempel für innovativste spanische Küche. Die Speiseauswahl richtet sich nach der Saison; in der Vergangenheit standen z. B. geräucherte Rote-Bete-Ravioli mit Sellerie-Consommé und Topinambur-Creme, getrüffeltes Geflügelmousse, Mascarpone-Käse und Fines herbes auf der Karte. In dem Restaurant zahlt man allein für das Privileg, hier essen zu dürfen.

Dafür kommt man aber auch in den Genuss feinster kulinarischer Leckereien, denn das Sergi Arola Gastro ist ein Ort, wo Kreativität, Präsentation und Geschmack alles bedeuten. Weil es nur 26 Plätze gibt, ist eine Reservierung unbedingt erforderlich.

Las Tortillas de Gabino SPANISCH €€

(Karte S. 102; ☎91 319 75 05; www.lastortillasdegabino.com; Calle de Rafael Calvo 20; Tortillas 9–15,50 €, Hauptgerichte 12–18 €; ⏲Mo–Fr mittags & abends, Sa abends; Ⓜ Iglesia) Küchenchefs, die sich an die legendäre *tortilla de patatas* (Kartoffel-Zwiebel-Omelette) wagen, sind mutig, doch das Ergebnis in diesem Restaurant kann sich sehen lassen. Das Gericht wird mit Muscheln, Tintenfisch und vielen weiteren überraschenden Zutaten zubereitet. Darüber hinaus erhält das Tortillas de Gabino gute Bewertungen für seine *croquetas*. Der Service ist exzellent und der helle, elegante Essbereich ergänzt die kulinarischen Erfahrungen, die man hier macht, auf wunderbare Weise. Unbedingt vorher reservieren!

Costa Blanca Arrocería SPANISCH €€

(☎91 448 58 32; Calle de Bravo Murillo 3; Hauptgerichte 9–18 €; Ⓜ Quevedo) Auch wer nicht plant, nach Chamberí zu kommen, sollte wissen, dass dieses lässige Bar-Restaurant mit hervorragenden Reisgerichten überzeugt und deshalb den Weg durch die Stadt lohnt. Die Qualität ist hoch und die Preise gehören zu den niedrigsten der Stadt. Am besten beginnt man mit *almejas a la marinera* (Babymuscheln) und bestellt als Hauptspeise *paella de marisco* (Paella mit Meeresfrüchten). Wie immer in solchen Lokalen muss man mindestens zu zweit sein, um etwas ordern zu können.

IM NORDEN DER STADT

LP TIPP **Santceloni** KATALANISCH €€€

(☎91 210 88 40; www.restaurantesantceloni.com; Paseo de la Castellana 57; Hauptgerichte 43–69 €, Menüs 150–180 €; ⏲Mo–Fr mittags & abends, Sa abends; Ⓜ Gregorio Marañón) Das mit einem Michelin-Stern ausgezeichnete Santceloni wurde von dem berühmten Innenarchitekten Pascual Ortega eingerichtet und wartet mit der Nouvelle Cuisine von Óscar Velasco auf, dem ehemaligen Schützling des mittlerweile verstorbenen Meisterkochs Santi Santamaría. Jedes Gericht ist ein erlesenes Kunstwerk, wobei sich die Auswahl nach der Saison richtet. Wir empfehlen eines der *menús gastronómicos*, um die gesamte Bandbreite der angebotenen Leckereien zu probieren. Zweifellos ist dies eines der besten Restaurants Madrids.

Zalacaín BASKISCH, NAVARRESISCH €€€

(☎91 561 48 40; www.restaurantezalacain.com; Calle de Álvarez de Baena 4; Hauptgerichte 35–50 €, menú degustación 104 €; ⏲Mo–Fr mittags & abends, Sa abends, Aug. geschl.; Ⓜ Gregorio Marañón) Während die meisten Luxusrestaurants auf Innovationen setzen, ist das Zalacaín eine Bastion des Traditionellen mit einer kultivierten Atmosphäre und einem loyalen Publikum. Jeder in Madrid, der etwas auf sich hält – darunter auch der König –, hat hier schon gespeist. Das 1973 eröffnete Lokal war das erste spanische Restaurant, das drei Michelin-Sterne erhielt. Zu den Spezialitäten des Hauses zählen Schweinefüße mit Pilz- und Lammfüllung und Hummersalat. Die hervorragende Weinkarte umfasst 800 verschiedene Sorten und im Lager werden rund 35 000 Flaschen aufbewahrt. Wer im Zalacaín speisen möchte, sollte sich gut kleiden: Männer brauchen eine Krawatte und ein Jackett. Um von der Metrostation Gregorio Marañón hierherzugelangen, biegt man auf dem Paseo de la Castellana in die Calle de María de Molina ab und nimmt die erste Straße links.

Ausgehen

Einen Eindruck davon, wie gern *madrileños* ausgehen und sich amüsieren, liefert eine nüchterne Statistik: In Madrid gibt's mehr Bars als in jeder anderen Stadt der Welt – auf 100 Einwohner kommen ganze sechs Kneipen.

LOS AUSTRIAS, SOL & CENTRO

Im Stadtzentrum stößt man auf viele alte Tavernen und das eine oder andere Schmuckstück der Kneipenszene. Die Preise fallen, je weiter man sich von der Plaza Mayor entfernt. Parallel dazu sinkt auch die Zahl der Touristen.

Chocolatería de San Ginés CAFÉ

(Karte S. 72 f.; Pasadizo de San Ginés 5; ⏲9.30–7 Uhr; Ⓜ Sol) Das *chocolate-con-churros*-Café zählt zu den großen Urgesteinen des Madrider Nachtlebens und zieht tagsüber jede Menge Urlauber an. Einheimische stärken sich hier dagegen meist erst auf dem Heimweg von einem Club in den frühen Morgenstunden. Der Laden schließt nur für ein paar Stunden am Tag, und das auch nur, um ein bisschen durchzuwischen. Ein echtes Original!

Café del Real COCKTAILBAR, CAFÉ

(Karte S. 72 f.; Plaza de Isabel II 2; ⌚Mo–Do 9–1, Fr & Sa 9–3 Uhr; Ⓜ Ópera) Intimes kleines Bar-Café mit kreativen Kaffeegetränken und ein paar Cocktails zu ruhiger Chill-Out-Musik. Am schönsten ist der Sitzbereich im oberen Stock mit niedrigen Decken, Holzgebälk und Lederstühlen, der zu einem gemütlichen Nachmittag mit Freunden einlädt.

Chocolatería Valor CAFÉ

(Karte S. 72 f.; www.chocolateriasvalor.es; Postigo de San Martín; ⌚So 9–22.30, Mo–Do 8–22.30, Fr 8–1, Sa 9–1 Uhr; Ⓜ Callao) Es ist eine madrilenische Tradition, auf dem Heimweg vom Nachtclub die kalorienreiche Spezialität *chocolate con churros* zu genießen. Wer andere Tageszeiten bevorzugt, sollte das Valor, die beste *chocolatería* der Stadt, ansteuern. Neben leckeren *churros* wartet der Laden mit einer riesigen Auswahl an Schokolade auf. Unser Favorit ist *cuatro sentidos de chocolate* (vier Schokoladensinne; 8 €), wobei man am liebsten alles auf der Speisekarte probieren würde.

LA LATINA & LAVAPIÉS

In den meisten Nächten (und sonntagnachmittags) strömen Scharen gut gelaunter *madrileños* durch La Latina. Weil die angesagten Kneipen des Viertels von anspruchsvollen 20- bis 30-jährigen Gästen bevölkert werden, findet man dort kaum noch einen freien Platz. Dagegen ist in den konkurrierenden Läden kaum etwas los, sodass diese eine dementsprechend kurze Überlebensdauer haben. Etwas mehr Abwechslung verspricht die Menge, die sonntags vom Rastro-Flohmarkt aus die Kneipen stürmt. Besonders viel Betrieb herrscht entlang der Calle de la Cava Baja (wo die Grenzen zwischen Kneipe und Tapas-Bar verschwimmen), am westlichen Ende der Calle del Almendro und rund um die Plaza de la Paja. Das multikulturelle Lavapiés kommt da ganz anders daher: Unkonventionelle Bars mit Persönlichkeit ziehen vor allem Alternative und Bohemiens an. Diesen Stadtteil mag nicht jeder, aber wir finden ihn toll.

LP TIPP **Gaudeamus Café** CAFÉ

(www.gaudeamuscafe.com; 4. OG, Calle de Tribulete 14; ⌚Mo–Sa 15–24 Uhr; Ⓜ Lavapiés) Welch ein Café! Das Gaudeamus verfügt über eine helle, luftige Deko mit Pop-Art-Postern von Audrey Hepburn und James Bond sowie eine große Terrasse mit Blick über die Dächer von Lavapiés, die an Sommerabenden aus allen Nähten platzt. In das Gebäude ist eine Kirchenruine integriert und es gibt großartige Snacks, wunderbare Tee- bzw. Kaffeesorten und Gehaltvolleres. Einziger Kritikpunkt sind die nicht allzu langen Öffnungszeiten. Das Café liegt rund 300 m südwestlich der Plaza de Lavapiés an der Calle de Tribulete; einfach nach den Glastüren Ausschau halten.

Delic BAR, CAFÉ

(Karte S. 77; www.delic.es; Costanilla de San Andrés 14; ⌚Fr–So & Di–Do 11–2, Mo 19–2 Uhr; Ⓜ La Latina) Wir könnten viel über diese langlebige Bar schreiben, reduzieren es aber auf das Wesentliche: Es ist ein wahrer Genuss, einen oder mehrere der hervorragenden Mojitos (8 €) zu probieren, vor allem wenn man an einem warmen Sommerabend draußen auf dem wunderschönen Altstadtplatz sitzt. Der Außenbereich schließt um Mitternacht, doch das intime Interieur des Cafés kann sich ebenfalls sehen lassen.

La Escalera de Jacob COCKTAILBAR, LIVEMUSIK

(Karte S. 80; www.laescaleradejacob.es; Calle de Lavapiés 11; Konzerte ab 6 €; ⌚Mi & Do 20–2, Fr 20–2.30, Sa 11–2.30, So 17–1 Uhr; Ⓜ Antón Martín, Tirso de Molina) Die alternative „Jakobstreppe" ist Cocktailbar, Livemusiklocation und Theater in einem und bietet eines der originellsten Bühnenprogramme Madrids. Zur bunten Mischung gehören Zauberer, Geschichtenerzähler, Kindertheater, Livejazz und andere Genres. Neben großartigen Liveshows gibt's außerdem kreative Cocktails, die man sonst nirgends findet, z. B. *fray aguacate* (Frangelico, Wodka, Honig, Avocado und Vanille).

Bonanno WEINBAR

(Karte S. 77; ☎91 366 68 86; Plaza del Humilladero 4; ⌚12–2 Uhr; Ⓜ La Latina) Das Bonanno ist für alle ein Tipp, denen das Nachtleben zu spät losgeht. Es hat sich einen Namen als Cocktailbar gemacht, doch es kommen auch viele Leute wegen der großartigen Weine hierher. Oft ist der Laden schon in den frühen Abendstunden voll mit jungen berufstätigen Gästen. Wer einen Platz an der Bar möchte, muss sich irgendwo dazwischenquetschen.

Café del Nuncio BAR, CAFÉ

(Karte S. 77; Calle de Segovia 9; ⌚So–Do 12–2, Fr & Sa 12–3 Uhr; Ⓜ La Latina) An der Treppe zur Calle de Segovia gelegen. Getränke gibt's drinnen oder im Außenbereich, den ein einheimischer Gast einmal als „kleines Stück von Rom" beschrieben hat. Tagsüber ist das Nuncio ein stilvolles Café und nachts eine der besten Bars im *barrio*.

La Inquilina BAR
(www.lainquilina.es; Calle del Ave María 39; ⌚Di–Sa 19–3, So 13–1 Uhr; Ⓜ Lavapiés) Einer unserer Favoriten. Das locker-lässige Ambiente der Bar spiegelt die Seele des Viertels wider. An den Wänden hängen zeitgenössische Werke von jungen Künstlern aus der Umgebung. Gäste können sich entweder an die Theke setzen oder es sich im hinteren Bereich gemütlich machen. Wer früh kommt, wird belohnt: Bis 22 Uhr gibt's Tapas für 1 €.

Taberna Tempranillo WEINBAR
(Karte S. 77; Calle de la Cava Baja 38; ⌚Di–So 13–15.30 & 20–24, Mo 20–24 Uhr; Ⓜ La Latina) Hier erwarten einen Tapas und hervorragende offene Weine. Die Auswahl ist besser als in vielen anderen spanischen Bars. Zwar ist die Taverne kein Ziel für späte Stunden, am frühen Abend und sonntags nach dem El-Rastro-Markt aber sehr belebt.

HUERTAS & ATOCHA

In Huerta geht's gleich nach Einbruch der Dunkelheit bis zum Sonnenaufgang voll zur Sache. Bars gibt's quasi an jeder Ecke, von Sol bis hinunter zum Paseo del Prado, doch am meisten Andrang herrscht rund um die Plaza de Santa Ana und entlang der Calle de las Huertas.

LP TIPP **La Venencia** BAR
(Karte S. 80; Calle de Echegaray 7; ⌚13–15.30 & 19.30–1.30 Uhr; Ⓜ Sol) Genau so sollten Sherry-Lokale sein: Altmodisch und gediegen, mit Drinks direkt aus angestaubten Holzfässern und ohne jegliche frenetische Aktivität, für die Huertas sonst so berühmt ist. Dieser Schuppen wartet mit gutem Sherry aus Sanlúcar und Manzanilla aus Jeréz auf, begleitet von einer kleinen Auswahl Tapas mit andalusischem Touch. Es gibt weder eine musikalische Untermalung noch überflüssiges Dekor. Stattdessen geht's ums Wesentliche – *fino* (Sherry) und gute Freunde. Laut einem Gast „ein Klassiker unter Klassikern".

El Imperfecto BAR, LIVEMUSIK
(Karte S. 80; Plaza de Matute 2; ⌚Mo–Do 15–2, Fr & Sa 15–2.30 Uhr; Ⓜ Antón Martín) Anders als der Name suggeriert, ist das Imperfecto keineswegs unvollkommen, sondern eine richtig tolle Bar. Dienstags werden Jazzkonzerte veranstaltet und es gibt eine wunderbare Getränkekarte mit Cocktails für 7 €, Schnäpsen, Milchshakes, Tee und vielen Kaffeesorten. Die Piña Colada zählt zu den besten, die wir je probiert haben, und die Atmosphäre ist angenehm gesellig und locker.

The Penthouse COCKTAILBAR
(Karte S. 80; ☎91 701 60 20; www.thepenthouse.es; Plaza de Santa Ana 14; Eintritt 25 €; ⌚Mi & Do 21–3, Fr & Sa 21–3.30 Uhr; Ⓜ Antón Martín, Sol) Hoch über der Plaza de Santa Ana (7. OG) bietet diese hedonistische Open-Air-Cocktailbar großartige Ausblicke auf Madrids Dächer. Der hohe Eintrittspreis soll das niedere Volk abschrecken, denn dies ist ein Ort für kultivierte Leute mit Entspannungsbereichen voller Kissen, tollen DJs und einem Dresscode - wobei es weniger streng zugeht, wenn nicht so viele Gäste da sind. Wer an Höhenangst leidet, sollte das ebenso stilvolle **Midnight Rose** im Erdgeschoss ansteuern.

Taberna Alhambra BAR
(Karte S. 80; www.tabernaalhambra.es; Calle de la Victoria 9; ⌚So–Mi 11–1.30, Do 11–2, Fr & Sa 11–2.30 Uhr; ✎; Ⓜ Sol) Da sich die Bars zwischen Sol und Huertas sehr ähneln, sticht diese schöne alte und lässige *taberna* (Kneipe) umso mehr heraus. Ihre Fassade und das exquisite Ziegelstein-Interieur sind ansprechend, allerdings ist es drinnen etwas stickig. In lebhafter Atmosphäre werden Tapas aufgetischt und spät in der Nacht hört man hier gute Flamenco-Musik.

Cervecería Alemana BAR
(Karte S. 80; Plaza de Santa Ana 6; ⌚So–Do 11–0.30, Fr & Sa 11–2 Uhr, im Aug. geschl.; Ⓜ Antón Martín, Sol) Wer nur Zeit für eine Bar auf der Plaza de Santa Ana hat, sollte sich auf jeden Fall für diese klassische *cervecería* (Bierstube) entscheiden, in der kühles, schaumgekröntes Bier und eine überdurchschnittlich große Auswahl spanischer Marken serviert werden. Drinnen ist es auch nett, aber wer an einem Sommerabend draußen auf dem Platz einen Tisch ergattern kann, gibt ihn nicht kampflos auf. Der Schuppen gehörte zu Hemingways Lieblingsplätzen und seither hat sich weder am holzgetäfelten Inneren noch an den Kellnern mit Fliege etwas geändert.

Viva Madrid BAR
(Karte S. 80; www.barvivamadrid.es; Calle de Manuel Fernández y González 7; ⌚13–2 Uhr; Ⓜ Antón Martín, Sol) Die gefflieste Fassade dieser lässigen Bar ist eine der schönsten Madrids sowie ein Wahrzeichen Huertas'. An den Wochenenden lockt das Viva Madrid zahlreiche Gäste an, was wohl an den leckeren Mojitos und der freundlichen Atmosphäre liegt. Auch die Tapas können sich mittlerweile sehen lassen.

MALASAÑA & CHUECA

In Malasaña und Chueca auszugehen ist wie eine Reise durch Madrids facettenreiche Vergangenheit. Rund um die Glorieta de Bilbao und entlang des Paseo de los Recoletos stößt man auf stattliche alte Literaturcafés, die nach wie vor eine Erhabenheit wie aus dem späten 19. Jh. ausstrahlen. Fans von Rockmusik werden in Malasaña an fast jeder Ecke fündig, da es hier zahlreiche Kneipen der 1970er- und 80er-Jahre gibt. Für eine etwas modernere Seite mit Chill-out-Lokalen und eleganten Designbars steht das Schwulenviertel Chueca.

LP TIPP Museo Chicote — COCKTAILBAR

(Karte S. 104 f.; www.museo-chicote.com; Gran Vía 12; ⌚Mo–Do 18–3, Fr & Sa 18–4 Uhr; Ⓜ Gran Vía) Angeblich hat der Gründer des Chicote über 100 Cocktails erfunden, die bereits Berühmtheiten wie Hemingway, Ava Gardner, Grace Kelly, Sophia Loren und Frank Sinatra begeisterten. Noch immer trifft man hier auf Filmstars und Promis. Am besten kommt man nach Mitternacht, wenn auf den Bänken gekuschelt wird und die besten DJs auflegen. Das Interieur aus den 1930er-Jahren trägt nur noch mehr zum entspannten Flair bei. Wir sagen das nicht oft, doch ein Abstecher zu diesem Madrider Urgestein gehört einfach zum Pflichtprogramm einer jeden Reise in die spanische Hauptstadt.

LP TIPP Café Comercial — CAFÉ

(Karte S. 104 f.; Glorieta de Bilbao 7; ⌚Mo–Do 7.30–24, Fr 7.30–2, Sa 8.30–2, So 9–24 Uhr; Ⓜ Bilbao) Mit seinen schweren Ledersitzen, viel Marmor und altmodisch gekleideten Kellnern wehrt sich dieser glorreiche alte Laden tapfer gegen den Zeitgeist. Er eröffnete 1887, ist das größte der alten Cafés des Viertels und hat sich im Laufe der Zeit kaum verändert. Die Klientel hingegen deckt mittlerweile ein breites Spektrum ab und reicht von Schriftstellern mit Laptops bis hin zu Schach spielenden Herren.

Splash Óscar — LOUNGE

(Karte S. 104 f.; Plaza de Vázquez de Mella 12; ⌚Mo–Do 17–2, Fr–So 16–3 Uhr; Ⓜ Gran Vía) Eine beeindruckende Dachterrasse mit kleinem Swimmingpool. Die entspannte Bar befindet sich auf dem Hotel Óscar (S. 115), bietet einen tollen Blick auf die Skyline und gilt als Favorit der madrilenischen A-Prominenz.

El Jardín Secreto — BAR, CAFÉ

(Calle de Conde Duque 2; ⌚So–Do 17.30–0.30, Fr & Sa 18.30–2.30 Uhr; Ⓜ Plaza de España) In einem Viertel, das zu den bestgehüteten Geheimnissen der Stadt zählt, bietet der „Geheime Garten" ein intimes und romantisches Ambiente. Spanische Designkerzen sorgen für warmes Licht, die Deko besteht aus indischem Organza, außerdem gibt's Schokolade aus der Karibik, Milchshakes, Cocktails und vieles mehr. An Sommerabenden ist es hier besonders schön, doch ein Besuch lohnt sich auch sonst jederzeit. Das Jardín Secreto zieht vor allem junge Berufstätige an.

Café Belén — BAR

(Karte S. 104 f.; Calle de Belén 5; ⌚15.30–3 Uhr; Ⓜ Chueca) Stilvolle Bar mit coolen Extras. Die lässigen Gäste entspannen zu Lounge- und Chill-out-Klängen, die Beleuchtung ist schummrig und die Getränke sind vielfältig (die Mojitos schmecken besonders gut). Um es kurz zu machen: Das Belén ist eine unserer Lieblingsbars in Chueca.

Lolina Vintage Café — CAFÉ

(Karte S. 104 f.; Calle del Espíritu Santo 9; ⌚Mo–Fr 9–2.30, Sa 10–2.30, So 11–2.30 Uhr; Ⓜ Tribunal) Das unprätentiöse Lolina Vintage Café scheint den Charakter des *barrio* auf engstem Raum einzufangen. Mit seinem Retrolook – gemütliche, altmodische Stühle und Sofas, vergoldete Spiegel und Tapeten aus den 1970er-Jahren – zeigt es, dass das Viertel seinen Stil nicht verloren hat, sondern noch eleganter geworden ist. Es ist den ganzen Tag über gut besucht und serviert für jeden Geschmack etwas, von Salaten bis zu Cocktails.

La Vía Láctea — BAR, CLUB

(Karte S. 104 f.; Calle de Velarde 18; ⌚21–3 Uhr; Ⓜ Tribunal) Dieses beliebte, wunderbar grungige Relikt der *movida* ist für ein lockeres Publikum, das noch in den 1980er-Jahren zu leben scheint, einer der Favoriten in Malasaña. Hier bekommt man Rock, Pop, Garage, Rockabilly und Indie zu hören. Außerdem gibt's eine große Auswahl an Drinks. Samstagnachts ist quasi alles möglich. An den Wochenenden muss man mit langen Schlangen rechnen.

Café-Restaurante El Espejo — CAFÉ

(Karte S. 102; Paseo de los Recoletos 31; ⌚So–Do 8–24, Fr & Sa 10–3 Uhr; Ⓜ Colón) Früher einmal war dieses architektonische Juwel, eine Mischung aus modernistischem und Art-déco-Stil, ein Treffpunkt für Literaten und Intellektuelle. Das Interieur mit all seinen Spiegeln, Kronleuchtern und dem altmodischen Service aus einer anderen Zeit kann einen fast überwältigen. Dementsprechend herrscht drinnen eine ruhige und kultivierte Atmosphäre. Unser Lieblingsplätzchen ist der elegante Glaspavillon draußen am Paseo de los Recoletos, dessen Straßentische im Sommer sehr beliebt sind.

Café Pepe Botella CAFÉ, BAR

(Karte S. 104 f.; Calle de San Andrés 12; ⌚Mo–Do 10–2, Fr & Sa 10–2.30, So 11–2 Uhr; Ⓜ Bilbao, Tribunal) Das Pepe Botella hat die richtige Formel für den Erfolg gefunden. In den frühen Morgenstunden ist die stilvolle Bar mit ihren grünen Samtbänken, schweren Marmortischen, alten Fotos und Spiegeln ebenso anziehend wie am Nachmittag, wenn Gäste mit Laptops herkommen, um kostenlos im Internet zu surfen. Seine verblichene Eleganz verleiht dem Café Charme und macht es so zu einer beliebten Anlaufstelle im *barrio*.

Areia LOUNGE

(Karte S. 104 f.; www.areiachillout.com; Calle de Hortaleza 92; ⌚13–3 Uhr; Ⓜ Chueca, Alonso Martínez) Tagsüber ist das Areia mit seinen dicken Kissen, Musik zum Entspannen sowie dunklen, gemütlichen Ecken, aus denen leise schmatzende Kussgeräusche dringen, die ultimative Lounge. Doch auch abends lohnt sich der Besuch, denn dann legen angesagte DJs (So–Mi ab 23, sonst ab 21 Uhr) House, Chill-out-Musik, New Jazz, Bossa Nova und Elektronisches auf. Diese Bar ist cool, unkonventionell und einigermaßen günstig.

Gran Café de Gijón CAFÉ

(Karte S. 102; www.cafegijon.com; Paseo de los Recoletos 21; ⌚7–1.30 Uhr; Ⓜ Chueca, Banco de España) In dem 1888 eröffneten einstigen Lieblingslokal der Madrider Literaten werden Kaffee und Speisen serviert. Hierher kamen sämtliche großen spanischen Schriftsteller des 20. Jhs., um über ihre eigenen und über andere Werke zu diskutieren. Das heutige Publikum besteht aus Intellektuellen, konservativen Franco-Anhängern und jungen *madrileños*, die in Ruhe etwas trinken wollen.

Ojalá Awareness Club LOUNGE

(Karte S. 104 f.; Calle de San Andrés 1; ⌚So–Mi 8.30–1, Do–Sa 8.30–2 Uhr; Ⓜ Tribunal) Das Ojalá wird von den Besitzern des La Musa (S. 121) betrieben, ist ebenso flippig und bietet dabei viel mehr Platz. Das Essen schmeckt gut, doch der eigentliche Trumpf sind die Getränke (insbesondere der Daiquiri), die man zu jeder Tageszeit genießen kann. Limettengrüne Farbtöne, originelle Beleuchtung und ein hippes Ambiente versprühen jede Menge Lässigkeit, außerdem lässt es sich im unteren Stock mit Sandboden und Kissen wunderbar entspannen.

COCKTAILBARS IN CHUECA

In Chueca befinden sich die elegantesten Cocktailbars der Stadt, die vor allem bei A-Promis beliebt sind. Zu den besten Adressen neben dem Museo Chicote gehören das **Del Diego** (Karte S. 104 f.; ☎91 523 31 06; Calle de la Reina 12; ⌚Mo–Do 19–3, Fr & Sa 19–3.30 Uhr; Ⓜ Gran Vía), dessen Interieur eine Mischung aus stilvollem Kaffeehaus und einer New Yorker Bar ist und das 75 Cocktails im Angebot hat, die stilvolle **Bar Cock** (Karte S. 104 f.; ☎91 532 28 26; www.barcock.com; Calle de la Reina 16; ⌚20–3 Uhr; Ⓜ Gran Vía), das superschicke **Le Cabrera** (Karte S. 104 f.; ☎91 319 94 57; www.lecabrera.com; Calle de Bárbara de Braganza 2; ⌚Mo–Fr 16–2.30, Sa 13–2.30 Uhr; Ⓜ Colón, Alonso Martínez) und das **Stromboli** (Karte S. 104 f.; ☎91 319 46 28; Calle de Hortaleza 96; ⌚Mi & Do 21–3, Fr & Sa 21–3.30 Uhr; Ⓜ Chueca, Tribunal).

Café Manuela CAFÉ

(Karte S. 104 f.; Calle de San Vicente Ferrer 29; ⌚Mo–Fr 9–2, Sa 10–3, So 10–2 Uhr; Ⓜ Tribunal) Wer das restaurierte, in einer dunklen Straße in Malasaña versteckte Café betritt, fühlt sich prompt in die 1950er-Jahre zurückversetzt. Das Manuela ist sehr vielfältig und wird nachts wunderbar beleuchtet. Es gibt Cocktails, köstliche Milchshakes und Brettspiele (an den Marmortischen), falls einem tatsächlich mal langweilig werden sollte.

☆ Unterhaltung

Aktuelle Termine von Konzerten, Theateraufführungen, Filmen und anderen Events findet man hier:

EsMadrid Magazine (www.esmadrid.com) Bietet eine monatliche Auflistung vieler Konzerte und Veranstaltungen und ist in den Touristeninformationen, einigen Hotels sowie online erhältlich.

Guía del Ocio (www.guiadelocio.com) Spanisches Wochenmagazin, das man für 1 € am Kiosk bekommt.

In Madrid (www.in-madrid.com) Die monatliche, von Einwanderern herausgegebene englischsprachige Publikation liegt kostenlos in manchen Hotels aus (werden auf der Website genannt) und informiert über

LA MOVIDA MADRILEÑA

Wer nach dem Auszug von zu Hause erst einmal ordentlich über die Stränge geschlagen hat, kann sich wahrscheinlich mühelos mit der *movida madrileña* („Madrider Bewegung") identifizieren. Nach den langen, dunklen Jahren der Franco-Diktatur und des konservativen Katholizismus zog es viele Spanier – insbesondere die Einwohner Madrids – auf die Straßen. Nichts schien mehr tabu zu sein, als die jungen *madrileños* die 1960er-, 1970er- und frühen 1980er-Jahre für sich entdeckten. Sex und Alkohol waren auf einmal erlaubt, durchfeierte Nächte normal und Cannabis praktisch legal.

Bemerkenswert an der *movida* war vor allem ihr Anführer Enrique Tierno Galván, ein ehemaliger Universitätsprofessor. Unter Franco spielte der Sozialist eine wichtige Rolle in der Opposition. Überall im Land nannte man ihn liebevoll „der alte Lehrer". 1979 wurde Galván Bürgermeister und gab für viele den Startschuss zur *movida*, als er vor versammelter Zuhörerschaft sagte: *„A colocarse y ponerse al loro"*, was frei übersetzt so viel bedeutet wie: „Macht so viel Party, wie ihr könnt." Es überrascht nicht, dass er zu Madrids populärstem Bürgermeister überhaupt wurde. Als Galván 1986 starb, kamen eine Million *madrileños* zu seiner Beerdigung.

Doch bei der *movida* ging es nicht nur darum, die spanische Kunst des *salir de copas* (einen trinken gehen) wiederzuentdecken, sondern sie wurde auch von vielen kreativen Musikern, Designern und Filmemachern begleitet.

Pedro Almodóvar war und ist der einflussreichste Regisseur der Bewegung. Seine Werke fingen die damalige Stimmung perfekt ein und zeigten überlebensgroße Charaktere, die die Grenzen von Sex- und Drogenkonsum sehr großzügig auslegten. Wenn er mal nicht arbeitete, gab sich Almodóvar selbst dem Geist der *movida* hin und trat als Travestiestar in verrauchten Bars auf. Ebenfalls bis heute bekannt ist die Designerin Agatha Ruiz de la Prada. Sobald ein Song von Alaska, Los Rebeldes, Radio Futura oder Nacha Pop aufgelegt wird, bekommen die *madrileños* feuchte Augen vor Nostalgie.

zahlreiche Events und Sehenswürdigkeiten der Stadt.

La Netro (http://madrid.lanetro.com) Umfangreiches Onlineportal über Veranstaltungen in Madrid.

Metropoli (www.elmundo.es/metropoli) Die Freitagsbeilage der Tageszeitung *El Mundo* wartet mit einem guten Wochenüberblick auf.

On Madrid (www.elpais.com) *El País* legt seiner Freitagsausgabe ebenfalls einen Wochenüberblick bei.

What's on When (www.whatsonwhen.com) Listet die Highlights aus Sport und Kultur auf und informiert über den Kauf von Tickets.

Nachtclubs

Es gibt in Madrid kein Stadtviertel ohne einen anständigen Club oder eine gute Disco, aber die beliebtesten Läden liegen im Zentrum. Hier und andernorts ist vor 1 Uhr noch nichts los und teilweise wird es sogar erst um 3 Uhr voll, wenn die Bars der Umgebung schon alle dichtgemacht haben.

Eintrittspreise variieren je nach Uhrzeit, Kleidung und Anzahl der Gäste. Normalerweise zahlt man etwa 12 € und bekommt dafür ein kostenloses Getränk, wobei man für Megaclubs und schickere Lokale tiefer in die Tasche greifen muss. Es bringt übrigens wenig, sich am Eintrittspreis zu orientieren, denn gerade da, wo man umsonst hineindarf, sind die Drinks oft besonders teuer.

LOS AUSTRIAS, SOL & CENTRO

Teatro Joy Eslava CLUB

(Joy Madrid; Karte S. 72 f.; ☎ 91 366 37 33; www.joy-eslava.com; Calle del Arenal 11; Eintritt 12–15 €; ⏲ 23.30–6 Uhr; Ⓜ Sol) Auf zwei Dinge kann man sich in diesem tollen Club, der in einem Theater aus dem 19. Jh. untergebracht ist, verlassen: Er platzt stets aus allen Nähten und ist immer geöffnet (angeblich war er in den vergangenen 29 Jahren jeden Tag in Betrieb). Der feuchtfröhliche „Loco Monday" läutet die Woche ein, donnerstags ist Studententag, freitags verspricht der „Fabulush"-Abend jede Menge Glamour und samstags (17.30–22 Uhr) gibt's für die 14- bis 17-Jährigen eine rauch- und alkoholfreie „Joy Light"-Party. Gelegentliche Liveshows und Vorstellungen im Kabarett-Stil machen den Schuppen endgültig zu einer der besten Adressen für Madrids Partygänger.

Cool
CLUB

(Karte S. 104 f.; ☎91 733 35 05; www.fsmgroup.es; Calle de Isabel la Católica 6; Eintritt ab 10 €; ⊙Do–Sa 24–6 Uhr; Ⓜ Santo Domingo) Cooler Name, cooler Laden. Phillipe Starck ist für das kurvige weiße Design des angesagten Clubs verantwortlich. Die diskreten Lounge-Stühle in den dunklen Ecken und der pulsierende Tanzbereich werden von einem lässigen Publikum in tollen Klamotten frequentiert – dafür sorgen die strengen Türsteher. Samstags lockt das Cool vor allem Homosexuelle an, wobei man hier jeden Abend auf sexy-stylishe Clubgänger trifft, vor allem elegant gekleidete Schwule und Damen mit Modelmaßen.

Charada
CLUB

(Karte S. 72 f.; www.charadaclubdebaile.com; Calle de la Bola 13; Eintritt 12 €; ⊙Do–So 24–6 Uhr; Ⓜ Santo Domingo) Dieser 2009 eröffnete Laden hat das Partyvolk im Sturm erobert und sich mittlerweile zu einer festen Größe in Madrids Clubszene entwickelt. Beide Räume (ein roter, ein schwarzer) sind im New Yorker Schick gestaltet und erinnern in keinster Weise an ihre Bordell-Vergangenheit. Die Cocktails sind authentisch, die Gäste gut betucht und oft prominent, und die Musik stammt von den besten DJs der Stadt. Unser Favorit sind die Indie-Dance- und Electronica-Abende.

HUERTAS & ATOCHA

Kapital
CLUB

(☎91 420 29 06; www.grupo-kapital.com; Calle de Atocha 125; Eintritt ab 10 €; ⊙Fr & Sa 17.30–22.30 & 24–6, Do & So 24–6 Uhr; Ⓜ Atocha) Der siebenstöckige Megaclub bietet für jeden etwas: Cocktails, Tanzmusik, Karaoke, Salsa, Hip-Hop und ruhigere Räume mit Blues und Soul. Außerdem gibt's einen Bereich mit spanischer Musik. Das Kapital ist riesig und zieht einen guten Querschnitt der Madrider Gesellschaft an, darunter auch VIPs und Spieler von Real Madrid.

Stella
CLUB

(Karte S. 80; ☎91 531 63 78; www.web-mondo.com; Calle de Arlabán 7; Eintritt 12 €; ⊙Do–Sa 0.30–6 Uhr; Ⓜ Sevilla) Das Stella ist eine der andauernden Erfolgsgeschichten des Madrider Nachtlebens und gehört zu den besten Nachtclubs der Stadt. Nachts um 3 Uhr findet man hier keinen einzigen Platz mehr. Viele Gäste bleiben bis zum Morgengrauen. Die großartigen Videoprojektionen machen einen regelrecht schwindlig, wenn dafür nicht schon die Musik gesorgt hat: Donnerstags und samstags („Mondo", Elektronik-Musik) sorgen tolle DJs für Stimmung, während freitags vor allem House gespielt wird.

SALAMANCA

Serrano 41
CLUB

(Karte S. 102; ☎91 578 18 65; www.serrano41.com; Calle de Serrano 41; Eintritt 10 €; ⊙Mi–So 23–5.30 Uhr; Ⓜ Serrano) Im Serrano 41 trifft man auf Stierkämpfer, Fußballstars und andere A-Promis, die sich nicht von diesem Stadtviertel losreißen können. Der größten Beliebtheit erfreuen sich die Freitage und Samstage, wenn tanzbare Popmusik gespielt wird; sonntags wird's funky und donnerstags ist Indie-Nacht. Die Türsteher sind sehr streng und auf der Außenterrasse, die ab Ende Mai geöffnet ist, geht's äußerst cool zu.

MALASAÑA & CHUECA

Morocco
CLUB

(Karte S. 104 f.; ☎91 531 51 67; www.morocco-madrid.com; Calle del Marqués de Leganés 7; Eintritt 10 €; ⊙Fr & Sa 24–6 Uhr; Ⓜ Santo Domingo or Noviciado) Das Morocco wird von der leicht verrückten Band Alaska, dem musikalischen Aushängeschild der *movida*, betrieben. Sein Dekor ist so kitschig wie lässig. Zu hören gibt's in erster Linie spanische Hits der 1980er-Jahre und internationale Songs. Die Türsteher sind nicht sonderlich gut drauf, aber sie üben ja auch keinen liebenswürdigen Beruf aus. Manch einem ist die Musik zu leise, gegen mehr Lautstärke hätten allerdings die Nachbarn zweifellos etwas einzuwenden.

Nasti Club
CLUB, LIVEMUSIK

(Karte S. 104 f.; ☎91 521 76 05; www.nasti.es; Calle de San Vicente Ferrer 33; Eintritt frei–10 €; ⊙Do–Sa 22–6 Uhr; Ⓜ Tribunal) Dieser Club ist in einem verlassen wirkenden Gebäude voller Graffitis untergebracht und hat den wohl hässlichsten Eingang, den man sich vorstellen kann. Auch ein Schild sucht man draußen vergeblich – wer hierherkommt, muss die Adresse kennen. Gespielt werden in erster Linie Indie-Rock und Post-Punk, trotzdem ist der Laden nicht so schlimm, wie unsere Beschreibung vermuten lässt. Er zieht Hippies, Prominente der Madrider Underground-Szene und sogar ein paar respektable Leute an und beschreibt sich zu Recht selbst als cool. Hier spielen oft Bands, von denen noch nie jemand etwas gehört hat, bis sie dann zwei Jahre später berühmt werden. Das sagt eigentlich schon alles. Typisch Malasaña.

Tupperware
BAR, CLUB

(Karte S. 104 f.; ☎91 446 42 04; Calle de la Corredera Alta de San Pablo 26; ⊙Di–Sa 20–3.30 Uhr;

(M Tribunal) Ein Kandidat für die Bar, die Malasañas Rocker-Geist am besten einfangen kann. Das alteingesessene Tupperware bietet seinen treuen, meist über 30-jährigen Fans Indie, Rock, Soul und Klassiker aus den 1960er- und 1970er-Jahren sowie jede Menge Kitsch (Augäpfelstuck an der Decke und Plastikfernseher mit Actionfigur-Dioramen hinter der Bar). Am Wochenende kann es nach 1 Uhr recht voll werden. Die Einheimischen sprechen den Clubnamen übrigens wie „Tupper-warry" aus.

Kinos

Cine Doré KINO

(Karte S. 80; ☎ 91 369 11 25; www.mcu.es/cine/MC/FE/CineDore/Programacion; Calle de Santa Isabel 3; Eintrittskarten 2,50 €; ⏲ Di–So; M Antón Martín) Die Nationale Filmbibliothek zeigt in diesem Kino viele hervorragende Klassiker und Avantgarde-Filme.

Cinesa Proyecciones KINO

(☎ 902 333231; www.cinesa.es; Calle de Fuencarral 136; Eintrittskarten 8 €; M Bilbao, Quevedo) Ein modernes Kino in einem wunderbaren Jugendstilhaus.

Cines Princesa KINO

(☎ 902 229122, 91 541 41 00; www.cinesrenoir.com; Calle de Princesa 3; ab 7,50 €; M Plaza de España) Über die Leinwand des Cines Princesa flimmert so ziemlich alles von Hollywood-Blockbustern bis zu Autorenfilmen, was in Originalversion zu kriegen ist.

Yelmo Cineplex Ideal KINO

(Karte S. 72 f.; ☎ 902 220922; www.yelmocines.es; Calle del Doctor Cortezo 6; Eintrittskarten 8 €; M Sol, Tirso de Molina) Das Kino in der Nähe der Plaza Mayor bietet eine große Auswahl an Filmen.

Theater & Tanz

Theaterfans kommen in Madrid das ganze Jahr über auf ihre Kosten. Die meisten Vorstellungen gibt's nur auf Spanisch, aber Musicals bzw. die spanische Variante *zarzuela* lohnen sich auch für Besucher, die kein Wort verstehen. Eintrittskarten kosten zwischen 10 und 50 €.

Compañía Nacional de Danza TANZ

(☎ 91 354 50 53; www.cndanza.net) Diese dynamische Tanztruppe unter der Leitung von José Carlos Martínez tritt auch im Ausland auf und erntet in der Regel begeisterte Kritiken für ihre innovative, technisch meisterhafte Performance und ihren Stil. Das hauptsächlich aus ausländischen Tänzern bestehende Ensemble zeigt originelle zeitgenössische Stücke und gilt in der internationalen Szene als eine der führenden Gruppen.

Ballet Nacional de España BALLETT

(☎ 91 517 99 99; http://balletnacional.mcu.es) Eine klassische Gruppe, die für ihre einzigartige Mischung aus Ballett und traditionellen spanischen Tänzen wie Flamenco und *zarzuela* bekannt ist. Wenn das Ensemble in Madrid ist, tritt es meistens im Teatro Real oder im Teatro de la Zarzuela auf.

Teatro de la Zarzuela THEATER

(Karte S. 80; ☎ 91 524 54 00; http://teatrodelazarzuela.mcu.es; Calle de Jovellanos 4; Eintrittskarten 5–42 €; ⏲ Kartenverkauf Mo–Fr 12–18, Sa & So 15–18 Uhr; M Banco de España) Die beste Adresse für *zarzuela*. In dem 1856 errichteten Theater finden auch klassische Musikkonzerte und Opernaufführungen sowie Auftritte der innovativen Compañía Nacional de Danza statt.

Teatro Español THEATER

(Karte S. 80; ☎ 91 360 14 84; www.teatroespanol.es; Calle del Príncipe 25; M Sevilla, Sol, Antón Martín) Im Grunde gibt's das Theater gegenüber der Plaza de Santa Ana schon seit dem 16. Jh. Es gilt noch immer als eine der besten Bühnen, um sich spanische Mainstreamstücke anzusehen, ob es sich nun um ein Werk aus der Feder von Lope de Vega oder eines zeitgenössischen Bühnenautors handelt.

Teatros del Canal THEATER

(☎ 91 308 99 99; www.teatrosdelcanal.org; Calle de Cea Bermúdez 1; M Canal) 2009 wurde dieser hochmoderne Theaterkomplex eröffnet. Hier erlebt man große Aufführungen, Musicals, Tanzkonzerte sowie mehrere Programmpunkte des Festivals Suma Flamenca (S. 111) im Juni.

Livemusik

FLAMENCO

Madrid gilt zwar nicht gerade als spirituelle Heimat des Flamenco und die großen Tänzer fühlen sich wahrscheinlich eher in den Tavernen Andalusiens zu Hause, trotzdem ist die spanische Hauptstadt eine der besten Adressen für Darbietungen dieser Art.

Bis auf wenige Ausnahmen muss man für die Shows recht tief in die Tasche greifen. Eintrittskarten für *tablaos* (kleine Bühnen, oft mit dazugehörigen Restaurants) kosten zwischen 25 und 35 €. Im Preis ist der erste Drink inbegriffen, nicht aber das viel zu teure Essen (bis zu 50 € pro Pers.). Deshalb kauft man besser nur ein Ticket für die Aufführung und stärkt sich vorher woanders. In

MADRID FÜR SCHWULE & LESBEN

Madrid ist eine der schwulenfreundlichsten Städte in Europa. Im innerstädtischen *barrio* (Viertel) Chueca fühlen sich Homosexuelle besonders wohl, denn die ehemals heruntergekommene Gegend strotzt nur so vor Lebensfreude und zieht ein bunt gemischtes Publikum an. Ein besonders guter Termin für einen Besuch der Stadt ist der letzte Samstag im Juni, wenn die Schwulen- und Lesbenparade Día del Orgullo de Gays, Lesbianas y Transexuales (S. 112) stattfindet.

In Chueca gibt's jede Menge einschlägige Bars, Restaurants und Geschäfte. Die **Librería Berkana** (Karte S. 104 f.; ☎91 522 55 99; www.libreriaberkana.com; Calle de Hortaleza 64; ⏲Mo–Fr 10.30–21, Sa 11.30–21, So 12–14 & 17–21 Uhr; Ⓜ Chueca) fungiert als inoffizielles Infozentrum. Hier bekommt man das zweiwöchentlich erscheinende Magazin *Shanguide*, das mit Veranstaltungstipps und Kontaktanzeigen vollgestopft ist, und kann Bücher, Magazine sowie Videos kaufen. Die Buchhandlung **A Different Life** (Karte S. 104 f.; ☎91 532 96 52; www.adifferentlife.es; Calle de Pelayo 30; ⏲Mo–Fr 11–22, Sa 11–24, So 11–15 & 17–22 Uhr; Ⓜ Chueca) ist eine weitere gute Anlaufstelle.

Wer das Neueste über das Abendprogramm in der Stadt wissen möchte, steuert das relaxte **Mamá Inés** (Karte S. 104 f.; www.mamaines.com; Calle de Hortaleza 22; ⏲So–Do 10–2, Fr & Sa 10–3 Uhr; Ⓜ Chueca) an. Das **Café Acuarela** (Karte S. 104 f.; www.cafeacuarela.es; Ⓜ Chueca) bildet das schummrig beleuchtete Herzstück des schwulen Madrids und wird von der hünenhaften Statue eines nackten männlichen Engels bewacht. Einen ungezwungenen Abend außer Haus verspricht auch das schicke **Café La Troje** (Karte S. 104 f.; Calle de Pelayo 26; ⏲14–2 Uhr; Ⓜ Chueca).

Zu den beliebtesten Nachtclubs in Chueca gehören das **Club 54 Studio** (Karte S. 104 f.; www.studio54madrid.com; Calle de Barbieri 7; ⏲Mi–Sa 11.30–3.30 Uhr; Ⓜ Chueca), das dem berühmten New Yorker Club Studio 54 nachempfunden ist, und das **Liquid Madrid** (Karte S. 104 f.; www.liquid.es; ⏲Mo–Do 21–3, Fr & Sa 21–3.30 Uhr; Ⓜ Chueca). Länger geöffnet hat das **Why Not?** (Karte S. 104 f.; www.whynotmadrid.com; Calle de San Bartolomé 7; Eintritt 10 €; ⏲22.30–6 Uhr; Ⓜ Chueca). Die Gäste der meist brechend vollen Bar überlassen nichts der Fantasie und sind sehr zeigefreudig – egal ob schwul oder hetero. Gespielt werden in erster Linie Pop und die aktuellen Charts.

Eine Menge Spaß kann man auch im **Sala Bash/Ohm** (Karte S. 104 f.; www.ohmclub.es; Plaza del Callao 4; Eintritt 12 €; ⏲Do–So 24–6 Uhr; Ⓜ Callao), **Black & White** (Karte S. 104 f.; www.discoblack-white.net; Calle de la Libertad 34; ⏲So–Do 22–5.30, Fr & Sa 22–6 Uhr; Ⓜ Chueca) und an den Samstagabenden im Cool (S. 129) haben.

Eine exzellente Unterkunft ist das Hostal La Zona (S. 116) mit größtenteils schwulen Gästen.

dem Fall muss man allerdings in Kauf nehmen, dass es keinen Platz mehr in der ersten Reihe gibt. Viele Shows werden speziell für Touristen gemacht. Das ist kein Zeichen von geringer Qualität – oft sind sie sogar ausgezeichnet –, doch es gehen schon mal die echten, rohen Emotionen des Flamenco verloren, weil nur ein sachkundiges Publikum dazu in der Lage ist, die Künstler zu Höchstleistungen anzuspornen.

Corral de la Morería FLAMENCO
(Karte S. 77; ☎91 365 84 46; www.corraldelamoreria.com; Calle de la Morería 17; Eintritt inkl. Getränk 42–45 €; ⏲20.30–2.30 Uhr, Shows So–Fr 21.30 & 23.30, Sa 19, 22 & 24 Uhr; Ⓜ Ópera) Eine angesehene Adresse mit einem rustikalen Ambiente und eng beieinanderstehenden Tischen. Der Laden blickt auf eine 50-jährige Flamenco-Tradition zurück und bietet zumeist sehr gute Vorstellungen. Das Essen im Restaurant ist überteuert (ab 43 €), aber die Vorstellungen sind hochwertig. Zahlreiche internationale Stars wie Marlene Dietrich, Marlon Brando, Muhammad Ali und Omar Sharif haben sich hier schon Shows angesehen.

Las Carboneras FLAMENCO
(Karte S. 72 f.; ☎91 542 86 77; www.tablaolascarboneras.com; Plaza del Conde de Miranda 1; Eintritt 30 €; ⏲Shows Mo–Do 20.30 & 22.30, Fr & Sa 20.30 & 23 Uhr; Ⓜ Ópera, Sol, La Latina) Ebenso wie viele andere *tablaos* der Stadt wird das Carboneras eher von Touristen als von Einheimischen besucht, doch die Qualität leidet nicht darunter. Dies ist nicht der Platz für aufwühlende Spontanität, aber dafür be-

kommt man eine exzellente Einführung in den Flamenco. Außerdem haben sich bisher nur wenige Kenner des Tanzes über den Laden beschwert.

Las Tablas FLAMENCO

(Karte S. 72 f.; ☎91 542 05 20; www.lastablasmadrid.com; Plaza de España 9; Eintritt 26 €; ⏲Shows So–Do 22.30, Fr & Sa 20 & 22 Uhr; Ⓜ Plaza de España) Mit seinen hochwertigen Flamenco-Aufführungen und erschwinglichen Preisen ist das Las Tablas vielleicht die beste Adresse der Stadt. In den meisten Nächten werden klassische Shows mit kehligem Gesang und ausdrucksstarken Tänzern geboten. Antonia Moya und Marisol Navarro, die führenden Stars der Szene, treten hier regelmäßig auf.

Casa Patas FLAMENCO

(Karte S. 80; ☎91 369 04 96; www.casapatas.com; Calle de Cañizares 10; Eintritt 32 €; ⏲Shows Mo–Do 22.30, Fr & Sa 21 & 24 Uhr; Ⓜ Antón Martín, Tirso de Molina) Eine der besten Flamenco-Bühnen der Stadt. Die Vorführungen sind von unschlagbarer Qualität und eignen sich wunderbar als Einführung in diese Kunstform. Leider verhält sich das Personal nicht besonders freundlich, besonders wenn man nur wegen der Show herkommt. Darüber hinaus herrscht ein ziemliches Gedränge.

Villa Rosa FLAMENCO

(Karte S. 80; ☎91 521 36 89; Plaza de Santa Ana 15; Eintritt 17 €; ⏲Shows So–Do 20.30 & 22.45, Fr & Sa 20.30, 22.45 & 0.15 Uhr; Ⓜ Sol) Die bemerkenswerte geflieste Fassade (sie wurde 1928 von Alfonso Romero gefertigt, der auch für die Kacheln auf der Plaza de Toros verantwortlich ist) dieses alteingesessenen Nachtclubs ist schon für sich genommen eine Touristenattraktion. Seit seiner Eröffnung 1914 behauptet sich das Villa Rosa mit verschiedenen Konzepten und machte sich vor allem als Flamenco-Bühne einen Namen. Mit seinen erschwinglichen Shows und Gerichten ist es inzwischen wieder zu seinen Wurzeln zurückgekehrt. 1991 wurde hier übrigens Pedro Almodóvars Film *Tacones lejanos* (High Heels; 1991) gedreht.

KLASSISCHE MUSIK & OPER

Auditorio Nacional de Música KLASSISCHE MUSIK

(☎91 337 01 40; www.auditorionacional.mcu.es; Calle del Príncipe de Vergara 146; Ⓜ Cruz del Rayo) In den beiden modernen Konzerthallen des Auditorio de Música treten neben dem Teatro Real auch Madrids angesehenes Orquesta Sinfonía und berühmte Dirigenten aus der ganzen Welt auf. Eintrittskarten erhält man normalerweise problemlos direkt am Ticketschalter. Das Gebäude liegt nördlich des Viertels Salamanca, 1 km hinter der Kreuzung Calle del Príncipe de Vergara/Avenida de América.

Teatro Real OPER, KLASSISCHE MUSIK

(Karte S. 72 f.; ☎902 24 48 48; www.teatro-real.com; Plaza de Oriente; Ⓜ Ópera) Nach über 100 Mio. € teuren Umbauarbeiten kann sich das Teatro Real von der technischen Ausstattung her mit jedem anderen Konzertsaal in Europa messen. Es handelt sich um Madrids beste Bühne für große Opern, Ballett und Klassikkonzerte. Eintrittspreise starten bei 15 €, allerdings für einen Platz, der so weit von der Bühne weg ist, dass man beinahe ein Teleskop braucht. Immerhin ist die Akustik überall gleich gut. Richtig gute Plätze sind nicht unter 127 € zu haben.

JAZZ

LP TIPP **Café Central** JAZZ

(Karte S. 80; ☎91 369 41 43; www.cafecentralmadrid.com; Plaza del Ángel 10; Eintritt 10–15 €; ⏲So–Do 13.30–2.30, Fr & Sa 13.30–3.30 Uhr; Ⓜ Antón Martín, Sol) 2011 nahm das renommierte Jazzmagazin *Down Beat* diese Art-dèco-Bar in die Liste der weltweit besten Jazzclubs auf. Die Auszeichnung ist quasi mit einem Michelin-Stern gleichzusetzen und wurde sonst keinem Club in Spanien verliehen. Mittlerweile ist die Bandbreite des Ladens mit über 9000 Konzerten riesig, so gehören Latin Jazz, Fusion, Tango und klassischer Jazz sowie große internationale Namen wie Chano Domínguez, Tal Farlow und Wynton Marsalis zum Programm. Normalerweise bleiben die Künstler eine Woche und ziehen dann weiter, deshalb bekommt man für die Auftritte unter der Woche meistens auch noch kurzfristig ein Ticket. An den Wochenenden sieht die Sache allerdings anders aus. Die Shows beginnen um 22 Uhr und Eintrittskarten werden ab eine Stunde vor Beginn verkauft.

Populart JAZZ

(Karte S. 80; ☎91 429 84 07; www.populart.es; Calle de las Huertas 22; Eintritt frei; ⏲So–Do 18–2.30, Fr & Sa 18–3.30 Uhr; Ⓜ Antón Martín, Sol) Ein klassischer madrilenischer Jazzclub. Das Populart wartet mit einer entspannten Atmosphäre und einer hohen musikalischer Qualität auf. Meistens gibt's Jazz, gelegentlich auch Blues, Swing und sogar Flamenco. Hier sind bereits Compay Segundo, Sonny Fortune und die Canal Street Jazz Band aufgetreten. Jeweils um 22.45 Uhr geht's los, allerdings muss man für einen Sitzplatz schon früh herkommen.

El Berlín Jazz Café JAZZ

(Karte S. 104 f.; ☎91 521 57 52; www.cafeberlin.es; Calle de Jacometrezo 4; Eintritt 8 €; ⏲Sept.–Juli Di–So 19–2.30 Uhr; 👪; Ⓜ Callao, Santo Domingo) Für so manch einen Jazzfan ist das in den 1950er-Jahren gegründete Berlín der authentischste Club der Stadt. Alles dreht sich um klassischen Jazz, deshalb gibt's auch keine Fusion-Konzerte. Das Interieur im Jugendstil trägt noch mehr zum Charme des Ladens bei und die Künstler, die hier spielen, lesen sich wie das Who's who der internationalen Szene. Hier standen bereits Al Foster (Miles Davis' Schlagzeuger), Santiago de Muela und das Calento Jazz Orchestra auf der Bühne. Die Hauptkonzerte finden freitags und samstags ab 23.30 Uhr statt, unter der Woche gibt's weitere Gigs, darunter eine Jamsession am Dienstag.

El Junco Jazz Club JAZZ, CLUB

(Karte S. 104 f.; ☎91 319 20 81; www.eljunco.com; Plaza de Santa Bárbara 10; Konzerte 6–10 €; ⏲Mo 20–3.30, Di–Fr 20–6, Sa & So 23–6 Uhr, Konzerte Di–So 23 Uhr; Ⓜ Alonso Martínez) Dank der erstklassigen Livegigs spanischer und internationaler Jazzbands, gefolgt von DJs, die Funk, Soul, Nu Jazz, Blues und innovative Groove-Klänge auflegen, hat sich das Junco einen festen Platz in der hiesigen Nachtclubszene erkämpft. Zum Programm gehören auch Jamsessions ab 23 Uhr (dienstags Jazz, sonntags Blues), ansonsten liegt der Fokus auf Musik aus dem Süden der USA. Die Atmosphäre ist kultiviert, aber locker.

NOCH MEHR LIVEMUSIK

Costello Café & Niteclub LIVEMUSIK

(Karte S. 72 f.; www.costelloclub.com; Calle del Caballero de Gracia 10; Eintritt 5–10 €; ⏲So–Mi 18–1, Do–Sa 18–2.30 Uhr; Ⓜ Gran Vía) In diesem supercoolen Club mit der seidenweichen Atmosphäre und einer an Andy Warhol erinnernden Einrichtung werden Pop, Rock und Fusion gespielt. Jeden Abend (außer sonntags) gibt's um 21.30 Uhr Livemusik, und von Donnerstag bis Samstag halten einen DJs bis zum frühen Morgen auf Trab. Einziger Minuspunkt: Der Club schließt für unseren Geschmack zu früh.

Sala El Sol LIVEMUSIK

(Karte S. 72 f.; ☎91 532 64 90; www.elsolmad.com; Calle de los Jardines 3; Eintritt 8–25 €; ⏲Juli–Sept. Di–Sa 23–5.30 Uhr; Ⓜ Gran Vía) Dieser beliebte Schuppen wurde 1979 eröffnet – gerade rechtzeitig zur *movida* – und etablierte sich schnell zur führenden Bühne für damalige Ikonen. Inzwischen ist die *movida* vorbei, doch sie lebt immer noch im El Sol weiter, wo vor allem Hits aus den 1970er- und -80er-Jahren sowie Soul und Funk aufgelegt werden. Viele Bands treten ab 23 Uhr auf, manche legen allerdings trotz der offiziellen Öffnungszeiten auch schon eine Stunde früher los. Danach sorgen DJs mit Rock, Fusion und Electronica sowie die wunderbare Soundanlage für Stimmung. Auf der Website findet man alle aktuellen bzw. zukünftigen Konzerttermine und kann zudem Tickets buchen.

ContraClub LIVEMUSIK

(Karte S. 77; ☎91 365 55 45; www.contraclub.es; Calle de Bailén 16; Eintritt 6–12 €; ⏲Mi–Sa 22–6 Uhr; Ⓜ La Latina) Veranstaltungsort für Livekonzerte und Nachtclub. Mittwochs gibt's Live-Flamenco, donnerstags bis samstags einen vielseitigen Mix (Jazz, Blues, Mainstream und Rock). Nach den Konzerten, die um 22.30 Uhr beginnen, legen einheimische DJs ähnlich abwechslungsreiche Beats auf (Indie, Pop, Funk und Soul).

Café La Palma LIVEMUSIK

(Karte S. 104 f.; ☎91 522 50 31; www.cafelapalma.com; Calle de la Palma 62; Eintritt frei–12 €; ⏲16.30–3 Uhr; Ⓜ Noviciado) Es ist beeindruckend, wie viel Unterhaltung das Palma bietet. Liveshows angesagter lokaler Bands finden im hinteren Bereich statt, während sich weiter vorne DJs austoben. Manche Räume erinnern an ein Café, während andere mit Kissen auf dem Boden wie ein arabisches Teehaus wirken. Von Donnerstag bis Samstag gibt's jeden Tag zwei Konzerte (um 22 und 24 Uhr), wobei gelegentlich auch an anderen Abenden Livebands spielen.

Clamores LIVEMUSIK

(☎91 445 79 38; www.clamores.es; Calle de Albuquerque 14; Eintritt 5–15 €; ⏲18–3 Uhr; Ⓜ Bilbao) Mittlerweile ist dieses einstige Jazzcafé eine der vielfältigsten Livebühnen der Stadt. Seit seiner Eröffnung vor drei Jahrzehnten hat sich das Dekor dankenswerterweise nicht verändert. Neben Mainstream, Flamenco, Soul-Fusion, Pop und Rock wollen die Gäste nach wie vor auch noch Jazz hören. Die Auftritte beginnen teilweise am Wochenende schon um 19 Uhr, nehmen aber oft erst ab 1 Uhr so richtig Fahrt auf. Das Clamores befindet sich im Viertel Chamberí, abseits der Calle de Trafalgar.

STIERKAMPF

Von der Fiesta de sSan Isidro (S. 111) Mitte Mai bis Ende Oktober schwenken Spaniens Stars unter den Stierkämpfern ihre roten Tücher auf der Plaza de Toros Monumental de Las Ventas (S. 101), einer der größten Stierkampfarenen der Welt. In der sechswöchigen Hauptsaison (ab Mai) finden fast jeden Tag *corridas* (Stierkämpfe) statt.

Obwohl die Popularität von Stierkämpfen in Madrid schwindet und das Durchschnittsalter der Zuschauer mit jedem Jahr steigt, erfreuen sich die Kämpfe während der Fiesta de San Isidro nach wie vor großer Beliebtheit, vor allem bei der zeigefreudigen Prominenz. Übrigens: Auch wenn das Interesse an dem Sport sinkt, wird die Hauptstadt sicherlich nicht Barcelonas Beispiel folgen und Stierkämpfe verbieten. Madrid ist und bleibt eine Bastion der kontrovers diskutierten spanischen Tradition. Eine umfassendere Auseinandersetzung mit dem Thema siehe S. 882.

Honky Tonk LIVEMUSIK

(☎91 445 61 91; www.clubhonky.com; Calle de Covarrubias 24; Eintritt frei; ⏲21–5 Uhr; Ⓜ Alonso Martínez) Ein toller Platz, um Blues oder lokale Rock-'n'-Roll-Bands zu erleben, obwohl viele Künstler auch Country, Jazz oder R&B spielen. Der in den 1980er-Jahren eröffnete kleine Club punktet vor allem mit seinem fröhlichen Ambiente und ist 365 Tage im Jahr in Betrieb. Eine verlässliche Adresse für den späten Abend, die zudem eine eindrucksvolle Whisky-Auswahl bietet.

La Boca del Lobo LIVEMUSIK

(Karte S. 80; ☎91 429 70 13; www.labocadellobo.com; Calle de Echegaray 11; Eintritt frei–10 €; ⏲21–3.30 Uhr; Ⓜ Sol, Sevilla) Im „Wolfsschlund" – der klassische Jazzclub ist genauso düster wie es sein Name suggeriert – finden nicht nur Rock- und Indie-Konzerte statt, sondern man bekommt auch Roots, Reggae, Jazz, Soul, Ska sowie Flamenco, Funk und Fusion zu hören. Mittwochs um 23 Uhr stehen Roots- und Groove-Musik sowie Jamsessions auf dem Programm. Die Veranstaltungen beginnen mittwochs bis samstags zwischen 21.30 und 23 Uhr (siehe Website), danach legen DJs auf.

Sport

FUSSBALL

Estadio Santiago Bernabéu FUSSBALL

(☎902 291709, 91 398 43 00; www.realmadrid.com; Avenida de Concha Espina 1; Rundgang Erw./Kind 16/11 €; ⏲Mo–Sa 10–19, So 10.30–18.30 Uhr außer an Spieltagen; Ⓜ Santiago Bernabéu) Das Estadio Santiago Bernabéu, eine Art Tempel für Fussballfans und eines der größten Sportstadien überhaupt, ist die Heimat von **Real Madrid**. Die Mannschaft bietet Fußballkunst vom Feinsten, deshalb sind bei den Spielen auch stets alle 80 000 Plätze besetzt. Wer das Glück hat, in der Stadt zu sein, wenn der Club einen großen Preis abräumt, sollte gemeinsam mit den Fans auf der Plaza de la Cibeles feiern.

Tickets für einen **Rundgang** auf eigene Faust werden am Schalter 10 (neben Tor 7) verkauft. Anschließend geht's vorbei an der beeindruckenden **Exposición de Trofeos** (Trophäen-Ausstellung), durch die Präsidentenbox, den Presseraum, die Umkleiden und den Spielertunnel bis auf das Feld. An Spieltagen kann man das Stadion bis fünf Stunden vor Veranstaltungsbeginn besuchen, wobei die Exposición de Trofeos bis zwei Stunden vor dem Spiel geöffnet ist.

Die günstigsten Eintrittskarten für ein Spiel kosten mindestens 40 €, können aber je nach Wichtigkeit auch um einiges teurer sein. Wer das Ticket nicht über eine Agentur kauft, sollte möglichst früh in der Woche vor dem Spiel zum Schalter an Tor 42 (Avenida de Concha Espina) kommen. Eintrittskarten sind auch online unter www.realmadrid.com erhältlich; die Nummer für telefonische Buchungen (das Ticket holt man später an Tor 42 ab) lautet 902 324324 und ist nur innerhalb des Landes erreichbar.

Das Stadion liegt nördlich der Stadt am Paseo de la Castellana, rund 3,5 km nördlich der Plaza de la Cibeles.

Shoppen

Lust, den Look zu verändern, weil einem der lässige, aber dennoch elegante Stil der Spanier gefällt? Genug von Postkarten mit Stieren und kitschigen Flamenco-Postern? Haben die Freunde in der Heimat einen anspruchsvolleren Geschmack als ein gepunktetes Flamenco-Kleid als Souvenir? Kein Problem, denn hier findet man alles, wonach man sucht. Madrid ist eine fantastische Stadt zum Shoppen und die *madrileños* gelten als wahre Meister dieser Kunst.

Die besten Möglichkeiten bieten die *rebajas* (Winter- oder Sommerschlussverkauf), wenn fast alle Preise heruntergesetzt sind. Um den 7. Januar beginnt der Winterschlussverkauf, der bis lange in den Februar hineinreicht. Der Sommerschlussverkauf startet Anfang Juli und dauert bis August.

Viele Läden haben jeweils am ersten Sonntag jedes Monats und den ganzen Dezember über geöffnet.

LOS AUSTRIAS, SOL & CENTRO

Antigua Casa Talavera KERAMIK

(Karte S. 72 f.; Calle de Isabel la Católica 2; ⏲Mo–Fr 10–13.30 & 17–20, Sa 10–13.30 Uhr; ❄; Ⓜ Santo Domingo) Hinter der außergewöhnlichen gefliesten Fassade dieses alten Ladens verbirgt sich ein Paradies voller Tonwaren aus ganz Spanien. Hier bekommt man keine Massenprodukte für Touristen, sondern Einzelstücke von kleinen Familientöpfereien aus Andalusien und Toledo. Es gibt eine große Auswahl an dekorativer Keramik (Fliesen) und praktischen Dingen (Teller, Tassen und andere Küchenutensilien). Das ältere Betreiberpaar ist sehr freundlich.

El Arco Artesanía KUNSTHANDWERK

(Karte S. 72 f.; www.artesaniaelarco.com; Plaza Mayor 9; ⏲11–21 Uhr; Ⓜ Sol, La Latina) Der originelle Shop in der südwestlichen Ecke der Plaza Mayor verfügt über eine riesige Auswahl an hausgemachten Designsouvenirs: Von Stein- und Glasarbeiten bis zu Schmuck und Wohnaccessoires ist alles dabei. Die Figuren aus Pappmaché sind zauberhaft, aber man entdeckt hier auch noch zahlreiche andere schöne Dinge.

El Flamenco Vive FLAMENCO

(Karte S. 72 f.; www.elflamencovive.es; Calle Conde de Lemos 7; ⏲Mo–Sa 10.30–14 & 17–21 Uhr; Ⓜ Ópera) In diesem Flamenco-Tempel findet man Gitarren, Liederbücher und preiswerte CDs, gepunktete Kostüme, Schuhe, bunten Plastikschmuck und themenbezogene Literatur. Der Laden zieht sowohl Neugierige als auch eingefleischte Fans dieser Kunstform an. Wer will, kann sogar Flamenco-Gitarren-Unterricht nehmen.

Casa de Diego ACCESSOIRES

(Karte S. 72 f.; www.casadediego.com; Plaza de la Puerta del Sol 12; ⏲Mo–Sa 9.30–20 Uhr; Ⓜ Sol) Verkauf bzw. Reparatur von spanischen Fächern, Schals, Regenschirmen und Spazierstöcken. Der Service des 1858 eröffneten Shops ist altmodisch und die Angestellten sind manchmal mürrisch, aber die Fächer gelten als antike Kunstwerke. In der Nähe gibt's eine zweite **Filiale** (Karte S. 72 f.; ☎91 531 02 23; www.casadediego.com; Calle del los Mesoneros Romanos 4; ⏲Mo–Sa 9.30–13.30 & 16.45–20 Uhr; Ⓜ Callao, Sol).

Salvador Bachiller ACCESSOIRES

(Karte S. 104 f.; www.salvadorbachiller.com; Gran Vía 65; ⏲Mo–Sa 10–21.30, So 11–21 Uhr; Ⓜ Plaza de España, Santo Domingo) Stilvolle, hochwertige Ledertaschen, Portemonnaies, Koffer und weitere Accessoires von Salvador Bachiller – dieser Laden ist ein Muss für alle Shoppingfans. Hier stößt man auf jede Menge Leder in hellen Pink-, Gelb- und Grüntönen. Klingt grell? Sobald man den Laden betritt, sieht man das anders. Der **Outletshop** (Karte S. 104 f.; ☎91 523 30 37; Calle de Gravina 11; ⏲Mo–Do 10.30–21.30, Fr & Sa 10.30–23, So 12–21 Uhr; Ⓜ Chueca) in Chueca verfügt über ältere Kollektionen.

Casa Hernanz SCHUHE

(Karte S. 72 f.; Calle de Toledo 18; ⏲Mo–Fr 9–13.30 & 16.30–20, Sa 10–14 Uhr; Ⓜ La Latina, Sol) Die bequemen, strickbesohlten *alpargatas* (Espadrillos), traditionelle spanische Schuhe, werden von vielen Einheimischen getragen, sogar vom König. In dieser Werkstatt werden sie seit Generationen von Hand hergestellt. Entweder kauft man eines der vorhandenen Paare oder gibt eines in Auftrag. Die Preisspanne reicht dabei von 5 bis 40 €. Sobald es wärmer wird, stehen die Leute vor dem Laden Schlange.

Maty FLAMENCO

(Karte S. 72 f.; ☎91 531 32 91; Calle del Maestro Victoria 2; ⏲Mo–Fr 10–13.45 & 16.30–20, Sa 10–14 & 16.30–20 Uhr; Ⓜ Sol) Bei einem Spaziergang durch das Stadtzentrum entsteht der Eindruck, dass es nur noch nachgemachte Flamenco-Kleider für Touristen gibt. Genau deswegen sind Geschäfte wie das Maty wichtig. Hier bekommt man Kleider, Schuhe und alle anderen Accessoires rund ums Thema Flamenco für Kinder und Erwachsene. Lohnenswert sind auch die hochwertigen Karnevalskostüme; sie kosten zwar nicht gerade wenig, bieten sich jedoch als tolle Geschenke an.

LA LATINA & LAVAPIÉS

LP TIPP **El Rastro** MARKT

(Calle de la Ribera de Curtidores; ⏲So 8–15 Uhr; Ⓜ La Latina, Puerta de Toledo, Tirso de Molina) Es ist in Madrid Tradition, den Sonntagmorgen auf dem Rastro zu verbringen, der in der Calle de la Ribera de Curtidores und zahlreichen umliegenden Straßen veranstaltet wird. Die vielen Verkäufer haben z. B. billige

Kleidung, Taschen, alte Flamenco-Platten und alte Fotografien der Stadt im Angebot, außerdem gibt's jede Menge gefälschte Designertaschen, schmuddelige T-Shirts sowie Haushalts- und Elektrowaren. Wer gut sucht, entdeckt manchmal sogar echte Schätze wie ein verlorenes Meisterwerk oder eine Underwood-Schreibmaschine.

Achtung: Taschendiebe fühlen sich auf dem Flohmarkt sehr wohl, deshalb sollte man seine Habseligkeiten eng am Körper tragen und Wertsachen sicher aufbewahren.

Helena Rohner SCHMUCK
(Karte S. 77; www.helenarohner.com.es; Calle del Almendro 4; ⌚Mo–Fr 9–20.30, Sa 12–14.30 & 15.30–20, So 12–15 Uhr; Ⓜ La Latina, Tirso de Molina) Helena Rohner, eine der kreativsten Schmuckdesignerinnen der Welt, betreibt in La Latina eine große Boutique. Ihre innovativen Stücke bestehen aus Silber, Edelsteinen, Porzellan, Holz und Muranoglas und werden regelmäßig auf den Pariser Laufstegen präsentiert. Mit ihren Kreationen möchte die Künstlerin laut eigener Aussage „die Magie von Florenz, die Vitalität Londons und die Leuchtkraft Madrids" einfangen.

HUERTAS & ATOCHA

Gil ACCESSOIRES
(Karte S. 80; Carrera de San Jerónimo 2; ⌚Mo–Sa 9.30–13.30 & 16.30–20 Uhr; Ⓜ Sol) Heute sieht man sie nicht mehr oft, aber die fransigen, bestickten *mantones* und *mantoncillos* (traditionelle spanische Schals und Stolen, die Frauen bei festlichen Anlässen tragen) sowie die zarten *mantillas* (spanische Spitzenschleier) sind tolle, ungewöhnliche Souvenirs. Überdies kann man bei Gil auch *abanicos* (spanische Fächer) kaufen. In dem dunklen Geschäft wird man noch wie in den 1880er-Jahren bedient, und das ist auch gut so.

María Cabello WEIN
(Karte S. 80; Calle de Echegaray 19; ⌚Mo–Fr 9.30–14.30 & 17.30–21, Sa 10–14.30 & 18.30–21.30 Uhr; Ⓜ Sevilla, Antón Martín) Wenn doch alle Weinläden wie dieser wären ... Die Inhaber des familiengeführten Eckladens sind echte Kenner, zudem hat sich die Deko – Holzregale und ein verblichenes Deckenfresko – seit 1913 kaum verändert. Das Angebot umfasst etwa 500 edle Tropfen (meist spanische, aber auch ein paar ausländische Sorten).

SALAMANCA

LP TIPP **Agatha Ruiz de la Prada** MODE
(Karte S. 102; www.agatharuizdelaprada.com; Calle de Serrano 27; ⌚Mo–Sa 10–20.30 Uhr; Ⓜ Serrano) In dieser Boutique dominieren die Farben Pink, Gelb und Orange. Die Mode ist witzig, ausgefallen und durchaus ernst zu nehmen. Agatha Ruiz de la Prada gilt als eine der größten Ikonen während Madrids kreativer Hochphase, der *movida madrileña* in den 1980er-Jahren.

Gallery KLEIDUNG, ACCESSOIRES
(Karte S. 102; www.gallerymadrid.com; Calle de Jorge Juan 38; ⌚Mo–Sa 10.30–20.30 Uhr; Ⓜ Príncipe de Vergara, Velázquez) Ein Modegeschäft mit stilvoller, markenbewusster Kleidung und wunderbaren Accessoires (Schuhe, Taschen, Gürtel) für den Herrn. Cremes und Parfüms sprechen den metrosexuellen Teil der Kundschaft an, zudem gibt's originellere Artikel wie Designerhelme. Mit seinem von Tomas Alia gestalteten Interieur und einer stetig wachsenden Damenkollektion gehört das Gallery zu den coolsten Geschäften der Stadt.

Oriol Balaguer SÜSSWAREN
(www.oriolbalaguer.com; Calle de José Ortega y Gasset 44; ⌚Mo–Sa 9–21, So 9–14.30 Uhr; Ⓜ Nuñez de Balboa) Der katalanische Konditormeister Oriol Balaguer hat einen beeindruckenden Lebenslauf. Er arbeitete schon mit Ferran Adrià in Katalonien zusammen und erhielt 2001 den Preis für das weltbeste Dessert (die „Seven Textures of Chocolate"). Seine Schokoladen-Boutique ist eine kleine Kunstgalerie – nur dass sie sich statt Kleidung exquisiten, kunstvoll hergestellten Schokoladenkreationen und Kuchen widmet. Nach einem Besuch dieses Ladens wird man niemals mehr normale Schokolade genießen können.

Camper SCHUHE
(Karte S. 102; www.camper.es; Calle de Serrano 24; ⌚Mo–Sa 10–21, So 11–20 Uhr; Ⓜ Serrano) Spanische Mode ist nicht nur Haute Couture: Die weltbekannte originelle Trend-Schuhmarke aus Mallorca kombiniert Bowlingschuh-Schick mit farbenfrohen, kreativen Designs, Qualität und Tragekomfort. Weitere Zweigstellen verteilen sich auf die ganze Stadt, darunter eine **Filiale** (Karte S. 72 f.; ☎91 531 23 47; www.camper.com; Calle de Fuencarral 42; Ⓜ Gran Vía, Tribunal) in Malasaña; die Adressen gibt's auf der Website.

MALASAÑA & CHUECA

LP TIPP **Mercado de Fuencarral** KLEIDUNG
(Karte S. 104 f.; www.mdf.es; Calle de Fuencarral 45; ⌚Mo–Sa 11–21 Uhr; Ⓜ Tribunal) Dieser überaus beliebte Markt für alternative Clubmode zelebriert eine Art rebellischen Snobismus. Shops wie Fuck, Ugly Shop und

Black Kiss haben flippige, grungige Kleidung im Angebot und sind bis an die Decke mit zerrissenen T-Shirts sowie schwarzen Leder- und Silberwaren vollgestopft. Der Mercado de Fuencarral ist eine Institution, deshalb gab es fast einen Aufstand, als er 2008 schließen sollte.

Lurdes Bergada MODE
(Karte S. 104 f.; ☎91 531 99 58; www.lurdesbergada.es; Calle del Conde de Xiquena 8; ⏲Mo–Sa 10–20.30 Uhr; Ⓜ Chueca, Colón) Die Designer Lurdes Bergada und Syngman Cucala, Mutter und Sohn aus Barcelona, fertigen elegante sowie originelle Männer- und Damenmode in neutralen Farben aus naturbelassenen Stoffen. Ihr stylisher, jedoch lässiger, von Chueca geprägter Stil hat mittlerweile fast schon Kultstatus erreicht. Bei einem Besuch findet man eigentlich immer irgendein Teil, das man *unbedingt* haben muss. Es gibt eine zweite **Filiale** (Karte S. 104 f.; www.lurdesbergada.es; Calle de Fuencarral 70; ⏲Mo–Sa 10.30–20.30 Uhr; Ⓜ Tribunal) in Malasaña.

Patrimonio Comunal Olivarero OLIVENÖL
(Karte S. 104 f.; www.pco.es; Calle de Mejía Lequerica 1; ⏲Mo–Fr 10–14 & 17–20, Sa 10–14 Uhr; Ⓜ Alonso Martínez) Wer die wahre Essenz spanischer Olivenöle kennenlernen möchte – Spanien ist der weltweit größte Produzent, sollte diesen Laden ansteuern. Man könnte Jahre damit verbringen, sich für eine der unzähligen Sorten zu entscheiden. Die Angestellten kennen sich gut aus und helfen einem gern weiter, wenn man etwas Spanisch spricht.

IM NORDEN DER STADT

Tienda Real Madrid SPORTSOUVENIRS
(Gate 57, Estadio Santiago Bernabéu, Avenida de Concha Espina 1; ⏲10–20.30 Uhr; Ⓜ Santiago Bernabéu) Der Fanshop von Real Madrid verkauft T-Shirts, Poster, Mützen und zahlreiche andere Dinge, an denen man das Clublogo befestigen kann. Vom Fenster des Ladens hat man einen tollen Blick auf das Stadion. Es gibt eine **Zweigstelle** (Karte S. 72 f.; ☎521 79 50; Calle del Carmen 3; ⏲Mo–Sa 10–20.45, So 10–18.45 Uhr; Ⓜ Sol) in der Innenstadt.

ℹ Praktische Informationen

Gefahren & Ärgernisse

Madrid gilt als sichere Stadt, trotzdem muss man sich vor Taschendieben in Acht nehmen, besonders im Stadtzentrum, in der Metro und rund um touristische Sehenswürdigkeiten. Vorsicht ist auch in gut besuchten Gegenden wie der Plaza Mayor und den umliegenden Straßen, der Puerta del Sol, auf dem El Rastro und im Museo del Prado angebracht. Oft „arbeiten" die Diebe in Zweierteams (oder auch in größeren Gruppen). Während man beispielsweise von einer attraktiven Frau abgelenkt wird, leert ihr Partner einem die Taschen. Doch man sollte nicht paranoid werden: Viele Traveller haben noch nie ein Problem gehabt.

Eher beunruhigend als gefährlich war lange Zeit die Calle de la Montera, wo sich Prostituierte, Zuhälter und schräge Typen aufhielten. Mittlerweile wurde die Straße aber zur Fußgängerzone umfunktioniert und mit Überwachungskameras sowie einer Polizeistation ausgestattet.

Lavapiés ist ein etwas düsterer, multikultureller Schmelztiegel, sehr attraktiv, aber mit Problemen wie Drogenkriminalität behaftet. Wer nachts alleine unterwegs ist, sollte das Viertel besser meiden.

Infos im Internet

EsMadrid.com (www.esmadrid.com) Toller Internetauftritt des *ayuntamiento* (Rathaus) inklusive einer Veranstaltungsliste.

Informationen aus Madrid (www.inundummadrid.com) Blog eines deutschen Einwanderers.

Le Cool (www.madrid.lecool.com) Wöchentliche Updates zu Veranstaltungen mit Betonung auf der alternativen und der Avantgardeszene.

Turismo Madrid (www.turismomadrid.es) Portal der regionalen Touristeninformation. Bietet auch Infos zu Regionen außerhalb der Stadt, die zur Comunidad de Madrid gehören.

Internetzugang

In Zeiten von WLAN und Laptops bleiben viele gute Internetcafés auf der Strecke. An nahezu jeder Straßenecke stößt man auf kleine *locutorios* (Läden, die Telefonkarten verkaufen und günstige Telefonate anbieten), die häufig auch über ein paar Computer verfügen. Wir listen sie hier nicht alle auf, da ständig neue Shops öffnen bzw. wieder schließen. Zu den besten Optionen in der Innenstadt gehört das Centro de Turismo de Madrid. Hier gibt's mehrere Computer mit einem zeitlich begrenzten Zugang.

Café Comercial (Glorieta de Bilbao 7; pro 50 Min. 1 €; ⏲Mo 7.30–24, Di–Do 7.30–1, Fr 7.30–2, Sa 8.30–2, So 9–24 Uhr; Ⓜ Bilbao) Wunderbares altes Café mit Internetzugang im Obergeschoss.

Medizinische Versorgung

Unidad Medica (Angloamericana; ☎91 435 18 23; www.unidadmedica.com; Calle del Conde de Aranda 1; ⏲Mo–Fr 9–20, Sa 10–13 Uhr; Ⓜ Retiro) Breit aufgestellte Privatklinik; die Ärzte sprechen alle Spanisch und Englisch, teilweise auch Deutsch und Französisch. Pro Behandlung sind rund 125 € fällig.

Farmacia Mayor (☎91 366 46 16; Calle Mayor 13; ⏲24 Std.; Ⓜ Sol)

Farmacia Velázquez 70 (☎91 575 60 28; Calle de Velázquez 70; ⏲24 Std.; Ⓜ Velázquez)

Hospital General Gregorio Marañón (☎91 586 80 00; www.hggm.es; Calle del Doctor Esquerdo 46; Ⓜ Sáinz de Baranda, O'Donnell, Ibiza) Eines der größten Krankenhäuser der Stadt in recht zentraler Lage.

Notfall

Notruf (☎112)

Policía Nacional (☎091)

Servicio de Atención al Turista Extranjero (Hilfsservice für Touristen; ☎902 102112, 91 548 85 37, 91 548 80 08; www.esmadrid.com/satemadrid; Calle de Leganitos 19; ⏲9–22 Uhr; Ⓜ Plaza de España, Santo Domingo) Die beste Anlaufstelle zur Meldung von Diebstählen, Sperrung von Kreditkarten oder um die Botschaft zu kontaktieren.

Teléfono de la Víctima (☎902 180995) Hotline für Opfer rassistischer oder sexueller Gewalt.

Post

Hauptpost (www.correos.es; Paseo del Prado 1; ⏲Mo–Fr 8.30–21.30, Sa 8.30–14 Uhr; Ⓜ Banco de España) Im riesigen Palacio de Comunicaciones an der Plaza de la Cibeles.

Touristeninformation

Centro de Turismo de Madrid (☎91 588 16 36; www.esmadrid.com; Plaza Mayor 27; ⏲9.30–20.30 Uhr; @; Ⓜ Sol) Exzellente Touristeninformation mit einem kleineren Büro unterhalb der Plaza de Colón und Infoschaltern auf der **Plaza de la Cibeles** (Plaza de la Cibeles; ⏲9.30–20.30 Uhr; Ⓜ Banco de España), der **Plaza del Callao** (Plaza del Callao; ⏲9–24 Uhr; Ⓜ Callao), vor dem **Centro de Arte Reina Sofía** (Ecke Calle de Santa Isabel & Plaza del Emperador Carlos V; ⏲9.30–20.30 Uhr; Ⓜ Atocha) sowie im T4-Terminal am Flughafen Barajas.

ℹ An- & Weiterreise

Auto & Motorrad

Die Stadt ist von zwei großen Ringstraßen umgeben, der äußeren M40 und der inneren M30. Zusätzlich gibt's noch zwei partielle Ringstraßen, die M45 und die weiter entfernte M50. Die R5 und die R3 gehören zu einer Reihe von Mautstraßen und wurden gebaut, um Staus zu umgehen.

In Madrid haben alle bekannten Autovermietungen Filialen und Schalter am Flughafen sowie teilweise auch in den Bahnhöfen Atocha und Chamartín.

Avis (☎902 180854; www.avis.es; Gran Vía 60; Ⓜ Santo Domingo, Plaza de España)

Europcar (☎902 105030; www.europcar.es; Calle de San Leonardo de Dios 8; Ⓜ Plaza de España)

Hertz (☎902 402405; www.hertz.es; Edificio de España, Calle de Princesa 14; Ⓜ Plaza de España)

National/Atesa (☎902 100101; www.atesa.es; Plaza de España, Tiefgarage; Ⓜ Plaza de España)

Pepecar (☎807 414243; www.pepecar.com; Plaza de España, Tiefgarage; Ⓜ Plaza de España)

Bus

Die **Estación Sur de Autobuses** (☎91 468 42 00; www.estaciondeautobuses.com; Calle de Méndez Álvaro 83; Ⓜ Méndez Álvaro) gleich südlich der Ringstraße M30 ist der wichtigste Busbahnhof der Stadt. Um hierherzugelangen, folgt man der Calle de Méndez Alvaro rund 2 km südöstlich des Atocha-Bahnhofs. Von hier aus werden viele Ziele im Süden und zahlreiche andere Landesregionen bedient. Fast alle Busgesellschaften haben vor Ort Büros, selbst wenn ihre Fahrzeuge von anderen Busbahnhöfen starten.

Die wichtigsten Unternehmen:

ALSA (☎902 422242; www.alsa.es) Einer der größten Anbieter Spaniens mit vielen Verbindungen. Die meisten Busse fahren an der Estación Sur ab, ein paar Richtung Norden (darunter nach Bilbao und Zaragoza sowie teilweise nach Barcelona) starten auch am Intercambiador de Avenida de América sowie am T4 in Madrids Flughafen Barajas.

Avanzabus (☎902 020052; www.avanzabus.com) Verbindungen in die Extremadura (z. B. Cáceres), nach Kastilien-León (z. B. Salamanca und Zamora), Valencia via Cuenca sowie Lissabon in Portugal. Die Busse verkehren von der Estación Sur.

Flugzeug

Der **Aeropuerto de Barajas** (☎902 404704; www.aena.es; Ⓜ Aeropuerto T1, T2 & T3, Aeropuerto T4) liegt 15 km nordöstlich der Stadt. Er ist einer der belebtesten Flughäfen Europas (über 52 Mio. Passagiere jährlich) mit zahlreichen Verbindungen, z. B. nach Frankfurt.

Passagiere können in den Abflugterminals und teilweise auch in der Metrostation Nuevos Ministerios einchecken (*facturación;* einfach bei der jeweiligen Fluggesellschaft erkundigen).

Eine vollständige Liste der Airlines (mit Infos darüber, welche der vier Terminals sie nutzen) gibt's auf www.aena.es (Abschnitt Madrid-Barajas); dazu auf „Airlines" klicken. Weitere Infos zu internationalen und nationalen Flügen nach Madrid siehe S. 899 und S. 903.

Zug

Madrid hat zwei Hauptbahnhöfe. Am südlichen Ende des Stadtzentrums liegt der größere von beiden, **Puerta de Atocha** (Ⓜ Atocha Renfe), während der kleinere, **Chamartín** (Ⓜ Chamartín), im Norden der Stadt zu finden ist. Viele innerspanische Züge fahren von Atocha los, vor allem die Richtung Süden. Internationale Züge starten bzw. enden zumeist in Chamartín. Reservierungen können über **Renfe** (☎902 240202; www.renfe.es) vorgenommen werden.

Der Hochgeschwindigkeitszug **Tren de Alta Velocidad Española (AVE)** verbindet Madrid mit Sevilla (via Córdoba), Valladolid (via Segovia), Toledo, Valencia (via Cuenca), Málaga und Barcelona (via Zaragoza und Huesca oder Tarragona). Fast alle Schnellzüge fahren vom Bahnhof Puerta de Atocha ab. Der Zug Madrid–Segovia/Valladolid startet am Bahnhof Chamartín.

ℹ Unterwegs vor Ort

Madrid wartet mit einem ausgezeichneten, schnell wachsenden **Metronetz** sowie guten **Busverbindungen** auf. Darüber hinaus pendeln **Lokalzüge** *(cercanías)* zwischen den im Norden und Süden gelegenen Bahnhöfen Chamartín und Atocha. **Taxis** sind nicht teuer.

Bus

Empresa Municipal de Transportes de Madrid (EMT; ☎902 507850; www.emtmadrid.es) bedient zwischen 6.30 und 23.30 Uhr fast die gesamte Stadt. Von Mitternacht bis 6 Uhr verkehren 26 Nachtlinien (*búhos* – Eulen), die alle an der Plaza de la Cibeles starten.

Cercanías

Die regionalen Kurzstreckenzüge von **Renfe** (www.renfe.es/cercanias) fahren bis nach El Escorial, Alcalá de Henares, Aranjuez und in andere Orte innerhalb der Comunidad de Madrid. Tickets kosten je nach Strecke zwischen 1,50 und 5,05 €. Weil die *cercanías* auch zwischen den Bahnhöfen Chamartín und Atocha (mit Halt in Nuevos Ministerios und Sol) verkehren, sind sie sehr praktisch.

Vom/zum Flughafen

Je nach Verkehrslage und Tageszeit kostet ein **Taxi** ins Stadtzentrum etwa 25 € (vom T4 aus zahlt man bis zu 35 €); zusätzlich zum Betrag auf dem Kilometerzähler werden 5,50 € Flughafenzulage berechnet.

Exprés Aeropuerto (Airport Express; www.emtmadrid.es; 5 €; ⌚24 Std.) Der erst kürzlich in Betrieb genommene Exprés Aeropuerto bedient die Strecke zwischen dem Bahnhof Puerta de Atocha und dem Flughafen. Busse verkehren von 6 bis 23.30 Uhr alle 13 bis 23 Minuten, danach alle 35 Minuten die ganze Nacht durch. Die Fahrt dauert 40 Minuten. Von 23.55 bis 5.35 Uhr starten die Busse an der Plaza de la Cibeles, nicht am Bahnhof.

Metro (www.metromadrid.es; Zugang in T2 & T4) Die Linie 8 fährt von 6.05 bis 2 Uhr vom Flughafen zur Haltestelle Nuevos Ministerios am Paseo de la Castella, wo Anschluss zu den Linien 10 und 6 besteht. Die einfache Fahrt zum/vom Flughafen kostet 4,50 € (ein 10er-Metrobús-Ticket gibt's für 12 €). Auch mit dem 10er-Ticket muss man sich an den Automaten in den Metrostationen das Extraticket zum Flughafen kaufen. Die Fahrt zur Haltestelle Nuevos Ministerios dauert rund 15 Minuten, ab dem T4 etwa 25 Minuten.

AeroCITY (☎91 747 75 70; www.aerocity.com; pro Pers. 5–19 €) Privater Kleinbusservice.

Metro

Madrids moderne Metro, Europas zweitgrößtes U-Bahn-Netz, ist schnell, effizient, sicher und unkomplizierter als Busse. Es gibt neben den elf farblich gekennzeichneten Linien noch das moderne MetroSur-System sowie Verbindungen nach Osten zu den größeren Vororten Pozuelo und Boadilla del Monte. Farbige Netzpläne findet man in jeder Station. Die Metro verkehrt zwischen 6.05 und 2 Uhr, in naher Zukunft eventuell jedoch nur noch bis Mitternacht. Eine einfache Fahrt kostet 1,50 €, das 10er-Metrobús-Ticket 12 €.

Taxi

Taxistände gibt's überall in Madrid, alternativ winkt man einfach eins heran. Der Grundpreis von 2,15 € gilt täglich von 6 bis 22 Uhr. Sonntags bis freitags von 22 bis 6 Uhr sind es 2,20 €, samstags bis sonntags von 22 bis 6 Uhr 3,10 €. Pro Kilometer werden je nach Tageszeit zwischen 1 und 1,20 € berechnet. Dazu kommen diverse Zuschläge, die normalerweise am Armaturenbrett des Taxis ausgehängt sind – etwa 5,50 € zum/vom Flughafen, 3 € für Taxis, die an Zug- oder Busbahnhöfen stehen, und 3 € zum/vom Parque Ferial Juan Carlos I. Für Gepäck wird kein Aufpreis verlangt.

Radio-Teléfono Taxi (☎91 547 82 00; www.radiotelefono-taxi.com)

Tele-Taxi (☎91 371 21 31; www.tele-taxi.es)

RUND UM MADRID

Obwohl die Comunidad de Madrid klein ist, gilt sie als tolles Ausflugsziel für Traveller, die dem hektischen Treiben der Großstadt entfliehen möchten, ohne dabei allzu weit fahren zu müssen. Das imposante San Lorenzo de El Escorial und das anmutige Aranjuez bilden die westlichen und südlichen Vorposten der Metropole. Ebenfalls im Süden liegt das betörend schöne Städtchen Chinchón, ein absolutes Muss für Besucher der Gegend. Östlich der Hauptstadt stößt man auf Alcalá de Henares, ein beeindruckendes Universitätszentrum. In der Sierra de Guadarrama und Sierra del Pobre im Norden locken zudem zahlreiche malerische Dörfer und Skiorte.

San Lorenzo de El Escorial

18 447 EW. / 1032 M

San Lorenzo de El Escorial ist ein beeindruckender Palast- und Klosterkomplex auf den untersten Gipfeln des Bergzugs, der Madrid nach Norden und Westen hin abschirmt. Früher diente er als Ausflugsziel für Könige, heute beherbergt er zahlreiche originelle Geschäfte, Restaurants und Hotels für die zahlreichen Wochenendausflügler aus der nahe gelegenen Metropole. Die frische, kühle Luft zieht bereits Besucher an, seit der Komplex im 16. Jh. von Philipp II. in Auftrag gegeben wurde. Viele Traveller kommen für einen Tagesausflug her.

Geschichte

Nachdem Philipp II. in der Schlacht von St. Quentin am 10. August 1557 – dem Laurentiustag – einen entscheidenden Sieg gegen die Franzosen errungen hatte, gab er zum Dank den Bau des Komplexes in Auftrag, der heute den Namen des heiligen Laurentius trägt und über dem Dörfchen El Escorial thront. Um Platz für das riesige Kloster, den Königspalast und das Mausoleum von Philipps Eltern Karl I. und Isabella zu schaffen, mussten einige Ortschaften plattgewalzt werden – alles streng bewacht vom Architekten Juan de Herrera, einem der bedeutendsten Baumeister der spanischen Renaissance.

Das Palastkloster wurde zu einem wichtigen intellektuellen Zentrum mit einer ausgedehnten Bibliothek und Kunstsammlung. Es gab sogar ein Labor, in dem Wissenschaftler ihre alchimistischen Experimente durchführen konnten. Philipp starb hier am 13. September 1598.

1854 mussten die Mönche des Hieronymus-Ordens, die ursprünglich in dem Kloster gelebt hatten, ihr Heim wegen einer Konfiszierungswelle von religiösem Eigentum durch den spanischen Staat verlassen. 30 Jahre später zog hier der Augustinerorden ein.

Sehenswertes

Der Haupteingang zum **Real Monasterio de San Lorenzo** (☎91 890 78 18; www.patrimonionacional.es; Erw./ermäßigt 10/5 €, Guide/Audioguide 7/4 €, EU-Bürger Mi & Do 17–20 Uhr Eintritt frei; ⏲April–Sept. 10–20 Uhr, Okt.–März 10–18 Uhr, Mo geschl.) befindet sich an der Westfassade. Über dem Tor hält eine Statue des heiligen Laurentius Wache, die ein Folterinstrument in der Hand hat (einen Eisenrost, auf dem der Heilige bei lebendigem Leib gegrillt wurde). Von dort aus geht's als Erstes in den **Patio de los Reyes** mit den Denkmälern von sechs biblischen Königen.

Direkt davor befindet sich die düstere **Basilika** mit einer ungewöhnlich niedrigen Gewölbedecke über dem Chorgestühl. In der Kirche selbst biegt man links ab, um zu der von Benvenuto Cellini geschaffenen Statue des gekreuzigten Christus aus weißem Carrara-Marmor (1576) zu gelangen.

Die Überreste des Erdgeschosses beherbergen mehrere Schätze, darunter auch einige Wandteppiche und ein beeindruckendes Gemälde von El Greco. Letzterer hat jedoch nicht den gesamten Komplex gestaltet, auch wenn dies sein großer Traum war. Treppabwärts kommt man in den nordöstlichen Teil des Komplexes mit dem **Museo de Arquitectura** und dem **Museo de Pintura**. Das Architekturmuseum erzählt von der Entstehungsgeschichte des Komplexes (auf Spanisch) und in der Gemäldegalerie gibt's eine Auswahl italienischer, spanischer und flämischer Kunst aus dem 16. und 17. Jh.

Wenn man die Treppe hinaufgeht, gelangt man in eine weitere Galerie rund um den östlichen Anbau, den **Palacio de Felipe II.** bzw. **Palacio de los Austrias**. Unten befindet sich der **Panteón de los Reyes** (Königsgruft) aus dem 17. Jh., Ruhestätte fast aller spanischen Monarchen und deren Ehefrauen seit Karl I. Ein kleines Stück zurück stößt man auf den **Panteón de los Infantes** (Gruft der Prinzen, Prinzessinnen und Königinnen, deren Kinder keine Herrscher wurden).

Vom **Patio de los Evangelistas** (Hof der Evangelisten) führen Stufen zu den **Salas Capitulares** (Kapitelsälen) in der Südostecke des Klosters. Diese hellen, luftigen Räume mit freskenverzierten Decken bewahren eine kostbare kleine Sammlung an Werken von El Greco, Tizian, Tintoretto, José de Ribera und Hieronymus Bosch (für die Spanier „El Bosco").

Einen kleinen Spaziergang kann man im **Huerta de los Frailes** (Mönchsgarten; ⏲April–Sept. 10–19 Uhr, Okt.–März 10–18 Uhr, Mo geschl.), dem hübsch angelegten Park südlich des Klosters, unternehmen. Im **Jardín del Príncipe** (⏲April–Sept. 10–21 Uhr, Okt.–März 10–18 Uhr, Mo geschl.), der nach El Escorial bzw. zum Bahnhof hinunterführt, liegt die **Casita del Príncipe** (geführter Rundgang Erw./Student 3,60/2 €; ⏲April–Sept. 10–20 Uhr, Okt.–März 10–18 Uhr, Mo geschl.), ein kleines, neoklassizistisches Kleinod des Architekten Juan de Villanueva, das unter Karl III. für seinen Thronfolger errichtet wurde.

Praktische Informationen

Touristeninformation (☎91 890 53 13; www.sanlorenzoturismo.org; Calle de Grimaldi 4; ⏲Di–Sa 10–14 & 15–18, So 10–14 Uhr)

An- & Weiterreise

Alle 15 Minuten (an Wochenenden alle 30 Minuten) starten die Busse 661 und 664 nach El Escorial (3,55 €, 1 Std.). Los geht's von Plattform 30 im Intercambiador de Autobuses de Moncloa in Madrid.

San Lorenzo de El Escorial liegt 59 km nordwestlich der Hauptstadt und ist in 40 Autominuten zu erreichen. Dafür nimmt man die A6 bis zur M600 und folgt dann den Ausschilderungen nach El Escorial.

Täglich verkehren zahlreiche C8-*cercanías*-Züge von **Renfe** (☎902 240202; www.renfe.es) von den Madrider Bahnhöfen Atocha und Chamartín nach El Escorial (1,65 €, 1 Std.).

Südlich von Madrid

ARANJUEZ

55 755 EW.

Aranjuez wurde abseits der Hektik in Madrid als Vergnügungsort für spanische Könige gegründet. Heute ist der Ort eine Oase für alle, die dem Großstadtleben entfliehen wollen. Das Schloss beeindruckt, aber uns haben vor allem die frische Luft und der ausgedehnte Park begeistert.

Sehenswertes

Palacio Real PALAST

(☎91 891 07 40; www.patrimonionacional.es; Palast Erw./ermäßigt 9/4 €, Guide/Audioguide 6/4 €, EU-Bürger Mi & Do 17–20 Uhr Eintritt frei, Gärten Eintritt frei; ⏲Palast April–Sept. Di–So 10–20 Uhr, Okt.–März Di–So 10–18 Uhr, Gärten Mitte Juni–Mitte Aug. 8–21.30 Uhr, Mitte Aug.–Mitte Juni verkürzte Öffnungszeiten) Bis mehrere Monarchen im 18. Jh. viel Geld in das Schloss steckten und sich dabei vom französischen Versailles inspirieren ließen, diente die Anlage zunächst als eine der bescheideneren Sommerresidenzen von Philipp II. Der ausgedehnte, schachtelförmige Palast beherbergt mehr als 300 Räume und eine Fülle von Zierrat. Von allen Herrschern, die hier ihre Zeit verbrachten, hinterließen Karl III. und Isabella II. die deutlichsten Spuren.

Einblicke in die Geschichte des Gebäudes und die Kunstwerke gewährt die **Führung** in spanischer Sprache. Verschiedene Spazierwege verlaufen durch die üppigen **Gärten**, die mit einer bunten Mischung aus endemischen und exotischen Pflanzen aufwarten – die Samen wurden von spanischen Botanikern und Entdeckungsreisenden im 19. Jh. aus aller Welt mitgebracht – und vom Palast aus ein paar Kilometer weit reichen. Mitten im Park stößt man auf die Casa de Marinos mit dem **Museo de Falúas**, eine Ausstellung königlicher Segelboote vergangener Zeiten. Die im 18. Jh. errichtete neoklassische **Casa de Labrador** ist ebenfalls einen Besuch wert. Weiter weg, in Richtung Chinchón, erstreckt sich der **Jardín del Príncipe**, eine Erweiterung der riesigen Anlage.

Essen

Casa José SPANISCH €€€

(☎91 891 14 88; www.casajose.es; Calle de Abastos 32; Hauptgerichte 20–30 €, Menüs 63–74 €; ⏲Di–Sa mittags & abends, So mittags) Die ruhige, elegante Casa José ist mit einem Michelin-Stern ausgezeichnet worden. An den Wochenenden kommen viele *madrileños*, um die leckeren Fleischgerichte, regionalen Spezialitäten und überraschenden Innovationen zu kosten. Teuer, jedoch jeden Cent wert.

Pabelete TAPAS €

(Calle de Stuart 108; Tapas ab 3,50 €, raciones 7–12 €; ⏲Mi–Mo mittags & abends, im Aug. geschl.) Seit 1946 hat diese lässige Tapas-Bar eine treue Kundschaft, die auch von außerhalb anreist. Am beliebtesten sind die *croquetas* und der gefüllte Tintenfisch. Hier dreht sich alles um exquisite traditionelle Speisen ohne allzu viele Schnörkel.

Praktische Informationen

Touristeninformation (☎91 891 04 27; www.aranjuez.es; Antigua Carretera de Andalucía; ⏲Mai–Okt. 10–20.30 Uhr) Die Touristeninformation befindet sich mitten in der Stadt, nur ein paar hundert Meter südwestlich des Palacio Real.

An- und Weiterreise

Wer mit dem Auto von Madrid aus anreist, nimmt die NIV nach Süden bis zur M305, die ins Ortszentrum führt.

Die Buslinie 423 der **AISA Bus Company** (☎902 198788; www.aisa-grupo.com) verkehrt von Madrids Estación Sur etwa alle 15 Minuten nach Aranjuez (4,20 €, 45 Min.).

Von Madrids Bahnhof Atocha starten alle 15 bis 20 Minuten C3-*cercanías*-Züge nach Aranjuez (3,20 €, 45 Min.).

CHINCHÓN

5389 EW.

Chinchón liegt nur 45 km von Madrid entfernt, scheint aber aus einer völlig anderen Welt zu stammen. Obwohl es über seine al-

DER ERDBEERZUG

Es fährt zwar auch ein ganz gewöhnlicher Zug von Madrid nach Aranjuez, doch Romantikerherzen schlagen für den **Tren de la Fresa** (Erdbeerzug; 902 240202; www.museodelferrocarril.org; return Erw./Kind 28/20 €; Anfang Mai–Ende Okt. Sa & So 10 Uhr), der bereits seit 1985 auf dieser Route verkehrt. Madrids erste bzw. Spaniens dritte Bahnstrecke wurde in den 1850er-Jahren in Betrieb genommen und der Erdbeerzug dient als Erinnerung an die Zeit, als die spanische Königsfamilie vor der Sommerhitze in ihren Königspalast in Aranjuez flüchtete.

Die Reise beginnt, wenn die alte Dampflok vom Typ Mikado 141F-2413 vom Madrider Museo del Ferrocarril startet. Sie zieht vier Passagierwaggons, die aus dem frühen 20. Jh. stammen und noch altmodische Vorder- sowie Hecktrittbretter haben. Auf der 50-minütigen Fahrt serviert das Bahnpersonal in passendem Outfit Kostproben einheimischer Erdbeersorten. Ursprünglicher Zweck des Zugs war es u. a., die Königsfamilie mit Sommererdbeeren von den Plantagen in Aranjuez zu versorgen. Im Ticketpreis enthalten ist eine Führung durch den Palacio Real, das Museo de Falúas, andere Sehenswürdigkeiten in Aranjuez und noch mehr Erdbeeren. Der Zug verlässt Aranjuez um 18.25 Uhr und fährt wieder in Richtung Hauptstadt.

ten Grenzen hinausgewachsen ist, bedeutet ein Besuch des alten Dorfkerns noch immer eine Zeitreise in eine längst vergessene Ära. Aus diesem Grund lohnt es sich, für eine Nacht zu bleiben. Keinesfalls verpassen sollte man zudem ein Mittagessen in einem der *méson*-(tavernen-)artigen Restaurants rund um den Hauptplatz.

Sehenswertes

Chincóns Ortskern ist einzigartig: Verwitterte, schmiedeeiserne Balkone umgeben die fast kreisförmige **Plaza Mayor**, einen wunderbar stimmungsvollen Platz – vielleicht sogar der schönste in Spanien. Im Sommer verwandelt er sich in eine Stierkampfarena und an Ostern dient er als Bühne für das volkstümliche Passionsspiel.

Es gibt zwar nicht viele historische Gebäude, aber die im 16. Jh. entstandene **Iglesia de la Asunción** an der Plaza Mayor und das aus dem 16. Jh. stammende **Castillo de los Condes** im Renaissancestil, das etwas außerhalb des Ortes im Süden liegt, lohnen trotzdem einen Blick. Die Burg ist bereits seit dem 18. Jh. nicht mehr bewohnt und wurde zuletzt als Spirituosenfabrik genutzt. Die Öffnungszeiten erfährt man in der Touristeninformation.

Feste & Events

Fiesta Mayor DORFFEST

Chinchóns größtes Fest wird einmal jährlich auf der Plaza Mayor mit religiösen Prozessionen, Stierkämpfen und Ähnlichem begangen. Es beginnt in der zweiten Augustwoche und dauert sieben Tage.

Schlafen

Hostal Chinchón HOSTAL €

(91 893 53 98; www.hostalchinchon.com; Calle Grande 16; EZ/DZ/3BZ 40/50/65 €;) Die öffentlichen Bereiche sind schöner als die kleinen sauberen, aber abgenutzten Zimmer. Der Dachpool mit Blick auf die Plaza Mayor ist ein überraschendes Highlight.

Parador Nacional LUXUSHOTEL €€€

(91 894 08 36; www.parador.es; Avenida Generalísimo 1; DZ 173 €;) Der frühere Convento de Agustinos (Augustinerkloster) gilt als eines der wichtigsten historischen Gebäude des Ortes. Wer hier unterkommt, kann sich auf puren Luxus freuen. Ein Besuch lohnt sich auch für einen kurzen Abstecher zum Essen oder auf einen Kaffee.

Essen

In Chinchón gibt's zahlreiche traditionelle Tavernen, in denen *cordero asado* (Lammbraten) zubereitet wird. Wer Appetit auf etwas Leichteres hat, kann auf der Plaza Mayor ein paar Tapas und Drinks genießen.

Mesón Cuevas del Vino SPANISCH €€

(91 894 02 06; www.cuevasdelvino.com; Calle Benito Hortelano 13; Hauptgerichte 14–27 €; Mo–Fr 12–17 & 20–23, Sa 12–23, So 12–20 Uhr) Hier ist alles von den riesigen Ziegenfellbeuteln voll Wein über die Fässer mit Autogrammen bis zum atmosphärischen Keller unvergesslich. Außerdem schmeckt das Essen toll.

Café de la Iberia SPANISCH €€

(91 894 08 47; www.cafedelaiberia.com; Plaza Mayor 17; Hauptgerichte 13–22 €) Unser Favorit un-

ter den *mesones* (rustikale Restaurants) rund um die Plaza Mayor. Die Gerichte (z. B. saftiger Lammbraten) sind wunderbar, der Service ist zuvorkommend und das Ambiente hervorragend. Gäste essen im lichtdurchfluteten Innenhof (den schon Goya besucht haben soll) oder – wenn sie einen Tisch ergattern – draußen auf dem Balkon.

Praktische Informationen

Touristeninformation (☎91 893 53 23; www.ciudad-chinchon.com; Plaza Mayor 6; ⊙10–19 Uhr) Hilfsbereite Mitarbeiter.

An- & Weiterreise

Alle halbe Stunde startet in Madrid ein Bus von **La Veloz** (☎91 409 76 02; Avenida del Mediterráneo 49; Ⓜ Conde de Casal) nach Chinchón (3,55 €, 50 Min.). Los geht's an der Avenida del Mediterráneo 100 m östlich der Plaza del Conde de Casal.

Chinchón liegt nur 45 km südöstlich von Madrid und ist problemlos mit dem Auto zu erreichen. Man nimmt die Autobahn NIV und biegt auf die M404 ab, die direkt zum Zielort führt.

Alcalá de Henares

203 686 EW.

Diese östlich von Madrid gelegene Stadt bietet einiges an Überraschungen: jede Menge historische Sandsteingebäude, ein paar schöne, sonnige Plätze und eine geradezu legendäre Universität. Alles in allem handelt es sich um einen tollen Ort, um der trubeligen Metropole ein paar Stunden zu entfliehen.

Sehenswertes

GRATIS **Universidad de Alcalá** UNIVERSITÄT

(☎91 883 43 84; Führungen 4 €; ⊙9–21 Uhr) Die 1486 von Kardinal Cisneros gegründete Universität ist eine der bedeutendsten Hochschulen Spaniens. Auf einer Führung erfährt man Spannendes über die Kapelle im Mudejarstil und das beeindruckende Auditorium Paraninfo, wo der König und die Königin jedes Jahr den renommierten Preis „Premio Cervantes" verleihen.

Museo Casa Natal de Miguel de Cervantes MUSEUM

(☎91 889 96 54; www.museo-casa-natal-cervantes.org; Calle Mayor 48; ⊙Di–So 10–18 Uhr) Weil der bedeutende Autor Miguel de Cervantes Saavedra aus dieser Stadt stammt, wird sie von den meisten Spaniern verehrt. Genau an der Stelle, wo Cervantes das Licht der Welt erblickt haben soll, wurde ein aufschlussreiches Museum gebaut. Es liegt an der schönen von Säulen gesäumten Calle Mayor.

Essen

Barataría TAPAS €€

(☎91 888 59 25; Calle de los Cerrajeros 18; Tapas ab 3,50 €, Hauptgerichte 8–13 €; ⊙Mo–Sa mittags & abends, So mittags) Weinschenke, Tapas-Bar und Restaurant in einem. Die Spezialität dieses wunderbaren Restaurants ist Grillfleisch. Rippchen mit Honig zählen zu den Favoriten der Einheimischen.

Hostería del Estudiante KASTILISCH €€

(☎91 888 03 30; Calle de los Colegios 3; Hauptgerichte 13–21 €) Das charmante Lokal ist in einem *parador* untergebracht und serviert köstliche kastilianische Küche. Gäste speisen in einem mit Artefakten aus der illustren Geschichte der Stadt geschmückten Raum.

Praktische Informationen

Touristeninformation (☎91 881 06 34; www.turismoalcala.com; Plaza de los Santos Niños; ⊙10–20 Uhr) Samstags und sonntags findet um 12 und 16.30 Uhr die kostenlose Führung „Alcalá Monumental" (Alcalás Bauwerke und Architektur) statt.

An- & Weiterreise

Alcalá de Henares liegt nur 35 km östlich von Madrid in Richtung Zaragoza an der A2.

Von Madrids Intercambiador de Avenida de América fahren regelmäßig Busse hierher (3,60 €, 1 Std.), außerdem wird der Ort täglich von den *cercanías*-Zügen C2 und C7 angesteuert (2,40 €, 50 Min.).

Sierra de Guadarrama

Das beliebte Wintersportgebiet nördlich von Madrid wartet mit einigen hübschen Städtchen auf. In **Manzanares El Real** kann man z. B. das kleine im 15. Jh. errichtete **Castillo de los Mendoza** (☎91 853 00 08; Eintritt inkl. Führung 3 €; ⊙Di–Fr 10–17, Sa & So 10–19.30 Uhr) erkunden, ein Märchenschloss mit Rundtürmen und einem gotischen Innenhof.

Cercedilla gilt als idealer Ausgangspunkt für Wanderer und Mountainbiker. Hier erstrecken sich mehrere ausgeschilderte Trekkingwege, darunter die Hauptroute **Cuerda Larga**, auch bekannt als **Cuerda Castellana**. Die wunderbare Waldstrecke führt vom **Puerto de Somosierra** im Norden über 55 Berggipfel bis zum **Puerto de la Cruz Verde** im Südwesten. Überschaubare Skiresorts wie **Valdesqui** (☎902 886446; www.val

desqui.es; Puerto de Cotos; Tages-/Nachmittagspass 37/21 €; ⌚9–16 Uhr) und **Navacerrada** (☎902 882328; www.puertonavacerrada.com; Liftpass 25–30 €; ⌚9.30–17 Uhr) ziehen vor allem Wintersportler aus der Hauptstadt an.

Praktische Informationen

Centro de Información Valle de la Fuenfría (☎91 852 22 13; Carretera de las Dehesas; ⌚10–18 Uhr) Das Infozentrum befindet sich 2 km vor Cercedilla an der M614.

Touristeninformation Navacerrada (☎91 856 03 08; www.navacerrada.es; ⌚9–17 Uhr)

An- & Weiterreise

Wer mit dem Wagen von Madrid aus anreist, nimmt die Autobahn A6 nach Cercedilla.

Bus 724 fährt von der Plaza de Castilla in Madrid nach Manzanares El Real (3,50 €, 45 Min.). Am Intercambiador de Autobuses de Moncloa geht's mit der Buslinie 691 nach Navacerrada (3,70 €, 1 Std.) und mit der 684 nach Cercedilla (3,70 €, 1 Std.).

Vom Bahnhof Chamartín bestehen Verbindungen nach Puerto de Navacerrada (*cercanías* C8B; 6 €, 2 Std. mit Umstieg in Cercedilla, 4-mal tgl.) und Cercedilla (*cercanías* C2; 3,20 €, 1½ Std., 15-mal tgl.).

El Pardo

Direkt vor Madrids Toren bietet sich El Pardo mit einem hübschen Palast und schönen Gärten als erholsames Kontrastprogramm zum hektischen Großstadtleben an. Am besten kommt man allerdings nicht am Wochenende her, denn dann tummeln sich hier zumeist jede Menge Besucher.

Sehenswertes

Palacio Real de el Pardo PALAST
(www.patrimonionacional.es; Calle de Manuel Alonso; Erw./ermäßigt inkl. Führung 9/4 €, EU-Bürger Mi & Do 17–20 Uhr Eintritt frei; ⌚April–Sept. 10–20 Uhr, Okt.–März 10–18 Uhr; ❄) Der im 15. Jh. errichtete und im 17. Jh. umgestaltete opulente Palast war Francos Lieblingsresidenz. Er ist von einem Park umgeben und füllt sich an Sonntagen mit madrilenischen Familien auf der Suche nach frischer Luft und einem deftigen Mittagessen. Besonders sehenswert sind die Wandbehänge, vor allem jene, die auf Goya-Skizzen zurückgehen.

An- & Weiterreise

Mit dem Auto geht's von Madrid aus auf der M40 zur C601, die direkt nach El Pardo führt. Die 13 km lange Fahrt dauert nur 15 Minuten. Alternativ dazu nimmt man die Buslinie 601 (1,60 €, 25 Min.), die alle fünf bis zehn Minuten von Madrids Intercambiador de Autobuses de Moncloa aus startet.

Buitrago & Sierra Pobre

Die „Arme Sierra" ist eine abgemilderte Version ihres eleganteren westlichen Nachbarn, der Sierra de Guadarrama. Besonders großer Beliebtheit erfreut sich die Gegend bei Wanderern und anderen Naturfreunden, die nicht viel Schnickschnack brauchen. Gegenüber der Tourismusindustrie der angrenzenden Gebiete hat die verschlafene Sierra Pobre noch einiges aufzuholen – aber gerade das macht sie so liebenswert.

In **Buitrago**, dem größten Ort in der Region, kann man sich die **Stadtmauer** sowie die **Iglesia de Santa María del Castillo** (15. Jh.) im Mudejar- und romanischen Stil ansehen. Das kleine **Picasso-Museum** (☎91 868 00 56; www.madrid.org/museo_picasso/principal; Plaza Picasso 1; ⌚Di, Do & Fr 11–13.45 & 16–18, Mi 11–13.45, Sa 10–14 & 16–19, So 10–14 Uhr) zeigt eine Reihe von Werken, die der Künstler seinem früheren Friseur, Eugenio Arias, vermachte.

Darüber hinaus stößt man in der Gegend auf viele Dörfer. Einige davon, etwa das **Puebla de la Sierra** und **El Atazar**, sind hübsche Ausflugsziele und bieten sich als Ausgangspunkte für Bergwanderungen an.

Essen

El Arco SPANISCH €€
(☎91 868 09 11; Calle Arco 6; Hauptgerichte 14–24 €; ⌚Mitte Juni–Mitte Sept. Di–So mittags, Di–Sa abends, Mitte Sept.–Mitte Juni Fr–So mittags) Das beste Restaurant der Region liegt in Villavieja del Lozoya, unweit von Buitrago, und ist für seine frische, kreative Küche bekannt, die auf lokalen Zutaten und traditionellen nordspanischen Gerichten basiert. Auch die Desserts und Weine sind hervorragend.

Praktische Informationen

Touristeninformation Buitrago (☎91 868 16 15; Calle Tahona 19; ⌚Juli–Sept. 9–15 Uhr) Informiert u. a. über das Picasso-Museum.

An- & Weiterreise

Wer mit dem Auto aus Madrid anreist, nimmt die NI nach Buitrago.

Bus 191 fährt stündlich von der Plaza de la Castilla in Madrid hierher (5,60 €, 1½ Std.).

Kastilien-León

Inhalt »

Ávila ... 147
Salamanca ... 153
Ciudad Rodrigo ... 161
Segovia ... 166
Valladolid ... 173
Zamora ... 181
Palencia ... 184
Montaña Palentina ... 186
León ... 187
Burgos ... 197
Soria ... 209

Gut essen

» Restaurante El Fogón Sefardí (S. 171)

» La Cocina de Toño (S. 159)

» Los Zagales de Abadía (S. 177)

» Casa Duque (S. 171)

» Cervecería Morito (S. 201)

Schön übernachten

» Posada Real La Cartería (S. 187)

» Microtel Placentinos (S. 158)

» Hotel Alcázar (S. 170)

» Casa de Tepa (S. 195)

» Hospedería La Gran Casa Mudéjar (S. 170)

Auf nach Kastilien-León

Kastilien-Léon mit seinen weiten Ebenen, spektakulären Berggipfeln und mittelalterlichen Städten steht für das echte Spanien ohne die üblichen Klischees. Hier locken Orte wie Salamanca mit seiner lebhaften Studentenatmosphäre und Segovia, dessen Märchenburg Vorbild für das Dornröschenschloss in Disneyland war. Ebenso sehenswert sind die Stadtmauer von Ávila mit ihren vielen Türmen und die Kathedralen von León und Burgos. Wie in den meisten Teilen Spaniens ist auch hier die Leidenschaft fürs Essen groß. In der Region bekommt man den besten *jamón* (Schinken), die leckersten Lammbraten und Spanferkel des Landes.

Die Geschichte der Gegend erzählen aber auch stille Landstraßen sowie winzige Dörfer mit Fachwerkhäusern und imposanten Burgen. Von der Sierra de Francia über Covarrubias, Calatañazor und Medinaceli bis zur Montaña Palentina erlebt man ein verborgenes Spanien, von dessen Existenz viele Traveller nichts ahnen.

Reisezeit

León

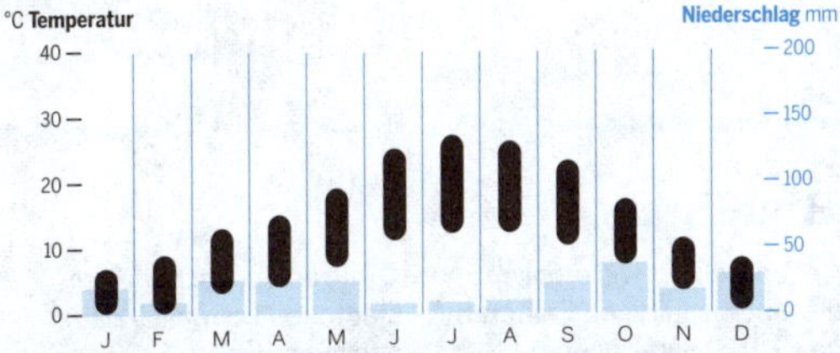

März–April Blühende Landschaften und aufwühlende Semana-Santa-Prozessionen.

Juni Während der jährlichen Fiesta-Zeit in Burgos, Soria und Segovia in Urlaubsstimmung kommen.

Sept. Salamancas erfrischende studentische Atmosphäre genießen.

Highlights

1 So viel Zeit wie möglich im eleganten, quirligen **Salamanca** (S. 153) verbringen

2 Eintauchen in das Licht der **Kathedrale** von León (S. 189), einem Kaleidoskop aus Glas und Stein

3 Ausgetretene Pfade verlassen und die **Montaña Palentina** (S. 186) erkunden

4 In den hübschen Bergstädtchen **Lerma** (S. 205) oder **Sepúlveda** (S. 206) Lammbraten schmausen

5 Bei einem Besuch der historischen Dörfer **Covarrubias** (S. 202) oder **Medinaceli** (S. 212) der Hektik entfliehen

6 Sich in **Segovia** (S. 166) wie in einer Mischung aus Altem Rom und Disneyland fühlen

7 Wölfe erspähen in der **Sierra de la Culebra** (S. 185) nahe dem mittelalterlichen **Puebla de Sanabria** (S. 183)

8 Auf dem Samstagsmarkt im malerischen **La Alberca** (S. 164) Honig und andere Köstlichkeiten kaufen

DER SÜDWESTEN

Ávila

59 010 EW. / 1130 M

Rund um die Altstadt erstreckt sich eine der besterhaltenen mittelalterlichen Bastionen des Landes: Ávilas Mauer beeindruckt mit acht gewaltigen Toren, 88 Wachttürmen und mehr als 2500 Erkern. Im Winter kauert sich der Ort regelrecht dahinter zusammen, als suche er Schutz vor dem unwirschen Klima. Wenn die Mauer nachts angestrahlt wird, fühlen sich jedoch viele Besucher wie in einer fernen Märchenwelt. Innerhalb der Stadt scheint die Zeit stehen geblieben zu sein. Seit Jahrhunderten zieht die Kultstätte der heiligen Teresa mit ihren zahlreichen Kirchen, Klöstern und Palästen Pilger an. Der Ort ist die Seele Kastiliens, eine Verkörperung des alten Spaniens.

Sehenswertes

Muralla STADTMAUER

(Erw./Kind 4/2,50 €; Di–So 10–20 Uhr) Ávilas im 11. und 12. Jh. errichtete Stadtmauer ist bis zu 12 m hoch und eine der besterhaltenen mittelalterlichen Verteidigungsanlagen der Welt. Sie erstreckt sich über eine Länge von etwa 2,5 km auf den Überresten früherer römischer und muslimischer Festungsmauern. In der Dämmerung zieht sie Scharen von Schwalben an.

Zwei Abschnitte der Mauer sind begehbar – eine 300 m lange Strecke, zu der man durch die **Puerta del Alcázar** hinaufsteigen kann, außerdem ein längerer Abschnitt von 1300 m, der sich entlang der nördlichen Eingrenzung der Stadt erstreckt. Dieser verbindet die beiden Zugangspunkte an der **Puerta de los Leales** (beide Di–So 10–20 Uhr) und an der **Puerta del Puente Adaja** miteinander. Man kann auch an der Puerta del Carmen wieder hinabsteigen (allerdings nicht hinauf). Das Ticket gilt für beide Abschnitte. Letzter Einlass ist um 19.15 Uhr. Die regionale Touristeninformation bietet kostenlose Führungen an.

GRATIS **Convento de Santa Teresa** MUSEUM

(Di–So 8.45–13.30 & 15.30–21 Uhr) Das 1636 über dem Geburtsort der hl. Teresa errichtete Kloster ist das Zentrum ihrer Verehrung. Hier gibt's drei Sehenswürdigkeiten in einer: die Kirche (gebaut rund um das Zimmer, in dem die Heilige geboren wurde), einen Reliquienraum und das Museum. Betritt man die Hauptkirche, liegt links des Hauptaltars der Raum, in dem Teresa 1515 das Licht der Welt erblickte. Heute befinden sich hier eine goldverzierte Kapelle mit einem Barockaltar von Gregorio Fernández und einer Statue der Heiligen. Der angrenzende Reliquiensaal ist vollgestopft mit teilweise sehr makabren Dingen, darunter einer von Teresas Fingern samt Ring – Franco bewahrte das grausige Stück während seiner Regierungszeit im eigenen Nachttisch auf. Im Untergeschoss widmet sich ein Mu-

WER WAR DIE HEILIGE TERESA?

Teresa de Cepeda y Ahumada wurde am 28. März 1515 als eines von zehn Kindern einer Kaufmannsfamilie geboren und ist vermutlich die bedeutendste Frau in der Geschichte der katholischen Kirche in Spanien. Nach dem Tod ihrer Mutter wurde sie von Augustinernonnen aufgezogen und trat im Alter von 20 Jahren dem Karmeliterorden bei. Kurze Zeit später erlag sie beinahe einer mysteriösen Krankheit, die ihre Beine für drei Jahre lähmte. Nachdem sie einige Zeit als Nonne gelebt hatte, führte ihr 1560 eine Vision von der Hölle ein neues Ziel vor Augen: die Reformation der Karmeliten.

Teresas Pläne standen im krassen Gegensatz zum Prunk der spanischen Kirche im 16. Jh. und bedeuteten eine Rückkehr zu den Wurzeln, also zum Leiden und schlichten Lebensstil Jesu Christi. Karmeliten forderten absolute Frömmigkeit, liefen *descalzadas* (barfuß) umher, lebten in extrem einfachen Verhältnissen und geißelten sich, um für ihre Sünden zu büßen. Bei der breiten Masse kam das natürlich nicht so gut an.

Mithilfe vieler Anhänger gründete Teresa zahlreiche Klöster der Carmelitas Descalzas (Unbeschuhte Karmeliterinnen). San Juan de la Cruz (Johannes vom Kreuz) schloss sich ihr an und führte eine ähnliche Reform im männlichen Orden durch, was ihm mehrere Aufenthalte im Gefängnis einbrachte. 1588 wurden die schriftlichen Aufzeichnungen Teresas erstmals veröffentlicht. Sie waren sehr beliebt, vielleicht auch aufgrund ihrer direkten Sprache. Teresa starb 1582 in Alba de Tormes, wo sie auch beigesetzt wurde. 1622 sprach Papst Gregor XV. sie heilig.

Ávila

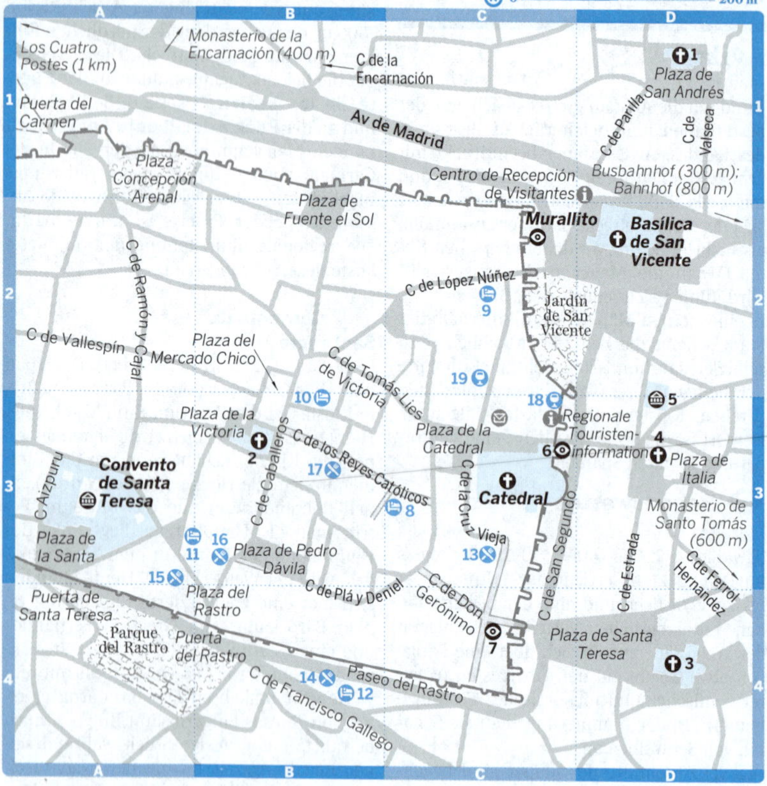

Ávila

Highlights

Basílica de San Vicente D2
Catedral C3
Convento de Santa Teresa A3
Murallito C2

Sehenswertes

1 Iglesia de San Andrés D1
2 Iglesia de San Juan Bautista B3
3 Iglesia de San Pedro D4
4 Iglesia de Santo Tomé El Viejo D3
5 Museo Provincial D3
6 Puerta de los Leales C3
7 Puerta del Alcázar C4

Schlafen

8 Hospedería La Sinagoga C3
9 Hostal Arco San Vicente C2
10 Hostal San Juan B3
11 Hotel El Rastro A3
12 Hotel Las Leyendas B4

Essen

13 Hostería Las Cancelas C3
14 La Bruja B4
15 Mesón del Rastro A3
16 Posada de la Fruta B3
17 Restaurante Reyes Católicos B3

Ausgehen

18 La Bodeguita de San Segundo C3
19 La Taberna After Work C2

seum der Heiligen. Zugänglich ist es über die Calle Aizpuru.

Catedral KATHEDRALE

(Plaza de la Catedral; Eintritt 4 €; ⌚Mo–Fr 10–19.30, Sa 10–20, So 12–18.30 Uhr) Die Kathedrale aus dem 12. Jh. ist gleichzeitig ein Haus Gottes und eine raffinierte Festung: Ihre stämmige Granitapsis bildet das mittlere Bollwerk der stark befestigten Ostmauer der Altstadt. Obwohl die Hauptfassade die romanischen Ursprünge der Kirche aus dem 12. Jh. erahnen lässt, wurde sie 400 Jahre später in gotischem Stil fertiggestellt und gilt somit als früheste gotische Kathedrale Spaniens. Das graue, nüchterne Hauptportal offenbart einige Missgriffe aus dem 18. Jh.

Anders sieht es im Inneren aus. Hier zeigt ein wunderschönes Altarbild 24 Szenen aus dem Leben Jesu; begonnen wurde es von Pedro de Berruguete und vollendet von Juan de Borgoña im Jahr 1515, dem Jahr, in dem auch die hl. Teresa geboren wurde. Die beeindruckenden ockerfarbenen Sandsteinsäulen und die frei schwebenden Decken in den Seitengängen erzeugen einen einmaligen Effekt. Zu den weiteren Highlights gehört ein mit Schnitzereien verziertes Walnussholz-Chorgestühl aus der Renaissance. Drückt man auf die Knöpfe, werden der Altar und das Chorgestühl angestrahlt. Neben dem Kreuzgang befindet sich ein kleines Museum mit einem Gemälde von El Greco und einer prächtigen Silbermonstranz von Juan de Arfe.

Monasterio de la Encarnación KLOSTER

(Calle de la Encarnación; Eintritt 2 €; ⌚Mo–Fr 9.30–13.30 & 15.30–18, Sa & So 10–13 & 16–18 Uhr) Ganze 27 Jahre lebte Teresa in diesem schmucklosen Renaissancekloster nördlich der Stadtmauer. Wie es das Schicksal wollte, wurde es im gleichen Monat geweiht, in dem Teresa ihre Taufe empfing. Drei Hauptzimmer sind öffentlich zugänglich: Das interessanteste ist das dritte (die Treppe hoch); dort soll die Heilige eine Vision des Jesuskinds gehabt haben. Heute findet man darin Reliquien wie ein Stück Holz, das Teresa als Kissen diente, und den Stuhl, auf dem Johannes vom Kreuz seine Beichten ablegte. Den Eingang erreicht man, indem man der Calle de la Encarnación von der Plaza de Fuente el Sol etwa 500 m folgt.

Los Cuatro Postes AUSSICHTSPUNKT

An diesem Aussichtspunkt nordwestlich der Stadt an der Straße nach Salamanca genießt man den schönsten Blick auf die Stadtmauer, insbesondere abends. Hier griff Teresas Onkel sie und ihren Bruder bei ihrem Versuch auf, von zu Hause fortzulaufen, um im Kampf gegen die Muslime als Märtyrer zu sterben.

Iglesia de San Andrés KIRCHE

(Plaza de San Andrés; ⌚Ostern–Okt. Mo–Sa 10–14 & 16–18 Uhr) Nördlich der Altstadt steht Ávilas älteste Kirche aus dem 12. Jh. Sie ist ein schönes Beispiel romanischer Architektur, wenn auch ihr Äußeres bei späteren Restaurierungsarbeiten ein paar Schäden genommen hat. Die Öffnungszeiten sind unregelmäßig; bei der Touristeninformation erkundigen.

Basílica de San Vicente KIRCHE

(www.basilicasanvicente.com; Plaza de San Vicente; Eintritt 2 €; ⌚Mo–Sa 10–18.30, So 16–18 Uhr) Ávilas Sakralbauten kommen häufig nachdenklich und düster daher. Diese anmutige romanische Kirche ist dagegen ein Meisterwerk romanischer Einfachheit: Vom warmen Sandstein des Originalgebäudes heben sich mehrere zumeist gotische Umbauten in nüchternem Granit ab. Die Arbeiten in der Basilika begannen im 11. Jh. angeblich an der Stelle, wo drei Märtyrer, San Vicente und seine beiden Schwestern, Anfang des 4. Jhs. von den Römern ermordet wurden. Das von einem Baldachin überdachte Ehrengrab gilt als grandioses Zeugnis romanischen Stils mit gotischen Zügen und steht in krassem Gegensatz zu den verwitterten Grabsteinen am Boden des Hauptschiffs, von denen einige aus dem 17. Jh. stammen. Auf keinen Fall sollte man sich die Krypta entgehen lassen. Der **Jardín de San Vicente** auf der anderen Straßenseite war einst ein römischer Friedhof.

Murallito TOURISTENZUG

(www.murallitoavila.com; Erw./Kind & Senior 4/3 €) Der Touristenzug dreht eine komplette Runde entlang der Stadtmauer (30 Min.) und passiert dabei einige Sehenswürdigkeiten.

Museo Provincial MUSEUM

(Plaza de los Nalvillos; inkl. Iglesia de Santo Tomé El Viejo 1,20 €, Sa & So Eintritt frei; ⌚Di–Sa 10–14 & 17–20, So 10–14 Uhr) Dieses Regionalmuseum präsentiert ethnografische Fundstücke aus der Region (besonders interessant sind die Fotos von Albert Klemm aus dem Jahr 1932) sowie römische Artefakte und schöne mittelalterliche Malereien.

Iglesia de Santo Tomé El Viejo KIRCHE, MUSEUM

(Plaza de Italia; inkl. Museo Provincial 1,20 €, Sa & So Eintritt frei; ⌚Di–Sa 10–14 & 17–20, So 10–14 Uhr)

Von der Kanzel der im 13. Jh. errichteten Kirche wurde Teresa am heftigsten für ihre Reformen angegriffen. Das sorgsam restaurierte Gebäude wartet mit römischen Grundsteinen und einem wundervollen Bodenmosaik auf.

Monasterio de Santo Tomás KLOSTER
(www.monasteriosantotomas.com; Plaza de Granada 1; Eintritt 4 €; ⏲10.30–14 & 15.30–19.30 Uhr) Zwar liegt das Kloster gut zehn Gehminuten südöstlich der Stadtmauer, doch ein Besuch lohnt sich. Es wurde von den Reyes Católicos (den Katholischen Königen), Ferdinand und Isabella, in Auftrag gegeben und 1492 fertiggestellt. Das Gebäude gilt als herausragendes Beispiel isabellinischer Architektur. Drei miteinander verbundene Kreuzgänge führen zur Kirche, in der sich das Alabastergrabmal von Don Juan, dem einzigen Sohn des Königspaares, befindet. Dahinter sieht man den von Pedro de Berruguete geschaffenen Altaraufsatz mit Szenen aus dem Leben des heiligen Thomas von Aquin. Das prächtige Chorgestühl im Stil der flämischen Gotik erreicht man über das obere Geschoss des zweiten Kreuzganges, des Claustro del Silencio. In der Sakristei soll Großinquisitor Toquemada begraben sein. Abseits des Claustro de los Reyes, der seinen Namen der Tatsache verdankt, dass Ferdinand und Isabella oft an der Messe hier teilnahmen, liegen zwei Museen: das beeindruckende **Museo Oriental** (Orientalisches Museum), das in elf Zimmern Kunstwerke aus dem Nahen Osten zeigt, sowie das etwas bescheidenere **Museo de Historia Natural** (Naturhistorisches Museum). Beide sind im Eintrittspreis inbegriffen.

Zum Kloster läuft man vom Jardín de San Vicente entlang der Calle de Ferrol Hernandez und der Avenida del Alférez Provisional Richtung Südosten.

Iglesia de San Pedro KIRCHE
(Plaza de Santa Teresa; ⏲10.30–12 & 19–20 Uhr) Der helle Sandstein dieser Kirche, die zu den jüngeren Ávilas zählt, bildet einen angenehmen Kontrast zur granitenen Strenge innerhalb der Stadtmauern.

GRATIS **Iglesia de San Juan Bautista** KIRCHE
(Plaza de la Victoria; ⏲vor & nach der Messe; Messe Mo–Sa 10 & 19.30, So 12 Uhr) Diese ruhige Pfarrkirche stammt aus dem 16. Jh. und beherbergt den Brunnen, in dem die hl. Teresa am 4. April 1515 getauft wurde.

DIE BESTEN FESTE IN KASTILIEN-LEÓN

Semana Santa In fast allen Städten und Dörfern Kastilien-Leóns finden stimmungsvolle Prozessionen statt (März/April).

Fiesta de Santa Teresa (S. 150) Bei dieser Feier im Oktober wird die Schutzpatronin von Ávila geehrt.

Carnaval (S. 162) Karneval wird im Februar in Ciudad Rodrigo gefeiert.

Concierto de las Velas (S. 173) Gespenstische Konzerte bei Kerzenlicht in Pedraza de la Sierra (Juli).

Babyspringen (S. 204) Seltsames Fest zu Fronleichnam in Castrillo de Murcia (Mai/Juni).

Feste & Events

Semana Santa KARWOCHE
Ávila ist einer der besten Orte in Kastilien-León, um einer feierlichen Osterprozession beizuwohnen. Los geht's am Gründonnerstag, die atmosphärischste Veranstaltung ist die Prozession am Karfreitag. Sie beginnt frühmorgens (gegen 5 Uhr) und führt rund um die Stadtmauer.

Fiesta de Santa Teresa FEST DER SCHUTZHEILIGEN
In der zweiten Oktoberwoche wird die Schutzheilige der Stadt mit Prozessionen, Konzerten und Feuerwerk geehrt.

Schlafen

LP TIPP **Hotel El Rastro** HISTORISCHES HOTEL €
(☎920 35 22 25; www.elrastroavila.com; Calle Cepedas; EZ/DZ 35/55 €; ❄📶) Diese hervorragende Unterkunft liegt in einem ehemaligen Palast aus dem 16. Jh., der mit seinen Natursteinwänden, freiliegendem Mauerwerk und einer Palette warmer Erdtöne eine ruhige, subtile Eleganz ausstrahlt. Jedes Zimmer sieht anders aus, doch die meisten haben hohe Decken und bieten viel Platz. Moderner sind die Räume 205 bis 209 – wer die Atmosphäre wirklich in sich aufnehmen möchte, meidet diese.

Hotel Las Leyendas HISTORISCHES HOTEL €€
(☎920 35 20 42; www.lasleyendas.es; Calle de Francisco Gallego 3; EZ/DZ 56/79 €; ❄📶) Im Haus einer Adelsfamilie aus dem 16. Jh. ist dieses

gemütliche Hotel untergebracht. Der alte Stil wurde belassen und mit zeitgemäßen Annehmlichkeiten ergänzt. Manche Zimmer bieten einen Blick in die Ebene, andere gehen auf den Innengarten hinaus. Einige Räume haben Holzbalken und angedeutetes Mauerwerk, andere sind moderner und in gedeckten Farben gehalten.

Hostal Arco San Vicente HOSTAL €€
(☎920 22 24 98; www.arcosanvicente.com; Calle de López Núñez 6; EZ/DZ 40/65 €; ❄📶) Das Budgethotel Arco San Vicente verfügt über hell gestrichene, mit blauem Teppich und schmiedeeisernen Betten versehene kleine Zimmer. Diejenigen im zweiten Stock haben Dachfenster und Klimaanlage, im ersten Stock blicken einige auf die Puerta de San Vicente; besonders geräumig und schön ist Nr. 109.

Hostal San Juan HOSTAL €
(☎920 25 14 75; www.hostalsanjuan.es; Calle de los Comuneros de Castilla 3; EZ/DZ So–Do 24/30 €, Fr & Sa 30/38,50 €; 📶) Zentral in Ávila gelegen, bietet diese freundliche Bleibe mit gepflegten Zimmern in warmen Farbtönen ein umwerfend gutes Preis-Leistungs-Verhältnis. Zudem wartet sie mit einem kürzlich ergänzten, toll ausgestatteten Fitnessraum auf – ein in der Budgetkategorie einmaliges Extra.

Hospedería La Sinagoga HISTORISCHES HOTEL €
(☎920 35 23 21; Calle de los Reyes Católicos 22; EZ/DZ 50/60 €; ❄) In die Innenausstattung dieses zauberhaften kleinen Hotels wurden Elemente der Hauptsynagoge Ávilas aus dem 15. Jh. eingearbeitet. Einige Zimmer sind ein bisschen dunkel, andere hingegen sind groß und mit Mauerwerk im alten Stil verziert, deshalb sollte man seine Entscheidung nicht vorschnell treffen.

Essen

Ávila ist berühmt für *chuleton de Ávila* (T-Bone-Steak) und *judías del barco de Ávila* (weiße Bohnen in einer dicken Soße, oft mit Chorizo).

LP TIPP **Hostería Las Cancelas** KASTILISCH €€
(☎920 21 22 49; www.lascancelas.com; Calle de la Cruz Vieja 6; Hauptgerichte 16–25 €; ⊙Feb.–Dez.) Das Restaurant befindet sich in einem bezaubernden Innenhof aus dem 15. Jh; die Sommerterrasse auf der anderen Straßenseite belegt zum Teil einen ehemaligen Hof der Kathedrale. Mit großer Liebe zum Detail werden traditionelle Speisen zubereitet; das *solomillo con salsa al ron y nueces* (Filet in Rum-Walnuss-Soße) ist eine seltene Abweichung von der Tradition. Eine Reservierung ist empfehlenswert.

La Bruja KASTILISCHE NOUVELLE CUISINE €€
(☎920 35 24 96; www.la-bruja.es; Paseo del Rastro 1; menú del día 14,50 €, Hauptgerichte 15–23 €) „Die Hexe" liegt in einem schön eingerichteten Haus aus dem 16. Jh. im Schatten der alten Stadtmauern. Ihre kreativen Tapas haben zahlreiche kulinarische Preise gewonnen. Auch Hauptgerichte mit Fleisch und Fisch stehen auf der Karte. Mit Vorankündigung (morgens, wenn man abends essen möchte) kann man das „Menú Maridaje" bestellen, ein Probiermenü aus sieben Gerichten mit sieben Weinen für 75 €.

Mesón del Rastro KASTILISCH €€
(www.elrastroavila.com; Plaza del Rastro 1; menú del día 13 €, Hauptgerichte 9–22 €; ⊙Do–Sa, So–Mi nur mittags) Dank der dunklen Holzbalken im Inneren erkennt man sofort, dass man in einer Bastion der typisch kastilischen Küche gelandet ist, die schon seit 1881 in Betrieb ist. Hier werden köstliche Hauptgerichte aus der Region wie *judías del barco de Ávila* und *cordero asado,* außerdem herrliche leichte Salate serviert. Leider erfreut sich der Laden bei Reisebusgesellschaften großer Beliebtheit. Besonders lecker ist das *menú castellano* (kastilisches Menü; 24 €), das man nur mit *viel* Hunger schafft.

WAS ISST MAN IN KASTILIEN-LEÓN?

Die hiesige Küche passt sich dem Wetter an. Es gibt wohl kaum etwas Besseres als *cordero asado* (Lammbraten), um sich gegen die bitterkalten Winter des Hochplateaus zu rüsten. Dieses typische Gericht bekommt man von Sepúlveda bis Burgos in jedem Lokal. *Cochinillo asado* (gebratenes Spanferkel) ist eine Spezialität aus Segovia. Zu den weiteren regionalen Köstlichkeiten gehören z. B. *morcilla de Burgos* (Reis mit Blutwurst aus Burgos) *und chuleton de Ávila* (T-Bone-Steak aus Ávila). Rund 60 % des spanischen *jamón* (luftgetrockneter Schinken) stammt aus der Region Salamanca. Als einer der besten Schinken überhaupt gilt in ganz Spanien der *jamón* aus Guijelo südlich von Salamanca.

Restaurante Reyes Católicos KASTILISCH €€
(www.restaurante-reyescatolicos.com; Calle de los Reyes Católicos 6; menú del día 16 €, Hauptgerichte 16–24 €) Vorne befindet sich die Tapas-Bar, dahinter das farbenfroh eingerichtete Restaurant mit einer versierten Küche, in der traditionelle Speisen erfolgreich mit kreativen Ideen variiert werden. Zu den Menüs zählt das himmlische *menú degustación cocina tradicional de Ávila* (Probiermenü traditioneller Ávila-Küche für 12 €).

Posada de la Fruta KASTILISCH €
(www.posadadelafruta.com; Plaza de Pedro Dávila 8; Hauptgerichte in der Bar 7,90–12,90 €, im Restaurant 10,90–19,80 €; ⏲Bar tgl. mittags und abends, Restaurant Mi–Mo mittags & abends) Im lichtdurchfluteten überdachten Innenhof kommt einfaches, leckeres Essen auf den Tisch, im *comedor* (Speisesaal) dagegen dreht sich alles um herzhafte Fleischgerichte mit frischen Beilagensalaten. Was die Speisekarte auszeichnet, sind die ungewöhnlichen internationalen Fleischspeisen wie Gazelle, Känguru und Elenantilope.

Ausgehen

Ávila hat es zwar drauf, wenn es um Heilige geht, aber nicht, was Discos anbelangt. Das Nachtleben ist also nicht sehr aufregend.

LP TIPP **La Bodeguita de San Segundo** WEINBAR
(www.vinoavila.com; Calle de San Segundo 19; ⏲Do–Di 11–24 Uhr) Eine hervorragende Weinbar ist in der Casa de la Misericordia aus dem 16. Jh. untergebracht. An den meisten Abenden platzt sie aus allen Nähten, sodass viele Gäste stehen müssen. Nachmittags geht's ruhiger zu. Die Weinkarte mit über 1000 Weinen ist in ganz Spanien bekannt, dazu werden als perfekte Beilage tapasähnliche Käse- und Fleischhäppchen gereicht.

La Taberna After Work BAR
(Calle del Tostado; ⏲So–Mi 16–2, Do–Sa 16–3 Uhr; 📶) Seltsame Mischung aus unterirdischen mittelalterlichen Bogen und der Stimmung eines britischen Pubs. Die gemütliche Kneipe hat eine besonders gute Auswahl an Gin.

Praktische Informationen

Centro de Recepción de Visitantes (☎920 35 40 00, Nebenstelle 790; www.avilaturismo.com; Avenida de Madrid 39; ⏲9–20 Uhr) Städtische Touristeninformation.

Regionale Touristeninformation (☎920 21 13 87; www.turismocastillayleon.com; Casa de las Carnicerías, Calle de San Segundo 17; ⏲9–20 Uhr)

An- & Weiterreise

AUTO & MOTORRAD Von Madrid aus dauert die Fahrt etwa eine Stunde, die Maut beträgt 8 €.

BUS Regelmäßig fahren Busse nach Segovia (5 €, 1 Std.), Salamanca (6,08 €, 1½ Std.) und Madrid (8,06 €, 1½ Std.). Zudem steuern täglich ein paar Linien die wichtigsten Städte in der Sierra de Gredos an.

ZUG Verbindungen gibt's nach Madrid (ab 6,80 €, 1¼–2 Std.), Salamanca (ab 8,55 €, 1¼ Std., 8-mal tgl.) und León (ab 24,80 €, 3 Std., 3-mal tgl.).

Unterwegs vor Ort

Bus 1 fährt am Bahnhof vorbei zur Plaza de la Catedral.

Sierra de Gredos

Westlich von Madrid und südlich von Ávila gehen die kastilischen Ebenen in die steile Sierra de Gredos über – eine geheimnisvolle Welt aus Seen und Granitbergen, die sich bis zum Pico de Almanzor (2592 m) als höchstem Gipfel erhebt. Obwohl hier und da eine Burg oder eine Kapelle ins Auge fällt, macht die Landschaft den eigentlichen Reiz der Sierra aus. Sie erfreut sich besonders bei Wanderern, Mountainbikern und Kletterern großer Beliebtheit. Am besten kommt man im Frühjahr oder Herbst hierher, denn im Sommer kann es ziemlich stickig sein und im Winter sind die Wege mit Schnee bedeckt.

Sehenswertes & Aktivitäten

Arenas de San Pedro ist eher ein günstig gelegener Ausgangspunkt zur südlichen Sierra de Gredos als ein lohnendes Besuchsziel. Im Ortszentrum gibt's ein paar Sehenswürdigkeiten, die einen kurzen Blick wert sind: das trutzige **Castillo de la Triste Condesa** aus dem 15. Jh., die gotische **Pfarrkirche** und die **römische Brücke**. Zehn Gehminuten nach Norden stößt man auf den neoklassizistischen **Palacio del Infante Don Luis de Borbón**, ein goldener Käfig für den gefangen gehaltenen Bruder von Karl III. Ganz in der Nähe von Arenas de San Pedro liegen **Guisando**, **El Hornillo** und **El Arenal**, ein Trio von Dörfern in 5, 6 bzw. 9 km Entfernung mit Zugängen zu schönen Wanderwegen.

Wer das Gedränge am Wochenende und im Sommer lieber meiden möchte, sollte die weniger besuchte und zumeist bis Ostern schneebedeckte Nordflanke der Sierra de

Gredos ansteuern. Nicht weit vom Puerto del Pico geht von der N502 Richtung Westen die landschaftlich reizvolle C500 ab und verläuft über **Navarredonda de Gredos** nach **Hoyos del Espino**, wo die kleine AV931 in die Sierra hineinführt und nach 12 km in La Plataforma endet. Dort befindet sich der Startpunkt für eine herrliche Wanderung zur **Laguna Grande**, einem glasklaren Bergsee im Schatten des **Pico de Almanzor**. Die einfache bis mittelschwere Tour auf einem gut markierten, 8 km langen Weg dauert 2½ Stunden in jede Richtung. Am See stößt man auf ein oft volles *refugio* (Schutzhütte) und gute Möglichkeiten zum Zelten. Von dieser Stelle aus kann man in etwa zwei Stunden den Gipfel des Pico de Almanzor (2592 m; schwer) besteigen oder sich zwei Stunden nach Westen zum Circo de Cinco Lagunas (einfach bis mittelschwer) aufmachen. Anschließend geht man entweder wieder zurück oder steigt durch das Garganta del Pinar zum Ort Navalperral de Tormes hinunter, was ziemlich anstrengend ist und bis zu fünf Stunden dauert. Wer Interesse an Aktivitäten wie Reiten, Trekking und Abseilen hat, wendet sich am besten an **Alternativas en el Medio Natural** (☎920 34 83 85; www.amngredos.com; Hoyos del Espino).

Schlafen & Essen

LP TIPP El Milano Real BOUTIQUE-HOTEL €€
(☎920 34 91 08; www.elmilanoreal.com; Calle de Toledo, Hoyos del Espino; Zi. 107 €, Hauptgerichte 15–19,50 €; P ❄ 📶 🏊) Eine wunderbare Unterkunft mit großartiger Aussicht, einer ruhigen Lage und einem empfehlenswerten Restaurant. Hinter der alten Holzfassade verbergen sich äußerst stilvolle Räume, deren Gestaltung jeweils einem eigenen Thema folgt. Das japanische Zimmer vermittelt Zen-Atmosphäre, die Manhattan-Suite ist minimalistisch gestaltet und die englische Suite mit Blumenstoffen im Landhausgartenstil dekoriert. Alle Räume verfügen über luxuriöse Extras wie Badewannen mit Hydromassage oder DVD-Player, und das Frühstück ist etwas für Gourmets. Es gibt auch ein Spa.

La Casa de Arriba LANDHOTEL €€
(☎920 34 80 24; www.casadearriba.com; Calle de la Cruz 19, Navarredonda de Gredos; EZ/DZ 67/79 €; 📶) Auf dem höchsten Punkt des Ortes thront dieses reizende Hotel, das mit seinen Holzbalken und -böden, den antiken Möbeln und dicken Steinmauern jede Menge rustikalen Charme verströmt. Der Weg hierher ist gut ausgeschildert und das zugehörige Restaurant genießt einen ausgezeichneten Ruf.

El Fogon de Gredos LANDHOTEL €
(☎920 37 40 18; www.fogondegredos.com; Carretera Linarejos, Guisando; EZ/DZ inkl. Frühstück 26/52 €) Guisandos attraktivste Unterkunft verfügt über hübsche, geräumige Zimmer mit weitem Blick auf kiefernbedeckte Berge. Im zugehörigen renommierten Restaurant (Mahlzeiten 20 €) werden leckere, fleischlastige lokale Speisen serviert. Das Hotel liegt ca. 1,5 km hinter dem Ortszentrum am Rio Pelayo und ist ausgeschildert.

Camping Los Galayos CAMPINGPLATZ €
(☎920 37 40 21; www.campinglosgalayos.com; Carretera Linarejos; Erw./Stellplatz/Auto 3,90/3,80/3,60 €, Bungalow für 4 Pers. 93 €; 👪) Als einer der besten Zeltplätze der Region punktet Los Galayos mit einer großartigen Lage am Rio Pelayo und einem tollen Blick auf die Berge. Er ist ideal für Familien, denn ein kleiner Wasserfall und kleinkinderfreundliche flache Teiche mit türkisfarbenem Wasser sind leicht zugänglich. Für Übernachtungsgäste bietet das Restaurant ein Menü zum ermäßigten Preis (9,90 €).

Praktische Informationen

Touristeninformation (☎920 37 23 68; Plaza de San Pedro; ⏲10–13.30 & 16–20 Uhr) Hier bekommt man Wandervorschläge.

An- & Weiterreise

Öffentliche Verkehrsmittel in und durch die Sierra fahren bestenfalls unregelmäßig – ein Mietwagen ist hier unumgänglich. Täglich außer sonntags pendeln Busse zwischen Arenas de San Pedro und Madrid (11,75 €, 2½ Std., 2-mal tgl.) sowie Ávila (6,20 €, 1¼ Std.).

Salamanca

153 470 EW.

Ob im abendlichen Scheinwerferlicht oder im strahlenden Sonnenschein – Salamanca ist einfach ein magisches Reiseziel. Die Stadt bezaubert mit einer seltenen Schönheit, die von goldenen Sandsteingebäuden mit ockerfarbenen Andeutungen lateinischer Inschriften bis zu wunderbaren Bauwerken im Plateresk- und Renaissancestil reicht. Es gibt zahlreiche schöne Flecken wie die außergewöhnliche Plaza Mayor, die nachts beleuchtet wird und einen unvergesslichen Anblick bietet. Darüber hinaus ist Salaman-

Salamanca

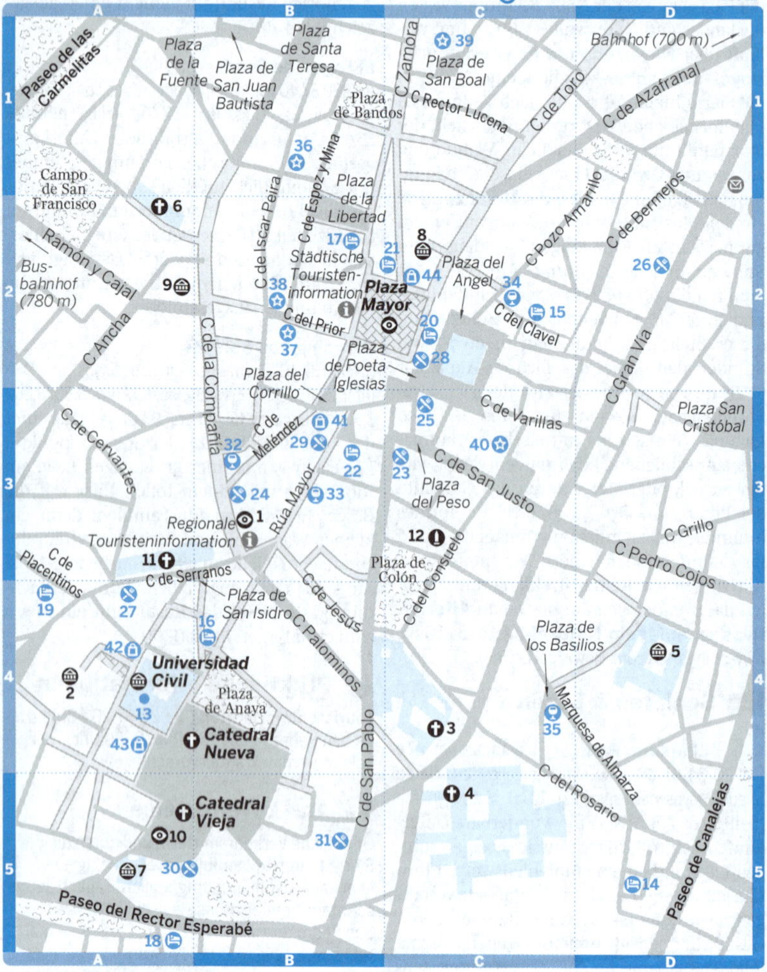

ca Kastiliens lebendigste Stadt, denn die vielen spanischen und ausländischen Studenten, die nachts auf ihren Straßen feiern, verleihen ihr Jugend und Vitalität.

Geschichte

220 v. Chr. wurde das keltiberische Salamantica von Hannibal belagert. Später, unter römischer Herrschaft, war es ein wichtiger Stützpunkt auf der Via Lata (Ruta de la Plata bzw. Silberstraße) von den Minen in Asturien bis Andalusien. Nach der Eroberung Spaniens durch die Mauren stand es unter wechselnder Führung. Den größten Wendepunkt in der Geschichte der Stadt bildete die Gründung der Universität 1218: Sie wurde so bedeutend wie jene in Oxford und Bologna und entwickelte sich bis Ende des 15. Jhs. zu einem künstlerischen Zentrum des Landes. Im 17. Jh. folgte Salamanca dem Rest der Region in den Abstieg, aber als Spaniens Held der Literatur, Miguel de Unamuno, 1900 als Rektor der Universität antrat, hatte sich der Ort bereits mehr oder weniger erholt. Im 20. Jh., vor allem während des Bürgerkriegs und der folgenden, knapp 40 Jahre währenden Herrschaft Francos, wurde die Hochschule zum Zentrum des liberalen Widerstands gegen den Faschismus. Franco ver-

Salamanca

Highlights
- Catedral Nueva ... A4
- Catedral Vieja ... A5
- Plaza Mayor ... C2
- Universidad Civil ... A4

Sehenswertes
- 1 Casa de las Conchas ... B3
- 2 Cielo de Salamanca ... A4
- 3 Convento de las Dueñas ... C4
- 4 Convento de San Esteban ... C5
- 5 Convento de Santa Clara ... D4
- 6 Convento y Museo de las Úrsulas ... A2
- 7 Museo de Art Nouveau y Art Decó ... A5
- 8 Museo Taurino ... C2
- 9 Palacio de Monterrey ... A2
- 10 Puerta de la Torre ... A5
- 11 Real Clericía de San Marcos ... A3
- 12 Torre del Clavero ... C3

Aktivitäten, Kurse & Touren
- 13 Universität Salamanca ... A4

Schlafen
- 14 Albergue Juvenil ... D5
- 15 Aparthotel El Toboso ... C2
- 16 Hostal Catedral ... B4
- 17 Hostal Concejo ... B2
- 18 Hotel Rector ... A5
- 19 Microtel Placentinos ... A4
- 20 Pensión Los Ángeles ... C2
- 21 Petit Palace Las Torres ... C2
- 22 Rúa Hotel ... B3

Essen
- 23 Casa Paca ... C3
- 24 El Bardo ... B3
- 25 El Pecado ... C3
- 26 La Cocina de Toño ... D2
- 27 Mandala Café ... A4
- 28 Mesón Cervantes ... C2
- 29 Mesón Las Conchas ... B3
- 30 Restaurante Lis ... A5
- 31 Victor Gutierrez ... B5

Ausgehen
- 32 Café El Corrillo ... B3
- 33 Taberna La Rayuela ... B3
- 34 Tío Vivo ... C2
- 35 Vinodiario ... C4

Unterhaltung
- 36 Cubic Club ... B1
- 37 Cum Laude ... B2
- 38 Garamond ... B2
- 39 Posada de las Almas ... C1
- 40 Potemkin ... C3

Shoppen
- 41 El Fotografo ... B3
- 42 La Galatea ... A4
- 43 Mercatus ... A4
- 44 Shop der Städtischen Touristeninformation ... C2

suchte ihr daraufhin eine mit seinem Regime konform gehende Universitätsphilosophie aufzuzwingen. In kleinem Ausmaß spürt man die Spannung zwischen den Liberalen und den Konservativen noch heute; sie prägt den Charakter der Stadt.

Sehenswertes & Aktivitäten

Plaza Mayor PLATZ

Die zwischen 1729 und 1755 angelegte einzigartige Plaza Mayor gilt als Spaniens schönster Platz. Besonders bezaubernd sieht sie während der abendlichen Beleuchtung (bis Mitternacht) aus. Entworfen von Alberto Churriguera, bildet sie ein außergewöhnlich harmonisches und maßvolles Barockensemble. Rund um den Platz angebrachte Medaillons zeigen Porträtbüsten berühmter Persönlichkeiten. Man beachte die umstrittene Büste Francos in der Nordostecke, die unter den anderen heraussticht: Da sie regelmäßig zum Ziel von Vandalismus wird, besteht sie aus einem speziellen, leicht zu reinigenden Kunststoff. Bis weit ins 19. Jh. hinein fanden auf dem Platz auch Stierkämpfe statt, die letzte zeremonielle *corrida* (Stierkampf) 1992.

Universidad Civil HISTORISCHES GEBÄUDE

(Calle de los Libreros; Erw./Kind 4/2 €, Mo morgens Eintritt frei; Mo–Fr 9.30–13.30 & 16–18.30, So 10–13.30 Uhr) Die Eingangsfassade der Universität ist ein wahrer Augenschmaus. Sie besteht aus Sandstein und ist über und über mit Darstellungen mythischer Helden, religiöser Szenen sowie Wappen versehen. In ihrer Mitte befinden sich die Büsten von Ferdinand und Isabella.

Aus dem 1218 gegründeten sogenannten Estudio General wurde 1254 die Universität, die im 15. und 16. Jh. ihre größte Bedeutung erlangte. Im Inneren erwartet einen zwischen ein paar ansonsten recht bescheide-

SALAMANCA CARD

Wer vorhat, fast alle Sehenswürdigkeiten in Salamanca zu besuchen, kann sich eine **Salamanca Card** (www.salamancacard.com) zulegen. Mit dieser erhält man freien Eintritt in die meisten Museen, einen MP3-Audioguide für die Stadt sowie Preisnachlässe in einigen Restaurants, Hotels und Geschäften. Man kann sie online oder in einer der beiden Touristeninformationen kaufen (16/22 € für 24/48 Stunden).

nen Zimmern im Obergeschoss ein weiteres Highlight: die außergewöhnliche **Universitätsbibliothek**, die älteste Bibliothek Europas. Etwa 2800 Manuskripte ziehen auf diesem Friedhof der vergessenen Bücher Staub an. Man beachte außerdem die spätgotische Ausstattung und die wunderschöne *techumbre* (geschnitzte Holzdecke).

Einer der kleinen Hörsäle um den Innenhof im Erdgeschoss, die **Aula de Fray Luis de León**, wurde nach dem gefeierten Theologen und Schriftsteller des 16. Jhs. benannt, dessen Statue den Patio de las Escuelas Menores schmückt. Im Hörsaal stehen noch die Originalbänke und das Originalpult aus Bruder Luis' Tagen. Der Theologe wurde von der Inquisition verhaftet, weil er das Hohelied Salomons ins Spanische übersetzt hatte. Seine erste Vorlesung nach fünf Jahren Haft begann er mit den Worten: „Wie wir gestern sagten …" Hier war es auch, wo der berühmte spanische Philosoph und Essayist Miguel de Unamuno verkündete, dass der nationalistische Aufstand „notwendig ist, um die westliche Zivilisation zu retten", und von Francos Ehefrau vor den aufgebrachten Massen in Sicherheit gebracht wurde.

In das Geländer der **Escalera de la Universidad** (Universitätstreppe) wurden Symbole geschnitzt, die für das Streben nach Wissen stehen sollen.

GRATIS Catedral Nueva — KATHEDRALE

(Plaza de Anaya; ⏲9–20 Uhr) Salamancas Zentrum wird vom Turm der spätgotischen Neuen Kathedrale beherrscht. Seine imposante Kuppel im Stil des *churrigueresco* (schnörkelhafter Barockstil) ist von fast überall sichtbar. Gleichermaßen beeindruckend ist der Innenraum mit seinem reich verzierten Chorgestühl, der Hauptkapelle und dem Retrochor, die wir dem produktiven José Churriguera zu verdanken haben. Auch die Deckengewölbe sind außergewöhnlich. Am meisten stechen aber die herrlichen Renaissanceportale hervor, besonders die **Puerta del Nacimiento** in der Westfassade – eines der sieben aus dem Sandstein der Stadt geschnitzten Wunder. Die **Puerta de Ramos** an der Plaza de Anaya hält eine Zugabe zum Fröschefinden-Wettbewerb bereit, der vor der Universitätsfassade stattfindet. Besucher sollten Ausschau nach dem kleinen Astronauten und der Eiswaffel halten, die bei Renovierungsarbeiten ins Portal gemeißelt wurden.

Catedral Vieja — KATHEDRALE

(Plaza de Anaya; Eintritt 4,75 €; ⏲10–19.30 Uhr) Die vorwiegend romanische Vorgängerin der Catedral Nueva wartet mit einem exquisiten **Retabel** aus dem 15. Jh. auf, dessen 53 Tafeln Szenen aus dem Leben Christi und Mariä zeigen und das von einer Darstellung des Jüngsten Gerichts gekrönt wird. Es handelt sich um einen der schönsten Renaissance-Altaraufsätze außerhalb Italiens. 1120 begann man mit dem Bau der Kathedrale. Sie birgt Elemente verschiedener Stile (z. B. der Gotik) und weist an der ungewöhnlichen Kuppel, dem Torre del Gallo, byzantinische Einflüsse auf. Vom Kreuzgang ist seit dem Erdbeben 1755 nicht mehr viel übrig, doch dafür sieht man in der Capilla de Anaya ein extravagantes Alabastergrab und eine der ältesten Orgeln der Welt, ein Mudejár-Kunstwerk aus dem 16. Jh. Der Eingang befindet sich in der Catedral Nueva.

Puerta de la Torre — AUSSICHTSPUNKT

(Jeronimus; Plaza de Juan XXIII; Eintritt 3,75 €; ⏲10–19.15 Uhr; 👪) Wer einen schönen Blick über die Altstadt genießen möchte, sollte sich zur Puerta de la Torre an der südwestlichen Fassade der Catedral Nueva begeben. Von dort führen Treppen hoch in den Turm. Vorbei an einer labyrinthischen, aber gut präsentierten Ausstellung zur Geschichte der Kathedrale geht's durch die Innengalerie der Altarbereiche von Neuer und Alter Kathedrale und hinaus auf die Außengalerie. In der Catedral Vieja gibt's einen weiteren Zugang.

Convento de San Esteban — KLOSTER

(Plaza del Concilio de Trento; Erw./erm. 3/2 €; ⏲10–13.30 & 16–19.30 Uhr) Gleich unterhalb der Kathedrale steht die stattliche Kirche des Convento de San Esteban. Ihre ungewöhnliche altarähnliche Fassade zeigt als zentrales Motiv die Steinigung des San Esteban (hl. Stephanus). Innerhalb des Klosters warten ein gut gestaltetes Museum, das sich den Dominikanern widmet, ein herrlicher Kreuzgang mit gotischen und Renaissance-Elementen und die schöne Kirche in Form eines lateinischen Kreuzes. Ihr überwältigender Altar stammt von José Churriguera aus dem 17. Jh.

Convento y Museo de las Úrsulas KLOSTER
(Calle de las Úrsulas 2; Eintritt 2 €; Di–So 11–13 & 16.30–18 Uhr) 1512 wurde das spätgotische Nonnenkloster von Erzbischof Alonso de Fonseca gegründet. Das Museum ist, abgesehen von einigen interessanten Bildern von Juan de Borgoña, der auch den beeindruckenden Altar in der Kathedrale von Ávila (S. 149) fertigstellte, eher uninteressant, aber das von Diego de Siloé geschaffene prächtige Marmorgrab in der Kirche sollte man sich keinesfalls entgehen lassen.

Palacio de Monterrey HISTORISCHES GEBÄUDE
(Calle del Prior) Von der Südwestecke der Plaza Mayor führt die Calle del Prior zum Palacio de Monterrey, einem Ferienhaus der Duques de Alba aus dem 16. Jh., das als richtungsweisend für die spanische Renaissancearchitektur gilt. Es ist nicht öffentlich zugänglich, doch allein die Fassade ist traumhaft.

GRATIS **Casa de las Conchas** HISTORISCHES GEBÄUDE
(Calle de la Compañia 2; Mo–Fr 9–21, Sa & So 10–14 & 16–19 Uhr) Dieses Gebäude ist eines der charmantesten der Stadt und wurde nach den Jakobsmuscheln an seiner Fassade benannt. Sein ursprünglicher Besitzer, Dr. Rodrigo Maldonado de Talavera, war Arzt an Isabellas Hof und Mitglied des Jakobsordens, als dessen Symbol die Muschel dient. Heute befindet sich hier die Stadtbibliothek, die man über einen reizenden zweigeschossigen Innenhof betritt.

GRATIS **Cielo de Salamanca** HISTORISCHES GEBÄUDE
(Patio de las Escuelas Menores; Di–Do 9.30–13.30, Sa & So 10–14 Uhr) Größte (und einzige) Attraktion des Museums ist das schöne zartblaue Deckenfresko der Tierkreiszeichen. Am besten nimmt man sich ein paar Minuten Zeit, um sich an das Licht zu gewöhnen, ehe man nach oben schaut.

Convento de Santa Clara MUSEUM
(Calle Santa Clara 2; Erw./Kind 3/0,50 €; Mo–Fr 9.30–12.45 & 16.20–18.10, Sa & So 9.30–14.10 Uhr) Das ursprünglich romanische, oft umgebaute Gebäude beherbergt heute ein kleines Museum mit hübschen Fresken. Wer die Treppen hinaufsteigt, kann den Mudejarstil des *artesonado* (hölzerne Kassettendecke) aus dem 14. und 15. Jh. von Nahem bewundern. Ein Besuch ist nur im Rahmen einer 50-minütigen Führung (auf Spanisch) möglich.

Convento de las Dueñas KLOSTER
(Calle Gran Vía; Eintritt 2 €; Mo–Sa 11–12.45 & 16.30–18.45 Uhr) In dem Dominikanerkloster befindet sich der schönste Kreuzgang der Stadt mit einigen ziemlich makabren Schnitzereien an den Kapitellen.

Museo de Art Nouveau y Art Decó MUSEUM
(Casa Lis; Calle de Gibraltar; Erw./erm. 4/2 €, Do vormittags Eintritt frei; Di–Fr 11–14 & 17–21, Sa & So 11–21 Uhr) Unter den Museen Salamancas fällt dieses völlig aus dem Rahmen. Seine verspielte Sammlung an Skulpturen, Malerei und Art-déco- sowie Jugendstilwerken nimmt einen beeindruckenden, lichtdurchfluteten Bau im Modernista-Stil (katalanischer Jugendstil) ein. Hier ist eine Fülle von Buntglas, Beatrix-Potter-Figuren, Kinderpuppen aus dem 19. Jh. und vieles mehr zu

NICHT VERSÄUMEN

FROSCHSUCHE

Die Suche nach dem Frosch in der Fassade der Universidad Civil ist ein Muss für alle Salamanca-Besucher. Einmal entdeckt, drängt er sich geradezu ins Blickfeld, doch Uneingeweihte sind mit der Suche eine Weile beschäftigt. Aber warum das Ganze? Es heißt, dass der Frosch Leuten, die ihn ohne Hilfe aufspüren, innerhalb eines Jahres Glück und sogar die Hochzeit bringt. So manch ein Student hofft allerdings eher auf ein bestandenes Examen. Wenn man der Legende glaubt, sollte man hier nicht weiterlesen! Wer dagegen Hilfe braucht, schaut zu den Büsten von Ferdinand und Isabella und von dort zur größten Säule ganz außen rechts an der Vorderseite. Etwas oberhalb befindet sich eine Reihe von Schädeln, und auf dem äußersten links sitzt unser kleiner amphibischer Freund – bzw. das, was die Erosion von ihm übrig gelassen hat.

sehen. Außerdem gibt's ein Café und einen tollen Laden; später kann man vom Paseo del Rector Esperabé aus einen schönen Blick auf das Gebäude genießen.

Real Clerecía de San Marcos KIRCHE
(Universidad Pontificia; Calle de la Compañía; Eintritt 3 €; Mi–Fr 10.30–12.45 & 17–18.30, Sa 10–13 & 17–19.15, So 10–13 Uhr) Ein Besuch der riesigen Barockkirche und der angrenzenden katholischen Universität ist nur im Rahmen von geführten Rundgängen (auf Spanisch) möglich, die alle 45 Minuten stattfinden. Man überlegt, auch welche auf den Kirchturm anzubieten; die städtische Touristeninformation weiß mehr.

Torre del Clavero TURM
(Calle del Consuelo) Die achteckige Festung aus dem 15. Jh. weist einen ungewöhnlichen quadratischen Sockel und kleinere, zylindrische Türme auf.

Museo Taurino MUSEUM
(Calle de Doctor Piñuela 5–7; Erw./Senior/Kind 3/2 €/frei; Di–Sa 11.30–13.30 & 18–20, So 11.30–13.30 Uhr;) Salamanca liegt in einem der Stierkampfzentren Spaniens. Dieses kleine Museum ist mit Exponaten zum Thema vollgestopft.

Kurse

Zusätzlich zur nachfolgend genannten Adresse bekommt man bei der städtischen Touristeninformation eine Liste mit anerkannten Privatschulen.

Universität Salamanca SPRACHKURS
(Cursos Internacionales, Universidad Civil; 923 29 44 18; www.usal.es; Patio de las Escuelas Menores) Salamanca ist einer der beliebtesten Orte des Landes, um Spanisch zu lernen, und die Universität die angesehenste Sprachschule. Ihre Kurse reichen von zwei Wochen mit 15 Wochenstunden (415 €) bis zu zehn Wochen mit 25 Wochenstunden (1870 €). Eine Unterkunft kann ebenfalls arrangiert werden.

Geführte Touren

Sowohl die städtische (S. 161) als auch die regionale Touristeninformation (S. 161) veranstalten Stadtführungen. Los geht's jeden Tag um 12 Uhr für 6 €, nächtliche Rundgänge kosten 7 Euro. Die Tour dauert rund 1½ Stunden. Eine vorherige Reservierung ist erforderlich. Im Allgemeinen sprechen die Guides Spanisch, man kann eventuell aber auch englisch- und französischsprachige organisieren.

Schlafen

LP TIPP **Microtel Placentinos** BOUTIQUE-HOTEL €€
(923 28 15 31; www.microtelplacentinos.com; Calle de Placentinos 9; EZ/DZ inkl. Frühstück So–Do 56/72 €, Do & Sa 86/99 €;) Eines der entzückendsten Boutique-Hotels von Salamanca liegt versteckt in einer ruhigen Straße. Hier warten Zimmer mit freigelegtem Mauerwerk und Holzbalken. Der Service ist tadellos, die Atmosphäre intim. Alle Bäder sind mit Duschen oder Hydromassagewannen ausgestattet. Im Sommer gibt's draußen einen Whirlpool.

Aparthotel El Toboso APARTMENT €
(923 27 14 62; www.hoteltoboso.com; Calle del Clavel 7; EZ/DZ 30/45 €, Apt. für 3/4/5 Pers. 75/85/95 €;) Hier fühlt man sich wie zu Hause. Das Preis-Leistungs-Verhältnis ist toll, besonders das der großzügigen Apartments mit Küchen (inklusive Waschmaschine) und renovierten Bädern. Eine ideale Option für Familien und alle, die länger als eine Nacht in der Stadt bleiben wollen. In der Bar hängt ein großartiges, 100 Jahre altes Wandbild aus Kacheln, das Don Quichotte zeigt.

Hostal Concejo HOSTAL €
(923 21 47 37; www.hconcejo.com; Plaza de la Libertad 1; EZ/DZ 45/60 €; P) Mit seinen polierten Holzböden, der geschmackvollen Möblierung, lichtdurchfluteten Zimmern und der zentralen Lage ist das stilvolle Concejo einen Tick besser als ein typisches *hostal*. Man sollte versuchen eines der Eckzimmer (z. B. die Nr. 104) zu bekommen, da sie über traditionelle verglaste Balkone samt Tisch und Stühlen verfügen. Von ihnen genießt man einen guten Blick auf das Treiben unten.

Pensión Los Ángeles PENSIÓN €
(923 21 81 66; www.pensionlosangeles.com; Plaza Mayor 10; EZ/DZ 25/45 €, ohne Bad 20/30 €;) Dank der tollen Lage an der Plaza Mayor und den günstigen Preisen ist die Pension ein echter Hit. Die Zimmer punkten mit farbenfrohen Bodenfliesen, die besten Räume sind groß und haben Balkone mit Aussicht auf die Plaza. Wenn man schweres Gepäck hat, ist der steile Weg allerdings ein Nachteil.

Hostal Catedral HOSTAL €
(923 27 06 14; http://hostalcatedralsalamanca.com; Rúa Mayor 46; EZ/DZ 30/48 €;) Das nette *hostal* gegenüber den Kathedralen bietet sechs außerordentlich hübsche, saubere und

helle Zimmer inklusive Dusche, die alle auf die Straße oder die Kathedrale hinausgehen. Die mütterliche Besitzerin behandelt wirklich jeden Besucher wie einen Ehrengast.

Hotel Rector HOTEL €€€
(☎923 21 84 82; www.hotelrector.com; Paseo del Rector Esperabé 10; Zi. inkl. Frühstück ab 150 €; ❄📶) Eine Oase der Ruhe und des Überflusses. Das prächtige Hotel ist das Gegenteil vom üblichen Einheitsbrei der Fünfsterne-Ketten. Hier erwarten einen Vasen mit Orchideen, Buntglasfenster, Antiquitäten, ein hervorragender Service und wunderbare, mit Teppichen ausgelegte Zimmer.

Albergue Juvenil HOSTEL €
(☎923 26 91 41; www.alberguesalamanca.com; Calle de Escoto 13–15; B/EZ/DZ 14/28/38 €; 📶) Die beliebte, gut geführte Unterkunft verfügt über große saubere Mehrbettzimmer. Von der Altstadt bis hierher braucht man zehn Gehminuten; der Weg führt bergab.

Rúa Hotel HOTEL €€
(☎923 27 22 72; www.hotelrua.com; Calle de Sánchez Barbero 11; Zi. inkl. Frühstück 80–120 €; ❄@📶) Die früheren Apartments wurden in geräumige Zimmer umgewandelt und zeichnen sich durch helle Holzböden, pastellfarbene Wände und Kunstdrucke aus. Die Lage könnte nicht zentraler sein.

Petit Palace Las Torres HOTEL €€
(☎923 21 21 00; www.hthotels.com; Calle de Concejo 4–6; DZ ab 85 €; ❄@📶) Schicke Unterkunft einer Hightech-Qualitätskette mit Designerlampen, Computern und nobler Atmosphäre. Für ein Zimmer mit Blick auf die Plaza Mayor muss man allerdings recht tief in die Tasche greifen, und einige zum Innenhof gelegene Räume sind ziemlich klein. Gäste dürfen kostenlos die hoteleigenen Fahrräder benutzen.

Essen

LP TIPP **La Cocina de Toño** TAPAS €€
(www.lacocinadetoño.es; Calle Gran Vía 20; menú del día 17 €, Tapas 1,30–3,80 €, Hauptgerichte 6,90–23 €; ⏲Di–Sa mittags & abends, So mittags) Über diese Tapas-Bar haben wir noch nicht ein schlechtes Wort gehört. Ihre treuen Anhänger verdankt sie kreativen *pinchos* (Snacks) und halben Portionen von Gerichten wie Gänsestopfleber mit gerösteten Äpfeln an Passionsfruchtgelee. Im Restaurant wird der Einrichtung entsprechend traditionellere Küche serviert, doch die Bar ist eins der gastronomischen Highlights Salamancas. Sie liegt etwas abseits von der Altstadt und zieht vor allem spanische Besucher an.

El Pecado SPANISCHE NOUVELLE CUISINE €€
(☎923 26 65 58; www.elpecadorestaurante.es; Plaza de Poeta Iglesias 12; menú del día 15 €, Hauptgerichte 15–33 €) In dem angesagten Etablissement geben sich regelmäßig spanische Berühmtheiten wie Pedro Almodóvar und Ferran Adrià die Ehre. Das Pecado („Die Sünde") hat einen gemütlichen Speiseraum und eine verrückte, kreative Karte mit angemessenen Preisen für solch hochwertige, innovative Küche. Wahrzeichen des Hauses sind frische Geschmacksrichtungen, überraschende Kombinationen und regelmäßig wechselnde Gerichte aus marktfrischen Zutaten. Reservierung empfohlen.

Mesón Las Conchas KASTILISCH €€
(Rúa Mayor 16; menú del día 12 €, Hauptgerichte 10–21 €; ⏲12–24 Uhr) Gäste können in der stimmungsvollen Bar, oben im Speisesaal oder (im Sommer) draußen Platz nehmen. Die Bar ist vor allem etwas für einheimische Liebhaber von *embutidos* (Wurstwaren). Ansonsten kann man sich auf eine gute Mischung aus Braten, *platos combinados* und *raciones* (Tapas-Mahlzeiten) freuen. Toll zum Bestellen zu mehreren sind die Platten mit luftgetrockneten Fleischwaren (17–20 €). Wer Lust auf Fisch hat, sollte den köstlichen Steinbutt aus dem Ofen wählen.

Mesón Cervantes KASTILISCH €€
(www.mesoncervantes.com; Plaza Mayor 15; menú del día 13,50 €, Hauptgerichte 10–22 €; ⏲10–24 Uhr) Zwar gibt's auch draußen Plätze, doch man sollte sich die dunklen Holzbalken und die lebhafte Atmosphäre im Lokal in der ersten Etage nicht entgehen lassen; wer abends einen Tisch am Fenster ergattert, hat das große Los gezogen. Auf der Karte stehen verschiedene *platos combinados*, Salate und *raciones*.

Victor Gutierrez SPANISCHE NOUVELLE CUISINE €€€
(☎923 26 29 73; www.restaurantevictorgutierrez.com; Calle de San Pablo 66–80; Menüs 36–130 €; ⏲Di–Sa mittags & abends, So mittags) Hier liegt der Schwerpunkt auf innovativen Speisen mit zahlreichen farbenfrohen Akzenten. Neben regulären Gerichten gibt's außerdem hervorragende Menüs. Eine Reservierung ist unbedingt notwendig.

Restaurante Lis MODERN MEDITERRAN €€
(☎923 21 62 60; www.restaurantelis.es; Patio Chico 18; Hauptgerichte 14,50 €, Menüs 32 €; ⏲Di–Sa

mittags & abends, So mittags) Dieses stilvolle Restaurant verfolgt ein revolutionäres Konzept – alle 3-Gänge-Menüs kosten 28 €, sofern man sich nicht für eins der etwas teureren Probiermenüs entscheidet. Die Atmosphäre ist gemütlich und zu essen gibt's traditionelle Gerichte mit Pfiff wie Entenburger oder Mango-Ravioli.

Mandala Café MEDITERRAN €

(Calle de Serranos 9–11; Menüs 10–12 €;) Spezialität des coolen, entspannten Mandala ist ein hervorragendes Tagesmenü (das es in der Regel zum Mittag- *und* Abendessen gibt). Dazu gehört z. B. schwarzer Reis mit Garnelen und *calamares* (Tintenfisch) oder vegetarische Moussaka. Man kann aber auch Salate, Kuchen, 45 verschiedene Milchshakes, 56 Saftkombinationen und unendlich viele Teesorten bestellen.

Casa Paca KASTILISCH €€

(923 21 89 93; www.casapaca.com; Plaza del Peso 10; Hauptgerichte 15–33 €) Angeblich kehrt in der 1928 eröffneten Casa Paca sogar der König ein, wenn er in der Stadt ist. Allzu Innovatives darf man nicht erwarten, dafür gibt's hochwertige, traditionelle kastilische Küche mit herzhaften Gerichten wie *cochinillo asado* (gegrilltes Spanferkel) sowie Dutzenden gegrillten Fisch- und Fleischspeisen. Reservierung erforderlich.

El Bardo TAPAS €€

(Calle de la Compañía 8; Tapas ab 2,50 €, Hauptgerichte 6–19 €) Hochwertige Tapas, leckere Toasts (mit Belägen wie Kabeljau-Carpaccio mit sonnengetrockneten Tomaten) und ein verlässliches, auf die Einheimischen zugeschnittenes Tagesmenü machen das Bardo zu einer hervorragenden Wahl. Hier kann man prima lokalen *farinato* (gefüllte Pasteten) probieren.

Ausgehen

Mit ihren zahlreichen Möglichkeiten und jungen Leuten ist die Stadt ein Paradies für Nachtschwärmer. Allerdings geht's erst sehr spät los: Viele Kneipen füllen sich frühestens ab Mitternacht. Die Studenten treffen sich besonders gerne in den sogenannten „Liter-Bars" an der Plaza de San Juan Bautista.

LP TIPP **Tío Vivo** MUSIKBAR

(www.tiovivosalamanca.com; Calle del Clavel 3–5; 16 Uhr–open end) Hier nippt man Drinks bei Kerzenlicht und genießt die skurrile Dekoration mit Karussellpferden und allen möglichen Antiquitäten. Dazu läuft Musik der 1980er-Jahre. Dienstags bis donnerstags gibt's ab Mitternacht Livemusik. Manchmal wird ein Eintrittspreis von 5 € erhoben.

Taberna La Rayuela BAR

(Rúa Mayor 19; So–Do 18–1, Do & Sa bis 2 Uhr) Die gemütliche, schummrig beleuchtete Bar im Obergeschoss lockt ein lebendiges Publikum ab 20 an. Unsere Lieblingsadresse für einen ersten Drink in der Stadt.

Vinodiario WEINBAR

(Plaza de los Basilios 1; So–Do 9.30–1, Do & Sa bis 1.30 Uhr) In der ruhigen, aber herrlich stilvollen Weinbar weit weg von den Massen der Altstadt arbeiten sachkundige Leute. Hier trifft man viele Einheimische und kann an Sommerabenden wunderbar draußen sitzen. Neben ausschließlich spanischen Weinen gibt's ein paar importierte Biersorten. Die Tapas sind einfallsreich und sehr lecker.

Café El Corrillo MUSIKBAR

(www.cafecorrillo.com; Calle de Meléndez; 8.30–3 Uhr) Das Bier und die Tapas in diesem Laden schmecken immer. Mittwochs und Donnerstag kommt man ab 22 Uhr in den Genuss von Livemusik. An warmen Sommerabenden ist die *terraza* (Terrasse) im hinteren Bereich einfach toll.

☆ Unterhaltung

Viele Café-Bars verwandeln sich nach Mitternacht in Clubs. Der Eintritt ist normalerweise kostenlos.

Posada de las Almas CLUB

(Posada de las Animas; www.posadadelasanimas.es; Plaza de San Boal; 18 Uhr–open end) Der Laden zieht mit seiner merkwürdigen Mischung aus großen Pappmachéfiguren, Puppenhäusern und Samtvorhängen ein buntes Publikum an.

Cum Laude CLUB

(Calle del Prior 7; Di–So 22 Uhr–open end) Eine der ältesten Bars Salamancas ist das Cum Laude mit dem Interieur eines weitläufigen Pseudo-Palastes. Dienstag steht Kabarett auf dem Programm, Donnerstag ist Ladies Night (beides ab 23 Uhr), an allen anderen Tagen herrscht einfach nur gute Stimmung.

Garamond CLUB

(Calle del Prior 24; 21 Uhr–open end) Alteingesessener Club mit einer Einrichtung im Mittelalterstil. Die Musik orientiert sich eher am Mainstream und eignet sich prima zum Tanzen.

Potemkin LIVEMUSIK

(Calle del Consuelo; ⌚23 Uhr–open end) Im Potemkin, der Alternative zu Salamancas schicken Läden, kommt man oft in den Genuss von Rockmusik. Hier und in den benachbarten Bars ist eher lockere Kleidung angesagt.

Cubic Club CLUB

(Calle de Iscar Peira 30; ⌚Do & Sa 24–6 Uhr) Sicher ist nur, dass es hier einen Nachtclub gibt – bei jedem Besuch hatte er allerdings einen anderen Namen. Auf zwei Tanzflächen wird zu House, Electro und Techno getanzt. Nicht wundern, wenn er beim nächsten Besuch schon wieder anders heißt.

Shoppen

In der Stadt gibt's jede Menge Souvenirshops mit Artikeln, die von Kitsch bis Kunst reichen. Hervorragende Mitbringsel bekommt man außerdem in den **Shops der städtischen Touristeninformation** (Plaza Mayor 27; ⌚Mo–Sa 10–14 & 17–20, So 10–14 Uhr). Überall im Stadtzentrum wird der köstliche *jamón serrano* (Schinken) aus Salamanca verkauft – luftdicht verpackt zum Mitnehmen.

Mercatus SOUVENIRS

(http://mercatus.usal.es; Calle de Cardenal Pla y Deniel; ⌚Mo–Sa 10–20.15, So 10.15–14 Uhr) Im Universitätsshop findet man ein beeindruckendes Angebot an Schreibwaren, ledergebundenen Büchern und anderen sorgfältig ausgewählten Erinnerungen an den Besuch.

El Fotógrafo SOUVENIRS

(Calle de Meléndez 5; ⌚Mo–Fr 10.30–13.30 & 17–20, Sa 11–14 & 18–20.30 Uhr) Wer schöne Schwarz-Weiß-Fotos von Salamanca, Bildbände und Fotoausrüstung sucht, ist in diesem Geschäft an der richtigen Stelle.

La Galatea BÜCHER

(Calle de los Libreros 28; ⌚Mo 16.30–20.30, Di–Sa 10.30–14.30 & 16.30–20.30, So 10.30–14.30 Uhr) Endlich hat nach Jahrzehnten wieder ein Buchladen an Salamancas „Straße der Buchhändler" eröffnet (einst waren es über 50). Hier gibt's einen hervorragenden Wühltisch (mit einigen Werken auf Englisch), tolle seltene antiquarische Bücher auf Spanisch und eine durchdachte Auswahl an Platten.

Praktische Informationen

Regionale Touristeninformation (☎923 26 85 71; www.turismocastillayleon.com; Casa de las Conchas, Rúa Mayor; ⌚9–20 Uhr)

Städtische Touristeninformation (☎923 21 83 42; www.turismodesalamanca.com; Plaza Mayor 14; ⌚Mo–Fr 9–14 & 16.30–20, Sa 10–20, So 10–14 Uhr)

An- & Weiterreise

Von der Plaza Mayor sind es fünf Gehminuten Richtung Nordwesten zum Busbahnhof und zehn Gehminuten Richtung Nordosten zum Bahnhof.

BUS Busverbindungen bestehen zu folgenden Fahrzielen: Madrid (regulär/Express 12,88/20,30 €, 2½–3 Std., stündlich), Ávila (6,08 €, 1½ Std., 1- bis 4-mal tlg.), Ciudad Rodrigo (6,10 €, 1 Std., 5- bis 13-mal tgl.), León (13,70 €, 3 Std., 2-mal tgl.), Segovia (11,08 €, 2½ Std., 2-mal tgl.), Valladolid (8 €, 1½ Std., 2-mal tgl.) und Zamora (ab 4,70 €, 1 Std., 5- bis 13-mal tgl.). Kleinere Orte werden seltener angesteuert. Nach La Alberca (5,25 €, ca. 1½ Std.) verkehrt täglich außer Sonntag ein Bus, der unterwegs in Dörfern der Sierra de Francia wie Mogarraz und San Martín del Castañar hält.

ZUG Züge starten regelmäßig zum Bahnhof Chamartín in Madrid (19,85 €, 2½ Std.), nach Ávila (10,05 €, 1¼ Std.) und Valladolid (ab 8,55 €, 1½ Std.).

Unterwegs vor Ort

Die Linie 4 fährt am Busbahnhof vorbei und rund um die Altstadt bis zur Calle Gran Vía. Vom Bahnhof nimmt man am besten den Bus 1, der über die Calle de Azafranal das Zentrum ansteuert. In die umgekehrte Richtung kann man z. B. am Mercado Central einsteigen.

Rund um Salamanca

Alba de Tormes bietet sich als interessanter und einfacher Halbtagesausflug von Salamanca an. Einheimische und Touristen strömen von nah und fern hierher, um der heiligen Teresa die Ehre zu erweisen. Sie liegt im **Convento de las Carmelitas** begraben, den sie 1570 gegründet hat. In dem Ort steht auch der trutzige und weithin sichtbare **Torreón**, das einzige Überbleibsel der früheren Burg der Herzöge von Alba. Vom Busbahnhof in Salamanca fahren regelmäßig Busse (am Wochenende alle zwei Stunden) nach Alba de Tormes.

Ciudad Rodrigo

13 710 EW.

Unweit der portugiesischen Grenze und abseits ausgetretener Touristenpfade liegt das verschlafene Ciudad Rodrigo, einer der hübscheren Orte im westlichen Kastilien-León. Er ist ein gutes Ziel für einen einfachen Tagesausflug vom 80 km entfernten Salaman-

NICHT VERSÄUMEN

DIE SACHE MIT DEM DRINGENDEN BEDÜRFNIS

Nachttöpfe, Toilettenstühle, Bettpfannen … das **Museo del Orinal** (Nachttopfmuseum; Eintritt 2 €; ⏲Di, Mi, Fr & So 11–14, Sa & Mo 11–14 & 16–19 Uhr; 👪) in Ciudad Rodrigo ist das einzige Museum in Spanien (und vielleicht sogar weltweit), das sich dem Thema Nachttopf widmet. Die Privatsammlung des früheren Einwohners José Maria del Arco umfasst unglaubliche 1300 Exponate aus 27 Ländern, darunter historische Stücke wie die im 12. Jh. genutzte islamische Version aus Cordoba. Ebenso sehenswert sind der wie ein BH geformte französische Nachttopf aus dem 19. Jh. und das auf Reisbooten benutzte chinesische Exemplar mit einer engen Öffnung. Neben einer beträchtlichen Anzahl britischer Nachttöpfe gibt's auch schön bemalte viktorianische Keramiknachttöpfe und rustikalere mit hölzernem Sitz. Wen hier selbst ein dringendes Bedürfnis überkommt, der muss allerdings woanders hingehen, öffentliche Toiletten hat das Museo del Orinal nämlich nicht.

ca aus. Wer länger bleibt und innerhalb der schützenden Mauern dieses Städtchens übernachtet, kann den mittelalterlichen Charme der Stadt um einiges besser genießen und hat die abschüssige Plaza Mayor ganz für sich allein, wenn sich die Touristenmassen erst einmal verzogen haben.

Sehenswertes

Die von einer Mauer umgebene Altstadt von Ciudad Rodrigo ist kompakt und beherbergt einige der besterhaltenen Gebäude im Platereskstil außerhalb Salamancas.

Catedral KATHEDRALE

(Plaza de San Salvador; Erw./erm./unter 12 J. 3/2,50 €/frei, So nachmittags Eintritt frei, Turm 2 €; ⏲Mo 11.45–14, Di–Sa 11.45–14 & 16–19, So 12.45–14 & 16–18 Uhr) Über der Altstadt thront die schöne, verwitterte Kathedrale aus Sandstein, mit deren Bau 1165 begonnen wurde. Als besonders sehenswert gelten die Puerta de las Cadenas, deren prächtige gotische Reliefs Figuren aus dem Alten Testament zeigen, der elegante Pórtico del Perdón und im Inneren das mit exquisiten Schnitzereien verzierte Chorgestühl aus Eichenholz. Um den besten Blick auf Rodrigo zu genießen, steigt man auf den samstags und sonntags um 13.15 Uhr geöffneten Turm.

Plaza Mayor PLATZ

Die lange, abschüssige Plaza Mayor ist das Herzstück der hübschen Stadt. Oben auf dem Hügel thront die **Casa Consistorial** (Rathaus; ⏲Galerie im ersten Stock Mo–Fr 9–14 Uhr) mit ihren beeindruckenden zweistöckigen Bogen, doch das schönste Gebäude am Hauptplatz ist zweifellos die **Casa del Marqués de Cerralbo**, ein Stadthaus aus dem frühen 16. Jh. mit einer wundervollen Fassade.

Muralla STADTMAUER

Zahlreiche Treppenstufen führen auf die verfallende Befestigungsmauer rund um die Altstadt. Hier bietet sich die Gelegenheit, 2,2 km um die Stadt herumzuwandern und die wunderbare Aussicht auf die umliegenden Ebenen zu genießen.

Casa de los Vázquez ARCHITEKTUR

(Correos; Calle de San Juan 12; ⏲Mo–Fr 8.30–14.30, Sa 9.30–13 Uhr) Auch wer nichts zu verschicken hat, sollte mal bei der *correos* (Post) vorbeischauen, um den herrlichen *artesonado* zu bewundern.

Iglesia de San Pedro & San Isidro KIRCHE

(Plaza Cristobal de Castillo; ⏲vor & nach der Messe) Lohnend ist auch der Besuch dieser Kirche, denn in ihr verschmelzen romanische und Mudejarelemente des 12. Jhs. mit späteren gotischen Modifikationen. Nicht den Kreuzgang verpassen: Hier wurden 1994 Reliefs einer römischen Königin, eines arabischen Königs und eines katholischen Bischofs aus dem 12. Jh. entdeckt.

Palacio de los Ávila y Tiedra ARCHITEKTUR

(Plaza del Conde 3; ⏲Mo–Sa 9–19 Uhr) Der Palacio de los Ávila y Tiedra aus dem 16. Jh. verfügt über eine der attraktivsten Platereskfassaden des Ortes. Sie ist das schönste einiger Beispiele rund um die Plaza del Conde.

Feste & Events

Carnaval KARNEVAL

Zum Karneval im Februar wird besonders ausgelassen gefeiert. Besucher können alle möglichen Kostüme bestaunen sowie beim farbenfrohen *encierro* (Stierrennen) und den *capeas* (Amateurstierkämpfe) zuschauen – oder sogar selbst mitmachen.

Schlafen

LP TIPP Hospedería Audiencia Real HISTORISCHES HOTEL €€
(☎923 49 84 98; www.audienciareal.com; Plaza Mayor 17; DZ 60–80 €; ❄📶) Direkt an der Plaza Mayor liegt eine schöne *hospedería* (Gasthof) aus dem 16. Jh. Sie wurde reizvoll umgebaut und hat mit freigelegtem Mauerwerk und schmiedeeisernen Möbeln ihr spürbares historisches Flair bewahrt. Einige Zimmer haben einen Balkon zur Plaza hin; die nach hinten heraus kosten 20 € weniger.

Hotel Conde Rodrigo 1 HOTEL €€
(☎923 46 14 08; www.hotelesciudadrodrigo.com; Plaza de San Salvador 9; EZ/DZ 78/85 €; ❄📶) Das Hotel in einem prächtigen Palast aus dem 16. Jh. bietet renovierte, in hellem Gelb gestrichene Zimmer mit dunklen Holzmöbeln, Parkettböden und burgunderroten sowie weißen Textilien. Für den Preis sind der große Flachbildfernseher, die Minibar und das gut ausgestattete Bad nicht selbstverständlich. WLAN funktioniert nur in den Räumen im ersten Stock.

Parador Enrique II. HISTORISCHES HOTEL €€
(☎923 46 01 50; www.parador.es; Plaza del Castillo 1; Zi. 125–145 €; P❄@📶) Als erste Adresse in Ciudad Rodrigo gilt dieses vornehme Kastell aus dem 14. Jh., das in die westliche Stadtmauer integriert ist. 1931 umgebaut, ist es Spaniens drittältester *parador* (staatliches Luxushotel). Die Ausblicke sind schön, die Zimmer bezaubern mit Charme und das Restaurant ist mit Abstand das beste der Stadt. Von den terrassierten Gärten im hinteren Teil blickt man auf den Rio Agueda.

Hostal Puerta del Sol HOSTAL €€
(☎923 46 06 71; www.puertadelsolhostal.com; Rúa del Sol 33; DZ 40–60 €; @) Die hellen und komfortablen Zimmer des attraktiven *hostal* warten mit modernen Kiefernmöbeln, sonnengelben Wänden und eleganten cremefarbenen Stoffen auf. Alle Bäder wurden aufwendig in natürlichen Farben marmoriert.

Essen & Ausgehen

LP TIPP Parador Enrique II. SPANISCH €€
(☎923 46 01 50; Plaza del Castillo 1; Menü 32 €, Hauptgerichte 17,50–20 €) Wie von einer so hochwertigen Hotelkette zu erwarten, ist das Restaurant des *parador* das beste in Ciudad Rodrigo. Es besticht mit einem stilvollen Speiseraum, aufmerksamem Personal und einer regelmäßig wechselnden Speisekarte, auf der es immer die besten lokalen Spezialitäten gibt – den edelsten *jamón* aus der Region Salamanca, *cochinillo asado* und *cordero* (Milchlamm). Wer nicht hier übernachtet, muss unbedingt reservieren.

El Sanatorio TAPAS, RACIONES €
(Plaza Mayor 12; raciones 5,50–10 €, Hauptgerichte 4,50–11 €; ⏲11 Uhr–open end) Im Inneren der

BILDERBUCHDÖRFER

San Martín del Castañar Das schönste Dorf der Sierra de Francia.

Candelario (S. 166) Dieses Örtchen aus Stein und Holz erstreckt sich unterhalb der Sierra de Béjar.

Pedraza de la Sierra (S. 172) Über dem hübschen, von einer Stadtmauer umgebenen Dorf thront eine Burg.

Puebla de Sanabria (S. 183) In dem mittelalterlichen Straßengeflecht fühlt man sich wie in einer längst vergangenen Zeit.

Castrillo de los Polvazares Die rustikalen Steinhäuser sind typisch für den Nordwesten.

Covarrubias (S. 202) Kastilien-Leóns wohl zauberhaftestes Dorf.

Santo Domingo de Silos (S. 204) Ruhige Straßen, ein beeindruckender Kreuzgang und gregorianische Gesänge im Hinterland von Burgos.

Peñaranda de Duero (S. 206) Ein Palast, Kirchen und eine Burgruine am Ufer des Río Duero.

Calatañazor (S. 212) Das charmante kopfsteingepflasterte Dorf liegt direkt neben der Autobahn und ist doch Welten davon entfernt.

Medinaceli (S. 212) Dieser Ort hoch oben im östlichen Kastilien-León strahlt die wunderbare Atmosphäre der alten Welt aus.

1937 eröffneten Bar erhält man einen faszinierenden Einblick in die Sozialgeschichte der Stadt. Die Wände sind vom Boden bis zur Decke mit Schwarz-Weiß-Fotos bedeckt, die bis ins Jahr 1928 zurückreichen und sich vor allem dem Thema Karneval widmen, bei dem die Plaza früher als Stierkampfarena genutzt wurde. Am besten bestellt man ein Bier und frönt dann ausgiebig der Schaulust. Auch die Tapas und *raciones* schmecken gut.

La Artesa TAPAS €

(Rúa del Sol 1; pinchos 1 €, raciones 3,50–13 €; ⌚Di–So; 👪) Die *pinchos* (kleine Scheiben Brot mit verschiedenen Belägen für 1 €) sind extrem günstig. Zur Wahl stehen 21 Varianten von *pulpo a la vinagreta* (Tintenfisch in Vinaigrette) bis zu *patatas al roquefort* (Bratkartoffeln in Roquefort-Soße). Die Portionen sind großzügig und der Hauswein (1 € pro Glas) schmeckt überraschend gut.

Praktische Informationen

Regionale Touristeninformation (www.turismocastillayleon.com; Plaza de Amayuelas 5; ⌚Mo–Fr 9–14 & 17–19, Sa & So 10–14 & 17–20 Uhr) Organisiert Führungen durch die Altstadt (5 €).

Touristeninformation (☎923 49 84 00; www.aytociudadrodrigo.es; Plaza Mayor 27; ⌚Di–So 10–13.30 & 16–19 Uhr)

An- & Weiterreise

BUS Vom **Busbahnhof** (Campo de Toledo) bestehen täglich bis zu 13 Verbindungen (am Wochenende weniger) nach Salamanca (6,10 €, 1 Std.). Wer die Sierra de Francia zum Ziel hat, muss ebenfalls über Salamanca fahren.

Sierra de Francia

In einer abgelegenen Ecke des südwestlichen Kastilien-León verbirgt sich ein bis vor Kurzem gut gehütetes Geheimnis: die bewaldete Sierra de Francia mit hübschen Dörfern aus Stein und Holz. Ruhige Bergstraßen verbinden Ortschaften, die man am liebsten tagelang erkunden möchte und die scheinbar kaum von der Moderne berührt sind. Dies war für lange Zeit Spaniens gottverlassenste Gegend. Bis zum Anfang des 20. Jhs. von der Malaria verseucht, hatte sich die Region auch 1932 noch nicht richtig erholt, als Luís Buñuel hier den Film *Las Hurdes – Terre Sans Pain* (Land ohne Brot) drehte. Als König Alfons XIII. im Juni 1922 hier weilte, konnten die Bewohner ihm zum Kaffee nur Muttermilch anbieten! Berührt von der abgrundtiefen Armut oder auch in der Hoffnung, bei seinem nächsten Besuch kulinarisch besser versorgt zu werden, soll er daraufhin dafür gesorgt haben, dass die Leute ihre ersten Kühe bekamen.

Wer ein Auto hat, kann in die Atmosphäre friedlicher Dörfer wie **Mogarraz** östlich von La Alberca eintauchen. In dem für seine *embutidos* (Wurstwaren) bekannten Ort stehen einige der schönsten alten Häuser der ganzen Region. Ähnlich interessant ist das noch weiter östlich gelegene **Miranda del Castañar**. **San Martín del Castañar** bezaubert mit Fachwerkhäusern, den vor Blumen überquellenden Balkonkästen, einem sprudelnden Bach und einer kleinen Stierkampfarena neben einer Burgruine (heute ein Friedhof).

In der Umgebung gibt's zwar nur wenige Hotels, aber man stößt in jedem Dorf auf ein paar *casas rurales* (ländliche Unterkünfte). Alternativ quartiert man sich in der wunderbaren **Abadía de San Martín** (☎923 43 73 50; www.abadiadesanmartin.com; Calle Paipérez 24, San Martín del Castañar; DZ/Suite 75/85 €) oder im **Hotel Spa Villa de Mogarraz** (http://hotelspamogarraz.com; Calle Miguel Ángel Maillo 54, Mogarraz; EZ/DZ 70/100 €; 📶) ein.

Karten des Gebiets und Auskünfte bekommt man in den Touristeninformationen in Salamanca und Ciudad Rodrigo.

La Alberca

1210 EW. / 1048 M

La Alberca ist eines der größten und am besten erhaltenen Dörfer der Sierra de Francia, ein historisches, harmonisches Gewirr enger Gassen mit Häusern aus Stein, Holzbalken und Mörtel. Über den Türen sind die Jahreszahlen ihres Baus ins Holz geschnitzt (häufig Ende des 18. Jhs.). An Ständen werden lokale Produkte wie *jamón* und *turrón* (Nougat), aber auch Körbe und die unvermeidlichen kitschigen Souvenirs verkauft. Das Zentrum sieht aus wie aus dem Bilderbuch; samstagmorgens findet hier ein Markt statt.

Schlafen & Essen

An den Wochenenden wird der Ort von Ausflugsgästen gestürmt, deshalb lohnt sich ein Übernachtungsbesuch eher unter der Woche. Dann erlebt man La Alberca von seiner besten Seite. Viele Restaurants und Hotels sind rund um die Plaza Mayor zu finden.

Hotel Doña Teresa HOTEL €€

(☎923 41 53 08; www.hoteldeteresa.com; Carretera Mogarraz; EZ/DZ 60/90 €; P❄📶) Ein paar

ABSTECHER

NÖRDLICH VON CIUDAD RODRIGO

Versteckt in der Region liegt der Parque Natural Arribes del Duero, ein unbekanntes Juwel und eine der spektakulärsten Landschaften in Kastilien-León. Dieser Autoausflug führt durch malerische Gegenden und über hübsche Dörfer ins Herzstück des Parks. Er kann sowohl von Zamora als auch von Salamanca aus besucht werden, die Straße von Cuidad Rodrigo aus Richtung Norden ist jedoch der schönste Anfahrtsweg.

Die ruhige SA324 nördlich von Ciudad Rodrigo lässt nicht erahnen, zu welchen Schönheiten sie führt. 17 km nordwestlich der Stadt biegt man bei Castillo de Martín Viejo ab zur **Siega Verde** (geführter Besuch Erw./erm. 5/4 €; ⌚Do–So 11–14 & 16–19 Uhr). Die archäologische Fundstätte – ein Unesco-Welterbe mit 645 prähistorischen Felsritzungen von Tieren und alten Symbolen – gehört zu den schönsten ihrer Art in Europa. In **San Felices de los Gallegos** 40 km nördlich von Ciudad Rodrigo warten eine attraktive Plaza Mayor und eine gut erhaltene Burg. Hinter dem 10 km weiter nördlich gelegenen **Lumbrales** verengt sich die Straße (hier heißt sie SA330), führt vorbei an Steinmauern und durch eine immer hügeligere Landschaft. Der **Mirador del Cachón de Caneces** (Aussichtspunkt) bietet einen ersten Blick in die abschüssige Landschaft. Nun fällt die Straße zum **Puerto de la Molinero** hin ab, bevor sie vor **Saucelle** (24 km von Lumbrales entfernt) wieder ansteigt. Der nächste Ort ist **Vilvestre** (31 km) mit hübscher Aussicht in Richtung Río Duero und Portugal.

Genießt man dann aber erst die Ausblicke im 35 km nördlich gelegenen **Aldeadávila**, weiß man, warum man diese Tour unternommen hat. Bevor man ins Dorf hineinfährt, geht's am großen lilafarbenen Schild links ab. Nach 5,1 km Fahrt führt ein 2,5 km langer Fußweg zum **Mirador El Picón de Felipe**, der einen traumhaften Blick in einen Canyon eröffnet. Zurück auf der Straße, erreicht man nach einem weiteren Kilometer den **Mirador del Fraile** – und hier verschlägt es einem beim Anblick der unvorstellbar tiefen Schlucht zwischen steilen Felshängen endgültig den Atem. Das Gebiet ist erstklassig zur Vogelbeachtung: Zahlreiche Raubvögel nisten an den Klippen und Gänsegeier segeln, von der Thermik getragen, hoch oben am Himmel.

Ein ganz anderes Panorama zeigt sich, wenn man nach Aldeadávila zurückfährt und am Ostausgang den Schildern hinab zur schönen **Playa del Rostro** folgt. Dort werden anderthalbstündige **Bootsfahrten** (☎627 637349; www.corazondelasarribes.com; Erw./3–9 Jahre 16/8 €; ⌚Aug. 12 & 18 Uhr, Juni & Juli Mo–Fr 18, Sa & So 12 & 18 Uhr, restliches Jahr kürzere Öffnungszeiten) durch die Schlucht zum Fuß der Klippen angeboten.

Schritte von der Plaza Mayor stößt man auf ein Hotel, das den dörflichen Charme der alten Welt in seiner modernisierten Variante verkörpert. Die geräumigen Zimmer mit Holzbalken und angedeutetem Mauerwerk sind atmosphärisch und bieten alle wichtigen Annehmlichkeiten; einige blicken auf den Garten. Zudem gibt's ein kleines Fitnesscenter mit Sauna und türkischem Bad sowie ein Restaurant. Leider erfreut es sich bei spanischen Reisegruppen großer Beliebtheit.

Hostal La Alberca HOSTAL €

(☎923 41 51 16; www.hostallaalberca.com; Plaza Padre Arsenio; EZ/DZ/3BZ 29/35/49 €) Das charmante *hostal* ist in einem der stimmungsvollsten Fachwerkhäuser des Ortes untergebracht. Es wartet mit komfortablen renovierten Zimmern auf, deren kleine Balkone auf die Plaza hinausgehen, und verfügt außerdem über ein nettes Restaurant mit einer Bar.

El Soportal KASTILISCH €€

(Plaza Mayor 10; Hauptgerichte 11–15 €) In diesem zentral gelegenen Lokal bekommt man eine deftige *parrillada* (Grillteller) mit verschiedenen Fleischsorten sowie Kartoffeln und Paprika (24 € für 2 Pers.)

ℹ An- & Weiterreise

An Werktagen verkehren täglich zwei Busse zwischen La Alberca und Salamanca (5,25 €, ca. 30 Min.). Samstag und Sonntag gibt's je eine Verbindung.

Valle de las Batuecas

Spektakulär ist die Fahrt in die Extremadura durch dieses verträumte Tal. Gleich hinter La Alberca öffnet sich ein weites Panorama niedriger Bergketten. Zunächst geht's auf der kurvigen Straße hinab ins Valle de las Batuecas und dann durch eine Landschaft, deren Schönheit schon von diversen Dichtern sowie dem Schriftsteller und Gelehrten Miguel de Unamuno gepriesen wurde. Am besten kommt man im Frühling hierher, wenn die Hügel mit purpurfarbenem Heidekraut und leuchtend gelbem Raps bedeckt sind.

Peña de Francia

Wer von La Alberca auf der C512 Richtung Norden fährt, erreicht bald den Abzweig, der zur höchsten Erhebung der Gegend, der Peña de Francia (1732 m), führt. Sie wird von einem Kloster gekrönt und ist über eine Straße zu erreichen, die bei Regen gefährlich sein kann. Hier bietet sich ein herrlicher Ausblick auf die Sierra de Gredos (Osten), die Extremadura (Süden) und Portugal (Westen).

Sierra de Béjar

Zwischen der Sierra de Francia und der Sierra de Gredos erstreckt sich die Sierra de Béjar, die mit noch mehr hübschen Dörfern und bis weit nach Ostern mit schneebedeckten Gipfeln aufwartet. Die Gegend eignet sich hervorragend für alle möglichen Outdoor-Aktivitäten. **Béjar** bildet das Zentrum der Region. Die teilweise von einer Mauer umgebenen alten Viertel des Ortes reihen sich am Westende eines hohen Kamms aneinander. Westlich der Plaza Mayor stößt man auf den auffälligen **Palacio Ducal** aus dem 16. Jh. Wer hier übernachten möchte, quartiert sich am besten in der **Hospedaría Real de Béjar** (☎923 40 84 94; www.hospederiarealdebejar.com; Plaza de la Piedad 34; EZ/DZ 75/100 €; P❄📶) ein, die über elegante Zimmer und ein Restaurant verfügt.

Gleich östlich der Berge führt die C500 nach **El Barco de Ávila**, das am Río Tormes liegt und von einer stolzen, aber zerfallenen Burg überragt wird.

5 km von Béjar entfernt schmiegt sich **Candelario** (1033 Ew.), das schönste Dorf in dieser Gegend, an einen steilen Berghang. Die aus Sandstein und Holz im Gebirgsstil gebauten Häuser stehen dich gedrängt, um der harschen Witterung im Winter zu trotzen. Der beliebte Sommerferienort ist ein guter Ausgangspunkt für Wanderungen: **Tormes** (☎923 40 80 89; www.aventur.es; Calle Tormes 7) organisiert Trekkingtouren und andere Aktivitäten.

Von Salamanca und anderen Städten wie Madrid und Plasencia fahren sporadisch Busse nach Béjar und Candelario.

DIE KASTILISCHE HOCHEBENE

In der scheinbar endlosen, beeindruckenden *meseta* (Hochebene) liegen Kastiliens schönste Städte: das zauberhafte Segovia, das energiegeladene Valladolid, Zamora mit seinen romanischen Bauwerken und Palencia mit der einmaligen Kathedrale.

Segovia

55 220 EW. / 1002 M

Die Unesco-Welterbestätte hatte schon immer etwas Mythisches an sich. Wahrscheinlich nicht zuletzt deshalb, weil Segovia von Herkules oder dem Sohn Noahs gegründet worden sein soll. Ein Grund könnte natürlich auch sein, dass nirgendwo anders in Spanien ein römisches Bauwerk – der riesige Aquädukt – von solch einmaliger Erhabenheit mitten im Herzen einer pulsierenden, modernen Stadt überlebt hat. Oder vielleicht liegt es daran, dass Sehenswürdigkeiten der Stadt als Motiv in der Kunst aufgegriffen wurden: Angeblich hat Walt Disney sein Disneyland-Dornröschenschloss dem Alcázar nachempfunden. Was immer es genau sein mag: Segovia ist einfach wunderbar.

Geschichte

Segovia wurde von keltiberischen Stämmen gegründet, 80 v. Chr. von den Römern eingenommen und stieg zu einer wichtigen Stadt im römischen Hispanien auf. Als sich das christliche Spanien vom anfänglichen Schock nach dem Einfall der Mauren erholte, war der Ort so etwas wie eine Grenzstadt, bis die Eindringlinge 1085 endgültig vertrieben wurden. Später diente er als bevorzugte Residenz des umherziehenden kastilischen Königshauses, zudem unterstützten die Einwohner Isabella, die 1474 in der Iglesia de San Miguel zur Königin ernannt wurde. Nachdem Segovia in der Guerra de las Comunidades (Comuneros-Aufstand) auf der Verliererseite gestanden hatte, verfiel es langsam in Bedeutungslosigkeit, bis es schließlich in den 1960er-Jahren vom Tourismus wiederentdeckt und die Altstadt sowie der Aquädukt 1985 in die Liste der Unesco-Welterbestätten aufgenommen wurden. Seither zieht der Ort zahlreiche Besucher an.

Sehenswertes

LP TIPP Acueducto
RÖMISCHER AQUÄDUKT

Wichtigstes Wahrzeichen der Stadt und zudem ein Wunder der Ingenieurskunst ist der 894 m lange Aquädukt, der wie ein riesiger in den Ort gesteckter Kamm aussieht. Er wurde von den Römern aus über 20 000 unebenen Granitblöcken und ohne einen einzigen Klecks Mörtel gebaut, hat 163 Bogen und misst an seinem höchsten Punkt an der Plaza del Azoguejo ganze 28 m. Vermutlich entstand er 50 n. Chr. als Teil eines komplexen Systems von Aquädukten und unterirdischen Kanälen, durch die man einst Wasser aus den über 15 km entfernten Bergen geleitet hat. Angeblich führte es sogar bis zum Alcázar. Sein hervorragender Zustand ist einem großen Restaurierungsprojekt in den 1990er-Jahren zu verdanken. Um sich das Ganze von oben anzusehen, steigt man hinter der Touristeninformation die Treppen neben dem Aquädukt hinauf.

Alcázar
BURG

(www.alcazardesegovia.com; Plaza de la Reina Victoria Eugenia; Erw./Kind 4/3 €, Turm 2 €, für EU-Bürger am 3. Di im Monat Eintritt frei; ⌚April–Sept. 10–19 Uhr) Rapunzeltürme, von Hexenhüten aus Schiefer gekrönte Türmchen und ein tiefer Graben auf der Rückseite machen das Bauwerk zum Urtyp einer Märchenburg: Kein Wunder also, dass es Walt Disney zu seinem Dornröschenschloss inspiriert haben soll.

Der Name der seit der Römerzeit befestigten Burg stammt vom arabischen Wort für Festung, *al-qasr*. Im 13. und 14. Jh. wurde der Alcázar um- und ausgebaut, aber 1862 durch ein Feuer vollständig zerstört. Was man heute sieht, ist eine fantasievolle Rekonstruktion.

Zu den Höhepunkten zählen die **Sala de las Piñas** mit ihrer Decke aus 392 ananasförmigen „Stalaktiten" und die **Sala de Reyes**: Ihr dreidimensionaler Fries enthält 52 Skulpturen von Königen, die in der Reconquista gekämpft haben. Der Ausblick von der Spitze des Torre de Juan II ist fantastisch, denn die Hügellage der Altstadt kommt hier erst richtig zur Geltung.

Iglesia de Vera Cruz
KIRCHE

(Carretera de Zamarramala; Eintritt 1,75 €; ⌚Di–So 10.30–13.30 & 16–19 Uhr, im Nov. geschl.) Dieses zwölfseitige Gebäude ist eine der interessantesten Kirchen Segovias und das besterhaltene seiner Art in ganz Europa. Es wurde im 13. Jh. nach dem Vorbild der Grabeskirche in Jerusalem von den Tempelrittern errichtet und barg einst ein Stück des *Vera Cruz* (Wahres Kreuz), das sich jetzt in der Kirche des nahe gelegenen Dorfes Zamarramala befindet und nur zu Ostern gezeigt wird. In der merkwürdigen zweistöckigen Kammer des runden Hauptschiffs tagten die Tempelritter und hielten vor der heiligen Reliquie Wache. Wer heute hinter dem Gebäude 1 km bergauf spaziert, wird mit einem fantastischen Ausblick auf die Stadt und die Sierra de Guadarrama belohnt.

EIN WERK DES TEUFELS

Wohl niemand zweifelt wirklich daran, dass die Römer den Aquädukt errichtet haben. Der Legende nach schwor jedoch vor 2000 Jahren ein junges Mädchen, seine Seele dem Teufel zu verschreiben, wenn es ab dem nächsten Tag nicht mehr mühsam am Brunnen Wasser holen müsse. Gesagt, getan. Der Teufel arbeitete die ganze Nacht hindurch, während das Mädchen seinen Schwur zurücknahm und Gott um Vergebung bat. Daraufhin ließ Gott die Sonne früher als gewöhnlich aufgehen, sodass dem fertigen Bauwerk nur noch ein einziger Stein fehlte. Damit war die Seele des Mädchens gerettet und zudem auch noch sein Wunsch erfüllt. Vielleicht brachte Gott es einfach nicht übers Herz, den Aquädukt niederzureißen.

Catedral
KATHEDRALE

(Plaza Mayor; Erw./erm. 3/2 €; ⌚9.30–18.30 Uhr) Nachdem der romanische Vorgängerbau beim Comuneros-Aufstand abgebrannt war, begann man 1525 mit der Errichtung der Kathedrale, einem prächtigen Werk der gotischen Architektur in Spanien. Ihre Vollendung dauerte fast 200 Jahre. Den strengen dreischiffigen Kirchenraum schließen ein beeindruckender Chor und 20 Kapellen ab. Die **Capilla del Cristo del Consuelo**, die in den Kreuzgang führt, verfügt über ein großartiges romanisches Portal, das aus dem früheren Gebäude herübergerettet wurde, während die **Capilla de la Piedad** einen wichtigen Altar von Juan de Juni beherbergt. Äußerst sehenswert sind auch die **Capilla del Cristo Yacente** mit ihrer schönen Decke und die **Capilla del Santísimo Sacramento** sowie der gotische Kreuzgang. Das angeschlossene **Museo Catedralicio** spricht vor allem Besucher an, die sich für Sakralkunst interessieren.

Segovia

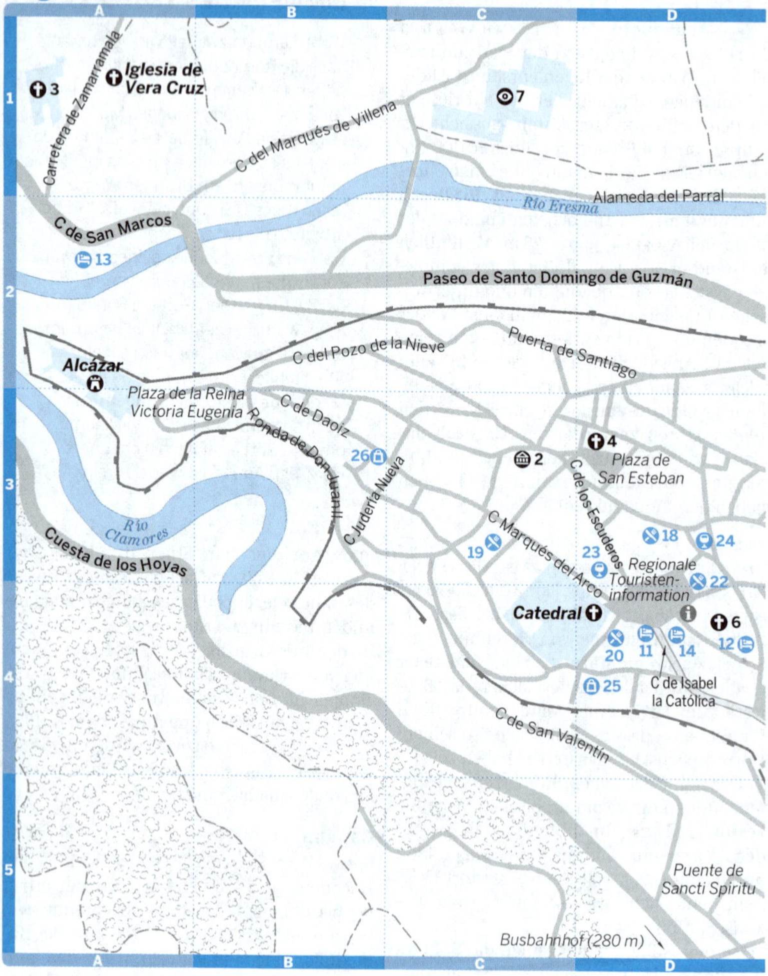

Plaza de San Martín

PLATZ

Die kleine Plaza de San Martin ist eines der fesselndsten Fleckchen in Segovia. Der Platz wird beherrscht von einer Statue von Juan Bravo, dem **Torreón de Lozoya** (Eintritt frei; ⌚Di–Fr 17–21, Sa & So 12–14 & 17–21 Uhr) aus dem 14. Jh., einem Turm, in dem heutzutage wechselnde Ausstellungen stattfinden, und der **Iglesia de San Martín** (Plaza de San Martín; ⌚vor & nach der Messe), die mit ihrem Mudejarturm und den Arkadengängen ein wahres Glanzstück der Romanik bildet. Die Kapelle im Inneren ist ein Beispiel der flämischen Gotik.

Museo de Arte Contemporáneo Esteban Vicente

KUNSTMUSEUM

(www.museoestebanvicente.es; Plazuela de las Bellas Artes; Erw./erm. 3/1,50 €, Do Eintritt frei; ⌚Di & Mi 10–14 & 16–19, Do & Fr 11–14 & 16–20, Sa 11–20, So 11–15 Uhr) Ein Palast aus dem 15. Jh. mit einer Renaissancekapelle und einer Decke im Mudejarstil beherbergt diese gewagte Galerie. 153 abstrakte Gemälde, Lithografien und Skulpturen des in Segovia geborenen Künstlers Esteban Vicente (1903–2000), eines exzellenten Malers des abstrakten Expressionismus, bilden den Kern der Ausstellung.

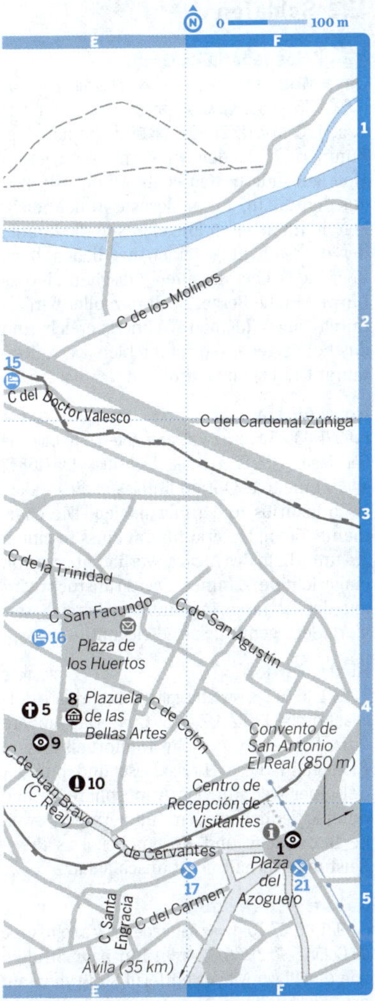

Segovia

Highlights

Alcázar A2
Catedral D4
Iglesia de Vera Cruz A1

Sehenswertes

1 Acueducto F5
2 Casa-Museo de Antonio Machado C3
3 Convento de los Carmelitas Descalzos A1
4 Iglesia de San Esteban D3
5 Iglesia de San Martín E4
6 Iglesia de San Miguel D4
7 Monasterio del Parral C1
8 Museo de Arte Contemporáneo Esteban Vicente E4
9 Plaza de San Martín E4
10 Torreón de Lozoya E4

Schlafen

11 Hospedería La Gran Casa Mudéjar D4
12 Hostal Fornos D4
13 Hotel Alcázar A2
14 Hotel Infanta Isabel D4
15 Hotel Los Linajes E2
16 Natura – La Hostería E4

Essen

17 Casa Duque F5
18 Di Vino D3
19 La Almuzara C3
20 Limón y Menta D4
21 Mesón de Cándido F5
22 Mesón José María D3
Restaurante El Fogón Sefardí .. (siehe 11)

Ausgehen

23 Buddha Bar D3
24 La Tasquina D3

Shoppen

25 Artesanía La Gárgola D4
26 Montón de Trigo Montón de Paja B3

Casa-Museo de Antonio Machado MUSEUM

(Calle de los Desamparados 5; Eintritt 2 €, Mi frei; ⌚Mi–So 11–14 & 16.30–19.30 Uhr) Dieses Museum erinnert an Antonio Machado, einen Sohn der Stadt und einen der bedeutendsten spanischen Dichter des 20. Jhs. Er lebte hier von 1919 bis 1932. Sein früheres Zuhause enthält noch immer viele seiner Möbel und persönlichen Sachen.

Convento de los Carmelitas Descalzos KLOSTER

(Carretera de Zamarramala; Eintritt mittels Spende; ⌚Di–So 10–13.30 & 16–20, Mo 16–20 Uhr) Auf dem Klostergelände liegt San Juan de la Cruz begraben. Südlich des Gebäudes hat man eine tolle Aussicht zum Alcázar hinauf, und allein wegen des Blicks lohnt der Gang hierher.

Monasterio del Parral KLOSTER

(Calle Del Marqués de Villena; Eintritt mittels Spende; ⌚Mo–Sa 10–12.30 & 16.15–18.30, So 10–11.30 & 16.15–18.30 Uhr) Wer einen Teil des Kreuzgangs und der Kirche sehen möchte, muss am Portal klingeln. Sonntags um 12 Uhr und im Sommer täglich um 13 Uhr kommen Besucher des Gotteshauses – ein stolzer Bau im

SCHÖNE BLICKE AUF DIE STADT

Um ein besonders tolles Foto von Segovia zu schießen, sollte man einen Punkt ungefähr 2 km nördlich der Stadt in Richtung Cuéllar aufsuchen. Hier entfaltet sich eine geradezu magische, filmreife Aussicht mit dem Aquädukt als Star. Weitere schöne Blicke hat man vom Convento de los Carmelitas Descalzos und vom Parkplatz neben dem Alcázar.

gotischen Flamboyantstil – in den Genuss einer von den Mönchen gesungenen gregorianischen Messe.

Convento de San Antonio El Real KLOSTER
(Calle de San Antonio El Real 6; Erw./Kind 2 €/frei; ⌚Mi–So 10–14 Uhr) 1,3 km südöstlich des Aquädukts stößt man auf die einstige Sommerresidenz Heinrichs IV. Die Kirche im gotischen und Mudejarstil wartet mit einer grandiosen Decke auf.

Iglesia de San Miguel KIRCHE
(Plaza Mayor; ⌚vor & nach der Messe) Angesichts der prächtigen Kathedrale auf der anderen Seite der Plaza Mayor hält sich die Kirche, in der Isabella zur Königin von Kastilien ausgerufen wurde, bescheiden im Hintergrund.

Iglesia de San Esteban KIRCHE
(Plaza de San Esteban; ⌚vor & nach der Messe) Hat einen sehr schönen sechsgeschossigen Sandsteinturm und einen barocken Innenraum.

Feste & Events

Fiestas de San Juan y San Pedro WALLFAHRT
(⌚24.–29. Juni) Am Tag des hl. Johannes (29. Juni) pilgern die Einheimischen zu einer Einsiedelei außerhalb der Stadt, wo laut Touristeninformation „gemäß der Tradition und aufgrund des Zustands von Glückseligkeit, der durch einen reichlichen Konsum von Hochprozentigem herbeigeführt wurde, die Sonne kreisend aufgehen soll". Während der sechstägigen Feierlichkeiten vom 24. bis zum 29. Juni finden Umzüge, Konzerte und Stierkämpfe statt.

Fiesta San Frutos FEST DES SCHUTZHEILIGEN
(⌚25. Okt.) Am 25. Oktober wird der Schutzheilige der Stadt gefeiert, der angeblich jeden Knochenbruch heilen kann. In der Kathedrale sind zu diesem Anlass Choralgesänge zu hören.

Schlafen

LP TIPP **Hospedería La Gran Casa Mudéjar** HISTORISCHES HOTEL €€
(☎921 46 62 50; www.lacasamudejar.com; Calle de Isabel la Católica 8; Zi. 90 €; ❄@📶) In manchen Zimmern der beiden wunderbar renovierten Hotelgebäude treffen echte Mudejardecken aus dem 15. Jh. auf modernste Annehmlichkeiten. Im neueren Flügel bieten die Räume der obersten Etage einen herrlichen Blick über die Dächer des alten jüdischen Viertels hinweg in die Berge. Noch reizvoller wird es durch einen kleinen Wellnessbereich und das hoteleigene, sehr empfehlenswerte Restaurant El Fogón Sefardi.

Hotel Alcázar BOUTIQUE-HOTEL €€€
(☎921 43 85 68; www.alcazar-hotel.com; Calle de San Marcos 5; EZ/DZ inkl. Frühstück 135/163 €; ❄📶) Eine tolle Option für Gäste, die es klassisch-luxuriös und ruhig mögen. Die charmante kleine Unterkunft am Fluss in einem Tal unterhalb des Alcázar verfügt über schön eingerichtete Zimmer. Das Frühstück wird auf der Terrasse im hinteren Bereich serviert. Sehr gemütlich und elegant.

Hostal Fornos HOSTAL €
(☎921 46 01 98; www.hostalfornos.com; Calle de la Infanta Isabel 13; EZ/DZ 41/55 €; ❄) Das saubere *hostal* bietet etwas mehr Komfort als andere Bleiben in dieser Preisklasse und punktet mit einer freundlichen Atmosphäre. In den unterschiedlich großen Zimmern gibt's weiße Bettwäsche und Korbmöbel. Das Preis-Leistungs-Verhältnis ist unschlagbar.

Natura – La Hostería HOTEL €
(☎921 46 67 10; www.naturadesegovia.com; Calle de Colón 5–7; Zi. 60 €; ❄📶) Ein paar Straßen von der Plaza Mayor entfernt stößt man auf das ausgefallene Natura, dessen Besitzer ganz offensichtlich ein Fan von Dalí ist. Mit ihren klotzigen Holzmöbeln und herrlich leuchtenden Farben kommen die Zimmer ausgesprochen charaktervoll daher.

Hotel Infanta Isabel HOTEL €€
(☎921 46 13 00; www.hotelinfantaisabel.com; Plaza Mayor 12; Zi. 60–116 €; ❄📶) In vielen der geräumigen Zimmer stehen antike Möbel. Vom Stil her ist es klassisch, dafür ist die Licht- und Raumgestaltung sehr schön. Einige Räume blicken auf die Plaza Mayor.

Hotel Los Linajes HOTEL €€
(☎921 46 04 75; www.hotelloslinajes.com; Calle del Doctor Valesco 9; EZ/DZ 87/118 €; ❄📶) Von den

großen Zimmern hat man einen tollen Blick auf die Hügel und teilweise auch auf die Kathedrale und/oder den Alcázar.

Essen

Die Einheimischen verbindet eine fast schon obsessive Liebe zu Schweinefleisch. Nahezu jedes Restaurant verfügt über einen *horno de asar* (Grillofen) und serviert die hiesige Spezialität *cochinillo asado*. Oft stehen auch *judiones de la granja* (Butterbohnen mit Schweinefleisch) auf der Karte.

LP TIPP Restaurante El Fogón Sefardí SEPHARDISCH €€

(☎921 46 62 50; www.lacasamudejar.com; Calle de Isabel la Católica 8; Mahlzeiten 30–40 €; 🚹) Eines der originellsten Lokale der Stadt. Das Restaurante El Fogón Sefardi ist in der Hospedería La Gran Casa Mudéjar untergebracht und bietet sephardische Gerichte an, die entweder im kleinen Patio oder im prächtigen Speisesaal mit originalen Mudejarverzierungen aus dem 15. Jh. serviert werden. In der Bar gibt's Köstlichkeiten von allen Kontinenten sowie hervorragende Menüs. Genauso kreativ sind die Tapas im Untergeschoss. Reservierung empfohlen.

LP TIPP Casa Duque GRILLFLEISCH €€

(☎921 46 24 87; www.restauranteduque.es; Calle de Cervantes 12; menús del día 21–40 €, Mahlzeiten 25–35 €) *Cochinillo asado* gehört hier bereits seit den 1890er-Jahren zum Angebot. Neulinge sollten mit dem *menú segoviano* (30 €) oder *menú gastronómico* (43,50 €) starten. In der zwanglosen *cueva* (Höhle) im Untergeschoss gibt's Tapas und reichhaltige *cazuelas* (Eintöpfe). Reservierung empfohlen.

Mesón de Cándido GRILLFLEISCH €€

(☎921 42 81 03; www.mesondecandido.es; Plaza del Azoguejo 5; Mahlzeiten 30–40 €; 🚹) In einem schönen Gebäude aus dem 18. Jh. im Schatten des Aquädukts serviert der Mesón de Cándido seinen berühmten *cochinillo asado* und gebratenes Wildschwein mit Apfel. Reservierung empfohlen.

Di Vino SPANISCHE NOUVELLE CUISINE €€

(☎921 46 16 50; www.restaurantedivino.com; Calle de Valdeláguila 7; Hauptgerichte 15–25 €; ⊙Mi–Mo mittags & abends; 🚹) In flotter, moderner Atmosphäre kommen Gerichte auf den Tisch, die Traditionelles, z. B. *pierna de cabrito al horno* (gebratene Lammkeule) mit innovativen Ideen kombinieren, etwa in Form der Vorspeise *bacalau bloody mary* (Bloody Mary mit Kabeljau) oder dem Risotto mit Artischocken und Garnelen. Das Di Vino ist stolz auf seine umfangreiche Weinkarte. Reservierung empfohlen.

La Almuzara ITALIENISCH €

(Calle Marqués del Arco 3; Hauptgerichte 7,50–11 €; ⊙Di–Sa, So nur abends; 🥕) Vegetarier müssen sich in dieser fleischfanatischen Stadt nicht als Aussätzige fühlen, denn im Almuzara kommen sie in den Genuss zahlreicher toller Gerichte, darunter Pasta und Salate. Die Atmosphäre ist herzlich und künstlerisch angehaucht.

Mesón José María KASTILISCH €€

(www.rtejosemaria.com; Calle del Cronista Lecea 11; Hauptgerichte 14–26 €) In der Bar gibt's leckere Tapas, während in den fünf Speisesälen hervorragendes *cochinillo asado* und andere lokale Spezialitäten kredenzt werden.

Ausgehen & Unterhaltung

Bei gutem Wetter kann man auf der Plaza Mayor wunderbar andere Leute beobachten. Die Calle de la Infanta Isabel ist eine jener spanischen Straßen, die man schon lange hört, bevor man sie sieht. Einheimische nennen sie „Calle de los Bares" (Straße der Bars). Unterhaltung bietet auch die nahe gelegene Calle de los Escuderos mit ihren zahlreichen Kneipen und Clubs.

La Tasquina WEINBAR

(Calle de Valdeláguila 3; ⊙21 Uhr–open end) Weil die Bar eine Menge Gäste anzieht, stellen sich viele Besucher einfach auf die Straße und genießen dort den einen oder anderen edlen Tropfen, *cava* (Schaumwein) und Käse.

NICHT VERSÄUMEN

SÜSSE LECKERBISSEN

Wer zu denen gehört, die immer gleich das Marzipan von der Torte naschen, der wird Segovias Spezialität lieben: *ponche segoviano* (wörtlich: Segovia-Punsch). Dabei handelt es sich nicht um ein Getränk, sondern um eine reichhaltige Biskuittorte mit Zitronengeschmack und Marzipanglasur, die mit charakteristischen Mustern aus Puderzucker verziert ist. Besonders leckeren *ponche* gibt's in der Patisserie **Limón y Menta** (Calle de Isabel La Católica 2; ⊙8–23 Uhr) bei der Plaza Mayor.

Buddha Bar CLUB
(Calle de los Escuderos 3; ⌚21 Uhr–open end) Hier wird Lounge-Musik gespielt, die sich im Laufe der Nacht in Richtung House verändern kann.

Shoppen

Artesanía La Gárgola KUNSTHANDWERK
(www.gargolart.com; Calle Judería Vieja 4; ⌚Di–Sa 11.30–14.30 & 17–20 Uhr) Viele Geschäfte in Segovia sind interessant, doch dieser Laden sticht wirklich hervor. Hier bekommt man hochwertige Handarbeiten sowie Souvenirs aus Keramik, Holz und Textilien.

Montón de Trigo Montón de Paja SOUVENIRS
(www.montondetrigomontondepaja.com; Plaza de la Merced 1; ⌚Mo–Fr 11–14.30 & 15.30–19.30, Sa & So 11.30–15 & 16–19.30 Uhr) Kreative Geschenke wie handgefertigte Handtaschen, Kunstdrucke von Segovia und Produkte, die in der Gegend hergestellt wurden.

Praktische Informationen

Centro de Recepción de Visitantes (Touristeninformation; www.turismodesegovia.com; Plaza del Azoguejo 1; ⌚So–Fr 10–19, Sa 10–20 Uhr) In Segovias zentraler Touristeninformation bekommt man viele Infos. Für Gruppen ab vier Personen werden Stadtführungen angeboten, los geht's täglich um 11.15 Uhr.

Regionale Touristeninformation (www.segoviaturismo.es; Plaza Mayor 10; ⌚So–Do 9–20, Fr & Sa 9–21 Uhr)

An- & Weiterreise

AUTO & MOTORRAD Von den beiden Hauptstrecken hinunter zur AP6, die Madrid mit Galicien verbindet, ist die N603 die schönere Route. Alternativ nimmt man die N110 Richtung Südwesten nach Ávila bzw. Richtung Nordosten zur Autobahn Madrid–Burgos. Die dem historischen Zentrum nächstgelegene Tiefgarage befindet sich an der Plaza de la Artillería in der Nähe des Aquädukts.

BUS Der Busbahnhof liegt gleich beim Paseo de Ezequiel González, unweit der Avenida de Fernández Ladreda. Busse fahren im Halbstundentakt von Segovia zur Haltestelle Paseo de la Florida in Madrid (6,70 €, 1½ Std.). Außerdem gibt's Verbindungen nach Ávila (5 €, 1 Std., 5-mal tgl.) und Salamanca (11,08 €, ½ Std., 2-mal tgl.). Valladolid (8,20 €, 2¾ Std.) wird etwa stündlich angesteuert, sonntags fahren allerdings nur sechs Busse.

ZUG Jeden Tag verkehren bis zu neun Züge von Madrid nach Segovia (einfach 6,75 €, 2 Std.). Sie halten 2,5 km vom Aquädukt entfernt am Hauptbahnhof. Mit dem Hochgeschwindigkeitszug Avant (10,60 €, 28 Min.), der den neueren Bahnhof Segovia-Guiomar 5 km vom Aquädukt ansteuert, kommt man um einiges schneller an.

Unterwegs vor Ort

Bus 9 fährt eine Runde durch die Altstadt, Bus 8 zum Bahnhof von Segovia und Bus 11 zum Bahnhof Segovia-Guiomar. Alle Fahrten kosten 0,90 € und starten neben dem Aquädukt.

Rund um Segovia

LA GRANJA DE SAN ILDEFONSO

Schon auf den ersten Blick wird klar, warum Bourbonenkönig Philipp V. diesen Ort aussuchte, um seine Miniversion von Versailles, dem Palast seines französischen Großvaters Ludwig XIV., errichten zu lassen. 1720 begannen französische Architekten und Gärtner mit italienischer Unterstützung, die kunstvollen barocken **Gärten** (Eintritt frei; ⌚10–20 Uhr; 🚻) 12 km südöstlich von Segovia in den Ausläufern der Sierra de Guadamarra anzulegen. Besonders berühmt ist La Granja für seine 28 extravaganten Brunnen, die alte Mythen wie *Apollo und Diana* abbilden. Ein Labyrinth darf natürlich ebenso wenig fehlen. Am besten kommt man mittwochs, samstags oder sonntags um 17.30 Uhr, denn dann sind die Brunnen in Betrieb (Erw./Kind 4/2 €).

Der etwa 300 Räume umfassende **Palacio Real** (☎921 47 18 95; www.patrimonionacional.es; Erw./erm. 9/4 €; ⌚10–20 Uhr) mit dem farbenprächtigen **Museo de Tapices** (Tapisseriemuseum) war einst die bevorzugte Sommerresidenz der spanischen Könige. Er wurde nach einem Feuer 1918 restauriert und ist sehr beeindruckend, nimmt aber hinter La Granja nur den zweiten Platz ein.

Bis zu zwölf Busse täglich fahren vom zentralen Busbahnhof in Segovia nach La Granja (1,35 €, 20 Min.)

PEDRAZA DE LA SIERRA

200 EW.

In dem faszinierenden ummauerten Dorf 37 km nordöstlich von Segovia geht's unter der Woche ruhig zu. Die vielen Restaurants, Kneipen und unterschiedlichen Geschäfte erwachen erst durch die Schwärme von Wochenendbesuchern zum Leben. Busse bedienen Pedraza allenfalls sporadisch.

Sehenswertes

Am oberen Ende des Orts erhebt sich das einsame **Castillo de Pedraza** (Eintritt 5 €; ⌚11–14 & 17–20 Uhr), dessen Außenmauer ungewöhnlich gut erhalten ist. Sehenswert ist

NICHT VERSÄUMEN

DIE SCHÖNSTEN BURGEN IN KASTILIEN-LEÓN

Auch wenn der an Disney erinnernde Alcázar in Segovia die ganze Aufmerksamkeit auf sich zieht, sind einsame Burgen auf Hügelkuppen eine Besonderheit der Gegend. Zu den schönsten gehören die folgenden:

Pedraza de la Sierra (S. 172) Burg mit einer ungewöhnlich intakten Außenmauer nordöstlich von Segovia.

Turégano Einmaliger Komplex aus Burg und Kirche aus dem 15. Jh. 30 km nördlich von Segovia.

Coca (Führungen 2,50 €; Führungen Mo–Fr 10–13.30 & 16.30–19, Sa & So 11–13 & 16–19 Uhr) Ein virtuoser Ziegelbau in Gotik-Mudejar-Stil 50 km nordwestlich von Segovia.

Ponferrada (Erw./erm. 4/2 €; Di–So 10–14 & 16.30–20.30 Uhr) Im 13. Jh. von den Tempelrittern erbautes Festungskloster westlich von León.

Peñafiel (S. 207) Eine der längsten Burgen Spaniens; heute ist es ein Weinmuseum.

Gormaz Festung mit 21 Türmen aus dem 10. Jh., der muslimischen Zeit, 14 km südlich von El Burgo de Osma.

auch die im 14. Jh. errichtete **Plaza Mayor** mit ihren alten Säulenarkaden.

Feste & Events

Concierto de las Velas MUSIK

Am ersten und zweiten Samstag im Monat finden in Pedraza die stimmungsvollen Conciertos de las Velas statt. Dann wird der Strom abgeschaltet und in dem nur noch von Kerzen beleuchteten Dorf treten Livebands auf.

Schlafen

Hospedería de Santo Domingo HOTEL €€

(921 50 99 71; www.hospederiadesantodomingo.com; Calle Matadero 3; DZ ab 89 €) Die hervorragende Hospedería hat tolle Zimmer in warmen Ocker- und Erdfarben. Viele davon verfügen über eine große Terrasse mit Ausblick auf niedrige Hügel, die kreuz und quer von Trockenmauern durchzogen sind.

Shoppen

De Natura ANTIQUITÄTEN

(921 50 98 52; Calle Calzada 8) Ein wunderbares ländliches Shoppingerlebnis bietet dieses Geschäft: In einer dreistöckigen Scheune werden hochwertige kastilische Kleinigkeiten, Möbel und traditionelles Ton- und Porzellangeschirr feilgeboten.

Valladolid

313 440 EW.

Valladolid ist ein Ort im Aufschwung und ein bequemer Ausgangspunkt für eine Reise durch Nordspanien – Flüge verbinden es mit London, Brüssel und Mailand, der Schnellzug mit Madrid. Die attraktive Stadt ist durch und durch spanisch. Ihren Reiz machen zahlreiche Denkmäler, die schöne Plaza Mayor und hervorragende Museen aus. Abends, wenn die vielen Studenten in die lauten Kneipen der Stadt strömen, erwacht Valladolid zum Leben.

Sehenswertes

Die Altstadt von Valladolid ist kompakt und kann problemlos zu Fuß erkundet werden. Die meisten Sehenswürdigkeiten liegen in den engen Straßen nördlich und östlich der Plaza Mayor.

Museo Nacional de Escultura MUSEUM

(http://museoescultura.mcu.es; Calle de San Gregorio 2; Erw./erm. 3/1,50 €, Sa nachmittags & So Eintritt frei; Di–Sa 10–14 & 16–21, So 10–14 Uhr) Spaniens wichtigstes Museum für polychrome Holzskulpturen befindet sich im ehemaligen Colegio de San Gregorio (1496), einem auffälligen Beispiel isabellinischer Gotik. Die Ausstellungsräume reihen sich um einen prächtigen, von Galerien gesäumten zweistöckigen Innenhof. Als Highlights gelten die Werke von Alonso de Berruguete, Juan de Juní und Gregorio Fernández, darunter vor allem einige Fragmente von Berruguetes Hochaltar für die Iglesia de San Benito in Valladolid. Unten ist ein kleiner Flügel Fernández gewidmet. Die melodramatische Intensität des Künstlers spiegelt sich besonders eindrücklich in der schmerzhaft lebensechten Skulptur des toten Christus wider.

Valladolid

Plaza de San Pablo PLATZ

Dieser offene Platz ganz in der Nähe des Museo Nacional de Escultura wird von der schönen **Iglesia de San Pablo** dominiert, deren Hauptfassade ein extravagantes Meisterwerk isabellinischer Gotik darstellt: Jeder Quadratmeter wurde bis ins kleinste Detail bildhauerisch gestaltet. Am Platz liegt außerdem der **Palacio de Pimentel**, in dem am 12. Juli 1527 Philipp II. das Licht der Welt erblickte. In der Eingangshalle ist ein gefliestes Wandgemälde mit Szenen aus dem

Valladolid

Highlights

Iglesia de San Pablo D1
Museo Nacional de Escultura D1
Palacio de Pimentel D1

Sehenswertes

1 Casa de Cervantes C6
2 Catedral D4
3 Colegio de Santa Cruz F4
4 Iglesia de San Benito El Real B3
5 Iglesia de Santa María la Antigua E3
6 Museo Patio Herreriano A2
7 Plaza de San Pablo D1
8 Ruinen der Stiftskirche E3

Schlafen

9 Hostal Los Arces C2
10 Hostal París C4
11 Hotel El Nogal C3
12 Hotel Imperial B4

Essen

13 Bar Zamora B3
14 El Caballo de Troya B4
15 Herbe B4
16 Jero B3
17 La Parrilla de San Lorenzo A4
18 Los Zagales de Abadía B4
19 Vinotinto B4

Ausgehen

20 Be Bop A4
21 Café Continental B4
22 Café de la Comedia A4
23 El Minuto D3
24 Harlem Music Club C2

Leben des Königs zu sehen. Manchmal finden hier auch Ausstellungen statt.

Museo Patio Herreriano KUNSTMUSEUM
(www.museopatioherreriano.org; Calle de Jorge Guillén 6; Erw./erm. 3/2 €, Mi & So 1 €; ⌚Di–Fr 11–14 & 17–20, Sa 11–20, So 10–15 Uhr) Das Museum widmet sich der spanischen Kunst nach dem Ersten Weltkrieg und zeigt in den Kreuzgängen eines ehemaligen Klosters Arbeiten von Salvador Dalí, Joan Miró, dem baskischen Bildhauer Eduardo Chillida, Jorge Oteiza, Antoni Tápies sowie Esteban Vicente.

Casa-Museo de Colón MUSEUM
(Calle de Colón; Erw./Kind 2 €/frei, Mi 1 €; ⌚Di–So 10–14 & 17–20.30 Uhr; 👪) Über vier Etagen erstrecken sich die interaktiven Ausstellungen dieses hervorragenden Museums. Wunderbare alte Karten nehmen Besucher mit auf Christoph Kolumbus' (auf Spanisch: Cristóbal Colón) Reise nach Amerika. In der oberen Etage wird gezeigt, wie Valladolid zur Zeit des großen Entdeckers aussah, der hier

ES HÄTTE SO ANDERS KOMMEN KÖNNEN

Warum hatten eigentlich so viele der wichtigsten Figuren der spanischen Geschichte – El Cid, Cervantes, Christoph Kolumbus und der gnadenlose Inquisitor General Fray Tomás de Torquemada – etwas mit Valladolid zu tun? Ganz einfach deshalb, weil dieser Ort einst ein heißer Anwärter auf den Titel der spanischen Hauptstadt war.

Ferdinand von Aragón und Isabella von Kastilien (die Reyes Católicos bzw. Katholischen Könige) heirateten hier 1469 und verschafften Valladolid als Spaniens mächtigstes Herrscherpärchen aller Zeiten großen Ruhm. Darüber hinaus war die hiesige Universität die dynamischste der Iberischen Halbinsel. Karl I. bestimmte Valladolid zum Sitz der königlichen Regierung. Philipp II. wurde hier zwar 1527 geboren, erkor 34 Jahre später jedoch trotzdem das deutlich kleinere Madrid zur Hauptstadt. Valladolid, das mittlerweile mächtiger geworden war, als es der Stadt gut tat, zeigte sich zutiefst bestürzt. 1601 verlagerte Philipp III. den Königshof hierher zurück, allerdings wurde dieser Umzug so negativ aufgenommen, dass der Hof sich wieder Madrid zuwendete und seither dort blieb.

Als sich in Spanien 1975 die Demokratie durchsetzte, mussten die *vallasoletanos* damit zufrieden sein, dass ihre Stadt ab jetzt Verwaltungssitz der Autonomía de Kastilien-León war.

1506 starb. Leider gibt's nur spanischsprachige Beschriftungen.

Catedral KATHEDRALE
(Calle de Arribas 1; Museum Erw./erm. 3/1,50 €; ⌚Di–Sa 10–13.30 & 16.30–19, So 10–14 Uhr) Valladolids im 16. Jh. erbaute Kathedrale ist zwar nicht die schönste Kastiliens, aber dafür birgt sie einen kunstvollen Hochaltar von Juní und eine Prozessionsmonstranz im angeschlossenen **Museo Diocesano y Catedralicio**. Interessant sind die **Ruinen** der alten Stiftskirche aus dem 13. Jh. auf dem Gelände an der Nordostseite der Kathedrale. Auf ihrem Fundament wurde die neue Kathedrale errichtet.

Casa de Cervantes MUSEUM
(http://museocasacervantes.mcu.es; Calle del Rastro; Erw./Kind 3 €/frei, So Eintritt frei; ⌚Di–Sa 9.30–15, So 10–15 Uhr) Cervantes war für kurze Zeit in Valladolid inhaftiert. Glücklicherweise blieb sein Haus mit dem friedlichen kleinen Garten erhalten.

GRATIS **Colegio de Santa Cruz** HISTORISCHES GEBÄUDE
(Calle Cardenal Mendoza; ⌚unterschiedliche Öffnungszeiten) Hier gibt's einen Innenhof mit Kolonnaden und eine Kapelle mit der realistischen Skulptur *Cristo de la Luz*. Das Colegio, in dem oft Wanderausstellungen zu sehen sind, liegt gleich östlich der Plaza de Santa Cruz.

Iglesia de Santa María la Antigua KIRCHE
(Calle Antigua 1; ⌚vor & nach der Messe) Eine beeindruckende gotische Kirche aus dem 14. Jh. mit einem romanischen Turm.

Iglesia de San Benito El Real KIRCHE
(Calle de San Benito; ⌚vor & nach der Messe) Eine der schönsten Kirchenfassaden Valladolids mit ungewöhnlichen achteckigen Säulen aus dem 16. Jh.

Schlafen

Weil in Valladolids Hotels unter der Woche mehr Geschäftsleute als Touristen übernachten, senken viele Häuser ihre Preise von Freitag bis Sonntag.

Hostal París HOSTAL €
(☎983 37 06 25; www.hostalparis.com; Calle de la Especería 2; EZ/DZ 40/50 €; ❄📶) Mit ihren hellen Pastellfarben, auffälligen Kunsttafeln, großen Schreibtischen und Flachbildfernsehern bieten die Zimmer dieses Hotels eine gelungene Kombination aus Komfort und stilvoller Atmosphäre.

Hotel Meliá Recoletos HOTEL €€
(☎983 21 62 00; www.solmelia.com; Acera de Recoletos 13; EZ/DZ 75/100 €; P❄@📶) Dieses exzellente Viersternehotel verströmt einen Hauch von Luxus, der es von den anderen Unterkünften dieser Preisklasse absetzt. Es gehört zu einer Kette, bietet aber die Intimität eines Boutique-Hotels, geräumige, luxuriöse Zimmer in klassischer Optik und einen tadellosen Service. Da vor allem Geschäftsreisende zu den Kunden zählen, fallen die Preise zwischen Freitag und Sonntag beträchtlich.

Hostal Los Arces HOSTAL €
(☎983 35 38 53; www.hostallosarces.com; Calle de San Antonio de Padua 2; DZ/3BZ 40/50 €, EZ mit Waschbassin 18 €) Ein herausragendes Preis-

Leistungs-Verhältnis bietet dieses *hostal* mit schönen, renovierten Zimmern, von denen die meisten auf eine recht ruhige Straße hinausgehen. Der Besitzer ist freundlich und kastilisch-zurückhaltend.

Hotel El Nogal HOTEL €
(☎983 34 03 33; www.hotelelnogal.com; Calle del Conde Ansúrez 10–12; EZ/DZ 50/60 €; P❄) Die Zimmer warten mit polierten Böden, leuchtend roten Vorhängen und modernen Bädern auf (die meisten haben Duschen mit Hydromassage). Alle blicken entweder auf eine Plaza oder eine ruhige Straße.

Hotel Imperial HOTEL €€
(☎983 33 03 00; www.himperial.com; Calle Peso 4; EZ/DZ 60/65 €; ❄📶) Die öffentlichen Bereiche dieses soliden, komfortablen Hotels einen Katzensprung von der Plaza Mayor entfernt wirken warm und altmodisch, während die Zimmer moderner daherkommen. Sie sind mit Teppich ausgelegt, in Creme- und Gelbtönen gestrichen und mit geräumigen Bädern ausgestattet.

Essen

Los Zagales de Abadía KASTILISCHE NOUVELLE CUISINE €€
(☎983 38 08 92; www.loszagales.com; Calle de la Pasión 13; Menüs 19–26 €, Hauptgerichte 18–21 €; ⏲Mo–Sa, So mittags) In der Bar hängen jede Menge lokale Fleischprodukte von der Decke, die sich in den auf der Theke präsentierten preisgekrönten Tapas wiederfinden. Die beste Tapas-Bar der Stadt erzielte nicht nur bei regionalen, sondern auch bei landesweiten Wettbewerben immer wieder Erfolge. Noch größerer Beliebtheit erfreut sich das Restaurant, das großzügige Portionen und hervorragende Speisen anbietet. Reservierung empfohlen.

El Caballo de Troya SPANISCH €€
(☎983 33 93 55; www.restaurantesanti.es; Calle de Correos 1; Hauptgerichte 9,20–32 €; ⏲Mo–Sa) Das „Trojanische Pferd" ist ein hübsches Lokal mit einem fantastischen Innenhof im Renaissancestil. In der *taberna* (Schenke) werden hervorragende *raciones* angeboten; am besten entscheidet man sich für die abwechslungsreiche *bandeja surtidas* (Probierplatte). Die Auswahl im Restaurant mit seinem klassischen Speiseraum kann sich ebenfalls sehen lassen. Reservierung empfohlen.

Herbe KASTILISCH €€
(Calle de Correos 6; Menüs 12 €, Hauptgerichte 8–18 €; ⏲Mo–Sa) Etwas bodenständiger als seine vornehmen Nachbarn. Das feste Menü ist sowohl mittags als auch abends im Angebot. Hier könnte man sich an Tapas satt essen, doch der wirkliche Clou ist der *lechazo asado* (Lammbraten). Auch das freundliche Personal ist herausragend.

Vinotinto KASTILISCH €€
(Calle de Campanas 4; Hauptgerichte 12–20 €) Weinbar trifft Steakhaus. Abends tauchen viele Einheimische in die höhlenartige Kneipenatmosphäre ein und geben sich bei Spare Ribs sowie anderem gegrillten Fleisch dem örtlichen Tratsch und Klatsch hin. Unser Tipp: der lokal hergestellte *jamón ibérico;* er wird hauchdünn geschnitten und zergeht förmlich auf der Zunge. Das Vinotinto Joven gegenüber wirkt intimer und jugendlicher. Dort bekommt man hervorragende Tapas wie *brocheta de calabacin y cigala* (Spieße mit Zucchini und Garnelen).

La Parrilla de San Lorenzo KASTILISCH €€
(☎983 33 50 88; www.hotel-convento.com; Calle de Pedro Niño; Hauptgerichte 14–22 €; ⏲Bar 10.30 Uhr–open end, Restaurant Mo–Sa, So mittags) Dieses viel gepriesene Restaurant dient gleichzeitig auch als Stehbar. Es ist in einem früheren Kloster untergebracht und auf gehobene kastilische Küche spezialisiert (herzhafte Eintöpfe, Hülsenfrüchte und Steaks). Reservierung empfohlen.

Bar Zamora TAPAS €€
(Calle de Correos 5; ⏲Mi geschl.) Das preisgekrönte Zamora lockt mit dem Geschmack des westlichen Kastiliens.

Jero TAPAS €
(Calle de Correos 11) Wartet mit einer hervorragenden Palette an *pinchos* im baskischen Stil auf, darunter so innovative wie *crema de yogur con gambas y melocotón* (Joghurtcreme mit Garnelen und Pfirsich).

Ausgehen & Unterhaltung

Café de la Comedia COCKTAILBAR
(Plaza de Martí y Monsó; ⏲15.30 Uhr–open end) Bestechende Kombination aus geselliger Atmosphäre und fantastischen Cocktails.

Harlem Music Club CLUB
(Calle de San Antonio de Padua; ⏲So–Mi 18–1.30, Do 18–2, Fr & Sa 18–2.30 Uhr) An der Plaza de San Miguel ist abends einiges los. Deutlich über dem Durchschnitt der dortigen Lokalitäten liegt der kultivierte Harlem Music Club gleich um die Ecke. Hier wird Musik aus dem tiefen Süden der Vereinigten Staaten gespielt.

El Minuto CAFÉ, BAR
(Calle de Macias Picavea 15; ⌚8–1.30 Uhr) Das Minuto in der Nähe der Kathedrale zieht viele Studenten an. Rund um die Café-Bar gibt's noch mehrere andere Läden. Lieblingstreffpunkt der jungen Leute für einen Drink am frühen Abend ist die nahe gelegene Calle de Librería.

Café Continental CAFÉ, CLUB
(Plaza Mayor 23; ⌚8 Uhr–open end) In dem hippen Club wird an den meisten Abenden Livemusik gespielt.

Be Bop CLUB
(Plaza de Martí y Monsó; ⌚16 Uhr– open end) Pinkfarbene Stilettos und ein supercooles Publikum geben den Ton an.

Praktische Informationen

Touristeninformation (☎983 21 93 10; www.asomateavalladolid.org; Acera de Recoletos; ⌚9–20 Uhr)

An- & Weiterreise

FLUGZEUG **Ryanair** (www.ryanair.com) bietet Direktflüge von London (Stansted), Brüssel und Barcelona nach Valladolid. **Iberia** (www.iberia.es) fliegt nach Barcelona, wo man Anschluss in andere spanische Städte hat.

ZUG Über ein Dutzend AVE-Hochgeschwindigkeitszüge verkehren täglich zwischen Valladolid und Madrid (36,50 €, 1 Std.), es gibt aber auch langsamere Verbindungen (2 ¾ Std.) für nur 19,85 €. Darüber hinaus geht's regelmäßig nach León (ab 14,90 €, ca. 2 Std.), Burgos (ab 9,35 €, ca. 1½ Std.) und Salamanca (ab 8,55 €, 1½ Std.).

DIE TREIBENDE KRAFT DER INQUISITION

Nur wenige Vertreter der Spanischen Inquisition waren berüchtigter als Tomás de Torquemada (1420–98), der in Valladoid als Sohn wohlhabender *conversos* (zum Christentum konvertierte Juden) zur Welt kam. Dostojewski verewigte den Fanatiker in *Die Brüder Karamasow* als redegewandten Großinquisitor, der Jesus den Prozess macht, während man ihn in *Monty Python's Flying Circus* satirisch aufs Korn nahm.

Königin Isabella ernannte den Dominikaner 1479 zu ihrem persönlichen Beichtvater und vier Jahre später erkor Papst Sixtus IV. Fray Tomás zum Leiter der kastilischen Inquisition. Torquemada war zutiefst vom spanischen Kult des *sangre limpia* (reines Blut) beeinflusst, einer rassistischen Ideologie, die Grundlage für das 800 Jahre andauernde Bestreben war, Nichtchristen aus Spanien zu vertreiben. Er spürte erbittert *conversos* und andere „Häretiker" auf. Sein beliebtestes Ziel waren die *marranos* (Juden), die angeblich nur vorgaben, konvertiert zu sein, aber im Geheimen weiter ihren eigenen Glauben praktizierten.

Das Eigentum dieser „Sünder" wurde konfisziert und für die Finanzierung der Reconquista-Feldzüge gegen die Muslime benutzt. Um sie zu demütigen, führte man sie durch die Stadt und ließ sie dabei einen *sambenito* tragen: Das mit Kreuzen geschmückte gelbe Hemd war so kurz, dass die Genitalien sichtbar waren. Zum Schluss brachte man die Juden zur örtlichen Kirche und peitschte sie aus. Ganz Unglückliche erlitten unvorstellbare Folterungen, bevor sie in einem *autodafé* (Schauprozess) auf dem Scheiterhaufen verbrannt wurden. Wer seinem „Irrglauben" abschwor und das heilige Kreuz küsste, wurde erdrosselt, bevor man das Feuer entzündete. Diejenigen, die nur widerriefen, „belohnte" man mit trockenem Holz, sodass sie relativ schnell starben. Wer jedoch standhaft blieb und seine Religion nicht leugnete, musste sich auf einen qualvollen Tod einstellen, für den man grünes, langsam brennendes Holz verwendete.

In den 15 Jahren, in denen Torquemada Großinquisitor der kastilischen Inquisition war, kam es zu rund 100 000 Verfahren. Etwa 2000 Menschen wurden auf dem Scheiterhaufen verbrannt. Viele Prozesse fanden auf der Plaza Mayor in Valladolid und die Hinrichtungen auf der Plaza de Zorilla statt. Am 31. März 1492 erließen Ferdinand und Isabella auf Drängen Torquemadas ihr Vertreibungsedikt, das alle Juden unter Androhung der Todesstrafe zwang, Spanien innerhalb von zwei Monaten zu verlassen.

Im folgenden Jahr zog sich Torquemada in das Kloster Santo Tomás in Ávila zurück, von wo er weiter die Geschicke der Inquisition lenkte. In seinen letzten Lebensjahren entwickelte er eine panische Angst davor, vergiftet zu werden, und weigerte sich, etwas zu essen, wenn er nicht das Horn eines Einhorns als (so glaubte er zumindest) Gegenmittel griffbereit in der Nähe hatte. Im Gegensatz zu vielen seiner Opfer starb er 1498 friedlich im Schlaf.

Unterwegs vor Ort

BUS Die Linien 2 und 10 fahren auf ihrem Weg zur Plaza de España am Bahnhof und am Busbahnhof vorbei.

FLUGZEUG Der Flughafen liegt 15 km nordwestlich vom Zentrum. Busse von **Linecar** (www.linecar.es) steuern ihn bis zu fünfmal täglich von Valladolid aus an (3,80 €). Ein Taxi vom Flughafen zum Stadtzentrum kostet etwa 20 €, an Sonn- und Feiertagen etwas mehr.

Rund um Valladolid

MEDINA DE RIOSECO

5000 EW.

Noch immer verströmt die einst reiche Handelsstadt Medina de Rioseco eine spürbare mittelalterliche Atmosphäre, besonders in der engen Fußgängerzone mit ihren Arkaden, die von uralten hölzernen Säulen getragen werden. Mittwochmorgens werden unter den Säulen Marktstände aufgebaut. Außerdem gibt's ein paar Museen und Denkmäler.

Sehenswertes

Iglesia de Santa María de Mediavilla KIRCHE
(Calle Santa María; Führungen 2 €; Di–So 11–12 & 17–19 Uhr) Ein großartiges Bauwerk der isabellinischen Gotik mit drei von Sternengewölben überdachten Kirchenschiffen und der berühmten **Capilla de los Benavente**. Diese enthält einen extravaganten von Juan de Juní gestalteten Altar, der ab 1543 in über acht Jahren Schnitzarbeit entstand. Er wird manchmal als „Kastiliens Sixtinische Kapelle" bezeichnet und ist mit Sicherheit eins der schönsten Beispiele religiöser Kunst aus dem renaissancezeitlichen Spanien. Wer keine Lust hat, an einer einstündigen Führung teilzunehmen (die allerdings lohnt), kann darum bitten, ob er einen Blick in die Kapelle werfen darf.

Museo de Semana Santa MUSEUM
(Calle de Lázaro Alonso; Eintritt 3,50 €; Di–So 11–14 & 16–19 Uhr) Medina de Rioseco ist für seine Osterprozessionen berühmt. Wer den Ort nicht während der Karwoche besucht, bekommt im Museum einen Einblick in die Feierlichkeiten. Ebenso wie das Schwestermuseum in Zamora (S. 181) widmet es sich den *pasos* (Figuren, die während der Prozessionen getragen werden) sowie einer großen Auswahl an weiterem Osterzubehör.

Iglesia de Santiago KIRCHE
(Calle Santa María; Eintritt 2 €; Di–So 11–12 & 16–19 Uhr) Wenn man von der Iglesia de Santa María ein Stück bergab geht, stößt man auf diese Kirche, deren Portale gotische und klassizistische Elemente sowie Plateskdetails vereinen. Außerhalb der Sommermonate kann man sie nur im Rahmen einer Führung durch die Iglesia de Santa María de Mediavilla besuchen.

Museo de San Francisco KIRCHE, KLOSTER
(www.museosanfrancisco.es; Paseo de San Francisco 1; Eintritt 3 €; einstündige Führungen Di–So 11–13 & 16–18 Uhr) Dieses ehemalige Kloster aus dem 16. Jh. birgt einen extravaganten *retablo* (Altaraufsatz) von Fray Jacinto de Sierra und eine breit gefächerte Sammlung sakraler Kunst.

Schlafen & Essen

Vittoria Colonna HOTEL €€
(983 72 50 87; www.hotelvittoriacolonna.es; Calle de San Juan 2b; EZ/DZ 55/75 €;) 2009 wurde dieses elegante, moderne Dreisternehotel eröffnet. Einige seiner geräumigen, gut ausgestatteten Zimmer sind schöner als andere, doch alle haben schicke grau-weiße Bäder. Ein empfehlenswertes Restaurant gehört auch dazu.

Hostal Duque de Osuna HOSTAL €
(983 70 01 79; www.hostalduquedeosuna.com; Avenida de Castilviejo 16; EZ/DZ 20/33 €; @) Dieses moderne, gut geführte *hostal* hat saubere, einfach eingerichtete Zimmer und eine günstige Lage zum Busbahnhof.

Restaurante Pasos KASTILISCH €€
(983 72 00 21; www.restaurantepasos.es; Calle de Lázaro Alonso 44; Hauptgerichte 13–22 €) In Medina de Riosecos bestem Restaurant gibt's typisch kastilische Gerichte von hoher Qualität und mit verschiedenen geschmacklichen Noten wie *chuletillas de lechazo* (Lammkoteletts). Eine Reservierung wird empfohlen.

Praktische Informationen

Touristeninformation (983 72 03 19; www.medinaderioseco.com; Paseo de San Francisco

KOMBITICKETS

Wer vorhat, alle vier Sehenswürdigkeiten von Medina de Rioseco zu besuchen, kann für 7 € das Kombiticket „Un Viaje a la Emoción" erstehen, mit dem man 3,50 € spart. Man bekommt es bei allen vier teilnehmenden Häusern.

1; ⌚Di–Sa 10–14 & 16–18, So 10–14 Uhr) Neben dem Museo de San Francisco.

An- & Weiterreise

Jeden Tag fahren bis zu acht Busse nach León (6,40 €, 1¼ Std.) und bis zu zehn Busse nach Valladolid (2,95 €, 30 Min.).

TORDESILLAS

8760 EW.

Das schöne kleine Städtchen auf einem Hügel am Nordufer des Río Duero hat eine historische Bedeutung, die seiner jetzigen Größe spottet. Als römische Siedlung gegründet, spielte es später eine wichtige Rolle in der Weltgeschichte: Hier setzten sich 1494 die Katholischen Könige Isabella und Ferdinand mit den Portugiesen zusammen, um den berühmten Vertrag auszuhandeln, der die Einflusssphären beider Länder in Lateinamerika absicherte. Portugal erhielt Brasilien, Spanien fast den ganzen Rest.

Sehenswertes

Real Convento de Santa Clara KLOSTER

(☎983 77 00 71; www.patrimonionacional.es; Erw./erm. inkl. arabische Bäder 7/4 €, EU-Bürger & Einwohner Mi & Do nachmittags Eintritt frei; ⌚Di–Sa 10–14 & 16–18.30, So 10.30–15 Uhr) Tordesillas' Geschichte wurde von diesem Kloster bestimmt, in dem nach wie vor einige Franziskanernonnen in völliger Abgeschiedenheit leben. Das 1340 errichtete Gebäude diente ursprünglich als Palast für Alfons XI., außerdem wurde hier 1494 der Vertrag von Tordesillas unterzeichnet. Auf der 50-minütigen Führung (im Eintrittspreis enthalten) besichtigt man einige bemerkenswerte Räume, u. a. einen Innenhof im Mudejarstil und eine Kirche mit einem fantastischen *techumbre* (Dach). Ebenso sehenswert sind die Mudejartür, die gotischen Bogen, die arabischen Inschriften und die arabischen Bäder, die zur Führung gehören, wenn es nicht regnet. Achtung: Das Ticketbüro schließt eine Stunde früher als angegeben.

GRATIS **Museo del Tratado del Tordesillas** MUSEUM

(Calle de Casas del Tratado; ⌚Di–Sa 10–13.30 & 17–19, So 10–14 Uhr) Das Museum ist dem 1494 geschlossenen Vertrag von Tordesillas gewidmet. Informative Ausstellungen mit prächtigen alten Karten zeigen, wie die Welt davor und danach aussah. Die Reproduktion des Vertrags und ein Plan verdeutlichen, wie vorteilhaft die Übereinkunft für Spanien war. Außerdem gibt's eine mehrsprachige Videopräsentation.

Exposición Permanente de Maquetas MUSEUM

(Calle de Casas del Tratado; ⌚Di–Sa 10–13.30 & 17–19.30, So 10–14 Uhr) Auch in diese kleine Ausstellung maßstabsgetreuer Modelle lohnt ein Blick. Zu den sechs Miniaturen zählt auch die von Gaudí entworfene Casa de Botines in León. Das Museum befindet sich im Nebengebäude des Museo del Tratado del Tordesillas.

Plaza Mayor PLATZ

Die hübsche, reizvoll in die Jahre gekommene und von Säulengängen umgebene **Plaza Mayor** ist das Herz der Stadt. Ihre senfgelben Fassaden bilden einen schönen Kontrast zu dem dunkelbraunen Holz und den schwarzen Balkongittern.

Schlafen & Essen

Parador de Tordesillas LUXUSHOTEL €€€

(☎983 77 00 51; www.parador.es; Carretera de Salamanca 5; Zi. 148 €; P❄📶🏊) Tordesillas' vornehmstes Hotel. Die niedrige ockerfarbene, von Pinien umgebene Unterkunft gleich außerhalb der Stadt bietet einige Zimmer mit Himmelbetten. Alle sind geräumig und blicken in den ruhigen Garten mit einem Pool und einem kleinen Kinderspielplatz. Das Menü im schicken Restaurant kostet 32 €, daneben gibt's günstigere Snacks sowie leichtere Mahlzeiten in der Bar/Cafeteria.

Hostal San Antolín HOSTAL €

(☎983 79 67 71; www.hostalsanantolin.com; Calle San Antolín 8; EZ/DZ/3BZ 25/40/50 €; ❄📶) Tolles Preis-Leistungs-Verhältnis! Die modernen Zimmer dieser Altstadtbleibe sind in hellen Pastelltönen gestrichen, was jedoch in manchen spanischen *hostales* auf einen Mangel an Pflege hindeutet. Der Fokus liegt auf dem zugehörigen Restaurant. In der Bar im Untergeschoss bekommt man *raciones*, außerdem gibt's einen schönen, mit Blumen geschmückten Innenhof und ein schickes Restaurant (Menüs 11–24 €, Hauptgerichte 10–19 €) im Obergeschoss, in dem Braten serviert werden. Gleich neben der Plaza Mayor.

Viky TAPAS €

(Plaza Mayor 14; Tapas ab 0,60 €, Hauptgerichte 5–16 €; ⌚Di–So) Das beste der Lokale rund um die Plaza Mayor. Tapas auf der Theke und ein breit gefächertes Angebot an Canapés, *raciones* sowie weiteren Snacks.

Praktische Informationen

Touristeninformation (☎983 77 10 67; www.tordesillas.net; Calle de Casas del Tratado;

⌚Mai–Sept. Di–Sa 10–13.30 & 17–19.30, So 10–14 Uhr) Befindet sich in der Calle Casas del Tratado unweit der Iglesia de San Antolín.

An- & Weiterreise

Der **Busbahnhof** (☎983 77 00 72; Avenida de Valladolid) liegt in der Nähe der Calle de Santa María. Es gibt regelmäßige Verbindungen nach Madrid (11,80 €, 2¼ Std.), Salamanca (6,50 €, 1¼ Std.), Valladolid (3,50 €, 30 Min.) und Zamora (6 €, 1 Std.)

TORO

9650 EW.

Mit einem Namen, der spanischer nicht sein könnte, und einer bewegten Geschichte, die seine Gegenwart überschattet, ist Toro in jeder Hinsicht ein typisch kastilischer Ort. Ferdinand und Isabella zementierten hier in der Schlacht von 1476 ihre Herrschaft über das christliche Spanien. Heute präsentiert die Stadt, die auf einer Anhöhe hoch über dem Nordufer des Río Duero thront, ein charmantes historisches Zentrum mit Fachwerkhäusern. An jeder Straßenecke scheint eine romanische Kirche zu stehen.

Sehenswertes

Colegiata Santa María La Mayor KIRCHE

(Eintritt 1 €; ⌚Di–So 10.30–14 & 17–19.30 Uhr) Die im 12. Jh. errichtete Kirche zieht mit ihrem großartigen romanisch-gotischen **Pórtico de la Majestad** alle Blicke auf sich. Im Inneren birgt sie u. a. ein berühmtes Gemälde aus dem 15. Jh., die *Virgen de la Mosca* (Jungfrau mit der Fliege): Das Insekt sitzt übrigens auf der Robe des Mädchens. Der Zugang zum prächtigen Hauptschiff ist kostenlos; Eintritt zahlt man für die Sakristei.

Monasterio Sancti Spiritus KLOSTER

(Eintritt 4 €; ⌚Führungen Di–So 10.30–12.30 & 16.30–17.30 Uhr) Südwestlich des Ortes stößt man auf dieses Kloster mit einem schönen Renaissancekreuzgang und dem auffallenden Alabastergrabmal der Beatrix von Portugal, Gattin von Juan I. Während der angegebenen Zeiten finden regelmäßig Führungen statt.

Alcázar BURG

(Paseo del Espolón) Diese ehemalige Festung unweit der Colegiata Santa María stammt aus dem 10. Jh. und hat noch immer sieben Türme. Auf dem Weg zurück zur Colegiata genießt man einen wunderbaren Blick Richtung Süden über die Felder zur Puente Mayor de Toro aus dem 12. Jh. Sie ist römischen Ursprungs und führt über den Río Duero.

Schlafen & Essen

Rund um die Plaza Mayor gibt's zahlreiche Lokale, in denen man etwas essen und die Weine der Region probieren kann.

Hotel Juan II. HOTEL €€

(☎980 69 03 00; www.hotelesentoro.es; Paseo del Espolón 1; EZ/DZ 54/72; P❄📶🏊) Einen umwerfenden Blick hat man vom Zimmer 201: Auf der einen Seite schaut man auf den Río Duero, auf der anderen auf die Colegiata Santa María La Mayor. Ist es belegt, nach einem Südzimmer mit Balkon erkundigen. Die Zimmer haben warme Terrakottafliesen, dunkle Holzmöbel und große Terrassen. Das Restaurant ist eins der besten vor Ort (Hauptgerichte 15,80–24,90 €); auf der Karte stehen die üblichen herzhaften Fleisch- sowie einige Fischgerichte.

Zaravencia HOTEL €

(☎980 69 49 98; www.hotelzaravencia.com; Plaza Mayor 17; EZ/DZ inkl. Frühstück 38/54 €; ❄@) Dieses freundliche Hotel mit Blick auf den Hauptplatz verfügt über große Räume, die etwas blutarm mit hellen Kiefernmöbeln und cremefarbenen Wänden eingerichtet sind. Unten befindet sich ein Bar-Restaurant. Internet empfängt man in den Zimmern nur über Kabel.

Praktische Informationen

Touristeninformation (☎980 69 47 47; www.turismocastillayleon.com; Plaza Mayor 6; ⌚10–14 & 16–20 Uhr)

An- & Weiterreise

Es gibt regelmäßige Busverbindungen nach Valladolid (4,80 €, 1 Std.) und Zamora (2,20 €, 30 Min.). Darüber hinaus fahren an Werktagen zwei Direktbusse nach Salamanca (5,75 €, 1½ Std.).

Zamora

65 530 EW.

Wie in so vielen spanischen Städten fällt wahrscheinlich auch im provinziellen Zamora der erste Blick auf nichtssagende Apartmentblöcke. Davon sollte man sich jedoch nicht abschrecken lassen, denn der *casco historico* (Altstadt) ist einfach unvergesslich schön. Seine prächtigen mittelalterlichen Bauwerke brachten Zamora den Spitznamen „Romanisches Museum" ein. Der Ort erinnert an die monumentale Pracht Salamancas. Als besonders tolle Zeit für einen Besuch gilt die Semana Santa (Karwoche).

Sehenswertes

Catedral KATHEDRALE
(Erw./erm. 4/2 €; ⌚10–14 & 17–20 Uhr) Die im 12. Jh. errichtete, größtenteils romanische Kathedrale am südwestlichsten Punkt des mittelalterlichen Zamora weist einen quadratischen Glockenturm, eine ungewöhnliche, von Türmchen umgebene Kuppel im byzantinischen Stil und die reich geschmückte Puerta del Obispo auf. Um hineinzugelangen, muss man erst durch das **Museo Catedralicio**, dessen Hauptattraktion, eine Sammlung flämischer Bildteppiche, im 2. Obergeschoss zu finden ist. Der älteste stammt aus dem 15. Jh. und zeigt den Trojanischen Krieg. Ein wahres Meisterwerk der Kathedrale ist das Chorgestühl aus der Frührenaissance, dessen Schnitzereien z. B. Geistliche, Tiere und eine nicht jugendfreie Begegnung zwischen einem Mönch und einer Nonne abbilden. Zu den weiteren Highlights zählen die **Capilla de San Ildefonso** mit ihren großartigen gotischen Fresken und einige schöne flämische Gobelins im angrenzenden Vorzimmer.

Museo de Semana Santa MUSEUM
(Plaza de Santa María La Nueva; Erw./erm. 3/1,50 €; ⌚Di–Sa 10–14 & 17–20, So 10–14 Uhr) Das Museum bringt Besuchern die seltsam-wunderbaren Osterrituale der Spanier näher. Es präsentiert geschnitzte und bemalte *pasos*, die während der herrlich farbenfrohen Prozessionen durch die Stadt getragen werden. Die verhüllten Figuren sehen erschreckend echt aus.

Kirchen KIRCHEN
(⌚Di–So 10–13 & 17–20 Uhr) Zu den Gotteshäusern, die noch etwas von ihrem romanischen Charme bewahrt haben, gehören die **Iglesia de San Pedro y San Ildefonso** (Rúa de Francos 39) mit gotischen Anklängen, die **Iglesia de la Magdalena** (Rúa de los Francos), deren Südportal mit seinen vorwiegend floralen Motiven als schönstes der Stadt gilt, und die **Iglesia de San Juan de Puerta Nueva** (Plaza Mayor) an der Plaza Mayor. Die **Iglesia de Santa María La Nueva** (Calle de San Martín Carniceros) ist eigentlich ein mittelalterlicher Nachbau einer Kirche aus dem 7. Jh., die 1158 bei einem Brand zerstört wurde.

GRATIS **Castillo** BURG
(⌚Di–So 10–14 & 19–22 Uhr; 👪) In dieser schönen, kürzlich restaurierten Burg aus dem 11. Jh. sind Skulpturen aus der Region ausgestellt. Besucher können den Turm besteigen und auf der Befestigungsmauer entlanggehen. Der umliegende Park eignet sich toll zum Picknicken.

Feste & Events

Semana Santa KARWOCHE
Wer über Ostern in Spanien weilt, sollte einen Besuch dieser Stadt in Erwägung ziehen, die für ihre aufwendigen Feierlichkeiten und Prozessionen berühmt ist. Wenn die verhüllten Büßer durch die historischen Straßen ziehen, herrscht manchmal absolute Stille – eine unvergessliche Erfahrung. Zu jeder anderen Zeit bekommt man im Museo de Semana Santa einen guten Einblick in die Osterrituale.

Schlafen

Während der Semana Santa können sich die Preise hier verdoppeln.

Parador Condes de Alba y Aliste HISTORISCHES HOTEL €€€
(☎980 51 44 97; www.parador.es; Plaza Viriato 5; Zi. 100–168 €; ❄@📶🏊) In diesem prächtigen Palast aus dem 15. Jh. (zu dessen „Gästen" Isabella und Ferdinand zählten) trifft heutiger Luxus auf historische Details, besonders in den öffentlichen Bereichen. Hinter dem Haus gibt's einen Pool, und im Gegensatz zu vielen anderen *paradores* befindet sich diese Unterkunft direkt im Zentrum. Leider können hier höchstens acht Autos parken.

NH Palacio del Duero HOTEL €€
(☎980 50 82 62; www.nh-hotels.com; Plaza de la Horta 1; Zi. 70 €; P❄@📶) Wie gewohnt hat sich NH für eines seiner jüngsten Hotels eine fantastische Lage gesichert. In das moderne, neben einer reizenden romanischen Kirche gelegene Gebäude wurde ein Teil des früheren Klosters sowie bizarrerweise ein Kraftwerk aus den 1940er-Jahren integriert. Der hohe gemauerte Schornstein ist dabei erhalten geblieben. Alle Zimmer sind geräumig und stilvoll eingerichtet.

Hostal La Reina HOSTAL €
(☎980 53 39 39; Plaza Mayor 1 & 3; EZ/DZ 22/30 €, mit Gemeinschaftsbad 15/20 €) Sympathische ältere Leute betreiben dieses *hostal* mit geräumigen Zimmern, von denen die schönsten über Balkone mit Blick auf die Plaza Mayor verfügen.

Essen & Ausgehen

Die besten Restaurants liegen in der Nähe der Plaza Mayor (wo es auch tolle Cafés und

Bars gibt). Eine lohnenswerte regionale Spezialität ist *arroz a la zamorana* (Reis mit Schweinefleisch und Schinken). Gute Tapas-Bars findet man rund um die Plaza del Maestro.

El Rincón de Antonio KASTILISCHE NOUVELLE CUISINE €€€
(☎980 53 53 70; www.elrincondeantonio.com; Rúa de los Francos 6; Hauptgerichte 19,50–26 €, Menüs 11–65 €; ⏲Mo–Sa, So mittags) Als einziges Lokal in Zamora trägt dieses schöne Restaurant einen Michelin-Stern. In „Antonios Ecke“ bekommt man Tapas an der Bar sowie komplette Mahlzeiten im stilvollen, sanft beleuchteten Speiseraum. Unter den Probiermenüs findet man auch eines mit vier Tapas inklusive einem Glas Wein für 11 €. Wir empfehlen als Vorspeise die preisgekrönten Kichererbsen mit Waldpilzen und danach galicische Jakobsmuscheln in Zwiebelblättern. Eine Reservierung wird empfohlen.

Agape TAPAS €
(Plazuela de San Miguel 3; Tapas ab 1,70 €) Von den vielen Bars, Cafés und Restaurants rund um die Plaza Mayor ist dieses vermutlich das beste. Pizza und Pasta links liegen lassen und ein paar von den kunstvollen, angenehm großen Tapas bestellen – besonders lecker sind *salmorejo* (kalte Tomatensuppe in einem Martiniglas) und *tosta de solomillo de tres mostazas* (Toast mit Filet und drei Senfsorten). Das Personal könnte aufmerksamer sein.

ℹ Praktische Informationen

Regionale Touristeninformation (☎980 53 18 45; www.turismocastillayleon.com; Avenida Príncipe de Asturias 1; ⏲9–20 Uhr) Organisiert Führungen (von kostenlos bis 7 €), u. a. nächtliche Stadtführungen.

Städtische Touristeninformation (☎980 54 82 00; ww.zamora.es; Plaza de Arias Gonzalo; ⏲Okt.–März 10–14 & 16–19 Uhr, April–Sept. 10–14 & 17–20 Uhr)

ℹ An- & Weiterreise

BUS Fast jede Stunde fahren Busse von/nach Salamanca (4,70 €, 1 Std., 5- bis 13-mal tgl.), am Wochenende verkehren sie seltener. Daneben gibt's regelmäßige Verbindungen nach León (8,15 €, 1½ Std.), Valladolid (7,75 €, 1½ Std.), Burgos (15,45 €, 4½ Std.) und in andere Orte.

ZUG Züge gehen nach Valladolid (10,15 €, 1½ Std., 1-mal tgl.) und Madrid (30,10 €, 2–4 Std., 2-mal tgl.).

Rund um Zamora

Die einsame, im 7. Jh. errichtete Kirche **San Pedro de la Nave** (Eintritt frei; ⏲Di–So 10–13 & 17–20 Uhr) 24 km nordwestlich von Zamora ist ein seltenes und außergewöhnliches Beispiel westgotischer Architektur mit keltischen, germanischen und byzantinischen Elementen. Besonders beeindrucken ihre fein gearbeiteten Kapitelle. Während des Baus des Esla-Stausees 1930 wurde das Gotteshaus an seinen jetzigen Standort in Campillo versetzt. Von Zamora nimmt man die N122 und folgt dann den Schildern nach Campillo hierher.

PUEBLA DE SANABRIA

1570 EW.

Unweit der portugiesischen Grenze erstreckt sich dieser faszinierende Weiler voller mittelalterlicher Sträßchen, die sich um eine öffentlich zugängliche Burg aus dem 15. Jh. und bergab winden. Das Dorf ist eins der schönsten Spaniens und durchaus eine Übernachtung wert: In den ruhigen Gassen mit Kopfsteinpflaster fühlt man sich um Jahrhunderte in der Zeit zurückversetzt.

Sehenswertes

Castillo BURG
(Erw./erm. 3/2 €; ⏲Mo–Sa 11–14 & 16–20, So 16–19 Uhr) Pueblas Burg ist der höchste Punkt des Ortes und ragt, kilometerweit sichtbar, in den Himmel empor. In der Burg selbst sind interessante Ausstellungsstücke zur Geschichte der Region, Flora und Fauna zu sehen; ein Highlight für Kids ist es, Teile der Rüstung anzulegen. Der Blick von den Festungsmauern ist in alle Richtungen traumhaft.

Plaza Mayor PLATZ
Den hübschen Marktplatz im oberen Teil des Dorfs umringen schöne historische Gebäude. Eine reizvolle Fassade mit Bogen schmückt das *ayuntamiento* (Rathaus) aus dem 17. Jh. Gegenüber erhebt sich die **Iglesia de Nuestra Señora del Azogue** (Eintritt frei; ⏲Sa & So 11–14 & 16–20 Uhr), eine sehenswerte Dorfkirche, die im 12. Jh. erstmals erbaut wurde.

Schlafen

LP TIPP **Posada Real La Cartería** HISTORISCHES HOTEL €€
(☎980 62 03 12; www.lacarteria.com; Calle de Rúa 16; Zi. 136 €; 📶) Das wunderschöne alte Gasthaus ist eins der besten Hotels in dieser Region, verfügt über hübsche, geräumige Zimmer mit Steinmauern und Holzbalken und

kombiniert auf nette Weise modernen Komfort mit der altmodischen Atmosphäre des Ortes. Darüber hinaus punktet es mit einem kleinen Fitnessraum und professionellem Service. Von einigen Räumen hat man einen schönen Blick ins Tal.

La Hoja de Roble HISTORISCHES HOTEL **€€**
(☎980 62 01 90; www.lahojaderoble.com; Calle Constanilla 13; Zi. 55–85 €; ❄📶) Am Fuß des Hügels, auf dem die Altstadt liegt, steht dieses herausragende Hotel. Das Gebäude aus dem 17. Jh. birgt sehr geschichtsträchtige Zimmer (mit freigelegtem Mauerwerk und Original-Holzbalken), ohne zu prunkvoll zu wirken.

Posada de las Misas HOTEL **€€**
(☎980 62 03 58; www.posadadelasmisas.com; Plaza Mayor 13; Zi. 136 €; ❄📶) Die Besitzer der Posada Real La Cartería betreiben auch dieses Hotel. Es liegt oben im Dorf und bietet moderne Zimmer mit Charme.

Essen

LP TIPP **Posada Real La Cartería** KASTILISCH **€€**
(Calle de Rúa 16; Hauptgerichte 7,50–18 €) Die Speisekarte dieses Restaurants zeigt die regionale Leidenschaft für Waldpilze (*setas, boletus*) und *trucha* (Forelle), die im Fluss unterhalb des Dorfs gefangen wird.

La Posada de Puebla de Sanabria KASTILISCH **€€**
(www.laposadadelavilla.com; Plaza Mayor 3; Hauptgerichte 8–18 €) Hervorragendes Restaurant direkt an der Plaza Mayor. Auf den Tisch kommen Steaks aus der Region und Waldpilze, für die die Gegend bekannt ist.

Praktische Informationen

Touristeninformation (☎980 62 07 34; www.turismosanabria.es; ⊙11–14 & 17–20 Uhr) In der Burg.

An- & Weiterreise

Von Zamora aus bestehen sporadische Busverbindungen nach Puebla de Sanabria (ab 7 €, 1¼ Std.).

PARQUE NATURAL LAGO DE SANABRIA

Das Schutzgebiet rund 15 km nördlich von Puebla de Sanabria erstreckt sich rund um Spaniens größten Gletschersee, den Lago de Sanabria mit einem Ausmaß von 368 ha und einer Tiefe von 55 m. Über zehn Wanderwege ziehen sich durch den Park und das Umland. Den **Lago de Sanabria** und den schönen hoch gelegenen **Lago de los Peces** mitten im Park erreicht man auch mit dem Auto. Karten und weitere Informationen erhält man in der **Casa del Parque** (⊙Juli & Aug. 10–14 & 17–20 Uhr, Sept.–Juni nur Sa & So). Diese liegt 5 km vor dem Eingang zum Park in der Nähe des Dorfs Rabanillo an der Straße von Puebla de Sanabria; außerdem gibt's dort ein hilfreiches Informationszentrum zu den Wildtieren und der Geologie des Parks (Eintritt 1 €).

Palencia

81 550 EW.

In der ruhigen Stadt erhebt sich eine riesige gotische Kathedrale, deren nüchternes Äußeres nichts über die außerordentlichen Schätze verrät, die einen im Inneren erwarten; daher stammt wohl auch ihr weithin bekannter Beiname *La Bella Desconocida* (Unbekannte Schönheit). Außerdem wartet Palencia mit einigen hübschen Plätzen, einer von Kolonnaden gesäumten Hauptstraße und einer Reihe weiterer Kirchen auf. 1208 gründete König Alfons VIII. hier Spaniens erste Universität.

Sehenswertes

Catedral KATHEDRALE
(Calle Mayor Antigua 29; Eintritt Kathedrale & Krypta 2 €, Museum, Kathedrale & Krypta 3 €; ⊙Mo–Fr 10–13.30 & 16.30–19.30, Sa 10–14 & 16–17.30, So 16.30–20 Uhr) Die **Puerta del Obispo** (Bischofstür) gilt als Highlight der Fassade dieses eindrucksvollen Gebäudes, das mit 130 m Länge, 56 m Breite und 30 m Höhe eine der größten Kathedralen Kastiliens darstellt. Im Innern birgt sie zahlreiche Kunstschätze.

Eine der faszinierendsten Kapellen ist die Capilla El Sagrario. Ihr bis zur Decke aufragender Hochaltar erzählt die Geschichte Jesu in Dutzenden meisterlich geschnitzten und gemalten Feldern. Das Steingitter hinter dem Chorgestühl, der *trascoro*, ist ein Meisterwerk des Flachreliefs, das Gil de Siloé zugeschrieben wird. Viele halten dies für den schönsten Retrochor Spaniens.

Von hier führt eine Plateresktreppe hinunter zur Krypta, einem Überbleibsel der ursprünglichen westgotischen Kirche aus dem 7. Jh. und eines späteren romanischen Nachfolgebaus. Neben der Treppe erblickt man die Eichenkanzel mit exquisiten Holzschnitzarbeiten von Juan de Ortiz, die die Evangelisten zeigen.

Das angeschlossene **Museo Catedralicio** präsentiert einige hübsche flämische Tapisserien und ein Gemälde des heiligen Sebastians von El Greco. Ein verrücktes Highlight

ABSTECHER

AUF DER SUCHE NACH WÖLFEN

Spanien beherbergt die größte Wolfspopulation Westeuropas – rund 2000 bis 2500 Tiere leben hier, das entspricht 30 % des gesamten europäischen Bestandes außerhalb Osteuropas. Spaniens Wölfe findet man fast ausschließlich im Nordwesten des Landes. Die größte Population lebt in der **Sierra de la Culebra** südöstlich von Puebla de Sanabria. Wer die charismatischen Raubtiere einmal in natura erleben möchte, wendet sich an **Zamora Natural** (☎655 821899; www.zamoranatural.com; 35 € pro Pers.; ⏲Di–Fr 10–14 Uhr). Das ganze Jahr über bietet der Veranstalter Pirschfahrten zu Wölfen an, ein paar widmen sich der Spurenverfolgung. Die Chancen, tatsächlich einen Wolf zu sehen, liegen bei 20–40 %. Im kleinen Dorf Robledo rund 8 km südwestlich von Puebla de Sanabria entsteht gerade ein Informationszentrum zur Region und ihren Wölfen.

ist ein Trickbild aus dem 16. Jh., das vom deutschen Maler Lucas Cranach dem Älteren gefertigt wurde. Von vorne sieht es wie eine surreale Traumlandschaft aus, die Dalí um 400 Jahre vorwegnimmt; erst von der Seite betrachtet erschließt sich das eigentliche Bild – ein Porträt von Karl V.

Iglesia de San Miguel KIRCHE
(Calle de Mayor Antigua; ⏲Mo–Sa 9.30–13.30 & 18.30–19.30, So 9.30–13.30 & 18.30–20 Uhr) Die Kirche fällt durch ihren hohen gotischen Turm mit festungsartiger Mauerkrone ins Auge. Innen ist sie schmucklos und von strenger Schönheit, eine willkommene Abwechslung zur extravaganten Inneneinrichtung anderer kastilischer Gotteshäuser. Der Legende nach wurde hier El Cid mit seiner Doña Jimena verheiratet.

Museo Diocesano MUSEUM
(Calle de Mayor Antigua; geführte Touren 4 €; ⏲Führungen Mo–Sa 10.30 & 11.30 Uhr) Kunst vom Mittelalter bis zur Renaissance zeigt dieses im Palacio Episcopal aus dem 18. Jh. untergebrachte Museum. Im Mittelpunkt stehen Werke von Pedro de Berruguete und ein Altaraufsatz mit einer Darstellung der Jungfrau Maria, die Diego de Siloé zugeschrieben wird.

Bauwerke des Modernisme ARCHITEKTUR
Palencia trumpft mit einigen wahren architektonischen Prachtstücken auf, darunter der im katalanischen Jugendstil des 19. Jhs. gehaltene **Mercado de Abastos** (Lebensmittelmarkt) in der Calle Colón, das auffällige **Colegio Vallandrando** in der Calle Mayor und der außerordentlich verzierte **Palacio Provincial** im Plateresksti l in der Calle Burgos. In Letzterem kann man in der Lobby den 1904 vom örtlichen Künstler Eugenio Oliva gestalteten Deckenfries bewundern, der den Angriff römischer Legionen auf die Stadt zeigt. Mehr dazu erfährt man bei der Touristeninformation.

Iglesia de San Pablo KIRCHE
(Plaza de San Pablo) Die Hauptfassade dieser Kirche ist ein außergewöhnliches Meisterwerk isabellinischer Gotik. Jeder Quadratzentimeter wurde kunstvoll gearbeitet, gehauen und gedreht, um dem Stein ein einzigartiges Muster zu verleihen.

Schlafen

LP TIPP **Hotel Colón 27** HOTEL €
(☎979 74 07 00; www.hotelcolon27.com; Calle de Colón 27; EZ/DZ/3BZ 36/46/58 €; ❄📶) Die Zimmer sind mit Teppichboden, hellen Kiefermöbeln, festen Matratzen sowie kleinen Flachbildfernsehern ausgestattet und bieten ein hervorragendes Preis-Leistungs-Verhältnis. Über Weihnachten und Neujahr wird das Haus neu gestrichen und hat deshalb geschlossen.

Diana Palace HOTEL €€
(☎979 01 80 50; www.eurostarsdianapalace.com; Avenida Santander 12; EZ/DZ inkl. Frühstück 60/80 €; P❄📶) Moderner, komfortabler Hotelblock in Laufweite zum Stadtzentrum.

Essen & Ausgehen

Restaurante Casa Lucio KASTILISCH €€
(☎979 74 81 90; www.restaurantecasalucio.com; Calle de Don Sancho 2; Hauptgerichte 14,50–33 €; ⏲So geschl.) In der berühmten Casa Lucio lebt die große spanische Tradition einer überfüllten Tapas-Bar weiter, dahinter befindet sich ein ruhigeres und eleganteres Restaurant. Wir empfehlen sowohl die kreativen Häppchen als auch die kastilische Spezialität *cordero asado* (43 € für 2 Pers.). Reservierung empfohlen.

Taberna Plaza Mayor SPANISCH €
(Plaza Mayor 8; Hauptgerichte 10,50–18 €) Am besten sucht man sich draußen einen guten Platz und entscheidet sich dann für einige der *raciones,* oder man bestellt etwas Sättigenderes wie das riesige *chuletón de ternera* (T-Bone-Steak). Die Tapas und der Hauswein sind ebenso empfehlenswert.

Praktische Informationen

Patronato de Turismo (☎979 70 65 23; www.palencia-turismo.com; Calle Mayor 31; ⊙Mo–Fr 9–14 & 17–20, Sa 10.30–14.30 Uhr) Informationen zur Provinz Palencia.

Regionale Touristeninformation (www.turismocastillayleon.com; Calle Mayor 105; ⊙9–20 Uhr) Infos zur gesamten Region Kastilien-León sowie einige Informationen zur Stadt.

Städtische Touristeninformation (☎979 74 99 74; www.palencia-turismo.com; Plaza de San Pablo; ⊙10.30–14 & 17–20.30 Uhr)

An- & Weiterreise

BUS Vom **Busbahnhof** (Carerra del Cementerio) geht's regelmäßig nach Valladolid (3,95 €, 45 Min.), Madrid (16,79 €, 3 ½ Std.), Aguilar de Campoo (5,55 €, 1½ Std.), Frómista (3,30 €, 30 Min.) und Paredes de Nava (1,60 €, 25 Min.).

ZUG Es fahren häufig Züge nach Madrid (ab 24,80 €, 3¼ Std.), Burgos (ab 5,05 €, 45 Min.), León (ab 9,35 €, 1¼ Std.) und Valladolid (ab 4,25 €, 45 Min.).

Rund um Palencia

BAÑOS DE CERRATO

Ganz in der Nähe des ungewöhnlich unattraktiven Eisenbahnknotenpunkts Venta de Baños liegt Baños de Cerrato mit Spaniens ältester Kirche, der **Basílica de San Juan** (Eintritt 2 €, Mi frei; ⊙April–Sept. Di–So 10–13.30 & 16.50–20 Uhr, Okt.–März Di–So 10.30–13.30 & 16–18 Uhr) aus dem 7. Jh. Die Stein- und Terrakottafassade des 661 von den Westgoten erbauten und seitdem oft veränderten Gotteshauses verströmt eine angenehme strenge Einfachheit. Drinnen befindet sich eine Alabasterstatue von Johannes dem Täufer. Man erreicht den Ort von Palencia aus mit dem Zug, die letzten 2 km bis zur Kirche geht man zu Fuß.

FRÓMISTA

830 EW.

Der wichtigste – und manche würden sogar sagen der einzige – Grund, hier einen Stopp einzulegen, ist die außergewöhnliche romanische Kirche.

Sehenswertes

Iglesia de San Martín KIRCHE
(Eintritt 1 €; ⊙9.30–14 & 16.30–20 Uhr) Das harmonisch proportionierte Gebäude aus dem Jahr 1066 wurde im frühen 20. Jh. restauriert und in eine der schönsten romanischen Kirchen im ländlichen Spanien verwandelt. Direkt unter dem Dachgesims zieren es zahlreiche menschliche Figuren und Tiere. Auch die Kapitelle im Inneren sind reich geschmückt.

Schlafen

Hotel San Martín HOTEL €
(☎979 81 00 00; http://hotelsanmartin.es; Plaza San Martín 7; EZ/DZ 38/50 €; 📶) Einige der Zimmer in diesem Einstern-Hotel wirken mit tiefroten Wänden und moderner Kunst schöner, als in dieser Kategorie erwartet, andere sind mit ihren abgenutzten Holzmöbeln sehr schlicht. Die Lage gleich neben der Iglesia de San Martín ist ideal. Im Untergeschoss gibt's ein anständiges Restaurant mit Bar.

An- & Weiterreise

Frómista wird täglich von zwei Bussen aus Palencia (3,30 €, 30 Min.) angesteuert.

Montaña Palentina

Diese Bergregion im hohen Norden von Kastilien-León bietet einen angenehmen Vorgeschmack auf die Cordillera Cantábrica, die Kastilien von Spaniens Regionen am Nordatlantik trennt. Hier sind einige der schönsten Autotouren der Gegend möglich.

AGUILAR DE CAMPOO

7230 EW.

Aguilar de Campoo ist eine lebendige Stadt mit zahlreichen interessanten Denkmälern und ein hervorragender Ausgangspunkt, um die schöne Landschaft und die romanischen Kirchen der Montaña Palentina zu besuchen.

Sehenswertes

Oberhalb der Stadt thronen das **Castillo** aus dem 12. Jh. und die elegante romanische **Ermita de Santa Cecilia** (Eintritt 1 €; ⊙Di–So 11–14 & 17–20 Uhr) und bilden eine malerische Kulisse.

Die längliche Plaza de España wird an ihrer östlichen Seite von der **Colegiata de San Miguel** begrenzt, einer gotischen Kirche aus dem 14. Jh. mit einem schönen romanischen Eingang.

Gleich außerhalb der Stadt stößt man an der Straße nach Cervera de Pisuerga auf das restaurierte romanische **Monasterio de**

Santa María la Real (☎979 12 30 53; Carretera de Cervera; Eintritt mit/ohne Führung 5/3 €; ⏲Okt.–Juni Mo–Fr 16–19, Sa & So 10.30–14 & 16.30–19.30 Uhr, Juli–Sept. 10.30–14 & 16.30–19.30 Uhr). Der gotische Kreuzgang aus dem 13. Jh. mit kunstvollen Kapitellen ist ein Meisterwerk.

Schlafen & Essen

Im Ort gibt's eine Menge Unterkünfte, außerdem finden sich an der Plaza zahlreiche Cafés und Bars sowie einige Restaurants.

Posada Santa María La Real HISTORISCHES HOTEL €€
(☎979 12 20 00; www.alojamientosconhistoria.com; Carretera de Cervera; EZ/DZ 80/90 €; 📶) In einem Teil des gleichnamigen romanischen Klosters liegt die charmante *posada* (Landgasthaus), die atmosphärischste Unterkunft der Region. Einige Zimmer haben Steinwände, andere zwei Ebenen und sind komplett holzverkleidet. Im Restaurant bekommt man ein günstiges Abendmenü (15 €).

Hotel Restaurante Valentín HOTEL €€
(☎979 12 21 25; www.hotelvalentin.com; Avenida Ronda 23; EZ/DZ 50/68 €; 📶) Dieses weitläufige zentrale Hotel hat wenig Charakter, bietet dafür aber große, gemütliche Zimmer und ein lebhaftes Restaurant auf dem gleichen Gelände.

Praktische Informationen

Touristeninformation (www.turismocastillayleon.com; Plaza de España 30; ⏲Di–Sa 10–13.45 & 16–17.45, So 10–13.45 Uhr)

An- & Weiterreise

Züge verkehren regelmäßig zwischen Aguilar de Campoo und Palencia (ab 6,45 €, 1¼ Std.), der Bahnhof liegt allerdings 4 km westlich der Stadt. Mindestens einmal täglich fahren Busse nach Burgos, Palencia und Santander.

ROMANISCHE RUNDFAHRT

Nicht weniger als 55 romanische Kirchen stehen in der kühlen, hügeligen Landschaft rund um Aguilar de Campoo. Man kann mühelos einen ganzen Tag damit verbringen, auf ruhigen Landstraßen durch die Gegend zu fahren und sie ausfindig zu machen.

In **Olleros de Pisuerga** wurde eine kleine Kirche in den Fels gebaut; sie ist als „Ermita Rupestre" ausgeschildert. In der Bar Feli an der Hauptstraße durch den Ort kann man darum bitten, dass jemand das Gotteshaus aufschließt.

Weiter südlich entdeckt man an einer ruhigen Nebenstraße das **Monasterio de Santa María de Mave** (Eintritt frei), ein Benediktinerkloster mit einer interessanten romanischen Kirche aus dem 13. Jh. Sie ist das einzige Gebäude des Komplexes, das man besuchen kann; im benachbarten Café nach dem Schlüssel fragen. Das Kloster liegt rund 8 km südlich von Aguilar de Campoo an der Hauptstraße. Ein echtes romanisches Schmuckstück stellt auch das nahe gelegene **Monasterio de San Andrés de Arroyo** (Führungen 2 €; ⏲10–12.30 & 15–18 Uhr) dar, insbesondere sein Kreuzgang aus dem 13. Jh. Stündlich finden Führungen statt.

CERVERA DE PISUERGA & UMGEBUNG

Rund 25 km nordwestlich von Aguilar de Campoo liegt an der CL626 **Cervera de Pisuerga**, ein wichtiges regionales Zentrum. Wer übernachten möchte, kommt im stilvollen **Parador** (Zi. mit/ohne Blick 184/144 €; 📶) 3 km westlich der Stadt an der P210 unter. Die Zimmer nach Westen haben einen fantastischen Blick auf die Berge.

Von Cervera kommend, hat man die Wahl zwischen zwei Straßen: Die **N621** Richtung Norden ist eine hübsche Strecke nach Kantabrien und zur Südseite der Picos de Europa.

Wer Zeit hat, nimmt eine der reizvollsten Routen in Kastilien-León, die kurvenreiche **P210**, die 61 km von Cervera nach Guardo durch die Ausläufer der Berge führt. Die Straße verläuft über den Bergpass **Alto de La Varga** (1413 m), der schönste Blick eröffnet sich ein Stückchen weiter am Ufer des **Embalse de Camporredondo**, vor allem rund um **Alba de Cardaños**. Vom vergleichsweise hässlichen Guardo kann man über die CL626 im Bogen wieder zurück nach Aguilar de Campoo fahren, oder man reist weiter Richtung Süden ins spätrömische Dorf La Olmeda (S. 190) in der Nähe von Saldaña.

DER NORDWESTEN

León

132 740 EW. / 527 M

León ist eine wunderbare Stadt mit faszinierenden historischen Bauwerken und einer schier unbändigen Energie. Seine Kathedrale zählt zu den schönsten Gotteshäusern des ganzen Landes. Tagsüber zeigt sich Besuchern ein tief in Nordkastilien verwurzelter Ort mit großartigen Bauten sowie einer star-

León

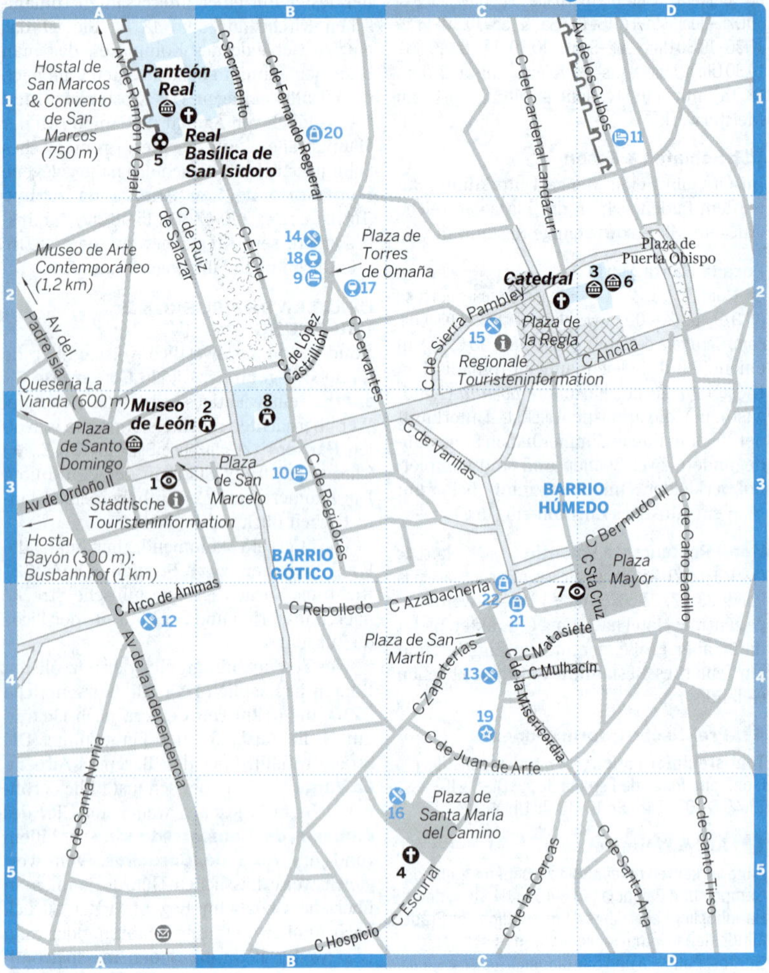

ken Loyalität zur katholischen Kirche und zu seiner Rolle als wichtiges Pilgerziel auf dem Jakobsweg. Abends ist León fest in den Händen der Studenten, die sich bis spät in die Nacht amüsieren und die engen Straßen und Plätze der malerischen Altstadt, des Barrio Húmedo, bevölkern. Eine fantastische Mischung.

Geschichte

70 n. Chr. errichtete eine römische Legion ihr Lager an dieser Stelle, um die Goldminen von Las Médulas zu kontrollieren. Im 10. Jh. verlegt der asturische König Ordoño II. seine Hauptstadt von Oviedo hierher. Obwohl der Ort später von der maurischen Armee Al-Mansurs eingenommen wurde, blieb León der Regierungssitz des wachsenden Königreichs von Alfons V. Als sich das Machtzentrum nach Süden verlagerte, begann der Niedergang der Stadt. Im 19. Jh. erweckte der Bergbau León wieder zum Leben und über das ganze 20. Jh. war es eine wichtige Station auf dem Jakobsweg. 1983 wurde der Ort in die neue autonome Region Kastilien-León eingegliedert, was einige Einwohner wegen ihrer stolzen, unabhängigen Geschichte als Beleidigung empfanden.

León

Highlights

	Catedral	C2
	Museo de León	A3
	Panteón Real	A1
	Real Basílica de San Isidoro	A1

Sehenswertes

1	Ayuntamiento	A3
2	Casa de Botines	B3
3	Claustro	D2
4	Iglesia de Santa María del Mercado	C5
5	Muralla	A1
6	Museo Catedralicio-Diocesano	D2
7	Altes Rathaus	C4
8	Palacio de los Guzmanes	B3

Schlafen

9	Hostal San Martín	B2
10	La Posada Regia	B3
11	Q!H	D1

Essen

12	Alfonso Valderas	A4
13	El Llar	C4
14	El Picoteo de la Jouja	B2
15	Restaurante Zuloaga	C2
16	Taberna La Piconera	C5

Ausgehen

17	Camarote Madrid	B2
18	La Trébede	B2
	Rebote	(siehe 13)

Unterhaltung

19	Delicatessen	C4

Shoppen

20	El Escribano	B1
21	Iguazú	C4
22	La Casa de los Quesos	C4

Sehenswertes

LP TIPP **Catedral** KATHEDRALE

(www.catedraldeleon.org; Erw./erm./Kind 5/4 €/frei; ⌚Mo–Sa 8.30–13.30 & 16–20, So 8.30–14.30 & 17–20 Uhr) Leóns Kathedrale aus dem 13. Jh. gilt mit ihren hoch aufragenden Türmen, dem mächtigen Strebewerk und ihrem atemberaubenden Inneren als spirituelles Herz der Stadt. Ob in das wunderbare Sonnenlicht des Nordens gebadet oder abends in Scheinwerferlicht getaucht – Spaniens vielleicht schönstes gotisches Meisterwerk zeichnet sich durch eine fast leuchtende Strahlkraft aus.

An der außergewöhnlichen **Fassade** sieht man eine Fensterrose, drei reich verzierte Portale und zwei eindrucksvolle Türme. Wer durch das Hauptportal mit seiner Darstellung des Abendmahls ins Innere tritt, kann sich auf zahlreiche Glasmalereien freuen. Die *vidrieras* (**Buntglasfenster**) sind französisch inspiriert, stammen größtenteils aus dem 13. bis 16. Jh. und erzeugen eine Atmosphäre, die in spanischen Kathedralen ihresgleichen sucht; das bunte Licht schafft einen tollen Kontrast zu dem ansonsten düsteren Innenraum. Es gibt hier insgesamt 128 Fenster mit einer Gesamtfläche von 1800 m^2.

Zu den weiteren Schätzen gehört eine Silberurne von Enrique de Arfe mit den sterblichen Überresten des heiligen Froilán, des Schutzheiligen Leóns; sie steht auf dem Altar. Bemerkenswert sind auch das großartige Chorgestühl und die kürzlich restaurierten Fresken in der **Capilla de Santa Teresa**. Der friedvolle, lichtdurchflutete **claustro** (Kreuzgang; Eintritt 1 €) mit Fresken aus dem 15. Jh. ist eine perfekte Ergänzung zum Chorraum der Kirche und ein essenzieller Bestandteil der Kathedrale. Abseits des Kreuzgangs befindet sich das **Museo Catedralicio-Diocesano**. Neben einer beeindruckenden Sammlung frühromanischer Holzstatuen der Jungfrau Maria präsentiert es auch erstklassige Werke von Juní und Gaspar Becerra.

Ein Teil der Kirche wird gerade restauriert, dies wird jedoch clever ausgenutzt: Eine der Plattformen hoch oben im Hauptraum wurde für Besucher zugänglich gemacht. Selbst wer kein Wort der spanischen Erklärungen versteht, kann den einmaligen Blick genießen – und so nahe kommt man den Buntglasfenstern vermutlich nie wieder. Führungen starten zu jeder vollen Stunde. Los geht's an der Außenseite der Kathedrale an der Nordwand. Neben den offiziellen Öffnungszeiten kann man sich nach den nur im Sommer angebotenen nächtlichen Besuchsmöglichkeiten erkundigen. Dann wird die Kirche um 23.30 geöffnet, wenn die Flutlichter draußen erlöschen, und dafür der Innenraum beleuchtet. Diesen Wechsel mitzuerleben, ist großartig.

Real Basílica de San Isidoro KIRCHE

Noch älter als die gotische Kathedrale von León ist ihr auffallendes romanisches Ge-

ABSTECHER

VILLA ROMANA LA OLMEDA

In der fruchtbaren Ebene südlich der Montaña Palentina liegen die Überreste der **Villa Romana La Olmeda** (www.villaromanalaolmeda.com; abseits der CL615; Erw./erm./Kind unter 12 Jahren 5/3 €/frei, Di 15–18.30 Uhr Eintritt frei; ⌚Di–So 10.30–18.30 Uhr), eine der schönsten römischen Villen der gesamten Iberischen Halbinsel. Das Landgut entstand etwa im 1. oder 2. Jh. n. Chr., wurde jedoch Mitte des 4. Jhs. komplett umgebaut. Aus dieser Zeit stammen auch die außergewöhnlichen Mosaiken wie die Jagdszenen im Oecus (Empfangsraum), die einfach hinreißend sind. Das ganze Museum ist großartig aufgebaut; über erhöhte Stege wird man durch die 4400 m² große Villa geleitet, wobei zahlreiche Multimediapräsentationen auf Spanisch, Englisch und Französisch aufzeigen, wie das Gut wohl einst ausgesehen hat.

Der Abzweig zu der Stätte liegt 3 km südlich von Saldaña an der CL615. Um hierherzukommen, braucht man ein eigenes Fahrzeug.

genstück, die Real Basílica de San Isidoro mit außergewöhnlichen Fresken und vielen weiteren Highlights.

Ferdinand I. und Doña Sancha ließen sie 1063 als Aufbewahrungsort für die sterblichen Überreste des Heiligen, ihrer selbst und 21 anderer Herrscher errichten. Trotz der Plünderung durch Napoleons Truppen Anfang des 19. Jhs. birgt die Kirche immer noch genug Bestaunenswertes.

Die **Hauptbasilika** vereint ein Sammelsurium an Stilen, die beiden Hauptportale an der Südfassade sind jedoch rein romanisch. Man beachte besonders die **Puerta del Perdón** (rechterhand, sie wurde gerade restauriert, als dieses Buch recherchiert wurde); sie wird Maestro Mateo, dem Genie hinter der Kathedrale in Santiago de Compostela, zugeschrieben. Dank eines königlichen Edikts ist die Kirche Tag und Nacht geöffnet. Das **Panteón Real** beherbergt die verbleibenden Sarkophage. Sie ruhen unter einem Baldachin aus wunderschönen **romanischen Fresken**. Die Gewölbe und Bogen dieses einzigartigen Saales – getragen von Marmorsäulen mit fein verzierten Kapitellen – sind durchgehend mit farbigen Motiven überzogen. Es dominieren biblische Szenen wie Mariä Verkündigung, König Herodes' Kindermord und das letzte Abendmahl. Darüber hinaus gibt's eine beeindruckende Darstellung von Christus als Weltenherrscher und einen großartigen landwirtschaftlichen Kalender auf einem der Bogen zu sehen. Im Pantheon, das früher die Säulenhalle der Originalkirche bildete, befindet sich auch ein kleines **Museum**. Hier kann man den Schrein des heiligen Isidors, einen mumifizierten Finger des Heiligen und andere Kleinode bewundern. In der **Bibliothek** wird eine unbezahlbare Sammlung von Manuskripten aufbewahrt, darunter eine westgotisch-mozarabische Bibel aus dem 10. Jh.

An der südwestlichen Ecke der Basilika stößt man auf ein Fragment der alten **muralla** (Stadtmauer), eine Mischung aus original römischen Abschnitten und mittelalterlichen Umbauten.

Barrio Gótico — HISTORISCHES VIERTEL

Am Rande der Altstadt erhebt sich an der Plaza de San Marcelo ein charmanter Renaissancepalast mit dem **ayuntamiento** (Rathaus). Ebenfalls von der Renaissance geprägt ist der **Palacio de los Guzmanes** (1560) mit seiner herausragenden Fassade und dem schönen Innenhof; Letzteren kann man nur im Rahmen einer kostenlosen Führung besuchen, die beinahe jede Stunde stattfindet. Nebenan steht Antoni Gaudís Beitrag zur Skyline von León, die trutzige neogotische **Casa de Botines** (1893). Der geniale Architekt, der dank seiner Werke in Barcelona berühmt wurde, scheint durch das nüchterne León etwas gebändigt worden zu sein. Eine Statue des großen Mannes sitzt auf einer Parkbank vorne beim Eingang.

Von hier aus hügelabwärts erstreckt sich die hübsche **Plaza de Santa María del Camino** (auch Plaza del Grano genannt), die wie ein kopfsteingepflasterter kastilischer Dorfplatz wirkt. Auf ihr thront die romanische **Iglesia de Santa María del Mercado**.

Am nordöstlichen Ende der Altstadt befindet sich die wunderbare, vom Zahn der Zeit gezeichnete **Plaza Mayor** aus dem 17. Jh. Der verschlafene Platz, der auf drei Seiten von Arkaden eingerahmt wird, ist mittwochs und samstags Schauplatz eines lebendigen Obst- und Gemüsemarktes. An seiner Westseite sieht man das prächtige barocke **alte Rathaus** aus dem 17. Jh.

Museo de Arte Contemporáneo MUSEUM
(Musac; www.musac.org.es; Avenida de los Reyes Leoneses 24; Eintritt 5 €, So 17–21 Uhr frei; ⌚Di–Fr 10–15 & 17–20, Sa & So 11–15 & 17–21 Uhr) Leóns Vorzeigestück, das Museum für zeitgenössische Kunst, hat vor ein paar Jahren den nationalen Architekturpreis gewonnen, u. a. wegen seiner Fassade aus Glas in 37 Schattierungen: Die Farben entstanden bei der Pixelierung eines Buntglasfenster-Fragmentes in der Kathedrale von León. Obwohl das Museum über eine ständige Sammlung verfügt, zeigt es zumeist Wechselausstellungen mit zeitgenössischer spanischer und internationaler Fotografie, Videoinstallationen und ähnlichen Kunstformen. Im Musac, das sich rasch zu einem der dynamischsten Kulturzentren Spaniens entwickelt hat, werden auch Konzerte gegeben.

Das Museum ist ausgeschildert; man gelangt dorthin, indem man der Avenida del Padre Isla vom Zentrum aus in nordwestlicher Richtung folgt.

Museo de León MUSEUM
(Plaza de Santo Domingo 8; Eintritt 1,20 €, Sa & So frei; ⌚Di–Sa 10–14 & 16–19, So 10–14 Uhr) Über vier Stockwerke erstrecken sich die gut präsentierten Ausstellungsstücke dieses Stadtmuseums. Los geht's mit beeindruckenden steinernen Exponaten im Erdgeschoss und weiter durchs Mittelalter bis ins 19. Jh. Vom dritten Stock blickt man in Richtung der Kathedrale. Die informativen Begleittexte gibt's sowohl auf Spanisch als auch auf Englisch.

Convento de San Marcos KLOSTER
Das über 100 m lange und mit einer wunderbaren Fassade versehene Kloster gleicht eher einem Palast als einem Pilgerhospiz, als das es ab 1173 genutzt wurde. Seit 1513 zeichnet sich das Gebäude durch seinen Plateresksti sowie schlanke Säulen aus und ist mit feinen Medaillons und Friesen geschmückt. Zu dieser Zeit war es im Besitz der Jakobsritter. Heute beherbergt es einen eleganten *parador*, zu dem nur Gäste Zutritt haben. Um den ehemaligen Kapitelsaal und den Kreuzgang zu besuchen, geht man zum östlichen Ende der Fassade, die als Museo de León ausgeschildert ist.

Feste & Events

Semana Santa KARWOCHE
In der Karwoche erlebt man hier feierliche Prozessionen kapuzenverhüllter Büßer.

Fiestas de San Juan y San Pedro LOKALE FIESTA
Vom 21. bis zum 30. Juni zeigt sich León mit Konzerten, Straßenständen und generell guter Laune von seiner freudigsten Seite.

Schlafen

LP TIPP **La Posada Regia** HISTORISCHES HOTEL €€
(☎987 21 31 73; www.regialeon.com; Calle de Regidores 9–11; EZ/DZ 65/120 €; ❄📶) Eine bessere Bleibe als diese wird man in Nordspanien kaum entdecken. Das fantastisch restaurierte Gebäude aus dem 14. Jh. ist mit Holzbalken, angedeutetem Mauerwerk und antiken Möbeln ausgestattet, außerdem verströmt es eine tolle Atmosphäre. Alle Zimmer sind individuell gestaltet und verfügen über komfortable Betten und Bäder. Die Kunstwerke wurden sorgfältig ausgewählt und umfassen sowohl abstrakte als auch klassische Stile. Wenn wenig los ist, sinken die Preise deutlich. Wie überall in der Altstadt kann es auch hier an Wochenenden nachts laut werden.

Hostal San Martín HOTEL €
(☎987 87 51 87; www.sanmartinhostales.com; 2. OG, Plaza de Torres de Omaña 1; EZ/DZ/3BZ 31/43/55 €, EZ ohne Bad 20 €) Das kürzlich renovierte Gebäude aus dem 18. Jh. wartet mit einer wunderbar zentralen Lage und hellen, bonbonfarbenen Zimmern inklusive kleinen Terrassen auf. Weitere Pluspunkte sammelt das Hotel mit kräftigen Duschen, Badewannen sowie einer gemütlichen Sitzecke. Der Besitzer steht seinen Gästen gerne mit Rat und Tat zur Verfügung und verteilt bei Bedarf auch Stadtpläne.

Hostal de San Marcos HISTORISCHES HOTEL €€€
(☎987 23 73 00; www.parador.es; Plaza de San Marcos 7; DZ ab 198 €; ❄@📶) Mit seinen palastartigen Räumen und dem Luxus und Dekor der alten Welt ist das Hostal de San Marcos eines der Vorzeigehotels der *parador*-Kette und eine der besten Unterkünfte Spaniens. Wie zu erwarten, sind der Service und die Liebe zum Detail überragend. Darüber hinaus beherbergt das Haus das Convento de San Marcos.

Hostal Bayón HOSTAL €
(☎987 23 14 46; 2. OG, Calle del Alcázar de Toledo 6; EZ/DZ mit Waschbecken 20/30 €, mit Dusche 25/37 €; 📶) In dem beliebten, von einem entspannten Besitzer geführten Hotel können sich die Gäste über einfache, aber einladende Zimmer mit hohen Decken und Kiefern-

dielen freuen. Das Bayón liegt fünf Gehminuten von der Altstadt entfernt und hat seit Kurzem sogar einen Fahrstuhl! Um das *hostal* zu erreichen, geht man von der Plaza de Santo Domingo über die Avenida de Ordoño II Richtung Westen und biegt rechts in die Calle del Alcázar de Toledo ein.

Q!H HOTEL €

(☎987 87 55 80; www.qhhoteles.com; Avenida de los Cubos 6; EZ/DZ 45/60 €; ❄📶🏊) In direkter Nachbarschaft zur Kathedrale öffnete im März 2010 ein Boutique-Wellnesshotel seine Pforten. Das Gebäude aus dem 19. Jh. bietet einen angemessenen ästhetischen Rahmen für die moderne Inneneinrichtung. Von den Zimmern, die mit kräftigen Farbakzenten und stahlgrauen Bädern aufwarten, blickt man direkt auf die Kirche. Wer den Wellnessbereich nutzen möchte und Behandlungen in Anspruch nimmt, muss mehr zahlen als hier angegeben.

Essen

LP TIPP **El Llar** TAPAS €€

(Plaza de San Martín 9; Mahlzeiten 25–30 €; 🖉) Die alte *taberna* lockt mit köstlichen Tapas und einer innovativen Auswahl an *raciones*, darunter mit Wildpilzen gefüllte Backkartoffeln und gratinierte Garnelen. Im klassischen Restaurant oben werden auch vegetarische Gerichte wie eine Platte mit Grillgemüse und andere schmackhafte Speisen wie Forelle aus León in Garnelensoße serviert. Die Weinkarte ist hervorragend.

El Picoteo de la Jouja TAPAS €

(Plaza de Torres de Omaña) Ihre treue Stammkundschaft verdankt die gemütliche kleine Bar den tollen, traditionellen Tapas aus der Gegend (empfehlenswert: sechs Tapas für 13,50 €) und den lokalen Weinen, darunter einige aus der nahe gelegenen Region Bierzo. Tapas gibt's mit geräuchertem Fleisch, Schnecken und allerlei Spezialitäten aus León.

La Trébede TAPAS €

(Plaza de Torres de Omaña; Tapas ab 2,50 €) Das Trébede ist nicht nur eine gute Anlaufstelle, wenn man Hunger auf Tapas hat (toll: *picadillo con patatas* – Hackfleisch mit Kartoffeln), sondern auch für den ersten Drink des Abends (Wein pro Glas ab 1,50 €). Entsprechend ist es immer voll. Die Einrichtung ist mit Hirschgeweihen, einem Sattel und einer Waage der Gerechtigkeit bunt gemischt – und das Schild vor der Tür mit der Aufschrift „Santiago 350 km" verleitet einen womöglich dazu, dem Jakobsweg noch für ein Weilchen fernzubleiben und hier zu verweilen.

Alfonso Valderas FISCH & MEERESFRÜCHTE €€

(☎987 20 05 05; Calle Arco de Ánimas 1; Hauptgerichte 13,65–18,90 €; ⏲Mo–Sa mittags & abends, So mittags) Im Alfonso Valderas bekommt man den besten *bacalao* (gesalzener Kabeljau) der Stadt. Er wird auf rund 20 verschiedene Arten zubereitet. Probiert man den vielseitigen Fisch zum ersten Mal, empfiehlt sich die Variante *al pil-pil* (mit einer milden Chili-Soße). Wer sich traut, bestellt Schweinsfüße gefüllt mit Kabeljau. Der elegante Speisesaal ist mit einer prachtvollen Standuhr und einer verblüffenden Vitrine mit altertümlichen Schuhen ausgestattet. Eine Reservierung wird empfohlen.

Taberna La Piconera SPANISCH €€

(Plaza de Santa María del Camino; menú del día 14,80 €, Hauptgerichte 12,70–18,50 €) Wenn die Sonne scheint, gibt's in León kein schöneres Fleckchen als die Tische im Freien des La Piconera. Essen kann man hier die üblichen Spezialitäten der Region inklusive einer großen Auswahl an rotem Fleisch, doch auch leichtere Tapas-Gerichte zum Teilen. Tolle Vorspeisen sind die *croquetas de cecina* (Kroketten aus luftgetrocknetem Fleisch) und *cecina de chivo* (luftgetrocknetes Ziegenfleisch).

Restaurante Zuloaga SPANISCHE NOUVELLE CUISINE €€

(☎987 23 78 14; www.restaurantezuloaga.com; Calle de Sierra Pambley 3; menú del día 16 €, Hauptgerichte 16–20 €; ⏲Di–Sa) Das gehobene Restaurant im Gewölbe eines Palastes aus dem frühen 20. Jh. hat einen gut bestückten Weinkeller und eine erstklassige Speisekarte – beim letzten Besuch war das isländische Kabeljau-Confit auf einem Bett entbeinter Schweinsfüße eine typische Spezialität des Hauses.

Ausgehen & Unterhaltung

LP TIPP **Camarote Madrid** WEINBAR

(www.camarotemadrid.com; Calle Cervantes 8) Diese fantastische und anhaltend beliebte Weinbar lohnt nicht zuletzt einen Besuch wegen ihrer Tapas (der kleine Tontopf mit *salmorejo* ist richtiggehend berühmt). Doch der absolute Clou ist die Weinkarte. Rund um die zentrale Bar schart sich ein fröhliches Publikum. Trotz der Fotos von Stierkämpfen an den Wänden ist das schicke Lokal dank einer kürzlich vorgenommenen Renovierung modern eingerichtet.

Rebote BAR
(Plaza de San Martín 9; ⌚Mo–Sa 20–1 Uhr) Den Abend läutet man am besten in dieser beliebten Bar am unteren Ende der Plaza de San Martín ein. Die *croquetas* sind super!

Delicatessen MUSIKBAR
(Calle de Juan de Arfe 10; ⌚23–3 Uhr) Von der Plaza de San Martín hügelabwärts liegt das Delicatessen. Im Untergeschoss wird Indie-Rock gespielt. Oben geht's etwas schicker zu und das Programm wechselt jeden Tag: Der Montag startet mit Jazz, gegen Ende der Woche legt der DJ immer schnellere Musik auf.

Shoppen

El Escribano KUNSTHANDWERK
(Calle de Fernando González Regueral 6; ⌚Mo–Fr 11.30–13.30 & 18–20.30 Uhr) Schöne Skizzen und Reproduktionen mittelalterlicher Kunst zählen zu den vielen hübschen Artikeln in diesem stilvollen Laden.

Queseria La Vianda FEINKOST
(Gran Vía de San Marcos 45; ⌚Mo–Fr 10–15 & 18–21, Sa 10–15 Uhr) Das kleine Geschäft quillt beinahe über vor *productos artesanales* (hausgemachten Produkten) von Kastanien in Zimt über Forellenkuchen bis hin zu *nicanores* (süßes Gebäck aus der Region). Das meiste kommt aus der Provinz León.

La Casa de los Quesos FEINKOST
(Calle de Plegarias 14; ⌚Mo–Fr 10–14 & 17.30–20.30, Sa 9.30–15 & 18–20.30, So 11.30–14.30 Uhr) Käseliebhaber werden diesen Laden lieben, denn es gibt alle nur vorstellbaren Sorten, darunter viele aus der Region.

Iguazú BÜCHER
(Calle de Plegarias 7; ⌚Mo–Fr 10–14 & 17–20.30, Sa 10.30–14.30 Uhr) Toller kleiner Laden für Reiseliteratur und Wanderkarten der Region.

Praktische Informationen

Regionale Touristeninformation (☎987 23 70 82; www.turismocastillayleon.com; Calle el Cid 2; ⌚9–20 Uhr)

Städtische Touristeninformation (☎987 87 83 27; Plaza de San Marcelo; ⌚9.30–14 & 17–19.30 Uhr) In der regionalen Touristeninformation gibt's zwar bessere Stadtpläne, doch hier kann man Fahrräder mieten (halber/ganzer Tag 3/5 €).

An- & Weiterreise

Bahnhof und Busbahnhof liegen am Westufer des Río Bernesga beim westlichen Ende der Avenida de Ordoño II.

AUTO & MOTORRAD Parkgaragen (9–13 € für 12 Std.) findet man in den Straßen rund um die Plaza de Santo Domingo.

BUS Vom **Busbahnhof** (Paseo del Ingeniero Sáenz de Miera) starten Busse nach Madrid (22,60 €, 3½ Std., 7-mal tgl.), Astorga (3,40 €, 1 Std., 12-mal tgl.), Burgos (14,50 €, 2 Std., 3-mal tgl.), Ponferrada (8,20 €, 2 Std., 14-mal tgl.) und Valladolid (9,23 €, 2 Std., 6-mal tgl.).

ZUG Regelmäßig fahren Züge nach Valladolid (ab 12,65 €, 2 Std.), Burgos (ab 20,80 €, 2 Std.), Oviedo (ab 8,20 €, 2 Std.), Madrid (ab 34,75 €, 4¼ Std.) und Barcelona (ab 70,70 €, 9 Std.).

Östlich von León

In der nördlichen Ebene von Kastilien erhebt sich das Monasterio de San Miguel de Escalada (Eintritt mittels Spende; ⌚Di–So 10.15–14 & 16.30–20 Uhr), ein wenig bekanntes Schmuckstück der Region. Die abgelegene kastilische Kirche ist geschichtsträchtig: Sie wurde im 9. Jh. von aus Córdoba geflüchteten Mönchen auf den spärlichen Überresten eines dem Erzengel Michael gewidmeten westgotischen Gotteshauses gebaut, und zahlreiche Mönchsorden und Nonnen lebten vom 9. bis zum 19. Jh. hier. Am bekanntesten sind seine hübschen schlichten Hufeisenbogen, die man so weit im Norden Spaniens sonst nur sehr selten zu sehen bekommt. Der anmutige Säulenportikus draußen findet seine Entsprechung in den beeindruckenden Marmorsäulen drinnen; alle Säulen im Innenbereich (und drei der Säulen im Freien) sind römischen Ursprungs. Im Innenraum erinnern nur zwei Steinplatten und ein Bogen an die westgotischen Wurzeln der Kirche, andere Elemente sind deutlich mozarabisch (postislamisch). Interessant auch die Fenster, die aus Alabaster anstelle von Glas gefertigt wurden. Wer das Gebäude besichtigen möchte, fährt von León aus auf der N601 Richtung Südosten. Nach etwa 14 km biegt man auf die kleinere LE213 in Richtung Osten ab; von der Kreuzung sind es noch 16 km bis zur Kirche.

SAHAGÚN

2820 EW. / 807 M

Früher einmal war Sahagún Sitz einer der mächtigeren Abteien Spaniens. Heute erscheint es nicht sonderlich bemerkenswert, ist aber ein wichtiger Zwischenstopp für Pilger auf dem Weg nach Santiago.

Sehenswertes

Iglesia de San Tirso KIRCHE
(Plaza de San Tirso; Eintritt frei; ⌚Mi–Sa 10.15–14 & 16.30–20, So 10.15–14 Uhr) Eine wichtige Stati-

Jakobsweg in Kastilien-León

on auf dem Jakobsweg bildet die Iglesia de San Tirso aus dem frühen 12. Jh. am westlichen Eingang der Stadt. Sie ist bekannt für ihren unverfälschten romanischen Stil sowie ihren Mudejarglockenturm mit den Rundbogen. Einen ähnlichen Turm hat die **Iglesia San Lorenzo** etwas nördlich der Plaza Mayor.

Santuario de La Peregrina KLOSTER
(abseits der Avenida Fernando de Castro; Eintritt 2 €; ⏲Di–So 12–14 & 18–20 Uhr) Das ehemalige Kloster aus dem 13. Jh. wurde aufwendig restauriert und zeigt noch Fresken aus dem 13. Jh. und außergewöhnliche Mudejarstuckarbeiten im islamischen Stil des 17. Jhs.; Letztere findet man in der Kapelle rechts vom Hauptschiff. Im modernen Anbau sind einige hervorragende Miniaturmodelle von Sahagúns wichtigsten Denkmälern zu sehen, außerdem ist ein Informationszentrum zum Jakobsweg in Planung. Das Kloster steht in der südwestlichen Ecke der Stadt.

Museo Benedictinas MUSEUM
(Avenida de Doctores Bermejo y Calderón; Eintritt mittels Spende; ⏲Führungen Di–Sa 10–12 & 16–17 Uhr stündlich, So 10–12 Uhr) Die wichtigeren Überreste der Abtei von Sahagún werden in diesem Museum aufbewahrt. Ein Besuch ist nur im Rahmen einer Führung möglich.

Schlafen & Essen

Hostal La Codorniz HOSTAL €
(☎987 78 02 76; www.hostallacodorniz.com; Avenida de la Constitución 97–99; EZ/DZ 40/50 €; Wi-Fi) Gegenüber der Tourismusinformation liegt das gemütliche *hostal* mit großen, schlichten Zimmern. Die besseren gehen nach Norden und haben Balkone. Unten bekommt man *raciones* (7–15 €) in der Bar und traditionelle Gerichte wie Braten im Restaurant (Hauptgerichte 16–26 €), dessen ursprüngliche Mudejardecke erhalten ist.

Praktische Informationen

Touristeninformation (☎987 78 21 17; www.sahagun.org; Calle del Arco 87; ⏲Mo–Do 12–14 & 18–21, Fr–So 11–14 & 16–21 Uhr) Ist in der Pilgerherberge Albergue de Peregrinos untergebracht.

An- & Weiterreise

Von León (5,05 €, 40 Min.) und Palencia (ab 5,05 €, 35 Min.) fahren den ganzen Tag über Züge nach Sahagún.

Westlich von León

ASTORGA

11 900 EW. / 870 M

Astorga liegt auf einem Hügel an der Grenze zwischen den kargen Ebenen Nordkastiliens und den Bergen, die sich im Westen Richtung Galicien erheben. Die faszinierende Stadt hat eine Vielzahl von Attraktionen, die in keinem Verhältnis zu ihrer Größe stehen. Neben der schönen Kathedrale wartet sie mit einem von Gaudí entworfenen Palast und ein paar römischen Ruinen auf. Prägend für den Charakter des Ortes ist auch der Jakobsweg.

Geschichte

Römer errichteten hier, am Ende der Ruta del Oro, eine erste Siedlung: Astúrica Augusta. Diese war im Mittelalter eine feste Station auf einer der wichtigsten Pilgerrouten Europas und hatte bis zum 15. Jh. eine so große Bedeutung erlangt, dass eine Kathedrale gebaut und die Stadtmauer aus dem 3. Jh. wiederhergestellt wurde.

Sehenswertes

Catedral KATHEDRALE

(☎987 61 58 20; Plaza de la Catedral; Eintritt zur Kathedrale frei, Museum 3 €, inkl. Palacio Episcopal 5 €; ⏲Kirche Mo–Sa 9–10.30, So 11–13 Uhr, Museum Di–Sa 10–14 & 16–20, So 10–14 & 17–18.30 Uhr) Die auffällige Südfassade der Kathedrale im Platereskstil besteht aus karamellfarbenem Sandstein, der mit kunstvollen bildhauerischen Details verziert ist. 1471 begannen die Arbeiten an dem Gebäude. Da diese über die folgenden drei Jahrhunderte nur sporadisch fortgesetzt wurden, hatten sie ein Stilgemisch zur Folge. Das Innere mit hoch aufstrebenden Decken ist überwiegend gotisch und besticht mit einem großartigen Altaraufsatz von Gaspar Becerra aus dem 16. Jh. Im zugehörigen **Museo Catedralicio** werden die üblichen sakralen Kunstgegenstände, Dokumente und Objekte gezeigt. Während der Öffnungszeiten des Museums kann man die Kathedrale ebenfalls besuchen, muss aber das Eintrittsgeld entrichten.

Palacio Episcopal MUSEUM, ARCHITEKTUR

(Museo de los Caminos; Calle de Los Sitios; Eintritt 3 €, inkl. Museo Catedralicio 5 €; ⏲Di–Sa 10–14 & 16–20, So 10–14 Uhr) Antoni Gaudí mag Spaniens Hauptstadt Madrid verschmäht haben, doch dafür hinterließ der katalanische Architekt deutliche Spuren in Astorga, wo er für den Palacio Episcopal Märchentürme, eine verschnörkelte Fassade und zahlreiche überraschende Details entwarf. Der Palast wurde ab Ende des 19. Jhs. für den hiesigen Bischof errichtet und beherbergt mittlerweile das **Museo de los Caminos** mit einer bunt zusammengewürfelten Sammlung. Im Untergeschoss sieht man römische Gegenstände und Münzen, in der obersten Etage zeitgenössische Malerei und im Erdgeschoss sowie im ersten Stock mittelalterliche Skulpturen, gotische Grabmäler und Silberkreuze. Highlight des Prachtbaus ist die Kapelle mit ihren faszinierenden Wandgemälden, Kacheln und Buntglasfenstern.

Museo del Chocolate MUSEUM

(Calle de José María Goy 5; Eintritt 2,50 €, inkl. Museo Romano 3 €; ⏲Di–Sa 10.30–14 & 16–18, So 11–14 Uhr; 👪) Das skurrile kleine Privatmuseum ist der Beweis dafür, dass Astorga nicht nur Pilger anspricht. Wie die vielfältige Sammlung alter Maschinen, bunter Werbeplakate und faszinierender Lithografien offenbart, war der Handel mit Schokolade für die Wirtschaft der Stadt im 18. und 19. Jh. überaus wichtig. Museumsbesucher erwartet eine erfrischende, genießerische und sündhafte Abwechslung zu Kastiliens religiöser Kunst. Und am Ende gibt's sogar noch Gratisproben!

Museo Romano MUSEUM

(Plaza de San Bartolomé 2; Eintritt 2,50 €, inkl. Museo del Chocolate 3 €; ⏲Di–Sa 10–14 & 16–18, So 10.30–14 Uhr) In der römischen *ergástula* (Sklavenunterkunft) präsentiert das Museo Romano eine kleine Sammlung an Artefakten und zeigt auf einer großen Leinwand eine interessante Diashow zum römischen Astorga.

Feste & Events

Festividad de Santa Marta RELIGIÖSES FEST

(⏲letzte Augustwoche) In der letzten Augustwoche erwacht Astorga aus seinem tiefen Schlaf, um die Schutzheilige der Stadt mit beeindruckenden Feuerwerken und Stierkämpfen zu feiern.

Schlafen

Casa de Tepa HISTORISCHES HOTEL €€

(☎987 60 32 99; www.casadetepa.com; Calle de Santiago Postas 2; EZ/DZ 80/100 €; ❄@📶) Dieses schöne Gebäude aus dem 18. Jh. hat sich mehrfach neu erfunden: Über die Jahrhunderte diente es als edles Herrenhaus, Kloster und Pilgerkrankenhaus. Die *posada* wurde geschmackvoll restauriert, mit Antiquitäten, vornehmen Stoffen und Kunst ausgestattet und bietet luxuriöse große Zimmer im Herzen der Stadt. Ein kleines Restaurant ist in Planung.

Hotel Gaudí HOTEL €€

(☎987 61 56 54; www.gaudihotel.es; Calle de Eduardo de Castro 6; EZ 45–60 €, DZ 60–80 €; ❄📶) Es gibt nur wenige Hotels mit Blick auf ein Werk Gaudís, deshalb sollte man nach einem Zimmer zur Straße hin fragen. Die Räume mit ihrer etwas müden Einrichtung und vor allem die Bäder müssten mal renoviert werden, sie sind jedoch groß und sauber. Der freundliche Familienservice ist in Astorga ungeschlagen.

Hotel Astur Plaza HOTEL €€

(☎987 61 89 00; www.hotelasturplaza.com; Plaza de España 2; EZ/DZ/Suite ab 55/75/110 €; ❄@📶) Kürzlich wechselte der Besitzer des Astur Plaza, was dem Hotel wieder einen professionellen Service bescherte. Einige der unglaublich gemütlichen Zimmer gehen zur

Plaza de España hinaus. An Wochenenden sollte man sich lieber für ein ruhigeres nach hinten hinaus entscheiden.

Essen

Cocido maragato, ein Eintopf aus Kichererbsen, verschiedenen Fleischsorten, Kartoffeln und Kohl, ist die Spezialität des Ortes – anders als in anderen Orten wird diese Suppe hier als Abschluss der Mahlzeit serviert. Die riesigen Portionen machen in der Regel zwei Leute satt. In vielen Geschäften wird das für Astorga typische Schmalzgebäck *mantecadas* verkauft.

Restaurante Serrano SPANISCHE NOUVELLE CUISINE **€€**
(☎987 61 78 66; www.restauranteserrano.es; Calle de la Portería 2; Hauptgerichte 12–20 €; ⌚Di–So) Das gehobene Serrano hebt sich ein wenig von den sonst eher urigen Restaurants der Stadt ab. Auf der Karte mit Gourmet-Anklängen stehen Vorspeisen wie *ensalada de mango y centollo* (Mango-Seespinnensalat) sowie innovative Fleisch- und Fischgerichte und zahlreiche verführerische Schokoladendesserts. Auch *cocido* wird serviert, jedoch mit anderen, unüblichen Gerichten aus der Region kombiniert. Reservierung empfohlen.

Restaurante Las Termas KASTILISCH **€€**
(☎987 60 22 12; Calle de Santiago Postas 1; Hauptgerichte 7–17,80 €; ⌚Di–So mittags;) Im Restaurant des charmanten Chefs Santiago (in dieser Gegend ein häufiger Name) ist die Küche berühmt für ihren qualitativ hochwertigen *cocido* und die *ensalada maragata* (Salat mit Kichererbsen und Kabeljau).

Cervecería La Esquina TAPAS **€**
(Plaza de España 5; raciones 5–11 €; ⌚Mi geschl.) Am besten bestellt man lokale Tapas-Spezialitäten wie die unübertroffenen *patatas esquinadas* (gewürzte Kartoffelscheiben) und genehmigt sich dazu ein Bier – man hat die Qual der Wahl unter 18 verschiedenen Sorten.

Praktische Informationen

Tourismusinformation (☎987 61 82 22; www.turismocastillayleon.com; ⌚10–14 & 16–20 Uhr) In der nordwestlichen Ecke der Altstadt.

DER JAKOBSWEG

Von Burgos nach León

Viele Pilger schenken sich diesen Abschnitt des Jakobswegs und nehmen den Bus, was wirklich schade ist, da sie ein einzigartiges Naturerlebnis verpassen: das subtile, sich ständig verändernde Farbenspiel auf der *meseta*. Entgegen der allgemeinen Auffassung ist das Hochplateau von Zentralspanien nämlich keineswegs flach. Kleine Dörfer erstrecken sich unten in den langen Tälern, die manchmal von Flüssen durchzogen sind und sich bis nach oben auf die karge Hochebene ziehen. Überall gibt's große Sandsteinfelsen und malerische Ausblicke auf abgeschiedene Ortschaften aus Lehmhäusern oder vereinzelte Schafherden. Der Jakobsweg führt durch das von einer Burg beherrschte Castrojeriz und das bekanntere Frómista, dessen Iglesia de San Martín (S. 186) mit ihren 315 gut erhaltenen Balkenköpfen und den schönen Kapitellen im Inneren als Perle der frühen romanischen Architektur gilt. Zwischen Carrión de los Condes und Calzadilla de la Cueza verläuft die Route entlang einer römischen Straße. Später erreicht man Sahagún, das im 12. Jh. ein mächtiges und wohlhabendes Zentrum der Benediktiner war, auch wenn man heute nicht mehr viel davon sieht. Die vom Mudejarstil beeinflussten romanischen Backsteinkirchen lohnen einen Besuch, besonders wegen ihrer Hufeisenbogen und der cleveren Anordnung der Ziegel in geometrischen Mustern. Wenn man sich León nähert, wird der Jakobsweg monoton und windet sich entlang viel befahrener Asphaltstraßen durch mehrere Dörfer.

Tagestour

Wer nur für einen Tag Pilger sein möchte, kann sich die relativ kurze Etappe zwischen Rabé de las Calzadas und Hontanas (18,8 km, 5 Std.) vornehmen. Die Wanderung durch die hügelige *meseta* ist im Frühling am schönsten. Sie führt durch einsame Weizenfelder und ermöglicht eine einzigartige Erfahrung der Abgeschiedenheit dieser Landschaft und der Dörfer.

An- & Weiterreise

Busse verbinden Astorga mit León (3,40 €, 1 Std., 12-mal tgl.) und Madrid (ab 22,97 €, 4½ Std., bis zu 11-mal tgl.). Der Bahnhof liegt ungünstig einige Kilometer nördlich der Stadt.

LAS MÉDULAS

Einst waren die antiken Goldminen von Las Médulas (heute eine Unesco-Welterbestätte) 20 km südwestlich von Ponferrada die wichtigste Goldquelle des gesamten Römischen Reiches – die Gesamtausbeute belief sich auf drei Millionen Kilogramm! Eine Armee von Sklaven musste überall in der Gegend Kanäle und Tunnel (einige sind über 40 km lang) anlegen, durch die Wasser gepumpt wurde, um den Fels aufzubrechen und das Edelmetall zu gewinnen. Das Resultat ist ein einzigartiges unnatürliches Naturphänomen und eine der bizarrsten Landschaften Spaniens, besonders bei Sonnenuntergang.

Um zum Herzen der ehemaligen Steinbrüche zu gelangen, fährt man durch das Dorf Las Médulas (4 km südlich von Carucedo und der N536). Mehrere Pfade verlaufen zwischen Kastanienbäumen und den bizarren von den Bergarbeitern geschaffenen Formationen. Auch rund um den Nachbarort Orellan hat man einen schönen Blick.

DER OSTEN

Burgos

179 250 EW. / 861 M

Die außergewöhnliche gotische Kathedrale, deren Silhouette hoch über die Stadt hinausragt, gilt als eine der schillerndsten Perlen der sakralen Architektur Spaniens. Auf den ersten Blick erscheint das konservative Burgos mit seiner strengen grauen Steinarchitektur, der herzhaften Küche der *meseta* (Hochebene) und dem extremen Klima alle Stereotypen nordspanischer Ortschaften zu verkörpern. Doch die Stadt ist eine genauere Erkundung wert: Hier gibt's gute Restaurants, und wenn die Sonne scheint, bietet sich ein schönes Straßenbild. Zudem liegt unter den majestätischen Türmen der Kathedrale Burgos' meistgeliebter und wildester Sohn El Cid begraben.

Geschichte

Burgos begann sein Dasein 884 als strategisch angelegte Festung. Diese trennte die Mauren und das rivalisierende Königreich Navarra voneinander. Rund um den Ort verteilten sich mehrere *burgos* (Weiler), die allmählich verschmolzen und so den Kern einer neuen Stadt bildeten. Jahrhunderte später erreichte Burgos seine Blüte als Pilgerstation auf dem Jakobsweg sowie als Drehscheibe des Handels zwischen dem Landesinneren und den Häfen des Nordens. Während des Spanischen Bürgerkrieges wählte General Franco die Stadt als Standort für seine zukünftige Regierung.

Sehenswertes

Catedral KATHEDRALE

(Plaza del Rey Fernando; Erw./Kind 5/2,50 €; ⏲9.30–18.30 Uhr) Die Unesco-Welterbestätte ist ein wahres Meisterwerk und rechtfertigt schon für sich allein genommen eine Reise nach Burgos. Aufbauend auf den bescheidenen Ursprüngen einer kleinen romanischen Kirche, begannen 1221 umfangreiche Bauarbeiten. 40 Jahre später war bereits ein großer Teil der Kathedrale im Stil der französischen Gotik fertiggestellt.

Ihre reich geschmückten Zwillingstürme, beide im 15. Jh. errichtet und 84 m hoch, ragen wie ein wahrgewordener Traum der Gotik aus einem Meer ähnlich kunstvoller Türmchen. Als Haupteingang für Besucher dient die **Puerta del Sarmental**, das wahrscheinlich beeindruckendste Portal. Allerdings könnte auch die **Puerta de la Coronería** auf der Nordwestseite, die einen von den Evangelisten umgebenen Christus zeigt, diese Ehre für sich beanspruchen.

Wer das Gebäude von der Plaza de Santa María her betritt, muss zwar keinen Eintritt zahlen, lässt sich auf diese Weise aber die besten Bereiche entgehen. Immerhin hat man Zugang zur **Capilla del Santísimo Cristo**, in der ein mit Büffelleder überzogenes Kreuz aus dem 13. Jh. (als *Cristo de Burgos* bekannt) hängt, sowie zur **Capilla de Santa Tecla** mit ihrer einzigartigen Decke.

Vom Hauptraum gehen zahlreiche Kapellen ab, darunter die luftige **Capilla de la Presentación** und die **Capilla de la Concepción** mit ihrem vergoldeten Altar aus dem 15. Jh. Der Hauptaltar ist ein typisch überbordendes Stück goldverzierter Eleganz. Direkt unter dem Sternengewölbe der Vierung befindet sich **El Cids Grab**. Als weiteres Highlight gilt die **Escalera Dorada** (Goldene Treppe; 1520) an der Nordwestseite der Kathedrale, eine Arbeit von Diego de Siloé.

Die bemerkenswerte **Capilla del Condestable** auf der Ostseite des Chorumgangs hinter dem Hauptaltar stammt aus dem 15. Jh. und verbindet gotische Details sowie Platereskstilelemente. Zu ihren Höhepunk-

Burgos

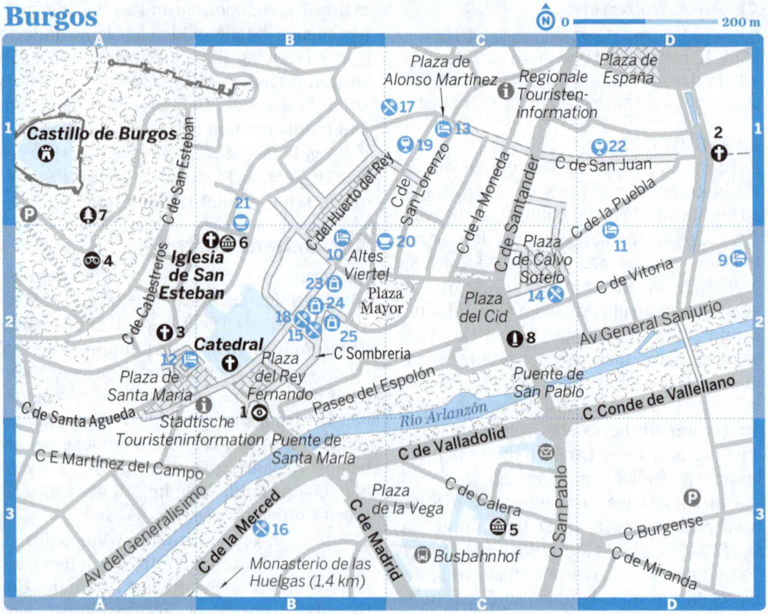

Burgos

Highlights
- Castillo de Burgos ... A1
- Catedral ... B2
- Iglesia de San Esteban ... B2

Sehenswertes
1 Arco de Santa María ... B2
2 Iglesia de San Lesmes ... D1
3 Iglesia de San Nicolás ... A2
4 Mirador ... A2
5 Museo de Burgos ... C3
6 Museo del Retablo ... B2
7 Parque de Castillo ... A1
8 El-Cid-Statue ... C2

Schlafen
9 Hostal Acacia ... D2
10 Hotel Entrearcos ... B2
11 Hotel La Puebla ... D2
12 Hotel Meson del Cid ... A2
13 Hotel Norte y Londres ... C1

Essen
14 Casa Ojeda ... C2
15 Cervecería Morito ... B2
16 La Fabula ... B3
17 La Favorita ... C1
18 La Mejillonera ... B2

Ausgehen
19 Café de Las Artes ... C1
20 Café España ... C2
21 Chocolatería Candilejas ... B1
22 El Bosque Encantado ... D1

Shoppen
23 Casa Quintanilla ... B2
24 Jorge Revilla ... B2
25 Teodoro ... B2

ten zählen drei Altäre unter einem ungewöhnlichen Sternengewölbe. Echte Meisterwerke der Steinbildhauerei aus dem 15. und 16. Jh. sind die dem Kapelleneingang zugewandten Skulpturen; sie stellen die Passion, den Tod, die Auferstehung und die Himmelfahrt Christi dar.

Ebenso sehenswert ist der friedliche **Kreuzgang** mit den kunstvoll geformten mittelalterlichen Grabmälern. Hier zweigt die **Capilla de Corpus Cristi** ab, wo hoch oben an der Nordwestwand der Sarg von El Cid hängt. Das benachbarte **Museo Catedralicio** präsentiert eine Vielzahl von Ölgemälden, Tapisserien sowie reich verzierten Kelchen. Im Kreuzgang eine Etage tiefer erfährt man alles Wichtige über die Entwicklung der Kathedrale, u.a. mithilfe eines maßstabgetreuen Modells.

Altes Viertel STADTTEIL

Das alte Viertel am Nordufer des Río Arlanzón ist wie so viele Kathedralenstädte in Kastilien von strenger Eleganz. Es wird bewacht von riesigen Toren, den Mittelpunkt bildet die Kathedrale. Von Süden aus gelangt man über zwei Hauptbrücken in die Altstadt. Eine davon ist die **Puente de San Pablo**, auf deren Altstadtseite eine romantisierte **Statue von El Cid** mit wirbelndem Mantel und gezücktem Schwert steht. 300 m weiter westlich führt die **Puente de Santa María** zum prächtigen **Arco de Santa María** (947 28 88 68; Eintritt frei; Di–Sa 11–14 & 17–21, So 11–14 Uhr), dem einstigen Haupttor zum Ortskern und Teil der Stadtmauer aus dem 14. Jh. Inzwischen sind dort wechselnde Ausstellungen zu bewundern. Zwischen beiden Brücken erstreckt sich der **Paseo del Espolón**, eine hübsche, von Bäumen gesäumte Fußgängerzone, direkt hinter dem *paseo* (Promenade) liegt die sonderbar geformte **Plaza Mayor** mit schönen Häuserfronten.

Monasterio de las Huelgas KLOSTER

(Führungen Erw./Kind 5/2,50 €, Mi frei; Di–Sa 10–13 & 15.45–17.30, So 10.30–14 Uhr) Einst zählte das westlich vom Zentrum gelegene Kloster zu den bedeutendsten Spaniens. Gegründet wurde es 1187 von Eleonore von Aquitanien, Tochter Heinrichs II. von England und Ehefrau von Alfons VIII. von Kastilien. Heute leben hier noch 35 Zisterzienserinnen.

Wer das Gebäude besichtigen möchte, sollte an einer Führung teilnehmen, andernfalls ist nur ein kleiner Bereich zugänglich. Im königlichen Pantheon befinden sich die Grabmäler zahlreicher Könige und Königinnen sowie ein spektakulärer vergoldeter Renaissancealtar, der von einem überlebensgroßen Christus bei der Kreuzabnahme gekrönt wird. Den Höhepunkt bildet jedoch das **Museo de Ricas Telas**, das von dem schönen romanischen Kreuzgang, Las Claustrillas, abzweigt. Dort sind mit Juwelen besetzte Roben und königliche Gewänder zu sehen.

Man erreicht das Kloster, indem man der Calle de la Merced und der Avenida de Palencia am Südufer des Río Arlanzón folgt und an der Calle Reina Leonor links abbiegt (ungefähr 30 Gehminuten). Das Gebäude ist ausgeschildert.

Iglesia de San Esteban KIRCHE

(Calle de Pozo Seco; Eintritt inkl. Museum 2 €; Mo–Sa 10–14 & 17–20 Uhr) Gleich westlich der Kathedrale erhebt sich diese solide gotische Kirche aus dem 14. Jh. mit einem ungewöhnlichen Vorbau und dem **Museo del Retablo** (Altarmuseum), in dem etwa 15 Altäre aus dem 15. bis 18. Jh. ausgestellt sind.

GRATIS **Cartuja de Miraflores** KLOSTER

(Mo, Di & Do–Sa 10.15–15 & 16–18, So 11–15 & 16–18 Uhr) In einem friedlichen Wald 4 km östlich vom Stadtzentrum stößt man auf dieses Kloster mit drei Meisterwerken von Gil de Siloé aus dem 15. Jh. Der Spaziergang entlang des Río Arlanzón hierher dauert etwa eine Stunde. Man folgt dem parallel zum Fluss verlaufenden Paseo de la Quinta Richtung Norden; das Kloster ist ausgeschildert.

Castillo de Burgos BURG

(Eintritt 2,60 €, zusätzlich für eine Führung 1,10 €; Sa & So 11–14 & 16–19 Uhr;) Den höchsten Punkt des baumreichen **Parque de Castillo** krönen die massiven Befestigungsanlagen des wiederaufgebauten Castillo de Burgos. Die Burg stammt aus dem 9. Jh. und blickt auf eine turbulente Vergangenheit zurück. 1736 wurde sie von einem Feuer heimgesucht und 1813 von Napoleons Truppen zerstört. Ein kleines **Museum** widmet sich der Geschichte der Stadt, und dank der jüngsten Ausgrabungsarbeiten sind einige Fundamente der Festung zu sehen. Südlich vom Parkplatz befindet sich ein **mirador** (Aussichtspunkt) mit einem großartigen Blick auf die Stadt.

Museo de Burgos MUSEUM

(Calle de Calera 25; Eintritt 1,20 €, Sa & So frei; Di–Sa 10–14 & 17–20, So 10–14 Uhr) Das Museum in der Casa de Miranda aus dem 16. Jh. zeigt einige schöne gotische Grabmäler und weitere archäologische Fundstücke.

Iglesia de San Nicolás KIRCHE

(Calle de San Nicolás; Eintritt 1,50 €, Mo frei; Mo–Sa 10–14 & 17–19 Uhr) Nahe der Kathedrale birgt die Iglesia de San Nicolás einen riesigen steinernen Altar von Francisco de Colonia mit Szenen aus dem Leben des heiligen Nikolaus.

Iglesia de San Lesmes KIRCHE

(Plaza de San Juan; vor & nach der Messe) Ein rustikal-charmantes Gebäude aus dem 15. Jh. mit drei bemerkenswerten Kirchenschiffen.

EL CID: DER HELDENHAFTE SÖLDNER

Nur wenige Namen der spanischen Geschichte haben einen solchen Klang wie der von El Cid, einem Glücksritter und Abenteurer aus dem 11. Jh., dessen Biografe von den turbulenten Jahren zeugt, als das Land in muslimische und christliche Herrschaftsgebiete aufgeteilt war. Dass El Cid zur romantischen, idealisierten historischen Figur wurde, die für unverbrüchliche Loyalität und übermenschliche Stärke steht, ist hauptsächlich dem 1961 gedrehten Film mit Charlton Heston und Sophia Loren zu verdanken. Die Realität sah jedoch anders aus.

El Cid (vom arabischen „*sidi*" für „Herr") wurde 1043 als Rodrígo Diaz in Vivar geboren, einem Dorf 10 km nördlich von Burgos. Nach dem Tod Ferdinands I. tauchte er in die dunkle Welt der Erbfolgekämpfe ab, was 1076 zu seiner Verbannung aus Kastilien führte. Er hatte kaum Skrupel, seine Dienste den unterschiedlichsten Herrschern anzubieten, egal ob Christen oder Muslimen, und wurde mit jeder Schlacht mächtiger und reicher.

Man weiß nicht, ob er plötzlich eine Loyalität zum christlichen Königtum entwickelte oder einfach die Zeichen der Zeit erkannte, die Spanien eine christliche Zukunft verhießen. Als er jedenfalls hörte, dass die Mauren Valencia erobert und die Einwohner vertrieben hatten, marschierte er dorthin und wurde nach einer erfolgreichen, aber verheerenden Belagerung 1094 Oberhaupt der Stadt. Auf dem Höhepunkt seiner Macht und seines Ansehens setzte sich der auch als El Campeador (Champion) bekannte Söldner zur Ruhe, um seinen Lebensabend in Valencia zu verbringen, wo er 1099 starb. Seine sterblichen Überreste wurden nach Burgos gebracht, wo er in der Kathedrale neben seiner Frau Jimena begraben liegt.

Feste & Events

Festividad de San Pedro y San Pablo RELIGIÖSES FEST
Das Peter- und Paulsfest lockt mit Stierkämpfen, Prozessionen und allerlei Vergnügungen, insbesondere am ersten Sonntag im Juli, dem **Día de las Peñas**.

Festividad de San Lesmes FEST DES SCHUTZPATRONS
Am 30. Januar wird dieses Fest zu Ehren des Schutzpatrons der Stadt gefeiert.

Schlafen

LP TIPP Hotel Norte y Londres HISTORISCHES HOTEL €€
(☎947 26 41 25; www.hotelnorteylondres.com; Plaza de Alonso Martínez 10; EZ/DZ 66/100 €; P@) Wer sich für das schöne Hotel in einem umgebauten Palast aus dem 16. Jh. entscheidet, kann sich über geräumige Zimmer mit antiken Möbeln, polierten Holzfußböden, hübschen Balkonen und ausgesprochen großen Bädern freuen. Die Räume in der vierten Etage sind am modernsten und der Service arbeitet außerordentlich effizient.

Hotel La Puebla BOUTIQUE-HOTEL €€
(☎947 20 00 11; www.hotellapuebla.com; Calle de la Puebla 20; EZ/DZ 50/65 €; @) Diese hübsche Unterkunft bereichert die hiesige Hotelszene. Die Räume fallen nicht groß aus und bieten auch keine besonders tolle Aussicht, punkten aber mit einer dezenten Beleuchtung und ihrem außerordentlichen Komfort. Stilistisch wunderschön, sind sie ganz unterschiedlich von farbenfroh bis zu minimalistischem Schwarz-Weiß eingerichtet.

Hotel Meson del Cid HISTORISCHES HOTEL €€
(☎947 20 87 15; www.mesondelcid.es; Plaza de Santa María 8; EZ/DZ 70/100 €; P) Gegenüber der Kathedrale beherbergt ein jahrhundertealtes Gebäude das Meson del Cid. Die Zimmer sind königlich mit burgunder- und cremefarbenen Stoffen ausstaffiert, die passend mit dunklen Holzmöbeln und Terrakottafliesen kombiniert wurden. Von den meisten hat man einen beeindruckenden Blick auf die Kathedrale.

Hotel Entrearcos BOUTIQUE-HOTEL €
(☎947 25 29 11; www.hotelentrearcos.com; Calle de la Paloma 4; EZ/DZ 52/59 €;) Eine tolle neue Errungenschaft in Burgos' Hotelszene ist dieses stilvolle kleine Hotel, das zentraler nicht liegen könnte. Die Zimmer sind schön eingerichtet und haben Massageduschen in ihren tollen Bädern. Einige gehen auf die Fußgängerzone hinaus, Nr. 502 und 503 bieten Blick auf die Burg und einen Teilblick auf die Kathedrale. Einziger Wermutstropfen: Die riesigen Betten nehmen viel Platz ein.

Hostal Acacia HOSTAL €
(☎947 20 51 34; www.hostalacacia.com; Calle de Bernabé Perez Ortiz 1; EZ/DZ 55/59 €) Bei Pilgern erfreut sich das *hostal* besonders großer Beliebtheit. Die einfachen Zimmer verfügen über Tagesdecken, renovierte Bäder und teilweise auch über ockerfarben gestrichene Wände. Es gibt hier einen Fahrradverleih.

Essen

Burgos ist berühmt für *queso (Käse), morcilla* (Blutwurst) und *cordero asado.*

LP TIPP **Cervecería Morito** TAPAS €
(Calle de la Sombrerería 27; Tapas 3 €, raciones 5–7 €) Weil die Cervecería Morito als der unumstrittene Star der hiesigen Tapas-Bars gilt, platzt der Laden verdientermaßen fast immer aus allen Nähten. Zu den typischen Gerichten gehören *alpargata* (geräucherter Schinken mit Brot, Tomaten und Olivenöl) und *pinchos de morcilla* (Spießchen mit Blutwurst aus der Region). Das Essen wird überraschend modern präsentiert, besonders die Salate sind ein Fest fürs Auge.

La Fabula
KASTILISCHE NOUVELLE CUISINE €€
(☎947 26 30 92; Calle de la Merced; menú del día 15 €, Mahlzeiten 25–30 €) Hier schwingt die örtliche Berühmtheit Isabel Alvarez das Zepter und serviert ihren Gästen bei klassischer Musik innovative Delikatessen in einem hellen, modernen Saal. Auf der Karte stehen leckere Reisgerichte und Kreatives wie Pyramiden aus Waldpilzen mit einer kleinen Prise salzigem Nougat. Viel Platz lassen für eines der köstlichen Desserts. Unbedingt reservieren!

La Favorita TAPAS €
(www.lafavorita-taberna.com; Calle de Avellanos 8; Tapas ab 2 €; ⊙Mo–Fr 10–24, Sa & So 12–1.30 Uhr) In der Nähe der Kathedrale und ein Stückchen von den Tapas-Bars entfernt stößt man auf ein Lokal, dessen Innenraum mit Mauerwerk und Holzbalken an eine Scheune erinnert. Mittags zieht es zahlreiche geschniegelte Geschäftsleute mit gegeltem Haar an. Der Schwerpunkt liegt auf lokalen geräucherten Fleischspezialitäten und Käse (toll ist die Käseplatte für 11,90 €). Wein ist ab 1,50 € pro Glas zu haben. Als Tapas gibt's u. a. Rinderfilet mit Gänsestopfleber.

Casa Ojeda KASTILISCH €€
(☎947 20 90 52; www.grupojeda.com; Calle de Vitoria 5; Hauptgerichte 15–25 €, platos combinados ab 12,40 €; ⊙Mo–Sa, So mittags) Diese Institution in Burgos stammt aus dem Jahr 1912, ist ganz in dunklem Holz gehalten und hat herrliche Fenster. Es handelt sich um eines der besten Restaurants der Stadt, um *cordero asado* oder *morcilla de Burgos* zu probieren. Oben im Speisesaal kommt man in den Genuss von ausgezeichneten Gerichten und einem tadellosen Service. In der Bar unten wird eine begrenztere Auswahl an *platos combinados* (Gericht mit Fleisch und drei Gemüsesorten) geboten. Eine Reservierung wird empfohlen.

La Mejillonera FISCH & MEERESFRÜCHTE €
(Calle de la Paloma 33; Tapas ab 2,50 €) In diesem ebenfalls sehr beliebten Stehlokal gibt's tolle Muscheln. Weitere gern gewählte Gerichte sind *patatas bravas* (Kartoffeln mit einer scharfen Tomatensoße) und *calamares* (Tintenfischringe).

ABSTECHER

DER ÄLTESTE EUROPÄER

Die Unesco-Welterbestätte **Atapuerca** (☎902 02 42 46; www.atapuerca.org; Führungen auf Spanisch 6 €; ⊙Führungen 11, 13 & 17.30 Uhr) rund 15 km westlich von Burgos fasziniert seit Langem Studenten der menschlichen Frühgeschichte. Ihre größte Entdeckung machten Archäologen im Juli 2007, als sie einen Kieferknochen und die Zähne des vermutlich ältesten Europäers entdeckten: Er hat 1,2 Millionen Jahre auf dem Buckel und ist somit rund 500 000 Jahre älter als alle anderen Fragmente, die in Westeuropa gefunden wurden. In Atapuerca befinden sich auch Überreste der Besiedlung der Gegend durch den Homo sapiens vor ca. 40 000 Jahren und menschliche Siedlungen aus der Jungsteinzeit. Hier kamen Tonwaren, Höhlenmalereien, Schnitzereien und Grabstätten zutage, und man stieß darüber hinaus auf Zeugnisse für Kannibalismus. Die Ausgrabungen sind zwar noch nicht abgeschlossen, doch die Stätte ist trotzdem öffentlich zugänglich. Es gibt ein vielfältiges Programm an Kursen und Arbeitskreisen für Erwachsene, Studenten und Kinder (auf Spanisch). Besucher müssen sich vorher anmelden.

Ausgehen

Am frühen Abend konzentriert sich das Nachtleben auf die Gegend zwischen der Calle de San Juan und der Calle de la Puebla. Später (das gilt jedenfalls für die Wochenenden) sind die vielen Bars in der Calle del Huerto del Rey nordöstlich der Kathedrale eine gute Anlaufstelle.

Wer wissen will, was in der Stadt los ist, holt sich bei der Touristeninformation einfach eine Ausgabe der *Go!* (www.laguiago.com, auf Spanisch).

Chocolatería Candilejas CAFÉ
(Calle de Fernán González 36; Desserts ab 3 €; ⌚Mo–Do 18.30–23, Do & Sa bis 1 Uhr) Hier bekommt man tolle Milchshakes, darunter so ungewöhnliche Geschmacksrichtungen wie Himbeere-Walnuss, *chocolate con churros* (Schmalzgebäck, das in heiße Schokolade getunkt wird) und hausgemachte Kuchen. Die Mischung zwischen einer spanischen Bar und einem Teesalon sollte man sich nicht entgehen lassen. Die freundlichen Besitzer wollten Ende 2012 in Ruhestand gehen – hoffentlich sehen die Nachfolger, was für einen Schatz sie da geerbt haben.

Café España CAFÉ
(Calle de Lain Calvo 12; ⌚10–23 Uhr) Mit seiner altmodischen Eleganz zieht das Café España bereits seit mehr als 80 Jahren Gäste an. An den meisten Wochenenden spielt hier ein Jazzpianist.

Café de Las Artes BAR, CAFÉ
(Calle de Lain Calvo 31; ⌚10–24 Uhr) Künstlerische Stimmung und gelegentlich Livemusik.

El Bosque Encantado BAR
(Calle de San Juan 31; ⌚16.30–1 Uhr) Der „Zauberwald" schwelgt in seiner kitschigen Einrichtung und ist toll für einen frühabendlichen Drink.

Shoppen

Jorge Revilla SCHMUCK
(www.jorgerevilla.com; Calle de la Paloma 29; ⌚Mo–Fr 10–14 & 17–20, Sa 10–14 Uhr) Schmuckdesigner Jorge Revilla stammt aus Burgos und macht sich mit seinem exquisiten, edlen Silberschmuck inzwischen auch international einen Namen.

Casa Quintanilla ESSEN
(Calle de la Paloma 22; ⌚Mo–Sa 10–20.30, So 10–14 Uhr) Das beste der vielen Geschäfte im Zentrum, die lokale Produkte (z. B. für ein Picknick oder als Mitbringsel) verkaufen.

Teodoro ACCESSOIRES
(Calle Sombreria 4; ⌚Mo–Fr 10–14 & 17–20, Sa 10–14 Uhr) In diesem 1860 eröffneten Hutladen taucht man in eine andere Zeit ein. Die Innenausstattung ist noch original erhalten, einschließlich der prächtigen in Amerika hergestellten Registrierkasse. Inhaber Teodor, ein älterer Herr, ist ein echter Charmeur, außerdem sind die Hüte einfach herrlich anzusehen.

Praktische Informationen

Regionale Touristeninformation (www.turismocastillayleon.com; Plaza de Alonso Martínez 7; ⌚So–Do 9–20, Fr & Sa 9–21 Uhr)

Städtische Touristeninformation (☎947 28 88 74; www.aytoburgos.es; Plaza de Santa María; ⌚10–20 Uhr) Hier gibt's 24-, 48-, und 72-Stunden-Stadtführer zu Burgos, die man auch als PDFs im Internet herunterladen kann.

An- & Weiterreise

Der **Busbahnhof** (Calle de Miranda 4) liegt südlich vom Fluss im neuen Teil der Stadt. Zum neuen Bahnhof nordöstlich des Zentrums muss man ein beträchtliches Stück laufen – Buslinie 2 (0,95 €) verkehrt von der Plaza de España dorthin.

Renfe (☎947 20 91 31; Calle de la Moneda 21; ⌚Mo–Fr 9.30–13.30 & 16.30–19.30 Uhr), das nationale Bahnunternehmen, betreibt ein günstig gelegenes Ticketbüro im Zentrum von Burgos.

BUS Regelmäßig fahren Busse nach Madrid (17,07 €, 3 Std., bis zu 20-mal tgl.), Bilbao (12,16 €, 2 Std., 8-mal tgl.) und León (14,50 €, 2 Std., 3-mal tgl.).

ZUG Züge steuern u. a. Madrid (ab 31,45 €, 2½–4½ Std., 7-mal tgl.), Bilbao (ab 19,30 €, 3 Std., 4-mal tgl.), León (ab 20,80 €, 2 Std.) und Salamanca (ab 19,85 €, 2½ Std., 3-mal tgl.) an.

Rund um Burgos

ERMITA DE SANTA MARÍA DE LARA

35 km südöstlich von Burgos liegt ganz in der Nähe von Quintanilla de las Viñas die Ermita de Santa María de Lara, ein lohnenswerter Stopp an der N234. Die bescheidene westgotische Einsiedelei aus dem 7. Jh. trägt an ihren Außenmauern einige herrliche Flachreliefs, die zu den schönsten erhaltenen Beispielen sakraler Kunst in dieser Region gehören.

COVARRUBIAS

630 EW. / 975 M

Der malerische Weiler an den schattigen Ufern des Río Arlanza ist eines der versteck-

ABSTECHER

VERSTECKTE DÖRFER

Wer von Burgos aus der N623 folgt, taucht in eine malerische Landschaft ein; das gilt besonders für den Abschnitt zwischen den Bergpässen **Portillo de Fresno** und **Puerto de Carrales**. 15 km nördlich vom ersten Pass führt eine Nebenstraße im **Valle de Sedano** durch zahlreiche faszinierende Dörfer. Im gleichnamigen Ort erhebt sich eine schöne Kirche aus dem 17. Jh., doch noch interessanter ist das kleine Gotteshaus oberhalb von **Moradillo de Sedano** mit einzigartigen Steinmetzarbeiten am Hauptportal.

Als bestgehütetes Geheimnis der Gegend gilt **Orbaneja del Castillo**. Man erreicht es, indem man die Abfahrt nach Escalada nimmt und den Schildern folgt. Der dramatische Hintergrund merkwürdig anmutender Felswände verleiht dem Ort eine geradezu magische Ausstrahlung. Von dort verläuft die N623 weiter gen Norden in die kantabrische Region Valderredible mit ihren in die Felsen gehauenen Kirchen.

ten Kleinode Kastilien-Leóns. Er zeichnet sich durch auffällige arkadengesäumte Fachwerkhäuser aus, die an kleinen kopfsteingepflasterten Plätzen stehen.

Am besten kommt man am zweiten Wochenende im Juli nach Covarrubias, denn dann finden hier der **Mittelaltermarkt** und das **Kirschenfest** statt.

Sehenswertes

Hier kann man wunderbar durch die kopfsteingepflasterten Gassen streifen und ein paar Sehenswürdigkeiten besuchen.

Torreón de Doña Urraca TURM

Dieser wuchtige Turm aus dem 10. Jh. thront auf den Überresten der mittelalterlichen Stadtmauer.

Colegiata de San Cosme y Damián KIRCHE

(Eintritt 2,50 €; ⌚Mo & Mi–Sa 10.30–14 & 16–19, So 16.30–18 Uhr) In dem spätgotischen Gebäude befinden sich Kastiliens älteste noch funktionierende Kirchenorgel, ein schöner Kreuzgang und das steinerne Grabmal von Fernán González, der Kastilien im 10. Jh. begründete. An der Tür stehen die Uhrzeiten für Führungen durch die Kirche und den Kreuzgang.

Schlafen & Essen

Casa Galín HOSTAL €

(☎947 40 65 52; www.casagalin.com; Plaza de Doña Urraca 4; EZ/DZ 25/42 €; 📶) Mit den gemütlichen, in Pastellfarben gestrichenen Zimmern, die in einem altmodischen Fachwerkhaus mit Blick auf den Hauptplatz liegen, bietet die Casa Galín mehr als viele andere *hostales* in der kastilischen Provinz. Im zugehörigen **Restaurant** gibt's Tapas, Fisch und gebratenes Fleisch sowie ein preisgünstiges *menú* (10 €).

Hotel Rey Chindasvinto HOTEL €

(☎947 40 65 60; hotelchindas@wanadoo.es; Plaza del Rey Chindasvinto 5; EZ/DZ inkl. Frühstück 35/55 €; ❄📶) Das beste Hotel der Stadt hat hübsche geräumige Zimmer mit Holzbalken und unverputzten Mauern sowie ein gutes Restaurant. Die Besitzer sind freundlich, der Service könnte manchmal besser sein.

La Posada del Conde LANDHOTEL €

(☎609 406698; www.laposadadelconde.es; Calle Fernán González 8; EZ/DZ inkl. Frühstück 50/60 €; 📶) Hier warten große, hell gestrichene Zimmer, die Bäder haben eine Designernote. Der Gemeinschaftsraum ist geräumig und gemütlich, doch nicht alle werden begeistert sein vom Kopf eines knurrenden Wolfs an der Wand. Aktivitäten wie Klettern, Angeln und viele weitere können organisiert werden.

Restaurante de Galo KASTILISCH €€

(www.degalo.com; Calle Monseñor Vargas 10; Hauptgerichte 8,50–31 €; ⌚Do–Di mittags) Eine gute Wahl. Das Restaurant im Herzen des Dorfes serviert traditionelle Gerichte aus dem Holzofen, darunter die regionale Spezialität *cordero asado*.

Shoppen

La Alacena ESSEN

(Calle de Monseñor Vargas 8; ⌚Di–So 10–14 & 17–19.30 Uhr) Hausgemachte Schokolade, Honig aus der Region und andere Delikatessen.

Praktische Informationen

Touristeninformation (☎947 40 64 61; www.ecovarrubias.com; Calle de Monseñor Vargas; ⌚Di–Sa 10.30–14 & 17–20, So 11–14 Uhr) Die Touristeninformation befindet sich unter den Bogen des beeindruckenden Nordtors. Hier gibt's die kostenlose handliche Broschüre *Covarrubias: Castile Birthplace*, einen Führer zu den Sehenswürdigkeiten in der Stadt. Auch

TYPISCH SPANIEN!

Über Spaniens verrückte Feste wie den Stierlauf in Pamplona oder die Tomatenschlacht in Buñol schüttelt der Rest der Welt oft den Kopf. Doch wohl kein Brauch ist so seltsam wie das Babyspringen in **Castrillo de Murcia**, einem kleinen Dorf unmittelbar südlich der A231 und 25 km westlich von Burgos.

Seit 1620 feiern die 250 Einwohner des winzigen Ortes Fronleichnam immer auf die gleiche Weise: Babys aus dem Dorf werden auf einer Matratze nebeneinandergelegt, und ein erwachsener, als „El Colacho" (Teufel) verkleideter Mann springt über bis zu sechs verdutzte Kinder hinweg. Wie alle spanischen Rituale erfüllt auch dieses einen Zweck: Es soll den Beelzebub vertreiben. Warum man dabei aber über Kleinkinder springen muss, verraten die Dorfbewohner leider nicht. Sie versichern allerdings, dass noch nie ein Baby zu Schaden gekommen ist.

Stadtführungen auf Spanisch (3 €) werden angeboten. Sie starten dienstags bis samstags um 12 und 17, sonntags um 12 Uhr.

An- & Weiterreise

An Wochentagen pendeln zwei Busse zwischen Burgos und Covarrubias, am Samstag einer (3,20 €, 1 Std.).

SANTO DOMINGO DE SILOS

320 EW.

Das ruhige, hübsche Dorf liegt eingebettet in die welligen Hügel südlich von Burgos und kann sich eines ungewöhnlichen Grundes für seine Bekanntheit rühmen: Mitte der 1990er-Jahre stürmten die Mönche des hiesigen Klosters mit Aufnahmen gregorianischer Gesänge die internationalen Hitparaden. Das Kloster ist eines der berühmtesten in Zentralspanien und vor allem wegen seines fantastischen Kreuzgangs bekannt.

Sehenswertes

Schöne Ausblicke auf die Stadt bieten sich vom grasbewachsenen Hügel mit der **Ermita del Camino y Via Crucis**, die man durch den **Arco de San Juan** erreicht.

Kirche KIRCHE

(Eintritt frei; ⌚6–14 & 16.30–22 Uhr, Gesänge 6, 7.30, 9, 13.45, 16, 19 und 21.30 Uhr) In dieser angenehm schlichten romanischen Kirche mit einer mehrfach überkuppelten Decke kann man den Gesängen der Mönche lauschen; die Zeiten, zu denen gesungen wird, variieren.

Kreuzgang KLOSTER

(Eintritt 3,50 €; ⌚Di–Sa 10–13 & 16.30–18, So 16.30–18 Uhr) Der zweigeschossige Kreuzgang des Klosters ist ein ausgesprochen fantasievolles Schatzkästchen romanischer Kunst und die Kapitelle von besonders exquisiter Schönheit. Zwischen den floralen und geometrischen Motiven, die vom Einfluss der islamischen Kunst in Spanien zeugen, sind Löwen zu sehen. Ebenso bemerkenswert ist die ungewöhnlich gedrehte Säule an der Westseite. An den Eckpfeilern finden sich Bilder mit Episoden aus dem Leben Jesu und die Galerien warten mit Mudejardecken aus dem 14. Jh. auf. In der Nordostecke entdeckt man eine in Stein gehauene Darstellung der Jungfrau Maria aus dem 13. Jh. und gleich daneben die Begräbnisstätte des hl. Dominikus von Silos.

Das Kloster ist nur in Teilen öffentlich zugänglich, doch bei der Führung kann man die **botica** (Apotheke) aus dem 17. Jh. sowie ein kleines **Museum** mit sakraler Kunst, flämischen Gobelins und einigen mittelalterlichen Sarkophagen besichtigen. Führungen gibt's nur auf Spanisch. Wer auf eigene Faust loszieht, kann sich in der Regel freier bewegen.

Museo Los Sonidos de la Tierra MUSEUM

(Calle Las Condesas 10; Eintritt frei; ⌚Mai–Okt. 10.30–14 & 17–19 Uhr, März, April, Nov. & Dez. nur Sa & So, Jan. & Feb. geschl.) In diesem faszinierenden Museum sind Musikinstrumente aus der Region und der ganzen Welt ausgestellt.

Schlafen & Essen

Hotel Tres Coronas HISTORISCHES HOTEL €€

(☎947 39 00 47; www.hoteltrescoronasdesilos.com; Plaza Mayor 6; EZ inkl. Frühstück 57–73 €, DZ 71–93 €; ❄📶) Das in einem ehemaligen Palast aus dem 17. Jh. untergebrachte Hotel versprüht historisches Flair, z. B. mit der Ritterrüstung oben an der prächtigen Treppe. Altmodischen Charme besitzen auch die Zimmer. Sie verfügen über dicke Steinmauern und bieten teilweise Aussicht auf die Plaza. Das Restaurant (Hauptgerichte 7,20–25 €) ist spezialisiert auf Braten aus dem Holzofen und das beste und gemütlichste der Stadt.

Hotel Santo Domingo de Silos HOTEL, HOSTAL €
(☎947 39 00 53; www.hotelsantodomingodesilos.com; Calle Santo Domingo 14; EZ 30–48 €, DZ 40–62 €, Apt. 70–105 €;) Gegenüber dem Kloster befinden sich ein einfaches *hostal* und ein Dreisternehotel mit großen gemütlichen Zimmern (einige sind mit Whirlpool-Badewannen ausgestattet). Zum Santo Domingo gehören außerdem drei neue Apartments ganz in der Nähe im Dorf, ein Pool und ein unterirdisches Parkhaus sind in Planung. Das dazugehörige Restaurant (Hauptgerichte 5–17 €) ist anständig.

Padre Hospedero KLOSTER €
(☎947 39 00 68; Zi. inkl. Mahlzeiten 32 €) Männer können im Kloster beheizte Zimmer für einen Aufenthalt von drei bis zu zehn Tagen mieten, müssen allerdings lange im Voraus buchen. Anrufe werden von montags bis freitags zwischen 10 und 13.30 Uhr entgegengenommen.

Praktische Informationen

Touristeninformation (☎947 39 00 70; www.turismocastillayleon.com; Calle de Cuatro Cantones 10; ⌚Di–So 10–13.30 & 16–18 Uhr)

An- & Weiterreise

Montag bis Samstag fährt täglich ein Bus von Burgos nach Santo Domingo de Silos (6,25 €, 1½ Std.).

DESFILADERO DE YECLA

Nur 1,3 km von Santo Domingo eröffnet sich an der Nebenstraße (BU911) nach Caleruega der spektakuläre Desfiladero de Yecla, eine großartige Schlucht mit Kalksteinklippen. Sie kann dank eines Fußweges leicht besichtigt werden; die Treppen führen gleich hinter dem Tunnelausgang nach unten.

Richtung Süden zum Río Duero

LERMA

2830 EW. / 827 M

Auf der landschaftlich eher uninteressanten Strecke zwischen Burgos und Madrid ist Lerma für viele ein echter Lichtblick. Die uralte Siedlung erlangte im 17. Jh. unerwartete Bekanntheit, als Großherzog Don Francisco de Rojas y Sandoval, ein Minister unter Philipp II., das ehrgeizige Projekt startete, ein zweites Escorial zu schaffen. Seine Pläne schlugen fehl, doch die kopfsteingepflasterten Straßen und reizenden Plätze der Altstadt können noch heute bewundert werden.

Sehenswertes

Wer den Ort etwas genauer erkunden möchte, sollte die Hauptstraße nach Burgos verlassen und durch das **Arco de la Cárcel** (Gefängnistor) sowie die lange Calle del General Mola hinauf zur großen **Plaza Mayor** schlendern. Hier erhebt sich der übergroße **Palacio Ducal**, heute ein *parador* mit bemerkenswerten Innenhöfen und 210 Balkonen. Rechts vom Platz liegt das **Convento de San Blas**, ein Dominikanerinnenkloster, das im Rahmen einer Führung der Touristeninformation besichtigt werden kann.

Etwas nordwestlich der Plaza verläuft eine hübsche Gasse zum **Mirador de los Arcos** mit Blick auf den Río Arlanza. Bogen führen vom Aussichtspunkt zum **Convento de Santa Teresa** aus dem 17. Jh.

Ebenfalls aus dem 17. Jh. stammt der **Pasadizo de Duque de Lerma** (Eintritt 2 €), ein restaurierter unterirdischer Gang, der den Palast mit der **Iglesia Colegial de San Pedro Apóstol** verbindet; Eintrittskarten erhält man bei der Touristeninformation.

Schlafen & Essen

Parador de Lerma HISTORISCHES HOTEL €€€
(☎947 17 71 10; www.parador.es; Plaza Mayor 1; Zi. 185 €; P) Ohne Zweifel ist dieser *parador* im renovierten prächtigen Palacio Ducal die eleganteste Unterkunft im Dorf. Die Zimmer kommen erwartungsgemäß luxuriös und mit Flair daher, auch der Service ist tadellos.

Posada La Hacienda de Mi Señor HISTORISCHES HOTEL €€
(☎947 17 70 52; www.lahaciendademisenor.com; Calle El Barco 6; EZ/DZ inkl. Frühstück 50/75 €;) Bestes Mittelklassehotel vor Ort. Die riesigen Zimmer liegen in einem renovierten historischen Gebäude ein paar Häuserblocks hügelabwärts vom Platz. Wer zu lange bleibt, sieht sich an den Bonbonfarben über; nach Zimmer 205 fragen, das in gedeckteren Tönen gehalten ist.

Asador Casa Brigante KASTILISCH €€
(☎947 17 05 94; www.casabrigante.com; Plaza Mayor 5; Hauptgerichte 15–22 €; ⌚tgl. mittags) Lerma ist sozusagen das Herz der kastilischen Holzofenregion. Rund um die Plaza Mayor findet man erstklassige Restaurants, in denen *cordero asado* auf der Karte steht (35 € für zwei Personen ist ein guter Preis). Besonders großer Beliebtheit erfreut sich das gemütliche Asador Casa Brigante, denn hier wird der beste Lammbraten weit und breit serviert. Nach Unterkünften in der Nähe fragen.

Praktische Informationen

Touristeninformation (☎947 17 70 02; www.citlerma.com; Casa Consistorial; ⊙Di–So 10–14 & 16–19 Uhr) Bietet bis zu dreimal täglich 1¼-stündige Führungen (4 €) durch die Stadt und zu den meisten Denkmälern an.

An- & Weiterreise

Zwischen Burgos (3,40 €, 30 Min.) und Lerma verkehren täglich acht Busse, samstags und sonntags nur vier. Darüber hinaus kommen einige Busse aus Aranda de Duero und Madrid durch den Ort.

PEÑARANDA DE DUERO

580 EW. / 877 M

Dieses reizvolle Örtchen war ursprünglich eine keltische Festung und liegt 20 km östlich von Aranda de Duero an der C111. Rund um die Plaza Mayor verteilen sich die schönsten Gebäude des Dorfes. Der prächtige **Palacio Condes de Miranda** (☎947 55 20 13; Eintritt frei; ⊙Di–So 10–14 & 16–19.30 Uhr) aus der Renaissance hat einen hübschen Eingang im Platereskstil, einen Innenhof mit Doppelbogen und herrliche Decken in verschiedenen Stilen. Er kann nur im Rahmen der Führungen besucht werden, die zu jeder vollen Stunde beginnen.

In der **Iglesia de Santa Ana** aus dem 16. Jh. sind Säulen und Büsten aus der römischen Siedlung Clunia in das ansonsten barocke Design integriert. Tolle Ausblicke auf das Dorf und das umliegende Land bieten sich bei einem Spaziergang zur weitläufigen **Burgruine** aus dem 15. Jh.

Es gibt im Ort auch eine **Touristeninformation** (☎947 55 20 63; Calle de Trinquete 7; ⊙Di–So 10–14 & 16–20 Uhr).

Für Übernachtungsgäste stehen sechs *casas rurales* zur Auswahl. Fast alle Busse zwischen Valladolid (6,90 €, 1½ Std.) und Soria (€6,75, 1½ Std.) fahren durch Peñaranda de Duero.

SEPÚLVEDA

1230 EW. / 1313 M

Mit seinen Häusern, die sich an eine vom Río Duratón ausgeschnittene Schlucht schmiegen, sowie den hervorragend zubereiteten Gerichten *cordero asado* und *cochinillo* ist Sepúlveda ein beliebtes Wochenendziel der *madrileños* (Einwohner von Madrid). Zu Recht, denn die warmen Toskanafarben der öffentlichen Gebäude an der zentralen Plaza de España bilden eine herrliche Kulisse für einen Sonntagsbraten. Mittwochs findet der Wochenmarkt statt.

Das *ayuntamiento* liegt neben den Resten der alten Burg. Über alledem thront die **Iglesia del Salvador** aus dem 11. Jh., die mit ihrem Bogenportal als Prototyp der kastilischen Romanik gilt.

Schlafen & Essen

Mirador del Castilla HOSTAL €

(☎921 54 03 53; www.miradordelcastilla.com; Calle del Conde Sepúlveda 26; EZ/DZ 35/45 €) Nur wenige Besucher bleiben über Nacht, doch wer den Ort ohne die Touristenmassen genießen möchte, kann sich im Mirador del Castilla unweit der Plaza de España einquartieren. Die Unterkunft wartet mit komfortablen Zimmern auf, die teilweise auch eine tolle Aussicht bieten (z. B. die Nr. 4).

Restaurante Cristóbal KASTILISCH €€

(☎921 54 01 00; www.restaurantecristobal.com; Calle del Conde de Sepúlveda 9; Hauptgerichte 11–24 €) Das alteingesessene Cristóbal ist eine gute Anlaufstelle und kredenzt zudem ausgezeichnete Weine. Am Wochenende sollte man unbedingt reservieren.

Restaurante Figón Zute el Mayor KASTILISCH €€

(☎921 54 01 65; www.figondetinin.com; Calle de Lope Tablada 6; Hauptgerichte 11–24 €) Äußerst empfehlenswertes Restaurant. An Wochenenden im Winter ist es unglaublich voll.

An- & Weiterreise

Täglich verkehren mindestens zwei Busse zwischen Sepúlveda und Madrid.

PARQUE NATURAL DEL HOZ DEL DURATÓN

Nordwestlich von Sepúlveda wurde ein großes Gebiet mit dem **Hoz del Duratón** (Duratón-Schlucht) als Herzstück zu einem Naturpark erklärt. Ein unbefestigter Weg führt vom Dorf Villaseca 5 km Richtung Westen zur **Ermita de San Frutos**. Die Einsiedelei – heute nur noch eine Ruine – wurde im 7. Jh. von San Frutos und seinen Geschwistern San Valentín und Santa Engracia begründet. Ihre letzte Ruhe fanden die drei Heiligen in einer nahe gelegenen winzigen Kapelle. Dieser Ort, von dem man auf eine der vielen Windungen in der Schlucht blickt, hat etwas Magisches. Scharen von Bussarden und Adlern ziehen oben ihre Kreise. Der Parque Natural del Hoz del Duratón ist ein beliebtes Ziel für einen Wochenendausflug. Einige Leute nehmen ihre Kajaks mit hoch nach Burgomillodo, um von dort die Schlucht hinunterzufahren

In Sepúlveda gibt's ein hervorragendes Besucherzentrum, das **Centro de Interpretación** (☎921 54 05 86; www.miespacionatural.es; Calle del Conde de Sepúlveda 34; ⊙10–19 Uhr; 👪)

mit einer aufschlussreichen Dauerausstellung über den Naturpark. Es ist in einem Teil der Iglesia de Santiago untergebracht.

Richtung Westen am Río Duero entlang

PEÑAFIEL

5620 EW.

Peñafiel ist das Tor zur Weinbauregion Ribera del Duero und eine tolle Anlaufstelle, um die berühmten Weine der Region besser kennenzulernen.

Sehenswertes

Castillo de Peñafiel BURG, MUSEUM

(Museo Provincial del Vino; Eintritt zur Burg 3 €, inkl. Museum 6 €, Audioguides 2 €; Di–So 11–14.30 & 16.30–20.30 Uhr) Dramatisch wacht die Burg aus großer Höhe über Peñafiel. Sie beherbergt das hochmoderne **Museo Provincial del Vino**, das die Geschichte der lokalen Weine erzählt. Dank der interaktiven Ausstellungen, Dioramen, der toll beleuchteten Tafeln und der Computer ist es ausgesprochen unterhaltsam, außerdem kann man hier an einer Weinprobe teilnehmen: Diese kostet 6 €, wenn man auf eigene Faust probiert, und 9 €, wenn ein sachkundiger Experte dabei ist. Wer kein Spanisch spricht, benötigt unbedingt einen Audioguide (erhältlich auf Englisch und Französisch).

Einen Besuch lohnt auch die Festung selbst, eine der längsten und schmalsten **Burgen** in Spanien. Ihre zinnenbewehrten Mauern und Türme ziehen sich auf einer Breite von nur 20 m über 200 m lang hin. Mit ihrem Bau begann man schon im 11. Jh., endgültig fertiggestellt wurde sie aber erst 400 Jahre später.

DIE WEINBAUREGION RIBERA DEL DUERO

Möglicherweise sind die großartigen Vintage-Weine aus Ribero del Duero – mit etwa 9229 ha die größte Weinbauregion Kastilien-Leóns – die ältesten Spaniens. Anspruchsvolle spanische Weinliebhaber verkünden immer wieder, dass die Tropfen aus dieser Region den berühmteren Rioja-Weinen in nichts nachstehen.

Enormer Beliebtheit erfreuen sich die Rebsorten Tempranillo, Cabernet-Sauvignon, Malbec und Merlot. Spaniens am meisten gefeierter (und teuerster) Wein, der Vega Sicilia, kommt ebenfalls von hier.

Allerdings stehen nicht alle der mehr als 200 Weingüter für Führungen und Verkostungen offen (darunter leider auch das des Vega Sicilia), einige jedoch schon. Eine vollständige Liste liefert die Broschüre *Guía Enoturística*, die man in der Touristeninformation in Peñafiel bekommt. Eine weitere gute Quelle ist die Website www.rutadelvinoriberadelduero.es. Bei allen Bodegas muss man sich im Vorfeld telefonisch anmelden. Wer sich nicht traut, kann sich in der Touristeninformation von Peñafiel helfen lassen.

Zu den bekannteren Weingütern, die Führungen und Weinproben anbieten, zählen neben vielen weiteren auch die folgenden:

Matarromera (983 10 71 00; www.matarromera.es; Valbuena de Duero)

Legaris (983 87 80 88; www.legaris.es; Curiel de Duero)

Protos (983 87 80 11; www.bodegasprotos.com; Calle Bodegas Protos 24–28; Führungen 10 €; Di–Fr 10–13 & 16.30–18, Sa & So 10–13 & 16.30–18.30 Uhr) Liegt seltsamerweise mitten in Peñafiel.

Neben Direktverkäufen auf den Weingütern selbst gibt's in Peñafiel zahlreiche Weinhandlungen. Die Händler kennen ihre Weine in- und auswendig und die meisten haben jeden erhältlichen Tropfen aus dem Anbaugebiet Ribera del Duero im Angebot. Weinhandlungen sind u.a.:

Ánagora (Calle Derecha al Coso 31; Mo–Sa 10.30–14 & 16.30–20, So 10.30–14 Uhr)

Enoteca Zaguán (Calle Derecha al Coso 45; Di–Sa 10.15–14 & 16.15–20.30, Mo 10.15–14 Uhr)

Vinos Ojos Negros (Plaza de San Miguel de Reoyo 1; Mo–Fr 9–14 & 17–20, Sa 9–14 & 16–20 Uhr)

Palacio del Vino (Plaza de los Comuneros 2; Mo–Sa 10–14 & 17–20, So 10–14 Uhr)

Plaza del Coso PLATZ

Einer der ungewöhnlichsten Plätze Spaniens ist die rechteckige Plaza del Coso aus dem 15. Jh. Sie wurde als eine der ersten tatsächlich als Platz angelegt und gilt als einer der wichtigsten Vorläufer der *plazas mayores* in ganz Spanien. Noch heute wird sie für Stierkämpfe und feierliche Anlässe genutzt. An der Plaza stehen Gebäude mit schönen Fachwerkfassaden.

Schlafen & Essen

Hotel Convento Las Claras HISTORISCHES HOTEL €€

(☎983 87 81 68; www.hotelconventolasclaras.com; Plaza de los Comuneros 1; EZ/DZ 115/130 €; ❄📶🏊) Ein unerwarteter Fund im kleinen Peñafiel ist dieses coole, elegante Hotel. Die in einem ehemaligen Kloster untergebrachte Bleibe bietet dezente, luxuriöse Zimmer, ein Spa mit Thermalbädern und Anwendungen sowie ein exzellentes Restaurant mit einer sorgfältig zusammengestellten Weinkarte. In der Cafeteria bekommt man leichtere Mahlzeiten.

Hotel Castillo de Curiel HISTORISCHES HOTEL €€€

(☎983 88 04 01; www.castillodecuriel.com; Zi. ab 140 €) Unmittelbar nördlich des Dorfes gibt's in Curiel de Duero mit diesem Hotel eine weitere nette Unterkunft. Es liegt in einer der ältesten Burgen (9. Jh.) der Region und ist eine tolle Wahl für Romantiker. Gäste kommen in schönen Zimmern voller Antiquitäten und mit traumhaften Blicken unter. Das dazugehörige Restaurant hat einen guten Ruf.

Praktische Informationen

Touristeninformation (www.turismopenafiel.com; Plaza del Coso 31–32; ⏲Di–So 10.30–14.30 & 17–20 Uhr)

An- & Weiterreise

Vier bis fünf Busse fahren täglich ins 60 km westlich gelegene Valladolid (4,70 €, 45 Min.).

Richtung Osten am Río Duero entlang

EL BURGO DE OSMA

5270 EW. / 943 M

12 km östlich von San Esteban de Gormaz erwartet Traveller eine echte Überraschung, denn El Burgo de Osma war einst so bedeutend, dass es eine eigene Universität hatte. Heute wirkt der Ort ein wenig heruntergekommen und verströmt eine Atmosphäre bröckelnder Eleganz. Beherrscht wird er von der recht bemerkenswerten Kathedrale.

Sehenswertes

Viele Besucher betreten den alten Ortskern über die breite **Calle Mayor**, deren Arkaden von einer Phalanx steinerner und hölzerner Säulen getragen werden. Die Straße führt zur **Plaza Mayor** mit dem **ayuntamiento** aus dem 18. Jh. und dem prächtigeren **Hospital de San Agustín**. Hier liegt auch die Touristeninformation.

Wer El Burgo nahe der Kathedrale auf der Plaza de San Pedro de Osma verlässt und dann links zum Dorf Osma abbiegt, gelangt zu den Ruinen des im 10. Jh. errichteten **Castillo de Osma** hoch über dem Dorf.

Catedral KATHEDRALE

(Plaza de San Pedro de Osma; ⏲Di–So 10.30–13 & 16–19 Uhr) Die Kathedrale erhebt sich an der Plaza de San Pedro de Osma. Mit dem Bau der ursprünglich romanischen Kirche begann man im 12. Jh., setzte die Arbeiten im gotischen Stil fort und beendete diese schließlich mit einem beeindruckenden wuchtigen Barockturm. Im Innern sind Kunstschätze wie der **Hauptaltar** aus dem 16. Jh. und der sogenannte **Beato de Osma** – ein wertvoller Kodex (Manuskript) aus dem 11. Jh., der in der Capilla Mayor aufbewahrt wird – zu sehen. Ebenso interessant ist die lichtdurchflutete runde **Capilla de Palafox**, ein seltenes Beispiel des Klassizismus in dieser Region.

Schlafen & Essen

Posada del Canónigo HISTORISCHES HOTEL €€

(☎975 36 03 62; www.posadadelcanonigo.es; Plaza San Pedro de Osma 19; EZ/DZ inkl. Frühstück 50/65 €; ❄📶) El Burgos schönste Unterkunft ist in einem stattlichen Gebäude aus dem 16. Jh. untergebracht. Von einigen der charmanten altmodischen Zimmer, die alle unterschiedlich und beinahe zu gewollt wirken, blickt man direkt auf die Kathedrale. Es gibt zwei gemütliche Aufenthaltsräume, einer davon hat einen Kamin und eine Bibliothek.

Hotel II Virrey HOTEL €€

(☎975 34 13 11; www.virreypalafox.com; Calle Mayor 2; EZ/DZ/Suite 65/95/135 €; ❄📶) Kürzlich hat dieses Hotel eine neue Inneneinrichtung bekommen und lockt nun mit einer verrückten Mischung aus altem spanischen Charme und Moderne. Die Gemeinschaftsbereiche werden dominiert von goldüberzogenem Mobiliar, Porzellanputten, Lüstern und der geschwungenen Treppe. Im Februar und März gehen die Preise in die Höhe, denn dann kommen scharenweise Besucher zum rituellen Schlachten *(matanza)* der Schweine und den darauf folgenden All-you-can-eat-Gelagen für 46 € pro Person – kein schlechter Preis für ein so außergewöhnliches Esserlebnis. Es gibt sogar ein Schweinemuseum. Zum Hotel gehören ein gutes Restaurant und eine Cafeteria, in der man leichtere Mahlzeiten bekommt.

Hostal Mayor 71 HOSTAL €
(☎975 36 80 24; www.mayor71.es; Calle Mayor 71; EZ/DZ 42/48 €; 📶) Gute, zentrale Unterkunft mit einfachen, modernen Zimmern. Die schönsten haben Blick auf die Calle Mayor. Auch ein paar nahe gelegene Apartments werden vermietet.

Casa Engracia GRILLGERICHTE €
(Calle Ruiz Zorrilla 3; Hauptgerichte 8–14 €; ⌚Di–So, Mo mittags) Eines der wenigen Restaurants der Stadt, das auch unter der Woche offen ist. Hier kommen bodenständige Fleisch- und Fischgerichte auf den Tisch.

ℹ Praktische Informationen

Touristeninformation (www.burgosma.es; Plaza Mayor 9; ⌚Mi–So 10–14 & 16–19 Uhr)

ℹ An- & Weiterreise

Busse verbinden El Burgo mit Soria (3,50 €, 50 Min., 2-mal tgl., So 1-mal tgl.) und Valladolid (10,15 €, 2 Std., 3-mal tgl.).

PARQUE NATURAL DEL CAÑÓN DEL RÍO LOBOS

15 km nördlich von Burgos erstreckt sich ein schöner Naturpark mit schroffen Felslandschaften und einer großartigen tiefen Flussschlucht, der eine Vielzahl von Geiern und anderen Raubvögeln beherbergt. 4 km von der Straße entfernt stößt man auf die romanische **Ermita de San Bartolomé**. Man kann noch weiter in den Park hineinwandern, wildes Zelten ist jedoch verboten. Wer zwischen El Burgo de Osma und San Leonardo de Yagüe durch den Park fährt, sollte sich auf keinen Fall den traumhaften Blick am **Mirador de La Galiana** entgehen lassen, der von der SO920 aus ausgeschildert ist.

Camping Cañón del Río Lobos (☎975 36 35 65; camping.riolobos@hotmail.com; Stellplatz pro Person/Zelt/Auto 5/5/6,25 €; ⌚Ostern–Mitte Sept.; 🏊) liegt in der Nähe von Ucero. Von der Serpentinenstraße, die Richtung Norden die Schlucht heraufführt, bieten sich einige schöne Ausblicke in Richtung Ucero.

BERLANGA DE DUERO

1020 EW. / 978 M

Berlanga de Duero erstreckt sich 15 km östlich von Gormaz und wird von der eindrucksvollen **Burgruine** überschattet, die durch die rund um den Fuß des Hügels verlaufende Befestigungsmauer vergrößert wird. Weiter unten steht die gedrungene **Colegiata de Santa María del Mercado**, eine schöne spätgotische Kirche mit Sternengewölbe. Die Gegend um die hübsche Plaza Mayor mit einem Renaissancehaus verströmt einen gewissen staubigen Charme. Mehr darüber erfährt man bei der **Touristeninformation** (☎975 34 34 33; www.berlangadeduero.es; Plaza Mayor 9; ⌚10–14 & 16–19 Uhr, Okt–Mai nur Sa & So).

RUND UM BERLANGA DE DUERO

8 km südöstlich von Berlanga de Duero stößt man auf die **Ermita de San Baudelio** (Eintritt 1 €; ⌚Juni–Aug. 10–14 & 17–21 Uhr, restliches Jahr kürzere Öffnungszeiten), hinter deren schlichtem Äußeren sich ein bemerkenswerter mozarabischer Innenraum verbirgt. In der Mitte des Kirchenschiffs fächert sich ein großer Pfeiler palmenartig auf und geht in feine Hufeisenbogen über.

Weitere 17 km Richtung Süden thront auf einem Hügel das steinerne Dorf **Rello**, das noch einen Großteil seiner mittelalterlichen Verteidigungsmauern besitzt und wie von der Zeit vergessen wirkt. Die Ausblicke von der Südseite des Ortes sind erstklassig. Wer hier eine Nacht verbringen möchte, findet mindestens eine *casa rural*.

Soria

39 990 EW. / 1055 M

Soria ist eine der kleineren und am seltensten besuchten Provinzhauptstädte des Landes. Mit einem ansprechenden und kompakten alten Ortskern, einer Reihe von beeindruckenden Baudenkmälern unten am Fluss und einer schönen Lage im Herzen des kastilischen Hinterlandes am Río Duero eignet es sich wunderbar, um dem touristischen Spanien zu entfliehen.

👁 Sehenswertes

Monasterio de San Juan de Duero RUINE
(Camino Monte de las Ánimas; Eintritt 0,60 €, Sa & So frei; ⌚Di–Sa 10–14 & 17–20, So 10–14 Uhr) Die auffallendste Sehenswürdigkeit Sorias ist dieses wunderbar atmosphärische und teilweise in Ruinen liegende Kloster, dessen frei stehende und auf graziöse Weise miteinan-

der verwobene Bogen kunstvoll Mudejar- und romanische Einflüsse miteinander verbinden. Jedes Kapitell sieht anders aus. Im Innern sollte man sich die Schnitzereien mit ihrer intensiven Bildersprache genauer ansehen. Die Anlage liegt von der Altstadt aus hügelabwärts am Ufer des Flusses.

Ermita de San Saturio HISTORISCHES GEBÄUDE
(Paseo de San Saturio; Eintritt frei; ⌚Di–Sa 10.30–14 & 16.30–19.30 Uhr) Ein schöner Spaziergang vom Monasterio de San Juan de Duero 2,3 km am Fluss entlang Richtung Süden führt vorbei an der Kirche der einstigen Tempelritter aus dem 13. Jh., dem Monasterio de San Polo (nicht öffentlich zugänglich). Später kommt man zur reizvollen barocken Ermita de San Saturio.

Die Einsiedelei ist eins der am schönsten gelegenen Bauwerke Kastilien-Leóns. Das achteckige Gebäude hockt hoch oben über dem Flussufer und über der Höhle, in der der Schutzheilige von Soria einen Großteil seines Lebens verbracht hat. Man klettert durch eine Reihe faszinierender in den Fels gehauener Zimmer, doch am spektakulärsten ist die Capilla. Die Kapelle mit ihren außergewöhnlichen Fresken liegt im oberen Teil des Komplexes.

Concatedral de San Pedro CHRISTLICHE STÄTTE
(Calle de San Agustín; Kreuzgang Eintritt 1 €; ⌚Kreuzgang Mo 11–13, Di–So 10.30–13.30 & 16.30–19.30 Uhr) Läuft man den Hügel wieder Richtung Altstadt hinauf, stößt man auf die Concatedral de San Pedro mit ihrer Fassade im Platereskstil. Der **Kreuzgang** aus dem 12. Jh. ist der charmanteste Teil des Gebäudes. Seine feinen Bogen werden von schlanken Doppelpfeilern getragen, die wiederum von Kapitellen mit floralen Motiven und Darstellungen von Menschen und Tieren gekrönt sind.

Casco Viejo ALTSTADT
Die schmalen Straßen des *casco viejo* (Altstadt) laufen auf die Plaza Mayor zu. Seinen Reiz verdankt der Platz seiner mangelnden Gleichförmigkeit, dem schönen **ayuntamiento** im Renaissancestil sowie der **Iglesia de Santa María la Mayor** mit ihrer schmucklosen romanischen Fassade und dem düsteren, obgleich goldverzierten Inneren. Einen Block weiter nördlich erhebt sich der majestätische **Palacio de los Condes Gomara** (Calle de Aguirre) aus dem 16. Jh. Oberhalb der wunderbar altmodischen Bar Casino Amistad liegt Sorias neuestes Museum, die **Casa de los Poetas** (3. Stock, Calle Mayor 23; Eintritt frei; ⌚Di–So 10–14 & 16–20 Uhr). Es ist Antonio Machado und anderen spanischen Dichtern mit Verbindung zu der Stadt gewidmet. Weiter nördlich erreicht man die schöne romanische **Iglesia de Santo Domingo** (Calle de Santo Tomé Hospicio; ⌚7–21 Uhr). Ihr kleines, kunstvoll verziertes Portal ist etwas ganz Besonderes, vor allem bei Sonnenuntergang, wenn der rote Stein zu leuchten beginnt. An der im 12. Jh. errichteten romanischen **Iglesia de San Juan de Rabanera** (Calle de San Juan de Rabanera; ⌚vor & nach der Messe) sind Anflüge gotischer und sogar byzantinischer Kunst zu sehen.

Museo Numantino MUSEUM
(Paseo del Espolón 8; Erw./erm. 1,20 €/frei; ⌚Di–Sa 10–14 & 17–20, So 10–14 Uhr) Archäologiefans mit passablen Spanischkenntnissen werden hier ihre Freude haben, denn das gut sortierte Museum widmet sich Funden aus antiken Stätten in der Provinz Soria (besonders aus Numancia). Die Exponate reichen von Mammutknochen bis zu Keramik und Schmuck. Begleitet werden sie von detaillierten Beschreibungen der historischen Entwicklungen in verschiedenen wichtigen keltiberischen und römischen Siedlungen.

Feste & Events

Fiestas de San Juan y de la Madre de Dios LOKALE FIESTA
In der zweiten Junihälfte feiern Sorias zwölf *barrios* (Stadtviertel) bereits seit dem 13. Jh. die Fiestas de San Juan y de la Madre de Dios. Am wichtigsten Tag, dem *Jueves* (Donnerstag) *La Saca*, präsentiert jeder Bezirk einen Stier, gegen den am nächsten Tag gekämpft wird. Am Tag nach dem Stierkampf kann man das Fleisch der Tiere ersteigern und danach bis in die frühen Morgenstunden des Sonntags und länger feiern.

Schlafen

Hostería Solar de Tejada BOUTIQUE-HOTEL €
(☎975 23 00 54; www.hosteriasolardetejada.es; Calle de Claustrilla 1; EZ/DZ 52/56 €; ❄📶) Ein attraktives Boutique-Hotel in der Fußgängerzone der Altstadt und eine der besten Unterkünfte der Stadt. Die individuell gestalteten Zimmer sind drollig, haben einen künstlerischen Touch und verfügen über geflieste Bäder.

Hotel Soria Plaza Mayor HOTEL €€
(☎975 24 08 64; www.hotelsoriaplazamayor.com; Plaza Mayor 10; EZ/DZ/Suite 65/72/91 €; ❄@) Tolle Zimmer, die ganz unterschiedlich eingerichtet wurden und entweder auf die Pla-

za Mayor oder eine ruhige Nebenstraße hinausgehen. Es gibt so viele Balkone, dass selbst einige Bäder welche haben. Die Suiten sind äußerst komfortabel.

Hotel Ruiz HOSTAL €
(☎975 22 67 01; www.hostalruiz.com; Calle Numancia 49; EZ/DZ 35/50 €; ❄@) Nur wenige Minuten vom lebendigen Stadtzentrum entfernt liegt das Ruiz, das einen Touch besser als das durchschnittliche *hostal* ist. Die blitzblanken und komfortablen Zimmer warten mit hellen Holzfußböden und strahlend weißen Stoffen auf.

Hotel Leonor Centro HOTEL €€
(☎975 23 93 03; www.hotel-leonor.com; Plaza Ramón y Cajal 5; EZ/DZ 64,50/113 €; ❄📶) Direkt an der Fußgängerzone in der Altstadt und sehr zentral zu allen wichtigen Punkten liegt dieses schöne Fünfsternehotel mit stilvollen, modernen Zimmern in leuchtenden Farben und ebenso modernen Bädern mit Schieferwänden.

Essen & Ausgehen

Fast alle Restaurants versammeln sich rund um die wichtigsten Plätze, die Plaza El Salvador, die Plaza Ramón Benito Aceñal und die Plaza Mayor. Sorias überraschend lebendiges Nachtleben konzentriert sich rund um die Plaza Ramón Benito Aceñal, genauso lebendig geht's an der Plaza San Clemente an der Calle Mayor zu.

Casa Augusto KASTILISCHE NOUVELLE CUISINE €€
(☎975 21 30 41; www.casaaugusto.com; Plaza Mayor 5; Hauptgerichte 12–20 €) Die Casa Augusto ist eine edle Adresse mit einem intimen Speisesaal, einer umfangreichen Weinkarte und einem wunderbar professionellen Service. Wer sich nicht entscheiden kann, sollte den Kellner nach der Liste mit den beliebtesten Gerichten des Jahres fragen. *Pie sucio rellenos* (gefüllte Schweinefüße) ist aus irgendeinem Grund immer dabei. Die *albondigas caseras con setas* (hausgemachte Fleischbällchen mit Pilzen) schmecken göttlich. Reservierung empfohlen.

Mesón Castellano KASTILISCH €€
(☎975 21 30 45; Plaza Mayor 2; Hauptgerichte 13–30 €) Eine örtliche Institution mit Deckenbalken, von der Decke hängenden Schinken und Wänden, die mit Fotos des lokalen Fußballteams gepflastert sind. Hier werden einige der besten Tapas der Stadt sowie köstliche Speisen wie *cabrito asado* (Braten vom Zicklein) aufgetischt.

Fogon del Salvador KASTILISCH €€
(Plaza El Salvador 1; Hauptgerichte 14,50–22 €; 🖉) Ein gastronomischer Klassiker. Die Weinkarte ist schier endlos und im großartigen Holzofen werden saftige Fleischgerichte zubereitet. Überraschenderweise gibt's auch ein solides Angebot an vegetarischen Gerichten sowie *raciones* seltener Gerichte wie *anguila ahumada* (Räucheraal).

Capote SANDWICHES €
(Plaza Ramón Benito Aceñal; montaditos 1,20 €; 👪) Wer sich durchs Gedränge zur Theke dieser günstigen Bar durchgekämpft hat, kann sich mit leckeren und vielfältigen *montaditos* (Canapés) den Bauch vollschlagen.

Praktische Informationen

Regionale Touristeninformation (☎975 21 20 52; www.turismocastillayleon.com; Calle de Medinaceli 2; ⏲9.30–14 & 17–20 Uhr)
Städtische Touristeninformation (Plaza de Mariano Granados 1; ⏲Di–So 10–14 & 16–20 Uhr)

An- & Weiterreise

BUS Der **Busbahnhof** (☎975 22 51 60; Avenida de Valladolid) liegt etwa 15 Gehminuten westlich vom Zentrum. Von hier fahren regelmäßige Busse nach Burgos (10,80 €, 2½ Std.), Madrid (14,99 €, 2½ Std.), Valladolid (15,15 €, 3 Std.) und in größere Provinzstädte.

ZUG Der **Bahnhof** (Carretera de Madrid) befindet sich 2,5 km südwestlich vom Zentrum. Zwischen Soria und Madrid (18,25 €, 2¾ Std., 3-mal tgl.) verkehren mehrere Züge, ansonsten gibt's aber kaum Direktverbindungen.

Rund um Soria

NUMANCIA

Einsam und windgepeitscht liegen die römischen Ruinen von **Numancia** (www.numanciasoria.es; Erw./erm./Kinder unter 13 Jahren 4/3 €/frei, Sa & So Eintritt frei; ⏲Di–Sa 10–14 & 16–20, So 10–14 Uhr) 8 km nördlich von Soria. Sie lassen nur noch wenig von der langen Geschichte der Siedlung erahnen, die schon in der Bronzezeit bewohnt war. Numancia war einer jener Orte, die sich der römischen Herrschaft beharrlich widersetzten. Schließlich hungerte Scipio, der Karthago erobert hatte, die Stadt aus, sodass sie sich 134 v. Chr. doch noch unterwerfen musste. Im römischen Reich war sie eine wichtige Station auf dem Weg von Caesaraugustus (Zaragoza) nach Astúrica Augusta (Astorga). Heute gibt's hier nur noch die Steinmauerreste zu sehen, die wohl eher Archäologen als Gelegenheitsbesucher interessieren.

Man erreicht die Stätte, indem man von Soria auf der N111 rund 5 km Richtung Norden fährt und dann den Schildern nach Garray folgt.

SIERRA DE URBIÓN & LAGUNA NEGRA

In der Sierra de Urbión nordwestlich von Soria erstreckt sich die wunderschöne, wie ein schwarzer Spiegel glänzende **Laguna Negra** (Schwarzer See). Der kleine Gletschersee liegt am Fuße mächtiger Felswände in einer teilweise bewaldeten Bergregion und befindet sich etwa 18 km nördlich vom Dorf **Vinuesa**. Er ist über eine kurvenreiche, landschaftlich reizvolle Straße zu erreichen; öffentliche Verkehrsmittel gibt's hier allerdings nicht. Der etwas holprige Weg endet an einer kleinen **Touristeninformation** (Juni–Okt.). Zum See sind es weitere 2 km, entweder zu Fuß oder mit dem Bus (hin & zurück 1 €, Abfahrt Juni–Okt. 10–14 & 16–18.30 Uhr alle 30 Min.), der 300 m vom Ufer entfernt hält. Vom See führt ein steiler Pfad hoch zur Laguna de Urbión in La Rioja bzw. zum Gipfel des Pico de Urbión oberhalb des Dorfes Duruelo de la Sierra sowie zu einer Reihe weiterer winziger Gletscherseen.

CALATAÑAZOR

40 EW. / 1071 M

Calatañazor, eines der romantischsten Hügeldörfer in Kastilien-León, bietet sich für einen schönen Abstecher an. Von der nur etwa 1 km entfernten Fernstraße kann man die Siedlung nicht sehen. Sie hat den Charme eines zerfallenden mittelalterlichen Örtchens. Besucher betreten die verwinkelten Pflastersträßchen durch ein Tor und wandern durch enge Gassen, die von ockerfarbenen Häusern aus Stein und Lehmziegeln mit rot geziegelten Dächern und konischen Schornsteinen gesäumt werden. Hier wurden Szenen des Films *Doktor Schiwago* gedreht.

Über dem Ort thront die Ruine der früheren maurischen Festung, die Calatañazor seinen Namen gab – dieser stammt vom arabischen *Qala'at an-Nassur*, wörtlich „Zitadelle des Geiers", ab. Die Aussicht von den Mauern und Türmen ist einzigartig, sowohl nach unten auf die Dächer als auch nach Norden über ein endloses Feld, das **Valle de la Sangre** (Tal des Blutes). Hier fand 1002 eine legendäre Schlacht statt, in der der maurische Herrscher Al-Mansur (auf Spanisch Almanzor) besiegt wurde.

Es gibt auch eine **Kirche** und ein paar Geschäfte mit lokalen Produkten. Wer hier die Nacht verbringen möchte, kann zwischen drei gut ausgeschilderten *casas rurales* wählen.

Calatañazor wird weder von Bussen noch von Zügen angesteuert. Das Dorf liegt 1 km nördlich der N122; die gut ausgeschilderte Abfahrt befindet sich 29 km westlich von Soria und 27 km nordöstlich von El Burgo de Osma.

Südlich von Soria

MEDINACELI

820 EW. / 1270 M

Das moderne Örtchen nördlich der A2 ist das heutige Äquivalent eines Kuhdorfes, während das alte Medinaceli als eines der schönsten *pueblos* (Dörfer) in Kastilien-León gilt. Es erstreckt sich 3 km weiter nördlich auf einem langen windgepeitschten Kamm.

Sehenswertes

Zusätzlich zu den im Folgenden angeführten Sehenswürdigkeiten birgt der Ort noch die einigermaßen interessante gotische **Colegiata de Santa María** (Plaza de la Iglesia; Eintritt mittels Spende; Di–So 11–14 & 16–19 Uhr) und die stimmungsvollen Überreste der Synagoge **San Román**.

Doch der Charme der Siedlung erschließt sich Besuchern erst dann, wenn sie durch die stillen kopfsteingepflasterten Gassen streifen und an den charmanten Steinhäusern entlangspazieren. Letztere erinnern an die Adelsfamilien, die im Ort lebten, nachdem dieser 1124 an die Reconquista gefallen war. In der Gegend zwischen der Plaza de Santiueste und der reizenden, teilweise von Kolonnaden gesäumten **Plaza Mayor** zeigt sich Medinaceli von seiner besten Seite. In dem ältesten Gebäude, der **Alhóndiga** aus dem 16. Jh., wurde früher Korn gelagert und verkauft.

Palacio Ducal ARCHITEKTUR, KUNSTMUSEUM

(Plaza Mayor; Eintritt 2 €; 10–20 Uhr) Dieser größtenteils aus dem 17. Jh. stammende Palast blickt auf die Plaza Mayor. In den Gebäuden rund um den zweistöckigen Hof aus der Renaissancezeit gibt's regelmäßig hochwertige Ausstellungen moderner Kunst zu sehen. Eins der Zimmer ist mit einem römischen Mosaik aus dem 2. Jh. verziert.

Römische Stätten RUINE

Einst war Medinaceli ein strategisch wichtiger römischer Vorposten. Den Ortseingang schmückt ein **Arco Romano** (römischer Triumphbogen) aus dem 1. Jh. n. Chr., auf der Plaza San Pedro ist ein **Mosaik** (aus einer römischen Villa) unter Glas zu bewundern, ein weiteres im Palacio Ducal.

Feste & Events

Festival Internacional de Música MUSIK
(im Juli an Wochenenden) Samstags und/oder sonntags im Juli finden in der Colegiata de Santa María größtenteils klassische Konzerte mit internationalen Musikern statt.

Schlafen & Essen

Beide Hotels haben gute Restaurants – La Ceramica ist gemütlicher, die Küche des Bavieca kreativer.

LP TIPP **La Ceramica** LANDHOTEL €€
(975 32 63 81; www.laceramicacasarural.es; Calle de Santa Isabel 2; EZ/DZ 50/55 €, DZ inkl. Frühstück & Abendessen 91 €; Mitte Dez.–Jan. geschl.;) Die hübsche Ceramica sollte einen Preis für das freundlichste Personal, die beste Lage im alten Ort und das günstigste Angebot bekommen. Die Zimmer sind gemütlich und haben ordentlich rustikalen Charme; Nr. 22 im Dachgeschoss ist hinreißend, und im Apartment CR2 mit vier Betten fühlt man sich wie zu Hause. Gäste müssen mindestens zwei Nächte buchen. Das Restaurant ist genauso hervorragend.

Hostal Rural Bavieca BOUTIQUE-HOTEL €€
(975 32 61 06; ww.bavieca.net; Calle Campo de San Nicolás 6; EZ/DZ inkl. Frühstück 55/75 €;) Vielleicht ist der Stil der Zimmer in diesem atmosphärischen Haus nicht jedermanns Sache, doch dafür sind sie erstklassig ausgestattet.

Asador de la Villa El Granero KASTILISCH €€
(975 32 61 89; Calle de Yedra 10; Hauptgerichte 13,75–19,75 €; Juli & Aug. tgl. mittags und abends, Sept.–Dez. & Feb.–Juni Mi–Mo mittags, Jan. geschl.) Das gut ausgeschilderte Restaurant mit einem Verkauf lokaler Produkte gilt als das beste des Ortes. Die *setas de campo* (Waldpilze) sind eine hiesige Spezialität. Am Wochenende sollte man im Voraus reservieren.

Iglesia Convento Santa Isabel SÜSSIGKEITEN €
(Calle de Campo San Nicolás; Kekse ab 6 €; 10–14 & 16–19 Uhr) In diesem schönen Kloster backen die Nonnen leckere Kekse und andere Süßigkeiten; man läutet die Glocke und trifft dann durch das Drehfenster seine Wahl unter den Leckereien.

Praktische Informationen

Touristeninformation (975 32 63 47; Calle Campo de San Nicolás; Mi–So 10–14 & 16–19 Uhr) Am Eingang zum Dorf gleich um die Ecke vom Triumphbogen.

An- & Weiterreise

Vor dem *ayuntamiento* im neuen Ortsteil starten täglich zwei Busse nach Soria (5,50 €, 45 Min.). Zwischen dem alten und dem neuen Viertel verkehren keine Busse und zu Fuß ist das leider ein steiler Anstieg.

SANTA MARÍA DE LA HUERTA

370 EW.

In diesem relativ unbedeutenden Ort kurz vor der Grenze zu Aragonien befindet sich ein wunderbares **Zisterzienserkloster** (Eintritt 3 €; Mo–Sa 10–13 & 16–18, So 10–11.15 & 16–18.30 Uhr), das 1162 gegründet wurde und bis zur Säkularisierung 1835 von Mönchen bewohnt war. 1930 durften die Mönche wieder zurückkehren; heute leben hier 25 Zisterzienser. Bevor man das Gebäude betritt, lohnt sich ein Blick auf die beeindruckende Fassade der Kirche mit ihrer großartigen Fensterrose.

Im Kloster selber läuft man durch zwei Kreuzgänge, von denen der zweite schöner ist als der erste. Er ist bekannt als **Claustro de los Caballeros** und im spanisch-gotischen Stil gehalten. Die Medaillons in der zweiten Etage mit Wappen und verschiedenen Büsten von Berühmtheiten wie Christoph Kolumbus verleihen ihm jedoch eine gelungene Note im Platereskstil. Abseits des Kreuzgangs liegt der *refectorio* (Speisesaal) aus dem 13. Jh. Auffällig ist das Fehlen von Säulen, die das Gewölbe tragen.

Jeden Tag verkehren ein paar Busse zwischen Soria und dem Ort.

Kastilien-La Mancha

Inhalt »

Toledo 216
Talavera de la Reina 226
Ciudad Real 227
Albacete 232
Cuenca 234
Guadalajara 240
Pastrana 240
Sigüenza 241

Gut essen

» Calle Mayor (S. 243)
» Alfileritos 24 (S. 224)
» El Corregidor (S. 230)

Schön übernachten

» Casa de Cisneros (S. 221)
» Palacio de la Serna (S. 228)
» La Casa del Rector (S. 229)
» Posada de San José (S. 236)
» Hotel Albamanjón (S. 230)
» Antiguo Palacio de Atienza (S. 244)
» Parador de Sigüenza (S. 243)

Auf nach Kastilien-La Mancha

Kastilien-La Manchas facettenreiche Landschaft besteht aus hügeligen, von der fruchtbaren roten Erde gefärbten Ebenen, die bis zum fernen Horizont von Olivenhainen, Weizenfeldern und Weinbergen durchzogen sind. In der Heimat von Don Quichotte trifft man überall auf Spuren des fiktionalen Ritters, z. B. auf einige pittoreske Windmühlen. Hier präsentiert sich Spanien wirklich wie im Bilderbuch, als Land mit herzhafter Küche, Käse und Wein, einsamen Burgen auf Hügeln und Orten voller Kirchen.

Als bekannteste Stadt der Region gilt das prächtige Toledo, ein Freilichtmuseum mit mittelalterlichen Bauwerken und kulturellen Sehenswürdigkeiten. Einen Besuch lohnt auch das atemberaubende Cuenca, das jeden Augenblick von seinem Felsgrat oberhalb einer steilen Schlucht abzustürzen droht. Zu entdecken gibt's außerdem stille bergige Gebiete wie die Sierra de Alcaraz und die Serranía de Cuenca.

Reisezeit

Toledo

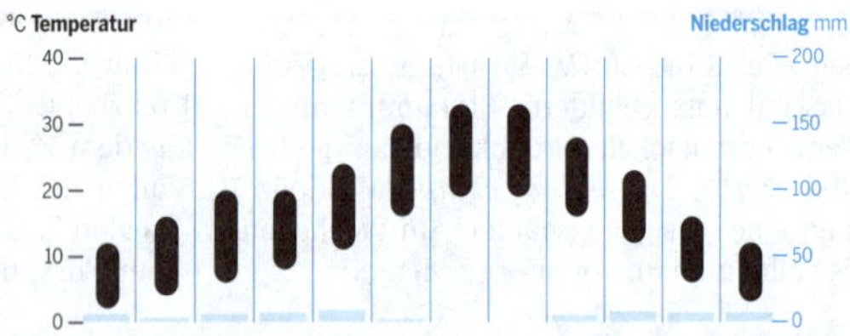

März & April Bunte Wildblumen bilden einen herrlichen Kontrast zur grünen Landschaft.

Mai Jetzt lassen sich Toledos und Cuencas mittelalterliche Straßen wunderbar erkunden.

Sept. & Okt. Eine tolle Zeit für Wandertouren durch die Naturparks und Dörfer.

Highlights

1. Durch **Toledos** (S. 216) Straßen schlendern und die herrliche Architektur erkunden
2. Im mittelalterlichen **Atienza** (S. 244) entspannen
3. Oberhalb von **Consuegra** (S. 231) das ultimative Windmühlenfoto schießen
4. In einer der Uferbars unter der Burg von **Alcalá del Júcar** (S. 233) ein erfrischendes Bier genießen
5. Das Museo de Arte Abstracto Español im außergewöhnlichen **Cuenca** (S. 234) anschauen
6. Den hübschen Platz und das historische Theater im bezaubernden **Almagro** (S. 229) bewundern
7. Sich beim Besuch der **castillos** der Region wahrhaft königlich fühlen
8. Lokale Weine mit einem reifen bröckeligen Stück **Manchego-Käse** probieren
9. Im schönen **Sigüenza** (S. 241) die Kathedrale, die Burg auf dem Hügel und großartige Restaurants entdecken

Toledo

83 110 EW. / 655 M

Auch wenn Toledo zu Spaniens kleineren Provinzhauptstädten gehört, spielte es in der Geschichte des Landes eine große Rolle als religiöses Zentrum und Bollwerk der spanischen Kirche. Im Mittelalter galt die florierende Stadt als Aushängeschild einer multikulturellen Gesellschaft. Heute ist die Altstadt eine Schatztruhe voller Kirchen, Museen, Synagogen und Moscheen in einem Labyrinth aus engen Gassen, Plätzen und Innenhöfen hoch über dem Río Tajo.

Tagsüber wird das attraktive Toledo aufgrund seiner Nähe zu Madrid von zahlreichen Reisegruppen besucht. Am besten bleibt man bis zum Abend. Dann gehört die Stadt wieder ihren Bewohnern und in den Straßen herrscht ein ganz anderes stimmungsvolles Ambiente.

Geschichte

Schon vor den Römern war Toledo dicht besiedelt. Später wurde es zur Hauptstadt des auf die Römerzeit folgenden westgotischen Königreichs. Nachdem die Mauren Toledo 711 erobert hatten, entwickelte es sich rasch zur Hauptstadt einer unabhängigen arabischen *taifa* (kleines Königreich) und zu Spaniens Zentrum für Kunst und Bildung.

1085 marschierte Alfons VI. in Toledo ein. Kurz danach erhob der Vatikan es zum religiösen Mittelpunkt der katholischen Kirche in Spanien. Anfangs lebten Christen, Juden und Muslime einigermaßen gut zusammen, aber als Juden und Muslime gezwungen wurden, zu konvertieren oder Toledo zu verlassen, verlor die Stadt mehrerer Religionen die Basis ihres sozialen und wirtschaftlichen Lebens. Als Philipp II. Mitte des 16. Jhs. Madrid zur Hauptstadt machte, begann in Toledo der Niedergang.

Sehenswertes

Viele Sehenswürdigkeiten von Toledo liegen in der Altstadt und lassen sich gut zu Fuß erkunden.

LP TIPP Catedral KATHEDRALE

(Plaza del Ayuntamiento; Erw./Kind 7 €/frei; ⌚Mo–Sa 10.30–18.30, So 14–18.30 Uhr) Toledos Kathedrale spiegelt die historische Bedeutung der Stadt als Herz des katholischen Spaniens wider.

Bereits in den ersten Tagen der westgotischen Besiedlung befand sich an dieser Stelle ein Sakralbau. Während der muslimischen Herrschaft erhob sich hier Toledos Hauptmoschee, die 1085 zerstört wurde. Die heutige Kathedrale entstand ab dem 13. Jh. und ist im Wesentlichen ein Werk der Gotik, offenbart daneben aber auch viele andere Einflüsse, etwa aus dem Mudejarstil und der Renaissance. Aus der Zeit der Westgoten blieb der bis heute praktizierte einzigartige mozarabische Ritus erhalten. Diese Liturgie des 6. Jhs. durfte weiterbestehen, nachdem Kardinal Francisco Jiménez de Cisneros seine Berechtigung auf die Probe gestellt hatte, indem er Messbücher in einem Glaubensfeuer verbrennen ließ; sie überstanden es mehr oder weniger unversehrt.

Im monumentalen Inneren teilen massive Säulen den Raum in fünf Schiffe. Jede der zahlreichen Kapellen an den Seiten birgt Kunstschätze.

Der **tesoro** (Kirchenschatz) imponiert mit glitzernder Pracht. Sein bedeutendstes Kunstwerk, die Custodia de Arfe, besteht aus 18 kg reinem Gold und 183 kg Silber. 260 Statuetten schmücken die Monstranz aus dem 16. Jh. Ihren großen Tag hat sie an Fronleichnam (S. 229), wenn sie bei der Prozession durch die Straßen der Stadt getragen wird.

In der Mitte des Langschiffs prägen Skulpturen und ein reich verziertes Chorgestühl den **coro** (Chor). Der untere Teil aus dem 15. Jh. zeigt mehrere Phasen der Eroberung von Granada.

Meisterstück des Hauptaltars in der extravaganten **Capilla Mayor** ist der *retablo* (Altaraufsatz) mit bemalten Holzskulpturen, die Szenen aus dem Leben Jesu und der Jungfrau Maria darstellen; er wird von Königsgräbern flankiert. Die Fensterrose oberhalb der **Puerta del Reloj** trägt die älteste der großartigen Glasmalereien in der Kathedrale. Hinter dem Hauptaltar befindet sich das **Transparente**, ein hypnotisierendes Werk aus dem 18. Jh. im Stil des *churrigueresco* (aufwendig verzierter Barockstil), das von einem kunstvoll in die Kuppel darüber gemeißelten Oberlicht beleuchtet wird.

Bemerkenswert sind auch der einfache Kreuzgang mit der **Capilla de San Blas** und

MIT DER ROLLTREPPE

Der **remonte peatonal** (⌚Mo–Fr 7–22, Sa 8–2, So 8–23 Uhr), der nahe der Puerta de Alfonso VI beginnt und zum Monasterio de Santo Domingo El Antiguo führt, erspart einem den steilen Aufstieg in die historische Altstadt.

TOP-AUSBLICKE

Für einen herrlichen Blick auf die Stadt läuft man über die Puente de Alcántara ans andere Ufer des Río Tajo und folgt dort der Straße nach rechts. Mit jedem Schritt wird der Ausblick fantastischer. Um noch mehr fotogene Ansichten der Kathedrale und des Alcázars zu erhaschen, kann man auch auf den Turm der **Iglesia San Ildefonso** (Iglesia de los Jesuitas; Plaza Juan de Mariana 1; Eintritt 2,50 €; ⏲10–18.45 Uhr) steigen, eine der sicher seltenen Kirchen mit Cola-Automat. Zum Essen mit tollem City-Panorama ist **La Ermita** (www.laermitarestaurante.com; Carretera de Circunvalación; Hauptgerichte 18–22 €, Degustationsmenü 48 €), unschlagbar. Auf der kurzen Speisekarte steht gehobene spanische Küche.

ihren gotischen Gräbern und imposanten Fresken, die vergoldete **Capilla de Reyes Nuevos** sowie die **Sala Capitular** (der Kapitelsaal) mit ihrem über 500 Jahre alten *artesonado* (Mudejarkassettendecke aus Holz) und den Porträts aller Erzbischöfe von Toledo.

Das Highlight bildet die **Sacristía** (Sakristei), in der sich eine Galerie mit Meisterwerken von El Greco, Zurbarán, Caravaggio, Titian, Raphael, Velázquez und anderen befindet. Die dicht gehängten, spärlich beleuchteten Gemälde kommen nicht optimal zur Geltung, geben aber eine erstaunliche Sammlung auf kleinem Raum ab. In einer Nebenkammer sollte man sich die spektakuläre maurische Standarte ansehen, die 1340 in der Schlacht von Salado erobert wurde.

Für 3 € extra hat man Zutritt zum Obergeschoss des Kreuzgangs und zum Glockenturm, der einen herrlichen Blick über das historische Zentrum von Toledo bietet.

Alcázar FESTUNG, MUSEUM

(Museo del Ejército; Calle Alféreces Provisionales; Erw./Kind 5 €/frei; ⏲Juni–Sept. Di–Do 10–21 Uhr, Okt.–März bis 19 Uhr) An der höchsten Stelle der Stadt erhebt sich der imposante Alcázar. Abd ar-Rahman III. errichtete hier im 10. Jh. eine *al-qasr* (Festung), die später von Christen umgebaut wurde. Die Architekten Alonso Covarrubias und Juan de Herrera verwandelten sie für Karl I. in eine königliche Residenz, aber dann zog der Hof nach Madrid um und das Gebäude wurde letztendlich in eine Militärakademie umgeformt.

Zu Beginn des Spanischen Bürgerkriegs 1936 wurde der Alcázar bei der Belagerung durch republikanische Milizen stark beschädigt. Der erbitterte Widerstand der Soldaten und die berühmte Weigerung des Kommandeurs Moscardó, der selbst im Tausch gegen das Leben seines Sohnes nicht aufgeben wollte, machten die Festung zu einem mächtigen Nationalsymbol.

Franco ließ den Alcázar wieder aufbauen, und vor Kurzem eröffnete darin ein riesiges Militärmuseum, dessen Personal, passend zur Kriegsgeschichte, strenge Befehle bellt. Zu sehen gibt's die üblichen Uniformen und Medaillen, doch das Beste ist die umfassende historische Abteilung. Auf Spanisch und Englisch vermittelt sie einen detaillierten Überblick zur Geschichte Spaniens. Wenn man am Ende des 19. Jhs. ankommt, betteln die Füße um Erbarmen, aber es ist Erlösung in Sicht: Der Bürgerkrieg wird in nur einem Absatz abgehakt, um Kontroversen zu vermeiden. Man kann sich jedoch eine Nachbildung von Moscardós Büro ansehen. Weitere Highlights sind der monumentale zentrale Innenhof, den Habsburger Wappen schmücken, und archäologische Überreste aus maurischer Zeit.

Sinagoga del Tránsito SYNAGOGE

(http://museosefardi.mcu.es; Calle Samuel Leví; Erw./Kind 3/1,50 €, inkl. Museo del Greco 5 €; ab 14 Uhr und So ganztägig Eintritt frei; ⏲April–Sept. Di–Sa 9.30–20 Uhr, Okt.–März Di–Sa 9.30–18.30 Uhr, ganzjährig So 10–15 Uhr) 1355 wurde die prachtvolle Synagoge mit Sondergenehmigung Peters I. errichtet. Toledos frühere *judería* (Judenviertel) beherbergte einst zehn Synagogen und nahm etwa 10 % des Gebiets innerhalb der Stadtmauer ein. Nach

PULSERA TURÍSTICA

Das **Pulsera Turística**, ein Armband (8 €), gewährt Eintritt in sechs bedeutende Sehenswürdigkeiten Toledos, die einzeln je 2,50 € kosten. Zeitlich gibt's keine Beschränkungen, man sollte es nur nicht verlieren. Erhältlich ist das Armband in allen Monumenten, die es abdeckt: das Monasterio San Juan de los Reyes, die Sinagoga de Santa María La Blanca, die Iglesia de Santo Tomé, die Iglesia del Salvador, die Iglesia San Ildefonso und die Mezquita del Cristo de la Luz.

Toledo

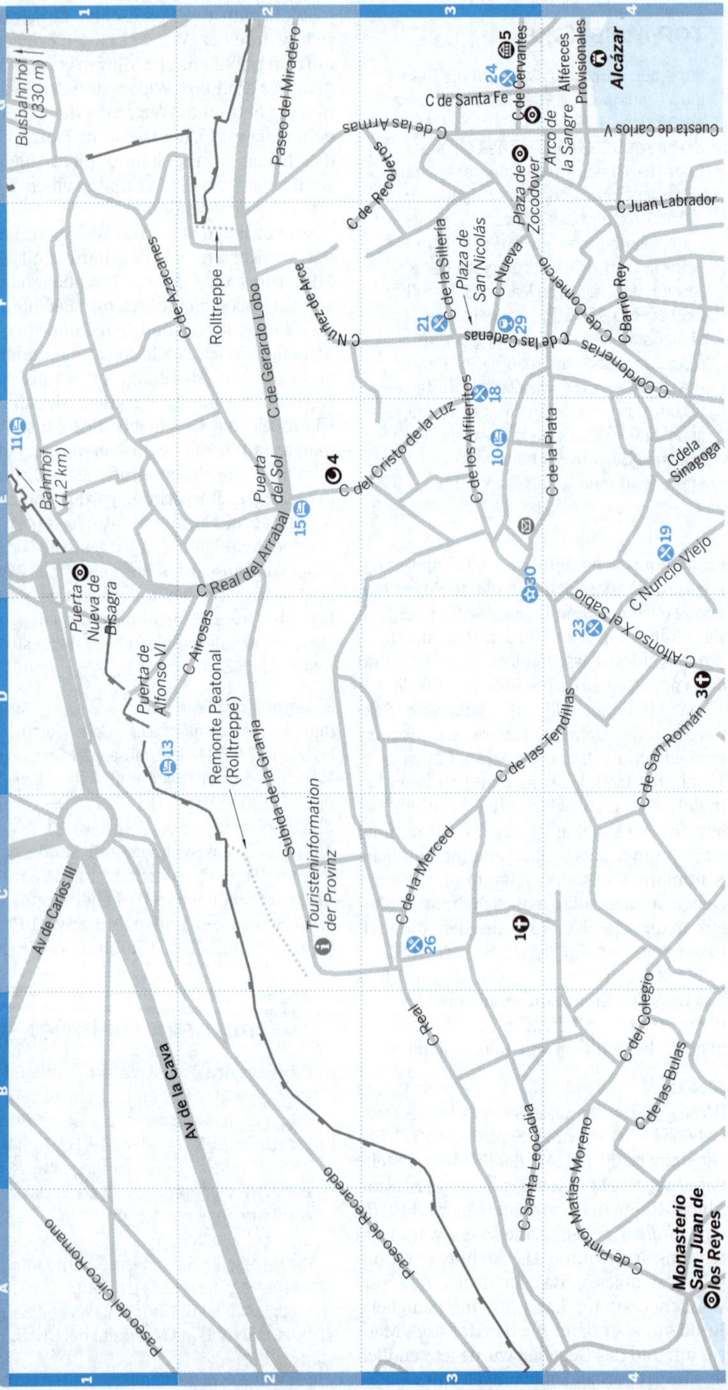
0
100 m
Busbahnhof (330 m)
Bahnhof (1,2 km)
11
Paseo del Miradero
C de Azacanes
Rolltreppe
C de Gerardo Lobo
Puerta del Sol
4
15
C Real del Arrabal
Puerta Nueva de Bisagra
C Airosas
Puerta de Alfonso VI
13
Remonte Peatonal (Rolltreppe)
Subida de la Granja
Touristeninformation der Provinz
Av de Carlos III
Av de la Cava
Paseo del Circo Romano
Paseo de Recaredo
C Real
C de la Merced
26
1
C de las Tendillas
C de San Román
3
C del Colegio
C de las Bulas
C Santa Leocadia
C de Pintor Matías Moreno
Monasterio San Juan de los Reyes
C Alfonso X el Sabio
23
C Nuncio Viejo
19
30
C del Cristo de la Luz
C de los Alfileritos
10
18
C de la Plata
Cdela Sinagoga
C Núñez de Arce
C de Recoletos
C de las Armas
C de la Sillería
21
Plaza de San Nicolás
C Nueva
29
C de las Cadenas
C de Comercio
C Cordonerías
C Barrio Rey
Plaza de Zocodover
Arco de la Sangre
Alféreces Provisionales
C de Santa Fe
24
C de Cervantes
5
Alcázar
Cuesta de Carlos V
C Juan Labrador
A
B
C
D
E
F
G
1
2
3
4

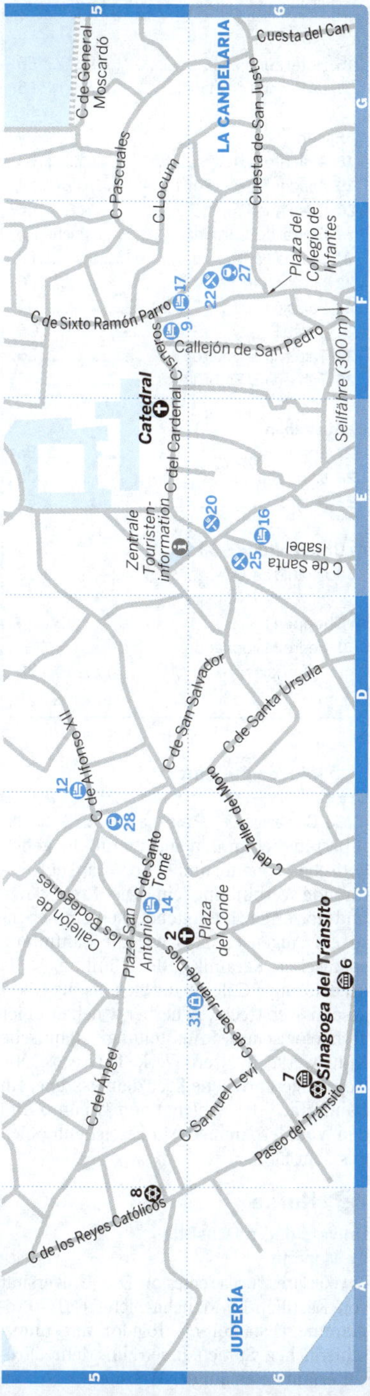

der Vertreibung der Juden aus Spanien 1492 wurde die Synagoge als Priorat, Klause und Kaserne genutzt. Heute befindet sich hier das **Museo Sefardí**. Die riesige Hauptgebetshalle wurde fachkundig restauriert und fesselt mit Mudejarornamenten sowie einer kunstvoll geschnitzten Holzdecke. In der Ausstellung vermitteln archäologische Funde, ein Gedenkgarten, Kleidungsstücke und zeremonielle Gegenstände Einblicke in die Geschichte jüdischen Lebens in Spanien.

Museo del Greco MUSEUM

(☎925 22 44 05; http://museodelgreco.mcu.es; Paseo del Tránsito; Erw./Kind 3/1,50 €, inkl. Sinagoga del Tránsito 5 €; ab 14 Uhr und So ganztägig Eintritt frei; ⏲April–Sept. Di–Sa 9.30–20 Uhr, Okt.–März Di–Sa 9.30–18.30 Uhr, ganzjährig So 10–15 Uhr) Im frühen 20. Jh. erwarb ein Aristokrat dieses Haus in dem Glauben, dass es El Greco gehört hatte, und restaurierte es beeindruckend im Stil der Epoche. Zwar irrte er, was den Besitzer anging, doch das Museum lohnt dennoch unbedingt einen Besuch. Neben dem Gebäude mit seinem hübschen Patio sind hier der ausgegrabene Keller einer Villa aus dem Judenviertel sowie eine erkleckliche Zahl von Gemälden zu bewundern, darunter eine Serie der Apostel von El Greco, ein Zurbarán sowie Werke von El Grecos Sohn und verschiedenen Schülern. Besucher erhalten gute Infos zum Leben des Malers und seiner Zeit und können den schönen Garten genießen.

Monasterio San Juan de los Reyes KLOSTER

(Calle San Juan de los Reyes 2; Eintritt 2,50 €; ⏲10–18.45 Uhr) Dieses große Franziskanerkloster samt der Kirche San Juan de los Reyes aus dem 15. Jh. ließen die Katholischen Könige Isabella und Ferdinand provokant mitten im Judenviertel errichten, um die Vorherrschaft ihres Glaubens zu demonstrieren. Ursprünglich wollten sich die beiden Herrscher hier beisetzen lassen, entschieden sich aber dann für Granada als letzte Ruhestätte, das sie erobert hatten.

Das Highlight ist der erstaunliche zweistöckige Kreuzgang, in dem sich der spätgotische untere Teil harmonisch mit dem oberen im Mudejarstil vereint. Mit herrlichen Skulpturen, Bogen und Gewölben, kunstvollen Zinnen und Wasserspeiern umrahmt er einen grünen Garten mit Orangenbäumen und Rosen. Schon beim ersten Anblick verschlägt es einem den Atem. In der Kirche nebenan hängen mehrere riesige Wappen der Katholischen Könige, die nie zurückhaltend in ihrer Selbstdarstellung waren.

Toledo

Highlights
Alcázar ... G4
Catedral ... E5
Monasterio San Juan de los Reyes ... A4
Sinagoga del Tránsito ... B6

Sehenswertes
1 Convento de Santo Domingo El Antiguo ... C3
2 Iglesia de Santo Tomé ... C5
3 Iglesia San Ildefonso ... D4
4 Mezquita del Cristo de la Luz ... E2
5 Museo de Santa Cruz ... G3
6 Museo del Greco ... C6
7 Museo Sefardí ... B6
8 Sinagoga de Santa María La Blanca ... A5

Schlafen
9 Casa de Cisneros ... F5
10 Casa de los Mozárabes ... E3
11 Cerro de Bú ... E1
12 Hostal Alfonso XII ... D5
13 Hostal del Cardenal ... D1
14 Hostal Santo Tomé ... C5
15 Hotel Abad ... E2
16 Hotel Eurico ... E6
17 La Posada de Manolo ... F5

Essen
18 Alfileritos 24 ... F3
19 Asador Palencia de Lara ... E4
20 Casa Aurelio ... E6
Hostal del Cardenal ... (siehe 13)
21 La Abadía ... F3
22 Madre Tierra ... F6
23 Palacios ... D4
24 Santa Fe ... G3
25 Taberna El Botero ... E6
26 Taberna El Embrujo ... C3

Ausgehen
27 Enebro ... F6
28 Garcilaso ... C5
29 Pícaro ... F3

Unterhaltung
30 Círculo de Arte ... E3

Shoppen
31 Pedro Maldonado Gonzalez ... B6

Sinagoga de Santa María La Blanca
SYNAGOGE

(Calle de los Reyes Católicos 4; Eintritt 2,50 €; 10–18.45 Uhr) Maurische Hufeisen- und Fächerbogen gliedern die fünf Schiffe dieser schönen Synagoge im Mudejarstil. Ursprünglich öffneten sich die oberen Bogen zu den Räumen für die Frauen; die Männer saßen unten. Bewunderung verdienen die Stuckarbeiten und die verzierten Kapitelle. Manche Besucher empfinden die Gegenwart von Nonnen und die eigenartige Ausstellung, die eine von konvertierten Juden gegründete katholische Organisation sponsert, als beleidigend.

Mezquita del Cristo de la Luz
MOSCHEE

(Calle Cristo de la Luz; Eintritt 2,50 €; Mo–Fr 10–14 & 15.30–18.45, Sa & So 10–18.45 Uhr) An den Nordhängen der Stadt stößt man auf die bescheidene, aber sehr hübsche Moschee aus dem Mittelalter, ein architektonisches Überbleibsel der maurischen Eroberer. Das um 1000 n. Chr. errichtete Gebäude erlitt das übliche Schicksal und wurde zu einer Kirche umgebaut, was an den religiösen Fresken deutlich zu erkennen ist. Seine Originalbogen und -gewölbe blieben jedoch erhalten.

GRATIS Museo de Santa Cruz
MUSEUM

(Calle Cervantes 3; Mo–Sa 10–18.30, So bis 14 Uhr) In diesem Bau aus dem 16. Jh. gehen gotische Elemente und Platereskstil eine betörende Verbindung ein. Die Kreuzgänge und hölzernen Kassettendecken sind ebenso ein Augenschmaus wie die Sammlung spanischer Keramik. Die stimmungsvolle kreuzförmige Galerie, die sich bis ins Obergeschoss erstreckt, beherbergt neben einer archäologischen Ausstellung flämische Kunstwerke, mehrere Werke El Grecos, eine Goya zugeschriebene Kreuzigungsszene, ein Banner aus der Schlacht von Lepanto und den wunderbaren Tierkreiszeichenteppich aus dem 15. Jh.

Kurse

Universidad de Castilla-La Mancha
SPANISCH

(www.uclm.es/fundacion/esto) Die Universität von Kastilien-La Mancha bietet ESTO-Programme (Español en Toledo) mit unterschiedlichen Sprachkursen an. Mehr darüber erfährt man auf der Website.

Feste & Events

Fronleichnam RELIGIÖSES FEST

Fronleichnam fällt auf den Donnerstag 60 Tage nach Ostersonntag. Die Feiern in Toledo gehören zu den schönsten in ganz Spanien. Mehrere Tage voller Festlichkeiten gipfeln in der Prozession, bei der auch die *Custodia de Arfe* (s. S. 216) zum Einsatz kommt.

Virgen del Sagrario LOKALE FIESTA

Am 15. August (Mariä Himmelfahrt) dürfen Gläubige vom Brunnenwasser der Kathedrale trinken, das angeblich wundersame Kräfte hat. Die Schlangen für einen Schluck aus dem *botijo* (Tonkrug) können sehr lang sein. Es ist auch das wichtigste Stadtfest von Toledo mit garantiert vielen Partys.

Schlafen

Dem breiten Angebot an Unterkünften steht eine große Zahl an Besuchern gegenüber, insbesondere von Juli bis September. Wer seinen Koffer nicht ewig durch die Pflasterstraßen schleppen möchte, sollte sein Zimmer rechtzeitig buchen.

LP TIPP **Casa de Cisneros** BOUTIQUE-HOTEL €€

(☎925 22 88 28; www.hostal-casa-de-cisneros.com; Calle Cardenal Cisneros; EZ/DZ inkl. Frühstück 55/75 €; ❄📶) In diesem schönen Haus aus dem 16. Jh. neben der Kathedrale residierte einst der Kardinal und Großinquisitor Cisneros (auch bekannt als Ximénes). Heute überzeugt die Top-Unterkunft mit gemütlichen verführerischen Zimmern, original erhaltenen Balken und Mauern sowie modischen Bädern. Im wundervollen Untergeschoss können Gäste einen Wein trinken und dabei die Überreste römischer Bäder und Teile eines maurischen Palasts aus dem 11. Jh. unter sich bestaunen.

Casa de los Mozárabes APARTMENT €€

(☎925 21 17 01; www.casadelosmozarabes.com; Callejón de Menores 10; Apt. 96–170 €; ❄📶👪) Die hervorragenden Apartments in einem historischen Haus an einer ruhigen Straße sind mit modernen Möbeln eingerichtet, die gut zu den offenen Ziegelwänden und originalen Elementen des Gebäudes passen. Im gemeinschaftlichen Loungebereich stehen eine Tischtennisplatte und einige Gewichte.

INSIDERWISSEN

ALEJANDRA ABULAFIA, DIREKTORIN VON DESTINO SEFARAD

Welche Bedeutung hat Toledo für die Geschichte der Sepharden (spanische Juden)? Es nahm eine Schlüsselrolle ein. Die bedeutendste Sehenswürdigkeit ist die Sinagoga del Tránsito – ein echtes Juwel. Errichtet wurde sie von Samuel Levi, dem Schatzmeister des Königs Peter I. Zu jener Zeit war der Bau von Synagogen verboten, aber da Peter Vertrauen zu Samuel hatte, erteilte er ihm die Erlaubnis. Das Gotteshaus ist sehr beeindruckend, sowohl in seiner Ausstattung als auch seinen Dimensionen. Außerdem gibt's die Sinagoga Santa María La Blanca und die Puerta del Cambrón, das Eingangstor zum jüdischen Viertel.

Welche anderen Orte sollte man auf den Spuren des jüdischen Spaniens gesehen haben? Segovia hat eine wundervoll rekonstruierte *judería* (Judenviertel) mit sehr schönen Fassaden. Dort befindet sich zudem das Centro Didáctico, das man unbedingt besuchen sollte. Genauso spektakulär ist die *judería* von Gerona in Katalonien. Auch Córdoba lohnt sich anzusehen: Die dortige Synagoge wurde als einzige nie in eine Kirche umgewandelt und die nahe gelegene Casa Sefarad ist fantastisch.

Wie viele Juden leben hier heute und wie viele waren es vor der Vertreibung 1492? Offiziell sollen es heute 40 000 sein, aber ich weiß nicht, ob wir wirklich so viele sind. Für die Vergangenheit nennt jeder Historiker andere Zahlen, sodass ich mich nicht gern festlegen möchte. Forschern zufolge wurden mindestens 200 000 vertrieben, wesentlich mehr konvertierten.

Gibt's im heutigen Spanien viel Intoleranz oder Rassismus gegen Juden? Nein. Viele Leute sind gegen Israel und manche denken, Juden und Israelis seien dasselbe. Aber im Allgemeinen hat sich die Einstellung geändert: Die Menschen interessieren sich heute sehr für unsere sephardische Geschichte.

Destino Sefarad (www.destinosefarad.es) ist eine kulturelle Organisation, die geführte Touren anbietet und über die jüdische Geschichte Spaniens informiert.

START PLAZA DE ZOCODOVER
ZIEL MONASTERIO SAN JUAN DE LOS REYES
LÄNGE 2–4 KM
DAUER 1½ BIS 2½ STUNDEN

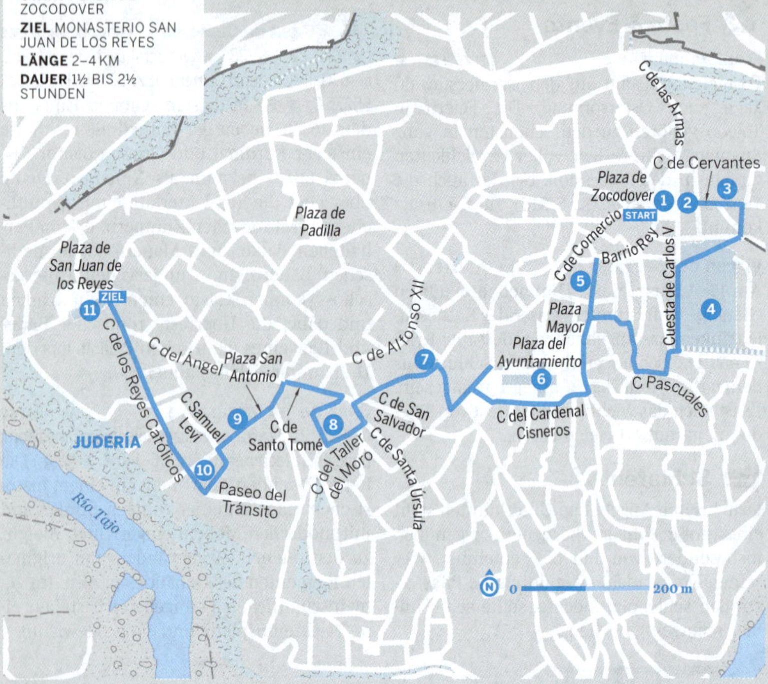

Stadtspaziergang

Streifzug durch die Geschichte

Bewaffnet mit Blasenpflaster bricht man zu einem Streifzug durch Toledo auf, bei dem sich viele Gelegenheiten für Umwege und Zerstreuung ergeben.

Los geht's an der zentralen 1 **Plaza de Zocodover**, jahrhundertelang Marktplatz der Stadt, Arena für Stierkämpfe und Standort der Scheiterhaufen während der Inquisition. An der Ostseite des Platzes unterquert man den 2 **Arco de la Sangre** und bewundert die Fassade des 3 **Museo de Santa Cruz**. Auf dem Hügel im Süden erhebt sich das Wahrzeichen Toledos, der 4 **Alcázar**. Hinter dem Prachtbau öffnet sich ein schöner Ausblick auf den Río Tajo. In Richtung Kathedralentürme geht's vorbei an den Überresten der 5 **Mezquita de las Tornerías** und bergab nach Westen zur 6 **Kathedrale**, dem spirituellen Zentrum des katholischen Spaniens. Von hier steuert man das nordwestlich gelegene 7 **Centro Cultural San Marcos** an, das in der San-Marcos-Kirche aus dem 17. Jh. untergebracht ist. Unter der eindrucksvollen Kuppel mit Deckenfresken werden zeitgenössische Kunstwerke präsentiert. Der südwestlich gelegene 8 **Taller del Moro** ist sehenswert wegen der klassischen Mudejararchitektur.

Bergab erreicht man den Kern des alten jüdischen Viertels. In den Läden der 9 **Calle de San Juan de Dios** kann man Schwerter bewundern, und hinter der 10 **Sinagoga del Tránsito** bietet sich wieder ein herrlicher Blick von der Felsspitze über den Fluss. Setzt man seinen Rundgang durch die Calle de los Reyes Católicos fort, kommt man zum prächtigen 11 **Monasterio San Juan de los Reyes.** Spaniens katholische Könige hofften, dass diese Kirche zum Symbol des Triumphes ihrer Religion über alle anderen werden würde. Sie ist ein guter Endpunkt des Spaziergangs, aber man kann auch noch bergab zum Fußweg am Fluss gehen, der im Halbkreis um die Altstadt führt und in der Nähe des Startpunkts endet.

Hostal del Cardenal HISTORISCHES HOTEL €€
(☎925 22 49 00; www.hostaldelcardenal.com; Paseo de Recaredo 24; EZ/DZ inkl. Frühstück 90/120 €; ❄📶) Alle Wände, Bogen und Säulen des wunderbaren Bürgerhauses aus dem 18. Jh. sind in warmen Ockertönen gestrichen. Die Zimmer wirken elegant und einladend und warten mit dunklem Mobiliar, vornehmen Stoffen sowie Parkettböden auf. Einige gehen auf die wunderschönen stufenförmigen Gärten hinaus.

Hotel Abad HOTEL €€
(☎925 28 35 00; www.hotelabad.com; Calle Real del Arrabal 1; DZ in der Woche/am Wochenende 74/123 €; P❄📶) Kompakt, hübsch und angenehm ist dieses Hotel an den unteren Hängen der Altstadt. Es hat ein gutes Preis-Leistungs-Verhältnis, oft sind die Preise sogar noch günstiger als hier aufgeführt. Moderner Komfort und alte Ziegel mischen sich sehr gelungen in den Zimmern; einige haben kleine Balkone, aber die hinteren Räume sind wesentlich leiser. Nebenan kann man auch Apartments mieten.

La Posada de Manolo BOUTIQUE-HOTEL €€
(☎925 28 22 50; www.laposadademanolo.com; Calle de Sixto Ramón Parro 8; EZ/DZ inkl. Frühstück 46/76 €; ❄📶) Jede Etage in dem eindrucksvollen Boutique-Hotel spiegelt mit ihrer Ausstattung und dem Dekor eine der drei Kulturen (christlich, islamisch und jüdisch) Toledos wider. Von der Terrasse genießt man atemberaubende Ausblicke auf die Altstadt und die Kathedrale.

Parador Conde de Orgaz HOTEL €€€
(☎925 22 18 50; www.parador.es; Cerro del Emperador; EZ/DZ 141/177 €; P❄📶🏊) Toledos flacher *parador* (ein luxuriöses, staatlich geführtes Hotel) hoch über dem Südufer des Río Tajo trumpft mit einer eleganten Innenausstattung sowie atemberaubenden Ausblicken auf. Er ist gut ausgeschildert; nachdem man die Brücke nordöstlich der Altstadt überquert hat, geht's rechts ab.

Hostal Santo Tomé HOSTAL €
(☎925 22 17 12; www.hostalsantotome.com; Calle de Santo Tomé 13; EZ/DZ 42/55 €; P❄📶) Wer sich in dem preiswerten *hostal* über einem Souvenirladen einquartiert, darf sich über geräumige Zimmer mit hellen Holzböden und -möbeln freuen. Den Bädern könnte man gut und gerne fünf Sterne verleihen, denn sie bieten Extras wie Schuhcreme und Haartrockner. Wenn man ein wenig Lärm am Wochenende toleriert, sollte man ein Zimmer mit Balkon nehmen. Parken kostet 10 €.

RABATTE AN WOCHENTAGEN

Wegen der zahlreichen Ausflügler aus Valencia, Murcia und Madrid sind die Hotelpreise in Toledo, Cuenca und vielen weiteren touristischen Orten am Wochenende beträchtlich höher als an Werktagen. Unter der Woche verlangen die Unterkünfte bis zu 30 % weniger.

Hotel Eurico HOTEL €€
(☎925 28 41 78; www.hoteleurico.com; Calle de Santa Isabel 3; EZ/DZ 79/89 €; ❄📶) Dieses Hotel verfügt über eine tolle Lage direkt unterhalb der Kathedrale, hilfsbereites Personal und komfortable moderne Räume ohne viel Schnickschnack in einem hübschen alten Haus mit Patio. Unter der Woche zahlt man deutlich weniger. Man sollte ein Zimmer weiter oben nehmen, die im Erdgeschoss sind etwas dunkel. Das Haus hat eine Vereinbarung mit einer Tiefgarage, aber sie ist nicht gerade nah, also zuerst das Gepäck ausladen.

Cigarral de Caravantes HOTEL €€
(☎925 28 36 80; www.cigarraldecaravantes.com; Ctra Circunvalación 2; Zi. in der Woche/am Wochenende 80/100 €; P❄📶🏊) Eine angenehme Alternative zum Zentrum von Toledo ist dieses Hotel etwas außerhalb an der Straße über den Tajo. Hier kann man das Stadtpanorama ohne Platz- und Parkplatzprobleme genießen. Die nette ländliche Unterkunft liegt nur wenige Minuten von der Altstadt entfernt. Die Zimmer verteilen sich auf drei Etagen und bieten von den Balkonen einen schönen Ausblick. In dem hübschen Anbau ist eine Bar. Hinter der Brücke zum Nordwesten der Altstadt geht's nach links.

Albergue San Servando HOSTEL €
(☎925 22 45 58; www.reaj.com; Subida del Castillo; B unter/über 30 Jahre 14,05/16,90 €; ❄@📶) Schon mal davon geträumt, wie ein Ritter oder Burgfräulein zu residieren? Dann auf in diese modern ausgestattete Jugendherberge in einer Burg aus dem 14. Jh.! Die Schlafsäle haben entweder zwei einzelne oder zwei Etagenbetten, eine Cafeteria sorgt für das Leibeswohl. Nur für HI-Mitglieder; man kann aber vor Ort beitreten (5 € bzw. 12 € für über 30-Jährige). Zur Herberge nimmt man die Brücke nordöstlich des Zentrums, überquert die Straße und läuft dann bergauf.

Hostal Alfonso XII. HOSTAL €

(☎925 25 25 09; www.hostal-alfonso12.com; Calle de Alfonso XII; Zi. 65 €; ❄📶) Das *hostal* liegt großartig in einem typischen Haus aus dem 18. Jh. mit verwinkelten Gängen und Treppen sowie kleinen kuriosen Zimmern. Es versprüht sehr viel Charme und ist außer samstags sehr preiswert (45 €).

Cerro de Bú HOSTEL €

(☎925 25 85 41; www.cerrodebu.es; Travesía del Potro 1; B 14 €; ❄📶) Nicht gerade leicht zu finden, aber dafür eine Oase der Ruhe ist dieses kleine gemütliche Hostel in einer ruhigen Wohngegend am Stadtrand (noch innerhalb der Stadtmauern). Oben gibt's zehn Betten im Schlafsaal, unten saubere Bäder, eine Lounge, eine kleine Küche und einen ruhigen Patio – das ist alles. Die Begrüßung durch das hilfsbereite Personal macht den Aufenthalt zu etwas Besonderem.

Essen

In Toledo gibt's jede Menge Restaurants, viele sind sehr touristisch. Eine gute Auswahl findet man in der Calle Alfonso X el Sabio und in den umliegenden verkehrsberuhigten Straßen wie der Calle de los Alfileritos und der Calle de la Sillería.

LP TIPP **Alfileritos 24** SPANISCHE NOUVELLE CUISINE €€

(www.alfileritos24.com; Calle de los Alfileritos 24; Hauptgerichte 15–21 €, Gerichte in der Bar 6–11 €; ⏲Gerichte in der Bar 9.30–24, Fr & Sa bis 1 Uhr) Pfeiler, Balken und eine gewölbte Decke versetzen Gäste in das 14. Jh. und harmonieren mit moderner Kunst und lichtdurchfluteten Speiseräumen rund um ein vierstöckiges Atrium. Die Karte verspricht eine Menge kreative Gerichte wie Tartar von Rotem Thun an Meeresalgen und Guacamole oder Wildlende mit Reinetten-Apfeltaschen. Die Bar im Erdgeschoss bietet gute Tapas und preiswerte Speisen, die man teilen kann.

La Abadía TAPAS €

(www.abadiatoledo.com; Plaza de San Nicolás 3; raciones 4–15 €) Ein wunderbarer Treffpunkt für Verliebte. Das atmosphärische Restaurant mit Bar ist in einem Palast aus dem 16. Jh. untergebracht und wartet mit Bogen, Nischen, einer sanften Beleuchtung und verschachtelten, mit Backstein verkleideten Räumen auf. Auf der Karte finden sich auch Tapas und leichte Gerichte wie *verduras a la parrilla* (gegrilltes Gemüse) – ideal für den kleinen Hunger.

Taberna El Embrujo TAPAS €€

(Calle Santa Leocadia 6; raciones 8–22 €) Nahe dem oberen Ende der Rolltreppe in die Altstadt liegt diese nette Bar. Sie hat einen ansprechenden mit Stein verkleideten Speiseraum und eine Terrasse an der gegenüberliegenden Straßenseite. Stets mit einem Lächeln werden tolle hochwertige Tapas-Delikatessen serviert, z. B. leckerer Tomatensalat, köstliche Gänseleber und verführerische Meeresfrüchte.

Hostal del Cardenal SPANISCH €€€

(☎925 22 49 00; www.hostaldelcardenal.com; Paseo de Recaredo 24; Hauptgerichte 16–27 €) Hier ist einer der schönsten Orte, um in Toledo draußen zu essen. Das Hotelrestaurant versteckt sich in einem privaten Garten mit eigenem Tor in der Stadtmauer und serviert klassische spanische Küche. Vorwiegend kommt gebratenes Fleisch auf den Tisch. Spanferkel und Lamm sind die beste Wahl. Es ist zwar etwas touristisch, aber die Lage macht den Besuch an einem warmen Sommerabend unvergesslich.

Madre Tierra VEGETARISCH €€

(☎925 21 34 24; www.restaurantemadretierra.com; Bajanda de la Tripería 2; Hauptgerichte 9–13 €; ⏲Mi–So mittags & abends, Mo mittags; 🖉) Mit seinen freiliegenden Backsteinbogen, sanften Ockerfarben und dem gedämpften Licht verströmt das kühle, gewölbeartige Lokal eine romantische Atmosphäre. Zur Auswahl stehen indische, asiatische und mediterran inspirierte vegetarische Gerichte wie Sushi, Moussaka, Pasta, *pakoras* (Gemüse in einem pikanten Teigmantel) und Salate. Reservierung empfohlen.

Casa Aurelio SPANISCH €€€

(☎925 22 77 16; www.casa-aurelio.com; Plaza del Ayuntamiento 4; Hauptgerichte 21–24 €; ⏲Di–Sa

VERRÜCKT NACH MARZIPAN

Kein Marzipan-Fan? Das könnte sich ändern, denn nirgendwo schmeckt es so gut wie hier. Toledo ist bekannt für die süße Sünde auf Mandelbasis, die zum Sortiment vieler Läden gehört. Die Marke **Santo Tomé** hat mehrere Filialen in der Stadt, eine davon an der **Plaza de Zocodover**. Selbst die einheimischen Nonnen beteiligen sich am Marzipangeschäft und bieten die Leckerei in fast allen Klöstern an.

mittags & abends, Mo mittags) Die drei Restaurants dieses Namens zählen zu Toledos besten, wenn es um traditionelle Küche geht (die anderen beiden liegen in der Calle de la Sinagoga 1 und 6). Wild, Gerichte aus frischen Produkten und Traditionsküche werden hier mit Elan zubereitet.

Taberna El Botero SPANISCH €€
(☎925 22 90 88; www.tabernaelbotero.com; Calle de la Ciudad 5; Hauptgerichte 18–24 €) In der Nähe der Kathedrale serviert das stimmungsvolle Bar-Restaurant raffiniert präsentierte Gerichte auf der Basis spanischer Zutaten wie Tintenfisch, Seehecht und Wild. Auch die fachgerecht zubereiteten Cocktails und Mixgetränke sind zu empfehlen.

Asador Palencia de Lara GRILLGERICHTE €€
(☎925 25 67 46; www.asadorpalenciadelara.es; Calle Nuncio Viejo 6; Hauptgerichte 17–20 €) Das elegante Lokal mit modernem Speisesaal in einem historischen Patio hat sich auf gegrillte Fleischgerichte spezialisiert und meistert seine Sache sehr gut. Die teuren Vorspeisen sollte man meiden und stattdessen an der Bar mit köstlichen Tapas für 2 € beginnen, bevor man eines der Hauptgerichte wählt. Die Weinkarte macht einen sehr preiswerten Eindruck, aber auf jede Flasche werden 8 € aufgeschlagen – warum, wissen wir nicht.

Palacios SPANISCH €
(www.hostalpalaciostoledo.com; Calle Alfonso X el Sabio 3; Menü 8,50–15,90 €, raciones 5–10 €; ⏲12–23 Uhr) Ein unprätentiöses Lokal, in dem sich etwas fleckige Glasscheiben, Deckenbalken und Service nach alter Schule mit traditioneller Küche mischen. Hunger? Dann ist eine Riesenschüssel der klassischen *judías con perdiz* (weiße Bohnen mit Rebhuhn) als Vorspeise genau das Richtige. Da das Palacios sehr beliebt ist, muss man wahrscheinlich auf einen Tisch warten.

Santa Fe SPANISCH €
(Calle de Santa Fe 6; Menü 8 €) Dieser Laden ist besser und um einiges günstiger als die Restaurants auf der nahe gelegenen Plaza de Zocodover. Wenn man etwas Leichteres essen möchte, sind die preiswerten *bocadillos* (belegte Baguettes) eine gute Wahl.

Ausgehen & Unterhaltung

Neben den hier aufgelisteten Optionen ist im Sommer auch die Plaza de Magdalena eine gute Adresse, wo in einem schattigen Hof mehrere Barbesitzer ihre Tische nach draußen stellen. In der Calle Cristo de la Luz gibt's ebenfalls viele Möglichkeiten. Die Studentenszene konzentriert sich auf die Straßen rund um die Plaza de San Nicolás.

Enebro BAR
(www.barenebro.com; Plaza San Justo 9; ⏲Mo–Fr 8–24, Sa & So 12–1 Uhr) Unter Bäumen auf einem hübschen Platz kann man bei kostenlosen Tapas und Musik à la Jimmy Hendrix wunderbar den Abend einläuten.

Círculo de Arte LIVEMUSIK
(www.circuloartetoledo.org; Plaza de San Vicente 2) Einer von mehreren Veranstaltungsorten, die mit mitreißender Livemusik aufwarten. In der stilvoll umgebauten Kapelle finden regelmäßig Konzerte (viele gratis) und Theatervorführungen statt.

Garcilaso BAR
(www.garcilasocafe.com; Calle Rojas 5; ⏲Mo–Do 19 Uhr–open end, Fr & Sa 16–6 Uhr, So 16 Uhr–open end) In diesem attraktiven Club auf mehreren Etagen gibt's von allem etwas: Tanzen bis spät in die Nacht am Wochenende, Comedy-Nights oder ruhige Nachmittage bei einem Cocktail oder Kaffee. In der Chill-Out-Zone oben kann man sich vom Tanzen ausruhen.

Pícaro BAR, CAFÉ
(☎925 22 13 01; www.picarotoledo.com; Calle de las Cadenas 6; ⏲So–Mi 16–2.30, Do–Sa bis 6 Uhr) Die beliebte Café-Bar bietet eine große Auswahl an *copas* (Mixgetränken) und freitags abends gibt's meist Livemusik. An Wochenenden geht nach 2.30 Uhr die Post ab.

Shoppen

Toledo ist bereits seit Jahrhunderten für seine kunstvollen Schwerter berühmt, die quasi an jeder Ecke verkauft werden. Großer Beliebtheit erfreuen sich auch die *damasquinado*-Arbeiten (feine Gold- oder Silbereinlegearbeiten nach arabischer Handwerkstradition). Wer sich dafür interessiert, ist bei **Pedro Maldonado** (☎925 21 38 16; Calle San Juan de Dios 10) richtig, einem der zahlreichen Shops an dieser Straße.

Praktische Informationen

Im Stadtzentrum bieten zahlreiche *locutorios* (private Callcenter) preiswerte Telefongespräche und Internetzugang an.

Touristeninformation der Provinz (www.diputoledo.es; Subida de la Granja; ⏲Mo–Sa 10–17, So bis 15 Uhr)

Zentrale Touristeninformation (☎925 25 40 30; www.toledo-turismo.com; Plaza del Ayuntamiento; ⏲10–18 Uhr)

An- & Weiterreise

Zu vielen größeren Zielen muss man über die spanische Hauptstadt Madrid reisen.

Von Toledos **Busbahnhof** (Avenida de Castilla La Mancha) verkehren täglich außer sonntags etwa halbstündlich Busse (ab 5,25 €, 1 Std.) nach Madrid, einige fahren durch, andere halten in verschiedenen Dörfern. Darüber hinaus gibt's Verbindungen nach Albacete (15 €, 2¾ Std.) und Cuenca (12,80 €, 2¼ Std.).

Von dem hübschen **Bahnhof** (902 24 02 02; Paseo de la Rosa) fährt der Hochgeschwindigkeitszug AVE etwa stündlich nach Madrid (10,60 €, 30 Min.).

Unterwegs vor Ort

Auto Das Autofahren in der Altstadt ist ein Albtraum, aber es gibt hier zahlreiche Tiefgaragen. Hotelgäste mit Reservierung bekommen Zugang zu manchen mit Pollern blockierten Bereichen. Am Fuß der Altstadt gibt's einige größere kostenlose Parkplätze.

Bus Praktische Verbindungen (1,40 €) bestehen zwischen der Plaza de Zocodover und dem Busbahnhof (Bus 5) sowie dem Bahnhof (Busse 61 und 62). Bus 12 fährt eine Schleife durch die Altstadt.

Rund um Toledo

BURGEN

Rund um Toledo kann man zahlreiche Burgen in unterschiedlichstem Erhaltungszustand entdecken. Viele sind nur mit dem Auto zu erreichen.

20 km südöstlich von Toledo an der CM42 steht die Ruine der arabischen Burg **Almonacid de Toledo**. Ein paar Kilometer weiter stößt man im Dorf **Mascaraque** auf eine kleinere Festung. In Mora kann man das aus dem 12. Jh. stammende **Castillo Peñas Negras** besuchen; es befindet sich 3 km außerhalb der Stadt auf dem Gelände einer prähistorischen Nekropole. Folgt man dem sandigen Weg bis hoch zur Burg, wird man mit einer atemberaubenden Aussicht auf die umliegenden Ebenen belohnt. Zu einer Stippvisite verlockt auch die charmante Kleinstadt **Orgaz** mit ihrer hübschen, gut erhaltenen **Festung** (Eintritt 3 €; Sa & So 10–13 Uhr). Am Wochenende gibt's stündlich Führungen; die Tickets muss man vorher in der **Touristeninformation** (Calle Prado de Lucas; Di–Fr 9–14 & 16–18, Sa & So 10–13.30 Uhr) gegenüber kaufen.

30 km südwestlich von Toledo erhebt sich über dem Tal des Río Torcón die Ruine des gewaltigen **Castillo de Montalbán**. Die Templerburg aus dem 12. Jh. hat nur sporadisch geöffnet, aber es macht auch Spaß, einfach in der Gegend umherzustreifen.

DER WESTEN

Dichte Wälder und eine faszinierende Mischung aus weiten Ebenen und imposanten Bergen: Der Westen zaubert so manche Überraschung aus dem Ärmel.

Talavera de la Reina

88 670 EW.

Talavera de la Reina, seit Langem bekannt für seine Keramik, versprüht jede Menge nostalgischen Charme. Ein Paradebeispiel unter den zahlreichen mit Kacheln verzierten Gebäuden ist die goldblaue Fassade des **Teatro Victoria** nahe der Plaza del Padre Juan de Mariana.

Innerhalb der alten Stadtmauer befindet sich das **Museo Ruiz de Luna** (Plaza de San Agustín; Eintritt 0,60 €; Di–Sa 10–14 & 16–18.30, So 10–14 Uhr), das in dem hübschen Ziegelsteingebäude eines Klosters eine Sammlung lokaler Tonwaren aus dem 16. bis 20. Jh. beherbergt. Zeitgenössische Töpferarbeiten werden in den Fabriken und Geschäften in der Straße Richtung Westen zur A5 hin angeboten.

Die **Touristeninformation** (925 82 63 22; www.turismo.talavera.org; Calle Palenque 2; Mo–Fr 9.30–14 & 17–19, Sa & So 10–14 Uhr) stellt ebenfalls Keramik aus.

Der Busbahnhof liegt im Stadtzentrum. Busse zwischen Madrid und Badajoz halten regelmäßig in Talavera de la Reina und etwa stündlich gibt's Verbindungen nach Toledo (ab 5,30 €, 1½ Std.).

Rund um Talavera de la Reina

OROPESA

Eine Übernachtung im reizenden Dorf Oropesa, etwa 34 km westlich von Talavera, ist sehr zu empfehlen. Über dem Ort thront die **Burg** (Erw./Kind 3/1,50 €; Di–Sa 10–14 & 16–18, So 11–14 Uhr) aus dem 14. Jh. Von oben schweift der Blick über die Ebenen Richtung Norden bis hin zur mächtigen Sierra de Gredos.

Gleich gegenüber der Festung am selben Innenhof steht ein Palast aus dem 14. Jh., in dem Spaniens zweitältester **Parador** (925

EL GRECO IN TOLEDO

Der 1541 auf Kreta geborene Domenikos Theotokopoulos, bekannter als El Greco (Der Grieche), lernte sein Handwerk als Ikonenmaler und studierte später die Werke Tizians und Tintorettos. Auf dieser Basis entwickelte er einen ausgeprägten eigenen Stil. Heute nehmen seine Werke einen hohen Rang im Pantheon der europäischen Kunst ein.

Nachdem er in Venedig und Rom zum Renaissancemaler ausgebildet worden war, ging El Greco 1577 nach Spanien und ließ sich in Toledo nieder, wo ihn mehrere Mäzene unterstützten. Unter mangelndem Selbstbewusstsein litt der Maler nicht unbedingt: „So sicher, wie die Bezahlung unter dem Wert meines erhabenen Werkes liegt, so sicher werde ich als eines der größten Genies der spanischen Malerei in die Geschichte eingehen", lautete eine seiner Aussagen.

El Greco, ein aneckender, überheblicher und extravaganter Mensch, liebte das Leben auf großem Fuß. Als es jedoch mit Toledo bergab ging, verringerten sich auch die Einnahmen des Künstlers. Obwohl die späten Arbeiten zu seinen besten zählen, konnte er oftmals die Miete nicht bezahlen; und 1614 starb er hoch verschuldet. Erst im 19. Jh. begannen die Leute seine Werke wieder zu schätzen. Ihre prägnante Farbgebung und die fast abstrakte Darstellung einiger seiner Figuren verleihen El Grecos in Spanien entstandenen Gemälden einen hohen Wiedererkennungswert.

In der **Iglesia de Santo Tomé** (www.santotome.org; Plaza del Conde; Eintritt 2,50 €; ⏲10–18, im Sommer bis 19 Uhr) hängt El Grecos Meisterwerk *El Entierro del Conde de Orgaz* (Das Begräbnis des Grafen Orgaz). Als der Graf 1322 beerdigt wurde, sollen Augustinus von Hippo und Stephanus vom Himmel herabgestiegen sein, um der Bestattung beizuwohnen. In El Grecos Version zählen außerdem er selbst, sein Sohn und Cervantes zu den Trauergästen. Das nahe Museo del Greco zeigt eine umfangreiche Sammlung von Gemälden El Grecos und seiner Schüler.

Eines der ältesten Klöster der Stadt, das **Convento de Santo Domingo El Antiguo** (☎925 22 29 30; Plaza de Santo Domingo el Antiguo; Eintritt 2 €; ⏲Mo–Sa 11–13.30 & 16–19, So 16–19 Uhr), birgt frühe Auftragsarbeiten von El Greco, weitere Gemälde und unterschriebene Verträge des Künstlers. Durch ein Loch im Boden kann man in die Krypta mit dem Holzsarg von El Greco sehen.

Weitere Bilder sind im Museo de Santa Cruz sowie in der *sacristía* der Kathedrale zu sehen.

43 00 00; www.parador.es; EZ/DZ 114/142 €; P❄📶) untergebracht ist. Im Gegensatz zu vielen anderen *paradores* punktet er mit historischer Authentizität. Die Zimmer sind groß, luxuriös und mit schweren Brokatvorhängen sowie Antiquitäten ausgestattet. Hier hat sich auch schon der englische Schriftsteller Somerset Maugham einquartiert; sein überschwängliches Lob ist in der Lobby nachzulesen. Im Inneren des ehemaligen Palastes kann man San Pedro de Alcántaras Schlafräume besichtigen.

Unterhalb der Burg liegt die Unterkunft **La Hostería** (☎925 43 08 75; www.lahosteriadeoropesa.com; Plaza del Palacio 5; EZ/DZ inkl. Frühstück 50/65 €; P❄). Sie verfügt über sehr hübsche, individuell eingerichtete Zimmer und ein beliebtes Restaurant (Hauptgerichte 8–14 €) mit einem Innenhof voller schöner Blumen.

Von Talavera de la Reina fahren drei- oder viermal am Tag Busse hierher.

DER SÜDEN

Der Süden verkörpert das, was viele mit La Mancha verbinden: flache Ebenen, die sich bis zum Horizont erstrecken, einzelne Bauernhöfe und Windmühlen. Im Vergleich dazu ist der Südosten erstaunlich grün und üppig und wartet mit Flüssen, Naturparks sowie wunderhübschen Dörfern auf.

Ciudad Real

74 800 EW.

Obwohl es einst das königliche Gegenstück zu Toledo war, ist Ciudad Real heute eine gewöhnliche spanische Arbeiterstadt. Trotzdem wirkt das Zentrum mit seinen verkehrsberuhigten Einkaufsstraßen und der auffallenden Plaza Mayor samt Glockenspiel (gekrönt von einem Cupido), der überladenen neugotischen Rathausfassade und einem modernen mehrstufigen Brunnen recht charmant.

ESSEN & TRINKEN IN KASTILIEN-LA MANCHA

Trotz der trockenen und manchmal ausgedörrten Landschaft ist Kastilien-La Mancha eines der bedeutenden Anbaugebiete Spaniens. In den Geschäften und Restaurants trifft man auf Produkte und Speisen, die Teil einer unverwechselbaren lokalen Küche sind.

Ausschau halten sollte man insbesondere nach einfachen Gerichten mit grundlegenden Zutaten, die der ländlichen Tradition des Lebens von der Hand in den Mund entsprechen. Dazu zählen der berühmte *pisto manchego*, eine Art Ratatouille aus geschmortem Gemüse; *gachas*, ein köstlicher Brei aus Platterbsen, dem Paprika, Knoblauch und geräucherter Schweinebauch Pfiff verleihen; *asadillo*, eine Kombination aus gebratenen Tomaten und Paprika mit gekochten Eiern; *morteruelo*, eine schmackhafte Paste aus geschmorter Schweineleber und anderem Fleisch; oder *migas*, mit Chorizo und Schweineschmalz in Knoblauch gebratene Brotkrumen. Kastilien-La Mancha war immer eine Region für Kleinwild und so sind *perdiz* (Rebhuhn) und *conejo* (Kaninchen) weit verbreitet.

Über zwei Dutzend lokale Lebensmittel und Weine tragen Herkunftsbezeichnungen (DO, Denominación de Origen), die traditionelle Produkte schützen und deren Qualität garantieren. Das bekannteste Erzeugnis der Gegend ist *queso manchego* (Manchego-Käse). An jeder Käsetheke des Landes sieht man ihn in verschiedenen Größen und einem erstaunlich breiten Spektrum an Preisen und Marken. Viele Besucher lernen den Käse in Form von kleinen Dreiecken kennen, die meist als kostenlose Tapas zu Getränken serviert werden. Fast immer ist er *semi curado* (mittelhart) statt *curado* (hart). Letzteres ist die geschmacklich intensivere und teurere Variante; in diesem Fall reift der Käse sechs bis acht Monate, während der mittelharte nur etwa drei bis vier Monate lagert. Um das Manchego-Siegel, die sogenannte *denominacíon*, zu erhalten, muss die Milch von einer lokalen Manchego-Schafrasse stammen, die sich über Jahrhunderte hinweg entwickelt hat.

Viele der Produkte mit Herkunftsbezeichnung sind Weine. Sie kommen aus dem riesigen Anbaugebiet Valdepeñas, in dem achtmal mehr Wein erzeugt wird als in der Rioja, aus dem mittelgroßen Gebiet Jumilla oder dem DO-Weinbaubetrieb Finca Élez in der Provinz Albacete. Zu den Produkten mit Siegel zählen auch Olivenöle, Reis, brauner Knoblauch, die berühmten grünen Auberginen aus Almagro, das Marzipan aus Toledo und der köstliche Honig aus La Alcarria.

Sehenswertes

GRATIS **Museo del Quijote** MUSEUM

(Ronda de Alarcos 1; ⌚Mo–Sa 10–14 & 18–21, So 10–14 Uhr) Für Don-Quichotte-Fans ein Muss: Dieses Museum lockt mit audiovisuellen Ausstellungen und einer Cervantes-Bibliothek mit Hunderten von Ausgaben, u.a. in Esperanto und Blindenschrift. Die ältesten stammen von 1724. Spanischkenntnisse sind von Vorteil. Besichtigt werden kann das Haus im Rahmen einer Führung (halbstündlich). Zur Zeit der Recherche war es wegen Renovierung geschlossen.

Schlafen & Essen

LP TIPP **Palacio de la Serna** HOTEL €€

(☎926 84 22 08; www.hotelpalaciodelaserna.com; Calle Cervantes 18; Zi. 108–173 €; P❄📶🏊) Dieses fantastische Hotel liegt nur 20 Autominuten südlich von Ciudad Real (nach Almagro ist es genauso weit), vermittelt aber das Gefühl, in einer anderen Welt zu sein. Es steht in dem verschlafenen Dorf Ballesteros de Calatrava und ist eine Oase der Entspannung und ein praktischer Standort für Ausflüge in die Provinz. Das um einen Innenhof gebaute Haus verbindet ländlichen Komfort mit entzückendem Design. Die ausdrucksvollen Skulpturen des Besitzers kommen gut zur Geltung. Die Zimmer sind geräumig und mit ihren offenen Duschen und vielen durchdachten Elementen recht avantgardistisch. Zur Anlage gehört ein gutes Restaurant.

Hostal Plaza HOSTAL €

(☎926 25 43 35; Plaza de Agustín Salido 2; EZ/DZ 50/65 €; ❄📶) An einem hübschen, ruhigen Platz bietet diese gemütliche Unterkunft schicke Zimmer, eine geschäftige Frühstücksbar sowie eine Cafeteria. In der Nebensaison ist sie wesentlich preiswerter.

La Vinoteca SPANISCH €€

(Calle Hernán Pérez de Pulgar 3; Mittagsmenü 15 €, Hauptgerichte 12–17 €) Zuvorkommender Service, qualitativ hochwertige Gerichte und eine täglich wechselnde Speisekarte machen dieses Restaurant zu einer der besten Optionen in Ciudad Real. Am Wochenende steigen die Menüpreise auf 18 €, aber dafür gibt's vielleicht *arroz con bogavante* (Reis mit Hummer) und Lammbraten.

Praktische Informationen

Touristeninformation (☎926 21 64 86; www.ciudadrealturismo.com; Plaza Mayor 1; ⊙Di–Sa 10–14 & 17–19, So 10–14 Uhr) Infos über Sehenswürdigkeiten, Hotels und Restaurants.

An- & Weiterreise

Der **Busbahnhof** (Carretera Calzada) liegt südwestlich der Innenstadt. Von dort fahren täglich bis zu drei Busse nach Albacete (15 €, 2¾ Std.) und Toledo (9 €, 2 Std.) sowie fünf nach Madrid (12 €, 2½ Std.).

Der **Bahnhof** (Avenida Europa) befindet sich östlich der Innenstadt. Fast alle Züge, die zwischen Madrid und Andalusien verkehren, halten in Ciudad Real. Es gibt regelmäßige Verbindungen in verschiedene Städte, darunter häufiger als jede Stunde nach Madrid (22,50 €, 1 Std.) – der Service AVANT bietet den besten Preis im Verhältnis zur Reisedauer.

Unterwegs vor Ort

Stadtbus 5 fährt auf dem Weg ins Zentrum am Bahnhof und Busbahnhof vorbei; wer in die andere Richtung möchte, kann z. B. an der Plaza del Pilar einsteigen.

Die Provinz Ciudad Real

ALMAGRO

9080 EW.

Ein echtes Juwel unter den Sehenswürdigkeiten der Stadt ist die einzigartige Plaza Mayor mit ihren Arkadengängen und welligen Ziegeldächern, gedrungenen Pfeilern und flaschengrünen Fensterläden. Es macht Spaß, umherzuspazieren.

Sehenswertes

Corral de Comedias BEDEUTENDES GEBÄUDE
(www.corraldecomedias.com; Plaza Mayor 18; Erw./Kind mit Audioguide auf Englisch 3 €/frei; ⊙Mo–Fr 10–11.30 & 16–19, Sa & So 10–13 & 16–18 Uhr, April–Okt. öffnet und schließt das Theater nachmittags jeweils 1 Std. später) An der Plaza Mayor befindet sich Spaniens älteste Bühne: Der Corral de Comedias aus dem 17. Jh. ist ein faszinierender Tribut an das goldene Zeitalter des spanischen Theaters mit Reihen hölzerner Balkone, von denen man auf die Originalbühne blickt, und Ankleideräumen. Mehrmals am Tag gibt's Führungen mit kostümierten Schauspielern statt Audioguides. Diese kosten 1 € mehr. Von Frühjahr bis Herbst wird das Theater an den Wochenenden für Aufführungen genutzt. Tickets bekommt man online.

Museo Nacional de Teatro MUSEUM
(http://museoteatro.mcu.es; Calle de Gran Maestre 2; Erw./Kind 3 €/frei, Sa nachmittag & So Eintritt frei; ⊙Di–Fr 10–14 & 16–19, Sa 11–14 & 16–18, So 11–14 Uhr) Dieses Museum am Hauptplatz zeigt interessante Ausstellungsstücke zum spanischen Theater ab dem 17. Jh. in Räumen, die einen herrlichen Innenhof aus dem 13. Jh. einfassen.

Feste & Events

Festival Internacional de Teatro Clásico THEATER
(www.festivaldealmagro.com) Im Juli findet im Corral de Comedias ein einmonatiges internationales Theaterfest statt, bei dem erstklassige Ensembles vorwiegend klassische Stücke zum Besten geben.

Schlafen

LP TIPP **La Casa del Rector** HOTEL €€
(☎926 26 12 59; www.lacasadelrector.com; Calle Pedro Oviedo 8; EZ/DZ 93/114 €; ❄@📶🏊) Das außergewöhnliche Hotel bietet eine große Auswahl an Zimmern, von klassisch-luxuriös mit antiken Möbeln bis zu allerneuestem Design mit eigenem Whirlpool und dramatischer Kunst. Zur Anlage gehört ein stilvolles Spa.

Retiro del Maestre HOTEL €€
(☎926 26 11 85; www.retirodelmaestre.com; Calle San Bartolomé 5; EZ/DZ inkl. Frühstück 95/119 €; P❄📶) Hier können Gäste den Luxus eines Fünfsternehotels ohne die Hektik der großen Etablissements genießen. Die Zimmer sind blau-gelb gestrichen und geräumig. Am besten nimmt man eines im oberen Stock, denn die haben einen eigenen Balkon. Online gibt's manchmal günstige Angebote.

Hostal San Bartolomé HOSTAL €
(☎926 26 10 73; www.hostalsanbartolome.com; Calle San Bartolomé 12; EZ/DZ 54/64 €; ❄📶) Das sympathische, zentral gelegene *hostal* hat eher schlichte Zimmer rund um einen Innenhof. Im Sommer stellt es eine gute Option für Budgetreisende dar, doch im Winter wird die Heizung oft nicht richtig warm. Außerhalb der Sommersaison ist es wesentlich günstiger.

Essen

LP TIPP El Corregidor SPANISCH €€€

(☎658 819367; www.elcorregidor.com; Calle de Jerónimo Ceballos 2; Hauptgerichte 18–26 €, Menü 25–40 €; ⌚Di–So) An der Wand voller Kochauszeichnungen lässt sich unschwer ablesen, dass man sich im besten Restaurant der Stadt aufhält. Rund um den zentralen schattigen Innenhof liegen mehrere belebte Bars. Die Inneneinrichtung wirkt etwas zusammengewürfelt, ist aber ganz ansehnlich. Im oberen Stockwerk wird erstklassige La-Mancha-Küche serviert. Reservierung empfohlen.

Bar El Gordo TAPAS €

(Plaza Mayor 12; raciones 6–11 €) Die beste und lebhafteste Tapas-Bar am ganzen Platz. Ihr Publikum ist eine gute Mischung aus Einheimischen und Touristen, und an Wochenenden geht's fröhlich zu. El Gordo bedeutet „der dicke Mann", perfekt verkörpert durch den aufgeräumten Chef Domingo.

Praktische Informationen

Touristeninformation (☎926 86 07 17; www.ciudad-almagro.com; Plaza Mayor 1; ⌚Di–Fr 10–14 & 17–20, Sa bis 19, So 10–14 Uhr) Von Oktober bis März öffnet und schließt das Büro nachmittags eine Stunde früher.

An- & Weiterreise

Zwei Züge fahren täglich nach Madrid (16–22 €, 2½ Std.). Für Ziele im Süden muss man in Ciudad Real (3,05 €, 15 Min.) umsteigen. Außerdem gibt's Busverbindungen nach Ciudad Real (2,60 €, 30 Min., Mo–Sa bis 5-mal tgl.).

CASTILLO DE CALATRAVA

Etwa 6 km südlich von Calzada de Calatrava und 30 km südlich von Almagro ragt dieses wundervolle **Burg-Kloster** (Calatrava La Nueva; ⌚April–Sept. Di–Fr 11–14 & 17.30–20.30, Sa 10–14 & 17.30–20.30, So 10–14 & 17–21 Uhr, Okt.–März Di–Fr 11–14 & 16–20, Sa 10–14 & 16–18, So 10–18 Uhr) in den Himmel. Eine steile steinige Straße führt nach oben, doch der atemberaubende Blick und die erstaunlich gut erhaltene Burg lohnen die Mühe. Die Anlage war einst ein Stützpunkt des mittelalterlichen Ritterordens, der während der Reconquista das Grenzgebiet kontrollierte.

PARQUE NACIONAL TABLAS DE DAIMIEL

Dieser kleine Nationalpark in einem Feuchtgebiet, 40 km nördlich von Ciudad Real, eignet sich ideal, um Vögel zu beobachten. Vom **Besucherzentrum** (☎926 69 31 18; www.mma.es/parques; ⌚Okt.–März 9–18 Uhr, April–Sept. bis 21 Uhr), das eine Ausstellung über das empfindliche lokale Ökosystem zeigt, führen drei Strecken am Seeufer entlang und über Bohlenstege. Auf dem Weg und auf mehreren Aussichtsplattformen sieht man eine erstaunliche Vielfalt an Wildtieren, darunter Enten, Gänse, Eisvögel, Flamingos, Reiher und andere Watvögel, Schildkröten und Otter (Fernglas mitbringen!). Am besten kommt man am frühen Morgen oder späten Nachmittag. Der Park ist 10 km von Daimiel entfernt. Von hier gibt's regelmäßige Busverbindungen nach Ciudad Real.

PARQUE NATURAL DE LAS LAGUNAS DE RUIDERA

Rund um diese Kette aus 14 kleinen Seen erstreckt sich eine üppige Parklandschaft mit Camping- und Picknickplätzen sowie dezent ins Gelände eingepassten Restaurants und Hotels. Im Ort Ruidera biegt man zum Seeufer ab. An dieser Straße vermieten zahlreiche Unternehmen Tretboote, Kanus und Fahrräder oder bieten Ausritte an, bei denen man die Gegend erkunden kann.

Eine großartige Unterkunft ist das **Hotel Albamanjón** (☎926 69 90 48; www.albamanjon.net; Laguna de San Pedro 16; DZ inkl. Frühstück 112–186 €; ❄📶). Die tollen Suiten erstrecken sich hinter dem Hauptgebäude den Hang hinauf. Sie stehen alle einzeln und haben private Terrassen mit Seeblick, Holzöfen für den Winter und oft einen Jacuzzi. Wer von der Windmühlen-Suite auf das türkisgrüne Wasser blickt, will sofort in ein Boot steigen. Auch im reichlich mit Kacheln und Kuriositäten verzierten Restaurant genießt man einen fantastischen Blick. An der Laguna Redondilla liegt der grüne Campingplatz **Camping Los Batanes** (☎926 69 90 20; www.losbatanes.com; Stellplatz für 2 Pers. mit Zelt & Auto 23–31 €, Bungalows 75–120 €; P🏊👪). Im Sommer gibt's ein Animationsprogramm für Kinder.

VILLANUEVA DE LOS INFANTES

5780 EW.

Villanueva de los Infantes ist eine hübsche, geschäftige Provinzstadt. Ein Highlight bildet die **Plaza Mayor** mit ihren vielen in Ockertönen erstrahlenden Gebäuden, Balkonen aus Holz und Stein sowie geselligen Kneipen und Restaurants. Am Platz erhebt sich die **Iglesia de San Andrés** aus dem 15. Jh., in der Francisco de Quevedo, ein Dichter des 16. Jhs., seine letzte Ruhestätte fand.

Mit besonders gastfreundlichen Wirten und einer erstklassigen Lage nahe am Hauptplatz ist **La Morada de Juan de Vargas**

AUF DEN SPUREN VON DON QUICHOTTE

Eine Reise durch Kastilien-La Mancha ist auch deshalb so reizvoll, weil Miguel de Cervantes seinen schelmischen Helden an bestimmten Orten dieser Gegend agieren ließ. Zum 400. Geburtstag des epischen Romans wurde 2007 eine 250 km lange **Don-Quichotte-Route** geschaffen, die auf Pfaden, Viehrouten und historischen Straßen durch die Region führt und gut ausgeschildert ist.

Von den Sehenswürdigkeiten an der Strecke springen als Erstes die *molinos de viento* (Windmühlen) ins Auge, waren es doch diese „monströsen Ungeheuer", die Don Quichotte so sehr zusetzten. Obwohl die Mühlen in Consuegra am schönsten sind, tauchen in Cervantes' Geschichte namentlich nur die Bauten in **Campo de Criptana** und **Mota del Cuervo** auf. Als weitere Höhepunkte an der Route gelten die Burg von **Belmonte** und **El Toboso**, wo der Ritter die liebreizende Dulcinea entdeckte.

(☎926 36 17 69; www.lamoradadevargas.com; Calle Cervantes 3; DZ 76–85 €; ❄📶) das beste unter den zahlreichen attraktiven Landhotels.

Montags bis freitags fahren täglich drei Busse nach Ciudad Real, samstags einer (7,45 €, 2 Std.).

Richtung Südosten nach Albacete

CONSUEGRA

Consuegra ist *der* Ort für Leute auf der Suche nach dem perfekten Windmühlenmotiv: Ganze neun *molinos de viento* (Windmühlen) stehen neben der **Burg** (Erw./Kind 4 €/frei; ⌚Mo–Fr 10.10–17.45, Sa & So 10.40–13.45 & 15.40–17.45 Uhr; 👪) aus dem 12. Jh. Die gehörte einst den Rittern des Malteserordens. Ein paar Räume warten noch mit der originalen Einrichtung auf und vermitteln einen lebendigen Eindruck von der Vergangenheit. Infos gibt's auch auf Englisch und Französisch.

Die **Touristeninformation** (☎925 47 57 31; www.consuegra.es; ⌚Mo–Fr 9–14 & 16.30–19, Sa & So ab 10.30 Uhr) befindet sich in der Bolero-Mühle, der ersten Mühle an der Straße aus dem Ort heraus. Erklimmt man die Stufen, kann man zudem die original erhaltene Maschinerie bestaunen.

Im Ort warten einige Unterkünfte, darunter das bezaubernde **La Vida de Antes** (☎925 48 06 09; www.lavidadeantes.com; Calle Colón 2; EZ/DZ inkl. Frühstück 50/70 €; P❄@🏊👪), das mit seinen alten Fliesenböden, antiken Möbeln und dem hübschen Patio an vergangene Zeiten erinnert. Die Doppelzimmer sind besonders gemütlich und im ganzen Gebäude werden interessante Kunstwerke ausgestellt.

Zwischen Consuegra und Toledo (4,80 €, 1 Std.) verkehren an Werktagen regelmäßig Busse (am Wochenende drei), dazu gibt's täglich bis zu sieben Verbindungen nach Madrid (8,20 €, 2 Std.).

CAMPO DE CRIPTANA & UMGEBUNG

Das Highlight liegt oberhalb der Stadt: Auf dem Gipfel thronen zehn spektakuläre Windmühlen, deren Nähe zu den umgebenden Häusern einen interessanten Kontrapunkt zu Consuegra bildet. In einer der Windmühlen befindet sich die **Kasse** (Eintritt 0,60 € pro Mühle; ⌚Di–Sa 10–14 & 17–19, So 11–14 Uhr), wo man auch den Eintritt für drei andere Mühlen entrichtet. Dort gibt's verschiedene Ausstellungen zu sehen, z. B. über Sara Montiel, eine Femme fatale des spanischen Films der 1950er- und 1960er-Jahre, die in dieser Stadt geboren wurde.

Wer über Nacht bleiben will, trifft mit der reizenden **Hospedería Casa de la Torrecilla** (☎926 58 91 30; www.casadelatorrecilla.com; Calle Cardenal Monescillo 17; EZ/DZ 44/76 €; ❄@📶) und ihrem farbenprächtigen gekachelten Innenhof eine gute Wahl. Das ehemalige Adelshaus aus dem frühen 20. Jh. bietet großzügige, atmosphärische Zimmer. Unter der Woche sind sie preiswerter. Zum Essen geht man am besten in die stimmungsvolle **Cueva La Martina** (www.cuevalamartina.com; Rocinante 13; Hauptgerichte 16–20 €), gegenüber den Windmühlen. Ihr höhlenartiger Speisesaal wurde in den Fels gegraben, oben auf der luftigen Terrasse schweift der Blick über die Stadt.

Die **Touristeninformation** (☎926 56 22 31; www.campodecriptana.info; ⌚Di–Sa 10–14 & 17–19, So 10–14 Uhr) ist in einem niedrigen Gebäude gegenüber der Inca-Garcilaso-Mühle untergebracht. Im Keller gibt's eine interessante Kunsthandwerksausstellung (0,50 €).

Montags bis freitags verbinden zwei Busse Campo de Criptana mit Ciudad Real (7,73 €, 1¼ Std.), samstags fährt nur einer.

Über **Mota del Cuervo**, 29 km nordöstlich von Campo de Criptana an der Kreuzung mit der N301, prangen sieben weitere schöne Windmühlen.

EL TOBOSO

Diese Stadt versteht es, ihr Don-Quichotte-Erbe perfekt zu vermarkten. An jeder Ecke gibt's eine Quichotte-Bar, ein Quichotte-Restaurant und Quichotte-Museen. Das unterhaltsamste ist sicherlich die **Casa-Museo de Dulcinea** (Calle Don Quijote 1; Eintritt 0,60 €; ⏲Di–Sa 10–14 & 16.30–19.30, So 10–14 Uhr). Angeblich war hier Doña Ana zu Hause, die Dame, die Cervantes zu seiner Romanfigur Dulcinea – Quichottes platonischer Liebe – inspirierte.

Die **Touristeninformation** (☎925 56 82 26; www.turismocastillalamancha.com; Plaza Mayor; ⏲Di–Sa 10–14 & 16–18, So 10–14 Uhr) liegt am Hauptplatz. Montags bis samstags fährt ein Bus von/nach Toledo (8,72 €, 2½ Std.), außerdem gibt's Direktbusse nach Madrid.

BELMONTE

In Belmonte, 25 km nordöstlich von Mota del Cuervo, kann man eine der besser erhaltenen kastilischen **Burgen** (www.castillodebelmonte.com; Erw./Kind 8/2 €; ⏲Juni–Sept. Di–Sa 10–14 & 16.30–20.30 Uhr, Okt.–Mitte Feb. nachmittags 15.30–18.30, Feb.–Mai 16–19 Uhr) aus dem 15. Jh. besichtigen. Sie thront bilderbuchreif über dem Städtchen und verfügt über Geschütztürme und eine größtenteils intakte Mauer. Das Innere wurde vor Kurzem renoviert und beherbergt eine Ausstellung mit mehrsprachigem Audiotext. Einen Besuch wert ist auch die **Iglesia Colegial de San Bartolomé** (Colegiata; www.colegiatadebelmonte.blogspot.com; ⏲Di–Sa 11–14 & 16.30–19.30, So 11–14 Uhr), eine prächtige, aus goldenem Sandstein erbaute Kirche mit eindrucksvollem Altar.

Gleich neben der Colegiata liegt der **Palacio Buenavista Hospedería** (☎967 18 75 80; www.palaciobuenavista.es; Calle José Antonio González 2; EZ/DZ/Suite inkl. Frühstück 50/80/120 €; P❄📶). Es handelt sich um ein elegantes, in einem Palast aus dem 17. Jh. untergebrachtes Boutique-Hotel mit stilvollen Zimmern rund um einen weitläufigen glasüberdachten Innenhof. Am schönsten sind die Räume mit Ausblick auf die Burg, außerdem gibt's ein ausgezeichnetes Restaurant (Hauptgerichte 8–15 €).

Von Belmonte verkehrt ein Bus nach Cuenca (5,35 €, 1¼ Std.), weitere Verbindungen bestehen ab Alcázar de San Juan.

Albacete

171 390 EW.

Für zwei Dinge ist dieser Ort spanienweit bekannt – seine Messer und das Sprichwort *Albacete – caga y vete* (zur Toilette gehen und weiterfahren). Die Provinzhauptstadt ist ein Verkehrsknotenpunkt und gleicht seine mangelnde Attraktivität durch lebhafte Bars aus, die kostenlose Tapas zum Getränk servieren.

Im Zentrum lockt die **Pasaje Lodares**, eine sehenswerte Einkaufspassage, die 1925 im Stil des Modernisme erbaut wurde. Eine weitere Attraktion ist das **Museo Arquéologico** (Parque Abelardo Sánchez; Eintritt 1,20 €; ⏲Mo–Sa 10–14 & 16.30–19, So 10–14 Uhr), in dem gut dokumentierte archäologische Funde ausgestellt sind, darunter eine berühmte Sammlung römischer Puppen aus Bernstein und Elfenbein. Gegenüber der Kathedrale hinter einer üppig grünen neogotischen Fassade macht das **Museo de la Cuchillería** (www.museo-mca.com; Plaza de la Catedral; Erw./Kind 3/1 €; ⏲Di–Sa 10–14 & 17.30–20, So 10–15 Uhr) detailreich mit der renommierten Messerindustrie der Stadt bekannt.

Wer über Nacht bleiben will, trifft mit dem **Hotel Altozano** (☎967 21 04 62; www.hotelaltozano.es; Plaza del Altozano 7; EZ/DZ 30/43 €; P❄📶👪) am hübschen Hauptplatz eine gute Wahl. Es macht Spaß, das engagierte Personal bei der Arbeit zu beobachten. Die kleinen Zimmer haben ein gutes Preis-Leistungs-Verhältnis, die außen gelegenen sind etwas geräumiger. Für 7,50 € kann man einen engen Parkplatz mieten.

In Albacete findet man gute Tapas-Bars und Restaurants, insbesondere in der Calle Nueva und der Calle Tejaras. Ein Abstecher lohnt sich zum **Rubia y Tinto** (Calle Muelle 22; raciones 6–13 €; ⏲Di–Sa) ein paar Straßenzüge weiter, denn es hat ein nettes Ambiente und serviert zu jedem Drink kostenlose Tapas – besonders gut sind die Spieße.

Die **Touristeninformation** (☎967 58 05 22; www.turismocastillalamancha.com; Calle del Tinte 2; ⏲Mo–Do 9.30–19, Fr 10–14 & 16–20, Sa & So 10–14 Uhr) befindet sich im Zentrum.

Bahnhof und Busbahnhof liegen direkt nebeneinander am nordöstlichen Stadtrand. Mindestens einmal täglich fahren Busse nach Ciudad Real (15 €, 2¾ Std.), Toledo (15 €, 2¾ Std.) und Cuenca (11,25 €, 2 Std.) ebenso wie nach Madrid (17 €, 3 Std.), Valencia (13,20 €, 2½ Std.) und Zielen in der Provinz. Züge nach Madrid (25–50 €, 1½–3 Std.) verkehren etwa stündlich.

Rund um Albacete

ALCALÁ DEL JÚCAR

Nordöstlich von Albacete macht die tiefe, bewaldete Schlucht des Río Júcar einen erstaunlichen Schlenker. Auf halber Strecke die CM3201 entlang kommt bei der Abfahrt auf den Serpentinen der atemberaubende Ort Alcalá del Júcar ins Blickfeld. Über den Häusern, die sich an einer steilen Flanke der Júcarschlucht emporziehen, thront die restaurierte **Burg** (Eintritt 2 €, unter 8 Jahren frei; ⏲11–14 & 16–19 Uhr), die überwiegend aus dem 15. Jh. stammt. Am Fuß des Ortes liegen eine mittelalterliche Brücke mit römischen Ursprüngen sowie ein schattiger und belebter Dorfplatz. Das große Areal ohne Autoverkehr eignet sich für einen Ausflug mit kleinen Kindern und bietet eine sichere Paddelmöglichkeit in einer Schleife des Flusses.

Es gibt einige preisgünstige Unterkünfte wie das **Hostal Rambla** (☎967 47 40 64; www.hostalrambla.es; Paseo Los Robles 2; EZ/DZ inkl. Frühstück 45/55 €; ❄📶) an der Brücke. Zwar sind die Zimmer klein, doch das Haus ist gastfreundlich und hat eine gute Lage. Das hübsche Restaurant mit einer großen Terrasse hat sich auf Grillgerichte spezialisiert (Hauptgerichte 10–16 €), die mit grünem Pfeffer und Kartoffeln serviert werden.

La Asomada (☎652 182440; Calle de la Asomada 107; Hauptgerichte 7–13 €; ⏲Fr abends, Sa & So mittags & abends) richtet sich an ökologisch bewusste Gäste. Besitzerin Pilar Escusa zaubert in dem Lokal, das in einer Höhle und ehemaligen Bodega über dem Dorf untergebracht ist, saisonale Köstlichkeiten aus biologischen Zutaten. Man muss im Voraus reservieren.

Die kleine **Touristeninformation** (☎967 47 30 90; www.turismocastillalamancha.com; ⏲tgl. 10–14, Sa & So auch 16–19 Uhr) an der Brücke informiert über *casas rurales* (ländliche Gästehäuser), Schlafplätze in Höhlen und verschiedene Aktivitäten wie Flussfahrten und Wandern auf den Wegen der Gegend. Mehrere Unternehmen bieten ein ganzes Spektrum an Ausflügen an Land und zu Wasser an. Leser haben uns den Anbieter **Avenjúcar** (☎967 47 41 34; www.avenjucar.com; Calle San Roque, Tolosa) empfohlen, der 6 km von Alcalá entfernt in Tolosa zudem ein sehr nettes ländliches *hostal* (DZ 60 €) mit großartigem Flussblick betreibt.

Zwischen Albacete und Alcalá (5,80 €, 1½ Std.) pendeln täglich außer sonntags ein bis zwei Busse.

> **ABSTECHER**
>
> **DER URSPRUNG DER FLUSSWELT**
>
> Wer die Landschaft von Kastilien-La Mancha für flach und langweilig gehalten hat, sollte sich ca. 8 km hinter Riópar am spektakulären **Nacimiento del Río Mundo** (Quelle des Flusses Mundo; ⏲10 Uhr–Sonnenuntegang) vom Gegenteil überzeugen lassen. Der Wasserfall ist von der Straße nach Siles ausgeschildert. Vom Parkplatz führt ein kurzer Spaziergang durch einen Wald zum unteren Teil der Kaskaden, darüber türmt sich eine erstaunliche gewölbte Felswand auf. Ein steiler Weg windet sich hoch zum zweiten Aussichtspunkt. Doch die Mühen lohnen sich: Das Wasser sprudelt direkt über der Plattform aus den Felsen hervor (man wird also ziemlich durchnässt), um dann so nahe, dass man es fast berühren kann, dramatische 24 m in die Tiefe zu stürzen. Die Kaskaden liegen inmitten des dichten Walds, der sich bis zu den Felsen am Horizont erstreckt.

SIERRA DE ALCARAZ

Die kühlen, grünen Berge der Sierra de Alcaraz, die sich über den südlichen Abschnitt der Provinz Albacete erstrecken, bieten eine nette Abwechslung zu den staubigen Ebenen rund um Albacete. Tor zur Region ist das schläfrige, auf einem Hügel gelegene **Alcaraz** mit seiner Plaza Mayor im Renaissancestil und einem Netz aus engen Kopfsteinpflastergassen. In der Nähe beherbergt ein schönes, größtenteils aus dem 16. Jh. stammendes Gebäude den **Mirador Sierra de Alcaraz** (☎967 38 00 17; www.alcarazmirador.com; Calle Granada 1; DZ 47–69 €; ❄). Die Zimmer umringen einen zentralen Innenhof und zeichnen sich durch Balkendecken, mit Holzschnitzereien verzierte Betten sowie schwere antike Vorhänge und Möbel aus. Von Albacete fahren täglich zwei Busse (5,50 €; Sa einer, So kein Bus) hierher.

Besonders malerisch ist die Landschaft entlang der CM412, vor allem zwischen **Puerto de las Crucetas** (Höhe 1300 m) und **Elche de la Sierra**. Die größte Auswahl an Unterkünften gibt's in dem wenig reizvollen **Riópar** und dessen Umgebung.

Am schönsten übernachtet man jedoch hoch oben in den Bergen oberhalb der Straße, 11 km westlich von Riópar, hinter der Abzweigung zum Nacimiento del Río Mundo. **Las Salegas del Maguillo** (☎660 249692; www.lassalegasdelmaguillo.es; Ctra Riópar–Siles Km 11; DZ 90 €, Apartment für 4/6 Pers. 150/210 €; P) ist ein im modern-rustikalen Stil errichteter Komplex aus dunklem Holz und Klinkern. Dazu gehören ein kleines Hotel mit hübschen Zimmern, ein Restaurant und Hütten für Selbstversorger, die über eigene Kamine verfügen. Die ganze Anlage ist sehr attraktiv, insbesondere für Wanderer und Kinder, und hat drei echte Pluspunkte: einen schönen kleinen Pool, herzliches Personal und unvergessliche Sonnenuntergänge, die man von den fantastischen Balkonen der Zimmer beobachten kann.

DER NORDOSTEN

Das Hinterland besticht durch zerklüftete Berglandschaften und grüne Täler, gespickt mit hübschen, unberührten *pueblos* (Dörfern) und bezaubernden Städten.

Cuenca

56 700 EW.

Dank seiner Altstadt voll faszinierender mittelalterlicher Bauten gilt Cuenca als einer der eindrucksvollsten Orte Spaniens. Wahrzeichen dieser Welterbestätte sind die *casas colgadas* (hängende Häuser), die sich wie Schwalbennester an die tiefen, die Stadt umgebenden Schluchten schmiegen.

Sehenswertes & Aktivitäten

Die meisten Sehenswürdigkeiten liegen in der spektakulären Altstadt auf einem Hügel zwischen den Schluchten des Río Júcar und des Río Huécar. Einfach durch die engen Gassen, Tunnel und über die Treppen zu schlendern und hier und da haltzumachen, um die majestätische Aussicht zu genießen (und Atem zu holen), ist in Cuenca das größte Vergnügen. Die Neustadt erstreckt sich am Fuß des Hügels. Dort spielt sich das Alltagsleben ab. In der museal wirkenden Altstadt wohnen nur wenige Einheimische.

LP TIPP Museo de Arte Abstracto Español MUSEUM

(Museum für abstrakte Kunst; www.march.es/arte/cuenca; Erw./Kind 3 €/frei; Di–Fr 11–14 & 16–18, Sa bis 20, So 11–14.30 Uhr) Dieses eindrucksvolle Museum ist eine der vielen Galerien in der Stadt, die sich moderner Kunst widmen, und belegt eine der *casas colgadas* (hängenden Häuser). Ursprünglich wollte Fernando Zóbel hier die Kunstwerke seiner Kollegen, der sogenannten *generación abstracta* der 1950er- und 1960er-Jahre, unter einem Dach versammeln. Inzwischen gehören zu dem ständig wachsenden Bestand Werke von Eduardo Chillida, Antoni Tàpies und Manuel Millares. Vor allem die außergewöhnlichen Gouache-Landschaften von Eusebio Sempere (1924–85) sollte man sich nicht entgehen lassen. Er war ein Meister darin, die farbenprächtigen Ebenen der Mancha einzufangen. Ebenso sehenswert sind die verrückten Porträts, die Antonio Saura von Brigitte Bardot und Philipp II. gemalt hat.

Casas Colgadas HISTORISCHE GEBÄUDE

Als auffälligster Teil der mittelalterlichen Stadt gelten die *casas colgadas*, die sich in schwindelerregenden Höhen an die steilen Felshänge oberhalb des Río Huécar schmiegen. Die im 14. Jh. errichteten Gebäude scheinen mit ihren Holzbalken auf mehreren Ebenen wie eine Verlängerung des Gesteins aus dem Fels herauszuwachsen. Die besten Blicke auf die *casas colgadas* bieten sich nach Überquerung der **Puente de San Pablo** und von der Nordspitze der Altstadt, wo sich ein toller **mirador** befindet.

Ars Natura MUSEUM

(www.centroarsnatura.es; Calle Diego Ramírez de Villaescusa; Erw./Kind 3 €/frei; Di–Sa 10–14 & 16–19, So 10–14 Uhr) In mehreren großen Räumen zeigt dieses beeindruckende Museum für Ökologie interaktive Exponate, z. B. zur lokalen Flora und Fauna und zum Korbflechten. Themen wie Klimawandel, Geologie der Umgebung sowie Studien zur Umwelt und Nachhaltigkeit werden Besuchern anschaulich nahegebracht. Alle Informationen sind auf Spanisch, aber auch wer es nicht spricht, findet viel Interessantes, darunter ein Aquarium für Flussfische und einen Außenbereich mit Beispielen zu verschiedenen Feuchtgebieten sowie nachhaltigen Technologien. Bus 7 hält vor der Tür. Im Sommer bis 20 Uhr geöffnet.

Museo de Cuenca MUSEUM

(Calle Obispo Valero 12; Erw./Kind 1,20 €/frei, Sa & So Eintritt frei; Di–Sa 10–14 & 16–19, So 11–14 Uhr) Bei der Präsentation und (spanischsprachigen) Erläuterung der Exponate, die von der Bronzezeit bis zum 18. Jh. reichen, haben sich die Ausstatter viel Mühe gegeben. Die Sala 7 beeindruckt mit original römischen Statuen (darunter Kaiser Augustus), Säulen

Cuenca

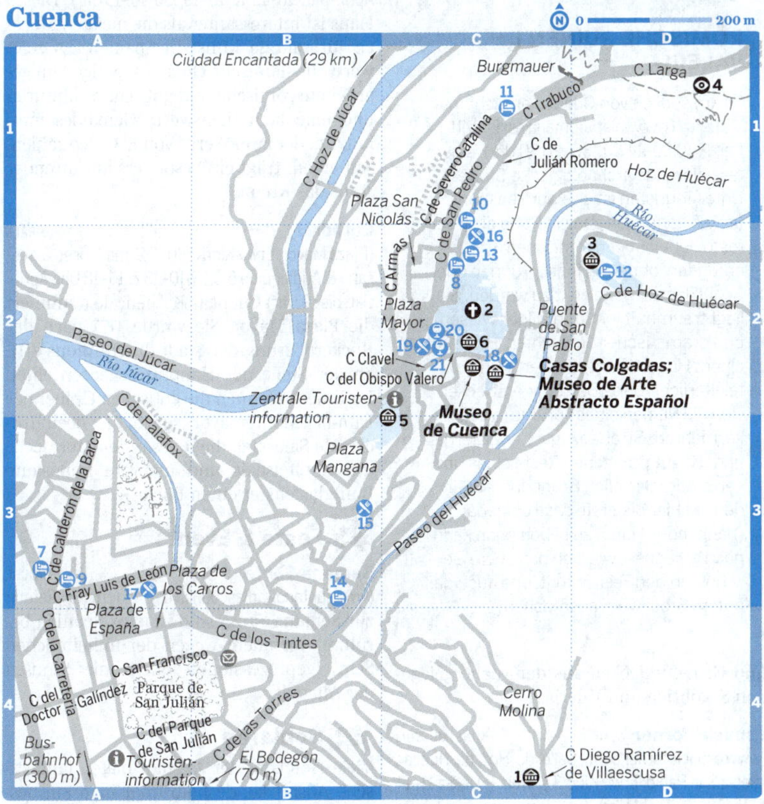

Cuenca

Highlights
- Casas Colgadas ... C2
- Museo de Arte Abstracto Español ... C2
- Museo de Cuenca ... C2

Sehenswertes
- 1 Ars Natura ... C4
- 2 Catedral ... C2
- 3 Espacio Torner ... D2
- 4 Mirador ... D1
- 5 Museo de las Ciencias ... C3
- 6 Museo Diocesano ... C2

Schlafen
- 7 CH Victoria Alojamientos ... A3
- 8 Convento del Giraldo ... C2
- 9 Hostal Cánovas ... A3
- 10 Hostal San Pedro ... C1
- 11 Hostal Tabanqueta ... C1
- 12 Parador de Cuenca ... D2
- 13 Posada de San José ... C2
- 14 Posada Huécar ... B3

Essen
- Ars Natura ... (siehe 1)
- 15 El Secreto ... B3
- 16 Figón del Huécar ... C2
- 17 La Bodeguilla de Basilio ... A3
- 18 Mesón Casas Colgadas ... C2
- 19 San Juan Plaza Mayor ... C2

Ausgehen
- 20 Bar La Tinaja ... C2
- 21 Lolita Lounge Bar ... C2

ABSTECHER

RÖMISCHE RUINEN IN VALERIA

34 km südlich von Cuenca erreicht man **Valeria** (www.valeriaromana.es; Eintritt frei; ⌚10.30–14 & 17.30–20.30 Uhr), eine faszinierende archäologische Stätte. Unter Touristen ist sie kaum bekannt, und so kann man ganz in Ruhe die Überreste der einstigen römischen Stadt erkunden, ohne von Reisegruppen oder Schulklassen abgelenkt zu werden. Sie liegt traumhaft inmitten wilder Wiesen und dramatischer Schluchten. Hoch auf einem Hügel thront eine verfallene mittelalterliche Burg. Darunter erstrecken sich die Ruinen eines Forums mit Basilika, mehrere Straßenzüge, vier Zisternen und die gut erhaltenen Reste eines riesigen eindrucksvollen Brunnens. Außerdem ist hier die erste *casa colgada* (hängendes Haus) zu sehen; man kann noch erkennen, wie sich das obere Geschoss in den Fels einfügt, und auch das untere Stockwerk ausmachen.

und Giebeldreiecken aus dem nahe gelegenen Segóbriga und Valeria.

Espacio Torner KUNSTMUSEUM
(www.espaciotorner.com; Calle de Hoz de Huécar, Iglesia San Pablo; Erw./Kind 3 €/frei; ⌚Di–Sa 11–14 & 16–18, So 11–14 Uhr) Zu den verschiedenen Museen für moderne Kunst, die sich in historischen Gebäuden befinden, zählt auch dieses in einer gotischen Kirche mit tollem Ausblick über die Altstadt. Es zeigt abstrakte Gemälde und Skulpturen von Gustavo Torner, einer von vielen Künstlern seiner Stilrichtung, die sich in den 1960er-Jahren in Cuenca niederließen. Die gewölbte Decke und die Kombination aus Raum und Höhe beeindrucken ungemein.

Museo de las Ciencias MUSEUM
(www.jccm.es/museociencias; Plaza de la Merced; Museum Erw./Kind 1,20 €/frei, Planetarium Erw./Kind 1,20 €/frei; ⌚Di–Sa 10–14 & 16–19, So 10–14 Uhr; 👪) Ausstellungsstücke wie Zeitmaschinen oder interaktive Gerätschaften lassen Kinderherzen in diesem familienfreundlichen Wissenschaftsmuseum höher schlagen. Außerdem gibt's ein **Planetarium**.

Museo Diocesano MUSEUM
(Calle Obispo Valero 1; Eintritt 2,50 €, mit Kathedrale 5 €; ⌚Nov.–März Di–Sa 11–14 & 16–18, So 11–14 Uhr, April–Okt. 10–13 & 16–19, So 10–13 Uhr) Dieses Haus ist interessanter als die meisten Museen für sakrale Kunst in Spanien. Es zeigt wertvolle flämische Gobelins, einige fein gearbeitete römische und gotische Skulpturen und eine bemerkenswerte Gemäldesammlung, zu der zwei Werke von El Greco zählen. Auf einem trägt ein besonders anrührender Jesus das Kreuz.

Catedral KATHEDRALE
(Plaza Mayor; Erw./Kind 3,80/2 €, mit Museo Diocesano & Audioguide 5 €; ⌚10–13 & 16–18 Uhr, April–Okt. bis 19 Uhr) Cuencas Kathedrale dominiert die Plaza Mayor. Sie wurde 1177 nach der Rückeroberung der Stadt durch Alfons VIII. an der Stelle der Hauptmoschee errichtet. Im Inneren lohnen die gotischen Gräber der Familie Montemayor sowie die beeindruckende Sakristei, die *artesonado*-Holzdecke des Kapitelsaals und mehrere imposante Buntglasfenster einen Blick.

Feste & Events

Semana Santa KARWOCHE
(www.juntacofradiascuenca.es) Cuencas Feiern zur Semana Santa sind in ganz Spanien berühmt, vor allem wegen der unheimlichen Schweigeprozessionen durch die Straßen der Altstadt.

Schlafen

Viele Hotels in der Altstadt bieten fantastische Ausblicke, deshalb fragt man am besten immer nach einem Zimmer mit *una vista*. Aber auch die lebhaftere Neustadt unten birgt einige gute Optionen. Budgetunterkünfte in der Altstadt sollte man vor der Ankunft telefonisch reservieren, da die Besitzer meist woanders wohnen.

LP TIPP **Hostal Tabanqueta** HOSTAL €
(☎969 21 12 90; www.hostaltabanqueta.com; Calle Trabuco 13; DZ 60 €; 📶) Die gastfreundliche Herberge oberhalb der Plaza Mayor bietet einen schönen Blick über die Stadt und kostenlose Parkplätze in der Nähe. Es ist eine hervorragende Unterkunft mit stilvoll gekachelten Bädern, attraktiven Kunstwerken und Extras wie in Hotels, z. B. Toilettenartikeln, Espressomaschine und einem Tablett mit Gebäck als Gastgeschenk.

Posada de San José HISTORISCHES HOTEL €€
(☎969 21 13 00; www.posadasanjose.com; Ronda de Julián Romero 4; DZ ab 82 €, EZ/DZ ohne Bad 30/43 €) Diese Unterkunft in einer ehemaligen Chorschule aus dem 17. Jh. hat sich mit

ihren labyrinthisch verteilten Räumen, der langsam auseinanderfallenden Eingangspforte, unebenen Böden und Originalkacheln ihren klösterlichen Charme bewahrt. Jedes Zimmer ist anders, die günstigeren sind in den einstigen Klausen der Priester untergebracht, die teureren verbinden wohnlichen Komfort mit dem Flair vergangener Zeiten. Manche haben Balkone mit traumhafter Aussicht über die Schlucht. Es gibt ein Restaurant sowie mehrere geschmackvoll eingerichtete, voll ausgestattete Apartments.

Parador de Cuenca HISTORISCHES HOTEL **€€€**
(969 23 23 20; www.parador.es; Calle de Hoz de Huécar; EZ/DZ 138/173 €;) Von dem majestätischen ehemaligen Kloster genießen Gäste atemberaubende Ausblicke auf die *casas colgadas*. In den renovierten Zimmern wartet moderner Luxus für Geschäftsreisende, während die öffentlichen Bereiche mit ihren riesigen Gobelins und Antiquitäten durch und durch historisch daherkommen.

Posada Huécar HOSTAL **€**
(969 21 42 01; www.posadahuecar.com; Paseo del Huécar 3; EZ/DZ 30/50 €;) Luxus trotz schmalem Budget – diese freundliche Einrichtung direkt auf der Grenze zwischen Alt- und Neustadt macht es möglich. Sie offeriert große Zimmer mit Terrakottafliesen, rustikaler Ausstattung und Ausblick auf den Fluss sowie einen Fahrradverleih (4 € für 2 Std.). Der Besitzer betreibt eine erfolgreiche Sprachschule, deshalb übernachten hier öfters Gruppen ausländischer Studenten. An der Straße kann man kostenlos parken.

CH Victoria Alojamientos HOSTAL **€€**
(620 782937; www.chvictorialojamientos.com; Calle Mateo Miguel Ayllón 2; EZ 40 €, DZ 80–95 €;) Als Mittelding zwischen *hostal* und Hotel bildet diese hervorragende Herberge in der Neustadt jeden erdenklichen Komfort: stilvolle Einrichtung, moderne Bäder, harte Matratzen und viele durchdachte Extras. In der Nebensaison sind die Doppelzimmer wesentlich billiger.

Hostal San Pedro HOSTAL **€**
(628 407601, 969 23 45 43; www.hostalsanpedro.es; Calle de San Pedro 34; EZ/DZ 35/60 €;) In diesem preisgünstigen und herrlich gelegenen *hostal* warten Zimmer in Gelbtönen mit schmiedeeisernen Betten, rustikalen Holzmöbeln und blitzblanken, modernen Bädern. Die Inhaber wohnen nicht vor Ort, deswegen sollte man sich telefonisch ankündigen.

Convento del Giraldo HOTEL **€€**
(969 23 27 00; www.hotelconventodelgiraldo.com; Calle de San Pedro 12; EZ/DZ 114/141 €;) Das umgebaute Kloster aus dem 17. Jh. oberhalb der Kathedrale punktet mit seiner Lage und stilvoller Einrichtung, auch wenn von dem ursprünglichen Gebäude nur noch wenig erhalten ist. Die attraktiven Zimmer haben dunkle Holzmöbel, große Bäder und viele auch einen schönen Blick. Online bekommt man oft gute Angebote.

Hostal Cánovas HOSTAL **€**
(969 21 39 73; www.hostalcanovas.net; Calle Fray Luis de León 38; EZ/DZ 45/60 €;) Ein freundliches, einladendes *hostal* in der Neustadt mit geräumigen, in warmen Farben gehaltenen Zimmern.

Essen

An der Plaza Mayor (Altstadt) und der Plaza de España (Neustadt) sowie in deren Umgebung sind jeweils die meisten Restaurants versammelt. In beiden Gegenden findet man eine gute Auswahl.

DER STAR UNTER DEN GEWÜRZEN

Safran gilt als eines der sinnlichsten Gewürze der Welt. Es besticht durch die Intensität seiner Farbe, seines Geruchs und seines Geschmacks sowie durch seine große Nuancenvielfalt. Allerdings ist es auch ziemlich teuer, was wegen der aufwendigen Herstellung nicht verwundert: Für 1 kg Safran benötigt man rund 160 000 Blüten.

Spanien ist Marktführer auf dem europäischen Safranmarkt. Bereits seit den Zeiten der Mauren werden die Pflanzen in La Mancha angebaut, insbesondere rund um Cuenca und Albacete. Im Oktober verwandeln sich die Felder in einen schillernden Teppich aus lilafarbenen Blüten.

Safran wird auf der ganzen Welt als Würzmittel verwendet. Zum Einsatz kommt es beispielsweise im italienischen *risotto alla milanese*, in der französischen Bouillabaisse, dem englischen Safrankuchen, dem schwedischen *lusserkatter*-Gebäck und in zahlreichen spanischen Gerichten – das bekannteste ist natürlich die traditionelle Paella.

La Bodeguilla de Basilio TAPAS €
(Calle Fray Luis de León 3; raciones 10–13 €; ⌚Mo–Sa mittags & abends, So mittags) Besucher dieser Bar sollten großen Appetit mitbringen, denn man bekommt zu jedem Getränk kostenlose Tapas. Und dabei wird man nicht mit einem trockenen Stück Käse abgespeist: Zu einem typischen Gratisteller gehören Wachteleier, Schinken, frittierte Kartoffeln, Salatherzen und Zucchini. Wem es zu voll wird, der kann sich im Restaurant hinten Spezialitäten wie *patatas a lo pobre* (Kartoffeln mit Zwiebeln, Knoblauch und Paprika) oder Lammkoteletts bestellen. Die Wände schmückt jede Menge kurioser Krimskrams, darunter alte Fotos von Cuenca und landwirtschaftliche Geräte.

Ars Natura SPANISCHE NOUVELLE CUISINE €€€
(Manolo de la Osa; ☎969 21 95 12; www.restaurantearsnatura.com; Calle Río Gritos 5, Cerro Molina; Hauptgerichte 23–26 €, Menü 38–76 €; ⌚Di–Sa mittags & abends, So mittags) Der gefeierte Koch Manuel de la Osa eröffnete mit dem Ars Natura sein zweites Gourmetrestaurant. Er zaubert aus traditionellen regionalen Zutaten einzigartige Gerichte wie Rothuhnsalat mit Limabohnen und Austernpilzen, die in standesgemäß elegantem Ambiente serviert werden. Man muss reservieren.

Mesón Casas Colgadas TRADITIONELL SPANISCH €€
(☎969 22 35 52; Calle de los Canónigos 3; Hauptgerichte 14–25 €, Menü 27 €) Dieser in einer *casa colgada* untergebrachte Gourmettempel entzückt nicht nur mit seiner erstklassigen Lage, sondern auch mit köstlichen traditionellen Speisen wie Wildragout oder Eintopf mit Schweinefuß. Reservierung empfohlen.

El Secreto SPANISCH €€
(www.elsecretocuenca.com; Calle de Alfonso VIII 81; Hauptgerichte 11–16 €; ⌚Mo & Di mittags, Do–So mittags & abends; 🖉) Viel Kacheldekoration und eine relaxte Atmosphäre prägen dieses Lokal. Hinter der kleinen Bar liegt ein hübscher Speiseraum mit Aussicht. Auf der Karte steht eine gute Auswahl an Pasta und Salaten, und zu den Fleischgerichten zählt auch ein leckerer Wild-Burger.

Figón del Huécar SPANISCH €€€
(☎969 24 00 62; www.figondelhuecar.es; Calle de Julián Romero 6; Hauptgerichte 18–22 €; ⌚Mo–Sa mittags & abends, So mittags) Wegen seiner romantischen Terrasse mit spektakulärem Panorama zählt das Figón zu den Highlights der Restaurantszene in der Altstadt. Gebratenes Spanferkel, geschmortes Rebhuhn, Lammeintopf und andere kastilische Spezialitäten werden mit Verve zubereitet und serviert. In dem Haus wohnte früher der spanische Sänger José Luis Perales.

San Juan Plaza Mayor SPANISCH €
(Plaza Mayor 5; Hauptgerichte 7–14 €; ⌚Di–Sa mittags & abends, So mittags) Von der Terrasse dieser lebhaften Tapas-Bar an der Plaza Mayor hat man einen schönen Blick zur Kathedrale. Serviert wird eine große Auswahl leckerer Bar-Snacks. Auch im Speiseraum gibt's viele preiswerte Speisen, darunter etliche Reisgerichte für zwei Personen sowie Salate und Fleisch vom Grill. Wer einfach essen möchte, ist hier richtig. Der Service ist schusselig.

El Bodegón SPANISCH €
(Cerrillo de San Roque A1; Hauptgerichte 6–14 €; ⌚Di–Sa mittags & abends) Die gesellige Bar in einer Gasse der Neustadt hat eine ruhige Terrasse und mehrere Tische drinnen, wo man dabei zusehen kann, wie das Fleisch sachkundig auf dem Holzofen in der Ecke gegrillt wird. Schnörkellose Küche, attraktive Preise.

Ausgehen & Unterhaltung

Cuenca ist eine Studentenstadt mit einem lebhaften Nachtleben. In der Calle San Francisco in der Neustadt reihen sich viele laute Terrassenbars aneinander, in denen man sich an den Wochenenden ab 21 Uhr in Partystimmung bringen kann. Etwas gediegener geht's rund um die Plaza Mayor zu. Später kann man dann zum Tanzen in den Disco-Pubs der Calle del Doctor Galíndez nahe der Plaza de España vorbeischauen.

Lolita Lounge Bar BAR
(www.lolitaloungebar.es; Calle Clavel 7; ⌚Fr 23–4, Sa 16–4 Uhr, Mai–Sept. auch Do & So) Verschiedene Grau- und Schiefertöne dominieren die elegante minimalistische Bar. Cocktails, sehr viele Gin-Sorten, importierte Biere und ein guter Musikmix ziehen eine schicke, durchgestylte Kundschaft an.

Bar La Tinaja TAPAS-BAR
(Calle del Obispo Valero 4; ⌚Mi–Mo mittags & abends) Dank seiner Lage gleich neben der Kathedrale füllt sich dieser Laden schnell mit Einheimischen, die hier die kostenlos zu den Getränken gereichten, köstlichen Tapas genießen. Die Nudelgerichte (6 €) sind ebenfalls lecker.

Praktische Informationen

Im Museo de las Ciencias (S. 236) gibt's einen Computer, an dem man kostenlos im Internet surfen kann.

Touristeninformation (☎969 23 58 15; Plaza Hispanidad; ⌚Mo–Do 10–14 & 17–20, Fr–So 10–20 Uhr, Nov.–März kürzere Öffnungszeiten) Die kleine Zweigstelle in der Neustadt hat an Winterwochenenden etwas kürzer geöffnet.

Zentrale Touristeninformation (http://turismo.cuenca.es; Calle Alfonso VIII 2; ⌚Mo–Sa 9–21, So bis 14.30 Uhr) Hilfsbereit. Hier kann man sich nach den mittelalterlichen Tunneln erkundigen, die sich wabenartig unter der Altstadt erstrecken und ständig weiter erforscht werden.

An- & Weiterreise

Südwestlich der Calle de Fermin Caballero liegen sich Bahnhof und Busbahnhof praktisch gegenüber. Der Schnellzug AVE nutzt den Fernando-Zóbel-Bahnhof südwestlich der Stadt. Bus 12 verbindet ihn mit dem Stadtzentrum.

Bis zu neun Busse täglich fahren nach Madrid (11,45 €, 2 Std.). Regelmäßige Verbindungen gibt's auch in andere Städte in Kastilien-La Mancha und nach Valencia.

Nach Madrid gehen täglich zahlreiche Züge, von langsamen *regionales* (Regionalzügen, die in der Regel an allen Haltestellen anhalten; 12,25 €, 3 Std.) bis zu dem schnellen AVE (38,70 €, 55 Min.). In die andere Richtung nach Valencia gibt's ähnlich häufige Verbindungen mit fast identischen Zeiten und Preisen.

Unterwegs vor Ort

Die Busse 1 und 2 fahren von der Neustadt bis zur Plaza Mayor (0,75 €, alle 30 Min.). Sie halten vor dem Bahnhof. Einen großen kostenlosen Parkplatz findet man in der Calle Larga oberhalb des Bogens am Ende der Altstadt.

Rund um Cuenca

SERRANÍA DE CUENCA

Nördlich und östlich von Cuenca erstreckt sich ein dicht bewaldetes, fruchtbares Gebiet mit zerklüfteten Bergen, Sandsteinschluchten, grünen Feldern und den Flüssen Júcar und Huécar. Für die Erkundung der schönen Landschaft benötigt man ein eigenes Fahrzeug.

Von Cuenca sind es 30 km über die CM2105 bis zur **Ciudad Encantada** (Erw./Kind 3 €/frei; ⌚10 Uhr–Sonnenuntergang). Hier hat natürliche Erosion aus Kalksteinfelsen einzigartige Gebilde geformt. Der 40-minütige Rundweg durch diese Freilichtfelsgalerie inmitten von Kiefernwäldern bildet eine tolle Unterbrechung auf langen Autofahrten. Am Wochenende ist es überfüllt.

Die CM2105 verläuft weiter nordwärts durch das malerische Dorf **Uña**, vorbei an dem kristallklaren Wasser des **Embalse del Tobar** und der **Reserva Natural de El Hosquillo**. In dem geschützten Park leben Braunbären, die hier wieder angesiedelt wurden. Als Nächstes geht's zum **Nacimiento del Río Cuervo**, einer Serie kleiner Wasserfälle, aus denen der Río Cuervo entspringt. Hier lohnt sich ein Abstecher nach Beteta und zur Hoz de Beteta, eine Schlucht, die von riesigen Kalksteinfelsen und Kämmen gesäumt wird.

Beteta selbst wartet mit einer reizenden Plaza Mayor samt Säulengang, Fachwerkhäusern und einer bröckelnden Burg auf einem Hügel auf. Übernachten kann man in einer Handvoll *casas rurales*. Zurück nach Cuenca gelangt man über die CM210, eine ruhige Landstraße, die sich durch mehrere traditionelle Orte windet. Es geht vorbei an der Quelle des bekannten spanischen Mineralwassers, **Solán de Cabras** (mit Sommer-Spa), und an der hübschen in einem Tal gelegenen Stadt **Priego**, die zu Zeiten der Römer gegründet wurde und mit mittelalterlichen Kirchen, römischen Toren sowie maurischen Türmen begeistert.

Wer weiter nach Sigüenza möchte, fährt von Beteta aus Richtung Nordosten nach **Molina de Aragón**. Über dem hübschen Städtchen dräut eine der spektakulärsten Burgen Spaniens. Sie wurde von den Mauren errichtet und später ausgebaut, nachdem sie den Christen in die Hände gefallen war. Leider ist sie nur mit einer Führung zugänglich. Vielleicht hat man das Glück, sich einer Gruppe anschließen zu können, wenn man die Touristeninformation unter ☎949 83 20 98 oder per Mail (turismo@molina-aragon.com) kontaktiert.

DIE WEIDENROUTE

Fährt man durch die Serranía de Cuenca, fallen einem auf vielen Feldern etwa 3 m hohe, pyramidenförmig angeordnete Bündel braunroter Korbweide ins Auge. Acht Orte der Serranía, darunter Priego und Beteta, liegen auf der **Ruta del Mimbre** (Weidenroute). Diese führt durch das wichtigste spanische Anbaugebiet für Korbweide, aus der im ganzen Land Flechtwaren hergestellt werden.

ALARCÓN

Rund 100 km südlich von Cuenca stößt man auf dieses reizende mittelalterliche Dorf. Eine enge Straße führt in den Ort hinein und durch drei mittelalterliche Befestigungstore.

Alarcón ist vor allem für seine maurische **Burg** mit dreieckigem Grundriss bekannt, die zu einem luxuriösen **Parador** (Marqués de Villena; ☎969 33 03 15; www.parador.es; EZ/DZ inkl. Frühstück 194/242 €; P❄📶) umgebaut wurde. Die Unterkunft besticht mit altmodischem Charme, komfortablen Zimmern, Wänden mit offengelegten Holz- und Backsteinelementen sowie edlen Möbeln und Stoffen. Alternativ quartiert man sich im gegenüberliegenden **Meson Don Julián** (☎969 33 03 00; Plaza Autónomo 1; EZ/DZ 40/50 €; ❄📶) in der Nähe des Burgeingangs ein. Es verfügt über hübsche, rustikale Zimmer mit Balkonen, Kühlschränken und riesigen Bädern und ein nettes Bar-Restaurant. Das beste Lokal der Stadt ist die bezaubernde **La Cabaña de Alarcón** (Álvaro de Lara 21; Hauptgerichte 11–18 €; ⏲Mo–Sa mittags & abends, So mittags). Hier werden vor einer Kulisse aus Panoramafenstern, dunkelrosa Farbtönen und zeitgenössischen Kunstwerken fachmännisch zubereitete regionale Gerichte kredenzt.

In der **Touristeninformation** (☎969 33 03 01; Calle Posadas 6; ⏲Di–Sa 10–14 Uhr) bekommt man eine Karte für Spaziergänge und Wanderungen im Dorf und in der Umgebung. Ist sie geschlossen, helfen in der Nähe Tafeln mit detaillierten Plänen weiter.

SEGÓBRIGA

Diese **römischen Ruinen** (Erw./Kind 4 €/frei; ⏲April–Sept. Di–Sa 10–21, Okt.–März Di–Sa 10–18 Uhr) gehen vermutlich bis ins 5. Jh. v. Chr. zurück. Am besten erhalten blieben ein römisches Theater und ein Amphitheater am Rand dieser Stätte mit Blick über ein Tal. Zu den Überresten zählen auch die Grundmauern einer westgotischen Basilika und ein Teil des Aquädukts, mit dessen Hilfe Segóbriga zur grünen Oase in dieser wüstenartigen Umgebung wurde. Im Eintrittsgeld enthalten ist die Besichtigung eines kleinen Museums mit eindrucksvollen Exponaten.

Die archäologische Stätte liegt bei Saelices, 2 km südlich der A3 zwischen Madrid und Albacete. Von Cuenca fährt man auf der N400 55 km in westliche Richtung und biegt dann nach Süden auf die CM202 ab.

Guadalajara

84 450 EW.

Dem romantischen Namen zum Trotz entpuppt sich Guadalajara beim Besuch als moderne, leicht schmuddelige Stadt, die mehr von historischem als von ästhetischem Interesse ist. Von Madrid oder Sigüenza aus lohnt sich ein halbtägiger Ausflug allein wegen des märchenhaften Palasts.

Zu seiner mittelalterlichen Blütezeit war Guadalajara (abgeleitet vom arabischen *wad al-hijaara,* „steiniger Fluss") Hauptstadt des maurischen Nordspaniens. Madrid wurde zu dieser Zeit lediglich als militärischer Beobachtungsstützpunkt genutzt. Als die Reconquista 1085 langsam nach Süden vordrang, eroberte Alfons VI. den Ort, der während des Spanischen Erbfolgekriegs (1702–1713), der napoleonischen Besatzung und des Spanischen Bürgerkriegs wiederholt geplündert wurde.

Aus den ruhmreichen Zeiten von Guadalajara blieb vor allem der **Palacio de los Duques del Infantado** (☎949 21 33 01; Plaza de los Caídos; Eintritt frei; ⏲Innenhof Mo–Fr 9–21.30, Sa 9–14.30 & 17–20, So 10–14.30 & 17–19 Uhr) erhalten, in dem die Familie Mendoza Hof hielt. Mit seiner raffiniert gearbeiteten Fassade im spätgotischen Mudejarstil und einem überwältigenden Innenhof mit geschnitzten Löwen als Wappentiere und Greifen über prunkvollen Bogen zählt er zu den beeindruckendsten Bauten des Landes. Er beherbergt das Museum für lokale Kunst (kürzere Öffnungszeiten). Die örtliche **Touristeninformation** (☎949 21 16 26; www.turismocastillalamancha.com; Plaza de los Caídos 6; ⏲Mo–Fr 9–14 & 16–19, Sa 9–15 & 16–18; So 10–14 Uhr) befindet sich gegenüber dem *palacio.*

Zu einem richtigen Tagesausflug gehört ein gutes Mittagessen oder eine Tapas-Pause. Vom Palast aus erreicht man nach kurzem Fußweg Richtung Plaza Mayor das **El Figón** (www.elfigon.com; Calle Bardales 7; raciones 6–11 €; ⏲Mi–Mo mittags, Mi–So abends; 📶). Das renommierte mit Geweihen dekorierte Traditionsrestaurant serviert preisgünstige *raciones* (Tapas-Mahlzeiten) der typischen spanischen Küche. Es ist in Guadalajara ein Klassiker.

Von Madrid fahren regelmäßig Schnellzüge nach Guadalajara, aber der Bahnhof liegt 2 km nördlich der Stadt. Der **Busbahnhof** (Calle del Dos de Mayo) ist nur einen kurzen Fußweg vom *palacio* entfernt und bietet regelmäßige Verbindungen nach Madrid (4,24 €, 50 Min.) und Sigüenza (6,80 €, 1½ Std.).

Pastrana

1080 EW.

Pastrana sollte man nicht verpassen. Der unberührte Ort 42 km südlich von Guadalajara an der CM200 verströmt mit seinen verschlungenen, von honigfarbenen Steinhäusern gesäumten Kopfsteinpflasterstraßen toskanisches Flair. In seinem Zentrum befindet sich die große, von Akazien bestandene **Plaza de la Hora**, an deren Stirnseite der gedrungene **Palacio Ducal**, ein Werk von Alonso de Covarrubias, steht. Mittwochmorgens findet hier ein geschäftiger Markt statt. 1581 wurde in Pastrana die einäugige Prinzessin von Éboli, Ana Mendoza de la Cerda, wegen ihrer Liebesaffäre mit dem Sekretär des spanischen Königs Philipp II. eingesperrt. Man kann noch das vergitterte Fenster ihrer Zelle sehen, in der sie zehn Jahre später starb, und über die **Touristeninformation** (☎949 37 06 72; www.pastrana.org; Plaza de la Hora 5; ⌚Mo–Fr 10–14 & 16–19, Sa bis 20, So 10–14 Uhr) einen Rundgang (nur auf Spanisch) arrangieren.

Vom Platz führt die Calle Mayor zur wuchtigen **Iglesia de Nuestra Señora de la Asunción**. Die Kirche beherbergt ein interessantes kleines **Museum** (Colegiata; Erw./Kind 2,50 €/frei; ⌚Di–Sa 11.30–14 & 16.30–19, So 13–14 & 16.30–19 Uhr) mit den Juwelen der Prinzessin, einigen exquisiten Tapisserien aus dem 15. Jh. und einem Gemälde von El Greco.

Das hübsche, moderne **Hotel Palaterna** (☎949 37 01 27; www.hotelpalaterna.com; Plaza de los Cuatro Caños; EZ/DZ 50/65 €; ❄📶) blickt auf einen kleinen Platz mit sprudelndem Springbrunnen. Alle Zimmer verfügen über dunkle Holzmöbel und sind in kühlen Farben gehalten. Einen Straßenzug höher liegt das attraktive *casa rural* (ländliches Gästehaus) **La Aljama** (☎949 37 02 70; http://perso.wanadoo.es/laaljama; Calle Adolfo Martín Gamero 6; DZ 70–75 €) mit sehr viel Charakter in einem jahrhundertealten Gebäude, das gastfreundlich und entspannt geführt wird.

Pastranas zahlreiche Restaurants und Bars konzentrieren sich in der Calle Mayor. Lieblingslokal der Einheimischen ist die über und über mit verblichenen Stierkampfplakaten dekorierte **Casa Seco** (Calle Mayor 36; Tapas ab 2 €). Sie wird von einer wunderbar matriarchalischen Dame geleitet, die ihre baskenbemützte Kundschaft mühelos in Zaum hält.

Zwischen Guadalajara und Pastrana (1¼ Std.) pendelt täglich ein Bus.

Rund um Pastrana

13 km südlich von Pastrana liegen die bezaubernden Ruinen von **Recópolis** (www.patrimoniohistoricoclm.es; Zorita de los Canes; Erw./Kind 5/1 €; ⌚Mitte Sept.–April 10–18 Uhr, Mai–Mitte Sept. 10–14 & 17–21 Uhr) über dem Río Tajo. Von der Straße nach Tarancón ist der Weg dorthin ausgeschildert (hinter dem Atomkraftwerk geht's rechts ab). In der Regel ruft das Wort „Westgoten" Vorstellungen von barbarischen Rüpeln mit gehörnten Helmen hervor, aber damit tut man den geschickten Metallarbeitern und frühen Monarchen der Christenheit Unrecht. Nachdem er den größten Teil der Iberischen Halbinsel unter seiner Herrschaft vereinigt hatte, gründete König Leovigildo, dessen Hauptstadt Toledo war, 578 n. Chr. Recópolis als geplante ummauerte Stadt und benannte sie nach seinem Sohn Recaredo. Zu sehen sind heute noch die königliche Palastanlage, Werkstätten und die Hauptstraße, auch wenn spätere Veränderungen durch die Mauren und andere das Bild ein wenig trüben. Es gibt ein Informationszentrum und alles ist gut auf Englisch beschildert. Im Eintritt inbegriffen sind ein Naturpfad und die nahe gelegene Burgruine von Zorita de los Canes.

Sigüenza

4950 EW.

Das verschlafene, historische und von den Geistern einer turbulenten Vergangenheit erfüllte Sigüenza lohnt einen Abstecher. Es nimmt einen vom Río Henares umschlossenen Hügel ein und lockt mit einer Burg, einer Kathedrale und mehreren exzellenten Restaurants in seinen von mittelalterlichen Häusern gesäumten, verschlungenen Gassen. Ein guter Ausgangspunkt für einen Stadtbummel ist die wunderschöne Plaza Mayor aus dem 16. Jh.

Sehenswertes

Catedral KATHEDRALE

(⌚Di–Sa 9.30–14 & 16–20, So 12–17.30 Uhr) Im Herzen der Altstadt erhebt sich Sigüenzas Prunkstück, die Kathedrale. Baubeginn des ursprünglich romanischen Gebäudes war im Jahr 1130. In den folgenden vier Jahrhunderten wurde es weiter ausgeschmückt und zeigt sich heute größtenteils gotisch, angereichert mit Elementen anderer Bauformen, die vom Plateresk- über den Renaissance- bis zum Mudejarstil reichen. Im Bürgerkrieg wurde das Gebäude schwer beschädigt, danach jedoch wiederaufgebaut.

Im dunklen Kirchenschiff mit schönen Buntglasfenstern, darunter eine prachtvolle Fensterrose, und einem eindrucksvollen, im 15. Jh. errichteten Altar (an der Südwand) herrscht eine besinnliche Atmosphäre. Wer die Kapellen, die Sakristei und den goti-

Sigüenza

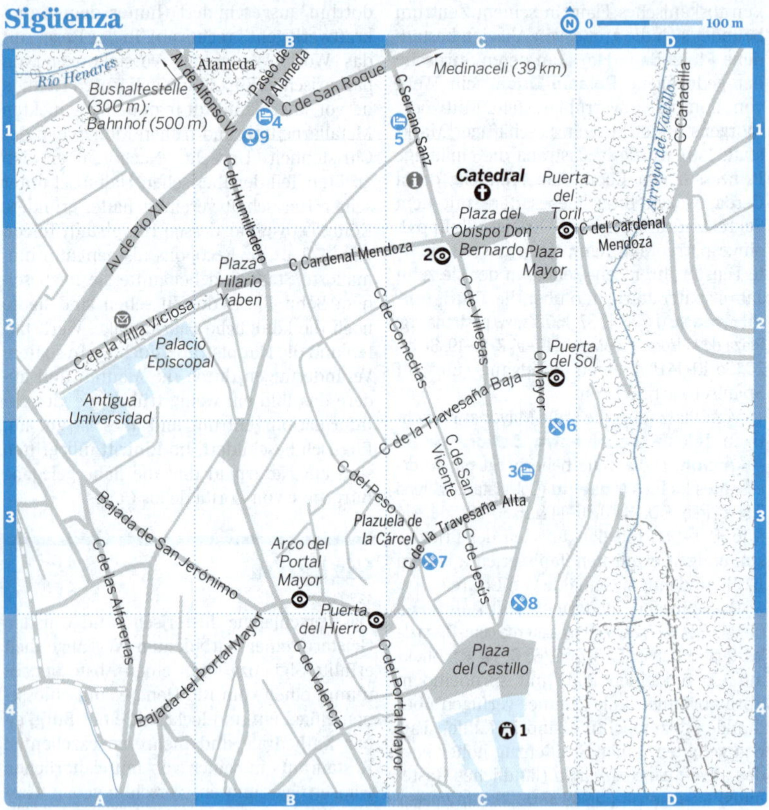

Sigüenza

Highlights
Catedral ... C1

Sehenswertes
1 Castillo ... C4
2 Museo Diocesano de Arte ... C2

Schlafen
3 Hospedería Porta Coeli ... C3
4 El Doncel ... B1
5 Hostal Puerta Medina ... C1
Parador de Sigüenza ... (siehe 1)

Essen
6 Calle Mayor ... C3
7 Gurugú de la Plazuela ... C3
8 Taberna Seguntina ... C3

Ausgehen
9 Café-Bar Alameda ... B1

schen Kreuzgang sehen möchte, muss sich einer der ausschließlich spanischsprachigen Führungen (4 € pro Pers.; ⌚Di–Sa 11, 13, 16.30 & 17.30 Uhr) anschließen. Zu den weiteren Höhepunkten der Kathedrale gehört die Capilla Mayor mit der Marmorstatue des entspannt daliegenden Don Martín Vázquez de Arce (sie wird *El Doncel* genannt), der in der Endphase der Reconquista im Kampf gegen die Mauren fiel. Schön ist auch die Sacristía de las Cabezas. Ihre herrliche Decke wurde von de Covarrubias mit Hunderten Köpfen verziert. Die Capilla del Espíritu Santo beeindruckt mit einem Portal, das Elemente des Plateresk-, Mudejar- und gotischen Stils in sich vereint. Im Innern sieht man eine bemerkenswerte Kuppel und eine *Anunciación* (Verkündigung) von El Greco.

Museo Diocesano de Arte SAKRALE KUNST
(Eintritt 3 €; ⌚Di–Sa 11–14 & 16–19, So 11–14 Uhr, im Sommer nachmittags 17–20 Uhr) Das Museum gegenüber der Kathedrale verfügt über eine gut präsentierte Sammlung mittelmäßiger religiöser Kunst aus Sigüenza und Umgebung, aber auch einige interessantere Exponate, z. B. eine über Sevilla schwebende Jungfrau der Unbefleckten Empfängnis von Zurbarán und naive Wandmalereien des letzten Abendmahls aus einer Kirche der Gegend. Zu den kurioseren Ausstellungsstücken gehören eine attische Vase mit einer roten Figur und ein Frosch als Votivgabe.

Castillo BURG
Die Calle Mayor führt von der Kathedrale nach Süden den Berg hinauf zu einer mächtigen Burg, die ursprünglich von den Römern erbaut wurde und schon als maurische Festung, königlicher Palast, Zufluchtsstätte sowie Kaserne diente. Während des Spanischen Bürgerkriegs wurde sie fast vollständig zerstört, um schließlich unter Franco als *parador* wiederaufgebaut zu werden.

Schlafen

Die zahlreichen Bleiben sind werktags und in der Nebensaison deutlich preiswerter.

Parador de Sigüenza HISTORISCHES HOTEL €€€
(☎949 39 01 00; www.parador.es; Plaza del Castillo; EZ/DZ 129/161 €; P ❄ 📶) In Sigüenzas *parador* finden Gäste die gewohnte Kombination von Luxus, aufmerksamem Service und antiker Einrichtung. Das Hotel ist in einer Burg aus dem 12. Jh. mit Blick über die Stadt untergebracht. Im Innenhof lässt sich hervorragend die Zeit vertrödeln. Die Zimmer haben kleine Fenster, wie in einer Burg üblich, daher kann es etwas dunkel sein. Um etwas Licht und Aussicht zu genießen, sollte man ein Zimmer mit Balkon nehmen.

El Doncel HOTEL €€
(☎949 39 00 01; www.eldoncel.com; Paseo de la Alameda 3; DZ 85 €; ❄ 📶) Warme Farben, viele offene Steinwände, indirektes Licht, Minibars sowie wunderbar weiche Bettdecken und Kissen entsprechen vor allem dem Geschmack von Paaren aus Madrid, die hier ein romantisches Wochenende verbringen. Das komfortable und attraktive Hotel hat auch ein gutes Restaurant. Unter der Woche sind die Zimmer preiswerter.

Hospedería Porta Coeli HOSTAL €€
(☎949 39 18 75; www.crusa.es; Calle Mayor 50; EZ/DZ 57/75 €; ❄ 📶) Ein luxuriöses historisches Gebäude beherbergt die Porta Coeli, die der Universität gehört. Helle Fliesen und Farben verleihen ihren geräumigen Zimmern ein frisches Aussehen. Die Kombination aus moderner Einrichtung und historischem Rahmen ist sehr gelungen, die Lage zwischen Burg und Kathedrale klasse und das Frühstück inbegriffen. In der Nebensaison sinken die Preise um 50 %.

Hostal Puerta Medina HOSTAL €€
(☎949 39 15 65; www.puertamedina.es; Calle Serrano Sanz 17; EZ/DZ 50/67 €; 📶) Versteckt in einem aristokratischen Gebäude aus dem 18. Jh. einen Straßenzug unterhalb der Kathedrale findet man dieses *hostal*. Beim Betreten sieht es etwas baufällig aus – aber nur bis zur Tür. Drinnen dagegen warten ein herzlicher Empfang und helle, geräumige, ruhige Zimmer, die viel ursprünglichen Charme versprühen. Der freundliche Besitzer macht ein gutes Frühstück (im Preis inbegriffen) mit selbst gebackenem Brot. Auf der Straße kann man gut parken. Außerhalb der sommerlichen Hochsaison ist es preiswerter.

Essen & Ausgehen

In Sigüenza gibt's jede Menge Restaurants. Einige öffnen nur am Wochenende, um die zahlreichen Gäste aus Madrid zu verköstigen. Entlang der Alameda findet man mehrere gute Lokale.

LP TIPP **Calle Mayor** SPANISCH €€
(☎949 39 17 48; www.restaurantecallemayor.com; Calle Mayor 21; Hauptgerichte 12–18 €) Das hervorragende Restaurant liegt zwischen Kathedrale und Burg. Es serviert traditionelle Gerichte wie köstliches geröstetes Zicklein und gebratenes Lammhirn, aber auch raffiniertere Kreationen. Preis-Leistungs-Verhältnis und Qualität sind sehr gut und der Speisesaal wirkt ebenso stilvoll wie gemütlich. Der Service ist ein wenig kühl, jedoch korrekt.

Gurugú de la Plazuela TAPAS €€
(www.gurugudelaplazuela.com; Plaza de la Cárcel; Pilzgerichte 12–18 €; ⌚Di–Sa mittags & abends, So mittags; 🖉) Spezialität dieser an der kleinen atmosphärischen Plaza de la Cárcel gelegenen alten Taverne sind die bis zu 16 verschiedenen Pilzkreationen. Auf der Karte stehen aber auch andere Gerichte wie Wild. Darüber hinaus werden hier regelmäßig Kunst- und Fotoausstellungen gezeigt..

Taberna Seguntina SPANISCH €€
(www.latabernaseguntina.es; Calle Mayor 43; Hauptgerichte 14–20 €; ⌚Do–Di) Das burgnahe Restaurant wartet mit traditioneller Küche

und lokalen Klassikern wie Spanferkel, gebratenem Lamm und Fasan auf.

Café-Bar Alameda TAPAS-BAR
(Paseo de la Alameda 2; raciones 6–10 €) In der bodenständigen Bar trifft man sich gerne zum Kartenspiel. Die Theke biegt sich unter verführerischen Tapas und *pintxos* (baskische Tapas) wie *caracoles* (Schnecken) und *orejas* (Schweineohren) für Experimentierfreudige sowie leichter Verdaulichem wie Tortilla mit Speck und Käse.

Praktische Informationen

Touristeninformationen (☎949 34 70 09; turismo@siguenza.es; Calle Serrano Sanz 9; ⏲Mo–Do & Sa 10–14 & 16–18, Fr 10–14 & 16–20, So 10–14 Uhr) Am Hügel direkt unter der Kathedrale. Öffnet und schließt im Sommer eine Stunde später.

An- & Weiterreise

Busse verkehren hier nur unregelmäßig und steuern hauptsächlich Orte in Sigüenzas Umgebung an, z. B. Guadalajara. Sie halten an der Avenida de Alfonso VI. Täglich gehen bis zu sechs Regionalzüge zum Madrider Bahnhof Chamartín (11,25 €, 1½ Std.) über Guadalajara; einige fahren in die andere Richtung nach Soria.

Rund um Sigüenza

IMÓN

40 EW.

7 km nordwestlich von Sigüenza stößt man auf dieses entzückende Dörfchen, das erstaunlich viel zu bieten hat. Hier warten gehobene Restaurants und Unterkünfte für die vielen Wochenendausflügler aus Madrid, ein Spa sowie exzellente Bedingungen für Wanderer und Vogelbeobachter.

Auf einem kurzen Fußweg entlang der Straße nach Sigüenza erreicht man die Becken zur Salzgewinnung. Mit einigen verfallenen Häusern im Hintergrund bieten sie schöne Fotomotive. Wer Lust auf einen kleinen Spaziergang hat, für den ist der Don-Quichotte-Weg das Richtige. Man folgt der Hauptstraße (Calle Cervantes) und hält sich an deren Ende Richtung Norden. Der hübsche 4,5 km lange Weg führt durch Felder zur Burg **La Riba de Santiuste** aus dem 15. Jh., die hoch auf einem Felsen über dem gleichnamigen, halb verlassenen Dorf thront. Das Bauwerk liegt teilweise in Ruinen und lädt zu einem faszinierenden Erkundungsgang ein.

Ein steinerner Bau aus dem 17. Jh. beherbergt das **Salinas de Imón** (☎949 39 73 11; www.salinasdeimon.com; Real 49; Zi. 92–146 €, Suiten 215 €; ❄📶🏊). Seine 13 Zimmer wurden sorgfältig restauriert und haben sich so ihre historische Authentizität bewahrt. Alles andere als alt sind jedoch die luxuriösen Bäder. Im wunderschönen Garten locken Liegewiesen, eine Laube und ein Pool. Das nahe **La Botica** (☎949 39 74 15; www.laboticahotelrural.com; Calle Cervantes 40; DZ inkl. Frühstück 130–151 €; ❄📶🏊) in einer ehemaligen Apotheke hat sehr romantische Zimmer mit Jacuzzis und erstklassiger Ausstattung. Beide Unterkünfte sind äußerst gastfreundlich, servieren Abendessen und die Gäste können das nur einige Meter entfernte, moderne Spa nutzen (30 € pro Std.). Wer außerhalb der Sommermonate unter der Woche ankommt, sollte sich telefonisch anmelden.

ATIENZA

440 EW.

Das mittelalterliche, von einer Burgruine gekrönte Atienza liegt 15 km nordwestlich von Imón. Ein Bummel durch die Straßen ist bezaubernd, denn es gehört zu den schönsten Dörfern Spaniens. Über der von Fachwerkhäusern gesäumten Plaza del Trigo, die im 16. Jh. ein Marktplatz war, wacht die Renaissancekirche **Iglesia San Juan Bautista** mit einer eindrucksvollen Orgel und üppig vergoldetem *retablo*. Daneben gibt's weitere größtenteils romanische Kirchen, drei von ihnen beherbergen kleine **Museen** (Eintritt 1/3 Museen 1,50/3 €; ⏲Mitte Juli–Mitte Sept. 11.30–14 & 16–19 Uhr, Mitte Sept.–Mitte Juli nur Sa & So). Eines ist der Caballada gewidmet, einer spektakulären Fronleichnamsprozession zu Pferd.

Die beste Unterkunft ist der **Antiguo Palacio de Atienza** (☎949 39 91 80; www.palaciodeatienza.com; Plaza de Agustín González 1; EZ 43 €, DZ 65–96 €; ❄📶🏊), ein ehemaliger Palast, dessen schöne Räume graue Steinwände und Holzbalken aufweisen. Der Preis variiert abhängig von der Größe und davon, ob das Zimmer einen Whirlpool hat. Vom Balkon blickt man auf Rasenflächen und den Pool.

El Mirador (☎949 39 90 38; www.elmiradordeatienza.com; Calle Barruelo; EZ/DZ/2BZ 24/36/45 €; ❄📶) bietet tadellose Zimmer zum Schnäppchenpreis. Von der Budgetunterkunft in einem modernen weißgekalkten Gebäude öffnet sich ein großartiger Panoramablick über die Felder darunter. Das hervorragende Restaurant (Hauptgerichte 11–20 €) hat dieselbe Aussicht und serviert kreative Küche sowie typische Gerichte wie *cordero* (Lamm) und *cabrito* (Zicklein).

Vormittags gibt's einige Busverbindungen nach Guadalajara, Madrid und Sigüenza.

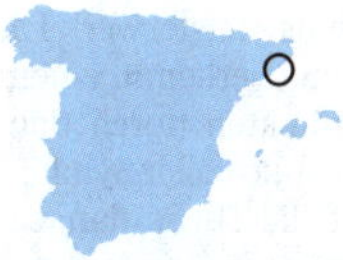

Barcelona

Inhalt »

Sehenswertes 247
Aktivitäten 284
Kurse 285
Geführte Touren 285
Feste & Events 286
Schlafen 287
Essen 291
Ausgehen 296
Unterhaltung 301
Shoppen 304

Gut essen

» Tickets (S. 296)
» Tapaç 24 (S. 294)
» Alkímia (S. 295)
» Koy Shunka (S. 292)
» Cal Pep (S. 293)

Schön übernachten

» Hotel Neri (S. 288)
» Hotel Banys Orientals (S. 289)
» Hotel Praktik (S. 290)
» Casa Camper (S. 288)
» Hotel Constanza (S. 290)

Auf nach Barcelona

Lebenskünstler und Kulturliebhaber fasziniert an Barcelona vor allem die Mischung aus sonnigem, mediterranem Charme und europäisch geprägter Architektur. Die katalanische Küche wartet mit köstlichen Gerichten auf und die Bars und Clubs sind das ganze Jahr über ein Anziehungspunkt. Im Sommer strömen zudem zahlreiche Badefans an die stadteigenen und nahe gelegenen Strände.

Aus einem mittelgroßen römischen Ort entwickelte sich Barcelona im Mittelalter zu einer wichtigen Handelsmetropole. In der Altstadt befinden sich viele gotische Gebäude, außerdem kann man einige der weltweit kuriosesten Bauten wie Gaudís surreale La Sagrada Família bestaunen.

Seit Ende des 19. Jhs. hat Barcelona in Sachen Kunst, Architektur und Design neue Wege beschritten. Von Picasso und Miró bis zu aktuellen Werken setzte das pulsierende Herz der Stadt kaum einen Schlag aus. Fleißig sind auch die Avantgardeköche, die u. a. mit traditionellen Gerichten um die Gunst der Gourmets wetteifern.

Reisezeit

Barcelona

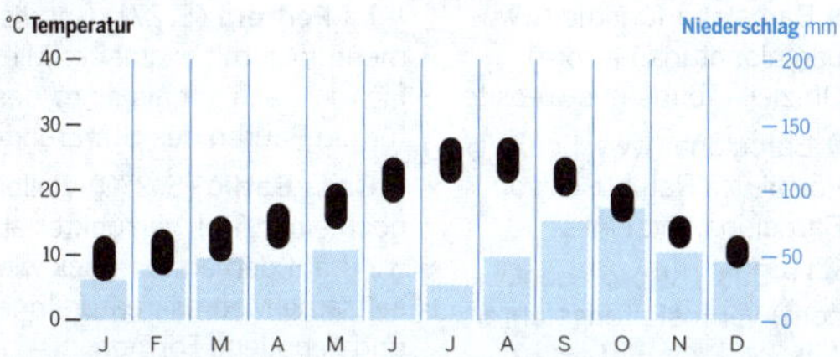

Mai Während des Primavera-Sound-Festivals finden auf der Plaça del Fòrum Konzerte statt.

Juni Sónar, Europas größtes Forum für Elektromusik, lockt mit zahlreichen Events.

Sept. Die Festes de la Mercè läuten das Ende des Sommers ein.

NICHT VERSÄUMEN

Eine Radtour entlang des wiederbelebten Hafengebiets ist zu jeder Jahreszeit eine tolle Abwechslung zu den mittelalterlichen Gassen und der Jugendstilarchitektur. Im Sommer kann man sich unterwegs an den offenen Strandbars erfrischen.

Kurzinfos

» Einwohner: 1,62 Mio.

» Großraum Barcelona: 636 km²

» Jahreseinkommen pro Kopf (2009): 23 900 €

» Besucher (2010): 7,3 Mio.

Kostenlose Attraktionen

» Park Güell (S. 274)

» Església de Santa Maria del Mar (S. 262)

» Estadi Olímpic (S. 284)

» Castell de Montjuïc (S. 279)

Infos im Internet

» Barcelona Turisme (www.barcelonaturisme.com) Offizielle Tourismus-Website.

» Barcelona (www.bcn.cat) Portal des Rathauses von Barcelona, mit Links

» Le Cool (http://lecool.com) Veranstaltungsführer.

» Barcelona Yellow (www.barcelonayellow.com) Viele Infos zur Reiseplanung.

Ein verstecktes Porträt in der Sagrada Família

Wer die Passionsfassade von Antoni Gaudís Meisterwerk La Sagrada Família (S. 265) genau betrachtet, erkennt einen speziellen Tribut an den genialen Architekten durch den Bildhauer Josep Subirachs. In einem Gebäude voller Symbole, die sich nicht sofort erschließen, ist die Suche danach relativ leicht. Die zentrale Skulpturengruppe (unter dem gekreuzigten Jesus am Kreuz) zeigt von rechts nach links Christus, der sein Kreuz trägt, Veronika, die das Gewand mit dem blutigen Gesicht Jesu präsentiert, sowie ein Soldatenpaar und einen Mann namens Evangelist, der alles beobachtet. Subirachs nutzte eines der wenigen Fotos von Gaudí, das einige Jahre vor seinem Tod entstand, um das Gesicht des Evangelisten zu formen.

MONTAGS GESCHLOSSEN

Viele Attraktionen sind montags geschlossen, doch es gibt einige Ausnahmen. Besonders lohnenswert sind folgende Sehenswürdigkeiten: das Casa-Museu Gaudí (Park Güell), das Gran Teatre del Liceu, der Jardí Botànic, die Kathedrale, La Pedrera, La Sagrada Família, der Mirador de Colom, das MACBA (Museu d'Art Contemporani de Barcelona), das Museu de la Xocolata, das Museu del Futbol Club Barcelona, das Museu del Modernisme Català, das Museu Marítim, der Palau de la Música Catalana und der Pavelló Mies van der Rohe.

Prachtbauten des Modernisme

» **La Sagrada Família** (S. 265) Antoni Gaudís unvollendete Kathedrale liebt oder verabscheut man. Die Arbeiten an dem umstrittenen Projekt schreiten weiter voran.

» **Palau de la Música Catalana** (S. 260) Dieser auffällig luxuriöse Konzertsaal ist ein schwindelerregendes Beispiel für die Fantasie des Modernisme.

» **La Pedrera** (S. 271) Gaudís geschwungener Eck-Apartmentblock mit exquisiter Mietwohnung und einem Science-Fiction-Dach gilt als eines der anschaulichsten Beispiele für die Bauten des Stararchitekten.

» **Casa Batlló** (S. 270) Vielleicht ist die Casa Batlló sogar noch einen Tick verrückter als La Pedrera. Ihre Fassade wirkt auf den ersten Blick wie eine in Stein gemeißelte seltsame Meereskreatur. Innen erwarten einen wellige und gebogene Formen.

» **Hospital de la Santa Creu i de Sant Pau** (S. 273) Barcelonas einst größtes Krankenhaus verfügt über 16 individuell ausgestattete Pavillons.

Geschichte

Vermutlich wurde die Stadt um 230 v. Chr. von den Karthagern errichtet und nach Hamilkar Barkas, dem Vater Hannibals, benannt. Das römische Barcelona (Barcino) war unbedeutender als das 90 km südwestlich gelegene Tarraco (Tarragona) und bestand aus dem heutigen Barri Gòtic.

Nach der muslimischen Besetzung und anschließenden fränkischen Vorherrschaft begründete Wilfried der Haarige (Guifré el Pilós) 878 das Haus der Grafen von Barcelona (Contes de Barcelona). 1137 heiratete Graf Raimund Berengar IV. Petronella, die Thronerbin von Aragonien, und schuf dadurch ein gemeinsames Reich sowie die Voraussetzung für Kataloniens Goldenes Zeitalter. Jakob I. (1213–1276) entriss den Muslimen in den 1230er- bis 1240er-Jahren die Balearen und Valencia. Sein Sohn Peter II. eroberte 1282 Sizilien.

Die Thronbesteigung Ferdinands von Aragonien 1479 verhieß für Barcelona nichts Gutes und seine Heirat mit Königin Isabella von Kastilien noch weniger. Katalonien wurde nun tatsächlich zu einem untergeordneten Teil des kastilischen Reichs. Im Spanischen Erbfolgekrieg (1702–1713) fiel die Stadt im September 1714 an den Bourbonenkönig Philipp V.

MODERNISME, ANARCHIE & BÜRGERKRIEG

Das 19. Jh. brachte die Wiederbelebung der Wirtschaft mit sich. Weinbau, Baumwoll-, Kork- und Eisenindustrie entstanden, allerdings gab es auch Armut und Unruhen in der städtischen Arbeiterklasse. Als Barcelona aus allen Nähten zu platzen drohte, wurden 1854 die mittelalterlichen Stadtmauern abgerissen. 1869 begannen die Arbeiten in L'Eixample, einer Ortserweiterung jenseits der Plaça de Catalunya. Das aufstrebende Bürgertum kaufte prunkvolle Häuser, viele im einzigartigen Modernismestil, dessen führender Vertreter Antoni Gaudí war.

1937, während des ersten Jahrs des Spanischen Bürgerkriegs, übernahm die katalanische kommunistische Partei (PSUC; Partit Socialista Unificat de Catalunya) nach heftigen Straßenkämpfen gegen die Anarchisten und Trotzkisten die Kontrolle über die Stadt. George Orwell erinnerte in seinem Klassiker *Mein Katalonien* an diese Zeit. 1939 fiel Barcelona an Franco. Es folgte eine lange Zeit der Unterdrückung.

VON FRANCO BIS ZUR GEGENWART

Unter Franco erlebte die Stadt einen gewaltigen Zustrom, insbesondere durch andalusische Immigranten. Allein in den 1950er- und 1960er-Jahren kamen über 750 000 Menschen hierher, und fast noch einmal so viele strömten ins restliche Katalonien. Sie lebten häufig unter katastrophalen Bedingungen.

1978, drei Jahre nach Francos Tod, garantierte die neue spanische Verfassung die Autonomie Kataloniens (auf Katalanisch: Catalunya, auf Kastilisch: Cataluña) mit Barcelona als Hauptstadt. Von den Olympischen Spielen 1992 profitierte die Metropole enorm. Unter der umsichtigen Führung des beliebten Bürgermeisters Pasqual Maragall von den katalanischen Sozialisten sorgte ein Bauboom für neues Leben auf dem Montjuïc und im einst heruntergekommenen Hafengebiet. Beflügelt vom damaligen Erfolg lässt die Stadt auch weiterhin einstmals heruntergekommene Viertel in neuem Glanz erstrahlen. Im teilweise nach wie vor zwielichtigen Raval wurden zahlreiche Bauprojekte durchgeführt, darunter Richard Meyers 1995 eröffnetes ultramodernes Macba (Museu d'Art Contemporani de Barcelona) und die 2012 errichtete Filmoteca de Catalunya. Das einst heruntergekommene Industrieviertel Poble Nou weiter im Westen erfand sich neu als 22@(vint-i-dosarroba), heute ein Zentrum für Technologie und Design auf einer Fläche von 200 ha. Innovative Unternehmen und futuristische Gebäude von Stararchitekten wie Zaha Hadid verleihen der sich ständig wandelnden Stadtlandschaft immer wieder ein neues Gesicht.

Katalonien ist zudem ein richtungsweisender Trendsetter für den Rest Spaniens. Das 2007 eingeführte Leihfahrradprogramm Bicing beispielsweise ist zu einem Synonym für umweltfreundliche Fortbewegung geworden, und die Metropole investiert weiter in grüne Energie (etwa in Solarstrom sowie Elektro- und Hybridfahrzeuge). Oft geht die autonome Gemeinschaft ihren eigenen Weg, doch manchmal schließt sie sich dem Rest Spaniens an. 2012 verbot das katalanische Parlament den Stierkampf und machte Katalonien damit zur ersten Region des spanischen Festlandes, wo dieser Sport untersagt wurde. Manche sahen dies als katalanisch-nationalistischen Protest gegen eine tief in der spanischen Kultur verwurzelte Aktivität.

Sehenswertes

Barcelona lässt sich prima nach Themenschwerpunkten erkunden. Die historischen Bauwerke findet man in der Ciutat Vella, vor allem im Barri Gòtic und in Ribera. Zusammen mit Raval auf der anderen Seite der Rambla und Port Vell, wo das alte Barcelona

Highlights

1. Antoni Gaudís unvollendetes Meisterwerk **La Sagrada Família** (S. 265) bestaunen
2. Durch die engen mittelalterlichen Gassen des bezaubernden **Barri Gòtic** (S. 252) schlendern
3. Ein Konzerts im außergewöhnlichen **Palau de la Música Catalana** (S. 302) besuchen
4. Ein Spiel des FC Barça auf dem heiligen Rasen des **Camp Nou** (S. 277) erleben
5. Den Ausblick von Gaudís **Park Güell** (S. 274) genießen
6. Restaurants und Kneipen in den reizvollen Straßen von **L'Eixample** (S. 265) erkunden
7. Im **Museu Picasso** (S. 259) Pablos frühe Meisterwerke entdecken
8. Entlang der Strandpromenade von **La Barceloneta** (S. 263) frische Meeresfrüchte schlemmen und spazierengehen
9. Sich ins unkonventionelle Nachtleben von **El Raval** (S. 258) stürzen
10. Den **Montjuïc** (S. 278) mit seiner romanischen Kunst, einer düsteren Burg, schönen Gärten und zahlreichen Werken von Miró kennenlernen

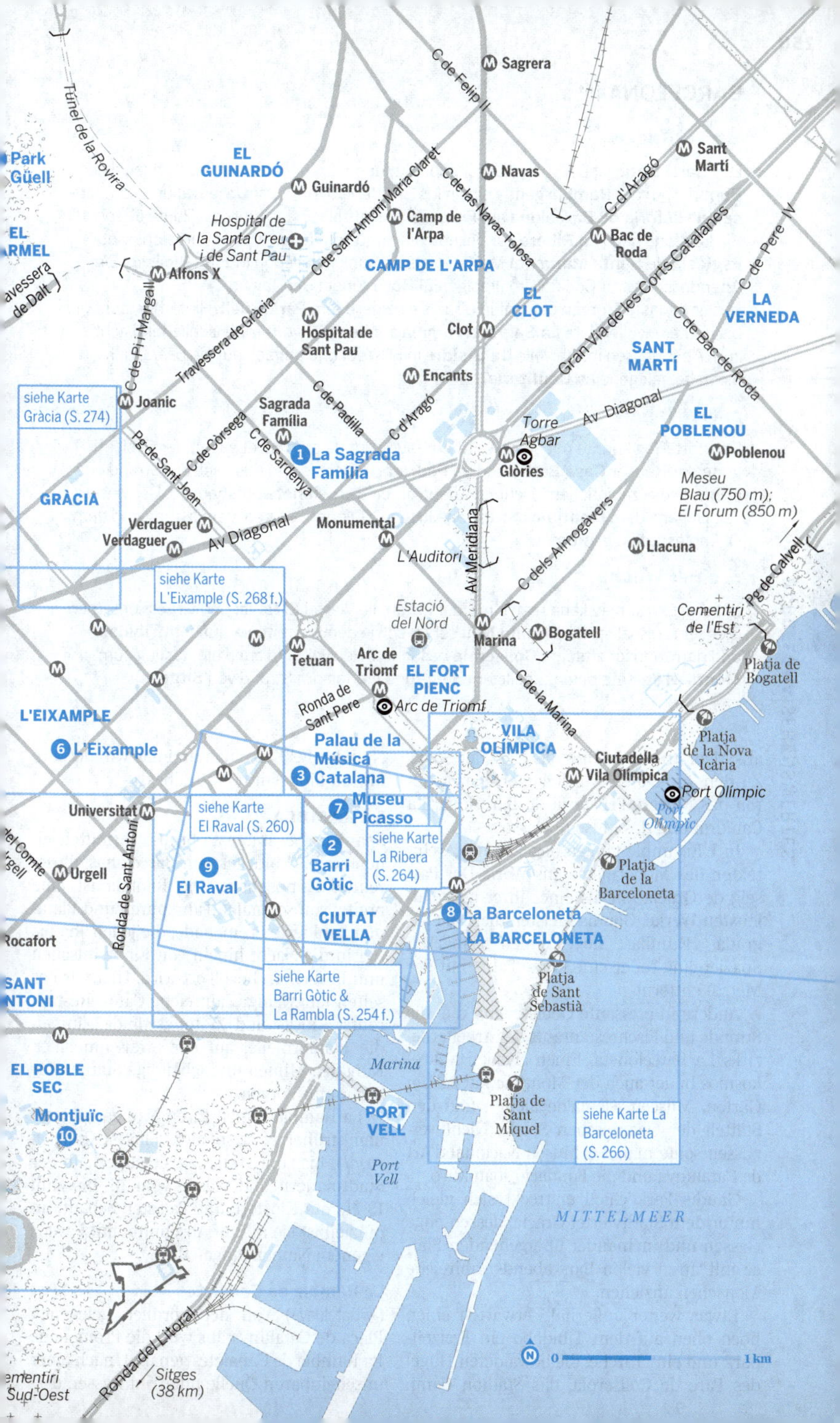

Sagrera
C de Felip II
Túnel de la Rovira
Park Güell
EL GUINARDÓ
Guinardó
Navas
Sant Martí
EL CARMEL
Hospital de la Santa Creu i de Sant Pau
C de Sant Antoni Maria Claret
Camp de l'Arpa
C de las Navas Tolosa
C d'Aragó
Bac de Roda
Travessera de Dalt
Alfons X
CAMP DE L'ARPA
Gran Via de les Corts Catalanes
C de Pere IV
Travessera de Gràcia
EL CLOT
LA VERNEDA
Hospital de Sant Pau
Clot
C de Bac de Roda
C de Pi i Margall
SANT MARTÍ
Encants
siehe Karte Gràcia (S. 274)
Joanic
Sagrada Família
C de Padilla
C d'Aragó
Av Diagonal
EL POBLENOU
C de Còrsega
Pg de Sant Joan
C de Sardenya
Torre Agbar
1 La Sagrada Família
Glòries
Poblenou
GRÀCIA
Meseu Blau (750 m); El Forum (850 m)
Av Meridiana
C dels Almogàvers
Verdaguer
Verdaguer
Av Diagonal
Monumental
L'Auditori
Llacuna
Pg de Calvell
siehe Karte L'Eixample (S. 268 f.)
Estació del Nord
Cementiri de l'Est
Marina
Bogatell
Tetuan
Arc de Triomf
EL FORT PIENC
Platja de Bogatell
Ronda de Sant Pere
Arc de Triomf
C de la Marina
L'EIXAMPLE
VILA OLÍMPICA
6 L'Eixample
Palau de la Música Catalana
3
Platja de la Nova Icària
Ciutadella Vila Olímpica
Port Olímpic
Port Olímpic
Universitat
siehe Karte El Raval (S. 260)
7 Museu Picasso
siehe Karte La Ribera (S. 264)
C del Comte d'Urgell
Ronda de Sant Antoni
2 Barri Gòtic
9 El Raval
Urgell
Platja de la Barceloneta
8 La Barceloneta
CIUTAT VELLA
LA BARCELONETA
Rocafort
SANT ANTONI
siehe Karte Barri Gòtic & La Rambla (S. 254 f.)
Platja de Sant Sebastià
EL POBLE SEC
Marina
Montjuïc
10
PORT VELL
Platja de Sant Miquel
siehe Karte La Barceloneta (S. 266)
Port Vell
MITTELMEER
Ronda del Litoral
Sitges (38 km)
Cementiri Sud-Oest
N
0
1 km

BARCELONA IN...

... zwei Tagen

Das **Barri Gòtic** ist ein guter Ausgangspunkt für die Erkundung der Stadt. Nach einem Bummel auf der **Rambla** geht's hinein ins Straßenlabyrinth zur **Catedral** und zum **Museu d'Història de Barcelona** am Plaça del Rei. Als Nächstes führt die Route über die Via Laietana nach **La Ribera** zur beliebtesten und schönsten Kirche Barcelonas, der **Església de Santa Maria del Mar**, sowie zum nahe gelegenen **Museu Picasso**. Ein Abendessen samt Cocktail im flippigen **El Born** rundet den Tag ab.

Der nächste Morgen beginnt in Gaudís einzigartigem **Park Güell**. Hinterher steht die bis heute unvollendete **La Sagrada Família** auf dem Programm. Anschließend geht's zum Abendessen ins stilvolle **Ca L'Isidre** in El Raval und danach auf ein paar Drinks in die nahe gelegene **La Confitería.**

... vier Tagen

Der dritte Tag könnte mit einer weiteren Gaudí-Runde starten, etwa mit der Besichtigung der Häuser **Casa Batlló** und **La Pedrera**. Danach sollte man sich am Strand oder in einem der zahlreichen Fischrestaurants in **La Barceloneta** entspannen. Der vierte Tag ist ganz dem **Montjuïc** mit seinen Museen, Galerien, Gärten, der Festung und dem Olympiastadion gewidmet.

... einer Woche

Mit drei Extratagen kann man eine Tour durch die Viertel **El Raval** und **Gràcia** unternehmen, ein Fußballspiel im **Camp Nou** sehen sowie den Freizeitpark auf dem **Tibidabo** und den Landschaftspark **Collserola** besuchen. Reizvoll sind auch ein Ausflug zum **Montserrat**, Kataloniens „heiligem Berg" und ein Tag am Strand von **Sitges**.

ans Meer grenzt, ist dies das Herz der Stadt. Zu den Top-Sehenswürdigkeiten hier gehören das Museu d'Història de Barcelona, La Catedral und das Museu Picasso.

In L'Eixample gingen dagegen die Architekten des Modernisme ans Werk. Der Passeig de Gràcia gilt als eines ihrer ausgefallensten Werke. Gaudís Meisterstück, die Sagrada Família, liegt einen längeren Spaziergang (oder eine kurze Fahrt mit der Metro) entfernt.

Andere interessante Gebiete sind u.a. die Strände und Fischrestaurants des Arbeiterbezirks La Barceloneta. Einen eigenen Mikrokosmos bildet auch der Montjuïc mit seinen Gärten, Museen, Gemäldegalerien und den Stätten der Olympischen Spiele. Nicht verpassen sollte man das Museu Nacional d'Art de Catalunya und die Fundació Joan Miró.

Gaudís Park Güell erstreckt sich gleich hinter dem Stadtviertel Gràcia, dessen enge Gassen und ineinander übergehenden Plätze mit ihren vielen Bars abends zahlreiche Menschen anziehen.

Etwas weiter außerhalb erwarten einen hoch oben auf dem Tibidabo ein Freizeitpark und eine Kirche, die bewaldeten Hügel des Parc de Collserola, das Stadion Camp Nou des FC Barcelona und das wunderbare Museu-Monestir de Pedralbes.

LA RAMBLA

Spaniens berühmteste Straße vermittelt einen ersten Eindruck von Barcelonas vibrierender Atmosphäre. Die Rambla ist eine breite, von schmalen Fahrspuren und Platanen flankierte Promenade, die jeden Tag bis tief in die Nacht hinein von Einheimischen und Besuchern bevölkert wird. Hier wird es selten langweilig: Zahlreiche Cafés, Restaurants, Kiosks und Zeitungsstände säumen die Flaniermeile, auf der Straßenmusiker, Künstler, Mimen und lebendige Statuen für Stimmung sorgen.

La Rambla erhielt ihren Namen nach einem früheren saisonalen Fluss (Arabisch *raml*). Bis zum 14. Jh. lag sie außerhalb der Stadtmauern und wurde vom 16. bis zum 18. Jh. mit Klöstern und Palästen bebaut. Inoffiziell ist sie in fünf Abschnitte mit jeweils eigenem Namen aufgeteilt.

La Rambla de Canaletes STRASSE

(Ⓜ Catalunya) Von der nördlich gelegenen Plaça de Catalunya aus wird die Promenade La Rambla de Canaletes genannt, nach einer unscheinbaren Quelle mit Trinkwasser, dessen Qualität zu wünschen übrig lässt (obwohl behauptet wird, dass jeder, der es trinkt, nach Barcelona zurückkehrt). Überschwängliche Fußballfans feiern hier, wann immer der FC Barcelona einen Pokal gewinnt oder Spanischer Meister wird. Eine Ecke weiter östlich im Carrer de la Canuda befindet sich die Plaça de la Vila de Madrid mit einem eingesunkenen Garten und römischen Gräbern der **Via Sepulcral Romana** (Karte S. 260; ☎93 256 21 00; www.museuhistoria.bcn.cat; Plaça de la Vila de Madrid; Eintritt 2 €; ⏲Di–Fr 11–14, Sa & So bis 19 Uhr; Ⓜ Catalunya).

La Rambla dels Estudis STRASSE

(Ⓜ Catalunya) Dieser Abschnitt voller Eis- und Imbissstände verläuft vom Carrer de la Canuda bis zum südlichen Carrer de la Portaferrissa.

La Rambla de Sant Josep STRASSE

(Ⓜ Liceu) Vom Carrer de la Portaferrissa bis zur Plaça de la Boqueria heißt die Flaniermeile nach einem früheren Kloster La Rambla de Sant Josep. Aufgrund der zahlreichen Blumenstände wird sie auch La Rambla de les Flors genannt.

Im **Palau de la Virreina**, einem herrschaftlichen Rokokogebäude aus dem 18. Jh., ist eine städtische Infostelle samt Kartenverkauf untergebracht. Daneben befindet sich der **Mercat de la Boqueria** (Karte S. 260; ☎93 412 13 15; www.boqueria.info; La Rambla 91; ⏲Mo–Sa 8–20.30 Uhr; Ⓜ Liceu), einer der größten und schillerndsten Märkte Europas. Die Plaça de la Boqueria, an der gleich nördlich der Metrostation Liceu vier Nebenstraßen aufeinandertreffen, bietet die Chance, auf einem echten Miró herumzulaufen: dem farbenfrohen **Mosaïc de Miró** (Karte S. 254 f.) mit einem vom Künstler signierten Mosaikstück.

La Rambla dels Caputxins STRASSE

(La Rambla del Centre; Ⓜ Liceu) Auch dieser Straßenabschnitt wurde nach einem ehemaligen Kloster benannt. Er verläuft von der Plaça de la Boqueria bis zum Carrer dels Escudellers. Letzterer hat seinen Namen von der Gilde der Töpferer, die im 13. Jh. gegründet wurde, und deren Mitglieder hier lebten und arbeiteten. Ihre Rohmaterialien bezogen sie größtenteils aus Sizilien. An der Westseite der Rambla liegt das **Gran Teatre del Liceu**. Weiter südlich an der Ostseite stößt man auf die palmenbeschattete **Plaça Reial**. Ab hier wird die Gegend immer schäbiger.

Gran Teatre del Liceu KUNSTZENTRUM

(Karte S. 254 f.; ☎93 485 99 14; www.liceubarcelona.com; La Rambla dels Caputxins 51–59; Eintritt mit/ohne Guide 10/5 €; ⏲Führung 10 Uhr, ungeführter Besuch 11.30, 12, 12.30 & 13 Uhr; Ⓜ Liceu) Auch wenn man keine Opernaufführung besuchen möchte, kann man sich in einem der größten Opernhäuser Europas umschauen. Im 1847 erbauten Liceu begannen katalanische Stars wie Josep (alias José) Carreras und Montserrat Caballé ihre Karriere. 1994

BARCELONA KOSTENLOS

Gelegentlich ist der Eintritt zu manchen Sehenswürdigkeiten frei, oft am ersten Sonntag des Monats. Andere Attraktionen kann man sonntagnachmittags kostenlos besuchen. Hier kommt man an einigen Tagen umsonst hinein:

» **Museu Picasso** (S. 259) Sonntags 15 bis 20 Uhr und am ersten Sonntag des Monats den ganzen Tag über.

» **La Catedral** (S. 252) Montag bis Samstag von 8 bis 12.45 sowie von 17.15 bis 20 Uhr.

» **Museu Barbier-Mueller d'Art Pre-Colombí** (S. 261) Am ersten Sonntag des Monats.

» **Museu d'Història de Barcelona** (S. 255) Sonntags von 15 bis 20 Uhr.

» **Museu d'Història de Catalunya** (S. 264) Am ersten Sonntag des Monats.

» **Museu Etnològic** (S. 282) Am ersten Sonntag des Monats.

» **Museu Marítim** (S. 259) Sonntags von 15 bis 20 Uhr.

» **Museu Nacional d'Art de Catalunya** (S. 278) Am ersten Sonntag des Monats.

» **Palau Güell** (S. 258) Am ersten Sonntag des Monats.

» **Palau Reial de Pedralbes** (S. 277) Am ersten Sonntag des Monats.

NOCH MEHR INFOS?

Noch detailliertere Informationen bietet der deutschsprachige Lonely Planet Stadtführer *Barcelona*. Artikel und Tipps übers Handy gibt's im Apple-Store. Hier kann man eine iPhone-App mit dem englischsprachigen Band runterladen.

wurde das Gebäude bei einem Feuer weitestgehend zerstört, jedoch 1999 wiedereröffnet. Entweder wirft man in 20 Minuten einen schnellen Blick in die öffentlichen Bereiche des Hauses oder nimmt an einer einstündigen Führung teil. Bei Letzterer geht's durch das Hauptfoyer mit seinen massiven Säulen und prächtigen Kronleuchtern und dann die große Marmortreppe hinauf zum Saló dels Miralls (Spiegelsaal). Die neobarocke Prunkeinrichtung mit Spiegeln, Deckenfresken, gerillten Säulen und hochtrabenden Lobeshymnen auf die Kunst versprüht den typischen neobarocken Reichtum der Förderer des Theaters im 19. Jh. Anschließend besichtigt man die Galerien im vierten Stock, von wo sich das Theater in all seiner Pracht bewundern lässt, und die Modernismekunstsammlung El Cercle del Liceu.

La Rambla de Santa Mònica STRASSE
(Ⓜ Drassanes) Der letzte Abschnitt der Rambla führt zum **Mirador de Colom** mit Blick auf den Port Vell. Er ist nach dem Convent de Santa Mònica an der Westseite der Straße benannt, das heute als Kunstmuseum und Kulturzentrum **Centre d'Art Santa Mònica** (Karte S. 254 f.; ☎93 567 11 10; www.artssantamonica.cat; La Rambla de Santa Mònica 7; Eintritt frei; ⌚Di–Fr 11–21, Sa 15–20 Uhr; Ⓜ Drassanes) dient.

Museu de Cera MUSEUM
(Karte S. 254 f.; ☎93 317 26 49; www.museocerabcn.com; Passatge de la Banca 7; Erw./Kind 15/9 €; ⌚ Juni–Sept. tgl. 10–22 Uhr, Mo–Fr 10–13.30 & 16–19.30 Uhr, Okt.–Mai Sa, So & Feiertage 11–14 & 16.30–20.30 Uhr; Ⓜ Drassanes) In dem Gebäude aus dem späten 19. Jh. kann man 300 stehende, sitzende und liegende Wachsfiguren bewundern, darunter Frankenstein, Luke Skywalker, Hitler und General Franco. Kinder sind zumeist begeistert, doch der Eintrittspreis für die oft schlecht gearbeiteten Figuren ist ziemlich happig.

Mirador de Colom AUSSICHTSPUNKT
(Karte S. 254 f.; ☎93 302 52 24; Plaça del Portal de la Pau; Aufzug Erw./Kind 4/3 €; ⌚8.30–20.30 Uhr; Ⓜ Drassanes) Hoch oben über dem dichten Verkehr am Kreisel hält Kolumbus Wache und deutet dabei vage aufs Mittelmeer hinaus. Besucher können mit dem Lift das für die Weltausstellung 1888 errichtete Denkmal hinauffahren und aus 60 m Höhe die Rambla sowie den Hafen aus der Vogelperspektive bestaunen.

BARRI GÒTIC

Barcelonas „Gotisches Viertel" östlich der Rambla ist ein typisch mittelalterliches Gewirr aus engen gewundenen Gassen, malerischen *plaças* (Plätzen) sowie prächtigen Häusern und Denkmälern. Viele dieser großartigen Gebäude stammen aus dem 15. Jh. oder aus noch früherer Zeit. In der Gegend gibt's zahlreiche Restaurants, Cafés und Bars, also jede Menge Gelegenheiten für eine Ruhepause.

LP TIPP **La Catedral** KIRCHE
(Karte S. 254 f.; ☎93 342 82 60; www.website.es/catedralbcn; Plaça de la Seu; Eintritt frei, Sonderbesuch 5 €, Eintritt zum coro 2,20 €; ⌚Mo–Sa 8–12.45 & 17.15–20 Uhr, Sonderbesuch Mo–Sa 13–17, So & Feiertage 14–17 Uhr; Ⓜ Jaume I) Über die breite Avinguda de la Catedral erreicht man Barcelonas wichtigste Kathedrale. Ihre reich verzierte Hauptfassade an der Nordwestseite ist mit Wasserspeiern und Steinritzungen versehen, wie man sie eher aus der nordeuropäischen Gotik kennt, und hebt sie damit von anderen Sakralbauten der Stadt ab. Sie wird gerade restauriert und kam erst 1870 dazu, basiert jedoch auf einem Entwurf von 1408. Das Gebäude selbst wurde zwischen 1298 und 1460 errichtet.

Der breite und hohe Innenraum mit den beiden Reihen eleganter, schlanker Säulen ist in ein Haupt- und zwei Seitenschiffe aufgeteilt. Während des Bürgerkriegs war die Kathedrale eine der wenigen Kirchen Barcelonas, die von den Anarchisten verschont wurden, sodass ihre eher schlicht gehaltenen Verzierungen intakt geblieben sind.

In der ersten Kapelle rechts vom nordwestlichen Eingang befindet sich eine große Heiligenstatue am Kreuz, der **Sant Crist de Lepant**. 1571 diente sie als Galionsfigur am Bug des Flaggschiffs der spanischen Flotte, die in der Seeschlacht von Lepanto die Türken besiegte. Angeblich erhielt die Statue ihre schräge Haltung, als sie einer Kanonenkugel ausweichen wollte. An der gleichen Seite hinter dem südwestlichen Querhaus ruhen die hölzernen **Särge** des Grafen Raimund Berengar I. und seiner

Frau Almodis, im 11. Jh. Mitbegründer des romanischen Vorgängerbaus der heutigen Kathedrale.

Chor, Krypta & Dach

In der Mitte des Mittelschiffs sieht man den kunstvoll gearbeiteten **coro** (Chorgestühl) aus dem späten 14. Jh. Die Wappen am Gestühl gehören zu Mitgliedern des Ritterordens vom Goldenen Vlies.

Eine breite Treppe vor dem Hauptaltar führt hinab in die **Krypta** mit dem Grab von Santa Eulàlia, einer der beiden Schutzheiligen Barcelonas. Reliefs auf dem Alabastersarkophag erzählen von den Torturen, die sie über sich ergehen ließ, und davon, wie ihr Körper in seine heutige Ruhestätte verlagert wurde.

Wer gern einmal von oben auf das mittelalterliche Barcelona hinabblicken möchte, fährt mit dem Aufzug (2,20 €) der Capella de les Animes del Purgatori beim nordöstlichen Querschiff aufs **Dach** der Kathedrale und zum Turm.

Kreuzgang & Umgebung

Vom südwestlichen Querschiff aus verlässt man das Gebäude durch die romanische Tür, die zu den wenigen Überresten des Vorgängerbaus gehört, und gelangt so zum begrünten **claustre** (Kreuzgang) mit Brunnen und 13 ansässigen Gänsen. Angeblich steht die Anzahl der Vögel für das Alter der hl. Eulàlia zur Zeit ihres Martyriums. Die Gänse leben seit dem Mittelalter Generation für Generation im Kreuzgang. Eine der hiesigen Kapellen erinnert an 930 Priester, Mönche und Nonnen, die während des Bürgerkriegs gepeinigt wurden.

An der Nordflanke des Kreuzgangs liegt der Eingang zur **Sala Capitular** (Kapitelhaus; Karte S. 254 f.; Eintritt 2 €; ⏲Mo–Sa 10–12.15 & 17.15–19, So 10–12.45 & 17.15–19 Uhr). Trotz der üppigen roten Teppiche und der schönen Holzbänke sind die wenigen Kunstwerke hier nicht sonderlich interessant. Unter den Figuren befindet sich eine Pietà von Bartolomeo Bermejo.

Besuch der Kathedrale

Morgens und nachmittags ist der Eintritt zur Kathedrale frei und man kann die Besichtigung von Chorgestühl, Kapitelhaus und Dach beliebig kombinieren. Dabei zahlt man nur für die gewählte Kombination. Im Rahmen der sogenannten „Sonderzeit" zwischen 13 und 17 Uhr gibt's ein günstigeres Ticket für alle drei Bereiche, außerdem herrscht weniger Andrang.

Col·legi de Arquitectes

An der Plaça Nova gegenüber der Kathedrale sieht man die kindlich anmutenden Kritzeleien der Fassade des Col·legi de Arquitectes (Hochschule für Architektur). Tatsächlich handelt es sich um einen Beitrag von Picasso aus dem Jahr 1962. Das Kunstwerk zeigt mittelalterliche Festlichkeiten und wurde bei seiner Enthüllung von der Lokalpresse verrissen.

Museu Diocesà — MUSEUM

(Casa de la Pia Almoina; Karte S. 254 f.; ☎93 315 22 13; www.arqbcn.org; Avinguda de la Catedral 4; Erw./Kind 6/3 €; ⏲Di–Sa 10–14 & 17–20, So 11–14 Uhr; Ⓜ Jaume I) Im Obergeschoss dieses einstigen mittelalterlichen Armenhauses ist eine kleine Gaudí-Ausstellung mit einer faszinierenden Dokumentation zu seinem Leben und seiner Philosophie untergebracht. Außerdem verfügt das Museum über eine kleine Sammlung mittelalterlicher Sakralkunst und wartet zumeist mit ein oder zwei Wanderausstellungen auf.

Plaça de Sant Jaume — PLATZ

(Karte S. 254 f.; Ⓜ Liceu oder Jaume I) In den rund 2000 Jahren, seit sich die Römer hier niederließen, wurde das Gebiet rund um diesen oftmals umgebauten ehemaligen Marktplatz der Mittelpunkt des bürgerlichen Lebens der Stadt. An der Nordseite erhebt sich der **Palau de la Generalitat** (Sitz der katalanischen Regierung), an der Südseite das *ajuntament* (Rathaus).

Palau de la Generalitat — PALAST

(Karte S. 254 f.; www.gencat.cat; Plaça de Sant Jaune; Ⓜ Liceu oder Jaume I) Leider ist der Palast aus dem frühen 15. Jh. nur am zweiten und vierten Wochenende jedes Monats und an Tagen der offenen Tür zugänglich, aber immerhin kann man den gotischen Haupteingang im Carrer del Bisbe jederzeit bewundern. Der eindrucksvollste Repräsentationssaal **Saló de Sant Jordi** wurde nach dem regionalen Schutzpatron Georg benannt. Besuche können über die Website gebucht werden.

Ajuntament — ARCHITEKTUR

(Karte S. 254 f.; ☎93 402 70 00; www.bcn.cat; Plaça de Sant Jaume; ⏲So 10.30–13.30 Uhr; Ⓜ Liceu oder Jaume I) Das einzig bemerkenswerte äußere Merkmal des Rathauses ist der nicht mehr genutzte gotische Eingang im Carrer de la Ciutat. Innen sollte man sich den **Saló de Cent** ansehen, einen schönen Bogensaal, der im 14. Jh. für den mittelalterlichen Consell de Cent (Stadtrat) errichtet, seither aber

Barri Gòtic & La Rambla

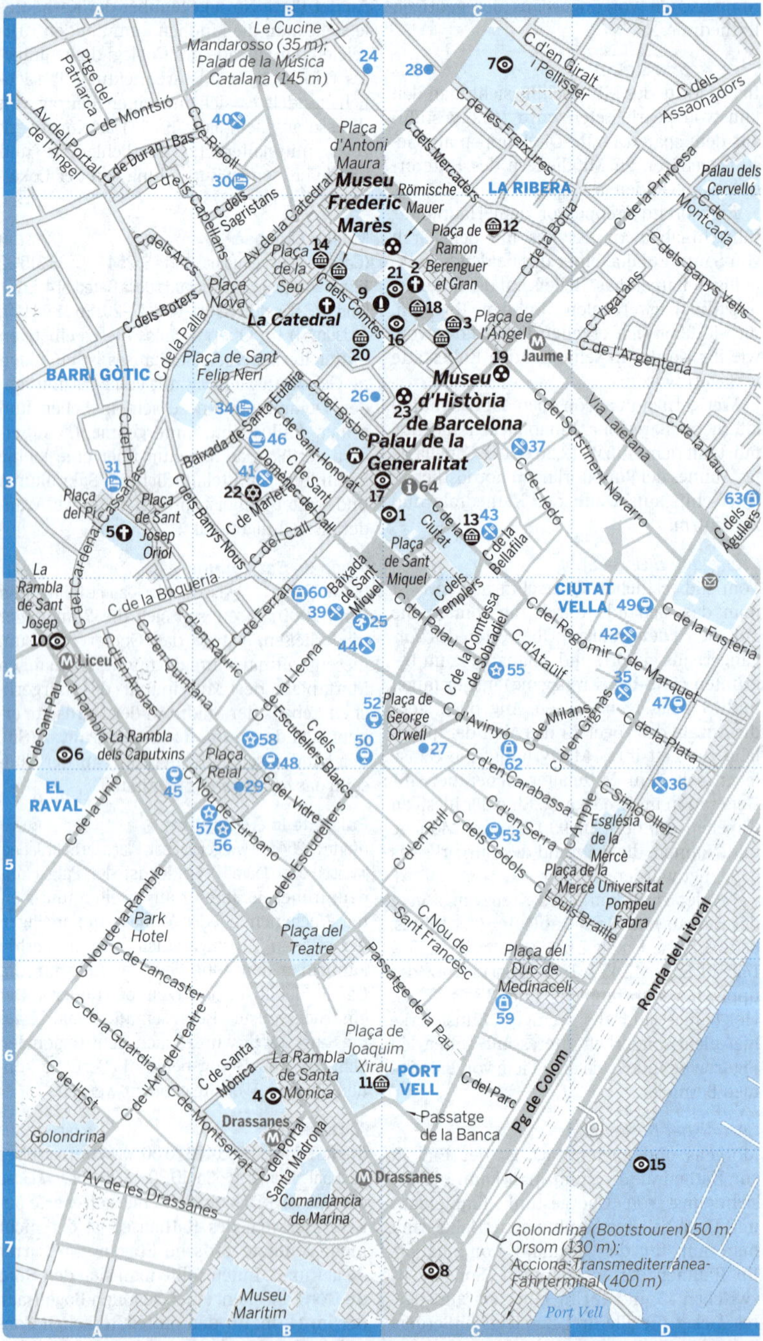

BARCELONA SEHENSWERTES

modernisiert wurde. Führungen beginnen alle 30 Minuten. Um 11 Uhr findet eine auf Englisch statt.

Museu d'Idees i Invents de Barcelona
MUSEUM

(Museum für Ideen & Erfindungen; Karte S. 254 f.; ☎93 332 79 30; www.mibamuseum.com; Carrer de la Ciutat 7; Erw./Kind 7/5 €; ⏲Di–Sa 10–19, So bis 14 Uhr; Ⓜ Jaume I) In diesem Museum ist eine faszinierende Sammlung von Kuriositäten aus der ganzen Welt sowie genialen und bizarren Erfindungen ausgestellt: Wischmobs mit Mikrofon am Griff, Armreifen, die die UV-Strahlung messen können, und an jede Augenstärke anpassbare Brillen. Die Stockwerke sind durch Metallrutschen miteinander verbunden (wer braucht schon Treppen?) und die Toiletten kreativ gestaltet.

Plaça Reial
PLATZ

(Karte S. 260; Ⓜ Liceu) Die Plaça Reial ist einer der malerischsten Plätze der Stadt und eine tolle Rückzugsmöglichkeit vom Verkehr sowie den Fußgängerhorden der nahe gelegenen Rambla. Zahlreiche Lokale, Bars und Nachtcafés liegen nebeneinander unter den Arkaden der neoklassizistischen Gebäude aus dem 19. Jh. Hier herrscht rund um die Uhr reges Treiben.

Die Laternenpfähle am zentralen Brunnen sind Gaudís erste bekannte Arbeiten in der Stadt.

GRATIS Temple Romà d'August
RUINE

(Karte S. 254 f.; Carrer del Paradis; ⏲Di–So 10–20 Uhr; Ⓜ Jaume I) In der Nähe der Plaça de Sant Jaume erheben sich vier mächtige Säulen, Überreste des wichtigsten römischen Tempels Barcelonas aus dem 1. Jh. n. Chr.

Plaça del Rei
PLATZ

(Karte S. 254 f.) Nur einen Steinwurf östlich von der Kathedrale befindet sich der Hof des ehemaligen Palau Reial Major, der Palast der Grafen von Barcelona und der Könige von Aragonien.

Museu d'Història de Barcelona
MUSEUM

(Karte S. 254 f.; ☎93 256 21 00; www.museuhistoria.bcn.cat; Plaça del Rei; Erw./Kind 7 €/frei, am 1. Sa des Monats ab 16 Uhr und So ab 15 Uhr frei; ⏲Di–Sa 10–19, So 10–20 Uhr; Ⓜ Jaume I) Eines der faszinierendsten Museen Barcelonas führt durch die Jahrhunderte zurück bis zur Gründung der römischen Stadt Barcino durch Kaiser Augustus ca. 10 v. Chr. Hier gibt's verfallene alte Straßen, Abwasserkanäle, Waschanstalten sowie Wein- und Fischfabriken zu sehen.

Barri Gòtic & La Rambla

Highlights

La Catedral B2
Museu d'Història de Barcelona C2
Museu Frederic Marès B2
Palau de la Generalitat B3

Sehenswertes

1 Ajuntament C3
2 Capella Reial de Santa Àgata C2
3 Casa Padellàs C2
4 Centre d'Art Santa Mònica B6
5 Església de Santa Maria del Pi A3
6 Gran Teatre del Liceu A4
7 Mercat de Santa Caterina C1
8 Mirador de Colom C7
9 Mirador del Rei Martí B2
10 Mosaïc de Miró A4
11 Museu de Cera B6
12 Museu del Rei de la Magia C2
13 Museu d'Idees i Invents de Barcelona C3
14 Museu Diocesà B2
15 Pailebot de Santa Eulàlia D7
16 Palau del Lloctinent C2
17 Plaça de Sant Jaume B3
18 Plaça del Rei C2
19 Römische Mauer C2
20 Sala Capitular B2
21 Saló del Tinell C2
22 Sinagoga Major B3
23 Temple Romà d'August C3

Aktivitäten, Kurse & Touren

24 Alicianet B1
25 BarcelonaBiking.com B4
26 Cook and Taste B3
27 Fat Tire Bike Tours C4
28 Gocar C1
29 Runner Bean Tours B5

Schlafen

30 Alberg Hostel Itaca B1
31 El Jardí A3
32 Hostal Orleans F2
33 Hotel del Mar F3
34 Hotel Neri B3

Essen

35 Agut D4
36 Bar Celta D5
37 Cafè de l'Acadèmia C3
38 Centre Cultural Euskal Etxea E2
39 Cerería B4
40 Koy Shunka B1
41 La Vinateria dell Call B3
42 Milk D4
43 Pla C3
44 Superservis B4

Ausgehen

45 Barcelona Pipa Club A5
46 Čaj Chai B3
47 Dusk D4
48 Karma B4
49 La Cerveteca D4
50 Marula Café B4
51 Mudanzas E2
52 Oviso B4
53 Polaroid C5
54 Xampanyeria Can Paixano E4

Unterhaltung

Gran Teatre del Liceu .... (siehe 6)
55 Harlem Jazz Club C4
56 Jamboree B5
57 Sala Tarantos B5
58 Sidecar Factory Club B4

Shoppen

59 Antinous C6
60 La Manual Alpargatera B4
61 Maremàgnum E7
62 Urbana C4
63 Vila Viniteca D3

Praktisches

64 Oficina d'Informació de Turisme de Barcelona C3

Beeindruckend ist auch das Gebäude selbst. Es war einst Teil des Palau Reial Major (Großer Königspalast) an der Plaça del Rei (Königsplatz, der einstige Palasthof) und zählte im Mittelalter zu den wichtigsten Stätten fürstlicher Macht in Barcelona. Man betritt es durch die **Casa Padellàs** (Karte S.254 f.) südlich der Plaça del Rei, die im 16. Jh. für eine Adelsfamilie im Carrer dels Mercaders errichtet und in den 1930er-Jahren Stein für Stein hierherverlegt wurde. Ihr Hof mit einer eleganten Außentreppe ins erste Obergeschoss ist typisch für die Spätgotik und Barockzeit der Stadt. Die Treppe führt zu einem restaurierten römischen Turm und einem Abschnitt der römischen

Mauer, deren Außenwand an der Plaça Ramon Berenguer el Gran liegt, sowie zu einem Bereich des Hauses, der für Wanderausstellungen genutzt wird.

Im Untergeschoss erwartet Besucher ein bemerkenswerter Rundgang durch Ruinen auf einer Fläche von rund 4 km², darunter Teile einer römischen Straße, Bäder, Läden und Reste einer westgotischen Basilika. Er endet in der Nähe des **Saló del Tinell** (Karte S. 254 f.), der Bankettthalle des Königspalasts im schönen katalanischen Gotikstil (gebaut 1359–1370). Beim Verlassen des *saló* gelangt man in die **Capella Reial de Santa Àgata** (Karte S. 254 f.) aus dem 14. Jh. Der Innenraum der Palastkapelle ist bis auf das Altarbild aus dem 15. Jh. und die prächtige verzierte Holzdecke völlig kahl.

Über die fächerförmige Treppe geht's hinab zur Plaça del Rei, wo der 1555 erbaute **Mirador del Rei Martí** (Aussichtsturm von König Martin; Karte S. 254 f.) einen prächtigen Blick auf die Altstadt bietet.

GRATIS Palau del Lloctinent
HISTORISCHE STÄTTE

(Karte S. 254 f.; Carrer dels Comtes; ⌚10–19 Uhr; Ⓜ Jaume I) Der umgestaltete Palast aus dem 16. Jh. besitzt einen ruhigen Hof mit einer außergewöhnlich geformten Decke, die an einen umgedrehten Schiffsrumpf erinnert. Er wurde in den 1550er-Jahren als Residenz des spanischen Vizekönigs von Katalonien erbaut und beherbergt ein Königsarchiv, das bis ins 12. Jh. zurückgeht. Vor Ort werden gelegentlich Ausstellungen veranstaltet, die oft auch mit dem Archiv zu tun haben.

Museu Frederic Marès
MUSEUM

(Karte S. 254 f.; ☎93 256 35 00; www.museumares.bcn.es; Plaça de Sant Iu 5; Eintritt 4,20 €, So nach 15 Uhr & 1. So im Monat frei; ⌚Di–Sa 10–19, So 11–20 Uhr; Ⓜ Jaume I) In diesem riesigen mittelalterlichen Gebäudekomplex sind zahlreiche historische Kuriositäten zu sehen. Frederic Marès i Deulovol (1893–1991) war ein reicher Bildhauer, Reisender und fanatischer Sammler. Zu den ausgestellten Stücken gehören beeindruckende mittelalterliche spanische Skulpturen, von denen viele im Erdgeschoss und im ersten Obergeschoss gezeigt werden. Die beiden oberen Stockwerke präsentieren eine unglaubliche Vielfalt an Krimskram von Spielzeugsoldaten und Krippen bis hin zu Scheren und Spielkarten aus dem 19. Jh. Ein Zimmer, das Marès als Arbeitszimmer und Bibliothek diente, ist mit Skulpturen vollgestellt. Im Sommer lädt das hübsche Café (Cafè de l'Estiu) im Hof zum Verweilen ein.

NICHT VERSÄUMEN

TOP FIVE FÜR KUNSTLIEBHABER

- » Museu Nacional d'Art de Catalunya (S. 278)
- » Museu Picasso (S. 259)
- » Fundació Joan Miró (S. 279)
- » Macba (Museu d'Art Contemporani de Barcelona; S. 258)
- » Fundació Antoni Tàpies (S. 271)

Römische Mauer
ALTE MAUER

Von der Plaça del Rei aus kann man einen Abstecher zu den beiden besterhaltenen Teilen der römischen Mauer Barcelonas unternehmen. An der Südostseite der Plaça de Ramon Berenguer el Gran befindet sich der Abschnitt mit der Capella Reial de Santa Àgata. Der zweite Abschnitt liegt weiter südlich am Nordende des Carrer del Sotstinent Navarro. Beide stammen aus dem 3. und 4. Jh., als die Römer nach den ersten Angriffen germanischer Stämme ihre Mauer wiederaufbauten.

Plaça de Sant Josep Oriol
PLATZ

(Karte S. 260; Ⓜ Liceu) Dieser kleine Platz mit seinen vielen ruhigen Cafés und Restaurants ist einer der schönsten im Barri Gòtic. Hier steht die gotische **Església de Santa Maria del Pi** (Karte S. 254 f.; ⌚9.30–13 & 17–20.30 Uhr; Ⓜ Liceu), die zwischen dem 14. und dem 16. Jh. errichtet wurde. Angeblich ist das schöne Fenster in Rosenform über dem Eingang eines der größten der Welt. Der Innenraum der Kirche wurde in den Anfangsmonaten des Bürgerkriegs 1936 von Linken geplündert und ein großer Teil des Buntglases stammt aus der Neuzeit.

Sinagoga Major
SYNAGOGE

(Karte S. 254 f.; ☎93 317 07 90; www.calldebarcelona.org; Carrer de Marlet 5; Eintritt kostenlos, empfohlene Spende 2,50 €; ⌚ Mo–Fr 10.30–18.30, Sa & So bis 14.30 Uhr; Ⓜ Liceu) Die Synagoge im früheren jüdischen Viertel El Call war im Mittelalter eine von vieren. In dem kleinen von Bogen überspannten Raum, den man von der Straße aus betritt, sieht man noch Überreste von Mauern aus der Römerzeit und dem Mittelalter. Auch Gerberbrunnen aus dem 15. Jh. sind noch zu erkennen. Die zweite Kammer wurde wieder instandgesetzt und dient heute als Gebetsraum. Ein Überrest einer spätrömischen Mauer mit Ausrichtung nach Jerusalem führte zur Vermutung, dass die Synagoge schon vor den Zeiten der Römer errichtet wurde.

EL RAVAL

Westlich der Rambla erstreckt sich die *ciutat vella* (Altstadt) bis zu der Ronda de Sant Antoni, der Ronda de Sant Pau und der Avinguda del Paral.lel, die zusammen den Verlauf der Stadtmauer aus dem 14. Jh. nachzeichnen. In El Raval befinden sich mit dem langsam verschwindenden Rotlichtdistrikt Barri Xinès am Südende noch die Reste des früheren Elends- und Drogenviertel der Stadt. Die Gegend ist längst nicht mehr so anrüchig wie früher, aufpassen sollte man aber trotzdem.

LP TIPP Macba MUSEUM

(Museu d'Art Contemporani de Barcelona; Karte S. 260; ☎93 412 08 10; www.macba.cat; Plaça dels Àngels 1; Erw./erm. 7,50/6 €; ⏲ Mo & Mi 11–20, Do & Fr bis 24, Sa 10–20, So & Feiertage 10–15 Uhr; Ⓜ Universitat) Das 1995 eröffnete Museum wurde von Richard Meier entworfen und hat sich zum führenden Zentrum für moderne Kunst in Barcelona entwickelt. Die fesselnde Dauerausstellung im Erdgeschoss ist der spanischen und katalanischen Kultur ab der zweiten Hälfte des 20. Jhs. gewidmet. Hier werden u. a. Werke von Antoni Tàpies, Joan Brossa und Miquel Barceló gezeigt. Auch die Wanderausstellungen sind oft faszinierend.

Centre de Cultura Contemporània de Barcelona KULTURZENTRUM

(CCCB; Karte S. 260; ☎93 306 41 00; www.cccb.org; Carrer de Montalegre 5; 2 Ausstellungen Erw./Kind unter 16 J./Sen. & Stud. 6 €/frei/4,50 €, 1 Ausstellung 5 €/frei/3 €, Mi, Do 8–22, So 15–20 Uhr frei; ⏲ Di, Mi & Fr–So 11–20, Do 11–22 Uhr; Ⓜ Universitat) Das CCCB in einem ehemaligen Hospiz aus dem 18. Jh. ist ein architektonisch interessantes Gebäude mit 4500 m² für ein avantgardistisches Ausstellungsprogramm, Filmzyklen und weitere kulturelle Veranstaltungen.

GRATIS Antic Hospital de la Santa Creu HISTORISCHES GEBÄUDE

(Karte S. 260; ☎93 270 23 00; www.bnc.cat; Carrer de l'Hospital 56; ⏲ Mo–Fr 9–20, Sa bis 14 Uhr; Ⓜ Liceu) Hinter dem Mercat de la Boqueria befindet sich das im 15. Jh. wichtigste Krankenhaus der Stadt. Heute beherbergt das restaurierte Antic Hospital de la Santa Creu (vorher Hospital des Heiligen Kreuzes) die **Biblioteca de Catalunya**, Kataloniens Nationalbibliothek, mit einigen schönen gotischen Elementen. Das benachbarte Institut d'Estudis Catalans aus dem 17. Jh. diente ebenfalls als Krankenhaus. Wenn es geöffnet ist, kann man sich den mit Kacheln geschmückten Hauptkreuzgang ansehen. Die ehemalige gotische Kapelle des Hospitals, **La Capella** (Karte S. 260; ☎93 442 71 71; www.bcn.cat/lacapella; Eintritt frei; ⏲ Di–Sa 12–14 & 16–20, So & Feiertage 11–14 Uhr; Ⓜ Liceu), lohnt dank der häufigen Wanderausstellungen einen Besuch.

NICHT VERSÄUMEN

EL CALL

Eines der schönsten Fleckchen der *ciutat vella* (Altstadt) sind die Gassen des einstigen Judenviertels El Call (wird wie *kai* ausgesprochen), das bis zur tragischen Verfolgung seiner Einwohner im 14. Jh. florierte. Heute verbergen sich in den engen Straßen einige überraschende Sehenswürdigkeiten, darunter eine alte, in den 1990er-Jahren freigelegte Synagoge und die Überreste eines Badehauses für Frauen im Untergeschoss des Cafés Caelum. Außerdem gibt's hier einige der ungewöhnlichsten Geschäfte der Altstadt mit exquisiten Antiquitäten, handgemachten Lederprodukten und sogar koscherem Wein. Die gut versteckten Restaurants und mit Kerzen erleuchteten Bars und Cafés machen El Call abends zu einer reizvollen Anlaufstelle.

Das Viertel – vermutlich leitet sich sein Name vom hebräischen Wort *„kahal"* (Gemeinde) ab – ist winzig und nicht ganz leicht zu finden. Es erstreckt sich in etwa zwischen dem Carrer del Call, dem Carrer dels Banys Nous, der Baixada de Santa Eulalia und dem Carrer de Sant Honorat.

Palau Güell PALAST

(Karte S. 260; ☎93 317 39 74; www.palauguell.cat; Carrer Nou de la Rambla 3–5; Erw./erm. 10/8 €; ⏲ April–Sept. 10–20 Uhr, Okt.–März 10–17.30 Uhr; Ⓜ Drassanes) Dieses nach beinahe 20 Jahre andauernden Renovierungsarbeiten seit Mai 2010 endlich wieder komplett geöffnete Gebäude gilt als prächtiges Beispiel für Gaudís frühe fieberhafte architektonische Vorstellungskraft. Gaudí errichtete den Palast an der Rambla Ende der 1880er-Jahre für seinen wohlhabenden und treuen Förderer, den Industriellen Eusebi Güell. Zwar kommt das Bauwerk im Vergleich zu seinen späteren Verrücktheiten ein wenig düster daher, zeigt aber schon die charakteristische wilde Mischung verschiedener Stile (gotisch, islamisch, Jugendstil) und Materialien. Nach dem Bürgerkrieg befand es sich eine Zeit lang in den Händen der Polizei, die im Keller politische Gefangene folterte.

Im zweiten Obergeschoss liegen die Haupthalle und ihre Annexe mit dem prächtigen Musikzimmer samt seiner wiederaufgebauten Orgel im Mittelpunkt, die während der Öffnungszeiten gespielt wird. Der Saal ist eine parabelförmige Pyramide: Alle Wände erstrecken sich bogenförmig über drei Etagen und bilden oben eine Kuppel. Die teilweise labyrinthähnlichen Familienzimmer sind lichtdurchflutet; in einigen scheint die Sonne durch prächtige Buntglasfenster. Das Dach ist ein verrücktes Durcheinander aus gekachelten Mosaiken und fantasievoll dekorierten Schornsteinröhren.

Església de Sant Pau — KIRCHE

(Karte S. 260; Carrer de Sant Pau 101; Kreuzgang Mo–Sa 10–13 & 16–19 Uhr; M Paral·lel) Barcelonas bestes Beispiel für romanische Architektur ist der zierliche kleine Kreuzgang dieser Kirche aus dem 12. Jh. mit einem etwas staubigen Garten. Den Haupteingang schmücken einige detailliert gearbeitete westgotische Skulpturen.

Museu Marítim — MUSEUM

(Karte S. 280; 93 342 99 20; www.mmb.cat; Avinguda de les Drassanes; Erw./Kind unter 7 J./Sen. & Stud. 2,50 €/frei/1,25 €, So 15–20 Uhr frei; 10–20 Uhr; M Drassanes) Die Reials Drassanes (Königliche Werften) sind ein seltenes Werk profaner gotischer Baukunst. An der Stelle, wo einst die machtvolle mittelalterliche Flotte vom Stapel lief, befindet sich das faszinierende Museu Marítim, dessen Dauerausstellung bei Redaktionsschluss wegen Umbauten geschlossen war. Wenn sie wieder geöffnet hat, kann man das Herzstück des Museums unter die Lupe nehmen – eine maßstabsgetreue Replik der Galeere von Don Juan d'Austria aus den 1970er-Jahren. Eine audiovisuelle Schautafel an Bord erinnert an das grauenvolle Leben der Sklaven, Gefangenen und Freiwilligen (!), die das Schiff bei voller Fahrt bis auf neun Knoten brachten.

Außerdem sind hier Fischerboote, alte Seekarten, Modelle und Dioramen von Barcelonas Hafenviertel sowie Wanderausstellungen rund ums Meer zu bewundern.

LA RIBERA

La Ribera wird durch die lärmende Via Laietana vom Barri Gòtic abgetrennt und war im Mittelalter Barcelonas pulsierendes Gewerbezentrum. Der Name des Viertels bezieht sich auf die einst viel weiter im Lan-

NICHT VERSÄUMEN

MUSEU PICASSO

Museu Picasso (Karte S. 264; 93 256 30 00; www.museupicasso.bcn.es; Carrer de Montcada 15–23; Erw./Sen. & Kind unter 16 J./Stud. 11 €/frei/6 €, Wanderausstellungen Erw./Sen. & Kind unter 16 J./Stud. 6 €/frei/2,90 €, So 15–20 Uhr & am 1. So im Monat frei; Di–So & Feiertage 10–20 Uhr; M Jaume I) Dieses berühmte Museum erstreckt sich über fünf angrenzende mittelalterliche Steingebäude und präsentiert über 3500 Werke eines der größten Künstlers der Welt. Die Sammlung konzentriert sich auf Picassos prägende Jahre und Phasen seines späteren Lebens. Wer sich vorwiegend für Kubismus interessiert, kommt hier nicht auf seine Kosten.

Am besten beginnt man mit den frühesten Jahren des Malers in Málaga und La Coruña. Die Skizzen, Ölgemälde und Kritzeleien entstanden überwiegend zwischen 1893 und 1895. Einige Selbstporträts und die 1896 entstandenen Bilder von seinem Vater belegen das frühreife Talent des Künstlers.

Das riesige Gemälde *Ciència i Caritat* (Wissenschaft und Barmherzigkeit) dient als Beispiel für eine meisterhafte Porträttechnik.

Picassos erstes thematisches Wagnis, die Blaue Periode, ist gut abgedeckt. Die nächtlichen bläulichen Ansichten der *Terrats de Barcelona* (Die Dächer von Barcelona) und *El Foll* (Der Verrückte) wirken kalt und freudlos – und doch irgendwie gespenstisch lebendig.

Unter den späteren Werken, 1957 in Cannes entstanden, befinden sich mehrere komplexe Variationen *von Las Meninas* (Die Hoffräulein), Studien zu Diego Velázquez' gleichnamigem im Madrider Prado präsentierten Meisterwerk.

El Raval

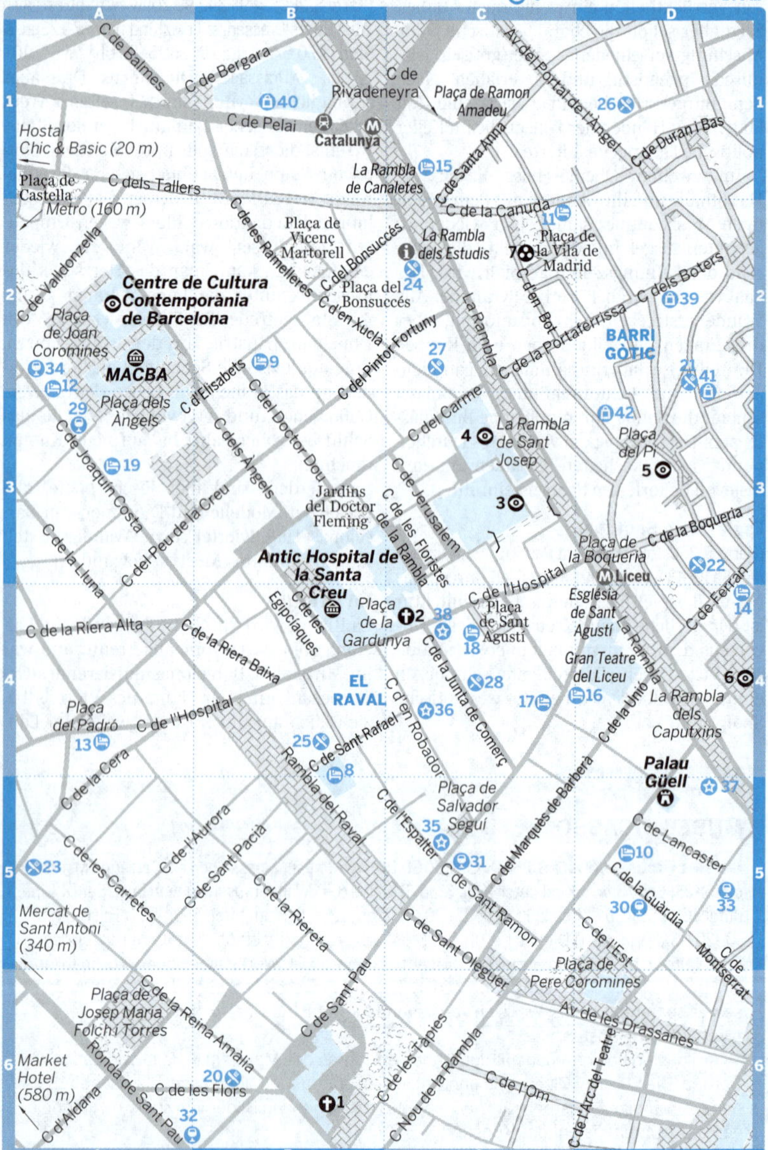

desinneren gelegene Küste. In den bezaubernden schmalen Gassen stößt man auf bedeutende Sehenswürdigkeiten sowie auf zahlreiche gute Bars und Restaurants, vor allem im El-Born-Bezirk rund um den Passeig del Born.

LP TIPP **Palau de la Música Catalana** ARCHITEKTUR

(☎902 475485; www.palaumusica.org; Carrer de Sant Francesc de Paula 2; Erw./Kind/Stud. & Sen. aus der EU 15 €/frei/7,50 €; ⏲50-minütige Führungen Osterwoche & August 10–18 Uhr alle 30 Min.,

El Raval

Highlights			
	Antic Hospital de la Santa Creu	B4
	Centre de Cultura Contemporània de Barcelona	A2
	MACBA	A2
	Palau Güell	D5
Sehenswertes			
1	Església de Sant Pau	B6
2	La Capella	C4
3	Mercat de la Boqueria	C3
4	Palau de la Virreina	C3
5	Plaça de Sant Josep Oriol	D3
6	Plaça Reial	D4
7	Via Sepulcral Romana	C2
Schlafen			
8	Barceló Raval	B4
9	Casa Camper	B2
10	Feelathomebarcelona.com	D5
11	Hostal Campi	C2
12	Hostal Gat Raval	A2
13	Hostal Gat Xino	A4
14	Hotel California	D4
15	Hotel Continental	C1
16	Hotel España	D4
17	Hotel Peninsular	C4
18	Hotel San Agustín	C4
19	Whotells	A3
Essen			
	Bar Pinotxo	(siehe 3)
20	Ca L'Isidre	B6
21	Caelum	D2
22	Can Culleretes	D3
23	Can Lluís	A5
24	Carrefour Express	C2
25	Casa Leopoldo	B4
26	Els Quatre Gats	D1
27	Granja Viader	C2
28	Organic	C4
Ausgehen			
29	33|45	A3
30	Bar la Concha	D5
31	Bar Marsella	C5
32	La Confitería	A6
33	Moog	D5
34	Negroni	A2
Unterhaltung			
35	Filmoteca de Catalunya	C5
36	Robadors 23	C4
37	Tablao Cordobés	D5
38	Teatre Romea	C4
Shoppen			
39	Art Montfalcon	D2
40	FNAC	B1
41	L'Arca de l'Àvia	D2
	Mercat de la Boqueria	(siehe 3)
42	Quera	D3

Sept.–Juli 10–15.30 Uhr; Ⓜ Urquinaona) Dieses Konzerthaus ist ein Höhepunkt der katalanischen Jugendstilarchitektur. Es lässt sich weniger mit einer Sinfonie, sondern eher mit einer Reihe von Crescendi aus Kacheln, Backstein, gemeißeltem Stein und Buntglas vergleichen. Domènech i Montaner entwarf den Tempel der katalanischen Renaixença (Renaissance) zwischen 1905 und 1908 für den Musikverein Orfeo Català.

Der Palast wurde mithilfe einiger der damals besten katalanischen Kunsthandwerker im Kreuzgang des ehemaligen Convent de Sant Francesc erbaut und seit den 1990er-Jahren mehrfach stark verändert.

Wie ein Pfau zeigt der *palau* viel von seiner Schönheit außen, darunter die Hauptfassade mit Mosaiken, Blumenkapitellen und Skulpturengruppen, die für populäre katalanische Musik stehen. Das Foyer und die Restaurantbereiche warten mit verzierten gekachelten Säulen auf, doch die Krönung ist der atemberaubende Konzertsaal oben mit einer Decke aus blau-goldenem Buntglas und einer schimmernden Deckenbeleuchtung, die wie eine winzige Sonne leuchtet. Man kann den Saal nur im Rahmen einer Führung oder eines Konzerts besuchen.

Museu Barbier-Mueller d'Art Pre-Colombí

MUSEUM

(Karte S. 264; ☎93 310 45 16; www.barbier-mueller.ch; Carrer de Montcada 14; Erw./Kind unter 16 J./Sen. & Stud. 3,50 €/frei/1,70 €, am 1. So des Monats frei; ⊙Di–Fr 11–19, Sa 10–19, So & Feiertage 10–15 Uhr; Ⓜ Jaume I) Die wunderbar beleuchteten Artefakte im mittelalterlichen Palau Nadal gehören zu den prächtigen präkolumbischen Exponaten des Schweizer Geschäftsmanns Josef Mueller (gest. 1977) und seines Schwiegersohns Jean-Paul Barbier, der das Musée Barbier-Mueller in Genf leitet. Zu-

NICHT VERSÄUMEN

TOP FIVE: MUSEEN

» Cosmocaixa (S. 275)
» Museu Marítim (S. 259)
» Museu d'Història de Barcelona (S. 255)
» Museu Barbier-Mueller d'Art Pre-Colombí (S. 261)
» Museu d'Història de Catalunya (S. 278)

sammen haben beide Museen eine der renommiertesten Sammlungen präkolumbischer Kunst weltweit.

Disseny Hub MUSEUM
(Karte S. 264; ☎93 256 23 00; www.dhub-bcn.cat; Carrer de Montcada 12; Erw./Kind unter 16 J./Sen. & Stud. 5 €/frei/3 €, So 15–20 Uhr frei; ⊙Di–Sa 11–19, So bis 20, Feiertage bis 15 Uhr; Ⓜ Jaume I) Der Palau dels Marquesos de Llió aus dem 13. Jh. beherbergt vorübergehend einen Teil der städtischen Disseny-(Design-)Hub-Sammlung der angewandten Künste.

Während man die Exponate im Erdgeschoss meist kostenlos bewundern darf, wird für die weitläufigeren Ausstellungen oben ein Eintrittspreis erhoben. Im Preis inbegriffen sind das Disseny Hub sowie der Palau Reial de Pedralbes (S. 277) mit der Dauerausstellung. Beide werden eines Tages in ein neues Gebäude an der Plaça de les Glòries Catalanes umziehen. Der Hof mit einem schönen Café-Restaurant bietet sich für eine Pause an.

Carrer de Montcada STRASSE
(Ⓜ Jaume I) In dieser mittelalterlichen Straße liegen mehrere beeindruckende Gebäude mit Museen und Galerien. Der **Palau dels Cervelló** (Karte S. 264) aus dem 16. Jh. beherbergt die renommierte Parisian Galeria Maeght (Nr. 25). Im barocken Hof des **Palau de Dalmases** (Nr. 20; Karte S. 264; ☎93 310 06 73; ⊙ Di–Sa 20–2, So 18–22 Uhr; Ⓜ Jaume I) befinden sich eine kleine Bar sowie ein Restaurant. Hier werden oft Klassikkonzerte und Vorträge veranstaltet.

Església de Santa Maria del Mar KIRCHE
(Karte S. 264; ☎93 319 05 16; Plaça de Santa Maria del Mar; ⊙9–13.30 & 16.30–20 Uhr; Ⓜ Jaume I) Am südwestlichen Ende des Passeig del Born steht die Apsis der schönsten gotischen Kirche Barcelonas. Das Gebäude aus dem 14. Jh. wurde in einer Rekordzeit von nur 54 Jahren errichtet und fällt durch seine architektonische Harmonie sowie Schlichtheit auf.

Touristen sollten die Augen nach den (oft barocken und klassischen) Musikveranstaltungen offen halten.

Mercat de Santa Caterina MARKT
(Karte S. 254 f.; ☎93 319 17 40; www.mercatsantacaterina.net; Avinguda de Francesc Cambó 16; ⊙ Mo 7.30–14, Di, Mi & Sa bis 15.30, Do & Fr bis 20.30 Uhr; Ⓜ Jaume I) 2005 wurde der ursprünglich im 19. Jh. errichtete außergewöhnlich anmutende Obst- und Gemüsemarkt neu aufgebaut. Sein buntes Keramikdach erinnert ein wenig an die Verrücktheiten des Modernisme.

In einer Ecke sind Überreste des Monestir de Santa Caterina aus dem 15. Jh. zu sehen.

Museu de la Xocolata MUSEUM
(Karte S. 264; ☎93 268 78 78; www.museuxocolata.cat; Plaça de Pons i Clerch; Erw./Kind unter 7 J./Sen. & Stud. 4,30 ,€/frei/3,65 €; ⊙ Mo–Sa 10–19, So & Feiertage bis 15 Uhr; 👪; Ⓜ Jaume I) Im ehemaligen Convent de Sant Agustí geht dieses Paradies für Schleckermäuler dem Ursprung von Schokolade, ihrer Ankunft in Europa und den vielen Mythen rund um die braune Delikatesse auf den Grund. Kinder und Erwachsene können an Führungen teilnehmen sowie selbst Schokolade herstellen und probieren, vor allem an Wochenenden. Unter den gotischen Bogen der Überreste des einstigen Klosterkreuzgangs befindet sich eine schöne Café-Bar, die Bar del Convent (Eingang in der Carrer del Comerç 36).

Arxiu Fotogràfic de Barcelona FOTOGALERIE
(Karte S. 264; ☎93 256 34 20; www.bcn.cat/arxiu/fotografic; Plaça de Pons i Clerch; Eintritt frei; ⊙Mo–Sa 10–19 Uhr; Ⓜ Jaume I) Gleich über dem Museu de la Xocolata wird eine bescheidene Bildauswahl zu Themen rund um die katalanische Metropole gezeigt.

Museu del Rei de la Magia MUSEUM
(Karte S. 254 f.; ☎93 319 73 93; www.elreydelamagia.com; Carrer de l'Oli 6;mit/ohne Show 12/5 €; ⊙Do 18–20, mit Show Sa 18 & So 12 Uhr; 👪; Ⓜ Jaume I) Ein zeitloses Kuriosum ist dieses Museum mit Zauberaufführungen und geheimnisvollem Material, das teilweise aus dem späten 19. Jh. stammt. Es wird von einem Magierpärchen geführt, das auch einen Zauberladen an der nahe gelegenen Carrer de la Princesa betreibt.

Parc de la Ciutadella PARK
(Karte S. 266; Passeig de Picasso; ⊙Nov.–Feb. 8–18 Uhr, Okt. & März bis 20 Uhr, April–Sept. bis 21 Uhr; Ⓜ Arc de Triomf) In dem wunderbaren Park na-

he der Altstadt kann man spazieren gehen, picknicken, den Zoo besuchen oder sich Kataloniens Regionalparlament anschauen.

Nach dem Spanischen Erbfolgekrieg ließ Philipp V. große Teile von La Ribera abreißen, um eine riesige Festung (La Ciutadella) zu errichten. 1869 wurde das als Symbol des geschmähten Bourbonen-Königshauses verachtete Bauwerk zerstört und das Anwesen in eine Grünanlage umgewandelt. Im Rahmen der Weltausstellung 1888 spielte der Park eine zentrale Rolle.

Die riesige, komplett künstliche **cascada** (Karte S. 266) in der Nähe des Eingangs am Passeig de Pujades ist eine spannende Kombination aus Bildhauerei, schroffen Felsen, Pflanzen und donnerndem Wasser.

Nordwestlich des Parks erhebt sich am Passeig de Lluís Companys der **Arc de Triomf** (Passeig de Lluís Companys; Ⓜ Arc de Triomf) im Jugendstil mit einem ungewöhnlichen islamischen Mauerwerk.

Parlament de Catalunya
BEDEUTENDES GEBÄUDE

(Karte S. 266; www.parlament.cat; ⌚ Führungen Sa, So & Feiertage 10–13 Uhr) Südöstlich der einstigen Ciutadella befindet sich das frühere Zeughaus der Festung. Hier residiert das regionale Parlament de Catalunya. Besucher schreiten die schwungvolle **Escala d'Honor** (Ehrentreppe) hinauf und gelangen durch mehrere feierliche Säle zum **Saló de Sessions**, dem halbkreisförmigen Auditorium. Es werden kostenlose Führungen auf Katalanisch angeboten. Das Gebäude öffnet zudem jedes Jahr am 11. September.

Zoo de Barcelona
ZOO

(Karte S. 266; ☎ 902 457545; www.zoobarcelona.com; Passeig de Picasso & Carrer de Wellington; Erw./Kind unter 3 J./Sen./Kind 3–12 J. 17 €/frei/8,90/10,20 €; ⌚ Juni–Sept. 10–19 Uhr, Mitte März–Mai & Okt. bis 18 Uhr, Nov.–Mitte März bis 17 Uhr; 👪; Ⓜ Barceloneta) Im Zoo mit seinen 7500 Bewohnern von Geckos bis zu Gorillas haben Kinder auf jeden Fall ihren Spaß. Hier gibt's über 400 Tierarten und jede Menge Picknickbereiche.

PORT VELL

In den 1990er-Jahren wurde der alte Hafen am unteren Ende der Rambla westlich von La Barceloneta in ein beliebtes Freizeitgebiet umgewandelt.

Moll de la Fusta
PROMENADE

Nordöstlich des Kais erstreckt sich der Moll de la Fusta. Normalerweise liegt hier die **Pailebot de Santa Eulàlia** (Karte S. 254 f.; Moll de la Fusta; Erw./Kind inkl. Museu Marítim 4 €/frei; ⌚ Di–Fr 12–19.30, Sa & So 10–19 Uhr; Ⓜ Drassanes) vor Anker, ein voll funktionstüchtiger Schoner aus dem Jahr 1918, der vom Museu Marítim restauriert wurde. Manchmal ist er jedoch auf hoher See unterwegs. Mit einer Eintrittskarte für das Museu Marítim kann man ihn kostenlos besichtigen.

Moll d'Espanya
PROMENADE

Im Zentrum des sanierten Hafens befindet sich der Moll d'Espanya, ein früherer Kai, der mit dem Moll de la Fusta durch eine wellenförmige Fußgängerbrücke namens **Rambla de Mar** verbunden ist. Die Brücke rotiert, damit Schiffe einlaufen können. Am Ende des Moll d'Espanya stößt man auf den Shopping- und Restaurantkomplex **Maremàgnum** mit dem **L'Aquàrium** (Karte S. 266; ☎ 93 221 74 74; www.aquariumbcn.com; Moll d'Espanya; Erw./Kind 18/13 €, Tauchgang 300 €; ⌚ Juli & Aug. 9.30–23 Uhr, Sept.–Juni bis 21 Uhr, Tauchgang Mi, Fr & Sa 9.30–14 Uhr; Ⓜ Drassanes) samt einem 80 m langen Haifischtunnel als Highlight. Hinter dem Aquarium liegt das **Imax-Kino** (☎ 93 225 11 11; www.imaxportvell.com; Moll d'Espanya).

LA BARCELONETA & DAS HAFENGEBIET

La Barceloneta wurde im 18. Jh. angelegt und in der Folgezeit zu dicht bebaut. Heute sind in dem einstigen Arbeiter- und Fischerviertel die meisten Schornsteine und Fischerfamilien verschwunden, doch die engen gitternetzförmigen Straßen wirken nach wie vor urtümlich und authentisch. Vor Ort locken hervorragende Meeresfrüchtelokale

MUSEEN INNERHALB EINES MUSEUMS

Mit einem Kombiticket ohne Verfallsdatum kann man alle Einrichtungen des Museu d'Història de Barcelona besichtigen. Hauptzentrum ist die Plaça del Rei mit Überresten der römischen und mittelalterlichen Vergangenheit. Darüber hinaus hat man Zutritt zum Museu-Monestir de Pedralbes (S. 277), zum Centre d'Interpretació im Park Güell (S. 274), zum Luftschutzbunker MUHBA Refugi 307 (S. 278) aus dem Bürgerkrieg und zur Via Sepulcral Romana (S. 251).

La Ribera

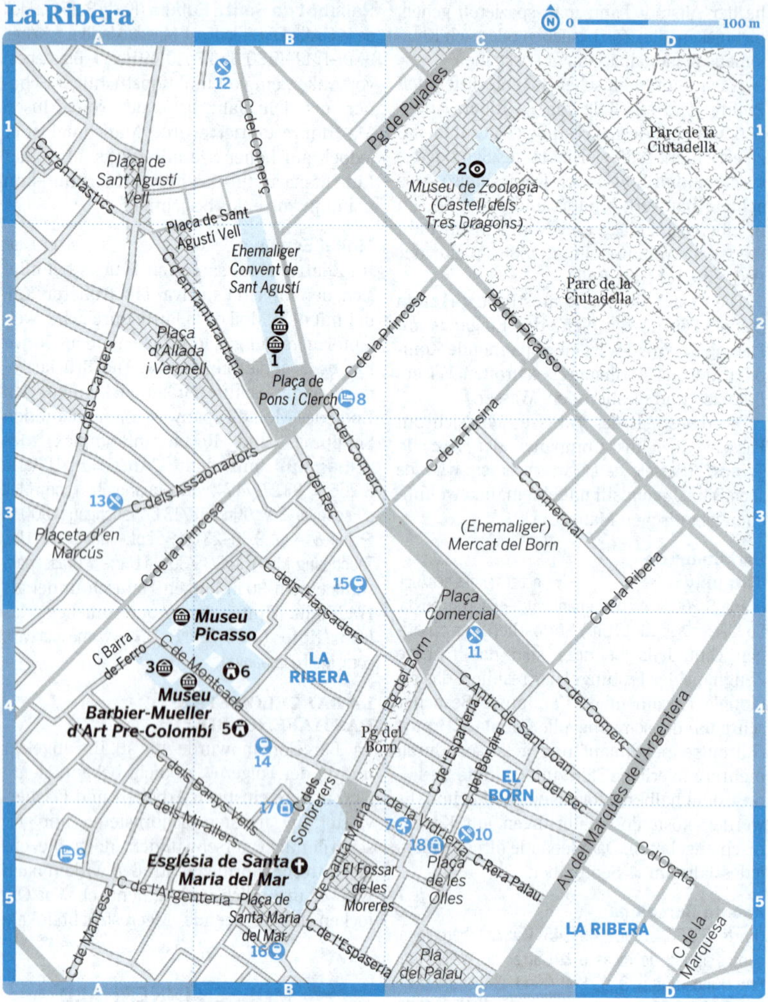

und unkonventionelle Bars. An der modernen neuen Uferzone stoßen Stadt und Meer aufeinander: Die Strandpromenade erstreckt sich über 4,5 km vorbei an künstlich aufgeschütteten Stränden, Parks und neuen Hochhäusern bis zum Fòrum.

Museu d'Història de Catalunya MUSEUM

(Museum für Katalanische Geschichte; Karte S. 266; ☎93 225 47 00; www.mhcat.net; Plaça de Pau Vila 3; Erw./Kind nur Dauerausstellung 4/3 €, Dauer- & Wanderausstellungen 5/4 €, 1. So im Monat frei; ⏲Di & Do–Sa 10–19, Mi bis 20, So bis 14.30 Uhr; Ⓜ Barceloneta) In dem Museum am Hafen, das über 2000 Jahre katalanische Geschichte abdeckt, werden Besucher zurück in die Steinzeit versetzt und anhand von Dioramen, Artefakten, Videos, Modellen sowie Audioaufzeichnungen bis in die frühen 1980er-Jahre begleitet.

Hier erfährt man, wie die Römer lebten, lauscht arabischer Poesie aus der muslimischen Besatzungszeit, bestaunt die Wohnstätte einer Familie in den Pyrenäen im frühen Mittelalter und steigt in einen Luftschutzbunker aus der Zeit des Bürgerkriegs hinab. Danach kann man im Café-Restaurant auf dem Dach eine Mahlzeit mit erstklassigem Blick genießen.

La Ribera

Highlights
Església de Santa Maria del Mar B5
Museu Barbier-Mueller d'Art Pre-Colombí A4
Museu Picasso A4

Sehenswertes
1 Arxiu Fotogràfic de Barcelona B2
2 Castell dels Tres Dragons C1
3 Disseny Hub A4
4 Museu de la Xocolata B2
5 Palau de Dalmases B4
6 Palau dels Cervelló B4

Aktivitäten, Kurse & Touren
7 Bike Tours Barcelona C5

Schlafen
8 Chic & Basic B2
9 Hotel Banys Orientals A5

Essen
10 Cal Pep C5
11 Casa Delfín C4
12 Comerç 24 .... B1
13 Pla de la Garsa A3

Ausgehen
14 El Xampanyet B4
15 Gimlet B3
16 La Vinya del Senyor B5

Shoppen
17 Casa Gispert B5
18 Custo Barcelona C5

Passeig Marítim de la Barceloneta PROMENADE
(MBarceloneta oder Ciutadella Vila Olímpica) Im Sommer sind La Barcelonetas **Strände** ein toller Anziehungspunkt. Der hübsche Passeig Marítim de la Barceloneta, eine 1,25 km lange Promenade zwischen La Barceloneta und dem Port Olímpic, lockt jede Menge Bummler, Jogger und Fahrradfahrer an.

Port Olímpic JACHTHAFEN
(Karte S. 266; MCiutadella Vila Olímpica) Rund um den für olympische Segelregatten errichteten Hafen verteilen sich zahlreiche Bars und Restaurants. Von Barceloneta kommend ist Frank Gehrys riesige Kupferskulptur *Peix* (Fisch) ein Blickfang. In der Gegend hinter dem Port Olímpic – überragt von Zwillingshochhäusern – waren einst die Olympioniken untergebracht. Die Apartments der Vila Olímpica wurden inzwischen verkauft.

El Fòrum STADTVIERTEL
(☎93 356 10 50; MEl Maresme Fòrum) Wo früher Brachland, halb verlassene Fabriken und ein riesiges Klärwerk das Bild im Nordosten der Stadt prägten, gibt's heute hohe Apartmentblocks, Luxushotels, einen Jachthafen (Port Fòrum) sowie ein Einkaufs- und ein Konferenzzentrum.

Am auffälligsten ist das dreieckige, irgendwie außerirdisch wirkende **Edifici Fòrum** der Schweizer Architekten Jacques Herzog und Pierre de Meuron. Die marineblauen Fassaden sehen aus wie von Lasern geformte Felsklippen und riesige Spiegel reflektieren den Himmel. Das **Museu Blau** (Blaues Museum; ☎93 256 60 02; Parc del Fòrum; Erw./Kind 6/2,70 €; ⌚Di–Fr 10–19, Sa & So bis 20 Uhr; MEl Maresme Fòrum) wartet mit interaktiven naturkundlichen Ausstellungsstücken auf.

L'EIXAMPLE

Im Barcelona des 19. Jhs. war L'Eixample (Die Erweiterung) im Norden, Osten und Westen der Plaça de Catalunya die Lösung für die Überbevölkerung im mittelalterlichen Stadtkern.

Die Arbeiten begannen 1869 nach einem Entwurf von Ildefons Cerdà, der ein Gitter aus breiten Straßen und Plätzen ausarbeitete. Cerdà plante auch zahlreiche Grünanlagen, allerdings überlebten nur wenige das folgende Grundstücksgerangel. Weil die Gründung des Stadtteils mit der Modernismeperiode einherging, entdeckt man hier zahlreiche Schöpfungen dieses Architekturstils. Abgesehen von der Sagrada Família konzentrieren sich die wichtigsten Bauten in bzw. rund um den Passeig de Gràcia.

Außerdem haben sich in der Gegend die teuersten Läden und Hotels der Stadt, zahlreiche Restaurants sowie mehrere Bars und Clubs niedergelassen.

LP TIPP **La Sagrada Família** KIRCHE
(☎93 207 30 31; www.sagradafamilia.org; Carrer de Mallorca 401; Erw./Kind unter 10 J./Sen. & Stud. 13 €/frei/11 €; ⌚April–Sept. 9–20 Uhr, Okt.–März bis 18 Uhr; MSagrada Família)Wenn die Zeit nur für die Besichtigung einer einzigen Sehens-

La Barceloneta

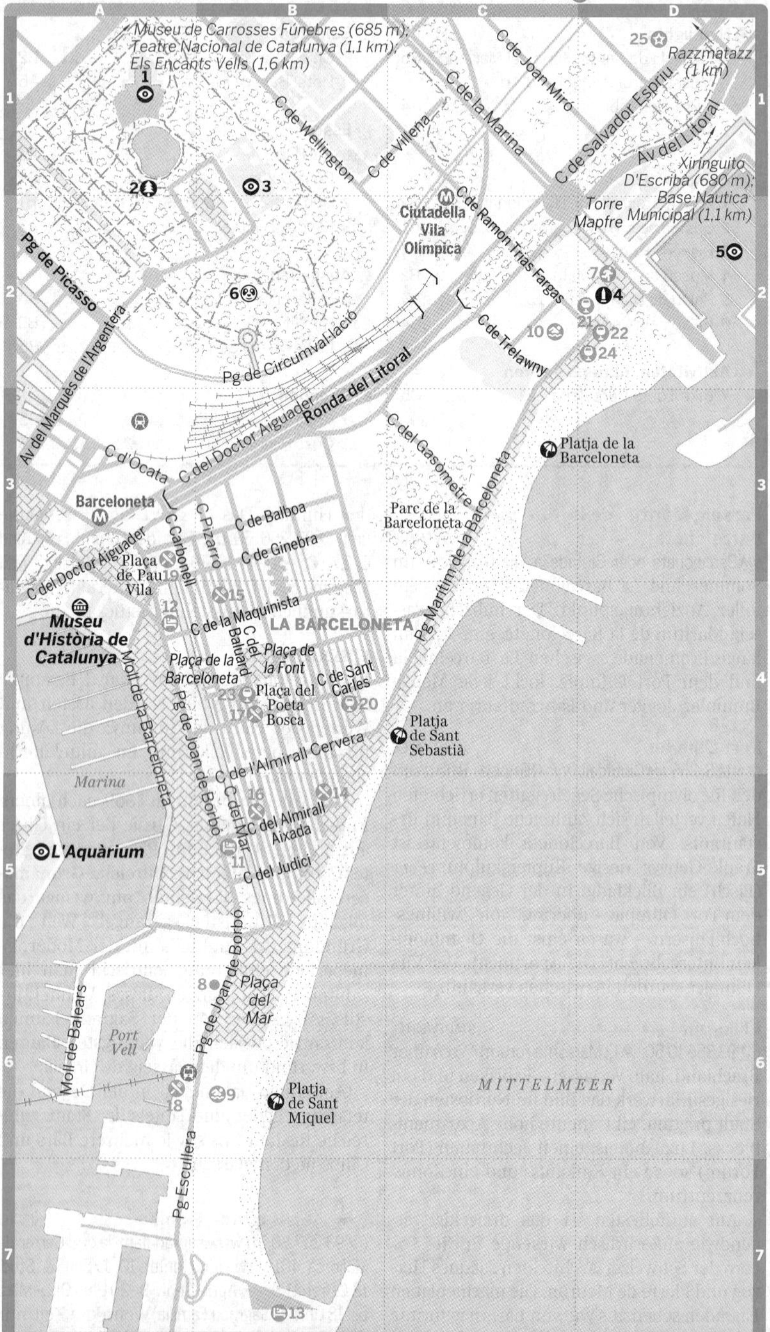

La Barceloneta

Highlights

L'Aquàrium ... A5
Museu d'Història de Catalunya ... A4

Sehenswertes

1 Cascada ... A1
2 Parc de la Ciutadella ... A1
3 Parlament de Catalunya ... B1
4 Fischskulptur ... D2
5 Port Olímpic ... D2
6 Zoo de Barcelona ... B2

Aktivitäten, Kurse & Touren

7 Barcelona By Bike ... D2
8 Barcelona Scooter ... B6
9 Club Natació Atlètic-Barcelona ... B6
10 Poliesportiu Marítim ... C2

Schlafen

11 Hotel 54 ... B5
12 Hotel Marina Folch ... A4
13 W Barcelona ... B7

Essen

14 Can Majó ... B5
15 Can Maño ... B4
16 Can Ros ... B5
17 La Cova Fumada ... B4
18 Torre d'Alta Mar ... A6
19 Vaso de Oro ... A3

Ausgehen

20 Absenta ... B4
21 Catwalk ... D2
22 CDLC ... D2
23 Ké? ... B4
24 Opium Mar ... D2
Shôko ... (siehe 22)

Unterhaltung

25 Yelmo Cines Icària ... D1

würdigkeit in Barcelona reicht, dann sollte es diese sein. Die Sagrada Família (siehe auch S. 94) ist einfach Ehrfurcht gebietend und – ganz wie die mittelalterlichen Kathedralen – nach über 100 Jahren noch immer nicht vollendet. Nach ihrer Fertigstellung wird der höchste Turm noch einmal um die Hälfte höher sein als der, der bisher errichtet wurde.

Das gewaltige Gebäude zieht jedes Jahr knapp drei Millionen Besucher an und wurde 2010 im Rahmen einer großen Zeremonie von Papst Benedikt XVI. gesegnet.

Der Temple Expiatori de la Sagrada Família (Sühnetempel der Heiligen Familie) steht für Gaudís Besessenheit in seiner zweiten Lebenshälfte. In der Vorstellung des Architekten sollte er 95 m lang und 60 m breit werden und 13 000 Besuchern Sitzplätze bieten. Über dem Querschiff sollte ein zentraler Turm 170 m in die Höhe ragen und Christus verkörpern, außerdem hatte Gaudí weitere 17 Türme von 100 m Höhe und mehr eingeplant.

Die fertigen Abschnitte und das Museum können frei oder im Rahmen einer Führung (4 €, 50 Min.) erkundet werden. Alternativ leiht man einen Audioguide (4 €) und hinterlegt seinen Personalausweis als Pfand. Die Eingänge befinden sich im Carrer de Sardenya und im Carrer de la Marina. In der Kirche fährt ein Fahrstuhl für 2,50 € die Türme der Geburtsfassade und der Passionsfassade hinauf. Am besten kauft man seine Eintrittskarte bereits im Internet und kommt schon früh her, um die Menschenmassen zu umgehen.

Geburtsfassade

Das künstlerische Glanzlicht der Sagrada Família ist die nordöstliche Geburtsfassade, die größtenteils unter Gaudís persönlicher Aufsicht gefertigt wurde. Drei Abschnitte des Portals repräsentieren von links nach rechts Hoffnung, Barmherzigkeit und Glaube. Im Skulpturenwald auf dem Barmherzigkeitsportal sieht man ganz unten die Krippe mit einem Ochsen, einem Esel, den Hirten, Königen und musizierenden Engeln. Hier sind rund 30 Pflanzenarten aus ganz Katalonien reproduziert worden. Um lebensnahe Skulpturen zu schaffen, dienten Gaudí echte Tiere und Menschen als Vorbilder – gelegentlich auch Leichen vom Friedhof!

Passionsfassade

Die südwestliche Passionsfassade mit Motiven aus den letzten Tagen sowie dem Tod Christi wurde zwischen 1954 und 1978 erbaut und basiert auf Gaudís Entwürfen. Zu ihr gehören vier Türme und ein großes, skulpturengeschmücktes Portal. Von 1986 bis 2006 arbeitete der Bildhauer Josep Subirachs an der Dekoration. Dabei ahmte er Gaudí nicht einfach nach, sondern schuf kantige, umstrittene Figuren. Die wichtigsten Skulpturenserien sind auf drei Ebenen

L'Eixample

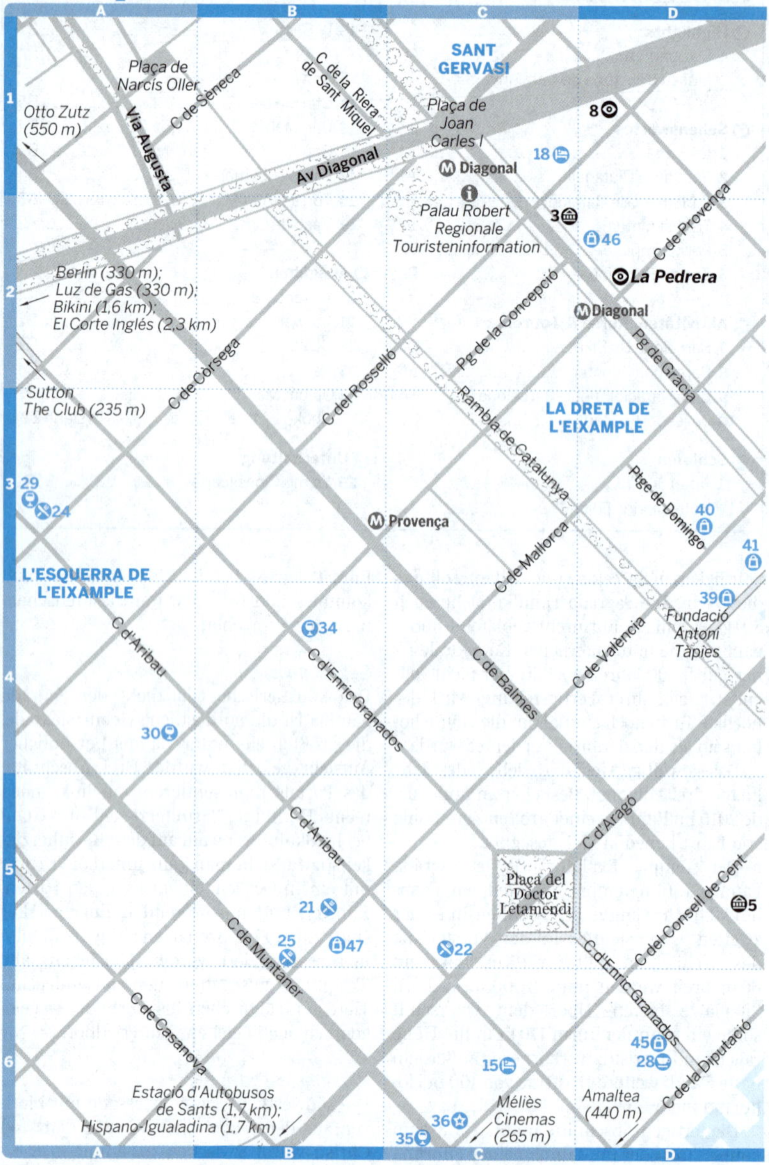

s-förmig angeordnet, beginnend mit dem Abendmahl unten links und endend mit Christi Begräbnis oben rechts.

Innenraum & Apsis

2010 wurden die Arbeiten am Kirchendach im Innenraum fertiggestellt. Die Decke wird von einem Dschungel aus Säulen mit außergewöhnlichen Neigungswinkeln getragen, die wiederum durch weitere Säulen gestützt werden. Sorgsam platzierte Fenster sorgen für einen bunt gefleckten Effekt, der auch entsteht, wenn Sonnenstrahlen durch die Äste eines dichten Waldes fallen.

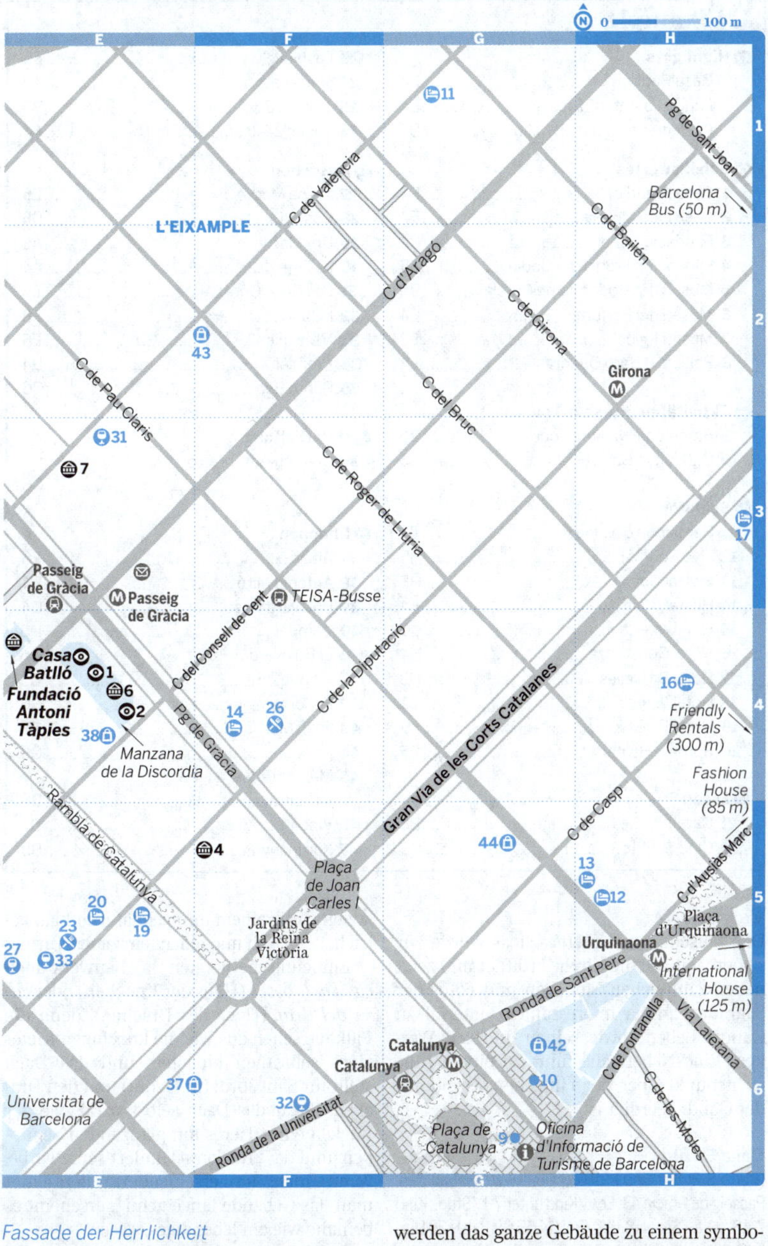

Fassade der Herrlichkeit

Die Fassade der Herrlichkeit ist derzeit im Bau und wird wie die anderen Fassaden von vier Türmen gekrönt (insgesamt sollen es einmal zwölf Türme sein, die für die zwölf Apostel stehen). Gaudí plante sie als prächtigsten Bestandteil der Kirche. Weitere Dekorationen werden das ganze Gebäude zu einem symbolischen Mikrokosmos der christlichen Kirche machen, mit Christus selbst durch einen gewaltigen, 170 m hohen zentralen Turm über dem Querschiff symbolisiert. Die fünf anderen geplanten Türme stehen für die Jungfrau Maria und die vier Evangelisten.

L'Eixample

Highlights

	Casa Batlló	E4
	Fundació Antoni Tàpies	E4
	La Pedrera	D2

Sehenswertes

1	Casa Amatller	E4
2	Casa Lleó Morera	E4
3	Fundació Suñol	C2
4	Fundación Francisco Godia	F5
5	Museu del Modernisme Català	D5
6	Museu del Perfum	E4
7	Museu Egipci	E3
8	Palau del Baró Quadras	D1

Aktivitäten, Kurse & Touren

9	Barcelona Walking Tours	G6
10	Catalunya Bus Turístic	G6

Schlafen

11	Barcelona On Line	G1
12	Five Rooms	H5
13	Hostal Goya	H5
14	Hostal Oliva	F4
15	Hotel Axel	C6
16	Hotel Constanza	H4
17	Hotel D'Uxelles	H3
18	Hotel Omm	C1
19	Hotel Praktik	E5
20	Somnio Hostel	E5

Essen

21	Cata 1.81	B5
22	Cinc Sentits	C5
23	Fastvínic	E5
24	Speakeasy	A3
25	Taktika Berri	B5
26	Tapaç 24	F4

Ausgehen

27	Arena Madre	E5
28	Cosmo	D6
29	Dry Martini	A3
30	La Fira	A4
31	Les Gens Que J'Aime	E3
32	Milano	F6
33	Monvínic	E5
34	Premier	B4
35	Punto Bcn	C6

Unterhaltung

36	Dietrich Gay Teatro Café	C6

Shoppen

37	Altaïr	E6
38	Antonio Miró	E4
39	Bulevard Rosa	D4
40	Camper	D3
41	El Bulevard dels Antiquaris	D3
42	El Corte Inglés	G6
43	Joan Murrià	F2
44	Laie	G5
45	Mercat de l'Abaceria Central	D6
46	Vinçon	D2
47	Xampany	B5

Museu Gaudí
Das Museum im Untergeschoss wurde zur selben Zeit wie die Kirche eröffnet und zeigt neben zahlreichen Modellen und Fotos der Sagrada Família interessantes Material zu Gaudís Leben sowie seinen anderen Werken. Eine Nebenhalle führt zu einem Aussichtspunkt über der einfachen Krypta, in der Gaudí beerdigt ist.

Casa Batlló ARCHITEKTUR
(Karte S. 268 f.; ☎93 216 03 06; www.casabatllo.es; Passeig de Gràcia 43; Erw./Kind unter 7 J./Stud., Kind 7–18 J. & Sen. 18,15 €/frei/14,55 €; ⌚9–20 Uhr; Ⓜ Passeig de Gràcia) Die Casa Batlló ist eines der seltsamsten Wohnhäuser Europas und zeigt wie kein anderes Gebäude Gaudís halluzinogene Fantasie. Blaue, violette und grüne Kachelstückchen sprenkeln die Fassade mit den wellenförmigen Fensterrahmen und Balkonen sowie einem unregelmäßigen blau gekachelten Dach und einem einzelnen Turm.

Einheimische nennen das Bauwerk auch *casa dels ossos* (Haus der Knochen) oder *casa del drac* (Haus des Drachen), denn die Balkone sehen aus wie die knochigen Kiefer eines seltsamen Monsters und das Dach steht für Sant Jordi (hl. Georg) und den Drachen. Sogar das Dach selbst wirkt wie der Rücken eines Tieres mit glänzenden Schuppen, und das „Rückgrat" ändert seine Farbe, wenn man umherschlendert. Betrachtet man das Gebäude lange genug, erscheint es beinahe wie ein lebendiges Wesen.

Der Innenbereich ist ohne eine einzige gerade Linie gebaut. Über die gewundene Treppe gelangt man in den ersten (und wichtigsten) Stock mit seinem Salon, der zum Passeig de Gràcia hinausgeht. Alles wellt sich: Die Decke ist ein Strudel rund um die sonnengleiche Lampe, Türen, Fenster und Oberlichter sind wie sanfte Wellen aus Holz und Buntglas und gewundene gekachelte Kaminrohre auf dem Dach sorgen für eine surreale Note.

GRATIS **Casa Amatller** ARCHITEKTUR

(Karte S. 268 f.; ☎93 487 72 17; www.amatller.org; Passeig de Gràcia 41; ⌚Mo–Sa 10–20, So bis 15 Uhr, Führung auf Englisch Fr 12 Uhr, auf Katalanisch & Spanisch Mi 12 Uhr; Ⓜ Passeig de Gràcia) Eine der auffälligsten Modernismefantasien von Puig i Cadafalch kombiniert gotische Fensterrahmen mit einem von niederländischen Bürgerhäusern entlehnten Stufengiebel. Die Büsten und Reliefs von Drachen, Rittern und anderen Charakteren an der Hauptfassade sind allerdings reine Capricen.

Das mit Säulen versehene Foyer und die durch Buntglas beleuchtete Treppe erinnern an das Innere einer romantischen Burg. Nach Renovierungsarbeiten, die laut Planung 2013 zum Abschluss gebracht werden, sollen im ersten Stock ein Museum mit Gegenständen aus der damaligen Zeit und im zweiten Stock das Institut Amatller d'Art Hispanic (Amatller-Institut für Spanische Kunst) eröffnen.

Casa Lleó Morera ARCHITEKTUR

(Karte S. 268 f.; Passeig de Gràcia 35; Ⓜ Passeig de Gràcia) Domènech i Montaners Beitrag zur Manzana de la Discordia aus dem Jahr 1905 besticht mit Verzierungen im katalanischen Jugendstil an der Außenseite und einer hellen, gefliesten Lobby samt Blumenmotiven.

Museu del Perfum MUSEUM

(Karte S. 268 f.; ☎93 216 01 21; www.museudelperfum.com; Passeig de Gràcia 39; Erw./Stud. & Sen. 5/3 €; ⌚Mo–Fr 10.30–13.30 & 16.30–20, Sa 11–14 Uhr; Ⓜ Passeig de Gràcia) Im hinteren Teil der Parfümerie Regia gibt's alles von antiken ägyptischen und römischen (Letztere vor allem aus dem 1.–3. Jh. n. Chr.) Duftbehältern bis zu klassischen Flakons zu sehen. Insgesamt besteht die Sammlung aus rund 5000 Flaschen in allen Größen, Formen und mit verschiedensten Geschichten.

La Pedrera ARCHITEKTUR

(Casa Milà; Karte S. 268 f.; ☎902 400973; www.fundaciocaixacatalunya.es; Carrer de Provença 261–265; Erw./Stud./Kind 15/13,50/7,50 €; ⌚März–Okt. 9–20 Uhr, Nov.–Feb. bis 18.30 Uhr; Ⓜ Diagonal) Die gewundene Pedrera ist ein weiteres verrücktes Meisterwerk von Gaudí, das von 1905 bis 1910 als Büro- und Wohnhaus errichtet wurde. Offiziell heißt das Gebäude Casa Milà – es trägt den Namen des Geschäftsmanns, der den Bau seinerzeit in Auftrag gegeben hatte. Wegen der unebenen grauen Steinfassade, die sich um die Ecke des Carrer de Provença windet, bezeichnen es die meisten Stadtbewohner aber als La Pedrera (Steinbruch).

Die Wohnung im obersten Stock samt Mansarde und Dach wird **Espai Gaudí** (Gaudí-Raum) genannt. Am außergewöhnlichsten ist das Dach mit den riesigen Schornsteinen, die wie bunte Ritter des Mittelalters aussehen. Eine Etage tiefer befindet sich unter einem anmutigen Parabolbogen ein bescheidenes **Museum** zu Gaudís Bauten.

Das elegante **Apartment** (El Pis de la Pedrera) im Stockwerk darunter zeigt, wie eine wohlhabende Familie Anfang des 20. Jhs. gewohnt haben mag. Sinnliche Kurven und wunderliche Schnörkel prägen es.

An warmen Augustabenden ist das Dach von La Pedrera gelegentlich Schauplatz kleiner Konzerte.

DER ZANKAPFEL

Die Casa Batlló gehört ebenso zur sogenannten Manzana de la Discordia (Zankapfel – ein Wortspiel, weil *manzana* sowohl mit „Häuserblock" als auch mit „Apfel" übersetzt werden kann) wie die Casa Lleó Morera und die Casa Amatller an der westlichen Seite des Passeig de Gràcia zwischen dem Carrer del Consell de Cent und dem Carrer d'Aragó. Alle drei Gebäude entstanden zwischen 1898 und 1906. Im griechischen Mythos wurde der originale Zankapfel von Eris (Zwietracht) mit der Aufforderung auf den Olymp geworfen, ihn der schönsten Göttin zu verleihen. Das provozierte natürlich Eifersüchteleien und war das Vorspiel zum Trojanischen Krieg.

Fundació Antoni Tàpies MUSEUM

(Karte S. 268 f.; ☎93 487 03 15; www.fundaciotapies.org; Carrer d'Aragó 255; Erw./Kind unter 16 J. 7/5,60 €; ⌚Di–So 10–20 Uhr; Ⓜ Passeig de Gràcia) In einem bahnbrechenden, 1885 errichteten Bauwerk des Modernisme ist die größte Sammlung des führenden katalanischen Künstlers aus dem 20. Jh. untergebracht. 2012 verstarb der für seine esoterischen Arbeiten bekannte Tàpies und hinterließ zahlreiche Malereien sowie eine Stiftung zur Förderung moderner Künstler.

DIE VISION DER MODERNISTAS

Antoni Gaudí (1852–1926; siehe auch S. 96), der vor allem durch seine außergewöhnliche Kirche, die Sagrada Família, Bekanntheit erlangte, war nur einer (wenngleich der aufsehenerregendste) einer Generation innovativer Baumeister, die zwischen 1880 und den 1920er-Jahren ihre unverkennbare Handschrift in Barcelona hinterließen. Die Architekten wurden *modernistas* (Modernisten) genannt.

Der Modernisme, also die katalanische Variante des europäischen Jugendstils, zeichnete sich durch seine Neigung zu geschmeidigen, fließenden Linien und die (für jene Zeit) gewagten Kombinationen von Materialien wie Kacheln, Glas, Backstein, Eisen und Stahl aus. Zugleich wurden die Architekten von einer erstaunlichen Vielfalt anderer Stilrichtungen wie Gotik, Islam, Renaissance, Romanik, Barock und Byzanz beeinflusst. Sie hatten sich auf die Fahnen geschrieben, einen eigenen katalanischen Baustil zu schaffen, oft mit Inspirationen aus Kataloniens Blütezeit während des Mittelalters. Gaudí und die beiden anderen führenden *modernistas* Lluís Domènech i Montaner (1850–1923) und Josep Puig i Cadafalch (1867–1957) waren nicht zufällig prominente katalanische Nationalisten.

Ein Großteil der Werke dieses Stils befindet sich in L'Eixample, wo zur damaligen Zeit am eifrigsten gebaut wurde. Zu den weiteren einschlägigen Orten in der Stadt gehören Gaudís Palau Güell (S. 258) und der Park Güell (S. 274), Domènech i Montaners Palau de la Música Catalana (S. 260), das **Castell dels Tres Dragons** (Karte S. 264) und das **Restaurant des Hotel España** (Karte S. 260; ☎93 318 17 58; www.hotelespanya.com; Carrer de Sant Pau 9-11; EZ 100 €, DZ 125–155 €; ❄; Ⓜ Liceu) sowie Puig i Cadafalchs **Restaurant Els Quatre Gats** (Karte S. 260; ☎93 302 41 40; Carrer de Montsió 3; Mahlzeiten 30–40 €; ⏲8–2 Uhr; Ⓜ Urquinaona)

Das von Domènech i Montaner entworfene Gebäude verfügt über einen mit Ziegelsteinen verkleideten Eisenrahmen und eine Einrichtung im islamischen Stil. Tàpies krönte es mit einem Werk seiner eigenen Fantasie namens *Núvol i Cadira* (Wolke und Stuhl), das wie ein Sturm über dem Haus hängt.

Die Sammlung umspannt den gesamten Bogen von Tàpies' Schaffen (mehr als 800 Werke) und enthält zudem Beiträge anderer moderner Künstler. In den Haupträumen (Ebene 1, oben) kann man eine häufig veränderte Auswahl von etwa 20 Arbeiten besichtigen, darunter Selbstporträts aus den 1940er-Jahren und große Werke wie *Jersei Negre* (Schwarzer Pulli; 2008). Ebene 2 widmet sich zeitgenössischen Arbeiten und im Untergeschoss werden Wechselausstellungen präsentiert.

Museu del Modernisme Català MUSEUM
(Karte S. 268 f.; ☎93 272 28 96; www.mmcat.cat; Carrer de Balmes 48; Erw./Kind unter 5 J./Kind 5–16 J. /Stud. 10 €/frei/5/7 €; ⏲Mo–Sa 10–20, So bis 15 Uhr; Ⓜ Passeig de Gràcia) Wer sich für Möbel im katalanischen Jugendstil interessiert, sollte das Erdgeschoss dieses Modernismebauwerks besuchen. Zu der umfangreichen Sammlung gehören Exponate von Antoni Gaudí, z. B. Stühle aus der Casa Batlló und ein Spiegel aus der Casa Calvet, und Gegenstände weniger bekannter Zeitgenossen wie einige typisch skurrile pseudomittelalterliche Werke von Josep Puig i Cadafalch.

Im Untergeschoss sind typische Jugendstilelemente wie mosaikverkleidete Säulen, nackte Ziegelbogen und Metallsäulen zu sehen, daneben Kunstwerke im Modernismestil wie Gemälde von Ramon Casas und Santiago Rusiñol sowie Statuen von Josep Llimona und Eusebi Arnau.

GRATIS **Palau del Baró Quadras** ARCHITEKTUR
(Casa Asia; Karte S. 268 f.; ☎93 368 08 36; www.casaasia.es; Avinguda Diagonal 373; ⏲Di–Sa 10–20, So bis 14 Uhr; Ⓜ Diagonal) Puig i Cadafalch entwarf den Palau del Baró Quadras (erbaut 1902–1906) in einem üppigen, von der Gotik inspirierten Stil. Am interessantesten ist die Hauptfassade mit einer hoch aufragenden verglasten Galerie. Betrachtet man die Wasserspeier und Reliefs genauer, erkennt man, dass hinter den zahnigen Fischen und dem Ritter mit seinem Schwert eindeutig dieselbe künstlerische Handschrift steckt wie hinter der Casa Amatller.

Die Einrichtung ist vielseitig und wird von nahöstlichen und orientalischen Themen beherrscht, was wunderbar dazu passt, dass die Casa Asia als Kulturzentrum zur Pflege der Verbindung zwischen Spanien und dem asiatisch-pazifischen Raum dient. Beim Besuch einer der zahlreichen Wanderausstellungen (vor allem im zweiten Stock) kann man sich das faszinierende Gebäude näher ansehen und den tollen Ausblick von der Dachterrasse genießen.

Hospital de la Santa Creu i de Sant Pau ARCHITEKTUR

(☎93 317 76 52; www.rutadelmodernisme.com; Carrer de Cartagena 167; Führung Erw./Sen. & Stud. 10/5 €; ⌚Führungen auf Englisch 10, 11, 12 & 13 Uhr, weitere auf Katalanisch, Französisch und Spanisch; Ⓜ Hospital de Sant Pau) Domènech i Montaner übertraf sich selbst als Architekt und Wohltäter mit diesem Modernismemeisterwerk, das lange eines der wichtigsten Krankenhäuser der Stadt war. Der Gebäudekomplex aus 16 einzigartigen Pavillons, der zusammen mit dem Palau de la Música Catalana eine Welterbestätte bildet, wartet mit einer herrlich prunkvollen Einrichtung auf.

Inzwischen wurde die Klinik in einen Neubau auf dem Gelände verlegt, um den Blick auf die alten Bauten freizugeben, die nun restauriert und in ein internationales Zentrum am Mittelmeer umgestaltet werden sollen.

Bisher sind Führungen die einzige Möglichkeit, das einstige Hospital zu besuchen, doch eines Tages ist es vielleicht auch öffentlich zugänglich.

Torre Agbar ARCHITEKTUR

(☎93 342 21 29; www.torreagbar.com; Avinguda Diagonal 225; Ⓜ Glòries) Jean Nouvels leuchtender gurkenförmiger Turm beherbergt die Wasserwerke der Stadt und ist die gewagteste architektonische Neuerung an Barcelonas Skyline, seit die ersten Türme der Sagrada Familie errichtet wurden. Das 2005 fertiggestellte Gebäude schimmert abends in Nachtblau und Knallrot. Leider steht Besuchern nur das Foyer im Erdgeschoss offen, in dem regelmäßig Wanderausstellungen stattfinden.

Fundació Francisco Godia MUSEUM

(Karte S. 268 f.; ☎93 272 31 80; www.fundacionfgodia.org; Carrer de la Diputació 250; Erw./Kind unter 5 J./Stud. 6,50 €/frei/3,50 €; ⌚Mo & Mi–So 10–20 Uhr; Ⓜ Passeig de Gràcia) Die abwechslungsreiche Privatsammlung, eine spannende Mischung aus Mittelalterkunst, Keramiken und modernen Gemälden, ist in der sorgfältig restaurierten Casa Garriga Nogués im Modernismestil untergebracht, die Enric Sagnier zwischen 1902 und 1905 für eine reiche Bankiersfamilie errichtete.

Museu Egipci MUSEUM

(Karte S. 268 f.; ☎93 488 01 88; www.museuegipci.com; Carrer de València 284; Erw./Sen. & Stud. 11/8 €; ⌚Mo–Sa 10–20, So bis 14 Uhr; Ⓜ Passeig de Gràcia) Hotelmagnat Jordi Clos verbrachte einen Großteil seines Lebens damit, antike ägyptische Artefakte zusammenzutragen. Die interessanten, vielseitigen Stücke sind in diesem privaten Museum zu sehen und in thematische Bereiche (Pharaonen, Religion, Bestattungspraktiken, Mumifizierung, Handwerk etc.) aufgeteilt. Zu den Highlights gehören ein fantastischer Goldring aus dem 7. Jh. v. Chr., Töpferwaren und ein Bett aus Holz und Leder. Ein schönes Café auf der Dachterrasse lädt zum Verweilen ein.

Fundació Suñol MUSEUM

(Karte S. 268 f.; ☎93 496 10 32; www.fundaciosunol.org; Passeig de Gràcia 98; Erw./erm. 5/3 €; ⌚Mo–Sa 16–20 Uhr; Ⓜ Diagonal) Eine weitere interessante private Kunstsammlung, die größtenteils aus Kunstwerken des 20. Jhs. besteht. In den Wanderausstellungen wurden schon Man Rays Fotografien und Skulpturen von Alberto Giacometti gezeigt. Ein Schwerpunkt liegt auf spanischen Künstlern wie Picasso und Plensa.

GRÀCIA

Gràcia liegt im Norden von L'Eixample. Das ehemals eigenständige Dorf, das sich im 19. Jh. zum Arbeiterwohnort entwickelte, war für seine republikanische und liberale Haltung berühmt und zog in den 1960er- und 1970er-Jahren vor allem Radikale sowie Bohemiens an. Heute kommt das Viertel etwas ruhiger und bürgerlicher daher, bleibt jedoch von einer leicht rebellischen Aura umgeben, erkennbar z. B. an den Graffitis

> **TODERNST**
>
> Das **Museu de Carrosses Fúnebres** (☎902 076902; Carrer Sancho de Ávila 2; Eintritt frei; ⌚Mo–Fr 10–13 & 16–18, Sa, So & Feiertage 10–13 Uhr; Ⓜ Marina) zeigt die wohl kurioseste Ausstellung der Stadt. Im Keller sind Leichenwagen zu sehen, die seit dem 18. Jh. die Reichen und Schönen zu ihrer letzten Ruhestätte karrten. Komplettiert wird das Ganze mit ernst dreinblickenden Schaufensterpuppen und lebensgroßen Pferdefiguren.

junger katalanischer Nationalisten und den gelegentlichen Hausbesetzungen. Die Bewohner sind bunt gemischt (unter ihnen befinden sich auch viele Studenten) und es herrscht ein katalanisches Lebensgefühl vor. Besucher mögen vor allem die Atmosphäre der engen Straßen und kleinen Plätze mit den zahlreichen Bars und Restaurants.

Zu den besten Anlaufstellen zählen die Plaça del Sol, die Plaça de la Vila de Gràcia mit dem Uhrenturm (ein beliebter Treffpunkt) und die Plaça de la Virreina mit ihrer **Església de Sant Joan** (Karte S. 274) aus dem 17. Jh. Drei Blocks nordöstlich der Plaça de la Vila de Gràcia befindet sich die große Markthalle **Mercat de l'Abaceria** (Karte S. 268 f.; Travessera de Gràcia 186; ⌚ Mo–Sa 7–14.30 & 17.30–20 Uhr; Ⓜ Fontana). Westlich der Hauptstraße Carrer Gran de Gràcia (von der Metrostation Fontana geht's Richtung Norden zum Carrer de les Carolines und dann links ab) stößt man auf ein frühes Gaudí-Haus, die türmchenbesetzte, leicht vom Mudejarstil beeinflusste **Casa Vicens** (www.casavicens.es; Carrer de les Carolines 22; FGC Plaça Molina). Leider ist das Gebäude nicht öffentlich zugänglich.

LP TIPP **Park Güell** PARK

(☎ 93 413 24 00; Carrer d'Olot 7; Eintritt frei; ⌚ Juni–Sept. 10–21 Uhr, April, Mai & Okt. 10–20 Uhr, März & Nov. 10–19 Uhr, Dez.–Feb. 10–18 Uhr; 24, Ⓜ Lesseps oder Vallcarca) Nördlich von Gràcia und etwa 4 km von der Plaça de Catalunya entfernt liegt der Park Güell, in dem sich Gaudí als Landschaftsarchitekt austobte. In der hinreißenden Grünanlage konnte er seine Leidenschaft für natürliche Formen richtig ausleben – bis zu einem Punkt, wo einem das Künstliche fast natürlicher vorkommt als das Natürliche selbst.

Entstanden ist der Park 1900, als Graf Eusebi Güell ein baumbewachsenes Hügelgrundstück kaufte (damals außerhalb der Stadt) und Gaudí damit beauftragte, dort eine Ministadt für die Reichen zu entwerfen. Das Projekt war ein kommerzieller Flop und wurde 1914 aufgegeben, allerdings waren bis dahin bereits 3 km Straßen und Wege, ein Platz sowie zwei Torpavillons entstanden.

Pavelló de Consergeria

Gleich hinter dem Haupteingang im Carrer d'Olot befindet sich der Pavelló de Consergeria, den man sofort an seinen zwei Knusperhäuschen-Torpavillons erkennt. In ihm ist das frisch renovierte Centre d'Interpretació des Parks mit einer Ausstel-

Gràcia

Sehenswertes

1 Església de Sant Joan A1

Schlafen

2 Hotel Casa Fuster A4

Essen

3 Envalira A2
4 La Nena A2
5 O'Gràcia! A2
6 Sureny A2

Ausgehen

7 La Cigale B2
8 Le Journal A3
9 Musical Maria A3
10 Raïm B3
11 Sabor A Cuba A3

Unterhaltung

12 Verdi A1
13 Verdi Park A1

lung zu Gaudís Bauweise und zur Geschichte des Parks untergebracht. Vom Obergeschoss des ehemaligen Pförtnerhauses genießt man einen schönen Blick.

Sala Hipóstila

Treppen führen vom Eingang, der von einem mit Mosaiksteinen verzierten Salamander bewacht wird, zur Sala Hipóstila mit 88 Steinsäulen (darunter auch einige geneigte Modelle), die ursprünglich als Markthalle dienen sollte. Darüber öffnet sich ein weiter Raum mit der **Banc de Trencadís** als Highlight. Die gekachelte Bank erstreckt sich um die komplette Halle und wurde von Gaudís rechter Hand, Josep Maria Jujol (1879–1949), entworfen.

Casa-Museu Gaudí

Rechts von der Sala Hipóstila befindet sich das mit einem Eckturm ausgestattete **Casa-Museu Gaudí** (www.casamuseugaudi.org; Erw./Sen. & Stud.5,50/4,50 €; ⌚10–20 Uhr). Hier verbrachte der Künstler die letzten 20 Jahre seines Lebens (1906–1926). In dem Haus sind Gaudís Möbel und andere Erinnerungsstücke ausgestellt.

TIBIDABO

Der Tibidabo (512 m) ist die höchste Erhebung in der bewaldeten Hügelkette hinter Barcelona und wunderbar geeignet, um etwas frische Luft und schöne Aussichten zu genießen. Seinen Namen erhielt er vom Teufel, der Christus verführen wollte. Nachdem er diesen auf den Berg geführt hatte, sagte er angeblich folgenden Satz zu ihm: „Haec omnia tibi dabo si cadens adoraberis me" („All dies werde ich dir geben, wenn du niederfällst und mich anbetest").

CosmoCaixa MUSEUM

(Museu de la Ciència; ☎93 212 60 50; www.fundacio.lacaixa.es; Carrer de Isaac Newton 26; Erw./Kind 3/2 €; ⌚Di–So 10–20 Uhr; 🚌60, 🚆FGC Avinguda Tibidabo) In diesem wissenschaftlichen Museum erwarten einen interaktive Ausstellungsstücke, die Kinder und Junggebliebene gleichermaßen faszinieren. Das absolute Highlight ist die Nachbildung eines Quadratkilometers des Amazonaswalds (Bosc Inundat) mitsamt Anakondas, Giftfröschen und Kaimanen. Sehenswert sind aber auch die Bereiche Geologie, Weltall (mit einem Planetarium), Physik und Lebende Organismen.

Draußen kann man über die schöne weitläufige Plaça de la Ciència bummeln, in deren kleiner Grünanlage mediterrane Pflanzen wachsen.

Parc d'Atraccions FREIZEITPARK

(☎93 211 79 42; www.tibidabo.cat; Plaça de Tibidabo 3-4; Erw./Kind 25,20/9 €; ⌚Jan.–Feb. geschl.) Der Grund, warum die meisten *barcelonins* den Tibidabo ansteuern, ist dieser Vergnügungspark nahe der Bergstation der Seilbahn. Neben schnellen Fahrgeschäften und einem 4-D-Kino gibt's hier auch altmodische Klassiker wie das Museu d'Autòmats mit rund 50 mechanischen Puppen, deren Entstehung teilweise bis ins Jahr 1880 zurückgeht. Die Öffnungszeiten findet man auf der Website.

ABSTECHER

COLÒNIA GÜELL

Gaudís letztes großes Projekt abgesehen von der Sagrada Família war der utopische Textilarbeiterkomplex **Colònia Güell** (☎93 630 58 07; www.coloniaguellbarcelona.com; Carrer de Claudi Güell 6; Erw./Stud. 8/6,60 €; ⌚Mo–Fr 10–19, Sa & So bis 15 Uhr; 🚆FGC-Linien S4, S7, S8 oder S33), den der Architekt für den Industriellen Eusebi Güell vor Barcelonas Toren in Santa Coloma de Cervelló errichtete. Seine Hauptaufgabe bestand im Bau einer Kirche. 1908 begann er mit der Arbeit, doch acht Jahre später hatte das Interesse an dem Projekt nachgelassen, und so vollendete Gaudí nur die noch heute genutzte Krypta.

Beim Entwurf des Gebäudes hatte der Architekt bereits sein wichtigstes Werk, die Sagrada Família, im Kopf. Die größtenteils klinkerverkleideten Säulen, die die Rippengewölbe der Kirche tragen, sind wie Bäume in alle Richtungen geneigt. Der Effekt war gewollt und physikalisch sehr anspruchsvoll. Gaudí arbeitete die Winkel so aus, dass die Säulen ihr Gewicht selbst tragen und ohne Stützpfeiler auskommen.

Rund um die Krypta verteilen sich süße, nach wie vor bewohnte Backsteinhäuser der Fabrikarbeiter. Mit interaktivem und audiovisuellem Material werden in fünf Räumen das Leben in der Arbeiterkolonie und die Geschichte des Kirchenbaus anschaulich dargestellt.

WIE MAN AUF DEN TIBIDABO KOMMT

Von der Haltestelle an der Plaça de Catalunya fahren zahlreiche Züge der Ferrocarrils de la Generalitat de Catalunya (FGC) zur Avinguda de Tibidabo (2 €, 10 Min.), wo man in die *tramvia blau* (einfach/hin & zurück 3/4,70 €, 15 Min., alle 15 bis 30 Min; Sa, So & Feiertage 10–18 Uhr) umsteigen kann: Barcelonas letzte alte Straßenbahn tuckert bereits seit 1901 an den originellen Bürgerhäusern im Modernismestil vorbei und hält schließlich an der Plaça del Doctor Andreu. Ist sie nicht in Betrieb, nimmt man einen Bus (1,40 €). Unterwegs sollte man auf die heute als Grillrestaurant El Asador de Aranda (S. 296) genutzte **Casa Roviralta** achten.

Von der Plaça del Doctor Andreu geht's mit der Tibidabo-Drahtseilbahn durch ein bewaldetes Gebiet bis zur Plaça de Tibidabo auf der Spitze des Hügels (hin & zurück 7,50 €, 5 Min.). Erste Abfahrt ist um 10.15 Uhr, die letzte Verbindung besteht kurz vor Schließung des Parks.

Alternativ steigt man in den „Tibibús" T2, der von der Plaça de Catalunya bis zur Plaça de Tibidabo (2,80 €, 30 Min.) fährt. Er startet alle 30 bis 50 Minuten, und zwar das ganze Jahr über samstags, sonntags sowie an Feiertagen. Tickets werden im Bus verkauft. Der letzte Bus verlässt Tibidabo 30 Minuten nach Schließung des Parc d'Atraccions. Es gibt auch Kombitickets für den Bus und den Eintritt in den Park (25,20 €).

GRATIS **Temple del Sagrat Cor** KIRCHE
(Kirche des Heiligen Herzens; ☎93 417 56 86; Plaça de Tibidabo; Eintritt frei, Fahrstuhl 2 €; ⏲8–19 Uhr, Fahrstuhl 10–19 Uhr) Dieses Gebäude oberhalb der Seilbahnstation gilt als Barcelonas Antwort auf die Pariser Sacré-Cœur-Kirche. Es wurde zwischen 1902 und 1961 in zahlreichen Stilrichtungen sowie mit Modernismeeinflüssen errichtet und ist genauso wenig zu übersehen wie sein Pariser Namensvetter. Von Ästheten wird es übrigens sogar noch mehr geschmäht. Eigentlich handelt es sich um zwei Kirchen, eine über der anderen. Die obere wird von einem riesigen Christus gekrönt und hat einen **Aufzug** zum Dach für einen (oft windigen) Panoramablick.

Jardins del Laberint d'Horta PARK
(☎93 413 24 00; Passeig del Castanyers 1; Erw./Stud. 2,20/1,40 €, Mi & So frei; ⏲10 Uhr–Sonnenuntergang; 👪; Ⓜ Mundet) Bis zu seiner Öffnung für Besucher in den 1970er-Jahren war der im ausgehenden 18. Jh. angelegte, sorgfältig gepflegte Park ein privates Familienidyll. Sein Name bezieht sich auf ein Labyrinth in der Mitte. Außerdem erstrecken sich Wege zu einem reizvollen künstlichen See (*estany*), Wasserfällen und einem klassizistischen Pavillon.
An der Metrostation Mundet muss man den rechten Treppenaufgang nehmen, oben erst rechts und dann links abbiegen und der Hauptstraße folgen (auf der linken Seite befinden sich Fußballplätze). Die erste Straße links führt zum Park hinauf (ca. 5 Min.).

COLLSEROLA

Parc de Collserola PARK
(☎93 280 35 52; www.parcnaturalcollserola.cat; Carretera de l'Església 92; ⏲Centre d'Informació 9.30–15 Uhr, Can Coll So & Feiertage 9.30–15 Uhr, im Juli & Aug. geschl.; 🚊FGC Peu del Funicular, Baixador de Vallvidrera) *Barcelonins,* die eine Fluchtmöglichkeit aus der Stadt suchen, ohne zu weit aufs Land hinausfahren zu müssen, flüchten gern in diesen 8000 ha großen Park in den Hügeln. Hier kann man wunderbar spazieren gehen, Fahrrad fahren sowie in Lokalen und Imbissen einkehren.

Neben der Natur ist der Hauptanziehungspunkt das weitläufige **Museu-Casa Verdaguer** (☎93 204 78 05; www.museuhistoria.bcn.cat; Vil·la Joana, Carretera de l'Església 104; Eintritt frei; ⏲Sept.–Juli Sa, So & Feiertage 10–14 Uhr) 100 m vom Centre d'Informació (Informationszentrum) und einen kurzen Fußweg vom Bahnhof entfernt. Der verehrte katalanische Schriftsteller Jacint Verdaguer lebte bis zu seinem Tod 1902 in dem Landhaus aus dem späten 18. Jh.

Zu den weiteren Highlights zählen ein paar ländliche Kapellen, die Ruinen einer Burg aus dem 14. Jh. (Castellciuro) im Westen, zahlreiche Aussichtspunkte und der Can Coll aus dem 15. Jh. im Norden, ein prächtiges Landhaus mit Ausstellungsstücken rund um das Thema Umwelt.

Torre de Collserola AUSSICHTSPUNKT
(☎93 406 93 54; www.torredecollserola.com; Carretera de Vallvidrera al Tibidabo; Erw./Kind 5/3 €; ⏲Juli & Aug. Mi–So 12–14 & 15.15–20 Uhr, Sept.–Juni Sa, So & Feiertage 12–14 & 15.15–18 Uhr, im Jan. &

Feb. geschl.; 111, Funicular de Vallvidrera) Sir Norman Foster entwarf den 288 m hohen Telekommunikationsturm, der 1992 fertiggestellt wurde und einen schönen Blick auf die Stadt bietet. Ein Fahrstuhl bringt Besucher nach oben.

PEDRALBES

Pedralbes ist ein reiches Wohnviertel nördlich der Zona Universitària, das nach dem gleichnamigen Kloster, einer der Hauptsehenswürdigkeiten in der Gegend, benannt wurde.

Palau Reial de Pedralbes PALAST

(93 256 34 65; Avinguda Diagonal 686; alle Sammlungen Erw./Stud. & Sen. 5/3 €, 1. So im Monat & So 15–18 Uhr frei; Museen Di–So 10–18 Uhr, in den Ferien 10–15 Uhr, Park tgl. 10–18 Uhr; Palau Reial) Das Gebäude aus dem frühen 20. Jh. mit Blick auf den eleganten **Parc del Palau Reial** gehörte der Familie von Eusebi Güell (Gaudís Mäzen), bis diese ihn 1926 als Königsresidenz der Stadt überließ. Heute sind in dem Palast drei Museen untergebracht.

Das **Museu de Ceràmica** (www.museuceramica.bcn.es) präsentiert wunderschöne spanische Keramiken aus einer Zeitspanne vom 10. bis zum 19. Jh. sowie Arbeiten von Picasso und Miró.

Das **Museu de les Arts Decoratives** (www.museuartsdecoratives.bcn.es) verfügt über eine bunte Mischung von Einrichtungsgegenständen, Schmuck und Nippes seit der Romantik.

Im zweiten Stock wartet das **Museu Tèxtil i d'Indumentària** (www.museutextil.bcn.es) mit 4000 Exponaten von koptischen Textilien aus dem 4. Jh. bis zu lokalen Stickereien aus dem 20. Jh. auf. Zu den Highlights zählen die Kleidungsstücke vom 16. Jh. bis in die 1930er-Jahre.

Die letzteren beiden Sammlungen sollen die Grundlage des neuen Museums Disseny Hub (S. 262) sein, das an der Plaça de les Glòries Catalanes eröffnet wird.

An der Avinguda de Pedralbes befinden sich die von Gaudí entworfenen Stallungen und das Pförtnerhaus der Finca Güell (so nannte man das Anwesen). Die sogenannten **Pavellons Güell** wurden Mitte der 1880er-Jahre errichtet. Damals ließ sich Gaudí vor allem von der islamischen Architektur inspirieren. Wer außerhalb der Öffnungszeiten herkommt, kann nur das schmiedeeiserne Drachentor bewundern.

Museu-Monestir de Pedralbes KLOSTER

(93 256 34 34; www.museuhistoria.bcn.cat; Baixada del Monestir 9; Erw./Kind 7/5 €; Di–Sa 10–17, So bis 20 Uhr; FGC Reina Elisenda, 22, 63, 64 oder 75) 1983 öffnete das friedliche alte Gebäude seine Tore erstmals für die Öffentlichkeit und beherbergt heute ein Museum für Klosterleben. Es steht am oberen Ende der Avinguda de Pedralbes in einem Wohngebiet, das bis ins 20 Jh. noch sehr ländlich war und nach wie vor als himmlisch ruhige Ecke in der Stadt gilt.

Architektonisches Highlight ist der große, elegante dreistöckige Kreuzgang, ein echtes Juwel katalanischer Gotik des frühen 14. Jhs. Oben erstreckt sich der große ehemalige Dormidor (Schlafquartier) mit einer bescheidenen Kunstsammlung.

Camp Nou STADION

(93 496 36 00; www.fcbarcelona.com; Carrer d'Aristides Maillol; Erw./Kind 23/17 €; Mo–Sa 10–20, So bis 14.30 Uhr; Palau Reial) Eine der meistbesuchten Sehenswürdigkeiten der Stadt ist die hochtechnologisierte Camp Nou Experience, ein Multimediamuseum zum legendären FC Barcelona (genannt Bar-

NICHT VERSÄUMEN

ROMANISCHE SCHÄTZE IM MUSEU NACIONAL D'ART DE CATALUNYA

Die Abteilung für romanische Kunst im Museu Nacional d'Art de Catalunya (MNAC) gehört zur besten in ganz Europa und ist ein Muss für Liebhaber mittelalterlicher Kunst. Hier sieht man vor allem Wandgemälde, holzgeschnitzte Werke sowie Altarbilder aus dem 11. und 12. Jh. Die bemalten Holztafeln mit Flachreliefs gelten als Vorläufer der kunstvollen *retablos* (Altarbilder). Anfang des 20. Jhs. wurden die Stücke aus verfallenen Gotteshäusern im Norden Kataloniens gerettet. Sie sind sehr farbenfroh, was belegt, dass die Kirchen im Mittelalter keineswegs schmucklos waren. Zu den herausragendsten Stücken gehören ein 1123 entstandenes Bild von Jesus als König aus der Apsis der Església de Sant Climent de Taüll im Nordwesten sowie ein Bild der Jungfrau mit Kind aus der benachbarten Església de Santa Maria de Taüll.

ça), eines der besten Fußballteams Europas. Sie erfreut sich bei Fans aus aller Welt großer Beliebtheit und wartet mit einer Fotoabteilung sowie Torvideos auf.

Hightech-Multimediabildschirme zeigen die heroischsten Momente in der Geschichte von Barça, während der Sound u.a. die Hymne des Clubs und die Atmosphäre von Spielen im Stadion überträgt.

Sofern man kein Spiel besucht, kann man das Camp Nou nur mit einer Karte für die Camp Nou Experience betreten, die in insgesamt sieben Sprachen einen Einblick ins Museum bietet und zu der außerdem eine Führung auf eigene Faust durch das Stadion gehört. Letztere beginnt im Umkleideraum der Mannschaft, danach geht's durch den Tunnel aufs Spielfeld und schließlich hinauf in die Präsidentenloge.

Für den Besuch sollte man etwa 2½ Stunden einplanen.

EL POBLE SEC

El Poble Sec (Das Trockene Dorf) erstreckt sich von den östlichen Hängen des Montjuïc bis zur Avinguda del Parallel. In dem Arbeiterviertel gibt's nur wenige Sehenswürdigkeiten, aber etliche interessante Bars und Restaurants. Bis in die 1960er-Jahre galt die Avinguda del Parallel mit ihren zahlreichen Theatern und Cabarets als Highlight des städtischen Nachtlebens. Auch heute noch stößt man hier auf ein paar Theater und Kinos sowie die Sala Apolo (S.303), einen beliebten Club.

MUHBA Refugi 307 — HISTORISCHE STÄTTE

(Karte S.280; ☎93 256 21 22; www.museuhistoria.bcn.cat; Carrer Nou de la Rambla 169; Eintritt inkl. Führung 3 €; ⏱Führungen Sa & So 11–14 Uhr; Ⓜ Paral·lel) Während des Bürgerkriegs war Barcelona die am stärksten zerbombte Stadt Spaniens. Insgesamt besaß sie über 1300 Luftschutzbunker. Das Refugi 307 gruben Einwohner im März 1937 in den Montjüic.

Halbstündige Führungen (auf Spanisch oder Katalanisch, aber man kann sich auch für englisch- oder französischsprachige Rundgänge anmelden) geben faszinierende Einblicke in das damalige Leben.

MONTJUÏC

Der Montjuïc (siehe auch S.98) erhebt sich im Südwesten der Stadt und zieht mit seinen zahlreichen Museen, Theatern und Clubs, reizenden Gärten sowie den Hauptstätten der Olympischen Spiele 1992 jede Menge Besucher an.

Sein Name heißt übersetzt „Jüdischer Berg" und weist darauf hin, dass sich in der Gegend einst ein jüdischer Friedhof und möglicherweise auch eine Siedlung befanden. Im Bürgerkrieg wurde die hiesige Festung von den Republikanern besetzt, anschließend nutzte Franco sie als politisches Gefängnis und als Ort für Hinrichtungen. In den 1920er-Jahren fanden für die Weltausstellung 1929 erste größere Baumaßnahmen auf dem Montjuïc statt. Aus dieser Zeit stammen das Estadi Olímpic, der Poble Espanyol und einige Museen. Für die Olympischen Spiele 1992 wurde das Gebiet aufpoliert und mit weiteren Neubauten ausgestattet.

Gut angelegte Straßen und Wege, Rolltreppen, Busse und Sessellifte erlauben den Besuch der Sehenswürdigkeiten in jeder beliebigen Reihenfolge. Wer sich keine der Hauptattraktionen – das Museu Nacional d'Art de Catalunya, das CaixaForum, den Poble Espanyol, den Pavelló Mies van der Rohe, die Fundació Joan Miró, das Estadi Olímpic und den Blick von der Burg – entgehen lassen möchte, sollte dafür zwei Tage einplanen.

Plaça d'Espanya — PLATZ

(Karte S.280) Wenn man von der Plaça d'Espanya zum Montjuïc fährt, kann man den Hügel in seiner ganzen Pracht bewundern. Die 1900 errichtete ehemalige **Stierkampfarena Plaça de Braus Les Arenes** an der Nordseite der Plaça d'Espanya ist heute ein Shoppingzentrum mit begehbarem Dach. Dahinter erstreckt sich der **Parc Joan Miró**. Er wurde in den 1980er-Jahren angelegt und lohnt wegen Mirós riesiger phallischer Skulptur *Dona i Ocell* (Frau und Vogel) in der Nordwestecke einen kurzen Abstecher.

Museu Nacional d'Art de Catalunya — MUSEUM

(MNAC; Karte S.280; ☎93 622 03 76; www.mnac.es; Mirador del Palau Nacional; Erw./Sen. & Kind unter 15 J./Stud. 10 €/frei/7 €, 1. So im Monat frei; ⏱Di–Sa 10–19, So & Feiertage 10–14.30 Uhr, Bibliothek Mo–Fr 10–18, Sa bis 14.30 Uhr; Ⓜ Espanya) Schon von Weitem sieht man die neobarocke Silhouette des Palau Nacional an den Hängen des Montjüic. Der Palast wurde 1929 für die Weltausstellung gebaut und 2005 restauriert. Er beherbergt eine große Sammlung größtenteils katalanischer Kunstwerke vom Mittelalter bis ins frühe 20. Jh.

Sein Highlight ist die Abteilung für romanische Kunst mit den weltweit wichtigsten Stücken aus dem frühen Mittelalter, die Anfang des 20. Jhs. aus vernachlässigten ländlichen Kirchen in ganz Nordkatalonien zusammengetragen wurden. Zu den Exponaten gehören riesige Fresken, Holzschnit-

WIE MAN AUF DEN MONTJUÏC KOMMT

Theoretisch kann man von der *ciutat vella* (Altstadt) aus zum Berg gehen, denn vom unteren Ende der Rambla sind es nur 700 m bis zum östlichen Teil des Montjuïc. Von der Avinguda de Rius i Taulet und dem Passeig de les Cascades führen Rolltreppen zum Palau Nacional und weiter bis zur Avinguda de l'Estadi.

Bus

Mehrere Busse fahren den Berg hinauf, darunter die Linien 50, 55 und 61. Die 193 verkehrt zwischen der Plaça d'Espanya und der Burg.

Metro & Standseilbahn

Mit der Metro (Linien 2 und 3) gelangt man zur Haltestelle Paral.lel und von dort per **Standseilbahn** (April–Okt. 9–22 Uhr, Nov.–März 9–20 Uhr) zum Estació Parc Montjuïc.

Telefèric de Montjuïc

Die **Seilbahn** (Erw./Kind einfache Fahrt 6,80/5,20 €; April–Okt. 9–22 Uhr, Nov.–März 9–20 Uhr) verkehrt vom Estació Parc Montjuïc über den *mirador* (Aussichtspunkt) bis zum Castell de Montjuïc.

Aeri del Port

Der **Aeri del Port** (Teleférico del Puerto; www.telefericodebarcelona.com; einfach/hin & zurück 10/15 €) (Seilbahn) pendelt zwischen dem Torre de Sant Sebastiá in La Barceloneta und der Haltestelle Miramar auf dem Montjuïc.

zereien und bemalte Altarfronten aus dem 11. und 12. Jh.

Auch die Abteilung für gotische Kunst sticht u. a. mit Werken von Bernat Martorell und Jaume Huguet hervor. Am Ende der gotischen Sammlung sind zwei separate und gleichermaßen vielseitige Privatsammlungen mit Arbeiten alter europäischer Meister ausgestellt, darunter Fra Angelicos (1395–1455) *Madonna der Demut* und Gemälde der venezianischen Renaissancemeister Veronese (1528–1588), Tizian (1490–1557) und Canaletto (1697–1768) sowie Werke von Rubens (1577–1640) und Gainsborough (1727–1788). Das große Finale bilden Gemälde von Francisco de Goya (1746–1828).

Danach folgen mehrere eher unbedeutende Bilder verschiedener klassischer spanischer Meister des 17. Jhs. Im Obergeschoss liegt der Schwerpunkt auf der modernen katalanischen Kunst. Die Zusammenstellung ist etwas unausgewogen, aber die Arbeiten der Modernismemaler Ramon Casas und Santiago Rusiñol lohnen auf jeden Fall einen Blick, ebenso die des kürzlich verstorbenen Künstlers Antoni Tàpies.

Fundació Joan Miró MUSEUM

(Karte S. 280; www.bcn.fjmiro.es; Parc de Montjuïc s/n; Erw./Sen. & Kind 10/7 €; Di, Mi, Fr & Sa 10–20, Do bis 21.30, So & Feiertage bis 14.30 Uhr; 50, 55, 193, M Paral·lel) Barcelonas bekanntester Künstler des 20. Jhs. hinterließ seiner Heimatstadt 1971 zahlreiche Werke, die von schüchternen ersten Zeichnungen bis zu Malereien aus seinen letzten Lebensjahren reichen und der Öffentlichkeit in lichtdurchdrungenen Gebäuden präsentiert werden. Der Entwurf für die Bauten stammt von Mirós engem Freund, dem Architekten Josep Lluís Sert, der auch die Studios des Künstlers auf Mallorca errichtete.

Das Museum liegt mitten auf dem grünen Montjüic. Von der Sammlung, die 220 Gemälde, 180 Skulpturen, einige Textilarbeiten und über 8000 Zeichnungen umfasst, ist immer nur ein kleiner Teil zu sehen.

Viele weitere Infos zum Künstler und seiner Zeit liefert die *Homenatge a Joan Miró* (Hommage an Joan Miró) im Untergeschoss mit Fotos vom Künstler, einem 15-minütigen Videofilm über sein Leben und mehreren Arbeiten seiner Zeitgenossen wie Henry Moore, Antoni Tàpies und Fernand Léger.

GRATIS **Castell de Montjuïc** FESTUNG, PARK

(Karte S. 280; April–Sept. Di–So 9–21 Uhr, Okt.–März Di–So bis 19 Uhr; 193, Telefèric de Montjuïc/Castell de Montjuïc) Das unwirtliche Castell de Montjuïc (Burg oder Festung) dominiert den Südosthang des Montjuïc. Seine heutige Form hat es seit dem späten 17. bzw. 18. Jh. Die meiste Zeit seiner düsteren Geschichte

Montjuïc & Poble Sec

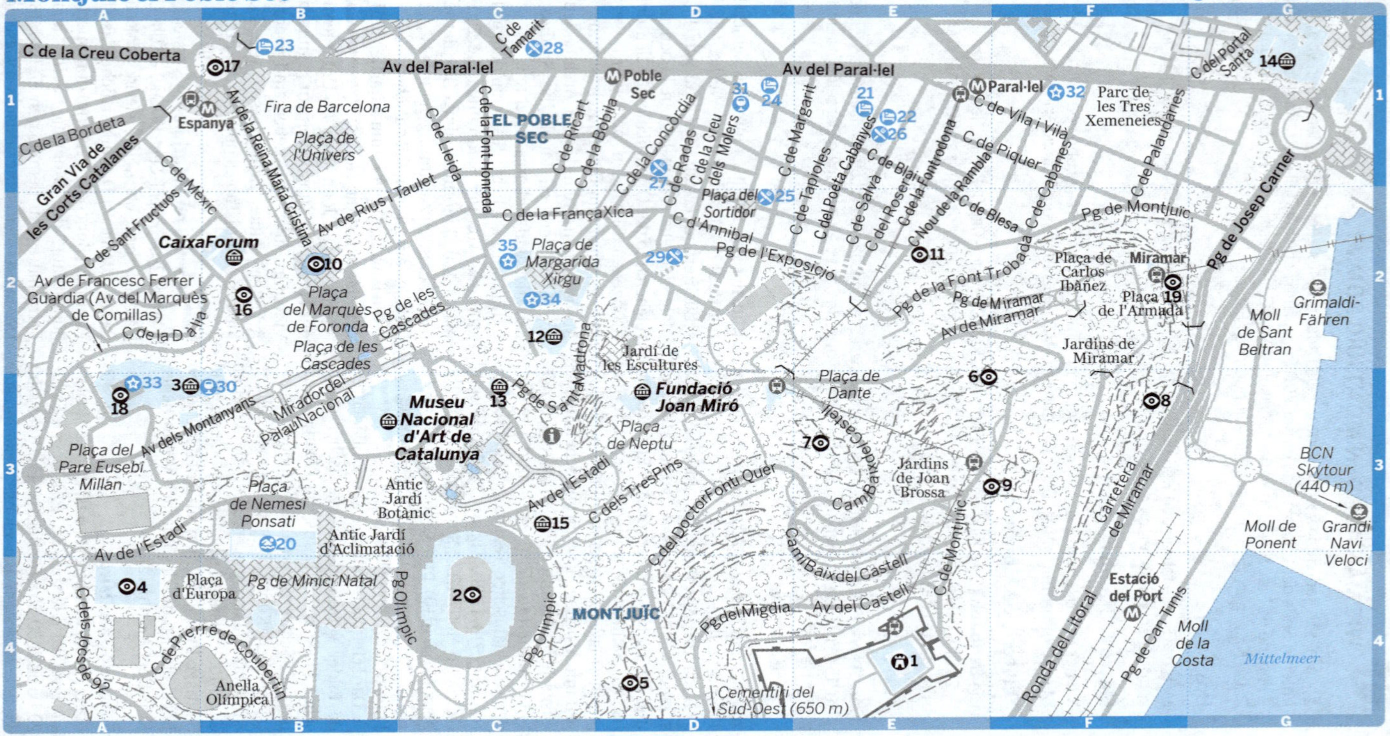

Montjuïc & Poble Sec

Highlights

CaixaForum ... B2
Fundació Joan Miró ... D3
Museu Nacional d'Art de Catalunya ... B3

Sehenswertes

1 Castell de Montjuïc ... E4
2 Estadi Olímpic ... C4
3 Fundació Fran Daurel ... A3
4 Institut Nacional d'Educació Física de Catalunya ... A4
5 Jardí Botànic ... D4
6 Jardins de Joan Brossa ... E3
7 Jardins de Mossèn Cinto de Verdaguer ... E3
8 Jardins de Mossèn Costa i Llobera ... F3
9 Jardins del Mirador ... F3
10 Font Màgica ... B2
11 MUHBA Refugi 307 ... E2
12 Museu d'Arqueologia de Catalunya (MAC) ... C2
13 Museu Etnològic ... C3
14 Museu Marítim ... G1
15 Museu Olímpic i de l'Esport ... C3
16 Pavelló Mies van der Rohe ... B2
17 Plaça d'Espanya ... B1
18 Poble Espanyol ... A3
19 Transbordador Aeri ... F2

Aktivitäten, Kurse & Touren

20 Piscines Bernat Picornell ... B3

Schlafen

21 Hostal Oliveta ... E1
22 Hostel Mambo Tango ... E1
23 Hotel Gran Via ... B1
24 Melon District ... D1

Essen

25 La Tomaquera ... D2
26 Quimet i Quimet ... E1
27 Taverna Can Margarit ... D1
28 Tickets ... C1
29 Xemei ... D2

Ausgehen

30 Terrazza ... B3
31 Tinta Roja ... D1

Unterhaltung

32 Sala Apolo ... F1
33 Tablao De Carmen ... A3
34 Teatre Lliure ... C2
35 Teatre Mercat De Les Flors ... C2

über wurde es als Wachtposten über die Stadt, politisches Gefängnis und Hinrichtungsstätte genutzt.

Demnächst sollen hier ein internationales Friedenszentrum, ein Museum zur Burggeschichte und ein Infozentrum zum Montjuïc entstehen.

Rund um den dem Meer zugewandten Fuß der Burg verläuft ein windiger Fußweg, der **Camí del Mar**, mit Blick auf Barcelona und das Meer.

GRATIS Jardins — GÄRTEN

In den **Jardins de Mossèn Costa i Llobera** (Karte S. 280; 10 Uhr–Sonnenuntergang; Transbordador Aeri/Miramar) oberhalb der Hauptstraße nach Tarragona gedeiht eine schöne Sammlung von Tropen- und Wüstenpflanzen, darunter auch ein Kakteenwald. Unweit des Estació Parc Montjuïc (Seilbahnstation) warten die **Jardins de Mossèn Cinto Verdaguer** (Karte S. 280; 10 Uhr–Sonnenuntergang; Funicular Parc de Monjuïc) mit hübschen Zwiebelgewächsen (vor allem Tulpen) und Wasserpflanzen auf. Östlich davon erstrecken sich auf dem Gelände eines früheren Freizeitparks an der anderen Straßenseite die **Jardins Joan Brossa** (Karte S. 280; 10 Uhr–Sonnenuntergang; Telefèric de Montjuïc (Mirador). Hier sieht man viele mediterrane Pflanzenarten wie Zypressen, Kiefern und ein paar Palmen. Von den **Jardins del Mirador** (Karte S. 280; Telefèric de Montjuïc (Mirador) gegenüber dem Estació Mirador genießt man eine herrliche Aussicht über den Hafen von Barcelona.

Poble Espanyol — KULTURZENTRUM

(Karte S. 280; www.poble-espanyol.com; Avinguda de Francesc Ferrer i Guàrdia; Erw./Kind 9,50/5,60 €; Mo 9–20, Di–Do bis 2, Fr bis 4, Sa bis 5, So bis 24 Uhr; ; 50, 61 oder 193, M Espanya) Willkommen in Spanien! In ganz Spanien! Das zur Weltausstellung 1929 errichtete „Spanische Dorf" ist ein kitschiger Ort für Souvenirjäger sowie ein interessantes Sammelsurium einheimischer Architektur. Innerhalb weniger Stunden kann man von Andalusien auf die Balearen schlendern und die erstaunlich guten Nachbauten typisch spanischer Gebäude bewundern.

Als Eingang in den Themenpark dient ein mittelalterliches Tor aus Ávila. Gleich zur

Rechten liegt ein Informationsbüro, in dem man kostenlose Übersichtspläne bekommt. Geradeaus geht's zur Plaza Mayor (Marktplatz) mit ihren kastilischen und aragonischen Häusern, auf der im Sommer gelegentlich Konzerte stattfinden. Darüber hinaus gibt's ein andalusisches sowie galicische und katalanische Viertel, eine baskische Straße und ein kleines Dominikanerkloster (am östlichen Ende). In den Gebäuden sind Restaurants, Cafés, Bars, Kunsthandwerksläden, Werkstätten wie eine Glasbläserei und ein paar Souvenirläden untergebracht.

Abends verwandeln sich die Restaurants, Bars und vor allem die Discos in lebendige Anlaufstellen.

GRATIS Fundació Fran Daurel MUSEUM

(Karte S. 280; www.fundaciofrandaurel.com; Avinguda Francesc Ferrer i Guàrdia 13; ⏲10–19 Uhr) Die im Pople Espanyol gelegene Fundació Fran Daurel verfügt über eine bunte Sammlung aus 200 Werken, darunter Skulpturen, Drucke, Keramiken und Wandteppiche von Künstlern wie Picasso, Miró und Miquel Barceló. Zu der Stiftung gehört auch ein Skulpturengarten mit 27 Exponaten auf dem Gelände des Poble Espanyol (beim Montblanc-Eingang).

Font Màgica BRUNNEN

(Karte S. 280; Avinguda de la Reina Maria Cristina; ⏲Okt.–Ende Juni Fr & Sa 19–21 Uhr alle 30 Min., Ende Juni–Sept. Do–So 21–23.30 Uhr; Ⓜ Espanya) Der Font Màgica ist der wichtigste von mehreren Brunnen, die sich von der Avinguda de la Reina Maria Cristina zum Palau Nacional hinauf hügelaufwärts verteilen. Er bietet mehrmals am Abend eine 15-minütige Licht-, Wasser- und Musikshow.

Pavelló Mies van der Rohe ARCHITEKTUR

(Karte S. 280; ☎93 423 40 16; www.miesbcn.com; Avinguda de Francesc Ferrer i Guàrdia; Erw./Kind unter 18 . /Stud. 4,75 €/frei/2,60 €; ⏲10–20 Uhr; Ⓜ Espanya) Der 1929 von Ludwig Mies van der Rohe (1886–1969) als Pavelló Alemany (Deutscher Pavillon) für die Weltausstellung entworfene Pavillon wurde nach der Ausstellung wieder abgebaut und erst 1980 rekonstruiert, nachdem das Gebäude als ein Schlüsselwerk der modernen Architektur eingestuft worden war.

Samstags findet um 10 Uhr eine kostenlose Führung auf Englisch statt.

CaixaForum MUSEUM

(Karte S. 280; www.fundacio.lacaixa.es; Avinguda de Francesc Ferrer i Guàrdia 6–8; Erw./Stud. & Kind 3/2 €, 1. So im Monat kostenlos; ⏲Di–Fr & So 10–20, Sa bis 22 Uhr; Ⓜ Espanya) Im von Puig i Cadafalch gestalteten CaixaForum, das in einer ehemaligen Fabrik untergebracht ist, sind einige der besten Kunstausstellungen der Stadt zu sehen. Gelegentlich werden auch Teile der 800 Werke umfassenden Sammlung moderner und zeitgenössischer Kunst der Caixa selbst gezeigt. Hin und wieder finden hier Musikveranstaltungen statt, vor allem in den wärmeren Monaten.

Museu Etnològic MUSEUM

(Karte S. 280; www.museuetnologic.bcn.cat; Passeig de Santa Madrona 16–22; Erw./Sen. & Stud. 3,50/1,75 €; ⏲Di–Sa 12–20, So 11–15 Uhr; 🚌55) Besucher werden in diesem Museum durch Teile Spaniens und lebhafte Kulturen dieser Welt geführt. Zu den Highlights zählen die Ausstellungen zu heute größtenteils ausgestorbenen ländlichen Gemeinden in der Pyrenäenregion Kataloniens mit traditionellen Instrumenten und Archivbildern traditioneller Tänze sowie im zentralspanischen Salamanca. Weitere Schwerpunkte liegen auf Japan, Marokko, Äthiopien, Australien, Papua-Neuguinea und Amerika.

Museu d'Arqueologia de Catalunya MUSEUM

(MAC; Karte S. 280; www.mac.cat; Passeig de Santa Madrona 39–41; Erw./Stud. 3/2,10 €; ⏲Di–Sa 9.30–19, So 10–14.30 Uhr; 🚌55 oder 193) Während der Weltausstellung 1929 diente das Museumsgebäude als Palast für Grafische Künste. Hier erfährt man viel über Katalonien und Kulturen in anderen Teilen Spaniens, z. B. anhand von Schädelkopien aus der Zeit vor den Neandertalern, hübschen karthagischen Halsbändern und juwelenbesetzten westgotischen Kreuzen. Außerdem gibt's interessante Exponate von den Balearen sowie aus Empúries, der griechisch-römischen Stadt an der Costa Brava. Am schönsten ist das Mosaik *Les Tres Gràcies* (Die Drei Grazien), das im 18. Jh. nahe der Plaça de Sant Jaume freigelegt wurde.

Anella Olímpica OLYMPISCHE STÄTTE

(⏲April–Sept. 8–21 Uhr, Okt.–März 8–19 Uhr) Zur Anella Olímpica (Olympischer Ring), Hauptveranstaltungsort der Olympiade 1992, gehören mehrere Sporteinrichtungen. Am westlichen Ende befindet sich das **Institut Nacional d'Educació Física de Catalunya** (Inefc; Karte S. 280), eine Art Sporthochschule, die von dem renommierten katalanischen Architekten Ricardo Bofill entworfen wurde. Hinter einem weitläufigen Rondell,

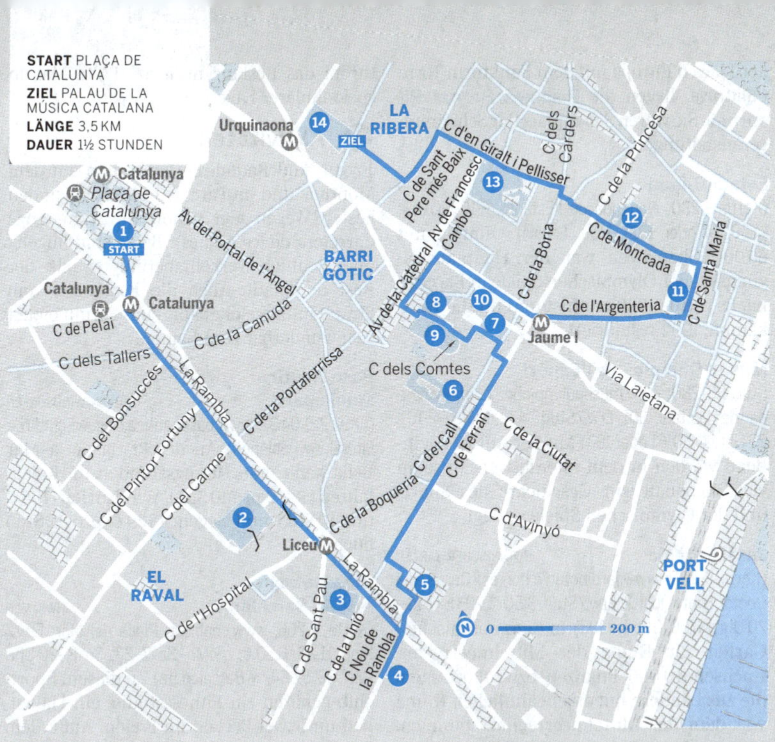

Stadtspaziergang
Altstadt

Viele Attraktionen drängen sich auf relativ kleinem Raum, sodass man diese gut zu Fuß erreicht. Zunächst schließt man sich den Massen an und schlendert von der 1 **Plaça de Catalunya** die Rambla hinunter. Auf dem Weg kommt man am 2 **Mercat de la Boqueria**, einem gut sortierten und lebhaften Markt, vorbei. Einen Besuch lohnen auch Barcelonas größtes Opernhaus, das 3 **Gran Teatre del Liceu** und Gaudís Frühwerk, der 4 **Palau Güell**. Von dort geht's quer über die Rambla und die quirlige 5 **Plaça Reial** im Zentrum des Barri Gòtic zur 6 **Plaça de Sant Jaume**, seit 2000 Jahren das politische Herz der Stadt. Römische Relikte kann man im nahe gelegenen 7 **Museu d'Història de Barcelona** bewundern. Hier gibt's auch eine schöne Halle im Stil der katalanischen Gotik und eine mittelalterliche Kapelle. Von dem Gebäudekomplex rund um das Museum und die Plaça del Rei führt die Route am 8 **Museu Frederic Marès** entlang zur Hauptfassade der 9 **Catedral**, dessen Inneneinrichtung kein Barcelona-Besucher verpassen sollte. Zudem genießt man vom Dach einen tollen Blick auf den mittelalterlichen Stadtkern. Dann folgt man der Via Laietana zu den Überresten der 10 **Römischen Stadtmauer**. Ganz in der Nähe zweigt der Carrer de l'Argenteria (einst Sitz der Silberschmiede) zur prachtvollen gotischen 11 **Església de Santa Maria del Mar** ab, einem bemerkenswerten Symbol katalanischer Identität. Dahinter verläuft der elegante Carrer de Montcada mit seinen alten Gebäuden und zahlreichen Museen wie dem 12 **Museu Picasso**. Nun geht's Richtung Nordwesten zum 13 **Mercat de Santa Caterina**. Der kühle Neubau einer prächtigen Markthalle aus dem 19. Jh. befindet sich am früheren Standort eines mittelalterlichen Klosters. Anschließend steht der wunderbare 14 **Palau de la Música Catalana** im Modernismestil auf dem Programm, der mit hervorragenden Veranstaltungen von Flamenco bis zum portugiesischen Fado aufwartet.

der Plaça d'Europa mit dem Funkturm Torre Calatrava, liegen die **Piscines Bernat Picornell**. Sie waren Schauplatz der Schwimmveranstaltungen.

Estadi Olímpic STADION
(Karte S. 280; Avinguda de l'Estadi; ⌚10–20 Uhr; 🚌50, 61 oder 193) Das Estadi Olímpic mit 65 000 Sitzplätzen war der Hauptaustragungsort der Olympischen Spiele in Barcelona. Es wurde 1929 eröffnet und für die Wettkämpfe 1992 restauriert.

Museu Olímpic i de l'Esport MUSEUM
(Karte S. 280; www.museuolimpicbcn.com; Avinguda de l'Estadi 60; Erw./Stud. 4/2,50 €; ⌚10–20 Uhr; 🚌50, 61 oder 193) Mit der Antike beginnend werden in dem interaktiven Museum viele Exponate zur Geschichte des Sports und der Olympischen Spiele gezeigt.

Jardí Botànic BOTANISCHER GARTEN
(Karte S. 280; www.jardibotanic.bcn.es; Carrer del Doctor Font i Quer 2; Erw./Stud. 3,50/1,70 €; ⌚10–20 Uhr; 🚌50, 61 oder 193) In dem botanischen Garten zur Fauna der Mittelmeerregion wachsen 40 000 Pflanzen bzw. 1500 Arten, die aus Ländern mit einem ähnlichen Klima wie dem der Mittelmeerregion stammen. Neben dem östlichen Mittelmeergebiet, Spanien (mit den Balearen und den Kanarischen Inseln) und Nordafrika zählen dazu auch Australien, Kalifornien, Chile und Südafrika.

Cementiri del Sud-Oest FRIEDHOF
(⌚8–18 Uhr; 🚌193) An der Südseite des Hügels, südlich der Anella Olímpica, erstreckt sich der riesige 1883 eröffnete Friedhof Cementiri del Sud-Oest oder Cementiri Nou. Er ist eine seltsame Mischung aus kunstvollen Grüften reicher Familien und kleinen Gräbern. Hier fanden verschiedene katalanische Künstler und Politiker ihre letzte Ruhe, darunter Joan Miró, Carmen Amaya (der Flamenco-Star aus La Barceloneta), Lluís Companys (ein nationalistischer katalanischer Präsident, der von Francos Handlangern 1940 hingerichtet wurde), und Ildefons Cerdà (der L'Eixample entwarf).

Transbordador Aeri SEILBAHN
(Karte S. 280; www.telefericodebarcelona.com; Av de Miramar, Jardins de Miramar; einfach/hin & zurück 10/15 €; ⌚11–19 Uhr; 🚌50 & 153) Die Seilbahn vom Hafen zum Montjüic bietet einen prächtigen Blick auf die Stadt. Sie verkehrt zwischen Miramar (Montjuïc) und Barceloneta. Am Gipfel der Torre de Sant Sebastià thront das Restaurant Torre d'Alta Mar in spektakulärer Lage.

Aktivitäten

Joggen und Radfahren kann man auf dem Montjuïc und im Parc de Collserola (zu den besten Wegen hier gehört die 9 km lange Carretera de les Aigües): Beide sind hügelig und deutlich verkehrsberuhigter als der Rest der Stadt. Auch die Esplanade vom Strand in Barceloneta bis zum Fòrum eignet sich wunderbar zum Laufen.

Base Nautica Municipal SEGELN, WINDSURFEN
(☎93 221 04 32; www.basenautica.org; Avinguda de Litoral; Ⓜ Poblenou) An der Platja de la Mar Bella kann man Übungsstunden im Kajakfahren (132 € pro 10 Std.), Windsurfen (196 € pro 10 Std.) und Segeln (229 € pro 12 Std.) buchen.

Club Natació Atlètic-Barcelona SCHWIMMEN
(Karte S. 266; www.cnab.cat; Plaça del Mar; Erw./Kind 11,20/6,50 €; ⌚Mo–Sa 7–23, So 8–20 Uhr; 🚌17, 39, 57, 64, Ⓜ Barceloneta) Zu diesem Sportclub gehören ein Fitnessstudio, ein Hallenbad und zwei Becken im Freien. Außerdem hat man Zugang zu einem Privatstrand.

Golondrina BOOTSTOUR
(☎93 442 31 06; www.lasgolondrinas.com; Moll de les Drassanes; Erw./Kind 14,50/5,25 €; ⌚März–Nov.; Ⓜ Drassanes) Wer am Mirador de Colom in eine *golondrina* steigt, kann sich den Hafen vom Wasser aus anschauen. Der 90-minütige Ausflug führt zum Port Olímpic, El Fòrum und zurück. Es gibt auch eine 35-minütige Rundfahrt (7/3 € pro Erw./Kind).

Orsom BOOTSTOUR
(☎93 441 05 37; www.barcelona-orsom.com; Moll de les Drassanes; Erw./Kind 14/11 €; ⌚April–Okt.; Ⓜ Drassanes) An Bord eines großen Katamarans schippert man in 90 Minuten zum Fòrum und wieder zurück. Das Boot startet drei- bis viermal täglich. Die letzte Fahrt ist eine Jazztour zum Sonnenuntergang. Darüber hinaus bietet das Unternehmen jeden Tag Ausflüge mit dem Speedboot (Erw./Kind 12/8 €) an.

Piscines Bernat Picornell SCHWIMMEN
(Karte S. 280; www.picornell.cat; Avinguda de l'Estadi 30–38; Erw./Kind 9,65/5,95 €; ⌚Mo–Fr 6.45–24, Sa 7–21, So 7.30–16 Uhr; 🚌50, 61 oder 193) Barcelonas offizielles olympisches Schwimmbad auf dem Montjuïc verfügt über ein Fitnessstudio sowie einen Sauna- und einen Wellnessbereich.

BARCELONA MIT KINDERN

Barcelona wartet mit zahlreichen Möglichkeiten für Kinder auf. Es gibt gute Verkehrsverbindungen, viele Attraktionen liegen dicht beieinander und in Restaurants sowie Cafés werden die Kleinen herzlich empfangen.

Auf der Rambla sorgen zahlreiche Schausteller und Straßenmusiker für Unterhaltung, außerdem ist das **Museu de Cera** (Wachsfigurenkabinett) eine klassische Anlaufstelle.

Am unteren Ende des Boulevards kann man den **Mirador a Colom** hinaufklettern oder im **L'Aquàrium** Haie bestaunen.

Toll sind auch eine Fahrt mit dem **Telefèric del Port** hoch über dem Hafen zwischen La Barceloneta und Montjuïc und ein Besuch von Tibidabos aufregendem Freizeitpark **Parc d'Atraccions**.

Jede Menge Spaß für Klein und Groß versprechen das **Museu Maríti**, das **Museu de la Xocolata** und das beliebte interaktive Wissenschaftsmuseum **CosmoCaixa**.

Im Sommer locken **Freibäder** und der **Strand**. Bei kühlerem Wetter sind die Parks eine gute Wahl, ebenso wie ein Spaziergang durch die Gärten des Montjuïc samt einer Erkundung des **Castell de Montjuïc**. Das Labyrinth der **Jardins del Laberint d'Horta** bereitet nicht nur dem Nachwuchs Orientierungsschwierigkeiten, sondern auch den Eltern. Darüber hinaus lohnt sich natürlich ein Ausflug in den **Zoo de Barcelona.**

Poliesportiu Marítim SCHWIMMEN
(Karte S. 266; www.claror.cat; Passeig Marítim de la Barceloneta 33–35; Mo–Fr 16 €, Sa, So & Feiertage 19 €; ⏲ Mo–Fr 7–24, Sa 8–21, So 8–16 Uhr; Ⓜ Ciutadella Vila Olímpica) Neben einem kleinen Becken zum Bahnenziehen gibt's zahlreiche heiße, warme und eiskalte Wellnesspools sowie Massage-Wasserfälle.

Kurse

In Barcelona bieten viele Schulen Spanisch- und Katalanisch-Sprachkurse an. Darüber hinaus kann man hier noch eine Menge anderer Dinge wie Salsa oder Kochen lernen.

Cook and Taste KOCHKURS
(Karte S. 254 f.; ☎ 93 302 13 20; www.cookandtaste.net; Carrer del Paradís 3; halbtägiger Workshop 65 €; Ⓜ Liceu) Wer lernen möchte, wie man bestimmte Tapas, Paella und ein traditionelles katalanisches Dessert zubereitet, trifft mit dieser spanischen Kochschule eine gute Wahl. Zum Programm gehört auch ein Ausflug zum Mercat de la Boqueria.

Alicianet TANZKURS
(Karte S. 254 f.; ☎ 670 267276; www.alicianet.net; Carrer de la Beates 2; Ⓜ Barceloneta) Flamenco-Unterricht in verschiedenen Schwierigkeitsgraden. Einzelstunden kosten 25 €, Kurse (bis zu vier Std. pro Woche) 110 € monatlich.

International House SPRACHKURS
(☎ 93 268 45 11; www.ihes.com/bcn; Carrer de Trafalgar 14; Ⓜ Arc de Triomf) Intensivkurse ab 410 € für zwei Wochen. Eine Unterkunft kann organisiert werden.

Universitat de Barcelona – Katalanischkurs SPRACHKURS
(☎ 93 403 54 77; www.eh.ub.edu; Carrer de Melcior de Palau 140; Ⓜ Sants) Spanischkurse à 40 Stunden, verteilt auf einen Zeitraum von zwei Wochen bis einen Monat (457 €), und Katalanischkurse à 80 Stunden (400 €).

Geführte Touren

Wer sich bei der Erkundung der Sehenswürdigkeiten unterstützen lassen möchte, hat gleich mehrere Möglichkeiten.

Barcelona Walking Tours STADTSPAZIERGANG
(Karte S. 268 f.; ☎ 93 285 38 34; www.barcelonaturisme.com; Plaça de Catalunya 17-S; Ⓜ Catalunya) Die Oficina d'Informació de Turisme de Barcelona organisiert Spaziergänge, die zumeist etwa zwei Stunden dauern und am Tourismusbüro starten. Einer führt durchs **Barri Gòtic** (Erw./Kind 14/5 €; ⏲ auf Englisch tgl. 9.30 Uhr, auf Spanisch & Katalanisch Sa 11.30 Uhr), ein anderer folgt den Spuren von **Picasso** (Erw./Kind 20/7 €; ⏲ auf Englisch Di, Do & So 15 Uhr) und endet im Museu Picasso; der Eintritt ist im Preis inbegriffen. Alternativ erkundet man die schönsten Bauwerke des **Modernisme** (Erw./Kind 14/5 €; ⏲ auf Englisch Okt.–Mai Fr & Sa 16 Uhr, Juni–Sept. Fr & Sa 18 Uhr) oder unternimmt eine **Gourmettour** (Erw./Kind 20/7 €; auf Englisch Fr & Sa 10, auf Spanisch & Katalanisch Sa 10.30 Uhr) zu Delikatessenläden in der Altstadt. Natürlich kann man dabei auch einige Produkte probieren. Außerdem gibt's noch zahlreiche weitere Angebote, beispielsweise

RADTOUREN

Zu den zahlreichen Anbietern von Radtouren gehören **Barcelona By Bike** (Karte S. 266; ☎93 268 81 07; www.barcelonabybike.com; Carrer de la Marina 13; geführte Touren 22 €; Ⓜ Cuitadella/Vila Olimpica) mit einem Treffpunkt auf dem Carrer de la Marina in der Nähe des Casinos am Port Olímpic, **BarcelonaBiking.com** (Karte S. 254 f.; ☎656 356300; www.barcelonabiking.com; Baixada de Sant Miquel 6; ⊙10–20 Uhr; Ⓜ Jaume I oder Liceu), **Bike Tours Barcelona** (Karte S. 264; ☎93 268 21 05; www.bicicletabarcelona.com; Carrer de l'Esparteria 3; geführte Tour 22 €) und **Fat Tire Bike Tours** (Karte S. 254 f.; ☎93 301 36 12; http://fattirebiketours.com/barcelona; Carrer dels Escudellers 48; geführte Touren 22 €). Die Ausflüge dauern meist zwischen zwei und vier Stunden, kosten rund 22 € und führen durch die Altstadt zur Sagrada Família sowie zu den Stränden.

mit den Themen Meer, Literatur, Vogelbeobachtung, Filmdrehorte und Lauftreffs.

Runner Bean Tours STADTSPAZIERGANG
(Karte S. 254 f.; ☎636 108776; www.runnerbeantours.com; ⊙Führungen ganzjährig 11 Uhr, April–Sept. zusätzlich 16.30 Uhr) Runner Bean Tours veranstaltet täglich mehrere Themenführungen, die an der Plaça Reial beginnen. Hinterher zahlt man dem Guide den Preis, den man für angemessen hält. Beim Rundgang durch die Altstadt erkundet man das Barcelona der Römerzeit und des Mittelalters und sieht sich die Highlights in der *ciutat vella* an. Im Rahmen der Gaudí-Tour mit zwei Metrofahrten geht's zu den großen Jugendstilbauten der Stadt.

Bus Turístic BUSTOUR
(☎93 285 38 32; www.barcelonaturisme.com; Tagesticket Erw./Kind 24/14 €; ⊙9–20 Uhr) Drei Rundtouren (44 Haltepunkte; man kann beliebig zu- bzw. aussteigen) decken alle wichtigen Sehenswürdigkeiten der Stadt ab. Broschüren darüber bekommt man in den Touristeninformationen, den Büros der Verkehrsgesellschaft TMB und in vielen Hotels. Die beiden Hauptfahrten dauern jeweils ca. zwei Stunden. Weniger interessant ist die dritte Tour vom Port Olímpic zum Fòrum, die von April bis September angeboten wird.

Catalunya Bus Turístic BUSTOUR
(Karte S. 268 f.; ☎93 285 38 32; www.catalunyabusturistic.com; Plaça de Catalunya) Zu den Angeboten dieses Unternehmens zählen eine Exkursion nach Girona und Figueres (71 €), eine Wein- und *cava*-(Schaumwein)-Tour in den Penedès-Bezirk mit drei Kellereibesichtigungen inklusive Mittagessen (61 €), sowie ein Trip nach Montserrat und zur Colònia Güell (59 €). Los geht's jeweils um 8.30 Uhr auf der Plaça de Catalunya (Ende März–Okt.), zwischen 16.30 und 19.30 Uhr ist man wieder zurück in Barcelona. Bei Onlinebuchung spart man rund 10 %.

Barcelona Scooter ROLLERTOUR
(Karte S. 266; ☎93 221 40 70; Geführte Tour 50 €; ⊙ Sa 10.30, Do 15.30 Uhr) Barcelona Scooter wird von Cooltra betrieben und führt in Kooperation mit dem Fremdenverkehrsamt dreistündige Stadtrundfahrten durch. Treffpunkt ist vor dem Cooltra-Büro(S. 307).

BCN Skytour HELIKOPTERRUNDFLUG
(☎93 224 07 10; www.cathelicopters.com; Heliport, Passeig de l'Escullera; 5-/35-minütiger Rundflug pro Pers. 50/300 €; ⊙10–19 Uhr; Ⓜ Drassanes oder Paral·lel) Auf den Helikopterrundflügen genießt man aus 800 m einen traumhaften Blick auf Barcelona. Bei den längeren Touren fliegt man über den Montserrat. Zum Heliport nimmt man am besten ein Taxi.

Gocar SPRITZTOUREN
(Karte S. 254 f.; ☎902 301333; www.gocartours.es; Carrer de Freixures 23bis; 35/99 € pro Std./Tag; ⊙9–21 Uhr) Mit diesen GPS-gesteuerten dreirädrigen Vehikeln für zwei Personen kann man in der Stadt herumkurven und sich dabei Erläuterungen zu den bedeutendsten Sehenswürdigkeiten anhören.

My Favourite Things FÜHRUNG
(☎637 265405; www.myft.net; Geführte Touren 26–32 €) Führungen für maximal zehn Personen mit Themen wie Design, Essen, Inlineskaten oder Segeln. Einige der ungewöhnlicheren Ausflüge sind teurer

Feste & Events

Reis/Reyes HEILIGE DREI KÖNIGE
Dieses Fest am 6. Januar ist auch bekannt als Dia dels Reis Maga bzw. Día de los Reyes Magos (Dreikönigstag). Am Vorabend bei der Cavalcada dels Reis Mags (Dreikönigsumzug) kommen besonders Kinder auf ihre Kosten: Während des farbenfrohen Umzugs mit Festwagen und Musik werden nämlich tonnenweise Süßigkeiten in die Menge geworfen.

Festes de Santa Eulàlia STADTFEST
(www.bcn.cat/santaeulalia) Rund um den 12. Februar feiert Barcelona mit einem großen einwöchigen Stadtfest voller Kulturveranstaltungen von Konzerten bis zu *castells* (Menschentürmen) seine Schutzheilige.

Dia de Sant Jordi FEST DES SCHUTZHEILIGEN
Am 23. April ist der Tag des Schutzheiligen Kataloniens sowie der Tag des Buches: Männer schenken Frauen eine Rose und Frauen den Männern einen Schmöker, außerdem stellen zahlreiche Verlage neue Titel vor. Auf der Rambla, der Plaça de Sant Jaume und vielen anderen Plätzen bzw. Straßen im Zentrum findet man nun jede Menge Buch- und Blumenstände.

Pride Barcelona GAY PRIDE
(www.pridebarcelona.org) Einwöchiges Fest Ende Juni oder Anfang Juli mit vielfältigen kulturellen und musikalischen Programmpunkten sowie einer Schwulenparade.

Sónar MUSIK
(www.sonar.es) Dieses Festival der elektronischen Musik ist das größte Event dieser Art in ganz Europa. Orte und Termine ändern sich jedes Jahr.

Primavera Sound MUSIK
(www.primaverasound.com) Im Mai oder Anfang Juni verwandeln sich das Auditori Fòrum sowie andere Orte in der Stadt drei Tage lang zu Bühnen für internationale DJs und Musiker.

Dia de Sant Joan MITTSOMMERFEST
Ein mitreißendes Fest mit Freudenfeuern am 24. Juni (selbst auf den Plätzen von L'Eixample) und einem Feuerwerk am Vorabend.

Festival del Grec MUSIK, TANZ
(www.barcelonafestival.com) Ende Juni bis August gibt's überall in der Stadt Musik, Tanz und Theater.

Festa Major de Gràcia STADTFEST
(www.festamajordegracia.org) Rund um den 15. August wartet Gràcia mit geschmückten Straßen, Tanz und Konzerten auf.

Festes de la Mercè STADTFEST
(www.bcn.cat/merce) Die größte Party der Stadt rund um den 24. September dauert vier Tage und umfasst Konzerte, Tanz, *castellers,* Feuerwerk sowie Umzüge kostümierter Riesen und *correfocs* (feuerspeiende Monster und Dämonen).

Schlafen

Günstige, zentral gelegene Unterkünfte findet man im Barri Gòtic und in Raval. L'Eixample wartet mit ein paar guten *pensiones* (kleine Privathotels) der unteren Preisklasse sowie zahlreichen Mittelklasse- und Luxushotels auf, die meist nur einen Steinwurf von der Altstadt entfernt sind. Außerdem wurden in den letzten Jahren reizvolle Boutique-Hotels eröffnet. Hübsche Bleiben gibt's auch im geschäftigen Stadtteil Born von La Ribera und unweit der Strände von La Barceloneta.

LA RAMBLA

Hotel Continental HOTEL €€
(Karte S. 260; ☎93 301 25 70; www.hotelcontinental.com; La Rambla 138; EZ/DZ ab 92/102; ❄📶; Ⓜ Catalunya) Die Zimmer dieses altmodischen Hotels, in dem George Orwell während des Spanischen Bürgerkriegs residierte, sind verwohnt und spartanisch eingerichtet, haben aber romantische Elemente

MIETAPARTMENTS

Die Preise für ein Mietapartment bewegen sich für zwei Personen im Schnitt zwischen 80 und 100 € pro Nacht. Eine hervorragende Anlaufstelle mit Hunderten Angeboten ist **Air BnB** (www.airbnb.com). Neben Apartments stehen auch einzelne Zimmer zur Verfügung. Wer kein Problem mit Gemeinschaftsbereichen hat, kann auf diese Weise prima Einheimische oder andere Traveller kennenlernen. Im Durchschnitt zahlt man für dafür zwischen 30 und 60 €.

Außerdem gibt's noch zahlreiche weitere Agenturen wie **Aparteasy** (☎93 451 67 66; www.aparteasy.com; Carrer de Santa Tecla 3), **Feelathomebarcelona.com** (Karte S. 260; ☎651 894141; www.feelathomebarcelona.com; Carrer Nou de la Rambla 15), **Barcelona On Line** (Karte S. 268 f.; ☎902 887017, 93 343 79 93; www.barcelona-on-line.es; Carrer de València 352), **Friendly Rentals** (☎93 268 80 51; www.friendlyrentals.com; Passatge de Sert 4) und **Rent a Flat in Barcelona** (☎93 342 73 00; www.rentaflatinbarcelona.com; Ronda del Guinardó 2).

wie Deckenventilatoren, Bettgestelle aus Messing und Bettwäsche mit Rüschen. Für einen Aufpreis von 20 € bekommt man ein Zimmer mit einem kleinen Balkon und Blick auf die Rambla.

BARRI GÒTIC

LP TIPP Hotel Neri DESIGNHOTEL €€€
(Karte S. 254 f.; ☎93 304 06 55; www.hotelneri.com; Carrer de Sant Sever 5; DZ ab 270 €; ❄@📶; Ⓜ Liceu) Eine toll restaurierte, prachtvolle mittelalterliche Villa mit eleganten Zimmern. Im Erdgeschoss befindet sich ein fantastisches Restaurant und auf der kleinen Dachterrasse kann man sich sonnen.

Alberg Hostel Itaca HOSTEL €
(Karte S. 254 f.; ☎93 301 97 51; www.itacahostel.com; Carrer de Ripoll 21; B 11–26 €, DZ 60 €; @📶; Ⓜ Jaume I) In der Nähe der Kathedrale verfügt dieses helle ruhige Hostel über geräumige Schlafsäle (für 6/8/12 Pers.) mit Parkett, angenehmen Frühlingsfarben und privaten Bädern. Nicht weit von hier gibt's auch ein paar Apartments für sechs Personen (120 € pro Nacht).

Hostal Campi HOSTAL €
(Karte S. 260; ☎93 301 35 45; www.hostalcampi.com; Carrer de la Canuda 4; DZ 70 €, EZ/DZ ohne Bad 35/60 €; @📶; Ⓜ Catalunya) Zweifellos trifft man mit den Doppelzimmern der freundlichen, zentral gelegenen Bleibe die beste Wahl, denn sie haben hübsch geflieste Böden, eigene Toiletten sowie Duschen und sind sehr geräumig.

Hotel California HOTEL €€
(Karte S. 260; ☎93 317 77 66; www.hotelcaliforniabcn.com; Carrer d'en Rauric 14; EZ/DZ 70/120 €; ❄@📶; Ⓜ Liceu) In dem klassischen, zentral gelegenen und schwulenfreundlichen Hotel können sich Gäste über einfache, aber gepflegte Zimmer in hellen neutralen Farben und mit großen Betten sowie Plasma-Bildschirmen freuen. Das California verfügt über einen lebhaften Frühstücksraum und bietet Zimmerservice rund um die Uhr.

El Jardí HOTEL €€
(Karte S. 254 f.; ☎93 301 59 00; www.eljardi-barcelona.com; Plaça de Sant Josep Oriol 1; DZ 65–120 €; ❄📶; Ⓜ Liceu) Wer in diesem ansprechend gelegenen Hotel unterkommen möchte, sollte eines der Doppelzimmer mit Balkonen und Blick auf einen der schönsten Plätze Barcelonas buchen, denn die anderen Räume sind trostlos.

EL RAVAL

LP TIPP Casa Camper DESIGNHOTEL €€€
(Karte S. 260; ☎93 342 62 80; www.casacamper.com; Carrer d'Elisabets 11; EZ/DZ 240/270 €; ❄@; Ⓜ Liceu) Geführt vom bekannten mallorquinischen Schuhhersteller Camper, bietet die Casa Camper ein künstlerisch gestaltetes Foyer und geräumige, rot, schwarz und weiß eingerichtete Zimmer mit Camper-Schlappen sowie Vinçon-Möbeln, in die man sich fläzen und die hängenden Gärten vor dem Fenster bewundern kann.

Whotells APARTMENT €€
(Karte S. 260; ☎93 443 08 34; www.whotells.com; Carrer de Joaquín Costa 28; Apt. ab 180 €; ❄@📶; Ⓜ Universitat) Gemütliche Apartments mit Designermöbeln für bis zu sechs Personen, in denen man sich wie zu Hause fühlt. In der Küche kann man sich selbst versorgen (der Mercat de la Boqueria ist ganz in der Nähe), außerdem gibt's einen LCD-Fernseher. Die Inhaber haben weitere Apartmentgebäude in L'Eixample und La Barceloneta.

Hostal Chic & Basic HOSTAL €€
(☎93 302 51 83; www.chicandbasic.com; Carrer de Tallers 82; EZ 80 €, DZ 103–124 €; ❄@; Ⓜ Universitat) Diese einfache, aber schicke Pension hält, was der Name verspricht. Ihre blütenweißen Zimmer verfügen über Fernseher mit Plasmabildschirmen und Docking Stations für iPods. Leider kann es aufgrund der Straßenlage laut werden.

Hotel San Agustín HOTEL €€
(Karte S. 260; ☎93 318 16 58; www.hotelsa.com; Plaça de Sant Agustí 3; Zi. ab 80–180 €; ❄@📶; Ⓜ Liceu) 1840 wurde dieses ehemalige Kloster aus dem 18. Jh. zu einem Hotel umfunktioniert und ist damit die älteste Unterkunft in der Stadt. Das San Agustín liegt an einem urigen Platz nicht weit von der Rambla und wartet mit blitzsauberen, oft geräumigen und hellen Zimmern auf. Die oberen Räume haben Dachschrägen und bieten einen tollen Ausblick.

Hostal Gat Xino HOSTAL €€
(Karte S. 260; ☎93 324 88 33; www.gatrooms.es; Carrer de l'Hospital 149-155; EZ/DZ 80/115 €, Suite mit Terrasse 140 €; ❄@📶; Ⓜ Liceu) Ein Hostel für all jene, die keine großen Hostelfans sind: Die Zimmer in Weiß und Hellgrün sind schick, gepflegt und sauber. Alle besitzen eigene Bäder und die noble Suite hat sogar eine wunderbare Terrasse. Die Inhaber betreiben auch das etwas günstigere Hostal Gat Raval ganz in der Nähe.

CAMPING

Der am nächsten zur Stadt gelegene Campingplatz befindet sich ein Stück außerhalb. Weitere Möglichkeiten für Camper gibt's an der Küstenhauptstraße Richtung Sitges.

11 km nordöstlich von Barcelona und nur 200 m vom El-Masnou-Bahnhof (mit dem *rodalies*-Zug von der Haltestelle Catalunya an der Plaça de Catalunya erreichbar) entfernt erstreckt sich der schattige, halbwegs preiswerte und unweit des Strands gelegene **Camping Masnou** (☎972 454 175; www.campingmasnou.com; Camí Fabra 33; Stellplatz für 2 Pers. mit Auto 26–45 €, Bungalows 46–70 €; ganzjährig).

Der **Camping Tres Estrellas** (☎93 633 06 37; www.camping3estrellas.com; Stellplatz für 2 Pers. mit Auto 29–36 €; Mitte März–Mitte Okt.; P@) ist einer von mehreren Plätzen an einem Strand, der 12 km südwestlich von Barcelona beginnt. Er verfügt über Läden, Restaurants, Bars, mehrere Swimmingpools und Waschmaschinen, einen Spielplatz und einen Basketballplatz. Bus L95 fährt von der Ecke Ronda de la Universitat und Rambla de Catalunya hierher.

Hostal Gat Raval HOSTAL €€
(Karte S. 260; ☎93 481 66 70; www.gataccommodation.com; Carrer de Joaquín Costa 44; EZ/DZ ohne Bad 63/82 €; @; M Universitat) Hippes *hostal* im zweiten Obergeschoss in einer Gasse voller Bars.

Barceló Raval DESIGNHOTEL €€
(Karte S. 260; ☎93 320 14 90; www.barceloraval.com; Rambla del Raval 17–21; DZ 160–230 €; @; M Liceu) Mit dem ovalen Hotel zog ein Hauch Stil des 21. Jhs. ins wilde Raval. Die Zimmer in drei Klassen sind mit allen Annehmlichkeiten ausgestattet (darunter Docking Stations für iPods und Nespresso-Maschinen), außerdem gibt's eine tolle Dachterrasse und ein stylishes Bar-Restaurant namens B-Lounge, die auch für Nichtgäste einen Besuch lohnen.

Hotel Peninsular HOTEL €€
(Karte S. 260; ☎93 302 31 38; www.hpeninsular.com; Carrer de Sant Pau 34; EZ/DZ 55/78 €; @; M Liceu) Am Rand des leicht zwielichtigen Barri Xinès lockt dieses ehemalige Klostergebäude mit einem Atrium voller Pflanzen und 60 einfachen, meist geräumigen Zimmern.

LA RIBERA

Chic & Basic DESIGNHOTEL €€
(Karte S. 264; ☎93 295 46 52; www.chicandbasic.com; Carrer de la Princesa 50; EZ 96 €, DZ 132–192 €; @; M Jaume I) Coole Bleibe mit 31 gepflegten weißen Zimmern und herabhängenden Lichterketten, die ihre Farbe rändern und den Räumen so eine ganz andere Atmosphäre verleihen. Viele schöne alte Besonderheiten des Gebäudes wie die Marmortreppe wurden bewahrt. Die Inhaber betreiben auch ein *hostal* in El Raval.

Hotel Banys Orientals BOUTIQUE-HOTEL €€
(Karte S. 264; ☎93 268 84 60; www.hotelbanysorientals.com; Carrer de l'Argenteria 37; EZ/DZ 88/105, Suite 130 €; @; M Jaume I) Kühle Blau- und Aquamarintöne in Verbindung mit dunklen Böden verleihen dem Hotel ruhigen Charme. Die kleinen Zimmer blicken auf die Straße oder kleine Gassen. In zwei weiteren nahe gelegenen Gebäuden gibt's geräumigere Suiten.

Hostal Orleans HOSTAL €
(Karte S. 254 f.; ☎93 319 73 82; www.hostalorleans.com; Avinguda del Marquès de l'Argentera 13; M Barceloneta) Am Rand der Altstadt bietet diese Unterkunft große Zimmer, viele samt Duschen und Toiletten, sowie einen ruhigen, gemütlichen, altmodisch eingerichteten Gemeinschaftsraum. Die herzliche Begrüßung durch den Eigentümer macht das Treppensteigen in den dritten Stock wett.

Pensió 2000 PENSIÓN €€
(☎93 310 74 66; www.pensio2000.com; Carrer de Sant Peremés Alt 6; EZ/DZ 60/80 €; @; M Urquinaona) Die familienbetriebene Bleibe im ersten Stock liegt gegenüber dem prächtigen Palau de la Música Catalana und verfügt über sieben große Doppelzimmer mit Böden samt Mosaikfliesen. Zwei der Räume besitzen Privatbäder. Frühstück wird im kleinen Hof serviert. Wer hier übernachten will, folgt der Via Laietana von der Metrostation Urquinaona Richtung Südosten und biegt dann links in die Carrer de Sant Peremés ein.

PORT VELL & LA BARCELONETA

W Barcelona LUXUSHOTEL €€€
(Karte S. 266; ☎93 295 28 00; www.w-barcelona.com; Plaça de la Rosa del Vents 1; Zi. ab 310 €; P@; 17, 39, 57 oder 64, M Barceloneta) Der Standort des segelförmigen Turms am

Ende des Strands ist einfach traumhaft und die stylishen Zimmer sowie Suiten sind das Nonplusultra modernen Hotelchics. Gästen stehen ein Fitnessraum, ein Infinitypool mit Bar, ein Wellnessbereich, das hervorragende avantgardistische Restaurant Bravo von Carles Abellán in der zweiten Etage und die Bar Eclipse im obersten Stock zur Verfügung, in der man sich passend zur tollen Aussicht einen leckeren Cocktail gönnen kann.

Hotel 54 HOTEL €€
(Karte S. 266; ☎93 225 00 54; www.hotel54barceloneta.com; Passeig de Joan de Borbó 54; EZ/DZ 140/150 €; ; MBarceloneta) Das Hotel punktet mit seiner Lage, der wunderbaren Dachterrasse und modernen Zimmern samt dunklen Fliesenfußböden und Designerbädern sowie einem herrlichen Blick zur Marina und auf die Gassen von La Barceloneta.

Hotel del Mar HOTEL €€
(Karte S. 254 f.; ☎93 319 30 47; www.gargallo-hotels.com; Pla del Palau 19; EZ/DZ 113/130 €; ; MBarceloneta) Herrlich praktisch zwischen dem Port Vell und El Born gelegen, bietet das Hotel del Mar schön eingerichtete Zimmer mit dunklen Fliesenböden und Designerbädern. Die schönsten haben Balkone und blicken aufs Wasser.

Hotel Marina Folch HOTEL €
(Karte S. 266; ☎93 310 37 09; www.hotelmarinafolchbcn.com; Carrer del Mar 16; EZ/DZ/3BZ 45/65/85 €; ; MBarceloneta) Einfache Bleibe in Familienhand über einem gut besuchten Fischrestaurant mit Zimmern von verschiedener Größe und Qualität. Die besten verfügen über kleine Balkone mit Blick auf den Jachthafen.

L'EIXAMPLE

Hotel Praktik BOUTIQUE-HOTEL €€
(Karte S. 268 f.; ☎93 343 66 90; www.hotelpraktikrambla.com; Rambla de Catalunya 27; Zi. ab 80–170 €; ; MPasseig de Gràcia) In diesem Modernismeschmuckstück verbirgt sich ein prächtiges kleines Boutique-Hotel. Alle 43 Zimmer sind mit gewagten Keramikelementen, Strahlern und moderner Kunst ausgestattet. Außerdem gibt's einen entspannten Lesebereich und eine Lounge-Terrasse.

Five Rooms BOUTIQUE-HOTEL €€
(Karte S. 268 f.; ☎93 342 78 80; www.thefiverooms.com; Carrer de Pau Claris 72; EZ/DZ ab 115/135 €, Apt. ab 175 €; ; MUrquinaona) Hier ist der Name Programm, denn das Hotel am Rand von L'Eixample hat tatsächlich fünf Zimmer. Die Räume sind unterschiedlich eingerichtet, haben aber alle breite, feste Betten, freiliegendes Mauerwerk, restaurierte Mosaikfliesen und ein minimalistisches Dekor.

Hotel Omm DESIGNHOTEL €€€
(Karte S. 268 f.; ☎93 445 40 00; www.hotelomm.es; Carrer de Rosselló 265; DZ ab 360 €; ; MDiagonal) Design trifft auf pure Verrücktheit – die wilde Fassade hätte Dalí ohne Frage gefallen. In den ultramodernen Zimmern verschiedener Kategorien dominieren helle, klare Töne.

Hotel Constanza BOUTIQUE-HOTEL €€
(Karte S. 268 f.; ☎93 270 19 10; www.hotelconstanza.com; Carrer del Bruc 33; EZ/DZ 130/150 €; ; MGirona oder Urquinaona) An diese Bleibe haben viele Barcelona-Besucher ihr Herz verloren. Das Hotel besticht durch Designelemente, außerdem sorgen kleine Details wie Blumen in den Bädern für zusätzlichen Charme. Die Terrasse mit Blick auf die Dächer von L'Eixample ist toll zum Entspannen.

Hostal Goya HOSTAL €€
(Karte S. 268 f.; ☎93 302 25 65; www.hostalgoya.com; Carrer de Pau Claris 74; EZ 70 €, DZ 96–113 €; ; MPasseig de Gràcia) Preiswertes Kleinod im hippen Teil von L'Eixample. Die Zimmer punkten mit einer angenehm hellen Farbgestaltung, die von Raum zu Raum variiert, und die teureren Doppelzimmer besitzen Balkone.

Hotel Axel HOTEL €€
(Karte S. 268 f.; ☎93 323 93 93; www.axelhotels.com; Carrer d'Aribau 33; Zi. ab 142 €; ; MUniversitat) Schickes schwulenfreundliches Hotel mit modernen Designerzimmern (die Doppelzimmer haben übergroße Betten), einem Dachpool, einer finnischen Sauna, einem Whirlpool und der im Sommer geöffneten Sky Bar.

Hotel D'Uxelles HOTEL €€
(Karte S. 268 f.; ☎93 265 25 60; http://hostalduxelleshotelbarcelona.priorguest.com; Gran Vía de les Corts Catalanes 688; EZ/DZ 90/109 €; ; MTetuan) Die Zimmer dieser Bleibe sind von einer charmanten Einfachheit. Sie besitzen schmiedeeiserne Bettgestelle und fließende Vorhänge und einige haben auch kleine Terrassen. Am besten bittet man um ein Zimmer nach hinten raus, da die Gran Vía recht laut ist.

Fashion House B&B €€
(☎637 904044; www.bcnfashionhouse.com; Carrer del Bruc 13; EZ/DZ/3BZ ohne Bad 55/80/125 €; MUrquinaona) Die acht unterschiedlich ge-

stalteten, geschmackvollen Zimmer mit hohen Decken, Parkettböden und teilweise kleinen Glasvorbauten zur Straße hin sprechen für sich. Zwei teilen sich jeweils eines der Bäder im Korridor.

Market Hotel BOUTIQUE-HOTEL €€
(☎93 325 12 05; www.forkandpillow.com; Passatge de Sant Antoni Abad 10; EZ 110 €, DZ 120–130 €, Suite 145 €; ❄@; Ⓜ Sant Antoni) Ein elegantes Hotel in einer engen Gasse. Die Zimmer überzeugen mit einer angenehmen Kombination von weißer Farbe und dunklen Nussbraun- sowie Rottönen.

Hostal Oliva HOSTAL €€
(Karte S. 268 f.; ☎93 488 01 62; www.hostaloliva.com; Passeig de Gràcia 32; DZ 85 €, EZ/DZ ohne Bad 38/66 €; ❄📶; Ⓜ Passeig de Gràcia) Mit einem hübschen alten Fahrstuhl geht's hinauf in den vierten Stock zu einer tollen, sehr günstigen Bleibe in einem der teuersten Viertel der Stadt. In einige der Einzelzimmer passt mit Mühe und Not ein Bett, aber die Doppelzimmer sind geräumig, hell und luftig.

Somnio Hostel HOSTEL €€
(Karte S. 268 f.; ☎93 272 53 08; www.somniohostels.com; Carrer de la Diputació 251; B 25 €, DZ 87 €, EZ/DZ ohne Bad €44/78; ❄@📶; Ⓜ Passeig de Gràcia) Nur einen kurzen Fußweg von der Altstadt befindet sich dieses neue ruhige Hostel mit zehn weiß und hellblau gestrichenen Zimmern mitten in L'Eixample.

GRÀCIA

Hotel Casa Fuster DESIGNHOTEL €€€
(Karte S. 274; ☎93 255 30 00, 902 202345; www.hotelcasafuster.com; Passeig de Gràcia 132; EZ/DZ ab 300/330 €; P❄@📶🏊; Ⓜ Diagonal) Eines der luxuriösesten Hotels Barcelonas. Die Standardzimmer in der prächtigen Modernismevilla sind stilvoll, aber relativ klein, und mit Möbeln aus der Jugendstilzeit eingerichtet. Von der Dachterrasse mit Pool genießt man einen tollen Blick und im Café Vienés stehen großartige Jazzabende auf dem Programm.

EL POBLE SEC

Hotel Gran Via HOTEL €€
(Karte S. 280; ☎93 318 19 00; www.nnhotels.es; Gran Vía de les Corts Catalánes 642; DZ ab 132 €; Ⓜ Passeig de Gràcia) Das Hotel verströmt altmodische Eleganz und wartet mit vielen Original-Einrichtungsgegenständen aus dem 19. Jh. auf. Die Zimmer sind gemütlich, außerdem gibt's wunderbare Gemeinschaftsbereiche mit Antikmöbeln und dem Flair einer vergangenen Ära sowie einen herrlichen Hof zum Entspannen.

Hostel Mambo Tango HOSTEL €
(Karte S. 280; ☎93 442 51 64; www.hostelmambotango.com; Carrer del Poeta Cabanyes 23; B 26 €; @📶; Ⓜ Paral·lel) Hier erwarten einen schlichte Schlafsäle für sechs bis zehn Personen und eine einladende, leicht chaotische Atmosphäre.

Hostal Oliveta HOSTAL €
(Karte S. 280; ☎93 329 23 16; Carrer del Poeta Cabanyes 18; EZ/DZ 40/60, ohne Bad 30/50 €; Ⓜ Paral·lel) Sechs winzig kleine Zimmer oberhalb eines einfachen Familienlokals nahe der belebten Avinguda del Paral·lel. Die Preise sind unglaublich niedrig und man wohnt nicht mitten im Touristenrummel.

Melon District HOSTAL €
(Karte S. 280; ☎93 329 96 67; www.melondistrict.com; Avinguda del Paral·lel 101; EZ 55–65 €, DZ 60–70 €; P❄@📶; Ⓜ Paral·lel) „Weißer als weiß" scheint in dieser bei Studenten beliebten Bleibe das Motto zu sein.

Essen

Dank seiner reichhaltigen katalanischen Küche und der innovativen Spitzenköche der sogenannten *nueva cocina española* gilt Barcelona als echtes Paradies für Feinschmecker.

Im Barri Gòtic und El Raval gibt's zahlreiche traditionellere, meist bezahlbare Restaurants, während das El-Born-Gebiet von La Ribera mit vielen Möglichkeiten von der gehobenen experimentellen Küche bis zu rustikalen Lokalen in historischen Häusern aufwartet. La Barceloneta und das Hafenviertel sind berühmt für ihre Fischrestaurants. In Gràcia ist die Auswahl an Tapas-Bars und günstiger nahöstlicher und griechischer Küche sowie klassischen spanischen Lokalen groß.

Noch mehr Abwechslung versprechen L'Eixample, die Zona Alta und die Randbezirke, in denen man alles von der Designer-Sushi-Bar und dem Edelrestaurant bis zu feierlichen altmodischen Restaurants findet. Allerdings sollte man sich genau informieren, wo sie liegen, da es hier anders als in der Altstadt nicht möglich ist, einfach ziellos herumzulaufen und irgendwo einzukehren.

Cartas (Speisekarten) können auf Katalanisch, Spanisch oder auch zweisprachig abgefasst sein; einige Lokale haben zudem englische Karten.

BARRI GÒTIC

LP TIPP Koy Shunka JAPANISCH €€€

(Karte S. 254 f.; ☎93 412 79 39; www.koyshunka.com; Carrer de Copons 7; mehrgängige Menüs 72–108 €; ⏲Di–So mittags, Di–Sa abends; Ⓜ Urquinaona) In einer engen Gasse nördlich der Kathedrale serviert das Koy Shunka exquisite Gerichte aus Asien, darunter köstliches Sushi, Sashimi, Wagyu-Trockenfleisch und geschmackvolle Seegrassalate sowie innovativ zubereitete Fusionsküche. Kein Gast sollte sich *toro* (zarter Tunfischbauch), die Spezialität des Hauses, entgehen lassen.

Pla FUSIONSKÜCHE €€

(Karte S. 254 f.; ☎93 412 65 52; www.elpla.cat; Carrer de la Bellafila 5; Hauptgerichte 18–24 €; ⏲abends; 🖉; Ⓜ Jaume I) Einer der alteingesessenen Favoriten im Barri Gòtic. Das Pla ist ein stylishes, romantisch beleuchtetes mittelalterliches Restaurant, in dem Leckereien wie in Rotwein geschmorter Ochsenschwanz, getrockneter Tunfisch mit gerösteter Aubergine und Seeteufel nach Thai-Art auf den Tisch kommen.

La Vinateria del Call SPANISCH €€

(Karte S. 254 f.; ☎93 302 60 92; http://lavinateriadelcall.com; Carrer de Sant Domènec del Call 9; kleine Teller 7–11 €; ⏲abends; Ⓜ Jaume I) Dieses winzige Juwel im alten jüdischen Viertel kredenzt leckere iberische Gerichte. Die Portionen sind klein und zum Teilen geeignet, außerdem ist die Auswahl an Weinen gut und bezahlbar.

Cafè de l'Acadèmia KATALANISCH €€

(Karte S. 254 f.; ☎93 319 82 53; Carrer de Lledó 1; Hauptgerichte 13–17 €; ⏲Mo–Fr; Ⓜ Jaume I) Mittags bestellen hier zahlreiche Büroangestellte des *ajuntament* (Rathaus) das *menú del día* (für 14 € bzw. für 10 € an der Theke). Abends geht's romantischer zu, wenn die schummrige Beleuchtung die Gemütlichkeit hervorhebt, die durch die Holzbalken und die Holzeinrichtung entsteht.

Can Culleretes KATALANISCH €€

(Karte S. 260; ☎93 317 30 22; Carrer Quintana 5; Hauptgerichte 8–14 €; ⏲Di–Sa mittags & abends, So mittags; Ⓜ Liceu) Barcelonas ältestes Restaurant wurde bereits 1786 eröffnet und erfreut Touristen sowie Einheimische gleichermaßen mit seiner urigen Einrichtung, dem altmodischen Kacheldekor und den riesigen Portionen traditioneller katalanischer Gerichte.

Bar Celta GALICISCH €€

(Karte S. 254 f.; Carrer de la Mercè 16; Tapas 3–6 €; ⏲Di–So 12–24 Uhr; Ⓜ Drassanes) Die fröhliche, quirlige Tapas-Bar hat sich auf *pulpo* (Tintenfisch) und andere Meereslebewesen wie *navajas* (Schwertmuscheln) spezialisiert und macht ihre Sache gut: Selbst die anspruchsvollsten Galicier sind voll des Lobes.

Agut KATALANISCH €€

(Karte S. 254 f.; www.restaurantagut.com; Carrer d'en Gignàs 16; Hauptgerichte 16–25 €; ⏲Di–Sa mittags & abends, So mittags; Ⓜ Drassanes) Mitten im labyrinthartigen gotischen Viertel versteckt sich dieses klassische Lokal. Seine gemütlichen Speisesäle sind durch weite Bogen miteinander verbunden und an den Wänden hängen zahlreiche Kunstwerke. Die Küche gibt alles und bereitet u. a. köstliches Fleisch aus dem Holzofen sowie saftige Meeresfrüchtegerichte zu.

Cerería VEGETARISCH €€

(Karte S. 254 f.; ☎93 301 85 10; Baixada de Sant Miquel 3; Hauptgerichte 9–16 €; ⏲Mo–Sa abends; 📶🖉; Ⓜ Jaume I) Ein schwarz-weißer Marmorboden, Holztische und wacklige alte Musikinstrumente (zumeist vor Ort hergestellt) verleihen dem kleinen vegetarischen Restaurant unkonventionellen Charme. Die Pizza schmeckt köstlich und besteht aus Biozutaten, ebenso wie die leckeren Galettes, die süßen Crêpes und die zahlreichen Salate. Auch Veganer werden hier glücklich gemacht.

Caelum CAFÉ €

(Karte S. 260; ☎93 302 69 93; Carrer de la Palla 8; Snacks 2–4 €; ⏲Mo–Do 10.30–20.30, Fr & Sa 10.30–23.30, So 11.30–21 Uhr; Ⓜ Liceu) In dem hervorragenden mittelalterlichen Café gibt's Süßigkeiten, die von Nonnen im ganzen Land hergestellt werden, darunter auch das unwiderstehliche Marzipan aus Toledo. Um 15.30 wird zusätzlich eine atmosphärische Kammer im Keller geöffnet, in die man sich mit Tee und Gebäck zurückziehen kann.

Milk BRUNCH €

(Karte S. 254 f.; www.milkbarcelona.com; Carrer d'en Gignàs 21; Hauptgerichte 9–10 €; ⏲10–16 & 18.30–23.30 Uhr; Ⓜ Jaume I) Das Milk ist auch als coole Cocktailbar bekannt, aber viele Partygänger besuchen das irisch geführte Lokal vor allem deshalb, weil hier bis 16 Uhr gebruncht wird.

EL RAVAL

LP TIPP Bar Pinotxo TAPAS €€

(Karte S. 260; Mercat de la Boqueria; Mahlzeiten 20 €; ⏲Sept.–Juli Mo–Sa 6–17 Uhr; Ⓜ Liceu) Die unbestritten beste Tapas-Bar des Boqueria-Markts liegt inmitten einer Handvoll legerer

Imbissstände. Juanito, der beliebte Besitzer, tischt Kichererbsen in süßer Pinienkern-Rosinen-Soße, zarten Tintenfisch mit Cannellinibohnen und süßen Schweinebauch auf.

Ca L'Isidre KATALANISCH €€€
(Karte S. 260; ☎93 441 11 39; www.calisidre.com; Carrer de les Flors 12; Hauptgerichte 20–70 €; ⏲Mo–Sa, Ostern & 3 Wochen im Aug. geschl.; Ⓜ Paral·lel) Ein Juwel aus einer vergangenen Zeit. Wir empfehlen mit Pilzen und Foie gras gefüllte Artischockenherzen, Tunfischsteak mit Tomatencoulis und Lammhirn mit schwarzer Butter.

Granja Viader CAFÉ €
(Karte S. 260; ☎93 318 34 86; www.granjaviader.cat; Carrer d'en Xuclà 4; ⏲Di–Sa 9–13.45 & 17–20.45, Mo 17–20.45 Uhr; Ⓜ Liceu) Seit über 100 Jahren strömen die Leute in die klassische katalanische Milchbar mit Delikatessenladen, um hausgemachte heiße Schokolade mit *suís* (Sahne) zu genießen.

Can Lluís KATALANISCH €€€
(Karte S. 260; Carrer de la Cera 49; Mahlzeiten 30–35 €; ⏲Sept.–Juli Mo–Sa; Ⓜ Sant Antoni) Dieses blitzsaubere, altmodische Geschäft von 1929 wird bereits in dritter Generation geführt. Hier gibt's vor allem Fisch und Meeresfrüchte. Die Seezunge *(llenguado)* aus dem Ofen wird mit Whisky und Rosinen zubereitet.

Casa Leopoldo KATALANISCH €€
(Karte S. 260; ☎93 441 30 14; www.casaleopoldo.com; Carrer de Sant Rafael 24; Mahlzeiten ca. 50 €; ⏲Sept.–Juli Di–Sa mittags & abends, So mittags; Ⓜ Liceu) Auf der umfangreichen Karte des 1920 eröffneten klassischen Restaurants mit weitläufigen Essbereichen, prächtigen Kachelwänden und Deckenbalken stehen zahlreiche Fischgerichte und Weine aus der Region. Die festgelegten Menüs für 25 €, die man an den meisten Wochentagen mittags und gelegentlich auch abends bestellen kann, sind eine gute Wahl.

Organic VEGETARISCH €
(Karte S. 260; www.antoniaorganickitchen.com; Carrer de la Junta de Comerç 11; Hauptgerichte 5–8 €; ⏲12.45–24 Uhr; 🖉; Ⓜ Liceu) In dem geräumigen vegetarischen Lokal kommen üppige und einfallsreiche Gerichte auf den Tisch. Das Mittagsmenü kostet 9,50 € ohne Getränke.

LA RIBERA

LP TIPP Cal Pep TAPAS €€
(Karte S. 264; ☎93 310 79 61; www.calpep.com; Plaça de les Olles 8; Hauptgerichte 8–18 €; ⏲Sept.–Juli Di–Sa mittags, Mo–Fr abends; Ⓜ Barceloneta) Wer an einem der fünf Tische sitzen möchte, sollte vorher telefonisch reservieren. Viele Gäste sind schon froh, wenn sie sich noch an die Theke quetschen und dort ein paar der besten Meeresfrüchte-Tapas genießen können.

Casa Delfín SPANISCH €
(Karte S. 264; Passeig del Born 36; Hauptgerichte 4–12 €; ⏲12–1 Uhr; Ⓜ Barceloneta) Dieses gastronomische Highlight hat alles zu bieten, was man sich von der lokalen (und mediterranen) Küche wünscht, z. B. Seeteufel gebraten in Weißwein und Knoblauch, Muscheln mit katalanischem Fladenbrot und viele weitere perfekt zubereitete Gerichte.

Le Cucine Mandarosso ITALIENISCH €
(☎932 69 07 80; www.lecucinemandarosso.com; Carrer Verdaguer i Callis 4; Hauptgerichte 8 €, Mittagsmenü 10 €; ⏲mittags & abends; Ⓜ Urquinaona) Hier erwarten einen italienische Klassiker, darunter herausragende Pasta, die man am besten mit einem grünen Salat ergänzt und anschließend mit einem Stück hausgemachten Kuchens abrundet (weiteres Gebäck gibt es um die Ecke bei Mandarosso Pastis, Carrer del General Alvarez de Castro 5). Das Mittagsmenü für 10 € wartet mit einem außergewöhnlich guten Preis-Leistungs-Verhältnis auf. Abends sollte man rechtzeitig im Voraus reservieren.

Pla de la Garsa KATALANISCH €€
(Karte S. 264; ☎933 15 24 13; www.pladelagarsa.com; Carrer dels Assaonadors 13; Hauptgerichte 10 €; ⏲abends; ▦; Ⓜ Jaume I) Holzbalken, weit auseinanderstehende Tische und sanfte Hintergrundmusik bilden das passende Ambiente für den Genuss herzhafter katalanischer Gerichte in diesem Gebäude aus dem 17. Jh.

Centre Cultural Euskal Etxea BASKISCH €€€
(Karte S. 254 f.; ☎93 310 21 85; Placeta de Montcada 1; Tapas 20–25 €, Mahlzeiten 35–40 €; ⏲Di–Sa mittags & abends, So mittags; Ⓜ Jaume I) Zu der Auswahl an leckeren *pintxos* (tapas) trinkt man *txacoli*. Die Zahnstocher muss man aufheben – sie werden später zusammengezählt, um den Rechnungsbetrag zu ermitteln.

Comerç 24 INTERNATIONAL €€€
(Karte S. 264; ☎93 319 21 02; www.carlesabellan.com; Carrer del Comerç 24; Mahlzeiten 50–60 €; ⏲Di–Sa; Ⓜ Barceloneta) Die trendige schwarz-rot-gelbe Einrichtung im Speisesaal verleiht dem Comerç 24 einen Hauch New Yorker Flair. Küchenchef Carles Abellán kreiert außergewöhnliche Gerichte und lässt sich da-

SELBSTVERSORGER

Im **Mercat de la Boqueria** (Karte S. 260; www.boqueria.info), einem der größten Obst- und Gemüsemärkte der Welt, und in den lokalen Supermärkten bekommen Selbstversorger alles, was sie so brauchen. Mit einer praktischen Lage warten **Carrefour Express** (Karte S. 260; La Rambla dels Estudis 113; Mo–Sa 10–22 Uhr; M Catalunya) nahe dem nördlichen Ende der Rambla und **Superservis** (Karte S. 254 f.; Carrer d'Avinyó 13; Mo–Do & Sa 8.45–14 & 17–20.30, Fr 8.45–20.30 Uhr; M Liceu) mitten im Barri Gòtic auf.

bei von allem Möglichen inspirieren, egal ob Sushi oder *crostini*. Am besten bestellt man das Probiermenü (54 €) und lässt Abellán einfach machen.

LA BARCELONETA & DIE KÜSTE

Can Majó FISCH & MEERESFRÜCHTE €€
(Karte S. 266; 93 221 54 55; Carrer del Almirall Aixada 23; Hauptgerichte 18–24 €; Di–Sa mittags & abends, So mittags; 45, 57, 59, 64 oder 157, M Barceloneta) In diesem am Strand gelegenen Lokal (im Sommer stehen Tische im Freien) gibt's seit Langem hervorragende Meeresfrüchte, tolle Reisgerichte und üppige *suquets* (Fischeintöpfe).

Can Maño SPANISCH €
(Karte S. 266; Carrer del Baluard 12; Hauptgerichte 8–12 €; Mo–Sa; M Barceloneta) Auch wenn das Can Maño aussieht wie eine Kaschemme, ist es schwer, einen Platz an einem der dicht besetzten Tische zu ergattern. Hat man es endlich geschafft, folgt ein deftiger Abend mit *raciones* (stehen auf einer Tafel) und einer Flasche *turbio* (trüber weißer Fusel). Die Auswahl an Meeresfrüchten kann sich sehen lassen; vor allem der erstklassige Tintenfisch, Garnelen und Fisch werden zu extrem günstigen Preisen serviert.

Vaso de Oro TAPAS €
(Karte S. 266; Carrer de Balboa 6; Tapas 5–9 €; 10–24 Uhr; M Barceloneta) In der engen, stets mit biertrinkendem Publikum in Feierlaune gefüllten Bar kommt man in den Genuss fantastischer Tapas.

La Cova Fumada TAPAS €
(Karte S. 266; 93 221 40 61; Carrer de Baluard 56; Tapas 3–6 €; Mo–Mi 9–15.20, Do & Fr 9–15.20 & 18–20.30, Sa 9–13.20 Uhr; M Barceloneta) Diese winzige Tapas-Bar ohne Schild platzt immer aus allen Nähten. Ihr Geheimnis? Göttlicher *pulpo, calamar, sardinas* und rund 15 weitere kleine Gerichte, die in einer kleinen offenen Küche zubereitet werden. Wir empfehlen auch die *bombas* (Kartoffel-Schinken-Kroketten mit Alioli) und die gegrillten *carxofes* (Artischocken).

Xiringuito D'Escribà FISCH & MEERESFRÜCHTE €€
(93 221 07 29; www.escriba.es; Ronda Litoral 42; Hauptgerichte 18–22 €; ganzjährig tgl. mittags, April–Sept. Do–Sa abends; M Llacuna) Die Familie, der man Escribà-Süßigkeiten und -Gebäck zu verdanken hat, betreibt auch eines der beliebtesten Fischrestaurants an der Promenade. Zum Nachtisch locken Escribà-Backwaren, die schon allein für sich den Besuch lohnen.

Can Ros FISCH & MEERESFRÜCHTE €€
(Karte S. 266; 93 221 45 79; Carrer del Almirall Aixada 7; Hauptgerichte 16–28 €; Di–So; 45, 57, 59, 64 oder 157, M Barceloneta) In dem 1911 eröffneten Lokal gibt's saftigen frischen Fisch ohne Schnickschnack, *arròs a la marinera* (Reis mit Meeresfrüchten), *fideuá* mit Garnelen und Muscheln sowie Platten mit gemischten Meeresfrüchten für zwei Personen.

Torre d'Alta Mar MEDITERRAN €€€
(Karte S. 266; 93 221 00 07; www.torredealtamar.com; Torre de Sant Sebastià; Hauptgerichte ca. 30 €; Di–Sa mittags & abends, So & Mo abends; 17, 39, 57 oder 64, M Barceloneta) Nachdem man 75 m auf den Torre de Sant Sebastià hinaufgefahren ist, kann man hier den fantastischen Panoramablick über die Stadt sowie das Hafenviertel genießen und erstklassige Fischgerichte verspeisen.

L'EIXAMPLE

LP TIPP **Tapaç 24** TAPAS €€
(Karte S. 268 f.; www.carlesabellan.com; Carrer de la Diputació 269; Hauptgerichte 10–20 €; Mo–Sa 9–24 Uhr; M Passeig de Gràcia) Carles Abellán, Betreiber des Comerç 24 (S. 293) in La Ribera, leitet auch dieses Tapas-Paradies im Untergeschoss, das bekannt ist für seine Gourmetvarianten klassischer Favoriten. Zu den Spezialitäten des Hauses gehören *bikini* (getoastetes Sandwich mit Schinken und Käse – der Schinken ist geräuchert und die Trüffeln sind das besondere Extra), pechschwarzer *arròs negre de sípia* (Reis mit Tintenfisch) und *xocolata amb pa, sal i oli* (Schokoladenkugeln in Olivenöl mit einem Hauch Salz und einer Waffel).

Alkímia KATALANISCH €€€
(☎93 207 61 15; www.alkimia.cat; Carrer de l'Indústria 79; festes Menü 38–84 €; ⏲Sept.–Juli Mo–Fr Mittag- & Abendessen; Ⓜ Verdaguer) Jordi Vila, ein wahrer Zauberer in der Küche, kredenzt in diesem Restaurant mit weißen Wänden abseits üblicher Touristenpfade verfeinerte katalanische Gerichte. Seinen ersten Michelin-Stern verdiente er sich mit Köstlichkeiten wie *arròs de nyore i safrà amb escamarlans de la costa* (Reis mit Safran und süßem Chili an Langusten).

Can Kenji JAPANISCH €
(☎93 476 18 23; www.cankenji.com; Carrer del Rosselló 325; Hauptgerichte 6–12 €; ⏲Mo–Sa 13–15.30 & 20.30–23.30 Uhr; Ⓜ Verdaguer) Wer in Barcelona japanisch essen möchte, sollte das Can Kenji ansteuern. Die schlichte kleine *izakaya* serviert japanische Speisen mit mediterraner Note. Zu den aktuellen Hits zählen Sardinen-Tempura mit Auberginen-Miso-Anchovipüree und *tataki* (leichtes Grillfleisch) vom Bonito (Tunfisch) mit *salmorejo* (kalte Tomaten- und Brotsuppe aus Córdoba).

Cinc Sentits INTERNATIONAL €€
(Karte S. 268 f.; ☎93 323 94 90; www.cincsentits.com; Carrer d'Aribau 58; Hauptgerichte 10–20 €; ⏲Di–Sa mittags & abends; Ⓜ Passeig de Gràcia) Für sein Probiermenü (ab 49–69 €), das aus einer Reihe kleiner, experimenteller Gerichte besteht, wird das „Fünf Sinne" hoch gelobt. Das Geheimnis sind frische Produkte aus der Region wie Fisch von der Costa Brava und erstklassiges Spanferkel aus der Extremadura.

Amaltea VEGETARISCH €
(www.amalteaygovinda.com; Carrer de la Diputació 164; Hauptgerichte 5 €; ⏲Mo–Sa mittags & abends; ✎; Ⓜ Urgell) Beliebtes vegetarisches Lokal mit einem Deckenfresko in Form eines blauen Himmels. Mittags locken saisonal wechselnde Angebote für 10,50 €.

Cata 1.81 TAPAS €€
(Karte S. 268 f.; ☎93 323 68 18; www.cata181.com; Carrer de València 181; Tapas 7–12 €; ⏲Mo–Sa abends; Ⓜ Passeig de Gràcia) In dem schön eingerichteten Lokal gibt's gute Weine und exquisite Gerichte wie *raviolis amb bacallà* (Klippfischklöße) und *truita de patates i tòfona negre* (dicke Kartoffeltortilla mit einem zarten Hauch von schwarzen Trüffeln).

Taktika Berri BASKISCH, TAPAS €€
(Karte S. 268 f.; Carrer de València 169; Hauptgerichte 15 €; ⏲Mo–Fr mittags & abends, Sa mittags; Ⓜ Hospital Clínic) Wenn man einen Platz in dieser beliebten Bar ergattern möchte, sollte man möglichst früh herkommen, denn hier werden die besten baskischen Tapas der Stadt zubereitet. Kaum haben die heißen Häppchen die Küche verlassen, sind sie auch schon in den Mägen der hungrigen Gäste verschwunden. Nach 22.30 Uhr werden keine Bestellungen mehr entgegengenommen.

Fastvínic CAFÉ €
(Karte S. 268 f.; ☎93 487 32 41; www.fastvinic.com; Carrer de la Diputació 251; Sandwiches 6–10 €; ⏲Mo–Sa 12–24 Uhr; Ⓜ Passeig de Gracia) Im Fastvínic dreht sich alles um Nachhaltigkeit. Das Slow Food wird schnell auf den Tisch gebracht; alle Zutaten, Weine und Baumaterialien stammen aus Katalonien. Auf der Speisekarte stehen ausschließlich Sandwiches in köstlichen Varianten wie Roast Beef mit Senf und Honig. Außerdem gibt's ein paar abenteuerliche Variationen, z. B. mit knusprigem Spanferkel, Bananenchutney und Koriander. Der Weinautomat zur Selbstbedienung verfügt über eine Auswahl an guten spanischen Tropfen.

Cosmo CAFÉ €
(Karte S. 268 f.; www.galeriacosmo.com; Carrer d'Enric Granados 3; ⏲Mo–Do 10–22, Fr & Sa 12–2, So 12–22 Uhr; 📶; Ⓜ Universitat) In dem angesagten Café mit psychedelisch gefärbten Tischen und Barhockern und hohen weißen Wänden finden auch Ausstellungen statt. Das Cosmo hat eine angenehme Lage an einer Fußgängerpassage hinter der Uni und wartet mit zahlreichen Teesorten sowie Gebäck und Snacks auf.

GRÀCIA

O'Gràcia! MEDITERRAN €€
(Karte S. 274; Plaça de la Revolució de Setembre de 1868 15; Mahlzeiten 10–12 €; ⏲Di–Sa; Ⓜ Fontana) Hier kostet das *menú del día* (Tagesgericht) unschlagbare 10,50 €. Als Vorspeise kommt beispielsweise *arròs negre de sepia* (schwarzer Reis mit Tintenfisch) auf den Tisch, gefolgt von einer kleinen Auswahl an Fisch- und Fleischgerichten sowie vegetarischen Beilagen.

Sureny KATALANISCH €
(Karte S. 274; ☎93 213 75 56; Plaça de la Revolució de Setembre de 1868; Mahlzeiten 8–10 €; ⏲Di–So; Ⓜ Fontana) In dem unauffälligen Eckrestaurant werden Gourmet-Tapas und *raciones* zubereitet, etwa aus hervorragenden *vieiras* (Jakobsmuscheln) und *secreto ibérico*, einem besonders leckeren Teil des Schweins.

La Nena CAFÉ, SCHOKOLADE €
(Karte S. 274; ☎93 285 14 76; Carrer de Ramon i Cajal 36; Snacks 2–4 €; ⏲Mo–Sa 9–14 & 16–22, So & Feiertage 10–22 Uhr; 👪; Ⓜ Fontana) Ein französisches Team hat dieses herrlich chaotische, familienfreundliche Café aufgezogen, in dem sich Stammgäste bei reichhaltiger heißer Schokolade mit *suís* (Sahne), feinen Desserts und herzhaften Crêpes treffen.

Botafumeiro FISCH & MEERESFRÜCHTE €€
(☎93 218 42 30; www.botafumeiro.es; Carrer Gran de Gràcia 81; Mahlzeiten 15–25 €; ⏲13–1 Uhr; Ⓜ Fontana) Schon seit Langem zieht der klassische Tempel galicischer Meeresfrüchte und anderer salziger Köstlichkeiten VIPs auf Barcelona-Besuch an. Wer aufs Geld achten muss, teilt sich am besten ein paar *medias raciones*, um verschiedene Meeresfrüchte probieren zu können, oder bestellt eine *safata especial del Mar Cantàbric* (Fischplatte) für zwei Personen.

Envalira KATALANISCH €
(Karte S. 274; Plaça del Sol 13; Mahlzeiten 8 €; ⏲Di–Sa mittags & abends, So mittags; Ⓜ Fontana) Zwischen den vielen coolen Locations übersieht man leicht den schlichten Eingang des alteingesessenen Lokals. Im Retro-Speisesaal aus den 1950er-Jahren werden fantastische Fisch- und Reisgerichte serviert, darunter *arròs a la milanesa* (salziger Reis mit Hähnchen, Schweinefleisch und einer leichten Käsekruste) und *bullit de lluç* (Seehecht mit Kräuterreis und Venusmuscheln).

TIBIDABO

El Asador de Aranda SPANISCH €€€
(☎93 417 01 15; www.asadordearanda.com; Avenida del Tibidabo 31; Hauptgerichte 20–22 €; ⏲So abends geschl.; Ⓡ Av Tibidabo) Nach dem Besuch des Tibidabo lohnt sich ein Abendessen in diesem auffälligen Jugendstilgebäude mit Buntglasfenstern, Ziegelbogen im maurischen Stil und schönen Decken. Zum Angebot gehören Tapas für mehrere Personen und die Spezialität des Hauses, Fleischgerichte (Lammbraten, Schweinerippchen, Rind), die im Holzofen zubereitet werden.

MONTJUÏC & EL POBLE SEC

LP TIPP **Tickets** SPANISCH €€
(Karte S. 280; www.ticketsbar.es; Avinguda del Paral·lel 164; Tapas 4–12 €; Ⓜ Paral·lel) Dies ist das vielgerühmte neue Restaurant des umjubelten Küchenchefs Ferran Adrià (Besitzer des legendären El Bulli) und seines Bruders Albert. Die Einrichtung mit Zirkusbildern und Theaterlampen kommt recht grell daher, aber das Essen ist im einzigartigen Molekular-Stil des El Bulli gehalten. Darüber hinaus gibt's eine Fischbar und die Bar 41° im hinteren Bereich, in der man einfallsreiche Cocktails bestellen kann. Die Tische sind heiß begehrt und können zwei Monate im Voraus online gebucht werden.

Quimet i Quimet TAPAS €€
(Karte S. 280; Carrer del Poeta Cabanyes 25; Tapas 3–11 €; ⏲Mo–Fr mittags & abends, Sa 12–18 Uhr; Ⓜ Paral·lel) In der winzigen, von Flaschen gesäumten Tapas-Bar mit Stehplätzen kann man sich zwar kaum umdrehen, doch dafür locken hier wahrhafte Gaumenfreuden. Am besten lässt man sich vom Personal beraten und gönnt sich zum Essen einen guten Wein.

Xemei ITALIENISCH €€
(Karte S. 280; ☎93 553 51 40; Passeig de l'Exposició 85; Hauptgerichte 10–20 €; ⏲Mi–Mo; Ⓜ Paral·lel) Ein Stück Venedig in Barcelona. Im Hintergrund läuft leichter Jazz. Zur Vorspeise empfehlen wir gemischte *cicheti* (venezianische Meeresfrüchte-Tapas) und danach *bigoi in salsa veneziana* (dicke Spaghetti in Anchovis-Zwiebel-Soße).

La Tomaquera KATALANISCH €
(Karte S. 280; ☎93 441 85 18; Carrer de Margarit 5; Hauptgerichte 7 €; ⏲Di–Sa mittags & abends; Ⓜ Poble Sec) In dem alteingesessenen Restaurant eilen die Kellner laut rufend umher und Wein in Karaffen schwappt über die langen Holztische. Reservierungen werden nicht entgegengenommen. Die Spezialität des Hauses sind Schnecken, es gibt aber auch herzhafte Fleischgerichte. Nur Barzahlung.

Taverna Can Margarit KATALANISCH €
(Karte S. 280; Carrer de la Concòrdia 21; Hauptgerichte 8–10 €; ⏲Mo–Sa abends; Ⓜ Poble Sec) Hier werden traditionelle katalanische Speisen wie *conejo a la jumillana* (gebratenes Kaninchen mit verschiedenen Kräutern) serviert. Gäste nehmen an alten, zwischen Weinfässern verteilten Tischen Platz.

Ausgehen

Holzgetäfelte Weinkeller, nette Lokale am Wasser und hippe Cocktail-Lounges – Barcelona hat die ganze Palette. Am lebhaftesten geht's gegen Mitternacht zu. Clubs sind etwas dünner gesät als Bars und haben in der Regel von 24 bis 6 Uhr geöffnet.

In der Altstadt stößt man auf zahlreiche Kneipen. Eine der hippsten Gegenden ist El Born am östlichen Ende von Ribera, aber in der südlichen Hälfte des Barri Gòtic und in

El Raval locken ebenfalls viele Möglichkeiten. El Raval punktet dabei nicht nur mit einigen tollen alten Locations, sondern auch mit einer Flut neuer Szenetreffs.

Auf den Plätzen und Straßen von Gràcia reiht sich ein Laden an den nächsten, während man im weitläufigen L'Eixample wissen muss, wo was los ist. Als gute Anlaufstellen am Wochenende gelten das obere Ende des Carrer d'Aribau und die Verlängerung nordwestlich der Avinguda Diagonal.

Die besten Infos zu Bars, Clubs und Gigs bieten **Barcelonarocks.com** (www.barcelonarocks.com), **Clubbingspain.com** (www.clubbingspain.com) und **LaNetro.com** (http://barcelona.lanetro.com).

BARRI GÒTIC

Oviso BAR

(Karte S. 254 f.; Carrer d'Arai 5; ⌚22–2 Uhr; Ⓜ Liceu) Tagsüber ein günstiges Restaurant, abends eine unkonventionelle Kneipe mit bunt gemischtem Publikum und Rock 'n' Roll-Flair. Das Oviso besteht aus zwei Zimmern mit einer Einrichtung im Stil der Jahrhundertwende und seltsamen Wandbildern.

Marula Cafè BAR

(Karte S. 254 f.; www.marulacafe.com; Carrer dels Escudellers 49; ⌚23–5 Uhr; Ⓜ Liceu) Dank dem Besten aus Funk und Soul fühlt man sich in dieser fantastischen Bar mitten im Barri Gòtic in die 1970er-Jahre zurückversetzt. Gelegentlich legen DJs andere Musikrichtungen von Breakbeat bis House auf, aber auch Samba und andere brasilianische Tanzmusik wurden hier schon gehört.

Barcelona Pipa Club BAR

(Karte S. 254 f.; ☎93 302 47 32; www.bpipaclub.com; Plaça Reial 3; ⌚22–4 Uhr; Ⓜ Liceu) Der Club der Pfeifenraucher ist wie ein Apartment mit Verbindungszimmern und Schnickschnack. An der Tür klingeln und in den zweiten Stock hinaufgehen.

Polaroid BAR

(Karte S. 254 f.; Carrer dels Còdols 29; ⌚19–2.30 Uhr; Ⓜ Drassanes) Getreu seinem Namen ist das Polaroid ein cooler Laden samt Videokassetten, Tischen mit Comics alter Filme und anderen kitschigen Einrichtungsstücken. Das lustige, schlichte Publikum kommt wegen des günstigen Biers (*cañas* 2 €), der guten Mojitos und des kostenlosen Popcorns.

La Cerveteca BAR

(Karte S. 254 f.; Carrer de Gignàs 25; ⌚Mo–Do 16–22, Fr & Sa 13–23, So 13–22 Uhr; Ⓜ Jaume I) Im Cerveteca lockt eine beeindruckende Vielzahl an Bieren aus aller Welt. Toll, um sich am frühen Abend in Stimmung zu bringen.

Dusk LOUNGE

(Karte S. 254 f.; Carrer de la Mercè 23; ⌚18–2.30 Uhr; Ⓜ Drassanes) Versteckt in einer atmosphärischen Gasse im gotischen Viertel liegt diese von Iren geführte Mischung aus einer lauten Bar und gemütlichen Cocktaillounge. Die schwach beleuchteten Zimmer haben uralte Steinmauern, gemütliche Sofas und rote Gardinen. Auf dem Großbildfernseher laufen Sportsendungen.

Karma CLUB

(Karte S. 254 f.; ☎93 302 56 80; www.karmadisco.com; Plaça Reial 10; ⌚ Di–So 0–5.30 Uhr; Ⓜ Liceu) Unter der Woche ertönt im winzigen Karma gute Mainstream-Indiemusik, während am Wochenende DJs für ein buntes Programm von Rock bis Disco sorgen.

Čaj Chai CAFÉ

(Karte S. 254 f.; ☎93 301 95 92; Carrer de Sant Domènec del Call 12; ⌚Mo 15–22, Di–So 10.30–22 Uhr; Ⓜ Jaume I) Das helle, lebendige und sehr beliebte Café im jüdischen Viertel hat sich von den unkonventionellen Prager Teesalons inspirieren lassen und ist ein Paradies für Teekenner. Zur Auswahl stehen über 100 Sorten aus China, Indien, Korea, Japan, Nepal, Marokko und anderen Ländern.

EL RAVAL

Bar la Concha BAR

(Karte S. 260; Carrer de la Guàrdia 14; ⌚17–3 Uhr; Ⓜ Drassanes) In dieser Anlaufstelle für Schwule, Lesben und Transvestiten sind auch Heteros herzlich willkommen. Besonders lustig geht's immer dann zu, wenn die Dragqueens zum Spielen rauskommen. Die Musik variiert von *paso dobles* bis zu spanischem Retro-Pop.

La Confitería BAR

(Karte S. 260; Carrer de Sant Pau 128; ⌚11–2 Uhr; Ⓜ Paral·lel) Hier ist es ruhig genug, um am frühen Abend einen *Wermut des* Hauses zu genießen. Die mit Wandbildern gepflasterte Bar aus dem 19. Jh. (einst eine Konditorei) füllt sich mit Theaterbesuchern und später mit Partygängern aus der Gegend.

33|45 BAR

(Karte S. 260; Carrer Joaquín Costa 4; ⌚Mo–Do 10–1.30, Fr & Sa 10–3, So 10–24 Uhr; Ⓜ Universitat) Hippe Cocktailbar an der Joaquín Costa mit ihrem wilden Nachtleben. Die schicke Klientel bestellt gern die hervorragenden Mojitos. Im lauten Hauptbereich legt ein DJ auf.

Nach dem Tanzen kann man sich im hinteren Raum voller Sofas und Armsesseln entspannen.

Negroni COCKTAILBAR

(Karte S. 260; Carrer de Joaquín Costa 46; ⏲Mo–Do 19–2, Fr & Sa 19–3 Uhr; Ⓜ Liceu) Die winzige Cocktailbar mit schwarz-beigefarbener Einrichtung zieht vor allem Studenten an. Cocktail des Hauses ist der Negroni, der zu gleichen Teilen aus Campari, Gin und süßem Wermut besteht.

Bar Marsella BAR

(Karte S. 260; Carrer de Sant Pau 65; ⏲Mo–Do 22–2, Fr & Sa 22–3 Uhr; Ⓜ Liceu) Hemingway kam oft auf eine *absenta* (Absinth) in diese 1820 eröffnete Bar. Auch heute noch kann man das Getränk hier genießen, allerdings mit Bedacht.

Moog CLUB

(Karte S. 260; www.masimas.com/moog; Carrer de l'Arc del Teatre 3; Eintritt 10 €; ⏲24–5 Uhr; Ⓜ Drassanes) Cooler, winziger Dauerbrenner in der Innenstadt. Auf der Haupttanzfläche legen DJs House, Techno und Electro auf, oben laufen Indie und gelegentlich Pop.

LA RIBERA

El Xampanyet WEINBAR

(Karte S. 264; Carrer de Montcada 22; ⏲Di–Sa 12–16 & 19–23, So 12–16 Uhr; Ⓜ Jaume I) In einer der bekanntesten *cava*-Bars der Stadt hat sich seit Jahrzehnten kaum etwas verändert. An der Theke oder einem der Tische vor der dekorativ-klassisch gekachelten Wand lassen sich gemütlich ein oder zwei Glas des Schaumweins und ein paar Tapas genießen, z. B. würzige *boquerons en vinagre* (weiße Anchovis in Essig).

Gimlet COCKTAILBAR

(Karte S. 264; Carrer del Rec 24; Cocktails 10 €; ⏲22–3 Uhr; Ⓜ Jaume I) Selbstsichere Angestellte in weißen Blazern mixen hier Gimlets oder andere klassische Drinks. Neben dieser Bar betreibt Barcelonas Cocktailguru Javier Muelas noch mehrere andere Läden in der Stadt. Die Getränke sind hervorragend und teilweise richtig originell.

Mudanzas BAR

(Karte S. 254 f.; ☎93 319 11 37; Carrer de la Vidrieria 15; ⏲10–2.30 Uhr; Ⓜ Jaume I) Eine der ersten Bars in El Born, die nach wie vor eine treue Fangemeinde anzieht und sich dafür anbietet, den Abend einzuläuten. Es handelt sich um eine einfache Adresse für ein Bier, einen Plausch und vielleicht ein Sandwich.

La Vinya del Senyor WEINBAR

(Karte S. 264; Plaça de Santa Maria del Mar 5; ⏲Di–So 12–1 Uhr; Ⓜ Jaume I) Entweder entspannt man sich auf der netten *terrassa* im Schatten der Església de Santa Maria del Mar oder mischt sich in der winzigen Bar unter die Leute. Die Weinkarte ist so lang wie *Krieg und Frieden*.

PORT VELL & LA BARCELONETA

Von Ostern bis Anfang Oktober locken die Strandbars mit heißen Tanzrhythmen. Neben den Restaurants und Kneipen (besonders am und um den Port Olímpic) gibt's auch noch eine Reihe von *chiringuitos* (rustikale Bars). Fast alle servieren Essen und einige verwandeln sich ab nachmittags bis etwa 2 Uhr in kleine Clubs.

Xampanyeria Can Paixano WEINBAR

(Karte S. 254 f.; ☎93 310 08 39; Carrer de la Reina Cristina 7; Tapas 3–6 €; ⏲Mo–Sa 9–22.30, So bis 13 Uhr; Ⓜ Barceloneta) Stolze alte Champagnerbar, die seit Langem erfolgreich betrieben wird und stets aus allen Nähten platzt. Am beliebtesten ist der britzelnde Rosé in eleganten kleinen Gläsern, zu dem winzige *bocadillos* (belegte Brote) passen.

CDLC LOUNGE

(Karte S. 266; www.cdlcbarcelona.com; Passeig Marítim de la Barceloneta 32; ⏲12–3 Uhr; Ⓜ Ciutadella Vila Olímpica) Diese Lounge im asiatischen Stil ist ideal zum Vorglühen, bevor es in die nahe gelegenen Clubs geht. Entweder kommt man zum Essen oder gegen Mitternacht her, wenn die Tische abgebaut werden und DJs sowie Tänzer das Ruder übernehmen.

Ké? BAR

(Karte S. 266; Carrer del Baluard 54; ⏲11–2 Uhr; Ⓜ Barceloneta) Ein bunt gemischtes Publikum versammelt sich in dieser hippiehaften kleinen Bar unweit des Marktes in La Barceloneta. Entweder schnappt man sich einen gepolsterten „Fass-Stuhl" oder sucht sich einen Platz in der etwas schäbigen Lounge im hinteren Bereich.

Shôko LOUNGE

(Karte S. 266; www.shoko.biz; Passeig Marítim de la Barceloneta 36; ⏲Di–So 12–3 Uhr; Ⓜ Ciutadella Vila Olímpica) Mit Bambuspflanzen, japanischem Elektro und asiatisch-mediterraner Fusionsküche bringt die stylishe Restaurant-Club-Bar direkt am Strand einen Hauch Fernost nach Barcelona. Später verwandelt sich das Shôko in einen schicken Nachtclub, in dem DJs auflegen.

Absenta BAR

(Karte S. 266; Carrer de Sant Carles 36; Ⓜ Barceloneta) In der mit alten Bildern, Retro-Lampen und seltsamen Skulpturen dekorierten Bar ist der Name Programm: Hier bestellt man Absinth oder hausgemachten Wermut.

Catwalk CLUB

(Karte S. 266; ☎ 93 224 07 40; www.clubcatwalk.net; Carrer de Ramon Trias Fargas 2–4; Eintritt 15–18 €; ⏲ Do–So 24–6 Uhr; Ⓜ Ciutadella Vila Olímpica) Mit seiner tanzbaren House-Musik zieht das Catwalk ein gut gekleidetes Publikum an. Manchmal werden auch Techno- und Funkrhythmen, R'n' B und Hip-Hop aufgelegt. In der Lounge kann man in Ruhe etwas trinken und sich unterhalten. Meistens gibt der beliebte lokale DJ Jekey den Ton an.

Razzmatazz CLUB

(☎ 93 320 82 00; www.salarazzmatazz.com; Carrer de Pamplona 88; Eintritt 15–30 €; ⏲ Do 24–3.30, Fr & Sa bis 5.30 Uhr; Ⓜ Marina oder Bogatell) Dieser Klassiker der Club- und Konzertszene Barcelonas liegt ein paar Ecken hinter dem Port Olímpic und wartet mit fünf unterschiedlichen Locations auf.

Opium Mar CLUB

(Karte S. 266; ☎ 902 267486; www.opiummar.com; Passeig Marítim de la Barceloneta 34; ⏲ 20–6 Uhr; Ⓜ Ciutadella Vila Olímpica) Der Club am Meer hat eine große Tanzfläche, auf der sich vor allem ein ausländisches Publikum versammelt. Im Sommer ist es hier besonders schön, denn dann kann man sich auf der Terrasse mit Blick zum Strand aufhalten.

L'EIXAMPLE

In L'Eixample konzentrieren sich die Adressen für Nachtschwärmer hauptsächlich auf drei Bereiche. Am oberen Ende des Carrer d'Aribau und dort, wo die Straße die Avinguda Diagonal kreuzt, tummelt sich in den vielen Kneipen und Clubs ein gemischtes Volk, darunter viele Einheimische. Im Carrer de Balmes reihen sich Clubs für Teens und Twens aneinander. Schwule und Lesben sollten „Gaixample" rund um die Carrer del Consell de Cent ansteuern.

LP TIPP **Monvínic** WEINBAR

(Karte S. 268 f.; ☎ 932 72 61 87; www.monvinic.com; Carrer de la Diputació 249; ⏲ Weinbar 13.30–23.30 Uhr, Restaurant 13.30–15.30 & 20.30–22.30 Uhr; Ⓜ Passeig de Gracia) Eine der besten Weinbars Spaniens mit über 3000 verschiedenen Weinsorten (darunter 60 offene). Das Restaurant im hinteren Teil hat sich auf mediterrane Küche spezialisiert und bezieht seine Zutaten von katalanischen Bauern aus der Gegend.

La Fira BAR

(Karte S. 268 f.; www.lafiraclub.com; Carrer de Provença 171; Eintritt 8–12 €; ⏲ Mi–Sa 22.30–3 Uhr; Ⓡ FGC Provença) Betritt man diese durchdesignte Bar mit dem gewissen Etwas, kommt man zunächst an Zerrspiegeln und alten Rummelattraktionen aus Deutschland vorbei – Münzen einwerfen und die Hennen gackern hören. Die Musik ist kunterbunt gemischt von House über die 1990er-Jahre bis hin zu spanischen Pop-Klassikern.

Les Gens Que J'Aime BAR

(Karte S. 268 f.; Carrer de València 286; ⏲ So–Do 18–2.30, Fr & Sa bis 3 Uhr; Ⓜ Passeig de Gràcia) Die gemütliche alte Kellerbar stammt noch aus den 1960er-Jahren. Im Hintergrund läuft entspannter Jazz, Retro-Lampen sorgen für minimale Beleuchtung und gemütliche rote Samtsofas verteilen sich rund um winzige Tische.

Berlin BAR

(Carrer de Muntaner 240; ⏲ Mo–Do 10–2, Fr & Sa bis 3 Uhr; Ⓜ Diagonal oder Hospital Clínic) Manchmal ist das Personal gestresst, aber die Location ist toll, um eine Nacht im höher gelegenen Teil der Stadt einzuläuten – entweder an den Tischen im Freien auf dem Bürgersteig oder auf den Designersofas im Untergeschoss.

Dry Martini BAR

(Karte S. 268 f.; ☎ 93 217 50 72; www.drymartinibcn.com; Carrer d'Aribau 162–166; ⏲ 17–3 Uhr; Ⓜ Diagonal) Das Getränk des Hauses, das man entweder an der Bar oder auf einem der vornehmen grünen Ledersofas zu sich nimmt, ist eine gute Wahl und wird in riesigen Gläsern serviert! Im hinteren Bereich befindet sich das Restaurant **Speakeasy** (Karte S. 268 f.; ☎ 93 217 50 80; www.drymartinibcn.com; Hauptgerichte 10–15 €; ⏲ Sept.–Juli Mo–Fr mittags & abends, Sa abends; Ⓜ Diagonal).

Premier BAR

(Karte S. 268 f.; Carrer de Provença 236; ⏲ Mo–Do 18–2.30, Fr & Sa bis 3 Uhr; Ⓡ FGC Provença) Abgefahrene kleine Bar unter französischer Leitung mit einer kurzen Weinkarte und guten Mojitos. Gäste nehmen an der Theke Platz, versinken in einem der Sofas oder machen es sich im Zwischengeschoss bequem. Am späteren Abend sorgt ein DJ für Stimmung.

Milano COCKTAILBAR

(Karte S. 268 f.; www.camparimilano.com; Ronda de la Universitat 35; ⏲ 12–2.30 Uhr; Ⓜ Catalunya) In der großen Cocktailbar im Untergeschoss herrscht eine fröhliche Stimmung.

GRÀCIA

La Cigale BAR

(Karte S. 274; ☎93 457 58 23; http://poesialacigale.blogspot.co.uk; Carrer de Tordera 50; ⌚So–Do 18–2.30, Fr & Sa 18–3 Uhr; Ⓜ Joanic) Ein eleganter Ort für einen oder zwei Cocktails (vor 22 Uhr zahlt man dafür nur 8 €). Hin und wieder finden Dichterlesungen statt. Es gibt eine Zinktheke, Secondhand-Lounge-Stühle und einen zusätzlichen Bereich im Obergeschoss. Die Musik ist angenehm sanft und die Leute unterhalten sich lebhaft.

Raïm BAR

(Karte S. 274; www.raimbcn.com; Carrer del Progrés 48; ⌚20–2.30 Uhr; Ⓜ Diagonal) Das nostalgische Raïm ist mit riesigen Spiegeln und Schwarz-Weiß-Fotos von Kuba dekoriert. Es lockt ein quirliges Publikum an, das Rumgetränke genießt und karibischen Klängen lauscht.

Le Journal BAR

(Karte S. 274; ☎93 218 04 13; Carrer de Francisco Giner 36; ⌚So–Do 18–2.30, Fr & Sa 18–3 Uhr; Ⓜ Fontana) Studenten lieben die verschwörerische Atmosphäre der schmalen Kellerbar, deren Wände und Decken mit Zeitungen tapeziert sind (daher der Name).

Musical Maria BAR

(Karte S. 274; Carrer de Maria 5; ⌚21–3 Uhr; Ⓜ Diagonal) Wer gerne Rock 'n' Roll hört, sollte diese gut besuchte Bar ansteuern. Hier trinkt man Estrella aus der Flasche.

Sabor A Cuba BAR

(Karte S. 274; Carrer de Francisco Giner 32; ⌚Mo–Do 22–2.30, Fr & Sa 22–3 Uhr; Ⓜ Diagonal) Fans von Kuba und der Karibik kommen zum Mojitotrinken und Tanzen in die winzige, ausgelassene Bar.

TIBIDABO & LA ZONA ALTA

Mirablau BAR

(Plaça del Doctor Andreu; ⌚So–Do 11–4.30, Fr & Sa bis 5 Uhr; Ⓡ Avinguda Tibidabo, dann Tramvia Blau) Vom einzigartigen Balkon des Restaurants oben auf dem Tibidabo genießt man einen Ausblick über die gesamte Stadt. Unten wird auf der engen Tanzfläche getanzt. Im Sommer kann man auf der noch winzigeren Terrasse frische Luft schnappen.

Elephant CLUB

(☎93 334 02 58; www.elephantbcn.com; Passeig dels Til·lers 1; ⌚Do 23.30–4, Fr & Sa bis 5 Uhr; Ⓟ; Ⓜ Palau Reial) In diesen Club gelassen zu werden ist, als würde man zu einer Party in Beverly Hills eingeladen. Models und Möchtegerns mischen sich unter makellos gestylte Typen, die bestimmt nicht mit dem Taxi hergekommen sind. Es gibt eine große zeltartige Tanzfläche und im Sommer öffnen mehrere Gartenbars.

Luz de Gas CLUB

(☎93 209 77 11; www.luzdegas.com; Carrer de Muntaner 246; Eintritt bis zu 20 €; ⌚23.30–6 Uhr; Ⓜ Diagonal, dann 6, 7, 15, 27, 32, 33, 34, 58 oder 64) An mehreren Abenden pro Woche finden in dem prunkvollen ehemaligen Theater bunt gemischte Konzerte statt, z. B. mit Soul, Country, Salsa, Jazz und Pop. Im Clubraum Sala B (nur freitags und samstags) geht's heiß her.

Otto Zutz CLUB

(www.ottozutz.com; Carrer de Lincoln 15; Eintritt 15 €; ⌚Di–Sa 24–6 Uhr; Ⓡ FGC Gràcia) In dem dreistöckigen Tanzschuppen scheinen sich ausschließlich schöne Menschen zu tummeln. Unten läuft House, oben hört man Funk und Soul. Freitags und samstags sind im Erdgeschoss Hip-Hop, R'n'B und Funk und im ersten Stock House angesagt.

Sutton The Club CLUB

(www.thesuttonclub.com; Carrer de Tuset 13; Eintritt 15 €; ⌚Mi & Do 24–5, Fr & Sa 24–6, So 22.30–4 Uhr; Ⓜ Diagonal) Klassische Disco mit Mainstream-Mucke, die so ziemlich jeden anlockt, der vorher in einer der nahe gelegenen Bars war. Die Gäste sind meistens recht hübsch anzusehen und die Türsteher teilweise sehr tough.

MONTJUÏC & EL POBLE SEC

Tinta Roja BAR

(Karte S. 280; Carrer de la Creu dels Molers 17; ⌚Do 20.30–2, Fr & Sa bis 3 Uhr; Ⓜ Poble Sec) Ecken und Winkel voller Möbel, die aussehen wie vom Flohmarkt, sowie eine dunkle Beleuchtung in Lila-, Rot- und Gelbtönen machen die „Rote Tinte" zu einer gemütlichen Adresse für einen Drink und gelegentliche Shows im Hinterzimmer. Auf der Bühne treten verschiedenste Akteure von Schauspielern bis zu Akrobaten auf.

Terrazza CLUB

(Karte S. 280; www.laterrrazza.com; Avinguda de Francesc Ferrer i Guàrdia; Eintritt 10–20 €; ⌚Do 24–5, Fr & Sa bis 6 Uhr; Ⓜ Espanya) Im Sommer eine der besten Tanzlocations. Die attraktiven Gäste erleben im Poble Espanyol wilde Partynächte mit Musik und Cocktails, und das teilweise unter freiem Himmel.

BARCELONA AUSGEHEN

BARCELONA FÜR SCHWULE & LESBEN

Barcelona wird zwar vom weiter südlich gelegenen Schwulen-Strandmekka Sitges übertroffen, bietet aber ebenfalls eine lebendige Szene für Homosexuelle. Schwulenbars, -clubs und -cafés verteilen sich vor allem rund um „Gaixample" zwischen Carrer de Muntaner und Carrer de Balmes auf Höhe Carrer del Consell de Cent.

Informationen liefern der in vielen Schwulenbars und -läden erhältliche **Shanguide** (www.shangay.com) sowie die Websites www.60by80.com, www.barcelonagay.com und www.guiagaybarcelona.es.

Beliebt bei jungen Schwulen auf der Suche nach Sexpartnern ist das **Arena Madre** (Karte S. 268 f.; ☎93 487 83 42; www.arenadisco.com; Carrer de Balmes 32; Eintritt 6–12 €; ⏲0.30–5.30 Uhr; ⓂPasseig de Gràcia), einer der besten Schwulenclubs der Stadt. Mittwochabends treten dort Dragqueens auf. Im **Dietrich Gay Teatro Café** (Karte S. 268 f.; ☎93 451 77 07; Carrer del Consell de Cent 255; ⏲22.30–3 Uhr; ⓂUniversitat), einem Marlene Dietrich gewidmeten Café im Kabarettstil, ist immer um 1 Uhr Showtime. Jede Nacht gibt's mindestens eine Dragqueen-Vorführung.

Das **Metro** (☎93 323 52 27; www.metrodiscobcn.com; Carrer de Sepúlveda 185; ⏲Mo 1–5 , So & Di–Do 24–5, Fr & Sa 24–6 Uhr; ⓂUniversitat) zieht mit seinen zwei Tanzflächen, drei Bars und dem Dark Room ein lässiges Publikum an. Im alteingesessenen **Punto Bcn** (Karte S. 268 f.; ☎93 453 61 23; www.arenadisco.com; Carrer de Muntaner 63–65; ⏲18–3 Uhr; ⓂUniversitat) kann man den Abend wunderbar einläuten.

☆ Unterhaltung

Was wann und wo los ist, erfährt man in der wöchentlich erscheinenden Programmzeitschrift *Guía del Ocio* (1 €, www.guiadelocio.com) sowie durch die Veranstaltungshinweise der Tageszeitungen (mit einer ausführlichen Veranstaltungsbeilage am Freitag) und die Kulturinformation im **Palau de la Virreina** (Karte S. 260). *Entradas* (Eintrittskarten) für die meisten Veranstaltungen bekommt man online über **Caixa de Catalunya's Tel-Entrada** (www.telentrada.com) oder **Servi-Caixa** (www.servicaixa.com). Konzertkarten gibt's bei **Ticketmaster** (www.ticketmaster.es). An der Plaça de Catalunya findet man je eine *venta de localidades* (Ticketschalter) im Erdgeschoss des **El Corte Inglés** und im **FNAC** im El-Triangle-Einkaufszentrum. Außerdem gibt's in der Stadt noch weitere Zweigstellen. **El Corte Inglés** (www.elcorteingles.es) verkauft die Tickets auch telefonisch oder übers Internet (auf *entradas* klicken).

Karten zum halben Preis bietet der Palau de la Virreina, wenn man mindestens drei Stunden vor Beginn der gewünschten Vorstellung kommt. Das System ist bekannt als Tiquet-3.

Kinos

Ausländische Filme in der Originalfassung werden im Programmheft als VO *(versión original)* aufgeführt. Die im Folgenden genannten Kinos bieten VO-Filme an.

LP TIPP **Filmoteca de Catalunya** KINO
(Karte S. 260; ☎93 567 10 70; www.filmoteca.cat; Plaça Salvador Seguí 1–9; Karten ab 2–4 €; ⏲8–22 Uhr; ⓂLiceu) Das 2012 eröffnete Kino hat zwei Säle, in denen innovative Filme gezeigt werden, eine Filmbibliothek, einen Buchladen, ein Café und eine Ausstellungsfläche.

Méliès Cinemes KINO
(☎93 451 00 51; www.cinesmelies.net; Carrer de Villarroel 102; Eintritt 3–5 €; ⓂUrgell) Gemütliches Kino mit zwei Sälen, in denen vor allem alte Hollywood-Klassiker und europäische Streifen laufen.

Renoir Floridablanca KINO
(☎93 426 33 37; www.cinesrenoir.com; Carrer de Floridablanca 135; ⓂSant Antoni) Mit seinen sieben Leinwänden gehört das Renoir Floridablanca zu einer kleinen Kette spanischer Arthouse-Kinos, die über ein erlesenes Programm verfügen. Es liegt einen Block südwestlich des Ronda de Sant Antoni (über den Carrer de Valldonzella).

Verdi KINO
(Karte S. 274; ☎93 238 79 90; www.cines-verdi.com; Carrer de Verdi 32; ⓂFontana) Beliebtes Kino mitten in Gràcia.

Verdi Park KINO
(Karte S. 274; ☎93 238 79 90; www.cines-verdi.com; Carrer de Torrijos 49; ⓂFontana) Das Schwesterkino des Verdi einen Häuserblock weiter hat dieselbe Arthouse-Philosophie.

Yelmo Cines Icària KINO

(Karte S. 266; ☎93 221 75 85; www.yelmocines.es; Carrer de Salvador Espriu 61; Ⓜ Ciutadella Vila Olímpica) In dem großen Komplex mit 15 Sälen gibt's eine riesige Auswahl an Filmen in Originalsprache.

Theater

Theaterstücke werden fast immer auf Katalanisch oder Spanisch aufgeführt. Am Infoschalter des Palau de la Virreina liegen Broschüren und das monatliche Programm *Teatre BCN* aus.

Teatre Lliure THEATER

(Karte S. 280; ☎93 289 27 70; www.teatrelliure.com; Plaça de Margarida Xirgu 1; Karten 13–26 €; ⏲Ticketschalter 17–20 Uhr; Ⓜ Espanya) Das Theater im prächtigen einstigen Palau de l'Agricultura auf dem Montjuïc verfügt über zwei moderne Säle (Espai Lliure und Sala Fabià Puigserver). Im „Freien Theater" werden qualitativ hochwertige Dramen, moderner Tanz und Konzerte gezeigt.

Teatre Mercat De Les Flors TANZ

(Karte S. 280; ☎93 426 18 75; www.mercatflors.org; Carrer de Lleida 59; Karten 15–20 €; ⏲Ticketschalter Mo–Fr 11–14 & 16–19 Uhr & 1 Std. vor der Aufführung; Ⓜ Espanya) Neben dem Teatre Lliure gelegen, mit dem zusammen es als Ciutat de Teatre (Theaterstadt) bekannt ist, sowie eine Top-Location für lokale und internationale moderne Tanzensembles.

Teatre Nacional de Catalunya DARSTELLENDE KUNST

(☎93 306 57 00; www.tnc.cat; Plaça de les Arts 1; Karten 12–32 €; ⏲Ticketschalter Mi–Fr 15–19, Sa 15–20.30, So 15–17 Uhr & 1 Std. vor der Aufführung; Ⓜ Glòries or Monumental) Ricardo Bofills neoklassizistisches Theater mit einem hellen, luftigen Foyer bietet ein breites Programm, darunter viele Theaterstücke, aber manchmal auch Tanz und andere Veranstaltungen.

Teatre Romea THEATER

(Karte S. 260; ☎93 301 55 04; www.teatreromea.com; Carrer de l'Hospital 51; Karten 17–28 €; ⏲Ticketschalter Mi–So 16.30 Uhr–Beginn der Aufführung; Ⓜ Liceu) Mitten in El Raval liegt dieses Theater aus dem 19. Jh. Ende der 1990er-Jahre wurde es wiedereröffnet und ist nun eine der führenden Bühnen der Stadt für anspruchsvolle Dramen.

Livemusik

Fast die ganze Woche über gibt's ein breites Angebot, z. B. in Clubs wie dem Razzmatazz, der Sala Apolo und dem Luz de Gas. Konzertbeginn ist selten vor 22 Uhr. Der Eintritt kann zwischen 0 und 20 € oder auch noch mehr kosten – bei höheren Preisen ist oft ein Getränk inbegriffen.

Große spanische und internationale Stars treten oft im Palau Sant Jordi am Montjuïc oder im Teatre Mercat de les Flors auf

LP TIPP Palau de la Música Catalana LIVEMUSIK

(☎902 442882; www.palaumusica.org; Carrer de Sant Francesc de Paula 2; ⏲Ticketschalter Mo–Sa 10–21 Uhr; Ⓜ Urquinaona) Dieses Modernisme-highlight ist ein echter Augenschmaus. In dem traditionellen Konzerthaus werden klassische Musik und Chormusik aufgeführt, zudem stehen gelegentlich Flamenco-, Gospel- und Weltmusik-Ensembles auf der Bühne.

Jazz Sí Club LIVEMUSIK

(☎93 329 00 20; www.tallerdemusics.com; Carrer de Requesens 2; Eintritt 8 € inkl. Getränk; ⏲18–23 Uhr; Ⓜ Sant Antoni) Die Bühne der kleinen Bar des Taller de Músics (Musiker-Workshop) bietet ein vielfältiges Programm von Jazz bis Flamenco (freitagabends). Donnerstags gibt's kubanische Musik, sonntags Rock. Darüber hinaus kann man sich auf Jazz- und/oder Blues-Sessions freuen. Konzerte beginnen um 21 Uhr, doch man kommt besser früher her, um die Massen zu umgehen.

Harlem Jazz Club LIVEMUSIK

(Karte S. 254 f.; ☎93 310 07 55; www.harlemjazzclub.es; Carrer de la Comtessa de Sobradiel 8; Eintritt 6–15 €; ⏲Di–Do & So 20–4, Fr & Sa bis 5 Uhr; Ⓜ Drassanes) In der Altstadt befindet sich eine der besten Adressen der Stadt für Jazz. Gelegentlich treten auch Latino-, Blues- und afrikanische Bands auf.

Bikini LIVEMUSIK

(☎93 322 08 00; www.bikinibcn.com; Avinguda Diagonal 547; Eintritt 10–20 €; ⏲Mi–Sa 24–6 Uhr; 🚌6, 7, 33, 34, 63, 67 oder 68, Ⓜ Entença) Einer der ganz großen Stars des hiesigen Nachtlebens ist das Bikini. Es wartet mit einer breiten Palette von Latino- und brasilianischer Musik bis zu Funk und Disco aus den 1980er-Jahren auf. Veranstaltungen beginnen in der Regel zwischen 20 und 22 Uhr. Der Club öffnet gegen Mitternacht.

Jamboree LIVEMUSIK

(Karte S. 254 f.; ☎93 319 17 89; www.masimas.com/jamboree; Plaça Reial 17; Eintritt 8–13 €; ⏲20–6 Uhr; Ⓜ Liceu) Headliner im Jamboree sind Jazz- und Blues-Kombos. An den meisten Abenden finden zwei Konzerte statt (um 20 und 22 Uhr). Gegen Mitternacht verwandelt sich der Schuppen in einen Club mit DJ.

Robadors 23 LIVEMUSIK
(Karte S. 260; Carrer d'en Robador 23; Eintritt 2–3 €; ⏲20–2 Uhr; Ⓜ Liceu) Die enge kleine Bar an einer der zwielichtigen Straßen in El Raval hat sich einen Namen gemacht für seine Jazz-Jams am Mittwochabend, Impro-Jazz am Montag, Flamenco am Freitag und Samstag und DJs an allen anderen Abenden. Konzerte beginnen zwischen 21 und 22 Uhr.

Sidecar Factory Club LIVEMUSIK
(Karte S. 254 f.; ☎93 302 15 86; www.sidecarfactoryclub.com; Plaça Reial 7; Eintritt 8–18 €; ⏲ Mo–Sa 22–5 Uhr; Ⓜ Liceu) Das Sidecar hat einen Eingang an der Plaça Reial. Vor Mitternacht kann man hier eine Kleinigkeit essen oder trinken oder Live-Musik im rot gehaltenen Keller mit Ziegelbögen anhören. Hier wird so ziemlich alles an Musik von britischem Indie bis Country-Punk gespielt, vorwiegend hört man aber Rock und Pop. Die Veranstaltungen beginnen meist gegen 22 Uhr.

Sala Apolo LIVEMUSIK
(Karte S. 280; ☎93 441 40 01; www.sala-apolo.com; Carrer Nou de la Rambla 113; Eintritt 6–12 €; ⏲Fr & Sa 12.30–6, So–Do 24–5 Uhr; Ⓜ Paral·lel) Früher am Abend entern lokale und internationale Bands die Bühne dieses tollen alten Theaters. Später werden sie von DJs abgelöst, die für Club-Sounds sorgen.

Sala Tarantos FLAMENCO
(Karte S. 254 f.; ☎93 319 17 89; www.masimas.net; Plaça Reial 17; Eintritt ab 7 €; ⏲Aufführungen 20.30, 21.30 & 22.30 Uhr; Ⓜ Liceu) Dreimal pro Abend finden in dem vornehmlich an Touristen gerichteten Schuppen halbstündige Flamenco-Aufführungen statt.

Tablao Cordobés FLAMENCO
(Karte S. 260; ☎93 317 57 11; www.tablaocordobes.com; La Rambla 35; Show 39 €, mit Abendessen 62–70 €; ⏲Shows 20.15, 22 & 23.30 Uhr; Ⓜ Liceu) Ein ganz typischer, bereits 1970 eröffneter *tablao* (Flamenco-Club). Meist buchen Touristen ein Paket aus Abendessen und Show, man kann jedoch auch nur für die Vorführung kommen (ca. 1¼ Std.).

Tablao de Carmen FLAMENCO
(Karte S. 280; ☎93 325 68 95; www.tablaodecarmen.com; Carrer dels Arcs 9, Poble Espanyol; nur Show 35 €, mit Tapas/Abendessen 45/69 €; ⏲Shows Di–So 19.30 & 22 Uhr; Ⓜ Espanya) Die Bar wurde nach der großen *bailaora* (Flamenco-Tänzerin) Carmen Amaya aus Barcelona benannt und ähnelt dem Tablao Cordobés, ist aber größer und die gewollt andalusische Einrichtung wirkt kälter sowie moderner.

Gran Teatre del Liceu THEATER
(Karte S. 254 f.; ☎93 485 99 00; www.liceubarcelona.com; La Rambla dels Caputxins 51–59; ⏲Ticketschalter Mo–Fr 13.30–20 Uhr & Sa & So 1 Std. vor der Vorführung; Ⓜ Liceu) Barcelonas prächtiges altes Opernhaus ist eines der technisch best-

FC BARCELONA

Fußball hat in dieser Stadt beinahe den Stellenwert einer Religion und für viele Bewohner ist die Unterstützung des FC Barcelona sozusagen ein Ausdruck von Glauben. „Barça" wird traditionell mit den Katalanen und sogar mit dem katalanischen Nationalismus assoziiert. Er ist schon seit Langem einer der besten Fußballclubs der Welt, entsprechend stolz sind die Einheimischen auf ihn.

1899 wurde der Verein vom Schweizer Hans Gamper gegründet, vier Jahre, nachdem englische Anwohner hier zum ersten Mal gekickt hatten. Die Clubfarben sind Blau und Rot (die Farben von Campers Heimatort Winterthur). 1910 war der Barça der beste Club in einer schnell wachsenden Liga. Seit diese 1928 richtig Schwung aufgenommen hatte, ist der Verein ganze 21-mal als Champion hervorgegangen und liegt damit hinter seinem Erzrivalen Real Madrid mit 32 Siegen. Die beiden Clubs haben den Fußball in Spanien praktisch für sich monopolisiert.

Wer einen Adrenalinrausch erleben möchte, sollte ein Spiel im größten Fußballstadion Europas, dem riesigen Camp Nou (S. 277), mit 99 000 Sitzplätzen anschauen. Karten erhält man beim Stadion selbst sowie telefonisch und online, außerdem bekommt man sie über den Ticketservice der ServiCaixa. Sie kosten je nach Sitzplatz und Spiel zwischen 35 und 200 €. Wenn man kein Spiel besuchen kann, bietet sich als lohnende Alternative ein Besuch des Camp-Nou-Museums an. Für Fußballfans ist es natürlich sowieso ein Muss.

ausgestatteten der Welt. Ein günstiger Sitz hinter einer Säule kostet 8 €, die teuerste Kategorie mit einem hervorragenden Blick bis zu 194 €.

L'Auditori KLASSISCHE MUSIK

(☎93 247 93 00; www.auditori.org; Carrer de Lepant 150; Eintritt 10–60 €; ⊙Ticketschalter Mo–Sa 15–21 Uhr; Ⓜ Monumental) Das beeindruckende, moderne Haus lockt Musikliebhaber mit Orchester-, Kammer-, Kirchen- und anderen Konzerten.

Tanz

Samstags um 18.30 oder sonntags um 12 Uhr geben die Einheimischen vor der Kathedrale den *sardana* (katalanischer Volkstanz) zum Besten. Außerdem kann man ihn auf einem der Festivals in der Stadt erleben.

Sport

Circuit de Catalunya FORMEL 1

(☎93 571 97 00; www.circuitcat.com) Jeden April/Mai kommen Formel-1-Fahrer nach Barcelona, um auf der Bahn von Montmeló (30 Autominuten nördlich der Stadt) ihr Können zu demonstrieren. Für einen Zuschauerplatz zahlt man zwischen 120 und 450 €. An Renntagen fährt das Busunternehmen Sagalés vom Passeig de Sant Joan 52 zwischen dem Carrer de la Diputació und dem Carrer del Consell de Cent dorthin (hin & zurück 9 €).

Shoppen

Es gibt in Barcelona zahllose Mode- und Designerläden, z. B. an der Plaça de Catalunya sowie rund um dem Passeig de Gràcia und an der Avinguda Diagonal. Von Letzterer bis zur Plaça de la Reina Maria Cristina reiht sich ein Geschäft ans nächste.

Kleine angesagte Boutiquen mit abgefahrenen Klamotten findet man seit Mitte der 1990er Jahre in El Born, La Ribera sowie rund um den Carrer del Rec. Eine weitere gute Anlaufstelle ist der Carrer d'Avinyó im Barri Gòtic. Für Secondhandkleidung sollte man den Carrer de la Riera Baixa in El Raval und den Carrer de Verdi in Gràcia ansteuern.

Barcelonas bekanntestes Kaufhaus **El Corte Inglés** hat überall in der Stadt Filialen, etwa an der **Plaça de Catalunya** (Karte S. 268 f.; ☎902 400222; www.elcorteingles.es; Plaça de Catalunya 14; Ⓜ Catalunya) und der **Plaça de la Reina Maria Cristina** (Avinguda Diagonal 617). **FNAC** (Karte S. 260; ☎93 344 18 00; www.fnac.es; Plaça de Catalunya 4; ⊙Mo–Sa 10–22 Uhr; Ⓜ Catalunya), ein französischer Buch-, CD- und Elektronikriese, verfügt ebenfalls über mehrere Zweigstellen. Der **Bulevard Rosa** (Karte S. 268 f.; ☎93 215 44 99; www.bulevardrosa.com; Passeig de Gràcia 53; ⊙Mo–Sa 10.30–21 Uhr; Ⓜ Passeig de Gràcia) gilt als eine der interessantesten Einkaufspassagen und auch das **Maremagnum** (Karte S. 254 f.; www.maremagnum.es; Moll d'Espanya 5; ⊙10–22 Uhr; Ⓜ Drassanes) im Port Vell lockt eine Menge Kunden an.

Der Winterschlussverkauf beginnt rund um den 10. Januar, der Sommerschlussverkauf rund um den 5. Juli.

L'Arca de l'Àvia VINTAGE, KLEIDUNG

(Karte S. 260; ☎93 302 15 98; Carrer dels Banys Nous 20; Ⓜ Liceu) Großmutters Truhe ist tatsächlich voller außergewöhnlicher Erinnerungsstücke aus der Vergangenheit, darunter bestickte Seidenwesten aus dem 18. Jh., aufwendige Seidenkimonos und Hochzeitskleider sowie Schals aus den 1920er-Jahren.

El Bulevard dels Antiquaris ANTIQUITÄTEN

(Karte S. 268 f.; ☎93 215 44 99; www.bulevarddelsantiquaris.com; Passeig de Gràcia 55–57; ⊙Mo–Sa 10.30–20.30 Uhr; Ⓜ Passeig de Gràcia) Über 70 Geschäfte unter einem Dach – die meisten haben von 11 bis 14 und von 17 bis 20.30 Uhr geöffnet – bieten eine große Auswahl an Sammlerstücken: alte Porzellanpuppen, Schmuck, antike asiatische Möbel, alte französische Handelswaren sowie afrikanischen und anderen Ethnoschmuck.

La Manual Alpargatera SCHUHE

(Karte S. 254 f.; ☎93 301 01 72; http://homepage.mac.com/manualp; Carrer d'Avinyó 7; Ⓜ Liceu) Schon Salvador Dalí und Jean Paul Gaultier haben in diesem berühmten Geschäft, in dem die Kultschuhe erfunden wurden, ein Paar *espadrilles* (Stoffschuhe oder Sandalen mit Jutesohle) bestellt.

Art Montfalcon KUNSTHANDWERK

(Karte S. 260; ☎93 301 13 25; www.montfalcon.com; Carrer dels Boters 4; ⊙10–21 Uhr; Ⓜ Liceu) Unter den allumspannenden Bogen dieser gotischen Höhle findet man eine unglaubliche Auswahl an Geschenkideen und Kunst, darunter zahlreiche Barcelona-Souvenirs von Tonwaren bis hin zu künstlerischen T-Shirts.

Joan Murrià LEBENSMITTEL

(Karte S. 268 f.; ☎93 215 57 89; www.murria.cat; Carrer de Roger de Llúria 85; Ⓜ Passeig de Gràcia) Ramon Casas entwarf vor hundert Jahren die Werbeplakate im Modernismestil an der Ladenfront für diesen köstlichen Delikatessenladen. Bereits genauso lange zieht das Paradies für besondere Lebensmittel aus Katalonien und von weiter weg Gourmets an.

BARCELONAS MÄRKTE

Der weitläufige **Els Encants Vells** (Fira de Bellcaire; ☎93 246 30 30; www.encantsbcn.com; Plaça de les Glòries Catalanes; ⏲Mo, Mi, Fr & Sa 7–18 Uhr; Ⓜ Glòries) ist der größte und bedeutendste Flohmarkt der Stadt. Hier wird jede Menge Ramsch verkauft, aber wer sich ein bisschen umschaut, kann durchaus interessante Sachen entdecken. Im Barri Gòtic findet samstags und sonntags ein **Kunsthandwerkermarkt** (Plaça de Sant Josep Oriol; Ⓜ Liceu), donnerstags der Antiquitätenmarkt **Mercat Gòtic** (Plaça Nova; Ⓜ Liceu oder Jaume I) und sonntagmorgens ein **Münz- und Briefmarkensammlermarkt** (Plaça Reial; Ⓜ Liceu) statt. Am westlichen Rand von El Raval lockt der sonntägliche **Mercat de Sant Antoni** (Carrer de Mallorca 157; ⏲7–20.30 Uhr; Ⓜ Hospital Clínic) mit alten Landkarten, Briefmarken, Büchern und Postkarten.

Antonio Miró MODE
(Karte S. 268 f.; ☎93 487 06 70; www.antoniomiro.es; Carrer del Consell de Cent 349; ⏲Mo–Sa 10–20 Uhr; Ⓜ Passeig de Gràcia) Antonio Miró ist einer der Könige der Haute Couture in Barcelona. Seine Kreationen für Männer und Frauen sind elegant und bestehen aus leichten, natürlichen Stoffen.

Custo Barcelona MODE
(Karte S. 264; ☎93 268 78 93; www.custo-barcelona.com; Plaça de les Olles 7; Ⓜ Jaume I) Die grellen Farben und Schnitte der Waren von Designerjacketts bis hin zu Hotpants sind nur etwas für Modemutige. Es gibt in der Stadt noch fünf weitere Filialen.

Urbana MODE
(Karte S. 254 f.; ☎93 269 09 20; Carrer d'Avinyó 46; ⏲Mo–Sa 11–21 Uhr; Ⓜ Liceu) Dieses lässige Geschäft mit baskischen Wurzeln hat erfrischend farbenfrohe urbane Mode sowie Schuhe und Accessoires für Mädels und Jungs im Angebot.

Casa Gispert LEBENSMITTEL
(Karte S. 264; ☎93 319 75 35; www.casagispert.com; Carrer dels Sombrerers 23; Ⓜ Jaume I) In der wundervollen, atmosphärischen Casa Gispert mit Holzfront werden seit 1851 Mandeln geröstet und getrocknete Früchte verkauft.

Vila Viniteca ALKOHOL
(Karte S. 254 f.; ☎902 327777; www.vilaviniteca.es; Carrer dels Agullers 7; ⏲Mo–Sa 8.30–20.30 Uhr; Ⓜ Jaume I) Das 1932 eröffnete wunderbare Weingeschäft (eines von vielen in Barcelona) hat hervorragende lokale und importierte Tropfen im Sortiment. In der Hausnummer 9 befindet sich ein Feinkostladen.

Xampany ALKOHOL
(Karte S. 268 f.; ☎610 845011; Carrer de València 200; ⏲Mo–Fr 16.30–22, Sa 10–14 Uhr; Ⓜ Passeig de Gràcia) Seit 1981 ein Eldorado für *cava*. Weinflaschen stapeln sich bis zur Decke und füllen jede mögliche Ecke in diesem spärlich beleuchteten Laden.

Vinçon HAUSHALTSWAREN
(Karte S. 268 f.; ☎93 215 60 50; www.vincon.com; Passeig de Gràcia 96; ⏲Mo–Sa 10–20.30 Uhr; Ⓜ Diagonal) Nicht wegzudenken aus der städtischen Designszene ist das Vinçon mit den raffiniertesten Designermöbeln und Haushaltswaren aus aller Welt. Das Gebäude gehörte einstmals dem Modernismekünstler Ramon Casas.

Camper SCHUHE
(Karte S. 268 f.; ☎93 215 63 90; www.camper.com; Carrer de València 249; Ⓜ Passeig de Gràcia) Was als kleines mallorquinisches Familienunternehmen begann, ist heute ein bedeutender internationaler Vertreter von Schuhmode. Die Kollektion reicht von sehr bequem bis zu hochmodisch und ist bekannt für ihre Haltbarkeit. Es gibt Filialen in der ganzen Stadt.

Laie BÜCHER
(Karte S. 268 f.; ☎93 318 17 39; www.laie.es; Carrer de Pau Claris 85; ⏲Mo–Fr 10–21, Sa 10.30–21 Uhr; Ⓜ Catalunya oder Urquinaona) Romane und Bücher zu Architektur, Kunst und Film auf Englisch, Französisch, Spanisch und Katalanisch. Oben befindet sich ein tolles Café.

Antinous BÜCHER
(Karte S. 254 f.; ☎93 301 90 70; www.antinouslibros.com; Carrer de Josep Anselm Clavé 6; Ⓜ Drassanes) Buchladen für Schwule und Lesben mit einem kleinen Café im hinteren Bereich.

ℹ Praktische Informationen

Geld

Banken gibt's in Barcelona reichlich. Viele verfügen über Geldautomaten, z. B. rund um die Plaça de Catalunya, auf der Rambla und an der Plaça de Sant Jaume im Barri Gòtic.

ERMÄSSIGUNGEN

Schüler und Studenten zahlen mit entsprechendem Nachweis etwa die Hälfte der Eintrittspreise, ebenso Kinder unter zwölf Jahren und Senioren über 65. Ermäßigungen in Museen gibt's auch für Inhaber des Bus-Turístic-Tickets.

Das **Articket** (www.articketbcn.org) kostet 30 € und ist für den Besuch von sieben bedeutenden Kunstmuseen – Museu Picasso, Museu Nacional d'Art de Catalunya, Museu d'Art Contemporani de Barcelona (MACBA), Fundació Antoni Tàpies, Centre de Cultura Contemporània de Barcelona, Fundació Joan Miró und La Pedrera – innerhalb eines Zeitraums von sechs Monaten gültig. Man bekommt es in den Museen und in den Touristeninformationen an der Plaça de Catalunya, Plaça de Sant Jaume und im Sants-Bahnhof.

Wer sich Barcelonas Modernismebauten ansehen möchte, folgt am besten der **Ruta del Modernisme** (www.rutadelmodernisme.com). Im Touristenbüro an der Plaça de Catalunya erhält man für 12 € einen Führer zu 115 großen und kleinen Jugendstilgebäuden, eine Karte und eine Ermäßigung von bis zu 50 % für den Eintritt zu den wichtigsten Sehenswürdigkeiten dieser Art in der Stadt sowie in der Umgebung.

Infos im Internet

www.barcelonaturisme.com Offizielle Tourismus-Website.

www.bcn.cat Portal des Rathauses mit Links.

www.lecool.com Veranstaltungsführer.

www.rutadelmodernisme.com Infos zur Reiseplanung.

Internetzugang

Immer mehr Hotels, Restaurants, Cafés, Bars und andere öffentliche Einrichtungen bieten kabellosen Internetzugang.

Bornet (Carrer de Barra Ferro 3; 1/10 Std. 2,80/20 €; ⏲Mo–Fr 10–23, Sa, So & Feiertage 14–23 Uhr; Ⓜ Jaume I) Cooler kleiner Internetladen mit Kunstgalerie.

Medien

La Vanguardia und *El Periódico* sind die großen Tageszeitungen auf Kastilisch. *El País* hat eine tägliche Beilage zu Katalonien.

Medizinische Versorgung

Wer die ☎010 anruft, kann sich darüber informieren, wo er die nächstgelegene Nachtapotheke findet. Es gibt auch mehrere 24 Stunden geöffnete Apotheken.

Farmàcia Castells Soler (Passeig de Gràcia 90; Ⓜ Diagonal)

Farmàcia Clapés (La Rambla 98; Ⓜ Liceu)

Farmàcia Torres (www.farmaciaabierta24h.com; Carrer d'Aribau 62; FGC Provença)

Hospital Clínic i Provincial (Carrer de Villarroel 170; Ⓜ Hospital Clínic)

Hospital Dos de Maig (Carrer del Dos de Maig 301; Ⓜ Sant Pau–Dos de Maig)

Notfall

Touristen, die einen Diebstahl melden wollen, müssen sich an die katalanische Polizei wenden, entweder an die **Mossos d'Esquadra** (☎088; Carrer Nou de la Rambla 80; Ⓜ Paral.lel) oder an die **Guàrdia Urbana** (Ortspolizei; ☎092; La Rambla 43; Ⓜ Liceu).

EU-Notruf (☎112)

Feuerwehr (Bombers; ☎080, 085)

Krankenwagen (☎061)

Policía Nacional (Landespolizei; ☎091)

Post

Das **Hauptpostamt** (Plaça d'Antoni López; ⏲Mo–Fr 8.30–21.30, Sa 8.30–14 Uhr; Ⓜ Jaume I) befindet sich gegenüber dem Nordostende des Port Vell. Gleich hinter dem Passeig de Gràcia stößt man auf eine praktisch gelegene **Filiale** (Carrer d'Aragó 282; ⏲Mo–Fr 8.30–20.30, Sa 9.30–13 Uhr; Ⓜ Passeig de Gràcia).

Reisebüros

Halcón Viatges (☎902 091800; www.halconviajes.com; Carrer de Pau Claris 108; Ⓜ Passeig de Gràcia) Solide Reisebürokette mit gelegentlichen guten Angeboten. Eine von mehreren Filialen im Stadtgebiet.

Orixà (☎93 487 00 22; www.orixa.com; Carrer d'Aragó 227; Ⓜ Passeig de Gràcia) Empfehlenswertes lokales unabhängiges Reisebüro.

Touristeninformation

Neben den im Folgenden genannten Adressen gibt's Infostände am Busbahnhof Estació Nord, am Portal de la Pau und am Fuß des Mirador a Colom. Im Sommer sind mindestens drei weitere Schalter an verschiedenen Stellen in der Stadt zu finden.

Die **Hauptfiliale** (☎93 285 38 34; www.barcelonaturisme.com; unterirdisch an der Plaça de Catalunya 17-S; ⏲8.30–20.30 Uhr; Ⓜ Catalunya) des Oficina d'Informació de Turisme de Barcelona liegt an der Plaça de Catalunya. Hier kann man sich über die Möglichkeiten in der Stadt informieren und Hotels buchen. Wer Auskünfte über ganz Katalonien einholen möchte, wendet sich an die Filiale in der EU-Ankunftsstelle des **Aeroport del Prat** (Aeroport del Prat, Terminals 1, 2B & 2A; ⌚9–21 Uhr). In der internationalen Ankunftshalle ist ein weiterer kleiner Schalter geöffnet. Der Infostand an der **Sants Estació** (⌚8–20 Uhr; Ⓜ Sants Estació) bietet nur einen eingeschränkten Service. Es gibt auch eine hilfreiche Zweigstelle im **Rathaus** (Plaça Sant Jaume; Karte S. 254 f.; ☎93 285 38 32; Carrer de la Ciutat 2; ⌚Mo–Fr 8.30–20.30, Sa 9–19, So & Feiertage 9–14 Uhr; Ⓜ Jaume I).

Centre Gestor del Parc de Montjuïc (Passeig de Santa Madrona 28; ⌚10–20 Uhr) Das Büro im Font del Gat liegt nur einen kurzen Weg vom Passeig de Santa Madrona östlich des Museu Etnològic und bietet Infos zum Parc de Monjuïc.

Informationsbüro auf der Rambla (www.barcelonaturisme.com; La Rambla dels Estudis 115; ⌚8.30–20.30 Uhr; Ⓜ Liceu)

Regionale Touristeninformation im Palau Robert (☎93 238 80 91, außerhalb Kataloniens 902 400012; www.gencat.net/probert; Passeig de Gràcia 107; ⌚Mo–Sa 10–20, So 10–14.30 Uhr) Jede Menge Material über Katalonien, audiovisuelle Quellen, ein Buchladen und eine Filiale von Turisme Juvenil de Catalunya (für jugendliche Traveller).

An- & Weiterreise

Auto & Motorrad

Von Barcelona führen *autopistas* (gebührenpflichtige Autobahnen) in fast alle Richtungen, darunter die C31/C32 zur südlichen Costa Brava, die C32 nach Sitges, die C16 nach Manresa (mit Abzweig nach Montserrat) und die AP7 Richtung Norden nach Girona, Figueres und Frankreich sowie Richtung Süden nach Tarragona und Valencia (Abzweig auf der AP2 nach Lleida, Zaragoza und Madrid). Mautfreie Straßen wie die A2 nordwärts nach Girona, Figueres und Frankreich und westwärts nach Lleida oder die A7 nach Tarragona sind meist ziemlich voll, sodass man nur langsam vorankommt.

MIETWAGEN

Avis, Europcar, Hertz und mehrere andere große Unternehmen haben Schalter am Flughafen, am Bahnhof Estació Sants und am Busbahnhof Estació del Nord:

Avis (☎902 110 275; www.avis.com; Carrer de Còrsega 293–295; Ⓜ Diagonal)

Cooltra (☎93 221 40 70; www.cooltra.com; Passeig de Joan de Borbó 80–84; Ⓜ Barceloneta) Hier kann man Roller für ca. 35 € mieten (zzgl. Versicherung) und Touren buchen.

Europcar (☎93 302 05 43; www.europcar.com; Gran Via de les Corts Catalanes 680; Ⓜ Girona)

Hertz (☎93 419 61 56; www.hertz.com; Carrer del Viriat 45; Ⓜ Sants)

> **ACHTUNG: AUF WERTSACHEN AUFPASSEN!**
>
> Jedes Jahr berichten uns Leser von ihren Erlebnissen in Barcelona, wo Touristen beliebte Opfer von Gaunereien und Diebstählen sind. Jeder Traveller sollte also die üblichen Vorsichtsmaßnahmen beachten.
>
> Taschendiebe treiben sich vor allem in Flughafenzügen und in der Metro herum, besonders rund um die Haltestellen, wo viele Reisende aussteigen (etwa an der Sagrada Família). Vorsicht ist auch in der *ciutat vella* (Altstadt) und auf der Rambla angesagt. Prostituierte am unteren Ende des Boulevards (im Hafenbereich) verdienen sich oft durch Brieftaschenklau etwas hinzu.

National/Atesa (☎93 323 07 01; www.atesa.es; Carrer de Muntaner 45; Ⓜ Universitat)

Bus

Fernbusse zu Orten in ganz Spanien fahren am **Estació del Nord** (☎902 260 606; www.barcelonanord.com; Carrer d'Ali Bei 80; Ⓜ Arc de Triomf) ab. Von hier aus bedienen zahlreiche Unternehmen, von denen viele zu **ALSA** (☎902 422242; www.alsa.es) gehören, unterschiedliche Landesteile. Es gibt regelmäßige Verbindungen nach Madrid, Valencia und Zaragoza (mind. 20-mal tgl.) sowie nach Burgos, Santiago de Compostela und Sevilla (mehrmals täglich).

Eurolines (www.eurolines.es) ist im Verbund der nationalen Buslinien die größte internationale Gesellschaft. Vom Estació del Nord und vom **Estació d'Autobusos de Sants** (Carrer de Viriat; Ⓜ Sants Estació) neben dem Estació Sants Barcelona werden zahlreiche Ziele in Europa sowie Marokko angesteuert. Informationen und Fahrkarten bekommt man bei ALSA. **Linebús** (www.linebus.com) ist ein weiteres Busunternehmen.

In Katalonien können viele Orte in den Pyrenäen und an der Costa Brava nur mit dem Bus erreicht werden, da Züge lediglich wichtige Bahnhöfe wie Girona, Figueres, Lleida, Ripoll und Puigcerdà ansteuern. Leider sind die Busse weniger bequem und praktisch.

Die Region wird von verschiedenen Gesellschaften bedient, zumeist ab Estació del Nord. Ziele von dort sind in der Tabelle unten aufgeführt (bei mehreren Angaben zu den Abfahrten gilt die kleinere Zahl meist für sonntags; die angegebenen Fahrpreise sind die niedrigsten Tarife).

BUSVERBINDUNGEN

ZIEL	ABFAHRTEN (PRO TAG)	FAHRTDAUER (STD.)	PREIS (€)
Almería	4–5	11¼–14	66
Burgos	5–6	7½–8½	37
Granada	5-8	12½–14¼	73
Madrid	bis zu 16	7½–8	30
Sevilla	1–2	14¾	82
Valencia	bis zu 14	4–4½	27
Zaragoza	bis zu 22	3¾	15

Alsina Graells (☎902 422242; www.alsa.es) Gehört zu ALSA. Verbindungen zu Zielen im Westen und Nordwesten wie Vielha, La Seu d'Urgell und Lleida sowie in den Nordwesten Kataloniens.

Barcelona Bus (☎902 130014; www.barcelonabus.com) Bedient Girona (und verkehrt von dort zum Flughafen der Costa Brava), Figueres und einige Orte an der Costa Brava sowie den Nordwesten Kataloniens.

Hispano-Igualadina (☎902 292900; www.igualadina.net; Estació Sants & Plaça de la Reina Maria Cristina) Zentral- und Südkatalonien.

Sarfa (☎902 30 20 25; www.sarfa.com) Die wichtigste Busgesellschaft rund um die Costa Brava.

TEISA (☎93 215 35 66; www.teisa-bus.com; Carrer de Pau Claris 117; Ⓜ Passeig de Gràcia) Deckt von Girona und Figueres aus einen großen Teil der östlichen katalanischen Pyrenäen ab. Busse starten in Barcelona und fahren via Ripoll nach Camprodon sowie über Besalú nach Olot.

Flugzeug

Der **Aeroport del Prat** (☎902 404704; www.aena.es) 12 km südwestlich des Stadtzentrums in El Prat de Llobregat ist ein Drehkreuz für inländische und internationale Flüge mit zahlreichen Direktverbindungen in bzw. von europäischen Städten.

Mehrere Billigairlines wie Ryanair steuern den Flughafen Girona–Costa Brava 11 km südlich von Girona bzw. 80 km nördlich von Barcelona an. Busse fahren vom/zum Busbahnhof Estació del Nord in Barcelona.

Schiff/Fähre

BALEAREN

Reguläre Passagier- und Autofähren der **Acciona Trasmediterránea** (☎902 454645; www.trasmediterranea.es; Ⓜ Drassanes) zu/von den Balearen legen an beiden Seiten des Moll-de-Barcelona-Piers in Port Vell ab/an.

ITALIEN

Grandi Navi Veloci (☎in Italien 010 209 4591; www1.gnv.it; Ⓜ Drassanes) gehört zur Grimaldi-Gruppe und verfügt über eine luxuriöse Highspeed-Autofähre, die mindestens dreimal pro Woche zwischen Genua und Barcelona verkehrt (19 Std.). Die Ticketpreise sind sehr unterschiedlich und hängen von der Saison ab sowie davon, wie weit im Voraus man bucht. Im Sommer geht's bei rund 99 € pro Fahrt los (dafür bekommt man dann einen Sitz wie im Flugzeug zugewiesen). Man erhält das Ticket an den Schaltern von Acciona Trasmediterránea. Dasselbe Unternehmen organisiert auch Touren zwischen Barcelona und Tanger in Marokko (26 Std.).

Grimaldi Lines (☎902 531333, in Italien 081 496444; www.grimaldi-lines.com) betreibt eine ähnliche Fähre von Barcelona nach Civitavecchia (in der Nähe von Rom; 20½ Std., 6–7-mal pro Woche), Livorno (Toskana; 19½ Std., 3-mal pro Woche) und Porto Torres (im Nordwesten Sardiniens; 12 Std., tgl.). Ein Economy-Class-Platz, ähnlich wie in einem Flugzeug, kostet für beide Strecken mindestens 45 € in der Neben- und 80 € in der Hauptsaison.

Die Fähren beider Unternehmen halten am Moll de Sant Bertran und befördern auch Fahrzeuge.

Zug

Viele internationale und nationale Züge steuern den Hauptbahnhof **Estació Sants** (Plaça dels Països Catalans; Ⓜ Sants Estació) 2,5 km westlich der Rambla an. Fernzüge halten auch in den Bahnhöfen Catalunya und Passeig de Gràcia. Infoschalter findet man am Estació Sants und am Passeig-de-Gràcia-Bahnhof. Im Sants-Bahnhof gibt's eine **consigna** (Gepäckaufbewahrung; ⊙5.30–23 Uhr), eine Touristeninformation, einen Telefon- und Faxservice und Geldautomaten.

INTERNATIONALE VERBINDUNGEN

Jeden Tag bestehen vom Estació Sants ein oder zwei Verbindungen nach Montpellier in Frankreich (59 € für eine einfache Fahrt in der *turista*-Klasse, 4½ Std.). Auf der Strecke sind auch ein paar langsamere Züge unterwegs (man muss in Portbou umsteigen), die alle in Perpignan halten.

Außerdem fahren täglich acht Züge zur französischen Grenzstadt Cerbère (ab 12 €, 2½ Std.). Von dort geht's via Montpellier weiter nach Paris.

NATIONALE VERBINDUNGEN

Der Hochgeschwindigkeitszug Tren de Alta Velocidad Española (AVE) verkehrt 18-mal täglich zwischen Madrid und Barcelona; neunmal davon braucht er für die Strecke weniger als drei Stunden. Pro Fahrt muss man mit etwa 118 € rechnen. Bald werden die Züge durch einen umstrittenen Tunnel direkt bis nach Barcelona und von dort weiter Richtung Norden zur französischen Grenze brausen. Ein neuer französischer Hochgeschwindigkeitszug (TGV) verbindet Paris mit Figueres (ab 74 €, 5½ Std.). Weitere beliebte Strecken findet man in der Tabelle unten (die angegebenen Preise sind die je nach Zugtyp niedrigsten).

Unterwegs vor Ort

In Barcelona kommt man am besten mit der Metro herum, die abgesehen vom Flughafen alle wichtigen Gebiete ansteuert. Für einige Strecken muss man Busse oder die FGC-Vorortzüge nehmen. In der Touristeninformation erhält man den umfassenden *Guia d'Autobusos Urbans de Barcelona* mit dem Streckennetz der Metro und allen Busverbindungen.

Auskunft zu öffentlichen Verkehrsmitteln gibt's unter ☎010.

Auto & Motorrad

Ein ausgeklügeltes Einbahnstraßensystem lässt den Verkehr fließen, wer allerdings kein Navigationsgerät oder eine gute Straßenkarte besitzt, landet gelegentlich da, wo er eigentlich gar nicht hinwollte.

Parkplätze in der Altstadt sind fast ausschließlich für Anwohner reserviert. In den engen Straßen von Gràcia sieht es auch nicht besser aus. Die breiten Boulevards in L'Eixample sind in blaue und grüne Zonen eingeteilt. Ortsfremde dürfen in beiden Zonen nur parken, wenn sie dafür Geld zahlen (etwa 3 € pro Std.). In L'Eixample gibt's zahlreiche Parkhäuser und auch in der Altstadt findet man ein paar. Pro Stunde kosten sie zwischen 4 und 5 €.

Vom/zum Flughafen

Der **A1 Aerobús** (☎93 415 60 20; einfach 5,65 €) fährt zwischen 6.10 und 1.05 Uhr vom Terminal 1 zur Plaça de Catalunya über die Plaça d'Espanya, die Gran Via de les Corts Catalanes (an der Ecke zum Carrer del Comte d'Urgell) und die Plaça de la Universitat (alle 6–15 Min. je nach Tageszeit; 35 Min.). Der A2 Aerobús bedient von 6 bis 1 Uhr dieselbe Strecke ab dem Terminal 2. Tickets kann man im Bus kaufen.

Renfes Zug R2 Nord verkehrt zwischen dem Flughafen und dem Passeig de Gràcia (via Estació Sants) im Zentrum Barcelonas (rund 35 Min.) und fährt dann stadtauswärts. Tickets kosten 3,60 €, es sei denn man hat die günstigere T-10-Mehrfahrtenkarte. Der Betrieb ab dem Flughafen beginnt täglich um 5.42 Uhr und endet um 23.38 Uhr.

Ein Taxi vom/zum Stadtzentrum braucht je nach Verkehr etwa eine halbe Stunde und kostet 25 bis 30 €.

Sagalés (☎902 130014; www.sagales.com) betreibt den Barcelona Bus (S. 308), der den Flughafen von Girona mit dem Busbahnhof Estació del Nord in Barcelona verbindet (einfach/hin & zurück 15/25 €, 70 Min.).

Öffentliche Verkehrsmittel

BUS

Barcelonas Verkehrsgesellschaft **Transports Metropolitans de Barcelona** (TMB; ☎010; www.tmb.net) bedient von etwa 5 oder 6 Uhr bis 22 oder 23 Uhr fast das gesamte Stadtgebiet. Viele Busse fahren über die Plaça de Catalunya und/oder die Plaça de la Universitat. Von etwa 23 Uhr bis 3 oder 5 Uhr verkehren zumeist alle 30 bis 45 Min. die gelben *nitbusos* (Nachtbusse). Alle *nitbus*-Linien halten an der Plaça de Catalunya.

METRO & FGC

Die TMB-Metro hat sechs nummerierte und farblich gekennzeichnete Linien. Sie ist von Sonntag bis Donnerstag und an Feiertagen von

ZUGVERBINDUNGEN

ZIEL	ABFAHRTEN (PRO TAG)	FAHRTDAUER (STD.)	PREIS (€)
Alicante	bis zu 8	4¾–5½	52–57
Burgos	4	6–7	66–81
Valencia	bis zu 15	3–4½	36–45
Zaragoza	bis zu 35	1½–4¼	52–66

5 bis 24 Uhr, freitags und Tagen vor Feiertagen von 5 bis 2 sowie samstags von 5 bis 5 Uhr in Betrieb. Die Linie 2 ist behindertengerecht, außerdem gibt's in mehreren Stationen Fahrstühle.

Die Vorortzüge der **Ferrocarrils de la Generalitat de Catalunya** (FGC; ☎93 205 15 15; www.fgc.net) verkehren auf ein paar ganz praktischen Stadtstrecken. Einer fährt von der Plaça de Catalunya nach Norden. Von dort geht's mit weiteren Zügen zum Tibidabo und in die Nähe des Monestir de Pedralbes. Einige Züge auf dieser Strecke fahren weiter nach Sant Cugat, Sabadell und Terrassa.

Einige FGC-Züge pendeln zwischen der Plaça d'Espanya und Manresa. Mit ihnen gelangt man nach Montserrat. Sie sind sonntags bis donnerstags von 5 bis 23 oder 24 Uhr (vor 6 Uhr starten nur zwei oder drei Züge) und freitags bzw. samstags von 5 bis 1 Uhr (teilweise auch etwas später) unterwegs.

Drei **Straßenbahnen** (☎902 193275; www.trambcn.com) steuern von der Plaça de Francesc Macià Barcelonas Vororte an. Für Touristen sind sie nicht sonderlich interessant. Die T4 fährt hinter dem Zoo nahe der Metrostation Ciutadella-Vila Olímpica über das Fòrum zur Sant Adrià und die T5 verkehrt von Glòries nach Badalona. In Barcelona gekaufte Fahrkarten sind darin ebenfalls gültig.

TICKETS & TARGETES

Für die Metro, FGC-Züge, *rodalies/cercanías* (von Renfe betriebene Regionalzüge) und Busse gilt jeweils ein in verschiedene Zonen eingeteiltes Tarifsystem. Einzelfahrscheine für alle Verkehrsmittel in Zone 1 (reicht über den Flughafen hinaus) kosten, außer für Renfe-Züge, 2 €.

Targetes (Mehrfahrtenkarten) bekommt man in den meisten Metrostationen im Stadtzentrum. Hier angegebene Preise gelten für die Zone 1. Kinder unter vier Jahren fahren umsonst mit.

Targeta T-10 (9,25 €) Zehn Fahrten (jede gültig für 1¼ Std.) in Metro, Bussen und FGC-Zügen. Der Umstieg zwischen Metro, FGC, *rodalies* und Bussen ist gestattet.

Targeta T-DIA (6,95 €) Tageskarte für beliebige Fahrten mit allen Verkehrsmitteln.

Targeta T-50/30 (37 €) Gilt für 50 Fahrten innerhalb von 30 Tagen.

Zwei-/Drei-/Vier-/Fünftageskarten (12,80/18,50/23,50/28 €) Karten für unbegrenzte Fahrten mit allen Verkehrsmitteln außer dem Aerobús werden in den Metrostationen oder den Touristeninformationen verkauft.

T-Mes (50 €) Gültig für beliebig viele Fahrten mit allen Verkehrsmitteln.

Taxi

Wer ein Taxi nimmt, muss eine Grundgebühr von 2,05 € plus 0,93 € pro Kilometer (1,18 € von 20 bis 8 Uhr und am Wochenende) zahlen. Die Fahrt vom/zum Flughafen kostet zusätzlich 3,10 € und 1 € pro Gepäckstück, das größer als 55/55/35 cm ist. Für die 3 km lange Strecke vom Estació Sants zur Plaça de Catalunya werden 11 € verlangt. **Taxis** (☎Fonotaxi 93 300 11 00, Radiotaxi 93 303 30 33, Radiotaxi BCN 93 225 00 00) können telefonisch bestellt oder direkt an der Straße herangewunken werden. Ersteres kostet 3,40 € (4,20 € nachts und am Wochenende). In vielen Wagen kann man mit seiner Kreditkarte zahlen.

Taxi Amic (☎93 420 80 88; www.taxi-amic-adaptat.com) hat sich auf den Transport von Behinderten und Sonderfahrten (z. B. Beförderung sperriger Objekte) spezialisiert. Eine Reservierung 24 Stunden im Voraus ist empfehlenswert.

Katalonien

Inhalt »

Tossa de Mar 313
Palafrugell 316
Girona...........................320
Cadaqués 328
Figueres........................ 341
Vall de Núria & Ribes de Freser.............349
Parc Nacional d'Aigües-tortes i Estany de Sant Maurici & Umgebung... 357
Sitges............................369
Weinbaugebiet Penedès....................... 373
Tarragona 376
Tortosa.......................... 381
Delta de L'Ebre 382

Auf nach Katalonien

Hinter Barcelona erstreckt sich eine Region von immenser Vielfalt, zu deren Highlights die bezaubernden Buchten der Costa Brava gehören. Wer Wert auf Kultur legt, der findet in der mittelalterlichen Stadt Girona urbane Unterhaltung und jüdische Geschichte und in Figueres einen Schrein für Salvador Dalí in Form des örtlichen Theater-Museums.

Im Norden erheben sich die Pyrenäen zu imposanten Dreitausendern und warten mit vielen einsamen grünen, von Wanderwegen durchzogenen Tälern auf. Als würde das noch nicht ausreichen, locken hier außerdem die von Flamingos bevölkerten Feuchtgebiete des Ebrodeltas, die römischen und griechischen Ruinen von Tarragona und Empuriés sowie von mächtigen mittelalterlichen Klöstern und einsamen Bergdörfern gespickte Landschaften.

Wohin man sich auch wendet, überall ist zu spüren, dass Katalonien (auf Katalanisch „Catalunya", auf Spanisch „Cataluña") anders ist als das übrige Spanien. Und diesen Unterschied kennenzulernen lohnt sich.

Gut essen

» Mas Prades (S. 383)
» El Celler de Can Roca (S. 325)
» Arcs Restaurant (S. 379)
» Mas Pau (S. 343)
» eF & Gi (S. 372)

Schön übernachten

» Albergue Taüll (S. 359)
» Cal Perello (S. 368)
» Mirador de Siurana (S. 368)
» Torre del Remei (S. 368)
» Mas del Tancat (S. 383)

Reisezeit

Tarragona

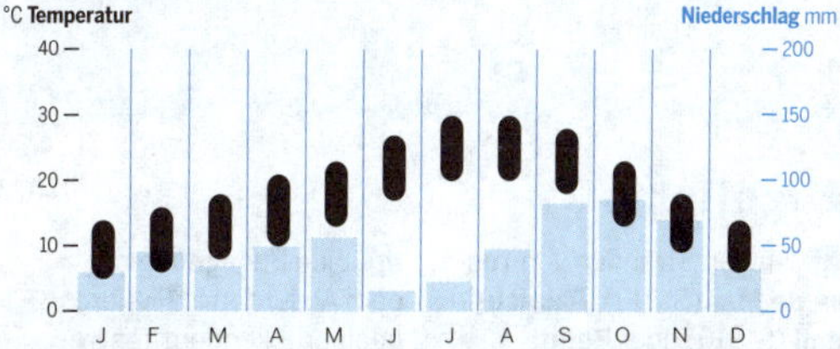

Mai Herrlich: Gironas Blütenpracht während des Blumenfests und die Strände der Costa Brava.

Sept. Eine tolle Zeit, um Wandertouren in den Katalanischen Pyrenäen zu unternehmen.

Okt. & Nov. Jetzt sind die Museen des Dalí-Rundwegs nicht überlaufen.

Highlights

1 An den Stränden von **Tossa de Mar** (S. 313), **Palafrugell** (S. 316) oder **Begur** (S. 319) relaxen

2 Das bezaubernde Dorf **Cadaqués** (S. 328) und das benachbarte **Portlligat** (S. 328) besuchen, wo noch Dalís Geist zu spüren ist

3 Eine Begegnung mit dem Absurden in Figueres' beeindruckendem **Teatre-Museu Dalí** (S. 341) wagen

4 Ausgedehnte Wanderungen im **Parc Nacional d'Aigüestortes i Estany de Sant Maurici** (S. 357) unternehmen

5 Das blumengeschmückte mittelalterliche Zentrum von **Girona** (S. 320) erkunden

6 Auf den Stromschnellen des **Río Noguera Pallaresa** (S. 356) reiten

7 Im **Delta de l'Ebre** (S. 382) über die Scharen von Flamingos staunen

COSTA BRAVA

Die Costa Brava erstreckt sich von Blanes bis zur französischen Grenze und gehört zusammen mit der Costa Blanca und der Costa del Sol zu Spaniens drei großen Feriengebieten. Auch wenn einige Traveller hässliche Hotelburgen und englisches Frühstück mit ihr verbinden, bietet die „Wilde Küste" spektakuläre Sandstrände und Küstenabschnitte. Ihre charakteristische zerklüftete Landschaft schützte sie vor zu starker Bebauung.

Im hügeligen Hinterland – im Süden grün und von Schirmpinien bewachsen, im Norden kahler und brauner – warten verstreute reizende Dörfer, das mächtige Kloster San Pere de Rodes und Salvador Dalís Fantasieschloss in Púbol auf ihre Erkundung. Weiter im Inland liegen die Städte Girona mit dem großen, erstaunlich gut erhaltenen mittelalterlichen Zentrum und Figueres, berühmt für sein bizarres Teatre-Museu Dalí, das an den bekannten exzentrischen surrealistischen Künstler erinnert.

Die schroffen Felsen der Costa Brava setzen sich unter der Wasseroberfläche fort, weshalb die Küste mit einigen der besten Tauchmöglichkeiten des Landes lockt. Die geschützten Inselchen vor L'Estartit, die Illes Medes, verfügen über das wohl vielfältigste Meeresleben Spaniens.

An- & Weiterreise

Von Barcelona aus steuern Busse viele Orte an bzw. nahe der Costa Brava an. Auch in Girona und Figueres gibt's recht gute Verbindungen zur Küste.

Die Bahnstrecke zwischen Barcelona und der Grenzstadt Portbou an der Küste verläuft durch das Landesinnere, beispielsweise durch Girona und Figueres.

Im Sommer gelangt man von Barcelona alternativ mit der Kombination von *rodalies* (Vorortbahn) und Fähre zur südlichen Costa Brava.

Von Barcelona führen die *autopista* (gebührenpflichtige Autobahn) AP7 und die mautfreie Schnellstraße NII über Girona und Figueres zur französischen Grenze. Die *autopista* C32 verläuft parallel zur NII bis nach Blanes an der Küste entlang.

Tossa de Mar

5920 EW.

Das malerische Tossa de Mar schmiegt sich an eine mit Booten gesprenkelte Bucht, geschützt von einer Landzunge mit eindrucksvollen mittelalterlichen Verteidigungswällen und Türmen. Durch den Tourismus erhielt das Städtchen mit seinen krummen, engen Straßen eine moderne Erweiterung. Im Juli und August ist es fast unmöglich, zum Wasser zu kommen, ohne über die eingeölten Körper der zahlreichen Strandbesucher zu stolpern, außerhalb der Saison gilt der Ort jedoch noch immer als hübsches Ausflugsziel.

Tossa war eine der ersten Städte an der Costa Brava mit ausländischen Besuchern: In den 1930er-Jahren zog es eine kleine Gruppe von Künstlern und Schriftstellern ins „Blaue Paradies", wie Marc Chagall die Gegend nannte. Bekanntheit erlangte Tossa durch Ava Gardners Film *Pandora und der fliegende Holländer von 1950.*

Sehenswertes & Aktivitäten

Altes Tossa ALTSTADT

Die märchenhaften ockerfarbenen **Mauern** und **Türme** auf der pinienbewachsenen Landzunge Mont Guardí am Ende des Hauptstrands wurden zwischen dem 12. und 14. Jh. errichtet. Sie säumen die **Vila Vella**, die Altstadt, voll steiler schmaler Kopfsteinpflasterstraßen und malerischen weiß getünchten, mit Blumen geschmückten Häusern. Auf dem Mont Guardí thront der **Far de Tossa** (Leuchtturm; Erw./Kind 3/1,50 €; Mitte Juni–Mitte Sept. Di–So 10–22 Uhr, restliches Jahr kürzer). Eine 20-minütige Führung im Turm veranschaulicht auf fantasievolle Weise seine Geschichte. Die Bar Far de Tossa nebenan mit Blick in die Tiefe eignet sich wunderbar für einen Ava-Gardner-Cocktail. Im August werden an verschiedenen Abenden unter dem Licht des Leuchtturms Konzerte veranstaltet.

Strände & Boote STRÄNDE

Am schönen Hauptstrand, der goldenen **Platja Gran**, herrscht oft großer Andrang. Jenseits der Landzunge, am Ende der Avinguda de Sant Ramon Penyafort, liegt die ruhigere, kleinere **Platja Mar Menuda**, die bei Tauchern beliebt ist. Die besten Strände erstrecken sich nördlich und südlich entlang der Küste und sind nur mit einem eigenen Fahrzeug oder für ambitionierte Wanderer zugänglich (s. Kasten S. 318).

Von Ostern bis September steuern **Glasbodenboote** (www.fondocristal.com; Erw./5–12 J. 14/9 €) stündlich oder halbstündlich (10–17 Uhr, 20 Min.) einige der nordöstlichen Sandstreifen an, darunter die **Cala Giverola**, eine schöne Bucht mit ein paar Restaurants und Bars.

Costa Brava

Museu Municipal MUSEUM
(Plaça de Roig i Soler 1; Erw./Kind 3 €/frei; ⌚Mitte Juni–Mitte Sept. Di–Sa 10–20, So & Mo 10–14 & 16–20 Uhr, restliches Jahr kürzer) Das Museum im unteren Teil der Vila Vella ist im Palau del Batlle aus dem 14. und 15. Jh. untergebracht. Es zeigt Mosaike und andere Fundstücke einer **römischen Villa** in der Avinguda del Pelegrí sowie Kunst mit Bezug zum Ort, darunter Chagalls *Himmlischer Geiger*.

Schlafen

Die meisten Unterkünfte sind von der Osterwoche (Semana Santa) bis in den Oktober hinein geöffnet, jedoch nur selten außerhalb der Saison.

LP TIPP Hostal Cap d'Or HOSTAL €€
(☎972 34 00 81; www.hotelcapdor.com; Passeig de la Vila Vella 1; EZ/DZ inkl. Frühstück 63/103 €; ❄📶) Dieses familiengeführte Haus geht quasi auf Tuchfühlung mit der Historie des Ortes, denn es steht direkt an den alten Mauern. Alle Zimmer sind hübsch in Meerblau und Weiß dekoriert und die besten bieten einen Ausblick auf den Strand.

Hotel Diana HOTEL €€€
(☎972 34 18 86; www.hotelesdante.com; Plaça d'Espanya 6; DZ inkl. Frühstück 145 €, mit Meerblick 170–180 €; ⏲April–Nov.; P❄📶) Das künstlerisch gestaltete Hotel aus den 1920er-Jahren vor der Platja Gran wartet mit einem von Gaudí entworfenen Kamin in der Lobby auf. Art-déco-Elemente prägen den zentralen überdachten Innenhof mit Buntglas und die Hälfte der geräumigen, gefliesten Zimmer verfügt über Meerblick.

Hotel Hermes HOTEL €
(☎972 34 02 96; www.hotelhermes-tossademar.com; Avenguda Ferrán Agulló 6; EZ/DZ 35/58 €; 📶🏊) Einen Straßenzug vom Busbahnhof entfernt lockt das rosafarbene Hotel mit kompakten Zimmern samt Privatbädern und Marmorböden sowie einem Whirlpool auf dem Dach. Es wird von einer netten *señora* geleitet und zeichnet sich durch ein sehr gutes Preis-Leistungs-Verhältnis aus.

Camping Cala Llevadó CAMPINGPLATZ €
(☎972 34 03 14; www.calallevado.com; Platz pro Erw. 12 €; ⏲Mai–Sept.; P@🏊) 4 km südwestlich von Tossa erstreckt sich an einer Bucht in der Siedlung Santa Maria de Llorell dieser komfortable Campingplatz. Neben schattigen Stellplätzen und der tollen Lage – ein paar Stufen führen zu einem hübschen Strand – bietet er Tennisplätze, einen Pool, ein Restaurant, Läden, Bars und Bungalows für vier Personen (ab 115 €).

Essen

Die lokale Spezialität *cim-i-tomba,* ein herzhafter Eintopf mit Fisch und Gemüse, zeugt von Tossas Vergangenheit als Fischerort. Es gibt viele Touristenlokale, die Paella und Sangria servieren, aber auch jede Menge Restaurants mit leckeren Meeresfrüchtegerichten.

LP TIPP La Cuina de Can Simon KATALANISCH €€€
(☎972 34 12 69; Carrer del Portal 24; Hauptgerichte 30–50 €, Probiermenüs 68–98 €; ⏲Mi–Sa & Mo mittags & abends, So mittags) Tossas kulinarischer Star befindet sich in einem ehemaligen Fischerhaus an der Altstadtmauer und überzeugt mit kreativen Speisen. Hier ist das Motto *mar i muntanya* wörtlich zu nehmen: Es gibt z. B. Schweinefüße mit Seegurke, aber auch klassische *fideuá* mit Stachelkopf. Wem das sensationell gute Probiermenü zu teuer ist, der bestellt einfach die Schokoladensuppe.

Can Calav SPANISCH €
(Carrer Socors; Tapas 6–7 €) Herabhängende getrocknete Chilis und ländliche Muster sorgen in der Bar am Meer für eine gemütliche Atmosphäre. Die Auswahl an Gerichten ist nicht sonderlich originell, aber dafür wird

ABSTECHER

MUSEU DEL MAR DE LLORET

Lloret de Mar ist mit seinen grellen Betonburgen, bingospielenden Rentnern und billigen Clubs das Touristenklischee der Costa Brava schlechthin, dennoch lohnt sich ein Besuch wegen des exzellenten **Museu del Mar de Lloret** (www.lloretdemar.org; Passeig Camprodon I Arrieta 1; Eintritt 4 €; ⏲Juni–Aug. Mo–Sa 10–13 & 16–20, So bis 19 Uhr, restliches Jahr kürzer). Es zeigt mittels interessanter Exponate wie Modellbooten und historischen Möbeln Llorets Verwandlung von einem Fischerdorf zu einem bedeutenden Handelshafen und schließlich zu einem Urlaubsort. Bis zur Aufhebung des Handelsverbots zwischen Katalonien und Amerika durch Karl III. 1778 waren Lloret und ähnliche Ortschaften einfache Fischerdörfer. Dann begann der transatlantische Handel zu blühen und es kam zur Massenabwanderung. Viele Katalanen suchten ihr Glück im Ausland, beispielsweise im Sklaven- und Baumwollhandel in Lateinamerika und in der Karibik. Manche, wie die lokalen Familien Macía und Porés, häuften große Reichtümer an und erhielten später die Spitznamen *Americanos* oder *indianos*. Wer arm zurückkehrte, wurde hingegen als einer, der „seinen Koffer in der Seestraße verloren hatte", verspottet.

hier alles von den *calamares a la romana* bis zu den *patatas bravas* perfekt zubereitet.

Praktische Informationen

Touristeninformation (☎972 34 01 08; www.infotossa.com; Avinguda del Pelegrí 25; ⌚Juli & Aug. Mo–Sa 9–21, So 10–14 & 17–20 Uhr, restliches Jahr kürzer) Neben dem Busbahnhof.

An- & Weiterreise

Von April bis Oktober verkehren verschiedene Fährunternehmen mehrmals täglich zwischen Blanes, Lloret de Mar und Tossa (1–1½ Std.) und anderen Zielen. Von Barcelonas Bahnhof an der Plaça Catalunya fahren *rodalies*-Züge nach Blanes, von wo es mit dem Boot weitergeht. Tickets werden am Strand verkauft.

Busse von **Sarfa** (www.sarfa.com) fahren von Barcelonas Estació del Nord (12 €, 1¼ Std., bis zu 11-mal tgl.) via Lloret de Mar (1,70 €) nach Tossa. Andere Ziele werden unregelmäßig angesteuert. Der Busbahnhof liegt neben der Touristeninformation.

Die *autopista* C32 verbindet Tossa mit Barcelona, während die malerische GI682 in Richtung Norden nach Sant Feliu de Guíxols führt.

Sant Feliu de Guíxols

21 810 EW.

Die Straße von Tossa de Mar nach Sant Feliu de Guíxols windet sich über sehr kurvige 23 km an der Costa Brava entlang.

Der Ort selbst hat eine hübsche Uferpromenade und ein paar bemerkenswerte Überreste aus ferner Vergangenheit, allen voran die sogenannte **Porta Ferrada** (Eisernes Tor), die letzten Spuren des **Monestir de Sant Benet**. Letzterem verdankt das seit 1962 im Juli veranstaltete Musikfestival seinen Namen.

Richtung Norden der Küste nach stößt man auf das Dorf **S'agaró**, dessen Modernismehäuser von Gaudís Schüler Rafael Masó gestaltet wurden. Hier sollte man seine Wanderschuhe anziehen und dem Camí de Ronda zur **Platja Sa Conca**, einem der hübschesten Strände der Gegend, folgen.

Sarfa-Busse von Barcelona (14,70 €, 1½ Std., bis zu 12-mal tgl.) halten auf ihrem Weg nach Palafrugell in Sant Feliu.

Palafrugell & Umgebung

Auf halbem Weg zwischen Barcelona und der französischen Grenze beginnt ein wunderschöner Küstenabschnitt. Das 5 km landeinwärts gelegene Palafrugell dient als Ausgangspunkt zu herrlichen Stränden. Calella de Palafrugell, Llafranc und Tamariu, alles ehemalige, an Buchten gelegene Fischerdörfer, sind reizvolle, ruhige Badeorte.

Begur, 7 km nordöstlich von Palafrugell, ist ein interessantes, von einer Burg gekröntes Dorf mit einigen weniger erschlossenen, traumhaften Sandstreifen. Einen Besuch lohnen auch die hübschen Orte Pals und Peratallada im Landesinneren.

PALAFRUGELL

22 820 EW.

Palafrugell ist das Verkehrs-, Shopping- und Dienstleistungszentrum der Gegend. Die C66 zwischen Palamós und Girona streift den Westteil der Stadt (10 Gehminuten vom Hauptplatz Plaça Nova entfernt). Hier befinden sich die **Touristeninformation** (☎972 30 02 28; www.turismepalafrugell.org; Carrer del Carrilet 2; ⌚Juli & Aug. Mo–Sa 9–21, So 10–13 Uhr, Mai, Juni & Sept. Mo–Sa 10–13 & 17–20, So 10–13 Uhr, restliches Jahr kürzer) und der **Busbahnhof** (Carrer de Torres Jonama 67–9). Sarfa-Busse verkehren von dort nach Barcelona (16,15 €, 2 Std., bis zu 16-mal tgl.) und Girona (5,45 €, 1 Std., bis zu 8-mal tgl.).

CALELLA DE PALAFRUGELL

770 EW.

Die niedrigen Häuser von Calella, dem südlichsten der Badestrände rund um Palafrugell, reihen sich in einer felsigen Bucht mit hübschen kleinen sandigen Abschnitten und Fischerbooten aneinander. In den Restaurants an der Uferpromenade werden Meeresfrüchte serviert.

Sehenswertes & Aktivitäten

Neben faulen Tagen am Strand lohnt sich auch ein Spaziergang auf den reizvollen Küstenwegen Richtung Nordosten nach Llafranc (20–30 Min.) oder Richtung Süden zur Platja del Golfet am Cap Roig (40 Min.).

Jardí Botànic de Cap Roig GÄRTEN

(Erw./Kind 6 €/frei; ⌚Juni–Sept. 9–20 Uhr, Okt.–März bis 18 Uhr) Auf dem Cap Roig erstreckt sich rund um das Schloss von Nikolai Voevodsky aus dem frühen 20. Jh. ein wunderschöner Garten mit 500 mediterranen Pflanzenarten. Voevodsky war ein zaristischer Oberst mit kostspieligem Geschmack, der nach der Russischen Revolution in seiner Heimat in Ungnade fiel.

Feste & Events

Cantada de havaneres MUSIK

Havaneres sind schwermütige karibische Seemannslieder, die im 19. Jh., als Katalonien in enger Verbindung mit Kuba stand, unter den Seeleuten der Costa Brava populär wurden. Zu den volkstümlichen Konzerten im August wird *cremat* getrunken, ein flambiertes Gebräu aus Rum, Kaffee, Zucker, Zitrone und Zimt.

Festival Jadrins de Cap Roig MUSIK
Dieses erstklassige Musikfestival findet zwischen Mitte Juli und Ende August in den namensgleichen Gärten statt. Das Programm reicht von Rock bis Jazz und hier sind bereits Größen wie Leonard Cohen und Bob Dylan aufgetreten.

Schlafen & Essen

LP TIPP **Hotel Mediterrani** BOUTIQUE-HOTEL €€€
(972 61 45 00; www.hotelmediterrani.com; Francesc Estrabau 40; EZ 110 €, DZ 130–210 €; Mitte Mai–Sept.; P ❄) Schicke, künstlerische Zimmer in ruhigen Beigetönen, von denen einige einen atemberaubenden Blick auf einen versteckt gelegenen Sandstrand und türkisblaues Meer bieten, machen dieses Hotel am Südende der Stadt fast unschlagbar.

Camping Moby Dick CAMPINGPLATZ €
(972 61 43 07; www.campingmobydick.com; Carrer de la Costa Verde 16–28; Platz für 2-Pers.-Zelt & Auto 25 €; April–Sept.; P) Dieser Campingplatz unter Pinien und Eichen ist nur 100 m vom Meer entfernt. Hier kann man Tennis spielen, tauchen und Kajak fahren.

La Gavina KATALANISCH €€
(Carrer Gravina 7; Gerichte 25–30 €; abends) Ein exzellentes familiengeführtes Restaurant mit dem Schwerpunkt auf Köstlichkeiten

ABSTECHER

GALA, DIE BURGHERRIN

Das **Castell de Púbol** (www.salvador-dali.org; Plaça de Gala Dalí; Erw./Student & Senior 8/5 €; Mitte Juni–Mitte Sept. tgl. 10–20 Uhr, restliches Jahr kürzer) liegt 2 km vom Dorf La Pera entfernt gleich südlich der C66 und 22 km nordwestlich von Palafrugell. Es bildet die südlichste Spitze des „Salvador-Dalí-Dreiecks" im nordöstlichen Katalonien; die anderen beiden Sehenswürdigkeiten sind das Teatre-Museu Dalí (S. 341) in Figueres und Dalís Wohnhaus (S. 328) in Portlligat.

Dalí hatte versprochen, seine Frau, Muse und Liebe seines Lebens Gala zur Burgherrin zu machen. 1969 fand er schließlich das ideale Anwesen für seine Gattin, die sich – mittlerweile 76-jährig – seinem hektischen Lebensstil nicht mehr gewachsen fühlte. Seine Wahl fiel auf eine etwas baufällige Hochburg mit Gotik- und Renaissanceelementen samt einer Kirche aus dem 14. Jh. im ruhigen Örtchen Púbol.

Die einfache Burg mit von Kletterpflanzen bedeckten Mauern ist eine Art Antithese zu der Extravaganz des Teatre-Museu Dalí und zu Dalís Haus. Gala ließ es nach ihren Wünschen einrichten und empfing dort nur ausgewählte Gäste. Angeblich musste sogar Dalí selbst schriftlich um eine Besuchserlaubnis bitten.

Alle Räume spiegeln Galas Geschmack wider. Das Schlafzimmer ist einfach und fast schmucklos, die von ihr so geliebten Strohblumen sind allgegenwärtig und eine Galerie im oberen Stock zeigt eine stattliche Sammlung von Kleidern, die von Designern wie Piere Cardin, Christian Dior und Elizabeth Arden entworfen wurden. Eine unheimliche sitzende Schaufensterpuppe, die Gala nachempfunden ist, dreht den Besuchern den Rücken zu.

Dennoch ist Dalís Handschrift unverkennbar, so gibt's eine mit Heizungen bemalte Heizkörperverkleidung, Elefantenstatuen mit dünnen Beinen im üppigen Garten, einen durchsichtigen Tisch mit Straußenbeinen, den ein ausgestopftes Pferd schmückt, eine geschmolzene Uhr an einem Kleiderbügel im Gästezimmer und eine ausgestopfte, auf Galas Grab starrende Giraffe in der Gruft.

Im Speiseraum befindet sich eine Replik von *Cua d'oreneta I violoncels* (Der Schwalbenschwanz), Dalís letztem Werk, das er hier 1983 während seiner zweijährigen Trauerzeit nach Galas Tod vollendete.

Um hierherzugelangen, nimmt man in Girona einen der regelmäßig nach Palafrugell verkehrenden Busse (2,50 €, 40 Min.), steigt bei der zweiten Haltestelle in La Pera an der C66 aus und legt die verbleibenden 2 km zur Burg zu Fuß zurück. Alternativ fährt man in Girona mit dem Zug nach Flaça (12–15 Min., stdl., 2,95 €) und bewältigt die restlichen 4 km mit dem Taxi.

¡VAMOS A LA PLAYA!

Jenseits der zugebauten Abschnitte der Costa Brava wartet die „Wilde Küste" mit einigen der hübschesten Buchten und Strände Spaniens auf.

Der Nordosten und der Südwesten von Tossa sind geprägt von Felsbuchten mit hübschen kleinen Stränden. Von dem Städtchen aus kann man querfeldein zur **Cala Llevado**, **Cala d'En Carles** (3 km südwestlich) und der längeren **Platja de Llorell** (3,5 km entfernt) wandern oder zur Platja de Llorell am GI682 fahren. Im Nordosten bietet sich ein Spaziergang vom GI682 zu sandigen Buchten wie **Cala Pola** (4 km), **Cala Giverola** (5 km), **Cala Salions** (8 km) und **Platja Vallpregona** (11 km) an.

Abseits der Straße, die vorbei an Klippen zwischen Tossa und Feliu verläuft, verstecken sich mehrere reizvolle kleine Buchten und Strände mit smaragdgrünem Wasser. Leichter zu finden sind z. B. **Cala Pola** und **Cala Giverola**. 7 km weiter nördlich gibt's an der Kilometermarke 35,1 Parkmöglichkeiten für Besucher des 800 m langen, von Felsen geschützten FKK-Strands **Cala del Senyor Ramon**.

Zwischen Palamós und Begur reihen sich mehrere hübsche Sandstreifen aneinander: das **Cap Roig** mit seiner ausladenden, von Pinien bedeckten Landzunge, die einsamen Buchten von **Es Tramadiu** und **Ses Herbes** nahe Aiguablava, **Fornells** mit seinem malerischen Felsstrand und einem winzigen Hafen, der Kiesstrand mit azurblauem Meer von **Sa Tuna**, die steinige Bucht von **Aiguafreda** vor der Kulisse pinienbedeckter Hügel und vereinzelter Fischerboote und der Nudistenstrand der **Isla Roja** (benannt nach dem roten, aus dem Meer aufragenden Felsen), zu der ein hübscher Küstenweg vom idyllischen **Sa Riera** führt.

Am nördlichen Ende der Küste liegt das zerklüftete, windgepeitschte **Cap de Creus** (S. 340). Goldenen Sand sucht man hier vergeblich, dafür locken ein toller Ausblick auf die gegen den Fels klatschenden Wellen, die wunderbare Stille und ein FKK-Bereich bei der felsigen **Cala Fredosa** unmittelbar südlich des Leuchtturms.

Unsere Auflistung soll übrigens lediglich ein paar Anregungen liefern. Wer weitere schöne Fleckchen entdeckt, kann es uns gern mitteilen!

aus dem Meer. Gegrillter Tintenfisch ist immer eine gute Wahl, wobei auch die ganzen anderen Fischgerichte nicht frischer sein könnten.

La Croissanteria de Calella EISCREME €
(Carrer Chopitea 3–5; Eis 2 €; ⏲10–17 Uhr) Hauptgrund für einen Abstecher in diesen Laden ist die außergewöhnlich gute **Sandro-Desii-Eiscreme** (www.sandrodesii.com). Die Sorten Pistazie, *canelo con café* und Vanille lassen wohl jeden dahinschmelzen.

Praktische Informationen

Touristeninformation (☎972 61 44 75; www.visitpalafrugell.cat; Carrer de les Voltes 6; ⏲Juli & Aug. 10–20 Uhr, restliches Jahr kürzer)

An- & Weiterreise

Busse fahren von Palafrugell nach Calella und Llafranc (1,40 €, 4–16-mal tgl., 15 Min.).

LLAFRANC

330 EW.

Llafranc liegt 2 km nordöstlich von Calella de Palafrugell, doch allmählich wachsen die Orte an der Küstenstraße zusammen. In der Bucht des Dorfes erstreckt sich ein kleiner Sandstreifen mit schroffer, pinienbewachsener Küste auf beiden Seiten.

Eine überwältigende **Aussicht** versprechen der Leuchtturm **Far de Sant Sebastiá** und die **Ermita de Sant Sebastiá** (eine Kapelle, die inzwischen Teil eines Luxushotels ist) auf dem Cap de Sant Sebastià (östlich der Stadt). Der Fußmarsch dorthin dauert 40 Minuten; dabei startet man bei der Treppe am Hafen und geht die Straße rechts hoch. Wanderwege verbinden Llafranc mit Palafrugell und Tamariu (2 Std.).

Schlafen & Essen

Hostal Celimar HOSTAL €€
(☎972 30 13 74; www.hostalcelimar.com; Carrer de Carudo 12–14; EZ/DZ 50/80 €) Nur ein paar Schritte vom Strand entfernt stößt man auf dieses sonnengelbe *hostal*. Die freundlichen Zimmer mit unterschiedlicher Farbgebung verfügen über blitzblanke Bäder und das Preis-Leistungs-Verhältnis gehört zu den besten der Stadt.

Hotel El Far HOTEL €€€
(☎972 30 16 39; www.elfar.net; Far de Sant Sebastiá; DZ ab 450 €; P❄📶) Gelungene Kombina-

tion aus abgeschiedenem Luxus, Klippenlage (jedes Zimmer hat einen großen Balkon mit tollem Meerblick) und erstaunlich erschwinglicher Meeresfrüchteküche. Besonders lecker sind die Reisgerichte und *fideuá*.

Chez Tomás FRANZÖSISCH €€
(☎972 30 62 15; Carrer de Lluís Marqués Carbó 2; Hauptgerichte 15–22 €; ⏲Juni–Sept. tgl. abends, Okt.–Mai Fr–So mittags & abends) Wie der Name schon andeutet, dreht sich hier alles um die französische Küche. Der Koch verwendet frische Zutaten und zaubert daraus Gerichte wie *filet de bou amb Torta de Casar trufada* (Filetsteak mit Trüffel-Rahmkäse aus der Extremadura).

Praktische Informationen

Touristeninformation (Passeig Cypsela; ⏲Juli & Aug. 10–20 Uhr, restliches Jahr kürzer) Infokiosk am westlichen Strandende.

An- & Weiterreise

Busse fahren von Palafrugell über Calella nach Llafranc (1,40 €, 15 Min., 4–16-mal tgl.).

TAMARIU

275 EW.

4 km nördlich von Llafranc erstreckt sich das ruhige Tamario, eine kleine, von Pinien und Grünpflanzen gesäumte Bucht mit Strand. Hier ist das Wasser klarer als an vielen anderen Sandstreifen der spanischen Mittelmeerküste.

Schlafen & Essen

LP TIPP **Hotel Es Furió** HOTEL €€€
(☎972 62 00 36; www.esfurio.com; Carrer del Foraió 5–7; EZ/DZ inkl. Frühstück 82/144 €; ❄📶) 1934 wurde das ehemalige Wohnhaus einer Fischerfamilie in ein Hotel verwandelt. Das Furió liegt gleich hinter dem Strand und verfügt über geräumige, freundliche Zimmer. Hier überwiegen sanfte Töne von Orange bis Aquamarinblau und andere Meeresfarben.

Hotel Tamariu HOTEL €€€
(☎972 62 00 31; www.tamariu.com; Passeig del Mar 2; EZ/DZ inkl. Frühstück 98/154 €; ❄📶) Die ehemalige Fischertaverne besitzt marineblaue Zimmer, gestreifte Bettdecken und dezente Bäder.

Restaurant Royal FISCH & MEERESFRÜCHTE €€
(Paseo Royal 9; Tapas 7 €, Hauptgerichte 12–18 €) Das einzige Restaurant am Meer, das auch Tapas-Portionen seiner Gerichte serviert, überzeugt mit seinem schnellen freundlichen Service sowie dem superfrischen gebratenen Weißfisch und *calamares a la romana*.

Praktische Informationen

Touristeninformation (☎972 62 01 93; Carrer de la Riera; ⏲Juni–Sept. Mo–Sa 10–13 & 17–20, So 10–13 Uhr)

An- & Weiterreise

Sarfa-Busse fahren nur von Mitte Juni bis Mitte September nach Palafrugell (1,60 €, 15 Min., 3–4-mal tgl.). Im Sommer kann sich die Parkplatzsuche zu einem Alptraum entwickeln.

BEGUR

4220 EW.

Das hübsche kleine Begur 7 km nordöstlich von Palafrugell prägen einladende Bars und Cafés sowie ein **castell** (Burg) aus dem 10. Jh. Letzteres ist noch weitgehend im selben Zustand wie 1810 nach seiner Zerstörung durch spanische Truppen, die dadurch Napoleons Armee aufhalten wollten. Beim **Festival de Música de Begur** zwischen Ende Juli und Ende August wird hier Jazz und klassische Musik gespielt.

Die Angestellten der **Touristeninformation** (☎972 62 45 20; www.visitbegur.com; Avinguda del Onze de Setembre 7; ⏲Ende Juni–Mitte Sept. Mo–Fr 9–14 & 16–21, Sa & So 10–14 & 16–21 Uhr, restliches Jahr kürzer) leisten sehr gute Dienste.

Nur ein paar Schritte von der Kirche entfernt in Richtung Burg stößt man auf das **Hotel Rosa** (☎972 62 30 15; www.hotel-rosa.com; Carrer de Pi i Ralló 19; EZ/DZ ab 84/109 €; ⏲März–Nov.; ❄📶), das mit gepflegten, geräumigen Zimmern und engagiertem Personal aufwartet. Im zugehörigen **Fonda Caner** (Gerichte 35 €; ⏲Mo–Fr abends, Sa & So mittags & abends) wird herzhafte katalanische Küche serviert.

Sarfa-Busse fahren über Palafrugell und Girona (6,10 €, 1½ Std., 1-mal tgl. werktags) nach Barcelona (20 €, 2–2¼ Std., 4-mal tgl.).

RUND UM BEGUR

Die hübsche Küstenlandschaft rund um Begur zeichnet sich durch winzige Buchten und wunderschöne Strände mit Pinien, subtropischen Pflanzen sowie azurblauem Wasser aus. Viele sind schwer zugänglich und daher kaum bebaut. Von Begur winden sich hübsche Wege durch duftende Pinienwälder hinunter zu den vier äußerst malerischen Hauptstränden Aiguablava, Fornells, Sa Tuna und Aiguafreda mit ihren winzigen Buchten. Der südlichste, Aiguablava, ist außerdem über eine landschaftlich reizvolle Bergstraße ab Tamariu zu erreichen. An allen vier Stränden gibt's exklusive Unterkünfte. Ein *bus platges* (Strandbus) bringt Sonnenhungrige zwischen Ende Juni und Mitte

September von der Plaça de Forgas in Begur zu den Stränden.

PALS

2725 EW.

6 km landeinwärts von Begur (1,60 €, 5 Min. mit dem Palafrugell-Bus) liegt das hübsch ummauerte Örtchen Pals mit dem 15 m hohen **Torre de les Hores** (Uhrturm) als Hauptsehenswürdigkeit. Weitaus reizvoller ist jedoch ein Bummel durch die krummen Gassen und rund um die mittelalterlichen Häuser. Die Aussicht vom **Mirador del Pedró** reicht nordöstlich über die Küstenebene bis zum Meer mit den Illes Medes am Horizont. In Pals selbst sowie in der Umgebung gibt's einige *pensiones* und *casas rurales* (Landhotels).

Von hier aus fahren Sarfa-Busse nach Barcelona (14,40 €, 2¼ Std., werktags bis zu 4-mal tgl.).

PERATALLADA

150 EW.

Peratallada ist wegen seiner hübschen Steinhäuser ein beliebtes Tagesausflugsziel. Bestens erhaltene enge Gassen, schwere Steinbogen, eine romanische Kirche aus dem 12. Jh. und eine Burg aus dem 11. Jh. (heute ein Luxushotel mit Restaurant) werden durch Unterkünfte, einladende Lokale und Boutiquen ergänzt.

Das **Hostal Miralluna** (☎972 63 43 04; www.hostalmiralluna.com; Plaza del Olí 2; DZ inkl. Frühstück ab 180 €; ⏲März–Nov.; ❄📶) ist in einem dörflichen Gebäude des 17. Jhs. untergebracht. Es bietet modernen Komfort in historischem Rahmen aus Stein und Holz und schafft dadurch eine künstlerisch-rustikale Atmosphäre. Die edlen Zimmer sind in sanften Weiß- und Beigetönen gehalten. Einen weiteren Pluspunkt gibt's für den hervorragenden, versteckt gelegenen Garten.

Abgesehen von dieser Bleibe findet man im Dorf auch einige *casas rurales*.

Busse fahren von Peratallada nach Begur (2,65 €, 2-mal tgl.) und nach Girona (3.90 €, 1-mal tgl.).

Girona

95 720 EW.

Nordkataloniens größte Stadt beherbergt ein enges Gewirr aus alten Gebäuden mit Arkaden, großen Kirchen, steil ansteigenden Kopfsteinpflastergassen und mittelalterlichen Bädern sowie das größte und am besten erhaltene *call* (mittelalterliches jüdisches Viertel) der Region, alles umgeben von einer Verteidigungsmauer und einem recht trägen Fluss.

Das römische Gerunda lag an der Via Augusta, der Straße von Rom nach Cádiz. Nachdem die Franken es den Muslimen 797 entrissen hatten, wurde es zur Hauptstadt einer der mächtigen Grafschaften Kataloniens, geriet dann aber Ende des 19. Jhs. unter den Einfluss Barcelonas. Dank seines Reichtums im Mittelalter entstanden hier viele herrliche romanische und gotische Bauwerke, die wiederholte Angriffe und Belagerungen aushalten mussten. Dazu kommen hübsche Gebäude im Modernismestil, ein lebendiges Nachtleben sowie Kunst- und Musikfestivals.

Sehenswertes

Museu d'Història dels Jueus de Girona MUSEUM

(Carrer de la Força 8; Erw./Kind 2 €/frei; ⏲Juli & Aug. Mo–Sa 10–20, So 10–14 Uhr, restliches Jahr kürzer) Bis 1492 gab es in Girona die zweitwichtigste mittelalterliche jüdische Gemeinde Kataloniens (nach Barcelona) und eines der schönsten jüdischen Viertel des Landes. Das *call* (Katalanisch für „jüdisches Viertel") erstreckte sich 600 Jahre lang um den schmalen Carrer de la Força, bis in Spanien die Zwangsvertreibung der Juden einsetzte. Das restaurierte Centre Bonstruc ća Porta ist nach der schillerndsten Persönlichkeit der jüdischen Gemeinde Gironas benannt, einem kabbalistischen Philosophen und Mystiker des 13. Jhs., und beherbergt das exzellente Museu d'Història dels Jueus de Girona. Dieses zeigt das stolze jüdische Erbe Gironas und geht dabei auch auf düstere Kapitel wie die Verfolgung durch die Inquisition und Zwangskonvertierungen ein. Die wunderbar präsentierten Exponate handeln u. a. vom Beitrag der hiesigen jüdischen Gemeinde zur mittelalterlichen Astronomie und Medizin sowie von der Synagoge, dem jüdischen

MUSEUMSPASS

Die **GironaMuseus-Karte** (www.gironamuseus.cat) gilt für alle fünf Museen Gironas. Sie ist auch bei der Touristeninformation erhältlich und die günstigste Variante, wenn man die städtischen Ausstellungen sehen möchte. Im ersten Museum zahlt man den vollen Eintrittspreis, bei den übrigen nur die Hälfte. Die Karte ist sechs Monate gültig.

GIRONAS JÜDISCHE GEMEINDE

Im 9. Jh. siedelten sich die ersten Juden in Girona an. Das Zusammenleben mit ihren christlichen Nachbarn verlief weitgehend friedlich (ursprünglich stand die Synagoge sogar direkt neben der Kathedrale), zudem gelangten die neuen Einwohner zu Wohlstand und machten sich in den Bereichen Astronomie und Medizin einen Namen. Während seiner Blütezeit wurde das jüdische Viertel (das *call*) „Mutterstadt Israels" genannt. Dann jedoch sah sich die jüdische Gemeinde immer öfter antisemitischen Übergriffen ausgesetzt, vor allem während der Kreuzzüge im 12. und 13. Jh. Bald entwickelte sich das *call*, ein von einer Steinmauer umgebenes Labyrinth aus winzigen Gassen, zu einem Ghetto, da Juden allmählich in diese kleine Ecke der Stadt verbannt wurden. 1391 eskalierte die Situation, als ein Mob in das Viertel eindrang und 40 Bewohner massakrierte. Da die Juden noch unter dem Schutz des Königs standen, entsandte dieser Truppen und ließ die Überlebenden „zu ihrer eigenen Sicherheit" 17 Wochen lang in den Turm des Galligants-Klosters sperren. Bei ihrer Rückkehr waren ihre Häuser und Besitztümer zerstört. 1492 verließ die jüdische Gemeinde Girona endgültig.

Alltag, Ritualen und der jüdischen Diaspora. Besonders bemerkenswert sind die Grabplatten und Originaldokumente zur Vertreibung der Juden aus Spanien.

Catedral KATHEDRALE

(www.catedraldegirona.org; Plaça de la Catedral; Museum Erw./Kind 5/1,20 €, So Eintritt frei; ⌚10–20 Uhr) Durch ihre Lage am oberen Ende einer majestätischen 86 Stufen umfassenden Freitreppe an der Plaça de la Catedral wirkt die reich verzierte Barockfassade der Kathedrale noch prächtiger. Ihr wunderschöner romanischer **Kreuzgang** stammt aus dem 12. Jh., wohingegen ein großer Teil des Gebäudes mehrmals neu errichtet und im Laufe der Jahrhunderte verändert wurde. Aus diesem Grund kann die Kathedrale das zweitbreiteste gotische Kirchenschiff (23 m) des Christentums ihr Eigen nennen. Im **Museum** hinter der Tür mit dem Schild *Claustre Tresor* sind verschiedene Kirchenschätze zu sehen, darunter der meisterhafte romanische *Tapís de la Creació* (Schöpfungswandteppich) und ein mozarabisches illuminiertes *Beatus*-Manuskript von 975. Der Wandteppich (bei Redaktionsschluss wurde er gerade restauriert) zeigt Gott in der Mitte und im Kreis um ihn herum die Erschaffung Adams und Evas, der Tiere, des Himmels, des Lichts sowie der Finsternis.

Passeig Arqueològic HISTORISCHE STÄTTE

(⌚10–20 Uhr) Ein Spaziergang entlang Gironas mittelalterlichen Mauern, auch Passeig de la Muralla genannt, verspricht tolle Ausblicke auf die Stadt. Es gibt verschiedene Zugänge, doch am beliebtesten ist der gegenüber den Banys Àrabs, wo Stufen zu herrlichen Gärten führen und sich Stadt sowie Natur zu einem großartigen Gesamtkunstwerk verbinden. Der südlichste Abschnitt der Mauern endet nahe der Plaça Catalunya.

Museu d'Història de la Ciutat MUSEUM

(www.girona.cat; Carrer de la Força 27; Erw./Student/Kind 4/2 €/frei; ⌚Di–Sa 10–14 & 17–19, So & Feiertage 10–14 Uhr) Das faszinierende, schön gestaltete Stadtmuseum ist der langen, eindrucksvollen Stadtgeschichte gewidmet. Die Exponate reichen von den römischen Ursprüngen Gironas über die Belagerung durch Napoleons Truppen bis hin zur Tradition der *sardana* (Kataloniens Volkstanz). Eine separate Galerie beherbergt innovative zeitgenössische Kunst und Fotografien.

Museu d'Art MUSEUM

(www.museuart.com; Plaça de la Catedral 12; Eintritt 2 €; ⌚Di–Sa 10–19, So & Feiertage 10–14 Uhr) Im Palau Episcopal (12.–16. Jh.) neben der Kathedrale wartet dieses Kunstmuseum mit rund 8500 Exponaten aus der Umgebung von Girona auf. Dazu zählen romanische Holzschnitzereien, Buntglastische, Modernismeskulpturen des in Olot geborenen Miquel Blay und Gemälde von Francesc Vayreda aus dem frühen 20. Jh.

Banys Àrabs BADEHAUS

(www.banysarabs.org; Carrer de Ferran Catòlic; Erw./Kind 2/1 €; ⌚April–Sept. Mo–Sa 10–19 Uhr, restliches Jahr kürzer, So & Feiertage 10–14 Uhr) Die schön erhaltenen Banys Àrabs wurden nach dem Vorbild muslimischer und römischer Badehäuser entworfen, sind aber romanisch-christlich und stammen aus dem 12. Jh. Es handelt sich um das einzige bekannte Gebäude dieser Art aus dem mittelalterlich-christli-

Girona

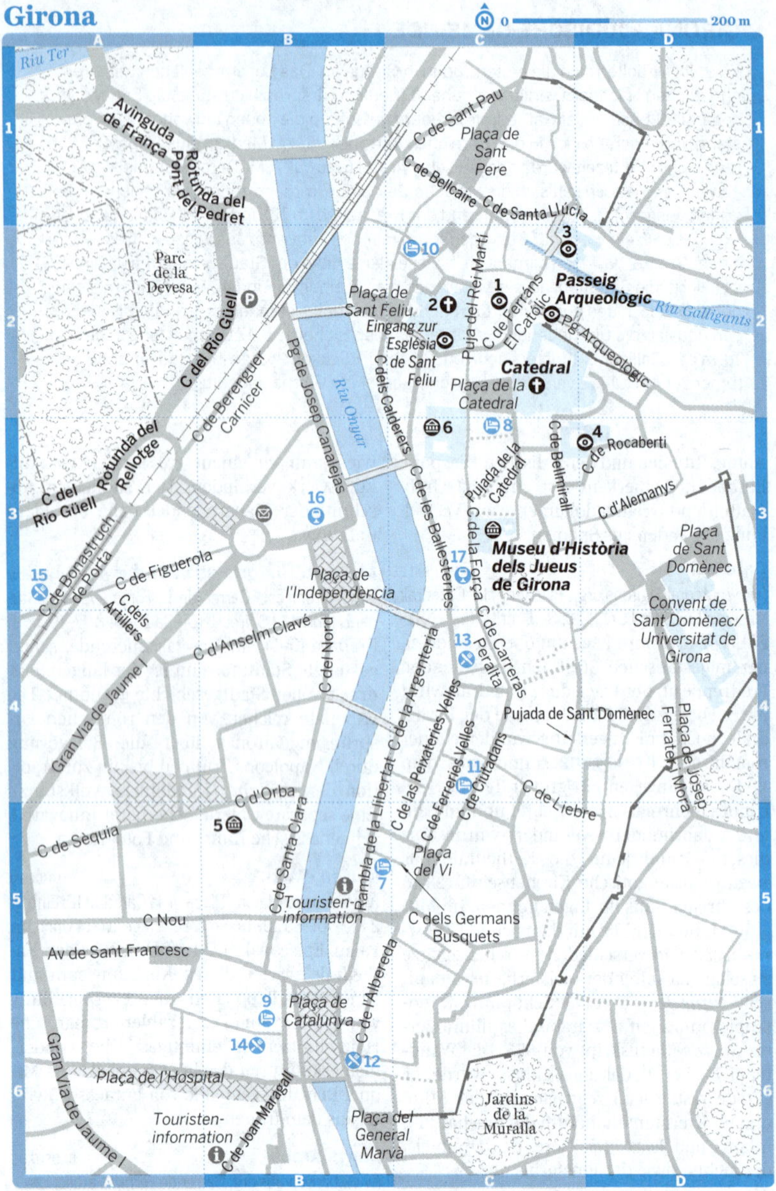

chen Spanien. Damals wurde Reinlichkeit als schlecht für den Körper erachtet, war sie doch untrennbar mit den Muslimen verbunden, die als Sauberkeitsfanatiker galten. Zu den Bädern gehören ein *apodyterium* (Umkleideraum), ein *frigidarium*, ein *tepidarium* (mit kaltem bzw. warmem Wasser) und ein *caldarium* (Sauna), das von einem unterirdischen Heizsystem erwärmt wird.

GRATIS **Església de Sant Feliu** KIRCHE

(Plaça de Sant Feliu; ⌚Mo–Sa 9.30–14 & 16–19, So 10–12 Uhr) Gironas zweitgrößte Kirche befindet sich ein Stück unterhalb der Kathedrale.

Girona

Highlights

Catedral	C2
Museu d'Història dels Jueus de Girona	C3
Passeig Arqueològic	C2

Sehenswertes

1 Banys Àrabs	C2
2 Església de Sant Feliu	C2
3 Monestir de Sant Pere de Galligants	C2
4 Museu d'Art	D3
5 Museu del Cinema	B5
6 Museu d'Història de la Ciutat	C3

Schlafen

7 Bed & Breakfast Bells Oficis	B5
8 Casa Cúndaro	C3
9 Equity Point Hostel	B6
10 Hotel Llegendes de Girona	C2
11 Pensió Viladomat	C4

Essen

12 +Cub	B6
13 Creperie Bretonne	C4
14 L'Alqueria	B6
15 Restaurant Txalaka	A3

Ausgehen

16 Lapsus	B3
17 Lola Café	C3

Ihre Hauptfassade aus dem 17. Jh. mit dem charakteristischen einzelnen Turm liegt an der Plaça de Sant Feliu; wer hineinmöchte, muss allerdings den Eingang um die Ecke benutzen. Das Kirchenschiff verfügt über romanische Bogen aus dem 13. Jh., einen oberen gotischen Teil aus dem 14. bis 16. Jh. und einen Barockturm. Der nördlichste Teil der Kapellen wird von einer meisterhaften Alabasterskulptur im Stil der katalanischen Gotik geschmückt, dem *Crist Jacent* (Ruhender Christus) von Aloi de Montbrai.

Monestir de Sant Pere de Galligants KLOSTER
(www.mac.cat/cat/Seus/Girona; Carrer de Santa Llúcia; Erw./Senior & Kind 2,30 €/frei; ⌚Juni–Sept. Di–Sa 10.30–13.30 & 16–19 Uhr; So & Feiertage 10–14 Uhr) Dieses romanische Benediktinerkloster aus dem 11. und 12. Jh. beherbergt einen hübschen Kreuzgang mit von Fantasietieren und mythischen Kreaturen geschmückten Säulen sowie das **Museu Arqueològic**. Zu den Exponaten von prähistorischen bis zu mittelalterlichen Zeiten gehören römische Mosaiken und jüdische Grabsteine.

Museu del Cinema MUSEUM
(www.museudelcinema.org; Carrer de Sèquia 1; Erw./Kind 5 €/frei; ⌚Juli & Aug.10–20 Uhr, restliches Jahr kürzer und Mo geschl.) Spaniens einziges Kinomuseum ist in der Casa de les Aigües untergebracht. Die Sammlung Tomás Mallol (ein Regisseur aus Girona) umfasst nicht nur Ausstellungsstücke zur Geschichte des Kinos ab dem Debüt der Brüder Lumiére Ende des 19. Jhs., sondern auch Schattenspiele, Kaleidoskope und dergleichen. Kinder werden hier ihren Spaß haben.

Schlafen

Bed & Breakfast Bells Oficis B&B €€
(☎972 22 81 70; www.bellsoficis.com; Carrer dels Germans Busquets 2; Zi. inkl. Frühstück 40–85 €; ❄📶) Eine etwas wackelige Wendeltreppe in einem Gebäude aus dem 19. Jh. mitten im Herzen Gironas führt zu sechs ansprechenden Zimmern, die liebevoll vom fachkundigen Javi und seiner Frau renoviert wurden. Einige haben Bäder, die mit ungewöhnlichen Kunstwerken aus Kieselsteinen dekoriert sind, andere blicken zur Straße. Der größte Raum bietet genügend Platz für vier Personen (99 €).

Casa Cúndaro BOUTIQUE-HOTEL €€
(☎972 22 35 83; www.casacundaro.com; Pujada de la Catedral 9; DZ 60–80 €; 📶) Hinter der unauffälligen Fassade eines mittelalterlichen jüdischen Gebäudes verbergen sich fünf elegante Zimmer und vier separate Apartments, die freigelegte Originalsteinmauern mit modernen Annehmlichkeiten wie Satellitenfernsehen kombinieren. Das Hotel wird von einer freundlichen Familie geleitet und befindet sich direkt neben der Kathedrale, was Fluch oder Segen sein kann, je nachdem, wie gern man Glockengeläut mag.

Equity Point Hostel HOSTEL €
(☎972 31 20 45; www.equity-point.com; Plaça de Catalunya 23; B/DZ inkl. Frühstück ab 17/48 €; ❄@📶) Diese freundliche, effiziente Unterkunft gehört zu einem internationalen Hostelnetzwerk und lockt nicht nur mit den

günstigsten Übernachtungsmöglichkeiten in Girona, sondern auch mit Touristeninfos, einer Gästeküche, einem farbenfrohen Aufenthaltsraum, einer Dachterrasse und geräumigen Zimmer samt Schließfächern und Keycards. Schlafsäle mit eigenem Bad kosten etwas mehr.

Hotel Llegendes de Girona HOTEL €€
(☎972 22 09 05; www.llegendeshotel.com; Portal de la Barca 4; DZ 123 €, „Fountain of Lovers"-Zimmer 288 €; P ❄ 📶) Die Zimmer in diesem restaurierten Gebäude aus dem 18. Jh. sind komfortabel und mit allen möglichen technischen Spielereien sowie verglasten Bädern und geräumigen Regenduschen ausgestattet. Neben einem originellen Mix aus Alt und Neu bietet jedes einen Leitfaden für tantrische Liebesstellungen; in dreien kann man diese gleich auf dem „Eros"-Sofa ausprobieren.

Pensió Viladomat PENSIÓN €
(☎972 20 31 76; www.pensioviladomat.com; Carrer dels Ciutadans 5; EZ/DZ ohne Bad 23/40 €, DZ mit Bad 50 €) Eine der schöneren unter den günstigen Pensionen im Südteil der Altstadt mit acht einfachen, aber gepflegten Zimmern.

Essen

LP TIPP **Restaurant Txalaka** BASKISCH €€
(☎972 22 59 75; Carrer Bonastruc de Porta 4; Hauptgerichte 17–23 €, pintxos 2,50–4 €; ⏲So geschl.) Sensationelle baskische Gerichte und *pintxos* (Tapas) mit *txakoli* (perlender Weißwein von der baskischen Küste), der aus großer Höhe eingeschenkt wird, machen dieses Restaurant so beliebt. Einfach seinen Teller mit Köstlichkeiten wie Knoblauchgarnelen, frischen Sardellen-*montaditos,* marinierten Wildpilzen und mit Paprika bestreutem Tintenfisch füllen und dann gemäß der Zahl der *montadito*-Stäbchen/Gerichte zahlen.

L'Alqueria KATALANISCH €€
(☎972 22 18 82; www.restaurantalqueria.com; Carrer de la Ginesta 8; Hauptgerichte 18–22 €; ⏲Mi–Sa mittags & abends, Di & So mittags) Diese schicke, minimalistische *arrocería* kredenzt den leckersten *arròs negre* (in Tintenfischtinte gekochter Reis) und *arròs a la Catalan* der Stadt sowie rund 20 großartige Reisgerichte wie Paella. Da wird sogar Valencia neidisch! Abends reserviert man am besten einen Tisch.

+Cub TAPAS €
(Plaça de Catalunya; 3 Tapas 10,40 €; ⏲tgl. mittags, Mo–Sa abends; 🖉) Das Café in sehr zentraler Lage zeichnet sich durch freundlichen Service, innovative Tapas von Blutwurst mit Pistazien bis zu Sorbet von schwarzen Feigen, frische Fruchtsäfte, Shakes und Gironas Hausmarke La Moska sowie viele andere spanische Biersorten aus.

Creperie Bretonne CAFÉ €
(www.creperiebretonne.com; Cort Reial 14; Crêpes 6–8 €; 🖉👪) In einem kleinen Bus werden süße und herzhafte Crêpes nach Kundenwünschen zubereitet. Für Kinder und Kreative liegen Buntstifte und Papier bereit. Besonders lecker ist der beliebte Limetten-Zucker-Crêpe und auch das Eis mit gesalzenem Karamell lohnt den Abstecher.

Ausgehen

Gironas Nachtleben ist von den Studenten geprägt, deshalb ist hier im Sommer weniger los. In der Nähe des Flusses nördlich der Altstadt kann man sich in einer Reihe von Bars im Carrer de Palafrugell und in der Ronda de Pedret bis in die frühen Morgenstunden vergnügen.

Lola Café BAR
(Carrer de la Força 7; ⏲18–3 Uhr) Wer eine Schwäche für Caipirinhas, Mojitos und dergleichen hat, ist in dieser Bar mitten im mittelalterlichen Viertel mit temperamentvollem Latinoflair und gelegentlichen Salsa- sowie Rumbakonzerten gut aufgehoben.

Lapsus BAR
(Plaça de l'Independència 10; ⏲10–3 Uhr) Wenn ein wichtiges Spiel ansteht, sorgen hier jede Menge Studenten und Mitdreißiger für Stimmung. Neben Bier und Cocktails gibt's auch Tapas und Frühstück.

TANZ DER TOTEN

Wer am Gründonnerstag in der Gegend ist, sollte einen Stopp im Örtchen Verges 15 km östlich von Girona einlegen. Abends wandern dann Tote (bzw. als Skelette verkleidete Menschen) durch die Straßen, führen die **Dansa de la Mort** (Totentanz) auf und erinnern die Zuschauer an die Endlichkeit des Lebens. Der Umzug ist Teil einer sehr viel größeren Prozession, die den Gang Jesu Christi zum Kreuz einleitet.

In Verges halten die zwischen Girona und Torroella verkehrenden Busse.

DREISTERNEKÜCHE

Einst war das **El Bulli** (www.elbulli.com) eine schlichte Bar auf einem Felsen hoch über dem kahlen Mittelmeerstrand Cala Montjoi und nur über einen staubigen Pfad von Roses 6 km weiter westlich zu erreichen. Dank dem Spitzenkoch Ferran Adrià, dem „Dalí der Gastronomie", wurde es mit drei Michelin-Sternen ausgezeichnet und erhielt rekordverdächtige fünfmal den Titel „Bestes Restaurant der Welt". Obwohl Adrià das El Bulli 2011 schloss, um stattdessen 2014 die El Bulli Foundation, eine Akademie für gehobene Küche, zu eröffnen, müssen Feinschmecker nicht verzweifeln, denn in Katalonien gibt's noch drei weitere fantastische Dreisternerestaurants.

Das 2012 als zweitbestes Restaurant der Welt ausgezeichnete **El Celler de Can Roca** (☎972 22 21 57; www.cellercanroca.com; Carrer Can Sunyer 48; 5-/9-Gänge-Menüs 130/160 €; ⌚Di–Sa mittags & abends) befindet sich 2 km westlich der Innenstadt Gironas. Es ist in einem restaurierten Landhaus untergebracht und wird von drei Brüdern – Joan, Josep und Jordi – betrieben, die ihren Fokus auf „emotionale Küche" in Form innovativer mediterraner Gerichte gelegt haben. Ihr Kochstil ist verspielt – wie wär's mit einem „trockenen Gambini" (trockener Martini, bei dem eine Garnele die Olive ersetzt)? – und die Probiermenüs mit fünf bzw. neun Gängen haben faire Preise.

Das **Can Fabes** (☎93 867 28 51; www.canfabes.com; Carrer de Sant Joan 6; Gerichte 180 €, Probiermenüs mit Wein 105–195 €; ⌚Mi–Sa Mittag- & Abendessen, So Mittagessen, Jan. geschl.) zieht seit Langem Feinschmecker aus Barcelona an. Küchenchef Santi Santamaria – der erste katalanische Koch, der jemals mit drei Michelin-Sternen ausgezeichnet wurde – stammt aus der Gegend und ist seit 1981 im Geschäft. Gerichte aus regionalen, saisonalen Produkten bilden die Grundlagen seiner Kreationen, die Aromen sind unverfälscht und die Präsentation stilvoll, aber unprätentiös.

Das hervorragende **Sant Pau** (☎93 760 06 62; www.ruscalleda.com; Carrer Nou 10, Sant Pol de Mar; Menüs 146 €; ⌚Di, Mi, Fr & Sa mittags & abends, Do abends, Mai–Nov. überwiegend geschl.) liegt in einem wunderschönen Herrenhaus, dessen Gärten Ausblicke auf das Mittelmeer bieten. Carme Ruscalleda ist die treibende Kraft hinter der katalanischen Speiseauswahl mit östlichen Elementen wie Tempura.

ℹ Praktische Informationen

Touristeninformation (☎972 22 65 75; www.girona.cat/turisme; Rambla de la Llibertat 1; ⌚Mo–Fr 8–20, Sa 8–14 & 16–20, So 9–14 Uhr)

Touristeninformation (www.girona.cat; Joan Maragall 2; ⌚Mo–Fr 8–20, Sa 8–14 & 16–20, So 9–14 Uhr)

ℹ An- & Weiterreise

Der **Flughafen Girona-Costa Brava** (www.barcelona-girona-airport.com) 11 km südlich der Stadt ist Ryanairs spanisches Drehkreuz. **Sagalés Barcelona Bus** (www.sagales.com) bietet Verbindungen zu Gironas Busbahnhof/Bahnhof (2,60 €, 25 Min., stündl.) sowie zu Barcelonas Estació del Nord (15/25 € einfach/hin & zurück, 1¼ Std.). Ein **Taxi** (☎872 97 50 00) in die Innenstadt Gironas kostet tagsüber/abends etwa 22/25 €.

Teisa (www.teisa-bus.com) verkehrt nach Besalú (3,55 €, 50 Min., 4–8-mal tgl.) und Olot (6,50 €, 1¼ Std., bis zu 8-mal tgl.), während **Sarfa** (www.sarfa.com) Cadaqués (5,50 €, 1¾ Std., 2–3-mal tgl.) über Roses (3,70 €, 1¼ Std.) und Tossa de Mar (8,50 €, 55 Min.) bedient. Der Busbahnhof befindet sich neben dem Bahnhof.

Girona liegt an der Bahnlinie zwischen Barcelona (ab 9,70 €, 1½ Std., bis zu 20-mal tgl.), Figueres (4,80–14,10 €, 25–40 Min., bis zu 16-mal tgl.) und Portbou (ab 5,40 €, 1 Std., 13-mal tgl.); manche Züge fahren auch über die Grenze nach Cerbère in Frankreich.

Torroella de Montgrí

11 385 EW.

Diese ansprechende mittelalterliche Stadt am Riu Ter erstreckt sich 30 km nordöstlich von Girona sowie 15 km nördlich von Palafrugell und ist der unumgängliche Ausgangspunkt nach L'Estartit. Auf dem Hauptplatz findet im Juli und August das **Festival Internacional de Música** (www.festivaldetorroella.com) statt, ein einmonatiges Klassikfest.

Von der Spitze des 300 m hohen Kalksteinhügels Montgrí im Norden blickt das eindrucksvolle verlassene **Castell de Montgrí** auf den Ort herunter. Es wurde 1294 bis 1301 für König Jakob II. errichtet, als dieser

TAUCHEN AN DER COSTA BRAVA

L'Estartit (www.visitestartit.com) liegt etwa 6 km östlich von Torroella de Montgrí und hat einen langen, breiten, feinsandigen Strand, ansonsten aber nichts, was es in anderen Pauschalbadeorten der Costa Brava nicht auch gäbe – mit Ausnahme der Illes Medes (Islas Medes)! Diese Felseninseln knapp 1 km vor der Küste gehören zu den vielfältigsten maritimen Lebensräumen Spaniens.

Seit 1985 sind die Küsten und Gewässer rund um die sieben Eilande mit ihrer reichen Vogel- und Unterwasserwelt ein *reserva natural submarina* (Unterwasserschutzgebiet) und mit dem vielfältigen maritimen Leben ein beliebtes Ziel von Schnorchlern und Tauchern. Unterschiedliche Tiefen bis zu 50 m sowie Unterwasserhöhlen und -tunnel um die Illes Medes tragen entscheidend zum Reiz der Inseln bei. Schillernde Algen und Schwämme, Tintenfische, Krabben und zahlreiche Fische tummeln sich an den Felsen nahe der Wasseroberfläche. In den Löchern und Höhlen unterhalb von 10 oder 15 m verbergen sich Hummer, Skorpionfische, Meeraale und Zackenbarsche; Letztere kann man manchmal sogar mit der Hand füttern. Mit etwas Glück entdeckt man auch einen Lippfisch. Auf dem Meeresboden lassen sich außerdem Seeteufel, Keulenrochen und Marmorzitterrochen blicken. An Sommerwochenenden kommen besonders viele Taucher her.

In der Touristeninformation gibt's Listen mit **Tauchanbietern** in L'Estartit. Wenn man bereits Erfahrung hat, zahlt man für einen zweistündigen Ausflug etwa 35 € pro Person. Eine komplette Ausrüstung kostet bis zu 55 € am Tag, ein Tauchgang bei Tag oder Nacht zwischen 40 und 45 €. Neulinge sollten einen Einführungstauchgang für etwa 70 € buchen oder einen kompletten fünftägigen PADI-Kurs für etwa 420 € absolvieren.

Das weiße, helle, familienbetriebene **Hotel Les Illes** (972 75 12 39; www.hotellesilles.com; Carrer de Les Illes 55; EZ/DZ inkl. Frühstück 50/100 €, VP möglich;) verfügt über einen Tauchladen und gepflegte Zimmer mit Balkon. Der beste der acht Campingplätze in der bzw. rund um die Stadt ist **Les Medes** (972 75 18 05; www.campinglesmedes.com; Paratge Camp de l'Arbre; Platz pro Erw. 18 €; Dez.–Okt.; P) in schattiger Lage etwa 800 m vom Meer entfernt. Er bietet eine Sauna, drei Pools, einen Fahrradverleih und sogar Massagen.

Am Meer verteilen sich jede Menge Lokale, die vor allem frische Meeresfrüchte und spanische Klassiker servieren.

L'Estartit ist problemlos mit dem Bus ab Torroella de Montgrí zu erreichen.

die aufsässigen Grafen von Empúries im Norden unter Kontrolle bringen wollte. Eine Straße hinauf gibt's nicht und ein Fußmarsch von Torroella hierher dauert 40 Minuten. Von der Plaça del Lledoner geht's auf dem Carrer de Fàtima nordwärts, bis ein Schild zur Burg weist. Busse von **Ampsa** (www.ampsa.org) verkehren nach L'Estartit (1,40 €, 10 Min., 8–16-mal tgl.) und Girona (2,80 €, 1 Std., bis zu 8-mal tgl.), während Sarfa nach Barcelona (20,45 €, 2¾ Std., 3-mal tgl.) fährt.

L'Escala

10 550 EW.

Einige Tausend Jahre in die Vergangenheit zurückreisen kann man in der alten griechisch-römischen Ausgrabungsstätte von Empúries unweit eines nahezu unberührten Mittelmeerstrands. L'Escala, der moderne Nachfahre dieser Ansiedlung, liegt 11 km nördlich von Torroella de Montgrí und ist ein hübscher mittelgroßer Badeort an der oftmals windgepeitschten Südküste des Golf de Roses. Vogelbeobachter lockt der Parc Natural dels Aiguamolls de l'Empordà, ein Küstensumpfgebiet 10 km nördlich von Empúries.

Sehenswertes & Aktivitäten

LP TIPP **Empúries** RUINEN

Empúries war vermutlich der erste und sicherlich einer der bedeutendsten griechischen Handelsposten auf der Iberischen Halbinsel, wobei der Ort ursprünglich von Phöniziern gegründet wurde. Frühe griechische Händler kamen um 600 v. Chr. von Masilia (Marseille in Frankreich) hierher und richteten an der Stelle, wo sich heute das zauberhafte Dorf Sant Martí d'Empúries erstreckt und damals eine Insel befand, einen neuen Handelsposten ein. Bald darauf gründeten sie auf dem Festland eine Kolonie namens Emporion (Markt), die jahrhundertelang als wichtiges Zentrum galt und für die Iberer die Verbindung zur griechischen Kultur darstellte.

218 v. Chr. trafen römische Legionen ein, um im Zweiten Punischen Krieg Hannibals Versorgungslinien zu kappen. 195 v. Chr. errichteten sie ein Feldlager, das sich bis um 100 v. Chr. zur Stadt entwickelte und ein Jahrhundert später mit dem griechischen Pendant verschmolz. Emporiae, so der einstige Name, wurde Ende des 3. Jhs. nach Überfällen germanischer Stämme verlassen. Später erhob sich an dieser Stelle eine frühgermanische Basilika mit Friedhof, dann verschwand der Ort für ein Jahrtausend unter dem Sand, bis er schließlich im 20. Jh. wieder ausgegraben wurde.

Die windgepeitschte **griechische Stadt** mit zerfallenen, in den Himmel ragenden Säulen befindet sich im unteren Teil der Anlage. Zu ihren Relikten gehören die dicke Verteidigungsmauer im Süden, das Asklepion, ein Tempel für Äskulap (Gott der Medizin) mit der Kopie seiner Statue, die dort entdeckt wurde, sowie die Agora (Hauptplatz) mit Resten der frühchristlichen Basilika und der griechischen *stoa* (Marktplatz) daneben.

Ein **Museum** (www.mac.cat; Erw./Kind 3 €/frei; ⏲Ostern & Juni–Sept. 10–20 Uhr, restliches Jahr bis 18 Uhr) trennt die griechische von der größeren römischen Stadt im oberen Teil des Areals. Es zeigt einige beeindruckende Mosaike, Statuen und 2000 Jahre alte Trinkgefäße. Zu den Highlights der **römischen Stadt** zählen die Mosaikböden eines Hauses aus dem 1. Jh. v. Chr., das Forum und die alte Mauer. Außerhalb davon sind Reste eines ovalen Amphitheaters zu erkennen. 2005 wurde auf diesem Gelände eine Bacchusbüste aus Carrara-Marmor ausgegraben, die ins 2. Jh. datiert.

Von März bis Oktober gibt's am letzten Sonntag im Monat unterhaltsame Führungen unter der Leitung von „Römern", die die Funktionen der verschiedenen Gebäude erklären (4 €; im Voraus buchen).

Schlafen & Essen

L'Escala ist berühmt für seine *anchoas* (Anchovis) und frischen Fisch. An der Seepromenade des Port d'en Perris reihen sich zahlreiche Mittelklasserestaurants aneinander. Die Stadt besteht aus zwei Hälften. Der nördliche Teil liegt im *nucli antic* (Altstadt) und ist bei spanischen Touristen beliebt; hier findet man auch die unten beschriebenen Hotels. Die südliche Hälfte – Riels – erstreckt sich an einer großen Sandbucht, hat aber nicht das Flair der Altstadt.

Hotel Empúries BOUTIQUE-HOTEL €€€
(☎972 98 29 36; www.hostalempuries.com; Platja del Portitxol; DZ 195 €; P❄📶) In der Nähe der römischen Ausgrabungsstätte an einem Sandstrand bietet dieses Hotel teilweise sandfarbene Zimmer und Bäder, deren Mosaiken von den Ruinen inspiriert sind. Die Räume im neuen Flügel mit Regenduschen und riesigen Betten überzeugen durch hohen Komfort und die beiden Lokale kredenzen kreative mediterrane Küche sowie Meeresfrüchtegerichte aus frischen lokalen Zutaten.

Can Miquel HOTEL €€
(☎972 77 14 52; www.canmiquel.com; Platja de Montgró; DZ inkl. Frühstück 119 €; P❄📶🏊) Einen Steinwurf vom Strand entfernt beherbergt die von zerklüfteten Klippen umrahmte Unterkunft moderne Zimmer in sanften neutralen Farben. Das Restaurant ist – natürlich – auf Fisch spezialisiert.

LP TIPP **La Gruta** FUSIONSKÜCHE €€
(☎972 77 62 11; Carrer Enric Serra 15; 3-Gänge-Menü 25 €; ⏲Mo–Do mittags, Fr & Sa mittags & abends) Zweifellos gehört das innovative Restaurant mit dem routinierten Service zu den interessantesten Gastronomiebetrieben der Stadt. Neben fangfrischem Fisch kommen Köstlichkeiten wie mit Honig und Kumin glasierte Spareribs vom Schwein, Knochenmarkrisotto mit Foie gras und ebenso fantasievolle Desserts auf den Tisch.

Praktische Informationen

Wer mit einem Sarfa-Bus anreist, steigt an der Avinguda Girona unterhalb der **Touristeninformation** (☎972 77 06 03; www.lescala.cat; Plaça de les Escoles 1; ⏲Mitte Juni–Mitte Sept. Mo–Sa 9–20, So 10–13 Uhr, restliches Jahr kürzer) aus. Empúries liegt 1 km nordwestlich des Ortszentrums an der Küste.

An- & Weiterreise

Sarfa-Busse fahren täglich von Barcelona (22 €, 3 Std., 3-mal tgl.), Girona (6 €, 1 Std., 5-mal tgl. außer So) und Figueres (6 €, 1 Std., 6-mal tgl. außer So) hierher.

Castelló d'Empúries

12 885 EW.

Einst war der gut erhaltene alte Ortskern die Hauptstadt der mittelalterlichen katalanischen Grafschaft Empúries. Bis ins 14. Jh.

bewahrte sich Castelló d'Empúries einen hohen Grad an Unabhängigkeit und dient heute als guter Ausgangspunkt für Ausflüge in den benachbarten Parc Natural dels Aiguamolls de L'Empordá. Es gibt hier mehrere windige, aber sehr friedliche Strände, außerdem sollte man sich neben den Attraktionen des Naturparks auch die **Església de Santa Maria** an der Plaça de Jacint Verdaguer nicht entgehen lassen. Die große gotische Kirche aus dem 13. und 14. Jh. verfügt über einen stattlichen romanischen Glockenturm.

Sehenswertes & Aktivitäten

Parc Natural dels Aiguamolls de l'Empordá VOGELBEOBACHTUNG

(www.parcsdecatalunya.net; Parken 2 €; El-Cortalet-Informationszentrum April–Okt. 9.30–14 & 16.30–19 Uhr, restliches Jahr kürzer) Dieser Naturpark schützt den Rest des gewaltigen Marschlandes, das früher einmal die gesamte Küstenniederung des Golf de Roses bedeckte und heute noch ein bedeutender Sammelplatz für Zugvögel ist. Ornithologen haben hier während des Vogelzugs von März bis Mai und August bis Oktober schon über 100 Arten pro Tag gezählt. In dieser Zeit wimmelt es von Wattvögeln, außerdem entdeckt man Flamingos, Braunsichler, Löffler sowie den seltenen Schwarzstorch. Insgesamt ziehen mehr als 300 Arten durch das Gebiet (etwa 90 nisten in der Gegend). Auch in der übrigen Zeit des Jahres sieht man jede Menge Vögel.

Zwei beschilderte Wege führen zu einem 2 km langen Strand und mehreren *aguaits* (Beobachtungsständen) mit Sicht auf die Salzmarschen. Von der Spitze des **Observatori Senillosa**, einem ehemaligen Silo, überblickt man den ganzen Park. Morgens und abends ist die beste Zeit zur Vogelbeobachtung. Das **El-Cortalet-Informationszentrum** befindet sich 1 km weiter östlich abseits der Straße zwischen Sant Pere Pescador und Castelló d'Empúries.

Die nächstgelegenen mit dem Bus erreichbaren Orte von El Cortalet sind Sant Pere Pescador etwa 6 km südlich (vier oder fünf Sarfa-Busse täglich von L'Escala und Figueres) und Castelló d'Empúries 8 km nördlich.

Schlafen & Essen

Vor Ort findet man einige preisgünstige und gute Restaurants und Bars. In der Umgebung verteilen sich etliche *casas rurales* und im nahe gelegenen Sant Pere Pescador gibt's einige Campingplätze.

LP TIPP **Hotel Casa Clara** HOTEL €€

(972 25 02 15; www.hotelcasaclara.com; Carrer de la Fruita 27; EZ/DZ 36/72 €;) Die elf geräumigen gefliesten Zimmer dieses reizenden kleinen Hotels verfügen über viel natürliches Licht, eine individuelle Farbgestaltung und gemütliche Betten, teilweise mit schmiedeeisernen Gestellen. Das angeschlossene Restaurant serviert eine wöchentlich wechselnde Auswahl an kreativen, ansprechend präsentierten Gerichten wie Zucchini-Haselnuss-Auflauf und Seebrassen mit Shiitakepilzen (zwei Gänge 17 €).

Hotel Canet HOTEL €€

(972 25 03 40; www.hotelcanet.com; Plaça del Joc de la Pilota 2; EZ/DZ ab 65/81 €;) In dieser Stadtvilla im Modernismestil aus dem 17. Jh. erwarten einen elegante Zimmer, niedrige Steinbogen und eine Sonnenterrasse. Ein Swimmingpool glitzert im ummauerten Innenhof und das Restaurant (Hauptgerichte ca. 17 €) wartet mit anständigen katalanischen Gerichten, hauptsächlich aus lokalen Zutaten, auf.

An- & Weiterreise

Sarfa-Busse fahren nach Figueres (1,40 €, 15 Min., 8–12-mal tgl.), Cadaqués (3,90 €, 50 Min., 5–6-mal tgl.) und zu Barcelonas Estació del Nord (19,30 €, 2 Std., 2-mal tgl.).

Cadaqués & Umgebung

2900 EW.

Wer nur für einen einzigen Zwischenstopp an der Costa Brava Zeit hat, sollte Cadaqués ansteuern. Das weiße Dorf rund um eine Felsenbucht mit engen hügeligen Straßen, die zu einem Spaziergang einladen, verströmt wie seine Umgebung ein besonderes Flair, bedingt durch die Verbindung von Wind, Meer, Licht und Felsen, die selbst durch Massen von Sommergästen nicht beeinträchtigt wird.

Ein Teil dieser Magie ist Salvador Dalí zu verdanken, der hier in seiner Jugend die Ferien verbrachte und später für lange Zeit im nahe gelegenen Portlligat lebte. Dank Dalí und anderen Lichtgestalten wie Federico García Lorca zog Cadaqués jahrzehntelang prominente Gäste an. Ein Besuch des Dichters Paul Éluard und seiner russischen Frau Gala 1929 löste im Leben des Künstlers ein Erdbeben aus: Dalí brannte mit Gala, seiner Muse und späteren Ehefrau, nach Paris durch und schloss sich der Surrealismusbewegung an. In den 1950er-Jahren lockte der Ort eher den Jetset an, darunter Walt Disney, der Her-

NICHT VERSÄUMEN

CASA MUSEU DALÍ

In der Nähe einer idyllischen Bucht in Portlligat – diese winzige Fischersiedlung liegt einen 1,25 km langen Fußmarsch von Cadaqués entfernt – befindet sich das **Casa Museu Dalí** (☎972 25 10 15; www.salvador-dali.org; Erw./Kind 11 €/frei; ⏲nur nach vorheriger Anmeldung), Dalís früheres Wohnhaus. Die einstige Fischerhütte wurde von dem Künstler, der hier mit seiner Frau von 1930 bis 1982 lebte, immer wieder verändert und vergrößert, und gibt heute faszinierende Einblicke in das Leben des surrealen Paars. Ist das Teatre-Museu Dalí die Maske, die der Künstler der Welt zeigte, so offenbart das Casa Museu Dalí einen kleinen Teil seines wahren Gesichts. Der prächtige, bizarre, weiß getünchte Bau besteht aus verschiedenen Hütten und sonnigen Terrassen, die durch enge labyrinthartige Korridore miteinander verbunden sind. Die vielen skurrilen Möbel wurden mit viel Sorgfalt ausgewählt.

Vom Regenschirm-/Gehstockständer in Form eines ausgestopften Bären in der Eingangshalle und den ausgestopften Schwänen in der Bibliothek über die verstellbare Staffelei im Arbeitszimmer bis zu den gelben, von Dalís Frau so geliebten Strohblumen und dem Spiegel im Schlafzimmer, der es dem Paar erlaubte, den Sonnenaufgang zu sehen, ist die Liste der kleinen Überraschungen schier unendlich. Hier gilt es einfach, so viele Eindrücke wie möglich einzufangen. Zu den skurrileren Elementen zählen dabei der zentrale ovale Wohnbereich, der als Heiligtum für Gala konzipiert wurde, der penisförmige Pool, das Lippensofa und der kleine, von Heugabeln durchbohrte Turm, auf dem ein riesiges Ei thront.

Besichtigungen sind nur im Rahmen von Führungen mit geringer Teilnehmerzahl und mehrsprachigen Guides möglich, die im Voraus gebucht werden müssen.

zog von Windsor und der griechische Reeder Stavros Niarchos. In den 1970er-Jahren schauten Mick Jagger und Gabriel García Márquez vorbei. Mittlerweile sind die Besucher weniger berühmt und bestehen überwiegend aus französischen Tagesausflüglern, doch der Zauber von Cadaqués bleibt.

Sehenswertes

Museu de Cadaqués MUSEUM
(Carrer de Narcís Monturiol 15; Erw./Kind 5/3,50 €; ⏲April–Juni Mo–Sa 10–13.30 & 16–19 Uhr, restliches Jahr kürzer) Der Schwerpunkt des Museums liegt auf Werken von Dalí und anderen Künstlern wie Picasso, die mit Cadaqués in Verbindung standen.

Schlafen

Hostal Vehí PENSIÓN €€
(☎972 25 84 70; www.hostalvehi.com; Carrer de l'Església 5; EZ/DZ ohne Bad 30/55 €, DZ mit Bad 77 €; ❄📶) Im Juli und August platzt die einfache, aber ansprechende, von einer netten Familie geführte Pension mit sauberen Zimmern nahe der Altstadtkirche meist aus allen Nähten. Mit viel Gepäck ist die Anreise ziemlich umständlich, außerdem müsste der WLAN-Service verbessert werden, trotzdem trifft man mit der Pension eine gute und günstige Wahl. Frühstück kostet 6 € extra.

Hotel Llané Petit HOTEL €€€
(☎972 25 10 20; www.llanepetit.com; Carrer del Dr Bartomeus 37; DZ mit/ohne Meerblick 173/124 €; P❄📶🏊) Da es 35 Zimmer hat, kann man dieses vierstöckige Haus an einem winzigen gepflasterten Strand eigentlich gar nicht als so *petit* (klein) bezeichnen. Die Lage des Hotels ist einfach wunderbar, darüber hinaus verfügen die meisten Zimmer über geräumige Balkone samt Sitzgelegenheiten. Frühstück (12 €) und Parkplatz (10 €) kosten jeweils extra.

L'Hostalet de Cadaqués HOTEL €€
(☎972 25 82 06; www.hostaletcadaques.com; Carrer Miquel Rosset 13; DZ 70 €; ❄📶) Die Zimmer des Hotels sind zwar geradezu winzig, aber dafür außergewöhnlich gut gepflegt. An den Wänden hängen Bilder verschiedener Badestrände der Umgebung. Aufgrund der benachbarten Bars wird es hier manchmal etwas laut.

Essen & Ausgehen

An der Küste liegen recht teure Fischlokale. Cadaqués' Spezialität ist *suquet*, ein herzhafter Eintopf mit Kartoffeln, Fisch und Meeresfrüchten, der das Fischererbe der Stadt widerspiegelt. Die vielen kleinen Bars

(Fortsetzung auf S. 340)

In der Heimat von Salvador Dalí

Der in Figueres geborene Salvador Dalí (1904–1989) war einer der führenden Köpfe der surrealistischen Bewegung. Neben Gemälden schuf der Künstler, dessen Bedeutung weit über seinen Tod hinausgeht, Skulpturen, Filme und Fotografien.

Im Norden der Costa Brava ist er bis heute überall präsent, doch an manchen Orten spürt man seinen Geist besonders intensiv.

Mit der Gründung des Teatre-Museu Dalí (S. 341) in Figueres wollte Dalí seine „Wünsche, Geheimnisse, Rätsel, Obsessionen und Leidenschaften" für jedermann sichtbar machen.

Seine Lieblingsorte in Katalonien waren das weiß getünchte Cadaqués (S. 328) und das Nachbardorf Portlligat (S. 328), wo er über 50 Jahre fast ununterbrochen lebte und malte.

Gegen Ende seines Lebens zog der Künstler mit seiner Muse und Ehefrau Gala ins Castell de Púbol (S. 317) nordöstlich von Girona. Gala wurde auf eigenen Wunsch in der Gruft der Burg beigesetzt, umgeben von Elefanten mit Giraffenbeinen, während Dalí seine letzte Ruhe in der Krypta seines Museums in Figueres fand.

DALÍS WICHTIGSTE WERKE

Dalí schuf in seinem Leben über 1500 Werke. Zu den bekanntesten gehören:

» **Die Beständigkeit der Erinnerung** (1931) Die Darstellung geschmolzener Uhren thematisiert die Irrelevanz der Zeit und ist Dalís berühmtestes Bild.

» **Kreuzigung (Corpus Hypercubus)** (1954) Dalís Frau Gala schaut sich den an übergroßen Würfeln gekreuzigten Jesus an.

» **Das Abendmahl** (1955) Ein klassisches christliches Thema aus der Perspektive eines Surrealisten.

Abbildungen

1. Dalí-Statue, Cadaqués (S. 328) **2. & 3.** Teatre-Museu Dalí, Figueres (S. 341) **4.** Gärten, Casa Museu Dalí (S. 329)

DENNIS JOHNSON / GETTY IMAGES ©

RUARIDH STEWART / ZUMA PRESS / CORBIS ©

2

CHRISTOPHER GROENHOUT/GETTY IMAGES ©

3

Die Dörfer Aragoniens

Was charmante Dörfer betrifft, können es nur wenige Regionen mit Aragonien aufnehmen. Viele Bauernhäuser bestehen aus den für die Region typischen massiven Steinen und haben terrakottafarbene Schieferdächer. Einige bieten einen betörenden Ausblick auf die Gipfel der Pyrenäen, andere verstecken sich in abgelegenen Ecken – und sie alle sind eine Reise wert.

Albarracín

1 Das wunderschöne Albarracín (S. 416) hat verwitterte, ockerfarbene Straßen und eine beeindruckende Lage. Die Aussicht von der Burg oder den steil abfallenden Wänden der Bergkämme wird wohl kein Besucher so schnell vergessen.

Aínsa

2 Es gibt in Aragonien kein authentischeres Dorf (S. 405). Nach Sonnenuntergang gehen die Einwohner nach Hause und es herrscht Stille. Die engen Gassen, die von Säulengängen gesäumte Plaza Mayor und der Blick auf die Pyrenäen vom höchsten Hügel des Ortes sind einfach herrlich.

Alquézar

3 Dieses Zentrum für Kanufans bietet auch sonst so manchen Adrenalinkick. Gleichzeitig ist Alquézar (S. 408) ein friedlicher, stiller Ort, der von oben betrachtet einem toskanischen Hügelstädtchen ähnelt.

Sos del Rey Católico

4 Die Kopfsteinpflasterstraßen, ein Hauch spanischer Geschichte und seine Lage machen Sos (S. 395) zu einem tollen Zwischenstopp auf der Reise durch die Pyrenäen.

Daroca

5 Gerade dann, wenn man glaubt, das südliche Ödland habe nichts Besonderes zu bieten, stößt man auf Daroca (S. 412), ein von Mauern umschlossenes Örtchen hoch auf den Bergkämmen.

1

RUARIDH STEWART / ZUMA PRESS / CORBIS ©

3

JOHN BANAGAN / GETTY IMAGES ©

Abbildungen
1. Albarracín (S. 416) 2. Aínsa (S. 405) 3. Alquézar (S. 408)

2

Baskische Kultur

Die Basken sind irgendwie anders. Sie leben bereits seit Urzeiten in ihrer Ecke von Spanien und Frankreich und ein großer Teil ihrer einzigartigen Kultur bleibt Besuchern leider verborgen. Einiges kann jedoch jeder erleben:

Pelota

Für den baskischen Nationalsport *pelote basque* hat jedes Dorf seinen eigenen Platz. Die Sportart entwickelte sich aus einem uralten Spiel namens *jeu de paume*, von dem auch das moderne Tennis abstammt. Sie kann auf verschiedene Weise gespielt werden: mit den bloßen Händen, kleinen Holzschlägern oder einem länglichen, in der Hand gehaltenen Korb, der *chistera* genannt wird und mit dem die Spieler Bälle mit einer Geschwindigkeit von bis zu 300 km/h werfen. Letztere Variante ist international am bekanntesten. Im Sommer kann man in der ganzen Region Spiele sehen.

Lauburu

Das auffallendste Symbol der hiesigen Kultur ist das *lauburu* (baskisches Kreuz). Seine Bedeutung liegt im Dunkel der Vergangenheit verborgen. Manche sagen, es stehe für die vier ältesten Regionen des Baskenlandes, andere meinen, es repräsentiere den Geist, das Leben, das Bewusstsein und die Form. Heute betrachten die meisten das Kreuz als Symbol des Wohlstands, denn es taucht in modernem Schmuck und über Haustüren auf. Es steht allerdings auch für Leben und Tod, deshalb findet man es oft auf alten Grabsteinen.

Traditionelle Sportarten

Neben Pelota gibt's weitere baskische Sportarten wie Holzhacken, Steineheben,

1

MARK BAYNES / ALAMY ©

3

MARK BAYNES / ALAMY ©

Abbildungen

1. Sägewettbewerb 2. Zuschauer eines Pelota-Spiels
3. Tänzer in traditioneller Kleidung

DALLAS STRIBLEY / GETTY IMAGES ©

Heuballenhochwurf und Tauziehen. Fast alle stammen von den alltäglichen Aktivitäten der Bauern und Fischer in der Region ab. Inzwischen ersetzen moderne Technologien viele der dabei geforderten Fähigkeiten, doch die traditionellen Sportarten bleiben durch die zahlreichen Fiestas lebendig.

Stiere & Fiestas

Zwar haben die meisten Städte und Dörfer ihre eigene Fiesta, doch keine ist so berühmt und vielleicht auch so berüchtigt wie die Sanfermines in Pamplona, die mit dem legendären *encierro* (Stierlauf) gefeiert werden. Aber wie hat dieser Wahnsinn eigentlich angefangen? Zweck des Ganzen ist es, die Stiere von ihren Gehegen in die Arenen zu bringen. Irgendwann im 14. Jh. ist jemand darauf gekommen, dass sich dies am schnellsten und „einfachsten" bewerkstelligen lässt, indem man die Tiere aus den Gehegen direkt in die Arena treibt. Eins kam zum anderen und der *encierro* entwickelte sich vom simplen Transport der Stiere zu seinem heutigen Gemetzel.

Traditionelle Kleidung

Tagsüber kann man auf zahlreichen baskischen Festen traditionelle Trachten und Tänze bewundern, von denen es angeblich mehr als 400 gibt – inklusive jeweils passender Kostüme versteht sich.

Baskische Sprache

Laut Victor Hugo ist die baskische Sprache (bekannt als *euskara)* ein „Land". Wohl kaum ein Baske würde ihm widersprechen, denn sie gilt als älteste Sprache Europas und hat keinerlei Verbindung zu indogermanischen Sprachen. Ihre früheste schriftliche Form sind vermutlich die Inschriften aus dem 3. Jh. n. Chr., die 2006 nahe Vitoria entdeckt wurden. Auf Druck Francos wurde Baskisch offiziell als Sprache des Landes anerkannt und entwickelte sich zu einer Sprache der Wahl bzw. Identität unter einer wachsenden Anzahl junger Basken.

Picos de Europa

Die Berge der Cordillera Cantábrica, die sich entlang der Südgrenzen Kantabriens und Asturiens von Osten nach Westen erstrecken, erreichen in den Picos de Europa ihre spektakulärsten Höhen.

Sie erheben sich nur 15 km hinter dem Golf von Biskaya und sind von Osten nach Westen nicht viel länger als 40 km, während sie von Norden nach Süden sogar nur 25 km messen. Wegen ihrer herrlichen Formationen und Schluchten gelten sie als eine der schönsten Wanderregionen des Landes. Es gibt hier viele kurze und lange Routen aller Schwierigkeitsgrade sowie jede Menge Möglichkeiten für Kletterer und Höhlenwanderer.

Die drei Kalksteinmassive der Picos werden durch tiefe, von Norden nach Süden verlaufende Täler getrennt. Besonders großer Beliebtheit bei Trekkingfans erfreut sich die Garganta del Cares (Cares-Schlucht). Darüber hinaus wartet die Gegend mit hübschen Bergseen und alpinen Wiesen samt grasenden Kühen, kilometerhohen Steilwänden und einer felsigen Wildnis auf, in der man zahlreiche Gämsen entdecken kann. Im Herzen der Picos thront der Naranjo de Bulnes, ein hoher Felsenturm, der für jeden echten Kletterer eine Herausforderung darstellt.

Dank einiger Straßen sowie einer Seil- und einer Schmalspurbahn, die zu atemberaubenden Stellen führen, kann man die Picos aber auch genießen, wenn man keine Lust auf allzu viel Bewegung hat.

1

STAN KUJAWA / ALAMY ©

2

PAUL HARRIS / GETTY IMAGES ©

Abbildungen

1. Garganta del Cares (Cares-Schlucht; S. 518)

2. El Naranjo de Bulnes (Pico Urriello; S. 519)

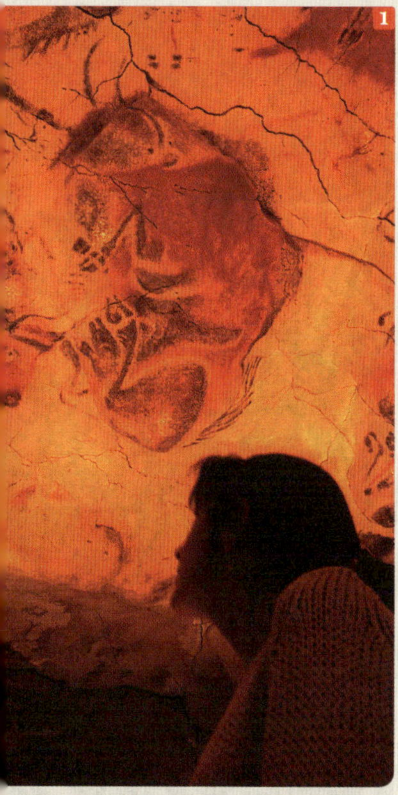

Höhlenkunst

Sammler und Jäger aus dem Paläolithikum (Frühsteinzeit) malten und ritzten die ersten Kunstwerke der Menschheit zwischen 35 000 und 10 000 v. Chr. auf Höhlenwände. In Nordspanien und Südfrankreich wurden die künstlerisch wertvollsten Zeichnungen entdeckt.

Fast alle Bilder zeigen wilde Tiere wie Pferde, Rehe, Bisons, Wildschweine und Mammuts. Bei einigen besonders guten Beispielen verraten die Dynamik der Zeichnung, der kunstfertige Einsatz von Farbe, die Plastizität und die lebensechte Darstellung, dass ein echtes Genie am Werk war. Es ist sehr beeindruckend, die von Jägern und Sammlern geschaffene Kunst von Nahem zu betrachten. Während der letzten Eiszeit führten die Menschen ein karges, anstrengendes Leben und schufen ihre Werke vielleicht als eine Art Gottesverehrung oder Gebet.

Der weltberühmte Bison und andere Tierzeichnungen aus der Cueva de Altamira (S. 491; heute nur als Nachbildung zu besichtigen) gehören seit 1985 zum Welterbe. 2008 kamen weitere 17 Höhlen mit vorsteinzeitlichen Malereien auf die Unesco-Welterbeliste. Neben Altamira lohnen folgende Höhlen einen Besuch:

» **Cueva de Tito Bustillo** (S. 505)

» **Cueva de El Castillo** (S. 486)

» **Cueva de Covalanas** (s. Kasten S. 487)

Toll ist auch Asturiens Parque de la Prehistoria (S. 511) mit drei interessanten nachgebildeten Höhlen und einem hervorragenden Museum.

Mehr über Höhlenkunst erfährt man unter http://cuevas.culturadecantabria.com und www.infoasturias.com.

Abbildungen

1. Museo de Altamira (S. 491) **2.** Cueva de El Castillo (S. 486)

Santiago de Compostela

Im festen Glauben daran, dass hier der Apostel Jakobus der Ältere (auf Spanisch Santiago) seine letzte Ruhe fand, wurde Santiago de Compostela im Mittelalter neben Jerusalem und Rom zu einem der drei wichtigsten Pilgerziele der Christenheit.

Gläubige kamen aus ganz Europa über den Jakobsweg (Camino de Santiago) hierher, um die heiligen Reliquien zu sehen und für ihre Erlösung zu beten. In Gestalt des Santiago Matamoros (Jakobus, der Maurentöter) wurde der Heilige zum Schutzpatron und zur Inspiration der christlichen Reconquista Spaniens. Über seinem Grab entstand eine großartige Kathedrale und mit dem Geld der vielen Pilger konnte rund um das Gotteshaus eine fantastische Stadt aus Granit errichtet werden.

Nach dem 13. Jh. ebbten die Pilgerströme zwar ab, doch die Kirche und der Ort blieben als Zentrum der Wissenschaft und der katholischen Kultur in der entlegenen Nordwestecke des Landes erhalten. Mit der erstaunlichen Wiederentdeckung des Jakobswegs in den 1990er-Jahren ist Santiago wieder in aller Munde. Seine alten gepflasterten Straßen und Gebäude strahlen ein mittelalterliches Flair aus. Darüber hinaus ist Santiago eine Universitätsstadt des 21. Jhs. mit einer florierenden zeitgenössischen Kultur- und Unterhaltungsszene. Kurzum: Dies ist ein wirklich einzigartiger Ort.

HIGHLIGHTS IN SANTIAGO

- » **Catedral** (S. 527)
- » **Praza do Obradoiro** (S. 529)
- » **Museo da Catedral** (S. 528)
- » **Meeresfrüchte** (S. 532)
- » **Keltische Musik in der Casa das Crechas** (S. 533)

1

CRAIG PERSHOUSE / GETTY IMAGES ©

2

THE ART ARCHIVE / ALAMY ©

Abbildungen
1. Praza das Praterías (S. 529) **2.** Pórtico de la Gloria, Catedral de Santiago de Compostela (S. 528)

Die Küste Galiciens

Galiciens zerklüftete Küste hat eine Gesamtlänge von 1200 km – und das bei einer Luftlinie von kaum mehr als 350 km. Hunderte meist sandige Strände, bedrohliche Klippen, Dutzende Inseln sowie zahlreiche Fischereihäfen prägen sie.

Cabo Fisterra

1 Spaniens „Ende der Welt" (S. 535), ein dramatisches felsiges Kap, ragt an der entlegenen Costa da Morte am Atlantik heraus. Zwischen dem Cabo Fisterra und Amerika gibt's nichts außer dem Ozean.

Illas Cíes

2 Die drei Cíes-Inseln vor der Ría de Vigo gehören zum Nationalpark Islas Atlánticas (S. 557) und locken mit spektakulären Klippen sowie naturbelassenen Stränden. Es gibt hier keinen Verkehr. Die einzige Möglichkeit zum Übernachten bietet ein im Sommer geöffneter Campingplatz.

Torre de Hércules

3 Das Äußere von A Coruñas Leuchtturm (S. 538) stammt aus dem 18. Jh., während das Innere original römisch ist. Der Torre de Hércules entstand im 1. Jh. v. Chr. und markierte für die Legionen, die in nördlicher Richtung zur Bretagne segelten, den Rand der zivilisierten Welt.

Am Strand

4 Galiciens 772 Strände reichen von langen Sandstreifen mit einer tollen Brandung für Surfer wie Praia da Mar de Fora (S. 536) bis zu einsamen Buchten wie Area de Trece (S. 537) und dramatischen felsigen Stränden wie Praia As Catedrais (S. 546).

Meeresfrüchte

5 Zu den frischen Meeresfrüchten (S. 532), die man hier bekommt, gehören *pulpo a galega* (zarte, pikante Seekrakenstücke) und *lubiña* (Wolfsbarsch). Sie sind schon für sich genommen eine Reise nach Galicien wert. In jedem Ort an der Küste (und vielfach auch im Inland) werden unvergessliche Köstlichkeiten serviert.

Abbildungen
1. Jakobsmuscheln 2. Blick vom Torre de Hércules (S. 538)

(Fortsetzung von S. 329)

im Carrer Miquel Rosset sind an schwülen Sommerabenden immer gut besucht.

Es Baluard FISCH & MEERESFRÜCHTE €€
(☎972 25 81 83; www.esbaluard-cadaques.net; Riba Nemesi Llorens; Hauptgerichte 16–22 €) Die Familie, die dieses Restaurant der alten Schule an der alten Hafenmauer betreibt, kredenzt Köstlichkeiten aus Poseidons Reich. Auf der Speisekarte stehen viele Fischgerichte aus lokalen frischen Produkten wie *anchoas de Cadaqués* und *gambitas de Roses* sowie köstliche *crema catalana*.

Pilar KATALANISCH €€
(Carrer de la Miranda; Hauptgerichte 16–20 €; ⌚Mo–Sa mittags & abends, So mittags) Bei Einheimischen erfreut sich das kleine familiengeführte Lokal großer Beliebtheit, denn es wartet mit erstklassigen Reisgerichten sowie *fideuás* samt Schmuck-Langusten und anderen Leckereien aus dem Meer auf.

Casa Nun FISCH & MEERESFRÜCHTE €
(☎972 25 88 56; Plaça del Port Ditxos 6; Menüs 22 €) Oben befindet sich ein reizender Speiseraum und unten stehen ein paar Straßentische mit Blick auf den Hafen. Alles wird mit viel Liebe zubereitet und – wie zu erwarten – gibt's vor allem Meeresfrüchte.

L'Hostal BAR
(Passeig del Mar 8; ⌚So–Do 22–5, Fr & Sa 22–6 Uhr) In den 1970er-Jahren bezeichnete ein aufgedrehter Dalí die Strandbar eines Nachts sogar als *lugar más bonito del mundo* (schönster Ort der Welt). Die Wände schmücken Fotografien des Künstlers und an den meisten Abenden spielen Livebands.

ℹ Praktische Informationen

Touristeninformation (☎972 25 83 15; Carrer del Cotxe 2; ⌚Ende Juni–Mitte Sept. Mo–Sa 9–21, So 10–13 & 17–20 Uhr, restliches Jahr kürzer)

ℹ An- & Weiterreise

Sarfa-Busse verbinden Cadaqués mit Barcelona (23,70 €, 2¾ Std., 2–5-mal tgl.) sowie Figueres (5,30 €, 1 Std., 3–7-mal tgl.) via Castelló d'Empúries und Girona (3,50 €, 1¾ Std., 2–3-mal tgl.).

CAP DE CREUS

Das Cap de Creus, der östlichste Punkt des spanischen Festlands, ist von grandioser wilder Schönheit. Zu dem von gnadenlosen Tramontana-Winden gepeitschten Kap führt eine 8 km lange einsame Straße, die sich durch die Mondlandschaft schlängelt. Die bizarr geformten Felsen, kargen Plattformen und verlassenen Küsten, die in Dalís berühmten Bildern auftauchen, waren nicht nur ein Produkt seiner lebendigen Fantasie. Von Landschaften wie dieser ließ sich der Künstler inspirieren und sprach in dem Zusammenhang von einem „grandiosen geologischen Delirium". Vielleicht entdeckt man sogar den riesigen Felsen, den er in seinem Gemälde *Der große Mastubator* verewigte.

Bei Sonnenauf- oder -untergang wartet die steile, buchtenreiche Felsküste mit türkisfarbenem Wasser auf. An der Spitze des

DER COSTA-BRAVA-WEG

Der 255 km lange ausgeschilderte, von Klippen, Buchten, felsigen Landzungen und Pinienhainen gesäumte Costa-Brava-Weg führt von Blanes nach Colliure in Frankreich und gehört zu den besten Wanderrouten Kataloniens. Manche Abschnitte sind leicht zu bewältigen, andere sehr steil und anspruchsvoll. Wer sich die gesamte Strecke vornimmt, sollte sich auf eine lange fordernde Tour einstellen. Größtenteils folgt die Route der GR92, umfasst jedoch auch verschiedene Umwege entlang der Küste.

Als Teilabschnitt bietet sich die recht einfache Strecke von **Cadaqués zum Leuchtturm am Cap de Creus** (2½ Std.) an. Sie verläuft von Cadaqués' Zentrum nach Portlligat, weiter durch windgepeitschtes, von Gestrüpp bedecktes, felsiges Terrain und vorbei an abgeschiedenen Stränden bis zum Leuchtturm. Eine weitere hübsche Strecke führt von **Aiguablava nach Sa Riera** (4–5 Std.) über den Leuchtturm bei Begur. Teilweise windet sie sich entlang spektakulärer, von Pinien bedeckter Klippen mit tollen Ausblicken auf das tiefblaue Meer, das gegen die Felsen peitscht, bevor es schließlich hoch zu den Buchten von Sa Tuna und Aiguafreda geht und vor einem die eindrucksvolle Platja de Sa Riera auftaucht.

Beschreibung weiterer Routen liefert der Wanderführer *Costa Brava. 57 Touren: Vom Cap de Creus bis Montserrat* vom Bergverlag Rother.

Kaps befinden sich ein Leuchtturm mit einem kleinen **Museum** (Eintritt frei; ⌚im Sommer 10–19 Uhr, restliches Jahr kürzer) und überraschenderweise auch ein **Currylokal** (☎972 19 90 05; Hauptgerichte 15–19 €), das neben Curry-Klassikern auch lokale Gerichte und Käsekuchen serviert. Übernachtungsgästen steht eine Handvoll Zimmer zur Auswahl, die man (vor allem im Sommer) am besten im Voraus über Chris Little (☎972 19 90 05) reserviert.

Von Cadaqués zur französischen Grenze

Wer nach Frankreich weiterreist, passiert die netten kleinen Ferien- und Fischerorte **El Port de la Selva** und **Llançà**. Ersteres liegt im Schutz mächtiger Berge und auf dem Wasser schaukeln viele Jachten, Letzteres lockt mit zahlreichen Stränden und einem Küstenweg. Von El Port de la Selva bietet sich eine Wanderung hoch oben an der schroffen Küste an. Der an manchen Stellen schwierig zu bewältigende Pfad führt zum Cap de Creus. **Portbou** an der französischen Grenze kommt trostlos und verlassen daher, nicht zuletzt weil ein großer Teil der Einwohner nach Abschaffung der Grenzkontrollen zwischen Spanien und Frankreich den Ort verließ.

MONESTIR DE SANT PERE DE RODES

Wer einen weiten Panoramablick auf das tiefblaue Mittelmeer und die (manchmal) schneebedeckten Gipfel der nahen Pyrenäen verbunden mit spektakulärer romanischer Architektur genießen will, sollte das **Monestir de Sant Pere de Rodes** (Erw./Kind unter 7 J. 5 €/frei, Di Eintritt frei; ⌚Juni–Sept. Di–So 10–19.30 Uhr, Okt.–Mai Di–So 10–17 Uhr) in 500 m Höhe südwestlich von El Port de la Selva ansteuern. Einst war das im 8. Jh. errichtete Bauwerk das mächtigste Kloster zwischen Figueres und dem französischen Perpignan. Das imposante, in sich ruhende Gebäude versetzt den Betrachter zurück ins Mittelalter, auch wenn dieser Eindruck etwas von den umfassenden Restaurierungsarbeiten gestört wird, die einen Kontrast zu den Ruinen bilden. Besonders bemerkenswert ist das Originalmauerwerk in der prachtvollen dreischiffigen Basilika mit Tonnengewölbe, die vom Torre de Sant Miquel, einem viereckigen Glockenturm, flankiert wird. Die unterirdischen Nischen und Winkel erinnern fast ein wenig an die Kulisse für ein Ego-Shooter-Spiel.

> **AUF NACH FRANKREICH?**
>
> Wer von Katalonien aus nach Frankreich reist und sich über die benachbarte Region informieren möchte, kann sich den deutschsprachigen Lonely Planet *Languedoc-Roussillon* zulegen.

Zum Kloster verkehren keine öffentlichen Busse; mit einem eigenen Fahrzeug ist es ab dem Küstenort El Port de la Selva oder ab Vilajuïga im Landesinneren zu erreichen.

Figueres

44 765 EW.

Figueres, etwa 12 km vom Golf de Roses landeinwärts gelegen, ist eine nette Stadt mit einer einzigartigen Attraktion: Salvador Dalí. Der Künstler wurde 1904 in Figueres geboren und blieb seinen Wurzeln treu, obwohl ihn seine berufliche Laufbahn nach Madrid, Barcelona, Paris und in die USA führte. In den 1960er- und 1970er-Jahren schuf er das außergewöhnliche Teatre-Museu Dalí, ein Denkmal an den Surrealismus und ein Erbe, das in Sachen Beliebtheit und Extravaganz in der spanischen Künstlerwelt seinesgleichen sucht. Was auch immer man von der komplexen egozentrischen Persönlichkeit halten mag, diese Sehenswürdigkeit ist einfach jeden Cent und jede Minute wert.

Sehenswertes

Teatre-Museu Dalí MUSEUM

(www.salvador-dali.org; Plaça de Gala i Salvador Dalí 5; Eintritt inkl. Dalí Joies & Museu de l'Empordá Erw./Kind 12 €/frei; ⌚Juli–Sept. 9–20 Uhr, März–Juni & Okt. 9.30–18 Uhr, restliches Jahr kürzer) Das rote burgähnliche Gebäude mit Rieseneiern, stilisierten Oscarstatuen und Gipscroissants sowie mittelalterlichen Ritterrüstungen samt Baguettes auf den Köpfen, die über den Eingang wachen, atmet aus jeder Pore den Geist Salvador Dalís. Diese mehr als angemessene letzte Ruhestätte macht den Meisters des Surrealismus unsterblich.

Von 1961 bis 1974 wandelte Dalí Figueres' Stadttheater, das 1939 am Ende des Bürgerkriegs niedergebrannt war, in das Teatre-Museu Dalí um. „Theatermuseum" ist auch wirklich eine treffende Bezeichnung für den Trip durch die unglaublich ausgeprägte Fantasie des großen Showmans des 20. Jhs. Es steckt voller Überraschungen, Tricks und Illusionen und birgt einen beträchtlichen Teil

EIN BESUCH DES TEATRE-MUSEU DALÍ

Das Teatre-Museu Dalí ist die Nummer zwei der meistbesuchten Museen Spaniens, deswegen sollte man Wochenenden und Feiertage meiden. Im Frühling und zu Beginn des Sommers kommt man am besten möglichst früh her, um den größten Besucheransturm zu umgehen. Im August hat das Museum auch spätabends geöffnet (22–1 Uhr, Eintritt 12 €). Weil dann nur 500 Besucher eingelassen werden, sollte man vorher reservieren. Im Eintrittspreis ist ein Glas *cava* (Schaumwein) enthalten.

von Dalís Lebenswerk. Seine bekanntesten Arbeiten sucht man allerdings vergeblich, denn diese verteilen sich auf die ganze Welt.

Die Überraschungen außerhalb des Gebäudes reichen von einer Sammlung bizarrer Skulpturen vor dem Eingang an der Plaça de Gala i Salvador Dalí bis zur rosafarbenen Mauer der Pujada del Castell. Im 1983 hinzugefügten Torre Galatea verbrachte der Surrealist seine letzten Lebensjahre.

Zu den besonders interessanten Exponaten gehört das **Taxi Plujós** (Regentaxi), eine Komposition aus einem alten Cadillac und Statuen. Eine Münze im Geldschlitz setzt den „Regen" in Gang und Wasser überspült das Innere des Autos. In der **Sala de Peixateries** (Fischladensaal) hängen Gemälde von Dalí, u. a. das berühmte *Autoretrat Tou amb Tall de Bacon Fregit* (Weiches Selbstporträt mit gebratenem Speck) und *Retrat de Picasso* (Porträt von Picasso). Unter der einstigen Theaterbühne liegt die Krypta mit Dalís schlichtem Grab, der den Ort einst in seiner bescheidenen Art als „spirituelles Zentrum Europas" bezeichnete.

Gala, Dalís Frau und lebenslange Muse, ist überall präsent, von dem Bild *Gala Mirando el Mar Mediterráneo* (Gala blickt auf das Mittelmeer) im zweiten Stock, das aus der Ferne wie ein Porträt Abraham Lincolns aussieht, bis zu dem Klassiker *Leda Atómica* (Atomare Leda).

Nachdem man sich die bekannteren Highlights wie den **Mae-West-Saal** angesehen hat, kann man nach der Schildkröte mit einer Goldmünze auf dem Rücken, dem unheimlichen *El Cavall Feliç* (Das glückliche Pferd) und Gucklöchern, hinter denen sich ein winziger geheimnisvoller Raum mit einem verspiegelten Flamingo inmitten künstlicher Pflanzen verbirgt, Ausschau halten.

Ein gesonderter Eingang (gleiche Eintrittskarte und Öffnungszeiten) führt zur Owen-Cheatham-Sammlung mit 37 Schmuckstücken, den **Dalí Joies**. Dalí zeichnete sie auf Papier (seinen ersten Auftrag erhielt er 1941) und Spezialisten in New York stellten die Unikate her, die vom befremdlichen *Ull del Temps* (Auge der Zeit) bis zum *Cor Reial* (Königliches Herz) reichen.

Museu del Joguet — MUSEUM

(www.mjc.cat; Carrer de Sant Pere 1; Erw./Kind 5,80 €/frei; ⌚Juni–Sept. Mo–Sa 10–19, So 11–18 Uhr, restliches Jahr kürzer) Spaniens einziges Spielzeugmuseum beherbergt über 3500 Exponate aus allen möglichen Epochen, darunter die ersten Brettspiele mit bunten Steinen, eine Version des klassischen Fangbecherspiels, kunstvolle Puppenhäuser und Puppen aus den 1920er-Jahren mit den unheimlichsten Gesichtern, die man sich vorstellen kann, Dinky-Toys-Autos sowie Miniaturmodelle religiöser Prozessionen aus Katalonien und Valencia. Absolut faszinierend, nicht nur für Kinder!

Castell de Sant Ferran — BURG

(www.lesfortalesescatalanes.info; Eintritt 6 €; ⌚Ostern & Juli–Mitte Sept. 10.30–20 Uhr, Mitte Sept.–Okt. & April–Juni 10.30–18 Uhr, restliches Jahr bis 15 Uhr) Die größte Festung Europas bietet von einem kleinen Hügel 1 km nordwestlich des Stadtzentrums einen Panoramablick auf die umliegende Ebene. Sie wurde 1750 zum Schutz vor französischen Angreifern errichtet und hat Platz für 16 000 Personen. 1784 und 1808 fiel sie trotzdem an die gallischen Nachbarn. Am 8. Februar 1939, während des Bürgerkriegs, kam im Burgverlies Spaniens republikanische Regierung nach der Aufgabe Barcelonas ein letztes Mal zusammen. Ein Blick in die riesigen Stallungen unter den Hauptgebäuden zeigt, was für eine große Kavallerie hier zur Blütezeit der Festung unterkommen konnte. Der Eintrittspreis umfasst eine Führung durch das Bauwerk; actionreichere Touren mit Jeeps und Booten müssen im Voraus gebucht werden.

Museu de l'Empordá — MUSEUM

(www.museuemporda.org; La Rambla 2; Erw./Kind 2 €/frei; ⌚Di–Sa 11–20, So & Feiertage 11–14 Uhr) Das Museum präsentiert griechische, römische und mittelalterliche Fundstücke, eine beachtliche katalanische Kunstsammlung und ein paar Leihgaben aus dem Prado in Madrid. Mit der Eintrittskarte zum Teatre-Museu Dalí kommt man kostenlos hinein.

Schlafen & Essen

Die meisten Urlauber besuchen Figueres im Rahmen eines Tagesausflugs ab Barcelona oder der Küste. Wer den Busladungen voll Touristen im Dalí-Museum entgehen möchte, für den lohnt sich jedoch eine Übernachtung. Die Restaurants in der Nähe des Teatre-Museu Dalí sind überteuerte Urlauberfallen.

Hotel Durán HOTEL €€
(☎972 50 12 50; www.hotelduran.com; Carrer de Lasauca 5; EZ/DZ ab 74/89 €; P❄📶) Dalí-Fans treffen mit diesem Bau aus der Mitte des 19. Jhs. eine gute Wahl, denn der Künstler und seine Frau waren hier oft Gäste. Die modernen Zimmer verfügen über ein recht unauffälliges Dekor in Beige, Braun und Weiß, aber dafür kommt das Restaurant wie ein königlicher Bankettsaal daher. Das Lokal bietet effizienten Service sowie ein fantastisches Mittagsmenü für 20 € mit fachgerecht zubereiteten Köstlichkeiten wie scharf gebratener Thunfisch und Kaninchenrücken.

Mas Pau KATALANISCH €€€
(☎972 54 61 54; www.maspau.com; Avinyonet de Puigventós; Gerichte 65–90 €; ⌚Mi–Sa mittags & abends, Di abends, So mittags) 5 km südwestlich von Figueres an der Straße nach Besalú erhebt sich eine zauberhafte, im 16. Jh. errichtete *masia* (Bauernhaus) aus groben Steinen inmitten idyllischer Gärten. Das mit einem Michelin-Stern ausgezeichnete Restaurant wird von Toni und Xavier betrieben – beide arbeiteten früher in Ferran Adriàs El Bulli – und kredenzt eine saisonale Speiseauswahl mit dem Fokus auf lokalen Zutaten. Zu den kreativen Leckereien zählen knuspriger, mit Flusskrebs gefüllter Schweinefuß sowie Ente (mit Eicheln gefüttert) mit Kastanien.

El Motel KATALANISCH €€
(☎972 50 05 62; www.elmotel.cat; Hotel Empordá, Avinguda Salvador Dalí I Doménech 170; Probiermenüs 35–55 €, EZ/DZ ab 93/109 €; ⌚mittags & abends) Jaume Subirós, Küchenchef und Besitzer des Restaurants im Hotel Empordá, das an einer viel befahrenen Straße 1 km nördlich des Stadtzentrums liegt, machte aus einfachen traditionellen katalanischen Gerichten die perfekt ausgefeilte, innovative Küche, für die er heute bekannt ist. Seit Jahrzehnten pilgern Feinschmecker hierher, um Köstlichkeiten wie Seeigel aus Cadaqués, Kabeljau mit Trüffel und Kalbsbäckchen in Rotwein zu probieren. Wer nach dem Essen bleiben möchte, findet vor Ort nicht allzu teure Zimmer.

Sidrería Txot's BASKISCH €
(www.sidreriatxots.com; Av Salvadór Dalí 114; Gerichte 12–20 €) Holzstühle, baskischer Apfelwein direkt aus dem Fass (so wie es sich gehört), Räucherfleisch, Käse, Salate und Gerichte wie Chorizo in Apfelwein und L'Escala-Sardellen auf Toast.

WIND DER WAHNSINNIGEN

Mehrere Monate im Jahr wird die nördliche Costa Brava von dem unerbittlichen Nordwind Tramontana heimgesucht. Sein unaufhörliches Heulen soll einen verstörenden Effekt auf die menschliche Psyche haben und die Einheimischen entweder wortkarg werden lassen oder in den Wahnsinn treiben.

Praktische Informationen

Touristeninformation (☎972 50 31 55; www.figuerescíutat.com; Plaça del Sol; ⌚Juli–Sept. Mo–Sa 9–20, So 10–14 Uhr, restliches Jahr kürzer)

An- & Weiterreise

Sarfa-Busse fahren nach Castelló d'Empúries (1,40 €, 15 Min., 10–18-mal tgl.) und Cadaqués (4,80 €, 1 Std., bis zu 8-mal tgl.).

Darüber hinaus starten stündlich Züge nach Girona (4 €, 30 Min.), Barcelona (ab 9,40 €, 1¾ Std.) sowie nach Portbou und zur französischen Grenze (2–2,30 €, 25 Min.). Fernzüge verkehren achtmal täglich nach Cerbére hinter der Grenze, einmal täglich nach Paris und dreimal pro Woche nach Zürich und Mailand.

Besalú

2370 EW.

Besalús hoher gebogener **Pont Fortificat** (Befestigte Brücke) aus dem 11. Jh. über den Río Fluvià bietet mit seinen beiden Tortürmen und dem schweren Fallgitter einen faszinierenden Anblick. Er führt in ein verschlungenes Labyrinth aus kopfsteingepflasterten engen Straßen (in einer sind Stühle an eine Mauer genagelt), dem Kern dieses wunderbar erhaltenen Ortes. Nach römischer, westgotischer und muslimischer Herrschaft war Besalú im 10. und 11. Jh. Hauptstadt einer unabhängigen Grafschaft, die sich bis nach Cerdanya im Westen ausbreitete, bevor sie 1111 unter Barcelonas Vorherrschaft geriet.

WAS ISST MAN IN KATALONIEN?

Die *Cuina Catalana* konkurriert mit dem baskischen Pendant um den Titel der besten Küche Spaniens und verwendet vor allem Zutaten aus *mar i muntanya* (Meer und Berg). Seit mittelalterlichen Gerichten wie gebratener Katze mit Knoblauch ist viel Zeit vergangen – heute liegt der Schwerpunkt auf Soßen zu Fleisch und Fisch. Es gibt fünf wichtige Varianten: *sofregit* aus gebratenen Zwiebeln, Tomaten und Knoblauch; *samfaina*, bestehend aus *sofregit* mit roter Paprika und Auberginen oder Zucchini; *picada*, auf der Grundlage von gemahlenen Mandeln, zumeist mit Knoblauch, Petersilie, Pinienkernen oder Haselnüssen und gelegentlich auch Brotkrumen; *alioli*, zerstoßener Knoblauch mit Olivenöl, oftmals versehen mit Eigelb, um die Konsistenz geschmeidiger zu machen; und *romesco*, eine Soße aus Mandeln, Tomaten, Olivenöl, Knoblauch und Essig, die auch für Salate verwendet wird.

Calçots (lange Frühlingszwiebeln) mit *romesco*-Soße sind eine köstliche Vorspeise, die im Spätwinter/Vorfrühling serviert wird. Außerdem gehören sie zur katalanischen *calçotada* (regionale Version eines Grillabends).

Einheimische tun sich schwer mit der Vorstellung, dass manche Menschen ihr Brot nur mit Butter essen, bevorzugen sie selbst doch das unkomplizierte *pa amb tomàquet* (Brotscheiben mit Tomate, Olivenöl und Knoblauch).

Vorspeisen

» *escalivada* – rote Paprika und Auberginen (manchmal mit Zwiebeln und Tomaten), die gegrillt, enthäutet, in Scheiben geschnitten und lauwarm mit Olivenöl, Salz und Knoblauch serviert werden

» *esqueixada* – Salat aus kleingehackter, gesalzener *bacallà* (Stockfisch) mit Tomaten, Paprika, Zwiebeln, weißen Bohnen, Oliven, Olivenöl und Essig

Hauptgerichte

» *arrós a la cassola* oder *arrós a la catalana* – katalanische Paella im Steinguttopf ohne Safran

» *arrós negre* – Reis, der in der schwarzen Tinte eines Tintenfischs gekocht und mit Stückchen des Fischs verfeinert wird

» *bacallá a la llauna* – gesalzener Kabeljau, gedünstet mit Tomate, Knoblauch, Petersilie, Paprika und Wein

» *botifarra amb mongetes* – Schweinewürstchen mit gebratenen weißen Bohnen

» *cargols* – Schnecken (in manchen Gegenden von Katalonien werden die Weichtiere geradezu verehrt), oft als Eintopf serviert

» *escudella* – Eintopf mit Fleisch, Würstchen und Gemüse

» *fideuá* – ähnlich wie Paella, aber mit Fadennudeln statt mit Reis und meist mit Meeresfrüchten

» *mandonguilles amb sipia* – Fleischbällchen mit Tintenfisch

» *sarsuela (zarzuela)* – gemischte Meeresfrüchte, die gut gewürzt und in *sofregit* gekocht werden

» *suquet* – Kartoffel-Fisch-Eintopf (mit großen Stücken) in einer Tomatenbrühe

Desserts

» *crema catalana* – die katalanische *crème brûlée*

Sehenswertes

Miqvé & Umgebung MUSEUM

(Baixada de Mikwe; Führungen 2,20 €) Aufgrund der unerbittlichen Verfolgung durch die Christen floh Besalús blühende jüdische Gemeinde 1436 aus dem Ort. Sie hinterließ ein **miqvé** – das rituelle Bad aus dem 12. Jh. ist das einzige seiner Art in Spanien. Es befindet sich in einem gewölbten, aus Stein gehauenen Raum am Fluss, in dessen Nähe 2005 bei Ausgrabungen Überreste einer alten **Synagoge** gefunden wurden. Das *miqvé* selbst wurde nach seiner Entdeckung 1964 verschlossen, falls die rechtmäßigen Erben zurückkehren sollten. Man kann es nur im Rahmen einer Führung besichtigen, die zweimal täglich auf Spanisch und Katalanisch angeboten wird. Außerdem gibt's Führungen zur Brücke und zur romanischen **Església de Sant Vicenç**. Nicht verpassen sollte man auch die romanische Kirche des **Monestir de Sant Pere** mit einem ungewöhnlichen Wandelgang hinter dem Altar und die romanische **Casa Cornellá** aus dem 12. Jh.

Micromundi MUSEUM
(www.museuminiaturesbesalu.com; Plaça Prat de Sant Pere 15; Erw./Kind 3,90/2,90 €; ⌚10–19 Uhr; 🚸) Das kuriose Museum zeigt mit viel Mühe bemalte Miniatur- und Mikrominiaturmodelle, die man durch Mikroskope betrachtet. Zu den Exponaten gehören eine detaillierte Miniaturdarstellung von Pinocchio und Gepettos Arbeitsstätte (in einer Pistazie) sowie Anatoly Konenkos Minikamele, die ein Nadelöhr durchqueren.

Schlafen & Essen

Es gibt in Besalú ein paar günstige *pensiones*, darunter eine direkt an der Plaza.

Els Jardins de la Martana BOUTIQUE-HOTEL €€
(☎972 59 00 09; www.lamartana.com; Carrer del Pont 2; EZ/DZ 90/120 €; P ❄ 📶) Die reizende Villa am stadtauswärts gelegenen Ende der prachtvollen alten Brücke hat gut ausgestattete Zimmer mit gefliesten Böden, hohen Decken und idyllischen Gartenterrassen. Fast alle Räume besitzen Balkone samt einem Ausblick über die Brücke auf die Stadt.

Pont Vell KATALANISCH €€
(☎972 59 10 27; Pont Vell 26; Gerichte 27–33 €; ⌚Mi–So mittags & abends, Mo mittags, Ende Dez.–Ende Jan. & 1. Juliwoche geschl.) Schon die herrliche Aussicht auf die alte Brücke, nach der das Restaurant benannt ist, bietet einen guten Grund, um hier einzukehren. Dazu kommt die umfangreiche, von Michelin ausgezeichnete Speisekarte voller Köstlichkeiten aus lokalen Zutaten wie Kaninchen mit Backpflaumen.

Praktische Informationen

Touristeninformation (☎972 59 12 40; www.besalu.cat; Plaça de la Llibertat 1; ⌚10–14 & 16–19 Uhr, 1. Januarwoche geschl.) Hier kann man Führungen ins *miqvé* und durch den alten Ortskern buchen.

An- & Weiterreise

Von Besalú fahren Busse nach Barcelona (1¾ Std., 2-mal tgl.), Olot (3,40 €, 30 Min., 2-mal tgl.), Figueres (2,50 €, 30 Min., 4-mal tgl.) und Girona (3,50 €, 50 Min., 2-mal tgl.).

Die N260 von Figueres nach Olot trifft vor Ort auf die C66 aus Girona.

DIE PYRENÄEN

Die Pyrenäen warten mit unbeschreiblich schönen Bergen und Tälern auf. Im Nordwesten erstreckt sich der herrliche Parc Nacional d'Aigüestortes i Estany de Sant Maurici mit seinen hübschen Seen und spektakulären Gipfeln, außerdem können erfahrene Wanderer den höchsten Berg der Region, die Pica d'Estats (3143 m), erklimmen und den Panoramablick auf Frankreich und Spanien genießen.

Abgesehen von der malerischen Umgebung und Outdoor-Aktivitäten wie Wandern und Skifahren bieten die Katalanischen Pyrenäen und ihre Ausläufer mit ihren entlegenen romanischen Kirchen und Klöstern auch ein reiches kulturelles Erbe. Die Gebäude stammen zumeist aus dem 11. und 12. Jh., einer Zeit des Wohlstands und der Zuversicht in der Region, nachdem Katalonien 988 die Verbindung zu Frankreich abgebrochen hatte und die muslimische Bedrohung aus dem Süden verblasst war. Manche Dorfbewohner sind Fremden gegenüber recht verschlossen, denn die ländliche Gegend wurde nach dem Bürgerkrieg besonders hart von Francos Rache getroffen.

Übernachtungsmöglichkeiten bieten *cases rurales* oder *cases de pagés*, häufig alte Dorfhäuser, wie sie überall in den Pyrenäen zu finden sind. Viele werden in der von der Generalitat (regionale katalanische Regierung) jährlich herausgegebenen Broschüre *Guia d'Establiments de Turisme Rural* aufgelistet.

Olot

33 725 EW. / 443 M

Die hübsche weitläufige Hauptstadt der Provinz La Garrotxa mit breiten, von Bäumen gesäumten Fußgängerwegen und einem labyrinthartigen mittelalterlichen Kern ist eine gute Ausgangsbasis für Ausflüge ins Umland. Gesäumt wird sie von den einst aktiven, heute jedoch schlafenden Vulkanen des nahe gelegenen Parc Natural de la Zona Volcánica de la Garrotxa.

KATALONIENS WECHSELHAFTE GESCHICHTE

Jenseits der großen Städte und der Costa Brava fühlt man sich wie in einem anderen Land. Spanisch wird kaum gesprochen und auf den Balkonen weht die rot-gelbe Flagge Kataloniens. Die Madrilenen runzeln beim Thema Katalonien gern mal die Stirn und die Reaktion der Katalanen auf die Bewohner der Hauptstadt ist meist ähnlich. Bei Spielen zwischen dem FC Barcelona und Real Madrid kochen die Emotionen regelmäßig über. „Katalonien ist nicht Spanien": Der Satz, den man oft an Häuserwände gesprüht sieht, scheint einen wahren Kern zu haben.

Die katalanische Identität ist ein komplexes Thema, doch das, was die Katalanen mehr als alles andere eint, sind die Hoch- und Tiefpunkte ihrer bewegten Vergangenheit.

Das goldene katalanische Zeitalter begann im 12. Jh., als Raimund Berengar III., der bereits über Katalonien und Teile Südfrankreichs herrschte, die erste seetüchtige Flotte der Region auf den Weg schickte. 1137 wurde sein Nachfolger Raimund Berengar IV. mit der einjährigen Erbin des aragonischen Throns verlobt. So konnte die Macht Kataloniens bis ins Mittelmeer erweitert werden. Ende des 13. Jhs. waren auch die Balearen unter katalanischer Herrschaft und der Seehandel brachte Katalonien große Reichtümer ein.

Am Horizont tauchten jedoch die ersten dunklen Wolken auf. Durch einen Rückgang des Handels und Schlachten mit ausländischen Mächten war die Region geschwächt. Als Ferdinand 1479 König von Aragonien wurde und Isabella, Königin von Kastilien, heiratete, wurde Katalonien eine Provinz Kastiliens. Katalonien war mit dieser neuen Rolle gar nicht zufrieden, konnte jedoch wenig dagegen tun. Nachdem Barcelona sich im Spanischen Erbfolgekrieg (1702–1713) auf die Seite der Verlierer geschlagen hatte, lehnte es sich gegen die spanische Krone auf, deren Truppen die Stadt vom März 1713 bis zum 11. September 1714 besetzten. Der siegreiche Philipp V. schaffte die katalanische Selbstregierung ab, baute eine riesige Festung (die Ciutadella) zur Kontrolle der Stadt, verbot das Schreiben und Unterrichten in katalanischer Sprache und überließ Kataloniens Kolonien anderen europäischen Mächten.

Vier Vulkane halten am Rand des Orts Wache. Wer mehr über sie erfahren möchte, kann sich die beiden Krater Volcá Montsacopa 500 m nördlich des Ortszentrums und Volcá La Garrinada 1 km nordöstlich davon ansehen.

Sehenswertes

Museu Comarcal de la Garrotxa MUSEUM

(Carrer de l'Hospici 8; Erw./Kind 3 €/frei; Juli–Sept. Di–Sa 11–14 & 16–19, So & Feiertage 11–14 Uhr, restliches Jahr kürzer) Obwohl sie bereits seit Jahrhunderten kein Feuer mehr spucken, spielen die Vulkane der Region Garrotxa eine prägende Rolle, egal ob in der Kunst oder in der Küche. Dieses Museum ist in einem atmosphärischen Krankenhaus aus dem 18. Jh. untergebracht, das auch die Touristeninformation beherbergt, und zeigt Olots erfolgreiche Entwicklung als frühes Textilzentrum. Highlight der Ausstellung ist jedoch die Sammlung von Werken lokaler Maler und Bildhauer wie Iu Pascual i Rodés und Miguel Blay i Fabregues, die sich klar erkennbar von der Vulkanlandschaft inspirieren ließen.

Museu dels Volcans MUSEUM

(Erw./Kind 3 €/frei; Juli–Sept. Di–Sa 11–14 & 16–19, So & Feiertage 10–14 Uhr, restliches Jahr kürzer) Innerhalb des hübschen **Jardí Botànic** (Botanischer Garten) zur Flora rund um Olot widmet sich das Museu dels Volcans dem Thema Vulkane, beispielsweise ihren geologischen Ursprüngen sowie den Ursachen von Erdbeben. Im interaktiven Bereich können Besucher in einem Simulator selbst ein Beben erleben, ansonsten sind lokale Pflanzen, Tiere und Ökosysteme zu sehen.

Schlafen & Essen

LP TIPP **Can Blanc** CASA RURAL €€

(972 27 60 20; www.canblanc.es; Paratges de la Deu; EZ/DZ inkl. Frühstück 61/100 €; P) Welten entfernt vom städtischen Trubel besetzt dieses Haus die Lücke zwischen Hotel und *casa rural*. Es ist von einem Park umgeben und liegt am südwestlichen Ende von Olot. Gäste haben die Wahl zwischen Zimmern in klassisch schönen und sich beißenden Farben. Pluspunkte gibt's für den angenehmen Garten mit Pool (an heißen Sommertagen) und das leckere Früh-

In den folgenden Jahrhunderten blühte der Handel in Barcelona wieder auf. Ende des 19. Jhs. und zu Beginn des 20. Jhs. ging mit der wachsenden Wirtschaftskraft der Ruf nach mehr Autonomie einher. Nach dem Sieg des spanischen Generals Francisco Franco im Jahr 1939 erschossen seine katalanischen Anhänger und die Soldaten des Diktators bei Säuberungsaktionen mindestens 35 000 Menschen; die meisten von ihnen waren Franco-Gegner oder standen zumindest unter diesem Verdacht. Nach und nach wurde das Katalanische in der Öffentlichkeit verboten, alle Straßen und Ortschaften bekamen spanische Namen und *castellano* (Kastilisch) wurde zur einzig erlaubten Sprache in Schulen und in den Medien. Francos Stellvertreter herrschten bis zu dessen Tod 1975 über Barcelona. Auch mehr als drei Jahrzehnte nach Wiederherstellung der Selbstregierung in Katalonien 1977 sitzt dieser Stachel noch tief. Trotz der vielen Widrigkeiten erlebte die katalanische Kultur aber eine Renaissance: Traditionelle Feste und Tänze werden wieder praktiziert, die katalanische Flagge ist überall zu sehen und in der Öffentlichkeit ist die katalanische Sprache allgegenwärtig.

Da es in Katalonien kein wirkliches ethnisches Zusammengehörigkeitsgefühl gibt – über die Jahrhunderte zogen viele Menschen weg oder kamen neu an – identifizieren sich viele Katalanen über ihre Sprache. Das aktive (oder gute passive) Beherrschen des Katalanischen reicht aus, um als Katalane zu gelten.

Wie man auch dazu stehen mag, die Unabhängigkeit von Spanien ist seit Jahren ein großes Thema der katalanischen Politik, das in der Bevölkerung immer mehr auf Zustimmung trifft. Wiederholte Forderungen, Madrid möge Katalonien dieselbe finanzpolitische Autonomie wie dem Baskenland und Navarra zugestehen, wurden abgelehnt. Im April 2012 sprach sich die Convergència i Unió (CiU) – das größte Parteienbündnis Kataloniens mit traditionell konservativer Ausrichtung, das in der rechten Mitte anzusiedeln ist und über Jahrzehnte gegen eine Abspaltung von Spanien eintrat – für einen eigenständigen katalanischen Staat aus.

stück. Falls man sich durchfragen muss: Viele Leute kennen eher das benachbarte Restaurant La Deu.

Torre Malagrida HOSTEL €
(☎972 26 42 00; www.xanascat.cat; Passeig de Barcelona 15; B Student & unter 26 J./über 26 J. 19/23 €; ⊙im Aug. geschl.) Das Modernismegebäude aus dem frühen 20. Jh. mit Marmorsäulen und über dem Eingang wachenden Steinlöwen inmitten von Gärten ist tatsächlich ein Hostel mit schmucklosen, aber gemütlichen Schlafsälen. Mit dem äußeren Eindruck können die Zimmer allerdings trotzdem nicht konkurrieren. Warme Küche und Fahrradverleih.

Les Cols CUINA VOLCÁNICA €€€
(☎972 26 92 09; www.lescols.com; Carretera de la Canya; Gerichte 35–45 €; ⊙Mi–Sa mittags & abends, So mittags) 4 km nördlich von Olot stößt man auf eine ehemalige *masia* aus dem 19. Jh. Innen zeigt sich das Les Cols mit seinen Stahl- und Glaswänden im Schick des 21. Jhs. Die angebotenen Speisen gehen in Richtung Gourmetküche und bestehen aus einheimischen Produkten wie Huhn, Ente oder Wildschwein.

La Deu Restaurant CUINA VOLCÁNICA €€
(☎972 26 10 04; www.ladeu.es; Carretera la Deu; Menüs ab 12 €; ⊙Mo–Sa mittags & abends, So mittags) Das familiengeführte Restaurant wurde bereits im 19. Jh. eröffnet und ist für seine herzhafte *cuina volcánica* bekannt. Zur Auswahl gehören Kanincheneintopf mit Schnecken (viel schmackhafter als es klingt!) und *botifarra*-Wurst mit Gartenbohnen.

La Quinta Justa CUINA VOLCÁNICA €€
(☎972 27 12 09; www.laquintajusta.cat; Passeig de Barcelona 7; Menüs ab 12 €; ⊙mittags & abends) IN dem zentral gelegenen stilvollen Restaurant kommen vulkanische Köstlichkeiten wie *arrós crémos de ceps amb formatge* (Reis mit Wildpilzen und Käse) und *bistec de vedella amb escalivada* (Rindersteak mit gegrilltem Gemüse) auf den Tisch.

ℹ Praktische Informationen

Casal dels Volcans (☎972 26 62 02; www.turismegarrotxa.com; Jardí Botànic, Avinguda de Santa Coloma de Farners) Infos über den Parc Natural de la Zona Volcànica de la Garrotxa.

Patronat Municipal de Turisme (☎972 26 01 41; http://areadepromocio.olot.cat; Carrer del Hospici 8; ⊙Mitte Juli–Mitte Sept. Mo–Sa

VULKANISCHE KÜCHE

In Olot und Umgebung führt eine engagierte Gruppe von Köchen stolz die kulinarische Tradition der **cuina volcanica** (www.cuinavolcanica.cat) weiter. Diese basiert auf dem außergewöhnlich fruchtbaren Vulkanboden – in ihm gedeihen die lokalen Produkte, die den Kern der herzhaften Küche bilden. Zu den Zutaten gehören Schwarzrettich, Wildpilze, die Weizenart Emmer, Santa-Pau-Bohnen, Ratafia (Walnusslikör mit Kräutern) und *puimoc* (getrocknete Schweinewurst).

10–14 & 16–19, So 10–14 Uhr, restliches Jahr kürzer) In dem Tourismusbüro beim Busbahnhof werden Eintrittskarten für die Museen verkauft.

An- & Weiterreise

Busse von **Teisa** (www.teisa-bus.com) verkehren nach Barcelona (15,70 €, 2–2¾ Std., bis zu 7-mal tgl.) und Girona via Besalú (6,90 €, 1½ Std., bis zu 15-mal tgl.). Die einfachste Strecke mit dem Auto ab Barcelona hierher führt über die AP7 und die C63.

Parc Natural de la Zona Volcánica de la Garrotxa

Die Hügel rund um Olot sind vulkanischen Ursprungs und bilden den Parc Natural de la Zona Volcánica de la Garrotxa. Vor rund 350 000 Jahren gab es hier die ersten Vulkanausbrüche, der letzte geschah vor 11 500 Jahre. Der interessanteste Bereich des Parks liegt zwischen Olot und dem Dorf **Santa Pau** etwa 10 km südöstlich.

In der Gegend verteilen sich etwa 40 bis zu 160 m hohe und 1,5 km breite Vulkankegel. Zusammen mit der üppigen Vegetation, die dem fruchtbaren Boden und feuchten Klima zu verdanken ist, sind sie eine Landschaft von blühender Schönheit. Zwischen den Wäldern und Feldern entdeckt man ein paar Dörfer und alte steinerne Bauernhäuser.

Die Casal dels Volcans in Olot dient als Hauptinformationsstelle über den Park. Dort erhält man nützliche Wanderkarten und Auskünfte zu den verschiedenen Wegen.

Der alte Ortsteil von Santa Pau mit einem von Säulen gesäumten **Platz**, der romanischen **Església de Santa Maria** und einer öffentlich nicht zugänglichen **Festung** kauert auf einer Felsnase. Das Dorf ist sehr hübsch, aber auch sehr klein. Wer hier übernachten möchte, kann z. B. das gemütliche **Can Menció** (☎972 68 00 14; www.canmencio.com; Plaça Major 17; DZ 45 €) am Hauptplatz ansteuern, das mit einem guten Preis-Leistungs-Verhältnis aufwartet. Der **Camping Lava Ecológic** (☎972 68 03 58; www.canmencio.com; Carretera Olot-Santa Pau, Km 7; Stellplatz pro Erw. 9 €) ist ebenfalls eine gute Option. Wildes Campen ist im Garrotxa-Bezirk, der vom Osten Besalús bis westlich von Olot und der französischen Grenze bis südlich von Sant Feliu de Pallerols reicht, nicht gestattet.

Mehrere gut markierte **Wanderwege** sind an einem Tag problemlos zu bewältigen. Einige leichte Routen zu verschiedenen Vulkanen beginnen an den Parkplätzen rund um Olot, wer die Gegend jedoch genauer erkunden möchte, sollte eine Übernachtung einplanen. In der Infostelle des Parks erfährt man mehr über die einzelnen Routen.

Ripoll

10 910 EW. / 691 M

Eines der schönsten romanischen Bauwerke Spaniens steht im mittelalterlichen Herzen dieser ansonsten recht schäbigen, von Hügeln umgebenen Industriestadt, durch die der Riu Ter fließt.

Der Ort 30 km westlich von Olot kann mit einiger Berechtigung für sich beanspruchen, die Wiege Kataloniens zu sein. Bis heute sind Schilder, Speisekarten und Anzeigen ausschließlich Katalanisch beschriftet. Im 9. Jh. war Ripoll der Stützpunkt des hiesigen Machthabers Guifré el Pilós (Wilfried der Haarige), der mehrere Grafschaften der fränkischen Mark an der Südseite der Pyrenäen vereinigen konnte. Guifré wurde schließlich der erste Graf von Barcelona. Um die erneute Besiedlung der Bergtäler zu fördern, gründete er das mächtigste Kloster des mittelalterlichen Kataloniens, das Monestir de Santa Maria. Nach seinem Tod wurde er dort begraben.

Übrigens hatte das winzige Ripoll einen größeren Einfluss auf die Welt, als es scheint. Hier kam 1027 der *Pau i Treva de Deu* (Friede und Waffenstillstand Gottes) zustande. Eines der Prinzipien, die Unverletzlichkeit des Rechts auf Kirchenasyl, hat bis heute Gültigkeit.

Sehenswertes

Monestir de Santa Maria KLOSTER
(Erw./Kind 3/1 €; April–Sept. 10–13 & 15–19 Uhr, Okt.–März bis 18 Uhr) Mitte des 10. bis Mitte des 11. Jhs. diente das 879 gegründete Kloster als spirituelles und kulturelles Zentrum Kataloniens. Um 1100 wurde eine fünfschiffige Basilika errichtet, deren Steinportal zu den Höhepunkten romanischer Kunst zählt. Zwei Feuersbrünste zerstörten die Kirche, die 1885 wiederaufgebaut wurde. Das interessanteste Detail im Innenraum ist das restaurierte Grabmal von Guifré el Pilós.

Ein Schaubild in der Nähe des Portals der Basilika erläutert auf Katalanisch den reichen Figurenschmuck, der aus einer mittelalterlichen Vision des Universums besteht und vom Schöpfergott in der Mitte oben bis zu den Szenen des alltäglichen Landlebens an den innersten Säulen reicht.

Schlafen & Essen

Hostal Ripollés HOSTAL €
(972 70 02 15; www.hostaldelripolles.com; Palça Nova 11; EZ/DZ 30/46 €) Diese freundliche, familienbetriebene Bleibe ist eine von nur zwei Unterkünften im mittelalterlichen Viertel. Sie beherbergt acht renovierte Zimmer mit Fernsehern sowie ein Restaurant, das Pizza, Pasta und regionale Gerichte serviert.

El Crocus KATALANISCH €€
(972 70 54 57; www.restauranteelcrocus.com; Carrer Berenguer el Vell 4; Menüs 16,15 €, Gerichte 25–40 €; tgl. mittags, Di–Fr abends) In dem Lokal oberhalb der Kathedrale kommen traditionelle katalanische Spezialitäten wie *crema de pésols* (Erbsensuppe), *mandonguilles* (Fleischbällchen) und verschiedene *arroçes* (Reisgerichte) auf den Tisch.

Praktische Informationen

Touristeninformation (972 70 23 51; www.ripoll.cat/turisme; Plaça del Abat Oliba; Mo–Sa 9.30–13.30 & 16–19, So 10–14 Uhr) Neben dem Monestir de Santa Maria.

An- & Weiterreise

Täglich fahren *rodalies*-Züge (Linie R3) über Vic (7,30 €, 2 Std., 12–16-mal tgl.), Ribes de Freser (1,80 €, 20 Min., bis zu 7-mal tgl.) und Puigcerdá (3,65 €, 1¼ Std., 7-mal tgl.) nach Barcelona.

Vall de Núria & Ribes de Freser

Die Legende besagt, dass der hl. Ägidius um 700 n. Chr. vom französischen Nîmes in dieses abgelegene Tal 26 km von Ripoll kam, um in einer Höhle zu leben und den Hirten das Evangelium zu predigen. Bevor er vier Jahre später vor westgotischen Verfolgern floh, versteckte er ein selbst geschnitztes Abbild der Jungfrau mit dem Kind, ein Kreuz, seinen Kochtopf und die Glocke, mit der er seine Zuhörer herbeigerufen hatte. Die Gegenstände blieben verborgen, bis ein Ochse ein paar Schäfer 1079 zum Versteck führte. Daraufhin

FEUERLAUF, RIESEN & GROSSKÖPFE

Auf ihren Festen lassen sich die Katalanen einiges einfallen. Feuer und Feuerwerk spielen zwar fast überall in Spanien eine große Rolle, aber in der Region setzt man mit dem *correfoc* (Feuerlauf) noch einen drauf: Hier flitzen nämlich Teufels- und Drachenfiguren feuerspeiend durch die vollen Straßen.

Oft sind die Läufe Bestandteil der im Juli oder August veranstalteten *festa major* (Hauptfest einer Ortschaft). Dazu gehören auch der *sardana* (Kataloniens nationaler Volkstanz) und *gegants* (prachtvoll ausgestattete 5 m hohe Riesenfiguren). Letztere marschieren zumeist paarweise – etwa als mittelalterlicher König mit seiner Königin – durch die Straßen oder tanzen auf den Plätzen. Nahezu alle Städte und Dörfer haben ihr eigenes oder sogar mehrere Riesenpärchen. Begleitet werden sie von grotesk anzusehenden „Zwergen" (*capsgrossos* bzw. „Großköpfe").

In der Nit de Sant Joan (23. Juni), der Mittsommer- und Johannisnacht, brennen an Kreuzungen und auf Plätzen Freudenfeuer mit anschließendem nächtlichem Feuerwerk. Als größtes Event gilt die Patum in Berga, 30 km westlich von Ripoll. Der Abend mit Tanz, Feuer speienden Engeln, Teufeln, maultierähnlichen Monstern, Zwergen, Riesen und in Gras gehüllten Männern gipfelt in einem Massenrausch aus Feuer und Rauch. Übrigens soll der Begriff auf den Klang von Trommeln – „pa-tum, pa-tum" – zurückgehen. Die „echte" Patum findet an Fronleichnam statt (am Donnerstag nach dem achten Sonntag nach Ostern).

ABSTECHER

MONESTIR DE SANT JOAN DE LES ABADESSES

Das **Monestir de Sant Joan de les Abadesses** (Plaça de l'Abadessa; Eintritt 3 €; ⌚Juli & Aug. 10–19 Uhr, Mai, Juni & Sept. 10–14 & 16–19 Uhr, restliches Jahr kürzer) in Sant Joan de les Abadesses, einem hübschen kleinen Ort unmittelbar nordöstlich von Ripoll, wurde von Guifré el Pilós gegründet. Zunächst lebten in dem Kloster Nonnen, die jedoch 1017 wegen ihres angeblich unzüchtigen Verhaltens vertrieben wurden. Die elegante Kirche aus dem 12. Jh. beherbergt das prachtvolle und fast beunruhigende *Santíssim Misteri*, eine aus dem 13. Jh. stammende bunte Holzarbeit der Kreuzabnahme, bestehend aus sieben lebensgroßen Figuren. Ebenso bemerkenswert ist das gotische *retablo* (Altarbild) der Santa Maria La Blanca aus Alabaster. Das angeschlossene Museum zeigt mittels einer großartigen Ausstellung kirchlicher Kunst und Artefakte die Religionsgeschichte der Ortschaft. **Teisa-Busse** (www.teisa-bus.com) fahren bis zu siebenmal täglich von Ripoll nach Sant Joan de les Abadesses (1,60 €, 15 Min.).

wurde die Holzskulptur *Mare de Déu de Núria* zur Schutzheiligen der Hirten in den Pyrenäen und Núrias Zukunft war gesichert.

Heute ist Núria ein kleiner Skiort und eine Pilgerstätte. Es besteht quasi aus einem einzigen Hotel mit integriertem Heiligtum und wird von schneebedeckten Bergen gesäumt. Man erreicht es nur zu Fuß oder über die schmalspurige Zahnradbahn *(cremallera)*, die auf ihrer 12 km langen Reise ab Ribes de Freser an der N152, 14 km nördlich von Ripoll, auf über 1000 Höhenmeter fährt. Die *cremallera* ist seit 1931 in Betrieb und der Abstecher hinauf zu dem grünen felsigen Tal des tosenden Riu Núria, den Gorges de Núria, lohnt sich schon allein wegen der Landschaft.

Sehenswertes

LP TIPP **Santuari de la Mare de Déu** PILGERSTÄTTE

(www.valldenuria.com; ⌚8.30–18.30 Uhr) Vermutlich bekäme der hl. Ägidius den Schock seines Lebens, würde er heute hierher zurückkehren. Das Heiligtum (1911), das die *Mare-de-Déu-de-Núria*-Statuette beherbergt, befindet sich unpassenderweise mitten in einem Gebäude, das einer Strafanstalt oder einem altertümlichen Internat ähnelt, tatsächlich jedoch ein Hotel ist. Hinter einem Glasschutz über dem Altar sieht man die Figur, die von ihrem romanischen Stil her aus dem 12. Jh. stammt: Demnach war der Heilige seiner Zeit also entweder Jahrhunderte voraus oder er hat die Skulptur gar nicht selbst geschnitzt! Die kleine Kapelle linker Hand enthält eine Glocke, ein Kreuz und einen Kochtopf (alle aus dem 15. Jh.). Gläubige stecken ihren Kopf in den Topf, um zu beten, und läuten dabei die Glocke, damit ihre Wünsche erhört werden. In der Kapelle mit einem Buntglasfenster verbirgt sich der hl. Bernhard mit Skiern und einem Berner Sennenhund – er ist der Schutzheilige der Skifahrer und Wanderer. Ganz in der Nähe erhebt sich eine kleine Kirche (1615), an deren Eingang die Symbole des hl. Ägidius in Stein geritzt sind.

Aktivitäten

Im Winter ist Núria ein kleiner **Skiort** (Tagespass 29,50 €) mit elf Abfahrten jeden Schwierigkeitsgrads. In einem separaten Bereich für Kinder können die Kleinen im Winter rodeln und im Sommer auf Ponys reiten.

Trekkingfans sollten sich den Reiseführer *Puigmal* von Editorial Alpina zulegen. Eine der besten **Wanderrouten** führt hinunter durch die Schlucht von Núria nach Queralbs (2½ Std.). Im Vall de Núria kann man zudem verschiedene Pyrenäengipfel zwischen 2700 und 2900 m Höhe besteigen. Für Ausflüge dorthin muss man 2½ bis 4 Stunden pro Strecke einplanen. Der **Puigmal** (2909 m) erfreut sich der größten Beliebtheit.

Schlafen & Essen

Wildes Campen ist in der gesamten Gegend von Ribes de Freser bis Núria verboten.

NÚRIA

Hotel Vall de Núria HOTEL €€

(☎972 73 20 20; www.valldenuria.cat; HP pro Pers. für 2 Nächte bis zu 190 €) Das recht karge graue Hotelgebäude beherbergt das Heiligtum und bietet komfortable, wenn auch etwas überteuerte Zimmer mit Bädern und Satellitenfernsehen, außerdem eine Cafeteria, eine Bar und zwei Restaurants. In der Ausstellungshalle werden interessante Exponate zur Geschichte der *cremallera* in vier Sprachen gezeigt.

Alberg Pic de l'Áliga HOSTEL €
(☎972 73 20 48; www.xansacat.cat; B Student & unter 26 J./über 26 J. inkl. Frühstück 22/27 €; ⌚Okt.–Dez. geschl.) In den Schlafsälen der großen Lodge in toller Lage an der oberen Station der *telecabina* (Seilbahn), die vom Hotel Vall de Núria nach oben führt, finden vier bis 14 Personen Platz. Die Seilbahn verkehrt täglich von 9 bis 18 Uhr (Mitte Juli–Mitte Sept. bis 19 Uhr).

RIBES DE FRESER

LP TIPP **Hotel Els Caçadors** HOTEL €€
(☎972 72 70 06; www.hotelsderibes.com; Carrer de Balandrau 24; EZ/DZ ab 40/80 €; 📶) Dieses kleine familienbetriebene Hotel verfügt über einfache Zimmer mit Bädern und Fernsehern. Das reichhaltige Frühstücksbüffet kostet 8 € und lockt mit lokaler Wurst, Käse, Saft, Müsli sowie süßem Gebäck. Mittags kann man im beliebten hauseigenen Restaurant speisen, das große Portionen katalanischer Gerichte wie Kaninchen mit Wildpilzen serviert. Das üppige Mittagsmenü kostet 17,50 €. Hotelgäste zahlen für das abendliche Drei-Gänge-Menü 15 €.

Praktische Informationen

Núrias **Touristeninformation** (☎972 73 20 20; www.valldenuria.com; ⌚Mitte Sept.–Mitte Juli 8.30–17.45 Uhr, Mitte Juli–Mitte Sept. 8.30–18.30 Uhr) ist im Heiligtum untergebracht.

An- & Weiterreise

Transports Mir bietet Busverbindungen zwischen Ripoll und Ribes de Freser (2,20 €, 25 Min., 1–2 Busse tgl. außer So) an.

Jeden Tag fahren bis zu sieben Züge von Ripoll (1,80 €, 20 Min.) und Barcelona (8 €, 2¼ Std.) nach Ribes Enllaç.

Die **cremallera** (www.valldenuria.cat; einfach/hin & zurück Erw. 13,65/21,90 €, Kind 8,20/13,15 €) verkehrt je nach Saison sechs- bis zwölfmal täglich von Ribes de Freser über Queralbs nach Núria (35 Min.). In Ribes de Freser gibt's zwei Haltestellen: Rebes-Enllaç, direkt südlich der Stadt mit Anschlusszügen nach Barcelona, und die zentralere Station Ribes-Vila.

Cerdanya

Cerdanya besetzt zusammen mit dem französischen Cerdagne jenseits der Grenze ein grünes Hochtal zwischen den höheren Bergzügen im Osten und im Westen. Einst waren die beiden Gebiete eine vereinte katalanische Grafschaft, doch 1659 wurden sie aufgrund des Pyrenäenvertrags geteilt. Auf beiden Seiten der Grenze wird Katalanisch gesprochen und der Übergang von Spanien nach Frankreich ist kaum spürbar. Cerdanya dient im Sommer als beliebtes Ziel von Wanderern und Bergsteigern und wird im Winter von Skifahrern angesteuert.

WANDERN IN CERDANYA

Wanderfans könnten sich den Reiseführer *Cerdanya* (Karte 1:50 000) von Editorial Alpina zulegen. Dieser ist in den meisten Buchläden Kataloniens und in ein paar größeren Touristeninformationen erhältlich.

PUIGCERDÁ
8800 EW. / 1202 M

Nur 2 km von der französischen Grenze entfernt erstreckt sich das im 12. Jh. gegründete Städtchen Puigcerdá (puh-tscher-*da*). Leider wurde ein Großteil der historischen Gebäude im Bürgerkrieg zerstört. Der Ort ist nicht viel mehr als eine Durchgangsstation, wobei die vielen Wanderer im Sommer und die Skifahrer im Winter für recht gesellige Stimmung sorgen. Im Umkreis von 45 km gibt's zwölf spanische, andorranische und französische Skiresorts.

Sehenswertes

Von der **Església de Santa Maria** (Plaça de Santa Maria) aus dem 17. Jh. ist heute nur noch der Turm übrig. Die im 13. Jh. errichtete gotische **Església de Sant Domènec** (Passeig del 10 d'Abril) lag ebenfalls in Trümmern, wurde aber wiederaufgebaut, außerdem konnte man ihre Wandbilder aus dem 14. Jh. retten. Auf dem *estany* (See) im Norden der Stadt tummeln sich schneeweiße Schwäne vor dem Hintergrund ebenso weißer Berge. Der See wurde 1380 zur Bewässerung angelegt und ist von Sommerhäusern umgeben, die reiche Familien aus Barcelona Ende des 19. bzw. Anfang des 20. Jhs. erbauen ließen.

Schlafen

In der Stadt und in der Umgebung findet man zahlreiche Hotels und *pensiones* sowie einige *casas rurales*.

Hospes Villa Paulíta HISTORISCHES HOTEL €€€
(☎972 88 46 22; www.hospes.com; Avinguda Pons I Gasch 15; DZ inkl. Frühstück ab 138 €; P📶🏊) Puigcerdás luxuriöseste Unterkunft logiert in einem rostroten Herrenhaus aus dem 19. Jh.

Von einigen der schicken, modern eingerichteten Zimmer blickt man auf die schneebedeckten Berge. Massagen sorgen bei müden Skifahrerbeinen für Entspannung und die Gerichte im Gourmetrestaurant sind kleine Kunstwerke.

Sant Marc CASA RURAL €€
(☎972 88 00 07; www.santmarc.es; Les Pereres, 1,5 km von Puigcerdá entfernt; DZ 60–80 €; P) In der *casa rural* vor den Stadttoren inmitten eines weitläufigen, von Bäumen gesäumten Anwesens schläft man in edlen Betten mit Daunendecken. Die geräumigen Zimmer mit Parkettboden sind in ruhigen Beigetönen gehalten und das Restaurant mit Steinwänden kredenzt vor allem Fleisch, Käse sowie andere Leckereien aus der Gegend.

Cámping Stel CAMPINGPLATZ €
(☎972 88 23 61; www.stel.es; Stellplatz pro 2-Pers.-Zelt & Auto 38,10 €; ⊙April–Sept.; P) Der Platz an der Straße nach Llívia bietet die einzige Möglichkeit für einen Campingurlaub in der näheren Umgebung. Für Action sorgen ein Pool, eine Tischtennis- und eine Kletterhalle, ein Basketballfeld und ein Fußballplatz.

Essen

El Caliu KATALANISCH €€
(www.elcaliu.com; Carrer Alfons Primer 1; Menüs ab 12,50 €; ⊙Mi geschl.) Bei den Stadtbewohnern erfreut sich dieses betriebsame Familienunternehmen großer Beliebtheit. Hier erwarten einen saisonale Gerichte wie Fleisch mit Wildpilzen und geschmorte Schweinefüße mit Cerdanya-Rüben sowie ganzjährig erhältliche Klassiker wie in Bier geschmortes Hühnchen.

El Pati de la Tieta INTERNATIONAL €€€
(☎972 88 01 56; Carrer dels Ferrers 20; Pizza 12–15 €, Gerichte 35–45 €; ⊙in der Hauptsaison tgl., Juli–Mai Do–So) Das unauffällige, mediterran geprägte Restaurant ist eines der besten vor Ort und wartet mit einer kreativen Auswahl an Gerichten auf, darunter saftiges *broquetes de cangur i verdures* (Känguru am Spieß mit Gemüse). Daneben gibt's auch weniger Spektakuläres wie Pizza und hausgemachte Pasta.

Bar Miamidos SPANISCH €€
(Plaça Herois 1; Menüs 11 €) Eine gut sortierte Bar mit von der Decke hängenden Schinken und zufriedenen Gästen, die sich Paella, Grillfleisch und *jamón* (geräucherter Schinken) schmecken lassen.

Praktische Informationen

Busbahnhof und Bahnhof befinden sich am Fuß des Hügels.

Eine Standseilbahn fährt zur Plaça de l'Ajuntament, in deren Nähe die **Touristeninformation** (☎972 88 05 42; Carrer de Querol 1; ⊙Juni–Sept. Mo–Sa 9.30–13 & 16–19, So 10–13 Uhr, restliches Jahr Mo & So geschl.) liegt. Außerdem gibt's eine nützliche **regionale Touristeninformation** (☎972 14 06 65; Carretera Nacional 152; ⊙Mo–Sa 10–13 & 16–19, So 10–13 Uhr) an der Hauptstraße Richtung Stadt, wenn man von Barcelona aus anreist.

An- & Weiterreise

Täglich fahren zwei bis drei Alsina-Graells-Busse von Barcelona (19,20 €, 3 Std.) über La Seu d'Urgell (6 €, 1 Std.) hierher.

Von Barcelona führt die C16 durch den gebührenpflichtigen Túnel del Cadí nach Puigcerdà. Zudem erreicht man den Ort über die malerische N152 ab Ribes de Freser. Der Hauptgrenzübergang nach Frankreich befindet sich bei Bourg-Madame, unmittelbar östlich von Puigcerdá.

Züge verkehren von Barcelona (9,40 €, 3 Std., 6-mal tgl.) über Vic, Ripoll und Ribes de Freser hierher sowie über die Grenze nach Latour-de-Carol in Frankreich (7 Min., 4–5-mal tgl.), wo Anschlussverbindungen nach Toulouse und Paris bestehen.

LLÍVIA

1665 EW. / 1224 M

Llívia liegt 6 km nordöstlich von Puigcerdà und ist ein Stück Spanien in Frankreich. Wegen des Pyrenäenvertrags von 1659 trat das Land 33 Dörfer an Frankreich ab. Dieser Ort aber galt als Stadt und blieb somit einschließlich 13 km² Gemeindegebiet in spanischem Besitz.

Man könnte annehmen, Llívia sei eher französisch als spanisch geprägt, doch bei der Ankunft wird schnell klar, mit welchem Land sich das Örtchen identifiziert. Am deutlichsten spürt man die Zugehörigkeit zu Spanien am frühen Abend oder sonntags, wenn in den französischen Dörfern der Umgebung feiertägliche Stille herrscht, während hier jede Menge los ist.

Den Reiz von Llívia macht vor allem der kleine mittelalterliche Kern nahe dem oberen Ende des Ortes aus. 2012 wurde das **Museu Municipal** (Carrer dels Forns 4) mit der angeblich ältesten Apotheke Europas wiedereröffnet. Besonders quirlig geht's in der gotischen **Església de Mara de Déu dels Àngels** (den Schlüssel gibt's in der Touristeninformation) aus dem 15. Jh. gleich oberhalb des Museums zu, wenn im August im bzw. rund um das Gebäude ein **Musikfesti-**

val veranstaltet wird. Von der Kirche geht's zu Fuß hinauf zur Ruine des Castell de Llívia, wo während der kurzen Periode muslimischer Herrschaft in den Pyrenäen der Statthalter Manussa eine geheime Liebschaft mit Lampègia, Tochter des Herzogs von Aquitanien, pflegte (jedenfalls der Legende nach).

Die lokale Küche kostet man am besten an der Plaça Major. Eine gute Wahl trifft man mit dem Restaurant Can Ventura (☎972 89 61 78; Plaça Major 1; Menüs 25 €; ⊙Mi–So) in einem maroden Haus von 1791. Hier bekommt man leckere katalanische Spezialitäten wie langsam geschmortes regionales Lammfleisch.

Zwei oder drei Busse fahren täglich vom Bahnhof in Puigcerdà nach Llívia.

LA MOLINA & MASELLA

Diese zwei Skiorte liegen 15 km südlich von Puigcerdà auf beiden Seiten der Tosa d'Alp (2537 m) und sind mit dem Lift Alp 2500 verbunden. Zusammen bieten sie 117 Abfahrten aller Schwierigkeitsgrade (Tagesliftkarte für das gesamte Skigebiet 40 €) in Höhen zwischen 1600 und 2537 m. Informationen, Skiverleih und Skischulen gibt's in den Resorts (www.lamolina.com) der Orte. La Molina eignet sich besser für Anfänger und zieht im Sommer mit seinem Mountainbikepark, Quads und vielem mehr jede Menge Adrenalinjunkies an.

Schlafen

Die meisten Besucher übernachten lieber in Puigcerdà oder noch weiter weg. Vor Ort hat man die Wahl zwischen mehreren Hotels im Resortstil, die während der Skisaison recht voll sind.

Hotel Adserá HOTEL €€
(☎972 89 20 01; www.hoteladsera.com; La Molina; DZ ab 65 €; P 📶 🏊 👨‍👩‍👧) Das wunderschön gelegene Berghotel ist eine tolle Ausgangsbasis für die Skipisten der Gegend. Im Winter kann man zudem mit dem Schneemobil fahren, rodeln und eislaufen, im Sommer wiederum Canyoningtouren und Heißluftballonfahrten unternehmen.

Alberg Mare de Déu de les Neus HOSTEL €
(☎972 89 20 12; www.xanascat.cat; B Student & unter 26 J./über 26 J. 22/27 €; ⊙Mitte Okt.–Nov. & 1. Woche Mitte April geschl.; P @) Dieses Hostel liegt unweit des Bahnhofs im unteren Teil von La Molina und bietet Zimmer mit zwei bis acht Betten sowie Kochmöglichkeiten für Gäste.

An- & Weiterreise

In der Skisaison gibt's eine sporadische Busverbindung von/nach Puigcerdà. Ab Barcelona führt die einfachste Route mit dem Auto über die Mautstraße C58 und die C16 durch den Túnel del Cadí.

Serra del Cadí

Die N260 verläuft von Puigcerdà durch das breite Riu-Segre-Tal westwärts nach La Seu d'Urgell. Im Norden Richtung Andorra erheben sich die Pyrenäengipfel, während an der Südseite die schroffe Serra del Cadí steil emporsteigt. Kataloniens anspruchsvollste Kletterrouten bietet der spektakulärste Gipfel der Gebirgskette, der Pedraforca („Steingabel"; 2497 m). Dagegen eignet sich der Hauptgebirgszug der Serra del Cadí, die zum Parc Natural Cadí-Moixeró gehört, wunderbar für Wandertouren, wobei eine entsprechende Ausrüstung und Erfahrung vonnöten sind. Im Park gibt's bewirtschaftete Berghütten für mehrtägige Ausflüge. Da in der Gegend nur wenige Busse verkehren, kommt man am besten mit dem eigenen Fahrzeug voran.

Sehenswertes

Die Orte, die als Ausgangsbasen für Abstecher in die Umgebung dienen, liegen an der malerischen B400, die westlich der gen Barcelona verlaufenden C16 von Puigcerdá nach La Seu d'Urgell an der C14 führt. Als Erstes taucht das kleine Saldes im Schatten des Pedraforca auf, ein beliebter Startpunkt für Wanderungen. Über dem hübschen Steinort Gósol 6 km weiter westlich thronen die Ruinen einer Burg aus dem 11. Jh.

Eine Straße westlich von Gósol führt zum 1625 m hohen Pass Coll de Josa sowie zum malerischen Dorf Josa del Cadí, wo sich auf einem grünen Hügel Steinhäuser um eine Steinkirche drängen. Danach folgt Tuixén (1206 m), ebenfalls ein reizvoller Ort auf einem Hügel. Von dort verläuft eine malerische Asphaltstraße nordwestlich nach La Seu d'Urgell (36 km) und südlich nach Sant Llorenç de Morunys (28 km). Letzteres erstreckt sich an einer schönen querfeldein führenden Landstraße von Berga nach Organyá.

Aktivitäten

Klettern

Durch den Bergsattel L'Enforcadura werden die beiden bei Kletterern beliebten Felsengipfel, der nördliche Pollegó Superior (2497 m) und der südliche Pollegó Inferior

¿PARLES CATALÁ?

Außerhalb von Barcelona und abseits der Strände der Costa Brava ist Catalá (Katalanisch) allgegenwärtig: Es gibt katalanische Speisekarten und Straßenschilder und in den Dörfern wird quasi keine andere Sprache gesprochen. Das geschriebene Catalá ähnelt dem Spanischen und dem Französischen. Die Wurzeln der okzitanischen Sprache sind lateinisch; entwickelt hat sie sich im Mittelalter aus dem Provenzalischen. Katalanisch ist sehr viel weiter verbreitet als beispielsweise das Norwegische oder Bulgarische. Es wird von 9,5 Mio. Personen gesprochen, und zwar in Katalonien (in Spanien und Frankreich), in Andorra, auf den Balearen, in Valencia, auf Sizilien und in Teilen der spanischen Provinz Murcia.

Franco unterdrückte das Katalanische massiv: Er verbot es als Schulsprache und ließ Bücher verbrennen. Seit dem Tod des Diktators erlebte die Sprache eine regelrechte Renaissance, so werden sehr viel mehr ausländische Autoren ins Katalanische als ins Englische übersetzt.

(2400 m), voneinander getrennt. Der über 600 m fast senkrecht aufragende Nordhang bietet erstklassige Klettermöglichkeiten und auch der Südhang wartet mit einer Wand auf, die Alpinisten in Begeisterung versetzt.

Wandern

Vom Refugi Lluís Estasen, eine 1½-stündige Wanderung von Saldes entfernt, erreicht man den Gipfel des Pollegó Superior in etwa drei anstrengenden Stunden – entweder südwärts von der Berghütte aus, dann von der südöstlichen Seite die Mitte der „Gabel" hinauf (ein Pfad von Saldes trifft hier auf die Strecke), oder westwärts auf den Collada del Verdet, dann südlich und östlich zum Gipfel. Die zweite Route führt über ein paar Steilhänge und ist nur etwas für Schwindelfreie. Für den Abstieg eignet sich der Weg jedoch nicht: Dafür muss man die erste Strecke nehmen.

Schlafen

SALDES & UMGEBUNG

An der B400 zwischen der C16 und Saldes liegen mindestens vier, z. T. ganzjährig geöffnete **Campingplätze**. In Saldes gibt's ein paar *pensiones* und ein größeres Hotel.

Refugi Lluís Estasen BERGHÜTTE €
(☎608 31 53 12; B 15 €; ⏲Juni–Sept. tgl., im restlichen Jahr So & Feiertage) Das von der FEEC betriebene, in der Nähe des Mirador de Gresolet gelegene *refugi* verfügt über 87 Betten und bietet auch etwas zu essen an. Im Sommer ist ein Hüttenleiter vor Ort. Im Winter werden nur 30 Plätze vergeben. Falls alle besetzt sind, kann man draußen schlafen, allerdings nicht in einem Zelt. Im Sommer sollte man weit im Voraus reservieren.

GÓSOL & TUIXÉN

In beiden Orten gibt's ein paar *casas rurales*. Einige werden im Sommer vermietet, allerdings nur pro Wochenende oder wochenweise. Am besten reserviert man im Voraus, weil die Dörfer an Wochenenden sehr gut besucht sind.

Cal Farragetes CASA RURAL €
(☎973 37 00 34; www.calfarragetes.com; Carrer del Coll 7; DZ pro Pers. 25 €; P Wi-Fi) Das große, freundliche Steinhaus mit zwei Stockwerken und einem geräumigen Innenhof hat kleine, aber tadellose Zimmer mit Eisengestellbetten und Holzvertäfelung.

Praktische Informationen

Das **Centre d'Informació** des Parc Natural del Cadí-Moixeró (☎938 24 41 51; Carrer de la Vinya 1; ⏲Juni–Sept. Mo–Sa 9–13 & 16–19, So 9–13 Uhr, restliches Jahr kürzer) befindet sich in **Bagá**, einem ruhigen Dorf an der C16. Hier erhält man Karten zum Park und Infos zu Bergunterkünften.

Anreise & Unterwegs vor Ort

Um nach Saldes, Gósol oder Tuixén zu kommen, braucht man ein eigenes Fahrzeug.

La Seu d'Urgell

13 010 EW. / 691 M

La Seu d'Urgell (la *ße*-u dur-*sey*), Spaniens Tor ins 10 km nördlich gelegene Andorra, wartet mit einem hübschen mittelalterlichen Zentrum auf. Über dem Ortskern wacht eine beeindruckende Kathedrale, die ebenfalls aus dem Mittelalter stammt. Nachdem die Franken die Muslime Anfang des 9. Jhs. aus diesem Teil der Pyrenäen vertrieben hatten, machten sie La Seu zur Diözese und Hauptstadt der Grafen von Urgell. Seit dem 11. Jh. ist es eine bedeutende Markt- und Domstadt.

Sehenswertes

Catedral de Santa Maria KATHEDRALE
(Erw./Kind 3 €/frei; ⌚Juni–Sept. Mo–Sa 10–13 & 16–19, So 10–13 Uhr, restliches Jahr kürzer) Trotz mehrerer Umbauten ist die Kathedrale aus dem 12. Jh. am Südende der Plaça dels Oms eines der herausragendsten Bauwerke Kataloniens. Sie gehört zu den über 100 romanischen Kirchen entlang der Ruta Románica von Perpignan (Frankreich) bis nach Urgell.

Ihre prächtige Westfassade mit dem Eingang ist im typisch lombardischen Stil gestaltet. Der Innenraum wirkt dunkel und schlicht, dafür beeindruckt sie aber mit fünf Apsiden, einigen Fresken im südlichen Querschiff und einer Statue der Jungfrau mit dem Kind aus dem 13. Jh. in der mittleren Apsis.

Neben der Kathedrale befindet sich der Eingang des wunderbaren **Museu Diocesá**. Dieses umfasst einen hübschen Kreuzgang mit Säulen, die von Affen, Wasserspeiern und Hyänen gehalten werden, die romanische, angenehm schmucklose **Església de Sant Miquel** (12. Jh.) sowie einige pyrenäische Kirchenfresken aus dem Mittelalter, Skulpturen und Altarbilder.

Schlafen & Essen

LP TIPP **Casa Rural La Vall del Cadí** CASA RURAL €
(☎973 35 03 90; www.valldelcadi.com; Carretera de Tuixén; EZ 30 €, DZ 45–55 €; P❄📶) Das steinerne Landhaus 1 km Fußweg südlich des Ortszentrums auf der anderen Seite des Segre gehört zu einem familienbetriebenen Bauernhof (Achtung: Es riecht dementsprechend!). Es verfügt über gemütliche Zimmer mit Terrakottafliesen sowie eisernen Bettgestellen, einige mit Deckenbalken aus Holz, und wartet im Winter sogar mit einer Fußbodenheizung auf. Teilweise gibt's nur Etagenbäder. Das umfangreiche Frühstück (7 €) umfasst Räucherfleisch, Käse und *pa amb tomaquet* (mit frischer Tomate bestrichenes Brot) aus der Gegend.

Hotel Andria HISTORISCHES HOTEL €€
(☎973 35 03 00; www.hotelandria.com; Passeig Joan Brudieu 24; EZ/DZ inkl. Frühstück ab 86/98 €; P📶) Die beste Wahl in der Stadt. Mit altem Nippes an den Wänden, seinen hohen, mit Pflanzen bewachsenen Bogen und dem schattigen Garten wirkt das Hotel fast wie ein britischer Herrensitz aus der Kolonialzeit, der auf einer indischen Bergstation thront, und nicht wie eine Unterkunft unter vielen in einer andorranischen Grenzstadt.

Restaurant Les Tres Portes SPANISCH €€
(Carrer de Joan Garriga i Massó 7; Gerichte 33–38 €; ⌚Do–So) Gemütliches Lokal mit orangefarbenen Wänden, gelben und roten Tischdecken, einem ruhigen Garten und einem vielfältigen spanischen Speiseangebot. Die fantasievolle Karte wird sowohl Fleischliebhaber als auch Pescetarier zufrieden stellen. *Mitjana de cavall amb alls* (Pferdefleisch mit Knoblauch) und Entenburger mit Foie gras zählen zu den innovativsten Kreationen.

Cal Pacho KATALANISCH €€
(Carrer Font 11; Gerichte 20–30 €; ⌚Di–Sa mittags & abends, So mittags) In dem kleinen rustikalen Lokal gibt's durch und durch katalanische Speisen, darunter beliebte Klassiker wie *mandonguilles amb sépia* (Fleischbällchen mit Tintenfisch). Autofahrer sollten vielleicht lieber auf die recht starke *torta de whiskey* verzichten.

Ignasi FRANZÖSISCH €
(☎973 35 49 49; Carrer de Capdevila 17; Hauptgerichte 5–9 €; ⌚Mo–Sa) Beliebte Crêperie mit verschiedenen süßen und herzhaften Variationen.

Praktische Informationen

Touristeninformation (☎973 35 15 11; www.turismeseu.com; Carrer Major 8; ⌚Juli & Aug. Mo–Fr 9–19, Sa 10–14 & 16–19, So 10–14 Uhr, Sept.–Juni Mo–Sa 10–14 & 16–18 Uhr) Hilfreiches Büro gegenüber der Kathedrale mit einer Broschüre zu historischen Stadtspaziergängen.

An- & Weiterreise

Vom Busbahnhof am Nordrand der Altstadt fährt **ALSA** (www.alsa.es) nach Barcelona (26,40 €, 3½ Std., 3–5-mal tgl.), Puigcerdá (6,70 €, 1 Std., 3-mal tgl.) und Lleida (16,75 €, 2½ Std., 1-mal tgl.).

PARKS & NATURSCHUTZGEBIETE

Katalonien hat 17 Parks, Naturschutzgebiete und ein Wasserschutzgebiet. Eine komplette Auflistung und nützliche Hintergrundinformationen findet man unter www.parcsdecatalunya.net.

ABSEITS DER TOURISTENPFADE

Das Vall de la Noguera Pallaresa und das Val d'Aran sind zweifellos von dramatischer Schönheit, doch im Sommer wird die Gegend quasi von Raftingfans und Wanderern überrannt. Wer abseits der Touristenpfade Ruhe und Abenteuer sucht, findet auch nördlich der Täler faszinierende Landschaften. Abgelegene Straßen, die sich die Hügel nordöstlich von Llavorsí und Esterri oder nördlich von Vielha hinaufschlängeln, führen in abgeschiedenes, teilweise forderndes Bergsteigterrain sowie über die Grenzen Andorras und Frankreichs. Folgt man in Llavorsí der L504, gelangt man ins Vall de Cardós und zu den Dörfern **Lladrós**, **Lladorre** und **Tavascan**; alternativ kann man sich auf die recht anspruchsvolle Straße zum **Estany de Certascan**, einem riesigen kristallblauen Gletschersee, wagen. Eine weitere Option ist die Abzweigung ins Vall Ferrera, die zu wunderhübschen Bergorten wie **Araós**, **Alins** und **Áreu** sowie zu großartigen Wanderrouten wie dem Aufstieg auf den **Pica d'Estats** (3143 m), dem höchsten Gipfel Kataloniens, verläuft. Esterri d'Áneu eignet sich ebenfalls gut als Ausgangspunkt für Ausflüge in abgeschiedenes Terrain; hier windet sich die C147 hinauf ins **Vall d'Isil**, vorbei an den winzigen Weilern **Borén** und **Isil**, und schließlich ins entlegene, halb verlassene **Alós d'Isil**.

Lohnenswert ist auch die Serpentinenfahrt von Vielha hoch zur französischen Grenze. Auf dem Weg warten verschlafene, charmante Ortschaften wie **Arrós**, **Vilamós** und **Bossóst** mit hübschen romanischen Kirchen und verwinkelten engen Gassen, Wanderwege zu den steilen, unwirtlichen Bergen der Aragonischen Pyrenäen und Zeltplätze für erfahrene Camper.

Die N260 führt über 6 km südwestlich nach Adrall und dann westlich über die Hügel nach Sort. Die C14 verläuft weiter südlich nach Lleida und windet sich hinter Adrall über 13 km durch die imposante Tresponts-Schlucht.

Vall de la Noguera Pallaresa

Spaniens bekanntester Wildwasserfluss, der Riu Noguera Pallaresa, fließt 50 km westlich von La Seu d'Urgell durch ein eindrucksvolles Tal nach Süden. Die wichtigsten Orte für Wassersportfans sind Sort sowie die Dörfer Rialp und Llavorsí. Dort gibt's Anbieter für Rafting, Hydrospeeding (eine Art Bobfahrt auf dem Wasser), Kanu- und Kajakfahren oder Canyoning, Klettern, Mountainbiketouren, Reiten und Ponting (Bungee-Jumping von Brücken).

Aktivitäten

Der Riu Noguera Pallaresa ist auf der Schwierigkeitsskala von I bis VI der Kategorie IV zuzuordnen und zieht zwischen April und August einen steten Strom von Wildwasserfans an. Die besten Bedingungen herrschen im Mai und im Juni.

Besonders aufregend sind die 14 km von Llavorsí nach Rialp: Eine Raftingtour dauert ein bis zwei Stunden und kostet 35 € pro Person (2 Std.), ein längerer Ausflug etwa 80 €. Für Fahrten bis nach Sort oder weiter muss man tiefer in die Tasche greifen. Sort dient auch als Ausgangsbasis für die anspruchsvolleren Flussabschnitte der Kategorie IV.

In Llavorsí organisiert **Yeti Emotions** (☎973 62 22 01; www.yetiemotions.com; Carrer de Borda Era d'Alfons) für erfahrene Rafter flussaufwärts führende Exkursionen, Wandertouren, Abseiltrips sowie winterliche Fahrten in Husky-Schlitten. Empfehlenswert sind auch die ebenfalls in Llavorí ansässigen Veranstalter **Roc Roi** (☎973 62 20 35; www.rocroi.com; Plaça Nostra Sra De Biuse 8), der zudem Ausritte arrangiert, und **Rafting Llavorsí** (☎973 62 21 58; www.raftingllavorsi.com; Camí de Riberies), zu dessen Angebot Kajakfahrten (2-tägige Einweisung 80 €) gehören.

Badezeug, ein Handtuch und Kleidung zum Wechseln muss man selbst mitbringen, alles andere wird gestellt.

Schlafen & Essen

Llavorsí ist die beste Ausgangsbasis der Gegend und hat sehr viel mehr Bergdorfflair als Rialp oder Sort.

Hostal Noguera HOSTAL €
(☎973 62 20 12; www.hostalnoguera.com; Carretera Vall d'Aran; EZ/DZ 40/54 €;) Das Steinhaus am Südende des Ortes beherbergt hübsche Zimmer mit Blick über den Fluss. Im Erdgeschoss ist ein Restaurant untergebracht, das sich auf regionale Küche spezialisiert hat

und z. B. leckeren, frisch gefangenen lokalen Fisch serviert (Mittagsmenü 18 €).

Camping Aigües Braves CAMPINGPLATZ €
(☎973 62 21 53; www.campingaiguesbraves.com; Platz pro 1-Pers.-Zelt/2-Pers.-Zelt & Auto 11/20,40 €; ⊙Mai–Sept.; P≋) Netter Campingplatz am Fluss 1 km nördlich von Llavorsí mit Pool, Bar und Minimarkt.

Camping Riberies CAMPINGPLATZ €
(☎973 62 21 51; www.campingriberies.cat; Camí de Riberies, direkt östlich von Llavorsí; Platz pro 1-Pers.-Zelt/2-Pers.-Zelt & Auto 10,60/15,90 €; ⊙Mitte Juni–Mitte Sept.; P≋) Anständiger, voll ausgestatteter Campingplatz mit einem guten Angebot an Aktivitäten.

Praktische Informationen

Die zentrale **Touristeninformation** (☎973 62 10 02; www.pallarssobira.cat; Camí de la Cabanera; ⊙Juli & Aug. Mo–Fr 9–20, Sa 10–14 & 15–20, So 10–13 Uhr, Sept.–Juni Mo–Do 9–15, Fr 9–15 & 16–18.30, Sa 10–14.30 Uhr) für die Gegend befindet sich in Sort und bietet nützliche Infos zur Region und zu Raftingveranstaltern.

An- & Weiterreise

Täglich verkehren ALSA-Busse von Barcelona über Sort und Rialp nach Llavorsí (34 €, 5 Std.).

Parc Nacional d'Aigüestortes i Estany de Sant Maurici & Umgebung

Kataloniens einziger Nationalpark (http://reddeparquesnacionales.mma.es/parques, www.gencat.cat/parcs/aiguestortes) erstreckt sich etwa 20 km von Ost nach West und rund 9 km von Nord nach Süd. Das zerklüftete Gelände wartet auf dieser kleinen Fläche mit mehr als 400 Seen sowie etlichen Bächen und Wasserfällen auf. Dazu kommen Kiefern- und Tannenwälder, Büsche und Wiesen, die im Frühjahr mit Wildblumen übersät sind.

Parc Nacional d'Aigüestortes i Estany de Sant Maurici

CARROS DE FOC

Lust auf einen 55 km langen Rundweg zwischen neun der *refugis* (Berghütten) des Parks? Ja? Auch wenn man dafür nur einen Tag Zeit hat? Dann sind die mörderischen, erstmals 1987 veranstalteten **Carros de Foc** (Feuerwagen; www.carrosdefoc.cat) genau das Richtige. Teilnehmer müssen sich dem kapriziösen Wetter, der Höhe und dem anspruchsvollen Terrain stellen und sich dabei in jedem *refugi* einen Stempel abholen. Das Bergsteigrennen findet am 29. und 30. Juli statt und der aktuelle Rekord liegt bei neun Stunden und 32 Minuten.

Das vor über 200 Mio. Jahren durch Gletscherbewegungen entstandene Gebiet besteht im Prinzip aus zwei von Osten nach Westen verlaufenden Tälern in 1600 bis 2000 m Höhe, gesäumt von 2600 bis 2900 m hohen, zerklüfteten Gipfeln aus Granit und Schiefer.

Der Park selbst ist das Zentrum einer größeren Wildnis, deren Außenrand *zona periférica* (Randzone) genannt wird und zu der im Norden und Süden einige großartige Hochlandgebiete gehören. Seine Gesamtfläche umfasst 408 km² und wird von Rangern kontrolliert.

Die Hauptzufahrt hierhin führt über Espot etwa 4 km östlich der Ostgrenze des Parks sowie 8 km vom riesigen See Estany de Sant Maurici und dem Vall de Boí im westlichen Abschnitt entfernt.

Sehenswertes

Romanische Kirchen KIRCHEN

(www.vallboi.cat; Eintritt pro Kirche 1,50 €, für alle 6 Kirchen 6 €; ⏲10–14 & 16–19 Uhr, Santa Maria de Taüll 10–20 Uhr) Im Vall de Boí südwestlich des Parks verteilen sich mehrere romanische Kirchen. Die schlichten Steinbauten in luftiger Höhe wurden zwischen dem 11. und 14. Jh. errichtet und 2000 zum Unesco-Weltkulturerbe erklärt. Zwei besonders schöne Gebäude findet man in Taüll 3 km östlich von Boí. Am Ortseingang wartet die hübsche **Sant Climent de Taüll** mit einem schlanken, sechsstöckigen Glockenturm, eleganten einfachen Linien und Kunstwerken (siehe Kasten oben) auf. Die zentrale Apsis birgt die Kopie eines berühmten Freskos von 1123, das nun im Museu Nacional d'Art de Catalunya in Barcelona zu sehen ist. Mittelpunkt der Kirche ist ein *Pantokrator* (Christus als Weltenherrscher), dessen prächtige mozarabisch beeinflusste Farbgebung und ausdrucksstarken, gleichwohl übermenschlichen Züge zum Sinnbild katalanischer Romanik wurden.

Auch die **Santa Maria de Taüll** mit ihrem fünfstöckigen Kirchturm im alten Dorfkern hat viele ihrer Kunstwerke an das Museu Nacional d'Art de Catalunya abgegeben. Leider fehlen ihr die Kopien vor Ort, die den Besuch der Sant-Climent-Kirche so interessant machen.

Zu den weiteren sehenswerten romanischen Bauten zählen **Sant Joan** (in Boí), **Sant Feliu** (Barruera), **Nativitat** (Durro) und **Santa Eulália** (Erill la Vall). Letztere hat einen sechsstöckigen Turm, der Sant Climent Konkurrenz macht.

Aktivitäten

Im Park erstrecken sich zahlreiche Wege, die teilweise sehr gut, teilweise aber auch gar nicht beschildert sind.

Ost-West-Durchquerung

Man kann den Park innerhalb eines Tages durchqueren. Die gesamte Wanderroute von Espot nach Boí (oder umgekehrt) ist 25 km lang und dauert 9 Stunden. Jeeptaxis vom/zum Estany de Sant Maurici bzw. vom/zum Aigüestortes-Park (3 km flussabwärts vom Estany Llong) oder auch zu beiden Orten verkürzen die Zeit. Von Espot (1300 m) zum Estany de Sant Maurici (1950 m) sind es 8 km (2 Std.). Am See führt ein Pfad hoch zum Portarró-d'Espot-Pass (2423 m), der herrliche Aussichten auf die beiden Haupttäler des Parks bietet. Vom Pass geht's hinab zum Estany Llong und zum Aigüestortes (1820 m; 3½ Std. ab Estany de Sant Maurici). Nun sind es nur noch 3,5 km bis zum Parkeingang, 4 km zur L500 und 2,5 km nach Boí (1260 m) – insgesamt etwa 3 Stunden. Wer sich die Strecke vornehmen möchte, sollte auf jeden Fall gute Karten, einen Kompass und passende Kleidung dabeihaben.

Kürzere Wanderungen

Zahlreiche Touren von drei bis vier Stunden hin und zurück führen vom Estany de Sant Maurici oder vom Aigüestortes in herrliche Seitentäler.

Vom Ostufer des Estany de Sant Maurici verläuft ein Weg 2,5 km südlich ins Monastero-Tal hinauf, vorbei am Els Encantats zur Linken und zum **Estany de Monastero** (2171 m). Ein weiterer Pfad führt 3 km nordwestlich am Estany de Ratero vorbei zum

Estany Gran d'Amitges (2350 m). Vom **Planell Gran** (1850 m), 1 km das Sant-Nicolau-Tal hinauf, kommt man nach 2,5 km Richtung Südosten zum **Estany de Dellui** (3 km); vom Aigüestortes dauert die Wanderung bis zu diesem See etwa vier Stunden.

Schlafen

Um Espot erstrecken sich vier ähnlich teure Campingplätze. Wanderer können im Park sechs *refugis* nutzen und finden innerhalb der *zona periférica* neun weitere Unterkünfte dieser Art. Diese stehen von Mitte Juni bis September und ein paar Wochen in der ersten Jahreshälfte (für Skifahrer) offen, ansonsten ist nur ein Teil von ihnen zugänglich. Am besten ruft man vorher an oder fragt im Parkbüro nach. Eine Übernachtung kostet 15 € pro Person und muss, vor allem im Sommer, vorab gebucht werden. Mehr dazu erfährt man unter www.feec.org.

Espot, Boí und Taüll bieten eine Reihe von weiteren Bleiben. Wer in h*ostales* oder *cases de pagès* unterkommen möchte, steuert Barruera, El Pont de Suert, Capdella oder La Torre de Capdella an.

ESPOT

Casa Palmira CASA RURAL €
(☎973 62 40 72; www.pensiopalmira.com; DZ inkl. Frühstück 60 €; 📶) Dieses familienfreundliche Haus mit tadellosen Zimmern an einer Kopfsteinpflastergasse unweit des Hauptplatzes ist unser Favorit unter den drei etwa gleich teuren Privatunterkünften im Ort.

Camping Vorapark CAMPINGPLATZ €
(☎973 62 41 08; www.voraparc.com; Prat del Vedat; Platz pro Erw. 14 €; ⏲April–Sept.; P🏊) 1,5 km außerhalb des Ortes Richtung Parkeingang befindet sich der beste Campinplatz. Er hat einen Swimmingpool, einen Billardraum, einen Minimarkt und eine Bar.

TAÜLL

Taüll, 3 km bergauf von Boí gelegen, ist der mit Abstand malerischste Ort an der Westseite des Parks. Über ein Dutzend Hotels und Pensionen sind entweder im Dorf selbst oder in der näheren Umgebung zu finden. Es gibt noch einen kleinen Skiort in höheren Lagen, dessen Zukunft allerdings nicht gesichert ist.

LP TIPP **Albergue Taüll** HOSTEL €
(☎973 69 62 52; www.alberguetaull.com; Avenida Feixanes 5–7; B/DZ inkl. Frühstück 23/46 €; P📶) Der aus Arizona stammende Tony hat mit orthopädischen Matratzen, einer Fußbodenheizung und einer großen Karte des Parks im Gemeinschaftsbereich, die bei der Planung von Wanderungen hilft, quasi das ideale Hostel geschaffen. Familien sind willkommen, außerdem steht Tony seinen Gästen gern mit Rat und Tat zur Seite. Beim Erscheinen dieses Reiseführers müsste es hier bereits einen Whirlpool mit Blick auf Taüll geben.

Pensión Santa Maria BOUTIQUE-HOTEL €€
(☎973 69 61 70; www.taull.com; Plaça Cap del Riu 3; DZ inkl. Frühstück ab 110 €; P📶) Ein mächtiger steinerner Bogengang führt vom schattigen Eingang in den stillen Innenhof dieser weitläufigen Oase mit rosenbehangenen Balkonen, die von großartigen Gastgebern geleitet wird. Die Zimmer sind geschmackvoll eingerichtet und das Haus mit Steinmauern, Balken und Schieferdach verströmt eine tolle Atmosphäre.

Camping Taüll CAMPINGPLATZ €
(☎973 69 61 74; www.campingtaull.com; Platz pro Pers. 5,50 €, Hütten ab 80 €; P) Der Campingplatz wartet mit hübschen, voll ausgestatteten Holzhütten (manche teilen sich Bäder) beim Fluss sowie Zeltstellplätzen und verschiedenen Anlagen auf.

Essen

Viele Restaurants in der Gegend schließen unter der Woche und in der Nebensaison.

LP TIPP **Sedona** INTERNATIONAL €
(☎973 69 62 52; Les Feixes 2; Gerichte 20–25 €) Dank seiner abwechslungsreichen Speisekarte mit katalanischen und internationalen Gerichten (darunter große saftige Arizona-

DIE FEHLENDEN FRESKEN

Bei einem Besuch der romanischen Gotteshäuser im Vall de Boí fällt deren heutige Schmucklosigkeit ins Auge. Einst zierten die Bauten wunderschöne Fresken aus dem 12. und 13. Jh. wie der leidende Christus in der Sant-Climent-Kirche in Taüll. Mit dem Einzug des Jugendstils waren diese auf einmal schwer angesagt und es bestand die Gefahr, dass ausländische Besucher die Kunstwerke entwenden würden (was teilweise auch tatsächlich passierte). Aus diesem Grund wurden die Fresken in mühevoller Arbeit ins Museu Nacional d'Art de Catalunya (S. 278) in Montjuïc, Barcelona, gebracht.

INSIDERWISSEN

TONY CAPANNA: GASTRONOM/BESITZER DES ALBERGUE TAÜLL, VALL DE BOÍ

Die beste Wanderroute Die Ruta de la Marmota (Murmeltierweg), ein 3½-stündiger Rundweg, der neben dem eindrucksvollen Cavallers-Damm beginnt und an verschiedenen Wasserfällen vorbeiführt. Die Route endet am Estany Negré (Schwarzer See) nahe dem ersten *refugi* – Ventosa i Calvell – auf dem Weg. Bei dem halbtägigen Ausflug inmitten wunderschöner Berge bietet sich ein atemberaubender Ausblick auf das Vall de Boí. Darüber hinaus gibt's eine hübsche dreistündige Route ab Taüll durch das gesamte Tal, an vier Dörfern– Boí, Duro, Barrerra und Boí – vorbei und schließlich zurück nach Taüll.

Wandertipp Eine Übernachtung in den *refugis* (Berghütten) des Nationalparks ist im Mai, Juni, September und Oktober sehr viel angenehmer als im Juli und August, wenn bis zu 70 Personen in einem Raum schlafen.

Schönste Jahreszeit Eine schwierige Frage! Im Frühling ist das Tal am grünsten und aufgrund der Schneeschmelze fließen die Flüsse am schnellsten. Im Herbst erstrahlt alles in den schönsten Farben. Beide Jahreszeiten eignen sich zudem wunderbar für Wandertouren, da nicht so viele Besucher herkommen.

Burger), längeren Öffnungszeiten als sonst im Dorf üblich und lokalen Biozutaten setzt sich dieses freundliche Lokal von der Konkurrenz ab. Darüber hinaus lädt die Bar nach Ski- oder Wandertouren zu gemütlichen Stunden ein.

Restaurant Juquim KATALANISCH €
(☎973 62 40 09; Plaça San Martí 1; Gerichte 22–28 €; ⏲Juni–Mitte Okt. tgl., Mitte Okt.–Mai Mi–Mo) Das alteingesessene Restaurant am Hauptplatz von Espot bietet eine vielfältige Auswahl, hauptsächlich herzhafte Landkost. Im Winter kommt man in den Genuss großzügiger Portionen von *olla pallaresa* (heißem Bohneneintopf) und *civet de senglar* (Wildschweineintopf).

ℹ Praktische Informationen

Nationalparkbüros befinden sich in **Espot** (☎973 62 40 36; Carrer de Sant Maurici 5, Espot; ⏲Juni–Sept. 9–13 & 15.30–18.45 Uhr) und **Boí** (☎973 69 61 89; Carrer de les Graieres 2, Boí; ⏲Juli & Aug. 9–14 & 15.30–18 Uhr, im restlichen Jahr So geschl.). Die beste Karte zum Park gibt **Editorial Alpina** (www.editorialalpina.com) heraus.

PARKREGELN Privatfahrzeuge müssen außerhalb des Parks abgestellt werden. Wildes Campen ist nicht erlaubt, ebenso wenig wie Schwimmen (sehr schade!) sowie andere „Wasseraktivitäten" in den Seen und Flüssen. Auch Jagen, Fischen, Pilzesammeln und alle anderen potenziell schädlichen Aktivitäten sind verboten.

ℹ An- & Weiterreise

ALSA-Busse aus Barcelona, Lleida und La Pobla de Segur fahren täglich nach Esterri d'Àneu und halten an der C13, Abzweigung Espot. Von dort ist es noch ein 8 km langer Fußmarsch bergauf bis nach Espot. Busse nach La Pobla de Segur (28,10 €, 3–4½ Std., bis zu 3-mal tgl.) verkehren das ganze Jahr über. Von Juli bis Mitte September besteht jeden Tag eine Anschlussverbindung von La Pobla de Segur nach El Pont de Suert und weiter nach Barruera sowie zur Abzweigung nach Boí an der L500 (1 km vor Boí).

ℹ Unterwegs vor Ort

Bei der Anreise mit dem Auto ist der Parkplatz 4 km westlich von Espot der dem östlichen Teil des Parks nächste Punkt, an den Besucher gelangen können. Es gibt einen mehr oder weniger durchgehenden Jeeptaxiservice von Espot und dem Estany de Sant Maurici sowie zwischen Boí und Aigüestortes, was einem 8 bzw. 10 km erspart. Pro Strecke zahlt man 10 € pro Person. Die Abfahrt erfolgt vor den Parkbüros in Espot und Boí (Juli–Sept. 8–19 Uhr, ansonsten 9–18 Uhr).

Val d'Aran

10 210 EW.

Vor nicht allzu langer Zeit war das üppig grüne Val d'Aran, Kataloniens nördlichste Ecke, noch eine der entlegensten Gegenden des Landes. Die einzige Verbindung zur Außenwelt bildete ein kleiner Pass Richtung Frankreich. Geändert hat sich all dies mit der Eröffnung eines Tunnels in den 1950er-Jahren, der in Vielha, dem Hauptort des Tals, beginnt. Dies führte zu einem Tourismusboom. Dennoch fühlt man sich hier nach wie vor wie in einer verborgenen Welt zwischen bis zu den Wolken reichenden

Bergen und steil ins Tal herabstürzenden Hängen mit Bergdörfern, viele davon mit hübschen romanischen Kirchen. Von Arans malerischen Seitentälern aus können Trekkingfans über die Berge in alle Richtungen wandern, z. B. gen Süden zum Parc Nacional d'Aigüestortes i Estany de Sant Maurici.

Aufgrund der abgeschiedenen Lage wird hier offiziell nicht Katalanisch, sondern Aranesisch *(aranés)* gesprochen, ein Dialekt des Okzitanischen bzw. der *langue d'oc*, Südfrankreichs alter romanischer Sprache.

Entgegen seiner nördlichen Ausrichtung war Aran seit 1175 politisch mit Katalonien verknüpft, als Alfons II. es unter seinen Schutz nahm, um rivalisierenden Grafen auf beiden Seiten der Pyrenäen zuvorzukommen. Eine Unterbrechung bildete lediglich die Besatzung Napoleons von 1810 bis 1815.

An- & Weiterreise

Alsina-Graells-Busse verkehren zwischen Barcelona und Vielha (34,20 €, 5½ Std., 2-mal tgl.) und halten unterwegs in Lleida (13,70 €, 3 Std.).

Die N230 ab Lleida und El Pont de Suert führt durch den 5,25 km langen Túnel de Vielha nach Aran. Hinter dem Vall de la Noguera Pallaresa überquert die C28 den Pass Port de la Bonaigua (2072 m), der im Winter manchmal geschlossen ist, verläuft weiter nach Naut Aran und stößt dann bei Vielha auf die N230.

KARTEN & WANDERFÜHRER

Wanderführer von Editorial Alpina sind gut, beschreiben aber nicht jeden Weg. *Sant Maurici – Els Encantats* umfasst die östliche Hälfte des Parc Nacional d'Aigüestortes i Estany de Sant Maurici und dessen Zugänge, *Vall de Boí* behandelt die westliche Hälfte. *Montsent de Pallars* befasst sich mit dem nördlichen Vall Fosca und *Val d'Aran* mit dem gleichnamigen Tal. Eine bessere Karte der gesamten Region ist *Parc Nacional d'Aigüestortes i Estany de Sant Maurici* vom Institut Cartogràfic de Catalunya im Maßstab 1:25 000, doch selbst diese ist nicht perfekt.

Der Lonely Planet Band *Hiking in Spain* enthält detaillierte Routenbeschreibungen mehrerer Strecken in sowie rund um den Park.

VIELHA

5710 EW. / 974 M

Der Hauptort des Tals besteht aus einer Ansammlung von Ferienhäusern und Apartments, die sich die Hänge hinaufziehen. Im Winter tummeln sich hier jede Menge Skifahrer. Das winzige Zentrum hat sich mit der Església de Sant Miquéu noch ein wenig von seinem Charme bewahrt. In der Kirche kann man sich interessante mittelalterliche Kunstwerke wie den *Crist de Mijaran* aus dem 12. Jh. ansehen. Das **Muséu dera Val D'Aran** (Carrer Major 11; Erw./Kind 2/1 €; ⌚Di–Sa 10–13 & 17–20, So 11–14 Uhr) in einer leicht baufälligen alten Villa mit Türmchen widmet sich der Geschichte Arans. Es zeigt verschiedene Schwarz-Weiß-Fotos und historische Möbel.

Schlafen & Essen

Zwischen Weihnachten und Neujahr sowie zu Ostern herrscht Hochbetrieb, ebenso zu den Hauptferienzeiten im Hochsommer (Juli–Aug.) und in der Skisaison (Jan.–Feb.). Die lokale Spezialität ist *olla aranesa,* ein herzhafter Eintopf.

LP TIPP **Hotel Ço de Pierra** HOTEL €€
(☎973 64 13 34; www.hotelpierra.com; Carrèr Major 26; EZ/DZ 52/66 €) In Betrén, einem zeitlosen Ort in der Nähe von Vielhas Ostende, stößt man auf dieses wunderhübsche, in traditioneller Bauweise aus Stein und Schiefer errichtete Hotel. Die zehn Zimmer kombinieren Steine und Holzbalken mit warmen Terrakottafarben.

Hotel El Ciervo BOUTIQUE-HOTEL €€
(☎973 64 01 65; www.hotelelciervo.net; Plaça de Sant Orenç 3; EZ/DZ 60/85 €; ⌚im Juni & Nov. geschl.;) Mit seiner bemalten Fassade, die Bäume und Waldbewohner abbildet, setzt sich das Hotel klar von der klassischen Skihütte ab. Auch die individuell gestalteten Zimmer wissen zu überzeugen.

Restaurant Gustavo (Era Móla) FRANZÖSISCH €€
(☎973 64 24 19; Carrèr de Marrèc 14; Gerichte 30–35 €; ⌚Mo, Di, Do & Fr abends, Sa & So mittags & abends) In einem niedrigen Gebäude im alten Ortskern logiert Vielhas mit Abstand bestes Restaurant. Die Speisen sind stark französisch inspiriert. Es gibt z. B. *solomillo de cerdo al Calvados* (Schweinefilet in Calvados)

Praktische Informationen

Touristeninformation (☎973 64 01 10; www.visitvaldaran.com; Carrèr de Sarriulèra 10; ⌚9–21 Uhr)

ZU FUSS DURCH DIE PYRENÄEN

Die Katalanischen Pyrenäen sind ein großartiges Wander- und Trekkinggebiet, in dem man abwechslungsreiche Spaziergänge ebenso wie ein- bis mehrtägige Ausflüge unternehmen kann. Wer in Dörfern oder *refugis* (Berghütten) übernachtet, muss noch nicht einmal eine Campingausrüstung mitnehmen.

Viele *refugis* werden von den Wandervereinen **Federació d'Entitats Excursionistes de Catalunya** (FEEC; www.feec.org) und **Centre Excursionista de Catalunya** (CEC; www.cec.cat), aus Barcelona betrieben, die zudem Infos zu den Routen bieten. Eine Übernachtung kostet zwischen 12,50 und 18 €. In den *refugis* des FEEC darf man kochen, in denen des CEC nicht. Oft wird hier auch etwas zu essen (Mahlzeiten ca. 15–17 €) angeboten.

Der **Fernwanderweg GR-11** verläuft von Küste zu Küste durch die gesamten Pyrenäen vom Cap de Creus an der Costa Brava nach Hondarribia am Golf von Biskaya. Der katalanische Abschnitt führt durch La Jonquera, Albanyá, Beget, Setcases, das Vall de Núria, Planoles, Puigcerdá, Andorra, südlich an der Pica d'Estats (3143 m) vorbei, dann zum Parc Nacional d'Aigüestortes i Estany de Sant Maurici und schließlich zur Südflanke des Val d'Aran und nach Aragonien. Die anspruchsvollere Route **HRP (Haute Radonnée Pyrénéenne)** eignet sich nur für erfahrene Wanderer. Sie schlängelt sich durch einen Teil des Parc Nacional d'Aigüestortes I Estany de Sant Maurici hinauf in die Berge und tritt mehrmals über die spanisch-französische Grenze.

Von Ende Juni bis Anfang Oktober ist Wandersaison in den Hochpyrenäen. Man sollte immer darauf vorbereitet sein, dass sich die Wetterbedingungen überall sehr schnell ändern können.

Tipps der Angestellten lokaler Touristeninformationen sowie der Parkwächter, Betreiber der *refugis* und anderer Wanderer sind unbezahlbar, außerdem sollte man nicht auf Karten verzichten. Der Lonely Planet *Hiking in Spain* beschreibt zahlreiche Routen in den Katalanischen Pyrenäen.

Darüber hinaus gibt's zahlreiche Möglichkeiten für **Klettertouren**. Pedraforca in der Serra del Cadí wartet z. B. mit einigen herausfordernden Wänden auf.

ARTIES

490 EW. / 1143 M

Arties liegt 6 km von Vielha an der Südseite der Straße nahe dem Zusammenfluss von Garona und Valarties. Zwischen freundlichen Steinhäusern ragt der dreistöckige Glockenturm der romanischen **Església de Santa Maria** mit drei Apsiden empor.

Schlafen

Außer den beiden im Folgenden genannten Optionen schließen fast alle Unterkünfte des Ortes von Mai bis Juni sowie von Oktober bis November.

Casa Irene HOTEL €€€

(973 64 43 64; www.hotelcasairene.com; DZ 187 €; P) Eine luxuriöse Anlage mit Holzbalken, Marmorbädern, breiten Betten und bunter Bettwäsche. Die Suiten sind mit eigenen Whirlpools ausgestattet und es gibt ein umfangreiches Wellnessangebot, zu dem u. a. ein türkischer Hamam, eine Sauna und ein Jacuzzi gehören. Das gehobene Restaurant kredenzt Speisen wie katalanische Schweinefüße mit Wildpilzen und gratinierte Austern.

Hotel Edelmeiss HOTEL €€

(973 64 09 02; EZ/DZ inkl. Frühstück 60/100 €; P) Das kleine, familiengeführte Hotel hat nichts Besonderes an sich, bekommt aber Pluspunkte, weil die Sonnenkollektoren einen Großteil der Stromversorgung leisten und das Frühstück in der lebhaften Bar unten serviert wird, die als Treffpunkt für die ganze Gemeinde dient.

SALARDÚ

460 EW. / 1267 M

Salardús Ortskern aus alten Häusern und engen Straßen 3 km östlich von Arties hat sich einer modernen Entwicklung bislang weitgehend widersetzt. In der Apsis der Kirche **Sant Andreu** aus dem 12. und 13. Jh. wird das holzgeschnitzte *Crist de Salardú* aus dem 13. Jh. aufbewahrt. Das netteste Restaurant vor Ort ist das **Refugi Rosta** mit dem unterhaltsamen Privatmuseum **Pyren-Museu** (Erw. 5 €; 10.30–13 & 17.30–20 Uhr) zur Geschichte des Tourismus im Val d'Aran. Für zusätzlich gute Laune sorgt das Glas Wein, das im Eintrittspreis inbegriffen ist.

Das Dorf ist ein praktischer Ausgangspunkt in das nur 4 km entfernte Skigebiet Baqueira-Beret.

Schlafen

Im Mai, Juni, Oktober und November liegt alles in und um den Ort im Dornröschenschlaf.

Hotel Seixes HOTEL €€
(☎973 64 54 06; www.seixes.com; Bagergue, 2 km nördlich von Salardú; EZ/DZ im Hotel inkl. Frühstück 47/67 €, Hostel 41/55 €; ⏰Hotel Mai–Okt., Hostel Ende Juli–Ende Aug.; P📶) Das bei Wanderern beliebte Hotel hat geräumige, komfortable Zimmer, einige mit Blick über das Tal und auf die Gipfel ringsum; die Hostelzimmer sind einen Hauch spartanischer. Beim herzhaften Frühstück erfährt man vom Personal alles über die örtlichen Trekkingrouten.

Alberg Era Garona HOSTEL €
(☎973 64 52 71; www.tojuaran.com; Carretera de Vielha; Zi. pro Pers. 26 €; P📶) Die recht zweckmäßig wirkende Jugendherberge beherbergt Zimmer mit vier Betten und eigenen Bädern und verfügt über eine Kletterwand im Freien.

BAQUEIRA-BERET

Baqueira (auf Aranesisch Vaquèira), 3 km östlich von Salardú, und Beret, 8 km nördlich von Baqueira, bilden gemeinsam Kataloniens führendes **Skigebiet** (www.baquiera.es; Tagespass 45 €), das sogar die spanische Königsfamilie anlockt. Das hervorragende Liftsystem bringt Skifahrer auf Höhen zwischen 1500 und 2510 m zu insgesamt 72 Pisten mit einer Gesamtlänge von 104 km (mehr als in jedem anderen spanischen Skigebiet) inmitten einer schönen Landschaft.

Günstige Unterkünfte gibt's in Baqueira nicht und Beret hat gar keine Übernachtungsmöglichkeiten. Viele Gäste quartieren sich daher talabwärts in Salardú, Arties oder Vielha ein. Außerhalb der Saison ist alles geschlossen.

ZENTRALKATALONIEN

Abseits der Strände und Berge locken im katalanischen Hinterland viele entzückende, kaum von Touristen besuchte Orte. Auf halber Strecke zwischen Barcelona und den Pyrenäen liegt das reizende Städtchen Vic mit seiner prachtvollen Plaça Major. Lohnende Ziele nordwestlich der Hauptstadt sind Montserrat mit seinem Bergschrein, Cardona (mit einer windumtosten Burganlage) und Solsona, in Richtung Lleida gelegen. Eine andere Route nach Lleida führt durch die Conca de Barberà mit ihren majestätischen mittelalterlichen Klöstern.

Vic

38 960 EW.

Diese hübsche Stadt wartet mit einem bezaubernden historischen Kern voller römischer und mittelalterlicher Überbleibsel, einem großen gotischen Kreuzgang, einem hervorragenden Kunstmuseum, lebhaften Märkten und hervorragenden Restaurants auf. Trotz seiner politisch strikt katalanischen Orientierung ist Vic sehr multikulturell. Von Barcelona aus bietet sich ein Tagesausflug hierher an, noch besser ist allerdings ein etwas längerer Aufenthalt, bei dem man die Atmosphäre ganz in Ruhe genießen kann.

Sehenswertes

Altstadt ALTSTADT
Die **Plaça Major**, Kataloniens größten Hauptplatz, säumen mittelalterliche, barocke und Modernismebauten. Jeden Dienstag- und Samstagmorgen findet hier ein großer **Markt** statt, auf dem es frisches lokales Obst und Gemüse sowie die lokale Spezialität *llonganisa*-Würste gibt. Aufgrund des Marktes wird der Platz auch Plaça del Mercadal genannt. Rundherum erstrecken sich die engen, von Villen, Kirchen und Kapellen gesäumten Straßen des mittelalterlichen Stadtkerns mit der unverkennbar sonnigen Atmosphäre des Südens.

Catedral de Sant Pere KATHEDRALE
(Plaça de la Catedral; Erw./Kind 2 €/frei; ⏰10–13 & 16–19 Uhr) Die Kathedrale ist ein klassizistischer Mammutbau mit einem recht düsteren Inneren und einem romanischen Glockenturm. Ihre dunklen Säulen mit vierkantigem Sockel im Inneren werden durch die Fresken von Josep Maria Sert (er malte sie zweimal, da die ersten 1936 durch ein Feuer zerstört wurden) etwas aufgehellt. Zu den Highlights zählen die romanische Krypta, die Schatzkammer und der prächtige gotische Kreuzgang.

Museu Episcopal MUSEUM
(www.museuepiscopalvic.com; Plaça del Bisbe Oliba 3; Erw./Kind ab 10 J. 7/3,50 €; ⏰April–Sept. Di–Sa 10–19, So 10–14 Uhr, restliches Jahr kürzer) Das Museum zeigt eine großartige Sammlung romanischer und gotischer Kunst, die fast ebenso gut ist wie die Ausstellung des Mu-

seu Nacional d'Art de Catalunya in Barcelona. Zu den Exponaten aus romanischer Zeit gehören einige wunderbar blutrünstige Bilder, von Heiligen, die enthauptet oder gefoltert werden, bis zum Erzengel Michael, der den Kiefer des Teufels durchbohrt, bis zum anschaulichen *Davallament*, eine Darstellung der Kreuzabnahme Christi. Die gotische Sammlung wartet mit Werken bedeutender Künstler wie Lluís Borrassá und Jaume Huguet auf.

Feste & Events

Vic hat einen vollen Veranstaltungskalender.

Mercat de Ram OSTERMARKT
In der Woche vor Palmsonntag findet auf der Plaça Major der Mercat del Ram (Palmmarkt) statt, dessen Tradition bis ins Jahr 875 zurückgeht und auf dem Palmwedel und Lorbeerzweige verkauft werden. Außerdem gibt's zu diesem Anlass eine kulinarische Fiesta mit Ständen auf der Rambla del Carme und der Rambla de Passeig an der nördlichen Grenze der Altstadt, die Räucherfleisch, Käse, *coca* (Osterkuchen) und andere regionale Köstlichkeiten im Angebot haben.

Fira d'Antiguitats de Vic ANTIQUITÄTENMARKT
(www.fav.cat) Auf dem Messegelände wird Mitte bis Ende August über eine Woche einer der größten Antiquitätenmärkte Spaniens veranstaltet.

Mercat de Música Viva MUSIK
(www.mmvv.net) Im September richtet die Stadt den Mercat de Música Viva aus, ein großes chaotisches mehrtägiges Event. Dabei treffen katalanische, nationale und internationale Schulen des Latin-Rock, Pop und Jazz aufeinander.

Schlafen & Essen

Vic ist vor allem für seine vielen guten Restaurants bekannt.

Estadió del Nord HOTEL €
(☎93 516 62 92; www.estaciodelnord.com; Plaça del Estadió 4; EZ/DZ 50/60 €; P 📶) Die 14 renovierten Zimmer des kleinen, von einer freundlichen Familie geleiteten Boutique-Hotels im ersten Stock des Bahnhofsgebäudes von 1910 sind in ruhigen Beige- und Weißtönen gehalten.

LP TIPP **La Taula** KATALANISCH €€
(☎93 886 32 29; Plaça de Don Miguel de Clariana 4; Menüs ab 18 €; ⏲Juli & Aug. tgl., Okt.–Juni Di–Sa & So nur mittags, im Feb. geschl.) Dank der traditionellen Kochkunst, der fairen Preisen und der lässigen Angestellten erfreut sich dieses Lokal großer Beliebtheit.

El Jardinet KATALANISCH €€
(☎93 886 28 77; www.eljardinetdevic.com; Carrer de Corretgers 8; Menüs ab 16 €; ⏲Di–Sa mittags & abends) In dem einfachen Speisesaal des Restaurants sorgt eigenwillige moderne Kunst für ein bisschen Farbe. Spiegel lassen den Raum größer wirken. Hier kommt klassische katalanische Küche wie *botifarra* mit Erbsen auf den Tisch. Zur Mittagszeit platzt das Lokal aus allen Nähten.

Praktische Informationen

Touristeninformation (☎93 886 20 91; www.victurisme.cat; Carrer de la Ciutat 4; ⏲Mo–Sa 10–14 & 16–20, So 10.30–13.30 Uhr)

An- & Weiterreise

Rodalies-Züge (Linie R3) fahren regelmäßig von Barcelona (5,80 €, bis 1½ Std.) hierher.

Montserrat

Der Montserrat (Gezackter Berg) 50 km nordwestlich von Barcelona ist ein 1236 m hoher Berg mit eigenartig abgerundeten Steinsäulen. Geformt wurde die Ansammlung aus Kalkstein, Kiesel und Sand, die einst unter dem Meer lag, von Wind, Regen und Frost – wobei allerdings auch manch einer behauptet, dass hier Babyengel am Werk waren ... Mit einer der bedeutendsten Heiligenstätten Kataloniens, dem historischen Benediktinerkloster Monestir de Montserrat in 725 m Höhe, ist dies das beliebteste Ausflugsziel ab Barcelona. An klaren Tagen bietet sich oben ein Ausblick bis zu den Pyrenäen und den Höhlen. Darüber hinaus eignen sich die vielen Bergwege, die mit Standseilbahnen zu erreichen sind, für großartige Exkursionen.

Die *cremallera* fährt den Berg hinauf und hält unterhalb des Klosters neben der Seilbahnstation. Von dort schlängelt sich die Hauptstraße, die an einer Snackbar, einer Cafeteria, einem Informationsbüro und dem Espai Audiovisual entlangführt, hoch nach rechts, vorbei an den Wohnblocks des Cel·les Abat Marcel, bis zur Plaça de Santa Maria, dem Mittelpunkt der Klosteranlage.

Weil sich im Kloster zahlreiche Tagesausflügler tummeln, sollte man eine Übernachtung einplanen. Auf diese Weise kann man die friedliche Stille des bemerkenswerten

Ortes genießen und La Moreneta bestaunen, bevor der erste Tourbus ankommt.

Sehenswertes & Aktivitäten

Monestir de Montserrat KLOSTER

(www.abadiamontserrat.net; 9–18 Uhr) Dieses Kloster ist nach Santiago de Compostela die zweitwichtigste Pilgerstätte Spaniens. Es wurde 1025 nach einer Erscheinung der Jungfrau auf dem Berg gegründet, dank der man die Figur der Schwarzen Jungfrau entdeckte, die von Lukas geschnitzt und von Petrus in den Bergen versteckt worden sein soll. 1811 zerstörten Napoleons Truppen das Kloster. In den 1830er-Jahren gab man das Bauwerk wegen eines antiklerikalen Gesetzes auf und baute es 1858 schließlich wieder auf. Heute lebt hier eine Gemeinschaft von etwa 80 Mönchen. Pilger kommen von nah und fern, um der Virgen de Montserrat die Ehre zu erweisen, die auch liebevoll La Moreneta („die kleine Braune" oder „Die Schwarze Madonna") genannt wird. Die romanische dunkle Holzfigur aus dem 12. Jh. zeigt eine majestätisch blickende Maria mit länglicher Nase, die das Jesuskind und einen Globus in den Armen hält – Letzteren zu berühren ist das Ziel eines jeden Pilgers. Seit 1881 ist sie Kataloniens Schutzpatronin. Vor allem frisch verheiratete Pärchen suchen ihren Segen.

Museu de Montserrat MUSEUM

(Plaça de Santa Maria; Erw./Student 6,50/5,50 €; 10–18 Uhr) Das in zwei Bereiche geteilte Museu de Montserrat überzeugt mit einer exzellenten Sammlung, die von einer ägyptischen Mumie und gotischen Altarbildern über Werke von El Greco, Monet, Degas und Picasso bis zu zeitgenössischer Kunst und einigen fantastischen russischen Ikonen aus dem 14. Jh. (das Jüngste Gericht zeigt z. B. detailreich die Strafen, die Sünder erwarten) reicht. In einer separaten Halle befindet sich der Multimediabereich **Espai Audiovisual** (Erw./Senior & Student 2/1,50 €; 9–18 Uhr) mit Bildern und Klängen, der im Eintritt für das Museu de Montserrat inbegriffen ist. Er zeigt den Alltag und die Aktivitäten der Mönche und zeichnet die historische sowie spirituelle Entwicklung des Klosters nach.

Basilika KIRCHE

(Eintritt 5 €; 7.30–20 Uhr) Von der Plaça de Santa Maria gelangt man in den Hof der Renaissance-Klosterkirche aus dem 16. Jh. Trotz des Platereskstils ihrer Fassade – typisch für das 16. Jh. – mit Jesus und den zwölf Aposteln stammt sie aus dem Jahr 1901. Die Stufen zum schmalen **Cambril de la Mare de Déu** (7–10.30 & 12–18.30 Uhr), der La Moreneta beherbergt, befinden sich rechts vom Haupteingang der Basilika. Am besten kommt man am frühen Morgen oder während eines Chorauftritts.

Auf dem Weg zum Ausgang lohnt ein Blick in den Raum gegenüber dem Hof voller Geschenke und Dankesbotschaften an die Jungfrau von Montserrat. Sie sind von Gläubigen, die ihr das Eintreten froher Ereignisse zuschreiben. Dabei reicht die Bandbreite von Gipsabdrücken über Motorradhelme bis zu Hochzeitskleidern. Der FC Barcelona widmet der Heiligen übrigens seine Siege.

Santa Cova KAPELLE

Wer die Kapelle sehen möchte, die an dem Fundort der Marienfigur errichtet wurde, nimmt den **Funicular de Santa Cova** (einfach/hin & zurück 2/3,20 €; 10–17.30 Uhr alle 20 Min.). Alternativ folgt man dem Weg, der zunächst ein Stück bergab und dann über einen steilen Bergpfad mit Traumblicken auf das Tal führt, hierher.

Montserrat BERG

Der Berg über dem Kloster lässt sich über ein Netz von Wegen erkunden, die zu einigen Gipfeln und 13 verlassenen, baufälligen Einsiedeleien führen. Der **Funicular de Sant Joan** (einfach/hin & zurück 5,05/8 €; 10–18.50 Uhr alle 20 Min., im Jan. & Feb. geschl.) legt ab dem Kloster die erste Teilstrecke von 250 m zurück. Wer zu Fuß gehen möchte, folgt der 3 km langen Straße hinter der Talstation der Seilbahn (ca. 1 Std.).

Von der obersten Station verläuft ein 20-minütiger ausgeschilderter Spazierweg zur **Sant-Joan-Kapelle**, die eine schöne Aussicht gen Westen bietet. Spannender ist die einstündige Wanderung Richtung Nordwesten entlang eines mit gelber Farbe markierten Pfads zum höchsten Gipfel des Montserrat, dem **Sant Jeroni**, dessen faszinierender Nordhang steil in die Tiefe abfällt. Die Route windet sich bis zum oberen Abschnitt des Bergs, vorbei an einigen der bizarren Felssäulen. Viele davon haben Namen: Auf dem Weg zum Sant Jeroni erheben sich rechts **La Prenyada** (Die Schwangere), **La Mòmia** (Die Mumie), **L'Elefant** (Der Elefant) und **El Cap de Mort** (Der Totenkopf).

Schlafen & Essen

Hotel Abat Cisneros HOTEL €€

(93 877 77 01; EZ/DZ 60/104 €; P) Das einzige Hotel der Klosteranlage verfügt über

moderne, komfortable Zimmer, manche mit Aussicht auf die Plaça de Santa Maria, sowie über ein gutes Restaurant, das einfallsreiche katalanische Küche serviert (Gerichte 36 €).

Cafeteria FAST FOOD €
(Gerichte 15–20 €; ⌚12–16 Uhr) In dem Selbstbedienungslokal gibt's Sandwiches sowie gehaltvollere Klassiker wie *calamares a la romana,* Fleischbällchen und Burger.

☆ Unterhaltung

Montserrat-Knabenchor CHORMUSIK
(www.escolania.cat; ⌚Vorstellungen Ende Aug.–Ende Juni Mo–Fr 13, So 12 Uhr) An der Escolania, der vermutlich ältesten Musikschule Europas, wird der Knabenchor des Klosters ausgebildet. Beim täglichen Auftritt in der Basilika erfüllen die hellen Stimmen bereits seit dem 13. Jh. die steinernen Hallen. Das Ganze ist ein seltenes (und kurzes) Vergnügen, da der Chor ausschließlich hier zu sehen ist. Oft singen die Jungen das *Virolai* von Jacint Verdaguer, Kataloniens Nationaldichter. Die 40 bis 50 *escolanets* sind zwischen 10 und 14 Jahre alt, gehen auf die Internatsschule von Montserrat und müssen einen zweijährigen Auswahlprozess durchlaufen, um in den Chor aufgenommen zu werden. Aktuelle Vorstellungstermine findet man auf der Website.

ℹ Praktische Informationen

Das **Informationsbüro** (☎93 877 77 01; www.montserratvisita.com; ⌚Mo–Fr 9–17.45, Sa & So bis 18.45 Uhr) ist im Kloster untergebracht und gibt Auskunft zu der Anlage und Wanderwegen.

ℹ An- & Weiterreise

Um hierherzugelangen, folgt man in Barcelona der C16, fährt kurz hinter Terrassa auf die C58 und anschließend auf die C55 nach Monistrol de Montserrat. Dann lässt man das Auto auf dem kostenlosen Parkplatz in Monistrol Vila und nimmt die *cremallera* nach oben.

Die Züge R5 von **FGC** (www.fgc.net) starten ab 8.36 Uhr stündlich an der Plaça d'Espanya (52–56 Min.) zur Haltestelle Montserrat Aeri, wo Anschluss zur **Seilbahn** (☎93 835 00 05; www.aeridemontserrat.com; einfach/hin & zurück 5/7,90 €; ⌚März–Okt. 9.40–19 Uhr, Nov.–Feb. Mo–Sa 10.10–17.45, So & Feiertage 10.10–18.45 Uhr, 17 Min.) besteht. An der folgenden Station Monistrol de Montserrat steigt man in die **cremallera** (☎902 312020; www.cremalleradeamontserrat.com; einfach/hin & zurück 6/9 €; ⌚5 Min.).

Cardona

5200 EW.

Lange vor der Ankunft ist in der Ferne bereits die Silhouette von der hoch über Cardona thronenden Burg aus dem 18. Jh. zu sehen. Der Ort schmiegt sich an die Muntanya de Sal (Salzberg). Noch bis 1990 waren die Salzminen eine wichtige Einnahmequelle; wer nicht klaustrophobisch veranlagt ist, kann sich einer Führung ins Innere anschließen.

Die Festungsanlage – einfach der Ausschilderung zum herrlichen **Parador Ducs de Cardona** (www.parador.es) folgen – wurde über einem älteren Vorgängerbau errichtet. Bemerkenswert ist auch die hoch aufragende, schlichte romanische **Església de Sant Vicenç** (Erw./Kind 3/2 €; ⌚Juni–Sept. Di–So 10–13 & 15–18 Uhr, restliches Jahr kürzer). Einst waren ihre nackten Steinwände mit leuchtenden Fresken bedeckt, von denen inzwischen einige im Museu Nacional d'Art de Catalunya in Barcelona bewundert werden können.

Nach Cardona verkehren ALSA-Busse von Barcelona (14 €, 2 Std., 2–4-mal tgl.), Manresa (4,90 €, 1 Std., 3–4-mal tgl.) und Solsona (2,70 €, 25 Min., 2–4-mal tgl.).

Solsona

9300 EW.

Solsonas Einwohner werden *matarucs* (Eselmörder) genannt, was ein merkwürdiger Spitzname zu sein scheint, bis man erfährt, was die beliebteste Festaktivität der Einheimischen war. Den Karnevalshöhepunkt im Februar bildete nämlich ein Spektakel, bei dem ein Esel den Glockenturm (Torre de les Hores) hochgehievt wurde. Das Tier, zu Tode verängstigt, entleerte auf dem Weg nach oben sowohl Blase als auch Darm, sehr zum Vergnügen der betrunkenen Menge. Wer von einer der beiden Substanzen getroffen wurde, dem sollte angeblich das Glück hold sein. Mittlerweile verwendet man dankenswerterweise eine wasserspritzende Attrappe. Auch die *festa major* im September verspricht viel Spaß (siehe Kasten S. 349).

Die **Catedral de Santa Maria** (Plaça de la Catedral; Eintritt frei; ⌚10–13 & 16–20 Uhr) wartet mit einer romanischen Apsis, einem gotischen Kirchenschiff, einem hübschen Kreuzgang und einer winzigen, aus dem 12. Jh. stammenden Jungfrau aus schwarzem Stein auf; außerdem beherbergt sie die Geister einer Menge aufgebrachter Esel.

Hinter dem Gebäude erhebt sich der neoklassizistische **Palau Episcopal** (Plaça del Palau; Erw./Senior & Kind 3/2 €; ⏲Mai–Sept. Di–Sa 10–13 & 16.30–19, So 10–14 Uhr, restliches Jahr kürzer) aus dem 18. Jh. mit einer beachtlichen Sammlung mittelalterlicher Kunst aus Kirchen der Umgebung

Zwei bis vier Busse fahren täglich von Barcelona (17,10 €, 2– 2½ Std.) über Cardona nach Solsona.

Lleida

138 420 EW.

Die heiße, trockene Provinzhauptstadt ist von ihrer Lage zwischen Frankreich und Spanien geprägt. Hier verliefen die Gefechtslinien von Kataloniens turbulenter Geschichte. Unglücklicherweise unterstützte Lleida fast immer die Verliererseite und von der Altstadt blieben nach dem Einmarsch spanischer Truppen 1714 nur noch Trümmer. Die Eroberer errichteten zum Schutz ihrer neuen Errungenschaft eine Zitadelle, dennoch wurde der Ort 1812 von den Franzosen geplündert. Nichtsdestotrotz ist die mächtige Festungskirche auf dem Hügel im Zentrum, Lleidas historisches Wahrzeichen, eine der spektakulärsten Spaniens und lohnt schon für sich genommen den Besuch der Stadt. Vor Ort lebt eine beträchtliche Anzahl afrikanischer Migranten, die als Saisonarbeiter herkommen, um auf den weiten Feldern in der Ebene rund um Lleida Obst zu ernten. Viele hoffen darauf, dauerhaft bleiben und ein besseres Leben führen zu können.

Sehenswertes

LP TIPP La Seu Vella KATHEDRALE

(www.turoseuvella.cat; Erw./Kind 3 €/frei, recinte Eintritt frei; ⏲Mai–Sept. Di–Sa 10–19.30, So 10–15 Uhr, restliches Jahr kürzer) Lleidas „alte Kathedrale" La Seu Vella thront innerhalb einer **recinte** (Einfassung) mit Verteidigungsmauern aus dem 12. bis 19. Jh. in majestätischer Lage auf einem Hügel über der Stadt.

Der Haupteingang zur *recinte* liegt an der Westseite des Carrer de Monterey. Während der Öffnungszeiten kommt man auch mit einem ungemein hässlichen **Aufzug** (0,20 €) oberhalb der Plaça de Sant Joan dorthin.

Die Kathedrale wurde vom 13. bis zum 15. Jh. aus sandfarbenem Stein an der Stelle einer ehemaligen Moschee errichtet (Lleida stand von 719–1149 unter islamischer Herrschaft). Mit ihren robusten romanischen Säulen, gotischen Gewölben und arabisch anmutenden Bogen ist sie ein Meisterwerk des Übergangsstils, obwohl sie sich erst vor Kurzem von einer 241 Jahre währenden Nutzung als Kaserne erholt hat. Philipp V. hatte diese Zweckentfremdung als Bestrafung für den Widerstand der Stadt im Spanischen Erbfolgekrieg angeordnet.

Ein 70 m hoher achteckiger Turm mit Fensteröffnungen im gotischen Stil ragt am Südwestende des wunderschönen Kreuzgangs empor. Die von einem Wald voll schlanker Säulen mit verzierten Kapitellen gesäumten Kreuzgänge vermitteln ein wunderbares Gefühl von Raum und Licht.

Oberhalb der Kathedrale stößt man auf ein paar Reste der muslimischen Festung und des Castell del Rei bzw. La Suda. Von den Burgwänden bietet sich ein Panoramablick auf die Urgell-Ebene.

GRATIS Centre d'Art Contemporani La Panera MUSEUM

(www.lapanera.cat; Plaça de la Panera 2; ⏲Juni–Sept. Di–Sa 10–14 & 17–20, So & Feiertage 11–14 Uhr, restliches Jahr kürzer) Auch wenn das Gebäude Hunderte Jahre alt ist – ursprünglich war dies eine mittelalterliche Speisekammer –,

ÜBER DEN WOLKEN KATALONIENS

Montsec, ein Gebirgszug 65 km nördlich von Lleida, ist Kataloniens Revier schlechthin für Drachenflieger und Exkursionen mit Ultraleichtflugzeugen. Außerdem kann man hier wunderbar Wander-, Höhlen- und Klettertouren unternehmen. Wichtigste Anlaufstelle ist das Dorf **Àger**. Daneben gibt's noch ein halbes Dutzend weiterer Startplätze; der höchste befindet sich auf dem Sant Alís (1678 m). **Volàger** (☎973 32 02 30; www.volager.com; Camí de Castellnou) in **Bellpuig** wartet mit Gleitschirmkursen auf und verleiht die Ausrüstung. Tagestouren kosten 80 €, sechstägige Kurse 700 €.

Globubolg (☎689 97 22 02; www.globubolg.com) hat ein weniger intensives, jedoch ebenso spektakuläres Angebot. Das Unternehmen veranstaltet Fahrten mit dem Heißluftballon über Teile Kataloniens; u. a. geht es in einer Höhe von 4000 m über die Pyrenäen. Die Preise beginnen bei 160 € pro Person.

beherbergt es ausschließlich zeitgenössische Kunst. Die häufig wechselnden Ausstellungen (u.a. Bilder, Skulpturen und Installationen) präsentieren Werke großartiger neuer Talente aus Katalonien und der ganzen Welt.

Museu de Lleida MUSEUM
(www.museudelleida.cat; Carrer de Sant Crist 1; Erw./Kind 4 €/frei; ⌚Juni–Sept. Di–Sa 10–14 & 16–20, So 10–14 Uhr, restliches Jahr kürzer) Dieses schicke Museum vereint unter seinem Dach Ausstellungsstücke, die bis zur Steinzeit zurückreichen, einige römische Überreste, mittelalterliche Exponate und Artefakte aus dem 19. Jh. Am ersten Dienstag des Monats ist der Eintritt frei.

GRATIS **Museu d'Art Jaume Morera** MUSEUM
(☎973 70 04 19; Carrer Major 31; ⌚Di–Sa 11–14 & 17–20, So 11–14 Uhr) In erster Linie umfasst die eindrucksvolle Sammlung katalanischer Werke Arbeiten von Künstlern, die in Verbindung mit Lleida stehen. Zu ihnen gehört Leandre Cristòfol mit seinen surrealistischen Skulpturen. Darüber hinaus werden hier ausgezeichnete Fotoausstellungen veranstaltet.

GRATIS **Dipósit del Pla de l'Aigua** HISTORISCHE STÄTTE
(Carrer de Múrcia 10; ⌚Sa, So & Feiertage 11–14 Uhr) Lleidas Wunderwerk der Ingenieurskunst aus dem 18. Jh. war lange Zeit der städtische Trinkwasserspeicher und versorgte fünf öffentliche Brunnen. Das Bauwerk mit 25 beeindruckenden Steinsäulen fasste insgesamt 9 Mio. Liter: Kein Wunder also, dass es Wasserkathedrale genannt wurde!

Schlafen & Essen

Der Ort zieht kaum Touristen an, dementsprechend ist das Unterkunftsangebot spärlich. Lleida gilt auch als Kataloniens Hauptstadt der Schneckenesser *(cargol)*: Während des jährlichen Schneckenfests **Aplec del Cargol** an einem Sonntag Anfang Mai werden hier so viele der Weichtiere verspeist, dass sie sogar importiert werden müssen.

Hotel Real HOTEL €
(☎973 23 94 05; www.hotelreallleida.com; Avinguda de Blondel 22; EZ/DZ ab 49/51 €; P❄📶) Dieses moderne Hotel mittlerer Größe mit Blick auf den Fluss richtet sich an Geschäftsleute. Es

LANDHOTELS

Zweifellos bieten Kataloniens Städte luxuriöse und stilvolle Übernachtungsmöglichkeiten, doch einige der attraktivsten Unterkünfte der Region findet man in Dörfern auf dem Land. Im Folgenden nennen wir drei davon. Wer weitere hübsche Bleiben entdeckt, kann es uns gern wissen lassen!

Mirador de Siurana (☎977 82 14 72; www.miradordesiurana.com; Carretera Cornudella a Siurana, Km 7, Priorat; DZ ab 130 €; P❄📶🏊) Dieses restaurierte Herrenhaus aus den 1960er-Jahren thront auf einer Felskuppe im aufstrebenden Weinbaugebiet Priorat nordwestlich von Tarragona und ist die ideale Adresse für Romantiker. Die großen, hellen Zimmer sind individuell in gedeckten Farben mit warmen Akzenten gehalten und verfügen größtenteils über tolle Ausblicke auf das Tal. Wer möchte, kann bei Weinproben in den nahe gelegenen Weinbergen mitmachen.

Cal Perello (☎696 12 85 77; www.calperello.cat; Gracia 4, l'Ametlla de Segarra; EZ/DZ inkl. Frühstück 50/80 €; 📶) In einem Dorf östlich von Lleida betreiben die herzlichen Gastgeber David und Eva ein restauriertes Bauernhaus aus dem 16. Jh. Durch den verwinkelten Speisesaal spazieren Katzen, die Zimmer schmücken alte Möbel und Gästen stehen Pferde zur Verfügung. Zum Angebot gehört auch Vollpension mit herzhaft katalanischem Essen, außerdem nehmen die Besitzer Urlauber quasi in die Familie auf. Mehrtägige Ausritte und Ausflüge in die Weinberge müssen vorab reserviert werden.

Torre del Remei (☎972 14 01 82; www.torredelremei.com; Camí Reial; DZ ab 325 €; P❄📶🏊) Während des Bürgerkriegs wurde die geschmackvoll eingerichtete Jugendstilvilla nahe dem Pyrenäendorf Bolvir zu einer Schule umfunktioniert und später von der republikanischen Regierung als Krankenhaus genutzt. Sie liegt wie ein romantischer Traum inmitten eines ruhigen Gartens und zieht vor allem gut betuchte Gäste an. Die wunderbaren Zimmer sind alle unterschiedlich und erlesen möbliert. Auch das Essen überzeugt, so zaubert der Küchenchef aus lokalen saisonalen Zutaten kleine Kunstwerke (die allerdings ihren Preis haben).

liegt in der Nähe des Bahnhofs und des Busbahnhofs. Die hellen, sauberen Zimmer haben Fernseher und die besseren Räume verfügen außerdem über große Balkone. Wegen der Lautstärke sollte man die Zimmer zur Straßenseite meiden.

Alberg Sant Anastasi HOSTEL €
(☎973 26 60 99; www.xanacat.cat; Rambla d'Aragó 11; B ab 18 €; ❄📶) Zentrales, effizient geführtes Hostel mit verschiedenen Extras und Vierbettzimmern. Gäste über 30 zahlen einen Aufpreis von 4 €.

LP TIPP **L'estel de la Mercè** KATALANISCH €€
(☎973 28 80 08; www.lesteldelamerce.com; Carrer Templers 19; Menüs ab 35 €; ⏲Mi–Sa mittags & abends, Mo & Di mittags) Das energiegeladene Mutter-Sohn-Team nutzt seine internationale Erfahrung, um tolle Gerichte aus frischen saisonalen Zutaten zuzubereiten. Zur Auswahl zählen Feigencarpaccio mit Foie gras, *risotto de bogavante* (Hummerrisotto), Dorschfilet mit *butifarra negra* (Blutwurst) und flambierte Erdbeeren mit Pfeffer.

El Celler del Roser KATALANISCH €
(Carrer dels Cavallers 24; Menüs ab 11,80 €; ⏲Mo–Sa mittags & abends) In dem bei vielen Einheimischen beliebten Lokal gibt's Schnecken (ab 12,50 €) und insgesamt acht Variationen der preisgekrönten *bacallà* (Kabeljau; ab 18,40 €).

ℹ Praktische Informationen

Centre d'Informació i Reserves (☎973 70 04 02; www.turismolleida.com; Carrer Major 31; ⏲Mo–Sa 10–14 & 16–19, So & Feiertage 10–14 Uhr) Das Turisme de Lleida bietet nützliche Infos zur Stadt.

ℹ An- & Weiterreise

Vom Busbahnhof an der Plaça de Sant Joan (20 Minuten westlich des Bahnhofs entlang der Avinguda de Blondel) verkehren täglich Busse nach Barcelona (20 €, 2–3 Std., bis zu 14-mal tgl.), Vielha (13 €, 2¾ Std., 4–5-mal tgl.), La Seu d'Urgell (17 €, 3 Std., 2-mal tgl.), Poblet (7,80 €, 1¼ Std., 3-mal tgl. außer So) und Tarragona (18 €, 2 Std., 3-mal tgl.) sowie zu anderen Zielen.

Es gibt bis zu 34 Bahnverbindungen pro Tag, darunter auch einige langsame Regionalzüge (3½ Std.) sowie der Hochgeschwindigkeitszug AVE, nach/von Barcelona über Reus/Tarragona oder Valls. Die Fahrt dauert zwischen 58 Minuten (mit der neuen Avant-Klasse) und 3¼ Stunden und kostet 11,90 bis 47 €. Mit den AVE-Zügen geht's über Zaragoza weiter nach Madrid (80 €, 2¼ Std., 9-mal tgl.).

COSTA DAURADA & UMGEBUNG

Südlich von Barcelona erstreckt sich die Costa Daurada (Goldküste) mit einer Reihe meist stiller Badeorte und scheinbar unendlichen Stränden an einer überwiegend flachen Küste, im Süden begrenzt vom Delta des mächtigen Riu Ebre, das 20 km ins Mittelmeer hineinragt. Dazwischen liegen der schwulenfreundliche Strandort Sitges, die alte römische Hauptstadt Tarragona und der moderne Freizeitpark Port Aventura – Kataloniens Antwort auf Euro Disney. Im Landesinneren lockt Penedés, Kataloniens Weinbaugebiet Nummer eins.

Sitges

28 620 EW.

Nur eine 35 km lange Fahrt entlang der Küste von Barcelona entfernt hat sich dieses einstige Fischerdorf zu einem pulsierenden Strandort entwickelt. Seit Ende des 19. Jhs. zieht es viele wohlhabende Besucher aus Barcelona an und war zudem ein Zentrum der aufkeimenden Modernismebewegung, die Künstlern wie Picasso den Weg ebnete. In den 1960er-Jahren entdeckte die breite Masse von Tagesausflüglern in Shoppinglaune über Partygänger und Flitterwöchner bis hin zu Familien auf Wochenendurlaub den Ort für sich. Als beliebter Treffpunkt der Schwulenszene verwandelt sich Sitges im Juli und August in eine einzige große Strandfete, die mit den Partys auf Ibiza konkurrieren kann. Darüber hinaus sind die Strände lang und sandig, die Tapas-Bars zahlreich und die Karnevalsfeierlichkeiten feuchtfröhlich.

👁 Sehenswertes & Aktivitäten

Strände STRÄNDE
Am Hauptstrand führt eine hübschen Promenade, der Passeig Maritim, entlang. Sie ist von *chiringuitos* (Strandbars) gespickt und in neun Bereiche aufgeteilt, die nach verschiedenen Wellenbrechern benannt wurden. Die Strände Sant Sebastià, Balmins und D'aiguadolç liegen östlich der Landzunge. Dort erwarten einen auch mehrere Museen und die eindrucksvolle **Església de Sant Bartomeu i Santa Tecla**. Bassa Rodona war einst der inoffizielle Schwulenstrand, heute verteilen sich die schwulen Strandgänger jedoch recht gleichmäßig. Balmins ist mit seiner geschützten Bucht bei Nudisten beliebt.

Sitges

Sitges

Highlights
Museu Cau Ferrat D3

Sehenswertes
1 Església de Sant Bartomeu i Santa Tecla C4
2 Fundació Stämpfli Museu d'Art Contemporani C3
3 Museu Maricel del Mar D4
4 Museu Romàntic A2

Schlafen
5 Hostal Bonaire B3
6 Hotel de la Renaixença B2
7 Hotel Romàntic B2
8 Parrots Hotel A3

Essen
9 Amor de Pintxo A3
10 eF & Gi C3
11 El Pou B3
12 La Nansa B3

Ausgehen
13 Bar Voramar D3

Museu Romàntic MUSEUM
(Carrer de Sant Gaudenci 1; Erw./Student 3,50/2 €; Di–Sa 9.30–14 & 16–19, So 10–15 Uhr) In der Can-Llopis-Villa aus dem späten 18. Jh. zeigt das Museu Romàntic anhand von Möbeln und Dioramen den Lebensstil katalanischer Großgrundbesitzerfamilien. Ihren Reichtum hatten diese dubiosen Geschäften wie von Sklaven bewirtschafteten Baumwollfeldern in Südamerika zu verdanken. Sie wurden

normalerweise als Americanos oder Indianos bezeichnet. Zu den ungewöhnlicheren Exponaten zählen eine Porzellangeige, ein Himmelbett für Kinder sowie eine Kreuzung zwischen einem Minipiano und einem Akkordeon. Oben ist eine unterhaltsame Sammlung Hunderter alter Puppen zu sehen; die einen wirken furchteinflößend, andere arrogant und launisch, wieder andere haben unfassbar schmale Taillen.

Fundació Stämpfli Museu d'Art Contemporani MUSEUM
(www.fundacio-stampfli.org; Plaća Ajuntament; Erw. 3,50 €; ⌚Fr & Sa 9.30–14 & 16–19, So 10–15 Uhr) Das 2010 eröffnete ausgezeichnete Kunstmuseum konzentriert sich auf Werke ab den 1960er-Jahren. Auf die beiden renovierten historischen Gebäude verteilen sich Bilder und Skulpturen von Künstlern aus der ganzen Welt, darunter Richard „Buddy" di Rosa, Oliver Mosset und Takissich.

Museu Cau Ferrat MUSEUM
(Carrer de Fonollar) In den 1980er-Jahren wurde die weiß getünchte Villa als Wohnhaus und Atelier von Santiago Rusiñol errichtet. Der Künstler war ein Pionier der Modernismebewegung und organisierte Ende des 19. Jhs. drei wegweisende Kunstfestivals in Sitges. Heute sind hier seine Werke und die seiner Zeitgenossen ausgestellt, beispielsweise die Arbeiten seines Freundes Picasso und Bilder von El Greco. Das Innere ist geschmackvoll mit kunstvoll gefliesten Wänden und luftigen Bogen gestaltet. Bei Erscheinen dieses Reiseführers sollte das für Renovierungsarbeiten geschlossene Museum bereits wieder eröffnet worden sein.

Museu Maricel del Mar MUSEUM
(Carrer de Fonollar) Kunst, Skulpturen und Kunsthandwerk aus Katalonien vom Mittelalter bis ins 20. Jh. Auch dieses Museum müsste bei Erscheinen dieses Reiseführers wieder zugänglich sein.

Feste & Events

Carnaval KARNEVAL
(www.sitges.com/carnaval) Der Karneval im Februar oder März ist ein einwöchiges feuchtfröhliches Spektakel für Extrovertierte und Exhibitionisten. Zum Programm gehören Maskenbälle und extravagante Schwulenparaden am Sonntag- und Dienstagabend samt glamourös gekleideter Dragqueens, riesiger Musikanlagen, einer wilden Party für Nachtschwärmer und bis zum Morgen geöffneter Bars.

Festa Major STADTFEST
Die Festa Major (Hauptfest) wird an sechs Tagen Mitte August zu Ehren von Sitges' Schutzpatron gefeiert. Am 23. gibt's ein großes Feuerwerk, außerdem locken verschiedene Umzüge, *sardanes* (traditionelle Tänze) und Feuerspucker.

Internationales Filmfestival FILM
(http://sitgesfilmfestival.com) Anfang Oktober findet in Sitges das weltweit beste Filmfestival des Fantasy-Genres statt.

Schlafen

Von Oktober bis April schließen viele der rund 50 Hotels und *hostales* der Stadt. Im Juli und August sind sie am teuersten und meist voll belegt. Während dieser Zeit sollte man vorab reservieren. Es gibt zahlreiche schwulenfreundliche Unterkünfte, in denen aber auch Heteros willkommen geheißen werden. **Throb** (www.throb.co.uk) bietet für Schwule jede Menge Informationen zu den Übernachtungsmöglichkeiten. Überraschenderweise hat Sitges noch immer kein Hostel.

Hotel Romàntic BOUTIQUE-HOTEL €€
(☎93 894 83 75; www.hotelromantic.com; Carrer de Sant Isidre 33; EZ/DZ ab 70/100 €; ❄) Die drei benachbarten Villen aus dem 19. Jh. sind im eleganten Modernismestil gestaltet und verfügen über einen grünen Hof mit Essbereich sowie einen freundlichen Service. Leider kommen die Zimmer etwas klein daher und könnten eine Renovierung vertragen. Direkt um die Ecke liegt die charmante Schwesterunterkunft, das **Hotel La Renaixença** (☎93 894 06 43; www.hotelromantic.com; Carrer d'Illa de Cuba 45; EZ/DZ ab 70/100 €), das mit einem besseren Preis-Leistungs-Verhältnis aufwartet.

Parrots Hotel HOTEL €€
(☎93 894 13 50; www.parrots-group.com; Calle Joán Tarrida 16; EZ/DZ ab 96/106 €; ❄📶) Dieses hellblaue schwulenfreundliche Hotel ist kaum zu verfehlen. Es besitzt moderne Zimmer mit Kabelfernsehen und Klimaanlagen (im Sommer ein Geschenk des Himmels), zudem genießt man von den Balkonen einen Blick auf das bunte Treiben und kann sich in der hauseigenen Sauna entspannen.

Hostal Bonaire PENSIÓN €€
(☎93 894 53 26; www.bonairehostalsitges.com; Carrer de Bonaire 31; DZ 65 €) Nur einen Katzensprung vom Strand entfernt bietet diese anständige familiengeführte Budgetoption verschiedene einfache, aber sehr gemütliche

Zimmer mit eigenen Bädern und teilweise mit Balkonen. Die Einzelzimmer fallen sehr klein aus.

Essen

Zu den lokalen Spezialitäten gehören *arròs a la sitgetana* (sämiges Reisgericht mit Fleisch und Meeresfrüchten) und *xató* (Blattsalat mit Kabeljau, Thunfisch, Sardellen und Oliven und einem Dressing aus Knoblauch, Mandeln, Haselnüssen, Chilipfeffer und mehr).

El Pou TAPAS €€

(www.elpoudesitges.com; Carrer de Sant Pau 5; Gerichte 30 €; ⌚Mi–Mo mittags & abends) Die winzigen Wagyu-Rind-Burger in dieser gehobenen Tapas-Bar sind eine echte Köstlichkeit und auch der Rest der Speisekarte kann sich sehen lassen. Neben traditionellen *patatas bravas* stehen z. B. *mojama* (gepökelter Thunfisch) mit Mandeln, gebratener Aubergine und *xató* zur Auswahl, wobei die Präsentation genauso überzeugt wie der Geschmack. Nach dem Essen freut man sich bereits auf den nächsten Besuch!

eF & Gi INTERNATIONAL €€

(www.efgirestaurant.com; Carrer Major 33; Gerichte 35–50 €; ⌚Mitte Jan.–Mitte Dez. Di–Sa abends) Fabio und Greg (eF & Gi) experimentieren gerne und das mit Erfolg: Zu den größtenteils mediterranen Gerichten mit asiatischem Touch zählen Leckereien wie mit Zitronengras und Kaffernlimette verfeinertes Rind vom Holzkohlegrill, Thunfischfilet mit Erdnusskruste und Kalamata-Oliven mit Mango-Chutney. Auch die Desserts sind eine Sünde wert.

Amor de Pintxo TAPAS €

(Carrer del Marquès de Montroig 8; Gerichte 10 €; ⌚Jan.–Nov. Fr–Di mittags & abends, Mi mittags) In dieser Tapas-Bar ist die „Liebe zum *pintxo*" wörtlich zu nehmen. Die köstliche Auswahl reicht von klassischen Sandwiches mit *jamón Serrano* über gefüllte Paprika bis Pommes frites mit gebratenem Wachtelei, serviert in einer winzigen Keramikpfanne. Fünf *pintxos* und eine *caña* Bier kosten 9,50 €.

La Nansa FISCH & MEERESFRÜCHTE €€

(www.restaurantlanansa.com; Carrer de la Carreta 24; Gerichte 37 €; ⌚Do–Mo mittags & abends, Mi mittags, im Jan. geschl.) Vom Meer führt eine kleine Gasse zu dem Fischlokal in einem hübschen alten Haus, das passenderweise nach einem Fischernetz benannt ist. Hier kommen erstklassige Paellas und andere Reisgerichte auf den Tisch, z. B. die lokale Spezialität *arròs a la sitgetana*.

Ausgehen & Unterhaltung

Sitges' Nachtleben konzentriert sich auf eine kurze Fußgängerzone in der Nähe des Meeres, wo in Sommernächten eine tolle Stimmung herrscht. Dazu gehören der Carrer 1er de Maig alias Calle del Pecado (Sündenstraße), die Plaça de la Indústria und der Carrer del Marquès de Montroig, wobei die meisten Bars bereits gegen 3.30 Uhr schließen. Nachtschwärmer sind in den Clubs vor den Stadtoren richtig.

L'Atlàntida Club CLUB

(www.clubatlantida.com; Platja de Les Coves; ⌚Juni–Sept. Fr & Sa plus 2 weitere Nächte pro Woche) In heißen Sommernächten tummeln sich auf dem großen Tanzbereich unter freiem Himmel dieses klassischen Strandclubs im Ibiza-Stil 3,5 km westlich des Stadtzentrums jede Menge Leute. Wenn der Club geöffnet ist, verkehrt ein Shuttlebus von der Platja de Sant Sebastià hierher.

Sweet Pachá Club CLUB

(www.sweetpacha.com; Avinguda Port d'Aiguadolç 9) Auf den weißen Lederstühlen kann man sich bestens vom Tanzen und den Cocktails erholen, außerdem gibt's ein anständiges Fischlokal für ruhigere Momente. Der Club liegt hinter dem Aiguadolç-Jachthafen 1,2 km östlich entlang der Küste vom Museu Maricel del Mar aus.

Bar Voramar BAR

(www.pub-voramar.com; Carrer del Port Alegre 55) Die Bar an der Platja de Sant Sebastià versprüht das Flair der 1960er, ist wie ein Schiff gestaltet und bietet u. a. Flamenco und Jazz. Manchmal wird Livemusik gespielt.

Pachá CLUB

(www.pachasitges.com; Carrer de Sant Dídac, Vallpineda; ⌚Fr & Sa) Talentierte Gast-DJs und durchdringende Bassklänge sorgen auf den beiden riesigen Tanzbereichen dieses klassischen Megaclubs für Stimmung.

Praktische Informationen

Zentrale Touristeninformation (☎93 894 42 51; www.sitgestur.cat; Plaça de E Maristany 2; ⌚Mo–Sa 10–14 & 16–18.30, So 10–14 Uhr)

An- & Weiterreise

Mon-Bus (www.monbus.cat) bietet eine direkte Verbindung vom Passeig de Vilanova in Sitges zum Flughafen von Barcelona.

Von etwa 6 bis 22 Uhr verkehren pro Stunde vier R2-*rodalies*-Züge zu Barcelonas Passeig de Gràcia und Estació Sants (3,60 €, 27–46 Min.).

Die beste Straße zwischen Barcelona und Sitges ist die gebührenpflichtige C32.

Weinbaugebiet Penedès

Einige der besten Weine Spaniens stammen von den Penedès-Ebenen südwestlich von Barcelona. Ein Großteil der in Katalonien angebauten Rebsorten sind spanischen Ursprungs, darunter der Weiße Macabeo, Garnacha und Xarello (alles Weißweine) sowie die Rotweine Schwarzer Garnacha, Monastrell und Ull de Llebre (Hasenauge). Ausländische Sorten (Chardonnay, Riesling, Chenin Blanc, Cabernet Sauvignon, Merlot und Pinot Noir) sind ebenfalls weit verbreitet.

Sant Sadurní d'Anoia, eine halbstündige Zugfahrt westlich von Barcelona, ist die Hauptstadt der *cava*. Der Schaumwein erin-

DIE SUCHE NACH DEM PERFEKTEN TROPFEN

Am einfachsten ist die Erkundung des Weinanbaugebiets mit einem eigenen fahrbaren Untersatz, allerdings bieten mehrere Veranstalter in Barcelona auch Führungen durch die Weingüter an; für alle, die ordentlich mitprobieren wollen, sind sie zweifellos die bessere Option. Mehrere Weingüter der Region haben Rundgänge für Besucher im Programm, wegen der oft eingeschränkten Öffnungszeiten aber meist mit Voranmeldung. Bei manchen gehören Erläuterungen zum Herstellungsprozess von Wein und/oder *cava* sowie ein oder zwei Probiergläser zum Programm. Die Führungen dauern etwa 1½ Stunden und finden teilweise nur auf Katalanisch und/oder Spanisch statt. Hier ein paar Empfehlungen:

Codorníu (☎93 891 33 42; www.codorniu.es; Avinguda de Jaume Codorníu; ⏲Mo–Fr 9–17, Sa, So & Feiertage 9–13 Uhr) In einem Keller im Modernismestil am Ortseingang von Sant Sadurní d'Anoia aus Richtung Barcelona kommend ist der Hauptsitz von Codorníu, Freixenets größtem Rivalen, untergebracht. Manuel Raventós, der das Unternehmen ab 1872 leitete, war der erste Spanier, der erfolgreich Sekt nach Vorbild des Champagners herstellte.

Freixenet (☎93 891 70 96; www.freixenet.com; Carrer de Joan Sala 2; Erw./Kind 9–17 J. 6,30/3,60 €; ⏲1½-stündige Führungen Mo–Do 10–13 & 15–16.30, Fr–So 10–13 Uhr) Praktischerweise liegt der Keller des größten *cava*-Herstellers der Welt gleich neben dem Bahnhof von Sant Sadurní. Besucher können eine Führung durch die Räumlichkeiten aus den 1920er-Jahren unternehmen, mit einer Touristenbahn über das Gelände tuckern und die besten *cava*-Sorten probieren. Die Guides sprechen Deutsch, Englisch und Französisch.

Giró Ribot (☎93 897 40 50; www.giroribot.es; Finca el Pont; Führung pro Pers. 6 €; ⏲Mo–Fr 9–17, Sa & So 10–14 Uhr) In den großartigen Gebäuden dieses Landguts wird eine jahrhundertealte Tradition gelebt. Die Winzer verarbeiten größtenteils lokale Rebsorten zu einer limitierten Auswahl an hochwertigen *cavas* und Weinen (darunter Moscatel). Oben angegebene Öffnungszeiten gelten für das Geschäft. Wer den Weinkeller im Rahmen einer Führung besichtigen möchte, muss sich vorab telefonisch anmelden.

Jean León (☎93 899 55 12; www.jeanleon.com; Pago Jean León; Führung pro Pers. 6,50 €; ⏲Mo–Fr 9.30–17, Sa, So & Feiertage 9.30–13 Uhr) Der 1928 in Santander als Ceferino Carrión geborene Jean León verarbeitet Cabernet Sauvignon und andere Rebsorten aus angesehenen Weingebieten Frankreichs zu edlen Tropfen. Ein Besuch ist nur per Voranmeldung möglich. Vor Ort wird Deutsch, Englisch und Französisch gesprochen.

Torres (☎93 817 74 87; www.torres.es; Führung pro Pers. 6,50 €; ⏲Mo–Sa 9–17, So & Feiertage 9–13 Uhr) 3 km nordwestlich von Vilafranca an der BP2121 nahe Pacs del Penedès ist die Torres-Kellerei El Maset zu Hause. Die Tradition der Familie Torres, führender Weinhersteller der Gegend, geht auf das 17. Jh. zurück, wobei das Unternehmen in seiner heutigen Form erst 1870 gegründet wurde. In den 1960er-Jahren revolutionierte es die spanische Weinherstellung, indem es neue Technologien auf Basis von Temperaturkontrolle und Edelstahlfässern sowie französische Rebsorten verwendete. Torres stellt verschiedene Rot- und Weißweine verschiedenster Qualitätsstufen her. Dabei kommen zahlreiche Rebsorten zum Einsatz, darunter Chardonnay, Sauvignon Blanc, Merlot, Cabernet Sauvignon, Pinot Noir und lokale Varianten wie *parellada*, *garnacha* und *tempranillo*.

Wer noch mehr Inspirationen möchte, kann sich unter www.dopenedes.es und www.enoturismealtpenedes.net informieren.

ABSTECHER

DIE KLOSTERROUTE

Die malerische **Conca de Barberá** liegt 30 km westlich von Vilafranca del Penedès. Hier bedecken Weinberge und Wälder grüne Hügel, gespickt von dem ein oder anderen mittelalterlichen Dorf und einem Trio eindrucksvoller Zisterzienserklöster (Kombiticket für alle drei 9 €) entlang der sogenannten Ruta del Cister (Zisterzienserroute). Wer mit dem eigenen Auto unterwegs ist, kann einen Besuch der Weingüter in Penedès mit diesen großartigen Sehenswürdigkeiten verbinden.

Auf der Schnellstraße AP7 südwestlich von Vilafranca nimmt man nach etwa 18 km in westlicher Richtung die Abzweigung zur AP2. Die Ausfahrt 11 führt Richtung Norden zum mittelalterlichen **Reial Monestir de Santes Creus** (Königliches Kloster der Heiligen Kreuze; Plaça de Jaume el Just; Erw./Senior & Student 4,50 €/frei, Führung zusätzlich 2,20 €; ⏲Juni–Sept. 10–18 Uhr, Okt.–Mai 10–17 Uhr). 1168 zogen Zisterziensermönche in das Kloster, das sich zum wichtigen Lernzentrum entwickelte und damit zur Wiederbevölkerung des Umlands beitrug. Hinter der romanisch-gotischen Fassade verstecken sich ein herrlicher Kreuzgang aus Sandstein aus dem 14. Jh., der karge Kapitelsaal und die königlichen Wohnungen, in denen sich die *comtes-reis* (wörtlich: Graf-Könige; die Herrscher des gemeinschaftlichen Staates Katalonien und Aragonien) aufhielten, wenn sie den Ort in der Karwoche besuchten. Die Kirche, mit deren Bau im 12. Jh. begonnen wurde, ist ein majestätisch gotisches Gebäude im französischen Stil. Orangenbäume im Kreuzgang lassen maurische Einflüsse erkennen.

Zurück auf der AP2 stößt man nach weiteren 22 km auf die mittelalterliche Stadt Montblanc, die noch immer von einer Schutzmauer umgeben ist. Dann folgen L'Espluga de Francolí und nach 3 km das befestigte **Reial Monestir de Santa Maria de Poblet** (Königliches Kloster der Heiligen Maria von Poblet; www.poblet.cat; Erw./Student 6/3,50 €; ⏲Mitte März–Mitte Okt. Mo–Sa 10–12.40 & 15–17.55, So & Feiertage 10–12.25 & 15-17.25 Uhr, restliches Jahr kürzer), das Schmuckstück der Conca de Barberà und Teil des Unesco-Welterbes. Es wurde 1151 von Zisterziensermönchen aus Südfrankreich gegründet, entwickelte sich zum mächtigsten Kloster Kataloniens (es gilt als das größte Zisterzienserkloster der Welt) und dient vielen Herrschern als letzte Ruhestätte. 1835 wurde Poblet von Bauern geplündert, die damit auf den Machtmissbrauch der Mönche in Form von Gefängnisstrafen und Folterung als Feudalherren reagierten. Nach dem Spanischen Bürgerkrieg kehrte eine Gemeinschaft von Zisterziensermönchen zurück und bemühte sich darum, den früheren Glanz des Klosters wiederherzustellen. Besonders bemerkenswert sind der größtenteils gotische zentrale Kreuzgang und die wunderbaren Alabasterskulpturen des Panteón de los Reyes (Pantheon der Könige). In den erhöhten Alabaster-Sarkophagen liegen acht katalanische Könige, darunter Größen wie Jakob I. (Eroberer von Mallorca und Valencia) und Peter III. Eine Besichtigung ist nur im Rahmen einer Führung möglich, da das Kloster nach wie vor von Mönchen bewohnt wird.

Nördlich von Montblanc (man fährt erst über die C14 und nimmt dann die LP2335 Richtung Westen) führen Landstraßen durch das raue Land in die niedrige Hügelgegend der Serra del Tallat sowie zu einem weiteren Zisterzienserbau, dem **Reial Monestir de Santa Maria de Vallbona de les Monges** (Königliches Kloster der Heiligen Maria von Vallbona der Nonnen; ☎973 33 02 66; Erw./Kind 3,50/2 €; ⏲März–Okt. Di–Sa 10.30–13.30 & 16.30–18.45, So & Feiertage 12–13.30 & 16.30–18.45 Uhr, restliches Jahr kürzer) aus dem 12. Jh., in dem ein Dutzend *monges* (Nonnen) lebt. Wer das Innere des Klosters sehen möchte, muss an einer Führung (in der Regel auf Katalanisch) teilnehmen. Nach jahrelangen Restaurierungsmaßnahmen sind die verbliebenen Schäden des Bürgerkriegs nicht mehr zu erkennen. Die Kirche repräsentiert den klaren Übergang von der romanischen zur gotischen Architektur.

nert an Champagner, ist jedoch günstiger und über die Grenzen des Landes hinaus bekannt. 12 km entfernt liegt Vilafranca del Penedès, eine hübsche historische Stadt und das Herz der Region Penedès Denominación de Origen (D. O.; Herkunftsbezeichnung), aus der beachtenswerte leichte Weißweine und ein paar ordentliche Rotweine stammen. Letztere sind allerdings nicht mit dem Kaliber eines Rioja zu vergleichen.

Was ist eigentlich der Unterschied zwischen *cava* und Champagner? Wer kein Kenner ist, wird wohl kaum einen feststellen können. Tatsächlich war *cava* bis in die 1980er-Jahre als katalanischer Champagner bekannt, was dann jedoch von der französischen Region Champagne unterbunden wurde. Dies schadete dem Schaumwein jedoch nicht, wie einige befürchteten, sondern ließ die Produktion anwachsen und ihn eine ganz eigene Identität entwickeln. Zudem kostet der Sekt sehr viel weniger als sein französisches Pendant. *Cava* bedeutet auf Spanisch „Weinkeller", wobei sich der Begriff in diesem Teil des Landes als Bezeichnung für das sprudelnde Getränk selbst durchgesetzt hat.

SANT SADURNÍ D'ANOIA

12 345 EW.

Die rund 100 Kellereien rund um Sant Sadurní stellen pro Jahr ganze 140 Millionen Flaschen *cava* her, was etwa 85 % der landesweiten Produktion entspricht. *Cava* wird nach derselben Methode wie der französische Champagner gekeltert. Wer im Oktober in der Stadt ist, sollte die **Mostra de Caves i Gastronomia** besuchen, bei der man *cava* und verschiedene Lebensmittel probieren kann.

VILAFRANCA DEL PENEDÈS

39 225 EW.

Dank seiner hübschen schmalen, von mittelalterlichen Villen gesäumten Straßen ist Vilafranca größer und interessanter als Sant Sadurní. Im Herzen der Altstadt steht die vor allem gotisch geprägte **Basilica de Santa Maria** (Plaça de Jaume I), mit deren Bau 1285 begonnen wurde. Heute sind große Teile des Gebäudes restauriert und im Sommer werden Touren zum Glockenturm bei Sonnenuntergang angeboten, ein Glas *cava* inklusive (einfach bei der Touristeninformation nachfragen).

Vor der Basilika auf der anderen Seite der Plaça de Jaume I befindet sich das **Museu de les Cultures del Vi de Catalunya** (www.vinseum.cat; Plaça de Jaume I 5; Eintritt 5 €; ⌚Juni–Aug. Di–Sa 10–19, So & Feiertage 10–14 Uhr, restliches Jahr kürzer). Das hübsche gotische Gebäude beherbergt verschiedene Museen zu den Themen Archäologie, Kunst, Geologie und Vogelwelt; außerdem gibt's eine exzellente Weinausstellung.

Eine Statue auf der Plaça de Jaume I erinnert an Vilafrancas berühmte *castellers*, die bei der lebhaften **Festa Major**, dem wichtigstens Fest der Stadt Ende August, ihren Auftritt haben.

Geführte Touren

LP TIPP **El Molí Tours** RAD- & WEINTOUREN
(☎93 897 22 07; www.elmolitours.com; Torreles de Foix) Dieser durch und durch empfehlenswerte Veranstalter unter der Leitung des unerschütterlichen Paddy bietet viele verschiedene Touren ins Weinbaugebiet an, die von exklusiven Tagesausflügen für Feinschmecker (295 €) über zahlreiche Radtouren, darunter halb-/ganztägige mit Mittagessen und *cava*-Proben (75/125 €), bis zu halbtägigen EcoSubirats-Touren (30 €; nur am Wochenende) reichen.

Cellar Tours WEINTOUR
(☎91 143 65 43; www.cellartours.com) Einwöchige All-inclusive-Touren oder maßgeschneiderte luxuriöse Exkursionen zu den besten Weingütern in Penedés sowie in andere Gebiete Kataloniens und ganz Spaniens. Die Preise richten sich nach der Teilnehmerzahl und Art der Unterkunft.

Catalunya Bus Turístic WEINTOUR
(www.catalunyabusturistic.com; Plaça de Catalunya; 61 €; ⌚Mo, Mi, Fr & So) Tagesausflüge mit Besichtigungen von drei Bodegas, Käse, Weinberatung und Tapas.

Essen

Während sich eine Übernachtung in Vilafranca kaum lohnt, kann sich das gastronomische Angebot auf jeden Fall sehen lassen. Zu den ansprechenden Optionen zählt das **Cal Ton** (www.restaurantcalton.com; Carrer Casal 8; Gerichte 50 €; ⌚Mi–Sa mittags & abends, Di & So mittags, Ostern und fast den ganzen Aug. geschl.). Das modern eingerichtete Lokal versteckt sich an einer engen Seitenstraße und kredenzt kreative mediterrane Küche mit orientalischem Touch sowie lokale Weine.

Praktische Informationen

Touristeninformation (☎93 818 12 54; www.turismevilafranca.com; Carrer de la Cort 14; ⌚Mo 16–19, Di–Sa 9–13 & 16–19, So 10–13 Uhr) Wer kleinere Weingüter in der Gegend besuchen möchte, bekommt hier die nötigen Infos.

An- & Weiterreise

Jede Stunde verkehren bis zu drei *rodalies*-Züge von Barcelonas Estació Sants nach Sant Sadurní (3,20 €, 45 Min.) und Vilafranca (3,90 €, 55 Min.). Autofahrer nehmen die AP7 und folgen der entsprechenden Beschilderung.

Tarragona

140 180 EW.

Diese sonnige Hafenstadt wartet mit einer faszinierenden Mischung aus mediterranem Strandleben, römischer Geschichte und mittelalterlichen Gassen auf. Darüber hinaus befindet sich hier Kataloniens bedeutendste Sehenswürdigkeit aus römischer Zeit, das am Meer gelegene römische Amphitheater. Tarragonas mittelalterliches Herz gehört zu den schönsten Spaniens: Das Labyrinth aus engen Kopfsteinpflasterstraßen wird von steilen Mauern gesäumt und von einer prächtigen Kathedrale gekrönt, während von den Sandsteinbauten ein goldenes Licht ausgeht. Daneben gibt's in der Stadt jede Menge Restaurants und etliche Bars, wo bis in die frühen Morgenstunden großer Andrang herrscht. Ohne Zweifel ist Tarragona der aufregendste Ort in Südkatalonien.

Geschichte

218 v. Chr. wurde die Stadt von den Römern erobert, die sie Tarraco nannten. Zuvor hatten sich in dem Gebiet Iberer angesiedelt, danach Karthager. Scipio startete hier seine erfolgreichen Feldzüge und 27 v. Chr. machte Augustus die Siedlung zum Hauptort seiner neuen Provinz Tarraconensis (umfasst ungefähr das Gebiet des modernen Spanien). Er blieb zwei Jahre, um Feldzüge in Kantabrien und Asturien anzuführen. Während der römischen Blütezeit lebten in Tarragona über 200 000 Menschen (mehr als heute). Als die Muslime 714 vordrangen, wurde die Stadt aufgegeben, erwachte aber 1089 als Sitz des Erzbischofs zu neuem Leben. Heute bildet der hübsche, mit römischen Ruinen gespickte alte Ortskern einen echten Kontrast zum hässlichen Hafen, dem zweitgrößten Kataloniens.

Sehenswertes

Tarragonas Touristeninformation hat drei praktische Broschüren mit detailliert beschriebenen Routen zu römischen und mittelalterlichen Sehenswürdigkeiten sowie zu Modernismebauten.

Museu d'Història de Tarragona RUINEN

(MHT; www.museutgn.com; Erw./Kind pro Bereich 3 €/frei, alle MHT-Bereiche 10 €/frei; ⌚Ostern–Sept. tgl. 9–21 Uhr, restliches Jahr kürzer) Die Bezeichnung „Museum" ist etwas irreführend, denn tatsächlich handelt es sich hierbei um vier separate römische Stätten, die 2000 zum Unesco-Weltkulturerbe erklärt wurden, sowie um ein zugehöriges Museum.

Am besten sieht man sich als Erstes den römischen Zirkus **Pretori i Circ Romans** (Plaça del Rei) an, in dem einst Wagenrennen stattfanden und der sich bis zum Pretori-Turm auf der Plaça del Rei erstreckt. Hier kann man noch alte Gewölbeteile bewundern. Früher hatte das Bauwerk eine Länge von 300 m und erstreckte sich bis jenseits der Plaça de la Font im Westen. Die nahe gelegene Plaça del Fòrum diente als Standort des Provinzforums und war das politische Herz der Provinz Tarraconensis.

In Richtung Strand stößt man auf das Highlight der römischen Stätten, das gut erhaltene **Amfiteatre Romà** (Plaça d'Arce Ochotorena; ⌚Ostern–Sept. Di–Sa 9–21, So 9–15 Uhr, Okt.–Ostern Di–Sa 9–17, So & Feiertage 10–15 Uhr), wo Gladiatoren gegeneinander sowie gegen wilde Tiere kämpften. Hier befinden sich auch die Relikte von Kirchen aus dem 6. und 12. Jh., errichtet zur Erinnerung an den Märtyrertod des Bischofs Fructuosus und zweier Diakone, die dort angeblich 259 n. Chr. lebendig verbrannt worden waren. Ein Großteil des Amphitheaters wurde abgetragen und die Steine für den Bau des Hafens ge-

Tarragona

Highlights

Amfiteatre Romà E4
Catedral E1
Fòrum Romà B4
Museu Nacional Arqueològic de Tarragona E3
Pretori i Circ Romans E3

Sehenswertes

1 Passeig Arqueològic Muralles D2

Schlafen

2 Hostal La Noria D3
3 Hotel Lauria D4
4 Hotel Plaça de la Font D2

Essen

5 Aq F1
6 Arcs Restaurant E2
7 El Palau del Baró E2

Ausgehen

8 El Candil D3

Tarragona

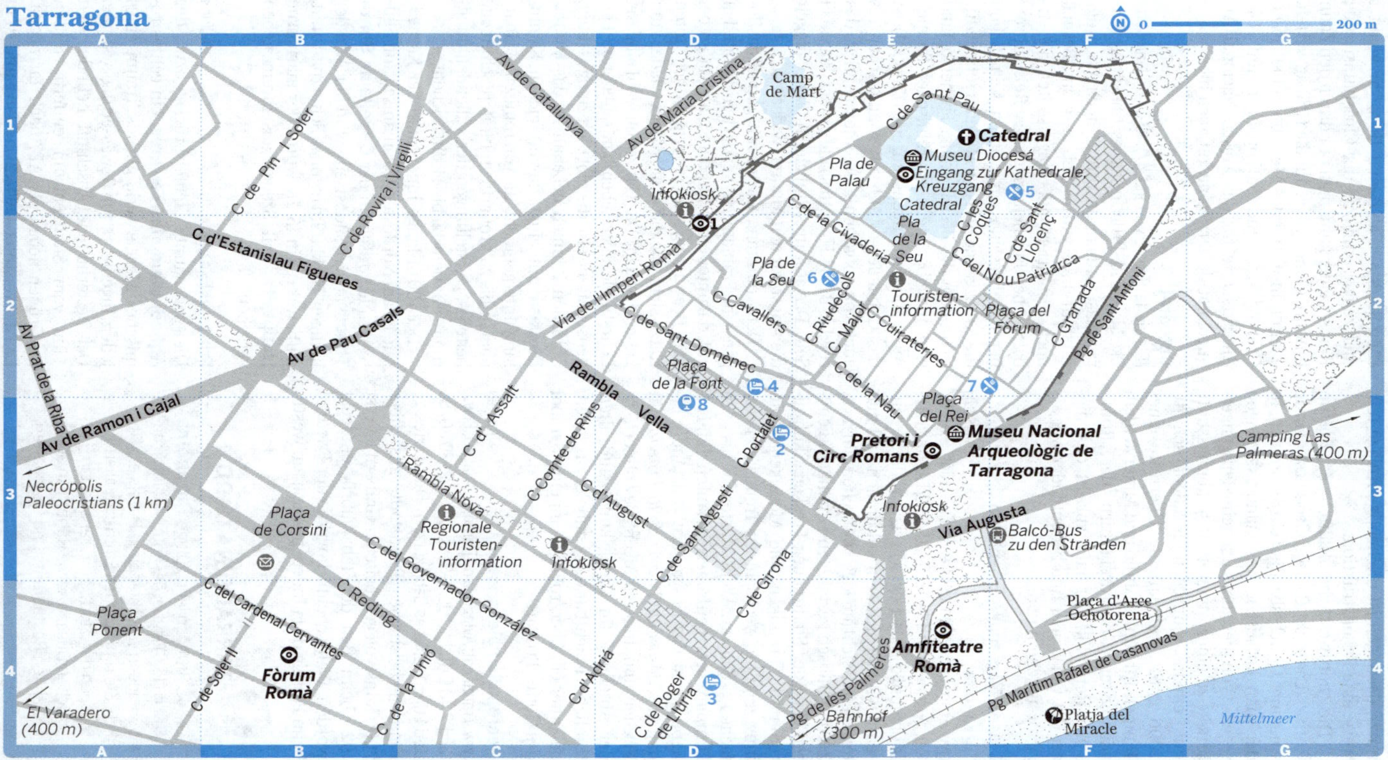
0
200 m
Camp de Mart
C de Sant Pau
Catedral
Museu Diocesà
Eingang zur Kathedrale, Kreuzgang
Catedral
5
Pla de Palau
Pla de la Seu
C de la Civaderia
C les Coques
C de Sant Llorenç
C del Nou Patriarca
Pla de la Seu
6
Touristen-information
Plaça del Fòrum
C Granada
Pg de Sant Antoni
C Cavallers
C Riudecols
C Major
C Cuirateries
C de la Nau
7
Plaça del Rei
Museu Nacional Arqueològic de Tarragona
Pretori i Circ Romans
Av de Catalunya
Av de Maria Cristina
Infokiosk
1
Via de l'Imperi Romà
C de Sant Domènec
Plaça de la Font
4
8
2
C Portalet
C de Pin i Soler
C de Rovira i Virgili
C d'Estanislau Figueres
Av de Pau Casals
Rambla Vella
Av Prat de la Riba
Av de Ramon i Cajal
C d' Assalt
C Comte de Rius
C d'August
C de Sant Agustí
Rambla Nova
Regionale Touristen-information
Infokiosk
Necròpolis Paleocristians (1 km)
Plaça de Corsini
C del Governador González
C Reding
C de Girona
Infokiosk
Via Augusta
Balcó-Bus zu den Stränden
Camping Las Palmeras (400 m)
Plaça Ponent
C del Cardenal Cervantes
Fòrum Romà
C de Soler II
C de la Unió
C d'Adrià
C de Roger de Llúria
3
Pg de les Palmeres
Bahnhof (300 m)
Amfiteatre Romà
Plaça d'Aree Ochotorena
Pg Marítim Rafael de Casanovas
Platja del Miracle
Mittelmeer
El Varadero (400 m)

nutzt, deswegen ist die heutige Anlage teilweise eine Rekonstruktion.

Die nordwestliche Hälfte des **Fòrum Romà** (Carrer del Cardenal Cervantes) wurde von einer Gerichtsbasilika eingenommen, in der man juristische Auseinandersetzungen regelte. Von hier geht's über eine Fußgängerbrücke zu einer weiteren Ausgrabungsstätte mit einem römischen Straßenabschnitt. 2006 entdeckte man die Überreste eines Tempels für Jupiter, Juno und Minerva (dem wichtigsten Götterdreigestirn der Römischen Republik), der dafür spricht, dass dieser Ort viel größer und bedeutender war als zuvor angenommen.

Museu Nacional Arqueològic de Tarragona — MUSEUM

(www.mnat.es; Plaça del Rei 5; Erw./Kind 3,50 €/frei; ⌚Juni–Sept. Di–Sa 10–20, So & Feiertage 10–14 Uhr, restliches Jahr kürzer) Das exzellente Museum widmet sich dem kulturellen und materiellen Reichtum des römischen Tarraco. Zu den hübsch gestalteten Exponaten gehören Teile der Stadtmauer, Fresken, Skulpturen und Keramiken. Die Mosaikensammlung zeigt die wechselnden Trends von einfachen Schwarz-Weiß-Mustern bis zu komplexen, farbenfrohen Varianten. Ein Höhepunkt ist das riesige, fast vollständig erhaltene *Mosaic de Peixos de la Pineda* mit Fischen und anderen Meeresbewohnern. In der Abteilung für Alltagskunst sind altertümliche Fruchtbarkeitssymbole zu sehen, darunter ein übergroßer Steinpenis, Symbol des Gottes Priapus.

Necrópolis Paleocristians — RUINEN

(www.mnat.cat; Avinguda de Ramón i Cajal 80; Erw./Kind 2,40 €/frei; ⌚Juni–Sept. Di–Sa 9–20.30, So 10–14 Uhr, restliches Jahr kürzer) Diese riesige römisch-christliche Totenstadt aus über 2000 kunstvoll gearbeiteten Gräbern ist erst 1923 beim Bau der Tabakfabrik entdeckt worden. Wahrscheinlich wurde der Friedhof beim Passeig de la Independéncia am westlichen Stadtrand ab dem 3. Jh. n. Chr. genutzt und zeugt somit von der Christianisierung Roms. Leider kann man nur durch den Zaun hindurch einen Blick auf die Gräber werfen, aber dafür wartet das Museum mit kuriosen Grabobjekten und Sarkophagen auf. Die Eintrittskarte für das Museu Nacional Arqueològic de Tarragona gilt auch hier.

> **TARRAGO!NA CARD**
>
> Die 48 Stunden lang gültige **Tarrago!na Card** (15 €) ist bei der Touristeninformation und in verschiedenen Hotels erhältlich. Sie umfasst den Eintritt zu allen Museen der Stadt, den Transport in örtlichen Bussen sowie Rabatte in ausgewählten Restaurants und Geschäften.

Catedral — KATHEDRALE

(Pla de la Seu; Erw./Kind 4/1,40 €; ⌚Juni–Mitte Okt. Mo–Sa 10–19 Uhr, restliches Jahr kürzer) Tarragonas Kathedrale thront hoch über der Altstadt und wurde bei unserem Besuch noch restauriert, allerdings sollten die Arbeiten bei Erscheinen dieses Reiseführers bereits abgeschlossen worden sein. Schon die Kreuzgänge und das Museum lohnen für sich allein die Besichtigung. Früher befand sich an selber Stelle ein römischer Tempel. Aufgrund der langen Bauzeit (1171–1331) ist das Gebäude sowohl von romanischen als auch von gotischen Elementen geprägt, das zeigt z. B. die Hauptfassade an der Pla de la Seu. Das festungsähnliche Äußere spiegelt die Angst vor den Mauren wider.

Der Kreuzgang wartet mit gotischen Bogen und romanisch verzierten Kapitellen auf, darunter eines, auf dem man Ratten bei der Beerdigung einer vermeintlich toten Katze sieht, die dabei allerdings wieder zum Leben erwacht! Das Ganze soll wohl eine Art Lehrstunde über scheinbar schlafende Leidenschaften sein, die plötzlich zutage treten.

In den Räumen nebenan ist das **Museu Diocesá** mit einer umfangreichen Sammlung untergebracht, die von römischen Haarnadeln bis zu großartigen bunten Schnitzarbeiten – Darstellungen der stillenden Jungfrau – aus dem 12. bis 14. Jh. reichen.

Der 100 m lange Innenraum der Kathedrale ist am Nordostende romanisch, am Südwestende gotisch. In der **Capella de Santa Thecla** an der Südostseite wird der Arm der heiligen Thekla, Tarragonas Schutzpatronin, aufbewahrt. Im 13. Jh. wurde der marmorne **Hauptaltar** mit Szenen aus ihrem Leben versehen.

Pont del Diable — RUINEN

Die sogenannte Teufelsbrücke bzw. der **Aqüeducte de les Ferreres**, ein echtes römisches Meisterwerk, gilt als Traum eines jeden Ingenieurs für Bewässerungssysteme. Der besterhaltene Abschnitt befindet sich 4 km vom Stadtzentrum entfernt mitten im Grünen neben der AP7 nach Tarragona. Er ist zweistufig sowie 217 m lang und 27 m

ABSTECHER

REUS, DER GEBURTSORT GAUDÍS

Die kompakte Ortschaft Reus etwa 14 km westlich von Tarragona weiß mit ihren hübschen Modernismevillen Jugendstilfans zu beeindrucken. In der **Touristeninformation** (☎972 30 02 28; www.turismepalafrugell.org; Carrer del Carrilet 2; ⊙Juli–Aug. Mo–Sa 9–21, So 10–13 Uhr, restliches Jahr kürzer) gibt's eine Karte, die rund 30 Gebäude auf der sogenannten Ruta de Modernisme zeigt. Hier werden Führungen (zum Teil auf Englisch und Französisch) zu einigen der interessantesten Häuser angeboten. Sie müssen im Voraus gebucht werden.

Obwohl Antoni Gaudí 1852 in Reus geboren wurde, stehen in der Stadt keine von ihm gestalteten Gebäude. Immerhin wartet das großartige **Gaudí Centre** (www.gaudicentre.com; Plaça del Mercadal; Erw./Kind unter 7 J./Senior 7/frei/4 €; ⊙Juni–Sept. Mo–Sa 10–20, So 11–14 Uhr, restliches Jahr kürzer;) mit ansprechenden audiovisuellen, sensorischen und interaktiven Exponaten auf, die Besuchern das Leben und Werk des Künstlers von seinen Modellen bis zu seinem Einfluss auf die Architektur weltweit näherbringen. Das wertvollste Ausstellungsstück ist das einzige noch erhaltene Notizbuch Gaudís.

Zwischen Reus und Tarragona verkehren zahlreiche Züge (2,50 €, 15–20 Min.).

hoch. Zu seiner Blütezeit transportierte der Viadukt vom 32 km entfernten Ríu Gayo Wasser für über 200 000 Menschen. Die Buslinie 5 nach Sant Salvador startet an der Plaça Imperial de Tàrraco alle 20 Minuten bis 22.45 Uhr und hält ganz in der Nähe. Autofahrer können in einer der Parkbuchten an beiden Seiten der AP7 außerhalb der Mautstation halten.

Passeig Arqueològic Muralles HISTORISCHE STÄTTE
(Eintritt 3 €; ⊙Ostern–Okt. Di–Sa 9–21, So 9–15 Uhr, restliches Jahr kürzer) Der Passeig Arqueològic ist ein ruhiger Weg zwischen zwei Stadtmauern rund um einen Teil der Altstadt. Er beginnt am Portal del Roser in der Avenida Catalunya. Während die Außenmauern 1709 im Spanischen Erbfolgekrieg von den Engländern errichtet wurden, sind die Innenmauern überwiegend römisch und gehen auf das 3. Jh. v. Chr. zurück. Die weiten, von den Iberern errichteten Tore wirken sehr beeindruckend, und wer rechts des Eingangs die Festungsmauer hinaufklettert, wird mit einem Panoramablick auf die Stadt belohnt.

Schlafen

Hotel Plaça de la Font HOTEL €€
(☎977 24 61 34; www.hotelpdelafont.com; Plaça de la Font 26; EZ/DZ 55/70 €;) Einfache, makellos saubere Zimmer mit Blick auf eine belebte Terrasse in superzentraler Lage direkt auf der beliebten Plaça de la Font. Sind alle belegt, ist das zugehörige, am selben Platz gelegene **Hostal La Noria** (☎977 23 87 17; Plaça de la Font 53; EZ/DZ 30/48 €) mit seinen kompakten, spartanischen Einzel- und Doppelzimmern eine Alternative.

Hotel Lauria HOTEL €€
(☎977 23 67 12; www.hotel-lauria.com; Rambla Nova 20; EZ/DZ ab 49/69 €; P) Im neueren Teil der Stadt, fünf Gehminuten vom mittelalterlichen Viertel entfernt, bietet dieses schicke Hotel moderne Zimmer mit ansprechenden Farbtupfern und großen Bädern sowie einen kleinen Pool. Die Räume nach hinten raus leiden weniger unter dem Lärm auf der *rambla*.

Camping Las Palmeras CAMPINGPLATZ €
(☎977 20 80 81; www.laspalmeras.com; Platz pro 2-Pers.-Zelt & Auto 40–50 €, Zelt 11 €; P) Der lebhafte Platz 3 km nordöstlich von Tarragona punktet mit einem großen Pool inmitten einer grünen Parklandschaft direkt hinter dem Strand und einem unberührten Küstenwald in der Nähe. Zum Aktivitätenangebot gehören Wind- und Kitesurfingkurse.

Essen

Im Fischerhafen **Serrallo** bekommt man die besten Meeresfrüchte Tarragonas. Etwa ein Dutzend Bars und Restaurants verkaufen hier den Fang des Tages und platzen insbesondere an Sommerwochenenden aus allen Nähten.

Arcs Restaurant MEDITERRAN €€
(☎977 21 80 40; www.restaurantarcs.com; Carrer Misser Sitges 13; Menüs 23 €; ⊙Di–Sa mittags & abends) In einem mittelalterlichen Gewölbe mit farbenfroher zeitgenössischer Kunst werden wunderbare mediterrane Gerichte

KATALONIENS MENSCHENPYRAMIDEN

Eines der kuriosesten Spektakel, das man in Katalonien zu sehen bekommt, sind die *castells*, „Burgen" aus Menschen. Die Tradition stammt aus Valls nahe Tarragona, geht auf das 18. Jh. zurück und hat sich seitdem auf andere Teile der Region ausgebreitet. Die in Gruppen organisierten *castellers* steigen auf die Schultern ihrer Teamkollegen, wobei ein todesmutiges Kind, das die Menschenpyramide ganz zum Schluss erklimmt, für den Höhepunkt sorgt, bevor das gesamte Konstrukt schließlich elegant aufgelöst wird. Der bisherige Höhenrekord liegt aktuell bei zehn Stockwerken. Nicht nachmachen! Die spektakulärsten *castells* gibt's auf Tarragonas **Festival de Santa Tecla** Mitte September zu sehen.

serviert, z. B. *tartar de atún* (Thunfisch-Carpaccio), kreative Kürbissuppe mit *morcilla* (Blutwurst) und Ziegenkäse sowie der aromatischste *salmorejo* (dickflüssiger, geschmacksintensiver Gazpacho) außerhalb Andalusiens.

Aq KATALANISCH €€
(☎977 21 59 54; www.aq-restaurant.com; Carrer de les Coques 7; Menüs ab 18 €; ⏲Di–Sa mittags & abends) Moderner, durchgestylter Laden mit starken Farbkontrasten (schwarze, gelbe und cremefarbene Stoffe), klaren Linien und raffinierten Abwandlungen traditioneller Gerichte wie *ventresca de tonyina amb ceba caramelitzada, tomàquet, formatge de cabra i olives* (Toro vom Thunfisch mit karamellisierten Zwiebeln, Tomate, Ziegenkäse und Oliven).

El Palau del Baró KATALANISCH €€
(☎977 24 14 64; Carrer de Santa Anna 3; Gerichte 35–45 €, Tapas-Menüs 15–18 €; ⏲Di–Sa mittags & abends, So mittags) Das Herrenhaus aus dem 18. Jh., in dem der „Palast des Barons" untergebracht ist, bietet eine ebenso prächtige wie romantische Kulisse. Hier gibt's eine ziemlich große Auswahl, die von Paella über *arròs negre* bis zu Gerichten wie gegrilltem *llom de tonyina fresca* (Thunfischsteak) reicht.

El Varadero FISCH & MEERESFRÜCHTE €
(Carrer de Trafalgar 13; raciones 7–9 €; ⏲mittags & abends) In dem informellen Lokal stehen Einheimische für einfache, aber köstliche Meeresfrüchtegerichte an, darunter *tigres* (gefüllte, panierte und gebratene Muscheln), *ostrón* (dicke Austern) und *cigalas a la plancha* (gegrillte Kaisergranate).

🍷 Ausgehen & Unterhaltung

Am meisten los ist in den Bars und Clubs am Ufer nahe dem Port Esportiu (Jachthafen) und in einigen Straßen vor dem Bahnhof, z. B. dem Carrer de la Pau del Protectorat. Im **Soho** (Calle de San Martín 49) am Yachthafen wird jazzige Chill-out-Musik gespielt, während in der **Groove Bar** (Carrer del Cardenál Cervantes 4) ein guter Mix aus Funk, Soul und mehr sowie regelmäßige Auftritte von Gast-DJs für Stimmung sorgen.

El Candil BAR, CAFÉ
(Plaça de la Font 13; heiße Schokolade 3 €; ⏲11–15 & 17–24 Uhr) In dem verwinkelten Café gibt's 30 verschiedene Variationen von heißer Schokolade. Abends verwandelt sich das Candil in eine Kellerbar mit einer guten Auswahl an Bier und *cava*.

ℹ Praktische Informationen

Touristeninformation (☎977 25 07 95; www.tarragonaturisme.es; Carrer Major 39; ⏲Juli–Sept. Mo–Sa 10–21, So 10–14 Uhr, restliches Jahr kürzer) Gute Anlaufstelle, um Stadtführungen zu buchen.

ℹ An- & Weiterreise

Der Busbahnhof liegt 1,5 km nordwestlich der Altstadt auf der Rambla Nova bei der Plaça Imperial Tarraco. U. a. werden Barcelona (8,10 €, 1½ Std., 16-mal tgl.), Lleida (10,70 €, 1¾ Std., 5-mal tgl.) und Valencia (20,20 €, 3½ Std., 7-mal tgl.) angefahren.

Der Bahnhof ist zehn Gehminuten entlang der Küste Richtung Altstadt entfernt. AVE-Züge kommen allerdings an der schickeren Station Camp de Tarragona an, eine 15-minütige Taxifahrt vom Stadtzentrum entfernt. Zu den angesteuerten Zielen gehören Barcelona (15,90–35,10 €, 35 Min.–1½ Std., alle 30 Min.), Lleida (7–22 €, 25 Min.–1¾ Std., 12-mal tgl.) und Valencia (20,30–37,30 €, 2–3½ Std., 13-mal tgl.).

Port Aventura

Port Aventura (www.portaventura.com; Erw./Kind 44/38 €; ⏲Juli & Aug. 10–19 Uhr, restliches Jahr kürzer), einer von Spaniens beliebtesten und Europas größten Freizeitparks, liegt 7 km westlich von Tarragona. Er bietet jede Menge aufregende Fahrgeschäfte und andere Attraktionen wie den Furius Baco, die Achterbahn mit der angeblich schnellsten Beschleunigung der Welt.

Zu dem Komplex gehört auch der **Caribe Aquatic Park** (Erw./Kind & Senior 22/20 €; ⏲Juli & Aug. 10–19 Uhr, restliches Jahr kürzer) mit Fahrgeschäften, die Triángulo de las Bermudas und Barracudas heißen. Darüber hinaus lockt er mit wirklich furchteinflößenden Wasserrutschen.

1 km zu Fuß entfernt hat der Park einen eigenen Bahnhof. Züge fahren mehrmals täglich von Tarragona (2,20–12,10 €, 7 Min.) und Barcelona (9,20–20,60 €, 1½ Std.) hierher. Mit dem Auto kommt man über die AP7, Abfahrt 35, oder die N340 ab Tarragona zum Pont Aventura.

Tortosa

34 430 EW.

Über dieser leicht staubigen Stadt im Hinterland, die erstmals vor über 2000 Jahren von iberischen Stämmen besiedelt wurde, thront ein Burgkomplex, errichtet von Muslimen in einer Zeit, als Tortosa die Frontlinie zwischen dem mittelalterlichen christlichen und muslimischen Spanien bildete. Oberhalb des alten Ortskerns am westlichen Ende der Stadt nördlich des Ebro erhebt sich das imposante **Castell de la Suda**. Hier wurde ein kleiner arabischer Friedhof aus dem Mittelalter entdeckt. Heute befindet sich auf dem Gelände ein **parador** (☎977 44 44 50; www.parador.es; DZ ab 100 €; P❄📶🏊) für Gäste, die einmal in luxuriöser mittelalterlicher Kulisse nächtigen wollten. Die gotische **Catedral de Santa Maria** (Carrer Portal del Palau; ⏲Mo–Sa 10–13.30 & 16.30–19, So 12.30–14 Uhr) geht auf das Jahr 1347 zurück und beherbergt einen hübschen Kreuzgang sowie einige barocke Elemente.

Einige Jahrhunderte später war Tortosa während des Bürgerkriegs beim Kampf zwischen Nationalisten und Republikanern der Schauplatz einer epischen Schlacht, bei der große Teile des mittelalterlichen Zentrums zerstört und über 35 000 Menschen getötet wurden. Mitten auf dem Fluss durch den Ort erinnert ein **Monument aus Metall** an die Opfer.

Die **Touristeninformation** (☎977 44 20 05; www.tortosaturisme.com; Jardins del Príncep; ⏲Mai–Sept. Di–Sa 10–13.30 & 16.30–19.30, So 11–13.30 Uhr, restliches Jahr kürzer) liegt auf dem Gelände der reizenden **Jardins del Príncep** (Erw./Kind 3/2 €; ⏲dieselben Öffnungszeiten wie die Touristeninformation), in denen man unter den vielen Schatten spendenden Bäumen spazieren gehen – allerdings sind die Hänge teilweise ziemlich steil – und zahlreiche Skulpturen bewundern kann.

Wer eine günstige Übernachtungsmöglichkeit sucht, sollte das freundliche, zentral gelegene **Hostal Virginia** (☎977 44 41 86; www.hotelvirginia.net; Avinguda de la Generalitat 139; EZ/DZ 24/42 €) ansteuern. Die Unterkunft bietet moderne, helle Zimmer mit großen Betten und kühlen Fliesenböden. Was das Essen angeht, trifft man mit einem Mittagsmenü (14 €) im **Restaurant Los Banys** (Pare Cirera 5) oder mit dem *parador* eine ordentliche Wahl.

NICHT VERSÄUMEN

DIE SCHLACHT UM KATALONIEN

Obwohl der Spanische Bürgerkrieg nur drei Jahre gedauert hat (1936–1939), sitzen die hinterlassenen Wunden tief. Bis heute gibt's kaum eine Familie in Katalonien bzw. ganz Spanien, die nicht betroffen war. Im Ebro-Tal wurde die längste Schlacht ausgefochten. Die Bilanz: ein zerstörtes Corbera, die verheerende Niederlage der Republikaner und 100 000 gefallene Soldaten allein auf der Verliererseite.

Nördlich von Tortosa an der C12 bzw. an der C43 liegt die Stadt Gandesa mit dem kürzlich renovierten **Centre d'Estudis de la Batalla de l'Ebre** (www.usuaris.tinet.cat/cebe/; Avinguda Catalunya 3–5, Ap C4; Eintritt gegen Spende; ⏲Di 15.15–17.45, Mi–Fr 10–13 & 15.15–17.45, Sa 10.30–14 & 15.15–20, So 10.30–14 Uhr). Das ausgezeichnete Museum erzählt anhand von Artefakten, Fotos und interaktiven Karten auf objektive Weise die Geschichte des Kriegs und der entscheidenden Schlacht im Ebro-Tal. Seit Kurzem sind auch bewegende Interviews von Überlebenden zu sehen. Aufgrund des sogenannten „Pakt des Vergessens" nach Francos Tod 1975 schwiegen die Opfer der Diktatur über das ihnen zugefügte Leid. Erst in den letzten Jahren hat sich das geändert, wobei es in dem Land nie zu einer Aussöhnung nach dem Krieg gekommen ist.

Bahnhof und Busbahnhof stehen sich in der Ronda dels Docs gegenüber. Am besten fährt man mit dem Zug von Tarragona hierher (7,10 €, 1¼ Std.).

Delta de L'Ebre

Das durch Schlammablagerungen entstandene Flussdelta des Río Ebro erstreckt sich in der Nähe der katalanischen Südgrenze etwa 20 km ins Meer. Spaniens bedeutendstes Biotop für Wasservögel mit dem 77 km² großen **Parc Natural Delta de l'Ebre** ist übersät mit schilfbewachsenen Lagunen und von Dünenstränden eingerahmt. Von Oktober bis November erreicht die Vogelpopulation ihre höchste Dichte mit etwa 53 000 Enten und 15 000 Blässhühnern. Im Winter und Frühjahr lassen sich hier außerdem 10 % aller auf der Iberischen Halbinsel überwinternden Wasservögel nieder.

Auch wenn man kein leidenschaftlicher Ornithologe ist, lohnt sich der Besuch der Gegend allein wegen der surreal wirkenden Landschaft. Kleine, weiß getünchte Bauernhäuser scheinen auf winzigen Inseln zwischen grünen und braunen Reisfeldern zu schwimmen, auf denen ein Großteil der Reiserträge Kataloniens wächst und die sich bis zum Horizont erstrecken. Hier sieht es ganz anders aus als überall sonst in der Region.

Deltebre breitet sich am Nordufer des Flusses im Zentrum des Deltas aus und eignet sich als Ausgangsbasis. Es liegt gegenüber Sant Jaume d'Enveja am anderen Flussufer und ist durch ein Straßennetz mit anderen Dörfern im Delta verbunden.

Sehenswertes & Aktivitäten

Vogelbeobachtung VOGELBEOBACHTUNG

Frühmorgens und abends kann man am besten Vögel beobachten, z. B. in der Nähe der Lagunen L'Encanyissada und La Tancada sowie an der Punta de la Banya, alle drei im Süden des Deltas. L'Encanyissada verfügt über zwei Beobachtungstürme und La Tancada über einen (weitere sind auf einer Karte verzeichnet; erhältlich im Centre d'Informació). Bei La Tancada und Punta de la Banya hat man einen besonders guten Blick auf die fast 2000 nistenden **Flamingos**. Seit 1992 gilt das Delta als eines von nur fünf Gebieten in Europa, wo sich diese Vögel fortpflanzen. Die Punta de la Banya ist mit dem Delta durch eine 5 km lange Landenge verbunden. An ihrem Nordende erstreckt sich der lange, windige, mit Müll übersäte Sandstrand Platja de l'Eucaliptus.

DEN STIER BEI DEN HÖRNERN PACKEN

Zahlreiche Katalanen machen aus ihrer Abscheu gegen den Stierkampf (bzw. ihre Abscheu gegen spanische Traditionen!) keinen Hehl. Seit 2012 ist diese Ablehnung offiziell, da der Stierkampf in der Region verboten wurde. Vielleicht ist manchen gar nicht bewusst, dass es im südlichen Katalonien eine ganz eigene sommerliche Tradition der Tierquälerei gibt. In Amposta und umliegenden Städten feiern die Bewohner *bous capllaçats* und *bous embolats:* Ersteres ist eine Art Tauziehen zwischen Einheimischen und einem Stier mit einem Strick um die Hörner, Letzteres ein Brauch, bei dem die Tiere mit brennenden Fackeln an ihren Hörnern herumrasen. Tierschützer prangern diese Bräuche an, die von der katalanischen Regierung mit der Begründung erlaubt werden, dass man die Stiere nicht töte und die Bevölkerung ein Recht auf die Pflege ihrer Traditionen habe.

Ecomuseu MUSEUM

(Carrer de Martí Buera 22; Eintritt 1,50 €; ⌚Mai–Sept. Mo–Sa 10–14 & 15–19, So 10–14 Uhr, restliches Jahr kürzer) Das Museum gibt eine fantastische Einführung in die ganz eigene Welt des Deltas. Es erläutert traditionelle Wirtschaftszweige wie die Fischerei und den Reisanbau und wartet darüber hinaus mit weitläufigen Gärten voller lokaler Pflanzen und einem Aquarium auf. Letzteres ist das Highlight des Museums und beherbergt die verschiedenen Flussbewohner des Deltas, darunter eine Art Kreuzung zwischen Fisch und Amphibie.

Bootstouren BOOTSTOUR

Mehrere Veranstalter in Deltebre bieten Bootstouren (10 € pro Pers., 1½ Std.) zur Mündung des Ebros und zur Spitze des Deltas an. Wie häufig sie starten, hängt von der Saison und der Anzahl der Mitfahrer ab.

In El Poblenou del Delta lohnt sich ein Besuch des **Mas de la Cuixota** (☎977 26 12 25; http://ebre.info/cuixota; Partida de l'Encanyissada). Hier kann man Ferngläser zur Vogelbeobachtung mieten und Fahrten durch die Kanäle des Deltas in traditionellen propellerbetriebenen *barques de perxar* (Boote mit flachen Böden) unternehmen.

Radfahren RADFAHREN

Das Delta lässt sich wunderbar mit dem Fahrrad erkunden, denn in der Gegend erstrecken sich tolle Wege von 7 bis 43 km Länge; in der Touristeninformation bekommt man entsprechende Broschüren. Die 26 km lange Lagunenroute zieht vor allem Vogelbeobachter an, während die 7 km lange Familienstrecke an mehreren Aussichtspunkten am Fluss sowie an Reisfeldern rund um Riumar, dem Küstendorf an der östlichsten Spitze des Deltas, vorbeiführt. Räder kann man in Deltebre und Riumar leihen.

Schlafen & Essen

In Deltebre und im 10 km östlich gelegenen Riumar gibt's mehrere Campingplätze. Außerdem verteilen sich auf dem Land ein paar kleine Hotels und *casas rurales*. In den größeren Ortschaften findet man einfache sowie ein paar gehobene Restaurants. Zu den regionalen Spezialitäten gehört Reis aus dem Delta mit Wildente.

LP TIPP **Mas del Tancat** CASA RURAL €

(☎656 90 10 14; www.ebreguia.com/masdeltancat; Camí dels Panissos; DZ 60 €; P❄📶) In dem umgebauten alten Bauernhaus stehen nur fünf Zimmer mit Eisengestellbetten und Terrakottaböden zur Verfügung. Der Empfang in dieser ruhigen Unterkunft direkt am Delta ist herzlich, über das Gelände spazieren Hoftiere und auf Anfrage bekommt man ein exzellentes hausgemachtes Abendessen. Das Landhotel liegt zwischen den Dörfern Ampara und Sant Jaume d'Enveja; am besten ruft man vorher an und lässt sich den Weg erklären.

Camping Riumar CAMPINGPLATZ €

(☎636 05 68 80; www.camping-riumar.com; Riumar; Platz pro 2-Pers.-Zelt 12,50 €; P🏊) Der weitläufige, betriebsame Campingplatz in Flussnähe wartet mit einem großen Serviceangebot und niedlichen Bungalows für vier/sechs Personen im Chaletstil auf. Für Unterhaltung sorgen ein Pool sowie Billard- und Tischfußballtisch, darüber hinaus gibt's einen Laden und ein Restaurant.

LP TIPP **Mas Prades** KATALANISCH €€

(☎977 05 90 84; Carretera T-340, Km 8; Menüs 30 €) Feinschmecker nehmen die Anreise von Barcelona auf sich, um die großartige Deltaküche dieses Lokals zu genießen. Das sättigende Fünf-Gänge-Mittagsmenü bietet ein tolles Preis-Leistungs-Verhältnis und umfasst winzige, zarte lokale Muscheln sowie Babytintenfisch, den klassischen *arròs d'anec al foc de llenya* (Deltareis mit Wildente) und eine köstliche *crema catalana*.

Casa Núri FISCH & MEERESFRÜCHTE €€

(☎977 48 01 28; Final Goles de Ebre, Riumar; Gerichte 35–45 €, Menüs 15–18 €; ⊙10–22 Uhr) Bei den Einheimischen erfreut sich das Restaurant am Fluss dank seiner großartigen lokalen Fisch- und Reisgerichte großer Beliebtheit. Wir empfehlen *arroz á banda* (Reis mit Meeresfrüchten).

Praktische Informationen

Das zentrale **Centre d'Informació** (☎977 48 96 79; Carrer de Martí Buera 22; ⊙Mai–Sept. Mo–Sa 10–14 & 15–19, So 10–14 Uhr, restliches Jahr kürzer) ist an das Ecomuseu (S. 382) angeschlossen. Hier gibt's Regionalkarten und Broschüren zu Radwegen. Besonders nützlich ist die Karte E-50 von Editorial Alpina.

An- & Weiterreise

Am besten erkundet man das Delta mit dem eigenen Wagen oder Motorrad.

Aragonien

Inhalt »

Zaragoza 386
Sos del Rey Católico 395
Valles de Echo & Ansó 396
Jaca 399
Parque Nacional de Ordesa y Monte Perdido 401
Aínsa 405
Alquézar 408
Teruel......................... 413
Albarracín.................... 416

Gut essen

- » Tiempo de Ensueño (S. 418)
- » La Tasca de Ana (S. 400)
- » Restaurante El Duende (S. 403)
- » Restaurante Callizo (S. 406)
- » La Cocina del Principal (S. 396)

Schön übernachten

- » Casa de San Martín (S. 405)
- » Hotel los Siete Reyes (S. 405)
- » Parador de Sos del Rey Católico (S. 395)
- » La Casa del Tío Americano (S. 418)
- » Hotel Barosse (S. 399)

Auf nach Aragonien

Aragonien, fernab vom Meer gelegen und wenig bekannt, zählt zu den erstaunlichsten Reisezielen Spaniens. Hier falten sich die Pyrenäen zu pittoresk geformten Gipfeln und tiefen Tälern. Flüsse schlängeln sich durch Wälder und an kleinen Orten vorbei, die von den Spuren der Zeit unberührt zu sein scheinen. Typisch für die Gegend sind die steinernen *pueblos* (Dörfer): Nahezu überall stößt man auf Kandidaten, die den Titel „schönstes spanisches Dorf" verdient hätten. Auch die Städte lohnen einen Besuch – sei es der Mudejarort Teruel oder das trubelige Zaragoza, das mit umwerfenden Bauwerken aus der römischen, islamischen und christlichen Zeit prangt. Darüber hinaus ermöglicht die Region erstklassige Freizeitaktivitäten wie Wandern, Canyoning und Skifahren. Vor allem anderen aber fasziniert Aragoniens Zeitlosigkeit, denn hier lebt und atmet noch das alte Spanien.

Reisezeit

Zaragoza

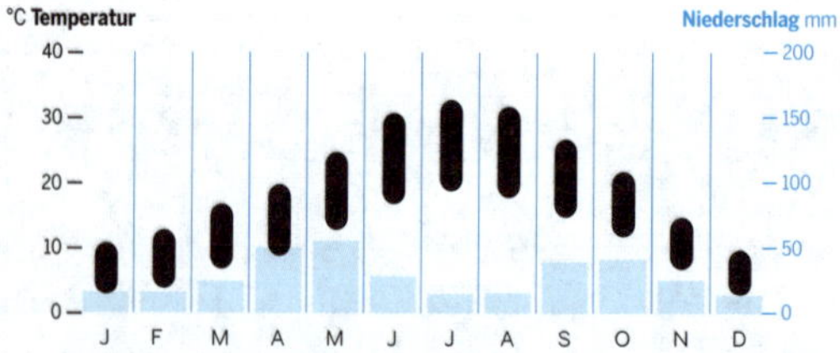

Feb. Teruels Fiesta Medieval entführt Besucher der Stadt ins Mittelalter.

Mitte Juni–Anfang Sept. Die beste Zeit zum Wandern in den Aragonischen Pyrenäen.

Okt. Zaragozas Fiestas del Pilar verbinden Sakrales mit der Lust am Feiern.

Highlights

1 Die Wildnis des herrlichen **Parque Nacional de Ordesa y Monte Perdido** (S. 401) erkunden

2 In den Dörfern **Aínsa** (S. 405) und **Sos del Rey Católico** (S. 395) am Fuß der Pyrenäen ins Mittelalter eintauchen

3 Staunend durch die Gassen von **Albarracín** (S. 416) streifen, die an dessen islamische Vergangenheit erinnern

4 Nachts in den belebten Bars von **Zaragoza** (S. 386) feiern und tagsüber seine herrlichen Monumente bewundern

5 In **Teruel** (S. 413) Mudejararchitektur und *jamón* (Schinken) genießen

6 Durch die schönen Pyrenäentäler von **Echo** (S. 397) und **Ansó** (S. 398) wandern

7 **Alquézars** (S. 408) beeindruckende Canyons bestaunen

ZARAGOZA

674 730 EW.

Zaragoza (Saragossa) rockt! Die lebenslustigen Bewohner dieser großartigen Stadt an den Ufern des mächtigen Río Ebro stellen über die Hälfte der Bevölkerung Aragoniens und repräsentieren einen Lifestyle, bei dem Tapas-Bars und Nachtclubs eine wichtige Rolle spielen. Doch Zaragoza ist weit mehr als das. Es birgt zahlreiche Sehenswürdigkeiten aus der Zeit großer Zivilisationen, die in Spanien deutliche Spuren hinterlassen haben.

Geschichte

Die Römer gründeten Caesaraugusta (wovon sich „Zaragoza" ableitet, was man beim Sprechen durchaus hört) im Jahr 14 v. Chr. Nach und nach zogen 25 000 Menschen in den Ort, dessen Binnenschifffahrt die damals bekannte Welt bis an die Ufer des Río Ebro erweiterte. Zaragoza blühte fast drei Jahrhunderte lang, doch 472, als die Westgoten es einnahmen, kam sein Niedergang. Während der maurischen Zeit war es Hauptstadt des Grenzgebiets der Oberen Mark von Al-Andalus. 1118 fiel die Stadt in die Hände von Alfons I., genannt El Batallador (der Streitbare), Herrscher des expandierenden christlichen Königreichs Aragonien; dieser kürte den Ort direkt zu seinem Regierungssitz. In den folgenden Jahrhunderten entwickelte sich Zaragoza zu einem der wichtigsten wirtschaftlichen und kulturellen Zentren im Inland und zu einem Ziel katholischer Pilger. Heute ist es Spaniens fünftgrößte Stadt.

Sehenswertes

Zaragoza hat großartige Zeiten erlebt. Sowohl Römer als auch Mauren und Christen hinterließen hier zahlreiche Monumente.

CHRISTLICHES ZARAGOZA

GRATIS Basílica de Nuestra Señora del Pilar KIRCHE

(Plaza del Pilar; Fahrstuhl 2 €; ⌚7–20.30 Uhr, Fahrstuhl Di–So 10–13.30 & 16–18.30 Uhr) Tief durchatmen – und eintauchen in die Heiligkeit und Frömmigkeit dieser barocken Höhle des Katholizismus. Hier soll dem Apostel Jakobus (auf Spanisch Santiago) am 2. Januar des Jahres 40 die Jungfrau Maria auf einem marmornen *pilar* (Säule) erschienen sein. Um die besagte Säule wurde eine Kapelle errichtet und durch immer schönere Bauten ersetzt, die am Ende in der gewaltigen Basilika gipfelten. Ursprünglich entworfen von Felipe Sánchez y Herrera 1681, wurden die Arbeiten im 18. Jh. im wuchtigeren Stil von Ventura Rodríguez fortgesetzt. Auf dem Dach thront eine prächtige Mittelkuppel, umringt von zehn kleineren, die mit klobigen blauen, grünen, gelben und weißen Ziegeln gedeckt sind und einen starken byzantinischen Effekt erzeugen.

Die legendäre **Säule** versteckt sich in der Capilla Santa im Ostende der Basilika. An der äußeren Westwand ist ein kleiner ovaler Teil von ihr zu sehen. Ein steter Besucherstrom steht Schlange, um die polierte und zerfurchte Rundung zu küssen, auf die auch schon Päpste ihre Lippen pressten. Mütter und Väter stellen sich hier zwischen 13.30 und 14 Uhr sowie zwischen 18.30 und 19.30 Uhr an, um ihre Babys von der Jungfrau segnen zu lassen. Mehr noch als die Architektur sind es diese Symbole und die Hingabe, zu der sie Gläubige inspirieren, die die Basilika so besonders machen.

An der nordöstlichen Säule der Capilla Santa hängen zwei Granaten, die während des Bürgerkriegs auf El Pilar geworfen wurden und nicht explodiert sind. Ein Wunder in den Augen der Gläubigen; typisch für tschechische Munition nach Ansicht der Zyniker.

Das exquisiteste Kunstwerk der Kirche ist ein Altaraufsatz aus Alabaster von Damián Forment aus dem 16. Jh. an der äußeren Westwand des Chors. Von Goya stammt das Deckengemälde *La reina de los Mártires* (Maria, Königin der Märtyrer) in einer Kuppel über dem nördlichen Seitenschiff, außerhalb der Sacristía de la Virgen.

Ein **Fahrstuhl** befördert Besucher in den Nordturm (Torre Pilar). Von dort sind es nur noch ein paar Stufen und schon genießt man einen grandiosen Blick über die Kuppeln und die Stadt.

La Seo KIRCHE

(Catedral de San Salvador; Plaza de la Seo; Eintritt 4 €; ⌚Juni–Sept. Di–Fr 10–18, Sa 10–14 & 15–18, So 10–11.30 & 14.30–18 Uhr, restliches Jahr kürzere Öffnungszeiten) Das östliche Ende der Plaza del Pilar wird von der Catedral de San Salvador dominiert, bekannter unter dem Namen La Seo. Zaragozas schönstes Beispiel christlicher Architektur entstand zwischen dem 12. und

> **i ARAGONIEN ENTDECKEN**
>
> Die Website www.visitaragon.es ist eine gute Adresse, wenn man seine Reise durch Aragonien planen will.

Zaragoza

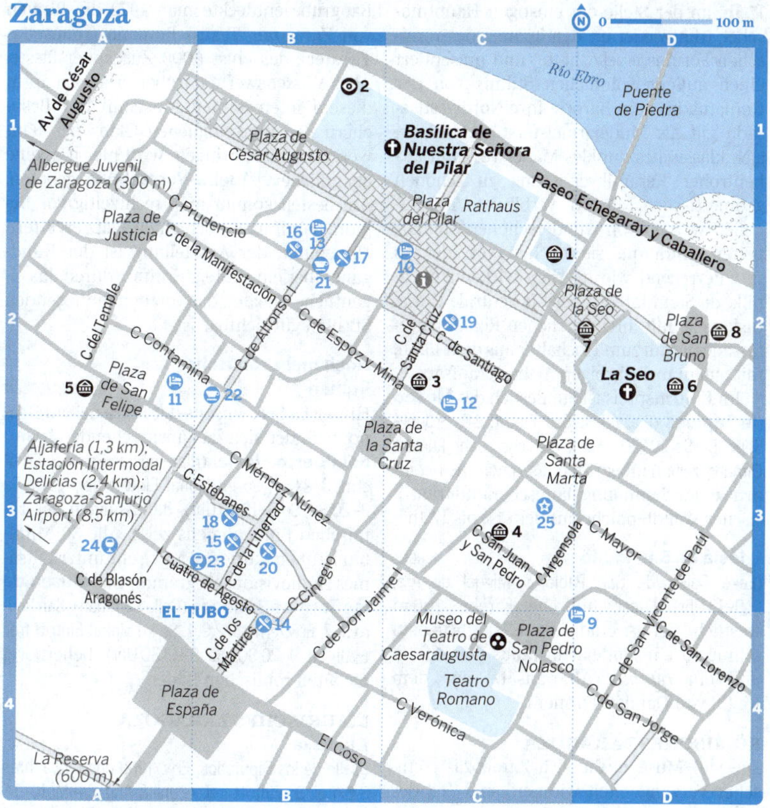

Zaragoza

Highlights

Basílica de Nuestra Señora del Pilar C1
La Seo D2

Sehenswertes

1 La Lonja C2
2 Fahrstuhl (Torre Pilar) B1
3 Museo Camón Aznar C2
4 Museo de las Termas Públicas C3
5 Museo de Pablo Gargallo A2
6 Museo de Tapices D2
7 Museo del Foro de Caesaraugusta D2
8 Museo del Puerto Fluvial D2

Schlafen

9 Hostal el Descanso D4
10 Hotel Las Torres C2
11 Hotel Río Arga A2
12 Hotel Sauce C2
13 Sabinas B2

Essen

14 Casa Lac B4
15 Casa Pascualillo B3
16 Churrería la Fama B2
17 El Rincón de Aragón B2
18 La Miguería B3
19 Mery Limón Gastrobar C2
20 Taberna Doña Casta B3

Ausgehen

21 Café Botanico B2
22 Gran Café de Zaragoza B2
23 Rock & Blues Café B3
24 Zen Gong Café A3

Unterhaltung

25 La Casa del Loco C3

17. Jh. an der Stelle der einstigen Hauptmoschee (die wiederum den Tempel des römischen Forums ersetzt hatte) und präsentiert einen außergewöhnlichen Stilmix von der Romanik bis zum Barock. Ihre Nordwestfassade gilt als Mudejarmeisterstück, in dem sich klassisches dunkles Mauerwerk mit farbenfroher Keramikverzierung zu schönen geometrischen Mustern verbindet. Alle Kapellen werden von wunderschönen Steinarbeiten umrahmt, sie reichen von der so furchterregend wie feierlich wirkenden Capilla de San Marcos über die zentrale Christuskapelle mit ihrer herrlichen Renaissancefassade bis hin zum Hochaltar aus dem 15. Jh. mit einem mehrfarbigen Alabasteraufsatz.

Im Eintrittspreis ist ein Besuch des **Museo de Tapices** (Plaza de la Sao; Eintritt 2 €; ⌚Juni–Sept. Di–So 10–20.30 Uhr, restliches Jahr kürzere Öffnungszeiten) inbegriffen. Es zeigt eine beeindruckende Sammlung flämischer und französischer Wandteppiche aus dem 14. bis 17. Jh.

Iglesia de San Pablo — KIRCHE

(Ecke Calles de San Pablo & Miguel de Ara; ⌚9–13 Uhr) Diese hübsche Kirche 200 m westlich der Avenida de César Augusto schmückt ein Mudejarturm aus dem 14. Jh. und ein *retablo* (Altaraufsatz) aus dem 16. Jh. von Damián Forment.

RÖMISCHES ZARAGOZA

Die vier Museen, die sich Zaragozas römischer Vergangenheit widmen, sind Teil der sogenannten Ruta de Caesaraugusta. Ein Kombiticket kostet 7 €.

Museo del Foro de Caesaraugusta — MUSEUM

(Plaza de la Seo 2; Eintritt 2,50 €; ⌚Juni–Sept. Di–Sa 9–20.30, So 10–14 Uhr, restliches Jahr kürzere Öffnungszeiten) Das trapezförmige Gebäude auf der Plaza de la Seo bildet den Eingang zu einer hervorragenden Teilrekonstruktion des römischen Forums von Caesaraugusta. Heute liegt das ursprüngliche Bauwerk tief unter der Erde. Besucher können hier Überreste von Säulenhallen, Geschäften, ein großes Abwassersystem (*cloaca*) und eine limitierte Sammlung von Artefakten aus dem 1. Jh. n. Chr. bewundern. Eine interessante stündlich stattfindende audiovisuelle Show (auf Spanisch) haucht der Stätte Leben ein. Audioguides (auf Englisch) kosten 2 €.

Museo del Teatro de Caesaraugusta — RUINEN, MUSEUM

(Calle de San Jorge 12; Eintritt 3,50 €; ⌚Di–Sa 9–20.30, So bis 13.30 Uhr) Beim Ausheben einer Baugrube entdeckte man 1972 die Ruinen von Zaragozas Teatro Romano (römisches Theater), das einst 6000 Zuschauer fasste. Alles Wissenswerte darüber erfährt man in diesem interessanten Museum. Um Besuchern den ursprünglichen Glanz des Bauwerkes näherzubringen, wird hier u. a. eine abendliche **virtuelle Vorstellung** geboten. Am besten kommt man rechtzeitig vor Beginn, damit man noch einen Platz ergattert. Höhepunkt der Ausstellung ist der Rundgang über einen Steg. Er führt durch das eigentliche Theater, das von den umliegenden Straßen gut sichtbar ist.

Noch mehr römische Ruinen — RUINEN, MUSEUM

Hinter La Seo, jenseits der Plaza de San Bruno, befindet sich das ansprechende **Museo del Puerto Fluvial** (Plaza de San Bruno 8; Erw./erm. 3/2 €, 1. So im Monat Eintritt frei; ⌚Di–Sa 9–20.30, So 9–13.30 Uhr), das Anlagen des römischen Binnenhafens zeigt. Alle 30 Minuten läuft ein kurioses, aber sehr unterhaltsames Audiovisionsprogramm. Das **Museo de las Termas Públicas** (Calle San Juan y San Pedro 3–7; Erw./erm. 3/2 €, 1. So im Monat Eintritt frei; ⌚Di–Sa 9–20.30, So 9–13.30 Uhr) beherbergt die alten römischen Bäder.

MAURISCHES ZARAGOZA

Aljafería — PALAST

(Calle de los Diputados; Erw./Kind unter 12 Jahren 3 €/frei, So Eintritt frei; ⌚Juli & Aug. Sa–Mi 10–14, Mo–Mi, Fr & Sa 16.30–20 Uhr, restliches Jahr kürzere Öffnungszeiten) Die Aljafería gilt als Spaniens schönstes maurisches Bauwerk außerhalb Andalusiens. Obwohl sie nicht der Klasse der Alhambra in Granada und der Mezquita in Córdoba besitzt, ist sie dennoch ein fantastisches Monument.

Ursprünglich wurde sie im 11. Jh. als Lustschloss für Zaragozas maurische Herrscher errichtet. Nachdem die Christen 1118 die Macht an sich gerissen hatten, nahmen die neuen Regenten einige Änderungen vor. In den 1490er-Jahren ließen sich die Reyes Católicos (Katholische Könige) Ferdinand und Isabella schließlich ihren eigenen Palast bauen, woraufhin die Aljafería langsam verfiel. Restaurierungen holten sie im 20. Jh. ins Leben zurück, und 1987 zog das Regionalparlament von Aragonien, der Cortes de Aragón, ein.

Hinter dem Haupteingang führt der Weg über einen eher langweiligen Vorhof in den **Patio de Santa Isabel**, einst das Zentrum des maurischen Palastes. Seine herrlich miteinander verwobenen Bogen sind typisch für den Prunk und die hohe geometrische Formenkunst der islamischen Architektur. Von der beeindruckenden nördlichen Vorhalle gelangt man in einen kleinen achteckigen **oratorio** (Gebetsraum) mit einem prachtvollen hufeisenförmigen Torbogen, der in den Mihrab (eine nach Mekka zeigende Gebetsnische) führt. Filigran ziselierte Blumenmotive, arabische Inschriften aus dem Koran und die angenehm schlichte Kuppel sind eindrucksvolle Beispiele islamischer Kunst.

Auf dem Weg nach oben passiert man die Räume des **Palacio Mudéjar**, den christliche Herrscher zwischen dem 12. und 14. Jh. anbauen ließen. Von dort führt der Weg zum **Palast** der Katholischen Könige. Hier lassen sich vor allem im **Salón del Trono** (Thronsaal) einige wunderbare Kassettendecken im Mudejarstil bewundern, die mit dem muslimischen Glanz der unteren Räume absolut mithalten können.

Im Eintritt inbegriffen sind Führungen in spanischer Sprache, die 50 Minuten dauern und den ganzen Tag über stattfinden. Los geht's in der Regel zur halben Stunde.

WEITERE SEHENSWÜRDIGKEITEN

GRATIS **Museo Camón Aznar** MUSEUM

(Museo Ibercaja; Calle de Espoz y Mina 23; ⌚Di–Sa 10–13.45 & 17–20, So 10–13.45 Uhr) Das Herzstück dieser Sammlung spanischer Kunst aus mehreren Jahrhunderten bildet eine außergewöhnliche Serie mit Stichen von Goya (im zweiten Stock), eine der besten, die überhaupt existieren. Daneben sind Gemälde anderer berühmter Künstler (darunter Ribera und Zurbarán) zu sehen, die sich über drei Etagen des Renaissancepalastes Palacio de los Pardo verteilen. Wirklich atemberaubend sind aber die Goyas.

GRATIS **La Lonja** HISTORISCHES GEBÄUDE

(Plaza del Pilar; ⌚Di–Sa 10–13.30 & 17–20.30, So 10–13.30 Uhr) Heute eine Ausstellungshalle, diente dieser schlichte, aber wohlproportionierte Renaissancebau einstmals als Börse. Er wurde im 16. Jh. vollendet und ist das zweite Gebäude östlich der Basilika. Farbige Medaillons an der Fassade zeigen die Könige von Aragonien. Die Säulen und die Decke sind besonders bemerkenswert. Hier finden häufig Wechselausstellungen statt.

GRATIS **Museo de Zaragoza** MUSEUM

(Plaza de los Sitios 6; ⌚Di–Sa 10–13.45 & 17–19.45, So 10–13.45 Uhr) 400 m südlich vom Teatro Romano widmet sich das Stadtmuseum der Archäologie und Kunst und stellt Artefakte von der prähistorischen bis zur islamischen Zeit aus. Darüber hinaus werden einige außergewöhnliche Mosaiken aus dem römischen Caesaraugusta präsentiert. Im Obergeschoss kann man 15 Gemälde und über zwei Dutzend Radierungen von Goya bewundern.

> **GOYA IN ARAGONIEN**
>
> Francisco José de Goya y Lucientes, besser bekannt als Meistermaler Goya, wurde in Aragonien geboren. Seine Werke sind überall in der Region zu sehen.
>
> » Casa Natal de Goya (S. 393), Fuendetodos
>
> » Museo del Grabado de Goya (S. 393), Fuendetodos
>
> » Ermita de la Fuente (S. 393), Muel
>
> » Museo Camón Aznar, Zaragoza
>
> » Museo de Zaragoza, Zaragoza
>
> » Basílica de Nuestra Señora del Pilar (S. 386), Zaragoza
>
> » Museo de Huesca (S. 410), Huesca

GRATIS **Patio de la Infanta** MUSEUM

(Calle San Ignacio de Loyola 16; ⌚Mo–Do 9–13.30 & 18–20.30, Fr 9–13.30 & 18–22.30, Sa 11–13.30 & 18–22, So 11–13.30 Uhr) In einem reizenden Platereskhof (spanischer Barockstil des 15. und 16. Jhs.) 600 m südlich der Plaza de España sind Gemälde, darunter Werke von Goya, aus dem Besitz der Ibercaja-Bank zu sehen.

Museo de Pablo Gargallo MUSEUM

(Plaza de San Felipe 3; Erw./erm. 4/3 €; ⌚Di–Sa 9–20.30, So 9–13.30 Uhr) Der sorgsam restaurierte Palacio Argillo aus dem 17. Jh. beherbergt Skulpturen von Pablo Gargallo (1881–1934), Aragoniens wohl talentiertesten künstlerischen Sohn nach Goya.

Feste & Events

Cincomarzada LOKALE FIESTA

Am 5. März feiert die Stadt die Vertreibung der karlistischen Truppen durch das aufgebrachte Volk im Jahr 1838. Tausende Einwohner und Besucher pilgern dann zum Parque Tio Jorge nördlich des Ebros.

Fiestas del Pilar RELIGIÖSES FEST

Als Zaragozas größtes Ereignis gelten die Fiestas del Pilar, eine ganze Woche voller turbulenter Festlichkeiten. Ihr Höhepunkt ist der Día de Nuestra Señora del Pilar am 12. Oktober.

Schlafen

LP TIPP Sabinas APARTMENT €€

(☎976 20 47 10; www.sabinas.es; Calle de Alfonso I 43; DZ/Apt. 50/75 €; ❄📶) Nur wenige Schritte von der Plaza del Pilar entfernt liegen diese Apartments mit einer modernen Küche und einem Wohnzimmer. Eine wunderbare Option! Die Bäder sind sehr hübsch und die Preise für die Lage und die Größe der Zimmer außergewöhnlich gut. Es gibt auch Standard-Doppelzimmer mit Mikrowelle. Das Highlight ist die Dachwohnung Bayeu mit zwei Schlafzimmern und herrlichen Aussichten auf die Basílica de Nuestra Señora del Pilar. Die Rezeption befindet sich im Hotel Sauce um die Ecke.

Hotel Las Torres HOTEL €€

(☎976 39 42 50; www.hotellastorres.com; Plaza del Pilar 11; EZ/DZ inkl. Frühstück ab 75/85 €; ❄📶) Die Zimmer sind in coolem Design mit weißen Möbeln und die öffentlichen Bereiche mit frechen Tapeten eingerichtet; das harmoniert wunderbar mit den altmodischen Kronleuchtern. Vom Balkon hat man einen tollen Blick auf den Platz und die Basilika; die Bäder verfügen über Massageduschen. Im Souterrain ist ein Spa untergebracht. Der einzige Makel: Zwei Jahre nach Eröffnung zeigt manches in den Zimmern schon arge Abnutzungserscheinungen.

Hostal el Descanso HOSTAL €

(☎976 29 17 41; www.hostaleldescanso.es; Calle de San Lorenzo 2; EZ/DZ ohne Bad 18/30 €; 📶) Eine der besten Budgetoptionen der Stadt. Das einladende, familiengeführte Haus liegt wunderbar mit Blick auf eine hübsche Plaza unweit des römischen Theaters und hat einfache, helle Zimmer mit gemütlichen Betten.

Hotel Sauce HOTEL €

(☎976 20 50 50; www.hotelsauce.com; Calle de Espoz y Mina 33; EZ/DZ 53,50/58 €; ❄📶) Das kleine Hotel wartet mit guten, unterschiedlich eingerichteten Zimmern auf. Einige sind traditionell und gemütlich, andere modern und elegant gehalten. Man sollte im Voraus buchen. Frühstück kostet 8 €.

Albergue Juvenil de Zaragoza HOSTEL €

(Zaragoza Hostel; ☎976 28 20 43; www.albergueza ragoza.com; Calle de los Predicadores 70; B inkl. Frühstück ab 16 €, EZ/DZ 20/40 €; @) In dieser ausgezeichneten Herberge warten moderne Einrichtungen, während die Kellerbar noch die originalen architektonischen Elemente aufweist. Im Preis inbegriffen sind Frühstück, Internetzugang und Schließfächer. Von Donnerstag bis Sonntag gibt's an den meisten Abenden Livemusik.

Hotel Río Arga HOTEL €€

(☎976 39 90 65; www.hotelrioarga.es; Calle Contamina 20; EZ/DZ ab 40/45 €; ❄📶) Ruhig gelegen, aber ideal für alle Aktivitäten. Die meisten der komfortablen Zimmer wurden kürzlich renoviert und verfügen über eine moderne Ausstattung inklusive Flachbildfernseher.

Essen

Im Gassengewirr von El Tubo gleich nördlich der Plaza de España, locken die vielfältigsten Tapas-Bars Spaniens.

Casa Pascualillo TAPAS €

(Calle de la Libertad 5; Hauptgerichte 5–14 €; ⏰Di–Sa mittags & abends, So mittags) Als sich *Metropoli,* das anerkannte Wochenendmagazin der Zeitung *El Mundo*, vor ein paar Jahren auf die Suche nach den 50 besten Tapas-Bars in Spanien machte, war es keine Überraschung, dass die Casa Pascualillo dazuzählte. Die Bar ächzt unter dem Gewicht schier unendlicher Tapas. Spezialität des Hauses ist El Pascualillo, ein „kleiner" *bocadillo* (belegtes Baguette) mit *jamón,* Pilzen und Zwiebeln. Zur Casa Pascualillo gehört auch ein formelleres Restaurant.

Mery Limón Gastrobar INTERNATIONAL €€

(www.merylimon.com; Calle de Santiago 30; Hauptgerichte 6–14 €, menú del día 15 €) Die ungewöhnliche Speisekarte dieser prächtigen kleinen Bar teilt sich in drei Abschnitte: italienisch, New York und mediterran. Wirklich herausragend ist aber das *menú del día* (festes Tagesmenü), das verschiedene kleine Gerichte der innovativsten spanischen Küche mit den passenden Weinen kombiniert. In Barcelona würde man dafür das Doppelte zahlen.

Taberna Doña Casta TAPAS €€

(Calle Estébanes 6; ⏰Di–So) Wer seine Tapas schnörkellos mag, wird in dieser beliebten, lässigen *taberna* (Taverne) sein neues kulinarisches Zuhause finden. Mit einer Flasche Wein und sechs Häppchen für 23 € kann man seine Ansprüche zu einem günstigen Preis auf herrliche Weise befriedigen. Die Bar ist vor allem für ihre *croquetas* (Kroketten) und Eierspeisen bekannt.

WAS ISST MAN IN ARAGONIEN?

In der Küche Aragoniens liegt der Schwerpunkt ebenso wie in anderen Regionen auf Fleischgerichten. Natürlich findet man auch Fisch, Meeresfrüchte und weitere traditionelle Speisen, doch hier geht nichts über *jamón de Teruel* (Räucherschinken aus der Provinz Teruel), *jarretes* (Lammhaxe oder -schulter) und besonders *ternasco* (Milchlamm, normalerweise als Steak oder Rippchen mit Kartoffeln serviert). Letzteres erfreut sich so großer Beliebtheit, dass es sogar mit einer eigenen Website (www.iloveternascodearagon.com) voller Rezepte und lobender Kommentare aufwarten kann. Hoch im Kurs stehen auch *conejo a la montañesa* (Kaninchen nach Art der Bergregionen), *migas* (Brotkrumen, normalerweise mit geräuchertem Fleisch zubereitet), *cardo* (Kardone) und *caracoles* (Schnecken). Darüber hinaus hat Aragonien fünf anerkannte Weinregionen, darunter das berühmte Somontano.

Casa Lac TAPAS €€
(☎976 29 90 25; Calle de los Mártires 12; 3 Tapas 6,50–8 €, Hauptgerichte ab 12 €; ⏲Mi–Mo) Die große alte Dame der Restaurantszene Zaragozas erinnert mit ihrer feudalen Einrichtung und dem tadellosen Service im Obergeschoss an das 19. Jh. In der Küche der Tapas-Bar unten gab es vor Kurzem allerdings einen Richtungswechsel, und der ist sehr gelungen: Avantgarde-Tapas und ein kreatives *menú gastronómico* (25 €).

La Miguería TAPAS €
(Calle Estébanes 4; migas 5–10 €, raciones 6–19 €; ⏲Mo–Sa) Wer hätte gedacht, dass man so viel aus *migas* (Brotkrumen) machen kann. Das Miguería bereitet den sattmachenden aragonischen Snack auf über ein Dutzend unterschiedliche Arten zu, beispielsweise in Olivenöl, belegt mit Sardinen oder Stopfleber. Geöffnet wird bereits um 19.30 Uhr – toll für alle, die nicht mit den späten Essenszeiten der Spanier klarkommen.

El Rincón de Aragón ARAGONISCH €€
(☎976 20 11 63; Calle de Santiago 3–5; Hauptgerichte 10–20 €) In diesem einfach eingerichteten Restaurant speist man schlicht, aber hervorragend. Hier wird klar, warum so viele Menschen die aragonische Küche lieben. Zu den Spezialitäten des Hauses gehört das *ternasco asado con patatas a la pobre* (gebratene Lammrippchen mit „Arme-Leute-Kartoffeln"), u. a. Bestandteil des sättigenden viergängigen *menú Aragonés* (19,90 €). Das Lokal liegt in der überdachten Gasse zwischen der Calle de Santiago und der Plaza del Pilar.

La Reserva SPANISCHE NOUVELLE CUISINE €€
(☎976 22 50 80; Calle de Cádiz 10; Tapas ab 3 €, Hauptgerichte 14–20 €) Das Reserva wetteifert mit zahlreichen internationalen Restaurants auf der Calle de Cádiz um Aufmerksamkeit und platzt fast immer aus allen Nähten – und das vollkommen zu Recht. Auf der Karte stehen Tapas, *raciones* (große Tapas-Mahlzeiten), Reisgerichte (mind. zwei Personen), warme Salate und einige üppige Hauptspeisen. Das Lokal ist im modernen Stil gehalten und versprüht eine lockere Atmosphäre. Um hierherzugelangen, geht's von der Plaza de España etwa 200 m nach Süden und dann nach rechts in die Calle de Cádiz.

Churrería la Fama CHURROS €
(heiße Schokolade mit 4 churros 3,10 €; ⏲8–13 & 17–21.30 Uhr) Etwas abseits der Calle de Alfonso I stößt man auf einen tollen Laden für frische *churros* (lange, frittierte Krapfen) mit heißer Schokolade. Wer die ganze Nacht unterwegs war, kann hier wunderbar den Tag beginnen (oder beenden).

Ausgehen

Die Calle del Temple südwestlich der Plaza del Pilar ist das Zentrum von Zaragozas Nachtleben. Hier feiern die Studenten der Stadt und reihen sich mehr Bars aneinander als irgendwo sonst in Aragonien. Viele ähneln sich – einfach dem Lärm folgen, einen Blick nach drinnen werfen und eine aussuchen. Vor Mitternacht braucht man allerdings gar nicht herkommen, da es erst dann richtig losgeht.

Café Botanico CAFÉ
(Calle de Santiago 5; ⏲Di & Mi 9–13, Do & Fr 9–2, Sa 10–2, So 10–23, Mo 9–14 Uhr) Das im Oktober 2011 eröffnete Botanico kombiniert einen Blumenladen, der für viel Grün und Duft sorgt, mit einem Café, in dem guter Kaffee, verschiedene Tees und ein paar Snacks und Kuchen serviert werden. Der Laden hat richtig Schwung, im Untergeschoss wird moderne Kunst gezeigt und die Tische sind zu jeder Tageszeit gut besetzt.

ZARAGOZA – PREISWERT & UNKOMPLIZIERT

Mehr über die folgenden Angebote erfährt man in den Touristeninfos.

Zaragoza Card (☎976 20 12 00; www.zaragozacard.com; 24/48/72 Std. 15/20/24 €) Bietet freien Eintritt zu allen Sehenswürdigkeiten, die kostenlose Nutzung des Touristenbusses sowie Rabatt in Hotels und Restaurants und für Autovermietungen.

Touristenbus (Bus Turístico; ☎976 20 12 00; www.zaragozaturismo.es; Erw./erm./Kind unter 5 Jahren 7,50/4,50 €/frei) Im Sommer klappert dieser Bus auf seiner 75-minütigen Tour zweimal täglich (ansonsten seltener) die Attraktionen der Stadt ab. Wer mitfahren möchte, kann an jedem Haltepunkt ein- bzw. aussteigen.

Geführte Touren (www.zaragozaturismo.es; Führungen 5,30–13 €; ⌚Sa & So 10 & 11 Uhr, Juli & Aug. tgl.) Verschiedene kulinarische, kulturelle und architektonische Stadtspaziergänge können bei der Touristeninformation gebucht werden.

BiziZaragoza (☎902 319931; www.bizizaragoza.com; 3-Tages-Pass 5 €) Ein öffentlicher Fahrradverleih mit zahlreichen Verleih- und Rückgabestationen in der Stadt; bei Einzelfahrten sind die ersten 30 Minuten kostenlos, nach maximal 2 Stunden müssen die Räder wieder abgegeben werden (2 €).

Gran Café de Zaragoza CAFÉ
(Calle de Alfonso I 25; ⌚So–Do 8.30–22, Fr & Sa 9–2.30 Uhr) Eine Institution in Zaragoza. Mit seiner goldplattierten Fassade und dem altmodischen, höflichen Service erinnert der Laden an die großen alten Cafés vergangener Zeiten. Hier trifft man sowohl junge als auch ältere Leute, außerdem kann man in dem eleganten Salon wunderbar frühstücken oder Kaffee trinken.

Rock & Blues Café MUSIKBAR
(Cuatro de Agosto 5–9; ⌚15–2.30 Uhr, am Wochenende länger) Rock'n'Roll-Huldigungen an Künstler wie Jimi Hendrix bestimmen den Ton in dieser seit Langem beliebten Bar. Donnerstags um 22 Uhr wird meistens Livepop, -rock oder -blues gespielt.

Zen Gong Café LOUNGE
(www.cafegong.com; Calle de Alfonso I 13; ⌚So–Do 7–2, Fr & Sa 8–4.30 Uhr; 📶) Dieser Laden würde auch nach Madrid oder Barcelona passen. Er ist stilvoll eingerichtet und beleuchtet und bietet zu jeder Tageszeit eine andere Atmosphäre – tagsüber ist er ein Frühstückscafé, mittags eine Weinbar, abends eine Location für Pop und House und danach für Travestieshows.

☆ Unterhaltung

La Casa del Loco LIVEMUSIK
(www.lacasadelloco.com; Calle Mayor 10–12; Livemusik kostenlos–20 €; Do–Sa 21–5.30 Uhr) Superbeliebt, besonders wenn Livebands spielen. Meistens läuft Rock. Nach den Liveacts sorgen DJs dafür, dass es bis zum Morgen richtig rundgeht. Das bunt gemischte Publikum verbindet die Liebe zum Retrostil.

Oasis CLUB
(☎976 43 95 34; www.oasisclubteatro.com; Calle de Boggiero 28; Eintritt ab 8 €; ⌚Fr & Sa 24–6 Uhr) Ein paar Straßen westlich des alten Stadtzentrums stößt man auf das Oasis, ein ehemaliges Varieté-Theater. In dem Club legt SantiB Techno- und Housemusik auf, ohne es damit zu übertreiben.

ℹ Praktische Informationen

Oficina de Turismo de Aragón (www.turismodearagon.com; Avenida de César Augusto 25; ⌚Mo–Fr 9–14 & 17–20, Sa & So ab 10 Uhr) 500 m südwestlich der Plaza de César Augusto.

Städtische Touristeninformation (☎976 20 12 00; www.zaragozaturismo.es; Plaza del Pilar; ⌚Mitte Juni–Mitte Okt. 9–21 Uhr, Mitte Okt.–Mitte Juni 10–20 Uhr) Hat mehrere Filialen in der Stadt, u. a. am Bahnhof.

ℹ An- & Weiterreise

Bus

Der Busbahnhof liegt neben dem Bahnhof Estación Intermodal Delicias. Von hier werden Ziele in ganz Spanien angesteuert. Diese Anbieter zählen zu den besonders nützlichen:

Alosa (☎902 210700; www.alosa.es) Bis zu acht Busse von/nach Huesca (7,30 €, 1 Std.) und Jaca (14,50 €, 2½ Std.).

ALSA (☎902 422242; www.alsa.es) Tägliche Verbindungen von/nach Madrid (ab 15,29 €, 3¾ Std.) und Barcelona (14,49 €, 3¾ Std.).

Flugzeug

Der **Flughafen Zaragoza-Sanjurjo** (☎976 71 23 00) befindet sich 8,5 km westlich der Stadt und bietet Direktflüge mit **Ryanair** (www.ryanair.com) von/nach Brüssel (Charleroi), Paris (Beauvais), London (Stansted), Mailand (Bergamo), Lanzarote und Sevilla. **Iberia** (www.iberia.es) und **Air Europa** (www.aireuropa.com) haben ebenfalls ein paar In- und Auslandsflüge von/nach Zaragoza im Programm.

Zug

Zaragozas futuristischer, eher unpersönlicher Hauptbahnhof **Estación Intermodal Delicias** (Calle Rioja 33) ist mit beinah stündlichen Express-AVE-Zügen von Madrid (60,10 €, 1¼ Std.) und Barcelona (65,80 €, ab 1½ Std.) zu erreichen. Darüber hinaus gibt's Verbindungen nach Valencia (29,80 €, 4½ Std.), Huesca (ab 7,90 €, 1 Std.), Jaca (12,25 €, 3½ Std.) und Teruel (16,55 €, 2¼ Std.).

Unterwegs vor Ort

Alle 30 Minuten (sonntags alle 60 Min.) verkehren **Flughafenbusse** (902 360065; 1,70 €) vom/zum Paseo María Agustín 7, der 500 m südwestlich der Plaza de España die Avenida de César Augusto kreuzt. Unterwegs halten sie am Busbahnhof/Bahnhof.

Die Busse 34 und 51 pendeln zwischen dem Stadtzentrum und dem Estación Intermodal Delicias; Ersterer fährt die Avenida de César Augusto entlang.

Zur Zeit der Recherche wurde im Stadtzentrum eine neue Straßenbahnlinie gebaut.

SÜDLICH VON ZARAGOZA

Die A23 nach Süden in Richtung Teruel verläuft durch **Campo de Cariñena**, eines der führenden Weinbaugebiete dieser Region. Wer von der Schnellstraße nach **Muel** abbiegt, kann dort in der **Ermita de la Fuente** (Avenida Virgen de la Fuenta; Eintritt frei; tgl. 9–20 Uhr) Heiligenbilder des jungen Goya besichtigen. Nimmt man die langsamere, aber auch ruhigere N234 nach **Cariñena**, kommt man an mehreren **Bodegas** (Weinkellereien) vorbei. In Cariñena lohnt sich ein Besuch des **Museo del Vino** (Weinmuseum; Camino de la Platera 7; Eintritt 2 €; 10–14 & 16–18 Uhr, So nachmittags & Mo geschl.).

23 km östlich von Cariñena liegt an der A220 das kleine Dorf **Fuendetodos**, wo Goya 1746 geboren wurde. Die **Casa Natal de Goya** (www.fundacionfuendetodosgoya.org; Calle Zuloaga 3; Eintritt inkl. Museo del Grabado de Goya 3 €; Di–So 11–14 & 16–19 Uhr) war bis Anfang des 20. Jhs. im Besitz seiner Familie, dann erwarb es der berühmte Künstler Ignacio Zuloaga. Ein Stück die Straße bergab präsentiert das **Museo del Grabado de Goya** (inkl. Casa Natal de Goya 3 €; Di–So 11–14 & 16–19 Uhr) eine bedeutende Sammlung von Kupferstichen Goyas. Bis zu vier Busse fahren täglich vom Busbahnhof in Zaragoza nach Fuendetodos (6,75 €, 1 Std.).

Weitere 18 km östlich landet man in **Belchite**, das eindrücklich an die Zerstörungen während des Spanischen Bürgerkriegs gemahnt. Die Ruinen des alten Ortes, der durch ein neues, benachbartes Städtchen ersetzt wurde, führen das brutale Tauziehen der republikanischen und nationalistischen Einheiten um die Macht in Aragonien vor Augen. Von Zaragoza fahren reguläre Busse hierher (5 €, 45 Min., 3-mal tgl.).

SKIFAHREN IN ARAGONIEN

Aragonien ist eine der führenden Skiregionen Spanien. Im Folgenden die wichtigsten Skigebiete:

Candanchú (974 37 31 94; www.candanchu.com) Etwa 42 km sehr unterschiedliche Pisten, 28 km nördlich von Jaca.

Astún (974 37 30 88; www.astun.com) Ebenfalls 42 km Pisten, die meisten für erfahrene Skiläufer, 3 km östlich von Candanchú.

Panticosa (974 48 72 48; www.panticosa-loslagos.com) Liegt am Zusammenfluss zweier schöner Täler und ist nicht unbedingt die anspruchsvollste Skiregion, die 2 km lange Mazaranuala-Route bildet allerdings eine Ausnahme. Man erreicht Panticosa über die A136, die nördlich von Sabiñago verläuft.

Formigal (www.formigal.com) Hier werden regelmäßig Skiwettkämpfe ausgetragen. Es gibt 57 km Pisten und 22 Lifte. Formigal ist über die A136 nördlich von Sabiñago zu erreichen.

Cerler & Ampriu (www.cerler.com) Cerler befindet sich auf 1500 m Höhe, 6 km südöstlich von Benasque; Ampriu liegt 1900 m hoch und 8 km hinter Cerler. Zusammen bieten sie 45 Pisten von insgesamt 52 km Länge.

WESTLICH VON ZARAGOZA

Tarazona

11 120 EW.

Die ruhigen, serpentinenförmigen Straßen in Tarazona sind ein anschauliches Beispiel für den Grundriss einer mittelalterlichen spanischen Stadt. Hier gibt's genügend Sehenswürdigkeiten, um einen Zwischenstopp einzulegen.

Sehenswertes

Ein ausgeschilderter Rundweg führt über gewundene Kopfsteinpflastergassen in der mittelalterlichen „Oberstadt" nördlich des Río Queiles und ist zweifellos der Höhepunkt eines Besuchs von Tarazona. Auf dem Spaziergang kommt man an der extravaganten Fassade des **ayuntamiento** (Rathaus) und am schlanken Mudejarturm der **Iglesia de Santa María Magdalena** vorbei. Von den Kirchentreppen und dem **Palacio Episcopal** (Bischofspalast) nebenan, einer ehemaligen islamischen Palastfestung, genießt man einen wunderbaren Ausblick. Ebenso bemerkenswert sind die mittelalterliche, außerordentlich gut erhaltene *judería* (jüdisches Viertel) und die hohen Erker der „hängenden Häuser".

In der „Unterstadt" steht Tarazonas **Kathedrale**, eine bunte Mischung aus romanischen, gotischen, Mudejar- und Renaissanceelementen (gegenwärtig ist sie öffentlich nicht zugänglich). Ganz in der Nähe umringen 32 Häuser die achteckige **Plaza de Toros Vieja** (Alte Stierkampfarena). Sie wurden in den 1790er-Jahren gebaut und haben alle Fensterplätze zur Plaza hin.

Schlafen & Essen

Hostal Santa Agueda HOSTAL €€
(☎976 64 00 54; www.santaagueda.com; Calle Visconti 26; EZ/DZ inkl. Frühstück ab 34/49 €; ❄📶) Diese 200 Jahre alte Herberge unweit der Plaza San Francisco verfügt über hübsche Zimmer mit Holzbalken und wird von einem charmanten Inhaber geleitet. Der kleine Frühstücksraum singt ein Loblied auf Raquel Meller, Aragoniens meistgeliebte Sängerin des frühen 20. Jhs. Für die Räume mit Straßenblick muss man am tiefsten in die Tasche greifen; in manchen stehen sogar Sofas.

Hotel Condes de Visconti HOTEL €€
(☎976 64 49 08; www.condesdevisconti.com; Calle Visconti 15; DZ 90 €; P❄@) Schöne Zimmer, davon viele in farbenprächtigem, individuellem Dekor, sowie ein Patio im Renaissancestil machen den ehemaligen Palast aus dem 16. Jh. zur ersten Wahl. Der Service ist altmodisch und gut, zudem gibt's hier ein Café.

El Patio TAPAS €
(Calle de Marrodán 16; Hauptgerichte 7,50–15 €; ⏱10–24 Uhr) Bei den Einwohnern erfreut sich die Bar hinter dem Hostal Palacete de los Arcedianos großer Beliebtheit. Entlang der Theke sind zahlreiche Tapas aufgereiht.

Praktische Informationen

Touristeninformation (☎976 64 00 74; www.tarazona.es; Plaza San Francisco 1; ⏱Mo–Fr 9–13.30 & 16.30–19, Sa & So 10–13.30 & 16.30–19 Uhr) Veranstaltet spanischsprachige Stadtführungen (ein-/zweistündige Führungen 3/5 €; Sa 17, So 12 Uhr).

An- & Weiterreise

Therpasa (☎976 64 11 00; www.therpasa.es) bietet täglich bis zu sieben Busverbindungen vom/zum Estación Intermodal Delicias in Zaragoza (6,88 €, 1¼ Std.) und von/nach Soria (5,38 €, 1 Std.).

Monasterio de Piedra

Dieses einstige **Zisterzienserkloster** (☎902 196052; www.monasteriopiedra.com; Park & Kloster Erw./Kind 13,50/10 €, Kloster Erw. 8 €; ⏱Park 9–20 Uhr, Kloster 10.15–13.15 & 15–19 Uhr), 28 km südwestlich von Calatayud, datiert ins 13. Jh., wurde aber in den 1830er-Jahren aufgegeben. Die neuen Besitzer legten einen bewaldeten Park mit Höhlen und Wasserfällen an, in dem Familien einen wunderbaren Tag verbringen können; allerdings kann es an Sommerwochenenden sehr voll werden. In den Klosterkomplex integriert ist das **Hotel Monasterio de Piedra** (☎976 84 90 11; www.monasteriopiedra.com; Zi. ab 93 €; ❄).

Dienstags, donnerstags, samstags und sonntags (im Sommer täglich) startet ein Bus von Automóviles Zaragoza um 9 Uhr in Zaragoza und fährt über Calatayud zum Kloster (13,75 €, 2½ Std.). Um 17 Uhr geht's zurück.

DER NORDEN (DIE PYRENÄEN)

Wenn man Zaragozas karges Flachland hinter sich lässt und in Richtung Norden fährt, überzieht ein Hauch von Grün die Landschaft und es mehren sich die Zeichen, dass bald sehr hohe Berge vor einem aufragen werden. Und hoch sind die Aragonischen Pyrenäen wirklich, zahlreiche Gipfel sogar deutlich über 3000 m. Auf der spanischen Seite ist dies einer der dramatischsten und auch lohnenswertesten Abschnitte der Gebirgskette. Von Süden aus betrachtet, füllen die Zinnen der Bergkämme den Horizont in alle Richtungen. Hier erstrecken sich faszinierende Landschaften, außerdem locken beeindruckende Dörfer aus Steinbauten, zahlreiche gute Skiresorts und großartige Wandermöglichkeiten.

Aktivitäten

Es gibt fast 6000 km gut markierte Fern- (Grandes Recorridos; GR) und Kurzwanderwege (Pequeños Recorridos; PR). Der GR11 führt von Küste zu Küste und durchquert den spektakulärsten Teil der Aragonischen Pyrenäen.

Von Mitte Juni bis Anfang September ist die beste Zeit zum Wandern, allerdings können beliebte Gegenden im Hochsommer völlig überlaufen sein. Mit unbeständigem Wetter muss man zu jeder Jahreszeit rechnen – also sollte man sich besser immer auf extreme Bedingungen einstellen und vor dem Aufbruch unbedingt über die aktuelle Wetterlage und die Beschaffenheit der Wege informieren.

In der Region stößt man auf zahlreiche *refugios* (Bergunterkünfte). Einige werden bewirtschaftet und bieten auch Verpflegung an, bei anderen handelt es sich um einfache Hütten, die dem reinen Schutz dienen. Während der Ferienzeiten sind Erstere oft belegt; wer nicht gebucht hat, sollte aufs Zelten vorbereitet sein. Die Federación Aragonesa de Montañismo (FAM; S. #853) in Zaragoza stellt Infomaterial zur Verfügung. Mit einer FAM-Karte bekommt man Rabatte auf Übernachtungen in den *refugios*. Unter www.alberguesyrefugiosdearagon.com kann man Reservierungen in den *refugios* und *albergues* (Herbergen) vornehmen.

Der aragonische Verlag Prames gibt die empfehlenswertesten Wanderkarten für dieses Gebiet heraus.

Sos del Rey Católico

670 EW. / 625 M

Würde Sos del Rey Católico (oder einfach Sos) in der Toskana liegen, wäre es eine weltberühmte Bergstadt. Das Dorf 55 km westlich von Jaca ist eines der schönsten in ganz Aragonien und sein mittelalterlicher Ortskern ein beeindruckendes Labyrinth aus Kopfsteinpflastergassen, die sich zwischen dunklen Steinhäusern mit tief überhängenden Traufen hindurchwinden.

Sos hat auch eine historische Bedeutung, denn eine Hälfte des eindrucksvollsten Paares der spanischen Geschichte erblickte hier 1452 das Licht der Welt: Ferdinand II. von Aragonien. Er und seine Ehefrau Isabella I. von Kastilien wurden als die Reyes Católicos (Katholische Könige) bekannt. Zusammen eroberten sie das letzte islamische Königreich Granada und vereinten Spanien.

AUF NACH FRANKREICH?

Wer von Aragonien aus weiter ins Nachbarland reist und sich über den dortigen Teil der Pyrenäen informieren möchte, kann sich den deutschsprachigen Lonely Planet Band *Frankreich* zulegen.

Sehenswertes

Iglesia de San Esteban KIRCHE
(Eintritt 1 €; ⏲10–13 & 15.30–17.30 Uhr) Die gotische Kirche hat ein verwittertes romanisches Portal und eine düstere Krypta mit wunderbaren mittelalterlichen Fresken.

Casa Palacio de Seda HISTORISCHES GEBÄUDE
(Erw./Kind 2,60/1,50 €, inkl. Dorfführung 4/2 € ⏲10–14 & 16–20 Uhr) In diesem Gebäude soll 1452 Ferdinand das Licht der Welt erblickt haben. Die beeindruckend vornehme Villa beherbergt heute ein Interpretationszentrum mit interessanten Exponaten zur Geschichte von Sos und zum Leben des Königs. Im selben Haus befindet sich auch die Touristeninformation, die geführte Rundgänge anbietet.

Castillo de la Peña Feliciano RUINE
Der Wachturm aus dem 12. Jh. ist alles, was von der Burg übrig blieb, die einst die Grenze zwischen den beiden christlichen Königreichen Aragonien und Navarra bewachte. Vom Fuß des Turms bieten sich fabelhafte Aussichten in alle Himmelsrichtungen.

Ayuntamiento BEDEUTENDES GEBÄUDE
Das Renaissancerathaus, das die zentrale Plaza de la Villa dominiert, ist eines der prächtigsten öffentlichen Gebäude von Sos.

Schlafen & Essen

Parador de Sos del Rey Católico HOTEL €€
(☎948 88 80 11; www.parador.es; Calle Arquitecto Sainz de Vicuña 1; Zi. 142 €; ⏲Jan.–Mitte Feb. ge-

schl.; P❄📶) Dieser *parador* hätte das Königspaar entzückt! Das große Gebäude harmoniert perfekt mit den Steinbauten von Sos. Die Zimmer sind mit Terrakottaböden versehen, von einigen eröffnet sich ein hübscher Blick auf das Dorf und die Ebenen ringsum. Der Service ist tadellos, und das großartige Restaurant (Menüs 32 €) serviert wechselnde regionale Spezialitäten.

El Peirón Hotel HOTEL €€
(☎948 88 82 83; www.elpeiron.com; Calle Mayor 24; EZ/DZ/Suite inkl. Frühstück ab 70/80/130 € ❄📶) In einem hübschen Haus aus dem 17. Jh. ist das Peirón untergebracht. Es wartet mit geschmackvoll eingerichteten Zimmern samt freiliegenden Steinmauern und Hydromassageduschen in den Bädern auf.

Ruta del Tiempo HOTEL €€
(☎948 88 82 95; www.rutadeltiempo.es; Calle Larraldía 1; EZ inkl. Frühstück 50 €, DZ inkl. Frühstück 70–108 €; ❄📶) Das charmante familiengeführte Hotel liegt neben der zentralen Plaza de la Villa. Die Zimmer im ersten Stock wurden den drei aragonischen Königen gewidmet, die vier Räume im zweiten Stock Kontinenten. „Asien" und „Afrika" sind die größten und besten Zimmer.

Albergue Juvenil HOSTEL €
(☎948 88 84 80; www.alberguedesos.com; Calle de las Encinas; B unter/über 26 J. 15/17,50 €) Ein restaurierter mittelalterlicher Turm beherbergt diese exzellente Jugendherberge mit supermoderner Ausstattung und hellem, stillvollem Dekor. Mahlzeiten (6,50 €) gibt's ebenfalls.

As Bruixas PENSION €€
(☎948 88 84 15; www.asbruixas.com; Calle Mayor 25; DZ/Suite 60/70 €; ❄📶) Tolles Gästehaus mit einem originellen Namen, der übersetzt „Die Hexen" bedeutet. Die drei komfortablen Zimmer sind in erfrischend lebhaften Farben gestrichen und mit festen Matratzen, glänzenden Badewannen sowie Kunstobjekten ausgestattet. Im postmodernen Speisesaal (Hauptgerichte 12–15€) wird aragonische Küche mit traditionellen Zutaten, aber einer frischen Note serviert.

Hostal las Coronas HOSTAL €€
(☎948 88 84 08; www.hostallascoronas.com; Calle Pons Sorolla 2; EZ/DZ ab 56/70 €) Der freundliche Inhaber Fernando hält attraktive Zimmer mit Charakter bereit, besonders schön sind jene mit Balkonen und Blick auf die Plaza. In der Kellerbar gibt's *bocadillos* (5–7 €), Tapas (2–6 €) und *raciones* (ab 7 €).

La Cocina del Principal ARAGONISCH €€
(☎948 88 83 48; Calle Mayor 17; Hauptgerichte 14–17,50 €; ⊙Di–Sa, So mittags) Neben den Hotelrestaurants ist dies das beste Lokal des Ortes. Hier kommt man in den Genuss sorgfältig zubereiteter lokaler Gerichte, darunter Weinbergschnecken und *jarretes* (Schinkenhaxe oder Schulter). Es empfiehlt sich, zu reservieren.

Shoppen

Morrico Fino ESSEN
(Calle Mayor 14; ⊙10–13.30 & 17–20 Uhr) In den Dorfgassen verstecken sich winzige Läden voller regionaler Spezialitäten wie Wein, Käse und Räucherfleisch. Morrico Fino ist eine besonders gute Anlaufstelle.

Praktische Informationen

Touristeninformation (☎948 88 85 24; Plaza Hispanidad; ⊙10–14 & 16–20 Uhr) Befindet sich in der Casa Palacio de Sada und veranstaltet am Wochenende zweimal täglich Führungen durchs Dorf (1/2 Std. 2,60/4 €).

An- & Weiterreise

In Zaragoza startet montags bis freitags um 19 Uhr ein **Gómez-Bus** (☎976 67 55 29) nach Sos (1½ Std., 9,75 €). Um 7 Uhr geht's zurück.

Rund um Sos del Rey Católico

Nördlich von Sos windet sich die A1601 34 km nach Westen und weiter Richtung Nordwesten zur N240. Unterwegs passiert sie die schönen Dörfer **Navardún** und **Urriés**, bevor sie die Sierra de Peña Musera erklimmt und dann hinunter in das zauberhafte verlassene Örtchen **Ruesta** führt. Auf ihrem letzten Abschnitt durchquert sie einige ungewöhnliche Felsformationen und Weizenfelder und bietet einen tollen Ausblick auf das Bergdorf **Milanos**, das weit entfernt im Osten erkennbar ist.

Valles de Echo & Ansó

Die grünen Täler Echo und Ansó sind absolut faszinierend. Zunächst führen die Straßen sanft nach oben, vorbei an alten Steindörfern, die sich an Hänge mit dichten Mischwäldern aus Buchen, Ebereschen, Ulmen und Haselnusssträuchern klammern. Dort, wo sich die Täler nach Norden hin verengen, recken sich stolze Gipfel über 2000 m in die Höhe. Dieser wundervollen Landschaft sollten sich Wanderer respektvoll nähern, denn der schrille Tourismus der spektakuläreren Gegenden weiter östlich ist hier fehl am Platz.

Von Montag bis Samstag startet um 6.30 Uhr ein Bus in Ansó, der via Siresa (6.53 Uhr) und Echo (7 Uhr) nach Jaca fährt. Um 18.50 Uhr geht's wieder zurück. Ansó und Echo sind durch eine 12 km lange Straße miteinander verbunden.

ECHO (HECHO)

630 EW. / 833 M

Das größte Dorf im Tal besteht aus einem reizenden Labyrinth solider Steinhäuser mit steilen Dächern und Balkonen voller hübscher Blumen.

Sehenswertes

Im Gebäude der hilfreichen Touristeninformation befindet sich auch das **Museo de Arte Contemporáneo**, ein Kunstmuseum mit Wechselausstellungen. Am Hang daneben liegt der Skulpturenpark des **Museo de Escultura al Aire Libre**. Im Zentrum des Dorfes zeigt das **Museo Etnológico Casa Mazo** eine Sammlung toller Fotografien von Einwohnern aus den 1920er- und 1930er-Jahren.

Schlafen & Essen

Casa Blasquico LANDHOTEL €

(974 37 50 07; www.casablasquico.es; Plaza de la Fuente 1; DZ 40–53 €, 3BZ 65 €; 1. Septemberhälfte geschl.) Die beste Unterkunft des Ortes, die charmante Casa Blasquico, hat sechs Zimmer mit hölzernen und schmiedeeisernen Möbeln. Das Frühstück kostet 6 €.

Camping Valle de Hecho CAMPINGPLATZ

(974 37 53 61; www.campinghecho.com; Stellplatz pro Erw./Zelt/Auto 4,29/4,29/4,29 €;) Südlich vom Ort liegt dieser gepflegte Zeltplatz. Er bietet überdurchschnittlich viel, von einer WLAN-Zone über einen kleinen Supermarkt bis zur malerischen Lage.

Restaurante Gaby ARAGONISCH

(974 37 50 07; www.casablasquico.es; Plaza de la Fuente 1; Hauptgerichte 9–19 €) In diesem hochgelobten Restaurant im Untergeschoss der Casa Blasquico kann man wunderbar essen. Der holzvertäfelte Speisesaal bildet einen schönen Rahmen für leckere Spezialitäten wie *ensalada de perdiz* (Rebhuhnsalat), *crepes de setas* (Crêpes mit Waldpilzen) und *conejo a la casera* (Kaninchen nach Art des Hauses); auf der ausführlichen Weinliste stehen u. a. auch 17 lokale Sorten.

Praktische Informationen

Touristeninformation (974 37 55 05; www.valledehecho.net; Carretera Oza; Fr & Sa 10–13.30 & 17.30–19, So 10–13 Uhr)

SIRESA & UMGEBUNG

130 EW. / 850 M

Ein paar Kilometer nördlich von Echo stößt man auf dieses ebenso charmante, wenn auch weniger bekannte Dorf. Die wunderschöne **Iglesia de San Pedro** (Eintritt 1,50 €; 11–13 & 17–19 Uhr, Mi nachmittags geschl.) aus dem 11. Jh. liegt im Ortszentrum und gehörte ursprünglich zu einem der ältesten Klöster Aragoniens.

Schlafen & Essen

Hotel Usón LANDHOTEL

(974 37 53 58; www.hoteluson.com; EZ inkl. Frühstück 40–50 €, DZ 53–58 €, Apt. 65–125 €; Ostern–Okt.; P) Pure Entspannung in toller Umgebung findet man in diesem hervorragenden Hotel hoch oben im Echo-Tal 5 km nördlich von Siresa an der Straße zur Selva de Oza. Zum Konzept gehört der Verzicht auf Fernsehgeräte. Das Restaurant serviert exzellente Hausmannskost.

Hotel Castillo d'Acher HOTEL

(974 37 53 13; www.castillodacher.com; Plaza Mayor; DZ 40–65 €) Dieses Hotel verfügt über eine schöne Auswahl an Zimmern – einige sind ziemlich altmodisch, andere modern mit Kiefernholztäfelung. Es gibt auch *casas rurales* (Zimmer im Dorf; DZ 28 €). Im hoteleigenen Restaurant bekommt man ein gutes *menú del día* (14 €).

Albergue Siresa HOSTEL

(Tel./Fax 974 37 53 85; www.alberguesiresa.com; Calle Reclusa; B inkl. Frühstück 15 €, Bettwäsche 2,50 €) In dem fröhlichen Hostel gibt's Etagenbetten, Frühstück und auf Wunsch auch weitere Mahlzeiten, außerdem kann man Mountainbikes mieten (12 € pro Tag).

SELVA DE OZA

Das obere Ende des Echo-Tals ist besonders schön. Hier verläuft die Route parallel zum Río Aragon Subordán, der sich seinen Weg durch einen dichten Wald bahnt. 7 km von Siresa entfernt zwängt sich die Straße durch die Boca del Infierno (Höllentor). Gut 14 km hinter Siresa endet der asphaltierte Weg und geht in die GR11-Strecke Candanchú–Zuriza über. Mindestens ein halbes Dutzend Berggipfel reihen sich im Norden zu einem Halbkreis auf. Sie können auf anstrengenden Tagestouren erklommen werden.

ANSÓ

480 EW. / 860 M

Ansó liegt noch tiefer in der harmonischen Bergwelt und besteht aus grob behauenen grauen Steinhäusern mit roten Ziegeldächern. Einige der Hauswände sind weiß getüncht, sodass man ein schönes Schachbrettmuster vor sich sieht. Der Ort erstreckt sich am Fuße eines bewaldeten Steilhangs an einem teilweise überwachsenen Flussbett. Ein Netz enger Straßen umringt die Plaza Mayor.

Schlafen & Essen

Posada Magoria LANDHOTEL
(☎974 37 00 49; http://posadamagoria.com; Calle Milagros 32; DZ 55–60 €; Wi-Fi) Die wunderbare *posada* scheint regelrecht aus der Wand der hiesigen Kirche herauszuwachsen. Sie wartet mit einer Menge Flair auf und wird von einer netten Familie geführt, die ihren Gästen gerne mehr über die Region erzählt. Im *comedor* (Speisesaal) gibt's hervorragende vegetarische *menús* (12 €) aus lokalen Zutaten und sogar vegane Gerichte.

Casa Baretón HOSTAL
(☎974 37 01 38; www.casabareton.com; Calle Pascual Altemir 16; EZ/DZ 35/49 €) Der Besitzer der Casa Baretón ist von Beruf Handwerker und hat dafür gesorgt, dass in diesem herrlich renovierten Steinhaus viele alte Elemente erhalten blieben, sodass die Zimmer gleich doppelt so gemütlich sind.

Bar Zuriza TAPAS €
(Calle Mayor 71) Am oberen Ende des Dorfs serviert diese Bar gute Tapas.

Praktische Informationen

Touristeninformation (☎974 37 02 25; Plaza Mayor; ⌚Juli & Aug. 10–14 & 17–20 Uhr, Sept.–Juni nur am Wochenende) Bietet kostenlose Rundgänge durch den Ort an.

VALLE DE ZURIZA

Dieses schmale, 15 km lange Tal beginnt nördlich von Ansó. Es folgt dem Río Jeral und führt in weit abgelegene Regionen der Pyrenäen, wo sich hoch oben Raubvögel versammeln und man gute Chancen hat, Gämsen zu sehen. Die Asphaltstraße geht irgendwann in herrliche Wanderwege wie den GR11 über.

MONASTERIO DE SAN JUAN DE LA PEÑA

21 km südwestlich von Jaca stößt man auf das hoch gelegene Monasterio de San Juan de la Peña, Aragoniens faszinierendstes Kloster. Die Zufahrt erfogt von **Santa Cruz de la Serós** aus, einem hübschen Dorf 4 km südlich der N240.

Von dort windet sich eine Straße rund 7 km die Sierra de la Peña hinauf zum beeindruckenden **Monasterio Viejo** (Altes Kloster; www.monasteriosanjuan.com ⌚Mitte Juli–Aug. 10–20 Uhr, restliches Jahr kürzere Öffnungszeiten), das in einer Kurve unter einem Felsvorsprung kauert.

Vermutlich ist diese Stelle bereits ab dem 8. Jh. von christlichen Eremiten genutzt worden. Mit dem Bau der mozarabischen Kirche im 10. Jh. entwickelte sich der Ort zu einem spirituellen Machtzentrum des mittelalterlichen Königreichs Aragonien. Ein Highlight aus dieser Zeit ist der romanische **Kreuzgang** mit seinen wundervollen Säulenkapitellen aus dem 12. und 13. Jh., die die Genesis und das Leben Jesu darstellen. Hier wurden die ersten drei Könige von Aragonien, Ramiro I. (1036–64), Sancho Ramírez (1064–1094) und Peter I. (1094–1104), begraben.

Ein Feuer 1675 veranlasste die Mönche, das Kloster aufzugeben und weiter oben ein neues aus Backsteinen zu bauen, das **Monasterio Nuevo** (Neues Kloster; ⌚Mitte Juli–Aug. 10–20 Uhr, restliches Jahr kürzere Öffnungszeiten). Es beherbergt zwei große **Interpretationszentren**, von denen eines die archäologische Geschichte der Stätte dokumentiert, während das andere den aragonischen Königen gewidmet ist.

Wer kein Experte ist bzw. kein besonderes Interesse an dem Kloster hat, wird mit einem Besuch des Monasterio Viejo vollkommen zufrieden sein.

TICKETS & PARKPLÄTZE

Eintrittskarten für die beiden Klöster und die audiovisuelle Präsentation über das Königreich von Aragonien werden nur im Monasterio Nuevo verkauft. Tickets für eine/zwei/drei dieser Sehenswürdigkeiten kosten 7/8,50/11 € für Erwachsene, 6/7/9 € für Studenten und Senioren sowie 4/4,50/6 € für Kinder zwischen 7 und 16 Jahren.

Der einzige zulässige Parkplatz liegt etwas oberhalb des Monasterio Nuevo. Von dort fährt unregelmäßig ein Shuttlebus zum Monasterio Viejo und wieder zurück. Im Winter kann man etwa 200 m hügelabwärts vom Monasterio Viejo parken.

Schlafen & Essen

Hostelería Santa Cruz HOSTAL €

(974 36 19 75; www.santacruzdelaseros.com; Calle Ordana; EZ/DZ ab 50,50/62,50 €;) Eine großartige Unterkunft unweit der Kirche in Santa Cruz de la Serós mit tollen Zimmern. Im zugehörigen Restaurant wird ein gutes *menú del día* (12 €) serviert.

Hospedería Monasterio San Juan de la Peña HISTORISCHES HOTEL €€

(974 37 44 22; www.hospederiasdearagon.es; DZ ab 64 €;) Das kürzlich eröffnete Viersternehotel gehört zum Monasterio Nuevo und wartet mit komfortablen Zimmern, einem Spa-Bereich und einem Restaurant auf. Es ist auch für Rollstuhlfahrer geeignet.

An- & Weiterreise

Leider gibt's keine öffentlichen Verkehrsmittel zum Kloster. Wanderer müssen einen steilen, 4 km langen ausgeschilderten Weg (den GR65.3.2) nehmen, der von Santa Cruz zum Monasterio Viejo führt. Die Wanderung, bei der es 350 m bergauf geht, dauert etwa 1½ Stunden.

Jaca

13 300 EW. / 820 M

Jaca ist das Eingangstor zu den westlichen Tälern der Aragonischen Pyrenäen. Das schöne alte Zentrum erinnert daran, dass dieser Ort im 11. Jh. die erste Hauptstadt des Königreichs Aragonien war. Neben der ungewöhnlichen Wehranlage und der gedrungenen Kathedrale gibt's einige großartige Restaurants. An Winterwochenenden sorgen Après-Ski-Freaks für ein lebhaftes Nachtleben.

Sehenswertes & Aktivitäten

Catedral KATHEDRALE

(Plaza de la Catedral; 11.30–13.30 & 16.15–20 Uhr) Jacas mächtige Kathedrale stammt aus dem 11. Jh. Ihre imposante Fassade gilt als typisch für die robuste Architektur Nordaragoniens. Ursprünglich errichtete man sie im zierlichen Stil der französischen Romanik, aber gotische Veränderungen verliehen ihr im 16. Jh. ein hybrides Aussehen. Innen lohnt vor allem die Seitenkapelle einen Besuch. Sie ist der heiligen Orosia, der Stadtpatronin, gewidmet: Ihr Martyrium wurde auf einer Reihe geheimnisvoller Wandbilder festgehalten.

Ciudadela ZITADELLE

(Zitadelle; www.ciudadeladejaca.es; Erw./erm. 10/5 €; Di–So 11–14 & 17–20 Uhr, letzter Ticketverkauf 13 & 19 Uhr) Die sternförmige Zitadelle aus dem 16. Jh. ist Spaniens einzige fünfeckige (jene in Pamplona wurde nicht vollendet) sowie eine von nur zwei derartigen Wehranlagen in Europa. Heute beherbergt sie eine Militärakademie und kann im Rahmen einer 40-minütigen Führung (auf Englisch, Spanisch oder Französisch) besichtigt werden. In dem Gebäude befindet sich auch das **Museo de Miniaturas Militares** (Museum für Militärminiaturen; www.museominiaturasjaca.es) mit einer außergewöhnlichen Modellsammlung, mehr als 32 000 Spielzeugsoldaten sowie plastisch wirkenden Schaubildern von Schlachten und anderen Begebenheiten. Rund um die Zitadelle und den Wassergraben grasen Hirsche.

Altstadt HISTORISCHE STÄTTE

In den Straßen des *casco historico* (Altstadt) südlich der Kathedrale stehen einige schöne Gebäude, darunter der **Torre del Reloj** (Uhrenturm; Plaza del Marqués de la Cadena) aus dem 15. Jh. und die charmante **Ermita de Sarsa** (Avenida Oroel).

Feste & Events

Festividad del Primer Viernes de Mayo MITTELALTERFEST

Am ersten Freitag im Mai findet ein mittelalterliches Bogenschießturnier statt; dann feiert der ganze Ort einen im Jahr 760 errungenen Sieg der Christen über die Muslime.

Fiesta de Santa Orosia RELIGIÖSES FEST

Für die einwöchige Fiesta de Santa Orosia rund um den Tag der städtischen Schutzheiligen am 25. Juni wirft sich das partyfreudige Jaca in Schale.

Festival Folklórico de los Pirineos FOLKLORE

Dieses Folklorefestival feiert man in ungeraden Jahren gegen Ende Juni bzw. Anfang August. Es bringt anderthalb Wochen internationale Musik, Tanz, Kunst und Theater.

Schlafen

An Wochenenden, während der Skisaison sowie im Juli und August sollte man unbedingt rechtzeitig reservieren.

LP TIPP **Hotel Barosse** BOUTIQUE-HOTEL €€

(974 36 05 82; www.barosse.com; EZ inkl. Frühstück 72–136 €, DZ inkl. Frühstück 115–170 €;) 2 km südlich von Jaca bietet das im ruhigen Dorf Barós gelegene Hotel sechs individuell und liebevoll gestaltete Zimmer mit Natursteinwänden, wohlplatzierten Farbtupfern und schönen Bädern. Es gibt einen Leseraum, einen Garten, einen Whirlpool, eine Sauna und einen tollen Ausblick auf die Py-

Jaca

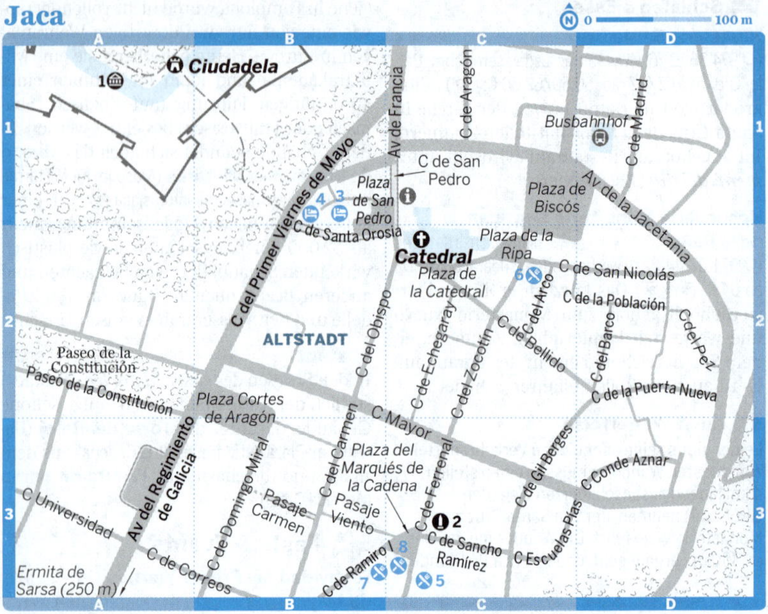

Jaca

Highlights
- Catedral C2
- Ciudadela A1

Sehenswertes
- 1 Museo de Miniaturas Militares A1
- 2 Torre del Reloj C3

Schlafen
- 3 Hostal París B1
- 4 Hotel Mur B1

Essen
- 5 Crepería El Bretón C3
- 6 La Casa del Arco C2
- 7 La Tasca de Ana B3
- 8 Restaurante El Portón C3

renäen. Darüber hinaus sind José und Gustavo einfach wunderbare Gastgeber. Das Barosse ist zweifellos die beste Wahl in Jaca. Wer kein eigenes Fahrzeug hat, zahlt für ein Taxi vom Stadtzentrum mindestens 10 €.

Hostal París HOSTAL €

(☎974 36 10 20; www.hostalparisjaca.com; Plaza de San Pedro 5; EZ/DZ ohne Bad ab 30/40 €;) Die freundliche, zentrale Unterkunft in der Nähe der Kathedrale verfügt über makellose, geräumige Zimmer – viele mit Blick auf den Platz – und elegante Gemeinschaftsbäder (7 Bäder für 20 Zimmer), die unlängst renoviert wurden.

Hotel Mur HOTEL €€

(☎974 36 01 00; www.hotelmur.com; Calle de Santa Orosia 1; EZ/DZ inkl. Frühstück 50/60 €;) Ein angenehmes, komfortables Hotel. Einige Zimmer sind lichtdurchflutet und bieten einen Ausblick auf die Zitadelle; die Räume ohne Außenfenster fallen allerdings etwas zu eng aus.

Essen

LP TIPP **La Tasca de Ana** TAPAS €

(Calle de Ramiro I 3; Tapas ab 3 €; Mo–Fr 19–23.30, Sa & So 12.30–15.30 & 19–23.30 Uhr;) An der Theke einer der besten Tapas-Bars Aragoniens werden köstliche Versuchungen präsentiert, außerdem gibt's leckere Hauptgerichte und eine sorgfältig zusammengestellte Weinkarte. Am besten bestellt man einige der auf der Tafel angeschriebenen *tapas mas solicitados* (beliebteste Tapas). Bei unserem Besuch stand *rodolfito* (Garnelen in Soße) auf Platz 1, doch daneben locken noch viele andere Leckereien. Wir empfehlen den Toast mit Ziegenkäse und Blaubeeren.

La Casa del Arco VEGETARISCH €
(☎974 36 44 48; www.lacasadelarco.blogspot.com; Calle de San Nicolás 4; Hauptgerichte 5–10 €; ✎) Einfallsreiche vegetarische Gerichte und ein herrlich alternatives Ambiente. Zur Wahl stehen mehrere Menüs. Im Untergeschoss befindet sich eine nette Bar, die Tetaría el Arco, mit gelegentlichen Liveband-Auftritten und anderen Veranstaltungen.

Restaurante El Portón ARAGONISCH €€
(☎974 35 58 54; Plaza del Marqués de la Cadena 1; Hauptgerichte 15–28 €) Das elegante Restaurant an einer kleinen, schattigen Plaza kredenzt Haute-Cuisine-Versionen der aragonischen Küche. Eine Art Spezialität ist Stopfleber, z. B. Bison gefüllt mit Stopfleber. Ohne Reservierung geht hier gar nichts. Äußerst empfehlenswert!

Crepería El Bretón CRÊPERIE €
(☎974 35 63 76; Calle de Ferrenal 3; Hauptgerichte 7–12 €; ⏲Di–So) In der intimen, von Franzosen geführten Crepería werden süße und pikante Crêpes nach alten bretonischen Rezepten zubereitet – eine tolle Alternative zur spanischen Küche. Außerdem gibt's Salate, Tapas, bretonischen Cidre und ein exzellentes *menú Bretón* (bretonisches Menü) für 10,50 €.

Praktische Informationen

Touristeninformation (☎974 36 00 98; Plaza de San Pedro 11–13; ⏲Mo–Sa 9–13.30 & 16.30–19.30 Uhr)

An- & Weiterreise

Reguläre Busse von **Alosa** (www.alosa.es) fahren an den meisten Tagen vom zentralen **Busbahnhof** (☎974 35 50 60; Plaza de Biscós) nach Huesca (7,15 €, 1¼ Std.) und Zaragoza (14,50 €, 2¼ Std.), einer verkehrt nach Pamplona (7,45 €, 1¾ Std.).

Rund um Jaca

VALLE DE TENA

Von Biescas, dem regionalen Zentrum nördlich von Sabiñánigo, steigt die A136 gemächlich zur französischen Grenze hin an.

Eine schmale, 8 km lange Straße führt hier tief ins Valle de Tena hinein, vorbei am Skigebiet Panticosa zum **Panticosa Resort** (☎974 48 71 61; www.panticosa.com). Zu dem beeindruckenden Komplex gehören das Viersternehotel **Continental** (EZ/DZ ab 133/150 €), drei Restaurants, darunter das elegante **Restaurante del Lago** (Mahlzeiten ab 65 €), Bars, Kasinos und das luxuriöse Spa **Balneario** (☎974 48 71 61; www.balneariodepanticosa.com; Bäder/Massagen ab 21/40 €; ⏲11–24 Uhr). Letzteres wurde erst kürzlich vom Stararchitekten Rafael Moneo umgebaut. Sowohl der Service als auch die Lage an einem See mitten in einem geschlossenen Tal hoch in den Pyrenäen sind beeindruckend.

Zurück auf der Hauptstraße A136 erreicht man ungefähr 3,5 km nördlich des Abzweigs nach Panticosa das reizvolle Steindorf **Sallent de Gállego**, in dem ein Bach vor sich hin plätschert.

Von Jaca fahren täglich ein oder zwei Busse nach Panticosa und Formigal (5,75 €, 2 Std.). Die N260 verlässt das Tal bei Biescas und folgt einer malerischen Route nach Torla und Aínsa.

Parque Nacional de Ordesa y Monte Perdido

In dieser Gegend rauben einem die Berge schlichtweg den Atem. Ein Drachenrücken aus Kalksteingraten schlingt sich um die französische Grenze. Auf einem Südostausläufer erhebt sich der Monte Perdido (3348 m), der dritthöchste Berg der Pyrenäen. Tiefe Täler durchschneiden die eindrucksvollen Hochebenen. Viele wurden von Gletschern gebrochen, an deren Enden sich schlüsselähnliche *circos* (Kare, Gletschermulden) mit spektakulären Felsüberhängen gebildet haben. Zu den bedeutendsten Tälern zählen Pineta im Osten, Escuaín im Südosten, Bellos im Süden, Ordesa im Südwesten, Bujaruelo im Westen und Gavarnie im Norden (in Frankreich).

Aktivitäten

Ordesa Taxi SPRITZTOUR
(☎630 418918; www.ordesamiradores.es; Calle Fatas; Erw./Kind 30/20 €; ⏲Abfahrt April–Sept. 10 & 16 Uhr) Dieses Unternehmen nimmt Besucher mit auf eine ansonsten gesperrte Straße gleich außerhalb der Parkgrenze. Auf der vierstündigen Exkursion gibt's fünf Stopps an Aussichtspunkten – eine tolle Möglichkeit, etwas von der Landschaft des Parks zu sehen.

Compañia Guías de Torla WANDERN, ABENTEUERSPORT
(☎616 706821; Calle Ruata) Die Vereinigung von Führern aus Torla kann Canyoning- und Raftingtouren organisieren und vermittelt Guides für Exkursionen in den Park.

Agua y Nieve ABENTEUERSPORT
(☎620 973091; www.aguaynieve.com) Ein weiterer Anbieter mit Sitz in Torla, der Klettertouren, Ski- und Raftingausflüge sowie andere Outdooraktivitäten organisieren kann.

Torla

330 EW.

Torla verströmt mit seinen schiefergedeckten Steinhäusern alpinen Charme, ist jedoch im Juli und August hoffnungslos überlaufen. Die meisten Besucher nutzen es nur als Tor zum Nationalpark, doch mit seiner hübschen Lage über dem Río Ara und vor der herrlichen Gebirgskulisse des Parks ist auch der Ort selbst sehenswert. Bei einem Spaziergang lohnt sich ein Abstecher in die **Iglesia de San Salvador** aus dem 13. Jh., zudem genießt man von der Grünanlage an der Nordseite der Kirche eine tolle Aussicht.

Schlafen

Hotel Villa de Torla HOTEL €€
(☎974 48 61 56; www.hotelvilladetorla.com; Plaza de Aragón 1; EZ 35–45 €, DZ 52–69 € ⏲Mitte März–Dez.;) Manche der sauberen Zimmer sind geräumig und stilvoll, andere eher abgenutzt. Zu den Highlights zählen zweifellos der Swimmingpool und die Bar-Terrasse, die mit einem herrlichen Ausblick aufwartet.

Hotel Villa Russell HOTEL €€
(☎974 48 67 70; www.hotelvillarussell.com; Calle de Capuvita; EZ 57–80 €, DZ 80–114 €; P) Die Zimmer gewinnen zwar keinen Stilwettbewerb, bieten dafür aber viel Platz und sind mit Sofas, Mikrowellen und Hydromassageduschen ausgestattet. Parken kostet 6 €. Es gibt einen Jacuzzi und eine Sauna.

Parque Nacional de Ordesa y Monte Perdido

WANDERWEGE

Wer sich über die Wanderwege im Park informieren will, sollte sich die *Senderos*-Karten mit Routenbeschreibungen für die vier Sektoren (Ordesa, Añisclo, Escuaín und Pineta) zulegen. Sie werden in allen Infozentren verkauft und enthalten auch Karten und Wegbeschreibungen der folgenden Wege:

» **Circo de Soaso** Die Tageswanderung folgt dem Valle de Ordesa zum Circo de Soaso, einem felsigen Balkon mit dem Wasserfall **Cola de Caballo** (Pferdeschwanz).

» **Refugio de Góriz & Monte Perdido** Erfahrene Wanderer können sich an die steilen Auf- bzw. Abstiege des GR11 zum Circo de Soaso und hinauf zum Refugio de Góriz auf 2200 m wagen. Von dort ist der Aufstieg auf den Perdido möglich; er ist aber nicht ungefährlich und erfordert neben Erfahrung auch Steigeisen und Eispickel.

» **Faja Racón, Circo de Cotatuero & Faja Canarellos** Die Wanderstrecke am Nordhang des Valle de Ordesa führt über spektakuläre Höhenwege.

» **Brecha de Rolando** Kletterfans können über die Clavijas de Cotatuero mit 32 in die Felsen gehämmerten eisernen Haken einige Abschnitte der Wand des Circo de Cotatuero erklimmen. Von hier benötigt man noch 2½ Stunden bis zur Brecha de Rolando (Roldán; 2807 m), einer dramatischen, windigen Kluft in einer Bergwand an der französischen Grenze.

» **Puerto de Bujaruelo** Der GR11 beschreibt einen 6 km langen Bogen über das malerische Valle de Bujaruelo hoch nach San Nicolás de Bujaruelo. Von dort führt ein Pfad in ost-nordöstlicher Richtung etwa 3 Stunden (950 m Höhenunterschied) hinauf zum Puerto de Bujaruelo an der französischen Grenze.

» **Südliche Schluchten** Der Cañón de Añisclo sieht aus wie eine klaffende Wunde in der Erdkruste. Die Tour beginnt am Refugio de Góriz, von wo aus zahlreiche Wege in die Schlucht hinunterführen. Kleiner, aber ebenso dramatisch sind die Gargantas de Escuaín weiter östlich am Río Yaga.

» **Balcón de Pineta** Diese anspruchsvolle Wanderung beginnt in der Nähe des Parador Nacional de Bielsa. Nachdem man die Cascadas del Cinca, eine Reihe von Wasserfällen, passiert hat, führt der Weg über steile Serpentinen hinauf zum „Pineta-Balkon", der einen beeindruckenden Blick auf die Gletscher und Berge bietet.

Hotel Ballarín HOTEL, HOSTEL €
(974 48 61 55; www.pirineosguiadeservicios.com/hotelballarin; Calle de Capuvita 11; EZ 32–42 €, DZ 40–50 €; WLAN) Diese gepflegte Unterkunft bietet herrliche Aussichten von den oberen Zimmern, die Begrüßung könnte aber etwas herzlicher ausfallen. Die Besitzer leiten auch das ebenso gut geführte **Hostal Alto Aragón** (974 48 61 72; Calle de Capuvita; EZ 30–32 €, DZ 38–48 €) ein paar Häuser weiter unten.

Refugio Lucien Briet REFUGIO €
(974 48 62 21; www.refugiolucienbriet.com; Calle de Francia; B/DZ 10/40 €) Von Franzosen geführte Herberge im Stil einer Berghütte.

Essen

Die meisten genannten Unterkünfte haben Restaurants und bieten *menús* (12–17 €) an.

Restaurante el Duende ARAGONISCH €€
(974 48 60 32; www.elduenderestaurante.com; Calle de la Iglesia; Hauptgerichte 14,60–20,55 €) Torlas bestes Lokal befindet sich in einem schönen Gebäude aus dem 19. Jh. Hier werden zahlreiche regionale Spezialitäten aufgetischt. Der Speisesaal ist wunderbar abwechslungsreich eingerichtet. Unser absolutes Lieblingsgericht: Entenfilet mit Apfelcreme und Weinsoße.

An- & Weiterreise

Alosa (902 21 07 00; www.alosa.es) schickt täglich einen Bus von Torla nach Aínsa (3,25 €, 1 Std.) und Sabiñánigo (3,25 €, 1 Std.). Im Juli und August fährt jeden Tag ein Bus nach Sabiñánigo und Sarvisé (aber nicht nach Aínsa).

Rund um Torla

VALLE DE BUJARUELO

Das hübsche Valle de Bujaruelo liegt nördlich von Torla an der östlichen Grenze des Parks und ist ebenfalls eine gute Ausgangsbasis für Ausflüge.

DER NATIONALPARK IM ÜBERBLICK

Ausgangspunkte

Der wichtigste Ausgangspunkt ist Torla, etwa 3 km südlich der Südwestecke des Nationalparks.

Von **Escalona**, 11 km nördlich von Aínsa an der A138, führt eine geteerte Nebenstraße Richtung Nordwesten hinüber nach Sarvisé. Sie kreuzt den Südzipfel des Parks in einem engen, kurvigen Abschnitt, der sich das dramatische Bellos-Tal hochwindet und Zugang zu Wanderwegen im spektakulären Cañón de Añisclo (die oberen Regionen des Bellostals) ermöglicht.

Von **Bielsa** verläuft eine befestigte 12 km lange Straße hoch ins Valle de Pineta in der Nordostecke des Parks.

Parkzugang

In der Osterwoche und von Juli bis Mitte September ist die Strecke von Torla zur Pradera de Ordesa für Privatfahrzeuge gesperrt. Dann verkehrt ein Shuttlebus (einfach/hin & zurück 3/4,50 €) zwischen dem Centro de Visitantes in Torla und der Pradera de Ordesa. In diesem Parkabschnitt dürfen sich maximal 1800 Besucher gleichzeitig aufhalten. So voll wird es allerdings kaum einmal.

Darüber hinaus wird die Strecke von Escalona nach Sarvisé zu dieser Zeit eine Einbahnstraße. Von der Abzweigung Puyarruego etwa 2 km außerhalb von Escalona bis 1 km hinter der Abzeigung vom Bellos-Tal ist nur noch Verkehr Richtung Nordwesten erlaubt. Wer Richtung Südosten möchte, muss eine Alternativstrecke weiter südlich nehmen.

Informationszentren

Bielsa (974 50 10 43; April–Okt. tgl. 9–14 & 15.15–18 Uhr, Nov.–März nur am Wochenende)

Centro de Visitantes de Tella (974 48 64 72; April–Okt. tgl. 9–14 & 15.15–18 Uhr, Nov.–März nur am Wochenende)

Centro de Visitantes de Torla (974 48 64 72; 9–14 & 16–19 Uhr)

Escalona (974 50 51 31; April–Okt. tgl. 9–14 & 15.15–18 Uhr, Nov.–März nur am Wochenende)

Karten

Die Karte *Ordesa y Monte Perdido Parque Nacional* (1:25 000) wird vom Ministerio de Fomento herausgegeben und in vielen Läden in Torla verkauft. Sie kostet etwa 7 € und enthält eine Broschüre mit 20 detailliert beschriebenen Wanderrouten.

Wer Lust hat, den Park entlang des GR11 zu erkunden, kann sich die Karte *Senda Pyrenaica* von Prames zulegen oder Hartmut Stahns Reiseführer *Spanien: Pyrenäenweg GR 11* kaufen.

Regeln & Vorschriften

Biwakieren ist nur innerhalb bestimmter Höhenlagen erlaubt (je nach Sektor 1800–2500 m); Näheres darüber erfährt man in den Infozentren. Außerdem darf man im gesamten Gebiet weder schwimmen noch Mountainbike fahren, angeln oder Lagerfeuer machen.

Schlafen

Camping Valle de Bujaruelo CAMPINGPLATZ

(974 48 63 48; www.campingvalledebujaruelo.com; pro Pers./Zelt/Auto 4,50/4,50/4,50 €, Zi. 40–62 €; Ostern–Mitte Okt.) 3,5 km das Valle de Bujaruelo hoch erreicht man diesen wunderbar gelegenen Zeltplatz. Er hat auch eine Hütte mit Etagenbetten, ein Restaurant und einen Supermarkt. Die Einrichtungen wirken sehr gepflegt.

Mesón de Bujaruelo REFUGIO

(974 48 64 12; www.mesondebujaruelo.com; B/DZ inkl. Frühstück 18,50/52 €, HP 31,50–39,50 € pro Pers.) Die alte Schutzhütte bietet einfache Etagenbetten und Mahlzeiten an einem malerischen Standort am Puerto de Bujaruelo.

VON TORLA NACH AÍNSA
Die N260 von Torla nach Aínsa folgt 44 km den malerischen Gebirgsausläufern der Pyrenäen. Auf halber Strecke sollte man nach den am Río Ara gelegenen stimmungsvollen Ruinen des Dorfes **Jánovas** Ausschau halten, das in den 1950er-Jahren verlassen wurde.

Schlafen

LP TIPP Casa de San Martín HISTORISCHES HOTEL €€€
(☎974 50 31 05; www.casadesanmartin.com; EZ/DZ 129,60/162 €) Ab und zu stoßen wir auf einen ganz besonderen Ort. An einer unbefestigten Straße, 5 km von der Hauptstraße Torla-Aínsa entfernt (dem Schild nach San Martín de la Solana folgen), liegt die Casa de San Martín, ein erstaunliches ländliches Refugium. Das stattliche Steinhaus wurde schön renoviert und die Zimmer zeugen von viel Geschmack, ohne überladen zu wirken. Mario und Evaldo sind angenehme, aber unaufdringliche Gastgeber, die auf jedes Detail achten, das Essen (Menüs 37,50 €) ist herausragend und die malerische Umgebung verströmt friedliche Ruhe.

Aínsa

2230 EW.

Das atemberaubend schöne mittelalterliche Aínsa (L'Aínsa im lokalen Dialekt) erhebt sich über dem modernen Ort mit demselben Namen und gehört zu den Perlen Aragoniens. Hier eröffnet sich Besuchern ein grandioses Bergpanorama mit der großartigen Felsbastion der Peña Montañesa.

Sehenswertes

Am besten erkundet man Aínsa bei einem Spaziergang auf der Calle de Santa Cruz oder der Calle Mayor. Zu den Highlights des Ortes zählen Künstlerläden und Abflussrohre, die wie Wasserspeier aussehen.

Iglesia de Santa María KIRCHE
(Glockenturm Eintritt 1 €; ⌚Glockenturm Sa & So 11–13.30 & 16–19 Uhr, Juli & Aug. längere Öffnungszeiten) Die restaurierte romanische Iglesia de Santa María an der nordöstlichen Ecke der Plaza Mayor wird angeleuchtet, wenn man einen Euro in eine Box wirft. Dazu erklingen fünf Minuten lang gregorianische Gesänge. Sehr hübsch anzusehen sind die Krypta sowie der gotische Kreuzgang, und vom **Glockenturm** genießt man einen fantastischen Blick auf die Gipfel im Norden und auf die Terrakotta-Dächer der Altstadt.

Museo de Oficios y Artes Tradicionales MUSEUM
(Eintritt 2,40 €; ⌚Fr–So 10.30–14 & 17.30–21.30 Uhr) Dieses interessante Museum widmet sich der lokalen Kultur. Es liegt unterhalb der Plaza de San Salvador in einem der am besten erhaltenen alten Gebäude der Stadt.

Burg BURG
Die Burg und die Befestigungsanlagen am westlichen Ende der Plaza de San Salvador stammen aus den 1600er-Jahren, nur der Hauptturm datiert ins 11. Jh. Von der Mauer genießt man eine wunderbare Aussicht. Im Inneren befinden sich ein faszinierendes **Ökomuseum** (Eintritt 4 €; ⌚Ostern–Okt. Mi–Fr 11–14, Sa & So 10–14 & 16–19 Uhr) zur Fauna der Pyrenäen (im Mittelpunkt steht der gefährdete Lämmergeier, einige Raubvögel sind draußen in Käfigen zu sehen) und das **Espacio del Geoparque de Sobrarbe** (www.geoparquepirineos.com; Eintritt frei; ⌚10–14 & 16–19 Uhr) mit einer Ausstellung über die faszinierenden geologischen Formationen der Region.

Feste & Events

Festival Internacional de Música MUSIK
(www.festivalcastillodeainsa.com) Im Juli ist Aínsa Gastgeber dieses einmonatigen Festivals mit vorrangig spanischen, aber auch ein paar internationalen Musikkonzerten, die auf der Burg stattfinden.

Schlafen

Hotel los Siete Reyes HOTEL €€
(☎974 50 06 81; www.lossietereyes.com; Plaza Mayor; DZ 70–129 €; ❄📶) Das in einem charmanten Steingebäude untergebrachte Hotel verfügt über beeindruckende Bäder, polierte Holzdielen, freiliegende Steinmauern, Flachbildfernseher und zauberhafte historische Details, die toll zum modernen Designerlook passen. Die Zimmer sind riesig und bieten eine Aussicht auf die Berge oder die Plaza Mayor. Einfach außergewöhnlich!

Albergue Mora de Nuei HOSTEL €
(☎974 51 06 14; www.alberguemoradenuei.com; Calle del Portal de Abajo 2; B 15–17 €, DZ inkl. Frühstück 50–60 €; 📶) Eines der besten Hostels Aragoniens liegt am unteren Ende des alten Ortskerns. Es wartet mit einem Blick auf die Plaza de San Salvador sowie farbenfroh eingerichteten Zimmern, einer Dachterrasse, einer stimmungsvollen Kellerbar, gutem Essen, gelegentlicher Livemusik und anderen

kulturellen Veranstaltungen auf. Sehr empfehlenswert.

Hotel los Arcos HOTEL €€
(☎974 50 00 16; www.hotellosarcosainsa.com; Plaza Mayor 23; DZ ab 80 €; ❄📶) Extrem komfortable Zimmer mit Himmelbetten und geräumigen Bädern warten in dieser zauberhaften Unterkunft. Sie kann zwar nicht ganz mit ihrem Nachbarn, dem Hotel los Siete Reyes, mithalten, ist aber zweifellos eine gute Wahl.

Posada Real LANDHOTEL €€
(☎974 50 09 77; www.posadareal.com; Plaza Mayor 6; DZ ab 70 €; ❄) In einer geschmackvoll restaurierten, eleganten Villa ein paar Schritte unterhalb der Plaza Mayor bietet diese *posada* große Zimmer mit freigelegten Holzbalken. Einige punkten mit Himmelbetten und/oder guten Aussichten.

Essen

Restaurante Callizo SPANISCHE NOUVELLE CUISINE €€
(☎974 50 03 85; http://restcallizo.restaurantesok.com; Plaza Mayor; Menüs 25–42 €; ⏲Mo & So abends geschl.) Das Callizo wartet mit einer cleveren Kombination aus traditionellen und innovativen Gerichten sowie einem ständig wechselnden Angebot auf. Wer sich auf eine Geschmacksreise für höchste Ansprüche begeben möchte, trifft mit den Menüs eine gute Wahl. Für die Kleinen gibt's auch ein (teures) Kindermenü.

Bodegón de Mallacán ARAGONISCH €€
(www.posadareal.com; Plaza Mayor 6; Hauptgerichte 13–20 €) Eines der beliebtesten Restaurants auf der Plaza Mayor mit einem großen Weinkeller, traditionell-lokaler Küche und schönen Speiseräumen. Die Ente in Himbeersoße ist überragend. Wer sich nicht entscheiden kann, sollte das „typisch aragonische Menü" (18 €) probieren.

L'Alfil TAPAS €
(Calle Traversa; raciones 5,80–18,50 €; ⏲Do–Di) In einer Seitenstraße unweit der Kirche findet man dieses hübsche kleine Café mit Bar und Blumen auf den Tischen draußen. Es bietet eine große Auswahl an *raciones* sowie gute Weine. Zu den herrlich kreativen Tapas gehören Straußen-Chorizo, Schnecken, Hirschwürstchen, Wildschwein-Paté und geräucherte Ente.

Bodegas del Sobrarbe ARAGONISCH €€
(www.bodegasdelsobrarbe.com; Plaza Mayor 2; Hauptgerichte 15–22 €) Das edle Restaurant an der Südostecke der Plaza Mayor serviert aragonische Fleisch- und ein paar Fischgerichte. Besonders empfehlenswert: Wildschwein mit Pflaumen- und Apfelpüree.

Shoppen

Sabores de Pueblo ESSEN, WEIN
(www.saboresdepueblo.com; Plaza Mayor 15; ⏲10–14 & 15.30–20 Uhr) Der Delikatessenladen an der Nordostecke der Plaza Mayor verkauft verlockende Weine, Käse und andere örtliche Spezialitäten.

Praktische Informationen

Regionale Touristeninformation (☎974 50 05 12; www.turismosobrarbe.com; Plaza del Castillo 1, Torre Nordeste; ☎10–14 & 16–19 Uhr) Innerhalb der Burgmauern. Hilfreich.

Städtische Touristeninformation (☎974 50 07 67; www.ainsasobrarbe.net; Avenida Pirenáica 1; ☎9–21 Uhr) Liegt leider unpraktisch im neuen Ortsteil den Hügel hinunter, hat aber eine Zweigstelle im Museo de Oficios y Artes Tradicionales.

An- & Weiterreise

Busse von **Alosa** (☎902 21 07 00; www.alosa.es) fahren täglich von/nach Barbastro (5,40 €, 1 Std.) und Torla (4 €, 1 Std.).

ABSTECHER

DAS ÄLTESTE KLOSTER SPANIENS

5 km nordöstlich von Aínsa erstreckt sich die stille, ganz aus Stein erbaute Ortschaft **El Pueyo de Araguás** mit dem **Monasterio de San Victorián**. Dieses Gebäude wurde zwar im 16. Jh. stark verändert, doch die Überreste im romanischen Stil sprechen dafür, dass es sich um das älteste Kloster Spaniens handelt. Darüber hinaus beherbergt das Dorf die 1519 errichteten **Casas Coronas**, die zu den ältesten Häusern der Region gehören.

Benasque

2240 EW. / 1140 M

Aragoniens nordöstlichste Ecke wartet mit den höchsten und wohlgeformtesten Pyrenäengipfeln auf und Benasque (Benás im lokalen Dialekt) ist ein toller Ausgangspunkt für Abstecher in die hiesigen Täler. Selbst im

Hochsommer sind die Berge manchmal noch schnee- und eisbedeckt. Die Region, die größtenteils vom **Parque Natural Posets-Maladeta** eingenommen wird, bietet fantastische Möglichkeiten für Wander- und Kletterfans. Nordöstlich von Benasque erhebt sich der mächtigste Pyrenäenberg, der Pico de Aneto (3404 m).

Schlafen

Während der Skisaison gibt's in den meisten Unterkünften Pauschalangebote inklusive *media pensión* (Halbpension).

Hotel Aneto HOTEL €€
(☎974 55 10 61; www.hotelesvalero.com; Avenida de Francia 4; DZ inkl. Frühstück ab 104 €; 📶) Das 2008 eröffnete Hotel verfügt über einen modernen Designerlook und Holzböden. Es ist etwas stilvoller als die meisten anderen Unterkünfte in Benasque.

Hotel Avenida HOTEL €€
(☎974 55 11 26; www.h-avenida.com; Avenida de los Tilos 14; EZ/DZ ab 55/70 €) Schön möblierte Zimmer, freundliche Angestellte und ein Restaurant. Gäste, die länger bleiben, erhalten Rabatt auf die Zimmerpreise.

Camping Aneto CAMPINGPLATZ €
(☎974 55 11 41; www.campinganeto.com; pro Pers./Zelt/Auto 6,50/6,50/6,50 €) Der dem Ort nächstgelegene Campingplatz (3,5 km entfernt) ist gut ausgestattet und hat einen Laden und eine Wäscherei.

Essen & Ausgehen

Die besten Lokale findet man in der Avenida de los Tilos und der Calle Mayor.

Taberna del Ixarso TAPAS €
(Calle Mayor 12; Hauptgerichte 7–15 €) Fleischhaltige Tapas wie Chorizo und *salchichón* (Würstchen) sowie Getränke zum Runterspülen gibt's in dieser lebhaften kleinen Bar, die sowohl Einwohner als auch Touristen anzieht.

La Buhardilla CRÊPERIE €
(www.labuhardilla.eu; Calle Mayor; Hauptgerichte 8–14 €) Eine vornehme Crêperie im Herzen des alten Ortskerns. Dem glänzenden modernen Dekor verleiht ein großer, offener Kamin an kühlen Pyrenäenabenden einen behaglichen Touch. Süße und herzhafte Crêpes sowie Fondues geben hier den Ton an.

Restaurante el Fogaril ARAGONISCH €€
(☎974 55 16 12; Calle Mayor 5; Hauptgerichte 12–22 €) In diesem eleganten Speisesaal im ländlichen Stil kann man sich verwöhnen lassen und die außergewöhnliche aragonische Küche genießen. Spezialitäten des Hauses sind Reh und gefülltes Rebhuhn, *cozal* (Hirsch) und Süßwasserfische, die alle wunderbar zubereitet und angerichtet werden.

TOURVERANSTALTER IN BENASQUE

In Benasque gibt's zahlreiche Anbieter, die Guides und Kurse für Klettertrips, Skiausflüge sowie andere Aktivitäten organisieren und darüber hinaus die nötige Kleidung und Ausrüstung für Bergtouren verkaufen oder vermieten.

Barrabés (www.barrabes.com; Avenida de Francia; ⌚10.30–13.30 & 16.30–21 Uhr)

Compañía de Guías Valle de Benasque (www.guiasbenasque.com; Avenida Luchón 19)

Praktische Informationen

Touristeninformation (☎974 55 12 89; www.turismobenasque.com; Calle San Sebastián 5; ⌚9.30–13 & 16.30–20 Uhr)

An- & Weiterreise

Von Huesca nach Benasque (12,25 €, 2½ Std.) und zurück fahren zwischen Montag und Samstag täglich zwei Busse, am Sonntag einer.

Wenn man von Süden mit dem Auto anreist, verengt sich die A139/N260 zum schmalen Hohlweg, sobald sie in den vom Río Ésera ausgeschnittenen Congosto de Ventamillo eintaucht. Hier wird Gegenverkehr zum Hindernislauf.

Rund um Benasque

Südlich von Benasque liegt das Dorf **Castejón de Sos**, ein Paragliding-Zentrum mit Übernachtungsmöglichkeiten. Mehr darüber erfährt man unter www.parapentepirineos.com und www.volarencastejon.com (auf Englisch).

VALLE DE VALLIBIERNA

Das Valle de Vallibierna erstreckt sich an der A139 rund 5,5 km nördlich von Benasque in Richtung Südosten. Ein guter Wanderweg durch das Tal beginnt 3 km außerhalb von Benasque Richtung Camping Ixeia. Er zweigt direkt vor der Brücke Puente de San Jaime (oder Chaime) von der A139 ab und wird zu einem Abschnitt des GR11, der die Küsten miteinander verbindet. Nach einigen Kilometern fällt er ins Valle de Vallibierna ab.

AUF DEM GR11 NACH BIELSA

Unmittelbar hinter der Puente de San Jaime zweigt der GR11 von der A139 nach Westen ab. Eine einfache dreistündige Wanderung (mit 600 m Anstieg) führt das Valle de Estós hinauf zum **Refugio de Estós** (☎974 34 45 15; B Erw./Kind unter 14 Jahre 16,10/8,50 €) auf 1890 m. Die gute Hütte mit 115 Stockbetten ist ganzjährig geöffnet, Abendessen kostet 15 €.

Nach weiteren fünf Stunden erreicht man über den 2592 m hohen Puerto de Gistaín (oder Chistau), der fantastische Ausblicke auf das Posets-Massiv bietet, das exzellente **Refugio de Biadós** (☎974 34 16 13; B 11 €). Dies ist ein guter Ausgangspunkt zur Besteigung des **Posets** (3369 m) – ein Unterfangen, das Erfahrung im Bergsteigen, Steigeisen und Eispickel erfordert. Vorsicht vor der Höhenkrankheit. Der GR11 führt etwa sechs Stunden weiter nach Westen zum Dörfchen Parzán im Bielsa-Tal und in den Parque Nacional de Ordesa y Monte Perdido.

Autocares Bergua (☎974 50 00 18; www.autocaresbergua.com) bietet montags, mittwochs und freitags (im Juli und August täglich) um 6.45 Uhr eine Busverbindung von Bielsa nach Aínsa.

OBERES ÉSERA-TAL & MALADETA-MASSIV

Nördlich von Benasque ist die A139 noch auf einer Länge von 12 km asphaltiert. 10 km hinter dem Ort führt eine Nebenstraße durch das hübsche obere Ésera-Tal 6 km nach Osten und endet bei **La Besurta**. Hier bekommt man in einer Hütte Getränke und etwas zu essen.

Auf halber Strecke an der A139 Richtung La Besurta passiert man das **Hospital de Benasque** (☎974 55 20 12; www.llanosdelhospital.com; EZ/DZ inkl. Frühstück ab 80/100 €; P@Wi-Fi), eine große, von stattlichen Gipfeln umgebene Berghütte in herrlicher Lage. Hier gibt's eine Bar, ein Restaurant und eine reiche Auswahl an Schlafmöglichkeiten von der Pritsche bis zu fast schon luxuriös ausgestatteten Zimmern.

Eine anspruchsvolle Route verläuft von Llanos del Hospital, der Skistation unweit des Hospital de Benasque, nach Nordosten hoch bis zur Peña Blanca und windet sich von dort steil bergauf zum Pass Portillón de Benasque auf 2445 m Höhe an der französischen Grenze. Den Rückweg kann man mit einem Besuch des Puerto de la Picada, einem Pass weiter östlich, verbinden. Alternativ gelangt man in 3½ Stunden bergab in Richtung Norden zu den Boums-del-Port-Seen bei der französischen Ortschaft Bagnères-de-Luchon.

Südlich von La Besurta erhebt sich das große Maladeta-Massiv, eine Herausforderung für erfahrene Bergsteiger. Diese gewaltige Reihe eisiger Gipfel und Gletscher erreicht ihren Höhepunkt am **Pico de Aneto** (3404 m), dem höchsten Berg der Pyrenäen.

Ein 40-minütiger Fußmarsch führt von La Besurta zum **Refugio de la Renclusa** (☎974 34 46 46; B 16,10 €) auf 2140 m. Von etwa Juni bis Mitte Oktober und an den Wochenenden von März bis Juni ist es bewirtschaftet und serviert Essen. Erfahrene und entsprechend ausgerüstete Bergsteiger benötigen von hier bis zum Gipfel des Aneto mindestens fünf Stunden.

Lohnenswert ist aber auch die Klettertour auf den **Maladeta** (3308 m). Von La Besurta oder La Renclusa bieten sich Wanderungen unterhalb des Maladeta-Massivs nach Südosten an, die bis hinüber nach Katalonien führen.

Alquézar

300 EW. / 670 M

Das malerische Alquézar 23 km nordwestlich von Barbastro ist eines der hübscheren Dörfer Aragoniens und lohnt schon um seiner selbst willen einen Besuch. Vor allem aber eignet er sich wunderbar für den Abenteuersport Canyoning (auf Spanisch *descenso de barrancos*). Dabei folgt man den Schluchten flussabwärts auf jede denkbare und sich anbietende Weise: sei es mit Wandern, Abseilen, Springen, Schwimmen oder sogar Tauchen.

Sehenswertes

Colegiata de Santa María KLOSTER, BURG
(Eintritt 2,50 €; ⌚Mi–Mo 11–13.30 & 16–18 Uhr) Den Ort krönt eine große Klosterburg. Sie wurde ursprünglich im 9. Jh. von den Arabern als *alcázar* (Festung) erbaut. Um 1060 eroberte Sancho Ramírez sie und gründete hier 1099 ein Augustinerkloster, dessen Überreste noch immer sichtbar sind. Auf den Säulen innerhalb des kunstvollen Kreuzganges sitzen perfekt erhaltene geschnitzte Kapitelle mit biblischen Szenen, und an den Wänden hängen beeindruckende Gemälde. Auf der oberen Ebene ist ein Museum für religiöse Kunst untergebracht, das nur im Rahmen einer Führung zugänglich ist. Wenn diese bereits begonnen hat, ist

die Tür abgeschlossen und man muss warten, bis die nächste beginnt.

Aktivitäten

Die Hauptsaison für Canyoning reicht von Mitte Juni bis Mitte September. Der Preis hängt von der Anzahl der Teilnehmer und dem Schwierigkeitsgrad ab. Normalerweise sind Ausrüstung, Führer und Versicherung inbegriffen; Einzelheiten stehen auf den Websites der verschiedenen Anbieter. Fast alle Agenturen bieten auch Rafting-, Trekking- und Kletterausflüge sowie andere Aktivitäten an. **Avalancha** (974 31 82 99; www.avalancha.org; Calle Arrabal), **Guías Boira** (974 31 89 74; www.guiasboira.com; Calle Arrabal) und **Vertientes** (974 31 83 54; www.vertientesaventura.com; Calle San Gregorio 5) sind gleichermaßen empfehlenswert, sie liegen am Dorfeingang nebeneinander.

Schlafen

Hotel Maribel BOUTIQUE-HOTEL €€€
(974 31 89 79; www.hotelmaribel.es; Calle Arrabal; DZ inkl. Frühstück ab 130 €;) Ein Hotel mit viel Charme. Das Dekor mit dem Motto „Wein" entspricht zwar nicht jedermanns Geschmack und kann sich zwischen zauberhaft und kitschig nicht so recht entscheiden, aber dafür sind alle Zimmer äußerst komfortabel. Wenn niemand an der Rezeption ist, kann man es im nahe gelegenen Restaurante Casa Gervasio versuchen.

Hotel Villa de Alquézar HOTEL €€
(974 31 84 16; www.villadealquezar.com; Calle Pedro Arenal Cavero 12; DZ inkl. Frühstück & Parkplatz 69–110 €; P) In dieser hübschen Unterkunft warten stilvolle, geräumige Zimmer mit antiken Elementen, von einigen bieten sich tolle Aussichten. Die teuersten Räume in der obersten Etage sind groß und haben wunderbare überdachte Balkone, auf denen die glücklichen Gäste bei einer Flasche Somontano den Sonnenuntergang genießen können.

Albergue Rural de Guara BERGHÜTTE €
(974 31 83 96; www.albergueruraldeguara.com; Calle Pilaseras; B 14 €) Von der fröhlichen *albergue* (Schutzhütte) genießt man einen schönen Blick auf die Umgebung. Das Frühstück kostet 5,50 € und die Mitarbeiter können auch Lunchpakete (8 €) arrangieren.

Essen

Restaurants findet man am *mirador*, einem Aussichtspunkt in der Calle Arrabal. Ein *menú* kostet meist zwischen 11 und 15 €.

ABSTECHER

SIERRA DE GUARA

Nördlich von Alquézar führt die A2205 über Colunga und Arcusa nach Aínsa. Diese wunderbare Route windet sich durch die Schluchten der Sierra de Guara am Fuß der Pyrenäen und vorbei an einigen guten Aussichtspunkten. Einer der schönsten ist der spektakuläre **Mirador del Vero** (auch als Barranca de Portiarcha ausgeschildert), über dem Schmutzgeier, Kaiseradler und Lämmergeier kreisen.

Restaurante Casa Gervasio ARAGONISCH €€
(974 31 82 82; Calle Pedro Arnal Cavero; 4-Gänge-Menü 25 €) Dieses Restaurant in der Altstadt ist vielleicht das beste der Stadt. Seine Karte hat sich in drei Jahrzehnten kaum geändert und enthält auch ein ausgezeichnetes *menu degustación* – dazu gehören in der Regel Räucherwurst und Lammrippchen.

Praktische Informationen

Touristeninformation (974 31 89 40; www.alquezar.org; Calle Arrabal; Juni–Okt. tgl. 9.30–13.30 & 16.30–20 Uhr, Nov.–Mai nur Sa, So & Feiertage) Bietet im Sommer jeden Tag drei Führungen (3,50 €) an und organisiert auf Wunsch auch Audioguides (4 €).

An- & Weiterreise

Täglich außer sonntags fährt ein Bus von Alquézar nach Barbastro (2 €). Die Fahrtzeiten erfragt man bei der Touristeninformation – er fungiert gleichzeitig als Schulbus und in den Ferien ändert sich der Fahrplan.

Huesca

52 440 EW.

Nachmittags werden hier sämtliche Rollläden heruntergelassen, erst am Abend erwacht der Ort wieder zum Leben. Die hübsche Altstadt verleiht Huesca eine beträchtliche Anziehungskraft, außerdem ist es wegen seiner Lage im nördlich-zentralen Aragonien ein guter Ausgangspunkt für die Erkundung des aragonischen Hochlands und wartet mit ausgezeichneten Unterkünften auf.

Sehenswertes

Catedral KATHEDRALE
(Plaza de la Catedral; Eintritt 3 €; Mo–Fr 10.30–14 & 16–20, Sa 10.30–14 Uhr) Huescas ehrwürdige

NICHT VERSÄUMEN

WEINBAUGEBIET SOMONTANO

1984 erhielt Somontano das begehrte Gütesiegel Denominación de Origen (DO). Seither gilt es als angesehenste Weinregion Aragoniens. Rund um Barbastro liegen mehr als 30 Weinberge, in denen 13 verschiedene lokale sowie ausländische Rebsorten wie Chardonnay, Cabernet Sauvignon, Shiraz und Pinot Noir gedeihen. Örtliche Trauben wie die rote *parreleta* werden gerne mit fremden gemischt – und genau diese Kombination verleiht den Somantano-Weinen ihren besonderen Charakter. Zu den bekannteren Sorten gehören Enate und Viñas del Vero.

Die **Touristeninformation** (☎974 30 83 50; turismo@barbastro.org; Avenida de la Merced 64; ⏲Sept.–Juni Di–Sa 10–14 & 16.30–19.30 Uhr, Juli & Aug. tgl.) in Barbastro verteilt Broschüren auf Spanisch, Englisch und Französisch zu verschiedenen Bodegas, die man für Weinproben, Besichtigungen und zum Einkaufen besuchen kann. Vorher sollte man immer telefonisch eine Zeit vereinbaren – die Touristeninformation hilft beim Anrufen, wenn man persönlich vorspricht.

Im selben Komplex wie die Touristeninformation befindet sich das **Espacio de Vino**, ein Infozentrum, das sich den Somontano-Weinen widmet und audiovisuelle Präsentationen, eine interaktive Weinaroma-Ausstellung und gelegentlich Weinverkostungen (10 € pro Pers.) bietet. Auch ein Weingeschäft ist angeschlossen. Beide Einrichtungen haben zur gleichen Zeit geöffnet wie die Touristeninformation.

Eine andere ausgezeichnete Informationsquelle ist www.rutadelvinosomontano.com mit einer Karte möglicher regionaler Weinrouten und Einzelheiten zur monatlich stattfindenden Bustagesfahrt des Bus del Vino Somontano, die zu ausgewählten Bodegas in Zaragoza/Huesca führt (28/26 €).

gotische Kathedrale ist eine der großen Überraschungen Aragoniens. Ihr reich verziertes Hauptportal stammt aus dem Jahr 1300, im angeschlossenen **Museo Diocesano** befinden sich einige außergewöhnliche Fresken und Altargemälde, und das imposante Innere besticht durch einen *retablo* (16. Jh.) aus Alabaster, der von Damián Forment im Übergangsstil von der Gotik zur Renaissance gestaltet wurde. Am besten können Besucher diese Pracht bewundern, wenn sie einen Euro in den Schlitz an der Säule neben der Capilla de los Santos stecken, denn dann wird alles für fünf Minuten hell beleuchtet. Komplett wird die Besichtigung mit der Besteigung des **Glockenturms** (180 Stufen), von dem sich eine Panoramaaussicht bis hinüber zu den Pyrenäen eröffnet.

GRATIS **Museo de Huesca** MUSEUM
(Plaza Universidad 1; ⏲Di–Sa 10–14 & 17–20, So 10–14 Uhr) Das achteckige Stadtmuseum zeigt eine tolle, nur auf Spanisch beschriftete Sammlung zur Archäologie und lokalen Kunst, darunter acht Arbeiten von Goya (Raum 7).

Iglesia de San Pedro El Viejo KIRCHE
(Plaza de San Pedro; Erw./erm. 2,50/1,50 €; ⏲10–13.30 & 16–19.30 Uhr, Okt.–Mai nachmittags geschl.) Die romanische Kirche San Pedro wurde im 12. Jh. erbaut, ihren kleinen Kreuzgang schmücken 38 wunderschön verzierte romanische Säulenkapitelle.

Schlafen

LP TIPP **La Posada de la Luna** BOUTIQUE-HOTEL €€€
(☎974 24 08 57; www.posadadelaluna.com; Calle Joaquin Costa 10; EZ/DZ 61/69 €; P❄📶) Unser Lieblingshotel in Huesca ist diese komfortable, charmante Boutique-Unterkunft. Sie besticht mit einigen originalen architektonischen Details, ihrem skurrilen, aber zeitgemäßen Charakter, Designerbädern und Massageduschen.

Hostal Un Punto Chic HOSTAL
(☎974 24 17 74; www.unpuntochic.com; Calle Joaquín Costa 20; EZ 39–49 €, DZ 49–59 €; ❄📶) Dieses großartig restaurierte Haus verdankt die Stadt den Besitzern der La Posada de la Luna (ein paar Häuser weiter, dort befindet sich auch die Rezeption): Sie haben eines der besten *hostales* Aragoniens geschaffen. Die Möbel sind clever, die Dekoration ist innovativ (Fotos nehmen ganze Wände ein), und in einigen der teureren Zimmer stehen Fitnessgeräte oder Massagesessel. Und das Beste: Die Qualität eines Hotels gibt's zum Preis eines *hostal*.

Hostal Lizana/Hostal Lizana 2 HOSTAL €
(☎974 22 07 76; www.hostal-lizana.com; Plaza de Lizana 6; EZ 24–38 €, DZ 36–56 €, 3BZ 50–64 €; P❄📶) An einem schönen kleinen Platz stehen sich diese beiden Unterkünfte gegenüber. Beide haben einfache, aber große Zimmer. Die im Lizana 2 sind neuer und die Chance ist größer, dass man eins mit Balkon erwischt. Die Familie ist seit 50 Jahren im *hostal*-Geschäft – das zeigt sich in der herzlichen Begrüßung und in den aufmerksamen Extras wie Kühlschränken und Haartrocknern in den Zimmern.

Essen

Hervi ARAGONISCH €€
(☎974 24 03 33; Calle Santa Paciencia 2; Hauptgerichte 9–20 €; ⏲Do geschl.; 🖉) Das Hervi platzt vor allem zur Mittagszeit aus allen Nähten. Es wartet mit einem sättigenden *menú del día* (Tagesmenü) und – ungewöhnlich für Aragonien – mit einigen vegetarischen Gerichten in der umfangreichen Speisekarte auf. Wir mochten die Entenbrust mit Pâté und Pilzsoße.

Taberna de Lillas Pastia ARAGONISCH, FUSIONSKÜCHE €€
(☎974 21 16 91; www.lillaspastia.es; Plaza de Navarra 4; Hauptgerichte 18–27 €, Menüs 35–55 €) In dem klassischen Restaurant legt man Wert auf elegante Kleidung und serviert toll präsentierte, köstliche Speisen. Hier gibt's viele Fleisch- und Fischgerichte, z. B. *manitas con cigala* (Schweinefüße mit Garnelen), spezielle, täglich wechselnde Desserts und aufmerksamen Service.

Praktische Informationen

Touristeninformation (☎974 29 21 70; www.huescaturismo.com; Plaza López Allué 1; ⏲9–14 & 16–20 Uhr) Veranstaltet von Mitte Juni bis Mitte September Rundgänge durch die Altstadt (Erw./erm. 2/1 €) und Weinfahrten mit dem Bus (Erw./erm./Kind unter 12 Jahren 5 /2,50 €/frei) zum Castillo de Loarre, nach Los Mallos sowie zur Sierra de la Guara.

An- & Weiterreise

Zahlreiche Busse von **Alosa** (☎974 21 07 00; www.alosa.es) fahren von/nach Zaragoza (7,30 €, 1¼ Std.), Jaca (7,15 €, 1¼ Std.), Barbastro (ab 14,25 €, 50 Min.), Lleida (Lérida; 10,05 €, 2½ Std.) und Barcelona (ab 15,80 €, 4 Std.), außerdem gibt's täglich zwei Verbindungen nach Benasque (12,25 €, 2¾ Std.).

Pro Tag verkehren neun Züge von/nach Zaragoza (ab 5,90 €, 1 Std.), darunter zwei AVE-Hochgeschwindigkeitszüge (15,70 €, 40 Min.). AVE-Züge fahren auch von/nach Madrid (62,90 €, 2¼ Std., 1-mal tgl.), Teruel (23,15 €, 3¼ Std., 1-mal tgl.), Valencia (36,40 €, 5¾ Std., 1-mal tgl.) und Jaca (7,65 €, 2¼ Std.).

Rund um Huesca

LOARRE

Das beeindruckende **Castillo de Loarre** (www.castillodeloarre.com, auf Spanisch; Eintritt mit/ohne Führung 4,80/3,30 €; ⏲10–14 & 16–20 Uhr) wurde im 11. Jh. unter Sancho III. von Navarra und Sancho Ramírez von Aragonien gebaut und verfügt über ein Labyrinth aus Verliesen und Tunneln sowie zwei Türme, von denen sich prächtige Aussichten bieten.

Man erreicht die Burg über die 35 km von Huesca liegende Ortschaft Loarre. Von dort sind es noch 5 km mit dem Auto oder 2 km (1 Std.) Fußmarsch bergauf am PR-HU105 entlang.

Camping Castillo de Loarre (☎974 38 27 22; www.campingloarre.com; pro Pers./Zelt/Auto 4/4/4 €; @) ist ein guter Zeltplatz auf halbem Weg zwischen dem Dorf und der Burg. Am Dorfplatz von Loarre beherbergt ein Herrenhaus aus dem 16. Jh. die charmante **Hospedería de Loarre** (☎974 38 27 06; www.hospederiadeloarre.com; Plaza Miguel Moya; EZ/DZ inkl. Frühstück ab 63/78 €; ❄@). Im zugehörigen Restaurant werden mittelteure bis teure Gerichte serviert. Das Hotel ist behindertengerecht.

Von Huesca fahren montags bis samstags täglich mehrere Busse (2,62 €, 40 Min.) nach Loarre.

LOS MALLOS

Nach einer eintönigen Fahrt auf der Straße von Huesca nach Pamplona wird die Landschaft am Río Gállego nördlich von Ayerbe immer dramatischer: Riesige Felstürme ragen am Ostufer auf, die man Los Mallos (Hämmer) nennt und die durchaus zum Grand Canyon passen würden. Sie sind vor allem bei erfahrenen Kletterern beliebt. Wer mehr davon sehen möchte, steuert am besten Riglos an.

DER SÜDEN

Von der Monotonie der scheinbar endlosen Weiten unmittelbar südlich von Zaragoza sollte man sich nicht entmutigen lassen. Je weiter man Richtung Süden oder Südosten reist, desto aufregender wird die Gegend und lockt mit einigen der interessantesten Städte und Dörfer Spaniens.

TANZ IN DER WÜSTE

Im scheinbar endlosen Flachland zwischen Zaragoza und der Mittelmeerküste liegt das Örtchen Fraga. Wer hätte gedacht, dass sich ausgerechnet hier *der* Tempel für spanischen Techno, das **Florida 135** (www.f135.com; Calle Sotet 2; Eintritt 13 €; ⊙Sa ab 23.30 Uhr), befindet? Die fensterlose, 3000 m² große und mit Graffiti besprühte Disko ist die moderne Reinkarnation einer 1942 gegründeten Location. An Samstagabenden kommen ganze Busladungen von Clubbern hierher. Mitte Juli ist Fraga zudem Gastgeber des **Monegros Desert Festival** (www.monegrosfestival.com; Festivalpass 70 €), früher auch als Groove Parade bekannt. Diese Veranstaltung zieht Dutzende spanische und internationale DJs und Bands an.

Daroca

2310 EW.

Daroca, ein verschlafener, mittelalterlicher Ort, gilt als echter Geheimtipp. Die ehemalige maurische Bastion avancierte in den frühmittelalterlichen Kriegen gegen Kastilien zur Festungsstadt des christlichen Aragoniens. Ihr gut erhaltener alter Kern ist voller historisch bedeutsamer Winkel und auf den nahe gelegenen Hügeln erstrecken sich die Reste einer alten Stadtmauer, die einst mit 114 Wachttürmen bewehrt war. Man erreicht Daroca sowohl von Norden als auch von Süden über die N234. Besucher gelangen durch die monumentalen Tore auf die Calle Mayor, die kopfsteingepflasterte Hauptstraße, und fühlen sich sofort in eine andere Welt versetzt.

Sehenswertes & Aktivitäten

Iglesia Colegiata de Santa María KIRCHE

(⊙11–13 & 17.30–19 Uhr) Über der schönen Plaza de España am höchsten Punkt des Dorfes ragt die Kirche im romanischen Mudejar- und Renaissancestil auf. Sie ist prächtig ausgestattet und hat eine kostbare Orgel. Die gotische Puerta del Perdón aus dem 16. Jh. vervollständigt das beeindruckende Portfolio europäischer Architekturstile. Alles in allem eine der interessantesten und überraschendsten Sehenswürdigkeiten in Daroca.

Iglesia de San Miguel KIRCHE

Weiter oben westlich vom Stadtzentrum erhebt sich die Iglesia de San Miguel aus dem 12. Jh., ein schönes, schlichtes Meisterwerk der Romanik, deren größter Schatz die gotischen Fresken im Inneren sind. Leider kann man sie nur im Rahmen von Führungen der Touristeninformation oder bei Konzerten während des Stadtfests besichtigen.

Führungen STADTSPAZIERGÄNGE

(Stadzspaziergang 3 €; ⊙Di–So 11 & 16.30 Uhr) Wer Daroca zu Fuß erkunden möchte, kann die gut ausgeschilderte **Ruta Monumental** entlangspazieren (45 Min.), die an der Touristeninformation beginnt. Ebenso schön, aber weitaus anstrengender ist die zweistündige **Ruta del Castillo y Las Murallas**, auf der man an den Stadtmauern entlangwandert und diese teilweise auch hinaufklettert. Als Lohn für die Mühen locken fantastische Ausblicke auf den Ort. Die Touristeninformation organisiert ebenfalls **geführte Stadtpaziergänge**, die jeweils etwa eine Stunde dauern und sehr lohnenswert sind, schon allein, weil sie den Besuch der Iglesia de San Miguel und anderer Stätten beinhalten, die normalerweise für Touristen geschlossen sind.

Feste & Events

Feria Medieval MITTELALTERFEST

Ein Ausflug nach Daroca lohnt sich vor allem während der letzten Juliwoche, wenn die Feria Medieval stattfindet und die Calle Mayor für Autos gesperrt wird. Dann tummeln sich zahlreiche mittelalterlich kostümierte Menschen im Ort und es locken tolle Konzerte.

Festival Internacional de Música Antigua MITTELALTERMUSIK

Während der beiden ersten Augustwochen wird das Internationale Festival Mittelalterlicher Musik mit zahlreichen Kursen und Konzerten in den beiden Hauptkirchen von Daroca gefeiert.

Schlafen & Essen

Hotel Cien Balcones HOTEL €€

(☎976 54 50 71; www.cienbalcones.com; Calle Mayor 88; EZ/DZ inkl. Frühstück 56/72 €; P❄📶) Das stilvolle Dreisternehotel stellt mit seinen großen Designerzimmern, den modernen Bädern und einem klaren Farbschema viele Viersternehäuser in den Schatten. Es hat ein ausgezeichnetes Restaurant (Hauptgerichte ab 9 €) und ein Café, das preiswerte *raciones, bocadillos* und Pizza serviert.

La Posada del Almudí HOTEL €€

(☎976 80 06 06; www.posadadelalmudi.es; Calle Grajera 5; EZ/DZ/4BZ inkl. Frühstück 45/65/120 €; ❄📶) Einen charmanten persönlichen Touch hat dieser ehemalige Palast aus dem 16. Jh. Die komfortablen Zimmer im Hauptgebäude wurden liebevoll restauriert; am schönsten sind die Maisonettewohnungen mit Balkonen. Gleich gegenüber liegen supermoderne, gemütliche kleine Zimmer. Das angeschlossene Restaurant (Menü 12 €, Hauptgerichte 15–18 €) bietet gute traditionelle Küche, das Drei-Gänge-Menü ist ungewöhnlicherweise meistens auch abends erhältlich.

Apartamentos Melihah APARTMENT

(☎976 80 01 94; www.melihah.com; Calle Mayor 76; Apt. 75–120 €; ❄📶) Wer gern etwas mehr Platz hätte als in einem durchschnittlichen Hotel, findet hier Apartments mit Wohn- und Küchenbereich, die eine gute Basis für einen längeren Aufenthalt in Südaragonien sind. In einigen Zimmern gibt's freiliegende Balken, andere wurden farbenfroh gestaltet.

Praktische Informationen

Touristeninformation (☎976 80 01 29; Calle Mayor 44; ⏲10–14 & 16–20 Uhr)

An- & Weiterreise

Von Montag bis Samstag verkehren täglich vier Busse nach Zaragoza (10,11 €, 3 Std.) und Teruel (5,45 €, 2 Std.). Sie halten vor der Bar Mesón Félix in der Calle Mayor 104.

Laguna de Gallocanta

Rund 20 km südlich von Daroca erstreckt sich die Laguna de Gallocanta. Sie ist mit einer Fläche von 15 km² Spaniens größter natürlicher See, kann im Sommer allerdings fast völlig austrocknen. Im Winter bietet sie Tausenden Kranichen und vielen anderen Wasservögeln eine Heimat – über 260 Vogelarten wurden hier gesichtet. Die Kraniche treffen Mitte Oktober ein und rasten hier noch einmal im März auf dem Rückweg zu ihren Brutgebieten in Skandinavien. Um den See führen insgesamt 36 km unbefestigte Wege, an denen Vogelbeobachtungsstationen und Aussichtspunkte liegen; außer nach starkem Regen sind sie für normale Autos befahrbar. Ferngläser einstecken!

Schlafen & Essen

Allucant HOSTAL €

(www.allucant.com; Calle San Vicente; DZ mit/ohne Bad 30/45 €) Ernsthafte Vogelfreunde werden sich in dieser einfachen, aber gut geführten Unterkunft für Vogelbeobachter im Dorf Gallocanta wohlfühlen. Mahlzeiten (9–12 €) und Lunchpakete (7 €) können arrangiert werden.

Praktische Informationen

Centro de Interpretación – Bello (⏲Sa & So 10–14 & 15–18 Uhr, Okt. & Feb. tgl.) Informationen und Ausstellungen; an der Straße Tornos–Bello unweit der südöstlichen Ecke des Sees.

Teruel

35 290 EW. / 917 M

Das kompakte Teruel ist eine der schönsten Städte Aragoniens und so etwas wie ein Freilichtmuseum (allerdings ein sehr lebendiges) mit prunkvollen Mudejarmonumenten, wie man sie ansonsten kaum in Spanien findet. Die Straßen sind voller Menschen, zudem gewinnt der Ort immer mehr an Selbstbewusstsein und entwickelt sich kulturell weiter. Über Jahrzehnte hatte Teruel so etwas wie ein Imageproblem und blieb zurück, während sich das übrige Spanien modernisierte. *„Teruel existe!“* (Teruel gibt's wirklich!) ist noch heute ein häufig gehörter, ironisch gemeinter Slogan. Inzwischen konnte sich die Stadt aus eigenen Stücken von ihrem Ruf befreien und es macht wirklich Spaß, sich das Ergebnis anzusehen. Achtung: Im Winter ist es hier bitterkalt.

Sehenswertes & Aktivitäten

Fast alle Sehenswürdigkeiten liegen in der Nähe der belebten Plaza del Torico (der Name stammt von der wohl kleinsten Stierstatue Spaniens), die als Dreh- und Angelpunkt des städtischen Lebens gilt.

Catedral KATHEDRALE

(Plaza de la Catedral; Erw./Kind 3/2 €; ⏲11–14 & 16–20 Uhr) Mit ihrem kaleidoskopischen Mauerwerk und den bunten Keramikkacheln ist die Kathedrale ein üppiges Beispiel für den fantasievollen Mudejarstil. Der grandiose Glockenturm aus dem 13. Jh. weist romanische Einflüsse auf und die beeindruckende Mudejardecke des Kirchenschiffs ist mit Bildern bedeckt, die z. B. Musikinstrumente, Jagdszenen, Wappen und die Kreuzigung Jesu zeigen. Zu den weiteren Highlights gehören der hölzerne *retablo mayor* aus dem 16. Jh. und der außergewöhnliche gotische *retablo* aus dem 15. Jh. in der Capilla de la Coronación.

Teruel

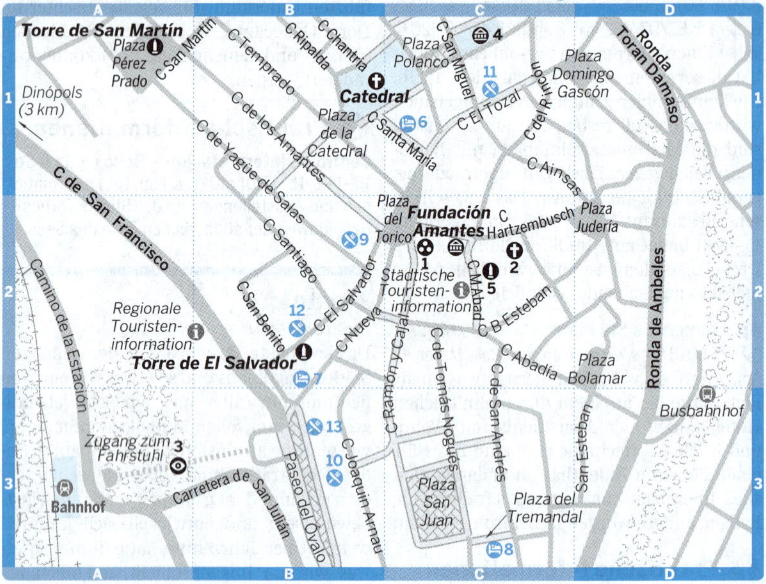

Teruel

Highlights

- Catedral ... B1
- Fundación Amantes ... C2
- Torre de El Salvador ... B2
- Torre de San Martín ... A1

Sehenswertes

1 Aljibe Fondero ... C2
2 Iglesia de San Pedro ... C2
3 La Escalinata ... A3
4 Museo Provincial ... C1
5 Torre de San Pedro ... C2

Schlafen

6 Hostal Aragón ... C1
7 Hotel el Mudayyan ... B2
8 Hotel Plaza Boulevard ... C3

Essen

9 ¡Aqui Teruel! ... B2
10 Bar Gregory ... B3
11 La Taberna de Rokelin ... C1
12 La Torre de Salvador ... B2
13 Mesón Óvalo ... B3

Fundación Amantes MUSEUM, KIRCHE

(www.amantesdeteruel.es; Calle Matías Abad 3; Mausoleo/Iglesia de San Pedro & Torre de San Pedro 4/7 €, Kombiticket 9 €; ⌚Sept.–Juli 10–14 & 16–20 Uhr, Aug. 10–20 Uhr) Teruels größte Attraktion ist das **Mausoleo de los Amantes** (Mausoleum der Liebenden), das sich der berühmten Stadtlegende von Isabel und Juan Diego widmet. In modernen Alabastergräbern, die von Juan de Ávalos gestaltet wurden, liegt das Paar, die Gesichter zärtlich einander zugewandt. Um dieses Herzstück wurde eine bemerkenswerte audiovisuelle Ausstellung mit Musik und Theater eingerichtet. Alles wirkt ein wenig kitschig, aber nichtsdestotrotz überzeugend.

An den Komplex angeschlossen ist die **Iglesia de San Pedro** aus dem 14. Jh. mit einer großartigen Decke, einem barocken Hochaltar und schlichten Kreuzgängen sowie dem **Torre de San Pedro** (Torre Mudéjar), der schöne Ausblicke auf Teruel bietet.

Torre de El Salvador TURM, MUSEUM

(www.teruelmudejar.com; Calle El Salvador; Erw./erm. 2,50/1,80 €; ⌚10–14 & 16–20 Uhr) Der eindrucksvollste Mudejarturm in Teruel ist der Torre de El Salvador, ein extravagantes Bauwerk aus Ziegeln und Kacheln, das ins frühe

14. Jh. datiert und rund um ein noch älteres islamisches Minarett errichtet wurde. Über enge Treppen und Durchgänge geht's an Mudejarkunstwerken und architektonischen Details vorbei nach oben, von wo man den besten Blick auf den Ort hat.

Torre de San Martín TURM
(Calle San Martin) Auch wenn man es nicht besteigen kann, ist das nordwestliche Stadttor fast so schön wie der Torre de El Salvador. Es wurde 1316 fertiggestellt und im 16. Jh. in die Stadtmauer integriert.

GRATIS **Museo Provincial** MUSEUM
(Plaza Polanco; ⏲Di–Fr 10–14 & 16–19, Sa & So 10–14 Uhr) In der Casa de la Comunidad, einem schönen Renaissancebau aus dem 16. Jh., ist dieses Museum untergebracht. Zu seinen Highlights gehören die archäologische Abteilung und wechselnde Ausstellungen zeitgenössischer Kunst.

Aljibe Fondero RUINE
(Calle Ramón y Cajal; Erw./erm. 1,20/0,80 €; ⏲10–14 & 16–20 Uhr) An der Nordwestecke der Plaza del Torico befindet sich der Eingang zur Aljibe, einem interessanten unterirdischen Wasserspeicher aus dem 14. Jh. Neben einer Ausstellung mit Relikten aus den Zisternen kann man hier Filme über das mittelalterliche Teruel anschauen (leider nur auf Spanisch).

La Escalinata STEINTREPPE
Diese herrliche Steintreppe ist ein architektonisches Meisterwerk im monumentalen Neomudejarstil und verbindet den Paseo del Óvalo am Altstadtrand mit dem Bahnhof. Sie wurde 1920 errichtet und zu Beginn des 21. Jhs. sorgfältig restauriert. Gemeinsam mit dem ebenfalls renovierten Paseo del Óvalo hat sie zahlreiche Preise für die Umgestaltung städtischer Räume gewonnen. Besucher können die Stufen hinablaufen und mit dem Fahrstuhl wieder zum Paseo hochfahren.

Dinópolis FREIZEITPARK
(www.dinopolis.com; Erw./Kind 24/19 €; ⏲10–20 Uhr, Ticketverkauf bis 18 Uhr) Der gut ausgeschilderte Themenpark liegt 3 km vom Stadtzentrum an der Straße nach Valencia und verspricht jede Menge Spaß. Er bietet u. a. eine Zeitreise mit dem Zug, 3D- und 4D-Animationen und ein tolles Museum. Wenn es sehr voll ist, verbringen Besucher allerdings oft genauso viel Zeit beim Anstehen wie mit den eigentlichen Attraktionen.

Feste & Events

Fiesta Medieval MITTELALTERFEST
Am Wochenende vor dem 14. Februar legen die Einwohner (und immer mehr Besucher) mittelalterliche Kleidung an und feiern die Fiesta Medieval. Dann locken hier mittelalterliche Märkte, Imbissbuden und eine Aufführung von Diegos und Isabels Liebesgeschichte.

Feria del Ángel LOKALE FIESTA
Der **Día de San Cristóbal** (Tag des hl. Christophorus) am 10. Juli markiert den Beginn der einwöchigen Feria del Ángel, die an Teruels Gründung erinnert.

Schlafen

LP TIPP **Hotel el Mudayyan** HOTEL €€
(☎978 62 30 42; www.elmudayyan.com; Calle Nueva 18; EZ 55–70 €, DZ 70–90 €; ❄📶) In diesem Hotel mit Charakter warten die schönen Zimmer mit polierten Holzböden, Holzbalken und einer individuellen Einrichtung auf. Im Erdgeschoss gibt's eine *tetería* (Teehaus) sowie eine eigentümliche unterirdische Passage, die noch aus Teruels Anfangszeiten stammt.

DIE LIEBENDEN VON TERUEL

Wie bei so manch anderem historischen Liebespaar endete auch die Beziehung zwischen Juan Diego de Marcilla und Isabel de Segura tragisch. Isabel war die einzige Tochter wohlhabender Eltern, während Juan überhaupt kein Geld besaß. Dennoch konnte er den Vater seiner Angebeteten davon überzeugen, die Hochzeitspläne mit einem reicheren Anwärter für fünf Jahre zu verschieben, in denen er es zu Wohlstand bringen wollte. Als 1217 die Frist verstrich, verlor Isabels Vater keine Zeit und verheiratete seine Tochter. Juan kehrte unmittelbar nach der Hochzeit als vermögender Mann zurück und bat Isabel um einen Kuss. Sie lehnte ab und er starb an gebrochenem Herzen. Bei seinem Begräbnis küsste ihn Isabel schließlich doch und starb kurz darauf ebenfalls. Daraufhin wurden die Liebenden von Teruel gemeinsam bestattet, um sie wenigstens im Tod zu vereinen.

Hostal Aragón HOSTAL €
(☎978 60 13 87; www.hostalaragon.org; Calle Santa María 4; EZ mit/ohne Bad 26/22 €, DZ 45/30 €) Das unauffällige Aragon liegt in einer engen Seitengasse und verfügt über gepflegte holzgetäfelte Zimmer. Mitte der Woche sind die Preise ein paar Euro günstiger; an Wochenenden und während der Ferienzeit sollte man reservieren.

Hotel Plaza Boulevard HOTEL €€
(☎978 60 86 55; www.plazaboulevardhotel.com; Plaza del Tremandal 3; EZ/DZ ab 49/89 €; ❄ 📶) Teruels wohl bestes Mittelklassehotel befindet sich in guter Lage unweit der Plaza San Juan und hat herrlich komfortable, moderne Zimmer.

Essen

Teruel ist stolz auf seine Fleischgerichte und wirbt mit viel Enthusiasmus für seinen *jamón* und seine *embutidos* (Wurstwaren). Nahezu überall bekommt man die lokale Spezialität *Las Delicias de Teruel* (in der Gegend hergestellter Schinken mit geröstetem Brot und frischen Tomaten).

Mesón Óvalo ARAGONISCH €€
(☎978 61 82 35; Paseo del Óvalo 8; Hauptgerichte 14–19 €; ⏲Di–Sa mittags & abends, So mittags) In diesem angenehmen Lokal kommt man in den Genuss aragonischer Spezialitäten, darunter vor allem Fleisch- und Wildgerichte. Besonders lecker schmeckt *jarretes* (mozarabische Lammhaxe mit Waldpilzen), ein Gericht aus der Zeit, als die Muslime diesen Teil Spaniens beherrschten.

La Torre de Salvador ARAGONISCH €€
(☎978 61 73 76; Calle El Salvador; Mahlzeiten 11–19 €, Menü 20 €; ⏲Di–So) Das schicke Restaurant gegenüber dem Torre de El Salvador setzt mit seiner *nouvelle cuisine Aragonese* Maßstäbe. Es bietet raffinierte Gerichte mit traditionellem Einschlag sowie regionale Köstlichkeiten für Besucher, die in das Herz der aragonischen Küche vordringen wollen. Empfehlenswert: Ente in einer Soße aus Perlwein, Wildpilzen und Rosinen.

Bar Gregory TAPAS €
(Paseo del Óvalo 6; Hauptgerichte 6–13 €; ⏲Di geschl.) Eine von mehreren Tapas-Bars am Paseo del Óvalo. Hier gibt's viele lokale Spezialitäten, Tische im Freien und Bedienungen, die sich auskennen.

La Taberna de Rokelin TAPAS €
(Calle El Tozal 33; Tapa/ración mit Schinken 3,50/16 €) Dies ist eine der am meisten gefeierten Bars in Teruel, die sich *jamón* verschrieben hat.

¡Aqui Teruel! TAPAS €
(Calle de Yagüe de Salas 4; Tapa/ración 3,50/11 €) Diese Hommage an *jamón* serviert auch überdurchschnittlich gute Kindermenüs.

Praktische Informationen

Regionale Touristeninformation (☎978 64 14 61; Calle de San Francisco 1; ⏲9–14 & 16.45–19.45 Uhr) Infos über die Region Aragonien.

Städtische Touristeninformation (☎978 62 41 05; Plaza de los Amantes 6; ⏲Sept.–Juli 10–14 & 16–20 Uhr, Aug. 10–20 Uhr) Hier bekommt man Audioguides (2 €) für einen Rundgang durch die Altstadt.

An- & Weiterreise

Vom **Busbahnhof** (☎978 61 07 89; www.estacionbus-teruel.com) fahren regelmäßig Busse von/nach Zaragoza (12,11 €, 2–3 Std.), Valencia (11,15 €, 2¼ Std.) und Madrid (22 €, 4½ Std.).

Teruel liegt an der Bahnlinie von Zaragoza (16,55 €, 2 Std.) nach Valencia (14,90 €, 2½ Std.).

Albarracín

1100 EW. / 1180 M

Albarracín, 38 km westlich von Teruel, ist eines der schönsten Dörfer Spaniens. Es lohnt einen Besuch schon alleine wegen des wunderbaren Gefühls der Zeitlosigkeit, das sich hier nach wie vor einstellt, obwohl im Sommer viele Busladungen mit Touristen herkommen. Aus den umliegenden Hängen ragen zerklüftete Festungsmauern, außerdem haben sich die Ortsstraßen mit den gebeugten jahrhundertealten Gebäuden ihren labyrinthischen Charme erhalten.

Das Dorf liegt auf einer steilen, von einem Seitenarm des Río Guadalaviar geschliffenen felsigen Anhöhe über einem tiefen Tal und diente von 1012 bis 1104 als Sitz eines kleinen islamischen Reiches. Letzteres wurde von der Berberdynastie Banu Razin beherrscht, die Verbindungen nach Córdoba besaß. Von 1170 bis 1285 war Albarracín ein unabhängiges christliches Königreich, eingezwängt zwischen Kastilien und Aragonien.

Sehenswertes

Wer im Dorf übernachtet, sollte im Hotel nach *el bono* fragen, denn dieser berechtigt bei den meisten Sehenswürdigkeiten und einigen geführten Touren zu kleinen Ermäßigungen.

Muralla STADTMAUER

Albarracíns höchstes Bauwerk, der **Torre del Andador** (Durchgangsturm), datiert ins 9. Jh. Die umliegenden Mauern stammen aus dem 11. oder 12. Jh. Zur obersten Etage führen steile Treppen hinauf, die aber jede Anstrengung lohnen, da man hier einen tollen Blick auf die Stadt genießt. Ein 1 km langer Pfad verläuft von der Stadtmauer Richtung Westen am Hügel entlang zur **Ermita del Carmen**, einer kleinen Einsiedelei, von dort eröffnen sich weitere schöne Aussichten aus einer anderen Perspektive.

Burg BURG

(Castillo; Eintritt 2,50 €; ⌚Führungen Sa–Mo 11, 13, 16.30 & 17 Uhr, Di–Fr 13 & 17.30 Uhr) Die faszinierende Festung oberhalb der Kathedrale am südlichen Ortsende verfügt über elf Türme und bedeckt eine Fläche von 3600 m². Das Gebäude stammt aus dem 9. Jh., als das Dorf ein bedeutender islamischer Militärposten war. Bis 2005 war es in Privatbesitz, danach folgten archäologische Grabungen, dank derer man einen faszinierenden Einblick in die Geschichte des Ortes hat. Alles Wichtige darüber erfährt man bei einem einstündigen Rundgang auf Spanisch (Tickets werden im Museo de Albarracín verkauft). Das Centro de Información organisiert auf Wunsch auch englischsprachige Führungen. Die Aussicht von den Befestigungsmauern ist umwerfend.

Museo de Albarracín MUSEUM

(Calle San Juan; Eintritt 2,50 €; ⌚Mo–Fr 10.30–13 & 16.30–18, Sa & So 10.30–14 & 16.30–19.30 Uhr) Das im alten Stadtkrankenhaus untergebrachte Museum widmet sich dem islamischen Erbe der Stadt und präsentiert zahlreiche archäologische Funde aus der Burg. Gegenüber dem Eingang liegt die **Ermita de San Juan**, die im 17. Jh. auf den Überresten von Albarracíns Synagoge errichtet wurde.

Kathedrale KATHEDRALE

Mit ihrer für die spanische Levante typischen Kuppel ist Albarracíns Kathedrale eines der auffallendsten Gebäude der hiesigen Skyline. Im Innern birgt sie einen üppig vergoldeten Altaraufsatz. Während unserer Recherchen war sie wegen Restaurierungsarbeiten geschlossen und es gab keine Hinweise, wann sie wieder eröffnen soll.

Museo Diocesano MUSEUM

(Eintritt 2,50 €; ⌚Mo–Fr 10.30–14 & 16.30–18.30, Sa & So bis 19.30 Uhr) Der Palacio Episcopal (Bischofspalast), der an die Rückseite der Kathedrale anschließt, zeigt eine vielfältige Sammlung religiöser Kunst und ist einen Tick besser als durchschnittliche Kirchenmuseen. Besonders die Gobelins aus dem 15.

LUIS BUÑUEL & DIE TROMMELN VON CALANDA

Luis Buñuel (1900–1983) ist eine der ungewöhnlicheren kulturellen Größen Aragoniens. Der Filmemacher und Freund von Salvador Dalí wurde in Calanda geboren, das 15 km südwestlich vom regionalen Zentrum Alcañiz im Südosten Aragoniens liegt. Zu seinen frühesten Erinnerungen gehören die Trommeln von Calanda.

Bei dem jahrhundertealten Ritual im Geburtsort des Regisseurs findet am Mittag des Karfreitags der Auftakt zur *rompida de la hora* (Brechen der Stunde) statt. Nun schlagen Tausende Trommler gleichzeitig ihre *tambores* (Trommeln) und *bombos* (Pauken) und veranstalten donnernden Lärm. Die Zeremonie dauert 24 Stunden und pausiert nur für vorüberziehende Osterprozessionen.

„Die Trommeln, jenes erstaunliche, dröhnende, kosmische Phänomen, das das kollektive Unterbewusstsein berührt, lässt die Erde unter den Füßen erzittern", erinnert sich Buñuel in seinen Memoiren *Mi último Suspiro* (Mein letzter Seufzer). „Man muss einfach nur eine Hand an eine Hauswand legen, um die Vibrationen zu spüren. Jeder, der es schafft einzuschlafen, eingelullt durch das regelmäßige Schlagen, schreckt hoch, wenn der Klang langsam abflaut. Im Morgengrauen sind die Felle der Trommeln rot, denn die Hände bluten nach so langem Schlagen. Und das, obwohl es sich um die rauen Hände von Bauern handelt."

Dieser Lärm fand seinen Weg in Buñuels Träume und Albträume und schließlich in seine surrealistischen Filme. Die Trommeln hinterließen ebenso ihre Spuren wie die Vorliebe für Rituale, Kostüme und Verkleidungen.

Das **Centro Buñuel Calanda** (☎978 84 65 24; www.cbcvirtual.com; Calle Mayor 48; Erw./erm. 3,50/2,50 €; ⌚Di–So 10.30–13.30 & 16–20 Uhr) in Calanda widmet sich dem Leben und Werk Buñuels.

bis 17. Jh. sind großartig, und auch ein seltsamer gläserner Salzstreuer in Form eines Fisches fällt auf.

Museo de Juguetes MUSEUM
(www.museodejuguetes.com; Calle Medio 2; Erw./Kind 3/1,50 €; ⏲April–Okt. Di–Sa 11–14 & 16–19, So 11–14 Uhr, Nov.–März nur am Wochenende) Das Spielzeugmuseum von Albarracín entführt Besucher auf eine faszinierende Reise in die Geschichte des Spielzeugs – Kids werden begeistert sein. Es liegt den Hügel hinunter, etwa 500 m östlich von der Touristeninformation.

Geführte Touren

El Andador STADTPAZIERGANG
(☎978 70 03 81; www.elandador.es; Calle de la Catedral 4; Führung 3,50 €) El Andador veranstaltet täglich zwei bis sechs anderthalbstündige Spaziergänge durch Albarracín.

Centro de Información STADTSPAZIERGANG
(☎978 70 40 35; http://fundacionsantamariadealbarracin.com; Calle de la Catedral; Führung 3,50 €) Organisiert drei bis vier anderthalbstündige Rundgänge pro Tag.

Schlafen

LP TIPP **La Casa del Tío Americano** HOTEL €€
(☎978 71 01 25; www.lacasadeltioamericano.com; Calle Los Palacios 9; EZ/DZ inkl. Frühstück 80/100 €; 📶) „Das Haus des amerikanischen Onkels" ist ein wundervolles kleines Hotel, freundlich und tadellos betreut von den netten Gastgebern Angelines und José Miguel. Die Zimmer sind in hellen Farben gestrichen, einige haben freiliegende Ziegelmauern. Von der Frühstücksterrasse (sowie von Raum Nr. 2 und 3) genießt man einen umwerfenden Ausblick aufs Dorf. Zu den angenehmen Extras gehören ein Glas Champagner zur Begrüßung und großzügige Badartikel. Kein Wunder, dass viele Gäste immer wieder kommen.

Posada del Adarve HOTEL €
(☎978 70 03 04; www.posadadeladarve.com; Calle Portal de Molina 23; EZ 35 €, DZ 50–75 €; @📶) Klein und charmant ist dieses liebevoll restaurierte Stadthaus in der Nähe des Portal de Molina (Molina-Tor). Es bietet hübsch eingerichtete Zimmer, freundlichen Service und eine wunderbar intime Atmosphäre.

Casa de Santiago HOTEL €€
(☎978 70 03 16; www.casadesantiago.net; Subida a las Torres 11; DZ/Suite 70/95 €; 📶) Schöne Unterkunft in der Nähe der Plaza Mayor mit viel Holz, Fliesenböden und charmantem Service.

La Casona del Ajimez HOTEL €€
(☎978 71 03 21; www.casonadelajimez.com; Calle de San Juan 2; DZ 76 €; 📶) Auch dieses Haus am südlichen Ende der Stadt in der Nähe der Kathedrale überzeugt mit Wärme und geschmackvoller Einrichtung, so wie andere liebevoll restaurierte kleine Hotels der Stadt. Von einigen Zimmern ist die Aussicht sehr schön.

Hotel Arabia HOTEL €€
(☎978 71 02 12; www.hotelarabia.es; Calle Bernardo Zapater 2; EZ 40–55 €, DZ 60–78 €, Apt. 89–122 €; 📶) Im Hotel Arabia, das sich hügelabwärts in einem Kloster aus dem 17. Jh. befindet, findet man gute Zimmer und riesige Apartments mit tollem Ausblick.

Hostal Los Palacios HOSTAL €
(☎978 70 03 27; www.montepalacios.com; Calle Los Palacios 21; EZ/DZ 28/45 €) 250 m von der Plaza Mayor entfernt wartet dieses nette *hostal* mit makellosen Zimmern auf, einige davon mit Balkonen und einem zauberhaften Ausblick. Man erreicht es, indem man die Calle de Santiago entlangspaziert und durch das Portal de Molina geht.

Camping Ciudad de Albarracín CAMPINGPLATZ €
(☎978 71 01 97; www.campingalbarracin.com; pro Pers./Zelt/Auto 4/4/4 €; ⏲April–Okt.) Der angenehm kleine und schattige Campingplatz liegt 2 km vom Ortszentrum unweit der Straße nach Bezas.

Essen

Tapas, *raciones* und herzhafte Gerichte bekommt man in nahezu jeder Bar des Dorfes. Die meisten Lokale findet man in den Straßen rund um die Plaza Mayor. Zu den besten Optionen gehört das hoteleigene Restaurant der Casa de Santiago.

LP TIPP **Tiempo de Ensueño** SPANISCHE NOUVELLE CUISINE €€
(☎978 70 40 70; www.tiempodeensuenyo.com; Calle Palacios 1B; Menüs 41 €, Hauptgerichte 19–25 €) In diesem erstklassigen Restaurant erwarten einen ein eleganter und lichtdurchfluteter Speiseraum, wunderbar aufmerksamer, aber diskreter Service und innovative spanische *nouvelle cuisine*. Neben der ständig wechselnden Speisekarte gibt's auch eine umfangreiche Weinkarte sowie eine Karte mit verschiedenen Mineralwas-

ser-Sorten, eine große Auswahl an Olivenölen und einen Begrüßungscocktail. Hier geht's vor allem um eines: exquisiten Geschmack. Mit dem *menú degustación* trifft man eine hervorragende Wahl, ist aber mit den Gerichten à la carte ebenfalls sehr gut bedient. Wer im Dorf übernachtet, bekommt vielleicht 10 % Rabatt.

La Taberna TAPAS €
(Plaza Mayor 6; Hauptgerichte 5–15 €) Die belebte Bar direkt an der Plaza Mayor serviert gutes Essen, empfehlenswert sind z. B. die *delicias de Teruel* – lokaler *jamón* mit Brot und Tomaten. Die Gerichte ähneln denen anderer Restaurants, dieses hat aber einen Vorzug: Nur ganz selten läuft der Fernseher …

Ausgehen

El Molino del Gato BAR
(www.elgato.arrakis.es; Calle San Antonio 4; ⌚Sept.–Juli Do–Di 15–3 Uhr, Juli & Aug. 12–3 Uhr) Der beste Ort für einen Drink in Albarracín ist diese klasse Bar hinter der Touristeninformation, von der Altstadt ein kleines Stück bergab. Sie ist um eine Mühle aus dem 15. Jh. gebaut, sodass unter den Glasplatten im Fußboden das Wasser strömt. Die Tische draußen am Bach sind besonders nett, um etwas zu trinken – immerhin stehen mehr als 25 Biersorten zur Wahl. Regelmäßig finden hier Kunstausstellungen statt, und José Miguel (bekannter unter dem Namen „El Gato") ist ein herzlicher Gastgeber.

Shoppen

Sierra de Albarracín ESSEN
(www.quesodealbarracin.es; ⌚Mo–Fr 10–14 & 16–19, Sa & So bis 20 Uhr) Den angesehenen lokalen Käse mit dem Label Sierra de Albarracín gibt's in vielen kleinen Geschäften im ganzen Ort, doch warum nicht direkt zum Erzeuger gehen? Der Laden des Besitzers liegt ca. 3 km von der Touristeninformation entfernt an der Straße, die aus der Stadt nach Gea de Albarracín führt. Er hat die ganze Palette an Schafs- und Ziegenkäse im Angebot, darunter einen Schafskäse, der 2010 die Goldmedaille bei den World Cheese Awards gewann. Die meisten Sorten kann man vor dem Kauf probieren.

Praktische Informationen

Centro de Información (☎978 70 40 35; Calle de la Catedral; ⌚Mo–Fr 10–14 & 16–18.30, Sa & So bis 19.30 Uhr) Exzellente private Touristeninformation in der Altstadt.

Touristeninformation (☎978 71 02 62; Calle San Antonio; ⌚Mo–Sa 10–14 & 16–19, So bis 20 Uhr)

An- & Weiterreise

Zwischen Teruel und Albarracín pendelt täglich ein Bus (3,40 €, 45 Min.).

ABSTECHER

EL MAESTRAZGO

El Maestrazgo ist ein Gebiet aus wunderbar abgelegenen Tälern und felsigen Hügeln, das in der Provinz Valencia beginnt. An der A226 nordöstlich von Teruel ragt das dramatisch auf Gebirgskämmen thronende **Cantavieja** empor. Angeblich wurde die Stadt von Hannibal gegründet und später zum Sitz der Tempelritter. Der am besten erhaltene (und teilweise restaurierte) Ortsteil ist die mit einem Säulengang versehene Plaza Cristo Rey. Wer nach Morella in Valencia reisen will, nimmt die A226 nordöstlich von Cantavieja, die sich an scharfen Klippen vorbeiwindet und dann über **Mirambel** führt – ein tolles Beispiel für eine langsam verfallende, von einer Mauer umgebene mittelalterliche Stadt. Von Montag bis Freitag verkehrt täglich ein Bus zwischen Teruel und Cantavieja (8,75 €, 1½ Std.).

Rund um Albarracín

In den Hügeln um Albarracín verstecken sich einige faszinierende prähistorische Felsmalereien, die teilweise 7000 Jahre alt sind. Neben Darstellungen von Nutztieren und Pferden gibt's auch mehrere außergewöhnliche Bilder menschlicher Figuren.

Von der Touristeninformation leiten Schilder zu den „*pinturas rupestres*" (Felsmalereien). Der zentrale Parkplatz (mit Picknickbereich und Spielplatz) befindet sich 4,5 km weiter entfernt. Von hier führen drei gut ausgeschilderte Wanderwege zwischen 2,3 und 3 km Länge in die Hügel, ein vierter beginnt an einem weiterem Parkplatz, der 700 m zurück an der Straße nach Albarracín liegt. Besonders schön ist der 2,5 km lange **Sendero del Arrastradero**, der zum berühmten **Abrigo del Arquero de los Callejones** (einem perfekt wiedergegebenen Bogenschützen, der zu fliehen scheint) und anderen Felsmalereien sowie einem Aussichtspunkt führt.

RÖMISCHER AQUÄDUKT

Die Straße von Gea de Albarracín nach Albarracín (18 km) wird von den Resten eines alten römischen Aquädukts überschattet. Schilder weisen den Weg zu den zugänglichsten Abschnitten. Außerdem gibt's ein neues **Centro de Interpretación**, das kurz nach unserem Besuch eröffnet wurde.

BRONCHALES

Teruels *jamón* wird in ganz Spanien geschätzt. **Jamones Bronchales** (978 70 13 13; www.jamonesbronchales.com; Eintritt frei; Mo–Sa 10–14 & 17–20 Uhr) im Dorf Bronchales, 29 km nordwestlich von Albarracín, veranstaltet Führungen, bei der die Trocknung und die Vorbereitung des *jamón* erklärt werden. In der Regel finden die Rundgänge erst bei mindestens 15 Personen statt, doch wenn nicht viel los ist, werden vielleicht auch unangemeldete Besucher herumgeführt. Die Endprodukte kann man ebenfalls hier kaufen.

Baskenland, Navarra & La Rioja

Inhalt »

Bilbao ... 423
San Sebastián ... 438
Vitoria ... 451
Pamplona ... 455
Die Pyrenäen ... 461
Logroño ... 468
Weinbaugebiet ... 473

Gut essen

» Arzak (S. 447)

» La Cuchara de San Telmo (S. 446)

» Rio-Oja (S. 431)

» Mesón las Migas (S. 466)

» Querida María Restaurante (S. 454)

Schön übernachten

» Pensión Bellas Artes (S. 443)

» Palacio Guendulain (S. 457)

» Hospederia Las Pedrolas (S. 472)

» La Casa de los Arquillos (S. 453)

» Casa Rural Legado de Ugarte (S. 476)

Auf ins Baskenland, nach Navarra und nach La Rioja

Tiefgrüne Hügel und der vom Nieselregen verhangene graue Himmel in der Region bilden starke Kontraste zum allgemeinen Bild von Spanien. Die Basken legen viel Wert auf ihre Identität. Sie beanspruchen für sich, die ältesten Europäer zu sein und die ureuropäische Sprache zu sprechen. Ob diese Behauptung tatsächlich zutrifft, ist nicht erwiesen, doch es gibt keinerlei Zweifel daran, dass sie in einem Gebiet von außerordentlicher Schönheit und Vielfalt leben, in dem fast vergessene Götter über die Berge wachen und zahlreiche Museen, gut besuchte Straßenfeste und wahrscheinlich das beste Essen im ganzen Land locken.

Sobald man den zerklüfteten wilden Norden verlässt und die Ebenen südlich von Pamplona erreicht, wird es spürbar wärmer, denn nun gelangt man nach Navarra und La Rioja. Diese Gegend wartet mit großartigem Wein, jeder Menge Sonne, verträumten Landschaften, mittelalterlichen Klöstern und zauberhaften Orten auf.

Reisezeit

Bilbao

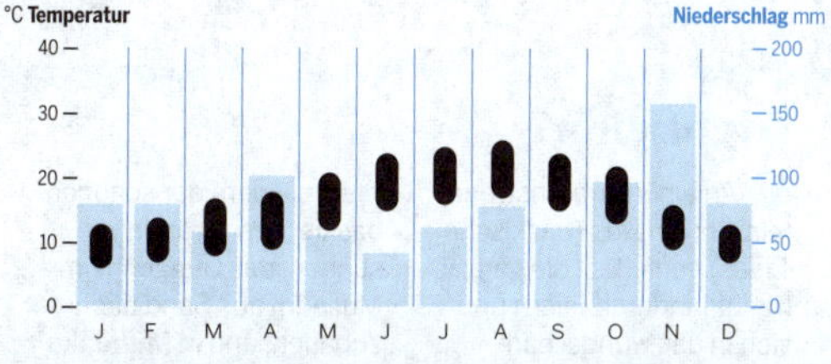

Mai–Juni In Bilbaos Kunstmuseen und San Sebastiáns *pintxo*-Bars herrscht Hochbetrieb.

6.–14. Juli Beim berühmten Sanfermines-Festival ins chaotische Pamplona eintauchen.

September Die Pyrenäen leuchten nun in wunderschönen Herbstfarben.

BASKENLAND

Diese Region ist einfach anders. Während die Basken sie als Euskadi oder Euskal Herria (Land der Baskisch Sprechenden) bezeichnen, wird sie im übrigen Spanien El Pais Vasco genannt. Hier reichen die Berggipfel bis in den Himmel hinein, außerdem erstrecken sich in der Gegend zahlreiche Felsenhöhlen, in denen die Wellen des Atlantiks brechen. Das Baskenland schreit förmlich nach Streifzügen rund um die wundervollen kosmopolitischen Städte Bilbao, Vitoria und San Sebastián. Wer mit offenen Augen durch das Gebiet reist, wird dafür stets belohnt.

Highlights

1 An einem Traumstrand relaxen, *pintxos* (baskische Tapas) genießen, die ganze Nacht hindurch feiern und sich in das wunderbare **San Sebastián** (S. 438) verlieben

2 Bei einem Besuch der Kunstmuseen von **Bilbao** (S. 423) fantastische Bilder bewundern

3 An einem der schönen baskischen Strände versuchen, das Guggenheim-Museum aus Sand nachzubauen, und in **Mundaka** (S. 436) surfen

4 In den Museen und Weingütern von **La Rioja** (S. 468) dem Geheimnis eines guten Tropfens auf die Spur kommen

5 Die wunderbaren mittelalterlichen Städte **Olite** (S. 465) und **Ujué** (S. 466) erkunden

6 Neblige Hänge in den **Navarresischen Pyrenäen** (S. 461) erklimmen

7 Sich während der ausschweifenden Sanfermines in **Pamplona** (S. 455) wie Hemingway fühlen

TOP PICKS FÜR KINDER

Im Baskenland, in Navarra und in La Rioja kann man zahlreiche tolle Dinge unternehmen, bei denen die Kleinen auf ihre Kosten kommen. Einige Highlights:

» In **Enciso** auf Dinosaurierjagd gehen (S. 471).

» Bei Ritterspielen in den Burgen von **Olite** (S. 465) und **Javier** (S. 461) Drachen aufspüren.

» Nemo und den Weißen Hai im **Aquarium** (www.aquariumss.com; Paseo del Muelle 34; Erw./Kind von 4–12 J. 12/6 €; ⏲April–Juni & Sept. Mo–Fr 10–20, Sa & So 10–21 Uhr, ansonsten kürzere Öffnungszeiten) von San Sebastián bestaunen.

» An der **baskischen Küste** Sandburgen bauen und Surfen lernen (S. 437).

» Mit größeren Kindern die **Pyrenäen** bezwingen (S. 461).

» Mithilfe der Hexen von **Zugarramurdi** die kleine Schwester in einen Frosch verwandeln (S. 463).

» Fiesta, Fiesta! Tagsüber sind fast alle Feste wie geschaffen für Kinder.

Geschichte

Niemand weiß so recht, wo die Basken eigentlich herkommen, aber sie scheinen schon vor den frühesten bekannten Einwanderern dagewesen zu sein. Selbst die Römer überließen das bergige Gebiet mehr oder weniger sich selbst, und erst die expansionsfreudige spanische Krone gewann im Laufe des Mittelalters (1000–1450) die Souveränität über die hiesigen Territorien, allerdings unter großen Schwierigkeiten. Navarra war bis 1512 ein eigenständiges Königreich. Auch nach der Eingliederung in den kastilischen Orbit erkämpften Navarra und die drei baskischen Provinzen (Guipúzcoa, Vizcaya und Álava) umfangreiche Autonomierechte, die sogenannten *fueros* (alte Gesetze der Basken).

Nach dem Zweiten Kastilienkrieg 1876 verloren alle Provinzen außer Navarra ihre begehrten *fueros*, was Öl ins Feuer des erwachenden baskischen Nationalismus goss. Doch trotz der Gründung des Partido Nacionalista Vasco (PNV; Baskische Nationalistische Partei) 1894 kam dafür nie volle Unterstützung in den baskischen Provinzen auf, da alle auch einen beträchtlichen Anteil an kastilischen Einwohnern hatten.

Als die republikanische Regierung in Madrid den Basken 1936 die Selbstverwaltung anbot, nahmen sowohl Guipúzcoa als auch Vizcaya den Vorschlag an. Nach Ausbruch des Bürgerkriegs wurde Franco vom konservativen, ländlichen Navarra und Álava unterstützt, während sich Vizcaya und Guipúzcoa auf die Seite der Republikaner schlugen. Für diese Entscheidung sollten sie in den folgenden vier Jahrzehnten einen hohen Preis zahlen.

Während der Franco-Ära wurde die Euskadi Ta Askatasuna (ETA; Baskenland und Freiheit) gegründet – ursprünglich eine Widerstandsgruppe gegen das Franco-Regime, das die Basken unterdrückte, indem es ihre Sprache und nahezu alle Formen ihrer Kultur verbot. Nach dem Sturz des Diktators forderte die ETA die totale Unabhängigkeit und setzte ihren blutigen Krieg gegen die spanische Regierung fort – bis die Gruppe im Oktober 2011 erklärte, ihre „bewaffneten Aktivitäten endgültig zu beenden".

Bilbao

354 200 EW.

Bilbao (auf Baskisch „Bilbo") hatte es nicht immer leicht. Die Stadt entwickelte sich inmitten von Schwerindustrie und Einöde, wurde jahrelang von Befehlshabern missbraucht und musste hart kämpfen, um etwas aus sich zu machen. Doch ihr Eifer und ein paar clevere Investitionen haben sich ausgezahlt und tragen nun Früchte in Form des beeindruckenden Guggenheim-Museums und einer treuen Schar von Kunstfans auf der ganzen Welt.

Boxto (Loch), wie Bilbao liebevoll von seinen Einwohnern genannt wird, hat sich hochgearbeitet und ist zu einem bedeutenden europäischen Kunstzentrum geworden, ohne dabei abzuheben oder seine Wurzeln zu vergessen. Im Herzen bleibt es eine Arbeiterstadt, vom Äußeren her eher hässlich, dafür aber mit viel Charakter. Und gerade diese Haltung lässt den lebendigen, spannenden und kultivierten Ort so einmalig erscheinen.

Bilbao

Geschichte

Im Jahre 1300 bekam Bilbao den Titel einer *villa* (Stadtstaat) verliehen. Die mittelalterlichen Einwohner, die *bilbaínos*, gingen ihren Geschäften im Gewirr der Las Siete Calles (das sind die ursprünglich sieben Straßen der Altstadt) und auf den Werften nach. Nach der Entdeckung Amerikas florierte der Handel und die baskischen Fischer, Händler und Siedler knüpften schon früh enge Bande mit Orten wie Boston. Im späten 19. Jh. prägten die Schornsteine der Stahlwerke, Schiffbauanlagen und Chemiefabriken Bilbaos Skyline.

Von den Karlistenkriegen bis zum Spanischen Bürgerkrieg galt die Stadt als größtes Faustpfand des Nordens, nicht zuletzt natürlich wegen ihres industriellen Werts. Franco nahm sie im Frühling 1937 ein, womit die massiven und lange andauernden Repressalien gegenüber den baskischen Nationalisten begannen. Dennoch erblühte Bilbao schon in dieser Zeit, da es den Bedarf an Industrieprodukten des Landes deckte. Dieser Phase folgte der scheinbar unaufhaltsame wirtschaftliche Niedergang, der erst in den letzten Jahren abgewendet werden konnte.

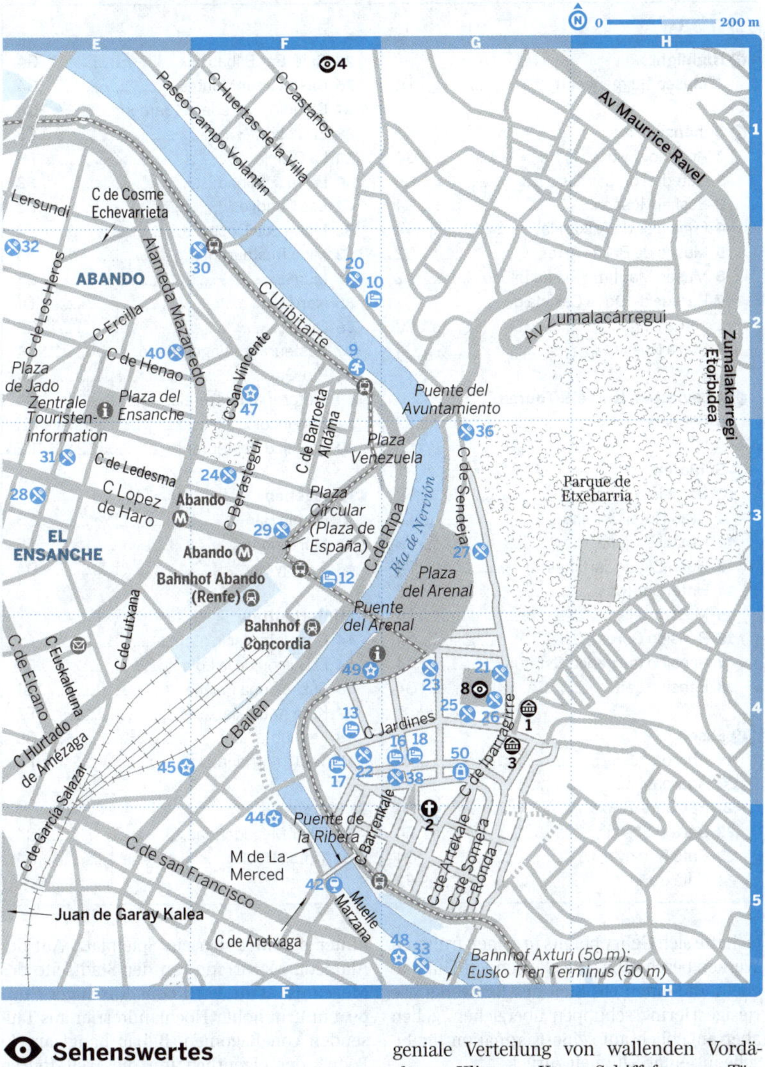

Sehenswertes

Museo Guggenheim MUSEUM

(www.guggenheim-bilbao.es; Avenida Abandoibarra 2; Erw./Kind 13 €/frei; ⏲Sept.–Juni 10–20 Uhr, Mo geschl.) Im September 1997 wurde das Museo Guggenheim eröffnet, das die moderne Architektur und Bilbao selbst ins 21. Jh. katapultierte. So erhielt die bereits angelaufene Regenerierung der Stadt noch einmal einen großen Schub für die weitere Entwicklung und Bilbao rückte weltweit ins Rampenlicht der Kunst- und Reiseszene.

Zwar drängt das beeindruckende Gebäude das Innere in den Hintergrund, aber die geniale Verteilung von wallenden Vordächern, Klippen, Kaps, Schiffsformen, Türmen und fliegenden Flossen durch den kanadischen Architekten Frank Gehry ist schlichtweg unwiderstehlich.

Wie alle großen Architekten entwarf Gehry das Museum in einem geschichtlichen und geografischen Kontext. Das Baugebiet war industrielles Brachland und ein Teil des ärmlichen, verfallenen Lagerhausdistrikts am Ufer der Ría de Bilbao. Sowohl die historische Schiffbau- als auch die Fischerindustrie der Stadt war für die Arbeit des Architekten von Vorteil, denn mit Industriemateriali-

Bilbao

Highlights
Museo Guggenheim ... D1

Sehenswertes
1 Arkeologi Museo ... G4
2 Catedral de Santiago ... G5
3 Euskal Museoa ... G4
4 Funicular de Artxanda ... F1
5 Museo de Bellas Artes ... C2
6 Museo Marítimo Ría de Bilbao ... A2
7 Parque de Doña Casilda de Iturrizar ... C2
8 Plaza Nueva ... G4

Aktivitäten, Kurse & Touren
9 Bilboats ... F2

Schlafen
10 Barceló Nervión ... F2
11 Gran Hotel Domine ... D1
12 Hostal Begoña ... F3
13 Hotel Bilbao Jardines ... F4
14 Hotel Carlton ... D3
15 Miró Hotel ... D1
16 Pensión Gurea ... G4
17 Pensión Iturrienea Ostatua ... F4
18 Pensión Ladero ... G4

Essen
19 Abaroa ... C1
20 Abaroa ... F2
21 Bar Gure Toki ... G4
22 Berton Sasibil ... F4
23 Café Boulevard ... G4
24 Café Iruña ... F3
25 Café-Bar Bilbao ... G4
26 Casa Victor Montes ... G4
27 Claudio: La Feria del Jamón ... G3
28 El Globo ... E3
29 La Granja ... F3
30 Larruzz Bilbao ... F2
31 Los Candiles ... E3
32 Mami Lou Cupcake ... E2
33 Mina Restaurante ... G5
34 Mugi ... B3
35 Nerua ... D1
36 Opila ... G3
37 Restaurante Vegetariano ... D4
38 Rio-Oja ... G4
39 Ristorante Passerela ... D4
Sorginzulo ... (siehe 21)
40 Zortziko Restaurante ... E2

Ausgehen
41 Kamin Bar ... C3
42 Marzana 16 ... F5
43 Twiggy Bar ... D4

Unterhaltung
44 Conjunto Vacío ... F5
45 El Balcón de la Lola ... E4
46 Euskalduna Palace ... B1
47 Kafe Antzokia ... F2
48 Le Club ... G5
49 Teatro Arriaga ... F4

Shoppen
50 Elkar Megadenda ... G4
51 Tintas Books ... D4

en hatte sich Gehry bereits in seinen früheren Werken beschäftigt. Die glänzenden Titankacheln, die einen Großteil des Bauwerks wie riesige Heringsschuppen überziehen, gehen aber angeblich auf seine Faszination für Fische in seiner Kindheit zurück.

Auch andere Künstler hatten Anteil an der Gestaltung des Museums. Zwischen den Glasstreben des zentralen Atriums und dem Fluss Nerviòn liegt ein einfaches Wasserbecken, das in regelmäßigen Abständen eine Nebel-„Skulptur“ von Fuyiko Nakaya ausstößt. Ganz in der Nähe erhebt sich Louise Bourgeois' skelettartige Überdachung, eine Spinne namens **Maman**, die eine schützende Umarmung darstellen soll. Im Freigelände westlich des Museums schießt eine Brunnenskulptur wahllos Wasserstrahlen in die Luft, was besonders Kinder begeistert. Dahinter befindet sich ein Spielplatz. Auf der Alameda Mazarredo (an der Stadtseite des Museums) steht Jeff Koons kitschiger **Puppy**, ein 12 m hoher Hochlandterrier aus Tausenden von Begonien. Bilbao hängt an „El Poop“, der eigentlich um die Welt touren und damit eine vergängliche Attraktion sein sollte. Mit dem liebevollen, selbstironischen Humor der Einwohner rauer Städte erzählen die *bilbaínos*, El Poop sei zuerst dagewesen, deshalb hätten sie hinter ihm auch eine Hundehütte bauen müssen ...

Das Innere des Gebäudes ist weitläufig gestaltet mit einem kathedralenähnlichen, lichtdurchfluteten, 45 m hohen Atrium. Im Erdgeschoss präsentiert eine Dauerausstellung so herrliche Dinge wie metallene Labyrinthe und zum Himmel strebende Lichtinstallationen.

Die meisten Besucher werden jedoch von den Sonderausstellungen angelockt (Details dazu siehe Website des Museums). 2012 wurden z. B. Cristina García Roderos fantastische surrealistische Fotografien, die Landschaftsmalereien des britischen Künstlers David Hockney und die Werke des Künstlers Claes Oldenburg gezeigt, der vor allem in den 1960er-Jahren tätig war und als einer der Väter der Pop-Art betrachtet wird.

Eintrittspreise variieren je nach Ausstellung und Jahreszeit. Oben sind die üblichen Maximalgebühren angegeben. Der Ticketverkauf endet eine halbe Stunde vor Schließung. Kostenlose Führungen (in Spanisch) finden um 11 und um 17 Uhr statt. Wer daran interessiert ist, sollte sich eine halbe Stunde vorher am Infoschalter melden. Die Rundgänge sind auch in anderen Sprachen verfügbar (am Infoschalter erfährt man mehr). Weil nur 20 Teilnehmer pro Führung mitgenommen werden, muss man frühzeitig hier sein. Auf Anfrage organisiert das Museum auch private Gruppenrundgänge auf Deutsch sowie in anderen Sprachen. Das Haus verfügt über speziell adaptierte Magnetic-Loop-PDA-Videoguides für Besucher mit Hörfehlern. Die hervorragenden Audioguides in verschiedenen Sprachen sind im Eintrittspreis enthalten, zudem gibt's eine Kinderversion. Leider sind die Schlangen am Eingang oft schier endlos; vor allem an Regentagen im Sommer und zu Ostern beträgt die Wartezeit mindestens eine Stunde. Das Museum hat einen barrierefreien Zugang.

Museo de Bellas Artes — MUSEUM

(Museum der Schönen Künste; www.museobilbao.com; Plaza del Museo 2; Erw./Kind 6 €/frei, Mi Eintritt frei; ⏲Di–So 10–20 Uhr) Das Museo de Bellas Artes ist nur fünf Minuten vom Museo Guggenheim entfernt und übertrumpft seinen berühmten Vetter teilweise sogar.

Es wartet mit einer fesselnden Sammlung von gotischen Skulpturen bis zur Pop-Art des 20. Jhs. auf, darunter klassische Bilder von Murillo, Zurbarán, El Greco, Goya und van Dyck, zeitgenössische Arbeiten von Gauguin, Francis Bacon und Anthony Caro, Werke der großen baskischen Bildhauer Jorge de Oteiza und Eduardo Chillida sowie Gemälde von baskischen Künstlern wie Ignacio Zuloago und Juan de Echevarria.

Wie im Guggenheim sind die wahren Highlights aber auch hier die Sonderausstellungen (aktuelle Infos auf der Website). Die mit den Werken von Antonio López 2012 war die bisher beliebteste und zog über 290 000 Besucher an.

Audioguides kosten 1 €. Das Museum verfügt über einen barrierefreien Zugang.

DER ARTEAN-PASS

Der Artean-Pass ist ein günstiges Kombiticket für das Guggenheim-Museum und das Museo de Bellas Artes (siehe links). Er kostet 13,50 € (Preis für Erw.) und wird in beiden Museen verkauft.

Casco Viejo — ALTSTADT

Bilbaos kompakte Altstadt wartet mit charmanten Straßen, feuchtfröhlichen Kneipen und skurrilen kleinen Läden auf. In ihrem Herzen erstrecken sich die sieben ursprünglichen Straßen der Stadt, Las Siete Calles, aus dem 15. Jh.

Die im 14. Jh. errichtete gotische **Catedral de Santiago** (Plaza de Santiago; ⏲ Di–Sa 10–13 & 16–19, So 10.30–13.30 Uhr) hat eine prächtige Pfeilerhalle im Renaissancestil und einen schönen kleinen Kreuzgang. Weiter nördlich gelangt man zur arkadengesäumten **Plaza Nueva** aus dem 19. Jh. Dort gibt's köstliche *pintxos* (baskische Tapas) und sonntagvormittags einen lebhaften **Flohmarkt**, auf dem gebrauchte Bücher, Schallplatten, Vögel (manche in altmodischen Holzkäfigen), Mäuse und Babyschildkröten verkauft werden. An anderer Stelle tauschen Kinder und Erwachsene Fußballkarten und alte Briefmarken, treten Straßenkünstler auf und rauschen Kellner mit bis oben hin beladenen Tabletts vorbei. Im Winter öffnen weniger Stände und es geht um einiges ruhiger zu. Zur selben Zeit wird auf der nahe gelegenen **Plaza del Arenal** ein **Blumenmarkt** veranstaltet.

Euskal Museoa — MUSEUM

(Museo Vasco; www.euskal-museoa.org; Plaza Miguel Unamuno 4; Erw./Kind 3 €/frei, Do Eintritt frei; ⏲Di–Sa 11–17, So 11–14 Uhr) Die Ausstellung des wahrscheinlich umfassendsten Museums der baskischen Kultur und Geschichte beginnt in der Vorzeit und arbeitet sich von dieser finsteren Epoche schnell in die Neuzeit vor. Leider sind alle Beschriftungen ausschließlich auf Baskisch und Spanisch.

Das Euskal Museoa ist in einem schönen alten Gebäude mit einem herrlich friedlichen Kreuzgang untergebracht, der einst Bestandteil eines Jesuitenkollegs aus dem 17. Jh. war. Hier befindet sich das **Mikeldi-**

Götzenbild, eine mächtige vorchristliche Symbolfigur, die möglicherweise aus der Eisenzeit stammt.

Es gibt auch einen behindertengerechten Zugang.

Museo Marítimo Ría de Bilbao MUSEUM
(www.museomaritimobilbao.org; Muelle Ramón de la Sota 1; Erw./Kind 5 €/frei; ⌚Di–So 10–20, werktags im Winter 10–18 Uhr) Das futuristisch anmutende Museum, das passenderweise am Wasser liegt, bringt Besuchern die maritime Geschichte der Stadt und des Baskenlandes näher. Im Außenbereich können Kinder (und Erwachsene mit Faible für die Seefahrt) Boote erklimmen und Pirat oder Seemann spielen.

Arkeologi Museo MUSEUM
(Archäologisches Museum; Calzadas de Mallona 2; Erw./Kind 3 €/frei, Fr Eintritt frei; ⌚ Di–Sa 10–14 & 16–19.30, So 10.30–14 Uhr; 🚇) Mit seinen vielen blinkenden Lichtern, piepsenden Exponaten, Speerspitzen und alten Gefäßen macht das coole neue Museum deutlich, dass die Einwohner dieser Ecke des Landes hier wirklich schon sehr, sehr lange leben. Leider gibt's nur spanische und baskische Beschriftungen.

Parque de Doña Casilda de Iturrizar PARK
Unterhalb des Museo de Bellas Artes erstreckt sich ein friedlicher, skurriler Park mit einem großen Teich voller Zierenten und anderer Wasservögel.

Funicular de Artxanda STANDSEILBAHN
(Artxanda-Standseilbahn; Plaza Funicular; Erw./Kind 0,90/0,28 €; ⌚Mo–Sa 7.15–22, So 8.15–22 Uhr) Bilbao ist eine von Hügeln und Bergen umgebene Stadt, die in einem schmalen Tal liegt. Wer einen atemberaubenden Ausblick auf das alles genießen möchte, unternimmt eine Tour mit der Seilbahn, die eine gefühlte Ewigkeit lang quietschend und ächzend den Steilhang zum Artxanda-Gipfel hinaufkriecht.

Feste & Events

In Bilbao finden zahlreiche Veranstaltungen statt. Nachfolgend werden nur die größten Feste genannt.

Carnaval KARNEVAL
Beim Karneval im Februar geht's in der Stadt stets wild zu.

Internationales Bluesfestival MUSIK
Fans dieser Musikrichtung sollten im Juni die 25 km nördlich von Bilbao gelegene Stadt Getxo ansteuern.

Bilbao BBK Live MUSIK
(www.bilbaobbklive.com) Das größte musikalische Event der Stadt findet Anfang Juli statt und dauert drei Tage.

Internationales Jazzfestival MUSIK
(www.jazzeuskadi.com) Dieses einwöchige Festival wird Mitte Juli in Getxo gefeiert.

Semana Grande KULTUR
Bilbaos größtes Fest beginnt am ersten Samstag nach dem 15. August. Die folgenden zehn Tage sind mit kulturellen Veranstaltungen prall gefüllt.

Festival der Volksmusik VOLKSMUSIK
Im September findet in Getxo ein Volksmusikfestival statt.

STADTFÜHRUNGEN

Zu den angebotenen Stadtführungen gehören sowohl allgemeine Rundgänge als auch Touren mit Schwerpunkten auf den Themen Architektur und Essen. Wir empfehlen vor allem folgende Veranstalter:

Touristeninformation (S. 436) Organisiert 1½-stündige Rundgänge (4,50 €; Samstag und Sonntag 10 & 12 Uhr), die entweder die Altstadt oder die Architektur der neuen Stadtteile abdecken.

Bilboats (☎946 424 157; www.bilboats.com; Erw./Kind ab 10/6 €) Tägliche Bootstouren auf dem Nervión.

Bilbao Greeters (www.bilbaogreeters.com) Die Freiwilligenorganisation bietet eine originelle Möglichkeit, die Stadt zu besichtigen. Ein Einheimischer führt die Teilnehmer kostenlos durch Bilbao und zeigt ihnen seine liebsten Sehenswürdigkeiten, Freizeitbeschäftigungen und – natürlich – *pintxo*-Bars (baskische Tapas). Wer Interesse an einem solchen Rundgang hat, muss sich mindestens zwei Wochen im Voraus über die Website anmelden.

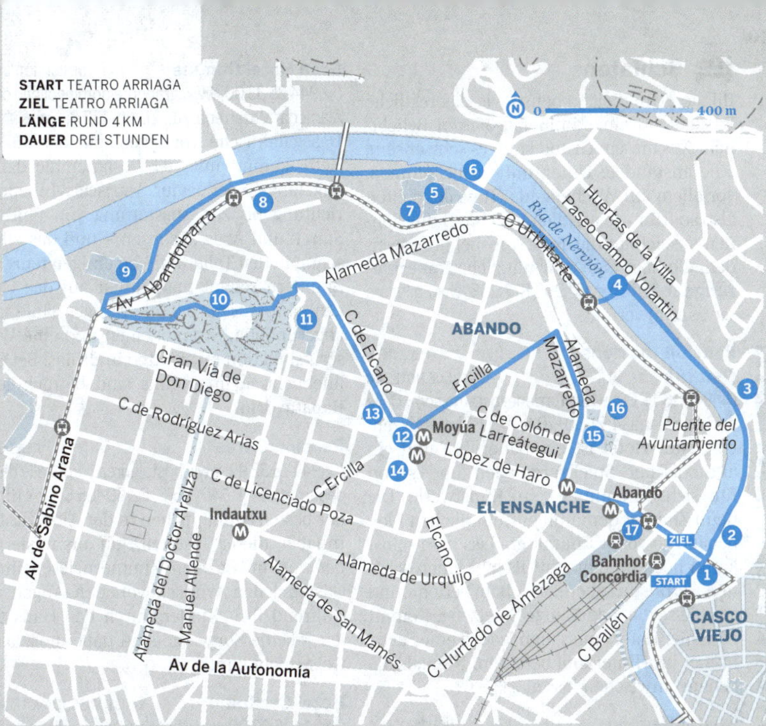

Stadtspaziergang
Architektur & Flussblicke

Bilbao wartet mit zahlreichen beeindruckenden Gebäuden und malerischen Wegen am Fluss auf.

Die Route startet am barocken 1 **Teatro Arriaga**, das 1890 errichtet wurde, und führt flussaufwärts an der 2 **Plaza del Arenal** sowie dem großartigen 3 **ayuntamiento** (Rathaus) aus dem späten 19. Jh. vorbei. Als Nächstes erreicht man den Paseo Campo Volantin mit ganz unterschiedlichen Bauwerken. Dann überquert man die imposante 4 **Puente Zubizuri** (Zubizuri-Brücke), eine wellenartige von Santiago Calatrava entworfene Konstruktion.

Auf der anderen Seite des Flusses angekommen, biegt man rechts ab und schlendert die Uferpromenade entlang zum berühmten 5 **Museo Guggenheim**. Es ist schwer, den Blick davon loszureißen, dennoch sollte man die spinnenartige 6 **Maman** und 7 **Puppy**, den am besten duftenden Hund der Welt, auf keinen Fall verpassen.

Danach geht's weiter den Weg entlang an zahlreichen Skulpturen vorbei. Links befindet sich der 8 **Iberdrola-Turm**, ein gläserner Büroblock, der mit 165 m das höchste Gebäude der Region ist. Am modernen 9 **Euskalduna-Palast** biegt man links ab, spaziert durch den skurrilen 10 **Parque de Doña Casilda de Iturrizar**, passiert das 11 **Museo de Bellas Artes** und bummelt die Calle de Elcano entlang zur 12 **Plaza de Federico Moyúa**, dem Zentrum der Neustadt. Der Platz ist von beeindruckenden Bauten umgeben: Rechts erhebt sich der 13 **Palacio de Chávarri**, gegenüber das luxuriöse 14 **Hotel Carlton**. Anschließend folgt man der Calle Ercilla und biegt rechts in die Alameda Mazarredo ab, die zu den schönen 15 **Jardines Albia** und der 16 **Iglesia San Vicente Mátir** aus dem 16. Jh. führt. Zu guter Letzt geht's weiter bergab zur Calle López de Haro, vorbei an der Art-Nouveau-Fassade des 17 **FEVE-Bahnhofs** und über die Puente del Arenal zurück zum Startpunkt.

Schlafen

Bilbao erfreut sich ebenso wie das restliche Baskenland einer immer größeren Beliebtheit. Aus diesem Grund kann es schwer sein, eine anständige Unterkunft zu bekommen, vor allem am Wochenende. Traveller sollten also so früh wie möglich buchen. Dafür können sie sich an die Tourismusbehörde wenden, die über eine sehr nützliche **Reservierungsabteilung** (☎902 877 298; www.bilbaoreservas.com) verfügt.

Pensión Iturrienea Ostatua BOUTIQUE-HOTEL €€
(☎944 16 15 00; www.iturrieneaostatua.com; Calle de Santa María 14; Zi. 50–70 €;) Bilbaos exzentrischstes Hotel ist ein Bauernhof und ein altmodischer Spielwarenladen und schon für sich genommen ein Kunstwerk. Die neun Zimmer der familienfreundlichen Bleibe sind so voller Charakter, dass man selbst kaum noch hineinpasst! Es gibt einen schönen Frühstücksbereich, Babybetten und -stühle sowie jede Menge Spielzeug. Kommt man hier unter, muss man jedoch eine Sache immer im Hinterkopf behalten: Niemals die Schafe entwischen lassen ...!

Hostal Begoña BOUTIQUE-HOTEL €
(☎944 23 01 34; www.hostalbegona.com; Calle de la Amistad 2; EZ/DZ ab 50/55 €; @) Die Besitzer dieser hervorragenden Unterkunft brauchen keine angesagten Labels für ihre stylishen, individuellen Kreationen. Ihre farbenfrohen, mit modernen Kunstwerken geschmückten Zimmer, die schmiedeeisernen Betten und die witzig gekachelten Bäder sprechen für sich selbst. In den Gemeinschaftsbereichen locken zahlreiche Bücher, Reiseinfos und mehrere Computer mit Internetzugang, außerdem ist das Begoña vermutlich das beste Hotel der Stadt, um andere Traveller zu treffen. Ganz in der Nähe befindet sich ein Parkplatz.

Barceló Nervión HOTEL €
(☎944 45 47 00; www.barcelonervion.com; Paseo Campo Volantin 11; EZ/DZ ab 51/55 €; P@) Na gut, das Barceló Nervión gehört zu einer Kette, und während die Zimmer nicht viel kosten, ist alles andere überdurchschnittlich teuer. Doch man sollte fair bleiben: Für ein Hotel wie dieses muss man normalerweise deutlich tiefer in die Tasche greifen. Die Zimmer sind schick, gemütlich und groß und es gibt Babybetten ohne Aufpreis. Darüber hinaus ist die Lage am Fluss genau in der Mitte zwischen der Altstadt und dem Guggenheim-Museum ideal.

Gran Hotel Domine DESIGNHOTEL €€€
(☎944 25 33 00; www.granhoteldominebilbao.com; Alameda Mazarredo 61; Zi. ab 132 €; P@) Das galaktische Vorzeigeobjekt der Silken-Kette kommt mit viel Designerchic daher, angefangen bei Javier Mariscals Inneneinrichtung bis zur Ausstattung von Philippe Starck und Arne Jacobsen – und das allein schon in den Toiletten! Von einigen teureren Zimmern schaut man direkt auf das Guggenheim-Museum, eine riesige Säule aus abgerundeten Strandsteinen und eine Wasserinstallation mit Platten und Glas. Bei Onlinebuchung im Voraus sind beträchtliche Rabatte drin.

Pensión Gurea PENSIÓN €
(☎944 16 32 99; www.hostalgurea.com; Calle de Bidebarrieta 14; EZ 40–45 €, DZ 60–65 €;) Eines der besten Schnäppchen in der Altstadt. Die Inhaber dieser lustigen, gut organisierten *pensión* mit großen Zimmern lesen ihren Gästen jeden Wunsch von den Augen ab, während ihre Kinder durch das Haus tollen – keine Sorge, sie sind dabei normalerweise nicht laut.

Hotel Carlton HISTORISCHES HOTEL €€€
(☎944 16 22 00; www.hotelcarlton.es; Plaza de Frederico Moyúa 2; EZ/DZ 237/298 €; P@) Hier dürfen sich die Gäste auf Stil, Klasse und Raffinesse freuen. Der Empfangsbereich ist ebenso kunstvoll gestaltet wie die grandiosen Zimmer. Als James Bond für die Dreharbeiten zu *Die Welt ist nicht genug* nach Bilbao kam, wohnte er mit Sicherheit hier. Bei Internetbuchung sind manchmal mehr als 50 % Rabatt drin.

Miró Hotel DESIGNHOTEL €€€
(☎946 61 18 80; www.mirohotelbilbao.com; Alameda Mazarredo 77; EZ/DZ ab 105/120 €; @) Das beeindruckende Hotel blickt auf das berühmteste Gebäude der Stadt und hat Aufenthaltsbereiche mit moderner Fotokunst sowie Zimmer im schicken, minimalistischen Stil. Es passt einfach perfekt zum künstlerischen Bilbao.

Hotel Bilbao Jardines BOUTIQUE-HOTEL €€
(☎944 79 42 10; www.hotelbilbaojardines.com; Calle Jardines 9; EZ/DZ ab 55/65 €;) Mit seiner frischen grünen Dekoration und den hellen Zimmern bietet das Bilbao Jardines eine willkommene Abwechslung zu den staubigen Fassaden der Altstadt und punktet darüber hinaus mit einem guten Preis-Leistungs-Verhältnis.

Pensión Ladero PENSIÓN €
(☎944 15 09 32; Calle Lotería 1; EZ/DZ ohne Bad 25/35 €) Die schlichten Zimmer dieser gepflegten, günstigen Bleibe teilen sich Gemeinschaftsbäder. Leider liegt die Pension im vierten Stock und hat keinen Aufzug. Reservierungen sind nicht möglich.

Camping Sopelana CAMPINGPLATZ €
(☎946 76 19 81; www.campingsopelana.com; Stellplatz für 2 Pers. & Auto 29,90 €;) 15 km von Bilbao erstreckt sich dieser freiliegende Campingplatz. Er hat einen Pool und ist nur einen kurzen Spaziergang vom Strand entfernt. Man erreicht ihn mit der Metro.

Essen

Was Handel und Wirtschaft betrifft, blicken die Basken in die Ferne, doch wenn es ums Essen geht, sind sie fest davon überzeugt, dass sich niemand mit ihren Kochkünsten messen kann – und damit mögen sie sogar recht haben. Dementsprechend gibt's in Bilbao eine große Auswahl an erstklassigen baskischen Restaurants.

An der arkadengesäumten Plaza Nueva kann man wunderbar bei einem Kaffee das bunte Treiben beobachten, besonders im Sommer.

Rio-Oja BASKISCH €
(☎944 15 08 71; Calle de Perro 4; Hauptgerichte 8–11 €) Das wunderbare Rio-Oja hat sich auf leichte baskische Meeresfrüchte und schwere Küche aus dem Landesinneren spezialisiert. Für viele ausländische Besucher sind das Schafshirn und der Tintenfisch in eigener Soße ein kulinarisches Abenteuer, von dem sie noch Jahre später erzählen. Keine Sorge: Das Ganze schmeckt besser, als es klingt.

Mina Restaurante BASKISCH €€€
(☎944 79 59 38; www.restaurantemina.es; Muelle Marzana; Degustationsmenü ab 61 €) Obwohl das Lokal in einer eher düsteren Gegend am Fluss liegt, bietet es gehobene und raffinierte Speisen, vor allem Fischgerichte. Von einigen Restaurantkritikern wird das Mina als die zukünftige *número uno* der baskischen Küche gehandelt. Reservierung erforderlich.

Nerua BASKISCH €€€
(☎944 00 04 30; www.nerua.com; Degustationsmenü 80 €; ⏱Mo & Jan.–Mitte Feb. geschl.) Das im Modernismestil gestaltete Restaurant des Guggenheim-Museums unter der Leitung des Starkochs Josean Martínez Alija überzeugt mit einer atemberaubenden *nueva cocina vasca* (baskische Nouvelle Cuisine). Auf der ständig wechselnden Karte stehen Köst-

PINTXO-BARS IN BILBAO

Bilbaos *pintxos* (baskische Tapas) haben zwar nicht den hervorragenden Ruf ihrer Pendants aus San Sebastián, kosten dafür aber weniger und können sich von ihrer Qualität her allemal mit dem Rivalen messen. Es gibt in der Stadt Hunderte *pintxo*-Bars, doch an der Plaza Nueva am Rand des Casco Viejo (Altstadt) sowie in der Calle de Perro und der Calle Jardines ist die Auswahl am größten. Einige der besten Lokale mit *pintxos* ab 2,50 €:

Bar Gure Toki (Plaza Nueva 12) Kleine, aber feine Auswahl an kreativen *pintxos*.

Café-Bar Bilbao (Plaza Nueva 6) Kühle blaue Fliesen und eine warmherzige Atmosphäre.

Casa Victor Montes Leckere *pintxos* und komplette Menüs.

Sorginzulo (Plaza Nueva 12) Winzige Bar mit einem großen Angebot. Die Spezialität des Hauses sind Calamares, allerdings werden diese nur am Wochenende serviert.

Berton Sasibil (Calle Jardines 8) Hier kann man informative Filme über die Herstellung der köstlichen *pintxos* ansehen, die man gerade genießt.

Claudio: La Feria del Jamón (Calle Esperanza 9–18) Eine alte Bar voller Antikmöbel. Der Name und die vielen an der Decke hängenden Schinken machen gleich deutlich, dass sich in dem Restaurant alles um Schweinefleisch dreht.

Bei der Suche nach den perfekten *pintxos* sollte man sich aber nicht auf die Altstadt beschränken, denn auch das El-Ensanche-Viertel bietet zahlreiche Möglichkeiten. Beispielsweise wartet das schlichte, aber beliebte **El Globo** (Calle de Diputación 8) mit einer tollen Auswahl an *pintxos modernos* und Verkaufsschlagern wie *txangurro gratinado* (Teufelskrebs) auf, während das enge, unauffällige **Los Candiles** (Calle de Diputación 1) vor allem einfallsreiche Meeresfrüchte-*pintxos* kredenzt und das angesehene **Mugi** (Licenciado Poza 55) oft so voll ist, dass man draußen stehen muss.

lichkeiten wie iberische Schweinefleischbällchen mit Möhrensaft und Curry. Auch die Oliven sind erstklassig: Sie stammen von tausend Jahre alten Bäumen! Abends muss man unbedingt reservieren. Wem das Ganze zu extravagant ist, der kann das **El Goog's** ansteuern, ein Bistro mit Menüs für 18 €.

Larruzz Bilbao MEDITERRAN €€

(☎944 23 08 20; www.larruzzbilbao.com; Calle Uribitarte 24; Hauptgerichte 14–18 €) Am Ufer des Nervión stößt man auf dieses unglaublich beliebte Restaurant (vorab reservieren!), das außen sehr schick und innen rustikal-elegant daherkommt. Die Spezialität des Hauses ist Paella, doch es werden auch verschiedene mediterrane Fleischgerichte und *pintxos* serviert.

Ristorante Passerela ITALIENISCH €€

(☎944 44 03 46; Alameda de Urquijo 30; menú del día 12,50 €, Hauptgerichte 10–14 €) Das 1980 eröffnete Restaurant ist eines der ältesten und angesehensten italienischen Lokale der Stadt. Als Vorspeise empfehlen wir einen Teller frische Pasta, gefolgt von einem Gang mit Fisch oder Fleisch und einem sizilianischen Dessert. Danach plant man wahrscheinlich schon den nächsten Urlaub in Italien.

Zortziko Restaurante BASKISCH €€€

(☎944 23 97 43; Alameda Mazarredo 17; Menü ab 60 €; ⏲Di–Sa;) In einem formellen französischen Speisesaal im Stil der 1920er-Jahre kredenzt der Sternekoch Daniel García mustergültige moderne baskische Küche. Auf der kreativen wechselnden Speisekarte stehen Delikatessen wie Zitrussuppe oder Muschelcannelloni. Gelegentlich finden hier auch Kochkurse statt.

Abaroa BASKISCH €€

(☎944 13 20 51; www.abaroa.net; Paseo del Campo de Volantin 13; Hauptgerichte 8–15 €, menú del día 12,99 €) Bei Einheimischen erfreut sich das intime, hell möblierte Restaurant großer Beliebtheit. Herzhaftes aus dem Landesinneren wird im Abaroa zeitgemäß zubereitet: Blutwurst und eine Schüssel Bohnen sahen wohl noch nie so lecker aus und haben auch noch nie so gut geschmeckt! An der **Plaza del Museo** gibt's eine ebenso empfehlenswerte Zweigstelle.

Casa Victor Montes BASKISCH €€

(☎944 15 70 67; www.victormontesbilbao.com; Plaza Nueva 8; Hauptgerichte 15 €) Das Victor Montes ist gleichzeitig Bar, Laden und Restaurant und insgesamt ein Kunstwerk. Es kommt zwar sehr touristisch daher, doch auch Einheimische mögen die übertriebene Dekoration, das gute Essen und die 1000 Flaschen Wein hinter der Bar. Wer hier ein Menü genießen möchte, sollte im Voraus reservieren und die Spezialität des Hauses, *bacalao* (getrockneter Kabeljau), probieren.

Restaurante Vegetariano VEGETARISCH €€

(Alameda de Urquijo 33; Hauptgerichte 8–12 €; ⏲Mo–Sa mittags;) Im Baskenland findet man nur wenige vegetarische Restaurants. Dieses wartet mit knackig frischen Salaten, einfallsreichen Quiches und zahlreichen Bohnengerichten auf. Am schwarzen Brett kann man sich darüber informieren, was die Stadt an alternativem Leben zu bieten hat.

Ausgehen

Im Casco Viejo gibt's rund um die Calles Barrenkale, Ronda und de Somera viele Kneipen, die ein eher junges Publikum anziehen.

Auf der anderen Seite des Flusses in den Straßen um Muelle Marzana und Bilbao la Vieja erlebt man das düstere Bilbao aus den Tagen vor der künstlerischen Neuerfindung. Dies ist die Hochburg der Basken und das Zentrum vieler ethnischer Gruppen. Fast alle Bars und Clubs in der Gegend sind einladend und freundlich, allerdings befinden sich auch einige etwas zwielichtigere Locations darunter. Frauen sollten nachts nicht alleine in der Gegend herumlaufen. Uns hat vor allem das **Marzana 16** (Calle de Marzana 16) gefallen, wo man zum Sonnenuntergang seinen Drink am Fluss genießen und leckere Sandwiches bestellen kann.

Twiggy Bar BAR

(Alameda de Urquijo 37; ⏲tgl. 13–2 Uhr) Bezaubernde Hippiebar im psychedelischen Retrostil der 1960er-Jahre. Tagsüber bekommt man hier preiswerte Snacks.

Kamin Bar BAR

(Manuel Allende 8; ⏲tgl. 18.30–2.30 Uhr) Von Rock und Pop bis zu den alternativen frischen Sounds der baskischen Szene wird in der rosarot beleuchteten Kamin Bar so ziemlich alles geboten. Wer hier einen Abend verbringen möchte, muss von der Plaza de Federico Moyua die Calle Ercilla entlanggehen und rechts in die Alameda de Urquijo einbiegen; von dort liegt der Schuppen drei Blocks weiter auf der linken Seite.

Unterhaltung

Bilbao beherbergt zahlreiche Clubs und Veranstaltungsorte für Livemusik mit einer

CAFÉS IN BILBAO

Bilbao hat einige tolle Cafés, in denen man Koffeingetränke und süße Snacks genießen kann. Von altmodischen bis zu modernen und schicken Lokalen ist alles dabei. Unsere Favoriten:

Café Iruña (www.cafesdebilbao.net; Ecke Calles de Colón de Larreátegui & Berástegui) Der Charakter des Iruña wird von seinem reich verzierten maurischen Stil und vom Klatsch und Tratsch eines ganzen Jahrhunderts geprägt. Hier kann man wunderbar Passanten beobachten.

Café Boulevard (Calle del Arenal 3) Das 1871 eröffnete Café hat sich die verstaubte Art-déco-Einrichtung und den altmodischen Service bewahrt, die es so liebenswert machen. Am besten bringt man ein anspruchsvolles Buch mit, bestellt starken schwarzen Kaffee und genießt die tolle Atmosphäre.

La Granja (www.cafesdebilbao.net; Plaza Circular 3) Mit seinen weinroten Möbeln und der polierten Holzbar ist dies ein weiteres Café, in dem die Zeit seit der Eröffnung 1926 stillzustehen scheint.

Opila (Calle de Sendeja 4) Eine fantastische Patisserie mit Café. Unten stehen Art-déco-Möbel und Glasvitrinen, oben geht's etwas moderner zu.

Mami Lou Cupcake (Calle Barraincua 7; ⌚Mo–Sa 9–20.30 Uhr) In dem niedlichen Café mit 1950er-Jahre-Deko und bunten hausgemachten Cupcakes fühlt man sich in die Vergangenheit zurückversetzt.

freundlichen, lässigen Ausstrahlung. Über anstehende Events informiert man sich am besten auf den jeweiligen Websites.

Im wichtigsten Theater der Stadt und im Kafe Antzokia finden regelmäßig Tanz-, Opern- und Theateraufführungen statt. Mehr darüber erfährt man online.

LP TIPP **Kafe Antzokia** LIVEMUSIK
(www.kafeantzokia.com; Calle San Vicente 2) Hier schlägt das vibrierende Herz des zeitgenössischen baskischen Bilbaos mit internationalen Rockbands, Blues und Reggae, und nicht zuletzt dem Sahnehäubchen des baskischen Pop-Rocks. Wochenendkonzerte dauern von 22 bis 1 Uhr, anschließend legt ein DJ bis 5 Uhr auf. Der Eintrittspreis zu den Konzerten startet mit 12 €. Tagsüber ist das Antzokia Café, Restaurant und Kulturzentrum und bietet regelmäßig interessante Veranstaltungen.

Teatro Arriaga THEATER
(www.teatroarriaga.com; Plaza Arriaga) Die barocke Fassade des Gebäudes dominiert die offenen Flächen El Arenals zwischen der Altstadt und dem Fluss. Vor Ort werden Theatervorstellungen und klassische Musikkonzerte veranstaltet.

Euskalduna-Palast LIVEMUSIK
(www.euskalduna.net; Avenida Abandoibarra) 600 m flussabwärts vom Guggenheim-Museum erhebt sich am Ufer ein Modernismeprachtbau, dessen Stil den der großen Schiffswerften des 19. Jhs. widerspiegelt. Der Palacio Euskalduna ist die Heimat des Sinfonieorchesters von Bilbao sowie des Baskischen Sinfonieorchesters.

Conjunto Vacío CLUB
(Muelle de La Merced 4; Eintritt Fr & Sa ab 5 €) Im Conjunto Vacío, das ein ausgesprochen stil- und selbstbewusstes junges Schwulen- und Heteropublikum anzieht, dreht sich alles um House. Der Eintrittpreis hängt von Wochentag und Event ab.

Le Club CLUB
(www.leclub.es; Muelle Marzana 4; Eintritt 10 €) Hier wird auf drei Stockwerken getanzt und relaxt. Im ersten Stock hört man Rock und Pop aus den 1980er-Jahren, im zweiten Dance und im dritten Chill-out-Musik.

El Balcón de la Lola CLUB
(Calle Bailén 10; Eintritt Fr & Sa 10 €) Dieser beliebte Schwulen-Hetero-Club unterhalb der Bahngleise ist der richtige Ort, wenn man auf hippes Industriedesign steht. Samstags platzt der Schuppen regelmäßig aus allen Nähten.

Shoppen

In der Altstadt locken zahlreiche schräge Klamottenläden.

Elkar Megadenda BÜCHER
(Calle de Iparragirre 26) Baskische Publikationen sind stark vertreten, doch es werden auch spanische und ein paar englische Bücher verkauft, außerdem wartet das Geschäft mit einer hervorragenden Abteilung für Karten und Reiseliteratur auf. Es gibt noch weitere Filialen in der Stadt.

Tintas Books BÜCHER
(Calle del Generál Concha 10) Buchladen mit einer großen Auswahl an Romanen (darunter auch auch einige fremdsprachige Exemplare), Reiseführern, Lonely Planet Ausgaben, Straßenplänen und topografischen Wanderkarten.

Praktische Informationen

Internetzugang & Telefon

Locutomo Lazarnet Centre (Calle de Sendeja 5; 3,60 € pro Std.; ⏲Mo–Fr 10.30–1, Sa & So 11–1 Uhr) Günstige internationale Telefonate.

Notfall

Policía Municipal (☎944 20 50 00; Calle de Luís Briñas 14)

Touristeninformation

Touristeninformation (☎944 79 57 60) Flughafen (☎944 71 03 01; Flughafen; ⏲Mo–Sa 9–21, So 9–15 Uhr); Guggenheim-Museum (Alameda Mazarredo 66; ⏲Mo–Sa 10–19, So 10–18 Uhr, Sept.–Juni kürzere Öffnungszeiten); Hauptbüro (Plaza del Ensanche 11; ⏲Mo–Fr 9–14 & 16–19.30 Uhr); Teatro Arriaga (Plaza Arriaga; ⏲tgl. 9.30–14 & 16–19.30 Uhr) Die Mitarbeiter der Touristeninformation sind hilfsbereit, gut informiert und voller Enthusiasmus für ihre Stadt. In allen Filialen bekommt man das kostenlose zweimonatige Magazin *Bilbao Guía* mit Veranstaltungslisten sowie Tipps für Restaurants, Bars und Clubs.

RABATTE

Besitzer der **Bilbaocard** (1-/2-/3-Tageskarte 6/10/12 €) bekommen Ermäßigungen in Verkehrsmitteln sowie Nachlässe auf die Eintrittspreise vieler Sehenswürdigkeiten. Das Ticket wird in allen Filialen der Touristeninformation verkauft. Mit der **Creditrans** gibt's Rabatte in der Metro, der Straßenbahn und den Stadtbussen. Sie kostet in den verschiedenen Kategorien 5, 10 und 15 € und ist an sämtlichen Metro- sowie Straßenbahnhaltestellen erhältlich.

An- & Weiterreise

Bus

Bilbaos zentraler Busbahnhof, der **Termibus** (San Mamés), befindet sich westlich vom Stadtzentrum. Zu folgenden Zielen bestehen regelmäßige Verbindungen:

ZIEL	PREIS (€)	FAHRTDAUER (STD.)
Barcelona	43,81	7–8
Biarritz (Frankreich)	18,85	3
Logroño	12,80	2¾
Madrid	28,45	4¾
Oñati	6,05	1¼
Pamplona	13,75	2¾
San Sebastián	10,10	1
Santander	ab 7,02	1¼
Vitoria	5,80	1½

Bizkaibus deckt auch die ländlichen Gebiete der Region ab, darunter Küstengemeinden wie Lekeitio (3,20 €) und Bermeo (2,35 €).

Flugzeug

Bilbaos **Flughafen** (☎902 40 47 04; www.aena.es) nordöstlich der Stadt in der Nähe von Sondika wird von mehreren europäischen Airlines angesteuert. Die Billigflieger **EasyJet** (www.easyjet.com) und **Vueling** (www.vueling.com) bedienen von hier zahlreiche Orte.

Zug

Der Bahnhof Abando liegt von der Plaza Arriaga und der Altstadt aus gleich jenseits des Flusses. Zu folgenden Städten bestehen regelmäßige Verbindungen:

ZIEL	PREIS (€)	FAHRTDAUER (STD.)
Barcelona	64,80	6¾
Burgos	22,70	3
Madrid	ab 50,50	5
Valladolid	ab 31,10	4

Nebenan befindet sich der Bahnhof Concordia mit einer hübschen Jugendstilfassade aus Eisen und Fliesen. Er wird von der privaten Bahngesellschaft **FEVE** (www.feve.es) genutzt, die Verbindungen Richtung Westen nach Kantabrien anbietet. Täglich fahren drei Züge nach Santander (ab 8,25 €, 3 Std.), wo man in Züge Richtung Asturien umsteigen kann.

1 km flussaufwärts der Altstadt geht's vom Bahnhof Atxuri mit **Eusko Tren/Ferrocarril Vasco** (www.euskotren.es) alle 30 Minuten in folgende Orte:

ABSTECHER

PUENTE COLGANTE

Die Unesco-Welterbestätte **Puente Colgante** ist ein lohnenswerter Stopp auf dem Weg zu den Stränden. Alberto Palacio, ein Schüler Gustave Eiffels (der Erbauer des Eiffelturms), entwarf die erste Schwebefähre der Welt, die 1893 eingeweiht wurde und die Orte Getxo und Portugalete verbindet. Eine Plattform, die von der eigentlichen Brücke hoch oben herunterhängt, nimmt bis zu sechs Fahrzeuge sowie Fußgänger auf und gleitet dann geräuschlos über den Río Nervión zum anderen Ufer (0,30 € pro Person). Man kann auch den Lift auf den 46 m hohen Überbau nehmen (5 €) und dann über den Fluss und wieder zurück spazieren, um die tolle Aussicht zu genießen, allerdings ist das nichts für Leute mit Höhenangst. Schließlich gibt's noch die Möglichkeit, den Fluss mit einer kleinen Fähre (0,30 €) zu überqueren. Die nächsten Metrostationen von Bilbao aus sind Areeta und Portugalete (beide 1,45 €).

ZIEL	PREIS (€)	FAHRTDAUER (STD.)
Bermeo	3	1½
Guernica	3	1
Mundaka	3	1½

Außerdem verkehrt **Eusko Tren** (www.euskotren.es) stündlich via Durango, Zumaia und Zarautz nach San Sebastián (5,30 €, 2¾ Std.). Mit dem Bus kommt man allerdings viel schneller voran.

Unterwegs vor Ort

Vom/zum Flughafen

Der Flughafenbus (Bizkaibus A3247; 1,30 €, 30 Min.) startet an der Haltestelle ganz rechts, wenn man die Ankunftshalle verlässt. Er durchquert den nordwestlichen Teil der Stadt, passiert das Museo Guggenheim, hält an der Plaza de Federico Moyúa und endet am Termibus (Busbahnhof). Die Abfahrt erfolgt zwischen 6.20 und 24 Uhr alle 20 bis 30 Minuten. Außerdem gibt's zwischen 7.45 und 23.45 Uhr stündlich einen Direktbus nach San Sebastián (15,70 €, 1¼ Std.).

Taxis vom Flughafen zum Casco Viejo kosten etwa 25 €.

Metro

An allen wichtigen Punkten in El Ensanche und im Casco Viejo befinden sich Haltestellen der Metro. Ticketpreise beginnen bei 1,45 €. Die Metro verkehrt von mehreren Bahnhöfen an beiden Seiten des Flusses bis zur Nordküste, sodass man problemlos nahe gelegene Strände erreicht.

Straßenbahn

Für Einheimische und Besucher ist der Eusko Tren gleichermaßen ein wahrer Segen. Er pendelt zwischen Basurt im Südwesten der Stadt und dem Bahnhof und hält u. a. am Termibus, am Guggenheim-Museum und am Teatro Arriaga im Casco Viejo. Tickets kosten 1,40 € und müssen vor Antritt der Fahrt im Entwerter neben dem Fahrscheinautomaten abgestempelt werden.

Rund um Bilbao

STRÄNDE

Azkorri und **Sopelana** sind gute Badestrände. Letzterer ist der zuverlässigste Surferspot in der Gegend. Bessere Strände findet man östlich von **Plentzia**. Auch der geschützte Sandstreifen bei **Gorliz**, auf dem ein hübscher Leuchtturm steht und der von seinem Astondo-Ende schöne Ausblicke bietet, lohnt einen Besuch. Vor Ort erstrecken sich gut ausgeschilderte Wanderwege.

GUERNICA

15 600 EW.

Auf den ersten Blick scheint Guernica (auf Baskisch „Gernika") einfach nur eine hässliche moderne Kleinstadt zu sein, die nichts von den entsetzlichen Geschehnissen im Zweiten Weltkrieg erahnen lässt. Vor dem 26. April 1937 war der Ort gar nicht so unansehnlich, doch die Ereignisse dieses Tages hatten zur Folge, dass er später so schnell wie möglich und ohne viel Sinn für Ästhetik wiederaufgebaut wurde. Franco wollte den Basken eine Lektion erteilen und suchte dabei Hitlers Unterstützung. Am Morgen jenes schicksalsschweren Tages flogen Flugzeuge der deutschen Legion Condor immer wieder über die Stadt und die Nazis testeten ihr neues Konzept der Flächenbombardierung. Innerhalb weniger Stunden fanden zahlreiche Zivilisten den Tod und nahezu ganz Guernica war zerstört. Die genaue Zahl der Opfer ist schwer in Zahlen zu fassen: Einige Quellen sprechen von mehreren Hundert, andere von weit über 1000 Toten. Das Museo de la

Paz de Gernika behauptet, dass 250 Zivilisten getötet und Hunderte verletzt wurden. Nur Tage vor der Bombardierung hatte die nahe gelegene Stadt Durango ein ähnliches Schicksal erlitten, doch da es keine ausländischen Zeugen der Tat gab, wollte die Welt kein Wort von all dem glauben.

Franco wählte Guernica als Ziel, weil es für die Basken eine symbolische Bedeutung hat: Es ist der alte Sitz der baskischen Demokratie. Hier kam vom Mittelalter an bis 1876 das Parlament am Fuß einer alten Eiche zusammen. Heute ist von ihr nur noch der Stumpf zu sehen, allerdings lebt sie in einer jungen Eiche fort.

Internationale Aufmerksamkeit erregten die Geschehnisse durch Picassos Gemälde *Guernica,* das zu einem Symbol der Gewalt des 20. Jhs. wurde. Eine Kopie des Bildes hängt in der Eingangshalle der UN-Zentrale in New York, während sich das Original im Centro de Arte Reina Sofía (S. 78) in Madrid befindet.

Sehenswertes

Museo de la Paz de Gernika MUSEUM

(Friedensmuseum von Guernica; www.peacemuseumguernica.org; Plaza Foru 1; Erw./Kind 5/2 €; ⌚Di–Sa 10–14 & 16–19, So 10–14 Uhr) Die eindrücklichste Erfahrung in Guernica ist ein Besuch in diesem Museum. Gut gemachte, sachliche audiovisuelle Präsentationen zeigen den Albtraum von Krieg und Hass im Baskenland sowie in anderen Teilen der Welt. Die Schautafeln sind auf Spanisch und Baskisch beschriftet, man kann aber Übersetzungen bekommen. Das Museum verfügt über barrierefreie Zugänge. Einige Blocks weiter nördlich sieht man in der Calle Allende Salazar eine Version von Picassos *Guernica* aus Keramikkacheln.

Euskal Herriko Museoa MUSEUM

(Calle Allende Salazar; Erw./Kind 3/1,50 €; ⌚Di–Sa 10–14 & 16–19, So 10.30–14.30 & 16–19.30 Uhr) Das im Palacio de Montefuerte aus dem 18. Jh. untergebrachte Museum wartet mit einer Ausstellung zur baskischen Geschichte und Kultur auf. Es präsentiert schöne alte Karten, Kupferstiche sowie eine Reihe weiterer Dokumente und Porträts und ist für Rollstuhlfahrer zugänglich.

Parque de los Pueblos de Europa PARK, DENKMAL

Im Parque de los Pueblos de Europa sind einige der typischen kurvenreichen **Skulpturen** von Henry Moore und Arbeiten von Eduardo Chillida zu sehen. Durch die Grünanlage gelangt man zur hübschen **Casa de Juntas**, in der seit 1979 die Provinzregierung tagt. Ganz in der Nähe befindet sich der berühmte **Baum von Guernica**, der durch einen neoklassizistischen Pavillon geschützt wird.

Schlafen & Essen

Guernicas Hotelszene ist in einem trostlosen Zustand, deshalb unternehmen viele Traveller von Bilbao aus nur einen Tagesausflug hierher. Rund um den Hauptplatz und in den umliegenden Straßen gibt's einige einfache Restaurants und Bars.

Praktische Informationen

Touristeninformation (☎946 25 58 92; www.gernika-lumo.org; Artekalea 8; ⌚Mo–Sa 10–14 & 16–19, So 10–14 Uhr) Die hilfsbereiten Angestellten sprechen mehrere Sprachen.

An- & Weiterreise

Guernica ist vom Bahnhof Atxuri in Bilbao mit dem ET/VF-Zug (2,80 €, 1 Std.) problemlos im Rahmen eines Tagesausflugs zu erreichen. Die Züge verkehren alle halbe Stunde.

MUNDAKA

1800 EW.

So gut wie jeder Surfer kennt Mundaka, den Ort mit der besten Brandung Europas. Die Wellen brechen an einer perfekt zugespitzten Sandbank, die ihre Form der Strömung des Río Urdaibai ins Meer verdankt, und laufen an guten Tagen auf einer Länge von mehreren Hundert Metern aus. Für erfahrene Surfer ist dies ein Paradies, Anfänger haben hier allerdings absolut nichts verloren.

Doch Mundaka ist nicht nur ein Surferhotspot, sondern auch eine resolute Hafenstadt mit einem hübschen Hauptplatz und einer kleinen **Touristeninformation** (☎946 17 72 01; www.mundaka.org; Calle Kepa Deuna; ⌚Mo–Sa 10.30–13.30 & 16–19, So 11–14 Uhr).

Wer vor Ort übernachten möchte, trifft mit dem **Hotel Atalaya** (☎946 17 70 00; www.atalayahotel.es; Kalea Itxaropena 1; EZ/DZ 88/110 €; P 📶) eine gute Wahl. Die Unterkunft befindet sich in einem hübschen alten Gebäude in der Nähe des Ufers und verfügt über ordentliche Zimmer, die allerdings etwas überteuert sind – wie überall in Mundaka. Will man lieber zelten, sollte man den **Camping Portuondo** (☎946 87 77 01; www.campingportuondo.com; Stellplatz pro Person/Zelt 8/15,30 €, Bungalows ab 100,70 €; 📶 🏊) südlich der Stadt ansteuern. Der Platz wartet mit schönen terrassierten Anlagen, einem Pool und einem Restaurant auf, platzt im Sommer jedoch aus allen Nähten.

Zwischen Bilbao und Bermeo verkehren mehrere Busse und ET/FV-Züge, die in Mundaka halten.

BERMEO
17 000 EW.

Nur wenige Minuten nördlich von Mundaka und der offenen Küste stößt man auf einen rauen, erfrischend bodenständigen und wenig touristischen Fischerhafen. Der Ort kann nicht mit Stränden aufwarten, ist aber ein nettes Fleckchen, um ein paar Stunden zu verweilen und Boote zu beobachten.

Am Hafen befindet sich eine kleine **Touristeninformation** (☎946 17 91 54; www.bermeo.org; Lamera; ⏲Mo–Sa 10–20, So 10–14 & 16–19 Uhr). Von dort geht's steil bergauf zum fesselnden **Museo del Pescador** (Plaza Torronte-ro 1; Erw./Kind 3/1,50 €; ⏲Di–Sa 10–14 & 16–19, So 10–14.15 Uhr) im schönen **Torre Ercilla** aus dem 15. Jh.

Einige Kilometer hinter Bermeo liegt auf einem Inselchen, das über eine Brücke mit dem Festland verbunden ist, die **Ermita de San Juan de Gaztelugatxe**. Auf der dem Meer zugewandten Seite sind zwei natürlich entstandene Bogen zu sehen. Die Ermita wurde im 10. Jh. von Tempelrittern errichtet und diente u. a. als Unterkunft für schiffbrüchige Seeleute.

Von Bermeo fahren alle 30 Minuten Busse und ET/FV-Züge nach Bilbao (2,40 €, 1¼ Std.).

Die zentrale baskische Küste

Die Küstenstraße von Bilbao nach San Sebastián führt durch spektakuläre Landschaften Richtung Osten an einer scheinbar endlosen Reihe von Buchten vorbei und an grünen Feldern entlang, an deren Ende sich urplötzlich Klippen ins Meer stürzen. Es gibt hier zahlreiche gut ausgeschilderte *casas rurales* und Campingplätze.

ELANTXOBE
444 EW.

Das Dörfchen mit seinen farbenfrohen Häusern, die sich geckoähnlich an eine nahezu blanke Felsenklippe klammern, ist eines der mit Abstand attraktivsten Fleckchen an der gesamten Küste. Aufgrund der schwierigen Bausituation vor Ort und des fehlenden Strandes vor der Tür blieb Elantxobe bisher größtenteils vom Tourismus verschont. Die Gassen sind so eng, dass Busse keinen Platz zum Wenden haben, deshalb dreht sich die Straße für sie! Busverbindungen werden im folgenden Abschnitt genannt.

LEKEITIO
7300 EW.

Das lebendige Lekeitio besitzt einen schönen alten Ortskern mit der unnatürlich langen, etwas seltsam aussehenden spätgotischen **Iglesia de Santa María de la Asunción**.

Besucher zieht es vor allem an die beiden Strände. Der Sandstreifen östlich des Flusses mit einer kleinen felsigen Insel vor der Küste gilt als einer der schönsten im ganzen Baskenland.

„Highlight" der **Fiesta de San Antolín** (5. Sept.) ist das Tauziehen mit einer Gans. Der „Spaß" ist erst dann zu Ende, wenn der Kopf des Vogels abfällt (heute wird die Gans aber immerhin vorher getötet).

Unterkünfte sind rar und teuer, doch die **Touristeninformation** (☎946 84 40 17; Plaza Independancia) kann Privatzimmer empfehlen. Ansonsten trifft man mit dem **Aisia Lekeitio** (☎946 84 26 55; www.aisiahoteles.com; Avenida Santa Elena; EZ/DZ 98/144 €; P 📶), das auch ein Zentrum für Thalassotherapie beherbergt, eine gute Wahl.

Der Bizkaibus A3513 (3,20 €) fährt etwa achtmal täglich (außer am Sonntag) von der Calle Hurtado de Amézaga an Bilbaos Bahnhof Abando ab und hält unterwegs in Guernica sowie in Elantxobe. Von Lekeitio nach San Sebastián bestehen einigermaßen regelmäßige Busverbindungen.

ZUMAIA
8800 EW.

Zumaia macht auf den ersten Blick keinen sonderlich einladenden Eindruck, doch wenn man erst mal das Industriegebiet hinter sich gelassen hat, stößt man auf das schöne Stadtzentrum. Sonnenanbeter halten sich entweder an der zwischen Schieferklippen eingekeilten **Playa de Izturun** auf oder an der **Playa de Santiago**, einem traditionelleren Strand mit weichem Sand, der sich ein paar Kilometer östlich der Ortsmitte erstreckt.

In den Hügeln hinter der Playa de Santiago findet man einige *casas rurales*. Eine dieser Unterkünfte, das **Karakas** (☎943 86 17 36; www.nekatur.net/karakas; Zi./Apt. 48,60/108 €), liegt 1 km landeinwärts auf einem Bauernhof, was den Aufenthalt für Kids besonders vergnüglich macht. Es bietet großartige Ausblicke über üppige grüne Felder bis zum Meer, hübsche Zimmer und ein tolles Preis-Leistungs-Verhältnis.

GETARIA & ZARAUTZ
2525 / 22 000 EW.

Die schöne mittelalterliche Fischersiedlung **Getaria** scheint vom nahe gelegenen San

Sebastián Lichtjahre entfernt zu sein und eignet sich deshalb wunderbar dafür, ein Gefühl für die baskische Kultur der Küste zu bekommen. Sie neigt sich sanft zu einem winzigen Hafen hinunter und blickt auf die bewaldete Insel El Ratón (Die Maus), die ihren Namen ihrem mausförmigen Umriss verdankt (nach ein paar starken Drinks ist die Ähnlichkeit unverkennbar!).

Dem berühmtesten Sohn der Stadt, Juan Sebastián Elcano, gelang die erste Weltumsegelung, nachdem der Kapitän seines Schiffes *Magellan* auf halbem Weg gestorben war.

Getaria hat einen kurzen, aber sehr schönen Strand, der gleich neben dem quirligen Hafen liegt. Er ist fast vollkommen von den Wellen des Atlantik geschützt und daher ein guter Ort für Familien. Wer nicht gern in der Sonne brutzelt und mehr auf Kultur steht, sollte das neue **Cristóbal Balenciaga Museoa** (www.cristobalbalenciagamuseoa.com; Erw./Kind 8 €/frei; ⌚Di–So 10–20 Uhr) ansteuern. Das beeindruckende Museum zeigt einige der besten Werke des einheimischen Namensgebers, der sich in den 1950er und 1960er-Jahren im Modebusiness emporgearbeitet hat.

Nur wenige Kilometer weiter östlich erstreckt sich an einer Küstenstraße mit Klippen, Wellen und höhlenartigen Tunneln **Zarautz**. Der 2,5 km lange, weiche Sandstrand des Ortes ist von modernen Hochhäusern gesäumt. Im Sommer herrscht in dem bei Spaniern beliebten Ferienresort mit vielen Restaurants, Bars und Unterkünften eine besonders lebendige Atmosphäre. Der Strand ist einer der längsten im Baskenland und bietet mit die besten Surfbedingungen der Region; zudem gibt's hier gleich mehrere Surfschulen.

Trotz der lebhafteren Atmosphäre von Zarautz ist Getaria aber zweifellos der bessere Urlaubsort. Wer dort übernachten möchte, könnte die folgenden Unterkünfte ansteuern: Das **Getariano Pentsioa** (☎943 14 05 67; www.pensiongetariano.es; Calle Herrieta 3; EZ 40–50 €, DZ 55–70 €; WLAN) ist in einem charmanten gelben Gebäude mit Balkonen voller Blumen und komfortablen Zimmern untergebracht. Eine gute Wahl trifft man auch mit dem **Hotel Itxas-Gain** (☎943 14 10 35; www.hotelitxasgain.com; Roke Devnal; EZ 50 €, DZ 65–125 €; WLAN). Die unterschiedlichen Zimmer verfügen teilweise über kleine Balkone und Whirlpools mit Blick auf das Meer. Bei gutem Wetter wird das Frühstück (6 €) in den idyllischen Gärten serviert. Camper sind auf dem **Gran Camping Zarautz** (☎943 83 12 38; www.grancampingzarautz.com; Zeltplatz für 2 Pers., Zelt & Auto 23,40 €; WLAN) mit einer einzigartigen Aussicht von den Klippen am östlichen Ende Getarias gut aufgehoben.

An den **Restaurants** im Hafen von Getaria kommt man garantiert nicht vorbei, denn hier locken die Fänge des Tages, die auf offenem Feuer gegrillt werden. Dazu bestellt man am besten frischen, lokal produzierten *txakoli* (Weißwein).

San Sebastián

183 300 EW.

Man sagt, nichts sei unmöglich. Doch das stimmt nicht, denn es erscheint unmöglich, San Sebastián (auf Baskisch „Donostia") zu sehen und sich nicht unsterblich in diese Stadt zu verlieben. Es hat alles, was das schmuddelige Bilbao nicht hat: Nachts präsentiert es sich cool, elegant und kokett, tagsüber kultiviert. Am schönsten ist der Ort im Sommer. Die Playa de la Concha gleicht in Lage, Form und Atmosphäre vielen anderen Sandstränden in Europa und die Playa de Gros (auch bekannt als Playa de la Zurriola) lockt zahlreiche Surfer und gut aussehende Menschen an. Wenn die Sonne nach einem glutheißen Tag im Meer versinkt, kann man sich zurücklehnen, seinen Drink und einen kreativen *pintxo* genießen. Und dabei wird man dann wahrscheinlich feststellen, dass man sein Herz an diese Stadt verloren hat.

San Sebastián verfügt über drei große Zentren. Die Parte Vieja (Altstadt) erstreckt sich auf der Landenge des Monte Urgull, der östlichen Landspitze der Bucht: Hier befinden sich die beliebtesten *pintxo*-Bars und viele Budgetunterkünfte. Südlich der Altstadt lockt der Handels- und Einkaufsdistrikt, das Centro Romántico, dessen Straßennetz mit schönen Gebäuden aus dem 19. Jh. gleich hinter der Playa de la Concha beginnt und sich bis zum Ufer des Río Urumea zieht. An der Ostseite des Flusses breitet sich Gros aus, ein angenehmer Bezirk, der mit seinem entspannten Ambiente und dem Surferspot Playa de Gros eine fröhliche Alternative zu den schmucklosen Stadtvierteln auf der Westseite des Flusses bietet.

Geschichte

Jahrhundertelang war San Sebastián kaum mehr als ein Fischerdorf, doch 1174 gewährte das Königreich Navarra seinem damals wichtigsten Zugang zum Meer den Status der Selbstverwaltung. Als Haupteinnahmequellen dienten lange der Walfang und der

Export kastilischer Produkte zu europäischen und amerikanischen Häfen. Während transeuropäischer Konflikte wurde die Stadt über Jahre immer wieder beschädigt und im Spanischen Unabhängigkeitskrieg schließlich durch angloportugiesische Truppen zerstört. Im 19. Jh. erlangte San Sebastián Berühmtheit, weil es bei der spanischen Krone als Sommerresidenz in Mode kam, in die man vor der glühenden Hitze der südlichen *meseta* (Hochebene) floh. Zum Ende des Jahrhunderts wurde dem Ort eine Generalüberholung im Stil der Belle Époque verpasst. Geblieben ist ein Erbe aus eleganten Jugendstilbauten und Strandpromenaden.

Nach dem Zweiten Weltkrieg nahm die Beliebtheit der Stadt ab, doch heute hat sich das Blatt komplett gewendet: Dank seines Stils und Peps etablierte sich San Sebastián als bedeutender Veranstaltungsort für internationale Kultur- und Wirtschaftsevents. In Strandnähe stehen inzwischen einige der teuersten Anwesen Spaniens, und der Ort ist fester Bestandteil der Touristenroute durch das Land, was ihm ein internationales Flair verleiht.

2016 wird San Sebastián zusammen mit dem polnischen Breslau den Titel „Europäische Kulturhauptstadt" tragen.

Sehenswertes

Strände & Isla de Santa Clara STRÄNDE

Die perfekt geformte **Playa de la Concha** und die westlich davon gelegene **Playa de Ondarreta** zählen zu den besten Sandstränden in ganz Europa. In den langen Sommermonaten herrscht hier absolute Partystimmung und Tausende gebräunter Körper aalen sich in der Sonne. Schwimmen ist hier fast immer sicher. Die **Isla de Santa Clara** 700 m vom Ufer entfernt ist mit Booten zu erreichen, die von Juni bis September alle halbe Stunde am Fischerhafen starten. Außerdem kann man in einem der **Boote mit Glasboden** (zur Insel 3,80 €, Tour um die Bucht 6 €) Touren rund um die Bucht unternehmen. Bei Ebbe hat die Insel einen eigenen winzigen Strand.

Weniger bekannt, aber ebenso herrlich ist die **Playa de Gros** (Playa de la Zurriola) östlich des Río Urumea. Am größten Surferstrand der Insel ist es gefährlicher zu schwimmen als an der Playa de la Concha, doch dafür trifft man hier auf weniger Touristen.

Aquarium AQUARIUM

(www.aquariumss.com; Plaza Carlos Blasco de Imaz 1; Erw./Kind 12/6 €; ⏲Mo–Fr 10–20, Sa & So 10–21 Uhr) In dem hervorragenden Aquarium kann man leuchtende Quallen und riesige Haie bestaunen. Zu den Highlights gehören der lange Tunnel, um den herum alle möglichen Tiefseemonster schwimmen, und die Tiefsee- und Korallenausstellungen in Kinoformat. Das Gebäude wurde unlängst renoviert und erweitert und beherbergt nun zusätzlich ein kleines Meeresmuseum sowie weitere Becken mit Fischen. Für den Besuch sollte man mindestens anderthalb Stunden einplanen.

> **SAN SEBASTIÁN CARD**
>
> Die **San Sebastián Card** (15 €) umfasst den kostenlosen Besuch oder ermäßigten Eintritt für viele Sehenswürdigkeiten, die kostenlose Nutzung der Verkehrsmittel in der ganzen Stadt, eine kostenlose Stadtrundfahrt und Rabatte in verschiedenen Geschäften. Sie ist fünf Tage gültig und wird in der Touristeninformation verkauft.

Monte Igueldo SEILBAHN

Der Ausblick vom Gipfel des Monte Igueldo unmittelbar westlich der Stadt ist einfach atemberaubend. Man fühlt sich fast wie ein Adler, der über der Bahía de la Concha und die Küste und Berge in der Umgebung kreist. Am besten kommt man mit der altertümlichen **Standseilbahn** (Hin- & Rückfahrt Erw./Kind 2,80/2,10 €; ⏲10–22 Uhr) her, die zum kitschigen kleinen **Parque de Atracciones** (www.monteigueldo.es; Eintritt 1,90 €; ⏲11–21.30 Uhr) auf dem Hügel gondelt. Fahrten mit der Achterbahn oder einem Boot und Ponyritte kosten zwischen 1,80 € und 2,50 € extra. Die Seilbahn verkehrt alle 15 Minuten.

San Telmo Museoa MUSEUM

(☎943 48 15 80; www.santelmomuseoa.com; Plaza Zuloaga 1; Erw./Kind 5 €/frei, Di frei; ⏲Di–So 10–20 Uhr) Dies ist gleichzeitig das älteste und neueste Museum im Baskenland. Es wurde 1902 gegründet und war viele Jahre lang geschlossen, bis es nach einer umfassenden Renovierung kürzlich wiedereröffnete. Die Exponate reichen von historischen Artefakten bis zu moderner Kunst und sollen die baskische Kultur beleuchten. Viele Besucher halten die Sammlung für etwas planlos, zudem gibt's nur vage Verbindungen zwischen den Exponaten. Die Ausschilderungen sind auf Baskisch und Spanisch, aber man kann

San Sebastián

kostenlose Audioguides mit anderen Sprachen leihen.

Monte Urgull BURG, MUSEUM

Ein netter Fußweg führt zum Gipfel des Monte Urgull, der von niedrigen Burgmauern und einer Christusstatue gekrönt wird und eine wirklich atemberaubende Aussicht bietet. Los geht's an der Plaza de Zuloaga oder hinter dem Aquarium. Die Festung beherbergt ein gutes Museum, das **Mirando a San Sebastián** (Eintritt frei; ⏲10–14 & 15–17.30 Uhr), das sich der Geschichte der Stadt widmet.

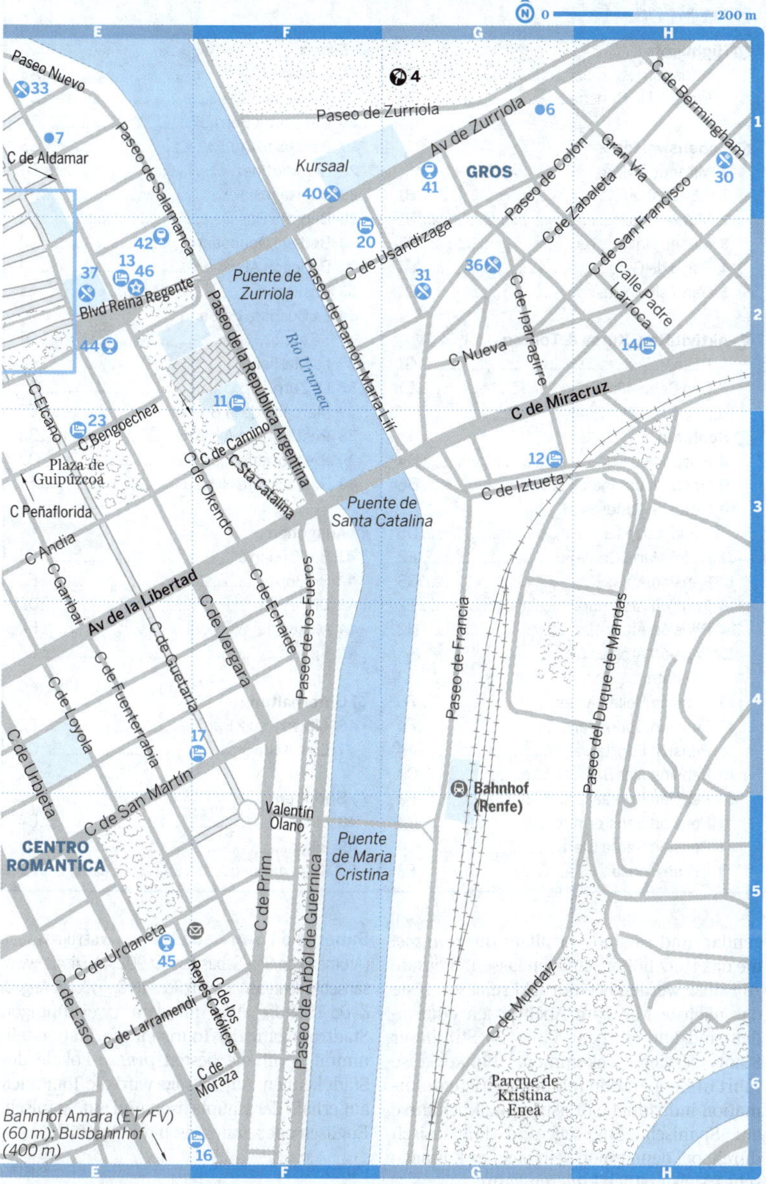

Museo Naval MUSEUM
(www.untzimuseoa.net; Paseo del Muelle 24; Erw./Kind 1,20 €/frei; ⌚Di–Sa 10–13.30 & 16–19.30, So 11–14 Uhr) Hier wird die Geschichte der baskischen Seefahrt und Marine erzählt. Um von der Ausstellung etwas zu haben, braucht man zumindest Grundkenntnisse in Spanisch.

Kurse & Geführte Touren

Die Touristeninformation bietet Stadtrundgänge ab 10 € an, darunter eine Joggingtour.

Pintxo.Sanse KOCHKURS
(☎902 44 34 42; www.sansebastianreservas.com; Kurs 120 €) Das Essen in San Sebastián ist le-

San Sebastián

Highlights
Aquarium ... B2
Playa de la Concha ... B6

Sehenswertes
1 Mirando a San Sebastián ... B1
2 Monte Urgull ... B1
3 Museo Naval ... B2
4 Playa de Gros ... G1
5 San Telmo Museoa ... D1

Aktivitäten, Kurse & Touren
6 Pukas ... G1
7 San Sebastián Food ... E1

Schlafen
8 Hospedaje Irune ... B4
9 Hostal Alemana ... D6
10 Hotel de Londres e Inglaterra ... D5
11 Hotel Maria Cristina ... F2
12 Pensión Aida ... G3
13 Pensión Aldamar ... E2
14 Pensión Altair ... H2
15 Pensión Amaiur Ostatua ... A3
16 Pensión Bellas Artes ... F6
17 Pensión Donostiarra ... F4
18 Pensión Edorta ... A4
19 Pensión Izar Bat ... C3
20 Pensión Kursaal ... F2
21 Pensión San Fermín ... B4
22 Pensión Santa Clara ... C4
23 Urban House ... E3

Essen
24 A Fuego Negro ... A3
25 Astelena ... B3
26 Bar Borda Berri ... C4
27 Bar Goiz-Argi ... C3
28 Bar Martinez ... D1
29 Bar Nagusía ... B5
30 Bergara Bar ... H1
31 Bodega Donostiarra ... G2
32 Bodegón Alejandro ... C3
33 Kaskazuri ... E1
34 La Cuchara de San Telmo ... D1
35 La Mejíllonera ... A4
36 La Zurri ... G2
37 Mercado de la Bretxa ... E2
38 Restaurante Alberto ... B3
39 Restaurante Mariñela ... C2
40 Restaurante Ni Neu ... F1

Ausgehen
41 Bar Ondarra ... G1
42 Be Bop ... E2
43 Dioni's ... D2
44 Museo del Whisky ... E2
45 Splash ... E5

Unterhaltung
46 Altxerri Jazz Bar ... E2
47 Etxe Kalte ... C2

Shoppen
48 Elkar ... B4
49 Elkar ... B4
50 Kukuxumusu ... A3

gendär, und es sind vor allem die *pintxos*, die das Herz höher schlagen lassen. Freunde zu Hause werden beeindruckt sein, wenn sie das nächste Mal zum Abendessen eingeladen sind und ein paar Tapas im Stil dieser Stadt serviert bekommen. Pintxo.Sanse führt in Kooperation mit der Touristeninformation individuelle dreistündige Kochkurse auf Spanisch, Englisch und Französisch durch, bei denen man sein eigenes kulinarisches Meisterstück kreieren kann.

San Sebastián Food GEFÜHRTE TOUREN, KOCHKURS
(☎634 759 503; www.sansebastianfood.com) Verschiedene tolle *pintxo*-Probiertouren (ab 75 €), Kochkurse (ab 135 €), Weinproben (25 €) sowie Tagesausflüge zur Weinverkostung nach La Rioja (225 €).

Sabores de San Sebastián GEFÜHRTE TOUR
(Aromen von San Sebastián; ☎902 44 34 42; www.sansebastianreservas.com; Tour 18 €; ⏲Juli & Aug. Di & Do 11.30 Uhr) Wer an dem zweistündigen Stadtrundgang der Touristeninformation teilnimmt, lernt die besten *pintxo*-Lokale der Stadt kennen. Auf Anfrage wird die Tour auch außerhalb der Hauptsaison und auf Spanisch, Englisch oder Französisch durchgeführt.

Pukas SURFEN
(www.pukassurf.com; Paseo de Zurriola 24; ⏲Mo–Sa 10–13.30 & 16–20 Uhr) Vor der Playa de Gros ist das Meer zumeist recht ruhig und eignet sich deshalb wunderbar für erste Surfversuche. Pukas bietet Kurse an und verleiht Surfbretter sowie Neoprenanzüge. Die Preise richten sich nach der Anzahl der Teilnehmer und der Länge des Kurses. Sie beginnen bei

53 € für einen Wochenendkurs mit 1½ Unterrichtsstunden täglich.

Feste & Events

San Sebastián hat einen vollen Veranstaltungskalender. Die wichtigsten Events:

Festividad de San Sebastián STADTFEST
Am 20. Januar wird die größte Party im Winter gefeiert.

Carnaval KARNEVAL
Der Karneval Mitte Februar ist ein tolles Ereignis, allerdings geht's im nahe gelegenen Tolosa noch trubeliger zu.

Heineken Jazzaldia JAZZ
(www.heinekenjazzaldia.com) Im Juli treffen sich viele bedeutende Namen des Jazz zu diesem Festival.

Semana Grande SOMMERFESTIVAL
Mitte August findet das Sommerfest statt.

Regatta de Traineras RUDERN
Ein Bootsrennen des lokalen Ruderteams auf dem offenen Meer, ausgetragen an den ersten beiden Sonntagen im September.

Filmfestival FILM
(www.sansebastianfestival.com) Bereits seit 1957 wird in der zweiten Septemberhälft dieses weltberühmte zweiwöchige Filmfestival veranstaltet.

Schlafen

Die Unterkünfte in San Sebastián sind im Allgemeinen gut, aber teuer, außerdem wird es in der Hauptsaison oft eng. Da sich die Stadt immer größerer Beliebtheit erfreut, sind viele Häuser für Juli und August häufig schon Monate im Voraus ausgebucht. Wer nicht reserviert hat, bekommt bei der Touristeninformation eine Liste mit freien Zimmern.

Pensión Bellas Artes BOUTIQUE-HOTEL €€
(☎943 47 49 05; www.pension-bellasartes.com; Calle de Urbieta 64; EZ 69–89 €, DZ 89–109 €; ᯤ) Das schlichte Wort *pensión* wird dieser großartigen Unterkunft nicht gerecht, die über geräumige Zimmer mit offenem Mauerwerk, ausgezeichneten Bädern und teilweise verglasten Balkonen verfügt.

Darüber hinaus dürfte dies auch die freundlichste Bleibe der Stadt sein: Inhaberin Leira (die sehr gut Englisch spricht) und ihre Mutter sind absolute Schätze, die alles tun, was sie können, um ihren Gästen einen angenehmen Aufenthalt zu bereiten. U.a. verteilen sie gezeichnete Karten mit ihren Lieblingsorten in der Stadt.

Pensión Aida BOUTIQUE-HOTEL €€
(☎943 32 78 00; www.pensionesconencanto.com; Calle de Iztueta 9; EZ 60 €, DZ 82–88 €, Studios 130–150 €; ❄@ᯤ) Die Besitzer der hervorragenden *pensión* wissen ganz genau, was eine gute Bleibe ausmacht. Alle Zimmer duften frisch, sind sauber, hell und mit angedeutetem Mauerwerk versehen. Der wunderbare Gemeinschaftsbereich mit gemütlichen Sofas und Bergen von Informationen ist ein weiteres großes Plus. Wer mehr Platz braucht und genug Geld hat, nimmt eines der superschicken Studios, die z. T. mit Küchenzeilen ausgestattet sind. Es dürfte schwer sein, das Preis-Leistungs-Verhältnis zu toppen.

Pensión Amaiur Ostatua BOUTIQUE-HOTEL €€
(☎943 42 96 54; www.pensionamaiur.com; Calle de 31 de Agosto 44; EZ 45 €, DZ 54–65 €; @ᯤ) Bei unserem Besuch wurde diese tolle *pensión* in einem alten Stadthaus gerade renoviert, doch inzwischen hat sie wiedereröffnet. Die Zimmer (viele mit Gemeinschaftsbad) fallen zwar klein aus, sind aber gut durchdacht eingerichtet und individuell gestaltet. Wir empfehlen die zur Straße gelegenen Zimmer mit kleinen Balkonen, auf denen man scheinbar komplett von roten Blüten eingehüllt wird. Es gibt auch eine Gästeküche.

Pensión Edorta BOUTIQUE-HOTEL €
(☎943 42 37 73; www.pensionedorta.com; Calle del Puerto 15; Zi. 80–90 €, Zi. ohne Bad 60–70 €; ᯤ) Die Zimmer dieses sorgsam gepflegten Hotels in guter Lage sind in kräftigen modernen Farben dekoriert und haben Steinmauern sowie -decken.

Pensión Altair PENSIÓN €€
(☎943 29 31 33; www.pension-altair.com; Calle Padre Larroca 3; EZ/DZ 60/86 €; ❄@ᯤ) Eine wunderbare Bleibe in einem schön restaurierten Stadthaus mit ungewöhnlichen Bogenfenstern, die gut in eine Kirche passen würden. Sie besitzt moderne, minimalistisch ausgestattete Zimmer, die Lichtjahre von der muffigen Einrichtung der Altstadtpensionen entfernt sind. Zwischen 13.30 und 17 Uhr ist die Rezeption unbesetzt.

Pensión Kursaal BOUTIQUE-HOTEL €€
(☎943 29 26 66; www.pensionesconencanto.com; Calle de Peña y Goñi 2; DZ 83–89 €; ❄@ᯤ) Gäste dieser lichtdurchfluteten, farbenprächtigen Unterkunft dürfen sich auf hervorragende Zimmer, einen Fahrstuhl im Stil der 1930er-

Jahre und auf massive, lebensgroße Fotografien an den Wänden freuen – einfach eine tolle Mischung aus Alt und Neu. Die Pensión Kursaal liegt in der Nähe der Playa de Gros.

Pensión Donostiarra PENSIÓN €€
(☎943 42 61 67; www.pensiondonostiarra.com; Calle de San Martín 6; EZ 64–66 €, DZ 89–98 €; 📶) Wunderbar charmant, so beschreiben viele Gäste diese Bleibe mit einer beeindruckenden altmodischen Treppe und einem rasselnden Aufzug. Die Zimmer sind plüschig-himmelblau und haben teilweise Buntglastüren, die auf kleine Balkone hinausführen. Einige sind sehr einfach, deshalb sollte man früh herkommen, um noch ein gutes zu ergattern.

Pensión San Fermín PENSIÓN €
(☎943 42 54 91; dormirendonosti@hotmail.com; Calle Fermín Calbetón 23; DZ 60–80 €; @📶) Ungewöhnlicherweise sind die kleinen modernen Zimmer der neuen Unterkunft mit Etagenbetten (unten ein Doppelbett und oben ein Einzelbett) ausgestattet – ideal für Familien oder Paare, die sich gern streiten ... Der Checkout findet für spanische Verhältnisse sehr früh statt, nämlich bereits um 10 Uhr.

Hotel Maria Cristina HISTORISCHES HOTEL €€€
(☎943 43 76 00; www.starwoodhotels.com; Paseo de la República Argentina 4; EZ/DZ ab 245/322 €; P❄@📶) Wer sich fragt, in welcher Art Hotel eigentlich die Autoren von Lonely Planet wohnen: Das makellose Maria Cristina mit seinen großen, luxuriösen Zimmern gehört leider nicht dazu. Hier trifft man eher auf Mitglieder des Königshauses und Hollywoodstars.

Pensión Aldamar HOTEL €€
(☎943 43 01 43; www.pensionaldamar.com; Calle de Aldamar 2; EZ 93 €, DZ ab 108–118 €; ❄📶) Von ihrem Standard her entspricht die kürzlich renovierte *pensión* eher einem Hotel. Sie verfügt über hervorragende weiße, moderne Zimmer mit Steinmauern und teilweise kleinen Balkonen, von denen man das Leben auf der Straße beobachten kann. Außerdem bietet sie eine weit bessere Qualität als die meisten anderen Pensionen in der Altstadt.

Hostal Alemana BOUTIQUE-HOTEL €€
(☎943 46 25 44; www.hostalalemana.com; Calle de San Martín 53; Zi. 115 €; P📶) Nur wenige Schritte vom Sandstrand entfernt stößt man auf das wunderbare Alemana. Stilvolle Schwarz-Weiß-Fotos setzen in der weiß gehaltenen minimalistischen Gestaltung die Akzente, was gut funktioniert und die Zimmer hell und luftig wirken lässt. Parken kostet 12,50 € pro Tag.

Hotel de Londres e Inglaterra HISTORISCHES HOTEL €€€
(☎943 44 07 70; www.hlondres.com; Calle de Zubieta 2; Zi. ab 169 €; P❄📶) Isabella II. prägte das Hotel vor über 100 Jahren, das seinen majestätischen Eindruck bis heute erhalten hat. Es verströmt jede Menge Klasse und bietet von manchen Zimmern einen umwerfenden Blick auf die Playa de la Concha.

Urban House HOSTEL €
(☎943 42 81 54; www.enjoyeu.com; Plaza Gipuzkoa 2; B 18–20 €, Zi. ab 35 €; 📶) Hier ist Party angesagt, vor allem im Sommer. Das altbewährte Hostel wartet mit bunten Zimmern auf und liegt mitten im Geschehen. Die jungen Angestellten sprechen sehr gut Englisch (und zwar so gut, dass manche überhaupt kein Spanisch können) und sorgen dafür, dass man sich wohlfühlt. Außerdem organisieren sie Stadttouren und Surfkurse und kümmern sich um die Buchungen mehrerer anderer preiswerter Pensionen in der Altstadt. Wenn das Haupthaus voll ist, können sie also immer noch woanders eine Übernachtungsmöglichkeit finden.

Pensión Izar Bat PENSIÓN €€
(☎943 42 15 73; www.pensionizarbat.com; Calle Fermín Calbetón; DZ 60–70 €; 📶) In der funkelnden neuen Bleibe erwarten einen günstige Zimmer mit reichlich Disco-Glitter, feuerroten Wänden, knallbunten Bettdecken und eigenen kleinen Bädern. Alle Räume haben eine Doppelverglasung, die vor dem Straßenlärm schützt.

Hospedaje Irune PENSIÓN €€
(☎943 42 57 43; www.hospedajepensionirune.com; Calle San Jerónimo 17; EZ 47–52 €, DZ 69–75 €; ❄📶) Fröhliche, helle Unterkunft mit Lärmschutz und Zimmern samt Privatbädern, was in dieser Preiskategorie eine Seltenheit ist. Einige haben auch kleine Balkone.

Pensión Santa Clara PENSIÓN €€
(☎943 43 12 03; www.pensionsantaclara.com; Calle de San Lorenzo 6; DZ 75 €; @📶) In der fröhlichen Pension gibt's nur eine Handvoll kunterbunter Zimmer und die Möglichkeit, Bücher zu tauschen. Das Santa Clara liegt so zentral, dass quasi immer der Duft von *pintxos* durch die Räume zieht, und der Besitzer ist ein schier unerschöpflicher Quell an Informationen. Aufgrund der großen Beliebtheit sollte man im Voraus buchen.

DIE KUNST, PINTXOS ZU ESSEN

Schon das Wort *pintxo* an sich schmeckt nach den leckeren, kreativen Happen aus der baskischen Küche. Ein perfekter *pintxo* ist delikat und sieht toll aus. Kenner verspeisen ihn mit zwei Bissen. Die baskische Version übertrifft die gewöhnlichen Tapas, weil sie als kulinarisches Erlebnis einfach jeden mitreißt. Besonders in San Sebastián hat man eine echte Kunstform aus den Häppchen gemacht.

Viele *pintxos* türmen sich auf Brotstückchen oder kleinen halben Baguettes. Oft werden sie mit Mayonnaisen veredelt und mit langen Zahnstochern fixiert. Einige Bars haben sich auf Meeresfrüchte mit marinierten Anchovis, Krabben und Tintenfischstreifen spezialisiert, die durch unterschiedlichste Leckereien von gehacktem Krebs bis zu Leberpaté verfeinert werden. Andere konzentrieren sich auf Paprika- oder Pilzdelikatessen oder bieten eine Mischung aus allem an. Und die Auswahl beschränkt sich bei Weitem nicht auf das an der Theke ausgestellte Angebot: Viele der besten *pintxos* sind warm und werden nur auf Bestellung zubereitet. Auf sie weist zumeist eine Kreidetafel an der Wand hin.

Die Einheimischen verspeisen normalerweise ein oder zwei Spezialitäten einer Bar und ziehen dann zum nächsten Laden weiter. Wer etwas bestellen möchte, muss der Bedienung hinter der Theke sagen, was er als Erstes essen will. Nie selbst ein *pintxo* vom Tresen nehmen!

Camping Igueldo CAMPINGPLATZ €
(☎943 21 45 02; www.campingigueldo.com; Paseo del Padra Orkolaga 69; Stellplatz für 2 Pers., Auto & Zelt o. Wohnwagen 33,20 €; P @) Der gepflegte, schattige Zeltplatz 5 km westlich der Stadt ist mit Bus 16 zu erreichen, der an der Alameda del Boulevard (1,45 €, 30 Min.) startet.

Essen

Mit 14 Michelin-Sternen (u. a. verteilt auf drei Restaurants mit je drei Sternen) bei einer Einwohnerzahl von 183 000 Einwohnern gilt San Sebastián als eine der Gourmethauptstädte der Welt. Und als ob dies allein noch nicht genügen würde, wimmelt es hier von Bars, deren Theken sich unter Bergen hervorragender *pintxos* biegen. Etliche Spitzenköche, darunter Berühmtheiten wie Ferran Adriá, sagen, dass San Sebastián wahrscheinlich der beste Ort auf der Erde ist, wenn es ums Essen geht.

Bodegón Alejandro FISCH & MEERESFRÜCHTE €€
(☎943 42 71 58; Calle de Fermín Calbetón 4; menú del día ab 23 €, Hauptgerichte 15–18 €; ⊙Mo & So abends geschl.) Auf der Karte dieses lässigen Restaurants stehen saftige Delikatessen wie Kutteln mit Kalbsbacken, mit Tintenfisch gefüllte Babytomaten und gebackener Hummer. Die Wahl fällt schwer!

Restaurante Ni Neu BASKISCHE NOUVELLE CUISINE €€€
(☎943 00 31 62; www.restaurantenineu.com; Avenida de Zurriola 1; Menü 18–38 €) Das ausgezeichnete Restaurant Kursaal ist als Restaurante Ni Neu neu eröffnet worden – ohne den früheren Küchenchef und seinen Michelin-Stern, aber mit der gleichen hohen Qualität der Speisen, viel Licht und duftigen, ultramodernen Gerichten, die alles andere in den Schatten stellen. Hinzu kommen noch die günstigen Preise und die spektakuläre Lage im Kursaalzentrum mit Blick direkt auf die Playa de Gros.

Restaurante Alberto FISCH & MEERESFRÜCHTE €
(☎943 42 88 84; Calle de 31 de Agosto 19; Menü 15 €; ⊙Di geschl.) Dieses charmante alte Lokal hat eine Auslage im Stil eines Fischgeschäfts, wo der Fang des Tages präsentiert wird. Es ist klein und freundlich, und der winzige Speiseraum verströmt die Atmosphäre einer guten Stube. Das Essen schmeckt lecker und der Service ist schnell.

Kaskazuri FISCH & MEERESFRÜCHTE €€
(☎943 42 08 94; Paseo de Salamanca 14; menú del día 18 €) In dem schicken Lokal dreht sich alles um baskische Meeresfrüchte. Das Kaskazuri befindet sich auf einer erhöhten Plattform und bietet einen tollen Ausblick auf das Meer sowie ein köstliches *menú del día* für 18 €.

Restaurante Mariñela FISCH & MEERESFRÜCHTE €€
(☎943 42 73 83; Paseo del Muelle; Hauptgerichte 10–18 €) Für die tolle Lage am Hafen zahlt man extra, aber dafür ist der Fisch so frisch, dass er quasi noch zappelt. In der näheren Umgebung befinden sich einige ganz ähnliche Restaurants.

PINTXO-BARS IN SAN SEBASTIÁN

Keine andere Stadt in Spanien macht ein solches Aufheben aus dem Kreieren und Genießen von *pintxos* (Tapas), deshalb erinnern sich viele Leute vor allem an ihre Nächte in den Bars, wenn sie an ihren Aufenthalt in San Sebastián zurückdenken.

Vorab sollte man sich allerdings unbedingt darüber informieren, was *pintxos* eigentlich sind und wie man sie richtig bestellt und isst (s. Kasten S. 445).

Die im Folgenden genannten Bars berechnen zwischen 2,50 und 3,50 € pro *pintxo* – ganz in Ordnung, wenn man nur ein Häppchen bestellt, aber reicht das jemals?

La Cuchara de San Telmo (Calle de 31 de Agosto 28) Die schlichte, gut versteckte Bar setzt ihren Schwerpunkt auf die *nueva cocina vasca* (baskische Nouvelle Cuisine) und bereitet kreative Gerichte zu. Anders als in den meisten anderen Lokalen dieser Art liegen keine *pintxos* auf der Theke aus, stattdessen bestellt man von der Tafel hinter dem Tresen. Hier locken Köstlichkeiten wie *carrílera de ternera al vino tinto* (Kalbsbacke in Rotwein), deren Fleisch so zart ist, dass es förmlich auf der Zunge zergeht.

Bar Borda Berri (Calle Fermín Cabetón 12) Auch in dieser herausragenden kleinen Bar, die viele Einheimische für die beste der Stadt halten, gibt's auf der Theke keine *pintxos*. Die Auswahl steht auf der Tafel hinter der Bar. Von den Angestellten erfährt man mehr über das Angebot des Tages, ansonsten sind Schweineohren und Kalbsbacken die Highlights.

Bergara Bar (General Artetxe 8) Im Kampf um die besten *pintxos* entwickelt sich das Viertel Gros allmählich zum Marktführer. Zahlreiche Stadtbewohner gehen hier essen und überlassen die Altstadt den Touristen. Das Bergara befindet sich am Rand eines belebten Platzes und ist eine der angesehensten *pintxo*-Bars in Gros. Es wartet mit zahlreichen Leckereien auf, die sowohl auf dem Tresen ausliegen als auch an die Tafel geschrieben sind. Neben diesem gibt's in der Gegend noch einige weitere sehr gute Läden.

Astelena (Calle de Iñigo 1) Die auf der Theke in einer Ecke der Plaza de la Constitución präsentierten *pintxos* gehören zu den besten der Stadt. Viele sind baskisch mit einem asiatischen Touch. Am besten schmecken die mit Gänseleber. Aufgrund der guten Lage muss man im Astelena etwas tiefer in die Tasche greifen.

Bar Goiz-Argi (Calle de Fermín Calbetón 4) Vermutlich werden die *gambas a la plancha* (gegrillte Garnelen) nirgendwo so perfekt zubereitet wie hier.

La Mejíllonera (Calle del Puerto 15) Wer Muscheln nur in Kombination mit Knoblauchsoße kennt, kann hier großartige Varianten probieren (ab 3,50 €). Falls man keine Muscheln mag, sind der Tintenfisch und die *patatas bravas* (Bratkartoffeln mit scharfer Tomaten-Mayonnaise-Soße) eine hervorragende Wahl.

Bar Nagusía (Nagusía Kalea 4) Die Bar erinnert an das alte San Sebastián und hat einen Tresen, der unter dem Gewicht der vielen *pintxos* fast zusammenbricht. Hat man erst einmal ein paar davon gekostet, wird man gar nicht mehr genug davon bekommen.

Bodega Donostiarra (Calle de Peña y Goñl 13; ⏲So geschl.) Steinmauern, Topfpflanzen und Fensterornamente verleihen der Bar, die gleichzeitig ein modernes und zeitgemäßes Flair ausstrahlt, einen altmodischen französischen Bistro-Look. Hier gibt's ohne Zweifel die besten Schinken, Chorizos und Tortillas. Auch die lange Weinliste überzeugt (nebenan befindet sich ein Weingeschäft).

Bar Martinez (Calle 31 de Agosto 13) Die kleine Bar mit verstaubten, aufgestapelten Weinflaschen hat schon Preise für ihre *morros de bacalao* (Kabeljauscheiben auf Brot) gewonnen und ist ein stimmungsvoller Orte für ein paar *pintxos*.

A Fuego Negro (Calle 31 de Agosto 31) Für San Sebastián ist dieser Laden etwas wirklich Neues, denn er verfügt über eine ultramoderne Einrichtung. Zudem bietet er eine beeindruckende *pintxo*-Liste mit Kreationen, die ebenso fortschrittlich daherkommen wie die Atmosphäre.

La Zurri BASKISCH €
(☎943 29 38 86; Calle de Zabaleta 10; Menü 10,80 €) In Gros wartet der Dauerfavorit der Einheimischen mit einer wunderbar abwechslungsreichen Speisekarte auf, die ungefähr so lang wie ein Meeraal ist. Kreditkarten werden in dem Restaurant leider nicht akzeptiert.

Mercado de la Bretxa MARKT €

Im Untergeschoss des Mercado de la Bretxa, der an der Ostseite der Parte Vieja liegt, ist ein **Lidl-Markt** untergebracht

Ausgehen & Unterhaltung

Es fällt schwer, sich eine Stadt mit mehr Bars als San Sebastián vorzustellen. Viele Läden kann man nur schlecht in Kategorien einteilen, da sie beispielsweise morgens als gemütliches Café fungieren, mittags köstliche *pintxos* anbieten und sich später in laute Kneipen mit zahlreichen schwitzenden Menschen verwandeln. Die Nächte beginnen erst spät und dauern bis in die frühen Morgenstunden.

Museo del Whisky BAR

(Alameda Boulevard 5) Diese irisch-schottische Bar mit etwa 3000 Whiskyflaschen könnte mit ihrer schönen, verstaubten Atmosphäre und der Deko, die sich rund um den Branntwein dreht, tatsächlich glatt als Museum durchgehen.

Dioni's SCHWULENBAR

(Calle Ijentea 2) Morgens wird in der entspannten schwulenfreundlichen Kneipe vor allem schwarzer Kaffee ausgeschenkt. Das Dioni's hat das Flair einer Cocktailbar der 1980er-Jahre und ist der perfekte Ort, um den Eurovision Song Contest zu sehen.

Bar Ondarra BAR

(Avenida de Zurriola 16) Vom Strand aus gesehen befindet sich die wunderbare Bar in Gros auf der anderen Straßenseite. Sie zieht ein relaxtes und bunt gemischtes Publikum an, das sich zu abwechslungsreicher Musik amüsiert.

Be Bop BAR, CLUB

(Paseo de Salamanca 3) Nachdem sich die bewährte Kneipe neu erfunden hat, ist sie jetzt eine schicke Jazzbar mit gelegentlichen Livekonzerten. Sie lockt ein etwas älteres Publikum als die anderen Läden in der Altstadt an.

Splash BAR

(Sánchez Toca 1) Die freche, moderne Bar wartet mit Sitzgelegenheit im Freien und dröhnenden Bässen auf.

Altxerri Jazz Bar LIVEMUSIK

(www.altxerri.com; Blvd Reina Regente 2) Ein Jazz- und Bluestempel, in dem regelmäßig lokale

DREI LEUCHTENDE STERNE

Das Baskenland und Katalonien scheinen einen ewigen Kampf um den Titel der besten Gourmetregion Spaniens auszufechten. Ebenso wie in Katalonien gibt's auch hier eine beeindruckende Auswahl an Restaurants, denen ein, zwei oder sogar unglaubliche drei Michelin-Sterne verliehen wurden. Alle Dreisternelokale befinden sich in und um San Sebastián.

Arzak (☎943 27 84 65; www.arzak.info; Avenida Alcalde Jose Elosegui 273; Gerichte ca. 175 €; ⊙So–Mo & Nov. & Ende Juni geschl.) Mit drei Michelin-Sternen sucht der gefeierte Chefkoch Juan Mari Arzak seinesgleichen, wenn es um die *nueva cocina vasca* (baskische Nouvelle Cuisine) geht. Da überrascht es nicht, dass sein Restaurant eines der besten Spaniens ist. Mittlerweile assistiert ihm seine Tochter Elena, und beide werden nicht müde, Neues zu kreieren. Ohne eine Reservierung lange im Voraus geht hier nichts. Das Arzak liegt 1,5 km östlich von San Sebastián.

Martín Berasategui Restaurant (☎943 36 64 71; www.martinberasategui.com; Calle Loidi 4, Lasarte-Oria; Gerichte rund 120 €; ⊙Mo & Di geschl., So & Dez.–Mitte Jan. abends) Ein Laden der Superlative mit drei Michelin-Sternen und Dutzenden anderen Auszeichnungen, der von vielen Gourmets als eines der besten Restaurants der Welt angesehen wird. Chefkoch Martín Berasategui betrachtet Kochen als Wissenschaft – das Ergebnis sind Geschmacksnoten, von deren Existenz man nicht einmal etwas ahnte. Wer in dem Lokal essen möchte, muss lange im Voraus reservieren.

Akelaŕe (☎943 31 12 09; www.akelarre.net; Paseo Padre Orcolaga 56; Degustationsmenü 145 €; ⊙Mo & Di geschl., So & Dez.–Mitte Jan. abends) Im Akelaŕe kreiert Pedro Subijana Köstlichkeiten, die ein Fest für alle fünf Sinne sind (und vielleicht sogar für Sinne, die noch gar nicht entdeckt wurden). Wie bei den meisten Restaurants der Region, die herausragende *nueva cocina vasca* servieren, liegt die Betonung auf frischen, lokalen Produkten, aus denen völlig unerwartete Gerichte entstehen. Das Lokal befindet sich im Vorort Igeldo gleich westlich der Stadt.

und internationale Stars auftreten. In den Nächten ohne Konzerte finden oft Jamsessions statt, außerdem wartet der Schuppen mit einer integrierten Kunstgalerie auf.

Etxe Kalte JAZZ

(Calle Mari Igentea) In diesem Laden am Hafen geht's erst spät los. An einigen Abenden wird jede Musikrichtung gespielt, zu der man tanzen kann.

Shoppen

In der Parte Vieja stößt man auf zahlreiche unabhängige Boutiquen, während sich im Centro Romantíca alle beliebten großen Marken und Ladenketten befinden.

Elkar BÜCHER

(Calle de Fermín Calbetón 30) Dieser auf Reiseliteratur spezialisierte Laden verfügt über eine große Auswahl an Reiseführern (darunter auch viele Lonely Planets) und Wanderbüchern in englischer, spanischer und französischer Sprache. Die größere **Filiale** gegenüber hat spanisch- und baskischsprachige Titel.

Kukuxumusu KLEIDUNG

(Nagusía Kalea 15) Das flippigste und bekannteste baskische Modelabel wartet mit einem guten Angebot an T-Shirts und anderen Klamotten auf.

Praktische Informationen

Oficina de Turismo (☎943 48 11 66; www.sansebastianturismo.com; Alameda del Boulevard 8; ⊙Mo–Do 9.30–13.30 & 15.30–19, Fr & Sa 10–19, So 10–14 Uhr) Das freundliche Personal bietet umfassende Infos zu San Sebastián und zum Baskenland.

Zarranet (Calle de San Lorenzo 6; 2 € pro Std.; ⊙Mo–Sa 10.30–14.30 & 16–21, So 16–21 Uhr) Eines von mehreren Internetcafés in der Stadt.

An- & Weiterreise

Bus

Der zentrale Busbahnhof befindet sich 20 Gehminuten südlich der Parte Vieja zwischen der Plaza de Pío XII. und dem Fluss. Die Linien 28 und 26 fahren von dort zur Alameda del Boulevard (1,40 €, 10 Min.). Seit Jahren wird darüber gesprochen, den Busbahnhof an einen neuen Standort am Paseo de Francia in der Nähe des Bahnhofs zu verlegen. Bei Redaktionsschluss war jedoch noch nicht klar, wann und ob der Umzug überhaupt geschieht. Derzeit scheint das Projekt auf Eis zu liegen. Folgende Ziele werden täglich angesteuert:

ZIEL	PREIS (€)	FAHRTDAUER (STD.)
Biarritz (Frankreich)	6,60	1¼
Bilbao	10,10	1
Flughafen Bilbao	15,70	1¼
Madrid	ab 33,60	5–6
Pamplona	7,29	1
Vitoria	10,10	1½

Flugzeug

San Sebastiáns **Flughafen** (☎902 404704; www.aena.es) erstreckt sich 22 km außerhalb der Stadt in der Nähe von Hondarribia. Es gibt Linienflüge nach Madrid und Barcelona und gelegentliche Charterflüge zu wichtigen europäischen Zielen. Biarritz, gleich auf der anderen Seite der Grenze in Frankreich, wird von Ryanair und EasyJet sowie zahlreichen anderen Billigairlines bedient. Normalerweise ist es deutlich günstiger, dorthin zu fliegen.

Zug

Der **Renfe-Bahnhof** (Paseo de Francia) liegt auf der anderen Seite des Río Urumea an der Strecke Paris–Madrid. Von hier aus gibt's jeden Tag mehrere Verbindungen nach Madrid (ab 54,20 €, 5 Std.) und zwei Fahrten nach Barcelona (ab 63,30 €, 6 Std.).

Wer nach Frankreich will, muss zuerst in die französische Grenzstadt Irún fahren (manchmal auch bis Hendaye; 2,20 €, 25 Min.) und dort umsteigen. Zwischen Hendaye und San Sebastián pendelt zusätzlich eine Schmalspurbahn von **Eusko Tren/Ferrocarril Vasco** (www.euskotren.es) mit dem Spitznamen „El Topo" (Der Maulwurf). Sie startet alle halbe Stunde vom Bahnhof Amara etwa 1 km südlich des Stadtzentrums und hält in Pasajes (1,50 €, 12 Min.) sowie in Irún/Hendaye (1,70 €, 25 Min.). Züge von ET/FV verkehren Richtung Westen über Zarautz, Zumaia und Durango nach Bilbao; sie sind aber so langsam, dass eine Busfahrt eindeutig vorzuziehen ist.

Unterwegs vor Ort

Busse nach Hondarribia (2,10 €, 45 Min.) und zum Flughafen (2,10 €, 45 Min.) starten an der Plaza de Guipúzcoa.

Östlich von San Sebastián

PASAJES

16 100 EW.

Dort, wo der Río Oiartzun in den Atlantik mündet, befindet sich der größte Hafenort der Provinz Guipúzcoa. Die Hauptstraße von Pasajes (auf Baskisch „Pasaia") und die

Gegend unmittelbar um den Hauptplatz sind von hübschen Häusern mit farbenfrohen Balkonen gesäumt. Hier kann man wunderbar einen halben Tag verbringen. Zu den Highlights des Ortes gehören die tollen Fischlokale, ein kurzer Ausflug mit der Fähre über den Fluss und die spektakuläre Hafeneinfahrt, die eigentlich nur aus einem Spalt in der Felswand besteht – besonders beeindruckend, wenn sich ein riesiges Containerschiff hindurchquetscht.

Heute ist Pasajes praktisch ein Vorort von San Sebastián. Zahlreiche Busse verbinden die beiden Städte. Eine viel schönere Möglichkeit, hierherzugelangen, ist eine zweieinhalb- bis dreistündige Wanderung über die Klippen von San Sebastián. Unterwegs passiert man Waldstücke, einen idyllischen Strand und bizarre Felsformationen voller Meeresvögel. Anschließend geht's hinunter nach Pasajes, das mit einem kleinen Fährboot zu erreichen ist. Die Touristeninformation in San Sebastián stellt Routeninfos zur Verfügung, alternativ besorgt man sich den Lonely Planet Band *Hiking in Spain*.

HONDARRIBIA

16 100 EW.

Das träge Hondarribia (auf Spanisch „Fuenterrabía"), das durch einen Meeresarm von Frankreich abgetrennt ist, hat einen deutlich gälisch geprägten Charakter und eine charmante Altstadt, den Casco Antiguo, den man durch einen Torbogen am oberen Ende der Calle San Compostela betritt. Von dort gelangt man zur hübschen Plaza de Guipúzkoa. Weiter geradeaus geht's auf die Calle San Nicolás. Wer dann links abbiegt, stößt auf die Plaza de Armas und die gotische **Iglesia de Santa María de la Asunción**.

Der Weg zu Hondarribias malerischstem Viertel, La Marina, führt vom Torbogen in die andere Richtung. An der Hauptstraße, der Calle San Pedro, stehen typische Fischerhäuser, deren Fassaden in Grün- oder Blautönen leuchten und die mit hölzernen Balkonen voller fröhlicher Blumenkästen aufwarten.

Es gibt in der Stadt verschiedene Übernachtungsmöglichkeiten, die vom Zeltplatz mit großartiger Aussicht bis zu einem luxuriösen *parador* (staatseigenes Hotel) in einer Burg reichen, sowie mehrere gute Restaurants.

Südlich von San Sebastián

In den nach Süden ansteigenden Bergen zwischen San Sebastián und Bilbao liegen mehrere bezaubernde Orte sowie zahlreiche *nekazal turismoas* (*casas rurales*; Landhäuser mit Fremdenzimmern).

SANTUARIO DE LOYOLA

Gleich außerhalb von Azpeitia (12 km südlich der A8 an der GI631) erhebt sich das beeindruckende, aber nicht sonderlich schöne **Santuario de Loyola** (www.santuariodeloyola.org; Haus Erw./Kind 2 €/frei; ⌚10–12 & 16–19 Uhr, Haus Mo–Sa 10–13.30 & 15.30–19, So 10–13 Uhr), das zu Ehren des heiligen Ignatius, dem Gründer des Jesuitenordens, errichtet wurde. Von außen ist die Basilika dunkel und mit grauem Marmor sowie geschnitzten Ornamenten ausgestattet, innen aber viel heller und kleiner als erwartet. Das Haus, in dem der Heilige 1490 geboren wurde, ist in einen der zwei Flügel des Heiligtums integriert worden, zudem gibt's ein winziges Museum. Am Wochenende kommen zahlreiche Pilger hierher.

Das **Hotel Arrupe** (☎943 02 50 26; www.hotelarrupe.org; EZ/DZ inkl. Frühstück 57/85 €; P 📶) liegt so nahe an dem Gebäude, dass man möglicherweise die Leuten beim Beten hört. Eigentlich würde man überteuerte Preise erwarten, doch tatsächlich sind die

TXOKO

Würde man durch die Schlüssellöcher von Wohnungen im Baskenland spähen, könnte es sein, dass man einen Haufen Männer entdeckt, die rund um einen sich förmlich unter dem Gewicht von Speisen und Getränken biegenden Tisch sitzen. In diesem Fall ist man auf einen *Txoko* (baskischer Kochverein) gestoßen, der aus hervorragenden Hobbyköchen besteht. Die Mitglieder servieren reihum ihre Kreationen, die daraufhin von den anderen bewertet werden. Angeblich bekommt man nirgendwo in der Region besseres Essen als bei einem *Txoko*. Seit Neuestem dürfen vereinzelt auch Frauen teilnehmen, jedoch nur als Gäste. Solange gekocht wird, ist die Küche für sie tabu, damit das starke Geschlecht auch ja nicht abgelenkt wird. Nach dem Essen sind sie dort allerdings wieder gerne gesehen – zum Spülen!

modernen Zimmer (mit sehr engen Bädern) echte Schnäppchen.

OÑATI

10 800 EW.

Dank der vielen bemerkenswerten Bauwerke und einiger interessanter Sehenswürdigkeiten in den grünen Hügeln in der Umgebung eignet sich das kleine, resolute Oñati wunderbar dazu, die Region näher kennenzulernen.

Busse verkehren täglich von hier nach San Sebastián, Vitoria und Bilbao.

Die **Touristeninformation** (☎943 78 34 53; Calle San Juan 14; ⏲Mo–Fr 10–14 & 15.30–19.30, Sa 10–14 & 16.30–18.30, So 10–14 Uhr) liegt gleich gegenüber der Universidad de Sancti Spiritus.

Sehenswertes

Universidad de Sancti Spiritus HISTORISCHES GEBÄUDE

Oñatis größte Attraktion ist die Universidad de Sancti Spiritus, ein Juwel im Renaissancestil. Sie wurde im 16. Jh. errichtet und war die erste Universität im Baskenland. Bis zu ihrer Schließung 1902 wurden hier Studenten in Philosophie, Recht und Medizin ausgebildet.

Heute beherbergt das Gebäude Büros des Gemeinderats, doch man kann immer noch den **Mudejarhof** (⏲Mo & Mi 9–14.30, Di & Do 9–13 & 15–16.30, Fr 9–14 Uhr) betreten und die Platereskfassade bewundern. Auf Nachfrage veranstaltet die Touristeninformation am folgenden Tag Führungen (ab 10 €). Obwohl es recht umständlich ist, einen solchen Rundgang vorab zu organisieren, lohnt sich die Mühe, denn man erhält einen tieferen Einblick in die Universität und in andere Sehenswürdigkeiten des Städtchens. In der Nähe der Hochschule liegt die hübsche spätgotische **Iglesia de San Miguel** mit einem Kreuzgang über dem Fluss. Die Kirche blickt zum Hauptplatz Foruen Enparantza, der vom auffälligen **ayuntamiento** (Rathaus) dominiert wird. Am anderen Ende der Stadt befindet sich das **Bidaurreta-Kloster**. Es wurde 1510 gegründet und besitzt einen wunderschönen Barockaltar.

DIE DONNERGÖTTIN

Angeblich haust in einer der vielen Höhlen an den Hängen der wilden Hügel rund um Oñati Mari, die vorchristliche Wettergöttin der Basken. Wenn man sich beim Wandern verläuft, ruft man einfach dreimal laut ihren Namen, dann erscheint sie am Himmel und weist einem den rechten Weg. Sollte man jedoch zufällig über ihre Höhle stolpern, muss man sich so schnell wie möglich in Sicherheit bringen, da man ansonsten ihren Zorn zu spüren bekommt. Und wer möchte schon eine tobende baskische Gottheit erleben?

Schlafen

In Oñati übernachten nur wenige Touristen, was sich im relativ bescheidenen Unterkunftsangebot widerspiegelt.

Arregi CASA RURAL €

(☎943 78 36 57, 943 78 08 24; www.nekatur.net/arregi; Garagaltza 21; EZ/DZ 32/44 €; P, WLAN) Diese wunderbare ländliche Unterkunft liegt 2 km außerhalb der Stadt und bietet eine wunderbare Aussicht auf die Berge. Die Zimmer des sorgsam restaurierten Bauernhauses sind geräumig und nett eingerichtet und den Gästen stehen eine Gemeinschaftsküche sowie ein Aufenthaltsraum mit einem großen Kamin zur Verfügung.

Ongí Hotela HOTEL €

(☎943 71 82 85; www.hotelongi.com; Calle Zaharra 19; inkl. Frühstück EZ 30–40 €, DZ 42–54 €; Klimaanlage, WLAN) Zentral gelegenes Hotel mit herzlichen Angestellten und blitzblanken Zimmern.

SANTUARIO DE ARANTZAZU & ARRIKRUTZ-HÖHLEN

10 km südlich von Oñati stößt man auf das **Santuario de Arantzazu** (www.arantzazukosantutegia.org), das eine faszinierende Mischung aus Frömmigkeit und avantgardistischer Kunst ausstrahlt und von Besuchern entweder als schön oder scheußlich wahrgenommen wird. Das Gebäude wurde in den 1950er-Jahren an der Stelle errichtet, wo ein Schäfer 1468 eine Statue der Jungfrau Maria unter einem Weißdornbusch fand. Angeblich basiert der Grundriss auf der Form dieses Busches. Als Erstes fallen die spitzen Türme und die leeren Hallen ins Auge, die von 14 seltsam aussehenden Steinaposteln bewacht werden. Darüber hinaus beherbergt die Krypta einen teufelsroten Christus. All dies hat dem Vatikan einige Kopfschmerzen bereitet.

Schon allein die Straße zum Heiligtum hinauf und die Umgebung lohnen die Anfahrt, außerdem gibt's in der Gegend herrliche Wanderwege. Wer die Gegend näher erkunden möchte, wendet sich am besten an die Touristeninformation in Oñati. In den spektakulären Hügeln gibt's übrigens mehr zu entdecken, als man auf den ersten Blick glaubt (siehe Kasten links).

Ein paar Kilometer die Straße zurück in Richtung Oñati erstrecken sich die **Arrikrutz-Höhlen** (Erw./Kind €8/4; ⌚Di–So 10–14 & 15–19 Uhr) mit zahlreichen Stalagmiten und Stalaktiten.

Vitoria

235 600 EW. / 512 M

Vitoria (auf Baskisch „Gasteiz") findet nur selten Beachtung, dabei ist dies nicht nur die Hauptstadt der südbaskischen Provinz Álava (auf Baskisch „Araba"), sondern sogar des ganzen Baskenlands. Mit einem Kunstmuseum, deren Werke Bilbaos bekanntere Museen oftmals übertreffen, einem schönen Altstadtviertel, Dutzenden erstklassiger *pintxo*-Bars und Restaurants, zahlreichen Studenten und freundlichen Einwohnern braucht sich Vitoria keineswegs zu verstecken – und wird bald bestimmt auch vom Rest der Welt geschätzt.

Geschichte

Der Name Vitoria wurde dem Ort von den Westgoten verliehen und stammt vielleicht vom baskischen *beturia* ab, was „Höhe" bedeutet und sich auf den Hügel beziehen könnte, auf dem sich die alte Stadt erstreckt. Im 12. Jh. gründete Sancho VI. von Navarra „Neu-Vitoria". Danach war der Ort Spielball zwischen den Königshäusern Kastiliens und Navarras. Die ökonomischen Fortschritte im 19. Jh. beschleunigten seine Ausdehnung, die auch im 20. Jh. anhielt. Seine gut erhaltene historische Substanz brachte ihm 1981 die Ernennung zur Hauptstadt der Autonomen Gemeinschaft Baskenland ein. Außerdem hat hier die Universität des Baskenlandes ihren Sitz.

Sehenswertes

Am Fuße des mittelalterlichen Casco Viejo erstreckt sich die entzückende Plaza de la Virgen Blanca mit der **Iglesia de San Miguel** (Plaza de la Virgen Blanca) aus dem 14. Jh. In der Kirche wird die Statue der Schutzheiligen der Stadt, die Virgen Blanca, bewahrt.

Die **Iglesia de San Pedro** (Calle Herrería) stammt ebenfalls aus dem 14. Jh. und ist die älteste Kirche der Stadt. An ihrer östlichen Fassade sieht man prächtige gotische Frontispize.

> **AUF NACH FRANKREICH?**
>
> Tipps, Empfehlungen und Berichte über den französischen Teil des Baskenlands gibt's im Lonely Planet *Frankreich*.

Vitoria hat zahlreiche **Museen** (Eintritt frei; ⌚Di–Fr 10–14 & 16–18.30, Sa 10–14, So 11–14 Uhr) mit Dinosaurierknochen, Ritterrüstungen, alten Töpferwaren und Spielkarten, allerdings gibt's nur Beschriftungen auf Baskisch und Spanisch.

LP TIPP **Artium** MUSEUM

(www.artium.org; Calle de Francia 24; Erw./Kind 6 €/frei; ⌚Di–Do 11–14 & 17–20, Fr–So 11–14 & 16–21 Uhr, Sep. geschl.) Anders als einige andere berühmte baskische Kunstzentren versucht das Artium nicht mit seinem Äußeren zu überzeugen, sondern weiß um die Bedeutung der inneren Werte. Es ist mutiger, exzentrischer und anspruchsvoller, als viele Museen es je wagen würden.

Die großen, unterirdisch gelegenen Räume sind voll fesselnder Werke von baskischen, spanischen und internationalen Künstlern und beherbergen zudem einige beeindruckende Arbeiten im Modernismestil. Bei unserem Besuch waren Ausstellungen mit Kinderbildern zum Thema Selbstmord und ein unscharfes, sehr blutiges Video einer Frau zu sehen, die ihr Jungfernhäutchen wieder zunähen lässt. Ja, das ist Kunst, die schocken soll. Mehrmals am Tag finden Führungen auf Spanisch statt. Wenn man das Ganze verdaut hat, lohnt sich eine Atempause im wunderbaren **Cube Café** (menú del día 15 €). Das Artium verfügt über barrierefreie Zugänge.

Catedral de Santa María KATHEDRALE

(☎945 255 135; www.catedralvitoria.com; Führung 8 €; ⌚10–14 & 16–19 Uhr) Diese mittelalterliche Kathedrale in der Altstadt wird schon seit Langem aufwendig renoviert. Hervorragende Führungen vermitteln einen Eindruck davon, wie spannend so eine Erneuerungsmaßnahme sein kann. Sie geben nicht nur Einblick in die Vergangenheit und Zukunft der Kathedrale, sondern in die Stadt als Ganzes, denn das Restaurationsprojekt hat alle möglichen historischen Spuren zutage gebracht. Eigentlich muss man sich für die Rundgänge entweder telefonisch oder über die Website anmelden, aber an ruhigen Tagen kann man normalerweise auch so an einer Führung teilnehmen.

Vitoria

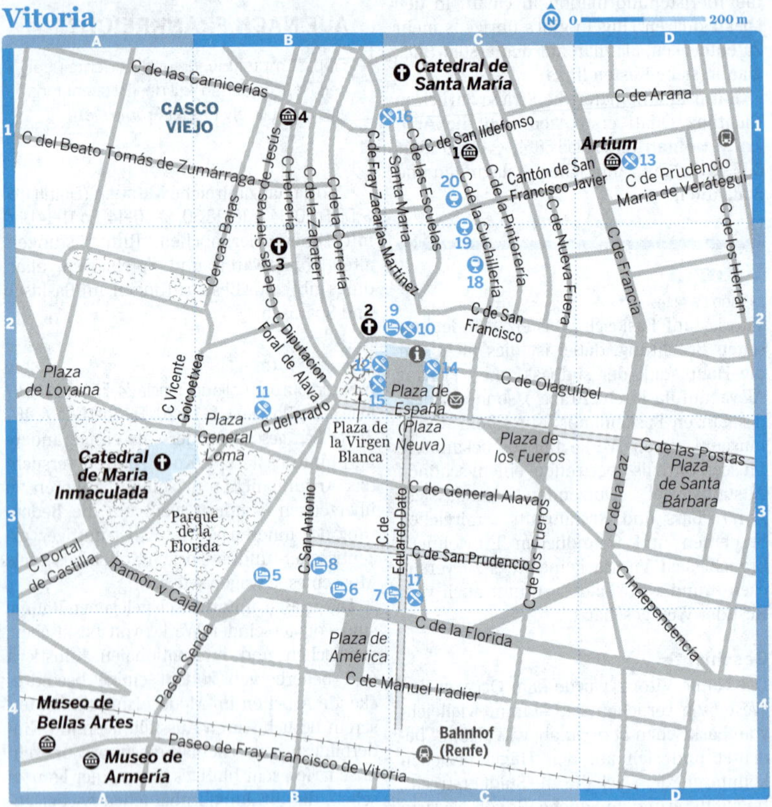

Vitoria

Highlights

- Artium D1
- Catedral de María Inmaculada A3
- Catedral de Santa María C1
- Museo de Armería A4
- Museo de Bellas Artes A4

Sehenswertes

1 Bibat C1
2 Iglesia de San Miguel B2
3 Iglesia de San Pedro B2
4 Museo de Ciencias Naturales B1
Museo Fournier de Naipes .... (siehe 1)

Schlafen

5 Hotel Almoneda B3
6 Hotel Amárica B3
7 Hotel Dato C3
8 Hotel Dato 28 .... B3
9 La Casa de los Arquillos C2

Essen

10 Arkupe C2
11 Asador Sagartoki B2
12 Bar Deportivo Alaves B2
13 Cube Café D1
14 Izartza C2
15 Noventa y Siete B2
16 Querida María Restaurante C1
17 Usokari C3

Ausgehen

18 El 7 .... C2
19 El Parral C2
20 Gora C1

Demnächst soll die Renovierung beendet werden, es kann also sein, dass die geführten Touren dann völlig anders ablaufen.

GRATIS **Museo de Bellas Artes** MUSEUM
(Paseo de Fray Francisco de Vitoria; Di–Fr 10–14 & 16–18.30, Sa 10–14 & 17–20, So & Feiertage 11–14 Uhr) Das spannende Museum ist in einem erstaunlich kunstvoll gestalteten Gebäude untergebracht und präsentiert baskische Skulpturen sowie Gemälde aus dem 18. und 19. Jh. Die Werke des Künstlers Fernando de Amarica aus Vitoria nehmen einen breiten Raum ein und reflektieren eine engagierte Romantik, die Dramatisches erfolgreich mit warmen Farben und Kompositionen verbindet.

Catedral de María Inmaculada KATHEDRALE
(Cadena y Eleta) Vitorias Kathedrale mag alt aussehen, doch tatsächlich wurde sie erst in den frühen 1970er-Jahren errichtet. Sie verfügt über beeindruckende Buntglasfenster sowie ein hohes Kirchenschiff und beherbergt zudem das interessante **Museo Diocesano de Arte Sacro** (Erw./Kind 3 €/frei; Di–Fr 11–14 & 16–18.30, Sa & So 11–14 Uhr) für sakrale Kunst. Letzteres zeigt einige frühe christliche Steinreliefs und baskische Kreuze, detaillierte Malereien biblischer Szenen und eine bunte Mischung verschiedener Kruzifixe und zeremonieller Kreuze. Alle Ausstellungsstücke stammen aus dem Baskenland.

Museo de Armería MUSEUM
(Paseo de Fray Francisco de Vitoria) Hier kann man jede Menge glänzende Rüstungen bewundern. Auch die Sammlung von Waffen aus mehreren Jahrhunderten ist fesselnd und wirft die Frage auf, wie sich die galanten Herren in all dem Zeug überhaupt bewegen konnten – von der Rettung unschuldiger Jungfrauen aus den Klauen feuerspeiender Drachen ganz zu schweigen.

Museo de Ciencias Naturales MUSEUM
(Calle de las Siervas de Jesús 24) Dieses Museum überrascht mit einer wunderbaren Mineraliensammlung. Zu den Exponaten gehören eine in Bernstein gefangene Sonnenanbeterin und ein Dinosauriergebiss, außerdem erfährt man einiges über die lokale Tier- und Pflanzenwelt.

Bibat MUSEUM
(Calle de la Cuchillería/Aiztogile Kalea 54) Einen Besuch lohnen auch das Bibat, eine Kombination aus dem **Museo de Arqueología** und dem **Museo Fournier de Naipes** (Kartenmuseum; 945 18 19 20; Calle de la Cuchillería 54). In Ersterem erwecken riesige Bildschirme die Vergangenheit zum Leben, während Letzteres eine beeindruckende Sammlung historischer Kartenspiele präsentiert, darunter einige der ältesten europäischen Spielkarten.

Feste & Events

Azkena Rock Festival MUSIK
(www.azkenarockfestival.com) Das Azkena Rock Festival Mitte Juni gibt's noch nicht allzu lang. 2012 zählten Ozzy Osbourne und The Darkness zu den wichtigsten Acts.

Jazzfestival JAZZ
(www.jazzvitoria.com) Mitte Juli zieht dieses Musikfestival namhafte Künstler aus dem In- und Ausland an.

Fiestas de la Virgen Blanca STADTFEST
Mit Vitorias ruhiger Kultiviertheit ist es während der ausgelassenen Fiestas de la Virgen Blanca vorbei. Die Feierlichkeiten dauern vom 4. bis zum 9. August und umfassen Feuerwerke, Stierkämpfe, Konzerte sowie Straßentänze. Ihnen geht der symbolische Abstieg des Celedón voran, einer volkstümlichen Figur, die an Schnüren von der Iglesia de San Miguel herabschwebt.

Schlafen

LP TIPP **La Casa de los Arquillos** B&B €€
(945 15 12 59; www.lacasadelosarquillos.com; Paseo Los Arquillos 1; DZ inkl. Frühstück 79 €;) Vitorias aufregendste Unterkunft! Das B&B logiert in einem schönen alten Gebäude in toller Lage oberhalb des Hauptplatzes. Die acht makellosen Zimmer kommen stylish daher und wurden offensichtlich von den Kunstwerken im Artium inspiriert. Jedes ist ausgesprochen originell: In einem hängen Maßbänder über dem Bett und in einem anderen entdeckt man eine Puppe, deren Gliedmaßen am Kopf angebracht sind! Ein herzhaftes Frühstück ist inbegriffen.

Die Rezeption ist von 8 bis 21 Uhr besetzt, aber unserer Erfahrung nach variieren diese Zeiten stark. Am besten ruft man vorher an und sagt Bescheid, wann man eintrifft.

Hotel Dato HOTEL €
(945 14 72 30; www.hoteldato.com; Calle de Eduardo Dato 28; EZ/DZ 38,66/54,88 €;) Ob die extravagante Art-decó-Einrichtung mit halbnackten Nymphen, römischem Steingut und Rüschen nun kitschig oder klassisch ist, lässt sich schwer sagen (wir tendieren zu

Ersterem). Jedenfalls fühlen sich die Gäste hier sehr wohl und kommen in den Genuss eines tollen Preis-Leistungs-Verhältnisses. Das Nebengebäude des Dato, das **Hotel Dato 28**, befindet sich in einer Parallelstraße.

Hotel Almoneda HOTEL €€
(☎945 15 40 84; www.hotelalmoneda.com; Calle de la Florida 7; EZ/DZ inkl. Frühstück 63/105 €; 📶) Die Zimmer dieser erst kürzlich renovierten Bleibe, die so hell und fröhlich wie ein sonniger Sommermorgen sind, verfügen über knarrende polierte Holzböden und weiche Betten, allerdings fallen die Bäder ziemlich klein aus.

Hotel Amárica HOTEL €
(☎945 13 05 06; Calle de la Florida 11; EZ/DZ 45/65 €; 📶) Funktionale, benutzerfreundliche Zimmer, die ihren Zweck erfüllen – aber das war es auch schon. Die Rezeption ist häufig nicht besetzt, deshalb muss man vielleicht ein paar Minuten warten, bis ein Angestellter auftaucht.

Essen

Vitorias Lokale können nicht mit den tollen *pintxos*-Bars von San Sebastián mithalten, trotzdem gibt's hier eine lebendige und konkurrenzfähige Gourmetszene. Darüber hinaus sind die *pintxos* mit 1 bis 2 € pro Stück sehr günstig.

Unter den zahlreichen Restaurants auf der Plaza de España empfehlen wir besonders die **Bar Deportivo Alaves** (☎945 23 39 11; Plaza de Espana 13; pintxos 1–2 €; ⏲tgl. 8–1 Uhr) und das **Noventa y Siete** (☎945 149 387; Plaza Virgen Blanca; pintxos 1–2 €; ⏲tgl. 8–1 Uhr), die beide sehr gute *pintxos* servieren. Das **Izartza** (☎945 235 533; Plaza de España 5; pintxos 1–2 €; ⏲So geschl.) ist eines der eleganteren Lokale der Stadt mit hochwertigen Speisen und Weinen, die ihrem guten Ruf voll gerecht werden.

LP TIPP **Querida María Restaurante** BASKISCHE NOUVELLE CUISINE €€
(Plaza de Santa María; Hauptgerichte 12–18 €, Menü 18 €) Im schönsten Teil der Altstadt gegenüber der Kathedrale bietet dieses lässige mohnblumenrote Restaurant wunderbare Gerichte an, die im Vergleich nur wenig kosten. Auf der Karte stehen vor allem klassische baskische Spezialitäten, die stets eine kleine unerwartete Geschmacksnote haben. Und dann erst die Desserts! Wenn die Kellnerin sagt, die Apfeltorte sei gut, sollte man auf sie hören – sie weiß, wovon sie spricht.

Usokari TAPAS €
(Calle de Eduardo Dato 25; pintxos 1,50 €) Die beste unter den vielen empfehlenswerten *pintxo*-Bars in Vitoria hat nur eine relativ kleine Auswahl an *pintxos* (die zudem schnell aus sind), aber die Besitzer wissen, wovon sie sprechen, wenn sie sagen, dass „die Qualität, nicht die Quantität zählt!". Sehen lassen kann sich auch die Weinkarte.

Arkupe BASKISCH €€
(☎945 23 00 80; Calle Mateo Benigno de Moraza 13; Menü 25–41 €, Hauptgerichte ab 18 €) Herrlich kreative Gerichte in einer formellen Atmosphäre, von der die grobe Holzfassade des Lokals nichts erahnen lässt. Die Schmetterlinge und Blumen auf den Speisekarten lockern das Ganze jedoch wieder auf. Hinten an der Mauer sind viele verschiedene Weine aufgereiht. Vorab reservieren.

Asador Sagartoki SIDRERÍA €€
(Calle del Prado 18; Menü 10,50–50 €, Hauptgerichte 18 €; ⏲10–24 Uhr) Diese fantastische *sidrería* (Apfelweinkelterei) überzeugt mit einfallsreichen Gerichten und einer dazu passenden Atmosphäre. Der Speisesaal erstreckt sich bis über die geschäftige Bar hinaus und die preisgekrönten *pintxos* sind grandios. Es macht Spaß dabei zuzusehen, wie das Personal mit weit ausholenden Armbewegungen Ströme von Apfelwein aus den großen Fässern in die Gläser schenkt; im Restaurant darf man sein Glück selbst versuchen. Wie in die meisten *sidrerías* kommt man am besten mit vielen Freunden her.

Ausgehen

In der Altstadt herrscht eine stark politisch und künstlerisch orientierte Stimmung. Studenten geben mit kreativen Plakaten und verschiedenen Aktionen den Ton an. Am meisten los ist in der Calle de la Cuchillería/Aiztogile Kalea und im benachbarten Cantón de San Francísco Javier, denn dort wimmelt es von chaotischen Bars wie dem **Gora** (☎945 12 14 52; Cantón de San Francisco Javier) und dem **El Parral** (Calle Cantón San Francisco Javier 4). Großer Beliebtheit erfreut sich auch das **El 7** (Calle de la Cuchillería/Aiztogile), das Besucher aller Altersgruppen anzieht. In einigen Läden ist die Atmosphäre stark baskisch-nationalistisch geprägt.

Praktische Informationen

Touristeninformation (☎945 16 15 98; www.vitoria-gasteiz.org/turismo; Plaza de España 1; ⏲10–20 Uhr) Am zentralen Platz der Altstadt.

An- & Weiterreise

Vitorias **Flughafen** (945 16 35 91) liegt 9 km nordwestlich der Stadt in Foronda. Von dort gelangt man nach Madrid und Barcelona, außerdem gibt's Autovermietungen und Geldautomaten. Taxis kosten tagsüber/nachts 20/25 €.

Parkplätze befinden sich am Bahnhof, beim Artium und gleich östlich der Kathedrale.

Vom **Busbahnhof** (Calle de los Herrán) bestehen regelmäßige Verbindungen in folgende Städte:

ZIEL	PREIS (€)	FAHRTDAUER (STD.)
Barcelona	39,74	7
Bilbao	5,95	1¼
Madrid	25,34	4½
Pamplona	8,30	1¾
San Sebastián	10,10	1¼

Züge verkehren zu folgenden Zielen:

ZIEL	PREIS (€)	FAHRTDAUER (STD.)	ABFAHRTEN
Barcelona	ab 59,30	5	1-mal tgl.
Madrid	ab 46,10	4–6	5-mal tgl.
Pamplona	5,65	1	4-mal tgl.
San Sebastián	ab 13,35	1¾	bis zu 10-mal tgl.

NAVARRA

Navarra (auf Baskisch „Nafarroa") hat ein bisschen von allem. Das sanfte Grün und das erfrischende Klima der Pyrenäen liegen wie eine kühle Kompresse über der sonnengegerbten Stirn des Südens, einer Welt aus kahlen Ebenen, Getreidefeldern und Weingärten, zerschnitten von hohen Gebirgszügen mit Kämmen aus grobem Kalkstein. Darüber hinaus ist die Gegend ein Pilgerterritorium: Schon seit Jahrhunderten nutzen Gläubige den Pass bei Roncesvalles, um ihren Weg von Frankreich nach Santiago de Compostela (S. 527) fortzusetzen.

Navarra war das historische Kernland der Basken, doch dynastische Streitigkeiten, eine reaktionäre Politik und die Diktatur Francos haben es als halbautonome Provinz zurückgelassen, deren Norden baskischer Natur ist, während der Süden eher zum kastilischen Spanien hält. Das Zentrum befindet sich genau zwischen den Fronten und so scheint Navarra in Sachen baskischer Zukunftsvisionen nicht wirklich festgelegt zu sein.

Die Hauptstadt Pamplona sorgt mit ihrem weltberühmten Stierlauf oft für Schlagzeilen, aber den wahren Charme der Region machen die vielen kleinen Orte und Dörfer aus, die mit der Landschaft zu verschmelzen scheinen.

Pamplona

195 800 EW. / 456 M

In Pamplona (auf Baskisch „Iruña"), Hauptstadt der autonomen Region Navarra, sind zwischen dem 6. und 14. Juli alle Sinne geschärft. Die Menschen achten während der legendären Sanfermines wie besessen auf das furchterregende Geräusch der Stiere, die durch die kopfsteingepflasterten Straßen donnern und Chaos bzw. Blutvergießen mit sich bringen. Wer zu einer anderen Zeit hierherkommt, entdeckt von den Tieren weit und breit keine Spur – außer vielleicht auf einer Postkarte. Vielleicht hat man dann das Gefühl, als Einziger etwas verpasst zu haben, doch Pamplona fasziniert auch zu anderen Zeiten. Und diejenigen, die während der Feierlichkeiten hier sind? Herzlich willkommen bei einem der größten und berühmtesten Feste der Welt. Besuchern, die sich nicht sinnlos betrinken, werden diese sieben Tage wahrscheinlich für immer im Gedächtnis bleiben!

Geschichte

Die Römer nannten die Stadt Pompaelo nach ihrem Gründer Pompeius Magnus. Ihnen folgten die Westgoten und dann für eine kurze Zeit die Muslime. Seit Karl der Große 778 von Frankreich aus über die Pyrenäen einfiel, ist Navarra immer ein Schmelztiegel dynastischer, politischer und kultureller Bestrebungen und Spannungen gewesen. Unter Sancho III. erfuhr Pamplona im 11. Jh. einen großen Aufschwung und die Lage am Jakobsweg sicherte der Stadt ihren Wohlstand. Die Blütezeit des 20. Jhs. führte zu ihrer Ausdehnung.

Sehenswertes

Catedral KATHEDRALE

(Calle Dormitalería; Führung Erw./Kind 5 €/frei; Mo–Sa 10–18 Uhr) Pamplonas Kathedrale steht auf einer Anhöhe innerhalb der Festungsmauern, mitten in einem dunklen Gewirr enger Straßen und Gassen. Bei unserem Besuch fanden hier umfangreiche Restau-

Pamplona

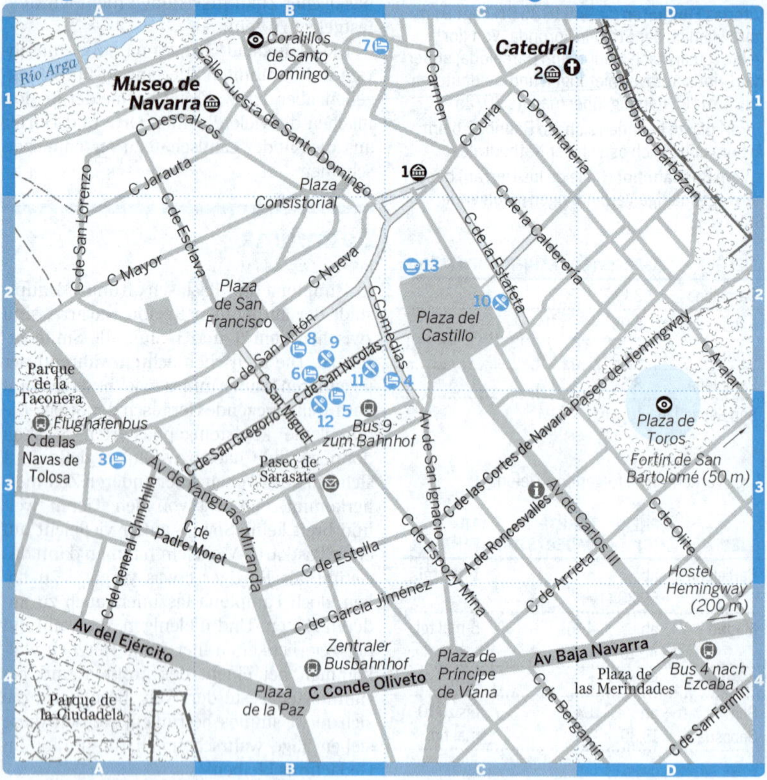

Pamplona

Highlights
- Catedral ... C1
- Museo de Navarra ... B1

Sehenswertes
1. Museo del Encierro ... C1
2. Museo Diocesano ... C1

Schlafen
3. Habitaciones Mendi ... A3
4. Hostal Arriazu ... C2
5. Hostal Bearan ... B3
6. Hotel Castillo de Javier ... B2
7. Hotel Puerta del Camino ... B1
8. Palacio Guendulain ... B2

Essen
9. Baserri ... B2
10. Bodegón Sarria ... C2
11. Casa Otaño ... B2
12. Sarasate ... B3

Ausgehen
13. Café Iruña ... C2

rierungsarbeiten statt, trotzdem war das Gebäude für Besucher geöffnet. Es ist ein spätmittelalterliches gotisches Juwel, allerdings verschandelt die trostlose neoklassizistische Fassade (ein Überbleibsel aus dem 18. Jh.) den Anblick. Der riesige Innenraum beherbergt einige herrliche Artefakte, darunter eine versilberte Jungfrau und das prachtvolle Grabmal Karls III. von Navarra und seiner Frau Eleonore von Kastilien. Am beeindruckendsten ist jedoch der gotische **Kreuzgang** mit erstklassigen Steinmetzarbeiten.

Im ehemaligen Refektorium und der Küche befindet sich das **Museo Diocesano**, das eine Sammlung religiöser Kunst inklusive einiger gotischer Holzschnitzereien präsentiert. Die Kathedrale selbst ist außerhalb der oben angegebenen Zeiten täglich kostenfrei für Besucher geöffnet, Kreuzgang und Museum sind dann jedoch geschlossen.

Museo de Navarra MUSEUM
(www.cfnavarra.es/cultura/museo; Calle Cuesta de Santo Domingo 47; Erw. 2 €, Sa nachmittags & So frei; ⌚Di–Sa 9.30–14 & 17–19, So 11–14 Uhr) In einem ehemaligen mittelalterlichen Hospital zeigt dieses ausgezeichnete Museum zahlreiche archäologische Funde wie ein römisches Mosaik aus dem Süden Navarras und eine Auswahl an Kunstwerken wie Goyas *Marqués de San Adrián*. Es gibt nur Beschriftungen auf Spanisch, aber man bekommt Broschüren in weiteren Sprachen.

Ciudadela & Parks FESTUNG, PARK
(Avenida del Ejército) Die Mauern und Bollwerke der sternförmigen Zitadelle verstecken sich im Gras bzw. zwischen den Bäumen eines charmanten Parks. Letzterer bietet Zugang zu drei weiteren Grünanlagen in Richtung Norden.

Museo Oteiza MUSEUM
(www.museooteiza.org; Calle de la Cuesta 7, Alzuza; Erw. 4 €, Fr frei; ⌚Juni–Sept. Di–Sa 11–19, So 11–15 Uhr) 9 km nordöstlich von Pamplona wartet dieses eindrucksvolle Museum in der Ortschaft Alzuza mit fast 3000 Werken des berühmten navarresischen Bildhauers Jorge Oteiza, dem Atelier des Künstlers und dessen ehemaligem Wohnhaus in zauberhafter ländlicher Lage auf.

Vom Busbahnhof in Pamplona starten täglich drei Busse nach Alzuza. Wer mit dem Auto anreist, fährt von der NA150 östlich von Huarte Richtung Norden ab; dort ist der Ort ausgeschildert.

Fortín de San Bartolomé STADTMAUER
(www.murallasdepamplona.com; Calle Arrieta; Erw./Kind 3/1,50 €; ⌚Di–So 11–14 & 17–20 Uhr) Eine Besichtigung der alten Stadtmauer lässt die Vergangenheit wiederaufleben. Nachdem man neue Kenntnisse gewonnen hat, unternimmt man vor dem Mittagessen noch einen 5 km langen Spaziergang rund um die Mauer – anschließend hat man auf jeden Fall Hunger!

Schlafen

Während der Sanfermines vervier- oder -fünffachen die Unterkünfte ihre regulären Preise! Zu dieser Zeit scheint es außerdem unmöglich zu sein ein Zimmer zu ergattern, wenn man nicht wenigstens sechs bis zwölf Monate im Voraus reserviert hat. Wer keinen Schlafplatz mehr findet, kann in fast allen Parks der Stadt übernachten, sollte dann aber gut auf seine Sachen aufpassen. Schlimmstenfalls wirkt auch der abfallübersäte Bürgersteig wie ein einladendes Bett! Wem das nicht zusagt, sollte sich an die Touristeninformation wenden, wo man eine Liste mit Privatunterkünften bekommt. Darüber hinaus preisen am Bahnhof und Busbahnhof viele Menschen Zimmer an. Da zahlreiche „San-Fermín"-Busse aus nahe gelegenen spanischen und französischen Städten nach Pamplona fahren, sollte man sich überlegen, ob man nicht lieber in einem anderen Ort Quartier bezieht und einfach mit einem dieser Partybusse anreist. Abfahrtszeiten und Preise erfährt man in den örtlichen Touristeninformationen.

Zu jeder anderen Jahreszeit gibt's in Pamplona zahlreiche günstige Bleiben; eine Reservierung ist nicht nötig. Hier angegebene Preise gelten in der Hauptsaison, aber nicht während der Sanfermines.

LP TIPP **Palacio Guendulain** HISTORISCHES HOTEL €€€
(☎948 22 55 22; www.palacioguendulain.com; Calle Zapatería 53; DZ inkl. Frühstück ab 133,92 €; P❄📶) Der Begriff „luxuriös" wird dem überwältigenden neuen Hotel, das sich im umgebauten früheren Haus des Vizekönigs von Neu-Granada befindet, nicht im Entferntesten gerecht. Bei der Ankunft wird man von einer vergoldeten Kutsche aus dem 17. Jh. begrüßt, die eigentlich in ein Museum gehört, und im Hof versammeln sich unter der Aufsicht der Privatkapelle des Vizekönigs etliche klassische Autos. Die weichen Betten in den Zimmern wären der *Prinzessin auf der Erbse* würdig, außerdem gibt's riesige Duschen und majestätische Sessel.

Hostel Hemingway HOSTEL €
(☎948 98 38 84; www.hostelhemingway.com; Calle Amaya 26; B 19–22 €, EZ/DZ ab 22/42 €; @) In dem gut geführten Hostel ein paar Gehminuten von der Altstadt dominieren kräftige, flippige Farben. Die Zimmer haben vier bis sechs Betten und teilen sich drei Gemeinschaftsbäder, zudem gibt's einen Fernsehraum und eine Gästeküche. Während der Sanfermines geht's hier sehr wild und laut zu. Das Hemingway liegt dicht an der Avenida de Carlos III.

DER STIERLAUF

Entfesselt, besessen oder schlichtweg verrückt, das sind die vielen Fans, die regelmäßig an Pamplonas Sanfermines (Fiesta de San Fermín) teilnehmen – einer Dauerparty vom 6. bis zum 14. Juli mit Musik, Tanz, Feuerwerk und Prozessionen. Und so ganz nebenbei rennen sie noch vor den spitzen Hörnern einer Handvoll aufgestachelter *toros* (Stiere) davon.

Entstanden sein soll der Stierlauf im 14. Jh., als die Händler neben den Tieren herliefen, um sie schneller auf den Markt zu treiben. Später brachte man sie auf diese Weise von ihren Ställen zur Arena, wo nachmittags Stierkämpfe stattfanden; und so wird es im Prinzip auch heute noch gemacht. *El encierro* (der Stierlauf) wird zu den Sanfermines jeden Morgen veranstaltet. Dann werden sechs Stiere an den Coralillos de Santo Domingo losgelassen, die über den gleichnamigen Platz stürmen. Von dort rasen sie die Straße hoch, biegen an der Plaza Consistorial in die Calle de los Mercaderes ab und kommen schließlich rechts in die Calle de la Estafeta, den letzten Abschnitt bis zur Arena. Die Teilnehmer, *mozos* (die Tapferen oder die Törichten – das ist Ansichtssache) genannt, rennen vor den Stieren her und versuchen, nah dranzubleiben. Insgesamt ist die Strecke 825 m lang und der ganze Irrsinn dauert kaum mehr als drei Minuten.

Alle Teilnehmer müssen sich vor 7.30 Uhr am Startpunkt des Parcours auf der Plaza de Santo Domingo einfinden. Um 8 Uhr werden zwei Raketen abgefeuert. Die erste zeigt an, dass die Verschläge der Stiere geöffnet sind, die zweite bedeutet, dass nun alle Tiere frei und unterwegs sind. Besonders gefährlich ist die Stelle, wo die Calle de los Mercaderes in die Calle de la Estafeta führt. Hier krachen viele Bullen in die Absperrungen, weil sie Hals über Kopf in die Kurve rasen. Dadurch bleiben sie manchmal hinter der Herde zurück, was sie extrem gefährlich macht. Ein vermeintlich harmloser Abschnitt folgt gegen Ende, wo die Calle de la Estafeta hinunter auf die Plaza de Toros zuläuft. Eine dritte Rakete geht los, wenn sämtliche Stiere in der Arena angekommen sind, und eine letzte, wenn sie sich wieder in ihren Ställen befinden.

Wer lieber passiver Zuschauer ist als ein Mann der Tat (Frauen dürfen eigentlich nicht am Stierlauf teilnehmen, obwohl es trotzdem immer mehr tun), muss sich rechtzeitig einen Platz an der Strecke sichern. Selbst wenn man einen solchen ergattert, darf man nicht mit ungehinderter Sicht rechnen, da zwischen den Zuschauern und den Läufern noch ein zweiter „Sicherheitszaun" steht (den Raum zwischen den beiden Zäunen dürfen nur die Polizei,

Hotel Puerta del Camino BOUTIQUE-HOTEL **€€**
(☎948 22 66 88; www.hotelpuertadelcamino.com; Calle Dos de Mayo 4; EZ/DZ ab 89/95 €; P ❄ 📶) In einem umgebauten Kloster – die Nonnen wussten ganz offensichtlich die schönen Seiten des Lebens zu schätzen – neben den Nordtoren zur Altstadt wartet diese ausgesprochen stilvolle neue Unterkunft mit funktionellen, modernen und ruhigen Zimmer auf. Von einigen Räumen genießt man eine tolle Aussicht über die Stadtmauer bis zu den hoch aufragenden Pyrenäen.

Hostal Arriazu HOTEL **€**
(☎948 21 02 02; www.hostalarriazu.com; Calle Comedias 14; EZ/DZ 51/60 €; 📶) Das Hotel in einem ehemaligen Theater liegt irgendwo zwischen den Kategorien günstige Pension und Mittelklassebleibe. Zweifellos bietet es ein tolles Preis-Leistungs-Verhältnis. Die Zimmer sind angenehm altmodisch und riechen nach Möbelpolitur, und die Bäder könnten kaum besser sein. Es gibt einen hübschen verglasten Hof voller Topfpflanzen und einen gemütlichen Gemeinschaftsraum. Frühstück kostet 7 € extra.

Habitaciones Mendi PENSIÓN **€**
(☎948 22 52 97; www.pensionmendi.es; Calle de las Navas de Tolosa 9; EZ/DZ 30/40 €; 📶) Knarrende, wacklige Holztreppen und altmodisch eingerichtete Zimmer verströmen viel Charme. Außerdem verwöhnt einen die Besitzerin so, als wäre sie die eigene Oma.

Hotel Castillo de Javier BOUTIQUE-HOTEL **€€**
(☎948 20 30 40; www.hotelcastillodejavier.com; Calle de San Nicolás 50; EZ/DZ ab 45/63 €; ❄ 📶) In einer Straße mit eher billigen Absteigen sorgt das schicke Castillo de Javier für einen Hauch von Klasse. Der Empfangsbereich ist supermodern und die Zimmer sind im typischen Businessstil gehalten. Am besten lässt man sich erst ein paar zeigen, denn sie fallen unterschiedlich groß aus.

medizinisches Personal und autorisierte Personen betreten). Alternativ kann man einen Platz auf dem Balkon eines der Häuser mit Blick auf den Parcours mieten. Die letzte Möglichkeit besteht darin, ein Ticket für einen Sitz in der Arena zu erwerben, wo man die Stiere aus dem Eingangstunnel hineinrasen sieht. Doch wo auch immer man den Stierlauf verfolgt – nach ein paar chaotischen Sekunden ist schon wieder alles vorbei.

Jeden Abend findet ein traditioneller Stierkampf statt. Die Sanfermines enden am 14. Juli um Mitternacht mit einer Kerzenprozession, die an der Plaza Consistorial beginnt und Pobre de Mí (Ich Armer) genannt wird.

Zunehmende Sorgen bereitet den Organisatoren die hohen Teilnehmerzahlen der letzten *encierros*. Seit Beginn der Aufzeichnungen über den Stierlauf 1924 sind 16 Menschen zu Tode gekommen. Viele Teilnehmer haben zwar genug Wagemut (bzw. sind schlichtweg betrunken), aber nur wenig Ahnung, was sie da eigentlich tun. 2004 war die Situation besonders bedenklich, denn es gab Dutzende Verletzte, aber immerhin keine Toten. 2005 versuchten die Behörden, den Lauf mittels einer speziellen Antirutschfarbe sicherer zu machen, doch offenbar zählte man genauso viele Stürze und Schwerverletzte wie im vorherigen Jahr, außerdem wurden vier Personen von Stieren auf die Hörner genommen. Auch 2008 war das Event mit 45 Schwerverletzten (vier von ihnen wurden aufgespießt) eine blutige Angelegenheit, und 2009 kam ein Mann durch einen Stier zu Tode, der sich aus der Herde löste und ihn aufspießte. Der Lauf von 2012 war mit nur vier Leichtverletzten einer der sichersten seit Jahren. Aktuelles zum *encierro* siehe unter www.sanfermin.com.

Eine Virtual-Reality-Version des Stierlaufs kann man im neuen **Museo del Encierro** (www.museoencierro.com; Calle Mercaderes 17; Erw./Kind 8 €/frei; ⌚Mo–Fr 10–14 & 16–20, Sa–So 11–20 Uhr) erleben. Der Besuch deckt die Geschichte und Kultur des *encierro* und der Sanfermines im Allgemeinen ab. Beim 3D-Film steigt man direkt in einen hektischen Stierlauf ein, außerdem gibt's zahlreiche interaktive Exponate, sodass Kinder hier viel Spaß haben werden.

Tierschutzvereine prangern die Stierläufe als grausame Tradition an und die teilnehmenden Tiere werden fast alle beim darauffolgenden Stierkampf getötet. Zwei Tage vor der ersten Veranstaltung findet mit dem Lauf der Nackten eine von der PETA organisierte Demonstration statt.

Hostal Bearan PENSIÓN €
(☎948 22 34 28; Calle de San Nicolás 25; EZ/DZ 38/50 €) Diese sympathische Pension überzeugt mit einem wirklich hervorragenden Preis-Leistungs-Verhältnis, besonders wenn man eines der größeren Zimmer ergattert, in die sogar riesige, sehr gemütliche Sofas passen. Man sollte unbedingt darauf achten, dass man abseits der lärmenden Straße untergebracht wird.

Ezcaba CAMPINGPLATZ €
(☎948 33 03 15; www.campingezcaba.com; Stellplatz 5,75/6,20/5,75 € pro Person/Zelt/Auto; P🏊👪) Dieser Campingplatz am Río Ulzama erstreckt sich ungefähr 7 km nördlich von Pamplona ganz in der Nähe der N121. Die Buslinie 4 fährt viermal täglich von der BBVA-Bank an der Plaza de las Merindadas hierher. Während der Fiesta de San Fermín sind deutlich mehr Busse unterwegs, allerdings verdoppeln sich dann leider auch die Preise.

Essen

Baserri BASKISCH €
(☎948 22 20 21; Calle de San Nicolás 32; menú del día 14 €) Das Baserri hat so viele *pintxo*-Auszeichungen gewonnen, dass man mit ihrer Aufzählung fast das gesamte Buch füllen könnte. Kaum zu glauben, dass es überhaupt so viele Preise für Essen gibt! Wie von einer solchen Bar nicht anders zu erwarten, schmeckt hier einfach alles.

Casa Otaño BASKISCH €€
(☎948 22 50 95; Calle de San Nicolás 5; Hauptgerichte 15–18 €) In der Casa Otaño muss man zwar mehr zahlen als in vielen anderen Restaurants der Umgebung, doch die Ausgabe lohnt sich. Die Angebote der Karte reichen von frischen, vor Ort gefangenen Forellen bis zu herrlichen Entengerichten. Sein Geld wert ist auch das *menú del día* für 17,50 €. Mit den üppigen rosafarbenen und roten Blumen auf dem Balkon wird die formelle Atmosphäre etwas aufgelockert.

Sarasate VEGETARISCH €€
(☎948 22 57 27; Calle de San Nicolás 21; Hauptgerichte 10–15 €; ☑) Das helle Lokal in der ersten Etage wartet mit erstklassigen vegetarischen und glutenfreien Speisen auf. Wir empfehlen die *menús del día* für 14 €.

Bodegón Sarria BASKISCH €
(☎948 22 77 13; Calle de la Estafeta 50-52; Hauptgerichte 8–15 €; ☑) Auch nach seiner Renovierung bietet dieser langjährige Favorit der Stadtbewohner herzhafte lokale Gerichte an, die dem Lokal seit Jahren so treue Anhänger beschert haben. Dienstags und donnerstags kosten *pintxos* nur 2 €.

Ausgehen & Unterhaltung

Pamplonas Studenten bescheren der Stadt das ganze Jahr über ein reges Nachtleben. Die Bars in der Calle Carmen, der Calle de la Calderería und in Richtung der Kathedrale zeichnen sich durch eine starke baskische Note aus. In der Gegend rund um die Stierkampfarena am Paseo de Hemingway stößt man auf weitere Kneipen und Clubs. Größere Discos liegen einen kleinen Spaziergang oder eine kurze Taxifahrt südlich und westlich vom Zentrum in der Altstadt Richtung Universität. Sie öffnen donnerstags bis samstags nach 23 Uhr. Der Eintritt kostet je nach Wochentag zwischen 8 und 12 €.

Café Iruña CAFÉ
(Plaza del Castillo 44) Das am Vorabend der Sanfermines 1888 eröffnete Café Iruña ist mit seiner tollen Lage, der Geschichtsträchtigkeit und der rüschenbeladenen Inneneinrichtung im Belle-Époque-Stil der mit Abstand bekannteste und beliebteste Anlaufpunkt der Altstadt. Neben Koffein und Alkohol gibt's eine gute Auswahl an *pintxos* und leichten Gerichten.

Praktische Informationen

Touristeninformation (☎848 42 04 20; www.turismo.navarra.es; Avenida Roncesvalles 4; ⏲Mo–Fr 8–19, Sa 10–14 & 16–19, So 10–14 Uhr) Das gut organisierte Büro liegt gleich gegenüber der Stierstatue in der Neustadt und bietet zahlreiche Infos zu Pamplona sowie zur Region. Im Sommer öffnen in der Stadt verteilt außerdem mehrere kleine Infostände.

An- & Weiterreise

Bus

Vom **zentralen Busbahnhof** (Calle Conde Oliveto 8) gelangt man in die meisten Städte Navarras, sonntags sind die Verbindungen allerdings eingeschränkt.

Folgende Orte werden regelmäßig bedient:

ZIEL	PREIS (€)	FAHRTDAUER (STD.)
Bilbao	14,15	2
Logroño	8,38	1¾
San Sebastián	7,29	1
Vitoria	7,58–8,35	1¼–2

Regionale Ziele:

ZIEL	PREIS (€)	FAHRTDAUER (STD.)	ABFAHRTEN
Estella	4,13	1	10-mal tgl.
Olite	3,51	¾	16-mal tgl.

Flugzeug

Pamplonas **Flughafen** (☎948 16 87 00) liegt 7 km außerhalb der Stadt und bietet regelmäßige Verbindungen nach Madrid und Barcelona. Bus 16 (1,20 €) fährt vom Busbahnhof sowie von der Calle de las Navas de Tolosa in den Vorort Noáia, nur 200 m vom Airport entfernt. Ein Taxi kostet rund 15 €.

Zug

Bus 9 startet alle 15 Minuten vom Paseo de Sarasate im Stadtzentrum zum Bahnhof. Tickets dafür bekommt man u. a. in der **Renfe-Agentur** (Calle de Estella 8; ⏲Mo–Fr 9–13.30 & 16.30–19.30, Sa 9–13 Uhr).

Folgende Städte werden regelmäßig bedient:

ZIEL	PREIS (€)	FAHRTDAUER (STD.)	ABFAHRTEN
Madrid	57,90	3	4-mal tgl.
San Sebastián	ab 21,20	2	2-mal tgl.
Tudela	ab 19,20	1	5-mal tgl.
Vitoria	5,65	1	4-mal tgl.

Nördlich von Pamplona

SIERRA DE ARALAR

Die schöne Sierra de Aralar ist einer der vielen Naturparks in Navarra und bietet tolle Wandermöglichkeiten. **Lekunberri**, die größte Stadt der Gegend, gilt als weit weniger reizvoll. Außer ein paar soliden baskischen Bauernhäusern im alten Ortskern und einem einförmigen modernen Wohngebiet dahinter hat sie wenig zu bieten. In der **Touristeninformation** (☎948 50 72 04; oit.lekunberri@cfnavarra.es; Calle de Plazaola 21, Lekunberri) erfährt man alles Wichtige über die fantastischen Trekkingrouten in der Gegend.

Viele Busse, die zwischen Pamplona und San Sebastián verkehren, halten in Lekunberri. Wirklich erkunden kann man die Sierra de Aralar aber nur mit dem eigenen Fahrzeug.

Sehenswertes

Santuario de San Miguel de Aralar KIRCHE
(Juni–Sep. 10–14 & 16–20 Uhr) Viele Traveller besuchen Lekunberri nur, um von dort über die kurvenreiche NA1510 die 21 km Richtung Südwesten durch dichte Laub- und Nadelwälder zum strengen und trostlosen Santuario de San Miguel de Aralar aus dem 9. Jh. zu fahren. Das Heiligtum liegt im Schatten des Monte Altxueta (1343 m).

Trotz der hübschen Kirchenschiffe und des 800 Jahre alten Altarbildes möchte man sich hier in einer dunklen Nacht nicht verirren. Richtung Süden bietet sich ein spektakulärer Blick über die Ebenen.

Schlafen & Essen

Hotel Ayestarán HISTORISCHES HOTEL €€
(948 50 41 27; www.hotelayestaran.com; Calle de Aralar 27, Lekunberri; DZ 91 €; P) In dem schönen Hotel mit einem hervorragenden Restaurant (*menú del día* 16 €) übernachtete schon Hemingway auf seiner Reise zur Fiesta in Pamplona. An der Wand hängt ein signiertes Foto, das den Autor vor dem Gebäude zeigt.

SIERRA DE ANDIA

Blickt man vom Santuario de San Miguel de Aralar Richtung Süden, entdeckt man die Sierra de Andia, die ebenfalls mit zahlreichen Möglichkeiten für Wanderer aufwartet. Man gelangt über eine enge, schwindelerregende, unbefestigte Straße (auf keinen Fall bei Eis, Nebel oder Nässe befahren!) dorthin, die am Heiligtum beginnt und nach einer Weile auf die NA120 trifft. Letztere windet sich mühsam hinauf nach Estella. Über den schroffen Berghängen gleiten Geier und Adler hinweg und die hohen Sandsteinfelsen sind mit einem Gewirr von Karsthöhlen durchsetzt, in denen früher einmal Hexen gelebt haben sollen. Ist man oben auf dem Plateau angelangt, wird es spürbar ruhiger. Auf dem ersten Parkplatz, den man erreicht, sind zahlreiche Wanderwege ausgeschildert.

Östlich von Pamplona

JAVIER

80 EW. / 448 M

11 km nordöstlich von Sangüesa erstreckt sich das winzige Javier (Xavier), ein ruhiges Dorf in schöner grüner Lage mit einer Burg wie aus einer Kinderfantasie. Die Festung ist so perfekt erhalten, dass man kaum überrascht wäre, wenn plötzlich die Zugbrücke heruntergelassen würde und ein Ritter auf einem weißen Ross herausgaloppiert käme. Darüber hinaus ist Javier der Geburtsort des Schutzpatrons von Navarra, des heiligen Franz Xaver, der hier 1506 das Licht der Welt erblickte. Xaver verbrachte große Teile seines Lebens damit, in Asien zu reisen, zu beten, zu lehren und zu heilen. Heute ruhen seine auf wunderbare Weise erhaltenen sterblichen Überreste in einer Kathedrale in Goa (Indien). Im **Castillo de Javier** (Eintritt 2,50 €; 10–13.30 & 15.30–18.30 Uhr) ist ein kleines Museum untergebracht, das sich dem Leben des Heiligen widmet.

Wer über Nacht bleiben möchte, trifft mit dem efeubewachsenen **Hotel Xabier** (948 88 40 06; www.hotelxabier.com; EZ 55–67 €, DZ 88 €; P) aus rotem Backstein eine gute Wahl. Die Unterkunft verfügt über kleine Zimmer, von deren Fenstern man in einer mondhellen Nacht wunderbar die Geister rund um die Burg flattern sehen kann.

MONASTERIO DE LEYRE

Das **Monasterio de Leyre** (Erw./Kind 2,70 €/frei; März–Nov. Mo–Fr 10.15–14 & 15.30–19, Sa & So 10.15–14 & 16–19 Uhr) liegt in einer reizvollen Umgebung im Schatten der Sierra de Leyre. Von Yesa bis zum Kloster sind es etwa 4 km auf der N240. An Feiertagen wird das Gebäude stets von Touristen überrannt. Die frühromanische Krypta hat drei Kirchenschiffe mit niedrigem Dach und das Hauptportal aus dem 12. Jh. ist ein schönes Beispiel romanischer Kunstfertigkeit.

Schaut man vom Kloster in Richtung Hauptstraße hinunter, entdeckt man den **Embalse de Yesa**, einen Stausee, der sich ganz wunderbar zum Schwimmen eignet.

Die Pyrenäen

Dank der tiefgrünen, oft nebelverhangenen Hügellandschaft, schroffen Abhänge, feuchtkalten Wälder und schneebedeckten Berge ist dies ein echtes Paradies für Outdoor-Begeisterte und Jakobswegpilger. Obwohl die Navarresischen Pyrenäen in ihrer Geschichte, Kultur und ihrem Aussehen durch und durch baskisch sind, haben sich die Dörfer und Ortschaften einen ganz eigenen Charakter bewahrt. Sie wirken steifer und sauberer als viele andere Städte im Tiefland, was vielleicht an ihrer Nähe zu Frankreich liegt. Das

DER JAKOBSWEG IN NAVARRA & LA RIOJA

In Navarra, dem Tor zu Spanien, erstreckt sich der erste Teil der spanischen Pilgerroute nach Santiago de Compostela, den Wanderer auf dem Camino Francés zurücklegen. Er überquert die Pyrenäen und ist einer der spektakulärsten Abschnitte des Jakobswegs.

Von Roncesvalles nach Pamplona

Am **Puerto de Ibañeta** führt der Weg nach Spanien hinein und hinab nach **Roncesvalles**. Die Stadt bietet eine würdige Eröffnung der außergewöhnlichen Strecke. Sie wird von einem imposanten Kloster beherrscht und ist von hohen Buchenwäldern und grünen Wiesen voller Schafe umgeben. Im Inneren der größtenteils restaurierten gotischen Kirche aus dem 13. Jh. befinden sich die erste Statue von Jakobus, die den Heiligen als Pilger verkleidet mit Jakobsmuschel und Stab darstellt, sowie eine schöne silberbeschlagene Skulptur der Jungfrau mit dem Kind aus dem 14. Jh.

Pamplona wurde im 11. Jh. eine offizielle Station auf dem Jakobsweg, was als Grundstein für den Reichtum der Stadt gilt. Das Innere der Kathedrale mit ihrer nichtssagenden neoklassizistischen Fassade ist von den klaren gotischen Linien des 14. Jhs. geprägt.

Von Pamplona nach Logroño & weiter

Westlich von Pamplona hinter Zariquiegui erhebt sich die Sierra del Perdón mit einer langen Reihe von Windrädern. Vom Pass über dem Gebirgszug genießt man eine herrliche Sicht über das längliche Tal, das nach **Puente la Reina** führt. Dort trifft der von Osten kommende Camino Aragonés auf den Camino Francés.

Estella, die nächste Station, wartet mit außergewöhnlich monumentalen Beispielen romanischer Architektur auf, darunter das herausragende Portal der Iglesia de San Miguel, der Kreuzgang der Iglesia de San Pedro de la Rúa und der Palacio de los Reyes de Navarra.

Immergrüne Eichen und Weingüter prägen die hügeligen Landschaften hinter Estella, danach folgt eine lange, karge Strecke durch die schläfrigen Orte **Los Arcos**, **Sansol** und **Torres del Río**. In Letzterem stößt man auf die bemerkenswert gut erhaltene romanische Iglesia del Santo Sepulcro.

Der große Río Ebro bildet den Zugang zu **Logroño** und ist der Grund für den Wohlstand und die Größe dieser Stadt. In der gotischen Iglesia de Santiago befindet sich ein Renaissance-Altarbild mit ungewöhnlichen Szenen aus dem Leben des Heiligen, darunter Auseinandersetzungen mit dem bösen Geisterbeschwörer Hermogenes.

Nájera wuchs buchstäblich aus den roten Felswänden heraus, nachdem König Ramiro im 11. Jh. in einer der Höhlen eine wundersame Marienstatue entdeckt hatte und an dieser Stelle das Monasterio de Santa María la Real errichten ließ.

Santo Domingo de la Calzada ist einer der reizvollsten Orte an dieser Strecke. Er wurde nach seinem Gründer benannt, der im 11. Jh. die Wälder der Umgegend abholzte, Straßen, eine Brücke, eine Pilgerherberge und eine Kirche baute und viele Wunder vollbrachte, die auf den spanisch-flämischen Gemälden im Innern der Kathedrale meisterhaft dargestellt sind.

aber macht die Erforschung der wohl schönsten und am wenigsten erschlossenen Bergregion Europas umso interessanter.

Wanderer und Skifahrer sollten zu jeder Jahreszeit gut ausgerüstet sein und die Notrufnummer parat haben: ☎112 in Navarra und ☎17 in Aquitanien, Frankreich.

VALLE DEL BAZTÁN

Diese Gegend aus fleckigen Rot- und Grüntönen ist ganz typisch für das ländliche Baskenland. Nebenstraßen führen in bezaubernde Dörfer wie **Arraioz**, das für die befestigte Casa Jaureguizar berühmt ist, und **Ziga** mit einer Kirche aus dem 16. Jh.

Gleich hinter Irurita erstreckt sich an der N121B **Elizondo**, der größte Ort des Tals. Mit seinen hohen Fachwerkhäusern verströmt er ein urbanes Flair. Von hier aus lässt sich die Region gut erkunden. Wer über Nacht bleibt, trifft mit dem **Antxitónea Hostal** (☎948 58 18 07; www.antxitonea.com; Calle Braulío Iríarte 16; DZ ab 74 €; WLAN) eine gute Wahl. Die Unterkunft verfügt über schlichte Zimmer, blumengeschmückte Balkone und ein empfehlenswertes Restaurant.

Von dem Städtchen führt die NA2600 vorbei an malerischen Bauernhöfen, Weilern und grünen Hügeln, ehe sie plötzlich stark ansteigt zum französischen Grenzpass **Puerto de Izpegui**. Hier oben verwandelt sich die Landschaft in eine spektakuläre Szenerie aus Klippen, Gipfeln und Tälern. Am Pass kann man einen Stopp einlegen und eine steile, kurze Wanderung zur Spitze des **Izpegui** unternehmen. In der Umgebung gibt's zudem zahlreiche *casas rurales*.

Die N121B verläuft nordwärts zum Puerto de Oxtondo und nach Dantxarinea an der Grenze zu Frankreich. Unmittelbar vor der Grenze zweigt eine Nebenstraße Richtung Westen ins fast schon kitschige Dorf **Zugarramurdi** mit den deutlich weniger hübschen **Cuevas de Las Brujas** (Erw./erm.4/2 €; ⌚11–20 Uhr) ab. Laut der Inquisitoren waren diese Höhlen einst Schauplatz böser Machenschaften, deshalb ließ man dort Hunderte vermeintlicher Hexen foltern und verbrennen. Wer sich für das Thema interessiert, sollte das **Museo de las Brujas** (Erw./Kind 4,50/2 €; ⌚Mi–Fr 11–18.30, Sa & So 11–19 Uhr) besuchen.

Zugarramurdi wartet mit vielen *casas rurales* auf.

ÜBER RONCESVALLES NACH FRANKREICH

Wer Pamplona verlässt und auf der N135 Richtung Nordosten in die Pyrenäen fährt, sieht wie die Gelb-, Braun- und Olivtöne des unteren Teils von Navarra in eine grünere Vegetation übergehen. Allerdings ist die Strecke, die dem Jakobsweg folgt, im Vergleich zu anderen Bergregionen eher für Kulturliebhaber als für Naturfreunde attraktiv.

BURGUETE

Die Hauptstraße durch Burguete (auf Baskisch „Auritz") verläuft dicht an den sauberen, weiß getünchten Häusern mit Ziegelkanten entlang, die dem Ort ein nüchternes französisches Flair verleihen. Hier kann man besser übernachten als im nahe gelegenen Roncesvalles.

In der Umgebung gibt's mehrere *casas rurales*. Im Dorf selbst bietet das **Don Jauregui de Burguete** (☎948 76 00 31; www.donjaureguideburguete.com; Calle de San Nicolás 32; DZ ab 49,68 €) helle, jugendlich wirkende Zimmer und beherbergt zudem ein hervorragendes Restaurant. Das **Hotel Loizu** (☎948 76 00 08; www.hotelloizu.com; Calle de San Nicolás 13; EZ/DZ 63/89 €; ⌚April–Dez.; P, WLAN) hat komfortable Zimmer in sanften Farbtönen; die in den oberen Etagen punkten mit schönen Holzbalken und rustikalen Steinwänden. Ein paar Kilometer südlich der Stadt erstreckt sich der **Camping Urrobi** (☎948 76 02 00; www.campingurrobi.com; Stellplatz 5,15/5,15/5,15 pro Peron/Zelt/Auto, B 10,30 €; ⌚April–Okt.; WLAN). Auf dem Platz befindet sich auch ein Hostel mit 42 Betten.

RONCESVALLES

In Roncesvalles (auf Baskisch „Orreaga") herrscht eine geschichtsträchtige Atmosphäre. Der Legende zufolge wurden hier die Armeen von Karl dem Großen geschlagen und Roland, der Anführer der Nachhut der fränkischen Truppen, 778 von baskischen Stämmen ermordet. Dieses Ereignis wird im epischen Rolandslied aus dem 11. Jh. beschrieben, außerdem ist die Schlacht nach wie vor häufig Thema unter den Basken. Doch nicht nur Gewalt und Blutvergießen prägten die Stadt, die seit

Jakobsweg in Navarra & La Rioja

0 — 20 km

Langem eine Schlüsselposition am Jakobsweg innehat. Heute kommen zahlreiche Pilger hierher, um für die erfolgreiche Überquerung der Pyrenäen, einen der härtesten Abschnitte des Jakobswegs, zu danken.

Absolutes Highlight des Ortes ist der **Klosterkomplex** (Eintritt 4,20 €; ⏲10–14 & 15.30–19 Uhr) mit mehreren interessanten Gebäuden. Die gotische **Real Colegiata de Santa María** beherbergt eine hochverehrte silberbeschlagene Statue der Jungfrau; der Baldachin im Modernismestil über ihr wäre eines Frank O. Gehrys würdig. Ebenso interessant ist der Kreuzgang mit dem Grab Sanchos VII. (El Fuerte; Der Starke) von Navarra, dem angeblich 2,25 m großen Sieger der Schlacht von Las Navas de Tolosa gegen die Mauren 1212. Ganz in der Nähe stößt man auf die im 12. Jh. errichtete **Capilla de Sancti Spiritus**.

In der Stadt gibt's mehrere Übernachtungsmöglichkeiten, darunter das **Hostal Casa Sabina** (☎948 76 00 12; www.casasabina.es; EZ/2BZ 40/50 €), das nur Zimmer mit zwei einzelnen Betten hat – vielleicht, damit so nah am Kloster nichts Unsittliches passiert? In der Bar und dem Restaurant ist deshalb deutlich mehr los als in den Schlafzimmern. Die **Casa de Beneficiados** (☎948 76 01 05; www.casadebeneficiados.com; DZ 70 €; 📶), eine Mönchsresidenz aus dem 18. Jh., wurde in ein komfortables und ultramodernes Hotel umgewandelt. Alternativ kommt man im **La Posada** (☎948 76 02 25; www.laposadaderoncesvalles.com; EZ/DZ 50/55 €) mit viel ländlichem Charme und einfachen Zimmern unter. Im hervorragenden hauseigenen Restaurant wird ein *menú del día* für 16 € serviert.

DIE STRASSEN NACH OCHAGAVÍA

Wer die Gegend mit dem Auto erkunden möchte, kann auf den vielen ruhigen Landstraßen herumkurven. Entlang der Routen östlich der Hauptstraße nach Roncesvalles stößt man auf hübsche Dörfer. Einige Kilometer südlich von Burguete zweigt die NA140 nach Osten Richtung Garralda ab. Nun geht's nach **Arive**, ein malerischer Weiler, von wo man weiter nach Osten zum Valle del Salazar gelangt. Eine Alternative bietet die Strecke nach Süden am Río Irati entlang und an der schönen romanischen Kirche bei **Nagore** vorbei. Oder man fährt eine Schleife in Richtung Nordosten durch die schöne Waldlandschaft des **Bosque de Irati** mit Tausenden Buchen, deren Laub sich im Herbst in einem flammenden Orange zeigt, und die zu Spaziergängen einlädt. Diese Route führt schließlich bei Ochagavía wieder ins Valle de Salazar. Wer auf der NA140 zwischen Arive und Ochagavía bleibt, hat mit **Abaurregaina** und **Jaurrieta** besonders bezaubernde Ziele vor sich. In vielen Orten entlang der Strecke gibt's *casas rurales*.

OCHAGAVÍA

Dieses reizende Dorf erstreckt sich an beiden Seiten des schmalen Río Zatoya und wirkt irgendwie anders als die Weiler weiter südlich. Grauer Stein, Schiefer und Kopfsteinpflaster prägen das alte Zentrum, durch das ein munterer Bach fließt. Eine schöne mittelalterliche Brücke führt darüber. Die nüchterne Würde Ochagavías wird von der beeindruckenden **Iglesia de San Juan Evangelista** unterstrichen.

Der Ort ist ein beliebter Ausgangspunkt für Wanderer und Skifahrer, deshalb gibt's hier zahlreiche *casas rurales*. Der **Camping Osate** (☎948 89 01 84; www.campingosate.net; Stellplatz 5/4,50/4,70 € pro Person/Zelt/Auto) bietet u. a. Bungalows für zwei Personen an (ab 43 €) und verfügt auch über ein Hostel. Am Hauptplatz von Ochagavía befindet sich das einzige offizielle Hotel des Dorfes, das **Hostal Auñamendi** (☎948 89 01 89; www.hostalauniamendi.com; DZ 81 €; 📶).

Wer nach Frankreich fahren möchte, folgt der NA140 nordöstlich von Ochagavía in die Sierra de Abodi und überquert den Puerto de Larrau (1585 m), einen majestätisch wirkenden kargen Pass.

VALLE DEL RONCAL

Navarras spektakulärste Gebirgsregion erstreckt sich rund um Roncal. Das Valle del Roncal ist das östlichste Tal und eine tolle Option für die An- oder Abreise in die Navarresischen Pyrenäen. Nähere Informationen zu den *casas rurales* gibt's auf der Website von **Roncal-Salazar** (www.roncal-salazar.com).

BURGUI

Burgui dient als Tor zu diesem Teil der Pyrenäen. Der Ort besteht aus hübschen Steinhäusern, die an einem klaren, rauschenden Strom (dem Río Esca) voller Frösche und Fische und mit einer romanischen Bogenbrücke liegen. Das **Hostal El Almadiero** (☎948 47 70 86; www.almadiero.com; Plaza Mayor; DZ inkl. HP 128,60 €; ⏲Nov.–März Mo–Do geschl.) im Herzen des Dorfes verfügt über farbenfrohe Zimmer mit Bädern aus dem 19. Jh. (samt modernen Annehmlichkeiten wie warmem Wasser und Toilettenspülung). In der Hauptsaison sind nur Buchungen inklusive Halbpension möglich, aber das Essen schmeckt ausgezeichnet.

RONCAL

Roncal wirkt mit seinen gepflasterten Gassen, die sich zwischen dunklen Steinhäusern zu einem Fluss voller Forellen hinunterwinden, wie ein Dorf, auch wenn es das größte Zentrum entlang dieser Straße ist. Bekanntheit erlangte es durch seinen *queso de roncal*, einen Schafsmilchkäse, der hier verkauft wird.

Am südlichen Ortsende, auf der anderen Seite des Flusses, wartet das **Hostal Zaltua** (948 47 50 08; www.zaltua.com; Calle de Castillo 23; DZ 50 €) mit niedlichen Zimmern auf, von denen man teilweise auf das Wasser blickt. Außerhalb der Hauptsaison hat es sonntags geschlossen.

ISABA

Das luftige Isaba thront hoch über den anderen Dörfern im Tal oberhalb des Zusammenflusses des Río Belagua sowie des Río Uztárroz und ist ein beliebter Ausgangspunkt für Wanderer und Skifahrer. Die nächste zuverlässige Skilanglaufmöglichkeit gibt's im 12 km entfernten Belagua.

Während der Skisaison sind die vielen Unterkünfte vor Ort oftmals komplett ausgebucht. Eine tolle Option ist das **Hostal Onki Xin** (948 89 33 20; www.onkixin.com; DZ 55 €) in einem umgebauten traditionellen Gebäude mit hübschen Zimmern und jeder Menge altem Holz und Steinmauern. Der **Camping Asolaze** (948 89 30 34; www.campingasolaze.com; Zeltplatz 5/4,50/4,75 € pro Person/Zelt/Auto, B 12,50 €) liegt an der Straße nach Frankreich bei Kilometer 6. Auf dem Platz befindet sich auch eine Art Hostel.

In der **Touristeninformation** (948 89 32 51; www.vallederoncal.es; Mo–Sa 10–14 & 16–20, So 10–14 Uhr) erfährt man alles Wissenswerte über Möglichkeiten zum Skifahren und Wandern.

Südlich von Pamplona

Wer die A15 südlich von Pamplona entlangfährt, glaubt nach nur 15 Minuten in einer völlig anderen Welt zu sein. Innerhalb weniger Kilometer verschwinden die satten grünen Farben der baskischen Region und des nördlichen Navarras und gehen über in mediterrane Ockertöne. Je kräftiger die Sonne scheint (was sie hier viel häufiger tut!), desto mehr weichen die an Haifischzähne erinnernden Hügel des Nordens ruhigen Flachlandebenen und verdrängen die feuchten Wälder trockene Weingüter und Olivenhaine. Selbst die Menschen sind anders: Sie sind geselliger und (wie die Graffitis zeigen) häufig aggressiv antibaskisch eingestellt. Traveller werden das Gefühl haben, nun endlich im Spanien der Klischees angekommen zu sein.

ABSTECHER

LAGUNA DE PITILLAS

Die Seen und Sümpfe der Laguna de Pitillas gehören zu den besten Stellen in Navarra, um Vögel zu beobachten. Ohnehin ist die Region für ihre vielfältige Vogelwelt berühmt. In dem Feuchtgebiet von internationaler Bedeutung leben etwa 160 einheimische und Zugvogelarten, darunter Rohrweihen, Rohrdommeln und sogar Fischadler. Man erreicht die Laguna di Pitillas, indem man von Olite die N121 Richtung Süden nimmt und dann auf die NA5330 abbiegt.

OLITE

3440 EW. / 365 M

Olite ist ein Ort wie aus dem Märchenbuch: Seine Türmchen und Spitzen stecken voller Geschichten von Königen und Königinnen, tapferen Rittern und hübschen Prinzessinnen. Heute mag man es kaum glauben, aber einst diente das unbedeutende honiggelbe Dorf als Heimat der Königsfamilien von Navarra, und der von Mauern umgebene alte Ortskern ist voller Erinnerungen an diese Zeit.

Gegründet wurde Olite von den Römern (Teile der Stadtmauer stammen aus der Römerzeit). 1276 zog es erstmals die Aufmerksamkeit des Königshauses auf sich. Der große Durchbruch kam jedoch, als Karl III. (Karl der Edle) im 15. Jh. Gefallen an dem Ort fand und eine Reihe kühner Bauprojekte anstieß.

Sehenswertes

Palacio Real BURG

(Castillo de Olite; www.palaciorealdeolite.com; Erw./Kind 3,50/2 €; 10–20 Uhr) Den außergewöhnlichen Palacio Real über dem Dorf haben wir Karl III. zu verdanken. Zu seiner Zeit bewohnten nicht nur Prinzen und Hofnarren, sondern auch Löwen, Giraffen und andere exotische Haustiere den Prachtbau, der einen von Babylon inspirierten hängenden Garten besaß. Heute gibt's leider keine Prinzessinnen und Löwen mehr, von den Grünanlagen ist jedoch einiges erhalten.

Zu der Burg gehört auch die **Iglesia de Santa María la Real** mit einem wunderbaren gotischen Portal. In der Kirche finden Führungen statt; die Zeiten erfährt man in der Touristeninformation.

Museo de la Viña y el Vino de Navarra MUSEUM
(☎948 74 12 73; Plaza de los Teobaldos 10; Erw./Kind 3,50/2 €; ⏰Mo–Sa 10–14 & 16–19, So 10–14 Uhr) Dieses Museum bietet eine faszinierende Reise durch die Welt des Weins und des Weinbaus. Tafeln und Schilder erklären die Exponate und man erfährt viele erstaunliche Dinge.

Galerías Subterráneas MUSEUM
(Plaza Carlos III.; Erw./Kind 1,50/1 €; ⏰Di–Fr 11–13, Sa, So & Feiertage 11–14 & 16.30–19 Uhr) Der Ursprung und die Verwendung dieser unterirdischen Burggalerien sind noch immer ungeklärt. Heute beherbergen sie ein kleines Museum über das mittelalterliche Leben der Stadt (leider gibt's nur Beschriftungen auf Spanisch): Wer blaues Blut hatte oder reich war, führte ein Leben mit Wein, Weib und Gesang und anderem Überfluss, alle anderen fristeten ein erbärmliches Dasein.

Schlafen & Essen

Hotel el Juglar BOUTIQUE-HOTEL €€
(☎948 74 18 55; www.merindaddeolitehoteles.com; Rúa Romana 39; EZ 90–100 €, DZ 105–115 €; P❄📶🏊) Olites beste Bleibe liegt ein paar Minuten vom alten Ortskern entfernt im neuen Teil des Dorfes. Die wenigen Zimmer sind leicht unterschiedlich gestaltet; einige haben Whirlpools, andere altmodische Steinwannen und wieder andere aufwendige ebenerdige Duschen, aber alle verfügen über Himmelbetten und eine kunstvolle Deko. An heißen Sommertagen kann man sich im Pool abkühlen.

Hostal Rural Villa Vieja BOUTIQUE-HOTEL €€
(☎948 74 17 00; www.hostalvillavieja.com; Calle Villaveija 11; EZ 62 €, DZ 70–88 €; 📶) Im Gegensatz zur putzigen altmodischen Dekoration, die in Olite so weit verbreitet ist, zeichnen sich die kunstvoll ausgestatteten Zimmer dieses Hotels durch kräftige Farben und Pop-Art-Deko aus.

Principe de Viana HISTORISCHES HOTEL €€€
(☎948 74 00 00; www.parador.es; Plaza de los Teobaldos 2; Zi. inkl. Frühstück ab 140 €; ❄@) Das in einem Flügel der Burg untergebrachte luxuriöse, stimmungsvolle Hotel der Parador-Kette ist eine Klasse für sich. Ein paar der günstigeren Zimmer befinden sich allerdings in einem neueren Anbau. Sicherlich gibt's auch für deutlich weniger Geld gute Unterkünfte im Ort, aber bestimmt nicht in einer echten Burg.

Hotel Merindad de Olite HISTORISCHES HOTEL €€
(☎948 74 07 35; www.merindaddeolitehoteles.com; Rúa de la Judería 11; EZ 58–68 €, DZ 68–78 €; ❄📶) Dieses charmante Hotel schmiegt sich an die alte Stadtmauer und bietet kleine, aber komfortable Zimmer mit Antiquitäten in Hülle und Fülle. Am besten reserviert man vorher.

ℹ Praktische Informationen

Olites freundliche und hilfreiche **Touristeninformation** (☎948 74 17 03; Plaza de los Teobaldos 10; ⏰Mo–Sa 10–14 & 16–19, So 10–14 Uhr) befindet sich im selben Gebäude wie das Weinmuseum.

ℹ An- & Weiterreise

Zwischen Olite und Pamplona verkehren täglich bis zu neun Busse (3,51 €, 50 Min.).

UJUÉ

18 km von Olite stößt man auf Ujué, ein perfekt erhaltenes mittelalterliches Dorf auf einem von terrassierten Feldern überzogenen Hügel mit Blick über die südlichen Ebenen und sehr steilen, engen Straßen. Hier befindet sich die romanisch-gotische **Iglesia de Santa María** mit einer seltenen Statue der Schwarzen Jungfrau. Angeblich wurde diese von einem Schafhirten entdeckt, der einer Taube folgte. Darüber hinaus wird in der Kirche das Herz von Karl II. bewahrt.

Am Sonntag nach dem Tag des hl. Markus (25. April) ist Ujué Schauplatz einer faszinierenden *romería* (Wallfahrt). Zu diesem Anlass pilgern Hunderte Menschen nachts von Tudela hierher, um in der Dorfkirche die Messe zu feiern.

Es gibt im Ort keine offizielle Übernachtungsmöglichkeit, aber es lohnt sich, zum Mittagessen im **Mesón las Migas** (☎948 73 90 44; Calle Jesús Echauri; Hauptgerichte 12–18 €, menú del día 26 €; ⏰Fr–So) einzukehren, wo traditionelle südnavarresische Gerichte zubereitet werden. Die über einem offenen Feuer gegarten Steaks sollte man sich nicht entgehen lassen. Ebenso gut ist die Spezialität des Hauses: *migas de pastor* (gebratene Brotkrümel mit Kräutern und Chorizo).

WANDERN

In der Gegend erstrecken sich zahlreiche Wanderwege verschiedener Längen und Schwierigkeitsgrade. Innerhalb von etwa 45 Tagen kann man auch die hoch gelegenen Strecken über die gesamte Breite der Pyrenäen bewältigen. Dabei darf man allerdings nicht die oftmals dramatischen Wetterumschwünge vergessen. Selbst im August kann ein sonniger Morgen unvermittelt in einen Nachmittag mit heftigen Stürmen übergehen. Aus diesem Grund sollte man bei wirklich jeder Tour einen Zweijahreszeitenschlafsack und Wetterschutzkleidung mitnehmen – auch im Sommer.

Einen geeigneten Ausgangspunkt zu finden ist gar nicht so einfach. Ohne einen guten Trekkingführer, eine ordentliche Karte und einen Kompass entgehen einem wahrscheinlich die schönsten Routen. Im Lonely Planet Band *Hiking in Spain* werden mehrere Touren in den Navarresischen Pyrenäen sowie in anderen Regionen des Baskenlands beschrieben. Alternativ bekommt man in vielen Zeitungsläden, Buchhandlungen und Touristeninformationen Wanderführer auf Spanisch und Französisch. Einige der kürzeren und besonders beliebten Wanderungen sind gut ausgeschildert und auch Besuchern zugänglich, die diese Sprachen nicht beherrschen. Zudem bieten die Touristeninformationen gelegentlich einfache Karten mit kurzen Strecken an.

In diesem Kapitel haben wir keine Wanderrouten beschrieben, sondern den Schwerpunkt auf Bergregionen und Dörfer gesetzt, die Besuchern mit eigenem Fahrzeug zugänglich sind.

Weitere Infos über die Gegend erhält man bei der **Federación Navarra de Deportes de Montaña y Escalada** (☎in Pamplona 948 22 46 83, in San Sebastián 943 47 42 79; www.fedme.es).

Im 12. Jh. gründeten Zisterziensermönche das 2 km von Carcastillo entfernte **Monasterio de la Oliva** (☎948 72 50 06; Führung 2 €; ⏲Mo–Sa 9–12.30 & 15.30–18, So 9–11.30 & 16–18 Uhr), das noch heute genutzt wird. Zu dem Kloster gehören eine karge Kirche und ein friedlicher Kreuzgang im gotischen Stil. Die Mönche tragen ungewöhnliche weiße Kutten mit Kapuzen.

PARQUE NATURAL DE LAS BÁRDENAS REALES

In einer Region, die von feuchten Berghängen dominiert wird, ist eine sonnenverbrannte Wüste so ziemlich das Letzte, womit man rechnet – doch genau das erwartet einen im Parque Natural de las Bárdenas Reales. Der Naturpark wurde 1999 gegründet und bereits ein Jahr später von der Unesco zum Biosphärenreservat erklärt. Er erstreckt sich im südöstlichen Navarra über eine Fläche von 410 km² und umfasst eine ausgedehnte Landschaft aus kahlen Hügeln, offenen Kiesebenen und gewundenen Schluchten. Hier leben unzählige Vogel- und Tierarten, darunter Großtrappen, Steinadler, Schmutz- und Lämmergeier, zahlreiche Reptilien, Bergkatzen und Wildschweine. Die Landschaft mag unberührt wirken, tatsächlich wurde sie aber künstlich geschaffen. Wo heute Wüste ist, wuchs früher Wald, doch die Menschen holzten ihn komplett ab, um ihre Tiere dort weiden zu lassen, und fanden sich plötzlich in einer kargen Gegend wieder. Es gibt einige unbefestigte Straßen und viele Wander- bzw. Radwege, die leider keine gute Beschilderung aufweisen. Die Touristeninformationen in Olite und Tudela sind die besten Anlaufstellen für zuverlässige Auskünfte und Karten.

Westlich von Pamplona

PUENTE LA REINA

2670 EW. / 421 M

Auf der mittelalterlichen sechsbogigen Brücke bei Puente la Reina (auf Baskisch „Gares"), etwa 22 km südwestlich von Pamplona an der A12, drängeln sich die Geister unzähliger Pilger. Ihr erster gemeinsamer Halt war die spätromanische Iglesia del Crucifijo, die von Tempelrittern errichtet wurde und eines der schönsten noch erhaltenen gotischen Kreuze beherbergt.

ESTELLA

14 251 EW. / 483 M

Im Mittelalter war Estella (auf Baskisch „Lizarra") wegen seiner prachtvollen Monumente und Bauwerke unter dem Namen „La Bella" bekannt. Obwohl die Stadt einen Teil ihrer Schönheit an die modernen Vororte verloren hat, ist sie doch nicht ohne Reiz. Im 11. Jh. wurde der Ort zur wichtigsten Anlaufstelle der wachsenden Pilgerflut auf dem Jakobsweg (s. Kasten S. 462) und zieht auch heute noch viele Besucher an.

Die im 12. Jh. erbaute **Iglesia de San Pedro de la Rúa** ist Estellas wichtigstes Baudenkmal. Ihre wunderschönen Kreuzgänge sind romanisch geprägt, während das Vordach aus dem 18. Jh. einen leichten arabischen Einfluss aufweist. Der **Palacio de los Reyes** (www.museogustavodemaeztu.com; Calle de San Nicolás 2; Eintritt frei; ⊙Di–Fr 9.30–13, Sa–So 11–14 Uhr), ein seltenes Beispiel profaner romanischer Architektur, beherbergt sehenswerte Gemälde von Gustavo de Maeztu y Whitney (1887–1947), der kubanisch-englischer Abstammung war, in Sachen Erziehung und Identität aber als überzeugter Baske galt. Landschaften, Porträts und Akte zeigen Maeztus berührende, sensible Romantik. Auf der anderen Seite des Flusses erhebt sich die **Iglesia de San Miguel** mit einem schönen romanischen Nordportal.

Am letzten Freitag im Juni ist Estella Gastgeber einer *feria* (Messe) mit einem **encierro** (Stierlauf).

Nur wenige Gehminuten vom Altstadtzentrum entfernt bietet das **Hotel Yerri** (☎948 54 60 34; www.hotel yerri.es; Avenida de Yerri 35; EZ 45 €, DZ 62–67 €; P, WLAN) angenehme, aber unspektakuläre Zimmer.

Die schickste Unterkunft der Stadt, das neue **Chapitel Hospedería** (☎948 55 10 90; www.hospederiachapitel.com; EZ/DZ ab 70/90 €; WLAN), wartet mit höchstem Komfort auf, allerdings wirkt es relativ steril und die Bäder sind ziemlich einfallslos.

Bei Pilgern auf dem Weg nach Galicien erfreut sich das **Astarriaga Asador** (Plaza de Los Fueros 12; Hauptgerichte 10–15 €) am Hauptplatz immenser Beliebtheit, da es hier riesige Steaks gibt – manche erreichen sozusagen fast die Größe einer Kuh.

Vom **Busbahnhof** (Plaza Coronación) bestehen montags bis freitags etwa zehn Verbindungen nach Pamplona (4,13 €, 1 Std.), samstags und sonntags sind es nur sechs.

RUND UM ESTELLA

In Estrellas Umgebung verteilen sich zahlreiche Klöster. Zu den schönsten zählt das **Monasterio de Irache** (Eintritt frei; ⊙Mi–So 10–13.15 & 16–19 Uhr, 1.–17. Jan. geschl.) etwa 3 km südwestlich der Stadt ganz in der Nähe von Ayegui. Das alte Benediktinerkloster verfügt über einen schönen Kreuzgang aus dem 16. Jh. im Platereskstil und die mit kunstvollen Skulpturen verzierte **Puerta Especiosa**.

Etwa 10 km nördlich von Estella nahe Abárzuza stößt man auf das **Monasterio de Iranzu** (www.monasterio-iranzu.com; Eintritt gegen Spende; ⊙10–14 & 16–20 Uhr). Das im 11. Jh. gegründete und kürzlich restaurierte sandfarbene Gebäude wartet mit hübschen Kreuzgängen auf und ist so ruhig, dass es wohl selbst den Teufel zur Meditation inspirieren könnte.

Vom Kloster aus führt ein malerischer, gut ausgeschilderter Wanderweg (hin & zurück 1¼ Std.) zum **Cañón del Río Iranzu**, einem schmalen Felsenhohlpfad.

LA RIOJA

Her mit den *copas* (Gläsern) und auf nach La Rioja, wo ein paar der besten Rotweine des Landes locken. Wein passt hervorragend zur ockerfarbenen Erde der Region und zum blauen Himmel, was beides eher an das mediterrane Spanien als an das grüne Baskenland weiter nördlich erinnert. Tatsächlich kann man sich wunderbar vorstellen, in einem ganz anderen Land zu sein. Der Großteil der Weinbaugebiete liegt am Río Ebro rund um die Stadt Haro, erstreckt sich aber auch bis in das benachbarte Navarra und die baskische Provinz Álava. Doch die vielfältige Region hat noch eine Menge mehr zu bieten, und wer ein paar Tage hier verbringt, den erwartet eine Kombination aus lebendigen Städten, friedlichen Pilgerkirchen und Überresten gigantischer Reptilien.

Logroño

153 000 EW.

Logroño hat es nicht nötig, laut und auffällig zu sein. Diese wunderbare Stadt punktet mit baumbestandenen Plätzen, schmalen Straßen und versteckten Ecken. Es gibt nur wenige Baudenkmäler, aber dafür eine bombastische Auswahl an *pintxo*-Bars. In der Tat ist Logroño dabei, sich einen hervorragenden kulinarischen Ruf zu erarbeiten, der mit allen anderen spanischen Orten konkurrieren kann. Hier muss man sich einfach wohlfühlen – und das nicht nur wegen des Weines.

Sehenswertes

Besucher können durch die Altstadt und hinunter zum Fluss spazieren. Das **Museo de La Rioja** (Plaza San Agustín) wird bereits seit mehr als fünf Jahren renoviert, und als wir

Logroño

Logroño

Highlights

Catedral de Santa María de la Redonda C2
Iglesia de San Bartolomé D1

Sehenswertes

1 Museo de la Rioja A2

Schlafen

2 Hostal La Numantina B3
3 Hostal Niza B2
4 Hotel Marqués de Vallejo C2

Essen

5 Bar A Tu Gusto D2
6 Bar Charly A2
7 Bar Soriano A3
8 Bar Vinissimo D2
9 La Fontana A3
10 La Taberna de Baco A2
11 La Taberna del Laurel B3

Shoppen

12 Vinos El Peso B3

in der Touristeninformation nachfragten, wann es wiedereröffnet, bekamen wir „20-bla-bla" zur Antwort. Es lohnt sich, daran vorbeizugehen, um zu sehen, ob „20-bla-bla" schon erreicht ist. Mehr zu Logroño siehe auch Kasten S. 462.

Catedral de Santa María de la Redonda KATHEDRALE
(Calle de Portales; Mo–Sa 8–13 & 18–20.45, So 9–14 & 18.30–20.45 Uhr) Die Catedral de Santa María de la Redonda begann ihr Dasein als gotische Kirche, ehe sie im 16. Jh. zur Kathedrale aufstieg. Ihr Innenraum ist düster und überwältigend. Von außen wirkt sie freundlicher, was zweifellos an dem riesigen Platz gleich vor ihren Toren liegt.

Iglesia de San Bartolomé KIRCHE
(Calle de Rodríguez Paterna) Das eindrucksvolle Hauptportal der Iglesia de San Bartolomé aus dem 13. Jh. verfügt über einen prachtvollen Portikus mit tief zurückweichenden Nischen und eine bunte Sammlung von Statuen.

Feste & Events

Actual KULTUR
Die kulturellen, musikalischen und kreativen Veranstaltungen dieses Festivals finden in der ersten Januarwoche statt.

RIOJA TREK

In Fuenmayor, einem Dorf zehn Minuten westlich von Logroño, bietet **Rioja Trek** (☎941 58 73 54; www.riojatrek.com) dreistündige „Weinerlebnisse", in deren Rahmen ein Weingut und eine Bodega besucht werden. Teilnehmer dürfen dabei selbst Wein herstellen und die Flasche behalten. Zudem organisieren die Veranstalter kostengünstige Weinproben und -kurse, familienfreundliche, weinbezogene Aktivitäten sowie geführte Trekkingtouren über einige der schönsten Wanderwege von La Rioja.

San-Bernabé-Fest FESTTAG
Am 11. Juni erinnert das San-Bernabé-Fest an die französische Belagerung Logroños im Jahr 1521.

Fiesta de San Mateo WEINERNTE
Logroños einwöchiges Erntefest beginnt an dem Samstag vor dem 21. September. Zu diesem Anlass strömen Menschen aus der ganzen Region herbei, um beim Traubentreten auf dem Espolón dabeizusein und reichlich Wein zu trinken.

Schlafen

Nach Logroño kommen nicht allzu viele Touristen, und das spiegelt sich in der relativ geringen Anzahl der Hotels wider. Die vorhandenen Bleiben bieten dafür aber ein gutes Preis-Leistungs-Verhältnis. Neben den hier genannten Unterkünften gibt's auch einige komfortable, aber sterile Businesshotels am Rande der Neustadt.

Hotel Marqués de Vallejo DESIGNHOTEL €€
(☎941 24 83 33; www.hotelmarquesdevallejo.com; Calle del Marqués de Vallejo 8; EZ/DZ 76/97 €; P ❄ 📶) Die kreative Einrichtung dieses stilvollen modernen Hotels mit angemessenen Preisen reicht von Kunstwerken aus Treibholz und Blitzlichtern in den Gemeinschaftsräumen bis zu Lollis und gewagten roten Hockern in den Zimmern.

Hostal Niza PENSIÓN €
(☎941 20 60 44; www.hostalniza.com; Calle de Capitán Gallarza 13; EZ/DZ ab 40/60 €; 📶) In den mit extravaganten Farben gestalteten Gemeinschaftsräumen der schicken *pensión* hat man fast das Gefühl, sich in einer Süßigkeitentüte zu befinden. Das Niza verfügt über einfache Zimmer mit Teekochern und Kaffeemaschinen und wartet mit einem guten Preis-Leistungs-Verhältnis auf. Außerdem wohnt man mitten im Geschehen.

Hostal La Numantina PENSIÓN €
(☎941 25 14 11; www.hostalnumantina.com; Calle de Sagasta 4; EZ/DZ ab 36/59 €; 📶) Diese professionell geführte Unterkunft ist ganz auf die Bedürfnisse von Travellern eingestellt. In den gemütlichen und komfortablen Zimmern gibt's teilweise verrückt gemusterte Kleiderschränke, außerdem sind die Bäder wunderbar geräumig. Zu den Highlights gehören der Gemeinschaftsfernsehraum und die hervorragenden Infos für Touristen.

Essen

Logroño ist ein Paradies für *pintxo*-Fans. Die leckeren Häppchen kosten etwa 2 bis 4 € pro Stück, sodass man auch mit einem mageren Budget einiges probieren kann. Am meisten los ist in der Calle Laurel und in der Calle de San Juan, wo sich unter Dutzenden Läden auch die im Folgenden genannten Lokale befinden.

Bar Soriano TAPAS €
(Travesía de Laurel 2) Viele Gäste werden von dem köstlichen Bratenduft in die Bar gelockt. Seit nunmehr 30 Jahren gibt's hier dieselben köstlichen Pilz-Tapas mit einer Garnele als Krönung.

La Taberna de Baco TAPAS €
(Calle de San Agustín 10) Auf der hervorragenden Karte stehen mehr als 40 verschiedene *pintxos*, darunter *bombitas* (mit Pilzen gefüllte Kartoffeln) und *rabas de pollo* (gebratene Hühnchenstreifen, in Gewürzen und Zitronensaft mariniert). Außerdem bekommt man leckere Aufläufe und Salate.

La Fontana TAPAS €
(Calle del Laurel 16) Eine weitere tolle *pintxo*-Bar mit herzlicher Atmosphäre. Die Spezialität des Hauses ist *sepia fontana*. Wer sie bestellt, erhält einen ganzen Berg Eier, Pilze, Auberginen und Foie gras. Auch der Tintenfisch schmeckt lecker.

Bar Vinissimo TAPAS €
(Calle de San Juan 23; ⏲Mi & Do mittags geschl.) In dieser engen kleinen Bar gibt's frische Foie gras, gekocht auf der *plancha*, eine Art Heizplatte, die in vielen spanischen Haushalten zum Kochen verwendet wird.

Bar Charly TAPAS €
(Travesía de Laurel 4; ⏲abends) Das Charly ist für seine *pimientos rellenos* (scharfe rote Paprikaschoten mit Fleischfüllung) berühmt.

La Taberna del Laurel TAPAS €
(Calle Laurel 7) Spezialität der Taberna del Laurel sind unschlagbare *patatas bravas* (Kartoffeln in einer würzigen Tomatensoße).

Bar A Tu Gusto TAPAS €
(Calle de San Juan 21; ⌚Mi geschl.) In dem andalusisch angehauchten Laden werden fantastische Meeresfrüchte und Tintenfisch zubereitet. Die Weinliste ist beeindruckend.

Shoppen

Vinos El Peso WEINHANDLUNG
(Calle el Peso 1; ⌚Mo–Fr 9–21, Sa 9–16, So 9–14 Uhr) Eine der besten Weinhandlungen der Stadt.

Praktische Informationen

Postämter findet man in der Calle Lobete und der Calle Pérez Galdós.

Touristeninformation von La Rioja (☎941 29 12 60; www.lariojaturismo.com; Calle de Portales 50; ⌚Mo–Fr 10–14 & 16–19, Sa 10–14 & 17–20, So 10–14 & 17–19 Uhr)

An- & Weiterreise

Nach der Ankunft am Bahnhof oder Busbahnhof geht's zunächst die Avenida de España und dann die Calle del General Vara de Rey hinauf bis zum Espolón, einem großen parkähnlichen Platz voller Platanen (und mit einer Tiefgarage). Der Casco Viejo erstreckt sich gleich nördlich davon. Busse fahren von hier in folgende Städte:

ZIEL	PREIS (€)	FAHRTDAUER (STD.)
Bilbao	12,80	2¾
Burgos	7,43	2¼
Haro	3,26	1
Pamplona	8,38	1–1¾
Santo Domingo de la Calzada	3,05	45 Min.

Züge steuern regelmäßig folgende Ziele an:

ZIEL	PREIS (€)	FAHRTDAUER (STD.)
Bilbao	21,90	2½
Burgos	14,90–35	1¾
Madrid	58,30	3¼
Zaragoza	14,90–36	2½

Südlich von Logroño

Wer mit dem eigenen Fahrzeug Richtung Süden nach Soria unterwegs ist, kommt durch eine beeindruckende Landschaft. Eine Route führt von Logroño südöstlich auf der N232 an Hinterlassenschaften muslimischer Eroberer und Erinnerungen an die prähistorische Vergangenheit vorbei. Unterwegs passiert man das große Calahorra mit seiner Altstadt voller verwinkelter, kurvenreicher Straßen, die an Nordafrika erinnert. Von dort geht's weiter Richtung Südwesten an Arnedo vorbei bis ins wunderbare Arnedillo.

ARNEDILLO & UMGEBUNG

Das herrliche kleine Arnedillo erstreckt sich inmitten von allmählich erodierenden Hügeln und ist von terrassierten Olivenhainen umgeben, über denen Falken und Geier kreisen. Hier kann man ein paar geruhsame Tage mit Wandern und der Suche nach Dinosauriern verbringen. Gleich hinter dem Dorf stößt man auf das Örtchen **Peroblasco**, das selbstbewusst auf einem Hügel thront und einen Abstecher lohnt.

Sehenswertes

Dinosauriermuseen MUSEUM
Bloß nicht über die rasenden Lkw-Fahrer aufregen, denn vor 120 Mio. Jahren wären hier stattdessen Tyrannosaurier herumgerannt. Wenn man weiß, wo man suchen muss, findet man immer noch ihre Spuren.

Im niedlichen Bergdorf **Enciso** 10 km weiter an der Straße von Arnedillo präsentiert das spannende **Centro Paleontológico de Enciso** (Erw./Kind 4/2 €; ⌚11–14 & 17–20 Uhr) so ziemlich alles zu diesem Thema. Sowohl kleine als auch große Kinder haben viel Spaß, wenn sie ihre Daten mit denen von Brontosauriern vergleichen. Leider sind alle Tafeln nur auf Spanisch beschriftet.

In Enciso befindet sich auch der neu eröffnete **El Barranco Perdido** (www.barrancoperdido.com; Erw./Kind 23/17 €; ⌚11–20 Uhr), ein Dino-Themenpark mit einem Museum, Kletterwänden, Seilbrückenrutschen und einem Außenpoolkomplex, umgeben von „Dinosaurierskeletten". Absolutes Highlight ist jedoch die Suche nach echten Fußspuren der Riesenechsen, die sich in den früheren Watten (heute Felsabhänge) der Umgebung verteilen.

Dinosaurierfußabdrücke sind in der gesamten Region zu finden – im Centro Paleontológico de Enciso oder den nahe gelegenen Touristeninformationen erhält man Karten mit entsprechenden Vermerken.

Adlerbeobachtung VOGELBEOBACHTUNG
Direkt vor Arnedillo versteckt sich ein kleiner Beobachtungsplatz, wo man die Zwergadler der Region per Videoüberwachung an ihren Nistplätzen sehen kann. Diese Vögel

sind die kleinsten Mitglieder der Adlerfamilie, die in Europa nisten. Ihre akrobatischen Bewegungen, wenn sie in und um die Klippenwände von Arnedillo schießen, lassen viele Kampfjets alt aussehen. Wer Zugang zum Beobachtungsposten haben möchte, muss in der Touristeninformation von Arnedillo (S. 472) einen Termin vereinbaren.

Schlafen & Essen

In der Touristeninfo erfährt man alles zu den hiesigen *casas rurales*. Die folgenden Unterkünfte befinden sich in Arnedillo.

LP TIPP Hospederia Las Pedrolas CASA RURAL €€
(☎941 39 44 01; www.laspedrolas.com; Plaza Felix Merino 16; EZ/DZ inkl. Frühstück 70/95 €; ❄) Im Ortszentrum liegt diese makellos restaurierte Bleibe mit geschmackvollen Möbeln und krummen Dachbalken. Gemütliche, strahlend weiße Zimmer vermitteln einem das Gefühl, auf einer Wolke zu schlafen. Das Haus wird mit der Sorgfalt und dem Service eines Fünfsternehotels geführt.

Casa Rural La Fuente CASA RURAL €
(☎941 39 41 38; www.lafuentedearnedillo.com; Zi. ab 45 €) Ein paar Häuser vom Pedrolas entfernt wartet diese flippige *casa rural* mit einer Küche voller Kunstwerke und einem schlichten Aufenthaltsraum auf.

Bodega la Petra NAVARRESISCH €
(☎941 39 40 23; Hauptgerichte 10–15 €) Kaum zu übersehen sind die größtenteils leer stehenden Höhlenhäuser, die sich überall in der Gegend tief in die sonnenverbrannten roten Schluchten eingraben. In diesem Restaurant im Ortszentrum hat man endlich Gelegenheit, einen Blick ins Innere eines solchen Bauwerks zu werfen und sich wie ein echter Höhlenmensch zu fühlen. Außerdem kommt man hier in den Genuss von Gerichten, die wohl besser sind als alles, was ein Höhlenbewohner jemals verspeist hat.

Praktische Informationen

Touristeninformation (☎941 39 42 26; www.valcida cos.es; Calle Amancio Gonzáez 2; ⏲Mo–Sa 10–14 & 16.30–19, So 10.30–14 Uhr)

Westlich von Logroño

NÁJERA

8100 EW. / 506 M

Hauptattraktion dieses ansonsten unspektakulären Ortes ist das **Monasterio de Santa María la Real** (Eintritt 3 €; ⏲Di–Sa 10–13 & 16–19, So 10–12.30 & 16–18 Uhr) mit fragilen Kreuzgängen aus dem frühen 16. Jh. Busse zwischen Logroño und Santo Domingo de la Calzada halten in Nájera.

SAN MILLÁN DE COGOLLA

270 EW. / 733 M

16 km südwestlich von Nájera wartet das kleine San Millán de Cogolla mit zwei bemerkenswerten Klöstern auf, wo u. a. die kastilische Sprache mitentwickelt wurde. Aufgrund des sprachlichen Erbes und ihrer großen Schönheit wurden sie in die Liste der Unesco-Welterbestätten aufgenommen.

Das **Monasterio de Yuso** (www.monasteriodeyuso.org; Erw./erm. 5/2 €; ⏲Di–So 10–13.30 & 16–18.30 Uhr) wird manchmal etwas anmaßend El Escorial de La Rioja genannt. Es verfügt über ein interessantes Museum und kann nur im Rahmen einer Führung besichtigt werden (auf Spanisch; wer die Sprache nicht beherrscht, bekommt eine Infobroschüre in englischer oder französischer Sprache). Die Rundgänge dauern 50 Minuten und beginnen alle halbe Stunde. Im August ist das Kloster auch montags geöffnet.

Ganz in der Nähe liegt das **Monasterio de Suso** (Eintritt 3 €; ⏲Di–So 9.30–13.30 & 15.30–18.30 Uhr). Das im 10. Jh. gegründete Kloster wurde oberhalb der Höhlen errichtet, in denen einst der hl. Aemilianus lebte. Es heißt, ein Mönch namens Gonzalo de Berceo habe hier im 13. Jh. die ersten baskischen Worte niedergeschrieben. Das Gebäude kann ebenfalls nur im Rahmen einer Führung besucht werden. Eintrittskarten, die auch den Preis für die kurze Busfahrt hinauf zum Kloster beinhalten, bekommt man telefonisch unter der Nummer ☎941 37 30 82 oder in der sehr hilfsbereiten **Touristeninformation** im Monasterio de Yuso, wo es zudem Karten gibt, die kurze Wanderungen in der Region beschreiben.

SANTO DOMINGO DE LA CALZADA

6260 EW. / 630 M

Santo Domingo ist eine typisch spanische Kleinstadt. Viele Einwohner leben im teilweise von einer Mauer umgebenen Altstadtviertel, einem Labyrinth aus mittelalterlichen Straßen, in denen die Vergangenheit deutlich zu spüren und der Gemeinschaftssinn stark ausgeprägt ist. Hier kennt quasi jeder jeden. Seit Langem prägen auch Pilger auf ihrem Weg nach Santiago das Stadtbild. All das macht Santo Domingo zu einem der nettesten Fleckchen in La Rioja.

Die abweisende, gewaltige **Kathedrale** und das dazugehörige **Museum** (Erw./Kind

3/1,50 €, So Eintritt frei; ⌚Mo–Fr 10–19.30, Sa 10–19.10, So 10–12.20 & 14–19.10 Uhr) glitzert vor Gold, was beweist, welch großen Reichtum der Jakobsweg (s. Kasten S. 462) den ansonsten vergessenen Dörfern beschert hat. In der Kathedrale gegenüber dem Eingang zur Krypta werden ein weißer Hahn und eine Henne hinter einer Glasfront gehalten. Laut der Legende wurde ein junger Mann unschuldig hingerichtet und erwachte wie durch ein Wunder wieder zum Leben, als ein gegrillter Hahn und eine Henne auf dem Teller des Richters plötzlich aufstanden und sich davonmachten.

Das **Hostal R. Pedro** (☎941 34 11 60; www.hostalpedroprimero.es; Calle San Roque 9; EZ/DZ 48/59 €;) ist ein sorgfältig renoviertes Stadthaus mit kleinen, aber guten und günstigen Zimmern, hölzernen Dachbalken und modernen Bädern. Wer bei einer von der Kirche betriebenen Bleibe an schäbige Betten, Gebete um 5 Uhr morgens und strenge Schwestern denkt, irrt: Stattdessen wartet die **Hospedería Sta Teresita** (☎941 34 07 00; www.cister-lacalzada.com; Calle Pinar 2; EZ/DZ 38/55 €;) mit Fahrstühlen, Magnetkarten für die Türen und komfortablen Zimmern auf. Es gibt zwei staatlich geführte *paradores* in der Stadt. Der palastartige **Parador Santo Domingo** (☎941 34 03 00; www.parador.es; Plaza del Santo 3; Zi. ab 100 €; P) widerspricht der generell frommen Stimmung im Ort. Er liegt gegenüber der Kathedrale in einem ehemaligen Krankenhaus aus dem 12. Jh. und bietet jeden erdenklichen Luxus. Am Rand der Altstadt befindet sich in einem früheren Kloster/Pilgerherberge der **Parador Santo Domingo Bernado de Fresneda** (☎941 34 11 50; www.parador.es; Plaza de San Francisco 1; Zi. ab 100 €; P), eine etwas bescheidenere Vision des Schwesterhotels.

In der Neustadt unweit der Bushaltestelle stößt man auf einige schlichte Cafés und Bars; elegantere, aber nicht unbedingt bessere Lokale verteilen sich rund um die Kathedrale.

Von hier fahren Busse nach Logroño (3,05 €, 1 Std. via Nájera, Mo–Fr bis zu 13-mal tgl., Sa & So seltener).

Weinbaugebiet

La-Rioja-Weine zergehen auf der Zunge, sowohl vom Klang des Namens als auch vom Geschmack her. Alle echten Weinliebhaber kennen die berühmten Tropfen von La Rioja, wo schon die Römer Trauben anbauten. Hier überziehen Reben das gesamte Hinterland des Río Ebro. Auf der Nordseite des Flusses gehört die Gegend zum Baskenland und wird La Rioja Alavesa genannt.

AUF DER SUCHE NACH DEM BESTEN TROPFEN

In La Rioja gehören Urlaub und Wein einfach zusammen. Allerdings gibt's da auch einen Haken! Auf der Suche nach dem besten Tropfen sollte man nämlich ein angemessenes Training absolvieren und in einem der vielen Weinmuseen der Region anfangen. In Navarra locken Olites einmaliges Museo de la Viña y el Vino de Navarra (S. 466), in La Rioja selbst lohnen das hervorragende Museo del Vino (S. 474) in Haro, die Villa Lucia (S. 475) in Laguardia und schließlich der Star unter den Weinmuseen, die Dinastía Vivanco (S. 476), einen Besuch.

Nach so viel Geschichte braucht man erst einmal etwas zu trinken. In La Rioja werden die Weine folgendermaßen klassifiziert: Jung, Crianza, Reserva und Gran Reserva. Junge Weine sind ein oder zwei Jahre alt und haben eine „frische" Note. Crianzas müssen mindestens bis ins dritte Jahr gereift sein, ein Jahr davon im Weinfass, gefolgt von einigen Ruhemonaten in der Flasche. Reservas machen den besten Jahrgängen Ehre und müssen mindestens drei volle Jahre in Fass und Flasche verbracht haben, davon wenigstens ein Jahr im Fass. Gran Reservas stammen nur aus den allerbesten Jahrgängen, sind mindestens zwei Jahre im Fass gereift, gefolgt von drei Jahren in der Flasche. Sie werden auch „Samtweine" genannt.

Experten haben ein System entwickelt, das besonders gute Jahrgänge klassifiziert. Fünf Sterne (das Maximum) wurden 1982, 1994, 1995, 2001, 2004, 2005 und 2010 vergeben. Zu den Jahrgängen mit vier Sternen gehören 1981, 1987, 1991, 1996, 1998, 2006, 2007, 2008 und 2009.

Die Touristeninformationen in Haro, Laguardia und Logroño verfügen über Listen der Bodegas. Wer eine oder mehrere davon besuchen möchte, muss vorher telefonisch einen Termin vereinbaren.

HARO

11500 EW. / 426 M

Trotz seines guten Rufs in der Welt des Weines sucht man in Haro, der Hauptstadt der La-Rioja-Region, vergeblich ein berauschendes Bouquet. Dafür herrscht im Ort eine heitere Stimmung. An der Plaza de la Paz beginnt das kompakte Altstadtviertel mit einigen interessanten Gassen voller Bars und Weinläden.

Sehenswertes & Aktivitäten

Museo del Vino MUSEUM

(Estacíon Enológica; ☎941 31 05 47; www.vinodelrioja.org; Avenida Breton de los Herreros 4; Erw./Kind 3 €/frei, Kurse mit Weinverkostung 15 €; ⏲Fr & Sa 10–14.30 & 15.30–18, So 10–14 Uhr, Kurse mit Weinverkostung Sa & So 11.30 Uhr) Haros Interpretationszentrum unweit des Busbahnhofs präsentiert eine detaillierte Ausstellung zur Herstellung von Wein und liefert nützliche Infos auf Spanisch, Französisch und Englisch. Hier finden auch **Kurse mit Weinverkostungen** statt. Die Teilnehmerzahl ist begrenzt, deshalb sollte man sich vorab anmelden.

Bodegas Muga WEINGUT

(☎941 30 60 60; www.bodegasmuga.com; Weinverkostungstour 6 €) Das Weingut gleich hinter der Eisenbahnbrücke auf dem Weg stadtauswärts bietet täglich Führungen und Weinverkostungen auf Spanisch an. Eigentlich sollte man in der Hauptsaison im Voraus buchen, oft kann man aber auch einfach herkommen und sich einer Tour anschließen. Englischsprachige Führungen müssen mehrere Tage im Voraus gebucht werden.

Feste & Events

Batalla del Vino WEINFEST

Am 29. Juni, während der Batalla del Vino (Weinschlacht), werden Haros ansonsten friedliche Einwohner zu wahren Berserkern. Dann spritzt und gießt man im Namen von San Juan, San Felices und San Pedro Wein auf alles und jeden und trinkt dabei natürlich auch jede Menge.

Schlafen & Essen

Rund um die Plaza de la Paz und in den umliegenden Straßen reihen sich zahlreiche Cafés und Bars aneinander.

Casa de Legarda CASA RURAL €€

(☎605 600646; www.mesonchomin.com/casa; Calle Real 11; Zi. 48–70 €; P 📶) 4 km nordöstlich von Haro stößt man in Briñas auf eine wunderbare *casa rural,* die in einem honigfarbenen, 1634 errichteten Gebäude untergebracht ist. Während die Gemeinschaftsbereiche altmodisch eingerichtet sind, erstrahlen die Zimmer in theatralisch leuchtenden Farben und wirken ausgesprochen modern. Im August muss man mindestens drei Nächte buchen.

Los Agustinos HISTORISCHES HOTEL €€

(☎941 31 13 08; www.aranzazu-hoteles.com; Calle San Augustín 2; Zi. ab 100 €, Hauptgerichte im Restaurant 12 €; P ❄ 📶) Dieses Luxushotel atmet Geschichte und verfügt über reizende Zimmer, wenngleich die geblümten Bettdecken schon fast zu viel des Guten sind. Als absolutes Highlight gilt der überdachte Innenhof des früheren Klosters. Das **Hotelrestaurant** mit seiner hervorragenden Lage ist sehr empfehlenswert.

Hotel Arrope HOTEL €€

(☎941 30 40 25; www.hotelarrope.com; Calle Vega 31; EZ/DZ ab 65/81 €; ❄ 📶) Im konservativen Haro ist das lässige neue Hotel im Ortszentrum eine unerwartete Entdeckung. Bei näherem Hinschauen zeigt sich jedoch, dass die Möbel und die Einrichtung aus Billigplastik sind. In der zugehörigen Cafébar kann man sich einen Drink und ein paar Tapas gönnen.

Hostal La Peña PENSIÓN €

(☎941 31 00 22; Calle La Vega 1; Zi. ab 35 €) Ganz in der Nähe der Plaza de la Paz befindet sich diese familiengeführte, etwas altmodisch blau und weiß gekachelte Pension. Die Einzelzimmer haben keine eigenen Bäder.

Restaurante Beethoven I & II NAVARRA-TYPISCHE KÜCHE €

(Calle de Santo Tomás 5 & 10; Menüs ab 16 €) Am besten kehrt man in einem dieser beiden Restaurants ein, die sich in einer kleinen Straße direkt gegenüberliegen. Das Beethoven II ist förmlicher, doch beide Lokale warten gleichermaßen mit hervorragenden Spezialitäten und Weinen aus der Region auf.

Praktische Informationen

Touristeninformation (☎941 30 33 66; Plaza de Florentino Rodríguez; ⏲Juli–Sept. Mo–Sa 10–14 & 16.30–19.30, So 10–14 Uhr, Okt.–Juni Mo–Fr 10–14, Sa 10–14 & 16–18 Uhr) Liegt von der Plaza de la Paz ein paar Hundert Meter die Straße hinab. Hier bekommt man exzellente Informationen, z. B. eine Liste der öffentlich zugänglichen Weingüter.

An- & Weiterreise

Zwischen Haro und Logroño (5–14,20 €, 40 Min.) verkehren zahlreiche Züge. Außerdem fahren Busse nach Logroño, Vitoria, Bilbao, Santo Domingo de la Calzada und Laguardia.

DIE NEUEN GUGGENHEIMS

„Wenn Bilbao eins hat, wollen wir auch eins", riefen die Einheimischen im ländlichen La Rioja. Sie waren so beeindruckt vom internationalen Ansehen, das El Goog Bilbao beschert hatte, dass zwei Dörfer sich ihr eigenes Pendant zum Guggenheim-Museum schufen – ungeachtet des gewaltigen Unterschieds zwischen der großen Industriestadt und ihren kleinen landwirtschaftlich geprägten Orten hinsichtlich Größe und Wohlstand.

Als der Besitzer der Bodegas Marqués de Riscal in **Elciego** beschloss, etwas Besonderes zu schaffen, übte er keine Zurückhaltung. Heraus kam das spektakuläre, von Frank Gehry entworfene **Hotel Marqués de Riscal** (☎945 18 08 80; www.starwoodhotels.com/luxury; Zi. ab 304 €; P ❄ 📶), dessen Baukosten sich auf ca. 85 Mio. Euro beliefen. Das Gebäude, das heute zur Starwood-Kette gehört, ist eine extravagante Welle aus vielfarbigen Titanplatten und steht in krassem Gegensatz zum schlichten alten Ort dahinter. Wie das Guggenheim-Museum hat auch das Hotel einen starken Einfluss auf die umliegende ländliche Region. Es kommen mehr Touristen, es gibt mehr Jobs und steigende Weinverkäufe und es fließt mehr Geld in die Taschen der Einheimischen. Besucher, die hier nicht übernachten, sieht man im Hotel allerdings nicht so gern. Wer die Unterkunft genauer betrachten möchte, hat deshalb drei Möglichkeiten. Die einfachste ist, an einer **Weinführung** (☎945 18 08 88; www.marquesderiscal.com; Führung 10 €) teilzunehmen, für die man sich vorher anmelden muss. Man kommt dabei zwar nicht in das Gebäude hinein, kann es jedoch aus einiger Entfernung zumindest von außen bewundern. Sehr viel näher heran gelangt man, wenn man in einem der hervorragenden Lokale des Hotels einen Tisch bucht: Sowohl das **Restaurante Marqués de Riscal** (☎945 18 08 80; Menüs ab 70 €; ⊙So & Jan. geschl.) als auch das **Bistró 1860** (☎945 18 08 80; Menüs 55 €) warten mit einem Michelin-Stern auf. Am besten lernt man das Hotel natürlich kennen, wenn man sich dort für eine Nacht einquartiert, aber dafür muss man wirklich sehr tief in die Tasche greifen!

Doch was das eine Weingut in La Rioja kann, kann das andere noch viel besser: Nur ein paar Kilometer nördlich von Laguardia befinden sich die von Santiago Calatrava als „dem Wein gewidmeter Tempel" entworfenen **Bodegas Ysios** (www.ysios.com; Camino de la Hoya, Laguarida). Das wellenartige Dach aus Aluminium und Zedernholz nimmt die Linien der dahinter liegenden felsigen Berge auf und bietet in der Dunkelheit den schönsten Anblick, wenn das Gebäude von vielen Lichtern angestrahlt wird. An den täglichen **Führungen** (☎945 60 06 40; 6 € pro Person) kann man nur nach vorheriger Buchung teilnehmen.

Rund um Laguardia gibt's noch etliche andere, architektonisch nicht ganz so spektakuläre Bodegas, die man besichtigen kann – oft jedoch nur nach vorheriger Buchung. Details erfährt man in der Touristeninformation in Laguardia. In den **Bodegas Palacio** (☎945 60 01 51; www.bodegaspalacio.com; Carretera de Elciego; Führung 5 €), nur 1 km von Laguardia entfernt an der Straße nach Elciego gelegen, finden von montags bis freitags täglich Führungen auf Deutsch, Spanisch und Englisch statt. Es ist zwar nicht zwingend nötig, aber vor allem außerhalb der Hauptsaison empfehlenswert, telefonisch zu reservieren. Hier werden zudem hervorragende **Weinkurse** veranstaltet. Der Verkostungskurs für Anfänger (30 €) findet das ganze Jahr über (außer August und Januar) einmal im Monat statt. Unbedingt im Voraus buchen! Es gibt auch einen Kurs für Fortgeschrittene (40 €; mindestens 10 Pers.), der aber nur auf vorherige Anfrage angeboten wird. Zum Komplex gehört ein **Hotel** (☎945 62 11 95; DZ 85 €; 📶), dem es im Vergleich zu den Unterkünften von Laguardia an Charakter fehlt.

Unweit von Laguardia stößt man auf das **Centro Temático del Vino Villa Lucia** (☎945 60 00 32; www.villa-lucia.com; Carretera de Logroño; Führung 5,50 €; ⊙Di–Fr 11–18.30, Sa 10.15–18.30, So 11–12.30 Uhr), ein neues Weinmuseum mit einem Geschäft, das hochwertige Weine von kleinen, lokalen Herstellern verkauft. Wer das Museum besuchen will, muss an einer Führung teilnehmen, die mit einem 3D-Film endet.

Unter den Häusern von Laguardia befinden sich zahlreiche kleine **Bodegas**, die teilweise auch öffentlich zugänglich sind. Mehr darüber erfährt man in der Touristeninformation.

BRIONES

900 EW. / 501 M

Es ist der große Traum eines Mannes, das kleine, idyllische Briones im Wein- und Tourismusbereich bekannt zu machen. Das sonnengelbe Dorf zieht sich einen Hang hinauf und bietet einen umwerfenden Blick auf die umliegenden mit Wein bewachsenen Ebenen. Im Ort befindet sich das fantastische **Dinastía Vivanco** (Museo de la Cultura del Vino; www.dinastiavivanco.com; Erw./Kind 7,50 €/frei; ⌚Di–Do & So 10–18, Fr & Sa 10–20 Uhr), ein futuristisches Museum von Pedro Vivanco Paracuello. Wie er in dem Einführungsfilm erklärt, will er damit der Region, die seine Familie seit Jahrhunderten ernährt hat, ein Denkmal setzen. Auf verschiedenen Etagen und in zahlreichen Räumen erfährt man nahezu alles über die Geschichte, Kultur und Herstellung des Weines. Vermittelt werden diese Inhalte durch interessante Ausstellungsstücke, denen die neueste Computertechnologie Leben einflößt. Zu den Schätzen der Sammlung zählen von Picasso entworfene Weinkrüge, römische und byzantinische Mosaike, vom Wein inspirierte goldbehängte religiöse Artefakte und die weltgrößte Sammlung von Korkenziehern einschließlich solcher in Form amüsanter langer Penisse. Am Ende der Tour besteht die Möglichkeit, Weine zu probieren. Wer sich vorher anmeldet, kann an einer Tour durch die Kellerei teilnehmen (6,50 €, inkl. Museum 12 €, nur auf Spanisch).

Auch Briones selbst, dessen **Iglesia de Santa María de la Asunción** aus dem 16. Jh. über eine gewaltige Orgel, einen gleichermaßen beeindruckenden Altar und eine vom Boden bis zur Decke bemalte Seitenkapelle verfügt, lohnt einen Besuch. Am Ende des Ortes stößt man auf die spärlichen Überreste einer **Burg** aus dem 11. Jh. mit einem kleinen hübschen Garten.

Derzeit ist das **Los Calaos de Briones** (☎941 32 21 31; www.loscalaosdebriones.com; Calle San Juan 13; Zi. 58 €) die einzige Unterkunft im Dorf. Es verfügt über vier schöne Zimmer. Einige haben sogar romantische Himmelbetten. In einem alten Weinkeller serviert das zugehörige **Restaurant** erstklassige lokale Speisen (Hauptgerichte 14–17 €).

Briones liegt einige Kilometer südöstlich von Haro. Zwischen den beiden Orten verkehren jeden Tag ein paar Busse.

LAGUARDIA

1490 EW. / 557 M

In diesem mittelalterlichen Ort kann man sich prima ins Mittelalter zurückversetzen. Die „Wache von Navarra“, wie man Laguardia einst nannte, thront stolz auf einer felsigen Kuppe. Ihr von einer Mauer umgebener alter Kern ist verkehrsberuhigt, und so macht es viel Spaß, durch die Gassen zu bummeln. Laguardia lockt allerdings nicht nur mit Erinnerungen an die Vergangenheit, sondern auch mit seinen Weinen.

Sehenswertes

Das beeindruckendste Bauwerk ist wohl die **Puerta de San Juan**, eines der gewaltigsten Stadttore Spaniens. Ebenso imposant kommt die **Iglesia de Santa María de los Reyes** (Führungen 2 €) mit ihrem atemberaubenden gotischen Portal aus dem späten 14. Jh. daher, das mit wunderschönen Skulpturen der Jünger Jesu und anderen Motiven geschmückt ist. Wenn man vor verschlossenen Türen steht, kann man den Schlüssel in der Touristeninformation holen.

Es ist auch möglich, einige der vielen Bodegas in der Region – darunter einige im alten Ortskern selbst – und ein Weinmuseum zu besuchen (s. Kasten S. 475).

Schlafen & Essen

Es gibt in Laguardia nur wenige Unterkünfte. Wer hier übernachten muss, sollte vorab reservieren, vor allem am Wochenende und in den Ferien.

LP TIPP **Casa Rural Legado de Ugarte** CASA RURAL €€

(☎945 60 01 14; www.legadodeugarte.com; Calle Mayor 17; Zi. inkl. Frühstück 75 €; 📶) Diese Unterkunft liebt oder hasst man. Kürzlich wurde das Haus im Herzen des Ortes liebevoll renoviert: Eingang und Rezeption weisen den typisch altmodischen spanischen Stil auf, den man vielleicht langsam nicht mehr sehen mag, aber die hellen und überaus gemütlichen Zimmer sind pompös in Lila-, Silber- und Goldfarben dekoriert, was eine faszinierende Mischung ergibt. Zudem ist der gesellige Eigentümer überaus charmant. Die Rezeption ist nicht immer besetzt, deshalb ruft man am besten vor der Ankunft an.

Posada Mayor de Migueloa HISTORISCHES HOTEL €€

(☎945 62 11 75; www.mayordemigueloa.com; Calle Mayor 20; EZ/DZ 96/121 €; ❄📶) Besucher, die eine besondere Bleibe suchen, treffen mit dem in einem Herrenhaus untergebrachten Hotel eine tolle Wahl. Paare werden sich freuen zu hören, dass die Gäste mit zahlreichen Massageölen und den dazugehörigen Anwendungsanleitungen versorgt werden!

Das exzellente hauseigene **Restaurant** ist auch für Nichtgäste geöffnet. Es kredenzt originelle Versionen lokaler Küche mit Gerichten ab 20 €. Unter dem Hotel befindet sich eine kleine Bodega.

Hospedería de los Parajes HISTORISCHES HOTEL €€€
(☎945 62 11 30; www.hospederiadelosparajes.com; Calle Mayor 46-48; Zi. ab 140 €; ❄@📶) Hier erwarten einen außergewöhnlich vornehme Zimmer, die eine Mischung aus Alt und Neu bieten. Die Betten sind unglaublich gemütlich, und die Duschen verfügen über rustikale Steinböden. Auch der Service überzeugt.

ℹ Praktische Informationen

Touristeninformation (☎945 60 08 45; www.laguardia-alava.com; Calle Mayor 52; ⌚Mo–Fr 10–14 & 16–19, Sa 10–14 & 17–19, So 10.45–14 Uhr) In der Touristeninformation bekommt man eine Liste mit Bodegas in der Region.

ℹ An- & Weiterreise

In Laguardia halten täglich sechs langsame Busse, die zwischen Vitoria und Logroño verkehren.

Kantabrien & Asturien

Inhalt »

Santander....................480
Oviedo.........................494
Gijón............................500
Picos de Europa...........512

Gut essen

» El Molín de la Pedrera (S. 516)

» Restaurante Cares (S. 518)

» La Conveniente (S. 484)

» días desur (S. 484)

» Real Balneario de Salinas (S. 507)

Schön übernachten

» Hotel del Oso (S. 521)

» La Posada de Babel (S. 506)

» Posada de Cucayo (S. 521)

» Posada del Valle (S. 514)

» La Casona de Amandi (S. 504)

Auf nach Kantabrien & Asturien

Von Nord nach Süd kann man diese beiden Regionen in gut einer Stunde durchqueren – doch das wäre sehr schade. Entlang der Küste wechseln sich Felsen mit schönen Stränden und kleinen Fischerhäfen ab. Dahinter erstrecken sich herrlich grüne, mit Steindörfern gesprenkelte Flusstäler und die über 2000 m hohen Berge der Cordillera Cantábrica, deren majestätische Gipfel die Picos de Europa bilden. Die Gegend bezaubert mit endloser sich stets verändernder Schönheit. Dank des feuchten Klimas kann man auch gutes Essen und leckere Getränke genießen: Asturien bietet hochwertiges Fleisch ebenso wie Meeresfrüchte, einige lokale Käsesorten und Cidre aus den Apfelplantagen. Wer sich für Geschichte interessiert, ist hier ebenfalls richtig: In Altamira und an anderen Orten schufen Menschen in der Frühzeit wundervolle prähistorische Malereien und im asturischen Covadonga wurde vor 1300 Jahren der Grundstein zur spanischen Nation gelegt.

Reisezeit

Oviedo

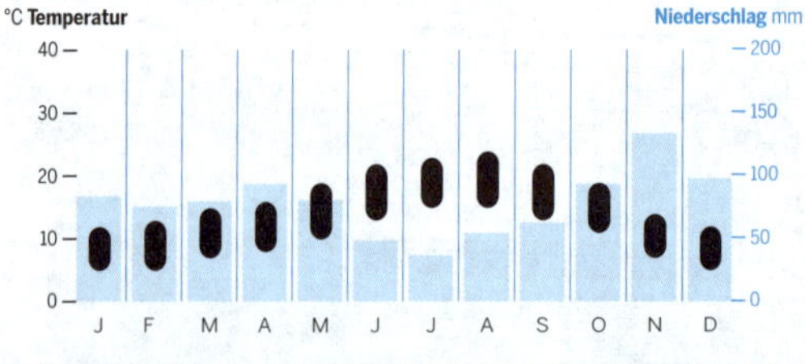

Mai, Juni & Sept. Viel Sonne, wenig Regen, niedrige Preise, kaum Touristen – eine tolle Reisezeit.

Aug. Descenso Internacional del Sella: Kanurennen von Arriondas nach Ribadesella.

Ende Aug. Gijóns Cidre-Festival „Fiesta de la Sidra Natural" lockt Tausende Besucher an.

Highlights

1 Beeindruckende Malereien bestaunen in den Höhlen von **Altamira** (S. 491), den **Cuevas de El Castillo** (S. 486) in Puente Viesgo und der **Cueva de Tito Bustillo** (S. 505) in Ribadesella

2 Die spektakuläre Schlucht **Garganta del Cares** (S. 518) durchwandern

3 Sich vom hübschen mittelalterlichen Örtchen **Santillana del Mar** (S. 488) verzaubern lassen

4 Mit dem **Teleférico de Fuente Dé** (S. 522) zu den Gipfeln der Picos de Europa schweben

5 Die herrlichen **präromanischen Bauten** (S. 496) von Oviedo besuchen

6 Cidre schlürfen in Asturiens gastfreundlichen **sidrerías** (Cidrebars; S. 498)

7 An der, abgeschiedenen **Playa del Silencio** (S. 508) oder der **Playa de Torimbia** (S. 506) baden

8 Die **Senda del Oso** (S. 510) entlangradeln und Bären begegnen

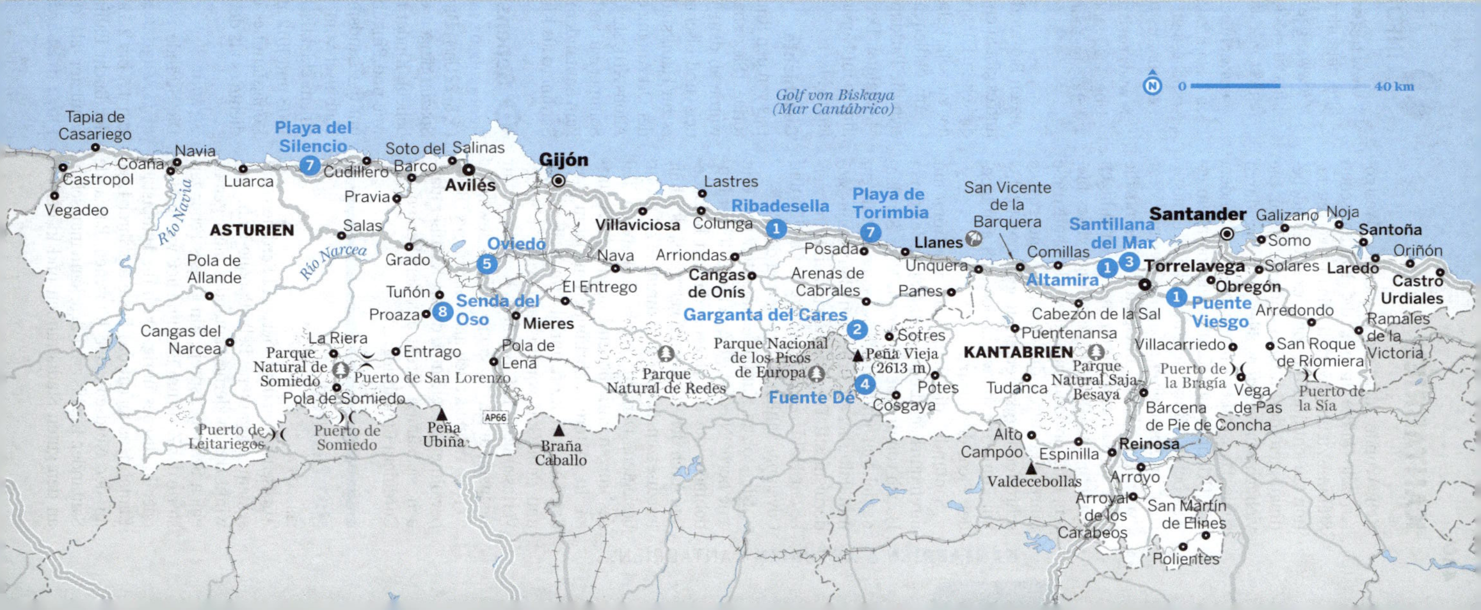

KANTABRIEN

Kein Wunder, dass die Römer und Westgoten alle Mühe hatten, die kantabrischen Stämme zu unterwerfen. Die üppige Vegetation täuscht über die komplexen Geländebedingungen der Region hinweg, denn die vielfach verzweigten Täler sind nur durch steile Passstraßen miteinander verbunden. Für Urlauber hält Kantabrien von allem etwas bereit. Einige schöne Strände ermöglichen im Sommer entspannte Tage am Meer (wenn das Wetter mitspielt), während die Täler im Landesinneren mit ihren ruhigen Städten und Dörfern dem Auge vieles bieten, egal ob man nun über die Landstraße fährt oder durch die Gegend wandert. Die schroffen Bergketten erreichen ihren höchsten Punkt im Westen in den steil aufragenden Picos de Europa.

Santander, die Hauptstadt, verströmt mit ihren quirligen Bodegas und Stränden einen Hauch von urbanem Flair am Meer. Santillana del Mar und Comillas locken mit ihrem mittelalterlichen Erbe und Bauten im Modernismestil. Die prähistorischen Kunstwerke der Höhlen von Altamira, El Castillo und Covalanas zählen zu den besten der Welt.

Die stolzen Kantabrer mussten 19 v. Chr. eine herbe Niederlage gegen die Römer hinnehmen, die die Gegend danach befriedeten. Auch den Westgoten gelang es, sich hier festzusetzen, bevor die Mauren sie 711 n. Chr. besiegten. Danach wurde Kantabrien Teil des jungen christlichen Königreichs Asturien. In späteren Jahrhunderten nahm man den Landstrich oft nur als Tor zu Kastilien und dem Golf von Biskaya wahr. Mit der Verfassung von 1978 wurde Kantabrien zur eigenständigen Region. Seine Bewohner werden oftmals auch als *montañeses* (Bergbewohner) bezeichnet, da die Kastilier glauben, sie kämen direkt aus den Bergen der Cordillera Cantábrica.

Santander

138 900 EW.

Abgesehen von dem Viertel El Sardinero mit seinem eleganten Belle-Epoque-Flair, gewinnt das moderne Santander nicht gerade einen Schönheitspreis. Ein großes Feuer zerstörte das Zentrum 1941 und ließ wenig Altes oder Idyllisches übrig. Doch die Hauptstadt Kantabriens macht das Beste aus ihrer Lage an der Nordseite der hübschen Bahía de Santander. Ein bis zwei Tage kann man schon an den guten Stadtstränden und in der bewegten Bar- und Restaurantszene zubringen, und es gibt auch einige kulturelle Sehenswürdigkeiten. Für spanische Touristen ist Santander ein sehr beliebter Ferienort.

INFOS IM INTERNET

» **www.turismodecantabria.com** Internetauftritt der Tourismuszentrale.

» **www.culturadecantabria.com** Gute Infos zu Höhlen, Museen und kulturellen Veranstaltungen.

» **www.clubcalidadcantabriainfinita.es** Zusammenstellung von rund 100 erstklassigen und stimmungsvollen Restaurants und Hotels.

» **www.turismoruralcantabria.com** Über 200 ländliche Gästehäuser, viele schön restauriert.

Am östlichen Ende der Bucht erstreckt sich die Parklandschaft der Península de la Magdalena. Der Hauptstrand Playa del Sardinero im Norden der Halbinsel liegt am offenen Meer.

Geschichte

Das von den Römern 21 v. Chr. als Portus Victoriae (Siegeshafen) gegründete Santander wurde ab dem 12. Jh. ein bedeutender Handels- und Fischereihafen und im 18. Jh. stieg es zur Hauptstadt auf. Seine Blütezeit erlebte der Ort Anfang des 20. Jhs., als es sich König Alfons XIII. zur Gewohnheit machte, hier den Sommer zu verbringen. Aus diesem Grund kam Santander und insbesondere das Viertel Sardinero als Küstenferienort in Mode.

Sehenswertes & Aktivitäten

Península de la Magdalena PARK

(⏲8–22 Uhr) Diese Parklandschaft lädt zu Spaziergängen ein und ist als Picknickplatz beliebt. Kinder begeistern sich für die Seelöwen und Pinguine und den kleinen Zug, der um die Landspitze fährt. Gekrönt wird die Halbinsel vom **Palacio de la Magdalena**, einem eklektischen Gebäude, das zwischen 1908 und 1912 als Geschenk der Stadt an die Königsfamilie errichtet wurde. Bis 1930 diente es als deren Sommerresidenz.

Strände STRAND, SURFEN

Die Strände **Playa de los Peligros**, **Playa de la Magdalena** und **Playa de Bikinis** liegen 1,5 bis 2,5 km östlich des Zentrums an der Bucht Bahía de Santander. Sie sind geschützter als die berühmte 1,25 km lange **Playa del Sardinero** am Atlantik. Dorthin strömen Surfer bei gutem Wellengang, also vorwiegend im Herbst und im Winter. Dann erreichen die Brecher teilweise eine Höhe von 1,5 m. In der Nähe des Strandes befinden sich einige der teuersten Immobilien von ganz Santander, darunter auch mehrere für das frühe 20. Jh. typische Bauten, etwa das **Gran Casino**. Die Busse 1, 2 und 3 (1,20 €) fahren von der Avenida de Calvo Sotelo neben der Post zum Sardinero.

Gegenüber der Playa de la Magdalena erstreckt sich die **Playa del Puntal** an der Südseite der Bucht. An ruhigen Tagen wirkt sie idyllisch, allerdings muss man sich vor der Strömung in Acht nehmen. Wenn das Wetter es erlaubt, verkehren von Juni bis Ende September zwischen 10.30 und 19.45 Uhr alle 30 Minuten Fähren (3,80 €) von der **Estación Marítima Los Reginas** (www.losreginas.com; Paseo Marítimo).

Darüber hinaus startet von der Anlegestelle das ganze Jahr über eine Fähre (2,50/4.50 € hin & zurück, von 9.30–19.30 Uhr alle 30–60 Min.) zur **Playa de Somo**, direkt hinter der Playa del Puntal. Somo hat noch einen weiteren Sandstrand, dessen Wellen in der Regel höher sind als am Sardinero. Hier gibt's mehrere Shops für Surfer: Ein Brett/einen Neoprenanzug zu mieten, kostet 15/10 € für einen halben Tag. Die **Escuela Cántabra de Surf** (☎942 51 06 15; www.escuelacantabradesurf.com; Calle Cabo Mayor, Somo; zweistündige Gruppenkurse inkl. Brett & Neoprenanzug 30 € pro Pers.; ⏲Mitte März–Mitte Nov. tgl.) in Somo ist eine von Santanders zahlreichen Surfschulen und seit zwei Jahrzehnten im Geschäft. Sie bietet Kurse auf Englisch, Spanisch und Italienisch an.

Catedral de la Asunción — KATHEDRALE

(Plaza del Obispo José Eguino y Trecu; ⏲obere Kirche 10–13 & 16.30–19 Uhr, Iglesia del Santísimo Cristo 8–13 & 16–20 Uhr) Santanders Kathedrale besteht aus zwei übereinander errichteten gotischen Kirchen. Nach einem Feuer 1941 gestaltete man die im 14. Jh. errichtete **obere Kirche** komplett neu. In der unteren Kirche, der **Iglesia del Santísimo Cristo**, geben in den Boden eingelassene Glasplatten den Blick auf römische Ausgrabungsfunde frei. Hier befinden sich auch Silbergefäße mit den Schädeln der Märtyrer San Emeterio und San Celedonio, Santanders Schutzheiligen.

Jardines & Paseo de Pereda — PARK, PROMENADE

Die hübschen Jardines de Pereda (Peredas Gärten) sind nach dem kantabrischen Schriftsteller José María de Pereda benannt. Sein einflussreiches Werk *Escenas Montañesas* hat man dort in Stein und Bronze verewigt. Nicht zu übersehen ist das Gebäude des **Banco Santander** (von 1875) mit dem großen Bogen in der Mitte. Die Bank ist eine der größten Spaniens und ein wichtiges international tätiges Unternehmen, sodass die großspurige Architektur nicht ganz unangemessen erscheint.

Gegenüber der Grünanlage erstreckt sich eine Promenade an der Bucht entlang bis zum Jachthafen Puerto Chico (Kleiner Hafen). An Sommerabenden unternimmt hier die halbe Stadt einen Spaziergang. Sowohl den Paseo de Pereda als auch die Calle Castelar gegenüber dem Puerto Chico säumen viele einladende Cafés und große Gebäude mit typischen Glasveranden.

Plazas — PLÄTZE

Im Zentrum münden Santanders Straßen auf mehrere interessante Plätze. Ein paar Straßenzüge nördlich der Jardines de Pereda erstreckt sich die große, von Säulengängen umgebene **Plaza Porticada**. Sie wurde nach dem zerstörerischen Feuer von 1941 errichtet. Wenige Schritte weiter östlich stößt man auf die noch größere **Plaza de Pombo** und die lebhafte, nachts oftmals recht laute **Plaza de Cañadío** mit ihren zahlreichen Bars. Die **Plaza La Esperanza** im Westen hinter dem Rathaus beherbergt den **Mercado La Esperanza** (Plaza la Esperanza; ⏲Mo–Sa 8–14 Uhr), einen turbulenten bunten Markt. Unten werden Berge von Fisch und Meeresfrüchten angeboten, oben Fleisch und Käse.

Museo Marítimo del Cantábrico — MUSEUM

(www.museosdecantabria.com; Calle de San Martín de Bajamar; Erw./Kind 6/4 €; ⏲10–19.30 Uhr, Okt.–April Mo geschl.) Wer sich für die Seefahrt interessiert, sollte dieses Museum unweit der Strände besuchen. Auf vier Etagen informiert es umfassend über die Schifffahrt Kantabriens und beherbergt darüber hinaus ein großes Aquarium. Am interessanten ist die Abteilung zur Marinegeschichte mit der Nachbildung der römischen Hafenstadt Portus Victoriae. Als weiteres Highlight gilt das Skelett eines 60 t schweren Wals.

GRATIS Museo de Arte Moderno y Contemporáneo — MUSEUM

(MAS; ☎942 20 31 20; Calle de Rubio 6; ⏲Di–Sa 10.30–13 & 18–21, So 11–13.30 Uhr) Santanders weitläufiges Museum der Schönen Künste birgt eine abwechslungsreiche Sammlung. Neben viel zweitklassiger spanischer Kunst des 16. bis 20. Jhs. umfasst sie auch Kurioses

Santander

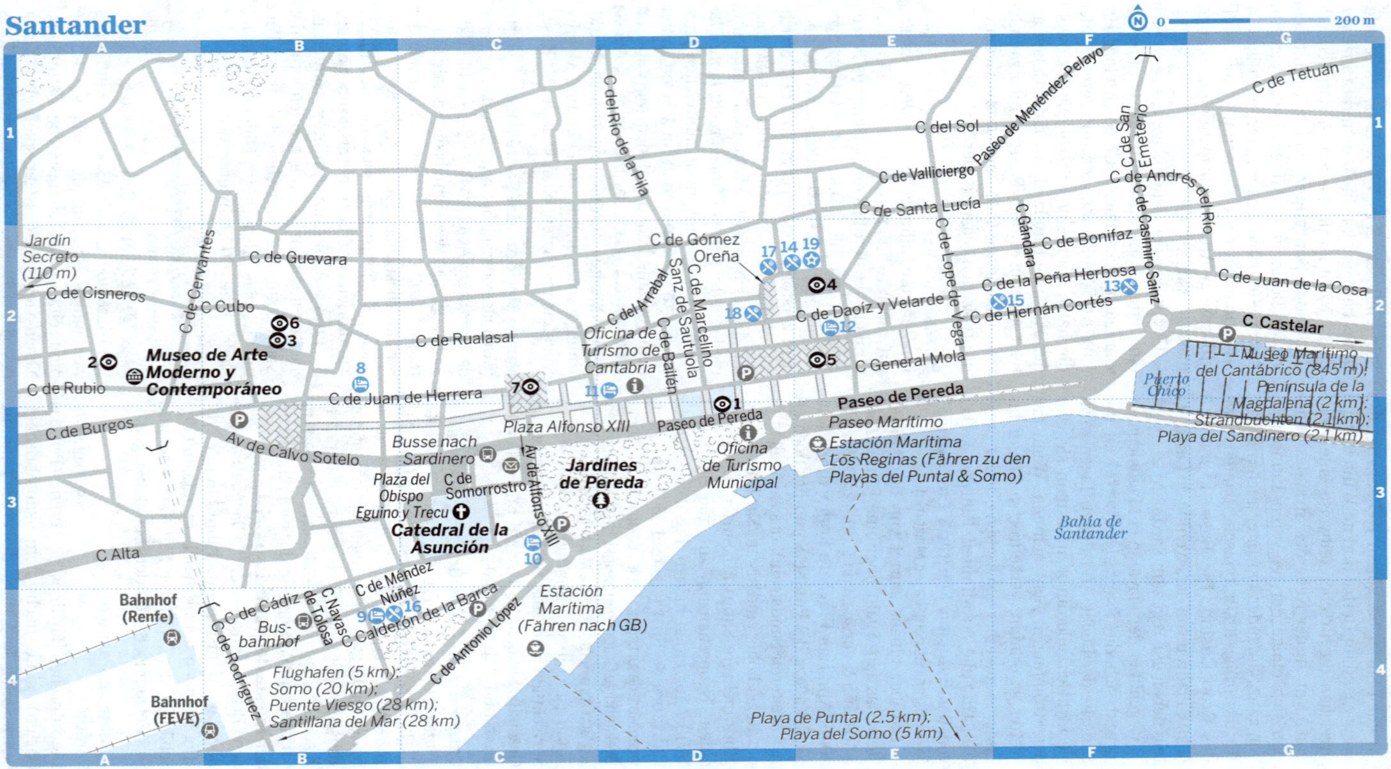
0
200 m
C de Tetuán
C del Sol
Paseo de Menéndez Pelayo
C de San Emeterio
C de Valliciergo
C de Andrés del Río
C de Santa Lucía
C del Río de la Pila
C Gándara
C de Bonifaz
C de Casimiro Sainz
C de Lope de Vega
C de Gómez Oreña
C de Juan de la Cosa
C de la Peña Herbosa
C de Hernán Cortés
C de Daoíz y Velarde
C del Arrabal
C de Marcelino Sanz de Sautuola
C de Bailén
C Castelar
C General Mola
Paseo de Pereda
Paseo Marítimo
Museo Marítimo del Cantábrico (845 m); Península de la Magdalena (2 km); Strandbuchten (2,1 km); Playa del Sandinero (2,1 km)
Puerto Chico
Estación Marítima Los Reginas (Fähren zu den Playas del Puntal & Somo)
Oficina de Turismo Municipal
Oficina de Turismo de Cantabria
Bahía de Santander
Jardín Secreto (110 m)
C de Guevara
C de Cisneros
C de Cervantes
C Cubo
C de Rualasal
Museo de Arte Moderno y Contemporáneo
C de Rubio
C de Juan de Herrera
C de Burgos
Av de Calvo Sotelo
Plaza Alfonso XIII
Busse nach Sardinero
Plaza del Obispo Eguino y Trecu
C de Somorrostro
Av de Alfonso XIII
Jardines de Pereda
Catedral de la Asunción
C Alta
Bahnhof (Renfe)
C de Cádiz
C Navas de Tolosa
C de Méndez Núñez
C Calderón de la Barca
C de Antonio López
Estación Marítima (Fähren nach GB)
Bus-bahnhof
C de Rodríguez
Flughafen (5 km); Somo (20 km); Puente Viesgo (28 km); Santillana del Mar (28 km)
Bahnhof (FEVE)
Playa de Puntal (2,5 km); Playa del Somo (5 km)

Santander

Highlights

Catedral de la Asunción C3
Jardines & Paseo de Pereda D3
Museo de Arte Moderno y Contemporáneo A2

Sehenswertes

1 Banco Santander D3
2 Biblioteca de Menéndez Pelayo A2
Casa Museo de Menéndez Pelayo .... (siehe 2)
3 Mercado La Esperanza B2
4 Plaza de Cañadío E2
5 Plaza de Pombo E2
6 Plaza La Esperanza B2
7 Plaza Porticada C2

Schlafen

8 Hostal La Mexicana B2
9 Hostel BBB B4
10 Hotel Bahía C3
11 Hotel Central D2
12 Plaza Pombo B&B E2

Essen

13 Bar del Puerto F2
14 Cañadío D2
15 días desur F2
16 El Machichaco B4
17 La Conveniente D2
18 Mesón Rampalay D2

Unterhaltung

19 Pub Blues E2

wie Goyas Porträt von König Ferdinand VII. In einigen Bereichen zeigt die moderne Präsentation erstaunliche Verbindungen zwischen ganz unterschiedlichen Werken auf. Das Gebäude nebenan beherbergt die **Biblioteca de Menéndez Pelayo** (☎942 23 45 34; Eintritt frei; ⌚Mo–Fr 9–11.30 Uhr), die dem lokalen Gelehrten Marcelino Menéndez Pelayo (1856–1912) gehörte. Der Lehrer, Philosoph und Dichter vermachte der Stadt seine Sammlung aus 41 500 Büchern. Sein Wohnhaus, die **Casa Museo de Menéndez Pelayo** (☎942 23 44 93; ⌚Mo–Fr 10.30–13 & 18.30–20, Sa 10.30–13 Uhr) steht hinter der Bibliothek.

Feste & Events

Santanders großes Sommerfest, die **Semana Grande** (www.semanagrandesantander.com), ist eine Woche voller Spaß rund um den 25. Juli. Immer Mitte Juli erinnern die mehrtägigen **Baños de Ola** an der Playa del Sardinero an die Ankunft der ersten Badetouristen im 19. Jh. Den ganzen Sommer über dient der Palacio de la Magdalena als Treffpunkt für Spezialisten aller Länder und Fachrichtungen im Rahmen der **Universidad Internacional Menéndez Pelayo** (www.uimp.es). Das **Festival Internacional de Santander** (www.festivalsantander.com) im August vereint so gut wie alle musikalischen Stile vom Jazz bis zur Oper.

Schlafen

Im Stadtzentrum geht's am turbulentesten zu und es finden sich Unterkünfte in allen Preisklassen. Einige gute Mittelklasse- und Luxushotels liegen in der Nähe der Playa del Sardinero, allerdings schließen viele von Oktober bis Mitte Mai. Die Preise sinken erheblich außerhalb der Hauptsaison im Juli und August.

Jardín Secreto BOUTIQUE-HOTEL €€
(☎942 07 07 14; www.jardinsecretosantander.com; Calle de Cisneros 37; EZ/DZ 60/75 €; 📶) In diesem zwei Jahrhunderte alten Haus nah beim Zentrum mit sechs charmanten Zimmern eröffnet sich eine ganz eigene Welt. Ein engagiertes Geschwisterteam führt das Hotel, das ihre Mutter in Silber und Grau und mit einigen offenen Steinwänden und Holz gemütlich und modern gestaltete. Den Namen verdankt es dem kleinen Garten hinten. Frühstück gibt's nicht, jedoch kostenlosen Kaffee und Kuchen.

Hotel Las Brisas BOUTIQUE-HOTEL €€
(☎942 27 50 11; www.hotellasbrisas-santander.com; Calle La Braña 14; EZ/DZ inkl. Frühstück 80/110 €; ⌚Mitte Dez.–Ende Jan. geschl.; @📶) Las Brisas, zugleich Galerie und Hotel, ist eine dreistöckige Villa am Sardinero. Kunst und Kunsthandwerk stammen von Gästen, der Familie und den Reisen des genialen Gastgebers Jesús. In den 13 komfortablen Zimmern kann man sich Kaffee und Tee kochen und findet restaurierte Bäder mit großen Duschköpfen vor. Einige Räume bieten Strandblick und eine Terrasse nach vorn. Für längere Aufenthalte eignen sich die Apartments in der Nähe.

Hotel Bahía HOTEL €€€
(☎942 20 50 00; www.hotelbahiasantander.es; Avenida de Alfonso XIII 6; EZ/DZ 160/240 €; P❄@📶)

Das Top-Hotel im Zentrum von Santander, gleich gegenüber der Anlegestelle mit Fähren von/nach Großbritannien hat große, sehr komfortable Zimmer mit dicken Teppichen und soliden Holzmöbeln. Viele bieten Meerblick. Zum Haus gehören ein elegantes Restaurant und weitläufige, geschmackvolle Lounge-Bereiche.

Hostel BBB HOSTEL €

(☎942 22 78 17; www.hostelsantander.com; 1. OG, Calle de Méndez Núñez 6; B inkl. Frühstück 21 €; 📶) Gemütliche, farbenfrohe, sehr saubere Zimmer und freundlicher hilfsbereiter Service machen dieses Hostel zu einer Top-Wahl unter den Budgetunterkünften. Von dem hellen Gemeinschaftsbereich blickt man über einen offenen Platz und die Bucht.

Plaza Pombo B&B B&B €€

(☎942 21 29 50; www.plazapombo.com; 3. OG, Calle de Hernán Cortés 25; Zi. mit/ohne Bad inkl. Frühstück 80/62 €; 📶) Engagierte neue Besitzer haben die alteingesessene *pensión* restauriert. Die Zimmer mit komfortablen Betten und hohen Decken vermitteln Großzügigkeit. Einige verfügen über Balkone mit Blick auf die Plaza de Pombo.

Hostal La Mexicana HOSTAL €

(☎942 22 23 50; www.hostallamexicana.com; Calle de Juan de Herrera 3; EZ/DZ 46/64 €; 📶) Ein sauberes, gut geführtes *hostal* mit 38 Zimmern an einer verkehrsberuhigten Einkaufsstraße. Die Räume sind mit soliden, altmodischen Holzmöbeln ausgestattet.

Hotel Central HOTEL €€€

(☎942 22 24 00; www.elcentral.com; Calle General Mola 5; EZ/DZ 101/156 €; ❄@📶) Von Mitte September bis Juni sinken die Preise. Das Hotel liegt zentral, nicht weit von den wichtigsten Verkehrsmitteln, und die Zimmer sind sauber und komfortabel, wenn auch eher klein.

✕ Essen

Im Zentrum von Santander kann man großartig essen. Snacks bekommt man in den Tapas-Bars, während in den schlichten Bodegas herzhafte einheimische Gerichte serviert werden und in vielen besseren Restaurants der Schwerpunkt auf der gehobenen Küche liegt. Auf jeden Fall sollte man die beliebte lokal hergestellte Regma-Eiscreme probieren, das in geradezu riesigen Kugeln an zahlreichen Kiosken in der Stadt verkauft wird.

LP TIPP **La Conveniente** TAPAS, TABLAS €€

(Calle de Gómez Oreña 9; raciones & tablas 5–20 €; ⏲Mo–Sa ab 19 Uhr) Diese höhlenartige Bodega hat hohe Steinwände, Holzpfeiler und Balken. Im Conveniente stehen mehr Weinflaschen herum, als man vielleicht je zuvor an einem Ort gesehen hat. Entweder setzt man sich im engen vorderen Teil an die Tische oder wählt einen der Plätze im hinteren Raum. Die Gerichte sind recht einfach, aber großzügig bemessen: Es gibt z. B. *tablas* (Teller) mit Käse, *embutidos* (Wurst), Schinken und Pâtés.

días desur SPANISCH, INTERNATIONAL €€

(Calle de Hernán Cortés 47; Tapas 1,25–3 €, Hauptgerichte 10–15 €; ⏲8–1.30 Uhr; 🖉) Weiße Ziegelwände, stimmungsvolle Schwarz-Weiß-Fotos und viel Platz zum Sitzen und Plaudern – das días desur ist etwas ganz Besonderes. Das gilt auch für die Tapas im kantabrischen, andalusischen und internationalen Stil. Zu empfehlen sind die kleinen Tikka-Masala-Huhnspieße und die würzigen Lammbrötchen nach Art der Elfenbeinküste. Dazu schmecken die auf der Karte lyrisch beschriebenen Weine. Das Restaurant im Obergeschoss bietet ähnliche erfinderische Gerichte und ein einladendes Tagesmenü für 13 €.

WAS ISST MAN IN KANTABRIEN?

Die Essgewohnheiten der Kantabrer unterscheiden sich an der Küste und im Inland. Frische Meeresfrüchte schlemmt man am besten in Santander; Forelle und Lachs stammen aus den Flüssen im Landesinneren. Ein klassisches regionales Gericht ist *cocido montañés*, ein herzhafter Eintopf mit weißen Bohnen, Kohl, Kartoffeln, Chorizo, Blutwurst und manchmal Portwein. Kantabriens grünen Viehweiden sind nicht nur gutes Fleisch, sondern auch viele schmackhafte Käsesorten zu verdanken: Wer für sehr strengen Käse schwärmt, sollte nach *queso picón* Ausschau halten, der aus einer Mischung von Kuh-, Schafs- und Ziegenmilch besteht und in den Bergdörfern Tresviso und Bejes hergestellt wird. *Embutidos* (Würste) und *cecinas* (luftgetrocknetes Fleisch) von Reh und Wildschwein zählen ebenfalls zu den lokalen Spezialitäten.

Cañadío KANTABRISCHE NOUVELLE CUISINE €€€
(☎942 31 41 49; www.restaurantecanadio.com; Calle de Gómez Oreña 15; Hauptgerichte 19–26 €; ⏲Mo–Sa) Ein geschmackvoll modernisiertes Lokal mit Kunst an den roten Wänden, eleganten Stühlen, feinen Tischtüchern und Dielenböden sowie einer regional inspirierten, kreativen Küche. Seehecht wird hier auf jede erdenkliche Art zubereitet. Man kann sich auch unter das Volk an der Bar mischen und die verführerischen Tapas kosten.

El Machichaco FISCH & MEERESFRÜCHTE, FRÜHSTÜCK €€
(Calle de Calderón de la Barca 9; Hauptgerichte 11–25 €; ⏲früh, mittags & abends) Dieses gastfreundliche und preiswerte Seafood-Lokal ist mit öffentlichen Verkehrsmitteln und vom Zentrum aus gut zu erreichen. Empfehlenswert sind die Tapas, z. B. die Santander-Spezialität *rabas* (gebratene Tintenfisch- bzw. Kartoffelstreifen), oder Herzhafteres wie der gebackene Fisch des Tages mit knusprigen Kartoffeln. Es gibt auch ein gutes Frühstück, sogar mit Eiern, Speck und Kartoffeln.

Mesón Rampalay TAPAS, RACIONES €€
(www.meson-rampalay-santander.com; Calle de Daoíz y Velarde 9; Tapas 1,35–2,20 €, raciones 6–18 €; ⏲Mi–Mo) Das immer volle Rampalay hat eine Auswahl besonders verführerischer Tapas, von Rinderlende in Wein bis zu Rührei mit Garnelen und Spargel.

Bar del Puerto FISCH & MEERESFRÜCHTE €€€
(☎942 21 30 01; www.bardelpuerto.com; Calle de Hernán Cortés 63; Hauptgerichte 18–42 €; ⏲Di–So mittags, Di–Sa abends) Mit den großen Fenstern zum Puerto Chico hin ist dieses Lokal im Obergeschoss ein toller Ort, um erstklassige Fischgerichte zu essen. Es bietet eine große Auswahl: Der Fisch des Tages ist immer eine gute Option, oder man probiert Gerichte *a la gabardina* (in Teig gebraten, wörtlich „im Regenmantel"). Die Menüs für 45 € nehmen einem mittags und abends einige Entscheidungen ab.

Ausgehen

An der Plaza de Cañadío reihen sich zahlreiche *bares de copas* aneinander, in denen man unter freiem Himmel Bier, Cocktails, Wein oder Schnaps bekommt. Im **Pub Blues** (Calle de Gómez Oreña 15; ⏲19–3 Uhr) gibt's ab 21.30 Uhr Livekonzerte mit Jazz, Rock oder Blues. Noch mehr Kneipen, die meist bis weit nach Mitternacht geöffnet haben, findet man in den Calles de Daoíz y Velarde und Hernán Cortés.

Rund um die Calle de Santa Lucía, Calle del Sol und Calle del Río de la Pila verteilen sich weitere Bars, die vor allem Teenager und alternatives Publikum anziehen. Sie haben bis 3 oder 4 Uhr geöffnet. Am besten lässt man sich hier einfach treiben und findet selbst heraus, welche Läden am coolsten sind.

Praktische Informationen

Oficina de Turismo Municipal (☎942 20 30 00; www.ayto-santander.es; Jardines de Pereda; ⏲9–21 Uhr) Im Sommer wird am Sardinero gegenüber der Plaza de Italia eine Zweigstelle eröffnet.

Oficina de Turismo de Kantabrien (☎901 11 11 12, 942 31 07 08; www.turismodecantabria.com; Calle de Hernán Cortés 4; ⏲9–21 Uhr) Im Mercado del Este.

An- & Weiterreise

Bus

Transporte de Cantabria (www.transportedecantabria.es) ist eine hilfreiche Quelle für Fahrpläne im Internet. **ALSA** (www.alsa.es), der größte Anbieter, steuert vom **Busbahnhof** (☎942 21 19 95; Calle Navas de Tolosa) viele Ziele in Kantabrien und anderen Regionen an, darunter:

Bilbao (6,23–13,88 €, 1¼–2 Std., mind. 22-mal tgl.)

Madrid (29,14–45,22 €, 5¼–6¼ Std., 8-mal tgl.)

Oviedo (11,81–25,40 €, 2¼–3¼ Std., mind. 8-mal tgl.)

San Sebastián (12,46–26,94 €, 2½–4 Std., mind. 8-mal tgl.)

Flugzeug

Der Flughafen befindet sich 5 km südlich von Santander in Parayas. Busse pendeln zwischen 6.30 und 22.30 Uhr etwa alle halbe Stunde (an Wochenenden seltener) zum Busbahnhof von Santander (1,60 €).

Iberia (www.iberia.com) Madrid mehrmals täglich.

Ryanair (www.ryanair.com) London (Stansted), Dublin, Madrid, Barcelona, Brüssel (Charleroi), Frankfurt (Hahn), Málaga, Mailand (Bergamo), Paris (Beauvais-Tillé), Rom (Ciampino), Sevilla und Valencia.

Vueling (www.vueling.com) Barcelona von Ende Juni bis Ende Oktober.

Schiff/Fähre

Brittany Ferries (www.brittany-ferries.co.uk) betreibt wöchentlich zwei Autofähren nach

Portsmouth, GB (24 Std.) und eine nach Plymouth, GB (20 Std.).

Zug

Santanders zwei Bahnhöfe liegen direkt nebeneinander in der Calle de Rodríguez.

FEVE (☎942 20 95 22; www.feve.es; Calle de Rodríguez) bietet täglich zwei Verbindungen nach San Vicente de la Barquera, Llanes, Ribadesella, Arriondas und Oviedo (15 €, 4½ Std.). Außerdem verkehren jeden Tag drei Züge nach Bilbao (8,25 €, 2¾ Std.).

Renfe (www.renfe.com; Calle de Rodríguez) schickt jeden Tag zwei bis drei Fernzüge über Palencia und Valladolid nach Madrid (49,40 €, 4½ Std.) sowie zwei Regionalzüge bis Valladolid (17,10 €, 4 Std.).

Rund um Santander

CUEVAS DE MONTE CASTILLO

Puente Viesgo liegt am Fuße des kegelförmigen Monte Castillo in einem Tal etwa 25 km südlich von Santander. Rund 2 km weiter bergauf erstrecken sich die Cuevas de Monte Castillo, mehrere Höhlen, die bereits vor 150 000 Jahren von Menschen genutzt wurden. Vier davon zählen wegen ihrer fantastischen Wandmalereien zum Weltkulturerbe. Die **Cueva de El Castillo y Cueva de Las Monedas** (☎942 59 84 25; http://cuevas.culturadecantabria.com; Erw./Kind 3/1,50 € pro Höhle; ⌚Di–So 9.30–14.30 & 15.30–19.30, Mitte Sept.–Mitte Juni kürzere Öffnungszeiten, Di geschl.) kann man im Rahmen einer Führung (45 Min. pro Höhle) besichtigen. El Castillo ist die spektakulärere von beiden: Man gelangt 760 m weit hinein und sieht hier fast ebenso beeindruckende Malereien wie in der Cueva de Altamira. Die 275 Gemälde und Felsgravuren von Wild, Bisons, Pferden, Ziegen, Auerochsen und Mammuts sowie die Handabdrücke und geheimnisvollen Symbole stammen aus der Zeit von 26 000 bis 11 000 v. Chr. Anders als in Altamira sind sie wahrscheinlich original erhalten und keine Nachbildungen. Las Monedas birgt einige Tierzeichnungen aus der Zeit um ca. 10 000 v. Chr. und erstaunlich viele Stalaktiten und Stalagmiten. Am besten bucht man die Führungen im Voraus (telefonisch oder online), das gilt besonders für El Castillo. Nach dem Höhlenbesuch hat man vielleicht Lust, noch den halbstündigen Spaziergang hinauf zum **Monte Castillo** zu unternehmen, wo man auf ein paar Überreste einer mittelalterlichen Burg trifft.

Vier oder mehr Busse fahren täglich von Santander nach Puente Viesgo (2,15 €, etwa 40 Min.).

PARQUE DE LA NATURALEZA CABÁRCENO

Dieser **Zoo** (☎942 56 37 36; www.parquedecabarceno.com; Erw./Kind 21/13 €; ⌚9.30–18 Uhr; P 🚻) 17 km südlich von Santander ist ein kurioses, aber erfolgreiches Experiment. Das Freigehege beherbergt u. a. Nashörner, Wallabys, Gorillas und Dromedare. 20 km Straßen durchziehen das Gehege, deshalb kommt man am besten mit dem Auto hierher. Die Zufahrt befindet sich von Obregón aus an der CA262.

LANGRE

Vor einer Kulisse grüner Hügel erstrecken sich die wilden Strände von Langre. Die meisten Besucher zieht es an den **Langre Grande**, auch wenn der benachbarte **Langre Pequeña** geschützter ist. Wie die weniger spektakulären Strände Somo und Loredo bietet Langre oft hohe Wellen zum Surfen. Es liegt ca. 25 km von Santander entfernt: Man fährt um die Bucht nach Somo und dann einige Kilometer Richtung Osten über die CA141, anschließend geht's links ab nach Langre.

Östliches Kantabrien

Der 95 km lange Küstenstreifen zwischen Santander und Bilbao bietet für die Einwohner beider Städte tolle Rückzugsmöglichkeiten. Die Orte in dieser Gegend sind zwar nicht ganz so reizvoll wie die an der kantabrischen Westküste, aber es gibt hier trotzdem einige hübsche Strände.

SANTOÑA

11 160 EW.

Der Hafen von Santoña ist für seine Sardellen berühmt, die hier in Gläser und Dosen gefüllt und mit Olivenöl konserviert werden. Den Ort beherrschen zwei Festungen, das **Fuerte de San Martín** und das verlassene **Fuerte de San Carlos** weiter östlich. Besucher können entweder einen netten Spaziergang um beide herum unternehmen oder sich mit der Fähre (1,70 €) über die Bucht bis zum westlichen Ende des Strands von Laredo bringen lassen. Oder man wandert zum **Parque Cultural Monte Buciero** auf der hügeligen Landspitze, die sich im Nordosten der Stadt erhebt. Alternativ geht's Richtung Norden über die C141 zur **Playa Berria**, einem herrlichen Sandstrand am

ABSTECHER

DIE TÄLER IM OSTEN KANTABRIENS

Die nur selten besuchten Täler in Ostkantabrien verströmen einen unverfälschten ländlichen Charme und warten auf ihre Entdeckung. Nach einem Besuch der Cuevas de Monte Castillo lohnt die folgende Route.

Von El Soto an der N623 gleich südlich von Puente Viesgo nimmt man die CA270 und CA262 Richtung Südosten nach **Vega de Pas**, der „Hauptstadt" der Valles Pasiegos (die Täler der Flüsse Pas, Pisueña und Miera; www.vallespasiegos.org). Dies ist eines der ländlichsten Gebiete der Region. Umwerfende Ausblicke genießt man am **Pass Puerto de la Braguía**. Von Vega de Pas geht's Richtung Südosten nach Kastilien-Léon hinein; in der Nähe von Las Nieves wendet man sich wieder nach Norden und nimmt die BU571 über den Pass Puerto de la Sía nach Arredondo in Kantabriens südöstlichem Bezirk Alto Asón (www.citason.com, auf Spanisch). Die Straße folgt Berg und Tal, erklimmt mehrere Pässe und passiert den 50 m hohen Wasserfall **Nacimiento (Quelle) del Río Asón**.

In Alto Asón befinden sich mehr als 4500 der 9000 bekannten Höhlen Kantabriens. Von Arredondo aus kann man Richtung Osten nach **Ramales de la Victoria** fahren, einem Ort im Tal mit zwei außergewöhnlichen öffentlich zugänglichen Höhlen. Die **Cueva de Cullalvera** (☎942 59 84 25; http://cuevas.culturadecantabria.com; Erw./Kind 3/1,50 €; ⏲Di–So 9.30–14.30 & 15.30–18.30 Uhr, Mitte Sept.–Mitte Juni Di geschl.) ist beeindruckend groß und enthält Überreste prähistorischer Malereien. Nach 3 km auf der N629 von Ramales gen Süden und 650 m steilem Fußweg erreicht man die **Cueva de Covalanas** (☎942 59 84 25; http://cuevas.culturadecantabria.com; Erw./Kind 3/1,50 €; ⏲Di–So 9.30–14.30 & 15.30–18.30 Uhr, Mitte Sept.–Mitte Juni Di geschl.). Wegen ihrer zahlreichen hervorragenden Tiermalereien, die ca. 18 000 v. Chr. in einer ungewöhnlichen Maltechnik ausgeführt wurden, zählt sie zum Weltkulturerbe. Führungen dauern jeweils 45 Minuten. Am besten reserviert man telefonisch oder online.

Südlich von Ramales führt die N629 zum Aussichtspunkt Alto de los Tornos mit schönem Panorama auf 920 m hoch und dann weiter Richtung Burgos in Kastilien-León.

offenen Meer, zu dem von Santoña aus häufig Busse (1,40 €) fahren. Von außen sieht das Gebäude des **Hotel Juan de la Cosa** (☎942 66 12 38; www.hoteljuandelacosa.com; EZ 91 €, DZ 91–132 €; ⏲Mitte Dez.–Ende Jan. geschl.; P❄@📶🏊) nicht gerade hübsch aus, aber zwei Drittel der in Blautönen gestrichenen großen Zimmer bieten Meerblick. Im zugehörigen Restaurant stehen vorwiegend Meeresfrüchte auf der Karte.

Von Montag bis Samstag verkehren 13 Busse (sonntags sind es nur sechs) zwischen Santoña und Santander (4 €, 1 Std.). Außerdem startet von Juli bis September etwa alle 30 Minuten eine Fähre zum Zentrum von Laredo (3 €).

LAREDO

11 470 EW.

Hinter Laredos langem Sandstrand jenseits der Bucht von Santoña erheben sich hässliche Häuserblocks aus dem 20. Jh. Doch am östlichen Ende der Stadt führen die kopfsteingepflasterten Straßen im alten **Puebla Vieja** von der beeindruckenden **Iglesia de Santa María** aus dem 13. Jh. bergab. Darüber stehen auf dem Hügel La Atalaya die Überreste des **Fuerte del Rastrillar**. Puebla Vieja hat eine lebhafte Restaurant- und Kneipenszene: Leckere kreative Tapas und *raciones* wie *lubina con cilantro y tallarines de calamares* (Seebarsch mit Koriander und Tintenfischringen) gibt's im **Somera** (Rua Mayor 17–19; Tapas 1,50–3 €; ⏲5. Nov.–6. Dez. & Sept.–Juni Mo geschl.).

Hier halten viele Busse aus Santander (3,95 €, 40 Min.).

PLAYAS DE ORIÑÓN & SONABIA

Unweit der *autovía* (gebührenfreie Schnellstraße), 14 km östlich von Laredo, erstreckt sich die breite sandige **Playa de Oriñón** tief hinter zwei schützenden Landzungen, deshalb ist das Wasser hier ruhig und relativ warm. Vor Ort findet man nur ein paar Ferienhäuser und Wohnwagenstellplätze. 1,7 km hinter Oriñón gelangt man zur schmaleren, aber wilderen **Playa de Sonabia** in einer von Felsen gesäumten Bucht unterhalb von hohen Klippen; darüber kreisen Gänsegeier am Himmel. Ein 10 km langer Wanderweg führt bergauf und bergab von Oriñón nach Laredo, vorbei an der Playa de Sonabia und der noch einsameren **Playa de San Julián**.

CASTRO URDIALES

25 600 EW.

Der Hafen und das Gewirr schmaler Gassen im mittelalterlichen Zentrum von Castro Urdiales werden von der stolzen gotischen **Iglesia de Santa María de la Asunción** (Di–So 10–13.30 & 16–19.30 Uhr) überragt. Die Kirche teilt sich die kleine Landzunge mit den Ruinen der jahrhundertealten Verteidigungsanlage der Stadt, die heute als Basis für den Leuchtturm dient.

Von den beiden Stränden ist die nördliche **Playa de Ostende** schöner. Über weitere Strände in der Gegend informiert die **Touristeninformation** (942 87 15 12; Parque Amestoy; 9.30–13.30 & 16–19 Uhr) an der Meerespromenade.

Schlafen & Essen

In der Altstadt verstreut liegen zahlreiche günstige Unterkünfte. Eine hervorragende Wahl trifft man auch mit dem **Hotel Las Rocas** (942 86 04 00; www.lasrocashotel.com; Calle Flavióbriga 1; EZ/DZ 108/135 €; P) direkt hinter der Playa de Brazomar. Farbenfrohe Kunstwerke schmücken die modernen Zimmer, die zumeist große verglaste Erker und Strandblick haben.

Traditionelle Gerichte wie *sopa de pescado* (Fischsuppe) und *pudín de cabracho* (Meeresfrüchtepastete) bekommt man in den *mesones* (Lokale im alten Stil) und *tabernas* (Tavernen) entlang der Calle de la Mar und der Calle de Ardigales sowie nahe den Fischkuttern an der Plaza del Ayuntamiento.

An- & Weiterreise

ALSA (Calle de Leonardo Rucabado 42) betreibt täglich mindestens neun Busse nach Santander (5,95 €, 1 Std.). Busse nach Bilbao (2,88 €, 45 Min.) fahren bis 22 Uhr alle 30 Minuten. Sie halten auch an dem Blumenladen La Barrera in der Calle La Ronda 52, einen halben Block von der Uferpromenade entfernt.

Südliches Kantabrien

Schöne Panoramablicke auf hohe Gipfel und tiefe Flusstäler, die von grünen Wiesen gesäumt werden, erwarten Traveller, die in das Innere Kantabriens vordringen. Jeder nur vorstellbare Grünton ziert die Landschaft, außerdem stößt man auf zahlreiche Steindörfer, die ein Netz schmaler Landstraßen umspannt.

REINOSA

10 200 EW. / 851 M

Der Hauptort Südkantabriens hat zwar nichts Ungewöhnliches zu bieten, aber dafür kann man sich in der **Touristeninformation** (942 75 52 15; http://turismoreinosa.es; Avenida del Puente de Carlos III 23; Mo–Fr 9.30–14.30 & 17–20 Uhr, Sa & So 9.30–14.30 Uhr, Okt.–Juni So geschl.) nach Sehenswürdigkeiten in der Region erkundigen. Zu den Highlights gehören die **Colegiata de San Pedro** in Cervatos 5 km südlich, eine romanische Kirche mit seltenen erotischen Holzschnitzereien auf den Kragsteinen, und die Überreste der bedeutendsten römischen Stadt Kantabriens, **Julióbriga** (626 325927; Erw./Kind 3/1,50 €; Di–So 9.30–14.30 & 15.30–18.30 Uhr; P), in Retortillo 5 km östlich. Die Führung in Julióbriga schließt einen Besuch des Museo Domus, einer originalgetreuen Nachbildung eines römischen Hauses, ein.

Reinosa verfügt über ein halbes Dutzend Unterkünfte. Die **Villa Rosa** (902 93 03 74; www.villarosa.com; Calle de los Héroes de la Guardia Civil 4; DZ inkl. Frühstück 92 €; @) liegt in einem hübsch restaurierten alten Jugendstilhaus und ist so rosa, wie ihr Name verspricht. Ein solches Gebäude würde man eher in Deutschland erwarten. Die meisten der zwölf komfortablen Zimmer verströmen ein einladendes historisches Flair und sind dennoch modern ausgestattet. Bis zum Bahnhof und Busbahnhof ist es von hier aus nicht weit.

Acht *cercanías* (Vorortzüge; 4,20 €, 1¾ Std.) von Renfe und mindestens sechs Busse (6,05 €, 1¼ Std.) fahren täglich von Santander nach Reinosa. Ein paar Züge und Busse am Tag verkehren gen Süden nach Palencia, Valladolid, Salamanca und Madrid.

Westliches Kantabrien

SANTILLANA DEL MAR

1060 EW.

Santillana del Mar wird gerne als Stadt der drei Lügen bezeichnet, weil sie weder heilig *(santi)*, noch flach *(llana)* ist und auch nicht am Meer *(del mar)* liegt. Aber wen kümmert das schon bei einer so gut aussehenden Lügnerin! Das mittelalterliche Schmuckstück mit seinen hellen gepflasterten Straßen und wettergegerbten Fachwerkhäusern erscheint einem fast zu schön, um wahr zu sein. Handelt es sich am Ende nur um ein Filmset? Nein, hier leben immer noch Menschen, die ihre kostbaren Häuser von Generation zu Generation weitergeben.

Bereits seit 1575 gelten strenge städtebauliche Vorschriften. Zu den neueren Auflagen gehört, dass nur Einwohner oder Gäste von Hotels mit Garagen ihr Fahrzeug in die Altstadt mitbringen dürfen. Besucher anderer

ABSTECHER

AM EBRO ENTLANG

Spaniens mächtigster Fluss, der Ebro, entspringt in Fontibre ca. 6 km westlich von Reinosa, füllt den Stausee Embalse del Ebro im Osten und mäandert schließlich Richtung Südosten nach Kastilien-Léon. Entlang seines Verlaufs bietet er faszinierende und pittoreske Ausflugsziele. Von Reinosa kann man ihm auf dem Fernwanderweg GR99 folgen oder – wenn man nicht so viel Kondition hat – im Auto auf Nebenstraßen.

Zuerst fährt man auf der CA730 Richtung Arroyo (wer möchte, kann unterwegs das römische Julióbriga besuchen). Von dort geht's weiter nach Süden. Schilder weisen den Weg zu dem schön gelegenen **Monasterio de Montesclaros** mit Blick über das Ebro-Tal, dessen Geschichte mindestens bis ins 12. Jh. zurückreicht. Von hier folgt man der CA741 nach Arroyal de los Carabeos hinunter und dann der CA272 nach Süden bis zu einem Verkehrskreisel, wo die Straße auf die CA273 trifft. Neun Kilometer westlich erreicht man auf der CA273 die bemerkenswerte **Iglesia Rupestre de Santa María de Valverde.** Die schöne, aus dem Fels gehauene Kirche mit mehreren Gewölben ist die beeindruckendste unter den *iglesias rupestres* (Felsenkirchen) in dieser Gegend. Wahrscheinlich geht sie auf das 7. bis 10. Jh. zurück, die Zeit der frühen Christen in der Region. Das Gotteshaus selbst ist oft abgeschlossen, aber man kann den Schlüssel im nächstgelegenen Haus auf der anderen Straßenseite abholen. Neben der Kirche befindet sich das **Centro de Interpretación del Rupestre** (☎626 325927, 616 849251; Erw./Kind 3/1,50 €; ⌚Di–So 9.30–14.30 & 15.30–18.30 Uhr, Mitte Sept.–Mitte Juni nur Di–Fr nach Voranmeldung; P). Es erzählt mit Fotos, Karten, Videos und multimedialer Technik die Geschichte des Phänomens der kuriosen Felsenkirchen in der Region und informiert umfangreich über die Umgebung. Auch wenn man kein Spanisch spricht, lohnt sich ein Besuch. Von hier verläuft die Route wieder zurück nach Osten zum größten Dorf der Gegend, **Polientes**, wo es eine Bank, eine Tankstelle (nur Selbstbedienung mit Kreditkarte) und vier Unterkünfte gibt. Die beste Wahl ist die **Posada El Cuartelillo Viejo** (☎942 77 61 51; www.elcuartelilloviejo.com; Carretera General 31; Zi. inkl. Frühstück 45–58 €).

Östlich von Polientes liegen weitere wunderschöne Felsenkirchen. Die beiden in **Arroyuelos** und **Presillas de Bricia** haben zwei Ebenen; die Schlüssel bekommt man jeweils im benachbarten Haus. **San Martín de Elines**, von Arroyuelos aus auf der anderen Seite des Ebro gelegen, ist wegen seiner hübschen romanischen Kirche einen Abstecher wert (Schlüssel im Haus des Pfarrers abholen). Die kleine, aber herrlich gelegene Felskirche von **El Tobazo** ist Teil einer Gruppe von Höhlen im oberen Teil der Ebro-Schlucht östlich von Arroyuelos. Um sie zu finden, überquert man die Brücke nach Villaescusa del Ebro, biegt dann sofort links ab und folgt dem Weg 900 m weit bis zu einer Graslichtung auf der rechten Seite. Von dort wandert man vom langen Ende der Lichtung aus 700 m bergauf. Auf halbem Weg passiert man einen schönen Wasserfall (nach längerer Trockenheit ist nur moosbewachsener Fels mit vielen Höhlen zu sehen). Die Höhlenkirche liegt ein wenig oberhalb rechts.

Von Villaescusa führt die CA275 an der Ebro-Schlucht entlang zum pittoresken Orbaneja del Castillo in Kastilien-León.

Hotels können zwar vorfahren, um das Gepäck auszuladen, müssen ihr Auto aber dann auf dem Parkplatz vor dem Ort abstellen.

Santillana ist nicht nur ein Kleinod für sich, sondern auch ein ausgezeichneter Ausgangspunkt für den Besuch der nahe gelegenen Cueva de Altamira.

Sehenswertes

Colegiata de Santa Juliana KIRCHE
(Eintritt 3 €; ⌚Di–So 10–13.30 & 16–19.30 Uhr) Ein Bummel über Santillanas gepflasterte Hauptstraße vorbei an den altehrwürdigen Häusern von Edelleuten aus dem 15. bis 18. Jh. führt zu diesem einstigen, immer noch hübschen romanischen Kloster aus dem 12. Jh. Seine größte Attraktion ist der Kreuzgang, eine Meisterleistung romanischer Steinmetzarbeit mit Säulenkapitellen, die zahlreiche unterschiedliche Figuren aufweisen. Das Kloster entstand ursprünglich rund um die Reliquien der heiligen Juliana, deren Grabkammer sich im Zentrum der Kirche befindet. Auf die christliche, aus

der Türkei stammende Märtyrerin aus dem 3. Jh. geht auch der Name Santillana zurück.

Museo de Tortura MUSEUM
(Calle del Escultor Jesús Otero 1; Erw./Stud./Kind 3,60/2,40 €/frei; ⌚10–21 Uhr) Das Museum stellt über 70 gruselige Instrumente der Folter und Todesstrafe aus, die von der Inquisition auch in anderen Teilen Europas verwendet wurden. Kinder sollte man besser nicht mitnehmen, auch wenn sie gratis hineindürfen.

Schlafen

Es gibt in Santillana Dutzende von Übernachtungsmöglichkeiten; viele liegen in stimmungsvollen historischen Bauwerken. Sie verteilen sich über die gesamte Altstadt und entlang der Straßen zur Cueva de Altamira, nach Comillas und nach Santander. Die Preise sind außerhalb des Monats August wesentlich günstiger. Einige Häuser schließen im Winter für unterschiedlich lange Zeit.

Casa del Organista HOTEL €€
(☎942 84 03 52; www.casadelorganista.com; Calle de Los Hornos 4; EZ/DZ 77/93 €; ⌚Ende Dez.–Mitte Jan. geschl.; P@☰) Lange Zeit diente dieses Haus dem Organisten der Colegiata-Kirche als Residenz. Die 14 Zimmer in dem eleganten Gebäude aus dem 18. Jh. sind dank ihrer weichen Teppiche, antiken Möbel und Steinmauern sowie der Balkone sehr ansprechend. Einige blicken über die Felder auf die Kirche. Der Service ist herzlich und hilfsbereit, das hervorragende Frühstück kostet 5,75 €. In der Straße gibt's drei bis vier weitere ähnliche Unterkünfte.

Hotel Siglo XVIII HOTEL €€
(☎942 84 02 10; www.hotelsigloxviii.com; Calle de Revolgo 38; EZ/DZ 65/85 €; P☰) Das Steinhaus ist, obwohl relativ neu, dem Baustil des Ortes treu geblieben und eines der besseren Hotels in Santillana. Es steht 400 m von der Hauptstraße entfernt, umgeben von einem Garten und grünen Feldern. Die 16 Zimmer liegen alle nach außen und sind einladend mit antiken Möbeln ausgestattet. Außerdem wartet das Siglo mit einem Swimmingpool auf – zu diesem Preis ein echtes Highlight.

Casa del Marqués HISTORISCHES HOTEL €€€
(☎942 81 88 88; www.turismosantillanadelmar.com; Calle del Cantón 24; Zi. 169 €; ⌚Anfang März–Anfang Dez.; P❄@☰) In dem gotischen Herrenhaus aus dem 15. Jh., das sich früher im Besitz des Marqués von Santillana befand, kann man sich noch heute wie ein Großgrundbesitzer fühlen. Freiliegende Holzbalken, trutzige Steinwände und coole Terrakottaböden tragen zur tollen Atmosphäre der 15 individuell eingerichteten Zimmer bei. Ganzer Stolz der Besitzer ist das 700 Jahre alte Treppengeländer, dessen Holz von einem einzigen großen Baum stammt.

Posada Santa Juliana HOSTAL €€
(☎942 84 01 06; www.santillanadelmar.com; Calle Carrera 19; Zi. inkl. Frühstück 65 €; ⌚April–Okt.) Einen kurzen Fußweg von der Hauptstraße entfernt bietet dieses liebenswerte mittelalterliche Haus sechs eher kleine, aber geschmackvoll restaurierte Doppelzimmer mit knarrenden Holzböden und -möbeln. Mehr darüber erfährt man bei den freundlichen Angestellten im Restaurant Los Nobles gegenüber.

Posada de la Abadía PENSION €
(☎942 84 03 04; www.posadadelabadia.com; Calle de Revolgo 26; EZ/DZ 48/59 €; P☰) Das kleine familiengeführte Hotel ist in einem traditionellen Haus im kantabrischen Stil untergebracht und liegt 200 m südlich der Hauptstraße. Es verfügt über zehn saubere, hübsche Zimmer mit Badewanne.

Essen

Santillana hat jede Menge langweilige Lokale für durchziehende Touristenhorden, deshalb bekommt man manchmal schon für 20–25 € eine komplette Mahlzeit. Es gibt aber auch einige bessere Optionen.

Restaurante Gran Duque KANTABRISCH €€
(www.granduque.com; Calle del Escultor Jesús Otero 5; Hauptgerichte 10–19 €; ⌚So abends & Jan. geschl.) Hier werden wunderbare lokale Gerichte serviert. Das hübsche Steinhaus ist edel herausgeputzt und verfügt über dekorative Elemente wie Fachwerk im Inneren. Hier kommen sowohl Fisch- als auch Fleischgerichte auf den Tisch, darunter *mariscadas* (Meeresfrüchteplatten) für zwei Personen für 65 oder 98 €.

Casa Uzquiza KANTABRISCH €€
(www.casauzquiza.com; Calle del Escultor Jesús Otero 5; Hauptgerichte 9–18 €; ⌚Sept.–Mai Di & Feb. geschl.) Dieses zweistöckige Restaurant mit Tischen im Garten serviert viele der typischen lokalen Gerichte, z. B. *cocido montañés,* aber auch Überraschendes wie *lomos de bacalao en pil-pil de erizo* (gedämpfter Kabeljau in einer dicken gelben Seeigelsoße). Das *menú de picoteo cántabro* (40 € für 2 Pers.) vereint eine interessante Auswahl regionaler Spezialitäten.

Praktische Informationen

Touristeninformation (☎942 81 88 12; Calle del Escultor Jesús Otero 20; ⌚9–21 Uhr) Liegt am Hauptparkplatz.

An- & Weitereise

Autobuses La Cantábrica (☎942 72 08 22) fährt jeden Tag mindestens dreimal von Santander nach Santillana (2,45 €, 40 Min.) und weiter nach Comillas sowie San Vicente de la Barquera. Die Busse halten am Campo del Revolgo.

ALTAMIRA

1879 entdeckte der kantabrische Historiker und Wissenschaftler Marcelino Sanz de Sautuola mit seiner achtjährigen Tochter María Justina die spektakulärsten prähistorischen Malereien Spaniens, wundervolle Gemälde von Bisons, Pferden und anderen Tieren, in der Cueva de Altamira 2 km südwestlich von Santillana. Bereits 2002 zog die Höhle von Altamira so viele Besucher an, dass sie geschlossen wurde, um die Bilder zu schützen. Eine nachgebildete Höhle im Museum vor Ort ermöglicht nun, dass jeder die 14 500 Jahre alten Motive bewundern kann.

LP TIPP **Museo de Altamira** MUSEUM
(museodealtamira.mcu.es; Erw./Kind, Sen. & Stud. 3 €/frei, So & Sa ab 14.30 Uhr Eintritt frei; ⌚Di–Sa 9.30–20, So & Feiertage bis 15 Uhr; Ⓟ) Highlight des Museums ist die **Neocueva**, eine erstaunliche Nachbildung der interessantesten Höhlenkammer Sala de Polícromos (Saal der Malereien) in Originalgröße. Ergänzt wird das Ganze durch Abteilungen, die in englischer und spanischer Sprache über prähistorische Menschen und Höhlenkunst von Altamira bis Australien informieren.

Das Museum ist sehr beliebt (ca. 270 000 Besucher kommen pro Jahr), sodass man die Tickets am besten im Voraus kauft, besonders für Ostern und die Monate Juli, August und September. Das funktioniert mit Visa oder MasterCard telefonisch unter ☎902 242424 oder online über die Website. Allerdings sind die letzten Phasen des Zahlungsvorgangs im Netz nur auf Spanisch beschrieben. Vorab gekaufte Eintrittskarten kosten für alle 3 € (auch für Kinder, Studenten und Senioren) und man bekommt sie nicht für samstagnachmittags oder sonntags. Tickets für denselben Tag werden nur an der Museumskasse verkauft. Alle Eintrittskarten beinhalten einen genauen Zeitpunkt für den Besuch der Neocueva. In der Hochsaison kann dies bedeuten, dass man mehrere Stunden warten muss, wenn man nicht vorher reserviert hat.

Wenn man kein eigenes Fahrzeug hat, muss man zu Fuß herkommen oder von Santillana del Mar ein Taxi nehmen.

COMILLAS

1940 EW.

Nach 16 km Fahrt durch grüne Landschaften westlich von Santillana erreicht man Comillas mit seinem goldenen Sandstrand und dem kleinen Fischerhafen. In dem Dorf gibt's einiges zu entdecken, darunter das hübsch gepflasterte alte Zentrum und Hügel, die von mehreren der originellsten Bauwerke Kantabriens gekrönt werden. Letztere verdankt Comillas dem ersten Marqués de Comillas, der hier als einfacher Antonio López geboren wurde. Er machte als Tabakplantagenbesitzer, Reeder, Banker und Sklavenhändler auf Kuba ein Vermögen. Nach seiner Rückkehr beauftragte er Ende des 19. Jhs. führende Modernismearchitekten, seinen Heimatort aufzupeppen. Dies wiederum regte weitere Einwohner an, sich spleenige Villen errichten zu lassen.

Sehenswertes

Capricho de Gaudí ARCHITEKTUR
(www.elcaprichodegaudi.com; Barrio de Sobrellano; Erw./Kind 5/2,50 €; ⌚10.30–14 & 15–21 Uhr) Außerhalb von Katalonien hat Antoni Gaudí nur wenige Werke hinterlassen, darunter das Sommerhaus Capricho de Gaudí („Gaudís Laune") aus dem Jahr 1885, das eindeutig zu seinen extravagantesten Arbeiten zählt. Das Ziegelsteingebäude an einem Hang südwestlich des Zentrums diente ursprünglich als Sommerspielwiese des Schwagers des Marqués de Comillas und ist großzügig mit wechselnden Keramikbändern aus Sonnenblumen und grünen Blättern verziert. Innen ist es vergleichsweise schlicht, weist aber skurrile Elemente auf wie *artesonado*-Decken (Kassettendecken mit dekorativen Einlegearbeiten). Es lohnt sich, das Video im Wintergarten anzusehen, bevor man den Rundgang durch das Gebäude beginnt.

Palacio de Sobrellano HERRENHAUS
(☎942 72 03 39; Eintritt 3 €; ⌚Di–So 9.40–14.30 & 15.30–18.20 Uhr) In einer hügeligen Parklandschaft steht der bezaubernde Palacio de Sobrellano des Marqués de Comillas. Mit diesem Bau gelang es dem Jugendstilarchitekten Joan Martorell, die echte Gotik mit seinem neogotischen Stil zu übertrumpfen. Martorell gestaltete auch die prunkvolle Familiengruft des Marqués, die **Capilla Panteón de Sobrellano** (Eintritt 3 €; ⌚Di–So 9.40–14.30 & 15.30–18.20 Uhr) nebenan. Die Ge-

bäude können im Rahmen einer Führung besichtigt werden.

Ortszentrum PLATZ

In Comillas kompaktem mittelalterlichen Zentrum ringen sich zahlreiche traditionelle, massive Sandsteinhäuser mit Holzbalkonen und Glasveranden rund um mehrere kopfsteingepflasterte Plätze. Die Hauptkirche **Iglesia de San Cristóbal** finanzierten die Einwohner im 17. Jh. aus eigener Tasche. Sie hatten sich darüber geärgert, dass die Entourage des Duque de Infantado sich weigerte, in der alten Kirche gemeinsam mit dem einfachen Volk zu beten.

Seminario Mayor ARCHITEKTUR

(Calle de Manuel Noriega; Erw./Kind 3 €/frei, Auto 2 €; 10–13 & 17–20 Uhr, Okt.–Juni nachmittags geschl.; P) An diesem großen, kunstvollen einstigen Seminar arbeiteten die beiden Jugendstilarchitekten Joan Martorell und Lluís Domènech i Montaner Hand in Hand. Letzterem ist das mittelalterlich anmutende Ambiente zu verdanken. Heute befindet sich hier das **Centro Internacional de Estudios Superiores de Español** (www.fundacioncomillas.es), ein Zentrum für die spanische Sprache und Kultur. Das Gebäude kann man mit einer Führung besichtigen, das Gelände ist frei zugänglich (außer mit dem Auto).

Friedhof FRIEDHOF

Die Ruinen der einstigen Gemeindekirche sind heute Teil eines Stadtfriedhofs in der Nähe des Strands. Hier wacht die Statue eines Engels aus Marmor, die Jose Llimona gestaltete. Nachts entfaltet der Friedhof bei Flutlicht eine recht unheimliche Aura.

Schlafen

Hotel Marina de Campíos BOUTIQUE-HOTEL €€

(942 72 27 54; www.marinadecampios.com; Calle del General Piélagos 14; Zi. inkl. Frühstück 110–150 €; Mitte Sept.–Juni Mo–Do geschl.;) Dieses Haus aus dem 19. Jh. liegt ein paar Schritte vom zentralen Platz Corro de Campíos entfernt. Es wurde in ein stilvolles zeitgenössisches Hotel mit 19 ganz unterschiedlichen Zimmern umgewandelt, die über üppiges Design und oft auch über Himmelbetten verfügen. Die Piano-Bar blickt auf einen hübschen Innenhof.

Hostal Esmeralda HOSTAL €€

(942 72 00 97; www.hostalesmeralda.com; Calle de Antonio López 7; EZ/DZ 60/80 €;) Das Esmeralda etwas östlich des Ortszentrums ist ein hübsch restauriertes Steinhaus von 1874 mit großen altmodischen, aber komfortablen Zimmern, guten Betten, jeder Menge Charakter und vielen Farbtupfern. Von der Familie, die das Haus erbaute, wird es inzwischen in vierter Generation hervorragend geführt und gewartet. Außerhalb des Monats August sinken die Preise.

Essen

Viele der Lokale und Cafés rund um den Hauptplatz offerieren Fisch, Meeresfrüchte und Fleisch in Form von *raciones* (große Tapas-Portionen; 7–16 €), *menús* (12–15 €) sowie *platos combinados* (Gerichte mit Fleisch und drei Sorten Gemüse; 7–8 €).

Restaurante Gurea KANTABRISCH, BASKISCH €

(Calle Ignacio Fernández de Castro 11; Hauptgerichte 8–10 €; Okt.–Mai geschl.) Baskische und kantabrische Gerichte serviert das elegante Restaurant in einer Seitenstraße einige Straßen hinter dem Zentrum. Eine gute Wahl trifft man mit dem Menü für zwei Personen (50 €), das mittags und abends angeboten wird.

Restaurante Filipinas SPANISCH €

(Calle de los Arzobispos 12; raciones & Hauptgerichte 7–15 €; 8–13 Uhr) Ein sehr traditionelles Restaurant, dekoriert mit Schwarz-Weiß-Fotos von Comillas.

Praktische Informationen

Touristeninformation (942 72 25 91; www.comillas.es; Plaza de Joaquín del Piélago; Mo–Sa 9–14 & 16–18, So 9–14 Uhr) Im Rathaus.

An- & Weiterreise

Comillas wird von denselben Bussen angesteuert wie Santillana del Mar (3,70 €, 1 Std. ab Santander). Die Haupthaltestelle befindet sich in der Calle del Marqués de Comillas nahe dem Zentrum.

SAN VICENTE DE LA BARQUERA & UMGEBUNG

3370 EW. (SAN VICENTE)

Der letzte Ort an der kantabrischen Küste, bevor man Asturien erreicht, ist San Vicente de la Barquera. Er liegt hübsch auf einer Landzunge zwischen zwei langen Meeresarmen. Über den östlichen, die Mündung des Río Escudo, spannt sich die lange, flache Puente de la Maza, eine Brücke aus dem 15. Jh. Einst gehörte San Vicente zu den Cuatro Villas de la Costa, einer Vereinigung aus vier bedeutenden Fischer- und Handelsstädten, die im Jahr 1779 zur Provinz Kantabrien umgewandelt wurden (die anderen waren Santander, Laredo und Castro Urdiales). Im Sommer ziehen die langen Strände im Osten viele Feriengäste nach San Vicente. Die **Touristeninformation** (☎942 71 07 97; www.sanvicentedelabarquera.org; Avenida del Generalísimo 20; ⊙Mo–Sa 10–13.30 & 16.30–19, So 10–14 Uhr) vermittelt auch *casas rurales* (ländliche Gästehäuser) in der Region.

Sehenswertes & Aktivitäten

Der alte Ortsteil wird vom **Castillo del Rey** (Erw./Kind 1,40/0,70 €; ⊙Di–So 10.30–13.30 & 16–19 Uhr) aus dem 13. Jh. gekrönt, aber wirklich herausragend ist die **Iglesia de Nuestra Señora de los Ángeles** (Eintritt 1,50 €; ⊙Mo–Sa 10–13 & 16.30–20.30, So 10–13 & 17–19 Uhr). Obwohl gotisch, überrascht die Kirche mit romanischen Eingängen. In einer der Kapellen ist eine naturgetreue Statue des Inquisitors Antonio del Corro (auf einem Ellbogen ruhend und lesend) aus dem 16. Jh. zu sehen, die als eines der besten Beispiele der spanischen Grabkunst im Renaissancestil gilt.

An der Küste im Osten der Stadt bilden die **Playa El Rosal** und die **Playa de Merón** einen breiten, 4 km langen goldenen Sandstrand. Am Merón finden Surfer eine gute Brandung vor, doch man sollte die Warnflaggen an den Stränden beachten: Rot bedeutet, man darf nicht baden; bei Gelb ist Vorsicht geboten.

Ein beliebtes Ausflugsziel im Inland ist **El Soplao** (☎902 82 02 82; www.elsoplao.es; Erw./Senior, Stud. & Kind 11/8,50 €; ⊙10–21 Uhr, Okt.–Juni Mo geschl.; P), ein weitläufiges Höhlensystem voller Stalaktiten und Stalagmiten, in dem bis 1979 Blei und Zink abgebaut wurde. Heute kann man bei einem einstündigen Besuch mit einem Minenzug 400 m in die Höhle hineinfahren und dann zu Fuß noch ein wenig weitergehen. Es ist ratsam, telefonisch zu reservieren. Bei der speziellen Abenteuertour dringt man auf 3 km (32 €, 2½ Std.) in die außergewöhnliche, unterirdische Welt ein. Die Höhle liegt ca. 30 km südwestlich von San Vicente: Bei Rábago verlässt man die CA181 Richtung Osten und fährt 7 km bergauf.

Schlafen & Essen

Hotel Luzón HOTEL €€
(☎942 71 00 50; www.hotelluzon.net; Avenida Miramar 1; EZ/DZ 45/70 €; WLAN) Ein stattliches, jahrhundertealtes Haus beherbergt das zentral gelegene Luzón. Hohe Decken und ruhige Gemeinschaftsräume verströmen das Flair alter Zeiten. Die Zimmer sind einfach, aber oftmals sehr geräumig und bieten eine tolle Aussicht über San Vicente und das Meer.

Hotel Azul de Galimar HOTEL €€
(☎942 71 50 20; www.hotelazuldegalimar.es; Camino Alto Santiago 11; EZ/DZ 80/105 €; P WLAN) Das moderne Hotel in herrlicher erhöhter Lage an der Ostseite der Stadt verfügt über 16 helle attraktive Zimmer. Einige haben Balkone oder Terrassen mit Blick auf die Mündung des Escudo. Außerdem gibt's einen schönen lichtdurchfluteten Frühstücksraum und einen kleinen Garten mit Rasen. Es ist ab der Puente de la Maza ausgeschildert.

El Pescador FISCH & MEERESFRÜCHTE €€
(Avenida del Generalísimo 26; raciones 6–15 €; ⊙Sept.–Mai Mo & Di abends geschl.) Dies ist das lebhafteste der vorwiegend auf Meeresfrüchte spezialisierten Restaurants in der Avenida del Generalísimo, die von der zentralen Plaza de José Antonio abzweigt. Gäste können in der Bar Tapas bestellen oder sich in den Speisebereich mit Blick auf das Wasser begeben.

An- & Weiterreise

BUS Von San Vicentes **Busbahnhof** (Avenida Miramar) an der Puente de la Maza fahren täglich mindestens acht Busse nach Santander (4,80 €, 1¼ Std., einige über Comillas und Santillana del Mar), fünf nach Oviedo (8,52 €, 2 Std., manche über Llanes, Ribadesella und Arriondas) und zwei nach Potes (3,50 €, 1¼ Std.).

ZUG Zwei langsamere FEVE-Züge halten hier täglich auf dem Weg von Santander nach Oviedo.

ASTURIEN

„Ser español es un orgullo", heißt es im Volksmund, *„ser asturiano es un título"* („Wenn es eine Ehre ist, Spanier zu sein, dann ist es eine Auszeichnung, Asturier zu sein."). Asturien, so sagen jedenfalls die Einheimischen, ist das echte Spanien, denn der Rest sei nur *tierra de reconquista* (rückerobertes Land). Wie das benachbarte Galicien war Asturien vor der Römerzeit keltisch (heute ist es die Gegend der Dudelsäcke). Als einziger Flecken Spaniens wurde es nie völlig von den Mauren erobert. Pelayo, ein westgotischer Anführer, wehrte sie in der Schlacht von Covadonga 722 n. Chr. ab und gründete das Königreich Asturien, aus dem das moderne Spanien erwuchs.

Die Region hat viele Gemeinsamkeiten mit dem benachbarten Kantabrien, ist landschaftlich aber noch reizvoller. An ihrer etwas wilderen, spektakulären Küste reihen sich noch mehr Strände (es sollen über 600 sein), dahinter erheben sich grüne Hügel.

INFOS IM INTERNET

» **www.infoasturias.com** Hervorragende Website der regionalen Touristeninformation von Asturien.

» **www.casasdealdea.com** 200 *casas rurales* (ländliche Gästehäuser) in ganz Asturien.

» **www.casonasasturianas.com** 60 der besten Landhotels.

Die Berge im Hinterland sind meist höher, die grünen Täler tiefer und die Dörfer rustikaler. Ein Großteil der Picos de Europa ragt aus asturischem Territorium auf. Für Architekturinteressierte ist dies das Land der Präromanik – mit frühmittelalterlichen Gebäuden, die dem Zahn der Zeit standgehalten haben. Oviedo, die an Kultur reiche Hauptstadt der Region, verströmt zugleich historisches und modernes Flair. Daneben hat diese Gegend auch eine ungeschminkte, graue Seite. Das Dreieck Oviedo–Gijón–Avilés gilt als Herz des industriellen Asturien, und an vielen Orten wird noch Bergbau betrieben, insbesondere im Südwesten.

Das Vordringen der Reconquista nach Süden beförderte die Gegend zeitweise ins Abseits. Doch 1388 erhob Johann I. von Kastilien-Léon die Region zu einem *principado* (Fürstentum). Bis heute trägt der Erbe der spanischen Krone den Titel Príncipe de Asturias. Die Auszeichnungen, mit denen der Thronfolger jedes Jahr im Oktober in Oviedos Teatro Campoamor herausragende Persönlichkeiten ehrt, sind Spaniens Äquivalent zum Nobelpreis.

Oviedo

210 000 EW. / 232 M

Der kleine historische *casco antiguo* (Altstadt) der asturischen Hauptstadt verströmt jede Menge Flair. Im Westen und Süden bilden elegante Parks und moderne Einkaufsstraßen ein angenehmes Gegengewicht. Draußen an der Peripherie erinnert das Brummen und Stampfen der Fabriken unmissverständlich daran, dass Oviedo in puncto Produktion von Textilien, Waffen und Lebensmitteln führend ist.

Geschichte

Als Asturiens König Alfons II., genannt der Keusche (El Casto; reg. 791–842), hier eine muslimische Militäreinheit besiegte, die Oviedo nahezu ausgelöscht hatte, muss ihn der Ort trotz der Verwüstungen ziemlich beeindruckt haben. Er ließ ihn wieder aufbauen, erweitern und zog mit seinem ganzen Gefolge von Pravia hierher. Oviedo blieb bis 910 die Hauptstadt des Königreichs Asturien, bis das Königreich León es ersetzte. Um 1600 eröffnete Oviedos Universität, die Industrie erlebte ab dem 19. Jh. einen Aufschwung. Eine Revolte der Minenarbeiter 1934 und eine üble Belagerung in den ersten Monaten des Spanischen Bürgerkriegs führten zur Zerstörung großer Teile der Altstadt.

Sehenswertes

Catedral de San Salvador — KATHEDRALE

Lange vor dem Bau der heutigen Kathedrale war dies der Standort der Cámara Santa, eine von Alfons II. als Reliquienstätte errichtete präromanische Kapelle. Heute ist sie ein kleiner Teil eines größeren Komplexes im gotischen und barocken Stil, der zwischen dem 13. und 18. Jh. Stück für Stück entstand.

In der nordwestlichen Ecke der barocken Capilla del Rey Casto, die man vom nördlichen Querschiff der Kathedrale aus betritt, befindet sich das **Panteón Real**, in dem etliche asturische Könige begraben liegen, darunter auch Alfons II.

Über das südliche Querschiff gelangt man in die Cámara Santa, den Kreuzgang und das Museum. In der **Cámara Santa** (Eintritt 2 €, mit Museum & Kreuzgang 3,50 €, Do nachmittags frei; ⌚ Mo–Fr 10–14.30 & 16–20, Sa bis 18 Uhr) befinden sich einige Schlüsselsymbole des mittelalterlichen spanischen Christentums, darunter zwei mit Juwelen besetzte Goldkreuze. Das Cruz de los Ángeles (Kreuz der Engel) in der Mitte übergab Alfons II. im Jahr 808 der Kathedrale, es ist bis heute das Emblem Oviedos. Ein Jahrhundert später stiftete Alfons III. das Cruz de la Victoria (Siegeskreuz), das Asturiens Wappen ziert. Hinter dem Cruz de los Ángeles wird das Santo Sudario aufbewahrt, ein Stück Stoff, mit dem angeblich das Gesicht Christi bedeckt war. Die Reliquien können von der Sala Apostolar aus bewundert werden. Die bemerkenswerten romanischen zwölf Apostelskulpturen sind ein Werk des Maestro Mateo, der den Pórtico de la Gloria in der Kathedrale von Santiago de Compostela schuf. Verlässt man den Raum, sieht man über der Tür drei Köpfe, die aus einem einzigen Stein gemeißelt wurden. Diese verblüffend einfache Arbeit zeigt von links nach rechts die Jungfrau Maria, Jesus und den Apostel Johannes. Sie gehörte zu einer Gol-

Oviedo

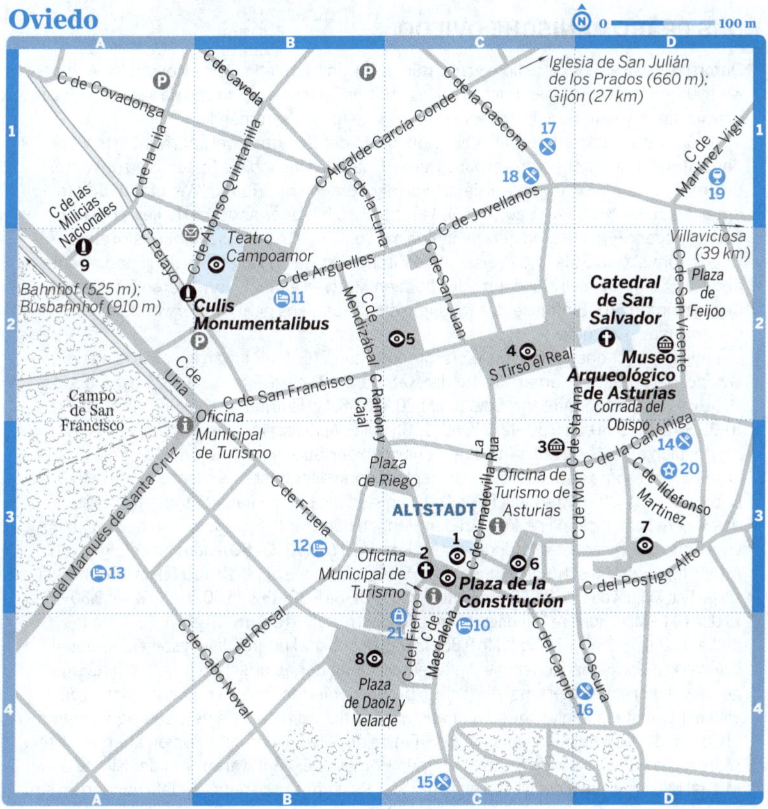

Oviedo

Highlights

- Catedral de San Salvador D2
- Culis Monumentalibus A2
- Museo Arqueológico de Asturias D2
- Plaza de la Constitución C3

Sehenswertes

1. Ayuntamiento C3
2. Iglesia de San Isidoro C3
3. Museo de Bellas Artes de Asturias C3
4. Plaza de Alfonso II C2
5. Plaza de Porlier C2
6. Plaza de Trascorrales C3
7. Plaza del Paraguas D3
8. Plaza Fontán B4
9. Woody-Allen-Statue A2

Schlafen

10. Hostal Arcos C4
11. Hotel Campoamor B2
12. Hotel Fruela B3
13. Hotel Santa Cruz A3

Essen

14. La Corrada del Obispo D3
15. La Puerta Nueva C4
16. Sidrería El Fartuquín D4
17. Sidrería El Pigüeña C1
18. Tierra Astur C1

Ausgehen

19. Ca Beleño D1

Unterhaltung

20. Salsipuedes D3

Shoppen

21. Mercado El Fontán C4

DAS PRÄROMANISCHE OVIEDO

Durch die Invasion der Muslime war das im 8. Jh. entstandene kleine Königreich Asturien weitgehend vom restlichen Europa abgeschnitten. In diesem Mikroklima konnte sich ein einzigartiger Kunst- und Architekturstil entwickeln: die Präromanik.

14 Bauwerke, darunter etliche Kirchen, die in der Zeit des zwei Jahrhunderte währenden asturischen Königreichs erbaut wurden, hat die Unesco als Ensemble zur Welterbestätte ernannt. Zwar greifen sie die Formensprache der Römer, Westgoten und mitunter auch der Karolinger auf, der Stil als solches hat aber andernorts keinerlei Entsprechungen. Typisch sind gerade Linien in Profil und Grundriss, halbkreisförmige Bogen römischen Stils und dreischiffige Kirchen. In vielen Fällen wurden Fundamente und Kapitelle mit korinthischen oder floralen Motiven einfach von älteren Bauwerken übernommen. Auf Einflüsse des muslimischen Spaniens geht die Verwendung von Gitterfenstern zurück.

Einige der schönsten Beispiele präromanischen Stils findet man in sowie rund um Oviedo, darunter die Cámara Santa der Kathedrale. Die **Iglesia de San Julián de los Prados** (Iglesia de Santullano; Erw./Kind 1,20/0,60 €, Mo Eintritt frei; ⌚Mo 10–12.30, Di–Fr 10–12.30 & 16–17.30, Sa 9.30–12 & 15.30–17 Uhr, Okt.–April nachmittags geschl.) liegt 1 km nordöstlich des Stadtzentrums direkt oberhalb der Straße nach Gijón. Sie ist die größte erhaltene präromanische Kirche und zugleich eine der ältesten, errichtet im frühen 9. Jh. unter Alfons II. Charakteristisch für Asturien sind die beiden flankierenden Vorbauten, das Innere schmücken Fresken. An den Hängen des Monte Naranco 3 km nordwestlich vom Zentrum Oviedos entstanden unter Ramiro I. (reg. 842–50), dem Nachfolger von Alfons II., der hohe schmale **Palacio de Santa María del Naranco** (Erw./Kind mit Iglesia de San Miguel de Lillo 3/2 €, Mo Eintritt frei; ⌚Di–Sa 9.30–13 & 15.30–19, So & Mo 9.30–13 Uhr, Okt.–März kürzere Öffnungszeiten) und die **Iglesia de San Miguel de Lillo** (⌚Di–Sa 9.30–13 & 15.30–19, So & Mo 9.30–13 Uhr, Okt.–März kürzere Öffnungszeiten). Beide Bauwerke veranschaulichen die Weiterentwicklung der asturischen Kunst. Ein herausragendes dekoratives Merkmal des schön proportionierten Palacio de Santa María (der vielleicht einst ein königliches Jagdhaus war) ist das *sogueado*, eine zierende Seilimitation, die in die Kapitelle eingearbeitet ist. Einige der Medaillons sind Kopien alter iranischer Motive, die hier durch den Kontakt mit den Römern bekannt waren. Von der Kirche San Miguel blieb nur etwa ein Drittel erhalten, der Rest stürzte bereits vor Jahrhunderten ein. Ihre einzigartig harmonische Form ist aber bis heute erkennbar. Das **Centro de Interpretación de Prerrománico** (☎985 11 49 01; Eintritt frei; ⌚10–13.30 & 15.30–18 Uhr oder länger, Okt.–März Mo & Di geschl.) in unmittelbarer Nähe zeigt informative Ausstellungen und Modelle auf Englisch, Spanisch und Französisch. Besucher gelangen mit Bus 10 hierher. Die Linie startet zwischen 9.10 und 21.10 Uhr einmal pro Stunde nordwestlich in der Calle de Uría unweit des Bahnhofs.

Dienstags bis sonntags kann man San Julián, Santa María und San Miguel im Rahmen von Führungen (auf Spanisch) besichtigen.

gatha-Darstellung, die Körper waren ursprünglich auf die Wand darunter gemalt.

Der **Kreuzgang** ist im reinen gotischen Stil des 14. Jhs. gehalten, eine Seltenheit in Asturien. An dessen Nordwestseite erhebt sich der präromanische **Torre Vieja** (alter Turm) aus dem späten 9. Jh. – den besten Blick darauf hat man von der Straße Tránsito de Santa Bárbara.

GRATIS **Museo Arqueológico de Asturias** MUSEUM
(www.museoarqueologicodeasturias.com; Calle de San Vicente 3; ⌚Mi–Fr 9.30–20, Sa 9.30–14 & 17–20, So 9.30–15 Uhr) Das 2011 nach aufwendiger Restaurierung wiedereröffnete Archäologische Museum Asturiens bringt die geschichtlichen Reichtümer der Region mit Videos und informativen Präsentationen von Exponaten maximal zur Geltung. Die Themen reichen von prähistorischer Höhlenkunst über die eisenzeitliche *castro*-Kultur (mit befestigten Dörfern) bis zur Römerzeit und dem mittelalterlichen Königreich Asturien. Alles ist auf Spanisch beschriftet, aber man bekommt eine Mappe mit englisch- oder französischsprachigen Erläuterungen.

GRATIS **Museo de Bellas Artes de Asturias** MUSEUM
(www.museobbaa.com; Calle de Santa Ana 1; ⌚Di–Sa 10.30–14 & 16.30–20.30, So 10.30–14.30 Uhr) In Oviedos beiden schönsten Stadtpalästen ist das Museum für Schöne Künste untergebracht. Es hat eine große sehenswerte Sammlung, u. a. mit Gemälden von spanischen und europäischen Meistern wie Goya, Zurbarán, Picasso, Tizian und Brueghel dem Älteren sowie vielen asturischen Künstlern wie Evaristo Valle.

Plätze & Statuen PLATZ, DENKMAL
Eines der größten Vergnügen ist es, die Ecken und Winkel der Altstadt von Oviedo zu erkunden. Elegante Paläste aus dem 17. und 18. Jh. säumen die **Plaza de Alfonso II.** vor der Kathedrale und die benachbarte **Plaza de Porlier**. Auf einer kaum wahrnehmbaren Anhöhe nahe beim Zentrum des alten Oviedo liegt die **Plaza de la Constitución**. Hier stehen die **Iglesia de San Isidoro** und das **ayuntamiento** (Rathaus) aus dem 17. Jh. Hinter dem farbenfrohen Lebensmittelmarkt **Mercado El Fontán** reihen sich einige *sidrerías* (Cidrebars) um die arkadengeschmückte **Plaza Fontán**. Passagen führen unter den hübschen Häusern hindurch in die umliegenden Straßen.

Sehenswert sind auch die **Plaza de Trascorrales** und die **Plaza del Paraguas** (Regenschirmplatz). Letztere wird wegen ihrer Form so genannt und diente einst als Marktplatz. Heute steht in der Mitte ein großer Schirm aus Beton, der Besucher und Stadtbewohner gegebenenfalls vor Regen schützt.

Im Zentrum von Oviedo stößt man auf mehrere sehr moderne Skulpturen, darunter auch Eduardo Úrculos **Culis Monumentalibus** (Beine mit zwei großen Hintern) in der Calle Pelayo und eine **Woody-Allen-Statue** (die Brille haben Randalierer heruntergeschlagen) in der Calle de las Milicias Nacionales. Woody Allen brachte seine besondere Zuneigung für Oviedo zum Ausdruck, als er hier Szenen für den 2008 erschienenen Film *Vicky Cristina Barcelona* drehte.

Feste & Events

Oviedos größtes Fest ist die **Fiesta de San Mateo**. Sie wird in der dritten Septemberwoche gefeiert und erreicht ihren Höhepunkt um den 21. September herum.

Schlafen

In der Altstadt gibt's nur eine Unterkunft, aber rundum hat man eine gute Auswahl.

Hotel Fruela HOTEL €€
(☎985 20 81 20; www.hotelfruela.com; Calle de Fruela 3; Zi. 72–79 €; P ❄ 📶) Mit einem angenehm modernen Design und ein wenig origineller Kunst plus professionellem, aber herzlichem Service bieten die 28 Zimmer des Fruela eine gemütliche, fast familiäre Atmosphäre. Dies ist bei Weitem die beste Wahl unter Oviedos zentral gelegenen Mittelklassehotels. Im Café-Restaurant werden Frühstück sowie erfinderische Tapas und andere Gerichte serviert. Eine gute Alternative ist das neue Schwesterhotel Princesa Munia gegenüber.

Hotel Campoamor HOTEL €€
(☎985 21 07 80; www.hotelcampoamoroviedo.com; Calle de Argüelles 23; EZ/DZ 99/105 €; ❄ @ 📶) Die neuen Zimmer in diesem mittelgroßen Hotel sind sehr modern und mit kontrastreichen Farben gestaltet, zur Ausstattung gehören große Duschköpfe sowie Ledersofas. Die älteren Räume wurden etwas klassischer eingerichtet, aber alle bieten genügend Komfort. Der Service ist sowohl professionell als auch freundlich. Das Hotel hat ein gutes Restaurant und eine praktische zentrale Lage gegenüber vom Teatro Campoamor.

Barceló Oviedo Cervantes HOTEL €€
(☎985 25 50 00; www.barcelo.com; Calle de Cervantes 13; Zi. 130 €; P ❄ @ 📶) Nur einige Straßen nordwestlich vom zentralen Campo de San Francisco steht das Barceló, dessen 72 Räume ein restauriertes jahrhundertealtes Herrenhaus und zwei moderne Flügel einnehmen. Der tadellose zeitgenössische Stil prägt das gesamte Hotel, von der Bar am Empfang mit ihrer verglasten Terrasse bis zu den geräumigen luxuriösen Zimmern und ihren mit Glaswänden abgeteilten Bädern und Regenbrausen.

Hotel de la Reconquista HOTEL €€
(☎985 24 11 00; www.hoteldelareconquista.com; Calle de Gil de Jaz 16; Zi. 119–163 €; P ❄ @ 📶) Seine Karriere begann das renommierteste Hotel der Stadt im 18. Jh. als Hospiz. Es liegt zwei Blocks nordwestlich vom zentralen Campo de San Francisco und ist um mehrere Patios angeordnet. Die in Ockertönen und Weiß gehaltenen, etwas formellen Zimmer unterscheiden sich sehr in Form und Größe, haben aber alle Holzmöbel und raumhohe Fenster. Auch Suiten stehen zur Verfügung. Im Oktober während der Verleihung der jährlichen Prinz-von-Asturien-Preise logieren hier Angehörige des Königshauses und andere Prominente.

Hotel Santa Cruz HOTEL €€
(☎985 22 37 11; www.santacruzoviedo.com; Calle del Marqués de Santa Cruz 6; EZ/DZ 54/70 €; P 📶) Auch wenn nur die Zimmer 22 und 23 Blick auf den hübschen Park auf der anderen Straßenseite bieten, bezaubert das Santa Cruz mit großen, sauberen Räumen, einer freundlichen Rezeption und der zentralen Lage.

Hostal Arcos HOSTAL €
(☎985 21 47 73; www.hostal-arcos.com; Calle de Magdalena 3; EZ/DZ 35/55 €; 📶) Die einzige Bleibe in der Altstadt liegt in einem modernen Backsteingebäude und hat nettes Personal sowie zehn schlichte, saubere Zimmer, alle sehr heiter und farbenfroh.

Essen

In Oviedos *sidrerías* bekommt man gutes Essen zu vernünftigen Preisen. Eine ganze Reihe lärmiger Cidrebars säumen die Calle de la Gascona, die meisten servieren *raciones* für 8–18 € (zwei oder drei ersetzen eine komplette Mahlzeit). Feinschmecker finden in der Stadt einige der besten Restaurants Nordspaniens.

Tierra Astur SIDRERÍA €€
(☎985 20 25 02; www.tierra-astur.com; Calle de la Gascona 1; Hauptgerichte 9–21 €) Diese stimmungsvolle *sidrería* ist für ihre gegrillten Fleischgerichte und den preisgekrönten Cidre berühmt. Auf einen freien Tisch muss man lange warten. Man kann sich aber auch gleich an der Bar niederlassen und Tapas bestellen. Einige Besucher kommen nur, um lokale Produkte im Laden auf der rechten Seite zu kaufen, und gehen dann wieder. Asturische Wurst, Käse oder Schinken sind gute Häppchen für den Anfang.

La Corrada del Obispo ASTURISCH €€
(☎985 22 00 48; Calle de la Canóniga 18; Hauptgerichte 16–24 €; ⏲Mo & So abends geschl.) Moderne Einrichtung und Natursteinwände schaffen in dem Haus aus dem 18. Jh. eine einladende Atmosphäre. Zu essen gibt's eine verführerische Auswahl an Fisch- und Fleischgerichten, in der Saison auch Wild wie Wildschwein und Reh. Wer etwas Glück hat, ergattert einen Tisch in der Galerie. Woody Allen drehte hier einige Szenen für seinen Film *Vicky Cristina Barcelona*.

Sidrería El Pigüeña SIDRERÍA, FISCH & MEERESFRÜCHTE €€
(Calle de la Gascona 2; Hauptgerichte 15–25 €; ⏲Do–Di; 📶) Abends ist die laute Bar in der Calle de la Gascona rappelvoll, vor allem an Wochenenden. Sie zieht ein buntes einheimisches Publikum an, das Seafood oder *rollitos de verdura con marisco* (mit Meeresfrüchten gefüllte Gemüserollen) verspeist und flaschenweise Cidre trinkt. Das Einschenken sollte man den Kellnern überlassen!

Bocamar FISCH & MEERESFRÜCHTE €€€
(☎985 23 70 92; www.bocamar.es; Calle del Marqués de Pidal 20; Hauptgerichte 18–27 €; ⏲So abends geschl.) Das Bocamar mit maritimem Flair zählt zu den besten Meeresfrüchterestaurants der Stadt. Alle Zutaten werden mit einer Leichtigkeit zubereitet, die man förmlich schmeckt. Zu den attraktiven Angeboten zählen wilder Steinbutt *(rodaballo salvaje)* und Spieße mit Seeteufel *(pixín)*, Garnelen und Gemüse. Es liegt 200 m nördlich vom Campo de San Francisco.

Sidrería El Fartuquín ASTURISCH €€
(www.restauranteelfartuquin.es; Calle del Carpio 19; Hauptgerichte 11–20 €; ⏲So geschl.) In einem lebhaften kleinen Speisesaal serviert das Fartuquín eine hervorragende Auswahl an asturischem Fleisch, Fisch und Meeresfrüchten. Abends und montags- bis freitagmittags gibt's ein preisgünstiges Menü für 14 € mit Wein. Die Einheimischen drängen sich abends vorne an der Bar, um Tapas zu essen.

La Puerta Nueva SPANISCH €€
(☎985 22 52 27; Calle de Leopoldo Alas 2; Hauptgerichte 14–26 €; ⏲Fr & Sa mittags & abends, So mittags) Trotz begrenzter Öffnungszeiten lohnt ein Besuch in diesem Gourmetrestaurant. Es kombiniert nordspanische und mediterrane Küche aus frischen Produkten vom Markt in angenehmem Ambiente. Wir empfehlen das Menü mit Wein für 33 €.

Ausgehen & Unterhaltung

Sidrerías findet man auf der Calle de la Gascona *(el bulevar de la sidra)*. Die schmalen Fußgängerstraßen in der Altstadt sind am Wochenende vollgestopft mit Leuten, die in und vor den Bars eine tolle Zeit verbringen möchten. Als Mittelpunkt des Geschehens gelten die Calle de Mon (hier reiht sich Bar an Bar) und ihre etwas weniger turbulente Verlängerung Calle Oscura („Dunkle Straße"). Freitags und samstags sind die meisten Lokale bis 5.30 Uhr geöffnet und sehr voll. In den Bars mit Livemusik (zwischen 20 und 23 Uhr) in der Calle de Martínez Vigil kann man alles Mögliche von Blues über keltischen und spanischen Indie-Rock bis zu gecoverten Beatles-Songs hören.

CIDRE VERKOSTEN

Antike Aufzeichnungen beweisen, dass die Asturier schon im 8. Jh. Cidre tranken! Die Region produziert 80 % des spanischen Apfelweins – das sind je nach Ernte ca. 30 Mio. Liter pro Jahr. Im Herbst werden die Äpfel gepflückt und zu Brei zerstoßen (etwa drei Viertel verarbeitet man zu Apfelsaft). Cidre gärt in *pipes* (Fässern), die während der Wintermonate in *llagares* (Cidrekellereien) lagern. Eine 450-Liter-*pipa* fasst etwa 800 kg Äpfel; diese Menge ergibt 600 Flaschen.

Früher wurden die Fässer zu *chigres* (Cidretavernen) transportiert und der Cidre direkt aus den *pipes* in Gläser gefüllt. Leider gibt's heute kaum noch Tavernen. Inzwischen bietet man Apfelwein in *sidrerías* (Cidrebars) meist flaschenweise an und serviert dazu Snacks. Das Einschenken nennt sich *escanciada*: Damit der Cidre schön sprudelt, hält man die Flasche hoch über den Kopf und das Glas ganz tief, das nur zu einem Fünftel gefüllt wird. Einen solchen Schuss Cidre – *culete* oder *culín* – trinkt man in einem Zug aus (etwas bleibt noch im Glas), solange er noch sprudelt.

Das bedeutendste Produktionsgebiet liegt östlich von Oviedo. Mehr darüber erfährt man bei **Comarca de la Sidra** (www.comarcadelasidra.com).

Ca Beleño MUSIKBAR

(www.facebook.com/cabeleno; Calle de Martínez Vigil 4; ⌚ab 17 Uhr) Diese kleine Kneipe ist ein alteingesessener Veranstaltungsort für keltische Musik, ob mit asturischem, galicischem oder irischem Einschlag. Donnerstags ab 22 Uhr gibt's meist Liveauftritte oder Jamsessions.

Salsipuedes CLUB

(www.salsipuedes.es; Calle de Ildefonso Martínez 7; ⌚So–Do 24–5, Fr & Sa 24–19.30 Uhr; 📶) Wer um drei Uhr morgens noch feiern möchte, ist im Salsipuedes gut aufgehoben. Der blau beleuchtete Club liegt in der Altstadt und besetzt mit seinen Bars und Tanzflächen ganze drei Etagen.

ℹ Praktische Informationen

Oficina de Turismo de Asturias (☎902 30 02 02; www.infoasturias.com; Calle de Cimadevilla 4; ⌚ganzjährig Mo–Sa 10–19 Uhr, Juli & Aug. So 10–17 Uhr)

Oficina Municipal de Turismo (ayto-oviedo.es) Altstadt (☎984 08 60 60; Plaza de la Constitución 4; ⌚9.30–19.30 Uhr); Busbahnhof (☎985 11 70 50; Calle de Pepe Cosmen; ⌚Juli–Sept. 9.30–14 & 16.30–19.30 Uhr); Campo de San Francisco (☎985 22 75 86; Calle del Marqués de Santa Cruz 1; ⌚9.30–14 & 16.30–19.30 Uhr)

ℹ An- & Weiterreise

Bus

Vom **Busbahnhof** (☎902 49 99 49; www.estacio ndeautobusesdeoviedo.com; Avenida de Pepe Cosmen), 700 m nördlich vom zentralen Park Campo de San Francisco fahren Direktbusse von 6.30 bis 22.30 Uhr alle 10 bis 15 Minuten über die Autobahn nach Gijón (2,25 €, 30 Min.). Außerdem gibt's Verbindungen zu Orten in Asturien, Galicien, Kantabrien und weiteren Regionen, darunter folgende Ziele:

Cangas de Onís (6,50 €, 1½ Std., mind. 7-mal tgl.)

Madrid (30,62–53,08 €, 5¼–6½ Std., mind. 18-mal tgl.)

Ribadesella (7,45 €, 1¼–1¾ Std., mind. 7-mal tgl.)

Santander (11,81–25,40 €, 2¼–3¼ Std., mind. 8-mal tgl.)

Santiago de Compostela (27,63–40,75 €, 4¾–7¼ Std., mind. 6-mal tgl.)

Flugzeug

Der **Aeropuerto de Asturias** (☎902 40 47 04) liegt in Santiago del Monte, 47 km nordwestlich von Oviedo und 40 km westlich von Gijón. Vom/zum Busbahnhof in Oviedo fahren stündlich Busse (7,50 €, 45 Min.).

Einige Fluggesellschaften und Ziele:

Air Berlin (www.airberlin.com) Steuert über Palma de Mallorca zahlreiche Orte in Deutschland an.

easyJet (www.easyjet.com) London (Stansted), Genf und Lissabon.

Iberia (www.iberia.com) Madrid und Valencia.

Ryanair (www.ryanair.com) Barcelona und Madrid.

Volotea (www.volotea.com) Málaga.

Vueling Airlines (www.vueling.com) Barcelona.

Zug

Der **Bahnhof** (Avenida de Santander; 📶) wird von den beiden Unternehmen Renfe und FEVE bedient, Letzteres nutzt die obere Ebene. Zu den Zielen von **Renfe** (www.renfe.com) zählen León (8,20–19,60 €, 2–3 Std., mind. 5-mal tgl.), Ma-

ABSTECHER

PARQUE NATURAL DE REDES

Eine schöne Autoroute führt von El Entrego über die AS117 durch das Nalón-Tal hinauf zum 1490 m hohen Pass Puerto de la Tarna an der Grenze zu Kastilien-Léon. Der letzte Teil der Strecke verläuft durch den Parque Natural de Redes, ein üppig grünes Paradies. Hier erstrecken sich zahlreiche Wanderwege, außerdem gibt's einige Unterkünfte und ein **Centro de Interpretación** (☎985 60 80 22; www.parquenaturalderedes.es; ⏱10–14 & 16–20 Uhr; 🅿) am Campo de Caso.

drid (50,90 €, 5–5¾ Std., 3- bis 4-mal tgl.) und Barcelona (98,20 €, 11 Std., 1-mal über Nacht). Nach Gijón starten bis 22.45 Uhr bis zu dreimal stündlich *cercanías* (2,85 €, 33 Min.) von Renfe.

Züge von **FEVE** (☎985 98 23 81; www.feve.es) steuern zwei- bis viermal täglich Arriondas (4,75 €, 1½ Std.), Ribadesella (6,15 €, 2 Std.) und Llanes (7,90 €, 2½ Std.) an; zwei fahren weiter bis Santander (15 €, 4¾ Std.). Richtung Westen gibt's jeden Tag drei Direktverbindungen nach Cudillero (3,05 €, 1¼ Std). Die beiden Züge nach Luarca (6,85 €, 2¼ Std.) fahren weiter bis Ferrol in Galicien.

Rund um Oviedo

EL ENTREGO

Asturien hat eine stolze Bergbaugeschichte, ein Wirtschaftszweig, der den Ausbau der Eisenbahn und der metallverarbeitenden Industrie vorantrieb. Im **Museo de la Minería y de la Industria** (☎985 66 31 33; www.mumi.es; Calle El Trabanquín; Erw./Kind 5,50/2,50 €; ⏱Di–So 10–20 Uhr; 🅿), 25 km östlich von Oviedo in El Entrego, kann man in diese Geschichte eintauchen. Die Ausstellungsstücke, originalgroße Modelle der Maschinen und Nachbauten eines Schachts und Tunnels veranschaulichen den harten Alltag des Bergbaus. Stündlich verkehren *cercanías* (Vorortzüge) von Renfe zwischen Oviedo und El Entrego (2,20 €, 40 Min.).

Gijón

264 000 EW.

Gijón (chi-*chon*) ist größer, düsterer und bodenständiger als Oviedo, produziert Eisen, Stahl und Chemikalien und gilt als wichtigste Verladestation für asturische Kohle. Die Stadt bemüht sich, ihr industrielles Antlitz aufzupolieren, indem sie Fußgängerzonen im Zentrum sowie Parks und Uferpromenaden angelegt hat. Außerdem lockt sie mit kulturellen Attraktionen, Partylocations, Stränden und einem umfangreichen Unterhaltungsprogramm im Sommer.

Sehenswertes & Aktivitäten

Cimadevilla ALTSTADT

Gijóns Altstadt konzentriert sich auf die Landzunge Cimadevilla. An ihrer Spitze liegt der grüne **Parque del Cerro Santa Catalina** mit einer Geschützbatterie vom Anfang des 20. Jhs., einem Segelschiffmodell, auf dem kleine Kinder herumklettern können, und dem **Elogio del Horizonte**, einer massiven Betonskulptur des baskischen Künstlers Eduardo Chillida, die zum Wahrzeichen der Stadt geworden ist.

Auf der Landseite von Cimadevilla breitet sich ein Netz schmaler Gassen und einladender kleiner Plätze aus. An der **Plaza de Jovellanos** steht das Haus des berühmtesten Sohnes der Stadt, Gaspar Melchor de Jovellanos, ein Aufklärer des 18. Jhs. Heute beherbergt es das **Museo Casa Natal de Jovellanos** (☎985 34 63 13; http://museos.gijon.es; Plaza de Jovellanos 2; Eintritt frei; ⏱Di–So 10–14 & 17–19.30 Uhr). Westlich des Platzes wurde ein Teilstück der **römischen Stadtmauer mit Türmen** rekonstruiert.

Richtung Osten unterhalb des Campo Valdés entdeckt man die sehenswerten **Termas Romanas** (Römische Bäder; ☎985 18 51 51; museos.gijon.es; Erw./Sen. & Stud./Kind 2,50/1,40€/frei, So Eintritt frei; ⏱Di–So 10–14 & 17–19.30 Uhr), die zwischen dem 1. und 4. Jh. errichtet wurden. Westlich von Campo Valdés liegt die harmonisch proportionierte **Plaza Mayor** mit ihren Bogengängen.

Museo del Ferrocarril de Asturias MUSEUM

(☎985 30 85 75; http://museos.gijon.es; Plaza de la Estación del Norte; Erw./Sen. & Stud./Kind 2,50/1,40 €/frei, So Eintritt frei; ⏱Di–So 10–19 Uhr; 👪) Welch wichtige Rolle die Eisenbahn in der Geschichte Asturiens spielte, verdeutlicht das hervorragende Museum im Renfe-Bahnhof aus dem 19. Jh., wenige Gehminuten westlich des Stadtzentrums. Zu sehen sind 50 Loks und Waggons sowie viele nostalgische Objekte rund um die Eisenbahn. Auch kurze Zugfahrten auf dem Areal werden angeboten.

Acuario AQUARIUM

(☎958 18 52 20; http://acuario.gijon.com; Erw./Senior & Stud./Kind 12/8/6 €; ⏱10–19 Uhr oder län-

Gijón

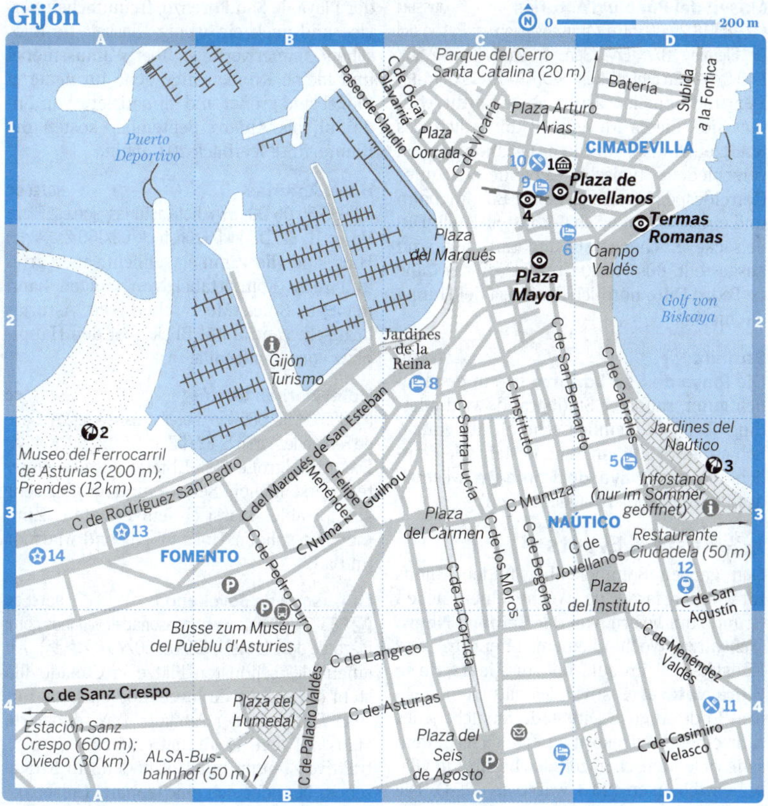

Gijón

Highlights

Plaza de Jovellanos C1
Plaza Mayor C2
Termas Romanas D1

Sehenswertes

1 Museo Casa Natal de Jovellanos C1
2 Playa de Poniente A3
3 Playa de San Lorenzo D3
4 Römische Mauer C1

Schlafen

5 Hotel Alcomar D3
6 Hotel Asturias C2
7 Hotel Hernán Cortés C4
8 Hotel Pasaje C2
9 La Casona de Jovellanos C1

Essen

10 Casa Zabala C1
La Galana .... (siehe 6)
11 Restaurante Sidrería Ataulfo D4

Ausgehen

12 Café Dam D3

Unterhaltung

13 Ca Beleño A3
14 La Bodeguita del Medio A3

ger; [icon]) Nach einem kurzen Spaziergang vom Zentrum über die Uferpromenade erreicht man dieses einzigartige Aquarium an der Playa de Poniente. Es beherbergt mehr als 4000 Spezies, darunter Otter, Haie und Pinguine, die man in 50 Becken und elf verschiedenen Unterwasserlandschaften von der Biskaya bis zu den Tropen bestaunen kann.

Muséu del Pueblu d'Asturies MUSEUM
(☎985 18 29 60; http://museos.gijon.es; Paseo del Dr Fleming 877; Erw./Sen. & Stud./Kind 2,50/1,40 €/frei, So Eintritt frei; ⏰Di–So 10–19 Uhr; P) Der traditionellen asturischen Kultur widmet sich dieses Museum 2 km östlich des Stadtzentrums. Auf dem Gelände stehen verschiedene typische Gebäude, darunter Getreidespeicher, Häuser, eine Bowlingbahn und einige skurrile Schäferhütten. Auch Dudelsäcke, Küchengeräte und Kutschen sind ausgestellt. Bus 1 (1,20 €) fährt von der Calle de Pedro Duro nördlich der Plaza del Humedal hierher.

Strände STRÄNDE
Die **Playa de San Lorenzo** ist ein erstaunlich guter, sauberer Stadtstrand, wird allerdings bei Flut ziemlich schmal. Aus künstlich aufgeschüttetem Sand besteht die deutlich breitere **Playa de Poniente** westlich des Puerto Deportivo (Jachthafen).

Feste & Events

Den ganzen Sommer über finden Gijóns Einwohner fast jede Woche einen neuen Grund zum Feiern, von der **Semana Negra** (Schwarze Woche), einem Literatur- und Kunstfestival im Juli, bis zur **Fiesta de la Sidra Natural** (Festival des naturreinen Cidre) Ende August. Die Stadt versucht jedes Jahr einen Weltrekord zu erreichen, indem sehr viele Menschen zeitgleich Cidre in Gläser einschenken (2011 waren es 7294). Die bedeutendste Veranstaltung ist die **Semana Grande** (in den ersten beiden Augustwochen). Musik und Partys gehören selbstverständlich bei allen Events dazu.

Schlafen

Ein Zimmer im August zu bekommen, kann schwierig werden, deshalb sollte man im Voraus buchen. Außerhalb der Hauptsaison sinken die Preise und online sind oft günstigere Angebote zu finden.

Hotel Pasaje HOTEL €€
(☎985 34 49 15; www.hotelpasaje.es; Calle del Marqués de San Esteban 3; EZ/DZ 65/110 €; 📶) In dem gastfreundlichen familiengeführten kleinen Hotel warten angenehme helle Zimmer, viele mit Meerblick. Es liegt praktisch zentral gegenüber dem Puerto Deportivo (Jachthafen) und hat ein Café.

Hotel Alcomar HOTEL €€
(☎985 35 70 11; www.hotelalcomar.com; Calle de Cabrales 24; EZ/DZ inkl. Frühstück 91/130 €; ❄📶) Das Alcomar hat eine erstklassige Lage an der Playa de San Lorenzo, freundlichen Service und auch ein wenig Klasse. Die hübschen Zimmer verfügen über Walnussmöbel und kleine Kronleuchter. Jene im neueren Flügel sind größer und klimatisiert. Von Ende Juli bis Anfang September kosten die Räume mit Meerblick 20 € mehr.

Hotel Asturias HOTEL €€
(☎985 35 06 00; www.hotelasturiasgijon.es; Plaza Mayor 11; EZ/DZ inkl. Frühstück 92/130 €; ❄📶) Hier sind die Zimmer schlicht, aber groß und recht komfortabel, von einigen kann man ein Stück Meer sehen. Das Asturias liegt sehr zentral mit Blick über den Hauptplatz von Cimadevilla.

Hotel Hernán Cortés HOTEL €€
(☎985 34 60 00; www.hotelhernancortes.es; Calle de Fernández Vallín 5; EZ/DZ ab 85/110 €; ❄@📶) Das mittelgroße Hotel bietet ausgezeichneten persönlichen Service und große, sehr komfortable, klassisch eingerichtete Zimmer mit soliden Holzmöbeln und Marmor im Bad.

La Casona de Jovellanos HOTEL €€
(☎985 34 20 24; www.lacasonadejovellanos.com; Plaza de Jovellanos 1; EZ/DZ 60/75 €; P📶) An einem der schönsten Plätze in Cimadevilla steht die Casona de Jovellanos, eins von nur zwei Hotels in der Altstadt. Das renovierte Haus aus dem 18. Jh. hat einfache, aber attraktive Zimmer mit Holzböden. Im Erdgeschoss befindet sich eine lebhafte Cidrebar.

Essen

Am stimmungsvollsten speist man in Cimadevilla, aber auch die Neustadt wartet mit zahlreichen guten Lokalen auf.

Casa Zabala FISCH & MEERESFRÜCHTE €€€
(☎985 34 17 31; Calle del Vizconde de Campo Grande 2; Hauptgerichte 18–25 €; ⏰Mo & So abends geschl.) Ein feines Lokal inmitten der *sidrerías* in Cimadevilla. Die Casa Zabala tischt in gut erhaltenem historischen Ambiente Meeresfrüchte und edlen Fisch auf, wie man ihn nicht überall bekommt, z. B. Seebarsch mit Wildpilz-Risotto.

Restaurante Ciudadela ASTURISCH €€
(www.restauranteciudadela.com; Calle de Capua 7; Hauptgerichte & raciones 9–24 €; ⏰Mo & So abends geschl.) Wie viele Lokale in Gijón hat das Ciudadela vorne eine Bar, wo man Tapas essen kann, und im rückwärtigen Teil einen Speisesaal. Zudem gibt's hier einen einzigartigen höhlenartigen Keller mit dem Flair einer historischen kastilischen Bodega. Die Küche

WAS ISST MAN IN ASTURIEN?

Die traditionelle asturische Küche ist in der Regel eine einfache Bauernküche. Am bekanntesten ist *fabada asturiana*, ein herzhaftes Bohnengericht mit Fleisch und Wurst. Fleischliebhaber schwärmen von *cachopo* (paniertes Kalbfleisch, gefüllt mit Schinken, Käse und Gemüse). Ebenso wie in Kantabrien kommt viel frischer Fisch und gutes Fleisch auf den Tisch und in Asturiens Flüssen tummeln sich zahlreiche Forellen, Lachse und Aale.

Große Popularität erlangte die Region wegen ihrer Käsesorten, insbesondere dem bläulich-grünen *queso de Cabrales*, der in den Ausläufern der Picos de Europa hergestellt wird. Als Basis dafür dient unbehandelter Kuhmilchkäse, der manchmal mit kleinen Mengen an Ziegen- oder Schafsmilch gemischt wird. Der Käse reift in Berghöhlen, ist stark aromatisch, streng und geruchsintensiv, schmeckt aber erstaunlich gut.

bereitet liebevoll und manchmal mit kreativem Touch einige der besten asturischen Gerichte zu, von *pucheros* (Aufläufe/Eintöpfe) über Meeresfrüchte bis zu hervorragendem Fleisch und Wild. Es liegt einen halben Block von der Playa de San Lorenzo entfernt, südöstlich der Jardines del Naútico.

Restaurante Sidrería Ataulfo FISCH & MEERESFRÜCHTE, SIDRERÍA €€€
(Calle de Cabrales 29; Hauptgerichte 15–40 €; ⌚Mo & So abends geschl.) Ein gutes, recht informelles Restaurant für frischen Fisch und Meeresfrüchte. Die Spezialität des Hauses, *arroz con bugre* (Reis mit Hummer für mind. 2 Pers.) bestellt man am besten im Voraus.

Casa Gerardo ASTURISCH €€€
(☎985 88 77 97; www.marcosmoran.com; Carretera AS19, Prendes; Hauptgerichte 22–28 €; ⌚Di–So mittags, Sa & So abends) Etwa 12 km westlich von Gijón werden in diesem Haus mit Natursteinfassade und ländlichem Ambiente schon seit 1882 gute lokale Speisen zubereitet. In fünf Generationen verfeinerte die Familie Morán ihre Gerichte so sehr, dass sie einen Michelin-Stern erkochen konnte. Fisch und Meeresfrüchte schmecken fantastisch. Den besten Eindruck von der gelungenen Verbindung von Tradition und Innovation vermitteln die Menüs (50–80 €).

La Galana SIDRERÍA €€
(Plaza Mayor 10; Hauptgerichte & raciones 15–24 €) In der Bar vorne, einer lebhaften *sidrería,* kann man zu den Cidre-Fluten, die das Barpersonal in die Gläser gießt, Tapas (4–7 €) essen. Über ein paar Treppenstufen kommt man in den großen Speisesaal. Die Fischkarte ist sehr attraktiv, aber man kann auch eines der Reisgerichte probieren oder die *sartén de la abuela* (Pfanne der Großmutter) mit Eiern, Chorizo, Paprika und Kartoffeln wählen.

Ausgehen & Unterhaltung

Viele Bars schließen sonntags bis donnerstags um 1.30 Uhr und an Wochenenden um 3.30 Uhr. Wer eine Lizenz für Bands und DJs hat (und in diese Kategorie fallen fast alle Läden), darf zwei Stunden länger öffnen. Clubs machen um 7.30 Uhr dicht.

Am besten beginnt man den Abend in einer der *sidrerías,* die sich überall in der Stadt und in Cimadevilla verteilen, denn dort isst man auch gut. In Cimadevilla finden Teenager und Studenten an der Plaza Corrada und der Calle de la Vicaría eine tolle Musikbarszene. Die Naútico-Gegend nahe der Playa de San Lorenzo wartet mit einer Riesenauswahl an Lokalen auf, die von kleinen angesagten Kneipen über Cocktail- und Musikbars bis zu großen Nachtclubs reicht.

Das an Amsterdam erinnernde **Café Dam** (Calle de San Agustín 14; ⌚So–Do 17.30–1, Fr & Sa 17.30–Sperrstunde; 📶) ist eine Galerie und Chill-out-Bar und freitags sowie samstags ab Mitternacht ein großartiger Ort für Livemusik und DJs.

Ein etwas älteres Publikum bevölkert die Bars und Clubs der Fomento-Gegend in der Nähe der Playa de Poniente, darunter den Salsa-Schuppen **La Bodeguita del Medio** (☎985 35 21 46; Calle de Rodríguez San Pedro 43; ⌚ab 20 Uhr) und das **Ca Beleño** (☎984 29 22 53; http://cabeleno.com; Calle de Rodríguez San Pedro 39; ⌚17–1 Uhr oder länger; 📶), eine Bar für Jazz und keltische Musik.

Praktische Informationen

Gijón Turismo (☎985 34 17 71; www.gijon.info; Espigón Central de Fomento; ⌚10–20 Uhr) Das Hauptbüro der Touristeninformation an einem Kai des Puerto Deportivo ist sehr hilfsbereit. Weitere Infostände öffnen im Sommer an der Playa de San Lorenzo sowie an anderen Stellen.

An- & Weiterreise

Bus

Vom **ALSA-Busbahnhof** (☎902 42 22 42; www.alsa.es; Calle de Magnus Blikstad) bestehen Verbindungen zum Aeropuerto de Asturias (7,50 €, 35 Min, 6–20 Uhr stündlich und um 22 Uhr), nach Oviedo (2,15 €, 30 Min., 7–22.30 Uhr alle 10–20 Min.) und nach Santander (13,52–27,96 €, 2¾–3¾ Std., mind. 9-mal tgl.).

Schiff/Fähre

Das französische Unternehmen **LD Lines** (ldlines.com) pendelt dreimal wöchentlich zwischen dem nordfranzösischen Saint-Nazaire und Gijón. Je nach Saison und Nachfrage variieren die Preise für die 15-stündige Überfahrt. Die Fähren legen am Puerto de El Musel an, 6 km westlich des Zentrums von Gijón.

Zug

Während an der Einrichtung der Metrolinie in der Innenstadt gearbeitet wird, fahren alle Züge von der temporär eingerichteten **Estación Sanz Crespo** (Calle de Sanz Crespo), 1 km westlich des Zentrums. **Renfe** (☎902 32 03 20; www.renfe.com) bietet täglich mehrere Verbindungen nach León und Madrid und bis zu dreimal pro Stunde *cercanías* nach Oviedo (2,85 €, 33 Min.). Direkte Nahverkehrszüge von **FEVE** (☎985 98 23 81; www.feve.es) fahren nach Cudillero (3,05 €, 1¾ Std., 5- bis 12-mal tgl.). Für die meisten Ziele der FEVE-Züge muss man in Pravia oder Oviedo umsteigen. Die Stadtbusse 5 und 16 (1,20 €) pendeln zwischen Bahnhof und Zentrum.

Ostküste

Hauptsächlich spanische Urlauber bevölkern die Strände und Buchten an Gijóns Ostküste, hinter der nur 15 km weiter im Landesinneren die Picos de Europa in die Höhe ragen.

VILLAVICIOSA & UMGEBUNG

6300 EW. (VILLAVICIOSA)

Abgesehen von der romanischen Iglesia de Santa María, entstand Villaviciosas hübsches kleines Zentrum hauptsächlich im 18. Jh. Der Ort konkurriert mit Nava um den Titel der asturischen Cidre-Hauptstadt. An der N632 ca. 1 km vom Zentrum kann man bei **El Gaitero** (☎985 89 01 00; www.gaitero.com; Bodegas/Museum frei/1,50 €; ⏲Mo–Fr 10–13.15 & 16–18.15 Uhr, Mitte Juni–Mitte Sept. Sa 10–13.15 Uhr, Mitte Sept.–Mitte Juni Do–So 10–12.30 & 16–18.30 Uhr; P) die hauseigenen Bodegas und das Museum des Unternehmens besuchen.

In der Umgebung findet man zahlreiche kleine und sehr alte Kirchen. Nicht verpassen sollte man die **Iglesia de San Salvador de Valdediós** (☎985 89 23 24; Eintritt 1,50 €; ⏲Di–So 11–13 & 16.30–19 Uhr, Okt.–März nachmittags geschl.), die 9 km südwestlich unweit der Abzweigung von der AS267 nach Pola de Siero in einem schönen Tal steht. Errichtet wurde das dreischiffige präromanische Gotteshaus 893 als Teil eines Palastkomplexes für Alfons III.

Die Mündung des Meeresarms Ría de Villaviciosa, 11 km nördlich der Stadt, säumt die breite, von goldenem Sand bedeckte, 1 km lange **Playa de Rodiles**. Surfer haben hier im Spätsommer die Chance, die eine oder andere Welle zu reiten.

Colunga, 18 km östlich von Villaviciosa, zieht mit dem beliebten **Museo del Jurásico de Asturias** (MUJA; www.museojurasicoasturias.com; Rasa de San Telmo; Erw./Sen. & Kind 7/4,60 €, Mi Eintritt frei; ⏲10.30–20 Uhr, Sept.–Juni kürzere Öffnungszeiten sowie Mo & Di geschl.; P 👪) viele Besucher an. Es präsentiert Dinosaurierspuren, Fossilien und Knochen, die an der asturischen Küste gefunden wurden, sowie rund 20 riesige Dinosauriernachbildungen. So erhält man einen Einblick in 185 Millionen Jahre Vorgeschichte. Zu den Exponaten gehört auch ein über 12 m hohes Tyrannosaurus-Paar. An der 770 m langen **Playa de Caravia** in der Nähe von Prado mit ihren üppig grünen Hügeln im Hintergrund geht's selbst im Sommer recht ruhig zu. Sie ist einer von vielen Sandstränden an diesem Küstenabschnitt.

In Villaviciosa gibt's zahlreiche *sidrerías*, ein paar Restaurants sowie ein Dutzend Hotels und *pensiones* (Privatpensionen). Die attraktivste Unterkunft der Gegend ist die britisch geführte **La Casona de Amandi** (☎985 89 01 30; www.lacasonadeamandi.com; Calle de San Juan 6, Amandi; EZ/DZ inkl. Frühstück 90/100 €; P 📶 👪), ein schönes, großes Bauernhaus aus dem 19. Jh. in Amandi, 1,5 km südlich der Stadt. Alle Zimmer haben ihren eigenen Charakter. Sie sind unterschiedlich groß und noch mit einigen der ursprünglichen Möbel ausgestattet. Von Mitte Juli bis Mitte September wird ein Abendessen angeboten und bei gutem Wetter draußen im reizvollen Garten mit weiten Rasenflächen aufgetischt.

An- & Weiterreise

Täglich fahren neun oder mehr ALSA-Busse nach Oviedo (3,95 €, 35 Min.–1 Std.) und Ribadesella (3,60 €, 35 Min.–1 Std.). Mindestens 13 Verbindungen gehen nach Gijón (2,70 €, 30 Min.–1¼ Std.).

RIBADESELLA

3020 EW.

Wer keine Reservierung in der Tasche hat, braucht am ersten Wochenende nach dem 2. August, wenn Ribadesella beim Kanufestival **Descenso Internacional del Sella** (www.descensodelsella.com) aus allen Nähten platzt, gar nicht aufzukreuzen. Zu jeder anderen Zeit ist die kleine Stadt ein unaufdringlicher Ferienort. Sie besteht aus zwei Hälften, die durch das Mündungsgebiet des Sella geteilt und durch eine lange, niedrige Brücke miteinander verbunden sind. Die westliche Hälfte verfügt über einen guten, ausgedehnten Strand, die Playa de Santa Marina, während sich der ältere Teil des Orts und der Fischereihafen auf der östlichen Seite befinden.

Sehenswertes

LP TIPP **Cueva de Tito Bustillo** HÖHLEN
(☎902 30 66 00, Reservierungen 985 86 12 55; www.centrodearterupestredetitobustillo.com; Erw./Sen., Stud. & Kind mit Centro de Arte Rupestre 7,10/5,10 €, Mi Eintritt frei; ⏲Mitte März–Okt. 10.15–17 Uhr; P) In dieser Höhle, die zu den Unesco-Welterbestätten zählt und ein Stück südlich vom westlichen Ende der Sella-Brücke liegt, kann man einige der schönsten Malereien Spaniens bewundern, darunter Pferde, die vermutlich um ca. 13 000 bis 12 000 v. Chr. entstanden sind. Da die tägliche Besucherzahl begrenzt ist, sollte man telefonisch reservieren. Die 45-minütige Führung (auf Spanisch) beinhaltet mehrere rutschige Abschnitte; Kinder unter sieben Jahren dürfen nicht hinein. Wenn man die Höhle nicht besucht, lohnt das **Centro de Arte Rupestre Tito Bustillo** (Erw./Sen., Stud. & Kind 5,20/3,10 €, Mi Eintritt frei; ⏲Juli & Aug. 10–20 Uhr, Sept.–Juni 10–14.30 & 15.30–18 oder 19 Uhr) 200 m weiter an der Straße wegen seiner Exponate, Videos und Nachbildungen. Die Besichtigung der **La Cuevona**, einer anderen, beeindruckend großen Höhle (ohne Malereien) ist mit dem Ticket für das Centro de Arte Rupestre kostenlos: Neun Gruppen zu je 20 Personen werden täglich eingelassen, wenn das Centro geöffnet hat (Reservierungen ratsam).

Schlafen

Außerhalb der Hauptsaison im August sind die Preise wesentlich niedriger.

Hotel Ribadesella Playa HOTEL €€
(☎985 86 07 15; www.hotelribadesellaplaya.com; Calle de Ricardo Cangas 3; Zi. inkl. Frühstück 90 €, DZ inkl. Frühstück 110–120 €; P 📶) Fast alle Hotels liegen im westlichen Teil des Ortes. Diese Unterkunft ist in einer bezaubernden, 1900 errichteten Villa mit Türmchen an der Playa de Santa Marina untergebracht. Die Zimmer sind hübsch und geschmackvoll in Blau- und Grüntönen gehalten und haben Teppiche und Garderoben mit großen Ankleidespiegeln. Je nach Buchungslage kann es sein, dass das Haus von November bis Februar schließt.

Villa Rosario HISTORISCHES HOTEL €€€
(☎985 86 00 90; www.hotelvillarosario.com; Calle de Dionisio Ruisánchez 6; Zi. inkl. Frühstück mit/ohne Meerblick 270/215 €; P ❄ @ 📶) Das luxuriöse Strandhotel an der Playa de la Marina ist in einer klassischen jahrhundertealten *casa de indianos* (von aus Lateinamerika oder der Karibik zurückgekehrten Emigranten errichtetes Herrenhaus) untergebracht. Sie wurde in eklektischem Stil aus Materialien von Marmor über Stahl bis zu Kirschbaumholz gestaltet, hat aber moderne Zimmer mit minimalistischen Zügen. Man sollte versuchen, einen Raum in dem originalen *palacete* zu bekommen statt im neuen Teil auf der anderen Straßenseite. Dieser hat zwar ebenso komfortable, aber weniger stilvolle Zimmer.

Hotel Covadonga HOTEL €
(☎985 86 01 11; www.hotelcovadongaribadesella.com; Calle de Manuel Caso de la Villa 6; Zi. 60–75 €; 📶) Betritt man das Covadonga, das sich 100 m vom Hafen entfernt im älteren Teil der Stadt befindet, scheint sich die Uhr zurückzudrehen. Das Hotel ist zwar ein wenig angestaubt, wirkt aber atmosphärisch. Im August ist es grundsätzlich ausgebucht.

Essen

Die geschäftigen *sidrerías* am Ostufer des Flusses tischen wunderbar zubereitete Meeresfrüchte auf.

Casa Gaspar ASTURISCH €€
(Calle de López Muñiz 6; Gerichte 9–20 €; ⏲Fr–Mi) Wer keinen Fisch mag, bekommt in der Casa Gaspar in der Altstadt Fleisch vom Grill, *revueltos* (Gerichte mit Rührei) oder andere *raciones* sowie Cidre in reichlichen Mengen. In Sommernächten geht's hier besonders ausgelassen zu.

Praktische Informationen

Touristeninformation (☎985 86 00 38; www.ribadesella.es; Paseo Princesa Letizia; ⏲10–21 Uhr, Mitte Sept.–Juni kürzere Öffnungszeiten & Mo geschl.) Am östlichen Ende der Sella-Brücke.

An- & Weiterreise

BUS Der **Busbahnhof** (☎985 86 13 03; Avenida del Palacio Valdés) von Ribadesella befindet sich 300 m südlich der Brücke. Zu den von hier aus angesteuerten Zielen gehören Oviedo (7,45 €, 1–1¾ Std., mind. 10-mal tgl.), Gijón (6,35 €, 1½ Std., 6–9 tgl.), Llanes (2,55 €, 30–40 Min., mind. 8-mal tgl.) und Santander (7,52 €, 1½–2½ Std., 2-mal tgl.).

ZUG FEVE-Züge fahren täglich mindestens dreimal nach Llanes, Arriondas und Oviedo und zweimal nach Santander.

VON RIBADESELLA NACH LLANES

Über 20 Sandstrände und hübsche Buchten warten zwischen Ribadesella und Llanes auf ihre Entdeckung. Dafür sollte man einen fahrbaren Untersatz besitzen und Zeit haben. Die **Playa de San Antolín** 12 km vor Llanes ist lang, ungeschützt und eine gute Anlaufstelle für Surfer.

Wirklich spektakulär ist die **Playa de Torimbia**, eine schöne, goldgelbe, sichelförmige Bucht, die von einem felsigen Kap und grünen Hügeln begrenzt wird. Man fährt in Posada von der AS263 ab nach Niembro (2 km) und von dort weitere 2 km zum Strand. Da man den letzten Kilometer zu Fuß gehen muss, ist es hier nie überfüllt. Auch die nur 500 m von Niembro entfernte **Playa de Toranda** mit Feldern und bewaldetem Land im Hintergrund ist sehr hübsch. Nur einen kurzen Fußweg davon entfernt steht das **Hotel La Portilla** (☎985 40 78 42; hotellaportilla.blogspot.com.es; EZ/DZ inkl. Frühstück 80/120 €; ❄), das trotz seines düsteren grau-braunen Gebäudes drinnen angenehm und modern daherkommt.

LLANES

5370 EW.

Das seit der Antike bewohnte Llanes war über einen langen Zeitraum eine unabhängige Stadt und ein Walfanghafen mit besonderen Privilegien, die ihm Alfons IX. von León 1206 verliehen hatte. Heute ist der Ort mit seinem kleinen mittelalterlichen Kern und dem geschäftigen Hafen ein beliebtes Ferienziel an der asturischen Küste und ein guter Ausgangspunkt für Ausflüge in die Picos de Europa.

Was am fernen Ende des Piers wie durcheinandergewürfelte Bauklötzchen aussieht, sind die **Würfel der Erinnerung** des Malers Agustín Ibarrola; er bemalte die Wellenbrecher des Hafens mit bunten Farben und wilden Mustern. Mit dem Bau der überwiegend gotischen **La Basílica** begann man 1240. Sollte sie gerade geöffnet sein, lohnt sich ein kurzer Besuch. Von den drei Stränden der Stadt ist die **Playa de Toró** im Osten mit ihrem klaren Wasser und den aufragenden Felsspitzen eindeutig die beste Wahl.

Die **Touristeninformation** (☎985 40 01 64; www.llanes.com; Calle de Posada Herrera 15; ⏲10–14 & 17–21 Uhr, Mitte Sept.–Mitte Juni kürzere Öffnungszeiten & So nachmittags geschl.) befindet sich in La Torre, einem Turm, der von der Stadtbefestigung aus dem 13. Jh. übrig geblieben ist. Die Mitarbeiter informieren über zahlreiche gute Wanderwege in der Gegend, darunter den Küstenweg E9, der auf dem Weg von Russland nach Portugal durch Llanes führt.

Schlafen & Essen

Llanes und seine Umgebung bieten zahlreiche Unterkünfte, aber von Juni bis Mitte September ist es unerlässlich, im Voraus zu buchen, besonders in der Stadt selbst.

LP TIPP **La Posada de Babel** LANDHOTEL €€
(☎985 40 25 25; www.laposadadebabel.com; EZ/DZ 84/120 €; ⏲Mitte Dez.–März geschl.; P 📶) In La Pereda, rund 4 km südlich vom Ortszentrum, bietet dieses einzigartige Hotel attraktive zeitgenössische Architektur und ein tolles Design, hübsche große Rasenflächen sowie ein relaxtes und gepflegtes Ambiente. Die Besitzer ließen sich bei der Gestaltung von ihren ausgedehnten Asienreisen inspirieren. Zwölf Zimmer verteilen sich auf vier kontrastreiche Gebäude, darunter ein typischer asturianischer *hórreo* (Getreidespeicher) auf Steinstelzen. Die Küche arbeitet vorwiegend mit marktfrischem Fisch, Bio-Gemüse und Rindfleisch von den benachbarten Höfen.

Pensión La Guía PENSION €€
(☎985 40 25 77; www.pensionlaguia.com; Plaza de Parres Sobrino 1; EZ/DZ 40/65 €; 📶) Diese blitzsaubere Budgetunterkunft in einem 300 Jahre alten Haus westlich des Flusses bezaubert mit dunklen Holzbalken und Terrakottaböden. Alle Zimmer sind einfach, aber hell, außerdem blickt man von ihren Glaserkern auf einen schönen Platz in der Mitte.

Restaurante Siete Puertas FISCH & MEERESFRÜCHTE €€€
(Calle de Manuel Cué 7; Hauptgerichte 18–30 €, Menüs 22–30 €; ⏲Mo geschl.) Gut besuchte *marisquerías* (Meeresfrüchtelokale) und *sidrerías* reihen sich in den Calles Mayor und de Manuel Cué aneinander. Hier kann man schmackhaftes Seafood mit viel Cidre her-

unterspülen. Das Siete Puertas mit sauberen weißen Tischdecken, effizientem Service und guter Küche ist gehobener als die meisten anderen hiesigen Restaurants. Zu seinen Spezialitäten gehören Fisch und hausgemachte Desserts.

An- & Weiterreise

ALSA bietet täglich vier Busverbindungen nach Gijón (8,17 €, 1¾–2 Std.), sechs nach Santander (5,58 €, 1¼–2 Std.) und zwölf oder mehr nach Oviedo (9,95 €, 1¼ –2¼ Std.). Mindestens vier FEVE-Züge aus Oviedo, Arriondas und Ribadesella halten täglich in Llanes, zwei fahren weiter bis Santander.

ÖSTLICH VON LLANES

Bei der 350 m langen **Playa La Ballota** handelt es sich um einen reizvollen Strand wenige Kilometer östlich von Llanes. Er wird von Felsen eingerahmt und ist über einen unbefestigten Weg von der Straße zwischen Cué und Andrin zu erreichen.

Von Puertas de Vidiago, 6 km östlich von Llanes an der N634, weisen Schilder hinter der Kirche den Weg zum 2 km entfernten **Los Bufones de Arenillas**, wo ein Dutzend Meerwasserfontänen, die an Geysire erinnern, vom Druck der Wellen durch Löcher in der Erde hochspritzen. Bei starkem Seegang können sie eine Höhe von 20 m erreichen und ein rechtes Spektakel bieten (es ist gefährlich, zu nah heranzugehen). Bei ruhiger See hört man nur ein gespenstisches Geräusch von Luft und Wasser durch die Tunnel unterhalb zischen.

An der **Playa de la Franca**, einem hübschen Strand in Richtung Kantabrien, öffnet im Sommer ein Campingplatz.

2 km von Pimiango entfernt liegt ganz in der Nähe eines spektakulären Küstenaussichtspunktes die **Cueva del Pindal** (☎608 175284; Erw./Sen. & Kind 3/1,50 €; ⌚Mi–So 10–14 & 15.30–16.30 Uhr). Sie gehört zum Weltkulturerbe und birgt 31 altsteinzeitliche Malereien sowie Felsgravuren von Tieren, darunter seltene Darstellungen eines Mammuts und eines Fisches. Mit den Höhlen von Altamira oder Tito Bustillo kann sie nicht konkurrieren, aber ihr Standort an den bewaldeten Klippen ist hinreißend. Wer sie erkundet hat, kann bei der Gelegenheit einen Abstecher zu einer Kapelle aus dem 16. Jh. und der Ruine eines romanischen Klosters unternehmen und das nahe Besucherzentrum besichtigen. Um die Höhle zu sehen, meldet man sich am besten telefonisch an, da jeden Tag nur maximal acht Gruppen à 25 Personen hineingelassen werden.

Westküste

Mit den Klippen des **Cabo Peñas**, 20 km nordwestlich von Gijón, erreicht man die westliche Hälfte der asturischen Küste. Dies ist mit fast 100 m zugleich der höchste und nördlichste Punkt der Region.

AVILÉS

78 500 EW.

Die alte Hafenstadt lädt dazu ein, einige Stunden umherzubummeln. Zwei elegante Gebäude aus dem 17. Jh., darunter das Rathaus, prägen die zentrale **Plaza de España**. Vom Platz gehen attraktive arkadengesäumte Straßen wie die Calles Ferrería, San Francisco und Galiana ab. Symbol des heutigen Avilés ist das **Centro Cultural Internacional Avilés** (CCIA, Centro Niemeyer; ☎902 30 66 00; www.cciaviles.com; Eintritt frei; ⌚So–Do 10–22, Fr & Sa 10–24 Uhr), dessen kühne zeitgenössische Architektur sich gegenüber der Altstadt hinter einer bunten Fußgängerbrücke erhebt. Entworfen hat es der brasilianische Architekt Oscar Niemeyer (der Brasilia konzipierte) als Geschenk an Asturien und als kulturelle Verbindung zwischen der Iberischen Halbinsel und Lateinamerika. Es ist Schauplatz für internationale Musik, Tanz, Theater, Filme und Kunst. Von seiner großen Terrasse blickt man auf den Fluss, den Hafen, die Stadt gegenüber und einige Industrieanlagen dahinter; auch bei einheimischen Skatern ist sie beliebt. Das CCIA mit seinen futuristischen Linien verweist auf die Entwicklung von einer Industriestadt im Niedergang zu einem saubereren, technik- und kulturorientierten Avilés der Zukunft.

Unter Avilés' Hotels und *pensiones* sind Unterkünfte aller Kategorien vertreten, bis zu einem historischen Fünfsternehotel. Das **Hotel Don Pedro** (☎985 51 22 88; www.hdonpedro.com; Calle de La Fruta 22; EZ/DZ 81/103 €; @📶) hat attraktive, komfortable Zimmer mit offenen Stein- oder Ziegelwänden und Teppichen auf Holzböden. An den Hauptstraßen wie den Calles San Francisco und Galiana sowie der Plaza de Carbayedo reihen sich viele gute Restaurants aneinander, darunter die „gastronomische Taverne" **Llamber** (Calle Galiana 30; raciones 8–16 €; ⌚Mo abends & Di geschl.; 🍷), die originelle Kreationen wie Tintenfisch *au gratin* mit geräuchertem Käse serviert. Wer Meeresfrüchte liebt, sollte sich in den Küstenvorort Salinas zum **Real Balneario de Salinas** (☎985 51 86 13; www.realbalneario.com; Avenida de Juan Sitges 3; Hauptgerichte 25–40 €; ⌚Mo, So abends & Anfang Jan.–Anfang Feb. geschl.) begeben. Es wurde 1916 von König Alfons XIII. als Bade- und Gesellschaftszentrum am Strand eröffnet und ist heute ein hervorragendes Restaurant mit Schwerpunkt auf Fisch (von traditionell bis modern zubereitet) und Meeresfrüchten sowie einigen äußerst verführerischen Desserts. Danach (oder vorher) kann man einen Spaziergang zum felsigen Kap La Peñona machen.

In der **Touristeninformation** (☎985 54 43 25; Calle de Ruiz Gómez 21; ⏲10–20 Uhr) bekommt man eine recht nützliche Karte. ALSA-Busse fahren regelmäßig nach Oviedo (2,35 €, 30–60 Min.) und nach Gijón (2,20 €, 30 Min.). Auch mit FEVE-Zügen sind beide Städte zu erreichen.

CUDILLERO

1580 EW.

Cudillero gilt als das malerischste Fischerdorf der asturischen Küste und weiß das auch. Die in verschiedenen Pastelltönen gestrichenen Häuser ziehen sich bis zum winzigen Hafen in einer schmalen Bucht hinunter. Trotz seines touristischen Charakters ist der Ort reizvoll und bleibt selbst Mitte August, wenn so ziemlich jedes Zimmer im Ort belegt ist, halbwegs relaxt.

Besucher können sich die Zeit damit vertreiben, einlaufende Fischerboote (17–20 Uhr) zu beobachten, und hinterher die frisch gefangenen Meeresbewohner in den *sidrerías* probieren. Mehrere gut ausgeschilderte Pfade führen zu Aussichtspunkten, etwa dem hoch über dem Hafen thronenden **La Garita La Atalaya**.

Die hiesige Küste bezaubert mit schroffen Felswänden und Stränden wie der feinen sandigen **Playa de Aguilar**, 3 km Autofahrt Richtung Osten.

LP TIPP Playa del Silencio STRAND

Dieser Strand zählt zu den schönsten Spaniens. Die lange sandige Bucht ist von einem natürlichen Felsamphitheater umgeben und liegt etwa 15 km westlich von Cudillero. Man fährt auf der N632 nach Castañeras und folgt den Schildern. Die letzten 500 m zum Meer hinunter geht man zu Fuß.

Schlafen & Essen

Es gibt in Cudillero nur begrenzte Übernachtungsmöglichkeiten, vor allem in der Nebensaison, wenn zahlreiche Häuser schließen. Die günstigeren Unterkünfte liegen oben an der vom Hafen wegführenden Hauptstraße. Viele Hotels, *casas de aldea* (Dorfhäuser), *pensiones* und Apartments findet man in der ländlichen Umgebung, nur ein paar Kilometer von Cudillero entfernt. In Richtung Hafen besteht kein Mangel an Restaurants. Viele Lokale verlangen für eine Mahlzeit mit Getränken 25 bis 35 €.

La Casona de Pío HOTEL €€

(☎985 59 15 12; www.lacasonadepio.com; Calle del Ríofrío; EZ/DZ 73/92 €; ⏲10. Jan.–10. Feb. geschl.; 📶) Ein bezauberndes 200 Jahre altes Steinhaus in der Hafengegend beherbergt elf gemütliche, rustikale Zimmer mit Hydromassage-Bädern und ein gutes Restaurant, das ein tolles Frühstück für 7 € serviert.

Hotel Casa Prendes HOTEL €€

(☎985 59 15 00; www.hotelprendes.com; Calle San José 4; Zi. 89 €; 📶) Das schöne, gepflegte Hafenhotel verfügt über neun Zimmer mit Steinwänden. Außerhalb des Monats August fallen die Preise deutlich. Die Eigentümer vermieten nahe gelegene Apartments.

El Faro FISCH & MEERESFRÜCHTE €€

(Calle del Ríofrío; Hauptgerichte 12–22 €; ⏲Mi geschl.) In einer Straße hinter dem Hafen versteckt sich dieses hübsche Lokal. Stein, Holz und Blautöne schaffen eine gastfreundliche Atmosphäre, in der das Fischgericht des Tages oder *arroz caldoso* (Reiseintopf mit Meeresfrüchten) besonders gut munden.

ℹ Praktische Informationen

Touristeninformation (☎985 59 13 77; www.cudillero.org; Plaza del Oeste; ⏲10–20 Uhr, Okt.–Mai kürzere Öffnungszeiten & So nachmittags geschl.) Liegt am Hafen. Hier gibt's die einzigen Parkmöglichkeiten.

ℹ An- & Weiterreise

Vom Busbahnhof oben auf einem Hügel, 800 m vom Hafen entfernt, fahren täglich mindestens drei Busse nach Gijón (5,15 €, 1¼ Std.,) und sechs nach Avilés (2,95 €, 45 Min.), wo Anschluss nach Oviedo besteht. Der FEVE-Bahnhof liegt 1 km weiter im Inland: Von dort starten bis 18 Uhr etwa stündlich (am Wochenende seltener) Züge nach Gijón (3,05 €, 2 Std.). Wer Oviedo (3,05 €, 1¼–2 Std.) zum Ziel hat, muss in Pravia umsteigen.

LUARCA

5280 EW.

Luarca ist weniger pittoresk als Cudillero, bietet aber eine ähnliche Lage in einem tiefen Tal, das sich zu einem größeren Hafen voller Fischerboote hinunterzieht. Von hier gelangt man zu einigen nahe gelegenen Stränden.

Man kann zum **Atalaya-Aussichtspunkt** hinaufgehen und den spektakulären

Küstenblick genießen sowie eine kleine Kirche und einen malerischen Friedhof erkunden. Luarcas Seemannszunft traf sich jahrhundertelang an der nahen **Mesa de Mareantes**, wo heutzutage bunte Fliesen die Stadtgeschichte dokumentieren. Etwas außerhalb in der Nähe des Hafenendes stellt das **Centro del Calamar Gigante** (www.cepesma.org; Paseo del Muelle 25; Erw./Kind 4/3 €; Di–So 10–14 & 16–20 Uhr) mehrere riesige Kalmare und andere Meerestiere aus, die aus den Tiefen an die Strände Asturiens gespült wurden. Alle sind in einer Mischung aus Wasser und Alkohol konserviert. Betrieben wird das Zentrum von der maritimen Umweltschutzorganisation Cepesma.

Die sandige, 600 m lange **Playa de Cueva**, etwa 7 km östlich von Luarca an der alten Küstenstraße (N634), gehört zu den besten Stränden des Bezirks. Sie wartet mit Klippen, Höhlen, einem Fluss und gelegentlich auch gutem Wellengang zum Surfen auf. 5 km weiter bekommt man am **Cabo Busto** einen Eindruck von der Wildheit der asturischen Küste, wenn die Brandung an die gezackte Felswand kracht. Die **Playa de Barayo**, westlich von Luarca, gehört zu einem geschützten Naturreservat und ist ein guter Sandstrand in einer hübschen Bucht an der Mündung eines Flusses, der sich durch Feuchtgebiete und Dünen windet. Man verlässt 11 km hinter dem Zentrum von Luarca die N634, fährt auf der NV2 Richtung Puerto de Vega und dann 800 m weiter nach rechts Richtung Vigo (1,5 km), anschließend weisen Schilder zum Strand. Vom Parkplatz erreicht man ihn über einen gut ausgeschilderten Naturpfad in 30 Gehminuten.

Schlafen & Essen

Rund um die zentrale Plaza de Alfonso X findet man mindestens sieben Hotels und *hostales*, darunter drei echte Schnäppchen in der Calle Crucero. Am Ufer liegen zahlreiche Fischrestaurants.

Hotel La Colmena HOTEL €€
(985 64 02 78; www.lacolmena.com; Calle de Uría 2; EZ/DZ 45/65 €;) Die Zimmer sind besser und komfortabler, als es das düstere Gebäude an der Plaza de Alfonso X vermuten lässt. Dunkle Parkettböden, hohe Decken und große Fenster verleihen dem Hotel eine hübsche Note, aber die Duschen sind sehr eng.

Hotel 3 Cabos LANDHOTEL €€
(985 92 42 52; http://hotelrural3cabos.com; Carretera de El Vallín, Km 4; Zi. inkl. Frühstück 95 €, DZ inkl. Frühstück 105–125 €;) Das 3 Cabos, ein vor Kurzem bezaubernd renoviertes, 120 Jahre altes Bauernhaus, steht ein paar Kilometer im Landesinneren auf einer Anhöhe und bietet ein herrliches Panorama. Es hat sechs gut ausgestattete, schön designte Zimmer mit Steinwänden, originalen Holzbalken, breiten komfortablen Betten und recht großen Bädern. Frühstück und Abendessen gibt's in dem hübschen Bar-Restaurant-Bereich mit Ausblick (Hauptgerichte 16–20 €, mit Schwerpunkt auf Fisch und Fleisch aus der Region). Der Garten ist eine Wiese mit Spielplatz. Man verlässt die N634 in El Vallín, ca. 4 km südwestlich des Zentrums von Luarca, und folgt noch 4,5 km der guten Beschilderung.

Hotel Villa La Argentina HISTORISCHES HOTEL €€
(985 64 01 02; www.villalaargentina.com; Parque de la Barreda, Villar; Zi. 98–108 €, Suiten 138 €, Apt. 152–162 €; Anfang Jan.–Mitte März geschl.;) Die *casa de indianos* von 1899 ist eine von etwa 20 ähnlich feinen Villen im Bezirk Villar, ca. 1,5 km südöstlich (bergauf) von Luarca. Sie wurden alle von Asturiern gebaut, die ihr Vermögen in Lateinamerika gemacht hatten. Heute ist dies ein komfortables Hotel mit zwölf Zimmern, umgeben von einem bezaubernden Garten, das die Eleganz der Belle Époque verströmt. Antike Möbel verleihen den Räumen Wärme. Sie haben hohe Decken sowie Kronleuchter und sind mit dezentem Understatement eingerichtet. Gastfreundlicher Service.

Restaurante Sport FISCH & MEERESFRÜCHTE €€€
(Calle de Rivero 9; Hauptgerichte 17–30 €; Mitte Sept.–Mitte Juni Mi geschl.) Ganz in der Nähe des Hafens erfreut das familiengeführte Meeresfrüchterestaurant seine Gäste bereits seit den frühen 1950er-Jahren mit lokalen Gerichten. Als Vorspeise gönnt man sich am besten ein halbes Dutzend Austern (9 €) und bestellt dann z. B. *rollo de bonito al estilo de Luarca* (köstliche Thunfischfrikadellen mit Gemüse in frischer Tomatensoße) oder die nordwestspanische Delikatesse *percebes* (Entenmuscheln; 7 € pro 100 g). Alles, was als *del pincho* bezeichnet wird, wurde von Hand geangelt.

Praktische Informationen

Touristeninformation (985 64 00 83; www.turismoluarcavaldes.com; Calle de los Caleros 11; Mo–Sa 10.30–14 & 16.30–20, So 11–14 & 17–19 Uhr, Okt.–Juni kürzere Öffnungszeiten sowie So nachmittags & Mo geschl.) An der zentralen Plaza de Alfonso X.

An- & Weiterreise

Mindestens vier ALSA-Busse fahren täglich Richtung Osten nach Oviedo (9,20 €, 1¼ Std.) sowie westlich an der Küste entlang bis Ribadeo (6,45 €, 1½ Std.) in Galicien. Zwei Busse pro Tag verkehren nach Santiago de Compostela (19,70 €, 4–5 Std.). Der FEVE-Bahnhof liegt 800 m südlich vom Zentrum. Von dort starten täglich zwei Züge Richtung Osten nach Cudillero und Oviedo sowie Richtung Westen nach Ribadeo und Ferrol (Galicien).

COAÑA & RÍO NAVIA

Das kleine Coaña liegt 4 km landeinwärts von Navias Hafen, der sich westlich von Luarca befindet. Ein paar Kilometer dahinter erstreckt sich das **Castro de Coaña** (☎985 97 84 01; Erw./Sen. & Kind 3/1,50 €, Mi Eintritt frei; ⌚Mi–So 10.30–17 Uhr), eine der besterhaltenen keltischen Siedlungen in Nordspanien.

Vom *castro* windet sich eine Straße hoch über dem kobaltblauen Río Navia mitten durch eine klassische asturische Landschaft – Wiesen, die sich mit Steilhängen abwechseln – nach Lugo in Galicien. In der Nähe des Ortes **Fonsagrada** durchquert sie eine der wildesten und einsamsten Regionen Galiciens.

Das Hinterland von Westasturien

Der Südwesten dieser Region wartet mit überwältigenden Landschaften auf. Schon die Fahrt über Alternativstrecken nach Kastilien-León lohnt sich. So verläuft z. B. die AS228 über den 1587 m hohen Puerto Ventana, die AS227 über den schönen 1486 m hohen Puerto de Somiedo oder die AS213 über den spektakulären 1525 m hohen Puerto de Leitariegos.

SENDA DEL OSO

Die Senda del Oso (Bärenpfad), ein 20 km langer Wander- und Radweg, folgt dem Verlauf einer ehemaligen Minenbahn zwischen den Dörfern **Tuñón** und **Entrago** südwestlich von Oviedo. Mit leichten Steigungen führt die Route durch immer spektakulärer werdende Tallandschaften in tiefe enge Schluchten mit Brücken und Tunneln. In einem Großgehege kann man mit hoher Wahrscheinlichkeit kantabrische Braunbären beobachten – ein schöner Ausflug mit Kindern (aber auch ohne). Ein kürzlich neu eröffneter Abzweig, der Richtung Südosten nach **Santa Marina** im Valle de Quirós verläuft, hat die gesamte befahrbare Strecke auf 36 km erweitert. In der Gegend gibt's viele *casas rurales* und Dorfhotels. Eine gute Quelle für weitere Informationen (u. a. über Wanderwege) ist www.caminrealdelamesa.es.

Mountain- oder Citybikes kann man für 9–12 € pro Tag an vier Stellen entlang des Wegs ausleihen. Sie sind in der Regel im Juli und August täglich geöffnet, im April, Mai, Juni, September und Oktober samstags und sonntags:

Centro BTT Valle del Oso (☎659 209383, 985 76 11 77; www.vallesdeloso.es; 👪) In Tuñón.

Deporventura (☎666 557630, 985 24 52 67; www.deporventura.es; 👪) in der Área Recreativa Buyera an der AS228 zwischen Tuñón und Entrago, ca. 5 km südlich von Tuñón.

La Cabaña del Oso Goloso (☎985 76 10 29; http://osogoloso.blogspot.com.es; 👪) In Proaza, 2 km südlich der Área Recreativa Buyera.

TeverAstur (☎608 2324628; www.descensodelasenda.com; 👪) In Entrago.

Es ist ratsam, die Räder ein bis zwei Tage im Voraus zu reservieren. Alle genannten Einrichtungen bieten verschiedene Optionen, von Babysitzen über Anhänger für kleine Kinder und Elektrobikes bis zu Segways. Einige organisieren auch Aktivitäten wie Höhlenklettern, Canyoning und geführte Mountainbike-Ausflüge in der Umgebung. TeverAstur etwa veranstaltet eine Tour von Entrago nach Tuñón. Anschließend wird man nach Entrago zurückgefahren, sodass man nur die Strecke bergab radelt (Entrago liegt 380 m höher als Tuñón).

Etwa 5,5 km südlich von Tuñón (oder einem 1,1 km langen Fußweg von der Área Recreativa Buyera) erreicht der Senda del Oso den **Cercado Osero**, ein 40 000 m^2 großes Gehege, in dem die beiden Bärinnen Paca und Tola in Halbfreiheit leben. Ein Jäger hatte die Bärenjungen 1992 zu Waisen gemacht. Seit 2008 verbringen sie die meiste Zeit in einer zweiten Einfriedung gleich unterhalb des Pfads in der Gesellschaft des männlichen Bären Furaco aus dem Parque de la Naturaleza Cabárceno. Hoffnungen auf Bärennachwuchs haben sich 2011 zerschlagen. Dennoch bleiben die drei vorerst weiterhin im unteren Gehege zusammen, wo man sie tagsüber meist beobachten kann. Vielleicht werden Paca und Tola irgendwann in den oberen Bereich zurückgebracht, wo sie früher täglich um die Mittagszeit an einem Platz neben dem Wanderweg gefüttert wurden (außer während ihres Winterschlafs von Dez.–Feb.) und jede Menge Schaulustige anlockten.

Die **Casa del Oso** (☎985 96 30 60; www.osodeasturias.es; Eintritt frei; ⏲10–14 & 16–18 Uhr) in Proaza ist der Hauptsitz der Fundación Oso de Asturias, die das Paca-Tola-Projekt betreut und eine Ausstellung über Braunbären in Spanien zeigt.

Etwa 4 km hinter Entrago lohnt der **Parque de la Prehistoria** (☎902 306600; www.parquedelaprehistoria.es; Schnellstraße AS228; Erw./Sen. & Kind 5,90/3,50 €; ⏲Mi–Fr 10–14.30 & 15–18, Sa & So 10.30–14.30 & 16–19 Uhr, Juli & Aug. tgl. geöffnet, Mitte Jan–Mitte Feb. geschl., Dez.–Mitte Jan. & 2. Hälfte Feb. Mo–Mi geschl.; P) einen Besuch, denn er vermittelt einen hervorragenden Einblick in die spanische und europäische Höhlenmalerei. Zu sehen sind auch Nachbildungen aus den zum Weltkulturerbe zählenden asturischen Höhlen Tito Bustillo und Candamo sowie der französischen Niaux-Höhle. Die erstklassige Museumsgalerie erklärt das Was, Wann, Wo, Wie und Warum der europäischen Höhlenkunst im Paläolithikum.

ℹ An- & Weiterreise

Drei bis vier Busse von **Transportes Bimenes** (☎985 46 58 78) fahren täglich vom ALSA-Busbahnhof in Oviedo nach Tuñón, Proaza und Entrago (1 Std.). Die Endhaltestelle befindet sich in San Martín 1 km hinter Entrago und 3 km vor dem Parque de la Prehistoria.

PARQUE NATURAL DE SOMIEDO

Wer eine spektakuläre, relativ unberührte Berglandschaft erleben möchte, sollte dieses 292 km² große Unesco-Biosphärenreservat an der Nordflanke der Cordillera Cantábrica besuchen. Der Park umfasst fünf Täler mit üppigen Wäldern, grandiosen Felsklippen und Hochweiden voller *brañas*, Gruppen heute meist verlassener strohgedeckter Schäferhütten *(cabanas de teito)*. Zudem gilt das Gebiet als wichtiger Lebensraum für Spaniens Braunbären.

ACHTUNG, EIN BÄR!

Die wilde Bergregion im südwestlichen Asturien und der Nordwesten von Kastilien-Léon mit dem Parque Natural de Somiedo bilden den wichtigsten Rückzugsort der kantabrischen Braunbären *(oso pardo)*. Ihre Zahl ist in der Cordillera Cantábrica von 70 in den 1990er-Jahren auf 200 angestiegen, inklusive einer kleineren Population in einem separaten Gebiet im Osten, das Südostasturien, Südwestkantabrien und das nördliche Kastilien-Léon umfasst. Bären zu töten ist in Spanien seit 1973 verboten, aber erst seit den 1990er-Jahren greifen Bemühungen um ihre Wiederansiedlung. Im Jahr 2011 erreichte das westliche Gebiet einen Rekord von 52 neugeborenen Bären. Experten freuen sich darüber, dass es in jüngerer Zeit mindestens eine Kreuzung von Bären aus dem westlichen und östlichen Gebiet gegeben hat.

Die Tiere können ein Gewicht von 250 kg erreichen und 25 bis 30 Jahre leben. Von den Bauern werden sie wenig geliebt, obwohl sie sich fast komplett vegetarisch ernähren. Die Unterstützung durch die Öffentlichkeit hat für die Wiederansiedlung von Bären in der Cordillera Cantábrica eine große Rolle gespielt, was auch den berühmten Exemplaren des asturischen Senda del Oso zu verdanken ist. Experten warnen, dass der Bär noch nicht ganz über den Berg ist – illegale Fallen, die für Wildschweine aufgestellt werden, und vergiftete Köder bedrohen die Tiere, ebenso beschneiden neue Straßen und Skigebiete ihren Lebensraum und ihre Mobilität.

Auch in den Pyrenäen leben 25 bis 30 Braunbären, die zwischen Spanien, Frankreich und Andorra umherwandern. Im vergangenen Jahrzehnt haben sich die Bestände durch aus Slowenien importierte Tiere erhöht. Die letzte autochthone Bärin in den Pyrenäen wurde 2004 von einem französischen Jäger erschossen.

Pola de Somiedos **Centro de Interpretación „Somiedo y El Oso“** (☎609 515156; Erw./Sen. & Kind 2/1 €; ⏲Mitte Juni–Mitte Sept. Mi–So 11–14 & 17–21 Uhr;) ist ein idealer Ort, um sich über Bären zu informieren. Es wird von der **Fundación Oso Pardo** (☎985 76 34 06; www.fundacionosopardo.org) betrieben, die auch Wanderungen zum Thema Bär (halber/ganzer Tag Erw. 11/19 €, Kind 3/6 €) durch den Somiedo-Park anbietet, wo ca. 80 Tiere leben. Dabei geht's nicht ausschließlich darum, Bären zu beobachten, aber man kann Glück haben. Die Website der Fundación hält einige fantastische Bärenvideos bereit.

In jedem der Täler erstrecken sich verschiedene markierte Wanderwege. Mehr darüber erfährt man im hervorragenden **Oficina de Información** (Informationszentrum; ☎985 76 37 58; www.parquenaturalsomiedo.es; ⏲Di–So 10–14 & 16–19 Uhr, Sept.–Mai kürzere Öffnungszeiten, Sept.–Okt. & April–Mai Mo & Di geschl., Nov.–März Mo–Fr geschl.) im Dorf **Pola de Somiedo**. Dort gibt's auch eine Bank, einen Geldautomaten und einen Supermarkt.

Eine der besten (und beliebtesten) Wanderregionen ist das **Valle del Lago**, dessen Höhen von Gletscherseen und Sommer-Hochweiden gesprenkelt sind. Das Auto bzw. Motorrad muss man im gleichnamigen Dorf stehen lassen, das man nach einer herrlichen Fahrt 8 km südöstlich von Pola de Somiedo erreicht. Die kurvenreiche Straße steigt bis auf 1300 m an. Eine malerische Wanderstrecke ist auch die Route von La Peral nach Villar de Vildas im oberen Pigüeña-Tal. Sie führt zu einer der größten und am besten erhaltenen *brañas*, **La Pornacal**, und zum höchsten Punkt des Parks, dem **Cornón** (2194 m).

Schlafen & Essen

In Pola de Somiedo gibt's um die 15 Unterkünfte, weitere im Dorf Valle del Lago.

Palacio de Florez Estrada HISTORISCHES HOTEL €€
(☎985 76 37 09; www.florezestrada.com; EZ/DZ inkl. Frühstück 80/110 €; ⏲Mitte Dez.–Mitte März geschl.; P) Abseits der Straße zum Valle del Lago an der Ostseite von Pola de Somiedo steht am Fluss eine hübsche Villa mit altmodischem Charme und hübschem Garten.

Auriz APARTMENT €€
(☎619 320007; www.auriz.es; Apt. für 2/4/6 Pers. 70/120/160 €; P) Sechs hervorragende, moderne, zweistöckige Apartments mit drei Schlafzimmern, Küche und Holzöfen neben einem Forellenbach an der Straße zum Valle del Lago an der Ostseite von Pola de Somiedo.

Hotel Castillo del Alba HOTEL €€
(☎985 76 39 96; www.hotelcastillodelalba.es; Calle de Florez Estrada; EZ/DZ inkl. Frühstück 60/76 €; ⏲Ende Jan.–Anfang März geschl.;) Das gastfreundliche Hotel mit 15 Zimmern in Pola de Somiedo hat attraktive, modern eingerichtete Zimmer und zwei emblematische Bärenstatuen an der Tür. Wer mit Kindern unterwegs ist, sollte einen der Räume mit einem Schlafsofa nehmen, das sich in zwei Betten umfunktionieren lässt. Es gibt auch ein gutes Restaurant (Hauptgerichte 10–20 €).

Braña La Code HÜTTEN €€
(☎985 76 37 76; www.lacode.es; Hütten für 1–2 Pers. 80 €, jede weitere Pers. 15 €; P) Die skurrile Unterkunft im Dorf Valle del Lago bietet komfortable, aus traditionellen Materialien errichtete *cabanas de teito* (mit Kitchenette und Bad). Im Juli und August sollte man reservieren. Nebenan liegen der angenehm rustikale **Camping Lagos de Somiedo** (☎985 76 37 76; www.campinglagosdesomiedo.com; Stellplatz für 2 Pers., Auto & Zelt 22,68 €; ⏲Ostern–Sept.; P) und ein Bar-Restaurant, in dem einfache Mahlzeiten serviert werden.

An- & Weiterreise

Ein ALSA-Bus fährt montags bis freitags um 17 Uhr und am Wochenende um 10 Uhr von Oviedos Bushaltestelle nach Pola de Somiedo (8 €, 2 Std.). Von Pola aus geht's um 6.30 Uhr (17.45 Uhr am Wochenende) zurück.

Vom Gebiet rund um die Senda del Oso erreicht man Somiedo mit dem eigenen Fahrzeug über die spektakuläre AS265 westlich von San Martín Richtung La Riera über den Pass Puerto de San Lorenzo (1347 m, im Winter oft verschneit). Am Pass kreuzt die Straße den Camín Real de la Mesa, einen alten Pfad, der Astorga in Kastilien-Léon mit der asturischen Küste verbindet. Heute ist die Strecke Bestandteil des Fernwanderwegs GR101.

PICOS DE EUROPA

Die gezackten, tief zerklüfteten Berge, die sich über Asturien, Kantabrien und den Nordosten der Provinz Kastilien-León erstrecken, gelten als eines der schönsten Wanderparadiese Spaniens. Sie bestehen aus drei Kalksteinmassiven: dem östlichen Macizo Andara mit einem 2444 m hohen Gipfel, dem westlichen Macizo El Cornión mit 2596 m und dem felsigen Macizo Central oder Macizo Los Urrieles mit 2648 m. Der 647 km² umfassende Parque Nacional de los Picos de Europa schließt alle drei Massive ein.

Im Winter ist die Gegend nahezu verlassen, während es hier im August und Juli voll werden kann. Ob Hotel oder *refugio* (Berghütte), am besten bucht man im Voraus. Juni und September sind die ruhigsten Monate und fast genauso sonnig wie der August.

Praktische Informationen

Der Nationalpark hat vier große Informationszentren:

Centro de Información Casa Dago (☎985 84 86 14; Avenida de Covadonga 43, Cangas de

ACHTUNG

Das Wetter in den Picos de Europa ist sehr wechselhaft. Nicht selten machen Nebel, Regen, Kälte und Schnee den Wanderern zu schaffen. Im Sommer braucht man zudem Sonnenschutz. In den größeren Höhen findet man nur wenige markierte Wege, und Möglichkeiten, an Wasser zu gelangen, sind rar. Weil viele Besucher diesen Bedingungen nicht genug Beachtung schenken, gab es in den vergangenen Jahren immer wieder Todesfälle.

Onís; ⌚Mo–Fr 8.30–14.30, Sa 9–14 & 16–19 Uhr, Mitte Sept.–Juni Sa geschl.)

Centro de Visitantes Pedro Pidal (⌚Mitte März–Mitte Dez. 10–18 Uhr) Am Lagos de Covadonga.

Centro de Visitantes Sotama (☎942 73 05 55; ⌚Juli–Sept. 9–20 Uhr, Okt.–Juni 9–18 Uhr) An der N621 in Tama, 2 km nördlich von Potes.

Oficina de Información Posada de Valdeón (☎987 74 05 49; El Ferial, Posada de Valdeón; ⌚Juli–Mitte Sept. 9–17 Uhr, Mitte Sept.–Juni 8–14.30 Uhr)

Weitere Infostände öffnen vom 1. Juli bis zum 15. September und an Feiertagen an strategisch günstig gelegenen Stellen des Parks. Sie informieren zu Wanderungen und Unterkünften. Mehr über den Park erfährt man auch in den Touristeninformationen der Gegend.

In Cangas de Onís und Potes kann man am besten Outdoor-Ausrüstung kaufen. Wildes Campen ist im Nationalpark nicht gestattet, außer für eine Übernachtung in über 1600 m Höhe.

Lohnenswerte Websites:

www.liebanaypicosdeeuropa.com Für die östlichen Picos.

www.picosdeeuropa.com

www.reddeparquesnacionales.mma.es Die offizielle Seite des Nationalparks.

Karten

Picos de Europa (1:80 000), *Picos de Europa Macizos Central y Oriental* (1:25 000) und *Picos de Europa Macizo Occidental* (1:25 000) von Adrados Ediciones gelten als die besten Karten für die Gegend. Sie kosten zwischen 4 und 5 € und werden in Cangas de Onís, Potes sowie in weiteren Orten verkauft.

Anreise & Unterwegs vor Ort

Als gute Ausgangspunkte zu den Picos dienen Cangas de Onís im Nordwesten, Arenas de Cabrales im Norden, Potes im Südosten und Posada de Valdeón im Süden. Asphaltierte Straßen führen von Cangas hinauf nach Covadonga und zu den Lagos de Covadonga; von Arenas südlich hoch nach Poncebos und dann nach Osten hinauf nach Sotres und Tresviso; von Potes geht's Richtung Westen nach Fuente Dé und von Posada de Valdeón Richtung Norden nach Caín, auf einer zuletzt teilweise sehr engen Straße.

Nur einige Busse (meist nur im Sommer) fahren von den Zugangsorten aus in die Berge. Alternativ kann man sich ein Taxi nehmen.

Bus & Zug

Die im Folgenden aufgelisteten Bus- und Zugverbindungen ändern sich gelegentlich, dürften aber nicht allzu sehr von den genannten Zeiten abweichen.

Von Cangas de Onís nach Arenas de Cabrales & Potes Zwei oder drei Busse pro Tag verkehren zwischen Cangas und Arenas (2,75 €, 35 Min.). Um von der nordwestlichen Seite der Picos nach Potes zu kommen, muss man in Arriondas einen Bus über Ribadesella nach Panes nehmen. Busse von Panes nach Potes fahren montags bis freitags um 12 und 18.45 und samstags und sonntags um 12.45 und 17 Uhr.

Von Cangas de Onís nach Covadonga & Lagos de Covadonga Drei oder mehr ALSA-Busse pendeln täglich zwischen Cangas de Onís und Covadonga (1,45 €, 15 Min.). Um ein Verkehrschaos zu vermeiden, ist die Straße von Covadonga zum Lago de Enol von Ende Juli bis Anfang September und an einigen Feiertagen zwischen 10 und 19 Uhr für Privatfahrzeuge geschlossen. In diesen Zeiten fährt von vier Parkplätzen (2 € pro Fahrzeug) in Cangas de Onís und entlang der Straße ein Shuttlebus (Tagesticket Erw./Kind 7,50/3,50 €). Privatfahrzeuge *können* vor 10 Uhr oder nach 19 Uhr zu den Seen hochfahren und dürfen jederzeit hinunterfahren.

Von Cangas de Onís nach Oseja de Sajambre Von Anfang September bis Ende Juni gibt's montags bis freitags eine Busverbindung zwischen Cangas de Onís und Oseja de Sajambre (2,95 €, 1 Std.).

Von León nach Caín Montags bis freitags fahren Busse von León nach Posada de Valdeón und Caín (12,10 €, 4 Std.), in Riaño muss man umsteigen. Von Léon aus nimmt man den Bus um 17.30 Uhr. Zurück fahren montags bis freitags täglich ab 15 Uhr Busse (umsteigen in Riaño). Die Fahrpläne können sich ändern, also sollte man sich vor Ort genau erkundigen.

Von Oviedo nach Arriondas & Cangas de Onís Von Oviedo fahren täglich mindestens sieben ALSA-Busse nach Arriondas (5,80 €, 1–1¼ Std.) und Cangas de Onís (6,50 €, 1½ Std.). Arriondas liegt an der FEVE-Bahnstrecke

Picos de Europa

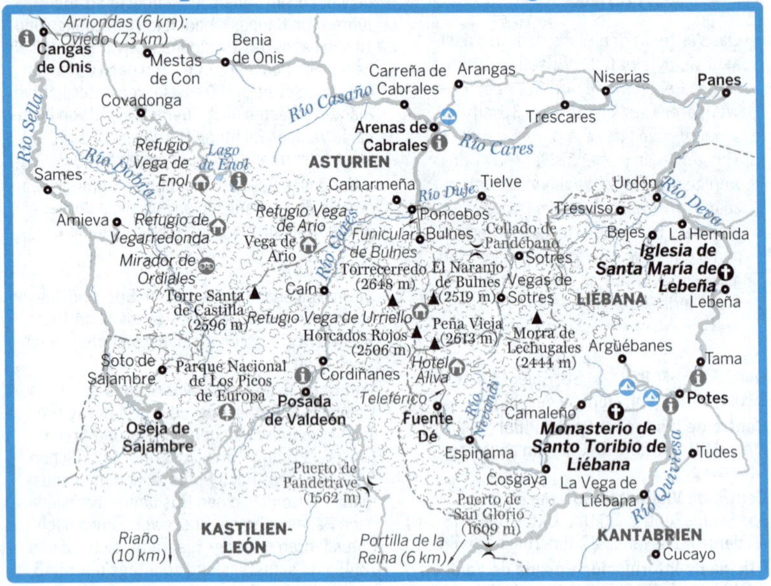

zwischen Oviedo, Ribadesella, Llanes und Santander.

Von Ribadesella & Llanes nach Arriondas & Arenas de Cabrales Die beiden Küstenstädte werden von Arriondas aus jeden Tag von mindestens drei Bussen (1,70 €, 25 Min. von Ribadesella; 4,20 €, 1 Std. von Llanes) und drei oder vier FEVE-Zügen angesteuert. Montags bis freitags fahren zwei Busse zwischen Arenas und Llanes (3,15 €, 1 Std. bzw. 5,95 €, 2 Std.).

Von Santander in die östlichen Picos Jeden Tag fahren bis zu drei Busse von **Autobuses Palomera** (☎942 88 06 11; www.autobusespalomera.com) von Santander via San Vicente de la Barquera und Panes nach Potes (7,75 €, 2½ Std.), und zwei- bis viermal täglich wieder zurück. Von montags bis freitags besteht bis zu zweimal pro Tag eine Verbindung zwischen Potes und Espinama (1,40 €, 30 Min.) und im Juli und August wird meist auch dreimal täglich Fuente Dé (50 Min. von Potes) angesteuert.

Taxi

Neben Unternehmen wie **Taxitur** (☎689 143881; www.taxitur.com) in Cangas gibt's Jeep-Taxis, die auch auf Bergwegen vorankommen. Mehrere Anbieter machen für 50 € pro Person Jeeptouren in die Picos. Reguläre Fahrten kosten von Cangas de Onís bis zu den Lagos de Covadonga 28 € und von Arenas de Cabrales nach Sotres oder von Potes nach Fuente Dé 20 €. Von Caín nach Cangas de Onís oder Potes zahlt man für ein Taxi ca. 80 €.

Westliche Picos

ARRIONDAS

2600 EW. / 85 M

Arriondas ist ein guter Ausgangspunkt für **Kanutrips** den hübschen Río Sella hinunter zu verschiedenen Zielen zwischen Fries und Llovio (13–16 km). Mindestens zwölf Agenturen vermieten Kanus, Paddel, Rettungswesten und wasserdichte Behälter, zeigen ihren Kunden, wie es geht, und fahren sie vom Endpunkt nach Arriondas zurück.

Dieser Abschnitt des Sella verfügt über einige abwechslungsreiche kleinere Stromschnellen, bietet aber keine schwierigen Wildwasserbedingungen, sodass eigentlich jeder ab acht Jahren viel Spaß haben kann.

Am ersten Augustwochenende geht's in Arriondas chaotisch zu, weil Zehntausende hier zum Descenso Internacional del Sella (S. 505) zusammenkommen. Bei diesem internationalen Kanuevent starten samstags um 12 Uhr rund 1500 versierte Kanufahrer den Fluss hinab nach Ribasella, etwas später am Tag folgen ihnen viele Hobbypaddler.

Schlafen & Essen

LP TIPP **Posada del Valle** LANDHOTEL €€
(☎985 84 11 57; www.posadadelvalle.com; Zi. 64–77 €; ⏲April–Okt.; P 📶 ☕) Dieses bemerkens-

werte Hotel in einer schönen Tallandschaft, 3 km nördlich der Stadt direkt hinter dem Dorf Collía, ist nicht nur ein charmanter ländlicher Rückzugsort, sondern auch eine wundervolle Basis für Wanderer und bietet eine facettenreiche Erfahrung nachhaltiger Wohnkultur. Zu dem von einer britischen Familie geführten Haus gehört ein Biobauernhof, der sich teilweise der Erhaltung von Wildblumen widmet (hier gedeihen über 350 Pflanzenarten). Etwa 35 % der Zutaten stammen aus eigenem Anbau und zu allen Mahlzeiten wird eine Alternative für Vegetarier angeboten. Die zwölf Zimmer haben Talblick, Design und Einrichtung bringen lokale Kunst und Kunsthandwerk zur Geltung. Es gibt Informationen zu Wanderungen auf eigene Faust durch die Picos de Europa, an der asturischen Küste und in der näheren Umgebung. Ebenso werden Kurse und Workshops angeboten, z. B. zur vegetarischen Bioküche, dem Herstellen von Filz, zur Landschaft und zur Schulung der sensitiven Wahrnehmung im Hinblick auf nachhaltige Lebensformen.

Hotel La Estrada HOTEL

(☎985 84 07 67; www.laestradahotel.com; Calle Inocencio del Valle 1; EZ/DZ inkl. Frühstück 60/80 €; ⏲Mitte März–Okt.; 📶) Das freundliche, komfortable und moderne Haus im *indiano*-Stil, ein paar Schritte von der Hauptstraße Avenida de Europa entfernt, ist die beste Wahl im Zentrum.

El Corral del Indianu ASTURISCHE NOUVELLE CUISINE €€€

(☎985 84 10 72; www.elcorraldelindianu.com; Avenida de Europa 14; Hauptgerichte 20–30 €; ⏲So & Mi abends, Do geschl.) Hier ist der originellste Ort zum Essen, im Sommer wird im herrlichen Garten aufgetischt. Die Inneneinrichtung verblüfft mit zeitgenössischer Kunst und nacktem Stein. Wer nicht das höchst kreative (und reichliche) Degustationsmenü für 75 € bestellen möchte, nimmt vielleicht Austern als Vorspeise und als Hauptgericht einen Auflauf aus Wildschwein und Gemüse.

CANGAS DE ONÍS

4600 EW. / 84M

Nach seinem Sieg bei Covadonga stieg der gute König Pelayo 12 km den Hügel hinunter, um 722 n. Chr. in Cangas die Basis seines neuen Königreichs Asturien zu errichten. Dessen großer Auftritt in der Geschichte währte etwa 70 Jahre, bis die Hauptstadt nach Pravia verlegt wurde. Die zweite Blütezeit kam im späten 20. Jh. mit der Touristeninvasion in die Picos de Europa. Vor allem im August platzt der ansonsten trostlose, moderne Ort vor Trekkern, Campern und Urlaubern regelrecht aus allen Nähten.

Sehenswertes

Puente Romano BRÜCKE

Die sogenannte Römische Brücke über den Río Sella, deren Bogen an die gesträubten Haare einer Katze erinnern, stammt nicht aus römischer Zeit, sondern aus dem 13. Jh., ist aber deshalb nicht weniger eindrucksvoll. Unter ihrem Bogen hängt eine Kopie des Cruz de la Victoria, des Symbols für Asturien, das in Oviedos Kathedrale aufbewahrt wird.

Capilla de Santa Cruz KAPELLE

(Avenida Contranquil; Eintritt 1 €; ⏲Mi–So 10–13 & 15–18.30 Uhr, Mitte Sept.–Mitte Juni kürzere Öffnungszeiten) 1943 errichtete man diese kleine Kapelle an der Stelle eines früheren Gotteshauses aus dem 8. Jh. (erbaut von Pelayos Sohn Favila), das während des Spanischen Bürgerkriegs zerstört wurde. Dabei entdeckte man, dass der Hügel, auf dem die Kapelle stehen sollte, künstlich angelegt worden war. In seinem Innern befand sich ein 6000 Jahre altes Megalithgrab, das man sich heute in der Krypta anschauen kann. Die Führungen sind auf Spanisch.

Aktivitäten

Viele Agenturen wie **Los Cauces** (☎985 94 73 18; www.loscauces.com; Avenida Covadonga 6) und die allgegenwärtige **Cangas Aventura** (☎985 84 92 61; www.cangasaventura.com; Avenida de Covadonga 17) bieten ein ganzes Spektrum an Aktivitäten, darunter Kanutouren von Arriondas den Río Sella hinab (25 € pro Pers.), Reiten (1 Std./2 Std. 18/30 €), Canyoning (40 € für 3 Std.) und Höhlenklettern (22–25 €, 2–2½ Std.).

Schlafen

In Cangas gibt's etliche Hotels sowie einige *pensiones*. Mitte September bis Juni halbieren die meisten Unterkünfte ihre Preise. Noch mehr Bleiben, darunter viele *casas rurales,* findet man in den Nachbardörfern. Soto de Cangas, Mestas de Con und Benia de Onís an der Straße nach Arenas de Cabrales bieten jede Menge Übernachtungsmöglichkeiten.

Hotel Nochendi HOTEL €€

(☎985 84 95 13; www.hotelnochendi.com; Calle de Constantino González 4; Zi. 100 €; 📶) Dieses Hotel in einem Stockwerk eines Wohnhauses am Río Güeña ist eine nette Überraschung und man fühlt sich hier schnell wie zu Hause. Die großen, hellen, weiß gestrichenen Zimmer sind mit Spotlights, Hängelampen und etwas moderner Kunst eingerichtet und die meisten bieten Flussblick.

Parador de Cangas de Onís HISTORISCHES HOTEL €€€
(☎985 84 94 02; www.parador.es; EZ/DZ inkl. Frühstück 133/166 €; P❄📶) Cangas' *parador* (luxuriöses staatliches Hotel) liegt am Río Sella in Villanueva, 3 km nordwestlich von Cangas Richtung Arriondas. Das Hauptgebäude war ursprünglich ein Kloster, errichtet zwischen dem 12. und 18. Jh. Einige Zimmer sind frühere Mönchszellen, allerdings wesentlich luxuriöser. Auf der Website findet man Sonderangebote. Die angrenzende Klosterkirche Iglesia de San Pedro schmücken mittelalterliche Schnitzereien. Sie stellen Sünden und die Geschichte vom Tod des frühen asturischen Königs Favila dar.

Hotel Puente Romano HOTEL €€
(☎985 85 94 59; www.hotelimperion.com/puenteromano; Calle del Puente Romano; Zi. 75 €; ⏲Mitte Okt.–Ostern geschl.; P📶) Zu Cangas' atmosphärischsten Hotels zählt diese asturische Villa aus den 1880er-Jahren. Stein und Holz blieben größtenteils original erhalten, innen wurde viel erneuert. Die Zimmer sind attraktiv und geräumig und im ersten und zweiten Obergeschoss auch recht hell.

Hostal de Fermín HOSTAL €
(☎676 015377, 985 94 75 62; www.casafermin.net; Paseo de Contranquil 3; DZ inkl. Frühstück 64 €, Apt. für 4 Pers. 97 €; P📶) In einem Ziegelgebäude am Nordende der Stadt warten helle, saubere, einfache Zimmer, fünf gute, kürzlich eingerichtete Apartments und eine im Sommer beliebte *sidrería*. Vom Busbahnhof läuft man 300 m die Straße rechterhand entlang.

Essen

LP TIPP El Molín de la Pedrera ASTURISCHE NOUVELLE CUISINE €€
(☎985 84 91 09; www.elmolin.com; Calle del Río Güeña 2; Gerichte 9–21 €; ⏲Di abends, Mi geschl.) Dieses familiengeführte Lokal mit Quader- und Ziegelwänden lockt mit asturischen Gerichten wie *fabada* oder *tortos de maíz* (Maiskuchen) sowie mit fantasievollen Kreationen wie Blätterteigpasteten mit Cabrales-Käse und Haselnüssen oder köstlichen hausgemachten Nachtischen. Alle Fleischgerichte sind hervorragend. Ein gastfreundlicher Service und gute Weine vervollständigen das Gourmeterlebnis.

Los Arcos ASTURISCH €€
(☎985 84 92 77; Avenida Covadonga 17; Hauptgerichte 17–36 €) Man betritt das Los Arcos durch eine Cidrebar an der Hauptstraße. Es bietet ein paar teure Gourmetgerichte wie Kalbfleisch mit „Mikrogemüse aus ökologischem Anbau", aber die meisten Gäste kommen wegen des hervorragenden und preisgünstigen Menüs für 15 €, das mittags und abends serviert wird.

Praktische Informationen

Touristeninformation (☎985 84 80 05; www.cangasdeonis.com; Avenida de Covadonga 1; ⏲9–21 Uhr)

COVADONGA

70 EW. / 260M

Die Bedeutung von Covadonga 12 km südöstlich von Cangas de Onís liegt in dem, was es repräsentiert, und nicht in dem, was es ist. 772 mussten die Muslime hier ihre erste Niederlage in Spanien durch den westgotischen Adeligen Pelayo hinnehmen. Dieses Ereignis gilt gemeinhin als Beginn der 800 Jahre währenden Reconquista.

Covadonga ist ein Pilgerziel, da Pelayos Kriegern vor der Schlacht die Jungfrau Maria in einer der hiesigen Höhlen erschienen sein soll. An Wochenenden und im Sommer bilden sich vor der **Santa Cueva** und ihrer Kapelle lange Schlangen aus Gläubigen und Schaulustigen. Die **Fuente de Siete Caños**, eine Quelle im Becken unter der Grotte, soll Frauen, die aus ihr trinken, innerhalb eines Jahres zur Hochzeit verhelfen.

Erdrutsche haben im 19. Jh. einen Großteil Covadongas zerstört. Deshalb ist die zwischen 1877 und 1901 erbaute **Basílica de Covadonga** auch im neoromanischen Stil gehalten. In der Nähe liegt das große **Museo de Covadonga** (☎985 84 60 96; Erw./Sen. & Kind 2,50/1,50 €; ⏲Mi–Mo 10.30–14 & 16–18.30 Uhr), das sich der Geschichte von Covadonga widmet und Votivgaben von Gläubigen ausstellt.

LAGOS DE COVADONGA

Auf keinen Fall sollte man sich von den zahlreichen Besuchern im Sommer davon abbringen lassen, die 10 km hinter Covadonga bergauf zu diesen wunderschönen kleinen Seen zu fahren. Viele Tagesausflügler tätscheln nämlich höchstens ein paar Kühen in der Nähe der Gewässer die Nasen, dabei kann man hier herrlich wandern. In der Hochsaison ist die Straße zu den Seen für Privatfahrzeuge gesperrt, aber es fährt ein Shuttlebus von Cangas de Onís.

Als Erstes gelangt man zum **Lago de Enol**. Gleich dahinter befindet sich der Hauptparkplatz, von dem eine befestigte Straße weiter zu dem 1 km entfernten **Lago de la Ercina** führt. Alternativ nimmt man den Fußweg und macht am **Centro de Visitantes Pedro Pidal** (⏲Mitte März–Mitte Dez. 10–18 Uhr) Halt, um sich die Dauerausstellung zur heimischen Flora und Fauna anzuschauen. In der Nähe beider Seen stößt man auf rustikale Restaurants, die nur im Sommer geöffnet haben.

Wenn es nebelig wird, nehmen die Gewässer, die von grünen Weiden und nacktem Fels umgeben sind, eine ziemlich unheimliche Färbung an.

WANDERUNGEN VON DEN SEEN

Ein markierter Rundweg, die **Ruta de los Lagos** (PR-PNPE2; ca. 2½ Std.), schließt die beiden Seen, das Besucherzentrum und eine alte Mine, die Minas de Buferrera, ein. Etwa 400 m südlich des Lago de Enol führt der Weg am **Refugio Vega de Enol** (☎622 203897, 985 94 28 28; www.elrefugiovegadeenol.com; B 10 €; ⏲ganzjährig) vorbei, der nächstgelegenen Unterkunft bei den Seen. Sie hat zehn Schlafkojen, warme Duschen, serviert einfache Mahlzeiten (6–8 €) und ist mit dem Auto erreichbar.

Zwei weitere, relativ einfache Routen führen tiefer in die Berge. Auf dem PR-PNPE4 geht's mit 600 m Steigung vom Lago de la Ercina ca. 5 km Richtung Südosten zum **Vega de Ario**. Dort bietet das **Refugio Vega de Ario** (Refugio Marqués de Villaviciosa; ☎656 843095, 984 09 20 00; www.refugiovegadeario.es; B 12 €; ⏲Juni–Okt.; 📶) Etagenbetten für 34 Leute und Mahlzeiten. Nach der zweieinhalb Stunden dauernden anstrengenden Tour belohnt der fantastische Blick über die Garganta del Cares (Cares-Schlucht) zum Macizo Central der Picos.

Der PR-PNPE5 verläuft vom Lago de Enol grob Richtung Süden zum **Refugio de Vegarredonda** (☎626 343366, 985 92 29 52; www.vegarredonda.com; B 12 €; ⏲März–Nov.), mit Platz für 68 Gäste und Mahlzeiten, und weiter zum **Mirador de Ordiales**, von dem aus man in das 1 km tiefe Valle de Angón hinunterschauen kann. Der Fußmarsch dorthin dauert ca. dreieinhalb Stunden (pro Strecke); bis zum *refugio* läuft man ziemlich problemlos über einen Maultierpfad, dann folgt ein anstrengender Aufstieg zum Aussichtspunkt. Wenn der Zustand des Wegs es erlaubt, kann man die Wanderung mit dem Auto um ca. 40 Minuten verkürzen, indem man bis zum Parkplatz Pandecarmen 2 km vom Lago de Enol entfernt fährt.

WILDTIERE IN DEN PICOS

Zwar leben noch einige Wölfe und Braunbären in den Picos, aber wesentlich weiter verbreitet ist der *rebeco* (Gämse). Etwa 6000 Gämsen klettern in den Felsen und an den steilen Hängen herum. In bewaldeten Gebieten leben zahlreiche Rehe, Dachse, Wildschweine, Eichhörnchen und Marder.

Über den Picos kreisen Adler, Habichte und weitere Raubvögel. Ausschau halten sollte man auch nach dem majestätischen *águila real* (Königsadler) und dem mächtigen *buitre leonado* (Gänsegeier). In großen Höhen werden Wanderer von Steindohlen mit ihrem unverkennbaren Gekrächze begleitet.

SÜDLICH VON CANGAS DE ONÍS

Südlich von Cangas de Onís folgt die N625 dem Río Sella stromaufwärts durch eine der außergewöhnlichsten Schluchten Europas. Die Straße durch den **Desfiladero de los Beyos** ist eine bemerkenswerte Ingenieursleistung. Am südlichen Ende der Schlucht gelangt man von Asturien nach Kastilien-León. Etwa nach 6 km folgt man einer Linkskurve weitere 4 km Richtung Norden in das schöne Dorf **Soto de Sajambre**, ein guter Ausgangspunkt für Wanderer mit einigen Unterkünften. Zu den Routen ab hier gehören der La Senda del Arcediano (GR-201), ein landschaftlich schöner Trip von fünf oder sechs Stunden Richtung Norden nach Amieva, der für die meisten Wanderer zu schaffen sein sollte, und eine anspruchsvollere Strecke nach Posada de Valdeón.

Zentrale Picos

Die Hauptattraktion des Zentralmassivs der Picos ist die Schlucht, die es vom westlichen Macizo El Cornión trennt. Der beliebte Weg durch die Garganta del Cares (Cares-Schlucht) kann im Sommer ziemlich überlaufen sein, aber die Wanderung ist immer ein aufregendes Erlebnis. Dieser Teil der Picos birgt auch viele weniger stark frequentierte Pfade und bietet Kletterern zahlreiche Herausforderungen. Arenas de Cabrales ist ein beliebter Ausgangspunkt mit einer großen Auswahl an Unterkünften, aber auch

Poncebos, Sotres, Bulnes und Caín bieten Übernachtungsmöglichkeiten.

ARENAS DE CABRALES

830 EW. / 135 M

Arenas de Cabrales liegt am Zusammenfluss der sprudelnden Ríos Cares und Casaño, 30 km östlich von Cangas de Onís. Seine geschäftige Hauptstraße wird von Hotels, Restaurants und Bars gesäumt, gleich dahinter erstreckt sich ein kleines Gewirr von Plätzen und Seitenstraßen. Alles über den feinen strengen Cabrales-Käse lernt man im **Museu del Quesu** (Cueva del Cabrales; ☎985 84 67 02; www.fundacioncabrales.com; Erw./Kind 4,50/3 €; ⏲10–14 & 16–20 Uhr, Okt.–März kürzere Öffnungszeiten), einem Käsemuseum in einer Höhle, 500 m vom Zentrum entfernt an der Straße nach Poncebos, das 45-minütige Führungen auf Spanisch anbietet.

Die Busse halten vor der **Touristeninformation** (☎660 405774; www.cabralesturismo.com; ⏲Di–Sa 16–21, So 10–14 Uhr, Mitte Sept.–Juni So–Do geschl.) im Zentrum gegenüber der Kreuzung an der Straße nach Poncebos.

Schlafen & Essen

Wegen der großen Zahl an Unterkünften und Restaurants sind die Preise verhältnismäßig niedrig.

Hotel Rural El Torrejón HOTEL €

(☎985 84 64 11; www.eltorrejon.com; EZ/DZ inkl. Frühstück 35/57 €; ⏲Mitte Dez.–Mitte Jan. geschl.; P ᯤ) Das nette familiengeführte Landhaus heißt müde Reisende mit geschmackvoll eingerichteten Zimmern in rustikalem Stil und einigen originellen Farben willkommen. Es hat ein gutes Preis-Leistungs-Verhältnis und liegt idyllisch am Río Casaño, nur wenige Fußminuten vom Zentrum des Dorfs.

Hotel Rural El Ardinal HOTEL €€

(☎985 84 64 34; www.ardinal.com; Barriu del Riu; Zi. 65 €; ⏲Jan. & Feb. geschl.; P ᯤ) In herrlich ruhiger Lage bietet dieses kleine, gemütliche Hotel Zimmer mit gutem Ausblick und Cottage-Ambiente (viel Holz, geschmiedetes Eisen und Blumentapeten) sowie ein behagliches Wohnzimmer mit Bar und Kamin. Es steht im Norden von Arenas. Gegenüber vom zentralen Restaurante Cares führt ein Weg 400 m hoch.

Hostal Naturaleza PENSION €

(☎985 84 64 87; EZ/DZ inkl. Frühstück 25/40 €; P ᯤ) Ungefähr 600 m die Straße nach Poncebos hinunter warten in einem ruhigen Haus kleine, aber sehr gründlich geschrubbte Zimmer.

Camping Naranjo de Bulnes CAMPINGPLATZ €

(☎985 84 65 78; campingnaranjobulnes@yahoo.es; Stellplatz für 2 Pers., Auto & Zelt 25 €; ⏲Nov.–Mitte März geschl.; P) Den großen und effizient geführten Campingplatz findet man nach 1,5 km entlang der Straße nach Panes in einem Kastanienhain am Fluss.

LP TIPP **Restaurante Cares** ASTURISCH €€

(☎985 84 66 28; Hauptgerichte 14–22 €, Menüs 15 €; ⏲Okt.–Mai Mo geschl.) Dieses Restaurant an der Poncebos-Kreuzung der Hauptstraße hat das beste Preis-Leistungs-Verhältnis weit und breit. Neben dem *menú del día* bietet es ein preisgünstiges *menú de noche* sowie *platos combinados* und Fisch- und Fleischgerichte à la carte. Gäste können einen herzhaften *cachopo* (mit Schinken und Käse gefülltes Kalbssteak) probieren und zum Nachtisch *delicias de limón* (eine Süßspeise zwischen Zitronenmousse und Joghurt) genießen.

GARGANTA DEL CARES

Der 10 km lange, bestens gewartete Weg hoch über dem Río Cares zwischen Poncebos und Caín ist (leider) Spaniens beliebteste Bergwanderroute. Im August kann man den Ausflug daher mit einem Einkaufsbummel an einem Adventssamstag in der Fußgängerzone einer Großstadt vergleichen. Trotzdem ist es ein spektakulärer, teilweise schwindelerregender Trip entlang der Schlucht zwischen zwei von drei Massiven der Picos. Wer sich fit fühlt (oder zu seinem Auto zurückmuss), kann den jeweils 10 km langen Hin- und Rückweg durchaus als (etwas ermüdenden) Tagesausflug durchführen. Er dauert rund sechs bis sieben Stunden inklusive Pausen. Zahlreiche Agenturen in den Orten der Picos bringen Teilnehmer zu beiden Enden des Wegs und holen sie am anderen Ende wieder ab, in der Regel für 35 bis 50 € pro Person.

PONCEBOS

Diese kleine Siedlung liegt am Nordende der Cares-Schlucht inmitten einer spektakulären Landschaft. Eine Seitenstraße führt von hier 1,5 km bergauf in den Ort **Camarmeña**, wo man von einem Aussichtspunkt bis zum El Naranjo de Bulnes blicken kann.

In Poncebos ist das **Hotel Garganta del Cares** (☎985 84 64 63; www.hotelgargantadelcares.com; Calle de Poncebos; EZ/DZ inkl. Frühstück 38/62 €; ⏲Dez. & Jan. geschl.; P ᯤ) mit acht einfachen, gepflegten Zimmern die nächstgelegene Unterkunft mit Verpflegung *(menú del* *día* 10 €) beim Garganta-del-Cares-Wanderweg. Die Zimmer haben Doppelbetten und sind schlicht, sauber und komfortabel. Alternativ quartiert man sich in dem etwas gehobeneren **Hotel Mirador de Cabrales** (985 84 66 73; www.arceahoteles.com; Zi. 85 €; etwa Mitte Sept.–Ostern geschl.; P) nebenan ein.

GARGANTA-DEL-CARES-WANDERUNG

Wer von Norden nach Süden wandert, hebt sich das Beste bis zum Schluss auf. Man folgt dem bergauf weisenden Schild „Ruta de Cares" am oberen Ende von Poncebos etwa 700 m. Anfangs geht's stetig aufwärts durch die zunächst breite und meist kahle Schlucht. Nach etwa 3 km erreicht man einige verlassene Häuser. Ein Stück weiter passiert man den höchsten Punkt der Wanderung. Entlang des Weges kommt man wahrscheinlich an mehreren Getränkeständen vorbei (sie werden mit Pferden herauftransportiert).

Sobald man sich der regionalen Grenze nach Kastilien-León nähert, wird die Schlucht schmaler und die Wände sind dicht bewachsen, was einen schärferen Kontrast zu den alpinen Höhen oben schafft. Die letzten Abschnitte der Strecke gelten als besonders schön. Wenn man tiefer ins Tal hinabsteigt, geht's durch eine Reihe niedriger, nasser Tunnel, bis man schließlich am Ende der Schlucht die Weiden von Caín erreicht.

CAÍN

Kommt man von Süden, beginnt die Wanderstrecke in Caín, wo die enge (und sehr malerische) Straße von Posada de Valdeón endet. Hier gibt's ein paar einfache Unterkünfte. Zu den besten zählt das **Hostal La Ruta** (987 74 27 02; Zi. 50 €;) mit sauberen, relativ großen Zimmern, das am nächsten an der Schlucht liegt. Mehrere Restaurants servieren sehr ähnliche Mittagsmenüs für 11 €. Weitere Übernachtungsmöglichkeiten findet man in den Dörfern südlich von Caín, darunter Cordiñanes und das ziemlich öde Posada de Valdeón.

BULNES

22 EW. / 647 M

Bulnes liegt hoch oben über einem Seitental der Cares-Schlucht südlich von Poncebos. Der Weiler ist entweder über eine anstrengende zweistündige Wanderung bergauf oder mit dem **Funicular de Bulnes** (985 84 68 00; einfach/hin & zurück Erw. 16,80/21,10 €, Kind 4,10/6,40 €; Ostern & Mitte Juni–Mitte Sept. 10–20 Uhr, restliches Jahr 10–12.30 & 14–18 Uhr;), einer Tunnelbahn, die von der Station unterhalb von Poncebos 2 km steil bergan durch den Berg fährt, zu erreichen. Die Bahn startet halbstündlich in beide Richtungen, eine Fahrt dauert sieben Minuten.

Bulnes besteht aus zwei Teilen, dem oberen Barrio del Castillo und dem unteren La Villa. Alle Einrichtungen befinden sich in La Villa, darunter **La Casa del Chiflón** (608 181581, 985 84 59 43; www.casadelchiflon.com; EZ/DZ/3BZ inkl. Frühstück 45/60/75 €; Mitte Okt.–Ostern geschl.;), eine hübsche *casa rural* mit sechs Zimmern, und die **Bar Bulnes** (985 84 59 34; raciones 4–11 €; Ostern & Juli–Sept. 10–20 Uhr, restliches Jahr 10–18 Uhr, Jan. & Feb. Mo–Fr geschl.) mit guter Hausmannskost.

Wer aus östlicher Richtung anreist, muss eine Stunde vom Collado de Pandébano zum Ort hinunterwandern.

SOTRES

130 EW. / 1045 M

Eine Nebenstraße führt von Poncebos 11 km bis nach Sotres, dem höchstgelegenen Dorf in den Picos (1045 m) und Startpunkt einiger guter Wanderrouten. Es gibt hier ein halbes Dutzend Unterkünfte, die zumeist über ein eigenes Restaurant verfügen.

Die alteingesessene **Casa Cipriano** (985 94 50 24; www.casacipriano.com; EZ/DZ 30/45 €; Jan. geschl.;) bietet neben schlichten, freundlichen Zimmern auch einen professionellen Berg- und Höhlenführerservice an und betreibt ein einfaches Lokal.

Mit zehn ordentlichen, aber kleinen Zimmern wartet das in einem renovierten Steinhaus untergebrachte **Hotel Peña Castil** (985 94 50 49; www.hotelpenacastil.com; EZ/DZ inkl. Frühstück 40/60 €;) auf. Die Räume haben hübsch geflieste Böden, halbhohe Steinwände und teilweise auch schöne Balkone.

WANDERUNGEN RUND UM SOTRES

Eine beliebte Route verläuft nach Osten zum Dorf **Tresviso** und weiter nach **Urdón** an der Straße von Potes nach Panes. Bis Tresviso (10 km) führt eine befestigte Straße, aber die letzten 7 km sind nur über einen spektakulären Wanderweg zu bewältigen, die **Ruta de Tresviso** (PR-PNPE30), die sich 850 m zur Schlucht Desfiladero de la Hermida hinabschlängelt. Die Strecke in umgekehrter Richtung ab Urdón bergauf ist mindestens genauso beliebt.

Viele Wanderer entscheiden sich für den **Collado de Pandébano**, eine ein- bis anderthalbstündige Wanderung zur anderen Seite des Duje-Tals. Von Pandébano sieht man den 2519 m hohen Felsfinger namens **El Naranjo de Bulnes** (Pico Urriello), ein Wahrzeichen der Picos de Europa und eine klassische Herausforderung für Kletterer.

Wenige Trekkingfans können der Versuchung widerstehen, noch näher an El Naranjo heranzukommen. Es ist möglich, in etwa drei Stunden über den PR-PNPE21 mit 700 m Steigung von Pandébano zur **Vega de Urriello** am Fuß des Bergs zu wandern, wo das **Refugio Vega de Urriello** (☎650 780381, 985 92 52 00; www.fempa.net; B 12 €; ⊙Mitte März–Mitte Dez.) mit 96 Schlafplätzen neun Monate im Jahr bewirtschaftet wird und auch Mahlzeiten serviert.

Richtung Westen kann man in einer Stunde von Pandébano nach Bulnes absteigen.

Östliche Picos

In dem verschlafenen Panes trifft die AS114 aus östlicher Richtung von Cangas und Arenas auf die südlich von der Küste kommende N621. Südlich von Panes folgt die N621 nach Potes dem Río Deva flussaufwärts durch die beeindruckende Schlucht **Desfiladero de la Hermida**. Von Urdón geht's hinüber nach Kantabrien, 2 km weiter erreicht man den Weiler **La Hermida** mit einigen *pensiones*.

LEBEÑA

8,5 km südlich von La Hermida, 600 m östlich der N621, steht die faszinierende kleine **Iglesia de Santa María de Lebeña** (Eintritt 1 €; ⊙Di–So 10–13.30 & 16–19.30 Uhr), die im 9. und 10. Jh. errichtet wurde. Die Hufeisenbogen – so weit nördlich in Spanien selten zu sehen – sind mozarabisch, die floralen Motive auf den Säulen westgotisch und die Steinschrift unter dem Haupt-*retablo* keltisch. Letztere besagt, dass die große Eibe draußen (nach einem Sturm im Jahr 2007 nur noch ein kleiner Stumpf) bereits vor 1000 Jahren gepflanzt wurde.

POTES

1470 EW. / 291M

Das in der Hauptsaison überlaufene Potes ist ein beliebter Ausgangspunkt für Wanderungen in die Südostecke der Picos. In unmittelbarer Nähe erhebt sich der Macizo Andara (auch Macizo Oriental genannt). Potes ist die Hauptstadt der Liébana, einer schönen grünen Tallandschaft zwischen den Picos und dem Hauptkamm der Cordillera Cantábrica. Der Ortskern besteht aus einigen Brücken, Türmen und idyllischen kleinen Straßen, die nach den beträchtlichen Zerstörungen des Spanischen Bürgerkriegs mit traditionellen Materialien wie Schiefer, Holz und roten Ziegeln restauriert wurden. Der viereckige **Torre del Infantado** (⊙Mo–Fr 10–14 & 16–20 Uhr) aus dem 15. Jh. neben der mittelalterlichen Brücke San Cayetano ist heute das von innen erstaunlich moderne Rathaus.

Monasterio de Santo Toribio de Liébana KLÖSTER

(http://santotoribiodeliebana.com; Eintritt frei; ⊙10–14 & 16–19 Uhr; Ⓟ) Christliche Flüchtlinge aus dem muslimisch besetzten Spanien flohen im 8. Jh. nach Liébana und brachten das **Lígnum Crucis** mit, angeblich das größte Einzelstück des Jesuskreuzes. Der Überlieferung nach wurde das Loch darin von dem Nagel verursacht, der durch die linke Hand Jesu geschlagen wurde. Seitdem wird die heilige Reliquie im **Santo Toribio Monastery** (Eintritt frei; ⊙Di–So 10–13 & 16–19 Uhr) 3 km westlich von Potes (von der Straße nach Fuente Dé ausgeschildert) aufbewahrt.

Beato de Liébana, der im mittelalterlichen Europa einige Berühmtheit durch seinen großzügig illustrierten *Kommentar zur Apokalypse* erlangte, war in der zweiten Hälfte des 8. Jhs. das Oberhaupt des Klosters. Kopien des bebilderten Wälzers wurden in ganz Europa verteilt und unter dem Namen Beatus bekannt. Etwa 30 Exemplare haben dem Zahn der Zeit standgehalten, doch das Original ist verloren.

500 m hinter dem Kloster stößt man auf die kleine **Ermita de San Miguel**, eine Kapelle mit einem herrlichen Blick ins Tal und zu den Picos.

Schlafen, Essen & Ausgehen

Es gibt in Potes etwa ein Dutzend größtenteils einfache Unterkünfte.

Casa Cayo HOSTAL €

(☎942 73 01 50; www.casacayo.com; Calle Cántabra 6; EZ/DZ 35/45 €; 📶) Dies ist die beste Unterkunft in Potes. Sie hat freundliches Personal und schöne komfortable Zimmer mit Holzbalken. Wer auf den unterhalb gurgelnden Fluss blicken möchte, sollte Nr. 206, 207 oder 305 nehmen. Im Restaurant isst man gut (Hauptgerichte 7–17 €), besonders empfehlenswert sind die Fleischgerichte, z. B. das *solomillo* (Rinderlende) mit blauem Tresviso-Käse und die lokale Spezialität *lechazo asado* (gegrilltes Lamm).

Hotel Picos de Valdecoro HOTEL €€

(☎942 73 00 25; hotelvaldecoro@hotmail.com; Calle Roscabado; EZ/DZ inkl. Frühstück 48/75 €; Ⓟ📶) Etwas gehobener – verglichen mit den für Potes typischen Unterkünften – ist dieses

ABSTECHER

VON POTES NACH POSADA DE VALDEÓN

Für Autofahrer lohnt ein Ausflug von Potes zu den südlichen Zugängen der Picos. Entlang der N621, die sich direkt im Süden von Potes durch die grüne Liébana windet, gibt's einige großartige Unterkünfte. Sie informieren zu Wanderungen in der Umgebung und sind gute Ausgangspunkte für die östlichen und südlichen Picos.

5 km hinter Potes führt ein Abzweig 4,5 km hinauf in das schöne Dorf Tudes. Dort liegt die von Engländern geführte **Casa de las Chimeneas** (☎942 73 63 00; www.lacasadelaschimeneas.es; Ende Juli–Aug. Apt. mit 2 Schlafzimmern 945–1050 € pro Woche, restliches Jahr 80–125 € pro Nacht; P), ein alter Bauernhof, in dem sich heute acht sehr gemütliche, gut ausgestattete Apartments mit viel Charakter befinden. Die meisten haben zwei oder drei Etagen, dazu gibt's einen runden Infinity-Pool und eine herrliche Aussicht. Getränke sowie leichte Gerichte serviert die ebenso ursprüngliche **Taberna del Inglés** (Nov.–April Mo–Do geschl.) gegenüber.

Die **Posada de Cucayo** (☎942 73 62 46; www.laposadadecucayo.com; EZ inkl. Frühstück 45–51 €, DZ inkl. Frühstück 56–65 €; Mitte Jan.–Mitte Feb. geschl.; P) liegt auf mehr als 900 m Höhe in dem kleinen Dorf **Cucayo** am Ende einer bezaubernden, 12 km langen Bergstraße, die von der Kreuzung im Dorf La Vega de Liébana hinaufführt. Rundherum erheben sich Berggipfel und unterhalb erstrecken sich üppig grüne Felder. Elf der zwölf großen geschmackvollen Zimmer in diesem herrlichen, familiengeführten Hotel bieten einen weiten Blick. Fleisch, Eier und Gemüse, die in dem preisgünstigen Restaurant aufgetischt werden, stammen größtenteils von dem Bauernhof nebenan. Wer richtig ins Landleben eintauchen möchte, darf beim Melken der Kühe helfen.

Von La Vega de Liébana führt die N621 Richtung Südwesten auf den Pass **Puerto de San Glorio** (1609 m) hinauf, wo Kastilien-León beginnt. Bei klarem Wetter lohnt sich unbedingt der 2 km lange Umweg zum Aussichtspunkt **Mirador de Llesba**. Auf der kastilischen Seite führt die N621 steil bergab. Von **Portilla de la Reina** aus nimmt man eine enge, schöne Landstraße nach Nordwesten über den Pass **Puerto de Pandetrave** (1562 m) nach Santa María de Valdeón und **Posada de Valdeón**, dem südlichen Tor zu den Picos.

Hotel mit 43 Zimmern, 500 m nördlich des Zentrums. Die großen, angenehm ordentlichen Räume liegen alle an der Außenseite. Die im hinteren Teil sind etwas altmodischer eingerichtet, aber sauber und gemütlich. Auf dem Schild vorne an der Straße steht der Name des Hotelrestaurants Restaurante Paco Wences.

Bar Los Camachos BAR
(Plaza Llano; 9–24 Uhr) In dieser schäbigen, aber gastfreundlichen Bar kann man den lokaltypischen *orujo* probieren, einen Tresterschnaps ähnlich dem italienischen Grappa, den man in ganz Nordwestspanien trinkt. Die Einwohner von Potes stellen mehrere Varianten her, u. a. mit dem Honig eigener Bienen angereichert.

Praktische Informationen

Touristeninformation (☎942 73 81 26; Plaza de la Independencia; 10–14 & 15.30–18 Uhr) In der umgenutzten Iglesia de San Vicente, einem Musterbeispiel der ländlichen Gotik des 14. Jhs. (mit Ausstellungsraum).

VON POTES NACH FUENTE DÉ

Die 23 km lange Fahrt entlang der CA185 von Potes nach Fuente Dé ist eine wunderschöne Tour, vorbei an zahlreichen Hotels, *hostales* und Campingplätzen. In **San Pelayo**, 5 km von Potes, befindet sich die **Posada San Pelayo** (☎942 73 32 10; www.posadasanpelayo.com; EZ/DZ 65/81 €; P), eine gastfreundliche familiengeführte *casa rural*, die in traditionellem Stil errichtet wurde. Sie hat große Zimmer in heiteren Farben, weitläufige Gemeinschaftsbereiche und einen hübschen Garten mit einem großartigen Bergblick.

In **Cosgaya**, 13 km südwestlich von Potes, stehen sich die beiden Steinhäuser des **Hotel del Oso** (☎942 73 30 18; www.hoteldeloso.com; EZ/DZ 68/85 €; Jan.–Mitte Feb. geschl.; P) an der Straße entlang des Río Deva gegenüber. Ihre geräumigen Zimmer mit geschliffenen Holzböden sind sehr einladend und das Restaurant (Hauptgerichte 10–22 €, Menü 23 €), das hervorragende Fleischgerichte und Nachspeisen serviert, zählt zu den besten der Gegend. Zur Anlage gehört auch ein schöner großer Pool.

FUENTE DÉ & DER TELEFÉRICO

Fuente Dé liegt auf einer Höhe von 1078 m am Fuß der kahlen Südwand des Macizo Central. In vier Minuten gleitet der **Teleférico de Fuente Dé** (☎942 73 66 10; www.cantur.com; Erw./Kind hin & zurück 15,50/6 €; ⏲Ostern & Juli–Mitte Sept 9–20 Uhr, restliches Jahr 10–18 Uhr, Anfang Jan.–Mitte Feb. geschl.) mit seinen Fahrgästen 762 m hoch zum Gipfel, von wo Wanderer und Kletterer ihren Weg tiefer ins Zentralmassiv hinein antreten können.

Achtung: Während der Hochsaison (vor allem im August) kann es passieren, dass man eine Stunde oder länger warten muss, bis man auf dem Weg hinauf oder hinunter einen Platz ergattert.

Aktivitäten

Vom oberen Ende des *teleférico* sind es 3,5 km bis zum Hotel Áliva, wo man Erfrischungsgetränke bekommt. Wer nicht laufen will, nimmt einen der privaten Allradshuttles. Vom Hotel führen zwei Wege hinab ins Tal, das den Macizo Central und den Macizo Ándara voneinander trennt. Der erste windet sich etwa 7 km auf der CA185 (ca. 2½ Std. zu Fuß) nach **Espinama** hinab, während der andere Richtung Norden via Vegas de Sotres nach Sotres verläuft (ca. 2 Std. zu Fuß).

Kletterer können eine Tour über das Massiv bis **El Naranjo de Bulnes** unternehmen oder den **Peña Vieja** (2613 m) besteigen. Dafür ist unbedingt eine entsprechende Ausrüstung und Erfahrung nötig, denn dieser Berg hat mehr Menschenleben gefordert als jeder andere Höhenzug der Picos. Als etwas weniger anspruchsvoll gilt der PR-PNPE23, eine Route ca. 5,5 km nordwestlich des *teleférico*. Dabei geht's viereinhalb Stunden (hin & zurück) mit 500 m Steigung unterhalb des Peña Vieja bis zum Fuß des **Horcados Rojos** und von dort aus wieder zurück.

Schlafen & Essen

Hotel Rebeco HOTEL €€

(☎942 73 66 01; www.hotelrebeco.com; EZ/DZ inkl. Frühstück 54/70 €; P📶👪) Viele der 30 Zimmer in dieser wunderbar gemütlichen Steinlodge in Fuente Dé bieten Bergblick, elf haben zwar keine besondere Aussicht, verfügen aber über eine zweite Ebene, die für Kinder geeignet ist. Das Hotelrestaurant ist gut und preislich in Ordnung. Hier kann man die Wandteppiche der Besitzerin Conchi Cuesta bewundern.

Hotel Áliva HOTEL €€

(☎942 73 09 99; www.cantur.com; EZ/DZ 47,50/75,75 €; ⏲Mitte Juni–Mitte Okt.) Das 1700 m hoch gelegene Berghotel mit 27 Zimmern wartet mit einem Café, einem Restaurant und einem Sonnendeck auf. Vom Endpunkt des *teleférico* pendeln Jeeps des Unternehmens Cantur, das auch die Seilbahn betreibt, die 3,5 km zum Hotel oder von dort nach Espinama und Sotres. Es werden Paketpreise inklusive Transfer angeboten.

Santiago de Compostela & Galicien

Inhalt »

Santiago de Compostela 525
Fisterra & Umgebung 535
A Coruña 538
Die Rías Altas 542
Die Rías Baixas 547
Pontevedra 550
Illas Cíes 557
Ribeira Sacra & Cañón do Sil 561
Lugo 565

Gut essen

» La Casa de las 5 Puertas (S. 552)

» O Fragón (S. 536)

» Restaurante Bitadorna (S. 558)

» Hotel Orillamar (S. 545)

» La Taberna de Rotilio (S. 553)

Schön übernachten

» Casa de Trillo (S. 536)

» Hotel Herbeira (S. 544)

» Parador de Santo Estevo (S. 564)

» Hotel Rústico Ínsula Finisterrae (S. 535)

» Nagari (S. 555)

Auf nach Galicien

Spirituelle, kulturelle und offizielle Hauptstadt der Region ist Santiago de Compostela. Sie zieht jedes Jahr Tausende Pilger an, die auf dem berühmten Jakobsweg unterwegs sind, und verströmt die Aura längst vergangener Zeiten.

Galicien, ein einzigartiger Landstrich mit eigener Sprache und besonderer Kultur, hat aber noch viel mehr zu bieten als Santiago. Die 1200 km lange, wilde Küste ist geprägt von stattlichen *rías* (Meeresarmen), Klippen, Sandstränden, vorgelagerten Inseln und den besten Meeresfrüchten Spaniens, während das Hinterland mit üppig grünen Tälern und Hügeln, halb vergessenen Steindörfern, kurvigen Landstraßen und Klöstern aufwartet. Doch Galicien lebt nicht nur in der Vergangenheit. Quirlige Städte wie A Coruña, Vigo und Lugo sind wirtschaftlich und kulturell auf der Höhe der Zeit und darüber hinaus für ihr berauschendes Nachtleben bekannt.

Reisezeit

Santiago de Compostela

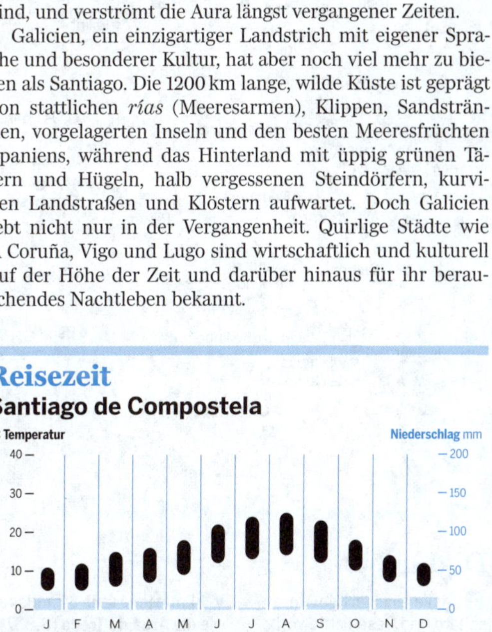

Juni & Sept. Weniger Touristen, niedrigere Zimmerpreise und (hoffentlich) anständiges Wetter.

Juli Freudentänze zu keltischer Musik beim Festival Ortigueira.

24. Juli Mit einem spektakulären Feuerwerk enden in Santiago die Feiern am Día de Santiago.

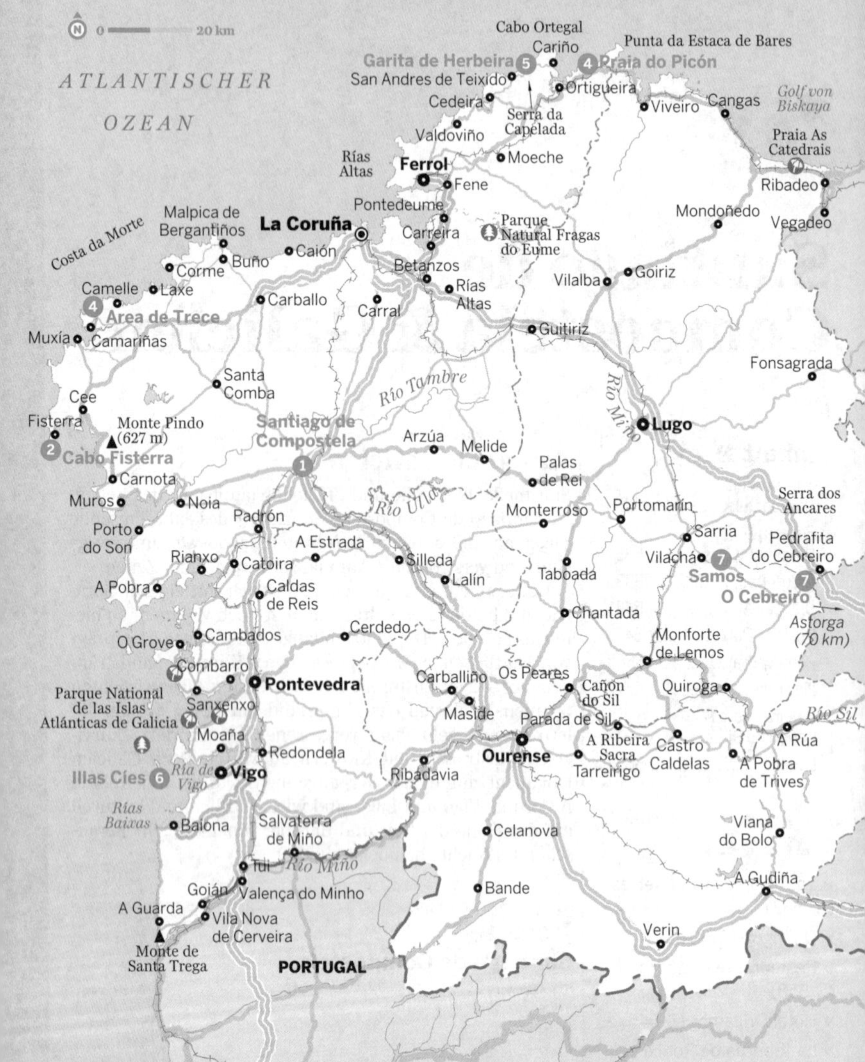

Highlights

1 In die einzigartige Atmosphäre und Geschichte von **Santiago de Compostela** eintauchen (S. 525)

2 Von Spaniens „Ende der Welt", dem **Cabo Fisterra**, gen Amerika blicken (S. 535)

3 In Küstennähe frische **Meeresfrüchte** schmausen

4 Entlegene raue Strände wie die **Area de Trece** (S. 537) an der Costa da Morte oder die **Praia de Picón** an den Rías Altas (S. 545) erkunden

5 Auf den höchsten Meeresklippen Südeuropas, den **Garita de Herbeira** (S. 545), stehen

6 Zu den wunderbaren jungfräulichen Sandstränden und malerischen Pfaden der spektakulären **Illas Cíes** (S. 557) segeln

7 Dem Jakobsweg von den **O Cebreiros** (S. 563) hinunter zum Kloster in **Samos** (S. 563) folgen

Geschichte

FRÜHE ZIVILISATIONEN

Die ersten Galicier errichteten zahlreiche Dolmen (Megalithgräber) und in der Eisenzeit *castros* (geschützte Siedlungen mit runden Steinhütten). Viele solcher alten Monumente können heute besichtigt werden. Die meisten Einheimischen behaupten, die Erbauer der *castros* seien Kelten gewesen, Skeptiker dagegen halten das für eine Erfindung romantischer galicischer Nationalisten.

Die Römer befriedeten „Gallaecia" (dazu zählte auch das heutige Nordportugal) im 1. Jh. v. Chr. und gründeten Städte wie Lucus Augusti (Lugo). Im Jahre 409 wurde die Region von den germanischen Sueben erobert, bevor sich schließlich in den 580er-Jahren die Westgoten durchsetzen konnten.

MITTELALTER

Nach der Invasion der Mauren 711 geriet Galicien schnell unter die Kontrolle von Asturien, des einzigen überlebenden christlichen Königreichs der Iberischen Halbinsel. Danach gehörte das Gebiet mit Ausnahme einiger kurzer unabhängiger Phasen im 10. und 11. Jh. dem Königreich Asturien und seinen Nachfolgern León und Kastilien an.

Das größte Ereignis in der mittelalterlichen Geschichte der Region war 813 die „Wiederentdeckung" des Grabs von Santiago Apóstol (Apostel Jakobus) an einem Ort, der sich später zur Stadt Santiago de Compostela entwickeln sollte und im Lauf der Zeit zu einem einigenden Symbol der christlichen Reconquista in Spanien wurde. Zahlreiche Pilger aus ganz Europa machten sich auf den Weg hierher. So wurde Santiago immer bedeutender und konnte als Pilgerziel mit Rom und sogar Jerusalem konkurrieren.

Nach Abschluss der Reconquista 1492 war Galicien eine verarmte, rückständige Gegend, in der die Katholischen Könige Isabella und Ferdinand bereits begonnen hatten, Sprache und Tradition der Region durch die kastilische Kultur zu ersetzen.

DAS MODERNE GALICIEN

Der Rexurdimento, das Erwachen eines galicischen Nationalbewusstseins, ließ bis Ende des 19. Jhs. auf sich warten und wurde durch die Machtübernahme Francos und seine 40-jährige Regierungszeit erneut unterbrochen. Im 19. und 20. Jh. emigrierten Hunderttausende Galicier auf dem Seeweg nach Lateinamerika; alle auf der Suche nach einem besseren Leben.

Seit Einführung der Demokratie in Spanien in den 1970er-Jahren hat sich die Situation spürbar verbessert. Fischfang, Schiffbau und Landwirtschaft spielen in Galicien eine überaus wichtige Rolle. Die Region besitzt mehr Häfen als irgendein anderes Gebiet der Europäischen Union. Ihre extrem zerklüftete Küste dient übrigens auch als Haupteingangstor Europas für Kokain aus Lateinamerika.

Wegen ihrer Kultur und der historisch isolierten Randstellung empfinden sich die meisten Galicier landesweit etwas im Abseits, dennoch fordert nur eine winzige Minderheit die Unabhängigkeit.

DEN REGENSCHIRM EINPACKEN

Galicien ist eine überaus feuchte Region. Weil vom Atlantik eine Regenfront nach der anderen hereinzieht, regnet es hier im Durchschnitt doppelt so viel wie im restlichen Spanien. Die Galicier kennen über 100 verschiedene Worte für Regen, von *babuxa* (eine Art Nieseln) über *xistra* (Regenguss) bis hin zu *treboada* (Gewitter). Natürlich kann man Glück haben und eine sonnige Phase erwischen. Juni und August sind die trockensten Monate.

Sprache

Die meisten Galicier sprechen sowohl Spanisch (Kastilisch) als auch Galicisch (Galego, auf Kastilisch „Gallego"). Die galicische Sprache hat sich aus dem Lateinischen entwickelt und klingt wie eine Mischung aus Portugiesisch und Kastilisch. In diesem Kapitel werden galicische Namen für Städte, Dörfer und geografische Begriffe verwendet, weil man ihnen auf der Reise durch die Region häufig begegnet.

Santiago de Compostela

79 000 EW. / 260 M

Bei Regen, so sagen die Anwohner, sei die steinerne Altstadt mit ihren Arkadengängen am schönsten, weil sie dann wunderbar glänzt. Und selbst wenn die Niederschläge hier zahlreich sind, schlechte Laune kommt in der galicischen Hauptstadt nicht auf. Wer durch die mittelalterlichen Gassen schlendert, eine paar Tapas in den Tavernen probiert, vom Dach der Kathedrale die Aussicht genießt oder die goldverzierte Pracht der Kirchen betrachtet, wird von diesem Ort einfach begeistert sein.

Santiago de Compostela

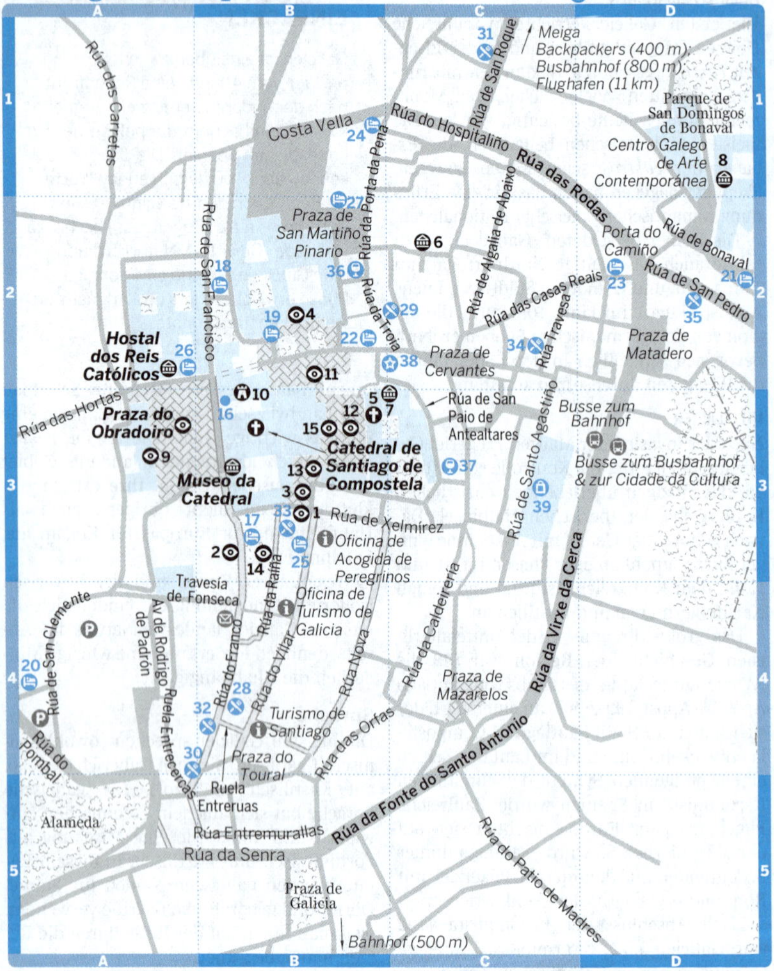

Der Legende nach hat Santiago Apóstol, der Apostel Jakobus, in Galicien gepredigt. Nach seinem Tod in Palästina soll er in einem Schiff aus Stein hierher zurückgebracht und beerdigt worden sein. Um 814 entdeckte dann angeblich ein religiöser Einsiedler das Grab, nachdem ihm ein Stern den Weg gewiesen hatte (der Name Compostela entwickelte sich aus dem lateinischen *campus stellae*, Feld des Sterns). Daraufhin wurde das Grab zu einem wichtigen Symbol für das christliche Spanien. Nachdem Asturiens König Alfons II. über den Überresten des Heiligen eine Kirche errichtet hatte, strömten Pilger herbei und ab dem 11. Jh. wurden Wallfahrten zu einem bedeutenden europäischen Phänomen, die der Stadt unglaublichen Reichtum bescherten. Unter Bischof Gelmírez, der zahlreiche Kirchen in der Region erbauen ließ, wurde der Ort im Jahr 1100 ein Erzbistum. Die folgenden Jahrhunderte waren jedoch durch einen vernichtenden Streit zwischen rivalisierenden Adeligen gekennzeichnet, und Santiago versank langsam in Bedeutungslosigkeit.

Erst seit den 1980er-Jahren kann sie wieder an den alten Glanz anknüpfen – als Hauptstadt der Autonomen Region Galicien und als wiederentdecktes Touristen- und Pilgerziel. Jedes Jahr strömen rund 150 000

Santiago de Compostela

Highlights
Catedral de Santiago de Compostela ... B3
Hostal dos Reis Católicos ... A2
Museo da Catedral ... B3
Praza do Obradoiro ... A3

Sehenswertes
1 Casa do Cabildo ... B3
2 Colexio de Fonseca ... B3
3 Fuente de los Caballos ... B3
4 Mosteiro de San Martiño Pinario ... B2
5 Mosteiro de San Paio de Antealtares ... B3
6 Museo das Peregrinacións ... C2
7 Museo de Arte Sacra ... C3
8 Museo do Pobo Galego ... D1
9 Pazo de Raxoi ... A3
10 Pazo de Xelmírez ... B3
11 Praza da Inmaculada ... B2
12 Praza da Quintana ... B3
13 Praza das Praterías ... B3
14 Praza de Fonseca ... B3
15 Puerta Santa ... B3

Aktivitäten, Kurse & Touren
16 Führung auf das Kathedralendach ... B3

Schlafen
17 Barbantes Libredón ... B3
18 Casa-Hotel As Artes ... B2
19 Hospedería Seminario Mayor ... B2
20 Hostal Alameda ... A4
21 Hotel Bonaval ... D2
22 Hotel Carrís Casa de la Troya ... B2
23 Hotel Casas Reais ... D2
24 Hotel Costa Vella ... B1
25 Hotel Rúa Villar ... B3
26 Parador Hostal dos Reis Católicos ... A2
27 Pensión da Estrela ... B2

Essen
28 A Taberna do Bispo ... B4
29 Bierzo de Enxebre ... C2
30 El Pasaje ... A4
31 La Bodeguilla de San Roque ... C1
32 Mesón Ó 42 ... B4
33 O Beiro ... B3
34 O Curro da Parra ... C2
35 Restaurante Ó Dezaseis ... D2

Ausgehen
36 Atlántico ... B2
37 Borriquita de Belém ... C3

Unterhaltung
38 Casa das Crechas ... C2

Shoppen
39 Mercado de Abastos ... C3

Pilger und Tausende weiterer Besucher hierher. Die meisten kommen im Juli und August, aber Santiago verströmt während der ganzen wärmeren Jahreshälfte eine festliche Atmosphäre. Wer den Ort weniger überlaufen erleben will, sollte im Mai, Juni oder September anreisen. Weitere Informationen zum Jakobsweg siehe S. 45.

Die Praza de Galicia markiert die Grenze zwischen der Altstadt und der modernen Wohn- und Einkaufsgegend im Süden.

Sehenswertes

Es macht viel Spaß, durch die Straßen mit den Arkadengängen zu schlendern und die Tapas-Bars in den Rúas Franco und Raíña zu besuchen.

LP TIPP Catedral de Santiago de Compostela KATHEDRALE

(www.catedraldesantiago.es; Praza do Obradoiro; 7–21 Uhr) Über der Stadt ragt Santiagos großartige Kathedrale auf, ein faszinierendes Sammelsurium aus moosbedeckten Turmspitzen und Steinfiguren. Auch wenn sie über Jahrhunderte hinweg Stück für Stück errichtet wurde, prägen das Gebäude in erster Linie romanische, barocke und gotische Elemente. Heute blickt man hier bereits auf die vierte an dieser Stelle erbaute Kirche. Ihr dreischiffiger, im Grundriss des traditionellen lateinischen Kreuzes angelegter Hauptteil entstand zwischen 1075 und 1211 in der Zeit der Romanik. Viele Schmuckelemente wie die Kuppeln und Statuen kamen aber erst später dazu. Die üppige Barockfassade, die auf die Praza do Obradoiro hinausgeht, wurde im 18. Jh. errichtet, teilweise, um das originale romanische Eingangstor, das Pórtico de la Gloria, zu schützen.

Die Obradoiro-Fassade ist auch der Haupteingang der Kathedrale; aufgrund von Restaurationsarbeiten im Innern der Kirche wird sie jedoch bis mindestens 2014 geschlossen sein. Bis dahin nutzt man am besten den Südeingang an der Praza das Praterías (nur an der dortigen Fassade sind noch romanische Figuren im Original erhalten).

TURGALICIA

Galiciens offizielles Tourismusportal www.turgalicia.es ist eine umfangreiche Infoquelle und in neun Sprachen verfügbar. Über die Website kann man attraktive ländliche Unterkünfte in der Region buchen.

Der künstlerisch einzigartig gestaltete **Pórtico de la Gloria** (auf Galicisch Porta da Gloria), der sich im Obradoiro-Tor befindet, trägt 200 romanische Skulpturen des Maestro Mateo, der im späten 12. Jh. Bauleiter unter Ferdinand II. von León war. Über die genaue Bedeutung dieser detaillierten und inspirierenden Figuren wird viel debattiert, aber man ist sich darüber einig, dass sie wichtige Gestalten aus der Bibel darstellen. Zur Linken (vom Obradoiro-Zugang aus gesehen) sieht man Szenen aus dem Alten, zur Rechten solche aus dem Neuen Testament, und im zentralen Bogen ist die Auferstehung abgebildet. Wegen Restaurierungen ist der Pórtico möglicherweise eingerüstet.

Hauptfigur im mittleren Torbogen des Pórtico ist ein thronender, wiederauferstandener Christus, umgeben von den vier Evangelisten sowie Engeln und Symbolen mit einem Bezug zur Jesuspassion. Der Bogen darüber zeigt die 24 Ältesten, die laut der Offenbarung um den himmlischen Thron sitzen. Unter den Füßen Jesu befinden sich Jakobus und eine Herkulesfigur (der zwei Löwenmäuler geöffnet hält). Auf der Rückseite der zentralen Säule entdeckt man eine Abbildung von Meister Mateo. Über mehrere Jahrhunderte hinweg stießen die Besucher ihren Kopf dreimal an den des Meisters, damit sich etwas von seiner Klugheit auf sie übertragen möge. Allerdings führten die vielen Berührungen dazu, dass Mateos Nase inzwischen ziemlich platt ist. Eine andere Tradition verlangt, dass man kurz betet, während man seine Finger in die fünf Löcher über Herkules' Kopf steckt. Beides ist heute wegen einer Absperrung nicht mehr möglich.

Ausgesprochen lebendig wirkende Figuren auf der rechten Seite des Pórtico repräsentieren die Apostel, während auf der linken Seite die Propheten des Alten Testaments zu sehen sind. Das fröhliche Lächeln auf dem Gesicht des Propheten Daniel wird einer beliebten Vorstellung nach von der aufreizend gekleideten Figur der Königin Esther hervorgerufen, die ihm gegenübersteht. Es heißt, ihre Steinbrüste waren ursprünglich wesentlich größer, was den örtlichen Machthabern derartig unzüchtig erschien, dass sie diese abfeilen ließen. Die Stadtbewohner reagierten darauf, indem sie Esther zu Ehren den kegelförmigen Käse *tetilla* (Nippel) erfanden.

Wer sich dem kunstvollen **Altar Mayor** (Hauptaltar im churrigueresken Stil) nähert, erblickt auf der rechten Seite eine Steintreppe, die zur **Jakobsstatue** aus dem 13. Jh. führt. Dort stehen Gläubige an, um die Figur zu küssen oder zu umarmen. Links davon geht's wieder hinaus und danach einige Stufen hinunter zur **Cripta Apostólica**, dem angeblichen Grab des Apostels. Hinter dem Altar befindet sich die **Puerta Santa** (Heiliges Tor; Praza das Praterías), die sich zur Praza da Quintana hin öffnet – allerdings nur während eines sogenannten Heiligen Jahres (das nächste ist 2021).

Jeden Mittag um 12 Uhr wird eine spezielle Pilgermesse abgehalten. Weitere Messen finden täglich um 9.30 oder 10 Uhr, sonntags um 13.15, samstags und sonntags um 18 und täglich um 19.30 Uhr statt. Während der Gottesdienste bleibt die Kathedrale für Touristen geschlossen.

Kathedralendach

(981 55 29 85; www.catedraldesantiago.es; Führung 10 € pro Pers.; 10–14 & 16–20 Uhr) Einen einzigartigen Blick ins Innere des Bauwerks sowie über die Stadt bietet die Führung auf das Kathedralendach. Sie beginnt im **Pazo de Xelmírez** links von der Obradoiro-Fassade. Dies ist auch die einzige Möglichkeit, den 1120 errichteten gotischen Pazo de Xelmírez zu sehen, in dessen Bankettsaal die Wände mit exquisiten kleinen Büsten verziert sind. Diese stellen Könige, Feiernde, Musiker und Jongleure dar. Weil sich die Führung großer Beliebtheit erfreut, meldet man sich am besten vorher an. Bei genügend Interessenten finden die Touren auch auf Englisch statt, und die Guides geben einen interessanten Einblick in die Geschichte Santiagos.

Museo da Catedral MUSEUM

(www.catedraldesantiago.es; Praza do Obradoiro; Erw./Stud.& Pilger/Kind 5 /3 €/frei; 10–14 & 16–20 Uhr, So nachmittags geschl.) Rechts von der Obradoiro-Fassade der Kathedrale befindet sich der Eingang des Kathedralenmuseums, das ganze vier Stockwerke einnimmt und mit einem großen Kreuzgang aus dem 16. Jh. im Gotik-Plateresk-Mischstil aufwartet. Hier kann man den originalen steinernen

Chor von Meister Mateo (1603 zerstört, doch unlängst restauriert), eine umfangreiche Sammlung religiöser Kunst (darunter die *botafumeiros* in der Bibliothek im ersten Stock), die üppig dekorierte *sala capitular* (Kapitelsaal) aus dem 18. Jh. und (außerhalb des Kreuzgangs) das Panteón de Reyes mit den Gräbern der Könige von León aus dem Mittelalter besichtigen.

Rund um die Kathedrale PLATZ

In der Nähe der Kathedrale erstrecken sich einige der schönsten Plätze der Stadt. Die großartige **Praza do Obradoiro** (Platz der Arbeiter) hat ihren Namen von den Werkstätten der Steinmetze, die sich hier während des Baus der Kathedrale befanden. Frei von Verkehr und Cafés, verströmt er ein einzigartiges Flair. Am nördlichen Ende stößt man auf das **Hostal dos Reis Católicos** (Eintritt 3 €; ⏱So–Fr 12–14 & 16–18 Uhr), das im frühen 16. Jh. im Auftrag des Königspaars Isabella und Ferdinand errichtet wurde. Es diente als Krankenhaus für die Armen und Gebrechlichen und war damit auch ein Symbol königlicher Macht in dieser religiösen Stadt. Heute beherbergt es stattdessen als luxuriöser *parador* (staatseigenes Hotel) gut situierte Traveller; seine vier Innenhöfe und weitere Bereiche sind für Besucher geöffnet. Die westliche Seite des Platzes nimmt der elegante **Pazo de Raxoi** (Praza do Obradoiro) aus dem 18. Jh. ein, in dem das Rathaus untergebracht ist.

Südlich der Kathedrale lohnt ein Zwischenstopp an der **Praza de Fonseca**, um einen Blick in den **Colexio de Fonseca** (Eintritt frei; ⏱Di–Sa 11–14 & 17–20.30, So 11–14 Uhr) mit schönem Renaissance-Innenhof zu werfen. Ursprünglich war dies der Sitz der Universität von Santiago (1495 gegründet).

Gleich um die Ecke entdeckt man die **Praza das Praterías** (Platz der Silberschmiede) mit einem 1829 aufgestellten Brunnen, dem **Fuente de los Caballos**. Kurioserweise ist die gegenüberliegende **Casa do Cabildo** lediglich eine Fassade von nicht mehr als 3 m Länge. Sie wurde 1758 errichtet, um den Platz zu verschönern.

Entlang der Kathedralenmauer geht's zur **Praza da Quintana**, wo die lange, kahle Wand des **Mosteiro de San Paio de Antealtares** (Praza da Quintana) zu sehen ist. Alfons II. ließ das Kloster für Benediktinermönche erbauen, die über die Relikte des heiligen Jakob wachen sollten. Wer die Treppen am oberen Ende der Praza hinaufsteigt, gelangt zu seinem Eingang. Innen befindet sich das **Museo de Arte Sacra** (Vía Sacra 5; Eintritt 1,50 €; ⏱Mo–Sa 10.30–13.30 & 16–19, So 16–19 Uhr), das den ursprünglichen Altar der Klosterkirche enthält.

Wenn man den Mauern der Kathedrale weiter nordwärts folgt, erreicht man die **Praza da Inmaculada**. Pilger, die über den Camino Francés (Französische Route) in die Stadt kommen, erblicken von hier aus erstmals die Kathedrale. Gegenüber erhebt sich das gewaltige Benediktinerkloster **Mosteiro de San Martiño Pinario** (Praza da Inmaculada), ein nüchternes, barockes Priesterseminar.

Museo do Pobo Galego MUSEUM

(Galicisches Volksmuseum; www.museodopobo.es; Rúa San Domingos de Bonaval; Erw./Sen. & Stud./Kind 3/1 €/frei, So Eintritt frei; ⏱Di–Sa 10–14 & 16–20, So 11–14 Uhr) Ein paar Schritte nordöstlich der Altstadt werden im ehemaligen Convento de San Domingo de Bonaval große und interessante Ausstellungen zum Leben und zur Kunst Galiciens gezeigt, angefangen bei Fischerbooten über Dudelsäcke bis hin zu traditionellen Bräuchen und Handwerkskünsten.

DER BOTAFUMEIRO

Das berühmte Weihrauchgefäß in Santiagos Kathedrale stammt aus dem 13. Jh. Damals hatte der *botafumeiro* (grob übersetzt „Rauchspucker") nicht nur zeremoniellen Wert, sondern beseitigte auch die Gerüche vieler erschöpfter Pilger, die in der Kathedrale Essen zubereiteten und schliefen. Heute verfügt die Kirche über zwei *botafumeiros*: Der eine wurde 1851 aus versilbertem Messing hergestellt, der andere – öfter verwendete – ist eine silberne Kopie von 1971. Wenn sie nicht in Gebrauch sind, werden die Gefäße im Museo da Catedral aufbewahrt. Sie wiegen jeweils bis zu 100 kg, wenn sie mit Kohle und Weihrauch gefüllt sind, und erreichen einen Winkel von 82 Grad sowie eine Geschwindigkeit von 68 km/h, wenn sie hoch oben in der Kathedrale schwingen. Der *botafumeiro* ist nur zweimal, 1499 und 1622, heruntergestürzt. Heute schwingt er nur an ausgewählten Festtagen oder wenn eine Pilgergruppe 300 € spendet.

Cidade da Cultura de Galicia KULTURZENTRUM
(Stadt der Kultur Galiciens; www.cidadedacultura.org; ⌚8–23 Uhr, Gebäude 10–14 & 16–20 Uhr, Museum Mo geschl.; P) Auf dem Monte Gaiás, einem Hügel etwa 1,5 km südöstlich der Altstadt, entsteht ein riesiges Prestigeprojekt, entworfen von dem Amerikaner Peter Eisenman. Bei seinem Anblick drängt sich einem der Gedanke auf, dass Santiago wohl nachziehen muss, wenn Bilbao sein Guggenheim und Valencia sein Ciudad de las Artes y las Ciencias hat. Die ersten Bereiche – die Bibliothek und das Archiv von Galicien – eröffneten 2011 nach zehn Jahren Bauzeit, mehreren Verspätungen und administrativen Umstrukturierungen. Das Konzept ist voll von Symbolismus: Die Form des Bauwerks ähnelt einem riesigen, aufgefächerten Stein, der eine Muschel (das Symbol des Jakobsweges) darstellen soll, während die Verbindungsgänge zwischen den einzelnen Gebäuden an die Straßen erinnern, auf denen die Pilger nach Santiago kommen. Es lohnt sich, ein oder zwei Stunden um die bereits erbauten Häuser und Bereiche zu spazieren. Täglich um 12.30 und 18.30 Uhr (außer montags) finden kostenlose Führungen auf Spanisch statt. Das 2012 eröffnete Museo de Galicia dient als neuer Veranstaltungsort für Events, Ausstellungen und Konzerte (das Museum hat keine Dauerausstellung). Die anderen drei Hauptgebäude – die als Zentren für Kunst und darstellende Kunst genutzt werden sollen – müssen noch fertiggestellt werden. Man erreicht die Stadt der Kultur mit Bus 9 (montags bis freitags stündlich bis 22.35 Uhr und samstags bis 13.35 Uhr) oder Bus C11 (samstags 17.35 und 20.05 Uhr, sonntags 4-mal), die von der Haltestelle auf der Rúa da Virxe da Cerca (gegenüber vom Markt) nach Norden fahren.

GRATIS **Museo das Peregrinacións** MUSEUM
(www.mdperegrinacions.com; Rúa de San Miguel 4; ⌚Di–Fr 10–20, Sa 10.30–13.30 & 17–20, So 10.30–13.30 Uhr) Auf acht Räume verteilt wird das Phänomen des Jakobswegs im Verlauf der letzten Jahrhunderte dargestellt.

Geführte Touren

Turismo de Santiago (S. 533) hat eine Reihe zweistündiger Spaziergänge auf Englisch und Spanisch im Programm, auf denen man viel über die Geschichte der Stadt hört. Von April bis September werden allgemeine, englischsprachige Touren durch die Altstadt (10 €) veranstaltet. Sie beginnen donnerstags bis samstags um 16 Uhr und sonntags um 12 Uhr auf der Praza das Praterías.

Feste & Events

Día de Santiago FEUERWERK
(Fest des heiligen Jakobus; ⌚25. Juli) Der Día de Santiago ist gleichzeitig Galiciens „Nationaltag“. Rund um den 25. Juli wird zehn Tage lang gefeiert. Als Höhepunkt der Veranstaltungen gilt das spektakuläre Feuerwerk vor der Kathedrale am Abend des 24. Juli.

Schlafen

Von einfachen *hostales* (Budgethotels) und Hostels bis zu schicken Hotels hat Santiago jede Menge zu bieten. Im Sommer, vor allem im Juli und August, sind die beliebtesten Unterkünfte oft schon Wochen im Voraus belegt. Darum sollte man rechtzeitig buchen. Hier hält die Hauptsaison länger an als anderswo in Galicien, deshalb bekommt man zwischen Ostern und Oktober nur mit sehr viel Glück Preisnachlässe.

Hotel Costa Vella BOUTIQUE-HOTEL €€
(☎981 56 95 30; www.costavella.com; Rúa da Porta da Pena 17; EZ 59 €, DZ 81–97 €; ❄📶) Wundervolle Option mit ruhigen, durchdesignten Räumen (einige mit verglasten Erkern), einem freundlichen Empfang und zauberhaftem Gartencafé. Auch für Nichtgäste ein toller Ort zum Frühstücken und Kaffeetrinken.

Hotel Casas Reais BOUTIQUE-HOTEL €€
(☎981 55 57 09; www.casasreais.es; Rúa das Casas Reais 29; DZ inkl. Frühstück 90 €; ❄📶) Die elf hellen, modernen Zimmer sind nach verschiedenen Größen des Adels oder der Pop-Kultur gestaltet. Dank der weißen Bettwäsche, Spiegeln und Galerien ein lichtdurchfluteter Ort und zweifellos eines der attraktivsten Hotels Santiagos, das gerade eine Welle an neuen Hotels in alten Gebäuden erlebt.

Casa-Hotel As Artes BOUTIQUE-HOTEL €€
(☎981 55 52 54; www.asartes.com; Travesía de Dos Puertas 2; Zi. 95–105 €; @📶) Die Zimmer des Hotels in einer ruhigen Straße unweit der Kathedrale haben Steinwände und verströmen eine romantische, rustikale Atmosphäre. Frühstück (10,80 €) wird im gemütlichen Speiseraum mit Blick auf die Straße serviert.

Hotel Rúa Villar HOTEL €€
(☎981 51 98 58; www.hotelruavillar.com; Rúa do Vilar 8–10; EZ 85 €, DZ 105–140 €; ❄📶) Ein kunstvoll herausgeputztes Hotel in einem Gebäude aus dem 18. Jh., dessen zentraler

Innenhof über eine außergewöhnliche Buntglasdecke verfügt. Alle 16 Zimmer haben weiche Betten und einige originale Elemente, z. B. Steinwände. Sie sind gemütlich und einladend, aber nicht sonderlich groß. An den Wänden hängen zeitgenössische Originalwerke erstklassiger spanischer Künstler. Im klassischen Restaurant (Gerichte 12–22 €) gibt's täglich frischen Fisch.

Hotel Carrís Casa de la Troya HOTEL €€
(☎981 55 58 79; www.carrishoteles.com; Rúa da Troia 5; Zi. 90–119 €; ❄@📶) In diesem effizient geführten, zentral gelegenen kleinen Hotel gibt's moderne, attraktive Zimmer mit einem kubistischen Konzept aus weiß-braunen Farbtönen und freiliegenden Steinmauern. Unten befindet sich eine Tapas-Bar, das Frühstücksbüfett kostet 8 €.

Barbantes Libredón HOSTAL €€
(☎981 57 65 20; www.libredonbarbantes.com; Praza de Fonseca; EZ 48 €, DZ 58–68 €; 📶) Das Barbantes Libredón besteht aus zwei *hostales* zu beiden Seiten eines lebhaften kleinen Platzes gleich bei der Kathedrale. Die Zimmer sind einfach, hell und sauber, wobei die im südlichen Bau moderner wirken. Leider sind die Bäder eng und es gibt keinen Aufzug. Die Rezeption für beide Häuser befindet sich im Librédon an der Nordseite des Platzes.

Hotel Bonaval HOTEL €€
(☎981 55 88 83; www.hotelbonaval.com; Rúa Bonaval 2–4; EZ/DZ 98/118 €; ❄@📶) Ein kürzlich umgebautes Haus aus dem 18. Jh. auf einer ruhigen Straße am Rand der Altstadt. Bonaval bietet gemütlichere und schönere Zimmer als die meisten vergleichbaren Unterkünfte. Der Service ist professionell und freundlich, und man kann im hübschen kleinen Garten frühstücken.

Parador Hostal dos Reis Católicos HISTORISCHES HOTEL €€€
(☎981 58 22 00; www.parador.es; Praza do Obradoiro 1; EZ/DZ inkl. Frühstück ab 224/280 €; P❄📶) 1509 als Pilgerherberge eröffnet, bezeichnet sich dieser palastartige *parador* als ältestes Hotel der Welt. Das beste Hotel Santiagos bietet königliche (aber etwas biedere) Zimmer. Auch wer nicht hier übernachtet, sollte sich das Gebäude einmal ansehen (S. 529) und im eleganten Café Kaffee und Kuchen genießen oder in einem der Restaurants speisen (Hauptgerichte 20–35 €).

Pensión da Estrela PENSIÓN €
(☎981 57 69 24; www.pensiondaestrela.com; Praza de San Martíño Pinario 5; Zi. 60 €; 📶) Die Pension hat nur sechs recht kleine Zimmer, aber die sind hell, farbenfroh und sauber und vier gehen auf einen ruhigen Platz hinaus. Der Empfang ist herzlich und liebevoll, mit hübsch zusammengerollten Handtüchern und einer Tüte Süßigkeiten. Es gibt auch eine kleine Küche mit kostenlosem Tee und Kaffee.

Meiga Backpackers HOSTEL €
(☎981 57 08 46; www.meiga-backpackers.es; Rúa dos Basquiños 67; B inkl. Frühstück 17–18 €; @📶) Das Meiga liegt strategisch günstig zwischen Busbahnhof und Stadtzentrum. Diese saubere, farbenfrohe, freundliche Bleibe wartet mit geräumigen Schlafsälen, einer guten Küche und einem großen Garten auf. Eine tolle Unterkunft für Backpacker! Die Besitzer führen auch die **Pensión La Bruja** (☎981 59 64 01; www.meiga-backpackers.es; Rúa da República del Salvador 32; DZ 32–36 €; 📶), die 400 m südwestlich der Praza de Galicia in der Neustadt liegt. Sie hat einen ähnlichen Stil und ebenfalls eine gute Küche, bietet aber statt Schlafsälen Doppel- und Dreibettzimmer.

Hospedería Seminario Mayor KLOSTER €
(☎981 56 02 82; www.sanmartinpinario.eu; Praza da Inmaculada 3; EZ/DZ 50/60 €; 📶) Hier bietet sich die seltene Gelegenheit, in einem Benediktinerkloster (San Martiño Pinario) zu übernachten – und zwar in einem Gebäudeflügel, der zum Hotel umgebaut wurde. Da es über 100 Zimmer gibt, findet man oft noch einen Platz, wenn alle anderen Bleiben bereits belegt sind. Die Räume sind spartanisch dekoriert und haben massive dicke Mauern, aber auch komfortable schmiedeeiserne Betten und verglaste Duschen. Die Gemeinschaftsbereiche sind schön eingerichtet, und in großen *comedores* (Speiseräumen) werden Mahlzeiten serviert.

Hostal Alameda HOSTAL €
(☎981 58 81 00; www.alameda32.com; Rúa de San Clemente 32; EZ/DZ 35/55 €, ohne Bad 26/42 €; 📶) Gut geschnittene, frisch dekorierte und gepflegte Zimmer. Das familiengeführte *hostal* liegt gegenüber dem Alameda-Park am Altstadtrand.

Essen

Santiagos Zentrum ist reich an guten Lokalen, vor allem entlang der Rúa do Franco (benannt nach den Franzosen, nicht nach dem Diktator) sowie der parallel verlaufenden Rúa da Raíña. Auch in der Rúa da Troia findet man mehrere Restaurants. Nicht entgehen lassen sollte man sich den berühmten Mandelkuchen *tarta de Santiago*.

KÖSTLICHE MEERESFRÜCHTE

Galicische Meeresfrüchte sind vielseitig, frisch und könnten das Beste sein, was man je gegessen hat. Spezialität der Region ist *pulpo a la gallega*, zarte Tintenfischscheiben mit Olivenöl und Paprika (bei *pulpo a feira* kommen auch noch Kartoffeln dazu). Muschelkenner freuen sich über die Vielzahl an Schalentieren: *ameixas* (Venusmuscheln), *mexillons* (Miesmuscheln), *vieiras* und *zamburiñas* (Kammmuschelarten), *berberechos* (Herzmuscheln), *navajas* (Schwertmuscheln) und die kleinen, hoch geschätzten Rankenfußkrebse, *percebes* genannt, die eine beunruhigende Ähnlichkeit mit Fingernägeln haben. Weitere Delikatessen sind verschiedene Krebsarten, die von kleinen *necoras*, *santiaguiños* und riesigen *centollos* (Seespinne) bis zum großen *buey del mar* („Ochse des Meeres") reichen. *Bogavante* oder *lubrigante*, ein hummerartiges Tier mit zwei gewaltigen Scheren, gilt ebenfalls als lohnendes Geschmackserlebnis. Den Preis für Meeresfrüchte bestimmt zumeist das Gewicht; die teuersten können bis zu 100 € pro Kilo kosten. Ein typisches Hauptgericht wiegt rund 250 g.

Was man im Meeresfrüchtefieber nicht vergessen sollte: Viele galicische Restaurants servieren auch frischen Fisch vom Markt und hervorragendes Fleisch von Tieren aus dem fruchtbaren Hinterland. Das galicische *chuletón* (ein riesiges Rinderkotelett) ist bei den Spaniern fast ebenso berühmt wie die hiesigen Meeresfrüchte.

Während Muscheln, Austern und einige Fischarten gezüchtet werden, fängt man die meisten Krabben wild. Fisch aus dem Meer wird auf den Speisekarten als *„salvaje"* (wild) oder *„del pincho"* (mit der Angel gefangen) bezeichnet. Die Einheimischen behaupten, dass Tintenfische und *centollos* am besten in Monaten mit einem „R" im Namen schmecken (das sind die gleichen wie in der deutschen Sprache).

O Curro da Parra GALICISCHE NOUVELLE CUISINE €€
(www.ocurrodaparra.com; Rúa do Curro da Parra 7; Tapas 5–8 €, Hauptgerichte 14–20 €; ⏲Mo geschl.) Ein relativer Newcomer mit einem kleinen Speiseraum im Obergeschoss und einer schmalen Tapas- und Weinbar darunter. Zur Wahl stehen viele gut durchdachte Gerichte aus marktfrischen Produkten. Wir empfehlen geangelten (Zucht-)Fisch in Mandel- und Wildpilzsoße oder Schweinebacken mit Kürbis-Orangen-Püree. Unter der Woche gibt's mittags ein tolles, günstiges *menú mercado* (Marktmenü) für 11 €.

Bierzo de Enxebre LEONISCH €€
(www.bierzoenxebre.es; Rúa da Troia 10; raciones 8–14 €; ⏲Di geschl.) In diesem belebten und stimmungsvollen Lokal wird die Küche von El Bierzo, einer ländlichen Region nordwestlich von Kastilien-León, serviert: exzellent gegrilltes und geräuchertes Fleisch, aber auch Käse, Hülsenfrüchte und Gemüse. Es gibt zwei kleine Speiseräume mit freiliegenden Steinwänden und Holzbalken; die Außentische sind äußerst beliebt.

Mesón Ó 42 GALICISCH €€
(www.restauranteo42.com; Rúa do Franco 42; raciones 6–14 €, Hauptgerichte 16–19 €; ⏲So abends geschl.) Das beliebte Restaurant bietet typisch galicische *raciones* (große Tapas-Mahlzeiten), z. B. Empanadas, Meeresfrüchte, Tortillas sowie Fisch-, Fleisch- und Reisgerichte. Es besticht sowohl mit Qualität als auch mit seinem Service. Gäste können in der rustikalen Bar im vorderen Bereich oder im hinten gelegenen Speiseraum mit hübscher Deckenbeleuchtung speisen.

La Bodeguilla de San Roque SPANISCH €€
(☎981 56 43 79; www.labodeguilladesanroque.com; Rúa de San Roque 13; raciones & Hauptgerichte 5–16 €) Gleich nordöstlich der Altstadt liegt dieses belebte, zweistöckige Restaurant mit Weinbar, das eine Auswahl exzellenter Gerichte serviert – von Salaten und Rührei über gegrillten Seeteufel mit Garnelen und galicischem Rinderfilet in Portwein bis hin zu Käse-, Würstchen- oder Schinkenplatten.

El Pasaje FISCH & MEERESFRÜCHTE €€
(☎981 55 70 81; Rúa do Franco 54; Hauptgerichte 15–23 €; ⏲So abends geschl.) Galicische Speisen, die auf der Zunge zergehen. Das Restaurant verfügt über mehrere kleine Esszimmer, was ein gemütliches Ambiente schafft.

O Beiro TAPAS, RACIONES €
(Rúa da Raíña 3; raciones 5–10 €; ⏲ca. Okt.–März So nachts & Mo geschl.) Die Spezialität der freundlichen, zweistöckigen Weinbar sind *tablas* (Platten) mit köstlichem Käse und

Würstchen, aber es gibt auch zahlreiche andere *raciones* und Tapas. Außerdem bietet sie eine riesige Auswahl an galicischen Weinen und die feurigen lokalen Liköre *orujo* und *aguardiente* auf Traubenbasis.

A Taberna do Bispo TAPAS €
(☎981 58 60 45; Rúa do Franco 37; Tapas & raciones 1,50–8 €; ⏰Mo geschl.) Entlang der Theke liegen verlockende baskische Tapas aus, und man kann alle möglichen Leckereien bestellen: *timbal de vieiras* (Jakobsmuscheln mit Kartoffeln, Wildpilzen, Schalentieren und Portwein) oder *montaditos* (kleine belegte Brötchen) mit *solomillo* (Schweinefilet), Schinken, Käse und Datteln.

Restaurante Ó Dezaseis GALICISCH €€
(☎981 56 48 80; www.dezaseis.com; Rúa de San Pedro 16; Hauptgerichte 12–15 €; ⏰So geschl.) Balkendecken und freiliegende Steinmauern verleihen diesem Kellerlokal vor den Toren der Altstadt ein einladend rustikales Flair. Hier speist man eher herzhaft als kulinarisch, aber die Atmosphäre ist toll und das Restaurant ist sehr beliebt bei Einheimischen, die Spezialitäten wie *lacón con grelos* (Schinken mit Grünzeug), gegrillten Tintenfisch oder Entrecôte genießen. Von Montag bis Freitag gibt's auch ein gutes und günstiges Mittagsmenü (12 €).

Ausgehen & Unterhaltung

An Sommerabenden gehen die Leute gerne in die Altstadt, sitzen draußen und genießen Tapas. Die lebhaftesten Bars findet man östlich der Praza da Quintana, vor allem entlang der Rúa de San Paio de Antealtares. Eine Menge los ist besonders von Donnerstag bis Sonntag, denn dann ziehen immer ab Mitternacht Santiagos Studenten um die Häuser. Später verlagert sich der Trubel Richtung Neustadt in die Clubs an den Rúas da República Arxentina und Nova de Abaixo.

Das ganze Jahr über werden zahlreiche Konzerte, Theateraufführungen und Ausstellungen veranstaltet. Programme erhält man bei Turismo de Santiago, auf dessen Website auch ein Kulturführer verfügbar ist.

Borriquita de Belém MUSIKBAR
(borriquitadebelem.blogspot.com.es; Rúa de San Paio de Antealtares 22; ⏰ab 21 Uhr) Der einladende, oft überfüllte „Kleine Esel" serviert Mojitos und Wein vom Fass. Mehrmals die Woche ab 23 Uhr gibt's Livekonzerte mit Jazz, Flamenco, Reggae oder lateinamerikanischer Musik.

Atlántico BAR
(☎981 57 73 96; Rúa da Fonte de San Miguel 9; ⏰17.30–3 Uhr oder länger) Eine mehrstöckige Bar mit hippen Gästen im Alter um die 20 oder 30. Zu Cocktails tönt Musik von Cajun-Blues bis zu spanischem Indie.

LP TIPP **Casa das Crechas** LIVEMUSIK
(www.casadascrechas.com; Vía Sacra 3; ⏰ab 18 Uhr) Es gibt keinen besseren Ort für keltische Musik! In der dicht gefüllten Kellerbar finden dienstags, mittwochs und donnerstags um 22.30 Uhr meist Jam-Sessions (Eintritt 1 €) oder Konzerte (4–8 €) statt.

Shoppen

Die Altstadt ist übersät mit verlockenden Boutiquen und anderen Läden, die Schmuck (darunter auch traditionelle Stücke der Santiagoer Szene), Bücher, originale Kunst, lokalen Wein, *tetilla* (Käse) sowie galicisches Kunsthandwerk (z. B. Spitze aus Camariñas und Tonwaren aus Sargadelos) verkaufen. Auf dem belebten Lebensmittelmarkt **Mercado de Abastos** (www.mercadodeabastosdesantiago.com; Rúa das Ameas; ⏰Mo–Sa 7–15 Uhr) gibt's frische Produkte von Land und Meer sowie zahlreiche Orte zum Snacken.

Praktische Informationen

Hospital Clínico Universitario (☎981 95 00 00; chusantiago.sergas.es; Travesa da Choupana) Befindet sich südwestlich der Altstadt und verfügt über einen Notfallservice.

Oficina de Acogida de Peregrinos (Pilgerbüro; ☎981 56 88 46; www.peregrinossantiago.es; Rúa do Vilar 3; ⏰9–21 Uhr) Pilger, die mindestens die letzten 100 km des Jakobswegs zu Fuß gegangen (bzw. auf dem Pferd geritten) sind oder die letzten 200 km mit dem Fahrrad zurückgelegt haben, bekommen hier zum Beweis ihr Compostela-Zertifikat.

Oficina de Turismo de Galicia (www.turgalicia.es; Rúa do Vilar 30-32; ⏰Mo–Fr 10–20, Sa 11–14 & 17–19, So 11–14 Uhr) Alles über Galicien und den Jakobsweg.

Turismo de Santiago (☎981 55 51 29; www.santiagoturismo.com; Rúa do Vilar 63; ⏰9–21 Uhr, Nov.–März 9–19 Uhr) Die effiziente städtische Touristeninformation.

An- & Weiterreise

Bus

Der **Busbahnhof** (☎981 54 24 16; www.tussa.org; Praza de Camilo Díaz Baliño; 📶) liegt ungefähr 20 Gehminuten nordöstlich des Zentrums.

Castromil-Monbus steuert zahlreiche Ziele innerhalb Galiciens an, darunter beispielsweise

BUS- & BAHNGESELLSCHAFTEN IN GALICIEN

Die wichtigsten Busunternehmen Galiciens:

ALSA (☎902 42 22 42; www.alsa.es)

Arriva (☎902 27 74 82; www.arriva.es)

ATSA (☎986 61 02 55)

Aucasa (☎981 58 88 11)

Autna (www.autna.com)

Autocares Vázquez (☎981 14 84 70; www.autocaresvazquez.net)

Autores & Avanza (www.avanzabus.com)

Castromil-Monbus (☎902 29 29 00; www.monbus.es)

Empresa Freire (☎981 58 81 11; www.empresafreire.com)

Hefesl (☎981 87 36 43)

Rialsa (☎981 37 20 01)

Fast alle Züge werden von **Renfe** (☎902 32 03 20; www.renfe.com) betrieben. Ein zweites Unternehmen, **FEVE** (☎981 37 04 01; www.feve.es), unterhält eine Linie, die östlich von Ferrol nach Ribadeo und dann weiter durch Asturien und Kantabrien nach Bilbao fährt.

Alle hier genannten Websites geben Fahrplaninformationen und stellen in einigen Fällen Onlinetickets aus.

A Coruña (6 €, 50–90 Min., mind. 15-mal tgl.), Pontevedra (5,85 €, 50–90 Min., mind. 14-mal tgl.) und Ourense (9 €, 1,5–2 Std., mind. 4-mal tgl.). Empresa Freire fährt nach Lugo (8,50 €, 2 Std., mind. 5-mal tgl.).

ALSA ist für die Fernstrecken zuständig und verkehrt nach Oviedo (27,63 €, 5¼–8¾ Std., mind. 5-mal tgl.), Santander (46–66 €, 8–10 Std., 3-mal tgl.), León (27,91 €, 6 Std., 1-mal tgl.), Madrid (44,13–63,45 €, 7¾–10 Std., mind. 7-mal tgl.), Porto (30 €, 4¼ Std.) und Lissabon (50 €, 9¾ Std.).

Darüber hinaus bestehen regelmäßige Verbindungen zur Costa da Morte und zu den Rías Baixas.

Flugzeug

Santiagos **Flughafen Lavacolla** (☎981 54 75 00; www.aena.es) liegt 11 km östlich der Stadt. Er wird von folgenden Fluglinien angesteuert:

Air Berlin (www.airberlin.com) Deutschland via Palma de Mallorca.

Aer Lingus (www.aerlingus.com) Dublin.

easyJet (www.easyjet.com) Genf.

Iberia (www.iberia.com) Madrid, Barcelona, Bilbao.

Ryanair (www.ryanair.com) Barcelona, Frankfurt (Hahn), London (Stansted), Madrid, Málaga, Milan (Bergamo), Valencia.

Volotea (www.volotea.com) Venedig.

Vueling Airlines (www.vueling.com) Barcelona, Paris.

Zug

Der **Bahnhof** (☎981 59 18 59; Rúa do Hórreo) liegt rund 15 Gehminuten südlich der Altstadt. Regionalzüge fahren etwa stündlich die Küste hoch und runter. Sie verbinden Santiago mit Vigo (8,55–10,20 €, 1½–1¾ Std.), Pontevedra (5,65–6,75 €, 1 Std.) und A Coruña (5,65–6,75 €, 35 Min.). Nach Madrid fährt tagsüber ein Talgo und nachts ein Trenhotel (50,60–53,60 €, 6¼–9½ Std.).

Unterwegs vor Ort

Santiago kann man gut zu Fuß erkunden, obwohl es vom Bahnhof und Busbahnhof ins Zentrum ein ziemlicher Gewaltmarsch ist. Privatfahrzeuge dürfen in der Altstadt fast den ganzen Sommer über von 10 Uhr bis Sonnenuntergang nicht fahren, daher muss man außerhalb parken, z. B. in einem der unterirdischen Parkhäuser. Für 24 Stunden zahlt man etwa 16 €.

Bis zu 36 Busse von Empresa Freire (3 €, 35 Min.) pendeln täglich zwischen dem Flughafen Lavacolla und der Rúa do Doutor Teixeiro in der Neustadt südwestlich der Praza de Galicia mit einem Zwischenstopp am Busbahnhof. Taxis kosten rund 20 €.

Bus 6 fährt alle 20 bis 30 Minuten von der Rúa do Hórreo nahe dem Bahnhof zur Rúa da Virxe da Cerca am östlichen Ende der Altstadt. Bus 5 verkehrt viertel- bis halbstündlich zwischen Busbahnhof, Rúa da Virxe da Cerca und Praza de Galicia. Tickets kosten 1 €.

COSTA DA MORTE

Mäandernde Meeresarme, Fischerstädtchen, weite Buchten und abgelegene Strände zwischen schroffen Felsklippen prägen die wunderschöne „Todesküste", einen relativ isolierten und unberührten Abschnitt, der sich von Caión bis hinunter nach Muros an der Mündung der Ría de Muros erstreckt. Um ihn ranken sich zahlreiche Legenden, wie beispielsweise die, dass die Einwohner in stürmischen Nächten vorbeifahrenden Schiffen mit Lampen trügerische Zeichen gegeben haben sollen, damit sie an den tödlichen Felsen zerschellten. Trotz der zahlreichen Leuchttürme hat es an der gefährlichen Küste schon häufig Schiffsunglücke gegeben, denn die idyllische Landschaft verändert rasend schnell ihr Gesicht, wenn vom Atlantik feuchter Nebel aufsteigt.

Wer die Gegend näher erkunden möchte, nächtigt am besten in einem der Landhotels (Adressen findet man unter www.turismo costadamorte.com).

Es gibt nur wenige Verkehrsverbindungen, daher lässt sich die Region besser mit dem Auto erkunden. Die kurvenreichen Straßen sind nicht einfach zu befahren, aber es lohnt sich!

Muros & Carnota

Die Costa da Morte beginnt gleich hinter Muros, dessen Hafen lange Zeit eine große Bedeutung für Santiago de Compostela hatte. Inzwischen gilt das Städtchen aber als recht ruhiger Ort mit guten Fischrestaurants, die man nach einem morgendlichen Bad an einem der Strände aufsucht; einer der schönsten ist die **Praia de Carnota**, die eine etwa 7 km lange Kurve bildet. Die am besten geschützten Bereiche liegen am südlichen Ende; sie sind ab dem Dorf Lira ausgeschildert. Das Dorf Carnota ist bekannt dafür, dass sich dort der größte *hórreo* (traditioneller galicischer Maisspeicher aus Stein) Galiciens befindet – er ist 34,5 m lang und wurde Ende des 18. Jhs. errichtet. Die Orte **Caldebarcos**, am nördlichen Ende der Carnota-Bucht, und **O Pindo**, ein paar Kilometer weiter, dienen als gute Ausgangspunkte für Wanderungen durch die erodierte, hügelige Granitlandschaft über der Küste. An der Hauptstraße von O Pindo liegen drei *pensiones* (kleine Privathotels) mit Restaurants. Vom Ort führt die Straße rund um die schöne Ría de Corcubión Richtung Fisterra.

Fisterra & Umgebung

2950 EW. (FISTERRA)

Cabo Fisterra (auf Kastilisch „Cabo Finisterre") gilt als der westlichste Zipfel des Landes, zumindest will der Volksmund es so. Tatsächlich liegt nämlich das 5 km nördlich gelegene Cabo de la Nave noch einen Tick weiter westlich, doch das hindert die Besucher nicht daran, zahlreich zum windumtosten Cabo Fisterra zu wandern, wo am Kilometerstein 0 der beliebte 86 km lange Camino-de-Fisterra-Zweig des Jakobswegs endet. Ein Ritual der Pilger ist es, nach der Ankunft hinter dem Leuchtturm ihre alten durchgewetzten Socken und Hemden zu verbrennen.

Das Kap liegt eine 3,5 km lange Fahrt hinter der Stadt Fisterra. Unterwegs kommt man an der **Igrexa de Santa María das Areas** aus dem 12. Jh. vorbei, eine Mischung aus Romanik, Gotik und Barock. Tolle Aussichten auf die Küste und mehr Ruhe haben Traveller, die einen anderen Weg (600 m hinter der Kirche) zum **Monte Facho** und **Monte de San Guillerme** nehmen. In der Gegend wurden einst heidnische Fruchtbarkeitsriten ausgeführt – so heißt es beispielsweise, dass früher kinderlose Paare hergekommen seien, um ihre Chancen auf Nachwuchs zu erhöhen.

Fisterra selbst ist ein malerischer Fischereihafen und ein beliebtes Touristenziel. Der spektakuläre Strand **Praia da Mar de Fora** befindet sich auf der Meerseite der Landzunge und ist über einen 800 m langen Weg zu erreichen. Für einen tollen Blick auf Cabo Fisterra vom Ozean aus macht man eine einstündige Bootsfahrt mit **Cruceros Fisterra** (☎607 198095; www.crucerosfisterra.com; Erw./Kind 15/7,50 €). Die Boote legen viermal täglich ab.

Schlafen & Essen

Es gibt etwa ein Dutzend Unterkünfte, und am Hafen servieren zahlreiche Lokale Meeresfrüchte.

LP TIPP **Hotel Rústico Ínsula Finisterrae** LANDHOTEL €€
(☎981 71 22 11; www.insulafinisterrae.com; Lugar da Insua 76; Zi. inkl. Frühstück 79–109 €; P 📶 🏊) Das charaktervolle, gemütliche und gut geführte Hotel liegt 700 m vom Hafen entfernt oberhalb der Ortschaft und ist die beste Unterkunft der Region. Das umgebaute Bauernhaus verfügt über geräumige, helle Zimmer mit Messingbetten, weißer Bettwäsche und

Steinwänden. Einige davon bieten eine fantastische Aussicht.

Hostal Mariquito HOSTAL €
(☎981 74 00 44; www.hostalmariquito.es; Rúa de Santa Catalina 44; EZ/DZ 30/42 €; @) Gleich am Ufer bietet dieses Haus geräumige, saubere Zimmer, allerdings sind die Betten teilweise durchgelegen.

LP TIPP **O Fragón** GALICISCHE NOUVELLE CUISINE €€
(☎659 077320; Praza da Cerca 8; Menü 29 €; Okt.–März So–Do abends geschl.) Im schönen O Fragón kommen leckere, typisch galicische Gerichte aus lokalen Zutaten auf den Tisch. Das mittags und abends angebotene *menú gastronómico* ist ein facettenreicher Genuss mit Fisch, Meeresfrüchten und Fleisch sowie einer Vorspeise und einem Dessert (Getränke kosten extra). Das Restaurant liegt gleich um die Ecke vom Hauptrestaurantstreifen.

O Centolo FISCH & MEERESFRÜCHTE €€
(www.centolo.com; Paseo del Puerto; Hauptgerichte 17–24 €; morgens, mittags & abends, Mitte Dez.–Mitte Feb. geschl.;) Centolo ist etwas anspruchsvoller als die anderen Hafenlokale. In zwei Speiseräumen mit hohen Fenstern werden gut zubereitete Fischgerichte und Muscheln serviert. Auch der Service ist freundlich und gut.

An- & Weiterreise

Monbus betreibt täglich drei bis fünf Busse nach Santiago de Compostela (12,50 €, 2–2½ Std.) via Noia, Muros und Carnota. Täglich verkehren bis zu fünf Busse von Autocares Vázquez nach A Coruña (13,30 €, 2 Std.). Nach Muxía und Camariñas gelangt man eventuell mit Umstieg in Cee, aber die Fahrpläne ändern sich oft.

Muxía & Umgebung

1600 EW. (MUXÍA)

Die Route nördlich von Fisterra nach Muxía führt durch schöne, dicht bewaldete Abschnitte. Auf halber Strecke lohnt ein Abstecher zum malerischen **Cabo Touriñán**, ein perfekter Ort für einen Spaziergang an der frischen Luft. Gleich südlich von Muxía erstreckt sich die herrliche **Praia de Lourido**, ein natürlicher Sandstrand in einer geschützten Bucht.

Muxía selbst ist ein fotogener kleiner Fischerort mit einer Handvoll gemütlicher Bars. Folgt man der Beschilderung entlang des Ufers, kommt man zum Santuario da Barca und dem beliebtesten Pilgerziel Galiciens, der **Punta da Barca**. Der barocke **Santuario da Virxe da Barca** steht an der Stelle, an welcher der Legende nach die Jungfrau Maria in einem steinernen Boot anlegte und dem heiligen Jakob erschien, während er predigte. Die zwei Felsen vor der Kapelle sollen angeblich der Bootskörper und das Segel sein.

8 km südlich von Muxía bei Santa Mariña findet man die charmante **Casa de Trillo** (☎981 72 77 78; www.casadetrillo.com; EZ 56–74 €, DZ 70–92 €, Apt. für 2 Pers. 95 €, alle inkl. Frühstück; 10. Jan.–10. Feb. geschl.; P@) inmitten einer typisch galicischen Landschaft. Das gastfreundliche Herrenhaus aus dem 16. Jh. bietet historisches Flair, einen schönen Garten sowie gemütliche, gut eingerichtete Zimmer und Essen aus eigenem Anbau – ein großartiger Ausgangspunkt für Ausflüge in die Umgebung.

Hervorragende Meeresfrüchte und ein gutes Bett bekommt man im **Tira da Barca** (☎981 74 23 23; www.tiradabarca.com; Hauptgerichte 12–22 €, Menü 20–42 €; Restaurant ca. Juli–Sept. Di geschl., restliches Jahr So–Fr abends geschl.; P) in Baiuca, das gleich vor Muxía an der Straße nach Santiago liegt. Das Hotel hat sieben Zimmer (je 60 €) und ein Restaurant, das wegen seiner qualitätvollen Muscheln und Zucht-Wolfsbarsche Gäste von nah und fern anzieht.

Wer von Muxía nach Camariñas fährt, sollte die Straße über die einladende **Praia do Lago**, das von *hórreos* übersäte Örtchen **Leis** und das Flussdorf **Cereixo** nehmen.

Täglich verbinden ein bis drei Busse Muxía mit Cee, Camariñas und A Coruña (Autocares Vázquez) sowie Santiago (Hefesl).

Camariñas & Umgebung

2800 EW. (CAMARIÑAS)

Das Fischerdorf Camariñas ist bekannt für seine *encaixe* (Spitzenarbeiten). Mehrere Läden haben sich darauf spezialisiert. Gegenüber dem Rathaus liegt das interessante **Museo do Encaixe** (Spitzenmuseum; Praza Insuela; Eintritt 2 €; Di–So 11–14 & 17–20 Uhr).

Am besten übernachtet man im **Hotel Puerto Arnela** (☎981 70 54 77; puertoarnela.net; Plaza del Carmen 20; DZ inkl. Frühstück 55 €;) mit Blick auf den Hafen. Das Herrenhaus aus Stein bietet herrliche Zimmer im Landhausstil und hat ein gutes Restaurant (Hauptgerichte 6–15 €; So geschl.) mit einfachen, aber leckeren Fleisch-, Fisch- und Muschelgerichten.

Täglich pendelt mindestens ein Bus von Camariñas nach A Coruña, Muxía und Cee (Autocares Vázquez) sowie nach Santiago (Aucasa).

Die zerklüftete Küste zwischen Camariñas und Camelle gehört zu den schönsten Abschnitten der Costa da Morte. Man kann die **Küstenstraße** (nur teilweise asphaltiert) nach Nordwesten wandern, radeln oder mit dem Auto fahren. Der Weg führt zum Leuchtturm am **Cabo Vilán** (5 km), dann weitere 22 km nach Norden und Osten bis Camelle. Dabei entdeckt man versteckte Strände wie die **Area de Trece**, windgepeitschte Hügel und verwitterte Steinformationen. An vielen Stellen lohnt sich ein Halt, etwa am **Ceminterio dos Ingleses** (Englischer Friedhof), der Grabstätte für die Matrosen, die hier 1890 bei einem Schiffsunglück ums Leben kamen.

Das Fischernest Camelle verströmt keinen besonderen Charme, ist aber bekannt für sein skurriles **Museo do Alemán**, einen (leider mittlerweile verwahrlosten) Skulpturengarten von „Man", einem exzentrischen Deutschen, der hier lange lebte. Die Kunstwerke befinden sich neben dem Ende des Piers. Von dort kann man sie sehen, allerdings ist das Gelände nicht mehr öffentlich zugänglich. Über einen schönen, 4 km langen Küstenpfad in östlicher Richtung erreicht man die **Praia de Traba**, einen wenig besuchten Sandstrand (2,5 km) mit Dünen und einer Lagune. **A Molinera** (☎981 71 03 28; Rúa Principal 79; Apt. 42 €; 📶) in Camelle bietet vier gute und günstige Apartments für bis zu vier Personen: Wer eins mieten will, fragt in der Rúa Principal 44 nach der Besitzerin Lola.

Laxe & Umgebung

1850 EW. (LAXE)

Ein weitläufiger Strand prägt den Urlaubsort Laxe mit seiner gotischen Kirche **Santa María da Atalaia** aus dem 15. Jh.

150 m bergauf hinter der Kirche liegt das **Hostal Bahía** (☎630 160317, 981 72 83 04; www.bahialaxe.com; Avenida Besugueira 24; EZ 42 €, DZ 50–70 €; 📶) mit guten, preiswerten Zimmern unterschiedlicher Größe. Sie sind in Orange- und Gelbtönen eingerichtet und haben fast alle einen tollen Meerblick. Besitzer Manolo freut sich, wenn er seine Gäste mit Ideen und Infos zu interessanten Orten an der Costa da Morte versorgen kann. Man erreicht ihn in seinem **Café Bar Bahía** (Rúa Rosalia de Castro 9) am Ortseingang von Laxe. Das moderne **Playa de Laxe Hotel** (☎981 73 90 00; www.playadelaxe.com; Avenida Cesáreo Pondal 27; EZ 76 €, DZ 86–108 €; ⌚Anfang Jan.–Ende Feb. geschl.; P❄@📶) liegt gleich beim Strand am Südende der Stadt. Es verfügt über blitzsaubere, komfortable und angenehme Zimmer. Den besten Ausblick bieten die sieben „Spezialzimmer" im obersten Stock.

An der Uferstraße Rúa Rosalía de Castro servieren mehrere einladende Lokale Tapas, *raciones* und Getränke. Für eine „richtige" Mahlzeit lohnt sich das **Mesón O Salvavidas** (Avenida Cesáreo Pondal 27; Hauptgerichte 12–27 €; 📶) gleich neben dem Playa de Laxe Hotel. Hier werden leckere Fisch- und Fleischgerichte gegrillt.

Auch die Umgebung ist attraktiv. Laxes **Touristeninformation** (☎981 70 69 65; Avenida Cesáreo Pondal 26; ⌚Di–So 11–14 & 17.30–20.30 Uhr, Do nachmittags geschl.) berät zu **Wanderungen** in der Region. Dazu gehört auch eine Küstenwanderung nach Westen zur **Praia de Traba**; unterwegs passiert man den Surfstrand Praia de Soesto. Wer eine faszinierende archäologische Tour machen will, fährt landeinwärts an Canduas vorbei und dann 2,4 km auf der AC430 nach Süden bis zur Abfahrt zum **Castro A Cidá de Borneiro**, einem vorrömischen *castro* mitten in dichtem Wald. Anschließend folgt man der AC430 noch 1 km weiter und biegt nach rechts zum **Dolmen de Dombate** (1 km) ab. Das große Megalithgrab von 3700 v. Chr. wird von einem Pavillon geschützt. 2013 soll laut Touristenzentrum ein maßstabsgetreuer Nachbau eröffnet werden, den man sogar betreten kann.

Täglich verkehren zwei oder mehr Vázquez-Busse (8,45–10,20 €, 1¾–2½ Std.) zwischen Laxe und A Coruña. Außerdem fährt täglich mindestens ein Bus nach Muxía.

A CORUÑA & DIE RÍAS ALTAS

An wenigen Orten treffen Land und Meer mit solch unvermittelter Schönheit aufeinander. Die unberührten Strände, hohen Klippen und mächtigen Wellen der Rías Altas (der östlichen Hälfte von Galiciens Nordküste) wirken noch dramatischer als die Landschaften der Rías Baixas. Sie sind auch viel weniger touristisch und ein ideales Ziel für Traveller, die gern abseits ausgetretener Pfade reisen. Wer die östlichen und nördlichen Küstengebiete und die attraktive Hafenstadt A Coruña besucht, wird sich wundern, warum nicht mehr Reisende hierherkommen.

A Coruña

Highlights

Iglesia de Santiago F3
Museo de Belas Artes D2
Plaza de María Pita E3
Xardín de San Carlos G4

Sehenswertes

1 Ayuntamiento E2
2 Galerías E3
3 Museo Militar G4
4 Plaza del Humor E2

Schlafen

5 Hostal La Provinciana C4
6 Hotel Nido B4
7 Hotel Riazor A4
8 Hotel Sol C2
9 Hotel Zenit Coruña A4

Essen

10 Mesón do Pulpo E3
11 Pablo Gallego Restaurante F3
12 Taberna da Penela F3
13 Tapa Negra D2

A Coruña

219 000 EW.

A Coruña (auf Kastilisch „La Coruña") ist Hafenstadt, Strandmetropole, lebhaftes kommerzielles Zentrum und interessante kulturelle Enklave sowie eine historische Stadt mit einem regen Nachtleben – und es macht Spaß, die vielen Facetten dieses Ortes zu entdecken.

Englands Schatten drohte stets mächtig am Horizont. 1588 ankerte hier die unglückselige Spanische Armada und im folgenden Jahr versuchte Sir Francis Drake A Coruña zu besetzen, wurde aber von María Pita aufgehalten, einer Heldin, deren Andenken bis heute im Namen des Hauptplatzes erhalten blieb. 1809 unterstützten britische Soldaten Spanien gegen die französischen Besatzer, wurden jedoch gleich südlich der Stadt zur Evakuierung gezwungen; ihr Kommandant Sir John Moore verlor dabei sein Leben. Im 19. und 20. Jh. war der hiesige Hafen das Tor für Hunderttausende galicischer Emigranten, die einen Neubeginn in Amerika und Lateinamerika anstrebten. Heute ist A Coruña dagegen die wohlhabendste Provinzhauptstadt Galiciens.

Ihre Altstadt erstreckt sich an einer nordöstlich verlaufenden Landenge mit dem Hafen an der Süd- und den größten Stränden an der Nordwestseite. Die pilzförmige Landspitze liegt 2 km nördlich des Isthmus; ein wunderbarer, breiter Spazierweg führt ganz um sie herum.

Sehenswertes & Aktivitäten

Torre de Hércules LEUCHTTURM

(www.torredeherculesacoruna.com; Avenida de Navarra; Erw./Sen. & Kind 3/1,50 €, Mo Eintritt frei; So–Do 10–20.45, Fr & Sa 10–23.45 Uhr, Sept.–Juni früher geschl.; P) Dieser Leuchtturm nahe der Nordspitze der Stadt ist als Wahrzeichen 2009 zum Unesco-Welterbe ernannt worden. Der Legende nach soll er ein Werk von Herkules sein, doch tatsächlich waren es die Römer, die ihn im 1. Jh. v. Chr. errichteten – sozusagen als Leuchtfeuer am Rande der zivilisierten Welt. Der heutige 50 m hohe Bau aus Quaderstein entstand 1790, aber sein Inneres – abgesehen von den Treppen und der Kuppel – ist original römisch. Wer die 234 Stufen bis ganz nach oben steigt, dem bietet sich ein attraktiver Blick auf die Stadt, die Küste und die schönen Skulpturen des **Parque Escultórico** (Skulpturenpark).

Man erreicht den Turm mit den Bussen 3 und 3A ab dem Paseo de la Dársena (nahe der Plaza de María Pita).

Ciudad Vieja ALTSTADT

Schattige Plätze, charmante alte Kirchen und hügelige Pflastersteingassen mit zahlreichen Cafés und Bars prägen A Coruñas kompakte Altstadt, die zum Herumschlendern einlädt. Los geht's an der prächtigen hellen **Plaza de María Pita** mit vielen Cafés, dem **ayuntamiento** (Rathaus) und der María-Pita-Statue.

Die **Iglesia de Santiago** (Calle de Santiago) datiert ins 12. Jh. und verfügt über drei romanische Apsiden. Sie grenzt an die kleine Plaza de la Constitución und ist die älteste Kirche der Stadt. Ein kurzer Spaziergang durch das Straßengewirr führt zum **Xardín de San Carlos** (Calle de San Francisco) mit dem Grab des britischen Generals Sir John Moore, der ganz in der Nähe während der Schlacht von Elviña 1809 fiel. Charles Wolfes berühmtes Gedicht über Moores Begräbnis ist auf einer Gedenktafel zu sehen. Auf der anderen Straßenseite liegt das **Museo**

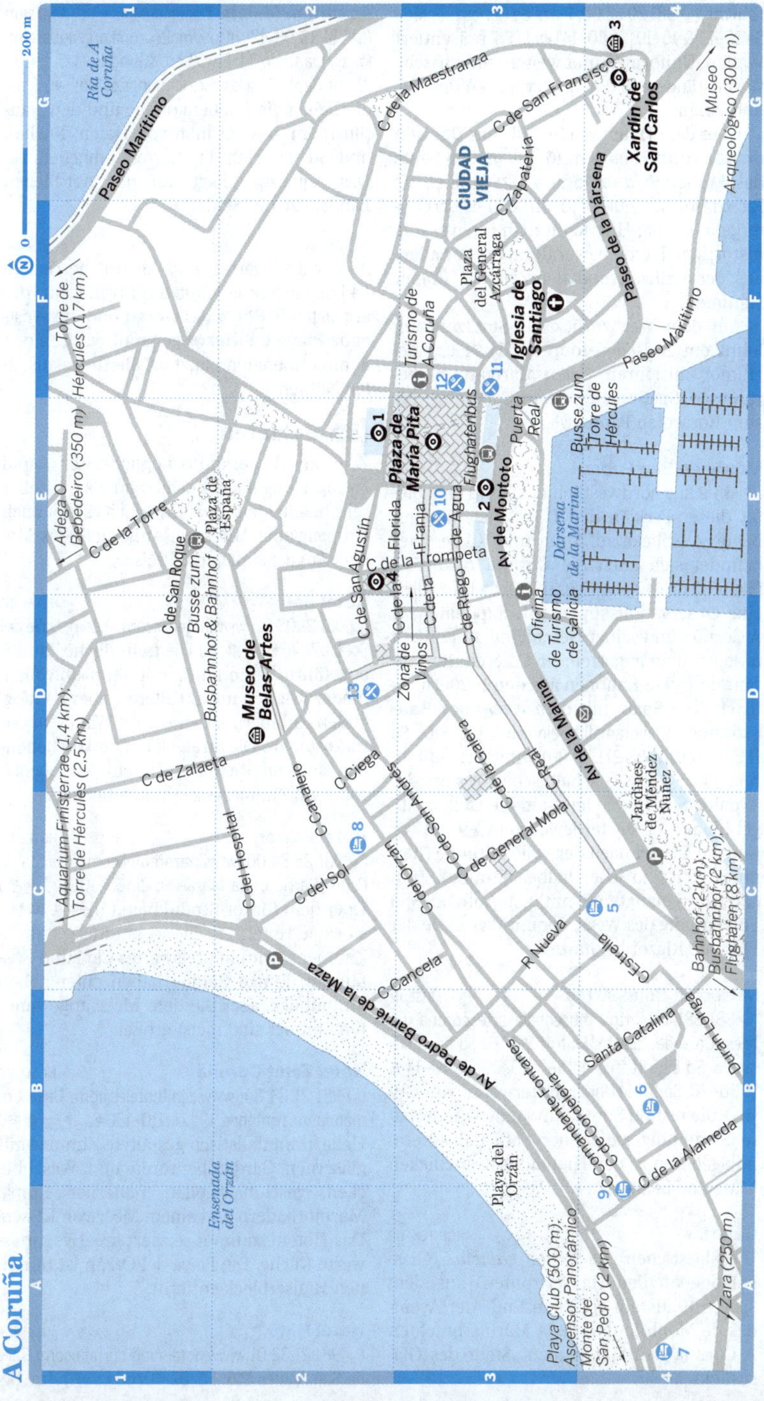
A Coruña
200 m
Ría de A Coruña
Paseo Marítimo
C de la Maestranza
C de San Francisco
Museo Arqueológico (300 m)
Xardín de San Carlos
CIUDAD VIEJA
C Zapatería
Plaza del General Azcárraga
Iglesia de Santiago
Paseo de la Dársena
Paseo Marítimo
Torre de Hércules (1,7 km)
Turismo de A Coruña
Plaza de María Pita
Flughafenbus
Puerta Real
Busse zum Torre de Hércules
Adega O Bebedeiro (350 m)
Av de Montoto
Dársena de la Marina
C de la Torre
Plaza de España
C de San Roque
Busse zum Busbahnhof & Bahnhof
C de San Agustín
C de Florida
C de la Franja
C de la Trompeta
C de Riego de Agua
C de los Vinos
Zona de Vinos
Oficina de Turismo de Galicia
Museo de Belas Artes
Aquarium Finisterrae (1,4 km); Torre de Hércules (2,5 km)
C de Zalaeta
C Canalejo
C Ciega
C de San Andrés
C de la Galera
C Real
Av de la Marina
Jardines de Méndez Nuñez
C del Hospital
C del Sol
C del Orzán
C de General Mola
Bahnhof (2 km); Busbahnhof (2 km); Flughafen (8 km)
R Nueva
C Estrella
C Cancela
Av de Pedro Barrié de la Maza
Santa Catalina
Durán Loriga
C de Fontanes
C Comandante Fontanes
C de la Cordelería
C de la Alameda
Playa del Orzán
Ensenada del Orzán
Playa Club (500 m); Ascensor Panorámico
Monte de San Pedro (2 km)
Zara (250 m)
1 2 3 4 5 6 7 8 9 10 11 12 13
A B C D E F G

Militar (☎981 20 53 00; Plaza de Carlos I; ⏲Mo–Sa 10–14 & 16–19, So 10–14 Uhr). Es präsentiert Waffen, Uniformen und weitere militärische Gegenstände aus der Zeit zwischen dem 18. und 20. Jh.

Über dem Hafen wacht stolz das **Castillo de San Antón** aus dem 16. Jh., in dem heute das **Museo Arqueológico** (☎981 18 98 50; Paseo Marítimo; ⏲Di–Sa 10–21, So 10–15 Uhr) untergebracht ist. Hier kann man interessante historische Funde bewundern, die vor allem aus der Frühzeit und der Zeit der Römer stammen.

Auf dem Weg zurück ins Stadtzentrum lohnt ein Zwischenstopp an der Plaza del Humor mit ihren vielen Karikaturen berühmter Spaßbereiter von Cervantes bis zum Rosaroten Panther.

Monte de San Pedro PARK

(P 🚸) 2 km nordwestlich des Zentrums bietet dieser Park in den Hügeln atemberaubende Ausblicke auf Stadt und Küste. Hier befindet sich auch die **Cúpula Atlántica** (Eintritt 2 €; ⏲Di–So 11.30–19.30, Sa bis 21 Uhr), eine Observationskuppel mit Exponaten zu A Coruña und seiner Geschichte. Außerdem birgt er einen Irrgarten, ein Café, ein Restaurant und zwei Kanonen aus den 1920ern. Es macht viel Spaß, mit dem **Ascensor Panorámico** (Panoramalift; einfach 3 €; ⏲Di–So 11.30–19.30, Sa bis 21 Uhr; P) zum Park zu fahren. Der große Glasball schwebt von der Avenida San Roque langsam die steilen Hügel hinauf; er startet jeweils ein Viertel vor und ein Viertel nach der vollen Stunde (herunter geht's zu jeder halben Stunde). Zum *ascensor* gelangt man mit dem Auto oder zu Fuß entlang des Wegs, der am Westende der Playa de Riazor beginnt.

Museo de Belas Artes MUSEUM

(☎881 881700; http://museobelasartescoruna.xunta.es; Calle de Zalaeta; Eintritt 2,40 €, Sa nachmittags & So Eintritt frei; ⏲Di–Fr 10–20, Sa 10–14 & 16.30–20, So 10–14 Uhr) Meisterwerke von Goya, Rubens und Sorolla und eine wunderbare Sammlung galicischer Sargadelos-Keramik gehören zu den Highlights des schicken Museo de Bellas Artes.

Galerías ARCHITEKTUR

Die klassischen galicischen *galerías* (Glasbalkone an den Häuserfronten) aus dem späten 19. Jh. am östlichen Ende der Avenidas de Montoto und de la Marina brachten A Coruña den Spitznamen „Stadt des Glases" ein.

Aquarium Finisterrae AQUARIUM

(☎981 18 98 42; http://mc2coruna.org/aquarium; Paseo Marítimo 34; Erw./Sen. & Kind 10/4 €; ⏲10–21 Uhr, Sept.–Juni kürzere Öffnungszeiten; 🚸) Kinder lieben die Robbenkolonie und den Nautilusraum, in dem man von Haien, Rochen und 50 weiteren Fischarten umgeben ist. Das Aquarium liegt auf der nördlichen Landspitze der Stadt.

Strände STRAND

A Coruña wartet mit einem herrlichen 1,4 km langen, geschützten Strand auf, der am Ostende **Playa del Orzán** und am Westende **Playa de Riazor** genannt wird. In den Sommermonaten platzt er allerdings aus allen Nähten.

Schlafen

Zentrale Unterkunftsmöglichkeiten sind zwangsläufig meist Businesshotels oder aber sehr bescheidene *hostales*, doch es gibt auch ein paar gute Adressen. Außerhalb des Monats August sinken die Preise.

Hotel Sol HOTEL €€

(☎981 21 03 62; www.hotelsolcoruna.com; Calle del Sol 10; Zi. 76 €; P @ 📶) Die freundliche, familiengeführte Unterkunft mit zehn stilvollen, modernisierten und 30 älteren, aber komfortablen Zimmern ist eine gute Wahl. Parken ist kostenlos. Die Straße kann an Wochenenden laut sein, wer also früh schlafen möchte, sollte ein Zimmer nach hinten buchen.

Hotel Riazor HOTEL €€

(☎981 25 34 00; www.riazorhotel.com; Avenida de Pedro Barrié de la Maza 29; Zi. 63–109 €; ❄ 📶) Über dem Riazor-Strand bietet dieses zwölfstöckige Hotel 174 schöne, gut ausgestattete Zimmer sowie ein preiswertes Café und Restaurant. Einige Räume haben einen tollen Strandblick, aber die dem Meer abgewandten Zimmer sind meist größer.

Hotel Zenit Coruña HOTEL €€

(☎981 21 84 84; www.zenithoteles.com; Calle Comandante Fontanes 19; Zi. 110–130 €; P ❄ @ 📶) Helle, minimalistisch gestaltete Zimmer mit gläsernen Garderobentüren und Waschbecken, geschmackvoller moderner Kunst, Marmorbädern und einem Meer von Kissen. Das Hotelrestaurant serviert kreative, preiswerte Küche. Die Playa del Orzán ist nur einen Häuserblock entfernt.

Hotel Nido HOTEL €

(☎981 21 32 01; www.hotel-nido-coruna.com; Calle de San Andrés 146; EZ/DZ 40/60 €; 📶) Im bescheiden aussehenden Nido wird man herzlich empfangen. Das saubere Hotel hat 47 gepflegte, mittelgroße Zimmer und ist eine exzellente Budgetoption. Es liegt schön, wird gut geführt und verfügt über ein gutes kleines Café zum Frühstücken. Die Räume, die zur belebten Straße hinausgehen, haben Doppelverglasung.

Hostal La Provinciana HOSTAL €
(☎981 22 04 00; www.laprovinciana.net; Rúa Nueva 9; EZ/DZ 45/58 €; @📶) Alle 20 Zimmer zeigen nach außen, sind hell und blitzsauber, außerdem ausgestattet mit großzügig dimensionierten Bädern und Holzböden. Der Stil ist plüschig und der Service freundlich.

Essen

Tapas, *raciones*, Wein und günstige Mittagsmenüs gibt's in der Zona de Vinos – den engen Gassen westlich der Plaza de María Pita, vor allem in der Calle de la Franja. Hier befinden sich viele der unverfälschten, lebhaften *mesones* (urige Restaurants) und *tabernas* (Tavernen), darunter das auf Oktopus spezialisierte **Mesón do Pulpo** (Calle de la Franja 9; ⏲So geschl.). Es serviert Meeresfrüchte-*raciones* (5–15 €), Grillfleisch und -fisch, *mariscadas* (Meeresfrüchteplatten) für ein bis zwei Personen sowie *parrilladas* (Fischplatten vom Grill) ab 40 €.

Taberna da Penela GALICISCH €€
(☎981 20 19 69; www.lapenela.com; Plaza de María Pita 9; Hauptgerichte 9–19 €; ⏲Mo geschl.) Leckere galicische Klassiker wie Oktopus, *caldo gallego* (eine Suppe aus Bohnen, Kohl, Kartoffeln und etwas Fleisch), Seeteufel und Kalbsbraten. Die *tortilla de Betanzos* (ein fast flüssiges Omelett) schmeckt besonders gut, zudem ist die Auswahl an Weinen toll.

Tapa Negra MODERNE TAPAS €
(Calle de Barrera 32; Tapas 1,80–2,90 €, raciones 9–14,50 €; ⏲Mo geschl.) Die beliebte Tapas-Bar mit Steinwänden und schwarz-weiß-rotem Dekor bietet schmackhafte Kombinationen wie *filloa de mariscos* (Meeresfrüchte-Crêpe) und *fajita árabe* (würziges Hühnerfleisch mit Fladenbrot).

Pablo Gallego Restaurante GALICISCHE NOUVELLE CUISINE €€€
(☎981 20 88 88; www.pablogallegorestauracion.com; Plaza de María Pita 11; Hauptgerichte 14–50 €; ⏲So geschl.) Mit seinen hellen Steinwänden im Essbereich ist dies das edelste Restaurant am Hauptplatz. Gäste genießen hier moderne Gerichte mit traditionellen galicischen Zutaten. Zu den Spezialitäten gehören Kroketten aus Entenmuscheln, gedünsteter Wolfsbarsch mit Algen und Seeigeln und gut gegrillter wilder Heilbutt.

Adega O Bebedeiro GALICISCH €€
(☎981 21 06 09; www.adegaobebedeiro.com; Calle de Ángel Rebollo 34; Hauptgerichte 11–24 €; ⏲So abends geschl.) Das Restaurant in einer ärmlichen Gasse 500 m nordwestlich der Plaza de España sieht von außen wie eine Bruchbude aus, doch innen entpuppt es sich mit seinen Steinwänden und mit dem zum Gespräch animierenden galicischen Krimskrams als rustikal und gepflegt. Es gibt klassische Hausmannskost, teils mit origineller Note und in großzügigen Portionen, z. B. Wolfsbarsch mit Jakobsmuscheln in Blätterteig oder galicisches Entrecôte mit geriebenem Ziegenkäse.

Ausgehen & Unterhaltung

Nachts ist in A Coruñas Tavernen, Bars und Clubs eine Menge los. Vor Mitternacht kann man in der Zona de Vinos oder auf der Plaza de María Pita bei einem Drink herrlich Leute beobachten. Dutzende von Kneipen und Musikbars in der Calle del Sol, Calle de Canalejo und anderen Straßen hinter der Playa del Orzán machen an Wochenenden bis 3 oder 4 Uhr Party.

Playa Club CLUB
(www.playaclub.net; Playa de Riazor; Eintritt inkl. ein Getränk 4,50–7 €; ⏲Sessions Do–Sa ab 3 Uhr)

DER ERSTE ZARA-SHOP

Modefans wollen vielleicht gern zur ersten Filiale von **Zara** (Ecke Calle de Juan Flórez & Avenida de Arteixo; ⏲Mo–Sa 10–14 & 17–21 Uhr) in A Coruñas Haupteinkaufszone am südwestlichen Ende der Landzunge pilgern. Das Geschäft öffnete 1975 und sieht heute aus wie alle anderen 1200 Zara-Shops auf der Welt. Hier liegt der bescheidene Ursprung der megaerfolgreichen Inditex-Gruppe des Galiciers Amancio Ortega, zu der inzwischen auch Pull&Bear, Bershka, Stradivarius und weitere Labels gehören. Die Zentrale des größten Kleidungshändlers der Welt befindet sich nach wie vor im Vorort Arteixo. Amancio Ortega, der Inditex-Gründer, war 2012 laut dem *Forbes*-Magazin mit einem Reinvermögen von 37,5 Mrd. US$ der fünftreichste Mann der Welt.

Wenn die Bars und Kneipen schließen, wird in dieser Disco weitergefeiert. Der stets gut besuchte Club am Strand mit Buchtblick verfügt über drei große Tanzbereiche und bietet einen Mix aus alternativem Pop, Nu Jazz, Soul Jazz, Disco, Funk und Elektronik.

Praktische Informationen

Oficina de Turismo de Galicia (☎981 22 18 22; Dársena de la Marina; ⏲Mo–Fr 10–14 & 16–19, Sa 11–14 & 17–19, So 11–14 Uhr) Regionale Touristeninformation.

Turismo de A Coruña (☎981 92 30 93; www.turismocoruna.com; Plaza de María Pita 6; ⏲Mo–Fr 9–20.30, Sa 10–14 & 16–20, So 10–15 Uhr) Die größte städtische Touristeninfo.

An- & Weiterreise

Bus

Vom **Busbahnhof** (☎981 18 43 35; Calle de Caballeros) 2 km südlich des Zentrums fährt Castromil-Monbus in südliche Richtung nach Santiago de Compostela (6 €, 1–1½ Std., mind. 13-mal tgl.) und weiter. Arriva hat Verbindungen zu den Rías Altas, Ferrol, Lugo und Ourense, Autocares Vázquez ist für die Costa da Morte zuständig, während ALSA Madrid (42,60–63,71 €, 6¾–9 Std., mind. 7-mal tgl.) und Orte an der spanischen Nordküste ansteuert.

Flugzeug

Von A Coruñas **Flughafen Alvedro** (☎981 18 72 00) 8 km südlich des Stadtzentrums fliegen Iberia und Easyjet täglich nach Madrid. Vueling Airlines bietet Flüge nach London (Heathrow) und Barcelona; **TAP Portugal** (www.flytap.com) bedient Lissabon.

Zug

Der **Bahnhof** (Plaza de San Cristóbal) liegt 2 km südlich des Zentrums. Renfe fährt etwa stündlich nach Süden mit Zwischenstopps in Santiago de Compostela (6,75 €, 40 Min.), Pontevedra (14,75 €, 1½ Std.) und Vigo (16,60 €, 2–2½ Std.). Bis zu vier Züge täglich verkehren nach Lugo (16,10 €, 1½ Std.) und León (36 €, 6¼ Std.), außerdem gibt's zwei Verbindungen nach Madrid (53–56 €, 7–10 Std.). FEVE ist für die spanische Nordküste zuständig und startet in Ferrol. Dorthin gelangt man mit vier oder fünf Renfe-Zügen, die den Ort jeden Tag von A Coruña aus ansteuern (5 €, 1¼ Std.).

Unterwegs vor Ort

Von 7.15 bis 21.45 Uhr verkehren halbstündlich (samstags und sonntags stündlich) Busse (1,25 €) zwischen dem Flughafen und der Puerta Real im Stadtzentrum.

Bus 5 fährt vom Bahnhof zur Avenida de la Marina im Stadtzentrum und von der Plaza de España wieder zurück zum Bahnhof. Die Busse 1, 1A und 4 verbinden den Busbahnhof mit verschiedenen Orten innerhalb der Stadt. Wer zum Busbahnhof will, nimmt Bus 1A von der Puerta Real oder Bus 4 von der Plaza de España. Eine Fahrt kostet 1,20 €.

Die Rías Altas

Wer wilde, ursprüngliche Landschaften liebt, ist in den Rías Altas richtig: Hier reichen dichte Wälder bis an die Klippen und ausgedehnten Strände der Küste oder gehen in grüne Felder, gesprenkelt mit Bauernhöfen, über. Nimmt man noch mittelalterliche Städtchen wie Betanzos und Pontedeume, zahlreiche friedliche Fischerhäfen sowie das konstante Rauschen des Atlantiks dazu, dann wird schnell klar, warum die Rías Altas als besonders schön gelten.

BETANZOS

10 700 EW.

Diese mittelalterliche Stadt liegt am Zusammenfluss der Ríos Mendo und Mandeo, die etwas weiter nördlich in die Ría de Betanzos münden. Einst war ihr blühender Hafen eine echte Konkurrenz für A Coruña. Betanzos besitzt eine gut erhaltene Altstadt und ist berühmt für seine einladenden Tavernen, in denen es Wein aus der Region und leckeres Essen gibt.

Sehenswertes

Praza dos Irmáns García Naveira PLATZ

Der weitläufige Hauptplatz ist nach einem von zwei Brüdern benannt, die Ende des 19. Jhs. als wohlhabende Männer aus Argentinien zurückkamen und zu Wohltätern der Stadt wurden. Rund 50 000 Menschen drängen sich zur **Fiesta de San Roque** um Mitternacht des 16. August auf dem Platz, um zu sehen, wie ein riesiger geschmückter Heißluftballon aufsteigt.

Museo das Mariñas MUSEUM

(☎981 77 19 46; Erw./Kind 1,20 €/frei; ⏲Mo–Fr 10–14 & 16–20, Sa 10.30–13 Uhr) Gleich um die Ecke stößt man auf ein Dominikanerkloster aus dem 16. Jh., in dem dieses Museum untergebracht ist. Es widmet sich dem traditionellen galicischen Leben und zeigt Alltagsgegenstände von alten Kaffeetassen bis zu wertvollen Trachten, außerdem archäologische Funde und Kunst.

Altstadt KIRCHEN

Über die Rúa Castro gelangt man in die Altstadt. Rund um die Praza da Constitución locken attraktive Cafés und die romanisch-gotische **Igrexa de Santiago**. Etwas weiter nordöstlich stehen die beiden schönen, gotischen Kirchen **Santa María do Azougue** und **San Francisco**. Letztere ist gerade wegen ihrer Schlichtheit bezaubernd. Sie beherbergt viele Gräber galicischer Adliger aus dem 14. und 15. Jh., darunter das von Fernán Pérez de Andrade „O Boo" (der Gute), einem einflussreichen lokalen Adeligen, der alle drei mittelalterlichen Gotteshäuser errichten ließ. O Boos Gebeine ruhen auf einem steinernen Bären und einem Eber (Letzterer war das Emblem der Andrade-Familie). Interessant ist auch der galicische Dudelsackpfeifer mitten in der geschnitzten Szene des Jüngsten Gerichts über dem Altar.

Schlafen & Essen

150 m unterhalb der Praza dos Irmáns Garcia Naviera bietet das **Hotel Garelos** (☎981 77 59 30; www.hotelgarelos.com; Calle Alfonso IX 8; EZ/DZ 65/86 €; ❄📶) brandneue Räume mit Parkettböden, Marmorbädern und 60 attraktiven Aquarellbildern.

Eine Reihe von Cafés säumt den Hauptplatz. Dahinter erstrecken sich zwei enge Gassen – die Venela Campo und die Travesia do Progreso – mit beliebten Tavernen, die gute Drinks, Tapas (1,50–2,50 €) und *raciones* (5–12€) servieren. Berühmt ist die Stadt für ihre *tortilla de Betanzos*, ein klebriges Kartoffelomelett. Diese ist auch im hervorragenden *menú del día* (Tagesmenü, 16 €) enthalten, das im **O Pote** (www.mesonopote.com; Travesia do Progreso 9) serviert wird.

Praktische Informationen

Touristeninformation (☎981 77 66 66; www.betanzos.es; Praza da Galicia 1; ⏲Di–So 10–14, Mi–Fr 16.30–19.30 Uhr, Okt.–Mai So geschl.) Liegt an einer Verlängerung der Praza dos Irmáns García Naveira.

An- & Weiterreise

BUS Arriva-Busse von/nach A Coruña (2 €, 40 Min., 8–22 Uhr mind. 1-mal stündlich) halten an der Praza dos Irmáns García Naveira. Außerdem gibt's mindestens vier Verbindungen nach Pontedeume (2,05 €, 30 Min.) sowie ein paar nach Ferrol, Lugo, Viveiro und Ribadeo.

ZUG Der Bahnhof Cidade liegt nordwestlich des Stadtzentrums auf der anderen Seite des Mendo. Hier starten jeden Tag vier bis sechs Züge nach A Coruña (3,40 €, 40 Min.) und Pontedeume (1,50 €, 15 Min.).

PONTEDEUME

4600 EW.

An einem Hang über dem Mündungsgebiet des Eume, in dem Fischerboote dümpeln, liegt Pontedeume. Der alte Ortskern wartet mit einem ansprechenden Ensemble schöner Arkadenhäuser, engen Pflastersteinwegen und einigen offenen Plätzen mit Tavernen und Tapas-Bars auf. Mehrere Gassen führen von der Hauptstraße hangaufwärts, die zentralste ist die von Arkaden gesäumte Rúa Real.

Pontedeume hat ein paar *hostales*, darunter das saubere und freundliche **Hostal Allegue** (☎981 43 00 35; Calle del Chafaris 1; Zi. 40 €; 📶), aber die schönsten Unterkünfte der Region sind Landhotels wie die **Casa do Castelo de Andrade** (☎981 43 38 39; www.casteloandrade.com; Lugar Castelo de Andrade; DZ Aug. 85–105 €, andere Monate 60–85 €; ⏲Mitte Dez.–Feb. geschl.; 🅿) 7 km südöstlich der Stadt nahe dem Parque Natural Fragas do Eume. Das hübsche Bauernhaus aus Stein befindet sich auf einem riesigen Anwesen und bietet zehn einwandfreie Zimmer im historischen Stil.

Eines der besten Lokale der Stadt ist das **Restaurante Luis** (Calle San Agustín 12; Hauptgerichte 7–17 €; ⏲So abends geschl.), wo viele galicische Sattmacher vom gebratenen Tintenfisch bis zum 400-g-*chuletón* (gigantisches Rinderkotelett) serviert werden.

PARQUE NATURAL FRAGAS DO EUME

Östlich von Pontedeume am Río Eume erstreckt sich der 91 km² große Parque Natural Fragas do Eume. Er ist berühmt für seinen Küstenwald, den besten Europas, mit Laubbäumen und verschiedenen Farnarten, die mehrere Millionen Jahre überlebt haben. Das **Centro de Interpretación** (☎981 43 25 28; ⏲10–14 & 16–20 Uhr, ca. Mitte Sept.–Mitte Juni Mo–Fr nachmittags geschl.) liegt 6 km von Pontedeume entfernt auf dem Weg nach Caaveiro (keine öffentliche Verkehrsanbindung). Gleich daneben serviert das **Restaurante Andarubel** (☎981 43 39 69; www.andarubel.com; Hauptgerichte 8–21 €; ⏲Ostern–Juni & Sept. Mo geschl., Okt.–Ostern Mo geschl.) gutes Mittagessen und verleiht von Ostern bis September Fahrräder für 5/8/12 € pro 1/2/4 Stunden. Von hier fährt oder radelt man über eine befestigte Straße durch das dicht bewaldete, relativ flache (aber steilwandige) Tal, bis der Weg nach 7,5 km an einer Steinbrücke endet. Ein 500 m langer Pfad führt weiter hinauf zum **Mosteiro de Caaveiro**. Das Kloster stammt aus dem 9. Jh. und liegt auf einer schönen und malerischen Felsnase mitten im Wald. Wanderer können die letzten 5 km zum Kloster den Weg gegenüber der Straße am Ufer entlang nehmen. An Ostern sowie von Mitte Juni bis Ende September ist die Straße ab dem Centro de Interpretación für Autos gesperrt, aber alle halbe Stunde verkehrt ein kostenloser Bus.

Dies ist der einzige Bereich des Parks, den die meisten Traveller sehen, obwohl es weiter östlich mehrere Wanderwege gibt (das Centro de Interpretación hat spanischsprachige Broschüren). Am nahe gelegenen **Mosteiro de Monfero** an der Südseite des Parks soll 2014 ein zusätzliches Besucherzentrum eröffnet werden.

Eumeturismo (www.eumeturismo.org) bietet online viele nützliche Informationen über das Gebiet.

CEDEIRA & UMGEBUNG

4750 EW. (CEDEIRA)

Nach Norden hin säumen Fischerorte und reizvolle Strände die Küste. Die größte Ansiedlung der Rías Altas ist die Hafenstadt **Ferrol** 17 km nördlich von Pontedeume. Hier endet die baskische FEVE-Bahn, außerdem erblickte hier General Franco das Licht der Welt. Etwas wirklich Sehenswertes gibt's jedoch nicht. Weiter nördlich liegt **Valdoviño** mit der schönen Praia Frouxeira. Gleich dahinter befindet sich die **Praia de Roda**, Austragungsort eines **internationalen Surfwettbewerbs** Anfang September.

Etwa 38 km von Ferrol locken der Fischereihafen und das unauffällige Urlaubsdorf Cedeira. Seine reizende Altstadt am Westufer des Río Condomiñas besteht aus engen Gassen und weiß getünchten Häusern, im modernen Ostteil liegt die beliebte **Praia da Magdalena**. Um die Landzunge in Richtung Süden erstreckt sich die noch reizvollere **Praia de Vilarrube**, ein geschütztes Dünen- und Feuchtgebiet.

Ein netter ein- bis zweistündiger Spaziergang führt zunächst am Ufer entlang bis zum Hafen, dann klettert man neben der alten Festung nach oben und läuft bis auf die Landzunge hinauf, die das Mündungsgebiet der Ría de Cedeira überblickt. Dank der felsigen Küste gibt's hier jede Menge *percebes* (Entenmuscheln), eine begehrte Delikatesse.

NICHT VERSÄUMEN

TOP FIVE: STRÄNDE

An Galiciens 1200 km langer Küstenlinie erstrecken sich 772 Strände. Diese fünf stechen besonders hervor:

» Illas Cíes (S. 557) zum Spazierengehen.

» Praia da Mar de Fora (S. 535) für tolle Sonnenuntergänge.

» Area de Trece (S. 537) für Abgeschiedenheit.

» Praia As Catedrais (S. 546) für herrliche Picknicks.

» Praia do Picón (S. 545) mit wundervoller Landschaft.

Schlafen & Essen

Cedeira hält eine gute Auswahl an *hostales* und kleinen Hotels bereit. Besonders empfehlenswert sind jedoch zwei Unterkünfte in Cordobelas, das von Süden kommend 1 km vor Cedeira abseits der Hauptstraße liegt. Die zahlreichen Bars und Cafés liegen vor allem an der Flussmündung und gleich östlich davon an der Praza Sagrado Corazón.

LP TIPP **Hotel Herbeira** HOTEL €€
(☎981 49 21 67; www.hotelherbeira.com; Cordobelas; EZ/DZ 92/108 €; ⏲22. Dez.–12. Jan. geschl.; P❄@📶🏊👶) Schicker wird's in Galicien nicht mehr! Das Familienhotel bietet 16 moderne Zimmer mit verglasten Balkonen und herrlichen Ausblicken über die *ría* (Flussmündung). Vorn liegen ein hübscher Pool und ein nettes, helles Café zum Frühstücken.

Hospedería Cordobelas LANDHOTEL €€
(☎981 48 06 07; www.cordobelas.com; Rúa Cordobelas 29; EZ/DZ 60/76 €; ⏲Mitte Dez.–Mitte Jan. geschl.; P📶) Ein charmantes steinernes Anwesen. Die vier umgestalteten historischen Gebäude mit einem wunderbaren Garten verfügen über gemütliche, geräumige und rustikale Zimmer.

Mesón Muiño Kilowatio TAPAS, RACIONES €€
(Rúa do Mariñeiro 9; raciones 8–16 €; ⏲ca. Nov.–März Mo–Do geschl.) In der kleinen Bar bekommt man großzügige Portionen Tintenfisch, Schweine-*solomillo* (Filet), *marraxo* (eine Haifischart), *raxo* und *zorza* (auf verschiedene Arten gegrilltes Schweinefleisch) sowie andere galicische Köstlichkeiten.

Praktische Informationen

Touristeninformation (☎981 48 00 00; Avenida de Castelao 18; ⏲Mo–Fr 10.30–14 & 17–20, Sa 11–14 Uhr) An der Hauptstraße im neuen Ortsteil.

An- & Weiterreise

Wer mit dem Bus aus Süden anreist, muss in Ferrol umsteigen, von dort fährt Rialsa bis zu siebenmal täglich nach Cedeira (2,85 €, 45 Min.). Arriva-Busse verkehren montags bis freitags jeweils ein- bis zweimal von Cedeira nach Cariño (2,70 €, 50 Min.). Für Ziele, die weiter östlich liegen, nimmt man einen Cariño-Bus bis nach Campo do Hospital, wo täglich um 13.20 und (außer sonntags) 18.05 Uhr Busse nach Viveiro halten.

CABO ORTEGAL & UMGEBUNG

Der wilde, raue Küstenabschnitt der Rías Altas beginnt oberhalb von Cedeira. Mit dem eigenen Wagen oder besser noch auf ausgedehnten Wanderungen kann man Galiciens bezaubernden nordwestlichen Landstrich mit seinen üppigen Wäldern, schwindelerregenden Klippen und freilaufenden Pferden erkunden.

Ganze Busladungen voller Touristen kommen im Sommer nach **San Andrés de Teixido** (12 km hinter Cedeira) mit seinen Steinhäusern, die sich rund um das berühmte Heiligtum der Reliquien des heiligen Andreas gruppieren. Noch beeindruckender ist die Natur. Die kurvige, attraktive Landstraße CP2205 führt in nordwestliche Richtung nach Cariño. 6 km hinter San Andrés lohnt sich ein Zwischenstopp beim Aussichtspunkt **Garita de Herbeira**, der 600 m über dem Meeresspiegel liegt. Es handelt sich um die höchsten Klippen Südosteuropas.

4 km nördlich des betriebsamen Ortes Cariño erreicht man die Mutter aller spanischen Kaps, **Cabo Ortegal**, wo der Atlantik auf den Golf von Biskaya trifft. Die steilen Klippen sind so hoch, dass die an die Felsen krachenden Wellen fast kümmerlich erscheinen. Vor der Küste bieten die drei Inselchen **Os Tres Aguillóns** Raum für Hunderte von Meeresvögeln, darunter Mittelmeermöwen und Sturmschwalben. Wer ein Fernglas dabeihat, erspäht möglicherweise auch Delfine und Wale.

Hier erstrecken sich einige schöne Wanderwege. Auf dem Pfad ab Cariño hält man am besten am ersten *mirador* (Aussichtspunkt) und geht die 3,2 km (30 Min.) bergauf zur Kapelle **San Xiao de Trebo**. Die gut markierte Strecke führt durch Wald, überquert den Fluss Río Soutullo und bietet reizvolle Ausblicke. Von der Kapelle kann man die Straße weiter bis nach Cabo Ortegal (1,5 km) entlanglaufen.

In der Gegend gibt's einige Landhäuser, z. B. das charmante **Muiño das Cañotas** (✆981 42 01 81; www.muinodascanotas.com; A Ortigueira 10; Zi. inkl. Frühstück 65–80 €; P Wi-Fi) in einem hübschen kleinen Dorf 200 m von der Hauptstraße DP6121 und 2 km südlich von Cariño. Es verfügt über fünf schöne Zimmer in einer umgebauten Wassermühle aus dem 14. Jh.

VON CARIÑO NACH VIVEIRO

Von Cariño führt die Straße südlich rund um die Ría de Ortigueira zum Fischereihafen von **Ortigueira**. Im weiteren Verlauf der Landstraße AC862 folgt ein Abzweig zu der kleinen, aber schönen **Praia de Santo António** in **Porto de Espasante**. Zur Entspannung und für einen tollen Blick über die Bucht lohnt es sich, ein Zimmer im **Hotel Orillamar** (✆981 40 80 14; www.hotelorillamar.com; EZ/DZ inkl. Frühstück 55/80 €; P @ Wi-Fi) zu nehmen. Es bietet frisch renovierte Räume in Silber- und Grautönen und hat eine eigene Fischzucht, die das Panoramarestaurant (Hauptgerichte 12–35 €) zu einem der besten in den Rías Altas macht.

Von hier bis zur Halbinsel Bares im Osten ist die Küste reich an Stränden, die zu den dramatischsten und am wenigsten bekannten Spaniens gehören und am Fuß der spektakulären Klippen **Acantilados de Loiba** liegen. Am einfachsten erreicht man die **Praia do Picón**, indem man der beschilderten Abzweigung bei Km 63 an der AC862 und dann der DP6104 bis zum Dorf Picón folgt. Dort führt eine scharfe Linkskurve zu einem kleinen Picknickplatz, von wo ein Pfad mit Holzgeländer hinunter zum Strand geht. Der FEVE-Bahnhof von Loiba liegt 2 km vom Strand entfernt.

O Barqueiro an der Ría del Barqueiro ist ein galicisches Fischerdorf, wie es im Buche steht. Weiße schiefergedeckte Häuser ziehen sich bis zum Meer. Einige *pensiones* und Restaurants blicken über den Hafen. Viel zu tun gibt's nicht, man kann höchstens beobachten, wie die Fischer ihren Fang einholen. Der Ort liegt an der Strecke Ferrol–Vivieiro und wird jeden Tag von ein paar FEVE-Zügen und Arriva-Bussen angesteuert.

Wer es noch ruhiger mag, fährt auf der Halbinsel Bares weiter Richtung Norden bis nach **Porto de Bares**, kaum mehr als ein Strand mit ein paar Booten. Unterschlupf findet man z. B. in einem der sechs Zimmer des ehemaligen Leuchtturms **Semáforo de Bares** (✆981 41 71 47, 699 943584; www.hotelsemaforodebares.com; Zi. 65–101 €, Suite 151 €; P), der ein modernes Hotel beherbergt und 3 km oberhalb des Ortes von einem Hügel das Land überblickt. Im **Restaurante La Marina** (Hauptgerichte 15–25 €) werden tolle Meeresfrüchtepaellas (20–30 € für 2 Pers.) serviert.

Die Halbinsel Bares überziehen mehrere gute Wanderwege. Vom Leuchtturm nahe

DUDELSACKSPIELER & GEIGER

Galicische Volksmusik hat viel gemeinsam mit den keltischen Traditionen Englands, Irlands und Schottlands, und den Klang der *gaita* (Dudelsack), der Geige, der *bombo* (große Trommel) und der *zanfona* (eine Art Akkordeon) hört man auf zahlreichen Veranstaltungen. Mehrere keltische Musikfestivals beleben die Sommermonate. Das größte und beste ist das **Festival Ortigueira** (www.festivaldeortigueira.com) in Ortigueira an den Rías Altas im Juli. Ein Besuch lohnt sich auch auf dem **Festival Intercéltico do Morrazo** in Moaña (Ría de Vigo) oder der **Festa da Carballeira** (www.festadacarballeira.com) in Zas (Costa da Morte) – beide finden am letzten Juli- oder ersten Augustwochenende statt.

Führende *gaiteros* (Dudelsackspieler) und andere Musiker sind beliebte Helden in Galicien. Wer sich ausführlicher mit dem wichtigen kulturellen Genre der Region befassen möchte, kann z. B. Konzerte der Dudelsackspieler Carlos Núñez, Xosé Manuel Budiño und Susana Seivane, der Dudelsackspielerin und Sängerin Mercedes Peón, des Sängers Uxía oder der Bands Luar Na Lubre, Berrogüetto sowie Milladoiro besuchen.

der Spitze der Peninsula folgt ein 500 m langer Pfad dem Grat einer kurvigen Felsnase fast bis zu ihrem Ende. Dort liegt die **Punta da Estaca de Bares**, Spaniens nördlichster Zipfel mit ehrfurchtgebietenden Klippen und herrlichem Panorama.

VIVEIRO
7400 EW.

Viveiro liegt an der Mündung des Río Landro und wartet mit einem gut erhaltenen historischen Stadtkern aus Steinhäusern und Kopfsteinpflasterstraßen auf, dessen äußerliches Erscheinungsbild sich kaum geändert hat, seit der Ort nach einem Brand im Jahr 1540 wiederaufgebaut wurde. Die hiesigen Feiern während der Osterwoche sind sehr berühmt, denn dann putzen sich die Einwohner für die Prozessionen heraus. Sehenswert sind die gotische **Igrexa de Santiago**, in der die Osterbilder aufbewahrt werden, die romanische **Igrexa de Santa María do Campo** aus dem 13. Jh. sowie die bizarre **Gruta de Lourdes** gleich dahinter, an der Plastikpuppen und -gliedmaßen hängen.

Schlafen & Essen

Hotel Ego HOTEL €€€
(☎982 56 09 87; www.hotelego.es; Playa de Area; Zi. 108–162 €; P❄@☎≋) 4 km nördlich der Stadt findet man an der Straße nach Ribadeo das exzellente Hotel Ego mit Blick auf die Playa de Area. Die meisten der 45 Zimmer haben Balkone zum Meer. Sie sind mit komfortablen Betten, moderner Kunst und guten Bädern ausgestattet. Das angrenzende **Restaurante Nito** (Hauptgerichte 15–40 €, 4-Gänge-Menü 30 €) ist eines der besten Lokale der Küste; in dem man hochwertige Gerichte und einen tollen Blick auf den Strand genießt.

Hotel Vila HOTEL €
(☎982 56 13 31; www.hotel-vila.es; Avenida Nicolás Cora Montenegro 57; EZ/DZ 32/53,50 €; ☎) Nahe dem FEVE-Bahnhof Viveiro Apeadero verfügt diese gepflegte Unterkunft mit einem Stern über helle Zimmer mit gelben Wänden und modernen Möbeln. Die Managerin Magdalena spricht fließend Englisch.

O' Asador SPANISCH €€
(☎982 56 06 88; www.oasador.com; Rúa Melitón Cortiñas 15; Hauptgerichte 12–25 €) Ein etwas kitschiges Lokal mitten in der Stadt. Hier gibt's leckeren Fisch, Steaks und Salate.

An- & Weiterreise

In Viveiro halten die FEVE-Züge zwischen Ferrol und Oviedo. Ein paar Arriva-Busse fahren nach Lugo und die Rías Altas entlang bis A Coruña und Ribadeo (an den Wochenenden verkehren keine Busse nach Ribadeo).

RIBADEO
6600 EW.

Im Sommer ist dieser lebhafte Hafenort ein Magnet für Sonnenanbeter. Der alte Ortskern verbindet maritimen Charme mit eklektischer Architektur des 20. Jhs. Wer schwimmen möchte, muss außerhalb der Kleinstadt suchen. Spektakulär ist die 10 km weiter westlich gelegene **Praia As Catedrais** (Kathedralenstrand). Den 1,5 km langen Sandstreifen umrahmen großartige, gotisch aussehende Felsformationen, die bei Ebbe besonders zur Geltung kommen.

In der Gegend gibt's viele Campingplätze, Strandherbergen und ansprechende Hotels. Als eine der besten Unterkünfte gilt das **Hotel Rolle** (☎982 12 06 70; www.hotelrolle.com; Rúa de Ingeniero Schulz 6; Zi. inkl. Frühstück 90 €; ❄@☎), nur zwei Blocks von der Praza de España entfernt. Es bietet geräumige, attraktive Zimmer in einem rustikalen, aber gleichzeitig modernen Stil, dominiert von freiliegenden Steinwänden und viel Holz. Auch die Bäder sind gut und modern. Der Besitzer erzählt einem gern alles über die Highlights der Region. Nicht ganz so zentral liegt die **Casona de Lazurtegui** (☎982 12 00 97; hotelcasona.com; Rúa Julio Lazurtegui 26–28; DZ 81–103 €; P ❄ @ ᯤ), ein kürzlich renoviertes Stadthaus mit sehr komfortablen, modernen und geschmackvollen Zimmern.

Oberhalb des ruhigen Hafens werden im gemütlichen Speiseraum im Obergeschoss des **Solana** (www.lasolanarestaurante.com; Rúa de Antonio Otero 41; Hauptgerichte 14–28 €; ⏲tgl. mittags & abends) Fisch, gegrilltes Fleisch und Pasta aufgetischt. Die verrauchte Taverne unten serviert Drinks und Tapas.

Über alles Weitere informiert die **Touristeninformation** (☎982 12 86 89; www.ribadeo.org; Praza de España 7; ⏲Di–Fr 9–14, Sa 11–14, Mo–Sa 16–19 Uhr).

EVE-Züge fahren mit vielen Zwischenstopps von/nach Oviedo (11,40 €, 3½ Std., 2-mal tgl.) und Ferrol (10,35 €, 3 Std., 4-mal tgl.). Mindestens vier Busse verkehren jeden Tag nach Luarca, Oviedo, Lugo und (außer am Wochenende) Viveiro, zwei weitere Linien steuern Santiago de Compostela an.

DIE RÍAS BAIXAS

Mit ihren ausgedehnten Stränden und relativ ruhigem, warmem Wasser ziehen die Rías Baixas (auf Kastilisch „Rías Bajas") viele Touristen an. Deshalb finden sich hier weit mehr Orte, Hotels, Apartments und Restaurants als in anderen Gebieten der galicischen Küste. Durch den Tourismus hat die Schönheit der Region zwar etwas gelitten, aber es gibt immer noch hübsche Dörfer, herrliche Küstenabschnitte und gutes Essen. Auf dem Besucherzettel für einen verführerischen Reisecocktail sollten nicht zuletzt die Illas Cíes, das entzückende Pontevedra und das quirlige Vigo stehen.

Die folgenden Beschreibungen beginnen am Ende einer jeden *ría* und arbeiten sich dann nach außen vor. Wer mit dem eigenen Fahrzeug unterwegs ist, mag vielleicht einfach dem reizvollen Küstenverlauf von einer Meeresmündung zur nächsten folgen. Die Küstenstraße führt etwa 250 km lang von Muros nach Nigrán – eine Strecke, die per Luftlinie gerade mal 72 km beträgt!

Es ist empfehlenswert, Unterkünfte für die zweite Julihälfte oder den August im Voraus zu buchen. Das restliche Jahr über sinken die Preise stark. Mehr über die Gegend und die Landhotels siehe www.riasbaixas.depo.es.

Ría de Muros y Noia

NOIA

8450 EW.

Das strandlose Noia liegt am gleichnamigen Fluss und diente Schiffsreisenden über Jahrhunderte hinweg als Ausgangsbasis nach Santiago de Compostela. Heute kann man in den krummen Gassen im historischen Zentrum wunderbare Spaziergänge unternehmen. Zu den sehenswertesten Bauten im Ort zählt die **Igrexa de San Martiño** (⏲8.30–12 & 16.30–21 Uhr) an der Praza do Tapal, deren Westfassade herrliche Skulpturen der Apostel sowie von Christus und den Erzengeln schmücken. Das zweite Highlight ist die **Igrexa de Santa María A Nova** (Carreiriña do Escultor Ferreiro; ⏲10.30–13.30 & 16–18 Uhr, Sa &

Die Rías Baixas

So nachmittags geschl.). Sie birgt eine kuriose Sammlung von Grabplatten mittelalterlicher Zünfte, von denen viele ihre jeweiligen Symbole, wie Anker oder Messer (für Metzger), tragen. Beide Kirchen sind typische Beispiele für den galicischen „Seemannsstil" der Gotik, dessen Markenzeichen ein einziges, sehr breites Kirchenschiff ist.

Im Ort kann man gut Tapas essen gehen. Gleich nördlich der Igrexa de San Martiño stößt man auf die in den Stallungen des Pazo Dacosta aus dem 14. Jh. untergebrachte **Tasca Típica** (Rúa Cantón 15; raciones 5–14 €). Hier bekommt man großartige Drinks, Snacks und Gerichte. Der kleine Speisesaal wird von Kerzen beleuchtet.

SÜDKÜSTE

Die hiesige Südküste ist nicht völlig naturbelassen, aber auch nicht sehr touristisch. In **Porto do Son** schmiegen sich der geschäftige Hafen, der kleine Strand und die winzige Altstadt an die *ría* und es gibt mehrere gute Tapas-Bars sowie einfache Restaurants. Das **Hotel Villa del Son** (☎981 85 30 49; www.hotelvilladelson.es; Rúa de Trincherpe 11; EZ 40 €, DZ 48–69 €; 📶) hat ordentliche Zimmer mit kühlen Fliesen, hellen Bädern und einer lustigen Dekoration im Cottage-Stil.

2 km hinter Porto do Son erreicht man das spektakuläre prähistorische **Castro de Baroña**. Vom Parkplatz neben der Cafeteria geht's einen steinigen Weg hinunter zu den Ruinen am Meer. Die Vorfahren der Galicier hatten ein Händchen für gute Wohnlagen. Die Siedlung thront majestätisch auf einer Landzunge, an der sich die Wellen des Atlantiks brechen. Südlich des *castro* erstreckt sich die **Praia Area Longa**, der erste einer kleinen Reihe von Surfstränden entlang dieser Seite der *ría*.

Für Autofahrer lohnt sich ein Abstecher zum **Dolmen de Axeitos**, einem gut erhaltenen Megalithmonument; den Weg dorthin weist ein Schild zwischen Xuño und Ribeira. Oder man steuert **Corrubedo** an der Spitze der Halbinsel an. Der Ort ist zu beiden Seiten von Stränden umgeben und verfügt über einige gemütliche Bars am Hafen.

Ría de Arousa

PADRÓN

3050 EW.

Der Legende nach landete das steinerne Segelboot, das Santiagos Leiche nach Galicien brachte, genau hier. Heute ist Padrón bestens bekannt für seine grünen Pfefferschoten *pimientos de padrón*, die im 16. Jh. von Franziskanermönchen importiert wurden und nun rund um die Stadt wachsen und gedeihen. Gebraten und mit grobem Salz gewürzt, gelten sie landesweit als Delikatesse. Doch Vorsicht: Manche sind wirklich extrem scharf.

Aus Padrón stammen die beiden berühmtesten Schriftsteller Galiciens: Rosalía de Castro (1837–85) und der Nobelpreisträger und Romancier Camilo José Cela (1916–2002). Das schöne Steinhaus der Dichterin gegenüber dem Bahnhof beherbergt heute das **Casa-Museo Rosalía de Castro** (www.rosaliadecastro.org; A Matanza; Eintritt 1,50 €; ⏲Di–Sa 10–14 & 16–20, So 10–13.30 Uhr). Celas Leben und Werk dokumentiert die **Fundación Camilo José Cela** (www.fundacioncela.com; Erw./Sen. & Stud. 8/5 €; ⏲Mo–Fr 10–14 & 16–20 Uhr, Sept.–Juni Fr nachmittags geschl.) in Iria Flavia, 1 km nördlich des Zentrums von Padrón. Das Museum kann nur mit einer Führung besichtigt werden.

Zu den besten Restaurants im Ort gehört **A Casa dos Martínez** (☎981 81 05 77; http://elblogdeacasadosmartinez.blogspot.com.es; Rúa Longa 7; Menü 27 €; ⏲Di–So 14–15.30, Fr& Sa 21.30–23 Uhr) an einer Fußgängerstraße. Hier serviert man großartige kreative *cocina de mercado* (mit Fleisch, Meeresfrüchten, Gemüse und anderen marktfrischen Zutaten).

Castromil-Busse fahren mehrmals täglich von Padrón nach Santiago de Compostela (1,90 €, 30 Min.) und Pontevedra (3,80 €, 1 Std.), außerdem gibt's Verbindungen nach Cambados und O Grove.

CAMBADOS

6900 EW.

Cambados ist die Hauptstadt des **Albariño-Weinbaugebiets**, das fruchtige Weißweine hervorbringt. Der hübsche Ort an den *rías* wurde von den Westgoten gegründet und hat einen kompakten Altstadtkern, dessen Straßen Steinhäuser säumen.

Sehenswertes & Aktivitäten

Überall in der Stadt und Region kann man Weingüter besuchen (mehr als 30 im Distrikt können besichtigt werden), und die viertägige **Fiesta del Albariño**, die am ersten Sonntag im August beginnt, erfüllt Cambados mit Leben.

Zwar sind die Kellereien außerhalb des Zentrums bekannter, aber weniger gut zu erreichen als die zwei Betriebe unweit der ausgedehnten Praza de Fefiñáns am nördlichen Ende der Ortsmitte: die **Bodegas del Palacio de Fefiñanes** (www.fefinanes.com; mit/ohne Weinverkostung 4/2 €; ⏲Mo–Sa 10–14 &

GALICISCHE WEINE

Nichts mundet besser zu galicischem Essen als regionale Weine, die alle ihren eigenen Charakter haben. Am bekanntesten ist der fruchtige Weißwein Albariño, benannt nach der Rebsorte. Aus ihr entstehen 99 % aller Weine im Anbaugebiet Rías Baixas Denominación de Origen (DO), das sich unweit von Galiciens Südwestküste und entlang des unteren Río Miño erstreckt. Die Beliebtheit der Albariño-Traube resultiert nach Meinung einiger Kenner in Weinen, die zu süß und fruchtig sind. Ein guter traditioneller Albariño sollte das Aroma grüner Äpfel und einen leicht säuerlichen Geschmack haben.

Auch im Ribeiro DO, das in der Region Ribadavia in Südgalicien liegt, werden gute Weißweine produziert, meist aus der Treixadura-Traube. Das Anbaugebiet Ribeira Sacra DO im Südosten bringt reichhaltige Rotweine aus der Mencía-Traube hervor, die in den erstaunlich steilen Hügeln der Region angebaut werden. Man sollte Ribeiro oder Ribeira Sacra nicht mit der Weinbauregion Ribera del Duero in Kastilien-León verwechseln, deren gute Rote auf vielen galicischen Weinkarten auftauchen!

16–20 Uhr) im Pazo de Fefiñáns aus dem 17. Jh. und **Gil Armada** (http://bodegagilarmada.wordpress.com; mit/ohne Weinverkostung 4/2 €; ⌚Mo–Sa 10–14 & 17–20 Uhr).

Wer Weingüter außerhalb der Stadt besichtigen möchte, sollte vorher anrufen, um abzusichern, dass ein Besuch auch möglich ist. Galiciens bekannteste Weinkellerei, **Martín Códax** (www.martincodax.com; Rúa Burgáns 91; inkl. Weinverkostung 3 €; ⌚Mo–Fr 11–13 & 17–19 Uhr), liegt in Vilariño, nur eine kurze Fahrt von Cambados entfernt: Dort finden jede Stunde 45-minütige Führungen statt. Mehr über die Weinrouten der Rías Baixas erfährt man in der Touristeninformation von Cambados sowie bei **Expo Salnés** (Paseo da Calzada; Eintritt frei; ⌚Mo–Fr 10–14 & 17–20, Sa 11–14 Uhr), das außerdem Exponate zur lokalen Architektur, Archäologie und Weinkunde ausstellt. Gute Infos bietet auch die Website www.rutadelvinoriasbaixas.com.

Cambados hat vier **Museen** (Eintritt für alle zusammen Erw./Sen. & Kind 3,10/1,55 €; ⌚Di–Sa 10–14 & 17–20, So 10–14 Uhr); drei von ihnen decken die Weinkultur, Fischerei und lokale Kultur ab, das vierte ist eine alte, tidebetriebene Getreidemühle.

Schlafen & Essen

Zum Übernachten eignet sich der **Pazo A Capitana** (☎986 52 05 13; www.pazoacapitana.com; Rúa Sabugueiro 46; DZ 91 €; ⌚Mitte Dez.–Mitte Jan. geschl.; P❄📶), ein Landhaus aus dem 17. Jh. am Stadtrand mit eleganten Zimmern, großen Gärten und einer angeschlossenen Weinkellerei. Eine weitere gute Option ist das schön renovierte, zentral gelegene **Hotel Real Ribadomar** (☎986 52 44 04; www.hotelrealribadomar.com; Rúa Real 8; Zi. inkl. Frühstück 60–95 €; ❄📶) mit netten Zimmern, frischer weißer Bettwäsche auf gemütlichen Betten und glänzenden, modernen Bädern.

In den fußgängerfreundlichen Gassen Rúa Príncipe, Rúa Real und Praza de Fefiñáns gibt's viele touristische Restaurants und einige ansprechende Kneipen wie die **Bar Laya** (Praza de Fefiñáns), die ihren eigenen Wein keltert. Gehobener ist das familienbetriebene **Restaurante Ribadomar** (www.ribadomar.es; Rúa Valle Inclán 17; Hauptgerichte 10–20 €; ⌚Di abends & So sowie Sept.–Ende Juli geschl.), in dem man ein herrliches traditionelles galicisches Menü mit Gerichten wie Seezunge mit Muscheln oder *chuletón de ternera* (riesiges Rindskotelett) bekommt und umgeben von Originalkunstwerken und Skulpturen speist.

Praktische Informationen

Touristeninformation (☎986 52 07 86; www.camba dos.es; Praza do Concello; ⌚10–14 & 17–20 Uhr, Okt.–Ostern So nachmittags & Mo geschl.) Hilfreiches Büro nur ein paar Schritte vom Busbahnhof.

An- & Weiterreise

Zwischen Cambados und Santiago de Compostela, Pontevedra sowie O Grove verkehren täglich mehrere Busse.

O GROVE

7400 EW.

O Grove säumen mehr als zwei Dutzend Sandstrände. Deshalb lockt das lebhafte Städtchen am Meer mit seiner weitgehend naturbelassenen Umgebung zahlreiche Urlauber an.

Sehenswertes & Aktivitäten

Die von Dünen geschützte **Praia A Lanzada** zieht sich 2,3 km an der Westseite des Isthmus entlang. Der Strand ist verlockend natürlich, aber nicht gerade verlassen, was schon die riesigen Parkflächen zeigen.

Bevor es nach O Grove hineingeht, führt ein Abzweig über eine Brücke zur **Illa A Toxa** (auf Kastilisch „Isla La Toja"), einer Insel mit Golfplätzen, teuren Ferienhäusern und Luxushotels. Hier befindet sich auch die **Capilla de las Conchas**; die kleine Kirche ist komplett mit Jakobsmuscheln bedeckt.

Bei gutem Wetter bieten mehrere Unternehmen von April bis November **Ría-Kreuzfahrten** (inkl. Muschelverkostung Erw./Kind 13/6 €) an. Dabei kommt man an den *bateas* (Flößen) vorbei, an denen Meeresfrüchte gezüchtet werden. Ein interessanter Ausflug führt im Sommer zur **Illa de Sálvora**, einer kleinen Insel, die zu Galiciens Nationalpark Islas Atlánticas gehört. Sálvora besteht aus einer weitgehend felsigen Küste, einem Leuchtturm, einem verlassenen Dorf und einer alten, zu einer Villa umgebauten Fisch-Pökelanlage. Von Juli bis Mitte September steuern täglich vier Fähren von **Cruceros do Ulla** (☎986 73 18 18; www.crucerosdoulla.com) und **Cruceros Rías Baixas** (www.crucerosriasbaixas.com) die Insel an. Im Programm (Erw./Kind 20/10 €) sind ein geführter Spaziergang und etwas Zeit zum Baden inbegriffen.

Mehr über das Leben im Meer erfährt man im **Acuario de O Grove** (www.acuariodeogrove.com; Erw./Sen. & Kind 12/10 €; ⏲Mo–Fr 10.30–14 & 15.30–19, Sa & So 10.30–20 Uhr, Nov.–März Mo–Fr geschl.; 🚼) bei Punta Moreiras. Hier werden rund 100 überwiegend lokale Meerestier- sowie einige Haiarten vorgestellt.

Mehrere markierte **Wanderwege** überziehen den westlichen Bereich der Halbinsel von O Grove. Eine schöne Aussicht und die Möglichkeit zur Vogelbeobachtung bietet der **Mirador A Siradella** 159 m oberhalb von O Grove.

Schlafen & Essen

An der Westseite der Insel erstrecken sich neun Campingplätze. In der Stadt gibt's viele Unterkünfte: 150 m landeinwärts vom Hauptparkplatz steht das **Hotel La Noyesa** (☎986 73 09 23; www.hotelnoyesa.com; Plaza de Arriba 4; EZ/DZ inkl. Frühstück 76/86 €; ⏲Mitte Dez.–Mitte Jan. geschl.; P❄📶) an der Praza do Corgo. Es bietet geräumige, helle und saubere Zimmer. Das etwas modernere Hotel Noyesa Plaza gegenüber gehört zum gleichen Betreiber und hat dieselben Preise. Zur Hochsaison ist ein Mindestaufenthalt von drei Nächten erforderlich.

O Grove ist berühmt für seine Meeresfrüchte. Mitte Oktober feiert man hier die **Festa do Marisco** (Meeresfrüchtefest). Am Ufer reihen sich zahlreiche Fischtavernen aneinander; die beste ist **El Crisol** (Rúa do Hospital 12; Hauptgerichte 13–20 €; ⏲Mo mittags geschl.). Auf den Tischen stehen frische Blumen und Servietten, die wie Bischofsmützen gefaltet sind, der Service ist effizient und freundlich und der Fisch marktfrisch. Für 25 € erhält man ein großzügiges Menü, das sich wunderbar mit Käsekuchen abrunden lässt.

Praktische Informationen

Touristeninformation (☎986 73 14 15; www.turismogrove.es; Praza do Corgo; ⏲Mo 10–15, Di–Sa 10–20, So 11–14 Uhr) Liegt ganz in der Nähe von Fischerhafen, Markt und Hauptparkplatz im Herzen von O Grove.

An- & Weiterreise

Der **Busbahnhof** (☎986 73 03 55; Rúa Beiramar) befindet sich in der Rúa Beiramar beim Hafen. Monbus fährt mindestens neunmal täglich via Sanxenxo nach Pontevedra (3,90 €, 1 Std) und dreimal über Cambados nach Santiago de Compostela (6,60 €, 2¼ Std.).

Pontevedra

61 400 EW.

Galiciens kleinste Provinzhauptstadt mag ein historisches Zentrum haben, ist deshalb aber noch lange kein verschlafenes Nest. Die verkehrsberuhigten Gassen und Plätze des kompakten Stadtkerns beherbergen jede Menge Läden, Märkte, Cafés und Tapas-Bars. Im 16. Jh. war Pontevedra die größte Stadt Galiciens und ein wichtiger Hafen. Kolumbus' Flaggschiff Santa María wurde hier gebaut. Heute ist es ein einladender Ort am Fluss mit viel Geschichte, Kultur und Stil und eine lebhafte Basis für Erkundungstouren entlang der Rías Baixas.

Sehenswertes

Einst war Pontevedras verkehrsberuhigtes historisches Zentrum von mittelalterlichen Mauern umgeben, von denen aber leider nur noch Reste übrig sind. Unter dem Dutzend Plätzen der Altstadt stechen die Prazas da Verdura, do Teucro, da Leña und da Ferrería hervor.

Wer seinen Rundgang an der südöstlichen Ecke der Altstadt beginnt, kann die charakteristische gekrümmte Fassade des **Santuario da Virxe Peregrina** (Praza da Peregrina) nicht verfehlen. Er ist eine Laune des 18. Jhs. mit einem deutlichen portugiesischen Einschlag.

Pontevedra

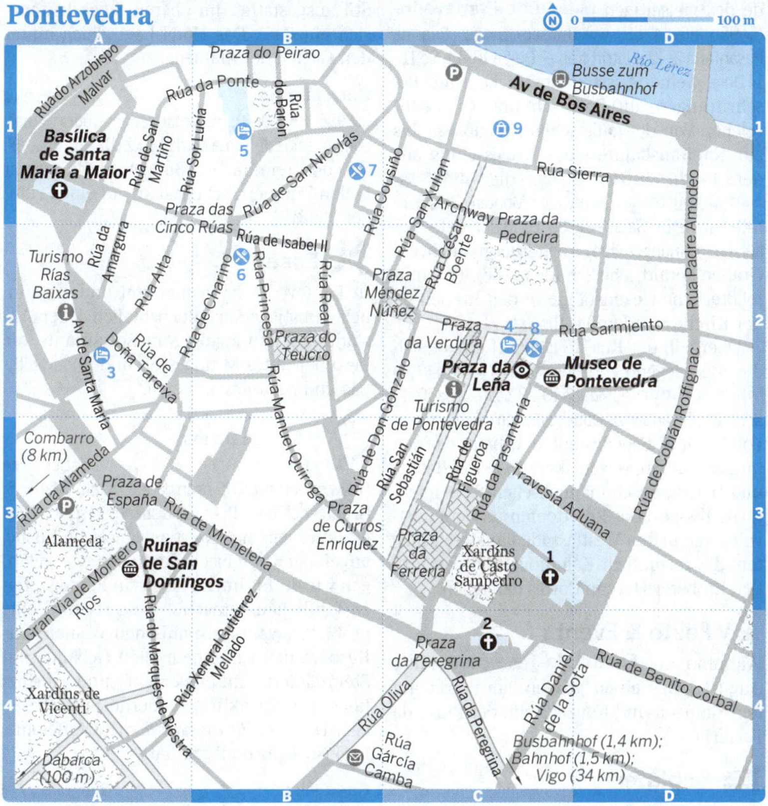

Pontevedra

Highlights
- Basílica de Santa María a Maior A1
- Museo de Pontevedra C2
- Praza da Leña C2
- Ruínas de San Domingos A3

Sehenswertes
- 1 Igrexa de San Francisco C3
- 2 Santuario da Virxe Peregrina C4

Schlafen
- 3 Casa Maruja A2
- 4 Hotel Rúas C2
- 5 Parador Casa del Barón B1

Essen
- 6 Bar 5 Calles B2
- 7 Casa Verdún B1
- La Casa de las 5 Puertas ..... (siehe 3)
- 8 O Rianxo C2

Shoppen
- 9 Mercado Municipal C1

Etwas zurückgesetzt von der Praza da Ferrería stößt man auf die **Igrexa de San Francisco** aus dem 14. Jh. Sie soll angeblich von Franz von Assisi gegründet worden sein, als dieser auf seiner Pilgerfahrt nach Santiago de Compostela hier durchkam.

Ein Spaziergang die Rúa da Pasantería hinunter führt zur Praza da Leña, die zum Teil von Kolonnaden umgeben ist. In ihrer Mitte steht ein *cruceiro* (steinernes Kruzifix, eine traditionelle galicische Kunstform). Außerdem befindet sich hier das Hauptgebäude des vielseitigen **Museo de Pontevedra** (☎986 85 14 55; www.museo.depo.es; Rúa da Pasantería 2–12; Eintritt frei; ⌚Di–Sa 10–21, So 11–14 Uhr). Seine Ausstellungsstücke (mit Beschriftungen auf Spanisch und Galicisch) reichen von der galicischen Archäologie bis zur Kapitänskajüte eines Kriegsschiffs aus dem 19. Jh. Ein zweiter Bau, die **Ruínas de San Domingos** (Gran Vía de Montero Ríos; Eintritt frei; ⌚Di–Sa 10–21, So 11–14 Uhr, Okt.–April kürzere Öffnungszeiten), beherbergt mehrere Gräber, heraldische Schilde und weitere mittelalterliche Gegenstände in den Ruinen einer Kirche aus dem 14. Jh.

Oberhalb der Rúa de Isabel II erhebt sich die überwiegend gotische **Basílica de Santa María a Maior** (⌚Mo–Sa 10–13 & 17–21, So 10–14 & 18–21 Uhr, außer zu Gottesdiensten). Sie ist von Pontevedras Seefahrergilde gebaut worden und vor allem wegen ihrer Platereskdetails und portugiesisch-manuelischen Stilelemente interessant. Das Rosettenfenster der kunstvoll gemeißelten Westfassade flankieren Büsten, die vermutlich Kolumbus und den großen Eroberer Hernán Cortés darstellen.

Feste & Events

Während der **Festas da Peregrina** Mitte August gibt's einen großen Jahrmarkt auf der Alameda und Konzerte auf der Praza da Ferrería.

Schlafen

Parador Casa del Barón HISTORISCHES HOTEL €€€
(☎986 85 58 00; www.parador.es; Rúa do Barón 19; EZ/DZ inkl. Frühstück 133/166 €; P❄📶) Dieser renovierte Palast aus dem 17. Jh. mit Möbeln im Antikstil und historischer Kunst hat einen zauberhaften kleinen Garten.

Hotel Rúas HOTEL €€
(☎986 84 64 16; www.hotelruas.net; Rúa de Figueroa 35; EZ/DZ 48/70 €; ❄@📶) Hier warten attraktive Zimmer mit polierten Holzböden, schlichten Möbeln und großen Bädern. Viele haben einen schönen Blick auf die Plaza, aber einige müssten mal renoviert werden. Das lebhafte Restaurant serviert montags bis freitags ein gutes Mittagsmenü für 12 €.

Dabarca HOTEL €€
(☎986 86 97 23; www.hoteldabarca.com; Calle Palamios 2; EZ/DZ 101/107 €; P❄📶👪) Statt Standardzimmern gibt's hier familienfreundliche, geräumige Apartments. Sie sind mit Küchenzeilen, Waschmaschine, Internetzugang und cremefarbenen Möbeln im Ikea-Stil ausgestattet. Im oberen Stock befindet sich ein Café. Das Hotel liegt gleich hinter den Gärten der Alameda.

Casa Maruja PENSIÓN €
(☎986 85 49 01; casamarujapontevedra@gmail.com; Avenida de Santa María 12; EZ/DZ 35/45 €; 📶) Von der freundlichen Budgetunterkunft mit hellen Zimmern schaut man auf einen ruhigen Platz.

Essen

In Pontevedra kann man gut und erstaunlich günstig essen. Buchstäblich jeder Altstadtplatz ist umringt von Restaurants, die tagsüber gutes Mittagessen und abends Tapas und *raciones* anbieten.

LP TIPP **La Casa de las 5 Puertas** GALICISCH €€
(www.5puertas.com; Avenida de Santa María 8; Hauptgerichte 12–16 €; ⌚So abends geschl.) 5 Puertas serviert hochwertige galicische Küche, angefangen von Fisch, der in den *rías* gefangen wurde, bis hin zu Steaks in Pilzsoße. Dazu gibt's hausgemachte Desserts und eine große Auswahl an spanischen Weinen. Das Restaurant ist in einem alten Gebäude mit Steinmauern untergebracht und verfügt über drei attraktive, moderne Speisebereiche. Die *tortilla de patatas* (Kartoffelomelett) ist sogar preisgekrönt!

Casa Verdún TAPAS, RACIONES €
(www.casaverdun.com; Rúa Real 46; raciones 7–16 €; ⌚Mo–Sa ab 19 Uhr) Ein gehobenes Restaurant für Tapas und *raciones* mit einem Innenhof und einem lebhaften Barbereich. Zu den vielen Leckereien gehören Seeteufel-Garnelen-Spieße, originelle Salate und Entrecote in Arzúa-Käse.

O Rianxo GALICISCH €
(Praza da Leña 6; Hauptgerichte 7–11 €) Eines von mehreren guten Lokalen auf der attraktiven Praza da Leña. Es serviert beliebte lokale Spezialitäten wie *merluza del pincho a la gallega* (Zucht-Seehecht in pikanter Kartoffel-Zwiebel-Soße) oder *revuelto de lacón y grelos* (Rührei mit Schinken und Gemüse). Gespeist wird entweder draußen auf dem Platz oder oben im Speiseraum.

Bar 5 Calles TAPAS, RACIONES €
(Praza das Cinco Rúas; raciones 3–6 €) Hier sitzt man an soliden Holztischen und bekommt neben Getränken typisch Galicisches wie Oktopus, Muschelpastete und *calamares a la romana* (panierter frittierter Tinten-

fisch), alles frisch in der betriebsamen Küche zubereitet.

Ausgehen & Unterhaltung

In der Altstadt gibt's kaum eine Straße ohne Bars. Für einen Kaffee, einen abendlichen Drink oder um Leute zu beobachten bieten sich die verschiedenen atmosphärischen Plätze wie die Prazas da Verdura, do Teucro und da Leña oder die Tapas-Lokale entlang der Rúa Real an. Von dort geht's weiter zu den Kneipen in die Rúa do Barón. Wer etwas mehr *marcha* (Action) bevorzugt, zieht zu den angesagten Musikbars der Rúa de Charino.

Praktische Informationen

Turismo de Pontevedra (☎986 09 08 90; www.visit-pontevedra.com; Praza da Verdura; ⌚Mo–Sa 9.30–14 & 16.30–20.30, So 10–14 Uhr) Die hilfreiche städtische Touristeninformation ist sehr zentral gelegen.

Turismo Rías Baixas (☎986 84 26 90; www.riasbaixas.depo.es; Praza de Santa María; ⌚Mo–Fr 8–21, Sa & So 10–14.30 & 16.30–20 Uhr) Infos zur gesamten Provinz Pontevedra.

Anreise & Unterwegs vor Ort

Der **Busbahnhof** (☎986 85 24 08; www.autobusespontevedra.com; Rúa da Estación) liegt 1,5 km südöstlich des Stadtzentrums. Castromil-Monbus fährt täglich mindestens 17-mal nach Vigo (2,50 €, 30 Min.), 12-mal nach Santiago (5,70 €, 1 Std.) und 6-mal nach Ourense (10,45 €, 2 Std.). Darüber hinaus werden auch Orte wie Sanxenxo, O Grove, Cambados, Tui, Lugo sowie entferntere Ziele wie Madrid angesteuert.

Pontevedras **Bahnhof** (☎986 85 13 13) befindet sich gegenüber dem Busbahnhof. Er liegt an der Strecke Vigo–Santiago de Compostela. Züge fahren nahezu stündlich in beide Städte und nach A Coruña.

Stadtbusse pendeln alle 30 Minuten zwischen dem Busbahnhof und der Avenida de Bos Aires am Altstadtrand.

Ría de Pontevedra

COMBARRO

1300 EW.

Nahe Pontevedra an der Nordküste der *ría* erstreckt sich die wunderschöne Altstadt von Combarro rund um eine Bucht. Hier fühlt man sich fast wie im Mittelalter: In der Nähe des Ufers verteilen sich mehrere *hórreos*, und die krummen Gassen, die teilweise direkt in den Felsen gehauen wurden, führen zu *cruceiros* und wunderbaren kleinen Uferrestaurants. Kein Wunder also, dass Besucher der Rías Baixas besonders gerne hierherkommen. Aus diesem Grund kann es im Hochsommer auch extrem voll werden.

Seine Zeit verbringt man meist damit, essen zu gehen. Zwischen den *hórreos* am Uferrand servieren Lokale wie die **Taberna O Peirao** (Rúa do Mar 6; Hauptgerichte 12–21 €) leckeren Fisch, Fleisch, Reisgerichte und günstigere *raciones*.

Monbus-Busse zwischen Pontevedra und Sanxenxo halten in Combarro.

SANXENXO

2350 EW.

Sanxenxo (auf Kastilisch „Sangenjo“) wird gelegentlich als „Marbella Galiciens“ bezeichnet. Tatsächlich, auch wenn hier mindestens ein halbes Jahr kaum etwas los ist, gibt's im Hochsommer die eine oder andere Gemeinsamkeit mit Spaniens berühmtem mediterranem Urlaubsort: einen betriebsamen Jachthafen, mehrere gute Strände, ein langes, quirliges Hafengebiet und Straßen voller Restaurants und touristischer Unterkünfte. Allerdings kommen die Besucher fast ausschließlich aus Spanien selbst.

Die **Praia de Silgar** ist ein schöner und belebter Strand. Hinter Sanxenxo verläuft die Landstraße nach O Grove parallel zum Ufer entlang der *ría*, doch von Sand und Wellen ist nicht viel zu sehen, denn den Blick verstellen jede Menge Hotels, *hostales* und andere touristische Einrichtungen.

Das stilvolle und komfortable **Hotel Rotilio** (☎986 72 02 00; www.hotelrotilio.com; Avenida do Porto 7; EZ/DZ 75/120 €; ⌚Mitte Dez.–Mitte Jan. geschl.; ❄📶) wird mittlerweile schon in der dritten Generation von derselben Familie geführt und bietet einen schönen Blick auf die Praia de Silgar und den Segelhafen. Es hat 39 helle, hübsche Zimmer mit ungewöhnlichen Seidenmalereien von lokalen Kunststudenten. Im Hotelrestaurant **La Taberna de Rotilio** (Hauptgerichte 15–27 €; ⌚Sept.–Juni So abends & Mo geschl., Nov.–März Di–Do abends geschl.) werden köstliche galicische Meeresfrüchte und Fleisch mit kreativem Touch serviert. In der innovativen *gastroteca* im Erdgeschoss kann man kleinere Kreationen wie Krabbenspinnen-Cannelloni oder Gemüsecrêpes zu einem Glas guten Albariño genießen. Zahlreiche weitere Tapas-Bars und Seafood-Restaurants findet man im 2 km westlich gelegenen **Portonovo**.

Im glanzvollen neuen Areal des Jachthafens, direkt vor dem Hotel Rotilio, befinden sich die **Touristeninformation** (☎986 72 02

ABSTECHER

ILLA DE ONS

Im Sommer tuckern Boote zur autofreien Insel Ons, die zum Nationalpark Islas Atlánticas gehört. Hier gibt's Sandstrände, Klippen, Ruinen, Wanderwege und viele Seevögel. Wer auf dem dortigen Campingplatz übernachten möchte (gratis), muss sich zusätzlich zum Bootsticket vorher online um eine Reservierung kümmern, und zwar unter www.iatlanticas.es (auf Spanisch).

Wenn es das Wetter erlaubt, segeln **Naviera Mar de Ons** (www.mardeons.com) und **Cruceros Rías Baixas** (www.crucerosriasbaixas.com) mehrmals täglich von Sanxenxo und Portonovo zur Illa de Ons. Sie verkehren von Ende Juni bis Ende September (hin & zurück Erw./Kind 14/7 €).

85; www.sanxenxo.es; Porto Juan Carlos I; ⌚10–14 & 16–20.30 Uhr, Mitte Okt.–Mitte Juni So & Mo geschl.) sowie ein großer Parkplatz.

Busse zwischen Pontevedra und O Grove (im Sommer mehr als 20-mal tgl.) halten in Sanxenxo.

SÜDKÜSTE

Hinter Marín beginnt der ruhigere, südliche Küstenabschnitt der *ría*. Zu Zwischenstopps laden die weite **Praia de Lapamán** und maritime Orte wie **Bueu** mit dem lebhaften Hafen ein. Vom Fischerdorf Beluso geht's Richtung **Cabo de Udra**, wo die gezackte Küstenlinie den Blick auf die Illa de Ons freigibt und mehrere versteckte (wenn auch nicht unbekannte) Strände liegen, darunter die **Praia Mourisca** mit ihrem glasklaren Wasser.

Ría de Vigo

Die Hängebrücke Puente de Rande auf der Autobahn AP9 verbindet das nördliche Ufer der *ría* auf schnellstem Weg mit der Stadt. Ziemlich am Ende der Meeresmündung stößt man auf das friedliche Dorf **Hío**, dessen Hauptanziehungspunkt das berühmteste **Wegkreuz** Galiciens ist. Der *cruceiro* ist nicht groß, aber von erstaunlicher Qualität. Er steht vor der Kirche **San Andrés de Hío** und wurde im 19. Jh. aus einem einzigen Steinblock gemeißelt. Auf ihm sind Schlüsselszenen der christlichen Lehre, von Adam und Eva bis zur Abnahme Christi vom Kreuz, zu sehen.

In der Gegend erstrecken sich zahlreiche ausgeschilderte Sandstrände. 2,5 km nördlich von Hío führt eine befestigte Straße zur ruhigen **Praia Areabrava**.

Weiter westlich gelangt man über den Weiler Donón zum windumtosten **Cabo de Home**, einem Felsenkap mit Wanderwegen, drei Leuchttürmen, Ausblicken auf die Illas Cíes und einem Sandstreifen (Playa de Melide) auf der Südostseite. Das teilweise wieder ausgegrabene *castro* **Berobriga** aus der Eisenzeit erhebt sich auf dem nahe gelegenen Monte Facho und bietet einen tollen Panoramablick.

Unweit des berühmten *cruceiro* bei Hío hält das freundliche, blitzsaubere **Hotel Doade** (☎986 32 83 02; www.hoteldoade.com; Bajada Praia de Arneles 1; EZ 45–70 €, DZ 70–90 €, inkl. Frühstück; ⌚Nov. geschl.; P❄📶) geräumige Zimmer mit strahlend weißer Bettwäsche bereit. Das angeschlossene **Restaurant** (Hauptgerichte 10–30 €; ⌚Mo–Di abends & Nov. geschl.) serviert Meeresfrüchte frisch aus den *rías*; Spezialität des Hauses ist Backfisch.

Vigo

205 000 EW.

Je nach Blickwinkel ist Vigo eine historische Kulturstadt oder ein düsterer Industriehafen. Galiciens bevölkerungsreichster Ort beherbergt Europas größte Fischereiflotte und ist ein wichtiges Wirtschafts- und Handelszentrum in Nordspanien. Besucher können im Stadtkern umherschlendern und spannende Ecken und Winkel entdecken; außerdem ist die Stadt das Tor zu den wunderschönen Illas Cíes.

Im Mittelalter löste Vigo allmählich Baiona als großen Hafen ab, seine Hauptentwicklung begann jedoch erst im 20. Jh., als sich die Bevölkerung verfünfzehnfachte. Heute ist der Hafen auch eine bedeutende Anlaufstelle für viele Kreuzfahrtschiffe.

Der *casco vello* (Altstadt) erstreckt sich vom Hafen aus hügelaufwärts. Das Herz der Neustadt liegt östlich davon zwischen der Rúa do Príncipe und dem Hafengebiet; ihr Zentrum bildet die schöne grüne Praza de Compostela.

Sehenswertes & Aktivitäten

Casco Vello ALTSTADT

Das Herz der verwinkelten Altstadt ist die elegante **Praza da Constitución**, ein perfekter Ort für ein Getränk. Wer die von Korbwarengeschäften gesäumte **Rúa dos Cesteiros** hinunterläuft, stößt auf die **Igrexa de Santa María**, die 1816 gebaut wurde – lange nachdem ihre romanische Vorgängerin durch Sir Francis Drake niedergebrannt worden war.

Parque do Castro PARK

Unmittelbar südlich der Altstadt (bergauf) kann man im grünen Parque do Castro herumspazieren. Hier befinden sich das **Castro de Vigo** (Eintritt frei; ⌚Mi–So 11–13 & 17–19 Uhr), eine Siedlung aus dem 3. Jh. v. Chr., sowie die auf den Hügeln gelegenen Ruinen des **Castelo do Castro**, das unter Philipp IV. zum Schutz Vigos errichtet wurde.

Museo do Mar MUSEUM

(www.museodomar.com; Avenida Atlántida 160; Erw./Kind 3/1,50 €, Aquarium 2/1 €; ⌚Di–Fr 11–14 & 17–20, Sa & So 11–21 Uhr, Mitte Sept.–Mitte Juni kürzere Öffnungszeiten; P) An der Küste, 4 km westlich vom Zentrum Vigos, liegt das recht interessante Meeresmuseum. Es widmet sich der Beziehung Galiciens zum Meer und präsentiert u. a. ein kleines Aquarium sowie eine Torpedo-Abschussboje, die 1898 zum Schutz vor möglichen US-amerikanischen Angriffen in der Ría de Vigo installiert wurde. Mehrere Busse, u. a. der C15C, fahren stündlich von der Porta do Sol im Stadtzentrum hierher.

Praia de Samil STRAND

Südwestlich des Stadtzentrums erstreckt sich eine Reihe von Stränden, darunter die wunderbare 1,2 km lange Praia de Samil, die 5 km vom Stadtzentrum entfernt beginnt. Von ihrer weitläufigen Uferpromenade kann man die Illas Cíes erspähen.

GRATIS **Museo de Arte Contemporánea de Vigo** MUSEUM

(Marco; www.marcovigo.com; Rúa do Príncipe 54; ⌚Di–Sa 11–14.30 & 17–20, So 11–14.30 Uhr) Gleich mehrere anspruchsvolle Museen und Galerien beweisen, dass Vigo seinen Ruf als Galiciens Stadt der Kunst verdient hat. Die Ausstellungsstücke des Museums für Zeitgenössische Kunst reichen von Gemälden und Skulpturen bis zu Kunstobjekten zu den Themen Kino, Mode und Design.

Schlafen

Nagari LUXUSHOTEL €€

(☎986 21 11 11; www.granhotelnagari.com; Praza de Compostela 21; EZ/DZ inkl. Frühstück ab 102/113 €; P) Im luxuriösen neuen Nagari, das erstklassiges Design und ausgezeichneten Service vereint, herrscht eine herzliche, persönliche Atmosphäre. Die hochmodernen Zimmer haben Duschen mit riesigen Brauseköpfen, eine Beleuchtung mit Fernbedienung und wechselnden Farben sowie Kaffeemaschinen. Außerdem gibt's große Flachbildfernseher mit Internetverbindung. Zum Haus gehören ein Spa, zwei gute Speiselokale, ein beheizter Dachpool und eine Terrasse mit herrlichem Ausblick.

Hotel América HOTEL €€

(☎986 43 89 22; www.hotelamerica-vigo.com; Rúa de Pablo Morillo 6; EZ/DZ inkl. Frühstück 76/85 €; P@) Das Dreisternehotel besticht durch seine stilvolle, zeitgemäße Einrichtung (gut ausgestattete, geräumige Zimmer, geschmackvolle moderne Kunst, elegant gedämpfte Farben), den freundlichen, effizienten Service und die ruhige Lage in einer Seitenstraße nahe dem Hafen. Im Sommer wird das Frühstücksbüfett auf der Dachterrasse serviert.

Hotel Puerta Gamboa HOTEL €€

(☎986 22 86 74; www.hotelpuertagamboa.com; Rúa Gamboa 12; EZ/DZ inkl. Frühstück 65/85 €;) In diesem kürzlich umgebauten, steinernen Stadthaus aus dem 17. Jh. wird man sehr herzlich empfangen. Es bietet elf schöne Zimmer mit Holzböden, Blumenbettwäsche und guten Bädern.

Hotel Náutico HOTEL €

(☎986 12 24 40; www.hotelnautico.net; Rúa de Luis Taboada 28; EZ/DZ inkl. Frühstück 37/48 €;) Eine gute Wahl ist dieses erfrischend saubere und im nautischen Stil gehaltene moderne Budgethotel nahe dem Praza-de-Compostela-Park. Die Zimmer sind klein, aber gemütlich.

Essen

In den Genuss von frischen Meeresfrüchten kommt man im belebten unteren Teil der Altstadt, der Rúa Pescadería nahe dem Hafen. Von 9.30 bis 15.30 Uhr erhält man in den *ostreras* (Austernlokalen) am Westende der Straße Austern für 12 € pro Dutzend. Es gehört zu den Lieblingsbeschäftigungen der Einwohner, sonntagmorgens Muscheln auszuschlürfen und mit Albariño-Wein den Kater vom vorhergehenden Tag zu bekämpfen.

Tapas-Bars und lässige Cafés findet man in der Altstadt mit ihrem Gewirr aus schmalen Gassen und schönen Plätzen wie der Praza da Constitución.

Taverna da Curuxa GALICISCHE NOUVELLE CUISINE €€
(☎986 43 88 57; Rúa dos Cesteiros 7; Menü 8,50 €, Hauptgerichte 10–12 €; ⌚So & Mo abends sowie Di geschl.) Diese herrliche Taverne in unmittelbarer Nähe der Praza da Constitución kombiniert sowohl beim Essen als auch in der Einrichtung Tradition und Zeitgeist. Es gibt galicische Favoriten wie *arroces* (Reisgerichte) und Fisch-*cazolas* (Aufläufe) ebenso wie kreativ angerichtete Salate und Meeresfrüchte-Tapas. Die Atmosphäre ist toll und das leckere Mittagsmenü ein super Schnäppchen. Wer abends kommen will, sollte vorher reservieren.

Casa Esperanza GALICISCH €€
(Rúa de Luis Taboada 28; Hauptgerichte 15–24 €; ⌚So & 2. Hälfte Aug. geschl.) Schon seit 1949 wird im Esperanza mit seinen Steinwänden traditionelle, frische galicische Kost zubereitet. Auf der Speisekarte stehen sowohl großartige Fleischgerichte (mit und ohne Käsesoße) als auch Fisch in nahezu jeder erdenklichen Zubereitungsvariante.

La Trastienda del Cuatro GALICISCH, FUSIONSKÜCHE €€
(www.latrastiendadelcuatro.com; Rúa de Pablo Morillo 4; Tapas 3–15 €, Hauptgerichte 11–21 €; ⌚mittags & abends) Das Trastienda liegt gleich vor dem Park unweit der Praza de Compostela. Im vorderen Bereich befindet sich eine lebhafte Bar mit hohen Tischen, wo man Tapas und Wein probieren kann; hinten liegt das ruhigere Restaurant mit Steinwänden. Die kreative Küche reicht von Hühnerbrust auf Toast bis hin zu Sushi, Tempura, Pasta und Reisgerichten.

Ausgehen & Unterhaltung

Vigos Nachtleben vibriert. Ruhiger angehen lassen kann man es in einer der ansprechenden Café-Bars an der Praza da Constitución in der Altstadt, an der Praza de Compostela oder der Rúa de Montero Ríos gegenüber dem Hafen. **Estrella de Galicia** (Praza de Compostela 17; ⌚9 Uhr–open end) serviert zahlreiche Gerichte sowie Galiciens bevorzugtes Bier (Estrella), das in Kupferfässern lagert. Ab ca. 22 bis 1 Uhr herrscht in den Bars weiter östlich entlang der Rúa de Rosalía de Castro großer Andrang, z. B. im Jamaica mit seinen Cocktails und der Tropenatmosphäre oder im gut besuchten Pub Van Gogh Café.

Die echte *zona de marcha* ist das rund 1 km südöstlich der Altstadt gelegene Churraca-Viertel. Losgehen kann es in der Retrolounge **Black Ball** (Rúa de Churruca 8), die von Silvia Superstar aus der 90er-Punkband *The Killer Barbies* geführt wird; dann empfiehlt sich ein Zwischenstopp im **La Fábrica de Chocolate Club** (Rúa de Rogelio Abalde 22), wo pro Woche zwei bis drei Livebands und wöchentlich DJs zu Gast sind. Besonders für die Bohème attraktiv sind die Bars entlang der Rúa dos Irmandiños und Rúa de Iglesia Espondas.

Die aktuellen Veranstaltungen werden in der Tageszeitung *Faro de Vigo* und der kostenlosen Broschüre *Go!* aufgelistet.

Praktische Informationen

Oficina Municipal de Información Turística
(☎986 22 47 57; www.turismodevigo.org; Estación Marítima de Ría, Rúa Cánovas del Castillo 3; ⌚9–21 Uhr) Im selben Gebäude wie die Büros der Fähren zu den Illas Cíes.

An- & Weiterreise

Bus

Der **Busbahnhof** (☎986 37 34 11; Avenida de Madrid 57) liegt 2 km südöstlich der Altstadt. Castromil-Monbus steuert mehrmals täglich alle größeren galicischen Städte an, darunter Pontevedra (2,50 €, 30 Min.), Santiago de Compostela (8 €, 1½ Std.), Ourense (9 €, 1½ Std.) sowie die Urlaubsorte an der Küste. Autores fährt nach Madrid (40–55 €, 7¼–9 Std., mind. 6-mal tgl.). Autna verkehrt mindestens zweimal täglich von/nach Porto, Portugal (12 €, 2½ Std.); dort besteht Anschluss nach Lissabon.

Flugzeug

Vigos Flughafen Peinador liegt 9 km östlich des Stadtzentrums und bietet Direktflüge nach/von London Heathrow (mit Vueling Airlines), Paris (Air France), Madrid (Iberia und Air Europa) und Barcelona (Iberia und Vueling).

Zug

Der Bahnhof Vigo-Guixar liegt etwa 800 m östlich der Altstadt und wird von allen Renfe-Zügen angesteuert, während der Hauptbahnhof sich gerade im Umbau befindet. Züge verkehren etwa stündlich nach Pontevedra (3,40 €, 30 Min.) und Santiago de Compostela (10,20 €, 1½–2 Std.) sowie achtmal täglich nach Ourense (11,35–19,70 €, 1½–2½ Std.). Jeden Tag gibt's zwei Verbindungen nach Madrid und Barcelona.

Unterwegs vor Ort

Vitrasa (☎986 29 16 00; www.vitrasa.es) bedient das Stadtzentrum (1,22 € pro Fahrt). Bus C9A pendelt zwischen der zentral gelegenen Porta do Sol und dem Flughafen, die Busse C2 und C4C zwischen der Porta do Sol und dem Busbahnhof.

Illas Cíes

Diese drei spektakulären Inseln gelten als Vogelparadies und verfügen über einige der schönsten Strände Galiciens. Von Vigo aus erreicht man sie in 45 Minuten. Der schmale Archipel 14 km vor der Küste ist die Hauptattraktion des **Parque Nacional de las Islas Atlánticas de Galicia** (www.iatlanticas.es), der auch die weiter nördlich gelegenen Archipele Ons, Sálvora und Cortegada einschließt.

Die Illas Cíes (Illa de Monteagudo und Illa do Faro, die eine sandige Landenge verbindet, sowie die Illa do San Martiño weiter südlich) formen einen 6 km langen Wellenbrecher, der Vigo und seine *ría* vor der Wucht des Atlantiks schützt. Auf den fast naturbelassenen Inseln kann man herrlich entlang der Küste und zu den spektakulären Aussichtspunkten wandern, Vögel beobachten und sich an den malerischen Stränden sonnen.

Zugänglich sind die Illas Cíes lediglich an Ostern, ab da bis Ende Mai jeweils an den Wochenenden und von Juni bis zu einem variierenden Datum im September täglich. Wer von Juni bis September auf dem **Camping Islas Cíes** (☎986 68 76 30; www.campingislascies.com; Stellplatz 10 € pro Pers., Mietzelt für 2 Pers. 46 € pro Nacht mit 2 Nächten Mindestaufenthalt) übernachten möchte, muss im Vorfeld online oder im **Campingplatzbüro** (☎986 43 83 58; Estación Marítima de Ría; ⏲Juni–Sept. 8.30–13.30 & 15.30–19 Uhr) am Fährterminal zu den Illas Cíes in Vigo buchen. Der Zeltplatz hat ein Restaurant sowie einen Supermarkt und Raum für 800 Gäste. Im August ist er oft ausgebucht.

Drei Unternehmen pendeln, wenn das Wetter es zulässt, mit Booten zu den Inseln (hin & zurück Erw./Kind 18,50/6 €): **Naviera Mar de Ons** (☎986 22 52 72; www.mardeons.com) fährt täglich bis zu achtmal ab Vigo, viermal ab Cangas und fünfmal (nur im Juli und August) ab Baiona. **Cruceros Rías Baixas** (www.crucerosriasbaixas.com) und **Nabia Naviera** (www.piratasdenabia.com) legen jeweils bis zu dreimal täglich von Vigo ab.

DER SÜDWESTEN

Von Vigo führt die Landstraße PO552 Richtung Südwesten entlang der *ría* nach Baiona und weiter nach Süden, immer parallel zur felsigen Küste, die wegen ihres Mangels an Sandstränden von Travellern oft links liegen gelassen wird.

Baiona

3000 EW.

Baiona (auf Kastilisch „Bayona"), das von einer spektakulären Festung am Meer gekrönt wird, ist ein beliebter Urlaubsort für Bade- und Kulturfans. Ein wichtiges Datum für die Stadt war der 1. Mai 1493. An diesem Tag erreichte Christoph Kolumbus' Pinta den Hafen und überbrachte die Nachricht von der Entdeckung des Seewegs nach Westindien (tatsächlich handelte es sich um Amerika). Heute kann man einen Nachbau der **Pinta** (Eintritt 1 €; ⏲10–20 Uhr; 🚸) besichtigen, der im Hafenbecken ankert.

Ein einladendes Gassengewirr sowie Häuser und Kapellen aus dem 16. und 17. Jh. prägen den **casco histórico** (Altstadt).

Unübersehbar ist das von Pinien bewachte Kap **Monte Boi**, dominiert von der **Fortaleza de Monterreal** (Fußgänger/Auto 1/5 €; ⏲10–22 Uhr). Die Wehranlage mit ihrem 3 km langen Mauerring wurde zwischen dem 11. und 17. Jh. errichtet. Auf der Mauer kann man einen attraktiven, 40-minütigen Rundgang mit Blick auf die Felsenküste und ein paar kleine Sandstreifen unternehmen. Innerhalb der Anlage befindet sich heute ein *parador*. Auf seinem Terrassencafé lässt sich bei einem Getränk die wunderbare Aussicht über die Bucht genießen.

4 km östlich des Stadtzentrums erstreckt sich bei Nigrán der herrliche Strand **Praia América**.

🛏 Schlafen & Essen

Viele Hotels liegen am Hafen, außerdem findet man in der Altstadt zahlreiche Restaurants, Tapas-Bars und Kneipen.

Hotel Anunciada HOTEL **€€**
(☎986 35 60 18; www.hotel-anunciada.com; Rúa Elduayen 16; EZ 48 €, DZ 65–86 €; 📶) Einige der modern eingerichteten Zimmer in dem gut geführten Hotel blicken auf die Bucht. Die kleineren mit Blumenbildern sind ebenfalls angenehm.

Parador de Baiona LUXUSHOTEL **€€€**
(☎986 35 50 00; www.parador.es; EZ/DZ inkl. Frühstück 196/238 €; P❄📶🏊) Mitten auf dem Monte Boi thront der luxuriöse *parador*, dessen grandiose Zimmer über Himmelbetten und eine wunderbare Aussicht verfügen. Das anspruchsvolle Restaurant (Hauptgerichte 15–30 €) serviert einige lokale Spezialitäten, z. B. Wolfsbarsch mit Muscheln in *grelos*-(Gemüse-)Soße.

Jaqueyvi RESTAURANT €€
(Rúa do Reloxo 2; Hauptgerichte 8–21 €; Mitte Jan.–Mitte Feb. geschl.) Eine gute Wahl. Einige Tische stehen draußen auf der Fußgängerstraße. Es gibt sowohl hervorragend gegrilltes Fleisch als auch eine große Auswahl typisch galicischer Meeresfrüchte.

Praktische Informationen

Touristeninformation (986 68 70 67; www.baiona.org; Paseo da Ribeira; 10–14 & 16–20 Uhr) Vor dem Eingang zum Kap Monte Boi.

An- & Weiterreise

Busse von ATSA fahren bis 21 Uhr alle 30 oder 60 Min. von/nach Vigo (2,35 €). Einige weitere steuern A Guarda im Süden an.

A Guarda

6250 EW.

A Guarda (auf Kastilisch „La Guardia") verfügt über einen schönen Fischereihafen und liegt genau nördlich der Stelle, wo der Río Miño in den Atlantik mündet. Es ist eine eintönige Stadt mit mehreren guten Fischrestaurants. Attraktiv macht sie die Nähe zum **Monte de Santa Trega** (Zufahrt im Auto Feb.–Dez. Di–So 0,80 € pro Pers., restliches Jahr frei), dessen Gipfel mit dem Fahrzeug (4 km) oder über einen Wanderweg (45 Min.) zugänglich ist. Dabei kommt man am **Castro de Santa Trega** aus der Eisenzeit vorbei. Oben angekommen, erreicht man eine Kapelle aus dem 16. Jh., ein recht interessantes kleines **archäologisches Museum** (Eintritt frei; Di–So 10–20 Uhr) zur *castro*-Kultur und ein paar Cafés. Trotz der geschmacklosen Souvenirstände und Touristenbusse lohnt sich ein Besuch – vor allem wegen des beeindruckenden Panoramablicks auf den Miño, hinüber nach Portugal und auf den Atlantik.

Toll ist auch der 3 km lange **Spazierweg** südlich des Hafens von A Guarda die Küste entlang zur Mündung des Miño.

Zum Übernachten empfiehlt sich das luxuriöse **Hotel Convento de San Benito** (986 61 11 66; www.hotelsanbenito.es; Praza de San Bieito; EZ 57 €, DZ 83–104 €; P) in einem Kloster aus dem 16. Jh. unten am Hafen. Seine 24 eleganten Zimmer bezaubern mit romantischer, individueller Deko, stilvollen Möbeln und original erhaltenen Details wie den unverputzten Wänden.

A Guarda ist berühmt für seinen *arroz con bogavante* (Reis mit Hummer), den man am Hafen in mehr als einem Dutzend Restaurants genießen kann.

Das **Restaurante Bitadorna** (986 61 19 70; www.bitadorna.com; Rúa do Porto 30; Hauptgerichte 18–23 €, Menüs 55–78 €; So & Mo abends geschl.) ist etwas gehobener als die meisten seiner Nachbarn und serviert sowohl traditionelle als auch kreative Gerichte aus fangfrischen Fischen und Meeresfrüchten. Es empfiehlt sich, eines der Tagesmenüs zu nehmen, das bis zu fünf Gänge und Wein beinhaltet.

ATSA-Busse fahren bis 19 Uhr etwa halbstündlich (am Wochenende seltener) über Tui sowie über Baiona von/nach Vigo (5,55 €, 80 Min.). Eine **Fähre** (Fahrzeug & Fahrer/Passagier 2,75/0,80 €; stündlich 9.30–22.30, Sept.–Juni bis 20.30 Uhr) überquert den Miño bei Camposancos 2 km südlich von A Guarda nach Caminha, Portugal.

Tui

6100 EW.

Über dem majestätischen Río Miño thront die Grenzstadt Tui (auf Kastilisch „Tuy"), die mit ihrer lebendigen Café-Szene, dem kompakten mittelalterlichen Stadtkern und der wunderschönen Kathedrale viele portugiesische und spanische Tagesausflügler anzieht. Gleich auf der anderen Seite der von Gustave Eiffel entworfenen Brücke liegt das ebenso attraktive portugiesische Valença.

Sehenswertes

Das Highlight der Altstadt ist die burgartige **Catedral de Santa Maria** (Eintritt 2 €, So frei; 9–14 & 16–20 Uhr) an der Praza de San Fernando. Mit ihrem Bau wurde im 12. Jh. begonnen; fast die gesamte Konstruktion ist romanisch, das kunstvolle Hauptportal allerdings gilt als eines der frühesten Werke gotischer Bildhauerei auf der Iberischen Halbinsel. Das Hauptschiff und die Kapellen kann man kostenlos besichtigen. Doch der Eintrittspreis für das zauberhafte gotische Kloster, den Turm aus dem 15. Jh. und die Gärten mit Blick auf den Fluss lohnt sich. Das Ticket schließt auch das auf der anderen Straßenseite gelegene **Museo Diocesano** (Ostern–Mitte Okt. 10–13.30 & 16–20 Uhr, bis Ende Mai Mo–Do geschl.) mit archäologischen Funden und einer Kunstsammlung ein.

Schlafen & Essen

In der Nähe der Kathedrale gibt's zahlreiche einladende Lokale. Von Freitag- bis Sonntagabend verwandeln sich die Entrefornos und manch andere der anheimelnden, gepflasterten Straßen in der Altstadt in eine große Partylandschaft.

O Novo Cabalo Furado HOSTAL €
(☎986 60 44 45; www.cabalofurado.com; Rúa Seijas 3; EZ/DZ/Apt. 35/60/75 €; 📶) Die Zimmer und die Apartments des tollen Gästehauses sind einfach, aber einladend mit Holzmöbeln und blitzblanken Bädern ausgestattet.

O Novo Cabalo Furado GALICISCH €€
(Plaza do Concello; Tapas 5,50–9 €, Hauptgerichte 10–20 €; ⏲So abends & Mo geschl., Juli & Sept. So mittags geschl.) Nur ein paar Schritte von der Kathedrale entfernt liegt dieses tolle Restaurant mit einem halbformellen Speiseraum und einer recht lässigen Vorderbar. Es gibt hauptsächlich Fisch, Muscheln und riesige Teller mit Lammkoteletts – aber auch Tapas-Köstlichkeiten wie Wachteleier mit *chistorra*-Würstchen.

Praktische Informationen

Städtischer Touristenkiosk (☎677 418405; www.concellodetui.org; Paseo de Calvo Sotelo; ⏲Ostern–Mitte Dez. 10–19.30 Uhr)

An- & Weiterreise

ATSA-Busse nach Vigo und A Guarda (beide 3 €, 40 Min., etwa alle 30 Min.) halten am Paseo de Calvo Sotelo gegenüber der Librería Byblos. Am Wochenende gibt's weniger Verbindungen.

DER OSTEN

Obwohl Ostgalicien im Schatten der herrlichen Küste und der bekannteren Attraktionen wie Santiago de Compostela steht, ist die Gegend mit ihren verlockenden Provinzstädten, spektakulären Landschaften und altmodischen ländlichen Enklaven eine echte Fundgrube. In jedem Tal öffnet sich eine Welt für sich, und die Region ist das perfekte Ziel für Traveller, die gern ihre eigenen Juwelen ausgraben.

Ourense

101 000 EW.

Galiciens drittgrößte Stadt betört mit einer herausgeputzten, labyrinthischen Altstadt, einer lebhaften Tapas-Szene und verlockenden Thermen. Ourense (auf Kastilisch „Orense“) etablierte sich im 11. Jh. als kastilisches Handelszentrum und hat eine lange Kirchengeschichte.

Der breite Río Miño verläuft in ostwestlicher Richtung durch den Ort und wird von vielen Brücken überspannt, darunter die mittelalterliche Ponte Vella (die manchmal fälschlicherweise Ponte Romana genannt wird). Das Stadtzentrum mit der kompakten Altstadt liegt südlich des Flusses.

Sehenswertes & Aktivitäten

ALTSTADT

Als Epizentrum der Altstadt gilt die kreuzförmige **Catedral de San Martiño** (Rúa de Juan de Austria; ⏲Mo–Sa 11.30–13.30 & 16-19.30, So 16.30–19.30 Uhr) aus dem 12. Jh. Ihr Highlight ist die vergoldete Santo-Cristo-Kapelle beim Nordeingang. Am westlichen Ende des dunklen Kirchenraums befindet sich der Pórtico do Paraíso, eine farbige (und weniger geniale) gotische Kopie des Pórtico de la Gloria in Santiago de Compostela.

Rund um die Kathedrale lohnt sich ein Spaziergang durch das Gewirr der engen Gassen und kleinen Plätze. Das Zentrum zieren Kirchen wie die barocke **Santa Eufemia** mit ihrer konkaven Fassade und die **Trinidade** aus dem 12. Jh. Am Hauptplatz, der **Praza Maior**, befindet sich neben vielen Cafés auch die **Casa do Concello** (Rathaus).

THERMALBÄDER

Anlass für die Gründung Ourenses waren ursprünglich die heißen Quellen, **As Burgas** (Rúa As Burgas), die einen kurzen Fußweg südwestlich der zentralen Praza Maior mit 67 °C aus dem Boden sprudeln. Das Wasser, das bereits von den Römern genutzt wurde, hilft gegen verschiedene Beschwerden und wird therapeutisch angewandt. Bis heute füllen es die Leute am Fuß des Platzes in Kanister ab. Darüber befindet sich ein kürzlich saniertes Thermalbecken, die **Piscina Termal As Burgas** (http://burgas.gpazos.es; Eintritt 3 €; ⏲Di–So 9–12.30 & 18–23 Uhr). Eintrittskarten dafür erhält man in der städtischen Touristeninformation.

Noch verlockender sind die heißen Pools, die sich über 4 km am hübsch gestalteten Nordufer des Miño erstrecken. Hier gibt's vier kostenlose Freiluftbecken, die täglich rund um die Uhr geöffnet sind, und zwei privat geführte Innenpools mit Außenbereich. Am nächsten beim Zentrum liegen die **offenen Pools von A Chavasqueira** (am Flussufer) und die **Termas Chavasqueira** (www.termaschavasqueira.com; Eintritt 5 €; ⏲Di–Do 9–1, Fr & Sa 18–3, So 9–23.30 Uhr) mit vier heißen und einem kalten Becken sowie zwei Saunen und einem Café. Sie sind von der Altstadt aus in 20–30 Gehminuten erreichbar; zu den anderen Bassins läuft man 3–3,5 km. Alternativ nimmt man den **Tren das Termas** (Ticket 0,80 €; ⏲stündlich

10–13 & 16–20 Uhr, Okt.–Mai seltener), einen Minizug, der an der Praza Maior startet und sämtliche Bäder ansteuert.

Schwimmsachen, ein Handtuch und Flip-Flops (Badelatschen) mitnehmen – und immer daran denken, dass das Wasser heiß und stark mineralhaltig ist, man sollte nicht länger als 10 Minuten am Stück in den Pools verbringen.

Schlafen

Es gibt nur wenige Hotels im Zentrum, aber dennoch ein paar gute Optionen.

Hotel Cardenal Quevedo HOTEL €€
(☎988 37 55 23; www.carrishoteles.com; Rúa Cardenal Quevedo 28; Zi. 70–80 €, Suite 90–110 €; P ❄ @ ≋) Das 2012 eröffnete Hotel gehört zu einer galicischen Kette und zielt sowohl auf Freizeittouristen als auch auf Geschäftsreisende ab. Es bietet helle, hübsche Zimmer im modernen Stil, einen professionellen Service und liegt nur 600 m nördlich vom Herzen der Altstadt.

Hotel Irixo HOTEL €
(☎988 25 46 20; www.hotelirixo.es; Rúa dos Irmans Villar 15; EZ/DZ 37/53 €; ≋) An einem kleinen Altstadtplatz gelegen, hält das Irixo einfache, aber nette, moderne und saubere Zimmer bereit, allerdings gehen nur wenige auf die Straße hinaus. Die Einzelzimmer fallen teilweise sehr eng aus, haben aber große Bäder.

Essen

Ir de tapeo („auf Tapas-Tour gehen") gilt als ein beliebter Zeitvertreib in Ourense. Hauptstraßen, wie Fornos, Paz, Lepanto, Viriato und San Miguel sowie die Praza do Ferro, sind voller Tavernen, in denen sich die Gäste an der Theke drängeln – ein Zeichen von Qualität. Die Preise für Tapas beginnen bei 1 €; zu den leckeren Häppchen genießt man am besten ein Glas lokalen Wein.

Mesón Porta da Aira TAPAS, RACIONES €
(Rúa dos Fornos 2; Tapas 2–7 €, Gerichte 9–24 €; ⌚So abends, Mo & 2. Hälfte Sept. geschl.) Dieses kleine Speiselokal ist bekannt für seine großzügigen Portionen von *huevos rotos* (kurz angebratene Spiegeleier auf einem Bett aus dünn geschnittenen Kartoffelscheiben), zu denen Würste, Steaks und Koteletts passen.

Restaurante San Miguel GALICISCH €€
(www.restaurante-sanmiguel.com; Rúa San Miguel 12; Hauptgerichte 12–24 €, Menüs 33 €; ⌚Jan. geschl.) Schon die blubbernden Aquarien mit den Hummern weisen darauf hin, dass sich das San Miguel auf Meeresfrüchte spezialisiert hat. Dies ist jene Sorte Lokal, in denen Kellner mit Fliege Brotkrümel vom Tisch fegen und sogar das Wasser in Kelchen serviert wird. Es gibt auch eine gute Auswahl an galicischen Fleischgerichten.

Arco da Vella TAPAS, RACIONES €
(Rúa dos Fornos 9; Tapas 1,20–3 €, raciones 3–9 €; ⌚19–24 Uhr) Eine klassische, schlichte Tapas-Bar in der Altstadt mit rasantem Service und einem Flair wie in einer Garage. Arco de Vella ist für *chipirones* (Tintenfisch) und seine wundervolle *tortilla* (Omelett) bekannt.

Ausgehen & Unterhaltung

Hier herrscht wahrlich kein Mangel an Kneipen. Ourense ist voll von gemütlichen Pubs und Tapas-Bars, vor allem rund um die Kathedrale. Wer Livemusik mag, sollte die Praza Eufemia in der Innenstadt ansteuern. Im **Miudiño** (Rúa de Arcediagos 13; ⌚15–3.30 Uhr) spielen Bands oft keltische Musik. Auf der hervorragenden Bühne des noblen **Café Latino** (Praza Eufemia 7; ⌚7.30–3.30 Uhr) sind Jazz und andere Musikstile zu hören.

Information

Oficina Municipal de Turismo (☎988 36 60 64; www.turismodeourense.com; Calle Isabel La Católica 2; ⌚Mo–Fr 9–14 & 16–20, Sa & So 11–14 Uhr) Hilfreiches Büro unterhalb des Parks Xardinillos Padre Feijóo in unmittelbarer Nähe zur verkehrsberuhigten Rúa do Paseo.

An- & Weiterreise

BUS Von Ourenses **Busbahnhof** (☎988 21 60 27; Carretera de Vigo 1) 2 km nordwestlich des Zentrums fährt Monbus u. a. nach Santiago (9 €, 2 Std., mind. 4-mal tgl.), Vigo (10 €, 1½ Std., mind. 9-mal tgl.) und Lugo (8 €, 1¾ Std., mind. 2-mal tgl.). Avanza steuert Madrid (34–48 €, 6–7 Std., mind. 5-mal tgl.) an.

ZUG Der **Bahnhof** (Rúa de Eulogio Gómez Franqueira) liegt 500 m nördlich des Río Miño. Renfe bedient Santiago (9,15–19,50 €, 1¾–2 Std., mind. 8-mal tgl.), Vigo (11,35–19,70 €, 2 Std., 8-mal tgl.), León (26–48 €, 4 Std., 4-mal tgl.), Madrid (44,30 €, 5½–7½ Std., 2-mal tgl.) und andere Orte.

Unterwegs vor Ort

Die Stadtbusse 1, 3, 6A und 6B (0,80 €) pendeln zwischen dem Bahnhof und dem zentralen Parque de San Lázaro. Die Linien 6A, 6B und 12 verbinden den Busbahnhof mit dem Parque San Lázaro.

Ribadavia & Umgebung

3300 EW. (RIBADAVIA)

Ribadavia bildet das Zentrum der Ribeiro Denominación de Origen (DO), in der einige der besten galicischen Weißweine hergestellt werden. Der Ort liegt am Río Avia in einem fruchtbaren Tal. Seine historische Altstadt, ein herrliches Gewirr aus engen Steinstraßen mit Arkadengängen und winzigen Plätzen, beherbergte einst Galiciens größtes Judenviertel.

Sehenswertes & Aktivitäten

Oberhalb von Ribadavias **Touristeninformation** (☎988 47 12 75; www.ribadavia.travel; Praza Maior 7; ⏲9.30–14.30 & 16–20 Uhr, So nachmittags geschl.), die sich im früheren Herrenhaus der Grafen dieses Ortes auf dem hübschen Hauptplatz befindet, stößt man auf das **Centro de Información Xudía de Galicia** (Praza Maior 7; Eintritt 2 €; ⏲9–13.30 & 16–20 Uhr, So nachmittags geschl.). Hier informieren auf Galicisch beschriftete Ausstellungsstücke über die Geschichte der Juden in der Region.

Das Herz des mittelalterlichen **Barrio Xudío** (Judenviertel) war die Rúa Merelles Caulla, die sich von der Praza Maior zur Praza Madalena erstreckt. Auch das **Museo Etnolóxico** (Rúa Santiago 10; Eintritt frei; ⏲Di–Fr 10–14.30 & 16–20, Sa & So 11–14.30 Uhr) mit einer Sammlung zur Geschichte des galicischen Brauchtums ist einen Besuch wert – es liegt direkt neben der romanischen **Igrexa de Santiago**. Man kann auch durch das **Castelo do Sarmento** (Rúa Progreso; Eintritt 2 €), eine der größten mittelalterlichen Burgen Galiciens (hauptsächlich im 15. Jh. erbaut), wandern; Tickets werden in der Touristeninformation verkauft.

Mehrere **Weingüter** in der Region öffnen ihre Türen für Besucher; der Eintritt kostet meist um die 3 €. Die Angestellten der Touristeninformation helfen gern dabei, in der jeweiligen Weinkellerei telefonisch eine Besichtigung zu arrangieren. Anfang Juli steigt Galiciens größtes Weinfest, die **Feria del Vino del Ribeiro**. Weitere Infos zur Weinregion Ribeiro gibt's unter www.rutadelvinoribeiro.com.

Entspannung bietet der Spaziergang auf dem etwa 5 km langen **Uferweg** an den Ríos Avia und Miño entlang: Man erreicht den Pfad, indem man von der Praza Buxán ganz in der Nähe der Praza Madalena bergab schlendert.

Schlafen & Essen

Das **Hostal Plaza** (☎988 47 05 76; www.hostalplazaribadavia.com; Praza Maior 15; EZ/DZ 27,50/37,50 €; 📶) hat zwölf einfache, aber nette und gepflegte Zimmer.

Zudem gibt's mehrere gute Landhotels in der Gegend. Nur zehn Autominuten außerhalb von Ribadavia bietet das würdevolle **Casal de Armán** (☎699 060464; www.casaldearman.net; O Cotiño, San Andrés; Zi. inkl. Frühstück 75–90 €; P📶) sechs gemütliche Zimmer mit Blick auf die schöne Umgebung. Zu dem Landhaus gehören ein rustikal-schickes **Restaurant** (Gerichte 30–45 €; ⏲Mo & Nov.–Mai So–Do abends geschl.) mit guter galicischer Traditionskost und eine **Weinkellerei** (☎638 043335; inkl. Verkostung 5 €; ⏲Besuche nach Anmeldung Di–So 13, 18 & 20 Uhr, 20. Sept.–31. Okt. geschl.). Etwa 10 km nördlich der Stadt in einer wunderschönen Ecke des Avia-Tals liegt das wundervolle Landgasthaus **Viña Meín** (☎617 326385; www.vinamein.com; Meín, San Clodio; DZ inkl. Frühstück 65 €; ⏲Mitte Dez.–Jan. geschl.; P📶🏊) mit **Weingut** (☎617 326248; kostenlos zugänglich; ⏲Besuche nach Anmeldung Mo–Fr 9–13 & 16–19 Uhr), das von einer freundlichen Familie geführt wird.

An der Praza Maior reihen sich mehrere Cafés und Lokale aneinander, darunter das **Restaurante Plaza** (Praza Maior 15; Menüs 10 €, Hauptgerichte 6–12 €; ⏲früh, mittags & abends), das Fisch-, Fleisch- und Muschelgerichte in großen Portionen serviert.

An- & Weiterreise

Bis zu drei Busse und vier Züge fahren täglich nach Ourense und Vigo. Sie starten im Osten der Stadt hinter dem Río Avia.

Ribeira Sacra & Cañón do Sil

Nordöstlich von Ourense locken entlang der Flüsse Sil und Miño eine unvergleichlich malerische Landschaft und das kulturelle Erbe der Ribeira Sacra („Heiliges Flussufer"), so genannt wegen der vielen Klöster in der Gegend. Seit dem 6. Jh. oder noch früher wurden die Mönche von der entlegenen, atemberaubend schönen und fruchtbaren Region angezogen. Im Mittelalter entstanden hier mindestens 18 Klöster. Der Landstrich ist bis heute vom öffentlichen Verkehr nur spärlich erschlossen, doch wer ein Fahrzeug dabeihat, eine gute Landkarte besitzt und gerne wandert, kommt voll auf seine Kosten. Im Folgenden stellen wir ein- bis zweitägige Touren durch die Gegend vor, mit einem besonderen Augenmerk auf den grandiosen Cañón do Sil (Sil-Schlucht), der von steilen Hügeln und dichten Wäldern umgeben ist. Mehr darüber erfährt man unter www.ribeirasacra.org.

VON OURENSE NACH PARADA DE SIL

Man verlässt Ourense über die Avenida de Buenos Aires, die zur Autobahn OU536 führt. In Tarreirigo, 500 m nach dem Kilometerstein Km 15, biegt man links auf die OU0509 ab und folgt den Straßen, die sich durch die Wälder ziehen, zum **Mosteiro de San Pedro de Rocas** (4 km). Das 573 n. Chr. gegründete winzige Kloster besteht aus drei Höhlenkapellen, die am Hügel in die Felsen gehauen wurden. Auf einer Wand in der linken Kapelle ist die einzige bekannte romanische Weltkarte gezeichnet. Nebenan liegt ein **Centro de Interpretación** (Eintritt frei; ⌚Di–So 10.30–13.45 & 16–19.45 Uhr), dessen Exponate über die Ribeira Sacra sehr sehenswert sind, selbst wenn man kein Spanisch oder Galicisch versteht. Man kann auch einen wunderschönen Spaziergang auf dem **Camiño Real** (PR-G4) machen, einem 9 km langen Rundweg, der sich durch die bewaldete, felsige Region windet.

Zurück auf der OU0509 geht's weiter Richtung Luintra und dann nach Osten zum ausgeschilderten **Mosteiro & Parador de Santo Estevo**. Das riesige Kloster entstand im 12. Jh., als Pilger hierherkamen, um an den Gräbern von drei Bischöfen zu beten, die sich in den Jahrhunderten zuvor an diesen isolierten Ort zurückgezogen hatten. Es besitzt drei herrliche Kreuzgänge (einer romanisch, einer gotisch und einer im Renaissancestil) sowie eine Barockfassade aus dem 18. Jh. Im 19. Jh. wurde es verlassen, später restauriert und 2004 als *parador*-Hotel eröffnet. Auch wer hier nicht übernachtet, kann sich kostenlos die gewaltigen Hauptbereiche ansehen und sich im Café oder Restaurant stärken.

Nun geht's über die OU0508 nach Loureiro. Von dort erreicht man nach 4 km auf einer kurvigen Straße den **Embarcadoiro de Santo Estevo**, der am Fuße der Schlucht des Río Sil liegt. Hier starten anderthalbstündige **Flussrundfahrten** (Erw. 11,50–14 €, Sen. & Kind 8,50–12 €) mit **Viajes Pardo** (☎902 21 51 00; www.riosil.com) oder **Hemisferios** (☎902 10 04 03; www.hemisferios.es). Die Abfahrtszeiten variieren, aber beide Anbieter unternehmen von Ostern bis Mitte Oktober täglich mindestens zwei Fahrten (außer montags); im Juli und August finden täglich mehrere Segeltörns statt.

Von oben betrachtet ist das Flusstal fast sogar noch schöner. Dazu fährt man weiter die Landstraße OU0508 entlang, die sich durch moosige Wälder und entlang eines Grats hoch über der Schlucht windet, bis man **Parada de Sil** erreicht, wo sich eine Handvoll *casas rurales* (ländliche Unterkünfte) befinden. Hier führt eine Seitenstraße 4 km bergab zum **Mosteiro de Santa Cristina de Ribas de Sil**, einem kleinen mittelalterlichen Kloster mit einer romanischen Kirche aus dem 12. Jh., das romantisch zwischen Bäumen versteckt oberhalb der Schlucht liegt. Der spektakuläre **Balcón de Madrid** ist 1 km vom Dorf entfernt, von Parada verläuft der gut ausgeschilderte Wanderweg PR-G98 über den Aussichtspunkt zum Kloster.

CASTRO CALDELAS & UMGEBUNG

700 EW. (CASTRO CALDELAS)

Von Parada de Sil führt die Landstraße als OU0605 nach Osten. Unterwegs passiert sie Wasserfälle, extrem steile Weinberge und märchenhafte Steindörfer. Dabei genießt man immer wieder herrliche Aussichten auf die Schlucht. 17 km weiter geht's an einer Kreuzung mit mehreren Hinweisschildern links ab auf die OU0606 Richtung A Teixeira und dann den Schildern folgend nach Castro Caldelas. In dem netten Dorf mit gepflasterten Gassen, galicischen Glasbalkonen und gepflegten Blumentöpfen kann man wunderbar übernachten. Mitten im historischen Zentrum erheben sich die **Igrexa de Santa Isabel** aus dem 16. Jh. und eine **Festung** aus dem 14. Jh., von deren Turm man einen herrlichen Ausblick hat. Im gut informierten **Centro Comarcal** (☎988 20 46 30; ⌚10–14 & 17–20 Uhr) gleich vor der Burg erfährt man alles über die Region.

Von Castro Caldelas windet sich die Landstraße OU903 die Sil-Schlucht hinunter. An der Brücke starten ganzjährig mindestens zweimal täglich (außer montags und dienstags von Oktober bis Mai) 1¾-stündige **Flussrundfahrten** (☎982 26 01 96; www.lugoterra.com; Erw./Sen. & Kind 9/5 €). Die Straße wird zur LU903 und führt an der Nordseite aus der Schlucht hinaus, um sich den Weg durch fast senkrechte Weinberge zu bahnen, die diese Gegend prägen. Im idyllischen **Doade**, ein paar Kilometer hügelaufwärts in Richtung Monforte de Lemos, kann man die Weingüter **Regina Viarum** (☎619 009777; www.reginaviarum.es; ⌚10–14 & 16–20 Uhr, Okt.–März Mo & Di geschl.) und **Adega Algueira**

JAKOBSWEG IN GALICIEN

Alle Jakobswege haben Galicien als Ziel. Fast 80 % aller Pilger kommen über den Camino Francés, überwinden die Hügel an der Grenze von Kastilien-León und laufen dann die letzten 154 km in westlicher Richtung durch die wunderbar grüne Landschaft nach Santiago de Compostela. Einige erreichen Santiago aber auch über den Camino Portugués (über die Grenzstadt Tui), den Camino Inglés (ab A Coruña oder Ferrol) oder den Camino Primitivo (ab Oviedo über Lugo).

Das winzige Dorf **O Cebreiro** ist der Übergangsort des Camino Francés nach Galicien. Er liegt 1300 m über dem Meeresspiegel und ist das Ziel des längsten und härtesten Anstiegs der Route. Zwischen den Steinhäusern des Ortes verteilen sich mehrere *pallozas* (runde, strohbedeckte Wohnhäuser, wie sie im ländlichen Galicien seit vorrömischer Zeit gebaut wurden). Rund die Hälfte der Gebäude sind Bars (viele servieren preiswerte *menús del día,* Tagesmenüs) oder Pilgerherbergen, darunter das hübsche **Hotel O Cebreiro** (☎982 36 71 82; www.hotelcebreiro.com; Zi. 40–60 €) mit fünf Zimmern.

In Triacastela 19 km hügelabwärts hinter O Cebreiro teilt sich der Weg; beide Routen treffen später in Sarria wieder aufeinander. Als bessere Wahl gilt die längere südliche Strecke (25 km) über Samos, ein liebenswürdiges Dorf mit dem beeindruckenden **Mosteiro de Samos** (www.abadiadesamos.com; Führung 3 €; ⏲Führung alle 30 Min. Mo–Sa 10–12.30, So 12.45–13.30, tgl. 16.30–18.30 Uhr). Das Benediktinerkloster hat zwei wunderschöne große Kreuzgänge (einer im gotischen Stil mit entschieden unklösterlichen griechischen Nymphen am Brunnen, der andere neoklassisch und voller Rosen). Im oberen Stockwerk sind an vier Wänden Gemälde mit Szenen aus dem Leben des hl. Benedikt zu sehen. Sie entstanden in den 1950er-Jahren, nachdem ein furchtbares Feuer fast alles im Kloster niedergebrannt hatte. Samos verfügt über mehrere Herbergen und *hostales* (Budgethotels), doch am einladendsten ist die **Casa de Díaz** (☎982 54 70 70; www.casadediaz.com; DZ 39–69 €; P 📶 🏊), ein Bauernhof aus dem 18. Jh., der heute als Landgasthaus genutzt wird. Er liegt 3,5 km hinter Samos in Vilachá.

Wer nur die letzten 100 km des Jakobswegs zu Fuß zurücklegen möchte, startet normalerweise in **Sarria**. Bis auf den schönen, auf einem Hügel gelegenen Altstadtkern hat das Ortszentrum nicht viel zu bieten. Der Pfad schlängelt sich von Dorf zu Dorf sowie durch Wälder und über Felder und fällt dann steil ab nach Portomarín über dem Río Miño. Im weiteren Verlauf, ab Palas de Rei nach Melide, führt er durch malerische Landschaften. Von Melide geht's die letzten 53 km durch Wälder, Weiler, ländliche Gegenden und schließlich durch die Straßen von Santiago de Compostela. Der Weg verläuft entlang der Rúa de San Pedro bis zur Praza da Inmaculada an der Nordseite der Kathedrale. Viele Pilger steigen am Ende des Platzes noch ein paar Treppen durch einen Torbogen hinunter und erreichen so die großartige Praza do Obradoiro vor der berühmten Westfassade der Kathedrale.

Wer motorisiert und nicht als Pilger in Galicien unterwegs ist, kann den wunderbaren, 30 km langen Umweg von O Cebreiro nach Samos wählen. Mit dem Auto gelangt man von Astorga aus über die A6 nach Galicien und biegt bei Pedrafita do Cebreiro ab. Dann geht's auf der LU633 etwa 4 km Richtung Süden nach O Cebreiro. Von dort schlängelt sich die Straße nach Samos durch eine grüne Landschaft mit großartiger Fernsicht und kreuzt dabei häufig den Jakobsweg.

Busse fahren ab dem Busbahnhof in Lugo von Montag bis Freitag um 17 Uhr und samstags um 13.45 Uhr nach Pedrafita do Cebreiro (9,55 €, 2 Std.) über Sarria, Samos und O Cebreiro. Zurück geht's ab Pedrafita von Montag bis Samstag um 6.45 Uhr.

(☎982 15 22 38; www.adegaalgueira.com) besuchen. Am besten vorher anrufen; beide verfügen auch über Restaurants.

MONFORTE DE LEMOS

16 700 EW.

Der historische Verkehrsknotenpunkt Monforte de Lemos ist weder so kompakt noch so ursprünglich wie andere Orte entlang der Route. Im **Centro do Viño da Ribeira Sacra** (☎982 10 53 03; www.centrovino-ribeirasacra.com; Rúa Comercio 6; Führung inkl. 1 Glas Wein 3 €; ⏲11–14.30 & 17–21 Uhr, 9. Jan.–11. Feb. & Okt.–Juni So nachmittags & Mo geschl.) sind Exponate zur Weintradition, Kultur und Geschichte der

Jakobsweg in Galicien

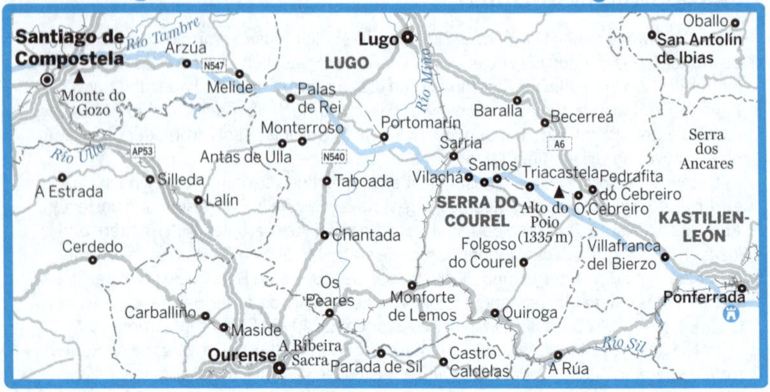

Region zu sehen, die bei interessanten 45-minütigen Führungen wunderbar erklärt werden. Die Rundgänge beginnen in der Regel um 12, 13, 18 und 19 Uhr; wer eine englisch- oder französischsprachige Begleitung will, muss einen Tag vorher anrufen. Das Zentrum dient gleichzeitig als Touristeninformation von Monforte, hat ein schönes Café und verkauft viele Weine aus der Ribeira Sacra. Oberhalb des Stadtzentrums erhebt sich der **Monte de San Vicente** mit dem **Pazo Condal**, der früheren Residenz der Grafen von Monforte, in der heute ein *parador* untergebracht ist. Flankiert wird das Gebäude von der Renaissancefassade des **Mosteiro de San Vicente** und dem mittelalterlichen **Torre da Homenaxe**, einem Verteidigungsturm, der das letzte Überbleibsel der einstigen Burg darstellt.

Schlafen & Essen

LP TIPP Parador de Santo Estevo HISTORISCHES HOTEL €€€
(☎988 01 01 10; www.parador.es; Nogueira de Ramuín; EZ/DZ 148/185 €; P❄📶) Das berühmteste Kloster der Ribeira Sacra dient gleichzeitig als gemütliches Hotel mit allem Komfort, einem guten Spa und einer wunderbaren Lage. Von vielen Zimmern genießt man eine beeindruckende Aussicht auf die Schlucht.

Casa Grande de Cristosende LANDHOTEL €
(☎988 20 75 29; www.casagrandecristosende.es; Cristosende; Zi. 49–79 €; 📶) Im Dorf Cristosende, zwischen Parada de Sil und A Teixeira gelegen, findet man dieses charmante 500-jährige Gutshaus. Das Landhotel hat acht große, einladende, aber auch fast klösterlich-schlichte Zimmer mit modernen Möbeln. Im Restaurant (Menü 16 €) kommt herzhafte galicische Kost auf den Tisch.

Pousada Vicente Risco HOSTAL €
(☎988 20 33 60; www.pousadavicenterisco.com; Rúa Grande 4, Castro Caldelas; EZ/DZ inkl. Frühstück 38/48 €; 📶) Eine von drei charmanten Unterkünften im oberen alten Bereich von Castro Caldelas. Das idyllische *hostal* bietet acht gepflegte Zimmer im klassischen Landhausstil mit kleinen Kronleuchtern und großen Bädern. Die Restaurantbar (Menü 10–12 €) serviert köstliche Hausmannskost und Menüs. Hier verweilen auch viele Einheimische, um sich beim Kartenspiel zu vergnügen.

Hotel Puente Romano HOTEL €
(☎982 41 11 67; www.hpuenteromano.com; Paseo do Malecón, Monforte de Lemos; EZ/DZ 30/43 €; 📶) Dieses bescheidene Hotel blickt auf die im 16. Jh. erbaute Ponte Vella (Alte Brücke) am Río Cabe und verfügt über 33 helle, saubere und geräumige Zimmer. Das benachbarte **Hostal Puente Romano** (EZ/DZ 18/28 €) wird von den gleichen Besitzern geführt, dort findet man kleinere Räume mit Flussblick zu günstigen Preisen.

Restaurante O Grelo GALICISCH €€
(☎982 40 47 01; Campo de la Virgen, Monforte de Lemos; Hauptgerichte 12–21 €; ⏲mittags & abends) In dem charaktervollen, rustikalen Steinhaus an der Straße zum Monte de San Vicente gibt's gegrilltes Fleisch, Wildgerichte wie Reh mit Maronen sowie typisch galicische Spezialitäten wie *lacón con grelos* (Schinken mit Steckrübenblättern).

An- & Weiterreise

Von Monforte führt die breite N120 nach Ourense. Beide Orte werden durch Monbus-Busse (5 €, 1 Std., 3-mal tgl.) und Renfe-Züge (4,75–21,90 €, 45 Min., mind. 5-mal tgl.) miteinander verbunden. Ein paar Busse fahren von Monforte nach Lugo, Santiago de Compostela und León. Züge zwischen León und Vigo halten hier ebenfalls.

Von Castro Caldelas verkehren montags bis freitags 2-mal täglich und samstags 1-mal Monbus-Busse nach Ourense (5,10 €, 1¼ Std.) sowie einer nach Monforte de Lemos (2,60 €, 45 Min.), der montags, mittwochs, donnerstags und freitags jeweils um 10.30 Uhr startet (Rückfahrt ist um 14 Uhr).

Lugo

89 500 EW. / 475 M

Die römische Mauer rund um Lugos Altstadt gilt weltweit als die am besten erhaltene ihrer Art und ist für viele der Hauptgrund für einen Besuch. Innerhalb der Befestigungsanlage erstrecken sich gut gepflegte Straßen und Plätze, von denen viele verkehrsberuhigt sind und sich toll für einen Spaziergang eignen. Ursprünglich wurde Lugo 15 v. Chr. unter dem Namen Lucus Augusti über einem alten *castro* angelegt und war die Hauptstadt des römischen Gallaecia. Heute ist es ein ruhiger, aber sehr angenehmer Ort. Die wichtigsten Plätze, die meisten interessanten Straßen und die große Kathedrale befinden sich im südwestlichen Teil der Altstadt.

Sehenswertes

Römische Mauer
MAUER

Die römische Mauer gehört zum Unesco-Welterbe und ist für Lugo das, was für maritime Orte die Uferpromenade ist: Auf ihr joggt man, geht abends spazieren und trifft seine Nachbarn. Sie verläuft rund um die Altstadt, ist 2,2 km lang, 15 m hoch und hat 85 Türme. Errichtet wurde sie im 3. Jh., konnte Lugo aber nicht vor fremden Mächten schützen – weder im Jahr 460 vor den Sueben, noch 300 Jahre später vor den Mauren. Bis ins 19. Jh. hinein wurden die Tore nachts geschlossen und Händler mussten eine Gebühr entrichten, um ihre Waren hineinzubringen.

Das **Centro de Interpretación de la Muralla** (Praza do Campo 11; Erw./Sen., Stud. & Kind 3/1,50 €; ⌚10.30–14 & 16.30–20 Uhr) liegt einen Häuserblock nördlich der Kathedrale und bietet mit drei Videos und kostenlosen Audioguides (alles auch auf Englisch) einen interessanten Einblick in die Geschichte der Mauer.

Catedral de Santa María
KATHEDRALE

(Praza Pio XII; ⌚8–21 Uhr) Beim Bau der Kathedrale ließ man sich vom großartigen Vorbild in Santiago inspirieren. Der Grundstein der Kirche wurde 1129 gelegt, aber die Errichtung zog sich mehrere Jahrhunderte hin, was auch die verschiedenen Stile von der Romanik (in den Querschiffen) bis zum Neoklassizismus (an der Hauptfassade) erklärt. Das harmonische Gebäude verdient eine nähere Betrachtung. Der wunderbare, original erhaltene Hauptaltar zeigt Szenen aus dem Leben Christi (geschnitzt von Cornelis de Holanda in den 1530er-Jahren). Hinter dem Altar birgt eine aufwendig verzierte barocke Kapelle das schöne gotische Standbild der *Nosa Señora dos Ollos Grandes* (Unsere Jungfrau mit den großen Augen), die christliche Schutzpatronin der Stadt. Außen, gleich über dem Nordtor, befindet sich die Christusfigur, eine der erlesensten Steinmetzarbeiten der spanischen Romanik.

GRATIS Museo Provincial
MUSEUM

(www.museolugo.org; Praza da Soidade; ⌚Mo–Sa 10–14 & 16.30–20.30, So 11–14 Uhr, Juli & Aug. Sa nachmittags & So geschl.) In diesem Museum, einem der besten und größten in Galicien, sieht man, was vom Convento de San Francisco übrig geblieben ist: ein gotischer Kreuzgang und das Refektorium. Die Sammlung reicht von vorrömischem Goldschmuck und römischen Mosaiken bis zu galicischer Sargadelos-Keramik und Kunst aus dem 15. bis 20. Jh.

Schlafen

Orbán e Sangro
BOUTIQUE-HOTEL €€

(☎982 24 02 17; www.pazodeorban.es; Travesía do Miño; Zi. 86–140 €; ❄📶) Die zwölf Zimmer dieses angenehmen Hotels (in einer Villa aus dem 18. Jh. gleich an der Innenseite der Stadtmauer) warten mit klaren Linien, antiken Möbeln, Designerbädern und 2,15 m langen Betten auf. Darüber hinaus befindet sich hier eine kuriose Taverne aus dem frühen 20. Jh.

Hotel Méndez Núñez
HOTEL €€

(☎982 23 07 11; www.hotelmendeznunez.com; Rúa da Raíña 1; Zi. 70 €; ❄@📶) Vor Kurzem wurde dieses 100 Jahre alte Hotel komplett restauriert. Es bietet helle, geräumige Zimmer mit sauberen Bädern und teilweise guter Aussicht.

Pensión San Roque PENSIÓN €
(☎982 22 27 00; Plaza de Comandante Manso 11; EZ/DZ inkl. Frühstück 27,45/38,85 €) Gleich außerhalb der römischen Mauern und in praktischer Nähe zum Busbahnhof liegt das gut geführte San Roque mit schlichten, aber sauberen und modernen Zimmern (alle mit Fenstern). In manchen Räumen gibt's Internet über Kabel. In einem Umkreis von 100 m befinden sich noch mindestens drei weitere *pensiones* oder *hostales*.

Essen

In der Rúa da Cruz, der Rúa Nova und an der Praza do Campo nördlich der Kathedrale reihen sich hübsche Restaurants und Tapas-Bars aneinander. Manche bieten gleich zwei Tapas gratis zum Getränk: Eine gibt's auf einem Teller, die zweite kann man sich von der Liste an der Bar aussuchen.

A Nosa Terra TAPAS, RACIONES €
(Rúa Nova 8; raciones 5–18 €) Einladende klassische Tapas-Bar in der Rúa Nova mit einer langen Weinkarte. Die Gäste stehen an der engen Theke oder sitzen an Tischen im hinteren Bereich. Zu den *raciones* gehören *pulpo á galega* (dünne Tintenfischscheiben, die mit Olivenöl und Paprika besprenkelt werden) oder *lacón con grelos*.

Mesón de Alberto GALICISCH €€
(☎982 22 83 10; www.mesondealberto.com; Rúa da Cruz 4; Tapas-Menüs 15 €, Hauptgerichte 16–29 €; ⏲Di abends & So geschl.) Alberto bereitet typische Gerichte mit Fleisch, Fisch oder Meeresfrüchten zu. Tapas gibt's unten, „richtige" Mahlzeiten im Speiseraum. Das Tapas-Menü ist eine gute Wahl.

Restaurante España GALICISCHE NOUVELLE CUISINE €€
(www.nove.biz/ga/espana; Rúa do Teatro 10; Tapas 4–9 €, Hauptgerichte 14–26 €; ⏲Mo & So abends geschl.; 📶) In diesem Lokal innerhalb der Mauern haben zwei Brüder erfolgreich ein 50-jähriges Familienunternehmen auf Vordermann gebracht. Unten befindet sich eine in Lila- und silbergrauen Tönen gehaltene „Gastrobar" mit Snacks wie Fisch- oder Gemüse-Tempura; oben liegt das Restaurant mit offener Küche, das köstliche moderne Variationen galicischer Klassiker serviert: Wolfsbarsch-*pil-pil,* Rebhuhn-Eierkuchen, Rinderfilet mit Trüffeln …

Ausgehen & Unterhaltung

Am Wochenende geht's in der Altstadt sehr lebhaft zu. Am besten beginnt man den Abend mit ein paar Tapas und Drinks in der Rúa Nova, Praza do Campo oder Rúa da Cruz nördlich der Kathedrale. Danach kann man die Musikbars rund um die Kathedrale besuchen.

An Freitag- und Samstagabenden ist im altmodischen, aber superentspannten **Café del Centro** (Praza Maior 9; ⏲7–2 Uhr) immer ab 23.30 Uhr Chill-out-Musik angesagt, mit eingängigen sanften Klängen von Klassik bis Jazz.

Praktische Informationen

Die beiden im Folgenden genannten Büros liegen gleich nördlich der Kathedrale und sind nur einen Steinwurf voneinander entfernt.

Oficina de Turismo de Galicia (☎982 23 13 61; Rúa do Miño 12; ⏲Mo–Sa 10–14 & 16–19 Uhr)

Oficina Municipal de Turismo (☎982 25 16 58; www.lugoturismo.com; Praza do Campo 11; ⏲10.30–14 & 16.30–20 Uhr) Im Centro de Interpretación de la Muralla.

An- & Weiterreise

BUS Empresa Freire fährt vom **Busbahnhof** (☎982 22 39 85; Praza da Constitución) nach Santiago de Compostela (8,50 €, 1½–2 Std., mind. 6-mal tgl.), Arriva bedient A Coruña (9,80 €, 1¼–2 Std., mind. 6-mal tgl.). Mehrere Busse steuern täglich Monforte de Lemos, Ourense, Pontevedra, Vigo, Viveiro, Ribadeo und Ponferrada an. ALSA bietet Verbindungen nach León, Madrid, Asturien und zu weiter entfernten Zielen.

ZUG Mindestens vier Renfe-Züge starten täglich nach A Coruña (8,50–16,10 €, 1¾ Std.) und Monforte de Lemos (5,10–15 €, 1 Std.). Nach Madrid fährt täglich (außer samstags) ein Nachtzug (52 €, 9 Std.).

Valencia & Murcia

Inhalt »

Valencia 569
Costa del Azahar 603
El Maestrazgo............... 606
Costa Blanca 608
Murcia........................... 627
Costa Cálida 635
Lorca 637
Parque Natural de Sierra Espuña.............. 638

Gut essen

» Delicat (S. 595)
» Seu-Xerea (S. 595)
» Appetite (S. 597)
» Canela y Clavo (S. 622)
» La Tartana (S. 635)

Schön übernachten

» Caro Hotel (S. 592)
» Cases Noves (S. 624)
» Chill Art Jardín Botánico (S. 594)
» Hotel Huerto del Cura (S. 626)
» Hostal Les Monges Palace (S. 617)

Auf nach Valencia & Murcia

Jahr für Jahr zieht es Millionen Urlauber nach Valencia und Murcia. Manche Küstenorte wie Benidorm sind hoffnungslos zugebaut, doch ein Großteil der sonnenverbrannten Region befindet sich nach wie vor in der Hand der Einheimischen.

Das wunderbare Valencia strotzt nur so vor Selbstbewusstsein und wartet mit einem tollen Nachtleben, erstklassigen Museen und Restaurants sowie der atemberaubenden Ciudad de las Artes y las Ciencias auf.

Viele Besucher beschränken ihren Aufenthalt auf die Ferienresorts am Meer, aber mit einem eigenen Fahrzeug kann man das vielfältige Hinterland voller Berge, von Burgen gekrönter Hügel und alter Dörfer erkunden.

Wer die Touristenmassen hinter sich lassen möchte, sollte die Region Murcia ansteuern. In der gleichnamigen Hauptstadt mit der prächtigen Kathedrale laden Tapas-Bars zum Schlemmen ein. Ausgrabungen in der Hafenstadt Cartagena geben derweil Aufschluss über das reiche kulturelle Erbe der Gegend.

Reisezeit

Valencia

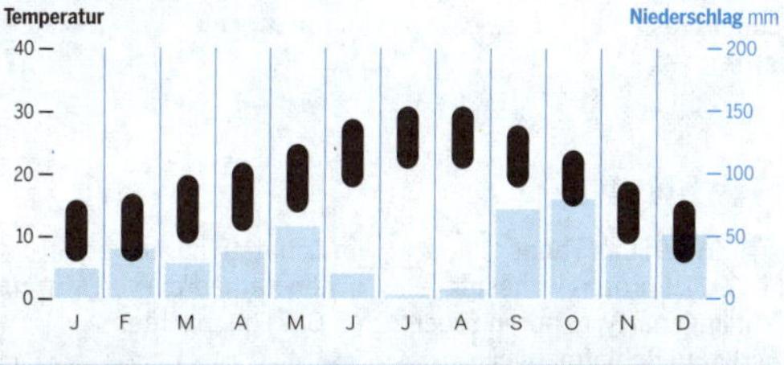

15.–19. März 2 Mio. Besucher kommen nach Valencia, um das Las-Fallas-Festival mitzuerleben.

22.–24. April Beim Moros-y-Cristianos-Fest in Alcoy gibt's einen spektakulären Schaukampf.

September Das Carthagineses-y-Romanos-Festival macht Cartagenas Geschichte lebendig.

Highlights

1 Zu den **Las Fallas** (S. 592), Europas wildester Frühlingsparty, gehören Feuerwerk und Schlafmangel

2 Die **Stätten der Römer und Karthager** (S. 633) in Cartagena erforschen

3 Den Sonnenuntergang auf der Plaza del Cardenal Belluga im Schatten der majestätischen Kathedrale von **Murcia** (S. 627) beobachten

4 Über die verwegene Architektur der **Ciudad de las Artes y las Ciencias** (S. 589) in Valencia staunen

5 Aus der Ferne einen ersten Blick auf die mittelalterliche Festungsstadt **Morella** (S. 607) werfen

6 Wanderungen im wunderschönen, unberührten **Parque Natural de Sierra Espuña** (S. 638) unternehmen

7 **Benidorm** (S. 613), den ultimativen Touri-Badeort, erkunden

VALENCIA & DIE COSTA BLANCA

Valencia

815 000 EW.

Spaniens drittgrößte Metropole schlummerte lange im Schatten der Hauptstadt Madrid sowie des kulturellen und wirtschaftlichen Zentrums Barcelona, doch damit ist nun Schluss. Imposante Gebäude wie Sir Norman Fosters Palacio de Congresos, David Chipperfields preisgekröntes Veles-i-Vents-Bauwerk hinter dem Binnenhafen und vor allem die aufsehenerregende Ciudad de las Artes y las Ciencas, die größtenteils von Santiago Calatrava, einem Sohn der Stadt, entworfen wurde, veränderten die hiesige Skyline.

Dort, wo die allererste Paella über dem Holzfeuer köchelte, treffen heute das ganze Jahr über immer mehr Kurzurlauber ein. Valencia ist lebendig, freundlich und leicht chaotisch. Es wartet mit zwei ausgezeichneten Kunstmuseen auf, hat eine Altstadt, die sich gut zu Fuß erkunden lässt, verfügt über den neuesten Kultur- und Wissenschaftskomplex Europas und bietet ein Nachtleben, das selbst für spanische Verhältnisse außergewöhnlich bunt ist.

Geschichte

138 n. Chr. gründeten ehemalige römische Legionäre am Ufer des Río Turia „Valentia". Die Araber machten die Stadt zum Landwirtschafts- und Gewerbezentrum. Sie führten die Keramik-, Papier-, Seiden- und Lederverarbeitung ein und bauten das Bewässerungsnetz im fruchtbaren Hinterland aus.

1094 wurde die maurische Herrschaft durch den legendären kastilischen Haudrauf und Ritter El Cid mit seinen Mannen unterbrochen. Viel Zeit verging, ehe die christlichen Streitkräfte von Jakob I. die Stadt 1238 endgültig zurückeroberten.

Valencias goldene Zeit war im 15. und zu Beginn des 16. Jhs., als sich der Ort zu einem der bedeutendsten Handelszentren am Mittelmeer entwickelte. Darauf folgte ein allmählicher Abstieg, ehe er im 19. Jh. durch die Industrialisierung und die Entwicklung des lukrativen Exports von Zitrusfrüchten nach Nordeuropa wieder aufblühte.

Sehenswertes & Aktivitäten

CIUDAD DE LAS ARTES Y LAS CIENCIAS

Die umwerfende **Stadt der Künste & Wissenschaften** (Reservierungen oder Onlinebuchung 902 10 00 31; www.cac.es; Kombiticket für Oceanogràfic, Hemisfèric & Museo de las Ciencias Erw./Kind 32,90/25 €) nimmt eine 350 000 m² große Fläche im alten Flussbett des Río Turia ein. Sie ist größtenteils das Werk des weltberühmten valencianischen Architekten Santiago Calatrava.

Von der Plaza del Ayuntamiento fährt die Buslinie 35 hierher, von den Torres de Serranos und der Plaza de América Bus 95.

Oceanogràfic AQUARIUM
(Karte S. 584 f.; Erw./Kind 24,90/18,80 €; 10–18 oder 20 Uhr) Für Familien mit kleinen Kindern ist dies wohl der spannendste Bereich des Gebäudekomplexes. Mit dem Wasser in den Aquarien könnte man locker 15 Wettkampfbecken füllen. Es gibt Polarzonen, ein Delfinarium, die Unterwasserwelt des Roten Meers und des Mittelmeers sowie ein paar Unterwassertunnel (einer ist ganze 70 m lang) zu sehen, in denen man die Fische beobachten kann – und umgekehrt.

Hemisfèric IMAX-KINO
(Karte S. 584 f.; Erw./Kind 7,85/6,10 €) Das reglose Auge des Hemisfèric ist zugleich Planetarium, IMAX-Kino und Lasershow. Alle Filme werden wahlweise auch auf Englisch gezeigt.

Museo de las Ciencias Príncipe Felipe WISSENSCHAFTSMUSEUM
(Karte S. 584 f.; Erw./Kind 7,85/6,10 €; 10–19 oder 21 Uhr) Das interaktive Museum erstreckt sich wie ein gigantisches Walskelett in der Stadt der Künste & Wissenschaften und bietet Kindern jede Menge Exponate zum Anfassen sowie Maschinen und Ausstellungsstücke für alle Altersgruppen. In jeder Abteilung bekommt man Flyer mit den wichtigsten Informationen auf Englisch.

Palau de les Arts Reina Sofía OPERN- & KULTURHAUS
(Karte S. 584 f.; www.lesarts.com) Wie ein riesiger Käfer hockt dieses ultramoderne Gebäude mit einer schillernden Hülle aus lichtdurchlässigen Mosaikfliesen über dem Flussbett. In die vier Säle passen 4400 Zuhörer; einzig die Oper von Sydney ist größer.

WESTLICHES VALENCIA

Den Bioparc und das Museo de Historia de Valencia erreicht man mit den Buslinien 7, 81 und 95 sowie mit der Metro (bis zur Haltestelle Nou d'Octubre).

Bioparc ZOO
(Karte S. 584 f.; www.bioparcvalencia.es; Avenida Pio Baroja 3; Erw./Kind 24/17 €; 10 Uhr–

(Fortsetzung auf S. 586)

Prachtvolle Zukunft

Auf einem früheren Flussbett erheben sich die gigantischen Gebäude der Ciudad de las Artes y las Ciencias (Stadt der Künste & Wissenschaften; S. 569), das Sinnbild des modernen Valencias.

Oceanogràfic

1 In diesem riesigen Aquarium, dem größten seiner Art, leben Ozeanbewohner aus sieben Meeren. Fische und Besucher können sich im Unterwassertunnel gegenseitig beobachten.

Hemisfèric

2 Das Hemisfèric sieht aus wie ein gigantisches Auge mit einem schweren Lid, das den See bewacht. Es beherbergt ein IMAX-Kino und ein Planetarium.

Palau de les Arts

3 Ist das der Helm von Darth Vader? Die Rüstung eines Außerirdischen? Vielleicht ein gewaltiges Gürteltier? Oder der größte Opernsaal der Welt, Sydney mal ausgenommen? Weiße *trencadís* (Mosaikfliesensplitter) sorgen dafür, dass die Hülle dieser fantastischen Konstruktion so herrlich schillert.

Restaurante Submarino

4 Unter künstlichen Seerosenblättern lockt ein großartiges gastronomisches Erlebnis in einzigartiger Umgebung: Mehr als 1000 silbrige Brassen schwimmen gemächlich um die Tische herum und scheinen dabei kummervoll die Teller mit ihren einstigen Brüdern und Schwestern zu betrachten.

L'Umbracle

5 Federgleiche Bogen aus Beton – so filigran, dass sie an Palmwedel erinnern – tragen das durchsichtige Dach über dieser 320 m langen Promenade. Im Sommer treffen sich hier viele schöne Menschen auf einen Cocktail, ehe sie sich in der zugehörigen *discoteca* vergnügen.

Abbildungen

1. Palau de les Arts Reina Sofía, geplant von Santiago Calatrava und Félix Candela (S. 569) 2. L'Umbracle 3. Oceanogràfic (S. 569)

1

DAVID TOMLINSON / GETTY IMAGES ©

3

GREG ELMS / GETTY IMAGES ©

2

HOLGER LEUE / GETTY IMAGES ©

LONELY PLANET / GETTY IMAGES ©

1. D'Alt Vila, Ibiza-Stadt (S. 672)
D'Alt Vilas Mauern aus dem 16. Jh. wurden von Philipp II. errichtet. Die Stadt gehört zum Unesco-Welterbe.

2. Cala Sant Vicenç (S. 655)
Ein ruhiger Ort mit einer fantastischen Lage und vier wundervollen Buchten.

3. Castell de Bellver (S. 646)
Die ungewöhnliche im 14. Jh. errichtete Burg verfügt über einen einzigartigen runden Turm.

4. Palma de Mallorca (S. 642)
Mallorcas einzige echte Stadt wartet mit entzückenden Boulevards, gotischen Kirchen und Designerbars auf.

5. Menorcas prähistorische Stätten (S. 668)
Taulas (hufeisenförmige Heiligtümer mit großen T-förmigen Pfeilern in der Mitte) gibt's nur auf Menorca.

3

4

Sevillas Kathedrale

DIE HIGHLIGHTS

„Wir bauen eine so große Kirche, dass uns künftige Generationen für verrückt halten werden“, erklärten die Architekten der Kathedrale 1402, zu Beginn eines der gewaltigsten Bauprojekte in der Geschichte des Mittelalters (siehe auch S. 693). Ein Jahrhundert später wurde ihre Verrücktheit triumphal bestätigt.

Damit die Orientierung nicht zu schwer fällt, hält man sich am besten an die wichtigsten Attraktionen. Direkt hinter dem Haupteingang befindet sich das **Kolumbusgrab** 1. Von dort geht's nach rechts zu den Kunstschätzen in der südöstlichen Ecke, den Gemälden Goyas in der Sacristía de los Cálices, Zurbaráns Werken in der **Sacristía Mayor** 2 und Murillos hervorragender Inmaculada in der Sala Capitular. An der Ostwand der Kathedrale liegen die **Capilla Real** 3 mit den Königsgräbern und die **Capilla Mayor** 4 mit einem fantastischen Altargemälde. Im Nordwesten versteckt sich die **Capilla de San Antonio** 5 mit einem Gemälde von Murillo. Die große Tür ganz in der Nähe ist die selten geöffnete **Puerta de la Asunción** 6. Auf dem Weg zur **Giralda** 7 kann man das hohe Deckengewölbe bewundern. Hat man schließlich die Kathedrale von oben betrachtet, geht's wieder hinab und hinaus über den **Patio de los Naranjos** 8.

TIPPS

» **Wartezeiten vermeiden** Eintrittskarten bekommt man bis zu sechs Wochen im Voraus unter www.servicaixa.com (kostet 1 € extra).

» **Zeiteinteilung** Für den Alcázar und die Kathedrale sollte man sich je einen Tag Zeit nehmen.

» **Aussichtspunkte** Man sollte sich Zeit nehmen, das Bauwerk von außen zu bewundern. Besonders beeindruckend ist der Anblick bei Dunkelheit von der Plaza Virgen de los Reyes sowie von Triana auf der anderen Seite des Flusses.

ONTHEROAD/ALAMY ©

Capilla Mayor

Am bedeutendsten Ort der Kathedrale befindet sich auch ihr größter Schatz, ein vergoldetes Altargemälde mit Szenen aus dem Leben Jesu. Es ist das Lebenswerk des flämischen Künstlers Pieter Dancart.

Patio de los Naranjos

Im kühlen Patio kann man den Duft von 60 sevillanischen Orangenbäumen genießen. Der Hof ist der Überrest einer Moschee aus dem 12. Jh. Durch die hufeisenförmige Puerta del Perdón geht's hinaus.

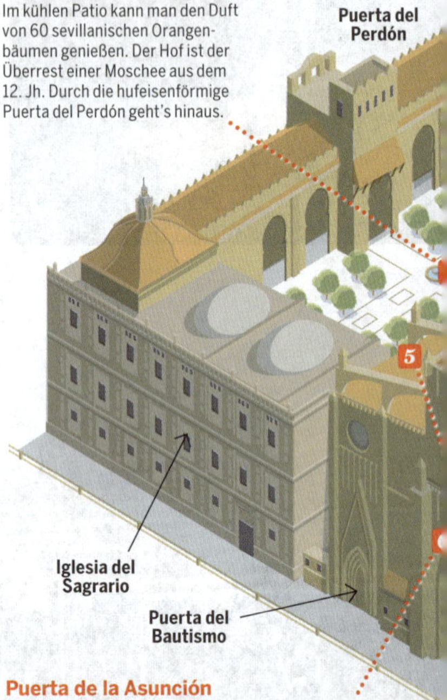

Puerta de la Asunción

Dieses große, seten geöffnete Kirchenportal an der Westseite der Kathedrale ist auch als Puerta Mayor bekannt. In der Karwoche führen feierliche Prozessionen der katholischen *hermanadades* (Bruderschaften) durch die Tür.

ADB TRAVEL/ALAMY ©

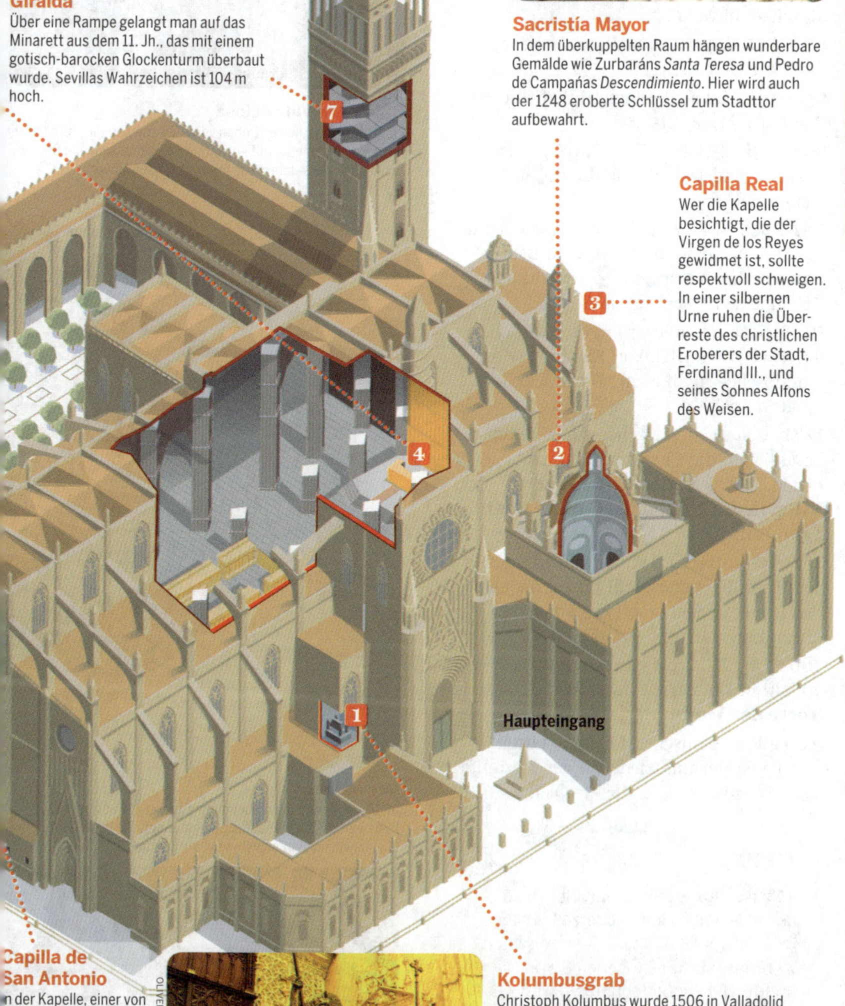

Giralda

Über eine Rampe gelangt man auf das Minarett aus dem 11. Jh., das mit einem gotisch-barocken Glockenturm überbaut wurde. Sevillas Wahrzeichen ist 104 m hoch.

STUART CRUMP/ALAMY ©

Sacristía Mayor

In dem überkuppelten Raum hängen wunderbare Gemälde wie Zurbaráns *Santa Teresa* und Pedro de Campañas *Descendimiento*. Hier wird auch der 1248 eroberte Schlüssel zum Stadttor aufbewahrt.

Capilla Real

Wer die Kapelle besichtigt, die der Virgen de los Reyes gewidmet ist, sollte respektvoll schweigen. In einer silbernen Urne ruhen die Überreste des christlichen Eroberers der Stadt, Ferdinand III., und seines Sohnes Alfons des Weisen.

Capilla de San Antonio

n der Kapelle, einer von 30 in der Kathedrale, hängt ein Gemälde von Murillo aus dem Jahr 666: *Die Vision des eiligen Antonius*. Das Verk wurde 1874 von Dieben beschädigt, aber päter restauriert.

OLIVER STREWE/GETTY IMAGES ©

Kolumbusgrab

Christoph Kolumbus wurde 1506 in Valladolid begraben, allerdings sind seine Gebeine viermal verlegt und 1898 in einem kunstvoll geschnitzten Sarg nach Sevilla gebracht worden. Es wird allerdings seit Langem darüber gestritten, ob es sich tatsächlich um die Überreste des Entdeckers handelt oder ob sich diese aufgrund einer posthumen Verwechslung noch immer in der Dominikanischen Republik befinden.

Mezquita

ZEITACHSE

600 Gründung der christlichen west-gotischen St.-Vincent-Kirche auf dem Gelände der heutigen Mezquita (siehe auch S. 767).

785 Kalif Abd ar-Rahman I. rettet den Bau, indem er die Mezquita in eine Moschee umwandelt.

822–855 Unter Abd ar-Rahman II. wird die Moschee erweitert.

912–961 Abd ar-Rahman III. befiehlt den Bau eines Minaretts.

961–966 Al-Hakam II. vergrößert die Moschee und lässt den **Mihrab** 1 ausschmücken.

987 Auch Al-Mansur Ibn Abi Aamir lässt die Moschee erweitern. Mit dem Bau des **Patio de los Naranjos** 2 erreicht das Gebäude seine heutige Größe.

1236 Nach der Rückeroberung Córdobas durch Ferdinand III. von Kastilien wird die Moschee in eine christliche Kirche umgewandelt.

1271 Anstatt die Moschee zu zerstören, beschließen die Christen, sie umzubauen. Alfons X. gibt die **Capilla de Villaviciosa** 3 und die **Capilla Real** 4 in Auftrag.

1520er-Jahre Karl V. fügt ein Kirchenschiff im Renaissancestil hinzu. Als er das Resultat sieht, klagt er: „Ihr habt etwas Einzigartiges zerstört."

1664 Das Minarett wird nach etwa 70 Jahren Umbauzeit durch den barocken **Torre del Alminar** 5 ersetzt.

2004 Die spanischen Muslime bitten den Papst darum, wieder in der Mezquita beten zu dürfen, was dieser ablehnt.

TIPPS

» **Unter Orangenbäumen** Der Patio de los Naranjos kann jederzeit kostenlos besucht werden.

» **Frühaufsteher** Zwischen 8.30 und 10 Uhr (außer sonntags) wird kein Eintritt für die Mezquita verlangt.

» **Ruhe vor dem Sturm** Vor 10 Uhr morgens sind Gruppenbesuche verboten. Zu dieser Zeit herrscht hier eine ruhige, stimmungsvolle Atmosphäre.

Capilla de Villaviciosa
Ein früher christlicher Umbau von 1277. Die Kapelle kombiniert maurische Elemente mit gotischen Gewölbebogen und Säulen. Bis in die 1520er-Jahre diente sie als Capilla Mayor.

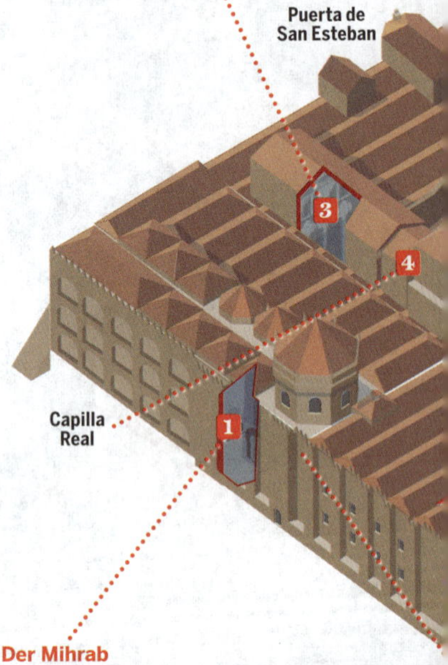

Der Mihrab
Im 10. Jh. wurde die muschelförmige Gebetsnische hinzugefügt, die in Richtung Mekka zeigt. Die goldenen Mosaikwürfel sind Arbeiten byzantinischer Bildhauer.

Altarraum der Kathedrale

Der beeindruckende *coro* (Chorraum) entstand in der 1750er-Jahren. Er wartet mit einer herrlichen Barockdecke und kunstvoll geschnitzten Chorstühlen aus Mahagoni auf, die einzelne Szenen aus der Bibel darstellen.

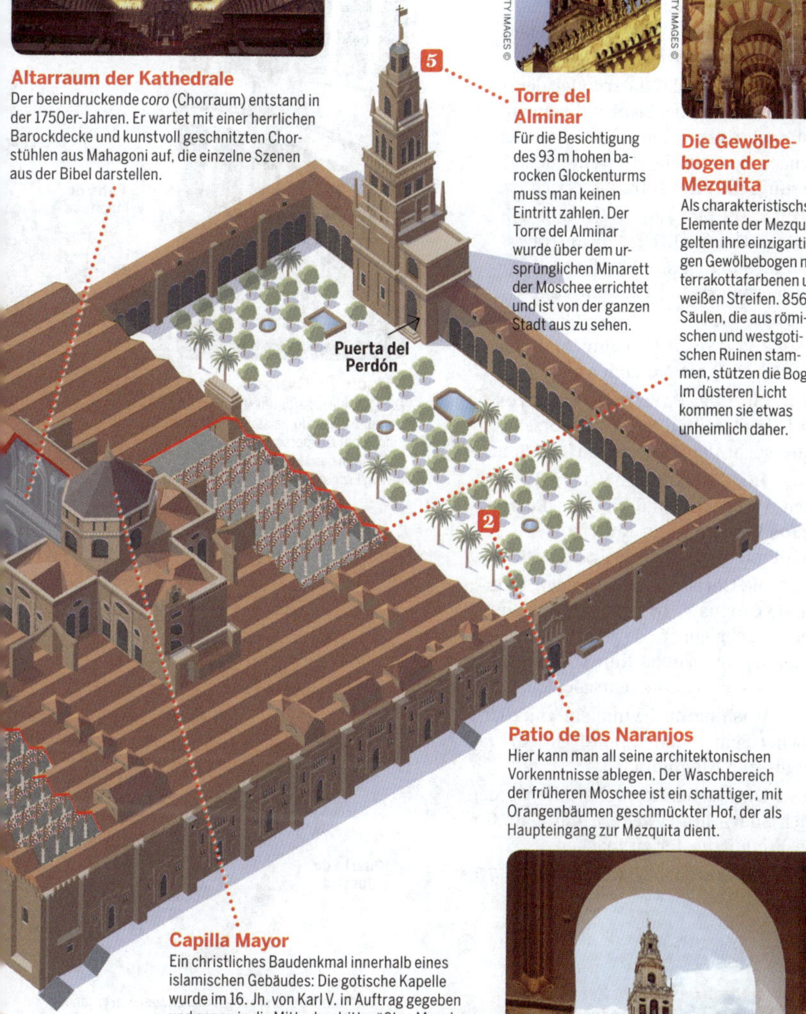

Torre del Alminar

Für die Besichtigung des 93 m hohen barocken Glockenturms muss man keinen Eintritt zahlen. Der Torre del Alminar wurde über dem ursprünglichen Minarett der Moschee errichtet und ist von der ganzen Stadt aus zu sehen.

Die Gewölbebogen der Mezquita

Als charakteristischste Elemente der Mezquita gelten ihre einzigartigen Gewölbebogen mit terrakottafarbenen und weißen Streifen. 856 Säulen, die aus römischen und westgotischen Ruinen stammen, stützen die Bogen. Im düsteren Licht kommen sie etwas unheimlich daher.

Patio de los Naranjos

Hier kann man all seine architektonischen Vorkenntnisse ablegen. Der Waschbereich der früheren Moschee ist ein schattiger, mit Orangenbäumen geschmückter Hof, der als Haupteingang zur Mezquita dient.

Capilla Mayor

Ein christliches Baudenkmal innerhalb eines islamischen Gebäudes: Die gotische Kapelle wurde im 16. Jh. von Karl V. in Auftrag gegeben und genau in die Mitte der drittgrößten Moschee der Welt gesetzt.

Die maksura

n diesem separaten Bereich beteten einst die Kalifen und ihr Gefolge. Die edlen Gewölbebogen der *maksura* wurden so gebaut, dass sie den Blick in Richtung des Mihrab und Mekka lenken.

Alhambra

ZEITACHSE

900 Erstmalige Erwähnung der auf Granadas Hügel El Sabika gelegenen *al-qala'at al-hamra* (rote Festung).

1237 Mohammed I., Begründer der Nasriden-Dynastie, zieht mit seinem Hof nach Granada um. Von christlichen Armeen bedroht, lässt er eine neue Festung, die **Alcazaba** 1, errichten.

1302–1309 Mohammed III. gibt den Bau des **Generalife** 2 in Auftrag, der ursprünglich als Mischung aus Sommerpalast und Landgut konzipiert ist.

1333–1354 Yusuf I. beginnt mit dem Bau des **Palacio Nazaríes** 3.

1350–1360 Der **Palacio de Comares** 4 wird errichtet und treibt die Verschwendungssucht der Nasriden auf die Spitze.

1362–1391 Mohammed V. kommt nach Andalusien und gibt den **Patio de los Leones** 5 in Auftrag, der architektonisch noch brillanter ist.

1527 Die Christen errichten den **Palacio de Carlos V.** 6. Ein inspirierter Renaissancepalast oder ein Verbrechen gegen die maurische Kunst? Das muss jeder Besucher selbst entscheiden.

1829 Washington Irving, ein amerikanischer Schriftsteller, „entdeckt“ die fast vergessene Alhambra.

1954 Die Gärten des Generalife werden nach Süden hin erweitert, um Platz für ein Freilufttheater zu machen.

Weitere Infos zur Alhambra siehe S. 776.

TIPPS

» **Wartezeiten vermeiden** Eintrittskarten werden auch unter www.alhambra-tickets.es angeboten.

» **Geld sparen** Wer die Alhambra durch die Puerta de Justica betritt, kann die öffentlichen Bereiche des Palasts jederzeit gratis besichtigen.

» **Über Nacht bleiben** Auf dem Gelände befinden sich zwei schöne Hotels: der Parador de Granada (teuer) und das Hotel América (preisgünstiger).

Sala de la Barca
Die verzierte Decke im Vorraum des Comares-Palasts hat die Form eines aufgestellten Bootes. Sie wurde in den 1890er-Jahren durch ein Feuer zerstört, inzwischen jedoch restauriert.

Palacio de Carlos V.
Die 1527 hinzugefügten stilistischen Vorzüge dieses Renaissancepalasts sind leicht zu übersehen, deshalb sollte man das Museo de la Alhambra im Erdgeschoss besuchen.

Alcazaba
Um die Türme der ursprünglichen Zitadelle zu erkunden, muss man genügend Zeit einplanen. Der bedeutendste unter ihnen, der Torre de la Vela, führt über eine Wendeltreppe zum schönsten Aussichtspunkt der Alhambra.

JOHN ELK III / GETTY IMAGES

Patio de Arrayanes

Neben den Myrtenbüschen *(arrayanes)* rund um ein rechteckiges Wasserbecken kann man sich wunderbar entspannen. Schattige Säulengänge mit sieben harmonischen Bogen laden zu einem Spaziergang ein.

DAVID TOMLINSON / GETTY IMAGES ©

JOHN ELK III / GETTY IMAGES ©

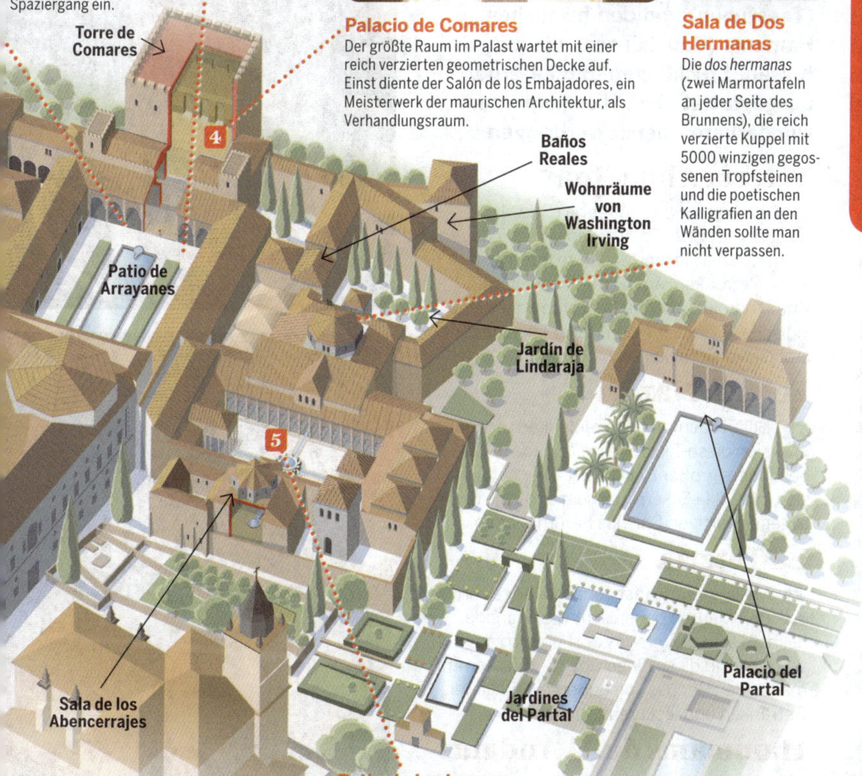

Palacio de Comares

Der größte Raum im Palast wartet mit einer reich verzierten geometrischen Decke auf. Einst diente der Salón de los Embajadores, ein Meisterwerk der maurischen Architektur, als Verhandlungsraum.

Sala de Dos Hermanas

Die *dos hermanas* (zwei Marmortafeln an jeder Seite des Brunnens), die reich verzierte Kuppel mit 5000 winzigen gegossenen Tropfsteinen und die poetischen Kalligrafien an den Wänden sollte man nicht verpassen.

Patio de los Leones

In diesem Hof tragen zwölf Marmorlöwen einen sprudelnden Brunnen. Die grazilen Säulen und Bogen symbolisieren das islamische Paradies.

Generalife

Bei einer Besichtigung der Alhambra wird der „Architektengarten" meistens zuletzt besucht. Er entstand bereits unter den Nasriden, allerdings wurden die Wasserbecken und Arkaden erst Anfang des 20. Jhs. hinzugefügt.

JOHN ELK III / GETTY IMAGES ©

Teterías & Hamams

500 Jahre ist es her, seit die Mauren ihren letzten Seufzer in der Region ausstießen, doch ihre Bräuche leben in vielen Städten weiter – vor allem in den stimmungsvollen *teterías* (Teestuben) und den herrlichen Hamams (Badehäuser), die mit Kissen, Stuckbogen und Laternen ausgestattet sind. Hier kann man wunderbare Abende verbringen.

Tetería Almedina

1 Eine Institution in Almería (S. 804). Es gibt die ganze Palette von verschiedenen aromatischen Teesorten bis zu internationalen Getränken. Am besten bestellt man einen marokkanischen Minzetee oder einen indischen Chai mit einem Teller köstlicher arabischer Süßigkeiten.

Tetería Nazarí

2 Bei Studenten und Freidenkern erfreut sich diese Teestube in Granada (S. 783) besonders großer Beliebtheit. Hier kann man sich in dunkle Ecken kuscheln und eine der allgegenwärtigen Shishas herumreichen.

La Tetería

3 Málaga wurde fast genauso lange von den Mauren beherrscht wie Granada, deshalb sind die *teterías* dort ebenso authentisch. In dieser Teestube (S. 755) kommt man in den Genuss von außergewöhnlichen Getränken und leckerem Kuchen.

Hammams de Al Andalus

4 In den andalusischen Badehäusern herrscht meist eine entspannte Atmosphäre. Nach einem ausgedehnten Besuch der Hammams de Al-Andalus (S. 780) kann man sich bei einem Glas Minzetee wieder auf Normaltemperatur bringen.

Hammam Andalusi

5 Jerez wird oft unterschätzt, bietet aber viel maurische Exotik, z. B. ein ungewöhnliches „Schokoladenbad" im Hammam Andalusi (S. 730).

Abbildungen
1. Tee in einer *tetería* 2. Hammam Andalusi (S. 730)

National- & Naturparks

Andalusiens Naturschutzgebiete bieten erholsame Ruhepausen zwischen all der Kunst, Kultur und Geschichte. Außerdem dienen sie als wichtige Bollwerke gegen die unkontrollierte Überentwicklung der spanischen Mittelmeerküste.

Parque Nacional Sierra Nevada

1 Gipefelstürmer besteigen gern die leicht zugänglichen Berge Veleta und Mulhacén (S. 787). Pradollano und Capileira (S. 789) warten mit Möglichkeiten zum Skifahren, Reiten, Canyoning und Wandern auf.

Parque Nacional de Doñana

2 Das seltene europäische Feuchtgebiet des 542 km^2 großen Doñana-Nationalparks (S. 713) gehört zum Unesco-Welterbe. Es verfügt über intakte wasserbasierte Ökosysteme sowie große Sanddünen und bietet zahlreichen Vögeln eine Heimat.

Parque Natural Sierra de Grazalema

3 Andalusiens schönster Park lockt mit traumhaften Wanderwegen und zerklüfteten Bergen (S. 735).

Parque Natural Sierra de Aracena y Picos de Aroche

4 Die *dehesa*-Ökosysteme im Norden Huelvas sind eine Bastion für edle Räucherschinken, die auf den ländlichen eichenbestandenen Weiden des unbekanntesten Naturparks Andalusiens produziert werden (S. 717).

Parque Natural de Cabo de Gata-Níjar

5 Wer wissen will, wie Spanien vor den Zeiten des Massentourismus aussah, sollte die einsamen Strände und verschlafenen Fischerdörfer an Almerías unbebautem Küstenstreifen (S. 805) erkunden.

Abbildungen
1. Sierra Nevada (S. 787) 2. Cabo de Gata (S. 805)

Architektonische Details

Die Architekturgeschichte in Spanien ist ein fortwährender Kampf zwischen strenger Einfachheit und überwältigender Dekoration, doch bislang scheint das Barocke-Kunstvolle die Nase vorn zu haben.

Alhambra, Granada

1 Der Höhepunkt der islamischen Architektur, die Alhambra (S. 776), ist über und über mit Ornamenten verziert, darunter herrliche kalligrafische Elemente. Die Keramikkacheln mit ihren wunderbaren Farben sind typisch für Andalusien.

Aljafería, Zaragoza

2 Holzdecken mit komplexen geometrischen Mustern wurden unter der islamischen Herrschaft vervollkommnet und von Mudejarkunsthandwerkern in die Zeit der Reconquista übernommen. Am besten legt man sich in die Mitte des Raums (S. 388) und betrachtet die Decke von dort.

Park Güell, Barcelona

3 In Kataloniens Hauptstadt zeigen sich Antonio Gaudís Visionen an fast jeder Ecke, besonders in den Kacheln des Park Güell (S. 274). Struktur und Oberfläche sind perfekt miteinander verbunden und die Mosaiken scheinen aus den merkwürdigen Formen herauszuwachsen, an denen sie angebracht sind.

Monasterio de La Cartuja, Granada

4 Die Sakristei des überwältigend barocken Klosters (S. 780) ist mit Spiegeln, Intarsienschränken und umwerfenden schwarz-weißen Kacheln verkleidet.

Universidad Civil, Salamanca

5 Platereskbildhauer verzierten Salamancas schweren Sandstein (S. 155) fast zu Tode: Auf der Fassade drängen sich Wappen, Löwen, Greife, Schädel, der Papst und ein kleiner Glück bringender Frosch.

1

KARL BLACKWELL / GETTY IMAGES ©

3

RACHEL LEWIS / GETTY IMAGES ©

Abbildungen

1. Alhambra, Granada (S. 776) 2. Aljafería, Zaragoza (S. 388) 3. Park Güell, Barcelona (S. 274)

2

Valencia

A
B
C
D
1
2
3
4
5
6
7
C Dr Nicasio Benlloch
Garbi
Av Juan XXIII
Beniferri
Neues Stadion des Valencia CF
Benicalap
Trànsits
Av Dr. Peset Aleixandre
La Safor
C de San Pancracio
Marxalenes
Parque de Marxalenes
Av General Aviles
Av Campanar
C Padre Ferris
Reus
C Reus
Av Burjassot
Av Maestro Rodrigo
Av de Pio XII
Campanar-La Fe
C Joaquín Ballester
C de Llano de Zaidía
C de Blanquerías
Valle de la Ballestera
Busbahnhof
Av Menéndez Pidal
siehe Karte Valencia Zentrum (S. 590)
Bioparc
Av de Tirso de Molina
Turia
3
Paseo de la Pechina
11
C de Turia
10
C de Quart
Parque de Cabecera
Octubre
Puente 9 de
C de Lepanto
12
C Castan Tobenas
Av Perez Galdos
C de Juan Llorens
C Gabriel Miró
C Valencia
8
C Brasil
28
Ángel Guimerà
C de Calixto III
C Ángel Guimerà
C Linares
C de Buen Orden
Av del Cid
C Sta Cruz de Tenerife
C Enguera
C San José de Calasanz
Plaza de España
C Musico Ayllón
C Tres Forques
C de Jesús
Av Salavert
C José María Mortes Lerma
C Albacete
C Cuenca
27
C San Vicente Mártir
Estación Joaquín Sorolla
Av Tres Cruces
C Archiduque Carlos
C Fontanares
C Beato Nicolás Factor
Jesús
Av Giorgeta
Patraix
C Venezuela
Hospital

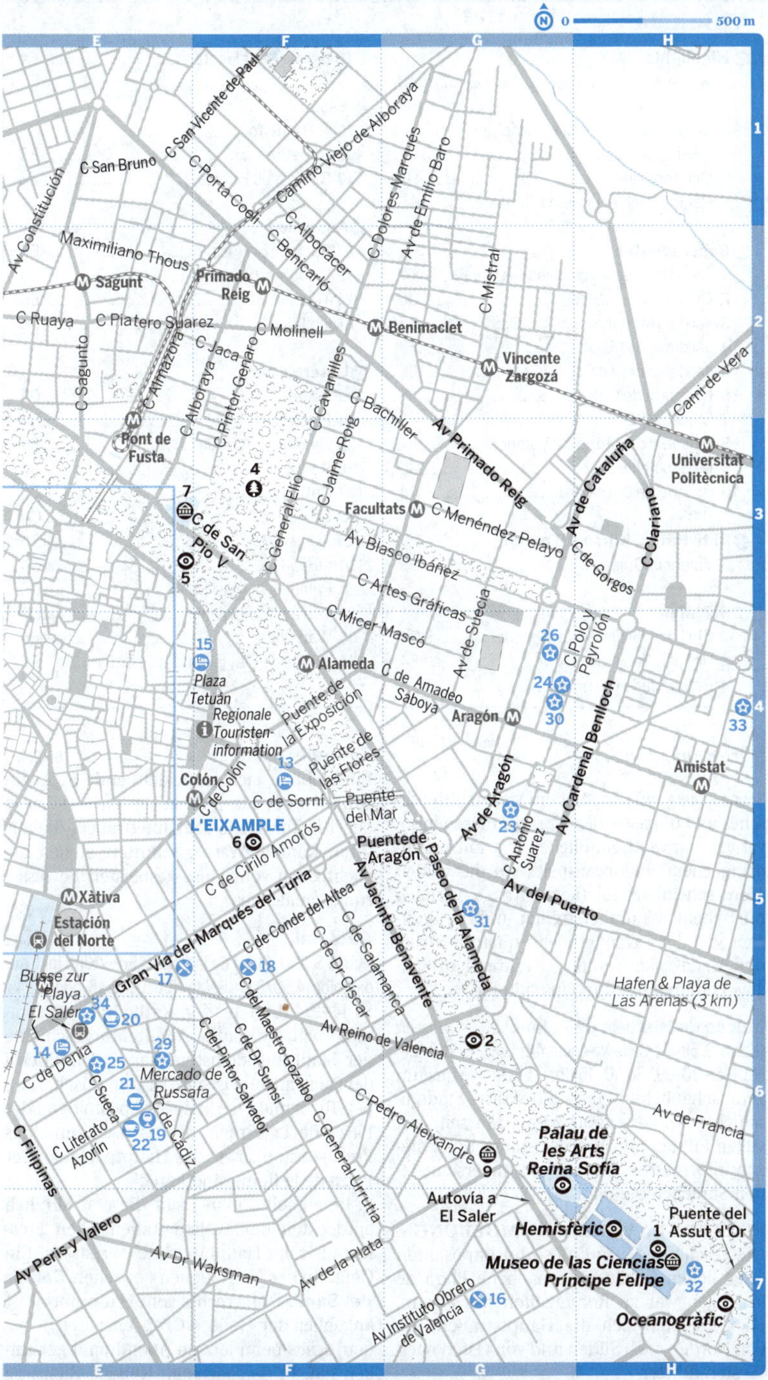
0
500 m
E
F
G
H
1
2
3
4
5
6
7
C San Vicente de Paul
C San Bruno
Av Constitución
C Porta Coeli
Camino Viejo de Alboraya
C Dolores Marqués
Av de Emilio Baro
C Albocácer
C Benicarló
Maximiliano Thous
Sagunt
Primado Reig
C Ruaya
C Platero Suarez
C Molinell
Benimaclet
C Mistral
Vincente Zargozá
C Sagunto
C Almazora
C Jaca
C Alboraya
C Pintor Genaro
C Cavanilles
C Bachiller
Av Primado Reig
Cami de Vera
Pont de Fusta
4
C Jaime Roig
C General Elio
Universitat Politècnica
Av de Cataluña
C Clariano
7
C de San Pío V
5
Facultats
C Menéndez Pelayo
Av Blasco Ibáñez
C de Gorgos
C Artes Gráficas
C Micer Mascó
Av de Suecia
C Polo y Peyrolón
15
Plaza Tetuán
Alameda
C de Amadeo Saboya
26
24
30
Regionale Touristen-information
Puente de la Exposición
Aragón
Av Cardenal Benlloch
33
13
Puente de las Flores
Amistat
Colón
C de Colón
C de Sorní
Puente del Mar
Av de Aragón
L'EIXAMPLE
6
C de Cirilo Amorós
Puente de Aragón
Paseo de la Alameda
23
C Antonio Suarez
Xàtiva
Gran Vía del Marqués del Turia
C de Conde del Altea
C de Salamanca
Av Jacinto Benavente
Av del Puerto
Estación del Norte
C de Dr Císcar
31
Hafen & Playa de Las Arenas (3 km)
Busse zur Playa El Saler
17
18
34
20
C del Maestro Gozalbo
Av Reino de Valencia
2
14
C de Denia
29
C del Pintor Salvador
C de Dr Sumsi
25
Mercado de Russafa
C Sueca
21
C de Cádiz
C Pedro Aleixandre
Av de Francia
C General Urrutia
C Literato Azorín
19
22
9
Palau de les Arts Reina Sofía
C Filipinas
Autovía a El Saler
Puente del Assut d'Or
1
Hemisfèric
Av Peris y Valero
Av Dr Waksman
Museo de las Ciencias Príncipe Felipe
32
Av de la Plata
16
Av Instituto Obrero de Valencia
Oceanogràfic

Valencia

Highlights
Bioparc ... A3
Hemisfèric ... H7
Museo de las Ciencias Príncipe Felipe ... H7
Oceanogràfic ... H7
Palau de les Arts Reina Sofía ... G6

Sehenswertes
1 Ciudad de las Artes y las Ciencias ... H7
2 Gulliver ... G6
3 Jardín Botánico ... C3
4 Jardines del Real ... F3
5 Jardines del Turia ... E3
6 Mercado de Colón ... F5
7 Museo de Bellas Artes ... E3
8 Museo de Historia de Valencia ... A4
9 Museo Fallero ... G6
10 Parque de Cabecera ... A4

Aktivitäten, Kurse & Touren
11 Valencia Guías ... C3

Schlafen
12 Chill Art Jardín Botánico ... C4
13 Hospes Palau de la Mar ... F4
14 Petit Palace Germanías ... E6
15 Purple Nest Hostel ... F4

Essen
16 A Tu Gusto ... G7
17 Appetite ... E5
18 Coloniales Huerta ... F5

Ausgehen
19 Backstage Russafa ... E6
20 Slaughterhouse ... E6
21 Tula ... E6
22 Ubik Café ... E6

Unterhaltung
23 Babel ... G5
24 Black Note ... G4
25 Café Mercedes Jazz ... E6
26 Caribbean's ... G4
27 Dub Club ... D6
28 El Loco ... C4
29 Excuse Me? ... E6
30 Mosquito ... G4
31 Palau de la Música ... G5
32 Terraza Umbracle ... H7
33 Wah Wah ... H4
34 Xtra Lrge Playground ... E6

(Fortsetzung von S. 569)

Sonnenuntergang) „Zoo" ist ein viel zu altmodisches und unpassendes Wort für diesen innovativen, umweltfreundlichen Ort mit unaufdringlichem Bildungsaspekt, wo die wilden Tiere scheinbar frei (keine Angst, wirklich nur scheinbar) umherstreifen und die Besucher von der Savanne nach Äquatorialafrika und Madagaskar wandern, während großäugige Lemuren um ihre Füße hüpfen.

Museo de Historia de Valencia MUSEUM
(Karte S. 584 f.; Calle Valencia 42; Erw./Kind 2/1 €; ⌚Di–Sa 10–19, So 10–15 Uhr) Dieses Museum veranschaulicht über 2000 Jahre Stadtgeschichte – alles schön zum Anfassen, mit vielen Filmen und Videos. An der Kasse liegen informative Leihmappen in verschiedenen Sprachen bereit.

PLAZA DE LA VIRGEN & UMGEBUNG

Die geschäftige, von Cafés und imposanten öffentlichen Gebäuden umgebene Plaza de la Virgen war zu Römerzeiten das Forum. Hier kreuzten sich die Hauptstraßen, die von Norden nach Süden und von Osten nach Westen führten.

Zentraler Brunnen BRUNNEN
Eine schöne, sich zurücklehnende Figur im Brunnen der Plaza de la Virgen verkörpert den Río Turia. Die acht Jungfrauen, die aus ihren Kannen Wasser schütten, stellen die wichtigsten vom Fluss gespeisten Bewässerungskanäle dar.

Catedral KATHEDRALE
(Karte S. 590; Plaza de la Virgen; Erw./Kind inkl. Audioguide 4,50/3 €; ⌚Mo–Sa 10–16.45 oder 17.45, So 14–16.45 Uhr) In der Kathedrale versammelt sich die ganze Architekturgeschichte der Stadt auf kleinstem Raum: Die Puerta del Palau an der Ostseite ist romanisch, Kuppel, Turm und Puerta de los Apóstoles an der Plaza de la Virgen sind gotisch, und das Presbyterium sowie das Hauptportal an der Plaza de la Reina sind barock.

Innen sollte man nicht die erst kürzlich entdeckten kunstvollen italienischen Fresken über der Hauptaltartafel verpassen. Ein Gefäß in der überladenen gotischen **Capilla del Santo Cáliz** rechts vom Hauptportal ist angeblich der **Heilige Gral**, jener Kelch, aus dem Jesus beim letzten Abendmahl getrunken hat. In der nächsten Kapelle Richtung

Norden, der **Capilla de San Francisco de Borja**, sind zwei besonders gefühlvolle Gemälde von Goya zu sehen.

Links vom Hauptportal liegt der Eingang zum **Miguelete-Glockenturm** (Karte S. 590; Erw./Kind 2/1 €; ⏲10–19 oder 19.30 Uhr). Wer den tollen Rundumblick auf die Stadt genießen möchte, muss die 207 Stufen der Wendeltreppe hochkraxeln.

Schon seit über 1000 Jahren tritt donnerstags um Punkt 12 Uhr das **Tribunal de las Aguas** (Wassergericht) vor der Kathedrale an der Puerta de los Apóstoles zusammen. Wenn sich Bauern aus der Umgebung nicht über Fragen der Bewässerung einigen können, wird ihr Fall hier, vor Europas ältestem Gericht, verhandelt – natürlich auf Valencianisch, dem regionalen Dialekt.

La Almoina ARCHÄOLOGISCHE STÄTTE
(Karte S. 590; Erw./Kind 2/1 €, mit Führung 2,50 €; ⏲Di–Sa 10–19, So 10–15 Uhr) Unter der Plaza gleich östlich der Kathedrale sieht man die archäologischen Überreste vom Kern des römischen, westgotischen und maurischen Valencia durch ein mit Wasser bedecktes Glasdach. 30-minütige **Führungen** erschließen den unterirdischen Bereich (zzgl. 0,50 €), aber man kann das Gelände auch auf eigene Faust erkunden.

Cripta de la Cárcel de San Vicente Mártir KIRCHE
(Karte S. 590; ☎96 208 45 73; Plaza del Arzobispo 1; Erw./Kind 2/1 €; ⏲Di–Sa 10–19, So 10–15 Uhr) Die Krypta der westgotischen Kapelle, die im 4. Jh. das Gefängnis von San Vicente gewesen sein soll, macht zwar nicht viel her, doch die Multimediashow zur Geschichte Valencias sowie zum Leben und Tod des Märtyrers lohnt sich. Auf Anfrage wird sie auch auf Englisch gezeigt. Karten bekommt man telefonisch oder direkt vor Ort.

Nuestra Señora de los Desamparados KIRCHE
(Karte S. 590; Plaza de la Virgen; ⏲7–14 & 16.30–21 Uhr) Über dem Altar thront eine besonders verehrte Statue der Jungfrau Maria, der Schutzheiligen der Stadt. Wenn die Kircheneingänge bereits geschlossen sind oder gerade eine Messe stattfindet, kann man an der Südseite des Gebäudes Richtung Kathedrale einen Blick durch die Gitterstäbe erhaschen, die die vielen Bittsteller im Laufe der Jahre förmlich glatt poliert haben.

Palau de la Generalitat PALAST
(Karte S. 590; Plaza de la Virgen) In dem schönen, oft erweiterten gotischen Palast aus dem 15. Jh. hat die Regierung der Autonomen Gemeinschaft Valencia ihren Sitz. Erst seit den 1950er-Jahren ist das Gebäude so symmetrisch; damals erhielt der Renaissanceturm seinen Zwillingsbruder.

SPRACHLICHES DURCHEINANDER

Immer mehr Rathäuser ersetzen spanische mit valencianischen Straßenschildern. Oft ist der Unterschied zwischen der offiziellen kastilischen Sprache und dem katalanischen Dialekt minimal, doch er stiftet bisweilen Verwirrung. In diesem Buch verwenden wir immer dann die valencianische Fassung, wenn sie eindeutig häufiger benutzt wird. Aber da jeder Einwohner Spanisch versteht und die Mehrheit auch Spanisch spricht, geben wir zumeist den spanischen Namen an.

PLAZA DEL MERCADO

An der Plaza del Mercado stehen sich zwei meisterhafte Bauwerke gegenüber.

La Lonja HISTORISCHES GEBÄUDE
(Karte S. 590; Erw./Kind 2/1 €; ⏲Di–Sa 10–19, So 10–15 Uhr) Früher war in dem prächtigen Gebäude aus dem späten 15. Jh., das mittlerweile zum Unesco-Welterbe gehört, die Seiden- und Warenbörse der Stadt untergebracht. Die Säulenhalle mit ihren gedrehten gotischen Säulen und das Consulado del Mar im ersten Stock mit der erstaunlichen Kassettendecke sind besonders beeindruckend. Für einen Aufpreis von 1 € gibt's eine Führung auf Englisch.

Mercado Central MARKT, ARCHITEKTUR
(Karte S. 590; ⏲Mo–Sa 7.30–15 Uhr) Valencias weitläufiger überdachter Markt wurde 1928 gebaut und kürzlich generalüberholt. Das Gebäude im Stil des Modernisme ist ein Fest für die Sinne mit tausend Gerüchen und Farben und jeder Menge Trubel. Nicht den Anbau für Fisch, Meeresfrüchte und Innereien verpassen.

STADTZENTRUM

Instituto Valenciano de Arte Moderno KUNST
(IVAM; Karte S. 590; www.ivam.es; Calle Guillem de Castro 118; Erw./Kind 2/1 €; ⏲Di–So 10–20 Uhr) Das IVAM zeigt hervorragende Sonderausstellungen und eine beeindruckende ständige Sammlung spanischer Kunst des 20. Jhs.

VALENCIA KOSTENLOS

Für die folgenden Museen und Sehenswürdigkeiten muss man samstags und sonntags keinen Eintritt zahlen:

» La Lonja (S. 587)

» Museo Fallero (S. 588)

» Museo de Historia de Valencia (S. 586)

» La Almoina (S. 587)

» Torres de Serranos (S. 588)

» Torres de Quart (S. 588)

» Cripta de la Cárcel de San Vicente Mártir (S. 587)

» Museo Nacional de Cerámica (S. 588)

Der Besuch des IVAM ist jeden Sonntag kostenlos.

GRATIS **Museo de Bellas Artes** MUSEUM

(Karte S. 584 f.; Calle San Pío V 9; ⌚Di–So 10–19, Mo 11–17 Uhr) Das helle, geräumige Museum ist eines der besten Spaniens. Zu seinen Highlights zählen das großartige römische *Mosaik der neun Musen,* eine Sammlung prächtiger Altarbilder aus dem Spätmittelalter sowie zahlreiche beeindruckende Werke von El Greco, Goya, Velázquez, Murillo, Ribalta und von Künstlern der valencianischen impressionistischen Schule wie Sorolla und Pinazo.

Palacio del Marqués de Dos Aguas PALAST

(Karte S. 590; Calle Poeta Querol 2) Zwei herrlich extravagante Rokoko-Karyatiden befinden sich über dem Haupteingang des aufgedonnerten Palasts. Drinnen präsentiert das **Museo Nacional de Cerámica** (Karte S. 590; Erw./Kind 3 €/frei; ⌚Di–Sa 10–14 & 16–20, So 10–14 Uhr) Keramiken aus der ganzen Welt, besonders aus den namhaften lokalen Produktionszentren Manises, Alcora und Paterna.

Torres de Serranos TOR, ARCHITEKTUR

(Karte S. 590; Plaza de los Fueros; Erw./Kind 2/1 €; ⌚Di–Sa 10–19, So 10–15 Uhr) Die Torres de Serranos aus dem 14. Jh. thronen über dem einstigen Flussbett des Río Turia und bildeten einst das Haupttor nach Barcelona sowie in den Norden. Sie und die Torres de Quart sind die einzigen Überreste von Valencias alter Stadtmauer. Oben eröffnet sich ein netter Blick auf das Barrio del Carmen und das Flussbett.

Torres de Quart TOR, ARCHITEKTUR

(Karte S. 590; Calle Guillem de Castro; Erw./Kind 2/1 €; ⌚Di–Sa 10–19, So 10–15 Uhr) Wer die Türme aus dem 15. Jh. erklimmt, genießt eine tolle Aussicht Richtung Madrid. Am besten kommt man zum Sonnenuntergang her. Die Einschusslöcher französischer Kanonenkugeln im Gemäuer von Napoleons Invasion im 19. Jh. sehen wie Pockennarben aus.

Estación del Norte BEMERKENSWERTES GEBÄUDE

(Karte S. 590; Calle Xàtiva) 1917 trudelten die ersten Züge in diesem reich dekorierten Bahnhof im Stil des Modernisme ein. Die Haupthalle ist mit Keramikmosaiken und Wandbildern geschmückt, die Travellern in den wichtigsten europäischen Sprachen eine gute Reise wünschen.

Museo del Patriarca MUSEUM

(Karte S. 590; Calle la Nave 1; Eintritt 2 €; ⌚11–13.30 Uhr) Dieses Kleinod ist ein absolutes Muss, wenn man sich für sakrale Kunst interessiert. Besonders gut vertreten sind die spanische und flämische Renaissancemalerei mit verschiedenen Gemälden von Juan de Juanes, Ribalta und El Greco.

GRATIS **Museo de Etnología** MUSEUM

(Karte S. 590; Calle de Corona 36; ⌚Di–So 10–20 Uhr) Das Ethnologische Museum zeigt Fotos, Artefakte und Haushaltsgegenstände aus der Stadt und der Region. Im selben Gebäude (gewöhnlich als La Beneficencia bezeichnet) befindet sich auch das **Museo de Prehistoria** (Karte S. 590), wo die Frühgeschichte der Region behandelt wird.

Museo Fallero MUSEUM

(Karte S. 584 f.; Plaza Monteolivete 4; Erw./Kind 2/1 €; ⌚Di–Sa 10–19, So 10–15 Uhr) Jedes Jahr wählt die Stadtbevölkerung während des Las-Fallas-Festivals die schönste von Tausenden *ninots* (Figuren), die stolz vor den *fallas* (riesige Statuen aus Pappmaché und Styropor) posieren: Sie wird als einzige nicht verbrannt, sondern stattdessen in diesem Museum ausgestellt.

Mercado de Colón MARKT

(Karte S. 584 f.; www.mercadocolon.es; Calle de Cirilo Amorós) Seinerzeit war das Modernismebauwerk von 1916 ein Markt für das aufstrebende Bürgertum im Vorort L'Eixample. Heute beherbergt es Boutiquen und Cafés.

Plaza Redonda PLATZ

(Karte S. 590) Die kleine runde Plaza Redonda sieht nach einer aufwendigen Renovierung wieder adrett und gepflegt auf. Früher diente sie als Schlachtplatz (der Mercado Central ist ganz in der Nähe), aber heute ist sie von Ständen umringt, an denen allerlei Kleinkram sowie Kleidung und in der Gegend hergestelltes Kunsthandwerk und Keramik verkauft werden.

GRATIS **Museo Taurino** MUSEUM

(Karte S. 590; Pasaje de Doctor Serra 10; ⌚Di–So 10–20 Uhr) Das kleine Museum gleich neben der Plaza de Toros beherbergt eine Sammlung von Ausstellungsstücken rund um das Thema Stierkampf und ist genau das Richtige für Leute, die auf Männer in Strumpfhosen und Jäckchen mit Paillettenbesatz stehen. Man darf auch eine Runde durch den Sand in der Arena drehen.

L'Iber (Museo de Soldaditos de Plomo) MUSEUM

(Karte S. 590; www.museoliber.org; Calle de Caballeros 22; Erw./Kind 4/2,80 €; ⌚Mi–So 11–14 & 16–19 Uhr) Angeblich besitzt das L'Iber die größte Spielzeugsoldatensammlung der Welt (mehr als 85 000 Stück!). Auf dem 4,7 m x 2,8 m großen Modell der Schlacht von Almansa (1707) sind 9000 Soldaten aufgestellt und in den Schaukästen wimmelt es von Bataillonen und Einheiten aus Spielzeugmännchen.

GRATIS **Baños del Almirante** BADEHAUS

(Karte S. 590; Calle Baños del Almirante 3-5; ⌚Di–Sa 10–13.30 & 18–19.30, So 10–13.30 Uhr) Bis 1959 diente das 1313 gebaute Gebäude als öffentliche Badeanstalt. Heute gibt's jede halbe Stunde eine hervorragende audiovisuelle Präsentation, gefolgt von einer kurzen Führung.

Iglesia de Santa Catalina KIRCHE

(Karte S. 590; Plaza Lope de Vega) Der auffällige barocke Glockenturm aus dem 18. Jh. zählt zu den bekanntesten Wahrzeichen der Stadt.

Rathaus MUSEUM

(Plaza del Ayuntamiento 1; ⌚9–14 Uhr) Valencias schickes neoklassizistisches *ayuntamiento* (Rathaus) dominiert den Platz, an dem es sich erhebt. Es beherbergt das **Museo Histórico Municipal**, eine wahre Fundgrube für historisch bedeutende Gegenstände, darunter das Schwert, mit dem Jakob I. angeblich die Mauren bezwungen hat, und eine faszinierende Karte von Valencia aus dem Jahre 1704, angefertigt von Padre Tosca. Zutritt besteht durch die Tür südlich der Haupttreppe.

Hauptpostamt BEMERKENSWERTES GEBÄUDE

(☎90 212 32 12; Plaza del Ayuntamiento 24; ⌚Mo–Fr 8.30–20.30, Sa 9.30–14 Uhr) Los Correos, Valencias neoklassizistisches Postamt, ist riesig und hat eine faszinierende Decke aus Buntglas. Der Nachwuchs wird Spaß daran haben, die beiden Löwenbriefkästen in der Calle de Correos mit Postkarten zu füttern. Schade eigentlich, dass die geflügelten Engel und der Zug auf dem Dach des Gebäudes es nicht schaffen, sie etwas flotter zum Adressaten zu bringen.

VALENCIA MIT KINDERN

An erster Stelle für Familien stehen natürlich **Strände** wie Malvarrosa und Las Arenas. Beide sind vom Stadtzentrum aus mit Bus oder Straßenbahn schnell zu erreichen. Auch das Tramfahren macht Spaß: In der **Hochgeschwindigkeitsbahn** werden die Fahrgäste regelrecht in die Sitze gedrückt.

Toll für Kinder ist außerdem das ganzjährig zugängliche 9 km lange ehemalige Flussbett des inzwischen umgeleiteten Río Turia: Auf dem riesigen **Gulliver** (Karte S. 584 f.; Jardines del Turia; Eintritt frei; ⌚Sept.–Juni 10–20 Uhr, Juli & Aug. 10–14 & 17–21 Uhr; 🚌19, 95) in den Jardines del Turia wimmelt es stets von kleinen „Kletteraffen".

Im Jardín Botánico (S. 590) geht's um einiges ruhiger zu. Hier kann man zwischen den Bäumen Verstecken spielen (dabei einen Bogen um Kakteen und streunende Katzen machen) und die Frösche im Brunnen beobachten.

Mit seinen 45 000 Wassertieren und -pflanzen hat das Oceanogràfic in der **Ciudad de las Artes y las Ciencias** (S. 569) für jeden etwas zu bieten. Das Wissenschaftsmuseum ist eher für Kinder ab zwölf Jahren geeignet (viele Exponate sind zum Anfassen und Grundschüler haben schon unabsichtlich so einiges zerlegt). Im IMAX-Kino erlebt man Spannendes zu saftigen Preisen. Aus diesem Grund lohnt sich ein Blick auf die verschiedenen Familien- und Kombitickets.

Valencia Zentrum

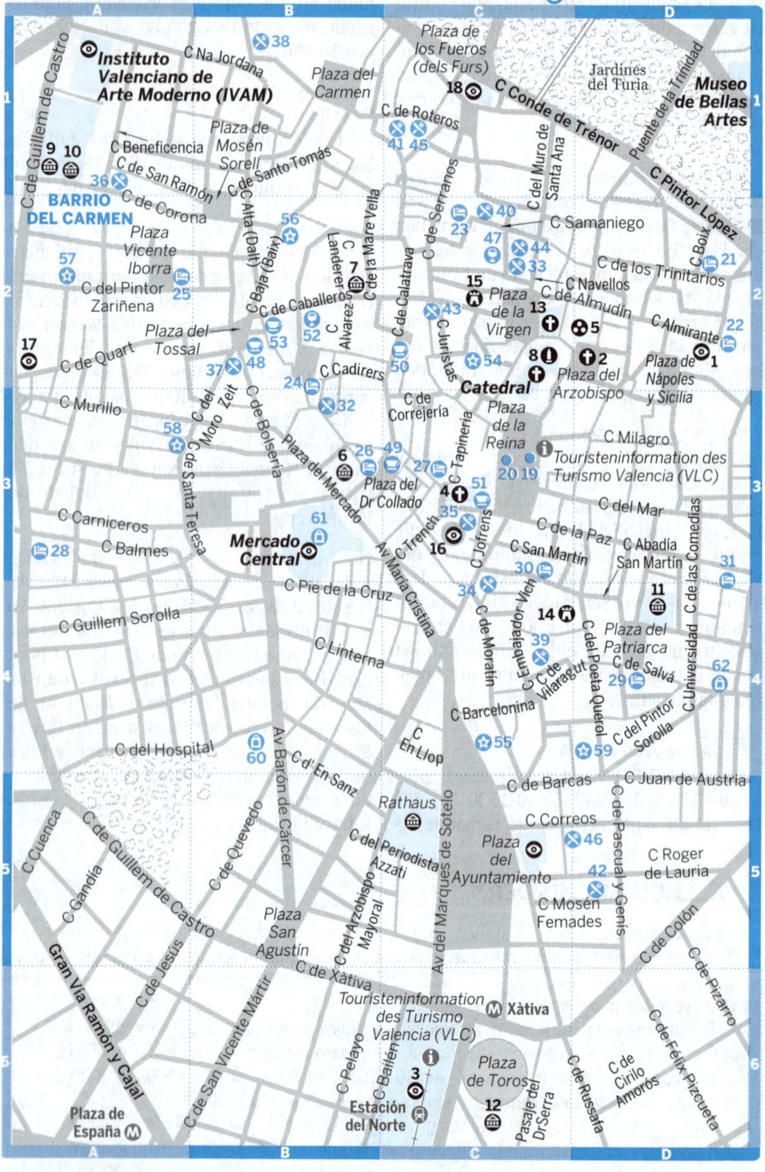

PARKS & GÄRTEN

Jardines del Turia GARTEN

(Karte S. 584 f.) Im ehemaligen Flussbett des Río Turia erstreckt sich eine 9 km lange Grünanlage mit Spielfeldern, Rad- und Spazierwegen, Rasen- und Spielplätzen. Östlich des Palau de la Música können die Kleinen wie Liliputaner auf einem toll gemachten **Gulliver** herumklettern.

Jardín Botánico BOTANISCHER GARTEN

(Karte S. 584 f.; http://www.jardibotanic.org; Calle de Quart 80; Erw./Kind 2/1 €; ⏲10 Uhr–Sonnenuntergang) Spaniens erster Botanischer Garten

Valencia Zentrum

Highlights
Catedral C2
Instituto Valenciano de Arte Moderno (IVAM) A1
Mercado Central B3

Sehenswertes
1 Baños del Almirante D2
2 Cripta de la Cárcel de San Vicente Mártir D2
3 Estación del Norte C6
4 Iglesia de Santa Catalina C3
5 La Almoina D2
6 La Lonja B3
7 L'Iber (Museo de Soldaditos de Plomo) B2
8 Miguelete-Glockenturm C2
9 Museo de Etnología A1
10 Museo de Prehistoria A1
11 Museo del Patriarca D4
Museo Nacional de Cerámica ....(siehe 14)
12 Museo Taurino C6
13 Nuestra Señora de los Desamparados C2
14 Palacio del Marqués de Dos Aguas C4
15 Palau de la Generalitat C2
16 Plaza Redonda C3
17 Torres de Quart A2
18 Torres de Serranos C1

Aktivitäten, Kurse & Touren
19 Art Valencia C3
20 Kutschfahrten C3

Schlafen
21 Ad Hoc Monumental D2
22 Caro Hotel D2
23 Center Valencia C2
24 Hilux Hostal B2
25 Hôme Backpackers A2
26 Hôme Youth Hostel B3
27 Hostal Antigua Morellana C3
28 Indigo Youth Hostel A3
29 Pensión París D4
30 Petit Palace Bristol C3
31 Red Nest Hostel D3

Essen
Alma del Temple ....(siehe 22)
32 Carosel B3
33 Delicat C2
34 Ginger Loft Café C4
35 Horchatería de Santa Catalina C3
36 La Lluna A1
37 La Pilareta B2
38 La Tastaolletes B1
39 La Utielana C4
40 Las Cuevas C2
41 Mattilda C1
42 Palacio de la Bellota D5
43 Pepita Pulgarcita C2
44 Seu-Xerea C2
45 Tap C1
46 Vuelve Carolina D5

Ausgehen
47 Café de las Horas C2
48 Café Infanta B2
49 Café Lisboa C3
50 Café-Bar Negrito C2
51 Horchatería el Siglo C3
52 Johnny Maracas B2
53 Sant Jaume B2

Unterhaltung
54 Calcatta C2
55 Filmoteca C4
56 Jimmy Glass B2
57 Music Box A2
58 Radio City A3
59 Teatro Principal D4

Shoppen
60 Librería Patagonia B4
61 Mercado Central B3
62 Valencia Club de Fútbol Shop D4

wurde 1802 eröffnet. In der friedlichen Atmosphäre zwischen den ausgewachsenen Bäumen, den zahlreichen Pflanzen, einem ausgedehnten Kakteengarten und einer wachsamen Gruppe Wildkatzen kann man wunderbar relaxen.

Jardines del Real PARK
(Karte S. 584 f.) Ein weiteres reizendes Fleckchen für einen Spaziergang inklusive kleiner Voliere. Die einstige Palastanlage erstreckt sich bis zum Flussbett und wird meist Los Viveros genannt.

Parque de Cabecera PARK
(Karte S. 584 f.; Paseo de la Pechina) In dem öffentlichen Park am westlichen Ende des Flussbetts befindet sich ein winziger See, an dem man Tretboote in Schwanenform mieten kann. Von dem künstlich angelegten

Hügel genießt man einen besonders tollen Blick auf Valencia.

STRÄNDE

Die Straßenbahn fährt bis zur **Playa de la Malvarrosa**, die in die **Playa de las Arenas** übergeht. Neben den beiden Stränden verläuft der **Paseo Marítimo**, eine Promenade mit zahlreichen Restaurants und Cafés. Ganz in der Nähe wummern im Sommer die Boxen der Bars und Discos.

10 km weiter südlich erstreckt sich die **Playa El Salér**, die an einem schattigen Kiefernwald liegt. Die gelben Busse von **Autocares Herca** (☎96 349 12 50; www.autocaresherca.com) fahren stündlich (im Sommer halbstündlich) von Valencia über El Salér nach Perelló. Sie halten an der Kreuzung der Gran Vía de las Germanias und der Calle de Sueca, bei der Plaza de Cánovas sowie vor der Ciudad de las Artes y Las Ciencias (man erkennt die Haltestellen am Herca-Logo).

Geführte Touren

Kutschfahrten KUTSCHFAHRTEN

(Karte S. 590) An der Plaza de la Reina kann man einen Pferdewagen mieten, sich durch das *centro histórico* kutschieren lassen und das Treiben aus der Höhe betrachten. Eine 40-minütige Fahrt für bis zu fünf Passagiere kostet 30 €.

Valencia Guías STADTFÜHRUNGEN

(Karte S. 584 f.; ☎96 385 17 40; www.valenciaguias.com; Paseo de la Pechina 32) Dreistündige Radtouren auf Englisch (tgl.; 25 € inkl. Fahrradmiete und Snack, mind. 2 Pers.). Samstags um 10 Uhr finden außerdem geführte Spaziergänge auf Spanisch und Englisch statt (2 Std.; Erw./Kind 15 €/frei); Treffpunkt ist an der Touristeninformation auf der Plaza de la Reina.

Art Valencia STADTFÜHRUNGEN

(Karte S. 590; ☎96 310 61 93; www.artvalencia.com) Die zweistündigen Stadtführungen (13,50 €) auf Spanisch und Englisch starten freitags um 11 Uhr bei der Touristeninformation an der Plaza de la Reina.

Feste & Events

März & April

Las Fallas UMZÜGE, FEUERWERK

Eine wilde Frühlingsparty (s. Kasten S. 599).

Semana Santa KARWOCHE

Aufwendige Prozessionen im La-Malvarrosa-Viertel am Meer.

Fiesta de San Vicente Ferrer UMZÜGE, THEATER

Bunte Paraden und Rollenspiele in der ganzen Stadt am Sonntag nach Ostern.

Mai

Fiesta de la Virgen MARIENPROZESSION

Am zweiten Maisonntag versuchen Massen von inbrünstigen Gläubigen, auf dem kurzen Weg über die Plaza de la Virgen zur Kathedrale die Figur der Virgen de los Desamparados (Schutzheilige der Stadt) zu berühren.

Danza Valencia MODERNER TANZ

Zwei Wochen lang von Ende April bis Anfang Mai werden von spanischen und internationalen Gruppen moderne Tanzperformances aufgeführt.

Juni

Corpus Christi FRONLEICHNAM

Prächtige Prozession und Mysterienspiele am neunten Sonntag nach Ostern.

Día de San Juan LAGERFEUER

Tausende Stadtbewohner feiern am Abend des 23. Juni die Sommersonnenwende und den längsten Tag des Jahres mit Lagerfeuern am Strand.

Juli

Feria de Julio VOLKSFEST

In der zweiten Junihälfte kann man sich auf Theateraufführungen, Blaskapellen, Stierkämpfe, Feuerwerk und die „Schlacht der Blumen" freuen.

Oktober

Día de la Comunidad REGIONALER GEDENKTAG

Am 9. Oktober findet der Gedenktag zur Befreiung der Stadt aus der arabischen Herrschaft im Jahr 1238 statt.

Schlafen

Valencia ist ein wichtiges Geschäftszentrum. Große Hotels haben es am Wochenende nicht leicht, ihre Zimmer voll zu bekommen, deshalb geben sie an Wochenenden sowie im Hochsommer meist ordentliche Nachlässe.

LP TIPP **Caro Hotel** HOTEL €€€

(Karte S. 590; ☎96 305 90 00; www.carohotel.com; Calle Almirante 14; Zi. 140–200 €; ❄📶) Das Fundament dieses Hotels steht auf 2000 Jahren valencianischer Geschichte. Bei der letzten Renovierung wurden ein beachtliches Stück der arabischen Mauer, Sockel römischer Säulen und gotische Steinbogen freigelegt! Sämtliche Zimmer in dem opulenten Her-

START MERCADO CENTRAL
ZIEL MERCADO CENTRAL
LÄNGE CA. 3 KM
DAUER EINE BIS 1½ STUNDEN

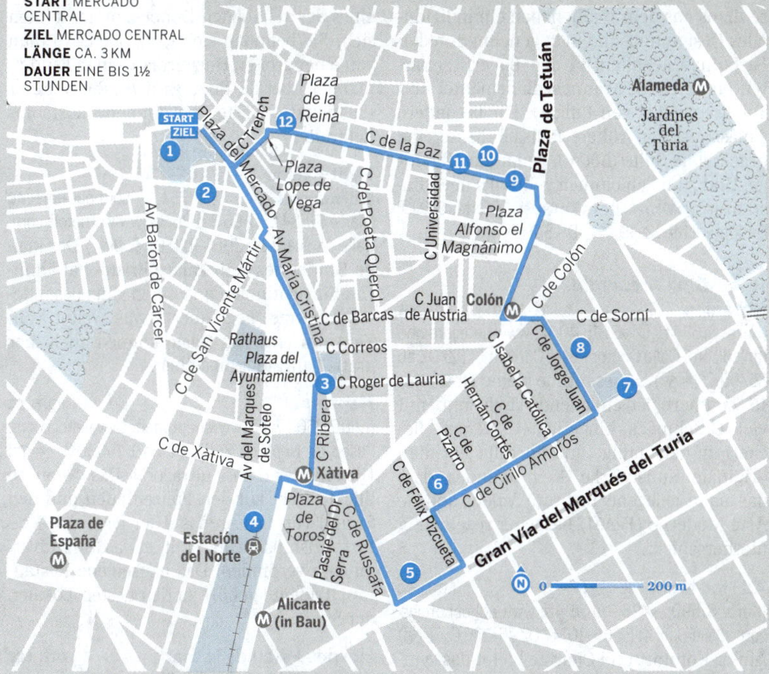

Stadtspaziergang:

Bauwerke des Modernisme

Diese Spazierroute führt zu bedeutenden Gebäuden im Stil des Modernisme.

Nach einem Besuch des 1 **Mercado Central** bewundert man die aufwendige Stuckfassade an der Ecke 2 **Calle Ramilletes** und Plaza del Mercado. Dann geht's die Avenida María Cristina entlang bis zur Plaza del Ayuntamiento, wo sich das prächtige 3 **Hauptpostamt** mit seiner großartigen Kuppel und den Bleiglasmosaiken im Inneren befindet. Am anderen Ende des Platzes, der von Blumenständen umringt ist, steht das neoklassizistische Rathaus.

Ein kurzer Abstecher am Ende der Calle Ribera führt zur 4 **Estación del Norte** mit einer Schalterhalle aus dunklem Holz und einem eindrucksvollen gekachelten Saal. Auf der Calle de Russafa und dann nach links geht's weiter zur 5 **Casa Ortega** (Gran Vía 9) inklusive floraler Dekoration und einem Balkon, der von schmucken Karyatiden getragen wird. Nun folgt man der Calle de Félix Pizcueta und biegt an der ersten Ecke rechts ab in die Calle de Cirilo Amorós. Oberhalb der modernen Geschäfte im Erdgeschoss offenbart sich die ursprüngliche Bauweise der Häuser. Für eine Pause bietet sich die 6 **Casa Ferrer** (Nr. 29) an, die mit Stuckrosen und Keramikkacheln verziert ist. Anschließend führt der Weg nordwärts zum prächtigen 7 **Mercado de Colón**, wo man eine Getränkepause einlegt. Von dort schlendert man Richtung Westen zu der nach ihren Drachenmotiven benannten 8 **Casa del Dragón** (Calle de Jorge Juan 3).

Als Nächstes überquert man die Calle de Colón, biegt rechts in die Calle Poeta Quintana ein und läuft am Reiterstandbild von Jakob I. vorbei bis zur Calle de la Paz, wo einen das 9 **Hotel Vincci Palace** zurück ins 19. Jh. versetzt. Einst war das frühere Palasthotel die beste Unterkunft der Stadt. Es wartet ebenso wie das Haus 10 **Nr. 31** gleich gegenüber mit hübschen verzierten *miradores* (Eckbalkone) auf, während das 11 **Red Nest Hostel** (Nr. 36) über zierliche Eisengeländer verfügt.

Am Ende der Calle de la Paz geht's weiter geradeaus. In der 12 **Horchatería Santa Catalina** lockt eine *horchata* (ein süßes Getränk aus Erdmandeln). An der Plaza Lope de Vega biegt man links in die Calle Trench ein und erreicht so schließlich wieder den Mercado Central.

renhaus aus dem 19. Jh. haben ein individuelles Design und sind in angenehm dunklen Farbtönen gehalten. In den Bädern erwarten einen runde Wannen, Bademäntel und Toilettenartikel von Bulgari. Für besondere Anlässe ist der frühere Ballsaal, heute eine prachtvolle Suite (500 €), genau das Richtige. Und zum Schlemmen geht's ins neue Restaurant **Alma del Temple** (Karte S. 590; Hauptgerichte 12–19 €; ⌚Di–So).

LP TIPP **Chill Art Jardín Botánico** BOUTIQUE-HOTEL €€
(Karte S. 584 f.; ☎96 315 40 12; www.hoteljardinbotanico.com; Calle Doctor Peset Cervera 6; EZ/DZ ab 85/90 €; ❄📶) Dieses intime kleine Hotel mit 16 Zimmern ist einladend, lässig und mit viel Geschmack eingerichtet. Kerzen flackern in der Lounge und überall sieht man originale Kunstwerke. Kein Wunder, dass das nahe gelegene Instituto Valenciano de Arte Moderno (IVAM) Besucher regelmäßig hierherschickt.

Ad Hoc Monumental HOTEL €€
(Karte S. 590; ☎96 391 91 40; www.adhochoteles.com; Calle Boix 4; EZ 65–101 €, DZ 76–125 €; ❄📶) Außer Komfort und Charme bietet das sympathische Ad Hoc auch noch ein hervorragendes kleines Restaurant, in dem man montags bis samstags zu Abend essen kann. Das Altstadtgebäude aus dem späten 19. Jh. wurde mit viel Fingerspitzengefühl restauriert und strahlt jetzt wieder in altem Glanz - mit Originaldecken, anheimelndem Mauerwerk und Holzbalken.

Petit Palace Bristol BOUTIQUE-HOTEL €€
(Karte S. 590; ☎96 394 51 00; www.hthoteles.com; Calle Abadía San Martín 3; Zi. 60–130 €; ❄@📶) Das moderne, minimalistische Boutique-Hotel liegt in einem gründlich umgebauten herrschaftlichen Haus aus dem 19. Jh., wo die Vergangenheit im besten Sinn noch spürbar ist und zudem ein fabelhaft leckeres Frühstück serviert wird. Die 15 € extra für eines der gehobenen Doppelzimmer lohnen sich: Sie befinden sich ganz oben, wo man von einer großen Holzterrasse einen Panoramablick über die Stadt genießt. Ein weiterer Pluspunkt: Gäste bekommen kostenlos Leihräder.

i APARTMENTS

Wer für eine Nacht oder einen längeren Aufenthalt seine eigenen vier Wände möchte, findet auf diesen Websites eine gute Auswahl:

» www.roomsdeluxe.com

» www.valenciaflats.com

» www.accommodation-valencia.com

Petit Palace Germanías BOUTIQUE-HOTEL €€
(Karte S. 584 f.; ☎96 351 36 38; www.hthotels.com; Calle de Sueca 14; Zi. 65–120 €; ❄@📶) Der kleine Bruder des Petit Palace Bristol hat ähnliche Einrichtungen und einen ganz besonderen Charme, liegt aber etwas weiter vom Zentrum entfernt. Gäste können auch hier gratis Fahrräder ausleihen.

Neptuno HOTEL €€
(☎96 356 77 77; www.neptunohotel-valencia.com; Paseo de Neptuno 2; EZ/DZ ab 126/130 €; ❄📶) Ultramodern und ultracool! Das Neptuno blickt direkt auf den Freizeithafen und den Strand von Las Arenas. Hier lässt sich Kulturtourismus prima mit etwas Strandvergnügen verbinden. Das hauseigene Restaurant Tridente gehört zu den besten Lokalen der Stadt.

Hospes Palau de la Mar HOTEL €€€
(Karte S. 584 f.; ☎96 316 28 84; www.hospes.es; Calle Navarro Reverter 14; EZ ab 111 €, DZ 123–173 €; ❄📶) Ursprünglich bestand das Boutique-Hotel aus zwei eleganten Herrenhäusern aus dem 19. Jh. Es hat 18 ähnlich eingerichtete Zimmer, die sich rund um einen ruhigen Garten gruppieren. Alles hier ist schwarz, weiß, beige oder in gedeckten dunklen Farben gehalten und wirkt lässig sowie ausgesprochen modern. Darüber hinaus gibt's eine Sauna, einen Jacuzzi und einen winziger Swimmingpool.

Hostal Antigua Morellana HOSTAL €
(Karte S. 590; ☎96 391 57 73; www.hostalam.com; Calle En Bou 2; EZ 45–55 €, DZ 55–65 €; ❄) In einer ruhigen Straße unweit des Mercado Central versteckt sich ein freundliches familienbetriebenes *hostal* mit 18 Zimmern, das in einer renovierten *posada* (Unterkunft für wohlhabende Händler, die ihre Waren auf dem nahe gelegenen Lebensmittelmarkt verkauften) aus dem 18. Jh. untergebracht ist. Die Zimmer sind gemütlich und nicht zu klein und haben oft auch einen Balkon.

Pensión París PENSION €
(Karte S. 590; ☎96 352 67 66; www.pensionparis.com; 1. & 3. OG, Calle de Salvá 12; EZ 23 €, DZ 34–42 €) Herzliche familienbetriebene Bleibe mit tadellosen Zimmern, die sich zumeist

HOSTELS

Es gibt in Valencia zahlreiche fröhliche und moderne Hostels mit tollem Preis-Leistungs-Verhältnis:

Center Valencia (Karte S. 590; ☎96 391 49 15; www.center-valencia.com; Calle Samaniego 18)

Hilux Hostal (Karte S. 590; ☎96 391 46 91; www.feetuphostels.com; Calle Cadirers 11)

Hôme Backpackers (Karte S. 590; ☎96 391 37 97; www.homehostelsvalencia.com; Calle Santa Cristina)

Hôme Youth Hostel (Karte S. 590; ☎96 391 62 29; www.homehostelsvalencia.com; Calle Lonja 4)

Indigo Youth Hostel (Karte S. 590; ☎96 315 39 88; www.indigohostel.com; Calle Guillem de Castro 64)

Purple Nest Hostel (Karte S. 584 f.; ☎96 353 25 61; www.nesthostelsvalencia.com; Plaza Tetuan 5)

Red Nest Hostel (Karte S. 590; ☎96 342 71 68; www.nesthostelsvalencia.com; Calle Paz 36)

Gemeinschaftsbäder teilen. Die Pension befindet sich in einer ruhigen Straße und bietet ein echtes Kontrastprogramm zu den vollgestopften Hostels.

Acta Atarazanas HOTEL €€
(☎96 320 30 10; www.hotelatarazanas.com; Plaza Tribunal de las Aguas 5; Zi. ab 65 €; ❄📶) Cremefarbene Wände und Stoffe, dunkel gebeiztes Holz, wunderbare Bäder mit tiefen Wannen samt Massagedüsen und riesige Duschköpfe sowie eine luftige Dachterrasse mit einem herrlichen Rundblick über Stadt und Meer – all dies erwartet einen im Acta Atarazanas. Das Hotel liegt nicht weit vom Strand und vom Hafen entfernt.

Essen

Valencia ist das Zentrum von La Huerta, einer fruchtbaren Küstenebene, die köstliches Obst und Gemüse hervorbringt. Bei der Restaurantsuche hat man die Qual der Wahl, denn es gibt mehr als 1700 Möglichkeiten.

CENTRO HISTÓRICO

LP TIPP **Delicat** TAPAS, FUSIONSKÜCHE €
(Karte S. 590; ☎96 392 33 57; seudelicat@hotmail.es; Calle Conde Almodovar 4; Hauptgerichte 4–11 €, Menüs 12 €; ⌚Di–So) In diesem außergewöhnlich netten Laden mit gerade mal neun Tischen und einer Terrasse für die Sommermonate wirbeln Catina und ihr Lebensgefährte Paco für alle sichtbar in der Küche umher und bereiten dort mittags ein unschlagbar günstiges Fünf-Gänge-Menü zu. Die fantasievollen Tapas werden zu jeder Tageszeit serviert.

LP TIPP **Seu-Xerea** FUSIONSKÜCHE, MEDITERRAN €€
(Karte S. 590; ☎96 392 40 00; www.seuxerea.com; Calle Conde Almodóvar 4; Hauptgerichte ca. 20 €, Menüs 19–45 €; ⌚Di–Sa) Das kürzlich renovierte einladende Restaurant kommt in so ziemlich jedem englischsprachigen Zeitungsartikel über Valencia gut weg. Es bietet eine kreative, verlässlich gute und häufig wechselnde Speisekarte, auf der internationale sowie traditionelle spanische Gerichte stehen. Auch die Weine sind hervorragend – kein Wunder, denn sie werden alle vom Inhaber, einem Sommelier, ausgewählt.

Vuelve Carolina MEDITERRAN €€
(Karte S. 590; ☎96 321 86 86; www.vuelvecarolina.com; Calle Correos 8; Hauptgerichte 12–16 €, Menüs 30 €; ⌚Mo–Sa) Im Vuelve Carolina, einem beliebten neuen Lokal mit origineller Küche, in dem man vorab reservieren muss, fühlt man sich wie in einem Schiffsrumpf: Die Wände und die Theke bestehen wie so ziemlich alles andere aus Kiefernholz und sind schummerig beleuchtet. Von Stil zeugen auch das Geschirr mit Tellern in Blattform und die ovalen Gläser. Eine Vorspeise besteht z. B. aus einer einzelnen, saftigen Muschel umhüllt von sahnigem Joghurt.

Carosel MEDITERRAN €
(Karte S. 590; ☎96 113 28 73; www.carosel.es; Calle Taula de Canvis 6; Hauptgerichte 6–10 €, Menüs 15–18 €; ⌚Di–Sa mittags & abends, So mittags) Jordi und seine Partnerin Carol, die Besitzer dieses zauberhaften Restaurants, warten mittags mit einem leckeren, hübsch auf einem gemeinsamen Teller angerichteten Vorspei-

sentrio, einem köstlichen Reisgericht und einem reichhaltigen Dessert nach Wahl auf. Das Abendmenü folgt dem gleichen Muster, es gibt aber von allem etwas mehr. Von uns aufs Wärmste empfohlen.

Tap MEDITERRAN, TAPAS €

(Karte S. 590; ☎96 391 26 27; www.enotecaeltap.com; Calle de Roteros 9; Hauptgerichte 6–11 €, Menüs 12 €; ⊙Di–Sa mittags & abends, Mo abends) Ein Neuzugang in der kleinen, aber feinen Restaurantszene von Barrio del Carmen, das von Michele und Edu betrieben wird. In der Küche schwingt René das Zepter. Das Tap überzeugt mit einem exzellenten Preis-Leistungs-Verhältnis, authentischen Tapas sowie einer sorgfältig zusammengestellten Auswahl an Weinen und Bieren.

La Pilareta TAPAS €

(Karte S. 590; ☎96 391 04 97; Calle del Moro Zeit 13; Gerichte um 15 €; ⊙12–24 Uhr) Im bodenständigen, engen Pilareta (auch als Bar Pilar bekannt) gibt's von Mai bis August tolle herzhafte Tapas und *clóchinas* (saftige kleine regionale Muscheln). Das restliche Jahr über werden *mejillones* serviert, die fetter und weniger geschmackvoll sind. Wir empfehlen den *entero,* einen Pilz in einer würzigen Brühe, die mit einer leeren Muschel gelöffelt wird. Wer an der Theke Platz nimmt, sollte nach dem Essen die leeren Muschelschalen in den Plastiktrog zu den Füßen werfen.

Mattilda MEDITERRAN €€

(Karte S. 590; ☎96 382 31 68; Calle de Roteros 21; Menüs 11–13 €, Hauptgerichte 11–17 €; ⊙Mo & Di mittags, Mi–Sa mittags & abends) Das Mattilda verfügt über eine stilvolle, moderne und unprätentiöse Einrichtung. Inhaber Francisco Borell und sein fröhliches junges Team bieten einen freundlichen Service, ein einfallsreiches Angebot à la carte und ein preiswertes Mittagsmenü.

Ginger Loft Café BAR, CAFÉ €

(Karte S. 590; ☎96 352 32 43; www.thegingerloft.com; Calle de Vitoria 4; Hauptgerichte 7–12,50 €, Menüs 12,75 €; ⊙Di–Sa mittags & abends, So Brunch) Mike aus Schottland und Santiago, sein peruanisch-japanischer Partner, sind die Besitzer dieses reizenden Cafés. Die ausgewählten Weine stammen alle aus der Region Valencia und die tollen Cocktails füllen eine ganze Seite. Darüber hinaus gibt's hier die wohl größte Auswahl an Ginflaschen, die man je gesehen hat. Für einen Snack lohnt sich ein Blick auf das großartige Angebot an spanischem Schinken und diversen Käsesorten, außerdem locken zahlreiche internationale Hauptgerichte.

La Tastaolletes VEGETARISCH €

(Karte S. 590; ☎96 392 18 62; www.latastaolletes.com; Calle de Salvador Giner 6; Tapas & Salate 5–9,50 €, Hauptgerichte 9,50–12 €; ⊙Di–Sa mittags & abends, So mittags; 🅥) Gäste des ungezwungenen Lokals können sich über eine kreative Auswahl vegetarischer Tapas und Hauptgerichte aus erstklassigen Zutaten freuen. Die Salate machen pappsatt und die Desserts wie Käsekuchen mit Kompott schmecken einfach köstlich.

Palacio de la Bellota FISCH & MEERESFRÜCHTE €€€

(Karte S. 590; ☎96 351 49 94; www.palaciodelabellota.es; Calle de Mosén Femades 7; Menüs 46–55 €; ⊙Mo–Sa) Das Palacio de la Bellota gehört zu einer Handvoll gehobener Restaurants in einer Fußgängerzone. Die Meeresfrüchte kommen frisch aus dem Mittelmeer, die Fischauswahl ist hervorragend und von der Decke baumeln ganze Schinken. Man isst entweder drinnen oder auf der Terrasse an der Straße.

La Lluna VEGETARISCH €

(Karte S. 590; ☎96 392 21 46; Calle de San Ramón 23; Gerichte um 15 €; ⊙Mo–Sa; 🅥) Mit seinen Ziegelsteinwänden schafft das Lokal ein angenehmes Ambiente. Es wird von vielen Stammgästen frequentiert und serviert seit über 25 Jahren preiswerte vegetarische Gerichte von hoher Qualität. Mittags gibt's z. B. ein hochwertiges Vier-Gänge-Menü für läppische 7,70 €.

La Utielana VALENCIANISCH €€

(Karte S. 590; ☎96 352 94 14; Plaza Picadero dos Aguas 3; Menüs 10 €, Hauptgerichte 15 €; ⊙Mo–Fr mittags & abends, Sa mittags) Das Utielana versteckt sich in einer Seitenstraße der Calle Prócida und ist ebenso wie zahlreiche andere typisch valencianische Läden dieser Art stets rammelvoll mit Gästen, die vom gesunden Essen und dem ausgezeichneten Preis-Leistungs-Verhältnis angelockt werden. Wer warten muss, zieht ein nummeriertes Ticket.

Las Cuevas TAPAS €

(Karte S. 590; ☎96 391 71 96; Plaza Cisneros 2; Tapas 4,50–10 €; ⊙Mo–Fr mittags & abends, Sa abends) Der Name „Die Höhlen" passt zu dem riesigen verwinkelten Lokal. Die Theke biegt sich unter einer gigantischen Auswahl frisch zubereiteter Tapas.

WAS ISST MAN IN VALENCIA?

Arroz (Reis) ist ein wichtiger Bestandteil der valencianischen Küche. So köchelte die Paella zuerst hier, bevor sie in alle Welt exportiert wurde. Wer gern weitere typische Gerichte probieren möchte, sollte sich an Alternativen wie *arroz a banda* (in einem Fischsud gekocht), *arroz negro* (mit Tintenfisch in eigener Tinte) oder *arroz al horno* (im Ofen gebacken) halten. Für *fideuá* ersetzen die Köche den Reis durch Nudeln.

Zu den weiteren regionalen Spezialitäten gehört *horchata*, ein zuckriges Getränk aus zerstampften *chufas* (Erdmandeln), in das große „Gebäckfinger" namens *fartons* getunkt werden. Bei *Agua de Valencia* handelt es sich um die valencianische Version von Buck's Fizz mit *cava* (Sekt), Orangensaft, Gin und Wodka.

Pepita Pulgarcita TAPAS €
(Karte S. 590; ☎96 391 46 08; Calle de Caballeros 19; Tapas 5,50–9,50 €; ⏰Do–So mittags & abends, Mo–Mi abends) Hier erwarten einen hoch hinter der Bar aufgereihte Weine und einfallsreiche, lecker präsentierte Tapas. Das Pepita Pulgarcita bietet sich sowohl für einen Snack als auch für eine „richtige" Mahlzeit oder einfach eine *copa* an.

ÖSTLICHES VALENCIA

In und rund um das aufstrebende *barrio* (Viertel) Russafa öffnen jeden Monat neue Restaurants und Cafés.

LP TIPP **Appetite** INTERNATIONAL, FUSIONSKÜCHE €€
(Karte S. 584 f.; ☎96 110 56 60; www.appetite.es; Calle Salvador Abril 7; 6-/8-Gänge-Menü 26/32 €; ⏰Do–Mo abends, Sa & So auch mittags) Als „multikulturelle Küche" bezeichnen die Australierin Bonnie mit singapurischen Wurzeln und ihre Partnerin Arantxa, eine waschechte Valencianerin, ihre leckeren Kreationen mit asiatischem Einschlag. Gäste können sich entspannt zurücklehnen und sich ein Menü zusammenstellen lassen. Alles wird ganz frisch zubereitet, toll angerichtet und von Arantxa in hervorragendem Englisch vorgestellt.

LP TIPP **A Tu Gusto** MEDITERRAN €€
(Karte S. 584 f.; ☎96 322 70 26; www.atugusto.com; Ecke Avenida Instituto Obrero & Calle Escritor Rafael Ferreres; Hauptgerichte 14–20 €, Menüs 10–36 €; ⏰Mi–Sa mittags & abends, So & Di mittags) Ein erklärt modernes Restaurant mit schnittigem Dekor in Pistaziengrün und Tiefschwarz (mit Ausnahme der glänzend weißen Bar) ist das A tu gusto. In der Küche wirbelt Salvador Furió als Herr der Herdplatten umher, der bereits mit vielen spanischen Meisterköchen zusammengearbeitet hat. Seine Gerichte sind eine Augendweide und die Portionen überaus großzügig.

Coloniales Huerta SPANISCH, TAPAS €€
(Karte S. 584 f.; ☎96 334 80 09; www.colonialeshuerta.com; Calle del Maestro Gozalbo 13; Gerichte um 25 €, Menüs 16–25 €; ⏰Di–Sa mittags & abends, So mittags) Das kürzlich eröffnete Coloniales Huerta befindet sich in einem früheren valencianischen Feinkostgeschäft. In einer Ecke des Restaurants werden nach wie vor hochwertige Lebensmittel verkauft. Hier herrschen ein entspanntes Tempo und ein liebenswertes Durcheinander. Wein kostet so viel wie im Supermarkt und das Korkgeld dafür liegt bei vernünftigen 4 €.

LAS ARENAS

An den Wochenenden eilen Hunderte Einwohner nach Las Arenas direkt nördlich vom Hafen, wo ein Restaurant neben dem anderen liegt. Alle bieten einen Blick zum Strand und warten mit einem Drei-Gänge-Menü für etwa 20 € inklusive einer authentischen Paella auf.

Tridente FUSIONSKÜCHE €€
(☎96 356 77 77; Paseo de Neptuno 2; Hauptgerichte 16 €, Menüs 29–49 €; ⏰Mo–Sa mittags & abends, So mittags) Bevor man das Restaurant des Neptuno-Hotels betritt, dessen sanft cremiges Interieur in gefiltertes Sonnenlicht getaucht ist, sollte man sich einen Aperitif auf der großen Strandterrasse gönnen. Die Auswahl an Gerichten à la carte ist groß und das Tagesmenü wird auf Nachfrage vom Küchenchef, der gut Englisch spricht, persönlich vorgestellt. Alle Speisen sind hübsch angerichtet und machen satt.

Lonja del Pescado FISCH & MEERESFRÜCHTE €
(☎96 355 35 35; Calle de Eugenia Viñes 243; Gerichte um 20 €; ⏰März–Okt. Sa & So mittags, Di–So abends, Nov.–Feb. Sa & So mittags, Fr & Sa abends) Einen Häuserblock vom Strand entfernt stößt man auf dieses immer gut gefüllte zwanglose Lokal in Malvarrosa. Es sieht zwar aus wie eine aufgepeppte Blechhütte,

ist aber in Sachen frischer Fisch für wenig Geld unschlagbar. Gäste bekommen gleich am Eingang eine Bestellkarte, die sie am Tisch ausfüllen.

La Pepica FISCH & MEERESFRÜCHTE €€

(☎96 371 03 66; Paseo de Neptuno 6-8; Gerichte um 25 €; ⏲Mo–Sa mittags & abends, So mittags) Das Pepica ist teurer als seine zahlreichen Konkurrenten am Strand. Es befindet sich seit mehr als 100 Jahren im Besitz derselben Familie und hat sich dank seiner guten Reisgerichte und Meeresfrüchte einen Namen gemacht. Hier tafelte sogar schon Ernest Hemingway! Zwischen den Gängen lohnt sich ein Blick auf die Fotos und die Ehrungen an der Wand.

Ausgehen

Im Barrio del Carmen liegen abgewrackte und superschicke Bars dicht beieinander. Am Wochenende drängen zahlreiche Nachtschwärmer auf der Suche nach *la marcha* (Action) auf die Hauptstraße Calle Caballeros. Neben diesem Stadtteil mausert sich auch Russafa zum Ausgehviertel. In der Gegend um die Universität, vor allem entlang der Avenida de Aragón und der Avenida Blasco Ibáñez, gibt's ebenfalls ausreichend Bars und *discotecas*, die bis in die frühen Morgenstunden geöffnet haben. Im Sommer ist am Hafen und in Malvarrosa eine Menge los.

CENTRO HISTÓRICO

LP TIPP **Sant Jaume** CAFÉ, BAR

(Karte S. 590; Plaza del Tossal) Hinter dem Verkaufstresen der ehemaligen Apotheke stehen noch alte Fläschchen und Gefäße. Die erste Etage ist voller verschwiegener Winkel und schmaler Gänge.

Café-Bar Negrito CAFÉ, BAR

(Karte S. 590; Plaza del Negrito) Drinnen herrscht Gedränge, doch draußen erstreckt sich eine riesige Terrasse über den gesamten Platz. Im Negrito versammelt sich ein eher intellektuelles, linksgerichtetes Publikum.

Café Lisboa CAFÉ, BAR

(Karte S. 590; Plaza del Doctor Collado 9) Zur Straßenseite hin wartet die lebhafte Studentenkneipe mit einer großen Terrasse auf. An der Pinnwand hängen Kleinanzeigen für Wohngemeinschaften und Sprachunterricht.

Café Infanta CAFE, BAR

(Karte S. 590; Plaza del Tossal) Drinnen erwartet die Gäste ein Durcheinander von Filmandenken, während man draußen auf der Terrasse neben dem belebten Platz wunderbar vorbeigehende Leute beobachten kann.

Johnny Maracas BAR

(Karte S. 590; 39 Calle de Caballeros) Dieser atmosphärische Salsa-Hotspot zieht lauter schöne Menschen an, die auf Latino-Rhythmen stehen, und ist der ideale Ort für einen Drink oder zum Tanzen. Sehr cool sind auch die Aquarien auf der Theke.

Café de las Horas COCKTAILBAR

(Karte S. 590; Calle Conde de Almodóvar 1) Barocke Elemente, Wandteppiche, Musik jeder Couleur, Kronleuchter, frische Schnittblumen und eine umfangreiche Cocktailkarte.

RUSSAFA

Auch im ungewöhnlichen, aufstrebenden *barrio* Russafa gibt's jede Menge Ausgehmöglichkeiten. Das alternative Viertel beherbergt diverse „3 in 1"-Läden (Café plus Buchladen plus Kulturzentrum), in denen Konzerte, Filmvorführungen und Workshops stattfinden. Sie sind alle familienfreundlich und offen für Ortsfremde.

Backstage Russafa BAR

(Karte S. 584 f.; Calle Literato Azorín 1) Im Backstage verkehren Theaterschaffende samt Entourage, was den Namen, die Aufmachung und die bühnenartige Beleuchtung erklärt. Big-Band-Musik strömt aus den Lautsprechern, die Cocktails werden mit ausdrucksstarken Gesten geschüttelt und die Toiletten sind nicht etwa für Damen und Herren, sondern *actrices* und *actores* (Darstellerinnen und Darsteller).

Tula CAFÉ, BAR

(Karte S. 584 f.; www.tulacafe.es; Ecke Calle de Cádiz & Literato Azorín) Das einladende Tula war eine der ersten schnieken, modernen Bars in Russafa. Es verströmt eine entspannte Atmo-

EINE HORCHATA, BITTE!

Zwei traditionsreiche Adressen, um im Stadtzentrum *horchata* zu probieren, sind die **Horchatería de Santa Catalina** (Karte S. 590; ☎96 391 23 79; Plaza Santa Catalina 6; ⏲8–21 Uhr) und die **Horchatería el Siglo** (Karte S. 590; Plaza Santa Catalina), die sich an der Plaza Santa Catalina als Konkurrenten gegenüberliegen.

LAS FALLAS

Wer Mitte März in Spanien unterwegs ist, sollte sich nicht die **Las Fallas de San José** (www.fallas.es), eine ausschweifende, zügellose Party mit Feuerwerk, Musik, Lagerfeuer und Partys, entgehen lassen.

Fallas sind riesengroße Skulpturen aus Pappmaché auf Holzgestellen (leider wird inzwischen auch immer häufiger umweltschädliches Styropor verwendet), die von Künstlerteams aus Valencia hergestellt werden. Der Wirtschaftskrise zum Trotz wurden 2012 weit mehr als 8 Mio. Euro für ihren Bau ausgegeben. Jedes Viertel treibt das Geld für seine eigene *falla* auf, und wenn die Stadt nach der *plantà* (dem Aufbau der *fallas* über Nacht) am Morgen des 16. März erwacht, stehen hier mehr als 350 Figuren herum. Die grotesken, farbenfrohen Gestalten sind bis zu 15 m hoch und karikieren Prominente, aktuelle Ereignisse sowie lokale Bräuche. 2012 kostete die teuerste *falla* 400 000 €.

Während des Festivals wird rund um die Uhr gefeiert, und zwar mit Straßenfesten, Paella-Kochwettbewerben, Umzügen, Open-Air-Konzerten, Stierkämpfen und natürlich Feuerwerk. (Valencia behauptet von sich selbst die Feuerwerkshauptstadt der Welt zu sein.) Vom 1. bis zum 19. März erschüttert jeden Tag um 14 Uhr eine *mascletà* (über fünf Minuten ohrenbetäubender Knall und Explosionen) die Fensterscheiben an der Plaza del Ayuntamiento.

Am letzten Tag werden die *fallas* nach Mitternacht verbrannt – selbstverständlich begleitet von einem Feuerwerk.

sphäre – genau richtig für einen Drink oder Snack –, und verfügt über ein fröhlich buntes Dekor sowie eine Terrasse an der Straße.

Slaughterhouse CAFÉ, BAR
(Karte S. 584 f.; www.slaughterhouse.es; Calle de Denia 22) Diese ehemalige Metzgerei ertrinkt förmlich in Büchern, selbst auf den Toiletten, darunter sowohl alte als auch neue, welche zum Blättern und welche zum Kaufen. Der Name spielt nicht nur auf die frühere Funktion des Gebäudes, sondern auch auf Kurt Vonneguts Roman *Schlachthof 5* an. Selbst auf der kleinen Speisekarte geht's um Literatur: Wir konnten der Arena de Chocolate Willy Wonka nicht widerstehen.

Ubik Café CAFÉ, BAR
(Karte S. 584 f.; http://ubikcafe.blogspot.com.es; Calle Literato Azorín 13) Eine Kreuzung aus Café, Bar und Buchladen mit einem Herz für Kinder. Die Weinkarte des gemütlichen Fleckchens zum Sitzen und Stöbern ist klein, aber erlesen, außerdem bekommt man hier Platten mit Käse und Aufschnitt, Salate und jede Menge italienische Spezialitäten.

☆ Unterhaltung

La Turia ist ein detaillierter wöchentlicher Führer (auf Spanisch), den man am Kiosk und im Zeitschriftenladen kaufen kann. Die Gratiszeitungen *24-7 Valencia* und *In VLC* erscheinen monatlich. Man bekommt sie in den Touristeninformationen sowie in einigen Bars und Clubs.

Clubs nehmen fast immer Eintritt (8 bis 20 €), deshalb sollte man sich nach den von vielen lokalen Kneipen angebotenen Rabattkarten umsehen.

Clubs & Discotecas

Terraza Umbracle LOUNGE
(Karte S. 584 f.; ⏲Mai–Mitte Okt. Do–Sa 24–8 Uhr) Coole, noble Adresse für eine heiße Sommernacht in der Ciudad de las Artes y las Ciencias am Ende des Umbracle-Spazierwegs. Der Eintritt kostet 15 €. Auf der Terrasse kann man die Abendbrise genießen und später nach unten ins Mya gehen (ganzjährig geöffnet), einen erstklassigen Club mit toller Soundanlage.

Radio City CLUB
(Karte S. 590; www.radiocityvalencia.es; Calle de Santa Teresa 19; ⏲23–3.30 Uhr) Dieser immer brodelnde Schuppen ist ein Club und ein kleines Kulturzentrum und lockt mit einem Kino, Flamenco sowie einer vielfältigen Songauswahl. Vor Ort liegen Flyer für die Music Box aus: Der kleine Bruder vom Radio City befindet sich ebenfalls im Centro Histórico und schließt erst im Morgengrauen seine Pforten.

Music Box CLUB
(Karte S. 590; Calle del Pintor Zariñena 16; ⏲Di–Sa 24–7 Uhr) Die abwechslungsreiche Musik der Music Box bietet für jeden etwas. Eintritt (10 €) muss man nur freitags und samstags nach 3 Uhr zahlen.

Xtra Lrge Playground BAR, CLUB
(Karte S. 584 f.; Ecke Gran Vía de las Germanias & Calle de Cádiz; ⌚Do–Sa 24–4 Uhr) Da sich der neue Club auf 600 m² erstreckt, passt der Name wie die Faust aufs Auge. Metall und Beton sind hier in feine Pastellfarben getaucht, außerdem treten gute Live-DJs auf. Die valencianische Schickeria hat den Schuppen schon jetzt zu einem ihrer Lieblingsläden erkoren. Zuerst geht's auf einen Drink in die Gintonería-Coktelería, danach wird die Tanzfläche gerockt.

Mosquito MUSIBAR
(Karte S. 584 f.; Calle Polo y Peyrolón 11) DJs legen in dieser kleinen Location eine bunte Mischung der verschiedensten Musikgenres auf. Praktischerweise erinnert einen der riesige Mosquito aus Pappmaché über der runden Theke auch im betrunkensten Zustand daran, wo man sich gerade befindet.

Dub Club CLUB
(Karte S. 584 f.; Calle Jesús 91; ⌚Do–So 22–6 Uhr) Der Slogan dieser funkigen Kneipe mit einem langen Ecktresen und einem vollgepackten Dancefloor lautet: „Wir spielen Musik, keinen Lärm". Tatsächlich ist die Songauswahl großartig und vielfältig; sie reicht von Jazz-Jamsessions über Reggae, Drum&Bass und Funk bis zu Breakbeat und anderen Stilen.

Excuse Me? CLUB
(Karte S. 584 f.; www.excusemeclub.org; Calle de Tomasos 14; ⌚Fr & Sa 24–7.30 Uhr) Ganz im Zeichen des Retrostils steht dieser Club im Herzen von Russafa. In den beiden Räumen oben laufen Indie, Punk und Soul, unten werden gemischtere Sounds geboten. Wer noch vor 3 Uhr kommt, muss keinen Eintritt zahlen.

La 3 CLUB
(Ecke Avenida del Puerto & Calle del Padre Porta; ⌚Fr & Sa 1–7 Uhr) Ein riesiger Komplex nahe dem Hafen mit drei Clubs (darauf spielt der Name an), die jeweils über eine eigene Tanzfläche verfügen. Musiktechnisch stehen vor allem Indie-Electronic, Electroclash und Nu-Disco auf dem Programm. Mit der Eintrittskarte kann man sich frei zwischen den einzelnen Etagen bewegen. Häufig gibt's auch Livemusik.

Calcatta CLUB, PUB
(Karte S. 590; www.calcatta.es; Calle Reloj Viejo 4; ⌚Fr & Sa 2–7 Uhr) In dem alteingesessenen Club in einer Villa aus dem 17. Jh. wird der Getränkesaldo auf einer Lochkarte vermerkt. Von den drei Etagen blickt man auf einen Innenhof und die Tanzfläche.

Caribbean's TANZBAR
(Karte S. 584 f.; Calle de Bélgica 5; ⌚Di–Sa) Hier darf man sich auf Drinks (die Mojitos sind besonders empfehlenswert) zu vernünftigen Preisen freuen. Aus den Boxen der kleinen, rappelvollen Tanzbar im Keller ertönt eine Mischung aus House, Hip-Hop und R&B. Mittwoch ist Studentennacht.

Livemusik

Black Note JAZZ
(Karte S. 584 f.; http://blacknoteclub.com; Calle Polo y Peyrolón 15; ⌚ab 23.30 Uhr) Im Black Note, Valencias renommiertester Location für Jazz, gibt's täglich außer Sonntag Livemusik sowie eine gute Musikmischung aus der Konserve. Je nachdem, wer auftritt, kostet der Eintritt inklusive eines Getränks zwischen 0 und 15 €.

Café Mercedes Jazz JAZZ
(Karte S. 584 f.; www.cafemercedes.es; Calle de Sueca 27; ⌚Do–So 22–3.30 Uhr) In diesem modernen Café erwartet einen das Beste, was die lokale Jazzszene zu bieten hat. Jamsessions sind kostenlos und auch für bekanntere Kombos zahlt man weniger als 10 €.

Jimmy Glass JAZZ
(Karte S. 590; www.jimmyglassjazz.net; Calle Baja 28) Der Inhaber der wunderbar schummrigen Kneipe besitzt eine riesige CD-Sammlung und manchmal kommt man auch in den Genuss von Livemusik. Die riesigen Cocktails haben es in sich.

Wah Wah CLUB
(Karte S. 584 f.; www.wahwahclub.es; Calle Campoamor 52; ⌚Do–Sa 22–3 Uhr) Für viele Clubgänger ist und bleibt das Wah Wah Valencias angesagteste Adresse für Livemusik, vor allem in puncto Underground und internationale Indie-Musik.

El Loco LIVEMUSIK
(Karte S. 584 f.; www.lococlub.org; Calle Erudito Orellena 12; ⌚ab 22.30 Uhr) In diesem beliebten alteingesessenen Schuppen treten von donnerstags bis samstags Gruppen und Solokünstler auf. Der Eintritt liegt meist zwischen 5 und 15 €.

Fußball

Der **Valencia Club de Fútbol** (www.valenciacf.com) ist der bedeutendste Fußballclub der Stadt.

Valencias zweiter Profiverein **Levante** (www.levanteud.com), ein vergleichsweise kleiner Fisch, steigt mal in die erste Liga auf, mal wieder ab. Man sollte sich ruhig ein Spiel anschauen, denn der Club braucht wirklich alle Unterstützung, die er kriegen kann.

Kinos

Filmoteca KINO

(Karte S. 590; www.ivac-lafilmoteca.es; Plaza del Ayuntamiento; Eintritt 1,50 €) Das Kino im vierten Obergeschoss des Teatro Rialto bietet Klassiker im Original sowie Arthousefilme und Experimentalkino. Es hat seinen Eintrittspreis seit über 25 Jahren nicht erhöht!

Babel KINO

(Karte S. 584 f.; www.cinesalbatrosbabel.com; Calle Vicente Sancho Tello 10) Ein Multiplexkino, das ausschließlich Filme in der Originalsprache zeigt und zudem ein nettes Café betreibt. Montags gelten ermäßigte Preise.

Theater & Oper

Teatro Principal THEATER

(Karte S. 590; ☎96 353 92 00; Calle de Barcas 15) Valencias bedeutendste Bühne.

Palau de la Música KONZERTHALLE

(Karte S. 584 f.; ☎96 337 50 20; www.palaudevalencia.com; Paseo de la Alameda 30) Vor allem Klassikkonzerte.

Palau de les Arts Reina Sofía OPER

(☎902 20 23 83; www.lesarts.com; Autovía a El Saler) In dem spektakulären Gebäude werden vorwiegend Opern gezeigt.

Shoppen

Librería Patagonia BÜCHER

(Karte S. 590; www.libreriapatagonia.com; Calle de Hospital 1) Der hervorragende Buchladen samt Reisebüro hat einige englischsprachige Führer und zahlreiche Lonely Planets im Angebot.

Mercado Central MARKT, ESSEN

(Karte S. 590; Plaza del Mercado; ⌚Mo–Sa 7.30–15 Uhr) Ein Besuch von Valencias prächtigem überdachten Markt ist ein Muss – auch dann, wenn man nichts kaufen will.

Valencia Club de Fútbol Shop SOUVENIRS

(Karte S. 590; Calle del Pintor Sorolla 24) Souvenirs, Schals und Wollmützen für Fans des größten Fußballclubs der Stadt.

Praktische Informationen

Informationen über die gesamte Region bekommt man unter der Telefonnummer ☎902 12 32 12. Keine Sorge, die Gebühren halten sich in Grenzen.

Die besten Onlineportale zur Stadt sind www.thisisvalencia.com und www.valenciacityguide.com.

Regionale Touristeninformation (☎96 398 64 22; www.comunitatvalenciana.com; Calle de la Paz 48; ⌚Mo–Sa 9–20, So 10–14 Uhr) Hier erfährt man Wissenswertes über die gesamte Region.

Touristeninformation des Turismo Valencia (VLC) (☎96 315 39 31; www.turisvalencia.es; Plaza de la Reina 19; ⌚Mo–Sa 9–19, So 10–14 Uhr) Neben diesem Büro gibt's in der Stadt noch weitere Filialen, z. B. am Bahnhof und im Ankunftsbereich des Flughafens.

An- & Weiterreise

Bus

Der **Busbahnhof** (☎96 346 62 66) liegt am alten Flussbett in der Avenida Menéndez Pidal. Die Linie 8 fährt von der Plaza del Ayuntamiento hierher.

Avanza (www.avanzabus.com) verkehrt stündlich zwischen Valencia und Madrid (27,50–34,50 €, 4 Std.).

ALSA (www.alsa.es) bietet bis zu zehn Verbindungen am Tag nach Barcelona (27–32 €, 4½ Std.) und mehr als zehn Fahrten nach Alicante (ca. 19 €, 2½ Std.), die meisten davon über Benidorm (15,20 €, 1¾ Std.).

Flugzeug

Valencias **Aeropuerto de Manises** (☎96 159 85 00) erstreckt sich 10 km westlich des Stadtzentrums an der A3 in Richtung Madrid und wird von den Metrolinien 3 und 5 angesteuert.

Von hier bestehen zahlreiche Verbindungen zu europäischen Zielen. Ryanair bietet z. B. Flüge nach Düsseldorf-Weeze, Frankfurt-Hahn und München an.

Schiff/Fähre

Fähren von **Acciona Trasmediterránea** (www.acciona-trasmediterranea.es) verbinden Valencia mit Ibiza, Mallorca und Menorca.

Zug

Vom Bahnhof Estación del Norte fahren Züge u. a. zu folgenden Zielen:

ZIEL	PREIS (€)	FAHRTDAUER (STD.)	ABFAHRTEN
Alicante	17–29	1¾	10
Barcelona	40–44	3–3½	mind. 12
Madrid	63–80	1¾	bis 15

Unterwegs vor Ort

Valencia verfügt über ein gutes öffentliches Nahverkehrsangebot aus Bus, Straßenbahn und Metro.

LA TOMATINA

Buñol? Hier sehen viele Menschen rot.

Am letzten oder vorletzten Mittwoch im August (der Termin variiert) steigt in dem Ort 40 km westlich von Valencia Spaniens chaotischstes Fest. La Tomatina, die Tomatenschlacht, lockt über 40 000 Gäste in die 9000-Einwohner-Stadt.

Um genau 11 Uhr werden über 100 Tonnen überreifer, matschiger Tomaten von Lkws vor der wartenden Menge ausgekippt. Genau eine Stunde lang herrscht Anarchie: Einheimische und Besucher bewerfen sich nun gegenseitig, anschließend spritzt die Feuerwehr die triefenden Teilnehmer ab.

Unbedingt frische Kleidung und vielleicht auch eine Schutzbrille für die Augen mitbringen! Mehr Hintergrundinfos gibt's unter www.latomatina.es.

In den Touristeninformationen von Turismo Valencia (VLC) wird die **Valencia Tourist Card** (15/20/25 € für 1/2/3 Tag(e)) verkauft. Mit ihr kann man die innerstädtischen Verkehrsmittel kostenlos nutzen und bekommt Rabatte auf bestimmte Sehenswürdigkeiten, Läden und Restaurants.

Auto & Motorrad

Die Parkplatzsuche in den Straßen der Stadt ist entnervend. Es gibt große Tiefgaragen unter der Plaza de la Reina, der Plaza Alfonso el Magnánimo und in der Nähe des Bahnhofs. Letztere ist die größte und erstreckt sich von der Calle Xàtiva bis zur Gran Vía.

Die zuverlässigen örtlichen Autovermietungen sind gewöhnlich deutlich billiger als die internationalen. Am Flughafen findet man z. B. folgende Unternehmen:

Javea Cars (☎96 579 33 00; www.javeacars.com)

Solmar (☎96 646 10 00; www.solmar.es)

Victoria Cars (☎96 583 02 54; www.victoriacars.com)

Fahrradvermietung

Do You Bike (☎96 315 55 51; www.doyoubike.com; Calle Mar 14)

Orange Bikes (☎96 391 75 51; www.orangebikes.net; Calle Editor Manuel Aguilar 1)

Solution Bike (☎96 110 36 95; www.solutionbike.com; Calle Embajador Vich 11)

Valencia Guías (☎96 385 17 40; www.valenciaguias.com; Calle Tapinería 13 & Paseo de la Pechina 32)

Vom/zum Flughafen

Die Metrolinien 3 und 5 verbinden den Flughafen mit der Innenstadt und dem Hafen. Ein Taxi ins Zentrum kostet ca. 17 €. Für Fahrten vom Flug hafen wird ein Aufschlag von 2,50 € auf den angezeigten Preis berechnet.

Öffentliche Verkehrsmittel

Fast alle Busse verkehren bis etwa 22 Uhr, außerdem gibt's sieben Nachtlinien, die bis ca. 1 Uhr umherfahren. Wir empfehlen den Kauf der **Bonobús Plus**, einer wiederaufladbaren Karte (9,50 € für 10 Fahrten), die man in großen Metrostationen, den meisten Tabakläden und an manchen Zeitungsständen bekommt. Ohne sie zahlt man 1,50 € pro Einzelfahrt.

Mit der Hochgeschwindigkeitsstraßenbahn gelangt man entspannt zum Strand und zum Hafen. Haltestellen befinden sich am Pont de Fusta und bei der Metrostation Benimaclet.

Die **Metro** (www.metrovalencia.es) fährt quer durch die Stadt und bedient die Vororte. Zu den zentral gelegenen Stationen gehören Ángel Guimerá, Xàtiva (beim Bahnhof), Colón und Pont de Fusta.

Taxi

Empfehlenswerte Anbieter sind **Radio-Taxi** (☎96 370 33 33) oder **Valencia Taxi** (☎96 357 13 13).

Rund um Valencia

LA ALBUFERA

La Albufera liegt 15 km südlich von Valencia und ist eine riesige Süßwasserlagune, die ein dünner Streifen aus Sanddünen und Kiefernwäldern (La Devesa) vom Meer trennt. Der See und sein Ufer bieten Zugvögeln sowie einheimischen Vögeln Rückzugs- und Brutraum. Vogelfreunde zieht es in den **Parque Natural de la Albufera**, wo um die 90 Arten nisten und 250 weitere Arten auf ihrem Zug Zwischenstation machen.

Der Sonnenuntergang ist hier bisweilen spektakulär. Touristen können die Lagune auf einer Bootstour erkunden und sich unter die Fischer aus der Gegend mischen, die Aale und andere Fische mit Netzen aus dem seichten Wasser ziehen.

Rund um die Lagune erstrecken sich Reisfelder. Hier hat die Paella das Licht der Welt erblickt. In den Dörfern **El Palmar** und **El Perellonet** ist jedes zweite Haus ein Restaurant, das von früheren oder heute noch in Teilzeit tätigen Fischern betrieben wird. Zum typischen Angebot zählen Paella, andere Reisgerichte und Meeresfrüchte.

Busse von Autocares Herca verkehren zur Playa El Salér sowie nach La Albufera. Die Strecke führt dann weiter die Küste entlang, entweder nach El Palmar (mind. 5-mal tgl.) oder nach El Perellonet (alle 60 oder 30 Min.).

SAGUNTO

70 600 EW.

Nach Sagunto (auf Valencianisch „Sagunt"), 25 km nördlich von Valencia, kommen die Besucher vor allem, um sich an dem spektakulären Panorama zu ergötzen, das sich von der hochgelegenen Burganlage aus auf die Stadt, die Küste und das grüne Meer der Orangenhaine bietet. Viele Traveller unternehmen von Valencia einen Tages- oder Halbtagesausflug hierher.

Einst war Sagunto ein blühender iberischer Ort namens Arse, der mit Griechen und Phöniziern Handel trieb. 219 v. Chr. wurde er von Hannibal belagert und zerstört, was den Zweiten Punischen Krieg zwischen Karthago und Rom auslöste. Die Römer gewannen, benannten Arse in Saguntum um und machten sich an den Wiederaufbau.

Vom Bahnhof geht's zu Fuß bergauf. Als Erstes erreicht man das überrestaurierte **römische Theater**. Noch weiter oben zieht sich die Steinmauer der **Burganlage** (Eintritt frei; ⌚Di–Sa 10 Uhr–Sonnenuntergang, So 10–14 Uhr) fast 1 km an der Anhöhe entlang. Jeder der sieben Abschnitte der weitgehend zerfallenen Anlage erzählt von einer anderen Epoche der langen Geschichte Saguntos.

Zwischen Valencia und Sagunto verkehren häufig Züge (einfache Fahrt/hin & zurück 3,05/4,80 €).

Costa del Azahar

Zwischen der Costa del Azahar und dem Hinterland erstrecken sich zahlreiche Orangenhaine. Dem betörenden Duft der Blüten hat die Gegend ihren Namen zu verdanken: Küste der Orangenblüten. Hier befinden sich teilweise recht hässliche Urlaubsorte, die jede Menge Sonnenhungrige anlocken. Umweltschützer stehen der Bauwut äußerst kritisch gegenüber. Das bergige Landesinnere, vor allem die dünn besiedelte Gegend des Maestrazgo, lädt zum Wandern in menschenleerer Umgebung ein. Der Schwerpunkt der Küche liegt auf herzhaften Gerichten.

BENICÀSSIM

18 100 EW.

Benicàssim ist sehr schmal und zieht sich über 6 km an der Küste entlang. Seit dem 19. Jh. ist es ein beliebter Ferienort. Damals ließen sich hier viele wohlhabende valencia-

ABSTECHER

REQUENA

Requena, 65 km westlich von Valencia, hat seinen früheren Reichtum der Seidenherstellung zu verdanken. Einst machten ganze 800 Webstühle den Ort zum viertgrößten Seidenproduzenten Spaniens. Heute wird in der Gegend vorwiegend Weinbau und Viehzucht betrieben. Von hier kommen kräftige Rotweine, perlende *cavas* (Schaumweine), Wurst und scharf gewürztes Fleisch. Im Zentrum erstreckt sich der mittelalterliche Ortskern La Villa mit seinen unregelmäßigen, verwinkelten Straßen und Sackgassen.

Topadressen für Weinliebhaber sind zum einen das **Museo del Vino** (Calle Somera; Erw./Kind 4/3 €; ⌚Mi–So 11–14 Uhr) im hübschen Palacio del Cid aus dem 15. Jh. und zum anderen der **Ferevin** (Cuesta de las Carnicerías; ⌚Di–So 11–14, Sa zusätzl. 17–19 Uhr), ein Verkaufsraum lokaler Winzer. Leider ist die Beschriftung nur auf Spanisch.

Unter der **Plaza Albornoz** verbirgt sich ein Netz aus miteinander verbundenen Kellern, die ursprünglich als Lager und in unruhigen Zeiten auch als Verstecke dienten. **Führungen** (Erw./Kind 4/3 €; ⌚Di–So 3–6-mal tgl.) beginnen vor Haus 6. Die genauen Termine erfährt man in der **Touristeninformation** (☎96 230 38 51; www.requena.es; Calle García Montés; ⌚Di–So 9.30–14, Sa & So zusätzl. 16–19 Uhr) unterhalb des Haupteingangs zur Altstadt. Hier bekommt man auch eine hilfreiche Beschreibung zu La Villa: *Sensaciones para Descubrir* (auf Wunsch auch auf Englisch erhältlich).

Requena liegt an der Autobahn zwischen Valencia und Madrid. Bis zu zwölf Busse (4,75 €, 1 Std.) und sieben Züge (einfache Fahrt/hin & zurück 4,65/7,25 €, 1½ Std.) fahren täglich nach/von Valencia.

nische Familien Sommerresidenzen errichten. Aktuell sind mehr als 75 % der Sommerurlauber Spanier. Viele Gäste aus Madrid, Valencia und dem nahen Castellón besitzen hier eine Ferienwohnung.

Sehenswertes & Aktivitäten

Der breite 6 km lange Strand gilt als Hauptattraktion des Ortes. Am nordöstlichen Ende schließt das Viertel **Las Villas** mit üppigen, teilweise albern wirkenden Ferienhäusern, die sich reiche Valencianer Ende des 19. und Anfang des 20. Jhs. hinstellen ließen, an die Promenade an. In der Touristeninformation bekommt man die hilfreiche Broschüre *The Las Villas Path*.

LP TIPP Desierto de las Palmas HÜGEL

Die kurvenreiche CV147 führt hinauf zu dieser 6 km landeinwärts gelegenen Bergkette, in deren Herzen sich ein Karmeliterkloster (1697) und ein erstklassiges Restaurant befinden. Hier ist es etwas kühler als an der Küste und manchmal auch neblig. Das Gebiet steht unter Naturschutz und ist trotz seines Namens alles andere als eine trockene Wüste – die Bezeichnung kommt vielmehr daher, dass es für die Mönche ein Ort mystischer Einkehr war. Fans von Outdoor-Aktivitäten kommen in der Gegend voll und ganz auf ihre Kosten. Vom höchsten Punkt, dem **Monte Bartolo** (728 m), bietet sich ein atemberaubender Ausblick. In der Touristeninformation erhält man eine exzellente Broschüre mit Beschreibungen verschiedener Wanderungen.

Am besten plant man seinen Besuch so, dass man mittags im Restaurante Desierto de las Palmas essen kann.

Aquarama WASSERPARK

(www.aquarama.net; Erw./Kind halber Tag 14/10 €, ganzer Tag 21/15 €; ⌚Mitte Juni–Anfang Sept. 11–19 Uhr) Riesiger Wasserpark gleich südlich der Stadt in der Nähe der N340.

Feste & Events

Festival Internacional de Benicàssim MUSIK

(FIB; www.fiberfib.com) Jedes Jahr strömen Zehntausende von Fans zu diesem viertägigen Event Mitte Juli, einem der größten Open-Air-Festivals in ganz Europa. 2012 waren die Headliner Bob Dylan und The Stone Roses.

Schlafen

Von den fünf Campingplätzen der Stadt ist der Strand zu Fuß zu erreichen.

Hotel Benicàssim BOUTIQUE-HOTEL €€

(☎620 56 98 48; www.hotelbenicassim.net; Calle San Antonio 13; EZ/DZ 55/80 €; @📶) Das tolle neue, in warmen Sommerfarben gehaltene Boutique-Hotel hat viel Flair. In den Zimmern stehen große erhöhte Betten und die Duschen verfügen über Kieselsteinböden. Die Gemeinschaftsbereiche schmücken Pop Art, Bilder französischer Straßenszenen, spanische Filmposter und eine große alte Uhr. Oh, und nicht zu vergessen ist die glamouröse Strandschönheit im Bikini, die draußen Wache schiebt. Die Unterkunft befindet sich am Rande des Stadtzentrums. Ein paar Leser haben sich über die Vorkasse bei Onlinebuchung beschwert.

Hotel Voramar HOTEL €€

(☎964 30 01 50; www.voramar.net; Paseo Marítimo Pilar Coloma 1; EZ 81 €, DZ 94–145 €, inkl. Frühstück; P❄📶) Dieses altehrwürdige Hotel befindet sich bereits seit vier Generationen in Familienbesitz und hat sich auch während stürmischer Zeiten bewährt: Im Spanischen Bürgerkrieg diente es als Lazarett. Das Haus besitzt mehr Charakter als die meisten Neuzugänge in Benicàssim und trumpft mit einer spektakulären Lage am nördlichsten Rand des Strandes auf. Durch die großen Fenster des hervorragenden hauseigenen Restaurants blickt man direkt aufs Meer.

Camping Azahar CAMPINGPLATZ €

(☎96 430 31 96; www.campingazahar.es; Stellplatz für 2 Pers./Zelt/Auto ab 18,80 €; ⌚ganzjährig; 📶🏊) Große Stellplätze im Schatten alter Maulbeerbäume, ein Restaurant, ein großer Pool und saubere Sanitäranlagen.

Essen

In den Hauptstraßen der Altstadt, der Calle de Santo Tomás und der Calle Castellón, findet man viele günstige Restaurants.

Restaurante Desierto de las Palmas RESTAURANT €€

(☎964 30 09 47; www.restaurantedesierto.com; Hauptgerichte 15–24 €; ⌚Juni–Sept. tgl. mittags & abends, Okt.–Mai Mi–Mo mittags) Aus der ganzen Umgebung strömen Familien in dieses lebhafte laute Lokal im hügeligen Hinterland von Benicàssim, das für seine Reis- und Meeresfrüchtegerichte bekannt ist. Das Restaurant liegt in der Nähe des Karmeliterklosters und bietet eine atemberaubende Aussicht.

Torreón RESTAURANT €€

(☎964 30 03 42; Avenida Ferrandis Salvador 2; Hauptgerichte 12–15 €) In dem Café-Restaurant oberhalb des Torre San Vicente aus dem 16. Jh. kann man wunderbar die Meeresbrise genießen, während man sich einen Snack genehmigt, an einem Drink nippt oder ein Menü verspeist. Zum Abendessen sollte man reservieren, um einen Platz auf der kleineren, weniger vollen der beiden Terrassen zu bekommen.

Praktische Informationen

Touristeninformation (964 30 01 02; www.turismobenicassim.com; Calle Santo Tomás 74; 9–14 & 16–19 Uhr) 1 km landeinwärts in der Altstadt.

An- & Weiterreise

Busse starten alle 30 Minuten (im Sommer alle 15 Min.) nach Castellón de la Plana, wo es zahlreiche Zugverbindungen gibt.

PEÑÍSCOLA

8090 EW.

Peñíscolas Altstadt drängt sich mit ihren kopfsteingepflasterten Straßen und weiß getünchten Häusern zwischen die schützende Steinmauer an einen felsigen Vorsprung, der hier ins Meer ragt. Der Ort gleicht einer Postkarte – genauso hübsch anzusehen und genauso käuflich. Überall werden Andenken und Tonwaren an den Mann gebracht (sehr beliebt: Töpfe mit einem Phallus als Ausgießer). Einen krassen Gegensatz zum alten Kern bilden die Hochhäuser, die sich im Norden an der Küste ausbreiten; sie sind trist und reizlos. Aber auf der Promenade, dem **Paseo Marítimo**, kann man schön umherschlendern, und der großartige Sandstrand, der sich zum Nachbarort Benicarló hin erstreckt, ist über 5 km lang.

Sehenswertes & Aktivitäten

Burg BURG

(Erw./Kind 3,50 €/frei; 9.30–17.30 oder 21.30 Uhr) Tempelritter haben die weitläufige Festung auf maurischen Fundamenten erbaut. Einst lebte hier Pedro de Luna („Papa Luna", der abgesetzte Gegenpapst Benedikt XIII.). Verschiedene Ausstellungen widmen sich der Geschichte der Burg und der Stadt.

Sierra de Irta NATURPARK

Wer im Sommer dem Gedränge entkommen will, sollte diesen Naturpark mit Meeresschutzgebiet ansteuern. Der Küstenstreifen verläuft südlich von Peñíscola und ist einer der wenigen noch unberührten Abschnitte in Valencia. Er lässt sich am besten zu Fuß oder mit dem Mountainbike erkunden. Wer fit ist, kann sich an den 26 km langen Rundweg PR V-194 wagen, es gibt aber auch kürzere Routen. In der Touristeninformation bekommt man eine kostenlose Broschüre namens *Senderos de Irta/Paths Through Irta* zu den Wanderstrecken.

Schlafen & Essen

Chiki Bar Restaurante PENSIÓN €

(605 280295; Calle Mayor 3-5; Zi. 40–50 €) Hoch oben in der Altstadt bietet dieses Haus mit dem sympathischen Namen sieben ordentliche, moderne Zimmer samt Aussicht. Besucher mit leichtem Schlaf sollten vielleicht Ohrstöpsel einpacken, denn die blechern klingende Glocke der Pfarrkirche schlägt jede volle Stunde, auch nachts. Von März bis Oktober betreibt das Hotel ein attraktives Restaurant (Hauptgerichte ab 9 €; Di geschl.), in dem ein preiswertes Drei-Gänge-Menü zubereitet wird (11 €). Die Öffnungszeiten sind unregelmäßig, deshalb ruft man am besten vorher an.

Hostería del Mar HOTEL €€

(964 48 06 00; www.hosteriadelmar.net; Avenida Papa Luna 18; EZ 71–100 €, DZ 101–133 €;) Früher war dieses freundliche, von einer Familie geführte Viersternehotel das einzige an der Promenade. Nach wie vor hat es mehr Charakter als die meisten seiner gesichtslosen, vielgeschossigen Nachbarn. Fast alle Zimmer verfügen über einen Balkon mit Strandblick. Wer versuchen will, den Übernachtungspreis wieder rauszuholen, kann sein Glück im Casino versuchen.

Hotel-Restaurante Simó HOTEL €€

(964 48 06 20; www.hotelrestaurante-simo.com; Calle Porteta 5; EZ 40–55 €, DZ 55–75 €; Jan. geschl.) Im Restaurant (Hauptgerichte 13–25 €) der am Fuß der Burg und direkt am Meer (an stürmischen Wintertagen wird man vermutlich vom Wasser umspült!) gelegenen Bleibe genießt man einen großartigen Blick auf die Bucht. Sieben der neun schlichten, relativ geräumigen Zimmer des Hotels stehen dem Lokal in puncto Aussicht in nichts nach.

Hogar del Pescador FISCH & MEERESFRÜCHTE €€

(964 48 95 88; Plaza Lonja Vieja; Fisch ab 10 €, Tagesmenü ab 10 €) Bei den lokalen Fischern erfreut sich das Restaurant an der Altstadtmauer großer Beliebtheit, da man hier für wenig Geld wunderbar speisen kann. Das *menú del día* besteht aus einem kleinen gebratenen Fisch, gefolgt von einer Paella oder einem ähnlich substanziellen Hauptgang.

Praktische Informationen

Touristeninformation (964 48 02 08; www.peniscola.es; Mo–Fr 9–20, Sa & So 10–13 &

16.30–20 Uhr) In der Touristeninformation am südlichen Ende des Paseo Marítimo bekommt man die kostenlose Broschüre *The Old City*.

ℹ Anreise & Unterwegs vor Ort

Das ganze Jahr über fährt mindestens jede halbe Stunde ein Bus von Peñíscola nach Benicarló und Vinaròs. Von Juli bis Mitte September besteht alle 60 Minuten eine Verbindung zum Bahnhof Peñíscola/Benicarló.

El Maestrazgo

El Maestrazgo (auf Valencianisch „El Maestrat") erstreckt sich teils im Nordwesten der Region Valencia und teils im Südosten Aragoniens. Das bergige Land ist eine ganz andere Welt als die Küste mit ihrer Fleischbeschau. Hier schmiegen sich alte *pueblos* (Dörfer) an den blanken Fels der Bergrücken. Einen dieser Orte, Sant Mateu, hat der Großmeister des Ritterordens von Montesa im 14. Jh. als Machtzentrum auserkoren; auf ihn geht der Name El Maestrazgo zurück.

Dies ist ein großartiges wildes Wandergebiet für Individualisten. *La Tinença de Benifassà* und *Els Ports,* zwei sehr gute Karten im Maßstab 1:30 000, decken den größten Teil der Gegend ab. Man bekommt sie z. B. in der Touristeninformation in Morella. Ebenfalls praktisch ist Lonely Planets *Hiking in Spain* mit detaillierten Beschreibungen verschiedener Routen in der Region.

SANT MATEU

2200 EW. / 325 M

Dort, wo die CV132 von der N232 nach Süden abzweigt, sind es noch 5 km bis Sant Mateu, der früheren Hauptstadt des Maestrazgo. Die massiven Herrenhäuser und die reich verzierten Fassaden lassen den vergangenen Glanz des Ortes und den Reichtum aus dem Wollhandel erahnen.

Von der Plaza Mayor mit ihren Säulengängen und den Terrassencafés rundherum ist es nur ein Katzensprung bis zu den vier kleinen **städtischen Museen** (Erw./Kind jeweils 1,50 €/frei). Im **Museo Paleontológico** (Arrabal de Barcelona 23; ⌚Di–So 10–14 & 16–19 Uhr) dreht sich erwartungsgemäß alles um die riesigen, furchteinflößenden Reptilien, die einst in den Hügeln ringsum auf Beutefang gingen. Das **Museo Arciprestal** (Calle Santo Domingo; ⌚Führungen Di–Fr 12, Sa 11, 12, 13, 16.15 & 17.15, So 11 & 13.15 Uhr) mit religiöser Kunst ist in der **Iglesia Arciprestal** zu finden (Besuch nur im Rahmen einer spanischsprachigen Führung möglich), das **Museo les Presons** (Calle La Cort 28; ⌚Di–So 10–14 & 16–19 Uhr) im alten Gefängnis (vielleicht muss man sich den Schlüssel in der Calle La Cort Nr. 32 abholen) und das **Museo Histórico Municipal** (⌚Di–Fr 10–14 Uhr) in der Touristeninformation.

Vom Dorf führen drei Rundwanderwege mit Gehzeiten zwischen zweieinhalb und fünf Stunden durch die Berge der Umgebung. In der Touristeninformation bekommt man die kostenlose Broschüre *Senderos de Sant Mateu.*

Das familiengeführte **Hotel-Restaurante La Perdi** (☎964 41 60 82; laperdicb@hotmail.com; Calle Historiador Betí 9; EZ/DZ 20/40 €), in dessen gekacheltem Essraum vergrößerte Fotos von drei Generationen hängen, ist ein echtes Schnäppchen. Es verfügt über fünf schlichte, komfortable Zimmer und ein **Lokal** (Hauptgerichte 6–14,50 €) mit einem preiswerten *menú* (12,50 €) im Angebot.

Von der Plaza Mayor weisen Schilder den Weg zur **Ermita de la Mare de Déu dels Àngels**, die sich an einen Berghang drängt. Mit dem Auto sind es 2,5 km, zu Fuß deutlich weniger. Bis zum Bürgerkrieg diente das Gebäude als Kloster und Besucher sollten unbedingt einen Blick in die überkandidelte Barockkapelle werfen. Heute ist hier das erstklassige **Restaurante dels Àngels** (☎626 525219; Menüs 21 €; ⌚Mi–So mittags, Sa abends) untergebracht, das mit einer umwerfenden Aussicht auf die Ebene und sensationellen Gerichten aufwartet.

Die **Touristeninformation** (☎964 41 66 58; www.santmateu.com; Calle Historiador Betí 13; ⌚Di–Sa 10–14 & 16–18, So 10–14 Uhr) liegt direkt an der Plaza Mayor im **Palacio Borrull**, einem robusten Gebäude aus dem 15. Jh.

ℹ An- & Weiterreise

Werktags fahren Busse von **Autos Mediterráneo** (☎964 22 00 54) in folgende Orte:

Castellón 4,80 €, 1½ Std., 3-mal tgl.

Morella 3 €, 45 Min., 2-mal tgl.

Vinaròs 2,50 €, 35 Min., 4-mal tgl.

Am Samstag verkehrt ein Bus von Castellón über Sant Mateu nach Morella. Er startet an der Plaza Llaurador, 100 m östlich des Hotel Restaurante Montesa.

RUND UM SANT MATEU

Das **Museo de Valltorta** (☎964 33 60 10; ⌚Di–So 10–14 & 16–19 oder 17–20 Uhr) 10 km südwestlich von San Mateu in Tirig präsentiert El Maestrazgos reiches Erbe an Felszeichnungen, die zum Unesco-Welterbe gehören. Viermal täglich beginnen hier Führungen zu den Felsüberhängen und den verblichenen Malereien.

MORELLA

2800 EW. / 1000 M

In Morella, dem Hauptort des Maestrazgo, herrschen im Winter bitterkalte und im Sommer erfrischend kühle Temperaturen. Die 2 km lange Mauer um dieses Musterbeispiel einer mittelalterlichen Festungsstadt hoch oben auf einem Berggipfel ist noch vollständig erhalten. Der alte Hauptort von Els Ports (Die Pässe) liegt in einer zerklüfteten Landschaft mit einigen umwerfend schönen Straßen und anspruchsvollen Radstrecken. Auch die Wandermöglichkeiten sind toll.

Sehenswertes & Aktivitäten

Morella beherbergt ein verwirrendes, aber sehr hübsches Durcheinander aus dicht gedrängten engen Straßen, Gassen und steilen Treppen. Die Hauptstraße verläuft von der Puerta San Miguel zur Puerta de los Estudios und ist gesäumt von Läden, die Produkte wie Berghonig, Parfüm, Käse, Essiggurken und Pâtés sowie Würste und Schinken verkaufen.

Am Ortsrand erheben sich die geschwungenen Bogen eines **Aquädukts** aus dem 13. Jh. Wer Morella von oben betrachten möchte, kann die **Stadtmauer** und den **Wachtturm** hochklettern. Den Schlüssel erhält man in der Touristeninformation.

Burg BURG

(Erw./Kind 3/1,50 €; ⌚11–17 oder 19 Uhr) Die Festung wurde zwar übel zugerichtet, lohnt aber trotzdem den anstrengenden Aufstieg. Hier eröffnet sich ein atemberaubender Blick auf den Ort und die Landschaft. Am Fuße der Burg befinden sich die schmucklose Kirche und der Kreuzgang des **Convento de San Francisco**, das bald zu einem *parador* (luxuriöses staatliches Hotel, vielfach in historischen Gebäuden untergebracht) umfunktioniert werden soll.

Basílica de Santa María la Mayor KIRCHE

(Plaza Arciprestal; ⌚Sept.–Juli 11–14 & 16–18 oder 19 Uhr, Sept.–Juli Mo & Mitte Nov.–Mitte März So nachmittags geschl.) An der Südseite dieser gotischen Basilika erheben sich zwei mit Skulpturen geschmückte Portale. Eine reich mit Schnitzereien versehene mehrfarbige Steintreppe führt zum Hochchor, auf dem Cherubim herumklettern und verstohlen auf das vergoldete Altarbild schauen. Der Kirchenschatz ist im **Museo Arciprestal** (Eintritt 1,50 €) ausgestellt.

Museo Tiempo de Dinosaurios MUSEUM

(Erw./Kind 2/1,50 €; ⌚Di–So 11–14 & 16–18 oder 19 Uhr) In dem Museum voller Dinosaurierknochen und Fossilien gegenüber der Touristeninformation sind Kinder, Junggebliebene und Höhlenmenschen gleichermaßen gut aufgehoben. Die abgelegenen Berge des Maestrazgo gelten schon länger als Schatztruhe für Paläontologen. Leider gibt's für den spanischsprachigen Einführungsfilm keine Übersetzung.

Museo del Sexenni MUSEUM

(Erw./Kind 2/1,50 €, Stadtmauer Erw./Kind 1,50 €/ frei) In der früheren Sant-Nicolau-Kirche zeigt dieses Museum Modelle, Fotos und andere Gegenstände, die mit dem Hauptfest des Ortes, dem Sexenni, zu tun haben. Wer es besuchen möchte, muss sich vorab mit den Angestellten der Touristeninformation abstimmen.

Feste & Events

Sexenni STADTFEST

Morellas wichtigstes Fest wird seit 1673 ohne Unterbrechung alle sechs Jahre im August zu Ehren der Schutzheiligen des Ortes, der heiligen Jungfrau von Vallivana, begangen (das nächste Mal 2018). Das Museo del Sexenni vermittelt einen guten Eindruck der Feierlichkeiten, bei denen tonnenweise Konfetti und kunstvolle Werke aus Krepppapier eine Rolle spielen.

Festival de Música Barroca MUSIK

Jedes Jahr im August findet in Morella das Barockmusikfest statt, in dessen Mittelpunkt die riesige Orgel der Basilika steht.

Schlafen & Essen

Hotel del Pastor HOTEL €€

(☎964 16 02 49; www.hoteldelpastor.com; Calle San Julián 12; EZ/DZ inkl. Frühstück 55/73 €; 📶) Ein tolles Schnäppchen mit etwas altmodischen Zimmern auf vier Etagen ohne Aufzug – das ist aber auch der einzige Nachteil. Die Einrichtung ist traditionell mit viel poliertem Holz und warmen Ockerfarben gestaltet. In den Bädern mit großen Spiegeln stehen Waschtische aus Marmor und Wannen.

Hotel El Cid HOTEL €

(☎964 16 01 25; www.hotelelcidmorella.com; Puerta San Mateu 3; EZ/DZ 35/59 €; 📶) Über der Restaurant-Bar des Hotels direkt an der Mauer befinden sich schicke, moderne weiße Zimmer (die Nummern 204 und 304 haben zum selben Preis sogar einen kleinen Salon zu bieten). Viele Räume verfügen zudem über Balkone mit einem herrlichen Blick auf die Befestigungsanlagen und das unterhalb gelegene Tal.

Hotel Rey Don Jaime HOTEL €€
(☎964 16 09 11; www.reydonjaimemorella.com; Calle Juan Giner 6; EZ/DZ inkl. Frühstück 76/102 €; P 📶) Zweifellos ist die Lage neben dem Haupteingang zur Altstadt unschlagbar. Dazu gibt's gemütliche Zimmer und einen guten Service, allerdings würde man angesichts des Preises mehr Flair erwarten. Parken kostet 10 €.

LP TIPP **Daluan**
NOUVELLE CUISINE, FUSIONSKÜCHE €€
(☎964 16 00 71; www.daluan.es; Callejón Cárcel 4; Hauptgerichte 12–15 €, Mittagsmenüs 14 €, Menüs abends 26–36 €; ⏲So–Mi mittags, Fr & Sa mittags & abends) Avelino Ramón und seine Frau Jovita leiten das kleine, angenehm moderne Daluan. Auf der Terrasse neben einer ruhigen Allee kann man prima entspannen. Der Service ist freundlich und die saisonale Karte sehr kreativ.

Mesón del Pastor TRADITIONELL SPANISCH €€
(☎964 16 02 49; www.hoteldelpastor.com; Cuesta Jovaní 5–7; Hauptgerichte 10–14 €, Menüs 14–24 €; ⏲Do–Di mittags, Sa abends) Im Speisesaal, der mit den Trophäen und Urkunden des Restaurants geschmückt ist, dreht sich alles um deftige Bergküche. Zu den Gerichten gehören nahrhafte Suppen im Winter, Kaninchen, saftige Würste, Rebhuhn sowie Wildschwein und Ziege. Das Lokal ist nur einen kurzen Fußweg vom gleichnamigen Hotel entfernt.

Praktische Informationen

Die **Touristeninformation** (☎964 17 30 32; www.morellaturistica.com; Plaza San Miguel 3; ⏲April–Okt. Mo–Sa 10–14 & 16–18 oder 19, So 10–14 Uhr, Nov.–März Mo geschl.) liegt hinter den Torres de San Miguel, zwei Türmen aus dem 14. Jh. neben dem Haupttor.

Anreise & Unterwegs vor Ort

Morella erreicht man per Zugfahrt ab Castellón. Werktags betreibt **Autos Mediterráneo** zwei Busverbindungen (9 €, 2¼ Std.) und samstags eine zum/vom Bahnhof von Castellón.

VILAFRANCA

2500 EW.

Vilafranca wurde genau wie das 36 km entfernte Morella durch Geschäfte mit Wolle reich. Heute weiden hier zwar nicht mehr ganz so viele Schafe, doch geschätzte 1000 km Trockenmauern durchziehen das Land noch und erinnern an diese Vergangenheit. Die Nutzung von Steinen für Mauern, Schafpferche, Hütten und Häuser wird im hervorragenden **Museo de Pedra en Sec** (Trockensteinmuseum; ☎964 44 14 32; ⏲Do–Sa 10–13.30 & 16–19, So 10.30–13.30 Uhr) illustriert. Leider gibt's nur Beschriftungen auf Valencianisch, aber das Museum ist sowieso eine eher visuelle Angelegenheit. Den Schlüssel dafür bekommt man in der Touristeninformation. Nach der Besichtigung kann man das Erlebte bei einem von drei Spaziergängen durch die Gegend festigen, begleitet von einem Audioguide mit englischsprachigen Erläuterungen, der ebenfalls in der Touristeninformation angeboten wird.

Costa Blanca

Die langgezogene Costa Blanca (Weiße Küste) gehört zu den meistbesuchten Gegenden Europas. Wer sich im Hochsommer nach einem abgeschiedenen Strand sehnt, ist hier fehl am Platz. Zu dieser Zeit fährt man besser ins Inland, um traditionelle Dörfer oder Kleinstädte zu entdecken, in die sich kaum ein Tourist verirrt.

In der Gegend gibt's aber nicht nur Beton und Pauschaltourismus. Die ursprünglichen Fischerdörfer sind zwar schon längst von den ausufernden Feriensiedlungen eingeschlossen, doch ein paar alte Ortskerne haben überlebt, z. B. in Xàbia (Jávea) und Altea.

Ohne Reservierung kann es schwierig sein, im Juli und August eine Unterkunft zu ergattern. Die Häuser, die außerhalb der Saison noch geöffnet haben, sind dann meist deutlich günstiger als im Hochsommer.

Viele Busse zwischen Valencia und Alicante nutzen die Autobahn und halten nur in Benidorm. Ein paar steuern unterwegs aber auch andere Küstenorte an. Eine hübsche neue Straßenbahn verkehrt auf der reizvollen Strecke zwischen Alicante und Denia. Die Züge der staatlichen Gesellschaft Renfe verbinden Valencia mit Gandia.

GANDIA

78 700 EW.

Gandia, 67 km südlich von Valencia, gibt's im Prinzip gleich zweimal. In der eigentlichen Stadt, heute ein blühendes Handelszentrum mit lebendiger Atmosphäre, war früher ein Zweig des Adelsgeschlechts der Borja zu Hause, besser bekannt unter dem italienischen Namen Borgia, unter dem die Familie zweifelhaften Ruhm erlangte. Und dann ist da noch der Spaß-, Strand- und Partyort eine kurze Autofahrt entfernt.

Sehenswertes & Aktivitäten

Palacio Ducal de los Borja PALAST
(www.palauducal.com; Calle Duc Alfons el Vell 1; Führung Erw./Kind 6/5 €; ⏲Mo–Sa 10–14 & 16–18, So

10–14 Uhr) In Gandias prächtigem Palast war im 15. Jh. der Duque Francisco de Borja zu Hause. Zu den Höhepunkten gehören die schön gestaltete Kassettendecke und die vielen Keramiken. Auch der Fußboden mit der Weltkarte ist sehenswert. Stündlich startet eine 45-minütige spanische Führung, auf Wunsch mit einer Broschüre auf Englisch. Bei vorheriger Anmeldung werden für Gruppen mit mindestens zehn Teilnehmern auch englischsprachige Führungen angeboten.

Playa de Gandia STRAND

4 km entfernt erstreckt sich an der Küste die Playa de Gandia, ein langer, breiter Strand aus feinstem Sand, der täglich von einer ganzen Traktorflotte plattgewalzt wird. Vor allem bei Spaniern ist Gandia als Urlaubsort angesagt. Im Sommer und am Wochenende tobt hier das pralle Leben.

Schlafen & Essen

Am Paseo Marítimo Neptuno stößt man auf jede Menge Restaurants. Sie bieten vor allem günstige Snack- und Urlaubsküche, die nicht unbedingt ein heißer Anwärter auf einen Michelin-Stern ist. Einige alteingessene Lokale sind am westlichen Hafenende und in der Calle Verge zu finden.

Hotel Riviera HOTEL €€

(☎96 284 50 42; www.hotelesrh.com; Paseo Marítimo Neptuno 28; HP 62 € pro Pers.;) Obwohl dies eines der ältesten Strandhotels in Gandia ist, sind die Zimmer auf dem neuesten Stand und für ein Dreisternehotel überraschend luxuriös.

Hostal El Nido PENSION €€

(☎96 284 46 40; www.hostalelnido.com; Calle Alcoy 22; EZ 35–50 €, DZ 45–69 €;) Die gemütliche, von herzlichen Inhabern geführte Unterkunft mit wunderbar fröhlichen Zimmern unterscheidet sich stark von den riesigen Ferienresorts am Strand. Sie liegt einen Straßenzug vom Wasser entfernt. Von Juni bis September öffnet hier auch eine kleine Gästebar.

Restaurante Coronada FISCH & MEERESFRÜCHTE €€

(☎96 284 18 21; Paseo Marítimo Neptuno 72; Hauptgerichte 8–15 €) Dank der hochwertigen, schön präsentierten Fisch- und Reisgerichte hebt sich das Coronada von den übrigen Lokalen am Strand ab. An sonnigen Sonntagen lockt das Restaurant zahlreiche Familien aus Valencia an.

Ausgehen

Im Sommer und am Wochenende sind die Nächte in Playa de Gandia lang. Bars scharen sich um die Plaza del Castell, kaum 300 m vom Strand entfernt. Eine weitere gute Anlaufstelle ist der Gebäudekomplex an der Ecke Carrer Legazpi und Carrer Navegant (nach den Plastikpalmen, die im Dunkeln leuchten, Ausschau halten), zwei Querstraßen vom Strand entfernt. Dort findet man ein paar Kneipen und Clubs wie das Dolce Vita, das 625 und das Bacarra, die einander sehr ähneln.

Praktische Informationen

Touristeninformation Gandia (☎96 287 77 88; Mo–Fr 9.30–14.30 & 16–20, Sa 9.30–13.30 Uhr) Gegenüber dem Hauptbahnhof.

Touristeninformation Playa de Gandia (☎96 284 24 07; www.gandiaturismo.com; Paseo de Neptuna 45; Mo–Sa 9.30–20.30, So 9.30–13.30 Uhr)

Anreise & Unterwegs vor Ort

Zwischen Gandia und Valencia (4,40 €, 1 Std.) verkehrt werktags alle halbe Stunde und am Wochenende jede Stunde ein Zug. Der Bahnhof und der Busbahnhof befinden sich gegenüber der Touristeninformation in Gandia. Von dort fahren alle 20 Minuten Busse des Unternehmens La Marina Gandiense zur Playa de Gandia.

DENIA

44 730 EW.

Denia gilt als bedeutendster Passagierhafen der Comunidad Valenciana (von hier ist die Seeüberfahrt zu den Balearen am kürzesten), aber der quirlige Ort hat noch mehr als das zu bieten. Die Altstadt schmiegt sich an einen kleinen Hügel, auf dem eine Burgruine thront, und in den Straßen herrscht ein emsiges Treiben. Auch die Sandstrände bei La Marina im Norden sind sehr schön. Auf der anderen Seite der Stadt wartet die zerklüftete Küste von Las Rotas mit Felsbuchten auf, an denen weniger Andrang herrscht.

Sehenswertes & Aktivitäten

Burg BURG

(Erw./Kind inkl. Museo Arqueològic de Denia 3/1 €; 10–13.30 & 17–20.30 Uhr) Von der Plaza de la Constitución führen Treppenstufen zur Burgruine hinauf, wo ein herrlicher Rundblick auf die Stadt und die Küste lockt. Zu der Anlage gehört auch das **Museo Arqueològic de Denia**, dessen Tonscherbensammlung auf die lange Geschichte der Stadt hinweist. Leider gibt's nur Beschriftungen auf Spanisch. Außerhalb der Sommermonate schließt die Burg bei Sonnenuntergang.

Mundo Marino BOOTSTOUR

(www.mundomarino.es) Bei einer Bootsfahrt von Mundo Marino (ab 15 €) kann man sich den Wind um die Nase wehen lassen. Im Programm sind z. B. „Mini-Cruises" nach/ab Xàbia, Calpe und Altea.

Schlafen

LP TIPP **Hotel Chamarel** BOUTIQUE-HOTEL €€
(☎96 643 50 07; www.hotelchamarel.com; Calle Cavallers 13; Zi. inkl. Frühstück 85 €; ❄📶) Das hübsche Hotel, das ein erfahrenes Travellerpaar geschmackvoll in zeitgemäßem Stil möbliert hat, ist in einer Bürgervilla aus dem 19. Jh. untergebracht. Rund um den ruhigen, schön bepflanzten Innenhof verteilen sich 15 Zimmer. Entspannung bietet auch der große Salon mit seiner tollen Marmortheke. Alles zusammen wirkt wie eine Art Galerie für die Werke des Künstlers und Besitzers Mila Vidallach, dessen Leinwandgemälde die Zimmer und Gemeinschaftsräume schmücken. Man sollte sich die Nummer 201 unter dem Dachsims geben lassen: Das Zimmer verströmt ein orientalisches Flair und hat eine positive Feng-Shui-Aura. Parken kostet 12 €.

Posada del Mar HOTEL €€€
(☎96 643 29 66; www.laposadadelmar.com; Plaza Drassanes 2; EZ 145–165 €, DZ 160–180 €, inkl. Frühstück; P❄@📶) Die behutsam restaurierte Posada del Mar befindet sich in einem Gebäude aus dem 13. Jh., das zuletzt als Zollhaus diente. Alle 25 Zimmer sind individuell nach Seefahrtsthemen gestaltet und durch die großen Fenster zum Hafen hin strömt viel Licht herein. Ob die teuren Preise gerechtfertigt sind, ist allerdings fraglich. Parken kostet 16 €.

Hotel Fontanella HOTEL €
(☎96 578 49 60; www.hotelfontanella.es; Calle Fontanella 18; EZ 50–60 €, DZ 60–70 €, inkl. Frühstück; ❄📶) An einer ruhigen Straße, einen Block vom Hafen entfernt, stößt man auf dieses kürzlich renovierte, farbenfrohe Hotel im Pop-Art-Look. Der Preis stimmt, denn die Zimmer sind ein bisschen klein, aber gut geschnitten. Auch die Bar unten ist in Ordnung.

El Raset HOTEL €€
(☎96 578 65 64; www.hotelelraset.com; Bellavista 1; EZ/DZ inkl. Frühstück 112/137 €; ❄@📶) Ein modernes Designerhotel mit Blick auf den Hafen. Die Zimmer warten mit Spotstrahlern, bunten Bettdecken und Bildern an den Wänden auf. Der Manager ist ein netter, hilfsbereiter Typ.

Essen

An der Explanada Cervantes, der Calle Bellavista und der Calle Port am Hafen sowie an deren Fortsetzung Plaza del Raset locken Restaurants für jeden Geldbeutel. Viele waren anfänglich einfache Kneipen und zogen die Fischer des gegenüberliegenden alten Markts an. In der Fußgängerstraße Calle Lepanto, die sich vom Hotel Chamarel Richtung Westen erstreckt, findet man einladende Bars.

Sal de Mar SPANISCHE NOUVELLE CUISINE €€
(☎96 642 77 66; Menüs 20–40 €, Hauptgerichte 17–23 €; ⏲Mi–Mo) Das Restaurant des Hotels Posada del Mar ist immer eine gute Wahl, egal ob man ein klassisches Abendessen oder einfache Tapas bestellt und ob man im intimen Innenraum isst oder im Sommer draußen auf der Terrasse speist.

El Raset SPANISCH, FISCH & MEERESFRÜCHTE €€
(☎96 578 50 40; Calle Bellavista 7; Menüs 22 €, Hauptgerichte 17–24 €) Gäste können auf der großen Terrasse essen oder in den kühlen, klimatisierten Räumen. Das Raset ist vor allem für seine Reisgerichte bekannt. Sein hervorragendes viergängiges Mittagsmenü enthält als Vorspeise verschiedene Tapas, z. B. mit Meeresfrüchten gefüllte Baby-Cannelloni. Die Speisen werden ansprechend präsentiert, außerdem ist der Service sehr gut.

Asador del Puerto GRILLRESTAURANT €€
(☎96 642 34 82; Plaza del Raset 10–11; Menüs 27–38,50 €, Hauptgerichte 19–24 €) In diesem Lokal liegt der Schwerpunkt auf Fleisch aus dem Holzkohleofen und Fischgerichten. Das *cochinillo* (Spanferkel) ist außen knusprig und innen saftig, also genau so, wie es sein sollte.

Praktische Informationen

Die **Touristeninformation** (☎96 642 23 67; www.denia.net; Calle Manuel Lattur 1; ⏲10–13.30 & 17–20.30 Uhr) befindet sich in der Nähe von Bahnhof und Fährhafen.

An- & Weiterreise

SCHIFF/FÄHRE Balearia Lines (☎902 16 01 80; www.balearia.com) verkehrt nach Mallorca und Ibiza.

ZUG Am Bahnhof von Denia machen sich stündlich Züge auf den malerischen Weg Richtung Süden nach Benidorm, wo Anschluss an die Straßenbahn nach Alicante besteht. Ist Valencia das Reiseziel, muss man erst nach Gandia fahren und dort in den Zug steigen.

XÀBIA

32 470 EW.

Ein Drittel der Stadtbevölkerung von Xàbia (auf Spanisch „Jávea") und über zwei Drittel der Besucher sind Ausländer. Hier scheint in jedem zweiten Laden ein Immobilienmakler zu sitzen. Wer Einheimische kennenlernen will, wird es schwer haben. Andererseits ist der nette, familienfreundliche Ort zu Beginn der Saison – dann, wenn die Sonne schon scheint, aber die Massen noch nicht eingefallen sind – der mit Abstand netteste Badeort in der Gegend, auch, weil es in Xàbia kaum Bettenburgen gibt, die so viele andere Abschnitte der Costa Blanca verschandeln.

Es gibt drei ganz unterschiedliche Stadtteile: die kleine Altstadt, etwa 2 km vom Meer entfernt, den Hafen (El Puerto) östlich davon und das Strandviertel El Arenal, ein paar Kilometer südlich des Hafens. Noch weiter im Süden bietet der Cabo de La Nao einen atemberaubenden Ausblick auf das Meer.

Aktivitäten

El Arenals breiter Strand verspricht viel Spaß, aber auch die Altstadt mit den ruhigen Plazas und Boutiquen lohnt einen Streifzug. Die Touristeninformation hat ein Paket mit dem Titel *Xàbia: Nature Areas Network* herausgegeben, das aus fünf Heftchen besteht. Jede beschreibt eine markierte Wanderroute in der Gegend, darunter eine auf den Montgó, den zerklüfteten Berg unweit der Stadt. Das ganze Jahr über bietet die Touristeninformation mindestens zweimal wöchentlich kostenlose geführte Spaziergänge an, Details dazu findet man in der *Rutas-Senderismo*-Broschüre.

Schlafen

Hotel Miramar HOTEL €€
(☎96 579 01 00; www.hotelmiramar.com.es; Plaza Almirante Bastarreche 12; EZ/DZ 42/72 €; ❄📶) Das familienbetriebene Hotel am Hafen ist so nah am Wasser, dass man es eventuell vorziehen wird, in Bikini bzw. Badehose zu schlafen. Es verfügt über 26 gemütliche Zimmer, acht davon mit Balkonen. Für Räume mit Blick auf die Bucht werden 15 € mehr verlangt. Zu der Unterkunft gehören auch eine Bar und ein Restaurant.

Pensión la Marina PENSIÓN €
(☎96 579 31 39; www.lamarinapension.com; Avenida Marina Española 8; Zi. 40–75 €; 📶) Ein kleines, von einem Engländer geführtes Haus mit acht Zimmern und einigen Familienapartments, alle mit Deckenventilatoren und witzigem Dekor. Pluspunkte gibt's für die Lage direkt neben der Fußgängerpromenade am Meer. Zum Abendessen braucht man nur in die Pizzeria im Erdgeschoss zu gehen. Pensionsgäste erhalten 20 % Rabatt.

Parador de Jávea PARADOR €€€
(☎96 579 02 00; www.paradores.es; Avenida del Mediterráneo 233; DZ 279 €) Zwar ist dieser schachtelförmige, früher mal moderne *parador* nicht wirklich aufregend, dafür befindet er sich aber in herrlicher Lage auf einer Landzunge mit Blick auf die Bucht von El Arenal. Er bietet den Komfort, den man bei so einer Unterkunft erwartet.

Essen & Ausgehen

In der Altstadt gibt's ein paar verlockende Tapas-Bars, während sich in der Avenida de la Marina Española, der autofreien Promenade südlich des Hafens, Restaurants und Bars drängen. Am Paseo Marítimo beim Strand von El Arenal findet man jede Menge Cafés und weitere Lokale.

La Renda VALENCIANISCH €€
(Santisimo Cristo del mar 12; Gerichte 9–12 € pro Pers.) In dem günstigen und authentischen Restaurant werden gleich 14 Variationen des valencianischen Klassikers Paella zubereitet. Die Spezialität des Hauses ist aber *arroz de renda* (sahniger Reis mit Schnecken). Fast alle Gerichte gibt's erst ab zwei Essern.

El Posito MEDITERRAN €€
(☎96 579 30 63; Plaza Almirante Bastarreche 11; Menüs 14 €, Gerichte um 25 €) Einst war das hübsche blau-weiße Gebäude, in dem sich auch eine Touristeninformation befindet, das Zentrum des sozialen Lebens der Fischer. Heute beherbergt es ein Restaurant, das einen Tick besser ist als die Konkurrenz am Meer. Auf der Karte stehen ein paar ungewöhnliche Gerichte (Lust auf Algennudeln?) und das Menü ist ausgesprochen preiswert. Darüber hinaus kann man hier ganz entspannt etwas trinken oder das breite Angebot an Tapas und Sandwiches nutzen.

Bar Imperial TAPAS €
(☎96 646 11 81; Plaza de Baix 2; Hauptgerichte 8–10 €) Diese Bar in der Altstadt hat jede Menge altmodisch-spanisches Flair und zieht zahlreiche reifere Herren mit Tellermützen und einer Vorliebe für Kartenspiele an. Zu essen gibt's Tapas und Hauptgerichte.

La Rebotica TAPAS €
(☎96 646 13 18; Calle San Bartolomeo 6; Hauptgerichte 8–10 €) Im La Rebotica kann man ebenfalls entweder ein Hauptgericht verputzen oder sich an Tapas gütlich tun.

El Tropezón VALENCIANISCH €€
(☎96 579 13 16; Calle Tossal de Dalt 3; Hauptgerichte 10–15 €) Das kürzlich eröffnete Tropezón in

einem restaurierten Stadthaus hat sich auf regionale Küche spezialisiert. Dank der Steinmauern und Balken ist der rechteckige Speisesaal sehr gemütlich.

Praktische Informationen

Touristeninformation (www.xabia.org; ⏲Mo–Fr 9–13.30 & 16–19.30 oder 16.30–20, Sa 10–13.30 Uhr) El Arenal (☎96 646 06 05; Carretera Cabo de la Nao, El Arenal); Altstadt (☎96 579 43 56; Plaza de la Iglesia, Altstadt) Hafen (☎96 579 07 36; Plaza Almirante Bastareche 11, Hafen; ⏲auch Sa nachmittags & So morgens).

Anreise & Unterwegs vor Ort

Jeden Tag fahren mindestens sechs Busse nach Valencia (10,90 €) und Alicante (9,25 €). Die Haltestelle liegt in der Avenida Óndara, die von der Rotonda del Olivo mit einem Olivenbaum im Zentrum abzweigt.

Xàbia's Bike Centre (www.xabiasbike.com; Avenida Lepanto 21; 9 € pro Tag) vermietet im Hafenviertel Fahrräder.

CALPE

29 650 EW.

Der Peñon de Ifach, der wie ein riesiger Backenzahn aus dem Meer ragt, beherrscht die Kulisse des Seebads Calpe (auf Valencianisch „Calp").

An beiden Seiten erstrecken sich große Buchten: Hinter der Playa Arenal an der Südflanke liegt die Altstadt und im Norden die Playa Levante (oder Playa la Fossa). Mit den Schulter an Schulter stehenden überdimensionierten Bettenburgen hat Letztere Individualreisenden abgesehen von dem wunderschönen Strand wenig zu bieten.

Ein anstrengender Wanderweg führt von der **Aula de Naturaleza** (Naturzentrum) hinauf zum 332 m hohen Gipfel des Peñon. Hin und zurück benötigt man etwa zweieinhalb Stunden. Am Ende der Strecke winkt hinter einem finsteren Tunnel ein fantastischer Blick aufs Meer. Im Juli und August dürfen Wanderer nur alle 20 Minuten in Zwanzigergruppen starten, deshalb sollte man eine kurze Wartezeit einplanen.

Leichter zugänglich ist der kleine **Parque Natural las Salinas**. Der See hinter der Stadt wird gern von Watvögeln, Seemöwen und anderen Arten, darunter auch vereinzelte Flamingos, aufgesucht.

Schlafen

Hostal Terra de Mar BOUTIQUE-HOTEL €€
(☎629 665124; www.hostalterrademar.com; Calle Justicia 31; EZ/DZ inkl. Frühstück 95/130 €; ❄📶) Besucher werden in dem ausgesprochen originellen, künstlerisch angehauchten Hotel von einem riesigen Wandgemälde begrüßt. Jedes Stockwerk ist individuell gestylt: Man braucht nur die Treppe hochzugehen, um von Japan nach Marokko, Afrika oder Paris zu reisen. Es gibt zwölf Zimmer und der Nebensaisontarif (Okt.–Mai EZ/DZ mit Frühstück 45/55 €) ist ein Schnäppchen – ganz im Gegensatz zu den Preisen in der Hauptsaison. Aufgrund der immensen Beliebtheit dieser Unterkunft sollte man vorab reservieren.

Pensión Centrica PENSIÓN €
(☎96 583 55 28; mjpiffet@hotmail.com; Plaza de Ifach 5; EZ/DZ 13/30 €) Das von Franzosen geführte Haus direkt an der Avenida Gabriel Miró hat 13 gepflegte Zimmer mit Deckenventilatoren, die sich Gemeinschaftsbäder teilen. Augen auf und nach dem riesigen Leguan Ausschau halten ...

Essen

Rund um die Plaza de la Constitución und in der Hauptstraße Avenida de Gabriel Miró reihen sich zahlreiche Restaurants und Bars aneinander. Am Hafen stößt man auf wunderbare Fischlokale, aber auch auf typisch überteuerte Tourirestaurants und Läden, wo den ganzen Tag über englisches Frühstück serviert wird.

Los Zapatos EUROPÄISCHE NOUVELLE CUISINE €€
(☎96 583 15 07; www.restauranteloszapatos.com; Calle Santa María 7; Menüs 17 €, Hauptgerichte 14,50–23 €; ⏲Do–Mo) Das empfehlenswerte Restaurant in deutscher Hand verfügt über eine kleine Spezialitätenkarte und eine erlesene, spanisch geprägte Weinkarte. Während der Saison ist das *menú caza y pescado* (Wild- und Fischmenü) mit Wildschwein und dem Fisch des Tages eine gute Wahl.

La Cambra SPANISCH €€
(☎96 583 06 05; Calle Delfín 2; Hauptgerichte 15–21 €; ⏲Mo–Do mittags, Fr & Sa mittags & abends) Das ganz in altem Holz und Kacheln gehaltene, traditionelle La Cambra hat sich auf Reisgerichte spezialisiert (ca. 12 €) und bietet eine große Auswahl an baskischen und valencianischen Gerichten.

Shoppen

Librería Europa BUCHLADEN
(www.libreria-europa-calpe.com; Calle Oscar Esplá 2) Der Besitzer dieses großartigen, altmodischen Buchladens, ein Engländer, referiert gern stundenlang über Reisen, Literatur und Bücher im Allgemeinen. Er wartet mit einer

exzellenten Auswahl von Titeln in englischer und anderen europäischen Sprachen sowie zahlreichen Lonely Planet Bänden auf.

Praktische Informationen

Touristeninformation (☎96 583 85 32; www.calpe.es; Plaza del Mosquit; ⌚Mo–Fr 9–18, Sa 9–14 Uhr) In der Altstadt.

An- & Weiterreise

BUS Von hier gibt's Verbindungen nach Alicante (6,55 €, 1½ Std., 10-mal tgl.) und Valencia (12,30 €, 3½ Std., 5-mal tgl.). Der **Busbahnhof** (Avenida de la Generalitat Valenciana) liegt gleich neben der Ringstraße.

ZUG Täglich fahren Schmalspurbahnen Richtung Norden nach Denia (2,25 €, 40 Min.) und Richtung Süden nach Benidorm (2 €, 30 Min.), wo man Anschluss an die Straßenbahn nach Alicante hat.

ALTEA

24 060 EW.

Zwar trennt Altea und Benidorm nur die Sierra Helada, die sich wie ein breiter Keil zwischen beide Orte schiebt, trotzdem liegen Welten dazwischen. Im ruhigeren Altea gibt's vor allem Kiesel- und Felsstrände. Der moderne Stadtteil, der sich entlang der Küste erstreckt, erscheint wie ein durchschnittlicher Küstenferienort. Die Altstadt hingegen, die mit ihren weiß gekalkten Häusern droben auf der Anhöhe zum Meer hinabschaut, gilt als hübschestes *pueblo* in der ganzen Comunidad Valenciana.

Das umweltfreundliche **Aparthotel & Restaurante Venus Albir** (☎96 686 48 20; www.venusalbir.com; Albir-Alfaz del Pi, Plaza Venus; DZ 47–90 €, 3BZ 63–120 €; ❄📶🏊) in Albir, das südlich an Altea anschließt, hat 24 komfortable, mit Miniküche, Bad und Balkon ausgestattete Apartments und verschiedene Aktivitäten im Angebot. Alle im Restaurant (Hauptgerichte 13,50–23 €) verwendeten Zutaten stammen aus biologischem Anbau.

Rund um die Plaza de la Iglesia in der Altstadt von Altea, ganz besonders entlang der Calle Mayor, locken niedliche Restaurants, von denen außerhalb der Hauptsaison viele nur abends geöffnet haben.

Die **Touristeninformation** (☎96 584 41 14; Calle San Pedro 9; ⌚Mo–Fr 10–14 & 17–19.30 oder 20, Sa 10–13 Uhr) befindet sich am Strand.

BENIDORM

72 060 EW.

Benidorm wird leicht als Beispiel für die Schattenseite des Massentourismus abgestempelt und tatsächlich hat es seine Seele schon vor langer Zeit an die Pauschalurlauber verkauft. Dennoch ist die Stadt, der in so vielen Sommernächten von lärmenden Zeitgenossen aus nördlicheren Gefilden übel mitgespielt wird, nach wie vor atmosphärisch – etwas, was viele andere Ferienorte an der Costa Blanca vermissen lassen. Vielleicht wartet sie nicht unbedingt mit der Art Flair auf, die man sich vom Spanienurlaub erhofft, da die hiesige Kultur unter einem Teppich aus englischen Bars und Lokalen begraben liegt. Darüber hinaus ist das schier endlose Spalier aus riesigen Resorts mit ein paar der höchsten Bettenburgen Europas nicht eben eine Augenweide. Dennoch: Wer nicht in Benidorm war, kann eigentlich nicht behaupten, die spanische Mittelmeerküste bereist zu haben.

Oh, und man sollte auch nicht vergessen, dass die vorgelagerte Küste einfach bildschön ist. Die Playa del Levante und die längere Playa del Poniente treffen unterhalb der Plaza del Castillo zusammen, wo das Land wie ein Schiffsbug in die Bucht hineinstößt.

Im Winter hat die Hälfte der Besucher 60 Lenze bereits überschritten; viele von ihnen kommen aus Mittel- und Nordeuropa. Im Sommer zieht Benidorm Menschen jeden Alters an.

STADT DER SUPERLATIVE

- » 2009 wurden in Benidorm fast 10 Millionen Übernachtungen gebucht.
- » Jährlich kommen etwa 5 Millionen Besucher hierher (weit mehr als 1 Mio. davon sind Briten).
- » In den 127 Hotels (die Apartmenthäuser noch gar nicht mitgezählt) stehen fast 40 000 Betten zur Verfügung. In Europa können das nur London und Paris toppen.
- » Der Sandstrand ist stolze 6 km lang.

Sehenswertes & Aktivitäten

Terra Mítica FREIZEITPARK
(Mythisches Land; www.terramiticapark.com; Erw./Kind 35/25 €; ⌚Mitte März–Sept. 10–20 Uhr) In Benidorm ist alles ein wenig größer und protziger, also sollte es nicht verwundern, dass sich hier Spaniens größter Mottopark befindet. Sein Thema ist das Mittelmeer, allerdings würde man das nicht unbedingt erkennen, wenn man es nicht wüsste. Wer Kinder hat, kann sich in der Terra Mítica einen schönen Tag machen. Es gibt jede Menge furchterregende Fahrgeschäfte sowie Straßenanimation. Einzelne Bereiche sind

auf die alten Ägypter, Griechen, Römer, Iberer und die spanischen Inseln zugeschnitten. Außerhalb der Hauptsaison sollte man sich vorab auf der Website über die Öffnungszeiten informieren.

Terra Natura & Aqua Natura ZOO
(www.terranatura.com; Erw./Kind 25/20 €, Zuschlag Wasserpark 8 €; ⌚10 Uhr–Sonnenuntergang, Wasserpark Juni–Mitte Sept.) In der Terra Natura leben über 1500 Tiere in Gehegen, die ihrer natürlichen Umgebung nachempfunden sind. Außerdem gibt's einen tollen **Wasserpark**. Ein besonderes Highlight ist das gemeinsame Badeerlebnis mit Seelöwen.

Aqualandia FREIZEITPARK
(www.aqualandia.net; Erw./Kind 20,50/16,50 €; ⌚Mitte Mai–Mitte Okt. 10 Uhr–Sonnenuntergang) Gleich neben dem größten Wasserpark Europas liegt das **Mundomar** (☎96 586 01 00; www.mundomar.es; Erw./Kind 18,50/16,50 €; ⌚10 Uhr–Sonnenuntergang), ein Zoo für Meeresbewohner und exotische Tiere. Er beherbergt u. a. Papageien, Delfine, Seelöwen und Fledermäuse. In den beiden Einrichtungen (Kombiticket Erw./Kind 38/28 €) kann man locker je einen Tag verbringen.

Excursiones Marítimas Benidorm BOOTSTOUR
(www.excursionesmaritimasbenidorm.es) Stündliche Bootsfahrten (Erw./Kind hin & zurück 12,50/10 €) zur Isla de Benidorm sowie eine Kreuzfahrt nach Calpe (22,50/15 €) und ein Tagesausflug zur Tabarca-Insel (S. 620).

Sierra Helada WANDERN
Wem die Hektik in Benidorm aufs Gemüt schlägt, der kann sich bei der Touristeninformation die kostenlose Broschüre *Routes Across Sierra Helada* mit Wanderwegen in der Sierra Helada besorgen und in den Bergen gleich nördlich von Rincón de Loix den wunderbaren Blick auf die Bucht genießen.

Schlafen

LP TIPP **Villa Venecia** BOUTIQUE-HOTEL €€€
(☎96 585 54 66; www.hotelvillavenecia.com; Plaza San Jaime 1; EZ 144–176 €, DZ 288–352 €; ❄📶🏊) Hoch oben gegenüber der Kirche der Altstadt schaut dieses edle Fünfsternehotel hinab auf die überfüllten Strände. Jedes der 25 Zimmer hat Meerblick, eine supermoderne Badewanne, eine tolle Dusche und einen großen Flachbildfernseher. Wenn man – vielleicht nach einem Besuch im Spa – neben dem kleinen Pool auf dem Dach relaxt, scheint Benidorm Welten entfernt zu sein. Apropos Wellness: Ein Programm heißt „ewige Jugend". Falls es anschlägt, haben sich die saftigen Übernachtungspreise wohl gelohnt. Die Bar und das hervorragende Restaurant Llum de Mar sind auch für Nichtgäste zugänglich.

Hotel Fetiche BOUTIQUE-HOTEL €
(☎96 618 32 46; www.fetichebenidorm.com; Calle Paseo de la Carretera 11; EZ/DZ 30/60 €; ❄📶) Der Neuzugang in Benidorms Hotelszene in einer ruhigen Straße am Rande der Altstadt wartet mit weißen Wänden, kunstvollen Schwarz-Weiß-Fotografien und einer Einrichtung aus auffälligen Pop-Art-Stücken auf.

Hotel La Santa Faz HOTEL €€
(☎96 585 40 63; www.santafazhotel.com; Calle Santa Faç 18; EZ 50–60 €, DZ 100–120 €; ⌚Mai–Okt.; ❄📶) Dieses alteingesessene Hotel, das sich in der Altstadt zwischen zwei Straßen zwängt, verströmt eine freundliche Atmosphäre. Zu jedem Zimmer gehört ein Balkon, außerdem gibt's eine gut sortierte Bar und einen Billiardtisch.

Hotel Colón HOTEL €€
(☎96 585 04 12; www.hotelcolon.net; Paseo de Colón 3; EZ 50–60 €, DZ 100–120 €; ⌚April–Okt.; ❄📶) Günstig am Schnittpunkt von Altstadt und Playa del Poniente gelegen. Die Zimmer sind so blau wie das Meer. Außerhalb der Hochsaison stimmt das Preis-Leistungs-Verhältnis. Halbpension kostet nur 4 € mehr als eine Übernachtung mit Frühstück, aber man sollte keine allzu hohen Ansprüche an die Küche haben. Die Zimmer nach Westen bieten einen tollen Blick auf die Playa del Poniente.

Hotel Iris HOTEL €
(☎96 586 52 51; www.iris-hotel.net; Calle Palma 47; EZ/DZ 30/60 €; ❄@) Die sympathische Budgetunterkunft in englischer Hand befindet sich in einer relativ ruhigen Straße. Fast alle Zimmer besitzen einen kleinen Balkon und die ohne Klimaanlage haben Ventilatoren. Im Erdgeschoss lockt eine gemütliche Bar

HOTELRABATTE

Fast jeder Urlauber hier hat ein Pauschalangebot gebucht. Für Individualreisende kann die Übernachtung in Benidorm deshalb teuer werden. Deutlich billiger ist oft die Onlinereservierung über **Benidorm Spotlight** (www.benidorm-spotlight.com).

mit Internetterminal. Während des Stadtfests hat der Bürgermeister von Benidorm schon mal hier übernachtet, der Standard sollte also ausreichend sein.

Gran Hotel Bali HOTEL €€
(☎96 681 52 00; www.granhotelbali.com; Calle Luis Prendes; EZ/DZ inkl. Frühstück ab 95/130 €;) Europas höchstes Hotel: Der riesige Komplex ist 186 m hoch und spaltet den Himmel wie ein enormes Silbermesser. Seine Größe trifft zwar nicht jedermanns Geschmack, ist aber immerhin in vielfacher Hinsicht rekordverdächtig. Das Gebäude verfügt über 23 Aufzüge, 776 Zimmer für bis zu 1000 Gäste und zwei Restaurants.

Essen

Generell hat Benidorm nicht unbedingt einen Ruf als Gourmethochburg, wer aber in den richtigen Vierteln sucht, spürt das eine oder andere annehmbare spanische Restaurant auf. Auch die englische Küche ist hier gut vertreten.

LP TIPP **La Cava Aragonesa** TAPAS €€
(☎Restaurant 96 680 12 06; Plaza de la Constitución; Restaurant Menüs 10–13 €, Hauptgerichte 10–18 €) An der Theke dieser Bar liegt eine wundervolle Auswahl an Tapas, Kanapees und 20 verschiedenen Aufschnittplatten aus, die auf Spanisch und Englisch beschriftet sind. Es ist geradezu unglaublich, aber hier hat man fast das Gefühl, in Spanien zu sein! (Nicht, dass man wegen des spanischen Flairs nach Benidorm gekommen wäre ...) Nebenan befindet sich das zugehörige Restaurant mit Sitzplätzen. Hier kann man 20 verschiedene Holzplatten mit gemischten Gerichten bestellen und sich zwischen 600 Weinen entscheiden.

Llum de Mar MEDITERRAN €€
(☎96 585 54 66; Plaza San Jaime 1; Reisgerichte 12,50–15,50 €, Hauptgerichte 18–22 €) Das Lokal des Villa-Venecia-Hotels hat etwa 30 Plätze und ist sehr gemütlich, auch wenn es mal wieder renoviert werden müsste. Es bietet eine hervorragende Auswahl à la carte und einen herrlichen Ausblick auf das Meer.

Restaurante Marisquería Club Naútico MEDITERRAN €€
(☎96 585 54 25; Paseo de Colón; Menüs 24–50 €, Hauptgerichte 10–19 €) In dem eleganten Restaurant kann man Tapas essen, auf der großen Terrasse eine Mahlzeit zu sich nehmen oder auch einfach nur bei einem Drink dasitzen und die Hafenaussicht genießen.

DIE SCHOKOLADENFABRIK

Auch wenn man nicht Charlie heißt und keine zwölf Jahre mehr alt ist, dürfte eine Führung durch das **Museo de Chocolate** (Schokoladenmuseum; www.valor.es; Calle Pianista Gonzalo Soriano 13; Eintritt frei; Mo–Fr 10–13 & 16–19, Sa 10–13 Uhr) in Villajoyosa, 14 km südlich von Benidorm, äußerst vergnüglich sein. Das Aushängeschild von Valor, der größten Schokoladenfabrik Spaniens, präsentiert alles rund um Kakao, Schokolade und den Prozess der Schokoladenherstellung sowie eine ganze Galerie voller Schokoladenskulpturen. Die Führung beinhaltet auch einen Besuch der Fabrik und des Ladens, wo man schon sehr willensstark sein muss, um den süßen Versuchungen zu widerstehen. Führungen beginnen zu jeder vollen Stunde.

Casa de la Portuguesa MEDITERRAN €€
(☎96 585 89 58; Calle San Vicente 39; Hauptgerichte 10–16 €) Wer in Benidorm Rang und Namen hat, kommt hierher, trotzdem sind die Preise in dem familiengeführten Restaurant moderat. Seinen guten Ruf verdankt es den großartigen Reisegerichten, dem frischen Fisch und ein paar portugiesischen Leibspeisen wie Ziege oder *bacalahu* (Kabeljau). Im Sommer werden draußen an der schmalen Straße weitere Tische aufgestellt.

La Rana SPANISCH €€
(☎96 586 81 20; Costero del Barco 6; Hauptgerichte 5,50–17,50 €) Dieses familiengeführte Restaurant ist eines der ältesten in der Stadt (man beachte die alte Registrierkasse). Passend zum Namen „Der Frosch" sind in einer Glasvitrine Hunderte Forschfiguren in allen Größen ausgestellt. Zu essen gibt's authentische spanische Küche mit frischen Zutaten aus dem gigantischen Kühlschrank im Speisesaal. Das Lokal versteckt sich in einer kopfsteingepflasterten Gasse, aber die Suche lohnt sich.

Ausgehen & Unterhaltung

Hunderte und Aberhunderte von Bars drängen sich in Benidorm. Aufmachung und Atmosphäre sind immer ein bisschen anders, die Adjektive laut und aufdringlich passen aber zu allen. Die Altstadt dient als Zentrum der lebendigen Schwulenszene.

Wer Wert auf ein gehobenes Umfeld legt, trifft mit dem **Fratelli** (Calle Doctor Orts Llorca; ⏲13–5 Uhr), einer coolen Designer-Cocktailbar, eine gute Wahl.

Am westlichen Ende der Playa del Levante befinden sich drei Strandbars (10–17 Uhr), deren Inhaber in der Avenida de la Comunidad Valenciana am Stadtrand riesige *discotecas* betreiben. Diese sind wie andere Locations dieser Art im Juli und August täglich geöffnet, ansonsten am Wochenende. Am Strand spielt das **Ku** (www.kubenidorm.es) mit seinen nachgemachten hinduistischen und buddhistischen Statuen die fernöstliche Karte aus. Ganz in der Nähe kommt im **KM** (www.kmdisco.com) bis 18 Uhr ein buntes Musikdurcheinander aus den Boxen, ab dann nur noch House. Der **Beachclub Penelope** (www.penelopebeach.com) gleich daneben ist ein Ableger der Penelope-Kette, die in ganz Europa Läden betreibt.

Praktische Informationen

Touristeninformation (☎96 585 13 11; www.benidorm.org; Avenida Martínez Alejos 16; ⏲Mo–Fr 9–21, Sa 10–17, So 10–14 Uhr) Am Busbahnhof, in der Avenida de Europa und in Rincòn de Loix findet man weitere Infostände.

An- & Weiterreise

BUS Vom Busbahnhof, den man mit den Linien 41 und 47 erreicht, bietet **ALSA** (www.alsa.es) Verbindungen zu folgenden Zielen an:

Alicante 4,10 bis 8,05 €, 1 Std., häufig

Alicante Flughafen 8,20 €, 50 Min., stdl.

Valencia 15,05 bis 15,40 €, 1¾ bis 3 Std., 12-mal tgl.

ZUG Mit der Stadtbahn geht's u. a. nach Alicante (5,70 €, 1 Std., alle 30 Min.).

ALICANTE

334 300 EW.

Der Flughafen und die hohe Konzentration an großen Ferienorten in der Nähe haben Alicante (auf Valencianisch „Alacant") den Ruf einer billige Pauschalurlauberdestination eingebracht, dabei dreht sich in der hübschen, dynamischen Provinzhauptstadt längst nicht alles nur um den Tourismus. Rund um die Catedral de Dan Nicolás erstrecken sich die engen Straßen der Altstadt. Wer sich das hiesige wilde spanische Nachtleben nicht entgehen lassen möchte, sollte mindestens eine Übernachtung einplanen.

Sehenswertes & Aktivitäten

GRATIS **Castillo de Santa Bárbara** BURG
(Aufzug hin & zurück 2,40 €; ⏲10–22, Okt.–März bis 20 Uhr, Aufzug 10–20 Uhr) Von Alicantes großer Burg aus dem 16. Jh. genießt man einen weiten Blick. Inzwischen ist hier das **Museo de la Ciudad de Alicante** (MUSA; ⏲10–14.30 & 16–20 Uhr) zur Geschichte der Stadt eingezogen. Der Aufstieg bringt einen ordentlich ins Schwitzen, es gibt aber alternativ auch einen **Aufzug**, den man über die Fußgängerbrücke gegenüber der Playa del Postiguet erreicht. Er fährt durch die Eingeweide des Bergs zum Gipfel hinauf. Eine nette (und weniger anstrengende) Route für den Rückweg verläuft durch den Parque de la Ereta über die Calle San Rafael zur Plaza del Carmen.

GRATIS **Museo de Arte Contemporáneo de Alicante** MUSEUM
(MACA; Plaza Santa María 3) Zu der hervorragenden, in der Casa de la Asegurada (17. Jh.) untergebrachten Sammlung spanischer Kunst aus dem 20. Jh. gehören Werke von Dalí, Miró, Chillida, Sempere, Tàpies und Picasso.

Museo Arqueológico Provincial MUSEUM
(MARQ; www.marqalicante.com; Plaza Doctor Gómez Ulla; Erw./Kind 3 €/frei; ⏲Juli & Aug. Di–Sa 11–14 & 18–24, So 11–14 Uhr, Sept.–Juni Di–Sa 10–19, So 10–14 Uhr) In dem Museum erwartet einen viel fürs Auge und jede Menge Hightech. Obwohl fast alles nur auf Spanisch beschriftet ist, lohnt sich der Besuch. Vom Stadtzentrum gelangt man problemlos zu Fuß hierher oder nimmt alternativ einen der Busse mit den Nummern 2, 6, 9, 20 und 23.

GRATIS **Museu de Fogueres** MUSEUM
(Museo de las Hogueras; Rambla de Méndez Núñez 29; ⏲Di–Sa 10–14 & 17–20 oder 18–21, So 10–14 Uhr) Neben einer Fülle an Fotos, Kostümen und *ninots* (kleine Figuren, die vor den Flammen gerettet wurden) zeigt das Museum in einer beeindruckenden audiovisuellen Präsentation, was den Einwohnern die Fiesta de Sant Joan mit ihrem Feuerzauber und ihren Partys bedeutet.

GRATIS **Museo de Bellas Artes Gravina** KUNST
(Mubag; Calle Gravina 13-15; ⏲Di–Sa 10–21, So 11–15 Uhr) Im Palacio de Gravina, einer Villa aus dem 18. Jh., werden Gemälde vom Mittelalter bis zu den 1920er-Jahren gezeigt. Das Gebäude und die Präsentation der Bilder sind großartig, vielleicht sogar schöner als die Werke selbst.

Basílica de Santa María KIRCHE
(Plaza Santa María; ⏲10.30–12 & 18–19.30 Uhr) Die auffällige Fassade aus dem 18. Jh. und das

reich verzierte Altarbild bilden einen schönen Kontrast zum gotischen Kirchenschiff.

Strände STRÄNDE
Gleich nördlich vom Hafen erstreckt sich die sandige **Playa del Postiguet**. Die **Playa de San Juan**, die man mit der Stadtbahn erreicht, ist größer und meist nicht so überfüllt.

Kon Tiki BOOTSTOUR
(☎96 521 63 96) Bietet eine 45-minütige Fahrt (je nach Tour 12–39 €) zur beliebten Tabarca-Insel (S. 620) an.

Feste & Events

Fiesta de Sant Joan MITTSOMMER
Das wichtigste Fest in Alicante ist die **Fiesta de Sant Joan**, der längste Tag des Jahres am 24. Juni, wenn die hiesige Ausgabe der Las Fallas steigt: Nun werden überall in der Stadt Feuerwerke gezündet und große satirische Figuren (auf Valencianisch *fogueres*, auf Spanisch *hogueras*) verbrannt.

Schlafen

LP TIPP **Hostal Les Monges Palace** HOSTAL €
(☎96 521 50 46; www.lesmonges.es; Calle San Agustín 4; EZ 37–45 €, DZ 53–60 €; ❄@🛜) Mit ihren verwinkelten Fluren, Kacheln, Mosaiken und antikem Mobiliar ist die skurrile Unterkunft ein echtes Schmuckstück. Jeder Raum wurde individuell und geschmackvoll eingerichtet und die Rezeption könnte nicht einladender sein. Wer sich etwas gönnen möchte, sollte eines der beiden Zimmer mit Sauna und Whirlpool (100 €) buchen. Neben der Rezeption hängt ein kleines Original von Dalí. Parkplätze sind vorhanden.

Guest House HOSTAL €
(☎650 718353; www.guesthousealicante.com; Calle Segura 20; EZ/DZ/Apt. 40/50/90 €; P❄🛜) Eine tolle Alternative für den kleinen Geldbeutel: Die acht großen, geschmackvoll aufgemachten Zimmer sehen alle unterschiedlich aus. Manche haben Natursteinwände, andere sind in kräftigen Farben wie Limettengrün, Löwenzahngelb oder Tiefseeblau gestrichen. Zur Grundausstattung zählen ein Safe, ein großer Kühlschrank und Wasserkocher und/oder Kaffeemaschine. Auch die Apartments verfügen über eine gute Einrichtung. Einziger Nachteil: Die Unterkunft ist ein bisschen weitab vom Schuss. Parken kostet 15 €.

Pensión Alicante San Nicolás PENSION €
(☎96 521 70 39; www.alicantesanicolas.com; Calle San Nicolás 14; EZ 30 €, DZ 40–45 €; ❄🛜) Die kleine, zentrale familienbetriebene Pension ist in so grellen Farben gehalten, dass man sich vielleicht lieber eine Sonnenbrille aufsetzen möchte, bevor man eintritt. In den Zimmern gibt's Wasserkocher und/oder Kaffeemaschinen und eines wartet sogar mit einer eigenen Küche auf. Leider sind die Bäder winzig.

Hostal La Milagrosa HOSTAL €
(☎96 521 69 18; www.hostallamilagrosa.com; Calle de la Villavieja 8; EZ/DZ inkl. Frühstück 35/50 €, ohne Bad & inkl. Frühstück 25/40 €; ❄@🛜) Budgetreisende treffen mit dem Miracle, das ein wenig den Charme einer Jugendherberge verströmt, eine sehr gute Wahl. Hier erwarten einen schlichte Zimmer, eine kleine Gästeküche, eine Waschmaschine und eine Dachterrasse, außerdem lernt man schnell andere Backpacker kennen. In den drei Apartments (60 €) können bis zu sechs Personen (für jede weitere Pers. 20 € Aufschlag) schlafen.

Hotel Amérigo HOTEL €€€
(☎96 514 65 70; www.hospes.es; Calle de Rafael Altamira 7; Zi. ab 150 €; ❄@🛜🏊) Das prächtige Fünfsternehotel in einem alten Dominikanerkloster verbindet Tradition mit Postmoderne. Gäste können sich im Gourmetrestaurant Monastrell das Essen schmecken lassen, die Aussicht vom wunderbaren Dachpool genießen oder im Fitnessbereich schwitzen, vorausgesetzt man schafft es, sich von seinem gemütlichen, unglaublich durchgestylten Zimmer loszureißen.

Essen

LP TIPP **Piripi** VALENCIANISCH €€
(☎96 522 79 40; Avenida Oscar Esplá 30; Hauptgerichte 12–26 €) Dank seiner raffinierten Tapas sowie der Reis-, Meeresfrüchte- und Fischgerichte, deren Zutaten täglich frisch auf den Großmärkten in Denia und Santa Pola gekauft werden, erfreut sich das Restaurant einen kurzen Fußmarsch westlich des Stadtzentrums immenser Beliebtheit. Es bietet eine riesige Auswahl an Tapas – wir haben allein zehn verschiedene Sorten Salami und Wurst gezählt, die auf der Theke bereitstanden, außerdem schneidet einer der freundlichen Kellner ohne Unterlass hauchdünne Scheiben von dem erstklassigen Schinken ab. Jeden Tag ist eine andere regionale Spezialität im Angebot.

El Trellat SPANISCHE NOUVELLE CUISINE €
(☎965 20 62 75; Calle de Capitán Segarra 19; Menüs mittags 10 €, Menüs abends 10–25 €; ⏲Mo–Do mittags, Fr & Sa mittags & abends) Das kleine sympathische Lokal neben der Markthalle

Alicante

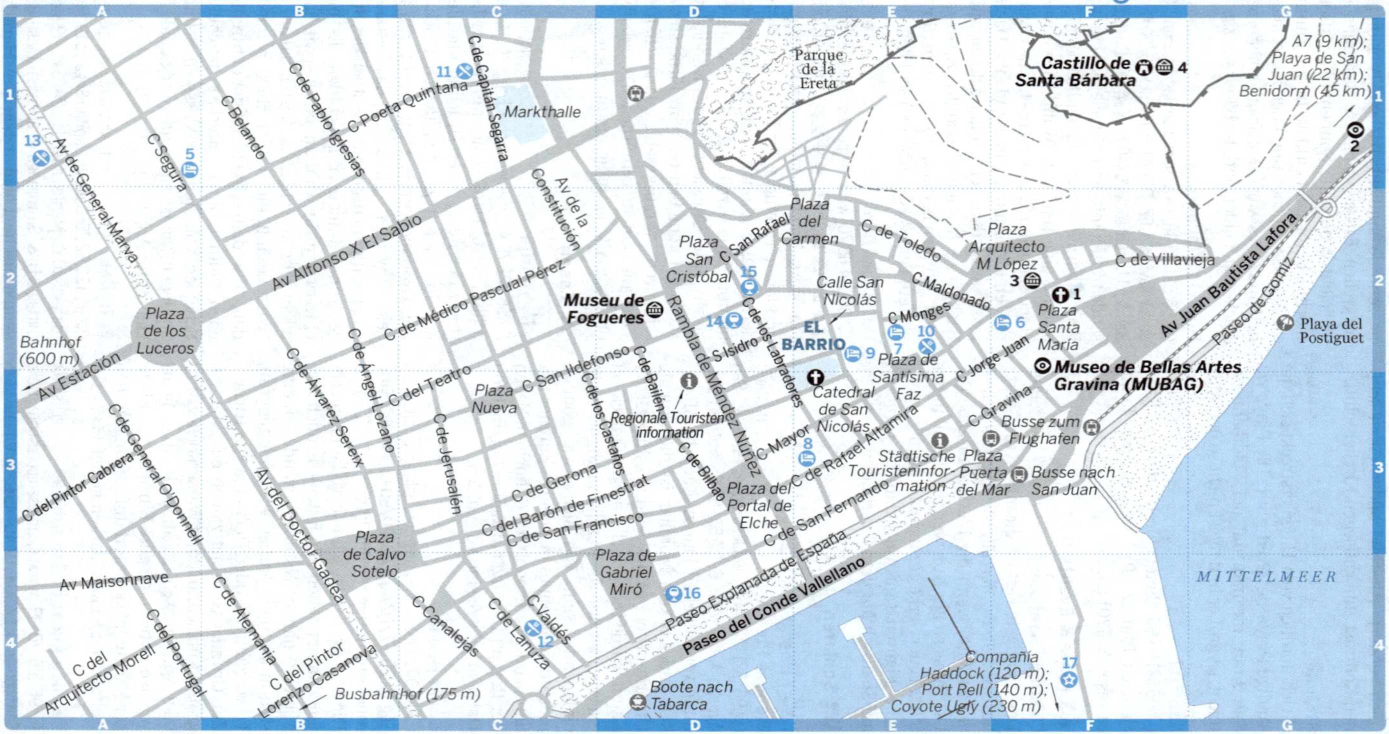
0 200 m
A7 (9 km); Playa de San Juan (22 km); Benidorm (45 km)
Castillo de Santa Bárbara
4
2
Parque de la Ereta
Markthalle
C de Capitán Segarra
C Poeta Quintana
11
C de Pablo Iglesias
C Belando
C Segura
5
13
Av de General Marva
Av Alfonso X El Sabio
Av de la Constitución
Plaza del Carmen
C San Rafael
Plaza San Cristóbal
15
C de Toledo
Plaza Arquitecto M López
3
C de Villavieja
1
Plaza Santa María
Av Juan Bautista Lafora
Paseo de Gomiz
Playa del Postiguet
Calle San Nicolás
C Maldonado
C Monges
10
7
6
EL BARRIO
9
Plaza de Santísima Faz
C Jorge Juan
Museo de Bellas Artes Gravina (MUBAG)
Museu de Fogueres
C de Médico Pascual Pérez
Plaza de los Luceros
Bahnhof (600 m)
Av Estación
14
Rambla de Méndez Núñez
C de los Labradores
S Isidro
Catedral de San Nicolás
C Gravina
Busse zum Flughafen
C San Ildefonso
C de Bailén
Regionale Touristeninformation
C del Teatro
Plaza Nueva
C de Ángel Lozano
C de Álvarez Sereix
C de Jerusalén
C de los Castaños
C Mayor
8
C de Rafael Altamira
Städtische Touristeninformation
Plaza Puerta del Mar
Busse nach San Juan
C de Gerona
C de Bilbao
Plaza del Portal de Elche
C del Barón de Finestrat
C de San Francisco
C de San Fernando
C del Pintor Cabrera
C de General O'Donnell
Av del Doctor Gadea
Plaza de Calvo Sotelo
Plaza de Gabriel Miró
16
Paseo Explanada de España
Paseo del Conde Vallellano
Av Maisonnave
C de Alemania
C Canalejas
C de Lanuza
C Valdés
12
C del Portugal
C del Arquitecto Morell
C del Pintor Lorenzo Casanova
Busbahnhof (175 m)
Boote nach Tabarca
Compañía Haddock (120 m); Port Rell (140 m); Coyote Ugly (230 m)
17
MITTELMEER
A
B
C
D
E
F
G
1
2
3
4

Alicante

Highlights

- Castillo de Santa Bárbara ... F1
- Museo de Bellas Artes Gravina (MUBAG) ... F2
- Museu de Fogueres ... D2

Sehenswertes

1 Basílica de Santa María ... F2
2 Aufzug zum Castillo de Santa Bárbara G1
3 Museo de Arte Contemporáneo de Alicante (MACA) ... F2
4 Museo de la Ciudad de Alicante ... F1

Schlafen

5 Guest House ... A1
6 Hostal La Milagrosa ... F2
7 Hostal Les Monges Palace ... E2
8 Hotel Amérigo ... E3
9 Pensión Alicante San Nicolás ... E2

Essen

10 Cantina Villahelmy ... E2
11 El Trellat ... C1
12 One One ... C4
13 Tabulé ... A1

Ausgehen

14 Desafinado ... D2
15 Desdén Café Bar ... D2
16 Z Klub ... D4

Unterhaltung

17 Casino ... F4

wartet mit kreativen Menüs auf. Der erste Gang kommt vom Büfett, dann folgt eine breite Auswahl von Hauptgerichten. Beim Dessert kann man sich auf Küchenchef und Besitzer Manuel verlassen; er hat früher in der besten Konditorei der Stadt gearbeitet.

One One MEDITERRAN €€

(☎96 520 63 99; Calle Valdés 9; Gerichte um 25 €; ⊙Di–Sa, Mitte Aug.–Mitte Sept. geschl.) Es hilft, wenn man in diesem herrlich exzentrischen Lokal mit den zahlreichen Stammkunden ein wenig Spanisch spricht, doch mit etwas *bravado* klappt es auch so – z. B. indem man den überschwänglichen Gastgeber nach seinen Reisen nach Peru fragt. Dies ist ein echtes Bistro, die Wände sind vor Fotos und Postern kaum zu erkennen, und eine Karte gibt's auch nicht, also sollte man sorgfältig zuhören, wenn Bartólome erzählt, was es gibt. Der Name des Ladens wird *„on-eh, on-eh"* ausgesprochen.

Tabulé VEGETARISCH €

(☎96 513 34 45; Avenida Pérez Galdós 52; Menüs 12-18 €; ⊙tgl. mittags, Mi–Sa abends; ⊘) Schickes vegetarisches Restaurant mit einem guten Service und einer originellen, ständig wechselnden Karte. Zu den Tagesmenüs bekommt man ein Getränk sowie Kaffee.

Cantina Villahelmy FUSIONSKÜCHE €€

(Calle Mayor 37; Hauptgerichte 8–17 €; ⊙Di–Sa mittags & abends, So mittags) Eine Wand ist aus rustikalem Stein, eine andere hellorange und blutrot sowie mit Skeletten, Krabbelgetier und einem Fries samt klassischen Figuren bemalt. Die Cantina Villahelmy kredenzt jede Menge Snacks, ausgezeichnete Salate und alle möglichen anderen Speisen von Reisgerichten über Couscous bis zu Oktopus.

Ausgehen

Im alten Stadtviertel rund um die Catedral de San Nicolás stößt man auf viele kleine Bars. Die sympathische **Desdén Café Bar** (Calle de los Labradores 22) macht schon früh auf und ist daher eine gute Anlaufstelle, um den Abend einzuläuten. Im **Desafinado** (Santo Tomas 6), einer stets vollen Dancebar mit DJs, kommt auch gute Jazzmusik aus den Boxen. Nur einen kleinen Spaziergang entfernt befindet sich der **Z Klub** (Calle Coloma; ⊙Di–So). Dort läuft House. Wer nicht alleine abzappeln möchte, braucht vor 3 Uhr gar nicht erst zu kommen.

Alternativ kann man mehrere Läden am Meer ansteuern. Am tagsüber so friedlichen **Paseo del Puerto** sind nachts auf zwei Etagen Bars, Cafés und Discos zu Hause. Um die Gunst der Nachtschwärmer wirbt außerdem das **Semiramis,** das nur eine kurze Fährfahrt entfernt liegt. Auf dem Schild am Coyote Ugly steht „Willkommen im Dschungel" – das trifft es ziemlich gut. Ein paar Häuser weiter lohnen das Levante und das benachbarte Compañía Haddock einen Besuch. Eine Etage über ersterer Bar befindet sich noch das Port Rell.

Unterhaltung

Casino CASINO

(Calle Levante 3; ⊙Mo–Sa 16–4 Uhr) Alicantes auffälligste Attraktion erinnert bei Dunkelheit an einen neonbeleuchteten elektrischen Schmetterling. Hier gibt's reichlich Möglichkeiten, das Urlaubsgeld auf den Kopf zu hauen.

Praktische Informationen

Regionale Touristeninformation (☎96 520 00 00; Rambla de Méndez Núñez 23; ⏲Mo–Sa 9–20, So 10–14 Uhr)

Städtische Touristeninformation (www.alicanteturismo.com) Hat Filialen am Bahnhof, in der Calle Portugal 17 westlich vom Stadtzentrum und am Paseo Explanada de España 1 mitten in der City.

An- & Weiterreise

BUS Vom Busbahnhof aus bestehen Verbindungen in folgende Städte:

ZIEL	PREIS (€)	FAHRT-DAUER (STD.)	ABFAHRTEN
Benidorm	4,10	1	häufig
Murcia	5,63	1	mind. 7-mal tgl.
Valencia	19	2½	mind. 10-mal tgl.

Vom Hauptbahnhof **Renfe Estación de Madrid** (Avenida de Salamanca) werden folgende Städte angesteuert:

Barcelona 57 €, 5 Std., 8-mal tgl.
Madrid 60,20 €, 3¼ Std., 7-mal tgl.
Murcia 7,90 bis 17,70 €, 1¼ Std., stdl.; manchmal über Orihuela und Elche
Valencia 14,05 bis 29,60 €, 1½ bis 2 Std., 10- bis 11-mal tgl.; manchmal über Villena und Xàtiva

FLUGZEUG Alicantes Flughafen El Altet, das Tor zur Costa Blanca, liegt etwa 12 km südwestlich vom Stadtzentrum. Hier landen Billigflieger, Charter- und Linienmaschinen aus ganz Europa.

ZUG Fahrpläne und andere Infos zum städtischen und regionalen Stadtbahn- bzw. Zugverkehr bietet die Website von **TRAM** (www.fgvalicante.com). Die Stadtbahnlinie 1 nach Benidorm (5,70 €, 1 Std., alle 30 Min.) fährt eine teilweise malerische Küstenstrecke entlang. Anschließend verkehrt sie weiter nach Denia. Los geht's an der Haltestelle Mercado neben der Markthalle oder am Puerto Plaza del Mar. In La Isleta oder Lucentum muss man umsteigen.

Unterwegs vor Ort

AUTO Am Flughafen befinden sich zahlreiche Autovermietungen.

BUS Die Linie C-6 (2,70 €, 30 Min., alle 20 Min.) verkehrt zwischen der Plaza Puerta del Mar und dem Flughafen und hält u. a. an der Nordseite des Busbahnhofs. Darüber hinaus nehmen sogenannte „Resortbusse" vom Flughafen aus Kurs auf die Ferienorte an der Küste.

ISLA DE TABARCA

Die Isla de Tabarca erstreckt sich 20 km Luftlinie südlich von Alicante und bietet sich für einen Tagesausflug an – reizvoll ist sowohl die Überfahrt als auch die Insel selbst, die im Sommer manchmal vor Touristen überquillt. Unbedingt einpacken: Handtuch und Taucherbrille. Der größte Teil des Wassers rund um das Eiland (1800 m lang und bis zu 400 m breit) steht unter Naturschutz, deshalb darf man dort nicht schwimmen. Weil sich aber Fische kaum an die Grenzen von Schutzgebieten halten, gibt's auch in den freigegebenen Gewässern eine Menge zu sehen.

Im Sommer kommen täglich Schiffe aus Alicante, Benidorm und Torrevieja hierher. Zu den übrigen Jahreszeiten sind die Überfahrten nicht ganz so häufig.

TORREVIEJA

102 140 EW.

Dieser Ferienort liegt zwischen einer pinkund einer smaragdfarbenen Lagune und zieht eine riesige ausländische Gemeinde an, darunter vor allem Briten. Vermutlich liegt das an den guten Stränden und dem quirligen Nachtleben während der Sommermonate, die Stadt selbst hat allerdings nicht so viel Persönlichkeit. Nach wie vor ist die Meersalzproduktion ein wichtiger Wirtschaftspfeiler.

Sehenswertes & Aktivitäten

GRATIS **Museo del Mar y de la Sal** MUSEUM
(Meer- & Salzmuseum; Calle Patricio Pérez 10; ⏲Di–Sa 10–14 & 16–21, So 10–14 Uhr) Das Durcheinander aus Erinnerungsstücken und allerlei Kleinkram hilft zu verstehen, warum Salz für die *torrevejenses* noch immer eine derart große Bedeutung hat. Bei Redaktionsschluss stand gerade ein Umzug an einen nahe gelegenen Standort mit Blick auf den Hafen an.

GRATIS **Centro de Interpretación de la Industria Salinera** MUSEUM
(Avenida de la Estación; ⏲Mo–Fr 8.30–14 Uhr) In dem Interpretationszentrum kann man tief in die krustige Welt der Salzgewinnung eintauchen. Es ist im früheren Bahnhof untergebracht und überzeugt mit unterhaltsamen Ausstellungen.

GRATIS **Museo Flotante** MUSEUM
(⏲Juni–Sept Mi–So 17–22, Okt.–Mai 9–14 Uhr) Der Name, „Schwimmendes Museum", ist ein wenig irreführend – „20 000 Meilen un-

ter dem Meer" wäre zutreffender, denn tatsächlich befindet sich das Museo Flotante in einem U-Boot; leider geht dieses mittlerweile aber nicht mehr auf Tauchstation. Ganz in der Nähe wartet auch noch ein altes Zollboot auf seine Erkundung.

Vía Verde WANDERN, RADFAHREN

Dieser 6 km lange Wander- und Radweg folgt alten Gleisen, auf denen vor über 50 Jahren das letzte Dampfross zu sehen war. Er führt an der Lagune und den Salinen vorbei und ist ein toller halbtägiger Ausflug.

Tagestour nach Tabarca BOOTSTOUR

(www.maritimastorrevieja.com; hin & zurück Erw. 22 €, Kind 5–10 J. 10 €; ⌚Di–Do & Sa) An die Touristeninformation schließt südlich ein großer Parkplatz an. Dort befindet sich auch die Anlegestelle der Boote von Marítimas Torrevieja für die Tagesausflüge zur Tabarca-Insel.

Schlafen

Obwohl Torrevieja sehr touristisch ist, gibt's hier überraschend wenig Hotels und noch weniger Optionen für Backpacker. Die meisten Urlauber buchen Pauschalangebote für Selbstversorgerunterkünfte in den großen Apartmentkomplexen.

Hotel Fontana Plaza BUSINESSHOTEL €€

(☎96 692 89 25; www.hotelfontanaplaza.com; Calle Rambla Juan Mateo 19; EZ/DZ 70/80 €; P❄@) Das brandneue, klassisch weiße Geschäftshotel im minimalistischen Stil lockt mit erstaunlich günstigen Preisen sowie mit einer unschlagbaren zentralen Lage ganz in der Nähe des Strandes.

Cabo Cervera RESORT €€

(☎96 692 17 11; www.hotelcabocervera.com; Carretera Torrevieja a La Mata s/n; EZ/DZ 62,80/125,60 €; P❄@≋) Obwohl das Cabo Cervera ein Pauschalurlauberhotel par exzellence ist, machen es seine geräumigen Zimmer inklusive kleiner Loungebereiche und Terrassen, der nette Service und die guten Einrichtungen zu einer brauchbaren Schlafoption. Für den Hochsommer muss man weit im Voraus reservieren. Das Resort liegt etwa 4 km nördlich der Stadt und bietet einen Blick aufs Meer.

Hotel Madrid HOTEL €€

(☎96 571 13 50; www.ansahotel.com; Calle Villa Madrid 15; EZ/DZ inkl. Frühstück 58/88 €; ❄@≋) Sympathisches familiengeführtes Hotel mit 40 gemütlichen Zimmern, darunter auch ein barrierefreier Raum. Im obersten Stock gibt's einen Whirlpool und auf der anderen Straßenseite befindet sich das hoteleigene Schwimmbecken. Das Madrid ist ein ganzes Stück vom Stadtzentrum entfernt, aber praktischerweise kann man gleich vor Ort Räder leihen.

Essen

Direkt am Meer bieten viele Restaurants günstiges Essen an. Meistens haben sie internationale Speisekarten, die Qualität der Gerichte lässt aber im Allgemeinen zu wünschen übrig. Auf den Terrassen der Plaza Isabel II kommt man in den Genuss perfekt gegrillter frischer Fischspezialitäten.

Rincón de Capis VALENCIANISCH €€

(☎96 570 85 00; Calle San Gabriel 5; Hauptgerichte 10–15 €, menú del día 13 €; ⌚Di geschl.) Vier Geschwister und ein paar ihrer Ehepartner führen dieses großartige Restaurant. Gäste können im oberen, mit sehr viel Lokalkolorit eingerichteten Bereich essen, an der Theke das Mittagsmenü verspeisen oder sich das *menú de degustación* (50 €, inkl. der passenden Weine 60 €) mit acht Gängen gönnen.

Mesón de la Costa MEDITERRAN €€

(☎96 670 35 98; www.elmesondelacosta.com; Calle Ramón y Cajal 23; Gerichte 20 €) Von der niedrigen Decke hängen jede Menge Schinken und der eine oder andere Stierkopf. Schon am Eingang begrüßen einen Tabletts und Schüsseln voller Hühnchen, Schnecken, gebratenem Gemüse, frischen Meeresfrüchten auf Eis sowie eine Vielfalt an Obst hinter den Glastüren des Kühlschranks. Die erstklassige Qualität der Zutaten ist der ganze Stolz dieses authentischen spanischen Lokals einen Häuserblock hinter der Promenade.

Praktische Informationen

Die **zentrale Touristeninformation** (☎96 570 34 33; Plaza de Capdepont; ⌚Mo–Fr 8.30–20.30, Sa 10–14 Uhr) liegt in der Nähe des Meeres.

An- & Weiterreise

Am **Busbahnhof** (Calle Antonio Machado) fahren täglich etwa zwölf Busse (an Wochenenden weniger) von Autocares Costa Azul nach Cartagena (4,20 €, 1½ Std.) und Alicante (3,65 €, 1 Std.).

Das Hinterland der Costa Blanca

Die Autobahn bildet die Grenze zwischen der Küste und dem Hinterland. Westlich der A7 eröffnet sich auf einmal eine ganz andere, typisch spanische Welt. Mit einem eigenen fahrbaren Untersatz kann man die Gegend am besten erkunden.

XÀTIVA

29 470 EW.

Xàtiva (auf Spanisch „Játiva") etwa 50 km von Valencia kann wunderbar im Rahmen eines Tagesausflugs erkundet werden. Die Stadt hat einen kleinen historischen Kern, ein Spielzeugmuseum und eine mächtige Burg, die oben auf dem Kamm der Sierra Vernissa thront. Sie liegt unten im Tal und schmiegt sich an die Berge.

Vor Ort errichteten die Mauren die erste Papierfabrik Europas, darüber hinaus wurden hier die Päpste Kalixt III. und Alexander VI. aus dem Adelsgeschlecht der Borgia geboren. Xàtivas Glanzzeit ging im Jahr 1707 zu Ende, als Philipp V. mit seinen Truppen den größten Teil der Stadt in Schutt und Asche legte.

Sehenswertes & Aktivitäten

Die interessanten Sehenswürdigkeiten befinden sich südlich sowie oberhalb der Alameda. In der Touristeninformation bekommt man die kostenlose Broschüre *Xàtiva: Monumental Town*.

LP TIPP Burg BURG

(Erw./Kind 2,40/1,20 €; ⌚Di–So 10–18 oder 19 Uhr) Xàtavias Burg thront auf einem Hügel mit zwei Gipfeln und blickt von dort auf die Altstadt herunter. Sie ist die wohl beeindruckendste und interessanteste Festungsanlage in der Region Valencia. Wer bei ihrem Anblick denkt „Wow, ganz schön groß!", stelle sich vor, wie der Komplex erst vor 300 Jahren ausgesehen haben muss – damals war er sogar noch gewaltiger. Doch ein Erdbeben im Jahre 1748 richtete das Bauwerk übel zu. Von diesem Schicksalsschlag hat es sich nie wieder richtig erholt. Heute verbergen sich hinter den zerfallenden Mauern Blumengärten (toll für ein Picknick mit Aussicht), angefressene Zinnen und Türmchen und weitere Gebäude sowie ein sehr gutes Museum zum Alltag im Mittelalter. Darin erfährt man z. B., wie man eine Burg errichtet, wie Feinde am besten niedergestreckt werden und wie man Städte mithilfe von „Massenvernichtungswaffen" des 17. Jhs. belagert.

Der Aufstieg zur Festung ist lang, aber dafür entschädigt einen die sensationelle Aussicht. Unterwegs passiert man links die **Ermita de San José**, eine Kapelle aus dem 18. Jh., und rechts die hübsche romanische **Iglesia de Sant Feliu** (1269), Xàtivas älteste Kirche. Außerdem kommt man an den mitgenommenen Überresten der alten maurischen Siedlung vorbei. Wem die Füße wehtun, der nimmt einfach die kleine Touristenbummelbahn (hin & zurück 4 €), die um 12.30 und 17.30 Uhr (Mitte Sept.–Mitte Juni 16.30 Uhr) von der Touristeninformation aus hinauffährt, oder ruft ein **Taxi** (☎96 227 16 81).

Museo del Almudín MUSEUM

(Calle Corretgería 46; Erw./Kind 2,20/1,10 €; ⌚Di–Fr 9.30–14.30, Sa & So 10–14.30, Mitte Juni–Mitte Sept. nur vormittags) Im vorletzten Stock werden die spannendsten Stücke dieses Museums präsentiert, darunter zwei wunderschöne Porträts von Ribera. Ein besonderes Highlight ist das Bildnis von Philipp V.: Als „Vergeltung" dafür, dass er die Stadt in Brand setzte, hat man es einfach verkehrt herum aufgehängt.

Schlafen & Essen

Hostería Mont Sant LANDHOTEL €€

(☎96 227 50 81; www.mont-sant.com; EZ/DZ ab 85/90 €; P❄📶🏊) Dank der Lage des Hotels zwischen weitläufigen Palmen und Orangenhainen an der Straße zur Burg hat man den Eindruck, als befände man sich mitten auf dem Lande und nicht bloß ein paar Gehminuten von der Stadt entfernt. Hier übernachtet man entweder im Hauptgebäude (früher ein Bauernhaus) oder in einer der geräumigen modernen Holzhütten. Das ausgezeichnete Restaurant verfügt über zahlreiche kuschelige Nischen.

La Maga Rooms LANDHOTEL €

(☎96 228 82 92; www.grupolamaga.com; Calle Almas 56–57; Zi. 48–90 €; ❄📶) Von außen sieht die weiß getünchte Pension an der Straße zur Burg ein bisschen vernachlässigt und nichtssagend aus, doch dieser Anschein trügt. Die strahlend weißen Zimmer des Altstadtgebäudes wurden mit einem sicheren Händchen für Stil umgebaut und verströmen ein gewisses Großstadtflair.

LP TIPP Canela y Clavo MEDITERRAN €€

(☎96 228 24 26; www.canelayclavo.com; Alameda Jaume I 64; Hauptgerichte 11–19 €) Unter den Restaurants an Xàtavias breiter baumgesäumter Hauptstraße sticht dieses moderne Lokal mit schwarz gekleideten Kellnern hervor. Es wartet mit kreativen Hauptgerichten, einem preisgünstigen, erstklassigen Mittagsmenü (16 €) und einer innovativen Auswahl an Tapas auf, die man in der hellen modernen Bar verspeisen kann. Die Touristeninformation ist nur ein paar Häuser weiter.

Casa la Abuela MEDITERRAN €€
(☎96 228 10 85; Calle de la Reina 17; Hauptgerichte 12–19 €, Menüs ab 21 €) Das „Haus der Großmutter" hat sich mit seinen Reisgerichten einen Namen gemacht, aber auch die Kreationen mit Fleisch schmecken einfach wunderbar. Achtung: Der Laden ist schicker, als sein Name vermuten lässt.

Praktische Informationen

Touristeninformation (☎96 227 33 46; www.xativaturismo.com; Alameda Jaime I 50; ⌚Mitte Juni–Mitte Sept. Di–So 10–14.30 Uhr, sonst Di–Fr 10–13.30 & 16–18, Sa & So 10–13.30 Uhr) An der Alameda, der schattigen Hauptstraße der Stadt.

An- & Weiterreise

Am besten kommt man mit der Bahn voran. Zwischen Xàtiva und Valencia (3,60 €, 40 Min., halbstündlich) verkehren zahlreiche Regionalzüge, außerdem halten hier fast alle Züge, die zwischen Valencia und Madrid unterwegs sind (sie kosten allerdings um einiges mehr), und es gibt Verbindungen nach Alicante (10,50 bis 11,95 €, 1¼ Std., 6-mal tgl.).

VILLENA

34 970 EW.

Villena, der hübscheste Ort im Val de Vinalopó, liegt an der N330 zwischen Alicante und Albacete.

Mitten in der Altstadt erhebt sich der **Palacio Municipal** (Plaza de Santiago 2) aus dem 16. Jh. In dem Gebäude ist Villenas **Museo Arqueológico** (Eintritt frei; ⌚Di–Fr 10–14, Sa & So 11–14 Uhr) untergebracht. Der ganze Stolz der Sammlung sind 60 Goldgegenstände. Sie haben etwa 3000 Jahre auf dem Buckel, wiegen über 10 kg und wurden zufällig in einem alten Flussbett entdeckt. Hoch über der Stadt thront das **Castillo de la Atalaya** aus dem 12. Jh., das nachts prächtig beleuchtet wird. Dienstags bis sonntags finden jeden Vormittag drei Führungen auf Spanisch mit englischer Zusammenfassung statt.

Es gibt in der ganzen Stadt nur eine Unterkunft, das **Hotel Restaurante Salvadora** (☎96 580 09 50; www.hotelsalvadora.com; Ecke Calle Luis García & Calle Jacinto Benavente; EZ/DZ ab 43/55 €; ❄📶) an der Hauptstraße, mit einfachen, sauberen und preiswerten Zimmern, einer beliebten Bar samt großer Tapas-Auswahl und dem **Gourmetrestaurant** (Hauptgerichte 8–15 €, viergängiges menú degustación 25 €), in dem man die lokale Spezialität *triguico picao* (6,50 €) bekommt, einen dicken Brei aus Weizen, Bohnen, Schweinefleisch und Steckrüben.

Die **Touristeninformation** (☎96 615 02 36; www.turismovillena.com; Plaza de Santiago 5; ⌚Mo–Fr 9–14, Sa & So 10.30–13.30 Uhr) ist an der Hauptplaza zu finden.

ALCOY

61 090 EW. / 565 M

54 km nördlich von Alicante macht die Industriestadt Alcoy (auf Valencianisch „Alcoi") das Beste aus ihrem Erbe. Besucher können sich mit der Broschüre *Modernism in Alcoy* aus der Touristeninformation auf

MOROS Y CRISTIANOS

In über 80 Städten und Dörfern im Süden der Region Valencia feiern die Menschen mit der **Fiesta de Moros y Cristianos** (Festival der Mauren und Christen) die Reconquista, also die Befreiung von der muslimischen Herrschaft.

Das größte und bekannteste Fest wird in Alcoy veranstaltet (22.–24. April). Zu diesem Anlass legen Hunderte Einwohner aufwendige traditionelle Gewänder an, die verschiedene Gruppen repräsentieren: maurische und christliche Heere, Sklaven, Gilden, Ausrufer, Boten, Spielleute. In ihrer Tracht marschieren sie durch die Straßen und stellen Kämpfe nach.

Auf dem Hauptplatz von Alcoy, wo eine riesige Festung aus Holz aufgebaut ist, kommen sie schließlich alle zusammen. Nun bricht ein mitreißendes Spektakel für Augen und Ohren los: Soldaten in glänzenden Rüstungen, maurische Krieger mit weißen Umhängen, Krummschwertern und Schilden, Araber mit einem Turban auf dem Kopf, leicht bekleidete Frauenzimmer, Fanfarenbläser, knallende Donnerbüchsen, Feuerwerk und Konfetti, das auf die Menge regnet.

Jede Stadt begeht das Fest auf ihre eigene Art, immer durchdrungen von den alten Überlieferungen der Ereignisse während der Reconquista. So finden beispielsweise in Villena (5.–9. September) mitternächtliche Umzüge statt, während in La Vila Joiosa (24.–31. Juli) bei Benidorm die Landung maurischer Schiffe am Strand nachgestellt wird.

die Erkundung der schönen Modernismebauwerke des Ortes aufmachen.

Los geht's mit der **Explora** (Calle Tints; Erw./Kind 3/1,50 €; ⌚Di–Sa 10–14 & 16–19, So 11–14 Uhr), einer Hightechpräsentation der Geschichte der Stadt von der prähistorischen Vergangenheit bis zum Industriezeitalter mit eigenen Abteilungen zum Modernisme und zu den Fiestas de Moros y Christianos (s. Kasten S. 623).

Vom 22. bis 24. April findet in Alcoy das ausgelassene Fest **Moros y Cristianos** statt. Das **Museu Alcoià de la Festa** (Calle Sant Miquel 60–62; Erw./Kind 3/1,50 €; ⌚Di–Sa 10–14 & 16–19, So 11–14 Uhr) vermittelt mit seinen zahlreichen Postern, Musikinstrumenten, prächtigen Kostümen und einem bewegenden 20-minütigen Film das Lebensgefühl dieser überschwänglichen Feier.

Früher war das ultramoderne **Hotel AC Ciutat d'Alcoi** (☎96 533 36 06; www.ac-hotels.com; Calle Colón 1; Zi. ab 65–107 €; P❄@📶) ein Umspannwerk für Strom, auch wenn man das heute gar nicht mehr glauben kann. Das Schwarz und Kastanienbraun der Zimmermöbel kontrastiert angenehm mit den frischen weißen Laken. Parken kostet 10,80 €. Der Internetzugang ist nicht inklusive.

Die **Touristeninformation** (☎96 553 71 55; www.alcoiturisme.com; Plaça de España 14; ⌚Mo–Fr 10–14 & 16–18, Sa & So 11–14 Uhr) liegt im Herzen der Altstadt.

GUADALEST

240 EW.

Nach Guadalest, das man durch einen natürlichen Tunnel erreicht, strömen jedes Jahr zwei Millionen Besucher aus den Badeorten an der Costa Blanca. Wer früh genug kommt oder noch bleibt, wenn der letzte Bus wieder auf dem Heimweg ist, hat den Ort fast für sich allein.

Der Grund für den Rummel: Guadalest ist einfach sehr hübsch und es macht eine Menge Spaß, durch das autofreie Dorf zu schlendern, über dem das **Castillo de San José** (Erw./Kind 3 €/frei; ⌚So–Fr 10–14 & 15–18, Sa 11–14 & 15–18 Uhr) aufragt. Von der Miniburg ist tatsächlich nicht viel übrig; die Ruine hockt in Nimmerlandmanier auf einer Felsnadel, von wo sich ein atemberaubender Blick offenbart. Der Weg hinauf führt durch das ansprechende **Orduña-Haus**, das noch mit dem Erstmobiliar aus dem 18. Jh. aufwartet. Der Eintritt ist im Burgticket inbegriffen.

Vor Ort können ein halbes Dutzend Museen besichtigt werden, z. B. das **Museo de Saleros y Pimenteros** (www.museodesaleros y pimenteros.es; Erw./Kind 3 €/frei; ⌚10.30–19.30 Uhr) mit einer Sammlung aus Salz- und Pfefferstreuern. Es ist so schräg, dass man es gesehen haben muss.

Wer vor Ort übernachten möchte, sollte ruhig die lange Anfahrt zu den **Cases Noves** (☎676 01 01 71, 965 88 53 09; www.casesnoves.es; EZ 50–80 €, DZ 90–125 €, inkl. Frühstück; ❄@📶), einer *casa rural* (Landhotel), auf sich nehmen. Diese hervorragende Unterkunft wird von Sofia und ihrem Mann Toni geführt, die eine neue Generation B&B begründet und hiermit eine nahezu makellose Bleibe mit Restaurant geschaffen haben. In den liebevoll gestalteten Zimmern findet man Powerduschen, einen Safe, DVD-Spieler und frische Blumenbouquets. Entspannung bieten das Lesezimmer, der Fernsehraum (Gäste haben die Qual der Wahl zwischen 300 Filmen) und das angrenzende Musikzimmer mit jeder Menge CDs. Im Winter kann man seine kalten Füße am offenen Kamin wärmen, während man im Sommer von der herrlichen Terrasse tagsüber einen Blick auf das Meer und nachts auf das schön beleuchtete Dorf genießt. Die Besitzer kennen die Gegend wie ihre Westentasche und geben gern Tipps zu Sehenswürdigkeiten und den ausgezeichneten Möglichkeiten zum Wandern und Radfahren in der hügeligen Umgebung; auch Leihräder sind vorhanden. Das absolute Highlight war für uns jedoch das Essen. Wir hätten schwören können, dass Sofia gelernte Köchin ist, aber sie ist einfach extrem talentiert und fantasievoll. Die abendlichen Drei-Gänge-Menüs (20 €) schmecken köstlich und werden von den Zehn-Gänge-Menüs am Samstagabend (25 €) sogar noch getoppt. Dafür gibt's nur ein Wort: Fantastisch!

ELCHE

230 350 EW.

23 km südwestlich von Alicante erstreckt sich Elche (auf Valencianisch „Elx"), das durch das kanalisierte Rinnsal des Río Vinalopó geteilt wird. Die Stadt gehört in zweifacher Hinsicht zum Unesco-Welterbe: einmal wegen des jährlich stattfindenden Mysterienspiels Misteri d'Elx und dann wegen der größten Palmenhaine Europas, die von den Phöniziern gepflanzt und von den Mauren erweitert wurden. Das maurische Bewässerungssystem hat die Region in ein fruchtbares Ackergebiet verwandelt – noch heute gedeihen hier Zitrusfrüchte, Feigen, Mandeln, Datteln und 85 % aller spanischen Granatäpfel.

MISTERI D'ELX

Jedes Jahr wird in der Basilica de Santa Maria von Elche das *Misteri d'Elx* aufgeführt, ein mittelalterliches lyrisches Drama in zwei Akten.

Vor langer Zeit, so will es die Legende, wurde bei Elche ein Schrein an Land gespült. In seinem Inneren befanden sich eine Marienfigur und die *Consueta*, Noten und Text eines Mysterienspiels über Tod, Himmelfahrt und Krönung der Muttergottes.

Die Geschichte erzählt, wie die Heilige Jungfrau, die ihren nahenden Tod spürt, Gott bittet, die Apostel ein letztes Mal sehen zu dürfen. Einer nach dem anderen kommen die Männer aus fernen Ländern angereist, und in ihrer Gegenwart kann sie in Frieden sterben. Sobald sie ins Paradies eingegangen ist, wird sie zur Königin des Himmels und der Erde gekrönt. Die Musik wird lauter, die Glocken läuten, alles jubelt und – man befindet sich ja schließlich gerade in der Region Valencia – ein spektakuläres Feuerwerk wird gezündet.

Die beiden Akte des Mysterienspiels, *La Vespra* (Vorabend des Todes) und *La Festa* (Feier der Himmelfahrt und der Krönung), werden von den Bürgern Elches selbst am 14. bzw. 15. August auf Valencianisch aufgeführt. An den drei vorherigen Tagen finden öffentliche Proben statt.

Im **Museu de la Festa** (Carrer Major de la Vila 25; Erw./Kind 3 €/frei; ⌚Di–Sa 10–13.30 & 16.30–20, So 10–13 Uhr) etwa einen Häuserblock westlich der Basilika kann man sich eine Multimediashow (mit virtuellen Aposteln) ansehen. Sie dauert 35 Minuten, wird mehrmals täglich wiederholt und ist u. a. auf Englisch übersetzt worden.

Sehenswertes & Aktivitäten

Etwa 200 000 Palmen, manche im Struwwelpeterlook, viele aber hübsch zurechtgestutzt und alle mit einer Lebenserwartung von etwa 250 Jahren, verwandeln das Zentrum der hektischen Industriestadt in eine echte Oase. Vom Museu del Palmerar führt ein 2,5 km langer, beschilderter **Wanderweg** durch die Haine. In der Touristeninformation gibt's dazu die Broschüre *Historic Palm Groves Route*.

LP TIPP Huerto del Cura GARTEN
(Porta de la Morera 49; Erw./Kind 5/2 €, Audioguide 2 €; ⌚10 Uhr–Sonnenuntergang) Im Islam werden Gärten als eine Art Paradies betrachtet. Dass Elche einige Zeit in maurischer Hand war, zeigt sich nirgendwo deutlicher als in diesem privaten Park gegenüber dem gleichnamigen Hotel, in dem Mensch und Natur ihr Möglichstes getan haben, um an die muslimische Idealvorstellung heranzureichen. Besonders sehenswert sind die Wasserspiele und Kaktusgärten.

Museo Arqueológico y de Historia de Elche MUSEUM
(MAHE; Diagonal del Palau 7; Erw./Kind 3 €/frei; ⌚Di–Sa 10–13.30 & 16.30–20, So 10.30–13.30 Uhr) In diesem Museum, das ein eigenes Gebäude sowie Elches Burg einnimmt, erhält man eine prima Einführung in die lange, ereignisreiche Stadtgeschichte. Alles hier ist sehr übersichtlich gestaltet und die Exponate sind sorgfältig beschriftet.

Museu del Palmerar MUSEUM
(Porta de la Morera 12; Erw./Kind 1 €/frei; ⌚Di–Sa 10–13.30 & 16.30–20, So 10.30–13.30 Uhr) Hier dreht sich alles um Dattelpalmen und ihre raffiniert ineinander verschlungenen gebleichten Wedel, die am Palmsonntag eine wichtige Rolle spielen. Gleich daneben regen ein herrlicher Palmenhain und Obstgarten mit glucksenden Bewässerungskanälen zum Spazierengehen an.

Baños Árabes BADEHAUS
(Arabische Bäder; ☎96 545 28 87; Passeig de les Eres de Santa Lucía 13; Erw./Kind 1 €/frei; ⌚Di–Sa 10–13.30 & 16.30–20, So 10.30–13.30 Uhr) Auch in diesen Bädern aus dem 12. Jh. lockt eine ansprechende audiovisuelle Präsentation, wahlweise auf Englisch. Sonntags ist der Eintritt kostenlos.

Basílica de Santa María KIRCHE
(Turm Erw./Kind 2/1 €; ⌚7–13 & 17.30–21, Turm 11–18 oder 19 Uhr) In der gigantischen Barockkirche wird das *Misteri d'Elx* aufgeführt. Vom **Turm** genießt man einen herrlichen Rundblick über die Palmen.

Alcúdia ARCHÄOLOGISCHE STÄTTE
Diese gut beschilderte Ausgrabungsstätte befindet sich 3,5 km südlich vom Stadtzentrum. Hier wurde die Dama de Elche ausgegraben, ein Meisterwerk der iberischen

Kunst, das jetzt zur Sammlung des Madrider Museo Arqueológico Nacional gehört. Auf dem Gelände befindet sich auch das hervorragende **Museo Arqueológico** (www.laalcudia.ua.es; Erw./Kind 3 €/frei; ⌚Di–Sa 10–17 oder 20, So 10–15 Uhr). Es zeigt die umfangreichen Funde einer Siedlung, die von der Jungsteinzeit bis zum Ende der Westgoten durchgehend bewohnt war. Auch Rollstuhlfahrer können die Stätte besichtigen.

SCHLAFEN

Hotel Huerto del Cura BOUTIQUE-HOTEL €€
(☎96 661 00 11; www.huertodelcura.com; Porta de la Morera 14; Zi. inkl. Frühstück ab 111 €; P❄@≋) Das edle, familienfreundliche Hotel verfügt über gepflegte Bungalows mit stilvollen weißen Zimmern und antiken Holzmöbeln, die in einem üppigen, von Palmen beschatteten Garten liegen. Darüber hinaus wartet es mit einem Spielplatz, einem großen Pool und einem Kinderhort auf. Ein Abendessen im renommierten Hotelrestaurant **Els Capellans** macht das Verwöhnpaket in Elches ältester Luxusbleibe komplett. Parken kostet 12 €. Das Schwesterhotel **Hotel Jardín Milenio** (☎966 61 20 33; www.hotelmilenio.com; Calle Curtidors 17; Zi. inkl. Frühstück ab 86 €; P❄@≋) ist eine Spur bescheidener.

ESSEN

Am Carrer Mare de Déu del Carmé (alias Calle Nuestra Señora del Carmen) reihen sich mehrere günstige, einladende Lokale aneinander. Im Sommer werden fast überall in dieser kurzen Straße Tische nach draußen gestellt.

Restaurante Dátil de Oro MEDITERRAN €€
(☎96 545 34 15; www.datildeoro.com; Hauptgerichte 12–20 €, Menüs 16–25 €) In dieses riesige Lokal mitten im Stadtpark passen fast 800 Gäste. Das Essen ist jedoch alles andere als Massenware: Hier locken Spezialitäten wie *arroz con costra* (Reis mit leckerer Eikruste) sowie Dattelquiches und sogar Datteleis.

El Granaíno SPANISCH €€
(☎96 666 40 80; Calle Josep María Buck 40; Hauptgerichte ca. 18 €; ⌚Mo–Sa) Die gekachelte Fassade des alteingesessenen familienbetriebenen Restaurants gibt bereits einen Hinweis auf die klassischen spanischen Spezialitäten, die im El Granaíno serviert werden.

Restaurante Ganivet SPANISCH €
(Calle Fatxo 1; Hauptgerichte um 8–10 €, menú del día 12 €) Unweit der Kathedrale kommt man in den Genuss günstiger, sättigender traditioneller Gerichte. Am besten nimmt man an einem der Tische auf der hübschen sonnigen Plaza Platz.

ℹ Praktische Informationen

Die **Touristeninformation** (☎96 665 81 95; www.turismedelx.com; ⌚Mo–Fr 9–19, Sa 10–19, So 10–14 Uhr) befindet sich an der südöstlichen Ecke des Parque Municipal (Stadtpark).

ABSTECHER

ORIHUELA

Orihuelas historisches Zentrum am Fuß eines kahlen Felsenbergs über dem Río Segura lohnt mit seinen hübschen Bauten im Gotik-, Renaissance- und vor allem Barockstil einen Abstecher.

Folgende Gebäude sind besonders sehenswert:

Convento de Santo Domingo (Calle Adolfo Claravana; ⌚Di–Sa 9.30–13.30 & 16–19 oder 17–20, So 10–14 Uhr) Das Kloster aus dem 16. Jh. hat zwei schöne Kreuzgänge im Renaissancestil und ein im 18. Jh. mit Kacheln geschmücktes Refektorium.

Catedral de San Salvador (Calle Doctor Sarget; ⌚Di–Fr 10.30–14 & 16–18.30, Sa 10.30–14 Uhr) Ein weiteres großartiges kirchliches Gebäude. Die Kathedrale wurde im 14. Jh. im Stil der katalanischen Gotik errichtet und verfügt über drei kunstvoll geschnitzte Portale sowie einen reizenden kleinen Kreuzgang.

Iglesia de las Santas Justa y Rufina (Plaza Salesas 1; ⌚Di–Fr 10.30–14 & 16–18.30, Sa 10.30–14 Uhr) Die Renaissancefassade der Kirche und ihr gotischer, mit Wasserspeiern geschmückter Turm beeindrucken mit ihrer Schönheit.

Bemerkenswert sind auch die im 14. Jh. errichtete **Iglesia de Santiago Apóstol** (Plaza de Santiago 2) und die Ruinen einer von den Mauren errichteten **Burg** oben auf dem Berg.

Anreise & Unterwegs vor Ort

Bahnhof und Busbahnhof liegen nebeneinander in der Avenida de la Libertad (auch Avenida del Ferrocarril genannt).

Busse steuern z. B. folgende Ziele an:

Alicante 1,90 €, 35 Min., alle 30 Min.
Murcia 3,95 €, 45 Min., 4–6-mal tgl.
Valencia 11,75 €, 2½ Std., 4–6-mal tgl.

Jeden Tag halten in Elche etwa 20 Züge, die von hier aus nach Alicante (2,10 €) sowie über Orihuela (2,10 €) nach Murcia (2,95 €) fahren.

MURCIA

Murcia

434 000 EW.

Murcia ist zwar die Partnerstadt von Miami, hat mit Floridas pulsierender Metropole jedoch wenig gemein. Sie erwacht erst am Wochenende zum Leben, wenn viele Einwohner *paseos* (Spaziergänge) unternehmen. Die gemütliche Provinzhauptstadt wird von den meisten Touristen links liegen gelassen und von den Spaniern eher stiefmütterlich behandelt, dabei lohnt sich ein Besuch.

825 rückten die Mauren in die ehemalige römische Siedlung vor und gaben ihr den Namen „Mursiya". 1243 eroberte Alfons X. von Kastilien-León den Ort. Angeblich wird sein verschrumpeltes Herz in der Kathedrale aufbewahrt. Im 18. Jh. erlebte Murcia dank der wachsenden Seidenindustrie und Landwirtschaft seine Blütezeit. Damals entstand auch die prächtige Barockfassade der Kathedrale.

1810 wurde die Stadt zuerst von Napoleons Truppen geplündert und dann auch noch von Pest und Cholera heimgesucht. Im Spanischen Bürgerkrieg ein Jahrhundert später war sie Schauplatz erbitterter Kämpfe. Während dieser Zeit wurden zahlreiche Kirchen zerstört, doch die Kathedrale blieb glücklicherweise erhalten.

Sehenswertes

LP TIPP Real Casino de Murcia HISTORISCHES GEBÄUDE

(www.casinodemurcia.com; Calle Trapería 18; Eintritt 5 €; 11.30–21 Uhr) Das stattliche Casino wurde 1847 als Herrenclub eröffnet. Dank seiner liebevollen Restaurierung erstrahlt es heute wieder in seinem früheren Glanz. 2009 erfolgte die Wiedereröffnung durch König Juan Carlos. Das Gebäude vereint auf fantastische Weise historisches Design und Opulenz und ermöglicht einen Einblick in die vergangenen Zeiten aristokratischer Pracht. Hinter der hübschen Fassade verbergen sich ein traumhafter maurischer Patio und ein Tanzsaal mit funkelnden Kronleuchtern. Außerdem beherbergt das Bauwerk eine klassische Bibliothek im englischen Stil mit 20 000 Büchern (manche davon aus dem 17. Jh.) und einen unwiderstehlichen *tocador* (Frisiertoilette für die Damen), dessen Deckenfresko Cherubim und eine geflügelte, in Flammen stehende Frau zeigt. Ebenso sehenswert sind der neoklassizistische *Patio Pompeyano* und die klassische, holzgetäfelte *sala de billar* (Billardzimmer).

Catedral de Santa María KATHEDRALE

(Plaza del Cardinal Belluga; Juli & Aug. 7–13 & 18–20 Uhr, Sept.–Juni 7–13 & 17–20 Uhr) Murcias Kathedrale wurde 1394 am ehemaligen Standort einer Moschee errichtet. Bei einem Umbau 1748 erhielt das ursprünglich gotische Antlitz des Gebäudes ein barockes Äußeres. Die Capilla de los Vélez aus dem 15. Jh. ist ein echter Blickfang. Ihre Kanneluren und Wölbungen sehen aus wie Zuckergussverzierungen. Das **Museo de la Catedral** (Eintritt frei; Juli & Aug. Di–Sa 9–14, So 10–13, Sept.–Juni Di–Sa 10–13 & 17–20, So 10–13 Uhr) zeigt eine Ausstellung über religiöse Artefakte. Absolutes Highlight ist jedoch der stabile Weg aus Glas, unter dem die Überreste einer maurischen Siedlung aus dem 11. Jh. und einer kleinen *mezquita* (Moschee) wirkungsvoll in Szene gesetzt wurden.

GRATIS Museo de Bellas Artes KUNSTMUSEUM

(Calle del Obispo Frutos 12; Juli & Aug. Di–Fr 10–14, Sa & So 11–14 Uhr, Sept.–Juni Di–Fr 10–14 & 17–20, Sa 11–14 & 17–20, So 11–14 Uhr) Dieses einladende Museum präsentiert Werke spanischer Künstler. In der Siglo-de-Oro-Galerie im zweiten Stock sind Gemälde von Murillo, Zurbarán und „Lo Spagnoletto", José (Jusepe) de Ribera, ausgestellt. Wenn man genug von all der Frömmigkeit hat, sollte man sich die herrlich kitschigen *señoritas* im dritten Obergeschoss ansehen.

Museo Salzillo MUSEUM

(www.museosalzillo.es; Plaza de San Agustín 1–3; Eintritt 5 €; Juli & Aug. Mo–Sa 10–14 Uhr, Sept.–Juni Di–Sa 10–17, So 10–14 Uhr) Das Museum in der barocken Ermita de Jesús widmet sich dem aus Murcia stammenden Bildhauer Francisco Salzillo (1707–1783). Zu den Highlights gehören die *pasos* (Figuren, die bei Semana-Santa-Prozessionen umhergetragen

Murcia

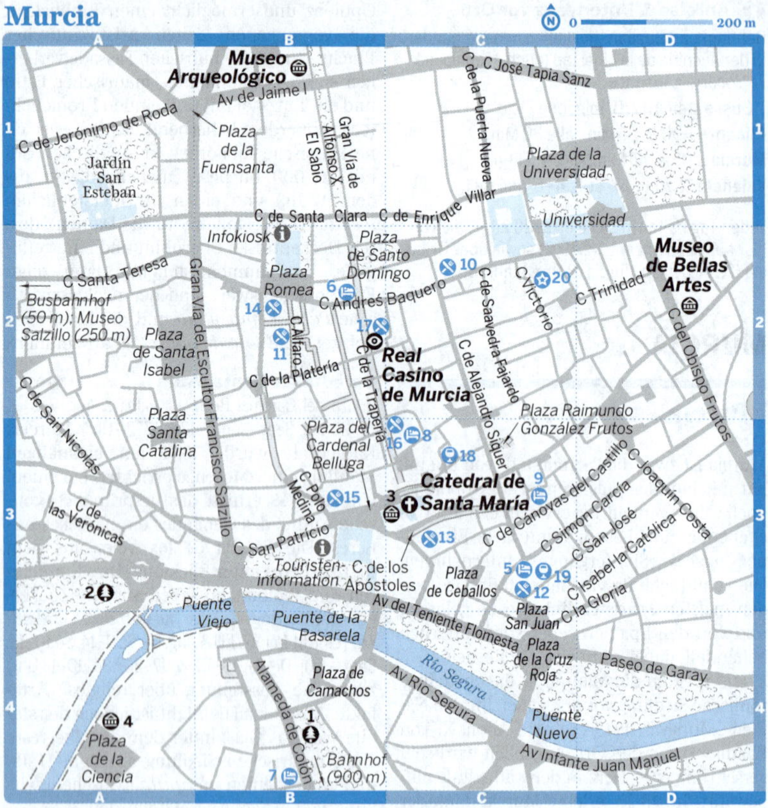

Murcia

Highlights

- Catedral de Santa María C3
- Museo Arqueológico B1
- Museo de Bellas Artes D2
- Real Casino de Murcia B2

Sehenswertes

1 Jardín Floridablanca B4
2 Murcia Parque A3
3 Museo de la Catedral C3
4 Museo de la Ciencia y del Agua A4

Schlafen

5 Arco de San Juan C3
6 Cathedral Hostel B2
7 Hotel Casa Emilio B4
8 Hotel Hispano II C3
9 Hotel Rincón de Pepe C3

Essen

10 Alborado C2
11 Figón de Alfaro B2
12 La Parranda C3
13 Las Cadenas C3
14 Los Arroces del Romea B2
15 Los Zagales B3
16 Restaurante Hispano C3
17 Restaurante Real Casino de Murcia B2

Ausgehen

18 Fitzpatrick C3
19 Lemon Club Café C3

Unterhaltung

20 Sala Revolver C2

werden) und die geschnitzten Krippenfiguren des Künstlers. Wer sich für die Sammlung interessiert, geht von der Gran Via del Escultor Francsico Salzillo auf der Calle Santa Teresa Richtung Westen.

Museo de la Ciencia y del Agua MUSEUM
(Plaza de la Ciencia 1; Erw./Kind 1,20 €/frei; ⌚Di–Sa 10–14 & 17–20, So 11–14 Uhr; 👪) In dem am Fluss gelegenen Museum sind alle Ausstellungsstücke nur auf Spanisch beschriftet. Weil es hier aber jede Menge Knöpfe und Schalter sowie Aquarien und ein kleines Planetarium gibt, ist dies trotzdem ein guter Ort für Familien.

GRATIS **Museo Arqueológico** MUSEUM
(www.museoarqueologicomurcia.com; Avenida Alfonso X El Sabio 7; ⌚Juli & Aug. Di–Fr 10–14, Sa & So 11–14, Sept.–Juni Di–Fr 10–14 & 17–20, Sa 11–14 & 17–20, So 11–14 Uhr) Auf zwei Stockwerken werden erstklassig dokumentierte Exponate gezeigt, z. B. mit audiovisuellen Darstellungen. Mit der Altsteinzeit geht's los.

Feste & Events

Semana Santa KARWOCHE
Die Osterprozessionen werden hier mit einer ähnlichen Inbrunst begangen wie in Lorca.

Bando de la Huerta FRÜHLINGSFEST
Zwei Tage nach Ostersonntag wechselt die Stadt in den Partymodus: Dann wird das jährliche Frühlingsfest mit Paraden, Essensständen, Folklore und jeder Menge Alkohol gefeiert.

Schlafen

Die Bandbreite an Unterkünften ist ziemlich überschaubar, aber dafür kommt man hier sehr günstig unter.

Arco de San Juan HISTORISCHES HOTEL €€
(☎968 21 04 55; www.arcosanjuan.com; Plaza de Ceballos 10; EZ/DZ 45/90 €; P❄📶) Eine 5 m hohe original erhaltene Tür und einige massige Säulen erinnern an die noble Vergangenheit des ehemaligen Palastgebäudes aus dem 18. Jh. Alle Zimmer sind klassisch mit Hartholzelementen sowie edlen Stoffen eingerichtet und komfortabel, haben jedoch nicht den Standard, den man in einem Viersternehotel erwartet. Parken kostet 16 €.

Hotel Casa Emilio HOTEL €
(☎988 22 06 31; www.hotelcasaemilio.com; Alameda de Colón 9; EZ/DZ 45/50 €; P❄📶) Gegenüber dem Jardin Floridablanca und nahe am Fluss betreibt ein hilfsbereiter Typ diese gepflegte Bleibe mit geräumigen, gut beleuchteten Zimmern und festen Matratzen. Für 11 € ist ein Parkplatz zu haben, außerdem gibt's in den Zimmern WLAN (1 € pro 24 Std.).

Hotel Rincón de Pepe BUSINESSHOTEL €€
(☎968 21 22 39; www.nh-hotels.com; Calle de los Apóstoles 34; Zi. ab 55 €; P❄@📶) In den Zimmern des stilvollen Hotels mit einer riesigen Lobby aus Marmor erwarten einen glänzende Parkettböden und große, luxuriöse Bäder. Das hauseigene Restaurant verspricht ein kulinarisches Erlebnis der Extraklasse, außerdem befindet sich auf dem Gelände ein kleines Casino. WLAN kostet 10 € pro 24 Stunden.

Cathedral Hostel HOSTEL €
(☎968 93 00 07; www.thecathedralhostel.com; Calle Trapería; B inkl. Frühstück 16 €; ⌚Rezeption 10–14 & 17–22 Uhr; ❄📶) Murcia war nie wirklich eines der Ziele an der spanischen Backpackerroute, dennoch hat hier jetzt das erste richtige Hostel eröffnet. Es ist sauber, nett und verfügt über eine tolle Lage. Die Angestellten sprechen Englisch und können verschiedene Touren und Aktivitäten in der Umgebung organisieren. In den mit *azueljos* (Kacheln) gefliesten Zimmern stehen mehrere Stockbetten herum, die Küche und die Bäder teilt man sich mit anderen Gästen. Aber wie gesagt: Da sind wirklich eine ganze Menge Betten auf den Zimmern ...

Hotel Hispano II HOTEL €
(☎968 21 61 52; www.hotelhispano.net; Calle Radio Murcia 3; EZ/DZ inkl. Frühstück ab 43/54 €; P❄@📶) Die altmodischen Zimmer könnten ein wenig Deko und Liebe vertragen. Man merkt einfach, dass sich eigentlich alles um das renommierte Restaurant dreht. Dennoch dürfen sich die Gäste auf eine friedliche, gemütliche Nacht freuen. Parken kostet 13 €.

INFOS & TICKETS FÜR TOURISTEN

Die Touristeninformation bietet einen praktischen Service, mit dem man Geld und Zeit sparen kann: **Puerto de Culturas** (www.cartagenapuertodeculturas.com) hat vier verschiedene Kombitickets für Sehenswürdigkeiten und Touren im Programm (11–20 €), die bei den jeweiligen Attraktionen und in der Touristeninformation verkauft werden.

Essen

Es gibt in Murcia ein paar herausragende Restaurants. Besonders viele Lokale findet man an der Plaza San Juan und der Plaza Romea. Tapas-Bars verteilen sich rund um die Plaza de las Flores und die Plaza Santa Catalin

Figón de Alfaro TAPAS €

(Calle Alfaro 7; Gerichte 12–15 €; ⌚Mo–Sa mittags & abends) Das bei Gästen jeglicher Alters- und Gehaltsklasse beliebte Figón de Alfaro verfügt über einen chaotischen Barbereich und einen etwas gediegeneren Speisesaal. Besucher haben die Wahl zwischen Hauptgerichten, saftigen *montaditos* (kleine Brötchen) und innovativen Leckerbissen wie *pasteles de berejena con salsa de calabacín* (Auberginenpastete mit Zucchinisoße).

La Parranda MEDITERRAN €€

(Calle San José 1; Gerichte 15–20 €; ⌚Do–Di mittags & abends) Die *taberna* in der Calle San José verströmt ein gediegenes modernes Flair und wartet mit einem holzvertäfelten Speisesaal sowie einer Karte voller traditioneller und innovativer Tapas, *raciones* (große Tapas-Portionen) und Hauptgerichten auf. In Eile? Dann ist der *brocheta de langostinas* (Garnelenspieß) eine gute Wahl. Wer etwas mehr Zeit hat, kann sich anschließend noch eine sahnige Pana Cotta gönnen. Das gleichnamige Schwesterrestaurant liegt an der nahen Plaza San Juan. Draußen stapelt sich leckeres, frisches Gemüse.

Los Zagales TRADITIONELL SPANISCH €

(Calle Polo Medina 4; Gerichte 10–15 €) Nicht weit von der Kathedrale entfernt (wer also anschließend schnell beichten möchte ...) werden Gäste mit köstlichen, günstigen Tapas, *raciones, platos combinados* (gemischten Platten), hausgemachten Pommes frites und Desserts verwöhnt. Das 1926 eröffnete Lokal zieht zahlreiche Einheimische an, deshalb muss man eventuell eine Weile auf einen Sitzplatz warten. Aber das lohnt sich.

STADTPARKS

Wer im Sommer anreist, findet in einem der schönen Stadtparks Zuflucht vor der brennenden Hitze. Der herrliche kleine **Jardín Floridablanca** beispielsweise wartet mit Banyan-Feigen, die an ihren dicken Luftwurzeln zu erkennen sind, sowie hübschen Jacaranden, Palmen und Rosenbüschen auf. Wer auf den schattigen Bänken Platz nimmt, kann die Umgebung wunderbar auf sich wirken lassen. Üppig grün ist auch der etwas größere **Murcia Parque** gleich westlich der Fußgängerbrücke Puente del Malecón.

Restaurante Real Casino de Murcia MURCIANISCHE NOUVELLE CUISINE €€€

(☎968 22 28 09; Calle Trapería 18, Real Casino de Murcia; Menüs 28–45 €) Wenn man auf ein Gourmeterlebnis der Extraklasse aus ist, sollte man einen Tisch im Salon de Té des Real Casino de Murcia reservieren. Der aufwendigen 1920er-Jahre-Aufmachung zum Trotz werden in der Küche durch und durch moderne Interpretationen von althergebrachten Rezepten aus Murcia zubereitet. Das Essen ist genauso wunderbar wie das Dekor. Am besten reserviert man vorab und wirft sich in Schale.

Restaurante Hispano SPANISCHE NOUVELLE CUISINE €€

(Calle Arquitecto Cerdán; raciones 7 €, Gerichte 20–25 €; ⌚Mo–Sa mittags & abends, So mittags) Im warmen, einladenden Barbereich gibt's kreative *raciones*, z. B. mit Artischocken und Zwiebeln sautierte kleine Saubohnen, während im eleganteren Restaurant dahinter, das bei den Stadtbewohnern hoch im Kurs steht, traditionellere Speisen aufgetischt werden.

Los Arroces del Romea SPANISCH €€

(Plaza Romea; Gerichte 20–25 €; ✍) Hier kann man bei der Zubereitung der Spezialität des Hauses (Reisgerichte im Paella-Stil, eines davon vegetarisch) in riesengroßen Pfannen zusehen und dabei rundes, mit Olivenöl besprenkeltes *murciano*-Brot knabbern. Das Lokal verfügt über eine tolle Lage vor dem apricotfarbenen Teatro de Romea.

Alborado NOUVELLE CUISINE €€

(Calle Andrés Baquero 15; Gerichte 20–25 €) An dieser diskreten Adresse läuft man schnell vorbei, weil sich der Laden kaum von den vielen anderen durchschnittlichen Restaurants abhebt. Tatsächlich ist das Alborado jedoch in aller Munde, denn die Köche zaubern Gourmetversionen traditioneller Spezialitäten und überzeugen auch mit der kleinen Tapas-Auswahl.

Las Cadenas MURCIANISCH €€

(☎968 22 09 24; Calle de los Apóstoles 10; Gerichte 20–28 €; ⌚Mo–Sa) Traditionelle Küche und ein elegantes Ambiente. Vorab reservieren.

NICHT VERSÄUMEN

TAPAS

Murcia ist eine tolle Adresse für Tapas-Fans, denn die Stadt wartet mit einer großen Auswahl und üppigen Portionen auf. Selbst Vegetarier kommen hier auf ihre Kosten. Fast alle der in diesem Kapitel genannten Restaurants betreiben eine zusätzliche Tapas-Bar oder servieren *raciones* (große Tapas-Portion), die sich hervorragend zum Teilen für größere Gruppe eignen. Die Tapas aus der Region sind fantasievoll und bestehen aus wunderbar frischen lokalen Zutaten.

Ausgehen & Unterhaltung

In puncto Nachtleben ist die Gegend rund um die Universität die beste Anlaufstelle. Dort befinden sich ein paar gut besuchte Bars und Clubs, u. a. die **Sala Revolver** (Calle Victorio), wo vor allem Latin Music und spanischer Rock gespielt werden. Zum „Aufwärmen" bietet sich das **Lemon Club Café** (Calle Simon Garcia 4; ⌚17 Uhr–open end) an, das so gar nichts mit einem Café gemein hat und auch nicht so frisch und gesund ist, wie einem der Name weismachen möchte. Die quirlige Bar platzt schon früh vor feierfreudigen Studenten aus allen Nähten. Das nahe gelegene **Fitzpatrick** (Plaza Cetina; ⌚15–3 Uhr) wartet mit einem netten Flair auf und versorgt die Gäste mit allen typischen Biersorten vom Fass.

Praktische Informationen

Die Internetadresse der regionalen Touristeninformation von Murcia lautet www.murciaturistica.es.

Locutorio Viajacom (Plaza de Camachos; 1 € pro Std.; ⌚10–14 & 16.30–22 Uhr) Internetzugang.

Infokiosk (Calle de Santa Clara; ⌚Mo–Sa 10–14 & 17–20, So 10–14 Uhr) Nur im Sommer geöffnet.

Touristeninformation (☎968 35 87 49; www.murciaciudad.com; Plaza del Cardenal Belluga; ⌚Mo–Sa 10–14 & 17–21, So 10–14 Uhr)

An- & Weiterreise

BUS Mindestens zehn Busse pro Tag fahren nach Cartagena (3,95 €, 1 Std.) und Lorca (5,35 €, 1½ Std.).

FLUGZEUG Der Flughafen San Javier befindet sich neben dem Mar Menor und liegt somit näher an Cartagena als an Murcia. Er wird von zahlreichen Billigfliegern aus Europa angesteuert, darunter auch das deutsche Unternehmen **Air Berlin** (www.airberlin.com).

ZUG Jeden Tag verkehren bis zu fünf Züge zwischen Murcia und Madrid (44,60 €, 4¼ Std.). Außerdem bestehen stündliche Verbindungen nach Lorca (15,60 €, 1 Std.).

Unterwegs vor Ort

Vom Busbahnhof gelangt man mit der Linie 3 in die Stadt, am Bahnhof nimmt man die Linie 9 oder 39.

Nördlich des Stadtzentrums, am Jardín San Esteban, befindet sich ein Parkplatz.

Ein Taxi vom Flughafen nach Murcia kostet etwa 40 €.

Rund um Murcia

Die Region Murcia besticht durch traumhafte Landschaften und Sehenswürdigkeiten. An der Costa Cálida erstrecken sich tolle Strände und faszinierende mittelalterliche Städte und überall hat das Römische Reich sichtbare Spuren hinterlassen. Wer die unberührte Schönheit der Gegend erleben möchte, benötigt allerdings einen eigenen fahrbaren Untersatz.

CARTAGENA

211 000 EW.

Wenn man von den Burgzinnen auf diese alte Stadt hinabblickt, entdeckt man Überreste aus all den einzelnen Epochen, die Cartagena geprägt haben. An der Werft legten phönizische Händler mit ihren Schiffen an. In der einen Straße marschierten dereinst römische Legionäre und an der Plaza dort drüben stand in maurischer Zeit eine Moschee. Da sind die Hügel, die die Armeen bei der christlichen Reconquista überwinden mussten, in einer anderen Ecke erheben sich Fabriken aus dem Industriezeitalter. Und natürlich dürfen auch die hübsch geformten Zierelemente und Pastellfarben der Modernismebauten nicht fehlen.

In der Vergangenheit hielt sich die Zahl der Touristen in Grenzen, heute ist das jedoch ein wenig anders. Weil Archäologen in der Altstadt immer wieder neue faszinierende Stätten der Römer und Karthager entdecken, die lange Zeit in den Tiefen der Erde schlummerten, bekommt Cartagena nun endlich die Aufmerksamkeit, die es als einer der historisch und kulturell bedeutendsten Orte an der Ostküste Spaniens verdient.

Geschichte

223 v. Chr. marschierte Hasdrubal mit seinem Heer in die iberische Siedlung Mastia

Cartagena

Cartagena

Highlights

- Casa de la Fortuna C2
- Decumanos B2
- Museo Teatro Romano B4

Sehenswertes

1 Augusteum C2
2 Casa Cervantes B3
3 Casa Clares C3
4 Casa Llagostera B3
5 Castillo de la Concepción D3
Centro de Interpretación de la Historia de Cartagena .... (siehe 5)
6 Gran Hotel B2
7 Aufzug zum Castillo de la Concepción D3
8 Muralla Púnica D1
9 Museo Nacional de Arqueología Subacuática D4
10 Museo Naval A1
11 Palacio Aguirre D2

Schlafen

12 Hotel Los Habaneros D2
13 Hotel NH Cartagena B3
14 Pensión Oriente B2

Essen

15 La Tagliatella C3
16 La Tapería B1
17 La Tartana B2
18 Rincón Gallego C3
19 Techos Bajos E3

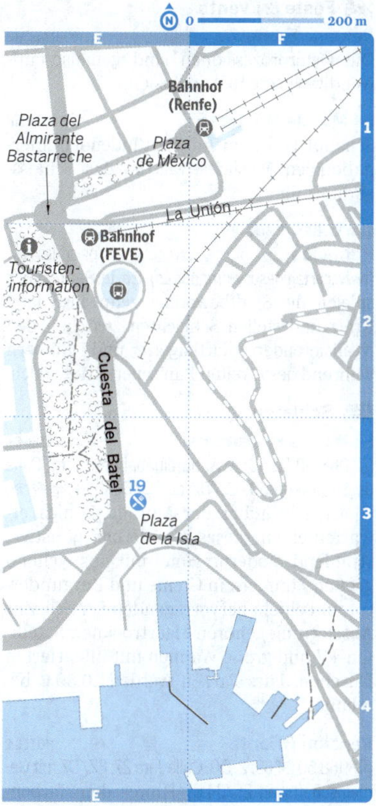

ein und taufte sie in Carthago Nova um. Während der römischen Besatzung florierte die Stadt und unter muslimischer Herrschaft wurde daraus das unabhängige Emirat Cartadjanah. Die Araber verbesserten die Landwirtschaft und sicherten dem Ort den Ruf als Produktionsstätte von Kriegsschiffen, bevor sie 1242 von den Katholiken vertrieben wurden. Die Verteidigungsmauern stammen aus dem 18. Jh. Obwohl Cartagena während des Spanischen Bürgerkriegs stark zerstört wurde, konnte es in den 1950er- und 1960er-Jahren erneut eine blühende Wirtschaft und eine wachsende Bevölkerung verzeichnen.

Sehenswertes & Aktivitäten

LP TIPP **Museo Teatro Romano** MUSEUM
(Plaza del Ayuntamiento 9; Erw./Kind 6/3 €; Di–Sa 10–20, So 10–14 Uhr) Rafael Moneo, Gewinner des Pritzker-Preises, ist für die Gestaltung des besten Museums der Stadt verantwortlich. Führungen beginnen an der Plaza del Ayuntamiento, dann geht's über Rolltreppen und eine Passage unter den Ruinen der Kathedrale zum wunderschönen, kürzlich restaurierten römischen Theater aus dem 1. Jh. v. Chr. Der Rundgang zeigt Cartagenas faszinierende Facetten und die Stadtgeschichte. Im Museum erwarten einen römische Statuen und Artefakte, Ausgrabungsgegenstände, die Krypta der Kathedrale und Überreste einer maurischen Wohnung. Alle Exponate sind auf Spanisch und Englisch beschriftet.

Römisches Cartagena ARCHÄOLOGISCHE STÄTTEN
Zu den weiteren Stätten der Römer gehören das **Augusteum** (Calle Caballero; Erw./Kind 2,50 €/frei; Di–So 16–19.30 Uhr) mit einer Ausstellung zum römischen Forum und das **Decumanos** (Calle Honda; Erw./Kind 2 €/frei; Di–So 10–14.30 Uhr). Letzteres zeigt die Überbleibsel einer der wichtigsten römischen Straßen der Stadt, die zwischen dem Hafen und dem Forum verlief, sowie einen Bogengang und Thermalbäder. Die **Casa de la Fortuna** (Plaza Risueño; Erw./Kind 2,50 €/frei; Di–So 10–14.30 Uhr) wartet mit den Ruinen einer im 2. und 3. Jh. errichteten Aristokratenvilla aus der Römerzeit voller Wandbilder und Mosaiken sowie mit Teilen einer ausgegrabenen Straße auf. Die **Muralla Púnica** (Calle de San Diego; Erw./Kind 3,50 €/frei; 10–14.30 & 16–19.30 Uhr), eine alte punische Mauer, stellt das karthagische und römische Erbe der Stadt in den Mittelpunkt. Sie umfasst die eingestürzten Mauern einer Eremitage aus dem 16. Jh. und Gräber, in denen menschliche Knochen gefunden wurden.

Modernismebauwerke ARCHITEKTUR
Cartagena beherbergt zahlreiche Gebäude im Modernismestil. In den schönsten befinden sich mittlerweile Banken. Besonders sehenswert sind die **Casa Cervantes** (Calle Mayor 11), die **Casa Llagostera** (Calle Mayor 25), das **Gran Hotel** (Calle del Aire) mit seinen Zinkkuppeln, die rosa-weiße **Casa Clares** (Calle del Aire 4) und der **Palacio Aguirre** (Plaza de la Merced) mit einem Ausstellungsbereich für moderne Kunst (Muram genannt).

Castillo de la Concepción BURG
(Eintritt 1 €) Wer einen tollen Ausblick auf die Stadt genießen will, sollte das Castillo de la Concepción ansteuern, das man entweder zu Fuß oder mit dem **Aufzug** (1 €) erreicht. Inmitten der Schlossgärten, in denen prächtige Pfauen herumstolzieren, befindet sich

MUSEUMSPÄSSE

Alle archäologischen Stätten und Museen zu besichtigen geht ganz schön ins Geld, doch glücklicherweise gibt's verschiedene Pässe (Eintritt zu 4/5/6 Museen Erw. 12/15/18 €, Kind 9/11,25/13,50 €) für einen ermäßigten Eintritt. Die Tickets sind in der Touristeninformation oder den jeweiligen Museen und Stätten erhältlich. Bei Besichtigung des Museo Teatro Romano werden zwei Entritte abgestempelt.

das **Centro de Interpretación de la Historia de Cartagena** (Erw./Kind 3,75 €/frei; ⌚10–14.30 & 16–20.30 Uhr). Hier wird mittels Bildschirmen und eines zehnminütigen Films (auf Englisch oder Spanisch) ein Überblick zu Cartagenas Geschichte vermittelt.

Museo Nacional de Arqueología Subacuática MUSEUM
(http://museoarqua.mcu.es; Paseo del Muelle Alfonso XII 22; Erw./Kind 3 €/frei; ⌚Di–Do 10–21, Fr & Sa 10–22, So 10–15 Uhr) Dieses futuristische neue Museum widmet sich der Unterwasserarchäologie. Zunächst wird die Arbeit der Wissenschaftler erklärt, dann geht's mit der maritimen Geschichte und der Mittelmeerkultur weiter. Zu sehen gibt's alte Tonwaren, eine grelle Beleuchtung, Filme und die Überreste eines phönizischen Schiffs. Außerdem kann man auf diverse Knöpfchen drücken. Samstagnachmittags und den ganzen Sonntag über ist der Eintritt kostenlos.

GRATIS **Museo Arqueológico Municipal** MUSEUM
(Calle Ramón y Cajal 45; ⌚Di–Fr 10–14 & 17–20, Sa & So 11–14 Uhr) Einst erstreckte sich an dieser Stelle ein römischer Friedhof, doch heute sind hier karthagische, römische, westgotische und islamische Artefakte ausgestellt. Um zum Museum zu gelangen, geht's vom Zentrum aus Richtung Nordwesten die Calle La Palma entlang.

GRATIS **Museo Naval** MUSEUM
(Calle Menéndez Pelayo 8; ⌚Di–So 10–13.30 Uhr; 👪) Das Museum überzeugt mit einer tollen Sammlung nautischer Karten und Nachbildungen von Booten. Es liegt nordwestlich des Stadtzentrums und ist über die Calle Real zu erreichen.

Feste & Events

Semana Santa KARWOCHE
Die Osterprozessionen sind genauso aufwendig wie die in Andalusien.

La Mar de Músicas WELTMUSIK
Schauplatz des im Juli stattfindenden internationalen Musikfestivals ist das Schlossauditorium.

Carthagineses y Romanos HISTORISCHES FEST
(www.cartaginesesyromanos.es) Ende September spielen die Stadtbewohner zehn Tage lang Krieg und stellen Schlachten zwischen den rivalisierenden Karthagern und Römern während des Zweiten Punischen Kriegs nach.

Schlafen

Hotel Los Habaneros HOTEL €€
(☎968 50 52 50; www.hotelhabaneros.com; Calle de San Diego 60; EZ/DZ ab 50/60 €; P❄@📶) Gleich gegenüber der Muralla Púnica erwartet einen dieses wunderbar günstige, strahlend moderne Hotel mit ausreichend großen Zimmern in Creme und Burgunderrot und einem hervorragenden Service. Zur Ausstattung gehören Haartrockner, Satelliten-TV und große Wannen mit integrierten Duschen. Fürs Parken werden 10,60 € berechnet.

Pensión Oriente HOTEL €
(☎968 50 24 69; 2. OG, Calle Jara 27; EZ/DZ mit Gemeinschaftsbad 25/34 €) Hinter dem farbenfrohen Eingang befinden sich zwölf altmodische Zimmer mit hohen Decken, dunklen Möbeln und Ventilatoren. Ein paar verfügen zudem über Kühlschränke und/oder Balkone mit Läden an den Fenstertüren. Nur die großen Zimmer (38 €) haben eigene Bäder.

Hotel NH Cartagena HOTEL €€
(☎968 12 09 08; www.nh-hotels.com; Calle Real 2; DZ 86 €; P❄@📶) Die Betonfassade des Hotels, in dem früher Hafenbüros untergebracht waren, passt nicht gerade zur neoklassizistischen Architektur des nahe gelegenen Rathauses. Alle Zimmer entsprechen den Standards der NH-Hotelkette, sind also modern und stilvoll eingerichtet und besitzen angenehme Extras wie Wasserkocher. Von den oberen Stockwerken genießt man einen tollen Blick auf die Bucht.

Essen

Rund um die Plaza del Ayuntamiento und entlang der Seitenstraßen, die von der Calle Mayor abgehen, gibt's viele Bars und Restaurants. Selbstversorger können die praktische **Markthalle** (Calle Carlos III; ⌚Mo–Sa 7–14 Uhr) ansteuern.

LP TIPP **Techos Bajos**

FISCH & MEERESFRÜCHTE €€

(Santa Lucía; Gerichte um 15 €; ⌚Di–So mittags, Fr & Sa abends) In dem großen bodenständigen Lokal essen zahlreiche Einheimische zu Mittag – wer sich gemütlich hingesetzt hat und in der warmen Mittelmeersonne einen Teller gebratenen Kuttelfisch mit einem Glas Weißwein genießt, wird verstehen, warum. Die einfachen Gerichte mit Meeresfrüchten frisch vom Kutter reißen zum großzügigen Gebrauch von Superlativen hin.

La Tartana TAPAS €

(Puerta de Murcia 14; Tapas 1,50 €, raciones 4–8 €) Nirgendwo in der Stadt bekommt man bessere Tapas, *montaditos* und *raciones* (z. B. Klassiker wie frittierter Käse mit Himbeersoße) als in diesem ansprechenden Modernismebauwerk an der breiten Fußgängerzone. Das Lokal platzt fast immer aus den Nähten und wartet mit einer fantastischen Atmosphäre auf, zudem lässt der Service nichts zu wünschen übrig.

La Tapería TAPAS €€

(Calle del Parque 2; Tapas 2 €, raciones 6–14 €) Die intime, gediegene kleine Bar am Rande der Altstadt versteckt sich in den Arkaden rings um die Plaza Juan XXIII. Ihr Markenzeichen sind hochwertige Tapas. In der Nähe findet man noch ein paar andere nette Lokale. Am frühen Abend hat man einen guten Blick darauf, wie sich die Straßen langsam mit Einheimischen füllen.

La Tagliatella ITALIENISCH €€

(Calle Cañon 4; Pizzas 11 €, Pasta 13 €; ⌚Di–Sa mittags & abends, Mo mittags; 🖉) Das einladende Restaurant ist eine Spur besser als die übrigen italienischen Läden in der Gegend und toll, wenn man ein Pastagericht mit Hummer und Sahnesoße oder Pesto mit Walnüssen und Gorgonzola teilen möchte. Die Pizzas haben wunderbar knusprige Böden und sind üppig belegt.

Rincón Gallego FISCH & MEERESFRÜCHTE €€

(Calle Cañon 13; Gerichte 15–25 €; ⌚Mo–Sa) Auf der umfangreichen Speisekarte des bodenständigen Lokals stehen Fischgerichte und Oktopus, die Spezialität des Hauses, z. B. mit frischen Zitronen.

ℹ Praktische Informationen

Infokiosk (Plaza del Ayuntamiento 1; ⌚Mo–Fr 10–14 & 17–19, Sa 10–13.30, So 10.30–13.30 Uhr)

Touristeninformation (☎968 50 64 83; www.cartagena.es; Calle San Diego 25; ⌚Di–So 10–14.30 & 16–19.30 Uhr) Eine sehr gute Anlaufstelle für Touristen.

ℹ An- & Weiterreise

BUS Jeden Tag verkehren acht Busse nach Alicante (7,25 €, 2 Std.) und zehn nach Murcia (3,95 €, 1 Std.) sowie La Manga (3,45–4,25 €, 1 Std.).

TAXI Ein Taxi vom/zum Flughafen San Javier kostet ca. 40 €.

ZUG Wer einen Ort am Renfe-Schienennetz erreichen möchte, muss in Murcia umsteigen (4,85 €, 50 Min., 4–7-mal tgl.). Am besten nimmt man eher den Nahverkehrszug als den Talgo-Express, der stolze 16 € verlangt. Lokale FEVE-Züge legen die kurze Strecke nach Los Nietos am Mar Menor zurück (2,25 €, 30 Min., alle 40 Min.).

Costa Cálida

Angesichts der mehr als 300 Sonnentage pro Jahr und einer durchschnittlichen Temperatur von 18 °C ist der Name „Heiße Küste" absolut zutreffend.

MAR MENOR

Diese 170 km² große Salzwasserlagune ist gute 5 °C wärmer als das offene Meer und eignet sich hervorragend für Sportarten wie Jetski, Kajak- oder Wasserskifahren. Mehr Infos dazu siehe unter www.marmenor.net. Zwischen der Lagune und dem Meer verläuft

KOSTENLOSE SCHLAMMPACKUNG

Wellnessfans werden ein Highlight in Lo Pagán besonders zu schätzen wissen: die Möglichkeit, in Naturschlamm zu baden. Nördlich der Promenade beginnt ein 2 km langer Weg mit mehreren kurzen Holzstegen, die in die Lagune hinausführen. An der Westseite des Pfads kann man sich von oben bis unten mit Schlamm einschmieren, aber Vorsicht: *El lodo*, der pechschwarze, klebrige Matsch speichert Hitze. Zuerst lässt man ihn auf der Haut trocknen, dann wäscht man ihn ab und nimmt zuletzt noch ein Bad in der Salzwasserlagune gegenüber. Das macht nicht nur Spaß, sondern hat auch eine therapeutische Wirkung, denn der Schlamm weist einen hohen Salz- und Jodgehalt auf.

La Manga (Der Ärmel), eine 22 km lange Landzunge voller furchtbarer Hochhäuser – die Welt würde keinen großen Schaden nehmen, wenn sich dieser Streifen Land eines Tages lösen und im Meer versinken würde.

In **Cabo de Palos** am Südende der Halbinsel liegt ein kleiner Hafen mit zahlreichen Freizeitbooten, eingerahmt von niedrigen Restaurants und Ferienwohnungen. Die Gewässer um die winzigen **Islas Hormigas** (Ameiseninseln) gehören zu einem Schutzgebiet und bieten sich zum Tauchen an. **Atura-Sub** (www.aturasub.com; La Bocana 28) bietet Exkursionen ab 60 € inklusive Ausrüstung an. Weil das Tauchzentrum nur sporadisch besetzt ist, bucht man die Ausflüge am besten online.

Am Nordrand der Lagune befindet sich der nette kleine Badeort **Lo Pagán** mit seiner langen Promenade, einem schönen Strand sowie vielen Bars und Restaurants.

Gleich östlich von Lo Pagán erstrecken sich die **Salinas de San Pedro** (Salztonebenen). Von hier aus führt die gut beschilderte *senda verde* (Fußpfad) an mehreren von Flamingoschwärmen bevölkerten Lagunen vorbei. Der 4 km lange Weg ist relativ leicht zu bewältigen.

GOLFO DE MAZARRÓN

Die raue zerklüftete Küste westlich von Cartagena verfügt über viele kleine Buchten und unberührte Strände. Am besten erkundet man sie mit dem Auto. Im Landesinneren dominiert die industriell betriebene Landwirtschaft. Die schimmernden Silberseen entpuppen sich bei näherer Betrachtung als mit Plastikplanen bedeckte Täler, und in Treibhäusern wird Gemüse für den heimischen und den Exportmarkt hochgezüchtet.

Wer schnell vorankommen möchte, folgt der gebührenpflichtigen AP7, ansonsten nimmt man besser die malerische N332, die sich durch die Berge an der Küste windet. Beide Straßen führen nach **Puerto de Mazarrón**, einem lebendigen, netten Urlaubsort mit Geschäften und Restaurants. Westlich des Zentrums locken die schönsten Strände. An der **Playa La Ermita** bietet das direkt am Strand gelegene **Centro de Buceo del Sureste** (www.buceosureste.com; Calle Plaza del Mar 14) Unterwasserexkursionen ab 50 € an. 5 km weiter westlich, im winzigen **Bolnuevo**, kann man surreale Sandsteinformationen bestaunen, die im Laufe von Jahrmillionen durch Erosionsprozesse entstanden sind und als **Gredos de Bolnuevo** (Bolnuevo-Kreidefelsen) bezeichnet werden. Ein weiteres Highlight sind die Strände. Bei den Calas Nudistas gleich hinter dem Dorf handelt es sich um eine Reihe bildhübscher unberührter Buchten. Wie der Name schon sagt, trifft man hier vorwiegend auf nackte Sonnenanbeter, die allerdings nicht immer so zauberhaft aussehen wie die Sandstreifen. Wer doch lieber in Bikini oder Badehose ins Wasser geht, ist am langen Hauptstrand des Dorfes gut aufgehoben. Ansonsten hat der Ort ein paar Cafés, Bars und Unterkünfte zu bieten, das war's dann aber auch schon. Das so ziemlich beste Restaurant, **La Siesta** (Gerichte 20–25 €; ⏲Fr–Mi), kredenzt vor allem Fischgerichte.

> **KAVIAR ZUM KLEINEN PREIS**
>
> Aus dem Mar Menor stammt eine Kaviarsorte namens *huevas de mújol*, die in fast allen lokalen Supermärkten in Gläsern verkauft wird und sehr preiswert ist. Der Geschmack ist überraschend authentisch. Lecker!

ÁGUILAS

Nach weiteren 30 km erreicht man das bescheidene Águilas, das mit einigen umwerfenden Stränden aufwartet und vor allem Spanier sowie ältere Engländer anzieht. Gemessen an den valencianischen Badeorten geht's hier sehr entspannt zu. Eine niedrige Landzunge, auf der eine Burg thront, trennt die attraktiven Stadtstrände voneinander. Als eigentliche Superstars gelten jedoch die sogenannten **Las Cuatro Calas** ein paar Kilometer weiter südlich, vier Buchten, die bislang von touristischer Infrastruktur weitgehend verschont blieben (wobei es hier im Sommer dennoch sehr voll wird). Sie sind so ziemlich das Nonplusultra an der spanischen Mittelmeerküste.

Schlafen & Essen

Hotel Madrid HOTEL €

(☎968 41 11 09; Plaza de Robles Vives 4; Zi. 50–60 €; ❄) Willkommen in einer Welt winziger Resorthotels am Meer aus den 1970er-Jahren. Das Madrid gleich neben dem Hafen katapultiert einen in ein längst vergangenes Zeitalter des Tourismus. Es verströmt eine nette Atmosphäre und besitzt funktionelle, etwas langweilige Zimmer.

Hotel Carlos III. HOTEL €

(☎968 41 16 50; Calle Rey Carlos III 22; Zi. 50–60 €; ❄📶) Einen Häuserblock vom Strand entfernt erhebt sich das betagte Carlos III., das einen gewissen Charme hat, wenn man in der richtigen Stimmung dafür ist.

Bar Restaurante El Puerto

FISCH & MEERESFRÜCHTE €€

(Plaza de Robles Vives 3; Hauptgerichte 10–13 €; ❄) Was mag wohl hier auf der Speisekarte stehen ...? Richtig: In dem farbenfrohen kleinen Hafenrestaurant werden Fisch und Meeresfrüchte zubereitet.

ℹ Praktische Informationen

Touristeninformation (☎968 49 31 73; Plaza de Robles Vives; ⏲Mo–Sa 9–14 & 17–19, So 10–14 Uhr)

ℹ Anreise & Unterwegs vor Ort

Busse fahren von hier nach Lorca (5,35 €, 1½ Std.).

Lorca

92 870 EW. / 330 M

Lorca ist für seine hübsche Altstadt bekannt, über der eine Burg aus dem 13. Jh. thront, und der Schauplatz einer der farbenprächtigsten Semana-Santa-Prozessionen Spaniens.

Sehenswertes

Semana-Santa-Museen

MUSEEN

Im **Museo de Bordados del Paso Azul** (Calle Nogalte 7; Erw./Kind 3 €/frei; ⏲Di–Sa 10–14 & 17–19.30, So 10–14 Uhr) und im **Museo de Bordados del Paso Blanco** (Calle Santo Domingo 8; Erw./Kind 3 €/frei; ⏲Di–Sa 10–14 & 17–19.30, So 10–14 Uhr) bei der Santo-Domingo-Kirche sind großartige Kostüme zu sehen (s. Kasten S. 638), die während der Prozessionen in der Karwoche getragen werden. Die aus Seide gefertigten Umhänge (manche bis zu 5 m lang) wurden alle sorgfältig von Hand bestickt und zeigen religiöse sowie historische Begebenheiten.

Plaza de España

ARCHITEKTUR

Absoltes Highlight in der Altstadt sind ein paar Barockgebäude an der Plaza de España, darunter der **Pósito**, ein ehemaliger Getreidespeicher aus dem 16. Jh., die **Casa del Corregidor** aus dem 18. Jh. und das Rathaus. Noch auffälliger ist die goldene, aus Kalkstein errichtete **Colegiata de San Patricio**, eine Kirche mit Barockfassade und einem hauptsächlich im Renaissancestil gestalteten Inneren. Sie sieht von außen unverändert gut aus, wurde aber bei dem Erdbeben beschädigt und kann derzeit nicht besichtigt werden.

ERDBEBEN IN LORCA

Am 11. Mai 2011 ereignete sich hier ein Erdbeben der Stärke 5,2. Das Epizentrum befand sich in einer Tiefe von nur 1 km. Neun Menschen kamen ums Leben, viele weitere Einwohner trugen Verletzungen davon und verloren ihr Zuhause und Lorca wurde stark beschädigt. Spanien liegt über einer Verwerfung und jeden Tag ereignen sich kleinere Erschütterungen, die man gar nicht wahrnimmt. Das Beben von 2011 gilt allerdings als das schlimmste des Landes seit mehr als 50 Jahren. Bei Redaktionsschluss waren die Wiederaufbauarbeiten noch im Gange und viele Sehenswürdigkeiten geschlossen.

Lorca lohnt nach wie vor einen Besuch und die Einheimischen warten sehnsüchtig auf die Rückkehr der Touristen, es wird aber leider noch ein paar Jahre dauern, bis die Altstadt wieder so schön aussieht wie früher.

La Fortaleza del Sol

BURG

(Erw./Kind 8 €/frei; ⏲Di–So 10.30–18.30, Jan–März geschl.; 👪) Die in einen Themenpark verwandelte Burg wartet mit Dioramen, kostümierten Darstellern und vielerlei Gerätschaften auf. Kinder dürften den Trubel genießen, Erwachsene allerdings eher den Tagen nachtrauern, als man La Fortaleza del Sol noch in aller Ruhe erkunden konnte. Das Erdbeben hat zwei Türme in Mitleidenschaft gezogen, das Gebäude ist aber weiterhin für Besucher geöffnet.

Museo Arqueológico

MUSEUM

(Plaza de Juan Moreno; Erw./Kind 2 €/frei; ⏲Di–Sa 10–14 & 17–19.30, So 10–14 Uhr) Das Museum in der wunderbaren Casa de los Salazar aus dem 16. Jh. gewährt Einblicke in die frühen Anfänge der Stadt, die bis in die mittlere Altsteinzeit zurückreichen.

Casa de Guevara

PALAST

(Calle Lope Gisbert) Bei Redaktionsschluss war die Casa de Guevara geschlossen, denn die wunderbare Barockfassade aus dem 17. Jh. muss nach dem Erdbeben vollständig restauriert werden.

Schlafen

Jardines de Lorca

HOTEL €

(☎968 47 05 99; www.sercotelhoteles.com; Alameda de Rafael Méndez; EZ/DZ 55/60 €; P ❄ @

BUNTE SEMANA SANTA

In Lorca herrscht ein großer Konkurrenzkampf zwischen den beiden rivalisierenden Bruderschaften, die seit 1855 darum wetteifern, wer die prächtigsten Osterprozessionen auf die Beine stellt.

Die Umzüge folgen einem anderen Rhythmus als ihre langsamen, ernsten Pendants in Andalusien und in anderen Orten der Region Murcia. Sie sind ebenfalls von tiefer Demut geprägt, gleichzeitig aber voller Farbe und Leben. Vor Ort werden Überlieferungen aus dem Alten und Neuen Testament mit der Passionsgeschichte verwoben.

Die Einwohner sind entweder leidenschaftlich für Blanco (Weiß) oder für Azul (Blau). Beide Bruderschaften besitzen eine Statue der Jungfrau Maria (natürlich trägt die eine einen blauen, die anderen einen weißen Umhang), ein Banner und ein spektakuläres Museum. Das Ergebnis des intensiven und zumeist freundschaftlichen ganzjährigen Wettstreits gehört zu den eindrucksvollsten Karwochenfeierlichkeiten in ganz Spanien.

) Kleiner Tipp für Budgetreisende: In Lorca legt man besser ein bisschen was drauf, denn dafür bekommt man gleich eine ganze Menge mehr Luxus. Bestes Beispiel dafür ist das Jardines de Lorca. Es verfügt über schicke Zimmer in einheitlichem Look und eine hervorragende Ausstattung, darunter ein Spa.

Hotel Alameda HOTEL €
(968 40 66 00; www.hotel-alameda.com; 1. OG, Calle Musso Valiente 8; EZ 35–45 €, DZ 60 €;) Das Gebäude, ein hässliches Hochhaus, sowie die tristen Böden und altmodisch geblümten Stoffe hauen einen nicht gerade vom Hocker, doch die Preise für die großen Zimmer sind fair, und die Lage des Alameda ist ebenfalls klasse. In der Osterwoche muss man meist eine 0 an die Übernachtungstarife hängen, aber dafür hat man bei den Feierlichkeiten Logenplätze. Nachteil: Ein paar Zimmer kriegen viel Straßenlärm ab.

Pensión del Carmen HOTEL €
(968 46 64 59; Rincón de los Valientes 3; EZ/DZ 20/40 €;) Die herzliche familienbetriebene Bleibe mit jeweils sieben gepflegten Doppel- und Einzelzimmern ist an einem winzigen Platz unweit der Calle Nogalte zu finden und eine gute Wahl für Budgetreisende.

Praktische Informationen

Centro de Visitantes (Besucherzentrum; 968 47 74 37; www.lorcatallerdeltiempo.com; Convento de la Merced Puerto de San Ginés s/n; Di–So 9.30–14 & 16–19 Uhr) Das Besucherzentrum in einem früheren Kloster wartet mit einer Multimediaausstellung (Erw./Kind 3 €/frei) auf, die Lorcas lange Geschichte beleuchtet.

Touristeninformation (968 44 19 14; www.lorcaturismo.es; Convento de la Merced Puerto de San Ginés s/n; Mo–Fr 9.30–20.30, Sa 10–15 & 17.30–20.30, So 10–15 Uhr) Weil die Altstadtbüros dem Erdbeben zum Opfer gefallen sind, ist die Touristeninformation vorübergehend in das Centro de Visitantes umgezogen. Bei Erscheinen dieses Reiseführers hat es vielleicht schon einen neuen Standort.

Anreise & Unterwegs vor Ort

Zwischen Lorca und Murcia verkehren stündlich Busse (5,35 €, 1½ Std.) und Züge (15,60 €, 1 Std.).

200 m westlich der Touristeninformation befindet sich eine große **Tiefgarage** (Plaza Colón).

Parque Natural de Sierra Espuña

Die Sierra Espuña liegt 40 Fahrminuten südwestlich von Murcia Richtung Lorca, gleich nördlich der N340. Wie eine Insel aus Kiefernbäumen erstreckt sie sich hoch oben über einem Meer aus Hitze und Staub. Der Naturpark schützt auf 250 km² unberührtes Hochland, eine wunderschöne, fragile Landschaft voller Trekkingwege. Wanderer und Kletterer lieben diese Gegend.

Über den ausgedehnten Wäldern erheben sich Kalksteinformationen und im Nordwesten stößt man auf 26 *pozos de la nieve* (Eishäuser), in denen bis zur Erfindung des Kühlschranks Schnee zu Eis gepresst und dann im Sommer in benachbarte Orte gebracht wurde.

Der beste Zugang zum Park besteht über Alhama de Murcia. Wir empfehlen einen Zwischenstopp im hervorragenden **Ricardo Codorniu Visitors Centre** (www.sierraespuna.com; Mo–Sa 10–14 & 17–19, So 10–14 Uhr), das in einem traditionellen Landhaus im Herzen des Schutzgebietes untergebracht ist.

ABSTECHER

KUNSTZENTRUM IN EINER EHEMALIGEN KONSERVENFABRIK

Die Kunst spielt in diesen Breiten eine wichtige Rolle, denn die Region hat ein umfangreiches kulturelles Erbe: Man denke nur an die Höhlenmalereien aus der Jungsteinzeit, die in der Cueva de los Letreros jenseits der Grenze zu Andalusien bei Vélez Rubio entdeckt wurden, oder an die römischen Mosaiken in Cartagena. Im Mai 2009 öffnete **La Conservera Centro de Arte Contemporáneo** (http://laconservera.org; Eintritt frei; ⏲Di–Fr 16–20, Sa & So 11–20 Uhr) in dem winzigen Dorf Ceutí 24 km nordwestlich von Murcia seine Pforten. Hier sind Arbeiten bekannter internationaler Künstler und Bildhauer ausgestellt. Das Zentrum ist in einer ehemaligen Konservenfabrik untergebracht. Alle Maschinen wurden entfernt und so entstand eine 4800 m² große Fläche – ausreichend Platz für die lichtdurchfluteten Galerien.

El Berro eignet sich gut als Basis für Ausflüge in die Sierra. Neben ein paar Restaurants findet man in dem Dorf auch den netten **Camping Sierra Espuña** (☎968 66 80 38; www.campingsierraespuna.com; Stellplätze pro Pers./Zelt/Auto 4 €, Bungalows für 2–6 Pers. 50–90 €;) mit Grillplätzen, einem Swimmingpool, einer Minigolfanlage und einer Cafeteria. Wer es luxuriöser mag, sollte das **Bajo el Cejo** (☎968 66 80 32; www.bajoelcejo.com; EZ/DZ 86/97 €; P) ansteuern. Die wunderbare umgebaute Wassermühle auf dem Land verfügt über 13 großartige Zimmer und bietet Stil und Glamour pur. Ihr Sahnehäuchen sind der Swimmingpool und die Lage mit Blick auf Zitronengärten sowie ein tiefes Tal. Auch das hauseigene Restaurant überzeugt. Die Rezeption schließt von 14 bis 17 Uhr.

Für Besuche der Sierra und des Nordens der Region Murcia ebenfalls günstig gelegen ist **Mula**, allerdings schafft man es ohne eigenen Wagen nicht ganz hinauf in die Hügel. Der Ort besteht aus verzweigten alten Straßen an einer Nadel aus trockenem Gestein, auf dem eine sehr mitgenommene (derzeit geschlossene) **Burg** thront. Aus der Ferne sieht es aus, als entstammte Mula einem Märchen aus dem Nahen Osten. Der ebenfalls in einer umgebauten Mühle gelegene und von Zitronenbäumen umgebene Landgasthof **El Molino de Felipe** (☎968 66 20 13; www.hospederiaruralmolinodefelipe.es; Zi. 40–85 €, Apt. 130–230 €; P) verfügt über ein paar tolle geräumige Apartments mit hübscher Einrichtung und eine Handvoll stilvolle Zimmer. Das Frühstücksbrot kommt stets frisch aus der Mühle. Wer sich in dem Hotel 4 km außerhalb der Stadt einquartieren möchte, folgt den Straßenschildern zur Burg, bis er auf die Schilder zur Unterkunft stößt.

Die Balearen

Inhalt »

Palma de Mallorca 642
Nordwestküste & Serra de Tramuntana 649
Badia d'Alcúdia 655
Maó 659
Ciutadella 663
Ibiza-Stadt 672
Formentera 682

Gut essen

» Mesón El Gallo (S. 663)
» Simply Fosh (S. 647)
» La Paloma (S. 681)
» Comidas Bar San Juan (S. 675)

Schön übernachten

» Hotel Palacio Ca Sa Galesa (S. 646)
» Cas Ferrer Nou Hotel (S. 656)
» S'Hotel des Puig (S. 652)
» Agroturismo Atzaro (S. 680)
» Casa Alberti (S. 661)

Auf zu den Balearen

Im Tramuntana-Gebirge und an der Nordküste Mallorcas gibt's fantastische Möglichkeiten zum Wandern und Radfahren, während Menorca mit seiner Vielfalt an prähistorischen Stätten und Festungen einstiger Eroberer lockt und Ibiza mit seinen Megaclubs, Boutiquen sowie der lässigen Stimmung prahlt. Landstraßen mit Ampeln und weiße Sandstrände sind typisch für Formentera.

Alle vier Inseln beklagen sich über die schlechte Presse. Es stimmt zwar, dass der Massentourismus einige Gegenden fest im Griff hat, aber trotzdem lohnt es sich, den Balearen auf halbem Weg entgegenzukommen. Das heißt nichts anderes, als dass man die guten öffentlichen Verkehrsmittel der Inseln nutzen oder ein Auto mieten sollte, um damit die zahlreichen kleinen Buchten, Fischerdörfer, Strände, endlosen Oliven- und Mandelhaine sowie Gärten mit Zitrusfrüchten zu erkunden.

Reisezeit

Palma de Mallorca

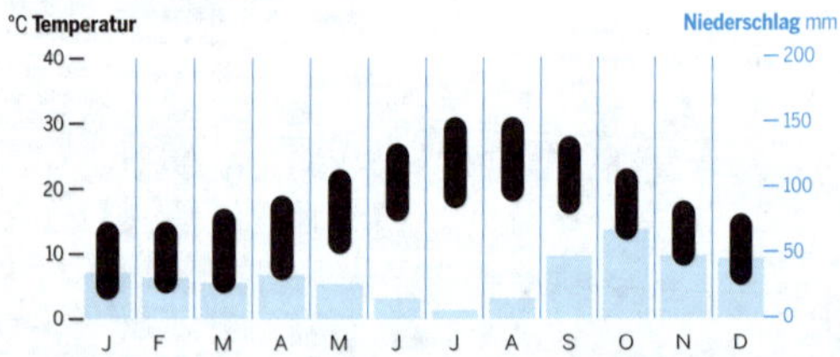

März & April In Mallorcas Serra de Tramuntana kann man tolle Wanderungen unternehmen.

Juni–Sept. Tagsüber Strand, nachts Party in den Clubs, so lautet das Motto auf Ibiza.

Juli & Aug. Fackelbeleuchtete Aufführungen in Maós Castell San Felipe auf Menorca.

ℹ Anreise & Unterwegs vor Ort

Flugzeug

Im Sommer landen zahlreiche Charter- und Linienmaschinen aus ganz Europa auf Mallorca und Ibiza. Zu den größten Fluggesellschaften zählen **Iberia** (www.iberia.es), **Air Europa** (www.aireuropa.com), **Air Berlin** (www.airberlin.com) und **Vueling** (www.vueling.com).

Die Preise für Verbindungen zwischen den Inseln mit einer Flugzeit von unter 30 Minuten sind sehr unterschiedlich. So kann ein Flug von Palma de Mallorca nach Maó oder Ibiza zwischen 50 und 170 € kosten.

Schiff/Fähre

Ein Preisvergleich lohnt sich auf jeden Fall. Günstige Angebote findet man beispielsweise bei **Direct Ferries** (www.directferries.es). Die größten Anbieter:

Acciona Trasmediterránea (☎902 454 645; www.trasmediterranea.es)

Baleària (☎902 160 180; www.balearia.com)

Iscomar (☎902 119 128; www.iscomar.com)

Routen zum Festland und Fährgesellschaften, die Verbindungen zu den Balearen anbieten:

Formentera Von/nach Denia (Baleària).

Ibiza (Ibiza-Stadt) Von/nach Barcelona (Acciona Trasmediterránea, Baleària), Valencia (Acciona Trasmediterránea).

Ibiza (Sant Antoni) Von/nach Denia und Barcelona (Baleària), Valencia (Baleària).

Mallorca (Palma de Mallorca) Von/nach Barcelona und Valencia (Acciona Trasmediterránea, Baleària), Denia (Baleària).

Menorca (Maó) Von/nach Barcelona und Valencia (Acciona Trasmediterránea, Baleària).

Verbindungen zwischen den Inseln:

Ibiza (Ibiza-Stadt) Von/nach Palma de Mallorca (Acciona Trasmediterránea, Baleària).

Mallorca (Palma de Mallorca) Von/nach Ibiza-Stadt (Acciona Trasmediterránea und Baleària) und Maó (Acciona Trasmediterránea, Baleària).

Mallorca (Port d'Alcúdia) Von/nach Ciutadella (Iscomar, Baleària).

Highlights

1. In **Palma de Mallorca** (S. 642) die prachtvolle gotische Kathedrale bewundern
2. Wanderungen in der **Serra de Tramuntana** (S. 649) unternehmen
3. Heiße Partys in **Ibizas** (S. 672) großartigen Clubs feiern
4. An einem von Formenteras Traumstränden wie der **Cala Saona** (S. 683) entspannen
5. Durch **Fornalutx** (S. 654) und andere Dörfer im Nordwesten Mallorcas spazieren
6. Das herrliche türkisblaue Meer rund um das **Cap de Formentor** (S. 655) bestaunen
7. In der Naveta des Tudons und an anderen prähistorischen Stätten rund um **Ciutadella** (S. 663) einen Blick in die Vergangenheit wagen
8. Bei der **Cala en Turqueta** (S. 670) in Menorcas klares Wasser eintauchen

INFOS IM INTERNET

Hier erfährt man alles Wichtige über die Balearen:

» **www.illesbalears.es** Offizielle Website der Touristeninformation zu allen Inseln der Balearen.

» **www.platgesdebalears.com** Überblick zu allen Stränden.

» **www.balearsculturaltour.com** Kunsthandwerk, Kultur und schöne Landschaften.

Menorca (Ciutadella) Von/nach Port d'Alcúdia (Iscomar).

Menorca (Maó) Von/nach Palma de Mallorca (Acciona Trasmediterránea, Baleària).

MALLORCA

1950 landete das erste Charterflugzeug auf Mallorca. Seither entwickelte die mit 3620 km² größte Insel der Balearen sukzessive einen Ruf als Ort des massiven Pauschaltourismus und der rücksichtlosen Bebauung. Viele der lautesten Kritiker haben jedoch niemals einen Fuß auf Mallorca gesetzt und wiederholen lediglich abgedroschene Klischees. Ja, es gibt tatsächlich Gegenden, die für die schlimmsten Auswüchse des Massentourismus stehen, und den rund 845 000 Inselbewohnern, von denen etwa die Hälfte in der Hauptstadt Palma de Mallorca lebt, steht eine jährliche Besucherzahl von 10 Mio. gegenüber. Ein Großteil der Insel blieb jedoch vom Tourismus überraschend unbeeindruckt und bietet wunderschöne Landschaften, ein großartiger Facettenreichtum sowie eine faszinierende Kultur.

Palma de Mallorca (oder einfach Palma) wartet mit Kunstmuseen, großartigen Restaurants und einigen guten Unterkünften auf. Die Süd- und Ostküste säumen feine weiße Sandstrände und blau schimmerndes Wasser von atemberaubender Schönheit. Der beste Gegenpol zu gängigen Mallorca-Klischees ist der Nordwesten. Hier fällt die Gebirgskette Serra de Tramuntana, durchzogen von Olivenhainen, Pinienwäldern und ockerfarbenen Dörfern, steil zum saphirblauen Mittelmeer hinab. Wanderer und Radfahrer finden in den Bergen erstklassige Bedingungen vor: Die verschiedenen Routen eignen sich sowohl für kurze Familienausflüge als auch für mehrtägige Touren über die gesamte Insel.

Unterwegs vor Ort

AUTO & MOTORRAD Selbst in den kleinsten Orten kann man Autos, Fahrräder und oft auch Motorräder mieten. Allein in Palma gibt's etwa 30 Anbieter. Die großen Unternehmen haben Büros am Flughafen und am Passeig Marítim, wo auch mehrere günstigere Firmen sitzen. Besonders gute Konditionen bietet **Hasso** (☎902 203 012; www.hasso-rentacar.com).

BUS Von Palma aus sind fast alle Orte auf der Insel mit Bussen zu erreichen, die am oder nahe dem **Busbahnhof** (☎971 177 777; www.estaciondeauto buses.es/mallorca; Avinguda de Joan March 27, Carrer d'Eusebi Estada) starten. Genauere Infos dazu bekommt man bei **Transport de les Illes Balears** (TIB; ☎971 17 77 77; http://tib.caib.es).

SCHIFF/FÄHRE Palma und die größeren Badeorte und Strände auf der Insel sind mit Schiffen sowie Wassertaxis zu erreichen. Mehr darüber erfährt man in der Touristeninformation.

TAXI Die Insel lässt sich auch mit dem Taxi erkunden, allerdings reißt das ein großes Loch in die Reisekasse. In vielen Orten hängen die Preise an zentraler Stelle aus. Vom Flughafen nach Cala Ratjada muss man mit 100 € rechnen; eine Fahrt von Palma nach Sóller kostet 35 bis 40 €.

ZUG An Palmas Plaça d'Espanya starten zwei Züge. Die Fahrt mit der beliebten historischen Bahn nach Sóller ist besonders schön. Ein anderer Zug verkehrt ins Inselinnere nach Inca, wo sich die Strecke teilt und entweder nach Sa Pobla oder Manacor führt.

Palma de Mallorca

869 070 EW.

Palma de Mallorca ist die einzige echte Stadt des Archipels. Sie hat einen attraktiven alten Ortskern voller Alleen, kopfsteingepflasterter Gassen, gotischer Kirchen, barocker Paläste, privater Patios und Designerbars.

Sehenswertes

STADTZENTRUM

Das Zentrum ist vor allem wegen seiner eleganten Innenhöfe, den *patis,* bekannt, die

INFOS IM INTERNET

» **www.infomamallorca.net** Offizielles Tourismusportal der Insel.

» **www.abc-mallorca.com** Eine gute private Website.

» **www.mallorcahotelguide.com** Onlinebuchungen.

Mallorca

sich in vielen stattlichen Häusern und Villen verbergen. Zwar sind die meisten in Privatbesitz, aber man kann oft durch schmiedeeiserne Gitter einen Blick hineinwerfen.

Catedral KATHEDRALE
(La Seu; ☎902 022 445, 971 723 130; www.catedraldemallorca.org; Carrer del Palau Reial 9; Erw./Kind 6 €/frei; ⌚Mo–Fr 10–18.15, Sa 10–14.15 Uhr) Palmas gewaltige Kathedrale wird häufig mit einem riesigen Schiff verglichen, das am Rand der Stadt festgemacht hat. Die Arbeiten auf dem Gelände, wo einst die Hauptmoschee stand, begannen 1300 und dauerten bis 1601 an. Mit Ausnahme der Hauptfassade, die nach einem Erdbeben 1851 ersetzt wurde, und Teilen im Innenraum, den Antoni Gaudí zu Beginn des 20. Jhs. im Stil des Modernisme renoviert hat, ist das Gebäude überwiegend gotisch.

Man betritt die Kathedrale durch ein kleines **Museum**, das in drei Räumen eine reiche Sammlung religiöser Kunst und kostbarer Gold- und Silbergegenstände präsentiert. Das Innere ist beeindruckend. Schlanke Säulen stützen die hohe Decke und umrahmen die in drei Reihen schön ausgearbeiteten Buntglasfenster. Über dem vorderen Altar hängt eine leichte, in sich verdrehte Skulptur aus geschmiedetem Eisen von der Decke, eines der exzentrischsten Werke Gaudís. Ausnahmsweise wird der Architekt hier jedoch einmal von Miquel Barceló, einem der wichtigsten zeitgenössischen Künstler der Insel in den Schatten gestellt: Dieser gestaltete die **Capella del Santíssim i Sant Pere** am Kopfende des südlichen Seitenschiffs vollkommen um. Sein Keramikschmuck interpretiert fantasievoll die wundersame Vermehrung von Brot und Fisch.

Palau de l'Almudaina PALAST
(Carrer del Palau Reial; Erw./Kind 9/4 €, Audioguide 4 €, Führung 6 €; ⌚Mo–Fr 10–17.45, Sa bis 13.15 Uhr) Ende des 13. Jhs. wurde die ehemalige maurische Burg zu einer Residenz der

Palma de Mallorca

Palma de Mallorca

Highlights

Catedral C4
Es Baluard A3
Museu Diocesà C4
Palau de l'Almudaina B4

Sehenswertes

1 Banys Àrabs C4
2 Basílica de Sant Francesc D3
3 Can Marquès C4
4 Casa-Museu Joaquim Torrents Lladó C4
5 Museu d'Art Espanyol Contemporani D2
6 Palau March C4

Schlafen

7 Central Palma Youth Hostel D3
8 Hotel Dalt Murada C4
9 Hotel Palacio Ca Sa Galesa C4
10 Hotel Palau Sa Font B3
11 Hotel San Lorenzo A3
12 Hotel Santa Clara D4
13 Misión de San Miguel C2

Essen

14 Bon Lloc B3
15 Ca'n Eduardo A4
16 Celler Pagés B3
17 La Bodeguilla B3
18 Misa Braseria D2
19 Simply Fosh C2

Ausgehen

20 Abaco B4
21 Ca'n Joan de S'Aigo D3

Unterhaltung

22 Jazz Voyeur Club B3

mallorquinischen Könige umgebaut. Noch heute wird das Gebäude gelegentlich für offizielle Feiern genutzt, wenn sich König Juan Carlos in Palma aufhält. In der restlichen Zeit kann man durch die nüchternen, höhlenartigen Räume laufen, eine Kapelle mit einem seltenen romanischen Eingang bewundern, die angeblich die Gebeine der hl. Anna beherbergt, und im Obergeschoss die königlichen Apartments mit flämischen Wandteppichen und stilvollen Möbeln besichtigen.

Museu Diocesà MUSEUM

(☎971 723 860; www.bisbatdemallorca.com; Carrer del Mirador 5; Erw./Kind 3 €/frei; ⌚Mo–Sa 10–14 Uhr) Vom Ausgang der Kathedrale geht's um ihr östliches Ende zum Palau Episcopal (Bischofspalast) mit einer umfassenden Sammlung. Nach dem Gedränge zwischen den zahlreichen Besuchern der Kathedrale kann man hier einen ruhigen und faszinierenden Ausflug in die christliche Kunstgeschichte Mallorcas unternehmen. Die aus allen Teilen der Insel stammenden Ausstellungsstücke werden gelungen in Szene gesetzt und beleuchtet.

Es Baluard MUSEUM

(Museu d'Art Modern i Contemporani; www.esbaluard.org; Porta de Santa Catalina 10; Erw./Kind 6 €/frei, Wechselausstellungen 4 €, Di Eintritt frei; ⌚Di–Sa 10–20, So 10–15 Uhr) Dieser Betonkomplex aus dem 21. Jh. hat sich in Palmas prächtigen Wehranlagen am Meer eingenistet. Ein Spiel aus Schatten und Licht, Oberflächen und Perspektiven bildet den perfekten Rahmen für die hier ausgestellten Werke. Neben katalanischen und anderen spanischen Künstlern, die im 19. und 20. Jh. auf Mallorca verweilten und hier ihrer Kreativität freien Lauf ließen, sind noch jede Menge anderer Größen des 20. Jh. von Oskar Kokoschka bis zu Amedeo Modigliani zu sehen. Die Aussicht von der Anlage und dem Café ist herrlich.

Palau March MUSEUM

(Carrer de Palau Reial 18; Erw./Kind 4,50 €/frei; ⌚Mo–Fr 10–18.30, Sa bis 14 Uhr) Eine der vielen Residenzen der schwerreichen Familie March. Die Terrasse des feudalen Hauses schmücken Skulpturen von Künstlern des 20. Jhs., darunter Henry Moore, Auguste Rodin, Barbara Hepworth und Eduardo Chillida. Innen befinden sich eine außergewöhnliche neapolitanische Krippendarstellung aus dem 18. Jh. und einige Druckgrafiken von Salvador Dalí.

GRATIS **Museu d'Art Espanyol Contemporani** MUSEUM

(Museu Fundació Juan March; www.march.es/arte/palma; Carrer de Sant Miquel 11; ⌚Mo–Fr 10–18.30, Sa 10.30–14 Uhr) In der Villa aus dem 18. Jh. sind 70 Werke aus dem Besitz der Fundación Juan March zu sehen. Sie stammen von großen Künstlern des 20. Jhs., etwa von Pablo Picasso, Joan Miró, Juan Gris (berühmt für seine kubistischen Bilder), Salvador Dalí und dem Bildhauer Julio González.

Can Marquès HISTORISCHES GEBÄUDE

(☎971 716 247; www.canmarquescontemporaneo.net; Carrer de Ca'n Angluda 2A; ⌚Mo–Fr 10–15 Uhr) Die erlesen möblierte Villa ist die einzige dieser Art, die Besuchern offensteht. Sie verfügt über original erhaltene Elemente aus dem 14. Jh. und gibt auf faszinierende Weise Einblick in das Leben des reichen Bürgertums an der Wende vom 19. zum 20. Jh. Das Gebäude weist Einflüsse der Gotik, des Barock und des Modernisme auf.

Basílica de Sant Francesc KIRCHE

(☎971 712 695; Plaça de Sant Francesc 7; Eintritt 1,50 €; ⌚Mo–Sa 9.30–12.30 & 15.30–18, So 9.30–12.30 Uhr) Die Basílica de Sant Francesc, mit deren Bau 1281 in gotischem Stil begonnen wurde, gehört zu Palmas ältesten Kirchen. Ihre barocke Fassade bekam sie 1700. Über den schönen, zweistöckigen und trapezförmigen Kreuzgang gelangt man in das Gebäude und kann hier das Grab und das Denkmal Ramon Llulls, eines Gelehrten aus dem 13. Jh., besichtigen.

Casa-Museu Joaquim Torrents Lladó KUNSTMUSEUM

(☎971 729 835; www.jtorrentsllado.com; Carrer de la Portella 9; Erw./Kind 4/2,50 €; ⌚Di–Fr 11–19, Sa 10–14 Uhr) Früher war diese hübsche Villa mit Holzgalerie und einem Innenhof im Besitz des katalanischen Künstlers Joaquim Torrents Lladó (1946–1993). Sie wurde weitgehend so erhalten, wie er sie zurückließ, und zeigt viele seiner Werke.

Banys Àrabs ARABISCHE BÄDER

(☎971 721 549; Carrer de Serra 7; Erw./Kind 2 €/frei; ⌚9.30–20 Uhr) Die recht bescheidenen Überreste der arabischen Badeanlage gehören zu den wenigen Zeugnissen der maurischen Herrschaft auf Mallorca. Einer der beiden erhaltenen unterirdischen Räume hat eine Kuppeldecke, die von einem Dutzend Säulen getragen wird. Einige der Kapitelle stammen aus abgerissenen römischen Gebäuden.

Die Therme liegt in einem der hübschesten Gärten von Palmas Altstadt, der zu einer erholsamen Pause einlädt.

WESTLICHES PALMA

Castell de Bellver BURG

(Bellver-Burg; ☎971 730 657; Carrer de Camilo José Cela 17; Erw./Kind 2,50 €/frei, So & an Feiertagen Eintritt frei; ⊙Di–So 10–19 Uhr) Diese ungewöhnliche kreisrunde Burg aus dem 14. Jh. mit einem einzigartigen Rundturm thront südlich des Poble Espanyol über einem hübschen Park. Im Juli dient sie als Kulisse für ein Klassikfestival.

Fundació Pilar i Joan Miró KUNSTMUSEUM

(☎971 701 420; http://miro.palma.cat; Carrer de Saridakis 29; Erw./Kind 6 €/frei; ⊙Di–Sa 10–19, So 10–15 Uhr; 🚌3 ab der Plaça Espanya, 6 ab der Plaça de la Reina) 4 km südwestlich des Stadtzentrums, in Cala Major, befindet sich dort, wo Joan Miró einst seine Ateliers hatte, ein in einem modernen Gebäudekomplex untergebrachtes Museum. Es präsentiert Wechselausstellungen mit Werken, die dort seit dem Tod des Künstlers gelagert werden.

Schlafen

Es gibt in Palma durchaus Budgetunterkünfte, trotzdem sind sie oft immer noch teurer als die üblichen Pauschalurlaubshotels, die in der Regel ein gutes Preis-Leistungs-Verhältnis bieten.

LP TIPP Hotel Dalt Murada HISTORISCHES HOTEL €€€

(☎971 425 300; www.daltmurada.com; Carrer de l'Almudaina 6A; EZ/DZ inkl. Frühstück 177/210 €; ❄📶; 🚌2) Dank seines antiken Dekors samt Kronleuchter und Himmelbetten, der tollen Kunstwerke und des ansprechenden mittelalterlichen Innenhofs ist das 1500 errichtete und sorgfältig restaurierte alte Stadthaus mit den 14 Zimmern eine großartige Option. Die Penthouse-Suite im Stil des 21. Jhs. bietet einen einzigartigen Blick zur Kathedrale und außerhalb der Hauptsaison winken ordentliche Rabatte.

LP TIPP Hotel Palacio Ca Sa Galesa HISTORISCHES HOTEL €€€

(☎971 715 400; www.palaciocasagalesa.com; Carrer del Miramar 8; EZ/DZ inkl. Frühstück ab 256/329 €; ❄@📶🏊; 🚌2) Als sehr gute Unterkunft für anspruchsvolle Traveller gilt dieses großartig verzierte Herrenhaus aus dem 16. Jh., die wohl extravaganteste Bleibe Mallorcas. Die Zimmer und öffentlichen Bereiche sind mit Unmengen von Antiquitäten ausgestattet, zudem gibt's eine Bibliothek voller Kunstbände, Bäder mit freistehenden Wannen und genügend Buntglas, um eine Kathedrale zu bauen.

Hotel Santa Clara BOUTIQUE-HOTEL €€€

(☎971 72 92 31; www.santaclarahotel.es; Carrer de Sant Alonso 16; EZ/DZ ab 122/168 €; ❄@📶) In der behutsam umgestalteten historischen Villa trifft Boutique-Flair auf antiken Charme. Gedämpfte Grautöne, kaltes Silber und Cremefarben harmonieren wunderbar mit den warmen Steinmauern, großen Flächen und hohen Decken. Die kleine schmucke Dachterrasse eignet sich perfekt für ein Sonnenbad oder zum Beobachten des Sonnenuntergangs und Gäste können das Spa kostenlos nutzen. Leider ist das Personal manchmal etwas schroff.

Misión de San Miguel BOUTIQUE-HOTEL €€

(☎971 214 848; www.urhotels.com; Carrer de Can Maçanet 1; Zi. ab 139 €; ❄@📶) Mit seinen exzellenten Preisen und der stilvollen Designereinrichtung ist das 32-Zimmer-Hotel eine absolut großartige Wahl. Das Motto hier lautet Qualität statt Quantität, zur Ausstattung gehören hochwertige Matratzen und Regenduschen und der Service ist freundlich und professionell. Manche der Zimmer neben den Aufenthaltsbereichen sind teilweise etwas laut.

Hotel San Lorenzo HISTORISCHES HOTEL €€€

(☎971 728 200; www.hotelsanlorenzo.com; Carrer de Sant Llorenç 14; EZ 145–185 €, DZ 155–195 €, Suite ab 235 €; ❄📶🏊) Versteckt in der Altstadt bietet dieses schön restaurierte Haus aus dem 17. Jh. einen duftenden mallorquinischen Innenhof, eine Bar, eine Dachterrasse mit Blick auf die Kathedrale und einen hübschen kleinen Garten mit Pool. Die Zimmer sind unterschiedlich gestaltet, etwa mit antiken Holzmöbeln und gefliesten Bädern oder leuchtend blau und mit mallorquinischen Stoffen.

NICHT VERSÄUMEN

MALLORCAS TOP-STRÄNDE

» Platja de Formentor (S. 655)
» Cala Llombards (S. 657)
» Cala Sant Vicenç (S. 655)
» Cala Deià (S. 652)
» Sa Calobra (S. 654)

EIN BETT FINDEN

Im Hochsommer (Ende Juni bis Mitte September) sind die Balearen oft unglaublich überlaufen. Allein in Palma de Mallorca starten und landen dann pro Tag etwa 40 Flieger. Die meisten Besucher buchen im Vorfeld eine Pauschalreise mit Hotel. Bei der Masse an Touristen, die die Inseln bewältigen müssen, kann es für Individualreisende deshalb schwierig werden, eine Unterkunft zu bekommen. Wer einen ungemütlichen Urlaubsbeginn vermeiden möchte, sollte im Sommer zumindest für die ersten paar Nächte ein Zimmer reservieren. Im Juli und August sind die Preise am höchsten. Mancherorts kommt man in ruhigeren Monaten deutlich günstiger davon. Oft gibt's auf Websites der Hotels Sonderangebote und Rabatte.

Central Palma Youth Hostel HOSTEL €

(☎971 10 12 15; www.centralpalma.com; Plaça de Quadrado 2; B 25 €; ⊙Rezeption 8–10 & 13–16 Uhr; ❄@📶) Das neue privat betriebene Hostel ist die günstigste Unterkunft im Zentrum und beherbergt adrette Schlafsäle mit vier Betten und kitschigen Computergrafiken. Außerdem gibt's ein hauseigenes Bar-Restaurant, jede Menge Reiseinfos und ein großes Serviceangebot.

Hotel Palau Sa Font HOTEL €€€

(☎971 712 277; www.palausafont.com; Carrer dels Apuntadors 38; EZ inkl. Frühstück 85–112 €, DZ inkl. Frühstück 145–245 €; ❄@📶≋; 🚌1, 6, 15) Der ehemalige Palast aus dem 16. Jh. in einer ruhigen Seitenstraße verfügt über 19 Zimmer sowie hellrosa Wände und zeigt die *Mona Lisa* als glitschige Schlange. Auffällige Ästhetik steht im Vordergrund, allerdings sind die Preise etwas überteuert.

✕ Essen

Im Gassengewirr zwischen der Plaça de la Reina und dem Hafen liegen zahlreiche Restaurants und Bars. Gemütliche Fischlokale und lockere Kneipen findet man im Es-Molinar-Viertel am Meer rund um Es Portixol.

LP TIPP **Simply Fosh** INTERNATIONAL €€

(☎971 72 01 14; www.simplyfosh.com; Carrer de la Missió 7a; Hauptgerichte 18–26 €, Abendmenüs 48 €; ⊙Mo–Sa) In dem Klosterspeisesaal, einem der Wirkungsfelder des Sternekochs Marc Fosh, kommt liebevoll zubereitete mediterrane Küche auf den Tisch. Die verschiedenen Menüs, darunter ein mittägliches *menú del día* mit drei Gängen (19,50 €) sowie ein *menú degustación* (Probiermenü; 48 €) mit fünf Gängen, sind eine wunderbare Möglichkeit, hochwertige Gerichte zu erschwinglichen Preisen zu kosten. Zur Auswahl stehen auch Speisen à la carte.

Misa Braseria BRASSERIE €€€

(☎971 595 301; www.misabraseria.com; Carrer de Can Maçanet 1; Hauptgerichte 16–20 €, Menüs ab 17 €; ⊙Mo–Sa 13–15.30 & 19.30–22.30 Uhr) Der attraktive Neuzugang von Marc Foshs immer weiter wachsendem Restaurantimperium besteht aus einem Essbereich im Kellergeschoss, an dessen Wände Speisekarten berühmter Lokale hängen, sowie aus einem Mittagsbistro in einem modernen Patio. Die frischen saisonalen Gerichte sind ansprechend präsentiert und ändern sich wöchentlich. Wir empfehlen das großartige *menú del día* (17 €).

Celler Pagés MALLORQUINISCH €€

(☎971 72 60 36; Calle de Felip Bauzà 2; Hauptgerichte 9–15 €, menú del día 19,50 €; ⊙So geschl.) Bei den Einheimischen erfreut sich dieser angesehene, unprätentiöse Familienbetrieb in den Kellerräumen eines alten Stadthauses dank der traditionellen mallorquinischen Küche mit dem gewissen Etwas großer Beliebtheit. Wer hier speisen möchte, reserviert am besten einen Tisch.

La Bodeguilla SPANISCH €€

(☎971 71 82 74; www.la-bodeguilla.com; Carrer de Sant Jaume 3; Hauptgerichte 17,50–19,50 €; ⊙Mo–Sa) In dem Feinschmeckerlokal kommen kreativ leicht verfremdete Gerichte aus ganz Spanien auf den Tisch, darunter *cochinillo* (Spanferkel) aus Segovia und *lechazo* (Milchlamm), das wie in Córdoba mit Rosmarin gebraten wird. Zur Auswahl stehen zudem leckere Tapas – ein besonderer Blickfang sind dabei die marinierten Lachswürfel mit Dill-Chutney.

Bon Lloc VEGETARISCH €

(☎971 71 86 17; www.bonllocrestaurant.com; Carrer de Sant Feliu 7; Menüs 13,50 €; ⊙Mo–Sa mittags; ✎) Alle Zutaten in diesem hellen, offenen Restaurant mit einer lässigen, aber kultivierten Atmosphäre stammen aus biologischem Anbau. Gäste dürfen sich hier in fachkundigen Händen wissen, schließlich war das Bon Lloc Palmas erstes vegetarisches Lokal. Sich zu entscheiden fällt nicht schwer, denn auf der Karte steht nur das sättigende viergängi-

SCHICKE SCHUHE

Mallorca ist bekannt für seine Schuhmachertradition (vor allem, seit Camper international immer erfolgreicher wird), aber auch auf Menorca gibt's schon lange eine ganze Reihe von Herstellern. Das beliebteste lokale Produkt sind *avarques*: leichte, bequeme Sandalen mit geschlossenem Zehenraum und einem Riemen an der Ferse, manchmal mit Sohlen aus recycelten Autoreifen. Man kann sie in Läden überall auf den Balearen kaufen.

ge *menú*. Aufgrund der immensen Beliebtheit sollte man vorab telefonisch reservieren.

Ca'n Eduardo FISCH & MEERESFRÜCHTE **€€€**
(☎971 721 182; www.caneduardo.com; 3. OG, Travesía Contramuelle, Es Mollet; Hauptgerichte 23–29 €; ⏲13–23.30 Uhr) Gibt's einen besseren Ort für frische Meeresfrüchte als gleich hinter dem Fischmarkt? Mit seinem schicken, modernen Dekor entspricht das Ca'n Eduardo nicht unbedingt dem Prototyp eines bodenständigen Lokals, doch es öffnete bereits in den 1940er-Jahren seine Pforten und hat eine treue Stammkundschaft. Schwarz gekleidete Kellner servieren gegrillten Fisch und Meeresfrüchte sowie einige fantastische Reisgerichte für mindestens zwei Personen. Besonders gut geschmeckt hat uns der *arroz bogavante* (Reis mit Hummer).

Ausgehen & Unterhaltung

Nachts herrscht in der Altstadt eine lebhafte Stimmung. Besonders in den Gassen zwischen der Plaça de la Reina und der Plaça de la Drassana gibt's eine immense Auswahl an Bars, Kneipen und Bodegas (Weinkellern). Gute Anlaufstellen sind auch die Viertel Santa Catalina (vor allem der Carrer de Sant Magí) und Es Molinar. 2 km westlich der Altstadt, rund um den Passeig Marítim (alias Avinguda de Gabriel Roca), reihen sich zudem etliche Tavernen, Girlie-Bars und Clubs aneinander. Einem normalerweise missachteten Gesetz zufolge sollten alle Kneipen sonntags bis donnerstags bereits um 1 Uhr und freitags und samstags um 3 Uhr schließen.

In S'Arenal (auf Kastilisch „El Arenal") und Magaluf, Touristenorte am Meer östlich bzw. westlich von Palma, die vor allem junge deutsche bzw. britische Urlauber anziehen, befinden sich zahlreiche Bars und Discos, die bis zum Bersten mit Pauschaltouristen gefüllt sind.

Vamos 365 (www.vamos-mallorca.com), ein kostenloses, monatlich erscheinendes Magazin, informiert über aktuelle Veranstaltungen in der Stadt.

Puro Beach BAR
(☎971 744 744; www.purobeach.com; ⏲Mai–Sept. 11–1 Uhr) Die lässige, ganz in Weiß gehaltene Bar an einer Landzunge über dem Meer erinnert stark an die Locations auf Ibiza und ist einfach perfekt für einen Cocktail bei Sonnenuntergang, für DJ-Sessions oder für Ausflüge in die Fusionsküche. Sie liegt nur zwei Gehminuten östlich von Cala Estancia, das sich wiederum nur ein wenig östlich von Ca'n Pastilla befindet.

Ca'n Joan de S'Aigo CAFÉ
(Carrer de Can Sanç 10; ⏲Mi–Mo 8–21 Uhr) Der mit Antiquitäten vollgestopfte Milchladen aus dem Jahr 1700 ist ein hervorragender Ort, um eine köstliche heiße Schokolade zu trinken. Zur Spezialität des Hauses, einem federleichten Biskuitkuchen namens *quarts,* essen viele Kinder am liebsten Eis mit Mandelgeschmack.

Abaco BAR
(www.bar-abaco.com; Carrer de Sant Joan 1; ⏲ab 20 Uhr) In dem restaurierten Patio eines alten mallorquinischen Hauses voller verschnörkelter Kronleuchter, kunstvoller Pflanzenarrangements, hoch aufgestapelter frischer Früchte und schräger Kunstwerke versteckt sich eine außergewöhnliche Bar. Ihr Stil rangiert irgendwo zwischen Extravaganz und Kitsch und sie weiß zweifellos zu beeindrucken, egal ob positiv oder negativ. Die Cocktailpreise sind eine Unverschämtheit – hier zahlt man ganz klar für die Location. Wer nichts trinkt, darf keine Fotos schießen.

Jazz Voyeur Club MUSIKBAR
(☎971 905 292; www.jazzvoyeurfestival.com; Carrer dels Apuntadors 5; Eintritt frei; ⏲April–Okt. tgl. ab 21.30 Uhr, Nov.–März So & Mo geschl.) Fast das ganze Jahr über finden in dem nur wohnzimmergroßen Club abendliche Livekonzerte statt. Der Fokus liegt auf Jazz, zum Programm gehören jedoch auch Flamenco, Blues, Funk und gelegentliche Jamsessions. Auf den Tischen brennen rote Kerzen und es stehen ein paar Plüschsessel herum. Am besten kommt man schon früh her, wenn man noch einen Platz ergattern will. Im Herbst wird ein lohnenswertes Jazzfestival veranstaltet.

El Garito LIVEMUSIK
(☎971 736 912; www.garitocafe.com; Dàrsena de Can Barberà; ⏲19–4.30 Uhr) DJs und Liveacts sorgen mit jedem erdenklichen Sound von Hip-Hop und Nu Jazz über alte Discoknaller bis zu elektronischen Beats dafür, dass ab 22 Uhr die Hütte brennt. Der Eintritt ist meist frei, allerdings sollte man ein Getränk bestellen.

ℹ Praktische Informationen

Consell-de-Mallorca-Touristeninformation (☎971 17 39 90; www.infomallorca.net; Plaça de la Reina 2; ⏲Mo–Fr 8–20, Sa 9–14 Uhr) Auskunft zur ganzen Insel. Über kulturelle und sportliche Ereignisse informiert das vierteljährlich erscheinende Gratismagazin *On Anar*.

Städtische Touristeninformation (☎902 102 365; www.imtur.es; Casal Solleric, Passeig d'es Born 27; ⏲9–20 Uhr) Im Bahnhof gibt's ein zweites Büro.

Touristeninformation am Flughafen (☎971 789 556; Aeroport de Palma; ⏲Mo–Sa 8–20, So 8–16 Uhr)

Visit Palma (www.visit-palma.com) Website des Hotelverbands von Palma.

ℹ Unterwegs vor Ort

Der Flughafen Sant Joan liegt 10 km östlich von Palma. Züge und Busse steuern von dort auch andere Teile der Insel an.

BUS EMT (☎971214444; www.emtpalma.es) Es gibt in Palma und den Vororten ein umfangreiches örtliches Busnetz. Ein einfaches Ticket kostet 1,50 €, eine Zehnerkarte 10 €. Bus 15 verkehrt von der Plaça d'Espanya zu den Stränden in S'Arenal.

VOM/ZUM FLUGHAFEN Bus 1 (2,50 €) fährt alle 15 Minuten vom Flughafen Sant Joan zur Plaça d'Espanya im Zentrum Palmas sowie zum Fährhafen. Ein Taxi kostet 17 bis 20 €.

TAXI ☎971 75 54 40.

Südwestküste

Eine Schnellstraße verläuft um die Badia de Palma herum zur Südwestküste Mallorcas. Unterwegs passiert man die Badeorte **Cala Major**, **Ses Illetes** (schöne kleine Strände), **Palma Nova** und **Magaluf** (malerische lange Strände, fest in englischer Hand), die im Grunde nur Ausläufer von Palma sind. Von **Andratx**, das einen Besuch lohnt, um das Stadtleben im Inselinnern zu erkunden – vor allem am frühen Abend, wenn die Bewohner auf den Terrassen der Plaça d'Espanya und Plaça des Pou einen Drink zu sich nehmen –, führen zwei Straßen zur Küste hinunter: eine nach Port d'Andratx und eine zum Küstendorf **Sant Elm**, das inmitten grüner Hügel liegt und einen hübschen, gut besuchten Sandstrand sowie Bootstouren zur unbewohnten Illa Sa Dragonera mit ihren tollen Wanderwegen bietet.

PORT D'ANDRATX

Port d'Andratx erstreckt sich auf niedrigen Hügeln rings um eine schmale Bucht und lockt zahlreiche Jachtbesitzer an. Außerdem gibt's vor Ort ein paar Tauchschulen.

Die Zimmer der **Hostal-Residencia Catalina Vera** (☎971 671 918; www.hostalcatalinavera.es; Carrer Isaac Peral 63; EZ/DZ 55/75 €; P 📶) sind zwar etwas schäbig, aber ein Garten voller Kakteen und ein Speisesaal mit jeder Menge Schnickschnack wie bemerkenswerte religiöse Bilder, alte vom Meeresgrund geborgene Töpfe und Hunderten Tellern an den Wänden sorgen für Charakter.

Zwei Straßenzüge vom Meer entfernt stößt man auf das **Restaurante La Gallega** (☎971 671 338; Carrer Isaac Peral 52; Hauptgerichte 13–25 €, menú del día 15,50 €; ⏲Di–So 13.30–23 Uhr, Nov. geschl.), ein beliebtes Fischlokal. Ausländer übersehen es häufig und steuern deshalb eher die teureren Alternativen direkt am Wasser an.

Nordwestküste & Serra de Tramuntana

Mallorcas Nordwestküste ist von der zerklüfteten Gebirgskette Serra de Tramuntana geprägt und bisher vom Massentourismus verschont. Hier gibt's keine Urlaubsresorts mit Sandstränden, sondern steile, bewaldete Klippen und Berghänge, die von einer Handvoll idyllischer Buchten mit leuchtend blauem Wasser gesäumt werden. Die wenigen Städte und Dörfer sind hauptsächlich aus heimischem Gestein erbaut und fügen sich wunderbar in die traumhafte Landschaft ein. Wanderer lieben das bergige Land wegen der hübschen Kiefernwälder, der Olivenhaine und der Wildblumen im Frühling. Im Sommer zeigt sich die Gegend von ihrer schönsten Seite, aber sie ist auch sonst sehr malerisch.

Die Hauptverbindung durch die Berge, die Ma10, verläuft zwischen Andratx and Pollença mehr oder weniger parallel zur Küste. Diese Strecke ist atemberaubend schön und bei Radfahrern sehr beliebt, vor allem im Frühling, wenn vor der Bergkulisse mit ihren gedämpften Braun-, Grau- und Grüntönen gelb blühende Akazien, blutrote Mohnblumen und grelle Fahrradwesten

MIT DEM BUS DURCH DEN NORDWESTEN

Von April bis Oktober startet täglich um 9 sowie um 15 Uhr jeweils ein Bus in Ca'n Picafort und in Port de Sóller. Bei Wanderern erfreut sich die Verbindung großer Beliebtheit. Im Folgenden ist die Fahrtdauer zwischen den Haltestellen angegeben:

» **Port de Sóller–Sóller** 10 Min.

» **Sóller–Monasteri de Lluc** 1 Std.

» **Monasteri de Lluc–Cala Sant Vicenç** 30 Min.

» **Cala Sant Vicenç–Port de Pollença** 15 Min.

» **Port de Pollença–Alcúdia** 15 Min.

» **Alcúdia–Port d'Alcúdia** 15 Min.

» **Port d'Alcúdia–Ca'n Picafort** 30 Min.

leuchtende Farbtupfer setzen. Zahlreiche gut gelegene *miradores* (Aussichtspunkte) bieten sich für eine Unterbrechung an.

ESTELLENCS

390 EW.

Die steinernen Häuser dieses hübschen Dorfes verteilen sich auf den lieblichen Hügeln unterhalb des **Puig Galatzó** (1025 m). Estellencs dient als sehr beliebte Ausgangsbasis für Wanderer und Radfahrer. Ein wilder 1 km langer Trekkingpfad führt hinunter zu einer kleinen Bucht mit kristallklarem Wasser und einem süßen kleinen Bootssteg.

Das einladende verwinkelte, familiengeführte **Petit Hotel Sa Plana** (☎971 618 666; www.saplana.com; Carrer de Eusebi Pascual; EZ inkl. Frühstück 75 €, DZ inkl. Frühstück ab 95 €; ⊙Mitte Jan.–Nov.; ❄📶🏊) mit seinem wilden Garten und sechs rustikalen Bauernhauszimmern ist genauso bezaubernd wie der Ort selbst.

BANYALBUFAR

600 EW.

Das hübsche Banyalbufar schmiegt sich an die Berghänge hoch über der Küste. Rund um das mit Steinmauern umgebenen Dorf sind steile, landwirtschaftlich genutzte Terrassen in den Fels gehauen. Vor Ort gibt's mehrere Bars und Cafés sowie einige Hotels.

Die vier einfachen Gästezimmer der charmanten **Ca Madò Paula** (☎971 148 717; www.camadopaula.com; Carrer de la Constitució 11; DZ inkl. Frühstück 99–120 €; ❄@📶) verfügen über geschmackvolle antike Elemente. Unten befinden sich ein exzellentes Restaurant (Hauptgerichte ca. 17 €) und eine stylishe Retrobar.

Am oberen Ende des Dorfes erhebt sich ein Gebäude aus dem 15. Jh., in dem das **Hotel Son Borguny** (☎971 14 87 06; www.sonborguny.com; Calle Borguny 1; DZ inkl. Frühstück ab 95 €; ❄📶) untergebracht ist. Manche der individuell eingerichteten Zimmer, die allesamt jede Menge Charme versprühen, sind in leuchtendem Himmelblau gestrichen, andere haben Steinwände hinter den Betten. Das Personal ist sehr freundlich.

Der Bus zwischen Palma und Estellencs fährt täglich vier- bis neunmal und hält unterwegs in Banyalbufar.

VALLDEMOSSA

2000 EW.

Valldemossa wartet mit hübschen Alleen, alten Steinhäusern und beeindruckenden neuen Villen auf. Seinen Ruhm verdankt der Ort der Tatsache, dass hier von 1838 bis 1839 der kränkliche Komponist Frédéric Chopin und seine Geliebte, die Schriftstellerin George Sand, lebten.

Sehenswertes & Aktivitäten

Real Cartuja de Valldemossa KLOSTER

(Erw./Kind 8,50/4 €; ⊙Mo–Sa 9.30–18.30, So 10–13 Uhr) Dieser wunderschöne Gebäudekomplex ist von großartigen Gärten mit hübschen Ausblicken umgeben. Der von Jakob II. 1310 errichtete Palast wurde von den Kartäusern in ein Kloster verwandelt und 1399 im großen Stil ausgebaut.

Mehrere Zellen machen deutlich, wie die Mönche einst lebten. Sie waren an ein Schweigegelübde gebunden, das sie lediglich für eine halbe Stunde pro Woche in der Bibliothek brechen durften. Nach den Regeln des Ordens bewohnten die höhlenartigen Gemächer nur 13 Brüder.

1835 wurden die Mönche vertrieben und die Zellen vermietet. Zu den berühmtesten Gästen zählten Frédéric Chopin und George Sand, die hier allerdings keine schöne Zeit hatten. Sand beschrieb dies später in *Un Hiver à Mallorque (Ein Winter auf Mallorca)* und verscherzte es sich so auf ewig mit den Mallorquinern.

Ausflugsbusse kommen in Scharen zum Kloster. In den Räumen des Paares sieht man Chopins Piano, das wegen Transportschwierigkeiten erst drei Wochen vor der Abreise eintraf, seine Totenmaske und mehrere originale Manuskripte. Ein 15-minütiges Klavierkonzert (bis zu 8-mal tgl.) sowie der Zutritt zum **Palau del Rei Sanxo** aus dem 14. Jh. gleich nebenan und zum **Ortsmuseum** sind im Eintrittspreis inbegriffen.

Costa Nord KULTURZENTRUM

(☎971 612 425; www.costanord.es; Avinguda de Palma 6; Erw./Kind 7,50 €/frei; ⊙Mai–Okt. tgl. 9–20 Uhr, Nov.–April Mo–Sa 9–17 & So 9–13 Uhr) Das Costa Nord bezeichnet sich selbst als „Kulturzentrum" und geht auf eine Idee des Hollywoodstars Michael Douglas zurück, der teilweise in Valldemossa lebt. Zu Beginn sieht man ein 15-minütiges Porträt der Stadtgeschichte, vorgetragen von dem Schauspieler höchstpersönlich. Weit weniger interessant ist der darauf folgende virtuelle Trip an Bord der aus dem 19. Jh. stammenden Jacht *Nixe* des österreichischen Erzherzogs Luis Salvador, dem einst große Teile Westmallorcas gehörten.

Camino del Archiduque WANDERN

Der 12,5 km lange Rundwanderung lockt mit einem spektakulären Ausblick auf die Küste und das Meer.

Port de Valldemossa WANDERN/FAHREN

Von Valldemossa führt ein anstrengender 7 km langer Weg hinunter in diese Felsbucht mit etwa einem Dutzend Häusern.

Schlafen & Essen

LP TIPP **Es Petit Hotel de Valldemossa** BOUTIQUE-HOTEL €€

(☎971 612 479; www.espetithotel-valldemossa.com; Carrer d'Uetam 1; Zi. inkl. Frühstück 127–172 €; ❄@📶) In dem schattigen Garten und auf der Terrasse dieses umgebauten hübschen Wohnhauses mit einem Blick in eine von Menschen weitgehend ungestörte Landschaft fühlt man sich Welten entfernt von den zahlreichen Cartuja-Besuchern, die am Haupteingang vorbeikommen.

Die in satten Primärfarben gestalteten acht Zimmer verfügen über hohe Decken und fünf davon bieten außerdem einen Traumblick auf das Tal.

Restaurant Es Port FISCH & MEERESFRÜCHTE €€

(☎971 616 194; Hauptgerichte 12,80–23,50 €; ⊙Sept.–Mai 10–18 Uhr, Juni–Aug. 10–22 Uhr) Erwartungsgemäß liegt der Schwerpunkt des Lokals auf Meeresfrüchten, die an einem Sommerabend auf der Terrasse im ersten Stock sogar noch besser zu schmecken scheinen. Highlights sind die Reisgerichte, die gemischte Fischplatte (23,50 €) und die *calamares al ajillo con patatas* (mit Knoblauch verfeinerter und mit Kartoffelstückchen gekochter Tintenfisch).

An- & Weiterreise

Bus 210 fährt fünf- bis zwölfmal täglich von Palma nach Valldemossa.

DEIÀ

750 EW.

Mallorcas vielleicht berühmtestes Dorf ist herrlich idyllisch. Die Steinhäuser schmiegen sich an einen steilen Hang und blicken auf terrassierte Felder mit Gemüse, Obst und Weinreben.

Deiàs Schönheit hat schon immer Leute angezogen, und so traf man hier früher zahlreiche internationale Schriftsteller, Schauspieler und Musiker, die in dem Weiler ihre zweite Heimat gefunden hatten. Der berühmteste unter ihnen war der englische Autor Robert Graves, der 1985 in Deià starb und auf dem Friedhof am Berghang seine letzte Ruhe fand.

Sehenswertes & Aktivitäten

Casa Robert Graves HISTORISCHES GEBÄUDE

(Ca N'Alluny; ☎971 636 185; www.lacasaderobertgraves.com; Carretera Deià–Sóller; Erw./Kind 7/3,50 €; ⊙Mo–Fr 10–17, Sa 10–15 Uhr) Nach einem fünfminütigen Spaziergang entlang der Straße nach Sóller erreicht man die Casa Robert Graves, eine faszinierende Hommage an den Schriftsteller, der 1929 nach Deià zog und dort drei Jahre später ein Haus bauen ließ. Anhand von historischen Möbeln, audiovisuellen Exponaten sowie verschiedenen Objekte und Büchern aus dem Besitz des Autors gibt die hübsch gemachte Ausstellung Einblicke in Graves' Leben. Anschließend bietet sich ein Streifzug durch die Gartenanlage an.

LÄNDLICHE FERIENHÄUSER IM PARADIES

Lange Zeit waren Apartments, Studios, Bungalows und Villen begehrte Mietobjekte, doch inzwischen erfreuen sich ländliche Unterkünfte (fast immer mit Pool) der größten Beliebtheit. Mallorca wartet mit einigen besonders schönen Optionen auf. Etliche weitere findet man im Lonely Planet *Mallorca* sowie auf den folgenden Websites:

- www.fincas4you.com
- www.fincasinmallorca.com
- www.mallorca.co.uk
- www.rusticrent.com
- www.topfincas.com

Cala Deià STRAND

Dieser kurze Strand ist ein beliebter Platz zum Schwimmen. Im Sommer werden hier einige lebendige Bar-Restaurants betrieben. Von Deià aus braucht man für den steilen Fußweg etwa eine halbe Stunde. Man kann auch mit dem Auto hinfahren (3 km ab dem Ortszentrum), doch die Konkurrenz um einen Parkplatz (5 € pro Tag) kann groß sein.

Pfarrkirche KIRCHE

Steile gepflasterte Gassen führen zu Deiàs Pfarrkirche mit einem **Museum**.

Küstenwanderweg WANDERN

In der Gegend erstrecken sich ein paar schöne Wanderrouten, z. B. der einfache Küstenweg zum netten Örtchen **Lluc Alcari** (hin & zurück 3 Std.). Alternativ kann man auch den alten Maultierpfad zwischen Deià und Sóller nehmen (hin & zurück 2 Std.).

Schlafen

LP TIPP S'Hotel des Puig HISTORISCHES HOTEL €€€

(☎971 639 409; www.hoteldespuig.com; Carrer des Puig 4; EZ 95 €, DZ 150–160 €; ⌚Feb.–Nov.; ❄📶🏊) Die acht Zimmer des netten Hotels mitten im historischen Ortskern sind moderner, als es das alte Gemäuer vermuten lässt. Im hinteren Bereich verstecken sich ein paar kleine Schätze, die man von der Straße aus nicht vermuten würde, darunter ein Pool und eine reizende Terrasse. Das „Haus auf dem Hügel" taucht in verschiedenen Büchern über Mallorca auf, z. B. in einer Erzählung von Robert Graves. Alles in allem ist dies eine der bemerkenswertesten kleinen Unterkünfte im Norden Mallorcas.

Hotel Costa d'Or HOTEL €€€

(☎971 639 025; www.hoposa.com; Lluc Alcari; EZ/DZ inkl. Frühstück ab 88/158 €; ⌚April–Okt.; P❄📶🏊) Zwar können die Designerzimmer des abgeschiedenen Steinhauses nicht mit dem intimen Flair kleinerer familiengeführter Bleiben konkurrieren, doch dafür ist die Kulisse hoch über dem tiefblauen Meer inmitten von Pinien und zirpenden Zikaden wahrhaft paradiesisch.

Hostal Miramar HOTEL €€

(☎971 63 90 84; www.pensionmiramar.com; Carrer de Ca'n Oliver; Zi. inkl. Frühstück 91 €, ohne Bad 75 €; ⌚März–Mitte Nov.; P) Von dem Steingebäude aus dem 19. Jh. mit Garten oberhalb der Hauptstraße genießt man einen Blick auf die Kirche am Hang und das Meer. Der schattige Rückzugsort verfügt über neun Zimmer. Die mit Gemeinschaftsbädern bieten die beste Aussicht, die anderen gehen auf den Garten hinaus. Von Deià aus führt ein kurzer steiler Weg hierher.

ABSTECHER

MIT DEM BUMMELZUG NACH SÓLLER

Diese hübsche Reise in die Vergangenheit ist zugleich eine angenehme Möglichkeit, um von Palma de Mallorca nach Sóller zu gelangen. Seit 1912 zuckelt eine Schmalspurbahn mit holzverkleideten Wagen von der Plaça de l'Estació (einfach/hin & zurück 12,50/19.50 €, 1¼ Std., bis zu 7-mal tgl.) über die kurvige, 27 km lange Strecke Richtung Norden. Sie fährt durch eine sich ständig wandelnde Landschaft, die noch spektakulärer wird, wenn es über die Serra de Alfàbia geht. Auf der Zielgeraden bergab genießt man einen fabelhaften Ausblick auf Sóller und das Meer.

Essen

Restaurant Juame MALLORQUINISCH €€€

(☎971 63 90 29; www.restaurantejuame-deia.com; Avinguda del Arxiduc Lluís Salvador 22; Hauptgerichte 20–25 €; ⌚Mo geschl.; ❄) Ein Restaurant nach unserem Geschmack! Das von einer außergewöhnlich freundlichen Familie betriebene Juame wartet mit einem lässiglockeren Flair und einer großartigen mallorquinischen Gourmetküche aus den besten Zutaten der Gegend auf. Es ist etwas teurer als andere Lokale im Dorf, aber jeden einzelnen Euro wert.

Sebastian INTERNATIONAL €€€

(☎971 639 417; Carrer de Felip Bauzà 2; Hauptgerichte 26–30 €; ⌚März–Mitte Nov. Do–Di 19.30–22.30 Uhr; ❄) Mit seinen nackten Steinwänden und den weißen Tischtüchern bietet das Sebastian ein nobles Ambiente. Auf der Karte stehen nur jeweils drei delikate Hauptgerichte mit Fisch bzw. Fleisch sowie einer köstlichen Soße oder Püree. Bei unserem Besuch gab es gebratene Taubenbrust mit Rhabarber und reifem Balsamicoessig, allerdings richtet sich die Auswahl nach der Jahreszeit.

El Barrigón de Xelini TAPAS €

(Avinguda del Arxiduc Lluís Salvador 19; Mahlzeiten 20 €; ⌚Di–So) Hier weiß man eigentlich nie so genau, was einen erwartet, aber Tapas – über 50 Varianten aus allen Teilen Spaniens – gehören immer dazu. Ein weiterer Schwerpunkt liegt auf Lammgerichten, z. B. mit Spinatfüllung. Im Sommer wird abends Livejazz gespielt.

Praktische Informationen

Deià Mallorca (www.deia.info) Website mit Infos zu Deià.

SÓLLER

13 950 EW.

In einer breiten Ebene vor der felsigen Serra de Tramuntana erstreckt sich zwischen Zitrusplantagen die schattige, ockerfarbene Stadt Sóller. Sie ist ein guter Ausgangspunkt, um den Nordwesten der Insel zu erkunden.

Der Hauptplatz Plaça de la Constitució liegt 100 m unterhalb des Bahnhofs, vor dem verschiedene faszinierende **Kunstausstellungen** zu sehen sind. Den Platz säumen Bars und Restaurants, das Rathaus und die große, überwiegend im barocken Stil gehaltene **Església de San Bartolomé** (Plaça de la Constitució; Eintritt frei; ⌚Mo–Do 11–13.15 & 15–17.15, Fr & Sa 11–13.15, So 12–13 Uhr) mit einer Modernismefassade. Letztere wurde von einem Schüler Antoni Gaudís entworfen, der auch die noch auffälligere Vorderfront der **Banco de Sóller** (heute Banco de Santander) rechts neben der Kirche gestaltet hat. Samstagmorgens findet auf dem Platz ein betriebsamer **Markt** statt.

Ein 1 km langer Weg führt von hier aus nach Westen zum friedlichen **Jardí Botànic** (www.jardibotanicdesoller.org; Erw./Kind 5 €/frei; ⌚Di–Sa 10–18, So 10–14 Uhr) mit Blumen und endemischen Pflanzen der Balearen. Im Frühling und Sommer können sich Herpetologen über die zahlreichen Schlangen und Frösche in den Gewässern der Gartenanlage freuen: Bei unserem Besuch bekamen wir innerhalb weniger Minuten bereits acht Schlangen zu sehen. Wer sich für die Kriechtiere weniger begeistern kann, sei beruhigt, denn sie sind harmlos.

Nicht verpassen sollte man eine Fahrt mit Sóllers seitlich offener historischer **Straßenbahn** (5 €), aus Holz, die 2 km hinab nach **Port de Sóller** an der Küste tuckert. Sie startet zwischen 7 und 20.30 Uhr jede halbe Stunde am Bahnhof.

Rund um die Stadt gibt's jede Menge Boutique-Hotels in historischen Gebäuden und Landhäusern; viele findet man unter www.sollernet.com. Das **Ca'n Isabel** (☎971 638 097; www.canisabel.com; Carrer de d'Isabel II 13; EZ 99,50–131,50 €, DZ 124,50–156,50 €; ⌚Mitte Feb.–Mitte Nov.; ❄@📶) aus dem 19. Jh. ist ein ansprechend dekorierter Rückzugsort mit sechs Zimmern und einem hübschen Garten im hinteren Bereich. Die Besitzer haben den historischen Stil detailgetreu bewahrt und die besten (sowie teuersten) Zimmer besitzen eigene Terrassen.

In einem palastartigen Gebäude im Ortszentrum kombiniert das exklusive **L'Avenida Hotel** (☎971 634075; www.avenida-hotel.com; Gran Vía 9; DZ inkl. Frühstück ab 245 €; ❄📶≋) das Beste der 1920er-Jahre mit auffälliger Kunst und Deko von heute. Die wunderbaren Zimmer werden nur noch von dem Pool im Garten übertroffen. Während der Hauptsaison gilt ein Mindestaufenthalt von drei Nächten.

Rechts neben dem Bahnhof lockt das familiengeführte **Hotel El Guía** (☎971 63 02 27; www.sollernet.com/elguia; Carrer del Castanyer 2; EZ/DZ inkl. Frühstück 55/89 €; ❄📶) mit einem glänzend polierten altmodischen Rezeptionsbereich und einem hübschen Garten. Hier treffen Wanderfreunde auf viele Gleichgesinnte. Die einfachen Zimmer verfügen über schmucke Holzdekorationen und moderne Bäder und die Preise sinken mit der Länge des Aufenthalts.

In einer atmosphärischen ehemaligen Kutschenwerkstatt serviert das einladende **Ca's Carreter** (☎971 63 51 33; Carrer del Cetre 9; Mahlzeiten 30–35 €, Hauptgerichte 13–17 €; ⌚Di–Sa mittags & abends, So mittags) unprätentiöse mallorquinische Küche, z. B. frischen lokalen Fisch und andere regionale Köstlichkeiten. Wir empfehlen das geschmorte Lamm mit Honig, Lachs mit Orangen aus Sóller und die mit Fisch und Spinat gefüllten Zucchini. Das

DER EWIGE KAMPF ZWISCHEN MAUREN & CHRISTEN

Jedes Jahr fällt am zweiten Maiwochenende eine bunte Schar maurischer Piraten in Sóller ein. An der nachgestellten Schlacht zwischen *pagesos* (Einheimischen) und *moros* (Mauren), **Es Firó** genannt, nehmen über 1000 Einwohner teil. Bei den **Moros i Cristians** (Mauren und Christen) wird der berühmte Sieg bei einem maurischen Angriff am 11. Mai 1561 gefeiert. Zu diesem Anlass verkleiden sich die Stadtbewohner als krummsäbelschwingende maurische Piraten, malen sich schwarz an und treten in mehreren Kämpfen mit viel Trommelwirbel und Geböller gegen pfähleschleppende Verteidiger an.

Restaurant liegt einen kurzen Spaziergang nordwestlich des Stadtzentrums.

Die **Touristeninformation** (☎971 638 008; www.viu-soller.com; Plaça d'Espanya; ⊙März–Okt. Mo–Fr 9.45–14 & 15.15–17, Sa 9.15–13 Uhr, Nov.–Feb. Mo–Sa 9.30–15 Uhr) befindet sich in einem alten Zugwaggon neben dem Bahnhof. Wer Wanderungen im Tal von Sóller oder darüber hinaus plant, kann hier die Broschüre *Sóller Bon Dia Senderismo* mitnehmen. Im Lonely Planet *Walking in Spain* sind drei herrliche Tageswanderungen beschrieben, die in diesem Ort beginnen.

BINIARAIX & FORNALUTX

Von Sóller aus führt ein schöner Weg 2 km nach **Biniaraix** hinauf, den man sowohl per Auto, Fahrrad oder auch zu Fuß zurücklegen kann. Im Dorf beginnt eine klassische Wanderroute hinauf zum Barranc de Biniaraix. Sie folgt teilweise dem alten Pilgerpfad zum **Monestir de Lluc**.

Richtung Norden windet sich die schmale Landstraße durch terrassenförmig angelegte Haine voller Orangen- und Zitronenbäume hoch bis **Fornalutx**. Der hübsche Ort besteht aus markanten Häusern mit grünen Fensterläden, bunten Blumenkästen und gepflegten Gärten. Viele Gebäude sind inzwischen im Besitz von Einwanderern.

Das **Fornalutx Petit Hotel** (☎971 631 997; www.fornalutxpetithotel.com; Carrer de l'Alba 22; EZ 89–123 €, DZ 161,50–184 €; ⊙Mitte Feb.–Mitte Nov.; ❄@📶🏊), ein geschmackvoll umgebautes ehemaliges Kloster hinter dem Hauptplatz, dient zugleich als eine Art Kunstgalerie. Jedes der acht Zimmer trägt den Namen eines zeitgenössischen mallorquinischen Malers und man kann die an den Wänden hängenden Gemälde kaufen.

Im **Ca'n Reus** (☎971 631 174; www.canreushotel.com; Carrer de l'Alba 26; EZ 100 €, DZ 120–150 €, Suite 170 €; P❄@📶🏊) fühlen sich Romantiker wohl. Die Landvilla unter britischer Leitung wurde von einem gewissen Herrn Reus errichtet, der durch den Orangenhandel mit Frankeich Reichtum erlangte. Die Zimmer sind unterschiedlich eingerichtet, bieten aber alle nette Ausblicke und überzeugen mit dezenten antiken Möbeln, freigelegtem Mauerwerk sowie jeder Menge Licht. Kinder unter fünf Jahren sind nicht willkommen.

SA CALOBRA

Die 12 km lange Straße von der Ma10 zum kleinen Hafen von Sa Calobra ist spektakulär. Sie wurde durch bizarre Felsformationen gehauen und schlängelt sich durch schmale Grate in einer endlos scheinenden Folge von Haarnadelkurven zum Meer hinunter. Leider ist man in Sa Calobra jedoch nie allein, denn Reisebusarmeen und Ausflugsbootflotten spucken eine Touristenkompanie nach der anderen aus. Durch einen Felstunnel führt ein kurzer Pfad zu einer kleinen Bucht mit ein paar tollen, aber meist überfüllten Badestellen. Flussaufwärts geht's zu einer abenteuerlichen Schlucht, dem **Torrent de Pareis**.

Boote starten von Port de Sóller zu aufregenden Touren unter die Klippen von Sa Calobra; einige passieren die Cala Tuent.

MONESTIR DE LLUC

Einer Legende zufolge entdeckten irgendwann im 13. Jh. ein Schafhirte und ein Mönch an einem Bach eine kleine Statue der Heiligen Jungfrau und brachten sie in die Kirche ihrer Gemeinde. Am nächsten Tag war die Figur verschwunden und lag wieder am Ufer des Bachs. Dies geschah noch zweimal, bis die Dorfbewohner die Botschaft verstanden hatten und eine Kapelle errichteten, um der Statue an ihrem Fundort Schutz zu bieten.

Kurz darauf wurde hier noch ein Kloster, das **Monestir de Lluc** (☎971 871 525; www.lluc.net; Plaça dels Peregrins; Kloster & Garten Eintritt frei, Museum 4 €; ⊙8.30–20 Uhr, Museum 10–13.30 & 14.30–17 Uhr, Garten 10–13 & 15–18 Uhr) gebaut. Seither kommen jedes Jahr Tausende Pilger her, um die Schwarze Madonna von LLuc, auch *La Moreneta* (Die Kleine Schwarze) genannt, zu verehren. Mit ein wenig Glück hört man *Els Blauets,* den berühmten, bereits vor 500 Jahren gründeten Knabenchor, singen. Der Name wurde von der Farbe der Mönchskutten abgeleitet.

Das heutige Klostergebäude, ein riesiger, karger Komplex, stammt aus dem 18. Jh. Vom Innenhof aus gelangt man in die **Basílica de la Mare de Déu**; die Figur der Muttergottes steht im Chorumgang hinter dem Hauptaltar. Außerdem befindet sich hier ein **Museum** mit einigen Ausgrabungsfunden und einer bescheidenen Kunstsammlung.

POLLENÇA

17 260 EW.

Mit seiner hübschen Altstadt sowie dem leichten Zugang zum Strand und zu den Bergen ist das von der Sonne verwöhnte Pollença eine exzellente Ausgangsbasis in dieser Ecke Mallorcas. Besucher können die 365 Stufen vom Ort hoch zur Kapelle auf dem **Calvari** (Kalvarienberg) erklimmen

ABSTECHER

RUTA DE PEDRA EN SEC

Wanderer können die Strecke von Port d'Andratx nach Pollença über die Serra de Tramuntana innerhalb von einer Woche bewältigen. Die meiste Zeit folgt man gepflasterten alten Maultierpfaden des 271 km langen Fernwanderwegs GR221 alias **Ruta de Pedra en Sec** (Route der Trockenen Steine). Aktuell sind etwa 162 km der Route fertiggestellt. Der Begriff „trockener Stein" bezieht sich auf eine uralte Bautechnik auf der Insel. Landwirtschaftliche Terrassen, Häuser, Mauern und andere Bauwerke aus Stein ohne Mörtel prägen die Berglandschaft. Eines Tages soll der Weg aus acht Etappen mit *refugi* (Berghütte) an den jeweiligen Enden bestehen. Die bisherige Strecke ist in der Broschüre *GR221: Mallorca's Dry Stone Way* von Charles Davis detailliert beschrieben. Infos gibt's außerdem unter www.conselldemallorca.net/mediambient/pedra.

und dort einen herrlichen Blick genießen. Zum Relaxen laden die Cafés und Restaurants auf der Plaça Major ein, die mit breiten Terrassen aufwarten.

Wer am 2. August in der Stadt ist und eine Horde wilder Freibeuter an Land stürmen sieht, muss sich keine Sorgen machen, denn Pollença feiert an diesem Tag mit dem **Festes de la Patrona** (Patronatsfest) die Vertreibung der maurischen Eroberer im Jahr 1550.

Eine 1,5 km lange Straße, die man am besten zu Fuß bewältigt, führt südlich des Ortes hinauf zum ehemaligen Kloster **Santuari de la Mare de Déu des Puig** (☎971 184 132; pro Pers. 22 €), das eine großartige Aussicht bietet. Die früheren Mönchszellen werden an Übernachtungsgäste vermietet und sind erwartungsgemäß einfach.

Als beste Unterkunft der Stadt gilt das **Hotel Desbrull** (☎971 535 055; www.desbrull.com; Carrer del Marqués Desbrull 7; EZ/DZ inkl. Frühstück ab 80/90 €; ❄📶) mit sechs originellen, aber kleinen Doppelzimmern in einem modernisierten Steinhaus. In den Räumen und Bädern dominiert ein weißes Dekor, wobei kräftige Farbtupfer für Kontraste sorgen. Geleitet wird das Hotel von einem freundlichen Schwester-Bruder-Duo.

Das **La Font del Gall** (☎971 530 396; lafontdelgall@hotmail.com; Carrer del Monti-Sion 4; menú del día 14,50 €, Hauptgerichte 8–15 €; ⏲März–Okt. So–Fr 11.30–15 & 18.30–22 Uhr) unter schottischer Führung kredenzt frische, moderne Küche. Unser Favorit ist der knusprige, langsam geröstete Schweinebauch.

CALA SANT VICENÇ

Vier Traumbuchten am kristallfarbenen Meer bilden die großartige Kulisse für diesen ruhigen Ferienort. Cala Sant Vicenç ist angenehm beschaulich und außerhalb der Hauptsaison kommen fast keine Besucher.

Etwas zurückgesetzt von der Straße liegt zwischen Cala Molins und Cala Carbo das **Hostal los Pinos** (☎971 531 210; www.hostal-lospinos.com; Urbanització Can Botana; EZ inkl. Frühstück 42–46 €, DZ inkl. Frühstück 74–88 €; ⏲Mai–Mitte Okt.; P❄🏊) an einem grünen Hang. Die Superior-Doppelzimmer in den zwei weißen Villen bieten teilweise einen Blick aufs Meer und haben einen getrennten Schlaf- und Wohnbereich sowie Balkone. Hier geht's sehr entspannt zu und bis zum Strand sind es nur wenige Gehminuten.

CAP DE FORMENTOR

Eine prächtige Straße führt von Port de Pollença hinaus auf das felsige Cap de Formentor. Nach 3 km erreicht man den **Mirador de Sa Creueta** (232 m) mit einer spektakulären Aussicht und auf halber Strecke stößt man auf das historische **Hotel Formentor** – ein echtes Schmuckstück aus der Zeit vor dem Zweiten Weltkrieg – sowie die schattige **Platja de Formentor** (alias Platja del Pi). Von dort aus sind es noch 11 km bis zum Leuchtturm am Kap, Mallorcas nördlichstem Punkt. Ein paar Kilometer vorher verlaufen zwei Wege von einem unbefestigten Parkplatz hinunter zu den großartigen Stränden der kargeren, wilderen **Cala Figuera** an der Nordseite und der **Cala Murta** an der Südseite. Zur Letzteren gelangt man nach einem 20-minütigen Fußmarsch durch die Pinienwälder. Beide Buchten haben keinerlei touristische Infrastruktur, aber wunderbar blaues Wasser.

Badia d'Alcúdia

Die langen breiten Strände dieser riesigen Bucht säumen die Nordostküste und erstrecken sich in einem weiten Bogen von Port d'Alcúdia bis Ca'n Picafort

ALCÚDIA

19 100 EW.

Zwischen der Badia de Pollença und der Badia d'Alcúdia liegt die hübsche befestigte

Altstadt von Alcúdia mit der früheren römischen Siedlung **Pollentia** (☎971 897 102; Avinguda dels Prínceps d'Espanya; Erw./Student & Senior inkl. Museum 3/2 €; ⏲Mai–Sept. Di–Sa 9.30–20.30, So 10–15 Uhr, Okt.–April Di–Fr 10–15.30, Sa & So 10–13.30 Uhr). Diese erstreckt sich direkt vor der weitgehend nachgebauten **mittelalterlichen Mauer** und beherbergt u.a. ein kleines römisches Theater.

Das **Cas Ferrer Nou Hotel** (☎971 89 75 42; www.nouhotelet.com; Calle Pou Nou 1; EZ/DZ inkl. Frühstück 95/125 €; ❄📶), eine großartige Boutique-Unterkunft in einem hübschen alten Stadthaus, verfügt insgesamt über sechs Zimmer. Hier erwarten einen große, dicke Kissen, frische Bettlaken, auf denen zart duftende Rosenblätter verteilt werden, freigelegtes Mauerwerk und Flachbildfernseher samt DVD-Player und einer breiten Filmauswahl. Ein nettes Extra ist die Flasche Wein. Draußen locken ein sonniger zentraler Hof und hübsche Bougainvilleen an den Wänden.

Die günstige und komfortable **Fonda Llabres** (☎971 545 000; www.fondallabres.com; Plaça de sa Constitució 6; DZ 45–55 €, EZ/DZ ohne Bad 35/45 €; ❄) nimmt zwei Gebäude (darunter das ehemalige Fernsprechamt) mitten im Ort ein.

Bus 351 verkehrt stündlich von Palma (4,60 €, 1 Std.) nach Alcúdia.

PORT D'ALCÚDIA

Ein malerischer Sandstrand erstreckt sich sichelförmig südlich des großen Hafens, wo täglich Bootsausflüge zu Zielen wie der Platja de Formentor angeboten werden. Das nahe gelegene **Cap des Pinar**, eine Halbinsel, lädt zum Radfahren und Wandern ein.

Ornithologen sollten sich den **Parc Natural de S'Albufera**, ein geschütztes Feuchtgebiet gleich südlich von Port d'Alcúdia, nicht entgehen lassen, denn hier tummeln sich mehr als 300 Vogelarten. Von der Ma12 aus verläuft ein 1 km langer Fußweg am Kanal entlang zum Besucherzentrum. Von dort aus kann man ausgeschilderten Routen von einer Länge zwischen 750 m und 11,5 km folgen, die zu Aussichtsplattformen führen. Vorher muss man im Zentrum allerdings eine (kostenlose) Besuchergenehmigung besorgen.

Das gepflegte, freundliche **Hostal Vista Alegre** (☎971 547 347; www.hvista-alegre.com; Passeig Marítim 10; EZ 30 €, DZ 40–50 €; ❄@) am Meer bietet helle, luftige Zimmer mit sehr gutem Preis-Leistungs-Verhältnis. Die Klimaanlage kostet 3 € extra.

Ostküste

Viele Strände an Mallorcas Ostküste sind dem Wüten des Massentourismus zum Opfer gefallen. Hier stößt man auf zahlreiche Betonwüsten, die den schlimmsten Exzessen an der Costa del Sol auf dem spanischen Festland in nichts nachstehen. Weiter südlich ist die Küste zerklüfteter und die vielen kleinen Buchten und Häfen bewahren diesen Landstrich vor dem Schicksal der nördlichen Nachbarn.

ARTÀ

7400 EW.

Über das charmante Örtchen im Landesinneren wachen auf einer Anhöhe eine Burg aus dem 14. Jh. und das **Santuari de Sant Salvador** (Via Crucis; ⏲April–Okt. 8–20 Uhr, Nov.–März 8–18 Uhr). Von dort oben genießt man einen schönen Panoramablick über die Dächer, die Landschaft und das Meer. Der sorgfältig restaurierte, 4000 m² umfassende Gebäudekomplex weist mit seinen Steintürmchen und den meterdicken Mauern alle Eigenschaften einer mittelalterlichen Festung auf.

An der Küste, etwa 11 km südöstlich von Artà an der Grenze zur Ma4042, liegen tief in den Felsen die **Coves d'Artà** (☎971 841 293; www.cuevasdearta.com; Erw./Kind 11 €/frei; ⏲10–18 Uhr). Die Höhlen konkurrieren mit Porto Cristos Coves del Drac, locken aber weniger Besucher an. Alle halbe Stunde startet eine Führung.

Das **Hotel Casal d'Artà** (☎971 829 163; www.casaldarta.de; Carrer de Rafael Blanes 19; EZ inkl. Frühstück 55–69 €, DZ inkl. Frühstück 91 €; ❄📶) ist in einer wunderschönen alten Villa im Herzen der Stadt untergebracht. Seine Wände sind mit Fotografien und Gemälden gepflastert, die von Motiven aus dem Spanischen Bürgerkrieg über Pop Art bis hin zu ernsten Porträtbildern reichen. An der Bar neben der Rezeption kann man sich auf Vertrauensbasis selbst bedienen und das Geld einfach in das Sparschwein stecken. Am besten lässt man sich Zimmer 4 oder 8 geben: Beide haben fantastische Bäder in einem kleinen, prachtvollen Erker.

Mit einem attraktiven Mix aus Alt und Neu und frischer Marktküche zieht die stilvolle **Bar Parisien** (☎971 835 440; cafeparisien@hotmail.com; Carrer de la Ciutat 18; Hauptgerichte 11–19 €; ⏲Mo–Sa 10–24 Uhr) ein kultiviertes Publikum an. Weiße Korbsessel und moderne Kunst an den Wänden verleihen dem Restaurant ein lässig-elegantes Flair, außerdem schmeckt das Essen hervorragend. Wir empfehlen *cordero con ciruelas* (Lamm mit Pflaumen), *tumbet* (mallorquinisches Ratatouille) und den Fisch in der Auslage am Eingang.

PORTOCOLOM

Bisher konnte dieser ruhige Hafenort dem Ansturm der Touristenmassen mit Würde trotzen. Wenige Kilometer entfernt erstrecken sich malerische Strände, z. B. in der unberührten Bucht **Cala Marçal**.

Das direkt am Meer gelegene **Hostal Porto Colom** (☎971 825 323; www.hostalportocolom.com; Carrer d'en Cristòfol Colom 5; EZ/DZ inkl. Frühstück 63/96 €; ❄) hat freundlich und farbenfroh eingerichtete luftige Zimmer mit großen Betten. Unten gibt's ein cooles Restaurant und eine Loungebar.

Die Busse 490 und 491 verkehren von Portocolom nach Felanitx und Palma (5,50 €, 8-mal tgl., 1¾ Std.).

VON CALA D'OR BIS CALA MONDRAGÓ

Heutzutage ist das einstmals schöne alte Fischerdorf Cala d'Or ein aufgeblasenes Urlaubsresort. Im geschniegelten Jachthafen ankern Boote, denen man ihren Preis ansieht, und die Hügel der Umgebung sind voller weiß getünchter Villen.

Gleich südlich davon schließt sich das kleinere, ruhigere **Portopetro** (eigentlich sind die beiden Orte längst zusammengewachsen) mit seiner kleinen Bucht voller Boote, Wohnsiedlungen, Hafenbars und -restaurants sowie ein paar Sandstreifen an.

Zwei weitere Kilometer südlich erstrecken sich die drei spektakulären Strände der **Cala Mondragó**, die schon für sich allein einen Mallorca-Besuch lohnen. Am Hauptstrand gibt's das ein oder andere Hotel, ein paar Strandhütten und Liegestühle, an den anderen nur strahlend weißen Sand. Das ganze Gebiet ist geschützt und Besucher, die nicht in einer der Unterkünfte übernachten, müssen ihr Auto auf dem Parkplatz über den Stränden abstellen und den restlichen Weg zu Fuß zurücklegen.

Das ruhige **Hotel Playa Mondragó** (☎971 657 752; www.playamondrago.com; Cala Mondragó; EZ/DZ inkl. Frühstück ab 47/84 €; ⏲Ostern–Okt.; P❄📶🏊) befindet sich kaum 50 m hinter dem am leichtesten zugänglichen Sandstreifen und verfügt über einen Pool, dessen Existenzberechtigung angesichts des tiefblauen Meers mehr als zweifelhaft ist. Die besseren Zimmer warten mit Balkonen und einem schönen Meerblick auf.

CALA FIGUERA

Hier sieht man noch echte Fischer bei der Arbeit: Vor Tagesanbruch segeln sie mit ihren Booten die schmale, gewundene Bucht hinaus, während die (vor allem deutschen) Touristen noch ihren Rausch ausschlafen. Wahrscheinlich ist der Ort nur deshalb so authentisch, weil man mit dem Auto ein paar Kilometer Richtung Südwesten bis zum nächsten Strand in der hübschen **Cala Santanyí** zurücklegen muss.

Noch netter ist es an der **Cala Llombards**, die man von der Cala Santanyí in etwa 30 Minuten zu Fuß erreicht (über eine scheinbar nicht enden wollende Treppe). Autofahrer gelangen hierher, indem sie der Beschilderung nach Llombards folgen und sich dann Richtung Cala Llombards halten.

An einem Felsvorsprung am Rand des Resorts bietet die hübsche Zweisternebleibe **Hotel Villa Sirena** (☎971 645 303; www.hotelvillasirena.com; Carrer de la Verge del Carme 37; EZ/DZ 61/80 €, 2-Pers.-Apt. 83 €, 4-Pers.-Apt. 132 €; ⏲Hotel April–Okt., Apt. ganzjährig; ❄🏊) einen großartigen Meerblick. Die Zimmer sind nichts Besonderes, doch das machen Extras wie eine luftige Terrasse an der Küstenseite wieder wett. Wer einen längeren Aufenthalt plant, kann eines der Apartments mit fairen Preisen auf der anderen Straßenseite mieten.

Bus 502 fährt zweimal täglich von Palma (6,50 €, 1¾ Std.) über Colònia de Sant Jordi hierher.

MENORCA

Menorca (92 000 Ew.) ist die am wenigsten überlaufene und ruhigste Insel der Balearen. 1993 erklärte die Unesco sie zum Biosphärenreservat, um ihre Natur, z. B. die Feuchtgebiete im Parc Natural S'Albufera d'es Grau, und die einzigartigen Ausgrabungsstätten zu erhalten.

Unberührte Strände, Buchten und Schluchten prägen die 216 km lange Küste. Kreuz und quer durch die Felder und grünen sanft gewellten Hügel des Inlands ziehen sich Steinmauern auf schätzungsweise 70 000 km Länge.

Manche Leute sagen, die Insel habe Franco zu verdanken, dass sie nicht vom Tourismus überrollt worden ist. Während nämlich Mallorca schon kurz nach Beginn des Bürgerkriegs zu den Nationalisten überlief, leistete Menorca Widerstand. Franco „belohnte" Mallorca später mit einem Freibrief für jedes Bauvorhaben und „bestrafte" Menorca, indem er diese Entwicklung verhinderte.

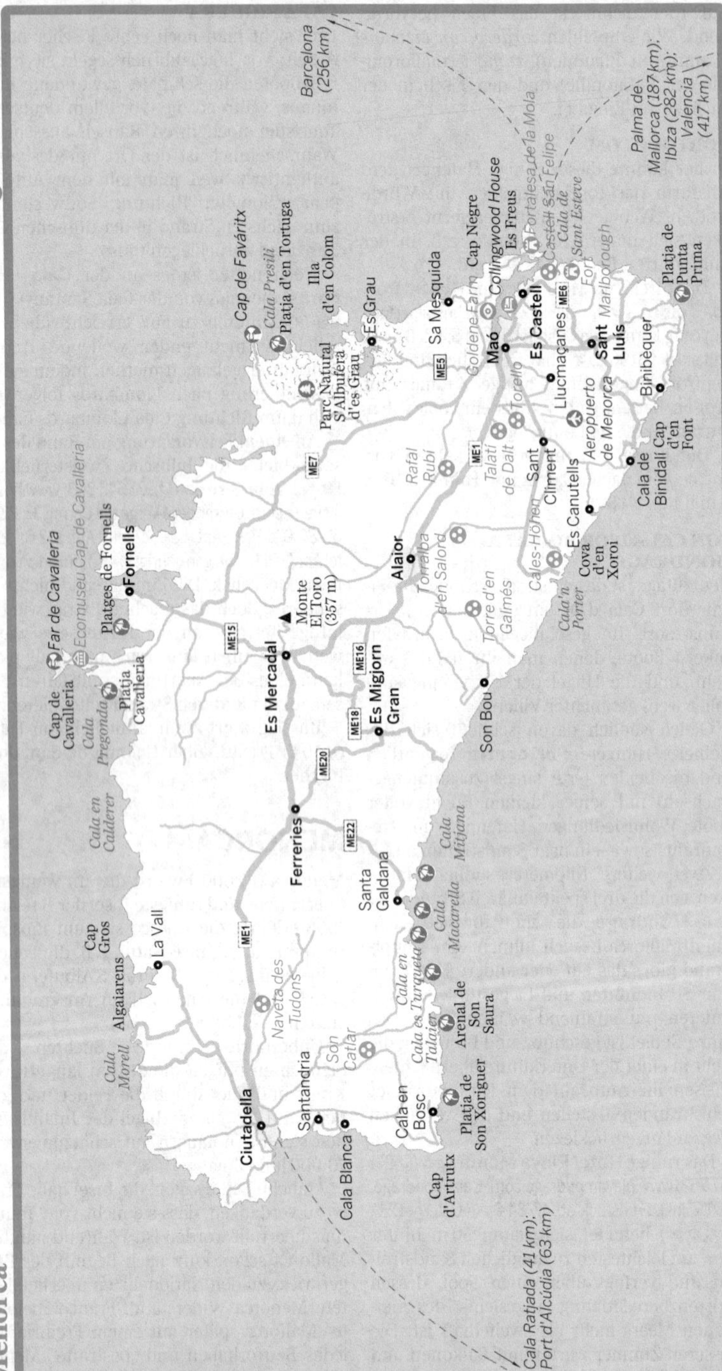
Menorca
0
5 km
Barcelona (256 km)
Palma de Mallorca (187 km); Ibiza (282 km); Valencia (417 km)
Cala Ratjada (41 km); Port d'Alcúdia (63 km)
Cap de Favàritx
Cala Presili
Platja d'en Tortuga
Illa d'en Colom
Parc Natural S'Albufera d'es Grau
Es Grau
Sa Mesquida
Cap Negre
Collingwood House
Goldene Farm
Es Freus
Fortalesa de la Mola
Castell San Felipe
Cala de Sant Esteve
Fort Marlborough
Maó
Es Castell
Llucmaçanes
Sant Lluís
Platja de Punta Prima
Binibèquer
Aeropuerto de Menorca
Sant Climent
Torelló
Talatí de Dalt
Rafal Rubí
Cala de Binidalí
Cap d'en Font
Es Canutells
Cales-Höhlen
Cova d'en Xoroi
Cala'n Porter
Torralba d'en Salord
Torre d'en Galmés
Alaior
Son Bou
Cap de Cavalleria
Far de Cavalleria
Ecomuseu Cap de Cavalleria
Platges de Fornells
Fornells
Platja Cavalleria
Cala Pregonda
Cala en Calderer
Monte El Toro (357 m)
Es Mercadal
Es Migjorn Gran
Ferreries
Cala Mitjana
Santa Galdana
Cala Macarella
Cala en Turqueta
Cala es Talaier
Arenal de Son Saura
Cap Gros
La Vall
Algaiarens
Cala Morell
Naveta des Tudons
Son Catlar
Santandria
Ciutadella
Cala Blanca
Cala en Bosc
Platja de Son Xoriguer
Cap d'Artrutx
ME1
ME5
ME6
ME7
ME15
ME16
ME18
ME20
ME22

Das Klima auf der zweitgrößten und nördlichsten Insel der Balearen ist feuchter und ein paar Grad kühler als auf den anderen Inseln. Vor allem außerhalb der Saison wird die „Insel des Windes" gnadenlos von der *tramuntana* aus dem Norden durchgeschüttelt.

Unterwegs vor Ort

AUTO & MOTORRAD Ein Kombi kostet etwa 35 bis 45 € pro Tag. Alle großen Mietunternehmen betreiben Schalter am Flughafen. In Maó empfehlen wir folgende Anbieter:

Autos Mahon Rent (☎971 36 56 66; www.autosmahonrent.com; Moll de Llevant 35–36) Motorräder (15 € pro Tag), Roller und Autos.

Autos Valls (☎971 59 45 91; www.autosvalls.com; Plaça d'Espanya 13)

BUS Von Maó aus erreicht man die meisten Orte der Insel, allerdings fahren die Busse nur selten und kommen im Schneckentempo voran.

VOM/ZUM FLUGHAFEN Bus 10 (1,80 €) verkehrt alle halbe Stunde zwischen dem Flughafen 7 km südwestlich von Maó und dem Busbahnhof der Inselhauptstadt. Ein Taxi kostet ca. 15 €.

Maó

29 250 EW.

Die Briten sind bisher viermal in Menorca einmarschiert – wenn man den kleinen Feldzug mitrechnet, der 1953 mit dem ersten Charterflug aus London begann – und haben Maó (auf Spanisch „Mahón") so ihren Stempel aufgedrückt. 1713 machten sie den Ort zur Hauptstadt, und noch heute erkennt man den Einfluss, den ihre fast 100-jährige Anwesenheit hatte (die Insel gehörte ab 1802 wieder zu Spanien), in den Bauten, den Traditionen und der Kultur wieder. Nach wie vor kommen die meisten Besucher aus Großbritannien.

Maós 5 km langer Hafen ist nach Pearl Harbour der zweitgrößte natürliche Hafen der Welt. Seine strategisch geschützte Lage an der Kreuzung der Seewege über das Mittelmeer führte dazu, dass er immer wieder von den Spaniern, Franzosen und Engländern besetzt wurde. Der Ort thront auf den Klippen am Südufer des Hafens. Einige ältere Gebäude sind zwar noch erhalten, aber viele Häuser weisen den zurückhaltenden georgianischen Stil des 18. Jhs. mit typischen englischen Schiebefenstern auf.

Sehenswertes & Aktivitäten

Maós große Plaça de s'Esplanada wurde von den Briten als Paradeplatz angelegt.

INFOS IM INTERNET

» **www.menorca.es** Offizielle Website der Touristeninformation.

» **www.visitmenorca.com** Internetauftritt des Hotelverbands.

» **www.menorcamonumental.net** Informiert über Sehenswürdigkeiten und historische Stätten.

» **www.tmsa.es** (auf Englisch und Spanisch) Busfahrpläne.

Die engen Gassen im Osten sind die ältesten Straßen der Stadt und der **Arc de Sant Roc** (Carrer de Sant Roc, Altstadt), ein Torbogen aus dem 16. Jh., ist der einzige Überrest der mittelalterlichen Mauer.

Weiter im Osten erhebt sich die ursprünglich 1287 errichtete und im 18. Jh. neu gebaute **Església de Santa Maria la Major** (Plaça de la Constitució). Sie beherbergt eine riesige Orgel aus Barcelona, die 1810 mit dem Schiff auf die Insel gebracht wurde. Am Nordende der Plaça de la Constitució liegt das neoklassizistische **ajuntament** (Rathaus) mit der zentralen **Touristeninformation**.

Plaça d'Espanya — PLATZ

Direkt oberhalb der Plaça d'Espanya erstreckt sich der **Mercat Claustre del Carme** (Plaça d'Espanya; ⌚Mo–Sa) mit einigen Kreuzgängen, die fantasievoll in die Markthalle und das Einkaufszentrum integriert wurde. Im Obergeschoss locken wechselnde Kunstausstellungen und das **Museu Hernández Sanz Hernández Mora** (☎971 35 05 97; Eintritt frei; ⌚Mo–Sa 10–13 Uhr), das sich menorquinischen Themen widmet und Kunstwerke, Landkarten sowie dekorative Gegenstände aus dem 18. Jh. zeigt. Auf dem Platz selbst kann man dem streng riechenden **Fischmarkt** (⌚Di–Sa 8–13 Uhr) in einem olivgrünen Holzgebäude einen Besuch abstatten.

Museu de Menorca — MUSEUM

(Plaça de Sant Francesc; Erw./Kind 2,40 €/frei; ⌚Di–Sa 10–14 & 18–20.30, So 10–14 Uhr) Das einstige Franziskanerkloster aus dem 15. Jh. wurde bereits als Marineschule, öffentliche Bibliothek, Oberschule und Kinderheim genutzt. Seine gut auf Katalanisch, Spanisch und Englisch präsentierte Sammlung umfasst die Frühgeschichte der Insel sowie die römische, byzantinische und muslimische Epoche. Auch aus späteren Zeiten sind Gemälde, einige faszinierende frühe Karten und anderes zu sehen.

Maó

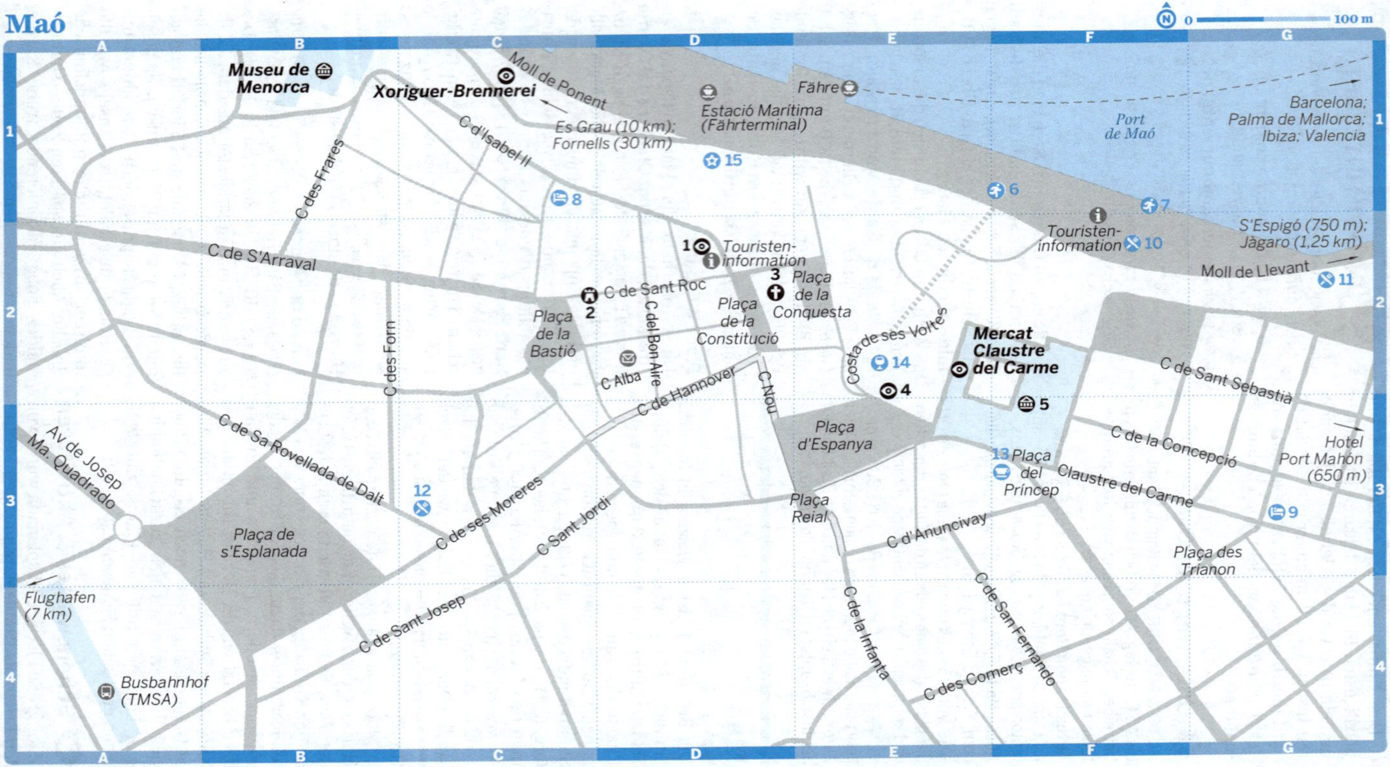
0
100 m
Museu de Menorca
Xoriguer-Brennerei
Moll de Ponent
Es Grau (10 km);
Fornells (30 km)
Estació Marítima
(Fährterminal)
Fähre
Port de Maó
Barcelona;
Palma de Mallorca;
Ibiza; Valencia
C d'Isabel II
C des Frares
15
8
6
7
Touristen-information
10
S'Espigó (750 m);
Jàgaro (1,25 km)
Moll de Llevant
11
C de S'Arraval
1
Touristen-information
3
Plaça de la Conquesta
C de Sant Roc
2
Plaça de la Bastió
Plaça de la Constitució
C del Bon Aire
C des Forn
C Alba
C de Hannover
C Nou
Costa de ses Voltes
14
4
Mercat Claustre del Carme
5
C de Sant Sebastià
C de la Concepció
Hotel
Port Mahón
(650 m)
Plaça d'Espanya
13 Plaça del Príncep
Claustre del Carme
9
Plaça Reial
C d'Anuncivay
Plaça des Trianon
C de Sa Rovellada de Dalt
Av de Josep Ma. Quadrado
12
C de ses Moreres
C Sant Jordi
Plaça de s'Esplanada
Flughafen
(7 km)
C de Sant Josep
C de la Infanta
C de San Fernando
C des Comerç
Busbahnhof
(TMSA)

Maó

Highlights

Mercat Claustre del Carme E2
Museu de Menorca B1
Xoriguer-Brennerei C1

Sehenswertes

1 Ajuntament D2
2 Arc de Sant Roc C2
3 Església de Santa Maria la Major D2
4 Fischmarkt E2
5 Museu Hernández Sanz Hernández Mora F3

Aktivitäten, Kurse & Touren

6 Ticketschalter für Bootstouren F1
7 Bootstouren F1

Schlafen

8 Casa Alberti C1
9 Hostal-Residencia La Isla G3

Essen

10 El Varadero F2
11 La Minerva G2
12 Ses Forquilles C3

Ausgehen

13 Ars Café F3
14 Mirador Café E2

Unterhaltung

15 Akelarre D1

GRATIS **Xoriguer-Brennerei** SCHNAPSBRENNEREI

(www.xoriguer.es; Moll de Ponent 93; Mo–Fr 8–19, Sa 9–13 Uhr) In dem Vorführungsraum der Brennerei kann man aromantischen Gin probieren und kaufen. Von den zur Wahl stehenden Likören sollte man folgende Sorten kosten: den Hierbas de Menorca auf Kamillebasis, den bitter nach Enzian schmeckenden Palo und den Calent, der mit Zimt versetzt ist und traditionell heiß genossen wird.

Hafenrundfahrten BOOTSTOUREN

Mehrere Unternehmen bieten einstündige Ausflüge mit **Glasbodenbooten** (Erw./Kind 11/5 €) durch den Hafen an. Der Blick unter die Wasseroberfläche ist zwar interessant, doch die fantastische Aussicht zum Ufer macht ihm starke Konkurrenz.

Strände STRAND

Zu den schönsten Stränden nahe der Inselhauptstadt zählen **Es Grau** 10 km nördlich und die **Platja de Punta Prima** 8 km südlich. Von Maó fahren mehrere Busse dorthin.

Schlafen

Geschichtsfans sollten im Collingwood House (s. Kasten S. 666) übernachten. Dabei handelt es sich um die frühere Residenz des britischen Admirals Collingwood, der rechten Hand von Lord Nelson.

LP TIPP **Casa Alberti** HISTORISCHES HOTEL €€€

(☎971 35 42 10; www.casalberti.com; Carrer d'Isabel II 9; EZ/DZ inkl. Frühstück 130/160 €; Ostern–Okt.) Über die Haupttreppe der Villa aus dem 18. Jh. mit einem auffälligen schmiedeeisernen Geländer erreicht man die sechs großen Zimmer mit ihren weißen Wänden und Bettdecken. Die Räume sind traditionell möbliert, während die Bäder ein cooles modernes Design haben. Das kleine japanische Restaurant öffnet nur abends (Reservierung erforderlich). In der Nebensaison sinken die Preise erheblich.

Hostal-Residencia La Isla HOSTAL €

(☎971 36 64 92; www.hostal-laisla.com; Carrer de Santa Caterina 4; EZ/DZ inkl. Frühstück 35/60 €;) Dieses familiengeführte *hostal* bietet viel fürs Geld, denn die kleinen Zimmer haben alle Privatbäder und sind klimatisiert. Ihre Einrichtung ist zwar nichts Besonderes, aber die Besitzer sind freundlich und betreiben unten ein lebhaftes Bar-Restaurant, das auch zahlreiche Anwohner anzieht.

Hotel Port Mahón HOTEL €€€

(☎971 36 26 00; www.sethotels.com; Avinguda del Port de Maó; EZ/DZ ab 137/200 €;) Das ansprechende Viersternehotel im traditionellen Kolonialstil verfügt über 73 hübsche, individuell gestaltete Zimmer, einen Pool und einen schönen Garten samt großer Grünfläche. Von den Zimmern mit Balkonen genießt man einen tollen Hafenblick. Die saisonalen Preisunterschiede sind enorm.

Essen

In den meisten Fischrestaurants der Stadt wird gutes Essen serviert. Auch die Lokale am Wasser bei Cales Fonts, nur 3 km weiter in Es Castell, sind empfehlenswert.

LP TIPP **Jàgaro** FISCH & MEERESFRÜCHTE €€€

(☎971 36 23 90; Moll de Llevant 334; Menüs 14–46 €) In dem letzten der vielen Hafenrestaurants hat sogar schon royale Kundschaft gespeist, wie das Foto am Eingang vom Kronprinzen mit seiner Gattin beweist. Der Fisch wird mit dem hauseigenen Boot eingeholt, variiert je nach Tagesfang und könnte nicht frischer sein. Experimentierfreudige treffen mit *ortiga de mar* (Seeanemone) oder *morena mansa* (Seegurke) eine gute Wahl.

La Minerva FISCH & MEERESFRÜCHTE €€€
(☎971 35 19 95; www.restaurantelaminerva.com; Moll de Llevant 87; Hauptgerichte 10,50–42 €) Der klimatisierte Innenraum des Lokals ist stilvoll nach dem Motto „Meer" eingerichtet – ganz ohne billige Netzgirlanden. Romantiker speisen vermutlich am liebsten auf dem Steg. In der Bar wiederum lockt ein wirklich preisgünstiges Angebot mit fünf Tapas (10 €), die man aus einer ellenlangen Karte aussucht und mit passenden Weinen herunterspülen kann. Ein besonderes Schnäppchen ist auch das mittags und abends erhältliche *menú* für 20 €.

Ses Forquilles SPANISCH €€
(☎971 35 27 11; www.sesforquilles.com; Carrer de Sa Rovellada de Dalt 20; Tapas 2–7,50 €, Hauptgerichte 9–19,50 €; ⌚Mo & Do–Sa mittags & abends, Di & Mi nur mittags) Passend zum Namen des Restaurants weisen einem an der Tür vier Gabeln den Weg. Das Ses Forquilles wird von einem freundlichen, jungen Team geleitet. Zwischen den einladenden Wänden in dunklem Rot werden hier eine ständig wechselnde, saisonbedingte Auswahl an Fisch- und Fleischgerichten sowie kreative Tapas und *montaditos* (kleine belegte Baguettescheiben) serviert.

S'Espigó FISCH & MEERESFRÜCHTE €€€
(☎971 36 99 09; www.sespigo.com; Moll de Llevant 267; Hauptgerichte mit Fisch 21–28 €; ⌚Di–Sa mittags & abends, So mittags) Unter den vielen Restaurants, die Köstlichkeiten aus dem Meer rund um Menorca anbieten, sticht das S'Espigó heraus. Ein zügiger Hafenspaziergang zum Lokal macht Appetit auf die verschiedenen Gerichte mit fangfrischem Fisch.

El Varadero SPANISCH €€
(☎971 35 20 74; Moll de Llevant 4; Hauptgerichte 13–17 €; ⌚Ostern–Nov.) Von der Terrasse des Restaurants genießt man einen fantastischen Blick auf den Hafen. Diese Tatsache könnte manch eine Gaststätte glatt dazu verleiten, sich auf diesen Lorbeeren auszuruhen. Nicht so das Varadero. Es kredenzt verlockende Reisgerichte und einige erlesene Fleisch- und Fischspeisen. Für den kleinen Hunger reichen ein oder zwei Tapas zum Wein.

MAYONNAISE

Die Bewohner Menorcas behaupten, das Wort Mayonnaise erfunden zu haben, das sich von *salsa mahonesa* „Soße aus Mahón (Maó)" ableiten soll. Auch die Franzosen beanspruchen den Begriff für sich, doch die Insulaner argumentieren, er sei erst nach dem Sieg 1756 über die Briten von Truppen des Herzogs Richelieu auf das Festland gebracht worden. Ihre Erklärung klingt auf jeden Fall plausibel und wird von allen Anrainern des nördlichen Mittelmeers vertreten.

Ausgehen & Unterhaltung

Verglichen mit Mallorca und Ibiza ist das Nachtleben in Maó eher zurückhaltend. Direkt am Meer gibt's die meisten Bars und Clubs.

Mirador Café MUSIKBAR
(www.miradorcafe.com; Plaça d'Espanya 2; ⌚Mo–Sa 10–2 Uhr) In der kleinen beliebten Musikbar starren exotische Masken aus der Sammlung des Wirts auf die Gäste herab. Am besten sucht man sich draußen einen Platz, um beim Biertrinken den Hafenblick genießen zu können. Das Mirador Café liegt in einer kleinen Sackgasse am oberen Ende der Costa de ses Voltes.

Ars Café CAFÉ, RESTAURANT
(www.arscafe.info; Plaça del Príncep 12; Menüs 15 €, Hauptgerichte 7–12 €; ⌚Mo–Sa) Entspannter Schuppen mit einem künstlerischen und alternativen Flair. Überraschenderweise verfügt es über ultramoderne Toiletten mit großen Spiegeln auf ganzer Länge. Im Hauptraum herrscht die ausgelassenste Stimmung – außer freitags und samstags nach Mitternacht, denn da heizen einem DJs und Livemusik im Keller ein.

Akelarre JAZZ
(www.akelarrejazz.es; Moll de Ponent 41–43; ⌚15–4 Uhr) Die beste Wahl unter den verschiedenen Musik- und Cocktailbars gegenüber der Estación Marítimo. Bis in den frühen Morgen ertönen in dieser Kneipe, die schon durch ihr warmes Steingemäuer sehr einladend wirkt, Ambient und tanzbarer Jazz. Manchmal wird Livemusik gespielt.

Praktische Informationen

Es gibt in Maó mehrere Touristeninformationen. Die Filialen befinden sich direkt in der **Stadt**

GIN AUS MENORCA

Zwar gibt's keine schriftlichen Beweise, aber auf Menorca wurde bereits im 18. Jh. Gin destilliert, um den Durst der britischen und niederländischen Soldaten zu stillen. Man trinkt ihn entweder mit Tonic oder wie die Einheimischen. In dem Fall bestellt man *gin con limonada* (Gin mit Limonade), der hier auf der Insel auch *pomada* genannt wird. Wer einen starken Drink möchte, ordert *saliveta* („Speichelchen") und bekommt ein Gläschen puren Gin, garniert mit einer grünen Olive.

(☎971 36 37 90; Plaça de Sa Constitució 22; ⏲Mo–Fr 10–13.30 & 17.30–20.30, Sa 10–14 Uhr), am **Flughafen** (⏲Mo–Fr 8.30–21.30, Sa & So 8.30–16 Uhr) und am **Hafen** (Moll de Llevant 2; ⏲Mi–So 8–20.15, Mo & Di 8–14.45 Uhr). Von November bis April gelten stark verkürzte Öffnungszeiten.

Anreise & Unterwegs vor Ort

TMSA (www.tmsa.es) bietet Busverbindungen zwischen Maó und Ciutadella (4,75 €, 1¼ Std., mind. stündl.) mit Zwischenstopps in Alaior, Es Mercadal und Ferreries an. Darüber hinaus gibt's regelmäßige Fahrten zu den Stränden an der Südküste.

Autos Fornells (www.autosfornells.com) verkehrt fünfmal täglich zwischen Maó und Fornells (50 Min.).

Im Winter werden die Verbindungen entweder ganz eingestellt oder reduziert.

Das Landesinnere – Von Maó nach Ciutadella

Die Me1, Menorcas Hauptverbindungsstraße zwischen Maó und Ciutadella, verläuft von Osten nach Westen. Sie führt u. a. durch Alaior, Es Mercadal und Ferreries und hat zahlreiche Abzweigungen zu den Stränden und Badeorten.

An der Hauptstrecke sind viele archäologische Denkmäler ausgeschildert.

ES MERCADAL

Es Mercadal liegt an der Abzweigung von der Me1 nach Fornells Richtung Norden und gehört zu den ältesten Dörfern der Insel: Hier wird bereits seit 1300 ein Markt abgehalten.

Das **Restaurant N'Aguedet** (☎971 37 53 91; Carrer de Lepanto 30; Hauptgerichte 11–25,50 €) ist zu Recht stolz auf seine authentischen marokkanischen Gerichte, darunter zartes *lechón* (Spanferkel) und *conejo con cebolla y alcaparras* (Kaninchen mit Zwiebeln und Kapern).

FERRERIES

Ferreries ist für Käse, Schuhe und Lederwaren bekannt. Auf dem **Markt** (Plaça Espanya; ⏲Sa 9–13 Uhr) am Samstagmorgen werden Obst und Gemüse sowie traditionelles menorquinisches Kunsthandwerk verkauft und in der Hauptsaison auch Volkstänze aufgeführt. Die Abzweigung zum Urlaubsort **Santa Galdana** befindet sich westlich der Stadt.

Das schöne große, 200 Jahre alte weiß getünchte **Mesón El Gallo** (☎971 37 30 39; www.mesonelgallo.com; Hauptgerichte 9–21 €; ⏲Di–So, Feb.–April verkürzte Öffnungszeiten) und sein hübscher Garten lohnen einen Besuch. Auf der weinberankten Terrasse und im rustikalen Speiseraum mit Balken und Terrakottaboden kommen Fleischgerichte vom Grill auf den Tisch. Von Ferreries aus erreicht man das Restaurant an der Abzweigung Richtung Santa Galdana nach 1,5 km.

Ciutadella

29 150 EW.

Ciutadella wurde von den Karthagern gegründet und von den Mauren Medina Minurqa genannt. Nach der Invasion der Türken 1558 wurde es fast zerstört und im 17. Jh. größtenteils wiederaufgebaut. Bis die Briten im frühen 18. Jh. kamen, war Ciutadella die Hauptstadt Menorcas.

Der attraktive Ort mit dem Beinamen Vella i Bella (Alt und Schön) ist spürbar anders als Maó und wartet mit einer weitaus reizvolleren Altstadt sowie einem malerischen Hafen auf.

Sehenswertes

Das Stadtzentrum ist fast vollständig verkehrsberuhigt.

Plaça d'es Born PLATZ

Rund um den Hauptplatz liegen hübsche Häuser aus dem 19. Jh., darunter das **ajuntament** (Rathaus) und der **Palau Torresaura**. Der **Obelisk** in der Mitte erinnert an jene Bürger der Stadt, die bei dem Versuch, den Angriff der Türken am 9. Juli 1558 abzuwehren, ums Leben kamen. Den schönsten Blick zum Hafen und zu den erhaltenen Bollwerken genießt man oben vom **Bastió d'Es Governador** (⏲Mo–Fr 9–14 Uhr) hinter dem

Ciutadella

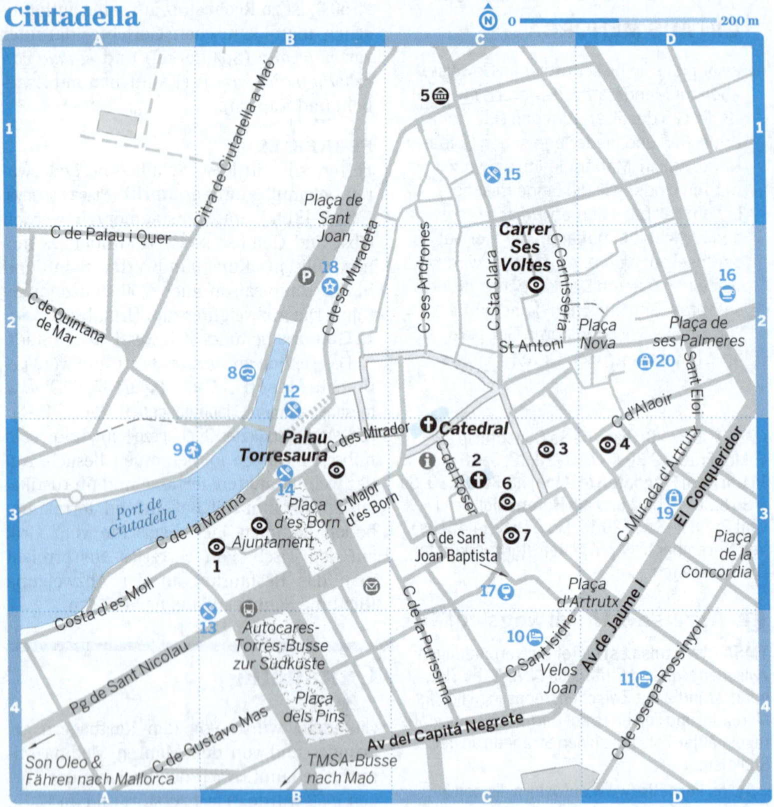

Ciutadella

Highlights

Carrer Ses Voltes C2
Catedral C3
Palau Torresaura B3

Sehenswertes

1 Bastió d'Es Governador B3
2 Església del Roser C3
3 Església dels Socors C3
4 Fischmarkt D3
Museu Diocesà .... (siehe 3)
5 Museu Municipal C1
6 Palau Martorell C3
7 Palau Saura C3

Aktivitäten, Kurse & Touren

8 Diving Centre Ciutadella B2
9 Menorca Blava A3

Schlafen

10 Hostal-Residencia Oasis C4
11 Hotel Gèminis D4

Essen

12 Café Balear B2
13 C'an Bep B4
14 Cas Cònsol B3
15 Cas Ferrer de sa Font C1

Ausgehen

16 Es Molí D2
17 La Margarete C3

Unterhaltung

18 Jazzbah B2

Shoppen

19 Ca Na Fayas D3
20 El Paladar D2

Rathaus. Ganz in der Nähe der ruhigeren Plaça dels Pins mit mehreren schattenspendenden Pinien befinden sich ein netter Kinderspielplatz und ein Trimm-dich-Pfad.

Altstadt HISTORISCHES STADTVIERTEL
In den engen Kopfsteinpflastergassen zwischen der Plaça d'es Born und der Plaça de ses Palmeres (Plaça d'Alfons III) gibt's eine Menge zu entdecken. Hier stehen einfache weiß getünchte Häuser neben prunkvollen Kirchen und eleganten Palästen. Hübsche Läden, Restaurants und Bars reihen sich unter den Arkarden des **Carrer ses Voltes** (Straße der Bogen) aneinander und der kleine **Fischmarkt** (Plaça de la Llibertat; ⌚Di–Sa 7–13 Uhr) ist in einem Modernismebauwerk aus dem Jahr 1895 zu finden.

Kathedrale & Kirchen SAKRALBAUTEN
Ciutadellas **Catedral** (☎971 38 07 39; Plaça de la Catedral; ⌚Mo–Sa 10.30–13.30 & 16–19 Uhr) hat eine barocke Fassade, wurde aber ursprünglich im 14. Jh. am früheren Standort der Hauptmoschee von Medina Minurqa im Stil der katalanischen Gotik errichtet.

In der Altstadt verteilen sich außerdem einige hübsche Barockkirchen aus dem 17. Jh. Die **Església del Roser** (Carrer del Roser) wird gelegentlich für Kunstausstellungen genutzt und die **Església dels Socors** (Carrer del Seminari 9) beherbergt das **Museu Diocesà** (Erw./Kind 3 €/frei; ⌚Mai–Okt. Di–Sa 10.30–13.30 Uhr), das zum Museu Municipal gehört und neben religiösen Ausstellungsstücken auch Weltliches zeigt. Die Öffnungszeiten können variieren.

Herrenhäuser PRACHTBAUTEN
Prächtige Gebäude wie der **Palau Martorell** (Carrer del Santíssim 7) und der **Palau Saura** (Carrer del Santíssim 2) beeindrucken schon allein mit ihren Fassaden und werden heute für Wechselausstellungen genutzt. Leider hat keines der beiden ein Schild.

Museu Municipal MUSEUM
(Bastió de sa Font; Erw./Kind 2,50 €/frei; ⌚Mai–Sept. Di–Sa 10–14 & 18–21 Uhr, Okt.–April nur morgens) In dem gewölbten Ausstellungsraum des Stadtmuseums sind einige talayotische, römische und islamische Funden aus der Region zu sehen. An der Kasse kann man nach Infomaterial für fremdsprachige Touristen fragen.

Castell de Sant Nicolau TURM
(Plaça del Almirante Ferragut) Am südlichen Ende der Hafeneinfahrt (westlich des Stadtzentrums) hält ein gedrungener Turm aus dem 17. Jh. Wache. Von hier bietet sich ein schöner Blick auf die Küste und über das Meer bis nach Mallorca.

Aktivitäten

Menorca Blava BOOTSTOUREN
(www.menorcablava.com; Erw./Kind 42/21 €) Menorca Blava bietet Bootstouren zu den Stränden der Südküste an, die von 10 bis 17 Uhr dauern und ein Mittagessen (Paella) umfassen.

Diving Centre Ciutadella TAUCHEN
(☎971 38 60 30; www.menorcatech.com; Plaça de Sant Joan 10; 48 € pro Tauchgang; ⌚Mai–Okt.) Die

ABSTECHER

PEDRERES DE S'HOSTAL

Wenn man hinunterschaut, wird einem in diesen riesigen, bis 1994 betriebenen **Steinbrüchen** (www.lithica.es; Camí Vell; Erw./Kind 4 €/frei; ⌚Mo–Sa 9.30–14.30 & 16.30–Sonnenuntergang, So 9.30–14.30 Uhr) vor den Stadttoren Ciutadellas wahrscheinlich ziemlich schwindelig. Der ausgebleichte *marés*, eine Sandsteinart, die hier und an anderen Stellen auf der Insel abgebaut wurde, war in der Geschichte Menorcas das Baumaterial Nummer eins. Über Jahrzehnte bohrten leistungsfähige Maschinen große hohle Würfel aus dem Gestein. Wegen der fantastischen Akustik werden in den tiefen Gruben manchmal Konzerte veranstaltet. In früheren Zeiten wurde der Fels mit menschlicher Muskelkraft abgebaut, was bizarre Formationen hinterließ. Mittlerweile hat die Freiwilligenvereinigung Lithica in dem von der Natur zurückeroberten Gelände einen **botanischen Garten** mit endemischen Pflanzenarten sowie einen hübschen mittelalterlichen Garten mit einem Brunnen in der Mitte angelegt.

Um die Steinbrüche zu erkunden, die sich in der Nähe der alten Straße nach Maó befinden, sollte man mindestens 45 Minuten einplanen. An der Ronda-Sur-Ringstraße fährt man zum Kreisverkehr Puerta del Mar mit der großen rechteckigen Skulptur. Von hier aus ist der Weg ausgeschildert.

BURGEN & HERRENHÄUSER

Die Briten besetzten Menorca vor allem wegen des riesigen natürlichen Hafens von Maó. Zu seinem Schutz und zu der Verteidigung des ebenfalls eroberten Castell San Filipe errichteten sie das **Fort Marlborough** (Erw./Kind 3/1,80 €; ⊙Ostern–Mitte Dez. Di–Sa 9.30–19, So 9.30–14.30 Uhr). Ein großer Teil des Bauwerks ist neben der hübschen smaragdfarbenen Bucht Cala de Sant Esteve (2,5 km hinter Es Castell alias Georgetown) in den Fels integriert worden. Ein kurzes Video veranschaulicht den historischen Hintergrund für den Spaziergang durch die Tunnel, die durch Figuren, Explosionen und gute Erklärungen vom Band (u. a. auf Englisch) zum Leben erweckt werden. Von der Anhöhe in der Mitte bietet sich ein schöner Blick auf die Cala de Sant Esteve, die Überreste des Castell San Felipe und den runden Torre d'en Penjat (Torre Stuart) im Süden.

Das **Castell San Felipe** (☎971 36 21 00; www.museomilitarmenorca.com; Erw./Kind 5 €/frei) auf der anderen Seite der Bucht aus dem 16. Jh. wurde unter britischer Herrschaft zu einer der größten Festungen Europas erweitert. Als die Spanier die Insel zurückeroberten, ließ Karl III. das Fort fast komplett zerstören. Die labyrinthartigen unterirdischen Tunnel blieben jedoch mehr oder weniger erhalten. Manchmal werden Führungen angeboten (meist ein- bis zweimal an Wochenenden); die aktuellen Zeiten erfährt man auf der Website. Abendliche **Fackeltouren** (Erw./Kind 20/10 €; ⊙Mitte Juni–Mitte Sept. 20.30–23 Uhr), bei denen sich Schauspieler als Soldaten verkleiden und der beißende Rauch von Schießpulver in der Luft liegt, führen in die Unterwelt der einst mächtigen Burg.

Wer noch tiefer in die Vergangenheit der Insel eindringen möchte, checkt am besten im **Collingwood House** (☎971 36 27 00; www.hoteldelalmirante.com; Hotel del Almirante; EZ/DZ inkl. Frühstück 85/110 €;) ein. Hier residierte einst Admiral Cuthbert Collingwood, ein Weggefährte Horatio Nelsons. In dem hübschen Hotel erinnert alles an die Seefahrt; zudem wartet es mit einem Pool, einer Terrasse, einer Bar und einem wunderschönen Blick über den Hafen auf. Dank der schweren Teppiche, der dunklen Holztüren und -möbel sowie der zahlreichen Bilder und Skizzen bedeutender Schiffe und Kapitäne wirkt das Haus wie ein kleines Museum. Wer hier übernachtet, sollte sich ein Zimmer im historischen Hauptbau geben lassen. Die Unterkunft befindet sich an der Hauptstraße auf halber Strecke zwischen Maó und Es Castell.

Im 19. Jh. befahl Königin Isabella II. den Bau einer neuen Festung. Die zwischen 1848 und 1875 errichtete **Fortalesa de la Mola** (www.fortalesalamola.com; Erw./Kind 7 €/frei, Audioguide 3 €; ⊙10–20 Uhr) thront auf dem gleichnamigen Kap am Nordufer der Bucht, mit dem Auto 12 km von Maó entfernt. Vor Ort kann man die Tunnel, Geschützstellungen und Kasernenbauten besichtigen. Die einzige Anreisemöglichkeit besteht mit dem Auto, es sei denn man ruft ein **Wassertaxi** (☎616 428891; hin & zurück pro Pers. 10 €, mindestens 2 Pers.), das an mehreren Stellen in Maó und Es Castell Passagiere aufnimmt. Die Fahrt lohnt schon allein wegen der hübschen Aussicht.

Auf dem Rückweg nach Maó sieht man ein rosafarbenes Schlösschen in einem Park, die **Goldene Farm** (Granja Dorada; ⊙nicht zu besichtigen). Angeblich hatten Nelson und seine Geliebte Lady Hamilton dort 1799 ein Stelldichein.

Tauchschule – eine von dreien in und um Ciutadella – liegt direkt am Hafen.

Schlafen

Hotel Sant Ignasi LANDHOTEL €€€

(☎971 38 55 75; www.santignasi.com; Carretera de Cala Morell; EZ/DZ inkl. Frühstück 180/285 €;) 3 km außerhalb von Ciutadella stößt man auf ein Herrenhaus aus dem 18. Jh., das zwischen Olivenbäumen alleine mitten auf weiter Flur steht. Jedes der 20 Zimmer ist individuell eingerichtet, außerdem gibt's hier ein hervorragendes Restaurant. In den Wintermonanten fallen die Preise um 50 %. Wer im Sant Ignasi übernachten möchte, nimmt von der Straße zur Cala Morell die mit „Hotel Rural" beschilderte schmale Abzweigung und folgt dem Weg 1,6 km.

Hotel Gèminis HOTEL €€

(☎971 38 46 44; www.hotelgeminismenorca.com; Carrer de Josepa Rossinyol 4; EZ inkl. Frühstück 31–56 €, DZ inkl. Frühstück 45–92 €; ⊙April–Mitte Okt.;) Vom Stadtzentrum ist das zweigeschossige, in Rosa und Weiß gehaltene Zweisternehotel in einer Nebenstraße leicht zu Fuß zu erreichen. Die Zimmer der einladenden, ansprechenden Bleibe sind bequem, wirken aber auch etwas neutral; einige haben große Balkone.

Hostal-Residencia Oasis PENSIÓN €
(☎971 38 21 97; www.hostaloasismenorca.es; Carrer de Sant Isidre 33; Zi. 34–64 €) Das ruhige Haus in der Nähe des Altstadtzentrums wird von einem netten älteren Pärchen geführt. Fast alle Zimmer verfügen über ein Privatbad und blicken auf einen großen Garten im Innenhof. Es würde nicht schaden, die in die Jahre gekommenen Möbel demnächst mal auszutauschen.

Essen

Im kleinen Hafen wimmelt es nur so von Restaurants und Cafés. Viele liegen direkt an der alten Stadtmauer oder am Küstenfelsen.

Cas Ferrer de sa Font MENORQUINISCH €€
(☎971 48 07 84; www.casferrer.com; Carrer del Portal de sa Font 16; Hauptgerichte 15–20 €; ⏲Di–So) Nirgendwo auf der Insel gibt's so authentische Gerichte wie hier. Fleisch und Gemüse stammen von der Biofarm des Besitzers. Entweder setzt man sich in den hübschen Innenhof des charmanten Gebäudes aus dem 18. Jh. oder speist drinnen unter Balken und dem Gewölbe der früheren Werkstatt eines Schmieds.

C'an Bep SPANISCH €€€
(☎971 48 78 15; www.canbep.com; Passeig Sant Nicolau 4; Menüs 15 €, Hauptgerichte 14–26 €; ⏲Mo–Sa) Gäste haben die Wahl zwischen der mit viel Marmor ausgestatteten Bar, wo sich die Einheimischen auf ein Schwätzchen treffen, und dem schicken Restaurant im hinteren Bereich. Wie die Hafenlokale weiter unten serviert das C'an Bep jede Menge frische Fischgerichte, darunter *cap roig* (Meeresskorpion), eine Spezialität der Balearen, die trotz des abschreckenden Namens sehr lecker ist.

Cas Cònsol TAPAS, MEDITERRAN €€
(☎971 48 46 54; Plaça des Born 17; Menüs 13,50 €, Hauptgerichte 13–18 €; ⏲Di–So) In einem imposanten Gebäude, das früher das französische Konsulat beherbergte, kombiniert das Cas Cònsol auf harmonische Weise Modern-Minimalistisches mit historischer Kulisse. Es wartet mit einer großen Auswahl an Tapas und kreativen Hauptgerichten wie Wachtel mit Apfelsoße und Rosinen auf. Von der kleinen Terrasse genießt man einen tollen Ausblick auf den Hafen.

Café Balear FISCH & MEERESFRÜCHTE €€€
(☎971 38 00 05; www.cafe-balear.com; Plaça de Sant Joan 15; Menüs 18,50 €, Mahlzeiten 30–35 €; ⏲Di–So) Manchmal ist das Altbewährte eben doch am besten. Abseits der städtischen Restaurantszene kredenzt dieses klassische Fischlokal am Hafen Garnelen, *navajas* (Schwertmuscheln) oder Fisch, der mit dem eigenen Boot des Balear eingeholt wird.

Ausgehen & Unterhaltung

Ciutadellas Nachtleben spielt sich am Wasser und rund um die Plaça de San Joan ab.

Es Molí CAFÉ, BAR
(Plaça de ses Palmeres) Diese Café-Bar befindet sich in einer alten *molí* (Windmühle) mit Bogen, Säulen und hellem Steinwerk. Wenn einen der Straßenverkehr nicht stört, kann man auf der Terrasse vorne Platz nehmen.

La Margarete BAR
(Carrer de Sant Joan Baptista 6; ⏲22–3.30 Uhr) In warmen Nächten setzen sich viele Gäste der stilvollen modernen Bar in einer Seitengasse auch gern auf den gut gepflegten Rasen.

Jazzbah LIVEMUSIK
(Plaça de San Joan 3; Eintritt 10 €; ⏲23–5 Uhr) Mit seinen Livekonzerten, unterhaltsamen Clubabenden und Chill-Out-Sessions ist das in die Klippenwand gebaute Jazzbah einen Besuch wert.

Shoppen

Die Stadt wartet mit zwei herrlichen Delikatessenläden auf.

El Paladar FEINKOST
(www.elpaladar.es; Camì de Maó) Hier locken Wein, Pâté und reifer Käse aus der Gegend sowie jede Menge Produkte vom Schwein – schließlich war der Besitzer bereits spanischer Meister im Schinkenschneiden.

Ca Na Fayas FEINKOST
(www.canafayas.es; Carrer Murada d'Artrutx 32 & Avinguda de Jaume I El Conqueridor 47) Ein weiteres hervorragendes Geschäft mit zwei Eingängen. Im Schaufenster liegen große Käseräder aus.

Praktische Informationen

Touristeninformation (☎971 38 26 93; Plaça de la Catedral 5; ⏲Mo–Fr 10–13.30 & 17.30–20.30, Sa 10–14 Uhr)

An- & Weiterreise

In Son Oleo südlich der Stadt legen Fähren nach Port d'Alcúdia und Cala Ratjada auf Mallorca ab.

ABSTECHER

MENORCAS GEHEIMNISSE DER VORZEIT

Bereits 2000 v. Chr. errichteten die Inselbewohner massive Bauwerke aus Stein. Einige der bedeutendsten Stätten sind kostenlos zugänglich. Im Winter ist ein Großteil der sonst gebührenpflichtigen Sehenswürdigkeiten unbeaufsichtigt und kann somit ebenfalls gratis besucht werden.

Die Monumente werden drei Epochen zugeordnet: dem Vor-Talayotikum (Jungsteinzeit) von 2000 bis 1300 v. Chr., dem Talayotikum (Bronzezeit) von 1300 bis 800 v. Chr. und der Eisenzeit von 800 bis etwa 100 v. Chr. Dementsprechend findet man hier drei Arten von Bauten: *navetas, talayots* und *taulas.*

Navetas sind große bearbeitete Felsen, die aussehen wie umgedrehte Schiffsrümpfe. Sie waren vermutlich Grabstätten oder Versammlungsorte, vielleicht aber auch beides. *Auf talayots,* große Steinhügel, stößt man fast überall auf den Balearen. Möglicherweise dienten sie als Wachttürme oder symbolisierten Macht über die Umgebung. *Taulas* gibt's nur auf Menorca: Dabei handelt es sich um riesige hufeisenförmige Heiligtümer mit Pfeilern in T-Form in ihrer Mitte, die eventuell als Opferaltäre dienten. Wie die riesigen Steine an Ort und Stelle kamen und was sie tatsächlich bedeuten, weiß allerdings niemand.

Südlich von Ciutadella (von der *ronda,* der Ringstraße, der Straße Richtung Cala Macarella folgen und nach 2,8 km rechts abbiegen) liegt **Son Catlar** (Eintritt frei; ⌚10 Uhr–Sonnenuntergang), die größte Stätte des Talayotikums auf den Balearen. Ihre fünf *talayots* und die Überreste der Behausungen bedecken eine Fläche von ca. 6 ha. Östlich von Ciutadella an der Me1, nahe dem Kilometer 40, erstreckt sich die **Naveta des Tudons** (Erw./Kind 2/1,20 €; ⌚Di–So 9–20, Mo 9.30–15 Uhr), eine steinerne Grabkammer, die um 1000 v. Chr. errichtet wurde.

Von Maó aus an der Me1 Richtung Ciutadella sind die nachfolgend genannten Stätten gut ausgeschildert.

3 km westlich von Maó in der Siedlung **Talatí de Dalt** (Erw./Kind 4 €/frei; ⌚10 Uhr–Sonnenuntergang) aus dem Talayotikum trennen Wurzeln wilder Olivenbäume die verwitterten Steine vom zentralen *talayot*. Die *taula* ist besonders gut erhalten.

4 km weiter nördlich gelangt man abseits der Straße zu Fuß durch die Felder zu zwei *navetas* der Grabstätte **Rafal Rubí**.

Nach weiteren 5 km geht's von der Me1 links ab nach **Torralba d'en Salord** (Erw./Kind 3,50 €/frei; ⌚Mo–Sa 10–20 Uhr), einer weiteren Siedlung aus dem Talayotikum mit einer beeindruckenden *taula*.

Wer nur eine Stätte aus dem Talayotikum besuchen will, sollte den **Torre d'en Galmés** (Erw./Kind 3/1,80 €; ⌚Di–Sa 9.30–20, So 9.30–15 Uhr, Mo freier Zugang) südwestlich von Alaior ansteuern. Nachdem man im kleinen Infozentrum des Turms eine lehrreiche zehnminütige Videopräsentation gesehen hat, kann man die Umgebung mit drei *talayots* auf einer Anhöhe, mehreren ringförmigen Wohnanlagen, tiefen unterirdischen Vorratskammern und einem ausgeklügelten Sammelsystem für Wasser erkunden.

Weiter im Süden an der Küste erstrecken sich die rund 90 **Cales-Höhlen**, die wohl für Bestattungsriten genutzt wurden. Die große **Cova d'en Xoroi** (☎971 37 72 36; www.covadenxoroi.com; Cala'n Porter; Erw./Kind 7,50/4 €; ⌚Juni–Sept. 11.30–22 Uhr) verwandelt sich abends in einen Club.

Busse von **TMSA** (www.tmsa.es) bedienen Ziele an der Küste südlich von Ciutadella bis nach Son Xoriguer. Sie starten an der Plaça dels Pins.

ℹ Unterwegs vor Ort

Autos Ciutadella (☎971 48 00 24; www.autosciutadella.com; Avinguda del Capità Negrete 49bis) Lokaler Autovermieter mit wettbewerbsfähigen Preisen.

Velos Joan (☎971 38 15 76; www.velosjoan.com; Carrer de Sant Isidre 30) Leihräder (10 € pro Tag).

Nordküste

Die felsige, zerklüftete Nordküste wartet mit mehreren malerischen Buchten auf. Sie ist weniger erschlossen als der Süden, doch wer einen eigenen fahrbaren Untersatz hat und einigermaßen gut zu Fuß ist, entdeckt einige der schönsten abgelegenen Strände der Balearen.

ES GRAU

Dieses weiß getünchte Dorf erstreckt sich an einer offenen Bucht. **Menorca en Kayak** (☎669 097977; www.menorcaenkayak.com; ⊙Ostern–Okt.) vermietet Kajaks bzw. Fahrräder, sodass man den Parc Natural S'Albufera d'es Grau vom Meer oder vom Land aus erkunden kann. Wegen des flachen Wassers zieht der Strand zahlreiche Familien an.

Die einfache **Bar Es Moll** (Carrer d'es Pescadors 17; Mahlzeiten 15–20 €; ⊙April–Okt.) mit Plastiktischen und -stühlen serviert Tapas sowie frische Sardinen, Muscheln und Garnelen. Sie liegt oberhalb des Stegs, wo die lokalen Fischer ihre Boote festmachen.

PARC NATURAL S'ALBUFERA D'ES GRAU

Landeinwärts von Es Grau erstreckt sich S'Albufera. Die größte Süßwasserlagune auf den Balearen ist durch eine Kette von hohen Sanddünen von der Küste getrennt und die Heimat vieler Wasser- und Sumpfvögel sowie ein wichtiger Zwischenstopp für Zugvögel. Gemeinsam mit dem Ufergebiet gilt die Lagune als „Kernzone" des Biosphärenreservats von Menorca und ist dadurch vor der drohenden Erschließung geschützt. Im **Informationsbüro** (⊙9–15 Uhr) des Parks 1 km abseits der Me5 nach Es Grau kann man ein Fernglas ausleihen. In einer vor Ort erhältlichen Broschüre (1 €) sind Wanderungen entlang zwei ausgeschilderter, leicht zu bewältigender Wege (ein dritter führt nach Es Grau) beschrieben, für die man jeweils eine Stunde einplanen sollte.

CAP DE FAVÀRITX

Wer die Fahrt zum schmalen, felsigen Kap am Nordende des Parks unternimmt, erlebt ein echtes Highlight. Die letzte Etappe führt durch eine Mondlandschaft aus schwarzem Fels. Dort, wo die Straße endet – das Schild *propriedad privada* (Privatbesitz) kann man getrost ignorieren, denn das Gebiet ist öffentlich zugänglich –, wacht ein **Leuchtturm** über das Meer. Südlich des Kaps erstrecken sich einige schöne abgelegene Buchten und Strände, darunter die **Cala Presili** und die **Platja d'en Tortuga**, die man beide nur zu Fuß erreicht.

CAP DE CAVALLERIA & UMGEBUNG

An einem Kreisverkehr 3 km südlich von Fornells geht's den Schildern nach zum Far de Cavalleria. Nach 7 km erreicht man einen Parkplatz, von wo ein Wanderpfad in etwa zehn Minuten zur kleinen, aber eindrucksvollen goldenen, zweifach sichelförmigen **Platja Cavalleria** führt.

Schautafeln und Videos des privaten **Ecomuseu Cap de Cavalleria** (www.ecomuseudecavalleria.com; Erw./Kind 3 €/frei; ⊙April–Okt. 10–19 oder 20.30 Uhr) 1 km nördlich des Parkplatzes informieren über die Nordküste, ihre Fauna, den Leuchtturm, frühere Bewohner und die Römerzeit. Am besten leiht man die Broschüre mit der englischen Übersetzung. Außerdem verfügt das Museum über eine mehrsprachige Karte, *Les 7 Rutes*, auf der die Insel detailliert dargestellt ist.

Eine andere spektakuläre Fahrt, etwa 2 km weiter nach Norden, endet am abrupt ins Meer abstürzenden felsigen Cap de Cavalleria. Hier befinden sich der **Far de Cavalleria**, Spaniens ältester Leuchtturm, und mehrere zerfallene Geschützstände der Republikaner aus dem Bürgerkrieg.

FORNELLS

950 EW.

Das malerische Dorf mit den weiß getünchten Häusern liegt an einer weitläufigen, seichten Bucht und zieht zahlreiche Windsurfer an. Außerdem gibt's hier tolle Fischrestaurants, in denen man die teure lokale Spezialität *caldereta de llagosta* (Hummerragout) kosten kann.

Sehenswertes & Aktivitäten

Die geschützte Bucht bietet ideale Bedingungen für Neulinge im Surfsport. Von Mitte Mai bis Oktober verleiht **Wind Fornells** (☎971 18 81 50; www.windfornells.com; ⊙Mai–Mitte Okt.) Boards und veranstaltet Anfänger- sowie Fortgeschrittenenkurse.

GRATIS **Castell Sant Antoni** FESTUNG

„Burg" ist ein großes Wort für diese wenig geschmackvoll restaurierte Festung mit viel zu viel grobem Beton. Dennoch lohnt sich ein kurzer Abstecher dorthin. Besucher können die Anlage auf eigene Faust erkunden und sich dank der Tafeln über die Geschichte von Fornells informieren.

Dia Complert WASSERSPORT

(☎609 670996; www.diacomplert.com; Passeig Marítim 40; ⊙April–Okt.) Ein Veranstalter für maritime Vergnügen wie Tauchen, geführte Kajakfahrten und Schnellboottrips entlang der Küste sowie Mountainbiketouren. Darüber hinaus kann man hier Räder und Kajaks leihen.

ABSTECHER

CAMÍ DE CAVALLS

Der GR223, ein gut ausgeschilderter Wanderweg (auf das Hufeisensymbol achten), folgt einer Verteidigungsroute aus dem 18. Jh., die Wachttürme, Festungen und Waffenlager entlang der Küste verband. Er führt 184 km an der Küste entlang und macht ab und zu einen Abstecher ins Inland. Man kann ihn in leichte Abschnitte einteilen, die meist auch mit Mountainbikes befahrbar sind. Mehr darüber erfährt man in der Touristeninformation oder im *Camí de Cavalls Guidebook: 20 Routes to Discover Menorca* (21 €).

Catamaran Kayak Charter WASSERSPORT
(☎626 486426; www.katayak.net; Passeig Marítim 69; ⏲April–Okt.) Vierstündige Katamarantouren (Erw./Kind 60/35 €) sowie Leihräder und -kajaks.

Schlafen & Essen

An der Plaça S'Algaret liegen zwei freundliche, familiengeführte Bar-*hostales* mit Pools direkt nebeneinander. Mit Ausnahme von Juli und August (dann kosten die Zimmer zwischen 90 und 100 €) bieten sie ein ausgezeichnetes Preis-Leistungs-Verhältnis. Toll sind auch die hauseigenen Bar-Restaurants.

Hostal La Palma HOSTAL €
(☎971 37 66 34; www.hostallapalma.com; EZ/DZ inkl. Frühstück 25/50 €; ⏲Ostern–Okt.; ❄@≋) Hinter dem geschäftigen Bar-Restaurant befinden sich angenehme Zimmer mit Bädern, Balkonen und einem Ausblick auf die Landschaft. Im August gibt's keine Einzelzimmer.

Hostal S'Algaret HOSTAL €
(☎971 37 65 52; www.hostal-salgaret.com; EZ/DZ 35/60 €; ⏲Mai–Sept.; ❄@≋) Das ansprechende, einfache *hostal* wartet bereits seit den 1950er-Jahren mit adretten, sauberen Zimmern samt Balkonen und einer einladenden Atmosphäre auf.

Es Port FISCH & MEERESFRÜCHTE €€
(☎971 37 64 03; Passeig Marítim 5; Menüs 15,50 €, Hauptgerichte 10–21 €; ⏲Ostern–Okt. Sa–Do) Hier kommt man in den Genuss superfrischer Fischgerichte – kein Wunder, schließlich hat das Es Port ein eigenes Boot und Hummerfangkörbe. Wie bei einem Großteil der benachbarten Konkurrenz steht *caldereta de llagosta* (Hummerragout für 65 €) auf der Karte, doch man kann auch die günstigere *paella de llomanto* (Hummerpaella; 35 €) bestellen.

S'Ancora FISCH & MEERESFRÜCHTE €€
(☎971 37 66 70; Passeig Marítim 7–8; Menüs 17 €, Hauptgerichte 12–20 €) „Der Anker" mit dunkelbraunen Korbstühlen auf der Terrasse und einer olivgrünen Inneneinrichtung serviert zahlreiche ansprechend präsentierte Meeresfrüchtegerichte. Für ein besonderes maritimes Esserlebnis empfehlen wir das *menú estrella* („Sternemenü"; 50 €).

Südküste

An der zerklüfteten Südküste liegen die besten Strände, deshalb gibt's hier auch mehr Neubaugebiete. Immer wieder stößt man hier auf kleine sandige Buchten mit einer Ansammlung weißer Villen im Hintergrund. Meist handelt es sich dabei um kleine Siedlungen im maurisch-mediterranen Stil. Der größtenteils flache Camí de Cavalls lädt zu wunderbaren leicht zu bewältigenden Wanderungen ein.

VON CIUTADELLA NACH SON BOU

Bei den Badeorten **Santandria** und **Cala Blanca** macht die wilde Küste südlich von Ciutadella kleineren Stränden Platz. Im Südwesten der Insel erstreckt sich das lebhafte große Urlaubsresort **Cala en Bosc** mit Ausflugsbooten und Tauchzentren. Nicht weit östlich davon liegt die angesagte **Platja de Son Xoriguer**. Von Ciutadella fahren regelmäßig Busse dorthin.

Zwischen Son Xoriguer und Santa Galdana verstecken sich einige der am schwierigsten zugänglichen Buchten der Südküste. Eine enge Landstraße führt von Ciutadella nach Süden (dem Schild „Platjes" ab der *ronda* bzw. Ringstraße folgen) und fast ganz bis zu den naturbelassenen Stränden **Arenal de Son Saura**, **Cala Es Talaier**, **Cala en Turqueta** (besonders zauberhaft) und **Cala Macarella** (aufgezählt von West nach Ost).

Ab dem Parkplatz von Cala Macarella muss man noch eine Viertelstunde bis zum Strand (mit Restaurant) laufen. Von der Cala Macarella zur Cala en Turqueta braucht man zu Fuß eine Stunde.

Südwestlich von Ferreries erstreckt sich **Santa Galdana** rund um eine hübsche hufeisenförmige Bucht, deren Schönheit durch drei Hotelburgen getrübt wird. Der Camí de

Cavalls verläuft westlich durch Pinienwälder zur Cala Macarella (30 Min.) und ostwärts zur **Cala Mitjana** (20–30 Min.), einem weiteren großartigen Sandstreifen, der auch über eine Straße zugänglich ist.

Südlich von Alaior darf sich der Urlaubsort **Son Bou** rühmen, den längsten Strand auf der Insel zu haben – und zugleich das deprimierendste Neubaugebiet zu besitzen. Gleich hinter dem östlichen Ende des Strands befinden sich die Ruinen einer **christlichen Basilika** aus dem 5. Jh.

SÜDLICH VON MAÓ

Ein Großteil der Küste südlich von Maó ist dicht bebaut.

Das freundliche weiße, schachbrettartig angelegte **Sant Lluís** errichteten die Franzosen während ihrer kurzen Inselherrschaft von 1756 bis 1763. Hier lohnt ein Zwischenstopp, um die **Molí de Dalt** (☎971 15 10 84; Erw./Kind 1,20/0,60 €; ⏲Mo–Sa 10–14 Uhr) zu besuchen. Die restaurierte Windmühle aus dieser Epoche beherbergt ein **Museum** mit landwirtschaftlichen Werkzeugen und Geräten.

Direkt vor den Stadttoren von Sant Lluís liegt das **Hotel Biniarroca** (☎971 15 00 59; www.biniarroca.com; Zi. inkl. Frühstück 170–275 €; ⏲Mai–Mitte Okt.;), eine gemütliche, komfortable Bleibe auf dem Land, in der Kinder nicht willkommen sind. Sie wird von zwei britischen Künstlerinnen und Designerinnen geführt. Hinter dem wunderschönen Garten, der gepflegt und kreativ-chaotisch zugleich ist, tummeln sich Enten, Gänse und Schafe. Im renommierten **Gourmetrestaurant** (⏲nur Abendessen) können auch Nichtgäste speisen. Außerhalb der Hauptsaison im Sommer sinken die Preise beträchtlich.

Platja de Punta Prima ist ein kleines Ferienresort mit einem malerischen 200 m langen Strand. Dank des der Küste vorgelagerten Inselchens Illa de l'Aire, auf dem ein schmaler Leuchtturm thront, herrscht hier ein angenehm sanfter Wellengang. Von Maó fahren regelmäßig Busse her.

Richtung Westen lockt das bezaubernde **Binibèquer** (oder Binibeca) mit strahlend weißen Häusern, engen Gassen und einer herrlichen Bucht. Der Ort sieht zwar wie ein altes Fischerdorf aus, entstand tatsächlich aber erst Anfang der 1970er-Jahre.

Auf Menorcas größtem Weingut, den **Bodegas Binifadet** (☎971 15 07 15; www.binifadet.com; ⏲Ostern–Okt. 10–20 Uhr), können Besucher durch die Weinberge spazieren, auf der Terrasse einen edlen Tropfen probieren und sich einer 30-minütigen Führung (7 €) inklusive einer Kostprobe mit verschiedenen Weinen, Traubengelee und würzigem menorquinischem Ziegenkäse anschließen. Das Gut befindet sich vor den Stadttoren von San Lluís an der beschilderten Straße nach Sa Castell.

IBIZA

Für viele ist Ibiza (auf Katalanisch „Eivissa") ein Sinnbild für endlose Partys in mediterranen Megaclubs. Doch die Insel besitzt auch eine andere Seite und steht dank der beeindruckenden Gebäude in der gleichnamigen Hauptstadt und der Artenvielfalt im Meer auf der Welterbeliste der Unesco. Die Griechen nannten sie und Formentera *Pityusen* (Fichteninseln) und etwa die Hälfte des Eilandes, vor allem der unberührte Nordosten, ist nach wie vor mit dichten Wäldern bedeckt. Außer zähen Fichten wachsen hier zahlreiche Oliven-, Feigen- und Mandelbäume. Abseits der großen Resorts und Städte hat sich Ibiza seinen sanften ländlichen Charme bewahrt.

1956 gab es vor Ort gerade einmal zwölf Autos. In den 1960er-Jahren entdeckten die ersten Hippies vom europäischen Festland die idyllischen Strände, doch schon bald setzte man alles auf den Massentourismus. Heute werden die rund 117 700 Einheimischen der S'Illa Blanca (Weiße Insel) von Millionen Besuchern überschwemmt.

Von Ibiza ausgehend eroberte der Rave die Welt. Es gibt hier einige der bekanntesten und berüchtigtsten Clubs und Bars von

INFOS IM INTERNET

» **www.ibiza.travel** Offizielle Website der Tourismusinformation.

» **www.eivissaweb.com** Allgemeine Informationen.

» **www.ibiza-online.com** Allgemeine Informationen.

» **www.ibizahotelsguide.com** Offizieller Internetauftritt des Hotelverbands von Ibiza.

» **www.ibizaholidays.com, www.ibiza-spotlight.com** Unterkunftsbeschreibungen und Allgemeines.

» **www.ibizaruralvillas.com** Unterkunftsbeschreibungen und Allgemeines.

Ibiza

ganz Spanien. Wo keine Partylocations zu finden sind, stößt man auf Wald, Küstenwanderwege und ruhige (teilweise sogar einsame) Strände. Wem die ständige Love-Parade-Stimmung zu viel wird, der kann dorthin flüchten.

Unterwegs vor Ort

BUS Auf Ibiza muss man für keine Strecke mehr als 4 € zahlen. Weitere Infos siehe unter www.eivissabus.info.

VOM/ZUM FLUGHAFEN Bus 10 verkehrt alle 20 Minuten von Ibiza-Stadt zum Flughafen. In den Sommermonaten fahren zudem die Linie 9 alle 1½ Stunden von Sant Antoni und die Linie 24 alle zwei Stunden ab Es Canar über Santa Eulària hierher. Außerhalb der Saison gibt's nur von Ibiza-Stadt Direktverbindungen.

Ibiza-Stadt

49 390 EW.

Die lebhafte, heitere Inselhauptstadt besitzt einen faszinierenden weiß getünchten alten Ortskern samt einer Kathedrale und wartet darüber hinaus mit tollen Clubs auf.

Sehenswertes

D'ALT VILA & UMGEBUNG

Von Sa Penya aus geht's hinauf Richtung D'Alt Vila, dem alten Ortskern mit seiner Stadtmauer, der zum Unesco-Welterbe gehört. Auf dem Hügel thronte schon zu Zeiten der Römer eine Festung, doch das heutige Bauwerk stammt aus dem 16. Jh. Philipp II. ließ es als Schutz vor einer Invasion durch französische und türkische Truppen errichten.

Festungsanlage STADTMAUER

Von der Plaça de Sa Font in Sa Penya führt eine Rampe hinauf zum **Portal de ses Taules**, dem Haupttor. Eine Gedenktafel mit dem Wappen Phillips II. erinnert daran, dass die Festungsanlage mit insgesamt sieben Geschützbastionen und einer dicken, bis zu 22 m hohen Schutzmauer 1585 fertiggestellt wurde. Besucher können auf den beeindruckenden Mauern im Renaissancestil einen Spaziergang unternehmen und dabei die herrliche Aussicht genießen.

Catedral KATHEDRALE

(⌚9.30–13.30 & 17–20 Uhr) Die Kathedrale vereint auf elegante Weise mehrere Stile: Ursprünglich wurde sie im 14. Jh. im Stil der katalanischen Gotik erbaut, 1592 kam die Sakristei hinzu und im 18. Jh. erhielt sie schließlich ein barockes Antlitz. Innen zeigt das **Museu Diocesà** (Eintritt 1,50 €; ⌚Di–So 9.30–13.30 Uhr, Dez.–Feb. geschl.) religiöse Kunst aus mehreren Jahrhunderten.

Bastionen FESTUNGSTÜRME
(⏲Di–Sa 10–14 & 18–21, So 10–14 Uhr) Im **Baluard de Sant Jaume** sind militärische Exponate zu sehen, darunter Rüstungen von Soldaten, die man anprobieren darf (ganz schön schwer!), und Kanonenkugeln zum Hochheben. Eine Ausstellung im **Baluard de Sant Pere**, der nächsten Bastion in nördlicher Richtung, präsentiert Kriegsstrategien der Artillerie. Hier lernt man auch, wie man eine Kanone stopft und erfährt, wie die Stadtmauer errichtet wurde.

Centre d'Interpretació Madina Yasiba MUSEUM
(Carrer Major 2; Erw./Kind 2/1,50 €; ⏲Di–Sa 10–14 & 18–21, So 10–14 Uhr) Dieses kleine Museum widmet sich der mittelalterlichen Madina Yabisa (Ibiza-Stadt unter den Mauren) vor der Einnahme durch die Katalanen im Jahr 1235. Historische Gegenstände, audivisuelle Präsentationen und Karten veranschaulichen diese Epoche. Das Interpretationszentrum befindet sich dort, wo im 16. Jh. die Casa de la Cúria (Gerichtshof) stand. Teile des Gebäudes stammen von der Verteidigungsmauer aus maurischer Zeit. Vieles, was man heute besichtigen kann, wurde bei Ausgrabungen entlang des Carrer de Santa Maria zu Beginn dieses Jahrtausends entdeckt.

GRATIS **Necròpolis del Puig des Molins** BEGRÄBNISSTÄTTE
(Carrer de la Via Romana 31; ⏲Di–Sa 10–14 & 18–20, So 10–14 Uhr) Die frühesten Gräber dieser Nekropole datieren ins 7. Jh. v. Chr. und in die phönizische Zeit. Beim Rundgang hat man Gelegenheit, in die Grabkammern zu blicken, und kann zudem in mehrere miteinander verbundene *hypogea* (Grabhöhlen) hinabsteigen.

Das Museum auf dem Gelände zeigt zahlreiche Funde, darunter Amulette und Statuen aus Terrakotta. Man entdeckte sie in den 3000 Gräbern, die den Hügel wie Bienenwaben durchlöchern. Bei unserem Besuch waren die Nekropole und das Museum wegen Restaurierungsarbeiten geschlossen.

GRATIS **Museu d'Art Contemporani** MUSEUM
(Ronda de Narcís Puget; ⏲Di–Fr 10–13.30 & 16–18, Sa & So 10–13.30 Uhr) Normalerweise ist die Sammlung dieses Museums im Zeughaus aus dem 18. Jh. untergebracht. Während der längeren Renovierungsphase sind einige Stücke in der **Casa Consistorial** (Rathaus) an der Plaça d'Espanya zu sehen.

GRATIS **Museu Puget** MUSEUM
(☎971 39 21 47; Carrer de Sant Ciriac 18; ⏲Di–Fr 10–13.30 & 17–20, Sa & So 10–13.30 Uhr) In der historischen Villa mit einem typischen spätgotischen Innenhof kann man rund 130 Gemälde des einheimischen Künstlers Narcís Puget Viñas (1874–1960) sowie seines Sohnes Narcís Puget Riquer (1916–1983) bewundern.

SA PENYA

Im Hafenviertel geht's immer sehr quirlig zu. Wer gern Leute beobachtet, ist hier richtig. Die Gegend hat mit Sicherheit eine der höchsten Dichten von Selbstdarstellern und schrägen Vögeln Spaniens.

Es gibt in Sa Penya zahlreiche abgefahrene und billige **Modeläden**. Auf den **Hippiemärkten** rund um den Carrer d'Enmig findet man alles, was man sich nur vorstellen kann. Übrigens sollte man sich nicht von der Bezeichnung irreführen lassen und denken, dass die Verkäufer geldverachtende Antikapitalisten sind. Ganz im Gegenteil – sie verlangen sogar besonders hohe Preise!

Schlafen

Hotel Mirador de Dalt Vila BOUTIQUE-HOTEL €€€
(☎971 30 30 45; www.hotelmiradoribiza.com; Plaça d'Espanya 4; Aug. EZ 310 €, DZ ab 480 €, Juli & Sept. EZ 250 €, DZ ab 390 €; ⏲Ostern–Dez.; ❄@📶🏊) Diese rosafarbene Villa im Besitz der Familie Fajarnés verfügt über 13 renovierte und entzückend möblierte Zimmer. In jedem Winkel der öffentlichen Bereiche entdeckt man Gemälde und erlesene Kunstgegenstände aus der privaten Sammlung der Inhaber. Außerdem gibt's ein Spa und einen Pool mit einer Gegenstromanlage sowie ein hervorragendes Restaurant.

Hotel La Ventana HISTORISCHES HOTEL €€€
(☎971 30 35 37; www.laventanaibiza.com; Carrer de Sa Carossa 13; DZ ab 165 €; ❄📶) Auf einem Platz voll schattenspendender Bäume mitten in der Altstadt lockt die charmante Villa

NICHT VERSÄUMEN

IBIZAS TOP-STRÄNDE

» Cala Benirràs (S. 681)
» Cala Mastella (S. 679)
» Cala de Boix (S. 679)
» Cala Xarraca (S. 680)
» Cala Codolars (S. 682)

Ibiza-Stadt

Ibiza-Stadt

Highlights

Catedral D4
Festungsanlage B3

Sehenswertes

1 Baluard de Sant Jaume C3
2 Centre d'Interpretació Madina Yasiba D4
3 Museu d'Art Contemporani D3
4 Museu Puget C4
5 Portal de ses Taules D3

Schlafen

6 Hostal La Marina E1
7 Hostal Parque B2
8 Hotel La Ventana E3
9 Hotel Mirador de Dalt Vila E4

Essen

10 Ca n'Alfredo B2
11 Comidas Bar San Juan D2
12 Croissant Show D2
13 La Brasa C2
Restaurant of Hotel Mirador de Dalt Vila .... (siehe 9)

Ausgehen

14 Angelo E3
Lolita .... (siehe 17)
15 Soap E3

Unterhaltung

16 Anfora D3
17 Lola's Club E3
18 Teatro Pereira C2

aus dem 15. Jh. mit einer Dachterrasse, einem gepflegten Garten und einem Restaurant. Einige Zimmer haben stilvolle Himmelbetten und Moskitonetze. Außerhalb der Saison sinken die Preise beträchtlich.

Hostal Parque HOTEL €€

(☎971 30 13 58; www.hostalparque.com; Carrer de Vicent Cuervo 3; EZ 70–90 €, DZ 130–190 €; ❄📶) Die Zimmer bieten zwar nicht viel Platz, doch das Hotel selbst ist modern und cool und übertreibt es nicht mit dem typischen Ibiza-Stil. Ungewöhnlich für die Lage im Zentrum von Ibiza-Stadt sind die doppelverglasten Fenster, die den Lärmpegel niedrig halten. Von den besten Doppelzimmern blickt man direkt auf die hübsche Plaça des Parc. Das beliebte Café im unteren Stock lädt zu einer Stärkung oder einem Drink ein.

Hostal La Marina HOTEL €€

(☎971 31 01 72; www.hostal-lamarina.com; Carrer de Barcelona 7; Zi. 75–170 €; ❄) Das Hotelgebäude stammt aus dem 19. Jh. und liegt zwischen zahlreichen Bars. Seine Zimmer stehen Ibizas Nachtclubs in Sachen Extravaganz und Farbenpracht in nichts nach. Einige sind zur lauten Straße hin ausgerichtet, ansonsten haben die Gäste die Qual der Wahl vom schlichten Doppel- bis zum beeindruckenden Mansardenzimmer mit Terrasse und Blick auf den Hafen und/oder die Stadt. In derselben Straße gibts noch ein paar einfachere Unterkünfte.

Essen

LP TIPP Comidas Bar San Juan MEDITERRAN €

(Carrer de Guillem de Montgrí 8; Mahlzeiten 15–20 €; ⏲Mo–Sa) Wer braucht schon die vielen hippen Läden, wenn man in diesem familienbetriebenen Lokal mit zwei kleinen Räumen speisen kann? Das Restaurant erinnert an die Zeiten, bevor Ibiza zur Partyinsel schlechthin wurde, und wartet mit einem ausgezeichneten Preis-Leistungs-Verhältnis auf. Die Fischspezialitäten kosten ca. 10 €, kleinere Gerichte gibt's sogar schon für weniger als 6 €. Da keine Reservierung möglich ist, sollte man früh herkommen und sich darauf einstellen, mit anderen Gästen einen Tisch teilen zu müssen.

Restaurant of Hotel Mirador de Dalt Vila MEDITERRAN €€€

(☎971 30 30 45; Plaça d'Espanya 4; Menüs 45 €, Hauptgerichte 26–30 €; ⏲Ostern–Dez.) In dem kleinen Restaurant mit einer Balkendecke und hübschen Bildern an den Wänden werden hervorragende sowie bezaubernd angerichtete Speisen zubereitet. Das Personal ist diskret und sehr freundlich. Vor dem Essen kann man in der gemütlichen Bar einen *aperitivo* zu sich nehmen. In einer Bodenvitrine sind aus dem Meer geborgene Antiquitäten zu sehen. Vorab reservieren.

Ca n'Alfredo IBIZENKISCH €€€

(☎971 31 12 74; Passeig de Vara de Rei 16; Menüs 30 €, Hauptgerichte 18–30 €; ⏲Di–Sa mittags & abends, So mittags) Bereits seit 1934 kommen die Einwohner in Scharen hierher, deshalb sollte man auf jeden Fall reservieren. Statt neuartiger Fusionsküchenexperimente wird Handfestes wie fangfrischer Fisch kredenzt. Wir empfehlen die *filetes de gallo de San Pedro en salsa de almendras* (Fischfilets in Mandelsoße).

S'Ametller IBIZENKISCH €€

(☎971 31 17 80; www.restaurantsametller.com; Carrer de Pere Francesc 12; Menüs ab 22 €, Mahlzeiten

35–40 €; ⌚Mo–Mi mittags, Do, Fr & Sa mittags & abends) Im „Mandelbaum“ gibt's lokale Gerichte aus frischen Produkten vom Markt. Das tägliche *menú* ist erfinderisch und sein Geld auf jeden Fall wert. Hinterher bestellt man am besten den hausgemachten *flaó* (Käsekuchen mit Minzaroma), eine Spezialität der Balearen. Das Rezept bekommt man in einem der Kochkurse.

La Brasa GRILLGERICHTE €€
(☎971 30 12 02; Carrer Pere Sala 3; Hauptgerichte 18–25 €) Auf dem Holzkohlegrill des Restaurants brutzelt jede Menge Fisch und Fleisch vor sich hin. Weitere Pluspunkte erhält das La Brasa für seinen Garten voller Bougainvilleen, Weinranken, Palmen und Bananenstauden.

Croissant Show CAFÉ €
(☎971 31 76 65; Plaça de la Constitució; ⌚6–23 Uhr) Dieser wunderbare Laden gegenüber dem Lebensmittelmarkt wartet mit einer beeindruckenden Auswahl an Gebäck und Leckereien für ein Frühstück nach einer durchzechten Nacht auf.

Ausgehen & Unterhaltung

Sa Penya ist das Zentrum des hiesigen Nachtlebens. Dutzende Bars sorgen dafür, dass in der Hafengegend von Sonnenuntergang bis in die frühen Morgenstunden immer etwas los ist. Alternativ dazu bieten die Kneipen in Platja d'En Bossa eine Kombination aus Sound, Sand, See und Sangria (und anderen Getränken). Später feiert man in den weltberühmten Nachtclubs der Insel weiter.

Der **Discobus** (www.discobus.es; pro Pers. 3 €; ⌚Juni–Sept. 24–6 Uhr) fährt zu den angesagtesten Locations und Hotels von Ibiza-Stadt, Platja d'en Bossa, Sant Rafel, Es Canar, Santa Eulària und Sant Antoni.

Bars & Clubs

Der Carrer de Barcelona erstreckt sich parallel zum Hafen und ist voller Bars, in denen es richtig zur Sache geht. Viele haben vor ihren Kneipen Bistrotische stehen und beschallen die Umgebung mit lauter Musik. Außerdem versuchen geschickte Überredungskünstler im Auftrag der Inhaber, Passanten auf einen Drink „einzuladen“, und bieten manchmal auch Ermäßigungen für Clubs. Von Mai bis September sind alle Läden vom frühen Abend bis 3 oder 4 Uhr morgens geöffnet. Die Kneipen entlang dem Carrer de Garijo Cipriano wirken etwas weniger aufdringlich.

KM5 BAR
(www.km5-lounge.com; Carretera de Sant Josep, Km 5,6; ⌚Mai–Sept. 20–4 Uhr) Diese Bar ist nach ihrer Lage an der Landstraße Richtung Sant Josep benannt. Hier bringen sich die Leute in Stimmung und tanzen sich im Garten warm oder hängen einfach gemütlich in einem der mit Kerzen beleuchteten und mit Kissen ausgestatteten Zelte ab.

Teatro Pereira MUSIKBAR
(www.teatropereyra.com; Carrer del Comte de Rosselló 3; ⌚20–4 Uhr) Einst diente die atmosphärische Bar mit Vintage-Flair und tragenden Balken aus gebeiztem Holz und Eisen, die etwas abseits vom Trubel direkt am Meer liegt, als Foyer des seit Langem geschlossenen Theaters von 1893. Sie füllt sich meist mit einem etwas gehobeneren Publikum als mit der üblichen Meute vor dem Discobesuch. Jeden Abend treten Livebands auf. Tagsüber kann man hier stilvoll etwas trinken oder eine Kleinigkeit essen.

Lola's Club BAR
(C Alfonso XII 10; ⌚1–6 Uhr) Wer Ibiza aus den 1980er-Jahren kennt, erinnert sich gern an das Lola's, einen der ersten Clubs hier. Der Laden ist auch heute noch angesagt und zieht u. a. ein schwules Publikum an. Gleich rechts daneben bietet sich das **Lolita** (⌚19–3 Uhr), eine hippe kleine Terrasse, für einen Begrüßungsdrink an, bevor man schließlich bei der großen Schwester vorbeischaut.

Bora Bora Beach Club BAR
(www.boraborabrazil.com; ⌚Mai–Sept. 12–4 Uhr) In der stylishen Bar an der Platja d'en Bossa 2 km von der Altstadt entfernt in der Nähe des Carrer del Fumarell erholen sich die Leute von ihrem letzten Kater und bereiten sich auf einen neuen vor. Man muss keinen Eintritt zahlen, die Atmosphäre ist locker und gedämpfte Musik weht über den Sand. Ab Mitternacht strömen alle Gäste in den Innenbereich.

Bars für Schwule & Lesben

Die Schwulenszene konzentriert sich auf den östlichen Rand von Sa Penya, vor allem auf das Ende des Carrer de la Mare de Déu sowie auf die Gegend rund um den Carrer de Santa Llúcia. Viele der großen Clubs veranstalten Gay Nights. Mehr darüber erfährt man auf www.gayibiza.net.

Angelo SCHWULENCLUB
(www.angeloibiza.com; Carrer de Santa Llúcia 12) Lebhafte Schwulenbar mit mehreren Etagen im Schatten der alten Stadtmauer. Die At-

CLUBS AUF IBIZA

Von Ende Mai bis Ende September ist der Westen der Insel rund um die Uhr in Tanz- und Partylaune. Geschäftstüchtige Einwohner haben hier riesige Clubs errichtet, die Nacht für Nacht Tausende von Partyjüngern anziehen. Vier davon – das Amnesia, das Pacha, das Space und das Privilege – waren 2011 bei den International Dance Music Awards unter den Top Eight.

Von Juni bis September sind die größten Läden jede Nacht zwischen 1 und 6 Uhr geöffnet. Jeder lockt mit etwas anderem, z. B. mit Motto-, Kostüm- oder Schaumpartys. Manche lassen auch Go-go-Tänzerinnen bzw. -Tänzer auftreten und zeigen Striptease und angeblich sogar echten Sex auf der Bühne.

Unterhaltung à la Ibiza ist nicht gerade billig: Viele Clubs verlangen 25 bis 60 € Eintritt (Mixgetränke/Cocktails kosten 10–15 €). Vor den Bars in Sa Penya verteilen teilweise recht leicht bekleidete Leute im Auftrag Flyer, mit denen man billiger in die Schuppen hineinkommt – allerdings nur an die Leute, die sie für würdig erachten.

Space (www.space-ibiza.es; Eintritt 29–60 €; ⌚Juni–Mitte Okt.) In Platja d'en Bossa bietet einer der besten Clubs der Welt Platz für 40 DJs und 12 000 Gäste. Hier geht's schon nachmittags los. Tagsüber verkehren regelmäßig Boote zwischen Platja d'en Bossa und Ibiza-Stadt (6 € hin & zurück).

Pacha (www.pacha.com; Eintritt 23–57 €; ⌚Juni–Sept. jede Nacht, Okt.–Mai Fr & Sa) Das Pacha an der Nordseite des Hafens ist bereits seit 1973 im Geschäft. Es hat 15 Bars und Tanzflächen für 3000 Besucher. Die Haupttanzfläche gleicht einem Meer aus Farben, Spiegelbällen und von der Decke hängenden Schleiern. Wer eine Pause von der Technomusik braucht, entspannt sich auf der Terrasse mit einem etwas sanfteren Sound.

Amnesia (www.amnesia.es; Eintritt 40–65 €; ⌚Anfang Juni–Sept.) Im Amnesia 4 km vor der Stadt an der Straße nach Sant Rafel massiert der dröhnende Bass die Leiber kräftig durch. Eine gewaltige glashausartige Innenterrasse, gefüllt mit Palmen und Bars, umgibt die zentrale Tanzfläche, wo vor allem Leute um die 20 abtanzen. Es wird hier so heiß, dass die Betreiber ab und zu eiskalte Luft durchpumpen.

Es Paradis (www.esparadis.com; Carrer de Salvador Espriu 2, Sant Antoni; Eintritt 15–33 €; ⌚Mitte Mai–Sept.) Dieser ansprechende Club, eine der schönsten Locations auf der Insel, wartet mit einer beeindruckenden Beschallung, Springbrunnen, jeder Menge Marmor, einer Glaspyramide, zahlreichen Pflanzen und einer tollen Open-Air-Atmosphäre auf – es gibt zwar kein Dach, aber normalerweise regnet es im Sommer ja nicht. Am besten kommt man früh her, denn die Warteschlange kann sehr lang sein. Das Paradis ist berühmt für seine wilden Wasserpartys, bei denen die Tanzfläche geflutet wird.

Privilege (www.privilegeibiza.com; Eintritt ca. 40 €) Bei Kilometer 5 an der Straße nach Sant Rafel liegt das Privilege mit seinen 20 Bars, einem Innenpool und Platz für 10 000 Besucher. Es bezeichnet sich selbst gern als einer der größten Clubs der Welt. Sein gewölbter Dancefloor ist riesig und die Kabine des DJs hängt über dem Pool.

mosphäre ist entspannt und es schauen auch viele Heteros vorbei. In der Nähe liegen mehrere weitere einschlägige Locations wie das **Soap** (Carrer de Santa Llúcia 12).

Anfora SCHWULENCLUB
(www.disco-anfora.com; Carrer Sant Carles 7; Eintritt 12–17 €; ⌚Mai–Okt.) Die wohl bekannteste Schwulendisco weit oben in D'Alt Vila wurde scheinbar direkt in den Fels gehauen.

Praktische Informationen

Die in der Altstadt gelegene **Touristeninformation** (☎971 39 92 32; www.eivissa.es; Plaça de la Catedral; ⌚Mo–Sa 10–14 & 18–21, So 10–14 Uhr) stellt kostenlose Audioguides für Touren durch die Stadt zur Verfügung; einfach den Personalausweis oder Reisepass mitbringen. Es gibt auch eine **Filiale** (www.ibiza.travel; Passeig de Vara de Rei 1; ⌚Mo–Fr 9–20, Sa bis 19 Uhr), die für die ganze Insel zuständig ist.

An- & Weiterreise

BUS Vom neuen Busbahnhof in der Avenida de la Pau nordwestlich des Stadtzentrums bestehen Verbindungen in andere Teile der Insel.

FLUGHAFEN Der Aeroport d'Eivissa liegt rund 7 km südwestlich von Ibiza-Stadt. Er wird von vielen Fliegern aus Spanien und ganz Europa angesteuert.

SCHIFF/FÄHRE 300 m nördlich des Stadtzentrums befindet sich das separate Terminal für Überfahrten nach Formentera.

Aquabus (www.aquabusferryboats.com; einfach/hin & zurück 3,50/6 €) Von Mai bis Oktober bietet Aquabus stündliche Verbindungen nach Playa d'en Bossa und Figueretes.

Cruceros Santa Eulària (www.ferrysantaeulalia.com) Verkehrt von Mai bis Oktober nach Cala Llonga (Erw./Kind 12/6 €), Ibiza-Stadt (Erw./Kind 16/8 €) und Formentera (Erw./Kind 32/17 €).

Unterwegs vor Ort

Bus 10 (3,35 €, alle 20 Min.) fährt vom Flughafen über Platja d'en Bossa zum Hafengebiet von Ibiza-Stadt. Ein Taxi kostet etwa 15 €.

Ostküste

Auf der viel befahrenen Schnellstraße C733 geht's schnell raus aus Ibiza-Stadt Richtung Norden nach Santa Eulària d'es Riu an der Ostküste. Landschaftlich reizvoller ist die Küstenstraße über Cala Llonga, die sich über kleinere Berge und durch Olivenhaine schlängelt. Unterwegs lohnen mehrere Strände einen Abstecher. Die Abzweigung dorthin befindet sich ein paar Kilometer nordwestlich von Ibiza-Stadt an der Strecke nach Jesús.

Cala Llonga, ein kleiner Ort mit zahlreichen Hotelburgen, liegt an einer malerischen Bucht mit einem schönen Sandstrand unter einer hohen, felsigen Steilküste.

SANTA EULÀRIA D'ES RIU

31 300 EW.

Ibizas drittgrößte Stadt ist sehr lebhaft und hat mehrere kinderfreundliche flache Strände, einen großen Hafen sowie jede Menge Hotelanlagen.

Sehenswertes

Der **Puig de Missa**, ein Hügelchen weit weg vom Strand, markiert den ursprünglichen Ortskern. Zu den Sehenswürdigkeiten der Stadt gehören außerdem die hübsche **Església de Santa Eulària** aus dem 16. Jh., das **Museu Barrau** (Di–Sa 10–14 Uhr) in einem weißen Haus mit blauen Fensterläden, das dem lokalen Künstler Laureà Barrau gewidmet ist, und das **Museu Etnogràfic** (971 33 28 45; Erw./Kind 3 €/frei; Mo–Sa 10–14, So 11–13.30 Uhr), das landwirtschaftliche Geräte und Haushaltsgegenstände präsentiert.

Schlafen & Essen

Am Strand drängen sich moderne Hotels und Apartments aneinander. Nicht weit vom Wasser entfernt findet man mehrere günstige *hostales*.

Fast alle Restaurants und Cafés am Ufer sind unverschämt teuer, aber etwa vier Häuserblocks Richtung Zentrum gibt's im Carrer de Sant Vicent ein paar Lokale mit angemesseneren Preisen.

Ca's Català HOTEL €€
(971 33 10 06; www.cascatala.com; Carrer del Sol; EZ 55 €, DZ 80–118 €;) In dem freundlichen von Briten geführten Haus beim Busbahnhof fühlt man sich wie in einer Privatvilla. Ein Großteil der zwölf geräumigen Zimmer bietet einen Ausblick auf den Garten im Hof mit Pool und Bar. Viele Räume sind mit Ventilatoren ausgestattet, einige haben auch Klimaanlagen. Die attraktiv in Weiß gehaltenen Doppelzimmer warten mit Himmelbetten auf.

Hostal-Residencia Sa Rota HOSTAL €€
(971 33 00 22; www.ibiza-hotels.com/sarota; EZ/DZ ab 43/63 €;) Dieses ganzjährig geöffnete *hostal* überzeugt mit einem guten Preis-Leistungs-Verhältnis und geräumigen hellen Zimmern (das gilt insbesondere für die Doppelzimmer) inklusive moderner Badewannen oder Duschen. Das Café im Erdgeschoss verfügt über einen hübschen Außenbereich mit einer efeubewachsenen, schattenspendenden Pergola.

El Naranjo FISCH & MEERESFRÜCHTE €€
(971 33 03 24; Carrer de Sant Josep 31; Menüs 10 €, Hauptgerichte 19–23 €; Di–So) Im schattigen Garten des Restaurants wird herrlich saftiger, fangfrischer Fisch serviert. Viele Einheimische feiern in dem spanischen Feinschmeckerlokal besondere Anlässe.

Unterhaltung

Guarana CLUB
(www.guaranaibiza.com; Passeig Marítim; Mai–Okt. 20–6 Uhr) Ein cooler Club am Jachthafen abseits der Strecke Ibiza-Stadt–Sant Rafel–Sant Antoni. Sonntagabends treten Livebands auf.

Praktische Informationen

Touristeninformation (971 33 07 28; www.santaeulariadesriu.com; Carrer Marià Riquer Wallis 4; Mo–Fr 9.30–13.30 & 17–19.30, Sa 10–13 Uhr) Gleich abseits der Hauptstraße. Im Sommer werden ein paar zusätzliche Infostände geöffnet.

An- & Weiterreise

Zwischen Santa Eulària, Ibiza-Stadt, Sant Antoni und den nördlichen Stränden verkehren zahlreiche Busse.

VON SANTA EULÀRIA D'ES RIU NACH S'AIGUA BLANCA

Sehenswertes & Aktivitäten

Sant Carles de Peralta DORF

Kurz vor diesem verschlafenen Nest nordwestlich von Santa Eulària an der Hauptstraße wird bei Kilometer 12 der **Hippiemarkt Las Dalias** (www.lasdalias.es; ⏲Juni–Sept. Sa 10–20 & Mo 20–1.30 Uhr, Juli–Sept. Di 20–1.30 Uhr, Aug. So 20–1 Uhr) abgehalten.

Cala Llenya & Cala Mastella STRAND

Eine Seitenstraße führt zur **Cala Llenya**, einer hübschen, von Pinien umstandenen Bucht mit einem breiten Sandstreifen. Kurz danach erreicht man die kleinere, ebenso schöne **Cala Mastella**, die außerhalb der Hochsaison oft menschenleer ist. An ihrem östlichen Ende stößt man auf einen bröckelnden Betonweg, der zu einem der authentischsten Restaurants der Insel verläuft.

Cala de Boix, Es Figueral & S'Aigua Blanca STRAND

Wer der Straße zur Cala Mastella von dort weiter folgt, gelangt nach einigen Kilometern zur **Cala de Boix** mit herrlich klarem Wasser.

Über die nächste Abzweigung gelangt man in den ruhigen Ort **Es Figueral**, der mit einem goldenen Sandstrand und türkisfarbenem Wasser aufwartet. Etwas weiter zweigt eine Straße zu den noch hübscheren FKK-Stränden von **S'Aigua Blanca** ab.

An den Wochenenden und im Juli und August kann es an allen genannten Sandstreifen sehr voll werden.

Schlafen & Essen

Hostal Restaurante Es Alocs HOTEL €€

(☎971 33 50 79; www.hostalalocs.com; Platja Es Figueral; EZ/DZ 40/65 €; ⏲Mai–Okt.; ❄📶) Viele Zimmer des netten zweistöckigen Hotels direkt am Strand in Platja Es Figueral haben einen kleinen Kühlschrank und einen Balkon. Das Bar-Restaurant verfügt über eine herrliche Terrasse, die im Schatten von Wacholdersträuchern und Mönchspfefferbäumen liegt.

Hostal Cala Boix HOSTAL €€

(☎971 33 52 24; www.hostalcalaboix.com; Cala Boix; DZ 60–80 €; ⏲Mai–Okt.; ❄) Etwas hinter der Cala de Boix den Berg hoch stößt man auf eine friedliche Bleibe. Hier ist der Wahnsinn, der sonst auf Ibiza tobt, weit entfernt. Alle Zimmer haben Balkone und bieten meist auch einen Blick aufs Meer. Im **S'Arribiada**, dem hauseigenen Restaurant, wird donnerstags Fleisch und dienstags Fisch (Sardinen) gegrillt.

FÄHREN AB SANTA EULÀRIA D'ES RIU

Im Sommer bietet Cruceros Santa Eulària Verbindungen zu verschiedenen Zielen, u. a. nach:

ZIEL	ABFAHRTEN PRO TAG	ERW./KIND
Cala Llonga	9	12/6 €
Ibiza	6	16/8 €
Formentera	1	32/17 €

Es Bigotes FISCH & MEERESFRÜCHTE €€

(Cala Mastella; Mahlzeiten 25 €; ⏲Ostern–Okt. mittags) Das einfache Lokal ist berühmt für *bullit de peix* (fangfrischer Fisch des Tages, mit Kräutern, Gemüse und Kartoffeln in einem großen Topf gedünstet) sowie *arròs caldós* (Safranreis, zubereitet in der Brühe des *bullit de peix*). Zum Abschluss gibt's *cafè de caleta* (Kaffee mit einem Hauch Zitrone, Zimt und flambiertem Branntwein). Im Juli und August muss man einen Tag vorab persönlich (es gibt kein Telefon) einen Tisch reservieren. In den übrigen Monaten reicht es, gegen 13 Uhr herzukommen. Die letzte Abzweigung links vor der Cala Mastella nehmen.

Bar Anita BAR €

(Sant Carles de Peralta; Hauptgerichte 8–16 €) In der Taverne gegenüber der Kirche von Sant Carles de Peralta scheint die Zeit stehen geblieben zu sein. Schon seit Jahrzehnten zieht die Bar die unterschiedlichsten Leute an. Zu den beliebtesten Gerichten gehören Pizza, Pasta und Deftiges. Man kann hier aber auch einfach nur etwas trinken.

CALA SANT VICENT

Der Pauschaltouristenort Cala Sant Vicent erstreckt sich um eine abgeschirmte Bucht an der Nordostküste. Hinter seinem langen Sandstrand reihen sich moderne halbhohe Hotels aneinander. Hier kann man prima schwimmen. Eine Straße führt 2,5 km Richtung Norden durch eine begrünte Wohngegend hinauf zur **Punta Grossa** mit einem spektakulären Ausblick auf die Küste.

Nordküste & Landesinneres

Die Landschaft im Norden ist sehr anziehend. Bei Wanderern und Radfahrern erfreuen sich vor allem die kleinen Nebenstra-

NICHT VERSÄUMEN

LANDHOTELS AUF IBIZA

Noch vor wenigen Jahrzehnten war die Landwirtschaft die wichtigste Einkommensquelle im nördlichen Ibiza. Heute jedoch bringt der Tourismus sehr viel mehr Geld, deshalb wurden viele Bauernhöfe in Landhotels verwandelt.

Wer die meist einfachen, günstigen *casas rurales* auf dem Festland kennt, wird staunen, denn auf Ibiza fallen fast alle ländlichen Unterkünfte in die Luxuskategorie und sind dementsprechend hochpreisig. Dennoch: Wer Erholung sucht, ist in den nachfolgend genannten Bleiben gut aufgehoben.

Ca Sa Vilda Marge (☎971 33 32 34; www.casavildamarge.com; Carretera de Portinatx; EZ/DZ inkl. Frühstück 119/139 €; P❄📶🏊👶) Diese kleine Pension unter französischer Leitung überzeugt mit einem großartigen Preis-Leistungs-Verhältnis. Ihre Zimmer sind im modernen Landhausstil gestaltet und es gibt fantastisches Frühstück sowie einen hübschen Garten samt Pool. Eigentlich sind aber die Besitzer das echte Highlight, denn mit ihrer quirligen, aufmerksamen Art tun sie alles, um ihren Gästen einen möglichst schönen Aufenthalt zu bereiten. Die Unterkunft liegt 2 km abseits der C733 Richtung Portinatx.

Agroturismo Atzaro (☎971 33 88 38; www.atzaro.com; Carretera Sant Joan de Labritja & Sant Llorenç de Balàfia, Km 15; DZ ab 370 €; P❄📶🏊) Zur Ausstattung des luxuriösen Hauses, das japanisches Zen mit afrikanischen Elementen und ländlichem Ibiza-Stil kombiniert, gehören wunderbare Zimmer, ein Pool, ein Garten und ein renommiertes Restaurant. Ibizas wohl schickste *casa rural*.

Can Gall (☎971 33 70 31; www.agrocangall.com; Zi. inkl. Frühstück 225–265 €; ⏲Dez. geschl.; ❄📶🏊) Ein paar Kilometer nördlich von Sant Llorenç de Balàfia an der C733 führt ein Schild direkt nach Kilometer 17 zum Can Gall. Der ehemalige Bauernhof verfügt über neun herrliche Zimmer, die man am liebsten gar nicht mehr verlassen möchte, und ist ein ruhiges Paradies inmitten von Zitrushainen. Einladend sind auch das Schwimmbecken und die luftige Terrasse.

Can Planells (☎971 33 49 24; www.canplanells.com; Carrer de Venda Rubió 2; DZ inkl. Frühstück ab 200 €; ❄📶🏊) 1,5 km von Sant Miquel an der Straße nach Sant Mateu d'Aubarca wartet dieses Landhaus mit stilvollen Doppelzimmern und Suiten auf, von denen einige private Terrassen haben. Es befindet sich in einem herrlichen Park mit Obsthainen.

Can Curreu (☎971 33 52 80; www.cancurreu.com; Carretera de Sant Carles, Km 12; DZ inkl. Frühstück ab 275 €; ❄📶🏊) Rund um den aufwendig umgebauten ibizenkischen Bauernhof oberhalb von Mandel- und Obstbäumen erstrecken sich gepflegte Rasenflächen, deren Ränder mit vielen verschiedenen Rosensorten bepflanzt sind. Das Hotel verfügt über 17 hübsch dekorierte Zimmer und einen vielfältigen Wellnessbereich (im Übernachtungspreis inbegriffen). Das mit „Casa Rural" ausgeschilderte Gebäude erreicht man nach einer kurzen Fahrt über einen Feldweg, der bei Kilometer 12 an der Straße 1,5 km südlich von Sant Carles abzweigt.

Can Talaias (☎971 33 57 42; www.hotelcantalaias.com; San Carlos ctra Cala Boix; DZ ab 168 €; ⏲April–Okt.; 🏊) Eine beschilderte unbefestigte Straße, auf der man ganz schön durchgerüttelt wird, führt zu dem wunderschönen ehemaligen Bauernhaus, das zwischen Sant Carlos de Peralta und Cala Boix auf einem Hügel inmitten von Pinienwäldern mit Blick aufs Meer thront. Ein Aufenthalt verspricht erholsame, idyllische Momente, dafür sorgen u. a. der Garten und der Pool. Die Zimmer sind komfortabel, allerdings etwas überteuert.

ßen sowie die Berge an der Küste und im Landesinneren großer Beliebtheit.

PORTINATX

In dem größten Ferienort an der Nordküste geht's lebhaft zu, trotzdem fühlen sich hier auch Familien wohl, denn im Vergleich zu den Megatouristenzentren rund um Ibiza-Stadt ist Portinatx sehr angenehm. Die drei umliegenden Strände, **S'Arenal Petit**, **S'Arenal Gran** und **Platja Es Port**, sind schön, platzen aber oft aus allen Nähten.

Westlich von Portinatx erstreckt sich die **Cala Xarraca**, eine malerische, teilweise geschützte Bucht mit felsiger Küste und schwarzem Sandstrand. Die Bebauung beschränkt sich auf ein einziges Bar-Restaurant und ein paar private Häuser.

SANT MIQUEL DE BALANSAT & UMGEBUNG

Sant Miquel, eines der größten Dörfer im Inselinneren, beherbergt eine kubische, weiß glänzende **Kirche** (Di–Fr 9.30–13.30 & 16.30–19.30, Sa 9.30–12.30 Uhr) aus dem 14. Jh. Die restaurierten Fresken aus dem 17. Jh. in der Capella de Benirràs zeigen ein Meer von Blumen und verschlungenen Weinreben. Von Juni bis September werden im hübschen Innenhof jeden Donnerstag um 18.15 Uhr traditionelle Inseltänze vorgeführt.

An den schönen Stränden des lebhaften **Port de Sant Miquel** erhebt sich der hohe Betonbau des Hotel Club San Miguel. In der attraktiven Bucht kann man **Wasserski** und **Kanu** fahren und sich eine **Schnorchelausrüstung** leihen, um die felsige Küste zu erkunden.

Eine Abzweigung nach rechts, kurz vor Port de Sant Miquel, führt um eine Landzunge herum zur **Cova de Can Marçà** (971 33 47 76; www.covadecanmarsa.com; Erw./Kind 9/5 €; 10.30–19.30 Uhr), einer unterirdischen spektakulär bunt ausgeleuchteten Höhle. Führungen (in mehreren Sprachen) dauern 30 bis 40 Minuten. Wenn man wieder ans Tageslicht kommt, gönnt man sich am besten eine Getränkepause auf der Terrasse und genießt den Blick auf den nackten Felsen und das tiefblaue Meer.

Hinter den Höhlen verläuft ein unbefestigter Pfad 4 km an der Küste entlang zur unberührten, weniger trubeligen **Cala Benirràs**, die man auch über eine Asphaltstraße zwischen Sant Joan und Sant Miquel erreicht. Am Strand der Bucht mit einigen bewaldeten Felswänden befinden sich ein paar Bar-Restaurants. Sonntagabends versammeln sich hier oft Hippies mit Bongos und begrüßen pünktlich zum Sonnenuntergang die Nacht, eine inzwischen jahrzehntelange Tradition.

SANT LLORENÇ DE BALÀFIA & UMGEBUNG

In dem ruhigen Dorf Sant Llorenç kann man eine glänzend weiße ibizenkische Festungskirche aus dem 18. Jh. bewundern. Damals wurde die Insel immer wieder von maurischen Piraten bedroht. 500 m weiter östlich erstreckt sich die C733 Richtung Norden. Neben dem Restaurant Balafia zweigt eine Seitenstraße von der C733 ab. Sie führt zu dem winzigen, ehemals befestigten Ort **Balàfia**. Heute gibt's in dem Weiler noch zwei Türme sowie viele Blumen und Schilder mit der Aufschrift *privado* an dem halben Dutzend Häuser, was einen jedoch nicht davon abhalten sollte, die paar Gassen zu erkunden.

La Paloma (971 32 55 43; Sant Llorenç; Hauptgerichte 16–26 €; Mitte März–Nov. Di–So abends), ein nachhaltig geführtes Restaurant, liegt von der Kirche in Sant Llorenç aus gesehen 100 m bergab. Es lockt mit kreativen mediterranen, vor allem italienischen (Schinken und Salami werden aus der Toskana importiert) Gerichten, die mit Gemüse aus dem eigenen Garten zubereitet werden.

Ganz in der Nähe kredenzt das einladende, entspannte **Paloma Café** (Mahlzeiten 15–20 €; Mo–Sa 9–16 Uhr;) im Schatten der begrünten Terrasse eine reichliche Auswahl von Quiche bis Karottenkuchen. Die Speisen bestehen vor allem aus lokalen Biozutaten. Auf Nachfrage bereitet das freundliche junge Team auch gern Picknickkörbe vor.

SANTA GERTRUDIS DE FRUITERA

Nur einmal im falschen Moment geblinzelt, und schon ist man an diesem winzigen Nest südlich von Sant Miquel vorbeigedüst. Rund um die verkehrsberuhigte Plaça de l'Església in der Ortsmitte warten mehrere **Kunsthandwerkerläden** mit Antiquitäten und Krimskrams auf. Außerdem gibt's mehrere gute Kneipen wie die höhlenartige **Bar Costa** (Plaça de l'Església 11) mit hübschen Bildern an den Wänden.

Was sagt der Diätplan zu einer Crème brulée aus Foie gras? Gourmetküche auf einer Terrasse unter Orangenbäumen bietet das **Restaurant la Plaza** (971 19 70 75; Plaça de l'Església 15; Hauptgerichte 16–21 €).

Westküste

SANT ANTONI DE PORTMANY

21 850 EW.

Sant Antoni (auf Spanisch „San Antonio") hat mit Spanien nicht mehr viel zu tun. Wer auf Besäufnisse und Prügeleien steht, ist hier richtig. Die meisten Besucher sind sehr jung und kommen aus Großbritannien.

Einzige echte Sehenswürdigkeit des Ortes ist die **Església de Sant Antoni** (Plaça de l'Església) aus dem 14. Jh. ein paar Häuserblocks von der Marina entfernt.

Nördlich der Stadt erstrecken sich mehrere unverbaute Strände, darunter die breite sandige **Cala Salada** mit einem Kiefernwald dahinter. Etwas näher liegen die kuschelig kleine **Cala Gració** und die bezaubernde **Cala Gracioneta**, die ein Felsvorsprung voneinander trennt.

Schlafen & Essen

Hostal la Torre HOTEL €€
(☎971 34 22 71; www.hostallatorre.com; EZ inkl. Frühstück 75 €, DZ inkl. Frühstück 100–130 €; ⌚Ostern–Okt.; ❄📶) Obwohl das Hotel nur 2 km nördlich von Sant Antoni auf der Landzunge Cap Negret liegt, scheint es Welten vom Trubel der Stadt entfernt zu sein. Der Ausblick auf das Meer von der Terrasse des Bar-Restaurants aus ist herrlich – und sogar noch besser von dem für Hotelgäste reservierten oberen Bereich. 18 einfache Zimmer versprechen einen ruhigen Aufenthalt, wobei man sich die Frage stellen sollte, ob man wirklich hierhergekommen ist, um sich zu erholen...

Villa Mercedes FUSIONSKÜCHE €€
(☎971 34 85 43; www.villamercedesibiza.com; Molls dels Pescadors; Hauptgerichte 13,50–23 €; ⌚19–3 Uhr; ✎) Dieses traditionelle ibizenkische Herrenhaus am Hafen sticht zwischen den teils fürchterlichen Gebäuden Sant Antonis hervor. Auf der Karte des Restaurants stehen tolle Gerichte, die von Gemüse aus dem Wok über Reis- und Nudelspeisen bis zum Fang des Tages reichen.

Ausgehen

In der Nähe des Hafens erstreckt sich ein kleiner felsiger und sandiger Abschnitt, an dem sich die Leute abends zu Hunderten einfinden, um bei einem Drink in den einladenden Bars den Sonnenuntergang zu beobachten. In allen Läden kann man auch etwas essen.

2010 feierte das legendäre **Café del Mar** (www.cafedelmarmusic.com; ⌚16–1 Uhr) bereits seinen 30. Geburtstag. Zu den weiteren guten Anlaufstellen gehören das **Mint** (www.mintloungeibiza.com), das **Café Mambo** (www.cafemamboibiza.com; ⌚13–2 Uhr) und das **Savannah** (www.savannahibiza.com; ⌚14–2 Uhr).

300 m weiter nördlich am Fußgängerweg machen ihnen ein paar stylishe Loungebars Konkurrenz. Die **Sun Sea Bar**, das **Golden Buddha** und das **Kanya Beach** warten mit Pools auf und locken jede Menge Besucher an. Nach Sonnenuntergang wird von Juni bis September die Musik so richtig laut gestellt. Die Bässe hämmern nun bis weit in die Nacht.

Auf der anderen Seite der Bucht bei Cala de Bou kann man im **Kumharas** (www.kumharas.org; Carrer de Lugo 2) etwas essen und trinken und die letzten Sonnenstrahlen genießen. Am besten kommt man sonntagabends zu den Liveauftritten (z. B. von Feuertänzern) her. Nach dem Schild „Rodeo Vaca Loca" an der Hauptstraße Ausschau halten und dann in den Carrer de Lugo Richtung Meer einbiegen.

Praktische Informationen

Touristeninformation (☎971 34 33 63; Passeig de Ses Fonts; ⌚Mo–Fr 9.30–20.30, Sa & So 9.30–13 Uhr) Neben dem Hafen.

An- & Weiterreise

BUS Bus 3 fährt alle 15 bis 30 Minuten nach Ibiza-Stadt (40 Min.). Bus 7 (Juni–Okt. 8-mal tgl.) verkehrt zur Cala Bassa.

SCHIFF/FÄHRE **Cruceros Portmany** (www.crucerosportmany.com; Erw./Kind 9/4,50 €) bietet etwa alle 30 Minuten Verbindungen zur Cala Bassa (20 Min.) und zur Cala Compte (30 Min.) an.

VON DER CALA BASSA ZUR CALA D'HORT

Wer von Sant Antoni Richtung Westen und Süden fährt, gelangt zur beliebten, hufeisenförmigen Cala Bassa und zu einigen anderen herrlichen Buchten, darunter die **Cala Compte** mit ihrem glasklaren Wasser und die kleine **Cala Codolars**. Alle sind von Sant Antoni aus mit dem Bus und/oder Boot zu erreichen. Noch weiter südlich erstreckt sich der unaufdringliche Badeort **Cala Vedella** mit einem schönen Strand im Zentrum.

Eine hübsche Fahrt durch duftende Pinien führt zur wunderbaren **Cala d'Hort**, vor der das felsige Inselchen **Es Vedrà** liegt. Das Wasser hat einen einladenden Blauton und der Strand besteht teils aus Sand, teils aus Kieseln. Zum Sonnenuntergang nimmt man am besten auf der am Ufer gelegenen Terrasse des **El Carmen** (☎971 18 74 49; Paella ab 21 € pro Pers., für mind. 2 Pers.; ⌚Mitte März–Okt.) Platz und gönnt sich einen Drink. Das nette Bar-Restaurant ist auch für seine Meeresfrüchtegerichte bekannt, vor allem für Paellas, und zieht im Sommer zahlreiche Einheimische an.

FORMENTERA

Eine kurze Bootsfahrt südlich von Ibiza erstreckt sich das winzige Formentera: Von Ost nach West misst die Insel, auf der 9500 Menschen leben, nur 20 km. Sie ist von zarter, faszinierender Schönheit und wartet mit einigen fantastischen Stränden auf. Im Hochsommer kann es hier ziemlich voll werden, doch ansonsten findet man zumeist ein abgeschiedenes Fleckchen Sand.

WAS ISST MAN AUF DEN BALEAREN?

Fisch und Meeresfrüchte stehen ganz oben auf der Beliebtheitsskala. Im Marschland von S'Albufera im Osten Mallorcas bevorzugen die Einwohner Reis und Aale. Ersterer gehört zu vielen Gerichten, während Letztere vor allem für *espinagada* verwendet werden, eine Pastete aus Aal und Spinat. Valldemossa ist berühmt für seine Zubereitung von *coca*, einem pizzaähnlichen Snack, den man überall auf den Balearen bekommt, besonders auf Mallorca. Eine weitere lokale Variante ist *coca de patata* (mit Kartoffeln). Menorca wartet mit leckerem Käse und *caldereta de llagosta* (saftiger Hummereintopf) auf. Auf Ibiza kommen häufig *frito de pulpo* (ein Gericht aus Oktopus, Kartoffeln, Paprika und Kräutern) und *bullit de peix* (Eintopf aus frischem Fisch und Kartoffeln) auf den Tisch.

Im Landesinneren von Mallorca wird Wein angebaut. Zwei Gebiete, Binissalem und Pla i Llevant (mehr oder weniger der südöstliche Teil der Insel), besitzen sogar das Qualitätssiegel Denominación de Orígen (DO). Eingeschränkte Mengen, darunter einige sehr gute Weißweine, werden auch auf Menorca, Ibiza und Formentera produziert.

Formentera ist eher flach, felsig und teilweise kahl. An der Küste wechseln sich zerklüftete Felswände und Strände hinter niedrigen Dünen ab. In der Inselmitte und im Osten verdienen ein paar Landwirte mit Mühe und Not ihren Lebensunterhalt, die anderen Gegenden bilden einen Flickenteppich aus Kiefernschonungen, von der Sonne ausgebleichten Salinen, niedrigen Steinmauern und weitgehend unbestellten Feldern.

Sehenswertes & Aktivitäten

Formentera lädt vor allem zum Erholen und Entspannen ein, deshalb beschränken sich die Aktivitäten größtenteils auf Wanderungen, Radtouren und faule Tage am Strand. Zu den Sehenswürdigkeiten der Insel zählen mehrere verwitterte steinerne **Wachttürme** am Meer, die **Ruine einer römischen Festung** (Fortificació Romà) an der Südküste und 40 kleinere **Ausgrabungsstätten** (meistens an der Hauptstraße ausgeschildert).

Taucher können das **Diving Center Formentera** (☎971 32 11 68; www.blue-adventure.com; Calle Almadrava 67–71, La Savina; Tauchgang mit Leihausrüstung ab 45 €) und mehrere andere Tauchzentren auf der Insel ansteuern. **Wet4Fun** (☎609 766084; www.wet4fun.com; ⏲April–Nov.) mit einer Hauptniederlassung in Es Pujols bietet Kurse im Wind- und Kitesurfen sowie im Segeln, Kanu- und Kajakfahren an.

PARQUE NATURAL DE SES SALINES

Dieser geschützte Naturpark liegt gleich nördlich des Estany Pudent, der zu Recht „Stinkender See" heißt. Er erstreckt sich an dem schmalen Finger, der Richtung Ibiza weist, durch die schmale Meerenge bis zum Salzgewinnungsgebiet **Ses Salines** an Ibizas Südspitze mit den beiden weißen Sandstränden **Platja de Llevant** und **Platja de ses Illetes**. Ein 3 km langer, teilweise unbefestigter Weg (Gebühr für Autos/Motorräder 4/2 €) führt von der Straße zwischen La Savina und Es Pujols nach Norden. Von der Strecke zweigt außerdem ein 4 km langer **Wanderweg** ab, der bis zum Ende der kaum bebauten Landzunge verläuft. Dort kann man durch eine kleine Meerenge bis zur **Illa s'Espalmador** waten, einer winzigen, unbewohnten Insel mit wunderschönen ruhigen Stränden (das gilt vor allem für S'Alga an der Südostseite) und Schlammbädern. Wer sich auf den Weg dorthin macht, muss natürlich unbedingt auf die Flut achten. Das **Barca-Bahia-Boot** schippert dreimal täglich vom Fährhafen in La Savina mit Anlegestopp an der Platja de ses Illetes zur Insel und zurück.

SANT FRANCESC XAVIER

Der größte Ort auf der Insel ist sehr hübsch und beherbergt weiß getünchte Häuser sowie einige empfehlenswerte Cafés an kleinen, sonnigen Plätzen. Zu den älteren Gebäuden gehören eine **Kapelle** aus dem 14. Jh., eine **Festung** aus dem 18. Jh. sowie das **Museu Etnològic** (☎971 32 26 70; Carrer de Jaume I 17; Eintritt frei; ⏲Mo–Fr 10–14 & 17–19, Sa 10–14 Uhr) zur Landwirtschaft und Fischerei auf Formentera.

CALA SAONA

Die reizende Bucht an der Straße südlich von Sant Francesc Xavier, nach einem Drittel der Strecke zum Cap de Barbaria, bezaubert mit leuchtend blauem Wasser und strahlend weißem Sand. Unserer Meinung nach ist dies einer der schönsten Strände des spanischen Mittelmeeres, wenn nicht

Formentera

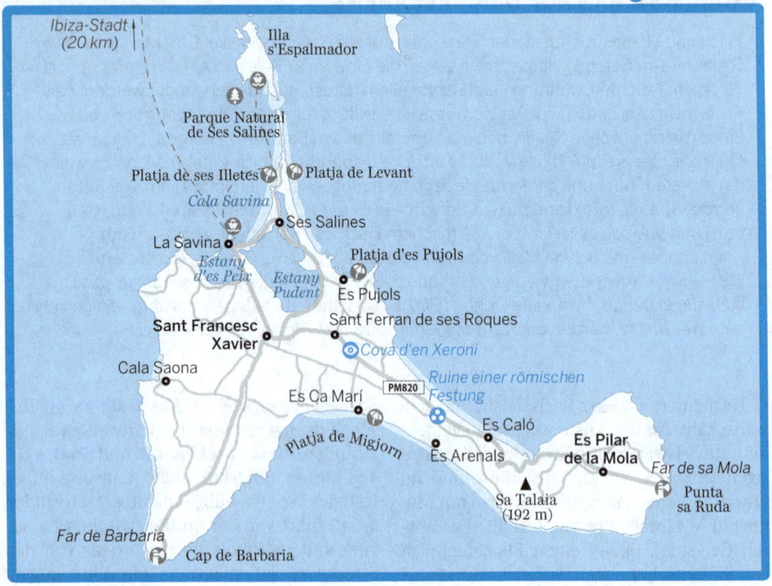

sogar der schönste. Angenehmerweise hält sich auch die touristische Erschließung in Grenzen, so gibt's lediglich ein großes (reichlich deplatziertes) Hotel und ein paar entspannte Strandhütten, die im Sommer frittierten Fisch und gute Stimmung bieten.

CAP DE BARBARIA

Eine schmale Asphaltstraße verläuft von der Hauptstadt nach Süden, vorbei an Äckern und Steinmauern zum Cap de Barbaria, dem südlichsten Punkt der Insel. Am Ende der malerischen Strecke erhebt sich ein einsamer weißer *far* (Leuchtturm). Nachdem man die Aussicht auf das Meer genossen hat, kann man dem Fußweg Richtung Osten etwa zehn Minuten bis zum **Torre d'es Cap de Barbaria**, einem Wachtturm aus dem 18. Jh., folgen.

ES PUJOLS

Der Tourismus hat das ehemalige Fischerdorf Es Pujols vollkommen verändert. Für Formentera-Standards kommt es der Definition eines Strandresort noch am nächsten, ist aber nicht mit den Badeorten auf Ibiza zu vergleichen. Nach wie vor stehen Reihen ausgebleichter Bootshütten am Strand, werden jedoch inzwischen von modernen Hotels, Apartments und Restaurants überragt. Wem die Sandstreifen zu überlaufen sind, der kann auf abgelegenere Alternativen ausweichen, die man gut zu Fuß erreicht (einfach immer nach Nordwesten Richtung Platja de Llevant marschieren).

An der Hauptstraße im Osten von Sant Ferran geht's gleich hinter Kilometer 6 am Spar-Supermarkt rechts ab zur **Cova d'en Xeroni** (☎971 32 82 14; Erw./Kind 4/2,50 €; ⏲Mai–Okt. Mo–Sa 10–13.30 & 17–20 Uhr). 1975 entdeckte ein Landbesitzer die unterirdische Höhle mit zahlreichen Stalaktiten und Stalagmiten, als er einen Brunnen ausheben wollte. Da sie von nur einer einzigen Person betreut wird, kann man sich leider nicht auf die Öffnungszeiten verlassen. Wie viele Führungen täglich angeboten werden, hängt von der Nachfrage ab (meist gibt's eine um 13 und eine um 18 Uhr) und davon, ob der Sohn des Höhlenentdeckers da ist.

PLATJA DE MIGJORN

Östlich von Sant Ferran Richtung Es Caló führen ein paar holprige Wege von der Hauptstraße zu den Stränden der Südküste, die als Platja de Migjorn bezeichnet werden. Die besten liegen am östlichen Ende bei **Es Arenals**. Hier erstrecken sich einige Strandsiedlungen, die oft aus nur wenigen Häusern und Apartments sowie ein paar Bar-Restaurants und einem schrulligen *hostal* bestehen.

ÖSTLICHES INSELENDE

Westlich der Fischersiedlung **Es Caló**, die in einer winzigen felsigen Bucht voller ausgebleichter Bootshütten zu finden ist, locken einige tolle Strände mit strahlend weißem Sand und kristallklarem Wasser.

Vom Dorf windet sich eine Straße hinauf zum höchsten Punkt Formenteras. Kurz vor dem Gipfel bietet das **Restaurante El Mirador** eine spektakuläre Aussicht über die ganze Insel und deren östliches Ende, eine Hochebene aus Kalkstein. Fast alle Orte an der Küste sind nur per Boot zu erreichen. Eine Straße führt schnurgerade zum Ostende Formenteras. Auf dem Weg dorthin passiert man **Es Pilar de la Mola**, wo mittwochs und sonntags ein Hippiemarkt (16–21 Uhr) abgehalten wird. Am Ziel befinden sich der Leuchtturm **Far de sa Mola**, ein Denkmal für Jules Verne (er erwähnte diese Stelle in einem seiner Romane) und eine Bar. Der Blick auf das Meer ist sensationell.

Schlafen

Camping ist auf der Insel verboten. Viele Unterkünfte richten sich an Pauschaltouristen und verlangen im Hochsommer eindeutig zu hohe Preise, sind aber trotzdem meist ausgebucht. Es gibt hier mehr Ferienwohnungen (ab einer Woche die bessere Alternative) als *hostales* und Hotels (insgesamt sind es 50). Auf www.formenterahotelsguide.com und www.guiaformentera.com erfährt man mehr darüber.

SANT FRANCESC XAVIER

In diesem freundlichen Ort verstecken sich einige *hostales*, deren Preise angemessener sind als vielerorts am Meer.

Das strahlend weiße **Es Marès** (☎971 32 32 16; www.hotelesmares.com; Carrer Santa María 15; Zi. inkl. Frühstück ab 380 €;) , das u. a. mit Strandkieseln und Treibholz dekoriert ist, kommt wie eine Miniaturversion der ganzen Insel daher. Der Schock über die teuren Zimmer wird eventuell etwas durch die kostenlosen Behandlungen im hauseigenen Spa gemindert.

CALA SAONA

Das kolossartige weiße **Hotel Cala Saona** (☎971 32 22 43; www.hotelcalasaona.com; EZ/DZ inkl. Frühstück 140/180 €; ⏲Juni–Sept.; P) verfügt über 116 Zimmer, einen Pool, Tennisplätze und ein Restaurant. Von den besten Räumen blickt man direkt auf den Strand und das Meer. Das am Strand gelegene Bar-Restaurant ist der perfekte Ort für eine Sangria bei Sonnenuntergang. In der Nebensaison halbieren sich die Preise.

ES PUJOLS

100 m vom Strand entfernt lockt das ockerfarbene **Hostal Voramar** (☎971 32 81 19; www.hostalvoramar.com; Avenida Miramar 25–33; EZ inkl. Frühstück 124–127 €, DZ inkl. Frühstück 160–167 €; ⏲Mai–Okt.;) mit einem Fitnessraum und komfortablen Zimmern, die größtenteils Balkone haben. Frühstück gibt's von 8.30 bis 12 Uhr. Den Inhabern gehört auch das benachbarte **Fonda Pinatar** (EZ/DZ 88/112 €).

Ein recht gutes Preis-Leistungs-Verhältnis bietet das schicke weiße **Hotel Sa Volta** (☎971 32 81 25; www.savolta.com; Avenida Miramar 94; EZ 93–103 €, DZ 170–190 €; P) im Ortszentrum. Die geräumigen Zimmer sind gepflegt und in einem schnörkellosen Stil gestaltet.

SANT FERRAN DE SES ROQUES

In der hübschen und in Sommernächten sehr lebhaften Hauptstraße unweit der alten Dorfkirche aus Sandstein wartet das seit Jahrzehnten beliebte, weiß getünchte **Hostal Pepe** (☎971 32 80 33; Carrer Major 68; EZ/DZ inkl. Frühstück 50/60 €; ⏲Mai–Mitte Okt.;) mit 45 einfachen Zimmern samt Balkonen auf.

PLATJA DE MIGJORN

An den Stränden im Süden der Insel stößt man immer wieder auf *hostales* und Ferienwohnungen, die man allerdings oft nur über Reiseveranstalter buchen kann.

Zum **Hostal Ca Marí** (☎971 32 81 80; www.hotelcamari.com; Es Ca Marí; Zi. 103–141 €, Apt. 88–124,50 €; ⏲Mai–Okt.; P) gehören ein Garten und ein Pool. Der Strand mit dem hauseigenen Bar-Restaurant ist nur 100 m entfernt. Im gleichnamigen Örtchen befindet sich auch ein Lebensmittelladen.

Mit seiner traumhaften Strandkulisse und den minimalistischen Zimmern richtet sich der **Gecko Beach Club** (☎971 32 80 24; www.geckobeachclub.com; Es Ca Marí, Platja de

NICHT VERSÄUMEN

FORMENTERAS SCHÖNSTE STRÄNDE

» Platja de Migjorn
» Cala Saona
» Platja de Ses Illetes
» Platja de Llevant

Mgjorn; Zi. inkl. Frühstück 270–325 €; P❄📶♿👪) definitiv nicht an Backpacker, sondern steht für Ibiza-Schick in seiner reinsten Form.

ES CALÓ

In dem Fischerdorf Es Caló mit einem kleinen Hafen zwischen Felsen bietet das ansprechende **Hostal Rafalet** (☎971 32 70 16; www.hostal-rafalet.com; EZ/DZ 80/110 €; ❄📶) geräumige Zimmer, viele davon mit Meerblick – tatsächlich ist man dem Wasser so nah, dass die Fische fast schon zu einem ins Bett hüpfen. Serviert werden diese übrigens im Erdgeschoss, wo es eine beliebte Bar und ein Restaurant mit Terrasse zum Hafen hin gibt.

Essen

Fast alle Restaurants liegen am Meer und bereiten die üblichen Fischgerichte sowie verschiedene Paellas zu. Wenn nicht anders angegeben, haben die hier genannten Lokale nur von Mai bis Oktober geöffnet.

ES PUJOLS

1 km außerhalb von Es Pujols an der Straße nach La Savina bringt **El Caminito** (☎971 32 81 06; www.caminitoformentera.es; Carretera La Savina–Es Pujols; Mahlzeiten 40 €; ⏲April–Nov. Abendessen), ein wunderbares argentinisches Steakhouse, etwas Gaucho-Feeling ans Mittelmeer. Hier kommt herrlich saftiges Fleisch auf den Teller.

SANT FERRAN DE SES ROQUES

Viele der im Sommer geöffneten Restaurants befinden sich im verkehrsberuhigten Carrer Major.

Auf der luftigen Terrasse der **Sa Finca** (☎971 32 90 28; Carrer Tarragona; Hauptgerichte 10–15 €, Mahlzeiten ca. 30 €; ⏲ganzjährig) im Dorfzentrum kann man großartige Meeresfrüchte und Tapas genießen. Das Highlight sind natürlich die köstlichen, herrlich angerichteten Paellas. Wenn man ganz nett darum bittet, werden diese auch nur für eine Person serviert – das ist bei einem Großteil der Konkurrenz nicht möglich.

PLATJA DE SES ILLETES

Das **Es Molí de Sal** (☎971 18 74 91; www.esmolidesal.es; Mahlzeiten 40–50 €) ist in einer geschmackvoll renovierten Mühle untergebracht. Es wartet mit einer hübschen Terrasse und einem fantastischen Meerblick auf und gilt als eines der besten Fischrestaurants auf Formentera. Am besten bestellt man eines der leckeren Reisgerichte oder die Spezialität des Hauses, *caldereta de llagosta* (Hummerragout).

PLATJA DE MIGJORN

Das **Vogamari** (☎971 32 90 53; Mahlzeiten 30–35 €; ⏲Di abends geschl.), das über eine große Veranda verfügt, thront mitten auf einer begrünten Düne (bei Kilometer 9,5 von der PM820 abbiegen). Hier kommt einfache Inselküche auf den Tisch, z. B. fangfrischer Fisch, Paella und ordentliche Fleischgerichte.

Einige Einwohner loben das **Sa Platgeta** (☎971 18 76 14; Es Ca Marí, Platja de Migjorn; Hauptgerichte 15 €, Mahlzeiten 35 €; ⏲Mo–Sa) in den höchsten Tönen. Das schlichte Fischlokal 500 m westlich von Es Ca Marí zwischen Kiefern gleich hinter dem engen felsigen Strand besitzt eine angenehm schattige Terrasse. Wer dort essen möchte, folgt einfach der Beschilderung in den Gassen des Dorfes oder spaziert am Kai entlang.

Am Ostende des Strands lockt das angesagte **Restaurante Es Cupiná** (☎971 32 72 21; Mahlzeiten ca. 35 €). Es hat bereits vor 40 Jahren eröffnet und ist für seinen fangfrischen Fisch bekannt.

ES CALÓ

Das schattige **S'Eufabi** (☎971 32 70 56; www.restauranteseufabi.com; Carretera La Mola, Km 12,5; Hauptgerichte 10–18 €, Menüs 13 €) rund 1 km östlich von Es Caló serviert eine wunderbare Paella und köstliche *fideuá* (eine leckere Nudelvariante) zu akzeptablen Preisen. Wenn man über den sanften Anstieg Richtung Es Pilar de la Mola hierherkommt, liegt es auf der linken Seite.

ES PILAR DE LA MOLA

Die **Pequeña Isla** (☎971 32 70 68; www.pequenaisla.com; Avinguda del Pilar 101; Mahlzeiten 30–35 €; ⏲Di–So) hat eine schattige Terrasse zur Straßenseite und kredenzt herzhaftes Fleisch, frischen Fisch vom Grill, Paella und andere Reisgerichte sowie verschiedene Inselspezialitäten, darunter Lammfleisch und Oktopus.

Unterhaltung

ES PUJOLS

Im Sommer tut sich was in Es Pujols mit seinen vielen Bars, die rund um den Carrer d'Espardell an der Küste ineinander übergehen und bis 3 oder 4 Uhr am Morgen geöffnet haben. Die Betreiber sind zu 90 % Italiener, deshalb glaubt man kaum, in Spanien zu sein! Bei unserem Besuch zogen das **Bananas & Co.** und das **Tropicana Café** die meisten Leute an.

Der **Vivi Club** (☎691 046904; Avinguda Miramar) ist eine nette Musikbar mit Pinien im

Garten. Seine Purpurbeleuchtung strahlt alles an, sogar die Cocktails.

SANT FERRAN DE SES ROQUES
Das **Fonda Pepe** (☎971 32 80 33; Carrer Major 55; ⌚Mai–Okt.) ist *der* Klassiker auf der Insel und eine Bar für jede Gelegenheit. Zu der Kneipe gehört auch das gleichnamige *hostal* auf der anderen Straßenseite. Seit Jahrzehnten wird hier schon *pomada* (Gin mit Limonade) ausgeschenkt. Der Laden zieht ein buntes Völkchen aus Einheimischen und Touristen, Alt und Jung, Freund und Feind an.

PLATJA DE SES ILLETES
Im **Bigsurlife** (⌚Mai–Okt. 10.30 Uhr–Sonnenuntergang) trifft man vor allem gut aufgelegte, gutaussehende Italiener, die sich einen Drink (Glaskrüge voll mit Mojito) zum Sonnenuntergang genehmigen. 20 m bevor an der Straße von La Savina nach Es Pujols die Abzweigung nach Platja de ses Illetes folgt, ist links ein Parkplatz ausgeschildert. Von dort sind es nur noch 30 m bis zum Strand und zur Bar.

200 m weiter am Strand stößt man auf das **Tiburón** (☎659 63 89 45; ⌚Mai–Okt. 10.30 Uhr–Sonnenuntergang). Die Taverne lockt zahlreiche Einheimische an, die Fisch, Salate, Sangría und natürlich den Sonnenuntergang genießen wollen.

PLATJA DE MIGJORN
Oberhalb des langen Strands reihen sich stilvolle, oft von Italienern betriebene Cocktaillounges, lebhafte Musikbars und Kneipen aneinander.

Die alteingesessene **Blue Bar** (☎666 758 190; www.bluebarformentera.com; ⌚April–Okt. 12–4 Uhr) kredenzt leckere Meeresfrüchte und Reisgerichte und bietet jede Menge *buen rollito* (gute Stimmung). In dem Chill-out-Schuppen schlechthin ist alles blau: Sitze, Sonnenschirme, Tische, das Klo, die Wände und ein Cocktail, der auf Curaçao-Basis gemixt wird! Bei Kilometer 8 die sandige Abzweigung nehmen.

Am Meer wartet das schwarz-weiß eingerichtete, coole **10.7** (☎971 32 84 85; www.10punto7.com; Mahlzeiten ca. 30 €; ⌚Mai–Sept.) mit italienischem Essen, Sushi und einer internationalen Weinkarte auf. Die lockere Atmosphäre lädt zum Chillen ein. Man erreicht das Bar-Restaurant über die Abzweigung bei Kilometer 10,7.

Möglicherweise ist die bei den Einheimischen beliebte Strandbar am äußersten östlichen Ende, das **Xiringuito Bartolo** (⌚Mai–Okt. Di–Sa tgl. mittags & abends), die kleinste Bar der Welt, denn sie besteht aus nur zwei länglichen Tischen. Doch sie versorgt auch die Gäste, die keinen Sitzplatz ergattert haben, mit Getränken und Snacks.

ℹ Praktische Informationen

Die **Touristeninformation** (☎971 32 20 57; www.formentera.es; ⌚Mo–Fr 10–20, Sa & So 10–15 Uhr) befindet sich neben der Fähranlegestelle in La Savina. In Es Pujols und gegenüber der Kirche in Sant Francesc Xavier gibt's kleinere Zweigstellen.

ℹ An- & Weiterreise

AUTO & FAHRRAD Im Hafen von La Savina kann man Autos und Fahrräder mieten. Die Tagestarife beginnen bei rund 8 € für ein Rad und 29 € für einen Motorroller. Ein Auto bekommt man schon ab 35 € pro Tag, allerdings braucht man auf der winzigen Insel eigentlich keinen Wagen.

BUS Autocares Paya (☎971 32 31 81; www.autocarespaya.com) bietet regelmäßige Verbindungen zwischen größeren Dörfern an. Mit einem Motorrad oder Fahrrad ist man aber flexibler.

SCHIFF/FÄHRE Personenfähren (einfach Erw. 23,80–26,50 €, Kind 14–17 €; 25–35 Min.) verkehren regelmäßig zwischen Ibiza-Stadt und La Savina. Das Ticket für die Hin- und Rückfahrt ist etwas günstiger, als wenn man die Fahrkarten einzeln kauft.

Baleària-Trasmapi (www.balearia.com) Bietet pro Tag mindestens zehn Verbindungen. Wer einen Kleinwagen mitnimmt, zahlt 92 € für eine einfache Strecke, während ein Motorrad mit 32,90 € zu Buche schlägt. Die Mitnahme von Fahrrädern ist kostenlos.

Mediterranea-Pitiusa (www.medpitiusa.net) Nur für Fußgänger. Bietet täglich sechs Schnellverbindungen.

TAXI ☎971 32 23 42.

Sevilla & Andalusien

Inhalt »

Sevilla 692
Cádiz 718
Tarifa 740
Gibraltar 744
Málaga 748
Ronda 760
Córdoba 767
Granada 774
Sierra Nevada 787
Las Alpujarras 789
Úbeda 797
Parque Natural de Cazorla 800
Almería 802
Cabo de Gata 805

Gut essen

» Vinería San Telmo (S. 704)
» Arrayanes (S. 783)
» El Aljibe (S. 723)
» Casa Curro (S. 711)

Schön übernachten

» Hotel Casa 1800 (S. 703)
» Casa Morisca Hotel (S. 781)
» Palacio de la Rambla (S. 798)
» V... (S. 738)

Auf nach Sevilla & Andalusien

Eine ausgedörrte Region, die kulturell reiche Früchte trägt, ein erobertes Land, das selbst zum Eroberer wurde, eine in der Tradition verhaftete Gegend, die die rasante Modernisierung akzeptiert hat: Andalusien hat viele Gesichter. In diesem urspanischen Landstrich sind schon die Fragen so faszinierend wie die Antworten: Wer erfand eigentlich den Flamenco? Wie wurden Tapas zu einer nationalen Leidenschaft? Ist Cádiz vielleicht die älteste Siedlung Europas? Liegen in der Kathedrale von Sevilla *tatsächlich* die Gebeine von Christoph Kolumbus? Die spannende Suche nach des Rätsels Lösung macht das Reisen in Andalusien zu einem wunderbaren Abenteuer, zu einer geheimnisvollen Erkundungstour an Orte, unter deren Staub sich Schicht um Schicht Geschichte herausschälen lässt: ins trendige Granada, ins kunstbeflissene Málaga, ins temperamentvolle Sevilla, ins schläfrige Grazalema, ins raue Ronda, ins glitzernde Marbella – Orte, die sich ins Gedächtnis einbrennen und immer wieder aufs Neue locken.

Reisezeit

Sevilla

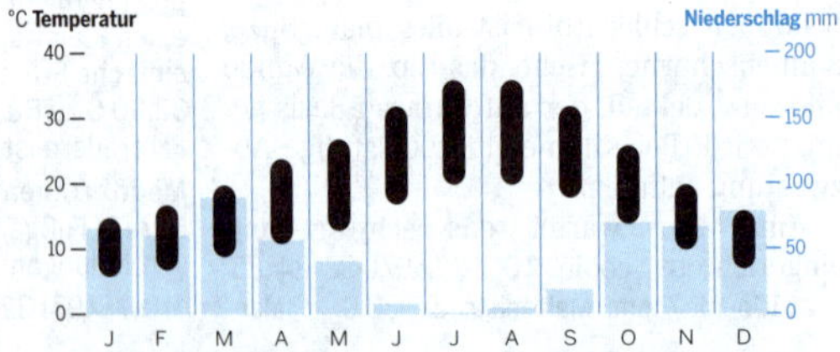

April Auf düstere Prozessionen in der Semana Santa folgen überschwängliche Frühlingsfeste.

Mai Es ist noch relativ kühl. Jetzt feiern viele Orte *romerías* (Wallfahrten mit Dorffesten).

Ende Sept. Die Temperaturen sinken auf angenehme Werte und die Massen fahren nach Hause.

Spaniens schönste Bahnstrecke

Die Bahnlinie Ronda–Algeciras hätte im Wettbewerb um die spektakulärste Bahnstrecke Spaniens sicherlich gute Chancen. 1892 eröffnet, sollte sie gelangweilte britische Armeeangehörige, die in Gibraltar stationiert waren, zu den (damals) verborgenen Wundern des Landes kutschieren. Konzipiert und finanziert wurde das Ganze von ein paar reichen Briten, die in die beiden Städte am jeweiligen Ende zwei prächtige viktorianische Hotels setzten: das Reina Victoria in Ronda und das Reina Cristina in Algeciras. Die Strecke ist noch immer einspurig und führt durch einige der schönsten Landschaften Andalusiens, darunter Korkeichenwälder, maurische weiße Dörfer, felsige Berggegenden und niedliche Bilderbuchbahnhöfe. Täglich fahren drei Züge in jede Richtung.

FEDERICO GARCÍA LORCA

Es lässt sich darüber streiten, ob man das moderne Andalusien verstehen kann, ohne Spaniens größten Dichter und Dramatiker Federico García Lorca wenigstens ansatzweise zu kennen. Lorca steht für viele der kraftvollen Eigenschaften Andalusiens, z. B. für Leidenschaft, Vieldeutigkeit, Überschwang und Erneuerung, die er in einer Reihe frühreifer Werke kunstvoll zum Leben erweckte, etwa im Drama *Bluthochzeit* und im Gedicht *Romancero Gitano*. Granada schuf, inspirierte und zerstörte Lorca letztendlich; hier ist sein Andenken am lebendigsten. Wer darauf achtet, spürt den Einfluss des Schriftstellers aber auch an fast jedem anderen Ort. Man kann sich eine Aufführung eines der Werke Lorcas ansehen, sein Geburtshaus in Fuente Vaqueros (S. 786) besuchen oder einfach beim Durchstreifen der Straßen und Felder von Granada und der Vega seiner eigenen poetischen Wege gehen.

Die besten Orte für Outdoor-Aktivitäten

» **Windsurfen/Kitesurfen** Tarifa (S. 740), Los Caños de Meca (S. 739)

» **Klettern** El Chorro (S. 759)

» **Vogelbeobachtung** Parque Nacional de Doñana (S. 713)

» **Wandern** Parque Natural Sierra de Grazalema (S. 735)

» **Tauchen** Tarifa (S. 740)

» **Walbeobachtung** Gibraltar (S. 744)

» **Radfahren** Vía Verde de la Sierra (S. 737), Provinz Cádiz

» **Reiten** Sanlúcar de Barrameda (S. 727)

NATIONALPARKS

Zwei der 14 spanischen Nationalparks befinden sich in Andalusien: der 1969 gegründete Nationalpark Doñana in den Provinzen Huelva und Sevilla sowie der 1999 gegründete Nationalpark Sierra Nevada in den Provinzen Granada und Almería.

Kurzinfos

» Einwohner: 8,4 Mio.

» Fläche: 87 268 km²

» Ausländische Besucher (2011): 7,8 Mio.

» Jährliches Pro-Kopf-Einkommen: 20 000 €

Reiseplanung

» Unterkünfte kann man auf http://hotels.lonelyplanet.com buchen.

» Andalusien feiert zahlreiche Festivals: Am besten informiert man sich über die genauen Termine und nimmt auf seiner Reise die eine oder andere Veranstaltung mit.

» Zugfahrpläne findet man unter www.renfe.es, Busfahrpläne unter www.movielia.es.

Infos im Internet

» www.andalucia.com

» www.andalucia.org

Highlights

1. Den Menschenmassen nach zur Alhambra in **Granada** (S. 774) pilgern
2. Ein paar der leckersten Tapas Spaniens in **Sevilla** (S. 692) probieren
3. In der Renaissancestadt **Úbeda** (S. 797) eine Nacht in einem der besten *paradores* (Luxushotels) verbringen
4. Aktiv werden und im abenteuerlustigen **Tarifa** (S. 740) windsurfen, tauchen, Wale beobachten oder reiten
5. Durch das Labyrinth der maurischen Straßen in **Córdobas** (S. 767) jüdischem Viertel streifen

6 Am **Cabo de Gata** (S. 805) zu einer Fernwanderung aufbrechen

7 Das stetig wachsende Angebot an Museen in **Málaga** (S. 748) sichten

8 Ein Fahrrad ausleihen und die **Vía Verde de la Sierra** (S. 737) entlangradeln

Geschichte

Um 900 v. Chr. bewogen Andalusiens landwirtschaftlicher Reichtum und Bodenschätze die Phönizier, an der Küste Handelsstädte wie Cádiz, Huelva und Málaga zu gründen. Unter phönizischem Einfluss entstand im 8. und 7. Jh. v. Chr. im westlichen Andalusien die geheimnisvolle Tartessos-Kultur. In römischer Zeit (3. Jh. v. Chr.–5. Jh. n. Chr.) wurde Andalusien von Córdoba aus regiert und gehörte zu den kultiviertesten und wohlhabendsten Regionen des Reichs.

Für die muslimischen Eroberer, die 711 unter dem arabischen Feldherrn Tariq ibn Ziyad von Afrika auf die Iberische Halbinsel kamen, bot sich Andalusien als Operationsbasis an: Rund 10 000 Kämpfer, größtenteils Berber (Nordafrikas Ureinwohner), landeten bei Gibraltar. Bis zum 11. Jh. war Córdoba die Hauptstadt des maurischen Spaniens, dann folgten Sevilla bis zum 13. Jh. und schließlich Granada bis zum 15. Jh. Während seiner Blütezeit im 10. Jh. galt Córdoba als die glanzvollste und kultivierteste Stadt in Westeuropa, berühmt für das friedliche Miteinander seiner „drei Kulturen" Islam, Judentum und Christentum. In Andalusien hielt sich die islamische Kultur länger als irgendwo sonst auf der Iberischen Halbinsel. Die heutige Bezeichnung der Region geht auf den mittelalterlichen Namen für die muslimischen Gebiete der Halbinsel zurück: Al-Andalus.

Erst 1492 fiel das Emirat Granada, letztes Bollwerk von Al-Andalus, an die Katholischen Könige Ferdinand und Isabella. Im selben Jahr landete Kolumbus in Amerika und bescherte damit zuerst Sevilla und später Cádiz märchenhaften Reichtum: Über die andalusischen Hafenstädte wurde der gesamte spanische Handel mit der Neuen Welt abgewickelt. Doch die kastilischen Eroberer ruinierten Andalusiens Wohlstand, indem sie große Teile des Landes ihren Adeligen überließen, die fruchtbare Äcker zu Schafweiden degradierten.

Im späten 19. Jh. wurde die Region zur Brutstätte anarchistischer Unruhen. Im Spanischen Bürgerkrieg war sie entlang der gesellschaftlichen Klassengrenzen gespalten; beide Seiten übertrafen sich an Gräueltaten. Dann kamen Spaniens „Hungerjahre", die hier im Süden besonders schlimm ausfielen. Zwischen 1950 und 1970 verließen rund 1,5 Mio. Andalusier ihre Heimat, um sich Arbeit in den Industriestädten Nordspaniens und in anderen europäischen Ländern zu suchen.

Ab 1960 ging es wieder bergauf – durch Tourismus, industrielles Wachstum und massive EU-Subventionen für die Landwirtschaft. Seit 1982 regiert in Andalusien der linksgerichtete Partido Socialista Obrero (PSOE; Sozialistische Spanische Arbeiterpartei). Mit der bittersten Armut ist es nun dank der wirtschaftlichen Entwicklung vorbei. Bildung und medizinische Versorgung wurden laufend verbessert. Außerdem schuf der PSOE in der Region Spaniens größtes Netz von Naturschutzgebieten, auch wenn sich die Partei erst in den letzten Jahren dazu durchrang, gegen die zügellose Bauwut an vielen Küsten vorzugehen.

Der wirtschaftliche Niedergang nach der Bankenkrise von 2008/09 traf Andalusien hart. Die Arbeitslosenquote der Region liegt nach wie vor bei etwa 25 %, deutlich über dem (ohnehin schon hohen) Durchschnitt im Land, und die Arbeitslosigkeit bei den Jüngeren (unter 24 Jahre) ist auf mehr als 50 % gestiegen. Stark betroffen waren auch die oftmals an der Costa del Sol lebenden Ausländer: Viele mussten ihre Sachen packen und wieder in ihr Heimatland ziehen.

Sevilla

703 000 EW.

Manche Städte bezaubern mit ihrer Schönheit. Andere haben Charakter. Die *sevillanos* (Einwohner von Sevilla), diese Glückspilze, können beides vorweisen, dank ihrer prächtigen, charismatischen und sich immer wieder verändernden andalusischen Metropole. Der Mythologie zufolge soll sie der griechische Gott Herkules vor 3000 Jahren gegründet haben. Heute lässt sich ihre in Sonnenschein gebadete Schönheit leicht erkennen, wenn hübsche Mädchen in Pünktchenkleidern mit Kutschen zur Feria de Abril (Aprilfest) fahren. Doch die Seele Sevillas ist dunkler und komplizierter. Der Flamenco wurde teils hier in den staubigen Tavernen von Triana geboren, und durch die kurvigen Straßen von El Arenal streiften einst gierige Konquistadoren und zählten ihr koloniales Gold. Diese Gegensätze prägen die Stadt, am meisten aber beeindruckt ihre kapriziöse Note. Wer im April erlebt, wie die tief bewegende Semana Santa (Karwoche) in die turbulente Feria de Abril übergeht, fragt sich, ob Bizets *Carmen* nicht eher Realität ist als Dichtung.

Geschichte

Zur Römerzeit hieß Sevilla Hispalis und war eine bedeutende Hafenstadt am Guadalqui-

SEVILLA IN …

… zwei Tagen

Der erste Tag beginnt mit einem Besuch im **Alcázar**, dann erkundet man den Barrio de Santa Cruz und isst in der **Vinería San Telmo** zu Mittag. Am Nachmittag geht's Richtung Río Guadalquivir zum **Museo de Bellas Artes**. Abends stehen die Tapas-Bars in der Nähe der Plaza de la Alfalfa auf dem Programm.

Der Vormittag des zweiten Tages gehört der **Kathedrale,** danach wandert man nach El Centro, um den neuen **Metropol Parasol** zu besuchen und im Zentrum zu shoppen. Am Abend wechselt man nach Triana auf der anderen Flussseite, wo in der Calle del Betis leckerer frischer Fisch zubereitet wird.

… vier Tagen

Im grünen **Parque de María Luisa** kann man einen herrlich entspannten Tag verbringen und die zwei Museen dort besuchen. Wer genug Energie hat, leiht sich ein Sevici-Fahrrad und kurvt damit durch die Gegend. Abends gönnt man sich statt Tapas ein nobles Essen im **Restaurante Egaña Oriza**. Dann geht's zurück nach Santa Cruz, um in der **Casa de la Memoria de Al-Andalus** exotischen Flamenco zu erleben.

Der vierte Tag beginnt mit der Besichtigung des **Museo del Baile Flamenco** und/oder **El Pabellon de Navegación**. Zum Abschluss stürzt man sich auf der **Alameda de Hércules** ins Nachtleben und lässt sich im **Bar-Restaurante Eslava** die Tapas und im **Bulebar Café** die Drinks schmecken.

vir, der bis zum 100 km entfernten Atlantik schiffbar war. Nach dem Zusammenbruch des Kalifats von Córdoba (1031) zerfiel das muslimische Spanien in diverse Teilkönigreiche. Sevilla, damals Ischbiliya, stieg zur mächtigsten dieser *taifas* auf. Im 12. Jh. übernahmen die Almohaden, eine strikt islamische Berberdynastie aus Marokko, das islamische Spanien und machten Sevilla zur Hauptstadt ihres ganzen Reichs. An der Stelle, wo sich heute die Kathedrale erhebt, bauten sie eine große Moschee. Doch auch die Macht der Almohaden bröckelte schließlich. 1248 wurde der Ort von Ferdinand III. (El Santo, der Heilige) von Kastilien erobert.

Schon im 14. Jh. war Sevilla die bedeutendste Stadt Kastiliens und hatte ab 1503 das Monopol auf den spanischen Handel mit den amerikanischen Kolonien. Es mauserte sich rasch zu einer der kosmopolitischsten Metropolen der Welt. Im Verlauf der folgenden 300 Jahre allerdings trugen die Pest und das Versanden des Flusses zu seinem langem Niedergang bei. Am Beginn des Spanischen Bürgerkriegs, 1936, fiel der Ort schnell an die Nationalisten. In den 1980er-Jahren kam die Wende zum Besseren: Sevilla wurde im nunmehr demokratischen Spanien Hauptstadt der neuen autonomen Region Andalusien, und der *sevillano* Felipe González brachte es zum spanischen Ministerpräsidenten. 1992 bescherte die Expo Sevilla Millionen von Besuchern, acht neue Brücken über den Guadalquivir und die schnelle AVE-Zugverbindung nach Madrid. Momentan befindet sich die Stadt mit ihrem Mix aus Tourismus, Handel, Technologie und Industrie in stabilem Aufschwung. Und in einem neuen Jahrhundert, bei dem weniger mehr ist, experimentiert Sevilla schon mit grünen Initiativen wie einer Metro und Leihfahrrädern.

Sehenswertes & Aktivitäten

Catedral & Giralda KIRCHE
(Erw./Kind 8 €/frei; Sept.–Juni Mo–Sa 11–17.30, So 14.30–18.30 Uhr, Juli & Aug. Mo–Sa 9.30–16.30, So 14.30–16.30 Uhr) Nachdem die Christen Sevilla 1248 erobert hatten, nutzten sie die Moschee zunächst als Kirche. Angesichts ihres fortschreitenden Verfalls beschlossen die Kirchenoberen schließlich, sie abzureißen und eine neue zu bauen. „Lasst uns eine Kirche bauen, die so groß ist, dass künftige Generationen uns für verrückt halten", entschieden sie (oder lautet die Legende). Heraus kam eine Kathedrale, die 126 m lang und 83 m breit ist.

Sala del Pabellón
Ausgewählte Schätze aus der Kunstsammlung der Kathedrale zeigt der erste Raum hinter dem Ticketschalter. Viele der hier präsentierten Werke stammen genau wie

Sevilla Zentrum

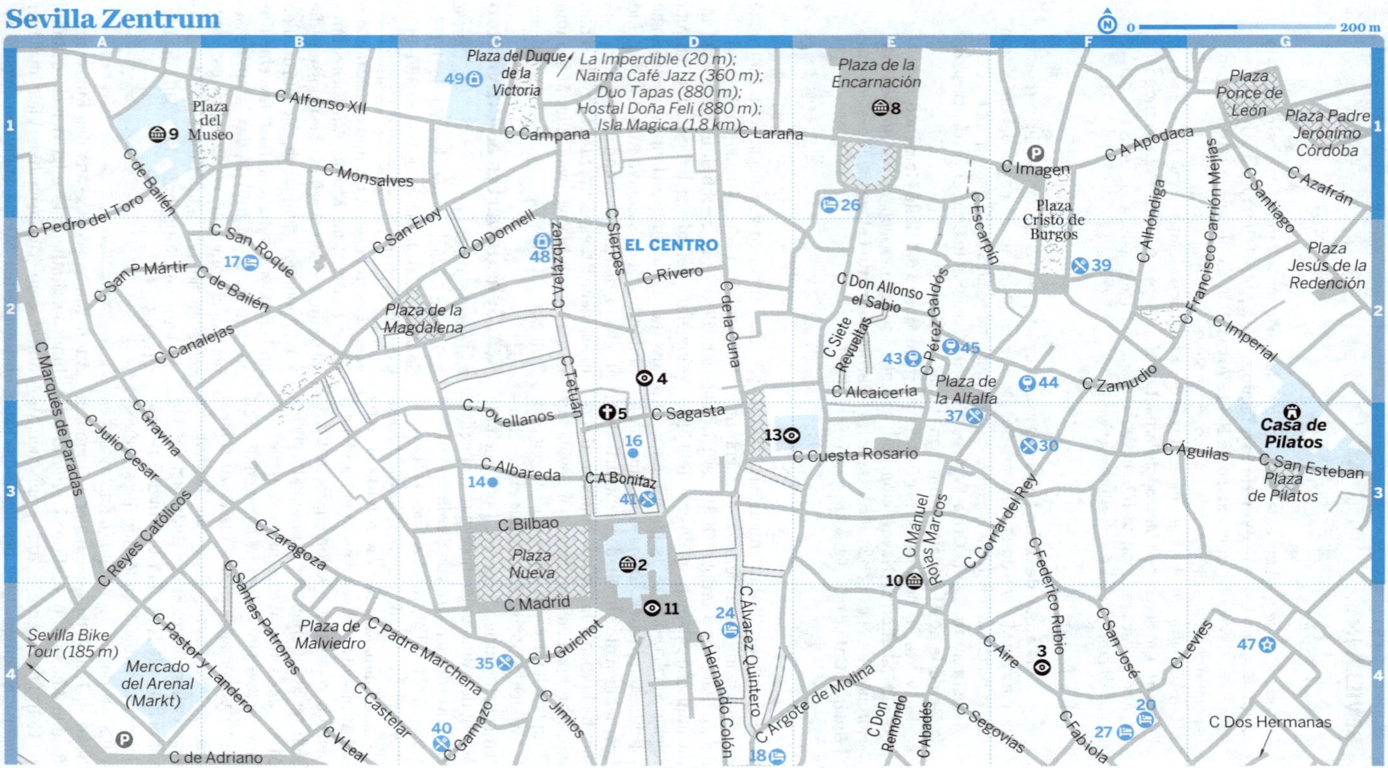

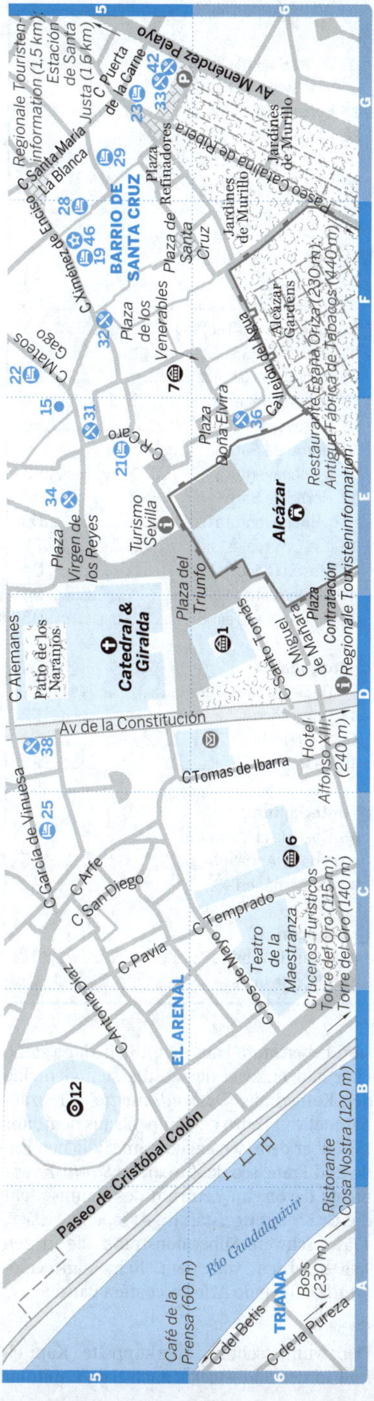

andere in der Kathedrale von Sevillaner Meistern des 17. Jhs., des Goldenen Zeitalters der Kunst.

Kapellen an der Süd- & Nordseite

Die Kapellen an der Süd- & Nordseite der Kathedrale bergen wahre Schätze der Bildhauerei und Malerei. Am westlichen Ende der Nordseite liegt die **Capilla de San Antonio** mit Murillos großformatiger Darstellung der *Vision des heiligen Antonius von Padua* (1666). 1874 schnitten Diebe den knienden Heiligen aus dem Bild heraus, später wurde er jedoch in New York aufgefunden und wieder eingefügt.

Kolumbusgrab

In der **Puerta de los Príncipes** (Prinzentor) befindet sich das monumentale Grab des Christoph Kolumbus (Cristóbal Colón auf Spanisch), das Gegenstand eines nicht enden wollenden Streits ist. Es soll die Gebeine des großen Entdeckers enthalten, die 1898 aus Kuba hergebracht wurden – so glaubte man zumindest lange.

Kolumbus starb 1506 in Valladolid in Nordspanien. Seine sterblichen Überreste lagen im Kloster La Cartuja in Sevilla, ehe sie 1536 auf die Insel Hispaniola verschifft wurden. Obwohl es Hinweise darauf gab, dass die in der Kathedrale von Sevilla aufbewahrten Gebeine die seines Sohnes Diego (der mit seinem Vater in Santo Domingo auf Hispaniola beigesetzt worden war) sein könnten, scheinen DNA-Tests in jüngster Zeit endgültig bewiesen zu haben, dass es sich bei den Überresten im Grab wirklich um die von Christoph Kolumbus handelt. Um die Dinge weiter zu verkomplizieren, sagen die Forscher allerdings, dass auch die Knochen in Santo Domingo echt sein könnten, denn Kolumbus' Leichnam wurde nach seinem Tod mehrmals transportiert. Scheinbar konnte nicht einmal der Tod die Reiselust des Forschers dämpfen.

Capilla Mayor

Östlich vom Chor liegt die **Capilla Mayor** (Hauptkapelle). Ihr gotisches Retabel ist das Juwel der Kathedrale und gilt als größtes Altarbild der Welt. Es wurde 1482 von dem flämischen Bildhauer Pieter Dancart begonnen und bis 1564 von anderen Künstlern vervollständigt. Dieses Meer aus vergoldetem und bunt bemaltem Holz zeigt über 1000 geschnitzte biblische Gestalten. Im Zentrum der untersten Ebene befindet sich die winzige versilberte Zedernholzfigur der Virgen de la Sede (Jungfrau des Heiligen

Sevilla Zentrum

Highlights
- Alcázar ... E6
- Casa de Pilatos ... G3
- Catedral & Giralda ... D5

Sehenswertes
- 1 Archivo de Indias ... D6
- 2 Ayuntamiento ... D3
- 3 Baños Árabes ... F4
- 4 Calle Sierpes ... D2
- 5 Capilla de San José ... D3
- 6 Hospital de la Caridad ... C6
- 7 Hospital de los Venerables Sacerdotes ... F5
- Metropol Parasol ... (siehe 8)
- 8 Museo Antiquarium ... E1
- 9 Museo de Bellas Artes ... A1
- 10 Museo del Baile Flamenco ... E3
- Parroquia del Divino Salvador ... (siehe 13)
- 11 Plaza de San Francisco ... D4
- 12 Plaza de Toros de la Real Maestranza ... B5
- 13 Plaza Salvador ... D3

Aktivitäten, Kurse & Touren
- 14 CLIC ... C3
- 15 Giralda Center ... E5
- 16 Linc ... D3

Schlafen
- 17 B&B Naranjo ... B2
- 18 EME Catedral Hotel ... D4
- 19 Hotel Alcántara ... F5
- 20 Hotel Amadeus ... F4
- 21 Hotel Casa 1800 ... E5
- 22 Hotel Goya ... F5
- 23 Hotel Puerta de Sevilla ... G5
- 24 Hotel San Francisco ... D4
- 25 Hotel Simón ... C5
- 26 Oasis Backpackers' Hostel ... E1
- 27 Pensión Córdoba ... F4
- 28 Pensión San Pancracio ... F5
- 29 Un Patio en Santa Cruz ... G5

Essen
- 30 Bar Alfalfa ... F3
- 31 Bodega Santa Cruz ... E5
- 32 Café Bar Las Teresas ... F5
- 33 Catalina ... G5
- 34 Cervecería Giralda ... E5
- 35 Enrique Becerra ... C4
- 36 Extraverde ... E6
- 37 Horno de San Buenaventura ... E3
- 38 Horno de San Buenaventura ... D5
- 39 Los Coloniales ... F2
- 40 Mesón Cinco Jotas ... C4
- 41 Robles Laredo ... D3
- 42 Vinería San Telmo ... G5

Ausgehen
- Baños Árabes Tetería ... (siehe 3)
- 43 Cabo Loco ... E2
- 44 El Garlochi ... F2
- 45 La Rebótica ... E2

Unterhaltung
- 46 Casa de la Memoria de Al-Andalus ... F5
- 47 La Carbonería ... G4

Shoppen
- 48 Casa del Libro ... C2
- 49 El Corte Inglés ... C1

Stuhls), der Schutzheiligen der Kathedrale, aus dem 13. Jh.

Sacristía de los Cálices
Die Räume südlich der Capilla Mayor enthalten viele bedeutende Kunstschätze der Kathedrale. Am weitesten westlich befindet sich die **Sakristei der Kelche**. Über ihrem Altar hängt Goyas Gemälde der Märtyrer von Sevilla, *Santas Justa y Rufina*, von 1817.

Sacristía Mayor
Dieser große Raum mit einer kunstvoll verzierten Steinkuppel entstand zwischen 1528 und 1547. Auf dem Bogen über dem Portal sind Lebensmittel aus dem 16. Jh. dargestellt. Hier hängen zwei der kostbarsten Gemälde der Kathedrale: *Descendimiento* (Kreuzabnahme) von Pedro de Campaña aus dem Jahr 1547 über dem Zentralaltar am südlichen Ende und Francisco de Zurbaráns *Santa Teresa* rechts davon. Im Zentrum des Raums steht die **Custodia de Juan de Arfe**, eine riesige, 475 kg schwere Silbermonstranz, die in den 1580er-Jahren von dem Renaissancegoldschmied Juan de Arfe geschaffen wurde.

Cabildo
Der wunderschöne überkuppelte Kapitelsaal in der Südostecke, auch Sala Capitular

genannt, wurde ursprünglich zwischen 1558 und 1592 als Versammlungsort für die Kirchenhierarchie gebaut. Hoch über dem Thron des Erzbischofs am Südende hängt das Meisterwerk *La Inmaculada* (Unbefleckte Empfängnis) von Murillo.

Giralda

In der Nordostecke der Kathedrale führt ein Durchgang zum Fuß des Glockenturms Giralda. Der Aufstieg ist leicht: Über Rampen, auf denen früher die Wachen hinaufritten, kommt man bis ganz nach oben, wo einen wunderbare Ausblicke erwarten. Der 104 m hohe dekorative Ziegelturm wurde zwischen 1184 und 1198, auf dem Gipfel der Almohadenherrschaft, errichtet und war einst das Minarett der Moschee. Seine Proportionen, die kunstvollen Ziegelverzierungen und seine Farbe, die sich mit dem Licht verändert, machen ihn zum vielleicht vollendetsten islamischen Bauwerk Spaniens. Die obersten Teile der Giralda (ab dem Glockengestühl) wurden im 16. Jh. ergänzt, als die spanischen Christen schwer damit beschäftigt waren, die überlebenden islamischen Bauten „zu verbessern". Auf der Spitze thront **El Giraldillo**, eine bronzene Wetterfahne aus dem 16. Jh., die den Glauben repräsentiert und ein Symbol von Sevilla geworden ist.

Patio de los Naranjos

Dieser Patio vor der Nordseite der Kathedrale war ursprünglich der Hof der Moschee. Er ist mit 66 *naranjos* (Orangenbäume) bepflanzt, in seiner Mitte steht ein westgotischer Brunnen. In der Südostecke hängt die Nachbildung eines ausgestopften Krokodils – das Original war ein Geschenk des Sultans von Ägypten an Alfons X.

Alcázar BURG

(Erw./Kind 7,50 €/frei; ⌚April–Sept. 9.30–19 Uhr, Okt.–März bis 18 Uhr) Wenn es wirklich ein Paradies gibt, dann sieht es hoffentlich ein wenig wie das Innere des Alcázars von Sevilla aus. Er wurde überwiegend im 14. Jh., dem finsteren Mittelalter, errichtet, doch der Bau ist alles andere als finster. Verglichen mit unseren heutigen Einkaufszentren und Billigwohnblöcken wirkt er vielmehr wie ein Höhepunkt in der Geschichte der Architektur. Das sieht auch die Unesco so und ernannte das Bauwerk 1987 zur Welterbestätte.

Der Alcázar entstand 913 als Festung für Córdobas Statthalter in Sevilla. In den elf Jahrhunderten seines Bestehens wurde er mehrfach erweitert und umgebaut. Im 11. Jh. ergänzten die Herrscher des prosperierenden muslimischen *taifa* (kleines Königreich) ihn um einen Palast, den sie Al-Muwarak (Palast der Seligen) nannten; er befindet sich im heutigen Westteil des Alcázar. Die Almohadenherrscher des 12. Jhs. bauten östlich davon, rund um den heutigen Patio del Crucero, einen weiteren Palast. Nachdem Ferdinand III. Sevilla 1248 erobert hatte, zog er in den Alcázar, und auch spätere christliche Könige nutzten ihn als ihre Hauptresidenz. Ferdinands Sohn Alfons X. ersetzte große Teile des Almohadenpalasts durch einen gotischen Bau. Peter I. schuf zwischen 1364 und 1366 das Kronjuwel des Alcázar, den prächtigen **Palacio de Don Pedro** im Mudejarstil.

Patio del León

Hinter dem Ticketbüro in der **Puerta del León** (Löwentor) betritt man den **Patio del León** (Löwenhof), den Garnisonshof des Al-Muwarak-Palasts. An ihm liegt die **Sala de la Justicia** (Saal der Gerechtigkeit) mit reizvollem Mudejarstuckwerk und einem *artesonado* (kunstvolle Kassettendecke mit dekorativen Einlagen). Alfons XI. ließ sie in den 1340er-Jahren bauen, um sich hier mit seiner Geliebten Leonor de Guzmán zu vergnügen, die als die schönste Frau Spaniens galt.

Der Raum führt zum überaus hübschen **Patio del Yeso**, der Teil des Almohadenpalasts aus dem 12. Jh. war und im 19. Jh. rekonstruiert wurde.

Patio de la Montería

Die Räume an der Westseite dieses Hofes gehörten zur **Casa de la Contratación** (Handelshaus), die die Katholischen Könige 1503 zur Abwicklung des Handels mit Spaniens Kolonien in Amerika gegründet hatten. Im **Salón del Almirante** (Admiralssaal) zeigen Gemälde aus dem 19. und 20. Jh. historische Ereignisse und Personen, die mit Sevilla in Verbindung stehen. Am nördlichen Ende des Raums befindet sich eine Ausstellung mit wunderschönen, aufwendig gestalteten Fächern. In der **Sala de Audiencias** (Audienzsaal) hängen Wandteppiche mit den Schilden spanischer Admiräle und Alejo Fernández' Gemälde *Virgen de los Mareantes* (Jungfrau der Seefahrer) aus dem Jahr 1530, das älteste bekannte Bild mit der Darstellung der Entdeckung Amerikas.

Palacio de Don Pedro

Die Nachwelt schuldet Peter I. auf immer Dank für die Erschaffung dieses Palasts (auch Palacio Mudéjar genannt), dem überwältigendsten einzelnen Bauwerk in Sevilla.

Im Zentrum des Gebäudes liegt der wundervolle **Patio de las Doncellas** (Hof der Jungfrauen), der von reizvollen Bogen mit Stuck und Kacheln umringt ist. Der tiefer liegende Garten in der Mitte wurde 2004 von Archäologen unter einem Marmorboden aus dem 16. Jh. entdeckt.

An der Nordseite des Hofes bezaubert die **Cámara Regia** (Königliches Gemach) mit atemberaubend schönen Decken und wunderbaren Stuck- und Kachelverzierungen. Der hintere Raum diente dem König wahrscheinlich im Sommer als Schlafzimmer.

Von hier geht's Richtung Westen in den kleinen **Patio de las Muñecas** (Puppenhof), das Herz der Privatgemächer des Palasts, der filigrane Verzierungen im Stil von Granada aufweist. Seine Stuckornamente wurden im 19. Jh. aus der Alhambra hergeschafft, als man die mittlere und obere Galerie für Königin Isabella II. ergänzte. Der nördlich davon liegende **Cuarto del Príncipe** (Prinzenzimmer) wird von einer großartigen Holzdecke überwölbt, die versucht, den nächtlichen Sternenhimmel nachzubilden.

Der spektakuläre **Salón de Embajadores** (Gesandtensaal) an der Westseite des Patio de las Doncellas war der Thronsaal des Palasts von Peter I. Seine fantastische Holzkuppel mit komplexen Sternmustern, die das Universum symbolisieren, wurde 1427 ergänzt. Der Kuppelform verdankt der Raum seinen zweiten Namen, Sala de la Media Naranja (Saal der halben Orange).

An der Westseite des Salón de Embajadores führt der schöne Arco de Pavones, benannt nach seinen Pfauenmotiven, in den **Salón del Techo de Felipe II** mit einer Renaissancedecke (1589–1591).

Salones de Carlos V.

Über eine Treppe in der südöstlichen Ecke des Patio de las Doncellas gelangt man zu diesen oft umgebauten Räumen des gotischen Palasts von Alfons X. aus dem 13. Jh. Heute sind sie nach König Karl I. von Spanien aus dem 16. Jh. benannt, bzw. nach seinem Titel als Kaiser des Heiligen Römischen Reichs, Karl V.

Gärten & Ausgang

Von den Salones de Carlos V. geht's in die großen, verschlafenen Gärten des Alcázar. Direkt vor dem Gebäude befindet sich eine Reihe kleiner, miteinander verbundener Anlagen, die zum Teil mit Teichen und Brunnen geschmückt sind. Vom **Jardín de las Danzas** (Garten der Tänze) führt ein Durchgang unter den Salones de Carlos V. bis zum **Baños de Doña María de Padilla** (Bad der María de Padilla). Es besteht aus den Gewölben unter dem Patio del Crucero, auf der früheren unteren Ebene des Patios, und einer Grotte, die den ursprünglichen Teich des Hofes ersetzt hat.

Im Sommer finden in den Gärten manchmal Konzerte statt, Infos dazu stehen auf der Website www.actidea.com. Es gibt auch einen Irrgarten aus Hecken, der Kinder begeistern wird. Die östlichen Gärten hinter einer langen Mauer entstanden erst im 20. Jh. – das ist aber kein Makel, denn sie sind wirklich himmlisch.

GRATIS **Archivo de Indias** MUSEUM

(Calle Santo Tomás; ⌚Mo–Sa 10–16, So & Feiertage bis 14 Uhr) An der Westseite der Plaza del Triunfo liegt das Zentralarchiv des hispanoamerikanischen Kolonialreichs. Hier lagern 80 Mio. Dokumentseiten von 1492 bis zum Ende des Empires im 19. Jh. – ein eindrucksvolles Zeugnis von Spaniens Macht und Einfluss während seiner Blütezeit. Das Gebäude wurde zwischen 2003 und 2005 renoviert.

Drinnen erzählt ein kurzer Film seine ganze Geschichte, außerdem sind einige faszinierende Originalkarten und -dokumente aus der Kolonialzeit ausgestellt.

BARRIO DE SANTA CRUZ

Sevillas mittelalterliche *judería* (jüdisches Viertel) östlich von Kathedrale und Alcázar besteht aus einem Gewirr stimmungsvoller Gassen und zauberhafter begrünter, nach Orangenblüten duftender Plätze. Dazu zählen beispielsweise die Plaza de Santa Cruz, die diesem Stadtteil seinen Namen gab, und die romantische Plaza de Doña Elvira.

Hospital de los Venerables Sacerdotes MUSEUM

(☎954 56 26 96; Plaza de los Venerables 8; Erw./Kind 4,75/2,40 €, So nachmittags Eintritt frei; ⌚10–14 & 16–20 Uhr) Diese Barockvilla aus dem 17. Jh. war einst eine Residenz für alternde Priester und birgt den vielleicht typischsten *sevillano*-Patio der Stadt – intim, mit Pflanzen geschmückt und den Geist belebend. Andere Highlights des Gebäudes sind die Kirche aus dem 17. Jh. mit kunstvollen religiösen Fresken und das gefeierte Gemälde *Santa Rufina* von Diego Velázquez, das die hier ansässige Stiftung Centro Velázquez 2007 für heftige 12,5 Mio. € erwarb.

Baños Árabes HAMAM

(☎955 01 00 25; www.airedesevilla.com; Calle Aire 15; Eintritt ab 20 €; ⌚10–24 Uhr alle 2 Std.) Sevilla ist auf den Hamam-Zug aufgesprungen, und dieser hier punktet mit seiner ruhigen Atmosphäre, der historischen Lage (im Barrio de Santa Cruz) und der Gestaltung im Stil eines marokkanischen *riad* – lebender Beweis dafür, dass die Mauren bestens wussten, wie man gut entspannen kann. Für eine tolle Stärkung nach dem Bad sorgt ein Silberkännchen Minztee in der *tetería* (Teehaus; S. 706) des Hamams.

EL CENTRO

Sevillas eigentliches Zentrum ist dieses malerische dicht bebaute Stadtviertel voller schmaler Sträßchen und Gassen nördlich der Kathedrale.

Museo del Baile Flamenco — MUSEUM

(www.museoflamenco.com; Calle Manuel Rojas Marcos 3; Erw./Kind 10/6 €; ⌚9.30–19 Uhr) Dieses Museum, das sich über drei Etagen eines Palasts aus dem 18. Jh. erstreckt, ist eine Idee der Flamenco-Tänzerin Cristina Hoyos aus Sevilla. Es unternimmt den ehrbaren Versuch, die mysteriöse Kunst zu präsentieren, ist aber mit 10 € pro Nase ziemlich überteuert. Zu sehen sind Skizzen, Gemälde, Fotos einstiger (und zeitgenössischer) Größen des Flamenco sowie eine Sammlung von Kleidern und Tüchern.

Regelmäßig finden hier Unterricht, Workshops und fantastische Konzerte statt, und selbstverständlich gibt's auch den obligatorischen Laden.

Plaza de San Francisco — PLATZ

Seit dem 16. Jh. ist die Plaza de San Francisco der Hauptplatz Sevillas. Die Südfassade des **ayuntamiento** (Rathaus) schmücken herrliche Renaissanceverzierungen aus den 1520er- und 1530er-Jahren.

Calle Sierpes — STRASSE

Das Herz von Sevillas schickster Shoppingzone bilden die Calle Sierpes, die von der Plaza de San Francisco nordwärts verläuft, und ihre Parallelstraße Calle Tetuán/Velázquez. Zwischen den beiden Fußgängerzonen erhebt sich die **Capilla de San José** (Calle Jovellanos; ⌚8–12.30 & 18.30–20.30 Uhr) aus dem 18. Jh. mit einer atemberaubend üppigen Barockausstattung.

Plaza Salvador — PLATZ

Diese Plaza mit mehreren beliebten Bars war einst das Forum des römischen Hispalis. Heute thront hier die stattliche Barockkirche **Parroquia del Divino Salvador**. Sie entstand zwischen 1674 und 1712 auf dem ehemaligen Standort der Hauptmoschee des muslimischen Ischbiliya. Ihr Inneres birgt einen großen Reichtum an Vergoldungen und Schnitzereien. Bei Sonnenuntergang tanzen die Farben der Buntglasfenster auf den Holzarbeiten und betonen deren surreale Schönheit.

Casa de Pilatos — PALAST, MUSEUM

(☎954 22 52 98; www.fundacionmedinaceli.org; Plaza de Pilatos; Eintritt nur Erdgeschoss 5 €, ge-

NICHT VERSÄUMEN

METROPOL PARASOL

Er wird als Ausnahmeerscheinung, Künstler und Grenzgänger bezeichnet, und das zu Recht: Der deutsche Architekt Jürgen Mayer Hermann ist mit einer ganz eigenen Begabung gesegnet. Wem sonst wäre es in den Sinn gekommen, mitten in einem der traditionellsten Einkaufsviertel Sevillas eine „fliegende Waffel" zu bauen? Der **Metropol Parasol** (Plaza de la Encarnación), dessen Kühnheit der des Eiffelturms gleichkommt und an dem sich die Geister scheiden, wurde im März 2011 eröffnet und soll das größte Holzgebäude der Welt sein. Sein welliges Wabendach wird von fünf gigantischen, an Pilze erinnernden Säulen getragen, denen die Konstruktion ihren Spitznamen *Las Setas de la Encarnación* verdankt. Sechs Jahre dauerte ihre Errichtung, nun füllt sie ein früher totes Areal im Zentrum Sevillas, auf dem sich ein hässlicher Parkplatz befand. Die römischen Ruinen, die während der Konzipierung des Baus entdeckt wurden, sind im **Museo Antiquarium** (Plaza de la Encarnación; Eintritt 2 €; ⌚11–14 & 15–20 Uhr) geschickt ins Fundament integriert worden. Oben auf Ebene 2 können Besucher über einen surrealen Panoramaweg (1,20 €) mit grandiosen Aussichten auf die Stadt spazieren. Im Metropol befinden sich auch der frühere Markt der Plaza, ein Restaurant und eine Bühne für Konzerte. Mayers mutiges Bauwerk war zwar teuer und kontrovers, doch es hat Sevillas historisches Zentrum um etwas bereichert, das alle Passanten unisono betrachten und bestaunen.

samtes Haus 8 €; ⌚April–Okt. 9–19 Uhr, Nov.–März bis 18 Uhr) Zu den prächtigsten Palästen der Stadt zählt die stimmungsvolle Casa de Pilatos, die noch heute von der herzoglichen Medinaceli-Familie bewohnt wird. Architektonisch ist sie ein Mix aus Mudejarstil, Gotik sowie Renaissance und weist wunderbare Fliesen und *artesonado* auf. Insgesamt wirkt sie wie ein Alcázar für Arme.

Am schönsten gefliest ist das Treppenhaus, das in den oberen Stock führt; es wird von einer grandiosen goldenen *artesonado*-Kuppel überwölbt. Das Obergeschoss selbst, das teilweise noch von den Medinacelis bewohnt wird, kann nur im Rahmen einer Führung besucht werden. Interessant sind die Porträts von Mitgliedern der Familie aus mehreren Jahrhunderten und ein kleines Stierkampfgemälde von Goya.

EL ARENAL

Etwas westlich der Avenida de la Constitución führt ein netter Fußweg am Ufer des Gudalquivir entlang. Zwischen ihm und der Avenida erstreckt sich das Viertel El Arenal mit einigen der interessantesten Sehenswürdigkeiten Sevillas.

Torre del Oro — MUSEUM

(Paseo de Cristóbal Colón; Eintritt 2 €; ⌚Di–So 10–13.30 Uhr) Wahrscheinlich war dieser Almohadenwachturm aus dem 13. Jh. einst mit goldenen Kacheln verkleidet, daher sein Name „Turm des Goldes". Früher wurde er genutzt, um die Beute zu lagern, die die aus Mexiko und Peru zurückkehrenden Konquistadoren aus dem dortigen Staatssäckel abgeschöpft hatten. Seitdem ist er zu einem der markantesten architektonischen Symbole Sevillas geworden. Im Innern des Bauwerks befindet sich ein kleines Schifffahrtsmuseum und auf dem Dach eine Aussichtsplattform.

Hospital de la Caridad — MUSEUM

(Calle Temprado 3; Eintritt 5 €; ⌚Mo–Sa 9.30–13 & 15.30–19, So 9–12.30 Uhr) Das Hospital de la Caridad, das einen Block östlich vom Fluss liegt und heute ein Kunstmuseum beherbergt, war einst ein Altenheim. Gegründet wurde dieses von Miguel de Mañara, der Legende nach ein notorischer Wüstling, der sein Leben komplett umkrempelte, nachdem er eine Vision seines eigenen Leichenzugs gesehen hatte.

Im Inneren sind einige wunderbare Beispiele der *sevillano*-Kunst des Siglo de Oro (Goldenes Zeitalter) zu sehen.

Plaza de Toros de la Real Maestranza — STIERKAMPF, MUSEUM

(☎954 22 45 77; www.realmaestranza.es; Paseo de Cristóbal Colón 12; Führungen Erw./Kind 6,50/2,50 €; ⌚9.30–20 Uhr alle 30 Min., an Stierkampftagen bis 15 Uhr) In der Welt des Stierkampfs ist Sevillas Plaza de Toros die Krönung aller Stierkampfarenen. Mit anderen Worten: Wer ausgewählt wird, um hier zu kämpfen, der hat es geschafft. Die Arena hat nicht nur eine nahezu religiöse Bedeutung für Fans, sie ist auch die älteste in ganz Spanien (mit dem Bau wurde 1758 begonnen). Bei den wenig mitreißenden Führungen auf Englisch und Spanisch bekommen Besucher die Arena und das Museum zu sehen.

Museo de Bellas Artes — MUSEUM

(Museum der Schönen Künste; Plaza del Museo 9; Eintritt 1,50 €; ⌚Di–Sa 9.30–20.30, So & Feiertage bis 14.30 Uhr; 📶) Sevillas Museo de Bellas Artes, das sich im wunderbaren ehemaligen Convento de la Merced befindet, wird der führenden Rolle Sevillas im Siglo de Oro, der Blütezeit der spanischen Kunst im 17. Jh., mehr als gerecht. Viele Werke gehören zur düsteren, schwermütigen religiösen Sorte.

Der optisch beeindruckendste Raum ist die Klosterkirche, die mit Gemälden von Meistern des *sevillano*-Barocks behangen ist, allen voran Murillo und seine *Inmaculada Concepción*.

SÜDLICH DES STADTZENTRUMS

Südlich von Santa Cruz und El Centro weitet sich die Stadt zu großen Parks und breiten Straßen, die neuerdings wieder von Straßenbahnen, Fahrrädern und Spaziergängern zurückerobert werden.

GRATIS Antigua Fábrica de Tabacos — UNIVERSITÄT

(Calle San Fernando; ⌚Mo–Fr 8–21.30, Sa bis 14 Uhr) Sevillas ehemalige **Tabakfabrik**, der Arbeitsplatz von Bizets heißblütiger Opernheldin Carmen, stammt aus dem 18. Jh. und ist nach El Escorial das zweitgrößte Gebäude Spaniens. Sie verfügt über barrierefreie Zugänge.

Hotel Alfonso XIII. — WAHRZEICHEN

(Calle San Fernando 2) Zweifellos ist es günstiger, in diesem auffälligen Hotel – zugleich ein Denkmal – nur einen Kaffee zu trinken, statt ein Zimmer zu mieten. Als das Gebäude 1928 zusammen mit der Plaza de España für die Weltausstellung von 1929 im klassischen Neomudejarstil mit Fliesen und Terrakotta-Ziegeln ausgestattet wurde, galt es als luxuriöseste Unterkunft Europas.

Parque de María Luisa & Plaza de España PARK

(⌚8–22 Uhr) Auf einem weitläufigen Gelände südlich der Tabakfabrik wurden 1929 für Sevillas internationale Ausstellung, die Exposición Iberoamericana, allerlei einzigartige Bauwerke errichtet. Viele davon knüpfen an verflossene Glanzzeiten der Stadt an oder ahmen Behausungen der Ureinwohner ehemaliger spanischer Kolonien nach. Mittendrin erinnert der große Parque de María Luisa an Sevillas maurische und christliche Vergangenheit. Sein Eingang liegt am Schnittpunkt der Avenidas del Cid und de Portugal an der südöstlichen Ecke der Universität (der früheren Tabakfabrik), 800 m südöstlich von der Kathedrale.

Gleich auf der anderen Seite der Avenida de Isabel la Católica erstreckt sich die Plaza de España, ein Lieblingsziel Erholung suchender *sevillanos*. Hier sieht man das beeindruckendste Gebäude dieser Gegend, eine gewaltige halbkreisförmige Ziegel- und Kachelkonstruktion.

An der Plaza de América am Südende des Parks stößt man auf das **Museo Arqueológico** (Erw./Kind 1,50 €/frei; ⌚Di–Sa 9–20.30, So & Feiertage bis 14.30 Uhr), das viel Interessantes zu bieten hat. Ihm gegenüber liegt das **Museo de Artes y Costumbres Populares** (☎954 23 25 76; Eintritt 1,50 €; ⌚Di–Sa 9–20.30, So & Feiertage bis 14.30 Uhr). Beide sind für Rollstuhlfahrer zugänglich.

NÖRDLICH DES STADTZENTRUMS

Viele Besucher steuern die Alameda de Hércules erst nach Einbruch der Dunkelheit an, um hier zu feiern, aber es lohnt auch, die Promenade tagsüber mit Kindern zu erkunden.

Isla Mágica FREIZEITPARK

(☎902 161716; www.islamagica.es; Erw./Kind 29/20 €; ⌚Hauptsaison ca. 11–22 Uhr, Dez.–März geschl.; 👪) Dieser Vergnügungspark bietet reichlich – allerdings teuren – Spaß für Kids und Fans von rasanten Achterbahnfahrten. Vor einem Besuch sollte man die aktuellen Öffnungszeiten überprüfen (sie ändern sich je nach Saison). Zur Isla Mágica fahren die Busse C1 und C2.

El Pabellon de la Navegación MUSEUM

(www.pabellondelanavegacion.es; Camino de los Descubrimientos 2; Erw./Kind 4,90/3,50 €; ⌚So bis 15 Uhr; 👪) Zwar steht das zweite „futuristische" Gebäude Sevillas ein wenig im Schatten des Metropol Parasol, der etwas eher da war, doch das ultramoderne Museum und Ausstellungszentrum, eröffnet 2012, ist ebenso provokant. Der architektonisch beeindruckende Pavillon befindet sich am Ufer des Flusses Guadalaquivir auf der Isla de la Cartuja und erweckt ein früheres Schifffahrtsmuseum, das von der Expo 1992 bis 1999 existierte, wieder zum Leben. Seine Sammlung umfasst vier Bereiche: Schifffahrt, Seefahrer, Alltag an Bord und historische Ansichten von Sevilla. Viele Ausstellungen sind interaktiv und kinderfreundlich.

Kurse

In Sevilla gibt's viele Tanz- und Flamenco-Schulen. Mehr darüber erfährt man in den Touristeninformationen und im Stadtmagazin *El Giraldillo* (www.elegirhoy.com). Zudem zählt Sevilla landesweit zu den beliebtesten Städten, um Spanisch zu lernen. Die besten Schulen haben sowohl kurze als auch lange Kurse für alle Niveaus im Programm.

Fundación Cristina Heeren de Arte lamenco FLAMENCO

(☎954 21 70 58; www.flamencoheeren.com; Avenida de Jerez 2) Dies ist die bei Weitem bekannteste Schule, sie bietet Langzeitkurse für alle Spielarten des Flamenco und einmonatige Intensivkurse im Sommer.

Giralda Center SPRACHKURS

(☎954 22 13 46, 954 21 31 65; www.giraldacenter.com; Calle Mateos Gago 17) Freundliche Atmosphäre, viele Exkursionen; der Unterricht genießt einen guten Ruf.

Linc SPRACHKURS

(☎954 50 04 59; www.linc.es; Calle General Polavieja 13) Eine kleine beliebte Schule, die zahlreiche kulturelle Aktivitäten und Exkursionen organisiert.

CLIC SPRACHKURS

(☎954 50 21 31; www.clic.es; Calle Albareda 19) Etabliertes Sprachenzentrum mit guter sozialer Einbindung; veranstaltet Kurse in Business-Spanisch und Hispanistik.

Geführte Touren

Pferdekutschen findet man unweit der Kathedrale, der Plaza de España und Puerta de Jerez. Eine einstündige Fahrt durch den Barrio de Santa Cruz sowie zum Parque de María Luisa für bis zu vier Personen kostet 50 €.

Sevilla Tour BUSTOUR

(☎902 101081; www.sevillatour.com; Erw./Kind 17/7 €; ⌚7–20 Uhr) Einstündige Stadtrundfahrten in offenen Doppeldeckerbussen und umgebauten Straßenbahnen mit Audioguide

SEVILLA MIT KINDERN

Viele Attraktionen in Sevilla sprechen auch Kinder an (allerdings unter anderen Gesichtspunkten als die Erwachsenen), etwa die Kathedrale und der Alcázar. Letzterer hat ein Magazin für die Kleinen herausgegeben, das man an den meisten Zeitungsständen kaufen kann. Darüber hinaus finden sich in der Stadt zahlreiche Grünflächen und Parks, darunter das Ufer des Guadalquivir, der **Parque de María Luisa** (Sept.–Juni 8–22 Uhr, Juli & Aug. bis 24 Uhr;) und die Jardines de Murillo, die oft über besondere Bereiche für Kinder verfügen. Cafés, in denen Eis und *churros* (längliches Schmalzgebäck) zum Angebot gehören, sind ebenfalls reichlich vorhanden. Als Alternative zu Tapas kann man ein gutes italienisches Lokal besuchen; viele gibt's rund um die Plaza de Alfalfa. Kids ab zehn Jahren sind die Zielgruppe des Themenparks Isla Mágica (S. 701). Auch Fahrten mit dem Boot, dem offenen Doppeldeckerbus oder einer Pferdekutsche erfreuen sich großer Beliebtheit.

über Kopfhörer in verschiedenen Sprachen. Die Tickets sind 48 Stunden gültig. Zu- und aussteigen kann man am Paseo de Cristóbal (in der Nähe des Torre del Oro), in der Avenida de Portugal hinter der Plaza de España und auf der Isla de La Cartuja. Normalerweise verkehren die Busse von 7 bis 20 Uhr alle 30 Minuten.

Cruceros Turísticos Torre del Oro BOOTSTOUR

(954 561692; www.crucerostorredeloro.com; Erw./Kind unter 14 Jahren 16 €/frei) Beim Torre del Oro starten ab 11 Uhr alle 30 Minuten einstündige Flusskreuzfahrten auf dem Guadalquivir; die letzte Abfahrt erfolgt gegen 18 Uhr im Winter und 22 Uhr im Sommer.

Sevilla Walking Tours STADTSPAZIERGANG

(902 158226; www.sevillawalkingtours.com; 12 € pro Pers.) Durch die Stadt spazieren wie ein *sevillano*, der sich auskennt.

Feste & Events

Sevillas Semana Santa mit ihren Prozessionen und die Feria de Abril ein oder zwei Wochen später sind schon für sich eine Reise wert, ebenso wie die Bienal de Flamenco.

Semana Santa KARWOCHE

(www.semana-santa.org) Von Palmsonntag bis Ostersonntag werden täglich riesige *pasos* (Altarbühnen mit Szenen aus der Passionsgeschichte) aus Sevillas Kirchen durch die Straßen zur Kathedrale getragen, begleitet von langen Prozessionen. Über 50 verschiedene *hermandades* oder *cofradías* (Bruderschaften, denen teilweise auch Frauen angehören) organisieren die Umzüge.

Höhepunkt der Woche ist die *madrugada* (Morgenstunde) des Karfreitags. Dann ziehen einige der angesehensten Bruderschaften durch die Stadt. Die Kostüme der Büßer bestehen aus einem Gewand und einer spitzen Kapuze mit Schlitzen für die Augen. Diese Aufmachung wurde vom amerikanischen Ku-Klux-Klan imitiert, ein inhaltlicher Zusammenhang besteht aber nicht.

Termin- und Streckenpläne der Prozessionen sind während der Semana Santa fast überall erhältlich und man findet sie auch auf der Website. Für eine gute Sicht sollte man schon frühabends zur Kathedrale kommen.

Feria de Abril FRÜHLINGSFEST

Das fröhliche Pendant zur ernsthaften Semana Santa ist die Feria de Abril, die in der zweiten Aprilhälfte (manchmal bis Anfang Mai) stattfindet. Andalusiens größte und bunteste *feria* ist räumlich kompakter als die Osterfeiern, sie findet am El Real de la Feria, im Bezirk Los Remedios westlich vom Guadalquivir, statt.

Das feierliche Einschalten der Festbeleuchtung auf dem Gelände zur Eröffnung am Montagabend gibt den Startschuss für sechs Nächte, die mit den Lieblingsbeschäftigungen der *sevillanos* ausgefüllt sind: Sie essen, trinken, ziehen sich schick an und tanzen bis in die Morgenstunden.

Bienal de Flamenco FLAMENCO

(www.bienal-flamenco.org) Bei diesem wichtigen Flamenco-Festival treten die meisten großen Namen dieses Genres auf. Es findet in allen geraden Jahren im September statt.

Schlafen

In den drei attraktivsten Stadtvierteln, dem Barrio de Santa Cruz (nahe dem Alcázar und in Fußnähe zum Busbahnhof Prado de San Sebastián), El Arenal (bequem erreichbar vom Busbahnhof Plaza de Armas) und El Centro, warten viele gute Unterkünfte.

Die aufgeführten Zimmerpreise gelten jeweils für die Hauptsaison von März bis Juni sowie im September und Oktober. In der Semana Santa und zur Feria de Abril verdoppeln sie sich und alles ist ausgebucht. Für diese Zeit sollte man im Voraus buchen.

Günstige Alternativen bilden Touristenapartments: Sie kosten normalerweise weniger als 100 € pro Nacht für vier Personen bzw. 30–70 € für zwei. Zu den besten Anbietern gehören **Apartamentos Embrujo de Sevilla** (☎627 56 99 19; www.embrujodesevilla.com) mit Apartments in historischen Stadtvillen und **Sevilla5.com** (☎637 01 10 91, 954 22 62 87; www.sevilla5.com).

BARRIO DE SANTA CRUZ

Das ehemalige Judenviertel wartet mit herrschaftlichen Villen sowie versteckten Innenhöfen und einigen atmosphärischen Unterkünften auf.

LP TIPP **Hotel Casa 1800** LUXUSHOTEL €€€
(☎954 56 18 00; www.hotelcasa1800sevilla.com; Calle Rodrigo Caro 6; DZ 145–198 €; ❄@☎) Dieses neu zum Leben erweckte Juwel in Santa Cruz ist auf dem besten Wege, Sevillas beliebtestes Hotel zu werden. Hier wird das Word *casa* (Haus) ernst genommen, denn dies ist wirklich ein Zuhause in der Ferne (wenn auch ein sehr nobles), in dem charmante Mitarbeiter sich um jeden Wunsch kümmern. Zu den historischen Highlights gehören das süße Teebüfett am Nachmittag sowie vier Penthouse-Gartensuiten mit Blick auf die Giralda.

Das Casa 800 ist auch eines der wenigen Hotels, dessen Zimmerpreise während der Semana Santa nicht in astronomische Höhen steigen.

Un Patio en Santa Cruz HOTEL €€
(☎954 53 94 13; www.patiosantacruz.com; Calle Doncellas 15; EZ 65–85 €, DZ 65–125 €; ❄☎) Mit seinen frischen weißen Wänden voller schriller Kunstwerke, merkwürdigen Skulpturen und Topfpflanzen ähnelt der Patio eher einer Galerie als einem Hotel. Die Zimmer sind überaus komfortabel, die Mitarbeiter freundlich und es gibt eine coole Dachterrasse mit marokkanischen Mosaiktischen. Es ist eine der hippsten Unterkünfte Sevillas und auch das Preis-Leistungs-Verhältnis ist Spitze.

Hotel Amadeus HOTEL €€
(☎954 50 14 43; www.hotelamadeussevilla.com; Calle Farnesio 6; EZ/DZ 85/95 €; P❄☎) Wer glaubt, Hotels mit Klavier im Zimmer seien ausgestorben, sollte ins Amadeus in der alten *judería* gehen, das von einer engagierten musikalischen Familie geführt wird. Mehrere der überaus stilvoll eingerichteten Räume sind mit schallisolierten Wänden und Klavieren ausgestattet, sodass niemand seine täglichen Fingerübungen auslassen muss.

Andere Extras sind die klassischen CDs in den Zimmern, Violinen an den Wänden und eine Dachterrasse mit Whirlpool. Komponisten und Mozartfans werden sich hier wie im Paradies fühlen.

Hotel Puerta de Sevilla HOTEL €€
(☎954 98 72 70; www.hotelpuertadesevilla.com; Calle Puerta de la Carne 2; EZ/DZ 66/86 €; P❄@☎) Das superfreundliche – und super gelegene – Hotel ist eine tolle Kombination aus Kitsch und Stil. In der Lobby plätschert ein Wasserspiel, das mit großartigen sevillanischen Kacheln verziert ist. In den Zimmern geben Textilien mit Blumenmustern, schmiedeeiserne Betten und Pastelltapeten den Ton an.

Hotel Alcántara HOTEL €€
(☎954 50 05 95; www.hotelalcantara.net; Calle Ximénez de Enciso 28; EZ/DZ 68/89 €; ❄☎; 🚌1, C3, C4, 21, 23) Dieses kleine, freundliche Hotel an einer Fußgängerzone verfügt über glänzende moderne Bäder, Fenster zum Innenhof und hübsche Blumenmotivvorhänge. Es steht neben der Casa de la Memoria Al-Andalus.

Pensión San Pancracio PENSIÓN €
(☎954 41 31 04; Plaza de las Cruces 9; DZ 50, EZ/DZ ohne Bad 25/35 €) Eine wunderbare Budgetunterkunft ist dieses alte weitläufige Familienanwesen mit ganz unterschiedlichen Zimmern und einem blumengeschmückten Patio. Freundlichkeit gleicht den fehlenden Luxus aus.

Pensión Córdoba PENSION €€
(☎954 22 74 98; www.pensioncordoba.com; Calle Farnesio 12; EZ/DZ 55/75 €, ohne Bad 45/65 €; ❄) Seit 30 Jahren führt ein freundliches älteres Paar die Unterkunft in einer ruhigen Fußgängerzone. Die Zimmer sind recht einfach, aber sauber.

Hotel Goya HOTEL €€
(☎954 21 11 70; www.hotelgoyasevilla.com; Calle Mateos Gago 31; EZ 39–60 €, DZ 65–95 €; ❄@☎) Sehr beliebt ist das strahlende Goya in der Nähe der Kathedrale. Es akzeptiert Haustiere, ist sauber und bietet angesichts seiner Lage ein gutes Preis-Leistungs-Verhältnis.

EL ARENAL

Dieses Viertel überzeugt mit seiner zentralen Lage am Fluss und einer guten Auswahl an Unterkünften.

Hotel Simón HOTEL €€

(☎954 22 66 60; www.hotelsimonsevilla.com; Calle García de Vinuesa 19; EZ 60–70 €, DZ 95–110 €; ❄@) Mit seinem hübschen Patio und den sauberen, komfortablen Zimmern hätte dieses Hotel in einer typischen Stadtvilla aus dem 18. Jh. mehr als zwei Sterne verdient. Einige der Räume sind mit schönen *azulejo*-Kacheln dekoriert.

EL CENTRO

Im Stadtzentrum locken sowohl Luxushotels als auch einige echte Schnäppchen.

EME Catedral Hotel LUXUSHOTEL €€€

(☎954 56 00 00; www.emecatedralhotel.com; Calle de los Alemanes 27; DZ 187–348 €; ❄@📶≋) Man nehme 14 schöne alte Häuser und mache daraus eins, engagiere sodann einen Topdesigner und den gefeiertsten Koch Spaniens, errichte einen Hamam, einen Dachpool, vier Restaurants und edle, eindrucksvolle Zimmer mit roten Farbakzenten. Das Ganze setze man direkt neben die größte gotische Kathedrale der Welt.

Heraus kommt: das EME Catedral Hotel, die neue Unterkunft, über die man überall in der Stadt spricht. Funktioniert das Konzept? Wer 200 € oder mehr für eine Übernachtung hinblättert, kann es selbst herausfinden.

Oasis Backpackers' Hostel HOSTEL €

(☎954 29 37 77; www.oasissevilla.com; Plaza de la Encarnación 29; B/DZ inkl. Frühstück 15/50 €; ❄@📶≋) Ausgefallene Backpackerbleibe mit kostenlosem Internetzugang. Das Hostel liegt an einer schmalen Gasse hinter der Anunciación-Kirche. Zu jedem Schlafsaalbett gehört ein eigenes Schließfach und auf dem Dach gibt's einen kleinen Pool. Keine Sperrstunde!

Hotel San Francisco HOTEL €€

(☎954 50 15 41; www.sanfranciscoh.com; Calle Álvarez Quintero 38; EZ/DZ 55/68 €; ❄📶) Das Hotel hat nur einen Stern und liegt günstig an einer Fußgängerzone. Der Service ist unterschiedlich gut, die Zimmer sind dunkel, aber sauber, und WLAN gibt's nur an der Rezeption. Im August ist das Haus geschlossen.

B&B Naranjo HOSTEL €

(☎954 22 58 40; Calle San Roque 11; EZ/DZ 45/65 €; @📶) Gemütliche Kiefernholzmöbel und beruhigende Farben verleihen dieser Unterkunft in El Centro Wärme.

NÖRDLICH DES STADZENTRUMS

Da diese Gegend etwas abseits der Hauptsehenswürdigkeiten liegt, lohnt es sich nur, hier zu bleiben, wenn man einen richtigen Knüller erwischt.

Hotel San Gil HOTEL €€

(☎954 90 68 11; www.hotelsangil.com; Calle Parras 28; Zi. ab 88 €; ❄📶≋) Die Nähe zum Nachtleben in der Alameda de Hercules macht die abgelegene Lage am nördlichen Ende des Viertels Macarena wieder wett. Von der gefliesten Lobby geht's in sehr geräumige, moderne Zimmer mit großen Betten.

Hostal Doña Feli PENSIÓN €

(☎954 90 10 48; www.hostaldonafeli.com; Calle Jesús del Gran Poder 130; EZ/DZ 35/45 €; ❄) Wer eine schicke Unterkunft mit spanischem Charakter nicht weit vom Nachtleben der Alameda sucht, hat das Richtige gefunden. Die Zimmer in diesem gut geführten, blitzsauberen *hostal* (preiswertes Hotel) ringen sich um einen Hof voller Pflanzen. Einige sind mit Badewanne plus Dusche ausgestattet.

Essen

Den Wettbewerb, wo es die erfindungsreichsten Tapas Andalusiens gibt, gewinnt Sevilla spielend. Fast alle Tapas-Bars haben mittags und abends auf.

In Spanien isst man spät zu Abend, deshalb öffnen viele Restaurants erst um 21 Uhr, im Sommer sogar erst gegen 22 Uhr. Aber dank der zahlreichen Touristen findet man in der Stadt auch eine Menge Lokale, die ihre Pforten schon früher aufmachen.

BARRIO DE SANTA CRUZ

Hier gibt's überall gute Tapas-Bars. Am besten schlendert man in Ruhe durch die Gassen und lässt sich von der herrlichen Atmosphäre inspirieren.

LP TIPP **Vinería San Telmo** TAPAS, FUSIONSKÜCHE €€

(☎954 41 06 00; www.vineriasantelmo.com; Paseo Catalina de Ribera 4; Tapas 3,50 €, media raciones 10 €) Das San Telmo erfand die Tapa *rascocielo* (Wolkenkratzer): ein „Hochhaus" aus Tomaten, Auberginen, Ziegenkäse und Räucherlachs. Wem liefe in Erwartung dieser und anderer kreativer Köstlichkeiten wie Stopfleber mit Wachteleiern und Litschi oder hervorragend zubereitetem Thunfisch nicht das Wasser im Munde zusammen?

Catalina TAPAS €€
(Paseo Catalina de Ribera 4; raciones 10 €) €) Wer Tapas für einen besseren Imbiss hält, wird ob des hiesigen kreativen Angebots aus fast allen Zutaten der iberischen Küche ins Staunen geraten. Mit Spezialitäten aus Käse, Auberginen und Paprika macht man einen guten Anfang. Gleich nebenan liegt die ebenso großartige Vinería San Telmo – eine schwere Entscheidung! Am besten wirft man eine Münze.

Bodega Santa Cruz TAPAS €
(Calle Mateos Gago; Tapas 2 €) Meistens ist dieser Laden gerammelt voll und es liegen Berge von Papier auf dem Boden. Hier genießt man seine Tapas und Getränke drinnen oder draußen im Stehen und weicht dabei den vielen Touristen aus, die sich durch die engen Gassen von Santa Cruz schieben.

Extraverde TAPAS €
(www.extraverde.es; Plaza de Doña Elvira 8; Tapas 2,50–4 €; 10.30–23.30 Uhr) Das Extraverde ist neu in der Szene. Der einzigartige Laden mit Bar hat sich auf andalusische Produkte wie Olivenöl, Käse und Wein spezialisiert. Man kann im Stehen Gratishäppchen probieren oder sich nach draußen setzen und eine ganze Tapa bestellen.

Restaurante Egaña Oriza ZEITGENÖSSISCH SPANISCH €€€
(www.restauranteoriza.com; Calle San Fernando 41; Hauptgerichte 22–32 €; Sa mittags & So geschl.) Baskisch ist heutzutage schon fast ein anderes Wort für gehobene Küche, darum ist es keine Überraschung, dass das von Basken geführte Egaña Oriza als eines der herausragenden Restaurants Sevillas gilt. Da es gegenüber vom Busbahnhof liegt, könnte es das erste (und beste) kulinarische Highlight in Sevilla werden. Im Erdgeschoss befindet sich eine ebenso noble Tapas-Bar.

Café Bar Las Teresas TAPAS €
(Calle Santa Teresa 2; Tapas 3 €) Die herabhängenden Schinken wirken so alt wie die kleine, gewundene Bar selbst, die gerade genug Platz für die beiden kräftigen Kellner hat, die Teller mit Tapas servieren. Es ist dunkel, aber nicht düster, das Essen ist sehr traditionell, und die Gäste, die sich hier angenehm mischen, sind teils Touristen, teils Einwohner aus der Gegend.

Cervecería Giralda TAPAS €
(954 22 82 50; Calle Mateos Gago 1; Tapas 3,50–5 €) Exotische Tapas-Variationen und traditionelle Gerichte in einem ehemaligen maurischen Badehaus.

EL ARENAL

Das nachts überraschend lebhafte El Arenal wartet mit einigen guten Tapas-Lokalen auf. Einfach auf die Menschenansammlungen auf der Straße achten, dann kann man sie nicht verfehlen.

Mesón Cinco Jotas TAPAS €€
(www.mesoncincojotas.com; Calle Castelar 1; Tapas 3,80 €, media raciones 10 €) Die Auszeichnung mit den „Cinco Jotas" (Fünf J) ist für Hersteller von *jamón* (luftgetrockneter Schinken) wie ein Oscar. Sánchez Romero Carvajal, der Besitzer dieses Lokals, ist der größte Produzent von Jabugo-Schinken und bietet eine große Auswahl davon an.

Enrique Becerra ANDALUSISCH €€€
(954 21 30 49; www.enriquebecerra.com; Calle Gamazo 2; Hauptgerichte 17–25 €; Sa & So geschl.) Hier kann man sich mittags zwischen die Einheimischen zwängen und herzhafte andalusische Gerichte schmausen. Eine der vielen Köstlichkeiten ist mit Spinat und Pinienkernen gefülltes Lamm in Honigsoße (22 €). Für Brot und Oliven werden allerdings 2,50 € berechnet.

EL CENTRO

Die Plaza de la Alfalfa hat viele Gesichter. Tagsüber ist sie das Zentrum der Tapas-Szene, am frühen Abend ein Treffpunkt für laute Familien und nach Einbruch der Dunkelheit das Reich der Nachtbars und Clubs. An und rund um den Platz gibt's auch einige gute italienische Restaurants.

Los Coloniales ANDALUSISCHE NOUVELLE CUISINE €€
(www.tabernacoloniales.es; Ecke Calle Dormitorio & Plaza Cristo de Burgos; Tapas 2,50 €, raciones 10–12 €) Die ruhigen Orte sind immer die besten. Wenn auch von außen unscheinbar, ist das Los Coloniales doch etwas ganz Besonders. Wie Models auf dem Laufsteg reihen sich die erstklassigen Gerichte aneinander, z. B. *chorizo a la Asturiana* (eine göttliche würzige Wurst in einer Zwiebelsoße, die auf leicht gebratenen Kartoffeln und Auberginen in Honig serviert wird) oder Schweinefilet *al whisky*.

Robles Laredo SPANISCHE NOUVELLE CUISINE €€
(www.casa-robles.com; Plaza de San Francisco; raciones 9–12 €) Dieses kleine italienisch inspirierte Café-Restaurant hat zwei überproportionierte Lüster und präsentiert in Glaskästen eine

riesige Auswahl leckerer Desserts. Auch die Tapas sind raffiniert. Unbedingt probieren: Foie gras, Rindfleischburger mit Trüffelsoße oder Austern und junge Sprotten.

Bar Alfalfa TAPAS €

(Ecke Calles Alfalfa & Candilejo; Tapas 3 €) Erstaunlich, wie viele Leute, Schinken, Weinflaschen und andere Dinge in einen so kleinen Raum passen. Wenn es zu voll wird, bestellt man einfach durch das Fenster. Die wundervolle italienisch-iberische Bruschetta mit *salmorejo* (dicker Gazpacho) und einem Hauch von Tomate ist unvergesslich.

Horno de San Buenaventura CAFÉ €

(www.hornosanbuenaventura.com; Avenida de la Constitución; Gebäck ab 1 €; ⌚9–21 Uhr) In Sevilla gibt's zwei dieser vergoldeten Kaffee-und-Kuchen- bzw. Snackbars; eine liegt hier in der Avenida de la Constitución gegenüber der Kathedrale, die andere (nicht ganz so gute) an der Plaza de Alfalfa. Die kulinarische Auswahl ist riesig, am besten frühstückt man ausgiebig oder isst spontan am späten Abend noch Kuchen. Das Personal könnte etwas mehr auf Zack sein.

ALAMEDA DE HÉRCULES

Sevillas Partymeile säumen einige gute Restaurants, von denen man einen hervorragenden Blick auf den verkehrsberuhigten Grünstreifen genießt.

Bar-Restaurante Eslava TAPAS, ANDALUSISCH €€

(www.espacioeslava.com; Calle Eslava 3; Tapas 4 €, media raciones 9–13 €) Legendär ist das Abendessen im Eslava: Es verzichtet auf die traditionellen Kacheln und Stierkampfposter der typischen Tapas-Bars und konzentriert sich auf das, worauf es eigentlich ankommt: gutes Essen und ebenso guten Service.

Bei den denkwürdigen *costillas a la miel* (Schweinerippchen mit Honig- und Rosmaringlasur) und den Gemüsestrudeln in Käsesoße spürt man einen Hauch von Nouvelle Cuisine, doch die Atmosphäre ist überhaupt nicht versnobt, sondern wird von Einheimischen geprägt. Nach 21 Uhr kann es richtig fanatisch zugehen. Das Restaurant liegt an der Plaza de San Lorenzo nicht weit von der Südwestecke der Alameda de Hércules.

Duo Tapas TAPAS, FUSIONSKÜCHE €€

(Calle Calatrava 10; Tapas 3–4,50 €, media raciones 9–12 €) Die Massen, die selten in das Gebiet nördlich der Alameda de Hércules abschweifen, verpassen das Duo Tapas. Es ist ein Vertreter der „neuen Schule", doch was ihm an *azulejos* und illustren Gästen in der Vergangenheit fehlt, macht es durch einfallsreiche Tapas mit einer asiatischen Note wett. Die Trendsetter von der Alameda schwören auf das Hühnchen in grüner Soße mit Reis und würzigen Nudeln.

TRIANA

Gegen 23 Uhr laufen die Restaurants am Flussufer in der Calle del Betis zur Höchstform auf. Hier kann man draußen sitzen, frittierte Meeresfrüchte verspeisen und den sich im Fluss spiegelnden Torre del Oro betrachten.

Ristorante Cosa Nostra ITALIENISCH €€

(☎954 27 07 52; Calle del Betis 52; Pizzen 8,50–12 €; ⌚Mo geschl.; 👪) Den mafiösen Namen kann man getrost ignorieren. In diesem Lokal gibt's die beste italienische Küche in Sevilla und dafür lohnt sich der Weg auf die andere Seite des Flusses. Die Pizzen werden vor den Augen der Gäste zubereitet und an den reichhaltigen cremigen Risottos kann sich jeder Paella-Koch der Stadt ein Beispiel nehmen.

Café de la Prensa FISCH & MEERESFRÜCHTE €

(Calle del Betis 8; Tapas 3 €) Tapas wurden bestimmt extra erfunden, um sie in der lebhaften Calle del Betis in Triana am Fluss und mit der Giralda im Hintergrund zu genießen. Es wäre eine Sünde, hier etwas anderes als Fisch zu essen, am besten mit einem Dip aus Kichererbsenmehl und kurz in Olivenöl gebraten.

Ausgehen

Viele Bars und Kneipen haben unter der Woche von 18 bis 2 Uhr und am Wochenende von 20 bis 3 Uhr geöffnet. Freitags und samstags (und bei großer Hitze) kommt Sevillas Partyszene erst gegen Mitternacht richtig in Schwung. Im Sommer gibt's an beiden Flussufern Dutzende Open-Air-Bars *(terrazas de verano)*. Gute Gegenden, um durch die Nacht zu ziehen, sind der Barrio de Santa Cruz und die Straßen rund um die Plaza de Alfalfa. Die Alameda de Hércules ist das Zentrum der Schwulenszene.

LP TIPP **Baños Árabes Tetería** TEEHAUS

(Calle Aire 15) Was exotische Teehäuser angeht, kann Sevilla nicht mit Granada mithalten, doch diese gemütliche Teestube mit ihren vielen Kissen bildet eine Ausnahme. Sie befindet sich in den himmlisch ruhigen Baños Árabes (S. 698) in Santa Cruz. Für Flair sorgen hier weder Wasserpfeifen noch dudelnde Sänger, sondern trendige Kunst und

Intellektuelle, die leise über Almodóvar-Filme diskutieren.

El Garlochi BAR

(Calle Boteros 4) Diese total theatralische Bar hat sich ganz und gar der Semana Santa verschrieben, sowohl was die Optik als auch was Gerüche und Klänge betrifft. Beim Weg nach oben wabert Weihrauch durch die Luft, und in der Bar, deren Wände mit Samt verkleidet sind, grüßen die Gesichter von Jesus und Maria, die es in vielen Varianten gibt.

La Rebótica BAR

(Calle Pérez Galdós 11) Im engen, gewundenen Rebótica ist kaum Platz, doch die Drinks sind billig, und zur 80er-Jahre-Atmosphäre erklingt die passende Musik.

Bulebar Café BAR, CAFÉ

(954 90 19 54; Alameda de Hércules 83; 16 Uhr–open end) Am frühen Abend kommt der Laden noch zurückhaltend daher, aber nachts wird die Stimmung immer heißer. Beim Frühstück, das die Lebensgeister weckt, treffen sich Frühaufsteher und Leute, die die ganze Nacht durchgemacht haben. Das Café mit nettem Personal liegt auf der Ostseite der Alameda de Hércules.

Cabo Loco BAR

(Calle Pérez Galdós 26) Kneipe, Spelunke, was immer: Das Cabo Loco ist das Paradies für die, denen es nichts ausmacht, zu stehen – im Freien.

Unterhaltung

Sevilla beherbergt die abwechslungsreichste Musikszene Andalusiens mit großen Namen aus Pop und Flamenco.

Boss CLUB

(www.salaboss.es; Calle del Betis 67; Eintritt ab 12 €; Di–So 20–7 Uhr) Wer an den beiden ruppigen Türstehern vorbeikommt, kann hier super feiern. Im Vergleich zu den anderen Läden in Triana ist dieser Club relativ versnobt. Die Musik wechselt ständig.

La Imperdible THEATER

(954 38 82 19; www.imperdible.org; Plaza del Duque de la Victoria; Erw./Kind 12/5 €) Das Zentrum der experimentellen Kunstszene zeigt eine Menge zeitgenössischen Tanz, Theater und Flamenco, in der Regel ab 21 Uhr. Donnertags bis samstags ab ca. 23 Uhr werden in der Bar Konzerte veranstaltet.

Naima Café Jazz BLUES, JAZZ

(954 38 24 85; Calle Trajano 47; Liveauftritte ab 23 Uhr) Wer eine Überdosis Flamenco genossen hat, kann sich in diesem intimen Café erholen, das zu sanften Jazzklängen swingt (Livemusik am Wochenende).

Flamenco

Soleares, der authentischste *cante jondo* (bewegender Gesang; ein Ausdrucksmittel für den Schmerz einer gesellschaftlichen Randgruppe) des Flamenco, stammt aus Triana, wo man auch einige der besten Clubs findet. Nächtliche *tablaos* (Flamenco-Shows) werden in einem halben Dutzend Locations in der Stadt gezeigt.

LP TIPP **Casa de la Memoria de Al-Andalus** FLAMENCO

(954 56 06 70; www.casadelamemoria.es; Calle Ximénez de Enciso 28; Tickets 15 €; 21 Uhr) Dieser *tablao* in Santa Cruz bietet zweifellos die intimste und authentischste Flamenco-Show außerhalb des Museo del Baile. In einem Hof voller sich verändernder Schatten und hoher Pflanzen sind ganz verschiedene *palos* (Flamenco-Stile) zu sehen. Nur 100 Personen passen hinein, darum sollte man möglichst ein, zwei Tage vorher reservieren.

GRATIS **La Carbonería** FLAMENCO

(Calle Levíes 18; Eintritt frei; 20–4 Uhr) Tagsüber sieht dieser Laden eher aus wie eine Garage. Aber nach 20 Uhr wird der umfunktionierte Kohlenhof im Barrio de Santa Cruz zu einer guten Partylocation mit zwei großen Bars. Jede Nacht (23 & 24 Uhr) erlebt man hier kostenlose Flamenco-Shows.

Casa Anselma FLAMENCO

(Calle Pagés del Corro 49; Mo–Sa 24 Uhr–open end) Wer sich an der fülligen Anselma (einer berühmten Flamenco-Tänzerin aus Triana) an der Tür vorbeigequetscht hat, merkt schnell: In diesem Schuppen ist alles möglich. Die Casa Anselma (ein Schild gibt's nicht, nur einen mit Kacheln geschmückten Torweg) ist das Gegenteil eines touristischen *tablao*: Es herrscht dichtes Gedränge, dicker Zigarettenrauch wabert herum, es gibt keinen Verstärker, aber viele spontane Tänze.

Die Bar liegt in Triana an der Ecke der Calle Alfarería, etwa 200 m westlich der Puente de Isabel.

Shoppen

Die Kunsthandwerksläden im Barrio de Santa Cruz haben natürlich die Touristen im Visier, bieten aber durchaus auch attraktive Keramik, Kacheln und Poster an.

Schuhliebhaber müssen auf sich aufpassen: Sevilla wartet mit der größten Dichte an Schuhgeschäften des Planeten auf, besonders im Zentrum rund um die Calles Sierpes, de la Cuna, Velázquez und Tetuán. Handgearbeitete Flamenco-Gitarren findet man ein paar Straßenzüge nördlich der Plaza de la Encarnación. Etwas weiter westlich an den Plazas de la Magdalena und del Duque de la Victoria besetzt das Kaufhaus **El Corte Inglés** (Plaza del Duque de la Victoria 8; ⌚Mo–Sa 10–22 Uhr) ganze vier Gebäude. In Triana, der traditionellen Hochburg der Fliesen- und Kachelproduktion, verkaufen rund um die Calle Alfarería und Calle Antillano Campos ein Dutzend Geschäfte und Werkstätten kunstvolle Keramikwaren.

Casa del Libro BÜCHER
(www.casadellibro.com; Calle Velázquez 8) Der Laden, der zur ältesten spanischen Buchhandelskette gehört, erstreckt sich über vier Etagen und hat viele mehrsprachige Romane sowie Reiseführer (darunter auch dieser).

ℹ Praktische Informationen

Geld

Im Zentrum gibt's jede Menge Banken und Geldautomaten. Letztere findet man darüber hinaus auch am Bahnhof Santa Justa, am Flughafen und an beiden Busbahnhöfen.

Infos im Internet

Discover Sevilla (www.discoversevilla.com) Hervorragende englischsprachige Website.

Explore Seville (www.exploreseville.com) Guter, informativer Internetauftritt.

Sevilla Turismo (www.turismo.sevilla.org) Die offizielle Tourismusseite der Stadt; besonders nützlich ist der „Accessible Guide" für Reisende mit Behinderung.

Medizinische Versorgung

Centro de Salud El Porvenir (☎954 71 23 23; Ecke Avenidas Menéndez y Pelayo & de Cádiz) Öffentliches Krankenhaus mit Notaufnahme.

Hospital Virgen del Rocío (☎955 01 20 00; Avenida de Manuel Siurot) Das größte allgemeinmedizinische Krankenhaus der Stadt liegt 1 km südlich vom Parque de María Luisa.

Notfall

Krankenwagen (☎061)

Notruf (☎112)

Policía Local (☎092)

Policía Nacional (☎091)

Post

Postamt (Avenida de la Constitución 32)

Touristeninformation

Regionale Touristeninformationen befinden sich in der **Avenida de la Constitución 21** (Avenida de la Constitución 21; ⌚Mo–Fr 9–19, Sa 10–14 & 15–19, So 10–14 Uhr, an Feiertagen geschl.) und am **Estación Santa Justa** (☎954 53 76 26; Estación Santa Justa; ⌚Mo–Fr 9–20, Sa & So 10–14 Uhr, an Feiertagen geschl.).

Turismo Sevilla (www.turismosevilla.org; Plaza del Triunfo 1; ⌚Mo–Fr 10.30–19 Uhr) Informationen zur gesamten Provinz Sevilla.

ℹ An- & Weiterreise

Bus

Sevilla hat zwei Busbahnhöfe. Vom zentralen **Estación de Autobuses Plaza de Armas** (Avenida del Cristo de la Expiración) gibt's Verbindungen in den Norden der Provinz Sevilla, zur Provinz Huelva und zu den meisten Zielen innerhalb Spaniens, darunter Madrid. Dies ist auch der zentrale Busbahnhof für Busse von **Eurolines** (www.eurolines.es) und internationale Fernbusse nach Deutschland, Belgien, Frankreich und in andere Länder. Den **Estación de Autobuses Prado de San Sebastián** (Plaza San Sebastián) nutzen vor allem Busse innerhalb Andalusiens (außer Huelva). Von hier fahren etwa stündlich Busse nach Cádiz, Córdoba, Granada, Jerez de la Frontera, Málaga und Madrid.

Flugzeug

Am **Aeropuerto San Pablo** gibt's zahlreiche internationale und innerspanische Verbindungen. **Iberia** (www.iberia.com) fliegt direkt nach Barcelona, Madrid und zu einem halben Dutzend weiterer spanischer Städte. **Spanair** (www.spanair.com) steuert Madrid und Barcelona an. **Air Europa** (S. 904) und **Vueling** (S. 904) haben ebenfalls Flüge nach Barcelona im Programm. **Air Berlin** (www.airberlin.com) startet von mehreren deutschen, Schweizer und österreichischen Flughäfen nach Sevilla. Da sich die Fluggesellschaften und -pläne häufig ändern, informiert man sich vor seiner Abreise am besten bei der jeweiligen Airline oder in größeren Online-Reisebüros.

Zug

Der **Estación Santa Justa** (☎902 432343; Avenida Kansas City) liegt 11,5 km nordöstlich des Zentrums. Züge fahren von/nach Madrid (83,30 €, 2½ Std., 20-mal tgl.), Cádiz (13,25 €, 1¾ Std., 15-mal tgl.), Córdoba (33,20 €, 42 Min., 30-mal tgl.), Huelva (10,05 €, 1½ Std., 3-mal tgl.), Granada (24,80 €, 3 Std., 4-mal tgl.) und Málaga (38,70 €, 2 Std., 11-mal tgl.).

ℹ Unterwegs vor Ort

Auto & Motorrad

Hotels mit Parkgelegenheiten verlangen normalerweise 12–18 € pro Tag für diesen Service. Das

RADFAHREN IN SEVILLA

Nach vielen Jahren des Verkehrschaos war die Einweihung des Sevillaner Fahrradverleihsystems **Sevici** (☎902 01 10 32; www.sevici.es; ⏲7–21 Uhr) im April 2007 als dringend benötigter Ausgleich ein wahrer Segen, sogar für eingefleischte Autofahrer. Als zweites Fahrradverleihsystem in Spanien (inzwischen gibt's neun) startete Sevici ein paar Wochen nach dem *Bicing*-Programm in Barcelona. Trotz diverser Nachahmer wie Vélib in Paris, das im Juni 2007 ins Leben gerufen wurde, bleibt es mit 2500 Rädern der fünftgrößte derartige Fahrradverleih Europas. Wer sich an einer der 250 Leihstationen ein Rad schnappt, wird schnell merken, dass sich diese flache, warme Großstadt, die anscheinend instinktiv richtig entworfen wurde, wunderbar zum Radeln eignet.

Die meisten der tausende Nutzer von Sevici sind Einheimische, doch auch Besucher können die Vorteile des Fahrradverleihs in Anspruch nehmen, indem sie einen 7-Tage-Pass für 10 € (plus eine rückzahlbare Kaution von 150 €) erwerben. Dann einfach zur nächsten Verleihstation begeben, wo man die Codenummer von der Quittung eingibt, und ab geht die Post. In Sevilla gibt's 120 km Radwege, sie sind grün gestrichen und haben eigene Verkehrsampeln. Die ersten 30 Minuten der Nutzung sind kostenlos, danach zahlt man 1 € für die erste und 2 € für jede weitere Stunde.

Auch bei einer geführten Fahrradtour zu den wichtigsten Sehenswürdigkeiten lässt sich die gute Infrastruktur für Radfahrer nutzen. **Sevilla Bike Tour** (www.sevillabiketour.com; Erw./Kind 25/19 €) veranstaltet einfache, dreistündige Ausflüge (10 km), die täglich um 10.30 und 18 Uhr beginnen. Treffpunkt ist vor dem **Torre de Oro**. Eine Anmeldung ist nicht nötig, Räder werden gestellt.

ist nicht unbedingt billiger als in den städtischen Parkhäusern, aber dafür weiß man sein Auto wenigstens in der Nähe. Eine relativ preiswerte Tiefgarage ist **Parking Paseo de Colón** (Ecke Paseo de Cristóbal Colón & Calle Adriano; 1–10 Std. 1,20 € pro Std., 10–24 Std. 13,50 €).

Bus

Die Busse C1, C2, C3 und C4 von **Tussam** (www.tussam.es), dem städtischen Verkehrsbetrieb von Sevilla, verbinden die wichtigsten Haltestellen und Bahnhöfe mit dem Zentrum. Ein Einzelticket kostet 1,30 €, es gibt aber verschiedene Pässe (an Bahnhöfen und Kiosken bei Haltestellen), die sich bei vielen Fahrten lohnen.

Vom/zum Flughafen

Der Flughafen liegt 7 km östlich vom Zentrum an der A4 nach Córdoba. **Los Amarillos** (www.losamarillos.es) bietet Busverbindungen zwischen dem Flughafen und der Avenida del Cid in der Nähe des Busbahnhofs San Sebastián (2,40 €, , 5.45–0.45 Uhr alle 15 Min.; sonntags weniger häufig). Ein Taxi kostet ca. 22 €.

Metro

Sevillas Metronetz, über das schon vor 30 Jahren debattiert wurde, hat nun endlich das Licht der Welt erblickt (sozusagen). Die erste Linie wurde im April 2009 eröffnet und fährt von der Ciudad Expo nach Olivar de Quinto; für Besucher der Stadt ist diese Strecke nicht sehr hilfreich. Drei weitere Linien sollen 2017 fertig werden. Der Einzelfahrschein kostet 1,35 €, eine Tageskarte 4,50 €.

Straßenbahn

Tranvia (www.tussam.es) heißt der schnittige Straßenbahnservice der Stadt, der seit 2007 existiert. Zwei parallele Linien fahren wunderbar abgasfrei zwischen Plaza Nueva, Avenida de la Constitucíon, Puerta de Jerez, San Sebastián und San Bernardo (diese Haltestelle wurde 2011 ergänzt). Der Einzelfahrschein kostet 1,30 €, es gibt aber auch spezielle Tickets für Vielfahrer.

Rund um Sevilla

Die Provinz Sevilla lädt zu Tagesausflügen ein. In Itálica stehen die interessantesten römischen Ruinen Andalusiens, daneben locken in der sanft gewellten, fruchtbaren Ebene östlich von Sevilla faszinierende alte Orte wie Carmona und Osuna.

CARMONA

27 950 EW. / 250 M

Carmona liegt auf einem niedrigen Hügel über einem sehr hübschen Tal, das in der Sommerhitze brät, und beherbergt viele alte Paläste sowie beeindruckende Denkmäler – ein unerwartetes Highlight im Westen Andalusiens.

Sehenswertes

Die Touristeninformation in der **Puerta de Sevilla**, dem Haupttor zur Altstadt, verkauft Eintrittskarten (Erw./Stud. & Sen. 2/1 €) für die oberen Stockwerke der Torburg.

NICHT VERSÄUMEN

ITÁLICA

Im Vorort Santiponce, 8 km nordwestlich von Sevilla, liegt **Itálica** (☎955 62 22 66; www.juntade andalucia.es/cultura/italica; Avenida de Extremadura 2; Eintritt 1,50 €; ⊙April–Sept. Di–Sa 8.30–21, So & Feiertage 9–15 Uhr, Okt.–März Di–Sa 9–18.30, So & Feiertage 10–16 Uhr), Spaniens erste römische Stadt. Sie wurde 206 v. Chr. gegründet und war auch der Geburtsort der römischen Kaiser Trajan und Hadrian, die im 2. Jh. regierten. Zu der teilweise rekonstruierten Stätte gehören ein großes römisches Amphitheater, breite gepflasterte Straßen, die Überreste mehrerer Häuser mit prachtvollen Mosaiken und ein Theater.

Busse fahren montags bis freitags von 6.35 bis 23 Uhr mindestens zweimal stündlich von Sevillas Busbahnhof Plaza de Armas nach Santiponce (1,30 €, 40 Min.), an Wochenenden etwas seltener. Sie halten direkt vor dem Eingang der Stätte.

Am Ende der Straße, die an der Iglesia de Santa Maria vorbeiführt, befindet sich die **Puerta de Córdoba** (Calle de Dolores Quintanilla; Eintritt 2 €; ⊙Führungen bei mind. 8 Pers. Di, Sa & So 11.30, 12.30 & 13.30 Uhr), ein prachtvoll restauriertes Tor aus der Römerzeit. Es rahmt Sevillas fruchtbare Landschaft ein, die sich im Hintergrund wie ein wertvoller verblasster Teppich entfaltet. Weiter südlich stößt man auf die nackten Ruinen des **Alcázar** (Erw./Kind 2/1 €, Mo Eintritt frei; ⊙Mo–Sa 10–18, So & Feiertage bis 15 Uhr), einer Almohadenfestung, die Peter I. in einen Landsitz verwandelte. Die Anlage wurde durch zwei Erdbeben 1504 und 1755 schwer beschädigt. Heute steht auf dem Gelände ein luxuriöser *parador* (staatlich geführtes Luxushotel).

Iglesia Prioral de Santa María KIRCHE

(☎954 19 14 82; Plaza Marqués de las Torres; Eintritt 3 €; ⊙Mo–Fr 9–14 & 17.30–19.30, Sa 9–14 Uhr) Diese wunderbare Kirche wurde größtenteils im 15. und 16. Jh. an der Stelle der früheren Hauptmoschee errichtet. In einen der Pfeiler des Patio de los Naranjos, der den Eingang bildet, wurde ein westgotisches Kalendarium eingraviert. Der Platereskaltar im Inneren ist unglaublich detailreich, seine 20 Tafeln mit biblischen Szenen werden von goldumrankten Säulen eingerahmt.

GRATIS **Römische Nekropole** FRIEDHOF, RUINEN

(☎954 14 08 11; Avenida de Jorge Bonsor; ⊙15. Juni–14. Sept. Di–Sa 9–14, Di–Fr bis 17 Uhr, 1. Juli–31. Aug. & Feiertage geschl.) Etwas mehr als 1 km südwestlich der Puerta de Sevilla erstreckt sich Carmonas beeindruckende römische Nekropole. In einige der aus dem Fels gehauenen Familiengräber kann man sogar hineinschauen.

Museo de la Ciudad MUSEUM

(Stadtmuseum; ☎954 14 01 28; www.museociudad.carmona.org; Calle San Ildefonso 1; Erw./Kind 3 €/frei, Di Eintritt frei; ⊙Di–So 11–17, Mo bis 14 Uhr) Interessante Hintergründe zur Stadt liefert das Stadtmuseum, das sich in einem jahrhundertealten Palast befindet; seine Exponate reichen teilweise bis in die Steinzeit zurück. Highlights sind die Abteilungen zu Tartessos und dessen römischen Nachfolgern: Erstere zeigt eine einzigartige Sammlung großer Tongefäße, die mit vorderasiatischen Motiven dekoriert wurden, Letztere mehrere großartige römische Mosaiken.

Schlafen & Essen

Posada San Fernando BOUTIQUE-HOTEL €€

(☎954 14 14 08; www.posadasanfernando.com; Plaza de San Fernando 6; EZ/DZ/3BZ 55/65/100 €; ❄📶) Am belebtesten Platz der Stadt steht dieses Hotel mit tollem Preis-Leistungs-Verhältnis. Jedes der Zimmer in dem Gebäude aus dem 16. Jh. ist einzigartig eingerichtet, von den sorgfältig ausgesuchten Möbeln und Tapeten bis zu den handbemalten Kacheln in den Bädern, die teilweise mit frei stehenden Badewannen bestückt sind.

Parador Alcázar del Rey Don Pedro HISTORISCHES HOTEL €€€

(☎954 14 10 10; www.parador.es; Calle Alcázar; Zi. 160–171 €) Carmonas luxuriös ausgestatteter *parador* wirkt durch die Ruinen des Alcázar auf dem Gelände sogar noch prunkvoller. Das elegante hauseigene Restaurant (Tagesmenü 32 €) serviert gehobene andalusische Küche.

Hostal Comercio HOSTAL €

(☎954 14 00 18; hostalcomercio@hotmail.com; Calle Torre del Oro 56; EZ/DZ 35/50 €) Im Inneren der Puerta de Sevilla befindet sich dieser altmodische Gasthof mit 14 schicken, schlichten Zimmern, die sich um einen Patio voller Pflanzen und Bogen im Mudejarstil reihen. Der herzliche Service, der über Generationen gepflegt wurde, passt zum unaufdringlichen Dekor.

Casa Curro Montoya TAPAS €
(Calle Santa María de Gracia 13; Tapas 2,50 €; ⌚Di geschl.) Gegenüber vom Convento de Santa Clara findet man den schmalen, mit Erinnerungsstücken vollgestopften Saal des freundlichen familiengeführten Lokals. In Gerichten wie frischem Thunfisch in köstlicher Zwiebelsoße, mit Stopfleber gefüllten Auberginen und gebratenen *pizcotas* (kleinen, sardinenähnlichen Fischen) zeigen sich über lange Zeit weitergegebene Familientraditionen.

ℹ Praktische Informationen

Touristeninformation (www.turismo.carmona.org; Alcázar de la Puerta de Sevilla; ⌚Mo–Sa 10–15 & 16.30–18.00, So & Feiertage 10–15 Uhr) Die hilfsbereite Touristeninformation befindet sich im Innern der Puerta de Sevilla.

ℹ An- & Weiterreise

Von Montag bis Freitag verkehren stündlich Casal-Busse nach Sevilla, am Wochenende seltener. Abfahrt ist an der Haltestelle am Paseo del Estatuto. Vom Parkplatz neben der Puerta de Sevilla starten täglich zwei oder drei Busse via Ècija nach Córdoba.

OSUNA

18 000 EW. / 330 M

Osuna überrascht mit dem Erbe der sagenhaft wohlhabenden Herzöge, die der Stadt ihren Namen gaben: mit glänzend erhaltenen Barockvillen und einem eindrucksvollen Kloster aus der spanischen Renaissance voller kostbarer Kunstwerke. Wie ein Tableau entfalten sich diese überraschenden architektonischen und künstlerischen Schätze in der ansonsten leeren Landschaft – als ob sie keine große Sache wären.

Die Stadt liegt 91 km südöstlich von Sevilla an der A92 von Granada nach Sevilla.

◉ Sehenswertes

Die wuchtigen Gebäude auf dem Hügel über dem Ortszentrum repräsentieren die Macht verschiedener Autoritäten der spanischen Vergangenheit. Auffällige Säulenreihen mit dem Wappen der Familie Cepeda zieren den **Palacio de los Cepeda** (Calle de la Huerta), hinter dem Rathaus und die **Cilla del Cabildo Colegial** (Calle San Pedro 16) beherbergt eine geschnitzte Nachbildung der Giralda von Sevilla.

Colegiata de Santa María de la Asunción MUSEUM
(☎954 81 04 44; Plaza de la Encarnación; Eintritt nur im Rahmen einer Führung 3 €; ⌚Mai–Sept. Di–So 10–13.30 & 16–19 Uhr, Okt.–April 10–13.30 & 15.30–18.30 Uhr) Dieser imposante Renaissancebau schaut von der Stätte der einstigen Pfarrkirche auf den Ort hinab. Seine Säle bergen unzählige Kunstwerke und Schätze, angesammelt von den Herzögen von Osuna, darunter eine Reihe von Gemälden von José Ribera, auch „El Españoleto" genannt, und Skulpturen von Juan de Mesa.

Die Führung (nur auf Spanisch) schließt auch die düstere Gruft ein, die 1548 mit einer eigenen Kapelle als Familiengrab der Osunas geschaffen wurde; sie wurden in Mauernischen zur letzten Ruhe gebettet.

Monasterio de la Encarnación MUSEUM
(Plaza de la Encarnación; Eintritt 2,50 €; ⌚Mai–Sept. Di–So 10–13.30 & 16–19 Uhr, Okt.–April 10–13.30 & 15.30–18.30 Uhr) Heute ist dieses ehemalige Kloster Osunas Museum für religiöse Kunst. Die Kirche wurde gefüllt mit barocken Skulpturen und Gemälden, im Kreuzgang dagegen warten Wandbilder aus Kacheln, die biblische, Jagd- und Klosterszenen darstellen und zu den schönsten Sevillaner Kachelarbeiten zählen. Ein Besuch ist nur im Rahmen einer Führung (auf Spanisch) möglich, die von einer der hier lebenden Nonnen geleitet wird.

Schlafen & Essen

Hotel Palacio Marqués de la Gomera HISTORISCHES HOTEL €€
(☎954 81 22 23; www.hotelpalaciodelmarques.es; Calle San Pedro 20; Zi./Suite 89/139 €; P ❄ @ ☎) In einer der schönsten Barockvillen der Stadt befindet sich dieses außergewöhnlich attraktive Hotel. Seine Zimmer sind überaus geräumig und bieten unaufdringlichen Luxus. An einem mit prächtigen Säulen geschmückten Innenhof steht sogar eine kunstvoll dekorierte Privatkapelle.

LP TIPP **Casa Curro** TAPAS €
(Plazuela Salitre 5; Tapas 2 €, raciones 8 €) Eine Tapas-Bar wie aus dem Bilderbuch mit einer wunderbaren Mischung aus Tradition und Nouvelle Cuisine. Aus der Küche des bei den Einwohnern sehr beliebten Lokals westlich vom Zentrum kommt ein Teller nach dem anderen: Aubergine in Garnelen- und Muskatellerweinsoße, hausgemachte Fleischbällchen, iberisches „Geheimnis" in einer Quittensoße, serviert mit Wildpilzen ... am liebsten würde man sie alle probieren.

ℹ Praktische Informationen

Oficina Municipal de Turismo (☎954 81 57 32; www.turismosuna.es; Calle Carrera 82;

Di–Sa 9.30–13.30 & 16–18, So 9.30–13.30 Uhr) Hier bekommt man alle wichtigen Infos über die Stadt und einige hilfreiche Broschüren.

An- & Weiterreise

Der **Busbahnhof** (Avenida de la Constitución) liegt 500 m südöstlich der Plaza Mayor. Von hier bestehen täglich bis zu elf Verbindungen nach Sevilla zum Prado de San Sebastián (1½ Std.). Vom **Bahnhof** (Avenida de la Estación), 1 km südwestlich vom Zentrum, starten täglich sechs Züge nach Sevilla (10,20 €, 1 Std.).

DIE PROVINZ HUELVA

Für Reisende mit strammem Programm ist die Provinz Huelva nur eine Etappe auf dem Weg nach Portugal. Wer hier jedoch etwas verweilt, entdeckt den besten andalusischen *jamón*, den ausdrucksvollsten Fandango sowie Spaniens überschwänglichste *romería* (Wallfahrt). Dazu kommen ein wenig britische Bergbaugeschichte, Erinnerungen an Kolumbus und einer der schönsten Nationalparks des Landes. All das macht die Gegend zu einem wunderbaren Reiseziel jenseits der andalusischen Klischees.

Huelva

149 000 EW.

Einen Schönheitswettbewerb wird das mit Fabriken verschandelte Huelva, dessen historisches Erbe bei dem Lissaboner Erdbeben von 1755 in Stücke zerfiel (und nicht wieder-aufgebaut wurde), wohl nicht gewinnen. Durchreisende finden in der Stadt einige Hotels und einfache, aber prägnante Erinnerungen an Kolumbus, der seine ersten Entdeckungsfahrten von hier aus begann. Alternativ kann man die Sehenswürdigkeiten der Provinz Huelva auch in Tagesausflügen von Sevilla oder der vornehmeren Kleinstadt Aracena 100 km nördlich erkunden.

Sehenswertes

Es gibt in der Stadt nur ein Museum.

GRATIS **Museo de Huelva** MUSEUM

(www.museosdeandalucia.es/cultura/museos/MHU; Alameda Sundheim 13; Di 14.30–20.30, Mi–Sa 9–20.30, So 9–14.30 Uhr) Das Stadtmuseum steht in der Alameda, der Domäne der Bourgeoisie im frühen 20. Jh., und ist bis zum Rand mit Kunst und Geschichte vollgestopft. Die Dauerausstellung konzentriert sich auf das archäologische Erbe der Stadt und stellt interessante Exponate aus der römischen Vergangenheit und der Bergbaugeschichte aus. Oben zeigen Wechselausstellungen immer wieder andere Werke der bedeutenden Kunstsammlung des Museums, die bis ins 16. Jh. reicht.

Schlafen & Essen

Hotel Costa de la Luz HOTEL €

(959 25 64 22; www.hotelcostaluzhuelva.com; Calle José María Amo 8 & 10; EZ/DZ 31/47 €;) Gute und zentral gelegene Unterkunft in einer ruhigen Fußgängerzone ganz in der Nähe des Haupteinkaufsviertels. Die gepflegten, geräumigen Zimmer haben große Bäder, hübsche Kacheln und tolle Fernseher mit Hunderten Kanälen. Das kostenlose Frühstück sollte man sich schenken und stattdessen ins Café Central um die Ecke gehen. Freitag- und Samstagnacht gibt's einen kleinen Rabatt.

Albergue Juvenil de Huelva HOSTEL €

(959 65 00 10; www.inturjoven.com; Avenida Marchena Colombo 14; Erw./Kind inkl. Frühstück 27/16 €; 6) Die 53 Zimmer dieser guten, modernen Jugendherberge gruppieren sich um einen hellen, angenehmen Innenhof. In den Räumen, die alle ein eigenes Bad haben, stehen je sechs Betten. Auch Fahrräder werden verliehen. Das Haus liegt 2 km nördlich vom Busbahnhof, der Stadtbus 6 vom Busbahnhof hält gleich um die Ecke vom Hostel in der Calle JS Elcano.

Hotel Familia Condes BUSINESSHOTEL €€

(959 28 24 00; www.hotelfamiliaconde.com; Alameda Sundheim 14; EZ/DZ inkl. Frühstück 50/65 €; P) Zugegeben, dieses Hotel für Geschäftsreisende befindet sich in einem ziemlich gesichtslosen Block, doch dafür wird es effizient und mit herzlichem Service geführt, und die frisch duftenden Zimmer bieten viel Platz und Bäder in leuchtendem Orange. Es liegt günstig nur einen kurzen Spaziergang von der Gran Vía mit ihren zahlreichen Cafés entfernt.

LP TIPP **El Picoteo** TAPAS €

(Avenida Pablo Rada 5; raciones 9,50 €) An der Nordseite der Pablo Rada liegt dieses legere Tapas-Restaurant für eingeweihte Gourmets. *Bacalao* (Kabeljau) wird in vielen Varianten zubereitet (z. B. in Garnelensoße oder Pedro-Ximénez-Weinsoße), und es gibt zahlreiche vegetarische Optionen, etwa mit Gouda gefüllte Auberginen.

Praktische Informationen

Regionale Touristeninformation (www.turismohuelva.org; Plaza Alcalde Coto Mora 2; ⌚Mo–Fr 9–19.30, Sa & So 9.30–15 Uhr)

An- & Weiterreise

BUS Die meisten Busse ab dem **Busbahnhof** (☎959 25 69 00; Calle Doctor Rubio) werden von **Damas** (www.damas-sa.es) betrieben. Verbindungen gibt's u. a. nach Aracena, Isla Cristina, Moguer, Matalascañas und Faro (Portugal). Täglich fahren mindestens zwei Socibus-Busse nach Madrid (24 €, 7¼ Std.).

ZUG Vom **Bahnhof** (☎902 432343; www.renfe.com; Avenida de Italia) fahren täglich drei Züge nach Sevilla (10 €, 1½ Std.), einer nach Córdoba und Madrid (70 €, 4 Std.).

Lugares Colombinos

Als Lugares Colombinos (Kolumbus-Stätten) werden die drei Ortschaften La Rábida, Palos de la Frontera und Moguer bezeichnet. Sie liegen am Ostufer der Mündung des Río Tinto östlich von Huelva und spielten eine entscheidende Rolle bei der Entdeckung Amerikas. Am besten kommt man im Rahmen eines Tagesausflugs von Huelva, der Doñana-Region oder der nahen Küste hierher.

LA RÁBIDA

600 EW.

La Rábidas wichtigste Sehenswürdigkeit ist das **Monasterio de La Rábida** (☎959 35 04 11; Eintritt 3 €; ⌚Di–So 10–13 & 16–19 Uhr) aus dem 14. Jh. Kolumbus stattete dem Kloster vor seiner großen Entdeckungsreise mehrere Besuche ab. Am Flussufer unterhalb des Gebäudes befindet sich die **Muelle de las Carabelas** (Mole der drei Karavellen; Eintritt 3,55 €; ⌚Juni–Aug. Di–Fr 10–14 & 17–21, Sa & So 11–20 Uhr, Sept.–Mai Di–So 10–19 Uhr). Hier können Nachbauten der drei Schiffe von Kolumbus' bescheidener Flotte besichtigt werden, die allerdings mit ziemlich albernen Puppen bemannt sind.

PALOS DE LA FRONTERA

8500 EW.

Im Nachbarort von La Rábida steht die **Casa Museo Martín Alonso Pinzón** (☎959 10 00 41; Calle Colón 24; Eintritt frei; ⌚Mo–Fr 10–14 Uhr), das frühere Heim des Kapitäns der *Pinta*. In der **Iglesia de San Jorge** aus dem 15. Jh. etwas weiter an derselben Straße empfingen Kolumbus und seine Männer vor ihrer großen Fahrt die Kommunion.

Wer in Palos de la Frontera übernachten möchte, sollte das **Hotel La Pinta** (☎959 53 05 11; Calle Rábida 79; EZ/DZ 41/67 €) ansteuern. Es hat eine große Bar, ein Restaurant mit Modellen der Schiffe von Kolumbus sowie angenehm geräumige und saubere Zimmer. Abends kann man im höhlenartigen, stimmungsvollen **El Bodegón** (☎959 53 11 05; Calle Rábida 46; Gerichte 10–23 €; ⌚Di geschl.) einkehren, das Fisch- und Fleischgerichte vom Holzkohlegrill serviert.

MOGUER

16 300 EW.

Viele Männer der Mannschaft von Kolumbus kamen aus dem verschlafenen Moguer. Im **Monasterio de Santa Clara** (☎959 37 01 07; www.santa-clara.tk; Plaza de las Monjas; Führungen 3 €; ⌚Di–Sa 10.30–13 & 16.30–19, So 10.30–13 Uhr) aus dem 14. Jh. durchwachte Kolumbus nach der Rückkehr von seiner ersten Reise im März 1493 betend die Nacht.

Auf der anderen Seite der Plaza, direkt gegenüber vom Kloster, beherbergt ein höhlenartiges, rekonstruiertes Gebäude mit maurischen Bogen eine coole, stilvolle Tapas-Bar.

Ein paar Ecken südlich von der zentral gelegenen Plaza del Cabildo stößt man auf die empfehlenswerte **Touristeninformation** (☎959 37 18 98; Calle Castillo; ⌚Mo–Sa 10–14 & 17–19, So, Mo & Feiertage 10–15 Uhr), die in Moguers **Castillo** untergebracht ist. Die Festung verfügt über schmucklose Mauern und geht noch auf die Almohadenzeit zurück. Im 14. Jh. wurde sie erweitert.

An- & Weiterreise

Täglich verkehren mindestens zehn Busse von Huelva nach La Rábida (15 Min.). Die Hälfte davon fährt weiter nach Palos de la Frontera (20 Min.) und Moguer (30 Min.) an. Alle anderen steuern Mazagón an.

Parque Nacional de Doñana

Der 1969 gegründete Doñana-Nationalpark ist Spaniens berühmtestes und in vieler Hinsicht bedeutendstes Tier- und Naturschutzgebiet sowie eines der letzten großen Feuchtgebiete Europas. Er erstreckt sich auf einer Fläche von 542 km² vom Südosten der Provinz Huelva bis in die angrenzende Provinz Sevilla und wurde von der Unesco zum Welterbe erklärt. Mit seiner einzigartigen Kombination von Ökosystemen fungiert der Park als lebenswichtiges Rückzugsgebiet für gefährdete Tierarten wie den Spanischen Kaiseradler. Zugleich ist dies ein Ort unvergesslicher Schönheit, der den Weg hierher allemal lohnt. Betreten darf man ihn nur im Rahmen geführter Touren: Diese starten am Centro de Visitantes El Acebuche, in El Rocío oder in Sanlúcar de Barrameda.

Etwa die Hälfte der Parkfläche besteht aus *marismas*, dem morastigen Marschland des Guadalquivir-Deltas, Europas größtes Sumpfgebiet. Von Juli bis Oktober fällt diese Gegend fast ganz trocken und füllt sich erst im Herbst mit Wasser. Dann zieht sie Hunderttausende von Wasservögeln aus dem Norden an, die hier überwintern. Wenn das Wasser im Frühjahr zurückgeht, kommen andere Vögel wie Flamingos, Löffler und Störche. Viele von ihnen brüten hier. Zum Park gehört auch ein 28 km langes Stück Atlantikstrand. Von den *marismas* wird er durch einen bis zu 5 km breiten Dünenstreifen sowie 144 km² *coto* (Wald und Gebüsch) getrennt. Dort tummeln sich zahlreiche Säugetiere, u. a. Hirsche, Wildpferde und Wildschweine.

Rund um den Park erstrecken sich vier separate geschützte Zonen, die ebenfalls Bestandteil des Schutzgebietes sind.

EL ROCÍO

1200 EW.

Dieses Dorf schmiegt sich an die *marismas* in der Nordwestecke des Nationalparks. Seine sandigen Straßen tragen ebenso viele Huf- wie Reifenspuren und sind von meist leer stehenden Gebäuden mit großen Veranden gesäumt. Doch es handelt sich keineswegs um eine Geisterstadt: Ein Großteil der Häuser gehört den rund 90 *hermandades* (Bruderschaften), deren Anhänger alljährlich zur außergewöhnlichen Romería del Rocío (s. Kasten S. 715) im Ort herbeieilen. Sie kommen aber auch zu kleineren Ritualen an vielen anderen Wochenenden her und sorgen dabei stets für Partystimmung.

Sehenswertes & Aktivitäten

Wild und Pferde grasen in dem flachen Wasser vor dem Dorf und manchmal sieht man auch Flamingos durch die Luft fliegen. Die Brücke über den Fluss 1 km südlich der Siedlung auf der A483 dient als guter Beobachtungspunkt.

Ermita del Rocío KIRCHE

(April–Sept. 10.30–22.30 Uhr, Okt.–März 8.30–20 Uhr) Im Zentrum des Dorfes ragt die Ermita del Rocío auf, die 1964 in ihrer jetzigen Form gebaut wurde. Sie beherbergt die berühmte **Nuestra Señora del Rocío** (Unsere Frau von El Rocío), eine kleine Holzfigur der Jungfrau in einem langen, mit Juwelen besetzten Gewand, die normalerweise über dem Hauptaltar steht. Jeden Tag des Jahres kommen Menschen hierher, um sie zu sehen, besonders aber an den Wochenenden, wenn sich hier oft die Bruderschaften von El Rocío zu farbenprächtigen Feierlichkeiten versammeln.

GRATIS **Francisco-Bernis-Vogelbeobachtungszentrum** VOGELBEOBACHTUNG

(959 44 23 72; Di–Sa 9–14 & 16–18 Uhr) Diese Einrichtung liegt etwa 350 m östlich von der Ermita am Ufer und grenzt an das Sumpfland. Durch die rückwärtigen Fenster oder von der Aussichtsplattform können Flamingos, Braunsichler, Ibisse und andere Vögel beobachtet werden (leistungsstarke Ferngläser stehen zur Verfügung). Die Experten helfen gern dabei, die Vogelarten zu bestimmen, und informieren Besucher, welche Zugvögel gerade im Park sind und wo man sie sehen kann.

Schlafen & Essen

Zur Zeit der *romería* braucht man gar nicht erst versuchen, in El Rocío noch irgendwo ein Zimmer zu finden.

Hotel Toruño HOTEL €€

(959 44 23 23; www.toruno.es; Plaza Acebuchal 22; EZ/DZ inkl. Frühstück 59/80 €; P) Die attraktive Villa mit Aussicht auf die *marismas* hat insgesamt 30 gut ausgestattete Zimmer. Einige blicken auf die Sümpfe, weshalb so manch ein Gast Löfflern beim Frühstücken zusehen kann. Das Restaurant gegenüber (Gerichte 12–22 €) tischt großzügige Portionen traditioneller Speisen vom Land und von der Küste auf.

Hotel La Malvasia HOTEL €€

(959 44 38 70; www.lamalvasiahotel.com; Calle Sanlúcar 38; EZ/DZ inkl. Frühstück 75/90 €; P) In einem wahrhaft gebieterischen Gebäude befindet sich das idyllische Hotel mit Blick auf die Sümpfe. Seine Zimmer verströmen mit ihren rustikalen Kachelböden, den alten Fotos von der Stadt und den Eisenbetten mit Blumenmotiven jede Menge Charakter. Die Räume im obersten Stockwerk bieten tolle Möglichkeiten zur Vogelbeobachtung.

Pensión Cristina PENSIÓN €

(959 44 24 13; Calle El Real 58; EZ/DZ 40/60 €; P) Das Cristina gleich östlich der Ermita hat recht komfortable Zimmer, die auf einen Innenhof voller Topfpflanzen gehen (lei-

ROMERÍA DEL ROCÍO

Jedes Jahr zu Pfingsten (am siebten Wochenende nach Ostern) wird El Rocío von bis zu einer Million feierlustiger Pilger aus ganz Spanien bevölkert, die sich hier zur Romería del Rocío (Wallfahrt von El Rocío) versammeln. Das Fest wird zu Ehren der kleinen Marienfigur Nuestra Señora del Rocío veranstaltet. Ein Jäger aus Almonte soll diese im 13. Jh. in einem Baum gefunden und mitgenommen haben. Als er jedoch auf dem Heimweg eine Pause einlegte, kehrte die Statue auf wundersame Weise zu ihrem Baum zurück. Es dauerte nicht lange, bis an dieser Stelle (im heutigen El Rocío) eine Kapelle erbaut wurde und die ersten Pilger herkamen.

Heute strömen alljährlich Anhänger von fast einhundert *hermandades* (Bruderschaften) aus ganz Andalusien und darüber hinaus nach El Rocío: querfeldein zu Fuß, reitend oder in fröhlich bunten „Planwagen", die von Ochsen oder Pferden gezogen werden. Manche dieser Prozessionen bestehen aus Tausenden Männern und Frauen.

Als „ernst und getragen" kann man die urtypische andalusische Veranstaltung wirklich nicht bezeichnen, denn die „Pilger" werfen sich in farbenprächtige Trachten und singen, tanzen, trinken und flirten, was das Zeug hält.

Seinen ekstatischen Höhepunkt erreicht das Fest in den frühen Morgenstunden des Montags. Mitglieder der *hermandad* von Almonte, die eine Art Eigentumsanspruch auf die Marienfigur erhebt, stürmen die Kirche und schleppen die Statue auf einem Tragegestell hinaus. Nun folgen chaotische Szenen, weil auch andere um die Ehre rangeln, *La Blanca Paloma* herumtragen zu dürfen. Doch das tut der guten Laune keinen Abbruch. Die Marienfigur wird zu den Gebäuden jeder einzelnen Bruderschaft gebracht, bevor sie am Nachmittag wohlbehalten in die Ermita zurückkehrt.

der keine Aussichten auf das Sumpfgebiet). Im beliebten Restaurant (Hauptgerichte 10–12 €) gibt's Paella, Wild, Meeresfrüchte und anderes.

Restaurante El Real ANDALUSISCH **€**
(Calle Real 7; Mittagessen 9 €; ⌚Di–So 9–19 Uhr) Auch wenn das Restaurant gegenüber der Kirche auf Touristen ausgerichtet zu sein scheint, freut es sich über jeden Außenseiter, der herkommt. Das Essen ist hausgemacht und es gibt eine nette Terrasse. Unbedingt *salmorejo* und zum Dessert den „himmlischen Schinken" (Flan mit Pinienkernen) probieren.

ℹ Praktische Informationen

Centro de Información Las Rocinas (⌚9–15 & 16–19, April–Aug. bis 20 oder 21 Uhr, 15. Juni–14. Sept. So bis 15 Uhr) Dieses Infozentrum 1 km südlich der Touristeninformation liegt an der A483 und beantwortet Fragen zum Nationalpark. Von hier führen Wege zu versteckten Vogelbeobachtungsstellen.

Touristeninformation (www.turismodedonana.com; Camino de Moguer; ⌚Di–So 9.30–14 Uhr) Im Museo del Roció im Südwesten des Dorfes ganz dicht an der A483.

CENTRO DE VISITANTES EL ACEBUCHE

Zum **Centro des Visitantes El Acebuche** (☎959 43 96 29; ⌚Mai–Sept. 8–21 Uhr, Okt.–April bis 19 Uhr; ❄) geht's von El Rocío 12 km auf der A483 nach Süden und dann 1,6 km nach Westen. Das Hauptbesucherzentrum des Nationalparks bietet eine interaktive Ausstellung über den Park und Wege zu getarnten Vogelbeobachtungsstellen. Außerdem zeigt es einen Film über die Pardelluchse aus der El-Acebuche-Aufzuchtstation (näher können Besucher den Tieren nicht kommen).

Nationalparktouren

Wer von der Westseite ins Innere des Nationalparks vordringen möchte, kann dies nur im Rahmen von organisierten Touren tun. Die Ausflüge mit Geländefahrzeugen sind für Gruppen von bis zu 20 Personen ausgerichtet und starten vor dem El-Acebuche-Besucherzentrum. Sie müssen bei der **Cooperativa Marismas del Rocío** (☎959 43 04 32; www.donanavisitas.es; 4-stündige Tour 27 € pro Pers.; ⌚Mitte Sept.–April Di–So 8.30 & 15 Uhr, Mai–Mitte Sept. Mo–Sa 8.30 & 17 Uhr) telefonisch gebucht werden. Im Frühling, Sommer, zu Ferienzeiten und rund um die Feiertage sollte man sich mindestens einen Monat im Voraus anmelden, ansonsten eine Woche vorher. Ins Reisegepäck gehören Trinkwasser (im Sommer), Insektenschutzmittel gegen die Mücken (außer im Winter) und nach Möglichkeit ein Fernglas. Viele Führer sprechen nur Spanisch. Zunächst geht's eine längere Strecke am Strand entlang, bevor man ins Landesinnere schwenkt. Die Wahrscheinlichkeit, Hirsche und Wildschweine zu sichten, ist groß, aber Vogelliebhaber sind manchmal enttäuscht, weil ihnen weniger geboten wird.

Darüber hinaus bieten einige private Unternehmen spezialisierte Touren an:

Doñana Reservas VOGELBEOBACHTUNG
(☎959 44 24 74; www.donanareservas.com; Avenida La Canaliega, El Rocío; 4-stündige Tour mit 4–12 Pers. 35 € pro Pers., 10-stündige Tour mit 3–6 Pers. 85 € pro Pers.) Englischsprachige Führer mit Erfahrung in der Bestimmung von Vögeln, Wildblumen, Pilzen und Säugetieren. Die Ausflüge konzentrieren sich auf die Sümpfe und Wälder im nördlichen Teil des Parks. Ferngläser, Teleskope und Checklisten werden gestellt.

Doñana Nature GEFÜHRTE TOUR
(☎959 44 21 60; www.donana-nature.com; Calle Las Carretas 10; 3½-stündige Führung 26 € pro Pers.) Die Halbtagsausflüge täglich um 8 und 15.30 Uhr sind für jeden geeignet, außerdem werden spezielle ornithologische und Foto-Exkursionen angeboten. Es gibt auch englisch- und französischsprachige Führer.

Doñana Bird Tours VOGELBEOBACHTUNG
(☎959 46 59 47; www.donanabirdtours.com; 9-stündige Tour mit 1–3 Pers. 150 €, jede weitere Pers. 30 €) Erstklassige Vogelbeobachtungstouren, die in Villamanrique de la Condesa beginnen.

Minas de Riotinto

4100 EW. / 420 M

Am südlichen Rand der Sierra liegt eines der ältesten Bergbaugebiete der Welt – so alt, dass schon König Salomon aus dem weit entfernten Jerusalem hier Gold für seinen berühmten Tempel gefördert haben soll. Zwar wurde der Bergbau 2001 endgültig eingestellt, doch dank eines erstklassigen Museums und der Möglichkeit, die alten Minen zu besuchen und mit der Minenbahn zu fahren, ist dies immer noch ein faszinierender Ort.

Minas de Riotinto ist das regionale Zentrum der Gegend. Der Río Tinto selbst entspringt ein paar Kilometer nordöstlich der Stadt, sein Name („Roter Fluss") stammt von seiner rotbraunen Farbe, die bei der Reaktion des säurehaltigen Wassers mit den reichlich vorhandenen Eisen- und Kupfererzen entsteht.

Sehenswertes & Aktivitäten

Museo Minero MUSEUM
(☎959 59 00 25; www.parquemineroderiotinto.com; Plaza Ernest Lluch; Erw./Kind 4/3 €; ⌚10.30–15 & 16–19 Uhr) Dieses Bergbaumuseum ist für Freunde der Industriearchäologie im wahrsten Sinne des Wortes eine Goldgrube. Es führt seine Besucher durch die einzigartige Geschichte der Region – von den Megalithgräbern aus dem 3. Jahrtausend v. Chr. über die Römer- und die britische Kolonialzeit bis zur Schließung der Kupfergruben 2001. Ein Highlight ist der 200 m lange Nachbau eines römischen Bergbaustollens. Das Museum zeigt auch eine große Ausstellung zu den Eisenbahnen der Minen. Sein besonderer Stolz ist der Vagón del Maharajah, ein luxuriöser Waggon, der 1892 für eine Indienreise der britischen Königin Viktoria gebaut wurde, allerdings ist sie niemals darin gefahren.

Peña de Hierro MINE
(Erw./Kind 8/7 €; ⌚12–13.30 & 17.30–19 Uhr) Etwa 3 km nördlich von Nerva liegen die alten Kupfer- und Schwefelgruben. Hier kann man die Quelle des Río Tinto, einen 65 m tiefen Tagebau und einen 200 m langen unterirdischen Stollen besichtigen. Man sollte diesen Ausflug unbedingt im Voraus buchen (online unter www.parquemineroderiotinto.com). Die Abfahrtzeiten können variieren.

Ferrocarril Turístico-Minero BAHNFAHRT
(☎959 59 00 25; www.parquemineroderiotinto.com; Erw./Kind 10/9 €; ⌚März–Mitte Juni, Okt. & Nov. Mo–Fr 13, Sa & So 16.30 Uhr, Mitte Juli–Sept. tgl. 13.30 & 17.30 Uhr) Eine vergnügliche Art, die Gegend zu sehen, besonders für Kinder, ist die Fahrt mit der alten Bergbaubahn. Mit restaurierten Waggons aus dem frühen 20. Jh. tuckert sie 22 km (hin & zurück) durch surreale Landschaften.

Der Ausflug beginnt bei den alten Eisenbahnreparaturwerkstätten 4 km östlich von Minas de Ríotinto nahe der Straße nach Nerva. Kommentiert wird die Tour in spanischer Sprache. Es muss im Voraus gebucht werden. Fahrkarten gibt's am Bahnhof und im Museum.

An- & Weiterreise

Montags bis freitags pendeln fünf Busse von **Damas** (www.damas-sa.es) zwischen Minas de Riotinto und Huelva (6,30 €, 1¾ Std.), am Wochenende drei oder vier. Zum Ferrocarril Turístico-Minero fahren keine öffentlichen Verkehrsmittel.

Aracena & Umgebung

7800 EW. / 730 M

Wer hätte es geahnt? Die hügelige Landschaft der nördlichen Provinz Huelva enthüllt einen weiteren Aspekt der ländlichen andalusischen Kultur: idyllische Blumenwiesen und geschützte Täler mit knorrigen Eichenbäumen und nach Futter suchenden Schweinen, die einen der besten Rohschinken des Landes liefern, den legendären *jamón iberico*. Sein Auto kann man hier getrost stehen lassen, denn die verschlafenen, beinahe in Vergessenheit geratenen Dörfer der Gegend sind durch gute Fußwege verbunden. Acarena, der weiß getünchte Hauptort, hat einen deutlich anderen Charakter als die traditionellen *pueblos blancos* (weiße Dörfer) weiter östlich. Mit 1840 km² Fläche ist der Parque Natural Sierra de Aracena y Picos de Aroche Andalusiens zweitgrößtes Naturschutzgebiet.

Sehenswertes & Aktivitäten

Am **Cerro del Castillo** befinden sich die Ursprünge der Altstadt. Man kann den Hügel erklimmen und sich das von den Portugiesen im 13. Jh. errichtete **Castillo** sowie die benachbarte **Iglesia Prioral** (9.30–19 Uhr) ansehen. An der Plaza Alta etwas weiter unten stößt man auf ein interessantes **Centro de Visitantes** (959 12 95 53; Plaza Alta; 10–14 & 16–18 Uhr), das die Attraktionen des **Parque Natural Sierra de Aracena y Picos de Aroche** vorstellt.

Gruta de las Maravillas HÖHLE

(Höhle der Wunder; 663 93 78 76; Calle Pozo de la Nieve; geführte Tour Erw./Kind 8,50/6 €; 10.30–13.30 & 15–18 Uhr, Führungen Mo–Fr stündlich, Sa, So & Feiertage halbstündlich) Unter dem Burghügel durchzieht ein Netz aus Höhlen und Tunneln den Karst. Eine außergewöhnliche, 1 km lange Strecke führt durch zwölf Kammern und vorbei an sechs unterirdischen Seen, die alle wunderbar beleuchtet sind. Die zauberhaften und bizarren Felsformationen bildeten die Kulisse für den Film *Reise zum Mittelpunkt der Erde*.

Die Führungen werden auf Spanisch kommentiert, es gibt aber Audioguides. Fotografieren ist nicht gestattet, dafür ist ein Fotograf vor Ort, der das obligatorische Porträt schießt.

Linares de la Sierra WANDERN

Die zahlreichen Trekkingwege in der Umgebung von Aracena sind selten überlaufen. Wer nur einen Tagesausflug von Sevilla aus unternimmt, kann die hügelige Strecke nach Linares de la Sierra zu Fuß zurücklegen und – falls die Zeit es erlaubt – weiter bis **Alájar** wandern. Von dort fährt um 16 Uhr ein Bus nach Aracena zurück, wo um 17 Uhr Anschluss nach Sevilla besteht. Die ausgeschilderte Route ist leicht zu finden: Sie beginnt im Südwesten von Aracena ca. 500 m hinter dem Schwimmbad. Man folgt dem breiten, idyllischen Pfad bis **Linares** (6 km), einem verschlafenen Dorf, das für seine *llanos* (Mosaiken im vorderen Patio) bekannt ist. Ab hier wird der Weg schmaler und schwieriger zu gehen, unterwegs sieht man grunzende Schweine und hübsche Wildblumen. Kurz vor dem Weiler Los Madroñeros geht's rechts auf den mit „Caracol" ausgeschilderten Weg, der einen eichenbewachsenen Hügel überquert und bis Alájar (Entfernung 12 km) führt.

Wer in Alájar übernachten möchte, trifft mit **La Posada** (959 12 57 12; www.laposadadealajar.com; Calle Médico Emilio González 2; EZ/DZ inkl. Frühstück 45/60 €), einem ausgesprochen gemütlichen Gasthof, eine gute Wahl. Die Besitzer sprechen Englisch und wandern sehr gern. Bevor man wieder aufbricht, sollte man sich etwas im Dorf umsehen und den hervorragenden Schinken kaufen. Ein weiterer Wanderweg verläuft Richtung Nordwesten zum nächsten Ort, Castaño de Robledo.

Schlafen & Essen

La Casa Noble BOUTIQUE-HOTEL €€€

(959 12 77 78; www.lacasanoble.net; Calle Campito 35; EZ/DZ inkl. Frühstück ab 165/185 €;) Es ist eine glatte Untertreibung, dieses Haus als Boutique-Hotel zu beschreiben. Tatsächlich ist es ein göttlicher, luxuriöser Palast mit Antiquitäten, überbordenden Kacheldekorationen und Betten, die so dick und weich wie im Märchen *Die Prinzessin auf der Erbse* sind. Wer den Speiseraum sieht, wird sich die Augen reiben. Nur für Gäste ab 16 Jahren.

Molino del Bombo BOUTIQUE-HOTEL €

(959 12 84 78; www.molinodelbombo.com; Calle Ancha 4; EZ/DZ 36/60 €;) Diese Unterkunft am oberen Ende der Stadt ist zwar eher jung, doch der rustikale Stil passt hervorragend zur alten Architektur Aracenas. Die hellen Zimmer entzücken mit Wandbildern und freiliegenden Stein- und Ziegelwänden, und die Bäder sind als malerische Grotten eingerichtet. Der Salon und der Hof

mit seinem plätschernden Brunnen verlocken zum Verweilen.

LP TIPP **Rincón de Juan** TAPAS €
(☎627 33 47 66; Calle José Nogales; Tapas 1,80 €, raciones 7–10 €; ⏲Mo–Fr 7–16 & 18.30–24, Sa 8–24 Uhr) In der keilförmigen Bar mit Steinwänden gibt's nur Stehplätze, trotzdem ist sie unumstritten die beste Tapas-Bar der Stadt. Im Mittelpunkt steht iberischer Schinken, er bildet die Grundlage verschiedener *montaditos* (kleine Sandwiches) und *rebanadas* (geschnittene Brote für mehrere Personen). Auch die hausgemachten süßen oder würzigen Würste sind immer eine gute Empfehlung.

Café-Bar Manzano TAPAS €€
(☎959 12 75 13; Calle Campito 9; raciones 9–14 €; ⏲Mi–Mo 9–16.30 & 20–24 Uhr) Ein tolles Plätzchen, um von der Terrasse das städtische Leben zu beobachten und sich dabei an abwechslungsreichen Tapas sowie *raciones* (große Portionen Tapas) aus wilden Pilzen und anderen regionalen Speisen gütlich zu tun. Selbst außerhalb der Saison gibt's hier solche verführerischen Pilze wie *tentullos, gurumelos* und *tanas,* die sautiert oder in Rührei serviert werden.

ℹ Praktische Informationen

Städtische Touristeninformation (www.aracena.es; Calle Pozo de la Nieve; ⏲10–14 & 16–18 Uhr) Gegenüber vom Eingang der Gruta de las Maravillas. Verkauft auch Karten der Gegend.

ℹ An- & Weiterreise

Der **Busbahnhof** (Avenida de Sevilla) liegt 700 m südöstlich von der Plaza del Marqués de Aracena an der Straße nach Sevilla. Busse von **Damas** (www.damas-sa.es) fahren einmal vormittags und zweimal nachmittags von Sevilla (6,80 €, 1¼ Std.) kommend weiter über Alájar oder Jabugo nach Cortegana. Aus Huelva (10 €, 3 Std.) kommen täglich nachmittags zwei Busse an. Ein Lokalbus verkehrt zwischen Aracena und Cortegana, die Fahrt führt über Linares, Alájar und Almonaster La Real.

DIE PROVINZ CÁDIZ

Wollte man einen Teil Andalusiens aussuchen, um einem Außerirdischen zu zeigen, wie es einmal aussah, dann würde die Wahl wohl auf Cádiz fallen. Hier finden sich viele sinnbildhafte regionale Highlights: grandios gelegene weiße Orte, zerklüftete Berge, endlose Olivenbaumhaine, Flamenco in seiner reinsten Form, der originale (und beste) starke Sherry, der Ursprung der andalusischen Pferdezucht und schließlich noch Gibraltar, diese eigentümliche britische Anomalie. Inmitten all dieser komprimierten Kultur erstrecken sich außerdem zwei Nationalparks, die ein zusammenhängendes Stück Land einnehmen, das von Olvera im Norden bis nach Algeciras im Süden reicht. Dieselbe Linie markierte einst das Grenzland zwischen dem christlichen Spanien und dem maurischen Granada, und entlang dieser alten Grenze liegen zusammengekauert die „weißen Städte", viele mit dem Zusatz „de la Frontera", der von ihrer wechselhaften, aber faszinierenden Geschichte zeugt.

Cádiz

125 000 EW.

Man könnte mehrere gewichtige Doktorarbeiten über Cádiz schreiben und würde dem Wesen dieser Stadt dennoch nicht gerecht. Ihr Alter trägt viel zu ihrer Komplexität bei. Cádiz gilt als die älteste kontinuierlich bewohnte europäische Siedlung. Die Altstadt ist so romantisch wie geheimnisvoll. Sie ist fast ganz vom Meer umgeben und die Wellen des Atlantiks brechen sich an bröckelnden Schutzmauern. Die Stadtstrände sind kilometerlang und in den Gassen hallt das Echo von Möwengeschrei wider. Nach Cádiz kommt man, um Meeresfrüchte zu essen und zu surfen und weil sich ein Besuch der hübschen Kirchen und Museen so gut wie gar nicht im Portemonnaie bemerkbar macht. Ein weiterer Grund für einen Aufenthalt sind die offenen und geselligen *gaditanos* (Einwohner von Cádiz). Sie verwandelten die *alegrías* (fröhlicher Flamenco-Gesang) in eine ausdrucksstarke Kunstform.

Geschichte

Cádiz ist vielleicht die älteste Stadt Europas. Historiker datieren ihre Gründung auf die Ankunft phönizischer Händler 800 v. Chr.

Seinen nächsten großen Boom erlebte der Ort nach der Entdeckung Amerikas. Von hier brach Kolumbus zu seiner zweiten und vierten Reise auf. Die Stadt lockte aber auch Spaniens Feinde an: 1587 machte sich Sir Francis Drake aus England auf, um „dem spanischen König den Bart anzusengen": Er überfiel den Hafen und vernichtete einen Teil der auslaufbereiten spanischen Armada. 1596 legten Engländer und Holländer fast ganz Cádiz in Schutt und Asche.

Die Provinz Cádiz

Im 18. Jh., als 75 % des spanischen Amerikahandels über den hiesigen Hafen abgewickelt wurden, erlebte der Ort seine Blütezeit. Damals stieg er zur reichsten und weltoffensten Stadt Spaniens auf und brachte die erste progressive und liberale Mittelschicht in der Geschichte des Landes hervor. Während der Napoleonischen Kriege trotzte er von 1810 bis 1812 der französischen Belagerung, bis hier ein nationales Parlament Spaniens Verfassung von 1812 verabschiedete, in der die Souveränität des Volkes festgeschrieben wurde.

Der Verlust der amerikanischen Kolonien im 19. Jh. stürzte Cádiz in eine wirtschaftliche Krise, von der es sich erst in der heutigen Zeit erholt hat – dank der bedeutenden Rolle des Tourismus.

2012 war für die Stadt ein großes Jahr, denn sie feierte das 200-jährige Bestehen von *La Pepa:* Die 1812 unterzeichnete Verfassung von Cádiz gilt als die erste freiheitliche Verfassung Spaniens und der Welt.

Sehenswertes & Aktivitäten

Am besten macht man sich als Erstes mit den *barrios* vertraut. Die Altstadt besteht aus dem **Barrio del Pópulo** mit der Kathedrale, Herzstück des einst wohlhabenden mittelalterlichen Ortes, und dem **Barrio de Santa María**, dem alten Viertel der Roma und einer bedeutenden Wiege des Flamenco. Der **Barrio de la Viña**, ein ehemaliger Weinberg, entwickelte sich zum wichtigsten Fischerviertel der Stadt und das **Barrio del Mentidero** ist das Zentrum des modernen Nachtlebens sowie der hiesigen Bar-Szene.

Plaza San Juan de Dios & Umgebung PLATZ

An der weitläufigen Plaza San Juan de Dios liegen mehrere Cafés sowie das imposante klassizistische **ayuntamiento** (Rathaus) aus der Zeit um 1800. Zwischen dem Platz und der Kathedrale erstreckt sich der **Barrio del Pópulo**, Kern des mittelalterlichen Cádiz und Schwerpunkt eines städtischen Sanie-

Cádiz

Cádiz

Highlights

- Castillo de Santa Catalina A3
- Catedral D4
- Museo de Cádiz D2

Sehenswertes

1 Ayuntamiento E3
2 Baluarte de la Candelaria C1
3 Museo de las Cortes de Cádiz C3
4 Plaza San Juan de Dios & Umgebung E3
5 Römisches Theater D4
6 Torre de Poniente D4
7 Torre Tavira C3

Schlafen

8 Casa Caracol E3
9 Hostal Bahía E3
10 Hostal Fantoni E3
11 Hotel Argantonio D2
12 Hotel Patagonia Sur D3

Essen

13 Atxuri E3
14 El Aljibe E4
15 El Faro B4
16 Freiduría Las Flores C3
17 La Gorda Te Da De Comer D2
18 Taberna El Albero B3

Ausgehen

19 Quilla A3

Unterhaltung

20 Gran Teatro Falla B2
21 Peña Flamenca La Perla E4
22 Sala Anfiteátro E1

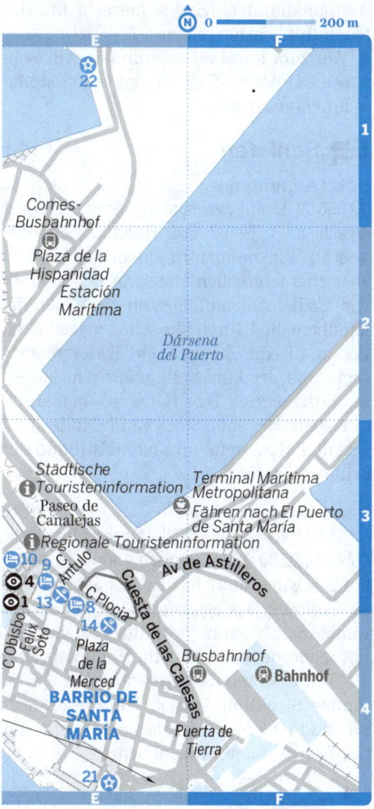

rungsprogramms. Im nahen **römischen Theater** (Campo del Sur; ⏲Mi–Mo 10–14.30 & 17–19 Uhr), 1980 durch Zufall entdeckt, kann man unterhalb der Sitzreihen durch einen Säulengang gehen.

Catedral KIRCHE
(Plaza de la Catedral; Erw./Stud. 5/3 €, Di–Fr 19–20 & So 11–13 Uhr Eintritt frei; ⏲Mo–Sa 10–18.30, So 13.30–18.30 Uhr) Die Kathedrale von Cádiz mit ihrer gelben Kuppel ist ein imposanter barocker und neoklassizistischer Bau, aber für spanische Verhältnisse sehr karg. Sie steht an einem großen, autofreien Platz. 1716 fiel die Entscheidung zum Bau der Kirche, fertiggestellt wurde sie allerdings erst 1838. Bis dahin hatten allerlei klassizistische Elemente, darunter Kuppel, Türme und Hauptfassade, Vicente Aceros ursprünglichen Barockentwurf verwässert. Ein eigener Eingang führt von der Plaza de la Catedral zu den Treppen des **Torre de Poniente** (Westturm; Erw./Kind 4/3 €; ⏲10–18 Uhr, Mitte Juni–Mitte Sept. bis 20 Uhr), von dem man einen herrlichen Panoramablick genießt.

GRATIS **Museo de las Cortes de Cádiz** MUSEUM
(Calle Santa Inés 9; ⏲Di–Fr 9–18, Sa & So bis 14 Uhr) Noch mehr Geschichte gratis gibt's im unlängst umgestalteten Museo de las Cortes de Cádiz, das viele Exponate zum revolutionären Parlament von Cádiz im Jahr 1812 zeigt. Eines davon springt Besucher geradezu an: ein riesiges, fantastisch detailreiches Modell der Stadt im 18. Jh. aus Mahagoni und Elfenbein, das Alfonso Ximénez 1777–1779 schuf.

Die schicke neue Aussichtsgalerie, die mit alten Karten der Stadt geschmückt ist, ermöglicht einen Blick auf Cádiz aus der Vogelperspektive.

Museo de Cádiz MUSEUM
(Plaza de Mina; Eintritt 1,50 €; ⏲Di 14.30–20.30, Mi–Sa 9–20.30, So 9.30–14.30 Uhr) Das Museo de Cádiz, das an einem der grünsten Plätze der Stadt liegt, ist das beste Museum der Provinz. Die archäologische Abteilung im Erdgeschoss zeigt u. a. zwei phönizische Marmorsarkophage in menschlicher Gestalt, etliche römische Statuen ohne Köpfe sowie den Kaiser Trajan (mit Kopf) aus den Ruinen von Baelo Claudia. Die Kunstsammlung oben präsentiert 18 großartige Gemälde von Francisco de Zurbarán mit Darstellungen von Heiligen, Engeln und Mönchen.

Hier hängt auch das wunderbar komponierte Altarbild aus der Kapelle des Convento de Capuchinas in Cádiz, das Murillo das Leben kostete: Der Künstler starb 1682, nachdem er vom Gerüst gefallen war.

Torre Tavira TURM
(Calle Marqués del Real Tesoro 10; Eintritt 4 €; ⏲Mitte Sept.–Mitte Juni 10–18 Uhr, Mitte Juni–Mitte Sept. bis 20 Uhr) Nordwestlich der Plaza de Topete erhebt sich der Torre Tavira. Hier öffnet sich ein weiteres dramatisches Panorama von Cádiz, und eine Camera Obscura projiziert bewegte Bilder der Stadt live auf eine Leinwand (jede halbe Stunde).

Küstenweg WANDERN
Dieser windige 4,5 km lange Ausflug dauert mindestens 1¼ Stunden. Von der Plaza de Mina geht's nordwärts bis ans Wasser, wo man den Ausblick über die Bahía de Cádiz genießt. Dann führt der Weg gen Westen an den **Alameda-Gärten** entlang zur **Baluarte de la Candelaria** und von dort südwestwärts zum **Parque del Genovés**, einem subtropischen Garten mit Wasserfäl-

len und bizarr gestutzten Bäumen. Nächste Station ist das **Castillo de Santa Catalina** (☎956 22 63 33; Eintritt frei; ⊙10.30–20.30 Uhr, Nov.–Feb. bis 19.45 Uhr), 1596 nach Plünderung der Stadt gebaut. Es beherbergt eine interessante Geschichtsausstellung über Cádiz und das Meer sowie eine Galerie. Der Sandstrand **Playa de la Caleta** platzt im Sommer aus allen Nähten und trennt die Santa-Catalina-Burg vom **Castillo de San Sebastián** aus dem 18. Jh. Letzteres bleibt der Öffentlichkeit verschlossen, aber es lohnt sich, über den oft windgebeutelten, 750 m langen Damm bis zu seinem Tor zu schlendern. Anschließend spaziert man auf der breiten Promenade am **Campo del Sur** entlang zur Kathedrale.

Playa de la Victoria STRAND

Die Strände der Stadt stehen meistens im Schatten des reichen historischen Erbes, doch in ihrer Größe und Lebendigkeit erinnern sie an die Copacabana. Dieser breite feine Sandstrand beginnt 1,5 km hinter der Puerta de Tierra und erstreckt sich über 4 km. An Sommerwochenenden findet man hier kaum noch ein freies Plätzchen.

Bus 1 (Richtung Cortadura) fährt von der Plaza de España hierher, vom Barrio Santa María kann man auch auf der Promenade herlaufen.

Feste & Events

Carnaval KARNEVAL

Keine andere spanische Stadt feiert den Karneval mit so viel Begeisterung, Hingabe und Humor wie Cádiz: Die *gaditanos* machen daraus eine zehntägige Party des Gesangs, Tanzes und Trinkens, die sich im Februar über zwei Wochenenden hinweg ausdehnt. Kaum jemand kann sich dem alkoholreichen Spaß entziehen.

Kostümierte Gruppen, die *murgas* genannt werden, ziehen zu Fuß oder auf Festwagen durch die Stadt, tanzen, singen satirische Liedchen und führen Sketche auf (deren legendärer Wortwitz sich meist nur dann erschließt, wenn man fließend Spanisch spricht). Zu den rund 300 offiziell zugelassenen *murgas,* die von einer Jury im Gran Teatro Falla bewertet werden, kommen noch die *ilegales* hinzu – Gruppen, die ihre Schauspiel- oder Sangeslust spontan auf der Straße ausleben.

Im Arbeiterviertel Barrio de la Viña, zwischen dem Mercado Central und der Playa de la Caleta sowie in der Calle Ancha und rund um die Plaza de Topete, den Lieblingstreffpunkten der *ilegales,* herrscht mit das feuchtfröhlichste Treiben.

Wer zum Karneval herkommen will, sollte seine Unterkunft unbedingt schon Monate im Voraus buchen.

Schlafen

Hotel Argantonio HOTEL €€

(☎956 21 16 40; www.hotelargantonio.com; Calle Argantonio 3; EZ/DZ inkl. Frühstück 90/107 €; ❄@📶) Willkommen in einem der kleinen, aber charaktervollen Hotels in der Altstadt von Cádiz. Am auffälligsten sind hier die handbemalten Türen, die schön gekachelten Böden, die die Zimmer und Bäder schmücken, und der kunstvolle maurische Bogen im Erdgeschoss. Das Haus ist thematisch unterteilt: Der erste Stock ist im Mudejarstil gestaltet, der zweite im Kolonialstil und der dritte als Mix.

Hotel Patagonia Sur HOTEL €€

(☎856 17 46 47; www.hotelpatagoniasur.es; Calle Cobos 11; DZ 80–130 €; ❄@📶) 2009 wurde die jüngste Unterkunft in der Altstadt von Cádiz eröffnet. Das elegante Hotel glänzt nur wenige Schritte von der Kathedrale entfernt mit modernem, klarem Stil. Highlights sind die lichterfüllten Dachgeschosszimmer im fünften Stock mit Aussicht auf die Kathedrale und eine minimalistische Cafeteria mit Glasfront auf der Straßenebene.

Casa Caracol HOSTEL €

(☎956 26 11 66; www.caracolcasa.com; Calle Suárez de Salazar 4; B/Hängematte inkl. Frühstück 16/10 €; @📶) Die einzige Backpackerherberge in der Altstadt wartet mit der für Cádiz typischen Gastfreundlichkeit auf. Sie hat Schlafräume für vier oder acht Personen, eine Gemeinschaftsküche, kostenlosen Internetzugang und eine Dachterrasse mit Hängematten. Außerdem legen die Inhaber viel Wert auf ökologische Nachhaltigkeit. Dazu gehören Recycling, ein effizienter Wasserhaushalt und Pläne für Solarzellen. Da das Hostel oft ausgebucht ist, reserviert man am besten frühzeitig über www.hostelworld.com oder www.hostelbookers.com.

Hostal Fantoni HOSTAL €

(☎956 28 27 04; www.hostalfantoni.es; Calle Flamenco 5; EZ/DZ 45/65 €; ❄@) Hinter dem hübschen Hof verbergen sich einfachere (teils fensterlose) Zimmer, doch das Entscheidende hier ist die zentrale Lage – in Cádiz verbringt ohnehin niemand viel Zeit in der Unterkunft.

Hostal Bahía HOSTAL €€
(☎956 25 90 61; Calle Plocia 5; EZ/DZ 60/76 €) Alle Zimmer sind sehr gepflegt, bieten einen schönen Ausblick und verfügen über Telefon, TV sowie einen großen Wandschrank. Schlicht und preisgünstig.

Essen

In der Calle Virgen de la Palma im Viña-Viertel gibt's zahlreiche einfache, aber gute Fischrestaurants, darunter das mit hübschen Keramiken geschmückte **El Faro** (www.elfarodecadiz.com; Calle San Félix 15; Gerichte 15–25 €) und die **Taberna El Albero** (Ecke Calles San Félix & Virgen de la Palma). Rund um die Plaza de San Juan de Díos findet man weitere empfehlenswerte Lokale.

LP TIPP **El Aljibe** TAPAS €€
(www.pablogrosso.com; Calle Plocia 25; Tapas 2–3,50 €, Hauptgerichte 10–15 €) Mit seinem vornehmen Restaurant oben und der coolen Tapas-Bar unten wäre das El Ajibe allein fast Grund genug, um nach Cádiz zu kommen. Die vom *gaditano*-Koch Pablo Grosso kreierte Küche vereint traditionelle und innovative Elemente zu köstlichen Kombinationen, etwa Ziegenkäse auf Nussbrot mit Blaubeersoße oder Zucchini-Garnelen-Lasagne.

Atxuri BASKISCH, ANDALUSISCH €€
(☎956 25 36 13; www.atxuri.es; Calle Plocia 7; Hauptgerichte ab 12 €; ⏲tgl. 13–16.30 & Do–Sa 21–23 Uhr) Das Atxuri, eines der ältesten und am meisten ausgezeichneten Restaurants der Stadt, verbindet baskische und andalusische Einflüsse zu ganz ausgeklügelten Geschmacksrichtungen. *Bacalao* (Kabeljau) und Steaks von hoher Qualität spielen eine große Rolle – kein Wunder in einem Lokal mit baskischen Wurzeln. Doch Fisch und Fleisch sind ebenso sehr Grundbestandteile der andalusischen Küche, dass die Grenze zwischen Andalusisch und Baskisch oft aufs Angenehmste verwischt wird.

Arrocería La Pepa SPANISCH €€
(☎956 26 38 21; Paseo Maritimo 14; Paella 12–17 € pro Pers.) Für eine gute Paella muss man die Altstadt verlassen und sich ein paar Kilometer südöstlich an die Playa de la Victoria begeben. Entweder macht man einen appetitanregenden Spaziergang am Meer entlang – die Strecke ist auch bei Joggern beliebt – oder nimmt die Buslinie 1. Beides lohnt sich.

Der Fisch in der Meeresfrüchtepaella im La Pepa schmeckt, als sei er geradewegs vom 100 m entfernten Atlantik auf den Teller gesprungen.

Freiduría Las Flores FISCH & MEERESFRÜCHTE €
(☎956 22 61 12; Plaza de Topete 4; Meeresfrüchte 3–8 € pro 250 g) Cádiz' Begeisterung für gegrillten Fisch findet hier seinen schönsten Ausdruck. Alles, was dem Meer entspringt, wird im La Flores in der Regel entweder als Tapa, *ración* (große Tapas-Portion als Hauptgericht), *media ración* (halbe *ración*) oder aber im Stil von Fish and Chips in Pappbechern serviert. Man bestellt nach Gewicht (normalerweise 250 g).

Wer sich nicht entscheiden kann, wählt einfach den *surtido* (gemischter Grillteller).

La Gorda Te Da De Comer FUSIONSKÜCHE €
(Calle General Luque 1; Tapas 2 €; ⏲Mo 21–23.30, Di–Sa 13.30–16 & 21–23.30 Uhr) Unglaublich köstliche Speisen zu unglaublich günstigen Preisen und coole Einrichtung im Pop-Art-Stil. Das Essen schmeckt lecker und originell, hat aber fast immer einen deutlichen regionalen Touch.

Empfehlenswert sind die Hähnchenstreifen in Curry mit Cocktailsoße, frittierte Auberginen mit Honig und weitere Kreationen, bei denen einem das Wasser im Munde zusammenläuft.

Ausgehen

Bevorzugtes Revier der Nachtschwärmer in der Altstadt ist die Gegend rund um die Plazas de Mina, San Francisco und España. So richtig los geht's erst ab Mitternacht. In der ersten Wochenhälfte herrscht meist weniger Andrang.

Ein Stück die Playa de la Victoria hinunter stößt man am Paseo Marítimo und in der Nähe des Hotels Playa Victoria, 2,5 km von der Puerta de Tierra, auf weitere gute Läden.

LP TIPP **Quilla** CAFÉ
(www.quilla.es; Playa de la Caleta; ⏲10–24 Uhr; 📶) Die verträumte Café-Bar mit Blick auf die Playa de la Caleta ähnelt dem rostigen Rumpf eines alten Schiffes. Hier gibt's Gebäck, Tapas, Wein, Kunstausstellungen und Gratis-WLAN, außerdem hat man einen tollen Blick auf die Sonnenuntergänge.

Unterhaltung

Donnerstags bis samstags kann man an der Punta de San Felipe (auch kurz La Punta genannt) an der Nordseite des Hafens feiern, allerdings geht's hier erst spät los. Die Großraumdisco **Sala Anfiteátro** (Paseo Pascual Pery; Eintritt 6–8 €) platzt z. B. zwischen 3 und

6 Uhr morgens aus allen Nähten und zieht hauptsächlich 18- bis 25-Jährige an.

Das **Gran Teatro Falla** (☎956 22 08 34; Plaza de Falla) wartet mit einem abwechslungsreichen Theater-, Tanz- und Musikprogramm auf.

LP TIPP Peña Flamenca La Perla FLAMENCO
(☎956 25 91 01; www.laperladecadiz.es; Calle Carlos Ollero; Eintritt frei) Romantisch nah an den rauschenden Wellen des Atlantiks veranstaltet die Peña Flamenca La Perla fast jeden Freitag ab 22 Uhr (im Frühjahr und Sommer häufiger) Flamenco-Nächte. Sie liegt unweit der Calle Concepción Arenal im Barrio de Santa María, der Eintritt ist kostenlos und im Publikum tummeln sich viele *aficionados* (passionierte Fans). Ein unvergessliches Erlebnis.

Barabass BAR, MUSIK
(☎856 07 90 26; www.barabasscadiz.es; Calle General Muñoz Arenillas 4–6; Eintritt inkl. 1 Getränk 10 €; ⏲22–6 Uhr) Das glamouröse Barabass ist eine der angesagtesten Bars im anderen Zentrum des Nachtlebens, der Playa de la Victoria.

ℹ Praktische Informationen

In der Calle Nueva und der parallel verlaufenden Avenida Ramón de Carranza stößt man auf zahlreiche Geldautomaten. Die Hauptpost liegt an der Plaza de Topete in der Nähe des Zentralmarkts.

Hospital Puerta del Mar (☎956 00 21 00; Avenida Ana de Viya 21) Das größte allgemeine Krankenhaus der Stadt befindet sich 2 km südöstlich der Puerta de Tierra.

Regionale Touristeninformation (Avenida Ramón de Carranza; ⏲Mo–Fr 9–19.30, Sa, So & Feiertage 10–14 Uhr)

Städtische Touristeninformation (Paseo de Canalejas; ⏲Mo–Fr 8.30–18, Sa & So 9–17 Uhr)

ℹ Anreise & Unterwegs vor Ort

Auto & Motorrad

Die AP4 von Sevilla nach Puerto Real östlich der Bahía de Cádiz ist gebührenpflichtig (5,50 €), auf der kostenlosen Alternativroute A4 braucht man dafür länger.

In Hafennähe gibt's eine praktisch gelegene **Tiefgarage** (Paseo de Canalejas; 9 € pro 24 Std.).

Bus

Comes (☎956 80 70 59; www.tgcomes.es; Plaza de la Hispanidad) betreibt regelmäßige Busse vom **Busbahnhof** (☎956 80 70 59; Plaza Sevilla) nach Arcos de la Frontera (5,11 €, 1 Std.), El Puerto de Santa María (1,56 €, 45 Min.), Granada (32,80 €, 5½ Std.), Jerez de la Frontera (1,72 €, 1 Std.), Málaga (24,62 €, 4 Std.), Ronda (15 €, 2 Std.), Sevilla (8,68 €, 1¾ Std.), Tarifa (8,60 €, 1½ Std.) und Vejer de la Frontera (5,95 €, 1 Std. 20 Min.). Busse von **Los Amarillos** (www.losamarillos.es) fahren ebenfalls zu einigen der oben genannten Ziele sowie nach El Bosque, Sanlúcar de Barrameda und Ubrique; Abfahrt ist am südlichen Ende der Avenida Ramón de Carranza. Die Busse M050 und M051 des Unternehmens **Consorcio de Transportes Bahía de Cádiz** (☎956 01 21 00; www.cmtbc.com) pendeln vom Flughafen Jerez de la Frontera zum Comes-Busbahnhof in Cádiz und halten unterwegs in Jerez und in El Puerto de Santa María.

Fahrrad

Urban Bike (www.urbanbikecadiz.es; Calle Marques de Valderfigo 4; ⏲Mo–Fr 10–14 & 17.30–21, Sa 10–14 Uhr) Vermietet Fahrräder für 1/12/24 Std. (3/10/14 €).

Schiff/Fähre

Katamarane (www.cmtbc.es; Terminal Marítima Metropolitana) legen am **Terminal Marítima Metropolitana** nach El Puerto de Santa María (2,35 €) ab; von Montag bis Freitag gibt's 18 Fahrten täglich, Samstag und Sonntag nur fünf oder sechs.

Zug

Vom **Bahnhof** (☎902 240202) fahren täglich zahlreiche Züge von/nach El Puerto de Santa María (4,10 €, 30 Min., 15-mal tgl.), Jerez de la Frontera (5 €, 40 Min., 15-mal tgl.), Sevilla (13,25 €, 1¾ Std., 15-mal tgl.) und Madrid (72,20 €, 4½ Std., 3-mal tgl.). Im Jahr 2013 soll Cádiz eine Verbindung nach Madrid mit dem AVE-Hochgeschwindigkeitszug erhalten.

El Puerto de Santa María

89 000 EW.

Inmitten solcher kulturellen Glanzlichter wie Cádiz, Jerez und Sevilla fällt es manchem interessanten Ort schwer, sich bemerkbar zu machen, und genau das ist das Schicksal von El Puerto de Santa María, das trotz seiner vielen berühmten Traditionen erstaunlich oft übersehen wird. Hier wurde die Firma Osborne, deren weltbekanntes Stier-Logo zum nationalen Symbol Spaniens geworden ist, gegründet und hat noch heute ihr Hauptquartier in der Stadt. Auch eine der großen Stierkampfarenen des Landes ist in El Puerto angesiedelt, begleitet von der damit einhergehenden Stierkampftradition. Eine andere Stärke der Stadt ist ihre Gastronomie: Hier gibt's mehr gute Tapas-Bars pro

Kopf als irgendwo sonst in Spanien. Es lohnt sich, den Reiseplan zu überdenken und noch einen Abstecher nach El Puerto hineinzuquetschen.

Sehenswertes & Aktivitäten

Einst versorgten die vier Pumpen der **Fuente de las Galeras Reales** (Brunnen der königlichen Galeeren; Plaza de las Galeras Reales) am Muelle del Vapor die Mannschaften der Schiffe nach Amerika mit Wasser.

Der nächstgelegene Strand ist die piniengesäumte **Playa de la Puntilla** (26) 30 Gehminuten südwestlich des Zentrums. Alternativ nimmt man die Buslinie 26 (1 €) über die Avenida Aramburu de Mora. Mehr Platz findet man im Hochsommer an den entfernteren Sandstreifen wie der **Playa Fuenterrabía**, zu der Bus 35 vom Stadtzentrum fährt.

Castillo San Marcos BURG
(956 85 17 51; Plaza Alfonso X El Sabio; Eintritt Di frei, Do & Sa 5 €; Führungen Di 11.30, 12.30 & 13.30, Do & Sa 10.30, 11.30, 12.30 & 13.30 Uhr) An drei Tagen pro Woche wird das Castillo de San Marcos für halbstündige Führungen inklusive einer Kostprobe des Caballero-Sherrys (diesem Unternehmen gehört die Burg) geöffnet. Als absolutes Highlight gilt die innen erhaltene Moschee (heute als Kirche genutzt), die noch vor dem 13. Jh. errichtet wurde.

Fundación Rafael Alberti MUSEUM
(956 85 07 11; www.rafaelalberti.es; Calle Santo Domingo 25; Eintritt 5, Audioguide 1 €; Di–So 11–14.30 Uhr) Die Fundación Rafael Alberti, vom Castillo de San Marcos aus ein paar Häuserblocks landeinwärts gelegen, zeigt eine interessante Ausstellung über Rafael Alberti (1902–99), einen großen Dichter der „Generación del 27", der hier seine Kindheit verbrachte. Praktischerweise gibt's Audioguides auf Deutsch (1 €).

GRATIS **Plaza de Toros** STIERKAMPFARENA
(Plaza Elías Ahuja; Mai–Sept. Di–So 11–13.30 & 18–19.30 Uhr, Okt.–April Di–So 11–13.30 & 17.30–19 Uhr) Etwa vier Blocks südwestlich von der Plaza de España liegt die großartige Stierkampfarena der Stadt. Sie wurde 1880 erbaut, bietet 15 000 Zuschauern Platz und ist bis heute eine der schönsten und imposantesten Arenen Andalusiens. Am Tag vor und nach Stierkämpfen bleibt sie geschlossen. Der Eingang befindet sich in der Calle Valdés.

Sherry-Bodegas WEINGÜTER
Die bekanntesten der sieben Sherry-Weingüter in El Puerto, **Osborne** (956 86 91 00; www.osborne.es; Calle Los Moros 7; Führungen auf Deutsch/Englisch/Spanisch 6 €; Führungen Mo–Fr 10.30, 11, 12 & 12.30, Sa 11 & 12 Uhr) und **Terry** (956 15 15 00; www.bodegasterry.com; Calle Toneleros 1; Führung 8 €, Führung & Pferdeshow 15 €; Führungen Mo–Fr 10.30 & 12.30, Sa 12 Uhr) bieten an Wochentagen Rundgänge an. Im Sommer werden manchmal zusätzliche Führungen angesetzt, z. B. samstags. Bei Osborne muss man sich vorher telefonisch anmelden.

Iglesia Mayor Prioral KIRCHE
(956 85 17 16; tgl. 18–20.30, Mo–Fr 8.30–12.45, Sa 8.30–12, So 8.30–13.45 Uhr) El Puertos prunkvollste Kirche, die zwischen dem 15. und 18. Jh. errichtete Iglesia Mayor Prioral, erhebt sich an der Plaza de España.

Schlafen

Als gute Hilfe dienen die Unterkunftsliste und die Website der Touristeninformation, die auch barrierefreie Hotels aufführen.

LP TIPP **Palacio San Bartolomé** LUXUSHOTEL €€€
(956 85 09 46; www.palaciosanbartolome.com; Calle San Bartolomé 21, El Puerto de Santa María; Zi. 80–175 €;) Ab und zu entsteht ein neues Hotel, das selbst den müdesten Hotelkritiker von den Socken haut. Lust auf ein Zimmer mit Minipool, Sauna, Whirlpool, Bademänteln und Liegestühlen? All das gibt's für 175 € im edlen San Bart, das 2010 in einem früheren Palast eröffnete.

Falls das Poolzimmer schon weg ist – die anderen Räume verwöhnen mit ähnlich viel Luxus wie Himmelbetten und riesigen Duschen. Auch ein Fitnessraum und ein Spa gehören zum Hotel.

El Baobab Hostel HOSTEL €
(956 54 21 23; www.casabaobab.es; Calle Pagador 37, El Puerto de Santa María; EZ/DZ inkl. Frühstück 28/55 €, B 22,50 €; P) Gleich gegenüber der Plaza de Toros befindet sich die beste Budgetunterkunft der Stadt. Das kleine Hostel in einem umgebauten Gebäude aus dem 19. Jh. hat nur sechs Zimmer und eine gemütliche, freundliche Atmosphäre. Das Innere wurde geschmackvoll restauriert und die Gemeinschaftsbäder sind blitzsauber.

Hotel Monasterio San Miguel HOTEL €€€
(956 54 04 40; www.hotelesjale.com; Calle Virgen de los Milagros 27; EZ/DZ 105/140 €; P)

In dem luxuriös umgebauten Kloster aus dem 18. Jh. warten ein Gourmet-Restaurant, ein Pool in einem subtropischen Garten und klassische, elegante Zimmer auf Gäste. Auch die Cafeteria ist sehr verlockend.

Casa del Regidor Hotel BOUTIQUE-HOTEL €€
(☎956 87 73 33; www.hotelcasadelregidor.com; Ribera del Río 30; EZ/DZ 65/95 €;) Eine umgewandelte Villa aus dem 18. Jh. mit original erhaltenem Patio. Die hervorragenden Zimmer sind alle klimatisiert und das Wasser wird mithilfe von Solarzellen erwärmt.

Essen

Nirgendwo in Andalusien ist die Auswahl an Tapas-Bars so vielfältig wie in El Puerto. Fündig wird man vor allem in der Calle Luna, in den sich nördlich anschließenden Straßen Calle Misericordia und Ribera del Marisco sowie in den südlich gelegenen Avenidas Bajamar und Aramburu de Mora. Meeresfrüchte sind die lokale Spezialität. Das fantastische lokale Gebäck, darunter *carmelos*, kann man in der **Cafetería La Merced** (Calle Granada 46) probieren.

LP TIPP **Mesón del Asador** SPANISCH, GRILLRESTAURANT €€
(www.mesondelasador.com; Calle Misericordia 2; Tapas 2,20 €, Hauptgerichte 12–15 €) Dass es in einer so auf Meeresfrüchte ausgerichteten Stadt ein Fleischrestaurant gibt, welches locker mit jedem Steakhaus in Buenos Aires mithalten könnte, sagt alles über das kulinarische Niveau von El Puerto. Schon der Duft beim Öffnen der Tür ist überwältigend, er stammt von auf Holzkohle brutzelndem Rind- und Schweinefleisch, das auf Minigrills an den Tisch gebracht wird.

Unbedingt die Chorizos probieren, genauso wie die Hühnchen- oder Schweinefleisch-Bruschetta.

Aponiente FISCH & MEERESFRÜCHTE, FUSIONSKÜCHE €€€
(☎956 85 18 70; www.aponiente.com; Puerto Escondido 6; 12-Gänge-Degustationsmenü 95 €; ⏲Mo, So abends & Jan.–Mitte März geschl.) Kühn ist das beste Wort für die gewagten Experimente des führenden spanischen Kochs Angel León. Seine *nueva cocina* mit einer Vorliebe für Meeresfrüchte gewann unzählige Preise, darunter einen Michelin-Stern, und bei der *New York Times* landete er 2011 unter den „10 Restaurants Worth a Plane Ride" („Zehn Restaurants, für die sich ein Flug lohnt" – nicht gerade umweltfreundlich, aber bezeichnend).

Im traditionellen El Puerto scheiden sich die Geister an diesem Restaurant. Manche schimpfen über seine Preise und Überheblichkeit, anderen läuft beim Gedanken an die Pansensuppe, die mit Hefe fermentierte Makrele und den cremigen Reis mit Seegras das Wasser im Munde zusammen.

Romerijo FISCH & MEERESFRÜCHTE €
(☎956 54 12 54; Plaza de la Herrería; Meeresfrüchte je 250 g ab 4,50 €) Eine echte Institution in der Stadt ist dieses riesige, lebhafte Restaurant mit Resopaltischen, das aus zwei Gebäuden besteht: In dem einen werden Fische und Meeresfrüchte gekocht, in dem anderen gebraten. Was die Gäste aus den Auslagen wählen, bekommen sie im Pappkegel in die Hand gedrückt.

Bar Santa María TAPAS €
(Plaza Galeras Reales; Tapas 2–3,50 €) In dieser Oase des guten Geschmacks, wo sich alles um Fisch dreht, können Gäste die Gläser klingen lassen und Tapas-Rezepte vergleichen.

Ausgehen

Bodega Obregón BAR
(Calle Zarza 51; ⏲Mo geschl.) Wer glaubt, Sherry sei nur ein Getränk für Großmütter, kann sich in rustikalen Bodegas eines Besseren belehren lassen, wo er direkt vom Fass ins Glas gefüllt wird. Sonntags zwischen 12.30 und 15 Uhr werden hier manchmal Flamenco-Shows aufgeführt.

Praktische Informationen

Touristeninformation (☎956 54 24 13; www.turismoelpuerto.com; Plaza de Alfonso X El Sabio 9; ⏲Mai–Sept. 10–14 & 16–18 Uhr) Die hervorragende Touristeninformation hat einen neuen Sitz direkt neben dem Castillo de San Marcos.

An- & Weiterreise

Bus

Regelmäßig fahren Busse von der Plaza de Toros in El Puerto de Santa María nach Cádiz (1,56 €, 45 Min.), Jerez de la Frontera (1,60 €, 20 Min.) und Sanlúcar de Barrameda (1,67 €, 15 Min.). Busse nach Sevilla starten täglich vom Bahnhof.

Schiff/Fähre

Katamarane (www.cmtbc.es) zum Terminal Marítima Metropolitana in Cádiz (2,35 €, 30 Min., Mo–Fr 18-mal, Sa & So 5- bis 6-mal) legen vor dem Hotel Santa María ab.

Zug

Täglich fahren Züge nach Jerez de la Frontera (2,20 €, 10 Min., 15-mal tgl.) und Cádiz (4,10 €, 30 Min., 15-mal tgl.) sowie nach Sevilla (11,10 €, 1 Std. 20 Min., 15-mal tgl.).

Sanlúcar de Barrameda

67 000 EW.

Sanlúcar gehört zu den weniger bekannten andalusischen Städten, die man aber trotzdem besuchen sollte. Warum? Zuallererst wegen seiner Gastronomie, denn an einer Straße am Meer namens Bajo de Guía werden die besten Meeresfrüchte der Region aufgetischt. Zweitens liegt Sanlúcar am nördlichen Ende des berühmten Sherry-Dreiecks. Die Bodegas in der verschlafenen Altstadt sind nicht so kommerziell und bieten eine gute Qualität. Drittens ist der Ort an der Mündung des Guadalquivir ein ruhigeres, weniger überlaufenes Tor zu dem wundervollen Parque Nacional de Doñana, den man von hier vorzugsweise mit dem Boot besuchen kann.

Darüber hinaus blickt Sanlúcar auf eine stolze Seefahrtsgeschichte zurück. Sowohl Kolumbus (auf seiner dritten Seereise) als auch der Portugiese Ferdinand Magellan brachen von dieser Stadt zu ihren Entdeckungsreisen auf.

Man kann den verkehrstechnisch hervorragend angebundenen Ort auch gut im Rahmen eines Tagesausflugs von Cádiz oder Jerez besuchen.

Sehenswertes

GRATIS Palacio de Orleans y Borbon PALAST

(Ecke Cuesta de Belén & Calle Caballero; Mo–Fr 10–13.30 Uhr) Von der Plaza del Cabildo geht's quer über die Calle Ancha zur Plaza San Roque und dort die Calle Bretones hoch, die sich in die Calle Cuesta de Belén verwandelt. Sie führt hinauf zu diesem schönen Palast im Neomudejarstil in der Altstadt. Das Gebäude wurde im 19. Jh. als Sommerresidenz für die Adelsfamilie Montpensier errichtet. Heute dient es als Rathaus.

Iglesia de Nuestra Señora de la O KIRCHE

(Plaza de la Paz; Messe Mo–Fr 19.30, So 12 & 19.30 Uhr) In der Calle Caballeros findet man diese mittelalterliche Kirche einen Häuserblock linkerhand vom Palacio de Orleans y Borbón. Sie ist wegen ihres schönen gotischen Portals im Mudejarstil (um 1360) und der reichen Innendekoration, darunter kunstvolle Kassettendecken, eine echte Besonderheit unter Sanlúcars Gotteshäusern.

Palacio de los Duques de Medina Sidonia PALAST, MUSEUM

(956 36 01 61; www.fcmedinasidonia.com; Plaza Condes de Niebla 1; Eintritt 3 €; Führungen Mo–Sa 11 & 12 Uhr, So nach Vereinbarung) Neben der Iglesia de Nuestra Señora de la O steht die verschachtelte Residenz einer Adelsfamilie, die einst einen größeren Teil Spaniens besaß als irgendwer sonst. Das Gebäude stammt überwiegend aus dem 17. Jh. und birgt zahlreiche Antiquitäten sowie Gemälde von Goya, Zurbarán und anderen spanischen Meistern.

Castillo de Santiago BURG

(956 08 83 29; www.castillodesantiago.com; Plaza del Castillo de Santiago; Führungen Do–So 11, 12 & 13 Uhr) Von ihrem sechseckigen Torre del Homenaje (Wohnturm) bietet die restaurierte Burg aus dem 15. Jh. einen großartigen Blick. Sie steht zwischen den Gebäuden des Sherry-Produzenten Barbadillo. Der Eintritt zum Patio de Armas und zum Restaurant ist kostenlos.

Geführte Touren

Sherry-Bodegas

Sanlúcar produziert eine eigene dem Sherry ähnliche Weinsorte, die Manzanilla genannt wird. Mehrere Bodegas veranstalten auch ohne Voranmeldung Führungen.

LP TIPP Barbadillo-Bodega WEINGUTFÜHRUNG

(956 38 55 00; www.museobarbadillo.com; Calle Luis de Eguilaz 11; Führung 3 €, Museum Eintritt frei; Führungen Mo–Sa 12 & 13, auf Englisch Di–Sa 11 Uhr, Museo de Manzanilla Mo–Sa 10–15 Uhr) Der älteste und größte Produzent. In der Bodega neben der Burg gibt's ein gutes Manzanilla-Museum, das man unabhängig von einer Führung besichtigen kann.

Parque Nacional de Doñana

Boote in den Nationalpark starten vom Bajo de Guía 750 m nordöstlich von La Calzada. Hier informiert das **Centro de Visitantes Fábrica de Hielo** (956 38 16 35; Bajo de Guía; 9–19 Uhr) über das Schutzgebiet und zeigt Ausstellungen.

Vom Bajo de Guía brechen **Viajes Doñana** (956 36 25 40; viajesdonana@hotmail.com; Calle San Juan 20; Mai–Mitte Sept. Di & Fr 8.30 & 16.30 Uhr, Mitte Sept.–April Di & Fr 8.30 & 14.30 Uhr) und **Viajes Correcaminos** (956 38 20 40; Calle Ramón y Cajal 4) zu dreieinhalbstündigen

Touren in den Nationalpark auf. Los geht's jeweils dienstags und freitags um 8.30 und 14.30 Uhr, von Mai bis Mitte Sept. beginnen die Nachmittagsausflüge erst um 16.30 Uhr. Nach der Flussüberquerung steuert man in Geländefahrzeugen für bis zu 20 Personen mehr oder weniger dieselben Punkte an wie bei den Angeboten des El-Acebuche-Besucherzentrums. Unbedingt reichlich Mückenschutz mitnehmen!

Feste & Events

Der Sommer wird in Sanlúcar Ende Mai oder Anfang Juni mit der **Feria de la Manzanilla** eingeläutet und entfaltet sich im Juli und August zu voller Pracht mit Jazz-, Flamenco- und Klassikfestivals sowie Einzelkonzerten toller spanischer Bands. Im August findet hier ein einzigartiges Pferderennen statt, die **Carreras de Caballo** (www.carrerassanlucar.es): Dann donnern während zwei oder drei Tagen abends schnellfüßige Vollblüter über den Strand.

Schlafen

Wer zu Ferienzeiten in Sanlúcar übernachten möchte, sollte lange im Voraus buchen.

LP TIPP Hotel Posada de Palacio HISTORISCHES HOTEL €€
(☎956 36 48 40; www.posadadepalacio.com; Calle Caballeros 11, Sanlúcar de Barrameda; EZ/DZ ab 88/109 €; P ❄ @) Mit Pflanzen geschmückte Patios, eleganter historischer Charme und der Luxus des 18. Jhs. summieren sich zu einer der besten Unterkünfte in diesem Teil Andalusiens. Die Möbel sind teilweise Antiquitäten, doch alles ist maßvoll gestaltet und wirkt dank der hohen Decken und des vielen Lichts niemals erdrückend.

Hotel Barrameda HOTEL €
(☎956 38 58 78; www.hotelbarrameda.com; Calle Ancha 10, Sanlúcar de Barrameda; DZ inkl. Frühstück 45–65 €; ❄) Das zentral gelegene Hotel mit 30 Zimmern schaut auf die belebten Tapas-Bars an der Plaza Cabildo. Im neuen Flügel sind einige stilvolle moderne Räume ohne allzu große Preissprünge hinzugekommen. Angesichts des Patios im Erdgeschoss, der Marmorböden, der netten Kunstwerke und der Dachterrasse ist es ein Schnäppchen.

Tartaneros Hotel HOTEL €€
(☎956 38 53 93; www.hoteltartaneros.com; Calle Tartaneros 8; EZ/DZ ab 85/100 €; ❄ @) Am landwärtigen Ende der Calzada del Ejército steht diese rund 100 Jahre alte Industriellenvilla mit kuriosen Fin-de-Siècle-Artefakten und komfortablen Räumlichkeiten.

Essen

Zum Sonnenuntergang über dem Guadalquivir am Bajo de Guía fangfrische Meeresfrüchte zu schlemmen und dabei den Blick auf die Flussmündung in einem der guten Fischrestaurants zu genießen, die sich ca. 750 m nordöstlich des Zentrums aneinanderreihen – das ist ein kaum zu übertreffendes Reiseerlebnis in Spanien.

Rund um die Plaza del Cabildo und die dahinter liegende Plaza San Roque kredenzen etliche Cafés und Bars Manzanilla vom Fass, darunter die **Casa Balbino** (www.casabalbino.com; Plaza del Cabildo 11; Tapas 3 €), ein Muss für Tapas-Fans. Einen Besuch in der seit 1896 familiengeführten Eisdiele **Helados Artesanos Toni** (www.heladostoni.com; Plaza de Cabildo 2; www.heladostoni.com) sollte man sich ebenfalls nicht entgehen lassen. Hier veranschaulichen Filme, die auf einem Fernseher hinter der Theke gezeigt werden, die hohe Kunst des Eismachens.

LP TIPP Poma FISCH & MEERESFRÜCHTE €€
(www.restaurantepoma.com; Avenida de Bajo de Guía 6; Hauptgerichte 12–18 €) Würde man am Guía de Bajo einen Fußball kicken, so würde der garantiert auf einem Teller guten Fischs landen. Vielleicht im Poma, auf dessen *plato variado* fünf leicht gebratene Sorten versammelt sind, die alle aus der Umgebung aus dem Meer und aus Flüssen stammen.

Cafetería Guzmán El Bueno CAFÉ, DESSERTS €
(Plaza Condes de Niebla 1; Gerichte 3–8 €; ⌚8.30–21 Uhr, Juli & Aug. längere Öffnungszeiten) In dem Café des Palacio de los Duques de Medina Sidonia nimmt man zwischen antiken Möbeln und auf dicken, gemütlichen Kissen Platz. Das Angebot ist sehr einfach – es gibt Omeletts, Käse, Schinken –, aber dafür kommt man in den Genuss einer einzigartigen Atmosphäre.

Casa Bigote FISCH & MEERESFRÜCHTE €€
(www.restaurantecasabigote.com; Avenida Bajo de Guía 10; Fischgerichte 7–14 Uhr; ⌚So geschl.) Das renommierteste Restaurant am Bajo de Guía ist die Casa Bigote, die eine gehobenere Atmosphäre als die meisten anderen Lokale bietet und nur Fisch und Meeresfrüchte serviert. Die dazugehörige Tapas-Bar auf der anderen Seite der kleinen Gasse ist immer gestopft voll.

EIN SEHR BRITISCHES GETRÄNK

Die Namen verraten alles: Harvey, Sandeman, Terry, Humbert und Osborne. Zwar mag der andalusische Sherry vom Wesen her spanisch sein, doch seine Geschichte ist unbestritten englisch-irisch. Schuld an der britischen Leidenschaft für Sherry trägt wohl Sir Francis Drake. Der kühne Freibeuter des elisabethanischen Zeitalters schuf einen Präzedenzfall, als er 1587 Cádiz einnahm und sich gierig mit über 3000 Fässern des lokalen *vino* davonmachte. Es dauerte nicht lange, da waren die Briten dem Geschmack des verstärkten Weins unheilbar verfallen und wollten mehr davon. Um die Nachfrage zu befriedigen, entstand eine ganz neue Industrie. Zu den frühen britischen Unternehmern zählten Thomas Osborne Mann, ein Ladenbesitzer aus Exeter, der sich in Cádiz niedergelassen hatte, der Schotte George Sandemann aus Perth, John Harvey aus Bristol, der in den 1860er-Jahren den ersten Cream-Sherry der Welt, Harvey's Bristol Cream, zusammenbraute, und die Familien Garvey und Terry, beide aus Südirland stammend. Selbst die berühmteste spanische Sherry-Dynastie, Gonzalez-Byass – Produzent der bekannten Marke Tio Pepe – entstand 1835 aus einer englisch-spanischen Allianz, die der Andalusier Manuel Maria Gonzalez und sein in London ansässiger Agent, der Engländer Robert Byass, eingingen.

☆ Unterhaltung

Rund um die Calzada del Ejército und die Plaza del Cabildo stößt man auf einige muntere Musikkneipen, die im Sommer zahlreiche Konzerte veranstalten.

ⓘ Praktische Informationen

Touristeninformation (www.turismosanlucar.com; Calzada del Ejército; ⏲Mo–Fr 10–14 & 18–20, Sa 10–12.45 & So 10–14 Uhr) Mehrsprachige und sehr hilfsbereite Mitarbeiter.

ⓘ An- & Weiterreise

Busse von **Los Amarillos** (☎956 38 50 60; www.losamarillos.es) fahren stündlich vom Busbahnhof in der Avenida de la Estación von/nach El Puerto de Santa María (1,87 €, 15 Min.), Cádiz (4,55 €, 1 Std.) und Sevilla (8,04 €, 1½ Std.). **Linesur** (☎956 34 10 63) bietet stündlich Busverbindungen von/nach Jerez de la Frontera.

Jerez de la Frontera

211 000 EW.

Was auch immer andere Städte für sich beanspruchen, Jerez repräsentiert Andalusien, und Spanienkenner wissen das. Allerdings hat es nicht dasselbe Sendungsbewusstsein wie Sevilla und Granada. Daher besuchen viele Touristen eher berühmte Attraktionen wie die Giralda und Alhambra. Wenn sie nur wüssten, was sie verpassen! Jerez ist die Hauptstadt der andalusischen Pferdekultur, die Nummer eins im berühmten Sherry-Dreieck und – auch wenn Cádiz und Sevilla dies bestreiten – die Wiege des spanischen Flamenco. Die *bulería,* das hiesige witzige, ironische Pendant zu Sevillas tragischer *soleá,* hat ihren Ursprung in den legendären Roma-*barrios* Santiago und San Miguel. Wer dem ewig geheimnisvollen Andalusien auf die Spur kommen will, sollte seine Suche in diesen Stadtvierteln beginnen.

Sehenswertes & Aktivitäten

Alcázar FESTUNG

(☎956 14 99 55; Alameda Vieja; Eintritt mit/ohne Camera Obscura 5,40/3 €; ⏲Mai–Mitte Sept. Mo–Sa 10–19.30, So bis 14.30 Uhr, Mitte Sept.–April Mo–Sa 10–17.30, So bis 14.30 Uhr) Die kraftstrotzende und zugleich kunstvolle Festung aus dem 11. oder 12. Jh. ist eines der am besten erhaltenen Überbleibsel der Almohadenzeit (1140er-Jahre bis 1212) in Andalusien. Besonders ins Auge fällt ihr achteckiger Turm, ein Musterbeispiel für die Verteidigungsforts der Almohaden.

Man betritt den Alcázar über den **Patio de Armas**. Links steht die schöne *mezquita* (Moschee), die 1264 von Alfons X. in eine Kapelle verwandelt wurde. In den hübschen Gärten mit den geometrischen Beeten und sprudelnden Brunnen, die hinter dem Patio de Armas liegen, wird die Atmosphäre der maurischen Zeit wieder lebendig. Ein weiteres Highlight sind die überkuppelten **Baños Árabes** (Arabische Bäder) mit ihren Lichtachsen. Der **Palacio Villavicencio** am Patio de Armas, der im 18. Jh. über den Ruinen des ältesten maurischen Palasts errichtet wurde, birgt Kunstwerke, doch am berühmtesten ist er für den Blick auf Jerez von ganz oben. Im Palastturm befindet sich auch eine

Camera Obscura, die ein malerisches Livepanorama von Jerez zeigt.

LP TIPP **Catedral de San Salvador** KATHEDRALE

(Plaza de la Encarnación; Eintritt 5 €; ⏲Mo–Sa 10.30–18.30, So 12.30–15.30 Uhr) Die wunderbare Kathedrale von Jerez ruft Erinnerungen an Sevilla wach. Sie wurde in einem überraschend harmonischen Stilmix aus Barock, Neoklassik und Gotik gebaut. Besonders herausragend sind die breiten Strebebogen und die kunstvoll verzierten Steindecken. 2012 wurde im Inneren ein Museum eröffnet, das in mehreren Räumen hinter dem Hauptalter ihre Kunstwerke (darunter Arbeiten von Zurbarán und Pacheco), religiöse Gewänder und Silber zeigt.

Besucher können auch den von Orangenbäumen gesäumten Patio (die Kirche wurde an der Stelle einer alten Moschee gebaut) und eine „Geheimtreppe" ins Nichts bewundern. Das Bauwerk, das nach dem Heiligen Salvador benannt wurde, wurde erst vor gar nicht langer Zeit, nämlich 1980, offiziell zur Kathedrale erhoben.

Ein paar Straßenecken nordöstlich des Gebäudes erstreckt sich die Plaza de la Asunción mit dem ansehnlichen Antiguo Cabildo (Altes Rathaus) aus dem 16. Jh. und einer zauberhaften, im 15. Jh. entstandenen Mudejarkirche, der Iglesia de San Dionisio.

Real Escuela Andaluza del Arte Ecuestre PFERDEVORFÜHRUNGEN

(☎956 31 80 08; www.realescuela.org; Avenida Duque de Abrantes; Eintritt inkl. Trainingsstunden Erw./Kind 11/6,50 €, exhibición Erw./Kind ab 21/12 €; ⏲Trainingsstunden Mo & Mi & Fr 10–13.15, Aug & Sept. nur Mo & Mi; exhibición März–Mitte Dez. Di & Do 12 Uhr, Aug. & Sept. nur Fr 12 Uhr, restliches Jahr Do 12 Uhr) Die berühmte Königlich-Andalusische Schule der Reitkunst bildet Pferde und Reiter in der hohen Kunst des Dressurreitens aus, was man bei den öffentlichen Trainingsstunden miterleben kann. Darüber hinaus befindet sich hier das Pferdekutschenmuseum (Erw./Kind 4,50/2,50 €; ⏲Mo–Fr 10–14, an Showtagen bis 15 Uhr), das u. a. eine Binder-Jagdkutsche aus dem 18. Jh. zeigt. Für die meisten Besucher ist jedoch die offizielle exhibición (Show) die Hauptattraktion, denn dann führen die imposanten Schimmel ihre Kunststückchen zu klassischer Begleitmusik vor. Tickets dafür gibt's auch online (lohnenswert wegen der starken Nachfrage).

Barrio de Santiago STADTVIERTEL

Nordwestlich der Plaza de la Asunción erstreckt sich das Barrio de Santiago mit seiner stattlichen Einwohnerzahl an *gitanos* (Roma) und dem hervorragenden Museo Arqueológico (☎956 35 01 33; Plaza del Mercado), das bei unserem Besuch noch restauriert wurde. Es soll jedoch bald wiedereröffnen. Dann kann man sich hier eine beeindruckende Sammlung lokaler Funde ansehen. Eines der Highlights ist ein griechischer Helm aus dem 7. Jh. v. Chr., der im Río Guadalete gefunden wurde. Außerdem beherbergt das Viertel das Centro Andaluz de Flamenco (Andalusisches Flamenco-Zentrum; ☎856 81 41 32; www.centroandaluzdeflamenco.es; Plaza de San Juan 1; ⏲Mo–Fr 9–14 Uhr). Jerez liegt im Herzen der Achse Sevilla–Cádiz, der Wiege des Flamenco. Das Kulturzentrum dient gleichzeitig als Flamenco-Museum, -Bibliothek und -Schule und zeigt jeden Vormittag einen anderen thematisch passenden Film.

Hammam Andalusi HAMAM

(Arabische Bäder; ☎956 34 90 66; www.hammamandalusi.com; Calle Salvador 6; Bäder 22 €, inkl. 15-/30-minütige Massage 32/50 €; ⏲10–24 Uhr) In Jerez ist die islamische Vergangenheit vielerorts spürbar, doch nirgends stimmungsvoller als im Hammam Andalusi. Schon beim Betreten umwehen einen der Duft von Weihrauch und ätherischen Ölen und der Klang sprudelnden Wassers und arabischer Musik. Drinnen warten, je nach gewähltem Paket, die drei Pools (heiß, warm und kalt), außerdem sind Massagen und diverse Schönheitsbehandlungen im Angebot. Sogar ein Schokoladenbad (85 €) ist möglich. Der Besuch ist auf 15 Personen gleichzeitig beschränkt, daher besser vorher reservieren.

SHERRY-BODEGAS

Es gibt in Jerez etwa 20 Bodegas, die man fast alle auch besichtigen kann. Allerdings muss man sich bei vielen vorher telefonisch anmelden. Mehr darüber erfährt man in der Touristeninformation.

Bodegas González Byass WEINGUT

(Bodegas Tio Pepe; ☎956 35 70 16; www.bodegastiopepe.com; Calle Manuel María González 12; Führung 11 €, mit Tapas 16 €; ⏲Führungen auf Deutsch Sept.–Juli Mo–Sa 12.15, 14 & 16, So 12.15 & 14 Uhr, Aug Mo–Sa 12.15, 14 & 17 Uhr) Der Hersteller der Marke Tio Pepe und einer der größten Sherry-Produzenten residiert gleich westlich vom Alcázar. Sechs oder sieben Führungen werden täglich auf Englisch und Spanisch angeboten, ein paar auch auf Deutsch. Man kann online reservieren.

Bodegas Tradición WEINGUT
(☎956 16 86 28; www.bodegastradicion.com; Plaza Cordobeses 3; Führungen 18 €; ⏲März–Juni Mo–Fr 9–18.30, Sa 10–14 Uhr, Juli & Aug. Sa 8–15 Uhr) Diese Bodega ist sehr interessant, und zwar nicht nur wegen der lange gereiften Sherrys (mindestens 20 Jahre). Sie beherbergt die Colección Joaquín Rivera, eine private Kunstsammlung mit Werken von Goya, Velázquez und Zurbarán. Drei- bis viermal täglich werden Führungen angeboten, vor allem auf Englisch und Spanisch, einige aber auch auf Deutsch.

Bodegas Sandeman WEINGUT
(☎956 15 17 11; www.sandeman.com; Calle Pizarro 10; Führung 7 €, mit Verkostung ab 14 €; ⏲Führungen auf Deutsch Mo, Di, Mi & Fr 11 & 13, April–Okt. auch 14 Uhr, Aug. & Sept. Di, Do & Fr 10.30, 12.30 & 14 Uhr) Hat täglich mehrere Führungen im Programm, u. a. auch auf Deutsch.

Feste & Events

In Jerez wird viel gefeiert. Einige der spektakulärsten Veranstaltungen:

Motorrad-Grand-Prix MOTORRADRENNEN
Der **Circuito Permanente de Velocidad** (Rennstrecke; ☎956 15 11 00; www.circuitodejerez.com) auf der A382, 10 km östlich der Stadt, ist jedes Jahr (meistens im März, April oder Mai) Schauplatz mehrerer Motorrad- und Autorennen, darunter des Grand Prix der Motorrad-WM.

Festival de Jerez FLAMENCO
(www.festivaldejerez.com) Ende Februar oder Anfang März findet das größte Flamenco-Festival von Jerez statt.

Feria del Caballo PFERDE
(Pferdeschau) Die einwöchige Pferdeschau (Ende April oder 1. Hälfte Mai) gehört zu Andalusiens beeindruckendsten Festen. Sie wird mit Musik, Tanz, Stierkämpfen, Reiterwettbewerben und Paraden begangen.

Schlafen

Während der Feria del Caballo und dem Grand Prix zur Motorrad-WM verdoppeln viele Hotels ihre Preise. Ohne Reservierung geht gar nichts.

LP TIPP **Hotel Casa Grande** HOTEL €€
(☎956 34 50 70; www.casagrande.com.es; Plaza de las Angustias 3; Zi. 85–105 €, Suite 115–125 €; P❄@) In einem sorgfältig restaurierten Herrenhaus aus den 1920er-Jahren befindet sich dieses großartige Hotel. Die Zimmer liegen auf drei Stockwerken um einen Patio oder neben der Dachterrasse mit Blick auf die Dächer der Stadt. Über allem wacht die sympathische Monika Schröder, die eine wahre Fundgrube an Infos über Jerez ist.

Hotel Chancilleria HOTEL €€
(☎956 30 10 38; www.hotelchancilleria.com; Calle Chancilleria 21; EZ 55–140 €, DZ 80–180 €; ❄@) Die beiden Wohnhäuser aus dem 17. Jh., die großartig restauriert und im Januar 2008 als Hotel eröffnet wurden, sind ein dezenter Tempel des guten Geschmacks. Zu den vielen Highlights gehören afrikanische Kunst, eine alte Mauer aus dem 17. Jh., ein hübscher Garten, stilvolle und geräumige Zimmer, eine reizende Dachterrasse und eins der besten Restaurants der Stadt, das Sabores.

Nuevo Hotel HOTEL €
(☎956 33 16 00; www.nuevohotel.com; Calle Caballeros 23; EZ/DZ inkl. Frühstück 27/42 €; ❄@) Mit seinen komfortablen Zimmern zählt das Nuevo zu den schönsten familiengeführten Hotels in ganz Andalusien. Besonders spektakulär ist die *habitación* (Zimmer) 208. Sie wartet mit Stuckarbeiten im islamischen Stil und *azulejos* auf. Wenn man hier aufwacht, kommt man sich vor, als residiere man in der Alhambra.

Hotel Bellas Artes HOTEL €€
(☎956 34 84 30; www.hotelbellasartes.com; Plaza del Arroyo 45; DZ 69–99 €; ❄@) Im Bellas Artes, einem überaus gelungenen Umbau eines Palasts, können die Gäste von der Hauptterrasse und den Suiten auf die Kathedrale schauen. Die sandfarbene neoklassische Fassade schmückt ein kunstvoll verzierter steinerner Eckpfeiler. Innen bilden kräftige Farben einen schönen Kontrast zu den weißen Marmorböden. Frei stehende Badewannen tragen zum traditionellen Ambiente bei, doch natürlich bieten die Zimmer alle modernen Annehmlichkeiten.

Hotel Palacio Garvey HOTEL €€€
(☎956 32 67 00; www.sferahoteles.net; Calle Tornería 24; EZ/DZ 224/293 €; P❄@) Ein sensationell umgebauter neoklassischer Palast aus dem 19. Jh. beherbergt das Garvey. Teile der alten Stadtmauer sind vom Fahrstuhl aus, weitere im Garten zu sehen. In den öffentlichen Bereichen dominieren Tierfellmuster, große farbenfrohe Gemälde und von Japan inspirierte Schalen auf niedrigen Ti-

schen. Die 16 individuell dekorierten Zimmer warten dagegen mit subtilen Farben und luxuriösen Ledermöbeln auf.

Hostal Fenix HOSTAL €
(☎956 34 52 91; www.hostalfenix.com; Calle Cazón 7; DZ inkl. Frühstück ab 30 €; ❄📶) Das Fenix hat nichts Protziges an sich, und das ist Teil seines Charmes. Seine superfreundlichen Besitzer halten die einfachen Räume gut in Schuss und bringen das (im Preis enthaltene) Frühstück auf einem Tablett ins Zimmer. Die beeindruckenden Kunstwerke an den Wänden stammen von der *dueña* (Besitzerin) und ihrer Cousine.

Essen

Durch den Handel mit Sherry flossen englische und französische Elemente in die Küche der Region ein. Jerez ist auch für sein geräuchertes und gegrilltes Fleisch sowie für seine köstlichen Fischgerichte bekannt. Im Stadtzentrum reiht sich eine gute Tapas-Bar an die andere. Am besten beginnt man in den Fußgängerzonen nördlich der Plaza del Arenal.

LP TIPP **Sabores** ANDALUSISCHE NOUVELLE CUISINE €€
(☎956 32 98 35; www.restaurantesabores.es; Chancillera 21; Hauptgerichte ab 12 €) Wenn in einem Gourmetrestaurant Rühreier auftauchen, dann müssen sie etwas ganz Besonderes sein. Hier werden die Eier mit rohem Schinken flambiert – und wie immer die Methode aussieht, das Resultat zergeht einfach auf der Zunge. Andere Köstlichkeiten sind Rinderbäckchen und kreative Fischgerichte, die wie moderne Kunst auf dem Teller präsentiert werden.

Nicht ohne Grund gilt das Sabores als eines der hervorragendsten Restaurants Andalusiens. Es befindet sich im vielleicht besten Hotel der Stadt, dem Chancilleria.

Cruz Blanca TAPAS €
(www.lacruzblanca.com; Plaza de la Yerva; Tapas 1,80–3 €) Fisch, Ei, Fleisch und Salat werden hier in Windeseile serviert. Die Tische des Restaurants stehen an einem ruhigen kleinen Platz. Der in Pesto marinierte Fisch zählt zum Besten, was man in Jerez genießen kann.

El Gallo Azul SPANISCH €€
(Calle Larga 2; raciones ab 11,50 €) „Der Blaue Hahn" befindet sich in einem Haus mit einem Sherry-Logo an seiner ringförmigen Fassade. Im ersten Stock liegt das Restaurant, im Erdgeschoss die Tapas-Bar. Man kann hier auch gut einen Kaffee trinken und ein Stück Kuchen essen, wenn die Stadt langsam aus der Siesta wiedererwacht.

Bar Juanito TAPAS €
(www.bar-juanito.com; Calle Pescadería Vieja 8–10; Tapas ab 2,20 €, media raciones 5–7 €) Die 60 Jahre alte Bar Juanito, eine der besten Tapas-Bars in Jerez, wirkt mit ihren Tischen im Freien und den karierten Tischdecken, als wäre sie aus einem andalusischen Dorf direkt in die Stadt verpflanzt worden. Ihre *alcachofas* (Artischocken) haben in der Vergangenheit schon den spanischen Tapas-Wettbewerb gewonnen. Die Auswahl an lokalen Spezialitäten ist riesig, und dazu werden die köstlichsten hiesigen Weine serviert.

La Carboná ANDALUSISCH €€
(☎956 34 74 75; www.lacarbona.com; Calle San Francisco de Paula 2; Hauptgerichte 12,50–16,50 €; ⏲Di geschl.) In einer alten Bodega befindet sich dieses höhlenartige Restaurant, das mit dem „hängenden" offenen Feuer im Winter sehr gemütlich wirkt. Die Karte ist eher exzentrisch, zu den angebotenen Spezialitäten zählen beispielsweise gegrilltes Fleisch und frischer Fisch sowie Wachtel mit Stopfleber und Rosenblättern.

Mesón El Patio ANDALUSISCH €€
(Calle San Francisco de Paula 7; Hauptgerichte 8–17 €; ⏲So abends & Mo geschl.) Dieses Restaurant in einem restaurierten Sherry-Lagerhaus mit hohen Decken, warmen Tönen und Holzstühlen verbindet eine gewisse Eleganz mit einheimischer Geselligkeit. Vor allem aber ist das Essen einfach großartig und ein weiterer Beleg für die andalusische Leidenschaft für Fisch- und Fleischgerichte.

Ausgehen

Ein paar Kneipen in den Gassen nördlich der Plaza del Arenal füllen sich vor allem mit Gästen unter 30: Besonders gut sind die Bierbar **Dos Deditos** (Plaza Vargas 1) und die Weinbar **La Carbonería** (Calle Letrados 7). An der **Plaza de Canterbury** (Ecke Calles Zaragoza & N de Cañas) nordöstlich des Zentrums befinden sich zwei beliebte Pubs (ein englischer und ein irischer). Spätnachts steuert das junge Publikum gern die Musikkneipen nordöstlich der Avenida de Méjico an.

Unterhaltung

LP TIPP **El Lagá Tio Parrilla** FLAMENCO
(Plaza del Mercado; Show & 2 Getränke 25 €; ⏲Mo–Sa 22.30 Uhr) Ein hoher Anteil an Roma unter

DIE FLAMENCO-SZENE IN JEREZ

Jerez' Ruf als „Wiege des Flamenco" wird von *aficionados* aus Cádiz und Sevilla regelmäßig angezweifelt, doch der Anspruch ist nicht unbegründet. In der erstaunlich untouristischen Stadt gibt's nicht nur ein, sondern sogar zwei Roma-Viertel, **Santiago** und **San Miguel**, die gemeinsam eine Reihe namhafter Künstler hervorgebracht haben, darunter die Roma-Sänger Manuel Torre und António Chacón. Genau wie die rivalisierenden Städte im Norden und Westen hat Jerez seinen ganz eigenen Flamenco-*palo* entwickelt, die überaus beliebten *bulerías*, einen schnellen, rhythmischen Musikstil mit den gleichen *compás* (betonte Takte) wie die *soleá*.

Eine Entdeckungstour der Flamenco-Szene von Jerez sollte im Centro Andaluz de Flamenco (S. 730) beginnen, der einzigen soliden Flamenco-Bibliothek. Dort findet man Informationen zu Clubs, Aufführungen und Gesangs-, Tanz- und Gitarrenunterricht. Von hier führt ein Spaziergang die **Calle Francos** hinunter zu so berühmten Flamenco-Bars wie dem **Damajuana** (www.damajuanacafebar.com; Calle Francos 18; ⏲Di–So 16.30–3 Uhr) und dem **El Arriate** (Calle Francos 41), wo sich noch immer Sänger und Tänzer versammeln. Im Stadtviertel Santiago im Norden liegen Dutzende *peñas* (kleine private Clubs), alle bekannt für ihren offenen und zugleich intimen Charakter. Der Eintritt ist in der Regel frei, wenn man an der Bar etwas trinkt. Besonders fruchtbar ist die *peña*-Szene während Andalusiens wohl bestem Flamenco-Festival im Februar.

den Darstellern und Zuschauern sorgt für die Qualität der regelmäßigen Darbietungen. Die beherzten Shows enden selten ohne eine fulminante Interpretation der in Jerez allgegenwärtigen *bulería*.

Teatro Villamarta THEATER
(☎956 35 02 72; www.villamarta.com; Plaza Romero Martínez) Wartet mit einem abwechslungsreichen Programm von Bizet über Verdi bis zu Mozart und – natürlich – Flamenco auf.

Discoteca Oxi CLUB
(www.oxixerez.es; Calle Zaragoza 20; ⏲Mi–Sa 21–6 Uhr) Jerez' angesagteste Disco besetzt vier Räume und zieht ein junges Publikum an, das am Wochenende bis zum Sonnenaufgang (7 Uhr) abtanzt. Die Themennächte erfreuen sich besonders großer Beliebtheit.

ℹ Praktische Informationen

Städtische Touristeninformation (☎956 33 88 74; www.turismojerez.com; Plaza del Arenal; ⏲Mo–Fr 9–15 & 17–19, Sa & So 9.30–14.30 Uhr)

Touristeninformation der Provinz (Flughafen; ⏲Mo–Fr 8.15–14 & 17–18.30 Uhr)

ℹ Anreise & Unterwegs vor Ort

Bus

Der **Busbahnhof** (☎956 33 96 66; Plaza de la Estación) befindet sich 1,3 km östlich vom Zentrum. Hier starten Busse nach Sevilla (7,50 €, 1¼ Std., mind. 11-mal tgl.), Sanlúcar de Barrameda (1,68 €, 30 Min., mind. 7-mal tgl.), El Puerto de Santa María (1,60 €, 20 Min., mind. 15-mal tgl.), Cádiz (1,72 €, 1 Std., mind. 9-mal tgl.), Arcos de la Frontera (2,64 €, 45 Min., mind. 13-mal tgl.) und Ronda (11,50 €, 3 Std., 3-mal tgl.).

Flugzeug

Der **Flughafen Jerez** (☎956 15 00 00; www.aena.es), der einzige der Provinz Cádiz, liegt 7 km nordöstlich der Stadt an der NIV. Mehr als ein Dutzend Fluggesellschaften fliegen aus europäischen Städten nach Jerez, darunter Ryanair ab Barcelona und London-Stansted (saisonal), Air-Berlin ab Mallorca und Düsseldorf (saisonal) und Iberia tgl. von/nach Madrid. Taxis zum Flughafen kosten ab 14 €. Die lokalen Flughafenbusse M050 und M051 (1 €, 30 Min.) verkehren von Montag bis Freitag mindestens 12-mal täglich, am Wochenende 6-mal täglich. Von Jerez fahren sie weiter nach El Puerto de Santa María und Cádiz.

Zug

Der **Bahnhof** (☎956 34 23 19; Plaza de la Estación) liegt gleich neben dem Busbahnhof. Reguläre Züge fahren nach El Puerto de Santa María (2,20 €, 10 Min., 15-mal tgl.) und Cádiz (5 €, 40 Min., 15 tgl.), weitere steuern Sevilla (9,15 €, 1¼ Std., 15-mal tgl.) an.

Arcos de la Frontera

31 500 EW. / 185 M

Welcher *pueblo blanco* (weißer Ort) einem am besten gefällt, ist nicht leicht zu entscheiden, denn sie sind alle sehr schön. Wenn man die Leute jedoch zu einer Antwort drängt, nennen viele Arcos, ein überdurchschnittlich großes weißes Dorf auf einem hohen, uneinnehmbaren Felsrücken, dessen schroffe Steilwände auf zwei Seiten senkrecht in die Tiefe stürzen. Neben seiner tollen Lage vor der fernen Kulisse der Sierra de Grazalema wartet es auch noch mit einer hübschen verschlafenen Altstadt, einem schicken *parador* und der bewegten Geschichte einer Grenzstadt auf. Der seltsame Touristenbus und die von ausländischen Unternehmen angebotenen Gastfamilienaufenthalte tun dem Ganzen keinen Abbruch.

Im 11. Jh. war Arcos für kurze Zeit ein unabhängiges Königreich der Berber, bevor es 1255 von dem christlichen König Alfons X. für Sevilla erobert wurde.

Sehenswertes

In den Straßen östlich der Plaza del Cabildo sollte man sich Zeit für so schöne Bauwerke wie die **Iglesia de San Pedro** (Calle Núñez de Prado; Eintritt 1 €; Mo–Fr 10.30–14 & 17–19, Sa 11–14 Uhr) nehmen. Die Kirche verfügt über gotische und barocke Stilelemente sowie ein wunderschönes Interieur und ist zudem nicht so deprimierend dunkel.

Plaza del Cabildo PLATZ

Die Altstadt mit der Plaza del Cabildo im Zentrum ist geprägt von den Spuren aus vielen historischen Epochen, die das Auf und Ab der einst umkämpften Grenze zwischen christlichem und maurischem Gebiet dokumentieren. Den modernen Parkplatz sollte man einfach nicht beachten und sich stattdessen auf die schönen alten Gebäude in seiner Umgebung und den schwindelerregend hohen **mirador** (Aussichtspunkt) mit Blick über den Río Guadalete konzentrieren. Der **Castillo de los Duques** aus dem 11. Jh. ist nicht zu besichtigen, aber seine Außenwände prägen das klassische Bild von Arcos. An der Nordseite der Plaza liegt die **Basílica-Parroquia de Santa María** mit gotischen und barocken Stilelementen. Sie besitzt ein schönes Chorgestühl aus Stein und Deckenmaßwerk im isabellinischen Stil. Der **Parador Casa del Corregidor** an der Ostseite ist ein Nachbau des Hauses eines Richters aus dem 16. Jh. Hier genießt man – vorzugsweise bei einem *café con leche* (halb Kaffee, halb warme Milch) und einem Stück *torta* (Kuchen) – einen herrlichen Ausblick. Gegenüber, am anderen Ende des Platzes, befindet sich ein weiterer spektakulärer *mirador*.

Geführte Touren

Einstündige Führungen zu den Baudenkmälern und hübschen Patios der Altstadt beginnen montags bis samstags jeweils um 11 Uhr vor der Touristeninformation.

Feste & Events

Semana Santa KARWOCHE

In der Karwoche ziehen Prozessionen durch die engen Gassen der Altstadt. Zu den Höhepunkten der Feierlichkeiten gehört ein haarsträubendes Stiertreiben am Ostersonntag.

Fiesta de la Virgen de las Nieves FLAMENCO

Teil der dreitägigen Festlichkeiten Anfang August ist ein toller Flamenco-Abend auf der Plaza del Cabildo.

Feria de San Miguel RELIGION

Arcos feiert um den 29. September herum seinen Schutzpatron mit einem viertägigen Volksfest.

Schlafen

LP TIPP **Parador Casa del Corregidor** HISTORISCHES HOTEL €€€

(956 70 05 00; www.parador.es; Plaza del Cabildo, Arcos de la Frontera; Zi. ab 155 €;) Diese umgebaute Richterresidenz aus dem 16. Jh. vereint den typischen Luxus eines *parador* mit der grandiosen Lage am Rande einer Klippe. Acht der 24 Zimmer haben Balkone, von denen man weit ins Land blickt. Die meisten anderen Zimmer schauen auf die hübsche Plaza del Cabildo.

Casa Campana PENSION €

(956 70 47 87; www.casacampana.com; Calle Nuñez de Prado 4, Arcos de la Frontera; DZ/Apt. 50/65 €;) Im Herzen des alten Arcos bietet die Casa Campana zwei einfache Doppelzimmer und ein großes Apartment, das viel Charakter hat. Geführt wird sie von Emma und Jim, die sehr freundlich sind und bestens über die Gegend Bescheid wissen. Auf der ruhigen Dachterrasse kann man relaxen sowie die Aussicht und die Privatsphäre genießen. Vor Kurzem hat Jim unten einen kleinen Kaffee- und Eisverkauf eröffnet.

Hotel El Convento HOTEL €€

(956 70 23 33; www.hotelelconvento.es; Calle Maldonado 2; EZ/DZ inkl. Frühstück ab 55/70 €) Sicherlich haben die Nonnen, die früher in diesem wunderschönen Kloster aus dem 17. Jh. lebten, die umwerfende Aussicht genossen. Inzwischen wurde das Gebäude in ein etwas kitschiges Hotel umgewandelt.

Hotel Marques de Torresoto HOTEL €
(☎956 70 07 17; www.hotelmarquesdetorresoto.com; Calle Marqués de Torresoto 4; EZ/DZ 35/50 €) Ein echtes Schnäppchen. Hinter dem großen Eingang und einem dschungelähnlichen Hof liegen 15 preisgünstige einfache und kurios geschnittene Zimmer.

Hotel Real de Veas HOTEL €€
(☎956 71 73 70; www.hotelrealdeveas.com; Calle Corredera 12; EZ/DZ inkl. Frühstück 55/70 €) Das Hotel liegt in einem liebevoll restaurierten Haus und verfügt über einen glasüberdachten Patio, um den sich zwölf angenehm kühle und komfortable Zimmer gruppieren. Dies ist eine der wenigen Unterkünfte in Arcos, die gut mit dem Auto zu erreichen sind. Eine wunderbare Wahl.

Essen

LP TIPP **Bar La Cárcel** TAPAS €€
(☎956 70 04 10; Calle Deán Espinosa 18; Tapas & montaditos 2,50 €, raciones 8–12 €; ⊙Mo 8–12, Di–Sa 8–open end) Ein *cárcel* (Gefängnis) ist diese freundliche, authentische Bar nur dem Namen nach. Sie serviert schnörkellose Tapas (z. B. Fajitas oder Aubergine mit Ziegenkäse und Honig) und eiskalte *cañas* (Glas Bier). Als Tische dienen Bierfässer.

Restaurante-Café Babel MAROKKANISCH, FUSIONSKÜCHE €€
(Calle Corredera 11; Gerichte 8–12 €) Das neue maurische Fusionsrestaurant von Arcos ist geschmackvoll eingerichtet (die kunstvollen Stühle wurden mit dem Schiff aus Casablanca geholt), und Geschmack haben auch die Gerichte wie Tajines und Couscous oder das volle arabische Programm inklusive Silbergefäßen und süßem Gebäck.

Praktische Informationen

Die **Touristeninformation** (☎956 70 22 64; Calle Cuesta de Belén 5; ⊙Mo–Fr 10–14.30 & 17.30–20, Sa 10.30–13.30 & 17–19, So 10.30–13.30 Uhr) liegt am Hauptplatz in der Altstadt.

Banken und Geldautomaten findet man in der Calle Debajo del Corral und der Calle Corredera.

An- & Weiterreise

Vom **Busbahnhof** (☎956 70 49 77) fahren Busse von **Los Amarillos** (www.losamarillos.es) und/oder **Comes** (www.tgcomes.es) täglich nach Cádiz (5,11 €, 1 Std., 8-mal tgl.), Olvera (5,81 €, 1½ Std., 3-mal tgl.), Jerez de la Frontera (2,64 €, 45 Min., 19-mal tgl.), Málaga (16,85 €, 3½ Std., 2-mal tgl.) und Ronda (8,75 €, 2 Std., 2-mal tgl.). Am Wochenende verkehren weniger Busse.

Parque Natural Sierra de Grazalema & Umgebung

Von allen andalusischen Naturschutzgebieten ist der Parque Natural Sierra de Grazalema am besten zugänglich und für Ausflüge aufs Land geeignet. Seine Hügel sind zwar nicht so beeindruckend hoch wie die Sierra Nevada, erheben sich aber urplötzlich aus der Ebene nordöstlich von Cádiz. Hier gibt's tiefe Schluchten, wilde Orchideen und heftige Regenfälle (neben Galicien und Kantabrien ist dies mit 2000 mm durchschnittlichem Niederschlag pro Jahr der feuchteste Teil Spaniens). Das Grazalema-Gebiet eignet sich auch wunderbar zum Wandern (vor allem im Mai, Juni, September und Oktober), außerdem können sich abenteuerlustige Traveller über zahlreiche Möglichkeiten zum Klettern, Erforschen von Höhlen, Kanu- und Kajakfahren sowie Gleitschirmfliegen freuen.

Der Park erstreckt sich Richtung Nordwesten bis in die Provinz Málaga, deren Cueva de la Pileta ebenfalls noch dazugehört. In El Bosque 20 km östlich von Grazalema bietet das **Centro de Visitantes** (☎956 72 70 29; Avenida de la Diputación; ⊙Mo–Sa 10–14 & 18–20, So 9–14 Uhr) Informationen für Parkbesucher und zeigt ein paar Exponate.

GRAZALEMA

2200 EW. / 825 M

Grazalema, ein echter „weißer Ort" in den Bergen, sieht aus, als wäre es aus einem Raumschiff auf die steilen, felsigen Hänge der gleichnamigen Bergkette abgeworfen worden. Nur wenige *pueblos blancos* sind so perfekt wie dieses mit seinen makellos weiß getünchten Häusern, die mit rostroten Ziegeln gedeckt und mit schmiedeeisernen Fenstergittern geschmückt sind. Grazalema ist ein Ort für Naturfreunde, Wanderwege führen in alle Richtungen. Doch hier werden auch seit langer Zeit Decken, Honig und Eintöpfe mit viel Fleisch hergestellt, und ein Festival mit einem dramatischen Stierrennen findet ebenfalls statt. In der hiesigen handwerklichen Textilfabrik werden noch die traditionellen Webverfahren angewendet.

Aktivitäten

Man befindet sich in einem Wandergebiet und sollte das auch nutzen. Gute Informationen zu Trekkingrouten bekommt man in der **Touristeninformation** (☎956 72 70 29; Calle Federico García Lorca 1; ⊙Mo–Sa 10–14 & 17–19, So 9–14 Uhr). Vier der schönsten Wege (darunter die 12,5 km lange El-Pinsapar-

Wanderung durch Spaniens am besten erhaltenen Tannenwald) verlaufen durch begrenzt zugängliche Gebiete, deshalb muss man sich vor einer Tour im Besucherzentrum von El Bosque anmelden. Die spektakulärste der frei zugänglichen Strecken ist der 7,2 km lange **Sendero Salto del Cabrero** zwischen Grazalema und Benaocaz. Er führt über den Puerto del Boyar und überquert die Westseite der Sierra del Endrinal. Unterwegs kann man nach seltenen wilden Orchideen Ausschau halten.

Horizon ABENTEUERSPORT
(☎956 13 23 63; www.horizonaventura.com; Calle Corrales Terceros 29, Grazalema) Das Angebot des erfahrenen Veranstalters für Abenteuersportarten reicht von Klettertouren über Bungee-Jumping und Canyoning bis zu Höhlentouren, Gleitschirmfliegen und Wandern, alles auch mit englischsprachigen Führern. Die Preise pro Person liegen zwischen ca. 14 € für eine geführte Halbtagswanderung und etwa 60 € für das 4 km lange unterirdische Abenteuer von der Cueva del Hundidero in der Nähe von Montejaque bis zur Cueva del Gato bei Benaoján, das nur mit Neoprenanzügen zu bewältigen ist. Einige Aktivitäten werden nur bei einer Mindestteilnehmerzahl durchgeführt.

Schlafen & Essen

Casa de las Piedras HOTEL €
(☎956 13 20 14; www.casadelaspiedras.net; Calle de las Piedras 32, Grazalema; EZ/DZ/Apt. 42/48/65 €; ❄📶) Bergluft und eine gemütliche Atmosphäre gehen in der Casa de las Piedras Hand in Hand. Das ländliche Hotel hat 16 Zimmer, unten eine behagliche Lounge und tonnenweise Infos zu Aktivitäten im Park. Die Decken in den einfachen, aber sauberen Räumen wurden im Dorf hergestellt.

Restaurante El Torreón ANDALUSISCH €€
(www.restauranteeltorreongrazalema.com; Hauptgerichte 8–12 €) In dem freundlichen Bergrestaurant können Gäste mal eine Pause vom vielen Fisch in Cádiz machen und sich lokale Chorizos, Spinat, Suppen und die Spezialität des Hauses, Rebhuhn, schmecken lassen. Für Kinder ist Pasta im Angebot.

Praktische Informationen

In der Mitte des Ortes erstreckt sich die hübsche Plaza de España mit der Iglesia de la Aurora aus dem 18. Jh. und der **Touristeninformation** (☎956 13 20 73; ⏲10–14 & 16–21 Uhr). Letztere verfügt über einen Laden, in dem lokale Produkte verkauft werden. Auf dem Platz gibt's zwei Banken mit Geldautomaten.

ZAHARA DE LA SIERRA

1500 EW. / 550 M

Das zerklüftete Zahara, das sich an einen schwindelerregenden Steilhang am Fuß der Sierra de Grazalema schmiegt, steckt voller maurischer Geheimnisse. Im 14. und 15. Jh. lag es mehr als 150 Jahre lang an der alten mittelalterlichen Grenze zum christlichen Olvera, das man in der Ferne sieht. Der Ort hat alle guten Eigenschaften eines klassischen weißen Dorfes und erfreut sich daher einer großen Beliebtheit. Wer allerdings in der Siesta-Zeit am Nachmittag herkommt, kann eine Stecknadel fallen hören.

Eine steile Straße über den 1331 m hoch gelegenen Puerto de los Palomas (Pass der Tauben) verbindet Zahara mit Grazalema (18 km). Mutige können die aufregende Fahrt durch viele spektakuläre Serpentinen mit dem Fahrrad wagen.

Die Dorfgassen laden zur Erkundung ein: Überall locken schöne Ausblicke zwischen hohen Palmen, rosafarbenen Bougainvilleen und prallen Orangenbäumen. Der steile Weg schräg gegenüber dem Hotel Arco de la Villa führt in 10 bis 15 Minuten hoch zum **Burgturm** aus dem 12. Jh. 1481 eroberte Abu al-Hasan von Granada die Festung mit einem nächtlichen Blitzangriff von den Christen zurück. Das wiederum brachte die Katholischen Könige dazu, die letzte Phase der Reconquista einzuläuten, die mit dem Fall Granadas endete.

Unterkunft bieten die 17 Zimmer im **Hotel Arco de la Villa** (☎956 12 32 30; www.tugasa.com; Paseo Nazarí, Zahara de la Sierra; EZ/DZ 36/60 €; P❄📶), das teilweise in den Fels hineingebaut wurde. Alle Räume haben tolle Ausblicke, aber kaum ländliches Ambiente.

Im **Restaurante Los Naranjos** (☎956 12 33 14; Calle San Juan 12; Hauptgerichte 8–12 €; ⏲9–23 Uhr) werden herzhafte Gerichte zubereitet, die man drinnen oder draußen unter den Orangenbäumen verspeisen kann. Das Lokal hat schon zahlreiche Wanderer und Radfahrer vor der kompletten Erschöpfung bewahrt.

Im Dorfzentrum erstreckt sich die Calle San Juan, an der man eine hilfreiche Infostelle des Naturparks **Punto de Información Zahara de la Sierra** (☎956 12 31 14; Plaza del Rey 3; ⏲9–14 & 16–19 Uhr) findet.

SETENIL DE LAS BODEGAS

Während sich die meisten anderen weißen Dörfer durch die Lage auf Felsmassiven

Schutz versprachen, taten die Bewohner von Setenil das Gegenteil: Sie verbargen sich in den dunklen Höhlen neben den Steilhängen des Flusses Trejo. Ihre Strategie funktionierte recht gut: 15 Tage lang belagerte die christliche Armee 1484 den Ort, bevor die Mauren ihren gut verteidigten Standort aufgaben. Viele der früheren Höhlenwohnungen blieben erhalten, einige werden als Bars und Restaurants genutzt. Weiter draußen kann man auf einem 6 km langen Weg (der Ruta de los Molinos) an mehreren alten Mühlen vorbei zum Dorf Alcalá del Valle wandern.

Die **Touristeninformation** (Calle Villa; ⌚Di–So 10–16 Uhr) befindet sich in der **Casa Consistorial** aus dem 16. Jh., die eine seltene Holzdecke im Mudejarstil besitzt. Weiter oben erhebt sich die **Burg** aus dem 12. Jh. (unregelmäßige Öffnungszeiten; bei der Touristeninformation nachfragen), die die Christen acht Jahre vor Granadas Fall einnahmen.

Setenil beherbergt erstklassige Tapas-Bars, in denen man während der Erkundung des einzigartigen Ortes eine Pause einlegen kann. Am besten beginnt man oben in der Stadt im **Restaurante Palermo** an der Plaza de Andalucía und arbeitet sich von dort hinunter.

OLVERA

In Olvera, bis Mitte des 19. Jh. Zufluchtsort für viele Verbrecher, gibt's heute spanienweit die meisten Genossenschaften landwirtschaftlicher Familienbetriebe. Das weiße Dorf ist auch bekannt für das hier hergestellte Olivenöl, ein Gotteshaus im Renaissancestil und eine bewegte Geschichte, die bis zu den Römern zurückgeht.

Die auf dem Standort einer älteren Kirche errichtete neoklassizistische **Iglesia Parroquial Nuestra Señora de la Encarnación** (Plaza de la Iglesia; ⌚So Messe) wurde von den Herzögen von Osuna in Auftrag gegeben und 1843 fertiggestellt. Über ihr thront eine Nasridenfestung aus dem 12. Jh., das **Castillo Árabe** (Arabische Burg; Eintritt inkl. Museo Histórico 3 €; ⌚10–14 & 18–21 Uhr). Im benachbarten **La Cilla** (⌚Di–So 10.30–14 & 16–18, Mai–Sept. bis 19 Uhr), einem alten Getreidespeicher der Herzöge, findet man das faszinierende **Museo La Frontera y los Castillos**, das **Vía-Verde-de-la-Sierra-Interpretationszentrum**, das in die Geschichte des nahe

VÍA VERDE DE LA SIERRA

Zu den zukunftsweisenden Initiativen Spaniens zählen die *vía verdes* („Grüne Wege"), alte Eisenbahnstrecken, die in verkehrsberuhigte Wege für Radfahrer, Wanderer, Reiter und Rollstuhlfahrer umfunktioniert wurden. Als schönste überhaupt wird immer wieder die **Vía Verde de la Sierra** zwischen Olvera und Puerto Serrano genannt, eine von 17 solcher Routen in Andalusien. Auf ihrer 36 km langen Strecke fallen nicht nur die wilden, zerklüfteten Landschaften auf, sondern auch vier spektakuläre Viadukte, 30 Tunnel (mit von Sensoren aktivierter Beleuchtung) und drei alte Bahnhöfe, die in Hotels/Restaurants verwandelt wurden. Paradoxerweise wurde die Eisenbahnlinie, der dieser grüne Weg folgt, nie fertiggestellt. Der Bau begann in den 1920er-Jahren als Teil der Verbindung von Jerez nach Almargen. Während der Weltwirtschaftskrise 1929 gingen die privaten Träger des Projekts pleite, sodass die Strecke nie in Betrieb genommen wurde. Nachdem sie Jahrzehnte brachgelegen hatte, wurde sie Anfang dieses Jahrtausends restauriert.

Die Route beginnt offiziell am einzigartigen **Hotel/Restaurante Estación Verde** (☎661 463207; Olvera; EZ/DZ/Apt. 30/50/130 €) gleich außerhalb von Olvera. Hier werden Räder aller Art ab 10 € pro Tag verliehen, darunter Tandems, Kinderfahrräder und -anhänger. (Fahrradverleih ist auch an den Bahnhöfen Coripe und Puerto Serrano möglich.) Außerdem gibt's einen Spielplatz, Fitnessgeräte und die Patrulla Verde, einen hilfreichen Trupp von Fahrradexperten, die Besuchern bei Fragen und mechanischen Problemen zur Seite stehen.

Ein Highlight der Vía Verde ist der **Peñon de Zaframagon**, ein markanter Steilhang, der als erstklassiger Nistplatz für Gänsegeier dient. Im früheren Bahnhofsgebäude von Zaframagón, 16 westlich von Olvera, befindet sich das **Centro de Interpretación y Observatorio Ornitologico** (Erw./Kind 2/1 €; ⌚10–16 Uhr), hier kann man das Geschehen oben auf dem Felsen durch eine hochauflösende Kamera aus der Nähe beobachten.

Die Vía Verde de la Sierra ist das ganze Jahr über geöffnet. Besonders begeisterte Anhänger radeln sie gern an warmen Sommernächten bei Vollmond mit Stirnlampen entlang.

gelegenen Fahrradwegs einführt, sowie die **Touristeninformation**. Alle haben dieselben Öffnungszeiten.

Wer im Ort übernachten möchte, kann im **Hotel Sierra y Cal** (☎956 13 03 03; www.tugasa.com; EZ/DZ 36/60 €; P❄📶🏊) einchecken. Bars und Restaurants säumen die Avenida Julian Besteiro, darunter die wunderbare „lokale" **Bodega La Pitarra** (www.bodegalapitarra.com; Julián Besteiro 44; media raciones 8–10 €).

ℹ Anreise & Unterwegs vor Ort

Busse von **Los Amarillos** (☎902 210317; www.losamarillos.es) und **Comes** (☎902 199208; www.tgcomes.es) fahren täglich von Jerez de la Frontera über Arcos de la Frontera nach Olvera (8,22 €, 2 Std. 15 Min., 3-mal tgl.) und Setenil de las Bodegas (8,88 €, 2½ Std., 3-mal tgl.). Zwei dieser Busse verkehren weiter nach Málaga (11,04 €, 2 Std. 15 Min.).

Los Amarillos verkehrt außerdem zweimal täglich zwischen Zahara de la Sierra und Ronda (3 €, 1 Std.). Grazalema-Busse fahren von/nach Ronda (2,63 €, 45 Min., 2-mal tgl.), Ubrique/Benaocaz (2,13 €, 40 Min., 2-mal tgl.) sowie nach El Bosque (2,35 €, 30 Min., 1-mal tgl.) mit Umsteigemöglichkeit nach Arcos.

Südliche Costa de la Luz

Wenn man von der Costa del Sol an die Costa de la Luz kommt, ist das so ähnlich, als würde man in einem Raum voller Menschen ein Fenster öffnen, um das erste Sonnenlicht des Morgens hineinzulassen. Befreit von geschmacklosen Ferienanlagen und planloser Bebauung, kann man urplötzlich wieder frei atmen. Anders gesagt: Man ist zurück im echten Spanien, einer Welt bemützter Bauern, klackender Dominosteine und grasender Kühe, in der nach der Sonntagsmesse heimlich ein Schluck trockener Sherry geschlürft wird. Am besten fragt man nicht lange danach, warum diese breiten, goldgelben Sandstrände und spektakulär gelegenen weißen Dörfer so wenig Touristen anziehen, sondern kommt schnell hierher und genießt, solange das noch geht.

VEJER DE LA FRONTERA

12 800 EW. / 190 M

Für das zauberhafte Vejer gehen einem die Adjektive aus. Dieses ruhige, kompakte weiße Dorf, das oberhalb der stark befahrenen N340 etwa 50 km südlich von Cádiz auf einem Felsen thront, ist ein ganz besonderes Fleckchen. Natürlich gibt's auch hier ein kühles Labyrinth aus verwinkelten Gassen, ein paar Aussichtspunkte und eine Burgruine. Aber Vejer hat noch etwas anderes an sich: Lebensfreude, ein geheimnisvolles Flair und einen kaum wahrnehmbaren Hauch *duende* (Zauber).

Sehenswertes

Auf der **Plaza de España** steht ein fantastischer gekachelter Brunnen im sevillanischen Terrakottastil. Außerdem stößt man hier auf ein paar überraschend gute Lokale.

GRATIS **Burg** BURG

(Calle del Castillo; ⏲Juni–Sept. ca. 10–21 Uhr) Vejers stark umgebaute Burg bietet von ihren Zinnen großartige Ausblicke. Das kleine Museum mit unregelmäßigen Öffnungszeiten zeigt einen der schwarzen Umhänge, den die Dorffrauen noch vor wenigen Jahrzehnten trugen. Diese verhüllten alles bis auf ihre Augen.

Casa del Mayorazgo HISTORISCHES HAUS

(Callejón de La Villa; Eintritt gegen Spende) Wenn die Tür offen steht, was häufig der Fall ist, offenbart dieses Haus aus dem 15. Jh. einen hübschen Patio und einen der drei originalen Türme, die einst über die Stadt wachten. Die Aussichten von oben bis hinunter zur Plaza de España lohnen den kurzen Aufstieg.

Schlafen & Essen

Drei weitere Gründe, um hierherzukommen:

LP TIPP **V...** BOUTIQUE-HOTEL €€€

(☎956 45 17 57; www.hotelv-vejer.com; Calle Rosario 11–13; DZ 139–199 €; ❄@) Das V... (V steht für Vejer, nicht für Fünf, und die drei Punkte gehören zum Namen) ist eine der exquisitesten Adressen Andalusiens. Das Boutique-Hotel mit Alte-Welt-Charme verbindet trendiges modernes Design (z. B. frei stehende Badewannen) mit echten Antiquitäten (z. B. antiken Türen). Zur Wahl stehen zwölf schöne Doppelzimmer. In den Gemeinschaftsbereichen findet man bequeme Sofas in reizvollen Nischen und auf der Dachterrasse einen Wasserfall neben einem Whirlpool mit herrlichen Aussichten.

Hotel La Casa del Califa HOTEL €€

(☎956 44 77 30; www.lacasadelcalifa.com; Plaza de España 16; EZ/DZ inkl. Frühstück 73/86 €; ❄@) Jede Menge Flair verströmt dieses hübsche mehrstöckige Hotel. Seine im maurischen Stil dekorierten Zimmer sind ruhig und komfortabel. Der spezielle „Emir"-Service (43 €) beinhaltet frische Blumen, Schokolade und Sekt. Unten befindet sich das erst-

ABSTECHER

JIMENA DE LA FRONTERA

Jimena liegt versteckt oben in den zerklüfteten Bergen des Parque Natural Los Acornocales inmitten einer von Korkeichen geprägten Landschaft. Der weiße Ort wird von einer verfallenen Burg gekrönt, die von ihrer **Zitadelle** aus der Nasridenära großartige Aussichten auf Gibraltar und Afrika bietet. Inzwischen haben Briten auf der Suche nach Eigenheimen das Städtchen entdeckt, dennoch hat es sich seinen spanischen Charakter bewahrt. Etwas ganz Besonderes sind die hiesigen Wanderwege. Der Europäische Fernwanderweg E4 (GR7) teilt den Ort in zwei Hälften und führt auch zur Höhle **Laja Alta** mit bronzezeitlichen Malereien. Eine andere echte Entdeckung ist das **Restaurante El Anón** (www.hostalanon.com; Consuelo 34; Hauptgerichte 10–15 €), ein weitläufiges Haus mit vielen interessanten Ecken und noch interessanterer Fusionsküche. Es vermietet außerdem Zimmer.

Am besten kommt man mit dem Zug von Ronda (6,05 €, 1 Std, 3-mal tgl.) oder Algeciras (4,10 €, 40 Min., 3-mal tgl.) nach Jimena, die Bahnstrecke zählt zu den schönsten in ganz Spanien. Der Bahnhof liegt im Dorf Los Ángeles, 1 km von Jimena entfernt.

klassige arabische Restaurant **El Jardín del Califa** (Gerichte 8–16 €; ✎).

La Vera Cruz ANDALUSISCHE NOUVELLE CUISINE €€
(✆956 45 16 83; www.restaurantelaveracruz.es; Calle Shelly 1; Hauptgerichte 12–18 €; ⊙Di–Sa mittags, Do–Sa abends) In einem alten Kloster befindet sich „Das wahre Kreuz" mit etwas eingeschränkten Öffnungszeiten. Es hat sich auf Gourmet-Tapas wie kalte Sardellen-Lasagne und glasierte Rippchen mit Wasabi-Püree spezialisiert. Die vielen Einheimischen lassen vermuten, dass es das beste Restaurant der Stadt ist.

☆ Unterhaltung

Peña Cultural Flamenca „El Aguilar de Vejer" FLAMENCO
(Calle Rosario 29; Eintritt 3 €) Eines der Highlights von Vejer ist seine wundervolle Flamenco-Szene. Diese stimmungsvolle Altstadtbar wartet mit besonders guten Shows auf. Donnerstagabends werden Gesangs- und Gitarrenunterricht angeboten.

ℹ Praktische Informationen

Busse halten neben der **Touristeninformation** (✆956 45 17 36; Avenida Los Remedios 2; ⊙tgl. 10–14 Uhr, etwa Mai–Okt. Mo–Sa 18–20 Uhr) ca. 500 m unterhalb des Ortszentrums. Hier gibt's auch einen großen kostenlosen Parkplatz.

ℹ An- & Weiterreise

Comes (✆902 199208; www.tgcomes.es) betreibt täglich fünf oder sechs Busse nach Cádiz (1 Std.) und Barbate (15 Min.), diese fahren in der Avenida Los Remedios ab. Die Busse nach Tarifa (45 Min., ca. 10-mal tgl.), Algeciras (1¼ Std., 10-mal tgl.), Jerez de la Frontera (1½ Std., 2-mal tgl.), Málaga (2¾ Std., 2-mal tgl.) und Sevilla (2¼ Std., 4-mal tgl.) halten in La Barca de Vejer an der N340 am Fuß des Bergs. Von dort sind es 20 anstrengende Gehminuten hinauf zur Stadt; eine Fahrt mit dem Taxi kostet 6 €.

LOS CAÑOS DE MECA

300 EW.

Dieses relaxte ehemalige Hippierefugium erstreckt sich entlang spektakulärer langer Strände südwestlich von Vejer und zieht als Schwulenhochburg mit FKK-Stränden immer noch ein sehr alternatives, hedonistisches Szenepublikum an, besonders im Sommer. Surfen, Reiten und Wandern im nahen Parque Natural de la Breña y Marismas de Barbate gehören zu den zahlreichen Möglichkeiten für Aktivurlauber.

👁 Sehenswertes & Aktivitäten

Am Westende des Ortes führt eine Nebenstraße auf eine unscheinbare Landzunge zu einem Leuchtturm mit berühmtem Namen, dem **Cabo de Trafalgar**, der den Schauplatz der gleichnamigen Schlacht kennzeichnet. Der Strand unterhalb der Klippen, die **Playa del Faro**, ist bei Nudisten beliebt.

Der lange Sandstreifen in El Palmar etwa 5 km weiter im Nordwesten von **Los Caños** wartet von Oktober bis Mai mit den besten Wellen für Surfer an der gesamten andalusischen Küste auf. Mehrere Anbieter verleihen Bretter und geben Kurse, z. B. die ganzjährig geöffnete **Escuela de Surf 9 Pies** (✆620 104241; www.9piesescueladesurf.com; Brett & Anzug für 2/4 Std. 12/20 €, Kurse 2/4 Std. 27/52 €) am nördlichen Strandende. **Trafalgar Surf** (✆666 942849; www.trafalgarsurftrip.com; Anfängerkurs ab 35 €) hat tagsüber Kurse auf Englisch im Programm. Teilnehmer werden von allen Standorten an der Küste zwischen Los Caños und La Barrosa kostenlos abgeholt.

Schlafen & Essen

Unterkünfte findet man auch unter www.playasdetrafalgar.com oder www.placerdetrafalgar.com

Hostal Mini-Golf HOTEL €€
(956 43 70 83; www.hostalminigolf.com; Avenida Trafalgar 251; EZ 35–60 €, DZ 45–70 €; P) Den Namen kann man getrost ignorieren, denn hier gibt's weder Golf noch Minigolf. Stattdessen ist das günstig am Abzweig zum Cabo Trafalgar gelegene Hotel mit Restaurant die wohl beste Bleibe des Ortes im mittleren Preisbereich.

El Pirata FISCH & MEERESFRÜCHTE €€
(Avenida Trafalgar 67; Hauptgerichte 9–13 €; ganzjährig) So wie es aussieht, sammeln sich in diesem Lokal am Strand alle Genießer in Caños. Mittags speist man hervorragende Meeresfrüchte, und abends kehrt man hierher zurück, um Musik zu hören und zu tanzen, oft bis auf den Strand hinaus.

Ausgehen & Unterhaltung

Zu den besten Locations zählen das **Los Castillejos** (Ostern–Okt.) am östlichen Ende der Avenida Trafalgar und das relaxte **Las Dunas** (Carretera del Faro de Trafalgar;) an der Straße zum Cabo de Trafalgar. Ab Mitternacht wird in beiden Läden oft Livemusik geboten. Sie schließen um 2 oder 3 Uhr.

An- & Weiterreise

Montags bis freitags fahren zwei Comes-Busse von Cádiz nach El Palmar (1¼ Std.). Zudem verkehrt morgens ein Bus von Vejer hierher. Von Mitte Juni bis Anfang September gibt's oft zusätzliche Verbindungen nach Cádiz sowie nach Sevilla.

Tarifa

17 900 EW.

Tarifas Lage an der Spitze Spaniens hat dafür gesorgt, dass die Stadt ein anderes Klima und einen anderen Charakter hat als das restliche Andalusien. Die steifen Atlantikwinde ziehen Surfer, Windsurfer und Kitesurfer an, und diese verleihen der alten, aber erstaunlich kleinen Siedlung ein entspanntes, internationales Image, das (erfreulicherweise) so gar nicht zur Kommerzialisierung der nahe gelegenen Costa del Sol passt. Die Stadt ist nicht nur die letzte spanische Station vor Marokko, sie bietet auch einen guten Vorgeschmack darauf. Die marokkanische Fusionsküche ist so gut, wie man sie hier erwartet, und die von einer Mauer umgebene Altstadt könnte mit ihren engen Straßen, den weiß getünchten Häusern und dem ständigen Wind in einem Film als Chefchaouen oder Essouria durchgehen.

Tarifa ist möglicherweise so alt wie das phönizische Cádiz und war mit Sicherheit eine römische Siedlung. Ihren Namen verdankt die Stadt aber Tarif ibn Malik, der 710 n. Chr. einen muslimischen Angriff anführte, ein Jahr vor der großen islamischen Invasion zur Eroberung der Iberischen Halbinsel.

AUF NACH MAROKKO?

Weitere Tipps, Empfehlungen und Berichte zum Nachbarland gibt's im Lonely Planet Reiseführer *Marokko*.

Sehenswertes

Altstadt ALTSTADT
Einen Bummel durch die engen Gassen der Altstadt, die größtenteils maurischen Ursprungs ist, stimmt auf Marokko ein. Die **Puerta de Jerez** im Mudejarstil entstand nach der Reconquista, und auch der kleine, wuselige **Markt** (Calle Colón) lohnt einen Besuch, bevor es durch die verwinkelten Gassen zur **Iglesia de San Mateo** (Calle Sancho IV El Bravo; 9–13 & 17.30–20.30 Uhr) geht. Südlich der Kirche bietet der **Mirador El Estrecho** auf der Burgmauer einen spektakulären Blick hinüber in das nur 14 km entfernte Afrika.

Castillo de Guzmán BURG
(Calle Guzmán El Bueno; Eintritt 2 €; 11–16 Uhr) Die ursprünglich 960 auf Befehl des Kalifen von Córdoba Abd ar-Rahman III. erbaute Festung wurde nach Guzmán El Bueno benannt, einem Helden der Reconquista. Als die Muslime 1294 versuchten, Tarifa von den Christen zurückzuerobern, und El Bueno mit dem Tod seines gefangen genommenen Sohns drohten, falls er die Burg nicht übergebe, warf er ihnen seinen eigenen Dolch hinunter, um damit die Tat zu vollbringen. Guzmáns Nachfahren waren die Herzöge von Medina Sidonia, eine der mächtigsten Familien in Spanien. Eintrittskarten für die Burg bekommt man in der Touristeninformation.

Strände STRÄNDE
Auf der Landenge zur Isla de las Palomas liegt die kleine **Playa Chica**. Um einiges spektakulärer ist die **Playa de los Lances**. Sie erstreckt sich 10 km nordwestlich bis zu

der großen Sanddüne an der Bucht **Ensenada de Valdevaqueros**.

Die niedrigen Dünen hinter der Playa de los Lances sind ein Naturpark, vom Ende der Betonpromenade Tarifas führt ein erhöhter Weg über sie hinweg.

Aktivitäten

Tauchen

Getaucht wird in der Regel von Booten aus rund um die Isla de las Palomas, wo Schiffswracks, Korallen, Delfine und Tintenfische locken. In Tarifa gibt's einige Tauchveranstalter, darunter **Aventura Marina** (956 05 46 26; www.aventuramarina.org; Avenida de Andalucía 1), das Kurse im „Discover Scuba Diving" anbietet (75 €, 3 Std.). Tauchgänge mit einer Sauerstoffflasche, Ausrüstung und Guide kosten 50 €.

Reiten

An der windgepeitschten Küste Tarifas entlangzureiten ist eine tolle Art, um einen Nachmittag (oder mehr Zeit) zu verbringen. Ein einstündiger Ritt über die Playa de los Lances kostet 30 €, für einen zweistündigen Ausritt an den Strand und in die Berge zahlt man 50 €, und drei-/fünfstündige Touren beginnen bei 70/80 €. Ein empfohlener Anbieter, der sehr gute, englischsprachige Führer hat, ist **Aventura Ecuestre** (956 23 66 32; www.aventuraecuestre.com; Hotel Dos Mares, N340, Km 79,5); er bietet auch Privatunterricht (1 Std. 30 €), Ponyreiten für Kinder (halbe/ganze Stunde 15/30 €) und fünfstündige Ausritte in den Parque Natural Los Alcornocales an. Genauso exzellent ist **Molino El Mastral** (956 10 63 10; www.mastral.com; Carretera Sanctuario de la Luz), 5 km nordwestlich von Tarifa.

Walbeobachtung

Die Gewässer vor Tarifa zählen zu den besten Europas, um Wale zu beobachten, denn zwischen April und Oktober schwimmen diese zwischen dem Atlantik und dem Mittelmeer. Daher sind Walsichtungen in dieser Zeit fast garantiert. Neben Streifendelfinen und Großen Tümmlern sowie Grindwalen, Orkas (Schwertwalen) und Pottwalen kann man mit etwas Glück auch die gefährdeten Finnwale und die irreführend benannten Gemeinen Delfine sehen. Die besten Monate, um Orkas zu beobachten, sind Juli und August, Finnwale dagegen sind von April bis Juli in der Straße von Gibraltar unterwegs. Unter den Dutzenden Anbietern von Walbeobachtungstouren ist **FIRMM** (956 62 70 08; www.firmm.org; Calle Pedro Cortés 4; März–Okt.) eine gute Wahl, nicht zuletzt, weil seine Hauptaufgaben das Studium der Wale, die Sammlung von Daten und die Förderung umweltfreundlicher Touren sind.

Windsurfen & Kitesurfen

Tarifa liegt dort, wo Atlantik und Mittelmeer zusammentreffen, und seine legendären Winde haben es zu einem der führenden europäischen Spots für Wind- und Kitesurfer gemacht. Der beliebteste Streifen ist die Küste zwischen Tarifa und der 10 km nördlich gelegenen Punta Paloma. Doch auch am Stadtstrand von Tarifa sieht man Kitesurfer – ein echtes Vergnügen für Zuschauer.

Mehr als 30 Einrichtungen verleihen Surfausrüstung und bieten Unterricht an (für Anfänger, Fortgeschrittene und Experten aller Altersgruppen). Empfehlenswert sind der **Club Mistral** (www.club-mistral.com) und **Spin Out** (956 23 63 52; www.tarifaspinout.com; El Porro Beach, N340, Km 75), beide sind von der N340 nordwestlich der Stadt ausgeschildert. Zubehör fürs Kitesurfen und Unterricht gibt's bei den gleichen Veranstaltern wie für Windsurfen oder bei der **Hot Stick**

NICHT VERSÄUMEN

BAELO CLAUDIA

In dem Dörfchen **Bolonia**, das sich an eine schöne Bucht 20 km nordwestlich von Tarifa schmiegt, findet man die vollständigsten Überreste einer römischen Siedlung in Spanien: **Baelo Claudia** (956 10 67 97; Eintritt 1,50 €; März–Mai & Okt. Di–Sa 9–19 Uhr, Nov.–Feb. Di–Sa 9–18 Uhr, So ganzjährig 9–14 Uhr). Die Stätte mit hübschem Blick über das Meer nach Afrika umfasst ein Theater, in dem noch manchmal Stücke aufgeführt werden, einen Markt, ein Forum, Tempel und Werkstätten zur Herstellung der Produkte, die Baelo Claudia in der römischen Welt berühmt machten: Salzfisch und *garum*, eine beliebte Soße aus Fischinnereien. Vor Kurzem wurde hier außerdem ein gutes Museum eröffnet.

Baelo Claudia erlebte seine Blütezeit im 1. Jh. n. Chr. während der Regierungszeit von Kaiser Claudius (41–54 n. Chr.).

Die hügelige 7 km lange Nebenstraße nach Bolonia zweigt 15 km hinter Tarifa Richtung Westen von der N340 ab. Einige Busse fahren im Juli und August täglich von Tarifa nach Bolonia.

Kite School (☎647 155516; www.hotsticktarifa.com; Calle Batalla del Salado 41).

Ein dreistündiger Kurs für totale Neulinge kostet 70 €, ein sechsstündiger Anfängerkurs 153 €, und ein neunstündiger Komplettkurs 180 €. Für die Ausleihe der Ausrüstung werden 60 € pro Tag fällig. Kurse gibt's auch im Windsurfen, Surfen und Stehpaddeln (jeweils 50 € für 2 Std.).

Schlafen

Die Hauptsaison dauert von Anfang Juli bis Mitte September. Im August geht ohne vorherige Reservierung gar nichts.

IN DER STADT

LP TIPP **La Casa de la Favorita** HOTEL, APARTMENT €€
(☎690 180253; www.lacasadelafavorita.com; Plaza de San Hiscio 4, Tarifa; DZ 60–125 €;) Eine kurze Recherche im Internet zeigt, dass La Favorita in jüngster Zeit tatsächlich bei vielen der Favorit geworden ist. Das muss etwas mit den cremefarbenen Möbeln, der makellosen Sauberkeit drinnen, den Kochnischen in allen Zimmern, der kleinen Bibliothek, der Dachterrasse und den farbenfrohen, dynamischen Kunstwerken zu tun haben.

Posada La Sacristía BOUTIQUE-HOTEL €€
(☎956 68 17 59; www.lasacristia.net; Calle San Donato 8, Tarifa; Zi. inkl. Frühstück 115–135 €;) Tarifas eleganteste Unterkunft ist in einem hübsch restaurierten Stadthaus aus dem 17. Jh. untergebracht. Die zehn stilvollen Zimmer, die auf mehreren Ebenen um einen zentralen Innenhof liegen, die großen, komfortablen Betten sowie die geschmackvollen Farben zeugen von der Liebe zum Detail. Das Beste: Die Preise bleiben das ganze Jahr über gleich. Auch das Restaurant ist hervorragend.

Melting Pot HOSTEL €
(☎956 68 29 06; www.meltingpothostels.com; Calle Turriano Gracil 5; B/DZ inkl. Frühstück ab 13/35 €;) In einer Nebenstraße der Alameda stößt man auf dieses gastfreundliche, gut ausgestattete Hostel. Die fünf Schlafsäle für fünf bis acht Personen haben Etagenbetten; einer ist ausschließlich für Frauen reserviert. Neben der gemütlichen Loungebar gibt's eine gute Küche und alle Gäste bekommen eigene Schlüssel.

Hostal Africa HOSTAL €
(☎956 68 02 20; www.hostalafrica.com; Calle María Antonia Toledo 12, Tarifa; EZ/DZ 50/65 €, mit Gemeinschaftsbad 35/50 €;) Das umgebaute Haus aus dem 19. Jh. in der Nähe der Puerta de Jerez ist eins der besten *hostales* an der Küste. Die Besitzer sind gastfreundlich, und die geräumigen Zimmer glänzen in hellen, schönen Farben. Es gibt eine große, hübsche Dachterrasse mit einer exotischen Cabana und Aussichten auf Afrika. Von Dezember bis Ende Januar hat das Haus geschlossen.

Essen

Tarifa wartet mit einigen hervorragenden Frühstückscafés und guten marokkanisch-arabisch inspirierten Restaurants auf. Am Paseo de la Alameda, der vom Hafen aus nach Nordwesten führt, reihen sich zahlreiche Lokale aneinander.

Bamboo FRÜHSTÜCK €
(Paseo de la Alameda 2; Snacks ab 4 €) Es gibt wohl kaum einen schöneren Ort als das Bamboo, um nach nervenaufreibendem Wassersport so richtig zu chillen. Trancemusik und starker Kaffee machen in diesem schrägen Lokal mit durchgesessenen Sofas, verstreuten Puffs und deutlich mehr Männern als Frauen aus Kitesurfern Internetsurfer. Die vorwiegend italienischen Mitarbeiter tischen Java-Kaffee und köstliche Panini auf.

Mandrágora MAROKKANISCH, ARABISCH €€
(☎956 68 12 91; Calle Independencia 3; Hauptgerichte 12–18 €; Mo–Sa ab 20 Uhr) Hinter der Iglesia de San Mateo serviert dieses intime Restaurant andalusisch-arabisches Essen, und zwar ausgezeichnetes. Die Entscheidung kann allerdings schwerfallen. Unter den Hauptgerichten finden sich Lamm mit Pflaumen und Mandeln, Garnelen mit *ñora*-Soße (aus andalusischen süßen Chilis) sowie Seeteufel in einer Wildpilz- und Seeigelsoße.

Café Azul Bar FRÜHSTÜCK €
(Calle Batalla del Salado 8; Frühstück 3,50–8 €; 9–15 Uhr, im Winter Mi geschl.) In dem kleinen italienischen Laden ist immer viel los, denn hier gibt's das beste Frühstück in Tarifa. Entweder entscheidet man sich für das üppige Müsli mit Obstsalat und Joghurt oder für einen der hervorragenden Crêpes. Außerdem gehören Kaffee und Shakes, *bocadillos* (Sandwiches) und Kuchen zum Angebot.

La Oca da Sergio ITALIENISCH €€
(www.la-oca-da-sergio.artesur.eu; Calle General Copons 6; Hauptgerichte 10–16 €) In Tarifa haben Italiener das Zepter in der Hand, zumindest, was das Essen angeht. Der liebenswürdige Sergio, der auf italienische Art mit voll beladenen Tellern und amüsanten Storys zwi-

ALGECIRAS – TOR NACH MAROKKO

Der wichtigste Fährhafen zwischen Spanien und Afrika ist eine hässliche Industriestadt mit Fischereihafen und Heimatort des großartigsten zeitgenössischen Flamenco-Gitarristen, Paco de Lucía, der hier 1947 geboren wurde. Neuankömmlinge fahren meist gleich mit der Fähre weiter nach Marokko oder mit dem Bus nach Tarifa oder Gibraltar.

In der Calle San Bernardo liegt der Busbahnhof. Von hier fährt **Comes** (☎956 65 34 56; www.tgcomes.es) alle halbe Stunde nach La Línea (30 Min.), Tarifa (30 Min., 13-mal tgl.), Cádiz (2½ Std., 13-mal tgl.) und Sevilla (2½ Std., 6-mal tgl.).

Vom angrenzenden **Bahnhof** (☎956 63 10 05) gibt's Verbindungen von/nach Madrid (70,90 €, 5 Std. 20 Min., 2-mal tgl.) und Granada (24,80, 4¼ Std., 3-mal tgl.).

Die Überfahrt mit der FRS-Fähre (S. 743) nach Tanger ist billiger als von Tarifa aus, pro Erw./Auto kostet die einfache Strecke 23/84 €. Außerdem gibt's täglich fünf Fahrten in die spanische Enklave Ceuta (einfach Erw./Auto 31/110 €) an der Grenze zu Marokko. Vom Busbahnhof zum Hafen läuft man etwa 600 m auf der Calle San Bernardo Richtung Osten.

schen den Tischen laviert, wacht über die echte italienische Küche. Es gibt hausgemachte Pasta, dünnkrustige Pizza aus dem Holzofen, Cappuccinos und nach dem Essen italienischen Zitronenlikör.

Ausgehen & Unterhaltung

Dank der großen, sich ständig verändernden Surfer- und Kitesurferszene gibt's in Tarifa zahlreiche Bars. Die Läden konzentrieren sich vor allem in der Calle Santísima Trinidad und der Calle San Francisco direkt östlich des Paseo de la Alameda. Vor 23 Uhr braucht man gar nicht erst losgehen. Getanzt wird dann ab 2.30 Uhr, und wer Ausdauer hat, kann bis 8 Uhr morgens feiern. Sonntags bleiben viele Bars geschlossen. Etliche Kneipen liegen am südlichen Ende des Paseo de la Alameda. Lohnende Anlaufstellen sind **La Ruina** (Calle Santísima Trinidad 2; ⏱1–4 Uhr) mit gutem Elektrosound zum Tanzen und **Bistro Point** (Ecke Calles Santísima Trinidad & San Francisco) mit einem netten internationalen Publikum und leckeren Crêpes (2–4 €).

Ein paar clubartige Bars haben etwas länger geöffnet. Weitere Läden liegen an der Playa de los Lances sowie außerhalb des Stadtzentrums.

Bar Almedina BAR, FLAMENCO

(Calle Almedina) Diese in die alte Stadtmauer gebaute Bar wirkt ein wenig wie eine Höhle. Jeden Donnerstag um 22.30 Uhr tritt hier vor einer begeisterten Menge ein Flamenco-Ensemble auf.

Bear House BAR

(Calle Sancho IV El Bravo 26; ⏱14–2 Uhr) Im schicken neuen „Bärenhaus", einer Kombination aus Weinbar und Surferbar, gibt's niedrige Sofas zum Chillen und Fußball auf der Großbildleinwand, aber keine Bären.

Praktische Informationen

Centro de Salud (Health Centre; ☎956 02 70 00; Calle Amador de los Ríos) Hat einen Notdienst.

Policía Local (☎956 61 41 86; Plaza de Santa María) Ortspolizei.

Touristeninformation (☎956 68 09 93; www.aytotarifa.com; Paseo de la Alameda; ⏱Juni–Sept. tgl. 10–14 Uhr & Mo–Fr 18–20 Uhr) In der Nähe des oberen Endes des von Palmen gesäumten Paseo de la Alameda.

Anreise & Unterwegs vor Ort

BUS Busse von **Comes** (☎956 68 40 38; www.tgcomes.es; Calle Batalla del Salado 13) fahren von dem kleinen Platz neben der Tankstelle am nördlichen Ende der Calle Batalla del Salado ab. Es gibt regelmäßige Verbindungen nach Cádiz, Jerez de la Frontera, La Línea de La Concepción (für Gibraltar), Málaga, Sevilla und Zahara de los Atunes.

SCHIFF/FÄHRE FRS (☎956 68 18 30; www.frs.es; Avenida Andalucía 16) betreibt eine Schnellfähre (35 Min.) zwischen Tarifa und Tanger in Marokko (einfach Erw./Kind/Auto/Motorrad 37/20/93/31 €), die bis zu achtmal täglich fährt. Alle Passagiere benötigen einen Pass.

La Línea de la Concepción

63 000 EW.

20 km östlich von Algeciras bildet La Línea das Tor nach Gibraltar. Vom Busbahnhof geht's links auf die Avenida 20 de Abril, die vom Hauptplatz, der Plaza de la Constitución, 300 m weit bis zur Grenze nach Gibraltar

führt. Dort befindet sich auch die **städtische Touristeninformation** (Avenida Príncipe Felipe; ⌚Mo–Fr 8–20, Sa 9–14 Uhr).

Busse nach bzw. von Algeciras (2 €, 30 Min.) verkehren etwa alle 30 Minuten.

Um Warteschlangen zu vermeiden, parken viele Traveller in La Línea und überqueren die Grenze zu Fuß. Die Tiefgarage **Parking Fo Cona** in unmittelbarer Nähe der Avenida 20 de Abril ist eine sichere Möglichkeit, seinen Wagen unterzustellen.

Gibraltar

30 000 EW.

Rote Briefkästen, Fish-and-Chips-Shops, britische Bobbys und Küstenhotels mit Möbeln aus den 1970er-Jahren – der englische Dichter Laurie Lee schrieb, Gibraltar sehe aus, als sei ein Stückchen von Portsmouth aufs Meer geschleppt und 500 Meilen südlich vor der Küste vertäut worden. Wie viele koloniale Außenposten kultiviert „the Rock", wie Gibraltar genannt wird, seine britische Wesensart über die Maßen. Dies ist ein Vorteil für Fans von Pubküche und Nachmittagstee, aber verwirrend für moderne Briten, die der Meinung sind, ihr Land habe sich seit den Tagen angestaubter Marine-Fotos und Lord-Nelson-Devotionalien weiterentwickelt. Das strategisch zwischen Europa und Afrika gelegene Gibraltar mit seiner palladianischen Architektur und seinen fotogenen Berberaffen ist eine willkommene Abwechslung von den Tapas-Bars und weißen Dörfern der Provinz Cádiz. Dazu trägt auch die bewegte lokale Geschichte bei; schließlich war der Fels länger britisch als die USA amerikanisch.

Geschichte

711 landete Tariq ibn Ziyad, der muslimische Statthalter von Tanger, in Gibraltar, um von hier aus die islamische Eroberung der Iberischen Halbinsel zu starten. Der Name Gibraltar leitet sich von Jebel Tariq (Tariqs Berg) ab.

1462 konnte Kastilien den Mauren das Gebiet wieder entreißen. Im Spanischen Erbfolgekrieg wurde Gibraltar 1704 von einer englisch-holländischen Flotte erobert. 1713 trat Spanien „the Rock" offiziell an Großbritannien ab, unternahm aber bis zum Scheitern der Großen Belagerung (1779–83) immer neue Versuche, ihn zurückzuerobern. Großbritannien baute Gibraltar zum wichtigen Marinestützpunkt aus und importierte dazu eine große Zahl genuesischer Werftarbeiter. In der Franco-Zeit war es ein extrem heikler Zankapfel zwischen Großbritannien und Spanien: 1967 bis 1985 blieb die Grenze zwischen den beiden Ländern geschlossen. 1969 entschieden sich die Gibraltarer mit 12 138 gegen 44 Stimmen für den Verbleib unter britischer Herrschaft und bekamen eine neue Verfassung, die ihnen die Selbstverwaltung einräumte. 2002 verhandelten Großbritannien und Spanien darüber, Gibraltar unter ihre gemeinsame Oberhoheit zu stellen. Die Einwohner aber taten ihre Meinung mal wieder per Volksentscheid kund – den allerdings weder Großbritannien noch Spanien anerkannte – und erteilten dieser Idee eine klare Abfuhr.

Im Dezember 2005 nahmen die Regierungen von Großbritannien, Spanien und Gibraltar einen neuen, dreiseitigen Dialog auf. Die Parteien sind sich in manchen Punkten einig geworden, aber einige Themen bleiben weiterhin heikel. Dazu gehören nicht zuletzt die britischen Militäranlagen und der Flughafen von Gibraltar. Die Einheimischen pochen auf Selbstbestimmung, wollen jedoch zugleich die britische Staatsbürgerschaft behalten, was eine gemeinsame britisch-spanische Oberhoheit ausschließen dürfte. Eine Änderung des Status quo ist kaum absehbar, aber die Beziehungen haben sich entspannt. Am 18. September 2006 unterzeichneten Spanien, Gibraltar und Großbritannien ein Abkommen über die Telekommunikation, den Flughafen und anderes, die Frage der Oberhoheit blieb jedoch ausgeklammert. Der Flughafen soll erweitert werden und 2006 wurden Direktflüge aus spanischen und anderen europäischen Städten eingeführt (bei unserem Besuch hatte man sie wegen zu geringer Nachfrage wieder eingestellt). Im Dezember 2009 wurde eine Fährverbindung nach Algeciras auf dem Festland wieder in Betrieb genommen, die 40 Jahre lang nicht genutzt worden war.

Gibraltars Wirtschaft stützt sich in erster Linie auf den Tourismus, den Hafen und Finanzdienstleistungen. Die Investitionen gehen unterdessen ungebremst weiter: Gegenwärtig entsteht an der Westküste ein gewaltiges Luxusbauprojekt. Ein Großteil der Nachfrage nach neuem Lebensraum wird durch extensive Landgewinnung gedeckt (das gewonnene Land umfasst derzeit ungefähr 10 % der Gesamtfläche des Gebietes).

Sehenswertes & Aktivitäten

IN DER STADT

Die Main Street ist eine Fußgängerzone mit Pubs, Statuen aus dem Empire und bekannten britischen Ladenketten. Hinter geschlos-

Gibraltar

Highlights
Gibraltar Museum A4

Sehenswertes
1 Alameda Botanical Gardens B6
2 Trafalgar Cemetery B5

Schlafen
3 Bristol Hotel A4
4 Rock Hotel B6

Essen
5 Bistro Madeleine A4
6 Royal Calpe A3
7 Star Bar A2

Shoppen
8 Bell Books A2
9 Gibraltar Bookshop A4

senen Fensterläden und in den engen Seitengassen hört man trotzdem oft Spanisch. Die zweisprachigen Einheimischen fangen ihre Sätze meist auf Englisch an und beenden sie auf Spanisch. Viele spanische und maurische Gebäude wurden bei Belagerungen im 18. Jh. zerstört, aber es gibt jede Menge britische Befestigungsanlagen, Tore und Geschützstellungen.

Gibraltar Museum — MUSEUM

(Bomb House Lane; Erw./Kind 2/1 £; Mo–Fr 10–18, Sa bis 14 Uhr) Gibraltars Geschichte ist gelinde gesagt abenteuerlich. In diesem schönen Museum mit einem Labyrinth aus zahlreichen großen und kleinen Räumen wird sie in Kurzform dargestellt, vom Neandertaler über das Mittelalter bis zur berühmten Belagerung im 18. Jh. Unbedingt ansehen sollte man sich das gut erhaltene muslimische Badehaus sowie die aufwendig bemalte ägyptische Mumie aus dem 7. Jh. v. Chr., die in den späten 1800er-Jahren hier angespült wurde.

Trafalgar Cemetery — FRIEDHOF

(Prince Edward's Road; 8.30 Uhr–Sonnenuntergang) Gibraltars Friedhof erinnert mit den Gräbern britischer Seeleute, die hier nach der Schlacht von Trafalgar 1805 starben, an ein dunkles Stück Geschichte.

Alameda Botanical Gardens — PARK

(Europa Road; 8 Uhr–Sonnenuntergang) Die üppig grüne Gartenanlage lädt zu einer erfrischenden Pause von dem unerklärlich hektischen Verkehr ein.

Gibraltar

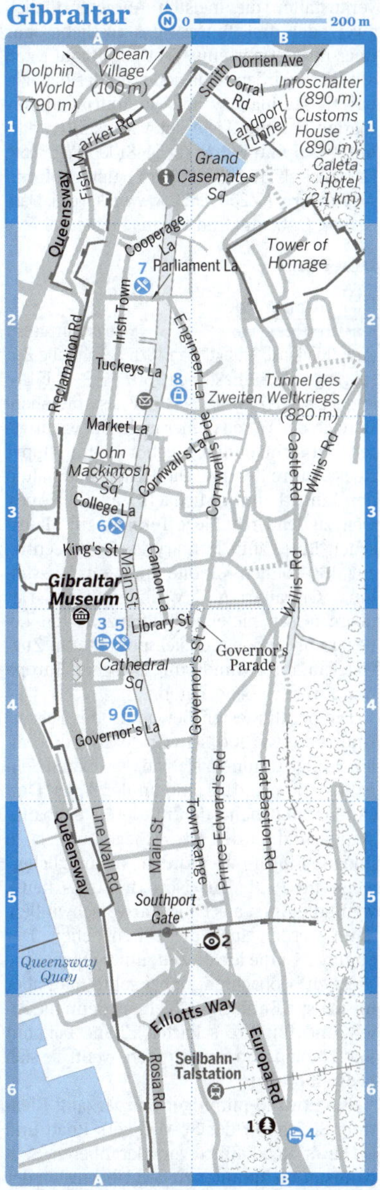

Delfinbeobachtung

In der Bahía de Algeciras lebt eine beträchtliche Delfin-Population. Mindestens drei Unternehmen führen das ganze Jahr über Delfinbeobachtungsfahrten durch, die in der Regel anderthalb bis zweieinhalb Stunden dauern. Von etwa April bis September veranstalten die meisten Anbieter täglich zwei oder drei Touren, das restliche Jahr über mindestens eine. Fast alle Boote legen am Watergardens Quay oder an der benachbarten Marina Bay ab. Die Touristeninformation hat eine Liste der Veranstalter, darunter **Dolphin World** (☎54481000; Waterport, Fährterminal; Erw./Kind 20/10 £) und **Dolphin Adventure** (☎20050650; www.dolphin.gi; Marina Bay). Unbedingt im Voraus buchen!

DER FELS

LP TIPP **Upper Rock Nature Reserve** NATURSCHUTZGEBIET
(Erw./Kind inkl. Attraktionen 10/5 £, Fahrzeug 2 £, Fußgänger ohne Attraktionen 0,50 £; ⏲9–18.15 Uhr, letzter Einlass 17.45 Uhr) Fast der gesamte obere Bereich des Felsens (aber nicht die wichtigsten Aussichtspunkte) gehört zum Upper Rock Nature Reserve. Die Tickets beinhalten den Eintritt zur St Michael's Cave, zur Apes' Den, zu den Great Siege Tunnels, zur Maurischen Burg, zum Military Heritage Centre, zur 100-Tonnen-Kanone und zur Ausstellung „Gibraltar: A City Under Siege". Der obere Felsen bietet 600 Pflanzenarten Lebensraum und eignet sich perfekt, um Zugvögel auf ihrer Wanderung zwischen Europa und Afrika zu beobachten.

Die berühmtesten Bewohner des Felsens sind die etwa 200 schwanzlosen Berberaffen. Einige tummeln sich an der oberen Seilbahnstation, andere sind an der **Apes' Den** (Affenhöhle) nahe der mittleren Seilbahnstation und an den Great Siege Tunnels zu finden. Eingeführt wurden sie möglicherweise im 18. Jh. aus Nordafrika. Es heißt, wenn die Affen aus Gibraltar verschwinden, dann werden auch die Briten gehen. Der Sommer ist die ideale Zeit, um neugeborene Tiere zu beobachten; dabei sollte man aber in sicherer Entfernung bleiben, denn die Affen sind für ihre scharfen Zähne bekannt und können aggressiv werden, wenn sie sich bedroht fühlen.

Ein etwa 15-minütiger Spaziergang Richtung Süden auf der St Michael's Road und O'Hara's Road führt von der oberen Seilbahnstation hinunter zu den Überresten der **O'Hara's Battery**, einer Geschützstellung mit großen Kanonen auf dem Gipfel des Felsens. Ein paar Minuten bergab befindet sich die außergewöhnliche **St. Michael's Cave**, eine spektakuläre Tropfsteinhöhle voller Stalagmiten und Stalaktiten. Früher dachte man, sie könne möglicherweise eine unterirdische Verbindung zu Afrika sein. Heute zieht sie scharenweise Touristen an, außerdem finden hier Konzerte, Theateraufführungen und sogar Modenschauen statt. Einen guten Einblick in die Höhle gewährt die **Lower St. Michael's Cave Tour** (Ticket 8 £; ⏲Mi 18, Sa 14.30 Uhr), eine dreistündige Führung im unteren Höhlenbereich. Auf passendes Schuhwerk achten, Kinder müssen älter als 10 Jahre sein. Guides vermittelt die Touristeninformation.

30 Gehminuten von der oberen Seilbahnstation Richtung Norden (bergab) stößt man auf die Princess Caroline's Battery mit dem **Military Heritage Centre**. Von hier führt eine Straße hinunter zur Princess Royal Battery mit weiteren Geschützen, eine andere hinauf zu den **Great Siege Tunnels** (Tunneln der Großen Belagerung), einem komplexen Verteidigungssystem, das die Briten während der Belagerung von 1779 bis 1783 aus dem Fels gehauen haben, um darin Kanonen zu platzieren. Auch die **Tunnel des Zweiten Weltkriegs** (Erw./Kind 8 £/frei; ⏲Mo–Fr 10–17 Uhr), in denen die Alliierten die Invasion Nordafrikas planten, kann man besuchen, sie sind aber nicht im Ticket zum Naturschutzgebiet inbegriffen. Beide Tunnelanlagen bilden nur einen winzigen Bruchteil der mehr als 70 km Tunnel und Gefechtsstände im Felsen. Der größte Teil ist für die Öffentlichkeit gesperrt.

Wenn man die Willis' Road von der Princess Caroline's Battery zur Stadt hinunterläuft, passiert man die Ausstellung **Gibraltar, A City under Siege** (Gibraltar, eine belagerte Stadt), untergebracht im ersten britischen Gebäude auf dem Felsen, sowie die Ruinen der **maurischen Burg**, die 1333 gebaut wurde.

Schlafen

Bristol Hotel HOTEL €€
(☎20076800; www.bristolhotel.gi; 10 Cathedral Sq; EZ/DZ/3BZ 63/81/93 £; P❄📶🏊) Ein in den 1970er-Jahren stecken gebliebenes Hotel mit knarrenden Holzböden, rot gemusterten Teppichen, einem hübschen ummauerten Garten, einem kleinen Pool und einer guten Lage ganz in der Nähe der Main Street.

Caleta Hotel HOTEL €€€
(☎20076501; www.caletahotel.gi; Sir Herbert Miles Rd; DZ mit/ohne Meerblick 110/150 £) Das Hotel liegt wunderbar mit Blick auf die Catalan Bay an der Ostseite des Felsens. Zur Stadt sind es fünf Minuten. Von den stufenförmigen Terrassen öffnen sich wunderbare Aussichten aufs Meer. Es gibt diverse Fitness-

und Spa-Einrichtungen und die Zimmer sind groß und luxuriös.

Rock Hotel HOTEL €€€
(☎20073000; www.rockhotelgibraltar.com; 3 Europa Rd; DZ/Suite 160/195 £; P ❄ @ ☎ ≋) Heute ist das Rock Hotel, das ebenso zu Gibraltar gehört wie die Affen, eher die Grand Dame als ein schicker junger Newcomer. Aber es bietet alle denkbaren Annehmlichkeiten, etwa Zimmer mit Meerblick, einen Fitnessbereich, einen Pool, einen Willkommensdrink, Bademäntel und eine Hosenbügelanlage, die man dann allerdings meist doch nicht nutzt. Hier kann man sich unter Konferenzteilnehmer und pensionierte Marinekapitäne mischen und den Geist des Empire wieder aufleben lassen.

Essen

Tschüss Tapas, hallo Fish and Chips: Gibraltar ist unverhohlen britisch. Hier sind Pubgerichte, Bier und Sandwiches, Chips und langweilige Desserts die Regel. Am Grand Casemates Square gibt's etliche coole, moderne europäische Cafés, doch die neuesten und interessantesten Restaurants (darunter einige gute mit ethnischer Küche) befinden sich im funkelnagelneuen Ocean Village in der Marina Bay.

LP TIPP **Bistro Madeleine** CAFÉ, BISTRO €
(256 Main St; Kuchen ab 3 £; ⊙9–23 Uhr; ☎ ✓) Nachdem man im Pub *steak and ale pie* verputzt hat, sollte man zum Dessert hierherkommen. In dem eleganten, rauchfreien Café wird Illy-Kaffee mit großen Stücken britisch inspirierten Kuchens serviert. Der Dattelkuchen ist großartig.

Royal Calpe PUB €€
(176 Main St; Hauptgerichte 8–12 £) Wer während der unumgänglichen Kneipenrunde auf Gibraltar unterwegs plötzlich unsäglichen Appetit auf dickkrustige Fleischpasteten, Fish and Chips und ein Pint Caffrey's ohne Zigarettenqualm bekommt, ist hier genau richtig (in den Pubs von Gibraltar ist Rauchen tatsächlich noch gestattet). Der rauchfreie Wintergarten hinten ist bei jungen Müttern, Gesundheitsfanatikern und Ex-Rauchern beliebt.

Star Bar PUB €€
(12 Parliament Lane; Frühstück 3,50–5 £, Hauptgerichte 5–11 £; ⊙24 Std.) Gibraltars ältestes Pub, wenn man der Eigenwerbung glauben möchte, ist klein, verraucht und scheinbar fest in der Hand von eingefleischten Fans des britischen Fußballteams Tottenham Hotspur (darauf deuten zumindest die Kunstwerke an den Wänden hin). Wer sich davon nicht abschrecken lässt, bekommt hier Lammkotelett, irisches Rinderfilet und Seehecht in einer grünen Soße nach spanischer Art.

Shoppen

In Gibraltar stößt man auf zahlreiche Filialen britischer Ketten, z.B. Next, Marks & Spencer, Monsoon und Mothercare (alle in einer Nebenstraße nahe der Main Street) sowie einen großen Morrisons-Supermarkt (im Europort am Nordende des Haupthafens). Die Geschäfte haben montags bis freitags von 9 bis 19.30 und samstags von 9 bis 13 Uhr geöffnet. Es gibt auch einige gute Buchhandlungen wie das **Bell Books** (☎76707; 11 Bell Lane) und den **Gibraltar Bookshop** (☎71894; 300 Main St).

Praktische Informationen

Geld

Hier kann man mit dem Gibraltar-Pfund (£) und dem britischen Pfund bezahlen; für beide Währungen gilt ein fester Umrechnungskurs von 1:1. Der Euro wird ebenfalls angenommen (außer bei Münzfernsprechern und bei der Post), aber die Wechselkurse sind schlecht. Übrig gebliebenes Gibraltar-Geld sollte man möglichst vor der Abreise zurücktauschen. In der Main Street gibt's mehrere Banken; sie sind montags bis freitags von 9 bis 15.30 Uhr geöffnet.

Medizinische Versorgung

St. Bernard's Hospital (☎20079700; Europort) Bereitschaftsdienst rund um die Uhr.

Notfall

Notruf (☎199) Um die Polizei oder einen Krankenwagen zu rufen.

Polizeistation (120 Irish Town)

Post

Postamt (104 Main St; ⊙Mo–Fr 9–16.30, Sa 10–13 Uhr, Mitte Juni–Mitte Sept. Mo–Fr 9–14.15 Uhr)

Strom

Die Spannung beträgt 220 oder 240 V; Stecker haben drei flache Stifte. Man braucht also einen Adapter oder einen spanischen Mehrfachstecker, beides bekommt man für 3–4 £ in einem der zahlreichen Elektrogeschäfte auf der Main Street.

Telefon

Um von Spanien nach Gibraltar zu telefonieren, muss man zuerst die Vorwahl ☎00350, dann die fünfstellige lokale Telefonnummer wählen. Aus Deutschland, Österreich und der Schweiz wählt man ebenfalls die internationale Vorwahl (☎00) plus die Landesvorwahl von Gibraltar (☎350) und die lokale Nummer. Von Gibraltar nach Spanien genügt die neunstellige spanische Telefonnummer.

Touristeninformation

Gibraltar hat mehrere hilfsbereite Touristeninformationen. Informationsschalter gibt's am **Flughafen** (☎73026; ⏲Mo–Fr nur vormittags) und am **Customs House** (☎20050762; Zollgebäude; ⏲Mo–Fr 9–16.30, Sa 10–13 Uhr).

Touristeninformation (Grand Casemates Sq; ⏲Mo–Fr 9–17.30, Sa 10–15, So & Feiertage 10–13 Uhr) Hat mehrere Infoschalter, an denen man alles erfährt, was man über Gibraltar wissen muss. Rund um den Grand Casemates Square reihen sich einige angenehme Cafés aneinander, in denen man die Broschüren ganz in Ruhe lesen kann.

An- & Weiterreise

Auto & Motorrad

Die Grenze ist rund um die Uhr offen, aber angesichts der langen Verkehrsstaus ist es unter Umständen einfacher, in La Línea zu parken und sich zu Fuß fortzubewegen. Wer unbedingt mit dem Auto einreisen will (kostenlos), braucht einen Versicherungsnachweis, Fahrzeugschein, Nationalitätenaufkleber oder -plakette und Führerschein.

Bus

Es gibt keine Linienbusse nach Gibraltar, aber der Busbahnhof von La Línea de la Concepción ist nur fünf Gehminuten von der Grenze entfernt.

Flugzeug

British Airways (www.ba.com) fliegt via London von/nach Berlin, Düsseldorf, Frankfurt, Hamburg, München sowie Basel, Genf, Zürich und Wien.

Schiff/Fähre

Einmal in der Woche am Freitag um 19 Uhr geht eine **Fähre** (www.frs.es) von Gibraltar nach Tanger in Marokko (einfach Erw./Kind 46/30 £). Fähren von Algeciras nach Tanger verkehren häufiger.

Unterwegs vor Ort

Bus 5 fährt von der Grenze in die Stadt und zurück, an Wochentagen alle 15 Minuten, am Wochenende halbstündlich. Der Fahrpreis beträgt 1 £. Die Busse 1, 2, 3 und 4 decken den Rest Gibraltars ab und sind kostenlos.

Ganz Gibraltar lässt sich zu Fuß erkunden. Je nach Wetterlage verkehrt auch eine **Seilbahn** (Red Sands Rd; Erw./Kind hin & zurück 8/4,50 £, mit Eintritt für das Naturschutzgebiet 16/12,50 £; ☎Mo–Sa 9.30–20 Uhr alle paar Minuten; letzte Bergfahrt 19.15, letzte Talfahrt 19.45 Uhr, Okt.–April bis 17 Uhr). Wer zur Affenhöhle will, steigt an der Mittelstation aus.

DIE PROVINZ MÁLAGA

Alte Männer sitzen mit verschleiertem Blick auf Parkbänken und erinnern sich an weiß getünchte Fischerdörfer, während blauäugige Eindringlinge aus dem Norden die Schlüssel zu ihren neuen Eigentumswohnungen an der Costa del Sol entgegennehmen. In der Provinz Málaga hatte Spaniens größtes Tourismusexperiment Erfolg. Seither bedeckt Beton die einst ruhige Küste und die lokale Bevölkerung kämpft darum, wenigstens etwas von ihrer traditionellen Kultur zu bewahren. Noch gibt es kuriose Überreste des ursprünglichen Lebens. Die Provinzhauptstadt Málaga ist eine Oase des althergebrachten Spaniens, während weiter im Hinterland in den hübschen Orten Antequera und Ronda äußere Eingriffe auf ein Minimum begrenzt sind. Darüber hinaus stößt man hier nach wie vor auf spektakuläre Naturlandschaften wie die Schlucht Garganta del Chorro.

Málaga

558 000 EW.

Die Costa del Sol kann völlig seelenlos wirken, bis man nach Málaga, eine eindeutig spanische Metropole, kommt. Merkwürdigerweise wird sie von den meisten der elf Mio. Touristen ignoriert, die jährlich auf dem internationalen Flughafen Pablo Ruíz Picasso ankommen und zu den Golfplätzen und Stränden von „Torrie" (Torremolinos) und Fuengirola gekarrt werden. Dass sie etwas verpassen, wird für die anderen Besucher zum Vorteil. Málagas Geschichte ist so reich wie die hiesigen Parks grün sind, und die feierlustige Bevölkerung konkurriert mit den *sevillanos*, die sich ebenfalls dessen rühmen, dass sie rund um die Uhr feiern. *Malagueños* (Bewohner von Málaga) sind nicht gerade zurückhaltend. Sie setzten sich bis 1487 gegen die angreifenden christlichen Armeen zur Wehr und bewiesen auch gegenüber Francos Faschisten im Spanischen Bürgerkrieg Zähigkeit. In jüngerer Zeit konnte Málaga die unschönen Nebeneffekte des Massentourismus abwehren und hat sich intensiv darum beworben, 2016 europäische

Kulturhauptstadt zu werden. Die Arbeiten zur Renovierung der maroden Hafengegend haben bereits begonnen.

Außerdem beehrte die Stadt die Welt mit einem weiteren unbezahlbaren Geschenk, denn Pablo Picasso, der bahnbrechendste Künstler des 20. Jhs., wurde hier 1881 in einem kleinen Haus an der Plaza de Merced geboren. Zwei hervorragende Museen erinnern an sein gigantisches Erbe.

Geschichte

Málaga wurde vermutlich von den Phöniziern gegründet und war von jeher ein bedeutendes Wirtschaftszentrum. Unter den Mauren gedieh die Stadt als Haupthafen des Emirats von Granada. Im 19. Jh. stieg sie zum unternehmerischen Zentrum auf, als hier ein dynamischer Mittelstand Textilmanufakturen, Zuckerfabriken, Stahlwerke und Werften gründete. Den lokalen Dessertwein liebte man schon im viktorianischen England. Im Bürgerkrieg war Málaga zunächst eine Hochburg der Republikaner. Hunderte von Sympathisanten der Nationalisten wurden getötet, bevor der Ort im Februar 1937 nach der Bombardierung durch italienische Flieger fiel. Die grausame Vergeltung folgte auf dem Fuß.

Seit Beginn des Tourismusbooms an der nahen Costa del Sol in den 1950er-Jahren ging es auch mit Málaga wirtschaftlich bergauf. So hat es sich in den vergangenen Jahren ebenfalls zu einem bedeutenden Reiseziel entwickelt.

Sehenswertes & Aktivitäten

LP TIPP **Museo Picasso Málaga** MUSEUM

(☎902 443377; www.museopicassomalaga.org; Calle San Agustín 8; Dauerausstellung/Wechselausstellung 6/4,50 €, Kombiticket 8 €; Di–Do & So 10–20, Fr & Sa bis 21 Uhr) Das Museo Picasso besitzt eine beneidenswerte Sammlung von 204 Werken, davon 155 gestiftet und 49 geliehen von Christine Ruiz-Picasso (Frau von Paul, Picassos ältestem Sohn) und Bernard Ruiz-Picasso (dem Enkel des Malers). Darunter sind einige wunderbare Bilder der Familie, so das berührende *Paulo con gorro blanco* (Paulo mit weißer Mütze), ein in den 1920er-Jahren entstandenes Porträt des ältesten Sohns von Picasso.

Nicht verpassen sollte man die archäologischen Überreste aus der phönizischen und islamischen Ära und aus der Renaissance im Untergeschoss, die bei Bauarbeiten entdeckt wurden.

Catedral KATHEDRALE

(☎952 21 59 17; Calle Molina Lario; Kathedrale & Museum 3,50 €; Mo–Sa 10–18 Uhr, an Feiertagen geschl.) Der Bau von Málagas Kathedrale wurde im 16. Jh. begonnen und dauerte etwa 200 Jahre. Von Anfang an litt das Vorhaben unter zu hohen Ambitionen, und die ursprünglichen Entwürfe für ein neues Gotteshaus mussten zurückgestellt werden. Stattdessen machte sich eine Reihe von insgesamt fünf Architekten daran, die ehemalige Moschee umzubauen, von der nur noch der **Patio de los Naranjos** erhalten ist, ein kleiner Hof mit duftenden Orangenbäumen, wo sich einst der Waschbrunnen befand.

Im Innenraum ist leicht zu erkennen, warum das gewaltige Projekt so lange dauerte. Die großartige Kuppel reicht 40 m in die Höhe, und das riesige, von Säulen getragene Kirchenschiff mündet in einen enormen Chor aus Zedernholz. In den Seitenschiffen reihen sich 15 Kapellen mit herrlichen Altaraufsätzen und einem Schatz von religiöser Kunst des 18. Jhs. aneinander. 1782 erreichten die Baukosten ein solches Ausmaß, dass die Arbeiten eingestellt wurden. Einer der beiden Glockentürme blieb unvollendet, daher der abgedroschene Spitzname der Kathedrale: *La Manquita* (die einarmige Dame). Der Eingang zur Kathedrale befindet sich in der Calle Císter. Ihr **Museum** zeigt eine Sammlung religiöser Objekte aus 500 Jahren, darunter sakrale Gemälde und Skulpturen, liturgischer Zierrat und wertvolle Gegenstände aus Gold, Silber und Elfenbein.

Alcazaba BURG

(Calle Alcazabilla; Eintritt 2,10 €, inkl. Castillo de Gibralfaro 3,40 €; April–Okt. Di–So 9.30–20 Uhr) Wer keine Zeit hat, die Alhambra in Granada zu besuchen, kann in der Alcazaba in Málaga zumindest einen Vorgeschmack erleben. Ihr Eingang liegt neben dem **römischen Amphitheater**, von dort windet sich ein Pfad durch üppiges Grün – purpurrote Bougainvillea, hohe Palmen, duftende Jasminbüsche und Reihen von Orangenbäumen – nach oben.

Die palastartige Festung, die umfassend restauriert wurde, entstand im 11. Jh. in der maurischen Zeit, und die Hufeisenbogen, Höfe und plätschernden Brunnen sind stimmungsvolle Zeugen dieser einflussreichen Periode in der Geschichte Málagas.

Auch das kleine **archäologische Museum** im früheren Dienstbotenquartier des Nazari-Palasts, das maurische Keramik und Töpferei zeigt, lohnt einen Besuch.

Die Provinz Málaga

Castillo de Gibralfaro BURG

(Eintritt 2,10 €; ⏲April–Sept. 9–21 Uhr, Okt.–März 9–18 Uhr) Ein Überbleibsel aus Málagas maurischer Vergangenheit sind die markanten Mauern des Castillo de Gibralfaro, das spektakulär hoch oben auf einem Hügel thront und auf die Stadt hinabblickt. Es wurde unter Abd ar-Rahman I. (dem Emir von Córdoba im 8. Jh.) gebaut und später im 14. Jh. umgestaltet, als Málaga der Haupthafen des Emirats von Granada war. Ursprünglich diente die Burg als Leuchtturm und Militärkaserne.

Im Inneren ist nur wenig der originalen Bausubstanz erhalten, doch der luftige Gang oben auf der Burgmauer bietet die beste Aussicht auf Málaga. Außerdem gibt's ein Militärmuseum, das u. a. ein Modell des gesamten Burgkomplexes und der unteren Residenz, der Alcazaba, präsentiert. Es zeigt deutlich die Ringmauer aus dem 14. Jh., die beide Stätten verband und vor Kurzem restauriert wurde.

Der schönste Weg zur Burg führt entlang des malerischen Paseo Don Juan de Temboury bis südlich vor die Alcazaba. Von dort schlängelt sich ein hübscher (und steiler) Pfad über üppig bepflanzte Terrassen mit Aussichtspunkten über die Stadt nach oben. Ansonsten geht's auch mit dem Auto über den Camino de Gibralfaro hinauf oder mit dem Bus 35 ab der Avenida de Cervantes.

Es gibt Pläne, eine Standseilbahn auf den Hügel bis zum Castillo zu bauen, bei Redaktionsschluss war jedoch noch kein Datum für die Fertigstellung bekannt.

Museo Carmen Thyssen MUSEUM

(www.carmenthyssenmalaga.org; Calle Compañia 10; Erw./Kind 6 €/frei; ⏲Di–So 10–20 Uhr) Eines der jüngsten Museen der Stadt eröffnete im Sommer 2011 in einem ästhetisch restaurierten Palast aus dem 16. Jh. im Herzen des historischen Stadtzentrums, dem früheren maurischen Viertel. Die umfangreiche Sammlung konzentriert sich auf spanische

und andalusische Kunst aus dem 19. Jh. und umfasst Werke einiger der herausragendsten Künstler des Landes, darunter Joaquín Sorolla y Bastida, Ignacio Zuloaga und Francisco de Zurbarán. Kunst des 19. Jhs. steht auch im Fokus der Sonderausstellungen.

Casa Natal de Picasso MUSEUM
(Plaza de la Merced 15; Eintritt 1 €; 9.30–20 Uhr) Einen intimen Einblick in die Kindheit des Malers bietet die Casa Natal de Picasso, in der Picasso 1881 geboren wurde. Heute dient das Haus als Forschungszentrum und Stiftungssitz. Es beherbergt außerdem den Nachbau eines Künstlerateliers des 19. Jhs. und veranstaltet vierteljährlich kleine Ausstellungen mit Werken Picassos. Auch persönliche Erinnerungsstücke von ihm und seiner Familie werden präsentiert.

Museo del Vidrio y Cristal MUSEUM
(Glas- & Kristallmuseum; www.museovidrioycristalmalaga.com; Plazuela Santísimo Cristo de la Sangre 2; Eintritt 4 €; Di–So 11–19 Uhr) Dieses neue Museum für Glas und Kristall mag nicht besonders aufregend klingen, doch es ist herrlich historisch, prächtig und vielfältig. Untergebracht ist es in einem palastähnlichen Haus aus dem 18. Jh. mit drei Höfen in einem charmant heruntergekommenen Stadtteil. Sein Besitzer, der Sammler und Historiker Gonzalo Fernández-Prieto, ließ es unlängst restaurieren. Den Schwerpunkt seiner privaten Sammlung bilden Glas und Kristall, sie umfasst aber auch antike Möbel, unbezahlbare Teppiche, präraffaelitische Buntglasfenster und riesige Ahnenporträts aus dem 16. Jh.

Strände STRÄNDE
Vom Hafen erstrecken sich sandige Strände über mehrere Kilometer in beide Richtungen. Nahe der **Playa de la Malagueta**, die besonders günstig zum Stadtzentrum liegt, findet man ein paar ausgezeichnete Bars und Restaurants. Die **Playa de Pedregalejo** und die **Playa del Palo** 4 km östlich des Zentrums sind ebenfalls sehr beliebt und mit der Buslinie 11 vom Paseo del Parque aus zu erreichen.

Kurse

In Málaga gibt's zahlreiche private Sprachschulen, darunter das **Instituto Picasso** (952 21 39 32; www.instituto-picasso.com; Plaza de la Merced 20) mit zwei-/drei-/vierwöchigen Kursen für 285/400/515 €, die alle 14 Tage montags beginnen. Pro Tag finden vier 50-minütige Unterrichtseinheiten statt. Im Preis inbegriffen sind kulturelle Aktivitäten wie Flamenco- und Kochkurse. Die Schule vermittelt auch Unterkünfte.

Geführte Touren

Für eine kinderfreundliche **Malaga-Tour** (902 101081; www.malaga-tour.com) steuert man am besten die Avenida Manuel Agustín Heredia oder das Ostende des Paseo del Parque an. Die oben offenen Busse fahren rund um die Stadt und halten an allen Sehenswürdigkeiten. Tickets sind 24 Stunden gültig. Wer lieber mit dem Rad unterwegs ist, kann sich bei **Malaga Bike Tours** (606 978513; www.malagabiketours.eu; Calle Trinidad Grund 1; Touren 23 €) melden. Deren Ausflüge beginnen täglich um 9.50 Uhr vor der städtischen Touristeninformation auf der Plaza de la Marina. Sie sind 24 Stunden im Voraus buchbar. Man kann Malaga aber auch auf ganz altmodische Art erkunden und sich

Málaga

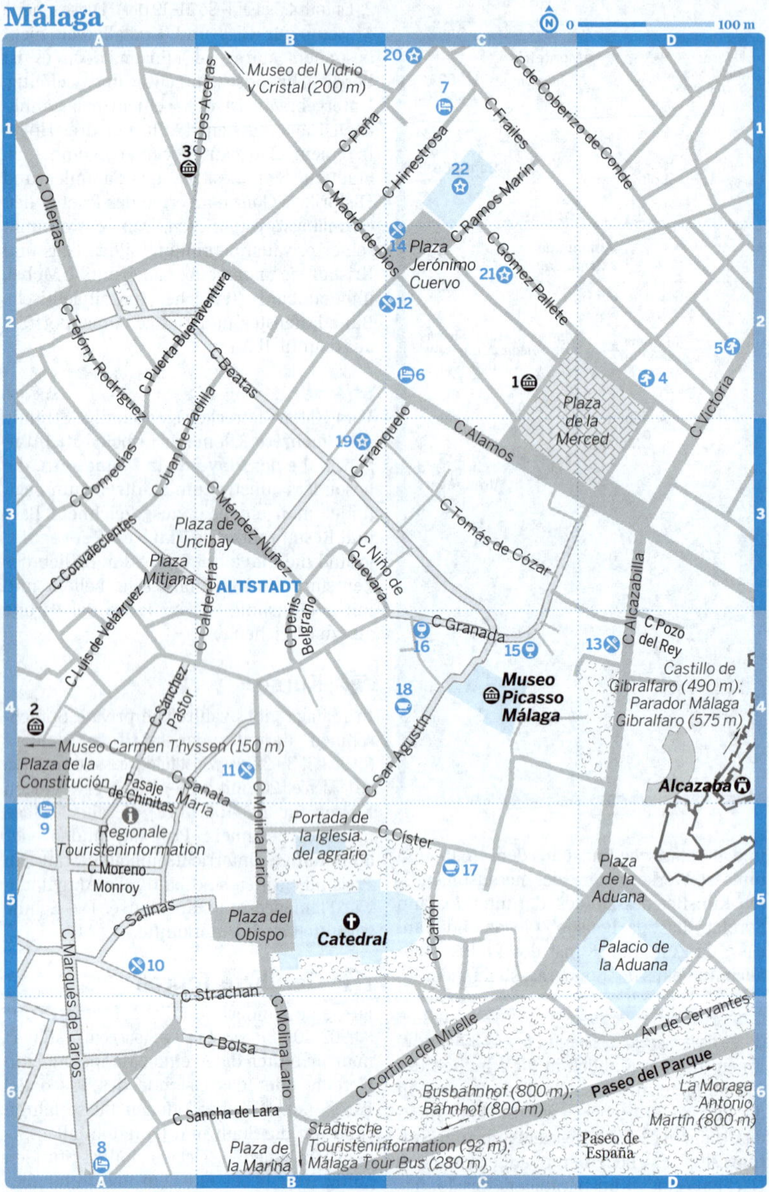

mit dem **Pferdewagen** durch die Stadt kutschieren lassen. Eine 45-minütige Rundfahrt kostet 30 €. Die Kutschen warten an der Plaza de la Marina am Ende der Jardines Alcalde Pedro Ruiz Alonzo bzw. auf dem Paseo del Parque.

Feste & Events

Semana Santa KARWOCHE

Jeden Abend von Palmsonntag bis Karfreitag tragen sechs oder sieben *cofradías* (Bruderschaften) ihre Heiligenfiguren vor den Augen unzähliger Zuschauer durch die Stadt.

Málaga

Highlights

- Alcazaba ... D4
- Catedral ... B5
- Museo Picasso Málaga ... C4

Sehenswertes

1. Casa Natal de Picasso ... C2
2. Museo Carmen Thyssen ... A4
3. Museo del Vidrio y Cristal ... A1

Aktivitäten, Kurse & Touren

4 Instituto Picasso ... D2
5 Malaga Bike Tours ... D2

Schlafen

6 El Hotel del Pintor ... C2
7 El Riad Andaluz ... C1
8 Hostal Larios ... A6
9 Room Mate Larios ... A5

Essen

10 Alumbre ... A5
11 La Rebaná ... B4
12 Tapeo de Cervantes ... C2
13 Terra Sana ... D4
14 Vino Mio ... C2

Ausgehen

15 Bodegas El Pimpi ... C4
16 Casa Lola ... C4
17 El Jardín ... C5
18 La Tetería ... C4

Unterhaltung

19 Amargo ... B3
20 Kelipe ... C1
21 Onda Pasadena ... C2
22 Teatro Cervantes ... C1

Feria de Málaga VOLKSFEST
Málagas neuntägige *feria* (Volksfest), das ausgelassenste Sommerfest Andalusiens, wird am Eröffnungsfreitag Mitte August mit einem riesigen Feuerwerk eingeläutet. Danach wird viel Flamenco getanzt und der *fino* (Sherry) fließt reichlich – das Ganze erinnert an eine überschwängliche Straßenparty in Rio. Am meisten ist im Stadtzentrum los. Nachts verlagern sich die Festivitäten auf große Festplätze und zu den allabendlichen Rock- und Flamenco-Shows am Cortijo de Torres, 3 km südwestlich vom Zentrum; dorthin fahren aus der ganzen Stadt Sonderbusse.

Schlafen

El Riad Andaluz PENSION €€
(☎952 21 36 40; www.elriadandaluz.com; Calle Hinestrosa 24; EZ/DZ 70/86 €; ❄@📶) Die acht Zimmer der von Franzosen geführten Pension in der Nähe des Teatro Cervantes liegen um einen stimmungsvollen Patio, der einem marokkanischen *riad* gleicht. Die Räume sind individuell im marokkanischen Stil gestaltet und haben farbenfroh gekachelte Bäder. Frühstück ist auf Anfrage möglich.

El Hotel del Pintor HOTEL €€
(☎952 06 09 81; www.hoteldelpintor.com; Calle Álamos 27; Zi. ab 75 €; ❄@📶) Das schwarz-weiß-rote Farbschema dieses kleinen Hotels korrespondiert mit den abstrakten Kunstwerken des Künstlers Pepe Bornov aus Málaga, dessen Bilder in einer Art Dauerausstellung in den öffentlichen Bereichen und Zimmern hängen. Die meisten wichtigen Sehenswürdigkeiten sind von hier gut zu erreichen. Die Räume nach vorne können allerdings laut sein, vor allem samstagnachts.

Parador Málaga Gibralfaro HISTORISCHES HOTEL €€€
(☎952 22 19 02; www.parador.es; Castillo de Gibralfaro; Zi. 160–171 €; P❄📶🏊) Málagas steinerner *parador* befindet sich in unschlagbarer Lage am pinienbestandenen Gibralfaro-Hügel. Er ist sehr beliebt, wenngleich die Zimmer recht durchschnittlich sind. In den meisten Räumen bietet sich aber ein toller Blick von der Terrasse. Im hervorragenden Restaurant können auch Nichtgäste essen.

Room Mate Larios HOTEL €€
(☎952 22 22 00; www.room-matehotels.com; Calle Marqués de Larios 2; EZ/DZ 80/100 €; ❄@📶) An der zentralen Plaza de la Constitución findet man dieses Hotel in einem elegant restaurierten Gebäude aus dem 19. Jh. Die durchgängig mit Teppich ausgestatteten Räume sind luxuriös möbliert und haben Kingsize-Betten. In einigen Zimmern gibt's Balkone mit Blick auf die noblen Geschäfte und Boutiquen in der Calle Marqués de Larios. Die Dachterrassenbar hat einen anderen Besitzer, ist aber leicht zugänglich und wartet mit großartigen Aussichten auf die Kathedrale auf.

Hostal Larios HOSTAL €
(☎952 22 54 90; www.hostallarios.com; Calle Marqués de Larios 9; EZ/DZ 50/60, ohne Bad 41/51 €; ❄) Das kleine Hotel mag nur einen Stern

haben, doch seine Lage in der eleganten Haupteinkaufsstraße der Stadt ist erstklassig. Die elf Zimmer sind in dunklem Ocker gehalten und verfügen noch über die ursprünglichen alten Doppeltüren, hohe Decken, bunte Tagesdecken und Flachbildfernseher. Einige Zimmer teilen sich kleine, aber saubere und ordentlich ausgestattete Gemeinschaftsbäder.

Feel Málaga Hostel HOSTEL €
(☎952 22 28 32; www.feelmalagahostel.com; Calle Vendeja 25; DZ 45, ohne Bad 35 €, B ab 16 €; @📶) Im Oktober 2011 eröffnete dieses funkelnde neue Hostel, eine willkommene Bereicherung der Unterkunftspalette Málagas. Vom Bahnhof im Zentrum ist der kurze Fußweg selbst mit Gepäck kein Problem. Das Haus ist sauber und hält Doppel- und Mehrbettzimmer bereit. Die Bäder sind mit klassischen Mosaikkacheln verziert und in der Küche in der obersten Etage ist alles vorhanden, um eine ordentliche Mahlzeit zuzubereiten.

Essen

Málagas Restaurants sind preiswert und offerieren gute Qualität. Zu den hiesigen Spezialitäten gehört kurz in Olivenöl geschwenkter Fisch. *Fritura malagueña* besteht aus frittiertem Fisch, Sardellen und Tintenfisch. Die besten Lokale liegen in den schmalen Gassen zwischen der Calle Marqués de Larios und der Kathedrale.

LP TIPP **Vino Mio** INTERNATIONAL €€
(www.restaurantevino.mio.com; Plaza Jeronimo Cuervo 2; Hauptgerichte 10–15 €) Abwechslungsreich und interessant ist die Speisekarte dieses Restaurants unter niederländischer Führung: Darauf finden sich Gerichte wie Känguru-Steaks, Pfannengemüse, Entenbrust mit süßen Chilis, Pasta und verschiedene originelle Salate. Auch leckere internationale Tapas wie Hummus und Roquefortkroketten sind im Angebot. Zeitgenössischer Chic prägt die Atmosphäre und regelmäßig werden Kunstausstellungen und Konzerte, darunter Flamenco, veranstaltet.

La Moraga Antonio Martín ANDALUSISCHE NOUVELLE CUISINE €€€
(☎952 22 41 53; www.lamoraga.com; Plaza Malagueta 4; Tapas ab 5 €, Hauptgerichte ab 20 €) Dies ist das zweite La Moraga des mit Michelin-Sternen ausgezeichneten Kochs Dani Garcia (das erste findet man in der Calle Fresca im Zentrum). Sein Konzept beruht darauf, traditionelle Tapas im Stil der Nouvelle Cuisine zuzubereiten, etwa Kirschgazpacho garniert mit Frischkäse, Sardellen und Basilikum, Riesengarnelen in gebratene Basilikumblätter gewickelt oder Mini-Burger aus Fleisch vom Ochsenschwanz. Von den coolen, modernen Speisebereichen schauen die Gäste auf den Strand.

Tapeo de Cervantes TAPAS €
(www.eltapeodecervantes.com; Calle Cárcer 8; Tapas 4–6 €; ⏲Di–So) Das Restaurant hat eingeschlagen wie eine Bombe, und weil es so winzig ist, kann das Warterei bedeuten. Zur Auswahl stehen traditionelle oder innovativere Tapas und *raciones* mit leckeren Kombinationen, die stilvoll serviert werden. So gibt's etwa Polenta mit Austernpilzen, Chorizo und geschmolzenem Käse oder die konventionellere *tortilla de patatas* (Kartoffelomelett), gespickt mit ein oder zwei Gemüsesorten.

La Rebaná TAPAS €
(www.larebana.com; Calle Molina Lario 5; Tapas 4,20–8,50 €, raciones 7–11,50 €) Eine große, laute Tapas-Bar in der Nähe des Picasso-Museums und der Kathedrale. Dunkles Holz, große Fenster und freigelegte Ziegelmauern sorgen für eine moderne, minimalistische und entspannte Atmosphäre. Die Tapas mit Gänsestopfleber und gesalzenem Nougat sind einzigartig.

Terra Sana REFORMKOST €
(www.restaurantesterrasana.com; Calle Alcazabilla; Hauptgerichte 8–10 €; 👪) Filiale einer kleinen Kette, die auf gesunde internationale Küche spezialisiert ist. Es gibt eine große Auswahl an Salaten, Wraps mit Füllungen wie Tofu, Hühnchen und *jamón serrano* sowie Eisbecher auf Joghurtbasis, Lassis nach indischer Art und mexikanische Quesadillas. Für Kinder ist eine eigene Karte vorhanden.

Alumbre ANDALUSISCHE NOUVELLE CUISINE €€
(www.alumbrebar.com; Calle Strachan 11; Hauptgerichte 11,50–17 €) Das Alumbre liegt in einer Fußgängerzone zwischen lauter noblen Bars und Restaurants und serviert kunstvoll angerichtete Teller mit andalusisch inspirierten, innovativen Speisen, die auf der traditionellen Küche des 16. Jhs. basieren. Besondere Überraschungen auf der Karte sind z. B. die Schneckenkroketten; konservative Gemüter dürften das Tintenfischsteak bevorzugen.

Ausgehen

Am Wochenende erwachen die Gassen nördlich der Plaza de la Constitución zum Leben. Die besten Bars findet man rund um die Plaza de la Merced, die Plaza Mitjana und die Plaza de Uncibay.

LP TIPP **Bodegas El Pimpi** BAR
(www.bodegabarelpimpi.com; Calle Granada 62; ⌚11–2 Uhr) Die weitläufige Bar ist eine Institution der Stadt. Sie besteht aus einem Gewirr von Räumen um einen zentralen Innenhof und einer offenen Terrasse mit Blick auf das unlängst restaurierte römische Amphitheater. Die Wände zieren historische *feria*-Poster sowie Fotos von Gästen, und auf den riesigen Fässern haben Berühmtheiten wie Tony Blair und der in Málaga geborene Antonio Banderas ihre Unterschriften hinterlassen. Auch Tapas und Hauptspeisen sind im Angebot.

La Tetería TEEHAUS, CAFÉ
(Calle San Agustín 9; Teespezialitäten 2,50 €, Frühstück 2,50–5 €; ⌚9–24 Uhr) Hier werden jede Menge aromatisierte und klassische Tees, Kräutertees, Kaffee und Säfte serviert. Die Teesorten reichen von Pfefferminz bis „*antidepresivo*“. Zum Frühstück warten frische Säfte und *bocadillos* (belegte Brötchen), ab 14 Uhr gibt's nur noch Crêpes. Wer draußen sitzt, kann die schöne Kirche gegenüber bewundern, drinnen betören Weihrauchduft und Hintergrundmusik.

Casa Lola BAR
(Calle Granada 46; ⌚11–16 & 19–24 Uhr) Die elegante Bar, deren Front mit traditionellen blau-weißen Kacheln geschmückt ist, hat sich auf Wermut aus dem Fass spezialisiert, der eiskalt serviert wird und nur ein paar Euro kostet. Von den hohen Hockern kann man wunderbar die künstlerische Dekoration und die Gäste beobachten: der perfekte Auftakt für einen feucht-fröhlichen Abend.

El Jardín CAFÉ, BAR
(☎952 22 04 19; Calle Cañón 1; Hauptgerichte 12,50 €; ⌚Mo–Do 9–24, Fr Sa 9–14 & 17–24, So 17–24 Uhr) Ein schönes Café im Wiener Stil neben den Palmengärten hinter der Kathedrale. In der Bar treffen sich viele ältere *malagueños*. Art nouveau schmückt die Räume und alte Fotografien sorgen für ein angenehmes Ambiente, allerdings ist das Essen nicht sonderlich gut. Stattdessen sollte man lieber Wein und Kaffee trinken und dem jung gebliebenen 70-jährigen Mann zuhören, der am Piano spielt.

☆ Unterhaltung

Málagas Flamenco-Erbe konzentriert sich rund um die Plaza de la Merced. Zu den Veranstaltungsorten zählt auch **Kelipe** (☎692 829885; www.kelipe.net; Calle Pena 11), das von donnerstags bis samstags um 21.30 Uhr *muy-puro*-Aufführungen bietet. Im Eintrittspreis von 15 € sind ein Getränk und eine Tapa inbegriffen; unbedingt vorher reservieren. Darüber hinaus veranstaltet das Kelipe am Wochenende Gitarren- und Tanzkurse. Im **Amargo** (Calle R Franquelo 3) sind freitag- und samstagabends Shows zu sehen. Das kleine Restaurant **Vino Mio** (Calle Alamos) hat eine internationale Speisekarte und unterhält seine Gäste mit Musikern und Tänzern.

Teatro Cervantes THEATER
(www.teatrocervantes.com; Calle Ramos Marín; ⌚Mitte Juli–Aug. geschl.) In dem stattlichen Art-déco-Gebäude läuft ein gutes Programm mit Musik-, Theater- und Tanzdarbietungen. Hier treten auch große Stars auf, etwa Rufus Wainwright, der das Cervantes „Europas schönstes Theater“ nannte.

Onda Pasadena LIVEMUSIK
(Calle Gómez Pallete 5) Dienstags trifft sich hier eine angenehme Mischung aus jüngeren und älteren Gästen, um Jazz zu hören. Donnerstags ist dagegen Flamenco an der Reihe und das Publikum klatscht fleißig mit.

Shoppen

In der zentralen Calle Marqués de Larios und den Seitenstraßen gibt's schicke Boutiquen und Schuhgeschäfte in schön restaurierten alten Gebäuden.

Praktische Informationen

Banken mit Geldautomaten findet man in der Calle Puerta del Mar und der Calle Marqués de Larios sowie in den Ankunftshallen am Flughafen.

Neben der **städtischen Touristeninformation** (Plaza de la Marina; ⌚März–Sept. 9–20 Uhr, Okt.–Feb. 9–18 Uhr) gibt's auch Infoschalter am Hauptbahnhof, an der Alcazaba, an der Plaza de la Merced, bei der Hauptpost und an den Stränden im Osten der Stadt.

Hospital Carlos Haya (☎951 03 01 00; Avenida de Carlos Haya) Das größte Krankenhaus der Stadt liegt ungefähr 2 km westlich des Zentrums.

Policía Local (☎952 12 65 00; Avenida de la Rosaleda 19)

Postamt (Avenida de Andalucía 1; ⌚Mo–Fr 8.30–20.30, Sa 9.30–14 Uhr)

Regionale Touristeninformation (www.andalucia.org; Pasaje de Chinitas 4; ⌚Mo–Fr 9–19.30, Sa 10–19, So 10–14 Uhr) Am Flughafen befindet sich eine zweite Filiale mit Infos zu Málaga und ganz Andalusien.

An- & Weiterreise

Auto

Am Flughafen haben zahlreiche lokale und internationale Autovermietungen (darunter Avis und Hertz) Büros.

Bus

Der **Busbahnhof** (952 35 00 61; www.estabus.emtsam.es; Paseo de los Tilos) liegt nur 1 km südwestlich vom Stadtzentrum. Von hier gibt's zahlreiche Verbindungen an der Küste entlang. Außerdem fahren Busse nach Sevilla (30 €, 2½ Std., 6-mal tgl.), Granada (10,50 €, 1½–2 Std., 18-mal tgl.), Córdoba (13,50 €, 3½ Std., 4-mal tgl.), Antequera (5 €, 1 Std., 13-mal tgl.) und Ronda (9,50 €, 2½ Std., mind. 9-mal tgl.). Fünf Busse verkehren zum Madrider Flughafen (36 €, 5 Std.), ein paar bedienen die spanische Mittelmeerküste. Einige Busse steuern internationale Ziele an.

Flugzeug

Málagas **Flughafen Pablo Ruiz Picasso** (www.aena.es) ist das bedeutendste internationale Tor nach Andalusien; er liegt 9 km südwestlich der Stadt und wurde 2010 erheblich erweitert. Als wichtiger Verkehrsknotenpunkt in Südspanien wird er von führenden internationalen Airlines sowie von Billigfliegern angesteuert.

Schiff/Fähre

Trasmediterránea (952 06 12 18, 902 454645; www.trasmediterranea.com; Estación Marítima, Local E1) betreibt ganzjährig täglich eine Fähre nach/von Melilla (einfach Passagier/Auto 27/299 €; 7½ Std.), der spanischen Enklave in Nordafrika.

Zug

Der Renfe-Bahnhof liegt in der Nähe des Busbahnhofs. Züge fahren u. a. nach Córdoba (25,90 €, 2½ Std., 18-mal tgl.), Sevilla (18,35 €, 2¾ Std., 11-mal tgl.) und Madrid (87 €, 2½ Std., 10-mal tgl.). Nach Córdoba und Sevilla pendeln zudem täglich Schnellzüge, die etwa doppelt so teuer sind.

Unterwegs vor Ort

Vom/zum Flughafen

BUS Bus 75 ins Stadtzentrum (1,20, 20 Min.) fährt zwischen 7 und 24 Uhr alle 20 Minuten vor der Ankunftshalle ab. Der Bus vom Zentrum zum Flughafen startet am westlichen Ende des Paseo del Parque und hält vor dem Busbahnhof und dem Bahnhof; er verkehrt zwischen 6.30 und 23.30 Uhr etwa alle 30 Minuten.

TAXI Ein Taxi vom Flughafen ins Stadtzentrum kostet etwa 16 €.

ZUG Zwischen 6.50 und 23.54 Uhr fahren alle 20 Minuten Züge zum Renfe-Bahnhof und zum Bahnhof Málaga-Centro am Río Guadalmedina. Auch vom Stadtzentrum zum Flughafen verkehren Züge zwischen 5.30 und 22.30 Uhr im 20-Minuten-Takt.

Costa del Sol

Die Costa del Sol erstreckt sich von Nerja im Osten bis nach Gibraltar im Westen. Sie ist nicht gerade für ihre zurückhaltende Eleganz bekannt und hebt sich sowohl von kitschigen (Torremolinos) als auch schicken (Marbella) Ferienresorts ab. Obwohl die wuchernden Vororte und zugebauten Strände bei Travellern sehr unterschiedliche Reaktionen hervorrufen, bietet die Region – um nur eines der von den Touristenbroschüren beworbenen Klischees zu nennen – wirklich „etwas für jeden". Wenn man sich unter einem guten Urlaub Sandstrände, belebte Nachtclubs und große, kinderfreundliche Vergnügungsparks vorstellt, wird man an der berühmten Küste garantiert fündig. Und wer schon bei der bloßen Erwähnung des Wortes „Torremolinos" in Depressionen verfällt, sollte wissen, dass es an der Costa del Sol, wo rund 70 % aller Touristen Andalusiens Urlaub machen, auch wunderbar ruhige Orte wie Tarifa, Vejer de la Frontera und Grazalema gibt.

Von Málagas Bahnhöfen Renfe und Aeropuerto verkehren Züge nach Torremolinos (1,45 €), Arroyo de la Miel (1,65 €) und Fuengirola (2,25 €). Darüber hinaus fahren Busse von Málaga aus zu allen Ferienanlagen sowie von den größten Resorts nach Ronda, Cádiz, Sevilla und Granada.

TORREMOLINOS

48 000 EW.

Torremolinos' Ruf eilt dem Ferienort wie ein zu oft abgelichteter, publicitysüchtiger Filmstar voraus. Man denkt unweigerlich an Sonnenbrände, Bier mit Fish and Chips sowie permanent betrunkene Männer zwischen 18 und 30. Doch obwohl der Ort die Zielscheibe von Monty-Python-Witzen und hysterischen Boulevardblättern ist, weigert sich „Terrible Torrie" zu sterben. Stattdessen erfindet es sich immer wieder neu. In den 1990er-Jahren stand es in dem Ruf, ausschließlich laute, Bier trinkende Rüpel anzuziehen, aber mittlerweile hat Torremolinos seine kitschige Seite ausgebaut und lockt auch ältere Gäste sowie zahlreiche Schwule an. Und so steckt die Stadt der Türme *(torres)* und Windmühlen *(molinos)* bis heute voller Leben.

Sehenswertes & Aktivitäten

Torries **Strände** sind breiter und länger als andere an der Costa del Sol, aber sehr viel schlechter und überfüllter als die an der Costa de la Luz. Die weitab der Strand- und Barszene gelegenen lokalen Attraktionen kann man meist auch gut mit Kindern besuchen.

GRATIS **Buddhistischer Stupa** MUSEUM, DENKMAL
(Benalmádena Pueblo; Di–So 10–14 & 15.30–18.30, So 10–19.30 Uhr) Der größte **buddhistische Stupa** Europas steht in Benalmádena Pueblo. Er erhebt sich ganz unpassend, aber majestätisch, am Rand des Dorfes, umringt von neuen Häusern. Von dort schweift der Blick bis zur Küste. Der Stupa ist für Besucher geöffnet.

Tivoli World FREIZEITPARK
(www.tivoli.es; Avenida de Tivoli; Eintritt 7; 18–1 Uhr) Nur fünf Gehminuten vom Bahnhof Arroyo de la Miel in Benalmádena liegt der größte Vergnügungspark der Gegend. Die Supertivolino-Eintrittskarte (12 €) gewährt unbeschränkten Zugang zu mehr als 35 Fahrgeschäften.

Schlafen & Essen

Torremolinos listet in seinen Werbebroschüren, die in der Touristeninformation ausliegen, ganze 55 Hotels auf. Neben Lokalen mit britischem Bier und Frühstück gibt's auch zahlreiche gute Meeresfrüchterestaurants; viele davon liegen am Paseo Marítimo in La Carihuela.

Hotel Tropicana HOTEL €€
(952 38 66 00; www.hoteltropicana.es; Calle Tropico 6, La Carihuela; EZ/DZ 95/120 €; P) Nur einen Katzensprung vom Strand entfernt steht dieses angenehm flache Hotel mit schönen, gemütlichen Zimmern, die in warmen Farben und mit blendend weißen Stoffen gestaltet sind. Im Garten ragen Palmen in die Höhe und ein gutes Restaurant gibt's auch. Das Haus liegt genau richtig für Spaziergänge auf der Promenade, die vom Hafen Benalmádena nach Torremolinos führt.

La Consula SPANISCHE NOUVELLE CUISINE €€€
(952 436 026; www.laconsula.com; Finca Consula Churriana; Menüs 35–50 €; Mo–Fr mittags, Aug. geschl.) In Churriana, ca. 6 km westlich von Torremolinos, befindet sich La Conusula, eine der führenden Kochschulen des Landes. Auf der Tageskarte stehen traditionelle spanische Gerichte mit einer innovativen Note, die wunderschön angerichtet werden, ohne viel Schnickschnack und mit perfektem, köstlichem Geschmack. Der Service ist der beste weit und breit – die Schüler hier wollen nichts vermasseln – und die Atmosphäre ist elegant und formell.

Unterhaltung

Torries Nachtleben ist berühmt bei passionierten Partygängern, internationalen DJs und der Schwulen-Schickeria. Ein energiegeladenes, lebenslustiges Publikum versammelt sich im **Kaleido** (www.kaleido.es; Darsena de Levante, Puerto Marina; 11 Uhr–open end) in der Nähe der Playa La Carihuela.

Praktische Informationen

Touristeninformation (www.pmdt.es; Plaza de la Independencia; Mo–Fr 9.30–13.30 Uhr) Auch an der **Playa Bajondillo** (Playa Bajondillo; 10–14 Uhr) und der **Playa Carihuela** (Playa Carihuela; 10–14 Uhr) sind Filialen zu finden.

FUENGIROLA

71 800 EW.

Fuengirola ist zwar eine lebendige spanische Arbeiterstadt, zieht aber trotzdem jede Menge Touristen an. Vor allem Nordeuropäer kommen gern her. Eine erkleckliche Zahl Ausländer hat sich hier auch niedergelassen – viele kamen schon in den 60er-Jahren, darum sind einige graue Pferdeschwänze zu sehen. Der Strand ist stolze 7 km lang und umfasst auch das frühere Fischerviertel Los Boliches.

Andalusiens führende Pferderennbahn mit regelmäßigen Wettkämpfen, das **Hipódromo Costa del Sol** (952 59 27 00; www.hipodromocostadelsol.es; Urbanización El Chaparral; Eintritt 8 €; Juli–Sept. 10–14 Uhr), erstreckt sich am südwestlichen Ende von Fuengirola unweit der N340.

Zum Essen bietet sich das **Charolais** (www.bodegacharolais.com; Calle Larga 14; Hauptgerichte 12–20 €) an, eine Kombination aus moderner Tapas-Bar, Terrasse und rustikalem Restaurant, das sich auf hervorragend zubereitete Fleischgerichte spezialisiert hat. Ins **La Picada** (Calle de la Pandereta 5; Tapas 3 €, Hauptgerichte 10 €; Di–Sa) kommen scharenweise Einheimische und lassen sich großzügige Portionen Tapas schmecken.

Die **Touristeninformation** (952 46 74 57; Avenida Jesús Santos Rein 6; Mo–Fr 9.30–14 & 17–19, Sa 10–13 Uhr) liegt in der Nähe des **Bahnhofs** (Avenida Jesús Santos Rein), von dem alle 30 Minuten Züge nach Torremolinos und Málaga (Flughafen und Zentrum) starten.

MARBELLA

136 000 EW.

Marbella ist der nobelste und teuerste Urlaubsort der Costa del Sol. Am strahlendsten glitzert der damit verbundene Reichtum entlang der „Goldenen Meile". Die Kette teurer Clubs, Restaurants und Hotels zieht sich von Marbella bis nach Puerto Banús, der exklusivsten Marina an der Costa del Sol, wo schwarz getönte Mercedes an den Kais voller Luxusjachten entlangrollen. Marbella glänzt mit seiner wunderbaren natürlichen Lage im Schutz der schönen Berge der Sierra Blanca, und auch der *casco antiguo* (Altstadt) ist sehr hübsch.

Sehenswertes & Aktivitäten

Die schöne **Plaza de los Naranjos** mit dem Rathaus aus dem 16. Jh. bildet den Mittelpunkt der weitgehend autofreien Altstadt. **Puerto Banús**, der protzigste Jachthafen der Costa del Sol, erstreckt sich 6 km westlich von Marbella. Die Uferpromenade säumen luxuriöse Boutiquen und überfüllte Restaurants.

In der Sierra Blanca erstrecken sich ein paar gute **Wanderrouten**, die am Refugio de Juanar etwa 17 km nördlich von Marbella beginnen.

GRATIS **Museo Ralli** MUSEUM
(Urbanización Coral Beach; Di–Sa 10–14 Uhr) Dieses erstklassige private Kunstmuseum zeigt die Bilder vorwiegend lateinamerikanischer und europäischer Künstler in hellen, gut ausgeleuchteten Räumen. Es ist Teil einer gemeinnützigen Stiftung. Unter den ausgestellten Werken sind außerdem Skulpturen von Henry Moore und Salvador Dali, lebhafte moderne Gemälde der argentinischen Surrealistin Alicia Carletti und des Kubaners Wilfredo Lam sowie Arbeiten von Joan Miró, Chagall und Chirico.

Museo del Grabado Español MUSEUM
(Calle Hospital Bazán; Eintritt 2,50 €; 10–14 & 17.30–20.30 Uhr) Das kleine Kunstmuseum in der Altstadt präsentiert neben den Bildern anderer, vorwiegend spanischer Maler auch Werke einiger großer Meister, darunter Picasso, Joan Miró und Salvador Dalí.

Schlafen & Essen

LP TIPP **Claude** BOUTIQUE-HOTEL €€€
(952 90 08 40; www.hotelclaudemarbella.com; Calle San Francisco 5; EZ/DZ 225/250 €;) Dieses luxuriöse Hotel befindet sich im ruhigen oberen Teil der Stadt in einer Villa aus dem 17. Jh., die von einiger geschichtlicher Bedeutung ist: Sie war früher das Sommerhaus von Napoleons dritter Frau. Die ursprüngliche Architektur geht eine gelungene Verbindung mit modernen Elementen ein, und Klauenfußwannen und Kristallleuchter tragen ebenfalls zum noblen historischen Flair bei. Von der Dachterrasse bietet sich eine großartige Aussicht.

Hotel Lima HOTEL €€
(952 77 05 00; www.hotellimamarbella.com; Avenida Antonio Belón; EZ/DZ 60/75 €;) Viel Charakter hat das Hotel zwar nicht, doch es stellt eine gute Basis in Strandnähe dar. Die Zimmer sind mit dunklen Holzmöbeln und Bettdecken mit Blumenmotiven eingerichtet, und mehrere haben Balkone mit Blick auf die belaubte Straße.

Calima EUROPÄISCHE NOUVELLE CUISINE €€€
(952 76 42 52; www.restaurantecalima.es; Hotel Melia Don Pepé, Calle Jose Melia; Hauptgerichte 22–28 €; Di–Sa 19.30–22, Sa auch 13.30–15 Uhr) Der mit Michelin-Sternen gekrönte Koch Dani Garcia sammelte im berühmten Restaurant Tragabuches in Ronda erste kulinarische Erfahrungen, danach brachte er es mit dem Calima sowie mit seiner Kette eleganter Tapas-Bars La Moraga zu beträchtlichem Ruhm. Die Gerichte beruhen auf Kontrasten und haben verlockende Namen wie „Ei ohne Ei" oder Litschi- und Rosenpopcorn. Seine Stärke sind Meeresfrüchte. Im offenen Speisebereich dominieren Stahlgrau und Chrom.

El Estrecho TAPAS €€
(Calle San Lázaro; Tapas 1,50 €, raciones 5–8 €) Hier ist es immer so voll, dass man sich schon mit aller Macht in den kleinen Speiseraum hinten drängen muss. Die umfangreiche Karte bietet auch Tapas, etwa *salmorejo* (dicken Gazpacho im Stil von Córdoba). Dies ist eine von mehreren großartigen Tapas-Bars in dieser kleinen Fußgängerstraße.

Ausgehen & Unterhaltung

Am Puerto Banús, wo sich jede Menge Kneipen und Tanzclubs in den Sträßchen hinter dem Jachthafen drängen, kann man am besten feiern.

Praktische Informationen

Touristeninformation (www.marbella.es; Plaza de los Naranjos 1; Mo–Fr 9.30–21 Uhr) Hält viele Faltblätter und einen guten Stadtplan bereit.

Anreise & Unterwegs vor Ort

Busse nach Fuengirola (3.20 €, 1¼ Std.), Puerto Banús (1,50 €, 20 Min.) und Estepona (2,80 €, 1 Std.) starten alle 30 Minuten in der Avenida Ricardo Soriano. Vom **Busbahnhof** (952 76 44 00; Avenida Trapiche) 1,2 km nördlich der Plaza de los Naranjos werden Ziele in der Stadt

ABSTECHER

ESTEPONA

Estepona war einer der ersten Urlaubsorte, der vor über 40 Jahren ausländische Touristen und Auswanderer anzog. Trotz der überbordenden Bebauung ringsum herrscht in der Altstadt bis heute eine gemütliche, altmodische Atmosphäre. Kein Wunder, schließlich liegen die Wurzeln der Stadt im 4. Jh. An der sandigen **Playa de la Rada** zieht sich eine breite Promenade entlang. Der Puerto Deportivo (Hafen) ist das Zentrum des Nachtlebens, vor allem am Wochenende, und wartet mit hervorragenden Wassersportmöglichkeiten sowie Bars und Restaurants auf. Ein renommierter Tauchveranstalter ist **Buceo Estepona** (☎645 610374; www.buceoestepona.com; Puerto Deportivo; ⏲10–14.30 & 16.30–20 Uhr). Zum Essen kann man sich den Einheimischen anschließen und sich im **La Escollera** (Puerto Pesquero; Hauptgerichte 6–9 €; ⏲Feb. geschl.) Meeresfrüchte schmecken lassen. Für einen Drink empfiehlt sich das **Purobeach** (www.purobeach.com; Laguna-Dorf; ⏲April–Okt. 12 Uhr–open end), das sich in einem asiatisch angehauchten Strandkomplex mit Bars, Restaurants und Geschäften inmitten üppiger Grünanlagen, plätschernder Brunnen und verschlungener Wasserläufe befindet.

Linienbusse fahren nach Marbella (2,80 €, 1 Std.) und Málaga (7,20 €, 2 Std.).

bedient. Bus 7 (1,10 €) fährt von dort zur zentrumsnahen **Bushaltestelle Fuengirola/Estepona** (Avenida Ricardo Soriano). Vom Zentrum zum Busbahnhof nimmt man Bus 2 von der Avenida Ramón y Cajal.

Auf Marbellas Straßen herrscht ein ziemliches Verkehrschaos. Zum Glück gibt's ein paar kostenpflichtige Parkmöglichkeiten, sodass man seinen Wagen gleich nach der Ankunft sicher abstellen kann.

El Chorro & Bobastro

100 EW. (EL CHORRO)

50 km nordwestlich von Málaga schlängeln sich der Río Guadalhorce und die wichtigste Bahnstrecke der Stadt durch die atemberaubende **Garganta del Chorro** (El-Chorro-Schlucht), die 4 km lang, bis zu 400 m tief und stellenweise nur 10 m breit ist. Sie gilt als Dorado für Felskletterer und bietet Hunderte abwechslungsreicher Routen fast aller Schwierigkeitsgrade. Doch auch Nichtkletterer können hier einen guten Blick genießen, indem sie vom El-Chorro-Dorf an der Bahnstrecke entlanggehen (vor Ort nach dem Weg fragen). Allein die Aussicht verursacht schon einen prickelnden Adrenalinstoß.

Darüber hinaus verläuft in der Schlucht der berühmte **Camino del Rey**, ein 1 m breiter Wanderweg, der einer italienischen *via ferrata* gleicht und sich auf einem Felsvorsprung 100 m über der Tiefe durch die Steinwände windet. Er wurde 1905 im Auftrag von König Alfons XIII. angelegt (und 1921 von diesem bewältigt: daher auch der Name „Königsweg"), war jedoch Ende der 1990er-Jahre stark verfallen. 2000 wurde er schließlich gesperrt, nachdem mehrere Touristen abgestürzt und dabei ums Leben gekommen waren, aber 2006 stellte die andalusische Regierung 7 Mio. € zur Verfügung, um den Pfad wieder instand zu setzen. Bei unserem Besuch waren die Sanierungsarbeiten noch im Gange.

Fans von Abenteuersportarten kehren gern in dem Basislager und Ferienresort **Finca La Campana** (☎626 963942; www.fincalacampana.com) ein, das von einem Schweizer Pärchen betrieben wird. Zum Angebot gehören Kletterkurse (45 €), Höhlenexpeditionen (180 € für bis zu vier Pers.), Kajak- (20 € pro Pers.) und Mountainbiketouren sowie ein Fahrradverleih (12–18 € pro Tag).

Ganz in der Nähe von El Chorro stößt man auf **Bobastro**, die Bergfestung von Omar Ibn Hafsun. Dieser muslimische „Robin Hood" des 9. Jhs. führte eine langwierige Revolte gegen Córdobas Oberherrschaft. Zeitweise beherrschte er das gesamte Gebiet von Cartagena bis zur Straße von Gibraltar. Von El Chorro folgt man der Straße die gegenüberliegende (westliche) Seite des Tals hinauf und nimmt nach 3 km die beschilderte Abzweigung nach Bobastro. 3 km später verweist das Schild „Iglesia Mozárabe" auf einen 500 m langen Fußweg zur Ruine einer mozarabischen Kirche, die in den Fels geschlagen wurde und im Lauf der Zeit so verwitterte, dass sie aussieht, als habe der Wind sie geformt. Es heißt, dass Ibn Hafsun vor seinem Tod 917 zum Christentum konvertierte, also Mozaraber wurde, und sich hier begraben ließ. Als Córdoba Bobastro 927 endlich eroberte, wurden seine Überreste zu einer grausamen posthumen Kreuzigung vor Córdobas Mezquita verschleppt. Die Hügelkuppe 2,5 km weiter die Straße hinauf bietet eine unglaubliche Aussicht und beherbergt die spärlichen Überbleibsel von Ibn Hafsuns rechteckigem Alcázar (muslimische Festung).

Rockfax gibt einen umfassenden englischsprachigen Reiseführer zu El Chorro und den Klippen in der Umgebung heraus; er listet Routen und Schwierigkeitsgrade auf und informiert über Zugangsmöglichkeiten.

An- & Weiterreise

Züge nach El Chorro fahren einmal täglich (außer Sonntag) von Málaga (5,60 €, 45 Min.), Ronda (8,80 €, 70 Min.) und Sevilla (18,45 €, 2 Std.). Es gibt jedoch keine Busverbindungen hierher. Mit dem Auto ist das Dorf über Álora (südlich von El Chorro) oder Ardales (westlich von El Chorro) zu erreichen.

Ronda

37 000 EW. / 744 M

Auf einem Felsplateau, das von der 100 m tiefen Schlucht El Tajo zerrissen wird, kauert Ronda, die spektakulärste Stadt der Provinz Málaga. Die grandios dramatische Lage ist einmalig. Ihren Namen („umringt" von Bergen) verdankt die Stadt der Serranía de Ronda, die sich ringsum erstreckt.

Ronda wurde im 9. Jh. v. Chr. gegründet und ist damit eine der ältesten Städte Spaniens. Die heutige Altstadt, La Ciudad („die Stadt"), stammt überwiegend aus maurischen Zeiten, als Ronda ein bedeutendes kulturelles Zentrum mit vielen Moscheen und Palästen war. Ihr Reichtum als Handelsstadt machte sie zum verlockenden Tummelplatz für Räuber und Profitjäger, und in der spanischen Folklore wird ihre Vergangenheit in schillernden Farben geschildert.

Als die Romantiker des 19. Jhs. von Ronda schwärmten, zog es zahlreiche Künstler und Schriftsteller aus aller Welt hierher, darunter David Wilkie, Alexandre Dumas, Rainer Maria Rilke, Ernest Hemingway und Orson Welles.

Sehenswertes & Aktivitäten

Plaza de España PLATZ

Direkt auf der anderen Seite der Puente Nuevo (Neue Brücke) liegt der Hauptplatz, die Plaza de España, berühmt geworden durch Hemingways Roman *Wem die Stunde schlägt*. In Kapitel 10 beschreibt er, wie zu Beginn des Spanischen Bürgerkriegs die „Faschisten" einer Kleinstadt von den Stadtbewohnern im Rathaus zusammengetrieben wurden, zwischen zwei Reihen der Städter Spießruten laufen mussten, niedergeknüppelt und danach in die Schlucht gestürzt wurden. Diese Episode beruht auf Ereignissen, die sich hier in der Plaza de España abspielten. Das damalige Rathaus ist heute ein *parador*.

La Ciudad STADTVIERTEL

Wahrzeichen der Stadt ist die hoch aufragende **Puente Nuevo**, die sich über die dramatische Schlucht und den Río Guadalevín („tiefer Fluss") spannt. Am schönsten ist sie vom **Camino de los Molinos** zu sehen, einem Weg am Grund der Schlucht. Die Brücke bildet die Grenze zwischen Alt- und Neustadt.

Die Altstadt ist von massiven Festungsmauern umringt, die von zwei alten Toren durchbrochen werden: die maurische Puerta de Almocábar, die im 13. Jh. der Hauptzugang zur Burg war, und die Puerta de Carlos V aus dem 16. Jh. Die maurische Stadtanlage innerhalb der Mauern blieb erhalten, doch das Labyrinth enger Straßen wird heute von den Renaissancevillen mächtiger Familien geprägt, deren Vorfahren 1485 zusammen mit Ferdinand dem Katholischen die Stadt eingenommen hatten.

Plaza de Toros STIERKAMPFARENA

(Calle Virgen de la Paz; Eintritt 5 €; ⌚10–20 Uhr) Rondas Plaza de Toros ist ein Mekka für Stierkampfenthusiasten. Die seit mehr als 200 Jahren existierende Arena zählt zu den ältesten und ehrwürdigsten in Spanien und war auch Schauplatz einiger der bedeutendsten Ereignisse in der Geschichte des Stierkampfs.

Die von Martín Aldehuela gebaute Arena wird allgemein für ihre sanften Sandsteinfarben und Bogengalerien bewundert. Mit 66 m Durchmesser ist sie die größte und deswegen gefährlichste Arena. Dennoch bietet sie nur 5000 Zuschauern Platz – verschwindend wenig im Vergleich zur riesigen Stierkampfarena in Mexico City mit ihren 50 000 Plätzen. Im Juli wird die Arena als Bühne für eine Reihe großartiger Konzerte und Opern genutzt.

Das dazugehörige Museo Taurino ist mit Erinnerungsstücken vollgestopft, z. B. den blutbespritzten Matadorenkostümen, die Pedro Romero und Jesulín de Ubrique, der Star der 1990er-Jahre, getragen haben. Zu sehen sind auch Fotos berühmter Fans wie Orson Welles und Ernest Hemingway, dessen Roman *Tod am Nachmittag* eindringlich die Angst und Anspannung in der Stierkampfarena schildert.

Hinter der Plaza de Toros eröffnen sich vom Paseo de Blas Infante und dem benachbarten Park Alameda del Tajo spektakuläre Aussichten von den Klippen.

Museo Lara MUSEUM
(www.museolara.org; Calle de Armiñán 29; Erw./Kind 4/2 €; ⌚11–20 Uhr;) Juan António Lara Jurado ist seit seinem zehnten Lebensjahr Sammler. Heute, mit über 70 Jahren, lebt er noch immer über dem Museum, doch sein Wohnraum schrumpft zunehmend, je mehr er seine Sammlung erweitert. Hier gibt's nichts, was es nicht gibt: unbezahlbare Kollektionen historischer Uhren, Waffen, Radios, Grammofone, Nähmaschinen, Telefone, Operngläser, spanischer Fächer, Waagen, Kameras und vieles mehr.

Wanderungen WANDERUNGEN
Die Touristeninformation gibt eine Reihe von Broschüren (5 €) heraus, die acht Wanderrouten in der Umgebung von Ronda beschreiben. Die Wege sind 2,5 bis 9,1 km lang und passieren Aussichtspunkte, Einsiedlerklausen sowie Parks. Zu den besten Strecken zählt der 4,6 km lange SL-A38, der auf der Plaza Campillos unweit vom Palacio de Mondragón beginnt und bergabwärts bis zum Fuße der Schlucht führt (wo man das klassische Brückenfoto machen kann). Von dort schlängelt er sich an ein paar alten Mühlen vorbei und verläuft danach bergaufwärts zurück in die Neustadt.

Feste & Events

In den ersten beiden Septemberwochen wird Rondas wilde **Feria de Pedro Romero** gefeiert, zu der u. a. auch das bedeutende Festival de Cante Grande gehört, das ganz im Zeichen des Flamenco steht. Das Fest gipfelt in den Corridas Goyesca (Stierkämpfe zu Ehren des legendären Matadors Pedro Romero).

Schlafen

Hotel Alavera de los Baños HOTEL €€
(☎952 87 91 43; www.alaveradelosbanos.com; Hoyo San Miguel; EZ/DZ inkl. Frühstück 70/95 €;) Das Alavera de los Baños hat sich von den arabischen Bädern nebenan inspirieren lassen: Es ist durchgängig im spanisch-maurischen Stil mit östlichen Elementen gestaltet. Die leckere, von Nordafrika beeinflusste Küche nutzt vor allem Biozutaten. Am schönsten sind die Zimmer an der Terrasse, die auf einen kleinen, grünen Garten gehen.

Jardín de la Muralla HISTORISCHES HOTEL €€
(☎952 87 27 64; www.jardindelamuralla.com; Calle Espiritu Santo 13; EZ/DZ inkl. Frühstück 80/91 €;) José María hat dafür gesorgt, dass das historische Familienhaus mit seinen Antiquitäten, den Leuchtern, den Ahnenporträts und den wunderbaren Klauenfußwannen sein faszinierendes Flair bewahrt. Der terrassierte Garten führt zur Stadtmauer aus dem 15. Jh. Haustiere erlaubt.

Parador de Ronda HOTEL €€€
(☎952 87 75 00; www.parador.es; Plaza de España; Zi. 160–171 €; P) Hektarweise glänzender Marmor und Möbel mit tiefen Kissen verleihen diesem modernen *parador* das gewisse Etwas. Auf der Terrasse mit Aussicht auf die Schlucht kann man herrlich Kaffee oder Wein trinken, insbesondere bei Nacht.

Enfrente Arte HOTEL €€
(☎952 87 90 88; www.enfrentearte.com; Calle Real 40; Zi. inkl. Frühstück 80–90 €;) In einer alten Kopfsteinstraße liegt das Enfrente, das Belgiern gehört und mit modern-östlichem Design sowie einer ganzen Reihe von Annehmlichkeiten glänzt: Zum Haus gehören eine Bar, ein Pool, eine Sauna, ein Aufenthaltsraum, ein blumengeschmückter Patio mit schwarzem Bambus, ein Filmzimmer und grandiose Aussichten auf die Sierra de las Nieves. Und es kommt noch besser: Im Zimmerpreis sind alle Getränke (Selbstbedienung) und ein üppiges Frühstücksbüffet enthalten.

Hotel San Gabriel HOTEL €€
(☎952 19 03 92; www.hotelsangabriel.com; Calle José M Holgado 19; EZ/DZ inkl. Frühstück 66/82 €;) Das bezaubernde historische Hotel steckt voller Antiquitäten und Fotos, die Rondas Geschichte dokumentieren: Stierkämpfe, Berühmtheiten und mehr. Farne zieren das riesige Treppenhaus aus Mahagoni. Es gibt ein Billardzimmer, ein gemütliches Wohnzimmer mit vielen Büchern sowie einen DVD-Filmraum mit zehn samtbezogenen Stühlen, die aus dem Theater von Ronda gerettet wurden, und mit signierten Fotos diverser Schauspieler, darunter Bob Hoskins und Isabella Rossellini.

Hotel Montelirio HOTEL €€€
(☎952 87 38 55; www.hotelmontelirio.com; Calle Tenorio 8; EZ/DZ 100/150 €) Schlichtweg magisch ist der Ausblick vom Hotel Monteli-

rio, das sich dicht an die El-Tajo-Schlucht schmiegt. Der ehemalige *palacio* wurde sensibel umgebaut und bietet prächtige Suiten. In der Lounge, die sich auf eine Terrasse mit Tauchbecken öffnet, kann man noch die originale Mudejardecke bestaunen. Das Restaurant ist gleichermaßen hervorragend.

Hotel Hermanos Macias HOTEL €
(☎952 87 42 38; www.hermanosmacias.com; Calle Pedro Romero 3; EZ/DZ 35/48 €; P❄) Die rustikalen Zimmer liegen über einem beliebten Restaurant mit Bar und bieten ein tolles Preis-Leistungs-Verhältnis. Sie sind einfach möbliert und schauen auf die belebte Fußgängerstraße.

Essen

Die deftige Gebirgsküche mit einem Schwerpunkt auf Eintopfgerichten, Forelle, Wild (Kaninchen, Rebhuhn und Wachtel) und natürlich Ochsenschwanz ist typisch für Ronda. Viele Restaurants verteilen sich rund um die Plaza de España, aber es gibt auch südlich der Altstadt im Barrio San Francisco einige tolle Läden.

LP TIPP **Bodega San Francisco** TAPAS €
(www.bodegasanfrancisco.com; Calle Ruedo Alameda; raciones 6–10 €) Mit ihren drei Speisesälen und den Tischen in der engen Fußgängerzone ist dies die vielleicht beste Tapas-Bar Rondas. Die umfangreiche Karte dürfte selbst die wählerischsten Familien und mit mindestens neun Salaten auch Vegetarier zufriedenstellen. Empfehlenswert: *revuelto de patatas* (Rühreier mit Kartoffeln und Paprika). Der Hauswein ist gut.

Bar Restaurant Almocábar ANDALUSISCH €
(Calle Ruedo Alameda 5; Tapas 1,50 €, Hauptgerichte 10 €; ⏰Mi–Mo 13.30–17 & 20–1 Uhr) Die Touristenhorden, die sich im oberen Teil der Stadt tummeln, berühren das Almocábar kaum. Seine Tapas sind so gut, dass es hier meistens rappelvoll wird und man nur schwer einen Platz an der Theke ergattert. In dem Fall sollte man versuchen, einen Tisch im *comedor* (Speisesaal) zu bekommen.

Restaurante Tragabuches SPANISCHE NOUVELLE CUISINE €€€
(☎952 19 02 91; www.tragabuches.com; Calle José Aparício 1; Menüs 59–87 €; ⏰Di–Sa 13.30–15.30 & 20–22.30 Uhr) Rondas bestes und berühmtestes Restaurant ist das genaue Gegenteil des allgegenwärtigen „rustikalen" Ambientes mit entsprechender Küche. Das 1998 mit einem Michelin-Stern ausgezeichnete Tragabuches wirkt modern und kultiviert, und die innovativen Speisen passen dazu. Die Gäste kommen von weit her, um zu genießen, was der kreative Koch zubereitet hat.

Faustino ANDALUSISCH €
(Calle Santa Cecilía; Tapas 1,50 €, raciones 6–8 €) Das ist das Wahre: eine lebhafte, stimmungsvolle Tapas-Bar mit vielen Sitzplätzen im traditionellen offenen Atrium, das mit Pflanzen, *feria*-Postern sowie religiösen und Stierkampf-Bildern dekoriert ist. Die Tapas und *raciónes* sind großzügig bemessen. Mit den Empfehlungen des Hauses, z. B. *champingnones a la plancha* (gegrillte Pilze mit viel Knoblauch) liegt man immer richtig. Einziger Nachteil: die unbequemen, dafür aber hübsch im rustikalen Stil bemalten Stühle. Aua!

Restaurante Pedro Romero ANDALUSISCH €€
(☎952 87 11 10; www.rpedroromero.com; Calle Virgen de la Paz 18; Menü 16 €, Hauptgerichte 15–18 €) Das hochgelobte Restaurant gegenüber der Stierkampfarena steht ganz im Zeichen des Stierkampfs und tischt klassische *rondeño*-Gerichte (Gerichte aus Ronda) auf. Dies ist ein guter Ort, um mal *rabo de toro* (zartes Fleisch vom Ochsenschwanz) zu probieren. Vegetarier dürften als Vorspeise den frittierten Ziegenkäse bevorzugen, der mit Apfelmus serviert wird.

Ausgehen

New Baco BAR
(⏰19–4 Uhr) Früh am Abend läuft hier vielleicht Fußball auf dem Großbildschirm, doch später und natürlich am Wochenende kommen heiße DJs, und nach Mitternacht ist die Tanzfläche voll.

Tetería Al Zahra TEEHAUS
(Calle las Tiendas 17; ⏰16.30–24 Uhr) In dieser *tetería* locken Kräuter-, marokkanische, pakistanische und andere Tees, die alle in hübschen marokkanischen Keramikkannen und -tassen serviert werden. Wasserpfeifen sind auch im Angebot – was braucht man sonst, um stundenlang zu schlürfen, zu paffen und zu klönen.

Unterhaltung

Círculo de Artistas FLAMENCO
(Plaza del Socorro; Eintritt 23 €; ⏰Mai–Sept. Mo–Mi) In dem prächtigen Gebäude am Platz finden ab 22 Uhr Flamenco-Aufführungen und andere Gesangs- und Tanzvorstellungen

statt. Die Veranstaltungstage sind allerdings ungewöhnlich.

Praktische Informationen

In der Calle Virgen de la Paz und auf der Plaza Carmen Abela Banken und Geldautomaten.

Regionale Touristeninformation (www.andalucia.org; Plaza de España 1; ⌚Mai–Sept. Mo–Fr 9–19.30 Uhr, Okt.–April 9–18 Uhr, ganzjährig Sa 10–14 Uhr)

Städtische Touristeninformation (www.turismo deronda.es; Paseo de Blas Infante; ⌚Mo–Fr 10–19.30, Sa, So & Feiertage 10.15–14 & 15.30–18.30 Uhr)

An- & Weiterreise

Bus

Der Busbahnhof befindet sich in der Plaza Concepción García Redondo 2. **Comes** (www.tgcomes.es) betreibt Busse nach Arcos de la Frontera (8,75 €, 2 Std., 2-mal tgl.), Jerez de la Frontera (11,50 €, 3 Std., 3-mal tgl.) und Cádiz (15 €, 2 Std., 3-mal tgl.). Busse von **Los Amarillos** (www.losamarillos.es) fahren über Algodonales und Grazalema nach Sevilla und über Ardales nach Málaga.

Zug

Rondas **Bahnhof** (☎952 87 16 73; Avenida de Andalucía) liegt an der Strecke Bobadilla–Algeciras und bietet Verbindungen über Gaucín und Jimena de la Frontera nach Algeciras. Diese Zugfahrt ist unglaublich malerisch und lohnt sich schon allein der Aussichten wegen. Außerdem fahren Züge nach Málaga, Córdoba, Madrid und über Antequera nach Granada. Nach Sevilla steigt man in Bobadilla oder Antequera um.

Unterwegs vor Ort

Alle 30 Minuten pendeln Minibusse von der Avenida Martínez Astein gegenüber dem Bahnhof zur Plaza de España.

Rund um Ronda

Rund um Ronda erstrecken sich beeindruckende Berge, außerdem ist der Ort eine tolle Ausgangsbasis für Ausflüge in die nahe gelegenen Parks und zu den weißen Städten der Provinzen Málaga und Cádiz. Dafür kann man ein Auto oder – noch besser – ein Fahrrad mieten. **Cycle Ronda** (☎952 87 78 14; www.cycleronda.com; Calle Serrato 3) verleiht gute Räder für etwa 20 € pro Tag.

In der Gegend stehen viele traditionelle Häuser, die zu zauberhaften Landhotels umgebaut wurden. Mehr darüber erfährt man in der städtischen Touristeninformation oder unter www.serraniaronda.org.

CUEVA DE LA PILETA

Paläolithische Wandmalereien von Pferden, Ziegen, Fischen und sogar einer Robbe aus der Zeit vor 20 000 bis 25 000 Jahren kann man in dieser großen **Höhle** (☎952 16 73 43; www.cuevadelapileta.org; Benaoján; Erw./Kind 8/4 €; ⌚Führungen stündlich 10–13 & 16–18 Uhr; 👪) 20 km südwestlich von Ronda bewundern. Besucher werden von der sachkundigen Familie Bullón vom Bauernhof unten im Tal mit einer Petroleumlampe durch die Höhle geführt. Ein Mitglied der Familie entdeckte die Malereien 1905. Die Cueva de la Pileta liegt 4 km südlich von Benaoján, etwa 250 m (beschildert) von der Verbindungsstraße zwischen Benaoján und Cortes de la Frontera entfernt. Die Guides sprechen ein bisschen Englisch. Bei großem Andrang ist mit einer Wartezeit zu rechnen, Besucher können aber telefonisch für einen bestimmten Zeitpunkt reservieren.

PARQUE NATURAL SIERRA DE LAS NIEVES

Diese Gegend wurde aufgrund ihrer seltenen biologischen Vielfalt von der Unesco zum Biosphärenreservat erklärt. Darüber hinaus blickt sie auf eine ungewöhnliche Vergangenheit zurück: Hunderte von Jahren, bevor es Kühlschränke gab, versammelten sich Schneeverkäufer der Region gegen Ende des Winters, um tonnenweise Schnee in Behälter zu schaufeln und sie zu riesigen Gruben zu transportieren, wo sie gepresst und zu kompakten Eisstücken geformt wurden. Bis zum Sommer brachten schwer bepackte Maultiergruppen die Eisblöcke in die benachbarten Kleinstädte, wo sie zu astronomischen Preisen verkauft wurden. Heute wartet das 180 km² große Naturschutzgebiet südöstlich von Ronda mit einigen hervorragenden Trekkingrouten auf. Der Torrecilla, mit 1910 m höchster Gipfel in Andalusiens Westen, ist auf einer Rundwanderung von fünf bis sechs Stunden Dauer ab der Área Recreativa Los Quejigales zu erreichen. Hierher führt eine 10 km lange ungeteerte Straße, die von der A376 zwischen Ronda und San Pedro de Alcántara abzweigt.

Über dem weißen Dorf Tolox und gerade noch im Park stößt man auf das geschmackvolle Hotel **Cerro de Hijar** (☎952 11 21 11; www.cerrodehijar.com/eng; Carretera del Balneario; DZ/Suite 80/90 €; P❄@📶🏊), das 650 m über dem Meeresspiegel liegt. Die Zimmer, die Einrichtung und der weite Ausblick zeugen ebenso von Großzügigkeit wie das Spektrum an Aktivitäten, das hier organisiert wird, darunter Mountainbiketouren, geführte Wanderungen und Jeepausflüge.

Antequera

45 000 EW. / 575 M

Sowohl architektonisch als auch historisch ist Antequera eine faszinierende Stadt, der es dennoch gelang, sich vom Massentourismus fernzuhalten – dies erhöht ihren Reiz noch mehr. Die drei Kulturen, die die Region beeinflussten – die römische, die maurische und die spanische –, haben im ganzen Ort einen dichten Teppich architektonischer Juwelen hinterlassen. Highlight ist der opulente spanische Barock, der Antequeras Charakter prägt. Die städtischen Behörden tun viel dafür, ihn zu restaurieren und zu erhalten. Daneben gibt's hier eine erstaunliche Anzahl an Kirchen, nämlich über 30, viele davon mit prächtigem Innendekor.

Sehenswertes

Alcazaba & Umgebung
FESTUNG

Der Hauptzugang zu Antequeras Alcazaba (Erw./Kind inkl. Colegiata de Santa María la Mayor 6/3 €; Di–So 10.30–14 & 18–20.30 Uhr) führt durch den **Arco de los Gigantes**, der 1585 gebaut wurde und früher riesige Skulpturen von Herkules trug. Von den Ruinen der Alcazaba bieten sich herrliche Aussichten. Direkt darunter befindet sich die **Colegiata de Santa María la Mayor** (Plaza Santa María; Erw./Kind inkl. Alcazaba 6/3 €; 10–14 & 18–20.30 Uhr), eine Kirche aus dem 16. Jh. mit einer schönen Renaissancefassade.

Museo Municipal
MUSEUM

(Plaza del Coso Viejo; Eintritt nur im Rahmen einer Führung 3 €; Di–Fr 10–13.30 & 16.30–18.30, Sa 10–13.30, So 11–13.30 Uhr) Der Stolz des Stadtmuseums im Zentrum ist die 1,4 m große, elegante und athletische Bronzestatue eines jungen Mannes, *Efebo*. Sie wurde in den 1950er-Jahren auf einem Bauernhof der Gegend entdeckt und ist vermutlich die schönste römische Skulptur in Spanien.

Außerdem zeigt das Museum Funde aus einer römischen Villa in Antequera, in der 1998 mehrere großartige Mosaiken freigelegt wurden. Die Sammlung umfasst dazu eine ganze Schatzkammer voller Sakralobjekte, die so viel Silber enthält, dass eine Besichtigung nur alle halbe Stunde mit einer Führung möglich ist.

Iglesia del Carmen
KIRCHE

(Plaza del Carmen; Eintritt 2 €; Di–Fr 10.30–13.30 & 16.30–18, Sa & So 11–13.30 Uhr) Nur ganz abgestumpfte Reisende dürften nicht von der Iglesia del Carmen und ihrem prachtvollen churrigueresken Altaraufsatz aus dem 18. Jh. beeindruckt sein. Ein Sohn der Stadt, Antonio Primo, schuf das prächtige Schnitzwerk aus Rotkiefer. Die Engelfiguren steuerte Diego Márquez y Vega bei, José de Medina gestaltete die Statuen von Heiligen, Päpsten und Bischöfen. Während der Hauptaltar ohne Bemalung blieb, wurde das restliche Kircheninnere so kunstvoll und farbenprächtig ausgestaltet, dass es an traditionelle Kacheln erinnert.

GRATIS Megalithgräber
ARCHÄOLIGISCHE STÄTTE

(Cerro Romeral; Di–Sa 9–18, So 9.30–14.30 Uhr) Etwa 1 km vom Stadtzentrum an der Straße, die nordostwärts zur A45 führt, erreicht man den **Dolmen de Viera** und den **Dolmen de Menga**. Etwa 2500 oder 2000 v. Chr. gelang es den damaligen Bewohnern der Gegend, Dutzende gewaltiger Steinblöcke aus den nahen Bergen hierherzutransportieren, um die erdbedeckten Grabanlagen für ihre Anführer zu errichten. 3 km weiter liegt der **Dolmen del Romeral**, der auf 1800 v. Chr. datiert.

Schlafen & Essen

Hotel Coso Viejo
HOTEL €€

(952 70 50 45; www.hotelcosoviejo.es; Calle Encarnación 9; EZ/DZ inkl. Frühstück 62/78 €; P ❄) In einem umgebauten klassizistischen Palast aus dem 17. Jh. im Herzen von Antequera warten komfortable, schlicht möblierte Zimmer, die sich um einen hübschen Patio mit Springbrunnen ringen. Außerdem gibt's eine ausgezeichnete Tapas-Bar und ein Restaurant. Das Haus steht gegenüber der Plaza Coso Viejo und dem Stadtmuseum.

Parador de Antequera
HISTORISCHES HOTEL €€€

(952 84 02 61; www.parador.es; Paseo García del Olmo; EZ/DZ 120/145 €; P ❄) Der *parador* mit behaglichen Zimmern liegt in einer ruhigen Parklandschaft nördlich von der Stierkampfarena und unweit vom Busbahnhof. Von den hübschen Gärten bieten sich wunderbare Aussichten, besonders bei Sonnenuntergang.

Restaurante La Espuela
ANDALUSISCHE NOUVELLE CUISINE €€

(952 70 30 31; Calle San Agustín 1; Hauptgerichte 14–18 €; Di–So 13–16 & 20–23 Uhr) In einer hübschen Sackgasse voller Restaurants, die von der Calle Infante Don Fernando abgeht,

findet man das Espuela, zugleich eine Kochschule. Es bietet neben einigen internationalen Gerichten wie Pasta eine gute Auswahl an Spezialitäten aus Antequera, etwa Ochsenschwanz mit Honig und Rosmarin. Die Kellner in Fliege machen die Atmosphäre eines noblen Dinners perfekt.

Rincon de Lola TAPAS €
(www.rincondelola.net; Calle Encarnación 7; Tapas 2 €, raciones 7; ⏲Di–So) Hier kann man verschiedene preiswerte Tapas probieren, die einen Vorgeschmack auf die regionalen Gerichte wie *cochinillo* (Spanferkel) geben, oder auch für diesen Landstrich eher ungewöhnliche Varianten mit Sushi bestellen.

ℹ Praktische Informationen

Städtische Touristeninformation (☎952 70 25 05; www.antequera.es; Plaza de San Sebastián 7; ⏲Mo–Sa 11–14 & 17–20, So 11–14 Uhr)

ℹ An- & Weiterreise

Der **Busbahnhof** (Paseo Garcí de Olmo) befindet sich 1 km nördlich vom Zentrum. **ALSA** (www.alsa.es) fährt von hier nach Sevilla (13 €, 2½ Std., 5-mal tgl.), Granada (8 €, 1½ Std., 5-mal tgl.), Córdoba (10 €, 2 Std. 40 Min., 1-mal tgl.), Almería (21 €, 6 Std., 1-mal tgl.) und Málaga (4,30 €, 1½ Std., 2-mal tgl.). Außerdem pendeln Busse zwischen Antequera und dem Dorf Fuente de Piedra (2 €, 25 Min., 3-mal tgl.).

Vom **Bahnhof** (Avenida de la Estación), 1,5 km nördlich vom Zentrum, fahren täglich sechs Züge von/nach Granada (9,15 €, 1½ Std.) und vier nach Sevilla (31 €, 1½ Std.). Dreimal täglich gibt's Verbindungen nach Málaga oder Córdoba, allerdings mit Umstieg in Bobadilla.

El Torcal

16 km südlich von Antequera haben Naturkräfte aus diesem 1336 m hohen Berg eine der bizarrsten Felsformationen modelliert, die man je zu Gesicht bekommen wird. Das 12 km² große Gebiet voll wild zerklüfteter Kalksteinbuckel und -türme war vor rund 150 Mio. Jahren mal ein Meeresboden.

Zwei markierte Wanderwege, die 1,5 km lange „Ruta Verde" (Grüne Route) und die 3 km lange „Ruta Amarilla" (Gelbe Route), beginnen und enden in der Nähe des Informationszentrums.

Östlich von Málaga

Die Küste östlich von Málaga, manchmal auch als Costa del Sol Oriental bezeichnet, ist weniger zubetoniert als jene im Westen, aber man hat das Gefühl, dass die Bulldozer nicht mehr allzu lange auf sich warten lassen.

Das Hinterland, das allmählich zu den Gebirgsketten entlang der Grenze zur Provinz Granada ansteigt, wird **La Axarquía** genannt und ist mit zahlreichen weißen Dörfern aus islamischer Zeit gesprenkelt, die gewundene Bergstraßen miteinander verbinden. Hier kann man schöne Wanderungen unternehmen (am besten im April & Mai sowie von Mitte September bis Ende Oktober). Die ehemals verarmte und vergessene Gegend erlebte in den letzten Jahren eine Touristenschwemme und einen regen Zustrom ausländischer Neubürger.

NERJA

22 000 EW.

Nerja liegt 56 km östlich von Málaga. Hier wird die Costa del Sol etwas ansehnlicher: Die Küste fällt steil ab und die schönen Ausblicke vermitteln einen Eindruck davon, wie die Region einst aussah. Obwohl die Einheimischen sich von den lärmenden Resorts weiter westlich distanzieren, wird Nerja seit mehreren Jahren zunehmend von (hauptsächlich britischen) Touristen bevölkert. Wer Ruhe sucht, sollte woanders hinfahren.

Die Hauptattraktion der Stadt ist der spektakuläre **Balcón de Europa** im Zentrum, ein palmengesäumter Spazierweg, der direkt zum Ozean führt. Das neue **Museo de Nerja** (Plaza de España; Erw./Kind 6/3 €, inkl. Cueva de Nerja 12,50/6,50 €; ⏲Di–So 10–14 & 16–18.30 Uhr) zeichnet die Geschichte Nerjas von den Höhlenbewohnern bis zum Tourismusboom nach und bildet einen idealen Auftakt zum Besuch der riesigen Cueva de Nerja (S. 766), die 3 km nördlich der Stadt liegt.

Schlafen & Essen

Die besseren Unterkünfte sind in den Sommermonaten oftmals lange im Voraus ausgebucht.

Hotel Carabeo HOTEL €€
(☎952 52 54 44; www.hotelcarabeo.com; Calle Carabeo 34; DZ/Suite inkl. Frühstück 85/180 €; ❄@📶🏊) Oberhalb tadellos gepflegter Terrassengärten findet man dieses kleine, familiengeführte Hotel, das mit stilvollen Antiquitäten gefüllt ist. Es gibt ein gutes Restaurant und der Pool auf einer der Terrassen blickt aufs Meer. Das Haus, eine alte Schule, steht in einer der hübschesten Fußgängerstraßen der Stadt, in der überall bunte Bougainvilleen leuchten. Es ist von April bis Ende Oktober geöffnet.

LP TIPP **Oliva** EUROPÄISCHE NOUVELLE CUISINE €€
(☎952 52 14 29; www.restauranteoliva.com; Calle Pintada 7; Hauptgerichte 15–19 €) Einzelne Orchideen, ein Soundtrack aus Drum'n'Bass und viel Dunkelgrau und Grün – dieses Restaurant hat Klasse. Die Karte ist vertrauenserweckend kurz und ändert sich regelmäßig, je nachdem, was die Saison gerade an frischen Zutaten liefert. Typische Gerichte sind etwa gegrillte Jakobsmuscheln in Rote-Bete-Soße oder Seebarsch mit Wasabi, Soja und Ingwer.

Merendero Ayo FISCH & MEERESFRÜCHTE €€
(Playa Burriana; Hauptgerichte 9–13 €) In dem Restaurant unter freiem Himmel köchelt die Paella in großen dampfenden Pfannen auf offenem Feuer. Es gibt sogar Nachschlag, einmal jedenfalls. Ayo, der Boss, ist ein liebenswertes Original und der Entdecker der Cueva de Nerja. Er schwenkt den Reis in der *paellera* (Paellapfanne) so schwungvoll wie kein anderer und unterhält damit alle Gäste.

Praktische Informationen

Städtische Touristeninformation (☎952 52 15 31; www.nerja.org; Puerta del Mar; ⌚Juli–Mitte Sept. 10–14 & 18–22 Uhr, Mitte Sept.–Juni 10–14 & 17–20 Uhr) Hat viele nützliche Prospekte.

An- & Weiterreise

Von der N340 am oberen Ende der Calle Pintada fahren regelmäßig Busse von **ALSA** (www.alsa.es) nach Málaga (4,15 €, 1¾ Std., 23-mal tgl.), Marbella (9,50 €, 1¼ Std., 1-mal tgl.) und Antequera (8,30 €, 2¼ Std., 2-mal tgl.). Auch nach Almería und Granada gibt's Verbindungen.

RUND UM NERJA

Die größte Touristenattraktion Nerjas, die **Cueva de Nerja** (www.cuevadenerja.es; Erw./Kind 8,50/4,50 €, inkl. Museo de Nerja 12,50/6,50 €; ⌚10–14 & 16–19.30 Uhr), liegt 3 km nördlich der Stadt gleich neben der N340 an den Hängen der Sierra Almijara. Das weitläufige 4 km lange Höhlensystem, das vor rund 5 Mio. Jahren vom Wasser ausgewaschen und später von Steinzeitjägern bewohnt wurde, ist ein theatralisches Wunderland voller ungewöhnlicher Felsformationen, subtiler Farbspiele sowie Stalaktiten und Stalagmiten. Im Sommer wird die gigantische Kaverne für viele Veranstaltungen genutzt, u. a. für Ballett und Flamenco. Von Málaga und Nerja fahren (außer sonntags) täglich etwa 14 Busse hierher. Alles wurde auf den Massentourismus ausgerichtet, so gibt's z. B. ein riesiges Restaurant und einen Parkplatz. Eine Führung dauert 45 Minuten.

Weiter östlich wird die Küste schroffer. Wer motorisiert ist, kann etwa 8 bis 10 km östlich von Nerja über Abzweigungen von der N340 die **Playa El Cañuelo** und andere reizvolle, wenn auch felsige Strände ansteuern.

CÓMPETA & UMGEBUNG

3500 EW. / 640 M

Comares liegt wie eine Schneewehe auf seinem luftigen Berg. Das eigentliche Abenteuer ist die Fahrt dorthin. Über viele Kilometer ist die Stadt bereits zu sehen, ehe man nach einer letzten Biegung in der endlosen, kurvenreichen Straße endlich unterhalb der hängenden Gärten des Felsens landet. Von dem kleinen Parkplatz winden sich steile Stufen zum Dorf hoch. Dort folgt man einfach den Keramik-Fußspuren auf der Erde durch ein Labyrinth enger, gewundener Gassen vorbei an der **Iglesia de la Encarnación** bis zu den Ruinen der **Burg** von Comares und einem bemerkenswerten **Friedhof** auf dem Gipfel.

Sehenswertes & Aktivitäten

Einige Kilometer talabwärts von Cómpeta erhebt sich in **Árchez** neben der Kirche ein schönes Minarett aus der Almohadenzeit. Von hier schlängelt sich eine Straße 8 km südwestwärts nach **Arenas**, wo wiederum ein steiler, aber befahrbarer Weg zur Ruine des maurischen Castillo de Bentomiz auf einer Hügelkuppe führt. **Los Caballos del Mosquín** (www.horseriding-andalucia.com; Canillas del Albaida; Halbtagstour 65 €) gleich außerhalb von Canillas de Albaida und 2 km nordwestlich von Cómpeta bietet Ausritte in die Berge an. Eine herrliche Wanderroute bringt einen auf den dramatischen Gipfel des **El Lucero** (1779 m); an klaren Tagen reicht der Blick bis nach Granada und Marokko. Von Cómpeta ist dies eine anspruchsvolle Tageswanderung, aber man kann auch über einen etwas schwierigen Bergpfad von Canillas de Albaida bis zum Puerto Blanquillo (1200 m) hinauffahren. Einen Kilometer bergab, an einem Steinbruch vorbei, zweigt der Weg zum Gipfel (1½ Std.) nach rechts über ein schmales Flussbett ab.

Schlafen & Essen

Häuser, Apartments und Zimmer kann man bei **Cómpeta Direct** (www.competadirect.com) buchen.

Das **El Pilón** (☎952 55 35 12; www.restauranteelpilon.com; Calle Laberinto; Hauptgerichte 11–18,50 €; ⌚Mo & Mi–Sa 19–23, So 13–15.30 Uhr; ✍) und das **Alberdini** (www.alberdini.com; Pago La Lomilla 85; Hauptgerichte 9–12 €; ✍) bereiten exzellente und kreative spanische bzw. internationale Gerichte zu. Im Sommer sollte man nach einem Tisch auf den Terrassen im Obergeschoss fragen.

ℹ Praktische Informationen

Touristeninformation (☎952 55 36 85; Avenida de la Constitución; ⌚Di–Sa 10–14 & 15–18 Uhr) Bei der Bushaltestelle am Dorfeingang.

ℹ An- & Weiterreise

Drei oder vier Busse fahren täglich über Torre del Mar von/nach Málaga (4 €, 1½ Std.).

DIE PROVINZ CÓRDOBA

Von La Mancha, dem Fenster zu Nordandalusien, erstreckt sich die Provinz Córdoba über die gesamte Sierra Morena. Die überwiegend ländliche Region ist nicht nur für ihre Olivenöle und Weine bekannt, sondern auch für die von den Römern gegründete Stadt Córdoba, die in ihrer Blütezeit als Hauptstadt von Al-Andalus und Sitz des glanzvollen Hofes von Abd ar-Rahman III. diente.

Córdoba

328 000 EW / 110 M

Man stelle sich eine Großstadt mit edler Architektur und einem florierenden Wirtschaftsleben sowie zahlreichen Universitäten und Bibliotheken vor, in denen gebildete Künstler und weise Philosophen studieren. Ein islamisches Kalifat, fortgeschrittener und moderner als der Rest der Welt – das war Córdoba im Jahr 975.

Auch heute noch zählt dieser Ort zu den drei größten Attraktionen Andalusiens. In seinem Zentrum liegt die gewaltige Mezquita, ein architektonisches Unikat und einer der wenigen Plätze weltweit, wo Gottesdienste in einer Moschee abgehalten werden. Sie ist von einem Netz verwinkelter Gassen, Häusern mit Blumenkästen voller Geranien und kühlen intimen Innenhöfen umgeben.

Geschichte

Die römische Kolonie Corduba, 152 v. Chr. gegründet, war die Hauptstadt der Provinz Baetica, die den größten Teil des heutigen Andalusiens umfasste. 711 fiel sie an die muslimischen Eroberer und wurde bald darauf zur maurischen Hauptstadt der Iberischen Halbinsel. Hier ließ sich Abd ar-Rahman I. im Jahr 756 als Emir von Al-Andalus nieder.

Seine Glanzzeit erlebte der Ort unter Abd ar-Rahman III. (912–961). Damals beherbergte die größte Stadt Westeuropas grandiose Moscheen, Bibliotheken, Sternwarten, Aquädukte, eine Universität und ungemein kunstfertige Meister des Leder-, Metall-, Textil- und Kachelhandwerks. Am multikulturellen Hof Abd ar-Rahmans III. verkehrten sowohl jüdische als auch arabische und christliche Gelehrte.

Gegen Ende des 10. Jhs. riss der furchterregende Feldherr Al-Mansur (alias Almanzor) die Herrschaft an sich und versetzte das christliche Spanien mit mehr als 50 *razzias* (Kriegszügen) in 20 Jahren in Angst und Schrecken.

Córdobas geistige Tradition aber lebte weiter. Im 12. Jh. brachte der Ort zwei der berühmtesten Denker von Al-Andalus hervor: den muslimischen Averroës (Ibn Rushd) und den jüdischen Maimonides. Diese Gelehrten wurden bekannt durch ihr philosophisches Bemühen, den religiösen Glauben mit der Vernunft in Einklang zu bringen.

1236 eroberte Ferdinand III. von Kastilien die Stadt, die nun allmählich zur unbedeutenden Provinzstadt verkam. Erst mit Beginn der Industrialisierung im 19. Jh. gab es einen neuen Aufschwung. Al-Andalus' Kultur, Artefakte und Traditionen weckten zunehmend das Interesse von Wissenschaft und Öffentlichkeit.

Córdoba bewirbt sich neben 14 anderen spanischen Städten – darunter auch Málaga – als europäische Kulturhauptstadt 2016. Den aktuellen Stand der Kampagne kann man unter www.cordoba2016.es nachlesen.

Sehenswertes & Aktivitäten

Die Öffnungszeiten der Sehenswürdigkeiten ändern sich häufig (am besten fragt man in der Touristeninformation nach dem aktuellen Stand). Viele Attraktionen – mit Ausnahme der Mezquita – haben montags zu. Im Winter schließen sie generell ein oder zwei Stunden früher als im Sommer.

LP TIPP **Mezquita** MOSCHEE

(Moschee; ☎957 47 05 12; www.mezquitadecordoba.org; Calle Cardenal Herrero; Erw./Kind 8/4 €, Mo–Sa 8.30–10 Uhr Eintritt frei; ⌚März–Okt. Mo–Sa 10–19, So 8.30–10 & 14–19 Uhr, Nov.–Feb. Mo–Sa 8.30–18, So 8.30–10 & 14–18 Uhr) Córdobas gewaltige Moschee, deren Grundstein 785 gelegt wurde, ist ein wunderbarer architektonischer Stilmix mit zierlichen Hufeisen-

Córdoba

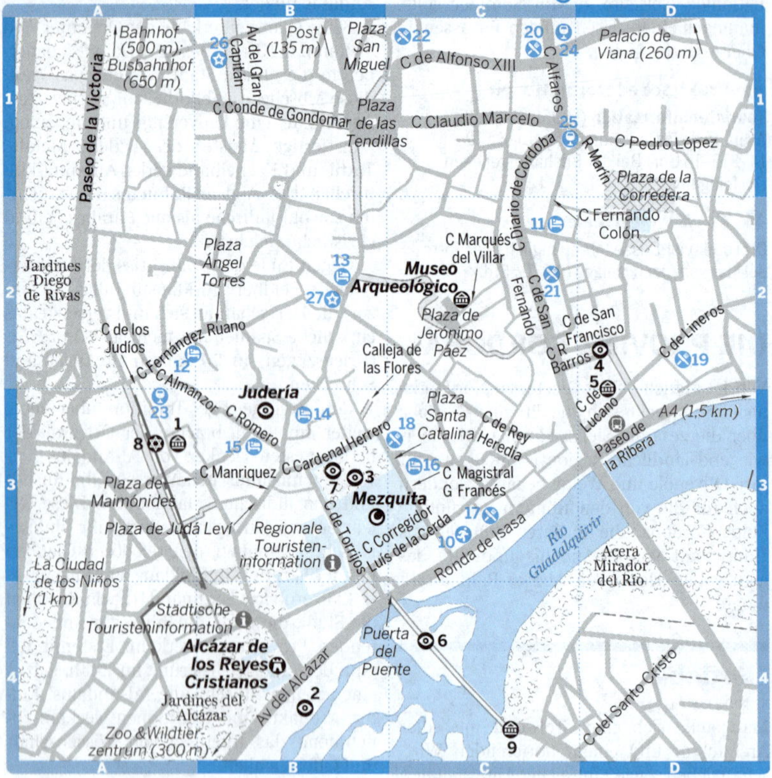

bogen, die sie in ganz Spanien einzigartig machen. Man betritt das Gebäude durch die **Puerta del Perdón**, ein Mudejarportal aus dem 14. Jh., gleich dahinter befindet sich der Ticketschalter. Hinter dem Tor erstreckt sich der **Patio de los Naranjos** (Hof der Orangenbäume), der seinem Namen alle Ehre macht.

Wer das Innere betritt, blickt geradeaus bis zum Mihrab, der Gebetsnische in der *qibla* (Mauer in Richtung Mekka). Die ersten zwölf „Querschiffe", ein Wald aus Säulen und Bogen, entsprechen der ursprünglichen Moschee aus dem 8. Jh.

Im Zentrum des Baus erhebt sich die christliche Kathedrale. Gleich hinter ihrem westlichen Ende befindet sich der Zugang zum Mihrab, der sich durch massivere, aufwendiger gestaltete Bogen auszeichnet. Unmittelbar vor der Gebetsnische liegt die **maksura**, der Gebetsraum des Kalifen (heute von einem Geländer umschlossen), mit kunstvoll verflochtenem Bogenwerk und üppig ausgeschmückten Kuppeldecken, nach 960 unter Kalif Al-Hakam II. entstanden. Das **Mihrab-Portal** ist geschmückt mit 1600 kg Mosaiksteinen aus echtem Gold, einem Geschenk des christlichen *emperoro* (Kaiser) von Byzanz, Nikephoros II. Phokas. Sie verleihen der Mezquita an dieser Stelle die Aura einer byzantinischen Kirche.

Nach der Eroberung Córdobas durch die Christen wurde die Moschee als Kirche genutzt. Im 16. Jh. riss man das Mittelstück des Gebäudes heraus, um dort eine Kathedrale zu errichten. Dazu gehören die **Capilla Mayor** mit einem prächtigen Altaraufsatz in Jaspis und Marmor aus dem 17. Jh. und der **coro** (Chor) mit einem schön geschnitzten Mahagonigestühl aus dem 18. Jh.

Judería

HISTORISCHES STADTVIERTEL

Die Juden gehörten zu den aktivsten und zahlreichsten Mitbürgern des islamischen Córdoba. Ihr mittelalterliches Viertel erstreckt sich von der Mezquita in Nordwest-

Córdoba

Highlights

	Alcázar de los Reyes Cristianos	B4
	Judería	B3
	Mezquita	B3
	Museo Arqueológico	C2

Sehenswertes

1	Casa de Sefarad	A3
2	Maurisches Wasserrad	B4
3	Patio de los Naranjos & Minarett	B3
4	Plaza del Potro	D2
5	Posada del Potro	D2
6	Puente Romano	C4
7	Puerta del Perdón	B3
8	Sinagoga	A3
9	Torre de la Calahorra	C4

Aktivitäten, Kurse & Touren

10	Solobici	C3

Schlafen

11	Casa de los Azulejos	C2
12	Hospedería Alma Andalusí	A2
13	Hospedería Añil	B2
14	Hostal Séneca	B3
15	Hotel Lola	B3
16	Hotel Mezquita	C3

Essen

17	Amaltea	C3
18	Bar Santos	C3
19	Bodegas Campos	D2
20	Delorean Bar de Tapas	C1
21	La Boca	C2
22	Taberna San Miguel El Pisto	C1

Ausgehen

23	Bodega Guzmán	A3
24	Café Bar Automático	C1
25	Jazz Café	C1

Unterhaltung

26	Gran Teatro de Córdoba	B1
27	La Pataita de Antonio	B2

richtung fast bis zur Avenida del Gran Capitán. Es ist durchzogen von einem Gewirr enger Gassen, an denen weiß getünchte Häuser mit Blumenkästen an den Fenstern stehen.

Die hübsche kleine **Sinagoga** (Calle de los Judíos 20; Eintritt 0,30 €; Di–Sa 9.30–14 & 15.30–17.30, So & Feiertage 9.30–13.30 Uhr) aus dem 14. Jh. ist eine von nur drei mittelalterlichen Synagogen, die in Spanien überdauert haben. Ab Ende 1400 diente sie als Krankenhaus, in dem Wasserphobien behandelt wurden. Übersetzte hebräische Inschriften, die mitten im Satz durch Erosion zu Schaden kamen, zeugen von einer untergegangenen Gesellschaft.

Im Herzen des Viertels stößt man an der Ecke der Calles Judios und Averroes auf die **Casa de Sefarad** (www.casadesefarad.es; Calle de los Judíos; Eintritt 4 €; Mo–Sa 10–18, So 11–14 Uhr) aus dem 14. Jh., die früher durch einen unterirdischen Tunnel mit der Synagoge verbunden war. 2008 wurde darin ein kleines Museum eröffnet, das sich dem wiederauflebenden Interesse für die spanische Tradition der sephardischen Juden widmet. Schwerpunkte liegen auf Musik, häuslichen Bräuchen und intellektuellen Frauen – Dichterinnen, Sängerinnen und Denkerinnen – aus Al-Andalus. Das Haus beherbergt eine auf sephardische Geschichte spezialisierte Buchhandlung und einen gut sortierten Souvenirshop. Außerdem gibt's hier das ganze Jahr über von Livemusik begleitete Vorträge und Lesungen.

Alcázar de los Reyes Cristianos BURG

(Festung der Katholischen Könige; Campo Santo de Los Mártires; Eintritt 4 €, Fr frei; Di–Sa 10–14 & 17.30–19.30, So & Feiertage 9.30–14.30 Uhr) Ursprünglich wurde diese Burg im 14. Jh. von Alfons XI. als Palast auf den Ruinen römischer und arabischer Bauten errichtet. Er beherbergte schon Ferdinand und Isabella, die hier 1486 zum ersten Mal Kolumbus begegneten. Es ist ein Vergnügen, die Terrassengärten mit Fischteichen, Brunnen, Orangenbäumen, Blumen und hübschen Heckenschnitten zu durchwandern oder vom Turm aus zu betrachten.

In einem Saal befinden sich mehrere bemerkenswerte römische Mosaiken, die in den 1950er-Jahren an der Plaza de la Corredera ausgegraben wurden. Am auffälligsten ist das Porträt des mythischen Paares Polyphem und Galatea, deren Geschichte später von dem spanischen Dichter Luis de Góngora nacherzählt wurde.

Puente Romano BRÜCKE

Südlich der Mezquita führt die gründlich restaurierte **Puente Romano** (Römische Brücke) über den Guadalquivir. Gleich stromabwärts ist am Nordufer ein rekonstruiertes **maurisches Wasserrad** zu sehen.

Am Südende der Brücke erhebt sich der **Torre de la Calahorra** (☎957 29 39 29; Puente Romano; Erw./Kind 4,50/3 €; ⊙Okt.–April 10–18 Uhr, Mai–Sept. 10–14 & 16.30–20.30 Uhr). In dem Turm aus dem 14. Jh. ist das kuriose **Museum der drei Kulturen der Stiftung Roger Garaudy** untergebracht, das intellektuelle Errungenschaften aus dem islamischen Córdoba präsentiert.

Plaza del Potro PLATZ

In der Mitte von Córdobas berühmtem Platz steht ein bezaubernder Brunnen aus dem 16. Jh., gekrönt von einem sich aufbäumenden *potro* (Fohlen), das der Plaza ihren Namen verlieh. An der Westseite steht der legendäre Gasthof aus dem Jahr 1435, die **Posada del Potro** (Plaza del Potro 10; Eintritt frei; ⊙Di–Fr 17–21, Sa 10–14 Uhr), der in *Don Quichotte* als „Räuberhöhle" beschrieben wird.

Palacio de Viana MUSEUM

(www.palaciodeviana.com; Plaza de Don Gome 2; Eintritt gesamtes Haus/nur Patios 6/3 €; ⊙Sept.–Juni Di–Fr 10–19, Sa & So 10–15 Uhr, Juli & Aug. 9–15 Uhr) Dieser prächtige Renaissancepalast erstreckt sich über zwölf wunderschöne Höfe. Besonders im Frühling ist der Besuch ein echtes Vergnügen. Bis vor einigen Jahrzehnten lebten hier die Marqueses de Viana, heute ist das 6500 m² große Bauwerk bis zum Rand mit Kunst und Antiquitäten gefüllt. Im Eintritt sind eine einstündige Führung durch die Räumlichkeiten und der Zugang zu den Höfen und zum Garten enthalten.

Museo Arqueológico MUSEUM

(Archäologisches Museum; Plaza de Jerónimo Páez 7; Eintritt 1,50 €; ⊙Di 14.30–20.30, Mi–So 9–20.30, So & Feiertage 9–14.30 Uhr) Solange der Renaissancepalast, der früher das Museum beherbergte, restauriert wird, befindet sich die hervorragende Ausstellung in einem neuen Flügel. Sie zeichnet Córdobas bewegte Geschichte nach, wobei der Austausch der Kulturen im Mittelpunkt steht. Das Gebäude steht auf der archäologischen Stätte des römischen Theaters von Colonia Patricia, im Untergeschoss führt ein Weg durch die Ruinen.

Feste & Events

Im Frühjahr und Frühsommer ist hier am meisten los.

Festival de Los Patios Cordobeses PATIOS

(Festival der Innenhöfe Córdobas) Beim Wettbewerb um den „schönsten Patio" sind viele private Höfe täglich bis 22 Uhr (Fr & Sa bis 24 Uhr) für Besucher geöffnet. Das kulturelle Begleitprogramm bietet Flamenco-Konzerte im passenden Rahmen in den prächtigsten Patios und Gärten und auf den hübschesten Plätzen. Bei der Touristeninformation gibt's eine Karte mit den teilnehmenden Höfen und einen Veranstaltungskalender.

ABSTECHER

MEDINA AZAHARA

Selbst im Lärm der Zikaden an einem heißen und stillen Sommernachmittag vermittelt **Medina Azahara** (☎957 32 91 30; Carretera Palma del Río; Eintritt 1,50 €; ⊙Mai–Mitte Sept. Di–Sa 10–20.30 Uhr, Mitte Sept.–April Di–Sa 10–18.30 Uhr, ganzjährig So 10–14 Uhr) die Macht und Visionskraft ihres Gründers Abd ar-Rahman III. Der selbst ernannte Kalif begann etwa 936 mit dem Bau einer grandiosen neuen Hauptstadt 8 km westlich von Córdoba. 945 konnte sie schließlich bezogen werden.

Doch die neue Stadt war erstaunlich kurzlebig. Als das Kalifat zwischen 1010 und 1013 zerfiel, wurde Medina Azahara von Berbersoldaten zerstört. Obwohl bis heute nicht einmal ein Zehntel der Anlage ausgegraben wurde und davon wiederum nur ein Viertel für Besucher zugänglich ist, bleibt dies ein faszinierender Ort.

Ein neues **Museum** auf dem Fundament eines der freigelegten Gebäude fügt sich nahtlos in die Umgebung ein und nimmt Besucher mit auf eine Reise durch die Geschichte der Stadt. Neben schön präsentierten Funden von der Stätte gibt's auch einige erstaunliche interaktive Ausstellungen.

Medina Azahara ist von der Avenida de Medina Azahara ausgeschildert, die von Córdoba nach Westen zur A431 führt.

Ein Taxi kostet hin und zurück 37 € inklusive einer Stunde Wartezeit für die Besichtigung. Viele Hotels in Córdoba bieten dreistündige Bustouren nach Medina Azahara für 6,50–10 € an.

CÓRDOBA MIT KINDERN

Wer sich mit seinen Kindern nicht noch mehr alte Gemäuer ansehen will, sollte aus der Stadt hinausfahren und die Vergangenheit hinter sich lassen. Südwestlich von Córdoba liegen der **Zoo** und das **Wildtierzentrum** (Avenida de Linneo; Erw./Kind 4/2 €; ⌚April & Mai Di–So 10–19 Uhr, Juni–Aug. bis 20 Uhr, Sept. bis 19 Uhr) sowie **La Ciudad de los Niños** (☎663 035709; Avenida Menéndez Pidal; Eintritt frei; ⌚Juni–Mitte Sept. 10–14 & 19–23 Uhr), Córdobas Kinderstadt mit kunterbunten Klettergerüsten. Im Sommer wird hier ein Veranstaltungsprogramm für Vier- bis Zwölfjährige geboten; Details erfährt man auf der Website oder in der Touristeninformation. Vom Zentrum aus fahren die Busse 2 und 5 (Richtung Krankenhaus Reina Sofia) hierher.

Festival Internacional de la Guitarra MUSIK
(Internationales Gitarrenfestival; www.guitarracordoba.com) Zweiwöchiges Gitarrenfestival mit Livekonzerten in den Sparten Klassik, Flamenco, Rock und Blues. Die Topstars treten in den Konzertsälen und auf den Plätzen der Stadt auf. Findet in der ersten Julihälfte statt.

Schlafen

Budgetunterkünfte gibt's hier wie Sand in der Stierkampfarena, Einzelzimmer zu vernünftigen Preisen sind allerdings Mangelware. Eine Reservierung ist von März bis Oktober ratsam und während der großen Feste ein Muss.

Parador Nacional Arruzafa HISTORISCHES HOTEL €€€
(☎957 27 59 00; www.parador.es; Avenida de la Arruzafa; Zi. 161 €; P❄📶🏊) Dieser *parador* 3 km nördlich vom Stadtzentrum glänzt mit seiner fantastischen Lage an der Stelle des Sommerpalasts von Abd ar-Rahman I. Das moderne Hotel ist von prächtigen Gärten umgeben, in denen einst die ersten Palmen Europas gepflanzt wurden.

Hospedería Alma Andalusí BOUTIQUE-HOTEL €€
(☎957 76 08 88; www.almaandalusi.com; Calle Fernández Ruano 5; EZ/DZ 45/100 €; ❄📶) Den Erbauern dieser Pension in einer ruhigen Gegend der *judería* ist es wunderbar gelungen, ein uraltes Gebäude in ein stilvolles, modernes zu verwandeln, ohne dass die Preise in die Höhe schnellten. Die aufmerksam gewählten Möbel, die polierten Holzböden und die kräftigen Farben machen es zu einer komfortablen Unterkunft.

Casa de los Azulejos HOTEL €€
(☎957 47 00 00; www.casadelosazulejos.com; Calle Fernando Colón 5; EZ/DZ inkl. Frühstück ab 85/107 €; ❄@📶) „Andalusien trifft Mexiko" könnte das Motto dieses stilvollen Hotels lauten. Der Patio wartet mit Bananenbäumen, Farnen und Kübelpalmen im Sonnenlicht auf. Die Zimmer sind im Kolonialstil mit hohen alten Türen und massiven Betten eingerichtet, die Wände leuchten in Lila und Himmelblau und die Böden wurden mit den schönen alten *azulejos* verziert, die dem Haus seinen Namen gaben.

Hospedería Añil HOSTEL €
(☎957 49 15 44; www.sensesandcolours.com; Calle Barroso 4; B/EZ/DZ ab 12/30/42 €; 📶) Die lebenssprühende, superfreundliche Unterkunft ist zwar auf Backpacker ausgerichtet, spart aber trotzdem nicht am Stil und Komfort. Primärfarben und fantasievolle Wandbilder schaffen eine fröhliche Atmosphäre. Zur Mezquita und zur Plaza de las Tendillas ist es nur ein Katzensprung, und gleich gegenüber liegt ein toller Flamenco-Club.

Hostal Séneca HOSTEL €
(☎tel/fax 957 47 32 34; www.cordoba-hostalseneca.com; Calle Conde y Luque 7; B/EZ/DZ inkl. Frühstück ab 15/30/50 €; 📶) Das Séneca, eine aufgemöbelte langjährige Backpackerabsteige, befindet sich in einem großen Haus mit typisch maurischen Elementen. In der kleinen Café-Bar mit einem wunderbaren begrünten Patio gibt's Frühstück und Getränke, eine Gästeküche ist ebenfalls vorhanden. Die Zimmer sind sehr unterschiedlich, manche teilen sich ein Gemeinschaftsbad, darum vor dem Einchecken erst mal umschauen.

Hotel Mezquita HOTEL €€
(☎957 47 55 85; www.hotelmezquita.com; Plaza Santa Catalina 1; EZ/DZ 42/74 €; ❄) Mit das beste Preis-Leistungs-Verhältnis in der Stadt bietet das Hotel Mezquita. Es steht mitten im touristischen Zentrum direkt gegenüber dem Bauwerk, nach dem es benannt wurde. In der Villa aus dem 16. Jh. gibt's große, elegante Zimmer mit Marmorböden, hohen

Türen und Balkonen; von einigen bieten sich tolle Blicke auf die Moschee.

Hotel Lola HOTEL €€
(☎957 20 03 05; www.hotellola.es; Calle Romero 3; Zi. inkl. Frühstück 129; ❄@📶) Individualität und ein schräger Stil sind die wichtigsten Merkmale hier. Jedes Zimmer trägt den Namen einer arabischen Prinzessin und überzeugt mit großen alten Betten und zauberhaften Objekten, die man am liebsten mit nach Hause nehmen würde.

Essen

Zwei Gerichte stehen in fast jedem Restaurant auf der Speisekarte: *salmorejo*, eine dickflüssige kalte Gemüsesuppe auf Tomatenbasis, und *rabo de toro* (Ochsenschwanz). Manche Läden tischen auch Spezialitäten aus dem alten Al-Andalus auf, z.B. Knoblauchsuppe mit Rosinen, Lamm mit Honig oder Fleisch mit Dattel-Nuss-Füllung. Zu den beliebtesten Getränken gehört Wein aus dem nahen Montilla und Moriles; er hat Ähnlichkeit mit Sherry, ist aber nicht derart alkoholreich.

In unmittelbarer Nachbarschaft der Mezquita findet man jede Menge Lokale, allerdings sind einige teuer und einfallslos.

LP TIPP **Taberna San Miguel El Pisto** TAPAS €
(Plaza San Miguel 1; Tapas 3 €, media raciones 5–10 €; ⏲So & Aug. geschl.) El Pisto ist eine der besten *tabernas* (Tavernen) in Córdoba, sowohl was die Atmosphäre als auch was das Essen angeht, und verströmt tonnenweise Lokalkolorit. Die traditionellen Tapas und *media raciones* sind perfekt zubereitet, und an der Bar wartet preiswerter Moriles-Wein in Krügen. Unbedingt das gleichnamige Gericht probieren, eine Art Ratatouille mit einem Setzei obendrauf!

Bodegas Campos ANDALUSISCH €€
(☎957 49 75 00; www.bodegascampos.com; Calle de Lineros 32; Tapas 5 €, Hauptgerichte 13–21 €) Einer der stimmungsvollsten und namhaftesten Weinkeller der Stadt. In dem weitläufigen Gebäude gibt's Dutzende Räume und Patios, und an den Wänden stapeln sich Eichenfässer mit den Unterschriften hiesiger und internationaler Berühmtheiten. Die Bodega produziert ihren eigenen Montilla-Hauswein, und das Restaurant, das von schicken *cordobeses* (Einwohner von Córdoba) frequentiert wird, serviert eine schöne Auswahl leckerer Gerichte.

La Boca INTERNATIONAL, FUSIONSKÜCHE €€
(☎957 47 61 40; www.restaurantelaboca.com; Calle San Fernando 39; Hauptgerichte 11–15 €; ⏲Mo abends & Di geschl.) Dass La Boca so angesagt ist, hat seinen Grund: Das innovative Lokal kreiert aus traditionellen Zutaten aufregende internationale Variationen und präsentiert sie hinreißend. Wie wär's mit iberischem Schweinefleisch auf einem Bett aus Thai-Nudeln? Zuheros-Käse garniert mit sonnengetrockneten Tomaten? Warum nicht? Gegessen wird in einem der gemütlichen Salons oder draußen im Hof. Am Wochenende geht ohne Reservierung gar nichts.

Delorean Bar de Tapas TAPAS €
(Calle de Alfonso XIII; Tapas 0,90 €; ⏲So geschl.) Es macht Sinn, dass es die billigsten Tapas der Stadt in der Gegend mit den alternativen Clubs gibt – auch Hipster müssen mal essen. Hier speist man günstig, aber lecker: Neben Burgern bekommt man u.a. Aubergine in Vinaigrette, *flamenquín*-Bällchen und Pilz-Quesadillas. Viele Jugendliche frequentieren die Bar, dennoch ehrt man die uralte Tradition: Zu jedem Bier werden kostenlose Tapas serviert.

Bar Santos TAPAS €
(Calle Magistral González Francés 3; Tortilla 2,50 €) Das legendäre Santos bringt die beste *tortilla de patata* (Kartoffelomelett) der Stadt auf den Tisch, und das wissen die *cordobeses*. Von den gigantischen Scheiben werden dicke Stücke abgeschnitten und normalerweise mit Plastikgabeln auf Papiertellern serviert, damit die Kunden sie draußen mit Blick auf die Mezquita essen können.

Amaltea BIOKOST €€
(☎957 49 19 68; Ronda de Isasa 10; Hauptgerichte 10–16 €; ⏲So abends geschl.; ✍) Das intime Restaurant am Fluss hat sich auf Bioküche und -wein spezialisiert und zeigt einen starken nahöstlichen Einschlag (Taboulé nach libanesischer Art, Couscous). Es gibt eine große Auswahl vegetarischer Gerichte.

Ausgehen & Unterhaltung

Die quirligeren Bars liegen hauptsächlich in den neueren Stadtvierteln und erwachen am Wochenende erst ab 23 Uhr zum Leben. Im mittelalterlichen Zentrum schließen viele Läden bereits um Mitternacht.

Bodega Guzmán BAR
(Calle de los Judíos 7; ⏲12–16 & 20–24 Uhr, Di geschl.) In der Nähe der Sinagoga zieht es Einheimische und Touristen gleichermaßen in

diese stimmungsvolle Bar, die mit Stierkampf-Andenken dekoriert ist. Aus drei gigantischen Fässern hinter der Theke wird Montilla-Wein gezapft; außerdem sollte man unbedingt einen *amargoso* (Magenbitter) probieren.

Jazz Café LIVEMUSIK
(Calle Espartería; ⌚20 Uhr–open end) Der alteingesessene Club nicht nur für Jazzfreunde bringt ebenso oft andere Kunstformen auf die Bühne, etwa elektrischen Blues oder Bauchtanz. Das gemischte Publikum bleibt bis in den frühen Morgen. Der Dienstagabend ist für Jazz-Jamsessions reserviert.

Café Bar Automático MUSIKBAR
(Calle Alfaros 4; ⌚ab 17 Uhr) Verrückte Cocktails und Fruchtshakes sind die Spezialität dieser unauffälligen Bar. Aus der guten Tonanlage erklingt alternativer Rock.

La Pataita de Antonio FLAMENCO
(☎957 49 15 44; www.sensesandcolours.com; Calle Barros 3) Antonio ist der renommierte Flamenco-Tänzer Antonio Modéjar und dies ist sein Projekt: ein Kunstraum, in dem „junge Wilde" die *aficionados* mit ihren grandiosen Auftritten begeistern. Vorstellungen finden jeden Abend statt, freitags und samstags gibt's zusätzlich Matineen.

Gran Teatro de Córdoba THEATER
(☎957 48 02 37; www.teatrocordoba.com; Avenida del Gran Capitán 3) Bietet ein breit gefächertes Veranstaltungsprogramm von Konzerten über Theater und Tanz bis zu Filmvorführungen an, die sich vorwiegend an ein spanisches Publikum richten.

Shoppen

Córdoba ist berühmt für seine geprägten Lederwaren *(cuero repujado)*, seinen filigranen Silberschmuck und seine attraktive Keramik. Viele Kunsthandwerksläden liegen rund um die Mezquita.

Praktische Informationen

Die meisten Banken und Geldautomaten verteilen sich rund um die Plaza de las Tendillas und die Avenida del Gran Capitán. In den Bus- und Bahnhöfen gibt's ebenfalls Geldautomaten.

Hospital Reina Sofia (☎957 21 70 00; Avenida de Menéndez Pidal) 1,5 km südwestlich der Mezquita.

Städtische Touristeninformation (☎902 201774; www.turismodecordoba.org; ⌚9–14 & 17–19 Uhr) Gegenüber vom Alcázar de los Reyes Cristianos.

Policía Nacional (☎091; Avenida Doctor Fleming 2) Hauptpolizeiwache.

Postamt (Calle José Cruz Conde 15)

Regionale Touristeninformation (Calle de Torrijos 10; ⌚Mo–Fr 9–19.30, Sa, So & Feiertage 9.30–15 Uhr) Im Palacio Episcopal.

An- & Weiterreise

Bus

Der Busbahnhof liegt hinter dem Bahnhof. Jede Busgesellschaft hat ein eigenes Terminal. Busse von **ALSA** (www.alsa.es) fahren nach Sevilla (10,36 €, 1¾ Std., 6-mal tgl.), Granada (12,52 €, 2½ Std., 7-mal tgl.), Málaga (12,75 €, 2¾ Std., 5-mal tgl.) und Baeza (10 €, 3 Std., 1-mal tgl.). **Secorbus** (☎902 229292; www.socibus.es) verkehrt nach Madrid (15,80 €, 4½ Std., 6-mal tgl.). **Empresa Carrera** (www.autocares carrera.es) steuert Ziele im Süden an, darunter mehrmals täglich Priego de Córdoba, Cabra, Zuheros und Iznájar.

Zug

Córdobas **Bahnhof** (☎957 40 02 02; Glorieta de las Tres Culturas) wird u. a. vom Hochgeschwindigkeitszug AVE angesteuert. Es gibt Verbindungen nach Sevilla (11–33 €, 40 Min.–1½ Std., mind. 23-mal tgl.), Madrid (53–68 €, 1¾–6¼ Std., 23-mal tgl.), Málaga (22–45 €, 45 Min.–2½ Std., 16-mal tgl.) und Barcelona (138 €, 4½ Std., 4-mal tgl.). Wer nach Granada reist, muss in Bobadilla umsteigen.

Unterwegs vor Ort

Bus 3 (1,20 €) fährt von der Straße zwischen Zug- und Busbahnhof zur Plaza de las Tendillas und weiter die Calle de San Fernando östlich der Mezquita entlang. Wieder zurück geht's von der Ronda-de-Isasa-Haltestelle gleich südlich der Mezquita.

Ein Taxi vom Bus- oder Zugbahnhof zur Mezquita kostet etwa 7 €.

Córdobas Einbahnstraßensystem ist der Albtraum aller Autofahrer, aber die Anfahrtswege zu vielen Hotels und *hostales* sind gut ausgeschildert und mit einem „P" versehen, sofern sie Parkplätze anbieten (12–18 € pro Tag).

Córdoba hat in der ganzen Stadt Fahrradspuren eingerichtet, die allerdings wenig genutzt werden. **Solobici** (☎957 48 57 66; www.solobici.net; María Cristina 5; 15 € pro Tag) verleiht Räder und bietet auch Radtouren in der Region an.

DIE PROVINZ GRANADA

Wer bereist schon Granada, ohne zuerst die gleichnamige Stadt zu besuchen? Nachdem man sich Lorca, den Albaicín und die gekenhaften Geister der Alhambra angesehen hat, wartet eine völlig andere Welt auf einen, nämlich eine zerklüftete und bergige Region. In Granada gibt's die höchsten Berggipfel des spanischen Festlandes (die Sierra Nevada) und die einzige Skistation Andalusiens. Im Süden der Provinz erstrecken sich die wunderschönen, verschlafenen Täler von Las Alpujarras, die von verschlungenen Wanderwegen durchzogen sind und zeitlose weiße Dörfer beherbergen. An Granadas Küste, der Costa Tropical, liegt Almuñécar, eine interessante, aber kaum besuchte Stadt.

Granada

258 000 EW. / 685 M

Boabdil, der Maure, war nicht der letzte Reisende, der beim Verlassen Granadas eine Träne vergoss. Die Stadt besteht aus sonnengebleichten Straßen und trockener Erde, unterbrochen von saftigen Grünanlagen sowie den Wäldern und Gärten der Alhambra. Wer Granada näher kennenlernen will, auf den warten noch wesentlich mehr Highlights. Besucher können den Reiseführer getrost beiseitelegen und sich einfach von ihrer Intuition leiten lassen – durch mysteriöse Straßenlabyrinthe und schattige marokkanische *teterías*.

Was Granada so interessant macht, ist das völlige Fehlen von Geradlinigkeit. Hier eröffnet sich eine traditionelle Stadt voller interkultureller Bohemiens, ein Ort, wo moderne Graffiti provokativ auf 500 Jahre alte Mauern gesprüht werden. Fast jeder verliebt sich in diese Region, obwohl man oft gar nicht weiß, warum. Aber darüber sollte man nicht nachdenken, sondern einfach in die Pracht eintauchen und die poetischen Gedichte anderen überlassen: „Dein Klagelied, Granada, wird von den Sternen gesungen, die dein schwarzes Herz vom Himmel aus beleuchten", schrieb Federico García Lorca, Granadas berühmtester Schriftsteller. Der perfekte Schlusssatz.

Granada Zentrum

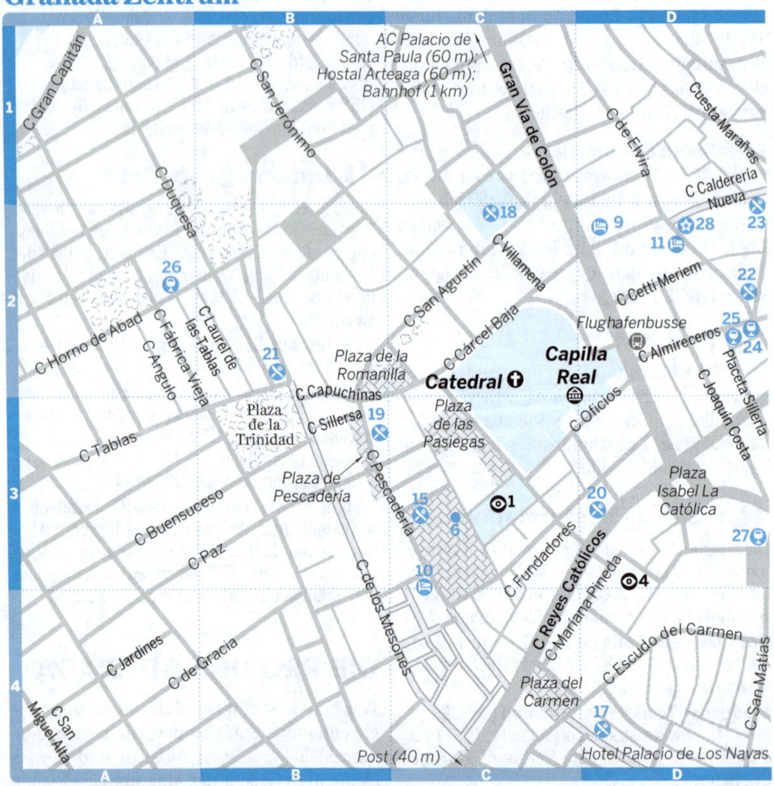

Geschichte

Granadas Geschichte liest sich wie ein Thriller. Keimzelle der Stadt war eine iberische Siedlung am Standort des Albaicín. Eine muslimische Armee rang sie 711 den Westgoten ab. Ihren heutigen Namen „Granada“ verdankt sie dem jüdischen Viertel rund um den Fuß des Alhambra-Hügels, das damals Garnata al-Jahud hieß. Granada ist außerdem das spanische Wort für den Granatapfel, der das Stadtwappen ziert.

Nach dem Fall der Städte Córdoba (1236) und Sevilla (1248) suchten viele Muslime Zuflucht in Granada, wo Mohammed ibn Yusuf ibn Nasr ein unabhängiges Emirat gegründet hatte. Das Nasridenreich war der letzte Überrest von Al-Andalus: Es erstreckte sich von der Straße von Gibraltar bis zum östlichen Almería und wurde 250 Jahre lang von der immer luxuriöser ausgebauten Alhambra aus regiert. Dank seiner zahllosen Kaufleute und Handwerker stieg Granada zu einer der reichsten Städte im mittelalterlichen Europa auf. Seine zwei Jahrhunderte künstlerischer und wissenschaftlicher Blüte erreichten im 14. Jh. unter den Emiren Yusuf I. und Muhammad V. ihren absoluten Höhepunkt.

Doch im 15. Jh. erlahmte die Wirtschaft und es brachen erbitterte Thronfolgestreitigkeiten aus. Eine Seite unterstützte den

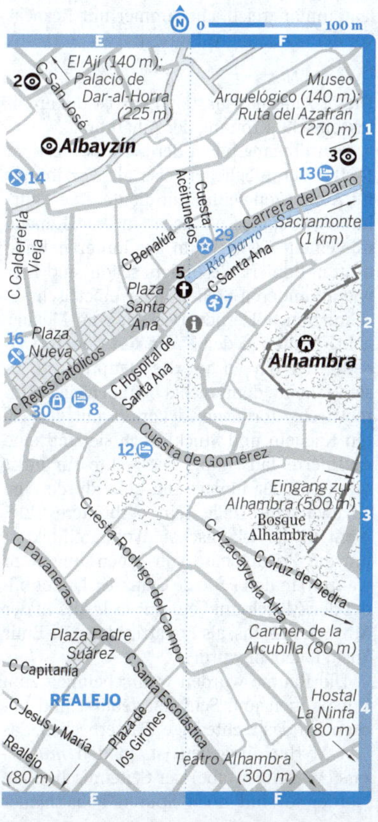

Granada Zentrum

Highlights

- Albayzín ... E1
- Alhambra ... F2
- Capilla Real ... C2
- Catedral ... C2

Sehenswertes

1 Alcaicería & Plaza Bib-Rambla ... C3
2 Alminar de San José ... E1
3 Baños Árabes El Bañuelo ... F1
4 Corral del Carbón ... D3
5 Iglesia de Santa Ana ... E2

Aktivitäten, Kurse & Touren

6 Cicerone Cultura y Ocio ... C3
7 Hammams de Al Andalus ... F2

Schlafen

8 Hostal Venecia ... E2
9 Hotel Fontecruz ... D2
10 Hotel Los Tilos ... C3
11 Hotel Posada del Toro ... D2
12 Hotel Puerta de las Granadas ... E3
13 Hotel Zaguán del Darro ... F1

Essen

14 Arrayanes ... E1
15 Gran Café Bib-Rambla ... C3
16 Greens & Berries ... E2
17 Los Diamantes ... D4
18 Mercado de San Agustín ... C2
19 Oliver ... B3
20 Pastelería López-Mezquita ... D3
21 Reca ... B2
22 Samarkanda ... D2
23 Tetería Nazarí ... D2

Ausgehen

24 Antigua Castañeda ... D2
25 Bodegas Castañeda ... D2
26 Botánico ... A2
27 Mundra ... D3

Unterhaltung

28 Granada 10 ... D2
29 Le Chien Andalou ... F2

Shoppen

30 Tienda Librería de la Alhambra ... E2

Emir Muley Hassan und seine bevorzugte Haremsdame Soraya, die anderen standen Boabdil, Muley Hassans Sohn, mit seiner Gemahlin Aischa bei. 1482 rebellierte Boabdil und löste damit einen wirren Bürgerkrieg aus. Das machten sich christliche Armeen zunutze, die in das Emirat einrückten, dessen Städte belagerten, das Land verwüsteten und 1491 auch Granada einkesselten. Nach acht Monaten bot Boabdil die Übergabe der Stadt an. Er verlangte dafür die Alpujarras-Täler, 30 000 Goldmünzen sowie politische und religiöse Freiheit für seine Untertanen. Am 2. Januar 1492 zogen die siegreichen Katholischen Könige, Isabella und Ferdinand, in Granada ein, wo sie mehrere Jahre in der Alhambra Hof hielten.

Juden und Muslime wurden beharrlich verfolgt und bis zum 17. Jh. vertrieben. Mit der Stadt ging es erst wieder bergauf, als die Romantikbewegung der 1830er-Jahre den Weg für die Sanierung des islamischen Kulturerbes und den nachfolgenden Touristenboom bereitete.

Als Nationalisten den Ort zu Beginn des Bürgerkriegs einnahmen, ermordeten sie etwa 4000 *granadinos* (Bewohner Granadas) aus linken und liberalen Kreisen, darunter den berühmtesten Schriftsteller der Stadt, Federico García Lorca. Granada gilt als politisch konservativ.

Sehenswertes & Aktivitäten

Die meisten großen Sehenswürdigkeiten erreicht man vom Zentrum aus zu Fuß. Wer nicht bergauf gehen möchte, kann auch den Bus nehmen.

LP TIPP Alhambra PALAST

(☎902 441221; www.alhambra-tickets.es; Erw./Senior & Stud. aus der EU/Kind unter 8 Jahren 13/9 €/frei, nur Generalife 6 €; ⏲16. März–31. Okt. 8.30–20 Uhr, 1. Nov.–14. März 8.30–18 Uhr, Nachtbesuche März–Okt. Di–Sa 22–23.30 Uhr, Nov.–Feb. 20–21.30 Uhr) Über Zypressen- und Ulmenwäldern erheben sich die roten Mauern der Alhambra. Dahinter befindet sich eine der prächtigsten Sehenswürdigkeiten Europas, eine Anlage aus üppig dekorierten Palästen und bewässerten Gärten, eine Unesco-Welterbestätte und der Gegenstand unzähliger Legenden und Fantasien.

Zur Hauptsaison im Hochsommer jedoch schieben sich täglich an die 6000 Besucher hindurch – gar nicht so einfach, dann mal innezuhalten und ein schönes Detail zu bewundern, geschweige denn, sich geistig ins 14. Jh. zurückzuversetzen. Am besten kommt man in den ruhigeren Monaten her; wenn das nicht geht, sollte man den Besuch für das früheste oder späteste Zeitfenster buchen.

Der Name Alhambra stammt vom arabischen *al-qala'at al-hamra* (rote Burg). Den ersten Palast an dieser Stelle errichtete im 11. Jh. Samuel Ha-Nagid, der jüdische Großwesir des Ziridensultans. Im 13. und 14. Jh. bauten die Nasridenemire das Gebiet zu einer Festungs- und Palastanlage aus, von dem danebenliegenden Dorf sind heute nur noch Ruinen übrig. Nach der Reconquista (der christlichen Rückeroberung) wurde die Moschee der Alhambra durch eine Kirche ersetzt und es entstand der Convento de San Francisco (der heutige Parador de Granada). Karl I. (der spätere Kaiser des Heiligen Römischen Reichs Karl V.) ließ einen Flügel der Palacios Nazaríes abreißen, um Platz für seinen gewaltigen Renaissancebau, den Palacio de Carlos V, zu schaffen. Während der napoleonischen Besatzung diente die Alhambra als Kaserne und wäre um ein Haar gesprengt worden. Inzwischen wurde die Anlage umfangreich, aber immer mit Respekt vor dem Original restauriert.

Palacios Nazaríes

Dieser zentrale Palastkomplex ist die architektonische Krönung der Alhambra.

Den Eingang bildet der **Mexuar** aus dem 14. Jh., der möglicherweise als Vorzimmer für Audienzen beim Emir diente. Zwei Jahrhunderte später wurde er in eine Kapelle mit einem Gebetsraum am hinteren Ende umfunktioniert. Besonders schön sind hier wie an anderen Stellen die geometrisch geschnitzten hölzernen Decken. Vom Mexuar geht's weiter in den **Patio del Cuarto Dorado**, der ein Vorhof des Hauptpalasts zu sein scheint, denn rechts befinden sich symmetrische Torbogen, dekoriert mit glasierten Kacheln und Stuck. Doch sie sind eine raffinierte Täuschung: Die rechte Tür führt direkt wieder hinaus, die linke durch eine abgewinkelte Halle (ein verbreitetes Element in der islamischen Wohnarchitektur, um die Privatsphäre von Innenräumen zu wahren) in den Patio de Comares. Dieser bildet den Mittelpunkt eines Palasts, der in der Mitte des 14. Jhs. als Privatresidenz für Emir Yusuf I. gebaut wurde.

Die Räume wurden wahrscheinlich zum Entspannen und Schlafen genutzt und blicken auf das rechteckige Wasserbecken, das von Myrten umgeben ist. In den *muqarnas* (Wabengewölbe) der Seitennischen am Nordende sind noch Spuren kobaltblauer

EINTRITT ZUR ALHAMBRA

Einige Bereiche der Alhambra kann man jederzeit ohne Eintrittskarte besuchen, aber die eigentlichen Highlights sind nur mit Ticket zugänglich. Pro Tag werden bis zu 6600 Karten ausgegeben. Mindestens ein Drittel davon kommen am jeweiligen Tag am Ticketschalter in den Verkauf. Allerdings sind sie in der Osterwoche und im Juni, Juli, August und September immer sehr früh ausverkauft. Wer also nicht reserviert hat, stellt sich zu dieser Zeit daher am besten schon ab 7 Uhr früh an.

Es empfiehlt sich, bis zu drei Monate im Voraus zu buchen (1 € pro Ticket), und zwar bei folgenden Adressen:

Alhambra Advance Booking (✆0034 934 92 37 50 für internationale Gespräche, 902 888001 für Anrufe aus Spanien; www.alhambra-tickets.es; ⌚8–21 Uhr)

Servicaixa (www.servicaixa.com) Onlinebuchung nur auf Spanisch und Englisch. Man kann auch an den Geldautomaten der Servicaixa Tickets kaufen, allerdings nur auf dem Gelände der Alhambra.

Für die Buchung per Internet oder Telefon benötigt man eine Visa-, Master- oder Eurocard. Das Ticket kann dann am Besuchstag am Ticketschalter der Alhambra gegen Vorlage der zugeteilten Reservierungsnummer, des Reisepasses oder Personalausweises und der Kreditkarte abgeholt werden.

Der Palacio Nazaríes wird auch für **Nachtbesuche** (⌚März–Okt. Di–Sa 22–23.30 Uhr, Nov.–Feb. Fr & Sa 20–21.30 Uhr) geöffnet. Die Tickets dafür kosten ebenso viel wie tagsüber. Der Schalter öffnet 30 Minuten eher als der Palast und schließt 30 Minuten später als dieser. Abendbesuche können ebenfalls im Voraus gebucht werden.

Die Busse 30 und 32 (1,10 €) verkehren zwischen der Plaza Nueva und dem Kartenbüro der Alhambra (7.15–23 Uhr alle 5–10 Min.); zu Fuß führt ein einfacher und netter Spaziergang von der Plaza Nueva die Cuesta de Gomérez hinauf.

Farbe vorhanden. Die Mauern waren ursprünglich leuchtend bunt dekoriert. Farbig müssen die stuckverzierten Wände der angrenzenden **Sala de la Barca** wie Flocktapeten gewirkt haben. Möglicherweise kamen die Besucher von Yusuf I. durch diesen Anbau, um ihn im Salón de Comares zu treffen. Dort fügen sich mehr als 8000 Zedernholzteile an der prachtvollen Kuppeldecke zu einem kunstvollen Sternenmuster, das die sieben Himmel des Islams verkörpert.

Der angrenzende **Patio de los Leones** (Löwenhof) wurde in der zweiten Hälfte des 14. Jhs. unter Muhammad V. gebaut, als das Emirat von Granada sich auf seinem politischen und künstlerischen Höhepunkt befand. Sein Herzstück jedoch, ein Brunnen, der Wasser aus den Mäulern von zwölf Marmorlöwen spie, stammt aus dem 11. Jh. Die Hofanlage, die dem Goldenen Schnitt folgt, offenbart die Komplexität des islamischen geometrischen Designs: Die unterschiedlichen Säulen wurden so angeordnet, dass sie entlang mehrerer Achsen symmetrisch sind.

Umrundet man den Patio entgegen dem Uhrzeigersinn, kommt man als Erstes zur **Sala de Abencerrajes**. Die Familie Abencerraje unterstützte den jungen Boabdil bei seinem Machtkampf gegen den eigenen Vater, den amtierenden Sultan. Der Legende nach ließ der Sultan in diesem Raum die Verräter ermorden; die rostfarbenen Flecken am Brunnen sollen das untilgbare Blut der Opfer sein. Einen viel stärkeren Blickfang bilden aber die mehrfarbigen Kacheln an den Wänden und die großartige achteckige Decke. In der Sala de los Reyes (Saal der Könige) am östlichen Ende des Patios zeigt die Bemalung der lederüberzogenen Decke die zehn Nasridenemire.

Am nördlichen Ende des Patios verschlossen einst Türen den Eingang zur **Sala de Dos Hermanas** (Saal der zwei Schwestern). Die Wände sind mit einheimischer Flora wie Kiefernzapfen und Eicheln verziert. Als kalligrafisches Band zieht sich auf Augenhöhe oberhalb der Kacheln ein Gedicht entlang, das Muhammad V. für seinen Sieg in Algeciras 1369 preist – ein seltener islamischer Triumph zu diesem späten Zeitpunkt. Die fantastische Decke wölbt sich zu einer *muqarnas*-Kuppel mit 5000 winzigen Zellen. Dank der geschnitzten Wandschirme aus Holz konnten Frauen (und vielleicht auch andere, die in Palastintrigen verwickelt waren) von der oberen Galerie nach unten blicken, ohne selbst gesehen zu werden. Der mit Kacheln verzierte **Mirador de Lindaraja** am hinteren Ende war für die Palastbewohner ein hübscher Ausguck auf den Garten. An den Fensterrahmen sind noch Reste der Farbe zu sehen, und ein paar Buntglasfenster tauchen die Holzdecke in einen warmen Lichtschein.

Von der Sala de las dos Hermanas führt ein Durchgang zu den Kuppeldächern der Bäder, die eine Ebene tiefer liegen, und zu den Gemächern, die in den 1520er-Jahren für Karl I. gebaut und später von Washington Irving bewohnt wurden. Von hier steigt man hinunter in den hübschen **Jardín de Lindaraja**. In seiner südwestlichen Ecke befindet sich das Badehaus; Besucher können es nicht betreten, aber durch die sternenförmigen Lichtöffnungen hineinschauen.

Weiter geht's in eine Anlage terrassierter Gärten, die im 20. Jh. geschaffen wurden, und zu dem spiegelnden Wasserbecken vor dem kleinen **Palacio del Partal** (Säulenpalast), dem ältesten noch existierenden Palast in der Alhambra aus der Zeit von Mohammed III. (reg. 1302–1309). Man kann die Gärten durch ein Tor gegenüber vom Palacio de Carlos V verlassen oder auf einem Pfad zum Generalife weitergehen.

Alcazaba, christliche Bauwerke & Museen

Am westlichen Ende der Alhambra befinden sich die Ruinen der **Alcazaba**, vor allem ihrer Wälle und einiger Türme. Auf dem **Torre de la Vela** (Wachturm) wurden im Januar 1492 das Kreuz und die Banner der Reconquista aufgerichtet. Eine enge Treppe führt zur obersten Plattform.

Der wuchtige **Palacio de Carlos V** neben den Palacios Nazaríes bildet einen auffallenden Kontrast zu seiner Umgebung. In einer anderen Lage würden seine Vorzüge vielleicht besser zur Geltung kommen.

Im Inneren des Palasts zeigt das interessante **Museo de la Alhambra** (Eintritt frei; ⌚Di–Sa 9–14.30 Uhr) eine Ausstellung mit Exponaten aus der Alhambra, darunter die Tür der Sala de Dos Hermanas; das **Museo de Bellas Artes** (Kunstmuseum; EU-/Nicht-EU-Bürger 1,50 €/frei; ⌚Mo–Fr 9–14 Uhr) präsentiert Gemälde und Skulpturen aus der christlichen Ära Granadas.

Weiter hinten erhebt sich an der Stelle der Palastmoschee die **Iglesia de Santa María de la Alhambra** aus dem 16. Jh. Im Convento de San Francisco, dem heutigen Hotel Parador de Granada, auf dem Gipfel des Hügels wurden Isabella und Ferdinand bestattet, bis ihre Grabstätten in der Capilla Real fertiggestellt waren.

Generalife

Der Generalife – der Name kommt von *jinan al-'arif* (der Garten des Architekten) – ist eine beschauliche Anlage aus Pfaden, Patios, Wasserbecken, Brunnen, Bäumen und Blumen in allen Farben. Zum Komplex geht's zunächst durch die Mauern der Alhambra auf der Ostseite und dann zurück Richtung Nordwesten. Am nördlichen Hang steht der **Sommerpalast** des Emirs, ein weiß getünchtes Gebäude mit Blick auf die Alhambra. Seine Höfe sind besonders anmutig. Im zweiten Patio lässt der Stumpf einer 700 Jahre alten Zypresse die zarten Schatten erahnen, die sie einst hier warf.

Albaicín HISTORISCHES STADTVIERTEL

Auf dem Hügel gegenüber der Alhambra, auf der anderen Seite des Darrotals, erstreckt sich Granadas altes maurisches Viertel, der Albaicín, eine Art Freilichtmuseum, in dem man einen ganzen Vormittag verbummeln kann. An den kopfsteingepflasterten Gässchen reihen sich entzückende *cármenes* (große Villen mit ummauerten Gärten, vom arabischen *karm* für „Garten") aneinander. Das Viertel überlebte noch mehrere Jahrzehnte nach der christlichen Eroberung im Jahre 1492 als muslimischer Stadtteil.

Unweit der Spitze des Albaicín liegt die Plaza del Salvador, dominiert von der **Colegiata del Salvador**. Die Kirche ersetzte im 16. Jh. die Hauptmoschee des Albaicín; an ihrem westlichen Ende blieb der kühle und friedliche, mit Hufeisenbogen versehene Patio des Vorgängerbaus erhalten.

Etwas abseits der Plaza Larga befindet sich der **Arco de las Pesas**, ein beeindruckender Torbogen in der Verteidigungsmauer des Viertels aus dem 11. Jh. Wer von dieser Stelle aus der Callejón de San Cecilio folgt, erreicht den **Mirador San Nicolás**, den ersten (und teilweise überfüllten) Aussichtspunkt des Albaicín, der einen unschlagbaren Ausblick auf die Alhambra und die Sierra Nevada bietet. Ein toller Ort, um den Sonnenuntergang zu beobachten – aber Vorsicht: Es sind viele Taschendiebe unterwegs!

Mit der **Mezquita Mayor de Granada** wurde erstmals seit 500 Jahren wieder eine Moschee im Albaicín für Granadas wachsende muslimische Gemeinde gebaut. Sie steht östlich vom Mirador San Nicolás, unweit der Cuesta de las Cabras.

Ein weiterer schöner Ausguck ist die **Placeta de San Miguel Bajo** mit ihren vielen lebhaften Café-Restaurants. In der Nähe des Platzes, abseits der Callejón del Gallo, thront am Ende einer kurzen Gasse der im 15. Jh. errichtete **Palacio de Dar-al-Horra**. Einst war die romantische, etwas ungepflegte Mini-Alhambra die Residenz der Mutter Boabdils, des letzten muslimischen Herrschers von Granada. Unterhalb der Placeta de San Miguel Bajo ragt das zauberhafte Minarett **Alminar de San José** (Minarett San José; Calle San José) auf, der Überrest einer Moschee aus dem 11. Jh. Etwas weiter trifft die Calle San José auf die **Calle Caldería Nueva**. Diese schmale Gasse ist berühmt für ihre *teterías*, außerdem kann man hier Wasserpfeifen, Schmuck und nordafrikanische Keramiken kaufen. Das Gewirr der zahlreichen Geschäfte erinnert an einen marokkanischen Basar.

Die Buslinien 30 und 32 verkehren zwischen 7.15 und 23 Uhr alle sieben Minuten von der Plaza Nueva zu verschiedenen Zielen im Albaicín.

Capilla Real — HISTORISCHES GEBÄUDE

(Königliche Kapelle; www.capillareal.granada.com; Calle Oficios; Eintritt 3,50 €; ⏲April–Okt. Mo–Sa 10.30–13.30 & 16–19.30, So 11–13.30 & 16–19 Uhr) Die Königliche Kapelle grenzt an die Kathedrale und ist ein herausragendes christliches Bauwerk. Fans der spanischen Geschichte dürften sich für ihre besondere Verbindung zu den Katholischen Königen, Isabella und Ferdinand, interessieren, die das Gebäude im üppigen Stil der isabellinischen Gotik als ihr Mausoleum in Auftrag gaben. Da die Fertigstellung bis 1521 dauerte, mussten die Monarchen zunächst provisorisch im Convento de San Francisco bestattet werden.

Isabella und Ferdinand liegen in schlichten Bleisärgen in der Krypta, unterhalb ihrer Marmordenkmäler im Altarraum, umgeben von einem schmiedeeisernen, vergoldeten Gitter, das 1520 von Bartolomé de Jaén geschaffen wurde. Hier stehen auch die Särge ihrer unglückseligen Tochter Johanna der Wahnsinnigen sowie ihres Ehemannes Philipp des Schönen.

Die Sakristei beherbergt ein kleines, aber eindrucksvolles **Museum** mit Ferdinands Schwert und Isabellas Zepter, Silberkrone und privater Kunstsammlung. Letztere ist überwiegend flämisch geprägt, umfasst aber auch Botticellis *Christus am Ölberg*. Zwei schöne Statuen von Felipe de Vigarni aus dem frühen 16. Jh. zeigen die Katholischen Könige im Gebet.

Catedral — KATHEDRALE

(☎958 22 29 59; Eintritt 3,50 €; ⏲Mo–Sa 10.45–13.30 & 16–20, So 16–20 Uhr; Nov.–März tgl. bis 19 Uhr) Granadas gewaltige Kathedrale wurde von den Katholischen Königen in Auftrag gegeben. Ihr Bau begann jedoch erst nach Isabellas Tod und wurde 1704 fertiggestellt. Das Ergebnis ist ein echter Stil-Mischmasch: außen Barock des Meisters Alonso Cano aus dem 17. Jh., innen Renaissance. Dort leitete ein spanischer Pionier dieses Stils, Diego de Siloé, die Arbeiten und ließ riesige schneeweiße Pfeiler, einen schwarzweißen Kachelfußboden und die vergoldete und ausgemalte Kapelle bauen. Noch sonderbarer ist es, dass die Deckengewölbe eindeutig gotisch sind.

Alcaicería & Plaza Bib-Rambla — PLATZ

Gleich südlich der Capilla Real stößt man auf die **Alcaicería**, eine ehemalige muslimische Seidenbörse. Sie wurde nach einem Brand im 19. Jh. rekonstruiert und beherbergt nun zahlreiche Souvenirshops. Südwestlich davon erstreckt sich die pittoreske **Plaza Bib-Rambla**. Der nahe gelegene **Corral del Carbon** aus dem 14. Jh. mit seinem schönen Hufeisenbogen fungierte einst als Gasthaus für Kohlenhändler (daher der heutige Name „Kohlenhof"). Heute findet man hier den staatlichen Kunsthandwerksladen **Artespaña**.

Plaza de Santa Ana — PLATZ

Die Plaza Nueva erstreckt sich nordöstlich bis zur Plaza de Santa Ana mit der **Iglesia de Santa Ana**, in deren Glockenturm ein Minarett integriert wurde. An der schmalen Carrera del Darro liegen ein muslimisches Badehaus aus dem 11. Jh., die **Baños Árabes El Bañuelo**, und das **Museo Arqueológico** (Archäologisches Museum; ☎958 57 54 08; Carrera del Darro 43; Nicht-EU-Büger/EU-Bürger 1,50 €/frei; ⏲Di 14.30–20.30, Mi–Sa 9–20.30, So 9–14.30 Uhr) mit Fundstücken aus der Provinz Granada.

Museo Cuevas del Sacromonte — MUSEUM

(www.sacromontegranada.com; Barranco de los Negros; Eintritt 5 €; ⏲Di–So 10–14 & 17–21 Uhr) Das breit gefächerte Museum für Völker- und Naturkunde ist zugleich ein Kunstzentrum. Es steht im Roma-Viertel nordöstlich vom Albaicín in einem großen Kräutergarten und veranstaltet Kunstausstellungen sowie von Juni bis September mittwochs und freitags Flamenco- und Filmvorführungen.

GRANADA MIT KINDERN

Mit vier Gebäuden und acht interaktiven Ausstellungsbereichen sollte Granadas beliebter **Parque de las Ciencias** (☎958 13 19 00; www.parqueciencias.com; Avenida del Mediterráneo; Erw./Kind unter 18 Jahren 6/5 €; ⏲Di–Sa 10–19, So & Feiertage bis 15 Uhr) Kinder mehrere Stunden glücklich beschäftigen können. Schachspiele mit Riesenfiguren und das Pflanzenlabyrinth sind nur zwei von zahlreichen Möglichkeiten. Der Park liegt 900 m südlich der Stadtmitte in der Nähe des Konferenzzentrums Palacio de Congresos.

Mit einer erholsamen, offenen Grünfläche und breiten, gepflasterten Wegen wartet der **Parque Federico García Lorca** auf. Er bietet eine gute Gelegenheit, *granadinos* (Einwohner Granadas) in ihrer Freizeit zu beobachten.

Monasterio de San Jerónimo KLOSTER

(Calle Rector López Argüeta 9; Eintritt 3,50 €; ⏲10–14.30 & 16–19.30 Uhr) Etwas außerhalb des Zentrums findet man eines der überwältigendsten katholischen Bauwerke Granadas. Im Monasterio de San Jerónimo aus dem 16. Jh., wo die Nonnen noch heute die Abendandacht singen, ist buchstäblich jede Oberfläche bemalt – dagegen verblassen die Buntglasfenster geradezu.

Gonzalo Fernández de Córdoba, bekannt als El Gran Capitán, die militärische rechte Hand der Katholischen Könige, ist hier am Fuß der Treppe begraben. Statuen von ihm und seiner Frau flankieren den riesigen vergoldeten Altaraufsatz, der acht Etagen hoch aufragt. Am Eingang kann man von den Nonnen gebackene Mandelkekse kaufen, um wieder auf den Boden zu kommen.

Monasterio de la Cartuja KLOSTER

(Paseo de la Cartuja; Eintritt 3,50 €; ⏲Mo–Sa 10–13 & 16–20, So 10–12 Uhr) Kartäusermönche bauten zwischen dem 16. und 18. Jh. dieses Kloster mit einer imposanten Sandsteinfassade. Der eigentliche Besuchermagnet ist jedoch die barocke Klosterkirche, besonders das *sagrario* (Sakristei) aus rotem, schwarzem, weißem und graublauem Marmor hinter dem Hauptaltar, Säulen mit goldenen Kapitellen, reichem Skulpturenschmuck und einer wunderschön ausgemalten Kuppel.

Huerta de San Vicente MUSEUM

(☎958 25 84 66; Calle Virgen Blanca; Eintritt nur im Rahmen einer Führung auf Spanisch 3 €, Mi Eintritt frei; ⏲Di–So 10–12.30 & 17–19.30 Uhr) Das Haus, in dem Federico García Lorca so manchen Sommer verbrachte und einige seiner bekanntesten Werke verfasste, liegt 15 Gehminuten südlich vom Stadtzentrum, verströmt aber noch die Aura eines Landhauses aus dem frühen 20. Jh. Heute trennt der moderne **Parque Federico García Lorca** das Sommerhaus vom Verkehrsgetöse.

Um hierherzukommen, muss man von der Puerta Real 700 m die Calle de las Recogidas hinuntergehen, nach rechts in die Calle del Arabial abbiegen und dann an der ersten Abzweigung nach links die Calle Virgen Blanca nehmen.

Hammams de Al Andalus HAMAM

(☎902 333334; www.granada.hammamspain.com; Calle Santa Ana 16; Bad/Bad & Massage 22/32 €) Der beste Hamam der Stadt wartet mit drei unterschiedlich warmen Pools sowie einem Dampfraum und der Möglichkeit einer ordentlichen, kräftigen Massage (*masaje tradicional;* 39 €) auf.

☞ Geführte Touren

Cicerone Cultura y Ocio STADTSPAZIERGANG

(☎650 541669; www.ciceronegranada.com; Tour 15 €) Informative Stadtrundgänge im Zentrum von Granada und zum Albaicín starten täglich um 10.30 Uhr (im Winter um 11 Uhr) an der Plaza Bib-Rambla.

Nachttour in der Alhambra KULTURTRIP

(☎902 441221; www.alhambra-patronato.es; Erw./Kind unter 12 Jahren 13 €/frei; ⏲Di–Sa 22–23.30 Uhr) Abends werden die Palacios Nazaríes romantisch beleuchtet. Zwar sieht man nicht so viel wie tagsüber, dafür herrscht aber auch weniger Gedränge.

Geheimes Granada STADTSPAZIERGANG

(☎958 20 19 39; www.granadaunderground.blogspot.com.es; Touren 15–30 €; ⏲9.30–12 & 16–18.30 Uhr) Auf dieser Tour erkundet man die unterirdischen Tunnel und Verliese der Stadt (auch die unter der Alhambra). Sie wurden von den Mauren oder von christlichen Gefangenen gegraben (Genaues weiß niemand) und bis vor nicht allzu langer Zeit benutzt, denn viele verbinden verschiedene Residenzen miteinander und ermöglichten den Reichen und Mächtigen ein geheimes Leben. Reservierung über die Website.

City-Sightseeing-Tour BUSTOUR
(☎902 101081; www.city-sightseeing.com; Erw./Kind 18/9 €; 👪) Stadtrundfahrten in offenen Doppeldeckerbussen mit 20 Haltepunkten an den wichtigsten Attraktionen. Fahrgäste können nach Belieben ein- und aussteigen; das Ticket ist 24 Stunden gültig.

Feste & Events

Feria del Corpus Cristi RELIGIÖSES FEST
(Fronleichnam) Das große jährliche Volksfest beginnt 60 Tage nach Ostersonntag und bietet eine Woche voller Stierkampf, Tanz und Puppentheater in den Straßen; am meisten ist auf dem Festgelände am Busbahnhof los.

Festival Internacional de Música y Danza MUSIK
(www.granadafestival.org) Im Juni und August finden drei Wochen lang tolle klassische und moderne Aufführungen in der Alhambra und weiteren historischen Stätten statt.

Schlafen

Granadas einflussreiches maurisches Erbe zeigt sich auch an den Hotels, die oft in alten Villen untergebracht sind und im marokkanischen Stil renoviert wurden. Viele Unterkünfte dieser Art findet man im Stadtviertel Albaicín. Ähnlich schön sind die wenigen restaurierten *cármenes* der Stadt.

Wie auch in allen anderen andalusischen Städten empfiehlt es sich, für Aufenthalte in der Karwoche und an Weihnachten im Voraus zu buchen.

Casa Morisca Hotel HISTORISCHES HOTEL €€€
(☎958 22 11 00; www.hotelcasamorisca.com; Cuesta de la Victoria 9; DZ 118–48 €; ❄@📶) Die Villa aus dem späten 15. Jh. verkörpert wunderbar die Atmosphäre des Albaicín. Hinter der schweren Holztür verstummt der Lärm der Stadt, und die Zimmer sind mit ihren hohen Decken, den flauschigen weißen Betten und den gewebten Läufern auf dem Ziegelfußboden ausgesprochen beruhigend. Die billigsten Räume gehen auf den zentralen Patio mit einem Brunnen – typisch spanisch, für manchen aber vielleicht zu beengt. Zum Hotel kommt man mit dem Taxi.

Carmen de la Alcubilla HISTORISCHES HOTEL €€
(☎958 21 55 51; www.alcubilladelcaracol.com; Calle del Aire Alta 12; EZ/DZ 100/120 €; ❄@📶) An den Hängen der Alhambra liegt dieses auserlesen eingerichtete Hotel. Die hellen Pastellfarben der Wände bilden einen schönen Kontrast zu den kühlen Cremetönen und den Antiquitäten in den Zimmern. Nach dem Turmzimmer fragen, es ist einmalig!

Parador de Granada HISTORISCHES HOTEL €€€
(☎958 22 14 40; www.parador.es; Calle Real de la Alhambra; Zi. 315 €; P❄@📶) Es wäre nachlässig, den luxuriösesten *parador* Spaniens unter den Tisch fallen zu lassen. Der Preis ist allerdings schwer zu rechtfertigen. Wer das nötige Kleingeld hat und für Romantik und Geschichte schwärmt, sollte in dem umgebauten Kloster aus dem 15. Jh. im Alhambra-Komplex rechtzeitig im Voraus buchen.

AC Palacio de Santa Paula LUXUSHOTEL €€€
(☎902 292293; www.ac-hotels.com; Gran Vía de Colón; Zi. ab 170 €; P❄@🏊) Granadas Fünfsternehotel vereint neoklassischen Traditionalismus mit modernem Industriedesign. Für den fürstlichen Preis gibt's ein Spa, ein schickes Restaurant, üppige Gärten und einen Pool. Auf den edlen roten Bettdecken kann man die Siesta wunderbar genießen.

Hotel Zaguán del Darro HISTORISCHES HOTEL €€
(☎958 21 57 30; www.hotelzaguan.com; Carrera del Darro 23; EZ/DZ 55/70 €; ❄@) Für den Albaicín bietet dieses Hotel ein tolles Preis-Leistungs-Verhältnis. Das Haus aus dem 16. Jh. wurde geschmackvoll restauriert und ist maßvoll mit Antiquitäten bestückt. Alle 13 Zimmer sind unterschiedlich, einige schauen über den Río Darro. Unten gibt's eine gute Bar mit Restaurant, die Hauptstraße vor der Tür erleichtert die Anfahrt mit dem Taxi, ist abends aber etwas laut.

Hostal Arteaga HOSTAL €
(☎958 20 88 41; www.hostalarteaga.com; Calle Arteaga 3; EZ/DZ 40/49 €; ❄@📶) Eine charmante Budgetunterkunft abseits der Gran Vía de Colón, nur ein ganz kurzes Stück vom Albaicín entfernt. Lila Wände, gestreifte Überdecken und die blau karierten Badezimmerkacheln sorgen für Pepp und eine aufgeräumte, moderne Atmosphäre. Wer drei Nächte bleibt, kann das angrenzende Spa Baños de Elvira einmal kostenlos besuchen.

Hostal Venecia HOSTAL €
(☎958 22 39 87; www.veneciahostal.es; Cuesta de Gomérez 2; DZ 42 €, ohne Bad 34 €; 📶) Die stolzen Gastgeber sind so goldig wie die mit Blumen geschmückten türkisen Flure. Viel Charakter verströmen die neun Zimmer, die alle unterschiedlich daherkommen: Einige haben eigene Bäder, andere teilen sich eines, und die meisten besitzen kleine Balkone.

Hotel Posada del Toro BOUTIQUE-HOTEL €€
(☎958 22 73 33; www.posadadeltoro.com; Calle de Elvira 25; DZ/Suite 70/108 €; ❄📶) In dem ruhigen zentralen Innenhof dieses reizenden Hotels herrschen helle Pistazientöne, Pfirsich- und Cremefarben vor. Ebenso erfreulich sind die Zimmer rundherum mit ihren Parkettböden, den Stuckelementen im Stil der Alhambra, den rustikalen Möbeln und den kleinen, aber perfekt ausgestatteten Bädern mit Doppelwaschbecken und Massageduschen. Das Restaurant serviert spanische Gerichte wie galizischen Tintenfisch, aber auch Pasta und Pizza.

Hotel Los Tilos HOTEL €€
(☎958 26 67 12; www.hotellostilos.com; Plaza Bib-Rambla 4; EZ/DZ 55/80 €; ❄) Die sauberen, geräumigen Zimmer, die 2008 renoviert wurden, schauen auf die Plaza Bib-Rambla, Doppelfenster sorgen aber für Ruhe vor dem nächtlichen Trubel. Wer vom Zimmer keine Aussicht auf die Alhambra hat, kann diese oben auf der kleinen Dachterrasse mit Panoramablick genießen.

Hotel Palacio de Los Navas HISTORISCHES HOTEL €€
(☎958 21 57 60; www.palaciodelosnavas.com; Calle Navas 1; DZ/Suite 86/135 €; ❄📶) In einem entzückenden Gebäude aus dem 16. Jh. warten individuell gestaltete Zimmer in kühlen Creme- und Weißtönen mit originalen Pfeilern und Türen, Terrakottaböden und Schreibtischen. Sie reihen sich um einen traditionellen Patio mit Säulen.

Hotel Fontecruz HOTEL €€
(☎958 21 78 10; www.fontecruz.com; Gran Vía de Colón 20; DZ/Suite 120/370 €; ❄@📶) Das Fontecruz bietet große Zimmer, die mit ihren schwarz-weißen Teppichen, den antik wirkenden Schreibtischen aus dunklem Holz und den hübschen Betten gleichzeitig modisch cool und luxuriös wirken. Alle haben zumindest einen schmalen Balkon. Die Fenster sind doppelverglast, doch in den Räumen, die statt auf die Gran Vía auf die Seitenstraße gehen, findet man mehr Ruhe. Von der Bar auf der Dachterrasse eröffnen sich tolle Aussichten.

Hotel Puerta de las Granadas HOTEL €€
(☎958 21 62 30; www.hotelpuertadelasgranadas.com; Cuesta de Gomérez 14; Zi. 130 €; ❄@📶) In bester Lage nahe der Plaza Nueva und auf halbem Weg hinauf zur Alhambra findet man dieses kleine Hotel. Seine Zimmer sind mit rotem und dunklem Holz eingerichtet und gehen entweder auf einen Garten (ruhig) oder auf die Straße (etwas größer).

Hostal La Ninfa HOSTAL €
(☎958 22 79 85; www.hostallaninfa.net; Plaza Campo Príncipe; EZ/DZ 45/50 €; ❄📶) Die hinreißende, mit Keramikschmuck bedeckte Fassade dieses Hotels stimmt die Gäste schon auf das künstlerisch überladene, aber charmante Innere ein. Die Zimmer sind leuchtend gestrichen (z. B. türkise Balken) und haben Betten mit gekachelten Kopfteilen sowie hübsch geflieste Bäder. Von hier läuft man 30 Minuten bergauf zur Alhambra – es geht aber auch mit dem Bus, der praktisch vor der Tür hält.

Essen

In Granada wird noch der fantastische Brauch der Gratis-Tapas zu jedem Drink gepflegt. Außerdem gibt's ein paar marokkanische und orientalische Restaurants, besonders im Albaicín. Wieder in Mode sind die *teterías*, die leichte Desserts und manchmal auch ganze Mahlzeiten anbieten.

RUND UM DIE PLAZA NUEVA

Die Plaza Nueva ist voller Restaurants mit Außenbereichen. In der Nähe der Sehenswürdigkeiten geht es allerdings sehr touristisch zu. Bessere Lokale findet man in den Nebenstraßen oder im oberen Bereich der Carrera del Darro.

Frisches Obst und Gemüse gibt's im **Mercado Central San** (Calle San Agustín; ⏲So geschl.) einen Block nördlich der Kathedrale.

Ruta del Azafrán FUSIONSKÜCHE €€
(www.rutadelazafran.es; Paseo del Padre Manjón 1; Hauptgerichte 13–20 €) Dieses frische Lokal mit modernem Stahl-Interieur ist eines der wenigen anspruchsvollen Konzeptrestaurants in Granada. Das Angebot auf der vielseitigen Karte reicht von asiatisch angehauchtem Tempura bis zu Pesto auf Brokkolibasis, Lamm-Couscous und Schweinebraten. Die Terrasse draußen am Río Darro eignet sich wunderbar für einen Snack, drinnen ist allerdings der Service besser.

Parador de Granada INTERNATIONAL €€€
(☎958 22 14 40; Calle Real de la Alhambra; Hauptgerichte 19–22 €; ⏲8–23 Uhr) Zum einen ist der Parador de Granada ein gedämpftes, schickes Nobelrestaurant mit einer marokkanisch-spanisch-französischen Karte, auf der auch Lokalspezialitäten wie Ziege und Wildbret stehen. Zum anderen ist er eine stilvolle kleine Kantine für Touristen, in der selbst

das *bocadillo de jamón* ganz besonders schmeckt – das sollte es für 12 € aber auch. Alles in allem etwas überteuert, doch angesichts der Lage ein erfreuliches Vergnügen.

Bodegas Castañeda BAR €

(Calle Almireceros; Tapas 2–3 €, raciones 6–8 €) Die lebhafte Bar ist sowohl bei Einheimischen als auch bei Touristen eine Institution und serviert deftige Mahlzeiten – empfehlenswert ist die heiße oder kalte *tabla* (Platte); eine halbe Portion für 6 € reicht locker für zwei Personen. Die Getränke werden aus großen Fässern an den Wänden gezapft. Beste Wahl ist ein beschwingter, nach Kräutern schmeckender *vermut* (Wermut) mit Soda. Vorsicht: Diese Bar nicht mit Antigua Bodega Castañeda um die Ecke verwechseln, die weniger faszinierend ist.

Greens & Berries INTERNATIONAL €

(Plaza Nueva 1; Snacks ab 2,50 €;) Eine gute Option, um etwas Gesundes, Schnelles zu holen, das auch satt macht. Praktischerweise ist es nicht weit zu den Bänken auf dem Platz. Sandwiches gibt's in köstlichen Varianten wie Lachs, Avocado und Zitrone oder Ziegenkäse und karamellisierte Zwiebeln. Im Angebot sind zudem Tagessuppen, frische Smoothies und ein teuflisch leckerer New Yorker Käsekuchen.

ALBAICÍN

In den Gässchen des verwinkelten Albaicín verstecken sich zahlreiche Lokale. Die Calle Caldereía Nueva bietet ein faszinierendes Durcheinander aus *teterías,* Ledergeschäften und arabisch angehauchten Imbissbuden.

Arrayanes MAROKKANISCH €€

(958 22 84 01; www.rest-arrayanes.com; Cuesta Marañas 4; Hauptgerichte 8–15 €; ab 20 Uhr;) Wo gibt's das beste marokkanische Essen in einer Stadt, die für ihre maurischen Wurzeln bekannt ist? Im Arrayanes! Hier genießt man toll angerichtete Speisen, darunter reichhaltige, saftige Tajines. In dem Lokal wird kein Alkohol ausgeschenkt.

Samarkanda LIBANESISCH €€

(Calle Calderería Vieja 3; Hauptgerichte 8–12 €;) Trotz seiner langweiligen Einrichtung ist das alteingesessene libanesische Restaurant eine gute Wahl, vor allem für Vegetarier. Die Linsensuppe mit Zitrone und Kreuzkümmel schmeckt einfach köstlich, ebenso die Hauptgerichte wie Hummus, *mutabal* (Dip aus Aubergine und Sesampaste) oder Falafel. Ein *mugle* (Zimtcréme mit Nüssen und Orangenblüten) zum Dessert dürfte jedem ein Lächeln ins Gesicht zaubern.

El Ají SPANISCHE NOUVELLE CUISINE €€

(Plaza San Miguel Bajo 9; Hauptgerichte 12–20 €;) Das schicke, aber gemütliche Stadtteilrestaurant oben im Albaicín ist nicht größer als ein Schuhkarton, doch es serviert Frühstück bis zum Abend. Die gesprächigen Mitarbeiter an der winzigen Marmorbar können ein paar Highlights von der kreativen Karte empfehlen, etwa Garnelen mit Tequila und Honig. Ein gutes Fleckchen, um mal aus der Sonne zu kommen und sich zu erholen, besonders nach dem Aufstieg von der Plaza Nueva.

Tetería Nazarí TEEHAUS

(Calle Calderería Nueva 13) Eines der besten Teehäuser in der Calle Calderería wartet mit aromatischem Tee und leckerem arabischem Gebäck auf.

PLAZA BIB-RAMBLA & UMGEBUNG

Dieser Platz und die nahe gelegenen Straßen bieten eine gute Auswahl für ganz verschiedene Geschmäcker und Budgets. Unbedingt die ausgezeichneten Eiscremes und *churros* (frittierte Krapfenstangen) probieren!

Pastelería López-Mezquita BÄCKEREI €

(www.pasterialopezmezquita.com; Calle Reyes Católicos 39; Gebäck 2–6 €; Mo–Sa 9–18.30 Uhr;) In der altehrwürdigen Bäckerei gibt's tolle Snacks zum Mitnehmen, etwa eine leckere, mit Schinken und Datteln gefüllte *empanadilla* oder eine sehr zimthaltige *pastela moruna,* eine Hühnerpastete im maurischen Stil. Man zieht eine Nummer, um an der Theke zu bestellen, oder macht es sich im Hinterzimmer bequem und gönnt den Füßen mal eine Pause.

Reca TAPAS €

(Plaza de la Trinidad; raciones 8 €; Di geschl.) Das Reca zählt zu den führenden Tapas-Bars Granadas und wimmelt immer von Leuten, die nach den wunderbar präsentierten modernen Variationen von Klassikern wie Couscous und *salmorejo* hungern. Als eine der wenigen Bars in der Gegend serviert sie den ganzen Nachmittag durchgängig Essen.

Oliver FISCH & MEERESFRÜCHTE €€

(www.restauranteoliver.com; Calle Pescadería 12; Hauptgerichte 12–18 €; So geschl.) Eine echte Institution der Stadt sind die Meeresfrüchtebars an diesem Platz, und das Oliver ist eine der besten von ihnen, sowohl was das Essen als auch den tadellosen Service selbst in der hektischen Mittagszeit angeht. Flotte Geschäftsleute quetschen sich neben Straßenkehrer, um an der dicht belagerten Bar *raciones* von mit viel Knoblauch zubereiteten gebratenen Köstlichkeiten zu genießen. Nachmittags ist der Fußboden dann mit Servietten und Garnelenschalen bedeckt.

Restaurante Chikito ANDALUSISCH €€
(☎958 22 33 64; www.restaurantechikito.com; Plaza Campillo Bajo 9; Hauptgerichte 17–20 €; ⌚Do–Di) Dieses Lokal, eines der geschichtsträchtigsten der Stadt, war anscheinend ein Stammlokal von Lorca (sein Tisch steht in der Ecke). Bei der hiesigen Schickeria erfreut es sich ungebrochener Beliebtheit. Schnecken (5 €) sind die Spezialität der Tapas-Bar, deren Wände die Fotos einheimischer Berühmtheiten zieren. Das angrenzende Restaurant konzentriert sich auf herzhafte Gerichte wie Ochsenschwanzsuppe und Schweinemedaillons und hat diese in vielen Jahren immer weiter perfektioniert. Reservierung empfohlen!

Gran Café Bib-Rambla CAFÉ €
(Plaza Bib-Rambla 3; heiße Schokolade & churros 4 €; 👪) Granadas ältestes Café ist bereits 1907 eröffnet worden: Damals wurden die Kaffeebohnen draußen auf dem Platz geröstet und die Milch täglich von den Bauernhöfen der Umgebung angeliefert. Heute kommen die Einheimischen immer wieder, um sich heiße Schokolade und *churros* schmecken zu lassen.

Los Diamantes FISCH & MEERESFRÜCHTE €
(Calle Navas 26; raciones 8–10 €) Mit Stolz widmet sich das Bar-Restaurant an einer Ecke in der Nähe der Plaza del Carmen der andalusischen Vorliebe für Gebratenes, besonders gebratene Meeresfrüchte. Auf den Tellern häufen sich erstaunliche Mischungen aus *pescado frito* (gebratenem Fisch) und fleischigen Garnelen. Eine *caña* (kleines Bier) passt perfekt dazu. Scharenweise strömen hungrige Gäste hierher, vor allem zum Mittagessen.

Café Futbol CAFÉ €
(www.cafefutbol.com; Plaza de Mariana Pineda 6; churros 2 €; 👪) Das dreistöckige Café mit seinen gelben Wänden und den markanten Leuchtern stammt aus dem Jahr 1910. Hier drängen sich frisch frisierte Señoras, ausländische Studenten und Familien. Ältere Kellner in weißen Hemden servieren zur morgendlichen Stoßzeit heiße Schokolade, fettige *churros* und leckere Kuchen, z. B. die köstliche *tarta san cecilio* mit Schokolade und Vanille. Von oben bietet sich ein schöner Blick auf den Platz.

Ausgehen

Die beste Kneipenmeile ist die ganz schön heruntergekommene Calle Elvira. Wir empfehlen vor allem die überdurchschnittlich gute **Taberna El Espejo** in Hausnummer 40. Weitere coole Bars säumen den Río Darro am Fuß des Albaicín. Ein etwas anspruchsvolleres Publikum tummelt sich im Campo del Príncipe.

Am stimmungsvollsten und einladendsten sind die Bodegas Castañeda (S. 783) und **Antigua Castañeda** (Calle de Elvira), die ihre Gäste mit Wein vom Fass und großzügigen Tapas bei Laune halten.

Botánico BAR
(www.botanicocafe.es; Calle Málaga 3; ⌚13–1 Uhr) Tagsüber gibt's in dieser eleganten Ökobar mit Restaurant gesundes Essen mit mediterranem Einschlag, zur Dämmerung verwandelt sie sich in einen Club, in dem nach Einbruch der Dunkelheit DJs auflegen oder Livemusik erklingt, meistens Jazz und Blues. Der Name stammt vom friedlichen botanischen Garten auf der anderen Straßenseite – wer tagsüber hier ist, sollte sich einen Spaziergang dort nicht nehmen lassen.

Mundra BAR
(Plaza de la Trinidad; Platten 10 €; ⌚Mo–So 20.30–2, Fr & Sa bis 3 Uhr) Für die coole, internationale Atmosphäre in dieser Bar mit Blick auf den grünen Platz sorgen die als Tische fungierenden schwarzen Fässer, die Buddhafiguren und der chillige Soundtrack. Hungrige können sich zu mehreren Platten bestellen, z. B. mit frischen Garnelen aus Motril und Provolone-Käse.

☆ Unterhaltung

An vielen Kiosken wird das ausgezeichnete Monatsmagazin *Guía de Granada* (1 €) verkauft. Es informiert über das Nachtleben, Restaurants und Tapas-Bars.

Peña de la Platería FLAMENCO
(Placeta de Toqueros 7) Im Gewirr des Albaicín versteckt sich die Peña La Platería, die den Anspruch erhebt, der älteste Club für Flamenco-*aficionados* in Spanien zu sein. Er ist privat und nicht immer für Nichtmitglieder geöffnet. Vorstellungen finden meistens donnerstags und samstags um 22.30 Uhr statt. Es hilft, wenn man gut gekleidet am Eingang erscheint und etwas Spanisch spricht.

Le Chien Andalou FLAMENCO
(www.lechienandalou.com; Carrera del Darro 7; Eintritt 8 €; ⌚Shows 21 Uhr) Einer der stimmungsvollsten Orte in Granada, um eine Flamenco-Show zu sehen, bei der ordentlich mit den Kastagnetten geklappert wird. Die ganze Woche über treten professionelle Musiker und Tänzer auf. Das höhlenartige Innere des restaurierten *aljibe* (Wasserspeicher) schafft eine ganz besondere Atmosphäre und wirkt authentischer als so manche Touristenfalle am Sacromonte. Buchung über die Website.

Boogaclub DJ
(www.boogaclub.com; Calle Santa Barbara 3; ⌚Mo–Do 14–6, Fr–So 23–7 Uhr) Hier ist Chillen zu beseeltem House, Funk, Electro und Chicago House angesagt; später füllt sich die Tanzfläche, wenn internationale DJs Funk, Soul und Reggae auflegen oder Hommages an Stars wie Amy Winehouse gestalten. Außerdem gibt's Karaoke-Abende, Jamsessions und Livemusik. Das aktuelle Programm steht auf der Website.

Granada 10 CLUB
(www.granadaten.com; Calle Calderería Nueva 11; Eintritt 10 €; ⌚ab 24 Uhr) Das wunderbar renovierte Kino ist Granadas Topclub für die Schickimickiszene, die sich hier auf goldenen Sofas lümmelt und zu schmalzigem spanischem Pop abtanzt.

Teatro del Generalife THEATER
(Generalife) Dieses Freilufttheater entstand 1954, als die Gärten des Generalife nach Süden hin erweitert wurden. Im Sommer werden regelmäßig Theaterstücke von Lorca aufgeführt oder Liveshows mit bekannten Größen wie Paco de Lucía veranstaltet. Das Programm gibt's in der städtischen Touristeninformation.

Teatro Alhambra THEATER
(☎958 22 04 47; Calle de Molinos 56) Sowohl das Teatro Alhambra als auch das zentraler gelegene **Teatro Isabel La Católica** (☎958 22 15 14; Acera del Casino) bieten ein vielseitiges Programm mit Theaterstücken und Konzerten (manchmal auch Flamenco); ab und zu werden zudem Stücke von Lorca aufgeführt.

Shoppen

Lokale Produkte wie geprägtes Leder, *taracea* (Intarsienarbeiten), blau-weiß glasierte Keramik, Gitarren, Schmiedeeisen, Messing-, Kupfer- und Korbwaren sowie Textilien findet man in der Alcaicería, im Albaicín, in der Cuesta de Gomérez und im staatlichen Kunstgewerbeladen **Artespaña** im Corral del Carbón.

Um die Plaza Nueva drängen sich zahlreiche Schmuckverkäufer, die ihre Produkte auf Teppichen auf dem Boden ausbreiten, sowie allerlei Läden mit exotischen Klamotten.

Für ein ganz normales Shoppingerlebnis sorgen die Fußgängerzone Calle de los Mesones und das große El-Corte-Inglés-Kaufhaus.

Tienda Librería de la Alhambra SOUVENIRS
(Calle Reyes Católicos 40) Der fabelhafte Laden für *aficionados* der Alhambra hat eine geschmackvolle Auswahl hochwertiger Geschenke, darunter tolle erlesene Bücher, Kunstbücher für Kinder, handgemalte Fächer, künstlerische Schreibwaren und großartige Fotodrucke, die man aus einer riesigen digitalen Bibliothek aussuchen kann (ab 14 € für Format A4).

Praktische Informationen

Geld

Banken und Geldautomaten findet man in der Gran Vía de Colón, der Calle Reyes Católicos und auf der Plaza Isabel La Católica.

Infos im Internet

Turismo de Granada (www.turismodegranada.org) Touristeninformation der Provinz Granada.

Where2 (www.where2.es) Eine umfassende englischsprachige Website mit Infos zu Restaurants, Unterkünften, Bars und Clubs.

Medizinische Versorgung

Hospital Ruiz de Alda (☎958 24 11 00, 958 02 00 09; Avenida de la Constitución 100) Das Krankenhaus liegt zentral und verfügt über gute Notfalleinrichtungen.

Notfall

Policía Nacional (☎958 80 80 00; Plaza de los Campos) Zentral gelegene Polizeistation.

Post

Postamt (Puerta Real; ⌚Mo–Fr 8.30–20.30, Sa 9.30–14 Uhr) Hier stehen oft viele Leute an.

Touristeninformation

Regionale Touristeninformationen gibt's an der **Plaza Nueva** (☎958 22 10 22; Calle Santa Ana 1; ⌚Mo–Fr 9–19, So & Feiertage 10–14 Uhr) und in der **Alhambra** (☎902 888001; www.alhambra-tickets.es).

Städtische Touristeninformation (www.granadatur.com; Calle Almona del Campillo 2; ⌚Mo–Fr 9–19, Sa 9–18, So 10–14 Uhr) Ein schickes, effizientes Zentrum gegenüber dem Parque Federico García Lorca.

Touristeninformation der Provinz Granada (www.turismodegranada.org; Plaza de Mariana Pineda 10; ⌚Mo–Fr 9–22, Sa 10–19 Uhr) Nur ein paar Gehminuten östlich der Puerta Real. Die hilfsbereiten Angestellten erteilen Auskünfte über die gesamte Region Granada.

ℹ An- & Weiterreise

Auto

Mietautos sind teuer. **ATA** (☎958 22 40 04; Plaza Cuchilleros 1) hat Kleinwagen (z. B. Renault Clio) für etwa 75/48/36 € pro Tag bei 1/2/7 Tagen im Programm. Am besten nimmt man ein Taxi zum Flughafen (18–22 €); dort findet man vier oder fünf Fahrzeuganbieter.

Bus

Der Busbahnhof befindet sich 3 km nordwestlich vom Stadtzentrum. Bus 3 fährt von dort ins Zentrum, ein Taxi kostet 7 €. **ALSA** (www.alsa.es) betreibt die Busse in der Provinz und der gesamten Region, außerdem verkehrt ein Nachtbus direkt zum Madrider Flughafen Barajas (24,50 €, 6 Std.). Verbindungen gibt's auch nach Córdoba (13,50 €, Direktbus 2¾ Std., 8-mal tgl.), Sevilla (20,50 €, Direktbus 3 Std., 10-mal tgl.), Málaga (10,50 €, Direktbus 1½ Std., 18-mal tgl.) und Las Alpujarras.

Flugzeug

Iberia (☎902 400500; www.iberia.com) fliegt täglich vom **Aeropuerto Federico García Lorca** (www.aena.es), 17 km westlich der Stadt, von/nach Madrid. Es gibt auch Flüge nach Barcelona und auf die Kanaren sowie in der Hauptsaison nach Paris.

Zug

Der **Bahnhof** (☎958 24 02 02; Avenida de Andaluces) liegt 1,5 km westlich des Zentrums bei der Avenida de la Constitución. Täglich verkehren Züge nach Sevilla (23,85 €, 3 Std.) und Almería (16,50 €, 2¼ Std.) via Guadix sowie nach Antequera (20,50 €, 1½ Std., 6-mal tgl.). Darüber hinaus bestehen jeden Tag drei Verbindungen nach Ronda (15 €, 3 Std.) und Algeciras (25 €, 4½ Std.). Wer nach Málaga (16,50 €, 2½ Std.) oder Córdoba (35,50 €, 2½ Std.) reist, nimmt einen Zug in Richtung Algeciras und steigt in Bobadilla um. Pro Tag geht's ein- oder zweimal nach Madrid (68 €, 4–5 Std.), Valencia (52,50 €, 7½–8 Std.) und Barcelona (58 €, 12 Std.).

ℹ Unterwegs vor Ort

Auto & Motorrad

Die Zufahrt zum Bereich um die Plaza Nueva wird durch rote Lichter und kleine schwarze Pfosten (*pilonas*) geregelt, die bestimmte Straßen zu bestimmten Tageszeiten sperren. Gäste der Hotels rund um die Plaza Nueva drücken einfach den Knopf mit dem Namen des jeweiligen Hotels neben den *pilonas*, um mit der Rezeption zu sprechen und eingelassen zu werden.

Zentral gelegene Tiefgaragen sind z. B. **Parking San Agustín** (Calle San Agustín; pro Std./Tag 1,75/20 €), **Parking Neptuno** (Calle Neptuno) und **Parking Plaza Puerta Real** (Acera del Darro; pro Std./Tag 1,45/17 €). An der Alhambra gibt's kostenlose Parkplätze.

Bus

Einzelfahrscheine kosten 1,20 €. Für 2 € gibt's eine nachladbare Karte, die man mit mindestens 5 € aufladen muss; damit ist man schon ab 0,80 € pro Fahrt dabei. Beides kann man mit Scheinen oder Münzen beim Busfahrer kaufen. Die meisten Busse halten an der Gran Vía de Colón; Fahrpläne und Karten des Streckennetzes erhält man in der Touristeninformation.

Vom/zum Flughafen

Der Flughafen liegt 17 km westlich vom Stadtzentrum an der A92. Busse von **Autocares J. González** (www.autocaresjosegonzalez.com) pendeln zwischen dem Flughafen und einer Haltestelle in der Nähe des Palacio de Congresos (3 €, 5-mal tgl.). Sie halten auch im Zentrum an der Gran Vía de Colón – an der Haltestelle gegenüber der Kathedrale hängt ein Fahrplan aus – sowie am Eingang des Busbahnhofs. Eine Fahrt mit dem Taxi kostet 18–22 €, je nach Verkehrssituation und Ausgangspunkt.

Taxi

Wer ein Taxi sucht, wird wahrscheinlich beim zentralen Taxistand auf der Plaza Nueva fündig. Die meisten Fahrten innerhalb der Stadt kosten zwischen 4,50 und 8,50 €.

Rund um Granada

Granada liegt in der fruchtbaren Ebene La Vega, die mit Pappelhainen und Agrarprodukten von Melonen bis Tabak bepflanzt ist. Die Landschaft war eine Inspirationsquelle für Federico García Lorca, der hier zur Welt kam und starb. Der Parque Federico García Lorca zwischen den Dörfern Víznar und Alfacar (von beiden etwa 2,5 km entfernt) kennzeichnet den mutmaßlichen Ort, an dem Lorca und Hunderte, vielleicht auch Tausende anderer Menschen zu Beginn des Bürgerkriegs von Nationalisten erschossen und verscharrt wurden.

FUENTE VAQUEROS

In diesem ansonsten wenig bemerkenswerten Vorort 17 km westlich von Granada erblickte Lorca 1898 das Licht der Welt. Sein rührend bescheidenes Geburtshaus beherbergt heute das **Casa Museo Federico García Lorca** (☎958 51 64 53; www.museogarcialor

ABSTECHER

DIE HÖCHSTEN GIPFEL DER SIERRA NEVADA

Die beiden höchsten Gipfel der Sierra Nevada sind der Mulhacén (3479 m) und der Veleta (3395 m). Sie liegen am westlichen Ende des Gebirges in der Nähe von Granada und sind zwei der drei Berge, die Los Tresmiles genannt werden, weil sie höher als 3000 m aufragen. Von der Skistation an der Nordflanke des Bergzugs führt eine Straße hinauf und hinüber nach Capileira, dem höchstgelegenen Dorf im Barranco de Poqueira in den Alpujarras an der Südseite; der oberste Abschnitt ist für motorisierte Fahrzeuge jedoch gesperrt. Von Ende Juni bis Ende Oktober betreibt der Nationalpark zwei Shuttlebusse, die Wanderer in den oberen Teil des Gebirges bringen; auch die Fahrt selbst ist sehr schön.

Ein Bus startet 3 km oberhalb der Skistation am Infoposten des Nationalparks in **Hoya de la Mora** (⌚in der Saison mit Busverkehr ca. 8.30–14.30 & 15.30–19.30 Uhr). Der andere fährt ab dem Dorf Capileira in den Alpujarras. Eine einfache Fahrt kostet 5 €, die Hin- & Rückfahrt 9 €.

Vom Endpunkt der Busroute auf der Nordseite wandert man noch etwa 4 km bis zum Gipfel des Veleta; ein Höhenunterschied von 370 m und in anderthalb Stunden (plus Pausen) zu schaffen. Zum Gipfel des Mulhacén sind es 14 km und vier bis fünf Stunden. Von Mirador de Trevélez, der Endstation des Busses auf der Capileira-Seite, kann man den Gipfel des Mulhacén in rund drei Stunden erreichen (6 km, 800 m Höhenunterschied).

Wer unterwegs übernachten möchte, kann sich im **Refugio Poqueira** (☎958 34 33 49; Mulhacén, Sierra Nevada; 15 € pro Pers.) niederlassen, das ganzjährig geöffnet ist.

Praktische Informationen

Das **Centro de Visitantes El Dornajo** (☎958 34 06 25; ⌚9.30–14.30 & 16.30–19.30 Uhr) liegt etwa 23 km von Granada an der A395 (in Richtung der Skistation) und hält viele Infos zur Sierra Nevada bereit. Hier arbeiten kompetente, Englisch sprechende Angestellte, die Besuchern gern weiterhelfen.

ca.org; Calle Poeta Federico García Lorca 4; Eintritt 2 €; ⌚Führungen Di–Sa stündlich 10–14 & 17–19 Uhr). Das Museum erweckt Lorcas Geist mit vielen bezaubernden Fotos, Plakaten und Kostümen aus seinen Bühnenstücken sowie Gemälden zum Leben. Ein kurzer Videofilm zeigt den Schriftsteller auf einer Tournee mit dem Teatro Barraca.

Ureña (☎958 45 41 54) bietet Verbindungen von Granada nach Fuente Vaqueros (1,55 €, 20 Min.). Die Busse des Unternehmens starten in der Avenida de Andaluces vor dem Bahnhof und verkehren wochentags ab 9 Uhr etwa stündlich, an Wochenenden sowie Feiertagen um 9, 11, 13 und 17 Uhr.

Sierra Nevada

Hinter Granada ragen wie eisige Wachtposten Spaniens höchste Berge auf, überragt vom Mulhacén (3479 m), dem höchsten Gipfel des spanischen Festlandes. Doch die schneebedeckten Kuppen, die man auf vielen Postkarten im Hintergrund der Alhambra schimmern sieht, sind nur die Spitze des Eisbergs. Das Gebirge erstreckt sich rund 75 km in West-Ost-Richtung bis in die Provinz Almería hinein. Die höheren Regionen des Gebirges bilden den 862 km² großen **Parque Nacional Sierra Nevada**, Spaniens weitläufigsten Nationalpark. In dieser außergewöhnlichen Hochgebirgslandschaft sind etwa 2100 von Spaniens 7000 Pflanzenarten beheimatet. Dazu kommt Andalusiens größte Steinbockpopulation (etwa 5000 Tiere). Auf geringerer Höhe befindet sich der 848 km² große **Parque Natural Sierra Nevada**. Sowohl die Berge als auch die Alpujarras-Täler gehören zu Spaniens spektakulärsten Landschaften. Darüber hinaus bietet die Region hervorragende Möglichkeiten zum Wandern, Reiten, Klettern oder Mountainbiken und ist im Winter ein gutes Ski- und Snowboardrevier.

ESTACIÓN DE ESQUÍ SIERRA NEVADA

An der Skistation **Sierra Nevada Ski** (☎902 708090; www.sierranevadaski.com) in Pradollano, 33 km von Granada entfernt an der A395, sind die Schneeverhältnisse und das Wetter oft besser als in den Skiorten im Norden Spaniens, darum kann es während der Skisaison an den Wochenenden und zu Feiertagen sehr voll werden. Einige der

Westliche Sierra Nevada & Alpujarras

0 — 5 km

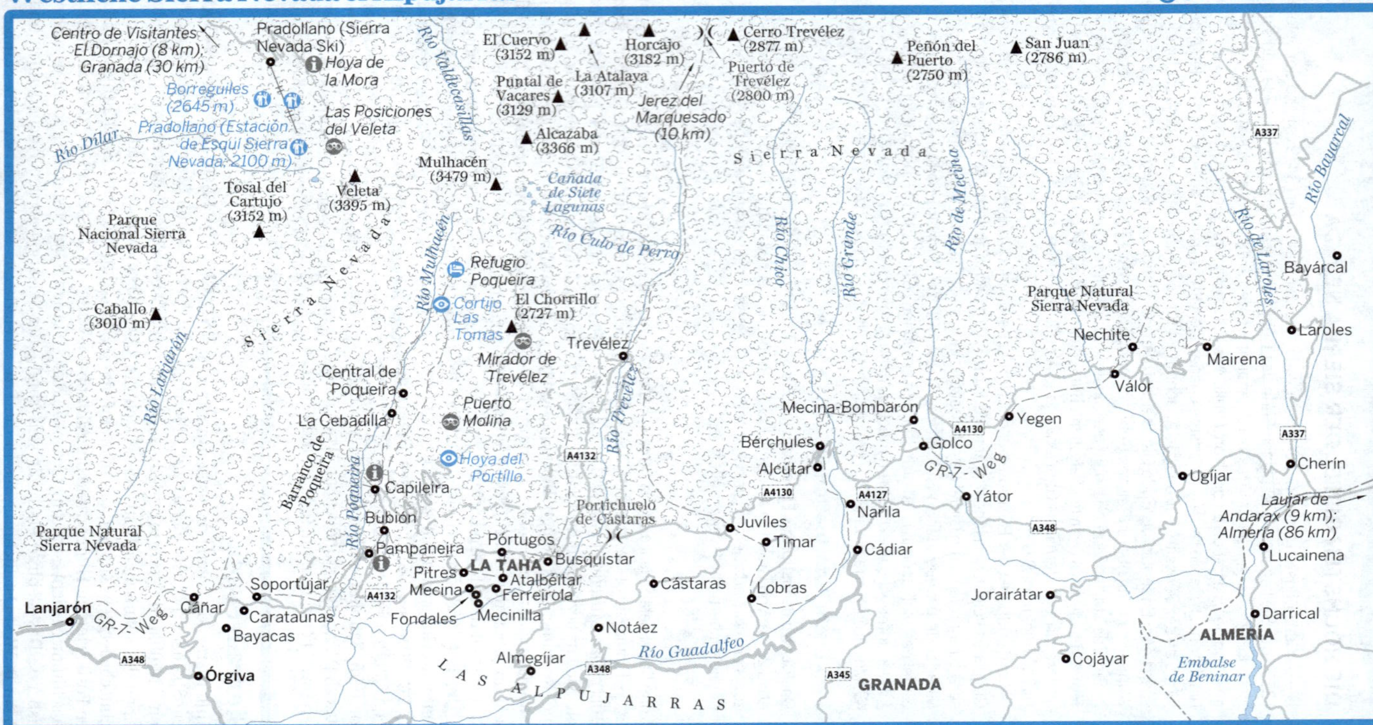

85 km markierten Pisten beginnen fast am Gipfel des 3395 m hohen Veleta. Außerdem gibt's Langlaufpisten und einen eigenen Bereich für Snowboarder sowie zahlreiche andere Aktivitäten außer Skifahren. Im Sommer kann man auch mountainbiken, reiten und mehr.

Im Winter fahren täglich drei Busse (am Wochenende vier) von **Tocina** (☎958 46 50 22) vom Busbahnhof in Granada zum Skiresort (einfach/hin & zurück 5/8 €, 1 Std.). Ein Taxi von Granada kostet etwa 50 €.

Las Alpujarras

Unterhalb der Südflanke der Sierra Nevada erstreckt sich über 70 km eine Ansammlung von Tälern, die man Las Alpujarras nennt. Hier wechseln sich kahle Hänge und tiefe Schluchten mit oasenähnlichen weißen Dörfchen ab, die an reißenden Bächen inmitten von Gärten, Obstplantagen und Wald liegen. Zahlreiche Wanderwege verbinden die Orte miteinander und führen weiter in die Berge hinauf. Am angenehmsten ist das Wetter von April bis Mitte Juni und von Mitte September bis Anfang November.

Der Tourismusboom der letzten Jahre, New-Age-Hippies und ausländische (vor allem britische) Zuzügler haben der Region eine neue Charakterfacette beschert.

Geschichte

Im 10. und 11. Jh. dienten die von den Berbern besiedelten Alpujarras als große Seidenraupenzucht für die Webereien in Almería. Doch als Granada 1492 an Ferdinand und Isabella fiel, war diese Ära zu Ende und viele Dörfer wurden verlassen.

Der Engländer Gerald Brenan lebte in den 1920er- und 1930er-Jahren im Alpujarras-Dorf Yegen und zeichnete in *Südlich von Granada* ein faszinierendes Bild dieser damals weltfernen und abergläubischen Ecke Spaniens. Chris Stewart, ebenfalls ein Brite, ließ sich vor nicht gar so langer Zeit als Schafbauer bei Órgiva nieder. Sein amüsanter Bestseller *Unter den Zitronenbäumen* schildert das Leben eines Einwanderers in den Alpujarras der 1990er-Jahre.

LANJARÓN

Seine Blütezeit erlebte das als „Tor zu den Alpujarras" bekannte Lanjarón Ende des 19. und Anfang des 20. Jhs.; damals war es als *balneario* bzw. Badekurort in Mode. Heute wird das Wasser der Gegend zwar in ganz Spanien verkauft, aber das **Balneario** (☎958 77 00 137; www.balneariodelanjaron.com; Avenida de la Constitución; Bad 30 € pro Std.) zieht vorwiegend ältere spanische Kurgäste an. Dennoch verströmt die Kleinstadt einen sehr authentischen Charme. Zwischen ihren Hauptstraßen, der Avenida Alpujarra und der Avenida Andalucía, führen die Einwohner ein traditionelles Leben. Das **Museo de Agua** (Wassermuseum; ⌚Di–So 10–14 & 16–21 Uhr) erläutert die Bedeutung des Wassers für Landwirtschaft, Industrie und Gesundheit. Es gibt eine Ausstellungshalle und eine Audiovisionsshow.

Wer im Ort übernachten möchte, hat viele Möglichkeiten. Das **Hotel Andalucía** (☎958 77 01 36; www.hotelandalucia.com; Avenida de la Alpujarra 15–17; EZ/DZ 42/52 €;) liegt unweit des *balneario* und ist eine gute Budgetoption mit sauberen, aber langweiligen Zimmern und einem Außenpool. Im Meeresfrüchterestaurant **Los Mariscos** (Avenida de la Alpujarra; Hauptgerichte 8–12 €) werden alle Gerichte aus frischen Zutaten zubereitet.

Wer mehr über die Outdoor-Aktivitäten und Unterkünfte in der Umgebung erfahren möchte, sollte die **Touristeninformation** (Avenida de la Alpujarra) gegenüber dem *balneario* ansteuern.

ÓRGIVA

6500 EW. / 725 M

Der Hauptort der westlichen Alpujarras ist etwas verwahrlost, aber sehr lebendig. Hier trifft man zahlreiche New-Age-Hippies. Gut essen kann man z. B. im **Baraka** (Calle Estación 12; ⌚Sa–Do) neben dem Stadtpark im oberen Teil der Stadt; auf der vielseitigen Karte stehen marokkanische Gerichte, Tofu-Burger, Schawarma, leckere Brownies und natürliche Fruchtsäfte. Das **Mesón Casa Santiago** (Plaza García Moreno; Hauptgerichte 6–12 €; ⌚Mo–Sa) ist die beste Bar an der Plaza mit Tischen im Freien und einem rustikalen Inneren, das von Ziegeln und Holzbalken geprägt wird.

Unterkunft bietet die **Casa Rural Jazmín** (☎958 78 47 95; www.casaruraljazmin.com; Calle Ladera de la Ermita; Zi. 48–65 €;), ein von Franzosen geführtes Haus mit vier Zimmern, die in vier ganz speziellen Stilen gestaltet sind (das asiatische und das Alpujarras-Zimmer sind kleiner, das französische und das afrikanische Zimmer größer).

PAMPANEIRA, BUBIÓN & CAPILEIRA

1270 EW. / 1200–1440 M

Diese kleinen Dörfer, die 14 bis 20 km nordöstlich von Órgiva an der Seitenwand des tiefen Tals Barranco de Poqueira kleben, gehören mit ihrer wildromantischen Lage zu den hübschesten (und touristischsten) Orten der Alpujarras. Capileira gilt als beste Ausgangsbasis für Wanderer.

Sehenswertes & Aktivitäten

In allen drei Dörfern stehen stattliche Mudejár-Kirchen aus dem 16. Jh. Außerdem haben sie kleine Webereiwerkstätten, in denen die Textiltradition der islamischen Zeit fortgeführt wird, sowie zahlreiche Kunsthandwerksläden. In Bubión bietet das ausgezeichnete Volkskundemuseum **Casa Alpujarreña** (Calle Real; Eintritt 2 €; So–Do 11–14, Fr, Sa & Feiertage 11–14 & 17–19 Uhr) neben der Kirche wunderbare Einblicke in das frühere Alltagsleben der Alpujarras.

Im wunderschönen Barranco de Poqueira wurden acht Wanderrouten von 4 bis 23 km Länge (2–8 Std.) mit kleinen, farbcodierten Pfosten markiert. Ihre Ausgangspunkte sind teilweise etwas schwer zu finden, aber alle auf der Karte *Sierra Nevada, La Alpujarra* von Editorial Alpina verzeichnet und beschrieben. **Nevadensis** (958 76 31 27; www.nevadensis.com) in Pampaneira organisiert Wanderungen, Jeepausflüge, Ausritte sowie Mountainbike-, Kletter- und Canyoningtouren mit erfahrenen Führern.

Schlafen & Essen

Unterkünfte für die Zeit um Ostern und von Juli bis September muss man unbedingt rechtzeitig reservieren. In vielen Dörfern werden auch Apartments und Häuser vermietet: Wer mehr darüber erfahren möchte, sollte in den Touristeninformationen nachfragen oder Websites wie **Turgranada** (www.turgranada.es) und **Rustic Blue** (www.rusticblue.com) besuchen.

PAMPANEIRA

Im 2010 eröffneten **Estrella de las Nieves** (958 76 39 81; www.estrelladelasnieves.com; Calle Huerto 21; EZ/DZ 60/70 €; P) gleich oberhalb der Stadt warten luftige, helle und moderne Zimmer mit Terrassen, von denen der Blick auf die Dächer der Stadt und die Berge fällt. Das **Restaurante Casa Diego** (Plaza de la Libertad 3; Menü 9 €, Hauptgerichte 6,50–13,50 €) gegenüber der Kirche wird von einer hübschen Terrasse gekrönt und serviert Forellen und Schinken aus der Region.

BUBIÓN

Unterhalb der Hauptstraße in der Nähe des Parkplatzes liegt das **Hostal Las Terrazas** (958 76 30 34; www.terrazasalpujarra.com; Plaza del Sol 7; EZ/DZ 22/31 €, Apt. für 2/4/6 Pers. 45/55/72 €). Im traditionellen **Teide Restaurant** (958 76 30 37; Carretera de Sierra Nevada 2; Menü 10 €) bereitet man ein gutes *menú del dia* zu. Das **Estación 4** (Calle Estación 4; Gerichte 7–12 €; Di–So) ist in einem alten Dorfhaus untergebracht.

CAPILEIRA

Eine gute Budgetunterkunft ist das **Hostal Atalaya** (958 76 30 25; www.hostalatalaya.com; Calle Perchel 3; DZ mit/ohne Aussicht 30/35 €). Die **Finca Los Llanos** (958 76 30 71; www.hotelfincalosllanos.com; Carretera dc Sierra Nevada; EZ/DZ 54/76 €) bietet geschmackvolle Zimmer, einen Pool und ein gutes Restaurant. Sie ist zugleich eine offizielle Informationsstelle zur Sierra Nevada.

Wunderschön an einem hübschen Platz mit weiß getünchten Häusern liegt die **Bar El Tilo** (Plaza Calvario; raciones 8), Capileiras Dorftaverne mit einer Terrasse. Sie serviert riesige *raciones,* etwa *albóndigas* (Fleischbällchen in Tomatensoße). Auf der italienischen Karte des **El Corral del Castaño** (Plaza del Calvario 16; Menü 10 €, Hauptgerichte 8,50–14 €) stehen Köstlichkeiten mit einer regionalen Note.

Praktische Informationen

Geldautomaten findet man am Eingang zum Parkplatz in Pampaneira sowie am **La General** (Calle Doctor Castilla) in Capileira.

Punto de Información Parque Nacional de Sierra Nevada (www.nevadensis.com; Plaza de la Libertad; Okt.–März Di–Sa 10–14 & 16–18, So & Mo 10–15 Uhr) Bietet umfassende Infos über Las Alpujarras und die Sierra Nevada und verkauft Outdoor-Ausrüstung, Landkarten und Bücher. Befindet sich in Pampaneira.

Servicio de Interpretación de Altos Cumbres (958 76 34 86, 671 564406; picapileira@oapn.mma.es; etwa 9–14 & 16.30–19.30 Uhr) An der Hauptstraße in Capileira; informiert hauptsächlich über den Nationalpark, aber auch über Las Alpujarras.

PITRES & LA TAHA

800 EW.

Pitres (1245 m) bietet eine Erholungspause vom Touristenrummel und den Souvenirläden der Dörfer in der Poqueira-Schlucht. Besonders faszinierend ist das schöne Tal unterhalb des Ortes mit fünf idyllischen Dörfern (Mecina, Mecinilla, Fondales, Ferreirola und Atalbéitar). Sie bilden zusammen mit Pitres den *municipio* (Gemeinde) La Taha. Seine uralten Fußpfade sind ein Eldorado für Wanderer.

Oberhalb von Pitres findet man im winzigen Dorf Capilerilla am Wanderweg E4 das **Hotel Maravedi** (958 76 62 92; www.hotelma

KUNSTHANDWERK AUS DEN ALPUJARRAS

Trotz des Einflusses der ausländischen Einwohner in den vergangenen Jahren bleiben die Dörfer der Alpujarras eine traditionelle Bastion der uralten Handwerkskünste. Sie sind zwar kein typisches Shoppingziel – weit und breit nicht ein geistloses Einkaufszentrum –, trotzdem kann man hier Glücksgriffe machen. Ein paar Tipps:

Pampaneira

Das am niedrigsten gelegene der Dörfer im Barranco de Poqueira ist zwar in erster Linie für seine grob gewebten, farbenfrohen Teppiche bekannt, hier locken aber auch unerwartete Köstlichkeiten. Im **El Chocolate de la Alpujarra** (www.abuelailichocolate.com; Plaza Romanilla 13) wird vor Ort fabelhafte Schokolade hergestellt, darunter einige wunderbare und ungewöhnliche süße und pikante Sorten von Mango bis Senf.

Bubión

Um einen Blick in die Vergangenheit zu werfen, besucht man die französisch geführte Weberei **Nade Taller del Telar** (www.tallerdeltelar.com; Calle Trinidad 11; ⏲11–14.30 & 17–20.30 Uhr) mit riesigen historischen Webstühlen aus dem Albaicín in Granada. Die Schals, Sofaüberwürfe und Decken, die nur aus natürlichen Textilien hergestellt werden, sind wunderschön und ab ca. 65 € zu haben.

Capileira

Spezialität des höchstgelegenen Poqueira-Dorfes sind Lederarbeiten. **J. Brown** (Calle Doctor Castilla), ungeachtet des Namens ein waschechter Spanier, fertigt ausgezeichnete Taschen, Gürtel und Hüte im Westernstil, alles in Handarbeit. Hinter dem Laden kann man ihm bei der Arbeit zu sehen.

Pitres

Wie die ganze Region Las Alpujarras zieht La Taha zahlreiche Künstler und Kunsthandwerker (darunter viele Frauen) an. Exquisite handgemachte Kacheln mit einem unverkennbaren maurischen Einschlag gibt's bei **Alizares Fatima** (☎958 76 61 07; Calle Paseo Marítimo 19) am Rand von Pitres.

Trevélez

Das höchstgelegene Dorf Spaniens ist im ganzen Land für seinen Schinken bekannt. Kaufen kann man ihn bei **Jamones González** (Calle Nueva), das auch andere regionale Gourmetprodukte im Angebot hat.

ravedi.com; EZ/DZ/3BZ 60/80/102 €), eine rustikale Unterkunft mit allem Komfort wie Satelliten-TV und einem privaten Bar-Restaurant für die Hotelgäste. Im nahe gelegenen Mecina steht das einladende, französisch geführte Gästehaus **L'Atelier** (☎958 85 75 01; www.ivu.org/atelier; Calle Alberca 21; EZ/DZ inkl. Frühstück 35/50 €; ⏲März–Nov.; ✎). Es ist in einem alten Dorfhaus untergebracht, serviert auch vegetarische/vegane Mahlzeiten (Sa & So mittags, Mi–Mo abends) und betreibt eine Kunstgalerie. Darüber hinaus veranstalten die Besitzer vegetarische Kochkurse (50 € pro Tag). Im friedlichen Ferreirola bietet das **Sierra y Mar** (☎958 76 61 71; www.sierraymar.com; Calle Albaicín; EZ/DZ inkl. Frühstück 42/62 €; P ᯤ) neun Zimmer, die um Patios und Gärten liegen. Im Januar und Februar ist es geschlossen.

TREVÉLEZ

1150 EW. / 1476 M

Trevélez befindet sich in einem Tal, das fast so eindrucksvoll ist wie die Poqueira-Schlucht. Es rühmt sich, Spaniens höchstgelegenes Dorf zu sein (allerdings wird es von Valdelinares in Aragonien mit seinen 1700 m übertrumpft) und ist bekannt für seinen *jamón serrano.*

Auf einem baumbestandenen, terrassierten Hang westlich von Trevélez erstreckt sich **Camping Trevélez** (☎/Fax 958 85 87 35; www.campingtrevelez.net; Carretera Trevélez–Órgiva, Km 1; Erw./Zelt/Auto/Hütte 4,50/5/3,80/19 €; ⏲Jan.–Mitte Feb. geschl.). Der Platz hat umweltbewusste Besitzer und ein preiswertes Restaurant. Wanderer übernachten gern im **Hotel La Fragua I** (☎958 85 86 26; www.hotel

lafragua.com; Calle San Antonio 4; EZ/DZ 33/45 €), das Zimmer mit Kiefernholzmöbeln anbietet. Komfortabler ist der Anbau **La Fragua II** (DZ/3BZ 55/72 €). La Fragua schließt von Anfang Januar bis Anfang Februar. Sein Restaurant **Mesón La Fragua** (Hauptgerichte 7,50–12,50 €) liegt ein paar Häuser weiter und ist eines der besten der Stadt. Im **Mesón Joaquín** (☎958 85 85 60; Calle Puente; Hauptgerichte 9–14 €) schneiden weiß bekittelte Experten den *jamón* aus der Region in hauchdünne Scheiben, und die Forelle kommt vom Großhändler gleich dahinter.

ÖSTLICH VON TREVÉLEZ

Östlich von Trevélez wird die Landschaft schroffer und kahler, auch wenn die Dörfer immer noch von grünen Oasen umgeben sind. Die zentralen und östlichen Alpujarras haben ihren eigenen Zauber, locken aber weniger Touristen an als die westlichen Orte.

An- & Weiterreise

ALSA (☎958 18 54 80) bietet täglich drei Busverbindungen von Granada nach Órgiva (5 €, 1½ Std.), Pampaneira (6 €, 2 Std.), Bubión (6 €, 2¼ Std.), Capileira (6,50 €, 2½ Std.) und Pitres (6,50 €, 2¾ Std.) an. Zwei Busse fahren weiter nach Trevélez (7 €, 3¼ Std.) und Bérchules (9 €, 3¾ Std.). Zurück geht's von Bérchules um 5 und um 17 Uhr sowie von Pitres um 15.30 Uhr. Zudem verkehren zweimal täglich Busse von Granada nach Cádiar (8 €, 3 Std.) und Yegen (9 €, 3½ Std.).

Die Küste

Granadas 80 km lange Küstenlinie voll schroffer Felsen hat etwas vom Flair Amalfis, verströmt aber eine typisch spanische Atmosphäre. Die attraktiven Strandorte werden jeden Tag von mehreren Bussen aus Granada, Málaga und Almería angesteuert.

ALMUÑÉCAR

27 000 EW.

Almuñécar ist interessanter und zweifellos spanischer als die gesamte Costa del Sol. Von Granada oder Málaga aus kann man den Ort wunderbar im Rahmen eines Tagesausflugs besuchen. Die attraktive Altstadt, die dicht an der Küste inmitten von kleinen Buchten und steilen Klippen liegt, beherbergt das **Castillo de San Miguel** (Santa Adela Explanada; Erw./Kind 2,35/1,60 €; ⌚Di–Sa 10.30–13.30 & 16–18.30, So 10.30–14 Uhr) aus dem 16. Jh. und das **Museo Arqueológico** (Calle San Joaquín), das im Keller eines alten römischen Bauwerkes untergebracht ist (gleiche Öffnungszeiten/Preise wie im Castillo de San Miguel). Das Meeresufer ist ein toller Ort für einen *dar un paseo* (Abendspaziergang). Außerdem sollte man sich die steile Landzunge **Peñon del Santo** ansehen, die die beiden Strände teilt.

Gleich hinter der Playa de San Cristóbal stößt man auf ein tropisches Vogelgehege, den **Parque Ornitológico Loro-Sexi** (Erw./Kind 4/2 €; ⌚11–14 & 18–21 Uhr; 👪).

Sportfans können in und um Almuñécar sowie bei La Herradura paragliden, windsurfen, tauchen, segeln, reiten oder Canyoningtouren unternehmen . Infos dazu liefern die Touristeninformation und ihre Websites.

Schlafen & Essen

Hotel Al Najarra HOTEL €

(☎958 63 08 73; www.hotelnajarra.com; Calle Guadix 12; DZ/3BZ 58/81 €; ❄@📶🏊) Das moderne Hotel versprüht nicht gerade viel Charakter, bietet aber für Almuñécar ein tolles Preis-Leistungs-Verhältnis, denn viele Häuser sind hier ein bisschen abgenutzt. Die großen Zimmer öffnen sich alle auf Terrassen oder Balkone mit Blick auf den Garten hinterm Hotel und den Pool.

El Arbol Blanco ANDALUSISCH €€

(Urbanización Costa Banana; www.elarbolblanco.es; Avenida de la Costa del Sol; Hauptgerichte 8–19 €; ⌚Do–Di; ❄) Jorge und Nacho Rodriguez, zwei freundliche Brüder, führen dieses Restaurant, das einige kreative Optionen und traditionelle andalusische Gerichte wie die reichhaltige *paletilla de cordero asado* (Lammschulterbraten) auftischt.

La Yerbabuena ANDALUSISCH €€

(Calle Puerta del Mar 4–6; Hauptgerichte 9–18 €; ⌚Mi–Mo) Durch die Bar vorne geht's in den angrenzenden Speiseraum mit plüschigen Kissen und Kerzen sowie kleinen Töpfen *yerba buena* (Minze) auf allen Tischen. Die Karte mit spanischen Standardgerichten spiegelt eine ähnliche Liebe zum Detail wider, und Gerichte wie gegrilltes Milchlamm oder das reichhaltige Spargelgratin mit Garnelen werden nur mit den besten Zutaten zubereitet.

Praktische Informationen

Die zentrale Touristeninformation ist 1 km südwestlich hinter der Playa de San Cristóbal im pinkfarbenen neomaurischen Palacete La Najarra untergebracht. Die hübschen Gärten sind schon fast eine eigene Attraktion.

An- & Weiterreise

Gleich südlich der N340 liegt der **Busbahnhof von Almuñécar** (☎958 63 01 40; Avenida Juan

Carlos I 1). Mindestens sechs Busse fahren täglich nach Almería (10 €, 2 Std.) und Málaga (6,50 €, 1¾ Std.), acht nach Granada (7,50 €, 1½ Std.), elf nach La Herradura (1 €, 10 Min.) und 13 nach Nerja (2,50 €, 30 Min.) und Salobreña (1,50 €, 15 Min.). Ein Bus verkehrt von Montag bis Samstag um 16.30 Uhr nach Órgiva (4 €, 1¼ Std.).

DIE PROVINZ JAÉN

Die Provinz Jaén steht nur selten auf dem Reiseplan von Andalusien-Besuchern, obwohl sie eine tolle Gegend für Liebhaber von Olivenöl, Renaissance-Architektur und zerklüfteten Bergregionen mit seltenen Pflanzen und Tieren ist. Die schönsten Bauwerke findet man in Baeza und Úbeda, außerdem lockt hier der Parque Natural de Cazorla, Spaniens größtes Naturschutzgebiet. Olivenbäume sind hingegen überall zu sehen, da es in Jaén unzählige Plantagen gibt (die Provinz ist mit einem internationalen Marktanteil von 10 % der weltgrößte Produzent von Olivenöl).

Jaén

116 000 EW. / 575 M

Man muss kein Genie sein, um sich vorzustellen, was Jaéns wirtschaftliche Hauptsäule ist. Dank der Olivenhaine, die bis an die Grenzen der Stadt branden, füllt das „flüssige Gold" schon seit Langem die hiesigen Kassen und versorgt eine der dynamischsten und am wenigsten bekannten Tapas-Meilen in Andalusien. Außerdem beherbergt Jaén eine trutzige Burg und eine prachtvolle Kathedrale, die einer doppelt so großen Stadt würdig wäre. Dazwischen erstrecken sich zahlreiche schmale Gassen mit verrauchten Bars, höhlenartigen Tavernen und *mucha alegría* (viel Freude). Willkommen in Andalusiens unaufdringlicher Kernregion!

Die Provinz Jaén

Sehenswertes

Catedral KATHEDRALE

(Plaza de Santa María; Erw./Kind 5/1,50 €; Mo–Sa 10–18, So bis 12 Uhr) Die Größe und Pracht der Kathedrale, die an der Stelle einer alten Moschee gebaut wurde, stellt die ganze Stadt in den Schatten. Ihre **Südwestfassade** an der Plaza de Santa María wurde erst im 18. Jh. fertig und ist dank der zahlreichen Skulpturen des Sevillaners Pedro Roldán stärker vom Spätbarock als von der Renaissance geprägt. Alles in allem dominiert hier jedoch die Ästhetik der Renaissance, besonders in der Größe und der architektonischen Solidität des Bauwerks mit seinen riesigen Rundbogen und den Gruppen korinthischer Säulen, die ihm optisch viel Kraft verleihen.

GRATIS **Palacio de Villardompardo** PALAST

(Plaza de Santa Luisa de Marillac; Di–Fr 9–20, Sa & So 9.30–14.30 Uhr) Dieser Renaissancepalast, der bei Redaktionsschluss gerade renoviert wurde, 2013 aber wieder öffnen soll, besitzt drei besondere Attraktionen: die **Baños Árabes** (Arabische Bäder) aus dem 11. Jh., begehbar über einen transparenten Weg, der einen Blick auf die Ausgrabungen ermöglicht; das **Museo de Artes y Costumbres Populares** (Museum für Volkskunst und -traditionen), das Zeugnisse des harten Landlebens in der Provinz in vorindustrieller Zeit präsentiert, und das **Museo Internacional de Arte Naïf** (Internationales Museum für Naive Kunst) mit einer großen internationalen Sammlung farbenfroher, amüsanter Kunstwerke. Besucher können beim Betrachten der Details ganze Stunden verbringen.

Castillo de Santa Catalina BURG

(Cerro de Santa Catalina; Eintritt 3 €; Di–Sa 10–14 & 17–21 Uhr) Vom Felsen Cerro de Santa Catalina wacht das frühere islamische Castillo de Santa Catalina über der Stadt. Bei Redaktionsschluss war es wegen Bauarbeiten geschlossen, das *Centro de Interpretacíon* (Interpretationszentrum) dürfte aber inzwischen wieder geöffnet sein. Hinter der Burg am Rand des Hügels steht ein großes **Kreuz**, von dort genießt man großartige Aussichten über die Stadt und die Olivenhaine dahinter.

Schlafen

Parador Castillo de Santa Catalina HISTORISCHES HOTEL €€€

(953 23 00 00; www.parador.es; Cerro de Santa Catalina; Zi. inkl. Frühstück 142 €;) Dieser *parador* thront oben auf dem Cerro de Santa Catalina gleich neben der Burg und verfügt über wunderbare Gewölbedecken. Alle Zimmer sind luxuriös mit eleganten Möbeln, einige sogar mit Himmelbetten ausgestattet. Abgerundet wird der gute Eindruck durch ein tolles Restaurant und eine Bar mit Terrassenplätzen, um die wunderbare Aussicht auszukosten.

Hotel Xauen HOTEL €

(953 24 07 89; www.hotelxauenjaen.com; Plaza del Deán Mazas; EZ/DZ inkl. Frühstück 50/60 €;) Mit einer herrlichen Lage im Zentrum des historischen Viertels punktet dieses Hotel. Die öffentlichen Bereiche sind mit großen, bunten Fotos der Stadt geschmückt; in den geräumigen Zimmern dominiert Beige. Von der Dachbar und vom Solarium bieten sich faszinierende Aussichten auf die Kathedrale.

Essen

Eine Tapas-Tour durch Jaén birgt viele angenehme Überraschungen, vor allem entlang der winzigen Calle del Cerón und dem Arco del Consuelo.

LP TIPP **El Gorrión** ANDALUSISCH €

(Calle Arco del Consuelo 7; Tapas ab 1,50 €) Aus den Boxen klingt lässiger Jazz, an den Wänden kleben alte Zeitungsausschnitte und neben den ovalen Eichenfässern hängen schiefe Gemälde bizarrer Landschaften. Die Bar wirkt, als ob sie schon seit Jahrhunderten von den einheimischen Kunden lebt – zumindest aber seit der Eröffnung 1888. Zu den einfachen, traditionellen Tapas schmeckt am besten der angebotene Sherry oder Wein.

Taberna La Manchega ANDALUSISCH €

(www.tabernalamanchegadejaen.com; Calle Bernardo López 12; platos combinados 4–10 €; Mi–Mo 10–17 & 20–1 Uhr) Seit 1880 gibt's diese Taverne, die schnörkellose, tolle Tapas serviert. Davon abgesehen kann man auch einfach einen Wein trinken und die interessanten Gäste beobachten. Eingänge ins La Manchega befinden sich sowohl in der Calle Arco del Consuelo als auch in der Calle Bernardo López.

Ausgehen

Eine coole Kneipe ist z. B. das **Deán** (Plaza del Deán Mazas; 11 Uhr–open end) mit seinen freiliegenden Stahlrohren und der dröhnenden Musik; hier geht's zu später Stunde heiß her. Das **Columbia 50** (Calle del Cerón 6; 10–21 Uhr) serviert internationale Kaffees und

Jaén

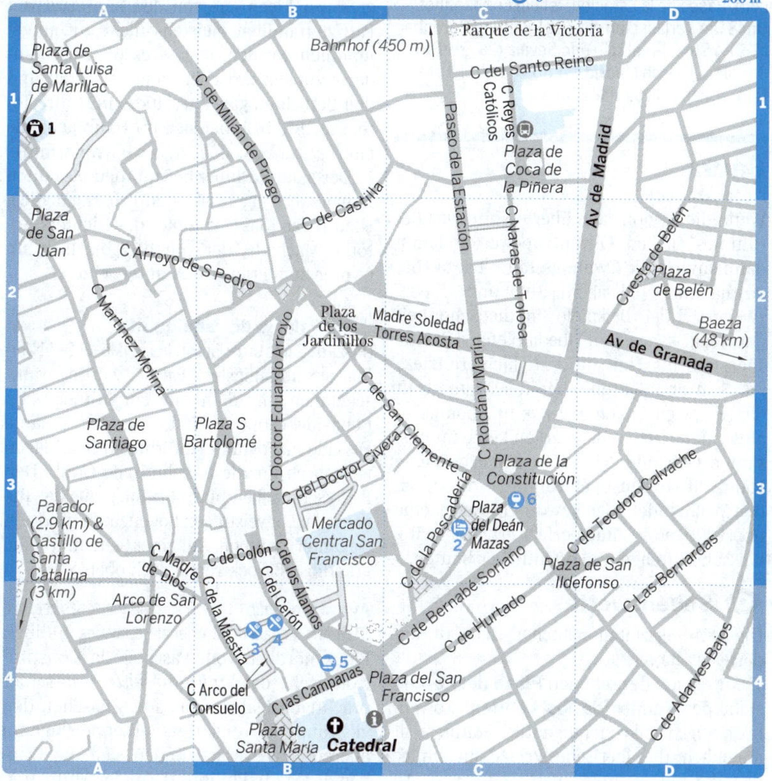

Trinkschokolade verfeinert mit diversen Leckereien, von irischem Whisky bis zu Honig und Sahne.

Praktische Informationen

Rund um die Plaza de la Constitución findet man jede Menge Geldautomaten.

Touristeninformation (www.andalucia.org; Calle de Valparaiso; ⌚Mo–Fr 10–20, Sa & So 10–13 Uhr) Die hilfsbereiten, mehrsprachigen Mitarbeiter warten mit vielen Informationen über die Stadt und die Provinz auf.

An- & Weiterreise

Busse von **ALSA** (www.alsa.es) fahren vom **Busbahnhof** (☎953 25 01 06; Plaza de Coca de la Piñera) nach Granada (8 €, 1¼ Std., 12-mal tgl.), Baeza (4 €, 45 Min., 11-mal tgl.), Úbeda (5 €, 1 Std., 12-mal tgl.) und Cazorla (8,50 €, 3½ Std., 3-mal tgl.). Die Busse nach Ureña verkehren weiter bis Córdoba und Sevilla. Auch nach Málaga und Almería gibt's Verbindungen.

Jaén

Highlights

Catedral B4

Sehenswertes

Baños Árabes .... (siehe 1)
Museo de Artes y Costumbres Populares .... (siehe 1)
Museo Internacional de Arte Naïf .... (siehe 1)
Palacio de Villardompardo A1

Schlafen

2 Hotel Xauen C3

Essen

3 El Gorrión B4
4 Taberna La Manchega B4

Ausgehen

5 Columbia 50 .... B4
6 Deán C3

Der **Bahnhof** (☎953 27 02 02; www.renfe.com; Paseo de la Estación) ist ein Endbahnhof. Um 8 Uhr verlässt ihn ein Zug Richtung Córdoba (12, 1¾ Std., 4-mal tgl.) und Sevilla (29, 2½ Std., 3-mal tgl.). Nach Madrid (31,50 €, 4 Std., 3-mal tgl.) verkehren ebenfalls Züge.

Baeza

17 000 EW. / 790 M

Wenn die Region Jaén überhaupt etwas Berühmtes (neben Oliven) vorweisen kann, dann sind es die Zwillingsstädte Baeza (Ba-*äh*-tha, mit englischem „th") und Úbeda, zwei prächtige Beispiele für die Schönheit der Renaissance. Von Úbeda bietet sich eine Tagestour ins 9 km entfernte kleinere Baeza an. Sein architektonischer Reichtum straft das Vorurteil Lügen, dass es in Andalusien außer maurischen Bauwerken keine interessanten Gebäude gebe. Hier hinterließ eine Handvoll streitlustiger Familien, die durch den Wollhandel reich geworden waren, eine überwältigende Fülle perfekt erhaltener Renaissancekirchen und öffentlicher Bauten.

Sehenswertes

Die Öffnungszeiten mancher Gebäude ändern sich häufig.

Mitten auf der schönen **Plaza del Pópulo** steht der **Fuente de los Leones** (Löwenbrunnen). Die krönende antike Statue stellt angeblich die iberische Prinzessin Imilce dar, die mit Hannibal verheiratet war. An der Südseite des Platzes befindet sich die **Casa del Pópulo** im Platereskstil. Sie wurde gegen 1540 errichtet und beherbergt heute die hilfsbereite Touristeninformation.

GRATIS Catedral — KATHEDRALE

(Plaza de Santa María; Spenden erwünscht; ⌚Okt.–März 10.30–13 & 16–18 Uhr, April–Sept. 10.30–13 & 17–19 Uhr) Baezas Kathedrale weist verschiedene Stile auf, wobei Renaissanceelemente aus dem 16. Jh. dominieren. Ihr Inneres wurde von Andrés de Vandelvira und Jerónimo del Prado gestaltet. Eine der Kapellen birgt eine lebensgroße Szene des Letzten Abendmahls mit filigranen Wachsfiguren und einer Maria in viktorianischen Volants aus cremefarbener Spitze und Perlen.

GRATIS Antigua Universidad — HISTORISCHES GEBÄUDE

(Alte Universität; Calle del Beato Juan de Ávila; ⌚Mi–So 10–14 & 16–19 Uhr) Die historische Universität der Stadt wurde 1538 gegründet und entwickelte sich zu einer Quelle progressiver Ideen, die von den konservativen Patrizierfamilien meistens nicht gut aufgenommen wurden, sodass es oft Auseinandersetzungen zwischen den Gelehrten und den Betuchten gab. Sie schloss 1824 ihre Tore, seit 1875 befindet sich im Hauptgebäude ein *instituto de bachillerato* (Gymnasium).

Der zentrale Innenhof mit den eleganten Renaissancebogen ist öffentlich zugänglich, ebenso das Klassenzimmer des Dichters Antonio Machado, der von 1912 bis 1919 am Gymnasium Französisch unterrichtete.

GRATIS Palacio de Jabalquinto — PALAST

(Plaza de Santa Cruz; Eintritt frei; ⌚Mo–Fr 9–14 Uhr) Baezas auffälligster Palast wurde wahrscheinlich im 16. Jh. für ein Mitglied der Benavides-Sippe gebaut. Die extravagante Fassade mit pyramidenförmigen Beschlägen ist typisch für die isabellinische Gotik. Den Patio schmücken Marmorsäulen aus der Renaissance, zweistufige Bogengänge und ein eleganter Brunnen. Auf einer Seite führt eine grandiose Barocktreppe nach oben.

Ayuntamiento — HISTORISCHES GEBÄUDE

(Rathaus; Pasaje del Cardenal Benavides 9) Einen Block nördlich vom Paseo de la Constitución steht das *ayuntamiento* mit seiner prächtigen Platereskfassade. Zwischen den vier kunstvoll verzierten Balkonportalen im oberen Stockwerk befinden sich die Wappen der Stadt, Philipps II. (in der Mitte) und des Richters Juan de Borja, der das Rathaus bauen ließ. Ursprünglich diente das Gebäude als Gericht und praktischerweise auch als Gefängnis.

GRATIS Torre de los Aliatares — TURM

(Turm der Aliatares; Plaza de España) Der einsame Torre de los Aliatares ist eines der wenigen Überbleibsel des muslimischen Bayyasa, wie die Stadt von den Muslimen genannt wurde. Der Turm überlebte auf wundersame Weise den Befehl der zerstörerischen Katholischen Königin Isabella von 1476, alle Festungsanlagen der Stadt zu schleifen.

Schlafen & Essen

Dank seines reichen architektonischen Erbes bietet Baeza eine große Auswahl an Hotels, die in schön restaurierten Gebäuden untergebracht sind. Restaurants findet man vor allem auf dem Paseo de la Constitucíon, aber auch in der Altstadt gibt's einige hervorragende Lokale.

LP TIPP **La Casona del Arco** BOUTIQUE-HOTEL €€
(☎953 74 72 08; www.lacasonadelarco.com; Calle Sacramento 3, Baeza; Zi. 70 €; ❄📶🏊) Ein geschmackvoll restaurierter Palast aus dem 16. Jh. im historischen Zentrum mit allem modernen Komfort, z. B. einem Spa. Die wunderbaren Zimmer sind mit Parkettböden, hellem Stein, ocker getünchten Wänden und hohen Decken (oder Balken) versehen. Es gibt einen großen Garten und einen kleinen Pool. Insgesamt wirkt das Hotel gediegen exklusiv – und das bei dem Preis!

Palacio de los Salcedo HOTEL €
(☎953 74 72 00; www.palaciodelossalcedo.com; Calle San Pablo 8, Baeza; Zi. 60 €; ❄📶) Der einzige originale Teil dieses Palasts aus dem 16. Jh. ist die Fassade. Der Rest sieht zwar authentisch aus, ist jedoch imitiert, von den aufwendig verzierten und bemalten Decken bis zu den Wandbildern, Säulen und Bogen. Der Wandanstrich in Wischtechnik der 80er-Jahre wirkt veraltet und einige der goldverzierten Möbel sind ziemlich kitschig. Insgesamt ist die Atmosphäre aber abgemessen historisch.

Mesón Restaurante La Góndola ANDALUSISCH €€
(www.asadorlagondola.com; Portales Carbonería 13, Paseo de la Constitución; Hauptgerichte 8–16 €) In dem fantastisch lokalen, stimmungsvollen Restaurant tragen der Holzofengrill hinter der Bar, der fröhliche Service und das gute Essen ihren Teil zum Flair bei. Empfehlenswert: die *patatas baezanas,* eine vegetarische Köstlichkeit aus großen Portionen Bratkartoffeln mit Pilzen.

Restaurante Palacio Sánchez Valenzuela ANDALUSISCH €€
(Calle San Pablo 24; Menü 12 €, Hauptgerichte 10 €) Auch unter dem Namen Nueva Casino bekannt. Gespeist wird im Innenhof des Palasts aus dem 16. Jh., doch das klingt leider besser, als es ist: Die Stühle sind aus Metall und es gibt keinen Schatten. Trotzdem beeindruckt das Ambiente, und die Küche liefert schlichte einheimische Kost, u. a. ein preiswertes Menü.

ℹ Praktische Informationen

Touristeninformation (☎953 77 99 82, 953 77 99 83; www.andalucia.org; Plaza del Pópulo; ⏲April–Sept. Mo–Fr 9–19.30, Sa, So & Feiertage 9.30–15 Uhr) Ist südwestlich des Paseo de la Constitución im früheren Gerichtsgebäude Casa del Pópulo aus dem 16. Jh. untergebracht.

ℹ An- & Weiterreise

ALSA (www.alsa.es) verkehrt nach Jaén (4 €, 1 Std., 14-mal tgl.), Úbeda (1,05 €, 15 Min., 19-mal tgl.) und Granada (11,75 €, 2 Std., 10-mal tgl.). Außerdem fahren Busse nach Cazorla (4,40 €, 1¾ Std., 3-mal tgl.), Córdoba (10,50 €, 2½ Std., 2-mal tgl.) und Sevilla (39,7 €, 4½ Std., 2-mal tgl.).

Der nächste Bahnhof ist **Linares-Baeza** (☎953 65 02 02; www.renfe.es), 13 km nordwestlich der Stadt. Von dort fahren täglich ein paar Züge nach Granada, Córdoba, Sevilla, Málaga, Cádiz, Almería, Madrid und Barcelona. Von Montag bis Samstag gibt's für die meisten Züge Anschlussbusse. Ein Taxi zum Bahnhof kostet 15 €.

Úbeda

36 000 EW. / 760 M

Úbeda (*U*-we-da) ist das etwas andere Gegenstück zu seiner kleinen Schwester Baeza. Neben ihrer prächtigen Architektur beherbergt die Stadt auch zahlreiche gute Tapas-Bars und Restaurants sowie interessante Antiquitätengeschäfte, darüber hinaus befinden sich hier einige der besten Töpferwerkstätten Spaniens.

Den kulturellen Einflüssen der italienischen Renaissance ausgesetzt und vom Wohlstand der mächtigen Familie Molina profitierend, entwickelte sich Úbeda schließlich zu einem der reinsten Beispiele spanischer Renaissancearchitektur. Die Stadt ist (zusammen mit dem benachbarten Baeza) eine der wenigen in Andalusien, in der man grandiose Bauwerke bewundern kann, die *nicht* von den Mauren gebaut wurden.

👁 Sehenswertes

Sacra Capilla del Salvador KAPELLE
(Plaza Vázquez de Molina; Erw./Kind 3/1,50 €; ⏲Mo–Sa 10–14 & 16–19.30, So 11.15–14 & 17–20 Uhr) Am schönsten zeigen sich die reinen Linien der Renaissance in dieser berühmten Kapelle. Sie war das erste von vielen Werken, die der gefeierte Architekt Andrés de Vandelvira in Úbeda schuf. Die **Hauptfassade**, ein herausragendes Beispiel des Platereskstils, wurde nach dem Vorbild der Puerta del Perdón von Diego de Siloé in der Kathedrale von Granada (S. 779) gestaltet.

Das klassische Portal krönt eine Darstellung der Verklärung des Herrn, flankiert von Statuen der Heiligen Petrus und Paulus. Die Unterseite des Bogens schmückte der Franzose Esteban Jamete mit überbordender Bildhauerkunst, darunter auch Skulpturen griechischer Götter – eine Facette der Renaissance, die noch wenige Jahrzehnte zuvor undenkbar gewesen wäre.

Gleich neben der *capilla* (Kapelle) steht der **Palacio del Condestable Dávalos**. Er wurde im 17. Jh. teilweise umgebaut und beherbergt heute den luxuriösen *parador* der Stadt.

Plaza del 1° de Mayo HISTORISCHE STÄTTE

Diese imposante Plaza war ursprünglich der Marktplatz und die Stierkampfarena der Stadt. Während der Inquisition brannten hier auch die Scheiterhaufen, und die hiesigen Honoratioren schauten von der Galerie des Antiguo Ayuntamiento (Alten Rathauses) in der südwestlichen Ecke aus zu.

Die Einwohner verliehen ihrer politischen Überzeugung deutlich Ausdruck und benannten den Platz, der den (faschistischen) Namen Plaza del Generalissimo trug, vor einigen Jahren um.

Sinagoga del Agua HISTORISCHE STÄTTE

(Calle Roqas 2; Eintritt 4 €; ⌚10–20.30 Uhr) Es gibt Zeugnisse für die Existenz einer beträchtlichen jüdischen Gemeinschaft in Úbeda, die bis ins 10. Jh. zurückgeht. Damals lebten die Juden friedlich mit den sehr viel zahlreicheren Muslimen zusammen. Doch erst 2006 wurde diese Synagoge mit Wohnung des Rabbis von einem erfrischend anständigen Immobilienhändler entdeckt. Dieser kaufte das Grundstück, um alles abzureißen und Apartments zu bauen – nur um dann festzustellen, dass mit jedem Schlag der Spitzhacke ein neues faszinierendes archäologisches Puzzleteil zum Vorschein kam.

Das Ergebnis ist das jüngste Museum der Stadt, ein sensibler Nachbau der jahrhundertealten Synagoge. Wo immer möglich, wurde das originale Mauerwerk bewahrt, darunter Säulen, Kapitelle und Bogen. Manche Wände tragen noch jüdische Symbole. Bei den Ausgrabungen entdeckte man auch eine separate Galerie für Frauen und eine *bodega*, deren riesige Gefäße noch am ursprünglichen Platz stehen.

GRATIS **Hospital de Santiago** KULTURZENTRUM

(Calle Obispo Cobos; ⌚Mo–Fr 8–15 & 16–22, Sa & So 11–15 & 18–22 Uhr) Vandelviras letztes architektonisches Werk war das Hospital de Santiago. Es wurde 1575 fertiggestellt und wird oft der Escorial von Andalusien genannt – eine Referenz an das berühmte alte Kloster vor den Toren Madrids, das als Vorläufer des von Vandelvira gepflegten Barockstils gilt. Heute beherbergt der Bau das Kulturzentrum von Úbeda mit einer Bibliothek, einer kommunalen Tanzschule und einem Ausstellungssaal. Von der Nordwestecke der Plaza de Andalucía biegt man links in die Calle Mesones ein; dort findet man das Zentrum ein paar Blocks weiter auf der rechten Seite.

Schlafen & Essen

Palacio de la Rambla HISTORISCHES HOTEL €€

(☎953 75 01 96; www.palaciodelarambla.com; Plaza del Marqués de la Rambla 1, Úbeda; DZ/Suite inkl. Frühstück 96/120 €; ❄📶) Der hinreißendste umgewandelte Palast der Stadt bietet ebenso hinreißende Zimmer im Haus der Marquesa de la Rambla. Ohne zu übertreiben, darf man dies als eine der überwältigendsten Unterkünfte in Andalusien bezeichnen. Herrlich romantisch ist der mit Efeu bedeckte Patio, der nur den Gästen vorbehalten ist. Jedes Zimmer wurde mit kostbaren Antiquitäten eingerichtet und hat einen eigenen Salon, fast so, als wäre man zu Besuch bei adligen Freunden statt in einem Hotel. Das Frühstück wird in der früheren *bodega* oder im Zimmer serviert. Im Juli/August ist das Haus zeitweise geschlossen.

Parador Condestable Dávalos HISTORISCHES HOTEL €€€

(☎953 75 03 45; www.parador.es; Plaza Vázquez de Molina; Zi. 160 €; P❄📶) Die *paradores* besetzen ja immer die beste Lage und das beste Gebäude in jeder Stadt, und auch Úbeda hat sein schönstes Fleckchen – mit Blick auf die wundervolle Plaza Vázquez de Molina – dafür hergegeben. Das Hotel ist in einem historischen Bauwerk, dem Palacio del Deán Ortega, untergebracht. Natürlich wurde es komfortabel modernisiert und angemessen luxuriös ausgestattet. Es hat auch eins der besten Restaurants der Stadt.

Hotel Postigo HOTEL €

(☎953 75 00 00; www.hotelelpostigo.com; Calle Postigo 5; EZ/DZ 40/50 €; 📶🏊) In einer charmanten kopfsteingepflasterten Seitenstraße mit vielen Parkplätzen rundum findet man dieses angenehm kleine Hotel. Die geräumigen, modernen Zimmer sind mit Parkettboden und glänzenden schwarzen Möbeln eingerichtet. Zum Haus gehört eine hübsche Terrasse und im großen gemeinschaftlichen Wohnzimmer lodert im Winter ein Holzfeuer.

LP TIPP **Zeitúm** EUROPÄISCH €€

(www.zeitum.com; Calle San Juán de la Cruz 10; Hauptgerichte 14–20 €; ⌚Di–Sa, So mittags) Die-

NICHT VERSÄUMEN

ANTIQUITÄTEN & FLAMENCO

Die **Casa Museo Arte Andalusí** (☎953 75 40 14; Calle Narvaez 11; Eintritt 2 €; ⏲11–14 & 17–20 Uhr) ist ein faszinierendes Privatmuseum, in dem regelmäßig Flamenco-Vorführungen stattfinden. Schon die Originaltür aus dem 16. Jh. mit schönen Schnitzereien verrät, dass es sich hier um etwas ganz Besonderes handelt. Wenn geschlossen ist, einfach klingeln!

Der Besitzer Paco Castro hat den ehemaligen Palast liebevoll restauriert, ohne seinen verblichenen Charme zu zerstören (das heißt, er hat ihn nicht bloß in ein weiteres „historisches Boutique-Hotel" verwandelt). Wenn man danach fragt, zeigt er einem den Davidsstern, der im zentralen Patio in eine der erhalten gebliebenen Säulen geritzt ist. Darüber befinden sich Balkone und im Mudejarstil bemalte Decken und Traufen. Diese alternde Pracht bietet das ideale Ambiente für Pacos faszinierende Antiquitätensammlung. Sie umfasst Keramik aus dem 19. Jh., einen Brunnen aus dem 14. Jh., Buntglas, alte Mühlsteine, bemalte Kacheln, Wandteppiche, Truhen mit kunstvollen Schnitzereien und Kunstwerke aus ganz Spanien und Marokko.

Im unteren Geschoss befindet sich die einstige *bodega* mit einem Tonnengewölbe, die mit Fotos von Paco und seinen Flamenco-Freunden geschmückt ist, darunter der berühmte Maestro Paco de Lucia, der hier früher gespielt hat. Versprechen kann man natürlich nichts, doch in der Regel ist die wöchentliche Flamenco-Show am Samstag um 21.30 Uhr erstklassig (18 € inkl. ein Getränk). Es empfiehlt sich, im Voraus zu buchen.

ses Restaurant befindet sich in einem weiteren historischen Gebäude aus dem 14. Jh. im früheren jüdischen Viertel. Sein Besitzer zeigt Gästen gern die originale Zisterne und das Mauerwerk und Gebälk mit jüdischen Symbolen. Der faszinierende Ort bildet einen ziemlichen Kontrast zum Einheitsbrei der modernen Kettenrestaurants. Hier werden die Olivenöl-Verkostungen genauso ernst genommen wie die Zubereitung solch großartiger Gerichte wie Tatarbeefsteak oder Rebhuhnsalat – eine Lieblingsspeise der Einheimischen.

Mesón Restaurante Navarro ANDALUSISCH **€**
(Plaza del Ayuntamiento 2; Menü 15 €, raciones 4–12 €) Weil die Einwohner das Navarro lieben, ist es immer rappelvoll. Die Tapas werden an der Bar oder im Sommer draußen am sonnigen Platz serviert. Es gibt auch ein Tagesmenü mit ausgefallenen Gerichten wie Wildbret mit Rosmarin. Auf dem Schild steht übrigens einfach „Mesón Restaurante".

La Taberna ANDALUSISCH **€**
(Calle Real 7; Hauptgerichte 6–10 €; 👪) Kinder rennen schreiend herum, ihre Eltern verputzen Tapas und stoßen mit ihren Gläsern an, die Leute hinter der Bar schwitzen und arbeiten wie verrückt – eine typisch spanische abendliche Szene in dieser beliebten Tapas-Bar. Einfach einen Drink bestellen, die Tapa bekommen und sich dazugesellen. Hier kann man auch gut frühstücken.

Taberna La Imprenta ANDALUSISCHE NOUVELLE CUISINE **€€**
(Plaza del Doctor Quesada 1; Hauptgerichte 10–13 €; ⏲Mi–Mo) Die wunderbare ehemalige Druckerei, die stilvoll eingerichtet ist und gern von der Schickeria der Stadt besucht wird, serviert zu den Getränken kostenlos leckere Tapas. Wer will, kann sich auch setzen und Garnelensalat, erstklassige Fleischgerichte und flotte kleine Desserts wie Grünes Apfelsorbet mit Gin auf zerstoßenem Eis essen.

Shoppen

Die typische smaragdgrüne Glasur der Töpferwaren von Úbeda geht auf die Zeit der Mauren zurück. Mehrere Läden in der Cuesta de la Merced und Calle Valencia im Barrio San Millán, dem Töpferviertel nordöstlich der Altstadt, verkaufen ihre Erzeugnisse an Ort und Stelle. Manche Töpfer erklären Interessierten gerne die alten Techniken, nach denen sie arbeiten. Die **Alfarería Tito** (Plaza del Ayuntamiento 12) bietet ebenfalls ein großes Keramiksortiment, darunter die beliebten blau-cremefarbenen Stücke, deren Herstellung einen hohen Aufwand erfordert.

Praktische Informationen

Regionale Touristeninformation (☎953 75 08 97; otubeda@andalucia.org; Calle Baja del Marqués 4; ⏲Mo–Fr 9–14.45 & 16–19, Sa 10–14 Uhr) Befindet sich in der Altstadt im Palacio Marqués de Contadero aus dem 18. Jh.

An- & Weiterreise

Der **Busbahnhof** (☎953 75 21 57; Calle San José 6) liegt nordwestlich vom Zentrum im neuen Teil der Stadt. **ALSA** (www.alsa.es) verkehrt nach Baeza (1,05 €, 15 Min., 19-mal tgl.), Jaén (5 €, 1 Std., 15-mal tgl.), Cazorla (3,85 €, 1 Std., 5-mal tgl.), Granada (11,85 €, 3 Std., 10-mal tgl.) und Córdoba (11 €, 2½ Std., 5-mal tgl.).

Cazorla

8100 EW. / 885 M

Zu den liebsten Hobbys der Bewohner dieses zauberhaften Ortes etwa 45 km östlich von Úbeda gehört die Jagd. Cazorla liegt am Fuß eines Berges und ist ein guter Ausgangspunkt, um den größten Naturpark Spaniens zu besuchen.

Sehenswertes

An einem Ende der **Plaza de Santa María** erhebt sich die Ruine der **Iglesia de Santa María**. Sie wurde im 16. Jh. von Andrés de Vandelvira errichtet und später von Napoleons Truppen zerstört. Ein 3,5 km langer Rundweg führt von hier zur **Ermita San Sebastián**. Unterwegs kann man viele Vogelarten beobachten. Oder man wandert den kürzeren Weg zum **Castillo de la Yedra** mit dem **Museo del Alto Guadalquivir** (Castillo de la Yedra; Eintritt 1,50 €; ⌚Di 14.30–20, Mi–Sa 9–20, So 9–14 Uhr), das Kunst und Relikte aus der lokalen Geschichte präsentiert.

Schlafen & Essen

In Cazorla werden wundervolle Tapas zubereitet, z. B. *rin-ran* (gesalzener Kabeljau mit Kartoffeln und roter Paprika), *talarines* (Pasta), *gachamiga* (eine Art spanische Polenta) und *carne de monte* (Fleisch, meist Wild). Außerdem kann man das herrliche Olivenöl der Sierra de Cazorla probieren; es hat einen fruchtigen, leicht bitteren Geschmack.

Hotel Guadalquivir HOTEL €
(☎953 72 02 68; www.hguadalquivir.com; Calle Nueva 6; EZ/DZ 40/50 €; ❄) Preiswert und fröhlich: Das Guadalquivir hat komfortable Zimmer in Blautönen mit Kiefernholzmöbeln, Fernsehern und Heizung, aber ohne denkwürdige Aussicht. Die Einzelzimmer können ein bisschen eng sein, doch die Lage des Hotels ist toll und das Preis-Leistungs-Verhältnis gut.

Bar Las Vegas TAPAS €
(Plaza de la Corredera 17; raciones 6 €) Vor der besten Bar von Cazorla stehen Tische aus Fässern (dafür mangelt's drinnen etwas an Atmosphäre). Lecker ist *revuelto* (Rührei) mit Garnelen und Paprika, außerdem gibt's hier das beste Frühstück der Stadt, *tostadas* (Toast) mit verschiedenen Belägen, z. B. die klassischen zerdrückten Tomaten mit Knoblauch und Olivenöl.

Mesón Don Chema ANDALUSISCH €€
(Calle Escaleras; Hauptgerichte 10–17 €) Unter den Geweihen, die die Wände zieren, können sich Hungrige Wild, Schweinefleisch und viele andere Fleischgerichte schmecken lassen, aber auch so spannende hiesige Spezialitäten wie *huevos cazorleña* (Eintopf mit in Scheiben geschnittenen gekochten Eiern, Chorizo und Gemüse).

Praktische Informationen

Oficina de Turismo Municipal (☎953 72 08 75; Paseo del Santo Cristo 19; ⌚10–13 & 17–19.30 Uhr) 200 m nördlich der Plaza de la Constitución. Hier gibt's hilfreiche Infos zum Parque Natural de las Sierras de Cazorla, Segura y Las Villas sowie zu Cazorla.

An- & Weiterreise

Busse von **ALSA** (www.alsa.es) fahren nach Úbeda (3,85 €, 1 Std., 5-mal tgl.), Jaén (4,40 €, 1¾ Std., 3-mal tgl.) und Granada (16 €, 3¾ Std., 3-mal tgl.). Die zentrale Haltestelle in Cazorla ist die Plaza de la Constitución. Ein paar Busse verkehren von Cazorla nach Coto Ríos im Parque Natural de las Sierras de Cazorla, Segura y Las Villas, mit Halt in Arroyo Frío und Torre del Vinagre.

Parque Natural de Cazorla

Der **Parque Natural de las Sierras de Cazorla, Segura y Las Villas** nimmt fast den ganzen Ostteil der Provinz Jaén ein und besteht aus schroffen Bergketten mit Hochebenen und tiefen, bewaldeten Tälern. Mit seinen 2143 km² ist er das größte Naturschutzgebiet des Landes und eine der besten Gegenden in Spanien, um die heimische Tierwelt zu beobachten. Hier hat man gute Chancen, Wildschweine, Rot- und Damhirsche, Steinböcke und Mufflons (Wildschafe) zu entdecken. Außerdem wachsen im Park ganze 2300 Pflanzenarten.

Andalusiens längster Fluss, der Guadalquivir, entspringt im Süden des Parks. Von dort fließt er zuerst nordwärts in den Stausee Embalse del Tranco de Beas und dann westwärts Richtung Atlantik.

Die spektakuläreren Abschnitte und Wanderrouten des Gebietes sind leider nur mit einem privaten Fahrzeug zu erreichen. Am besten plant man seinen Besuch zwischen Ende April und Juni oder im September und Oktober, denn in diesen Monaten herrschen hier milde Temperaturen. In der Semana Santa (Karwoche) sowie im Juli und August kommen die meisten Touristen.

Der Park beginnt nur einige Hundert Meter den Hügel hinauf östlich von Cazorla.

Sehenswertes & Aktivitäten

Cazorlas Touristeninformation verfügt über Karten und Beschreibungen von sechs Wanderwegen (8–23 km) und sieben Autorouten.

RÍO-BOROSA-WANDERROUTE

Auch wenn auf dieser Route an Wochenenden, Feiertagen und in der Ferienzeit ziemlich viel los ist, erfreut sich die rund siebenstündige Wanderung (hin & zurück, ohne Pausen) nicht grundlos einer solch großen Beliebtheit. Sie folgt dem Lauf des Río Borosa zu zwei schönen Bergseen und steigt auf der 12 km langen Wegstrecke vom Torre del Vinagre 500 m an. Wer mit dem Bus zu dem Turm fährt, kann die Tour auch als Tagesausflug von Cazorla aus unternehmen (vor dem Aufbruch sollte man unbedingt die aktuellen Abfahrtszeiten checken). Flaschen können unterwegs mit dem Quellwasser aufgefüllt werden; die letzte Möglichkeit dazu besteht am Wasserkraftwerk Central Eléctrica.

Gegenüber dem Torre del Vinagre überquert die Straße mit dem „Central Eléctrica"-Schild den Guadalquivir und erreicht nach 1 km den markierten Startpunkt der Wanderroute rechts vom Río Borosa. Das erste Stück ist unbefestigt und führt über mehrere Brücken. Wenn der Weg 4 km weiter nach links anzusteigen beginnt, nimmt man den Pfad, der rechts abzweigt. Nun folgt ein schöner 1,5 km langer Abschnitt, auf dem sich das Tal zur Schlucht **Cerrada de Elías** verengt und der Weg zu einem Holzsteg wird, sodass man nicht im Wasser umherwaten muss. Danach geht's wieder auf einen befestigten Pfad, der nach 3 km das Central-Eléctrica-Kraftwerk erreicht. Gleich dahinter zeigt ein Wegweiser bergauf zur Laguna de Valdeazores. Wer ihm folgt, kommt durch eine dramatische Berglandschaft und zwei Tunnel, die Wasser zum Kraftwerk leiten (aber trockenen Fußes zu passieren sind), bis sich vor einem die **Laguna de Aguas Negras**, ein Stausee, und die natürliche **Laguna de Valdeazores** erstrecken.

HORNOS & EL YELMO

Auf einem hohen Felsmassiv thront **Hornos**, ein Dörfchen mit einer romantischen Burgruine und einem traumhaften Blick auf das Nordende des Stausees Embalse del Tranco. Die südliche Anfahrt ist respekteinflößend. 10 km nordöstlich von Hornos gelangt man zum Pass Puerto de Horno de Peguera mit einer Kreuzung. 1 km nördlich von dort führt eine unbefestigte Straße links hinauf zum Gipfel des **El Yelmo** (1809 m), einem der markanteren Berge im Nordteil des Parks. Bis ganz nach oben sind es 5 km bei einem Höhenunterschied von 360 m. Die Strecke ist auch befahrbar, aber lohnenswerter zu wandern, denn dabei kann man die Aussicht genießen und sieht möglicherweise Gänsegeier (am Wochenende gesellen sich Paraglider und Drachenflieger dazu). An der Gabelung nach 1,75 km muss man sich rechts halten.

SEGURA DE LA SIERRA

Das spektakulärste Dorf im Park thront 20 km nördlich von Hornos auf einem 1100 m hohen Berg, überragt von einer Burg. Segura wurde schon 1214 von den Rittern des Santiago-Ordens eingenommen und gehörte damit zu den ersten christlichen Rückeroberungen in Andalusien.

Auf dem Weg in den oberen Ortsteil passiert man die **Touristeninformation** (Calle Cortijos Nuevos; ⌚10.30–14 & 18.30–20.30 Uhr) neben der Puerta Nueva. Die beiden Hauptattraktionen des Ortes haben normalerweise jeden Tag durchgehend geöffnet, aber man fragt besser vorher nach.

Das **Baño Moro** (Calle Baños Moro 1; ⌚Mi–So 10.30–14 Uhr) wurde um 1150 errichtet und verfügt über drei elegante Räume (für kalte, lauwarme und heiße Bäder) mit Hufeisenbogen und Gewölben voller Oberlichter. Die **Burg** am oberen Ende von Segura ist maurischen (oder vielleicht noch früheren) Ursprungs. Von ihrem dreistöckigen Wehrturm genießt man einen herrlichen Blick zum El Yelmo hinüber und weit nach Westen.

Geführte Touren

Verschiedene Veranstalter bieten Ausflüge in einige schwerer zugängliche Ecken des Parks an und organisieren viele weitere Aktivitäten. Hotels und Campingplätze im Park können oft die Abholung ihrer Gäste arrangieren.

Tierraventura ABENTEUERTOUREN
(☎953 71 00 73, 953 72 20 11; www.aventuracazorla.com; Calle Ximénez de Rada 17) Hat beispielswei-

se Flussabfahrten im Kanu, Wandern, Canyoning und Felsklettern im Angebot.

Schlafen & Essen

Es gibt eine Menge Unterkünfte im Park; die meisten liegen an der A319 nördlich von Empalme del Valle. In der Hauptsaison reserviert man besser frühzeitig. Viele Restaurants gehören zu Hotels oder *hostales*. Wildes Zelten ist verboten.

Hotel Noguera de la Sierpe HOTEL €€
(953 71 30 21; www.hotelnogueradelasierpe.com; Carretera del Tranco, Km 44,5, Parque Natural de las Sierras de Cazorla, Segura y Las Villas; EZ/DZ 60/90 €, Chalet für 4 Pers. 120 €;) Dieses Paradies für Jagdfreunde wird von einem gleichermaßen enthusiastischen Besitzer geführt, der das gesamte Haus mit ausgestopften Tieren und Fotos von seinen diversen Beutezügen dekoriert hat. Die Unterkunft befindet sich in einem umgebauten *cortijo* (Bauernhaus) mit Blick auf einen malerischen See. Beim Stall des Hotels können die Gäste Reitstunden buchen.

Los Abedules APARTMENT €
(953 12 43 08; www.losabedules-cazorla.com; Los Peralejos, Apt. 44, Parque Natural de las Sierras de Cazorla, Segura y Las Villas; Apt. für 2/4 Pers. 50/70 €;) Inmitten von Olivenhainen liegen diese voll möblierten, komfortablen Apartments mit einem Salzwasserpool – ideal für Wanderer, die sich nach einem langen Tag nach Erfrischung sehnen. Die Anlage wird von einem englischen Paar geführt. Diane ist qualifizierte Therapeutin für verschiedene alternative Heilmethoden, darunter Reflexzonenmassage und Reiki. Haustiere gestattet.

Praktische Informationen

Etwa 16 km nördlich von Empalme del Valle an der A319 befindet sich das informative **Centro de Interpretación Torre del Vinagre** (10–14 & 16–19 Uhr). Kinder werden die interaktiven Exponate zur Flora und Fauna des Parks mögen. In einem Nebengebäude zeigt das **Museo de Caza** (Jagdmuseum) ausgestopfte Tiere, außerdem erstreckt sich ganz in der Nähe ein botanischer Garten.

Die besten Karten sind die von Editorial Alpina im Maßstab 1:40 000. *Sierra de Cazorla* deckt die Südhälfte des Parks ab, *Sierra de Segura* den nördlichen Teil. Auf beiden sind Wanderrouten markiert, die in den Begleitheftchen beschrieben werden. Manchmal bekommt man die Karten direkt vor Ort, allerdings sollte man sich nicht darauf verlassen.

An- & Weiterreise

Täglich außer sonntags fahren zwei Busse von **Carcesa** (953 72 11 42) von der Plaza de la Constitución in Cazorla nach Empalme del Valle, Arroyo Frío, Torre del Vinagre und Coto Ríos. In der Touristeninformation gibt's den aktuellen Fahrplan. Zwischen dem nördlichen Teil des Parks und der Mitte sowie dem Süden verkehren keine Busse, und es gibt auch keine nach Segura de la Sierra oder Hornos. **ALSA** (www.alsa.es) bietet eine Verbindung von Jaén, Baeza oder Úbeda nach La Puerta de Segura (12 €, 3 Std., 3-mal tgl.).

DIE PROVINZ ALMERÍA

Weit im Osten liegt an der schönsten Küstenlinie Andalusiens die Provinz Almería. Sie blickt auf eine stark maurisch geprägte Geschichte zurück und ist bisher vom zerstörerischen Tourismus der Costa del Sol verschont geblieben. Clint Eastwood drehte hier in den 1960er-Jahren seine berühmte Western-Trilogie, und die Landschaft erinnert tatsächlich eher an den Wilden Westen als an Südspanien. Da Almería im Regenschatten der Sierra Nevada liegt, ist dies die sonnigste und trockenste Gegend der Iberischen Halbinsel und Standort der einzigen Wüste Europas. Unter Verwendung moderner landwirtschaftlicher Techniken wird sie seit einiger Zeit zu einem riesigen Garten- sowie Obst- und Gemüseanbaugebiet umgewandelt, in dem viele Einwanderer arbeiten.

Almería

190 000 EW.

Man sollte Almería nicht unterschätzen, denn die zähe Küstenstadt wartet mit einer schillernden Vergangenheit und bedeutenden Bauwerken auf. Während die Leute vor Granadas Alhambra Schlange stehen, kommen hierher nur wenige Traveller, um die ebenso beeindruckende Alcazaba-Festung zu besuchen. Im 10. Jh. diente der Ort als Haupthafen für das Kalifat in Córdoba. Heute ist Almería ein wohlhabendes Hafenzentrum mit einer florierenden Agrarindustrie und einer starken Flamenco-Tradition, die in den unverwechselbaren *tarantos* zelebriert wird.

Sehenswertes & Aktivitäten

Alcazaba FESTUNG
(Calle Almanzor; Erw./EU-Bürger 1,50 €/frei; April–Okt. Di–So 9–20.30 Uhr, Nov.–März Di–So 9–18.30 Uhr) Im 10. Jh. schuf Abd ar-Rahman III., der bedeutendste Kalif von Al-An-

dalus, die düstere Alcazaba mit ihren gewaltigen Mauern, die wie schwere Vorhänge wirken. Einst war sie die mächtigste maurische Festung Spaniens. Sie kommt weniger prunkvoll daher als die Alhambra, ist aber dennoch ein faszinierendes Bauwerk.

Das Innere ist in drei verschiedene Bereiche unterteilt. Der unterste, der **Primer Recinto**, war das Verwaltungszentrum mit Häusern, Bädern und anderen notwendigen Einrichtungen – heute befindet sich hier ein üppiger Garten mit Kanälen. Von den Burgzinnen aus ist die **Muralla de Jayrán** zu sehen, eine im 11. Jh. erbaute Wehrmauer.

Im zweiten Burgbereich, dem **Segundo Recinto**, befinden sich die Ruinen des maurischen Palasts, den König Almotacín (reg. 1051–91) bauen ließ. Unter seiner Herrschaft erlebte das mittelalterliche Almería seine größte Blüte. Auch eine Kapelle, die **Ermita de San Juan**, früher eine Moschee, steht hier. Der oberste Bereich, der **Tercer Recinto**, ist eine Festung, die die Katholischen Könige an die vorhandene Burg anfügten. Ihr Turm dient heute als Galerie für Malerei, Fotografie und ähnliche Ausstellungen (Di–So 9–20.30 Uhr).

Catedral KATHEDRALE
(Plaza de la Catedral; Eintritt 3 €; ⌚Mo–Fr 10–14 & 16–17, Sa 10–14 Uhr) Im Herzen der Altstadt unterhalb der Alcazaba befindet sich Almerías Kathedrale, mit deren Bau 1524 begonnen wurde. Ihre wehrhafte Erscheinung mit sechs Türmen zeugt von der Angst vor Überfällen durch nordafrikanische Piraten während dieser Zeit.

Der Innenraum verfügt über ein gotisches Rippengewölbe und ist mit Jaspis sowie Marmor ausgeschmückt. Die Kapelle hinter dem Hauptaltar beherbergt das Grab von Bischof Diego Villalán, dem Stifter der Kathedrale. Sein Bildnis mit der gebrochenen Nase stammt von Juan de Orea, der auch die Sacristía Mayor mit schönen Steinmetzarbeiten ausgestaltete.

Centro Andaluz de Fotografía FOTOGALERIE
(Andalusisches Fotografiezentrum; ☎950 26 96 80; Calle Pintor Diaz Molina, 9; ⌚11–14 & 17.30–21.30 Uhr) Die außergewöhnlichen Fotos gefallen sowohl Laien als auch Fachleuten.

Museo Arqueológico MUSEUM
(Carretera de Ronda 91; Nicht-EU-Bürger/EU-Bürger 1,50 €/frei; ⌚Di 14.30–20.30, Mi–Sa 9–20.30, So 9–14.30 Uhr) Das moderne Archäologische Museum präsentiert neben Funden aus Los Millares und anderen frühen Siedlungen in der Region auch Relikte aus der römischen und maurischen Zeit. Selbst wer Tonscherben und Knochenteile sonst zum Gähnen findet, sollte sich diese Ausstellung nicht entgehen lassen: Zu einer richtig wirkungsvollen Multimediatechnik (was selten genug vorkommt) gesellt sich hier nämlich der typisch spanische Sinn fürs Makabre.

GRATIS **Aljibes de Jayrán** HISTORISCHE STÄTTE
(☎950 27 30 39; Calle Tenor Iribarne; ⌚Mo–Fr 10–14 Uhr) Im frühen 11. Jh. wurden nördlich der Plaza de las Flores die Aljibes de Jayrán gebaut, um die Stadt mit Wasser zu versorgen. Sie sind gut erhalten und dienen als Location für regelmäßige Ausstellungen sowie für die Peña El Taranto (S. 804), den führenden Flamenco-Club der Stadt. Gelegentlich finden hier auch öffentliche Konzerte statt.

Strände STRÄNDE
Ein langer, grauer Sandstrand erstreckt sich vor dem palmengesäumten Paseo Marítimo östlich des Stadtzentrums.

Hammam Aíre de Almería HAMAM
(www.airedealmeria.com; Plaza de la Constitución 5; Eintritt inkl. 15 Min. Massage 35 €; ⌚10–22 Uhr) Dieser 2011 eröffnete neue Hamam liegt wunderbar an der Plaza de la Constitución, einem von Arkaden umgebenen Platz aus dem 17. Jh., der früher der größte arabische *souq* (Markt) der Stadt war. Das Interieur aus Marmor und warmem Ziegelstein macht aus ihm eine Oase der Ruhe. Der Hamam bietet drei Bäder – ein Frigidarium (16 °C), ein Tepidarium (36 °C) und ein Kaldarium (40 °C) – sowie verschiedene aromatherapeutische Massagen. Auch ein Hotel und eine Bar gehören dazu.

Schlafen

Hotel Catedral HOTEL €€
(☎950 27 81 78; www.hotelcatedral.net; Plaza de la Catedral 8; Zi. 70 €; @📶) Aus dem Jahr 1850 stammt das sorgsam restaurierte Bauwerk, das sich an die Kathedrale schmiegt und aus dem gleichen honigfarbenen Sandstein wie diese besteht. Die großen Zimmer warten mit luxuriösen Extras auf, und von der Sonnenterrasse genießt man eine wunderbare Aussicht auf die Kathedrale.

Hotel Nuevo Torreluz HOTEL €
(☎950 23 43 99; www.torreluz.es; Plaza de las Flores 10; Zi. 54 €; P❄📶) Eine herrliche Lage hat dieses 2012 renovierte Viersternehotel an einem kleinen Platz im Herzen des histori-

schen Zentrums. Die in warmen Farben dekorierten Zimmer sind eher klein, aber gut ausgestattet und komfortabel. In der Mitte des Platzes steht eine Statue von John Lennon, sie erinnert an die Monate, die er in den 1960er-Jahren in Almería lebte.

Plaza Vieja Alejandro HOTEL €€
(☎950 28 20 96; www.plazaviejahl.com; Plaza de la Constitución 5; Zi. 80–110 €; P❄📶) Das Hotel ist Teil des prächtigen Hammam Aire de Almería. Es bietet geräumige, moderne Zimmer mit hohen Decken, viel Glas und schimmerndem Holz, sanften Naturtönen und großen Fotofriesen der örtlichen Attraktionen wie dem Cabo de Gato.

Essen

Die meisten guten Tapas-Bars liegen im Dreieck zwischen der Plaza Pablo Cazard, der Puerta de Putchería und der Kathedrale.

LP TIPP **Tetería Almedina** TEEHAUS €
(www.restauranteteteriaalmedina.com; Calle Paz 2, abseits der Calle de la Almedina; Tee 3 €, Hauptgerichte 7–12 €; ⏲Di–So 11–23 Uhr; ✍) Neben einer faszinierenden Auswahl an Tees serviert das reizende kleine Café in der Altstadt auch süße Leckereien und guten Couscous. Die Gruppe, die den Laden betreibt, will das historische Viertel wieder mit neuem Leben füllen, und so fungiert die *tetería* gleichzeitig als eine Art zwangloses islamisches Kulturzentrum. Hier finden Kunstausstellungen statt und samstags gibt's meistens Livemusik.

Casa Puga TAPAS €
(www.barcasapuga.es; Calle Jovellanos 7; Getränk & Tapa 2,20 €) Vor Regalen mit uralten Weinflaschen produziert die winzige Kochstelle wie am Fließband kleine Tellerchen mit Schmorgerichten, Leckereien aus der Pfanne (wie gebratenen Pilzen) und herzhaftem *hueva de maruca* (geräucherter Fischrogen).

Plaza de Cañas TAPAS €
(www.plazadecanas.com; Calle Martín 20; Getränk & Tapa 2,20 €) Stilvoll angerichtete traditionelle Platten wie *remojón* (Stockfisch, Orangen und Kartoffeln).

Casa Joaquín FISCH & MEERESFRÜCHTE €€
(☎950 264 359; Calle Real 111; Hauptgerichte 14–21 €; ⏲Sa abends, So & Sept. geschl.) Echte Meeresfrüchtefans sollten sich hier mittags einen der wenigen Tische reservieren. Gäste mit Stehvermögen können sich aber auch an die Bar drängen und sich dort die in Knoblauch getränkten jungen Venusmuscheln, die fein gebratene Seeteufelleber und andere Köstlichkeiten aus dem Meer schmecken lassen. Es gibt keine Speisekarte.

Aljaima MAROKKANISCH €€
(www.restauranteajaima.es; Calle Jovellanos 12; Tapas 2,10 €, Tajines 14–18 €) Mit seinem Kachelschmuck (sogar an der Decke), den kunstvoll gemusterten Stoffen und den marokkanischen Kunstwerken und Fotos ähnelt das Restaurant einem *riad* in der Medina. Gespeist wird sehr traditionell. Empfehlenswert sind die Tajines, z. B. Hühnchen und Zitrone.

Ausgehen & Unterhaltung

Habana Cristal CAFÉ
(Calle Altamira 6; Cocktails 3,80 €; ⏲7–22 Uhr) Eines der beliebtesten Cafés der Stadt mit einer riesigen Auswahl an Kaffees, darunter Habana Negra mit Schweizer Schokolade, Tia Maria und Cointreau, der im Winter wärmt. Draußen gibt's eine große Terrasse.

C Bar BAR
(www.hotelcatedral.net; Plaza de la Catedral 8; ⏲12–24 Uhr) Kreidetafeln, minimalistische Möbel und innovative Tapas wie Himbeer-, Gin- und Basilikum-Sorbet: In der noblen Bar, die zum Hotel Catedral gehört, ist die Atmosphäre jugendlich und modebewusst.

Peña El Taranto FLAMENCO
(www.eltaranto.net) Almerías bester Flamenco-Club versteckt sich in den renovierten Aljibes Árabes (Arabischen Zisternen). Am Wochenende gibt's Liveshows (20 €). Manchmal tritt hier auch der lokal berühmte Tomatito auf.

Praktische Informationen

Auf dem Paseo de Almería reihen sich mehrere Banken aneinander.

Hauptpost (hinter der Plaza Ecuador)

Policía Local (Ortspolizei; ☎950 62 12 06; Calle Santos Zárate 11)

Regionale Touristeninformation (Parque de Nicolás Salmerón; ⏲Mo–Fr 9–19, Sa & So 10–14 Uhr) Hat viele kostenlose Faltblätter und Broschüren.

Städtische Touristeninformation (Rathaus, Plaza de la Constitución 1; ⏲Mo–Fr 10–13 & 17.30–19.30, Sa 10–12 Uhr)

An- & Weiterreise

Bus

Vom sauberen, effizienten **Busbahnhof** (☎950 26 20 98) fahren Busse u. a. nach Granada (13 €, 2¼ Std., 8-mal tgl.), Málaga (17 €, 3¼ Std., 8-mal tgl.), Murcia (18 €, 2½ Std., 7-mal tgl.), Madrid (44 €, 10 Std., 3-mal tgl.) und Valencia (37 €, 8½ Std., 5-mal tgl.).

Flugzeug

Almerías **Flughafen** (☎950 21 37 00; www.aena.es) liegt 10 km östlich des Stadtzentrums. Hier landen täglich Maschinen aus verschiedenen europäischen Ländern. **Air Berlin** (www.airberlin.com) bietet Verbindungen von zahlreichen deutschen sowie einigen österreichischen und Schweizer Städten an, während **Iberia** (www.iberia.com) Barcelona, Madrid und Melilla bedient.

Schiff/Fähre

Nach Melilla und/oder Nador (8 Std.) in Marokko fahren vom Passagierhafen Schiffe von **Acciona Trasmediterránea** (www.trasmediterranea.es), **Ferrimaroc** (☎950 27 48 00; www.ferrimaroc.com) und **Comarit** (☎950 23 61 55; www.comarit.es). Tickets kosten ab 55 € für Erwachsene (einfach).

Zug

Direktzüge fahren von/nach Granada (16,50 €, 2¼ Std., 4-mal tgl.), Sevilla (40 €, 5½ Std., 4-mal tgl.) und Madrid (45,50 €, 6¼ Std., 1-mal tgl.).

ℹ Unterwegs vor Ort

Vom Flughafen fährt der Stadtbus 20 (1 €, 30 Min.) ins Zentrum in die Nähe der Avenida de Federico García Lorca. Wochentags verkehrt er von 7.33 bis 22.33 Uhr etwa alle 50 Minuten, samstags und sonntags von 7.25 bis 22.25 Uhr anderthalbstündlich. Ein Taxi kostet etwa 22 €.

Rund um Almería

Hinter Benahadux, nördlich von Almería, verwandelt sich die Landschaft in eine Ansammlung von Schluchten und felsigen Einöden. In den 1960er- und 1970er-Jahren wurden hier rund 150 Western gedreht.

Die Filmbranche hinterließ drei Wildwestkulissen als Touristenattraktionen. **Mini Hollywood** (www.oasysparquetematico.com; Erw./Kind 20/10 €; ⏲tgl. 10–21 Uhr, Okt.–April nur Sa & So), 25 km von Almería an der N340 nach Tabernas, ist die bekannteste. Dort wurden Szenen für mehr als 100 Western gedreht, darunter *Für eine Handvoll Dollar* (1964) und *Zwei glorreiche Halunken* (1966). Täglich um 17 Uhr (von Mitte Juni–Mitte Sept. auch um 20 Uhr) gibt's einen Banküberfall mit wüster Schießerei (und spanischen Dialogen). Die Eintrittskarte gilt übrigens auch für den benachbarten Safaripark **Reserva Zoológica**. Wenn man die beiden Sehenswürdigkeiten von Almería aus besuchen will, braucht man ein eigenes Fahrzeug.

Cabo de Gata

Wer noch weiß, wie die Costa del Sol aussah, bevor die Bulldozer anrückten, würde wahrscheinlich sagen, dass sie ein wenig dem Cabo de Gata glich. Einige der schönsten und einsamsten Strände Spaniens erstrecken sich zwischen spektakulären Steilfelsen und Kaps östlich von Almería-Stadt, wo Hügel aus Vulkangestein zum türkisfarbenen Meer abfallen. Das Cabo de Gata ist zwar kein Geheimtipp mehr, hat aber immer noch etwas Wildes und Ursprüngliches, und seine Fischerdörfer verströmen ein unaufdringliches Flair. Man kann den ganzen Weg von Retamar im Nordwesten bis nach Agua Amarga im Nordosten (61 km) an der Küste (bzw. knapp dahinter) auch zu Fuß zurücklegen.

Um Ostern und im Juli sowie August ist es ratsam, Unterkünfte rechtzeitig telefonisch zu reservieren.

Zum **Parque Natural de Cabo de Gata-Níjar** gehören 60 Küstenkilometer um das Cabo de Gata und ein breiter Streifen des Hinterlands. Informationen darüber bekommt man im **Centro de Interpretación Las Amoladeras** (☎950 16 04 35; ⏲Mitte Juli–Mitte Sept. 10–14 & 17.30–21 Uhr, Mitte Sept.–Mitte Juli Di–So 10–15 Uhr) 2,5 km westlich von Ruescas.

SAN MIGUEL DE CABO DE GATA

Dieses verwahrloste Dorf, an einem langen Strand gelegen, ist nicht gerade die beste Einführung für einen Besuch des Parks. Es besteht größtenteils aus Ferienhäusern und ähnelt einem Vorort Almerías. Am besten reist man gleich weiter zum Faro de Cabo de Gata, einem Leuchtturm, und beginnt seine Wanderung in San José.

Südlich der Stadt erstrecken sich die **Salinas de Cabo de Gata**, in denen Meersalz gewonnen wird. Im Frühjahr sieht man hier Flamingos und viele andere Vögel. Ende August tummeln sich am Wasser sogar bis zu 1000 Flamingos. Ein 11 km langer Wanderweg mit mehreren Aussichtspunkten umrundet die Salinen. Außer im Winter, wenn die Salzfelder trockengelegt werden, kommen Vogelliebhaber jederzeit auf ihre Kosten, sollten aber unbedingt ein gutes Fernglas mitnehmen.

San José ist zum Übernachten angenehmer. Eine Ausnahme bildet der exzellente **Camping Cabo de Gata** (☎950 16 04 43;

Cabo de Gata

Stellplatz pro Erw., Wohnwagen, Auto & Stromversorgung 17,28 €, Bungalow 71–112 €) 1 km vom Strand bzw. 2,5 km nördlich des Dorfes. Er verfügt über zahlreiche Annehmlichkeiten, darunter auch ein Restaurant. Von San Miguel führen unbefestigte Straßen dorthin.

FARO DE CABO DE GATA & UMGEBUNG

Hinter den Salinas de Cabo de Gata schlängelt sich eine schmale Straße an der Steilküste entlang zum **Faro de Cabo de Gata**, dem Leuchtturm auf der Spitze des Kaps. Beim Café Bar El Faro kurz vor dem Leuchtturm führt ein Abzweig zum **Torre Vigía Vela Blanca**. Der Wachtturm aus dem 18. Jh. thront auf einem 200 m hohen Küstenfelsen und bietet eine atemberaubende Aussicht. Hier endet die Straße, aber ein Fuß- und Radweg verläuft weiter zur Playa de Mónsul hinunter (zu Fuß 1 Std.).

SAN JOSÉ

550 EW.

Dieses nette Dorf mit niedriger Bebauung liegt an einer Bucht an der Ostseite des Cabo de Gata und ist im Sommer ein einigermaßen schicker Strandort sowie eine gute Ausgangsbasis für allerlei Aktivitäten. Außerhalb der Saison verirren sich nur wenige Besucher hierher.

Die Straße aus dem Norden wird im Ort zur Avenida de San José. Strand und Hafen befinden sich ein paar Ecken weiter links.

Einige der besten Strände am Cabo de Gata erstrecken sich an einem unbefestigten Weg südwestlich von San José. Bis zur **Playa de los Genoveses**, einem rund 1 km langen Sandstreifen mit seichtem Wasser, sind es 4,5 km. Die **Playa de Mónsul**, 2,5 km weiter, ist ein kürzeres Strandstück mit grauem Sand vor wuchtigen Vulkanfelsen. Zwischen diesen beiden Stränden säumen eine Reihe einsamer, sandiger Buchten – die **Calas del Barronal** – die Küste. Sie sind nur zu Fuß erreichbar.

In der Avenida de San José befinden sich eine Bank mit Geldautomat sowie das **Informationsbüro des Naturparks** (☎950 38 02 99; Avenida de San José 27; ⏱10–14 & 17–20 Uhr). Dort kann man z. B. nach Leihfahrrädern, Reitausflügen, Bootstouren und Tauchmöglichkeiten fragen.

Schlafen & Essen

Atalaya Hotel HOTEL €€
(☎950 38 00 85; www.atalayahotel.net; Avenida de San José; Zi. inkl. Frühstück 75 €; ❄📶) Über einem lebhaften Restaurant mit Bar findet man dieses zentral gelegene Hotel, dessen Zimmer über kleine Terrassen verfügen. Die Besitzer sind dabei, den Räumen mit warmen, bur-

gunderroten Wänden, niedrigen Betten und strahlenden schiefergrauen Bädern einen marokkanischen Touch zu verleihen.

Hostal Aloha HOSTAL €
(☎950 38 04 61; www.hostalaloha.com; Calle Cala Higuera; Zi. 55 €; ❄🏊) Die weißen Wände, festen Betten und funkelnden Bäder in dieser Budgetunterkunft sind ein guter Anfang, dazu kommt der riesige Pool auf der Terrasse hinterm Haus. Summa summarum ein echtes Schnäppchen. Es liegt ein paar Blocks vom Strand entfernt, bei der Touristeninformation geht's von der Hauptstraße links ab.

MC San José HOTEL €€€
(☎950 61 11 11; www.hotelesmcsanjose.com; Carretera El Faro; DZ inkl. Frühstück 139 €; ❄@📶🏊) Das MC kombiniert das Beste aus zwei Welten: einerseits schickes Boutique-Design mit nur 32 Zimmern und vielen stilvollen Details, andererseits die Gastlichkeit einer einheimischen Familie. Es ist ganzjährig geöffnet, im Erdgeschoss befindet sich ein annehmbares chinesisches Restaurant.

Acá Charles INTERNATIONAL €€
(Avenida de San José 51; Hauptgerichte 14–19 €) Die Einwohner sind von der Speisekarte des 2012 eröffneten Restaurants begeistert, die sich mal nicht nur um Fisch und Meeresfrüchte dreht. Stattdessen gibt's u. a. Trüffel, knusprigen Serrano-Schinken und frischen grünen Spargel mit Polenta.

VON SAN JOSÉ NACH LAS NEGRAS

An der zerklüfteten Küste nordöstlich von San José passiert man auf dem Weg nach Las Negras (17 km Luftlinie von San José entfernt) zwei Siedlungen sowie ab und zu eine Festung und ein paar Strände. Unterwegs biegt die Straße immer wieder ins Landesinnere ab.

Das kleine **Los Escullos** hat einen kurzen Strand. Man erreicht den Weiler von San José aus zu Fuß über einen Wanderweg, der an der Cala Higuera beginnt. 1 km hinter Los Escullos folgt **La Isleta del Moro**, ein winziges Dorf am Meer mit ein paar Fischerbooten. Auf einem kleinen Hügel oberhalb des Ortes und etwa fünf Gehminuten vom Ufer entfernt steht die **Casa Café de la Loma** (☎950 38 98 31; www.degata.com/laloma; EZ/DZ 40/60 €), eine 200 Jahre alte, im Al-Andalus-Stil restaurierte Herberge mit luftigen Räumen und einer fantastischen Aussicht. Von hier führt der Weg landeinwärts, vorbei an dem gespenstischen früheren Goldgräberort **Rodalquilar**, der einen Abstecher lohnt. 1 km dahinter zweigt eine 2 km lange ebene Piste zur hübschen **Playa del Playazo** ab, die sich zwischen zwei Landzungen erstreckt. Ein Fußpfad in Küstennähe verläuft weiter zum Ferienort **Las Negras** mit einem Kiesstrand.

An der Hauptstraße von Las Negras stößt man auf das **Hostal Arrecife** (☎950 38 81 40; Calle Bahía 6; EZ/DZ 28/40 €), das über kühle, ruhige, gepflegte Zimmer verfügt; von einigen blickt man direkt aufs Meer. Der **Camping La Caleta** (☎950 52 52 37; www.vayacamping.net/lacaleta; Stellplatz pro Erw./Zelt/Auto 5,60/6,70/5,60 €; ⏲ganzjährig; P🏊) liegt an einer kleinen Bucht 1 km südlich von Las Negras. Im Sommer kann es dort sehr heiß werden, dafür gehört zum Platz aber ein schöner Pool. Ansonsten gibt's in Las Negras nur Ferienhäuser. Im **Restaurante La Palma** (Gerichte 12–24 €) mit Strandblick und guter Musik werden leckere, günstige Fischgerichte zubereitet.

VON LAS NEGRAS NACH AGUA AMARGA

An diesem abgeschiedenen Steilküstenabschnitt gibt's zwar keine Straße, aber einen 11 km langen auf- und absteigenden Wanderweg mit Zugang zu mehreren Stränden. An der **Playa San Pedro**, etwa 60 Minuten von Las Negras entfernt, liegt ein verlassenes Dörfchen mit einer Burg, das gelegentlich von Hippies und FKK-Anhängern bewohnt wird. Von hier sind es anderthalb Stunden bis zur Cala del Plomo, ebenfalls mit einer winzigen Siedlung, und dann noch einmal so lang bis nach Agua Amarga.

Mit dem Auto geht's von Las Negras zunächst landeinwärts über Hortichuelas. Vom Bushäuschen in Fernán Pérez führt eine größtenteils unbefestigte Piste querfeldein Richtung Nordosten. Wer stets der Hauptroute folgt, erreicht nach 10 km die asphaltierte Straße, die einen von der N341 nach Agua Amarga lotst, einem schicken, teuren, aber noch recht entspannten ehemaligen Fischerdorf an einem langen Sandstrand.

Das luftige, am Meer gelegene **Hostal Restaurante La Palmera** (☎950 13 82 08; www.hostalrestaurantelapalmera.com; Calle Aguada; DZ Nach-/Hauptsaison 60/90 €) hat zehn helle Zimmer und ein beliebtes Restaurant (Hauptgerichte 11–19 €).

Ein romantischer Schlupfwinkel ist das schicke **MiKasa Suites & Spa** (☎950 13 80 73; www.mikasasuites.com; Carretera Carboneras; Zi. inkl. Frühstück 55–85 €; ❄📶🏊), das vor allem betuchte Wochenendurlauber anzieht. Zum Haus gehören ein Pool sowie das empfehlenswerte **Restaurante La Villa** (☎950 13 80 73; Hauptgerichte 10–18 €; ⏲Nov.–März geschl.). Im angeschlossenen Spa bekommt man noch teureres „Essen" – wie wär's mit einer Kaviarmaske oder Algenwickeln?

Das beste Strandrestaurant ist das **Costamarga** (Playa de Aguamarga; Hauptgerichte 11–16 €;), das natürlich Fisch im Angebot hat, aber auch erstaunlich viele Gerichte mit saisonalem Gemüse, etwa Artischockenherzen mit Schinken.

An- & Weiterreise

ALSA (☎902 422242; www.alsa.es) verbindet Almería mit El Cabo de Gata (3 €, 1 Std., 6-mal tgl.) und Las Negras (5 €, 1¼ Std., Mo–Sa 1-mal tgl.). Busse von **Autocares Bernardo** (www.autocaresbernardo.com) fahren von Almería nach San José (2,65 €, 1¼ Std., Mo–Sa 4-mal tgl., So 2-mal) sowie montags und samstags jeweils einmal nach La Isleta del Moro (2,65 €, 1¼ Std.). **Autocares Frahermar** (www.frahermar.com) in Almería verkehrt montags, mittwochs, freitags, samstags und sonntags jeweils einmal von/nach Agua Amarga (5,50 €, 1¼ Std.); im Juli und August häufiger. Zu den Städten im Park gibt's keine Busverbindungen.

Mojácar

Mojácar liegt isoliert in einer der abgeschiedensten Regionen Spaniens und war Mitte des 20. Jhs. schon halb verwaist, als der Bürgermeister auf die Idee kam, Künstler und andere Interessenten mit Immobilien zu Schleuderpreisen zu ködern. Obwohl heute viele Touristen in die Stadt kommen, hat sich der Ort seinen ursprünglichen Charakter bewahrt.

Er besteht eigentlich aus zwei Teilen: Das alte Mojácar Pueblo ist ein Durcheinander aus weißen Hauswürfeln auf einer Anhöhe 2 km vom Meer, während Mojácar Playa als moderner Strandort daherkommt.

Sehenswertes & Aktivitäten

In Mojácar Pueblo kann man nicht viel mehr tun, als durch die labyrinthischen Gassen mit ihren blumengeschmückten Balkonen zu bummeln und die Kunsthandwerksläden, Galerien und Boutiquen zu besuchen. Einen guten Ausblick von der höchsten Stelle des Orts bietet **El Mirador del Castillo** (⏲11–23 Uhr oder länger). Die trutzige **Iglesia de Santa María** (Calle Iglesia) stammt aus dem Jahr 1560 und war früher vielleicht eine Moschee.

Am eindrucksvollsten ist der **Fuente Mora** (Maurenbrunnen) im unteren Teil der Altstadt. Er wurde zwar inzwischen umgebaut, bewahrt aber die mittelalterliche islamische Tradition, fließendes Wasser in eine Kunstform zu verwandeln.

Südlich von Mojácar Playa sind die Strände ruhiger, und am Stadtrand stößt man auf mehrere abgeschiedene Stellen. FKK-Fans finden einige Nacktbadestrände hinter dem **Torre de Macenas**, einer Befestigungsanlage aus dem 18. Jh. direkt am Strand. Eine schöne, breite Promenade erstreckt sich vom Hotel Best Indalo etwa 3 km Richtung Norden.

Schlafen & Essen

El Mirador del Castillo HOSTAL €€
(☎950 47 30 22; www.elcastillomojacar.com; El Mirador del Castillo; DZ mit/ohne Bad 80/60 €;) Oben auf dem Hügel von Mojácar liegt dieses entspannte *hostal*, das zu einem größeren Kunstzentrum inklusive Café-Bar gehört. Die Atmosphäre ist unkonventionell-künstlerisch, und trotz der abblätternden Farbe an einigen Stellen zeigt es mit seinen farbenfrohen Wänden und den Kunstbüchern auf den Nachttischen durchaus Charakter.

La Taberna TAPAS €
(Plaza del Caño 1, Mojácar Pueblo; Tapas & platos combinados ab 4 €) Gute Tapas und vegetarische Leckerbissen locken scharenweise Gäste in dieses kleine, verschachtelte Restaurant. Die intimen Räume hallen von fröhlichem Schwatzen wider. Vom Ort aus gesehen, liegt das Lokal mit den winzigen *planchas* (Tapas-Pfannen) gleich hinter dem Stadttor rechts, neben einem stimmungsvollen maurischen Bogen.

Praktische Informationen

Touristeninformation (☎950 61 50 25; www.mojacar.es; Calle Glorieta 1; ⏲Mo–Fr 10–14 & 17–19.30, Sa 10.30–13.30 Uhr) Die hilfreiche Touristeninformation liegt ganz in der Nähe der Plaza Nueva.

Anreise & Unterwegs vor Ort

Busse halten am unteren Ortsrand von Mojácar Pueblo und am Parque Comercial in Mojácar Playa. **Enatcar/ALSA** (www.alsa.es) fährt täglich von/nach Almería (7 €, 1¼ Std., Mo–Fr 4-mal tgl., Sa & So 2-mal tgl.), Granada (19 €, 4 Std., 2-mal tgl.) und Madrid (38 €, 8 Std., 2-mal tgl.). Busse nach Alicante, Valencia und Barcelona starten in Vera, 16 km weiter nördlich, das mehrmals täglich von Mojácar aus angesteuert wird (1,50 €, 50 Min., 9-mal tgl.).

Extremadura

Inhalt »

Cáceres 810
Alcántara 815
Trujillo 815
Guadalupe 818
La Vera 822
Valle del Jerte 825
Parque Nacional de Monfragüe 828
Mérida 829
Badajoz 834
Zafra 836

Gut essen

» Atrio (S. 814)

» Restaurante Torre de Sande (S. 814)

» La Finca (S. 824)

» Casa Benito (S. 833)

» Casa Juan (S. 822)

Schön übernachten

» Hotel Casa Don Fernando (S. 812)

» Túnel del Hada (S. 825)

» Hospedería del Real Monasterio (S. 820)

» Posada dos Orillas (S. 818)

» El Jardín del Convento (S.826)

Auf in die Extremadura

Wer diese Gegend besucht, unternimmt eine Reise durch die Geschichte Spaniens. Hier erwarten einen beeindruckende römische Ruinen und bildschöne mittelalterliche Orte, die inzwischen längst im 21. Jh. angekommen sind. Mérida, Cáceres und Trujillo gehören zu den besterhaltenen historischen Siedlungen des Landes, und die *extremeño*-Dörfer von den abgeschiedenen Hügeln im Norden bis zum bezaubernden Zafra am Scheitelpunkt zu Südandalusien verströmen zeitlosen Charme.

In der Extremadura erstrecken sich scheinbar endlose Landstriche mit vereinzelten Bauernhöfen, außerdem wird die Region von bewaldeten Gebirgszügen im Norden, Osten und Süden gerahmt. Die wohl urtümlichste Ecke ist der von Greifvögeln bevölkerte Parque Nacional de Monfragüe.

Man trifft hier nur wenige ausländische Touristen, aber viele Spanier, die u. a. das leckere Essen genießen wollen. Ganz oben auf der Beliebtheitsskala stehen gegrilltes Fleisch und der kräftige, cremige Torta-de-Casar-Käse.

Reisezeit

Cáceres

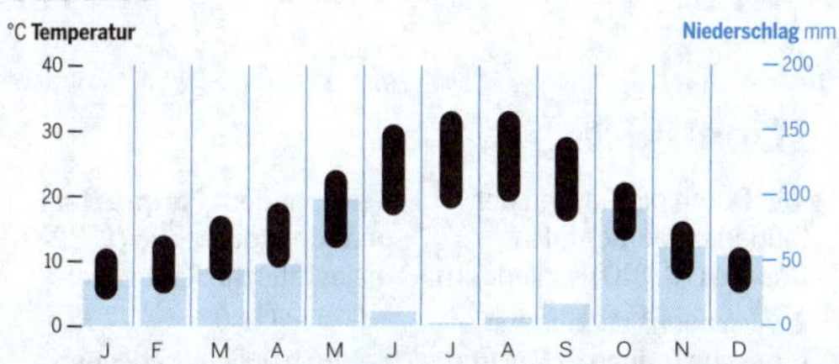

April Das Valle del Jerte verwandelt sich in einen weißen Traum aus Kirschblüten.

Juli–August Méridas römisches Theater dient als Bühne für das Festival de Teatro Clásico.

September Es ist weniger heiß, viele Touristen sind abgereist – die beste Zeit für einen Besuch.

DAS ZENTRUM DER EXTREMADURA

Wer wenig Zeit hat und nur ein kleines Gebiet in der Extremadura besuchen kann, sollte sich für dieses entscheiden, denn hier liegen ihre schönsten Städte: Cáceres, Trujillo und Guadalupe.

Cáceres

95 030 EW.

Die Ciudad Monumental (Altstadt) von Cáceres ist wirklich außergewöhnlich und dank der Festungsmauer seit ihrer Blütezeit im 16. Jh. fast vollständig erhalten. Sie wartet mit engen, kopfsteingepflasterten

Highlights

1. Durch die Gassen der Ciudad Monumental in **Cáceres** (S. 810) schlendern
2. Spaniens schönste römische Ruinen in **Mérida** (S. 829) bestaunen
3. Einen Ausflug nach **Trujillo** (S. 815), der Heimat der Eroberer Lateinamerikas, unternehmen
4. Über dem **Parque Nacional de Monfragüe** (S. 828) majestätische Raubvögel kreisen sehen
5. Im herrlich friedlichen **Alcántara** (S. 815) die römische Brücke über den Tajo bewundern
6. Beeindruckende Kunst im außergewöhnlichen Kloster von **Guadalupe** (S. 818) betrachten
7. Die Fachwerkdörfer von **La Vera** (S. 822) besuchen und zur Kirschblüte ins angrenzende **Valle del Jerte** (S. 825) fahren
8. Das ruhige historische Freilichtmuseum **Granadilla** (S. 827) erkunden

Straßen, Palästen, Villen und einer von Türmen, Wasserspeiern sowie Storchennestern geprägten Skyline auf. Außerdem erstreckt sich vor Ort die arkadengesäumte Plaza Mayor, einer der schönsten öffentlichen Plätze Spaniens. Sobald die Sonne untergegangen ist und die vielen Besucher weg sind, fühlt man sich hier wie ins Mittelalter zurückversetzt.

Sehenswertes

Der Name Ciudad Monumental (Monumentale Stadt) trifft es auf den Punkt, denn die Kirchen, Paläste und Türme dieses Viertels sind tatsächlich überaus beeindruckend. Allerdings lebt hier kaum jemand und man stößt nur gelegentlich auf eine Bar oder ein Restaurant.

Plaza de Santa María & Umgebung — PLATZ, HISTORISCHES BAUWERK

Wer die Plaza Mayor durch den **Arco de la Estrella** aus dem 18. Jh. betritt, der seinerzeit wegen der Fuhrwerke so breit gebaut wurde, erblickt als Erstes die gotische **Concatedral de Santa María** (Plaza de Santa María; Eintritt 1 €; ⌚Mo–Sa 9.30–14 & 17.30–20.30, So 9.30–11.50 & 17.30–19.15 Uhr) aus dem 15. Jh. Vor ihrer Südwestecke steht eine moderne Statue von San Pedro de Alcántara (seine Zehen sind von den Händen und Lippen der Gläubigen ganz blank poliert), einem *extremeño*-Asketen aus dem 16. Jh. Im Innern beeindruckt die Kathedrale mit dem prächtigen aus Zedernholz geschnitzten Altarbild aus dem 16. Jh. Außerdem beherbergt sie einige schöne Adelsgräber, Kapellen und ein kleines Kirchenmuseum mit Monstranzen und Priestergewändern. Der **Glockenturm** bietet eine tolle Aussicht.

Zu den weiteren interessanten Gebäuden rund um den Platz zählen der **Palacio Episcopal** (Bischofspalast), der **Palacio de Mayoralgo** und der **Palacio de Ovando**, alle im Renaissancestil des 16. Jhs. Darüber hinaus erhebt sich hinter der Nordostecke der prächtige **Palacio Carvajal** (Calle Amargura 1; Eintritt frei; ⌚Mo–Fr 9–21, Sa 10–14 & 17–20, So 10–14 Uhr) aus dem späten 15. Jh. mit Sehenswürdigkeiten der Provinz und der regionalen Touristeninformation.

Im gewölbten **Palacio Toledo-Moctezuma** gleich westlich der Plaza lebte einst die Tochter des Aztekenherrschers Moctezuma, nachdem sie als Braut eines der Eroberer hierhergebracht worden war. Heute findet man hier das Stadtarchiv. Zurück auf dem Platz kann man im **Torre de Bujaco** (Plaza Mayor; Erw./Kind 2 €/frei; ⌚April–Sept. Mo–Sa 10–14 & 17.30–20.30, So 10–14, Okt.–März Mo–Sa 10–14 & 16.30–19.30, So 10–14 Uhr) eine informative Ausstellung besuchen und von oben einen tollen Ausblick genießen.

Plaza de San Jorge — PLATZ

Südöstlich der Plaza de Santa María, hinter dem **Palacio de la Diputación** im Renaissancestil, erstreckt sich die Plaza de San Jorge mit der **Iglesia de San Francisco Javier** (Iglesia de la Preciosa Sangre; Plaza de San Jorge; Erw./Kind 1 €/frei; ⌚Mo–Sa 10–14 & 17.30–20.30 Uhr) aus dem 18. Jh. Ohne den Maschendrahtzaun wäre die Aussicht von den Türmen der Jesuitenkirche wunderbar ... Gleich um die Ecke zeigt das **Centro Divulgación Semana Santa** (Cuesta de la Compañía; Eintritt frei; ⌚10–14 & 17.30–20.30 Uhr) Ausstellungsstücke zu den Osterfeierlichkeiten in Cáceres und Zisternen aus dem 18. Jh. Östlich der Plaza erhebt sich der **Arco del Cristo**, ein römisches Tor.

Plaza de San Mateo & Umgebung — PLATZ

Von der Plaza de San Jorge führt die Cuesta de la Compañía hoch zur Plaza de San Mateo mit der **Iglesia de San Mateo**. Die traditionelle Kirche des Landadels wurde am früheren Standort der Moschee errichtet. Sie verfügt über ein gewaltiges Altarbild aus Holz und eine hohe gotische Decke.

Gleich östlich davon befindet sich der **Torre de las Cigüeñas** (Storchenturm), Cáceres' einziger Turm, der noch Zinnen hat – bei allen anderen wurden sie Ende des 15. Jhs. entfernt. Gelegentlich werden hier Kunstausstellungen veranstaltet.

Unterhalb des Platzes stößt man auf das hervorragende **Museo de Cáceres** (Plaza de las Veletas 1; Nicht-EU-/EU-Bürger 1,20 €/frei; ⌚Di–Sa 9–14.30 & 17–20.15, So 10.15–14.30 Uhr). Es ist in einem Herrenhaus aus dem 16. Jh. untergebracht, das über einer eleganten maurischen *aljibe* (Zisterne) aus dem 12. Jh. errichtet wurde. Besucher erwartet hier eine beeindruckende archäologische Sammlung sowie eine nur morgens zugängliche Kunstausstellung mit Werken von Picasso, Miró, Tàpies und anderen berühmten Künstlern.

Ganz in der Nähe liegen der **Palacio de los Golfines de Arriba** (Calle de los Olmos 2), in dem Franco 1936 zum Staatsoberhaupt ernannt wurde, und die **Casa Mudéjar** (Cuesta de Aldana 14) mit muslimischen Einflüssen im Mauerwerk und Fensterbogen im ersten Stock.

Cáceres

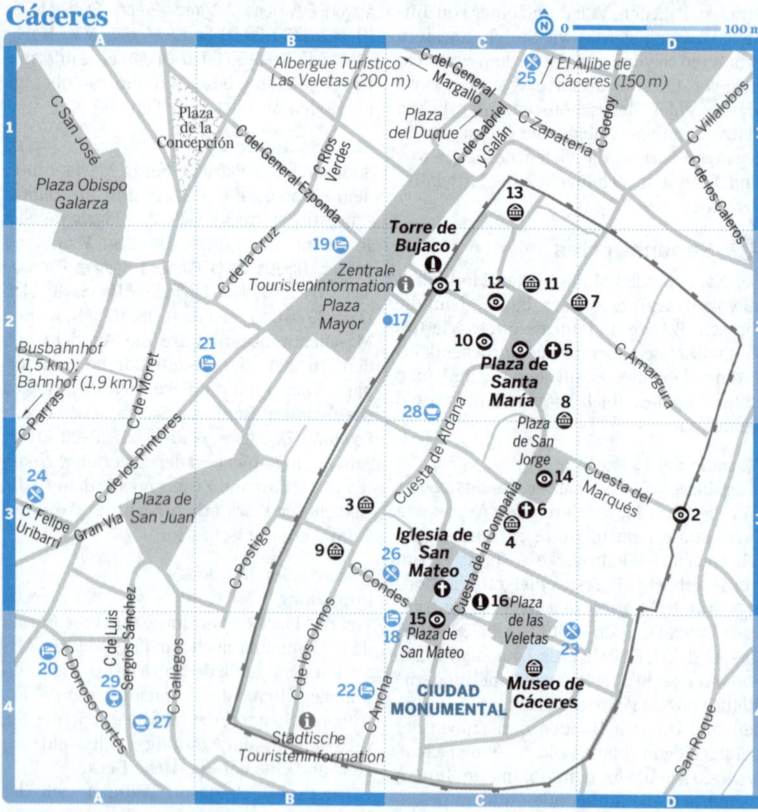

Aktivitäten

El Aljibe de Cáceres HAMAM

(☎927 22 32 56; www.hammamcaceres.com; Calle de Peña 5; ⊙So–Do 10–14 & 16–22, Fr & Sa bis 24 Uhr) Hier kann man in maurischem Ambiente entspannen – die Architektur ist ebenso wohltuend wie die Auswahl an Anwendungen. Die Preise für ein einfaches aromatisiertes Thermalbad starten bei 15 €, mit einer zusätzlichen Massage zahlt man 22 €.

Geführte Touren

Asociación de Guías Turísticas STADTFÜHRUNG

(Verein der Touristenführer; ☎927 21 72 37; Plaza Mayor 2) Von Mai bis September gibt's täglich mindestens zwei spanischsprachige Stadtführungen (1½–2 Std., So nur vormittags; 5 €) durch die Ciudad Monumental. Sie starten vor dem Büro des Veranstalters an der Plaza Mayor. Auf Vorabanfrage sind auch englischsprachige Führungen möglich.

Feste & Events

Womad WELTMUSIK

(World of Music, Arts and Dance; www.womadcaceres.com) An drei Tagen Mitte Mai tobt in Cáceres das Womad. Zu diesem Anlass treten auf den Plätzen der Altstadt internationale Bands auf.

Fiesta de San Jorge FEST DES SCHUTZHEILIGEN

Vom 21. bis zum 23. April feiert die Stadt die Fiesta de San Jorge zu Ehren ihres Schutzheiligen.

Schlafen

LP TIPP **Hotel Casa Don Fernando** BOUTIQUE-HOTEL €€

(☎927 21 42 79; www.casadonfernando.com; Plaza Mayor 30; DZ 60–140 €; ❄📶) Cáceres' beste Mittelklasseunterkunft liegt an der Plaza Mayor gleich gegenüber dem Arco de la Estrella. Die Designerzimmer verteilen sich auf vier Stockwerke und haben stilvolle Bäder.

Cáceres

Highlights
Iglesia de San Mateo ... C3
Museo de Cáceres ... C4
Plaza de Santa María ... C2
Torre de Bujaco ... C2

Sehenswertes
1 Arco de la Estrella ... C2
2 Arco del Cristo ... D3
3 Casa Mudéjar ... B3
4 Centro Divulgación Semana Santa ... C3
5 Concatedral de Santa María ... C2
6 Iglesia de San Francisco Javier ... C3
7 Palacio Carvajal ... D2
8 Palacio de la Diputación ... C2
9 Palacio de los Golfines de Arriba ... B3
10 Palacio de Mayoralgo ... C2
11 Palacio de Ovando ... C2
12 Palacio Episcopal ... C2
13 Palacio Toledo-Moctezuma ... C1
14 Plaza de San Jorge ... C3
15 Plaza de San Mateo ... C4
16 Torre de las Cigüeñas ... C3

Aktivitäten, Kurse & Touren
17 Asociación de Guías Turísticas ... C2

Schlafen
18 Atrio ... C4
19 Hotel Casa Don Fernando ... B2
20 Hotel Don Carlos ... A4
21 Hotel Iberia ... B2
22 Parador de Cáceres ... B4

Essen
Atrio ... (siehe 18)
23 El Racó de Sanguino ... C4
24 La Tahona ... A3
25 Madruelo ... C1
26 Restaurante Torre de Sande ... C3

Augehen
27 Babel Café-Bar ... A4
28 El Corral de las Cigüeñas ... C2
29 La Traviata ... A4

Von den Räumen der gehobenen Kategorie (30 € teurer) genießt man einen besonders schönen Blick auf den Platz und kann sich ohne Aufpreis an der Minibar bedienen. Familien treffen mit den Mansardenzimmern im Obergeschoss eine gute Wahl.

Atrio BOUTIQUE-HOTEL €€€
(☎927 24 29 28; www.restauranteatrio.com; Plaza de San Mateo 1; Zi. 240–325 €; P❄📶≋) Eine makellose moderne Aufmachung und hochwertige zeitgemäße Kunst sind die Markenzeichen dieser exzellenten Kombination aus Fünfsternehotel und Restaurant mit nationalem Ansehen. Weder die edlen Zimmer noch der persönliche Service lassen Wünsche offen. Ein weiteres Plus ist die tolle Lage im Herzen der Altstadt.

Parador de Cáceres HOTEL €€€
(☎927 21 17 59; www.parador.es; Calle Ancha 6; EZ/DZ 139/173 €; P❄@📶) Seit der gründlichen Generalüberholung stellt dieser gotische Palast aus dem 14. Jh. in der Altstadt einen geschliffenen, modernen Look zur Schau. Die Zimmer und Bäder bieten einen Grad an Stil und Komfort, der alles andere als mittelalterlich ist. Wer mit dem eigenen Wagen anreist, sollte sich unbedingt genau an die Wegbeschreibung halten, die man nach der Buchung bekommt.

Hotel Don Carlos HOTEL €€
(☎927 22 55 27; www.hoteldoncarloscaceres.com; Calle Donoso Cortés 15; EZ/DZ 48/68 €; P❄📶) Vor seiner liebevollen Restaurierung stand das private Wohnhaus aus dem 19. Jh. lange leer. Nun verfügt es über geschmackvoll eingerichtete Zimmer mit naturbelassenen Steinwänden und originalen Kunstwerken (zu der Inhaberfamilie gehören zwei Künstler). Parken kostet 9 €.

Hotel Iberia HOTEL €
(☎927 24 76 34; www.iberiahotel.com; Calle de los Pintores 2; EZ/DZ 46/60 €; ❄) Mit ihren alten Möbeln erinnern die öffentlichen Bereiche des familiengeführten Hotels in einem Palast aus dem 18. Jh. nahe der Plaza Mayor an ein Antiquitätenmuseum. Angesichts des Preises sind die 36 Zimmer super und warten u. a. mit Parkettböden und Kunst an den Wänden auf. Eine solide, traditionelle Wahl in erstklassiger Lage.

Albergue Turístico Las Veletas HOSTEL €
(☎927 21 12 10; lasveletas@hotmail.com; Calle del General Margallo 36; B 18–20 €; ❄📶) Das moderne Hostel hat einen hübschen Blumengarten und akzeptable Drei- bis Sechsbettzimmer. Am besten reserviert man vorab, da hier viele Gruppen einchecken. Mahlzeiten kosten 8 €. Für Pilger gibt's Ermäßigungen.

Essen

Von den Restaurants und Cafés an der Plaza Mayor kann man die Schwalben und Störche rund um die Türme der Altstadt beobachten. Bei einem Drink und einfachen Tapas sollte man es aber belassen, denn das Essen ist hier leider nur durchschnittlich und ziemlich teuer. Rund um die Plaza de San Juan findet man ein paar bessere Lokale.

LP TIPP Atrio SPANISCHE NOUVELLE CUISINE €€€
(☎927 24 29 28; www.restauranteatrio.com; Plaza de San Mateo 1; Menüs 99–119 €) In toller Lage mitten im Herzen der Altstadt überschlägt sich Cáceres' Gourmetrestaurant Nummer eins förmlich, um seinem Ruf gerecht zu werden. Serviert werden die kulinarischen Leckerbissen von sehr förmlichen, aber freundlichen Angestellten. Viele Zutaten kommen aus der Region und sind von bester Qualität. Der Koch stellt das Degustationsmenü zusammen, man kann sich aber auch ein eigenes aus verschiedenen Tagesangeboten kreieren.

Restaurante Torre de Sande FUSIONSKÜCHE €€€
(☎927 21 11 47; www.torredesande.com; Calle Condes 3; Gerichte 35–45 €; ⌚Di–Sa mittags & abends, So mittags) Auf der Karte des eleganten Gourmettempels in der Ciudad Monumental stehen Gerichte wie *salmorejo de cerezas del jerte con queso de cabra* (kalte Kirschsuppe mit Ziegenkäse), die im hübschen Innenhof verspeist werden. Etwas bescheidener geht's in der angeschlossenen Tapería mit ein paar Tischen an der Straße zu. Sie ist eine nette Adresse für einen Drink und eine Tapa.

Madruelo SPANISCHE NOUVELLE CUISINE €€
(☎927 24 36 76; www.madruelo.com; Calle Camberos 2; Hauptgerichte 14–20 €) Eine nüchterne Ausstattung und eine intime Atmosphäre kennzeichnen das Restaurant, das von vielen *cacereños* mit einem Riecher für moderne spanische Köstlichkeiten zu fairen Preisen angesteuert wird. Hier gibt's Leckereien wie Grillfleisch mit Reis, verschiedene Gerichte mit Foie gras und andere mediterrane Spezialitäten wie Moussaka.

La Tahona TAPAS, SPANISCH €€
(www.latahonarestaurante.com; Calle Felipe Uribarri 4; Hauptgerichte 12–19 €; ⌚Mo–Sa mittags & abends, So mittags) Das quirlige La Tahona ist Galerie und Restaurant in einem und verströmt sowohl ein vornehmes als auch überschwängliches Flair. Saftige, im Holzofen gegarte Fleischgerichte sind die Spezialität des Hauses, man kann sich jedoch auch noch an zahlreichen anderen Speisen laben. Serviert werden diese entweder in der Tapas-Bar unten oder in dem ruhigeren Bereich oben. Der Service ist freundlich und hilfsbereit.

El Racó de Sanguino SPANISCH €€
(☎927 22 76 82; www.racodesanguino.es; Plaza de las Veletas 4; Tapas 2,50 €, Hauptgerichte 14–20 €; ⌚Di–Sa mittags & abends, So mittags) Drinnen erwarten einen Tische und Korbstühle unter einer Dachschräge aus Holz, während draußen Kerzenlicht lockt. Carlos Sanguino bereitet traditionelle *extremeño*-Kost aus hochwertigen regionalen Zutaten zu.

Ausgehen

Gleich hinter der Mauer an der Südseite der Ciudad Monumental verteilen sich entlang der Calle Pizarro und der Calle Luis Sergios Sánchez einige beliebte Nachtcafés und Bars, die bis etwa 3 Uhr geöffnet haben. Auch in der Neustadt ist viel los. Die Clubs findet man im La-Madrila-Viertel rund um die Calle Doctor Fleming.

El Corral de las Cigüeñas CAFÉ
(www.elcorralcc.com; Cuesta de Aldana 6; ⌚Mo & Di 8–13, Mi–Fr 8–13 & 18–3, Sa 10–3, So 17–1 Uhr) In dem Innenhof mit riesigen Palmen und efeubewachsenen Mauern gleich innerhalb der Ciudad Monumental kann man ein gemütliches Gläschen, Snacks oder ein supergünstigstes Frühstück (2,20–3,40 €) genießen. Abends gibt's manchmal Livemusik.

La Traviata BAR
(Calle de Luis Sergios Sánchez 8) Hier darf man sich auf Blumentapeten, original erhaltene alte Fliesen, ein Gewölbe und eine Terrasse freuen.

Babel Café-Bar CAFÉ, BAR
(Calle de Luis Sergios Sánchez 7) Verschiedene Kaffeesorten, Cocktails, Kunstausstellungen und Filmvorführungen.

Shoppen

In vielen Läden werden regionale Käsesorten (vor allem der kräftige, cremige Torta del Casar), geräuchertes Fleisch und andere Produkte verkauft.

Praktische Informationen

Städtische Touristeninformation (☎927 24 71 72; http://turismo.ayto-caceres.es; Calle de los Olmos 11; ⌚10–14 & 16.30–19.30 Uhr)

Touristeninformation (www.turismoextremadura.com; Plaza Mayor 3; ⌚Mo–Fr 8.30–14.30 & 16–18 oder 17–19, Sa & So 10–14 Uhr) Am Eingang zur Ciudad Monumental. Öffnet an Sommernachmittagen später.

An- & Weiterreise

Vom **Busbahnhof** (☎927 23 25 50; www.estacionautobuses.es; Calle Túnez 1) geht's nach Madrid (24–33 €, 3¾ Std., 7-mal tgl.), Trujillo (4,37 €, 40 Min., 8-mal tgl.), Plasencia (4,30 €, 50 Min., bis zu 5-mal tgl.) und Mérida (5,60 €, 1 Std., 2- bis 5-mal tgl.).

Bis zu fünf Züge verkehren nach Madrid (27 €, 4 Std.), Plasencia (5 €, 1¼ Std.) und Mérida (6,05 €, 1 Std.).

Unterwegs vor Ort

Vor dem Bahnhof, der sich ganz in der Nähe des Busbahnhofs befindet, fährt die Buslinie L1 zur zentralen Plaza Obispo Galarza.

Valencia de Alcántara

6130 EW.

Dieser hübsche Ort liegt etwa 7 km vor der portugiesischen Grenze. Über seiner gut erhaltenen Altstadt, einem ungewöhnlichen Labyrinth aus weiß getünchten Häusern und Prachtbauten, wachen die Ruinen einer mittelalterlichen Burg und die **Iglesia de Rocamador**.

Die ländliche Umgebung ist vor allem für die Korkherstellung und die mehr als fünfzig in der Landschaft verteilten vorzeitlichen **Dolmen** (kreisförmig angeordnete Monolithen) bekannt.

Montags bis freitags halten hier zwei Busse aus Cáceres (5,20 €, 1½ Std.).

Alcántara

1630 EW.

Alcántara ist das arabische Wort für „Die Brücke" und verweist auf die **römische Brücke** über den Río Tajo ganz in der Nähe der abgelegenen Ortschaft. Im Laufe der Jahrhunderte wurde das 204 m lange und 61 m hohe Bauwerk unterhalb des riesigen Embalse de Alcántara oft verstärkt. Eine Inschrift an einem kleinen römischen Tempel erinnert an den Architekten. Von der Brücke aus kann man einem wunderschönen 20 km langen Rundweg folgen, der zunächst am Ufer sowie durch ein Dorf verläuft und dann an einem prähistorischen Menhir vorbei die Hügel hinaufklettert. Unterwegs entdeckt man eventuell seltene Raubvögel und schwarze Störche.

In Alcántra selbst lohnt sich die Besichtigung der alten Stadtmauer, der Burgruine, verschiedener beeindruckender Gebäude und des gewaltigen **Convento de San Benito** (www.fundacionsanbenito.com; Calle Trajano; Eintritt im Rahmen einer kostenlosen stdl. Führung; ⌚Mi–Sa 10.30–13.30 & 17–19, So 10.30–13.30 Uhr) im Stil der Renaissance. Das Kloster wurde im 16. Jh. als Hauptquartier des Ordens de Alcántara errichtet, einer Bruderschaft der Reconquista, deren Mitglieder zugleich Mönche und Ritter waren und die über einen Großteil der westlichen Extremadura herrschte. Zu den Highlights des heruntergekommenen Gebäudes gehören der gotische Kreuzgang und die ebenmäßige dreistufige Loggia.

Wer vor Ort übernachten möchte, trifft mit der komfortablen, stilvollen, in einem alten Kloster untergebrachten **Hospedería Conventual de Alcántara** (☎927 39 06 38; www.hospederiasdeextremadura.es; Carretera del Poblado Iberdrola; Zi. 70–120 €; P❄@🛜≋) eine gute Wahl.

Montags bis freitags verkehren täglich vier Busse zwischen Alcántara und Cáceres (5,30 €, 1½ Std.).

Trujillo

9690 EW.

Beim Spaziergang über die Plaza Major meint man fast, in die Kulisse eines Historienfilms geraten zu sein, denn rund um den Platz erheben sich Steinhäuser im Barock- und Renaissancestil und dahinter sieht man Türme, Erker, Kuppeln, Zinnen sowie Storchennester. Doch auch jenseits dieser faszinierenden Umgebung ist Trujillo mit seinem Labyrinth aus terrakottagedeckten Häusern und Prachtbauten, schattigen Innenhöfen, Obstgärten, Kirchen und Klöstern eine der reizvollsten Kleinstädte Spaniens.

Die Blütezeit des Heimatorts vieler bekannter spanischer *conquistadores* begann erst nach der Eroberung Amerikas. In jener Zeit bereicherten Francisco Pizarro und Konsorten Trujillo mit einem prachtvollen neuen Platz und grandiosen Renaissancebauten.

Sehenswertes

Plaza Mayor PLATZ

Auf Trujillos Plaza Mayor, einem der schönsten Plätze des Landes, thront Charles Rumseys große **Pizarro-Statue**. Ursprünglich soll der amerikanische Künstler eigentlich Hernán Cortés abgebildet haben und wollte

Trujillo

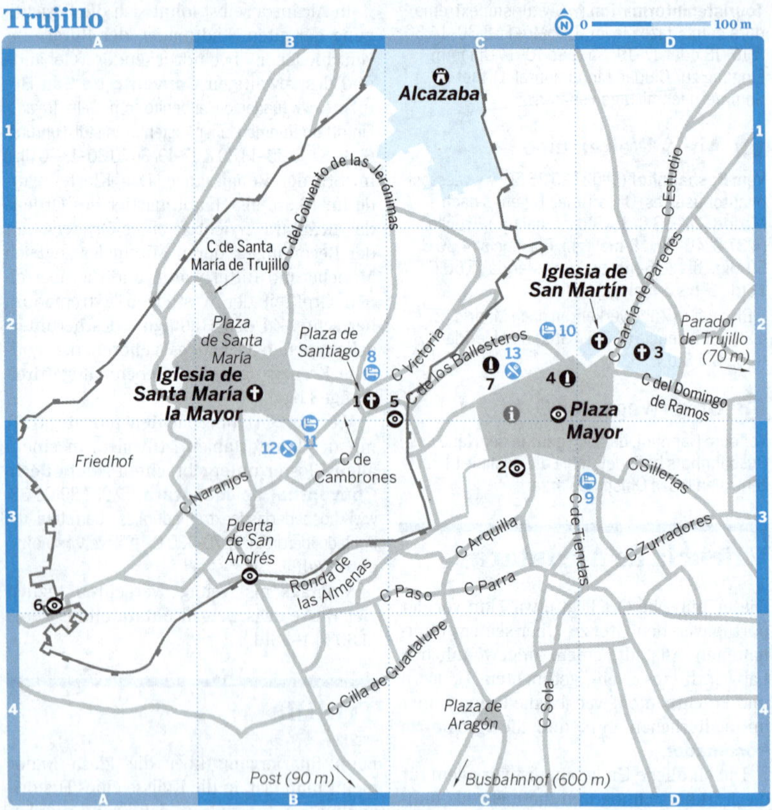

Trujillo

Highlights

Alcazaba C1
Iglesia de San Martín D2
Iglesia de Santa María la Mayor B2
Plaza Mayor C2

Sehenswertes

1 Iglesia de Santiago B2
2 Palacio de la Conquista C3
3 Palacio de los Duques de San Carlos D2
4 Pizarro-Statue C2
5 Puerta de Santiago C2
6 Puerta del Triunfo A3
7 Torre del Alfiler C2

Schlafen

8 El Mirador de las Monjas B2
9 Hostal Nuria D3
10 NH Palacio de Santa Marta C2
11 Posada dos Orillas B3

Essen

12 Mesón Alberca B3
13 Restaurante La Troya C2

sein Werk Mexiko übergeben. Weil das Land allerdings nichts für Cortés übrig hatte, lehnte es das Geschenk ab. Und so wurde es schließlich Trujillo als Pizarro überreicht.

An der Südseite des Platzes ist eine Ecke des **Palacio de la Conquista** aus dem 16. Jh. mit Reliefs von Pizarro und seiner Geliebten Inés Yupanqui (Schwester des Inkaherrschers Atahualpa) geschmückt. Rechts davon sieht man ihre gemeinsame Tochter Francisca Pizarro Yupanqui mit ihrem Mann (und Onkel) Hernando Pizarro. Das Gebäude wurde in den 1560er-Jahren für Hernando und Francisca errichtet, als Ersterer – übrigens Pizarros einziger Bruder, der keinen gewaltsamen Tod in Peru starb – nach 20 Jahren aus dem Gefängnis entlassen wurde, wo er wegen Mordes eingesessen hatte.

Iglesia de San Martín KIRCHE
(Erw./Kind 1,40 €/frei; ⏲10–14 & 16–19 Uhr) Die Iglesia de San Martín an der Plaza Mayor datiert ins 16. Jh. und wartet mit filigranen gotischen Gewölben, herrlichen Buntglasfenstern sowie einer prächtigen Orgel aus dem 18. Jh. auf (den besten Blick darauf hat man von der Chorempore).

Palacio de los Duques de San Carlos KLOSTER, VILLA
(Eintritt 1,40 €; ⏲Mo–Sa 9.30–13 & 16.30–18.30, So 10–12.30 Uhr) Auf der Plaza Mayor erhebt sich außerdem der massive Palacio de los Duques de San Carlos aus dem 16. Jh., heute ein Kloster des Hieronymus-Ordens. Besucher können es besichtigen und hier selbst gebackene Kekse kaufen. Das Gebäude verfügt über eine schlichte klassische Terrasse, eine prächtige Granittreppe, ein gemaltes Familienwappen (ein zweiköpfiger Adler) und markante Ziegelsteinkamine im Mudejarstil.

Iglesia de Santa María la Mayor KIRCHE
(Erw./Kind 1,40 €/frei; ⏲10–14 & 16–19 Uhr) Dieser Sakralbau aus dem 13. Jh. hat ein überwiegend gotisches Kirchenschiff und einen romanischen Turm, von dessen Spitze sich ein herrlicher Blick bietet. In seinem Innern befinden sich die Gräber der führenden Familien Trujillos im Mittelalter, darunter das von Diego García de Paredes (1466–1530), einem Krieger von legendärer Stärke, der laut Cervantes mit nur einem Finger ein Mühlrad anhalten konnte. Über dem herrlichen Altar prangt ein Retabel aus dem 15. Jh. mit 25 Malereien im flämischen Stil. Sie zeigen Szenen aus dem Leben von Maria und Jesus.

Alcazaba BURG
(Erw./Kind 1,40 €/frei; ⏲10.30–14 & 16.30–19 Uhr) Trujillos eindrucksvolle Burg aus dem 10. Jh. thront auf der Spitze des Hügels. Wie man am hufeisenförmigen Tor des Haupteingangs sieht, ist sie muslimischen Ursprungs. Später wurde das beeindruckende, aber völlig kahle Gebäude von den Christen befestigt. Oben von den Zinnen schweift der Blick ungehindert in die Ferne. Ein Turm beherbergt die Klause von Unserer Frau des Sieges, der Schutzpatronin von Trujillo. Wenn man 50 Cent in einen Schlitz einwirft, dreht sie sich in ihrer Nische.

Torre del Alfiler TURM, INFOZENTRUM
(Calle de los Ballesteros; Eintritt 1,40 €; ⏲10–14 & 16.30–19.30 Uhr) In dem Turm, der einst Teil der Befestigungsmauern war und dann als Wohnstatt für den Adel diente, ist ein Infozentrum über die Geschichte Trujillos und der Extremadura untergebracht. Außerdem genießt man hier einen netten Blick auf die Plaza Mayor.

Iglesia de Santiago KIRCHE
(Erw./Kind 1,40 €/frei; ⏲10.30–14 & 16.30–19.30 Uhr) Wenn man von der Plaza Mayor kommt, erhebt sich zur Rechten der **Puerta de Santiago** die Iglesia de Santiago, Trujillos älteste Kirche. Sie wurde im 13. Jh. von Rittern des Santiago-Ordens (auf das Jakobsmuschelemblem achten) errichtet und ist mit zahlreichen Wappen verziert. Interessant sind auch ein schönes Altarbild aus dem 14. Jh., eine von Gläubigen verehrte Statue von Cristo de las Aguas, der nachgebaute Messnerraum und die Szene von Christi Geburt im Chor.

Stadtmauer STADTMAUER
Die 900 m lange Mauer rund um die Oberstadt stammt noch aus den Zeiten der Mauren. Nach der Reconquista ließen die zugezogenen Adelsfamilien hier ihre Paläste und Kirchen errichten. Durch die **Puerta del Triunfo** (Triumphtor) am westlichen Ende sollen 1232 die siegreichen christlichen

TICKETS, TOUREN & TERMINE

In Trujillos Touristeninformation bekommt man **Kombitickets** (4,70–5,30 €) mit einer umfassenden Broschüre auf Spanisch (auf der Rückseite gibt's einige englische Erläuterungen). Ein Ticket gilt für vier oder fünf Sehenswürdigkeiten, darunter die Burg, das Infozentrum des Torre del Alfiler und die Iglesia de Santiago. Wer außerdem an einer der zweistündigen spanischsprachigen **Führungen** zu acht Attraktionen teilnehmen möchte, zahlt 7,95 €. Die Rundgänge beginnen täglich um 11 und 17 Uhr an der Touristeninformation.

Im Sommer sind die Sehenswürdigkeiten nachmittags oft länger geöffnet (17–20.30 Uhr).

Truppen einmarschiert sein, nachdem sie den Muslimen die Stadt entrissen hatten.

Feste & Events

Fiestas de Trujillo STADTFEST
Die Fiestas de Trujillo werden mit Musik, Theater und ausgiebigen Partys an mehreren Tagen rund um den ersten Samstag im September gefeiert.

Schlafen

LP TIPP Posada dos Orillas HISTORISCHES HOTEL €€
(☎927 65 90 79; www.dosorillas.com; Calle de Cambrones 6; DZ So–Do 70–90 €, Fr & Sa 80–107 €; ❄📶) Dieses geschmackvoll renovierte Haus aus dem 16. Jh. verfügt über eine tolle Lage in der Altstadt und bietet einen exzellenten, persönlichen Service. Die Zimmer sind dem spanischen Kolonialstil nachempfunden und nach Ländern mit Städten namens Trujillo benannt. In der Nebensaison purzeln die Übernachtungspreise, was die Bleibe zur besten Option in der Stadt macht.

El Mirador de las Monjas HOTEL €€
(☎927 65 92 23; www.elmiradordelasmonjas.com; Plaza de Santiago 2; EZ/DZ inkl. Frühstück Mo–Do 50/60 €, Fr–So 60/70 €; ❄) Zu der *hostería* in der Altstadt mit sechs blitzsauberen, modernen Zimmern im minimalistischen Stil samt tollen Bädern gehört auch das tolle Restaurant gleich nebenan. Die Preise sind absolut angemessen. Im Obergeschoss haben die Räume Schrägen, eine nette Aussicht und eine etwas bessere Ausstattung.

NH Palacio de Santa Marta HOTEL €€
(☎927 65 91 90; www.nh-hoteles.es; Calle Ballesteros 6; EZ/DZ ab 75/90 €; P❄@📶🏊) Die modern gestalteten Zimmer des Palastgebäudes aus dem 16. Jh. oberhalb der Plaza Mayor warten auch mit einigen bildschönen original erhaltenen Elementen auf. Von dem im Sommer geöffneten Pool genießt man einen Blick über die Dächer. Wer auf den Platz schauen will, muss eines der teureren Zimmer buchen.

Parador de Trujillo HISTORISCHES HOTEL €€€
(☎927 32 13 50; www.parador.es; Calle Santa Beatriz de Silva 1; EZ/DZ 135/168 €; P❄@📶🏊) In einer der gewundenen Nebenstraßen östlich der Plaza Mayor lockt dieses ehemalige Kloster (16. Jh.) mit großzügig geschnittenen Zimmern, Terrakottaböden und einem dezenten historischen Touch.

Hostal Nuria HOSTAL €
(☎927 32 09 07; www.hostal-nuria.com; Plaza Mayor; EZ/DZ 30/45 €, Apt. 60–90 €; ❄📶) Die modernen, komfortablen Zimmer sind zwar nichts Besonderes, aber dafür ist die Lage der Unterkunft an der Plaza Mayor nahezu unschlagbar. Den besten Ausblick bieten die Räume mit den Nummern 204 und 205. Unten gibt's ein lebhaftes Bar-Restaurant.

Essen

Mesón Alberca TRADITIONELL SPANISCH €€
(Calle de Cambrones 8; Hauptgerichte 11–17 €; ⏰Do–So) Eine hübsche, efeubewachsene Terrasse und dunkle Holztische mit karierten Tischdecken schaffen den richtigen Rahmen, um regionale Spezialitäten wie Braten und verschiedene lokale Käsesorten zu probieren. Das *extremeño*-Menü für 24,50 € ist ein echtes Schnäppchen.

Restaurante La Troya TRADITIONELL SPANISCH €
(Plaza Mayor 10; Menüs 15 €) Hier geht's eher um Quantität als um Qualiät. In dem Restaurant an der Plaza Mayor mit mehreren Essbereichen bekommt man großzügige Portionen bodenständiger *comida casera* (Hausmannskost). Zuerst gibt's Tortillas und Chorizo, dann folgt ein dreigängiges *menú*. An den Wochenenden stehen die Leute bis auf die Straße Schlange.

Praktische Informationen

Touristeninformation (☎927 32 26 77; www.turismotrujillo.com; Plaza Mayor; ⏰10–14 & 16.30–19.30 Uhr)

An- & Weiterreise

Vom **Busbahnhof** (☎927 32 12 02; Avenida de Miajadas) 750 m südlich der Plaza Mayor bestehen u. a. Verbindungen nach Madrid (17,63–29,85 €, 3–4¼ Std., 5-mal tgl.), Cáceres (3,34 €, 40 Min., 8-mal tgl.) und Mérida (8,25 €, 1½ Std., 3-mal tgl.).

Guadalupe

2060 EW.

Guadalupe ist der funkelnde Juwel in der grünen Krone der Berge und Höhen der Sierra de Villuercas. Dichte Kastanien-, Eichen- und Korkwälder gehen in Olivenhaine und Weingärten über und lassen die Herzen passionierter Wanderer höher schlagen. Als Highlight des strahlend weißen Örtchens gilt das palastartige Kloster, eine Schatztruhe für Kunst-, Architektur- und Geschichtsliebhaber.

DIE EXTREMADURA & AMERIKA

Die Entdeckung Amerikas 1492 verhalf mehreren *extremeños* zu großen Erfolgen.

1501 wurde Fray Nicolás de Ovando aus Cáceres zum Gouverneur aller Westindischen Inseln ernannt und machte S anto Domingo auf der Karibikinsel Hispaniola zur Hauptstadt. 2500 Gefolgsleute gingen mit ihm, viele aus der Extremadura. Unter ihnen war auch Francisco Pizarro, der illegitime Sohn eines kleinadligen Mannes aus Trujillo. 1504 traf zudem Hernán Cortés, ebenfalls Spross eines Adeligen aus Medellín, in Santo Domingo ein.

Beide Männer hatten einen steilen Aufstieg vor sich: Cortés nahm 1511 an der Eroberung Kubas teil und ließ sich dort nieder und Pizarro begleitete 1513 Vasco Núñez de Balboa (aus Jerez de los Caballeros) nach Darién (Panama), wo sie den Pazifik „entdeckten". Überdies führte Cortés 1519 eine kleine Expedition ins heutige Mexiko, weil es Gerüchten zufolge reich an Gold und Silber war. 1524 unterwarfen er und seine Männer mit vereinter Kraft, List, Glück sowie Skrupellosigkeit das Aztekenreich.

Als Pizarro Spanien besuchte und vor seiner Rückkehr in die neue Welt noch einmal nach Trujillo kam, erwarteten ihn seine vier Halbbrüder sowie weitere Verwandte und Freunde und gingen mit ihm. Seine nächste Expedition begann 1531 in Panama und bestand aus nur 180 Mann sowie 37 Pferden. Trotzdem schaffte es Pizarro, den von einer 30 000 Mann starken Armee beschützten Inkaherrscher Atahualpa gefangen zu nehmen. Er verlangte ein hohes Lösegeld für seine Geisel, doch obwohl dieses bezahlt wurde, ließ er Atahualpa töten.

Bald darauf war das Inkareich mit der Hauptstadt Cusco, das vom heutigen Kolumbien bis nach Chile reichte, der Schauplatz von willkürlicher Brutalität, verratenen Allianzen, zynischer Realpolitik und einem Bürgerkrieg zwischen Pizarro und seinem früheren Spezi Diego de Almagro. Letzterer wurde hingerichtet, aber Almagros Sohn ermordete später Pizarro, der in der Kathedrale von Lima, Peru, seine letzte Ruhe fand.

Im 16. Jh. machten sich insgesamt etwa 600 Menschen aus Trujillo auf den Weg nach Amerika. Kein Wunder also, dass es ein paar weitere Orte dieses Namens in Mittel- und Südamerika gibt. Eroberer und Siedler aus ganz Spanien brachten zudem den Kult der Jungfrau von Guadalupe aus der östlichen Extremadura mit, der noch immer in ganz Lateinamerika verbreitet ist.

Sehenswertes

Neben der Besichtigung des Klosters sollte man sich auch die Zeit nehmen, durch die hübschen Gassen zu schlendern, die von der Plaza Mayor abgehen.

LP TIPP **Real Monasterio de Santa María de Guadalupe** KLOSTER, KIRCHE
(☎927 36 70 00; www.monasterioguadalupe.com; Plaza Santa María de Guadalupe; Kirche Eintritt frei, Kloster mit Führung Erw./Kind 4/1,50 €; ⏲Kirche 8.30–21, Kloster 9.30–13 & 15.30–18.30 Uhr) Einer Legende zufolge befindet sich das berühmte **Kloster** an der Stelle, wo ein Schäfer eine Figur der Jungfrau entdeckte, die Christen auf ihrer Flucht vor den Mauren Jahre zuvor versteckt hatten. Zunächst errichteten die Einwohner hier eine Kapelle, die in Alfons XI. einen königlichen Unterstützer bekam und ab dem späten 14. Jh. um ein Hieronymitenkloster erweitert wurde. Im 16. Jh. wurde die Statue, eine schwarze Madonna aus Zedernholz, bereits so sehr verehrt, dass man sie zur Schutzheiligen aller spanischen Territorien in der neuen Welt ernannte. Zu ihren Anhängern zählte auch Kolumbus. Nachdem dessen wackeliges Boot einen schweren Sturm während seiner ersten Reise überdauert hatte, unternahm er aus Dankbarkeit kurz nach seiner Rückkehr eine Pilgerfahrt hierher. Nach wie vor hat die Jungfrau von Guadalupe, Schutzheilige der Extremadura, eine große Bedeutung für viele Katholiken in Südamerika und auf den Philippinen. Dementsprechend ist der Klosterkomplex, im dem mittlerweile franziskanische Mönche leben, noch immer eine der wichtigsten Pilgerstätten Spaniens.

Oberflächliche einstündige Führungen (nur auf Spanisch) starten immer zur halben Stunde. Den bildschönen Mudejarkreuzgang (spätes 14. Jh.) im Zentrum der Anlage schmücken Malereien, die von der Jungfrau und den von ihr getätigten Wundern erzählen. Ringsum verteilen sich drei **Museen**: Das im früheren Refektorium zeigt reich bestickte Roben und Altartücher aus verschiedenen Epochen, die Nummer zwei beherbergt eine wunderbare Sammlung illuminierter Chorgesangsbücher ab dem 15. Jh. und die Galerie wartet mit drei Gemälden von El Greco (hl. Andreas, Mariä Himmelfahrt und hl. Petrus), einem düsteren späten Goya *(Geständnis im Kerker)*, einem schönen *Ecce Homo* von Pedro de Mena, einer Handvoll Mönchsbilder von Francisco de Zurbarán sowie einer faszinierenden kleinen Darstellung der Kreuzigung aus Elfenbeinholz, die Michelangelo zugeschrieben wird, auf.

Auch in der majestätischen **Sacristía** (Sakristei) hängen einige fantastische Gemälde (1638–1647) von Zurbarán. Ein paar Arbeiten sind sehr exaltiert, ganz besonders *Die Versuchung des hl. Hieronymus*. Der ernste asketische Heilige passt so gar nicht in die barocke Einrichtung des Raumes. Andere Darstellungen skizzieren den früheren Klosteralltag und symbolisieren die verschiedenen klösterlichen Tugenden. Im **Relicario-Tesoro** werden unheimliche Reliquien von Märtyrern und ziemlich protzige Schätze aufbewahrt, z. B. ein mit 200 000 Perlen besetzter Umhang der Jungfrau. In der **camarín**, einer Kammer hinter dem Altaraufsatz, befindet sich eine Statue der Jungfrau zur direkten Anbetung. Gläubige dürfen hier am Ende der Führung ein Stückchen ihres Umhangs küssen.

In der **Kirche** nimmt die Figur der schwarzen Jungfrau den angestrahlten Ehrenplatz am hoch aufragenden *retablo* (Altarbild) ein und ist durch ein schönes *reja* (Gitter) im Platereskstil vom Hauptbereich des Schiffs abgetrennt. Der Walnusschor aus dem 18. Jh. besticht durch ein gewaltiges Pult. Im Rahmen des Rundgangs kann man sich die Barockorgel genauer anschauen.

Aktivitäten

Die Touristeninformation stellt Karten für einfache bis mittelschwere Rundwege von drei bis fünf Stunden zur Verfügung.

Ruta de Isabel la Católica WANDERN
Eine großartige Möglichkeit zum Wandern bietet eine Fahrt mit dem Bus nach Miajadas oder Cáceres bis zum Dorf **Cañamero**, von wo ein gut markierter, rund 15 km langer Weg wieder zurück nach Guadalupe führt. Er folgt den Spuren früherer Pilger (unter ihnen waren auch die katholischen Könige Isabella und Ferdinand nach der Einnahme Granadas).

Schlafen

LP TIPP **Hospedería del Real Monasterio** HISTORISCHES HOTEL €€
(☎927 36 70 00; www.monasterioguadalupe.com; Plaza Juan Carlos I; EZ/DZ 49/71 €; P❄📶) Der gotische Kreuzgang des Real Monasterio ist der Mittelpunkt dieses altmodischen, wunderbar atmosphärischen Hotels, in dem man ein Nationaldenkmal erleben kann, ohne die üblichen *parador*-Preise zahlen zu müssen. Von der Lobby geht ein opulenter Patio ab und es gibt komfortable, individuell gestaltete, eher dunkle Zimmer mit hohen Decken.

Parador de Guadalupe HISTORISCHES HOTEL €€€
(☎927 36 70 75; www.parador.es; Calle Marqués de la Romana 12; EZ/DZ 119/148 €; P❄📶🏊) Gleich gegenüber dem Kloster befindet sich diese auch als Parador Zurbarán bekannte Unterkunft, die im 15. Jh. als Hospiz und im 16. Jh. als religiöse Schule diente. Die geräumigen Zimmer verfügen über eine geschmackvolle Einrichtung, und der gepflasterte, von einem klosterähnlichen Säulengang umgebene Innenhof wartet mit Zitronen- und Orangenbäumen auf.

Cerezo II HOSTAL €
(☎927 15 41 77; www.hostalcerezo2meson.com; Plaza Mayor 23; EZ/DZ 35/48 €; ❄) Direkt am Hauptplatz mit ansprechenden, modern eingerichteten, in warmen Erdtönen gehaltenen Zimmern samt edlen Steppdecken.

Essen

In den preiswerten Restaurants rund um die Plaza Mayor werden schlichte lokale Spezialitäten zubereitet. Das Lokal im Parador de Guadalupe ist ausgezeichnet.

Hospedería del Real Monasterio SPANISCH €€
(☎927 36 70 00; www.monasterioguadalupe.com; Plaza Juan Carlos I; Hauptgerichte 10–22 €) Hier nimmt man entweder unter den Bogen des prächtigen gotischen Kreuzgangs oder im Speisesaal mit antiken Keramiken und Holzmöbeln aus dem 17. Jh. Platz. Es gibt leckere Fleisch- und Fischgerichte sowie zahlreiche hausgemachte Desserts. Übernachtungsgäste zahlen 20 € für die Menüs.

Praktische Informationen

Touristeninformation (☎927 15 41 28; www.turismoextremadura.com; Plaza Mayor; ⌚Mi–Fr 10–17, Sa & So bis 14 Uhr) An dem Platz unterhalb des Klosters.

An- & Weiterreise

Busse halten unweit des Rathauses in der Avenida Conde de Barcelona, etwa zwei Gehminuten von der Plaza Mayor entfernt. **Mirat** (☎927 23 48 63; www.mirat.net) fährt montags bis freitags zweimal täglich (sonntags einmal) über Trujillo nach Cáceres (10,80 €, 2¼ Std.). Außerdem verkehren ein bis drei Busse von **Samar** (☎902 25 70 25; www.samar.es) nach Madrid (16,83 €, 4 Std.). Fahrpläne hängen im Fenster der Touristeninformation aus.

NÖRDLICHE EXTREMADURA

Die westlichen Ausläufer der Cordillera-Central-Gebirgskette reichen von der Sierra de Gredos im Osten bis zur Sierra de Gata im Westen und schlagen dabei einen weiten Bogen um die hübsche Stadt Plasencia. Im Nordosten erstrecken sich drei Täler: La Vera, Valle del Jerte und Valle del Ambroz mit zahlreichen Bergbächen, alten Dörfern, herrlichen Wanderstrecken und wunderbaren Unterkünften.

Plasencia

41 450 EW.

Diese freundliche, lebhafte Stadt an einer Biegung des Río Jerte ist das natürliche Zentrum der nördlichen Extremadura. Sie verfügt über eine in weiten Teilen erhaltene Festungsmauer sowie ein rustikales hübsches Altstadtviertel mit engen Straßen, romanischen Kirchen und prächtigen Steingebäuden, die häufig mit Adelswappen geschmückt sind.

Sehenswertes

Catedral KATHEDRALE

(Plaza de la Catedral; Catedral Nueva Eintritt frei, Catedral Vieja 1,50 €; ⏲Mo–Sa 9–13 & 17–19, So 9–13 Uhr) Eigentlich besteht Plasencias Kathedrale aus zwei Gebäuden. Die **Catedral Nueva** aus dem 16. Jh. hat eine schöne Platereskfassade, ein gewaltiges *retablo* (Altarbild) und ein meisterhaft geschnitztes Chorgestühl. In ihr verschmelzen Gotik und Renaissance. Dagegen wartet die romanische **Catedral Vieja** mit klassischen Kreuzgängen aus dem 13. Jh. auf, die sich rund um einen tröpfelnden Brunnen und Zitronenbäume erstrecken, und beherbergt die hohe achteckige Capilla de San Pablo mit einem dramatischen Caravaggio-Gemälde (1569), das Johannes den Täufer zeigt.

Plaza Mayor PLATZ

Die belebte, arkadengesäumte Plaza Mayor, von der zehn Straßen abgehen, gilt als das Herz der Stadt. Seit dem 12. Jh. findet hier jeden Dienstag ein Bauernmarkt statt. Der kleine Kerl, der auf der Spitze des gotischen Rathauses die Stunde schlägt, heißt El Abuelo Mayorga (Opa Mayorga) und ist Plasencias inoffizielles Wahrzeichen.

GRATIS **Centro de Interpretación Torre Lucía** MAUER, INFOZENTRUM

(Calle Torre Lucía; ⏲Di–Sa 10–14 & 17–19 Uhr) Am oberen Ende des historischen Viertels thront der am besten erhaltene Wehrturm der Stadt mit einem Zugang zur Mauer. Hier wird das mittelalterliche Plasencia anhand von Videos, Modellen und Artefakten wieder lebendig.

Schlafen

Parador de Plasencia HISTORISCHES HOTEL €€€

(☎927 42 58 70; www.parador.es; Plaza San Vicente Ferrer; EZ/DZ 142/177 €; P❄📶) Mit seinen massiven Steinsäulen, den hohen Decken und einem traditionellen Kreuzgang im Renaissancestil strahlt der *parador* noch die strenge Atmosphäre des im 15. Jh. errichteten ehemaligen Klosters aus. Die Zimmer sind aber wahrlich keine Mönchszellen, sondern luxuriös möbliert und mit Teppichen sowie hübschen Stoffen versehen.

Palacio Carvajal Girón HOTEL €€

(☎927 42 63 26; www.palaciocarvajalgiron.com; Plaza Ansano 1; Zi: 100–130 €; P❄📶🏊) Der Umbau des zerfallenen Prachtbaus in der Altstadt war ein Mammutprojekt, doch jetzt ist der Palacio Carvajal Girón eine wirklich schicke Adresse mit einem Innen- und Außenpool sowie schönen öffentlichen Bereichen. Alle Zimmer sind modern eingerichtet und verfügen über weiße, frische Bettwäsche. Zugleich wurden viele originale Elemente erhalten, was insgesamt eine tolle Mischung ergibt.

Hotel Rincón Extremeño HOTEL €

(☎927 41 11 50; www.hotelrincon.com; Calle Vidrieras 6; EZ/DZ 35/45 €; ❄📶) Eine nette, bodenständige Unterkunft in einer schmalen Straße unweit der Plaza Mayor. Die sauberen 08/15-Zimmer liegen über einem beliebten spanischen Restaurant, dem Epizentrum der hiesigen Gastronomieszene. Innerhalb eines kleinen Radius findet man viele gute Lokale.

Essen

Mittags und bei Sonnenuntergang versammeln sich zahlreiche gesellige Einheimische in den Bars und auf den Terrassen rund um die Plaza Mayor, um *pitarra,* den lokalen Rotwein, zu trinken und dazu ein paar *pinchos* (Tapas) zu verzehren. Eine gute Wahl sind auch die Lokale und Restaurants in der schmalen Calle Vidrieras, die vom Platz abgeht.

LP TIPP **Casa Juan** SPANISCH €€

(☎927 42 40 42; www.restaurantecasajuan.com; Calle Arenillas 5; Hauptgerichte 13–15 €; ⏲Fr–Mi) In einer stillen gepflasterten Gasse wartet die Casa Juan mit hervorragenden *extremeño*-Fleischgerichten wie Lammschulter oder Spanferkel auf. Die hausgemachte Foie gras zergeht auf der Zunge und auch das *retinto*-Rindfleisch schmeckt hervorragend. Abgerundet wird das kulinarische Erlebnis durch preiswerte Weine aus ganz Spanien.

Praktische Informationen

Regionale Touristeninformation (☎927 01 78 40; www.turismoextremadura.com; Calle Torre Lucía; ⏲Mo–Fr 9–14 & 16–18 Uhr, Sa & So 10–14 Uhr) Im Hochsommer nur morgens geöffnet.

Städtische Touristeninformation (☎927 42 38 43; www.plasencia.es; Calle Santa Clara 4; ⏲Mo–Fr 9–14 & 16–19, Sa & So 10–14 & 16–19 Uhr)

An- & Weiterreise

Der **Busbahnhof** (☎927 41 45 50; Calle de Tornavacas 2) liegt etwa 750 m östlich der Plaza Mayor. Der Bahnhof etwa 1 km südwestlich der Stadt ist über die Straße nach Cáceres zu erreichen.

Bis zu fünf Busse fahren täglich nach Cáceres (4,30 €, 50 Min.), Madrid (17,22 €, 3½ Std.) und Salamanca (8,91 €, 2 Std.). Außerdem gibt's ein paar Verbindungen in kleinere Orte der Umgebung.

Züge verkehren drei- bis viermal täglich nach Madrid (22,05 €, 3 Std.), Cáceres (5 €, 1 Std.) und Mérida (11,35 €, 2½ Std.).

La Vera

Das üppige La Vera ist von Bergen umgeben, die oft bis in den Mai hinein mit Schnee bedeckt sind. In der Gegend werden Himbeeren, Spargel und vor allem der für seinen rauchigen Geschmack bekannte und in schönen altmodischen Blechbüchsen verkaufte *pimentón* (Paprika) angebaut. Typisch für La Vera sind auch die schiefen Fachwerkhäuser, deren herausragende obere Stockwerke von Holz- oder Steinsäulen abgestützt werden.

Sehenswertes & Aktivitäten

Monasterio de Yuste KLOSTER

(www.patrimonionacional.es; Cuacos de Yuste; Erw./Kind 9/4 €; ⏲April–Sept. 10–20 Uhr, Okt.–März 10–18 Uhr) Das Monasterio de Yuste befindet sich 2 km oberhalb von Cuacos de Yuste. Nachdem er sich als Herrscher über einen Großteil von West- und Mitteleuropa zurückgezogen hatte, ging Karl I. von Spanien (auch bekannt als Karl V. von Österreich) 1557 in das Kloster, um dort seinen Lebensabend zu verbringen.

Wer sich für spanische Geschichte interessiert, sollte einen Blick in die königlichen Gemächer werfen. Dazu gehört auch das Schlafzimmer, wo der König im September 1558 verstarb. Durch eine Tür konnte der gläubige Monarch den Hieronymitanermönchen von seinem Sterbebett aus zusehen, wenn sie in der Kirche nebenan die Messe feierten. Karl wurde hinter dem Hochaltar beigesetzt, doch sein Sohn Philipp II. ließ die sterblichen Überreste später ins El Escorial überführen.

Interessant sind auch die beiden Kreuzgänge, die Sammlung religiöser Kunst und die Reproduktionen von Werken Tizians aus Karls Besitz. Es gibt gute Infotafeln auf Englisch und einen Audioguide (6 €).

Nach Erscheinen dieses Reiseführers ist das Kloster inzwischen vielleicht schon wieder bewohnt, denn eine Gemeinschaft polnischer Mönche plante bei Redaktionsschluss die Umsiedlung hierher. Mittwochs und donnerstags haben EU-Bürger die letzten drei Stunden kostenlos Zutritt.

Wandern WANDERN

Zwischen den Ortschaften von La Vera verlaufen zahlreiche markierte Wanderwege, darunter ein etwa 10 km langer Abschnitt der **Ruta del Emperador** von Jarandilla zum Kloster.

Schlafen & Essen

Fast alle Dörfer verfügen über gut ausgeschilderte Campingplätze und *casas rurales* (ländliche Unterkünfte). Zu den lokalen Spezialitäten zählen *cabrito a la caldereta* (Zickleineintopf) und *migas* (mit Knoblauch, Paprika und Schweinefleisch gebratene Brotkrumen).

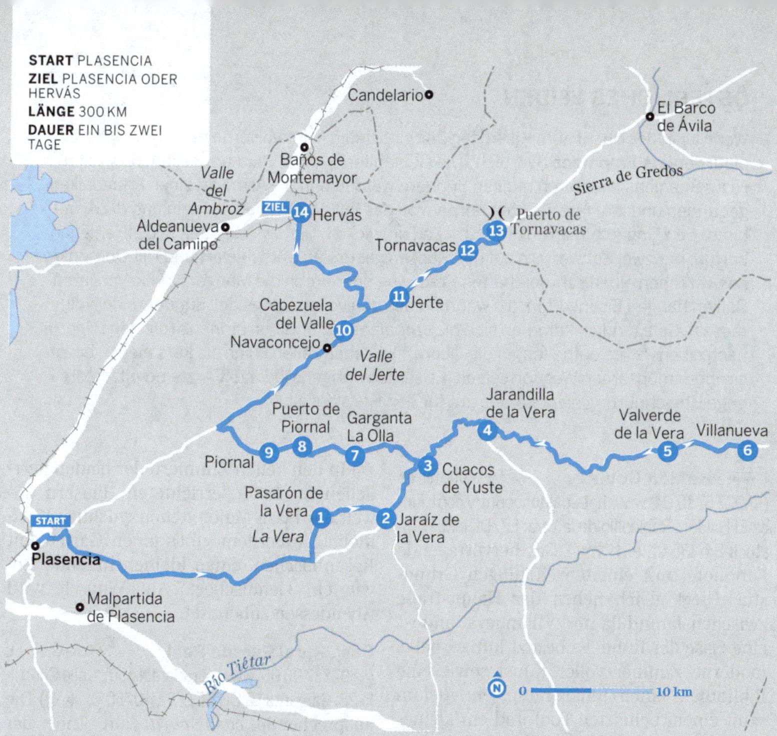

Spritztour

La Vera & Valle del Jerte

La Vera ist bekannt für *pimentón* (Paprika), das benachbarte Valle del Jerte für Kirschen. In den wie Perlen an Hängen aufgereihten Dörfern der beiden ländlichen Gebiete stehen bildhübsche traditionelle Häuser. Wer über Nacht bleiben möchte, hat die Wahl zwischen vielen guten Unterkünften (s. S. 822).

Zu Beginn geht's hinaus aus Plasencia und nach La Vera, vorbei am schön gelegenen 1 **Pasarón** mit dem tollen im 16. Jh. errichteten Palast der Condes de Osorno, sowie nach 2 **Jaraíz**, der *pimentón*-Hochburg.

Das nordöstlich gelegene 3 **Cuacos de Yuste** trumpft mit Fachwerkarchitektur und niedlichen Plazas auf. Dahinter erstreckt sich die Tabakstadt 4 **Jarandilla**, einer der malerischsten Zwischenstopps. Die Kirche im Burgen-Look wurde von den Templern errichtet und beherbergt ein uraltes Taufbecken aus dem Heiligen Land.

Als Nächstes erreicht man 5 **Valverde**, Heimat des Osterrituals Los Empalaos. Die nette Plaza de España wird von Holzbalkonen eingerahmt. Hat man sich 6 **Villanueva** angesehen, legt man eine Kehrtwendung hin, um 7 **Garganta La Olla**, ein Dorf mit spitz zulaufenden Dächern, überhängenden Balkonen und jahrhundertealten Inschriften an den Türen zu erkunden.

Bergauf geht's zum spektakulären 8 **Puerto-de-Piornal-Pass**, bevor man auf der anderen Seite ins Valle del Jerte hinabfährt. Die Höhenlagen von 9 **Piornal** versprechen legendäre Wanderungen und sorgen für ideale Bedingungen zum Pökeln von Fleisch.

Wenn man die Hauptstraße im Tal erreicht, biegt man rechts ab, um zu den hübschen Häuschen und hölzernen Balkonen des 10 **Cabezuela del Valle** rund um die Plaza de Extremadura zu gelangen. Die größte Stadt und das Kirschenzentrum im Tal ist 11 **Jerte**. Tunnelartige Straßen und eine schmucke Plaza sorgen hier für eine tolle Atmosphäre. Ringsum locken gute Wandermöglichkeiten.

Im alten 12 **Tornavacas** startet die Ruta del Emperador, die zurück nach La Vera führt.

Hinter Tornavacas geht's 6 km steil bergauf zum 13 **Puerto-de-Tornavacas-Pass** und zur Sierra de Gredos in der Provinz Ávila. Alternativ kehrt man nach Plasencia zurück oder folgt der gewundenen Straße zwischen Jerte und Cabezuela über einen spektakulären Pass nach 14 **Hervás** im Valle del Ambroz.

ÖSTERLICHES LEIDEN

Wenn es in der Nacht zum Karfreitag 24 Uhr schlägt, wird Valverde de la Vera Schauplatz der **Los Empalaos** (wörtlich „Die Gepfählten"), eines der kuriosesten religiösen Feste Spaniens. Mehreren reuigen Sündern werden nun die Arme an einen Pflugbalken gebunden und ihre fast nackten Körper von der Taille bis zu den Achseln und die Arme bis zu den Fingerspitzen eng mit Stricken umwickelt. Die „wandelnden Kruzifixe" legen barfuß, mit zwei Schwertern auf den Rücken gebunden, verschleiert und mit Dornenkronen versehen einen schmerzhaften Kreuzweg quer durch die Menge zurück. Von ihren Balken hängen Eisenketten, die während des qualvollen Gangs der Sünder unheilvoll rasseln. Gelegentlich kommen sich die *empalaos*, geführt von *cirineos* (die den Pilgern nach einem Sturz aufhelfen) in die Quere. In solchen Fällen knien sie kurz nieder, bevor sie ihren mühsamen Weg fortsetzen. Es stehen übrigens jederzeit Ärzte bereit, da die enge Umschnürung nicht gerade gut für den Kreislauf ist.

LP TIPP Haldón Country LANDHOTEL €€
(☎927 57 10 04; www.hotelhaldoncountry.com; Finca El Haldón, Robledillo de la Vera; EZ/DZ inkl. Frühstück 84/135 €; P❄📶≋) Das hervorragende Landhotel mit einem weitläufigen Grundstück liegt gleich neben der Hauptstraße zwischen Jarandilla und Villanueva und ist eine Oase der Ruhe. Es besitzt luftige, helle, moderne Zimmer voller Kunst sowie eine Bibliothek, einen Billardraum, ein Atrium samt einem beheizten Pool und ein kleines Spa. Die Inhaber bereiten ihren Gästen einen herzlichen Empfang. Unter der Woche kommt man hier erheblich günstiger unter.

Parador de Jarandilla HISTORISCHES HOTEL €€€
(☎927 56 01 17; www.parador.es; Avenida de García Prieto 1, Jarandilla de la Vera; EZ/DZ 135/168 €; P❄📶≋) In der stilvollen Burg aus dem 15. Jh. hat schon Karl I. ein paar Monate genächtigt, bis die Bauarbeiten in seinem Kloster beendet waren. Innerhalb der dicken Mauern und Türme verbergen sich schön möblierte Räume sowie ein klassischer Innenhof mit einem erstklassigen Restaurant.

La Casa de Pasarón CASA RURAL €€
(☎927 46 94 07; www.pasaron.com; Calle de la Magdalena 18, Pasarón de la Vera; EZ/DZ 60/85 €; P❄📶) Hinweisschilder führen zu dieser familiären Unterkunft, deren Erdgeschoss aus dem Jahr 1890 stammt. Die Räume verfügen über Terrakottafliesen und sind lichtdurchflutet. Für die hübschen Mansardenzimmer mit den Dachschrägen muss man etwas mehr zahlen. Das Restaurant ist toll, öffnet aber nur, wenn sich genug Gäste einfinden.

La Vera de Yuste CASA RURAL €
(☎927 17 22 89; www.laveradeyuste.com; Calle Teodoro Perianes 17, Cuacos de Yuste; EZ/DZ 40/60 €; ❄) In den hellen Zimmern der beiden herrlichen im 18. Jh. errichteten Häusern unweit der Plaza Major stehen wuchtige Holzmöbel. Außerdem gibt's einen Garten mit Rosenbüschen, einen kleinen Innenhof sowie ein Gemüsebeet. Auf Wunsch wird Abendessen zubereitet.

Casa Rural Parada Real CASA RURAL €
(☎927 17 96 05; www.paradareal.com; Calle Chorrillo 28, Garganta La Olla; EZ/DZ 40/50 €; ❄📶) Die ansprechende *casa rural* am Ende der Hauptstraße besitzt die perfekte Lage für gemütliche Spaziergänge. Sie ist in einem dunklen Pinkton angestrichen und verfügt über schmiedeeiserne Balkone, freundliche, praktische Zimmer sowie ein empfehlenswertes Restaurant (Mahlzeiten 10–16 €).

Camping Jaranda CAMPINGPLATZ €
(☎927 56 04 54; www.campingjaranda.es; Stellplätze pro Erw./Zelt/Auto 4,45/4,60/4,60 €; ⏲Mitte März–Mitte Sept.; P≋) 1,25 km westlich von Jarandilla erstreckt sich an einem plätschernden Bach dieser empfehlenswerte Campingplatz mit einem Café, viel Schatten, Bungalows und Hütten (66–109 €). Wer die Gegend zu Fuß erkunden möchte, bekommt Wanderkarten. Vor Ort gibt's auch einen Zeltverleih.

LP TIPP La Finca SPANISCH €€
(☎927 66 51 50; www.villaxarahiz.com; Ctra 203, Km 32,8, Jaraíz de la Vera; Hauptgerichte 15–24 €; ⏲Di–So; 📶) Das gediegene Hotelrestaurant gleich unterhalb von Jaraíz gilt als eine der besten Adressen für lokale Küche. Hier werden die heimische Paprika und andere hochwertige Produkte aus der Extremadura verarbeitet, außerdem ist die Auswahl an Gin Tonics in der Bar erstaunlich. Die Terrasse bietet einen herrlichen Blick auf die Berge.

Praktische Informationen

Unter www.aturive.com und www.comarcadela vera.com erfährt man mehr über die Gegend.

Touristeninformation (927 56 04 60; www.jarandilla.com; Plaza de la Constitución 1, Jarandilla de la Vera; Di–Sa 10–14 & 16.30–19.30, So 10–14 Uhr) Bei Redaktionsschluss wurde das Büro neben der Kirche gerade renoviert und der vorübergehende Standort befand sich an der Hauptstraße unterhalb des Parador de Jarandilla.

An- & Weiterreise

Montags bis freitags verkehren drei Busse von Plasencia nach Jarandilla und halten unterwegs in Dörfern im unteren La-Vera-Tal (5,50 €, 1 Std.). Sonntags gibt's nur eine Verbindung. Manche Busse fahren weiter in das Tal hinein.

Valle del Jerte

Die Sierra de Tormantos trennt La Vera vom Valle del Jerte, wo die Hälfte aller Kirschen von ganz Spanien wächst. Im Frühling verwandelt sich das Tal in ein Meer aus weißen Blüten. Ab Mai werden die leckeren reifen Früchte geerntet.

Sehenswertes & Aktivitäten

Eine malerische Spritztour führt von La Vera durch das Tal (s. S. 823).

Wanderrouten — WANDERN

Im Valle del Jerte verlaufen tolle Wanderwege verschiedener Schwierigkeitsgrade, z. B. entlang der hübschen Schlucht Garganta de los Infiernos. Startpunkt der meisten Routen ist am **Centro de Interpretación de la Naturaleza** (927 01 49 36; 9–14 & 16–18 Uhr), 2,5 km vom Zentrum Jertes entfernt. Hier kann man sich die Naturausstellung ansehen und erhält Beschreibungen der Routen, darunter ein gemütlicher Spaziergang zu den natürlichen Los-Pilones-Wasserbecken (von Jerte aus hin & zurück 2 Std.). Von dort geht's weiter nach Cabezuela (4 Std.). Talaufwärts beginnt in Tornavacas die sieben- bis neunstündige Ruta del Emperador (28 km). Sie führt durch die Sierra nach Jarandilla in La Vera, vorbei am Monasterio de Yuste. Mitte des 16. Jhs. ließ sich Karl I. auf ihr zum Kloster tragen.

Schlafen & Essen

LP TIPP Túnel del Hada — BOUTIQUE-HOTEL €€

(927 47 00 00; www.tuneldelhada.com; Travesía Fuente Nueva 2, Jerte; DZ Standard-/Superior-Kategorie 128/160 €; P ❄ ☕ ≋) Am Ende einer Tunnelstraße von Jerte wartet dieses exzellente Wellnesshotel mit stilvollen, romantischen Zimmern, manche inklusive Balkon und Blick auf den Fluss und die Sierra, auf. Zu der luxuriösen, wunderbar freundlichen Unterkunft gehört auch ein edles Restaurant. Weitere Pluspunkre gibt's für die besonders bequemen Betten. Normalerweise kann man einen Preisnachlass aushandeln.

El Cerezal de los Sotos — CASA RURAL €€

(927 47 04 29; www.elcerezaldelossotos.net; Calle de las Vegas, Jerte; DZ inkl. Frühstück 86 €; P ❄ ☕ ≋) Das Tal ist berühmt für *casas rurales* wie dieses ruhige, gemütliche Steinhaus aus dem Jahr 1890, das oberhalb des Flusses inmitten von Kirschbäumen und Wiesen liegt, einen offenen Feuerplatz hat und über geräumige, attraktive Zimmer mit Holzbalken verfügt. Einfach den Schildern über die Brücke von Jerte folgen. Man kann hier auch zu Abend essen (19 €).

Antigua Posada — CASA RURAL €

(927 17 70 19; www.antiguaposada.com; Calle Real de Abajo 32, Tornavacas; EZ/DZ inkl. Frühstück 40/58 €; 👪) Das niedliches Gebäude aus dem 18. Jh. im Herzen von Tornavacas besitzt gepflegte, günstige Zimmer, die ein „Zuhause"-Gefühl vermitteln. Zu den Attraktionen ist es nicht weit, außerdem versorgen einen die Angestellten mit Wandertipps.

Camping Río Jerte — CAMPINGPLATZ €

(927 17 30 06; www.campingriojerte.com; Stellplatz pro Erw./Zelt/Auto 5,10/5,10/5,10 €, Bungalows für 4–6 Pers. 88–110 €; P ≋) Zu dieser Campinganlage 1,5 km südwestlich von Navaconcejo gehört u. a. ein Volleyballplatz. Abkühlung verschaffen das Naturbecken am Fluss und der Swimmingpool.

Valle del Jerte — SPANISCH €€

(927 47 04 48; www.donbellota.com; Gargantilla 16, Jerte; Hauptgerichte 13–19 €; Di–Sa mittags & abends, So mittags) In dem mit viel Liebe gestalteten Restaurant nahe dem Hauptplatz kommen lokale Spezialitäten wie Forelle und *cabrito* (Zicklein) auf den Tisch. Sehen lassen können sich auch der tolle Service, die exzellente Weinauswahl und die leckeren Desserts.

Praktische Informationen

Touristeninformation (927 47 04 53; www.turismovalledeljerte.com; Avenida Ramón y Cajal, Jerte; Mo, Di & Do–Sa 10–14 & 17–20, So 10.30–13.30 Uhr) An der Hauptstraße.

VÍA DE LA PLATA

Vermutlich leitet sich der Name dieser historischen Straße, auch Ruta de la Plata genannt, nicht von dem lateinischen Wort für Silber, sondern vom arabischen *bilath* ab, was so viel wie „gefliest" oder „gepflastert" heißt. Tatsächlich waren es jedoch die Römer, die den Weg zwischen Mérida und Astorga im 1. Jh. anlegten. Nach seinem Ausbau reichte er bis an die asturische Küste. Warenladungen, Soldaten, Reisende und Händler nutzten die Straße, die später auch von Pilgern auf ihrem Weg von Andalusien nach Santiago de Compostela bereist wurde.

Lange Zeit gab man die Strec ke dem Verfall preis, aber seit ein paar Jahrzehnten ist sie wieder gut in Schuss. Heute kann man von Sevilla bis Santiago oder Gijón wandern bzw. radeln (jeweils etwa 1000 km). Der gut markierte Weg beginnt in der Extremadura südlich von Zafra, führt durch Mérida, Cáceres und Plasencia und verläuft dann weiter nach Salamanca in Kastilien-León. Die erhaltenen Bereiche der Originalroute wurden durch neue Straßenabschnitte ergänzt. Die A66 erstreckt sich dicht neben der alten Route. Mehr darüber erfährt man unter www.rutadelaplata.com und in der Broschüre (3 €), die in den Touristeninformationen verkauft wird.

An- & Weiterreise

Täglich fahren ein bis vier Busse von Plasencia nach Jerte und in andere Dörfer im Tal. Manche verkehren sogar weiter bis nach Madrid.

Valle del Ambroz

Dieses breitere Tal westlich des Valle del Jerte wird von der Vía de la Plata und der A66 durchschnitten.

HERVÁS

4200 EW.

Hervás ist ein lebendiger Ort mit einer niedlichen Altstadt. Wer die Umgebung erkunden will, findet hier eine geeignete Basis.

Sehenswertes

Das Städtchen beherbergt das besterhaltene **barrio judío** (jüdisches Viertel) der Extremadura, das bis zur Vertreibung der Juden 1492 florierte, als viele Familien nach Portugal flohen. Die Calle Rabilero und Calle Cuestecilla sind besonders sehenswert. Hoch oben von der **Iglesia de Santa María** genießt man eine herrliche Aussicht. Einst erhob sich an dieser Stelle eine Ritterburg der Templer.

Museo Pérez Comendador-Leroux KUNSTMUSEUM

(☎927 48 16 55; Calle Asensio Neila; Eintritt 1,20 €; ⌚Di 16–20, Mi–Fr 11–14 & 16–20, Sa & So 10.30–14 Uhr) In einem prächtigen Gebäude aus dem 18. Jh. werden Werke des im 20. Jh. in Hervás geborenen Bildhauers Enrique Pérez Comendador und seiner Frau, der französischen Malerin Magdalena Leroux, gezeigt. Sonntags ist der Eintritt frei.

Museo de la Moto Clásica MUSEUM

(www.museomotoclasica.com; Carretera de la Garganta; Erw./Kind 10 €/frei; ⌚Mo–Fr 10.30–13.30 & 16–19, Sa & So 10.30–19.30 Uhr) 200 m nördlich des Flusses kann man in den unverwechselbaren Museumsbauten mit den kegelförmigen Dächern mehr als 300 historische Motorräder sowie Autos und Kutschen bewundern. Die Aussicht ist fantastisch.

Schlafen & Essen

In der Altstadt verteilen sich zahlreiche exzellente Restaurants.

LP TIPP **El Jardín del Convento** HOTEL €€

(☎927 48 11 61; www.eljardindelconvento.com; Plaza del Convento 22; Zi. 65–100 €, Hütte 110 €; ❄📶) Am Rand des jüdischen Viertels erwartet einen dank des tollen Gartens voller Rosen, Gemüse und ruhigen Sitzbereichen ländliche Idylle pur. Die Zimmer dieser wunderbaren Bleibe haben Charakter und keines gleicht dem anderen, nur die Holzböden, Natursteinwände und zeitgenössischen Möbel sind Standard. Außerdem gibt's einen kleinen Bungalow, einen schönen Frühstückssaal und eine treppauf gelegene Terrasse. Im Hotel herrscht eine sehr gastfreundliche Atmosphäre.

Albergue de la Vía de la Plata HOSTEL €

(☎927 47 34 70; www.alberguesviaplata.es; Paseo de la Estación; B inkl. Frühstück 20 €; P@👪) Besitzer Carlos führt seine angenehme Unterkunft mit viel Herz und Enthusiasmus. Das Hostel befindet sich in einem liebevoll umgebauten Bahnhof und blickt auf die stillgelegten Gleise. Es verfügt über eine Bar und

Einrichtungen für Selbstversorger. Alle Zimmer und Aufenthaltsräume sind mit hellen Möbeln ausgestattet.

La Tapería del Convento TAPAS €
(www.lataperiadelconvento.es; Calle Convento 45; raciones 5–10 €; ⌚Do–Di) In der kleinen Bar werden bodenständige, superleckere und großzügig portionierte Gerichte zu günstigen Preisen zubereitet. Wer ein Glas Wein bestellt, bekommt eine kostenlose Tapa dazu. Auf der Karte stehen viele einheimische Käsesorten, die hier übrigens auch verkauft werden.

ℹ Praktische Informationen

Touristeninformation (☎927 47 36 18; www.valleambroz.com; Calle Braulio Navas 6; ⌚Di–Fr 10–14 & 16.30–19.30, Sa & So 10–14 Uhr)

ℹ An- & Weiterreise

Täglich verkehren bis zu vier Busse zwischen Cáceres, Plasencia und Salamanca. Sie fahren durchs Valle del Ambroz und halten in Hervás (ab Plasencia 2,61 €).

GRANADILLA

25 km westlich von Hervás erstreckt sich das malerische Geisterdorf **Granadilla** (Eintritt frei; ⌚April–Okt. Di–So 10–13 & 14–20 Uhr, Nov.–März bis 18 Uhr), ein wunderbares Beispiel dafür, wie die Orte der Extremadura in den guten alten Zeiten ausgesehen haben müssen. Nachdem es im 10. Jh. von den Mauren gegründet und in den 1960er-Jahren nach dem Bau des angrenzenden Staudamms verlassen wurde, werden die traditionellen Häuser nun dank eines staatlichen Bildungsprojekts penibelst restauriert.

Zugang zum Ort bietet die schmale **Puerta de Villa**, über der eine wuchtige **Burg** thront. Die kopfsteingepflasterte **Calle Mayor** führt hinauf zur hübsch rustikalen **Plaza Mayor**. Im Sommer dienen manche der hiesigen Gebäude als Werkstätten oder Ausstellungsbereiche. Besucher sollten unbedingt auch auf den **Mauern der Almohaden** entlangspazieren, denn der Blick auf das Dorf, den See und die Kiefernwälder ist legendär.

Coria

13 050 EW.

Dieser schöne Marktort liegt südlich der Sierra de Gata. Eine wuchtige, weitgehend intakte Schutzmauer mit vier Toren umgibt die Altstadt. Die Römer nannten den Ort Caurium. Nach einer Periode des Niedergangs blühte er unter den Mauren wieder auf, die hier für kurze Zeit die Hauptstadt ihres kleinen Herrschaftsgebietes errichteten.

Sehenswertes & Aktivitäten

GRATIS **Catedral** KATHEDRALE
(Plaza de la Catedral; Museumseintritt 2 €; ⌚Mo–Sa 10.30–14 & 16.30–19, So 9.30–14 Uhr) Corias Kathedrale ist ein überwiegend gotisches Bauwerk mit aufwendigen Platereskverzierungen am Nordportal. An ihrem Standort erhoben sich einst eine westgotische Kathedrale, dann eine Moschee und schließlich eine romanische Kathedrale. Erst danach wurde das heutige Gebäude errichtet. Es beherbergt ein nüchternes goldenes Altarbild und ein kleines, um den Kreuzgang angeordnetes **Kirchenmuseum**. Auf der Ebene unterhalb des Letzteren steht eine einsame schöne Steinbrücke, die im 17. Jh. vom Río Alagón im Stich gelassen wurde, als sich dieser ein neues Flussbett weiter südlich suchte.

GRATIS **Museo de la Cárcel Real** MUSEUM
(Calle de las Monjas 2; ⌚10.30–14 & 17.30–20.30 Uhr) In dem ehemaligen Gefängnis kann man sich die finstere, enge *celda del castigo* (Strafzelle) ansehen und den Unterschied zwischen den bequemen Zellen im ersten Stock und denen des einfachen Volkes darunter entdecken.

Convento de la Madre de Dios KLOSTER
(Calle de las Monjas; Eintritt 1,50 €; ⌚10–12.15 & 16–18.15 Uhr) Besucher des Klosters aus dem 15. Jh. mit einem eleganten Kreuzgang können hier köstliche hausgemachte Süßigkeiten und Kuchen kaufen.

Schlafen & Essen

Palacio Coria HOTEL €€
(☎927 50 64 49; www.hotelpalaciocoria.es; Plaza de la Catedral; EZ/DZ inkl. Frühstück 70/86 €; P❄📶) Der Bischofspalast aus dem 17. Jh. gleich neben der Kathedrale wurde zu einer luxuriösen Herberge umgewandelt. Die Unterkunft bietet allen modernen Komfort und ein historisches Ambiente. An den Wochenenden gibt's oft Preisnachlässe.

El Bobo de Coria SPANISCH €€
(Calle de las Monjas 6; Hauptgerichte 10–14 €; ⌚Di–So) In dem rustikalen, nach einem Velazquez-Gemälde benannten Lokal („Der Idiot von Coria") werden saisonale Pilzgerichte und diverse regionale Spezialitäten serviert.

ABSTECHER

SIERRA DE GATA & LAS HURDES

Diese beiden benachbarten hügeligen Gebiete liegen in einer der abgeschiedensten Ecken des Landes. In ihren Dörfern werden traditionelle Waren hergestellt und es gibt eine Reihe von *casas rurales,* die entspannte Nächte fernab der Zivilisation versprechen.

Von Coria, dem Tor zur **Sierra de Gata**, fährt man auf der EX109 Richtung Nordwesten nach **Hoyos**, das ein paar Herrenhäuser beherbergt. Die Iglesia de Nuestra Señora del Buen Varón wurde im 16. Jh. errichtet und besteht aus Sandstein. Sie ist an drei Seiten von weitläufigen Plätzen umgeben, deren umliegende Balkone üppig bepflanzt sind.

Nordwestlich erstreckt sich **San Martín de Trevejo**, das schönste Dorf der Sierra, mit traditionellen Gebäuden und kopfsteingepflasterten Gassen. **Valverde del Fresno** wartet mit einem tollen kleinen Hotel namens **A Velha Fábrica** (☎927 51 19 33; www.avelhafabrica.com; Calle Carrasco 24, Valverde del Fresno; EZ/DZ inkl. Frühstück 60/90 €; P❄📶🏊) auf, das in einer früheren Textilmühle untergebracht ist. In den bisher genannten Orten sprechen die Einheimischen übrigens einen ganz eigenen Dialekt, eine einzigartige Mischung aus Spanisch und Portugiesisch.

Von Hoyos aus hält man sich Richtung Nordosten, um nach **Las Hurdes** zu gelangen. Es dauerte fast ein Jahrhundert, bis die Gegend ihr von Armut, Krankheit und gruseligen Geschichten geprägtes Image abschütteln konnte. 1922 veranlasste das erbärmliche Dasein der *hurdanos* Alfons XIII. während eines Reitausflugs sogar zu dem Ausruf „Ich kann es nicht mehr mit ansehen!" Das herbe, felsige Terrain lässt nur kleine Flächen kultivierbaren Landes an den Flussufern zu. In der hügeligen Umgebung sind Esel und Maultiere weitaus praktischer als Traktoren. An manchen Stellen wird in Bienenkorbkolonien hochwertiger Honig produziert.

In Caminomorisco gibt's eine **Touristeninformation** (☎927 43 53 29; www.todohurdes.com; Avenida de Las Hurdes, Caminomorisco; ⌚Mi–So 10–14 & 16.30–19.30 Uhr). Weiter nördlich verlässt man die EX204, um entlegene Weiler wie **Casares** und **Ladrillar** zu besuchen, in denen sich Steinhäuser mit Schieferdächern drängen. Ein Tag sollte für die **PR40** eingeplant werden, einen beinahe kreisrunden, 28 km langen Wanderweg ab Casares, der uralten Schäferpfaden folgt. Vom nahe gelegenen **Nuñomoral** im Río-Hurdano-Tal, dem Herz der Region, geht's durch ein hübsches Seitental nach **El Gasco**. Dort beginnt eine besonders schöne Wanderroute bis zum 70 m hohen Wasserfall **El Chorro de la Meancera** (hin & zurück 1 Std.).

In der Sierra de Gata und in Las Hurdes sind nur wenige Busse unterwegs. Unter der Woche bestehen ab Plasencia und vereinzelt auch ab Coria Verbindungen zu den größeren Orten in der Gegend.

ℹ Praktische Informationen

Touristeninformation (☎927 50 13 51; http://turismo.coria.org; Avenida de Extremadura 39; ⌚Mo–Fr 9.30–14 & 17–19, Sa & So 10–14 Uhr)

ℹ An- & Weiterreise

Der **Busbahnhof** (☎927 50 01 10; Calle de Chile) befindet sich im neuen Teil der Stadt. Von hier bestehen Verbindungen nach Plasencia (5,60 €, 50 Min., Mo–Fr 4-mal, So 1-mal) und Cáceres (7,50 €, 3½ Std., Mo–Fr 3- bis 4-mal, So 1-mal).

Parque Nacional de Monfragüe

Spaniens 14. und jüngster Nationalpark wurde 2007 eröffnet und ist ein Paradies für Vogelfreunde. In dem Gebiet beidseitig des Tajo-Tals nisten einige Raubvogelkolonien und 75 % aller geschützten Spezies des Landes. Zu den 175 gefiederten Arten gehören etwa 300 Mönchsgeierpaare (die stärkste Population des größten europäischen Raubvogels) und Kolonien zweier weiterer seltener Großvögel: des Spanischen Kaiseradlers und des Schwarzstorchs. Am besten besucht man das Schutzgebiet zwischen März und Oktober, da viele Vogelarten in Afrika überwintern.

Vor Ort erstrecken sich zahlreiche ausgezeichnete Wanderwege, von denen viele im hübschen Dorf **Villareal de San Carlos** beginnen. Da die EX208 durch den Park verläuft, kann man zu mehreren Beobachtungsständen fahren, z. B. zum **Castillo de Monfragüe**, der hoch gelegenen Ruine einer maurischen Festung aus dem 9. Jh. Man erreicht die Burg auch zu Fuß in 1½ Stunden ab Villareal. Am schönsten ist der **Mirador del Salto del Gitano**, ein Aussichtspunkt an der Hauptstraße. Hier genießt man einen traumhaften Blick über die Schlucht zum Peña Falcón, einem Felsen, und kann allerlei Raubvögel beobachten.

Nach wie vor wird untersucht, ob der gefährdete Iberische Luchs (von dem es bislang nur zwei kleine Populationen in Andalusien geben soll) in dem Park lebt.

Geführte Touren

An den Wochenenden organisiert das Centro de Información in Villareal de San Carlos kostenlose Touren, für die man sich vorab telefonisch anmelden muss.

Viele Hotels und *casas rurales* rund um den Park arrangieren zudem Ausflüge mit Geländewagen oder zu Fuß. Empfehlenswerte private Veranstalter:

Birding in Extremadura VOGELBEOBACHTUNG
(☎927 31 93 49; www.birdingextremadura.com) Betreiber ist der britische Ornithologe Martin Kelsey.

Iberian Nature VOGELBEOBACHTUNG
(☎676 784221; www.extremadurabirds.net) Erfahrene Vogelbeobachter, die geführte Wanderungen anbieten.

Monfragüe Natural VOGELBEOBACHTUNG
(☎638 520891; www.monfraguenatural.com) Tierbeobachtung, Ausritte und Kajakfahrten.

Rutas Dehesas de Monfragüe WANDERN, VOGELBEOBACHTUNG
(☎605 732252; www.rutasdehesasdemonfrague.com) Spaziergänge und Fahrten im Park und in der Umgebung.

Schlafen

Casa Rural Monfragüe CASA RURAL €
(☎927 19 90 02; www.monfraguerural.com; Calle de Villareal 15, Villareal de San Carlos; EZ/DZ inkl. Frühstück 39/55 €; ❄📶) Die lichtdurchflutete *casa rural* in dem hübschen Steinhaus direkt gegenüber der Parkinformation hat große bunte Zimmer und ein nettes Bar-Restaurant mit solider Extremadura-Küche. Ein paar Häuser weiter betreiben die Inhaber noch eine weitere Unterkunft. Außerdem verleihen sie Räder und Ferngläser und organisieren Touren.

Hospedería Parque de Monfragüe HOTEL €€
(☎927 45 52 78; www.hospederiasdeextremadura.es; Km 39; DZ inkl. Frühstück 108 €; P❄@📶🏊👪) Dieses ruhige Viersternehotel am Nordrand des Torrejón el Rubio bietet einen tollen Ausblick zum Nationalpark. Die geräumigen Zimmer verfügen über Schieferwände, knarzende Böden, Fernseher und Internet. Familien treffen mit den Duplex-Quartieren eine gute Wahl. Das Restaurant ist in Ordnung (Hauptgerichte 17–24 €). In der Nebensaison sinken die Preise mitunter um die Hälfte.

Camping Monfragüe CAMPINGPLATZ €
(☎927 45 92 33; www.campingmonfrague.com; Stellplätze pro Erw./Zelt/Auto 4,20/4,20/3,80 €, Bungalows für 2/4 Pers. 50/90 €; P🏊) 14 km nördlich von Villarreal an der EX208 erstreckt sich ein schattiger Campingplatz mit Restaurant, Shop, Pool und gemütlichen Bungalows samt Veranden. Darüber hinaus kann man hier Fahrräder leihen und einen günstigen vierstündigen Parkausflug im Jeep inklusive Picknick (30 €) unternehmen.

Praktische Informationen

Centro de Visitantes (☎927 19 91 34; www.monfrague.com; Villareal de San Carlos; ⏲9.30–19.30, Sa & So ab 9 Uhr) Kostenlose Führungen zu den Höhlenmalereien nahe dem Castillo de Monfragüe können hier gebucht werden. Neben dieser Hauptstelle gibt's mehrere Infozentren im Park, darunter zwei in Villareal (einfach die Straße vom Centro de Visitantes aus weiter hinunterfahren).

An- & Weiterreise

Der öffentliche Verkehr beschränkt sich auf eine Busverbindung zwischen Plasencia und Torrejón el Rubio via Villareal de San Carlos von Montag bis Freitag. In Monfragüe 18 km nördlich von Villareal de San Carlos liegt der nächste Bahnhof.

SÜDLICHE EXTREMADURA

Die flache Landschaft dieser Region ist wie ein betörendes Bild, das nach Süden hin noch sanfter und idyllischer wird. Als Hauptattraktion gilt die römische Stadt Mérida, doch auch Olivenza und Zafra lohnen einen Besuch.

Mérida

57 800 EW.

Mérida, Hauptstadt der Extremadura und einst auch der römischen Provinz Lusitania, ist für die beeindruckendsten und größten römischen Ruinen ganz Spaniens bekannt. Diese verteilen sich über den ganzen Ort, teilweise an ganz unerwarteten Stellen, deshalb wird man sich fragen, was wohl noch alles unter der Erde verborgen sein mag.

Sehenswertes

RÖMISCHE RUINEN

Teatro Romano RUINE

(Calle Álvarez de Buruaga; Juni–Sept. 9.30–19.30 Uhr, Okt.–Mai 9.30–13.45 & 16–18.15 Uhr) Das beeindruckende römische Theater entstand um 15 v. Chr. und fasst 6000 Zuschauer. Der zweigeschossige Bühnenaufbau aus korinthischen Säulenreihen ist sehr gut erhalten. 105 n. Chr. wurde die Bühnenfassade *(scaenae frons)* errichtet. Jeden Sommer findet hier das Festival del Teatro Clásico statt. Im angrenzenden **Anfiteatro**, 8 v. Chr. für Gladiatorenkämpfe gebaut, kamen 14 000 Menschen unter. Vor dem Haupteingang der zerfallenen **Casa del Anfiteatro**, einer Villa aus dem 3. Jh., kann man Bodenmosaiken bewundern.

Los Columbarios RUINE

(Calle del Ensanche; Juni–Sept. 9.30–13.45 & 17–19.15 Uhr, Okt.–Mai 9.30–13.45 & 16–18.15 Uhr) Ein Fußweg verbindet die gut dokumentierte und illustrierte römische Grabstätte mit der **Casa del Mitreo** (Calle Oviedo; Erw./Kind 4 €/frei; Juni–Sept. 9.30–13.45 & 17–19.15 Uhr, Okt.–Mai 9.30–13.45 & 16–18.15 Uhr), einem Wohnhaus aus dem 2. Jh., das mehrere komplexe Mosaiken wie das besonders sehenswerte *mosaico cosmológico* und ein wunderbares Fresko enthält.

KOMBITICKET

Zu den meisten römischen Stätten erhält man Zutritt mit einem Kombiticket, das für Erwachsene 12 € und für Studenten und Senioren 6 € kostet (Kinder unter zwölf Jahren müssen nichts zahlen). Im Eintrittsgeld sind folgende Sehenswürdigkeiten enthalten: Teatro Romano und Anfiteatro, Casa del Anfiteatro, Los Columbarios, Casa del Mitreo, Alcazaba, Circo Romano, Basílica de Santa Eulalia und Zona Arqueológica de Morería. Außerdem erhält man eine umfassende englischsprachige Broschüre zu den Monumenten. Das Ticket ist unbegrenzt gültig und wird bei den teilnehmenden Attraktionen verkauft.

Puente Romano BRÜCKE

Die 792 m lange spektakuläre Puente Romano mit 60 Granitbogen über den Río Guadiana ist eine der längsten Brücken, die von den Römern gebaut wurde. Nordwestlich davon erstreckt sich die schlanke modernere Hängebrücke **Puente Lusitania** des spanischen Architekten Santiago Calatrava.

Arco de Trajano RUINE

(Calle de Trajano) Eigentlich hat der imposante 15 m hohe Trajansbogen nichts mit dem Namensgeber zu tun, er steht jedoch an einer der wichtigsten römischen Hauptstraßen von Mérida und war vielleicht einmal der Eingang zu einer heiligen Stätte.

Templo de Diana RUINE

(Calle de Sagasta) Auch hier ist der Name irreführend, denn der Tempel war einst dem Kaiserkult geweiht. Er gehörte einst zum Stadtforum, in dem Méridas Verwaltung saß. Teile davon wurden im 16. Jh. für den Bau einer Villa verwendet. Der restaurierte **Pórtico del Foro** (Calle de Sagasta) des Forums befindet sich an derselben Straße.

Circo Romano RUINE

(Avenida Juan Carlos; 9.50–13.45 & 17–19.15 Uhr) Bei den Resten des Circo Romano aus dem 1. Jh. handelt es sich um das einzige erhaltene Hippodrom dieser Art in Spanien. Früher bot es Platz für 30 000 Menschen. Vor Ort wird ein kurzer Film über Diocles gezeigt, einen meisterhaften *auriga* (Rennwagenfahrer), der in Mérida sein Handwerk lernte, bevor er in Rom zu einem Rennstar aufstieg.

Acueducto de los Milagros RUINE

(Calle Marquesa de Pinares) Der Acueducto de Los Milagros versorgte die römische Stadt mit Wasser vom 5 km außerhalb gelegenen Lago Proserpina. Mittlerweile ist er ein beliebter Nistplatz für Störche. Ein weiterer Aquädukt, San Lázaro, erhebt sich nahe dem Circo Romano.

NOCH MEHR SEHENSWERTES

Museo Nacional de Arte Romano MUSEUM

(http://museoarteromano.mcu.es; Calle de José Ramón Mélida; Erw./Kind 3 €/frei, Senioren & Studenten aus der EU frei; Juli–Sept. Di–So 9.30–15.30 & 17.30–20.30 Uhr, sonst kürzere Öffnungszeiten) Dieses Museum verfügt über eine hervorragende Sammlung wunderbar in Szene gesetzter Statuen, Mosaiken, Fresken, Münzen und anderer römischer Artefakte. Dazu gibt's genau das richtige Maß an Infos. Das stattliche Ziegelgebäude des Architekten Rafael Moneo

Mérida

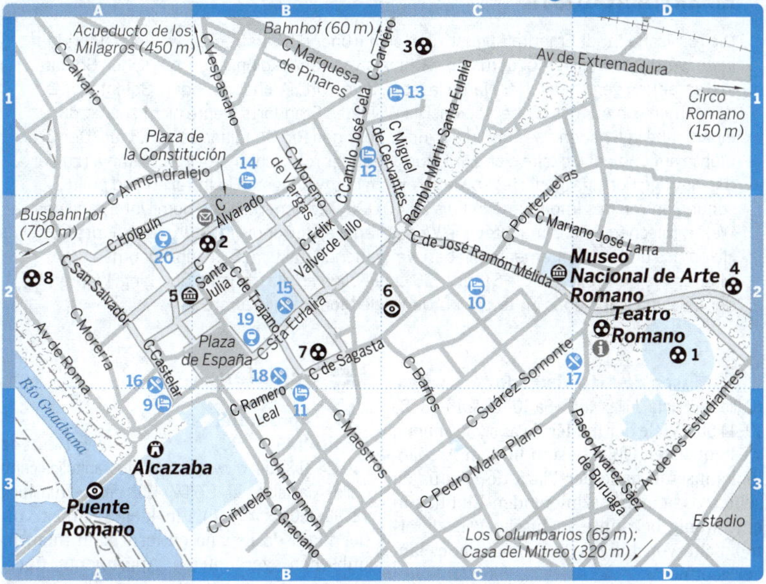

Mérida

Highlights

- Alcazaba ... A3
- Museo Nacional de Arte Romano ... C2
- Puente Romano ... A3
- Teatro Romano ... D2

Sehenswertes

1 Anfiteatro ... D2
2 Arco de Trajano ... B2
3 Basílica de Santa Eulalia ... C1
4 Casa del Anfiteatro ... D2
5 Museo de Arte Visigodo ... A2
6 Pórtico del Foro ... C2
7 Templo de Diana ... B2
8 Zona Arqueológica de Morería ... A2

Schlafen

9 Aparthotel Capitolina ... A3
10 Hostal Alfarero ... C2
11 Hotel Adealba ... B3
12 Hotel Cervantes ... B1
13 La Flor de al-Andalus ... C1
14 Parador Vía de la Plata ... B1

Essen

15 Casa Benito ... B2
16 Casa Nano ... A2
17 El Yantar ... D2
18 Tábula Calda ... B2

Ausgehen

Jazz Bar ... (siehe 2)
19 La Moett ... B2
20 La Tahona Nueva ... A2

verleiht den Exponaten einen passenden Rahmen. Auf keinen Fall verpassen!

Alcazaba FESTUNG

(Calle Graciano; Juni–Sept. 9.30–13.45 & 17–19.15 Uhr, Okt.–Mai 9.30–13.45 & 16–18.15 Uhr) Im 9. Jh. wurde die riesige maurische Festung auf einem Terrain errichtet, das bereits von Römern und Westgoten erobert worden war. In der hübschen *aljibe* (Zisterne) aus „recyceltem" westgotischen Marmor und Steinplatten tummeln sich Goldfische. Von der Mauer streift der Blick über den Río Guadiana. Als die Christen Mérida 1230 einnahmen, restaurierte der Santiago-Orden die baufällige Burganlage. Heute dient das ehemalige Kloster aus dem 15. Jh. an ihrer Nordostecke als Amtssitz der Regionalregierung. Mit dem Kombiticket hat man Zutritt.

EMERITA AUGUSTA

Die römische Stadt Emerita Augusta, die sich früher dort erstreckte, wo heute Mérida liegt, wurde von Kaiser Augustus 25 v. Chr. als Veteranenkolonie der römischen Soldaten in Kantabrien gegründet. Der Name lässt sich grob in „Bachelors" oder „Soldaten a. D." der Armee von Augustus übersetzen. Die Wahl des Standorts diente nicht zuletzt dazu, einen nahe gelegenen Pass und die Brücke über den Río Guadiana zu schützen. Der Ort blühte auf und entwickelte sich zur Hauptstadt der römischen Provinz Lusitania (zu der das heutige Portugal gehörte) sowie zu einem der wichtigsten kulturellen und politischen Zentren des Imperiums mit bis zu 40 000 Bewohnern. Nach dem Untergang des Weströmischen Reichs machten die Westgoten die Metropole im 6. Jh. zur Hauptstadt Hispanias und die Monumente blieben weitgehend intakt. Im 8. Jh. übernahmen die Mauren die Kontrolle, bis die Stadt 1230 schließlich an die Christen überging. Während der Invasion Napoleons im 19. Jh. wurden viele Monumente zerstört.

GRATIS **Museo de Arte Visigodo** MUSEUM
(Calle de Santa Julia; Di–Sa 10–14 & 16–18, So 10–14 Uhr) Viele der in Mérida ausgegrabenen westgotischen Objekte sind in dem Archäologiemuseum nahe der Plaza de España zu sehen, das einen faszinierenden Einblick in eine wenig bekannte spanische Periode ermöglicht. Von Juli bis September hat es länger geöffnet.

Basílica de Santa Eulalia RUINE, KIRCHE
(Avenida de Extremadura; 9.50–13.45 & 17–19.15 Uhr) Im 13. Jh. wurde die urprünglich im 5. Jh. zu Ehren der Schutzheiligen Méridas errichtete Kirche komplett umgebaut. Ein benachbartes Museum und offene Ausgrabungsstätten bieten Wissenswertes zu römischen Häusern, einem christlichen Friedhof aus dem 4. Jh. und der originalen Basilika. Zutritt mit dem Kombiticket.

Zona Arqueológica de Morería RUINE
(Avenida de Roma; 9.50–13.45 & 17–19.15 Uhr) Zu diesem ausgegrabenen maurischen Viertel gehören die Reste eines Friedhofs und Gebäude aus der römischen bis zur nachmaurischen Zeit

Feste & Events

Festival del Teatro Clásico THEATER
(www.festivaldemerida.es; Eintritt 12–39 €; Juli & Aug. an den meisten Abenden gegen 23 Uhr) Neben Musik- und Tanzdarbietungen bietet das renommierte Sommerfest im römischen Theater und Amphitheater auch griechische und neuere klassische Dramen.

Feria de Septiembre STADTFEST
(www.merida.es) Mérida tobt sich auf seiner Feria de Septiembre (Septemberjahrmarkt; 1.–15. September) später aus als die übrigen Orte in der Extremadura.

Schlafen

LP TIPP **Aparthotel Capitolina** APARTMENTS €€
(924 31 86 54; www.apartamentoscapitolina.com; Calle Castelar 1; EZ/DZ/4BZ inkl. Frühstück 72/96/160 €;) Ein kleines Stück von der Plaza de España entfernt kann man in hübschen, geräumigen Apartments übernachten. Diese befinden sich über einem gediegenen Restaurant, sind sehr gepflegt und haben jeweils zwei Zimmer für zwei Personen; bei Bedarf bekommt man Extrabetten für Kinder. Zum Standard gehören außerdem voll ausgestattete Küchen. Das Frühstück ist inklusive. Von der hübschen Terrasse oben blickt man auf den Fluss. Nettes Management.

LP TIPP **La Flor de al-Andalus** HOSTAL €
(924 31 33 56; www.laflordeal-andalus.es; Avenida de Extremadura 6; EZ/DZ 33/45 €;) Wenn doch nur alle *hostales* so gut wären wie dieses! Laut eigener Beschreibung ist es ein „Boutique-*hostal*". Es besitzt schön eingerichtete Zimmer im andalusischen Stil, der Service ist freundlich und die Hauptsehenswürdigkeiten sind fußläufig erreichbar – alles in allem bekommt man hier Hotelqualität zum Vorzugspreis. Falls möglich sollte man keines der Zimmer im Erdgeschoss neben der Rezeption nehmen. Frühstück kostet nur 3 €.

Hotel Adealba HOTEL €€
(924 38 83 08; www.hoteladealba.com; Calle Romero Leal 18; DZ inkl. Frühstück ab 96,30 €; P) Das schicke Hotel mit der herzlichen Atmosphäre und einem klassisch-modernen Look ist in einem Stadthaus aus dem 19. Jh. unweit des Diana-Tempels untergebracht. Die minimalistisch eingerichteten Designerzimmer warten mit großen Fenstern und

teilweise auch mit Balkonen auf, zudem gibt's ein hauseigenes Spa. Unter der Woche locken günstigere Preise.

Parador Vía de la Plata HISTORISCHES HOTEL €€€
(✆924 31 38 00; www.parador.es; Plaza de la Constitución 3; EZ/DZ 128/161 €; P❄📶🏊) Wer in diesem *parador* unterkommt, befindet sich am früheren Standort eines römischen Tempels und schläft in einem ehemaligen Klostergebäude (das Foyer war einmal die Kapelle), das später als Hospital und Gefängnis genutzt wurde. Im Zeitraffer führen die römischen, westgotischen und Mudejarüberreste auf dem Anwesen durch Méridas Architekturgeschichte. Von den hinteren Zimmern genießen die Gäste einen Blick auf einen ruhigen Garten mit Springbrunnen.

Hotel Cervantes HOTEL €€
(✆924 31 49 61; www.hotelcervantes.com; Calle Camilo José Cela 8; EZ/DZ 45/65 €; P❄📶) Eine gut geführte, eher gewöhnliche Bleibe mit tollen Preisen, einer zentralen Lage und einem netten Service. Morgens werden im Bar-Restaurant Eier mit Schinken zubereitet.

Hostal Alfarero HOSTAL €
(✆924 30 31 83; www.hostalalfarero.com; Calle de Sagasta 40; DZ 50 €; ❄📶) Vom römischen Museum aus den Hügel hinab befindet sich eine einladende Budgetunterkunft mit einem kleinen Innenhof. Die Zimmer oben bekommen weit mehr natürliches Licht ab als die unten. Günstiger sind die Quartiere mit Gemeinschaftsbad (Doppelzimmer 35 €).

Essen

Rund um das römische Theater stößt man auf zahlreiche Touristenrestaurants. Mittags gibt's dort Menüs für etwa 9 €.

LP TIPP **Casa Benito** SPANISCH €€
(Calle San Francisco 3; Tapas 3,30 €, Hauptgerichte 14–22 €) Hier kann man auf winzigen Hockern im holzgetäfelten Speiseraum Platz nehmen, sich an die Theke lehnen oder auf der sonnigen Terrasse entspannen. Die Wände des Lokals sind gepflastert mit Fotos, Postern und Andenken von Stierkämpfen. In der Küche werden köstliche Tapas nach Originalrezept gezaubert. Das Restaurant treppauf ist auf Braten spezialisiert und ebenfalls eine gute Adresse.

Tábula Calda SPANISCH €€
(www.tabulacalda.com; Calle Romero Leal 11; Gerichte 20–25 €; ⏲Mo–Sa mittags & abends, So mittags) In dem einladenden Restaurant mit Fliesen und viel Grün werden typisch spanische günstige Gerichte (Tagesmenüs 12–24,50 €) serviert. Die wunderbare Hausmannskost hat eine leicht innovative Note.

El Yantar TAPAS €
(www.jamoneselyantar.com; Paseo Álvarez Sáez de Buruaga 12; raciones 7–20 €) Das El Yantar ist eine Klasse besser als die Touristenlokale rund um das römische Theater. Wer den besten Schinken aus der Extremadura, Patés und Käse in Kombination mit den unterschätzten Ribera-del-Guadiana-Weinen kosten möchte, sollte dies hier tun, z. B. auf der netten Terrasse. Die Kellner sind kompetent, und wenn es einem gemundet hat, kann man im angeschlossenen Laden die diversen Zutaten für zu Hause kaufen.

Casa Nano SPANISCH €€
(www.casanano.com; Calle Castelar 3; Hauptgerichte 10–17 €; ⏲Mo–Sa) Unweit der Plaza de España kredenzt das sympathische Team der Casa Nano herzhafte, traditionelle Gerichte wie *cordero a la ciruela* (Lamm mit Pflaumen) und *patatas al rebujón* (gebratene Kartoffeln mit Knoblauch und Schinken). Wir empfehlen auch das dreigängige *menú extremeño* (23,50 €). Gäste speisen entweder im lauschigen Innenbereich oder draußen an einer ruhigen Fußgängerstraße.

Ausgehen

Der beste Ort für einen ersten Drink am Abend ist eine der Kioskbars an der Plaza de España. Mehr Auswahl gibt's rund um die Plaza de la Constitución.

La Moett BAR
(www.lamoett.com; Plaza de España 2; ⏲16 Uhr–open end) Unter den Arkaden des *ayuntamiento* (Rathaus) an der nordöstlichen Seite der Plaza de España befindet sich das La Moett mit Tischen auf dem Platz. Eine gute Wahl für einen Kaffee oder eine *copa* nach dem Abendessen.

La Tahona Nueva BAR, LIVEMUSIK
(Calle Alvarado 5; ⏲17 Uhr–open end) Im herrschaftlichen Innenhof der höhlenartigen Bar wachsen Bougainvilleen und auf der Bühne spielen Livebands regelmäßig Flamenco, Blues oder Jazz.

Jazz Bar BAR, LIVEMUSIK
(Calle Alvarado 10; ⏲Di–Sa 16–2 Uhr; 📶) In der gediegenen Bar werden regelmäßig Ausstellungen veranstaltet. Livemusik gibt's ein- bis zweimal pro Woche ab 22 Uhr.

AUF NACH PORTUGAL?

Wer die Grenze überqueren möchte, dem bietet der Lonely Planet Reiseführer *Portugal* jede Menge Tipps, Empfehlungen und mehr.

Praktische Informationen

Touristeninformation (☎924 33 07 22; www.turismomerida.org; Calle Álvarez Sáenz de Buruaga; ⏲9–20 Uhr) Neben dem Teatro Romano.

Anreise & Unterwegs vor Ort

Vom **Busbahnhof** (☎924 37 14 04; Avenida de la Libertad) auf der anderen Seite des Flusses über die Puente Lusitania bestehen Verbindungen nach Badajoz (4,67 €, 1 Std., 5–9-mal tgl.), Sevilla (13,37 €, 2½ Std., 5-mal tgl.), Cáceres (5,60 €, 50 Min., 2–4-mal tgl.), Trujillo (8,25 €, 1¼ Std., 3-mal tgl.) und Madrid (26,40–41 €, 4–4½ Std., 8-mal tgl.).

Außerdem fahren Züge nach Madrid (33–35 €, 4½–6½ Std., 5-mal tgl.), Cáceres (ab 4,50 €, 1 Std., 6-mal tgl.) und Sevilla (16,85 €, 4 Std., 1-mal tgl.) via Zafra (4,50 €, 50 Min., 3-mal tgl.).

Badajoz

151 570 EW.

Die ausgedehnte Industriestadt 4 km vor der portugiesischen Grenze ist nicht gerade der schönste und spannendste Ort der Extremadura, doch wenn man sowieso gerade in der Gegend ist, lohnt sich ein Abstecher in die historische Altstadt. Nachdem Badajoz im 9. Jh. von den Mauren gegründet wurde, war es über Jahrhunderte Austragungsort von Kämpfen und Invasionen: Hier wüteten Portugiesen, Franzosen, Spanier und Engländer. Im Spanischen Bürgerkrieg verübten die Nationalisten bei Badajoz' Einnahme 1936 grauenhafte Massaker.

Sehenswertes & Aktivitäten

Alcazaba FESTUNG

Oberhalb des Stadtzentrums thront auf einem Hügel die wunderbare Alcazaba. Am besten spaziert man über den Festungswall des 8 ha großen Geländes, auf dem sich einst eine *medina*, Bäder, Moscheen und Häuser befanden. Über allem wacht der von den Mauren errichtete **Torre Espantaperros** (Wachhundturm), Badajoz' Wahrzeichen. Im 16. Jh. erweiterte man das Bauwerk mit einem Glockenturm im Mudejarstil. Zu seinen Füßen erstreckt sich die herausgeputzte **Plaza Alta** von 1681 mit Häusern, deren Fassaden in intensivem Burgunderrot, Grau und leuchtendem Weiß erstrahlen. Ein restaurierter Renaissancepalast auf dem Festungsareal beherbergt das **Museo Arqueológico Provincial** (Eintritt frei; ⏲Di–So 10–15 Uhr), das Artefakte aus prähistorischen, tartessischen, römischen, muslimischen und christlich geprägten Phasen des Mittelalters präsentiert.

GRATIS **Museo Extremeño e Iberoamericano de Arte Contemporáneo** KUNSTMUSEUM

(Meiac; www.meiac.es; Calle Museo 2; ⏲Di–Sa 10–13.30 & 17–20, So 10–13.30 Uhr) Dieses auffällige, moderne Gebäude ist der ganze Stolz der Stadt. Es zeigt spanische, portugiesische und lateinamerikanische zeitgenössische Kunst anhand von einer breit gefächerten Sammlung avantgardistischer Gemälde und Skulpturen.

GRATIS **Museo de Bellas Artes** KUNSTMUSEUM

(Calle del Duque de San Germán 3; ⏲Di–Sa 10–14 & 16–18, So 10–14 Uhr) In dem ausgezeichneten Museum hängen Werke von Zurbarán, Morales, Picasso und Dalí sowie faszinierende Arbeiten des im 19. Jh. in Badajoz geborenen Künstlers Felipe Checa.

Baraka Al Hamam HAMAM

(☎924 25 08 26; www.baraka-al-hammam.com; Plaza de la Soledad 14; ⏲Einheiten tgl. 10, 12, 18 & 20 Uhr, Fr & Sa auch 22 Uhr) Dieses wunderschöne Bad im arabischen Stil wartet mit einem herrlich breiten Angebot auf. Das Basispaket kostet 20 €.

Feste & Events

Feria de San Juan STADTFEST

Die größte Party der Stadt wird um den 24. Juni eine Woche lang gefeiert.

Carnaval KARNEVAL

(www.carnavalbadajoz.es) Die Feierlichkeiten zu Karneval kurz vor Beginn der Fastenzeit zählen zu den aufwendigsten Veranstaltungen im ganzen Land.

Schlafen

Hotel San Marcos HOTEL €

(☎924 22 95 18; www.hotelsanmarcos.es; Calle Meléndez Valdéz; Zi. 54 €; P❄📶) In dem supernetten, zentral gelegenen Hotel bekommt man etwas für sein Geld. Die Einrichtung ist top und die Zimmer haben die richtige Größe sowie Kühlschränke und Safes. Meist gibt's auch einen Balkon und viel natürliches Licht. Die eleganten, modernen Bäder verfügen zudem oft über Hydromassageduschen.

Hostal Niza I HOSTAL €
(☎924 22 31 73; www.hostal-niza.com; Calle del Arco Agüero 34; EZ/DZ 27/43 €; ❄📶) Über die langweiligen Marmorflure und die blassen Farben dieser Bleibe sollte man großzügig hinwegsehen, denn die Zimmer sind sauber und komfortabel. Das Hostal Niza II auf der anderen Straßenseite besitzt identisch ausgestattete Räume.

Essen

In den Straßen westlich der Plaza de España findet man viele Taperías und Restaurants, besonders in der Calle Muñoz Torrero.

El Claustro TAPAS €€
(☎924 20 17 21; Plaza de Cervantes 13A; Tapas 3,50–4 €, Hauptgerichte 12–18 €; ⏲Mo–Sa 12–24 Uhr) An den Steinwänden dieser Tapas-Bar hängen ausgefallene Bilder. Das Claustro bietet großzügig portionierte, innovative Snacks. Noch üppigere, ebenfalls sehr leckere Portionen werden im gediegeneren, von Kerzenlicht beleuchteten Speisesaal serviert.

Cocina Portuguesa PORTUGIESISCH €
(www.cocinaportuguesa.com; Calle Muñoz Torrero 7; Hauptgerichte 8–12 €) Wenn man schon mal so nah an der Grenze ist, kann man doch auch gleich ein paar Spezialitäten aus dem Nachbarland kosten. In dem gemütlichen Familienrestaurant nahe der Kathedrale stehen verschiedene Gerichte mit *bacalao* (Kabeljau) und portugiesische Klassiker wie *caldo verde* (grüne Gemüsesuppe) auf der Karte.

La Casona Alta TAPAS, SPANISCH €€
(www.tabernalacasona.com; Plaza Alta; Tapas 1,80–3 €, Hauptgerichte 9–14 €; ⏲Mo–Sa mittags & abends, So mittags) Essen kann man entweder draußen auf dem schönsten Platz von Badajoz oder im Innenbereich mit Fässern als Tischen. Es gibt verschiedene *raciones*. Das unten gelegene Lokal im maurischen Stil bietet auch sättigendere Gerichte an.

Ausgehen

Viele Bars liegen in der Gegend rund um die Kathedrale.

Espantaperros Café JAZZ
(Calle Hernán Cortés 14; ⏲Mo–Do 19–3 & Fr–So 16–4 Uhr) Einer der lebhaftesten Läden der Stadt. Hier treten jede Nacht Jazzbands auf.

Praktische Informationen

Touristeninformation (☎924 22 49 81; www.turismoextremadura.com; Pasaje de San Juan; ⏲Mo–Fr 10–14 & 17–19.30, Sa & So 10–14 Uhr) Gleich neben der Plaza de España.

Anreise & Unterwegs vor Ort

Von Badajoz aus verkehren jeden Tag mehrere Busse nach Mérida (4,67 €, 1 Std., 5–9-mal tgl.), Madrid (ab 30,65 €, 4½–5½ Std., 9-mal tgl.), Lissabon (25–32 €, 3 Std., 3-mal tgl.) und Sevilla (15,35 €, 3 Std., 6-mal tgl.) via Zafra (6,07 €, 1¼ Std.).

Rund um Badajoz

ALBURQUERQUE

5620 EW.

Hoch über dem Örtchen 38 km nördlich von Badajoz thront das gewaltige **Castillo de la Luna**. Es ist das Herzstück eines komplexen Verteidigungssystems aus Burgen entlang der Grenze. Die Festung wurde im 13. Jh. am Standort ihrer maurischen Vorgängerin errichtet und später erweitert. Von hier schweift der Blick bis zur portugiesischen Grenze. Bei Redaktionsschluss war die Anlage wegen der Bauarbeiten für ein Hotel innerhalb der Burgmauern geschlossen. Vor einem Besuch fragt man am besten in der Touristeninformation von Badajoz nach dem Stand der Dinge.

Montags bis samstags machen sich zwei bis fünf Busse von Badajoz aus auf den Weg nach Alburquerque.

OLIVENZA

12 010 EW.

Das hübsche Olivenza liegt 24 km südlich von Badajoz und hält an seinem portugiesischen Erbe fest: Es ist nämlich erst seit 1801 spanisch. Weiß getünchte Häuser, Verteidigungstürme sowie eine Vorliebe für blaue und weiße Kacheln prägen den gepflasterten Ortskern.

Mitten im Zentrum erhebt sich eine **Burg** aus dem 14. Jh. mit dem 36 m hohen **Torre del Homenaje**, der herrliche Aussichten bietet. Der Turm beherbergt ein **ethnografisches Museum** (www.elmuseodeolivenza.com; Eintritt 1 €; ⏲Di–Fr 11–14 & 17–20, Sa 10–14 & 17–20, So 10–14 Uhr) mit einer Spielzeugautosammlung im ersten Stock. Am eindrucksvollsten ist der Abschnitt der **Festungsmauer** rund um die **Puerta del Calvario** aus dem 18. Jh. an der Westseite der Stadt. Hier befindet sich auch eine kleine Touristeninformation.

Im Ortszentrum bietet das historische **Hotel Palacio de Arteaga** (☎924 49 11 29; www.palacioarteaga.com; Calle Moreno Nieto 5; EZ/DZ 70/84 €; P❄📶) geräumige, moderne Zimmer rund um einen hübschen Patio. Die nette **Casa Maila** (www.casamaila.com; Calle Colón 3; Hauptgerichte 11–19 €) ist goldrichtig, wenn man Lust auf köstliche, noch dazu kostenlose Tapas oder auch auf reichhaltigere Gerichte hat.

Unter der Woche verkehren fast stündlich Busse nach Badajoz (1,60 €, 30 Min.).

Zafra

16 580 EW.

Das strahlend weiße Zafra wurde von den Mauren gegründet und ähnelt einem andalusischen *pueblo blanco*. Enge Straßen führen an barocken Kirchen, altmodischen Läden und traditionellen Häusern vorbei, die mit hellroten Geranien geschmückt sind.

Sehenswertes

Zafras Highlight ist die in einen *parador* umgewandelte **Burg** aus dem 15. Jh. mit gotischen, Mudejar- und Renaissanceelementen. Der städtische Alltag spielt sich in den Arkaden und Bars auf der **Plaza Grande** und der angrenzenden **Plaza Chica** ab.

GRATIS **Convento de Santa Clara** KLOSTER
(www.museozafra.es; Calle Sevilla 30; ⏲Di–So 11–14 & 17–18.30 Uhr) Unweit der Haupteinkaufsstraße erhebt sich ein imposantes Mudejarkloster aus dem 15. Jh., das ursprünglich als letzte Ruhestätte für Angehörige der Feria-Dynastie vorgesehen war. Noch heute leben hier Nonnen und verkaufen vor Ort Gebäck. In dem Museum mit der vergoldeten Kapelle gewinnen Besucher spannende Einblicke (auf Spanisch) in ihren Alltag.

GRATIS **Iglesia de la Candelaria** KIRCHE
(Calle Tetuán; ⏲Mo, Di & Do–Sa 10.30–13 & 18.30–20.30, So 11–13 Uhr) Die Altarbilder in der Kirche aus dem 16. Jh. sind einen Blick wert.

Schlafen

Ende September bzw. Anfang Oktober ziehen die Preise anlässlich der Feria ordentlich an.

Hotel Plaza Grande HOTEL €
(☎924 56 31 63; www.hotelplazagrande.com; Calle Pasteleros 2; EZ/DZ inkl. Frühstück 28/40 €; ❄📶) Dieses Schmuckstück an der Plaza Grande ist ein echtes Schnäppchen. Vom Eckbalkon des Zimmers 108 genießt man einen tollen Blick auf den Platz (Nr. 208 ist ganz ähnlich, hat aber Fenster statt eines Balkons). Die Einrichtung setzt auf Terrakotta mit beigefarbenen und gedämpften erdigen Tönen. Unten befinden sich ein Restaurant und eine Bar.

Parador Hernán Cortés HOTEL €€€
(☎924 55 45 40; www.parador.es; Plaza Corazón de María 7; EZ/DZ 129/161 €; P❄📶🏊) Hier erwarten einen große Zimmer mit burgunderroten Möbeln und Antiquitäten, ein fantastischer Innenhof mit Marmorsäulen, ein schöner Pool, umgeben von Efeu und Türmchen, sowie ein ausgezeichnetes Restaurant.

Hotel Huerta Honda HOTEL €€
(☎924 55 41 00; www.hotelhuertahonda.com; Calle López Asme 1; EZ/DZ/DZ gehobene Kategorie 64/80/104 €; P❄📶🏊) Die komfortablen braun- und beigefarbenen Zimmer sind modern eingerichtet, während die Räume der Gran-Clase-Kategorie mit herrlichen Himmelbetten, Holzdecken und Antiquitäten überzeugen. Doch egal was für ein Zimmer man nimmt, man trifft immer eine gute Wahl. Vom Innenhof mit Bougainvilleen genießt man einen Blick auf die benachbarte Burg.

Essen

La Rebotica SPANISCH €€
(☎924 55 42 89; www.lareboticadezafra.com; Calle Boticas 12; Hauptgerichte 15–21 €; ⏲Di–Sa mittags & abends, So mittags) Auf der Karte des Restaurants im Herzen der Altstadt stehen traditionelle Fleischgerichte wie *rabo de toro* (Ochsenschwanz) und Schweinefilets in fünf verschiedenen Varianten. Zubereitet wird das alles vom holländischen Küchenchef Rudy Koster.

Josefina SPANISCH €€
(☎924 55 17 01; Calle López Asme 1; Hauptgerichte 16–22 €; ⏲Di–Sa mittags & abends, So mittags) Am Rand der Altstadt servieren Mutter und Sohn traditionelle Speisen mit modernem Einschlag. Der Essbereich ist eher gesetzt, aber dafür darf man sich auf einen herzlichen Empfang und Geschmacksexplosionen im Mund freuen.

Gastro-Bar Baraka TAPAS €
(Plaza Grande 20; raciones 7–13 €; ⏲Mo–Mi 19–24, Do 19–3, Fr–So 13–3 Uhr) Das Baraka bereichert die Plaza Grande mit seinem gehobenen Flair. Hier kann man z. B. kreative *tostas* (Sandwiches aus getoastetem Brot; 3–4 €) oder reichhaltige *raciones* bestellen. Am

besten genießt man die Speisen an einem lauen Sommerabend mit einem Glas Rotwein an dem von Lampen beleuchteten Platz. Unten gibt's eine Bar (geöffnet Do–So) mit einer Zisterne aus dem 15. Jh.

Praktische Informationen

Städtische Touristeninformation (924 55 10 36; www.rutadelaplata.com; Plaza de España 8A; Mo–Sa 10–13.30 & 18–19.30 Uhr) An der Plaza de España.

An- & Weiterreise

Zafra liegt an der Busstrecke zwischen Sevilla (9,32 €, 1¾ Std.), Mérida (ab 4,30 €, 65 Min.) und Badajoz (6,07 €, 1¼ Std.). Außerdem halten hier auch mehrere Züge.

Rund um Zafra

Die Straßen durch die hügelige Sierra Morena nach Andalusien führen südwestlich durch Fregenal de la Sierra in die nördliche Provinz Huelva und südöstlich in den Parque Natural Sierra Norte in der Provinz Sevilla.

Zu den Highlights von **Fregenal de la Sierra** zählen die **Burg** (Plaza Constitución; Eintritt frei; Mi–So 10.15–14.45 & 17.15–19.15 Uhr) aus dem 13. Jh. (Zugang durch die Touristeninformation nebenan) mit einer Stierkampfarena und weiteren Gebäuden und die nahe gelegene Santa-María-Kirche. Dienstag- und freitagvormittags findet auf dem Hauptplatz ein beliebter Markt statt.

Aus dem ummauerten, auf einem Hügel thronenden **Jerez de los Caballeros** 42 km westlich von Zafra stammten viele Eroberer Lateinamerikas. Die Burg dort ist im 13. Jh. von Templern errichtet worden. Als der Orden unter Druck gesetzt wurde, weigerten sich die Mitglieder, ihre Waffen zu strecken. Das Ende war ziemlich unschön. Besucher können auf dem Gelände umherstreifen, viel mehr als die Mauer ist aber nicht erhalten. Zu sehen sind außerdem ein paar hübsche Kirchen, drei davon mit Türmen, die der Giralda in Sevilla ähneln.

Über dem stillen **Burguillos del Cerro** südwestlich von Zafra wacht auf einem grasbewachsenen Hügel eine Burg aus dem 15. Jh.

Werktags verkehren Busse zwischen Zafra und Fregenal de la Sierra (2,63 €, 1 Std.). Montags bis samstags gibt's eine Verbindung nach Jerez de los Caballeros (2,84 €, 1 Std.) via Burguillos.

Spanien verstehen

SPANIEN AKTUELL **840**
Spaniens dramatischer wirtschaftlicher Zusammenbruch stürzte das Land in die Krise, doch die Einwohner zeigen Kampfeswillen. In diesem Kapitel schauen wir hinter die Kulissen.

GESCHICHTE **842**
Die Geschichte Spaniens ist ein bedeutendes Epos, in dem uralte Zivilisationen, noch gar nicht so weit zurückliegende Schlachten und die hart erkämpfte Freiheit der heutigen Nation Hauptrollen spielen.

ARCHITEKTUR **862**
Römer und Mauren prägten die hiesige Architektur ebenso wie die genialen Baumeister der Renaissance, der Gotik und des Modernisme. Ihre Werke verkörpern die oftmals glorreiche Vergangenheit des Landes.

DIE SPANISCHEN MEISTER **870**
In puncto Meistermaler kann kaum ein anderer europäischer Staat mit Spanien konkurrieren, das Künstler wie Goya, Velázquez, Dalí, Picasso und Miró hervorgebracht hat.

DIE SPANISCHE KÜCHE **873**
Mit ihrer Verbindung von Tradition und Innovation hat die spanische Küche die Welt im Sturm erobert. Mehr über die klassischen Spezialitäten erfährt man in diesem Kapitel.

FLAMENCO **878**
Flamenco ist das Herz und die Seele der außerordentlich vielfältigen Kunstszene des Landes. Hier gibt's eine Einführung zu der eigentümlichen spanischen Leidenschaft.

STIERKAMPF **882**
Die umstrittenen Stierkämpfe lassen wohl niemanden kalt. Wir erklären die Grundlagen des traditionellen Spektakels, das in eine unsichere Zukunft blickt.

Bevölkerung pro km²

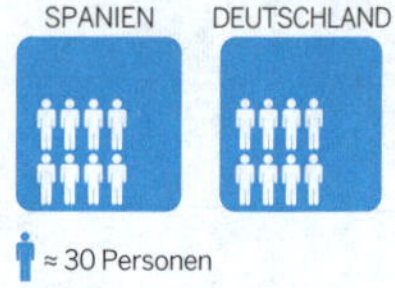

Spanien aktuell

Wirtschaftskrise

Es ist kaum vorstellbar, dass Spanien vor nicht allzu langer Zeit den Neid Europas auf sich zog. Die Wirtschaft boomte und das Land sprühte vor Optimismus, doch dann begann der Niedergang. 2008 betrug die Arbeitslosenquote rund 6 %, vier Jahre später suchte einer von vier Spaniern (über 5,5 Mio.) einen Job. An eine derartige Krise können sich selbst die Älteren nicht erinnern. Viele Geschäfte mussten bereits schließen, darunter zahlreiche, die zuvor den Bürgerkrieg und die Diktatur überstanden haben. Eine linksgerichtete Regierung, die lange wartete, bis sie sich der Realität stellte, wurde im November 2011 von einem Mitte-Rechts-Bündnis abgelöst. Dieses schlägt einen harten Sparkurs ein und gefährdet damit den Sozialstaat – die einen sprechen in diesem Zusammenhang vom Abwürgen der Wirtschaft, die anderen von notwendigen Maßnahmen, die einer jahrelangen unverantwortlichen Ausgabepolitik entgegenwirken. Unabhängig davon herrscht die Angst, dass Spanien das nächste Griechenland werden könnte. Wo aber begann die Misere? Die hiesige Wirtschaft stützte sich auf den Bau- und Tourismussektor, zwei besonders krisenanfällige Industrien. Auch der Immobilienmarkt geriet außer Kontrolle. Preise stiegen dramatisch an und Banken bewilligten zahlungsunfähigen Kunden Kredite. *La crisis* scheint noch lange kein Ende zu nehmen und kommt bei fast jeder Unterhaltung irgendwann zur Sprache.

» Bevölkerung: 47,04 Mio. (2012)

» BIP: 1,537 Bio. €

» BIP pro Kopf (2011): 23 200 €

» Jährliche Inflation (2011): 3,1 %

» Arbeitslosigkeit (2012): 24,4 %

» Domain-Endung: es

Spaniens junge Generation

Ist Spaniens Wirtschaftsbilanz bereits deprimierend, so lassen sich die Zahlen zur jungen Generation nur als katastrophal bezeichnen. Fast jeder zweite junge Spanier hat keine Arbeit und es ist bereits die Rede von einer verlorenen Generation, die der Krise zum Opfer fällt. Gehaltsunterschiede – die *mileuristas* mit einem Monatsverdienst von bis zu 1000 € sind

Top-Bücher

Spanien: Ein Länderporträt (Martin Dahms) Einführung in die Kultur und Geschichte Spaniens.

Fettnäpfchenführer Spanien: Wie man den Stier bei den Hörnern packt (Lisa Graf-Riemann) Humorvoller Ratgeber.

Zwei Esel auf dem Jakobsweg (Tim Moore) Lustiger Pilgerführer.

Ghosts of Spain (Giles Tremlett) Spanien von heute und „Überbleibsel" von damals.

Everything but the Squeal (John Barlow) Esskultur.

Top-Filme

Willkommen, Mr. Marshall! (1952)

Jamón, jamón (1992)

Flamenco (1995)

Alles über meine Mutter (1999)

Das Meer in mir (2004)

Volver (2006)

Alatriste (2006)

Religiöse Gruppen

(% der Bevölkerung)

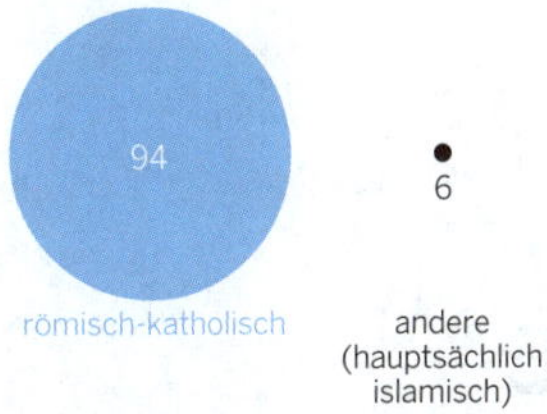

Gäbe es nur 100 Spanier, würden ...

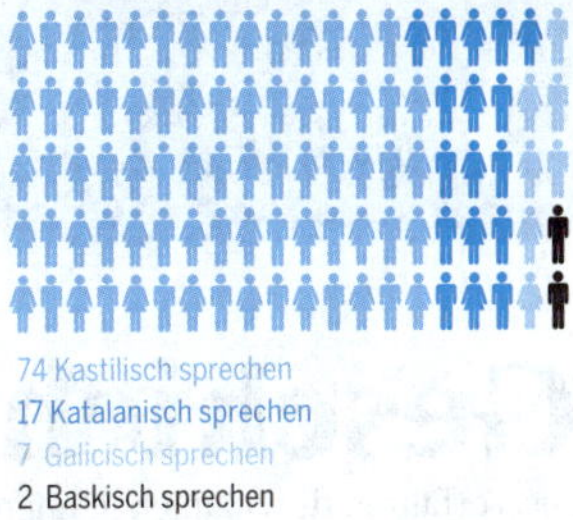

ein heiß diskutiertes Thema – und hohe Immobilienpreise führen dazu, dass die Spanier noch später als sonst ihr Elternhaus verlassen. Gleichzeitig ist die Zahl der jungen Leute, die im Ausland ihr Glück suchen, zum ersten Mal seit Jahrzehnten größer als die Zahl der Einwanderer.

Die Macht der Straße

Viele junge Spanier wehren sich jedoch gegen die Opferrolle. Am 15. Mai 2011 starteten die *indignados* (Empörte) auf der berühmten Plaza de la Puerta del Sol im Zentrum Madrids einen friedlichen Sitzstreik. Dank sozialer Netzwerke wuchs die Unterstützung in der Bevölkerung schnell, sodass die Demonstranten schließlich über Monate dort blieben. Sie dienten ähnlichen Protesten weltweit als Vorbild, darunter auch die Occupy-Wall-Street-Bewegung. Auslöser der Demonstrationen, denen sich Bürger aller Schichten anschlossen, waren die Unzufriedenheit mit der Politik und der Wille, gegen unfaire Aspekte der spanischen Wirtschaft vorzugehen; dazu gehört die Regelung, dass Immobilienbesitzer, deren Häuser von Banken zurückgefordert wurden, weiterhin die Hypothek bezahlen müssen (die Bank bekommt also das Haus *und* das Geld). Die Wahlen 2011 verliefen recht ruhig und brachten die konservative Volkspartei an die Macht. Derweil hielten die öffentlichen Versammlungen und die Medienpräsenz der *indignados* an und ließen viele auf eine neue Politik hoffen. Der freie Fall der Wirtschaft und Spaniens notwendiger Antrag auf Aufnahme unter den europäischen Rettungsschirm bewogen die Demonstranten 2012 dazu, auf die Straßen Madrids und anderer spanischer Städte zurückzukehren. Mitte des Jahres führten Haushaltskürzungen zu langen, fast täglichen Protesten, darunter ein Demonstrationszug asturischer Bergarbeiter in die Hauptstadt. Das harte Durchgreifen der Regierung verschärfte die Situation weiter.

» Fläche: 505 370 km²

» Höchste Erhebung auf dem Festland: Mulhacén (3479 m)

» Anzahl der Nationalparks: 14

» Gesamtlänge der Küste: 4964 km

» Längste Grenze: 1214 km (mit Portugal)

» Kürzeste Grenze: 1,2 km (Gibraltar)

Top-Flamenco

Una leyenda flamenca (El Camarón de la Isla) Tolle Musik eines zeitlosen Meisters.

Canciones hondas (Ketama) Flamenco-Fusion.

Lágrimas negras (Diego El Cigala) Mischung mit kubanischen Rhythmen.

Flamenco (Enrique Morente) Der verstorbene kreative Kopf der modernen Szene.

Paco de Lucía antología (Paco de Lucía) Lebenswerk eines großen Gitarristen.

Pokito a poko (Chambao) Entspannter Flamenco.

Top-Themen

Wirtschaft Vom Boom zum spektakulären Niedergang in nur wenigen Jahren.

Verlorene Generation Die Perspektivlosigkeit junger Spanier.

Macht der Straße Können Straßenproteste etwas ändern?

Geschichte

Die Vorfahren der Spanier schufen zwischen 15 000 und 10 000 v. Chr. in der Cueva de Altamira beachtliche prähistorische Felsmalereien. Nach 1000 v. Chr. gründeten phönizische und griechische Händler aus der östlichen Mittelmeerregion Siedlungen an der südlichen und östlichen Küste des Landes. Sie wurden von den Karthagern abgelöst, die wiederum den Römern weichen mussten. Rom kontrollierte Iberien von etwa 200 v. Chr. bis 400 n. Chr. und sorgte für Stabilität und Wohlstand. Nach dem Zerfall des Römischen Reichs übernahmen die Westgoten die Kontrolle, bis muslimische Streitkräfte aus Nordafrika 711 n. Chr. einfielen und das gesamte spanische Gebiet in kürzester Zeit überrannten. Die Muslime (Mauren) dominierten während der nächsten vier Jahrhunderte und blieben auch danach noch vier weitere Jahrhunderte stark. Ihre Macht und Kultur konzentrierten sich ursprünglich auf Córdoba (756–1031), dann auf Sevilla (1040–1248) und schließlich auf Granada (1248–1492). Unter der muslimischen Herrschaft entwickelte sich die meistgebildete Gesellschaft des mittelalterlichen Europas.

Von Asturien an der spanischen Nordküste eroberten die christlichen Königreiche León, Castilla (Kastilien), Aragón (Aragonien) und Portugal die Gebiete in einer rund acht Jahrhunderte dauernden Reconquista zurück. Granada, das letzte muslimische Königreich, fiel 1492 an die Reyes Católicos (Katholische Könige) Isabella von Kastilien und Ferdinand von Aragonien, deren Heirat die beiden mächtigsten christlichen Reiche vereint hatte. Im selben Jahr stieß der Genuese Christoph Kolumbus (auf Spanisch „Cristóbal Colón") bei einer Entdeckungsfahrt, die von der spanischen Krone finanziert wurde, auf mehrere karibische Inseln. Bald darauf eroberten die Spanier große Teile Lateinamerikas, was der Krone wiederum gewaltige Mengen Silber einbrachte. Im 16. Jh. war das Land unter den Königen Karl I. und Philipp II., die auch über weite Teile Europas herrschten, auf der Höhe seiner Macht.

Im 17. Jh. ließen die Silberlieferungen der Schiffe nach Spanien drastisch nach und ein 300 Jahre andauernder Niedergang begann. In dieser

Literatur zur spanischen Geschichte

- *Spanische Geschichte: Von der Reconquista bis heute* von Walther L. Bernecker
- *Die Geschichte der Iberischen Halbinsel* von Thomas Freller
- *Kleine Geschichte Spaniens* von Peer Schmidt

ZEITACHSE

ca. 1,2 Mio. v. Chr.

In der Sima del Elefante bei Atapuerca, nahe der im Norden gelegenen Stadt Burgos, hinterlassen die ersten in Europa bekannten Menschen ihre versteinerten Überreste.

ca. 22 000 v. Chr.

Auf der Iberischen Halbinsel stirbt der Neandertaler aus. Mögliche Gründe dafür sind klimatische Veränderungen während der letzten Eiszeit und die Ankunft des Homo sapiens aus Afrika.

ca. 15 000–10 000 v. Chr.

Im Paläolithikum (Altsteinzeit) verzieren Jäger der Magdalénien-Kultur mit schönen, anspruchsvollen Tierbildern die Höhlenwände in Altamira und anderen Höhlen der Nordküste Spaniens.

Zeit verlor das Land alle ausländischen Besitztümer. Interne Kriege und eine immer stärkere Kluft zwischen Arm und Reich führte Ende des 19. und Anfang des 20. Jhs. zu sozialen Unruhen und politischer Radikalisierung. Während der Zweiten Republik (1931–1936) war Spanien in ein rechtes und ein linkes Lager geteilt. Dies führte zum Bürgerkrieg (1936–1939), in dessen Verlauf die rechtsgerichteten Nationalisten unter General Francisco Franco die linksgerichteten Republikaner besiegten. Franco regierte als Diktator bis zu seinem Tod im Jahr 1975, danach leitete König Juan Carlos I. die Rückkehr zur Demokratie ein. Die Folge war ein drei Jahrzehnte anhaltendes, stetiges Wirtschaftswachstum. Aktuell macht Spanien jedoch schwere Zeiten durch und es ist ungewiss, was die Zukunft für die Wirtschaft bringt.

Die ersten Spanier

Spanien ist ein überzeugender Anwärter auf den Titel „Wiege der europäischen Menschheit". 2007 wurden in Atapuerca (S. 201) bei Burgos die ältesten menschlichen Überreste Europas gefunden, die auf schlappe 1,2 Mio. Jahre geschätzt werden. Darüber hinaus war die gut besuchte Cueva de Nerja (S. 765) einer von vielen Aufenthaltsorten des ersten modernen Menschentyps in Iberien, der Cro-Magnons, die wahrscheinlich vor 35 000 Jahren von Afrika aus ins Land kamen. Die beeindruckendsten Zeugnisse der prähistorischen Menschheit sind wunderschöne zum Unesco-Welterbe gehörende Höhlenmalereien aus dem Paläolithikum (Altsteinzeit) in Nordspanien, vor allem in Altamira (S. 491). Nach dem Ende der letzten Eiszeit (ca. 8000 v. Chr.) ließen sich weitere, vermutlich aus Nordafrika stammende Völker im Land nieder. Neolithische (neusteinzeitliche) Kulturen aus Mesopotamien und Ägypten erreichten Spanien um 6000 v. Chr. An mehreren Orten auf der Halbinsel zeugen aus großen Felsbrocken errichtete Großsteingräber (Dolmen) von Kontakten zu nordeuropäischen Völkern. Sie entstanden zwischen 3000 und 2000 v. Chr. Besonders beeindruckt sind viele Betrachter von den Dolmen im andalusischen Antequera.

Erste Händler & Eroberer

Spaniens Reichtum an Bodenschätzen und die Sesshaftigkeit seiner Bewohner lockten fortschrittlichere Kulturen rund um das Mittelmeer an. Zunächst kamen vor allem Händler, doch schon bald ging es den späteren aufstrebenden Mächten am Mittelmeer um die militärische Kontrolle über das Land.

Phönizier, Griechen und Kelten

Um 1000 v. Chr. kamen die Phönizier, ein Volk der semitischen Sprachfamilie aus dem heutigen Libanon, nach Spanien, um Parfüm, Schmuck,

Prähistorische Stätten

- Cueva de Altamira bei Santillana del Mar
- Atapuerca bei Burgos
- Cueva de Tito Bustillo, Ribadesella
- Dolmen, Antequera
- Cueva de la Pileta bei Ronda
- Siega Verde bei Ciudad Rodrigo

GESCHICHTE

Cádiz wurde spätestens im 9. Jh. v. Chr. von phönizischen Händlern gegründet und ist damit die älteste ständig bewohnte Siedlung auf der Iberischen Halbinsel, vielleicht sogar in ganz Europa.

MICHAL BOUBIN / ALAMY ©

Cueva de Altamira (S. 491)

218 v. Chr.

Mit der Ankunft römischer Legionen während des Zweiten Punischen Kriegs beginnt Roms 600 Jahre dauernde Besatzung der Iberischen Halbinsel.

1.–3. Jh. n. Chr.

Die Pax Romana (Römischer Friede) ist eine Phase der Stabilität und des Wohlstands. Die Iberische Halbinsel wird in drei Provinzen aufgeteilt: Baetica, Lusitania und Tarraconensis.

Öl, Elfenbein, Wein und Textilien gegen spanisches Silber und Bronze einzutauschen und Handelskolonien an der Küste zu gründen, darunter Cádiz (das sie Gadir nannten), Huelva (Onuba) und Almuñécar (Ex oder Sex). Im 7. Jh. v. Chr. folgten ihnen griechische Händler, dank denen viele Siedlungen an der Mittelmeerküste entstanden: Die größte war Emporion (Empúries) bei L'Escala in Katalonien.

Wer es ganz genau wissen will, findet unter http://vlib.iue.it/hist-spain zahlreiche Internetquellen zu Geografie und Gesellschaft sowie Kultur und Politik.

Neben Eisen brachten Phönizier und Griechen noch weitere Dinge wie Olivenbäume, Wein und Esel ins Land, die inzwischen oft als typisch spanisch empfunden werden. Außerdem lernten die Einheimischen durch sie nützliche Fähigkeiten wie das Schreiben sowie Münzen, Töpferscheiben und die Geflügelzucht kennen.

Ungefähr zu der Zeit, als die Menschen im Süden Spaniens erstmals mit Eisen in Berührung kamen, verbreiteten die ursprünglich aus Mitteleuropa stammenden Kelten im Norden ihre Metallverarbeitungstechniken und Methoden zur Bierherstellung. Auf der *meseta* (Hochebene in Zentralspanien) vermischten sie sich mit den dortigen Bewohnern zu den Keltiberern. Die Kelten lebten in Nordwestspanien üblicherweise in größeren Hügelfestungen, den *castros*, von denen noch einige erhalten sind.

Ab dem 6. Jh. v. Chr. verdrängten die Karthager die Phönizier und Griechen aus der westlichen Mittelmeerregion. Die Siedler einer ehemaligen phönizischen Kolonie im heutigen Tunesien errichteten zunächst eine blühende Siedlung auf Ibiza. Nach ihrer Niederlage im Ersten Punischen Krieg (264–241 v. Chr.), bei dem es um die Vorherrschaft in Sizilien ging, nahmen die Karthager 237 v. Chr. die Iberische Halbinsel ein. Im Zweiten Punischen Krieg (218–201 v. Chr.) marschierte der Elefantentrupp des karthagischen Generals Hannibal über die Alpen Richtung Rom, zugleich kamen römische Legionen nach Spanien. Mit dem Sieg der Römer in Ilipa bei Sevilla 206 v. Chr. erhielten diese die Kontrolle über die Iberische Halbinsel. Die erste römische Stadt in Spanien, Itálica, wurde schon bald darauf in der Nähe des Schlachtfelds gegründet.

Römische Ruinen

- Mérida
- Segovia
- Itálica
- Tarragona
- Baelo Claudia, Bolonia
- Lugo
- Villa Romana La Olmeda

Römer

Die Römer beherrschten die Iberische Halbinsel zwar länger als 600 Jahre, doch die stärksten Stämme unterwarfen sie erst nach 200 Jahren. Ein Großteil der Bewohner Hispaniens (der römische Name der Halbinsel) hatte um 50 n. Chr. bereits die Lebensart der Eroberer übernommen. Eine Ausnahme bildeten die Basken, die zwar geschlagen, aber nie romanisiert wurden.

Das Erbe der Römer war überaus vielfältig. Zu ihm gehörten ein Straßennetz, Aquädukte, Tempel, Amphitheater, Badehäuser und natürlich das Christentum. Mit den Besatzern kamen auch zahlreiche jüdische Bewohner in die Region, die in den nächsten 1000 Jahren eine bedeutende Rolle spielten sollten. Außerdem basieren mehrere der heute auf der

53

Der zukünftige römische Kaiser Trajan wird in Itálica als Sohn eines reichen Senators geboren. Unter seiner imperialistischen Herrschaft, die 98 beginnt, erfährt das Römische Reich seine größte Ausdehnung.

4.–7. Jh.

Germanische Stämme beenden die Pax Romana. Die Westgoten sichern sich die Kontrolle und bringen 200 Jahre lang relative Stabilität, in der die hispanorömische Kultur überleben kann.

711

Muslime aus Nordafrika dringen nach Iberien vor und erobern das Gebiet. Sie bestimmen fast 800 Jahre lang die Geschicke der Halbinsel mit, die ersten 400 Jahre davon als Machthaber.

718

Pelayo, ein westgotischer christlicher Adliger, gründet das Königreich Asturien. Mit einem Sieg über maurische Streitkräfte in der Schlacht von Covadonga um das Jahr 722 beginnt die Reconquista.

Halbinsel gesprochenen Sprachen – Spanisch, Katalanisch, Galicisch und Portugiesisch – auf dem von römischen Legionären und Kolonisten verwendeten umgangssprachlichen Latein. Weniger von Vorteil war allerdings, dass die Römer als Erstes mit der Abholzung der weitläufigen Wälder der *meseta* für Häuser, Waffen und als Brennmaterial begannen.

Hispanien versorgte Rom im Gegenzug mit Gold, Silber, Getreide, Wein, Soldaten, Kaisern (Trajan, Hadrian, Theodosius) sowie den Schriften von Seneca, Martial, Quintilian und Lucan.

Westgoten

Als germanische Stämme im 3. und 4. Jh. über die Pyrenäen auf die Halbinsel gelangten, begann die Pax Romana (Römischer Friede; eine lange Zeit des Wohlstands und der Stabilität unter den Römern) in Spanien zu bröckeln. Die germanischen Westgoten nahmen Rom 410 ein, wurden später aber zu Verbündeten der Römer. Nachdem sie im 6. Jh. von den germanischen Franken aus Gallien verdrängt wurden, ließen sie sich auf der Iberischen Halbinsel nieder und erkoren Toledo zu ihrer Hauptstadt.

Die Herrschaft der nur etwa 200 000 Westgoten über die millionenstarken, weitaus kultivierteren Hispanorömer gestaltete sich schwierig. Kulturell eiferten die neuen Besatzer den Römern nach und hinterließen kaum eigene Fußspuren, wobei die westgotische Kirche von Baños de Cerrato (S. 186) nahe Palencia aus dem Jahr 661 Spaniens ältestes noch bestehendes Gebäude seiner Art ist. Wichtigster Beitrag der Westgoten zur spanischen Geschichte war, dass sich der Hochadel mit einem kleinen christlichen Königreich der Eroberung der Muslime ab 711 widersetzte. Damit begann die acht Jahrhunderte andauernde Reconquista, die schließlich zur Vormachtstellung der Christen auf der gesamten Iberischen Halbinsel führte. Noch heute erinnern gängige Namen an die westgotischen Ursprünge und ihre Rolle in der spanischen Geschichte, darunter Fernando, Roderigo, Fernández und Rodríguez.

Maurisches Spanien

Nach dem Tod des Propheten Mohammed 632 verbreiteten sich arabische Stämme im Nahen Osten und in Nordafrika. Als das westgotische Reich wegen Hungersnöten, Krankheiten und der Zerstrittenheit des Adels zusammengebrochen war, bot das Land eine ideale Angriffsfläche.

Der Legende nach waren an der Ankunft der Muslime in Spanien die erotischen Abenteuer des letzten westgotischen Königs Roderich schuld. Angeblich hatte er im nordafrikanischen Ceuta Florinda, die Tochter des westgotischen Statthalters Julian, verführt. Daraufhin soll sich deren rachsüchtiger Vater mit den Muslimen verbündet haben. So landete 711 der muslimische Statthalter von Tanger, Tariq ibn Ziyad, mit 10 000 Mann (darunter vor allem nordafrikanische Berber) in Gibraltar

Wissenswertes zur Geschichte der Mauren in Spanien bieten Georg Bossongs *Das Maurische Spanien: Geschichte und Kultur* und Abdré Clots *Das maurische Spanien: 800 Jahre islamische Hochkultur in Al Andalus.*

756
Abd ar-Rahman I. ernennt sich zum Emir von Córdoba und beherrscht von dort aus Al-Andalus, die islamischen Gebiete der Halbinsel. Córdoba bleibt fast drei Jahrhunderte lang das Zentrum der Macht.

929
Abd ar-Rahman III. gründet das Kalifat von Córdoba. Die Stadt zählt fast eine halbe Million Einwohner und ist Europas größte sowie kulturell am höchsten entwickelte Metropole.

1031
Das Kalifat von Córdoba zerfällt nach einem verheerenden Bürgerkrieg in Dutzende *taifas* (kleine Königreiche): Zu den mächtigsten gehören Sevilla, Granada, Toledo und Zaragoza.

1035
Kastilien, ein Gebiet des nördlichen christlichen Königreichs von León (Nachfolger des Königreichs Asturien), erreicht seine Unabhängigkeit und wird zur führenden Kraft der Reconquista.

und vernichtete Roderichs Armee. Der Herrscher selbst soll auf der Flucht ertrunken sein. Überlebende Westgoten flohen gen Norden. Nach nur wenigen Jahren hatten die Muslime bis auf einige Flecken in den asturischen Bergen die gesamte Iberische Halbinsel erobert. Lediglich die Franken boten ihnen bei ihrem Vormarsch durch Europa 732 in der Schlacht von Poitiers die Stirn.

Maurische Monumente

» Alhambra, Granada

» Mezquita, Córdoba

» Albayzín, Granada

» Alcázar, Sevilla

» Giralda, Sevilla

» Aljafería, Zaragoza

» Alcazaba, Málaga

Dem muslimischen Teil der Halbinsel wurde der Name Al-Andalus gegeben. Allerdings verschoben sich die Grenzen des Gebiets ständig, weil die Christen während der 800 Jahre dauernden Reconquista (Wiedereroberung) eifrig Territorium zurückeroberten. Bis Mitte des 11. Jhs. zog sich die Grenze durch den Norden der Halbinsel, etwa von Südkatalonien bis zum Norden Portugals, mit einem Hakenschlag in die zentralen Pyrenäen.

Zunächst konzentrierten sich die politische Macht und die kulturelle Blüte auf Córdoba (756–1031), dann auf Sevilla (1040–1248) und schließlich auf Granada (1248–1492). In diesen Städten entstanden wunderschöne Paläste, Moscheen und Gärten, Universitäten, öffentliche Bäder und lebhafte *zocos* (Märkte). Juden und Christen (Mozaraber genannt; spanische Christen unter maurischer Herrschaft) durften unter den neuen Herrschern ihren Glauben behalten. Da Letztere jedoch eine Sondersteuer zahlen mussten, traten viele entweder zum Islam über (sie wurden dann *muladíes* oder *muwallad* genannt) oder flohen in den christlich geprägten Norden.

DAS ERBE DER MAUREN

Die Herrschaft der Mauren sollte Spanien nicht nur eine Sonderrolle in Europa einbringen, sondern dem Land auch seinen unauslöschlichen Stempel aufdrücken – und das, obwohl der muslimische Glaube dort ab dem 16. Jh. de facto nicht mehr praktiziert wurde und erst Ende des 20. Jhs. mit der Ankunft nordafrikanischer Immigranten wieder an Bedeutung gewann. Großartige architektonische Monumente wie die Alhambra in Granada und die Mezquita (Moschee) in Córdoba sind die Glanzstücke des maurischen Erbes. Die typischen engen, verschlungenen Straßen in vielen spanischen Städten und Dörfern, insbesondere im Süden, können auf die Mauren zurückgeführt werden. Zudem verbesserten die Besatzer die hispanorömische Landwirtschaft durch Bewässerung und indem sie neue Obstarten sowie Feldfrüchte einführten. In der spanischen Sprache gibt's viele geläufige Wörter arabischen Ursprungs, etwa die Namen der neuen Nutzpflanzen: *naranja* (Orange), *azúcar* (Zucker) und *arroz* (Reis). Den Flamenco in seiner heutigen Form prägten zwar die Roma, doch er geht eindeutig auf die Mauren zurück. Über Al-Andalus erreichten darüber hinaus die Lehren der alten Griechen und Römer, aufgegriffen von den Arabern im östlichen Mittelmeerraum, das christliche Europa.

1091

Die muslimischen Almoraviden aus Nordafrika besetzen und vereinen Al-Andalus, regieren es von Marrakesch aus und stoppen die christliche Ausbreitung. In den 1140er-Jahren zerfällt Al-Andalus in *taifas*.

1160–1173

Die Almohaden, ein strikt muslimisches Volk aus Nordafrika, erobern Al-Andalus. Sie machen Sevilla zu ihrer Hauptstadt und beleben Kunst und Wissenschaft.

OLIVER STREWE / GETTY IMAGES ©

» Alcázar, Sevilla (S. 697)

1195

Die Almohaden schlagen Alfons VIII. von Kastilien in der Schlacht von Alarcos nahe Ciudad Real vernichtend – es ist die letzte Niederlage der Christen während der Reconquista.

Das Emirat & Kalifat von Córdoba

Anfänglich gehörte Al-Andalus zum Kalifat von Damaskus, das damals die muslimische Welt beherrschte. 750 wurden die Omaijaden vom rivalisierenden Clan der Abbasiden gestürzt, die das Kalifat nach Bagdad verlegten. Ein adeliger Omaijade entkam dem Gemetzel, schlug sich nach Spanien durch, behauptete sich 756 als unabhängiger Emir von Al-Andalus in Córdoba und ließ hier die Mezquita errichten, ein beeindruckendes Bauwerk der muslimischen Welt. 929 verlieh sich der damalige Herrscher Abd ar-Rahman III. selbst den Titel eines Kalifen und begründete somit das Kalifat Córdoba (929–1031), das Al-Andalus Glanz und Glorie verlieh. Zu seiner Zeit wurde Córdoba die größte und strahlendste Stadt im westlichen Europa. Astronomie, Medizin, Mathematik und Botanik gediehen, zudem befand sich hier eine der besten Bibliotheken der muslimischen Welt.

Gegen Ende des 10. Jhs. sorgte der grausame Feldherr Al-Mansur (Almanzor) mit mehr als 50 Raubzügen 20 Jahre lang für Furcht und Schrecken im christlichen Norden. 997 zerstörte er die Kathedrale von Santiago de Compostela im Nordwesten des Landes und zwang christliche Sklaven, deren Tore und Glocken nach Córdoba zu schleppen, wo sie in die große Moschee eingebaut wurden. Nach Al-Mansurs Tod brach ein vernichtender Bürgerkrieg aus und das Kalifat zersplitterte 1031 in etliche *taifas* (Kleinkönigreiche).

Almoraviden & Almohaden

1091 sorgte die Ankunft der Almoraviden, einer fundamentalistischen muslimischen Sekte von Sahara-Berbern, die Nordafrika unter ihre Herrschaft gebracht hatte, für politische Einheit in Al-Andalus. Ursprünglich kamen die Almoraviden als Unterstützer der *taifa* von Sevilla gegen die zunehmende christliche Bedrohung aus dem Norden. 70 Jahre später wurden die Almoraviden in Marokko durch die Almohaden gestürzt, einem ebenso strenggläubigen Berbervolk, das nun seinerseits auf die Halbinsel vordrang. Beide Stämme schlugen die christlichen Armeen vernichtend.

Die Nachfolger der Almohaden, die Nasriden, regierten von Granada aus und sorgten u. a. für die prachtvolle Ausstattung der Alhambra. Bald jedoch rückten schon die christlichen Reconquista-Armeen näher.

Die Almohaden brachten Sevilla einen kulturellen Aufschwung. Mit seinen Kommentaren zu Aristoteles vereinte der bedeutende cordobanische Philosoph Averroës (1126–1198) Wissenschaft und Religion und beeinflusste dadurch nachhaltig das mittelalterliche Christentum.

Die Reconquista

Die christliche Rückeroberung der Iberischen Halbinsel begann um 722 bei Covadonga in Asturien und endete 1492 mit dem Fall Granadas. Sie erfolgte schrittweise, ausgeführt von christlichen Staaten, die untereinander ebenso oft im Krieg lagen wie mit den Muslimen. Im Norden entstanden die Königreiche Asturien, León, Navarra, Kastilien und Aragoni-

1212

Gemeinsame Armeen der nördlichen christlichen Königreiche besiegen die Almohaden im andalusischen Las Navas de Tolosa und wenden dadurch das Blatt entscheidend zugunsten der Christen.

1218

Alfons IX., König von León, gründet die Universität von Salamanca, die älteste und bis heute renommierteste Hochschule des Landes.

1248

Ferdinand III. von Kastilien nimmt Córdoba ein und erobert 1260 Sevilla. So bleibt das Nasridenemirat von Granada als letzter muslimischer Staat der Halbinsel übrig.

1469

Die Heirat der 18-jährigen Isabella, Erbin Kastiliens, mit dem ein Jahr jüngeren Ferdinand, Erbe von Aragonien, vereint Spaniens mächtigste christliche Staaten.

en sowie Portugal im Südwesten. Letztendlich gelang den Christen tatsächlich, den römisch-katholischen Glauben dauerhaft auf der gesamten Iberischen Halbinsel zu etablieren.

Der Kult um Santiago (Jakobus), einen der zwölf Apostel, spielte bei der Rückeroberung eine wesentliche Rolle. 813 wurde in Galicien das angebliche Grab des Heiligen entdeckt. Daraufhin entstand rund um Jakobus' letzte Ruhestätte die Stadt Santiago de Compostela, die nach Rom und Jerusalem zum drittbeliebtesten Pilgerort des mittelalterlichen Christentums wurde. Bei bevorstehenden Schlachten gegen die Muslime hatten christliche Feldherren häufig Visionen mit dem Heiligen. Jakobus wurde zum Quell der Inspiration und zum Schutzpatron der Reconquista-Soldaten, was ihm den Beinamen *matamoros* (Maurenschlächter) eintrug. Heute ist er der Schutzheilige Spaniens.

Reconquista-Burgen im Netz

» www.castillosnet.org (auf Spanisch)

» www.castlesofspain.co.uk (auf Englisch)

» http://spainforvisitors.com/archive/features/castlesinspain.htm (auf Englisch)

Der Aufstieg Kastiliens

Nach der Eroberung durch die Muslime suchten zahlreiche westgotische Adlige im asturischen Covadonga Zuflucht. Christliche Versionen der Schlacht von Covadonga berichten in der Regel von einer kleinen Gruppe Kämpfer unter dem Anführer Pelayo, die eine riesige Streitmacht besiegte. Muslimische Darstellungen deuten eher auf ein nebensächliches Scharmützel hin. Wie auch immer es wirklich gewesen sein mag: 757 hatten die Christen jedenfalls fast ein Viertel der Iberischen Halbinsel erobert.

Das asturische Königreich verlegte seinen Hauptsitz nach León, der Speerspitze der Reconquista, bis im 10. Jh. Al-Mansur die Christen in die Defensive drängte. Kastilien spaltete sich als kleines Fürstentum vom Königreich León ab und entwickelte sich zur vorherrschenden Macht der Reconquista, als das Niemandsland des Duero-Beckens von Abenteurern besiedelt werden konnte. Als Alfons VI. von Kastilien 1085 Toledo einnahm, riefen die Muslime von Sevilla die Almoraviden aus Nordafrika zu Hilfe.

Im Mittelalter war Aragonien eines der einflussreichsten Königreiche Spaniens. Es entstand 1137 durch die Heirat Raimund Berengars IV. von Katalonien mit Petronilla, der Erbin Aragoniens. Barcelona war die Hauptstadt des neuen christlichen Machtzentrums im Nordosten.

1212 besiegten die vereinten christlichen Streitkräfte bei Las Navas de Tolosa in Andalusien eine gewaltige Almohadenarmee. Das war Al-Andalus' Anfang vom Ende: León bemächtigte sich 1229 und 1230 der Schlüsselstädte in der Extremadura, Aragonien nahm in den 1230er-Jahren Valencia ein und Ferdinand III. El Santo (Ferdinand der Heilige) von Kastilien eroberte 1236 Córdoba und 1248 Sevilla. 1249 vertrieb Portugal die Muslime. Der einzig verbliebene muslimische Staat der Halbinsel war nun das Emirat von Granada.

Der Fall Granadas

Vom ausgehenden 14. Jh. bis zur Herrschaft der sogenannten „Katholischen Könige" Isabella und Ferdinand rund 100 Jahre darauf litten Kastilien und Aragonien unter unfähigen Monarchen.

1478

Isabella und Ferdinand, die Katholischen Könige, führen in ihrem blinden religiösen Eifer die spanische Inquisition ein, durch die bis zu ihrer Abschaffung 1834 Tausende den Tod finden werden.

Januar 1492

Nach langer Belagerung erobern Isabella und Ferdinand Granada und schließen so die Reconquista ab.

April 1492

200 000 Juden werden von Isabella und Ferdinand vertrieben und gründen im Mittelmeerraum neue Gemeinden. Spaniens Wirtschaft leidet unter dem Verlust des jüdischen Know-hows.

Oktober 1492

Christoph Kolumbus landet auf den Bahamas und macht den Weg für die spanische Kolonisierung Amerikas frei. Der größte Teil des Seehandels wird vom Mittelmeer an die Häfen des Atlantiks verlegt.

1476 verweigerte Granadas Emir Abu al-Hasan weitere Tributzahlungen an Kastilien, was Isabella und Ferdinand dazu veranlasste, den letzten Kreuzzug der Reconquista gegen Granada zu starten. Ihr Heer finanzierten sie überwiegend mithilfe jüdischer Kredite und der katholischen Kirche. Das Königspaar machte sich einen Bürgerkrieg innerhalb des Emirats von Granada zunutze und zog schließlich am 2. Januar 1492 in die Stadt ein. Später sollte sich dies als folgenschwerstes Jahr der spanischen Geschichte herausstellen.

Die Kapitulationsbedingungen waren recht großzügig. Boabdil, der letzte Emir, erhielt die Bergregion der Alpujarras südlich von Granada sowie 30 000 Goldstücke. Allen verbliebenen Muslimen sicherte man außerdem zu, dass ihre Religion, Kultur und ihr Besitz respektiert würden. Lange gehalten wurde dieses Versprechen allerdings nicht.

Vertreibung von Juden & Muslimen

In ihrem christlichen Übereifer führten die Katholischen Könige die Spanische Inquisition ein und verfolgten fortan alle „Ungläubigen". Zunächst konzentrierte man sich auf *conversos* (zum Christentum übergetretene Juden), denen man vorwarf, ihre Religion heimlich weiter auszuüben. Im April 1492 befahlen Isabella und Ferdinand unter dem Einfluss des Großinquisitors Tomás de Torquemada die Ausweisung aller Juden, die sich nicht taufen ließen. Bis zu 100 000 konvertierten, aber etwa 200 000 – die ersten sephardischen Juden – flohen in andere Regionen rund um das Mittelmeer. Daraufhin konfiszierte die bankrotte Monarchie ihre zurückgelassenen Besitztümer. Die wertvolle und vielversprechende Mittelschicht ging verloren.

Kardinal Cisneros, Isabellas Beichtvater und Wächter der Inquisition, wollte die gesamte muslimische Kultur ausrotten. Im einstigen Emirat von Granada zwang er die Bevölkerung zu Massentaufen, verbrannte islamische Bücher und verbot die arabische Sprache. Nach einem Aufstand in Andalusien im Jahr 1500 mussten die Muslime entweder zum Christentum konvertieren oder das Land verlassen. Viele von ihnen (um die 300 000) ließen sich taufen – allerdings oft nur zum Schein – und blieben. Sie wurden *moriscos* genannt. Weil ihre Assimilation fehlschlug, jagte man sie zwischen 1609 und 1614 schließlich doch noch aus dem Land.

Gile Tremletts *Catherine of Aragón: The Spanish Queen of Henry VIII.* beleuchtet am Beispiel der Tochter Isabellas und Ferdinands Machenschaften und Intrigen in den Königshäusern Europas des 16. Jhs.

Spanien & die neue Welt

Eroberung der neuen Welt

Im April 1492 bewilligten die Katholischen Könige dem aus Genua stammenden Seefahrer Christoph Kolumbus (auf Spanisch Cristóbal Colón) die Mittel für seine Reise über den Atlantik, um eine neue Handelsroute nach Indien zu finden.

1494

Im Vertrag von Tordesillas wird die Aufteilung Amerikas zwischen Spanien und Portugal geregelt und den Spaniern die Kontrolle über weite Teile des neu entdeckten Kontinents zugesprochen.

1512

Ferdinand, der nach Isabellas Tod im Jahr 1504 allein regiert, nimmt Navarra ein. Damit ist Spanien erstmals seit den Römern wieder unter einer Herrschaft vereint.

1521

Hernán Cortés aus Medellín in der Extremadura erobert mit einer kleinen Gruppe Eroberer im Namen der spanischen Krone das Azteken-Reich im heutigen Mexiko und Guatemala.

1533

Francisco Pizarro aus Trujillo in der Extremadura unterwirft mit einer kleinen Gruppe *conquistadores* im Namen der spanischen Krone das Inka-Reich in Südamerika.

Am 3. August 1492 legte Kolumbus mit drei kleinen Schiffen und 120 Mann im andalusischen Palos de la Frontera ab. Nachdem es an Bord zunächst beinahe zu einer Meuterei gekommen wäre, weil das erhoffte Land einfach nicht in Sicht kam, landete Kolumbus schließlich auf der Bahamas-Insel Guanahaní und entdeckte Kuba sowie Hispaniola. Acht Monate nach seiner Abfahrt kehrte er als gefeierter Held nach Barcelona zurück. Auf drei weiteren Reisen gründete er die Stadt Santo Domingo auf Hispaniola, stieß auf Jamaika, Trinidad und andere karibische Inseln und erreichte die Mündung des Orinoko sowie die Küste von Mittelamerika. Trotzdem starb er 1506 verarmt in Valladolid – noch immer im Glauben, den Seeweg nach Asien ausfindig gemacht zu haben.

Skrupellose Eroberer wie Hernán Cortés und Francisco Pizarro nutzten Kolumbus' Route und annektierten weite Teile des amerikanischen Festlandes für Spanien. Schon 1600 beherrschte Spanien Florida, alle großen karibischen Inseln, fast das gesamte Gebiet des heutigen Mexikos und Mittelamerikas sowie einen großen Teil Südamerikas. Aus den neuen Kolonien wurden gewaltige Ladungen Silber, Gold und anderer Reichtümer ins Heimatland verschifft. Die Krone hatte das Recht, ein Fünftel der Barren (*quinto real* oder königliches Fünftel) einzukassieren. Sevilla besaß das Handelsmonopol und entwickelte sich zu einer der reichsten Städte Europas.

Mittelalterliche jüdische Stätten

- *Judería* (jüdisches Viertel), Toledo
- Call, Girona
- Ribadavia, Galizien
- *Judería*, Córdoba
- Hervás, Extremadura

Europäische Verwicklungen

Ferdinand und Isabella banden Spanien durch Einheirat ihrer vier Kinder in die Königshäuser von Portugal, Burgund und England in die europäische Geschichte ein. Nach dem Tod Isabellas 1504 und Ferdinands 1516 übernahm ihr Enkel Karl I. den Thron, der 1517 siebzehnjährig von Flandern nach Spanien kam. 1519 erbte er auch die habsburgische Krone in Österreich und wurde zum Kaiser des Heiligen Römischen Reichs gewählt (als Karl V.). Nun herrschte er über ganz Spanien, die Niederlande, Österreich, mehrere italienische Fürstentümer und Teile von Frankreich und Deutschland sowie über die wachsenden spanischen Kolonien auf dem amerikanischen Kontinent.

Karl verbrachte nur 16 Jahre seiner 40-jährigen Regentschaft in Spanien. Zunächst hatten die Spanier für ihren König, der kein Spanisch sprach, genauso wenig übrig wie dafür, dass er ihre Reichtümer einforderte. 1520 bis 1521 revoltierten die kastilischen Städte („Guerra de las Comunidades" oder „Krieg der Städte"), wurden aber besiegt. Weil sich Karl jedoch gegen den aufkommenden Protestantismus stellte und Spanisch lernte, erwärmten sich die Spanier schließlich doch noch für ihren Herrscher.

Die Finanzierung europäischer Auseinandersetzungen schluckte den Großteil des neuen Reichtums. Kriegsmüde dankte Karl kurz vor seinem

Mittelalterliche Atmosphäre

- Sos del Rey Católico, Aragonien
- Albarracín, Aragonien
- Santiago de Compostela
- Morella, Valencia
- La Taha, Las Alpujarras
- Santo Domingo de la Calzada, La Rioja
- Ávila
- Albaicín, Granada

1556–1598

Herrschaft von Philipp II.; Zenit der spanischen Macht. Amerikanische Territorien werden ausgeweitet und der dort gewonnene Reichtum in die Errichtung monumentaler Bauwerke investiert.

1561

Der König macht das eher unbedeutende Madrid zur Hauptstadt seines Reichs. Auch wenn der Adel im Eiltempo angemessene Residenzen baut, bleibt das Stadtbild von Elend geprägt.

ca. 1600–1660

Spanien erlebt mit Literaten wie Cervantes und Künstlern wie Velázquez, Zurbarán und El Greco eine kulturelle Blütezeit. Zugleich wird der Niedergang des spanischen Weltreichs eingeläutet.

1609–1614

Im Zuge einer letzten gegen Nichtchristen gerichteten Säuberungsaktion vertreibt man die *moriscos* endgültig aus Spanien, wodurch die taumelnde Wirtschaft weiter geschwächt wird.

DIE KATHOLISCHEN KÖNIGE

Nur wenige Persönlichkeiten, gleich welcher Zeitepoche, hatten einen so starken Einfluss auf die Geschichte ihres Landes wie Spaniens Reyes Católicos (Katholische Könige) Isabella von Kastilien und Ferdinand von Aragonien. Spanien verdankt seine Existenz ihrer Heirat im Jahr 1469, wodurch die beiden großen christlichen Königreiche der Iberischen Halbinsel vereint wurden. 1492 eroberte das Königspaar Granada und annektierte 1512 Navarra.

Während Isabella der Überlieferung nach fromm, aufrichtig, tugendhaft und sehr entschlossen war, galt Ferdinand als cleverer politischer Stratege. Vor ihrer nahezu heimlich geschlossenen Ehe mit Ferdinand in Valladolid, den sie kurz zuvor erst kennengelernt hatte, konnte sich Isabella immer wieder ihrer Familie widersetzen, die sie mit einem halben Dutzend Prinzen in Europa verheiraten wollte. Ferdinand und Isabella waren Cousins zweiten Grades, sie war 18, er 17 Jahre alt. Isabella übernahm die kastilische Krone 1474, Fernando die aragonische 1479. Als Isabella 1504 starb, hatte das Paar Folgendes erreicht:

» die spanische Inquisition eingeführt (1478),

» die Reconquista mit der Einnahme Granadas abgeschlossen (1492),

» alle Juden (1492) und Muslime (1500), die nicht zum Christentum konvertierten, des Landes verwiesen,

» die Reise von Kolumbus nach Amerika finanziert (1492) und damit für Spanien den Zugang zu einem gewaltige Gebiet in Übersee eröffnet,

» die Macht des rebellischen Hochadels in Kastilien gebrochen.

Isabella und Ferdinand fanden ihre letzte Ruhe in der Capilla Real (S. 779), einer schönen gotischen Kirche in Granada, die sie zu ihrem Mausoleum erkoren hatten.

Tod 1556 ab und zog sich in das Kloster Yuste (S. 822) in der Extremadura zurück. Er teilte seine zahlreichen Besitztümer zwischen seinem Sohn Philipp II. (reg. 1556–1598) und dessen Bruder Ferdinand auf. Philipp erhielt den Löwenanteil inklusive von Spanien, den Niederlanden und den amerikanischen Kolonien. Unter seiner Herrschaft erreichte Spanien den Zenit seiner Macht, auch wenn seine Regentschaft von inneren Gegensätzen gekennzeichnet war. Er erweiterte die amerikanischen Kolonien und erhob 1580 nach dem Tod des portugiesischen Königs Anspruch auf dessen Reich, verlor aber Holland nach einer langwierigen Rebellion. Seine Flotte besiegte 1571 bei Lepanto die Ottomanen, doch die Spanische Armada wurde 1588 von England vernichtet. Philipp war ein fanatischer Katholik, der Inquisitoren zu erneuten Verfolgungen anspornte. Gleichzeitig verband er sich ohne Skrupel mit dem protestanti-

1701

Nach dem Tod Karls II. wird Philipp V. Spaniens erster bourbonischer König. Er steht an zweiter Stelle in der französischen Thronfolge, was in ganz Europa Besorgnis auslöst.

1702–1713

Spanischer Erbfolgekrieg. England unterstützt Karl, Erzherzog von Österreich. 1713 bestätigt der Vertrag von Utrecht den Thronanspruch Philipps V., doch Spanien verliert Gibraltar und die Niederlande.

1805

Die spanisch-französische Armada wird von der englischen Flotte unter Führung von Admiral Nelson bei Trafalgar vernichtend geschlagen. Spanien verliert seine vormals starke Stellung als Seemacht.

» Trafalgar Cemetery (S. 745)

schen England gegen das katholische Frankreich. Und obwohl ihm mehr amerikanisches Silber denn je zufloss, ging er trotzdem bankrott. Er starb in einem Kloster, dem gewaltigen San Lorenzo de El Escorial, das er selbst errichten ließ und das als düsteres Monument für seine Regierungszeit steht.

Von der neuen Welt inspiriert

- Trujillo, Extremadura
- Lugares Colombinos bei Huelva
- Casa-Museo de Colón, Valladolid
- Kolumbusgrab, Kathedrale von Sevilla
- Tordesillas bei Valladolid
- Palacio de Sobrellano, Comillas
- Museo de América, Madrid

Der lange Niedergang

Spaniens Unfähigkeit, mit den neuen Reichtümern sinnvoll umzugehen, wirkte sich im 17., 18. und 19. Jh. deutlich aus. Unter einer Reihe von erstaunlich unfähigen Königen verlor das Land nahezu alle ausländischen Besitztümer und versank in wirtschaftliche Armut und internen Kriegen. Das Land blieb rückständig, unberührt von den Entwicklungen Westeuropas in den Bereichen Industrie und Demokratie, nationale Einheit und koloniale Expansion.

Glücklose Habsburger

Das Spanien des 17. Jhs. wurde durch Künstler wie Velázquez, El Greco, Zurbarán und Murillo, Miguel de Cervantes (Autor von *Don Quichotte*) sowie den erfolgreichen Dramatiker Lope de Vega unsterblich. Doch während Spanien in der Kunst seine Blütezeit erlebte, verursachten ein Trio schwacher, rückwärtsgewandter Habsburger Könige, die konservative Kirche und der träge Adel wirtschaftliche Stagnation und Hungersnöte. Spanien verlor Portugal und musste sich mit Revolten in Sizilien, Neapel und Katalonien auseinandersetzen. Die Silberlieferungen aus Amerika nahmen drastisch ab. Der kränkliche Karl II. (reg. 1665–1700), El Hechizado (Der Verhexte) genannt, hatte keine Kinder, ein Umstand, der zum Spanischen Erbfolgekrieg führte.

Aufgeklärte Bourbonen

Karl II. vermachte den Thron seinem jungen Verwandten Philipp V. (reg. 1700–1746), der auch an zweiter Stelle der französischen Thronfolge stand. Der österreichische Kaiser Leopold wollte jedoch seinen eigenen Sohn Karl, einen Neffen von Karl II., auf dem spanischen Thron sehen. Im aufflammenden Spanischen Erbfolgekrieg verlor Spanien seine letzten niederländischen Besitzungen an Österreich und Gibraltar und musste Menorca an England abtreten. Philipp V. verzichtete auf den französischen Thron, behielt aber Spanien. Er war der Erste aus der Dynastie der Bourbonen, die auch heute noch amtiert.

Bauwerke der Bourbonen

- Palacio Real, Madrid
- Palacio Real, Aranjuez
- La Granja de San Ildefonso nahe Segovia

Trotz des damaligen Vormarsches der europäischen Aufklärung sperrten sich Spaniens mächtige Kirche und die Inquisition gegen den Rationalismus aus Frankreich. Zwei Drittel des Landes waren in der Hand des Adels und der Kirche und lagen weitgehend brach und viele Männer vom

1808–1813
Karl IV. dankt ab. Es beginnt die französische Besetzung unter König Joseph I., Napoleons Bruder. Aus dem Unabhängigkeitskrieg gegen Frankreich geht Spanien mithilfe britischer Streitkräfte siegreich hervor.

1814
Ferdinand VII. wird König und widerruft die Verfassung von Cádiz – ein Versuch konstitutionelle Reformen einzuführen – nur wenige Wochen nach seinem Versprechen, sich nach dieser zu richten.

1809–1824
Viele amerikanische Kolonien Spaniens erlangen die Unabhängigkeit, da Spanien sich auf den Kampf gegen die französische Besatzung konzentriert.

1833–1839
Der Erste Karlistenkrieg bricht aufgrund von Streitigkeiten über die Thronfolge zwischen der Tochter von Ferdinand II. und seinem Bruder Karl aus. Isabella besteigt den Thron.

Adeligen bis zum Landstreicher verweigerten sich der Arbeit. Karl III. (reg. 1759–1788) vertrieb die rückschrittlichen Jesuiten, gestaltete die Hauptstadt Madrid um, ließ neue Straßen bauen und versuchte die Landwirtschaft zu verbessern, doch der Mangel an Nahrung löste weiterhin Unruhen in der Bevölkerung aus.

Unabhängigkeitskrieg

Karl IV. (reg. 1788–1808) stand unter der Fuchtel seiner italienischen Frau Maria Luisa von Parma, die dafür sorgte, dass der ihr äußerst wohlgesonnene königliche Gardist Manuel Godoy zum Staatsminister ernannt wurde. Als Ludwig XVI. von Frankreich, ein Cousin Karls, 1793 in Folge der Französischen Revolution guillotiniert wurde, erklärte Spanien Frankreich den Krieg. Bereits zwei Jahre später schloss Godoy jedoch schon wieder Frieden. 1805 wurde die spanisch-französische Flotte von den Briten unter Admiral Nelson vor dem Cabo de Trafalgar (Kap Trafalgar, südlich von Cádiz) geschlagen. Spaniens Seemacht war am Ende.

1807 beschlossen Napoleon Bonaparte und Godoy Portugal, den Verbündeten Englands, unter sich aufzuteilen. Daraufhin marschierten französische Truppen auf ihrem angeblichen Weg zu Spaniens Nachbarn ins Land ein. Tatsächlich besetzten sie jedoch Spanien selbst, sodass Karl 1808 schließlich zugunsten von Napoleons Bruder Joseph Bonaparte zur Abdankung gezwungen wurde. In Madrid rebellierte das Volk (Goya bannte diesen Moment auf Leinwand) und im ganzen Land schlossen sich Einheimische Guerillakriegern an, verstärkt von englischen und portugiesischen Truppen unter Führung des Herzogs von Wellington. Ein nationales Cortes (Parlament) in Cádiz legte 1812 eine neue, liberale Verfassung für Spanien fest, gestützt auf den Prinzipien der Amerikaner und Franzosen. 1813 wurden die Franzosen nach ihrer Niederlage bei Vitoria schließlich vertrieben.

Zeugnisse der Napoleonischen Kriege

- » Cabo de Trafalgar, Los Caños de Meca
- » Trafalgar Cemetery, Gibraltar
- » Museo de las Cortes de Cádiz, Cádiz
- » Xardín de San Carlos, A Coruña

Mein Thron – nein, meiner!

Das zunehmend rückständige und isolierte Spanien vergeudete seine Energien mit internen Konflikten zwischen Liberalen (die halbherzig Demokratisierungsprozesse vorantrieben) und Konservativen (Kirche, Adel und andere Anhänger des früheren Status quo). Das Land geriet in einen Teufelskreis von Ausbeutung und Verarmung, sodass soziale Unruhen weiter geschürt wurden.

Spaniens amerikanische Kolonien machten sich diese Probleme zunutze und erlangten ihre Unabhängigkeit. Zudem führte Ferdinands Unentschlossenheit über seine Nachfolge zum Ersten Karlistenkrieg (1833–1839). Während des Kriegs brach der Antiklerikalismus mit aller Gewalt hervor. Religiöse Orden wurden geschlossen, ihre Besitztümer 1836 durch die Säkularisierung von Kircheneigentum und -ländereien

1872–1876
Der Zweite Karlistenkrieg zwischen drei unterschiedlichen monarchistischen Fraktionen bringt nach der chaotischen Phase der Ersten Republik 1873 Isabellas Sohn Alfons XII. auf den Thron.

1898
Spanien verliert im Spanisch-Amerikanischen Krieg seine restlichen Kolonien. Die USA begründen ihre Kriegserklärung mit der Unterstützung der kubanischen Unabhängigkeit.

1923–1930
General Miguel Primo de Rivera gelingt mithilfe von Alfons XIII. ein Putsch. Er ernennt sich selbst zum Diktator. 1930 zieht er sich zurück und stirbt.

1931
Alfons XIII. geht ins Exil, nachdem die Republikaner bei Kommunalwahlen Gewinne erzielen. Spaniens Zweite Republik wird eingeführt und linksgerichtete Parteien gewinnen die landesweiten Wahlen.

eingezogen und von der Regierung versteigert. Aus diesem Zwist ging die Armee siegreich hervor.

Auch danach kehrte keine Ruhe für den spanischen Thron ein und es kam zum Zweiten Karlistenkrieg (1872–1876), bei dem sich drei gegnerische Parteien gegenüberstanden. 1873 erklärte das überwiegend liberale Parlament das Land zur föderalistischen Republik. Nach weniger als zwei Jahren verlor diese Erste Republik die Kontrolle über die verschiedenen Regionen allerdings wieder und die Armee setzte, in Koalition mit Kirche und Großgrundbesitzern, Alfons XII. (reg. 1874–1885) auf den Thron.

ERSTE REPUBLIK

In der Ersten Republik ernannten sich einige Städte selbst zu unabhängigen Staaten. Einige Orte wie Sevilla und Utrera erklärten sich nun sogar gegenseitig den Krieg.

Die tiefe Spaltung

Im späten 19. Jh. erreichte die Industrialisierung schließlich Barcelona, Madrid und einige baskische Städte, die massenweise Leute vom Land anzogen. Sie brachte Wohlstand, aber auch armselige Slums mit sich. In ländlichen Gebieten herrschte weiterhin Armut, da nach wie vor die alten Probleme der Unterproduktion und der Großgrundbesitzer-Oligarchie bestanden. Gesellschaft und Politik spalteten sich immer mehr in einen rechten und einen linken Flügel auf.

Revolutionäre & Separatisten

Die anarchistischen Gedanken des Russen Michail Bakunin erreichten Spanien in den 1860er-Jahren und fanden rasch Anhänger. Bakunin strebte eine freie Gesellschaft an, in der Menschen ohne Zwang zusammenarbeiteten. In den 1890er- und 1900er-Jahren zerbombten seine Anhänger das Opernhaus Liceu in Barcelona, ermordeten zwei Premierminister und töteten im Mai 1906 auf der Hochzeit von Alfons XIII. und Victoria Eugénie von Battenberg mit einer Bombe 24 Menschen. Wegen seiner weniger radikalen Strategie der beständigen gesellschaftlichen Umformung mit parlamentarischen Mitteln entwickelte sich der Sozialismus langsamer als der Anarchismus.

Mit dem Aufstieg der Linken wuchsen auch der baskische und katalanische Separatismus. In Katalonien standen Wirtschaftsinteressen dahinter. Als Reaktion auf eine Flut kastilischer Arbeiter, die in baskischen Betrieben Beschäftigung suchten, erstarkte im Baskenland der 1890er-Jahre der Nationalismus, da ein Teil der Einheimischen in den Migranten eine Bedrohung ihrer Identität sah. 1909 töteten Berber im spanischen Marokko mehrere Soldaten, woraufhin die Regierung katalanische Reservisten einberief, die dort kämpfen sollten. Das löste die sogenannte Semana Trágica (Tragische Woche) in Barcelona aus, die mit einem Generalstreik begann und in einem Gewaltrausch endete. Die Regierung ließ daraufhin zahlreiche Arbeiter exekutieren.

1933–1935

Die nächste Wahl entscheiden rechtsgerichtete Parteien für sich. Als die Armee rücksichtslos gegen asturische Arbeiter vorgeht, ist Spanien unwiderruflich in ein linkes und ein rechtes Lager gespalten.

1936

Die linksgerichtete Nationale Front kommt an die Macht. Nationalistische Rebellen unter General Francisco Franco erheben sich, der Spanische Bürgerkrieg bricht aus.

1936–1939

Die nationalistischen Rebellen unter Franco erhalten Unterstützung von Deutschland und Italien und besiegen die von der UDSSR unterstützen Republikaner. 350 000 Spanier sterben

1938

Die Nationalisten schlagen die letzte große Offensive der Republikaner im Ebro-Tal nieder, dabei sterben 20 000 Spanier. Die Sowjetunion stellt die Hilfe für die Republikaner ein.

Im Ersten Weltkrieg blieb Spanien neutral und erlebte einen Wirtschaftsboom, doch die Zahl der Anarchisten und Sozialisten wuchs. Politische Gewalt und Chaos setzten sich besonders in der katalonischen Hauptstadt Barcelona fort.

Die erste Diktatur

Alfons XIII. (reg. 1902–1930) mischte sich andauernd in die Politik ein und während seiner Herrschaft gab es ganze 33 verschiedene Regierungen. Als 1921 etwa 10 000 spanische Soldaten im marokkanischen Anual von einer kleinen Berberstreitmacht getötet wurden, gab man dem König die Schuld dafür. 1923 führte General Miguel Primo de Rivera, ein exzentrischer andalusischer Aristokrat, mit Unterstützung Alfons' einen Militärputsch aus und errichtete seine eigene milde sechsjährige Diktatur.

Als Zentralist zensierte Primo die Presse und verstimmte die Intellektuellen. Die Anarchisten gingen in den Untergrund. Primo gründete Betriebe, verbesserte Straßen, sorgte für Pünktlichkeit im Zugverkehr und baute Dämme sowie Kraftwerke. Doch die Wirtschaftskrise nach dem Wallstreet-Crash im Oktober 1929 und die wachsende Opposition bewogen ihn zum Rücktritt.

Die Zweite Republik

Die Wahlen 1931 brachten eine Regierung aus Sozialisten, Republikanern und Zentristen hervor. Eine neue Verfassung verlieh Frauen im gleichen Jahr das Wahlrecht, gestand dem autonomiebestrebten Katalonien ein eigenes Parlament zu, legalisierte die Scheidung, schaffte den Katholizismus als offizielle Staatsreligion ab und verbot Priestern die Lehrtätigkeit.

1933 verlor die linksgerichtete Regierung die Wahlen. Anarchistische Provokationen, eine Wirtschaftskrise und die Uneinigkeit der Linken trugen zu ihrer Niederlage bei und die rechtsgerichteten Parteien errangen die Mehrheit. Zu den neuen rechten Kräften gehörte auch die faschistische Falange von José Antonio Primo de Rivera, dem Sohn des Diktators der 1920er-Jahre.

1934 eskalierte die Gewalt. Katalonien erklärte seine Unabhängigkeit (innerhalb der vermeintlich föderalen Republik) und Arbeiterräte ergriffen die Macht in der Bergbauregion Asturien. Die spanische Fremdenlegion (in den 1920er-Jahren zur Bekämpfung kriegerischer Volksgruppen in Marokko gegründet) ging unter der Führung der Generäle Francisco Franco und José Millán Astray gewaltsam gegen die asturischen Arbeiter vor und spaltete das Land in Linke und Rechte.

Bei den Wahlen vom Februar 1936 wurde die rechte Nationale Front nur knapp von der Volksfront, einer Linkskoalition unter kommunisti-

Vor dem Bürgerkrieg

- *As I Walked Out One Midsummer Morning* (Laurie Lee)
- *Südlich von Granada* (Gerald Brenan)
- *Die Geschichte Spaniens* (Gerald Brenan)
- *Modern Spain, 1875–1980* (Raymond Carr)

1939

Im Januar nehmen die Nationalisten Barcelona ein. Die Regierung flieht, ihre Truppen lösen sich auf und die Nationalisten marschieren am 28. März in Madrid ein. Franco verkündet am 1. April das Kriegsende.

» Puerta de Alcalá, Madrid (S. 101)

1939–1950

Franco etabliert eine rechtsgerichtete Diktatur. Spanien bleibt im Zweiten Weltkrieg neutral, wird aber später von der NATO und der UNO ausgeschlossen.

scher Führung, geschlagen. Die Gewalt ging auf beiden Seiten weiter. Am 17. Juli 1936 revoltierte die spanische Garnison im nordafrikanischen Melilla gegen die linke Regierung, am Tag darauf gefolgt von Garnisonen im Mutterland. Fünf Generäle führten das Komplott an, darunter auch Francisco Franco. Der Bürgerkrieg hatte begonnen.

Spanischer Bürgerkrieg

Der Bürgerkrieg entzweite Gemeinden, Familien und Freunde und es wurden schätzungsweise 350 000 Spanier (einige Quellen sprechen von bis zu 500 000) getötet. Eine schier unbeschreibliche Not kam über das Land. Beide Seiten verübten grauenhafte Massaker und Vergeltungsaktionen. Die Rebellen, die sich Nationalisten nannten, erschossen oder erhängten Zehntausende Anhänger der Republik. Diese wiederum taten das Gleiche mit Franco-Sympathisanten und töteten alleine schon mehr als 7000 Priester, Mönche und Nonnen.

Zu Kriegsbeginn schloss sich ein großer Teil des Militärs und der Guardia Civil den Nationalisten an, deren Kampf rasch den Beigeschmack eines Kreuzzugs gegen Nichtkatholiken hatte. In den republikanischen Gebieten übernahmen Anarchisten, Kommunisten oder Sozialisten die Führung in etlichen Städten; eine Sozialrevolution war die Folge.

Spanischer Bürgerkrieg

- *Wem die Stunde schlägt* (Ernest Hemingway)
- *Mein Katalonien* (George Orwell)
- *Blood of Spain* (Ronald Fraser)
- *Der Spanische Bürgerkrieg* (Hugh Thomas)
- *The Battle for Spain* (Antony Beevor)

Vormarsch der Nationalisten

Viele Garnisonsstädte fielen sofort in die Hand der Nationalisten: Dazu zählten fast das gesamte Gebiet nördlich von Madrid außer Katalonien und der Nordküste sowie Teile Andalusiens. Francos Truppe aus Legionären und marokkanischen Söldnern wurde im August von der deutschen Luftwaffe nach Sevilla geflogen. Sie marschierte gen Norden durch die Extremadura nach Madrid, was maßgeblich für den Erfolg der Revolte war, und schlug unterwegs Widerständler nieder. Im Oktober brachte Franco in Salamanca alle Nationalisten auf seine Linie.

Madrid verteidigte sich im November mithilfe der ersten Bataillone der Internationalen Brigaden (von Kommunisten organisierte bewaffnete ausländische Idealisten und Abenteurer) und erduldete unter kommunistischem Einfluss eine zweijährige Belagerung. Die Internationalen Brigaden setzten sich aus gerade einmal 20 000 Mann zusammen und konnten das Blatt gegen die besser bewaffneten und organisierten Nationalisten kaum wenden. Hitler und Mussolini unterstützten die Nationalisten mit Flugzeugen, Waffen und Kämpfern (75 000 aus Italien, 17 000 aus Deutschland), was einen Testlauf für den Zweiten Weltkrieg bedeutete. Die Republikaner erhielten Flugzeuge, Panzer, Artillerie und Berater von den Sowjets, doch der Rest der internationalen Gemeinschaft verweigerte jegliche Beteiligung (obwohl 25 000 Franzosen auf der Seite der Republikaner kämpften).

1955–1965

Spanien akzeptiert die US-Basen im Land und wird von der UNO wieder aufgenommen. Die Wirtschaft boomt durch US-Hilfsleistungen sowie den Massentourismus an der Costa Brava und der Costa del Sol.

1959

Die ETA wird gegründet: Ihr Ziel ist die Schaffung eines unabhängigen baskischen Staats. Die Terrororganisation kostet über 800 Menschen das Leben, darunter 1973 Francos Premierminister.

1975

Franco stirbt, sein Nachfolger ist König Juan Carlos I. Franco hatte den Monarchen instruiert, seine Politik fortzusetzen, doch schon bald zeigt sich Juan Carlos' Wille zu einem Wandel.

1976

Juan Carlos ernennt Adolfo Suárez zum Premierminister, der die Rückkehr zur Demokratie möglich macht. Das Verbot linksgerichteter Parteien wird aufgehoben und 1977 gibt's freie Wahlen.

Republikanische Querelen

Ende 1936 veranlasste Madrids Belagerung die republikanische Regierung im Bemühen, die unterschiedlichen politischen Gruppen – Anarchisten, Kommunisten, gemäßigte Demokraten und regionale Separatisten – unter einen Hut zu bekommen, zum Umzug nach Valencia.

Im April 1937 bombardierten deutsche Flugzeuge die baskische Stadt Guernica (auf Baskisch „Gernika"), ein Angriff, der viele zivile Opfer forderte. (Picasso machte dies zum Thema seines berühmten Pazifismusgemäldes, das im Centro de Arte Reina Sofía (S. 78) in Madrid hängt. Im selben Jahr fiel die gesamte Nordküste an die Nationalisten, die somit die Kontrolle über die baskische Industrie erlangten. Republikanische Gegenangriffe bei Madrid und in Aragonien schlugen fehl. Im Mai 1937 entluden sich die Spannungen unter den Republikanern in erbitterten Straßenkämpfen in Barcelona, wobei sowjetisch orientierte Kommunisten die Anarchisten und Trotzkisten, die fast ein Jahr lang die Kontrolle über die Stadt gehabt hatten, komplett zerschlugen. Daraufhin zog die republikanische Regierung im Herbst 1937 nach Barcelona.

In *The Spanish Holocaust: Inquisition and Extermination in Twentieth-Century Spain* beschreibt Paul Preston die Brutalität des Bürgerkriegs und die daran anschließende lange Phase der Unterdrückung.

Sieg der Nationalisten

Anfang 1938 schlug Franco in Teruel in Aragonien eine republikanische Offensive zurück, eilte anschließend mit 100 000 Mann, 1000 Flugzeugen und 150 Panzern ostwärts und schnitt Barcelona von Valencia ab. Im Juli starteten die Republikaner im Ebro-Tal eine letzte Offensive gegen die Nationalisten. Das von den Letzteren gewonnene blutige Gefecht hatte 20 000 Tote zur Folge. Nachdem sich die UdSSR im September 1938 aus dem Krieg zurückzog und die Nationalisten im Januar 1939 Barcelona kampflos einnehmen konnten, flohen die republikanische Regierung und Hunderttausende ihrer Anhänger nach Frankreich. Die Republikaner hielten Valencia und Madrid und hatten noch 500 000 Mann unter Waffen, trotzdem lösten sich ihre Truppen letztendlich einfach auf. Am 28. März 1939 hielten die Nationalisten in Madrid Einzug und Franco erklärte am 1. April das Ende des Kriegs.

Francos Spanien

Statt nun auf Versöhnung zu setzen, ließ Franco, der die nächsten 36 Jahre an der Macht bleiben sollte, keine Gnade walten. Nach dem Krieg wurden schätzungsweise 100 000 Menschen getötet oder starben im Gefängnis. Weil sich unter den Hunderttausenden Gefangenen viele Intellektuelle und Lehrer befanden und zahlreiche andere Spanier ins Ausland flohen, fehlte dem Staat bald eine ganze Generation an Wissenschaftlern, Künstlern, Schriftstellern, Lehrenden usw. Regionale Autonomiebestrebungen wurden nicht geduldet. Fast alle Minister der Regierung waren

1978

Die neue Verfassung wird per Referendum von einer großen Mehrheit angenommen. Spanien bekommt eine parlamentarische Demokratie ohne Staatsreligion und mit dem König als Oberhaupt.

1981

Am 23. Februar initiieren Mitglieder der Guardia Civil unter Antonio Tejero einen Putschversuch und besetzen das Parlamentsgebäude. Der König verurteilt ihr Vorgehen und die Gruppe scheitert.

1982–1996

Unter der Führung von Felipe González' Partido Socialista Obrero Español (PSOE) erlebt das Land einen Wirtschaftsboom, doch die Regierung steht für Skandale und Korruption.

1986

Spanien tritt der EG bei. Zusammen mit der NATO-Mitgliedschaft seit 1982 ist dies eine Wende für das Land: Erstmals seit der Franco-Zeit ist Spanien international rehabilitiert.

Militärs und erfreuten sich eines großzügigen Budgets. Die Vormachtstellung des Katholizismus wurde vollständig wiederhergestellt.

Zweiter Weltkrieg & Hungerjahre

Obwohl Franco mit dem Hitlerregime sympathisierte, spielte Spanien während des Zweiten Weltkriegs keine aktive Rolle. 1944 startete die spanische Linke von Frankreich aus einen fehlgeschlagenen Angriff auf den spanischen Diktator. Kleine Guerillaeinheiten setzten im Norden, in der Extremadura und in Andalusien bis in die 1950er-Jahre einen hoffnungslosen Kampf fort.

Nach dem Zweiten Weltkrieg wurde Spanien aus der UNO und NATO ausgeschlossen und litt unter einem von der UNO veranlassten Handelsboykott, der in den 1940er-Jahren zu Spaniens *años de hambre* (Hungerjahre) beitrug. Mit Beginn des Kalten Kriegs bemühten sich die USA allerdings um Militärbasen in Spanien; vier davon wurden gegen Zahlungen üppiger Hilfsgelder an Franco errichtet. 1955 durfte Spanien schließlich der UNO beitreten.

Filme über Spanien unter Franco

- » *Pans Labyrinth* (2006)
- » *Der Geist des Bienenstocks* (1973)
- » *Willkommen, Mr. Marshall!* (1952)
- » *Las 13 rosas* (Die 13 Rosen; 2007)

Wirtschaftswunder

1959 erarbeitete eine neue Gattung von Technokraten, die mit der katholischen Gruppe Opus Dei verbunden und an der Regierung beteiligt waren, einen Stabilisierungsplan. Dieser hatte einen Wirtschaftsaufschwung zur Folge. Moderne Maschinen, Technologien und Marketingmethoden wurden eingeführt und das Transportwesen modernisiert. Zudem ermöglichten neue Dämme Bewässerung und Wasserkraftwerke.

Der Wirtschaftsboom wurde teilweise durch US-Gelder und Geldsendungen von mehr als einer Million im Ausland arbeitenden Spaniern, hauptsächlich aber durch den Tourismus finanziert, der sich zunächst an der andalusischen Costa del Sol und der katalanischen Costa Brava entwickelte. 1965 kamen bereits jährlich 14 Mio. Touristen nach Spanien.

Aus den verarmten ländlichen Regionen zogen die Menschen gleich massenweise in die Städte und Touristenorte. Viele Andalusier gingen nach Barcelona.

Das letzte Jahrzehnt

In den 1960er-Jahren, nach 25 Jahren unter Franco, waren die Gefängnisse noch immer mit politischen Gefangenen gefüllt, darüber hinaus wurde jede größere Stadt von bereitstehenden Garnisonen beobachtet. Im folgenden Jahrzehnt wuchs die Unzufriedenheit unter den Arbeitern und in den Universitäten. Zwischen 1962 und 1975 sorgte die baskische Terroristengruppe Euskadi Ta Askatasuna (ETA; Baskenland und Freiheit) sechsmal für den Ausnahmezustand.

1992

Barcelona richtet die Olympischen Spiele aus, was das Land in den Fokus des internationalen Interesses rückt und seine Entwicklung seit 1975 unterstreicht.

OLIVER STREWE / GETTY IMAGES ©

» Kathedrale von Sevilla (S. 693)

1996

Die Mitte-Rechts-Partei Partido Popular (PP) gewinnt unter José María Aznar die Wahl und es beginnt eine Dekade des Wirtschaftswachstums.

Franco wählte Prinz Juan Carlos, den in Spanien erzogenen Enkel von Alfons XIII., zum Nachfolger. 1969 leistete dieser den Treueid auf Franco und den Movimiento Nacional. Vorsichtige Reformen des letzten Premierministers unter Franco, Carlos Arias Navarro, riefen bei den rechten Extremisten heftigen Widerstand hervor. Das Land schien im Chaos zu versinken, als der Diktator am 20. November 1975 starb.

Übergang zur Demokratie

Zwei Tage nach Francos Tod bestieg der 37-jährige Juan Carlos I. den Thron. Die Verbindung des neuen Königs mit dem Diktator flößte dem Volk, das nach Demokratie schrie, wenig Vertrauen ein. Juan Carlos hatte jedoch mit verdeckten Karten gespielt und so ist der erfolgreiche Übergang zur Demokratie weitgehend ihm zu verdanken. Im Juli 1976 ernannte er Adolfo Suárez zum Premierminister, einen 43-jährigen ehemaligen Franco-Apparatschik mit blendendem Aussehen. Zur allgemeinen Überraschung gelang es Suárez, die Zustimmung des franquistischen Parlaments zu einem parlamentarischen System mit zwei Häusern zu erlangen. 1977 legalisierte man schließlich alle politischen Parteien sowie Gewerkschaften und Streiks. Der Movimiento Nacional wurde abgeschafft.

Adolfo Suárez' zentristische Partei, die UCD (Demokratische Zentrumsunion), errang 1977 im neuen Parlament fast die Hälfte der Sitze. 1978 verabschiedete das Parlament eine neue Verfassung, die Spanien zur parlamentarischen Monarchie ohne Staatsreligion erklärte. Als Reaktion auf die Autonomiebestrebungen gestand die Verfassung den spanischen Regionen außerdem Unabhängigkeit von der Zentralregierung zu. 1983 war das Land in 17 „autonome Gemeinschaften" mit eigenen Regionalregierungen aufgeteilt, die über eine Reihe politischer Maßnahmen entschieden. Nach Franco erfuhr das persönliche und soziale Leben eine rasante Emanzipation. Verhütungsmittel, Homosexualität und Scheidung wurden legalisiert und die madrilenische Party- und Kunstszene, *la movida* genannt, avancierte zum Epizentrum eines hemmungslosen Hedonismus, der noch heute in Spanien spürbar ist.

Die erste Verordnung der neuen Regierung unter Suárez war eine Generalamnestie für alle Taten, die im Bürgerkrieg und unter Francos Diktatur begangen worden waren. Es gab weder Tribunale noch Prozesse für die Gewalttäter. In den folgenden drei Jahrzehnten blickte das Land kaum auf seine Vergangenheit zurück.

Mit der neuen Verfassung und einem Mehrparteiensystem wurde Spanien in den 1980er- und 1990er-Jahren reicher, gebildeter und liberaler als jemals zuvor. Allerdings gab es auch Probleme: Der Terror durch die ETA kostete Hunderte Menschen das Leben, der wirtschaftliche Aufschwung ging gelegentlich mit Korruption einher und das Gerangel zwi-

FRANCO

Paul Preston lässt in der lesenswerten Biografie *Franco. Caudillo de España* kaum ein gutes Haar an dem Diktator. Wer auf Verschwörungstheorien steht, sollte Peter Days *Franco's Friends: How British Intelligence Helped Bring Franco to Power in Spain* lesen.

11. März 2004
In Madrid detonieren zehn Sprengsätze in Pendlerzügen. 191 Menschen sterben. Am Folgetag gehen in ganz Spanien 11 Mio. Menschen auf die Straße.

14. März 2004
Der PSOE unter José Luis Rodríguez Zapatero gewinnt die Wahlen. Die achtjährige Regierungszeit bringt umfassende Sozialreformen mit sich.

Oktober 2008
In nur einem Monat steigt die Arbeitslosenquote von unter 6 % auf 12,3 %. Der spanische Finanzminister spricht von „der schlimmsten Krise seit 50 Jahren".

November 2011
Der konservative Partido Popular unter Mariano Rajoy (er musste sich 2004 und 2008 geschlagen geben) entscheidet die Wahlen für sich.

schen Madrid und dem Baskenland sowie Katalonien um die Autonomie der Regionen schien kein Ende zu nehmen. Doch Spaniens Regierungswechsel verlief einwandfrei, die Wirtschaftsdaten verbesserten sich und der Lebensstandard der einfachen Leute erhöhte sich ständig.

PSOE & PP

1982 brach Spanien endgültig mit seiner Vergangenheit, als der Partido Socialista Obrero Español (PSOE; Spanische Sozialistische Arbeiterpartei) bei den Wahlen die klare Mehrheit errang. Für die nächsten 14 Jahre war Felipe González Premierminister. Die junge und gebildete Parteiführung des PSOE entstammte jener Generation, die Ende der 1960er- und Anfang der 1970er-Jahre die Brüche des Franco-Regimes erweitert hatte. Die Arbeitslosigkeit stieg 1986 von 16 auf 22 %. Im gleichen Jahr trat Spanien der Europäischen Gemeinschaft (heute EU) bei, was einen fünf Jahre andauernden Wirtschaftsboom mit sich brachte. Die Mittelschicht verbreiterte sich, der PSOE führte eine nationale Gesundheitsfürsorge ein und verbesserte das öffentliche Bildungssystem; spanische Frauen konnten endlich höhere Bildungswege einschlagen und bessere Jobs ergattern.

1992, zum 500. Jahrestag der Eroberung Granadas und Kolumbus' erster Reise nach Amerika, war Spanien mit der Ausrichtung der Olympischen Spiele in Barcelona und der Expo in Sevilla in der modernen Welt angekommen. Die Wirtschaft befand sich zu diesem Zeitpunkt aber bereits in der Rezession und der PSOE wurde von Skandalen geschüttelt. 1996 war die Arbeitslosenquote mit 23 % die höchste in Westeuropa. Dass der PSOE in diesem Jahr die Wahl verlor, war daher keine große Überraschung.

Stattdessen kam die Mitte-Rechts-Partei Partido Popular (PP; Volkspartei) mit dem Spitzenkandidaten José María Aznar, einem ehemaligen Finanzbeamten aus Kastilien-León, an die Macht. Die Partei war vom ehemaligen Franco-Minister Manuel Fraga gegründet worden, woran die politischen Gegner stets erinnerten. Aznar kündigte eine etwas eintönige Politik an, die er schließlich auch umsetzte, aber unter seiner Führung machte die Wirtschaft solide Fortschritte. So gewann er schließlich auch die Wahlen im Jahr 2000. Der PP kürzte öffentliche Investitionen, privatisierte Staatsunternehmen und liberalisierte verschiedene Bereiche wie die Telekommunikation. Während der Regierung Aznars war das jährliche Wirtschaftswachstum weit höher als der EU-Durchschnitt und die Zahl der Arbeitslosen ging deutlich zurück.

Spanien heute

» *Ghosts of Spain* (Giles Tremlett)

» *Spanien heute: Politik, Wirtschaft), Kultur* (Walther L. Bernecker)

» *Juan Carlos: Steering Spain from Dictatorship to Democracy* (Paul Preston)

» *Der Umweg nach Santiago* (Cees Nooteboom)

Das neue Spanien

Am 11. März 2004, drei Tage vor den Parlamentswahlen, explodierten zur Rushhour zehn Bomben in vier Pendlerzügen auf dem Weg zum Madrider Bahnhof Atocha. Der Terroranschlag war der schlimmste in der Geschichte des Landes: 191 Menschen kamen ums Leben, 1755 wurden verletzt, viele davon schwer. Madrid stand unter Schock. Mindestens 24 Stunden lang senkte sich Schweigen über die sonst so quirlige, lebendige Metropole, doch bereits 36 Stunden nach dem Unglück protestierten mehr als drei Millionen *madrileños* gegen die Bombenattacken. Weitere acht Millionen Menschen im restlichen Spanien zeigten sich solidarisch und gingen ebenfalls auf die Straße.

Der regierende PP machte die ETA verantwortlich, als jedoch immer klarer wurde, dass radikale Islamisten hinter dem Anschlag standen und die Regierung auf diese Weise für ihre von der breiten Masse der Bevölkerung nicht gebilligte Unterstützung der Invasion im Irak strafen wollte, richtete sich der Zorn der Spanier gegen den PP. Entgegen dem, was die Vorwahlen in Aussicht gestellt hatten, musste die Partei eine enorme

Niederlage einstecken. An der Spitze des nach acht Jahren in der Versenkung nun siegreichen PSOE stand José Luis Rodríguez Zapatero.

Die neue Regierung zog die spanischen Truppen aus dem Irak ab und verpasste Spanien mittels eines Sozialreformkatalogs eine Generalüberholung. Darüber hinaus legalisierte sie die gleichgeschlechtliche Ehe und modernisierte die obskuren Scheidungsgesetze. Fast eine Million illegale Einwanderer erhielten eine Aufenthaltsgenehmigung und es wurde ein Gesetz zur Wiedergutmachung der Verbrechen während des Bürgerkriegs sowie der Franco-Diktatur verabschiedet. Obwohl die einflussreiche katholische Kirche bei vielen Reformen Zeter und Mordio schrie, waren die meisten Spanier zufrieden mit den Veränderungen – selbst als die Kirche Demonstranten en masse zum Protestieren auf die Straße schickte.

Die Wahlen 2008 entschied der PSOE wieder für sich, wenn auch etwas knapper als vier Jahre zuvor, sodass er auf die Kooperation kleinerer Regionalparteien angewiesen war. Mit den frühen Anzeichen einer bevorstehenden Wirtschaftskrise entstand allerdings der Eindruck, dass die Regierung mit dem Rücken zur Wand stand. Zu spät nannte Premierminister Zapatero die Krise beim Namen und besiegelte damit das Schicksal seiner Partei. Der PP unter Premierminister Mariano Rajoy ließ den PSOE bei den Wahlen am 20. November 2011 weit hinter sich. Doch der neuen Regierung steht eine schwierige Aufgabe bevor: Spaniens Arbeitslosenzahl ist eine der höchsten in ganz Europa und mit der Wirtschaft geht es weiter abwärts.

Architektur

Wenn man zu den Bogen des großen römischen Aquädukts in Segovia emporblickt, glaubt man fast, dass man gerade die Zenturios darunter entlangmarschieren sieht. Wie aus einem Traum beschwört die Alhambra mit dem sanften Blubbern ihrer kühlen Springbrunnen Spaniens muslimisches Zeitalter herauf. Schlendert man an einem ungemütlichen grauen Wintertag durch die gespenstisch widerhallenden Kreuzgänge des romanischen Monasterio de Santo Domingo de Silos, hat man das Gefühl, vom Mittelalter mit seiner ganzen mystischen Kraft eingeholt zu werden. Darüber hinaus ragen von Katalonien bis Kastilien an vielen Orten halb verfallene Burgruinen aus der Landschaft. Wer den Blick gen Himmel zu den gotischen Kathedralen von Burgos, Palma de Mallorca oder Toledo hebt, kann die Ehrfurcht förmlich spüren, die sie bei ihrem Bau hervorgerufen haben müssen. Und wer ist nicht von Gaudís eigenwilligen Schöpfungen im Modernismestil hingerissen, die Barcelonas Straßen schmücken?

GIRALDA

In den 1920er-Jahren stand am New Yorker Madison Square eine Nachbildung der Giralda in Sevilla, die später jedoch abgerissen wurde. Besser erging es einem weiteren Nachbau: Er erhebt sich noch immer über Kansas City, Missouri, einer Partnerstadt von Sevilla.

Spaniens Architektur ist eine der reichsten und vielfältigsten in der europäischen Baukunst. Sie beginnt mit den einfachen Steinhäusern der keltiberischen Stämme, doch die lange islamische Geschichte des Landes markiert ihren eigentlichen Beginn. Die Fusion der nahöstlichen und der europäischen Ästhetik ist in Westeuropa einzigartig: Während die Blütezeit der Mauren zu extravaganten Meisterwerken führte, waren die Architekten nach der Reconquista eifrig bestrebt, den islamischen Stilen mit strengen romanischen Bauwerken zu begegnen. Andere hatten dieses Erbe in der Zwischenzeit geschickt integriert, etwa im mozarabischen und im Mudejarstil. Die Liebe zum Ornamentalen wurde in die Renaissance hinübergetragen, als spanische Künstler den dekorativen Platereskstil entwickelten, der wiederum den Weg für die überwältigenden Bauwerke des Barocks ebnete. Im späten 19. Jh. zwangen die Genies des Modernisme in Barcelona die Wände und Decken in völlig neue Formen, ein Prozess, den die bahnbrechenden zeitgenössischen Architekten fortsetzen.

Das antike Spanien

Die Stämme, die ursprünglich die Iberische Halbinsel bewohnten, sind als Keltiberer bekannt. Im Nordwesten des Landes (und in Portugal) dominierte die sogenannte *castro*-Kultur der Bronzezeit (9. Jh. v. Chr.), die ihren Namen nach einem Wehrdorf aus eng zusammengedrängten steinernen Rundhäusern erhielt. Diese Kultur und Architektur überlebte mindestens bis ins 2. Jh. n. Chr. Zu den am besten erhaltenen *castro*-Ruinen zählen die von A Guarda (S. 558) an Galiciens Südküste und jene bei Coaña (S. 510) in Asturien.

Später folgten die Griechen und die Karthager, die hauptsächlich an der Küste blieben und nur wenige Spuren hinterließen – ganz im Gegensatz zu den Römern nach dem 2. Jh. v. Chr. Letztere verewigten sich sowohl in der Architektur als auch anderweitig. Der im 1. Jh. n. Chr. lebende Kaiser Trajan, der die Grenzen des Römischen Reichs am weitesten ausdehnte, wurde in Itálica in der Nähe der heutigen Stadt Sevilla geboren. Augusta Emerita (das jetzige Mérida) in der Extremadura war einer der einflussreichsten Orte des Weströmischen Reichs und behielt seine Vormachtstellung, bis es 713 von den Arabern erobert wurde. Hier befinden sich die längste erhaltene römische Brücke, noch immer funktionierende Wasserspeicher und ein riesiges Amphitheater.

Die westgotische Periode

Nicht einmal ganz drei Jahrhunderte lang, zwischen den letzten Tagen des Römischen und dem Beginn des islamischen Reichs ab 711, waren die Westgoten an der Macht. Daher ist ihr architektonisches Erbe gering, zudem blieb kaum etwas davon erhalten. Während der islamischen Herrschaft wurden viele westgotische Kirchen vernachlässigt und die katholische Reconquista sorgte dafür, dass noch mehr davon zerstört wurden, um Platz für grandiosere Bauwerke zu schaffen.

Das wenige, was überdauert hat, zeugt jedoch von einem bemerkenswert attraktiven Stil: bescheidener als der römische, doch solider gebaut aus gut bearbeiteten glatten Steinen, die mit Reliefs aus abstrakten Pflanzenformen und Kreuzen verziert sind und an den byzantinischen Stil erinnern. Ein anderes Merkmal dieser Periode sind Bogen, die sich unten leicht nach innen wenden und dadurch hufeisenförmig aussehen. Später wurden diese ausschließlich mit der maurischen Architektur in Verbindung gebracht, denn auch syrische Baumeister entwickelten den Hufeisenbogen.

Die Basílica de San Juan (S. 186) in Baños de Cerrato in der Provinz Palencia soll die älteste westgotische Kirche Spaniens sein. Sie wurde 661 gebaut und von König Recceswinth geweiht. Die Kirche besitzt eine Eingangstür in Hufeisenbogenform und Friese mit verschlungenen Kreisen. Wahrscheinlich ist die Ermita de Santa María de Lara (S. 202) bei Quintanilla de las Viñas in der Provinz Burgos das letzte von den Westgoten errichtete Gotteshaus; Archäologen datieren sie auf die Zeit um 700. Nur ein Drittel blieb erhalten, doch in der Gliederung des Bauwerks erkennt man zahlreiche kleinere Räume, was ebenfalls typisch für den westgotischen Stil ist.

Der Islam hält Einzug

Etwa 70 Jahre nach dem ersten islamischen Feldzug in Spanien war Córdoba als neue Hauptstadt am westlichen Rand des Reichs etabliert. 784 begannen syrische Architekten mit dem Bau der grandiosen Mezquita (S. 767). Details wie delikate Hufeisenbogen und kunstvoll verzierte Fliesen mit Blumenmotiven, die denen der Omaijaden-Moschee in Damaskus ähnelten, sollten an die Bauwerke in der Heimat erinnern. Doch die islamische Architektur war in Spanien von Anfang an eine Synthese: Auffälligstes Merkmal der Moschee sind die über 500 Säulen im Innern, die aus römischen und westgotischen Ruinen stammen.

SPANISCHE ARCHITEKTUR

210 v. Chr–409 n. Chr. Römisch

Brücken, Wassersysteme, Mauern, Städte – die Römer bauen für die Ewigkeit und inspirieren spätere Stilformen.

409–711 Westgotisch

Die Eindringlinge aus dem Norden errichten Steinkirchen mit einfachen Zierelementen und Hufeisenbogen.

711–1492 Maurisch

Hufeisenbogen, Minarette mit quadratischem Grundriss, kunstvolle geometrische Muster – die Synthese von Stilen des gesamten islamischen Reichs führt auch zum mozarabischen Stil (islamisch aussehende Bauwerke in christlichen Gebieten).

1100–1700 Mudejar

Von Muslimen geschaffene Bauwerke, die nach der Reconquista entstehen; die Architekten behalten die maurische Tradition der Dekoration bei und passen sie an weiter verbreitete Baumaterialien an.

1100–1300 Romanisch

Ihrem Wesen nach antimaurisch mit sparsamen Verzierungen. Die Proportionen gehen auf byzantinische Kirchen zurück. Typisch sind schwere, perfekt halbrunde Bogen.

1200–1600 Gotisch

Die Kirchen streben in den Himmel: Sehr spitze Strebebogen ermöglichen hohe Decken.

In den folgenden Jahrhunderten nahm die maurische Architektur Trends aus dem gesamten islamischen Reich auf. Die Technik der überaus fein gearbeiteten Stuckverzierungen wurde im 9. Jh. im Irak entwickelt und die *muqarnas* (wabenartige Gewölbe) kamen im 10. Jh. aus Ägypten. Minarette mit quadratischem Grundriss wie die Giralda (S. 693) in Sevilla (heute ein Kirchturm) gelangten im 12. Jh. mit dem Eroberungszug der Almohaden aus Marokko ins Land.

Die eindrucksvollsten Überbleibsel der islamischen Ära findet man in Andalusien; Aljafería in Zaragoza bildet eine schöne Ausnahme. Das vielleicht prächtigste Bauwerk ist das Kernstück der Alhambra (S. 776) in Granada, der Palacio Nazaríes. Bei seinem Bau vom 13. bis zum 15. Jh. schwangen sich die Architekten zu ganz neuen Höhen der Eleganz auf und schufen ein Meisterstück der Balance zwischen innen und außen, Licht und Schatten, Schlichtheit und komplizierter Dekoration. Sie vermieden Innovationen und verfeinerten stattdessen bewährte Formen – als ob die Zeit angehalten und der Zusammenbruch der maurischen Macht aufgehalten werden sollte, die damals auf der Halbinsel langsam zerfiel.

Die Muslime konnten nur ein einziges widerspenstiges Gebiet in Nordspanien, das sich im heutigen Asturien befindet, nicht erobern. Im 9. Jh. entwickelte sich dort ein einzigartiger Baustil, der die westgotischen Traditionen noch übertrieb. Der Palacio de Santa María del Naranco z. B. weist dramatisch verlängerte Proportionen, kunstvolle Reliefschnitzereien und hohe, dünne Bogen auf.

Mischstile: Mozarabische & Mudejararchitektur

Die wahre Kreativität in der Architektur war ein Nebenprodukt der *convivencia* (Koexistenz), als sich die islamische, die christliche und die jüdische Kultur gegenseitig befruchteten. Im 10. Jh. hatte die maurische Herrschaft eine gesellschaftliche Klasse hervorgebracht, deren Mitglieder Mozaraber genannt wurden: praktizierende Christen, die im islamischen Herrschaftsgebiet lebten und Arabisch sprachen. Wenn mozarabische Kunsthandwerker nach Norden ins christliche Spanien zogen oder reisten, brachten sie klassische islamische Elemente der Baukunst mit. So imitiert z. B. das 913 gebaute Monasterio de San Miguel de Escalada (S. 193) östlich von León mit seinen Hufeisenbogen über blattverzierten korinthischen Kapitellen, die aus römischen

MUQARNAS

Die an Bienenwaben erinnernde Gewölbe *(muqarnas)*, ein Unikum der islamischen Architektur, sind im Prinzip Haufen winziger bogenartiger Elemente, die aus der Wand herausragen und Gewicht tragen sollen. Sie haben verschiedene Formen und sind in horizontalen Lagen gruppiert. Die Sala de Dos Hermanas in der Alhambra von Granada besteht aus über 5000 der besagten Zellen.

Wenn diese als großer Haufen an der Decke hängen, ähneln die winzigen Elemente Wespennestern oder Stalaktiten. Ihre Konstruktion hat jedoch nichts Organisches, sondern ist das Ergebnis eines streng geometrischen Prozesses. Für eine Kultur, in der Wissenschaft und Mathematik starke Bedeutung besaßen und die eine große Leidenschaft für geometrische Komplexität hegte, waren die *muqarnas* der natürliche nächste Schritt von der Zweidimensionalität zur Dreidimensionalität – sogar so natürlich, dass sie sich offenbar zeitgleich sowohl in Nordafrika als auch im Iran entwickelten.

Ein vollständiges Wabengewölbe ist gewissermaßen das Negativ einer Skulptur, die komplizierteste Gussform der Welt. Wissenschaftler verbrachten viele Stunden damit, verschiedene Beispiele von *muqarnas* zu analysieren und sie als zweidimensionale Pläne darzustellen, um die scheinbar endlosen Variationen der Mosaikformen, Rotationssymmetrie und der Form ihrer Komponenten zu offenbaren. Der häufigste generelle Typ, besonders in Spanien, ist das quadratische Gitter, das so genannt wird, weil es meistens in einer Kuppel eingebaut wurde, die auf einem quadratischen Fundament ruht. Trompen (Gewölbezwickel) in den Ecken des Quadrats schufen dann ein Achteck, ergänzt durch kleinere, in Lagen angeordnete Formen, um den Übergang vom quadratischen Fundament zum runden Gewölbe zu glätten.

Bauwerken stammen, die Mezquita. Viele Bogen sind im oberen Teil von einem *alfiz* umgeben, einem rechteckigen, rahmenartigen Schmuckelement, das zumeist mit geometrischen oder abstrakten pflanzlichen Ornamenten gefüllt ist. Es wurde zu einem Kennzeichen der mozarabischen Architektur.

Die im 11. Jh. errichtete Ermita de San Baudelio (S. 209) bei Berlanga de Duero in der Provinz Soria erinnert mit ihrem beengten Grundriss an die westgotischen Kirchen. Sie war jedoch aufwendig mit Fresken geschmückt, die Motive aus dem Nahen Osten wie Kamele und Elefanten, aber auch Jagdszenen beinhalten, die an Fresken in den alten syrischen Omaijaden-Palästen erinnern (inzwischen wurden fast alle Fresken entfernt und in Museen gebracht). Weil diese mozarabischen Bauwerke die religiösen Grenzen überschritten, könnte man sie als Ausdruck des ersten wirklich spanischen Architekturstils nach dem Aufstieg des Islams bezeichnen.

Nachdem die Reconquista an Boden gewonnen hatte, bildete sich eine weitere Klasse, die bisherige Grenzen überschritt: die der Mudejaren, also Muslime, die im nunmehr katholischen Spanien geblieben waren. Die weitgehend entrechteten Kunsthandwerker der Mudejaren waren billige Arbeitskräfte mit großem Talent. Der Mudejarstil, der ab dem 12. Jh. deutlich sichtbar wird, zeichnet sich zunächst durch die Nutzung relativ billiger Baumaterialien aus. Die Tage der üppigen Regierungsaufträge waren vorüber und die Steine der Römer alle verwendet worden. Stattdessen baute man nun mit Backstein, Kacheln und Gips, erzeugte dabei aber mit unglaublicher Geschicklichkeit den Eindruck von Pracht. Einige der besten erhaltenen Beispiele befinden sich in Aragonien und Kastilien. Besonders die Stadt Teruel wartet mit zahlreichen kunstvollen Backsteintürmen samt glasierten Kacheln auf.

Ein anderes typisches Mudejarmerkmal sind die aufwendigen und detailreichen Holzdecken; dieser Stil wird *artesonado* genannt. Manchmal handelt es sich um Tonnengewölbe, doch am typischsten sind flache Holzdecken, die aus miteinander verbundenen Balken bestehen, zwischen denen sich mehrfarbige hölzerne Kassetten mit geometrischen Mustern befinden. In der Alhambra sind die Decken, die erst später von katholischen Bewohnern angebracht wurden, vielleicht nicht so komplex wie die ursprünglichen islamischen Arbeiten im gleichen Bereich, doch der Stil ist bemerkenswert beständig, und das, obwohl schon das Wappen der neuen Herrscher eingearbeitet wurde.

Von der Romanik zur Gotik

Während sich das Schicksal gegen die Muslime wendete, eroberte die Romanik das mittelalterliche Europa. In Spanien fasste sie zum Teil deshalb Fuß, weil sie das ästhetische Pendant zum islamischen Stil darstellte. Der Architekt und Kunsthistoriker Josep Puig i Cadafalch postulierte, dass jedes romanische Detail eine systematische Entgegnung auf ein islamisches Detail war. Die Bauwerke waren schlicht, eckig und streng und von den Proportionen der klassischen Bauten beeinflusst. Viele romanische Kirchen, Klöster, Brücken und Pilgerherbergen erfüllten ihre beabsichtigte Funktion, sollten aber gleichzeitig auch den Erfolg der Reconquista sichtbar machen.

1400–1600 Plateresk

Der Höhepunkt der spanischen Renaissance; verwirrend schnörkelhafte Reliefkunst an Fassaden.

1650–1750 Churriguerismus

Spaniens spezielle Form des Barocks; gedrehte Säulen sind groß in Mode und alles wird mit Blattgold verziert.

1888–1911 Modernisme

Die spanische Variante des Jugendstils nimmt in Barcelona eine brillante Wendung und verändert die Stadt für immer.

1975–heute Moderne Architektur

Seit Francos Tod hat sich die spanische Architektur in vorher undenkbare Richtungen entwickelt.

Römische Ruinen

- Aquädukt, Segovia
- Römisches Theater, Mérida
- Stadtmauer, Lugo, Galicien
- Museu d'História de Tarragona, Katalonien
- Itálica, Sevilla
- Baelo Claudia, Andalusien
- Villa Romana La Olmeda, Kastilien-León

Typisch für die Romanik sind die perfekt halbrunden Bogen der romanischen Gebäude – ein Gegenstück zu den stilvollen Hufeisenbogen aus der Zeit davor. In den Kirchen zeigen sie sich in der halbzylindrischen (oft auch dreifachen) Apsis, deren Form schon in byzantinischen Kirchen vorkommt. Die Bogen schmückten auch Türen, Fenster, Kreuzgänge und Kirchenschiffe. Eingänge trugen zahlreiche konzentrische Bogen, die umso mehr auffielen, als sie oft das einzige schmückende Element waren. Großartige, weniger bekannte Beispiele sind die Iglesia de San Martín (S. 186) in Frómista sowie Sant Climent de Taüll (S. 358), eines der vielen schönen romanischen Bauwerke in den katalanischen Pyrenäen. Im 12. Jh. begannen die Spanier die Halbkreise zu modifizieren und näherten sich dabei dem gotischen Stil an, indem sie Spitzbogen und Kreuzrippengewölbe hinzufügten. Das Monasterio de la Oliva (S. 467) in Navarra war eines der ersten Bauten mit diesen Merkmalen und in den Kathedralen von Ávila (S. 149), Sigüenza (S. 241), Tarragona (S. 378) sowie Tudela sind zumindest einige Übergangselemente sichtbar.

Mittlerweile bewunderte jedermann in Nordeuropa die hoch aufragenden Kathedralen, deren Höhe durch neumodische Strebepfeiler ermöglicht wurde. Diese Idee setzte sich in Spanien während des 13. Jhs. durch, als die neuen Kathedralen in Burgos (S. 197), León (S. 189) und Toledo (S. 216) errichtet wurden. Sie beruhten hauptsächlich auf französischen Vorlagen, doch die Spanier führten bald einige weitere Elemente ein. Einige Veränderungen waren sehr subtil, etwa die Platzierung des Chorgestühls im Zentrum des Kirchenschiffs, eine andere hingegen konnte gar nicht übersehen werden: der hoch aufragende, dekorative *retablo* (Altaraufsatz). Spanische Architekten der Gotik entwickelten auch das Sterngewölbe, eine Methode zur Gewichtsverteilung über Rippengewölbe, die von einem zentralen Punkt ausgehen.

Der Jakobsweg ist auch eine architektonische Pilgerreise, denn er führt an romanischen Meisterwerken wie dem Monasterio de Santo Domingo de Silos, dem kleineren Kreuzgang im Monasterio de las Huelgas in Burgos sowie der restaurierten Iglesia de San Martín in Frómista vorbei, bis er schließlich die Kathedrale in Santiago de Compostela erreicht.

Viele große Bauwerke, die in der Hochphase der Romanik begonnen wurden, wurden erst lange nach dem Siegeszug der Gotik fertiggestellt. Die Kathedrale in Burgos war z. B. 1221 als recht nüchternes Bauwerk begonnen worden, doch ihre Türme aus dem 15. Jh. sind das Ergebnis spätgotischer Ideen aus Deutschland. Auch Mudejareinflüsse machten sich geltend, besonders in der Verwendung von Backstein anstelle von Stein. In Toledo gibt's viele original erhaltene großartige Gebäude im Gotik-Mudejar-Mischstil, ebenso in Teilen Aragoniens, wo die Unesco die fantasievollen Backsteinbauten zur Welterbestätte erklärte.

Die Gotik entwickelte eigenartige regionale Varianten. Der katalanische Stil war eher nüchtern und verzichtete auf Zinnen. Architekten entwarfen unglaublich breite Gewölbe, die nicht gestützt wurden und ohne die Hilfe von Strebepfeilern auskamen. Die isabellinische Gotik, inspiriert von der Königin, ist dagegen ein dekorativer Mischmasch und spiegelt Isabellas Vorliebe für Exotisches und Wappenbilder wider. Sehen kann man den Stil in Toledo in der Kirche San Juan de los Reyes (S. 219), wo gotische Bogen auf außerordentlich kunstvoll geschnitzte und bemalte Holzdecken treffen, und in der Capilla Real (S. 779) in Granada, wo Isabella und ihr Mann Ferdinand begraben sind. Die Initialen des Königspaares bilden an der Außenseite ein dekoratives Band, das möglicherweise von der Kalligrafie in der Alhambra beeinflusst war.

Nicht nur religiöse Bauwerke schossen während dieser Periode aus dem Boden. Auch die meisten der unzähligen Burgen im Land stammen aus der gotischen Ära. Viele wurden nie bewohnt und waren auch gar nicht dafür ausgelegt – die prächtige Burg in Coca (S. 173), Segovia, ist ein schönes Beispiel dafür. In Barcelona sind einige großartige gotische Konstruktionen zu bewundern, darunter der Saló del Tinell im früheren Königspalast im Barri Gòtic sowie die Reials Drassanes, mächtige ehemalige Werftbauten, die heute das Museu Marítim (S. 259) beherbergen.

Die gotische Periode dauerte bis ins 16. Jh. an, in dem die reine Gotik noch einmal eine Renaissance erlebte. Das vielleicht beste Beispiel hierfür ist die neue Kathedrale (S. 156) in Salamanca, obwohl die Kathedrale in Segovia (S. 167) wohl das letzte und wahrscheinlich makelloseste gotische Gebäude sein dürfte, das in Spanien je errichtet wurde.

Renaissance & Plateresk

Gegen Ende des 15. Jhs. zeigten sich in Spanien die Auswirkungen der Renaissance, die ganz Europa erfasst hatte. Diese intellektuelle Blütezeit führte zwar nicht zu einem einheitlichen Stil, doch sie inspirierte die einzigartige Plateteskbauweise, die teils von italienischen Stilformen beeinflusst war, teils aus Elementen der isabellinischen Gotik erwuchs. Die Fassadendekoration war so kunstvoll und fein, dass sie aussah, als wäre sie von *plateros* (Silberschmiede) gemacht worden – daher auch der Name. Salamanca, wo die spanische Renaissance zuerst Wurzeln schlug, bietet eine geballte Dosis der prächtigsten Bauwerke dieses Genres. Die Fassade der Universität (S. 155) ist ein virtuoses Meisterwerk aus Büsten, Medaillons und üppigen floralen Mustern, die sich wie ein Teppich auf der Wand ausbreiten. In puncto Intensität steht ihr die Fassade des Convento de San Esteban (S. 156) in fast nichts nach: Der Hauptbogen ist mit Tausenden blumenartigen Formen bedeckt, die im warmen Sandstein dieser Gegend leuchten.

In Andalusien überwog hingegen ein reinerer Renaissancestil, der die in Italien und Frankreich bereits etablierten klassischen Proportionen und Stilausprägungen widerspiegelt. Diese Ästhetik fand physisch und symbolisch ihren Höhepunkt im Palacio de Carlos V. (S. 778), den der Herrscher direkt in der Mitte der maurischen Paläste in Granadas Alhambra errichtete. Es ist das einzige spanische Renaissancebauwerk in Form eines Kreises innerhalb eines Quadrats.

Ein Außenseiter in der Renaissance war Juan de Herrera, dessen Werk fast keine Ähnlichkeit mit anderen für diese Zeit typischen Bauten zeigt, weil es außerordentlich streng wirkt. Sein Meisterwerk ist der Palast- und Klosterkomplex von San Lorenzo de El Escorial (S. 140), dessen zentrales Thema der Kubus war (über das Thema hatte der Architekt ein Buch geschrieben). Er verwarf die typischen klassischen Dekorationsvorschriften und ließ riesige Granitflächen unbearbeitet. Dieses Aussehen wurde mehr als ein Jahrhundert lang von zahlreichen Klöstern übernommen.

Barock & Churriguerismus

Im späten 17. Jh. verwendeten spanische Architekten in großem Stil den pompösen Zierrat des Barocks. Abgesehen von der Ende des 18. Jhs. errichteten Kathedrale in Cádiz (S. 721) gibt's in Spanien allerdings kaum reine Barockgebäude. Das spielt jedoch keine Rolle, denn die übertriebene Dekoration zieht die Aufmerksamkeit so unverhohlen auf sich, dass das darunter verborgene nüchternere Gebäude kaum ins Auge fällt. Führende Vertreter des oftmals überladenen Stils waren die drei Churriguera-Brüder, Söhne eines geachteten Bildhauers, der sich auf *retablos* spezialisiert hatte, also auf riesige hölzerne Altaraufsätze mit Schnitzarbeiten. Einer der Söhne, José Benito war von 1690 bis 1702 Hofarchitekt von Karl II. In seinem Nachruf wurde er als „spanischer Michelangelo" bezeichnet.

Kennzeichen des Churriguerismus ist die sogenannte salomonische Säule, ein wunderbarer gedrehter Pfeiler, der sich – besonders wenn er mit Blattgold oder Weinranken geschmückt ist – geradewegs in den Himmel zu winden scheint. José Benito war später ein Wegbereiter der strengeren *estipite*-Säule, die wie ein umgekehrter Kegel geformt ist.

Ildefonso Falcones Bestseller *Die Kathedrale des Meeres* erzählt die Geschichte vom Bau der Kathedrale Santa María del Mar in Barcelona im 13. Jh.

Barocke Spielereien

- Monasterio de Nuestra Señora de la Asunción, Granada
- Plaza Mayor, Salamanca
- Fassade der Kathedrale, Santiago de Compostela
- Kathedrale, Murcia
- Real Academia de Bellas Artes de San Fernando, Madrid

Spätere Baumeister nahmen die Neuerungen der Brüder auf und arbeiteten damit. Die Kartäusermönche von Granada errichteten z. B. mit eigenen Händen das Monasterio de Nuestra Señora de la Asunción (S. 780, besser bekannt als Monasterio de la Cartuja). Ihre *sancta sanctorum* (Allerheiligstes) rund um den Tabernakel ist mit einer überwältigenden Fülle von Heiligen, vergoldeten Schädeln und komplizierten Marmorintarsien geschmückt. Als Meisterwerk des Spätbarocks gilt auch das mit Blattgold verzierte Altarbild in der Kathedrale von Toledo, eine Arbeit von Narciso Tomés.

Modernisme & Art déco

Barcelona von Robert Hughes ist eine fundierte, anspruchsvolle Geschichte der Stadt mit besonderer Betonung der Architektur. Das Kapitel zu Gaudí bietet interessante Einblicke in die erstaunlich konservative Haltung des Architekten.

Ende des 19. Jhs. war Katalonien das Zentrum des Landes. Barcelonas Blütezeit bewirkte auch eine der innovativsten Epochen der spanischen Architektur. Die hiesigen Baumeister, „Modernistas" genannt, ließen sich von vorherrschenden Trends des Jugendstils, aber auch von früheren spanischen Stilformen inspirieren. Ihr führender Kopf war Antoni Gaudí, der Barcelona mit den Glanzstücken seiner einzigartigen Fantasie geradezu spickte. Diese reichen von der riesigen und noch immer unvollendeten Sagrada Família (S. 265) bis zur skurrilen Casa Batlló (S. 270) und der kaum weniger ausgefallenen La Pedrera (S. 271). Wenngleich Gaudí meistens mit einem gewissen Kitsch in Verbindung gebracht wird, so basiert sein struktureller Ansatz doch eher auf der nüchternen Ära der katalanischen Gotik, die seine eigene erfindungsreiche Arbeit mit parabelförmig gekrümmten Bogen beeinflusste.

Zwei andere katalanische Architekten, Lluís Domènech i Montaner und Josep Puig i Cadafalch, sind zwar nicht so bekannt, ihre Werke gelten jedoch als Wahrzeichen von Barcelona. Der Palau de la Música Catalana (S. 302) von Domènech i Montaner kann es in seiner Überschwänglichkeit und der Verwendung dekorativer Kacheln durchaus mit Gaudís Bauten aufnehmen. Puig i Cadafalch, der bei Domènech i Montaner studierte, entwarf Stadthäuser wie die Casa Amatller (S. 271).

Während sich in Barcelona alles um Wellen drehte, machte sich Madrid den starren Glanz des Art déco zu eigen. Dieser weltweit sich entfaltende Stil erreichte Spanien gerade, als in Madrid die Gran Vía (S. 75) angelegt wurde, und der Boulevard war das perfekte unbeschriebene Blatt für kreative Architekten. Eine der überwältigendsten Launen dieser Ära ist der Palacio de Comunicaciones an der Plaza de la Cibeles (S. 100).

Modernisme und Art déco fanden mit ihrer spielerischen Natur kurz nach Francos Machtübernahme 1936 ein rasches Ende und die architektonische Kreativität wurde für Jahrzehnte unterdrückt.

Zeitgenössische Innovationen

Seit dem Ende des Franco-Regimes hat Spanien die verlorene Zeit wieder aufgeholt. Ambitionierte Sanierungsprogramme führten zur Umgestaltung ganzer Stadtlandschaften, etwa in Barcelona, wo die Olympischen Spiele 1992 Gelegenheit zum Umbau und zur Neustrukturierung des Hafens boten. In Madrid entstanden zuletzt im Geschäftsareal Cuatro Torre Business Area mehrere Wolkenkratzer internationaler und spanischer Stararchitekten.

Zu Letzteren gehört auch Santiago Calatrava, der seinen Ruf mit spektakulären weißen Brücken erwarb. 1996 entwarf er die futuristische Ciudad de las Artes y las Ciencias (S. 569; Stadt der Künste und der Wissenschaften) in Valencia. 2000 zeichnete er außerdem für den Sondika-Flughafen in Bilbao verantwortlich, der wegen seiner flügelartigen, mit Aluminium überzogenen Bögen auch La Paloma (Taube) genannt wird.

Dem Katalanen Enric Miralles war nur eine kurze Karriere vergönnt, er starb 2000 im Alter von 45 Jahren an einem Gehirntumor. Sein Mercat de Santa Caterina (S. 262) in Barcelona zeigt eine brillante Farbgebung und die einfallsreiche Verwendung von Bogen. Miralles Hochhaus für die spanische Gasgesellschaft Gas Natural, ebenfalls in Barcelona zu sehen, ist ein poetisch wirkender Wolkenkratzer, der nicht nur vertikal, sondern auch horizontal sehr ausladend ist. Beide Bauwerke wurden nach dem Tod des Architekten von seiner Witwe, der Italienerin Benedetta Tagliabue, fertiggestellt.

Rafael Moneo bekam 1996 den Pritzker-Preis, die renommierteste internationale Auszeichnung für lebende Architekten. Geehrt wurde er vor allem für seine langjährigen Beiträge zur Stadtlandschaft von Madrid wie den Umbau des Bahnhofs Atocha (S. 81). Seine Verwandlung des Palacio Villahermosa in das Thyssen-Bornemisza-Museum (S. 83) fügt sich harmonisch in die städtische Struktur ein. Der auffällige Kursaal-Palast in San Sebastián, 1999 errichtet, ist zwar streng funktional, glänzt aber wie zwei riesige Steine, die das Meer an Land gespült hat.

Moneo ist bisher der einzige spanische Pritzker-Preisträger, doch das ganze Land hat etwas von einer Art Pritzker-Spielwiese. Vielleicht ist es die Offenheit für äußere Kreativität (oder auch der Hunger danach), die Spaniens bauliche Situation heute kennzeichnet. Norman Foster entwarf Bilbaos 1995 in Dienst genommenes Metrosystem. Die transparenten, wurmähnlichen schützenden Eingänge der Stationen werden inzwischen *fosteritos* genannt. Doch erst Frank Gehrys Museo Guggenheim (S. 425) entzündete 1998 den Funken, der die Begeisterung für verrückte Bauwerke so richtig entflammen ließ. Die Liste moderner städtebaulicher Wahrzeichen umfasst inzwischen auch das tiefblaue Edifici Fòrum von Herzog & de Meuron an Barcelonas Wasserlinie, Jean Nouvels glitzernden, gurkenförmigen Torre Agbar (S. 273), ebenfalls in Barcelona, Richard Rogers verträumtes, wellenförmiges Terminal 4 im Madrider Flughafen Barajas, Oscar Niemeyers an eine fliegende Untertasse erinnerndes Centro Cultural Internacional Avilés (S. 507) in Asturien und Zaha Hadids walförmigen Brückenpavillon, der für die Expo in Zaragoza entstand.

Seit der Wirtschaftskrise von 2008 ist der Bauboom zwar fast zum Erliegen gekommen, dennoch sollte man in Barcelona Norman Fosters Umbau des Stadions Camp Nou, wo eine moderne Kathedrale aus farbigem Glas entstehen soll, und Zaha Hadids Universitätsgebäude, den Spiral Tower, der einem kunstvoll ausbalancierten Stapel viereckiger Teller ähneln wird, im Auge zu behalten.

Rafael Moneo ist außerhalb Spaniens am besten bekannt für die 2002 erbaute Cathedral of Our Lady of Angels im Zentrum von Los Angeles, Kalifornien.

MONEO

Die spanischen Meister

Das goldene Zeitalter – Velázquez & Zurbarán

Velázquez wünschte sich so sehr, zum Ritter von Santiago geschlagen zu werden, dass er sich auf seinem Gemälde Las Meninas ganz frech mit dem Santiago-Kreuz auf der Weste porträtierte – lange bevor sein Wunsch schließlich in Erfüllung ging.

VELÁZQUEZ

Diego Rodríguez de Silva Velázquez (1599–1660) aus Sevilla war der Star der blühenden spanischen Kunstszene im 17. Jh. Er arbeitete als Hofmaler in Madrid und schuf dort faszinierende Gemälde (Landschaften, Königsporträts, religiöse Bilder, Darstellungen aus dem Alltagsleben): Diese verdanken ihre Vitalität nicht nur Velázquez' fotografischem Blick für Licht, Kontraste und Details, sondern auch seiner Begeisterung für die Menschlichkeit der Motive, die auf der Leinwand förmlich zu leben scheinen. Mit dem Künstler verschwanden alle Spuren der idealisierenden Steifheit, die den seelenlosen Manierismus des 16. Jhs. geprägt hatte. Realismus wurde die zentrale Idee, und die königlichen Modelle erhielten ihre Würde durch Velázquez' Fähigkeit, das Wesen jeder Person einzufangen, egal ob es der König oder die *infanta* (Prinzessin) war. Zu seinen Meisterwerken gehören *Las meninas* (Die Hoffräulein) und *La rendición de Breda* (Die Übergabe von Breda), die beide im Museo del Prado (S. 82) hängen.

Francisco de Zurbarán (1598–1664), ein weiterer großer Meister dieser Periode, ist vor allem für die faszinierende Klarheit und das großartige Licht in seinen Mönchsporträts berühmt.

Goya und das 19. Jahrhundert

Nichts an der provinziellen Herkunft von Francisco José de Goya y Lucientes (1746–1828), der aus dem Dorf Fuendetodos in Aragonien stammt, hätte je erahnen lassen, dass er einmal zu den bedeutendsten Malern der europäischen Kunstszene zählen würde. Goya begann seine Karriere als Zeichner in Madrids Real Fábrica de Tapices (Königliche Teppichwerkstatt). 1792 wurde er nach einer schweren Krankheit taub, was nach Ansicht vieler Kritiker für seinen wilden Stil verantwortlich war, mit dem er sich immer stärker von den Konventionen befreite. 1799 ernannte ihn Karl IV. zum Hofmaler.

Mehrere herausragende Serien und Einzelbilder zeigen die Entwicklung Goyas. Am Ende des 18. Jhs. fertigte er Meisterwerke wie *La maja vestida* (Die bekleidete Maja) und *La maja desnuda* (Die nackte Maja) an, zwei identische Porträts einer unbekannten Frau, die sich nur dadurch unterscheiden, dass diese einmal bekleidet und einmal nackt ist. Die Inquisition war von den Bildern nicht begeistert und ließ sie abdecken. Heute sind sie in all ihrer Pracht im Museo del Prado in Madrid zu bewundern.

Der Einmarsch der Franzosen und der Krieg 1808 beeinflussten die Arbeit des Künstlers stark. Mit *El dos de mayo* (Der zweite Mai) und dem noch dramatischeren *El tres de mayo* (Der dritte Mai), das die Hinrichtung von Madrider Rebellen durch französische Truppen zeigt, schuf er erbarmungslose Bilder von der Brutalität des Krieges.

Seine letzten Lebensjahre verbrachte Goya im freiwilligen Exil in Frankreich, wo er bis zu seinem Tod als Maler aktiv war.

Eine herausragende Sammlung seiner Radierungen ist im Museo Camón Aznar (S. 389) in Zaragoza zu sehen.

Robert Hughes ermöglicht dem Leser in seiner fesselnden Biografie *Goya. Der Künstler und seine Zeit* einen Einblick in die gequälte Seele eines der größten spanischen Maler.

GOYA

Picasso, Dalí und der Schock des Neuen

Wie ein Blitz schlug in den 1920er-Jahren das unkonventionelle Genie des *malagueños* (Einwohner Málagas) Pablo Ruiz Picasso (1881–1973) ein, der als Kind nach Barcelona zog und dort von der avantgardistischen Freiheit des Modernisme geprägt wurde.

Picasso muss einer der rastlosesten Künstler aller Zeiten gewesen sein. Während er sich von einer Schaffensphase zur nächsten weiterentwickelte, revolutionierte er sein Werk immer wieder aufs Neue. Von der melancholischen Blauen Periode zur heitereren Rosa Periode bis zum Kubismus an der Seite des Künstlers Juan Gris (1887–1927) aus Madrid steckte Picasso immer wieder voller Überraschungen. Bis zu seinem Tod schuf er mit nicht nachlassender Energie Gemälde, Skulpturen, Keramiken und Skizzen. Eine schöne Auswahl seiner frühen Werke ist in Barcelonas Museu Picasso (S. 259) zu sehen. Mit über 200 Arbeiten des Künstlers lohnt auch das Museo Picasso Málaga (S. 749) einen Besuch. Weiter Bilder findet man u. a. im Centro de Arte Reina Sofía in Madrid (S. 78).

Zwei Künstler, die nur eine Generation von Picasso trennte, verstärkten die Reihen der Katalanen als Avantgarde der Kunst des 20. Jhs.: Dalí und Miró. Salvador Dalí (1904–1989) experimentierte zwar anfangs mit dem Kubismus, identifizierte sich jedoch rasch mit den Surrealisten. Seine komplexen „handgemalten Traumfotografien", wie er selbst sie nannte, sind virtuose Bilder mit zahlreichen kunstvollen Details und albtraumhaften Motiven, die sich aus Fieberträumen und von Freud inspirierten Visionen speisten. Picassos Ruhm ließ Dalí keine Ruhe, und so erwarb er sich einen Ruf als exzentrischer Unterhalter sowie schamloser Selbstdarsteller. Das Teatre-Museu Dalí (S. 341) in Figueres stellt seine besten Werke aus.

Der in Barcelona geborene Joan Miró (1893–1983) fasste in der Kunstwelt nicht ganz so schnell Fuß. Er entwickelte einen fröhlichen, fast kindlichen Stil, der ihm zu dem vom französischen Schriftsteller André Breton verliehenen Attribut „der Surrealistischste von uns allen" verhalf. Am bekanntesten ist seine späte Periode, die sich durch die einfache Verwendung leuchtender Farben und klarer Formen in Verbindung mit Symbolen, die Frauen, Vögel (als Bindeglied zwischen Himmel und Erde) und Sterne (die den unerreichbaren Himmel und die Quelle der Fantasie verkörpern) repräsentierten, sowie mit einer Art Netz auszeichnet, das all

GOYAS SCHWARZE BILDER

Goyas verstörendsten Bilder entstanden erst in der letzten Phase seines Schaffens. Nachdem sich der Künstler in der *Quinta del Sordo* (Haus der Tauben) in Madrid zur Ruhe gesetzt hatte, malte er die albtraumhaften *Pinturas negras* (Schwarze Bilder), die heute im Museo del Prado zu sehen sind. *Saturno devorando a su hijo* (Saturn verschlingt eines seiner Kinder) fängt das ganze Wesen seines Genies ein. *La romería de San Isidro* (Eine Pilgerreise nach San Isidro) und *El akelarre (El gran cabrón;* Der große Ziegenbock*)* sind ausgesprochen beunruhigende Werke. Ersteres zeigt einen gequälten, sich krümmenden menschlichen Körper, Letzteres wird von den fesselnden individuellen Gesichtern verdammter Seelen beherrscht.

PICASSOS GUERNICA

Am 26. April 1937 war im kleinen baskischen Ort Guernica Markttag. Zur selben Zeit, als morgens Einwohner aus den umliegenden Dörfern herbeiströmten, war auch eine Flugzeugstaffel auf dem Weg hierher. In den folgenden Stunden warf Hitlers Legion Condor in Übereinkunft mit Franco Hunderte Bomben auf die Stadt und tötete zahlreiche Zivilisten (die Zahl schwankt zwischen mehreren Hundert bis zu über tausend Menschen).

Bald darauf erhielt Picasso, der damals in Paris lebte, von der republikanischen Regierung den Auftrag, die Gemälde für den spanischen Beitrag zur Weltausstellung in Paris zu schaffen. Während die Nachrichten von den Bombardements allmählich das Ausland erreichten, drückte Picasso seinen Zorn auf der Leinwand aus und malte ein ergreifendes Mahnmal für diesen Einsatz der Militärflugzeuge, der so verheerende Auswirkungen hatte. Sein Werk Guernica hängt im Centro de Arte Reina Sofía in Madrid.

diese kosmischen Ebenen umfasst. Seine Arbeiten können in der Fundació Joan Miró (S. 279) in Barcelona und in der Fundació Pilar i Joan Miró (S. 646) in Palma de Mallorca bewundert werden.

Die besten zeitgenössischen Künstler

Francos Tod wirkte auf die spanische Kunstbewegung wie ein Katalysator. Neue Talente schossen wie Pilze aus dem Boden und die Museen stürzten sich begeistert auf alles Revolutionäre, Widersprüchliche oder Freche. In den 1970er- und 1980er-Jahren herrschte eine schon fast kindliche Zügellosigkeit. Seither ist die Kunstszene wieder ruhiger geworden, doch nach wie vor spürt man jede Menge Aktivität.

Unter www.arteespana.com erfährt man nicht nur vieles über die spanische Kunstgeschichte, sondern kann auch Kunstbücher und sogar Modelle von Denkmälern kaufen.

Die Basken Eduardo Chillida (1924–2002) und Jorge Oteiza (1908–2003) zählten zu Spaniens führenden modernen Bildhauern und waren bis ins hohe Alter aktiv.

Luis Gordillo (geb. 1934) aus Sevilla begann seine künstlerische Karriere als Surrealist, schlug dann aber den Weg zur Pop-Art und Fotografie ein. Sein späteres Werk zeichnet sich besonders durch Serien verschiedener Variationen des gleichen Motivs aus.

Antonio López (geb. 1936) gilt als Vater des madrilenischen Hyperrealismus. Eines seiner großartigsten Werke ist das detailreiche Madrid desde Torres Blancas (Madrid von den Torres Blancas aus gesehen).

Die künstlerische Karriere des Mallorquiners Miquel Barceló (geb. 1957) gilt als eine der großen Erfolgsgeschichten des Landes. Barcelós Arbeiten sind ausgesprochen expressionistisch, berühren aber klassische Themen von Selbstporträts bis zur Architektur.

Susana Solano (geb. 1946) stammt aus Barcelona und ist Bildhauerin, malt aber auch. Sie zählt zu bedeutendsten zeitgenössischen Künstlerinnen des Landes.

Die Arbeiten des vielleicht besten spanischen Bildhauers der Gegenwart, Jaume Plensa (geb. 1955), sind auf Ausstellungen in der ganzen Welt zu sehen.

Die spanische Küche

In den vergangenen Jahren hat die spanische Küche die Welt etwas verspätet, aber vollkommen zu Recht im Sturm erobert. Zum einen hängt das mit den gastronomischen Innovationen der spanischen Köche, dem wunderbaren Geschmack der Zutaten und der erstaunlichen regionalen Abwechslung zusammen, zum anderen damit, dass Essen in Spanien eine extrem wichtige Rolle spielt, ja, eines der wichtigsten Dinge im Leben überhaupt ist. Ganze Philosophien ranken sich um die Kochkunst, auf die so viele Einheimische aus ganzer Seele stolz sind. Zahlreiche Momente im Leben der Spanier sind entweder dem Essen gewidmet oder werden davon begleitet.

Um die anhaltende Anziehungskraft der hiesigen Küche zu verstehen, muss man sich auf eine Reise in ihre Tiefen begeben und dabei die Geheimnisse ihrer wesentlichen Elemente enträtseln.

Die Küche Spaniens & Portugals von Elisabeth Luard (2005) verrät so manches Geheimnis über bestimmte Gerichte und Weine verschiedener spanischer Regionen. Neben 180 Rezepten beschreibt die Autorin liebevoll, wie diese entstanden sind.

Die Gesetze der spanischen Küche

Die wichtigste Regel der spanischen Küche ist denkbar einfach: Es werden nur die frischesten Zutaten verwendet und diese so wenig wie möglich verändert. Während der Rest der Welt ausgefallene Soßen kreierte, experimentierten spanische Chefköche mit Fingerspitzengefühl und schufen Kombinationen, bei denen vor allem der Eigengeschmack der Zutaten zählte. Nirgends wird das offensichtlicher als bei der schlichten Kunst der Tapas, also der mundgerechten Häppchen, die zwar simpel, aber deshalb geradezu genial sind. Sorgfältig ausgewählte Räucherwaren, Meeresfrüchte oder Gemüse stehen im Mittelpunkt und sprechen für sich selbst.

Obwohl die hiesige Küche prinzipiell ziemlich schlicht ist, erlangten die Köche mit ihren innovativen Gerichten und einer landeseigenen Version der Nouvelle Cuisine trotzdem Weltruhm. Die Stars unter ihnen entwickelten ihre eigenen kulinarischen Versuchslabors und experimentieren nach wie vor mit allem Neuen, verlieren dabei aber nie die Prinzipien aus den Augen, auf denen die traditionelle spanische Küche basiert.

Tapas

Für viele sind Tapas das große kulinarische Geschenk Spaniens an die Welt. Natürlich haben Verfechter von Paella und *jamón* (roher Schinken) auch gute Argumente, doch mit dem Facettenreichtum der leckeren Häppchen können sie nicht mithalten.

Eine Tapa kann so gut wie alles sein, z. B. eine Handvoll Oliven, eine Scheibe *jamón* auf Brot oder eine *tortilla de patatas* (spanisches Kartoffelomelett), die in flüssiger Form serviert wird. Schließlich sind Tapas die Leinwand, auf der spanische Köche einerseits der Leidenschaft ihrer Nation fürs Essen Ausdruck geben, und andererseits das Mittel, mit dem sie ihre Treue zum traditionellen spanischen Geschmack beweisen, auch wenn sie dabei ihre Landsmänner dabei oft sanft in vormals undenkbare Richtungen stupsen. Mit ihrer Kunst aus ganz wenig das meiste zu machen, erinnern die Tapas auch an vergangene Jahrhunderte, als Spanien bettelarm war. Weil sie jedes altbekannte, noch so heilige spanische Gericht neu erfinden, sind sie zum kulinarischen Markenzeichen einer selbstbewussten Nation geworden, die sich Hals über Kopf in die Zukunft stürzt. Und die nationale Freizeitbeschäftigung des *ir de tapear* (zum Tapas-Essen gehen) ist in der spanischen Kultur so tief verwurzelt, dass sie ebenso als soziales Ereignis wie auch als überaus beliebtes kulinarisches Vergnügen gilt.

Spaniens unbestrittenes Tapas-Mekka ist das Baskenland (wo die Häppchen *pintxos* genannt werden), insbesondere San Sebastián. Gute Tapas findet man aber auch überall sonst, besonders lecker sind sie z. B. in Madrid, Zaragoza und den meisten andalusischen Städten.

Der Ursprung der Tapas

Um die Entstehung der Tapas ranken sich viele Geschichten.

Am weitesten verbreitet ist folgende Legende: Das mittelalterliche Spanien war nichts weiter als ein loser Zusammenschluss einzelner Gehöfte; dazwischen zogen Händler, Pilger, Emigranten und Reisende umher, die auf dem Weg in andere Länder das einsame spanische Hochplateau durchqueren mussten. Unterwegs kehrten sie in Gasthöfen ein. Da die Wirte befürchteten, die Männer könnten anschließend sturzbetrunken aus dem Dorf reiten, verfielen sie darauf, jedes Glas Wein oder Bier mit einem essbaren „Deckel" *(tapa)* zu versehen. Dieser sollte zwar auch Insekten fernhalten, hauptsächlich aber die Gäste davon abbringen, auf nüchternen Magen zu trinken.

Eine andere Theorie besagt, im 13. Jh. hätten Ärzte Alfons X. geraten, sein Gläschen Wein zwischen den Mahlzeiten mit kleinen Häppchen einzunehmen. Dem Monarchen gefiel die Idee so gut, dass er per Gesetz alle Bars dazu verpflichtete, entsprechende Snacks anzubieten.

Besonders in Andalusien führt man die Tatsache, dass sich der Begriff „Tapa" ab Anfang des 20. Jhs. immer mehr durchsetzte, auf Alfons XIII. zurück, der zu seiner Zeit in einer Strandbar in der Provinz Cádiz eine

BÜCHER ÜBER DIE SPANISCHE KÜCHE

Die folgenden Bücher versprechen nicht nur Lesespaß, sie fangen auch das Wesen und den Geist des spanischen Essens und seine Bedeutung für die spanische Kultur ein:

» *Comida! Eine kulinarische Reise durch Spanien* von Paul Richardson (2007) Witzige Anekdoten und tiefe Einblicke.

» *Culinaria España: Spanische Spezialitäten* von Marion Trutter (2013) Beschreibt kulturelle und kulinarische Traditionen und listet die wichtigsten Weinregionen des Landes auf.

» *Spanien. Das Kochbuch* von Claudia Roden (2012) Eine kulinarische Reise durch Spanien mit Erklärungen zur Geschichte und Kultur sowie regionaler Besonderheiten und vielen Rezepten.

» *Spaniens Küche, Spaniens Weine: Von Andalusien bis Valencia* (John Radford, Mario Sandoval; 2008) Kulinarische Besonderheiten der jeweiligen Regionen und dazu passende spanische Weine.

» *Tapas: Die 101 besten Rezepte aus Spaniens Tapas-Bars* von Fiona Dunlop (2011) Sammlung von Rezepten spanischer Küchenchefs.

Pause einlegte. Als eine starke Windböe Sand in Richtung des Königs wehte, bedeckte ein Kellner geistesgegenwärtig dessen Sherry-Glas mit einer Scheibe *jamón*. Der König war von dieser Idee (und dem *jamón*) so angetan, dass er, ob mit oder ohne Wind, noch eine Portion bestellte – damit war die Bezeichnung geboren und blieb hängen.

Jamón

Vom spanischen Tisch nicht wegzudenken ist auch der luftgetrocknete Schinken aus der Hochebene, bekannt als *jamón*. Ihn bekommt man in jeder *tasca* (Tapas-Bar). Besonders angesehen ist der *jamón* aus der Extremadura sowie aus Salamanca, doch die Gegend um Teruel in Aragonien erhebt zu Recht ebenfalls den Anspruch, zu dieser Elite zu zählen. Chorizo, *salchichón* und *lomo* (verschiedene luftgetrocknete Würste) stammen ebenso wie der *jamón* von mit Eicheln gefütterten Schweinen.

Jamón: Eine Einführung

Anders als der italienische Prosciutto ist der spanische *jamón* ein dunkelroter, großzügig mit buttrigem Fett marmorierter Schinken. Gut abgehangen schmeckt er nach Fleisch, Wald und Feld. Genau wie Wein und Olivenöl unterliegt er einer Reihe strikter Klassifizierungen. *Jamón serrano,* der rund 90 % des geräucherten Schinkens in Spanien ausmacht, stammt von weißen Schweinen, die in den 1950er-Jahren in Spanien eingeführt wurden. Nachdem er gesalzen und halbwegs vom kalten, trockenen Wind der spanischen Sierra getrocknet wurde, durchläuft er meist noch mal einen ähnlichen Prozess: Rund ein Jahr lang wird er in einem genau temperierten Schuppen geräuchert und getrocknet.

Teurer ist der Mercedes unter den einheimischen Schinken, der *jamón ibérico*. Er wird aus schwarzen Schweinen hergestellt, die auf der Iberischen Halbinsel zu finden sind und vom Wildschwein abstammen. Ihr Fleisch schmeckt besonders lecker, da es sehr fettdurchsetzt ist. Nimmt ein Schwein während der Eichelsaison mindestens 50 % seines Körpergewichts zu, kann es als *jamón ibérico de bellota* klassifiziert werden, die höchste Auszeichnung für Schinken.

Paella

Es mag überraschen, doch es ist nicht immer einfach, in spanischen Restaurants eine *wirklich* gute Paella zu bekommen. Warum? Zum einen ist Safran extrem teuer, sodass viele Restaurants Abstriche machen und gelbe Lebensmittelfarbe verwenden. Darüber hinaus gehen zahlreiche Geschäftsführer davon aus, dass zwar jeder zweite Traveller, der Spanien besucht, eine Paella bestellt, dass aber nur wenige wissen, wie diese eigentlich schmecken sollte. Einheimische sind sehr wählerisch, wenn es um die traditionelle Speise geht, deshalb sollte man ein Auge auf die Gäste werfen, bevor man sich hinsetzt und bestellt.

Die Grundlage des Gerichts besteht aus Rundkornreis, Knoblauch, Petersilie, Olivenöl und Safran. Am besten eignet sich die Reisart *bomba*: Die Körner öffnen sich beim Kochen ähnlich wie ein Akkordeon und ermöglichen so eine maximale Saugfähigkeit, obwohl sie dabei fest bleiben. Die Paella wird in einer flachen großen Pfanne zubereitet, weil sich auf diese Weise die meisten Aromen absetzen. Besonders wichtig für den authentischen Geschmack sind die Reiskörner am Boden der Pfanne, die eine knusprig-pikante Kruste namens *socarrat* haben sollten. Als die beiden wichtigsten Paella-Arten gelten die *paella valenciana* (sie hat ihren Ursprung in Valencia, wo die Speise mit Hühnchen, Bohnen und manchmal auch Kaninchen zubereitet wird) sowie die weiter verbreitete *paella de mariscos* (Meeresfrüchte-Paella), die bis an den Rand mit Schalentieren gefüllt ist.

JAMÓN

Die umfassende englischsprachige Website www.foodsfromspain.com zum Thema spanische Gastronomie wartet mit zahlreichen Rezepten und Ideen für kulinarische Entdeckungsreisen auf.

Das Rezept für Räucherwaren wie *jamón* verdankt die Welt dem römischen Edelmann Cato dem Älteren, der mit seinem Buch *De Re Rustica* Spaniens kulinarische Geschichte revolutionierte.

Olivenöl

Spanien ist der weltgrößte Produzent von Olivenöl, das hier als Grundlage zahlreicher Gerichte verwendet wird. Alleine in Andalusien gibt's mehr als 100 Millionen Olivenbäume. Bemerkenswerte 20 % der weltweiten Olivenölproduktion stammen aus der Provinz Jaén, die mehr davon herstellt als Griechenland. Die dortige 4500 km² große Fläche voller Olivenbäume gilt als der größte von Menschenhand gepflanzte Wald. Ursprünglich wurden die endlos erscheinenden Olivenhaine von den Römern angelegt, doch die Mauren perfektionierten die Herstellung von *az-zait* (Saft der Olive), wovon sich der spanische Gattungsbegriff für Olivenöl, *aceite,* ableitet.

Die Herstellung des Öls ist fast so kompliziert wie die von Wein. Seine Qualität wird in verschiedenen Kategorien gemessen: Die besten Öle sind „virgine" (dafür müssen sie 40 verschiedene Qualitäts- und Reinheitskriterien erfüllen) und „extra virgine" (das beste Olivenöl, dessen Säuregrad nicht höher als 1 % sein darf). Regionen mit behördlich anerkannter Olivenölproduktion bekommen ein „Denominación de Origen"-Garantiesiegel (abgekürzt DO). Es enthält Angaben zur geografischen Herkunft, zum Herstellungsprozess und zur Qualität).

Die häufigste Olivenart ist die vollmundige und (manchmal) leicht scharfe *picual*. Sie dominiert die Olivenhaine der Provinz Jaén und macht 50 % der gesamten spanischen Olivenproduktion aus. Ihren Namen hat sie von ihrer ausgeprägten *pico* (Spitze). Wegen ihres hohen Anteils an pflanzliche Fettsäuren, natürlichen Antioxidantien und Polyphenol gilt sie als ideal für Olivenöl. Polyphenol sorgt für die lange Haltbarkeit und die Bewahrung der wertvollsten Grundstoffe bei hohen Temperaturen.

Eine andere wichtige Olivenart ist *hojiblanca*. Das daraus hergestellte Öl hält sich nicht so lange und sollte an einem kühlen, dunklen Ort aufbewahrt werden. Sein Geschmack und Aroma erinnert angeblich an Früchte, Gräser und Nüsse.

Eine informative deutschsprachige Website zum Thema spanische Weine ist www.espavino.com.

Wein

Die international gefeierte spanische Weinindustrie verfügt über die größte Fläche für die Weinproduktion weltweit (1,2 Mio. ha) und bewirtschaftet mehr als 30 % der Weinbauflächen der EU. Frankreich und Italien bringen es nur auf je etwa 25 %.

Mit Ausnahme von Asturien und Kantabrien besitzen alle autonomen Regionen des Landes anerkannte Weinbaugebiete. Weil es so viele ver-

SPANIENS BESTE WEINMUSEEN

Die folgenden Museen sind ein guter Ausgangspunkt für eine Reise in die Welt des spanischen Weins. Oft machen sie ihre Besucher mit den verschiedenen Aromen der Trauben vertraut und bieten Weinproben an. Zudem erfährt man überall den geschichtlichen Hintergrund der unterschiedlichen Weingüter.

» **Museo del Vino** (S. 474), Haro – La Rioja

» **Dinastía Vivanco** (Museo de la Cultura del Vino; S. 476), Briones – La Rioja

» **Villa Lucia** (S. 475), Laguardia – La Rioja

» **Quaderna Via**, Estella – Navarra

» **Museo de la Viña y el Vino de Navarra** (S. 473), Olite – Navarra

» **Museo Provincial del Vino** (S. 207), Peñafiel – Ribera del Duero, Kastilien-León

» **Espacio de Vino** (S. 410), Barbastro – Somontano, Aragonien

» **Museo del Vino** (S. 393), Cariñena – größtes Weinbaugebiet Aragoniens

schiedene Gegenden gibt und ein Großteil der hiesigen Weine statt nach Rebsorte nach Anbaugebiet oder Klassifizierung etikettiert wird, kann ein wenig Hintergrundwissen hilfreich sein.

Spanische Weine unterliegen einem komplizierten Einordnungssystem mit einer Reihe von Bezeichnungen, die auf der Flasche angegeben werden. Diese reichen von *vino de mesa* (Tafelwein) bis zu *vino de la tierra,* das einen Wein aus einem offiziell anerkannten Anbaugebiet bezeichnet. Wird ein solches Gebiet über eine vorgegebene Zeitspanne den strengen Anforderungen gerecht, indem es alle Aspekte des Pflanzens, Kultivierens und Reifens erfüllt, bekommt es den Status Denominación de Origen (DO; Herkunftsbezeichnung). Derzeit gibt's in Spanien mehr als 60 Bezirke mit anerkannter Herkunftsbezeichnung.

Eine hervorragende Weinregion erhält die heiß begehrte Bezeichnung Denominación de Origen Calificada (DOC). Es handelt sich um eine umstrittene Klassifizierung, weil einige Winzer der Ansicht sind, dass diese nur bestimmten Weinen verliehen werden sollte und nicht jedem Wein einer bestimmten Region. Derzeit stammen die einzigen DOC-Weine aus La Rioja im Norden Spaniens sowie aus dem kleinen katalonischen Priorat.

Ein wichtiges Kriterium für die Qualität eines guten Tropfens ist auch seine Reifedauer, besonders wenn er in Eichenfässern gelagert wird. Deshalb tragen die besten Weine oft die Bezeichnungen *crianza* (ein Jahr im Eichenfass gereift), *reserva* (zwei Jahre gereift, davon mindestens ein Jahr im Eichenfass) und *gran reserva* (zwei Jahre im Eichenfass gereift, drei Jahre in der Flasche).

Über die Hälfte aller spanischen Weine stammt aus Kastilien-La Mancha, auf den Plätzen zwei bis vier folgen Katalonien, die Extremadura und die Region Valencia. Die bekannteren Weingegenden La Rioja und Kastilien-León kommen nur auf den fünften und sechsten Platz.

Flamenco

Wer je die melancholischen Klänge in einer überfüllten spanischen Bar oder bei einem bewegenden Livekonzert gehört hat, versteht die Leidenschaft für den Flamenco. Auf der anderen Seite kann er jedoch auch als völlig unzugängliche Welt der wissenden, aber schweigsamen Kenner erscheinen. Viele Menschen begeistern sich ganz plötzlich in einem einzigen erhebenden Moment für das Genre, wenn das kraftvolle Temperament des Flamenco sie ganz unvermittelt in eine andere Welt entführt, wo einen Freude und Schmerz regelrecht überwältigen können. Die Gabe, Zuhörer auf diese Weise zu fesseln, wird *duende* (Seele) genannt. Wer das einmal erlebt, wird schnell zu einem Flamenco-Fan auf Lebenszeit.

Sevillas Museo del Baile Flamenco bietet eine Reise durch die Vergangenheit und Gegenwart des Flamenco. Bei regelmäßigen Kursen kann man seine *sevillana*-Künste verbessern.

Die Ursprünge

Die Wurzeln des Flamenco liegen im Dunkeln. Manche führen ihn auf byzantinische Gesänge zurück, die in westgotischen Kirchen verbreitet waren. Die meisten Musikhistoriker sind sich aber einig, dass der Flamenco auf einer Verschmelzung der *gitano*-Lieder, die von den Roma nach Spanien mitgebracht wurden, sowie der Musik und Verse, die von Nordafrika ins mittelalterliche muslimische Andalusien gekommen waren, beruht. Der Flamenco, wie wir ihn heute kennen, entwickelte sich erst im 18. und frühen 19. Jh. bei den *gitanos* im unteren Guadalquivir-Tal im Westen Andalusiens. Auch heute noch gilt die Gegend rund um Sevilla, Jerez de la Frontera und Cádiz als Kernland des Genres. Puristen zufolge erlebt man nur hier wirklich authentischen Flamenco.

Die wichtigsten Elemente

Flamenco-Sänger nennt man *cantaor* (für einen Mann) oder *cantaora* (für eine Frau), die Tänzer *bailaor* oder *bailaora*. Fast alle Lieder und Tänze werden von mitreißenden Gitarrenklängen des *tocaors* oder der *tocaora* (Flamenco-Gitarrist oder -Gitarristin) begleitet und der Rhythmus durch stampfende Füße, Klatschen, manchmal auch durch Kastagnetten erzeugt. Es gibt viele verschiedene Typen von *coplas* (Lieder), die von der wütenden *soleá* und der abgrundtief verzweifelten *siguiriya* bis zur lebhafteren *alegría* oder der fröhlichen *bulería* reichen. Als Frühform des Flamenco gilt der *cante jondo* (tiefer Gesang), der dem Leid einer Gruppe am Rand der Gesellschaft Ausdruck verlieh. *Jondura* (Tiefgang) ist noch immer das wesentliche Element des unverfälschten Flamenco.

Das traditionelle Kostüm dieser Kunstform stammt aus dem Andalusien des späten 19. Jhs. Bei den Frauen besteht es aus einem Schal, einem Fächer und einer langen, mit Rüschen besetzten *bata de cola* (Schleppenkleid), während die Männer einen flachen Hut und enge schwarze Hosen tragen.

Legenden des Flamenco

Silverio Franconetti und La Niña de los Peines aus Sevilla sowie Antonio Chacón und Manuel Torre aus Jerez de la Frontera waren die großen

Sänger des 19. und frühen 20. Jhs. Es heißt, Torres Gesang habe die Leute dazu gebracht, sich die Kleider aufzureißen und Tische umzuwerfen.

Der dynamische Tanz und der wilde Lebensstil von Carmen Amaya (1913–1963) aus Barcelona machte sie zur größten *gitana*-Tanzlegende aller Zeiten. Ihr langjähriger Partner Sabicas war der Vater der modernen Flamenco-Sologitarre. Auf ihn gehen zahlreiche neue Techniken zurück, die heute unverzichtbar geworden sind.

In der Mitte des 20. Jhs. erlebte der Flamenco einen Tiefpunkt; *tablaos* (Touristenshows, die sexuelle und Showaspekte betonen) schienen den *flamenco puro* zu verdrängen. Doch in den 1970er-Jahren erweckten Sänger wie Terremoto, La Paquera, Enrique Morente, Chano Lobato und vor allem El Camarón de la Isla aus San Fernando nahe Cádiz (sein richtiger Name war José Monge Cruz) die Kunstform zu neuem Leben.

Manche halten Diego El Cigala (geb. 1968) aus Madrid für El Camaróns Nachfolger. Die erfolgreichsten Alben des Sängers mit der kraftvollen Stimme sind *Lágrimas negras* (Schwarze Tränen; 2003) und *Dos lágrimas* (Zwei Tränen; 2008), in denen er den Flamenco mit kubanischen Einflüssen mischt.

Paco de Lucía, 1947 in Algeciras geboren, ist der Altmeister der Flamenco-Gitarristen. Schon im Alter von 14 Jahren war er so talentiert, dass seine Lehrer ihm nichts Neues mehr beibringen konnten. De Lucía verwandelte die Flamenco-Gitarre in ein eigenständiges Soloinstrument mit neuen Techniken, Tonleitern, Melodien und Harmonien, die weit über die traditionellen Grenzen hinausgehen.

Viele der talentiertesten Flamenco-Stars waren schon im Gefängnis. Aus diesem Grund veranstaltet die spanische Gefängnisbehörde jedes Jahr den *El Concurso de Cante Flamenco del Sistema Penitenciario* (Gefängnis-Flamenco-Wettbewerb).

Flamenco heute

Der Flamenco war wohl selten so populär wie in heutiger Zeit – und niemals so innovativ.

Ein von der Kritik und vom Publikum uneingeschränkt gefeierter Künstler ist José Mercé aus Jerez. Estrella Morente aus Granada (Enrique Morentes Tochter, die als die Stimme des 2006 erschienenen Films *Volver* international bekannt wurde), Miguel Poveda aus Barcelona und La Tana aus Sevilla sind junge Sänger, die unaufhaltsam ihrem Platz in den Reihen der Spitzenkünstler zustreben.

DIE GARNELE VON DER INSEL

Der vielleicht bedeutendste Flamenco-Sänger aller Zeiten, José Monge Cruz (alias Camarón de la Isla; Garnele von der Insel), trug in den letzten 30 Jahren mehr als irgendjemand sonst dazu bei, dieses Genre bekannt zu machen. Seine Eltern waren *gitanos* (Roma), und Camarón trat schon sehr jung in Bars auf. Schließlich begegnete er dem anderen berühmten Flamenco-Künstler damaliger Zeit, dem Gitarristen Paco de Lucía. Die beiden nahmen zwischen 1969 und 1977 neun hochgelobte Alben auf. Später in seiner Karriere arbeitete Camarón mit einem von Pacos Schülern, Tomatino, zusammen.

Camarón war ausgesprochen introvertiert und hasste die Öffentlichkeit, doch sein Talent war so groß, dass die Menschen ihn verfolgten, wo immer er auftauchte. Viele sagen, das war der Grund für seinen wilden Lebensstil nach dem Motto „Live fast, die young", der zu seinem frühen Tod führte. Wegen seiner Stimme war er das Idol von Flamenco-Fans auf der ganzen Welt, seine *gitano*-Gefährten erhoben ihn fast zu einem Gott. Es heißt, *gitano*-Frauen hätten ihre Kinder zu ihm gebracht in der Hoffnung, dass er sie berühren und etwas von seiner Magie auf sie übertragen würde.

Leider mündete Camaróns Leben in eine Abwärtsspirale von Drogen und Selbstzerstörung. 1992 starb er mit nur 42 Jahren an Lungenkrebs.

Zu seinen besten Aufnahmen zählen *La leyenda del tiempo*, *Soy gitano* und *Una leyenda flamenca*.

MEHR ZUM THEMA FLAMENCO

» **Flama** (www.guiaflama.com) Wissenswertes zu Konzerten und Hintergründen.

» **Duende: A Journey into the Heart of Flamenco** (Jason Webster) Der Autor unternimmt hier eine fesselnde Reise in die verborgene Welt des Flamenco.

» **Camarón** (2005) Eine großartige Filmbiografie über El Camarón de la Isla, herausgegeben von Jaime Chávarri.

» **Bluthochzeit** (1981) und **Flamenco** (1995) Carlos Sauras Filme sind echte Klas siker. Ersterer ist eine Leinwandversion des gleichnamigen Dramas von Federico García Lorca.

» **Centro Andaluz de Flamenco** (www.centroandaluzdeflamenco.es) Website des Andalusischen Zentrums für Flamenco.

In Form des Tanzes konnte der Flamenco stets am leichtesten Grenzen überwinden. Joaquin Cortés, 1969 in Córdoba geboren, mischt den Flamenco mit zeitgenössischem Tanz, Ballett und Jazz und zeigt diesen Stilmix in spektakulären Shows mit Musik in Rockkonzertlautstärke.

Zu den bemerkenswertesten Flamenco-Gitarristen zählen Manolo Sanlúcar aus Cádiz und Tomatito aus Almería sowie Vicente Amigo aus Córdoba und Moraíto Chico aus Jerez, die die besten Sänger der Gegenwart begleiten.

Flamenco-Fusion

Alles begann mit den musikalischen Experimenten Paco de Lucías. Seither haben Musiker den Flamenco mit Jazz, Rock, Blues, Rap und anderen Musikstilen gemischt.

Bahnbrechend war 1977 das Flamenco-Folk-Rock-Album *Veneno* (Gift) der gleichnamigen Gruppe um Kiko Veneno und Raimundo Amador aus Sevilla. Kiko, bis heute eine Ikone der Flamenco-Fusion, kombiniert Rock, Blues und afrikanische Rhythmen mit Flamenco und witzigen Texten zu alltäglichen Themen. Amador gründete später die Gruppe Pata Negra, produzierte vier schöne Flamenco-Jazz-Blues-Alben und trat schließlich als Solist auf.

Die Gruppe Ketama stammt ursprünglich aus Granada und mixt Flamenco seit zwei Jahrzehnten erfolgreich mit afrikanischen, kubanischen, brasilianischen und anderen Rhythmen. Ende der 1990er-Jahre erschien Niña Pastori aus Cádiz auf der Bildfläche. Mit ihrer rauen, eindringlichen Stimme singt sie von Jazz und Latin beeinflussten Flamenco.

Die elfköpfige Band Ojos de Brujo aus Barcelona verbindet Flamenco mit Reggae, asiatischen Klängen und sogar Clubdance-Rhythmen.

Auf Alben wie *Flamenco Chill* (2002) und *Pokito a poko* (Stück für Stück; 2005) kombiniert die Band Chambao aus Málaga den Flamenco erfolgreich mit elektronischen Beats. 2009 veröffentlichte sie ihr jüngstes Album, *En el fin del mundo*.

Die Mallorquinerin Concha Buika hat ihre Wurzeln in Äquatorialguinea und besitzt eine wunderbare, sinnliche Stimme. Ihre Alben *Buika* (2005) und *Mi miña Lola* (2006) sind eine fesselnde Mischung aus afrikanischen Rhythmen, Soul, Jazz, Hip-Hop, Flamenco und anderen Musikstilen.

Wohl niemand brachte die Puristen so sehr in Rage wie Mala Rodríguez mit ihrer Kombination aus Flamenco und Rap zu sozialen Themen. Zu den Klassikern ihres einzigartigen Musikstils zählt *Malamarismo* (2007). Das jüngst erschienene *Dirty Bailarina* (2010) scheint an ihre früheren Erfolge anzuknüpfen.

Flamenco erleben

Sevilla, Jerez de la Frontera, Granada und Madrid sind gute Städte, um Flamenco-Shows zu besuchen. Zu den besten Orten für einen Liveauftritt gehören die *peñas* (Clubs, in denen sich Flamenco-Fans treffen). Dort ist die Atmosphäre authentisch und oft sehr intim, was zeigt, dass der Flamenco von einer kenntnisreichen Anhängerschaft lebt. In den meisten andalusischen Städten gibt's Dutzende von *peñas*, und viele Touristeninformationen haben Listen von den Clubs, die öffentlich zugänglich sind. Einfacher ist es, eine Vorstellung in einem *tablao* zu besuchen, wo regelmäßig Shows veranstaltet werden, die sich an weniger kundige Touristen richten. Die Qualität in einem *tablao* kann erstklassig sein, auch wenn dort die herbe Atmosphäre der *peñas* fehlt.

Einige der besten Flamenco-Festivals:

» **Festival Flamenco** (S. 111), Madrid (Februar)
» **Festival de Jerez** (S. 731), Jerez de la Frontera (Februar bis März)
» **Suma Flamenca** (S. 111), Madrid (Juni)
» **Festival Internacional de la Guitarra** (S. 771), Córdoba (Juni bis Juli)
» **Festival Internacional del Cante de las Minas**, La Unión, Murcia (August)
» **Bienal de Flamenco** (S. 702), Sevilla (September)

Flamenco World (www.flamenco-world.com) ist ein Onlineshop, bei dem es einfach alles gibt, was mit dem Genre zu tun hat. Außerdem findet man auf der Website zahlreiche Interviews und Beiträge zu aktuellen Themen.

Stierkampf

Ein episches Drama mit Blut und Sand oder ein grausamer Sport, der im modernen Spanien keinen Platz mehr hat? Der Stierkampf, die hartnäckigste und umstrittenste Tradition des Landes, ist irgendwie beides und gleichzeitig viel mehr; er ist fesselndes Theater und uraltes Ritual, bei dem in Spanien jedes Jahr in etwa 17 000 Kämpfen 40 000 Tiere getötet werden. Am besten hat es vielleicht Ernest Hemingway ausgedrückt, der selbst begeisterter Stierkampfanhänger war und das Spektakel einen „wundervollen Albtraum" nannte.

Der Stierkampf kam Mitte des 18. Jhs. auf. Karl III. ließ ihn zwar gegen Ende des Jahrhunderts verbieten, doch seine Nachfolger hoben das Verbot wieder auf. Mitte des 19. Jhs. wurden die ersten zuverlässigen Arten des *toro bravo* (Kampfstier) gezüchtet und in Sevilla eine Stierkampfschule gegründet.

TIERSCHUTZ

Die spanische Tierschutzorganisation Asociación para la Defensa de los Derechos del Animal (ADDA; www.addaong.org) setzt sich gegen den Stierkampf ein. Zu den weiteren Antistierkampfvereinen gehören die World Society for the Protection of Animals (WSPA; www.wspa.de) und People for the Ethical Treatment of Animals (PETA; www.peta.de).

Grundlagen

Stierkämpfe beginnen normalerweise gegen 18 Uhr. Dabei treten jeweils drei verschiedene Matadore (auf Spanisch meist *torero* genannt) gegen je zwei Tiere an.

Der Matador ist der Star der Veranstaltung. In seinem glitzernden *traje de luces* (Lichteranzug) reißt er mit gekonnter Beinarbeit, Geschicklichkeit und Mut gegenüber dem Stier das Publikum zu Beifallsstürmen oder Wutausbrüchen hin, je nach seiner (bzw. sehr selten ihrer) Leistung. Die einzelnen Kämpfe können etwa 20 bis 30 Minuten dauern und folgen einem ziemlich komplizierten Ablauf. *Peones* (Helfer der Matadore, deren Job es ist, die Stiere immer wieder zu reizen), springen mit großen Umhängen vor dem Tier umher, berittene *picadores* (Zureiter) treiben Lanzen in seine Nackenmuskulatur, *banderilleros* greifen es direkt an und versuchen, ihm *bandilleras* (mit Bändern versehene kurze Spieße samt harpunenartigen Widerhaken) in den Hals zu stechen. Schließlich tötet der Matador den Stier, falls er nicht von diesem außer Gefecht gesetzt wird, was gelegentlich vorkommt. Eine gekonnte, wagemutige Vorstellung mit sauberem Todesstoß wird durch stehende Ovationen belohnt. Die Menge schwenkt Taschentücher, damit der Kampfrichter den Matador mit einem Ohr des Tieres auszeichnet.

Wer vorhat, einen Stierkampf zu besuchen, sollte wissen, worauf er sich einlässt. In den Rücken und Nacken des Tieres werden wie erwähnt wiederholt Spieße gestochen, sodass es stark blutet. Der Blutverlust schwächt den Stier immer mehr, bevor der *torero* schließlich zum letzten Stich mit dem Schwert ansetzt. Wird der Degenhieb richtig ausgeführt, stirbt das Tier sofort, jedoch nachdem er zuvor schon recht lange aus seinen ganzen anderen Wunden geblutet hat. Wird der Gnadenstoß nicht gut gesetzt, erleidet es einen langsamen Tod und dieser Anblick kann wirklich extrem verstörend sein.

Wann & Wo

Die Saison der Stierkämpfe beginnt in der ersten Februarwoche mit den Fiestas in Valdemorillo und Aljavir unweit von Madrid anlässlich des San-Blas-Feiertags. Im ganzen Land – besonders aber in Kastilien-León, Kastilien-La Mancha und Andalusien – sind *corridas* (Stierkämpfe) und *encierros* (Stierläufe) wie die berühmte Veranstaltung in Pamplona (siehe Kasten S. 458) Teil der Stadtfeste. Im Oktober ist die *corrida*-Saison wieder vorbei.

Legenden des Stierkampfs

José Tomás aus Madrid ist der herausragendste Matador der Gegenwart. Nach einer kometenhaften Karriere zog er sich 2002 im Alter von erst 26 Jahren zurück, um ein paar Jahre später unter großem Getöse doch wieder auf der Bildfläche zu erscheinen. Am 5. Juni 2008 erbeutete er bei der Fiesta de San Isidro in Madrid vier Stierohren – eine Sensation, denn so etwas hatte es seit Jahrzehnten nicht gegeben. Der pragmatische Tomás sagte dazu nur: „Leben ohne Stierkampf ist kein Leben." Zwei Wochen später erlitt er bei einem anderen dramatischen Kampf drei gefährliche Verwundungen am Oberschenkel. Nachdem er sich davon erholt hatte, kehrte er in die Arena zurück und begeisterte die Zuschauer aufs Neue. Im April 2010 zog er sich bei einem Stierkampf in Mexiko wieder schwere Verletzungen zu, als ihn ein Stier in der Leistengegend aufspießte und eine Arterie durchtrennte. Eine sofortige Notoperation rettete sein Leben. Bei Redaktionsschluss war noch nicht bekannt, ob Tomás seine Karriere fortsetzen kann.

Zu den weiteren berühmten Matadoren zählen El Cordobés, El Juli, Manuel Jesú (El Cid) und Miguel Ángel Perera.

Debatte um den Stierkampf

Das weitverbreitete Klischee will uns gern glauben machen, dass sämtliche Spanier eingefleischte Stierkampffans sind, doch die Wahrheit sieht anders aus. In einigen Teilen des Landes, besonders in Andalusien, spielt der Stierkampf tatsächlich nach wie vor eine sehr große Rolle, wohingegen er in Galicien, Kantabrien und anderen Gegenden im Norden nie wirklich zur regionalen Kultur gehörte. Kürzlich ergab eine Umfrage, dass sich nur 17 % aller Spanier unter 25 Jahren überhaupt dafür interessieren, verglichen mit 41 % der über 64-Jährigen. Ähnliche Studien sprechen von drei Vierteln aller Spanier, die nichts für den Stierkampf übrig haben.

Heute gibt's im Land eine große, wachsende Antistierkampfbewegung. Für seine Gegner ist das Spektakel ähnlich der Bärenhetze eine unerträglich brutale Angelegenheit und eine Schande für die heutige angeblich aufgeklärte Zeit. 2006 verbot die sozialistische Regierung den Besuch von Stierkämpfen für Kinder unter 14 Jahren, außerdem durfte das staatliche Fernsehen keine Liveübertragungen mehr zeigen (einige Privatsender fuhren allerdings damit fort). Letzteres wurde von der neu gewählten Regierung der konservativen Volkspartei rückgängig gemacht und nun wird im staatlichen Fernsehen seit September 2012 wieder live berichtet.

Am 1. Januar 2012 musste die Welt des Stierkampfs eine weitere Niederlage einstecken, als die katalanische Regierung das Spektakel offiziell verbot (siehe Kasten S. 382).

Auf der anderen Seite hat der Stierkampf aber auch überaus prominente Unterstützer. 2008 erhielten Stierzüchter insgesamt etwa 600 Millionen Euro öffentliche Fördergelder, darunter auch Subventionen der EU, und König Juan Carlos sagte sogar einmal folgenden bezeichnenden Satz: „Der Tag, an dem die EU den Stierkampf verbietet, ist der Tag, an dem Spanien die EU verlässt."

Dass dieses Thema im Land überhaupt Diskussionen entfacht, liegt an der schwindenden Popularität des Stierkampfs und vermutlich stärker noch an der wachsenden Anpassung Spaniens an den Rest Europas seit den späten 1970er-Jahren. Die Debatte hat Antistierkampforganisationen wie die in Madrid ansässige Equanimal (www.equanimal.org) gestärkt, wobei der größte Impuls von Gruppen außerhalb Spaniens wie der League Against Cruel Sports (www.leagueagainstcruelsports.org) kam. Informationen zu kreativen Protesten gegen Stierkampf siehe unter www.runningofthenudes.com.

Praktische › Informationen

ALLGEMEINE INFORMATIONEN . . 886

Arbeiten in Spanien 886

Botschaften & Konsulate 886

Einreisebestimmungen . . . 886

Ermäßigungen 887

Essen 887

Feiertage & Ferien 887

Frauen unterwegs 887

Freiwilligenarbeit 887

Geld 888

Gesundheit 889

Internetzugang 889

Karten 889

Öffnungszeiten 890

Post 890

Rechtsfragen 890

Reisen mit Behinderung 891

Schwule & Lesben 891

Sicherheit 892

Sprachkurse 893

Strom 893

Telefon 893

Touristeninformation 894

Unterkunft 894

Versicherung 898

Zeit 898

Zoll 898

VERKEHRSMITTEL & -WEGE 899

AN- & WEITERREISE 899

Einreise 899

Flugzeug 899

Auf dem Landweg 900

Auf dem Seeweg 901

UNTERWEGS VOR ORT . . . 901

Auto & Motorrad 901

Bus 903

Fahrrad 903

Flugzeug 903

Nahverkehr 904

Schiff/Fähre 905

Trampen 905

Zug 905

SPRACHE 908

Allgemeine Informationen

Arbeiten in Spanien

EU-Bürger, Schweizer und Liechtensteiner können ohne Weiteres in Spanien arbeiten. Oft kümmert sich der Arbeitgeber um den nötigen Papierkram.

Wer die Sprache gut beherrscht, kann sein Glück als Übersetzer oder Dolmetscher versuchen.

Bei der Jobsuche sind Websites wie **Think Spain** (www.thinkspain.com) hilfreich.

Bootspersonal

Man kann z. B. auf Jachten und Kreuzfahrtschiffen unterkommen, vor allem in den Häfen von Palma de Mallorca, Gibraltar und Puerto Banús (in dieser Reihenfolge).

Im Sommer sind die meisten Schiffe nur auf dem Mittelmeer unterwegs, verkehren aber zwischen November und Januar manchmal auch in Richtung Karibik. Weil es für diese (im Normalfall unbezahlte) Arbeit keine Vermittlungsstelle gibt, sollte man sich einfach an den Docks durchfragen. Bezahlt wird man üblicherweise nur für Reparatur- und Reinigungsarbeiten bzw. für die Instandhaltung eines Bootes im Hafen. Der Verdienst ist gering, und viele tun es nur, um günstig um die Welt zu segeln.

Jobs in Ferienorten

Im Sommer kann man auch an der Mittelmeerküste jobben. Wer gleich zu Beginn der Saison auftaucht und genügend Zeit mitbringt, hat die besten Chancen. Zahlreiche Bars, Restaurants und andere Läden sind in ausländischer Hand. Kleinanzeigen für Kellner, Babysitter, Köche, Putzhilfen usw. findet man zudem oft in fremdsprachigen Zeitschriften (z. B. in *Sur In English* an der Costa del Sol, in der *Mallorca Zeitung* und im *Mallorca Magazin*).

Sprachunterricht

Deutsch ist zwar nicht die allererste Wahl vieler Spanier, aber gerade in Tourismusgebieten recht wichtig. Wer bereits Deutsch als Fremdsprache unterrichtet hat, kann hier also sein Glück versuchen. Schulen gibt's jedenfalls wie Sand am Meer (in den Gelben Seiten findet man sie unter *Academias de Idiomas*). Wer lieber Privatstunden anbieten will, muss sich auf eine längere Durststrecke einstellen.

Informationen für angehende Deutschlehrer (ob an einer Sprachschule oder privat) bekommt man im Goethe-Institut, in internationalen Buchläden sowie in den Unis und den Schulen selbst. Oft hilft dort auch das Schwarze Brett weiter.

Botschaften & Konsulate

Alle Botschaften befinden sich in Madrid. Konsulate gibt's in einigen größeren Städten wie Barcelona.

Deutschland Barcelona (☎93 292 10 00; www.barcelona.diplo.de; Torre Mapfre, Calle de la Marina 16–18); Madrid (☎91 557 90 00; www.spanien.diplo.de; Calle de Fortuny 8; Ⓜ Rubén Dariío, Colón, Alonso Martínez) Weitere Konsulate in Palma de Mallorca und Málaga.

Marokko Madrid (☎91 563 10 90; www.embajada-marruecos.es; Calle de Serrano 179; Ⓜ Santo Domingo) Generalkonsulate in Algeciras, Almería, Barcelona, Bilbao, Sevilla, Tarragona und Valencia.

Österreich Madrid (☎91 556 56 05; www.bmeia.gv.at/botschaft/madrid.html; Paseo de la Castellana 91) Weitere Vertretungen in Barcelona, Bilbao, Málaga, Palma de Mallorca, Sevilla und Valencia.

Schweiz Barcelona (☎93 409 06 50; Gran Via de Carlos III 94); Madrid (☎91 436 39 60; www.eda.admin.ch/madrid; Calle Núñez de Balboa 35).

Einreisebestimmungen

EU-Bürger und Schweizer brauchen für die Einreise nur einen Personalausweis oder Reisepass. Da Spanien dem Schengener Abkommen beigetreten ist, finden bei der Einreise über Frankreich oder Portugal keine Grenzkontrollen mehr statt. Wer aus Gibraltar oder Marokko einreist, muss allerdings seinen Ausweis vorzeigen.

Ermäßigungen

In Museen bekommen Studenten, junge Erwachsene, Kinder, Familien und Senioren oft Rabatte. Am besten fragt man einfach nach.

Jugendkarten Mit einer European Youth Card (www.euro26.org), in Spanien als Carnet Joven bekannt, gibt's Ermäßigungen in Verkehrsmitteln, Sehenswürdigkeiten und Jugendherbergen. Die International Youth Travel Card (IYTC; www.istc.org) bietet ähnliche Vorteile.

Senioren Verschiedene Museen und andere Sehenswürdigkeiten gewähren Senioren ab 60, 63 oder 65 Jahren Ermäßigungen. Manchmal bekommen sie auch in Bussen und Bahnen Rabatte.

Studenten Der Studentenrabatt beträgt meist die Hälfte des normalen Eintrittspreises, wobei ein Nachweis wie eine International Student Identity Card (www.isic.org) gefordert wird; diese ist allerdings nicht überall gültig.

Essen

Umfangreiche Informationen zur spanischen Küche und praktische Informationen gibt's in den Kapiteln „Essen in Spanien" (S. 36) und „Die spanische Küche" (S. 873).

Feiertage & Ferien

Urlaub machen viele Spanier vor allem während der Semana Santa (Karwoche) und im August. Dann herrscht in den Ferienorten oft Mangel an freien Betten, zudem sind die Züge voll. Gegenden außerhalb der klassischen Urlaubsgebiete verwaisen allerdings zu diesen Zeiten regelrecht.

In Spanien gibt's offiziell 14 Feiertage pro Jahr – manche davon gelten im ganzen Land, andere nur in einzelnen Orten. Fällt ein Feiertag auf einen Dienstag oder Donnerstag, nehmen sich viele Spanier einen Brückentag (der auf Spanisch *puente*, Brücke, heißt; nimmt man eine ganze Woche frei, in der mehrere Feiertage liegen, sagt man dazu *acueducto*, Aquädukt). Landesweit gelten folgende Feiertage:

Año Nuevo (Neujahr) 1. Januar

Viernes Santo (Karfreitag) März/April

Fiesta del Trabajo (Tag der Arbeit) 1. Mai

La Asunción (Mariä Himmelfahrt) 15. August

Fiesta Nacional de España (Spanischer Nationalfeiertag) 12. Oktober

La Inmaculada Concepción (Fest der Unbefleckten Empfängnis) 8. Dezember

Navidad (Weihnachten) 25. Dezember

Dazu kommen fünf Feiertage, die von den Regionalregierungen festgelegt werden; für zwei weitere sind die Kommunen zuständig. In vielen Gegenden handelt es sich dabei um folgende Termine:

Epifanía (Erscheinung des Herrn) oder **Día de los Reyes Magos** (Dreikönigstag) 6. Januar

Jueves Santo (Gründonnerstag) März/April. Nicht in Katalonien und Valencia.

Corpus Christi (Fronleichnam) Juni.

Día de Santiago Apóstol (Jakobstag) 25. Juli

Día de Todos los Santos (Allerheiligen) 1. November

Día de la Constitución (Tag der Verfassung) 6. Dezember

Frauen unterwegs

Spanien ist für Touristinnen genauso unkompliziert zu bereisen wie alle anderen westlichen Länder. Die Wahl der Unterkunft sollte überdacht werden, wenn es sich z. B. um eine verwanzte Billigabsteige handelt, wo nur Männer zu sehen sind. In der Nacht ist umsichtiges Verhalten auch in der Stadt geboten – einsame Straßen und Gassen sollte frau besser meiden. Trampen ist natürlich möglich, aber riskant.

Männer unter 40 wuchsen nach der Franco-Ära auf. Ihre Vorstellungen von Geschlechterrollen sind nicht mehr so eingefahren wie bei ihren älteren Geschlechtsgenossen. Allerdings herrscht in dieser Frage nach wie vor ein Nord-Süd- und ein Stadt-Land-Gefälle.

Freiwilligenarbeit

Deutsche Staatsbürger bis maximal 27 Jahren können ein Freiwilliges Soziales oder Ökologisches Jahr antreten. Infos dazu liefert die Website des Bundesfamilienministeriums (www.bmfsfj.de).

Über Möglichkeiten der Freiwilligenarbeit in Spanien informiert:

Earthwatch Institute (www.earthwatch.org) Manchmal hat die Organisation Umweltschutzprojekte in Spanien im Programm.

PREISKATEGORIEN DER RESTAURANTS

In diesem Buch richtet sich die Reihenfolge der Restaurants nach den Vorlieben der Autoren. Die angegebenen Preissymbole beziehen sich auf ein Hauptgericht:

- **€** unter 10 €
- **€€** 10–20 €
- **€€€** über 20 €

PRAKTISCH & KONKRET

» **Währung** Euro

» **Elektrizität** 220 V, 50 Hz

» **Rauchen** In allen geschlossenen öffentlichen Räumen verboten.

» **Maße & Gewichte** Metrisches System

» **Wichtige Zeitungen** Die Mitte links gerichtete *El País* (www.elpais.com, auf Spanisch), die Mitte rechts gerichtete *El Mundo* (www.elmundo.es, auf Spanisch) und die rechts orientierte *ABC* (www.abc.es, auf Spanisch). Die auflagenstarke englischsprachige Zeitung *International Herald Tribune* enthält eine achtseitige Beilage mit ins Englische übersetzten Artikeln aus *El País* (www.elpais.com/misc/herald/herald.pdf).

» **Radio** Radio 1 vom staatlichen Radio Nacional de España (RNE) bringt ein massentaugliches Programm mit aktuellen Nachrichten, Radio 5 konzentriert sich eher auf Sport und Entertainment und Radio 3 (Radio d'Espop) bietet Pop und Rock. Übers Zeitgeschehen berichten u. a. die linksgerichtete Cadena und der rechtsgerichtete Kanal COPE. Die angesagtesten kommerziellen Sender sind 40 Principales, Kiss FM, Cadena 100 und Onda Cero.

» **TV** Auf dem Fernsehschirm laufen die staatlichen Sender von Televisión Española (TVE1 und La 2) und die unabhängigen, kommerziellen Kanäle Antena 3, Tele 5, Cuatro und La Sexta. Die Regionalregierungen haben ihre eigenen Stationen, z. B. Telemadrid (Madrid), TV-3 und Canal 33 (Katalonien, die Sendungen werden auf Katalanisch ausgestrahlt), TVG (Galicien), ETB-1 und ETB-2 (Baskenland), Canal 9 (Valencia) und Canal Sur (Andalusien). Kabel- und Satellitenfernsehen verbreiten sich immer mehr.

Go Abroad (www.goabroad.com) Bei Redaktionsschluss konnte man 56 Links zu Projekten in Spanien finden.

Raus von zu Haus (www.rausvonzuhaus.de) Portal von Eurodesk mit vielen Infos zu Programmarten und Ländern, Online-Datenbank und weiterführenden Links.

TravelWorks (www.travelworks.de/freiwilligenarbeit-spanien.html) Dieser Anbieter von verschiedenen Auslandsprogrammen kooperiert mit lokalen Partnerorganisationen.

Geld

Am einfachsten hebt man in Spanien Geld mit einer Karte am Automaten ab. Für Notfälle sollte man immer ein wenig Bargeld in Reserve haben.

Bargeld

Fast alle Banken tauschen ausländische Währungen wie Schweizer Franken und bieten die besten Wechselkurse. Traveller sollten sich nach den Kommissionsgebühren erkundigen und einen Ausweis mitbringen.

Wechselstuben *(cambios)* haben längere Öffnungszeiten und den besseren Service, tauschen aber zu schlechteren Kursen und berechnen mehr Gebühren.

Geldautomaten

Mit den meisten Kredit- und Geldkarten kann man Geld von *cajeros automáticos* (Geldautomaten) abheben. Symbole zeigen an, welche Karten (Visa, MasterCard, Cirrus etc.) akzeptiert werden. Im Ausland fallen dafür meist Gebühren an, deshalb sollte man sich vorab bei seiner Bank über die Konditionen und eventuellen Limits für Abhebungen informieren.

Kredit- & Geldkarten

Kredit- & Geldkarten werden fast überall akzeptiert. Oft wird ein Ausweis verlangt. Am weitesten verbreitet sind Visa, MasterCard, American Express, Cirrus, Maestro, Plus, Diners Club und JCB. Falls eine Karte verloren geht (oder vom Geldautomaten verschluckt wird), sollte sie sofort gesperrt werden. Von Spanien aus geht das gebührenfrei unter den folgenden Nummern: **Amex** (☎1800 528 2122, 91 572 03 03), **Diners Club** (☎902 401 112), **MasterCard** (☎900 971231) und **Visa** (☎900 991124). Der kartenübergreifende deutsche Sperr-Notruf (☎0049 116 116) ist rund um die Uhr erreichbar, allerdings vom Ausland aus gebührenpflichtig.

Steuern

Die spanische Mehrwertsteuer heißt IVA *(i-wa; impuesto sobre el valor añadido)*

Trinkgeld

In den Preisen auf den Speisekarten ist das Geld für die Bedienung bereits enthalten. Viele lassen etwas Kleingeld liegen, wenn sie zufrieden waren – 5 % genügen normalerweise, 10 % sind sehr großzügig. Unüblich ist es jedoch, die Rechnung aufzurunden und dem Ober zu sagen, auf wie viel er herausgeben soll. Kofferträger sind in der Regel mit 1 € zufrieden. Taxifahrern muss man kein Trinkgeld geben, aber sie freuen sich trotzdem, wenn man den Fahrpreis aufrundet.

Gesundheit

Spanien bietet eine gute medizinische Versorgung.

Medizinische Versorgung & Kosten

Die Ambulanz erreicht man unter der Nummer ☎061. Bei Notfällen macht man sich zur *urgencias* (Notaufnahme) des nächsten Krankenhauses auf.

Farmacias (Apotheken) bieten nützliche Informationen und verkaufen rezeptfreie Medikamente. Wie in vielen Ländern Europas gibt's auch in Spanien überall Bereitschaftsapotheken *(farmacias de guardia)*; die entsprechenden Adressen hängen an jeder Apotheke aus.

Die medizinischen Kosten sind in Spanien etwas niedriger als in vielen anderen Ländern Europas. Seit 2004 gilt die Europäische Krankenversicherungskarte in allen EU-Staaten sowie weiteren Ländern (u. a. der Schweiz), seit 2006 ist sie in Deutschland bei gesetzlich Versicherten in die übliche Versicherungskarte integriert. Sie garantiert medizinische Versorgung in der gesamten EU. Wer möchte, kann noch eine zusätzliche Auslandskrankenversicherung abschließen.

Bisse & Stiche

Hüten muss man sich vor der haarigen, rotbraunen Raupe des Prozessionsspinners. Eine Berührung mit ihren Härchen ruft eine starke allergische Hautreaktion hervor. Die Bisse einiger Tausendfüßler sind ebenfalls äußerst unangenehm.

Quallen werden an der Mittelmeerküste zunehmend zu einem Problem.

Die einzige Giftschlange, auf die man häufiger stößt, ist die Stülpnasenotter. Sie hat einen herzförmigen Kopf, wird bis zu 75 cm lang, weist eine graue Färbung mit Zickzackmuster auf und lebt in trockenen felsigen Gebieten, weit von Menschen entfernt. Ihr Biss kann tödlich sein und muss mit einem Antiserum behandelt werden, das staatliche Krankenhäuser in größeren Städten auf Lager haben.

Höhenkrankheit

Bei Wandertouren in großer Höhe kann diese Krankheit zu einem Problem werden. Viele Menschen spüren ab 2500 m Folgen des Sauerstoffmangels. Symptome entwickeln sich meist während der ersten 24 Stunden, die man sich in der Höhe aufhält, können aber auch noch bis zu drei Wochen danach auftreten. Zu den leichten Anzeichen gehören Kopfschmerzen, Trägheit, Schwindel, Schlafstörungen und Appetitlosigkeit. Ganz plötzlich kann sich der Zustand des Betroffenen jedoch dramatisch verschlechtern, dann treten eventuell Atemnot, trockener, irritativer Husten (in schweren Fällen von rosa-farbenem, schaumigem Auswurf begleitet), starke Kopfschmerzen, Koordinations- und Gleichgewichtsstörungen, Desorientiertheit, irrationales Verhalten, Brechanfälle, Benommenheit bis hin zur Bewusstlosigkeit auf.

Bei leichten Symptomen sollte man auf der erreichten Höhe bleiben, bis man sich erholt hat (ein bis zwei Tage). Gegen Kopfschmerzen helfen Paracetamol oder Aspirin. Halten die Symptome an oder verschlechtern sie sich, ist ein Abstieg notwendig; manchmal helfen bereits 500 m. Man sollte niemals Medikamente einnehmen, um den Abstieg zu vermeiden bzw. um weiter aufzusteigen.

Unterkühlung

Im spanischen Gebirge kann das Wetter jederzeit und urplötzlich umschlagen. Die richtige Vorbereitung vermindert die Gefahr der Unterkühlung. So sollte man stets wasserfeste Kleidung bei sich haben und andere über seine Reisepläne informieren.

Die ersten Symptome einer Unterkühlung sind Muskelzittern, Beeinträchtigung des Urteilsvermögens und Ungeschicklichkeit. Werden keine Gegenmaßnahmen getroffen, reagiert der Betroffene zunehmend teilnahmslos und verwirrt und fällt schließlich ins Koma. Um Schlimmeres zu verhindern, helfen ein Unterschlupf, warme trockene Kleidung, süße Heißgetränke und Körperkontakt.

Wasser

Normalerweise lässt sich das Leitungswasser in Spanien bedenkenlos trinken. Wer Zweifel hat, kann folgende Frage stellen: *¿Es potable el agua (de grifo)?* (Kann man das (Leitungs-)Wasser trinken?). Fluss- oder Seewasser sollte man nicht trinken, denn es könnte Bakterien oder Viren enthalten, die Durchfall oder Brechanfälle auslösen.

Internetzugang

Fast alle Hotels sowie einige Cafés, Restaurants und Flughäfen verfügen über ein drahtloses Netzwerk. Meistens ist die Nutzung für Gäste kostenlos. Die Geschwindigkeit variiert oft schon von einem Hotelzimmer zum anderen, man sollte sich also vor dem Einchecken danach erkundigen.

Gute Internetcafés mit schnellen Verbindungen sind nicht einfach zu finden; am besten fragt man in der jeweiligen Touristeninformation nach. Pro Stunde muss man zwischen 1,50 und 3 € zahlen.

Karten

Straßenkarten

Zu den besten gehören die Karten von Michelin: Neben der Übersichtskarte von Spanien und Portugal im Maßstab 1:1 000 000 sind sechs Regionalkarten im Maßstab 1:400 000 auf dem

Markt, die zusammen das ganze Land abdecken. Sie werden regelmäßig aktualisiert, sind recht detailgenau (bis hin zur Beschaffenheit von Nebenstraßen). Ebenfalls empfehlenswert ist die GeoCenter-Reihe des deutschen RV-Verlags.

Península Ibérica, Baleares y Canarias gilt als beste physische Karte. Sie wird vom **Centro Nacional de Información Geográfica** (CNIG; ☎955 56 93 20; edificio Sevilla 2, 8. OG, módulo 7, Avenida San Francisco Javier 9, Madrid) für das **Instituto Geográfico Nacional** (IGN, www.ign.es; Calle General de Ibáñez de Ibero 3, Madrid) herausgegeben und in guten Buchläden verkauft.

Wanderkarten

Für mehrere Gegenden, vor allem für die Pyrenäen, haben sich die Serien *Guía Cartográfica* und *Guía Excursionista y Turística* von Editorial Alpina bewährt. Die detaillierten Karten im Maßstab zwischen 1:25 000 und 1:50 000 beinhalten Miniführer auf Spanisch (und manchmal Katalanisch). Trotz der einen oder anderen Ungenauigkeit sind sie für Wanderer unverzichtbar. Wer im katalanischen Teil der Pyrenäen wandert, ist mit den Karten des Institut Cartogràfic de Catalunya oft besser beraten als mit denen von Alpina. Wenn man die Karten ausschließlich zum Wandern nutzen möchte, ist der Maßstab von 1:25 000 am sinnvollsten. Karten vom CNIG in diesem Maßstab gibt's fast für ganz Spanien.

Buchhandlungen in der Nähe von Wandergebieten haben meist sowohl Karten von Editorial Alpina als auch von CNIG vorrätig, die man normalerweise ebenfalls in spezialisierten Buchläden erhält, etwa bei:

Altaïr (☎93 342 71 71; www.altair.es; Gran Via de les Corts Catalanes 616, Barcelona)

Altaïr (☎91 543 53 00; www.altair.es; Calle de Gaztambide 31; ⏲Mo–Fr 10–14 & 16.30–20.30, Sa 10.30–14.30 Uhr; Ⓜ Argüelles, Madrid)

De Viaje (☎91 577 98 99; www.deviaje.com; Calle de Serrano 41; ⏲Mo–Fr 10–20.30, Sa 10.30–14.30 & 17–20 Uhr; Ⓜ Serrano, Madrid)

La Tienda Verde (☎91 535 38 10; www.tiendaverde.es; Calle Maudes 23, Madrid)

Librería Desnivel (☎902 248848; www.libreriadesnivel.com; Plaza de Matute 6, Madrid)

Quera (☎93 318 07 43; www.llibreriaquera.com; Carrer de Petritxol 2, Barcelona)

Öffnungszeiten

Die Öffnungszeiten gelten für die Hauptsaison, in der Nebensaison sind sie verkürzt.

Banken Mo–Fr 8.30–14 Uhr; manche zusätzlich Do 16–19 & Sa 9–13 Uhr

Geschäfte 10–14 & 16.30–19.30 oder 17–20 Uhr; große Supermärkte und Kaufhäuser Mo–Sa 10–22 Uhr

Hauptpostämter Mo–Fr 8.30–21.30, Sa 8.30–14 Uhr

Nachtclubs 24 oder 1–5 oder 6 Uhr

Restaurants mittags 13–16 Uhr, abends 20.30–24 Uhr oder länger

Post

Die spanische Post, **Correos** (☎902 197 197; www.correos.es), arbeitet normalerweise zuverlässig, ist allerdings manchmal etwas langsam.

Sendungen ins Ausland

Normalerweise ist ein Brief ins westeuropäische Ausland drei Tage bis eine Woche unterwegs.

Sendungen nach Spanien

Jedes Postamt nimmt postlagernde Sendungen *(lista de correos)* an. Derart gekennzeichnete Briefe kommen am Hauptpostamt des Ortes an, der in der Adresse genannt ist – sofern kein anderes Postamt auf dem Umschlag steht. Zum Abholen postlagernder Briefe ist ein Ausweis erforderlich. Adressiert wird wie folgt:

» Name des Empfängers
» Lista de Correos
» PLZ und Ort in Spanien

» Briefe nach Spanien brauchen ähnlich lange wie Sendungen von Spanien ins Ausland. Die Postleitzahlen sind fünfstellig.

Tarife

Sellos (Briefmarken) bekommt man in fast allen *estancos* (Tabakläden, die man an einem „Tabacos"-Schild mit gelben Buchstaben auf braunem Hintergrund erkennt) sowie in Postämtern.

Eine Ansichtskarte oder ein Brief bis 20 g ins europäische Ausland kostet 0,70 €, in den Rest der Welt 0,84 €. Eine Preisliste für Einschreiben (*certificado*) und Expressversand (*urgente*) gibt's auf www.correos.es (auf Spanisch) unter dem Button „Calculador de Tarifas".

Rechtsfragen

Jeder, der festgenommen wird, bekommt einen kostenlosen Pflichtanwalt *(abogado de oficio)* gestellt, der aber unter Umständen nur Spanisch spricht. Wenn ein deutscher oder österreichischer Staatsbürger verhaftet wird, muss außerdem umgehend das Konsulat informiert werden. Auch ein Anruf, etwa um Angehörige zu benachrichtigen, ist gestattet. Kommt es zum Richtertermin, wird ein Dolmetscher organisiert.

Seinen Personalausweis oder Reisepass sollte man theoretisch ständig dabeihaben, falls man ihn bei einer Polizeikontrolle vorzeigen muss. Viele Traveller lassen ihren Ausweis allerdings lieber im Hotelsafe, was nur selten ein Problem darstellt.

Auf lokaler Ebene kümmert sich die Policía Local oder Policía Municipal um Verkehrssünder und kleinere

Gesetzesübertretungen. Die Policía Nacional (☎091), also die staatliche landesweite Polizei, ist für die Verbrechensbekämpfung zuständig und vor allem in größeren Städten zu finden. Gegen das organisierte Verbrechen wurde im 19. Jh. die militärisch organisierte Guardia Civil gegründet. Heute überwacht sie Landstraßen sowie Staatsgrenzen und ist für Sicherheit, Bekämpfung von schweren Verbrechen und Terrorismus zuständig. Manche Regionen haben noch eine eigene Regionalpolizei, z. B. die Mossos d'Esquadra in Katalonien und die Ertaintxa im Baskenland.

Cannabis ist eine legale Droge, das gilt allerdings nur für den Eigenbedarf in sehr kleinen Mengen. In der Öffentlichkeit darf man keine Drogen konsumieren. Wer aus Marokko einreist (vor allem mit einem Fahrzeug), muss sich auf strenge Kontrollen an der Grenze einstellen.

Reisen mit Behinderung

Spanien hat nicht überall Einrichtungen für Behinderte, aber langsam ändert sich etwas an dieser Situation. Beispielsweise führt ein grundsätzliches Umdenken dazu, dass manche Museen, Behörden und Hotels nachträglich mit barrierefreien Zugängen ausgestattet werden. In den großen Städten stellt man sich darüber hinaus allmählich im öffentlichen Nahverkehr und bei den Taxis auf Fahrgäste mit Behinderung ein, so gibt's mancherorts behindertengerechte „Eurotaxis". Neue Hotels verfügen größtenteils über behindertengerechte Zimmer. Weisen sich ältere Hotels auf ihren Websites als rollstuhltauglich aus, ist allerdings ein wenig Vorsicht geboten, denn mitunter handelt es sich dabei nur um breitere Zimmer- oder Badtüren oder um ähnliche, eher symbolische Anstrengungen.

Organisationen

Accessible Madrid (www.esmadrid.com) Die Website der Touristeninformation von Madrid bietet einige nützliche Hinweise (Accessible ins Suchfeld eingeben). Man kann die hervorragende 152-seitige Broschüre *Madrid Accessible Tourism Guide* kostenlos herunterladen. Sie informiert umfangreich, von Sehenswürdigkeiten über Restaurants und Verkehrsmittel bis zu Routen durch die Stadt. Bereitgestellt wird auch eine Liste von behindertengerechten Hotels sowie die PDF-Datei „Lugares Accesibles", die behindertengerechte Restaurants, Einkaufszentren und Museen aufführt.

Barcelona Turisme (☎93 428 52 27; www.barcelona-access.com) Diese Website informiert über das Reisen mit Behinderung in Barcelona.

ONCE (Organización Nacional de Ciegos Españoles; ☎91 577 37 56, 91 532 50 00; www.once.es; Calle de Prim 3, Madrid; Ⓜ Chueca or Colón) Der spanische Blindenbund bringt ein paar Stadtführer in Blindenschrift heraus, z. B. für Madrid und Barcelona. Allerdings werden sie nicht jedes Jahr aktualisiert.

Schwule & Lesben

In Spanien ist Homosexualität legal, das gesetzliche Mindestalter liegt bei 13 Jahren. 2005 hat der sozialistische Präsident José Luis Rodríguez Zapatero die katholisch-konservativ geprägten Grundfesten des Landes erschüttert, als er die Ehe für gleichgeschlechtliche Paare erlaubte.

Außer in den Städten sind Schwule und Lesben in der Öffentlichkeit kaum zu sehen. Lebhafte Szenen gibt's in Madrid, Barcelona, Sitges, Torremolinos und Ibiza. Viele Schwule auf der ganzen Welt favorisieren Sitges, und bei den dortigen ausschweifenden **Karnevalsfeiern** (www.sitges.com/carnaval) im Februar oder März sind sie ganz vorn mit dabei. Ende Juni oder Anfang Juli findet in Madrid der Umzug zum **Christopher Street Day** (www.orgullogay.org) statt, und auch in anderen Städten gehen um diesen Termin herum Schwule und Lesben auf die Straße.

Nützliche Infoquellen

Neben der folgenden Auswahl veröffentlicht die Touristeninformation in Barcelona zweimal jährlich *Barcelona – The Official Gay and Lesbian Tourist Guide*; auf der Website der Madrider Touristeninformation wiederum hilft der Button „Gay & Lesbian Madrid" (www.esmadrid.com) weiter.

Chueca (www.chueca.com) Foren, Aktuelles und Bewertungen.

GayBarcelona (www.gaybarcelona.com) Meldungen, Meinungen und ein großer Adressbereich mit Bars, Saunas, Läden usw. in Barcelona und Sitges.

Gay Iberia (Guía Gay de España; www.gayiberia.com) Gay-Führer für Barcelona, Madrid, Sitges und 26 weitere spanische Städte.

Gay Madrid 4 U (www.gaymadrid4u.com) Überblick über die Bars und Nachtclubs der Schwulenszene.

Guía Gay de España (http://guia.universogay.com) Landesweite Adressen.

LesboNet (www.lesbonet.org) Lesbische Website mit Kontaktanzeigen, Forum und Adressen.

Night Tours.com (www.nighttours.com) Gute Infos über das Nachtleben der Schwulenszene und weitere Attraktionen in Madrid, Barcelona und sieben weiteren Zielen in Spanien.

Orgullo Gay (www.orgullogay.org) Website zum Gay & Lesbian Pride March in Madrid sowie Links zu Organisationen im ganzen Land.

Shangay (www.shangay.com) Aktuelles, Veranstaltungen

und Kontakte. Zudem veröffentlicht Shangay alle zwei Wochen das Magazin *Shanguide* mit Adressen in Madrid (u.a. von Saunas und Hardcore-Clubs) sowie Kontaktanzeigen. In dem Ableger *Shangay Express* findet man eher Artikel sowie eine Handvoll Adressen und Kontaktanzeigen. Beide Zeitschriften sind in Buchläden und Bars für Schwule erhältlich.

Organisationen

Casal Lambda (☎93 319 55 50; www.lambdaweb.org; Carrer de Verdaguer i Callís 10; Ⓜ Uquinaona) Kulturelles Infozentrum und Treffpunkt in La Ribeira in Barcelona, für Schwule und Lesben.

Colectivo de Gais y Lesbianas de Madrid (Cogam; ☎91 522 45 17, Mo–Fr 17–21 Uhr 91 525 00 70; www.cogam.es; Calle de la Puebla 9; Ⓜ Callao oder Gran Vía) Hat ein Informationsbüro und einen Treffpunkt; betreibt außerdem eine Infohotline (☎91 523 00 70).

Coordinadora Gai-Lesbiana Barcelona (☎93 298 00 29; www.cogailes.org; Carrer de Violant d'Hongria 156; Ⓜ Plaça del Centre) Barcelonas wichtigster Koordinator für Lesben- und Schwulenvereinigungen; betreibt außerdem eine Infohotline, die **Línia Rosa** (☎900 601601).

Federación Estatal de Lesbianas, Gays, Transexuales & Bisexuales (☎902 280669; www.felgt.org; 1. OG, Calle de las Infantas 40) Die Vereinigung mit Sitz in Madrid setzte sich für die Einführung der gleichgeschlechtlichen Ehe ein.

Fundación Triángulo (☎91 593 05 40; www.fundaciontriangulo.es; 1. OG, Calle de Melendez Valdés 52; Ⓜ Iglesia) Eine weitere gute Infoquelle in Madrid.

Sicherheit

Im Großen und Ganzen ist Spanien sicher. Touristen müssen sich in erster Linie vor Kleindiebstählen in Acht nehmen (aus Sicht der Bestohlenen handelt es sich natürlich um keine „Kleinigkeit", wenn Ausweis, Geld oder Kamera futsch sind). Viele Besucher machen nur gute Erfahrungen, aber es kann selbstverständlich immer irgendetwas passieren. Aus diesem Grund sind ein paar deutliche Warnhinweise angebracht – Panik allerdings nicht.

Abzocke

Wahrscheinlich gibt's mehr als 50 Möglichkeiten, im Urlaub sein Geld zu verlieren. Taschendiebe haben diesbezüglich einige Tricks auf Lager: Sie arbeiten meistens zu zweit oder in Gruppen (manchmal lenken attraktive Frauen männliche Opfer ab). Während einer die Aufmerksamkeit auf sich zieht, leert der andere dem Opfer die Taschen. Besonders einfallsreiche Gauner lassen von einem Balkon aus einen Klacks Milchbrei auf ihr Opfer fallen. Sofort kommt ein „hilfsbereiter" Zeitgenosse daher, um den vermeintlichen Vogeldreck wegzuwischen. Dass dabei auch die Jackentasche gründlich gereinigt wird, geht in der ganzen Aufregung unter.

Nicht allen Dieben steht ihr „Beruf" ins Gesicht geschrieben. Ein Klassiker sind z.B. alte Frauen, die versuchen, Blumen zu verkaufen: Bei einem scheinbar netten Gespräch plündern sie einen gleichzeitig aus.

An manchen Autobahnen treiben Banden ihr Unwesen, vor allem an der AP7 von der französischen Grenze nach Barcelona. Vorsicht bei Leuten, die auf Rastplätzen ein Gespräch anfangen wollen. Manche fahren auch neben arglosen Touristen her und fuchteln mit den Händen herum, als ob sie etwas signalisieren wollten. Dann nicht in Panik verfallen und anhalten, weil etwas mit dem Auto nicht in Ordnung sein könnte. Denn während einer der „Helfer" zusammen mit dem Opfer das Autoheck inspiziert, räumen seine Kameraden den Wagen aus. Einige stechen auf Rastplätzen einen Reifen an, folgen dem Auto dann und bieten auf dem Standstreifen ihre „Hilfe" beim Reifenwechsel an. Bevorzugtes Ziel sind Mietwagen und solche mit ausländischem Nummernschild. An Rastplätzen sollte man immer möglichst nahe am Gebäude parken und keine Wertsachen offen liegen lassen. Wer anhält, um einen Reifen zu wechseln, und unerwünschte Hilfe bekommt, sollte sichergehen, dass alle Türen geschlossen sind und man sich nicht ablenken lässt.

Auch das Parken birgt Gefahren. In einigen Stadtzentren sind zwielichtige selbst ernannte Parkwächter unterwegs. Sie versuchen, Ortsfremde auf Teufel komm raus irgendwohin zu lotsen, wo sie parken können. Am besten ist es, sie zu ignorieren und selbst weiterzusuchen. Aber wenn es gar nicht anders geht, ist ein kleiner Geldbetrag beim „Parkwächter" gut angelegt, damit das Auto hinterher nicht zerkratzt oder sonstwie beschädigt ist. Auf gar keinen Fall sollte dann irgendetwas sichtbar im Wagen herumliegen. Auch den Kofferraum zu öffnen, weil man einen Koffer drin verstauen will, ist keine gute Idee.

REISEHINWEISE

Die folgenden Regierungswebsites geben Reise- und Sicherheitshinweise:

» **Deutschland** (www.auswaertiges-amt.de)

» **Österreich** (www.bmeia.gv.at)

» **Schweiz** (www.eda.admin.ch)

Diebstahl

Am gefährdetsten sind Touristen in den Urlaubsorten und großen Städten. Kritisch ist auch die erste Zeit im Land oder in der neuen Stadt, denn so mancher passt vor lauter Eindrücken nicht richtig auf. Wer mit seinem ganzen Gepäck Richtung Hotel unterwegs ist (oder von dort wieder abreist), gibt ein besonders leichtes Opfer ab. Den schlimmsten Ruf in puncto Diebstahl haben Barcelona, Madrid und Sevilla, wo Touristen auf der Straße vereinzelt auch richtig ausgeraubt werden.

Am Strand verschwinden Dinge manchmal in Sekundenschnelle. Nachts hält man sich besser von zwielichtigen, menschenleeren Gassen fern – und überhaupt von allem, was einem nicht geheuer vorkommt.

Für eine Anzeige *(denuncia)* wegen Diebstahls ist die Landespolizei zuständig. Zwar bekommt man die Sachen kaum zurück, aber die Versicherung braucht die Anzeige als Beleg. Die Anzeige kann auch telefonisch (☎902 102 112; mehrsprachig) oder im Internet unter www.policia.es (Link „Denuncias") erstattet werden. Am nächsten Tag liegt sie dann zur Unterschrift beim gewünschten Polizeirevier bereit, Anstehen ist nicht mehr nötig.

Sprachkurse

Zu den beliebtesten Zielen von Sprachstudenten gehören Barcelona, Granada, Madrid, Salamanca und Sevilla. Dort und in verschiedenen anderen Städten bieten Universitäten gute Kurse an.

Die **Escuela Oficial de Idiomas** (EOI; www.eeooiinet.com, auf Spanisch) ist in zahlreichen größeren Städten zu finden. Sie hat Kurse für Spanisch und andere Regionalsprachen im Programm, die in der Regel nicht die Welt kosten. Allerdings sind die Klassen teilweise recht groß. Klickt man auf der Website unter der Rubrik „Comunidad" auf den Button „Centros" und dann auf „Centros en la Red", wird eine Liste der Schulen angezeigt.

Privatschulen und Unis haben ganzjährig ein breit gefächertes Angebot, was Kursdauer, Intensität, Sprachniveau und Teilnahmevoraussetzungen angeht. Oft werden zudem kulturelle Inhalte vermittelt. Viele Hochschulkurse dauern ein Semester, es gibt aber auch welche, die nur über zwei Wochen oder aber ein ganzes Jahr gehen. Private Institute sind da meist flexibler. Einen guten Ruf hat **Don Quijote** (www.donquijote.com) in Barcelona, Granada, Madrid, Salamanca und Valencia.

Manche Kurse führen auf einen Abschluss hin. Das *Diploma de Español como Lengua Extranjera* (DELE) wird vom spanischen Bildungs- und Wissenschaftsministerium anerkannt.

Strom

Wie überall in Europa sind die Steckdosen in Spanien zweipolig und teilweise rund. Die untere Darstellung gilt für Gibraltar.

Telefon

In den weit verbreiteten blauen Telefonhäuschen sind Inlands- und Auslandsgespräche problemlos möglich. Es gibt sowohl Münz- als auch Kartentelefone. Einige funktionieren auch mit Kreditkarten. *Tarjetas telefónicas* (Telefonkarten) werden von dem spanischen Konzern Telefónica vertrieben. Generell ist das Telefonieren per Internet immer noch am billigsten, beispielsweise über Skype.

Handys

In Spanien gilt wie im restlichen Europa der GSM-900/1800-Standard.

Man kann für sein eigenes Mobiltelefon (Dual- oder Tribandhandy mit GSM-Standard) SIM- und Prepaid-Karten erwerben. Dies funktioniert allerdings nur, wenn es nicht blockiert ist. Ein Vertrag lohnt sich nur bei einem längeren Aufenthalt.

Alle spanischen Mobiltelefonanbieter (Telefónicas MoviStar, Orange und Vodafone) bieten *prepagado*-Tarife (Prepaid-Tarife) für Handys an. SIM-Karten gibt's ab 50 € inklusive Freiminuten in Telefonläden im ganzen Land. Aufladen kann man die

Karten in den jeweiligen Handyshops oder in anderen Verkaufsstellen wie Tabakläden *(estancos)* oder Zeitungsständen.

Am 1. Juli 2010 trat eine neue EU-Richtlinie zu Roaminggebühren in Kraft, die Reisende vor astronomischen Handyrechnungen schützen soll. Für Handytelefonate aus dem europäischen Ausland gilt nun eine Obergrenze von 0,43 € pro Minute, nach Deutschland sind es maximal 0,39 €. Die genauen Tarife erfragt man beim jeweiligen Anbieter.

Nützliche Telefonnummern

Auslandsauskunft ☎11825 (Ein Anruf kostet 2 €)

Inlandsauskunft ☎11818

Inlandsvermittlung ☎1009 (Hier kann man auch R-Gespräche innerhalb Spaniens anmelden)

Notruf ☎112

Vermittlung für Gespräche ins europäische Ausland ☎1008

R-Gespräche

Für internationale R-Gespräche *(llamadas a cobro revertido)* wählt man einfach ☎99 00 und die jeweilige Ländervorwahl:

Deutschland ☎900 99 00 49

Österreich ☎900 99 00 43

Schweiz ☎900 99 00 41

Telefonkarten

Verbilligte Telefonkarten sind eine preiswerte Alternative für Auslandsgespräche. Sie werden in *estancos*, kleinen Lebensmittelläden, *locutorios* (Telefonzentren) und Zeitungsständen in größeren Städten und Urlaubsorten verkauft. Ein Preisvergleich lohnt sich. Angebote von Privatanbietern kosten oftmals weniger als die von Telefónica. Sogenannte *locutorios*, in denen man günstig ins Ausland telefonieren kann, schießen in den Innenstädten wie Pilze aus dem Boden.

Vorwahlen

Bei Handynummern steht die 6 an erster Stelle. Nummern, die mit 900 beginnen, sind kostenlos; bei 901 bis 906 fallen unterschiedliche Kosten an. Die 902 kommt recht häufig vor, kann allerdings nur von Spanien aus gewählt werden. Ähnlich ist es bei den Nummern 800, 803, 806 und 807.

Internationale Telefonvorwahl ☎00

Spanische Ländervorwahl ☎34

Ortsvorwahlen Siehe in den einzelnen Kapiteln

Touristeninformation

In jeder größeren Stadt (und in vielen kleineren) gibt's eine *oficina de turismo* oder *oficina de información turística*. Einige Provinzhauptstädte haben sogar mehrere davon: eine für die Stadt selbst und eine andere mit Informationen zur Provinz oder Region. Zahlreiche National- und Naturparks warten zudem mit Besucherzentren auf.

Turespaña (www.spain.info) ist das staatliche Tourismusamt, das in vielen Ländern der Welt vertreten ist. Ihre Adressen findet man auf der Website.

Unterkunft

In Spanien findet man jede Menge gute Unterkünfte von kleinen familiengeführten *hostales* bis zu luxuriösen *paradores*.

Offiziell gibt's drei Kategorien: *hoteles* (Hotels; 1–5 Sterne), *hostales* (1–3 Sterne) und *pensiones* (kleine, meist familienbetriebene Pensionen; 1–2 Sterne). Diese Kategorien stehen so auch im Hotelführer *Guía Oficial de Hoteles*, der jährlich aktualisiert wird und praktisch alle Unterkünfte mit ungefähren Preisen aufführt, ausgenommen Pensionen mit nur einem Stern.

Meistens muss man bis 12 Uhr auschecken.

Reservierungen

Außerhalb der Hauptsaison ist eine Reservierung normalerweise nicht notwendig. Schaden kann es trotzdem nicht, allein schon um sich die ermüdende Suche nach einem geeigneten Quartier zu ersparen. Meist ist zum Reservieren eine Kreditkartennummer vonnöten, manche Unterkünfte geben das jeweilige Zimmer auch ab 18 Uhr wieder frei, es sei denn, man sagt Bescheid, dass man später kommt.

Reisezeit

In diesem Reiseführer nennen wir die Preise, die während der Hauptsaison gelten. Zu anderen Zeiten winkt also vielleicht eine angenehme Überraschung. Wann Hauptsaison ist, hängt u. a. von der Region ab. In Barcelona oder Madrid ist dies fast das ganze Jahr über der Fall, vor allem während der wichtigsten Messen. Im August wirken große Städte manchmal wie ausgestorben, aber an der Küste herrscht Hochbetrieb. Im Winter ist in den Skiorten der Pyrenäen Hochsaison, während zu dieser Zeit auf den Balearen überhaupt nichts los ist (sie scheinen zwischen November und Ostern komplett dichtzumachen). Im Juli und August ohne Buchung ein Bett zu finden, kann auf den Balearen und überall anders an der Mittelmeerküste so gut wie unmöglich sein. Zahlreiche kleine Hotels und *casas rurales* (ländliche Unterkünfte) platzen an Wochenenden aus allen Nähten, wohingegen die Luxusschuppen in Madrid und Barcelona gleichzeitig fast leerstehen und deshalb mit den Zimmerpreisen deutlich runtergehen. Es lohnt immer, zu schauen, ob Sonderangebote auf den Websites stehen.

Preise

Im untersten Preissegment erwarten einen Schlafsäle

PREISKATEGORIEN DER UNTERKÜNFTE

Die Reihenfolge der Unterkünfte in diesem Buch richtet sich nach den Vorlieben der Autoren, außerdem sind die Hotels mit einem der folgenden Preissymbole versehen (der Preis gilt für ein Doppelzimmer mit eigenem Bad):

» **€** unter 65 €
» **€€** 65–140 €
» **€€€** über 140 €

In Madrid und Barcelona sind die Preise unvermeidlich etwas höher:

» **€** unter 75 €
» **€€** 75–200 €
» **€€€** über 200 €

(ab 17 € pro Pers.) in Hostels oder Privatzimmer mit Gemeinschaftsbädern. Für ein paar Euro mehr gibt's gute gemütliche Zimmer mit eigenem Bad, meist in *hostales*. In untouristischen oder ländlichen Gegenden locken einige Boutique-Hotels und andere schickere Nachtquartiere mit niedrigen Preisen, insbesondere in der Nebensaison.

Im mittleren Preissegment findet man generell jede Menge ausgezeichnete Hotels. Die Zimmer verfügen über eigene Bäder und manchmal ist im Preis ein Frühstück inbegriffen. Boutique-Unterkünfte, viele davon in kunstfertig umgebauten historischen Gebäuden, sind größtenteils in der mittleren Preiskategorie anzusiedeln und fast immer eine hervorragende Wahl.

Zum Schluss noch eine Anmerkung zur Terminologie: In einem *habitación doble* (Doppelzimmer) stehen oft zwei getrennte Betten, die man jedoch häufig einfach zusammenschieben kann. Wer auf ein richtiges Doppelbett Wert legt, sollte ausdrücklich eine *cama matrimonial* verlangen!

Kategorien

APARTMENTS, VILLEN & CASAS RURALES

Apartments und Ferienhäuser kann man fast überall für nur eine einzige Nacht mieten. An den touristisch geprägten Küsten und in den beliebten Urlaubsgebieten im Landesinneren findet man zahlreiche Villen und Ferienhäuser.

Ein schlichtes Apartment in einem Küstenort mit einem Schlafzimmer für zwei bis drei Personen ist teils schon für 30 € zu haben, aber oftmals läuft es auf das Doppelte hinaus – zur Hauptsaison wird es sogar noch teurer. Luxuriösere Alternativen mit Swimmingpool kosten 200–400 € (für 4 Pers.).

In den letzten Jahren wurde der Landtourismus immer beliebter. Viele neue und teils sehr anheimelnde *casas rurales* nehmen Gäste auf; in der Regel handelt es sich dabei um renovierte, komfortable Bauernhäuser oder Häuser in einem Dorf mit einer Handvoll Zimmer. Sie werden oft unter anderen Namen geführt, etwa *cases de pagès* in Katalonien, *casas de aldea* in Asturien oder *posadas* und *casonas* in Kantabrien. Manchmal bieten die Eigentümer nur Zimmer an, gelegentlich ist die Verpflegung inbegriffen oder die Gäste können die Küche benutzen. Am unteren Ende der Preisskala werden um die 30/50 € für ein Einzel-/Doppelzimmer pro Nacht fällig, während stilvolle kleine Häuser gut und gerne 100 € oder mehr fürs Doppelzimmer verlangen. Häufig vermieten die Besitzer nur wochenweise.

Agenturen, die Apartments anbieten:

Apartments-Spain (www.apartments-spain.com)
Associació Agroturisme Balear (www.rusticbooking.com)
Atlas Rural (www.atlasrural.com)
Cases Rurals de Catalunya (www.casesrurals.com)
Escapada Rural (www.escapadarural.com)
Fincas 4 You (www.fincas4you.com)
Guías Casas Rurales (www.guiascasasrurales.com)
Ruralka (www.ruralka.com)
Rustic Rent (www.rusticrent.com)
Rusticae (www.rusticae.es)
Secret Destinations (www.secretdestinations.com)
Secret Places (www.secretplaces.com)
Top Rural (www.toprural.com)
Traum-Ferienwohnungen (www.traum-ferienwohnungen.de)

CAMPINGPLÄTZE

Spanien hat rund 1000 offizielle *campings* (Campingplätze). Einige liegen schön im Wald oder in der Nähe von Stränden und Flüssen. Andere wiederum zwängen sich am Stadtrand an eine Fernstraße. In Innenstadtnähe gibt's nur wenige Plätze, und wer auf öffentliche Verkehrsmittel angewiesen ist, für den ist Campen keine besonders komfortable Angelegenheit. Fremdenverkehrsbüros informieren über die nächstgelegenen Plätze.

Die offizielle Klassifizierung für Campingplätze kennt drei Kategorien: erste, zweite und dritte Klasse (1ªC, 2ªC, 3ªC). Manche fallen in überhaupt keine offizielle Einteilung; sie entsprechen dann zumeist der dritten Klasse. Die Ausstattung reicht von passabel bis sehr gut, allerdings werden einige Plätze in der Hauptferienzeit ziemlich voll und sind dann entsprechend laut (vor allem im Juli und August). Selbst Campingplätze der dritten Kategorie bieten meist Warmwasserduschen, Stromanschluss und eine Cafeteria. Die besten *campings* warten mit beheizten Swimmingpools, Supermärkten, Restaurants, Wäschedienst, Kinderspielplätzen und Tennisplätzen auf.

Zeltplätze rechnen in der Regel nach Anzahl der Personen, Zelte und Autos ab (üblich sind jeweils etwa 5–9 €). Kinder müssen häufig weniger zahlen. Viele Plätze schließen zwischen Oktober und Ostern.

Hier und da findet man eine *zona de acampada* oder *área de acampada* – ländlich gelegene Campingplätze mit minimaler Ausstattung (beispielsweise fließendes Wasser und ein paar Grillstellen). Sie sind kaum beaufsichtigt und kosten wenig oder gar nichts. Manche liegen in einem Naturschutzgebiet, deshalb braucht man unter Umständen die Erlaubnis der örtlichen Umweltbehörde.

Wildes Zelten ist mit Einschränkungen gestattet – Verbote gelten an vielen Stränden, in Naturschutzgebieten, in manchen Gemeinden und überall dort, wo ein offizieller Zeltplatz weniger als 1 km entfernt liegt. Üblicherweise stößt man in diesen Fällen auf Verbotsschilder. Im Zweifel hilft aber auch die Touristeninformation weiter. Wer auf Privatgrund campen möchte, braucht dazu eine Erlaubnis.

Nützliche Websites:

Guía Camping (www.guiacampingfecc.com) Onlineversion des jährlich erscheinenden Guía Camping (13,60 €), der in Buchläden im ganzen Land erhältlich ist.

Campinguía (www.campinguia.com) Bewertungen (meist auf Spanisch) und Links.

Campings Online (www.campingsonline.com/espana) Buchungsservice.

CAMAS, FONDAS & HOSPEDAJES

Viele Budgetunterkünfte verwenden unterschiedliche Eigenbezeichnungen. Im Allgemeinen ist es dort am billigsten, wo nur *camas* (Betten), *fondas* (eigentlich ein einfaches Gasthaus mit Fremdenzimmer, oft aber nur eines von beiden), *casas de huéspedes* oder *hospedajes* (Gästehaus) angeschrieben steht. Diese Bleiben sind schlicht und schmucklos und haben meistens ein Etagenbad, wobei einige auch Zimmer mit einem eigenen Waschbecken *(lavabo)* anbieten. Im Winter sollte man ruhig nach Extradecken fragen.

PENSIÓNES

Eine *pensión* ist meistens eine Stufe besser und teurer als die zuvor beschriebenen Unterkünfte. Billige Einrichtungen vergessen schon mal, Seife, Toilettenpapier oder Handtücher zur Verfügung zu stellen (einfach nachfragen).

HOSTALES

Hostales zählen ungefähr zur gleichen Kategorie, sind allerdings eine kleine Stufe über den *pensiones* einzuordnen. Die besseren Pensionen und *hostales* sind freundlich und angenehm, und zu den Zimmern gehört ein richtiges Bad (*baño privado*, größtenteils mit einer *ducha*, Dusche, aber ohne Badewanne) und meist ein Fernseher sowie eine Klimaanlage und/oder Heizung.

HOTELS

Alle anderen Häuser nennen sich *hoteles* und decken die ganze Qualitätsskala ab: vom schlichten, faden, aber sauberen Etablissement an der Landstraße über schnucklige kleine Läden bis hin zum superluxuriösen Schuppen. Selbst in den billigsten Unterkünften haben die Zimmer normalerweise ein eigenes Bad und es gibt ein Restaurant im Haus.

Reizvoll für alle mit einer etwas dickeren Brieftasche sind die rund 90 **paradores** (☎ in Spanien 902 547 979; www.parador.es). Sie gehören zur gleichnamigen staatlichen Hotelkette und sind oft in beeindruckenden Gebäuden wie einem hohen Turm oder einem mittelalterlichen Kloster untergebracht. Einige restaurierte Landsitze und alte Stadtvillen beherbergen ebenfalls hübsche Hotels, die nicht einmal besonders teuer sein müssen. Die ganze Palette topmoderner, eleganter Designerunterkünfte findet sich in den großen Städten und den wichtigsten Urlaubszentren am Meer. Gehobenere Häuser verlangen mehr für ein Zimmer mit Aussicht, insbesondere bei Meerblick und wenn man einen *balcón* hat. Oft kann man außerdem Suiten mieten.

Schön für Familien ist, dass sie für Dreibett-, Vierbett- und Familienzimmer pro Person häufig weniger zahlen müssen als für ein Einzel- und Doppelzimmer.

Viele der Agenturen, die man in der Kategorie „Apartments, Villen & Casas Rurales" findet, haben auch Hotels im Programm.

KLÖSTER

Wer das Ungewöhnliche liebt, kann in einem Kloster übernachten. Zwar wurden die Orden im 19. Jh. enteignet und haben im 20. Jh. teilweise ziemlich schlecht gewirtschaftet, trotzdem konnten sich einige von ihnen halten. Ein paar bieten einfache Übernachtungsmöglichkeiten in kargen Mönchszellen.

In den Gebäuden herrscht eine strenge Geschlechtertrennung. Außerdem sind die Klöster in der Regel Orte der stillen Besinnung und der Meditation. Dort, wo noch nach alter Tradition Ackerland, Obstgärten und/oder Weinberge bestellt werden, hat man eventuell die Möglichkeit, mitzuarbeiten.

Zu den nützlichen Quellen zählen Folgende:

Guía de Monasterios (www.guiasmonasterios.com)

Alojamientos Monásticos de España Führer zu spanischen Klöstern von Javier de Sagastizabal und José Antonio Egaña, der allerdings ein Update nötig hätte.

REFUGIOS

Wo viele Bergwanderer und Bergsteiger unterwegs sind (vor allem in den Pyrenäen), ist die nächste Berghütte *(refugio)* meist nicht weit; außer in Andalusien, denn dort gibt's nur eine Handvoll dieser Unterkünfte. Ein Großteil der Hütten wird von Wander- oder Alpenvereinen betrieben. In ein paar *refugios* kann man zwar einen Schlafplatz reservieren (häufig Stockbetten), aber ansonsten gilt das Motto „Wer zuerst kommt, mahlt zuerst". Zur Hauptsaison (Juli/August) sind die Hütten schnell voll, daher sollte man versuchen, zu dieser Zeit vorab zu buchen oder schon am frühen Nachmittag aufzutauchen. Pro Person kostet die Übernachtung zwischen null und 15 €. Viele Hütten bieten etwas zu essen und zu trinken an; ein Abendessen gibt's für 8–12 €. Oft ist auch eine Kochgelegenheit (ohne Kochgeschirr!) vorhanden. Decken werden gestellt, alles andere müssen die Gäste selbst mitbringen. Eine Taschenlampe kann von Vorteil sein.

In den Aragonischen Pyrenäen verteilen sich zahlreiche *refugios*; bei der Suche sind folgende Adressen hilfreich:

Albergues & Refugios de Aragón (www.alberguesyrefugiosdearagon.com) Reservierungen für *refugios* und *albergues* (Herbergen).

Federación Aragonesa de Montañismo (FAM; ☎976 22 79 71; www.fam.es; 4. OG, Calle Albareda 7) Die FAM in Zaragoza informiert und stellt Karten aus, mit denen man erhebliche Rabatte für Übernachtungen in *refugios* bekommt.

JUGENDHERBERGEN

Es gibt in Spanien rund 250 Jugendherbergen *(albergues juveniles)* – nicht zu verwechseln mit den *hostales*, Pensionen. Für Alleinreisende sind sie oft die günstigste Option, aber zu zweit findet man anderswo meist bessere Alternativen zu einem ähnlichen Preis.

Die Qualität der Unterkünfte variiert stark. Manche sind nur in Maßen ihr Geld wert: Sie bieten keine Privatsphäre, werden häufig von Schulklassen bevölkert und haben eine Sperrstunde. Zudem gibt's in einigen Häusern keine Kochgelegenheit (allerdings ist dann meistens eine Cafeteria vorhanden). Doch wir kennen auch Gegenbeispiele in günstiger Lage, die rund um die Uhr geöffnet haben und mit kleineren Schlafsälen aufwarten, die in der Regel auch noch mit eigenem Bad ausgestattet sind. Immer häufiger werden auch behindertengerechte Zimmer angeboten. Einige Jugendherbergen sind darüber hinaus sogar in schönen alten Gemäuern untergebracht.

Ein Großteil der spanischen Hostels ist dem **Red Española de Albergues Juveniles** (REAJ, Spanischer Jugendherbergsverband; www.reaj.com) angeschlossen, dem spanischen Ableger des internationalen Jugendherbergsverbands **Hostelling International**.

Daneben gehören die meisten REAJ-Mitglieder dem Verband der jeweiligen Region an (Andalusien, Katalonien, Valencia usw.). Jede Region bestimmt ihre Preisstruktur selbst und bietet eine zentrale Buchungsmöglichkeit an, darunter:

Andalusien (☎902 510 000; www.inturjoven.com)

Katalonien (☎93 483 83 41; www.xanascat.cat)

Valencia (☎902 225 552; www.gvajove.es)

Oft sind die Kosten saisonabhängig; sie bewegen sich zwischen 15 und 21 € für Gäste unter 26 Jahren (und für Besitzer einer ISIC-Karte). Alle anderen zahlen 18–28 €. Manchmal ist dann das Frühstück schon dabei. In ein paar Häusern müssen Gäste, die keinen eigenen Schlafsack mitbringen, Bettwäsche mieten (etwa 2–5 € pro Aufenthalt).

Für fast alle Hostels benötigt man einen internationalen Jugendherbergsausweis oder einen Ausweis des heimischen Verbands. Ersterer ist in den meisten Jugendherbergen in Spanien erhältlich.

Eine wachsende Zahl von ähnlichen Einrichtungen, die nichts mit HI oder REAJ zu tun haben, verfügen häufig über individuelle Räume sowie Schlafsaalbetten. Preise können stark variieren, da diese Unterkünfte sich an kein festes Preissystem halten müssen. Die Website von **Hostel World** (www.hostelworld.com) führt Herbergen unabhängig davon auf, ob sie organisiert sind oder nicht.

Außerdem gibt's ein paar unabhängige *albergues*, in denen die einfache Übernachtung im Schlafsaal zwischen 10 und 18 € kostet. Oftmals befinden sie sich in Gegenden, in denen viele einheimische Wanderer und Bergsteiger unterwegs sind. Diese Häuser sind keine echten Jugendherbergen (auch wenn die Gäste meist die 35 noch nicht erreicht haben), sondern eine Mischung aus Hostel und *refugio*. Einige verleihen gegen eine kleine Gebühr Bettwäsche.

UNTERKUNFT ONLINE BUCHEN

Weitere Hotelbeschreibungen von Lonely Planet Autoren gibt's unter http://hotels.lonelyplanet.com/spain. Dort findet man unabhängige Kritiken und Empfehlungen zu den besten Unterkünften, außerdem kann man gleich online buchen.

Versicherung

Eine Reiseversicherung, die den Diebstahl und Verlust von Wertsachen sowie Gepäck genauso abdeckt wie medizinische Notfälle und Reiseausfälle oder Schäden durch Verspätungen, kann nicht schaden. Flugtickets, die per Kreditkarte bezahlt wurden, beinhalten oft schon eine begrenzte Reiseunfallversicherung. Außerdem ist es dann einfacher, sein Geld zurückzufordern, wenn der Veranstalter seinen Verpflichtungen nicht nachkommen sollte. Unter www.lonelyplanet.com/travel_services kann man jederzeit online eine Versicherung abschließen, erweitern und, wenn etwas passiert ist, in Anspruch nehmen – auch unterwegs.

Zeit

Zeitzone Es gilt dieselbe Zeit wie in Mitteleuropa; auch die Sommer- und Winterzeit wird gleichzeitig mit Deutschland, Österreich und der Schweiz umgestellt.

Marokko In Marokko gilt ganzjährig die Westeuropäische Zeit (Greenwich Mean Time); also liegt das Land während der mitteleuropäischen Sommerzeit zwei Stunden hinter Spanien zurück, im Winter jedoch nur eine Stunde.

Zoll

Aus anderen EU-Staaten können 110 l Bier, 90 l Wein, 10 l Spirituosen, 800 Zigaretten und 200 Zigarren ein- bzw. ausgeführt werden. Wer aus anderen Ländern einreist, beispielsweise aus Marokko, darf 2 l Wein (oder 1 l Spirituosen und 1 l Wein) und 200 Zigaretten (oder 50 Zigarren oder 250 g Tabak) mitbringen.

Verkehrsmittel & -wege

AN- & WEITERREISE

Spanien ist eines der beliebtesten Ferienländer Europas und per Flugzeug, Zug und Auto gut zu erreichen. Zwischen Spanien und Marokko verkehren regelmäßig Autofähren und Tragflügelboote und es gibt Fährverbindungen vom spanischen Festland nach Großbritannien, Italien, Algerien und zu den Kanaren.

Flüge, Mietwagen und Touren können online unter www.lonelyplanet.com gebucht werden.

Einreise

Die Einreise und die Zollkontrollen (gewöhnlich nur bei Ankunft aus einem Nicht-EU-Land) sind abgesehen von ein paar Ausnahmen schnell erledigt.

Andorra gehört nicht zur EU, deshalb gibt's nach wie vor Grenzposten. Wenn man aus dem kleinen Fürstentum anreist, kontrollieren spanische Zollbeamte den Wagen eventuell auf der Suche nach geschmuggelten Duty-free-Waren, die in Spanien illegal weiterverkauft werden sollen. Bei Reisenden, die sich zuvor in Marokko oder den spanischen Enklaven Ceuta und Melilla aufgehalten haben, wird nach Drogen gesucht. An diesen Grenzen muss man sich auf lange Wartezeiten einstellen, insbesondere im Sommer.

Reisepässe

Bürger der Europäischen Union (EU) und der Schweiz benötigen für die Einreise nur ihren Personalausweis. Staatsangehörige anderer Länder brauchen einen gültigen Reisepass.

In Spanien ist man per Gesetz verpflichtet, zu allen Zeiten seinen Personalausweis oder Pass bei sich zu tragen.

Flugzeug

Von vielen deutschen, österreichischen und Schweizer Städten gibt's Direktverbindungen nach Spanien.
Als Hauptsaison wird die Zeit rund um Weihnachten und Neujahr, Ostern sowie von Juni bis September bezeichnet. Je nach Reiseziel kann das allerdings etwas variieren. Manchmal bekommt man z. B. im August relativ günstige Flüge zu Zielen wie Madrid, da es dort zu dieser Zeit sehr heiß ist und viele Einwohner in die Berge oder ans Meer geflüchtet sind. Im Allgemeinen muss man zwischen November und März am wenigsten für Flüge nach Spanien zahlen. Die restlichen Monate gelten als Zwischensaison.

Flughäfen & Airlines

Alle spanischen Flughäfen verfügen über benutzerfreundliche Websites. Die nationale Flugbehörde **Aena** (✆902 404704; www.aena.es) gibt telefonisch Auskünfte über Verbindungen und listet auf ihrer Homepage sämtliche Flughäfen des Landes auf. Außerdem bekommt man dort detaillierte praktische Informationen über

KLIMAWANDEL & REISEN

Fast jede Art der motorisierten Fortbewegung erzeugt CO_2 (die Hauptursache für die globale Erwärmung), doch Flugzeuge sind mit Abstand die schlimmsten Klimakiller – nicht nur wegen der großen Entfernungen und der entsprechend großen CO_2-Mengen, sondern auch weil sie diese Treibhausgase direkt in hohen Schichten der Atmosphäre freisetzen. Auf vielen Websites kann man mit speziellen „CO_2-Rechnern" ermitteln, wie das persönliche Emissionskonto nach einer Reise aussieht, und mit einer Spende für Umweltprojekte eine Art Wiedergutmachung leisten. Auch Lonely Planet spendet Gelder, wenn Mitarbeiter und Autoren auf Reisen gehen.

Parkplätze und den öffentlichen Verkehr, eine komplette Liste und Links aller Airlines, die den jeweiligen Flughafen nutzen, und aktuelle Infos zu den Flügen.

Madrids Aeropuerto de Barajas ist der verkehrsreichste Flughafen Spaniens (und in der Regel auf Platz 4 oder 5 in Europa). Ebenfalls recht groß sind Barcelonas Aeroport del Prat und die Flughäfen von Palma de Mallorca, Málaga, Alicante, Girona, Valencia, Ibiza, Sevilla und Bilbao. Auch A Coruña, Almería, Asturien, Jerez de la Frontera, Murcia und Reus haben eigene Flughäfen.

Auf dem Landweg

Spanien grenzt an Frankreich, Portugal und Andorra.

Eurolines (www.eurolines.com) und Partnerbusunternehmen wie die **Deutsche Touring GmbH** (www.deutsche-touring.de) bieten zahlreiche Verbindungen in viele westeuropäische Länder und nach Marokko.

Abgesehen von den Zugverbindungen zwischen Spanien und Frankreich gibt's Direktverbindungen zwischen Zürich und Barcelona (über die Städte Bern, Genf, Perpignan und Girona) sowie zwischen Mailand und Barcelona (via Turin, Perpignan und Girona). Mehr darüber erfährt man auf der Website von **Renfe** (www.renfe.com), Spaniens staatlicher Bahngesellschaft.

Andorra

Von Andorra gibt's regelmäßige Busverbindungen nach Barcelona (z. B. Skibusse im Winter und direkte Zubringer zum Flughafen) und in zahlreiche andere spanische (beispielsweise Madrid) sowie französische Städte. Darüber hinaus verkehren mehrere Busse zwischen Andorra und dem Busbahnhof Estació d'Autobusos de Sants in Barcelona (27,50 €, 3 Std.).

Frankreich

AUTO & MOTORRAD

Die Hauptroute von Frankreich nach Spanien hinein ist die französische Autobahn A9 am Ostrand der Pyrenäen. Sie setzt sich in Spanien als mautpflichtige AP7 fort und führt an der Küste entlang nach Süden. Bei Barcelona zweigt die AP2 ab, die über Zaragoza nach Madrid verläuft. Es gibt noch weitere Strecken von Frankreich (und Andorra) nach Spanien über die Pyrenäen, etwa ganz im Westen die Autobahn von Biarritz ins spanische Baskenland.

BUS

Eurolines (www.eurolines.fr) bietet Verbindungen von Paris und 20 weiteren französischen Städten nach Spanien. Die Fahrt von Paris nach Madrid dauert 17¾ Stunden, nach Barcelona 14¾ Stunden. Zu den wichtigsten Zielen fährt mindestens ein Bus pro Tag.

ZUG

Die bedeutendsten Grenzübergänge an der französisch-spanischen Grenze sind Port Bou an der Mittelmeerküste sowie Irún im Baskenland. Eine weitere Bahnstrecke verläuft im Landesinneren durch die Pyrenäen von Latour-de-Carol nach Barcelona.

Neben den unten genannten Möglichkeiten verkehren außerdem zwei oder drei TGVs (Hochgeschwindigkeitszüge) täglich vom Pariser Bahnhof Montparnasse nach Irún, wo man in einen normalen Zug in Richtung Baskenland und nach Madrid umsteigen kann. Bis zu drei TGVs befördern Fahrgäste nach Barcelona (von der Pariser Gare de Lyon) mit Umstieg in Montpellier oder Narbonne. Weitere Informationen über Zugverbindungen von Frankreich aus findet man auf der Website der **SNCF** (www.voyages-sncf.com).

Ein Schnellzug zwischen Madrid und Paris ist geplant. Bis zur Einrichtung der Strecke sind folgende Verbindungen am gängigsten:

Von Paris-Austerlitz nach Madrid-Chamartín (Sitzplatz/Schlafwagen 157,20/172,60 €, 15 Std., 1-mal tgl.) *Trenhotel Francisco de Goya* fährt über Les Aubrais, Blois, Poitiers, Vitoria, Burgos und Valladolid.

Von Paris-Austerlitz nach Barcelona-Estacio de Franca (Sitzplatz/Schlafwagen 173,60/203,40 €, 12 Std., 1-mal tgl.) *Trenhotel Joan Miró* fährt über Les Aubrais, Limoges, Figueres und Girona.

Von Montpellier nach Lorca (105 €, 13 Std., tgl.) Der Talgo fährt an der Mittelmeerküste entlang und hält in Girona, Barcelona, Tarragona und Valencia.

Portugal

AUTO & MOTORRAD

Von Lissabon führt die A6 nach Badajoz in Spanien;

BUSPÄSSE

Für alle Traveller, die eine größere Europatour inklusive Spanienfahrt planen, könnte dieser Buspass interessant sein:

Eurolines (www.eurolines.com) hat einen Hauptsaisonpass für 15 Tage (Erw./Jugendliche unter 26 Jahren 350/295 €) oder 30 Tage (460/380 €) im Programm. Mit diesem Pass kann man unbegrenzt zwischen 51 europäischen Städten reisen. Die einzigen Haltepunkte in Spanien sind allerdings Barcelona, Madrid und Alicante.

INTERRAIL

Der **InterRail-Pass** (www.interrailnet.com) ist in verschiedenen Varianten in den meisten größeren Bahnhöfen, Studentenreisebüros und online erhältlich.

InterRail-Pässe gibt's für Kinder zwischen vier und elf Jahren (zum halben Preis), für Jugendliche (12–25 Jahre) und für Erwachsene (ab 26 Jahren). Kinder bis einschließlich drittes Lebensjahr fahren kostenlos.

Der **Global Pass** deckt 30 Länder ab. Man bekommt ihn in vier verschiedenen Versionen (z. B. für fünf Reisetage innerhalb von zehn Tagen oder für tägliche Fahrten über einen Monat). Die Preise stehen auf der Website.

Der **One Country Pass** für Spanien ist erhältlich für drei, vier, sechs oder acht Tage in einem Monat. Der 8-Tage-Pass kostet Erwachsene 476/311 € in der ersten/zweiten Klasse, Jugendliche zahlen 205 € in der zweiten Klasse.

von dort verläuft die mautfreie A5 weiter nach Madrid. Entlang der Grenze zwischen Spanien und Portugal gibt's jede Menge Straßenverbindungen.

BUS

Avanza (☎902 020999; www.avanzabus.com) bietet jeden Tag zwei Busverbindungen zwischen Lissabon und Madrid (37,50 €, 7½–9 Std., 2-mal tgl.) an.

Eine andere Verbindung führt Richtung Norden über Porto nach Tui, Santiago de Compostela und A Coruña in Galicien. Nahverkehrsbusse fahren von Städten wie Huelva in Andalusien, Badajoz in der Extremadura und Ourense in Galicien über die Grenze nach Portugal.

ZUG

Von Lissabon aus geht's durch die Extremadura nach Madrid.

Von Lissabon nach Madrid (Sitzplatz/Schlafwagen 63,20/91,40 €, 9¼ Std., 1-mal tgl.)

Von Lissabon nach Irún (Sitzplatz/Schlafwagen 73,80/103,50 €, 14½ Std., 1-mal tgl.)

Auf dem Seeweg

Zwischen dem spanischen Festland und den Kanarischen Inseln, Italien, Nordafrika (Algerien, Marokko und die spanischen Enklaven Ceuta und Melilla) sowie Großbritannien bestehen regelmäßige Fährverbindungen. Viele werden von der staatlichen spanischen Fährgesellschaft **Acciona Trasmediterránea** (☎902 454645; www.trasmediterranea.es) angeboten. Auf den meisten Strecken kann man ein Fahrzeug mitnehmen.

Eine nützliche Website mit Informationen zu den Strecken und Links zu den Fährenbetreibern ist www.ferrylines.com.

Algerien

Acciona Trasmediterránea pendelt ganzjährig zwischen Almería und Ghazaouet. Von Mai bis September gibt's außerdem Verbindungen nach Oran.

Frankreich

LD Lines (www.ldlines.com) verbindet Gijón und Saint-Nazaire (14 Std., 3-mal wöchentlich).

Marokko

Von Tanger nach Algeciras (1½ Std., bis zu 8-mal tgl.) Aus mehreren marokkanischen Orten fahren Busse nach Tanger, setzen mit der Fähre nach Algeciras über und steuern dann die großen spanischen Städte an.

Von Tanger nach Barcelona (24–35 Std., wöchentlich)

Von Tanger nach Tarifa (35 Min., bis zu 8-mal tgl.)

Von Nador nach Almería (5–8 Std., bis zu 3-mal tgl.)

UNTERWEGS VOR ORT

Spaniens Zug- und Busnetz gehört zu den besten Europas, und so erreicht man mit diesen Verkehrsmitteln beinahe jedes Ziel im Land. Auch das Netz des spanischen Hochgeschwindigkeitszuges wird jährlich weiter ausgebaut. Viele Inlandsflüge sind auf längeren Strecken unkomplizierter als der Weg über Land.

Auto & Motorrad

Wer sein eigenes Auto dabeihat, muss unbedingt dafür sorgen, dass alle Papiere in Ordnung sind und es eine gültige Versicherung hat. Ein Warndreieck und eine reflektierende Jacke (bei Pannen) sind Pflicht.

Automobilclubs

Der spanische Automobilclub heißt **Real Automóvil Club de España** (RACE; ☎902 404545; www.race.es; Calle de Eloy Gonzalo 32, Madrid). Im Notfall kann er Travellern weiterhelfen, doch vor der Fahrt nach Spanien sollte man sich auf jeden Fall mit der eigenen Versicherung in Verbindung setzen (Auslandsschutzbrief erwerben) und sich bei einem der heimischen Vereine (www.adac.de, www.avd.de, www.oeamtc.at, www.tcs.ch) oder der Autovermietung über Notfallnummern informieren.

Benzin

Gasolina (Benzin) ist in Spanien ein bisschen billiger als in Deutschland und in Österreich.

In Gibraltar bekommt man Benzin 10 % günstiger als in Spanien, in Andorra 15 %.

An vielen Tankstellen werden die gängigen Kreditkarten akzeptiert.

Führerschein

In Spanien werden die nationalen Führerscheine der EU-Mitgliedsstaaten anerkannt. Wer den eines anderen Landes besitzt, sollte sich beim Straßenverkehrsamt einen zwölf Monate gültigen Internationalen Führerschein besorgen, auch wenn Autovermietungen und die Polizei nur selten danach fragen. Personen, die seit mehr als einem Jahr in Spanien leben, können einen spanischen Führerschein beantragen.

Mietwagen

Wer in Spanien ein Auto mieten möchte, muss einen Führerschein haben, mindestens 21 Jahre alt sein und am besten eine Kredit- oder EC-Karte besitzen. In Gegenden, wo besonders viele Fahrzeuge gemietet werden (beispielsweise auf den Balearen), verzichten kleinere Anbieter manchmal auf die Kreditkarte.

Hier eine Auswahl internationaler und spanischer Autoverleiher; im Internet gibt's zudem zahlreiche Mietwagenportale, darunter z. B. die Websites www.holidayauto.de, www.cardelmar.de, www.sunnycars.de.

Avis (☎902 180854; www.avis.es)

Europcar (☎902 105030; www.europcar.es)

Hertz (☎91 749 77 78; www.hertz.es)

Ideamerge (www.ideamerge.com) Leasingwagen, Mietwohnmobile und vieles mehr.

National/Atesa (☎902 100101; www.atesa.es)

Pepecar (☎807 414243; www.pepecar.com) Günstiger lokaler Anbieter, man achte allerdings auf die „Extras", die nicht in den Basispreisen aufgeführt sind.

Verkehrsregeln

Die **Blutalkoholgrenze** liegt bei 0,5 Promille. Kontrollen werden recht häufig durchgeführt. Wer zu viel getrunken hat, kann innerhalb von 24 Stunden zu einer Geldstrafe verurteilt werden und seinen Führerschein verlieren. Für schwere Verstöße gibt's Bußgelder bis zu 600 €. Nicht in Spanien ansässige Ausländer müssen eventuell sofort zahlen (mit 30 % Rabatt auf den vollen Bußgeldbetrag). Mangelnde Sprachkenntnisse vorzuschieben hat keinen Zweck, denn der Verkehrspolizist hält den Sündern daraufhin eine Liste mit Verstößen und Strafen in allen möglichen Sprachen vor die Nase. Wenn man nicht bezahlt und auch keinen Spanier kennt, der für einen bürgen kann, wird möglicherweise das Fahrzeug beschlagnahmt.

Geschwindigkeitsbegrenzung: Innerhalb geschlossener Ortschaften beträgt die zulässige Höchstgeschwindigkeit 50 km/h (in einigen Fällen wie in der Innenstadt von Barcelona 30 km/h), außerhalb von Ortschaften 90 km/h, auf gut ausgebauten Landstraßen 100 km/h und auf den *autovías* und *autopistas* (gebührenfreie bzw. gebührenpflichtige Autobahnen) 110 km/h. Für Wohnwagengespanne gilt eine Höchstgeschwindigkeit von 80 km/h.

Kreisverkehr: Wer sich im Kreis befindet, hat Vorfahrt.

Mindestalter für den Autoführerschein: 18 Jahre.

Mindestalter für Fahrten mit Motorrädern & Roller: 16 (80 ccm und mehr) oder 14 Jahre (50 ccm und weniger). Ein Führerschein ist Vorschrift.

Motorräder: Ab 125 ccm müssen die Scheinwerfer beim Fahren immer leuchten und ein Helm getragen werden.

Überholen: Spanische Lkw-Fahrer zeigen oft mit ihrem rechten Blinker an, dass die Straße vor ihnen für ein Überholmanöver frei ist (und mit dem linken, dass sie nicht frei ist, falls man zum Überholen ansetzt).

Versicherung

Eine Kfz-Haftpflichtversicherung ist in ganz Europa Pflicht. Es lohnt sich, bei seiner Versicherung einen Europäischen Unfallbericht zu besorgen, der die Abwicklung eines Unfalls sehr erleichtern kann. Auch ein Schutzbrief eines der Automobilclubs im Heimatland gilt als gute Investition.

Alle Autovermieter bieten die mindestgeforderte Haftpflichtversicherung, außerdem haben einige Unternehmen eine Vollkaskoversicherung ohne Selbstbeteiligung bei einem Schadensfall im Angebot. Traveller sollten sich unbedingt über die ge-

KNÖLLCHEN

Nicht verzagen, wenn nach der Rückkehr zum Wagen ein Knöllchen an der Windschutzscheibe prangt. Hat man die erlaubte Parkzeit nur mäßig überschritten (der Zeitrahmen ist Interpretationssache, umfasst aber selten mehr als ein paar Stunden), sollte man sich zum nächsten Parkautomaten aufmachen. In fast allen Städten kann man an den Automaten ein kleines Bußgeld um die 5 € zahlen und damit den Strafzettel ungültig machen (für den Fall der Fälle beide Zettel aufbewahren).

naue Höhe der Schadensdeckungssumme und der Selbstbeteiligung sowie die Mietdetails informieren.

Bus

Nur wenige Orte in Spanien sind nicht mit dem Bus erreichbar. Es gibt zahlreiche Unternehmen, die von Nahverkehrslinien zwischen einzelnen Dörfern bis hin zu Schnellbussen zwischen den Großstädten alles abdecken. Häufig – besonders auf längeren Strecken – reist man mit dem Bus preiswerter als mit dem Zug, wenn auch weniger komfortabel.

Mit Nahverkehrsbussen erreicht man so gut wie jedes Ziel, allerdings sind zahlreiche Linien, die Dörfer und Provinzstädte ansteuern, nicht auf die Bedürfnisse von Touristen eingestellt. Am Wochenende verkehren sie oft deutlich seltener oder es fährt zwischen zwei kleineren Orten an Werktagen nur ein Bus und sonntags gar keiner. Normalerweise muss man nicht reservieren, sondern nur früh genug da sein, um einen Platz zu bekommen.

Bei vielen regelmäßigen Verbindungen wie der von Madrid nach Toledo gilt das gekaufte Ticket für den Bus, der als Nächstes abfährt, und kann *nicht* für eine spätere Verbindung benutzt werden. In solchen Fällen ist auch der Kauf einer Fahrkarte im Voraus für einen späteren Bus nicht möglich. Für längere Strecken wie beispielsweise die von Madrid nach Sevilla oder an die Küste sowie während der Hochsaison kann und sollte der Fahrschein im Voraus gekauft werden. Auf einigen Routen hat man die Wahl zwischen Expressbussen und solchen, die überall halten.

In den meisten größeren Orten und Städten gibt's einen Busbahnhof *(estación de autobuses)*. In kleineren Orten fahren die Busse häufig an einer bestimmten Straße oder einem bestimmten Platz ab, der aber nicht immer als Abfahrtspunkt gekennzeichnet ist. Einheimische können in diesen Fällen weiterhelfen und wissen gewöhnlich auch, wo die Fahrkarten verkauft werden.

Busfahren ist einigermaßen erschwinglich. Eine einfache Fahrt von Madrid nach Barcelona kostet etwa 29 €. Von Barcelona nach Sevilla – mit 15 bis 16 Stunden eine der längsten Strecken – zahlt man bis zu 89 €.

Bei längeren Fahrten sollten sich Traveller unter 26 Jahren nach Ermäßigungen erkundigen.

Unter den zahlreichen Busgesellschaften in Spanien sind dies die größten:

ALSA (☎902 422242; www.alsa.es) Die größte Busgesellschaft ist mit ihren Partnerunternehmen im ganzen Land unterwegs.

Avanza (☎902 020999; www.avanzabus.com) Verbindungen von Madrid in die Extremadura, ins westliche Kastilien-León und nach Valencia über das östliche Kastilien-La Mancha (u. a. Cuenca), häufig in Verbindung mit anderen Busunternehmen.

Socibus & Secorbus (☎902 229292; www.socibus.es) Diese beiden Unternehmen bieten gemeinsam Busverbindungen zwischen Madrid und Westandalusien an, z. B. nach Cádiz, Córdoba, Huelva und Sevilla.

Fahrrad

In den letzten Jahren wurde das Straßennetz gründlich verbessert, deshalb ist das Radfahren in Spanien heute viel angenehmer als früher, ausgezeichnete Radwege sind aber nach wie vor die Ausnahme. Auf den *autopistas* (Autobahnen) haben Radfahrer auch in Spanien nichts zu suchen. Der spanische Fahrstil ist tendenziell eher sportlich als vorausschauend, und wer sich in den Großstadtverkehr wagt, braucht ein robustes Nervenkostüm.

Wer des Tretens müde ist, kann sein Rad oft mit in den Zug nehmen. Alle Regionalbahnen verfügen über Plätze für Fahrräder (der entsprechende Waggon weist ein Fahrradsymbol auf). Auch in den meisten *cercanías* (Vorortzüge im Umkreis großer Städte wie Madrid oder Barcelona) ist die Mitnahme erlaubt. In Fernzügen gibt's allerdings mehr Beschränkungen. Normalerweise muss man über Nacht in einem Schlaf- oder Liegewagen reisen, damit das (auseinandergebaute) Rad als normales Gepäck akzeptiert wird. Ansonsten kann es nur separat als Paket geschickt werden. Auch in Bussen können Räder oft mitgenommen werden – in der Regel muss man nur das Vorderrad abschrauben.

Leihräder

In Spanien gab es bislang weniger Fahrradverleihstellen als in manch anderem europäischen Land, doch das ändert sich langsam, insbesondere in Andalusien, Barcelona und belebten Badeorten. Immer beliebter werden vor allem Mountainbikes (*bici todo terreno*). Die Kosten schwanken erheblich. Durchschnittspreise liegen bei etwa 10 € pro Stunde, 15 bis 20 € pro Tag oder 50 bis 60 € pro Woche.

Städte wie Zaragoza und Sevilla verfügen über ein öffentliches Fahrradsystem mit Dutzenden automatisierten Stationen. Gegen eine kleine Gebühr kann man das Fahrrad an einer Stelle mitnehmen und woanders wieder abstellen.

Flugzeug

Spanien hat ein umfassendes Streckennetz für Inlandsflüge. Betreiber sind sowohl spanische Airlines als auch eine Handvoll günstiger internationaler Gesellschaften, darunter:

Air Berlin (www.airberlin.com) Von Madrid nach

ENTFERNUNGEN (KM)

	Alicante	Badajoz	Barcelona	Bilbao	Córdoba	Granada	A Coruña	León	Madrid	Málaga	Oviedo	Pamplona	San Sebastián	Sevilla	Toledo	Valencia	Valladolid
Badajoz	696																
Barcelona	515	1022															
Bilbao	817	649	620														
Córdoba	525	272	908	795													
Granada	353	438	868	829	166												
A Coruña	1031	772	1118	644	995	1043											
León	755	496	784	359	733	761	334										
Madrid	422	401	621	395	400	434	609	333									
Málaga	482	436	997	939	187	129	1153	877	544								
Oviedo	873	614	902	304	851	885	340	118	451	995							
Pamplona	673	755	437	159	807	841	738	404	407	951	463						
San Sebastián	766	768	529	119	869	903	763	433	469	13	423	92					
Sevilla	609	217	1046	933	138	256	947	671	538	219	789	945	1007				
Toledo	411	368	692	466	320	397	675	392	71	507	510	478	540	458			
Valencia	166	716	349	633	545	519	961	685	352	648	803	501	594	697	372		
Valladolid	615	414	663	280	578	627	455	134	193	737	252	325	354	589	258	545	
Zaragoza	498	726	296	324	725	759	833	488	325	869	604	175	268	863	396	326	367

Valencia, Palma de Mallorca, Ibiza, Sevilla, Jerez de la Frontera, Alicante, Bilbao und Santiago de Compostela.

Air Europa (www.aireuropa.com) Verbindungen von Madrid nach Ibiza, Palma de Mallorca, Vigo und Santiago de Compostela.

EasyJet (www.easyjet.com) Von Madrid nach Ibiza, Menorca, Asturien (Gijón) und Santiago de Compostela.

Iberia (www.iberia.es) Spaniens staatliche Fluggesellschaft und ihre Tochtergesellschaft Iberia Regional-Air Nostrum decken ein ausgedehntes Streckennetz innerhalb Spaniens ab.

Ryanair (www.ryanair.com) Zahlreiche Inlandsflüge.

Volotea (www.volotea.com) Neuer Billigflieger mit nationalen und internationalen Verbindungen.

Vueling (www.vueling.com) Spanische Billigfluglinie mit vielen Inlandsflügen, insbesondere ab Barcelona.

Nahverkehr

In den meisten größeren Städten ist der öffentliche Nahverkehr sehr gut ausgebaut. Madrid und Barcelona haben z. B. ein dichtes Bus- und Metronetz. Im europäischen Vergleich sind die Preise recht günstig.

Bus

Groß- und Provinzhauptstädte verfügen über halbwegs gute Busnetze. Einzelfahrkarten (je nach Stadt zwischen 1 und 1,50 €) bekommt man in den Bussen selbst oder in Tabakläden. In Städten wie Madrid oder Barcelona lohnt es sich allerdings, eine Zehnerkarte zu kaufen, die man in Bussen und Metros nutzen kann und die pro Fahrt billiger kommen als Einzeltickets. Man erhält sie an allen Metrostationen, in ein paar Tabakwarenläden und an manchen Zeitungskiosken.

Normale Busse fahren von 6 Uhr bis kurz vor Mitternacht und einige sogar bis 2 Uhr morgens. In den Großstädten verkehren in den frühen Morgenstunden Nachtbusse auf ausgewählten Linien. In Madrid werden diese *búhos* (Uhus) genannt, in Barcelona prosaischer *nitbusos* (Nachtbusse).

Metro

Madrid hat das ausgedehnteste U-Bahn-Netz Spaniens. Danach folgen Barcelona mit einem einigermaßen dichten und dabei effektiven Streckennetz sowie Valencia, Bilbao und Palma de Mallorca. Fahrkarten erhält man an den Metrostationen (am Schalter oder an Automaten) und manchmal auch in *estancos* (Tabakläden) oder an Zeitungskiosken. Einzelfahrscheine kosten dasselbe wie für Busse, also rund 1,50 €. Für Besucher, die einige Tage in diesen Städten herumfahren möchten, sind die Zehnerkarten am günstigsten: In Madrid heißen sie Metrobús (12 €), in Barcelona T-10 (9,25 €). Darüber hinaus gibt's Monats- und Saisonkarten.

Straßenbahn

Straßenbahnen wurden vor Jahrzehnten aus den spanischen Städten verbannt, aber inzwischen wagen einige ein verhaltenes Comeback. In Barcelona verkehren ein paar Vorortbahnen sowie die für Touristen betriebene Tramvia Blau nach Tibidabo. Valencia betreibt einige Straßenbahnen, mit denen man praktischerweise zum Strand gelangt. In Sevilla, Bilbao, Zaragoza und Murcia gibt's ebenfalls mehrere kurze Strecken.

Taxi

Taxistände findet man an Bahn- und Busbahnhöfen. Alternativ bestellt man telefonisch eines. In vielen Metropolen gibt's zusätzliche Stände im Zentrum oder man hält einfach ein Taxi an der Straße an, wobei ein grünes Licht und/oder ein *Libre*-Zeichen auf der Beifahrerseite der Windschutzscheibe die Verfügbarkeit anzeigen. In größeren Orten stehen ausreichend Taxis zur Verfügung, obwohl es freitag- oder samstagabends eventuell etwas länger dauert, eines zu ergattern. Es dürfen nicht mehr als vier Personen gleichzeitig befördert werden.

In Madrid beträgt die Grundgebühr bis 22 Uhr 2,15 € und ab 22 Uhr oder auch am Wochenende und an Feiertagen bis zu 3,10 €. Hinzu kommen je nach Tageszeit etwa 1 bis 1,20 € pro Kilometer. Außerdem gibt's Flughafen- und Gepäckzuschläge. Eine Fahrt quer durch eine größere Stadt kostet wahrscheinlich 7 bis 10 € (erstaunlich günstig für europäische Verhältnisse), eine Fahrt zwischen Innenstadt und Flughafen in Madrid oder Barcelona mit Gepäck etwa 25 bis 35 €.

Schiff/Fähre

Fähren und Tragflächenboote verbinden das Festland (La Península) mit den Balearen und den nordafrikanischen spanischen Enklaven Ceuta und Melilla.

Die größte staatliche Fährgesellschaft ist **Acciona Trasmediterránea** (☎902 45 46 45; www.trasmediterranea.es). Sie unterhält eine Flotte aus langsameren Autofähren sowie modernen, schnellen Personenfähren und Tragflächenbooten. In den Nachtfähren zwischen dem Festland und den Balearen haben die Passagiere die Wahl zwischen Sitzplätzen und Kabinenschlafplätzen.

Trampen

Trampen ist in keinem Land wirklich sicher und deshalb nicht empfehlenswert. Wer sich trotzdem dafür entscheidet, muss sich darüber im Klaren sein, dass er ein kleines, aber potenziell schwerwiegendes Risiko eingeht. Etwas sicherer ist das Ganze, wenn man nicht alleine unterwegs ist und jemanden über seine Reisepläne in Kenntnis setzt.

Auf *autopistas* und *autovías* ist Trampen verboten und auf anderen größeren Fernstraßen schwierig. Anhalter sollten sich auf Schnellstraßen Stellen an den Auffahrten aussuchen, wo Autofahrer sicher stoppen können, oder alternativ auf kleinere Straßen ausweichen. Allerdings kann auf Letzteren das Vorankommen langwierig werden, da oft nur wenig Verkehr herrscht.

Zug

Die staatliche Eisenbahngesellschaft **Renfe** (☎902 243402; www.renfe.com) bedient den Großteil der Stre-

EINE DENKWÜRDIGE ZUGFAHRT DURCH DEN NORDEN

Auf Romantiker wartet in Nordspanien folgendes nostalgisches Bahnabenteuer:

Der **Transcantábrico** (www.transcantabrico.feve.es) befährt eine malerische Schmalspurstrecke von Santiago de Compostela über Oviedo und Santander an der Küste entlang nach Bilbao und dann eine lange Strecke im Landesinneren nach León. Die Fahrt (bis zu 3900 € pro Pers., 150 € weniger, wenn man mehr als sechs Monate im Voraus bucht) kann auch in entgegengesetzter Richtung unternommen werden und dauert acht Tage. Der Transcantábrico verkehrt nur sechs oder sieben Mal pro Jahr (sprich: von Mai bis September etwa monatlich). Im Gesamtpaket enthalten sind Abstecher zu verschiedenen Sehenswürdigkeiten und Orten entlang der Route, z. B. ein Besuch des Guggenheim-Museums in Bilbao sowie des Museo de Altamira, von Santillana del Mar und der Covadonga-Seen in den Picos de Europa. Genauso unvergesslich wie die Sehenswürdigkeiten ist das Essen; einige Mahlzeiten werden an Bord des Zuges eingenommen, die meisten aber in Restaurants.

Nachts fährt der Zug nicht, sodass man gut schlafen oder noch ausgehen kann.

cken im Inland. Daneben gibt's eine Handvoll kleiner Privatbahnen.

In allen größeren Bahnhöfen findet man *consignas* (Gepäckschließfächer), die normalerweise von 6 bis 24 Uhr zugänglich sind und pro Gepäckstück zwischen 3 und 5 € kosten.

In Spanien sind verschiedene Züge unterwegs. Vor allem die Langstreckenzüge (*largo recorrido* oder *Grandes Líneas*) haben unterschiedliche Namen.

Alaris, Altaria, Alvia, Arco und Avant Langstrecken-Schnellzüge.

Cercanías Betreibt Nahverkehrszüge für Strecken zu den Außenbereichen und Satellitenstädten von Madrid, Barcelona sowie elf weiteren Orten.

Euromed Ähnlich dem AVE (Hochgeschwindigkeitszug). Verbindet Barcelona mit Valencia und Alicante.

Regionales Züge innerhalb einer jeweiligen Region mit vielen Haltestellen.

Talgo und Intercity Langsamere Langstreckenzüge.

Tren de Alta Velocidad Española (AVE) Hochgeschwindigkeitszug mit Verbindungen zwischen Madrid und Albacete, Barcelona, Burgos, Córdoba, Cuenca, Huesca, Lerida, Málaga, Sevilla, Valencia, Valladolid und Zaragoza. Es gibt auch Verbindungen zwischen Barcelona und Sevilla sowie Barcelona und Málaga. In den kommenden Jahren sollen die Strecken Madrid–Cádiz sowie Madrid–Bilbao eröffnet werden.

Trenhotel Nachtzug mit Schlafkojen.

Klassen & Preise

Alle Fernzüge verfügen über eine erste und zweite Klasse, *preferente* bzw. *turista*. Die erste Klasse ist etwa 20 bis 40 % teurer.

Fahrpreise hängen stark von der Zugart ab und bei manchen Zügen wie dem AVE auch vom Reisetag und von der Reisezeit. Tickets für den AVE sind am teuersten. Eine einfache Fahrt in der zweiten Klasse kostet von Madrid nach Barcelona (kein anderer Zug bedient diese Strecke) bis zu 139 € (es lohnt sich, weit im Voraus zu buchen).

Kinder im Alter von vier bis zwölf Jahren bekommen eine Ermäßigung von 40 %, unter vier Jahren fahren sie kosten-

Zugstrecken

GÜNSTIGE ZUGTICKETS

Zugreisen in Spanien können ordentlich ins Geld gehen. Folgende Tricks und Kniffe sind wissenswert:

Renfe (www.renfe.com) bietet auf so ziemlich jeder Hauptstrecke eine begrenzte Anzahl deutlich vergünstigter Fahrkarten an, die sind allerdings schnell weg: Sie können exakt zwei Monate vor Reiseantritt erworben werden. Meist ist schon kurz nach Mitternacht keines mehr übrig. Wer bis zum nächsten Morgen wartet, wird ganz sicher leer ausgehen, insbesondere bei Tickets für beliebte Strecken. Wer seinen Trip gut vorausplanen kann, sollte auf der Website von Renfe ein bisschen mit möglichen Daten herumspielen; Ist man zu früh dran, wird das Buchungsprogramm diesen Satz melden: *No se han encontrado trenes* (keine Züge gefunden).

Ebenfalls wissenswert ist, dass eine Fahrkarte für Hin- und Rückfahrt deutlich weniger kostet als zwei separate Tickets. Wer also vorhat, innerhalb von ein paar Wochen auf einer bestimmten Strecke zurückzureisen (das Limit ist gewöhnlich drei Monate), sollte das Ticket für die Hinfahrt aufbewahren und beim Kauf der Rückfahrt vorzeigen.

los mit (außer in Hochgeschwindigkeitszügen, wo ein Einheitspreis für alle bis zu zwölf Jahren gilt). Wer eine Rückfahrkarte kauft, spart 10 bis 20 %. Studenten und Personen unter 26 Jahren, die eine European Youth Card (in Spanien Carnet Joven) besitzen, erhalten auf zahlreiche Fahrkarten einen Nachlass von 20 bis 25 %.

Bei Fahrten mit innerspanischen Nachtzügen *(trenhoteles)* lohnt es sich, ein wenig mehr für einen *litera* (Liegewagenplatz in einem Vier- oder Sechsbettabteil) auszugeben. In machen Nachtzügen gibt's auch Einzel- und Doppelkabinen der Klassen *preferente* oder *gran clase*. Preise hängen von Zugart und Reiselänge ab. Die Züge verkehren auf den Strecken Madrid–La Coruña, Barcelona–Córdoba–Sevilla, Barcelona–Madrid (und weiter bis Lissabon) sowie Barcelona–Málaga. Nach Frankreich gibt's ebenfalls Verbindungen.

Reservierungen

Für längere Strecken sind Platzreservierungen auf jeden Fall ratsam; sie können an den Bahnhöfen, in den Renfe-Büros, in Reisebüros und übers Internet getätigt werden (allerdings ist Letzteres manchmal ein bisschen kompliziert). In immer mehr Bahnhöfen besteht die Möglichkeit, an Maschinen vorgebuchte Tickets zu ziehen.

Sprache

NOCH MEHR SPANISCH?

Wer sich intensiver mit der Sprache beschäftigen möchte, legt sich am besten den praktischen Lonely Planet *Reise-Sprachführer Spanisch* zu.

Spanisch *(español)* bzw. Kastilisch *(castellano)* wird in ganz Spanien gesprochen. Daneben gibt's drei offizielle Regionalsprachen: Katalanisch *(català;* in Katalonien, auf den Balearen und in Valencia), Galicisch *(galego;* in Galicien) und Baskisch *(euskara;* im Baskenland sowie in Navarra).

Viele Buchstaben sind von ihrer Aussprache dem Deutschen ähnlich. Das ch ist ein kehliger Laut wie in „Loch", das r wird stark gerollt und das th wie im englischen „they" ausgesprochen. In Andalusien wird man bei genauem Hinhören feststellen, dass das th dort wie ein stimmloses s klingt. Betonte Silben sind in unserer blauen Aussprachehilfe kursiv geschrieben.

Wo es nötig ist, werden maskuline und feminine Formen durch den Zusatz „m/f" kenntlich gemacht. Die Höflichkeitsform erkennt man an der Abkürzung „höfl.", die informelle Anrede an der Abkürzung „inf.".

GRUNDLAGEN

Hallo.	*Hola.*	o·la
Tschüs.	*Adiós.*	a·*djos*
Ja./Nein.	*Sí./No.*	si/no
Entschuldigung.	*Perdón.*	per·*don*
Tut mir leid.	*Lo siento.*	lo *sjen*·to
Bitte.	*Por favor.*	por fa·*wor*
Danke.	*Gracias.*	*gra*·thjas
Gern geschehen.	*De nada.*	de *na*·da
Wie geht's?	*¿Qué tal?*	ke tal
Gut, danke.	*Bien, gracias.*	bjen *gra*·thjas

Wie heißen Sie/heißt du?
¿Cómo se llama Usted? ko·mo se *lja*·ma u·*ste* (höfl.)
¿Cómo te llamas? ko·mo te *lja*·mas (inf.)

Ich heiße ...
Me llamo ... me *lja*·mo ...

Sprechen Sie/sprichst du Deutsch?
¿Habla alemán? a·bla ale·*man* (höfl.)
¿Hablas alemán? a·blas ale·*man* (inf.)

Ich verstehe nicht.
No entiendo. no en·*tjen*·do

ESSEN & TRINKEN

Was empfehlen Sie?
¿Qué recomienda? ke re·ko·*mjen*·da

Was ist in dem Gericht?
¿Que lleva ese plato? ke *lje*·wa e·se *pla*·to

Ich esse kein ...
No como ... no *ko*·mo ...

Zum Wohl!
¡Salud! sa·*lu*

Das war köstlich!
¡Estaba buenísimo! es·*ta*·ba bue·*ni*·si·mo

Die Rechnung bitte.
Por favor, nos trae la cuenta. por fa·*wor* nos *tra*·e la *kuen*·ta

Ich hätte gern einen Tisch für ... *Quisiera reservar una mesa para ...* ki·*sje*·ra re·ser·*war u*·na *me*·sa *pa*·ra ...

Fragewörter

Wann?	*¿Cuándo?*	*kuan*·do
Warum?	*¿Por qué?*	por ke
Was?	*¿Qué?*	ke
Wer?	*¿Quién?*	kjen
Wie?	*¿Cómo?*	*ko*·mo
Wo?	*¿Dónde?*	*don*·de

BASKISCH

Baskisch wird am westlichen Ende der Pyrenäen und am Golf von Biskaya gesprochen, also zwischen dem französischen Bayonne und dem spanischen Bilbao sowie landeinwärts fast bis Pamplona. Vermutlich ist es der einzige „Überlebende" einer Sprachfamilie, die einst in ganz Europa verbreitet war, dann aber durch die Sprachen der Kelten, Germanen und Römer verdrängt wurde.

Hallo.	*Kaixo.*	**Bitte.**	*Mesedez.*
Tschüs.	*Agur.*	**Danke.**	*Eskerrik asko.*
Wie geht's?	*Zer moduz?*	**Gern geschehen.**	*Ez horregatik.*
Gut, danke.	*Ongi, eskerrik asko.*	**Sprechen Sie Englisch?**	*Ingelesez ba al dakizu?*
Entschuldigung.	*Barkatu.*	**Ich verstehe nicht.**	*Ez dut ulertzen.*

Beschilderung auf Baskisch

In vielen Städten des Baskenlands werden spanische Straßennamen und Beschilderungen durch baskische ersetzt. Da die neuen Bezeichnungen nicht konsequent verwendet werden und viele Karten weiterhin auf Spanisch verfasst sind, haben Ortsfremde manchmal ein großes Fragezeichen auf dem Gesicht. In diesem Band sind entweder der gebräuchlichste Name oder beide Bezeichnungen angegeben. Hier ein paar baskische Wörter, die man häufiger auf Schildern lesen wird, inklusive der spanischen Version und der Übersetzung:

aireportua	*aeropuerto* (Flughafen)
erdialdea	*centro* (Stadtzentrum)
jatetxea	*restaurante* (Restaurant)
kalea	*calle* (Straße)
kale nagusia	*calle mayor* (Hauptstraße)
komunak	*servicios* (Toiletten)
kontuz	*atención* (Vorsicht)
nekazal turismoak	*casas rurales* (Unterkunft auf dem Land/in einem Dorf)
ongi etorri	*bienvenido* (Willkommen)
turismo bulegoa	*oficina de turismo* (Touristeninformation)

(acht) Uhr	*las (ocho)*	las (o·tscho)
(zwei) Personen	*(dos) personas*	(dos) per·so·nas

Schlüsselbegriffe

Abendessen	*cena*	the·na
Essen	*comida*	ko·*mi*·da
Flasche	*botella*	bo·*te*·lja
Frühstück	*desayuno*	de·sa·*ju*·no
Gabel	*tenedor*	te·ne·*dor*
Glas	*vaso*	*wa*·so
heiß (warm)	*caliente*	ka·*ljen*·te
Hochstuhl	*trona*	*tro*·na
(zu) kalt	*(muy) frío*	(muj) *fri*·o
Löffel	*cuchara*	ku·*tscha*·ra
Markt	*mercado*	mer·*ka*·do
(Kinder-) Menü	*menú (infantil)*	me·*nu* (in·fan·*til*)
Messer	*cuchillo*	ku·*tschi*·ljo
Mittagessen	*comida*	ko·*mi*·da
Restaurant	*restaurante*	res·tau·*ran*·te
Teller	*plato*	*pla*·to
vegetarisches Essen	*comida vegetariana*	ko·*mi*·da we·che·ta·*rja*·na

Fisch & Fleisch

Ente	*pato*	*pa*·to
Garnelen	*camarones*	ka·ma·*ro*·nes
Huhn	*pollo*	*po*·ljo
Kalb	*ternera*	ter·*ne*·ra
Lamm	*cordero*	kor·*de*·ro
Languste	*langosta*	lan·*gos*·ta
Pute	*pavo*	*pa*·wo
Rindfleisch	*carne de vaca*	*kar*·ne de *wa*·ka
Schwein	*cerdo*	*ther*·do
Thunfisch	*atún*	a·*tun*

Obst & Gemüse

Ananas	*piña*	*pi*·nja
Apfel	*manzana*	man·*tha*·na
Aprikose	*albaricoque*	al·ba·ri·*ko*·ke
Banane	*plátano*	*pla*·ta·no

GALICISCH

Galicisch, die offizielle Sprache der Autonomen Gemeinschaft Galicien, wird auch in den benachbarten Regionen Asturien und Kastilien-Léon verstanden und ist dem Portugiesischen sehr ähnlich. Die Galicier sprechen Fremde, insbesondere Ausländer, meist auf Spanisch an, mit ein paar Brocken des hiesigen Dialekts kann man aber auf jeden Fall punkten.

Hallo.	*Ola.*
Guten Tag.	*Bon dia.*
Tschüs.	*Adeus./Até logo.*
Vielen Dank.	*Moitas grácias.*
Sprechen Sie Englisch?	*Fala inglés?*
Ich verstehe nicht.	*Non entendo.*
Könnten Sie bitte Kastilisch sprechen?	*Pode falar en español, por favor?*
Was heißt das auf Galicisch?	*Como se chama iso en galego?*

Bohnen	*judías*	chu·di·as
Erbsen	*guisantes*	gi·san·tes
Erdbeere	*fresa*	fre·sa
Gemüse	*verdura*	wer·du·ra
Gurke	*pepino*	pe·pi·no
Karotte	*zanahoria*	tha·na·o·rja
Kartoffel	*patata*	pa·ta·ta
Kirsche	*cereza*	the·re·tha
Kohl	*col*	kol
Mais	*maíz*	ma·ith
Nüsse	*nueces*	nue·thes
Obst	*fruta*	fru·ta
Orange	*naranja*	na·ran·cha
Paprika	*pimiento*	pi·mjen·to
Pfirsich	*melocotón*	me·lo·ko·ton
Pflaume	*ciruela*	thir·ue·la
Pilz	*champiñón*	tscham·pi·njon
Salat	*lechuga*	le·tschu·ga
Spinat	*espinacas*	es·pi·na·kas
Tomate	*tomate*	to·ma·te
Trauben	*uvas*	u·was
Wassermelone	*sandía*	san·di·a
Zitrone	*limón*	li·mon
Zwiebel	*cebolla*	the·bo·lja

Anderes

Brot	*pan*	pan
Ei	*huevo*	ue·wo
Honig	*miel*	mjel
Käse	*queso*	ke·so
Marmelade	*mermelada*	mer·me·la·da
Reis	*arroz*	a·roth
Salz	*sal*	sal
Zucker	*azúcar*	a·thu·kar

Getränke

Bier	*cerveza*	ther·we·tha
Kaffee	*café*	ka·fe
Milch	*leche*	le·tsche
Rotwein	*vino tinto*	wi·no tin·to
(Orangen-) Saft	*zumo (de naranja)*	thu·mo (de na·ran·cha)
Tee	*té*	te
(Mineral-) Wasser	*agua (mineral)*	a·gua (mi·ne·ral)
Weißwein	*vino blanco*	wi·no blan·ko

NOTFALL

Hilfe!	*¡Socorro!*	so·ko·ro
Gehen Sie weg!	*¡Vete!*	we·te
Rufen Sie ...!	*¡Llame a ...!*	lja·me a ...
einen Arzt	*un médico*	un me·di·ko
die Polizei	*la policía*	la po·li·thi·a

Ich habe mich verlaufen.
Estoy perdido/a. es·toj per·di·do/a (m/f)

Ich bin krank.
Estoy enfermo/a. es·toj en·fer·mo/a (m/f)

Es tut hier weh.
Me duele aquí. me due·le a·ki

Ich bin allergisch gegen (Antibiotika).
Soy alérgico/a a (los antibióticos). soj a·ler·chi·ko/a a (los an·ti·bjo·ti·kos) (m/f)

Wo sind die Toiletten?
¿Dónde están los servicios? don·de es·tan los ser·wi·thjos

SHOPPING & SERVICE

Ich würde gern ... kaufen.
Quisiera comprar ... ki·sje·ra kom·prar ...

Ich schaue mich nur um.
Sólo estoy mirando. so·lo es·toj mi·ran·do

Kann ich das mal sehen?
¿Puedo verlo? pue·do wer·lo

Das gefällt mir nicht.
No me gusta. no me gus·ta

Wie viel kostet das?
¿Cuánto cuesta? kuan·to kues·ta

Das ist zu teuer.
Es muy caro. es muj ka·ro

Können Sie mit dem Preis runtergehen?
¿Podría bajar un poco el precio? po·dri·a ba·char un po·ko el pre·thjo

In der Rechnung ist ein Fehler.
Hay un error en la cuenta. ai un e·ror en la kuen·ta

Geldautomat	*cajero automático*	ka·che·ro au·to·ma·ti·ko
Internetcafé	*cibercafé*	thi·ber·ka·fe
Postamt	*correos*	ko·re·os
Touristeninformation	*oficina de turismo*	o·fi·thi·na de tu·ris·mo

UHRZEIT & DATUM

Wie spät ist es?	*¿Qué hora es?*	ke o·ra es
Es ist (10) Uhr.	*Son (las diez).*	son (las djeth)
Halb (zwei).	*Es (la una) y media.*	es (la u·na) i me·dja
Wann?	*¿A qué hora?*	a ke o·ra
Um …	*A la(s) …*	a la(s) …

Morgen	*mañana*	ma·nja·na
Nachmittag	*tarde*	tar·de
Abend	*noche*	no·tsche

gestern	*ayer*	a·jer
heute	*hoy*	oj
morgen	*mañana*	ma·nja·na

Montag	*lunes*	lu·nes
Dienstag	*martes*	mar·tes
Mittwoch	*miércoles*	mjer·ko·les
Donnerstag	*jueves*	chue·bes
Freitag	*viernes*	wjer·nes
Samstag	*sábado*	sa·ba·do
Sonntag	*domingo*	do·min·go

Schilder

Abierto	Offen
Cerrado	Geschlossen
Entrada	Eingang
Hombres	Männer
Mujeres	Frauen
Prohibido	Verboten
Salida	Ausgang
Servicios/Aseos	Toiletten

UNTERKUNFT

hotel	*hotel*	o·tel
Jugendherberge	*albergue juvenil*	al·ber·ge chu·we·nil
Pension	*pensión*	pen·sjon

Ich hätte gern ein …-zimmer.	*Quisiera una habitación …*	ki·sje·ra u·na a·bi·ta·thjon …
Einzel-	*individual*	in·di·wi·dual
Doppel-	*doble*	do·ble

Badezimmer	*baño*	ba·njo
Fenster	*ventana*	wen·ta·na
Klimaanlage	*aire acondicionado*	ai·re a·kon·di·thjo·na·do

Wie viel kostet es pro Nacht/Person?
¿Cuánto cuesta por noche/persona? kuan·to kues·ta por no·tsche/per·so·na

Ist das Frühstück inklusive?
¿Incluye el desayuno? in·klu·je el de·sa·ju·no

VERKEHRSMITTEL & -WEGE

Öffentliche Verkehrsmittel

Bus	*autobús*	au·to·bus
Flugzeug	*avión*	a·wjon
Schiff	*barco*	bar·ko
Zug	*tren*	tren

erster	*primer*	pri·mer
letzter	*último*	ul·ti·mo
nächster	*próximo*	prok·si·mo

ein … Ticket	*un billete de …*	un bi·lje·te de …
1. Klasse	*primera clase*	pri·me·ra kla·se
2. Klasse	*segunda clase*	se·gun·da kla·se
einfaches	*ida*	i·da
hin & zurück	*ida y vuelta*	i·da i wuel·ta

Bahnhof	*estación*	es·ta·thjon
Fahrplan	*horario*	o·ra·rjo

KATALANISCH

Die Anerkennung des Katalanischen als offizielle Sprache ist das Ergebnis einer Kampagne der Regionalregierung, die begann, als die Provinz Ende der 1970er-Jahre den Status einer Autonomen Gemeinschaft erhielt. Bis zur Schlacht von Muret 1213 erstreckte sich Katalonien bis nach Südfrankreich und umfasste das Roussillon sowie Teile der Provence. Die Sprache wurde dort sowie im heutigen Katalonien und Andorra gesprochen oder zumindest verstanden. In den folgenden Jahrhunderten trugen die Katalanen ihre Sprache bis nach Valencia im Süden, Aragonien im Westen, auf die Balearen und sogar nach Sizilien und Neapel. In der sardischen Stadt Alghero spricht noch heute ein Teil der Bevölkerung *català*. Insgesamt zählt die katalanische Sprachgemeinschaft an die 10 Mio. Mitglieder.

In Barcelona hört man genauso oft Spanisch wie Katalanisch. Außerdem stehen die Chancen gut, dass man sich auf Englisch verständigen kann. Andernorts in der Provinz passiert es nicht selten, dass auf Spanisch gestellte Fragen auf Katalanisch beantwortet werden. Generell haben die Katalanen aber kein Problem damit, sich auf Spanisch zu verständigen, insbesondere wenn sie merken, dass sie es mit einem Ausländer zu tun haben. Trotzdem kann es nicht schaden, ein paar Sätze auf Katalanisch zu lernen.

Hallo.	*Hola.*
Tschüs.	*Adéu.*
Ja.	*Sí.*
Nein.	*No.*
Bitte.	*Sisplau./Si us plau.*
(Vielen) Dank.	*(Moltes) gràcies.*
Gern geschehen.	*De res.*
Entschuldigung.	*Perdoni.*
Darf ich?/ Erlauben Sie?	*Puc?/Em permet?*
Es tut mir leid.	*Ho sento./Perdoni.*
Wie heißen Sie/ heißt du?	*Com es diu?* (höfl.) *Com et dius?* (inf.)
Ich heiße ...	*Em dic ...*
Woher kommen Sie?	*D'on ets?*
Sprechen Sie Englisch?	*Parla anglès?*
Ich verstehe.	*Ho entenc.*
Ich verstehe nicht.	*No ho entenc.*
Könnten Sie bitte Kastilisch sprechen?	*Pot parlar castellà sisplau?*
Was heißt ... auf Katalanisch?	*Com es diu ... en català?*
Ich suche nach ...	*Estic buscant ...*
Wie komme ich nach ...?	*Com puc arribar a ...?*
Biegen Sie links ab.	*Giri a mà esquerra.*
Biegen Sie rechts ab.	*Giri a mà dreta.*
nahe	*a prop de*
weit	*a lluny de*

Montag	*dilluns*
Dienstag	*dimarts*
Mittwoch	*dimecres*
Donnerstag	*dijous*
Freitag	*divendres*
Samstag	*dissabte*
Sonntag	*diumenge*
1	*un/una* (m/f)
2	*dos/dues* (m/f)
3	*tres*
4	*quatre*
5	*cinc*
6	*sis*
7	*set*
8	*vuit*
9	*nou*
10	*deu*
11	*onze*
12	*dotze*
13	*tretze*
14	*catorze*
15	*quinze*
16	*setze*
17	*disset*
18	*divuit*
19	*dinou*
20	*vint*
100	*cent*

Fensterplatz	*asiento junto a la ventana*	a·sjen·to chun·to a la wen·ta·na
Gangplatz	*asiento de pasillo*	a·sjen·to de pa·si·ljo
Ticketschalter	*taquilla*	ta·ki·lja

Ich möchte nach ...
Quisiera ir a ... ki·sje·ra ir a ...

Wann fährt/kommt er/sie/es an?
¿A qué hora llega/sale? a ke o·ra lje·ga/sa·le

Hält er/sie/es in (Madrid)?
¿Para en (Madrid)? pa·ra en (ma·dri)

Welche Haltestelle ist das?
¿Cuál es esta parada? kual es es·ta pa·ra·da

Können Sie mir sagen, wann wir in (Sevilla) ankommen?
¿Puede avisarme cuando lleguemos a (Sevilla)? pue·de a·wi·sar·me kuan·do lje·ge·mos a (se·wi·lja)

Ich möchte hier aussteigen.
Quiero bajarme aquí. kje·ro ba·char·me a·ki

Autofahren & Radfahren

Ich möchte ein(en) ... mieten	*Quisiera alquilar ...*	ki·sje·ra al·ki·lar ...
Allradwagen	*un todoterreno*	un to·do·te·re·no
Auto	*un coche*	un ko·tsche
Fahrrad	*una bicicleta*	u·na bi·thi·kle·ta
Motorrad	*una moto*	u·na mo·to
Benzin	*gasolina*	ga·so·li·na
Helm	*casco*	kas·ko
Kindersitz	*asiento de seguridad para niños*	a·sjen·to de se·gu·ri·da pa·ra ni·njos
Mechaniker	*mecánico*	me·ka·ni·ko
Tankstelle	*gasolinera*	ga·so·li·ne·ra

Wie viel kostet das pro Tag/Stunde?
¿Cuánto cuesta por día/hora? kuan·to kues·ta por di·a/o·ra

Ist das die Straße nach (Barcelona)?
¿Se va a (Barcelona) por esta carretera? se wa a (bar·the·lo·na) por es·ta ka·re·te·ra

(Wie lange) Kann ich hier parken?
¿(Por cuánto tiempo) Puedo aparcar aquí? (por kuan·to tjem·po) pue·do a·par·kar a·ki

Das Auto ist (in Valencia) liegen geblieben.
El coche se ha averiado (en Valencia). el ko·tsche se a a·we·rja·do (en wa·len·thja)

Ich habe einen Platten.
Tengo un pinchazo. ten·go un pin·tscha·tho

Mir ist das Benzin ausgegangen.
Me he quedado sin gasolina. me e ke·da·do sin ga·so·li·na

WEGWEISER

Wo ist ...?
¿Dónde está ...? don·de es·ta ...

Wie lautet die Adresse?
¿Cuál es la dirección? kual es la di·rek·thjon

Können Sie das bitte aufschreiben?
¿Puede escribirlo, por favor? pue·de es·kri·bir·lo por fa·wor

Können Sie mir das (auf der Karte) zeigen?
¿Me lo puede indicar (en el mapa)? me lo pue·de in·di·kar (en el ma·pa)

an der Ampel	*en el semáforo*	en el se·ma·fo·ro
an der Ecke	*en la esquina*	en la es·ki·na
gegenüber ...	*frente a ...*	fren·te a ...
geradeaus	*todo recto*	to·do rek·to
hinter ...	*detrás de ...*	de·tras de ...
links	*izquierda*	ith·kjer·da
neben ...	*al lado de ...*	al la·do de ...
rechts	*derecha*	de·re·tscha
vor ...	*enfrente de ...*	en·fren·te de ...

Zahlen

1	*uno*	u·no
2	*dos*	dos
3	*tres*	tres
4	*cuatro*	kua·tro
5	*cinco*	thin·ko
6	*seis*	sejs
7	*siete*	sje·te
8	*ocho*	o·tscho
9	*nueve*	nue·we
10	*diez*	djeth
20	*veinte*	wejn·te
30	*treinta*	trejn·ta
40	*cuarenta*	kua·ren·ta
50	*cincuenta*	thin·kuen·ta
60	*sesenta*	se·sen·ta
70	*setenta*	se·ten·ta
80	*ochenta*	o·tschen·ta
90	*noventa*	no·wen·ta
100	*cien*	thjen
1000	*mil*	mil

GLOSSAR

Soweit nicht anders angegeben, handelt es sich bei den folgenden Begriffen um kastilisches Spanisch. Maskuline und feminine Formen erkennt man an den Abkürzungen „m/f".

ajuntament – Katalanisch für *ayuntamiento*
alameda – Allee
albergue – Herberge
albergue juvenil – Jugendherberge
alcázar – maurische Festung
aljibe – Zisterne
artesonado – Kassettendecke (die sich kreuzenden Balken lassen gleich große Zwischenräume, die dekorativ gefüllt werden können)
autopista – Autobahn
autovía – gebührenfreie Schnellstraße
AVE – Tren de Alta Velocidad Española; Hochgeschwindingkeitszug
ayuntamiento – Rathaus

bailaor/bailaora – Flamenco-Tänzer/in
baile – Tanz (einer der drei Bestandteile des Flamenco)
balneario – Badeort, Kurort, Therme
barrio – Stadtviertel
biblioteca – Bibliothek, Bücherei
bici todo terreno (BTT) – Mountainbike
Bodega – ein Weinkeller, ein Weingut oder eine traditionelle Weinbar, in denen der Wein aus Fässern eingeschenkt wird
búhos – Nachtbusse

cabrito – Kitz, Zicklein
cala – Bucht
calle – Straße
callejón – Gasse
cama – Bett
cambio – Tausch; auch Geldwechsel
caña – kleines Glas Bier
cantaor/cantaora – männlicher/weibliche Flamenco-Sänger/in
capilla – Kapelle
capilla mayor – Kapelle, in der sich der Hochaltar einer Kirche befindet
carmen – eingezäunte Villa mit Garten (in Granada)
Carnaval – traditionelle Festzeit, die den Beginn des Frühlings ankündigt; Karneval
carretera – Schnellstraße
carta – Speisekarte
casa de huéspedes – Pension; siehe auch *hospedaje*
casa de pagès – *casa rural* in Katalonien
casa rural – Land- oder Bauernhaus mit Zimmervermietung
casco – wörtlich „Helm"; häufig verwendeter Ausdruck für Altstadt; genauer: *casco antiguo/histórico/viejo*
castellano/a (m/f) – Kastilisch; bevorzugter Ausdruck für *español*, die Nationalsprache Spaniens
castellers – Katalanisch für Gruppen, die Pyramiden aus Menschen bauen
castillo – Burg
castro – befestigte keltische Siedlung
català – Katalanisch; Katalane
catedral – Kathedrale
cercanías – Nahverkehrszüge
cervecería – Bierkneipe
Churriguerismus – schnörkelhafter Barockstil in der Architektur, benannt nach den Brüdern Alberto und José Churriguera
ciudad – Stadt
claustro – Kreuzgang
CNIG – Centro Nacional de Información Geográfica; stellt qualitativ hochwertige Landkarten her
cofradía – siehe *hermandad*
colegiata – Stiftskirche
coll – Katalanisch für *collado*
collado – Gebirgspass
comarca – Stadtteil; Landstrich, der sich aus mehreren Gemeinden *(municipios)* zusammensetzt
comedor – Speisesaal
comunidad – feste Gebühr für die Pflege von Unterkünften (manchmal in der Miete enthalten); Gemeinde
conquistador – Eroberer
copa – Getränk; wörtlich „Glas"
cordillera – Bergkette
coro – Chor: Teil einer Kirche, der sich normalerweise in der Mitte befindet
correos – Postamt
Cortes – Parlament
costa – Küste
cruceiro – Kruzifixe, die an vielen Wegkreuzungen in Galicien stehen
cuesta – Weg an einem Abhang oder Gefälle
custodia – Monstranz

Dolmen – prähistorische Megalithanlage

embalse – Stausee
encierro – das Treiben von Stieren in die Stierkampfarenen von Pamplona und vieler anderer Orte in Spanien
entrada – Eingang
ermita – Einsiedelei oder Kapelle
església – Katalanisch für *iglesia*
estació – Katalanisch für *estación*
estación – Station, Bahnhof
estación de autobuses – Busbahnhof
estación de esquí – Skistation, Skigebiet
estación marítima – Fährhafen
estany – Katalanisch für *lago*
Euskadi Ta Askatasuna (ETA) – baskische Terrororganisation; der Name bedeutet „Baskenland und Freiheit"

extremeño/a (m/f) – Einwohner der Extremadura

fallas – riesige, kunstvolle, aus Kunststoff oder Pappmaschee gefertigte Figuren, die zum Las-Fallas-Festival in Valencia hergestellt werden

farmacia – Apotheke

faro – Leuchtturm

feria – Messe, Jahrmarkt; kann sich auch auf einen Stierkampf oder ein mehrtägiges bzw. mehrwöchiges Festival beziehen

ferrocarril – Eisenbahn

festa – Katalanisch für *fiesta*

FEVE – Ferrocarriles de Vía Estrecha; private Eisenbahngesellschaft der Schmalspurbahn in Nordspanien

fiesta – Fest, Feiertag

fútbol – Fußball

gaditano/a (m/f) – Einwohner von Cádiz

gaita – traditioneller galicischer Dudelsack

gallego/a (m/f) – Einwohner von Galicien

gitanos – Angehörige des Roma-Volks

glorieta – großer Kreisverkehr

Gran Vía – Hauptstraße

GRs – *(senderos de) Gran Recorrido;* Fernwanderweg

guardia civil – Gendarmerie

hermandad – Bruderschaft (Frauen sind aber ebenfalls zugelassen), die u. a. an religiösen Prozessionen teilnimmt

hórreo – traditioneller Maisspeicher in Galicien oder Asturien

hospedaje – Pension

hostal – günstiges Hotel

huerta – Obst- und Gemüsegarten

iglesia – Kirche

infanta/infante – Prinzessin/Prinz

IVA – *impuesto sobre el valor añadido;* spanische Mehrwertsteuer

jamón – Schinken

jardín – Garten

judería – jüdisches *barrio* im mittelalterlichen Spanien

lago – See

librería – Buchhandlung

lidia – Stierkampf

locutorio – privates Telefoncenter

madrileño/a (m/f) – Einwohner von Madrid

malagueño/a (m/f) – Einwohner von Málaga

manchego/a (m/f) – Einwohner von La Mancha

marcha – Action, Leben, „die Szene"

marismas – Feuchtgebiete, Sumpfland

marisquería – Meeresfrüchterestaurant

medina – enges, labyrinthartiges Viertel in einer arabischen oder nordafrikanischen Stadt

mercado – Markt

mercat – Katalanisch für *mercado*

meseta – Hochebene in Zentralspanien

Mihrab – Gebetsnische in einer Moschee, die nach Mekka ausgerichtet ist

mirador – Aussichtspunkt

Modernisme – vom Art Nouveau beeinflusster architektonischer und künstlerischer Stil, der auch als katalanischer Jugendstil bezeichnet wird; sein Hauptvertreter war Antoni Gaudí

monasterio – Kloster

morería – früheres islamisches Viertel einer Stadt

movida – ähnlich wie *marcha;* die *zona de movida* ist das Viertel, in dem sich die meisten Bars, Clubs und Discos befinden

mozárabe – Mozaraber; Christ unter islamischer Herrschaft im mittelalterlichen Spanien

mozarabischer Stil – ein von Mozarabern entwickelter Baustil, der christliche und maurische Elemente miteinander verbindet

Mudejar – Muslim unter christlicher Herrschaft im mittelalterlichen Spanien; namensgebend für den dekorativen Architekturstil der Mudejaren

muelle – Kai, Mole

municipio – Gemeinde, Gemeindebezirk, unterste kommunale Verwaltungseinheit in Spanien

muralla – Stadtmauer

murgas – verkleidete Gesangsgruppe

museo – Museum

museu – Katalanisch für *museo*

nitbus – Katalanisch für Nachtbus

oficina de turismo – Touristeninformation; auch *oficina de información turística*

parador – Haus der staatlichen Luxushotelkette Paradores Nacionales; oft handelt es sich dabei um historische Gebäude

parque nacional – Nationalpark; streng kontrolliertes Schutzgebiet

parque natural – Naturpark; geschützter Umweltbereich

paseo – Promenade oder Boulevard

paso – Gebirgspass

pasos – Heiligenfiguren, die während der Karwochenprozessionen umhergetragen werden

pelota vasca – baskischer Nationalsport, der auch einfach als Pelota oder unter der baskischen Bezeichnung *jai-alai* bekannt ist

peña – Club, meistens für Flamenco-Fans oder für Fußballfans von Real Madrid oder Barcelona; manchmal auch ein Debattierclub

pensión – kleine private Unterkunft

pinchos – Tapas

pintxos – baskische Tapas

piscina – Swimmingpool

plaça – Katalanisch für *plaza*
Plateresk – Architekturstil aus der Frührenaissance mit besonders aufwendig verzierten Fassaden
platja – Katalanisch für *playa*
playa – Strand
plaza – Platz
plaza de toros – Stierkampfarena
port – Katalanisch für *puerto*
PP – Partido Popular (Volkspartei)
PRs – *(senderos de) Pequeño Recorrido;* Kurzstreckenwanderweg
PSOE – Partido Socialista Obrero Español (Sozialistische Arbeiterpartei Spaniens)
pueblo – Dorf
puente – Brücke; außerdem ist dies die Bezeichnung für einen Brückentag zwischen einem Feiertag und dem Wochenende
puerta – Tor, Tür
puerto – Hafen, Bergpass
punta – Spitze oder Kap

rambla – Boulevard, Flussbett
rastro – Flohmarkt; Verkauf aus dem Kofferraum
REAJ – Red Española de Albergues Juveniles; Spanisches Jugendherbergswerk
real – königlich
Reconquista – Wiedereroberung der von den Muslimen beherrschten Iberischen Halbinsel (8.–15. Jh.) durch die Christen
refugi – Katalanisch für *refugio*
refugio – Schutzhütte mit einfacher Schlafmöglichkeit
Renfe – Red Nacional de los Ferrocarriles Españoles; staatliche Eisenbahn Spaniens
retablo – Altaraufsatz
Reyes Católicos – Katholische Könige; Isabella von Kastilien und Ferdinand von Aragonien
ría – trichterförmige Flussmündung
río – Fluss
riu – Katalanisch für *río*
rodalies – Katalanisch für *cercanías*
romería – festliche Pilgerfahrt oder Prozession
ronda – Umgehungsstraße

sacristía – Sakristei; Raum innerhalb einer Kirche, in dem Gewänder und andere wertvolle Dinge aufbewahrt werden
sagrario – Altarraum
sala capitular – Kapitelsaal
salinas – Salzlagunen, Salinen
santuario – Schrein oder Heiligtum
Semana Santa – Karwoche
sephardische Juden – Juden mit spanischen Wurzeln
seu – Katalanisch für Kathedrale
sidra – Apfelwein, Cidre
sidrería – Cidre-Bar
sierra – Gebirgszug

tablao – touristische Flamenco-Vorführung
taifa – kleines muslimisches Königreich im mittelalterlichen Spanien
tasca – Tapas-Bar
techumbre – Dach
teleférico – Seilbahn; auch *funicular aéreo* genannt
terraza – Terrasse; Straßencafé
terrazas de verano – Open-Air-Bars, die normalerweise bis spät in die Nacht geöffnet haben
tetería – Teehaus im orientalischen Stil mit niedrigen Sitzen und Tischen
torero – Stierkämpfer
torre – Turm
trascoro – Raum hinter dem *coro*
turismo – kann sowohl den Tourismus als auch eine Limousine meinen; mit *el turismo* bezeichnet man auch eine Touristeninformation

urgencia – Notfall

vall – Katalanisch für *valle*
valle – Tal
villa – kleine Ortschaft
VO – Abkürzung für *versión original;* ausländischer Film mit spanischen Untertiteln

zarzuela – volkstümlicher spanischer Mix aus Theater, Musik und Tanz

Hinter den Kulissen

WIR FREUEN UNS ÜBER IHR FEEDBACK

Post von Travellern zu bekommen ist für uns ungemein hilfreich – Kritik und Anregungen halten uns auf dem Laufenden und helfen, unsere Bücher zu verbessern. Unser reiseerfahrenes Team liest alle Zuschriften genau durch, um zu erfahren, was an unseren Reiseführern gut und was schlecht ist. Wir können solche Post zwar nicht individuell beantworten, aber jedes Feedback wird garantiert schnurstracks an die jeweiligen Autoren weitergeleitet, rechtzeitig vor der nächsten Nachauflage.

Wer uns schreiben will, erreicht uns über **www.lonelyplanet.de/kontakt**.

Hinweis: Da wir Beiträge möglicherweise in Lonely Planet Produkten (Reiseführer, Websites, digitale Medien) veröffentlichen, ggf. auch in gekürzter Form, bitten wir um Mitteilung, falls ein Kommentar nicht veröffentlicht oder ein Name nicht genannt werden soll. Wer Näheres über unsere Datenschutzpolitik wissen will, erfährt das unter www.lonelyplanet.com/privacy.

UNSERE LESER

Vielen Dank an folgende Traveller, die uns nach der letzten Auflage hilfreiche Tipps, Ratschläge und spannende Anekdoten geschickt haben:

Miguel Abella, Eric van Adelsberg, Jorge Alegre, Miguel Angel, Miguel Angel Dieguez, Cagrı Aracı, Merce Arguelles, CJ Armstrong Jr., Anisa Atlasi, Abigail Bakker, Valerie Ballester, Vaskor Basak, Mike Bechley, Konstantin Bettenhausen, Enrique Bonggo, Claire de Brabandere, Andrea Brandle, Deana Briggs, Ursina Burkhard, Melanie Cardew, Cristina Castellvi Sarbakhshe, Michael Cooke, Annabel Cowley, Chad Dehmler, Nicole Dicke, Belén Echeandia, Robin Eyre, Mario Falzon, Rob Ferguson, Natalia Fernández, Regina Fouquin, Michael Gogolen, Edwina Golombek, Tana Gomis, Paz Gonzalez, S. González, Bob Gunning, Helen Haines, Theresa Hansen, Stefan Hornke, Richard Hume, Jennifer Jader, Max Jordan, Jose Jurado Pacheco, Giselle La Rock, Beate Lang, Tim Laslavic, May Lee, Micaela Levine, Shihe Ma, Nacho Martin, Marthissa März, Monica Massari, Travis Massey, Jim Mill, Cristina Montes, Jamie Murrie, Rika Nauck, Hedi Nore, Paul Ormrod, Carrie Osgood, David Owens, Sheila Padden, Barry Parks, José Manuel Perulero, Shirley Qin, Daryl Reilly, Alina Riskute, Michael Ritzert, Andy Roberts, Michal Rudziecki, Jesse Sammons, Jose A. Sanchez, Hans Schmidt, Fernando Schonfeldt Lecuona, James Scott, Gill Smith, Martyn Swan, Wenjie Tang, Paloma Tejedor, Sharon Toner, Barry Tunnah, Karen Valom, Margaret Vile, Miriam Waite, Mark Webster, Neville Wells, Ken Westmoreland, David White, Amy Williamson, Yishay Yafeh, Adriane Yeo

DANK DER AUTOREN

Anthony Ham

In den zehn Jahren, die ich jetzt in Madrid lebe, habe ich Liebe und Unterstützung von vielen Menschen erhalten, deren Geschichten ein wertvoller Teil meiner selbst geworden sind. Ein riesiges Dankeschön geht an meine wundervollen Koautoren und an die weise Dora Whitaker vom Lonely Planet Team. Ich hatte das große Glück, eine Woche nach meiner Ankunft in Madrid meine Ehefrau und Seelenverwandte Marina zu treffen, die diese Stadt für mich zu einem wahren Herzensort gemacht hat. Danke auch an meine Töchter Carlota und Valentina: Ihr seid die schönsten Geschenke, die Madrid zu bieten hat.

Stuart Butler

Wie immer möchte ich zuallererst und am meisten meiner Frau Heather für ihre Liebe und Unterstützung danken. Ebenso danke ich meinem kleinen Sohn Jake, der es duldet, dass sein Papa so oft unterwegs ist. Beiden danke ich außerdem für ihre hingebungsvolle

Hilfe bei der Erkundung der *pintxos*-Bars von San Sebastián und Bilbao. Danke an meinen Koautor Miles Roddis, der zweimal kurzfristig für mich eingesprungen ist. *Gracias* an alle Angestellten von Touristeninformationen und Hotels sowie an die Restaurantbesitzer und alle anderen, die mir beim Verfassen der Kapitel geholfen haben.

Anna Kaminski

Für die tollen Tipps von Freunden, Einheimischen und Tourismusangestellten bin ich sehr dankbar. Besonderer Dank gilt meinen schwer geprüften Mitbewohnern Pete, Andrea und Dawn, die klaglos mit mir durch die gesamte Gegend der Costa Brava gereist sind, außerdem Tony in Taüll, Matthew Tree für neue Perspektiven, David und Eva für ihre warmherzige Gastfreundschaft, Fernando in Sitges, José und María in Cadaqués sowie Salvador Ortiz-Carboneres, der mich unterrichtet hat. Darüber hinaus danke ich Anthony Ham für seine Unterstützung und Ratschläge, Dora Whitaker, die mich mit dieser Aufgabe betraut hat, und dem gesamten Lonely Planet Team.

Miles Roddis

Mein ewiger Dank gilt wie immer Ingrid, die mir hilft, im Leben und im Schreiben auf dem richtigen Weg zu bleiben. Knüffe, Augenzwinkern und ein breites Grinsen gehen an Poppy und Lily, die mir das Nachtleben von Valencia gezeigt haben.

Brendan Sainsbury

Vielen Dank an all die namenlosen Busfahrer, hilfsbereiten Menschen, Sherry-Eingießer, Flamenco-Sänger und unschuldigen Beobachter, die mir bei meiner Recherche zur Seite standen. Besonders danken möchte ich Dora Whitaker, die mich für dieses Projekt an Bord geholt hat, Anthony Ham für die gute Koordinierung, sowie Josephine Quintero, John Noble und Daniel Schechter für ihre Unterstützung. Mein spezieller Dank gilt meiner Frau Liz und unserem sechsjährigen Sohn Kieran für ihre Gesellschaft in zahllosen Bars, Flamenco-Clubs und Hotelzimmern.

Regis St. Louis

Ich bin dankbar für die großartigen Tipps von Einheimischen, Einwanderern und Tourismusangestellten, darunter vor allem Eric Mills, Sol Polo, Maria Asunción Guardia, Margherita Bergamo Meneghini, Meritxell Checa Esteban und Freunde, Carine Ferry, Laura von Runnerbean und Diego im Barri Gotic. Danke auch an die Redakteurinnen Dora Whitaker und Angela Tinson und an Vesna Maric, die mir unterwegs wertvolle Ratschläge gegeben hat. Schließlich noch eine dicke Umarmung an meine Ehefrau und meine Töchter für ihre kontinuierliche Unterstützung.

Andy Symington

Großen Dank schulde ich den vielen Leuten in Touristeninformationen, auf den Straßen und in Taxis. Besonders hervorheben möchte ich das SPP-Team und Anthony Ham, außerdem José Eliseo Vázquez González und Carmen Rodríguez Aláez für ihren logistischen, moralischen und kulinarischen Beistand. Danke auch an Alejandra Abulafia, Javier de Celis Sánchez, Lourdes Villa Diez, Mario Urbano Martín, Zoraida Vaquero Menéndez und Darío Castro Pérez für ihre regionalen Kenntnisse, Richard Prowse für den Transport und meine Familie, die mich immer ermutigt hat. Vor allem aber *mil gracias* an Elena Vázquez Rodríguez, die mir Reisebegleiterin, Seelenverwandte und so vieles mehr ist.

QUELLENNACHWEISE

Klimakartendaten von Peel, M. C., Finlayson, B. L. & McMahon, T. A. (2007), „Updated World Map of the Köppen-Geiger Climate Classification", *Hydrology and Earth System Sciences*, 11, 1633-44.

Illustrationen S. 87 f., 94 f., 98 f., 574 f., 576 f., 578 f. von Javier Zarracina.

Umschlagfoto: Kathedrale von Segovia, Christian Kober/AWL

ÜBER DIESES BUCH

Dies ist die 4. Auflage von *Spanien*, basierend auf der 9. englischen Auflage von *Spain*. Der Reiseführer entstand im Auftrag der Lonely Planet Redaktion London und wurde von einem engagierten Autorenteam verfasst. Anthony Ham war für die Koordinierung der Gruppe verantwortlich, die aus Stuart Butler, Anna Kaminski, John Noble, Miles Roddis, Brendan Sainsbury, Regis St. Louis und Andy Symington bestand. Anthony, Stuart, John, Miles und Brendan haben bereits tatkräftig an früheren Ausgaben mitgearbeitet, ebenso wie Damien Simonis, Josephine Quintero, Zora O'Neill, Sarah Andrews, Arpi Armenakian Shively, Susan Forsyth, Fiona Adams, Mark Armstrong, Fionn Davenport, Tim Nollen, Andrea Schulte-Peevers, Corinne Simcock, Daniel Schechter, Des Hannigan, Richard Sterling, Elizabeth Swan und Dr. Caroline Evans.

Verantwortliche Redakteurin Dora Whitaker

Leitende Redakteurin
Branislava Vladisavljevic

Leitender Kartograf
Peter Shields

Leitende Layoutdesignerin
Mazzy Prinsep

Redaktion Annelies Mertens, Angela Tinson

Kartografen Shahara Ahmed, Mark Griffiths, Diana von Holdt

Layoutdesignerin
Jane Hart

Redaktionsassistenz
Susie Ashworth, Andrew Bain, Andrea Dobbin, Lorna Goodyer, Carly Hall, Elizabeth Jones, Anne Mason, Joanne Newell, Kristin Odijk, Charlotte Orr, Charles Rawlings-Way, Tracy Whitmey

Kartografieassistenz
Jeff Cameron, Csanad Csutoros, Xavier Di Toro, Rachel Imeson, Joelene Kowalski, Gabriel Lindquist, Samantha Tyson

Layoutdesignassistenz
Clara Monitto, Jacqui Saunders

Umschlagrecherche
Naomi Parker

Interne Bildrecherche
Claire Gibson

Illustrator
Javier Zarracina

Dank an Imogen Bannister, Basque Tour, Elin Berglund, Nigel Chin, Daniel Corbett, Laura Crawford, David Elexgaray, Ryan Evans, Jennifer Fernández, Larissa Frost, Chris Girdler, Itziar Herran, Jouve India, Gabrielle Innes, Andi Jones, Oihana Lazpita, Chris Lee Ack, Kate McDonell, Wayne Murphy, Mardi O'Connor, Trent Paton, Susan Paterson, Martine Power, LUR Publicaciones, Kirsten Rawlings, Raphael Richards, Jonathan Ricketson, Averil Robertson, Dianne Schallmeiner, Amanda Sierp, Helena Smith, Iñigo Uriarte, Gerard Walker

Register

1992, Olympische Spiele von 282–283, 858
2004, Bombenanschläge in Madrid 68, 859, 860

A

Abseilen 153, 356
Abzocke 137, 892
A Coruña 538–542, **539**
Adler 467, 471–472, 517, 713–714
Adrià, Ferran 38, 325
Agua Amarga 807–808
A Guarda 558
Aguilar de Campoo 186–187
Águilas 636–637
Aínsa 405–406, **333**
Aktivitäten 44–52, 54, *siehe auch einzelne Aktivitäten, einzelne Orte*
Al-Andalus 845, 847, 848
Alarcón 239–240
Albacete 232
Albaicín (Granada) 778–779
Albarracín 416–419, **332–333**
Alberti, Rafael 725
Alburquerque 835
Alcalá de Henares 143
Alcalá del Júcar 233, **93**
Alcántara 815
Alcázar (Sevilla) 697–698, **846**
Alcoy 623–624
Alcúdia 655–656
Algeciras 743
Alhambra (Granada) 6, 578–579, 582, 776–778, 864, **6**, **578–579**, **582–583**
Alicante 616–620, **618**
Aljafería 388–389, 582, **583**
Almagro 229–230
Almería 802–805, 580
Almería, Provinz 802–808
Almodóvar, Pedro 128
Almohaden 846, 847
Almoraviden 846, 847
Almuñécar 792–793
Alquézar 332, 408–409, **332**
Altamira 337, 491, **843**, **337**
Altea 613
Amerika, Entdeckung von 819, 849–852
Andalusien 61, 688–808, **690–691**
  Aktivitäten 689
  Essen 41–42, 688
  Flamenco 13, **13**
  Geschichte 692
  Highlights 690–691
  Infos im Internet 689
  Klima 688
  Nationalparks 689, 581, **581**
  Reiseplanung 688, 689
  Reiserouten 32
  Reisezeit 688
  Schlafen 688
  Zugfahren 689
Ansó 398
Antequera 764–765
Antigua Estación de Atocha 81
Antiguo Cuartel del Conde Duque 105
An- & Weiterreise Spanien 899–901
Apartments 287, 594, 895
Apes' Den 746
Aquädukte
  Albarracín 420
  Morella 607
  Segovia 167, 170
Aquarien
  A Coruña 540
  Barcelona 263
  Gijón 500–501
  Madrid 107
  O Grove 550
  San Sebastián 439
  Santander 481
  Valencia (Stadt) 569, 570, **570**
Aracena 717–718
Aragonien 13, 59, 384–420, **385**, **13**
  Dörfer 332, **332–333**
  Essen 40, 384, 391
  Highlights 385
  Infos im Internet 386
  Klima 384
  Reiseplanung 384
  Reiserouten 34, 35
  Reisezeit 384
  Schlafen 384
Aranjuez 141
Arbeiten in Spanien 886
Archäologische Museen
  A Coruña 540
  A Guarda 558
  Albacete 232
  Albarracín 417
  Alicante 616
  Almería 803
  Altamira 491
  Badajoz 834
  Barcelona 282
  Bilbao 428
  Cádiz 721
  Cartagena 634
  Córdoba 770
  Coria 827
  Elche 625
  Figueres 342
  Girona 323
  Huesca 410
  Jerez de la Frontera 730
  Lorca 637
  Madrid 101
  Mérida 832
  Murcia (Stadt) 629
  Oviedo 22, 496
  Pamplona 457
  Tarragona 378
  Teruel 415
  Villaviciosa 504
  Villena 623
  Vitoria 453
  Zaragoza 388, 389
Architektur 582, 862–869, **582–583**, *siehe auch* Maurische Architektur, Modernisme
Arcos de la Frontera 733–735
Arenas de Cabrales 518
Arnedillo 471–472
Arola, Sergi 38
Arrikrutz-Höhlen 450–451
Arriondas 514–515
Artà 656–657
Arties 362
Arzak, Juan Mari 38
Astorga 194–197
Asturien 12, 59, 493–512, **479**, **12**
  Essen 41, 478, 503
  Highlights 479
  Infos im Internet 494
  Klima 478
  Reiseplanung 478
  Reiserouten 33
  Reisezeit 478
  Schlafen 478
Atapuerca 201
Atienza 244
Auto- & Motorradfahren 19, 900, 900–901, 901–903
  Entfernungen 904
  Führerschein 902
  Sicherheit 902
  Sprache 911, 913

000 Verweise auf Karten
000 Verweise auf Fotos

Spritztouren 823, **823**
Versicherung 902–903
avarques 648
Averroës 847
Ávila 147–152, **148**
Avilés 507–508
Aznar, José María 858, 860

B

Badajoz 834–835
Badia d'Alcúdia 655–656
Baelo Claudia 741
Baeza 796–797
Baiona 557–558
Balearen 640–687, **641**, **572–573**, *siehe auch* Formentera, Ibiza, Mallorca, Menorca
An- & Weiterreise 641–642
Essen 41, 640
Highlights 641
Infos im Internet 642
Reiserouten 34
Schlafen 640
Unterwegs vor Ort 641–642
Baños de Cerrato 186
Banyalbufar 650
Baqueira-Beret 363
Barcelona 6, 58, 96, 245–310, **248–249**, 7, **96–97**
Aktivitäten 284–285
An- & Weiterreise 307–309
Ausgehen 296–300
Barri Gòtic 252–258, 288, 292, 297, **254–255**
El Poble Sec 278, 291, 296, 300, **280**
El Raval 258–259, 288–289, 292–293, 297–298, **260**
Essen 245, 291–296
Feste & Events 286–287
Fußball 277–278, 303
Geführte Touren 285–286
Geschichte 247
Gràcia 273–275, 291, 295–296, 300, **274**
Highlights 248
Infos im Internet 246, 306
Kindern, Reisen mit 285
Klima 245
Kurse 285
La Barceloneta 263–265, 289–290, 294, 298–299, **266**
La Rambla 250–252, 287–288, **254–255**
La Ribera 259–263, 289, 293–294, 298, **264**
La Sagrada Família 6, 246, 265–270, 94–95, 96, 7, **94–95**
L'Eixample 265–273, 290–291, 294–295, 299–300, **268–269**
Märkte 251, 262, 274, 305
Medizinische Versorgung 306
Modernisme 246, 247, 272
Montjuïc 278–287, 296, 300, **280**, **98–99**
Notfall 306
Olympische Spiele 1992 282–283, 858
Port Vell 263, 289–290, 298–299
Reiseplanung 245–310
Reiserouten 250
Reisezeit 245
Schlafen 245, 287–291
Schwule & Lesben 287, 301
Sehenswertes 247–284
Shoppen 304–305
Sicherheit 307
Stadtspaziergang 283, **283**
Tibidabo 275–276, 296, 300
Touristeninformation 306–307
Unterhaltung 301–304
Unterwegs vor Ort 276, 279, 309–310
Bären 239, 510, 511, 517
Barrio de las Letras 79
Baskenland 59, 422–455, **422**
Essen 38–40, 421
Geschichte 423
Highlights 422
Kindern, Reisen mit 423
Klima 421
Kultur 334–335, **334–335**
Reiseplanung 421
Reiserouten 33
Reisezeit 421
Schlafen 421
Sprache 335, 909
Baskisch 335, 909
Begur 319
Behinderung, Reisen mit 891
Belmonte 232
Benasque 406–407
Benicàssim 603–605
Benidorm 613–616
Berasetagui, Martín 38
Bergsteigen, *siehe* Klettern
Berlanga de Duero 209
Bermeo 437
Besalú 343–345
Betanzos 542–543
Bevölkerung 840
Bilbao 423–435, **424–425**, **24**
An- & Weiterreise 434–435
Ausgehen 432
Cafés 433
Ermäßigungen 434
Essen 431–432
Feste & Events 428
Geführte Touren 428
Notfall 434
pintxo-Bars 431
Schlafen 430–431
Sehenswertes 425–428
Shoppen 433–434
Stadtspaziergang 429, **429**
Touristeninformation 434
Unterhaltung 432–433
Unterwegs vor Ort 435
Biniaraix 654
Bobastro 759–760
Bombenanschläge in Madrid 68, 859, 860
Bootstouren
Barcelona 284
Benidorm 614
Cabo Fisterra 535
Cala en Bosc 670
Ciutadella 665
Delta de L'Ebre 382
Denia 609–610
Fornells 669, 670
Isla de Tabarca 621
Maó 661
O Grove 550
Parque del Buen Retiro 85
Parque Natural Arribes del Duero 165
Río Sil 562
San Sebastián 439
Tossa de Mar 313
botafumeiro 529
Botschaften 886
Bourbonen 852–853
Briones 476
Bronchales 420
Bubión 789–790, 791
Bücher 840
Architektur 867, 868
Essen 873, 874
Flamenco 880
Geschichte 842, 845, 849, 855, 856, 857, 859, 860, 868
Jakobsweg 47
Kunst 871
Budget 18, 887, 895, 907
Buitrago 144
Bulnes 519
Buñol 602
Buñuel, Luis 417
Burgen & Festungen
Aínsa 405
Albarracín 417, **332–333**
Alcalá del Júcar 233, **93**
Alcazaba (Almería) 802–803
Alcazaba (Antequera) 764
Alcazaba (Badajoz) 834
Alcazaba (Málaga) 749
Alcazaba (Mérida) 831

Alcazaba (Trujillo) 817
Alcázar de los Reyes Cristianos (Córdoba) 769
Alcázar (Jerez de la Frontera) 729–730
Alcázar (Segovia) 167
Alcázar (Sevilla) 697–698, 846
Alcázar (Toledo) 22, 217
Alcázar (Toro) 181
Artà 656
Begur 319
Belmonte 232
Burguillos del Cerro 837
Calatañazor 212
Castell de Bellver 646, 572
Castell de la Suda 381
Castell de Montgrí 325–326
Castell de Montjuïc 279–280
Castell de Sant Ferran 342
Castelo do Sarmento 561
Castillo de Burgos 199
Castillo de Calatrava 230
Castillo de Gibralfaro 750
Castillo de Guzmán 740
Castillo de Javier 461
Castillo de la Concepción 633–634
Castillo de la Luna 835
Castillo de Loarre 411
Castillo de los Mendoza 143
Castillo de Pedraza 172
Castillo de Peñafiel 207
Castillo de San José 624
Castillo de Santa Bárbara 616
Castillo de Santa Catalina 794
Castillo de Santiago 727
Castillo (Puebla de Sanabria) 183
Castillo San Marcos 725
Castillo (Sigüenza) 243
Castillo (Zamora) 182
Ciudadela (Jaca) 399
Ciudadela (Pamplona) 457
Colegiata de Santa María 408–409
Consuegra 231
Denia 609
Fortaleza de Monterreal 557
Fregenal de la Sierra 837
Infos im Internet 848
Jerez de los Caballeros 837
Jimena de la Frontera 739
Kastilien-La Mancha 226
Kastilien-León 173
La Fortaleza del Sol 637
Menorca 666
Monte Urgull 440
Morella 607
Olivenza 835
Vejer de la Frontera 738
Xàtiva 622
Zafra 836
Bürgerkrieg 381, 435–436, 856–857
Burgos 197–202, **198**
Burguete 463
Burgui 464–465
Busfahren
An- & Weiterreise 900, 901
Unterwegs vor Ort 903, 904
Buspässe 900
Bußgelder (Parken) 902

C

Cabo de Gata 15, 805–808, **806**, 15, 50, 581
Cabo Fisterra 535, 339
Cabo Ortegal 14, 545
Cáceres 810–815, **812**
Cadaqués 328–329, 340–341, 330
Cádiz 718–724, 843, **720–721**
Cádiz, Provinz 718–748, **719**
Caín 519
Cala Bassa 682
Cala d'Hort 682
Cala d'Or 657
Cala Figuera 657
Cala Mondragó 657
Calanda 417
Cala Sant Vicenç 655, 572–573
Cala Sant Vicent 679
Cala Saona 683–684, 685
Calatañazor 212
Calatrava, Santiago 868
Calella de Palafrugell 316–318
Calpe 612–613
Camariñas 536–537
Camarón de la Isla 879
camas 896
Cambados 548–549
Camí de Cavalls 670
Camino del Rey 759
Camino de Santiago, *siehe* Jakobsweg
Camping 289, 895–896
Camp Nou 277–278
Campo de Criptana 231–232
Cangas de Onís 515–516
Cañón do Sil 561–565
Canyoning 48
Almuñécar 792
Alquézar 408, 409
Cangas de Onís 515
Las Alpujarras 790
Parque Nacional de Ordesa y Monte Perdido 402
Parque Natural Sierra de Grazalema 736
Segura de la Sierra 801–802
Senda del Oso 510
Cap de Barbaria 684
Cap de Cavalleria 669
Cap de Creus 340–341
Cap de Favàritx 669
Cap de Formentor 655
Capileira 789–790, 791
Cardona 366
Cariñena 393
Cariño 545–546
Carmona 709–711
Carnota 535
Cartagena 631–635, **632–633**
Casa Amatller 271
Casa Batlló 96, 270–271, 96–97
Casa de las Conchas 157
Casa Lleó Morera 271
Casa Museu Dalí 329, 330–331
casas colgadas (Cuenca) 92
casas rurales 895
Castell de Púbol 317, 330
Castelló d'Empúries 327–328
castells 380
Castillo de Calatrava 230
Castrillo de Murcia 204
castro 862
Castro Caldelas 562–563
Castro de Coaña 510
Castro Urdiales 488
cava 375
Cazorla 800
Cedeira 544–545
Cela, Camilo José 548
Cementiri del Sud-Oest 284
Centro Cultural Internacional Avilés 507
Centro de Arte Reina Sofía 78–79, 12
Cerdanya 351–352
Cervantes Saavedra, Miguel de 79, 143, 176, 850
Don Quichotte 228, 231, 232
Cervera de Pisuerga 187
Chinchón 141
Churriguerismus 867–868
Cidade da Cultura de Galicia 22, 530
Cidre 499
Feste & Events 29, 37, 502
Museen 504
Ciudad de las Artes y las Ciencias 9, 569, 570, 9, 570–571
Ciudad Encantada 239
Ciudad Real 227–229
Ciudad Rodrigo 161–164
Ciutadella 663–668, **664**
Coaña 510
Colònia Güell 275

000 Verweise auf Karten
000 Verweise auf Fotos

Combarro 553
Comillas 491–492
Cómpeta 766–767
conquistadores 819, 849
Consuegra 231, **93**
Córdoba 767–773, **768**, **8**
  Aktivitäten 767–770
  An- & Weiterreise 773
  Ausgehen 772–773
  Essen 772
  Feste & Events 770–771
  Kindern, Reisen mit 771
  Schlafen 771–772
  Sehenswertes 767–770
  Shoppen 773
  Touristeninformation 773
  Unterhaltung 772–773
  Unterwegs vor Ort 773
Córdoba, Kalifat von 845, 847
Córdoba, Provinz 767–773
Coria 827–828
Corral de Comedias 229
correfoc 349
Cortés, Hernán 819, 849
Costa Blanca 608–621
Costa Brava 17, 313–345, **314**, **17**
Costa Cálida 635–637
Costa da Morte 14, 535–537, **14**
Costa Daurada 369–383
Costa de la Luz 738–740
Costa del Azahar 603–606
Costa del Sol 756–759
Covadonga 516
Covarrubias 202–204
Cudillero 508
Cuenca 234–239, **235**, **92**
Cueva de la Pileta 763
Cuevas de Monte Castillo 486
cuina volcanica 348

D

Dalí, Salvador 330–331, 871
  Casa Museu Dalí 329, **330–331**
  Castell de Púbol 317
  Teatre-Museu Dalí 341–342, **331**
D'Alt Vila 672–673, **572**
Daroca 412–413
Deià 651–653
Delfinbeobachtung 745–746
Delta de L'Ebre 382–383
Denia 609–610
Desfiladero de Yecla 205
Desierto de las Palmas 604
Diebstahl 137, 307, 893
Dinosaurier 471, 504, 607
Don Quichotte 228, 231, 232
Drehorte 805

E

Echo 397
Einreise 886–887, 899
El Acebuche 715–716
Elantxobe 437
El Burgo de Osma 208–209
El Call 258
Elche 624–627
El Chorro 759–760
El Cid 200
Elciego 475
El Entrego 500
El Greco 219, 227, 820
El Maestrazgo 419, 606–608
El Naranjo de Bulnes **336**
El Pardo 144
El Puerto de Santa María 724–727
El Rocío 714–715
El Toboso 232
El Torcal 765
El Yelmo 801
Emerita Augusta 832
Empúries 326–327
Erdbeben 637
Ermäßigungen
  Barcelona 306
  Bilbao 427, 434
  Cartagena 634
  Girona 320
  Madrid 75
  Medina de Rioseco 179
  Mérida 830
  Murcia (Stadt) 629
  Salamanca 156
  San Sebastián 439
  Tarragona 378
  Toledo 217
  Trujillo 817
  Zaragoza 392
Ermita de Santa María de Lara 202
Erste Republik 854
Es Caló 686
Ésera-Tal 408
Es Grau 669
Es Mercadal 663
Es Pilar de la Mola 686
Espot 359
Es Pujols 684, 685, 686, 686–687
Essen 25, 36–43, 873–877, 887, *siehe auch* Käse, Tapas, *einzelne Orte*
  Bücher 873, 874
  cuina volcanica 348
  Feste & Events 27, 29, 36–37
  Gewürze 237
  Infos im Internet 875
  jamón 14, 420, 875, **14**
  Kaviar 636
  Kindern, Reisen mit 53–54
  Köche 38
  Kochkurse 37–38, 109–110, 285, 441–442
  Märkte 37
  Marzipan 224
  Mayonnaise 662
  Meeresfrüchte 37, 532
  menú del día 42
  Olivenöl 876
  Paella 597, 875
  ponche segoviano 171
  Regionale Spezialitäten 38–42
  Schokolade 195, 262, 615, 791
  Sprache 908–910
Estadio Santiago Bernabéu 134
Estella 467–468
Estellencs 650
Estepona 759
ETA 423, 856, 858
Events, *siehe* Feste & Events
Extremadura 61, 809–838, **810**
  Essen 40, 809
  Highlights 810
  Klima 809
  Reiseplanung 809
  Reiserouten 35
  Reisezeit 809
  Schlafen 809

F

Fähren 743, 901, 905
Fahrradfahren, *siehe* Radfahren
Feiertage 887
Ferien 887
Fernsehen 19, 888
Ferreries 663
Feste & Events 26–30, *siehe auch* Karneval, Semana Santa, *einzelne Orte*
  Babyspringen 204
  Carros de Foc 358
  Carthagineses y Romanos 30, 634
  Cidre 29, 37, 502
  correfoc 349
  Dansa de la Mort 27, 324
  Día de Santiago 530
  Es Firó 27, 653
  Essen 27, 29, 36–37
  Feria de Abril 27, 702, **3**
  Feria del Caballo 27, 731
  Festival de Santa Tecla 380
  Film 30, 371, 443
  Flamenco 29, 111, 702, 731, 734, 761, 879, 881
  Folklore 399
  Fronleichnam (Toledo) 28, 221, **93**
  Las Fallas 26, 599
  La Tomatina 29, 602
  Los Empalaos 27, 824

Monegros Desert Festival 412
Moros y Cristianos 27, 623
Motorrad-Grand-Prix 731
Pferderennen 728, 757
Stierkampf 29, 761
Stierlauf (Pamplona) 28, 335, 458–459
Tanz 592, 781
Wein 28, 29, 36–37, 470, 474, 561
Festungen, *siehe* Burgen & Festungen
Figueres 330, 341–343, **331**
Film 840, 858
Drehorte 805
Feste & Events 30, 371, 443
Luis Buñuel 417
Museen 323
Pedro Almodóvar 128
Fisterra 535–536
Flamenco 13, 841, 878–881, **13**, *siehe auch einzelne Orte*
Bücher 880
Feste & Events 29, 111, 702, 731, 734, 761, 879, 881
Gefängnis-Flamenco-Wettbewerb 879
Infos im Internet 880, 881
Kurse 110, 701
Museen 699, 878
Flamingos 382, 805
Flugreisen
An- & Weiterreise 899–900
Flughäfen 899–900
Fluglinien 903–904
Unterwegs vor Ort 903–904
Formentera 682–687, **684**
Fornalutx 654
Fornells 669–670
Fraga 412
Franco, Francisco 855–859
Frauen unterwegs 887
Freiwilligenarbeit 887–888
Freizeitparks 55
Barcelona 275
Benidorm 613–614
Enisco 471
Madrid 107, 110
Port Aventura 380–381, 381
San Sebastián 439
Sevilla 701
Teruel 415
Torremolinos 757
Frómista 186
Fuengirola 757

000 Verweise auf Karten
000 Verweise auf Fotos

Fuente Dé 522
Fuente Vaqueros 786–787
Führerschein 902
Fußball
Barcelona 277, 303
Madrid 134
Valencia (Stadt) 600–601

G

Galicien 60, 523–566, **524**, **14**
An- & Weiterreise 534
Essen 40–41, 339, 523, 532
Geschichte 525
Highlights 524
Infos im Internet 528
Klima 523, 525
Küste 339
Reiseplanung 523
Reiserouten 33
Reisezeit 523
Schlafen 523
Sprache 525, 910
Strände 544
Unterwegs vor Ort 534
Wein 549
Galicisch 525, 910
Gämsen 517
Gandia 608–609
García Lorca, Federico 689, 780, 786–787
Garganta del Cares 518–519, **336**
Gärten, *siehe* Parks & Gärten
Gaudí, Antoni 96, 272, 868
Capricho de Gaudí 491
Casa Batlló 96, 270–271, **96–97**
Casa de Botines 190
Casa-Museu Gaudí 275
Catedral (Palma de Mallorca) 643
Colònia Güell 275
Geburtsort 379
La Pedrera 271, **97**
La Sagrada Família 6, 94–95, 96, 246, 265–270, **7**, **94–95**
Museu Gaudí 270
Palacio Episcopal (Astorga) 195
Palau Güell 258–259
Park Güell 274, 582, **97**, **582**
Pavellons Güell 277
Plaça Reial (Barcelona) 255
Gefahren, *siehe* Sicherheit
Gefängnis-Flamenco-Wettbewerb 879
Geführte Touren, *siehe auch* Spritztouren, Stadtspaziergänge, Weintouren, *einzelne Orte*
Boot 284, 428, 609–610, 614, 621, 661, 665, 702
Helikopter 286
Kutsche 592, 752
Radfahren 110, 286, 375, 592, 751
Reiten 741
Tapas 442
Vogelbeobachtung 715–716, 829
Geld 18, 19, 21, 887, 888, *siehe auch* Ermäßigungen
Geldautomaten 888
Geschäftszeiten 890
Geschichte 842–861, *siehe auch einzelne Orte*
Bücher 842, 845, 849, 855, 856, 857, 859, 860, 868
Erste Händler & Eroberer 843–845
Franco, Francisco 855–859
Infos im Internet 844
Karlistenkriege 853–854
Katholische Könige 176, 180, 779, 847, 849–851
Maurisches Spanien 845–847
Prähistorisches Spanien 842
Reconquista 845, 847–849
Römer 843, 844–845
Spanien & Amerika 819, 849–852
Spanische Inquisition 178, 849, 852
Spanischer Bürgerkrieg 381, 435–436, 856–857
Zweiter Weltkrieg 858
Gesundheit 889
Getaria 437–438
Getränke, *siehe auch* Cidre, Wein
Gin 661, 663
horchata 597, 598
Sprache 910
Gewichte 888
Gibraltar 744–748, **745**
Gijón 500–504, **501**
Gin 661, 663
Giralda (Sevilla) 862
Girona 320–325, **322**
Gleitschirmfliegen 51
Almuñecar 792
Castejón de Sos 407
Montsec 367
Parque Natural Sierra de Grazalema 736
Golfo de Mazarrón 636
González, Felipe 857, 860
Gósol 354–356
Goya, Francisco 107, 389, 393, 870–871
Granada 578–579, 580, 774–786, **774–775**, **6**, **578–579**, **582–583**
Aktivitäten 776–780
An- & Weiterreise 786
Ausgehen 784
Essen 782–784
Feste & Events 781
Geführte Touren 780–781
Kindern, Reisen mit 780
Schlafen 781–782
Sehenswertes 776–780

Shoppen 785
Touristeninformation 785–786
Unterhaltung 784–785
Unterwegs vor Ort 786
Granada, Provinz 773–793
Granadilla 827
Gran Vía (Madrid) 75
Grazalema 735–736
Grenzübergänge 900–901
Griechen 843–844
Guadalajara 240
Guadalest 624
Guadalupe 818–821
Guernica (Bild) 78, 436, 872
Guernica (Stadt) 435–436, 857
Guggenheim-Museum 425–427, 24

H

Habsburger 852
Hamams 580
Almería 803
Badajoz 834
Cáceres 812
Girona 321–322
Granada 780
Jerez de la Frontera 730, 580
Madrid 109
Sevilla 698–699
Handys 19, 893–894
Haro 474
Hemingway, Ernest 882
Hervás 826–827
Höhenkrankheit 889
Höhlen
Altamira 491, 843, 337
Arrikrutz 450–451
Cales-Höhlen 668
Cova de Can Marçà 681
Cova d'en Xeroni 684
Coves d'Artà 656
Cueva de Covalanas 487
Cueva de Cullalvera 487
Cueva de El Castillo 486, 337
Cueva de la Pileta 763
Cueva del Pindal 507
Cueva de Nerja 766
Cueva de Tito Bustillo 505
Cuevas de Las Monedas 486
Cuevas de Las Brujas 463
El Soplao 493
El Tobazo 489
Gruta de las Maravillas 717
La Cuevona 505
Laja Alta 739
Oñati 450
Parque de la Prehistoria 511
Santa Cueva 516
St. Michael's Cave 746
Höhlenklettern
Cangas de Onís 515
Garganta del Chorro 759
Montsec 367
Parque Natural Sierra de Grazalema 736
Senda del Oso 510
Höhlenkunst 337, 337, 843
Hondarribia 449
horchata 597, 598
Hornos 801
hospedajes 896
Hospital de la Santa Creu i de Sant Pau 273
hostales 896
Hostels 595
Hotels 896
Huelva 712–713
Huelva, Provinz 712–718
Huesca 409–411

I

Ibiza 60, 671–682, **671**, **672**
An- & Weiterreise 677–678
Clubs 677
Essen 640
Highlights 641
Infos im Internet 671
Klima 640
Reiseplanung 640
Reisezeit 640
Schlafen 640, 680
Strände 673
Unterwegs vor Ort 672, 679
Ibiza-Stadt 672–678, **674–675**, 572
Illa de Ons 554
Illas Cíes 339, 557
Imón 244
indignados 841
Infos im Internet 19, *siehe auch einzelne Regionen*
Essen 875
Flamenco 880, 881
Geschichte 844
Kunst 872
Nationalparks 355
Sicherheit 892
Wein 876
Inquisition 178, 849, 852
Insektenstiche 889
Internetzugang 19, 889
Isaba 465
Isla de Santa Clara 439
Isla de Tabarca 620
Islamische Architektur, *siehe* Maurische Architektur
Itálica 710

J

Jaca 399–401, **400**
Jaén 793–796, **795**
Jaén, Provinz 793–802, **793**
Jakobsweg 16, 45–47, **46**, 16
Architektur 866
Bücher 47
Galicien 563, **564**
Kastilien-León 196, **194**
La Rioja 462, **463**
Museen 530
Navarra 462, **463**
refugios 45
jamón 14, 420, 875, 14
Javier 461
Jerez de la Frontera 580, 729–733
Jimena de la Frontera 739
Juan Carlos I. 856, 859, 883–884
Jüdische Kultur, *siehe auch* Synagogen
Girona 321
miqvé 344
Mittelalterliche Stätten 850
Museen 217, 219, 320–321, 769
Ribadavia 561
Toledo 221

K

Kajakfahren 52, *siehe auch* Kanufahren, Rafting
Barcelona 284
Es Grau 669
Formentera 683
Fornells 669
Garganta del Chorro 759
Mar Menor 635–636
Parque Natural del Hoz del Duratón 206–207
Vall de la Noguera Pallaresa 356
Kantabrien 59, 480–493, 512–522, **479**
Essen 41, 478, 484
Highlights 479
Infos im Internet 480
Klima 478
Reiseplanung 478
Reiserouten 33
Reisezeit 478
Schlafen 478
Kanufahren 52, *siehe auch* Kajakfahren, Rafting
Arriondas 514
Cangas de Onís 515
Formentera 683
Parque Natural de las Lagunas de Ruidera 230
Port de Sant Miquel 681

Ribadesella 505
Segura de la Sierra 801–802
Karl I. (Karl V. von Österreich) 822, 850–851
Karlistenkriege 853–854
Karneval 26
Badajoz 834
Bilbao 428
Cádiz 722
Ciudad Rodrigo 162
San Sebastián 443
Sitges 371
Karten 889–890
Karthager 844
Karwoche, *siehe* Semana Santa
Käse
Albarracín 419
Atlantikgegend 41
Feste & Events 27, 29, 36–37
Manchego 228
Museen 518
Roncal 465
Kastilien-La Mancha 58, 214–244, **215**, 92–93
Essen 40, 214, 228
Highlights 215
Klima 214
Reiseplanung 214–244
Reisezeit 214
Schlafen 214
Wein 228
Kastilien-León 57, 145–213, **146**, 90–91
Burgen 173
Dörfer 163, 203
Essen 40, 145, 151
Feste & Events 150
Highlights 146
Klima 145
Reiseplanung 145–213
Reiserouten 35
Reisezeit 145
Schlafen 145
Katalanisch 354, 587, 912
Katalonien 58, 311–329, 340–383, **312**
Essen 38–40, 311, 344
Geschichte 346–347
Highlights 312
Klima 311, 343
Reiseplanung 311–383
Reiserouten 34
Reisezeit 311
Schlafen 311
Sprache 354, 587, 912

000 Verweise auf Karten
000 Verweise auf Fotos

Kathedralen, *siehe auch* Kirchen
Catedral (Almería) 803
Catedral (Astorga) 195
Catedral (Ávila) 149
Catedral (Baeza) 796
Catedral (Burgos) 197
Catedral (Cádiz) 721
Catedral (Ciudad Rodrigo) 162
Catedral (Ciutadella) 665
Catedral (Coria) 827
Catedral (Cuenca) 236
Catedral de la Asunción 481
Catedral de María Inmaculada 453
Catedral de Nuestra Señora de la Almudena 71
Catedral de San Martiño 559
Catedral de San Salvador (Jerez de la Frontera) 730
Catedral de San Salvador (Oviedo) 494–496
Catedral de Santa María de la Redonda 469
Catedral de Santa Maria (La Seu d'Urgell) 355
Catedral de Santa María (Lugo) 565
Catedral de Santa María (Murcia-Stadt) 627
Catedral de Santa Maria (Tui) 558
Catedral de Santa María (Vitoria) 451
Catedral de Santiago de Compostela 15, 527–529, 15, 338
Catedral de Sant Pere 363
Catedral (El Burgo de Osma) 208
Catedral (Girona) 321
Catedral (Granada) 779
Catedral (Huesca) 409–410
Catedral (Ibiza-Stadt) 672
Catedral (Jaca) 399
Catedral (Jaén) 794
Catedral (León) 189, 91
Catedral (Málaga) 749
Catedral Nueva (Salamanca) 156
Catedral (Palencia) 184
Catedral (Palma de Mallorca) 643
Catedral (Pamplona) 455–457
Catedral (Plasencia) 821
Catedral (Segovia) 167
Catedral (Sevilla) 574–575, 574–575, 858
Catedral (Sigüenza) 241–242
Catedral (Tarragona) 378
Catedral (Teruel) 413
Catedral (Toledo) 216
Catedral (Valencia-Stadt) 586–587
Catedral (Valladolid) 176
Catedral Vieja (Salamanca) 156
Catedral (Zamora) 182
Giralda 693
La Catedral (Barcelona) 252–253
La Sagrada Família 6, 246, 265–270, 94–95, 96, 7, 94–95
Katholische Könige 176, 180, 779, 847, 849–851
Kaviar 636
Kelten 843–844
Kindern, Reisen mit 53–56, *siehe auch einzelne Orte*
Kirchen 24, *siehe auch* Kathedralen
Basílica de Nuestra Señora del Pilar 386
Basílica de San Francisco El Grande 76
Basílica de San Juan 186
Basílica de Santa Eulalia 832
Basílica de Santa María a Maior (Pontevedra) 552
Basílica de Santa María (Elche) 625
Basílica de Santa María la Mayor (Morella) 607
Basílica de Sant Francesc 645
Basílica de San Vicente 149
Basilika (Montserrat) 365
Capilla de Santa Cruz 515
Colegiata de San Cosme y Damián 203
Colegiata de Santa Juliana 489–490
Colegiata Santa María La Mayor 181
Concatedral de San Pedro 210
Concatedral de Santa María 811
Convento de Santa Teresa 147–149
Cripta de la Cárcel de San Vicente Mártir 587
Ermita del Rocío 714
Ermita de San Antonio de la Florida 107
Església de San Bartolomé 653
Església de Santa Maria del Mar 262
Església de Santa Maria del Pi 257
Església de Sant Feliu 322
Església de Sant Pau 259
Iglesia Colegiata de Santa María 412
Iglesia de la Candelaria 836
Iglesia del Carmen 764
Iglesia de Nuestra Señora de la O 727
Iglesia de Nuestra Señora de los Ángeles 493
Iglesia de San Andrés (Ávila) 149
Iglesia de San Andrés (Madrid) 76
Iglesia de San Esteban 395
Iglesia de San Ginés 75
Iglesia de San Jerónimo El Real 101
Iglesia de San Julián de los Prados 496
Iglesia de San Martín (Frómista) 186

Iglesia de San Martín (Trujillo) 817
Iglesia de San Miguel (Daroca) 412
Iglesia de San Miguel (Palencia) 185
Iglesia de San Miguel (Segovia) 170
Iglesia de San Nicolás 199
Iglesia de San Nicolás de los Servitas 74
Iglesia de San Pablo (Zaragoza) 388
Iglesia de San Pedro & San Isidro 162
Iglesia de San Pedro El Viejo (Huesca) 410
Iglesia de San Pedro El Viejo (Madrid) 78
Iglesia de San Salvador de Valdediós 504
Iglesia de Santa María (Aínsa) 405
Iglesia de Santa María de Lebeña 520
Iglesia de Santa María de los Reyes 476
Iglesia de Santa María de Mediavilla 179
Iglesia de Santa María la Mayor 817
Iglesia de Santiago (Medina de Rioseco) 179
Iglesia de Santiago (Trujillo) 817
Iglesia de San Tirso 193–194
Iglesia de Santo Tomé 227
Iglesia de Santo Tomé El Viejo 149–150
Iglesia de Vera Cruz 167
Iglesia Mayor Prioral 725
Iglesia Prioral de Santa María 710
Iglesia Rupestre de Santa María de Valverde 489
Iglesia San Ildefonso 217
La Seo 386–387
La Seu Vella 367
Montaña Palentina 187
Nuestra Señora de los Desamparados 587
Orihuela 626
Real Basílica de San Isidoro 189–190
Real Clerecía de San Marcos 158
Romanische Kirchen (Parc Nacional d'Aigüestortes i Estany de Sant Maurici) 358
Sacra Capilla del Salvador 797–798
San Pedro de la Nave 183
Santa Cova 365
Santuario de San Miguel de Aralar 461
Temple del Sagrat Cor 276
Kitesurfen 51–52, 741–742
Klettern 49, *siehe auch* Canyoning, Höhlenklettern
Alquézar 409
Benasque 407
Fuente Dé 522
Garganta del Chorro 759
Las Alpujarras 790
Los Mallos 411
Maladeta-Massiv 408
Montsec 367
Parque Nacional de Ordesa y Monte Perdido 402
Parque Natural de Sierra Espuña 638–639
Parque Natural Posets-Maladeta 407
Parque Natural Sierra de Grazalema 736
Pyrenäen 362
Segura de la Sierra 801–802
Serra del Cadí 353
Sierra de Gredos 152
Sotres 519–520
Klima 18, 26–30, 899, *siehe auch einzelne Regionen*
Klöster 896–897
Cartuja de Miraflores 199
Colegiata de Santa María 408–409
Convento de la Encarnación 74
Convento de la Madre de Dios 827
Convento de las Descalzas Reales 72
Convento de las Dueñas 157
Convento de los Carmelitas Descalzos 169
Convento de San Antonio El Real 170
Convento de San Benito 815
Convento de San Esteban 156–157
Convento de San Marcos 191
Convento de Santa Clara 836
Convento de Santa Teresa 147
Convento de Santo Domingo El Antiguo 227
Convento y Museo de las Úrsulas 157
Monasterio de la Cartuja 780
Monasterio de la Encarnación 149
Monasterio de la Oliva 467
Monasterio de La Rábida 713
Monasterio de las Huelgas 199
Monasterio de Leyre 461
Monasterio del Parral 169–170
Monasterio de Piedra 394
Monasterio de San Jerónimo 780
Monasterio de San Juan de Duero 209–210
Monasterio de San Juan de la Peña 398
Monasterio de San Miguel de Escalada 193
Monasterio de Santa Clara 713
Monasterio de Santa María la Real 472
Monasterio de Santo Tomás 150
Monasterio de Santo Toribio de Liébana 520
Monasterio de San Victorián 406
Monasterio de Suso 472
Monasterio de Yuso 472
Monasterio de Yuste 822
Monasterio Sancti Spiritus 181
Monasterio San Juan de los Reyes 219
Monestir de Lluc 654
Monestir de Montserrat 365
Monestir de Santa Maria 349
Monestir de Sant Joan de les Abadesses 350
Monestir de Sant Pere de Galligants 323
Monestir de Sant Pere de Rodes 341
Mosteiro & Parador de Santo Estevo 562
Mosteiro de San Pedro de Rocas 562
Museu-Monestir de Pedralbes 277
Real Cartuja de Valldemossa 650–651
Real Convento de Santa Clara 180
Real Monasterio de San Lorenzo 140
Real Monasterio de Santa María de Guadalupe 819–820
Roncesvalles 464
Ruta del Cister 374
Santa María de la Huerta 213
Santo Domingo de Silos 204
Santuario de La Peregrina 194
Köche 38
Kolumbus, Christoph 557, 713, 819, 848, 849–850
Grab 695, **858**
Museen 175–176
Konsulate 886
Kraniche 413
Kreditkarten 888
Kunsthandwerk 791
Kunstmuseen, *siehe* Museen
Kurse
Flamenco 110, 701
Kochen 37–38, 109–110, 285, 441–442
Sprache 109, 158, 220, 285, 701, 751, 893
Tanzen 285
Wein 474, 475

L

La Alberca 164–165
La Albufera 602–603
La Almoina 587
Lagos de Covadonga 516–517

La Granja de San Ildefonso 172
Laguardia 476–477
Laguna de Gallocanta 413
Laguna de Pitillas 465
Laguna Negra 212
La Línea de la Concepción 743–744
La Lonja 587
La Matanza 30
La Molina 353
La Morería 77
Langre 486
Lanjarón 789
La Pedrera 271, **97**
La Rábida 713
Laredo 487
La Rioja 10, 59, 468–477, **422**, **463**, **10**
Essen 421
Highlights 422
Kindern, Reisen mit 423
Klima 421
Reiseplanung 421
Reisezeit 421
Schlafen 421
La Sagrada Família 6, 94–95, 96, 246, 265–270, **7**, **94–95**
Las Alpujarras 11, 789–792, **788**
Kunsthandwerk 791
La Seu d'Urgell 354–356
Las Hurdes 828
Las Médulas 197
Las Negras 807, **50**
La Taha 790–791
lauburu 334
La Vera 822–825
Laxe 537
Lebeña 520
Ledererzeugnisse 791
Lekeitio 437
León 187–193, **188**, **91**
Lerma 205–206, **91**
Lesben 891–892
Barcelona 287, 301
Ibiza-Stadt 676–677
Madrid 112, 131
L'Escala 326–327
Llafranc 318–319
Llanes 506–507
Lleida 367–369
Llívia 352
Loarre 411
Logroño 468–471, **469**
Lo Pagán 635
Lope de Vega 81

000 Verweise auf Karten
000 Verweise auf Fotos

Lorca 637–638
Lorca, Federico García 689, 780, 786–787
Los Caños de Meca 739–740
Los Mallos 411
Luarca 508–510
Lugares Colombinos 713
Lugo 565–566

M

Machado, Antonio 169, 210
Madrid 57, 64–85, 100–139, **66–67**, **88–89**, **855**
Aktivitäten 109
An- & Weiterreise 138–139
Architektur 65
Atocha 78–81, 114–115, 119, 125–127, 129, 136, **82**
Ausgehen 9, 88, 123–127, **9**, **88–89**
barrios 65
Bombenanschläge 2004 68, 859, 860
Centro 70–76, 112–113, 116–117, 120, 123–124, 128–129, 135, **72–73**
Chueca 103–106, 115–116, 121, 121–122, 126–127, 129–130, 136–137, **104–105**
El Retiro 81–101, 115, 119–120, **84**
Essen 64, 116–123
Feste & Events 111–112
Geführte Touren 110–111
Geschichte 68–69
Highlights 66
Huertas 78–81, 114–115, 119, 120, 125, 129, 136, **80**
Infos im Internet 65, 127, 137
Kindern, Reisen mit 110
Klima 64
Kunstmuseen 12, 65, **12**
Kurse 109–110
La Latina 76–78, 113–114, 117–119, 120, 124–125, 135–136, **77**
Lavapiés 76–78, 113–114, 117–119, 124–125, 135–136
Los Austrias 70–76, 112–113, 116–117, 120, 123–124, 128–129, 135, **72–73**
Malasaña 88, 103–106, 115–116, 121–122, 126–127, 129–130, 136–137, **104–105**, **88**
Märkte 78, 135–136
Medizinische Versorgung 137–138
Museen 12, 82, **12**
Paseo del Prado 81–101, 115, 119–120, 121, **84**
Plätze 76
Praktische Informationen 137–138
Reiseplanung 64–65
Reiserouten 69
Reisezeit 64
Salamanca 101–103, 115, 120–121, 121, 136, **102**
Schlafen 64, 112–116
Schwule & Lesben 112, 131
Sehenswertes 69–85, 100–109
Shoppen 134–140
Sicherheit 137
Sol 70–76, 112–113, 116–117, 120, 123–124, 128–129, 135, **72–73**
Stadtspaziergang 108, **108**
Tapas 65, 120–121
Touristeninformation 138
Unterhaltung 9, 88, 127–134, **9**, **88**
Unterwegs vor Ort 139
Maladeta-Massiv 408
Málaga 748–756, **752**
Aktivitäten 749–751
An- & Weiterreise 756
Ausgehen 754–755
Essen 754
Feste & Events 752–753
Geführte Touren 751–752
Kurse 751
Schlafen 753–754
Sehenswertes 749–751
Shoppen 755
Touristeninformation 755
Unterhaltung 755
Unterwegs vor Ort 756
Málaga, Provinz 748–767, **750–751**
Malerei 870–872
Mallorca 60, 642–657, **641**, **643**
Essen 640
Highlights 641
Infos im Internet 642, 651
Klima 640
Reiseplanung 640
Reisezeit 640
Schlafen 640, 651
Strände 646
Unterwegs vor Ort 642, 650
Manchego-Käse 228
Maó 659–663, **660**
Marbella 757–759
Märkte
Barcelona 251, 262, 274, 305
Bilbao 427
Essen 37
Ibiza-Stadt 673
Madrid 78, 135–136
Maó 659
Oviedo 497
Plasencia 821
Sant Carles de Peralta 679
Santiago de Compostela 533
Valencia (Stadt) 587, 588, 601
Vic 363

Mar Menor 635–636
Marokko (An- & Weiterreise) 743
Marzipan 224
Masella 353
Maße 888
Matadore 883
Maurische Architektur 23, 846, 863–864, *siehe auch* Moscheen
Maurisches Spanien 845–847
Mayonnaise 662
Medina Azahara 770
Medinaceli 212–213
Medina de Rioseco 179–180
Medizinische Versorgung 889
Meeresfrüchte 37, 532, **339**
Meeresmuseen
El Pabellon de la Navegación 22, 701
Museo del Mar y de la Sal 620
Museo do Mar 555
Museo Marítimo del Cantábrico 481
Museo Marítimo Ría de Bilbao 428
Museo Naval (Cartagena) 634
Museo Naval (Madrid) 101
Museo Naval (San Sebastián) 441
Museu del Mar de Lloret 315
Museu Maricel del Mar 371
Museu Marítim (Barcelona) 259
Menorca 60, 657–671, **641**, **658**, **2–3**
Essen 640
Highlights 641
Infos im Internet 659
Klima 640
Prähistorische Stätten 668, **572**
Reiseplanung 640
Reisezeit 640
Schlafen 640
Strände 16, 670–671, **16**
menú del día 42
Mérida 829–834, **831**
Metro 904–905
Metropol Parasol 22, 699
Mezquita (Córdoba) 8, 576–577, 767–769, 863, **8**, **576–577**
Minas de Riotinto 716
Mini Hollywood 805
miqvé 344
Miró, Joan 871–872
Mosaiken 251
Museen 78, 85, 175, 279, 282, 616, 645, 646, 758
Skulpturen 103, 278
Misteri d'Elx 625
Mobiltelefone 19, 893–894
Modernisme 272, 868
Barcelona 246, 260–261
Cartagena 633
Madrid 104
Museen 272
Palencia 185
Reus 379
Moguer 713
Mojácar 808
Moneo, Rafael 869
Monforte de Lemos 563–565
Montaña Palentina 186–187
Monte Igueldo 439
Montjuïc 278–287, 296, 300, **280**, **98–99**
Montserrat 364, 365
Morella 607–608
moriscos 850
Moscheen 220, 778, *siehe auch* Mezquita (Córdoba)
Motorradfahren, *siehe* Auto- & Motorradfahren
Mountainbiken, *siehe* Radfahren
movida madrileña 128
Mundaka 436–437
muqarnas 864
Murcia 60, 627–639, **568**
Essen 41, 567
Highlights 568
Klima 567
Reiseplanung 567
Reisezeit 567
Schlafen 567
Murcia (Stadt) 627–631, **628**
Muros 535
Museen 12, 23, 65, 82, 257, 262, *siehe auch* Archäologische Museen, Meeresmuseen, Museen für religöse Kunst, Weinmuseen
Archivo de Indias 698
Ars Natura 234
Artium 451
Bibat 453
CaixaForum (Barcelona) 282
CaixaForum (Madrid) 100
Casa de Cervantes 176
Casa de Lope de Vega 81
Casa Museo Arte Andalusí 799
Casa-Museo de Antonio Machado 169
Casa-Museo de Colón 175–176
Casa Museo Federico García Lorca 786–787
Casa Museu Dalí 329, **330–331**
Casa-Museu Gaudí 275
Casa Natal de Picasso 751
Casa Robert Graves 651
Centre d'Art Contemporani La Panera 367–368
Centre d'Estudis de la Batalla de l'Ebre 381
Centre d'Interpretació Madina Yasiba 673
Centro Andaluz de Fotografía 803
Centro Buñuel Calanda 417
Centro de Arte Reina Sofía 78–79, **12**
Centro Paleontológico de Enciso 471
Colegiata de Santa María de la Asunción 711
Convento de Santa Clara 157
Convento de Santa Teresa 147–148
CosmoCaixa 275
Disseny Hub 262
Ecomuseu Cap de Cavalleria 669
Ecomuseu (Delta de L'Ebre) 382–383
Es Baluard 645
Espacio Torner 236
Euskal Herriko Museoa 436
Euskal Museoa 427–428
Fundació Antoni Tàpies 271–272
Fundació Francisco Godia 273
Fundació Fran Daurel 282
Fundació Joan Miró 279
Fundación Amantes 414
Fundación Camilo José Cela 548
Fundación Rafael Alberti 725
Fundació Pilar i Joan Miró 646
Fundació Stämpfli Museu d'Art Contemporani 371
Fundació Suñol 273
Gibraltar Museum 745
Hospital de la Caridad 700
Hospital de los Venerables Sacerdotes 698
Instituto Valenciano de Arte Moderno (IVAM) 587
La Conservera Centro de Arte Contemporáneo 639
L'Iber (Museo de Soldaditos de Plomo) 589
Macba 258
Micromundi 345
Monasterio de la Encarnación 711
Museo Camón Aznar 389
Museo Carmen Thyssen 22, 750–751
Museo Casa Natal de Miguel de Cervantes 143
Museo Cuevas del Sacromonte 779
Museo da Catedral (Santiago de Compostela) 528–529
Museo das Mariñas 542
Museo das Peregrinacións 530
Museo de América 107
Museo de Armería 453
Museo de Arte Abstracto Español 234
Museo de Arte Contemporánea de Vigo 555
Museo de Arte Contemporáneo (León) 191
Museo de Arte Contemporáneo de Alicante (MACA) 616

Museo de Arte Contemporáneo Esteban Vicente 168
Museo de Arte Moderno y Contemporáneo (Santander) 481–483
Museo de Art Nouveau y Art Decó 157–158
Museo de Belas Artes (A Coruña)
Museo de Bellas Artes (Badajoz) 834
Museo de Bellas Artes (Bilbao) 427
Museo de Bellas Artes de Asturias 497
Museo de Bellas Artes Gravina (Mubag) 616
Museo de Bellas Artes (Murcia-Stadt) 627
Museo de Bellas Artes (Sevilla) 700
Museo de Bellas Artes (Valencia-Stadt) 588
Museo de Bellas Artes (Vitoria) 453
Museo de Burgos 199
Museo de Cáceres 811
Museo de Cádiz 721
Museo de Cera 110
Museo de Ciencias Naturales 453
Museo de Cuenca 234–235
Museo de Etnología (Valencia-Stadt) 588
Museo de Historia (Madrid) 103
Museo de Historia de Valencia 586
Museo de Huelva 712
Museo de Juguetes 418
Museo de la Ciencia y del Agua 629
Museo de la Ciudad (Carmona) 710
Museo del Almudín 622
Museo de la Moto Clásica 826
Museo de la Paz de Gernika 436
Museo de las Ciencias (Cuenca) 236
Museo de las Ciencias Príncipe Felipe 569
Museo de las Cortes de Cádiz 721
Museo del Baile Flamenco 699
Museo del Encierro 22, 459
Museo de León 191
Museo del Ferrocarril (Madrid) 110
Museo del Ferrocarril de Asturias 500
Museo del Foro de Caesaraugusta 388
Museo del Grabado de Goya 393
Museo del Grabado Español 758
Museo del Greco 219
Museo del Orinal 162
Museo de los Caminos 195
Museo del Patriarca 588

000 Verweise auf Karten
000 Verweise auf Fotos

Museo del Prado 22, 82–83, 83, 86–87, **86–87**
Museo del Quijote 228
Museo del Retablo 199
Museo del Teatro de Caesaraugusta 388
Museo del Tratado del Tordesillas 180
Museo del Vidrio y Cristal 751
Museo de Miniaturas Militares 399
Museo de Nerja 765
Museo de Oficios y Artes Tradicionales 405
Museo de Pablo Gargallo 389
Museo de Pontevedra 552
Museo de San Francisco 179
Museo de Santa Cruz 220
Museo de Tortura 490
Museo de Valltorta 606
Museo do Encaixe 536
Museo do Pobo Galego 529
Museo Etnolóxico (Ribadavia) 561
Museo Extremeño e Iberoamericano de Arte Contemporáneo 834
Museo Fallero 588
Museo Flotante 620–621
Museo Guggenheim 425–427, **24**
Museo Lara 761
Museo Lázaro Galdiano 101
Museo Los Sonidos de la Tierra 204
Museo Militar 539–540
Museo Minero 716
Museo Municipal (Antequera) 764
Museo Nacional de Arte Romano 830–831
Museo Nacional de Cerámica 588
Museo Nacional de Escultura 173
Museo Nacional de Teatro 229
Museo Numantino 210
Museo Oteiza 457
Museo Patio Herreriano 175
Museo Pérez Comendador-Leroux 826
Museo Picasso Málaga 749
Museo Provincial (Ávila) 149
Museo Provincial (Lugo) 565
Museo Ralli 758
Museo Romano 195
Museo Ruiz de Luna 226
Museo Salzillo 627
Museo Sorolla 107
Museo Teatro Romano 633
Museo Thyssen-Bornemisza 83–85
Museo Tiempo de Dinosaurios 607
Museu Barbier-Mueller d'Art Pre-Colombí 261–262
Museu Cau Ferrat 371
Museu Comarcal de la Garrotxa 346
Museu d'Art Espanyol Contemporani (Palma de Mallorca) 645
Museu d'Art (Girona) 321
Museu d'Art Jaume Morera 368
Museu de Cadaqués 329
Museu de Carrosses Fúnebres 273
Museu de Cera 252
Museu de Fogueres 616
Museu del Cinema 323
Museu del Joguet 342
Museu de Lleida 368–369
Museu del Modernisme Català 272
Museu del Palmerar 625
Museu del Perfum 271
Muséu del Pueblu d'Asturies 502
Museu del Quesu 518
Museu del Rei de la Magia 262
Museu dels Volcans 346
Museu de Menorca 659
Museu de Montserrat 365
Muséu dera Val D'Aran 361
Museu d'Història de Barcelona 255–257, 263
Museu d'Història de Catalunya 264
Museu d'Història de la Ciutat (Girona) 321
Museu d'Història dels Jueus de Girona 320
Museu d'Història de Tarragona 376
Museu d'Idees i Invents de Barcelona 255
Museu Egipci 273
Museu Episcopal (Vic) 363
Museu Etnològic (Barcelona) 282
Museu Frederic Marès 257
Museu Gaudí 270
Museu-Monestir de Pedralbes 277
Museu Municipal (Tossa de Mar) 314
Museu Nacional d'Art de Catalunya 277
Museu Olímpic i de l'Esport 284
Museu Picasso 259
Museu Romàntic 370
Palau March 645
Palau Reial de Pedralbes 277
Real Academia de Bellas Artes de San Fernando 75
San Telmo Museoa 439–440
Teatre-Museu Dalí 341–342, **331**
Museen für religiöse Kunst
Museo Diocesano (Albarracín) 417–418
Museo Diocesano (Cuenca) 236
Museo Diocesano (Palencia) 185
Museo Diocesano de Arte (Sigüenza) 243
Museo Diocesano de Arte Sacro (Vitoria) 453

Museu Diocesà (Barcelona) 253
Museu Diocesà (Palma de Mallorca) 645
Museo al Aire Libre 103
Museo del Prado 22, 82–83, 83, 86–87, **86–87**
Musik 546, *siehe auch* Flamenco
Muxía 536

N

Nachtleben 24
Nacimiento del Río Mundo 233
Nájera 472
Napoleon Bonaparte 853
Nationalparks 47, 581, *siehe auch* Naturparks, Parks & Gärten
Andalusien 581, 689
Infos im Internet 355
Parc Nacional d'Aigüestortes i Estany de Sant Maurici 357–360, **357**
Parque Nacional de Doñana 581, 713–716, 727–728
Parque Nacional de las Islas Atlánticas de Galicia 557
Parque Nacional de Monfragüe 828–829
Parque Nacional de Ordesa y Monte Perdido 13, 401–402, 404, **402**
Parque Nacional Sierra Nevada 11, 581, 787, **788**, **11**, **581**
Parque Nacional Tablas de Daimiel 230
Naturparks 47, 581, *siehe auch* Nationalparks, Parks & Gärten
Andalusien 581
Parc Natural de la Zona Volcánica de la Garrotxa 348
Parc Natural dels Aiguamolls de l'Empordá 328
Parc Natural Delta de l'Ebre 382–383
Parc Natural S'Albufera d'es Grau 669
Parque Natural Arribes del Duero 165
Parque Natural de Cabo de Gata-Níjar 15, 581, 805, **806**, **15**, **50**, **581**
Parque Natural de Cazorla 800–802
Parque Natural de las Bárdenas Reales 467
Parque Natural de las Lagunas de Ruidera 230
Parque Natural del Cañón del Río Lobos 209
Parque Natural del Hoz del Duratón 206–207
Parque Natural de Redes 500
Parque Natural de Ses Salines 683
Parque Natural de Sierra Espuña 638–639
Parque Natural de Somiedo 511–512
Parque Natural Fragas do Eume 543–544
Parque Natural Lago de Sanabria 184–186
Parque Natural Posets-Maladeta 407
Parque Natural Sierra de Aracena y Picos de Aroche 581
Parque Natural Sierra de Grazalema 581, 735–738
Parque Natural Sierra de las Nieves 763–764
Navarra 59, 455–468, **422**, **463**
Essen 421
Highlights 422
Kindern, Reisen mit 423
Klima 421
Reiseplanung 421
Reisezeit 421
Schlafen 421
navetas 668
Nerja 765–766
Noia 547–548
Notfall 19, 910
Numancia 211–212
Núria 350

O

Ochagavía 464
Öffnungszeiten 890
O Grove 549–550
Olite 465
Olivenöl 876
Olivenza 835–836
Olot 345–348
Olvera 737–738
Olympische Spiele 282–284, 858
Oñati 450
Órgiva 789
Orihuela 626
Oropesa 226–227
Osuna 711–712
Ourense 559–560
Oviedo 494–500, **495**

P

Padrón 548
Paella 597, 875, **39**
Palacio de Comunicaciones 100
Palafrugell 316
Paläste
Alhambra 6, 578–579, 582, 776–778, 864, **6**, **578–579**, **582–583**
Aljafería 388–389, 582, **583**
Casa de Pilatos 699–700
Palacio Carvajal 811
Palacio Condes de Miranda 206
Palacio de Jabalquinto 796
Palacio de la Conquista 816
Palau de la Generalitat 253
Palacio del Marqués de Dos Aguas 588
Palacio de los Ávila y Tiedra 162
Palacio de los Duques del Infantado 240
Palacio de los Duques de Medina Sidonia 727
Palacio de los Duques de San Carlos 817
Palacio de los Guzmanes 190
Palacio de los Reyes (Estella) 468
Palacio de Monterrey 157
Palacio de Orleans y Borbon 727
Palacio de Pimentel 174
Palacio de Santa María del Naranco 496
Palacio de Sobrellano 491–492
Palacio de Viana 770
Palacio de Villardompardo 794
Palacio Ducal (Medinaceli) 212
Palacio Ducal de los Borja 608–609
Palacio Real (Aranjuez) 141
Palacio Real de el Pardo 144
Palacio Real (La Granja de San Ildefonso) 172
Palacio Real (Madrid) 70
Palacio Real (Olite) 465–466
Palacio Toledo-Moctezuma 811
Palau de la Generalitat 587
Palau de l'Almudaina 643
Palau del Baró Quadras 272–273
Palau del Lloctinent 257
Palau Güell 258–259, **97**
Palau Reial de Pedralbes 277
Real Monasterio de San Lorenzo 140
Palau de les Arts Reina Sofía 569, **570–571**
Palencia 184–186
Palma de Mallorca 642–649, **644**, **573**
Ausgehen 648–649
Essen 647–648
Schlafen 646–647
Sehenswertes 642–646
Touristeninformation 649
Unterhaltung 648–649
Unterwegs vor Ort 649
Palos de la Frontera 713
Pals 320
Pampaneira 789–790, 791
Pamplona 335, 455–460, **456**

Parada de Sil 562
paradores 13, 896, **13**
Paragliding, *siehe* Gleitschirmfliegen
Parken 902
Parks & Gärten, *siehe auch* Nationalparks, Naturparks
  Alameda Botanical Gardens 745
  Campo del Moro 71
  Casa de Campo 107
  Huerto del Cura 625
  Jardí Botànic (Barcelona) 284
  Jardí Botànic de Cap Roig 316
  Jardí Botànic (Sóller) 653
  Jardines de las Vistillas 76–78
  Jardines de Pereda 481
  Jardines de Sabatini 71
  Jardins del Laberint d'Horta 276
  Jardins del Príncep 381
  La Granja de San Ildefonso 172
  Monte de San Pedro 540
  Montjuïc 281
  Murcia (Stadt) 630
  Parc de Collserola 276
  Parc de la Ciutadella 262–263
  Park Güell 274–275, **582**
  Parque de Doña Casilda de Iturrizar 428
  Parque del Buen Retiro 85, 100
  Parque del Cerro Santa Catalina 500
  Parque de los Pueblos de Europa 436
  Parque de María Luisa 701
  Parque do Castro 555
  Península de la Magdalena 480
  Real Jardín Botánico (Madrid) 100
  Valencia (Stadt) 590
Pasajes 448–449
Pastrana 240–241
Pedraza de la Sierra 172–173
Pedreres de s'Hostal 665
Pelota 334, **335**
Peña de Francia 166
Peñafiel 207–208
Peñaranda de Duero 206, **91**
Penedès 373–375
Peñíscolas 605–606
pensiónes 896
Peratallada 320
Pferderennen 728, 757
Pferdeschauen 27, 730, 731
Philipp II. 140, 851–852
Phönizier 843–844

000 Verweise auf Karten
000 Verweise auf Fotos

Picasso, Pablo Ruiz 871
  Guernica 78, 436, 872
  Museen 85, 144, 259, 282, 329, 365, 371, 616, 645, 749, 758, 834
  Wohnhaus 751
Picos de Europa 15, 512–522, **514**, **15**
Pilgerherbergen 45
Pilgerziele, *siehe auch* Jakobsweg
  Covadonga 516
  Monestir de Montserrat 365
  Real Monasterio de Santa María de Guadalupe 819–820
  Romería de la Virgen 27
  Romería del Rocío 28, 715
  Santuario de Arantzazu 450–451
  Santuario de Loyola 449–450
  Ujué 466–467
pintxos 10, 431, 445, 446, **10**, **39**
Pitres 790–791, 791
Pizarro, Francisco 819, 849
Planung, *siehe* Reiseplanung
Plasencia 821–825
Platja de Migjorn 684, 685–686, 686, 687
Platja de ses Illetes 686, 687
Poble Espanyol 281–282
Politik 840–841
Pollença 654–655
Poncebos 518–519
ponche segoviano 171
Pontedeume 543
Pontevedra 550–553, **551**
Port Aventura 380
Port d'Alcúdia 656
Port d'Andratx 649
Portinatx 680–681
Portocolom 657
Posada de Valdeón 521
Post 890
Potes 520–521
Prähistorische Stätten 843
  Alcúdia 625–626
  Altamira 491, **337**, **843**
  Atapuerca 201
  Berobriga 554
  Castro de Baroña 548
  Castro de Vigo 555
  Cueva de El Castillo 486, **337**
  Cueva de la Pileta 763
  Cueva del Pindal 507
  Cueva de Tito Bustillo 505
  Dolmen de Dombate 537
  Dolmen del Romeral 764
  Höhlenkunst 337, **337**, **843**
  Laja Alta 739
  Menorca 668, **572**
  Necròpolis del Puig des Molins 673
  Parque de la Prehistoria 511
  pinturas rupestres 419
  Ramales de la Victoria 487
  Siega Verde 165
  Valencia de Alcántara 815
Primo de Rivera, Miguel 853, 855
Puebla de Sanabria 183–184
pueblos blancos 11, 717, 735
Puente Colgante 435
Puente la Reina 467
Puerta de Alcalá (Madrid) 101, **855**
Puigcerdá 351–352
Pyrenäen 13, **13**
  Aragonien 394–411
  Katalonien 345–363
  Navarra 461–465
  Reiserouten 34

Q

Quallen 889

R

Radfahren 49, 903
  Barcelona 286
  Camariñas 537
  Cap des Pinar 656
  Delta de L'Ebre 383
  Es Grau 669
  Faro de Cabo de Gata 806
  Fornells 669
  Garganta del Chorro 759
  La Molina 353
  Las Alpujarras 790
  Madrid 109
  Parque Natural de las Bárdenas Reales 467
  Parque Natural de las Lagunas de Ruidera 230
  Parque Natural Fragas do Eume 543
  Ronda 763
  Senda del Oso 510
  Serra de Tramuntana 649
  Sevilla 709
  Sierra de Gredos 152
  Sierra de Guadarrama 143
  Sprache 913
  Torrevieja 621
  Vía de la Plata 826
  Vía Verde de la Sierra 737
  Vilafranca del Penedès 375
Radio 888
Rafting 52, *siehe auch* Kajakfahren, Kanufahren
  Alquézar 409
  Parque Nacional de Ordesa y Monte Perdido 402
  Vall de la Noguera Pallaresa 356–357

Rajoy, Mariano 859, 861
Rauchen 888
Real Casino de Murcia 627
Real Escuela Andaluza del Arte Ecuestre 730
Real Monasterio de San Lorenzo 140
Real Monasterio de Santa María de Guadalupe 819–820
Rechtsfragen 890–891
Reconquista 845, 847–849
Recópolis 241
refugios 45, 897
Reinosa 488
Reisepässe 899
Reiseplanung, *siehe auch einzelne Regionen*
  Aktivitäten 44–52
  Budget 18, 887, 895, 907
  Erstbesucher 20
  Essen 36–43
  Feste & Events 26–30
  Infos im Internet 19
  Kindern, Reisen mit 53–56
  Regionen 57–61
  Reiserouten 31–35
  Reisezeit 18, 26–30, 56
  Wiederkehrende Besucher 22
Reiserouten 31–35, **31**, **32**, **33**, **34**, **35**
  Barcelona 250
  Madrid 69
  Sevilla 693
Reiten
  Almuñécar 792
  Cangas de Onís 515
  Cómpeta 766
  Las Alpujarras 790
  Parque Natural de las Lagunas de Ruidera 230
  Sierra de Gredos 153
  Tarifa 741
  Vall de la Noguera Pallaresa 356
  Vía Verde de la Sierra 737
Religion 841
Requena 603
Reus 379
Reyes Católicos 176, 180, 779, 847, 849–851
Ría de Arousa 548–550
Ría de Muros y Noia 547–548
Ría de Pontevedra 553–554
Ría de Vigo 554
Rías Altas 542–547
Rías Baixas 547–557, **547**
Ribadavia 561
Ribadeo 546–547
Ribadesella 505–506
Ribeira Sacra 561–565
Ribero del Duero 207
Ribes de Freser 349, 351
Río Ebro 489
Río Navia 510
Ripoll 348–349
Römer 843–844, 844–845
Romería de la Virgen 27
Romería del Rocío 28, 715
Römische Ruinen 23, 844, 862–863, 865
  Baelo Claudia 741
  Barcelona 251, 255, 257
  Carmona 710
  Cartagena 633
  Empúries 326–327, 327
  Formentera 683
  Gijón 500
  Itálica 710
  Julióbriga 488
  Lugo 565
  Málaga 749
  Medinaceli 212–213
  Mérida 830, 832
  Numancia 211–212
  Pollentia 656
  Sagunto 603
  Segóbriga 240
  Tarragona 376, 378, 378–379
  Valeria 236
  Vía de la Plata 826
  Villa Romana La Olmeda 190
  Zaragoza 388
Roncal 465
Roncesvalles 463–464
Ronda 760–763
Ruta de la Plata 826
Ruta del Cister 374
Ruta del Mimbre 239
Ruta de Pedra en Sec 655

S

Sa Calobra 654
Safran 237
Sagrada Família 6, 246, 265–270, 94–95, 96, 7, 94–95
Sagunto 603
Sahagún 193–194
Salamanca 11, 153–161, **154**, 11, 90
Salardú 362–363
Saldes 354
Sanfermines 28, 335, 458
San José 806–807
San Lorenzo de El Escorial 140–141
Sanlúcar de Barrameda 727–729
San Miguel de Cabo de Gata 805–806
San Millán de Cogolla 472
San Sebastián 438–448, **440–441**
  An- & Weiterreise 448
  Ausgehen 447–448
  Essen 445–447
  Feste & Events 443
  Geführte Touren 441–443
  Kurse 441–443
  pintxo-Bars 446
  Schlafen 443–445
  Sehenswertes 439–441
  Shoppen 448
  Touristeninformation 448
  Unterhaltung 447–448
  Unterwegs vor Ort 448
Santa Eulària d'es Riu 678
Santa Gertrudis de Fruitera 681
Santa María de la Huerta 213
Santander 480–486, **482**
Sant Antoni de Portmany 681–682
Sant Carles de Peralta 679
Sant Feliu de Guíxols 316
Sant Ferran de ses Roques 685, 686, 687
Sant Francesc Xavier 683, 685
Santiago de Compostela 15, 60, 338, 525–534, **526**, 15, 338
  An- & Weiterreise 533–534
  Ausgehen 533
  Essen 531–533
  Feste & Events 530
  Geführte Touren 530
  Schlafen 530–531
  Sehenswertes 527–530
  Shoppen 533
  Touristeninformation 533
  Unterhaltung 533
  Unterwegs vor Ort 534
Santillana del Mar 488–491
Sant Llorenç de Balàfia 681
Sant Lluís 671
Sant Mateu 606
Sant Miquel de Balansat 681
Santo Domingo de la Calzada 472–473
Santo Domingo de Silos 204–205
Santoña 486–487
Santuari de la Mare de Déu 350
Santuario de Loyola 449–450
Santuario de Arantzazu 450–451
San Vicente de la Barquera 492–493
Sanxenxo 553–554
Sa Penya 673
Schiffsreisen
  von/nach Spanien 743, 901
  Unterwegs vor Ort 905
Schilder 909, 911
Schlacht von Trafalgar 851
Schlammpackungen 635
Schlangen 889
Schnorcheln 51, 620, 681, *siehe auch* Tauchen
Schokolade 195, 262, 615, 791

Schwule 891–892
 Barcelona 287, 301
 Ibiza-Stadt 676–677
 Madrid 112, 131
Segóbriga 240
Segovia 16, 166–172, **168–169**, 16
Segura de la Sierra 801
Selva de Oza 397
Semana Santa (Karwoche) 27
 Arcos de la Frontera 734
 Ávila 150
 Cartagena 634
 Cuenca 236
 León 191
 Lorca 638
 Málaga 752
 Murcia (Stadt) 629
 Museen 179, 182, 637
 Sevilla 8, 702, 8
 Valencia (Stadt) 592
 Zamora 182
Senda del Oso 510–511
Senioren 887
Sepúlveda 206
Serra del Cadí 353–354
Serra de Tramuntana 22, 649–655
Serranía de Cuenca 239
Setenil de las Bodegas 736–737
Sevilla 61, 692–709, **694–695**, 846
 An- & Weiterreise 708
 Ausgehen 706–707
 Essen 704–706
 Feste & Events 8, 702
 Kindern, Reisen mit 702
 Kurse 701
 Notfall 708
 Reiserouten 693
 Schlafen 702–704
 Sehenswertes 693–701
 Shoppen 707–708
 Touristeninformation 708
 Unterhaltung 707
 Unterwegs vor Ort 708–709
Sevilla, Kathedrale von 574–575, 574–575, 858
Sherry 43, 725, 727, 729, 730–731
Shoppen, *siehe* Märkte, *einzelne Orte*
Sicherheit 892–893
 Barcelona 307
 Infos im Internet 892
 Madrid 137
 Picos de Europa 513
 Straßen 902

000 Verweise auf Karten
000 Verweise auf Fotos

 Trampen 905
 Wasser 889
Siega Verde 165
Sierra de Alcaraz 233–234
Sierra de Andia 461
Sierra de Aralar 460–461
Sierra de Béjar 166
Sierra de Francia 164
Sierra de Gata 828
Sierra de Gredos 152–153
Sierra de Guadarrama 143–144
Sierra de Guara 409
Sierra de la Culebra 185
Sierra de Urbión 212
Sierra Nevada 11, 787–789, **788**, 11, 581
Sierra Pobre 144
Sigüenza 241–244, **242**
Siresa 397
Sitges 369–373, **370**
Skifahren 49
 Aragonien 393
 Baqueira-Beret 363
 Benasque 407
 La Molina 353
 Madrid Xanadú 109
 Masella 353
 Parque Nacional de Ordesa y Monte Perdido 402
 Puigcerdá 351
 Sierra de Guadarrama 143
 Sierra Nevada 787
 Vall de Núria 350
 Vielha 361
Snowboarden 49
Sóller 653–654
Solsona 366–367
Somontano 410
Soria 209–211
Sos del Rey Católico 395–396
Sotres 519–520
Spanisch 908–913
Spanisch-Amerikanischer Krieg 853
Spanische Inquisition 178, 849, 852
Spanischer Bürgerkrieg 381, 435–436, 856–857
Spanischer Erbfolgekrieg 851, 852
Spanischer Unabhängigkeitskrieg 853
Sprache 18, 20, 841, 908–913
 Baskisch 335, 909
 Galicisch 525, 910
 Katalanisch 354, 587, 912
 Kurse 109, 158, 220, 285, 701, 751, 893
 Schilder 909, 911
 Spanisch 908–913
 Valencianisch 587
Spritztouren 401, 823, **823**

Stadtspaziergänge
 Barcelona 283, **283**
 Bilbao 429, **429**
 Madrid 108, **108**
 Toledo 222, **222**
 Valencia (Stadt) 593, **593**
Stierkampf 882–884
 El Puerto de Santa María 725
 Feste & Events 29, 761
 Katalonien 382
 Madrid 101–103, 134
 Museen 22, 158, 589, 700, 760–761
 Ronda 760–761
 Sevilla 700
Stierläufe 28, 335, 458–459, 468
Strände 24, 52, 54
 A Coruña 540
 Agua Amarga 807
 Águilas 636
 Alicante 617
 Almería 803
 Almuñécar 792
 Altea 613
 Area de Trece 537
 Asturien 12, 12
 Begur 319–320
 Benicàssim 604
 Benidorm 613
 Bilbao 435
 Cádiz 722
 Cala Bassa 682
 Cala Benirràs 681
 Cala de Boix 679
 Cala Deià 652
 Cala d'Hort 682
 Cala d'Or 657
 Cala Llenya 679
 Cala Llombards 657
 Cala Llonga 678
 Cala Marçal 657
 Cala Mastella 679
 Cala Mondragó 657
 Cala Santanyí 657
 Cala Sant Vicenç 655, 572–573
 Cala Sant Vicent 679
 Cala Saona 683–684
 Calella de Palafrugell 316
 Calpe 612
 Cap de Favàritx 669
 Cap de Formentor 655
 Castro Urdiales 488
 Cedeira 544
 Comillas 491
 Costa Brava 17, 318, 17
 Cudillero 508
 Denia 609
 El Puerto de Santa María 725
 Es Caló 685

Es Figueral 679
Es Grau 669
Es Pujols 684
Estepona 759
Formentera 685
Fuengirola 757
Galicien 339, 544
Gandia 609
Getaria 437–438
Gijón 502
Golfo de Mazarrón 636
Ibiza 673
Illa de Ons 554
Illas Cíes 557
La Barceloneta 265
Langre 486
Laredo 487
Las Negras 807
Laxe 537
Lekeitio 437
Llanes 506
Lo Pagán 636
Luarca 509
Málaga 751
Mallorca 646
Maó 661
Marbella 757–758
Menorca 16, 670–671, **16**
Mojácar 808
Palafrugell 316
Palma de Mallorca 649
Parque Natural de Ses Salines 683
Platja Cavalleria 669
Platja de Punta Prima 671
Playa de la Concha 439
Playa de la Franca 507
Playa del Silencio 508
Playa de Oriñón 487
Playa de San Antolín 506
Playa de Sonabia 487
Playa de Toranda 506
Playa de Torimbia 506
Playa La Ballota 507
Port de Sant Miquel 681
Portinatx 680–681
Praia A Lanzada 549–550
Praia América 557
Praia da Mar de Fora 535
Praia de Carnota 535
Praia de Lourido 536
Praia de Samil 555
Praia de Santo António 545
Praia de Silgar 553
Praia de Traba 537
Praia do Picón 545
Ría de Pontevedra 554
Ría de Vigo 554
Ribadeo 546
Ribadesella 505, 506
S'Aigua Blanca 679
San José 806
San Sebastián 439
Santa Eulària d'es Riu 678
Santander 480–481
Sant Antoni de Portmany 681–682
Sant Feliu de Guíxols 316
San Vicente de la Barquera 493
Sitges 369
Son Bou 671
Tamariu 319
Tarifa 740–741
Torremolinos 757
Torrevieja 620
Tossa de Mar 313
Valdoviño 544
Valencia (Stadt) 592
Villaviciosa 504
Xàbia 610–611
Zarautz 438
Zumaia 437
Straßenbahnen 905
Straßenentfernungstabelle 904
Strom 893
Suárez, Adolfo 856, 859
Surfen 51–52, *siehe auch* Kitesurfen, Windsurfen
Langre 486
Los Caños 739
Mundaka 436–437
Praia Area Longa 548
Praia de Roda 544
San Sebastián 442–443
Santander 480–481
Villaviciosa 504
Synagogen
Barcelona 257–258
Córdoba 769
Toledo 217–218, 220
Úbeda 798

T

taifas 847
Talavera de la Reina 226
talayots 668
Tamariu 319
Tanz, *siehe auch* Flamenco
Feste & Events 592, 781
Kostüme 335, **334**
Kurse 285
Tapas 37, 445, 874–875
Bilbao 431
Madrid 65, 120–121
Murcia (Stadt) 631
San Sebastián 10, 431, 446, **10**, **39**
Tarazona 394
Tarifa 740–743, **50**
Tarragona 376–380, **377**
Tauchen 51, *siehe auch* Schnorcheln
Almuñécar 792
Cala en Bosc 670
Ciutadella 665–666
Costa Brava 326
Formentera 683
Fornells 669
Golfo de Mazarrón 636
Mar Menor 636
Tarifa 741
taulas 668, **572**
Taüll 359–360
Taxis 905
Teatre-Museu Dalí 341–342, **331**
Telefon 19, 893–894
Telefonkarten 894
Templo de Debod 107
Teresa, hl. 147, 161
Terrorismus 68, 859, 860
Teruel 413–416, **414**
teterías 580, 706–707, 755, 762, 779, 783, 804, **580**
Theater
Corral de Comedias 229
Feste & Events 29, 111, 229, 832
Museen 229, 388, 633
Thermalbäder (Ourense) 559–560
Tiere, *siehe* Bären, Gämsen, Wölfe
Tierschutz 882, 884
Toledo 17, 216–226, **218–219**, **17**
An- & Weiterreise 226
Ausgehen 225
Essen 224–225
Feste & Events 221, **93**
Schlafen 221–225
Sehenswertes 216–220
Shoppen 225
Stadtspaziergang 222, **222**
Touristeninformation 225
Unterhaltung 225
Unterwegs vor Ort 226
Tomás, José 883
Tordesillas 180–181
Torla 402–403
Toro 181
Torquemada, Fray Tomás de 178
Torre de Hércules 339, 538, **339**
Torremolinos 756–757
Torrevieja 620–621
Torroella de Montgrí 325–326
Tortosa 381–382
Tossa de Mar 313–316
Touristeninformation 894
Trafalgar Cemetery 745, **851**
Trampen 905
Trekking, *siehe* Wandern
Trevélez 791, 791–792

Trinkgeld 21, 888
Trinkwasser 889
Trujillo 815–818, **816**
Tui 558–559
Tuixén 354
TV 19, 888
Txoko 449

U

Úbeda 797–800
Ujué 466–467
Umgangsformen 21
Unabhängigkeitskrieg 853
Unamuno, Miguel de 154, 156
Universidad Civil (Salamanca) 154, 155, 157, 847, 582
Universidad de Alcalá 143
Universidad de Sancti Spiritus 450
Universidad Internacional Menéndez Pelayo 483
Unterkühlung 889
Unterkunft 894–897, *siehe auch einzelne Orte*
 Apartments 287, 594, 895
 Kindern, Reisen mit 56
 Reservierung 20
 Sprache 20, 911
Unterwegs in Spanien 901–907
 Nahverkehr 904–905
 Sprache 911, 913
Upper Rock Nature Reserve (Gibraltar) 746

V

Val d'Aran 360–363
Valencia 60, 567–569, 584–627, **568**
 Essen 41, 567, 597
 Highlights 568
 Klima 567
 Reiseplanung 567
 Reisezeit 567
 Schlafen 567
Valencia de Alcántara 815
Valencianisch 587
Valencia (Stadt) 569, 570–571, 584–602, **584–585**, **590**, 9, 570–571
 Aktivitäten 569, 586–592
 An- & Weiterreise 601
 Ausgehen 598–599
 Essen 595–598, 570
 Feste & Events 592
 Geführte Touren 592
 Kindern, Reisen mit 589
 Schlafen 592–595
 Sehenswertes 569, 586–592
 Shoppen 601
 Stadtspaziergang 593, **593**
 Touristeninformation 601
 Unterhaltung 599–601
 Unterwegs vor Ort 601–602
Valeria 236
Valladolid 173–179, **174–175**
Vall de la Noguera Pallaresa 356–357
Valldemossa 650–651
Vall de Núria 349–351
Valle de Ansó 396–399
Valle de Bujaruelo 403–404
Valle de Echo 396–399
Valle del Ambroz 826–827
Valle de las Batuecas 165–166
Valle del Baztán 462–463
Valle del Jerte 823, 825–826
Valle del Roncal 464–465
Valle de Tena 401
Valle de Vallibierna 407–408
Valle de Zuriza 398
Valverde de la Vera 824
Vejer de la Frontera 738–739
Velázquez, Diego 82, 698, 870
Versicherung 898, 902–903
Vía de la Plata 826
Vía Verde de la Sierra 737
Vic 363–364
Vielha 361
Vigo 554–556
Vilafranca 608
Vilafranca del Penedès 375
Villanueva de los Infantes 230–231
Villa Romana La Olmeda 190
Villaviciosa 504
Villena 623
Vitoria 451–455, **452**
Viveiro 546
Vögel, *siehe* Adler, Flamingos, Kraniche
Vogelbeobachtung
 Arnedillo 471–472
 Cabo Ortegal 545
 Cazorla 800
 Delta de L'Ebre 382
 El Rocío 714
 Illa de Ons 554
 Illas Cíes 557
 Imón 244
 Laguna de Gallocanta 413
 Laguna de Pitillas 465
 O Grove 550
 Parc Natural dels Aiguamolls de l'Empordá 328
 Parc Natural de S'Albufera 656
 Parc Natural S'Albufera d'es Grau 669
 Parque Nacional de Doñana 714, 715, 716
 Parque Nacional de Monfragüe 828–829
 Parque Nacional Tablas de Daimiel 230
 Parque Natural Arribes del Duero 165
 Parque Natural de la Albufera 602
 Parque Natural de las Bárdenas Reales 467
 Parque Natural las Salinas 612
 Peñon de Zaframagón 737
 San Miguel de Cabo de Gata 805
 Sierra de Guara 409
Volksmusik 546
Vorwahlen 19, 894

W

Währung 18
Walbeobachtung 741
Wandern 25, 44–47, *siehe auch* Jakobsweg
 Alquézar 409
 Arnedillo 471
 Bares-Halbinsel 545–546
 Cabo de Home 554
 Cabo Fisterra 535
 Cabo Ortegal 545
 Cádiz 721–722
 Calpe 612
 Camariñas 537
 Camí de Cavalls 670
 Camino del Archiduque 651
 Camiño Real 562
 Cañón del Río Iranzu 468
 Cap des Pinar 656
 Carros de Foc 358
 Cedeira 544
 Cerdanya 351
 Cómpeta 766
 Costa Brava 340
 Costa da Morte 535
 Daroca 412
 Deià 652
 Elche 625
 El Maestrazgo 606
 El Torcal 765
 El Yelmo 801
 Ésera-Tal 408
 Faro de Cabo de Gata 806
 Fuente Dé 522
 Garganta del Cares 518–519, 336
 GR11 nach Bielsa 408
 Illa de Ons 554
 Illas Cíes 557
 Imón 244
 Jimena de la Frontera 739
 Kantabrien 487

000 Verweise auf Karten
000 Verweise auf Fotos

Lagos de Covadonga 516–517
Las Alpujarras 790
Las Negras 807, **50**
La Taha 790–791
Laxe 537
Linares de la Sierra 717
Llafranc 318
Llanes 506
Monte de Santa Trega 558
Montsec 367
Montserrat 365
Muxía 536
Ochagavía 464
O Grove 550
Parc Nacional d'Aigüestortes i Estany de Sant Maurici 358–359
Parc Natural de la Zona Volcánica de la Garrotxa 348
Parque Cultural Monte Buciero 486
Parque Nacional de Monfragüe 828–829
Parque Nacional de Ordesa y Monte Perdido 402, 403
Parque Natural de las Bárdenas Reales 467
Parque Natural de Redes 500
Parque Natural de Ses Salines 683
Parque Natural de Sierra Espuña 638–639
Parque Natural de Somiedo 512
Parque Natural Fragas do Eume 543–544
Parque Natural Posets-Maladeta 407
Parque Natural Sierra de Grazalema 735–736
Parque Natural Sierra de las Nieves 763–764
Pasajes 448–449
Picos de Europa 517, 336
Playa de Oriñón & Sonabia 487
Puigcerdá 351
Pyrenäen 13, 356, 362, 394–395, 467, **13**
Río Borosa 801
Río Ebro 489
Ronda 761
Ruta de Isabel la Católica 820
Ruta del Emperador 822
Ruta de Pedra en Sec 655
Salinas de San Pedro 636
Sant Mateu 606
Segura de la Sierra 801–802
Senda del Oso 510–511
Serra del Cadí 354
Serra de Tramuntana 649
Sierra Blanca 758
Sierra de Andia 461
Sierra de Aralar 460–461
Sierra de Béjar 166
Sierra de Gredos 152
Sierra de Guadarrama 143
Sierra de Urbión 212
Sierra Helada 614
Sierra Nevada 787, **581**
Sierra Pobre 144
Sóller 654
Sotres 519–520
Tarragona 379
Torrevieja 621
Val d'Aran 360–361
Vall de Boí 360
Vall de Núria 350
Valle del Baztán 462–463
Valle del Jerte 825
Valle del Roncal 464–465
Valle de Vallibierna 407–408
Valle de Zuriza 398
Vía de la Plata 826
Vía Verde de la Sierra 737
Vilafranca 608
Xàbia 611
Wasser 889
Wasserparks 604, 614
Wasserski 635
Webkunst 791
Wein 25, 42, 876–877
  Albariño-Weinbaugebiet 548
  Aragonien 393
  cava 375
  Feste & Events 28, 29, 36–37, 470, 474, 561
  Galicien 549
  Infos im Internet 876
  Kastilien-La Mancha 228
  Kurse 474, 475
  La Rioja 10, 473, **10**
  Logroño 471
  Menorca 671
  Penedès 373–375
  Requena 603
  Ribadavia 561
  Ribero del Duero 207
  Sherry 43, 725, 727, 729, 730–731
  Somontano 410
Weinmuseen 473, 876
  Cambados 549
  Centro de Viño da Ribeira Sacra 563–564
  Dinastía Vivanco 476
  Museo de la Viña y el Vino de Navarra 466
  Museo del Vino (Cariñena) 393
  Museo del Vino (Haro) 474
  Museo del Vino (Requena) 603
  Museo Provincial del Vino (Peñafiel) 207
  Museu de les Cultures del Vi de Catalunya 375
Weintouren 207, 373, 375, 410, 470, 474, 475, 548–549, 671, 725, 727, 730–731
Westgoten 845
Wetter 18, 26–30, *siehe auch einzelne Regionen*
Windmühlen 231, 232, **93**
Windsurfen 51–52, **50**
  Almuñécar 792
  Barcelona 284
  Formentera 683
  Fornells 669
  Tarifa 741–742
Wirtschaft 840–841
Wölfe 185, 517

X

Xàbia 610–612
Xàtiva 622–623

Z

Zafra 836–837
Zahara de la Sierra 736
Zamora 181–183
Zapatero, José Luis Rodríguez 859, 861
Zaragoza 386–393, **387**
  An- & Weiterreise 392–393
  Ausgehen 391–392
  Essen 390–391
  Feste & Events 389–390
  Schlafen 390
  Sehenswertes 386–389
  Touristeninformation 392
  Unterhaltung 392
  Unterwegs vor Ort 393
Zarautz 437–438
Zeit 898
Zeitungen 888
Zollbestimmungen 898
Zoos
  Barcelona 263
  Benidorm 614
  Córdoba 771
  Madrid 107
  Parque de la Naturaleza Cabárceno 486
  Valencia (Stadt) 569, 586
Zugfahren
  An- & Weiterreise 900, 901
  Unterwegs vor Ort 142, 652, 689, 905–907
  Strecken **906**
Zugpässe 901
Zumaia 437
Zweite Republik 853, 855–856

Auf einen Blick

Folgende Symbole helfen sich im Verzeichnis zurechtzufinden:

- Sehenswertes
- Strände
- Aktivitäten
- Kurse
- Touren
- Feste & Events
- Schlafen
- Essen
- Ausgehen
- Unterhaltung
- Shoppen
- Praktisches/Transport

Weitere hilfreiche Symbole:

- Telefonnummer
- Öffnungszeiten
- Parkmöglichkeiten
- Nichtraucher
- Klimaanlage
- Internetzugang
- WLAN
- Swimmingpool
- Vegetarisches Angebot
- Englische Speisekarte
- Familienfreundlich
- Tiere willkommen
- Bus
- Fähre
- Metro
- S-Bahn
- Straßenbahn
- Zug

Die Einträge unter „Schlafen", „Essen" usw. sind nach den Vorlieben der Autoren geordnet.

Empfehlungen von Lonely Planet:

- LP TIPP – Das empfehlen unsere Autoren
- GRATIS – Hier bezahlt man nichts
- Nachhaltig und umweltverträglich

Für die Sehenswürdigkeiten, Unterkünfte, Organisationen und Restaurants mit diesen Symbolen ist Verantwortungsbewusstsein nicht nur eine Marketingfloskel, deshalb wurden sie von den Lonely Planet Autoren ausgewählt. Sie unterstützen z. B. lokale Erzeuger, haben vor allem regionale Produkte auf ihrer Speisekarte oder setzen sich für die Erhaltung der Umwelt ein.

Kartenlegende

Sehenswertes

- Strand
- Buddhistisch
- Burg/Festung
- Christlich
- Hinduistisch
- Islamisch
- Jüdisch
- Denkmal
- Museum/Galerie
- Ruine
- Weingut/Weinberg
- Zoo
- Noch mehr Sehenswertes

Aktivitäten, Kurse & Touren

- Tauchen/Schnorcheln
- Kanu-/Kajakfahren
- Skifahren
- Surfen
- Schwimmen/Pool
- Wandern
- Windsurfen
- Noch mehr Aktivitäten/Kurse/Touren

Schlafen

- Hotel/Pension
- Camping

Essen

- Restaurant

Ausgehen

- Bar/Kneipe
- Café

Unterhaltung

- Theater/Museum

Shoppen

- Geschäft

Praktisches

- Postamt
- Touristeninformation

Transport

- Flughafen
- Grenzübergang
- Bus
- Seilbahn
- Fahrradweg
- Fähre
- Metro
- Eisenbahn eingleisig
- Parkplatz
- S-Bahn
- Taxi
- Eisenbahn
- Straßenbahn
- Tube Station
- U-Bahn
- Anderes Verkehrsmittel

Verkehrswege

- Mautstraße
- Autobahn
- Hauptstraße
- Landstraße
- Verbindungsstraße
- Sonstige Straße
- Unbefestigte Straße
- Platz/Fußgängerzone
- Stufen
- Tunnel
- Fußgängerbrücke
- Wanderung
- Wanderung mit Abstecher
- Pfad

Grenzen

- Internationale Grenze
- Bundesstaatengrenze/Provinzgrenze
- Umstrittene Grenze
- Regionale Grenze/Vorortgrenze
- Meerespark
- Klippen
- Mauer

Städte

- Hauptstadt
- Landeshauptstadt
- Großstadt
- Ort/Dorf

Landschaften

- Hütte
- Leuchtturm
- Aussichtspunkt
- Berg/Vulkan
- Oase
- Park
- Pass
- Raststelle
- Wasserfall

Gewässer

- Fluss/Bach
- Periodischer Fluss
- Sumpf/Mangrove
- Riff
- Kanal
- Wasser
- Trocken-/Salz-/Periodischer See
- Gletscher

Gebietsformen

- Strand/Wüste
- Christlicher Friedhof
- Weiterer Friedhof
- Park/Wald
- Sportanlage
- Sehenswerte Bebauung
- Highlights (Bebauung)

DIE AUTOREN

Anthony Ham

Hauptautor; Madrid; Kastilien-León; Aragonien Bei seinem ersten Besuch 2001 verliebte sich Anthony sofort in Madrid. Knapp ein Jahr später kehrte er ohne Rückflugticket hierher zurück, obwohl er nicht ein Wort Spanisch sprach und keine Menschenseele kannte. Mittlerweile wohnt er bereits seit über zehn Jahren in der spanischen Hauptstadt und schwärmt über seine Wahlheimat noch genauso wie am ersten Tag. Wenn er nicht gerade für Lonely Planet unterwegs ist, fotografiert er und schreibt für Zeitungen sowie Magazine auf der ganzen Welt über Spanien, Afrika und den Nahen Osten.

Stuart Butler

Baskenland, Navarra & La Rioja; Valencia & Murcia; Die Balearen Stuarts erste Kindheitserinnerungen an Spanien – d. h. an den Parque Nacional de Doñana und Familienurlaube an der Nordküste – hinterließen einen bleibenden Eindruck. Als er älter war, verbrachte er deshalb jeden Sommer an den Stränden des Baskenlands, bis er sich zuletzt gar nicht mehr davon losreißen konnte. Und so ist er einfach geblieben! Seine Recherchen für Lonely Planet und zahlreiche Surfermagazine führten Stuart außerdem schon bis an die Küsten der Arktis, in die Wüsten Asiens und in die Wälder Afrikas. Auf seiner Webseite www.stuartbutlerjournalist.com erfährt man mehr über ihn.

Mehr zu Stuart unter:
www.lonelyplanet.com/members/stuartbutler

Anna Kaminski

Katalonien Anna entdeckte ihre Liebe zu Spanien 2001 während eines Sommerkurses in Santander, die auch eine hässliche Salmonellenerkrankung nicht schmälern konnte. In den letzten zehn Jahren kam sie jedes Jahr wieder, um zu recherchieren oder um Urlaub zu machen und in den Pyrenäen zu wandern, in Tarifa zu surfen sowie San Sebastians, Granadas und Madrids Tapas-Bars abzuklappern. Zu den denkwürdigsten Augenblicken ihrer letzten Reise gehörten ein Ausflug auf einer einsamen Bergstraße, auf der ihr beinahe das Benzin ausging, und der Besuch des einstigen Zuhauses Salvador Dalís. Derzeit wohnt Anna in Barcelona.

John Noble

Kantabrien & Asturien; Santiago de Compostela & Galicien John stammt ursprünglich aus dem Ribble Valley in England, lebt aber bereits seit 1995 in einem andalusischen Bergdorf. Seither hat er ganz Spanien bereist und war an allen Lonely Planet Ausgaben von *Spanien* und *Andalusien* beteiligt. Er liebt es, entlegene Regionen des Landes wie Galicien oder die Nordküste zu erkunden, da ihn die ganz anderen Landschaften, die Leute, das Klima und die Kultur dort an die Vielseitigkeit Spaniens erinnern.

Mehr zu John unter:
www.lonelyplanet.com/members/ewoodrover

Miles Roddis

Valencia & Murcia; Die Balearen Seit über 20 Jahren wohnt Miles mit seiner Frau Ingrid in einem winzigen Apartment im Barrio del Carmen, dem ältesten und lebendigsten Viertel von Valencia. Er hat an mehr als 50 Lonely Planet Bänden mitgearbeitet, darunter *Valencia & the Costa Blanca, Valencia Encounter, Walking in Spain, Canary Islands* und sieben Auflagen des vorliegenden Reiseführers. Alle fünf Jahre feiert er voller Enthusiasmus bei den Fallas in Valencia mit und macht sich ansonsten zu dieser Zeit schleunigst aus dem Staub.

Brendan Sainsbury

Andalusien Brendon wanderte aus Großbritannien aus und lebt heute in der Nähe von Vancouver in Kanada. Früher war er als Führer in Andalusien tätig und bot Kulturtrips sowie Wanderungen in die Sierra de Grazalema an. Als er 2003 seine zukünftige Frau in einem kleinen weißen Dorf nahe Ronda traf, verfiel er auch dem romantischen Charme der Region. Seither kehrte er unzählige Male in die Gegend zurück und entwickelte eine besondere Leidenschaft für die Flamenco-Gitarre und Granada. Im Auftrag von Lonely Planet war er darüber hinaus schon in Kuba, Italien und Mexiko unterwegs.

DIE LONELY PLANET STORY

Ein uraltes Auto, ein paar Dollar in den Hosentaschen und Abenteuerlust, mehr brauchten Tony und Maureen Wheeler nicht, als sie 1972 zu der Reise ihres Lebens aufbrachen. Diese führte sie quer durch Europa und Asien bis nach Australien. Nach mehreren Monaten kehrten sie zurück – pleite, aber glücklich –, setzten sich an ihren Küchentisch und verfassten ihren ersten Reiseführer *Across Asia on the Cheap*. Binnen einer Woche verkauften sie 1500 Bücher und Lonely Planet war geboren. Seit 2011 ist BBC Worldwide der alleinige Inhaber von Lonely Planet. Der Verlag unterhält Büros in Melbourne (Australien), London und Oakland (USA) mit über 600 Mitarbeitern und Autoren. Sie alle teilen Tonys Überzeugung, dass ein guter Reiseführer drei Dinge tun sollte: informieren, bilden und unterhalten.

Regis St. Louis

Barcelona Regis verliebte sich auf einer großen Spanienreise Ende der 1990er-Jahre in Katalonien. Spätere Trips vergrößerten seine Bewunderung für Barcelona, eine seiner absoluten Lieblingsstädte auf diesem Planeten, nur noch mehr. Zu den Highlights seiner letzten Reise zählten morgendliches Joggen in Barceloneta, abendliche Konzerte in der Ciutat Vella und der Genuss der vielleicht letzten *calçots* der Saison. Regis verfasste auch den Lonely Planet Band *Barcelona* und hat zudem an Dutzenden weiteren Reiseführern mitgearbeitet. Er lebt in Brooklyn, New York.

Mehr zu Regis unter:
www.lonelyplanet.com/members/regisstlouis

Andy Symington

Kastilien-La Mancha; Extremadura Andy kommt aus Australien, wohnt aber schon seit über zehn Jahren in Spanien, wo er – um ein paar Stereotypen über das Land zu entkräften – häufig bei Temperaturen unter null Grad Spiele des unsagbar schlechten örtlichen Fußballvereins besucht. Er war Autor und Koautor zahlreicher Lonely Planet Bände und weiterer Publikationen zu Spanien sowie anderen Ländern. In seiner Freizeit unternimmt er gern Bergwanderungen und lange Tapas-Touren und ist Miteigentümer einer Rockbar.

Lonely Planet Publications,
Locked Bag 1, Footscray, Melbourne, Victoria 3011, Australia

Verlag der deutschen Ausgabe: MAIRDUMONT,
Marco-Polo-Straße 1, 73760 Ostfildern, www.mairdumont.com,
lonelyplanet@mairdumont.com

Chefredakteurin deutsche Ausgabe: Birgit Borowski
Übersetzung der 4. Auflage: Julie Bacher, Anne Cappel, Britt Maaß, Claudia Riefert, Petra Sparrer, Katja Weber
(An früheren Auflagen haben zusätzlich mitgewirkt: Tobias Büscher, Petra Dubilski, Oliver Fülling, Gunter Mühl, Nicole Stange, Robert Suske, Inga-Brita Thiele)
Redaktion: Meike Etmann, Isabelle Zeder; Verlagsbüro Wais & Partner, Stuttgart
Mitarbeit: Nadine Beck
Technischer Support: Primustype, Notzingen

Spanien
4. deutsche Auflage, Juli 2013, übersetzt von *Spain 9th edition*, März 2013, Lonely Planet Publications Pty

Printed in China